PATROLOGIÆ
CURSUS COMPLETUS

SIVE
BIBLIOTHECA UNIVERSALIS, INTEGRA, UNIFORMIS, COMMODA, OECONOMICA,

OMNIUM SS. PATRUM, DOCTORUM SCRIPTORUMQUE ECCLESIASTICORUM

QUI
AB ÆVO APOSTOLICO AD INNOCENTII III TEMPORA

FLORUERUNT;

RECUSIO CHRONOLOGICA
OMNIUM QUÆ EXSTITERE MONUMENTORUM CATHOLICÆ TRADITIONIS PER DUODECIM PRIORA ECCLESIÆ SÆCULA,

JUXTA EDITIONES ACCURATISSIMAS, INTER SE CUMQUE NONNULLIS CODICIBUS MANUSCRIPTIS COLLATAS, PERQUAM DILIGENTER CASTIGATA;
DISSERTATIONIBUS, COMMENTARIIS LECTIONIBUSQUE VARIANTIBUS CONTINENTER ILLUSTRATA;
OMNIBUS OPERIBUS POST AMPLISSIMAS EDITIONES QUÆ TRIBUS NOVISSIMIS SÆCULIS DEBENTUR ABSOLUTAS DETECTIS, AUCTA;
INDICIBUS PARTICULARIBUS ANALYTICIS, SINGULOS SIVE TOMOS, SIVE AUCTORES ALICUJUS MOMENTI SUBSEQUENTIBUS, DONATA;
CAPITULIS INTRA IPSUM TEXTUM RITE DISPOSITIS, NECNON ET TITULIS SINGULARUM PAGINARUM MARGINEM SUPERIOREM DISTINGUENTIBUS SUBJECTAMQUE MATERIAM SIGNIFICANTIBUS, ADORNATA;
OPERIBUS CUM DUBIIS TUM APOCRYPHIS, ALIQUA VERO AUCTORITATE IN ORDINE AD TRADITIONEM ECCLESIASTICAM POLLENTIBUS, AMPLIFICATA;
DUOBUS INDICIBUS GENERALIBUS LOCUPLETATA : ALTERO SCILICET RERUM, QUO CONSULTO, QUIDQUID UNUSQUISQUE PATRUM IN QUODLIBET THEMA SCRIPSERIT UNO INTUITU CONSPICIATUR; ALTERO SCRIPTURÆ SACRÆ, EX QUO LECTORI COMPERIRE SIT OBVIUM QUINAM PATRES ET IN QUIBUS OPERUM SUORUM LOCIS SINGULOS SINGULORUM LIBRORUM SCRIPTURÆ TEXTUS COMMENTATI SINT.
EDITIO ACCURATISSIMA, CÆTERISQUE OMNIBUS FACILE ANTEPONENDA, SI PERPENDANTUR : CHARACTERUM NITIDITAS CHARTÆ QUALITAS, INTEGRITAS TEXTUS, PERFECTIO CORRECTIONIS, OPERUM RECUSORUM TUM VARIETAS TUM NUMERUS, FORMA VOLUMINUM PERQUAM COMMODA SIBIQUE IN TOTO OPERIS DECURSU CONSTANTER SIMILIS, PRETII EXIGUITAS, PRÆSERTIMQUE ISTA COLLECTIO, UNA, METHODICA ET CHRONOLOGICA, SEXCENTORUM FRAGMENTORUM OPUSCULORUMQUE HACTENUS HIC ILLIC SPARSORUM, PRIMUM AUTEM IN NOSTRA BIBLIOTHECA, EX OPERIBUS AD OMNES ÆTATES, LOCOS, LINGUAS FORMASQUE PERTINENTIBUS, COADUNATORUM.

SERIES SECUNDA,
IN QUA PRODEUNT PATRES, DOCTORES SCRIPTORESQUE ECCLESIÆ LATINÆ A GREGORIO MAGNO AD INNOCENTIUM III.

Accurante J.-P. Migne,
BIBLIOTHECÆ CLERI UNIVERSÆ,

SIVE

CURSUUM COMPLETORUM IN SINGULOS SCIENTIÆ ECCLESIASTICÆ RAMOS EDITORE.

PATROLOGIA BINA EDITIONE TYPIS MANDATA EST, ALIA NEMPE LATINA, ALIA GRÆCO-LATINA. VENEUNT MILLE FRANCIS DUCENTA VOLUMINA EDITIONIS LATINÆ ; OCTINGENTIS ET MILLE TRECENTA GRÆCO-LATINÆ. — MERE LATINA UNIVERSOS AUCTORES TUM OCCIDENTALES, TUM ORIENTALES EQUIDEM AMPLECTITUR ; HI AUTEM, IN EA, SOLA VERSIONE LATINA DONANTUR

PATROLOGIÆ TOMUS CLX.

SIGEBERTUS GEMBLACENSIS MONACHUS. ANONYMUS. B. ODO CAMERACENSIS, WALTERUS CABILONENSIS, J. MARSICANUS, EPISCOPI. BERENGOSUS ABBAS S. MAXIMI TREVIRENSIS. RADULFUS TORTARIUS FLORIACENSIS MONACHUS.

EXCUDEBATUR ET VENIT APUD J.-P. MIGNE EDITOREM,
IN VIA DICTA *D'AMBOISE*, PROPE PORTAM LUTETIÆ PARISIORUM VULGO *D'ENFER* NOMINATAM,
SEU PETIT-MONTROUGE.

1854

SÆCULUM XII

SIGEBERTI
GEMBLACENSIS MONACHI
OPERA OMNIA

ACCEDIT

CHRONICON POLONORUM

AUCTORE ANONYMO

INTERMISCENTUR

BEATI ODONIS CAMERACENSIS, WALTERI CABILONENSIS, JOANNIS MARSICANI, EPISCOPORUM; BERENGOSI ABBATIS S MAXIMI TREVIRENSIS, RADULFI TORTARII FLORIACENSIS MONACHI

SCRIPTA VEL SCRIPTORUM FRAGMENTA QUÆ SUPERSUNT

ACCURANTE J.-P. MIGNE

BIBLIOTHECÆ CLERI UNIVERSÆ

SIVE

CURSUUM COMPLETORUM IN SINGULOS SCIENTIÆ ECCLESIASTICÆ RAMOS EDITORE

TOMUS UNICUS

VENIT 7 FRANCIS GALLICIS

EXCUDEBATUR ET VENIT APUD J.-P. MIGNE EDITOREM
IN VIA DICTA *D'AMBOISE*, PROPE PORTAM LUTETIÆ PARISIORUM VULGO *D'ENFER* NOMINATAM
SEU PETIT-MONTROUGE

1854

ELENCHUS

AUCTORUM ET OPERUM QUI IN HOC TOMO CLX CONTINENTUR.

SIGEBERTUS GEMBLACENSIS MONACHUS.

Chronica cum omnibus auctariis. *col.*	9
Liber de Scriptoribus ecclesiasticis.	547
Gesta abbatum Gemblacensium.	591
Vita Wicberti.	661
Vita Deoderici episcopi Metensis.	685
Vita S. Sigeberti regis.	725
Vita ejusdem, brevior.	725
Vita S. Maclovii.	729
Vita S. Theotardi.	747
S. Lamberti Vita duplex.	759
Sermo de sancta Lucia.	811
De differentia Quatuor Temporum.	815
Epistola ad Leodienses.	829
De presbyteris conjugatis.	*ibid.*
Responsio ad epistolam Hildebrandi	*ibid.*
Fragmentum Rhythmi de S. Lucia.	*ibid.*
— de S. Lullo.	*ibid.*

ANONYMUS.

Chronicon Polonorum.	833

BERENGOSUS ABBAS S. MAXIMI TREVIRENSIS.

De laude et inventione sanctæ crucis.	935
Libellus de mysterio ligni Dominici.	981
Sermones.	1011

JOANNES MARSICANUS TUSCULANUS EPISCOPUS.

Concio ad populum Romanum.	1037
Epistola ad Richardum Albanensem episcopum.	*ibid.*

BEATUS ODO CAMERACENSIS EPISCOPUS.

Expositio in canonem missæ.	1053
De peccato originali.	1071
Disputatio de Adventu Christi.	1103
De blasphemia in Spiritum sanctum.	1111
De canonibus Evangeliorum.	1117
Homilia duplex de villico iniquitatis.	1121
Diplomata	
Appendix ad B. Odonem	1159

WALTERUS CABILONENSIS EPISCOPUS.

Diplomata,	1165

RADULFUS TORTARIUS FLORIACENSIS MONACHUS.

Miracula S. Benedicti soluto sermone.	1189
Miracula S. Benedicti metrice scripta.	1239

Ex typis MIGNE, au Petit-Montrouge.

ANNO DOMINI MCXII.

SIGEBERTUS GEMBLACENSIS

SIGEBERTI CHRONICA

EDIDIT D. LUDOVICUS CONRADUS BETHMANN

(Apud PERTZ, *Monum. Germ. hist.*, Script. t. V, p. 268.)

PROLEGOMENA

SIGEBERTI ÆTAS, PATRIA, NATALES, RES GESTÆ, SCRIPTA.

§ I. *VITA*.

Sigebertus (1), in Gallia Belgica (2) circa a. 1030 natus, juvenili admodum ætate regulam sancti Benedicti professus est in monasterio Gemblacensi, cui tunc præerat abbas Olbertus (3), virtute atque doctrina clarissimus. Quo a. 1048 defuncto, cum Macelinus abbas electus esset, Sigebertus paulo post Mettas (4) transiit ad Sanctum Vincentium, Fulcuino abbate Macelini fratre eum vocante, ut scholas ibi regeret. Hoc munere diu functus, cum scribendo et docendo magnam sibi laudem acquisisset, ita ut ad eum audiendum multi undique confluerent, prætulit tamen, « ut apis prudentissima, ad monasterii sui alvearia regredi » (5); et circa a. 1071 Gemblacum redux (6), quod plurimum diligebat, iisdem ibi, a quibus apud Mettenses, vacabat occupationibus. Totus orando, legendo, scribendo, docendo deditus, cum rebus publicis judicandis aptissimus videretur, semper tamen ab hujusmodi negotiis agendis abstinuit, unice internæ monasterii sui saluti intentus, pro quo ne senex quidem labores subire declinavit. Cum enim Gemblacenses fundatoris sui Guiberti elevationem exoptarent, *horum maxima pars erat Sigebertus, antiquæ scientiæ ac reverentiæ monachus, hujus Ecclesiæ nostræ Gemblacensis oculus, cui pie invigilabat vita et conversatione ac religionis fervore. Tanto namque certior erat de sanctitatis ejus gratia, quanto vitam ejus virtutibus plenam multa styli prosecutus est elegantia. Qui, ex evidenti miraculorum ostensione, accepta explendi desiderii sui occasione,*

NOTÆ.

(1) Ita ipse semper fere scribit. — Testimonia de vita ejus atque scriptis hæc tantum exstant : De viris illustr. 172; Chronicon ad a. 1112; Gesta abb. Gembl. apud Dachery II, 768; Elevatio S. Guiberti, in Act. SS. Maii V, 266; quos locos integros apposuimus. Reliqui omnes inde fluxerunt. E recentioribus unus sufficit V. D. Sigfridi Hirsch De vita et scriptis Sigiberti (Berol. 1841) liber doctissimæ sedulitatis, præcipue in indagandis fontibus; e quo multa nos didicisse grato animo profitemur.

(2) Hoc veri simillimum est; testimonia desunt. Cum se *Francum* et *Gallum* dicit (in præf.: *originem gentis nostræ, regni scilicet Francorum*. De vir. ill. 84 *abbreviavit Gallicanum psalterium, quo nos Galli utimur.* Cf. 156 : *et talem jejunandi ritum auctorizant multi et maxime Teutones*), non Franciam indicat, sed Gemblacum, ubi scripsit; nam et in Vita Deod., c. 5, Mettim in *Gallia Belgica* ponit, et a. 1020, 1094, Franconiam vocat *Galliam*.

(3) Hoc nonnisi ex ipsius de Olberto narratione in Gestis abb. Gembl. colligere licet; cujus verba *nos modo illic sua tutabitur gratia, quos hic tam paterna nutrivit misericordia* non quidem necesse est ut de ipso Sigeberto dicta putemus, cum æque bene totum gregem Gemblacensem significare possint; sed quæ ibi de Olberto traduntur, ejusmodi sunt, ut nemo ea ita scribere potuerit, nisi qui Olbertum dilexisset viventem, et præsens affuisset, cum funeris nuntius Gemblacum perveniret.

(4) *Mettis positus in prima ætate* ipse dicit De vir. ill. 172.

(5) Ut ipse de abbate Olberto dicit in Gestis abb. Gembl.

(6) Epistolam enim de conjugatis presbyteris a. 1075 editam jam Gemblaci scripsit. Miracula sancti Sigeberti, Mettis adhuc composita (si modo Sigebertus auctor est, quod non est cur negemus,) non ante septimum post translationem sancti annum, qui est a. 1070, lucem vidisse possunt.

æ elevatione sancti ejus corporis cœpit agere apud eos, quorum hoc erat auctoritatis. Denique domni Liethardi abbatis voluntate consulta et benedictione percepta, ad impetrandam super verbo episcopi Leodiensis auctoritatem, ipse ab eo suscepit legationem (7), eamque jam fere octogenarius tanta cum dexteritate gessit, ut in ipso fere vitæ fine voti tandem compos, a. 1110 illius elevationis solemnia videret et lectionibus atque antiphonis ipse celebraret (8). Biennio post, III Non. Oct. 1112 (9), obiit. Quam gratam post se memoriam reliquerit, ita testatur discipulus ejus Gemblacensis (10):

Domnus Sigebertus, morum probitate et scientiæ multiplicitate laudabilis et gratus sui temporis sapientibus, non indiget nostris laudibus, quia laudant eum opera ejus. Cum enim esset juvenilis ætatis tempore Mascelini abbatis, Metensibus notificatus et in cenobio sancti Vincentii martiris cum Fulcuino abbate diu conversatus, sapientiæ fons patens erat non solum monachis, sed et clericis ad se undique confluentibus. Multis Mettensium hodieque dulcis est ejus memoria, in quibus adhuc supersunt doctrinæ ejus vestigia. Quæ vel quanta illic degens rogatu eorum scripta ediderit, ipse ostendit in libro illustrium virorum, quem composuit. Non solummodo Christianis, sed et Judeis in eadem urbe commanentibus erat carissimus, pro eo quod Hebraicam veritatem (11) a cæteris editionibus secernere erat peritus, et in his, quæ secundum Hebraicam veritatem dicebant, Judeorum erat consentiens assertionibus. Post multum temporis, vix impetrata licentia, rediens ad cenobium Gemblacense,

multa contulit ad usum et ornatum ecclesiæ, quæ acquisierat voluntaria eorum, quos instruxerat, liberalitate. Frequentabant autem eum majores natu, excellentiores gradu, acutiores sensu, qui erant in urbe Leodicensi, si quid questionis occurreret eis, ad hunc deferre et cum eo conferre soliti. Horum precipuus erat domnus Heinricus, archidiaconus et decanus ecclesiæ Sancti Lamberti, cujus rogatu scripsit ad Trevirenses librum de jejuniis Quatuor Temporum, et multa quæ commemorat in libro illustrium virorum. In cenobio Gemblacensi me, qui hæc descripsi, et multo meliores erudivit; quorum multos ante se præmisit, paucos proh dolor! post se dimisit. At vir prudens, cum esset multæ gravitatis, non erat indiscretæ austeritatis, sed erat ad omnes, ut res poscebat, discretæ mediocritatis. Scripturarum maxime divinarum lectio et meditatio eum occupabat, sed tamen quotidiana missarum celebratio et devota ad Deum oratio semper eum præoccupabat. Longa confectus senectute, cum decubuisset extrema egritudine, nichil amittens insitæ sibi prudentiæ, fratrumque voluntas esset ut, cum obiret, intra monasterium sepulturæ locum acciperet: ut vir altioris consilii, malens in conspectu Dei humilis quam præsumptuosus inveniri, obnixe petiit in cæmeterio nostro fratribus omnibus conspecliri. Obiit ergo III Nonas Octobris, tempore domni Liethardi abbatis (12).

Hæc sunt quæ de vita Sigeberti tradita habemus, pauca quidem, sed quæ sufficiunt ad virum cognoscendum vitæ candore atque animi humanitate adeo commendatum, ut ubicunque degeret, omnibus es-

NOTÆ.

(7) Elevatio S. Guiberti, in Actis SS. Maii V, 266.
(8) De vir. ill. 172.
(9) Non a. 1113, ut unus tradit Robertus de Monte; Liethardus enim abbas jam II Nonas Febr. a. 1115 obiit. Error ille Roberti inde natus est quod Chronici codex quem ille exscripsit Bellovacensis annum 1112 in duo dividit.
(10) In Gestis abb. Gembl. Damus ea e codice egregio Lipsiensi, quem contulit Waitz.
(11) I. e. textum ab Hieronymo ex ipso Hebraico, non ex LXX, in Latinum translatum. Cf. Chronicon a. 382, 393.
(12) Sequuntur in codice Lipsiensi versus de codem hi:

Justis consertus, vivat Christo Sigebertus!
Mundus mutatur, transit, dum stare putatur.
Vivens transit homo, sed pertransit moriendo
Eheu! mors homini parcit nulli, datur omni,
Præfixas metas nullius præterit ætas.
Huic mundo lacrimæ si defunctos revocare
Possent, quot, quales nobis, quam spirituales,
Omnibus et clari studiis et heu! modo rari
Essent, emerito deflendi cum Sigeberto.
Sed quia præclari rari, nequeunt revocari,
Mundo subtracti, sint cœlicolis sociati!
Nobis solamen det semper se Deus. Amen.

In eodem codice postea f. 56 sequens legitur

Epitaphium domni Sigeberti.

Heu! mors mœroris crementum, causa doloris!
O per te quantos luget mundus sibi raptos!
Spicula nos feriunt, ad cor quoque vulnera figunt;
Figitur hoc menti vulnus, non estque reniti.

Effringens hic cor induratum ferit angor,
Cum mors dissocians germanos, omnia mutans,
In quibus est caris et fervet amor socialis,
Turbat mutando, rumpit quoque pollice duro
Ut naturales affectus, sic sociales.
Efflorescat homo licet, ut flos tempore verno,
Res rebus cumulet, mentem corpus quoque vexet,
Sollicitus curas explens secum ruituras:
Una dies miserum penitusque facit miserandum.
Sit rex, sit princeps, opibus paupercula sit plebs,
Par trahit hos mortis lex, discretissima quamvis.
Est etenim justis justæ discretio sortis.
Terrea terrenis terræque placent studiosis.
Rerum contemptus vanarum partior usus
Extenuans justos, promptos magis efficit illos,
Sint ut in ascensu recti, sint corde vel actu.
Admitti superis, emitti funditus imis,
Nancisci summæ certenti pia gaudia vitæ.
Certamen sit eis omnis custodia cordis.
Tendit enim laqueos raptor cuicunque paratos,
Et tam multiplices habet ejus mens mala fraudes
Tutus ab his sensus ut non sit corporis ullus;
Ut meritum minuat justis, vel eos sibi subdat,
Viribus atque dolis concertat subdolus hostis.
Si mentes fluxas absorbet, nil putat illas.
Gratia, Christe, tibi! per te superant quia justi
Omnes decipulas et quas parat ille ruinas.
Devia sectantes revocans, jungis tibi stantes,
Et tua spes nostras juvat explens larga potestas,
Spe salvos faciens, ad rem gratos tibi ducens.
Consimilis justis multo studio probitatis.
Aptus divinis et mundi rebus agendis,
Lex vitæ, speculum normæ fueras, Sigeberte;
Cui noster sermo persolvit debita scripto.
Vixisti concors, vivas ver sæcula concors,

set charus; modestæ verecundiæ, ut qui gloriam atque honores semper declinaret (13); gratissimi ad obitum usque animi erga monasterium suum eumque qui puero pater fuerat atque fautor, Olbertum, cui in Gestis abbatum Gemblacensium tam pulchrum monumentum condidit (14). Fuit monachus antiquæ reverentiæ, mente purus, avaritiæ et malæ licentiæ in monachis impugnator acerrimus (15), gravis sine morositate, benevolus erga omnes, Judæos æque atque Christianos; in judicando firmus absque arrogantia, res tantum spectans, non personas; justi et veri defensor intrepidus; male facta ubicunque videbat, vituperans ex animo, sed sine odiosa acerbitate; nec damnans ut zelator, sed ut qui humanam naturam bene cognitam haberet (16). Superstitionibus et prodigiis multo minus deditum videmus, quam plerosque æqualium; de miraculis libere et ultra ætatis illius modum sentire et loqui audebat (17). Gravissimus autem ingenio, mente, sermone, apparet in epistolis, quas Gemblaci scripsit. Quæ ibi dicit de studio per allegorias omnia explicandi (18); quæ de periculis Ecclesiæ et religioni inde imminentibus, quod jejunia, cælibatus et alia multa ad monachorum tantum ordinem spectantia sensim fidei ipsi Christianæ obtruderentur tanquam ab omnibus servanda (19); quod reliquis auctoritatibus rejectis (20) ad sacras Scripturas tanquam ad summam Ecclesiæ normam semper redit; quod ad discutiendas quæstiones illas gravissimas non argutiis utitur neque affectibus, ut plurimi tum faciebant, sed ad vitæ statum humanæque naturæ conditionem eas reducit et ad rationem legentium provocat, non necessarias, ubi hæc clare loquantur, auctoritates dicens, et verum in omnibus spectandum, non litteræ inserviendum monens (21); quod verum non ideo verum, quia auctoritates id dicant, sed auctoritatibus inde credendum, quia verum dicant (22); hæc animum produnt sæculo illo longe superiorem, et qui altiori loco dignus erat, quam quem Sigeberti modestia tenere voluit. Nec mirum, summos Leodiensis Ecclesiæ viros semper ad monachum Gemblacensem retulisse, si magnum aliquid agendum esset, ipsiusque sententiam pro publica Ecclesiæ suæ opinione edidisse. — Doctrina inter primos sui temporis claruit. Veteres auctores, Horatium maxime, non sine fructu eum legisse scripta produnt, floribus inde collectis respersa; inter Patres Ecclesiæ Hieronymum atque Augustinum prætulit. Græcam linguam, si non penitus imbibit, gustavit saltem (23); Latinam et soluta oratione coluit et carmine, heroico (24), elegiaco (25), Alcaico (26), non prorsus invita Minerva; in eo tamen tempori inserviens, quod mediam quamque versus vocem ultimæ in Alcaicis quoque consonare fecit. Musicæ etiam artis, ex disciplina atque exem-

NOTÆ.

Sint et defunctis eâdem consortia nostris.
Dant binos versus nostri de se tibi versus (a).

(13) Per totum Chronicon ne verbo quidem de suis rebus loquitur; imo epistolis duabus in codice Gemblacensi non nomen suum, sed tantum *epistolam cujusdam* inscripsit.
(14) Hic etiam solus est inter abbates Gemblacenses, cujus in Chronico mentionem fecit.
(15) Vita S. Guiberti 8 : *radicem malorum et malam monachorum novercam, scilicet proprietatum concupiscentiam.* Gesta abb. Gembl.: *sub obtentu paupertatis dum quisque sibi consulit, et possibita communis vitæ honestate rem familiarem augere peculiariter quærit, vivebatur justo licentius; quod omnino non expedit monachorum animabus, et plura ibid.* Ipse quæ Mettis dono acceperat a discipulis, omnia monasterio suo contulit.
(16) Cf. Gesta abb. Gembl., p. 762.
(17) In Vita S. Guib.: *Tandem vir Dei consummatus in virtutum gratia, quod majus est, quam si claruisset miraculorum gloria. Miraculis quippe nonnunquam virtutes offuscantur, miracula vero solis virtutibus commendantur.*
(18) Ep. de jejuniis Quat. Temp.: *delectat etiam nos allegorizare super numero hebdomadarum, quæ distinguunt jejunia temporum. Sed quia, ut ait Origenes, in campis allegoriæ est libera evagandi licentia, hæc libertas debet habere modum progrediendi. Placet hæc allegoria, sed non ita ut pro certa figatur jejuniorum regula.*
(19) Cf. ep. de presb. conjug.
(20) De jejun. Quat. Temp.: *Hos aliosque sanctos et doctos viros in hoc sequimur. non quia sancti et*

(a) Id est, cum singuli versus binis partibus constent in codice, spatio quodam separatis et littera majori distinctis, litteræ initiales in initiis versuum dant

Hos fecit versus,
Petre sancte, tuus
Godescalcus;

docti fuerunt, sed quia veritatis assertores probantur, et reliqua.
(21) Ibid.: *Quid tantum inhæremus occidenti litteræ, ut deviemus a spiritu vivificante?*
(22) Ibid.
(23) De hoc alii dubitant; sed vix, credo, tot verba Græca (*Vita Deoderici,* infra, in *Invocatione, Kyrie, christe, theos, pantocraton, archos, anarchos: gymnasio;* Cap. 5 : *aorasia;* Cap. 9 : *logio;* Cap. 10 : *prolensim;* Cap. 17 : *neutericis;* Ibid., vers. 23 : *anatolen, disin, mesembrian, arcton, paranimphus;* Ibid. vers. 1, *hidraulin;* 72, *orizon.* Cap. 22 in epitaph. Deoderici: *ebdenis*) cum prædilectione quadam immiscuisset primo quod admodum juvenis condidit operi, et huic uni tantum, nisi gaudio quodam juvenili stimulatus id fecisset, quo discentes recens partis statim uti delectat. Hinc etiam explicatur quod in reliquis ejus operibus talia non jam occurrunt, cum novitate desuit delectatio. Nec adeo rarus illis regionibus tunc fuit Græcæ linguæ usus; multi enim S. Amandi Elnonensis, S. Laurentii Leodiensis et ipsius S. Petri Blandecensis codices, quos etiam nunc exstantes vidi, Græcas voces atque sententias et vero integras paginas continent. — Hebraicæ linguæ peritum nostrum soli faciunt Historiæ Litterariæ auctores, unico loco é Gestis abb. Gembl. supra allato inducti, cum Hieronymi versionem, non verba Hebraica ipsa ibi indicari, Chronici loci collati satis doceant. Aliis argumentis non nititur Sigebertus hebraizans.
(24) Ecclesiasten, passionem SS. Thebæorum.
(25) In Vita Deoderici passim.
(26) Rhythmum de Deoderico, passionem S. Luciæ.

in mediis versibus

Claviger almè poli,
Tu precor, huic aperi.
Amen.

plo Olberto, adeo gnarus fuit, ut antiphonas musicis modis componere sciret (27). Plurimum tamen studium in chronologia atque historia collocavit.

§ II. — SCRIPTA.

Scripta sua in libro De viris illustribus, Hieronymi et Gennadii exempla secutus, ipse ita enumerat :

Sigebertus Gemblacensis monachus multa scripsi opuscula. Metis positus in prima ætate, in ecclesia Sancti Vincentii, ad instruendos pueros, scripsi Vitam Deoderici episcopi, conditoris ecclesiæ et abbatiæ; in qua etiam per digressionem laudem ipsius urbis heroico metro declamavi (28). Scripsi passionem sanctæ Luciæ, quæ ibi requiescit, Alchaico metro (29). Quibusdam etiam reprehendentibus illam sanctæ Luciæ prophetiam : « Annuntio vobis pacem Ecclesiæ Dei datam, Diocletiano ejecto de regno suo, et Maximiano hodie mortuo, » respondi diligenter, considerata temporum ratione et rerum veritate (30). Scripsi nihilominus sermonem in laudem ipsius virginis, in quo translationes ipsius a Sicilia in Corfinium civitatem Italiæ, et a Corfinio in Mettim urbem Galliæ, ordinata temporum consequentia digessi (31). Scripsi Vitam Sigeberti regis, conditoris ecclesiæ et abbatiæ Sancti Martini extra civitatem Mettensem sitæ (32). Regressus ad monasterium Gemblacense scripsi Passionem Thebæorum patronorum nostrorum heroico carmine (33). Scripsi Vitam sancti Guiberti confessoris, fundatoris ecclesiæ nostræ Gemblacensis (34), de qua excerpsi lectiones competenti ordine in ejus depositione. Arte autem musica antiphonas et responsoria de sanctis Maclovo et Guiberto melificavi (35). Scripsi et Gesta abbatum Gemblacensium (36). Vitas sanctorum Maclovi (37) et Theodardi (38) urbaniori stylo melioravi. Vitam quoque sancti Lantberti, cum in primis urbane meliorassem, postea rogatu Heinrici archidiaconi et decani ecclesiæ Sancti Lantberti defloravi comparationibus antiquorum juxta consequentiam rerum; quamvis priorem, utpote simplicem, quidam magis amplectantur et curiosius transcribant. Est enim sensu apertior, et verbis clarior (39). Rogatu etiam prædicti viri validis Patrum argumentis respondi epistolæ Hildebrandi papæ quam scripsit ad Herimannum Mettensem episcopum in potestatis regiæ calumniam (40). Scripsi ad ipsum Heinricum apologiam contra eos qui calumniantur missas conjugatorum sacerdotum (41). Ipso etiam rogante, respondi epistolæ Paschalis papæ, qui Leodicensem ec-

NOTÆ.

(27) De vir. ill. 172 : Arte autem musica antiphonas et responsoria de sanctis Maclovio et Guiberto melificavi. Musica atque geometrica studia, ab Olberto suscitata, Sigeberto duce æque in monasterio floruisse, multi bibliothecæ Burgundicæ codices testantur Gemblacenses, sæculis XI et XII exarati, in quorum uno, n. 10090 mbr. quart. s. XI ex., inter multa alia in foliis quatuor et dimidio hæc leguntur : « Sententia cujusdam de ratione tonorum. Quinque sunt consonantiæ musicæ, quarum prima et notissima est ea quæ dicitur diapason. In omnibus tamen versus ita canuntur : Gloria Patri et Filio et Spiritui sancto. » Quæ cujusnam sint auctoris nusquam apparet; voci « cujusdam » manus s. XVII superscripsit « Sigeberti, » quod veri non absimile videtur. Epistolæ enim, quas ipse noster inter opuscula sua recenset, in codice Gemblacensi itidem superscriptum habent « Ep. cujusdam. »

(28) Infra.

(29) Nondum editam; specimina tantum leguntur apud Mab. Ann. IV, 572. Jacobs et Ukert Merkwürdigkeiten der Gothaer Bibliothek II, 1, 140.

(30) Epistola hæc inedita legitur in cod. Gothano n. 61.

(31) Ed. Meurisse in historia epp. Mettens., p. 329.

(32) Apud Duchesne SS. II, 591. Alteram apud Surium ad Kal. Februarias, in Actis SS. Febr. I, 227, et apud Bouq. II, 597, editam ex priore illa genuina interpolatam esse V. D. Hirsch probavit. Scribendi occasionem dedisse videtur translatio sancti a. 1065 facta. Et hujus translationis historiam cum miraculis, post a. 1070 conscriptam (in Actis SS. II), Mosander atque Henschenius Sigeberto tribuunt; quod cum nullo præter Mosandrum testimonio nitatur, nil tamen inest quod contradicat huic opinioni, veri admodum simili.

(33) Carminis pro deperdito habiti unicum, quantum scio, codicem s. XII Geclius mihi obtulit Lugduni-Batavorum in bibl. publ. 114, A. Tribus libris distinguitur carmen, e quibus primus 892 versus continet, secundus 900, tertius 1150. Prologus primi libri narrat quomodo poeta Philosophiæ templum intraverit, quæque ibi viderit præclara, una cum enumeratione poetica sanctorum Patrum Ecclesiæ. Prologus secundi libri poetam excitat, ut lecto prima die relicto pergat in itinere suscepto; adjiciuntur quædam de laudibus Auroræ amicæ Musis et pulchra descriptio temporis vespertini. Prologus tertii libri agit de persecutione Diocletiani, et quomodo Deus Ecclesiam suam conservaverit. Hæc quoque Geelii debeo humanitati nunquam satis mihi laudandæ.

(34) Apud Surium ad 23 Maii. Mabillon Act. V, 301. Act. SS. Maii V, 259. Scripta est priusquam Guibertus miraculis claruit quæ a. 1099 fieri cœperunt.

(35) Non jam nota.

(36) Dachery, Spic. II, 739. Desiit Sigebertus in primis Mascelini temporibus. Quæ sequuntur de eodem Mascelino atque Thietmaro, alius addidit. Reliqua plures temporis decursu scripserunt, ut codex Lipsiensis autographus ostendit.

(37) Apud Surium ad 15 Nov. Scripta est jubente Thietmaro abbate, qui a. 1076-1099 præfuit.

(38) Apud Surium ad 10 Sept.; Act. SS. Sept. III, 597.

(39) Priorem simplicem sub falso Reineri nomine edidit Chapeaville Gesta pont. Tungr. I, 411; alteram defloratam Act. SS. Sept. V, 589. Antiqui isti sunt Moyses, Josue, David, Constantinus Magnus, S. Benedictus.

(40) Ineditam hucusque et pro deperdita habitam Bruxellis reperi in codice Gemblacensi præstantissimo sæc. XII in., ubi inscribitur : Dicta cujusdam de discordia papæ et regis, priorum reprehensa exemplis. Legimus in Gestis Romanorum pontificum, etc. Edita est intra annos 1076, quo Hildebrandus primo ad Herimannum scripsit, et 1084, quo Heinricus, in epistola rex vocatus, imperii coronam adeptus est.

(41) Exstat in eodem codice Gemblacensi sub titulo : Epistola cujusdam adversus laicorum in presb. conjugatos calumniam, unde ediderunt Martene et Durand thes. I, 250, Wenrico eam tribuentes, cum jam manus sæc. XVII in. in codicis margine Sigeberti nomen posuisset. Quod nesciens, Hirsch sola conjectura verum vidit argumentisque probavit pag. 196-211.

clesiam, æque ut Cameracensem, a Roberto Flandrensium comite jubebat perditum iri (42). Nihilominus ipso poscente respondi Treverensibus de jejunio Quatuor Temporum, qui regulas cujusdam Bernonis, secundum allegoriam ut sibi videtur bene concinnatas, observant, et a consuetudine Leodicensium discordant (43). Descripsi heroico metro Ecclesiasten, quem opere stromateo tripliciter digessi, ad litteram, allegorice, mythologice (44). Imitatus Eusebium Pamphili, qui primus apud Græcos Chronica a tempore Abrahæ digessit, ipse quoque a loco intermissionis ejus usque ad annum IV omnem consequentiam temporum et rerum gestarum, quanta potui styli temperantia ordinavi. Cum diligenter Bedam De temporibus relegerem, et ab eo notam Dionysio cyclorum scriptori infligi viderem, quia male dispositis annis Dominicæ passionis, in terminis paschalibus contraire per omnia videretur Evangelio Joannis, dignum mihi visum est altius repetendo omnem dimovere nubem erroris, et verum diligentibus infundere lumen veritatis. Siquidem Marianus Scottus, vir suo ævo longe disertus, hoc idem ingressus erat, et Chronicam suam texens a nativitate Christi usque ad statum sui temporis, hinc annos Christi juxta fidem Evangelii, inde e regione juxta Dionysium ordinaverat, ut diligentiæ lectoris pateret quantum ipse Dionysius a veritate Evangelii deviaret. Ego autem considerans, fautores Dionysii semel imbibita non leviter descire, ita cautelam ingenioli mei æqua lance libravi, ut medius horum incedens, omnes annos ab origine mundi decursos vel in futurum decursuros, inscripta ratione juxta Hebraicam veritatem, colligerem; sci-

A licet per cyclos lunares, qui 19 annis, et per cyclos solares, qui 28 annis clauduntur, et per alterum multiplicati magnum cyclum 532 annorum conficiunt, lineatim distinctis hinc inde annis Adæ, epactis concurrentibus terminis paschalibus, diebus dominicis paschæ; eadem via incedens, qua Dionysius, sed non iisdem vestigiis. Quod diligens lector facile inveniet, si curiosus fuerit. Et quia decem magnis cyclis, qui singuli 532 annis constant, opus omne distinxi, ipsum librum hoc titulo prænotavi, ut Decennalis vocetur. Prologum etiam in morem dialogi anteposui, quem tribus tomellis divisi, indicans sub persona interrogantis et respondentis intentionem et utilitatem ipsius operis, et ad quam partem philosophiæ pertineat, scilicet ad physicam. Subjunxi etiam utiles re-
B gulas inveniendi annos et terminos et indictiones, secundum dispositiones ipsius (45). Imitatus etiam Hieronymum et Gennadium, scripsi ultimum hunc libellum De illustribus viris, quantum notitia meæ investigationis exquirere potui (46).

Chronicon. — Ex his Chronicon gloria primum, tempore fere novissimum est. Composuit illud non quidem continuo calamo, et neque ita, ut absolutis quæ ipsum præcedebant, res sui temporis: prout actas comperisset, statim litteris mandaret : totum potius opus ultimo demum vitæ decennio scripsisse videtur. Anni enim 956-1099 uno fere tenore conditi sunt, neque ante a. 1100 (47) nec post a. 1103 (47*), unde priora quoque non multo ante tempore composita fuisse crediderim. In publicum emisit
C jam ante a. 1105 (48). Postea totum iterum revisit, correxit, auxit (48*), et ad a. 1111 (49) usque de-

NOTÆ.

(42) Paschalis epistola data est a. 1102 vel 1103, Sigebertii igitur eodem tempore. Editiones ejus Hirschaffert undecim, ita tempore se excipientes : Conciliorum collectio Coloniensis II, 809. — Schardii diss. de jurisdict imp. et eccles. — Centuriat. Magdeburg. XII, p. 1110. — Goldasti apologia, p. 189. —Conciliorum collectio Paris. XXVI, 701.— Labbei concilia X, 630. — Brown appendix ad Ortwini Gratii fascic. rer. expet. et fug., p. 176.— Harduini concilia VI, '2, 769. — Eccard corpus histor. med. ævi II, 258. — Martene Coll. ampliss. I, 587. — Mansi concilia XX, 986. — In Gallicam linguam vertit Gervais a. 1697; in Batavam, ni fallor, nostris temporibus van Asch van Wyk, Trajectensium consul.
(43) Duæ sunt, altera statim post concilium anni 1095, altera paulo post scripta. Edidit Martene, Thes. I, 295 et 306, ex codice Gemblacensi sæc. xii, nunc Bruxellensi n. 5476.
(44) Carmen ineditum Gemblaci viderunt Andreæ D et Miræus; ubi jam sit, nescimus.
(45) Liber ineditus; primas ejus lineas in præfatione ad Sigebertum Miræus dedit ex codice Gemblacensi jam deperdito.
(46) Editum in Suffridi Petri Script. eccles. Coloniæ 1580. Miræi Bibl. eccl. Antw. 1639. Fabricii Bibl. eccles. Hamb. 1718. — Quæ præter hæc Sigeberto ab aliis tribuuntur, sermones, epistolæ, Vitæ pontificum Romanorum, Historia Hierosolymitana, Vita S. Lulli, Chronicon S. Vincentii Mett., Chronologia episcoporum Mettensium, Passio SS. undecim millium virginum : ea cum jam Sigeberti, alias minima afferentis, altum silentium refutet, tum Hirsch p. 546-555 argumentis prorsus carere monstravit.

(47) Maxime hoc ostendunt Annales Leodienses, quos Sigebertus inde ab a. 956-1099 integros fere Chronico non ascripsit, sed intexuit, ita ut totam hanc operis partem ante a. 1100 non potuisse conscribi satis appareat. Anni porro 1197-1099 cum e cruciferorum epistola anno demum 1100 ineunte edita fluxerint, hos quoque uno calamo, nec ante a. 1100 exaratos esse oportet. Unus tantum obloqui videtur locus a. 1068 adhuc nescitur de morte Deoderici, quam a. 1073 accidisse ex Bernoldo discimus. At quominus hunc locum illo jam tempore scriptum statuamus, imperatoris nomen vetat Heinrico constanter et cum affectatione quadam inde ab a. 1058 inditum, quod hæc omnia post a. 1083 demum composita esse ostendit. Porro Mariani Chronicon, quo multum usus est Sigebertus, ante a. 1082 habere non potuit. Verba quoque a. 1081, unde terra doluit et DOLET, et 1085, de hoc ita scriptum repperi, illis ipsis annis scripta esse non possunt.

(47*) In anno enim 1056 verba annis quinquaginta tum demum addita esse a Sigeberto, cum alteram operis editionem curaret, præter Gemblacensem docet quoque codex A., ubi ea desunt.
(48) Hoc namque anno illud exscripsit Ekkehardus, a. 1109 Waltramus.
(48*) Iis, quæ in codice Gemblacensi a manibus 1 β. γ. δ. ε. addita, desunt in uno A. Nos ea uncinis inclusimus ut appareat, quid prioris sit recensionis, quid

(49) Hoc ipse testatur De viris ill. : usque ad annum 1111 omnem consequentiam temporum et rerum gestarum, quanta potui styli temperantia, ordinavi:

duxit; at morte præventus, hanc alteram recensionem non ipse edidit, sed Anselmus anno statim 1112, addita brevi de hoc anno deque Sigeberti obitu notitia, emisit (49*) Aggressus illud Sigebertus est senex, scribendi usu multo et vario studiisque in temporum computatione collocatis egregie præparatus, magno insuper pro tempore illo librorum supellectili adjutus (50). Ad hæc ipsi erat longa vitæ experientia, rerum humanarum cognitio claustri præjudiciis non præoccupata, animus veri amantissimus, sine ira et studio res atque homines judicans: erat ætas excitata quæstionibus gravissimis, qualis scriptores lectoresque parare solet; erat in ipsa turbulenta ætate securum monasterii otium, ubi posset sentire quæ vellet, scribere quæ sentiret, nil sibi timens, quando Leodiensis et Ecclesia et populus omnis idem sentiebant. Ita Sigebertus cum præ cæteris quasi vocatus videretur ad historiam scribendam, summe dolendum est eum nil nisi Annales composuisse satis jejunos: Duæ maxime res in hanc viam eum induxerunt : chronologiæ studium super cætera ipsi adamatum, atque exemplum Mariani, Bedæ, Eusebii. Cum enim per totam mediam ætatem A in historia scribenda plurimi illud spectarent, ut universam mundi historiam uno volumine complecterentur : idem Sigebertus quoque exsequi nisus est ita, ut, qui Eusebium atque Hieronymum admirabatur, reliquos non æque probabat, illorum opus ad se usque eadem qua illi ratione deduceret. Ita Chronicon suum nil esse voluit nisi quod vulgo dicimus conspectum historiæ universalis synchronisticum. Primas ibi partes temporum computationi tribuit; ideo paparum, series atque imperatorum regumque successiones integræ leguntur, rerum gestarum narratione secundo tantum loco addita. In his eligendis id sibi proposuit ut imperii facta graviora, Ecclesiæ pericula atque incrementa, virosque sanctitate et doctrina pollentes, continuo quodam B filo deduceret, reliqua quasi per occasionem aspergeret. In narrandis autem æquali per totum Chronicon brevitati studet, atque ideo res sui temporis eadem jejunitate tractavit, qua prima sæcula — non enim narrare voluit, sed adnotare; — et ne æqualitas illa conspectus synchronistici turbaretur, si de suo multa daret eo modo quo Lambertus, Herimannus, alii : prætulit totum prope opus ex aliis

NOTÆ.

quid secundæ. — Eusebii quoque, Hieronymi atque Prosperi Chronica nostro præfigunt codices secundæ recensionis omnes; unde facile quis crediderit, Sigebertum ipsum eadem alteri huic recensioni præposuisse, cum in priore nondum fuisse codex Virdunensis ostendat. At tum Chronica illa in codice Gemblacensi exstare vel saltem Anselmi tempore exstitisse deberent, id quod F1. 2, 4, credere vetant. Sigebertum Chronico suo Eusebium atque Hieronymum continuare voluisse, hoc certum est; at inde non sequitur, cum id ipsis tam arcte connexuisse, ut unum librum efficerent; præfatio jam obloquitur, ampla, prout librum decet peculiarem, suis tantum auspiciis prodeuntem, ad Eusebium autem ne verbo quidem respicientes. Nullum vero exstat opinionis illius fundamentum, præter codicum istorum consensum; sed ad hunc explicandum Sigeberto non egemus. Cum enim sæpissime a scribis varia e variis codicibus opera in unum conscripta videamus : monachus quoque Aquicinensis, B., a quo illi omnes derivantur, monasterio suo universam mundi historiam uno volumine comprehensam comparare voluit, ideoque Sigeberto præscripsit eumdem quo ille usus fuerat codicem Eusebii, Hieronymi et Prosperi, de quo vide infra n. 52. Quem si Sigebertus ipse adjecisset, Prosperum certe omisisset, auctor ex Hieronymi fine filum resumens.

(49*) Omnes enim codices, ne uno quidem excepto, verba de morte Sigeberti habent, quæ Anselmo deberi apparet. Quæ cum in codice Gemblacensi eodem prorsus calamo atque atramento exarata legantur, quo reliqua a. 1112 narratio : hanc quoque Anselmo tribuendam esse, cum per se jam sit verisimile, tum Sigeberti verbis usque ad annum 1111um plane certum fit. Imo Gemblacensis codicis habitus, quem infra indicabimus, facile adduxerit aliquem, ut Anselmi narrationem incipere credat jam altius, in verbis a. 1111, Quid, vel quomodo, etc., quæ et alius manus sunt, et cum præcedentibus non bene cohærent. Imo jam initium anni 1111 habet quædam, quæ dubitationem de auctore movere possint. Scriptum est quasi de Heinrico V, de Gregorio VII, de discordia ejus cum imperatore, plane C nondum sermo fuisset (Cf. verba Heinricus quintus hujus nominis rex; et quæ cœpta a Gregorio nono, hujus nominis papa, qui Hildibrandus vocatus est); Heinricus, quem antea Sigebertus semper fere imperatorem vocat, nunc rex appellatur. Sed hoc ipsum imperatoris vocabulum annos 1108-1110 post ejus coronationem scriptos esse ostendit; unde coronationis quoque narrationem ejusdem esse auctoris, veri admodum simile est; quamvis non certum, cum Sigeberti verba usque ad annum 1111um et de initio et de fine anni intelligi queant. Hoc igitur in suspenso relinquimus; sed annum 1112 Anselmo deberi integrum, hoc jure nostro contendere nobis videmur. Contradicunt quidem codices secundæ recensionis, eo quod Anselmi continuationem non habentes, tamen omnes exhibent annum 1112. At iidem mortem quoque Sigeberti habent omnes. Quam si addere potuerunt, ab alio, quod nemo negabit, conscriptam, æque bene addere potuerunt D totum annum, in codice Gemblacensi eadem manu sine ullo spatio interjecto præcedentibus adscriptum. Quod autem Alnensis codex et B5* post a. 1112 addunt : Hucusque Sigebertus Chronicam suam perduxit, talium subscriptionum, e codicibus tantum quos describebant factarum, auctoritas non major est, quam continuatoris Gallici, F2, qui Sigebertum usque ad a. 1148 Chronicon deduxisse contendit, quamve Roberti de Monte, qui eum in a. 1100 desinere dicit, ideo procul dubio, quia ipse Robertus hoc anno cum regno Heinrici I opus suum incipere constituerat, ut Hirsch bene monuit. Nam ad a. usque 1112 Sigebertum ad verbum exscripsit. Eodem modo Radulfus de Diceto Roberti, Balduinus Ninovensis continuatoris Affligemensis finem falso indicant.

(50) Jam enim Olbertus, bibliothecæ Gemblacensis fundator, teste Sigeberto in Gestis abb. Gembl., « divinæ Scripturæ plus quam 100 congessit volumina, sæcularis vero disciplinæ libros 50, » cui numero ipsis Sigeberti temporibus haud paucos accessisse, litterarum forma docent multi qui nunc Bruxellensem bibliothecam ornant codices Gemblacenses.

centonisare (50*); quod scribendi genus media ætas non modo excusabat, sed utilissimum judicabat et quam maxime sectabatur.

Fontes. — Hi autem fontes ei fuerunt : Hieronymus (51); Augustinus (51*); Orosius; Idacius; Prosper (52) ; Rufini Historia ecclesiastica ; Gennadius, De scriptoribus ecclesiasticis; Cassiodori Historia tripartita ; Jordanis ; Gregorii Dialogi ; prologus legis Salicæ (53); Vitæ plurimorum sanctorum, ut Hieronymi, Gregorii Magni, Martini, Mauri, Remigii, Antidii, Amandi, Clodulfi Mettensis, Maclovii, Columbani, Kiliani, Wulframmi, Gertrudis ; Adrevaldi translatio sancti Benedicti; Gesta pontificum Romanorum ; Catalogi pontificum ; Gregorius Turonensis ; Fredegarius cum continuationibus ; Gesta regum Francorum ; Beda ; Paulus Diaconus ; Historia miscella ; Flodoardi Historia Remensis ; Aimoini Historia Francorum, Einhardi Vita Caroli ; Regino ; annales Vedastini, Fuldenses, Mettenses (54), Lobienses (55) et maxime Leodienses (56) ; Auxilius, de Formosiana calamitate (57); Liudprandus ; Widukindus; Ruotgeri Vita Brunonis; Lantberti Vita Heriberti ; Petri Damiani Vita Odilonis; Sigebertus ipse in Vitis Guiberti, Deoderici, abbatum Gemblacensium; Glaber Rodulfus (58) ; Folcuini Gesta abbatum Lobiensium ; Anselmi Gesta pontificum Leodiensium (59) ; Alpertus (60) ; Balderi cus (61) ; Marianus ; Wiberti Vita Leonis IX ; Humberti legatio (62); Joannis translatio S. Nicolai (63); epistola de morte Hildebrandi (64) ; epistolæ cruciferorum (65) ; Guarneri, Heinrici IV, Heinrici V coronatio (66).

His fontibus Sigebertus satis libere usus est. Alios ad verbum exscripsit, alios sensu tantum expressit, contraxit, ampliavit, correxit, nec id semper feliciter. Nunc e pluribus unam narrationem consuit, nunc unius verba continua discerpens in plures annos digessit, suis quæque diligenter, etsi non recte semper, temporibus ascribere studens. Ita cum centonem condere vellet, satis quidem varium fecit ; neque id saltem objici ei potest, quod sine delectu et judicio fontes exscripserit unum post alterum. Quin potius cum plurima legisset, ex magno sæpe libro perpaua tantum excerpsit, alia quæ ibidem habere poterat, aliunde petivit, ubi rectius ea legi judicabat ; et omnino videmus, ei neque acumen

NOTÆ.

(50*) Ut ipse de Olberto dicit in Gestis abb. Gemblacens.

(51) A. 581, 582, 586, 406. — In fontium disquisitione multum me debere et Waitzio nostro et libro V. D. Hirsch, grato animo profiteor.

(51*) De hæresibus, a. 586, 404.

(52) Hoc nomine semper intelligit Chronicon Pithœanum seu imperiale, quo de cf. Waitzium in Annalibus nostris, VII, 250. Genuinum Prosperi Chronicon non novit. Usus igitur est codice Eusebium, Hieronymum et Chronicon Pithœanum complectente, qualem jam ante Sigebertum exstitisse testis est vetus ille codex Bellandianorum, quo de cf. Acta SS. Maii VII, praef. 40. Idem chronicon post Eusebium atque Hieronymum sine Sigeberto vidi in duobus sæculi xv codicibus bibliothecæ regiæ Bruxellensis, 9486, ubi Martinus Polonus, et 9486, ubi Marianus illud sequitur; unde jam Waitz recte restrinxit quod Scaliger Chronicon illud in solis Sigeberti codicibus legi contendit.

(53) A. 422.

(54) Ex his etiam hausit quæcunque Bertinianorum, Fuldensium, Reginonis verba apud eum leguntur ; ipsos non adiit.

(55) Usus iis est in annis 903-972 ; priorem partem non adhibuit.

(56) Primo rarius iis utitur , ad a. 570, 650, 646, 661, 665, 735, 757, 774 ; abhinc eorum vestigia prorsus descrit usque ad a. 956. Ab hoc inde tantum non integros, iisdem fere verbis, in Chronicon recepit ; imo annorum 1113-1146 omnia, paucissimis tantum exceptis, ne verbis quidem mutata, in Anselmi et Gemblacensium continuatione occurrunt. Hanc autem ex his annalibus non posse fluxisse, quivis videt. Codex enim Gemblacensis conscriptam esse docet per singulos annos, imo menses , prout evenerunt quæ narrantur. Hinc erunt, qui quæcunque horum annalium verba apud Sigebertum leguntur, ex hoc demum in annales transcripta putent sæculo xii, ut idem in Elnonensibus, Marchianensibus, aliis factum videmus. Sed ante a. 1036 omnia ibi manu continua s. xi ex antiquioribus annalibus transcripta esse, et codex ipse et collatio Annalium Laubiensium testatur. Hucusque igitur Leodienses Sigeberti fontem esse, extra omnem dubitationem positum est. Porro anni 1055 a pluribus s. xi exarati sunt diverso tempore, factis plerumque æquali; sæculi xu vestigium in iis nullum, ne quærenti quidem. Neque hæc igitur ex Sigeberto desumpta esse possunt. Alia res est in sequentibus. Annos enim 1099-1124, nivium nimis humida una manus in præcedentibus nondum obvia continuo calamo exaravit ; alius deinde in monasterio Fossensi et ipse uno ductu sequentia scripsit usque ad 1157 exterminavit, ubi Anselmus desinit ; tum nova manus uno tenore pergit usque 1146, multos afflixit. Hic desinit continuatio Gemblacensis ; annales quoque per duos annos cessant ; quæ tum sequuntur, quot annos, tot fere manus exhibent. Apparet igitur Annales Leodienses ad annum usque 1099 inter fontes Sigeberti habendos, annis 1099-1146 autem ex ipso ejusque continuatoribus Gemblacensibus ad verbum fere exscriptos esse tribus vicibus, primum a. 1024 a Leodiensi, deinde a. 1157 et 1146 a duobus monachis Fossensibus.

(57) A. 900-903. Cf. Sigeb. De viris ill., 112.

(58) A. 977, 992, 1001, 1003.

(59) In codice nunc Guelferbytano legit atque adhibet annis 885, 905, 960, 972, 1014.

(60) De epp. Mettens. ad a. 982-984. De divers. temp. 997, 1005-1020.

(61) A. 959-1054 plurima inde sumpsit

(62) Apud Baronium XI, 210. Legebat eam atque descripsit ad a. 1053, 1054, ex codice S. Laurentii Leodiensis, jam Bruxellensi 9706.

(63) A. 1087.

(64) A. 1085.

(65) A. 1097-1099 apud Dodechinum.

(66) Non usus est Annalibus Bertinianis, Blandiniensibus, Thietmaro, Herimanno Augiensi, Lamberto. Ex hoc enim quos locos affert Hirsch, eorum 1048, 1066, 1077, ex Ann. Leod. sumpsit Sigebertus ; 1067 ex Vita Cunradi et ex narrationibus æqualium ; plura enim habet quam Vita et Lambertus ; 1075, de Russis noster nequaquam idem narrat, quod Lambertus, neque in anno conveniunt ; 1071 de martyribus Thebæis longe plura Lamberto habet Sigebertus, qui tum temporis prope adfuit, et carmen de ipsis scripsit ; 1056, 1062, possunt quidem ex Lamberto, at non minus bene ex alio fluxisse. Cf. ibi notata.

ad verum videndum, neque cautam in incertis dubitationem, neque criticum in eligendis et fontibus et rebus quas inde sumeret judicium defuisse. Hoc autem unum ejus atque solum meritum est in omnibus fere quæ a. 1024 præcedunt; tota enim hæc pars a. 381-1023, paucissimis tantum exceptis, compilata est e fontibus supra dictis, nobis igitur nullius prorsus utilitatis. Inde ab a. 1024 multa quidem adhuc ex aliis hausit, sed iis tot et tanta de suo addit, ut jam ipse possit pro fonte haberi. Ex hac una itaque chronici parte satis exigua annorum 1024-1112 jure nostro judicium ferre possumus de Sigeberto scriptore historico; reliqua enim non sunt Sigeberti.

Sigeberti fides (66*).—Tria potissimum sunt quæ ei objiciuntur: quod schismaticus fuerit; quod nimio imperatoriæ partis studio abductus, falsa sciens narraverit, imo finxerit, vera tacuerit; quod in temporibus et rebus scribendis multum erraverit. At schismatis quidem notam jam catholicæ Ecclesiæ scriptores, Fleury (67), Martene (68) et Benedictini auctores Historiæ Litterariæ (69), de illo sustulerunt. A partium autem nimio studio eum prorsus liberum fuisse, nemo negabit, qui libros ejus animo non præoccupato legerit. Facta enim ex ipsis tantum judicat, non ex personis; male commissa in imperatore non minus vituperat (70) quam in papa, atque ita raro exemplo partibus omnino superiorem se tenuit. Pro imperatore quidem sensit cum tota sua diœcesi; at non Heinricus est cui favet, non papæ persona cui irascitur, sed divinum jus regum labefactatum, sed rebelliones et perjuria sancita, sed concordia regni et Ecclesiæ turbata, filii erga patrem pietas corrupta, fides hominum concussa. Quæ cum reprehendit, tantum abest ut partium studio seductus sit, ut si minus ea tetigisset, tunc demum partium nimis studiosus recte foret dicendus. Quod multa non narrat Heinrico minus favorabilia, hoc quidem nomine reprehendi nequit, cujus consilium erat summa tantum rerum breviter perstringere. In adversa enim parte prorsus idem fecit. At qui increpant quod Heinrici aliqua tacuerit, iidem crimen ei faciunt inde, quod paparum malefacta silentio non texerit omnia, cum tamen multa reverenter omitteret, quæ in fontibus suis legebat. Si quando paulo acrius in Gregorium atque Paschalem loquitur, hoc saltem bona fide fecit, non conscius erroris; neque in illis falsum esse, possumus probare. Ubivis potius veri amantem videmus; ita cum minus recte a Deoderico gesta in Vita ejus nondum tetigisset, in Chronico ea supplevit. Si qua in-

certa sunt, ipse indicat; falsa sciens nunquam narravit nec finxit (71).

Chronologia.—Nescientem autem multos errores commisisse in rebus et in temporibus, id quidem negari non potest. Temporum computationi præcipuum quidem studium impendit; sed cum tot auctores sequeretur, ubi hæc aut diversissima erat aut nulla, errores multiplices et graves vitare non bene potuit. Multa in hac arbitraria sunt, ubi e fontibus tempus cognoscere non potuit, vel ubi anno certo ascribenda erant, quæ per se certum tempus non habent, ut miracula, vitæ clarorum virorum, similia. Sæpissime etiam aliud quam quod in fontibus inveniebat tempus ascribit rebus inde petitis, non recte semper nec ad id satis attendens, quod annum alii in Pascha, alii in Natali Dominico incipiunt. Ubivis tamen inquisivit, et e certis quantum habere poterat fundamentis computavit, nec dubia occultare studet. Itaque in his voluntas ejus laudanda, auctoritas fere nulla. Hoc maxime de paparum catalogo dicendum, in quorum serie constituenda ad a. 873 usque Gesta pontificum sequitur, in annis tamen sæpe ab eis recedens: inde ab illo autem anno Marianum et catalogos pontificum adhibuit. Qui, cum multum inter se differrent, Sigebertus eos conciliare nisus est. At mox vidit et ingenue confitetur (72), se non sufficere huic labori; et cum in ipso numerando se nimium ab illis recedere deprehendisset, a nonagesimo tertio statim ad numerum centesimum transit (72*); nec postea satis sibi cavit ab erroribus. Reliqui codices alii ad litteram hæc expresserunt, alii pro sua quisque opinione correxerunt; unde apparet, ad seriem annosque paparum rectius cognoscendos Sigeberti codicumque ejus cunctorum auctoritatem atque utilitatem prorsus esse nullam. Idem de tota ejus chronologia dicendum, non solum ante a. 1024, sed post etiam.

Dictio.—Dictio in Vita Deoderici et reliquis Vitis juveniliter exsultans, ornata flosculis imo versibus poetarum Horatii maxime vocibus rarioribus (75), Græcis quoque, antithetis, comparationibus, metaphoris referta, sacræ Scripturæ et Patrum lectione turgens; numero gaudet poetico et sententiis æquali sono bis terve in fine sibi respondentibus; quod scribendi genus sæculo xi atque priori xii parti peculiare fuit et quam maxime usitatum. In epistolis idem æqualis soni studium: dictio minus florida, inusitatis vocibus carens, at dignitate gravior, sententiis vividior, eloquentia quadam nativa animata, non sine facetiis et oratoriis virtutibus, omnino autem optimis ejus ætatis annumeranda. In Chronico

NOTÆ.

(66*) Vide infra observationes quas ex Hartzheimio (*Conc. Germ.*, t. III, p. 254, § *Quid de Sigeberti Gemblacensis duplici asserto sentiendum*) ad an. 1074 et 1085 subjungimus. EDIT. PATROLOGIÆ.
(67) Fleury, *Hist. eccles.* l. LXV n. 40.
(68) Ampl. coll. I, 588, nota.
(69) *Hist. litt. de la France*, IX, 557.
(70) Cf. 1075-1084: *his autem — agere* 1085. De vir. ill. 165; *cujus solius verba sufficiunt omnibus ad*

intelligendum, *quam gravis et odiosus fuerit ipse imperator Saxonibus*. Cf. ibid. 160, 161.
(71) Locus enim anni 775, quo maxime infestatur a Greisero, non ipsius est, sed interpolatoris Aquicinensis; epistolam a. 1085 recepit tantum, non finxit.
(72) A. 995.
(72*) A. 824.
(75) Ut *scobere* i. q. *scopo mundare*; *minare* i. q. *mener*, *ducere*.

plana est atque composita, qualis in sene, nunquam fere se attollens; ex priori ornatu sonos tantum æquales in fine sententiarum retinuit, donec in libro De viris illustribus et hunc ultimum ornatum deposuit.

Exceptores. — Opus statim postquam in publicum prodiit, mirum quantum hominum attentionem in se convertit; plurimumque descriptum, excerptum, continuatum, maximi per sequentia sæcula in historiam scribendam et rebus et forma fuit momenti. Primus eo usus est jam medio a. 1105 et sæpius postea Ekkehardus Uraugiensis, et ex hoc annalista et chronographus Saxo; dein auctor tractatus De investitura, quem vulgo Waltramum Naumburgensem dicunt, a. 1109 (74); tum Annales Leodienses a. 1124 (75); Nicolaus Leodiensis in Vita S. Lamberti intra a. 1124-1147; Hermannus Tornacensis(76); Ordericus Vitalis ante a. 1132; Rupertus Tuitiensis in Historia S. Laurentii Leodiensis ante a. 1135; Reinerus ejus continuator (76'); continuator Fulcuini circa a. 1160; scholiastes Adami Bremensis (77); Annalium Laubiensium interpolator (78); Annales Elnonenses (79) (et ex his Chronicon Tornacense [79']), Marchianenses (80), Florefficenses (81), Parcenses (82); Chronicon Remense a. 1190 (83); Leodiense a. 1192 (84); Lambertus Parvus ante a. 1195 (84'); Andreas Marchianensis a. 1194 (85); Radulfus de Diceto a. 1199 (85'); auctor narrationis De bello sacro (86) ; monachus Egmondanus a. 1204; Nicolaus Ambianensis a. 1204 (87); Robertus monachus S. Mariani Altissiodorensis a. 1210 (88) et ex hoc deducti Chronicon Turonense (89), Gerardus de Fracheto a. 1264, et Guillelmus de Nangis a. 1304; Helinandus (90); Albericus Trium Fontium a. 1241 (91); Ægidius ab Aurea Valle a. 1247; Matthæus Paris (92); Vincentius Bellovacensis (93); Martinus Polonus; Annales S. Medardi Suessionensis a. 1269 (93'); Balduinus Ninovensis a. 1293 (94); Johannes Iperius a. 1294 ; Chronicon Gallicum a. 1306 (95); Matthæus Westmonasteriensis a. 1307; Annales Islandici a. 1328 (96); auctor carminis de Lohengrino post a. 1356 ; Henricus de Hervordia, et ex hoc Korneus; interpolator Rodulfi Trudonensis a. 1366 (96'); Petrus· a Thymo in Chronico Brabantiæ a. 1429 (97); Chronicon S. Bavonis paulo post a. 1497 (98). Præter hosce Sigeberto usi sunt Lambertus Waterlos in Chronico Cameracensi, a. 1152 scribi cœpto, habuit Codicem familiæ B; Bertinianus auctor Genealogiæ comitum Flandrensium, quam Galopinus edidit sub nomine Flandriæ Generosæ paulo post. a. 1164 ; Rogerus de Wendower in Floribus historiarum, a. 1235, usus codice Roberti de Monte; Jacobus de Guisia in Annalibus Hannoniæ, ante a. 1398; Joannes Brando Dunensis, a. 1431; Anianus in Chronico Aldemburgensi a. 1448.

Continuatores. —Continuatorum agmen, majus quam in ullo præter Martinum Polonum scriptore, Anselmus ducit, e Guirini Gemblacensis discipulo magister apud Altovillarenses, dein apud Latinia-

NOTÆ.

(74) Cf. de hoc et de reliquis diligentissimam Hirschii disquisitionem, p. 408-437. Exscripsit ad verbum annos 791, 798, 801, 752, 420, 963, 1046, 1047.
(75) Vide supra notam 56.
(76) Dachery, Spicil. II, 905.
(76') Usus Sigeberto, Anselmo et Gemblacensibus.
(77) Cf. Archiv. VI, 821.
(78) Annos enim ibi 448, 657, 646-660, 895, 958, 963, 969, alia manu e Sigeberto additos esse apparet.
(79) Præter manum continuam interpolatricem ibi plura etiam variis manibus e Sigeberto addita sunt.
(79') Apud Martene Thes. III, 1455, totum ex Elnonensibus descriptum, non e Sigeberto ipso.
(80) Inediti, ad annum usque 1076, ex Leodiensibus descripti, alia manu s. xii multum e Sigeberto interpolati, a. 1079-1107. Integri ex eo descripti.
(81) Inediti, usque ad a. 1159, e Leodiensibus descripti, multis postea s. xii exeunte additis e Sigeberto.
(82) Inediti, maximam partem e Leodiensibus atque Sigeberto excepti sunt.
(83) Labbei Bibl. ms. I. 535.
(84) Martene, Thes. III, 1405, usum sig. et Anselm.
(84') Exscripsit Sigebertum, Anselmum, Gemblacenses et Aquicinctinum.
(85) Usus codice Aquicinctino.
(85') Usus Roberto de Monte.
(86) Martene, Coll. V, 556.
(87) Natus a. 1147, ut ipse dicit, Chronicon scripsit ab O. C. usque ad a. 1204, octo libris comprehensum, quod ante a. 581 totum ex Eusebio atque Hieronymo compilavit, a. 581-1155 ad verbum e Sigeberti codice Ursicampino, a. 1156-1200 ex Aquicinctino B5. excerpsit, nil prorsus addens nisi decem notulas breves a. 418, 424, 454, 555, 635, 636, 648, 679, 684, 706, ex Historia miscella, et undecim alias a. 902, 1121, 1147, 1152, 1153, 1162, 1187, 1200, 1202, 1203, 1204, papas tantum, Ambianas, Galliam spectantes. Tanta brevitate egit, ut annos 1100-1204 octo fere paginis complectetur; tanta ignorantia, ut v. g. ex Sigeberti verbis 561, in Scotia Brendanus claruit faceret in historia Brendanus floruit a. 585 pro in Armeniam incurrente scriberet in amicitiam incurrente. Opus, non dignum quod edatur, exstat in codice olim Pithœano, tum Christinæ inter Vaticanos 444, s. XIV, cujus apographum est codex quo usi sumus Parisiensis inter Supplem. Lat. 785. Continuationem excerptam edidit Brial XIV, 21.
(88) Usus codice Ursicampino.
(89) Martene, Coll. V, 917.
(90) Usus codice Mortui maris.
(91) Usus codice Affligemensi atque Helinandi.
(92) Usus Rogero de Wendower.
(93) Usus codice Ursicampino.
(93') Dachery, Spicil. II, 486.
(94) Usus codice Affligemensi.
(95) In cod. Parisiensi inter San Germanenses Franc. 659, s. xiv.
(96) Cf. Waitzium in Annalibus nostris VII, 690, qui eos ex codice quodam Roberti de Monte fluxisse docet. De Theoderico rerum Norvegicarum scriptore, qui jam Sigebertum laudat, cf. Hirsch, p. 415.
(96') Ineditus, in codice Bruxellensi 18181.
(97) Ineditum servatur in tabulario civitatis Bruxellensis; cf. Archiv. VII, 707.
(98) Vide infra notam 105.

censes; post a. 1099 Gemblacum redux, ibi a mense Februario a. 1113 abbas multa cum laude præfuit usque ad obitum a. 1136. Litterarum amore morumque elegantia omnibus commendatus fuit; ingenio quidem Sigeberto inferior, judicio fluctuans (99), miraculis, monstris, tempestatibus nimium intentus, multa tamen utilia nobis tradidit. Sigeberti Chronicon continuare jam anno 1112 aggressus (100), calamo cum rebus pariter excurrente ad finem usque a. 1135 deduxit. Ut enim ex codice ejus autographo videmus, res prouti fiebant statim litteris mandavit, bis terve in uno sæpe anno calamum sistens et ad novos nuntios resumens; quæ sero didicit, supplens, quæ falsa esse post comperit, corrigens. Ita liber ipsis rerum vestigiis incedens, summa fide dignus videtur, in tempore præsertim rebus ascribendo. Auctor ipse illum pluribus vicibus edidit; nam a. 1024 inde suppletos vidimus Annales Leodienses a. 1126 monachus Alnensis et a. 1131 monachus Virdunensis totum transcripsit, a. 1136 Fossis alteri Annalium istorum supplemento inserviit. — Anselmum statim except continuator GEMBLACENSIS PRIMUS, a. 1136 atque initium a. 1137 scribens ; alter vario tempore et atramento multum mutato addidit 1137 *Prudens lector* usque ad 1145, *successit* ; inde tertius uno tenore processit usque ad finem a. 1148. Ita librum iterum Annalibus suis adhibuerunt Fossenses ; totum descripserunt nostri codices F 1, 2, 3, 4, excerpserunt Reinerus Leodiensis et chronicon Leodiense. Præter hos uti sunt Anselmo et Gemblacensibus continuator Ursicampinus ejusque sequaces Nicolaus Ambianensis et Vincentius Bellovacensis ; Andreas Marchianensis ; Lambertus Parvus ; Albericus ; Balduinus Ninovensis ; Iperius ; chronicon S. Bavonis.

Edidit primus Miræus, ex hoc Struve atque Bouquet. — Porro Gallus (101), quidam familiaris S. Bernardi, hæc omnia usque ad a. 1148 a Sigeberto « Jamblensi » scripta credens, cum continuare suscepit ita, ut « omissis aliis, ea quæ ad pontificalem historiam pertinent perstringeret, » et tantum « quæ visu et auditu vera esse cognovisset, narraret. » At ni Sigeberti continuatorem ipse se profiteretur, nemo cum illis annumeraret. Opus enim alius plane consilii atque formæ, non annis, sed capitibus distinctum, totum fere versatur in concilio Remensi, Conradi et Ludowici expeditione, Arnoldo Brixiensi aliisque Ecclesiæ rebus, quæ omnia amplissime et ex accurata cognitione narrantur (102). Quare dolendum, quod a. tantum 1150 medium nobis servavit illud codex unicus F2, unde suo loco edetur.

Jam autem a. 1112 seu 1113 Sigeberti Chronicon, quale ad secundam editionem præparatum auctor moriens illud reliquerat, adjecta in fine notitia Anselmi de anno 1112, descripsit MONACHUS AQUICINENSIS [B.] satis accurate, nisi quod additamenta quædam de suo maxime monasterio interseruit. Idem etiam Eusebium, Hieronymum atque Prosperum Sigeberto præfixisse videtur (103). Hic codex B. reliquorum fons fuit omnium (104). Anno 1148 eidem addita est Anselmi atque Gemblacensium continuatio, atque ita totum descripsit B1. Postea in monasterio ipso Aquicincti continuatus fuit, diverso tempore, ut videtur, rebus maxime Flandriæ et bella sacra spectantibus, quarum plures ex Annalibus Blandiniensibus, paucæ ex Aquicinctinis petitæ sunt. Hanc continuationem novimus tantum e quatuor aliis, quæ ei superstructæ sunt (105). Prima est monachi VALCELLENSIS, [B2.] qui totum librum de-

NOTÆ.

(99) Cf. a. 1130, 1132 de Lothario imperatore. Cf. de Anselmo Acta SS. Junii VII, 171 ; Delvenne, *Biographie des Pays-Bas;* Mons, 1829, I, 23.
(100) Cf. supra notam 49*.
(101) C. 7 enim Francorum regem nomine non addito simpliciter designat per *serenissimum regem*, eumdemque sæpe vocat *Christianissimum*.
(102) Inter alia legimus ibi c. 40 jam a. 1150 episcopum Wintoniensem antiquas statuas Romæ coemptas in Angliam transportasse ad domum suam ornandam.
(103) Vide supra notam 49.
(104) Hoc ita probatur. Codices B1, 2, 3*, 4*, 4**, 5, licet lectionibus et additionibus plurimum inter se differant, eo tamen communem fontem produnt, quod omnes Sigeberto Anselmi atque Gemblacensium continuationes adjungunt, quodque has iterum continuarunt diverso quidem quisque modo, sed omnes uno atque eodem usi fundamento, continuatione Aquicinensi. Porro C1, 2*, 3, 4*, 5. D. D1, 1*, 2, E., et ii omnes se multum variantes, habent tamen in quibus nunc omnes, nunc plures conveniant lectiones, ut 767, *Scomnas;* 882, *Hunnam;* 928, *Gana;* 959, *bellaria;* 933, *Baginoensium* ; omissa, ut 962, 1012 ; additamenta, ut 1048, 1096, 1099 ; denique continuationes. Et hi igitur suum sibi fontem peculiarem vindicant, quem conjicimus esse Atrebatensem, C. Familia B1, 2, 3, 4, 5, quam plurimum ab illis differt, cum lectionibus, tum vero continuationibus ; in additamentis autem, quæ Sigeberto fecerunt a. 651, 690, 775, 1076, 1079, 1080, 1084,

1086, 1087, 1088, 1090, 1092, 1093, 1095, 1096, 1100, 1102, 1103, 1109, 1111, 1112, et in verbis ejus omissis a. 934, 958, 987, 1012, 1106, utriusque familiæ codices conveniunt nunc omnes, nunc plures ; Eusebium insuper, Hieronymum et Prosperum Sigeberto præfigunt cuncti, excepto C5., qui ita decurtatus est, ut hic non possit objici. Hoc aliter explicari nequit, nisi ut ambas familias ex uno fonte fluxisse statuamus, qui Eusebium, Hieronymum, Prosperum et Sigebertum continebat cum additamentis illis utrique communibus. Ex his 1079, 1080, 1086, 1087, 1088, 1090, 1093, 1096, 1100, 1102, 1109, 1111, tangunt monasterium Aquicinense, omnes præter 1079, 1080, 1096, desumpti ex ipsius monasterii Annalibus adhuc ineditis, quorum primarium exemplar Duaci servatur ; 651, 690, 1084, 1086, tractant vicinas ei regiones ; 1076, 1092, 1095, 1103, episcopos Cameracenses, quibus illud subditum erat. In hoc igitur monasterio codex iste primarius B. exaratus erit. Additamenta supradicta pleraque quidem et in altero codice Aquicinensi B3. leguntur ; sed inde fluxisse non possunt jam ob id, quod nonnulla ex eis et in antiquioribus codicibus C4*. D. E. exstant. Quod autem non in omnibus codicibus ea reperiuntur omnia, hunc per omnes fere Sigeberti codices usum fuisse videmus scribarum, ut sui monasterii historiam intruderent, aliorum omitterent, prout ipsis placebat. — Nos illa in unum collecta dabimus post Sigebertum:
(105) Per continuationes enim B2, 3*, 4*, 5, quam maxime inter se diversas, sparsa leguntur nonnulla

scripsit usque ad a. 1165, aliqua omittens, alia de suo addens. Hunc paulo post a. 1497 auctor Chronici S. Bavonis totum fere transcripsit, multa interponens ex Lamberti Florido, Annalibus Blandiniensibus atque S. Bavonis, Genealogia comitum Flandriæ, Martino Polono, Johanne de Thielroda, Ægidio de Roya, Adriano But, Trithemio, aliis (106). — Alter fuit monachus AFFLIGEMENSIS, [B5.] qui Sigeberto, Anselmo atque Gemblacensibus aliqua additamenta de monasterio Affligemensi ex Historia et Annalibus Affligemensibus aspersit, alia septuaginta septem ex Blandiniensibus. Deinde continuationem Aquicinensem ad a. usque 1156 adhibuit ita, ut eam quasi obrueret mole suarum additionum ; ab a. 1157-1165 suis tantum vestigiis incedit. Scripsit ante a. 1189 (107) animo erga Fridericum imperatorem inclinato ; quæ Miræus pleraque omisit. Usi eo sunt Albericus Trium Fontium et Balduinus Ninovensis. Nos illum novimus ex exemplo tantum, quod sæc. XIII ineunte monachus Eihamensis (B5*) descripsit. Id nomine auctarii Affligemensis edidit Miræus, et inde Struve. — Tertius monachus HASNONIENSIS [B4.] Aquicinensem descripsit usque ad a. 4167, cui Annales Blandinienses adhibuit in nonaginta sex locis ; præter hos de suo paucissima tantum addidit, inter quæ tres de monasterio Hasnoniensi narrationes (108) ibi scriptum produnt. Anselmum, Gemblacenses atque Aquicinensem continuationem hic illic decurtavit ; propriam non addidit. Novimus eum tantum e B4*, 4**, qui inde accuratissime descripti sunt. Atque codici B4** intra a. 1296-1306 monachus R. Marchianensis plurima in margine et intra lineas apposuit, quæ ex Annalibus Blandiniensibus, Marchianensibus, Elnonensibus, atque Vitis S. Amandi, Amati, Rictrudis, Gertrudis ad verbum transcripta, nullius sunt pretii.— Quartus denique monachus AQUICINCTINUS (B5.) rogatu Simonis a. 1174-1201 abbatis codicem primarium Aquicinensem, denuo descriptum usque ad annum 1148, inde ita continuavit, ut continuationem illius pro fundamento propriæ subjectam multum ampliaret, sequentia usque ad finem a. 1201 de suo adderet, diversis ut videtur temporibus (109). Aliqua sumpsit ex Annalibus Aquicinctinis, plurima autem, de bello potissimum sacro, e relationibus eorum qui ipsi interfuerant. Auctor Fridericum imperatorem admiratur (110) ; quæ Miræus tacens ubi vis omisit. Alius deinde uno calamo adjecit breves notitias a. 1201-1257, omnes, tribus tantum exceptis, ex Annalibus Aquicinctinis ad verbum petitas (111). Exscripserunt hunc codicem Lambertus Parvus ; Andreas Marchianensis, Wilhelmus auctor Chronici Andrensis ; Nicolaus Ambianensis ; monachus Clarimarisci, qui Genealogiam comitum Flandrensium continuavit (112); interpolator Annalium Elnonensium ; Iperius. Edidit Miræus, et ex eo Struve. — Eumdem nactus monachus S. WINNOCI BERGENSIS [B5*.], inde annos 1149-1201, accurate transcripsit, annis 1201-1257 multa immiscuit ad Flandrias maxime spectantia. Auctor illo tempore vixisse videtur (113) ; continuatio nunc primum lucem vidit (114). Usus ea est Wilhelmus Andrensis et ex hoc Iperius.

Præter hos ex Aquicinensi B. alium etiam codi-

NOTÆ.

in omnibus eadem, quibus cætera interposita esse nonnumquam satis apparet. Hæc non possunt ex una in alteram transiisse — tum enim multo plura communia esse deberent his continuationibus — sed ita tantum explicari possunt, ut commune illarum fundamentum esse statuamus.

(106) Legitur in cod. olim Blandiniensi, nunc Bruxellensi 14524, unde descripti sunt Brux. 16551 et Ambianensis 556. Totum edidit De Smet in Corp. chron. Flandriæ I, 455, priorem partem usque ad a. 772 Vandeputte in Annalibus S. Petri Blandiniensis (Gandavi 1842, 4to) e cod. chart. sæc. XVI in tabulario Gandensi. Idem prorsus opus est, imo ex eodem codice impressum, quod Dom Brial XIV, 16 nomine *Auctarii Blandiniensis* edidit ex copia codicis æque Blandiniensis (quem in manibus habuit, et *une tout autre production* vocat de Bast., *Institution des communes*, Gand 1819, p. 99, 112) a D. Nelis sibi communicata. Nusquam Dom Brial dicit, hoc ibi legi post Sigebertum ; idem apud eum et in Chronico finis abruptus, eadem verba ; Brial nil prorsus habet, quod non etiam Chronicon ; quæ Chronicon illo plura habet, perpauca tantum, a Brial omissa erunt; qui se non omnia edidisse ipse innuit. Continuatio igitur Sigeberti Gandensis nunquam exstitit.

(107) Nam a. 1154 Heinricum Anglorum regem, a. 1189 mortuum vocat *hunc qui modo regnat*.
(108) A. 670, 1069, 1150.
(109) Cf. a. 1190 de Friderico imp. : *Corpus ejus adhuc insepultum custoditur;* 1192 : *rex futurus scriptum esse oportet ante Heinrici mortem* a. 1197. narratam ; 1194, *actum hoc anno;* 1197, *septimum ut videtur pulchra processio;* ibid. certum

nostrorum victoriam adhuc minime audivimus. Jam ante a. 1195 eodem usi sunt Lambertus Parvus atque Andreas Marchianensis, in præfatione operis hæc tantum de se dicit auctor : *A 13 autem anno Conradi regis Theutonicorum et 14 Ludovici hujus nominis septimi regis Francorum, rogatu quorumdam fratrum Aquicinensium, et postmodum auctoritate Symonis ejusdem Ecclesiæ abbatis, quidam monachus ejusdem Ecclesiæ familiarissimus, mediocriter littera· tus, usque in calcem voluminis sequentia apposuit. Audita magis quam visa scripsit, et quæ a fidelibus relatoribus audivit, posterorum notitiæ dereliquit.*

(110) Nec tamen injusto partium studio; cf. a. 1156, *injuste dimisit;* 1161, *per violentiam imperatoris;* 1162, *Octavianum scismaticum,* 1165, *imperatoris tam temerario juramento.*

(111) In codice unico B5 exstant tantum usque ad a. 1225 medium, ultimo ejus folio deperdito. Sed apud continuatorem B5* iis superstructum, non hæc tantum leguntur, sed etiam cuncta quæ Annales Aquicinctini a. 1226—1257 exhibent. Atqui B5* non usus est Annalibus, sed codicem B5 ad litteram descripsit (cf. *subuuone* quod utrumque); locos ergo Annalium apud eum obvios in B5 quoque exstitisse oportet.

(112) Apud Martene Thes. III, 588.

(113) Eum Bergis prope Dunkirchen scripsisse, inde conjicimus, quod hujus maxime regionis historiam tractat; quod vocibus Galliam redolentibus utitur, ut *saisivit;* quod translationem S. Idubergæ plene narrata, adjicit : *facta est tempore domni Incelmari abbatis Bergensis.*

(114) Novimus tantum dabimusque e codice B5** per monachum Blandiniensem e variis libris, tanta

cem fluxisse oportet jam deperditum, in diœcesi Atrebatensi scriptum (C.) (115). Is primo continuationem non habuit; ita inde derivati sunt D. et fontes codicum D1. 2. Deinde pauca illi addita sunt; ita a. 1127, inde descriptus fuit codex Tornacensis (C3.), cui alius postmodum adjecit notulas brevissimas annorum 1152-1174, tertius a. 1332, 1333, 1334. — Anno 1136 monachus S. Vincentii Laudunensis (C4.) codicem C. descripsit, sed inde ab a. 917 multa omisit, pauca addidit, maxime Laudunensia (116), ejusque continuationem, auctam de rebus potissimum Laudunensibus, deduxit primo ad a. 1136, deinde calamo rebus semper suppari usque ad a. 1145. Ita totum a. 1154 monachus Corbeiensis (C4*.) accurate expressit, nil addens; continuavit codex Vallis lucentis jam deperditus (117). Porro ineunte anno 1155, monachus quidam Præmonstratensis continuationi Laudunensi novam annorum 1113-1155 superstruxit ita, ut illi in priori..us magnos centones ex Vita Norberti ad plurimum excerptos assueret, in sequentibus plurima afferret nova et quam utilissima. Habemus eam in uno codice nostro B1. Eadem iterum ex Anselmo interpolatam esse a monacho Ursicampino, infra videbimus. — Ex codice C. fluxisse etiam videtur Burburgensis (C5.), qui Sigeberto quam maxime decurtato addit brevem a. 1114-1164 continuationem, quæ primis tribus annis cum Laudunensi convenit, tum plura continet, quæ et in chronicon S. Bavonis transierunt (118), alia, quæ alibi non leguntur.

Codices quos hucusque enumeravimus omnes Sigeberto multa quidem nunc addunt, nunc adimunt, at verba et sententiarum ordinem intactum reliquerunt. Hunc mutare primus ausus est monachus Bellovacensis (D.), qui intra annos 1138-1147 (119) codicem C. descripsit sine continuatione. Hic nova additamenta fecit decem, Bellovacum maxime spectantia; at triginta loca omisit, sententias quam plurimum transposuit, non in singulis modo annis, sed ex altero sæpe in alterum ; paparum catalogum inde ab a. 959 de suo prorsus alium fecit. Ita codex revera omnium pessimus, miro tamen fato majoris quam ullus e reliquis in historiam fuit momenti; ex eo namque fluxerunt non solum codices sequentes, sed et editiones præter Miræanam omnes. Continuationem primo non habuit ; hanc alius ipsi addidit brevissimam annorum 1114-1147; tertius auxit et deduxit usque ad a. 1163 (120). Ita totus codex descriptus fuit plurimis omissis apud S. Victorem Parisiensem (D2.); priore demum continuatione auctum anno 1155, monachus Mortui maris (121) (D1.) accuratissime expressit, et septem notulas adjecit. His duo alii multa interposuerunt a. 1114-1165 ; sequenti tempore plures continuarunt usque ad a. 1234 (122). Hunc codicem, omissa continuatione, descripsit Cisterciensis monachus Ursicampi [D1*.], qui ei additamenta interposuit triginta duo ex Galfrido, reliqua e variis excerpta, novamque a. 1113-1155 continuationem compilavit ita, ut codicem B1. nactus, continuationem ejus Præmonstratensem usque ad a. 1128, ex Anselmi, quam ibidem legebat, plurimum interpolaret, post integram describeret, quindecim tantum per totam additamenta faciens, quæ auctorem Ursicampi vixisse produnt. Hunc codicem exceperunt D1**. et E8h., ex quo editio princeps fluxit. Eidem innituntur Nicolaus Ambianensis, Vincentius Bellovacensis, Robertus Altissiodorensis cum chronico Turonensi, Gerardo de Fracheto et Guilelmo de Nangis.

Ultimus denique atque clarissimus inter continuatores est Robertus de Torinneio, anno 1128 S. Benedicti regulam professus apud Beccum, a. 1149 ibi prior electus, vi Kal. Jun. 1154, ad abbatiam Montis S. Michaelis de Periculo maris vocatus, quam summa cum laude gessit usque ad obitum viii Kal. Jun. 1186;

NOTÆ.

incuria compilato, ut nonnunquam auctores quam maxime diversos, sine ulla distinctione eadem linea pergens , conjungeret. Ita nostro quoque adjunxit, quasi unum esset, opus prorsus aliud, quod ipse conflavit, a 1222—1228. Annales Blandinienses ad verbum describens, iisque interponens paparum Vitas e Martino Polono decurtatas et pauca alia ex Balduino Ninovensi et Annalibus quibusdam Brabantinis excerpta. Non dignam igitur compilationem, quæ edatur, ideo tantum hic tetigimus, ne quis codicis Bergensis continuationem esse credat, eo quod huic in codice B5** et duobus ejus apographis adjungitur.

(115) Hoc innuere videntur verba continuationis : *Obiit bonæ memoriæ Lambertus episcopus Atrebatensis.* Libentissime quidem crederem, hunc esse Laudunensem nostrum C4, ni duo tantum obstarent : primo quod hic a 1136 scriptus est, C5 autem jam a. 1127 exaratus videtur ; deinde quod a. 596 falsam Laudunensis lectionem *Theudelina* e reliquis unus C4* habet. Neque C5 ille fons esse potest, cum aliqua ipsi desint, quæ reliqui habent, ut a. 1080, 1084, 1086, 1038, 1093, 1096, 1111.

(116) Hæc omissa atque addita erunt fortasse qui tribuant monacho Corbeiensi, cum Laudunensem totum fere deperditum ex hoc tantum cognoscamus.

At Corbeiensem calamo tantum, non ingenio operatum plura ostendunt; in continuatione, quæ ad mutandum et omittendum magis etiam invitabat quam Chronicon, nil omisit; ex octo ejus additamentis Laudunum spectant a. 928, 1052, 1104, et quod in monasterio S. Vincentii scriptum esse oportet a. 1096.

(117) Hunc exstitisse scimus ex solis verbis : *Sequentem hujus operis seriem require apud Vallem lucentem,* quæ sæculi xii medii manus Corbeiensi subscripsit. Vestigia ejus fortasse quærenda sunt in continuatione Præmonstratensi B1.

(118) Vide supra not. 106 Sunt anni 1122, 1126, 1133, 1134, 1155, 1137.

(119) Nam a. 1109 scribit ipse, non alia manus : *Ludovicus filius ejus post eum regnat annis* 29, quod ante a. 1138 scribere non potuit. Porro alia manus continuationem addidit, quæ jam a. 1147 desinit.

(120) Edidit primus Labbeus Bibl. ms. I, 590, inde Struve, p. 1015, Bouq., XIII, 334.

(121) Mortemar, diœc. Rothomagensis, Cisterciensium regulam acceperat a. 1137 a monasterio Ursicampi (*Orcamp*, diœc. Noviomensis).

(122) Edidit Martene Thes. III, 1437, excerpsit Bouq. XII, 781, XVIII, 354.

vir generis nobilitate excellens (123), in rebus publicis non minus versatus quam in litteris, regi atque reginæ multum commendatus (124), librorum inquisitor atque coacervator studiosissimus (125), doctrinæ gloria Normannorum sui sæculi princeps. Historiam et aliis commendabat scribendam et ipse scriptis coluit (126); inter quæ primum locum tenet Chronicon Sigeberto additum. Cum enim patriam maxime historiam narrare vellet, ex more mediæ ætatis hanc ita universali conjunxit, ut codicem D ab episcopo Bellovacensi mutuatus, Eusebium, Hieronymum atque Prosperum inde describeret puros, in Sigeberto nil mutaret, nil omitteret, sed interponeret archiepiscopos Rothomagenses atque Anglorum Normannorumque historiam, omnia petita ex Annalibus Rothomagensibus, Beccensibus atque Montis S. Michaelis, Guillelmo Pictavensi, Guillelmo Gemmeticensi, Henrico Huntingdonensi. In anno 1100 ipsius continuatio incipit, quæ in primis Sigeberto atque Henrico Huntingdonensi plurimum innititur, post a. 1154 ipsi Roberto tota debetur. Scribere eam aggressus a. 1150 (127) uno tenore perduxit ad hunc usque annum, in quo illi finem imponere primo constituit (128). Sed ut fit, cum eo usque pervenisset, non habens cur scribere cessaret, usque ad a. 1154 perrexit adhuc apud Beccum, et in Monte quoque S. Michaelis cœptum opus variis temporibus ad vitæ finem perduxit. Edidit illud pluribus vicibus prouti erant qui vel totum describere vel recens composita jam prius descriptis addere optarent : et primo quidem edidit a. 1156 ineunte (129), deinde in fine a. 1157 (130), tum a. 1169 (131), denique a. 1182, quo altera vice finem operi facere constituit (132). Sed iterum mutato consilio, ad anni 1185 finem continuavit, plura

NOTÆ.

(123) Cf. a. 1180.
(124) Adeo ut eorum filiam Alienoram de fonte susciperet a. 1161, et custodia Pontis-Ursonis muneraretur a. 1162. Jam antea idem rex Henricus II ad eum venerat in Montem a. 1156, et iterum cum Ludovico VII, biennio post. Alexander quoque papa cum Turonos vocavit ad concilium a. 1163 ; quo finito, Robertus Romam profectus est, indeque redux, Angliam adiit. — De vita Roberti cf. ipsum in Chronico passim inde ab a. 1154; Labb. Bibl. ms. I, 548; Galliam Christ. XI, 520 : unde sua hauserunt *Hist. Litt.* XIV, 363; Bouq. XIII, præf. 30; Hirsch, p. 587. Quæ Fabricius dicit, fere omnia falsa sunt.
(125) Ut eum Henricus Huntingdonensis vocat. Inter alia Plinium in Normanniam primus advexit.
(126) Scripta Roberti hæc sunt : Historia Henrici I seu liber octavus Guillelmi Gemmeticensis, inter a. 1135-1150.— Continuatio Sigeberti, incœpta a. 1150.— Epistola ad Gervasium, inter a. 1150-1154, edita a Dachery, post Guiberti opp. p. 715. — De immutatione ordinis monachorum in Normannia, a. 1154, apud Dachery, p. 811.— Annales Montis S. Michaelis ab an. 1154 ad 1159 ipsius manu inserti chartulario monasterii, nunc in bibl. publ. Abrincensi, n. 80.—Prologus in Augustini Florum, apud Dachery, p. 746.— Prologus in Plinium ab ipso correctum, qui liber ante duo sæcula ad San-Germanenses missus, nunc erit in bibliotheca regia Parisiensi.— Epistola ad abbatem Beccensem a. 1182, apud Bouquet. XVIII, 533.— Quæ præter hæc ei tribuuntur, testimoniis carent. Quod catalogus abbatum a. 1643 confectus, apud Dachery opp. Lanfranci p. 331 dicit : *Robertum 154 volumina edidisse atque turris sub ruinis et impluvio putruisse refert Historia S. Michaelis*, in hoc errorem inesse apparet ; libri isti 154 non sunt, quos ipse conscripsit, sed quos collegit.
(127) Cf. a. 1117, *quod adhuc disponit, transactis exinde 52 annis*.
(128) In præfatione ipse dicit : *ego exinde, permittente et auxiliante Deo, sine quo nichil possumus facere, usque ad 1150um annum ..... c lligere aggrediar*. Ita legunt E3a, 7b, 8d et primo scripserat codex E ; at in hoc Robertus ipse postea annum mutavit in 1182.— Quod Radulfus de Diceto eum usque ad a. 1147 scripsisse dicit, in hoc idem facit, quod Robertum in Sigeberto fecisse vidit: finxit annum, quo ipse incipere statuerat, Roberto fuisse ultimum cum tamen ejus Chronicon, prorsus ut ille Sigeberti, post annum quoque 1147 excerperet.
(129) Hic enim desinit E2. et prima manus in E. ESd.
(130) Desinunt E3a. b. Hucusque Robertum scripsisse, Matthæus Paris dicit.
(131) Desinunt E8a. b et altera manus in 8d ; desinit textus decurtatus in 8e. b. et procul dubio etiam in 8c. d.
(132) Hoc tum totus hujus anni habitus indicat, tum ipse innuit in epistola ad abb. Beccensem, edita ex E6. apud Brial. XVIII, 533. quam in nomine tantum interpolatam, non per omnia fictam credo ; et eo, quod in præfatione numerum a. 1150 correxit in 1182. Manus etiam mutatur in E; desinunt E7a. b.—Codice ipso E6 inspecto, Pertzius docuit, Roberti opus quod ibi fol. 70-93 legitur primo codicibus per se effecisse, manu s. xii ex. scriptum, cujus primæ paginæ, a scriba vacuæ relictæ, alia manus paulo nitidior, sed et ipsa s. xii ex. hanc epistolam inscripsit, quam ex ipso codice ita Pertzius excepit : *Domino et patri karissimo Rogerio, Dei gratia Beccensi abbati, Robertus abbas Montis S. Michaelis de periculo maris, quicquid filius patri et quicquid servus domino. Veniens ad nos quidam juvenis requisivit ex parte vestra, ut mitterem vobis partem cronicorum nostrorum quæ continent tempus 82 annorum, scilicet a martirio sancti Thome martiris usque ad presens tempus. Ego autem, volens pleno addere cumulum, quicquid scripsi postquam ab ecclesia Beccensi recessi, vobis transmittere curavi, continens tempus 28 annorum. Reliqua vero quæ feci antequam ad Montem venirem, apud vos sunt in cronicis, quæ cum magno labore habui de episcopo Belvacensi. Revera liber cronicorum Eusebii Cesariensis valde utilis est ad enucleandas multas questiones tam veteris legis quam nove, id est evangelii. Incipit enim cronica sua 43° anno Nini regis, quo natus est Habraham, et durat usque 20um annum Constantini principis. Et hec transtulit Jeronimus de Greco in Latinum ; et his idem Jeronimus addit de proprio a 20° anno Constantini usque ad mortem Valentis. Ex hoc sequitur Prosper, et ducit historiam suam, usquequo Roma capta est a Jenserico rege Affrice. Post istum incipit Sigibertus Gemblacensis monacus, et ducit historiam suam a 381mo usque ad 1100um annum, quo anno Henricus I rex Anglorum cepit regnare. Illius historie de serie temporum aliquid continuare conabar, incipiens a die quo Henricus I senior cepit regnare, et perduxi usque ad a. 1182um. Ipse siquidem ducit historiam novem regnorum insimul ; ex quibus sex deficientibus, tria tantummodo duco, id est Romanorum, Francorum, Anglorum, et ego eum imitans, ista tria regna prosequor. De cetero supplico paternitati vestre, ut habeatis memoriam et sancta congregatio cui Deus vos prefecit, de karissimo patre et domino meo Ricardo Abrincensi episcopo, qui in die 6 Marci cessit in fata,*

in prioribus correxit, aliqua addidit, atque ita alteram totius operis recensionem a. 1184 Henrico regi A obtulit (133). Sequenti anno calamum iterum resumpsit, et a. 1186 cum vita demum deposuit.

NOTÆ.

Valeat bene et diu sanctitas vestra. Dies S. Marci est 25 Aprilis, annoque 1182 obiisse Ricardum Abrincensem, et noster testatur infra ad an. 1183, et Necrologium Lucernæ, ab auctoribus Galliæ Christianæ adhibitum, confirmat. Reliqua etiam hujus epistolæ in hunc annum quadrant omnia, excepto uno nomine Rogerii Beccensis abbatis, cui inscripta est. Hic enim, ipso Roberto infra testante, jam a. 1180 medio obiit, Osbernum habens successorem. Quamobrem Hirsch p. 394 totam epistolam addubitat. Sed cum præter illud nil prorsus insit quod dubitationem moveat, neque cur aliquis talem epistolam cuderit causa appareat: crediderim potius mendum latere in voce *Roberto*, quam scriba — nam scribæ manus est, non auctoris, — aut errans legit pro *osb*, id est *Osberno*, aut de suo supplevit.

(133) Ipse enim sua manu verba: *Robertus...... fecit historiam...... usque ad presens tempus, continentem scilicet annos usque ad a. d. i. 1181. quem librum presentavit karissimo domino suo H. regi Anglorum, continentem historiam.... Eusebii, Jeronimi, Prosperi, Sigiberti, et propriam* codici E. præposuit eodem calamo, quo a 1182, 1183, clausit et præfationis titulo ascripsit verba: *usque ad* 1184um *annum.* — Hic desinunt E8c. f. et procul dubio desierunt etiam E8d. e. g. Itaque 8c. secundæ recensionis erit, id quod de 8b. e. f. h, et secunda tertiaque manu in 8d. certo scimus. E1—7. priorem recensionem sequuntur; E. utramque exhibet, priorem in vocibus deletis, alteram in superscriptis.

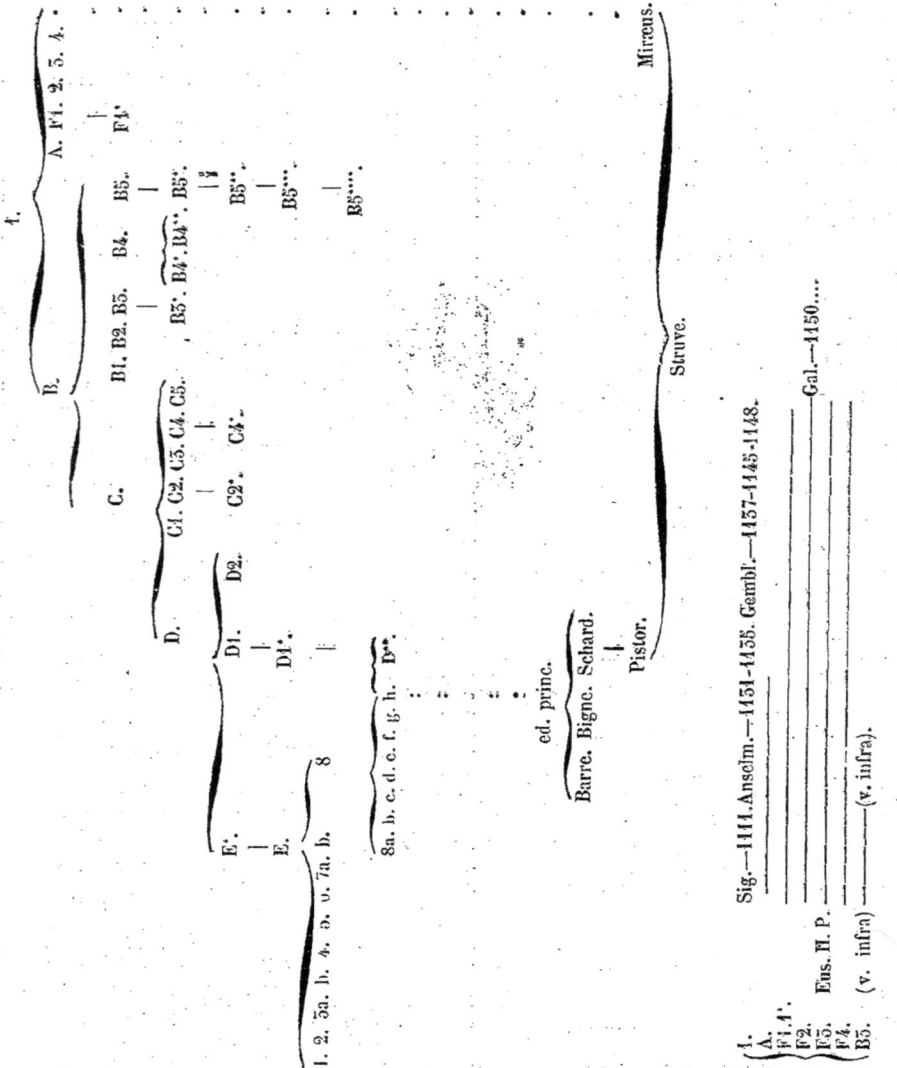

Opus jam vivente auctore plurimum lectum, a Radulfo de Diceto, Rogero de Wendower a. 1235, Nicolao Trivet a. 1307, Matthæo Westmonasteriensi, Chronico Beccensi et annalista anonymo (154) excerptum, sub manibus scribarum non sine mutationibus permansit. Verba ipsa mutavit unus tantum monachus SAVIGNIACENSIS (E2), plurima etiam omittens, alia addens de suo maxime monasterio. GEMMETICENSIS (E4) atque LIRENSIS (E7b) sermonis habitum intactum relinquentes, addendo tantum et omittendo sua quisque ratione textum integrum A mutaverunt. Alius quidam Robertum secundæ recensionis usque ad verba a. 1169 *in ea perierunt* describens, nec auxit nec mutavit, sed omisit ea maxime, quæ ad monasteria singulorumque hominum historiam spectant, ita præ cæteris annos 1162-1168 decurtans. Hunc descripserunt E8a—h, et quidem 8a et secunda manus in 8d purum : 8b addidit brevem continuationem (155) : 8c 8e et tertia manus in 8d adjecerunt Roberti opus integrum a. 1169-1182. Monachus denique S. MARIÆ DE VOTO (156) [E8h] hanc continuationem cum Ursicampina ita

NOTÆ.

(154) Annorum 1087-1259 in E8b, unde initium et finem edidit Bouq. XII, 786, XVIII, 343.

(155) A. 1169-1259, quam edidit Duchesne SS. Norm. 977 ; Bouq. XII, 788, XVIII. 345.

(156) Seu Vallis-Asch, diœcesis Rothomagensis, ordinis Cisterciensis, fundatum a. 1157 ex Mortuo mari.

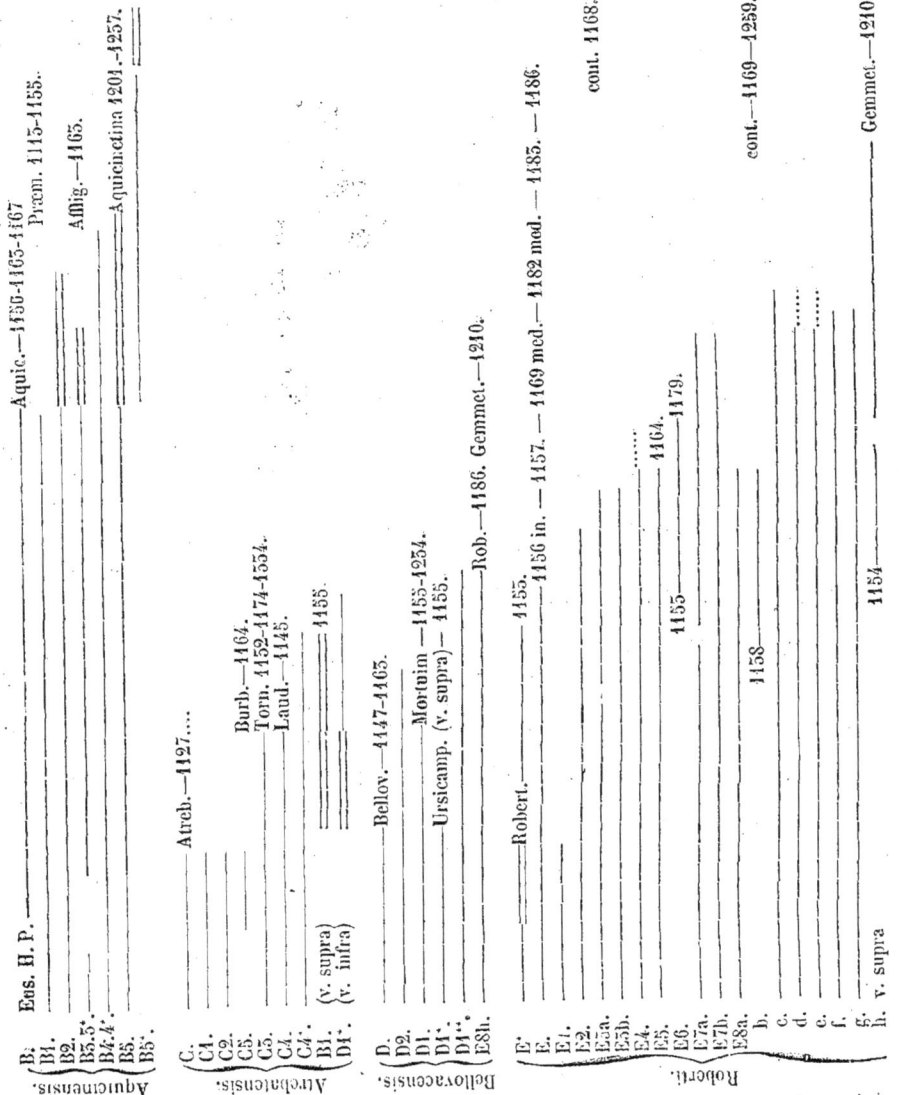

conjunxit, ut codici D(' accuratissime descripto adjiceret Roberti textum illum breviorem a. 1155-1169 et integrum a. 1169-1186, adspersis hic illic paucis de suo monasterio notulis; cui in eodem codice monachus Gemmeticensis continuationem a. 1187-1210 subjunxit. Hunc librum nactus Guilelmus Parvus, a. 1513, inde editionem principem fieri curavit. Ita, cum codex Ursicampinus conglutinatus sit e textu Bellovacensi, continuatione Laudunensi et Gemblacensi, miro quodam fato factum est, ut editio princeps atque textus hucusque receptus quasi cento fieret ex omnibus familiis consutus (157).

Codices. — Codices Sigeberti atque continuatorum exstitisse scimus 63, e quibus jam deperditi 19, supersunt 44. Ex his a novem ante nos editoribus adhibiti fuerunt 12, nos usi sumus 33. Sunt igitur *codices familiæ Gemblacensis*.

1) Codex olim *S. Petri Gemblacensis*, hoc everso in manus cauponis delatus, inde ereptus per D. Baude, a quo benignissime communicatum a. 1840 ipse contuli, nunc bibl. Burgundicæ Bruxellensis n. 18239, unde benignissime nobis transmissum editioni faciendæ iterum adhibui: optime conservatus membr. fol. min. foliorum 62. Quaterniones non signati; lineæ nunc stylo nunc plumbo ductæ; litteræ s. XII ineuntis, summæ simplicitatis, litteræ pictæ præter titulum minio scriptum nullæ. Regnorum indices in summa quavis pagina, anni Christi n margine per decennia tantum notantur. Singulæ sententiæ spatio latiore et littera majuscula distinguuntur. Interpunctio plane egregia, quæ ubivis fere retinenda fuit. Calami errores per totum codicem quatuordecim. Folia 1-42 quinque quaternionibus juncta quatuor diversis temporibus exaravit Sigebertus ipse manu autographa, eadem, qua Gesta abbatum Gemblacensium in codice Lipsiensi scripsit, pulchra et firma adeoque accurata, ut octo tantum pennæ lapsus commiserit levissimos; f. 1-2. (*Incipit — Priamus*) uno calamo, 41 per paginam lineis; f. 5-6. (*Alii —* a. 422) atramento alio, litteris minoribus sed quæ sensim priorem magnitudinem recipiunt, lineis abhinc per totum 42, interius præfixis; f. 6 finem (a. 423-425) litteris subito minoribus; f. 7-42 (a. 426-972) atramento alio, quod abhinc non mutatur. Postea diversis temporibus auctor ipse hic illic plura correxit, delevit, adjecit; post a. 972 nullum ejus vestigium apparet. — F. 43-50 (a. 973-1084) seu sextum quaternionem exaravit secunda manus s. XII in., simillima Sigeberto, sed in litteris majusculis ornatior; orthographia aliquantulum differens; *a*, quod Sigebertus semper *â* scripsit, accentu caret ab hac et sequentibus manibus omnibus; pennæ lapsus tres; lineæ per paginam 41; membrana spissior, lævior. Tres paginæ cum a. 973-979 et 1077. *Hildebrandus per omnes —* a. 1088 fin. jam ante unum duove sæcula tinctura offuscatæ sunt, ut melius legantur. — F. 51-54 (a. 1085-1111 *proterebat*) seu septimum quaternionem scripsit tertia manus, eadem quæ a. 1136-1157 pulcherrima. Desinit in media pagina, cujus reliqua pars vacat. — F. 55 solum insertum conscripsit quarta, longe diversa, subcrispa; indices regnorum nullæ; compendia scripturæ atque orthographia alia, ut *karta, karissimus, dominus papa, Henricus, monacus*. Ultimæ dimidiæ paginæ manus, quam credimus Anselmi, præcedenti satis quidem similis, nec tamen eadem, atramento paulo nigriore inscripsit uno tenore annum 1112 et mortem Sigeberti; alia paulo post *qui — reliquit* addidit. Tum nullo spatio relicto, paginam claudit annus 1113, Anselmi manu, sed alio tempore scriptus. — F. 56-62 octavum quaternionem efficiunt, cujus primum folium jam ante a. 1115 excisum est; nil tamen deficit. Annos 1114-1135. Anselmus ipse scripsit atramento et habitu quamplurimum mutato; et quidem a. 1113 et 1115 fortasse uno calamo; deinde a. 1115 et additionem ad a. 1115, tum 1116-1118 tribus vicibus; a. 1119-1121 scripsit iterum manus tertia; sed Anselmus eam correxit, et ipse scripsit a. 1122; tum a. 1123 et quædam anni 1117: tum a. 1124 et 1125 tribus vicibus, 1126 duabus, 1127 duabus, 1128 sex, 1129 duabus. In a. 1130 cum calamo animum mutavit: Gregorium modo vituperatum laudat, Lotharium laudatum! vituperat; a. 1132 iterum quæ primo scripserat contra Lotharium, paulo post immutavit. Manus tamen in his prorsus eadem, Anselmi, usque ad a. 1135 finem. — A. 1136 iterum manus tertia scripsit, finem alius erasit et alium fecit. — A. 1137 « Prudens » succedit sexta (1n.) pulcherrima, sex vicibus calamum sumens. — A. 1145 « Remis » septima sequitur uno tenore usque ad *transactis*, ubi in fine paginæ desinit, ultima quaternionis et codicis pagina vacua relicta. — Præterea additiones et correctiones per totum codicem multæ reperiuntur, quas ita distinguimus: Sigebertus postquam opus scripsit, plura in eo postmodum correxit curis secundis, atramento nigro; alia postea quoque, curis tertiis, atramento subfusco, manu nitida. Hæc omnia leguntur in omnibus codicibus; facta igitur sunt priusquam opus primo ederetur. — Præter hæc aliæ manus, 1 β. γ. δ. ε., ætate Sigeberto prorsus æquales, habitu tamen, compendiis, atramento paululum et ab eo et inter se diversæ, plura addiderunt, partim in rasura, partim in margine, sed post a. 972 quo Sigeberti manus desinit, non jam occurrunt, exceptis a. 1003, 1012, 1076. Hæc unus A. omittit omnia, et in rasuris illis plerumque habet ea quæ Sigebertus primo ibi scripserat; apud Ekkehardum quoque et Waltramum eorum nil reperitur, reliqui autem præter A. codices has 1 β. γ. δ. ε. additiones et correctiones ubivis habent omnes; unde apparet factas eas

NOTÆ.

(157) En familias codicum atque continuationum, quarum interpolationes signo ═══ indicavimus. Vide paginam præcedentem.

esse neque ante primam editionem anni 1105, neque post secundam ab Anselmo curatam a. 1112, quo anno exaratus fuit codex B., qui illas jam habuit. Sigeberti igitur erunt, intra a. 1106-1111 variis temporibus, prout fit, opus revidentis, augentis, corrigentis. Quæ quod ab aliis, non ab ipso auctore exarata sunt, hoc nil inusitati habet, cum idem et in Anselmi continuatione a. 1119-1121, et in aliis codicibus autographis factum videamus; quod a pluribus temporum varietate explicatur. Cumque unius hominis manus atque scribendi forma temporis processu multum mutari per se pateat, plura etiam ex his ipsis ab ipso Sigeberto exarata esse possunt, quamvis non omnia. Alia autem quæstio est utrum hæc omnia revera sint Sigeberti, annon potius ab Anselmo interpolata, priusquam præceptoris opus a. 1112 ederet. Sed hoc nos credere vetat nimia manuum atque atramenti varietas. Nos omnia uncinis inclusimus, ut ita secunda recensio a priore distincta habeatur. — Sed tertium adhuc additionum genus reperitur in codice nostro, ita distinguendum : 1ζ. ante a. 1145, quædam a. 761, 876, 888, adjecit. In. patria Leodiensis, idem qui annos 1137-1143, scripsit, abbates Gemblacenses et res maxime Leodienses Sigeberto inseruit a. 465, 651, 694, 710, 711, 714, 735, 761, 849, 890, 964, 987, 991, 1012, 1036, 1041, 1048, 1072, 1092. Anselmum atque continuatores intactos reliquit. 1θ ejusdem ætatis de Florinis quædam addidit a. 1010, 1015, 1088. 1ι coæva a. 1133, 1134, 1135, et 1x coæva a. 1131, 1148. Hæc omnia transierunt in solos codices F. 1, 2, 3, 4, B 3*.; itaque non ante a. 1152 factæ esse possunt, quo anno A. scriptus est. Alia denique manus interpolatrix fere coæva, 1λ, in a. 1083, 1087, 1121, 1130, transit in solos F3, B 3*; non igitur ante a. 1148 orta erit. Ita 1 ζλ vere interpolationes sunt a Sigeberto et Anselmo aliena, quare illas post Sigebertum rejecimus, dandas nomine auctarii Gemblacensis. — Ita codex Gemblacensis tres quodammodo textus exhibet : primarium, qualem Sigebertus ipse primo edidit, expressit unus A. (1. Sig. cur. sec.; cur. tercus); secundum, qualem revisit ipse, edidit Anselmus, descripserunt B - E, (1 β-ε); tertium, qualem Gemblacenses fecerunt post a. 1151, descripserunt F 1, 2, 3, 4, (1 ζ-λ).

A*) Codex *Alnensis*, jam Middlehill n. 4652, mbr., fol., de quo cf. Sanderi Bibl. Belg. II, 261, et Annales nostros VIII, 767, Pertzio docente, qui cum a. 1844 evolvit, duabus s. XII manibus exaratus est, e quibus prior usque ad anni 1112 finem pertingit, altera ibi pergens ad anni 1126 finem usque calamum continuo duxit. Satis accurate descriptus est ex 1, anno ut videtur 1126 exeunte, et prius quam ibi Anselmus ipse quædam expunxerat sub a. 1119. Proprium atque peculiare nil plane habet, saltem in Anselmo. Desinit in fine fere anni 1126 cum voce *vicerunt* in media pagina. Cui alia manus sæc. XII ex. subjecit : *Anno ab Incarnatione Domini 1187 capta est Jherusalem a Saracenis sub Salahadino rege co-* rum propter peccata innaoitantium in ea et discordiam principum terre illius. Tertio Idus Februarii visum est celum quasi ardere nocturno tempore. Alia iterum manus addit :
Urbs data quando fuit Constantinopolitana Latinis,
Quando vel imperium sumpsit de gente Latina.
Balduinus ibi, Flandrensis cum comes esset.
Annus erat Christi quartus post mille ducentos. —

A.) Codex *S. Pauli Virdunensis* n. 56, mbr., fol., s. XII, binis columnis, sine coloribus, f. 14-113, continet Sigebertum cum Anselmo usque ad a. 1131 « Mariæ, » ubi in media pagina desinit; nil deperditum. Codex in Sigeberto ex apographo primæ editionis, in Anselmo ex ipso ut videtur 1. descriptus, maximi momenti est eo quod unus textum primarium servavit, in 1. jam. erasum (ut 535, 569, 578, 688, 765, 829; cf. 552) Omittit quidquid 1β-λ. addiderunt; sed plura quoque quæ jam in textu primario erant, ut 522, 659, 690, 954, 1067, 1099, 1126, 1127, 1129, 1130, et integros annos 1092, 1110. Addidit econtra aliqua de suo a. 594, 900, 914, 1106. Hæc indicavimus omnia et e reliquis ejus lectionibus quæcunque alicujus momenti esse poterant. Contulit Waitzius noster et descripsit in Annalibus nostris VIII, 446.

F1.) Codex olim *Petri Pithœi*, jam Bruxelensis 14782, cujus primum quaternionem deperditum reperi in codice regio Parisiensi 7193., mbr., fol., s. XII vel XIII in., exaratus una manu, binis columnis, sine annis regnorumque indicibus, nil continet nisi quæ 1., quem accurate expressit cum omnibus additionibus præter 1λ. et a. 1090, 1119, 1136. Ipse nec mutavit quidquam nec addidit, præter a. 1121, 1144. Ipse contuli.

F1*.) Codex *Carmelitarum Parisiensium*, jam regius 4995, mbr., quart., s. XIII in., descriptus ex F1., a quo in uno tantum a. 453, 1042, paululum differt. Ipse contuli, sed nunquam adnotavi.

F2.) Codex olim *Bongarsii*, nunc Bernensis 367, mbr., quart., s. XIII, continet ea quæ 1, et continuationem quæ in medio c. 45 desinit; tunc post aliquot folia vacua sequitur *secunda pars hystorie Jerosolimitane*. Proxime accedit ad F1.; additiones habet omnes præter 1λ.; de suo addit a. 597, 1141, 1142, 1144, 1145. Nomina miro modo detorquet, ut *Nantici, Cartanus* pro *Namuci, Cajetanus*, et mendis repletus est.

F3.) Codex olim *Thuani*, nunc regius Paris. 4864, mbr., fol., s. XIV, una manu scriptus, continet Eusebium, Hieronymum, Prosperum; dein folio vacuo relicto ea quæ 1. Ultimum folium deest, et alia duo cum a. 651-652. Descripsit 1. cum omnibus ejus additionibus, satis ignoranter; post a. 1020 ineptissime quædam addit; omittit quædam a. 453, 714, 963, 1119, 1134, sed incuria tantum. Ipse contuli.

F4.) Codex regius *Parisiensis* 4994, mbr., s. xv, continet Sigebertum cum Gemblacensibus usque ad a. 1148, docente Waitzio, qui cum inspexit.

2. *Codices familiæ Aquicincnsis.*

[B.] Codex *Aquicinensis* prior, de quo vide supra col. 28.

B1.) Codex *Cameracensis* 863 (bibliothecæ eccl. metrop. *Cameracensis ex legato Val. Duflos ejusdem eccl. canonici et archidiaconi Brabantiæ*. 1610.), mbr., quart. maj., una manu s. XII pulcherrime scriptus, continet Eus., Hier., Prosp., Sig., Ans., Gembl., deinde aliam continuationem a. 1113-1155. ab eadem manu, quæ desinit in summa pagina quaternionis ultima. Tum eadem manus adjecit duas notitias theologicas. « Anno i. v. 1146 hæresim concitat m. Gislebertus — sed in filio. » et Hugonis Chronicon. Forma atque habitus qualis in 1.; textus mendis purus; desunt quædam in a. 954, 958, 1099, 1105, 1106, 1120, 1123, 1127, 1128, 1130-1132, 1136; adduntur a. 651, 773, 1076, 1079, 1084, 1086, 1090, 1092, 1093, 1094, 1096, 1100, 1105, 1109, 1130, 1134, 1135, 1136. Hæc omnia alii etiam hujus familiæ codices addunt atque omittunt; proprii nil prorsus inest in toto codice; nam et continuationem ex alio descriptam esse apparet. Ipse contuli.

[B2.] Codex *S. Mariæ Valcellensis*, deinde Ortelii, tum Livinei, denique societatis Jesu Antwerpiensis, ubi Kluit eum vidit atque « elegantem codicem mbr., fol., scriptum jam ante 1239. » vocat in hist. crit. Holland. I, 2, 61. Bollandiani in Actis SS. Mai. VII, præf. 40. (Cf. ibid. Febr. III, 216. Mart. I, 265.) eum continere dicunt « Eus., Hier., Prosp., Sig.; denique inter alia quædam nomina et originem regum Francorum usque ad a. 1250. » Jam deperditum novimus tantum ex additionibus quas Miræus inde excerpsit, et ex Chronico S. Bavonis, quod integrum fere excepit.

[B3.] Codex *Affligemensis*, scriptus ante a. 1189, jam deperditus; inde fluxit sequens

B3*) Codex *S. Salvatoris Eihamensis*, ut apparet ex inscriptione s. XVI in prima pagina : *In* (spes) *requiescit H. Gillis Knudde prepositus hujus monasterii* [*Eihamensis* additum s. XVII] *a.* 1522. *et reformatum erat p. monasterium eodem a. i. d. M. restauratore Godefrido de Brœle abbate*, dein Justi Lipsii, jam Lugduno-Batavus inter Lipsianos 2. Codex mbr., fol., una manu pulchra s. XIII in. ex Affligemensi adeo accurate descriptus, ut ne verba quidem ejus *hunc, hoc*, etc., de monasterio Affligemensi mutaret, continet Eus., Hier., Prosp., narrationem peregrini de monte Sinai : « De Katerina — transvexit, » viginti lineis comprehensam, Sigebertum, Anselmum, Gemblacenses et continuationem usque ad a. 1163, « inveniet. » Fons ejus Affligemensis non integer fluxit ex B., sed in Sigeberto descripsit codicem textus Gemblacensis tertii, similimum *F2.*, cum omnibus additionibus 16-λ; reliquorum codicum additiones non habet nisi a. 597. eamdem quam *F2.*, proprias a. 1005, 1030, 1033, 1063, 1086, 1087, 1088, 1091, 1093, 1095, 1096, 1100, 1101, 1105. In Anselmo autem et Gemblacensibus hoc textu relicto, proxime accedit ad B4*., eadem

A omittit (sat multa, quæ ubivis indicamus; sed illa omittit etiam 1129, 1139, 1144, quæ hic leguntur, exhibet aliqua, quæ B3*. desunt), eadem addit a. 1119, 1127, 1128, 1140, 1142, 1146, propria habet tantum a. 1139. In continuatione multo amplior est. Per totum autem librum inde ab a. 606 scriba Affligemensis 77 notitias interposuit ex Annalibus Blandiniensibus ad verbum descriptas, nunc easdem quas B4*, nunc alias; quarum annos tantum indicabimus, cum verba melius ex ipso fonte sumantur. Ipse contuli.

[B4.] Codex *SS. Petri et Pauli Hasnoniensis*, visus adhuc Martenio *Voyage littéraire*, II, 97, jam deperditus, fons fuit B4*, B4**.

B4*.) Codex olim societatis *Jesu Brugensis*, nunc Bruxellensis 9070-9075, mbr., fol., s. XIV, una manu exaratus, continet Orosium, Eus., Hier., Prosp., Sig., Ans., Gembl., cum continuatione ad a. 1167, « uxorem, » Valerium Maximum. Textum exhibet Sigeberti secundum; omissa annorum 1074, 1080, et Hildebrandus ubivis Gregorius vocatus, monachum Hasnoniensem a parte papæ stetisse, probant. Ex additamentis in *B.* descripsit tantum a. 651, 690, 1079, 1086, 1090, 1092, 1093, 1105; propria non habet nisi a. 610, 670, 1069, 1070, 1120, 1134, 1136, 1149, de Hasnone et Affligemio. Per a. 859-1165 monachus Hasnoniensis nonaginta sex additiones fecit, ad verbum descriptas ex Annalibus Blandiniensibus, quarum multæ in B3*. quoque leguntur; neuter tamen ex altero hausit, sed ex Blandiniensibus uterque. Cum B3*. similitudinem quamdam habet a. 1073, 1074, 1111; in Anselmo et Gemblacensibus proxime conveniunt, et eadem addunt a. 1119, 1127, 1128, 1140, 1146, quanquam ibi quoque utervis exhibet quod alteri deest. Continuatio longe brevior est quam in B3*. B5; cum autem quæ B3*. plura habet, non et in B5., quæ B5. plura, non et in B3*. exstent, B4*, econtra omnia et in B3*. et B5. legantur : hæc genuina videtur esse continuatio Aquicinensis. Desinit in media et pagina et sententia; at eadem manus Valerium Maximum addit; jam tum igitur codicis B4. finis fuit deperditus. Ipse contuli.

B4**.) Codex *S. Rictrudis Marchianensis*, jam Duacensis n. 780, mbr., fol., inter a. 1296-1306 exaratus ab R. monacho Marchianensi. Hic primo Eus., Hier., Prosp., Sig., Ans., Gembl. et continuationem usque ad a. 1167 « revertitur » in sex quaternionibus descripsit ex B4., tanta cum B4*. similitudine, ut hujus apographum diceres, nisi cum aliis codicibus haberet, quæ B4*. desunt a. 775, 954, 1076, 1095, et ni a mendis multo esset purior. Paulo post, ut ex habitu scripturæ apparet, idem R. codicem ita interpolavit. Scripsit quaternionem decem foliorum, hæc continentem : *Inc. epistola contra eos qui dicunt cronicas inanes seu inutiles. Quoniam ea*, etc. *Inc. præfatio sequentis operis. Venerabiles igitur predecessores et orthodoxi patres*..... (ex præfatione Annalium Vedastinorum)..

Gregorius, Anselmus, Sigebertus monachique Gem- blacenses de regnis et temporibus ordinaverunt suas quisque historias. Sed cum omnium predictorum historias minime haberemus, tandem exortante seu pie ammonente patre P., Dei gratia hujus ecclesiæ Marchianensis venerando ministro, exortatione etiam quorundam fratrum... ego frater R. omnium minimus, secundum'abbatis imperium quorundam predictorum, videlicet Eusebii, Iheronimi, Prosperi et Sigeberti Gemblacensis historias transcribere curavi. Unde quia in predictis historiis cronicas.... usque ad primum annum nativitatis Abrahe minime repperi : hac de causa ego... ad predicta tempora stilum retorsi... Expl. præf. Ab optimo rerum creatore, etc. Sequitur opus ipsius R., quod nil est nisi series annorum, appositis brevibus notitiis ex sacra scriptura, Beda, Petro Comestore, Vincentio petitis. Hæc decem folia codici jam prius a se conscripto præposuit, eidemque nunc in margine, nunc inter lineas, nunc in scedulis assutis additamenta adjecit 36, excepta omnia ex Vita S. Amandi a. 571, 609, 610, 626, 633, 648, 649, 661, 677; Rictrudis 614, 645, 659, 687, 701; Vedasti 687; Amati 666, 685, 690; Gertrudis 655; Annalibus Marchianensibus 633, 653; Elnonensibus 614, 691, 698, 782, 828, 855, 862, 871, 907, 1041, 1050-1089; et de monasterio S. Amandi 828, 974, 1118. Continuationem jam claudit a. 1167, *« revertitur, »* cui tres notitias ascripsit ex continuatione Aquicinensi et Annalibus Elnonensibus. Subjecit Jacobi de Vitriaco Historiam Hierosolymitanam usque in medium c. 90, atque Chronicon a. 1187, 1280, *« cisionis receperat — obligatum invenerant, »* quod in D1 quoque ab alio assutum legitur. Ipse contuli.

B 5.) Codex *S. Salvatoris Aquicinensis*, jam Duacensis, n. 736, mbr., quart. max., columnis primo singulis, ab a. 902 binis, pulcherrime exaratus quatuor manibus s. xii exeuntis, e quibus prima Eusebium, Hieronymum, Prosperum, Sigebertum scripsit uno tenore atque atramento, forma codici 4 simillima. Secunda, in media linea pergens, uno tenore adjecit Anselmum atque Gemblacenses usque ad a. 1148, *« mortuus est, »* ubi cum quarto quaternionis folio desinit. Tertia continuationem a. 1149-1158 scripsit in novo quaternione, cujus primam paginam vacuam reliquit; destinavit igitur codicem scribere separatum atque peculiarem. At quarta eumdem priori illi conjunxit ita, ut illius ultima quatuor folia, nil nisi finem a. 1148 continentia, excideret, finem istum transcriberet in paginam a tertia manu vacuam relictam, et ipsa continuationem deduceret usque ad annum 1201, calamo non quidem ita continuo, ut trium priorum manuum, at neque rebus æquali. Ubivis potius scribæ vices egit nunquam auctoris; ita ultimo loco nonnisi duernionem adjecit, cum videret pluribus sibi non opus esse usque ad annum 1200, annos 1191-1200, quos ab auctore diversis annis compositos esse vidimus, scriba continenti calamo exaravit atque atramento uno; a. 1201 postea addidit. Sequentia omnia inde ab *« Obiit »* manus alia s. xiii uno tenore ascripsit ex Annalibus Aquicinetinis; sed fine deperdito, codex jam desinit cum quaternione. — Textum exhibet Sigeberti secundum, accurate descriptum; aliarum manuum vestigia nulla; rasuræ duæ a. 775, 1105; omisit quædam a. 954, 958, 987, 1099, 1115, 1119, 1125, 1127, 1128, 1130, 1131, 1152, 1156, de Gemblacensi aliisque monasteriis pleraque, e quibus nonnulla jam in ejus fonte B. defuisse oportet. Additamenta habet a. 1076, 1079, 1080, 1084, 1086-1096, 1100, 1102, 1105, 1109, 1111, 1150, ex B. omnia; propria nulla. Alienæ manus per totum codicem unum tantum vestigium in a. 775. Ipse contuli.

[B5*.] Codex *S. Winnoci Bergensis* jam deperditus, quem exstitisse conjectura tantum scimus, descriptus fuit ex ipso B5, cum ultimum hujus folium adhuc adesset. In Sigeberto qualis fuerit, nescimus; continuationem satis bene descripsit, at brevi ejus appendici a. 1201-1237. plurima interposuit, ut videmus ex ejus apographo B5**.

B5**.) Codex *S. Petri Blandiniensis*, jam Bruxellensis 16531 mbr. quart. s. xvi., de quo egi in Annalibus nostris VIII, p. 541 sqq., in foliis 164-263. sine ullo titulo exhibet continuationem Aquicinensem a. 1149-1201 cum appendice a. 1201-1237 multis interpolationibus adaucta, quas a monacho Bergensi factas et in B5** ex illo cum mira temporum confusione descriptas esse apparet. Huic continuationi scriba Blandiniensis arctissime subjunxit, quasi unum esset opus, Annales a. 1205-1288 a continuatione Bergensi quam maxime alienos. Ipse descripsi.

B5***.) Codex *Baluzii*, jam regius Parisiensis 5440, chart., fol., s. XVI ex.; nil continet nisi a. 1149-1288 exscriptos *« e codice S. Petri Gandensis,»* qui est noster B5**. Ipse contuli.

B5****.) Codex regius *Parisiensis* inter residuos S. Germani 13, 5. anno 1719 descriptus est ex B5***. Ipse inspexi.

5. *Codices familiæ Atrebatensis.*

[C.] Codex fortasse *Atrebatensis*, quem descriptum fuisse oportet ex B., antequam hic Anselmum atque Gemblacenses adjiceret. Ex ejus additionibus plurimas recepit, aliquas omisit; ipse perpaucas tantum de suo fecit. Nomina multum corrupit. Alius deinde continuationem usque ad a. fere 1127 addidit, cujus vestigia videmus in C3. 4*.

C1.) Codex *Cantabrigensis* Corpus Christi 51, mbr., fol., s. xiii ex., in Catal. libr. mss. Angl. I, 3. n. 1333, 51, continet Eus., H., P., Sigebertum, quem fideliter exscripsit. Quæ enim desunt paucissima, jam C. vel B. omiserant; additamenta a. 631, 690, 773, 1048, 1076, 1079, 1080, 1084, 1086, 1087, 1088, 1090-1096, 1099, 1100, 1105, 1109, 1111, omnia apud alios quoque leguntur; propria non habet nisi a. 640, 698 (*depositio eximii Patris nostri Bertini*), 807, 820, quæ vel apud S. Bertinum scriptum, vel ex Bertiniano descriptum probare videntur. Anno 1074 manus s. xvii quaedam aspersit de Wilhelmo rege. Contulit Oehler.

[C2.] Codex S.·*Judoci supra mare*, deperditus, cujus apographum est

C2'.) Codex olim 1 Erickengris, dein Colbertinus, jam *regius* 4867, mbr., fol., s. xv, eleganter exaratus cum picturis, bonae notae. Omittit quaedam solus a. 755, 788, 827, 975, 987; quaedam cum aliis; in his saepe cum uno A. convenit. Additamenta habet a. 1079, 1080, 1084, 1086, 1092, 1093, 1096, 1099, 1100, 1105, 1109, ex B. et C., propria nulla nisi 795, 840, de S. Judoco supra mare. Contulit Kurtz.

C3.) Codex *S. Martini Tornacensis*, jam regius Parisiensis 1793, mbr., fol., s. xii, una manu continet scripta quaedam Hieronymi, Eusebium, H., P., Sigebertum et brevissimam continuationem a. 1114-1127, quae iisdem fere verbis et in C4 et ex parte in C5. legitur; scriba igitur Tornacensis eam non condidit, sed ex originali suo C. descripsit, duas de suo notitias addens. Alia deinde manus notulas a. 1132-1172, tertia a. 1332-1334 aspersit. Forma atque habitus idem qui in 1.; textus ex C. accurate descriptus; nomina multum corrupta jam in C. ita legit, non ipse corrupit; quae omittit a. 954, 958, 962, 1012, 1099, 1105, quaeque addit a. 651, 690, 775, 1048, 1079, 1086, 1092, 1095, 1099, 1100, 1105, 1109, omnia jam in C. ita invenit, quanquam non omnes hujus additiones recepit; proprium nil prorsus habet. Contulit Waitzius noster.

C4.) Codex *S. Vincentii*, jam bibliothecae publicae *Laudunensis*, mbr., fol., a. 1156 scriptus, continebat E., H., P., Sigebertum, descriptos ex C., cum ejusdem continuatione, quam monachus Laudunensis auxit et vario tempore deduxit ad a. 1145. Sed fine deperdito, jam desinit in a. 596: « est usque ad. » Evolvit V. C. Pertz atque descripsit in Annalibus nostris VII, 535.

C4'.) Codex *S. Petri Corbeiensis*, jam Lugduno Batavus bibl. publ. 50, mbr., fol., singulis columnis, pulcherrime exaratus una manu, quae primae paginae inscripsit: *Hic liber sci Petri Corbeiensis cenobii anno MCLIIII scriptus est*. Continet E., H., P., S. et continuationem a. 1113-1145, omnia uno calamo exarata, quanquam continuationem vario tempore Lauduni apud S. Vincentium compositam esse apparet. Ex hoc et lectione utriusque *Thendelina* a 596, et ex additamentis pluribus Laudunum spectantibus videmus, Corbeiensem ex C4, descriptum esse, ad a. usque 942 satis accurate; sequentia mirum in modum decurtavit adeo, ut annos tantum 949, 964, 971, 978, 979, 981, 982, 985, 986, 990-996, 998, 999, 1006, 1011, 1016, 1017, 1019, 1022, 1027-1029, 1054, 1055, 1056, 1059, 1060, 1063, 1066, 1069, 1091, 1094, 1102, intactos relinquens, reliquos omnes excerperet, non describeret; quod semel hic monemus, sub singulis annis omissa non indicaturi. Additamenta a. 651, 690, 1048, 1076, 1079, 1092, 1095, 1096, 1099, 1105, cum aliis communia habet; propria annorum tantum 928, 1052, 1055, 1096, 1104, jam in C4 invenit omnia; ipse nil prorsus addit; quare et abbreviationes istas jam a Laudunensi monacho factas esse, a Corbeiensi descriptas tantum crediderim. Alia autem manus prorsus coaeva in margine notulas aspersit de monasterio Corbeiensi a. 664, 807, 815, 821, 827, 828, 1141, eademque in fine scripsit: *Sequentem hujus operis seriem require apud Vallem Lucentem;* tertia paululum tantum recentior quaedam addit a. 419, 662, 844, 885. Ipse contuli.

C5.) Codex *S. Mariae prope Bourbourg*, jam Boloniensis, mbr., quart., s. xii ex., nil exhibet nisi Sigeberti Chronicon sine titulo et sine annorum numeris in brevius redactum. Annus 585 duabus lineis continetur; prorsus desunt a. 584-586, 588-593, 595, 406-412, 418-437, 452, etc.; sed post a. 1100 auctorem integrum exhibet. Additamenta a. 1102, 1105, 1109, 1111, omnia et apud B5 leguntur. Post Sigebertum eadem manu scripta sequitur continuatio brevis usque ad a. 1164, « peregerunt. » Ipse contuli.

4. Codices familiae Bellovacensis

D.) Codex olim *Bellovacensis*, dein *Loiselianus*, jam Parisiensis, *fonds Notre-Dame*, 94, mbr., fol., eodem prorsus habitu quo 1., continet E., H., P., S., una manu pulchra inter a. 1138-1147 descriptos ex C. Nomina multum corrupta (ut *Symon, Hyspania, Watheo, Cheberth, Dando, Remerbuch, Ausburg,* pro *Sunno, Hasbania, Wacho, Ecberth, Lando, Reinesburch, Ansburg*) atque additamenta a. 651, 690, 775, 1048, 1076, 1079, 1084, 1099, 1100, 1109, jam in fonte suo legit. At ipse primus textum prorsus arbitrario modo plurimum immutavit, sententias transposuit, verba adjecit, omisit, mutavit; paparum catalogum prorsus alium fecit, multa primus omisit, alia de suo addidit, nunc in textu, nunc paulo post in margine, annis 649, 751, 1015, 1024, 1031, 1067, 1069, 1078, 1092, Bellovacum maxime spectantia. Alia manus coaeva adjecit tres additiones a. 1109, 1111, 1112, et continuationem brevissimam a. 1114-1147; tertia hanc auxit atque deduxit usque ad a. 1165. In ultima codicis pagina manus s. xvi seu xvii pauca quaedam scripsit Bellovacensia. Contulit Waitz.

D1.) Codex *S. Mariae Mortui Maris*, dein Colbertinus, jam regius 4865, mbr., quart., s. xii med., continet E., H., P., S. cum continuatione Bellovacensi usque ad a. 1147, accuratissime ex D. descriptos anno 1155. Ipse nec omisit quidquam nec mutavit; adjecit pauca tantum a. 1054, 1098, 1107, 1120, 1153, 1154, 1155. Hanc continuationem duae manus aequales interpolaverunt atque deduxerunt usque ad a. 1165; dein multae aliae, rebus aequales, usque ad a. 1234. Postea codici assuti sunt Annales sequenti saeculo scripti, iidem qui et in B4" leguntur, et alia quædam nullius momenti. Contulit Waitz.

[D1".] Codex *Ursicampinus* inter a. 1153-1200 exaratus, continebat E., H., P., S., ad verbum descriptos ex D1, quem nec mutavit, nec decurtavit, sed interpolavit plus 50 locis ex Galfrido atque aliunde desumptis. Dein continuationem a. 1113-1155 eam, quam editioues præter Miræum omnes habent, exceptam ex B1, quem in primis annis ex Anselmo interpolavit, inde ab a. 1129 integrum descripsit, de suo quindecim additiones faciens. Codicem jam deperditum novimus ex apographis ejus D1" et E8h, unde additamenta ejus dabimus in unum collecta; continuationem integram non recoquemus.

D1"'.) Codex *Divionensis* 522, mbr., fol., una manu s. xii exeuntis ex D1* descriptus tanta cum fide, ut ne verbum quidem adderet, nec omitteret. Contulit Waitz, quem cf. in Annalibus nostris VII, 534.

D2.) Codex *S. Victoris Parisiensis* 258, mbr., fol., s. xii ex., continet E., H., P., S., cum continuatione Bellovacensi ex ipso D. splendide quidem, sed quamplurimis omissis descriptos; nullius ergo pretii. Inspexit Waitz noster.

5. *Codices Roberti de Monte.*

[E.] Codex *Beccensis*, Roberti autographus, jam deperditus, ex D. descriptos continebat E., H., P., S. a Roberto interpolatum, cum hujus continuatione a. 1100-1155 et tractatu De immutatione ordinis monachorum. Indicatur in catalogo librorum Beccensium, et a Roberto ipso in epistola E6 præfixa : *Reliqua vero, quæ feci antequam ad Montem venerim, apud vos sunt in chronicis, quæ cum magno labore habui de episcopo Belvacensi.* Fons est codicis E.

E.) Codex *S. Michaelis de Periculo Maris* in Northmannia, jam bibl. publ. Abrincensis, n. 86, mbr., fol. min. Foliis 1, 2, post annum demum 1184 codici præpositis a manu s. xii ex. inscripti sunt *Tituli librorum quos dedit Philippus episcopus Bajocensis ecclesiæ Becci*, atque *Tituli librorum Beccensis armarii.* Folium 3 jam anno 1184 Robertus ipse præposuit, ut esset codicis titulus, versoque hæc inscripsit : *In hoc volumine ista continentur : Cronica Eusebii Cesariensis episcopi..... Exinde idem Ieronimus perduxit..... Secuntur cronica Prosperi in ordine historie que continent annos 77. Sequitur exinde cronographia Sigiberti Gemblacensis monachi, quam incepit a 581° dom. inc. anno et perduxit usque ad 1100um annum ejusdem i. d., quo anno primus Henricus rex Anglorum cepit regnare. Ab eodem anno Robertus abbas S. Michaelis de Periculo Maris fecit historiam, continentem res gestas Romanorum, Francorum, Anglorum, usque ad presens tempus, continentem scilicet annos usque ad a. d. i. 1184, quem librum presentavit karissimo domino suo H. regi Anglorum, continentem istam historiam et reliquas in hac pagina notatas, scilicet Eusebii, Ieronimi, Pro-*speri, Sigiberti, et propriam, que in fine ponitur, De historia Orosii quam fecit de Ormesta mundi. *Sunt ab Adam primo homine..... et predicatione Domini nostri Jesu Christi anni 331.* —Codex ipse 29 quaternionum a pluribus exaratus est. Prima manus scripsit E., H., P., S., qui incipit : *Incipit prologus Sigiberti Gemblacensis monachi in chronographiam ab eo editam, quam incepit a 581° dom. inc. anno, et perduxit usque ad 1100um annum, quo anno primus Henricus rex Anglorum cepit regnare. * Dicturi, * etc., et desinit : * Aquicinensi posuit. * Explicit chronica Sigiberti mon. G. Incipit prologus Rotberti in ea quæ secuntur de temporum descriptione [usque ad 1184um annum in rasura addidit eadem manus, quæ f. 3. et infra a. 1181-1184. scripsit, Roberti] * De chronographia——incarnationis. * De immutatione ordinis monachorum, de abb. et abbatiis Normannie et edific. earum * Libet, * etc., ut apud Dachery p. 811. Sed rubricator margini apposuit : *Expl. prologus. Consequentiam chronographie invenies inantea in duodecimo folio. Hic enim vicio scriptoris quedam, licet non indigna memoria, interponuntur. Finis hujus tractatus in rasura ampliatus est. Incipit epistola Henrici archidiaconi ad Warinum de regibus Britonum * Queris—vale. * Item de eadem hystoria * Adhuc—invenitur. * Ex eadem ystoria de modernis sanctis Anglie * Quis—irradiant. * Incipiunt cronica Roberti * Henricus, * etc.* Prima hæc manus pulchra s. xii medii sine ulla interruptione continuo calamo scripsit ab initio codicis usque ad a. 1156, * subsecutus est, * habitu et atramento eadem prorsus ubique manens. Lineæ plumbo ductæ; litteræ initiales rubræ, virides, cæruleæ; habitus totus idem qui in D. et 1. In nominibus variat : *Hericus* et *Heiricus*; *Northmanni* primo, postea semper *Normanni*, raro *Normani*; *Dunelme* et *Duneline*, imo *Duveline*; semper fere *Willmus*, raro *Guillmus*, integrum semel tantum scribitur *Guillermus* a. 1183 ab ipso Roberto; *dns*, si integrum, semper *donnus*; *ecclesiæ* initio constanter, postea *ecclesie*; præter hanc vocem ubivis *ę* pro *e*, *œ*, *æ*. Pennæ lapsus rarissimi. Rasa et correcta, tum a scriba, tum a Roberto, in Sigeberto rara. Reges Anglorum et archiepiscopi Rothomagenses nunc in textu leguntur, nunc in margine et inter lineas supplentur, incertum utrum scribæ manu an Roberti. In Roberti continuatione hæ additiones marginales multo fiunt rariores, rasuræ crebriores, omnes præter a. 1128, 1151, ab auctore profectæ. Alia manus incipit a. 1156 : * Circa hoc tempus, * atramento alio, at eadem linea pergens, minus firma, habitum atque atramentum sæpius mutans. Tertia in a. 1157, * Agarem, * inter scribendum formam sæpe mutans; lineas virides in margine hucusque per totum codicem ductas omittit. Quarta in a. 1161, * Henricus rex, * diversis temporibus exarata; versus finem lineæ illæ virides iterum apparent. Quinta a. 1167, * In natali, * nitida, orthographia alia; singulas sententias non litteris majusculis, sed signo § distinguens, quo jam quarta versus finem usa fuerat. Prima redit a. 1168, « *Mense Februario* » in novo quaternione, quem integrum scripsit diverso tempore. Sexta incipit a. 1177, in novo quaternione, præcedenti simillima, eadem fortasse, pluribus vicibus scripta. Septima a. 1181, « *Anno superiori.* » Octava « *Andronius*, » quæ iterum signum § habet. Nona ipsius Roberti, quæ et f. 5 codicis exaravit, in novo quaternione « *Karissimum dominum* » uno tenore usque ad finem a. 1183, inde sensim crescens pergit usque « *mortis suæ factus* » in fine folii in quaternione tertii; quartum, quintum et septimum interciderunt; in sexto et octavo de monasterio S. Michaelis quædam s. xiii inscripta leguntur. Videmus ita, in quaternione novo manum quoque novam plerumque incipere. Sed si animum advertimus, quod in iis quoque quæ una manus scripsit, habitus plurimum variatur, nunc subito, nunc sensim; quod quam maxime differre sæpe videntur, quæ accuratius inspicienti uno tenore scripta apparent; quod in aliis quoque S. Michaelis codicibus Roberti manus summam varietatem ostendit: plus quam verisimile est, ea quæ octo manibus tribuimus, unius esse pleraque, et quidem ipsius Roberti. Illud certum est, post a. 1156 codicem rebus narratis ut plurimum æqualem incedere, et correctiones in eo omnes auctoris manu factas esse; et quidem a. 912, 1032, præf. 1114, 1118, 1128, 1130, 1135, 1142, 1145, 1146, 1149, 1151, 1154, 1155, 1156, 1181, 1182, tum demum, cum a. 1184 secundam operis recensionem regi offerret; reliquas a. 899, 1128, 1157, 1162, 1164-1174, jam antea. Codex itaque S. Michaelis usque ad a. 1156 ex Beccensi autographo E*. descriptus, post a. 1156 ipse autographus est. Ipse contuli.

E1.) Codex *Londiniensis* inter Arundelianos n. 18, olim collegii Greshamensis n. 2917, 18, mbr., s. xiv, continet E., H., P., Sigebertum ex recensione Roberti, sed ad a. 1100 tantum procedit.

E2.) Codex *S. Trinitatis Savigniacensis*, dein Colbertinus, jam regius 4862, mbr., fol. s. xiii. una manu pulcherrima exaratus, continet E., H., P., S., Robertum usque ad a. 1156, « *Andegavensem pagum*; » in duobus foliis sequentibus notitias a. 1213-1258, historiam monasterii 1112-1243, notas a. 1212-1303; tum a prima manu Hugonis Chronicon. Sigeberto superscripsit: *Quæ sequuntur usque ad a. 1113 dom. inc., a Sigeberto G. m. m. sunt collecta*, nec a. 1100 cum claudit, ut Robertus, sed statim hujus continuationem adjungit quasi opus Sigeberti; post a. 1113 Roberti ponit præfationem abbreviatam, in qua iterum dicit: *Perduxit cum usque ad a. D. 1113.* Primam sequitur Roberti recensionem; sed ita totum decurtavit atque mutavit, ut sæpe vix agnoveris. Roberti additiones ante a. 876 omisit omnes, postea multas, ut a. 966, 971, 976, 989, 1006, 1027, 1040, 1041, 1075, 1077, 1078, 1089, alias; de suo addit 938, 1085, 1098, 1099, 1112, 1120, 1124, 1138, 1146, 1149, 1151, 1152,

A quæ Roberto adjiciemus. Contulimus Waitz et ego.

E3a.) Codex Ecclesiæ *Bajocensis*, mbr., quart., s. xiii in., tribus manibus ex E. descriptus, continet E., H., P., S., R. usque ad finem a. 1157, « *Ricarius*; » dein Roberti tractatum de immutatione ordinis monachorum, atque epistolam Hugonis Rothomagensis. Interpolationibus caret. Ipse evolvi.

E3b.) Codex *S. Mariæ Radingie* in Anglia, jam Musei Britann'ci inter Harleianos 651, mbr., fol., s. xii in., continet E. H. P. S. et Robertum usque ad finem a. 1157. Sequentia usque ad finem a. 1168 ascripsit manus sæc. xvii ex codice E8a. Evolvit Pertzius an. 1844.

E4.) Codex *S. Petri Gemmeticensis*, jam Rothomagensis Y., 87, 60, mbr., quart., s. xiii, idem qui apud Montfaucon p. 1214; continet E., H., P., S., R. primæ recensionis, qui in verbis a. 1159 « *obiit Robertus Obsoniensis episcopus, et successit* » desinit in summa pagina. Sequentibus paginis inscripsit Annales « *Natus est Joannes — Johannes papa*, » a. 874 fine deperdito desinentes, quos edidit Labbeus. Ipse inspexi.

E5.) Codex *Rothomagensis* U. 11, 7, mbr., fol., s. xiv; continet E., H., P., dein: *quæ secuntur, sumpta sunt ex cronica Sigeberti*, nil nisi excerpta satis arbitraria usque ad a. 1164. Tum Chronicon ab O. C. usque ad Heraclium et Sisebutum: « *Brevem temporum — vita et miraculis claruit.* » Ipse evolvi.

E6.) Codex *S. Michaelis de Periculo Maris*, jam Musei Britannici inter Cottonianos Domitian. 8., mbr., post alia multa Robertum continet a. 1153-1179 præmissa ejusdem epistola, quam ex hoc codice edidit Brial XVIII, 333. Pertzio docente, qui codicem a. 1844 evolvit, folia 70-93 Robertum continentia postea demum cum reliquo codice conjuncta sunt, cum prius peculiarem codicem efficerent. Primam paginam scriba vacuam reliquit, cui alia manus nitida s. xii ex. postea inscripsit epistolam illam quam supra inde dedimus. Fol. 70' Roberti opus incipit, una manu continua s. xii ex. deductum usque ad *exeatis cum*, ubi folium desinit. Intercidit igitur finis codicis, quem usque ad a. 1182 medium pertigisse non dubito. Cf. Archiv. VII, 75.

E7a.) Codex *Oxoniensis* inter Bodleianos 212, mbr., fol., s. xv; exhibet E., H., P., S., R. usque ad a. 1182, « *monachus Becci*, » cum tractatu de immutatione ordinis monachorum. Cf. Arch. VII, 556.

E7b.) Codex *S. Taurini Ebroicensis*, dein Bigotianus, jam regius 4861, mbr., fol., s. xiii; continet E., H., P., S., R., usque ad a. 1182, « *monachus Becci*; » tum epistolam Oliveri, excerpta quædam ex Roberto, Guillelmum Gemmeticensem atque Annales Ebroicenses a Christo usque ad a. 1317, quos edidit Brial XVIII, 533. Roberti primam sequitur recensionem, sed hic ille quædam omittit, ut a. 1142, 1145, 1146, 1155, 1159, 1160. At in a. 1162,

« *Fredericus* » novum quaternionem incipit, binis columnis, eadem tamen manu, neque quidquam abhinc omittit. Additamenta facit a. 1114, 1118, 1119, 1181, et de monasterio Lirensi 1146, 1147, 1152, 1166. Contulimus Waitz et ego.

E8a.) Codex *Musei Britannici* Kings library 13, C. 11, mbr., fol., s. XII; continet E., H., P., S., R. usque ad a. 1169, « *in ea perierunt*, » ejusdem procul dubio recentionis cum sequentibus dein Roberti tractatum De immutatione ordinis monachorum. Evolvit Pertzius a. 1844. Cf. Archiv. VII, 77.

E8b.) Codex S. *Victoris Parisiensis* 287 (olim 419), chart., quarto, s. xv ex.; inter alia multa continet f. 120-168 id quod Duchesne SS. Norm. 977 et post eum Bouquet XII, 788, XVIII, 1345, ex hoc ipso codice, sed minus accurate ediderunt, Roberti opus ab a. 1138, « *Stephanus* — 1169, *in ea perierunt*, » secundae recensionis, in verbis non mutatum, sed omissis quae monasteria vel singulos homines spectant, cum brevi continuatione a. 1169-1259. fortasse in monasterio Vallemontensi scripta; f. 168-175 ab eadem manu Chronicon: « 1087. *Obiit Guillelmus* — 1259. *Edoardus f. H. r. Anglie,* » quod edidit Bouquet XII, 786, XVIII, 343. Ipse evolvi.

E8c.) Codex universitatis *Cantabrigensis* n. 1133, mbr., s. XIII, continet E., H., P., S., R., usque ad a. 1183, « *pacis persecuntur* » et tractatum de immutatione ordinis monachorum. Cf. Archiv. VII, 556.

E8d.) Codex olim Ludovici M... *Rotomagensis*, dein Bigotianus, nunc regius 4992, mbr., fol., min., s. XIII. Quaternionibus 1-20 prima manus inscripsit notitiam provinciarum, Kalendarium, Sigebertum atque Robertum usque ad finem a. 1155, primae recensionis, tractatu de immutatione ordinis monachorum statim post praefationem inserto, prout in E. Quaternionibus 21, 22, secunda imposuit a. 1156-1169, « *in ea perierunt* » secundae recensionis, multum decurtans; quat. 23-25 tertia, ejusdem recensionis sequentia omnia usque ad a. 1182, « *multos Latinos,* » tribus ultimis foliis amissis. Codex igitur integer desiit procul dubio ut E8c. Ipse evolvi.

E8e.) Codex regius *Hannoveranus*, chartac., s. XVII ex., descriptus *ex codice ms. in bibliotheca Bodleiana NE. B. 6. 9. fol. 121ª. Incipiunt cronica Roberti Montensis. Henricus filius primi Wilhelmi,* etc., qui codex Bodleianus non potest esse noster E6.; hic enim jam in voce « *Becci* » desinit, E8e. postea demum in « *Pictavensis.* » Secundae sequitur recensionem; a. 1159-1169. leguntur prorsus ut in E8b. Ipse contuli.

E8f.) Codex regius *Madritensis* X, 81, chart., fol., s. xv; in primis 17 foliis continet Sigebertum cum Roberti continuatione usque ad verba a. 1182, « *Obiit Henricus tercius filius Henrici, patre vivo rex Anglie,* » sed ita decurtavit utrumque, Robertum maxime, ut codicibus vix queat annumerari. Praefationes Sigeberti atque Roberti cum epistola ad Warinum prorsus desunt; reliqua excerpta tantum leguntur. Propria non habet. Sequuntur in codice Asconius et Valerius Flaccus, Poggii manu scripti. Evolvit atque Roberti continuationem descripsit Knustius noster.

E8g.) Codex *Vaticanus* reginae Sueciae 152, seu 522, de quo cf. Acta SS. Mart. I, 455. Montfaucon p. 17, Bouq. XIII, 300, XVIII, 336, qui usus est apographo Sangermanensi inter miscellanea Durandi. Proxime accedere videtur ad E8h.; sed additamenta habet a. 1158. 1159. 1160.

[E8h.] Codex S. *Mariae de Voto*, dein Gunermi Parvi, jam deperditus, continebat (E., H., P.,) Sigebertum cum continuatione Ursicampina, descriptum ex D1.; dein Roberti textum, annorum 1154-1169, « *perierunt* » decurtatum prorsus ut in E8b. e., annorum 1169-1186 integrum, secundae recensionis, cum paucis additamentis a. 1159, 1164, 1169, 1181, 1182; tum continuationem Gemmeticensem a. 1187-1210. Novimus tantum ex editione principe.

6. *Codices deperditi.*

S. *Petri de Selincurte*, mbr., quarto · Sigebertus; chronologia ab Adam usque ad Ludovicum Pium; catalogus paparum et episcoporum Morinensium usque ad a. 1160.; cf. Montf. 1197.

Signiacensis, de quo vide Tissier Bibl. Cisterciens., VII, 100.

Suessionensem, quem citat Haenel p. 441, frustra Suessionibus quaesivi, nec minus.

Atrebatensem, s. xv, qui teste Haenel p. 33; Eusebium, H., P., S., Martinum Polonum complectebatur.

S. *Gisleni*, continebat « chronicon Eusebii, H., P., S., item aliud vetustissimum incerti auctoris » teste Sandero in Bibl. Belg. I, 246.

Stabulensis, de quo cf. De Reiffemberg Philipp. Mouskes praef. p. 17.

Vallis Lucentis, cum continuatione Laudunensi, cf. supra C4'.

S. *Laurentii Leodiensis*, in catalogo librorum S. Laurentii, s. XII, inscripto codici ejus monasterii, jam Bruxellensi 9814., ita indicatur : *Tripartita Historia Sozomeni cum cronica Seiberti Gemblacensis monachi.*

Ottobonianus, de quo cf. Montfaucon p. 188.

7. Falso Sigeberti nomine inscribuntur *Vindobonensis* Eugen. 18 et *Bruxellensis* 14855, qui continent Guillelmum de Nangiaco; *Trevirensis* 1287, continet Robertum Antissiodorensem; *San Germanensis*, quem inter Coislinianos Montfaucon p. 1121 citat, nunc S. Germain Franc. 639, s. xiv. Waitzio nostro monente Chronicon est usque ad a. 1306 Gallica lingua scriptum, cui inter alios Sigebertus pro fundamento fuit.

Editiones. — Editiones has habemus : *a.*) Editio princeps. *Sigeberti Gemblacensis coenobitae chrom-*

con ab a. 581. *ad* 1113. *cum insertionibus ex historia Galfridi et additionibus Roberti abb. Montensis,* 103 *sequentes annos complectentibus, promovente e. p. domino Guilielmo Parvo d. t. c. r. nunc primum in lucem emissum. Venale habetur in officina Henrici Stephani, ubi impressum est, c. r. s. d. s. e. i. v. S. I. i. o. I. P. s. l. a.,* in quarto. In fine : *Absolutum est Parisiis hoc Sigeberti chronicon cum non paucis additionibus per Henricum Stephanum..... expensis ejusdem et Johannis Parvi bibliopolæ insignis a. D. c. t. d.* 1513. *calendis Junii.* Editio per Antonium Rufum e codice E8b., adhibito D2., curata, sed non satis accurata; *nichilominus, Alience, Falcovius, Fannel, Gigunix, Brogo, Penecteset, Ramaldo,* talia, pro *Nicholaus, Alienor, Malcomus, Mannel, Guingamp, Drogo, Penevesel, Rainaldo,* vix codici imputanda fuerint. Sciens mutasse, omisisse, addidisse nil videtur editor, si ex eo, quod a. 1025-1109 cum D1''. et E8b. satis convenit, de reliquis conjicere licet.

b.) (*Simon Schard*) *Germanicarum rerum quattuor chronographi... Francoforti ad Mœnum a. D.* 1566. in fol. In fine : *Impressum Francofurti ad Mœnum apud Georgium Corvinum, Sigismundum Feyrabend et hæredes Wigandi Galli* 1566. Aliquot exemplaria in titulo habent : *Parisiis apud Jacques Dupnis* 1566., alia : *Basileæ,* alia : *Lugduni ;* sed idem est liber, titulo tantum præfixo alio. In Sigeberto nil est nisi editio princeps recusa integra.

c.) *Margarinus de la Bigne* in *Sacra bibliotheca SS. Patrum. Parisiis* 1575. et in altera editione 1589. fol. Sigebertum sine continuationibus ex editione principe recusum exhibet tomo VII, 1559.

d.) *Illustrium veterum scriptorum q. r. a. C. p. m. a. g. h. v. a. p. r. tomus unus.... ex bibliotheca Joannis Pistorii. Francofurti apud hæredes A. Wechelii,* 1583, in fol. et altera editio *Hanoviæ* 1613.

e.) *Laurentius de la Barre* in *Historia Christiana veterum Patrum. Parisiis* 1583 in-fol. editionem principem iterum expressit.

f.) *Chronicon Sigeberti Gemblacensis monachi, ad autographum veteresque codices manuscriptos comparatum; accessit Anselmi Gemblacensis abbatis chronicon, cum auctariis Gemblacensi Affligemensi, Valcellensi et Aquicinctino, studio Auberti Miræi. Antverpiæ apud H. Verdussen.* 1608. fol. min. Miræus primus fuit atque solus, qui auctorem nostrum dedit genuinum. Codicem Gemblacensem accurate totum expressit; nil inde reticuit, nil mutavit; additiones ejus litterarum forma distinxit, quamvis non recte semper. Codicum B2, 5*, 5, additiones suis locis inserit, at non omnes (158); alias aliunde exhibet, fontibus non indicatis (159); ex his aliquot ipse confecisse videtur (140). Qui in Sigeberto et Gemblacensibus cum mala fide egisse arguunt, injuste faciunt; at in Anselmo (141), in Aquicinensi et Affligemensi nimis justa est accusatio. In hoc enim inde ab a. 1155 omnia tacitus omittit quæ in Friderico laudantur (142), in adversariis reprehenduntur (143); imo facta ipsa hoc sensu reticet (144); nec in ipso codice talia calamo, imo cultro delere timuit (145). Aquicinensem in a. 1149-1164 excerpsit tantum brevissime; abhinc dat integrum quidem, sed eodem quo B5*. modo castigatum; omittit non solum quæ imperatori favent (146), sed et alia multa (147); auctorem alia dicentem facit quam quæ revera cripsit, ridiculum sæpe in modum (148); imo erasit in ipso codice quæ sibi non placebant (149); atque ita non editorem egit, sed censorem atque falsarium. Quod in Sigeberto quoque fecisset, nisi in scriptore jam sæpius edito hoc nil profiei.

NOTÆ.

(138) Ita ex B5*. triginta quinque omisit, at a. 1084-1086 illi tribuit , quæ ibi nequaquam leguntur.

(139) A. 484, 529, 635, 644, 695, 701, 759, 784, 865, 881, 887, 954, 957, 953, 990, 1048, 1063, 1064, 1077, 1081, 1095, 1098, 1101, 1116, 1124, 1125, 1128, 1132, 1134, 1155, 1138, et quidquid per auctarium Aquicinense obliquis litteris expressit.

(140) A. 990. *Fulquinus m. e. c. d. m.;* 1077, *Lamberti S. m. H. c. d.* et alia plura.

(141) A. 1114 omisit *cum magna o. s. g. c. t. r. gloria;* 1127, *debitam;* 1153,*Romanorum avaritiam;* cf. 1131.

(142) A. 1155, *floret imperium, et dominus rerum sublimis attollitur;* 1157, *quem justicia, fortitudo et liberalitas omnibus bonis laudabilem et amabilem fecit ;* 1158, *sua usus constantia;* ibid. *pius et justus — perornans negociis ;* 1161, *Timuit enim — ipse pius et dilectus omnibus habitus est, ut duces et comites Guillelmi regis Sicilie dominum suum desererent, et ad ipsum se conferrent ;* et alia plura.

(143)A. 1155, *pecuniæ inhiantes contumaciter;* ibid. *imperator semper eorum inexpletam avariciam respuens;* 1156, *ut eam perderet et hereditatem ejus fraudulenter preriperet;* 1158, *qui rebelles extiterunt ;* 1159, *de papatu contendunt* mutavit in *ad p. adspirant;* ibid. *Med. violatis sacramentis;* ibid. *ultra quam credi potest ammirans et exhorrens eorum perfidiam — vindicandam.*

(144) A. 1156, *imperator judicio et consilio episcoporum et archiepiscoporum relicta uxore;* 1161, *consilio principum.* Nonnumquam id risum movet, ut cum a. 1156 in *conjugium ante convolavit* omittit.

(145) A. 1155, 1158, et jam in Anselmo a. 1131, *Sicut — tangebat* et *Quamvis — indiget.*

(146) A. 1169, 1172, 1173, 1180, 1181, 1191, 1194, 1196.

(147) A. 1184, 1186, 1187, 1190, 1192, 1198.

(148) Sic *Germaniæ optimates* semper vocat *primates; timentem* mutat in *videntem; imperatoris fideles* in *adhærentes, rebelles* in *hostes, rebellionem* in *commotionem; pietate imperatoris in consensu imp. ; superbiam* in *animositatem ; cardinalis tepide exsequitur* in *conatur exsequi; dux Saxonie, malo a malis hominibus accepto consilio, contra dominum suum, imperatorem videlicet Fredericum, rebellat,* in *Henricus dux Saxonie F. imperatori rebellat;* et paulo post de eodem *venire contempsit* in *v. noluit; et auxilium sui domini* in *ejus auxilium.*

(149) A. 1131 eadem quæ in Gemblacensi et in B5*. delerat, in B5. quoque erasit, margini apponens : *Videtur hic locus expurgandus et censura dignus.* Anno 1183 in margine ascripsit : *Videntur hæc caute legenda*

sed suspicionem metum iri bene novisset. Quae addit continuationi Aquicinensi litteris obliquis distincta, in B5. non leguntur, nec unde sumpserit, scimus; illud certum, non ex uno quodam codice excerpta, sed e plurimis auctoribus ea conquisita, quaedam ab ipso composita.

g.) *Struve* in editione tertia Scriptorum Pistorianorum, Ratisbonae 1726 in fol. Sigebertum cum continuationibus Ursicampina, Votensi, Gemmeticensi repetiit e prima Pistorii editione; sed suo quaeque loco infersit omnia quae Miraeus plura habet ex 1. B2. 5*. 5.; sub textu potiorem Miraeanae lectionis varietatem cum notis Miraei atque suis posuit; dein continuationes Anselmi, Gemblacensem, Affligemensem atque Aquicinensem ex Miraeo subjunxit, Bellovacensem ex Labbeo. Ita omnia componens quodammodo confudit, novi nil prorsus attulit praeter notulas nonnunquam bonas.

h.) *Dachery* in editione Guiberti Novigentensis primus Robertum de Monte dedit integrum ex codice E, adhibito E4. Nomina minus accurate reddidit; hic illic quaedam omisit; additamenta Roberti ad Sigebertum ab a. demum 876 exhibet, et vel ex his aliqua oblitus est. Notas non addidit.

i.) *Bouquet* atque Brial III, 332, V, 375, VI, 253, VII, 249, VIII, 308, X, 216, XI, 165, XIII, 256, XVIII, 334, excerpta tantum dederunt, quibus praeter editiones hic illic adhibuerunt codices B5'''. E2. 7b. 8b. d.

Nostrae editionis ratio haec fuit ut textum Sigeberti daremus eum quem auctor ipse edendum constituit; primariam autem formam ubivis in notis indicaremus. Pro fundamento igitur posuimus codicem 1., quem accurate expressimus. Additiones ipsa Sigeberti manu factas, antequam primo librum ederet, in textum recepimus omnes, in notis ubivis indicantes quid secundis, quid tertiis curis adjecerit auctor. Additiones 1β-ε., a Sigeberto post a. 1105 dictatas, tum cum alteram editionem curaret, uncinis inclusimus. non quod essent spuriae, sed ut eas primario textui defuisse appareat. Quae prius ibi scripta fuerant, jam erasa. sub textu indicavimus omnia, prout ex A. ea agnoscere potuimus.

Additiones 1ζ-λ., quas non esse Sigeberti scimus, sed post a. demum 1156 a variis factas, post Sigebertum relegavimus in unum collectas, nomine Auctarii Gemblacensis. E reliquis codicibus lectionis varietatem afferre integram et superfluum erat, quippe cujus originem arbitrariam noverimus, et mole inutili notas necessarias obtexisset. Seligendas itaque putavimus eas tantum quae vel ad dignoscendum textum primarium, vel ad discernendas familias codicum, vel ad textus editi historiam momenti aliquid habere possunt; neque transpositiones codicis D. indicavimus, a scriba demum Bellovacensi inventas; quas qui scire desiderat, melius discet ex editionibus. Omissa autem in variis codicibus religiose semper indicavimus, exceptis C4*. 5., de quibus videsis quae supra diximus. Additiones omnium codicum dedimus omnes; at non suo quamque anno insertam Sigeberto, — quippe qui tanta mole oppressus foret —, sed secundum auctores distinctas collegimus, titulo *Auctarii Aquicinensis, Affligemensis, Valcellensis, Hasnoniensis, Laudunensis, Corbeiensis, Bellovacensis, Mortuimaris, Ursicampini, Robertini* praeponendas istis continuationibus quae ab iisdem quibus additiones auctoribus scriptae, ex iisdem fontibus haustae, nil sunt nisi tales additiones sensim latius crescentes, cujus rei luculentum exemplum praebet Robertus. Ita legenti statim apparet quaenam cuique additioni patria, quae sit aetas, quis fons, quae fides habenda; ita quae ejusdem auctoris ejusdemque monasterii sunt, non discerpuntur; historia textus melius perspicitur, et Sigeberti Chronicon purum, uti conditum fuit, ita legentibus offertur. Habitum etiam operis atque formam exteriorem, qualem 1. exhibet et reliqui codices retinuerunt plerique, nos quoque accurate expressimus, praeter quod annos Christi, a Sigeberto per decennia tantum in margine exteriori notatos, nos cuivis anno apposuimus; praeter haec plurimum operae collocandum judicavimus in indagandis fontibus ex quibus hauserunt Sigebertus ejusque continuatores.

L. C. BETHMANN.

INCIPIT CHRONICA
DOMNI SIGEBERTI
GEMBLACENSIS MONACHI

Dicturi aliquid juvante Deo de contemporalitate regnorum, primum pauca dicamus de origine singularum gentium; quatenus sequi poterimus vestigia majorum, directi per semitas historiarum. Ponemus in prima linea regnum Romanorum, in secunda Persarum, in tertia Francorum, in quarta

Wandalorum, in quinta Anglorum, in sexta Lango- bardorum, in septima Wisigotharum, in octava Ostrogotharum, in nona Hunorum.

De regno Romanorum non aliud dicendum puto, nisi quod Danihel propheta interpretatus est de quarto regno : quod, sicut ferrum comminuit, domat et conterit omnia, sic ab origine sui tutuderit, domuerit et contriverit omnia pæne mundi regna; novissimo vero tempore regnum illud, quod in tibiis suis ferreis diutissime et firmissime sine aliqua lassitudine steterat, tandem ferro suæ fortitudinis commixto cum testa humanæ imbecillitatis, ex alto dominationis suæ gradu cum fragore terribili labare cœperit. Hoc regnum primi Persæ impulerunt, qui semper cum Romanis pæne ex æquo se habuerunt, modo vero vacillante rei publicæ statu, eos ultro impetere non timuerunt, et insuper eos suis finibus mutilare potuerunt, quando Juliano apostata cæso et exercitu Romanorum miserabiliter subjugato, nimis fortunati facti sunt ex eorum infortunio. Ita regnum illud, quod tanto tempore omnes pæne mundi gentes prædæ et dominationi habuit, modo Dei omnipotentia miscente ei duplum in poculo, quo ceteris miscuit, cunctis gentibus pæne prædæ et ludibrio patuit; et qui olim cum aliis gentibus pro sola gloria certabant, modo saluti suæ vix satis consulere poterant. Nam quæcunque gentes, aut minuendæ domo multitudinis causa, aut amore exercendæ suæ feritatis, a patria sua exulabant, Romanum imperium incessebant, et de ejus latissimo corpore velut partes quasdam sibi excindebant, et in eis sibi regnandi locum statuebant. Hoc in sequentibus clare apparebit.

Porro regni Persarum originem altius repetere modo non videtur utile, quia quæ hujus regni fuerit antiquitas, quanta et quam potens hujus antiquitatis nobilitas, satis recolet lector per antiquorum historias. Hoc tantum notabo, quia sepe abusi victoria de Romanis, nunc autem recens cæso Juliano, et exercitu Romanorum profligato, et finibus suis Romano imperio mutilato, et sic pro suo libitu pacis fœdere in viginti novem annos composito, felicitatem suam non temperanter ferebant; et Sapore rege eorum insolentius agente, Christianis et Romanis omnimodis infesti erant.

(*Gesta r. Franc.*) Originem gentis nostræ, regni scilicet Francorum, notificemus aliis ex relatu fideli majorum. Post illud famosum et cunctis sæculis et gentibus notum Trojanæ civitatis excidium, victoribus Grecis cædentes reliquiæ Trojanorum, pars eorum cum Enea ad fundandum Romanum imperium ad Italiam perrexit; pars una, scilicet duodecim milia, duce Antenore in finitimas Pannoniæ partes secus Meotidas paludes pervenit, ibique civitatem ædificaverunt, quam ob sui memoriam Sicambriam vocaverunt. In qua multis annis habita-

verunt, et in magnam gentem coaluerunt, et crebris incursibus Romanum solum incessentes, usque ad Gallias ferocitatis suæ vestigia dilataverunt. (*Hist. misc.*) Hos adeo Romanis infestos Constans Cæsar, filius Magni Constantini, bello oppressit, et tandem Romano imperio subjectos aliquantulum a sua feritate mansuefieri coegit. Post aliquot annos, rebellantibus Alanis contra Valentinianum imperatorem, cum eos non posset imperator penitus debellare, eo quod eos intransibiles Meotis paludes tutarentur, proposuit Valentinianus, quod, si qua gens has paludes intrare et rebelles Alanos posset conterere, decem annis eos a tributis liberos redderet. Hac pactione Trojani illecti, et fortitudine et prudentia sua confisi, duce Priamo Meotidas paludes Romanis invias ingressi, Alanorum gentem exterminaverunt, et ita Valentiniano satisfecerunt. Valentinianus eorum virtute delectatus, eos, qui prius vocati erant Trojani, deinde Antenoridæ ; postea etiam Sicambri, Francos Attica lingua appellavit, quod in Latina lingua interpretatur feroces. (FREDEG.) Alii Francos cognominatos dicunt a quodam eorum rege Frantione, qui in bello fortissimus, dum cum multis gentibus dimicasset, in Europam iter direxit, et inter Danubium et Rhenum consedit, ibique progenies ejus coaluit, nulliusque jugum usque ad id temporis suscipere voluit. (PROSP.) Undecunque ergo denominati sunt Franci, quantum altius colligere potuerunt historiographi, hic Priamus regnabat super eos tempore prioris Valentiniani. Nam ex ipso regis nomine recolentes nobilitatem illius Priami, sub quo eversa est Troja, inde gloriabantur gentis suæ manasse primordia. Exacto decennio, cum exactores repeterent tributa a Francis, Franci pro superiori victoria insolescentes, et de viribus suis presumentes, non solum tributa negare, sed etiam Romanis presumunt rebellare. Romani collecto exercitu super Francos irruunt, et victos usque ad internecionem proterunt.

(BEDA.) Britanni sive Brittones, a quibus cognominata est Britannia Occeani insula, qui eam incoluerunt, a tempore G. Julii Cæsaris usque ad annum Domini 413. sub imperio Romano degerunt. Hi, tempore Marci Antonini Veri, instantia Lucii Britanniarum regis, per legatos Eleutherii papæ mysteria christianitatis susceperunt, in qua aliqui eorum usque martyrii coronam provecti sunt. Qui cum crebris et pæne continuis Pictorum incursionibus fatigarentur, et ipsi ad resistendum inimicis imbelles inabilesque haberentur, consilio regis sui Vertiginii gentem Anglorum a finibus Saxoniæ invitant, eosque contra omnes hostium assultus defensores sibi parant. Angli, cum aliquandiu strenue et fortiter eos tutati fuissent, tandem dominandi cupiditate illecti, et ad hoc imbecillitate eorum adducti, quos defensandos susceperant, illos sibi subicere deliberant. Tam violenta injustitia indigenæ Brittanni alienigenis Anglis subjugati, in jus et nomen Anglorum quasi victi concesserunt, et nunquam de subjugo eorum se excutere potuerunt[1].

(Jord.) Wandali quoque de Scythia oriundi, a Gothis victi, alienas terras invadere ceperunt, sed suas retinere non potuerunt. Hos circa Danubium commorantes, rursum post multum tempus Giberich Gothorum rex bello victos inde exturbavit, et ad hoc perpulit, ut quas quoquo modo habere videbantur relictis sedibus, Romano imperio se subderent, et a Constantino Magno locum habitandi sibi dari suppliciter peterent. Quod et impetraverunt, et Pannonias ab eo sibi delegatas per sexaginta annos pacifice inhabitaverunt. Unde anno Archadii 13. et Honorii. evocati instinctu Stiliconis rebellionem contra rem publicam meditantis, infuderunt se per Gallias, junctis sibi Alanis, easque aliquandiu miserrime dilaceraverunt. Etiam inde eos expellebant Gothi, non quidem prospicientes Galliarum quieti, sed vacuefacientes patriam suæ rapacitati. Wandali Hispanias aggressi, nunc Hispanias, nunc Gallias multo tempore depopulati sunt; sed nec ibi a Gothis tuti esse potuerunt. Quippe quia Gothi nimis Italiam inquietabant; Honorius, deliberato cum suis consilio, Hispanias et Gallias, quas sibi a Wandalis aliisque gentibus præreptas dolebat, Gothis rata confirmatione donavit. Cum ergo Gothi a finibus sibi deputatis Wandalos aliosque hostes effugare maturarent, et Wandali undique conclusi timore Gothorum æstuarent, peccatis populi facientibus, inopina et grata occurrit eis felicitatis oportunitas. Nam inter Bonefacium et Aethium Romanos duces per invidiam orta simultate, Bonefacius factus inferior, cum dolorem suæ injuriæ nollet, ulcisci nisi damno et periculo rei publicæ, ad Hispanias transivit, et Wandalos ad occupandam Libiam et Affricam invitavit. Quo cum pervolassent, ibi regnum suum multo tempore confirmaverunt, et divina et humana sine aliquo respectu humanitatis vel divinitatis perturbaverunt.

(Paul. Diac.) Winilorum, qui postea patria lingua Langobardi a longis barbis vocati sunt, certam quidem originem legimus, sed certum originis eorum tempus non invenimus. Nam reges regnasse super eos legimus, quorum etiam nomina didicimus, sed annos regni eorum per tempora distinctos non invenimus. Hi in Scandinavia Scythiæ insula degentes, cum ita multiplicati essent, ut eos terra sua capere non posset, egressione tertiæ partis minuere multitudinem consilium habuerunt, et quinam exire deberent, missa sorte quæsiverunt. Ergo tertia pars Winilorum, prout eos missa sors elegerat, ducibus Agion et Ibor de Scandinavia insula egressi, de loco in locum ibant, incerti et vagabundi; et a multis sæpe bellis impetiti, viriliter, quia pro anima res erat illis, salutem et libertatem suam defendebant. Porro Agion et Ibor mortuis, regnavit primus super eos Agemundus 25 annis. Qui, dum ageret se justo securius, a Bulgaribus cum multis suorum est extinctus. Lamissio regnavit secundus, et post eum 40 annis regnavit Lethu tertius, Ildehoch quartus, Gudeoc quintus, eo tempore quo Odoacer regnabat in Italia. Sextus Langobardorum rex fuit Claffo, septimus Tato, octavus Waltarith, nonus Audoin, qui Langobardos in Pannoniam duxit; decimus Alboin, qui, transductis in Italiam Langobardis, regnum eorum ibi firmissime stabilivit.

(Jord.) At Gothorum, qui apud antiquos Getæ dicti sunt, quique postea divisi, duo ex se regna, id est Ostrogotharum et Wisigotharum, fecerunt, talem originem fuisse cognovimus ex historia Jordanis. Isti Scanciam Scythiæ insulam primo incoluerunt. Cujus possessione non contenti, cum rege eorum Berich inde exierunt, et vicinas Scythiæ insulas et terras peragrantes, vicinas gentes bellis lacessebant, et terrore nominis sui finitimas gentes sibi subigebant. Post sub Filimere quinto rege suo ad ulteriora Scythiæ progressi, ad citeriores usque ripas Danubii, terras Traciæ, Daciæ, Mesiæque diu longe lateque sunt pervagati. Ibi per multa tempora, immo per multa sæcula, in gentem magnam coaluerunt, et multas gentes victoriis suis applicantes, nomen et fortitudinem suam amplificaverunt. Viribus vigentes, ingenio callentes, philosophiæ quoque disciplinis eruditi, nativam barbariem exuentes, humanitate et honestate aliis barbaricis gentibus preminebant. Tempore autem Decii imperatoris, transito Danubio cum Gniva rege suo, graviter incubabant Romano imperio. Qui a Decio impetiti bello, exercitu Romanorum protrito, ipsum Decium peremerunt cum filio Decio. Hac felicitate elati et sæpe postea in congressu Romanis ducibus superiores effecti, toti orbi Romano erant terrori. Isti adhuc trans Danubium constituti, tempore Valentis imperatoris cœperunt civili bello inter se collidi. Athalaricus dux unius partis cum prævaluisset Fritigerno duci alterius partis, Fritigernus a Valente auxilium petit, christianum se fieri promittit. Valens auxilium mittit, eosque in sectam Arrianorum, Arrianus ipse, induci fecit. Anno 13° Valentis Huni, qui et ipsi in Scythia potenter debachabantur atque ferociter, nacti oportunitatem ex intestina Gothorum simultate, fines eorum ex improviso invadunt, eosque bello victos aut sibi subjugant, aut captivitate excruciant, aut patria eliminant. Ita Gothi, qui multas gentes subdiderant suo servitio[2], Hunorum subduntur dominio, et nimis eorum potentiam adaugent, dum omnes qui Gothis serviebant, per Gothos Hunorum principatui parent. Taliter Huni in omni pene Scythia principatu et fortitudine cunctis preminebant. Gothi victi partim se, Danubio transito, ingesserunt finibus Romani imperii, et a Valente petierunt terram ad inhabitandum sibi dari. Qua re

VARIÆ LECTIONES.

[1] *Horum loco de Britannis interpolationem ex Galfrido habent* D1‥. E8h. *indeque editiones præter Miræum omnes.* [2] dominio *superscripto ab eadem manu* servitio 1., *nil expungens.*

impetrata, cum aliquandiu se continuissent ab omni armorum insolentia, tandem Romanorum avaritia coacti et rei familiaris inopia, in ipso imperii sui sinu gravia concitaverunt prelia. Quibus Valens imperator occurrens, bello victus ab eis et igni crematus, justo Dei judicio, rei publice nimiam intulit incommoditatem, hostibus vero auxit elationem. Hi ergo Gothi, qui Romano imperio incubabant, Wisigothas se, id est occidentales Gothos, nominabant, et per multos annos occidentales Romanorum fines usque ad ipsas ulteriores Hispanias infestabant, ubi etiam postmodum in regnum coaluerunt. Porro Gothi, qui in patrio solo trans Danubium sub Hunorum dominio remanere passi sunt, regulos quidem suae gentis habuerunt, et sese Ostrogothas, id est orientales Gothos appellaverunt. Qui et ipsi postea per Theodericum regem suum a Zenone imperatore Italiae regnum dono acceptum per multos annos tenuerunt. Ita Gothi quasi duobus capitis sui cornibus orientem et occidentem ventilantes acerrime, duo ex se regna creavere, scilicet Wisigotharum in Hispania et Ostrogotharum in Italia.

(Jord.) De regno Hunorum, quod in omni paene Scythia tenebat principatum, ipsa gentis barbaries me silere faceret, nisi illud famosum Galliarum et Italiae excidium me loqui cogeret, quando per Attilam eorum regem judicium Dei se longe lateque effudit, quem quasi gladium limatum et exacutum de vagina indignationis suae super peccatrices gentes Deus distrinxit. De eorum ergo origine quae in antiquorum leguntur historiis, aperiam paucis. Filimer, Gothorum rex, Gadarici magni filius, qui post egressum Scantiae insulae quam quinto loco tenuit principatum Getarum, et terras Scythiae cum sua gente introiit, repperit in populo suo quasdam magas mulieres, quas Gothico sermone Alirumnas dicunt; easque habens suspectas, de medio sui proturbavit, longeque ab exercitu suo fugatas in solitudine coegit errare. (II. misc. XII) Quas silvestres homines, quos nonnulli Faunos ficarios vocant, per desertum vagantes dum vidissent, et earum complexibus se in coitu miscuissent, genus hoc ferocissimum ediderunt, quod fuit primum inter paludes Meotidas; minutum, tetrum atque exile quasi hominum genus, nec alia voce notum, nisi quod humani sermonis imaginem assignabat, et quos bello forsitan minime superabant, vultus sui terrore nimium pavorem ingerentes, terribilitate fugabant: eo quod erat eis species pavendae nigredinis, et velut quaedam, si dici fas est, deformis offa, non facies, habensque magis puncta, quam lumina. Quorum animi fiduciam torvus prodit aspectus. Qui etiam in pignora sua primo die nata desaeviunt. Nam maribus ferro genas secant, ut, antequam lactis nutrimenta percipiant, vulneris cogantur subire tolerantiam. Hinc imberbes senescunt, et sine venustate effaebi sunt; quia facies ferro sulcata, tempestivam pilorum gratiam cicatrice absumit. Exigui quidem forma, sed arguti, motibus expediti, et ad equitandum promptissimi, scapulis latis, et ad arcus sagittasque parati, cervicibus firmis, et superbia semper erecti. (Jord.) Hi vero sub hominum figura, vivunt belluina saevitia. Tali ergo stirpe procreati Huni, cunctis vicinis gentibus erant horrori et formidini. Horum potentiam auxit victoria de Gothis, manentibus trans ripas Meotidis fluminis, qui in Scythia pollebant gloria singularis potentiae et fortitudinis. Quam victoriam hoc modo Huni adepti sunt : Venatores Hunorum, sequentes vestigia cervae Meotidas paludes transeuntis, quas impervias esse hactenus putabant, Scythicam regionem diligenter explorant, explorata omnia Hunis nuntiant, ad transeundum eos animant. Horum ducatu paludibus transitis, velut quidam turbo subito incubuerunt gentibus Scythicis, casque omnes subjugaverunt sibi, ipsosque Gothos caeteris imperitantes aut preminentes expulerunt sedibus suis. Hoc felicitatis successu Huni inter caeteras Scythiae gentes elati per victoriam de Gothis, per annos fere octoginta laboraverunt ad concussionem et ruinam mundi. Ab hac ergo eorum victoria usque ad mortem Attilae regnum eorum in hoc annotabimus opere.

Extra has et aliae gentes fuerunt, quae Romanum imperium dilaceraverunt, id est Gepides, Alani, Turchi, Bulgares, et aliae plures, quae omnes ab aquilonis plaga exierunt; ut super hoc fortasse videatur dictum per prophetam : *Ab aquilone pandetur malum super universam terram.*

Ordiamur ergo telam narrationis nostrae ab anno Domini 381., quo anno post mortem Valentis Valentinianus minor et Gratianus, filii majoris Valentiniani, incipientes simul regnare, regnaverunt annis 6. Ab hoc anno Sapor, qui diu imperaverat Persis, imperavit annis 28. Ab hoc anno Britanni sub imperio Romano fuerunt annis 50[3]. Ab hoc anno Wandali cum rege suo Modigisilo per Gallias crudeliter debacchati sunt annis 55[4]. Super Francos in Sicambria commorantes, regnabat Priamus[5]. Alii scribunt cum periisse in bello, quo, ut diximus, Franci nimis attriti sunt ab exercitu prioris Valentiniani, et de Sicambria exire compulsi. Fritigernus, qui super Wisigothos aliquandiu regnaverat, ab hoc anno 5 annis regnavit. Ostrogothis in patrio solo sub Hunorum dominio remorantibus preerat Winitharius; eisque ab hoc anno usque ad mortem Attilae per annos plus minus 80 prefuerunt reguli gentis suae. Balamber Hunis imperabat, qui, et post cum Mundzuch pater Attilae, Octar et Rugila fratres ejus,

VARIAE LECTIONES.

[3] *Sig, primum scripsit* XXX[ta] III, *sed* III *deletvm, ut videtur, ab ipso statim postquam erat scriptum, nam quod reliquis numeris semper imponit*[b]; *hic deest.* XXX *habent soli* A. F1. 2. [4] XXXII *habent* A. F1 2. [5] *ab hoc anno annis quinque* addit in 1. *manus incerta, et* B5*; desunt reliquis.*

Bleda et Attila, frater ejus, ab hoc anno usque ad mortem Martiani imperatoris regnaverunt annis plus minus 80. Anno ab Adam 4331. ⁶ secundum Dionisium, anno vero Domini 381, secundum Dionisium, Olimpiadis 289. anno 4. post mortem impii Valentis imperat.t.

GRATIANUS ET VALENTINIANUS. SAPOR. PRIAMUS. BRITANNI.
381.   1.   4.   4.   4.
MODIGISILUS. FRITIGERNUS. WINITHARIUS. DALAMBER.
4.   4.   1.   1.

(Prosp.) Theodosius a Gratiano magister militum ordinatus, incredibili celeritate et mira felicitate devictis multis barbaris gentibus, lassam rem publicam in orientis partibus reparavit. (Cass.) Clarebant eo tempore Damasus Romæ, 45ᵘᵐ papatus annum agens; (Hier. De vir. ill.) Didimus Alexandrinus, qui a quarto ætatis anno lumine captus, quamvis esset elementorum ignarus, tamen in litterarum scientia etiam philosophis erat mirabilis; (H. m. Cass., Idac.) Hieronimus, totus divinæ scripturæ incumbens; Gregorius Nisenus, Gregorius Nazanzenus, Martinus Turonensis episcopus, Ambrosius Mediolanensis, Rufinus Aquileiensis presbiter; in Ægypto Pachomius abbas, Meletius Antiocenus episcopus, per hoc clarior, quod Theodosius in somnis previdit, se ab eo indui clamide imperiali et diademate coronari.

382.   2.   2.   2.   2.   2.   2.   2.   2.

(Prosp.) Gratianus valde religioni favet, et per omnia rei publicæ promptus, Theodosium consortem imperii facit. (Hier., Vita S. P.) Paula inter nobiles Romanorum matronas prenobilis, abrenunciat mundo. (Hier., Præf. in Psalm.) Psalterium quod secundum LXX interpretes in omnibus æcclesiis cantabatur, Hieronimus correxit. Quo iterum vitiato, psalterium novum composuit, quod et a LXX interpretum editione non multum discordaret, et cum Hebraico multum concordaret. Quod ut omnibus clarum fieret, ipsum psalterium distinxit per asteriscos, id est stellam ※, et per obelos, id est virgam jacentem ÷, docens ea quæ continentur sub asterisco ※ usque ad duo puncta ⁚ in Hebreo haberi et a LXX pretermissa esse; ea vero quæ continentur sub obelo ÷ usque ad duo puncta : in Hebreo non haberi, sed a LXX addita esse, justa Theodotionis dumtaxat translationem ⁷. Hoc psalterium Damasus papa rogatu Hieronimi in Gallicanis æcclesiis cantari instituit, et propter hoc Gallicanum vocatur; Romanis psalterium secundum LXX retinentibus sibi, propter quod Romanum vocatur. Hæc duo psalteria cum non sufficerent ad proponenda testimonia de Christo contra Judæos, qui non recipiunt nisi ea quæ habentur in Hebreo, addidit et tertium, quod vocatur Hebraicum, pro eo quod ro-

gatu Sophronii viri sapientis transtulit illud de Hebraica veritate in Latinum verbo ad verbum. Quod psalterium et alia Hieronimi epuscula idem Sophronius de Latino in Grecum transtulit. (Beda. Gennad. Idac.) Teophilus Alexandriæ episcopus cyclum de observatione paschæ per centum annos digestum, quem latercalum vocavit, ab hoc anno incohavit, hoc est a primo consulatu Theodosii. (G. pont.) Damasus papa rogatu Hieronimi, instituit dicere in æcclesia in fine psalmorum : Gloria Patri et Filio et Spiritui sancto ; Sicut erat. Instituit etiam psalmos in æcclesia nocte dieque cantari ⁸. [Ut autem chori in duas partes divisi, ipsos psalmos alternatim cantarent, jam tempore Constantii imperatoris in æcclesia Anthiocena instituerant primi Flavianus et Diodorus viri probatæ vitæ et doctrinæ; quod inde ad terminos totius orbis usque pervenit.]

383.   3.   3.   3.   3.   3.   3.   3.

(Prosp.) Maximus in Britannia per tyrannidem imperium arripit. (Idac.) Post Frithigernum secundus apud Wisigothas regnat Athanaricus anno uno; qui, confœderatus Theodosio, et ab eo Constantinopolim invitatus, mox 15. die ex quo venerat ibidem obiit. Basilius Cesariensis, qui gemina philosophia et sanctitate claruerat; ut Deus apparens ad precem ejus cum docuit, ut propriis verbis sanctum sacrificium consecraret; cui revelatum est, quod Mercurius miles et martyr Julianum imperatorem peremerit; qui juvenem, qui ob amorem virginis sibi per diabolum conciliatæ negaverat Christum, reconciliavit Christo, palam altercans cum diabolo; qui impetravit a Deo, ut sanctus Effrem Syrus Grece loqueretur; qui peccata peccatricis scripta et signata orando oblitteravit (cf. Hier.) : bis et multis aliis clarus, dum medicus Hebreus mininare sibi mortem per tactum venæ revera pronuntiaret, mortem orando in crastinum distulit, et ita medicum cum suis ad Christum convertens, feliciter moritur. Damasus papa invidiose adulterii accusatus, purgatur a 44 episcopis, accusatores ejus vero ab æcclesia expelluntur. Apollinaris Laodiceæ episcopus, conversus in heresim sui nominis, a Damaso papa damnatur, quia dicebat, quod Christus natus solam carnem, non animam susceperit, aut si suscepit non rationalem, sed tantum vivificalem animam susceperit, sed potentia deitatis susceptæ carni pro anima fuerit, et ipsa caro non de Maria suscepta sit, sed caro et verbum unius substantiæ fuerint ⁹.

ROMANORUM. PERSARUM. FRANCORUM. BRITANORUM.
384.   4.   4.   4.   4.
WANDALORUM. WISIGOTHORUM. OSTROGOTHORUM.
4.   4.   4.
HUNORUM.
4

(Pseud. Dam.) Damasus papa decrevit, ne quid

VARIÆ LECTIONES.

⁶ ita 1. primo. A. B1'. C1. 3. IVCCCXXXII° postea correxit 1. VDLXXVIIII C2'. D.   ⁷ i. T. d. t. postea alius, fortasse Anselmus, erasit et post concordaret posuit, ubi habent F1. 2; desunt A. B5'. F5.   ⁸ Inst. — cantari in rasura dimidiæ lineæ Sig. cur. sec. Sequentia Ut autem — pervenit in margine post addidit 16; desunt uni A. defuerant igitur primæ editioni anni 1105.   ⁹ Basilius — fuerint in rasura Sigeb. cur. sec.

contra episcopos presumant archidiaconi, qui dicuntur etiam corepiscopi, id est regionum vel villarum episcopi. Chore enim Grece, villa vel regio Latine [10] (149*).] (PROSP.) Maximus Pictus et Scottos Brittanniam incursantes superat. (ISID.) Wisigothi sine rege sub Theodosio fuerunt annis 13. (JORD.) Winitharius rex Ostrogothorum pro libertate contra Hunos rebellat in Gothia. (PROSP.) Ambrosius episcopus libros de Spiritu sancto ad Gratianum imperatorem scribit. (CASS.) Corpus Pauli Constantinopolitani episcopi, sub Constantino in exilio ab hereticis suffocati, Constantinopolim refertur cum gloria a Theodosio imperatore.

385. R. 5. P. 5. F. 5. B. 5. W. 5. W. 1. O. 5. II. 5.

(BEDA.) In Gallia sanctus Romanus Blaviensis obiit. Theodosius Archadium filium suum augustum facit. (PROSP.) Justina mater Valentiniani Arriana in Ambrosium et omnem sanctam æcclesiam catholicam execrabili odio desevit. (G. r. F.) Francis post Priamum Priami filius Marcomirus et Sunno, filius Antenoris, principantur annis 56. Quorum ducatu Franci Sicambria egressi, consedere secus Rhenum in oppidis Germaniæ. (JORD.) Winitharius Hunos in bello superat.

586. 6. 6. 1. 6. 6. 2. 6. 6.

(BEDA.) Maximus in Gallias transit, et Gratianum imperatorem Lugduni perimit; fratrem vero ejus Valentinianum simulato pacis fœdere per triennium Italia expellit, Theodosius solus annis 11 imperat. (JORD.) Balamber rex Hunorum Winitharium in bello perimit; post quem secundus apud Ostrogothas regnat Hunimundus annis 2. (BEDA.) Secunda synodus universalis 150 patrum Constantinopolim congregatur, jubente Theodosio et annitente Damaso papa; quæ Macedonium negantem Spiritum sanctum Deum esse condemnans, consubstantialem Patri et Filio Spiritum sanctum esse docuit, dans symboli formam, quam tota Latinorum et Grecorum confessio in æcclesia ad missas sollemnibus diebus decantat. Hic decretum est, ut Constantinopolis tanquam novæ Romæ episcopus post Romanum pontificem habeat privilegium. (MARIAN.) Priscillianus in Hispania episcopus condens heresim sui nominis, æcclesiam perturbat. (AUGUST., De hæres. 70.) Hic personas sanctæ Trinitatis confundebat, dicens eumdem esse Patrem quem Filium et Spiritum sanctum. Carnium escas pro immundis habebat; conjuges, viros a nolentibus feminis, feminas a nolentibus viris separabat; opificium omnis carnis non Deo bono et vero, sed malis angelis assignabat; animas ejusdem naturæ et substantiæ, cujus est Deus, esse dicebat, et eas ad agonem quendam spontaneum, non tamen in terris exercendum, per septem cælos et per quosdam principatus gradatim descendere et in malignum principem incurrere, a quo mundum istum factum esse dicebat, atque ab hoc principe per diversa carnis corpora seminari; homines vero fatalibus stellis colligatos, corpusque nostrum secundum 12 cæli signa compositum esse dicebat, constituens Arietem in capite, Taurum in cervice, Geminos in humeris, Cancrum in pectore, Leonem in manibus, Virginem in ventre, Libram in umbilico, Scorpium in coxis, Sagittarium in virili, Aquarium in vesica, Capricornum in tibiis, Pisces in plantis. (IDACIUS. MARIAN.) Super his auditus in conciliis episcoporum, Romam petit, ibique a sanctis Damaso et Ambrosio repudiatus, in Galliis quoque in synodo Burdegalense a sancto Martino [11] aliisque hereticus judicatus, ubi se damnandum intellexit, imperatorem Maximum appellat. A quo auditus et episcopatu pulsus, Treveris ab Evodio prefecto perimitur cum multis suis sequacibus, edicente imperatore, ut hujus sectæ complices in Hispania perimerentur. Itachius et Ursatius episcopi accusatores Priscilliani communione æcclesiæ privantur ab episcopis, nefas esse dicentibus, cujuscunque modi hominem episcoporum accusatione necari, Maximo imperatore et aliquibus episcopis Itachium et Ursatium defendentibus. Et hac de causa sanctus Martinus a Maximo molestatur, quia nolebat communicare Itachianis. Vix tamen obtinuit, ut Priscillianistæ non occiderentur. (HIER., Vita S. P.) Paula Romæ preponens Bethleem, ibi cum filia Eustochio ancillatur Christo, et sancte vivendo multas ad emulationem sanctitatis incitat.

587. 1. 7. 2. 7. 7. 5. 1. 7.

(PROSP.; G. pont.) Siricius Romanæ ecclesiæ 37us [12] presidet. Hic constituit, hereticum pœnitentem per impositionem manus sacerdotalis ab æcclesia esse recipiendum. Hic Manicheos Romæ inventos exsiliavit. Ambrosius episcopis ritum antiphonas in æcclesia canendi primus ad Latinos transtulit a Grecis, apud quos hic ritus jamdudum inoleverat, ex instituto Ignatii Antioceni episcopi et apostolorum discipuli, qui per visionem in cælum raptus, vidit et audivit, quomodo angeli per antiphonarum reciprocationem ymnos sanctæ Trinitati canebant. (CASS.) Franci Quintinum et Eraclium Romanorum duces cum omnibus pæne suis juxta Treverim delent. (PROSP.) In Egypto Johannes anachorita sanctitate et prophetiæ spiritu claret.

588. 2. 8. 5. 8. 8. 4. 2. 8.

(PROSP.) Corpora Gervasii et Prothasii martirum Mediolani ab Ambrosio reperta sunt. (JORD.) Ostrogothis regnat Horismud annis duobus.

VARIÆ LECTIONES.

[10] Damasus — Latine in rasura 1. desunt uni A. quo reliqua atramento, igitur statim, quum totus codex conficeretur, non ciris secundis scripta.   [11] a sanctis — Martino Sig. ipse in rasura, sed eodem conficeretur, non ciris secundis scripta.   [12] XXXVI et sic porro B. C. D. E. cf. a. 599.

NOTÆ.

(149*) Cf. Mon. Legg. II, 2, 55.

389. R. 3. P. 9. F. 4. B. 9. W. 9. W. 5. O. 1. H. 9.

(Prosp., Beda.) Valentinianus imperator, Maximum fugiens, Constantinopolim venit, et a Theodosio paterne suscipitur. (Prosp.) Augustinus cum esset Manicheus, per Ambrosium ad rectam fidem convertitur, et relictis scolis baptizatur.

390. 4. 10. 5. 10. 10. 6. 2. 10.

(Idacius.) Maximus tirannus ab Ambrosio excommunicatus, quia corrigi noluit, a Theodosio Aquileie in bello perimitur; et Valentinianus imperio restituitur. (Jord.) Ostrogothi sine rege fuerunt annis 40.

391. 5. 11. 6. 11. 11. 7. 1. 11.

(Prosp.) Theodosius imperator immane facinus, quod commisit, quando Thesalonicæ septem milia civium fecit occidi in ultionem judicum in seditione occisorum, imitabili publicæ penitentiæ exemplo diluit, ab Ambrosio æcclesia exclusus et humili satisfactione reconciliatus. (Ibid.) Gregorius episcopus Nazanzenus obiit. Ambrosius post Hilarium Pictavensem ymnos in æcclesia canendos primus composuit. Claudianus gentilis poeta Romæ claret.

392. 6. 12. 7. 12. 12. 8. 2. 12.

(Cass.) Caput Johannis baptistæ a Theodosio imperatore Constantinopolim translatum est. Quod cum Valens imperator olim illuc voluisset transferre, vehiculum, in quo sanctum caput ferebatur, nullo modo moveri potuit.

393. 7. 13. 8. 13. 13. 9. 3. 13.

(Prosp.) Terribile in cælo signum columnæ per omnia simile apparuit. In Hispania Prudentius lyricus poeta claret.

394. 8. 14. 9. 14. 14. 10. 4. 14.

(Beda.) Hieronimus librum illustrium virorum hic finit; Gennadius abhinc incipit. (Prosp.) Alexandriæ jussu Theodosii templa idolorum a Theophilo episcopo destruuntur, et everso famoso Serapis fano, martyrium ibi consecratur, et in eo ossa Johannis baptistæ reconduntur; quæ hoc modo Alexandriam translata fuerant. (Rufini, h. e.) Apostata Juliano imperante et contra Christum furente, pagani ossa Johannis baptistæ in urbe Samaria sepulti effracto sepulcro extrahentes dispergebant per agros eaque rursus collecta igni cremabant, et sanctos cineres pulveri immixtos per aera dispergebant. Sed quidam monachi ex Hierosolimis immixti furentibus paganis, quotquot potuerunt ossa collegerunt et ad abbatem suum Philippum Hierusalem detulerunt. Philippus ea Athanasio episcopo Alexandriæ misit. (Marian.) Sanctus Patricius Scottus in Hibernia cum suis sororibus venditur; ubi, cum esset regis porcarius, angeli sepe colloquio fruitur.

395. 9. 15. 10. 15. 15. 11. 5. 15.

Arsenius Romæ claret, qui usque ad 40um ætatis A annum in aula imperatorum gloriose militans, ex senatore fit monachus, et per annos 55 in eremo sanctitatis exemplo omnibus mirabilis enituit. Hieronimo scripturas sacras veteris testamenti de Hebraica veritate in Latinam linguam vertente, editio LXX interpretum, quæ tenebatur a cunctis et Grecis et Latinis, cœpit in secundis haberi. Quod contra inveteratum æcclesiæ usum fieri quamvis sancti et docti viri egre ferrent, prevaluit tamen auctoritas Hebraicæ veritatis, postquam patuit, quantum ab ea discreparent LXX interpretes.

396. 10. 16. 11. 16. 16. 12. 6. 16.

(H. m.) Hoc tempore in castello Judeæ Emaus natus est puer perfectus, ab umbilico et sursum divisus, ita ut haberet duo pectora et duo capita, et unusquisque sensus proprios; et unus edebat et bibebat, et alter non edebat; unus dormiebat, et alter vigilabat; nonnumquam insimul dormiebant, insimul tamen ludebant ad alterutrum, et flebat uterque, et percutiebant invicem. Porro vixerunt annis ferme duobus, et unus quidem mortuus est, alter vero supervixit diebus quatuor. (Marian.) Valentinianus imperator nimia austeritate Armogastis magistri militum ad vitæ tædium perductus [13], laqueo vitam finivit. Eugenius auxilio Arbogastis tyrannizat. (Beda.) Corpora Abacuc et Micheæ prophetarum revelantur. Didimus Ab Oculis anno ætatis 85º Alexandriæ obiit.

397. 11. 17. 12. 17. 17. 13. 7. 17.

(Prosp.) Theodosius Eugenium et Arbogastem in bello perimit, et ipse non multo post obiit. Post quem filii ejus Archadius et Honorius imperant annis 13. (V. Ambr.) Corpora Nazarii et Celsi martirum Mediolani ab Ambrosio reperta et levata sunt.

398. 1. 18. 13. 18. 18. 14. 8. 18.

(Prosp.) Constantinopolis iram Dei formidans, igne super nubem terribiliter fulgente, ad penitentiam conversa evasit. Rufinus magister militiæ orientalis rebellans, a Stilicone magistro militiæ occidentalis perimitur. Gildo comes Africæ rebellans, consueta stipendia Romanis subtraxit, quem non multo post Stilico interficiens, Africam ad jus pristinum redegit. (Jord.) Wisigothi rupto cum Romanis federe, Alaricum super se regem creant, qui regnavit annis 18 [14].

399. 2. 19. 14. 19. 19. 1. 9. 19.

(G. pont.; Marian.; Cass.) Anastasius Romanæ æcclesiæ 57us [15] presidet. (Marian.) Sanctus Martinus secundum quosdam obiit hoc anno. (Gennad.) Florebant in æcclesia hoc tempore sancti et docti viri, Johannes Crisostomus Constantinopolis episcopus, sanctitate quidem et scientia clarus, sed in facundia sua severior et liberior justo; Donatus Epiri episcopus, qui ingentem draconem expuens in

VARIÆ LECTIONES.

[13] Hoc — perductus *primo duabus lineis continebantur. Sed his erasis, Sig. ipse statim, non curis secundis, ut ex'atramento apparet, et in rasura et in margine inferiori ea ita ampliavit, ut nunc leguntur.* [14] *ita talso* 1. F2. XV *plurimi alii.* [15] *ita* 1. *e corr., rell.*

ore ejus interfecit, quem octo juga boum vix trahere potuerunt ad cremandum; in Hispania Orosius historiographus; in Aquitania Severus, qui vitam Martini et alia multa scripsit, qui in senecta a Pelagianis seductus, silentium usque ad mortem tenuit, tacendo corrigens, quod loquendo peccavit. (*V. Servat.*) In Gallia Severinus Agripinensis, Servatius quoque decimus Tungrensium [16] episcopus, Domini nostri Jesu Christi consanguineus, non solum ex eo quod voluntatem Dei patris faciebat, sed etiam secundum carnem. (*Gen. Servat.*) Qui natus quidem in Perside filius fuit Emmiu, cujus pater fuit Eliud frater Elisabeth, quæ pererit Johannem baptistam. Mater vero Eliud et Elisabeth, Esmeria, soror fuit Annæ, quæ genuit Mariam matrem Domini.

400. R. 3. P. 20. F. 15. B. 20. W. 20. W. 2. O. 10. H. 20.

(*H. m.*) Romanorum provincias hinc Wisigothi, inde Huni graviter incursant. Romæ celebrato gladiatorio ludo, Telematius monachus increpans populum attentius spectaculo inhiantem, lapidatur a populo. Unde offensus Honorius imperator, gladiatorium ludum edicto suo imperpetuum removit.

401. 4. 21. 16. 16. 21. 5. 11. 21.

Imperatores zelum patris sui Theodosii secuti, jubent in toto orbe Romano templa idolorum destrui. Hieronimus et Rufinus Aquileiensis presbiter, orta inter se simultate pro quæstionibus scripturarum, libros invectivarum satis quidem luculento, sed nimis mordaci sermone in alterutrum conscribunt.

402. 5. 22. 17. 22. 22. 4. 12. 22.

(Prosp.) Sanctus Martinus ætatis anno 81, episcopatus vero 26 obiit hoc anno secundum Prosperum, qui scribit, eum obisse anno 5° Archadii et Honorii; (Sev.) immo secundum Severum, qui scribit in vita ejus (150), eum post mortem Priscilliani sedecim annos vixisse.

403. 6. 23. 18. 23. 23. 5. 13. 23.

(*V. Ambr.*) Ambrosius Mediolanensis obiit, cujus vitam Paulinus Nolanus episcopus ad Augustinum episcopum describit. (Prosp.; Idac.) Hic Paulinus Nolæ postmodum episcopus, cum esset innumerabilium prediorum dominus, ammirabili exemplo venditis omnibus religionem elegit expeditus; cui Terasia ex conjuge soror facta, æquatur beatæ vitæ te stimonio et merito. Hic se episcopum pro captivo filio pauperis viduæ in servitutem barbari addixit; sed divinitus proditus quis esset, multos captivos libertati restituit. (*H. m.*) Hoc tempore in Italia Sisinnius, Martirius et Alexander a gentilibus martirizantur. Quorum corpora cum Mediolanum deferrentur, cæcus per eos illuminatur, dicens, se illuc per visum directum esse ab Ambrosio episcopo, dicente, se in horum martyrum consortio deputatum esse. (*H. m.*) Stilico pacem fratrum imperatorum interturbare volens, Alaricum regem Gothorum fecit ordinari magistrum militum (151)

404. 7. 24. 19. 24. 24. 6. 14. 24.

(*G. Pont.*) Innocentius Romanæ æcclesiæ 38us presidet [17]. Hic decrevit pacis osculum ad missas dari, sabbato jejunium celebrari, oleo ad usus infirmorum ab episcopo consecrato licere uti non solum presbiteris, sed omnibus etiam christianis, in suam suorumque necessitatem unguendo. (Prosp. Aug. *De hæres.* 88.) In Britannia Pelagius execrabili doctrina æcclesiam Christi maculare nititar, dicens, hominem sine gratia Dei posse salvari suis meritis: unumquenque ad justitiam propria voluntate regi; infantes sine peccato originali nasci, sed tam insontes esse, quam insons fuit Adam ante prevaricationem; nec ideo baptizandos esse, ut a peccato solvantur, sed ut per adoptionem in regnum Dei ammittantur; qui etsi non baptizentur, esse tamen eis extra regnum Dei æternam et beatam vitam; Adam solum suo peccato lesum esse, cumque mortuum esse non ex culpæ merito, sed ex conditione naturæ; qui moriturus fuisset, etiamsi non peccasset. Dicebat etiam, irritas esse orationes, quæ fiunt ab æcclesia, sive pro infidelibus, sive pro fidelibus. Hunc et Cælestium et Julianum complices ejus Innocentius papa damnavit. Hieronimus quoque, Augustinus et alii eos ut fidei hostes armis veritatis impugnabant. (Cass.) Orientales etiam graviter exagitat mota de Deo questio, utrum Deus sit corpus et humanum scema habeat, an sit incorporeus et ab humano scemate omnino alienus; simplicioribus Deum corporeum et sub humano scemate esse astruentibus, aliis hoc destruentibus.

405. 8. 25. 20. 25. 25. 7. 15. 25.

Romæ Alexis Romanorum nobilissimi vita mirabilis declarata est; qui prima nuptiarum nocte sponsam relinquens, pro Christo peregrinatus est per sedecim annos, et tandem apud Edissam Syriæ urbem imagine sanctæ genitricis Mariæ eum divulgante, inde quoque fugit, et ad portum Romanum non sponte appulsus, a patre suo ut pauper excipitur (*cf. Ann. Leod.*) Ibique nulli cognitus sedecim annos agens, tenore vitæ suæ in carta descripto [18], obiit, et divina voce manifestatus, totam Romam stupore et gaudio affecit. (*H. m.*) Johannes Crisostomus Eudoxiam, uxorem Archadii imperatoris, multosque sacerdotum infestos habens, episcopatu pellitur et exiliatur. Sed populo pro hoc tumultuante, revocatur. Secundo exsiliatur, sed terremotu

VARIÆ LECTIONES.

[16] Trungrensium 1. [17] *ita* 1. *corr. e* XXXVIIII. *rell.* [18] descipto 1.

NOTÆ.

(150) Potius in Dialogo de virt. sancti Mart. III, 13 HIRSCH.

(151) Falso; bis id factum, primum ab Arcadio, deinde ab Attalo.

regiam urbem graviter concutiente, a civibus revocatur. Pachomius abbas 110 annum agens in virtutibus consummatur.

406. R. 9. P. 26. F. 21. B. 26. W. 26. W. 8. O. 16. H. 26.

Archadius imperator ossa Samuelis prophetæ a Judea Constantinopolim transtulit, tam hilariter occurrentibus populis, ac si eum viventem cernerent. Paula Bethleem obit, cujus vitam Hieronimus scribit. (*Vita S. Aug.*) Augustinus in æcclesia philosophatur; cujus librorum, tractatuum et epistolarum numerus plus quam ad mille triginta extenditur, multis numero non comprehensis.

407. 10. 27. 22. 27. 27. 9. 17. 27.

(Prosp.) Ragadaisus Scyta cum ducentis milibus Gothorum a Scytia veniens, Italiam invadit. Ex hoc murmur multus blasphemantium infremit in Christum, et christianitatis tempora culpantes, felicitatem gentilium attollunt. Inter quos precipue Simmachus orator furebat, qui etiam scriptis epistolis agebat de idolatria et de repetenda ara Victoriæ. (Gennad.) Quorum latrantium ora injecto eis veritatis osse obstruxerunt Augustinus libro de civitate Dei et Orosius historia sua. Prudentius quoque poeta luculento metrici operis libello blasphemias Simmachi refellit.

408. 11. 28. 23. 28. 28. 10. 18. 28.

(Prosp. — *H. m.*) Multis urbibus vastatis, Ragadaisus conclusus a Romanis, interit cum omnibus suis. Sdigerdis imperat Persis annis 34. Augustinus apud Ypponem Africæ, et Hieronimus apud Bethleem Judæ, per epistolas inter se usque ad simultatem disceptant de quibusdam scripturæ capitulis, maxime de eo, quod dicit Paulus, se Petro in faciem restitisse, quia reprehensibilis erat; de quo Hieronimus scripserat, quia Paulus Petrum non revera, sed simulate reprehenderit; Augustinus contra dicebat, quod cum revera, non simulate reprehenderit.

409. 12. 1. 24. 29. 29. 11. 19. 29.

(Cass.) Johannes Crisostomus, urgentibus inimicis episcopatu abdicatus, ab Archadio exilio relegatur, ibique non multo post moritur. Innocentius papa et occidentales episcopi pro Johannis prejudicio ab orientalium se communione suspendunt. Iram Dei pro morte Johannis nimia grandinis tempestas Constantinopoli incumbens, et mors Eudoxiæ augustæ subsecuta intentat.

410. 3. 2. 25. 30. 30. 12. 20. 30.

(*H. m.*) Archadius orientalis imperator timens filio suo octenni puero Theodosio, eique tutorem Sdigerdem Persarum regem testamento designans, mortem obiit. Sdigerdis tutelam pueri benigne suscepit, et pacem firmissimam cum Romanis facit, mediante Marutha Mesopotamiæ episcopo. Is Maruthas et apud Persas, et apud Romanos omnimodis clarissimus habebatur. Uticæ terra septem diebus mugitum dedit. (Prosp. — *H. m.*) Stilico regnum Honorii affectans filio suo Eucherio, rei publicæ perniciosus efficitur, barbaras gentes ipse alias regno inmittens, alias consensu suo fovens; unde modo solito gravius earum et maxime Wandalorum rabies per Gallias exarsit. (*Ibid.*) Honorius post mortem Archadii cum fatruele suo Theodosio regnat annis 14.

411. 1. 3. 26. 31. 31. 13. 21. 31.

(*Vita S. Antidii.*) Atticus Constantinopolites episcopus claret. Wandali duce Crosco Gallias pervagati, multas urbes et æcclesias subvertunt. Croscus tandem a Mariano preside Arelati captus et per victas urbes ignominiose retractus, ad mortem tormentatur (152). Sub hoc turbine inter multos martyrizantur Sedunenses Florentinus et Hilarius, Desiderius Lingonensis cum Vincentio archidiacono, Antidius Besontionensis episcopus. De hoc Antidio legitur, quod aliquando 3 feria post palmas transiens pontem Duvii fluminis, vidit agmen demonum, gesta sua principi suo referentium, et inter eos Ethiopem in manu sandalium preferentem, ad indicium quod Romanum presulem, cujus hoc erat, per 7 annos impugnatum, tandem ad lapsum traxerit. Qui vocans ad se Ethiopem, et in virtute Dei et sanctæ crucis super eum ascendens, eo vectante Romam venit feria 5, hora celebrandi officii; et demone pro foribus expectante, papæ rem retulit, negantem per sandalium ad poenitentiam movit, et missa vice ejus celebrata, et parte crismatis a se consecrati assumpta, dæmone revectante ad æcclesiam suam rediit, sabbato sancto, hora celebrandi officii. Romæ femina gyganteæ magnitudinis de parentibus mediocris staturæ nata, multis stupori erat [19].

412. 2. 4. 27. 32. 32. 14. 22. 32.

(*H. m.*) Alaricus rex Wisigothorum per Italiam debachatus, mandat Honorio imperatori, ut aut secum bello congrediatur, aut Gothis in regno suo locum ad habitandum largiatur. Honorius Gallias furori gentium undique expositas eis concessit.

413. 5. 5. 28. 33. 33. 15. 23. 33.

(Jord.) Wandali Gallias, quas per tot annos laceraverant, relinquentes timore Gothorum, cum Alanis et Suevis Hispanias occupant. Ibique fere 30 annis habitaverunt. (*Ib.*) Alaricus facto foedere cum Honorio, cum ad Gallias sibi datas tenderet, Stilico ipso sancto die paschæ ex improviso super eum irruit; et primo impetu victor, postea a Gothis tur-

VARIÆ LECTIONES.

[19] Romæ — erat *Sig. postea addidit.*

NOTÆ.

(152) Prima ejus narrationis lineamenta tradit Gregor. Tur. I, 32, 34, formam ejus popularem Idacius ap. Canis. lect. ant. ed Basn. II, 191; unde haustam auxerunt Aimoinus III, 1; Gesta Trevirorum et Vita S. Antidii sæc. xi scripta, in Actis SS, Jun. V, 43, ex qua Sigebertus sua sumpsit. HIRSCH. cf. Loebell Gregor von Tours 411.

piter vincitur (153). (*H. m.*) Honorius cognito Stiliconem esse tantorum malorum incentorem et vitæ suæ insidiatorem, eum cum filio ejus Euchario occidit (154). (Jord.) Alaricus rupto fœdere Italiam repetit, ipsam Romam capit, in ea multa loca incendit, multos affligit, a sanguine tamen et cæde temperat, et ad sanctorum limina confugientibus indulget (155); tertia die sponte Roma egreditur, ad Siciliam navigare contendens naufragium patitur, et non multo post apud Consentiam urbem subita morte defungitur. Capta est autem Roma 9 Kalendas Septembr. anno 1164 [20] conditionis suæ. (*H. m.*) His diebus apud Africam in Uticensi litore dens gygantis inventus est tam ingens, ut si minutatim in modulos nostrorum dentium concideretur, centum dentes inde fieri possent [21]. (Greg. Tur.) Interim Wandalis iterum Gallias incursantibus congressi Franci, Modigisilum regem, cum 20 milibus Wandalorum extinguunt: et suprema forte internecio Wandalorum fuisset, nisi reliquis eorum rex Alanorum Resplendial subsidio venisset. (Prosp., Beda.) Britannorum vires hac tempestate nimiis hostium irruptionibus nimis erant attenuatæ; et quia a Romanis undique bello laborantibus nihil subsidii habere poterant, subtrahunt se ab eorum dominatione, et per annos circiter 67 multum multis calamitatibus laboraverunt. Wandalis post Modigisilum Modigisili filius Gundericus regnavit in Hispaniis annis 16. Wisigothorum tertius regnavit Athauulfus annis 3. [Franci sepe Gallias incessentes, diripiunt prima, et secunda irruptione incendunt urbem Treverim, quam condidit Treber, filius Nini Assiriorum regis, profugus a facie novercæ suæ Semiramidis, et a suo nomine Treberim denominavit[22].]

414. R. 4. P. 6. F. 29. B. 1. W. 1.
W. 1. O. 24. H. 34.

(*H. m.*) Athauulfus Romam redit; quod reliquum erat abradit; inter cæteros Placidiam quoque, sororem Honorii imperatoris, captivam abducit, eamque sibi uxorem ducit. (*Ib.*) Honorius imperator, quia in Deo speravit affectu optimæ religionis, liberavit eum Deus a multis in se undique insurgentibus tyrannis. (Jord.) Siquidem in Britanniis Gratianus, in Galliis Constantinus et Constans filius ejus ex monacho cæsar factus, item post eos in Galliis Gerontius et Maximus, Salustius, Jovinus, Sebastianus; (Idac.) in Africa Eraclianus; Romæ Tertullus et Attalus ille, quem Gothi capta Roma imperatorem ludicro creatum, uno die imperiali sceate procedere,

A crastino autem serv sceate sibi ministrare fecerunt; hic, inquam, non jam ludicro, sed serio imperare affectans: hi omnes, ut tyrannidem invaserunt, diversis locis, diversis temporibus, a militibus Honorii capti aut extincti perierunt.

415. 5. 7. 30. 2. 2. 2. 25. 35

(Gennad.) Maximus Taurinensis episcopus claret, qui in omeliis componendis et in æcclesia declamandis studuit eleganter. Hispaniæ Wandolorum ferro, fame, pestilentia, morsibus bestiarum graviter laborant. (Idac.) Valentia Galliarum civitas a Gothis capta est. (Prosp.) Predestinatorum heresis hoc tempore cœpit serpere; qui ideo Predestinati vocantur, quia de predestinatione et divina gratia disputantes asserebant, quod nec pie viventibus prosit bonorum operum labor, si a Deo ad mortem predestinati fuerint; nec impiis obsit, quod improbe vivant, si a Deo fuerint predestinati ad vitam. Quæ assertio et bonos a bonis avocabat, et malos ad mala provocabat. (*Ib.*) Hæc heresis ex libris Augustini male intellectis initium sumpsisse dicitur.

416. 6. 8. 31. 3. 3. 3. 26. 36.

(*H. m.*) Honorius imperator sopitis in Africa hereticis, pacem reddit æcclesiis. Perempto a suis Ataulfo Wisigothorum rege, Sigericus regnat anno uno. (Cass.) Judeus quidam cum questus causa sæpe in multis hereticorum æcclesiis baptizatus fuisset, venit etiam ad æcclesiam orthodoxorum, sub eadem intentione baptizandus. Et cum baptizari deberet, aqua fontis subito disparuit; et iterum atque iterum aqua allata et fonte repleto, iterum atque iterum aqua disparens, virtutem Dei et Judei perfidiam ostendit.

417. 7. 9. 32. 4. 4. 4. 27. 37.

(G. Pont.) Zosimus Romanæ æcclesiæ 39us presidet [23]. Hic decrevit cereum sabbato sancto paschæ per æcclesias benedici. (Isid.) Perempto a Wisigothis Sigerico, regnat Wallia annis 22 (156). (Marian.) Quidam occidentales ultimo anno cycli decennovenalis pro embolismo communem annum tenentes, ac per hoc in pascha celebrando aberrantes, divino miraculo ad veritatem revocantur. In una enim Italiæ æcclesia, ubi annuatim sabbato sancto paschæ, hora baptizandi, solebat aqua divinitus manare et statim ex sese redire, nullo deductorio penitus apparente; nunc temperius justo, id est 8 Kal. April., pascha celebrantes, aqua non emanans expectatione totius diei ac noctis fefellit; legitimo autem die paschæ hora baptizandi aqua solito emanans,

VARIÆ LECTIONES.

[20] *Sigeb. scripserat.* ICLXI II; *sed* L. *jam crasum est.* ICXIIII *habet* F3. anno M. C. quadragesimo quarto A; *reliqui omnes* ICLXIIII. [21] conditionis — possent *Sigeb. in margine inferiori curis secundis addit.* [22] ita in rasura 13. *rell.* Franci s. G. incursantes d. p. e. s. i. i. u. T. quæ sic dicta est ab auctore Trebeta privigno Semiramis uxoris Nini; a qua post decessum Nini regno pulsus, hanc urbem super Mosellam fluvium condidit, vocans eam ex nomine suo Treberim *unus* A; *hæc igitur Sigebertus primo scripserat.* [23] ita 1. *in rasura, rell.*

NOTÆ.

(153) Hoc factum d. 29. Mart. 403.
(154) Anno 408.
(155) ix Kal. Sept. 410
(156) Non constat, unde hos Walliæ et infra a.

439 Theoderici annos hauserit Sigebertus, cum Idatius Walliæ 2 tantum annos ascribat, Isidorus tres. Pro nostro facit Jordanis c. 52.

10 Kal. Maii pascha debere celebrari ostendit. (BEDA.) Corpora sanctorum Stephani prothomartiris, Nicodemi, Gamalielis et Abibon Luciano presbitero revelata sunt. Et corpus quidem prothomartiris Stephani Johannes episcopus a Caphargamala Hierusalem transtulit, quod post aliquot annos inde levatum est a Juliana matrona, quæ corpus Alexandri viri sui sepulti juxta corpus prothomartiris levare volens, pro corpore viri sui corpus prothomartiris levavit, et multa miraculorum gloria illustratum Constantinopolim detulit.

418. R. 8. P. 10. F. 33. B. 5. W. 5. W. 1. O. 28. H. 38.

(GENNAD.) Orosius presbiter rediens a Hieronimo, ad quem missus fuerat ab Augustino pro discenda questione de origine animæ (BEDA) reliquias prothomartiris Stephani ad Africam detulit cum historia inventionis ejus, quam gratia miraculorum prosequente ubique Deus mirificavit. Unde plura Augustinus, multo plura scripsit Evodius. (H. m.) Honorius, pacto fœdere cum Gothis, Aquitaniam tradidit eis. Wallia Placidiam ab Ataaulfo captam reddit Honorio fratri; Honorius eam dat uxorem Constantio comiti, ex quo Placidia Valentinianum genuit, qui post Honorium regnavit.

419. 9. 11. 34. 6. 6. 2. 29. 39.

(G. r. F.) Sunnone et Marcomiro Francorum ducibus defunctis, Franci in commune deliberant, ut et ipsi, sicut aliæ gentes, unum regem habeant; et filium Marcomiri ducis Pharamundum sibi regem ordinant, qui regnavit annis 11.

420. 10. 12. 1. 7. 7. 3. 30. 40.

(G. pont.) Bonefacius 40us [24] Romanæ æcclesiæ presidet. Contra hunc Bonefacium ordinato Eulalio, et pro hoc dissidente æcclesia, ambo jussu Honorii augusti Urbe egrediuntur; et sic reprobato Eulalio, jussu augusti Bonefacius, quia prior ordinatus fuerat, sedi apostolicæ restituitur (157). Hic decrevit, ut nulla mulier aut monacha pallam sacratam altaris contingeret aut lavaret, aut incensum poneret; et ut servus vel obnoxius curiæ aut cujuslibet rei non fiat clericus.

421. 11. 13. 2. 8. 8. 4. 51. 41.

(Vita S. Hier.) Hieronimus per 56 annos libris suis confectis, ita corpore præ laboribus defecto, ut lecto surgere nequiret nisi apprehenso manibus fune, qui ad hoc de trabe pendebat, obiit apud Bethleem anno ætatis suæ 98 [25].

422. 12. 14. 3. 9. 9. 5. 32. 42.

(Lex sal., Gesta r. Fr.) Franci uti cœperunt legibus, et legem Salicam dictaverunt per quatuor gentis suæ proceres electos de pluribus, his appellatos nominibus, Usogast, Bosogast, Salagast, Widigast, in villis Germaniæ Salehaim, Bodohaim, Windohaim. Hi quattuor proceres per tres mallos causarum origines convenientes sollicite tractantes, de singulis discutiendo, sicut lex Salica declarat, judicare decreverunt. (IDAC.) Wandali, Alani, Suevi, regiones Hispaniarum ad habitandum inter se trifariam compartiti et in tribus regnis divisi, colliduntur inter se intestino bello.

423. 13. 15. 4. 10. 10. 6. 33. 43.

(PROSP. — H. m.) Honorius Constantium, virum sororis suæ Placidiæ, in imperium asciscit, qui octavo imperii mense obiit. Britannis subjectionem Romano imperio repromittentibus, subsidia mittit Honorius, et Hispanis Wandalorum bello laborantibus; sed id frustra fuit.

424. 14. 16. 5. 11. 11. 7. 34. 44.

(PROSP.) Honorius tricennalibus suis de pompa capti Maximi tyranni Ravennæ celebratis obiit. Theodosius utrique regno imperat annis 3. (JORD.) Wallia rex Wisigotharum Wandalos in Hispaniis prosecutus, debellat.

425. 1. 17. 6. 12. 12. 8. 35. 45.

(H. m.) Johannes Hunos regno immittit, et eorum auxilio ad tyrannidem intendit. (JORD.) Wandali Mauritaniam invadunt. Hoc tempore Theonistus episcopus ab hereticis pulsus est ab urbe sua Philippis, cum discipulis suis Albano, Urso, Thabraham, Tubraham; ex quibus Albanus apud Moguntiam Galliæ, reliqui vero in diversis Italiæ locis pro Christo martirizantur [26].

426. 2. 18. 7. 13. 13. 9. 36. 46.

(G. pont.) Celestinus Romanæ æcclesiæ 41us presidet. Hic constituit, ut psalmi David 150 ante sacrificium canerentur antiphonatim ex omnibus, quod ante non fiebat, nisi tantum epistola beati Pauli et sanctum evangelium recitabatur. Ex hoc instituto excerpti de psalmis introitus, gradalia, offertoria ante sacrificium, communiones inter communicandum cum modulatione ad missam in æcclesia Romana cantari ceperunt. (H. m.) Theodosius per Ardaburium ductu angeli Johannem tyrannum opprimit. Romæ inter Etium et Bonefacium ex rei militaris gloria orta invidia, rei publicæ parturit dispendia.

427. 3. 19. 8. 14. 14. 10. 37. 47.

(H. m. PROSP.) Theodosius Valentinianum, Placidiæ amitæ suæ ex Constantio filium, imperatorem facit, eumque cum Placidia matre Romam ad imperandum mittit; et regnaverunt simul annis 24. Carthago permissa est muro circumdari. Cassianus de æcclesia Constantinopolitana a Johanne Crisostomo ejectus et in Massiliam Galliæ presbiter ordinatus, multa scripsit; inter quæ etiam compertas

VARIÆ LECTIONES.

[24] ita 1. sine rasura; rell., et tractatus de investitura. [25] LXXXVIIII ex correctura 1. B3. F1. LXXXXVIII Sigeb. prima manu et rell. [26] Hoc tempore — martirizantur in margine Sigeb. curis terciis; rell. omnes.

NOTÆ.

(157) Hæc ad verbum exscripsit auctor tractatus De investitura, in Goldasti apologia, p. 231.

in Ægypto vitas patrum, doctrinasque et regulas, datis ad plurimos libris exponit.

458. R. 1. P. 20. F. 9, B. 15. W. 15.
W. 11. O. 58. H. 48.

(*Ib.*) In Bitinia Timotheus quidam continentiæ et religionis imagine multis illudens, eos in errorem suæ heresis induxit, dicens, Christum verum quidem Deum et verum hominem de Virgine Maria natum fuisse; sed mentiens dicendo, quod divina natura conversa sit in humanam naturam. (JORD.) Romani Hunos a Pannonia fugant, quam per 50 annos tenuerant.

429. 2. 21. 10. 16. 16. 12. 39. 49.

(JORD.) Bonefacius Africam, cui preerat, sollicitat ad rebellionem. Gundericus rex Wandalorum, capta Hispali, cum impie elatus manus in æcclesia ipsius civitatis extendisset, mox Dei judicio a demone correptus interiit. (IDAC.) Cui Gensericus frater in regno succedens, regnavit annis 48. Hic, ut fertur, de fide catholica in Arrianam sectam apostatavit.

430. 3. 22. 11. 17. 1. 13. 40. 50.

(*G. reg. Fr.*) Clodius, filius Faramundi, rex crinitus, regnat super Francos annis 20. Ex hoc Franc crinitos reges habere ceperunt. Walamer Ostrogothorum regnum suscipiens, regnavit annis 31. Hujus frater fuit Thiudemer, de quo ortus est Theodericus rex Italiæ. (JORD.) Augustinus in episcopatu Hipponensi Heraclium sibi substitui fecit [27].

431. 4. 23. 1. 18. 2. 14. 1. 51.

(*G. reg. Fr.*) Clodius Toringiam invadit, et in Dispargo castello Toringorum aliquandiu habitavit.

432. 5. 24. 2. 19. 3. 15. 2. 52.

(MARIAN.) Cælestinus papa ad Scottos in Christum credentes, Palladium primum mittit episcopum. Post quem ad eosdem ab eodem Cælestino missus est S. Patricius, genere Britto, filius Conches sororis S. Martini Turonensis, qui in baptismo quidem dictus est Suchat, a S. Germano Magonius, a Cælestino vero Patritius, a quo archiepiscopus Scottorum ordinatus, per 60 annos signis, sanctitate, doctrina excellens, totam insulam Hyberniam convertit ad Christum. (CASS.) Nestorius Constantinopolis episcopus factus, fit auctor heresis separantis in Christo hominem a Deo, dicens purum hominem, non Deum de Maria natum et a Judeis crucifixum. (JORD.) Wandalos, qui olim timore Atauulfi excesserant a Galliis, Wallia rex Gothorum expellere parat etiam ab Hispaniis.

433. 6. 25. 3. 20. 4. 16. 3. 55.

(CASS.) Tertia synodus universalis, Ephesina prima, 200 episcoporum jussu Theodosii junioris augusti edita est; quæ Nestorium duas personas in Christo asserentem justo anathemate condemnavit, ostendens manere in duas naturas unam Domini nostri Jesu Christi personam. (PROSP.) In Hispaniis 20 milia ferme militum contra Wandalos pugnan-

tium cæsa. Gensericus odia Gothorum veritus, et simul a Bonefacio invitatus, cum Wandalis et omnibus eorum familiis ad Africam transfretavit; eamque invadens et dilacerans, multam multo tempore calamitatem Romanis intulit. (IDAC., CASS.) In Gallia cum Suptar rex Hunorum Burgundiones nimis opprimeret, illi in Deo christianorum spem suam ponentes, se baptizari petierunt; et satim Hunis congressi, pauci multa milia eorum peremerunt, et sic rabiem ipsorum refrenaverunt.

434. 7. 26. 4. 21. 5. 17. 4. 54.

(*G. Pont.*) Sixtus Romanæ æcclesiæ 42[dus] presidet. (PROSP.) Romani in Affrica Wandalis congressi superantur. Bonefacius conflictu cum Ætio habito, victor quidem, sed moriturus abscedit.

435. 8. 27. 5. 22. 6. 18. 5. 55.

(PROSP.) Germanus Autisiodorensis, Lupus Trecasinus, Eucherius Lugdunensis, Hilarius Arelatensis episcopi in Galliis clarent. Ætius conferens se ad Rugilam regem Hunorum, ejus auxilio regreditur ad Romanum solum. (*G. pont.*) Sixtus papa a Basso criminatur, et jussu Valentiniani imperatoris Romæ congregata sinodo coram 56 episcopis sinodico judicio purgatur; Bassus vero damnatus proscribitur; et non multo post a Deo percussus, ipsius Sixti manibus honorifice sepelitur.

436. 9. 28. 6. 23. 7. 19. 6. 56.

(PROSP.) Ætius in gratiam recipitur. Rugila rex Hunorum fœderatus Romanorum moritur, eique Bleda succedit.

457. 10. 29. 7. 24. 8. 20. 7. 1

(*Ib.*) Gallia citeriore a Battone principe in rebellionem commota, conspiravere in Baugaudam omnia pæne Gallorum servitia. Cirillus Alexandrinus episcopus ab hoc anno orditus cyclum de ratione paschæ per 95 annos summa brevitate collegit, intra quem omnes paschalis observationis varietates comprehendi notavit.

458. 11. 30. 8. 25. 9. 21. 8. 2.

(CASS.) Apud Persas christianitas hoc tempore dilatata est. Nam Maruthas episcopus legatione ad eos functus, filium Sdigerdis regis orando a dæmonio liberavit; per quod major quidem gloria accrevit, at contra ab inimicis Dei gravior in christianos persecutio exarsit. (*H. m.*) Eudoxia augusta, uxor Theodosii, Hierosolimam ex voto properavit, et inde reliquias prothomartiris Stephani et duas catenas, quas angelus de manibus Petri apostoli disjecit, Dei nutu attulit; eisque adjuncta catena, qua etiam Romæ Petrus vinctus fuit, triadem fecit, et inde cum consilio Romani presulis solemnitatem S. Petri, quæ dicitur Ad vincula, Romæ instituit Kal. Aug., ideo maxime, ut populum revocaret a gentili superstitionis pompa, quod adhuc sollemnizabat in hac die civitas ex ritu gentili pro victoria Octaviano Augusto de Antonio et Cleopatra collata in Kal. Augusti. (CASS.) Diabolus Judeos in specie speudo-

VARIÆ LECTIONES
[27] A. i. e. H. H. s. s. f. *addit Sigeb. curis sec.; rell.*

prophetæ Moysen se esse mentientis seduxit, et promittens se in terram repromissionis eos reducturum, ad mare transfretandum adduxit; ibique eorum multos multis modis perire fecit. Quæ res multis eorum hoc periculo erutis credendi in Christum causa fuit.

439. R. 12. P. 31. F. 9. B. 26. W. 10. W. 22. O. 9. H. 3.

(Isid.) Wallia rex Gothorum Wandalos odio insectans, etiam in Africa eos persequi disponit. Sed morte preventus obiit, eique in regnum Theodericus successit, et 15 [28] annis regnavit (158).

440. 13. 32. 10. 27. 11. 1. 10. 4.

(Beda.) Wandali invasam Africam devastant omnimodis. Sub hoc turbine tribulationis sanctus Augustinus migravit ad Dominum, 13 mense obsidionis suæ urbis, anno ætatis suæ 73°, clericatus vel episcopatus 40°, qui tanta scripsit, ut nullus libros ejus omni tempore vitæ suæ non solum scribere, sed nec legere quidem valeat.

441. 14. 33. 11. 28. 12. 2. 11. 5.

(G. pont.) Leo Romanæ æcclesiæ 43us presidet. Hic in omeliis declamandis multum valuit. Hic in canone missæ addidit, Sanctum sacrificium, immaculatam hostiam. [Hic [29] quoties rogabatur ab aliquibus, ut eis aliquorum apostolorum vel martirum reliquias daret, consuefecit ad corpora vel memorias apostolorum vel martirum, quorum reliquiæ petebantur, missa celebrare in honore ipsorum, et sic brandeum altaris, quo consecratum corpus Domini involverat, particulatim dividebat et pro reliquiis apostolorum vel martyrum dabat. Unde si ab aliquibus dubitabatur, cultello pannos illos pungens, sanguinem eliciebat; sic palam cunctis faciens, quod in consecratione mysteriorum Christi, sanguis apostolorum vel martyrum, qui pro illo effusus est, intret per divinam virtutem in pannos illos; et ideo merito illos dari pro reliquiis sanctorum, in quorum honore consecrati sunt. (Prosp.) Bellum contra Burgundiones memorabile exarsit; quo tota pene gens cum rege suo per Etium victa concidit. (V. S. Germ.) Corpora Prisci aliorumque cum eo apud Autisiodorum passorum Germano episcopo divinitus revelantur.

442. 15. 34. 12. 29. 13. 3. 12. 6.

Defuncto Sdigerde, Gauraranes filius ejus Persis imperat annis 38. In Galliis principibus seditionum atritis et Battone capto, quiescit Bagaudarum commotio.

443. 16. 1. 13. 30. 14. 4. 13. 7.

(Isid.) Gauraranes fœdus cum Romanis a patre initium dissolvit, et provincias Romanorum incursat. Portione Africæ concessa ad habitandum Genserico a Romanis, convenit inter Wandalos et Romanos pax magis necessaria quam utilis.

444. 17. 2. 14. 31. 15. 5. 14. 8.

(Cass.) Corpus Johannis Crisostomi in exilio defuncti tandem Constantinopolim refertur, instantia Procli episcopi et jussu Theo]dosii imperatoris cum lacrimis orantis, ut veniam daret Archadio patri suo et Eudoxiæ matri, qui eum exiliaverunt; et per hoc finita est dissensio, quæ adhuc erat in æcclesia pro ejusdem Johannis damnatione. (H. m.) Constantinopoli per 4 menses terræmotu terra fluctuante, quidam coram omnibus orantibus sublatus in aera a divina virtute, ammonitus est a divina voce, ut factis letaniis canerent omnes Sanctus Deus, Sanctus fortis, Sanctus immortalis, miserere nobis, nihil aliud apponentes; quo facto cessavit terræmotus. (Ib.) Romani duce Litorio cum Wisigothis pugnant miserabiliter.

445. 18. 3. 15. 32. 16. 6. 15. 9.

(G. r. F.) Chlodius rex Francorum missis exploratoribus de Dispargo castello usque ad urbem Cameracum, transiit Rhenum; et protrito multo Romanorum populo citra Rhenum usque Ligerim fluvium habitantium, Carboniam silvam ingressus, urbem Tornacum optinuit, et inde usque ad urbem Cameracum properavit. Ubi pauco tempore residens, Romanos, si quos ibi invenit, peremit; et exinde usque ad Summam fluvium perveniens, omnia occupavit. (Fred.) Theodoricus rex Wisigothorum Hispanias occupat.

446. 19. 4. 16. 33. 17. 7. 16. 10.

(H. m.) Gauraranes in Perside persecutionem in christianos excitavit, quam per 50 annos graviter exercuit. Porro Theodosius quamvis sæpe feliciter Persas vicisset, pacem tamen amplecti voluit, ut persecutio cessaret a christianis. (Prosp.— H. m.) Gensericus dolo Carthaginem cœpit, et omnem Africam sibi subjiciens, lacrimabili clade potentiam Romani regni dejecit. (H. m., Idac.) Hic nichil pensi neque sancti habens, et infestus cunctis, maxime nobilitati et religioni, omnia divina et humana exinanivit, episcopum et omnem clerum æcclesiæ Carthaginiensis expulit, loca sancta aut suorum habitacula fecit, aut Arrianis contradidit, et catholicos ubique persequi jussit. (Beda.) Germanus Autisiodorensis et Lupus Trecassenus petentibus Britannis in Britanniam diriguntur, ut heresim Pelagianam, quæ ibi ante aliquot annos pullulaverat, confutarent, et rectam fidem æcclesiastica auctoritate solidarent. Interim hostibus ex more insulam incursantibus, animans omnes ad resistendum Germanus et ipse dux eorum factus, jam in procinctu positis hostibus, elato clamore Alleluia incipiens, et suis secum clamantibus, idem hostes vertit in fugam, et incruentam obtinens victoriam, ab imminenti periculo eripuit patriam. (Ib.) Britanni, qui per tot annos expositi fuerant predæ et hostium ludibrio,

VARIÆ LECTIONES.

[28] XIII. B3*. C3. 4*. D. [29] Sequentia Hic — episcopi et iussu Theo sub anno 444. in rasura 13.; desunt uni A.

NOTÆ.

(158) Cf. ad a. 417; Isidorus : annis 33.

Anglos invitant a Germania. Angli Britanniam veniunt, eamque ab hostibus tutam faciunt esse; non multo post eam sibi vindicant. Ambrosium Aurelianum sibi Britanni regem statuunt, ejusque ductu per annos 45 [30] vario belli eventu contra Anglos confligunt.

447. R. 20. P. 5. F. 17. B. 1. W. 18. W. 8. O. 17. H. 11.

(*H. m.*) Bledæ Hunorum regi cum fratre Attila pervaganti orientale imperium, dat Theodosius pro recessu sex milia librarum, pollicitus ei annuum mille librarum tributum. (GREG. TUR. *De gl. mart.* 95.) Apud Ephesum septem fratres a Decio imperatore pro Christo tormentati, in spelunca se clauserunt, et facta oratione ibi obdormierunt; et post annos suæ dormitionis circiter 192 ore speluncæ, quod imperator Decius obstruxerat, patefacto divinitus, a somno surgunt, et asserta fide nostræ resurrectionis coram Theodosio imperatore, de qua multum dubitabatur, iterum dormiunt in Christo [31].

448. 21. 6. 18. 2. 19. 9. 18. 12.

(*G. r. F.*) Merovecus filius Clodii super Francos regnat annis 10, a quo nimis utili rege Franci cognominati sunt Merovingi.

449. 22. 7. 1. 3. 20. 10. 19. 13.

(PROSP.) Bleda rex Hunorum fraude fratris sui Attilæ perimitur; eique succedens ipse Attila totus in excidium orbis animo fertur. (*V. Rem.*) Remigius Remensis nascitur (159), prenuntiatus ex nomine per Montanum monachum. Quo nato idem Montanus, quia cæcus erat, de lacte Cilipiæ matris ejus oculos suos liniens, illuminatus est. (*H. m.*) Germanus Autisiodorensis cum Severo Trevirensi episcopo iterum ad Britanniam missus, renascentem Pelagianam heresim confutat.

450. 23. 8. 2. 4. 21. 11. 20. 1.

(PROSP.) Nova iterum orienti consurgit ruina, quia septuaginta non minus civitates depredatione Hunorum vastantur. (BEDA) Germanus Autisiodorensis in Italiam profectus, Ravennæ moritur. Corpus ejus cum multa miraculorum gloria Autisiodorum refertur.

451. 24. 9. 3. 5. 22. 12. 21. 2.

(IDAC.) Theodosius imperator obiit, cui succedens Martianus imperat annis 7 [32], cum quo Valentinianus annis 5. (VICT. VIT.) In Africa exardescentibus Wandalis ita, ut libros divinos exurerent et de sacris pallis ac vestibus vestes sibi facerent, Valerianus episcopus octogenarius, nolens divina sacramenta profanis tradere, a rege Genserico omni urbe et domo exclusus, reliquum vitæ usque ad mortem nudus sub nudo aere exegit. (PROSP.) Placidia mater Valentiniani Romæ defuncta est.

452. 1. 10. 4. 6. 23. 13. 22. 3.

(BEDA). Instantia Leonis papæ, jubente Martiano imperatore, congregata et habita est quarta universalis synodus 630 episcoporum apud Calcedonem; in qua Euticen Constantinopolitanum abbatem, pronuntiantem verbi Dei et carnis unam esse naturam, ejusque defensorem Dioscorum Alexandrinum quondam episcopum, una patrum sententia prejudicavit. Nestorium etiam Constantinopolitanum quondam episcopum, olim in Ephesina sinodo damnatum, iterum anathematizans, cum reliquis hereticis damnavit, predicans eadem sinodus Christum Deum sic de Virgine natum, ut in eo et divinæ et humanæ naturæ substantiam esse fateamur. Hic decretum est, ut mater Domini Maria non solum christothocos, sed etiam theothocos credatur et appelletur, propter blasphemias Nestorii mentientis, eam non Deum, sed purum hominem genuisse. Terremotus pene assidui et signa plurima in cælo ostenduntur. (IDAC.) Vespere ab aquilone cælum efficitur rubens ut ignis, intermixtis per igneum ruborem clarioribus lichnis in astarum speciem deformatis. Luna obfuscatur, cometes apparet, et multa alia. Quæ non esse otiosa, ostendit instans rerum consequentia.

453. 2. 11. 5. 7. 24. 14. 23. 4.

(*H. m.*) Attila Hunorum rex, Walameris Ostrogothorum regis et Ardarici Gepidarum regis et multarum aquilonarium gentium sibi subjectarum auxilio fultus, a Pannoniis egressus, occidentale imperium invadit cum quingentis armatorum milibus. Et primo per totas Gallias, tanta per eos Dei efferbuit indignatio, ut nullam omnino civitatem, castellum vel oppidum aliqua a furore eorum potuerit tutari munitio. Postremo Aurelianis urbem eis obsidentibus, ad subsidium Galliarum advolavit patricius Romanorum Etius, fultus et ipse Theoderici Wisigothorum regis et Meroveci Francorum regis aliarumque gentium copiis militaribus. Conserto prelio in campis Catalaunicis, pugnatum est usque ad diremptionem noctis. Etius superior quidem recessit, Attilam tamen non usque ad internecionem delevit. Cæsa sunt ibi centum octoginta milia pugnatorum; inter quos etiam cecidit Theoderitus rex Wisigothorum. Attila, resumpta spe ex Etii discessu, repatriavit, mature rediturus suppleto exercitu (160). (*Ib.*) Thurismodus filius Theoderiti regnum Wisigotharum suscepit, annisque 3 regnavit. (*V. Servat.*) Nycha-

VARIÆ LECTIONES.

[30] *ita corr. Sigeb. quod primo* XLXV *scripserat.* XLIII *habent* C1. 2*. 3. D. E. Germanus — confligunt desunt ed. pr. et sine dubio jam* D1*. 1**. E8h. [31] *Apud — Christo primum unius et dimidiæ lineæ spatio comprehensa, in rasura ita ampliavit manus incerta, rell. præter* A., *qui ita habet*: Apud Ephesum septem dormientes a tempore Decii post annos suæ dormitionis 582 a somno surgunt, et asserta fide resurrectionis nostræ, de qua tunc multum dubitabatur, iterum in Christo dormiunt. *Ita igitur Sigebertus primo scripserat.* [32] VI *habent* B3*. C1. 2* 3. 4*. D.

NOTÆ.

(159) Non hoc anno, sed 457; cf. Acta SS. Oct. 1, 68.

(160) Hæc a. 451 acta constat.

sius Remensis episcopus cum Eutropia sorore ab Coloniam appulsæ sunt. Ibique ex angeli monitu Hunis martyrizantur. Auctor Mettensis episcopus captivatur, sed Hunis cæcitate percussis, cum captivis suæ urbis relaxatur. Hoc excidium Galliis impendere Servatius Tungrensis episcopus longe ante in spiritu previderat, et Romæ a Petro apostolo hoc judicium Dei inevitabile fore didicerat; ideoque relicta Tungrensi urbe, quæ evertenda erat, ad Trajectum sedem episcopalem transposuit. (GREG. De gl. m. I, 13.) Pullulante intra Gallias Arriana heresi, quæ inæquales credens esse personas sanctæ Trinitatis, dicebat, Filium minorem esse Patre, Spiritum vero sanctum minorem Patre et Filio: Dominus errantes corrigit, ostendens plano miraculo, Deum in tribus personis unius et æqualis esse substantiæ, nec debere ab indignis de divinitate tractari. Nam Vasatensi urbe ab Hunorum obsidione liberata per divinum auxilium, cum episcopus pro gratiarum actione missam populo celebraret, respiciens sursum vidit desuper altare quasi de camera templi cadere æqualiter tres guttas æqualis magnitudinis, cristallo clariores; quæ simul defluentes et in unum conjunctæ, quasi unam gemmam pulcherrimam effecerunt. Quam cum in medio crucis aureæ et gemmatæ posuissent; aliæ gemmæ ceciderunt, seorsum vero posita, infirmis dabat sanitatem, adorantibus vero imaginem sanctæ crucis augebat devotionem, quia piis et mundis clara, impiis et immundis obscura videbatur. (V. S. Urs.) Omnibus bellis famosius fuit bellum, quod candidatus sanctarum undecim milium virginum exercitus bellavit, duce sancta virgine Ursula. Quæ filia unica Nothi, nobilissimi et ditissimi Britannorum principis, cum nondum nubilis a filio cujusdam ferissimi tyranni ad nuptias expeteretur, et patrem suum super hoc anxiari videret, qui Deum metuebat, si filiam Deo jam devotam nubere cogeret; et tyrannum timebat, si filiam ei denegaret: divinitus inspirata nutanti patri suasit, ut tyranno assentiretur, ea tamen illi proposita conditione, ut ipse et tyrannus decem virgines genere, forma, et ætate electas sibi traderent, et tam sibi quam singulis illarum mille virgines subscriberent, et comparatis ad numerum ipsarum undecim trieribus, inducias triennii sibi darent ad exercitium virginitatis suæ, novo usa consilio, ut aut difficultate propositæ conditionis animum ejus a se averteret, aut hac oportunitate omnes coævas suas secum Deo dicaret. Et ex hoc condicto virginibus trieribus et sumptibus comparatis per triennium, belli preludia cunctis mirantibus, tandem sub uno die agente vento ad pertum Galliæ, qui Ticla dicitur, et inde Coloniam appulsæ sunt. Ibique ex angeli monitu Romam tendentes, ad urbem Basileam navibus, a Basilea Romam usque pedibus profectæ, eodem eundi tenore Coloniam sunt reversæ, ab Hunis undique obsessam. A quibus cunctæ martyrizatæ, novo et mirabili modo triumpharunt, et Coloniam sanguine et sepultura sua clariorem reddiderunt [33].

454. R. 3. P. 12. F. 6. B. 8. W. 23.
W. 1. O. 24. H. 5.

(H. m.) Attila Italiam aggressus, omnes pene ejus civitates aut diruit, aut diripuit, aut incendit. Ad eum Leo papa venit, et non solum salutem, sed etiam ut rediret obtinuit. Rex Attila requisitus a suis, cur ei tam fuisset placabilis, respondit, se non eum esse reveritum, sed senem quemdam venerabilem, evaginato gladio sibi mortem minitantem, nisi ejus in omnibus expleret voluntatem.

455. 4. 13. 7. 9. 26. 2. 23. 6.

(JORD.) Attila Wisigothos debellare aggressus, a Thurismodo victus rediit inglorius. (H. m.) Martiano imperatori apparens Dominus in somnis, arcum Attilæ fractum esse ostendit. Nec id vanum fuit. Eadem quippe nocte Attila in nuptiis suis crapulatus, erumpente per apoplexiam sanguine de naribus, in lecto est offocatus. Hernac filius ejus post eum regnat. Valentinianus imperator Etium patricium interficit.

456. 3. 14. 8. 10. 27. 3. 26. 1.

(ISID.) Thurismodus rex Wisigotharum a fratribus suis Friterico et Theoderico jugulatur. Theodericus frater ejus in regnum ei succedens, regnavit annis 13. (H. m.) Filii Attilæ dum contendunt de regno, subjectæ Hunis gentes ab Hunorum se excutiunt jugo. (H. m.) Consilio Maximi tyrannidem meditantis Valentinianus imperator a Transila milite Ethii perimitur.

457. 6. 15. 9. 11. 28. 1. 27. 2.

(V. Gen.) Genovefa virgo Parisiensis multa sanctitate claret per Gallias. (H. m.) Maximus tyrannidem arripit; Eudoxiam, relictam Valentiniani, vi rapit. Illa Gensericum ex Africa invitat, ut se a Maximo eripiat [34]. Gensericus Romam capit, omnia diripit; ut tamen ab igne, cæde et suppliciis hominum abstineret, Leo papa ab eo obtinuit. Maximus tyrannus a populo membratim discerpitur. Per quatuordecim dies Roma despoliata, Gensericus Eudoxiam cum duabus filiabus et multo populo captivat, et Campaniæ urbes omni vastationis genere exterminat. (Ib.) Inter hæc Paulinus Nolanus, dum pro captivo filio viduæ se vicarium in servitutem barbari subjicit, omnes captivos suæ urbis recipit (161). Avitus

VARIÆ LECTIONES.

[33] Omnibus bellis — reddiderunt in scedula assuta curis secundis Sig. addiderat, signo ✠ apposito in textu; sed hujus scedulæ deperditæ in 1. nullum jam vestigium apparet, nisi perforamina acus pauxillumque fili. Miræus adhuc vidit ediditque. Reliqui codices habent omnes, præter unum F 5. qui tamen sianum illud ✠ exhibet. [34] Eudoxiam — eripiat desunt A.

NOTÆ

(161) Hoc circa a. 414-417 factum. Erroris fons jam est Hist. misc., quæ rem hausit ex Greg. M. dial. III, 1, cf. Hirsch p. 65.

a Romanis imperator constituitur. (IDAC.) Theodericus rex Wisigotharum Suevos in Hispania vincit, et regno eorum destructo, regnum suum eo usque extendit. (BEDA.) His Martiani temporibus Johannem baptistam caput suum duobus monachis revelasse quidam scribunt. (JORD.) Ardarico regi Gepidarum, qui primus a servitio Hunorum resiluit, Hellac filius Attilæ bellum indixit. Cum quo Ardaricus conflixit, eoque cum triginta milibus Hunorum perempto, Hunos graviter afflixit; sicque recepta libertate gentis suæ, et terris eorum invasis, cæteris gentibus exemplum dedit repetendæ libertatis. (BEDA.) Mortuo Martiano succedens Leo regnavit annis 17 [35]. Hic super synodo Calcedonense singulorum patrum singulas sententias requisivit, et quia omnium unam esse cognovit, eam fideliter tenuit. (H. m.) Hic cum Walamare Ostrogothorum rege fœdus pepigit, et Theodericum fratruelem ejus puerum octennem obsidem accepit. Hucusque Prosper chronica sua perduxit.

458. R. 1. P. 16. F. 10. B. 12. W 29 W. 2. O. 28. H. 3.

(G. r. F.) Merovecho Francorum rege mortuo, Hildericus filius ejus regnavit annis 26. (JORD.) Hernac filius Attilæ, Hunorum rex, Ostrogothos quasi refugas dominationis suæ bello repetens, super Walamerem irruit; a quo victi Huni, in ultimas Scythiæ partes fugere sunt compulsi. (H. m.) Mortuo Avito, Majorianus imperat annis 4. Symeon, qui 40 annis inclusus [36] in columna stetit, mira sanctitate Antiochiæ claruit; qui inter cætera monebat, ne quis per Dei aut sancti alicujus nomen, imo per nomen Symeonis juraret; promittens impunitatem in se pejuranti se a Deo postulaturum.

459. 2. 17. 1. 13. 30. 3. 29. 4.

(JORD.) Ostrogothi duce Thiudemere Suevos bello vincunt, et Hunimundum regem eorum capiunt, sed cum liberum remittunt.

460. 3. 18. 2. 14. 31. 4. 30. 5.

(H. m.) Romani Biorgum Alanorum regem cum exercitu suo in Venetia extinguunt. (JORD.) Dintzich filius Attilæ, Hunorum rex, Ostrogothos iterum bello provocat; a quibus Huni ita sunt devicti, ut eis postea semper Ostrogothi fuerint terrori.

461. 4. 19. 3. 15. 32. 5. 31. 6.

(IDAC.) Occiso Majoriano, Severus imperat annis 4. (G. r. F.) Hildericum insolenter et luxuriose se agentem Franci regno deturbant. Qui data aurei medietate amico suo Widiomaro, quod esset signum revocationis suæ, si aliquando intercederet reconciliatio, apud Basinum regem Thuringorum latuit annis 8. Franci vero Egidium ducem Romanorum regem sibi preficiunt. (JORD.) Hunimundus rex Suevorum, fultus Schyrorum auxilio, Ostrogothos aggreditur, in quo bello rex Walamer perimitur. Cui succedens frater ejus Thiudemer regnat annis 11. Huni regno suo diminuto cum ex gentium subjectarum discessione, tum ex pugnandi infelicitate, regnaverunt quidem, sed non in priori fortitudine, donec longo post tempore a Carolo Magno victi, cum ipso suo nomine disperiere. His abhinc filii Attilæ, et post eos Zeliobes regnaverunt annos 50 [37]. (IDAC.) [Apud Tolosam urbem Galliæ, ex ejus medio tota die sanguis largissimo fluxit rivo; quod Gothi pro portento suæ perditionis acceperunt [38].

462. 5. 20. 4. 16. 33. 6. 1. 1.

(G. pont.) Hylarius Romanæ æcclesiæ 44[us] presidet. (BEDA.) Hoc jubente Victorius cyclum magni anni conscribit. (JORD.) Theudemer Suevos et Scyros in ultionem fratris occisi usque ad internetionem debellat.

463. 6. 21. 5. 17. 34. 7. 2. 2.

(H. m.) Pictor quidam cum Salvatorem secundum similitudinem Jovis pingere voluisset, aruit manus ejus. Quem culpam confessum sanavit Gennadius episcopus Constantinopoleos. (JORD.) Theudemer, glatiali via transito Danubio, etiam ibi Suevos proterit.

464. 7. 22. 6. 18. 35. 8. 3. 3.

(H. m.) Heliseus propheta, qui duplici Heliæ spiritu plenus, multis in vita claruit virtutibus et mortuus mortuum supra corpus suum casu jactatum, solo corporis sui attactu resuscitavit, et multo tempore in Samaria, ubi sepultus est, multis claruerat miraculis, ut preter cætera etiam demones ibi frementes variarum ferarum vocibus, ab invasis fugarentur corporibus, Alexandriam transfertur. (Ib.) Theudemer filium suum Theodericum a Leone augusto sibi remitti gratatur.

465. 8. 23. 7. 19. 36. 9. 4. 4.

(H. m.) Severo mortuo, Antemius imperat annis 4. (JORD.) Theodericus adolescens annorum 18, transito Danubio, super Sarmatas irruit, et regem eorum Babaz perimit, et cum bellicis manubiis victor ad patrem redit [39].

VARIÆ LECTIONES.

[35] XVI. C1. 2'. 3. D. [36] Symeon — inclusus *in margine et in rasura scripsit* 1β. *antea tantum* Symeon *qui fuisse videtur.* inclusus *deest* A. [37] LVIII *habent* C1. 2'. 3. 4' D. [38] *addit* 1γ. *rell.; desunt uni* A. [39] *Ita hunc et sequentes duos annos Sigebertus ipse scripserat. Sed iis erasis in* 1., *manus quædam simillima* 1n, *at non ipsa* 1n, *scripsit eorum loco :* (GREG. TUR. II, 14.) Annus presens, qui est a transitu sancti Martini 64[us], reverentissimi corporis ejus translatione insignitur. Cum enim ea prerogativa, qua vivens etiam mortuus incomparabili signorum fulguraret claritate, beatus Perpetuus Turonicæ civitatis antistes pro priori edicula templum multæ ambitionis, adeo ut centum et viginti columpnarum mira dispositione subnixum totum concameraret, super eum edificavit, corpusque sanctum a sepulcro elevatum, 4 Nonas Julii, annuo videlicet consecrationis ejus in episcopum die, in loco, in quo nunc veneratur, angelico fretus auxilio transtulit, ipsumque templum eodem nichilominus die postmodum dedicavit. Unde fit, ut

466. R. 9. P. 24. F. 8. B. 20. W. 37. W. 10. O. 5. H. 5.

(*H. m.*) Servandus tyrannidem meditans ab Antemio perimitur.

467. 10. 25. 9. 21. 38. 11. 6. 6.

(*G. pont.*) Simplicius Romanæ æcclesiæ 45 presidet. Hic dampnavit Petrum Alexandrinum episcopum, Euticianæ heresis accusatum. (*H. m.*) Romanus tyrannidem meditans, ab Antemio perimitur. Gensericus rex [40] Italiam aggressus, navali bello a Romanis vincitur.

468. 11. 26. 10. 22. 39. 12. 7. 7.

(*H. m.*) Antemio et genero suo Ricimere patricio Romæ contendentibus de imperio, interim Olibrio ad imperandum a Leone augusto transmisso, Ricimer Antemium perimit. (GREG. TUR.) Mamertus episcopus Viennensis claruit, qui letanias ante ascensionem instituit, hac de causa quod terræ motus in urbe Vienna ecclesias domosque evertebat, et feritas luporum aliarumque silvaticarum bestiarum toto anno per urbem vagantium homines devorabat. Ad hoc palatium regis die sancto paschæ cælesti igne consumptum ad cladem multum terroris addebat. Qui letaniarum ritus a Viennensi ecclesia in omnes Galliarum æcclesias decucurrit.

469. 12. 27. 11. 23. 40. 13. 8. 8.

H. m.) Olibrio imperii sui mense 7 mortuo, Lucerius imperat. (*G. r. F.*) Egidius cum Francos opprimeret gravius justo, perpendens Widiomarus, Francos penitere super ejecto Hilderico, revocat eum clam misso divisi aurei signo egitque, ut ejecto Egidio ille restitueretur in regno. Basina, uxor Basini regis Thuringorum, relicto viro suo, ad Hildericum venit; quam ille uxorem duxit, et ex ea Ludowicum genuit. (ISID.) Theoderico Wisigothorum rege a fratribus suis jugulato, Eoricus regnavit annis 19.

470. 13. 28. 12. 24. 41. 1. 9. 9.

(*H. m.*) Nepas patricius, Lucerio expulso et episcopo Salonis eo ordinato, imperium arripit. (JORD.) Eoricus rex Wisigothorum Gallias occupare nisus, Riothimum regem Britonum ad defensionem Galliarum Romanis auxilio venientem bello contrivit.

471. 14. 29. 13. 25. 42. 3. 10. 10.

(JORD.) Eoricus Burgundiones victos sibi subegit. Arvernis etiam, Arelatum et Massiliam Galliarum urbes invasit, ad occupandas provincias Romanorum animatus consilio Genserici; qui versute agebat, ut [orientem Ostrogothi, occidentem vastarent Wisigothi, ut occupatis alias imperatoribus, ipse in Africa regnaret securus.

(*V. Rem.*) Remigius Remorum fit episcopus. Saracenis Egyptum incursantibus, hoc tempore negotiatores Venetiæ corpus sancti Marci evangelistæ ab Alexandria transtulerunt ad Venetiam [41].]

472. 15. 30. 14. 26. 43. 3. 11. 11.

(*H. m.*) Orestes patricius Nopotem regno expellit. Theudemer rex Ostrogothorum moritur, et Theodericus filius ejus regno substituitur.

473. 16. 31. 15. 27. 44. 4. 1. 12.

(*H. m.*) Leone imp. mortuo, Zenon imperat annis 18 [42]. Orestes Augustulum filium suum regnare constituit, et fœdus cum Genserico rege facit. Interim Odoacer cum multa multarum gentium multitudine ab extremis Pannoniæ finibus Italiam petit; qui per Noreiam iter faciens, beati Severini, cujus nomen tunc ibi celebrabatur, benedictionem petiit, et ab eo ventura sibi didicit. Odoacer Oreste victo, apud Papiam obsesso, capto et occiso, Italiam subdit juri proprio.

474. 1. 52. 16. 28. 45. 5. 2. 13.

(*H. m.*) Augustulus imperium deponit, quod Odoacer arripiens, 14 annis nullo inquietante obtinuit. Zenon imp. Thodericum Ostrogothorum regem consulem ordinarium facit, quæ post imperialem dignitatem prima est dignitas; et equestrem statuam auream ante regiam illi collocat.

475. 2. 33. 17. 29. 46. 6. 3. 14.

(*G. r. F.*) Franci post Wandalos et Alanos, post Gothos et Hunos incessunt Gallias, non tantum ut eas habeant direptioni, sed ut sibi sint perpetuæ habitationi. Qui, capta Colonia Agrippina, fugato de bello duce Egidio, multos Romanorum occidunt.

476. 3. 54. 18. 30. 47. 7. 4. 15.

(*Ib.*) Franci Treverim civitatem super Mosellam capiunt. (MARIAN.) Heresis acephalorum exorta est, impugnantium tria capitula synodi Calcedonensis sine nomine auctoris; ob quod acefali, id est sine capite, vocati sunt.

477. 4. 55. 19. 31. 48. 8. 5. 16.

(JORD.) Gensericus rex Wandalorum, successione regnandi inter filios suos ordinata, ut fratri morienti frater superstes sine controversia filiorum succederet, moritur. Cui succedens Honoricus filius ejus regnavit annis 9 [43]. (*G. r. F.*) Hildericus rex Francorum Aurelianis urbem devastat.

478. 5. 56. 20. 32. 1. 9. 6. 17.

(GREG. TUR.) Eugenius Carthaginiensis episcopus et omnis clerus ejus contra Arianam Wandalorum heresim fortiter pro Christo agonizant.

VARIÆ LECTIONES.

sub uno die triplici occurrente festivitate, ordinatione scilicet episcopatus, translatione corporis dedicatione basilicæ suæ, 4 Nonas Julii annuatim beatus Martinus sollempnissima totius comprovintialis populi frequentetur devotione. Locus autem, in quo sacratissimum corpus ejus quiescit, ab urbe Turonica occidentem versus brevi interjacentis campi planitie disparatus, Castrum novum vocatur; ubi in predicto templo sub ciborio, auro, argento gemmisque vestito decenter collocatum, tanta miraculorum illustrature magnificentia, ut toto christianitatis orbe apostolicam gloriam optineat. Severo m. Anthimius imperat. Th. a transitu D. s. S. j. et e. r. B. interficit. *Sequentem annum non mutavit; in tertio verba* Gensericus — vincitur *omisit. Eadem prorsus legunt* F L. 2. 3. *Reliqui omnes habent, quod nos dedimus.* [40] Vandalorum addit unus A. [41] *in rasura* 17. *rell.* Saracenis — Venetiam *desunt* A. [42] XIX C1. 2'. 3. D. [43] VIII C1. 2'. 3. D.

479. R. 6. P. 37. F. 21. B. 35. W. 2. W. 10. O. 7. H. 18.

(Paul. Diac.) Odoacer rex Italiæ Felethcum regem Rugorum bello oppressum extinguit. Huic Felethco et uxori ejus Gisæ sanctus Severinus hæc ventura predixerat, quia eos a malis compescere non poterat. (*H. m.*) In Africa Honoricus rex Wandalorum multos orthodoxos diversi ordinis, diversæ ætatis, usque ad 4975 in exilium trusos diversis in locis, diversis temporibus, diversis pœnis ad mortem excruciavit. (Paul. Diac.) Exterminatis Rugis Langobardi Rugilant, id est Rugorum patriam invadunt; quibus tunc temporis quintus rex Gudeoch principabatur. Quia ergo Langobardorum mentionem fecimus, illorum tempora propter ignoratam hystoricæ narrationis distinctionem nondum attigimus. Jam nunc narrationem eorum, ordiamur, et paulatim ad plenam et distinctam eorum hystoriam ascendere nitamur. Horum, ut diximus, post Ibor et Agion primus fuit rex Agelmundus, secundus Lamissio, sic dictus, quod a lama, id est voragine, fuit extractus. Nam mater ejus septem uno partu enixa, cum eos in piscinam projecisset, et rex Agelmundus iter faciens eos hasta revolveret, is hastam ejus firmiter tenuit et ab eo nutritus, eo virtutis processit, ut in regno ei successerit, et necem ejus in Bulgares ultus sit. Lethu tertius, Hildeoch quartus, Gudeoch fuit quintus. Ex quo ergo in Rugilant profecti sunt, usque ad annos 40, talis fuit rerum gestarum horum consequentia. Sub Gudeoch et filio ejus Claffone sexto rege in Rugilant habitavere. Sub Tattone septimo rege in campis Asfeld habitavere; ubi tertio anno, Rodulfo Herulorum rege a Tattone perempto et regno Herulorum destructo, Langobardorum crevit potentia. Tattonem Wacho peremit, et ipse octavus regnavit, filiumque suum Walthari successorum regni reliquit.

480. 7. 58. 22. L. 1. 54. 5. 11. 8. 19.

(*H. m.*) Persis imperat Cuades annis 42 [44]. (*G. r. F.*) Audovachrius dux Saxonum navali hostico Andegavis populatur. (Vict. Vit.) Carthagine Liberatus abbas cum fratribus sex a rege Honorico carcere, catenis, igni et vectibus martyrizantur.

481. 8. 1. 23. 2. 55. 4. 12. 9. 20.

(*G. r. F.*) Egidius dux in Galliis moritur : Siagrius filius ejus substituitur. Audovachrius Andegavis et alias urbes sibi subigens, obsides accipit. Hildericus rex Andegavis incendit, et Paulum comitem urbis perimit. Hildericus rex et Audovachrius confœderati, Alemannos sibi subjugant. (Greg. Tur.) Famis tempore in Burgundia senator Ectitius quatuor milia pauperes sustentans, cælestis promissionis vocem audivit.

482. 9. 2. 24. 3. 56. 5. 15. 10. 21.

(*G. pont.*) Felix Romanæ ecclesiæ 46[tus] presidet. Hic Acathium episcopum Constantinopolitanum damnavit, assentientem Petro Alexandrino damnato.

483. 10. 3. 25. 4. 37. 6. 14. 11. 22.

(*H. m.*) In Africa Honoricus rex Wandalorum in ecclesiam Dei gravius solito efferatus, omnes Africæ episcopos quasi ad sinodum convocat, et fugatis et exiliatis 444 episcopis catholicis, ecclesias clausit aut Arianis dedit, plebemque variis suppliciis afflixit. Letum vero episcoporum incendio concremavit; Eugenium quoque Carthaginis episcopum cum clericis suis plus quam quingentis cruciatos multis modis exiliavit.

484. 11. 4. 26. 5. 58. 1. 15. 12. 23.

(*G. r. F.*) Hildrico rege mortuo, Ludowicus filius regnat annis triginta. Hic duxit uxorem Rothildem filiam Chilperici regis Burgundionum, quem Gundebaudus rex frater ejus peremerat, uxoremque ejus, matrem scilicet Rothildis, ligato ad collum saxo, aquis immersa rat.

485. 12. 5. 1. 6. 59. 8. 16. 13. 24.

(Prosp., *app.*) Honoricus rex Wandalorum judicio Dei percussus, scatens vermibus miserabiliter exspirat ; post quem Gunthamundus annis 9 regnat.

486. 13. 6. 2. 7. 40. 1. 17. 14. 25.

Clarent in Galliis Remigius Remensis et Principius frater ejus Suessonum episcopus, et Vedastus post episcopus Atrabatensis; in Africa Fulgentius episcopus Ruspensis; in Italia Germanus Capuanus et Epiphanius Ticinensis (Cf. *Greg. Tur.; Ann. Leod.*).

487. 14. 7. 3. 8. 41. 2. 18. 15. 26.

(*G. pont.*) Gelasius Romanæ ecclesiæ 47[us] presidet. Hic Manicheos Romæ inventos in exilium deportari fecit, et codices eorum incendit. Hic tractatus et ymnos composuit ; hic inter cetera sacramentorum prefationes et orationes cauto et limato sermone fecit. (*H. m.*) Zenon imperator regnum Italiæ donat Theoderico Ostrogothorum regi. Hic Theodericus Trapsilam Gepidarum regem et Busan Bulgarum regem bello victos extinguit. (Prosp., *app.*) Gunthamundus ab exilio revocat Eugenium episcopum.

488. 15. 8. 4. 9. 42. 3. 19. 16. 27.

(Isid.) Eorico Wisigothorum rege mortuo, regnat post eum filius ejus Alaricus annis 22 [45]. (*H. m.*) Theodericus cum 16 annis Ostrogothorum regnum tenuisset, a Mesia egressus Italiam petiit, et Odoacrem Italiæ regem bis sibi congressum bis in fugam vertit, et Papiæ inclusum obsidet triennio.

489. 16. 9. 5. 10. 43. 4. 1. 1. 28.

Barnabas apostolus, qui apud Salaminam Cypri a Bar-Jesu mago et a Judeis pro Christo igni crematus est, corpus suum, quod a Johanne Marco consobrino suo in cripta occultatum adhuc latebat, revelatione sua inveniri fecit. (Cf. *Marian.*) Cum quo etiam evangelium Mathei, ipsius manibus Mathei Hebraice scriptum, quod erat simul reconditum, invenitur. Quod evangelium ipse Barnabas ex

VARIÆ LECTIONES.

[44] XLI C1. 2°. 3. D. [45] XXI B5′. C1. 3. 4°. D.

doctrina apostolorum secum semper ferre solebat, et ubicunque inveniebat infirmos ponebat illud super eos, et tam fide Barnabæ, quam merito Mathei omnes sanabantur. (*G. r. F.*) Ludowicus rex Francorum Suessionis Siagrio duci Romanorum congreditur. Siagrius Tolosam ad Alaricum fugit.: a quo Ludowico reposcenti remissus, perimitur. Ludowicus quicquid Galliarum sub jure erat Romanorum, ad jus Francorum transfert.

490. R. 17. P. 10. F. 6. L. 11. A. 44. W. 5. W. 2. O. 18. H. 29.

(GREG. TUR.) Avitus Viennensis episcopus claruit, qui Gallias ab Arriana heresi defendit. Hic metrice de conditione mundi libros composuit. Sollemnis Carnotensis episcopus claret, qui in predicando Francis Christum non segniter institit. In Mineo Hispaniæ fluvio pisces capti sunt, in quorum squamis videbatur inscripta æra presentis anni. Idatius Lemicæ Hispaniarum urbis episcopus cronica sua a primo Theodosii consulatu inchoata hucusque perduxit. (162) Gennadius episcopus librum suum de illustribus viris hucusque perduxit.

491. 18. 11. 7. 12. 45. 6. 5. 19. 50.

(*G. pont.*) Anastasius Romanæ æcclesiæ 48us presidet. Huic Acatium damnatum revocare volenti, multi Romanorum non communicabant. (BEDA, *H. e.*) Britanni non valentes amplius ferre virtutem Anglorum, ut victi concessere in jus et nomen eorum. Et primus de gente Anglorum Elli, et secundus Celin, alter alteri mortuo succedendo, regnaverunt apud eos per annos 70 (163). (MARIAN.) Sanctus Patricius secundus Hiberniæ archiepiscopus, anno ætatis suæ 122 in Christo quievit. (ISID.) Odoacer a Theoderico in fide susceptus, ab eo perimitur, et Theodericus Italia potitur, et deposito privato habitu, induitur regali scemate, et regnavit in Italia annis 56 [46].

492. 19. 12. 8. 13. 1. 7. 4. 1. 51.

(*H. m.*) Zenone imperatore mortuo, Anastasius imperat annis 25, vel ut quidam volunt, 27. Gunthamundus rex in Africa æcclesias catholicorum a patruo suo Hunerico vel avo Genserico clausas aperuit, et omnes Dei sacerdotes petente Eugenio Cartaginiensi episcopo ab exilio revocavit. [Achacius episcopus Constantinopolitanus divino nutu percutitur [47] (cf. MAR. BEDA.)].

493. 1. 13. 9. 14. 2. 8. 5. 2. 52.

(*G. pont.*) Simmachus Romanæ æcclesiæ 49us presidet, ordinatus contra eum per contentionem Laurentio. Quæ res grave discidium æcclesiæ diu usque ad ipsa protraxit homicidia; donec tandem hanc altercationem compressit Theoderici regis, quamvis Ariani, potentia, hoc æquitatis judicio optinente, ut Simmacus papa esset, quia prior ordinatus fuerat, eique pars maxima faveret. (GREG. *dial.*) Pro cujus dissensionis culpa animam Paschasii diaconi, qui pertinatius Laurentio faverat, alias magnæ sanctitatis viri, Germanus Capuanus episcopus invenit in thermis in igne purgatorio positam. (*G. pont.*) Hic Simmachus constituit omni dominico die vel natalitio martyrum *Gloria in excelsis Deo* ad missas cantari; quem ymnum Telesphorus, septimus a Petro papa, nocte tantum natalis Domini ad missas a se in ipsa nocte institutas cantari instituit, et in eo ad angelorum verba quæ sequuntur adjecit.

494. 2. 14. 10. 15. 3. 9. 6. 3. 53.

(PROSP., *app.*) Gunthamundo Wandalorum rege defuncto, Trasamundus frater ejus regnavit post eum annis 26.

495. 3. 15. 11. 16. 4. 1. 7. 4. 54.

(*G. r. F.*) Ludowicus rex Turingiam sibi subjugat. (*H. m.*) Theodericus rex omnes vicinarum gentium reges et principes aut amicitia aut affinitate sibi conciliat, et pacifice agens in locis celebribus regalia habitacula ædificat. [Florebant hoc tempore Launomarus Carnotensis, fundator cenobii Curbionensis, ut Maximinus Aurelianensis, fundator cenobii Miciacensis; cujus discipuli fuerunt Carileffus et Avitus abbates [48]].

496. 4. 16. 12. 17. 5. 2. 8. 5. 55.

(*G. r. F.*) Ludowicus regnum Francorum usque Sequanam dilatat. (*G. pont.*) Aliqui Romanorum subornatis falsis testibus incriminantes Simmacum papam, latenter Laurentium in papatum subintroduxerunt; pro quo scismate dirimendo rex Theodericus episcopum Petrum contra canones visitatorem sedis apostolicæ instituit.

497. 5. 17. 13. 18. 6. 3. 9. 6. 56.

(*G. r. F.*) Ludowicus regnum Francorum usque Ligerim amplificat. (*G. pont.*) Simmacus papa in consilio 115 episcoporum se purgat de objecto crimine, et damnatis Petro et Laurentio, ipse quidem sedi suæ restituitur; contentio autem usque ad cedes et homicidia intra et extra æcclesiam diu protrahitur.

498. 6. 18. 14. 19. 7. 4. 10. 7. 57.

(*G. r. F.*) Ludowicus rex castrum Meledunum capit. (BEDA.) Trasamundus rex Wandalorum in Africa, clausis catholicorum æcclesiis, 220 episcopos exiliavit; contra quos Simmacus papa manum suæ liberalitatis benivole exeruit. (ANO.) Hac persecutione Fulgentius episcopus, sanctitate, sapientia et scientia, stilo et facundia preclarus, multa ab Arrianis pro vera fide perpessus, diutino in Sardiniam exilio maceratur. (*G. r. F.*) Rothildis regina orthodoxa Ludowicum regem a gentilitatis errore avocare conabatur, sed frustra conari videbatur.

VARIÆ LECTIONES.

[46] triginta duobus C5. *e corr.* D. [47] *ita in rasura* 1., *ut videtur, et rell.;* Anastasius papa divino nutu percussus est A. [48] Florebant — abbates 1 ., *rell. Desunt* A.

NOTÆ.

(162) Errat Sigebertus; desinit Idacius a. 467. (163) Errat Sig. in tempore; cf. Hirsch p. 62.

499. R. 7. P. 19. F. 15. L. 20. A. 8.
W. 5. W. 11. O. 8. H. 38.

(G. r. F.) Ludowicus rex Alemannis bello congreditur; ibique laborante exercitu, voto suscipiendi christianismi se obligare cogitur; sicque perempto Alemannorum rege, et Alemannia sub tributo redacta, baptizatus a Remigio episcopo Remorum, exemplo et edicto suo perducit ad fidem Christi populum Francorum.

500. 8. 20. 16. 21. 9. 6. 12. 9. 59.

(V. S. Rem.) Collatis a Ludowico rege multis prediis æcclesiæ Lemensi, Remigius, multa eorum parte data æcclesiæ Laudunensi, sedem episcopatus ibi esse constituit; primumque illic episcopum Genebaudum constituit, et eundem in fornicatione cum sua quondam uxore prolapsum, sed septemnali pœnitentia purgatum et de reclusione divino jussu eductum, sedi suæ restituit.

501. 9. 21. 17. 22. 10. 7. 15. 10. 40.

(G. r. F.) Ludowicus rex, Gundebaudo regi Burgundionum congressus, eo victo, Burgundiam redigit sub tributo.

502. 10. 22. 18. 23. 11. 8. 14. 11. 41.

(H. m.) Simmacus patricius rem publicam illustrat, et cum eo gener ejus Boetius vir consularis, conspicuus in utraque lingua, eruditione omnium liberalium artium, quas pene omnes a Greco in Latinum transtulit et exposuit.

503. 11. 23. 19. 24. 12. 9. 15. 12. 42.

(H. m.) In Africa Olimpius quidam, dum in balneis in sanctam Trinitatem blasphemaret, ignito jaculo cælitus veniente, visibiliter combustus est.

504. 12. 24. 20. 25. 13. 10. 16. 13. 43.

(H. m.) Constantinopoli dum Deuterus Arrianus episcopus Barbam quendam baptizaret, et male distinguens Trinitatem, diceret: *Baptizo te, Barba, in nomine Patris per Filium in Spiritu sancto*, aqua disparuit.

505. 13. 25. 21. 26. 14. 11. 17. 14. 44.

(H. m.) Alamundarus rex Saracenorum ab orthodoxis baptizatus, cum eum vellent Euticiani seducere, refellit eos hac fabulosa inductione, dicens quod litteras acceperit, Michaelem archangelum mortuum esse; illisque respondentibus, hoc impossibile esse, quod angeli sint impassibilis naturæ: *Quomodo ergo*, inquit, *secundum vos nudus crucifixus est Christus, nisi duarum naturarum esset, quandoquidem nec angelus mortuus est?*

506. 14. 26. 22. 27. 15. 12. 18. 15. 45.

(G. r. F.) Ludowicus et Alaricus reges confœderantur. (GREG. TUR.) Quintianus Rutenensis episcopus et Maxentius Pictavensis abbas clarent in Gallia.

507. 15. 27. 23. 28. 16. 13. 19. 16. 46.

(H. m.) Vitalianus instinctu populi insurgit in imperatorem Anastasium, propter Eutitianam heresim Deo et hominibus exosum.

508. 16. 28. 24. 29. 17. 14. 20. 17. 47.

(G. pont.) Hormisda Romanæ æcclesiæ 50us presidet. Hic clerum composuit, et psalmis erudivit. Hic respectu apostolicæ humanitatis Grecos convictu hereticorum maculatos absolvit per suos nuntios.

(G. r. F.) Alaricus rex Ludowico regi insidias molitus, fœdus violat.

509. 17. 29. 25. 30. 18. 15. 21. 18. 48.

(G. r. F.) Ludowicus rex signis divini auxilii animatus ad bellandum — Turonis quippe transiens, equum suum Sancto Martino misit; quem centum solidis redemptum recipere non potuit, missis aliis centum solidis recepit; credens illum bonum esse in auxilio, qui tam carus erat in negotio — insuper accepto victoriæ presagio a clericis cantantibus: *Præcinxisti me virtute ad bellum*, Alarico Wisigothorum regi congreditur, eoque perempto, quicquid Galliarum Wisigothi possidebant, ad partes Francorum transtulit; et invadens Tolosam sedem regni Gothorum, usque ad Pyrineos montes regnum Francorum dilatavit. Fertur etiam muros Ecolismæ urbis ante faciem ejus corruisse. Amalricus filius Alarici fugiens in Hispaniam, regnat ibi annis 16. (FLODOARD.) Sigismundus, mortuo patre suo Gundebaudo, regnat in Burgundia. [Gibrianus Scottus cum fratribus et sororibus in Gallia peregrinatus, urbem Remensem et vita et morte sua illustrat [49].]

(Vita S. M.) Faustus S. Benedicti discipulus, et ab eo cum Mauro in Gallias hoc anno transmissus, scribit in Vita illius Mauri, S. Benedictum claruisse temporibus Justini senioris et Hilderici Wandalorum regis; addens, quod eo tempore rex Theodericus Simmachum patricium et Johannem papam occiderit. Scribit quoque, eundem Benedictum hoc eodem anno, quo Maurus ad Gallias tendebat, obiisse, 12 Kal. April., hora diei quasi tertia; quod eo anno in sabbato paschæ proveniens, primum pascha fuisse demonstrat. Sic quoque dicit in Gallias venisse tempore regis Theodeberti, nepotis Ludowici regis. Quia ergo ille scripsit, quæ viderat, quomodo hoc consequentiæ hystoriarum conveniat, qui valet advertat, et qui advertit, exponat (165').

510. 18. 30. 26. 31. 19. 16. 1. 19. 49.

(G. r. F.) Ludowicus rex ab Anastasio imperatore codicellos de consulatu et coronam auream cum gemmis et tunicam blatteam accepit, et ex ea die consul et augustus est appellatus. Ipse vero rex misit Romæ S. Petro coronam auream cum gemmis, quæ regnum appellari solet.

VARIÆ LECTIONES.

[49] 1γ. *ut videtur*; rell. Desunt A.

NOTÆ.

(165'.) Jure suo dubitat Sigebertus. Sed, quæ hanc difficultatem creant notiones temporum, non sunt illæ a Fausto profectæ, sed ab Odone Glannafoliensi interpolatæ, cum sæculo nono novam illius Vitæ faceret editionem, quam Sigebertus pro genuina Vita habuit. Ita rem bene explicat V. D. Hirsch.

511. R. 10. P. 51. F. 27. L. 52. A. 50. W. 20. W. 17. O. 2. H. 20.

(*H. m.*) Theodericus rex Italiæ, Ibba comite suo contra Francos misso, triginta milia occidit eorum, in vindictam necis Alarici generi sui.

512. 20. 52. 28. 55. 21. 18. 3. 21. 51.

Prima synodus a Francis jussu Ludowici regis Aurelianis habita est, in qua decernuntur multa ecclesiæ utilia. Genovefa virgo Parisiensis octogenaria transit ad Dominum.

513. 21. 55. 29. 54. 22. 19. 4. 22. 52.

(*V. Arn.*) Sanctus Arnulfus, sancti Remigii in baptismo filius, in Gallia claret, qui post multos in predicando Christum agones martyrizatus, in silva Parisiorum Aquilina a Scariberga, conjuge quondam sua, tumulatus est.

514. 22. 54. 50. 55. 25. 20. 5. 25. 55.

(*G. r. F.*) Ludowicus rex, regno Francorum per omnes Gallias dilatato et legitime et pacifice confirmato, moritur. Lotharius filius ejus, compartito regno cum fratribus suis Theoderico, Clodomere et Hildeberto, regnat annis 50 [50]. Sororem ejus Rothildem Amalricus rex Wisigothorum uxorem duxit.

515. 25. 55. 1. 56. 21. 21. 6. 21. 54.

(*G. r. F.*) Rex Burgundiæ Sigismundus, qui monasterium Agaunensium construxerat, filium suum Sigericum peremit, malo novercæ illius consilio usus. Qui competenti pœnitentiæ se addicens, et martyribus Agaunensibus se totum devovens, quod dignus fuerit venia, testatur crebra post mortem ejus per eum multis concessa sanitatum gratia, et per eum febricitantibus indulta curatio. [Hoc tempore in Alexandria multi utriusque sexus arrepti a demone, repente quasi canes latrabant [51].]

516. 24. 56. 2. 57. 25. 22. 7. 25. 55.

(GREG. TUR.) Theodericus rex, frater Lotharii, Chlochilaicum regem Danorum Gallias vastantem perimit.

517. 25. 57. 5. 58. 26. 25. 8. 26. 56.

(BEDA.) Anastasius imperator fulmine a Deo percussus periit, post quem Justinus senior annis 11 regnavit. Boetius annitente sibi Simmacho, cum auctoritatem Romani senatus contra Theodericum regem Italiæ tueri nititur, ab ipso exiliatur ibique librum de consolatione philosophiæ edidit.

518. 1. 58. 4. 59. 27. 24. 9. 27. 57.

(*G. r. F.*) Theodericus rex, frater Lotharii, ab Ermenfrido rege Thuringorum, ad perimendum fratrem illius Badericum, pactione medietatis regni illius invitatus, Badericum regem perimit. (MAR.) Virgo Dei Brigida Scotta obiit in Scottia.

519. 2. 59. 5. 40. 28. 25. 10. 28. 58.

(P. D.) Johannes Romanæ æcclesiæ suus presidet. Wacheone Langobardorum rege defuncto, filius ejus Gualtarith regnavit annis 7.

520. 3. 40. 6. 1. 29. 26. 11. 29[52]. 59.

(*G. r. F.*) Chlodomeris, frater Lotharii regis, et fratres ejus, instinctu Rothildis matris suæ insurgunt in Sigismundum et Godemarum, filios Gundebaudi regis, ad vindicandam necem aviæ suæ et avi sui Chilperici. In congressu Sigismundus capitur, Goderamus fuga elabitur. (*H. m.*) Bello orto inter Romanos et Persas, Chuades rex Persarum Zeliobem regem Hunorum, venientem cum viginti milibus auxiliari sibi contra Romanos, inmisso exercitu occidit, et totum pæne ejus exercitum delevit, suspectum eum habens, quod utrinque munera acceperit, et a se contra Romanos, et a Romanis contra se. Abhinc regnum Hunorum annotare cessabo, quia omnes gentis illius reges Kaganos vocatos lego, et nullam distinguendi proprietatem invenio. (*Ib.*) Trasamundus rex Wandalorum Hildericum filium suum ex Eudoxia, filia Valentiniani imperatoris a Generico captiva, astringit sacramento, ne catholicis in regno suo consuleret; qui patre mortuo, antequam regnum susciperet, omnes catholicos ab exiliis jussit revocari, et episcopis ecclesias reformari. Sicque suscepto regno, regnavit annis octo, evolutis septuaginta quatuor annis, ex quo Gensericus avus ejus statum æcclesiæ in Africa profanavit.

521. 4. 41. 7. 2. 30. 1. 12. 50.

(*Ib.*) Chuade Persarum rege mortuo, Kabades post eum regnavit annis 16. Chlodomeris rex, Sigismundo rege cum uxore et filiis perempto, iterum congressus fratri ejus Godemaro, perimitur ab eo. Boetius longo exilio fatigatus, a Theoderico Gothorum rege perimitur.

522. 5. 1. 8. 3. 51. 2. 15. 51.

(*Vita S. Maur.*) Ut scribit Faustus, hac ætate, scilicet tempore Justini senioris et Hilderici Wandalorum regis, revera floruit sanctus Benedictus. Sed nec de vita, nec de morte ejus ratio procedit secundum cyclum Dionisii (164). (*H. m.*) Zathus rex Lazorum Constantinopoli baptizatur, et a Justino imperatore susceptus muneratur [53]. Simmacus exconsul a Theoderico rege Italiæ perimitur

523. 6. 2. 9. 4. 52. 3. 14. 52.

(BEDA.) Justinus Arrianos ubique exterminari edicit. Ad quod edictum dediscendum Johannes papa a rege Italiæ Theoderico Arriano et Arrianorum defensore Constantinopolim missus, ante portam urbis cæcum illuminavit; et compos petitionis ad Theodericum regressus, Ravennæ ab eo in carcere excruciatus, fame defecit. (*H. m.*) Post dies 90

VARIÆ LECTIONES.

[50] LI habent 1. e corr. ut videtur, et A. Reliqui omnes L. [51] add. 1., rell. Desunt A. [52] XXVIII et per porro 1. [53] Zathus — muneratur desunt A

NOTÆ.

(164) Cf. ad annum 509.

Theodericus subito defunctus, a quodam sancto heremita visus est nudus et discalceatus a Johanne
papa et Simmaco patricio in olla Vulcani esse detrusus. Athalaricus, Theoderici ex filia nepos, in
regno Italiæ et Ostrogothorum succedens, regnat
annis 8. (MAR.) Felix Romanæ æcclesiæ 49us [54] presidet. Hic Gregorii papæ atavus fuit.
524. R. 7. P. 3. F. 10. L. 5. 53. A.
W. 4. W. 15. O. 1.
(GREG. TUR., III, 7.) Theodericus rex reposcens
ab Ermenfrido rege pactum, cum fratre Lothario
insurgit in eum ; eoque post nimiam suorum stragem de bello fugato et non multo post mortuo, totam
Thuringiam sibi subdunt. Captivatam inter alios Ra-
degundem, filiam Bertharii regis olim a fratreErmen-
frido perempti,Lotharius rex suo sociavit matrimonio.
525. 8. 4. 11. 6. 34. 5. 16. 2.
(G. r. F.) Amalricus rex Wisigothorum cum uxorem suam Rothildem indigne tractaret, eo quod
Arrianæ sectæ secum inservire nollet, perimitur in
Hispania a fratre Rothildis Childeberto. (ISID.)
Theuda regnavit post eum annis 17.
526. 9. 5. 12. 7. 55. 6. 1. 3.
(G. r. F.) Lotharius rex cum fratre Childeberto
Augustidunum Burgundiæ civitatem obsidens, cun-
ctam fugato Godemaro Burgundiam occupat. (P.D.)
Gualtarith Langobardorum rege mortuo, Audohin
9us regnat annis 17 [55]. (MAR.) Acephalorum heresis
abdicatur, qui dicunt Paulum apostolum in epistolis suis precepisse feminas diaconas debere fieri,
quia eas commemorat post diaconos ; et dicuntur
acephali, sine capite, quia auctor hujus erroris nescitur. (H. m.) Kabades rex Persarum, dolens filium
suum Phatsuarsan in Manicheorum sectam inductum, omnibus Manicheis quasi a se munerandis
coactis in unum, immisso exercitu occidit multa
milia eorum. (P. D.) Inter Thurismodum regem Gepidarum et Audohin regem Langobardorum conserto
prelio, Albuin filius Audohini Thurinsindum filium
Thurismodi extinguit, et victoria Langobardis cedit.
Thurismodus preponens fidem iræ et dolori, eidem
Albuino postea ad se sub fide venienti dedit arma
filii sui Thurisindi ab eo perempti.
527. 10. 6. 13. 1. 36. 7. 2. 4.
(G. pont.) Bonefacius Romanæ æcclesiæ 52us
presidet [56]. (BEDA.) Justinus, Justiniano suo ex sorore nepote in regno substituto, moritur. Is Justinianus imperat annis 39. Hic Persas ab irruptionibus
in partes Romanorum per Bilisarium repressit.
(P. D.) Audohin Langobardos in Pannoniam duxit ;
in qua habitaverunt annis 42 [57].

528. 1. 7. 14. 2. 37. 8. 3. 5.
(Ann. Leod., MARIAN.) Cassiodorus senator, post
monachus, Arator poeta, Priscianus grammaticus,
Victor Capuanus episcopus, qui cyclos paschales
scribens Victorii errores redarguit, Gregorius Lingonensis, Nicetius Treverensis, Domitianus Tungrensis florent. (PROSP., app.) Gylemer, perimens
Hildericum regem, annis 4 regnat post eum super
Wandalos ; qui tantæ crudelitatis fuit, ut nec parentibus parceret.
529. 2. 8. 15. 3. 58. 1. 4. 6.
(BEDA.) Corpus Antonii monachi divina revelatione
inventum et Alexandriam est delatum.
530. 3. 9. 16. 4. 39. 2. 5. 7.
(G. pont.) Johannes Romanæ æcclesiæ 53us presidet [58]. Franci extorquent de manu Athalarici,
quicquid Galliarum avus ejus Theodericus rex Italiæ tenuerat. (VICT. VIT.) In Africa quidam orthodoxi episcopi, linguis sibi excisis radicitus a Wandalis, postmodum clare loquendo multis miraculo
fuere ; quod miraculum unus eorum auxit, qui in
elationem [59] versus, statim privatus divino dono
obmutuit.
531. 4. 10. 17. 5. 40. 3. 6. 8.
(JORD.) Athalarico, rege Italiæ et Ostrogothorum
mortuo, Amalsuinda mater ejus Theodatum, Theoderici patris sui ex sorore nepotem, asciscit secum
in regnum. (G. r. F.) Chlodoaldus filius Chlodomeris regis, fratribus suis impie a patruo suo Lothario olim extinctis, mundanam nobilitatem transferens ad nobilitatem divinæ servitutis, in clericali
gradu preminet exemplo sanctitatis. (V. Ved.) Vedastus primus Atrabatensium episcopus ordinatur a
sancto Remigio.
532. 5. 11. 18. 6. 4. 7. 1. 41.
(Cf. BEDA, MAR.) [Hoc anno expletus est a Christi nativitate magnus annus annorum 532. Ab hoc
etiam anno Dyonisius abbas orditur ciclum suum
ciclorum quinque decennovennalium. Et quia secundus annus operis hujus concordare debet in ratione compoti primo anno nativitatis Christi, debet
35us annus cycli Dyonisii concordare in ratione
compoti 53° anno nati Christi, scilicet ut 16ma luna
Aprilis occurrat 9 Kal. Aprilis in 5 feria ; passio
Christi 8 Kal. Aprilis in 6 feria, resurrectio 6
Kal. Aprilis in dominica die. Sed quia non ita occurrit, sed luna 14ma Aprilis occurrit eo anno 12
Kal. Aprilis in 1 feria, dominica vero dies paschæ
in 5 Kal. Aprilis, ideo improbatur, quia repugnat
evangelicæ veritati [60].] (P. D.) Justinianus impera-

VARIÆ LECTIONES.

[54] ita 1. F1. 3. et primo fortasse C1 ; at LII habent B4*. C1. e corr. C2*. 3. D. F2., et L e correctura B3*.
[55] a. XVII. desunt A. [56] ita omnes. [57] Audohin—42 desunt D. [58] ita ipse Sigebertus statim correxit ex LIIII,
quod prius scripserat. LVIII corr. LIIII. D. [59] vel luxuriam superscripsit Anselmus. luxuriam. F1. 2. fornicationem A. [60] Hæc primo quattuor lineis expresserat auctor. Sed iis erasis, ea ita ampliavit Ans., ut videtur,
rell. præter unum A., qui hæc ita habet : Quia antiquitus delegatum erat Alexandrino pontifici, ut diem celebrandi pascha annuatim denunciaret Romano pontifici, et per eum cæteris æcclesiis occidentalium, qui
sepe de pascha celebrando aut dubitabant aut errabant : nunc Romanorum errorem aut ignorantiam non

tor libros legum Romanarum adbreviavit, in uno volumine, quod Justinianum vocatur.

553. R. 6. P. 12. F. 19. L. 7. A. 42. W. 5. W. 8. O. 2.

(*G. pont.*).Agapitus Romanæ æcclesiæ 54^{tus} presidet[61]. (*H. m.*) Bilisarius patritius a Justiniano imperatore ex jussu Dei ad Africam liberandam de manu Wandalorum missus, noctu cum plaustris rusticorum urbem introeuntibus ingressus. Carthaginem cepit, pecunias infinitas recepit, Gilimerem ex fuga ad deditionem reductum imperatori Constantinopolim duxit. Sic Wandalorum regnum destructum est ; sic tandem illa Wandalica rabies cum ipso nomine funditus extincta est. (*Ib.*) Theodatus rex reginam Amalsuindam, imperatoriæ tutelæ commissam exiliat, eaque non multo post in balneo strangulata immissu Theodati, solus super Ostrogothos anno uno regnat. (*G. pont.*) Qui sciens per hoc se iram imperatoris incurrisse, Agapitum papam Constantinopolim misit, pro impetranda hujus facti impunitate. Agapitus inveniens ibi Anthemium Constantinopolitanum episcopum Eutitianæ esse heresis, eo excommunicato et exiliato, Menam fecit ei substitui. Agapitus ibi moritur Romamque refertur. (**P. D.**) Justinianus imperator Constantinopoli æcclesiam S. Sophiæ incomparabili opere exedificat[62].

554. 7. 13. 20. 8. 43. 9. 1.

(*G. pont.*) Silverius 55us Romanæ æcclesiæ a Theodato substituitur. Bilisarius contra Theodatum mittitur, Theodatus a Gothis exstinguitur ; Witigis in regno substituitur. Bilisarius Neapolim exterminat ; Romam, fugientibus Gothis, intrat. Witigis Romam obsidet ; fames Italiam urget. Witigis capitur, et imperatori dirigitur. Silverius, quia Anthemium revocare noluit, exiliatus defecit. (Jord.) Eldepadus ab Ostrogothis rex ordinatus regnat anno uno. [(Flodoard.) Theodericus abbas, discipulus sancti Remigii, et Theodulphus abbas discipulus ipsius Teoderici, in Francia clarent[63].]

555. 8. 14. 21. 9. 44. 10. 1.

(*G. p.*) Vigilius Romanæ æcclesiæ 56us presidet. (*H. m.*) Eldepado perempto, Erarius regnat anno uno. (Greg., *Dial.*) In Galliis clarent [fratres uterini, uno et eodem die nati, et pontifices consecrati, Medardus ad titulum Noviomensem, Gildardus ad Rothomagensem, et uno die absoluti a sæculo, et assumpti a Christo , in Italia episcopi Sabinus Canusinus, Cassius Narniensis, Fulgentius Utricolensis, Serbonius Populonii[64].]

556. 9. 15. 22. 10. 45. 11. 1.

(*H. m.*) Erario perempto, Totila, qui et Baduilla, super Ostrogothos regnat annis 11 ; qui mox Italiam invadit, et a sancto Benedicto Casinensi futura audit sibi. *Multa*, inquit, *mala facis, multa fecisti, jam aliquando ab iniquitate compescere. Et quidem mare transiturus es, Romam ingressurus; novem annis regnabis, decimo morieris.* Hoc anno quidam dicunt eundem sanctum Benedictum obiisse.

557. 10. 16. 23. 11. 46. 12. 1.

(*H. m.*) Apud Persas regnat Chosroe annis 57. (*G. r. F.*) Theodericus rex frater Lotharii obiit ; Theodebertus filius ejus ei succedit. (*Narr. de Theoph.*) Hoc[65] tempore in una urbium Ciliciæ quidam Theophilus vicedominus tam prudenter et utiliter secundas partes ecclesiasticæ dispensationis sub episcopo agebat, ut mortuo episcopo omnium ore dignus episcopatu esse acclamaretur. Qui contentus vicedominatu, alium ordinari maluit episcopum. A quo a vicedominatu injuste amotus, ad tantam impatientiam est delapsus, ut conducto sibi Hebreo quodam mago, per eum opem ad dignitatem suam recuperandam expeteret a principe demoniorum ; et ab eo jussus abnegare Christum filium Dei ejusque matrem Mariam cum omni christianismi proposito, et ipsam abnegationem scripto firmare et scriptam signare et signatam sibi tradere, ejus se servitio addixit. Qui in crastinum recuperato vicedominatus honore, non multo post ad se reversus, per dies 40 omni penitendi modo se affligens, primo piam Dei matrem Mariam sibi reconciliavit ; eaque sibi apparente, abrenuntians diabolo, Christumque verum Dei filium verumque Deum et hominem ex Maria virgine natum, et omne christianismi propositum profitens, per eam etiam Christi filii ejus gratiam recepit ; et ad indicium indultæ sibi veniæ, rursum ibi dormienti apparens Christi mater, etiam scriptum abrenuntiationis, quod signatum diabolo dederat, reposuit super pectus ejus. Quo Theophilus recepto, in crastinum, dominica scilicet, coram episcopo et omni æcclesia pandens ordinem rei, omnes ad stuporem et laudem Dei et genitricis suæ Mariæ commovit ; et in eodem loco, quo sibi pia Christi mater apparuerat, perstans, ibidem post triduum mortuus et sepultus est.

558. 11. 1. 24. 12. 47. 13. 2.

(*H. m.*) Chosroe fines Romanorum incursat. In Campania Italiæ Benedictum juniorem sanctitate clarum rex Totila pro Christo persequens, cum eum cum cella sua comburere voluisset, nec valuisset, in clibanum ardentem eum projecit ; qui inde altero die illesus, illesis etiam vestibus, exivit.

VARIÆ LECTIONES.

ferens Dionisius abbas Romanus cyclum magni anni annorum scilicet quingentorum triginta duorum ab hoc anno orditur . qui etsi ab omnibus recipitur . in eo tamen improbatur . quod passionem Domini 12. Kal. Aprilis et resurrectionem 5. Kal. Aprilis ponens . veritati evangelicæ contraire videtur. *Hæc igitur Sigebertus primo scripserat ; postea correxit, ut supra dedimus.* [61] LV. e corr. D. et sic porro. [62] Justin. — *exedificat addidit Sigeb. curis secundis.* [63] *add. manus incerta, fortasse Sigeb. cur. sec. rell ; desunt* A. [64] *in rasura* 18. *ut videtur, reliqui præter* A., *qui hæc ita habet :* In Galliis clarent Medardus episcopus et Germanus Parisiensis, in Italia episcopi R. C., C. N., F. U., Cerbonius Populonii. *Ita igitur Sig. primo ediderat.* [65] *Sequentia Sigeb. ipse in scedula assuta addidit.*

539. R. 12. P. 2. F. 25. L. 13. A. 48. W. 14. O. 3.

(H. m.) Justinianos imperator duos Bulgarum reges Traciam depopulantes occidit cum multis milibus Bulgarum.

540. 13. 3. 26. 14. 49. 15. 4.

(H. m.) Chosroe Anthiochiam capit. (G. r. F.) Childebertus rex cum fratruele Theodeberto in fratrem Lotharium insurgit, sed matre eorum Rothilde satis agente apud Deum, ne inter fratres fieret civile bellum, horrenda tempestate coerciti, cum super Lotharium ne signum quidem apparuerit horroris hujusmodi, reddunt se fraternæ paci.

541. 14. 4. 27. 15. 50. 16. 5.

(H. m.) Chosroe jam quarto Romanos infestantem, Bilisarius compellit redire inefficacem. (Greg. Tur.) In diversis Galliarum locis diversa signa visa sunt. Cometes apparuit; die paschæ cælum ardere visum est; verus sanguis ex nube defluxit in vestimentis hominum; domus cujusdam ab intus sanguine respersa apparuit; et secutæ variæ clades et malæ valetudines cum pustulis et vesicis populos afflixerunt.

542. 15. 5. 28. 16. 51. 17. 6.

(H. m.) Bilisarius [66] ad Africam remissus, Guintharit super reliquias Wandalorum regnantem cum suis extinguit. (G. r. F.) Lotharius et Childebertus fratres, obsessa in Hispaniis Cesaraugusta, civibus Deum orantibus et circumlata Vincentii martiris tunica, accepta ab eis pro munere ipsius martiris stola, redeunt, adquisita Hispaniæ parte maxima. (Isid.) Theuda Wisigothorum rege a suis perempto, Theudegisibus regnat post eum annis 2. (V. Mauri.) Maurus in Gallia claret, sancti Benedicti discipulus.

543. 16. 6. 29. 17. 52. 1. 7.

(H. m.) Vigilius papa quia secundum suam promissionem noluit Anthemium revocare, Constantinopolim mittitur ignominiose. Thotila rex Ostrogothorum capta Roma, habitavit aliquandiu cum Romanis quasi pater cum filiis, mansuefactus, ut creditur, sancti Benedicti monitis. (Paul. D.) Audoin mortuo, Albuin filius ejus regnat super Langobardos in Pannonia annis 24.

544. 17. 7. 30. 1. 53. 8.

(Greg., Dial.) Herculanus Perusinus episcopus a Totila rege, secto capite, martirizatur; post mortem vero caput ejus corpori unitum invenitur. (H. m.) Tolita Siciliam invadit. Narses eunuchus Romanorum patricius ordinatur et contra Totilam destinatur. (Fred.) Theudegisilo inter convivandum a suis perempto, Agilan regnat super Wisigothos annis 9.

545. 18. 8. 31. 2. 54. 1. 0.

(H. m.) Narses Albuino regi Langobardorum con-

A fœderatur. (Vita R.) Obiit sanctus Remigius Remorum episcopus (165).

546. 19. 9. 32. 3. 55. 2. 10.

(H. m.) Vigilius papa exiliatur. Narses patricius auxiliantibus sibi Langobardis Totilam regem perimit; Ostrogothorum gente usque ad internetionem deleta, regnum Ostrogothorum penitus destruit. Ita illud regnum Gothorum, quod, ut ait Jordanis (166), per annos circiter 2400 duraverat, defecit in Ostrogothis, sed in Wisigothis in Hispania regnantibus incolume remansit. Teias regnum Ostrogothorum resuscitare nisus, regnat annis 2.

547. 29. 10. 33. 4. 56. 3. 1.

(Paul. Diac.) Conserto prelio inter Cunimundum regem Gepidarum et Albuin regem Langobardorum, corruerunt utrinque sexaginta milia eorum. Ubi Albuin Cunimundum peremit, et ex testa capitis ejus poculum sibi ad bibendum fecit, filiamque ejus captivatam uxorem sibi accepit. Hunis vero terras Gepidarum invadentibus, destructum est regnum Gepidarum penitus.

548. 21. 11. 54. 5. 57. 4. 2.

(G. r. F.) Teodebertus rex per se et per ducem suum Buccellinum Italiam vario belli eventu inquietare non desistit, et ab Italia et a Sicilia aut spolia aut tributa accipit. Tejas rex a Narsete perimitur, et cum eo Gothorum reliquiæ extirpantur.

549. 22. 12. 35. 6. 58. 5.

Greg. Tur.) Agericus Virdunensis episcopus sanctitate claret. (P. D.) Narses patricius Sinduald regem Brittonum, ex amico sibi rebellem, bello victum et captum suspendit.

550. 23. 13. 56. 7. 59. 6.

(G. r. F.) Theodebertus rex obiit, cui Theodebaldus filius ejus succedit. (Greg. Tur.) Arboris, que dicitur sambucus, flores, grana et fructus in flores, grana et fructus vitis transformantur [67]

551. 24. 14. 57. 8. 60. 7.

Quinta synodus universalis Constantinopolim celebratur: in qua epistola, quæ Ibe dicitur, erroris plena reprobatur, et Theodorus personam mediatoris Dei et hominum in duabus substantiis separans, ad impietatis perfidiam cecidisse convincitur (cf. Ann. Leod). Hucusque Jordanis episcopus hystoriam contexuit.

552. 25. 15. 58. 9. 61. 8.

(G. pont.) Pelagius Romanæ æcclesiæ 57us presidet. Hic insimulatus de morte Vigilii papæ, tenens sancta evangelia et crucem, jurejurando publice satisfecit. (Greg. Tur., De gl. mart. x.) Hoc tempore in oriente puer quidam Judæorum filius, cum a coevis suis christianorum filiis ad hoc adductus fuisset, ut in æcclesia sanctæ matris Christi Jesu corpus et sanguinem Christi perciperet, propter hoc

VARIÆ LECTIONES.

[66] Balisarius 1. — [67] arboris transformantur add. Sigeb. curis tertiis.

NOTÆ.

(165) Obiit potius a. 533; cf. Acta SS. Oct. I, 68.
(166) Errat Sig.: Jordanis enim De reb. Get. in fine hunc annum millesimum et trecentesimum regni Gothorum dicit. HIRSCH.

a patre suo projectus in fornacem ardentem, illesus inde a christianis extractus est, asserens quod mulier, quæ in illa æcclesia puerum tenens depicta erat, pallio suo flammas ignis a se eventilasset [68].

553.   R. 26.   P. 16.   F. 59.   L. 10.
          A. 62.   W. 9.

(Fred.) Agilan cum insolenter in suos ageret, Athanagildus, auxiliantibus sibi Romanis, eo perempto, regnat annis 22.

554.   27.   17.   40.   11.   63.   1.

(Gr. Tur.) Rothildis regina moritur. Hiems nive et glacie ita exasperatur, ut volucres et feræ indomitæ manu capi possent.

555.   28.   18.   41.   12.   64.   2.

(P. D.) Bucellinus et Amingus duces Francorum a Narsete perimuntur. (H. m.) Quasi species lanceæ in cœlo apparuit a septemtrione in occidentem [69].

556.   29.   19.   42.   13.   65.   3.

(G. r. F.) Theodebaldus rex obiit. Lotharius rex Francorum rebellantes contra se Saxones et auxiliantes eis Thuringos gravi pugna et excidio perdomuit. (Ann. Leod.) Obiit sanctus Medardus Noviomensis episcopus, et Suessionis sepelitur.

557.   30.   20.   43.   14.   66.   4.

(Greg. Tur.) Radegundis regina, uxor quondam Lotharii regis, mutata veste claret sanctitatis nobilitate.

558.   31.   21.   44.   15.   67.   5.

(Vita G. M.) Gregorius [filius Gordiani senatoris [70]] Romæ adolescit; qui, sex monasteriis in Sicilia fundatis, et septimo Romæ in domo sua, ex pretore urbano factus monachus, sapientia et scientia, doctrina et sanctitate claruit (H. m.) Terremotus terribilis nimis per decem dies factus est [71].

559.   32.   22.   45.   16.   68.   6.

(G. r. F.) Childeberto rege mortuo, monarchia regni Francorum cedit fratri ejus Lothario.

560.   33.   23.   46.   17.   69.   7.

Hoc tempore Judeus quidam imaginem Jesu salvatoris de æcclesia furtim deponens, eam telo transfixit; et eam clam ad domum suam deferens, cum eam flammis vellet exurere, se sanguine imaginis cruentatum videns, pre stupore eam abscondit. Quam christiani requirentes, et per vestigia sanguinis invenientes, eam sanguinolentam receperunt, Judeum vero lapidaverunt. (P. D.) Miserabilis in Italia mortalitatis pestilentia.

561.   34.   24.   47.   18.   70.   8.

(Beda, H. e.) Anglorum in Britannia tertius Edilbertus regnat annis 56. (V. S. Macl.) Hoc tempore in Scottia Brendanus claruit; qui Fortunatas insulas septennali navigatione requirens, multa miraculo digna vidit. A quo Macutes, qui et Maclovus, regulariter educatus et insius navigationis socius, in Britannia sanctitate et miraculis claruit; qui a Britannis exacerbatus, eis maledictis transivit ad Gallias, et sub Leontio Santonum episcopo multo tempore virtutibus claruit. Britannos vero propter suam maledictionem variis cladibus addictos, data rursum benedictione absolvit et sanavit [72].

562.   35.   25.   48.   19.   1.   9.

(H. m.) Constantinopoli quidam imperatorem extinguere moliti, extinguntur. Cujus criminis Bilisarius quoque accusatus ab imperatore absolvitur. (Greg. Tur.) In Gallia mons super Rodanum fluvium multis diebus dans mugitum, tandem ab alio monte sibi vicino disscissus, cum æcclesiis et domibus, hominibus et bestiis, in Rodanum precipitatus est [73].

563.   36.   26.   49.   20.   2.   10.

(G. r. F.) Lotharius rex Chramnum filium suum diu contra se rebellantem et multa mala in regno suo facientem in Britannia prosecutus, ei ejusque auxiliario duci Brithonum Chonobro bello concurrit; et Chonobrum quidem peremit, Chramnum vero captum igni cum uxore et filiabus consumi fecit.

564.   37.   27.   50.   21.   3.   11.

(Mar.) Johannes Romanæ æcclesiæ 58us presidet. (G. r. F.) Lothario Francorum rege mortuo, Chilpericus filius ejus, compartito regno cum fratribus suis Heriberto, Guntranno et Sigiberto, regnat annis 22.

565.   38.   28.   1.   22.   4.   12.

(Beda) Justiniano imperatore mortuo, Justinus minor imperat annis 12. (P. D.) Multa signa in sole et luna apparuerunt [74].

566.   1.   29.   2.   23.   5.   13.

(P. D.) Narses patricius accusatione Romanorum patriciatu degradatus, et quia eunuchus erat, exprobrante sibi Sophia augusta, ut iret in geneceum dividere pensa puellis, respondens, talem se eidem orditurum telam, qualem ipsa dum viveret, deponere non posset, invitat Langobardos ad possidendam Italiam. (Beda, H. e.) Sanctus Columba presbiter veniens de Scotia, clarus habetur in Britannia. [(V. Macl.) Sanson Dolensis archiepiscopus, consanguineus sancti Maclovi, et successor Sansonis Maclorius, qui de transmarina Britannia ad cismarinam transierant Britanniam   ent sanctitate et doctrina [75].]

567.   2.   50.   3.   24.   6.   14.

(G. r. F.) Sigebertus rex Hunos partes Francorum depopulantes in Thuringia bello devincit. Chilpericus frater ejus interim terminos illius incursat, et Remis urbem occupat. (P. D.) Hastæ igneæ in cœlo visæ sunt, portendentes irruptionem Langobardorum in Italiam. [(Greg. Tur.) Sanctus Basolus abbas et Sindulfus presbiter et reclusus in Francia clarent [76].]

VARIÆ LECTIONES.

[68] Hoc — eventilasset add. Sig. ipse curis sec.   [69] Quasi — occidentem add. Sig. cur. tertiis.   [70] f. G. s. addit supra lineam 1β. ut videtur, rell., desunt A.   [71] T. t. n. p. d. d. f. e. addit Sig. cur. tertiis.   [72] Britannos — sanavit Sig. ipse statim addidit.   [73] In G. — est Sig. curis tertiis.   [74] M. s. i s. e. l. a. Sig. cur. tertiis.   [75] in summa pagina add. 18. rell. Desunt A.   [76] add. 18 rell. Desunt A.

568. R. 3. P. 31. F. 4. L. 23. A. 7. W. 15.

(P. D.) Albuinus rex, Saxonibus aliisque gentibus sibi ascitis et Pannonia ex condicto commendata amicis Langobardorum Hunis, ad Italiam contendit cum omnibus Langobardorum familiis, ibique 6 annis regnavit. Sigebertus rex desertas Saxonum terras pervadit, easque Suavis ad habitandum tradit. Hanc mali novitatem nova in cælo signa multo ante tempore portenderant.

569. 4. 32. 5. 1. 8. 16.

(Mar.) Armenii fidem Christi suscipiunt. (G. r. F.) Sigebertus rex fratri suo Chilperico repugnat, et Suessionis sedem regni ejus occupat. Theodebertum filium ejus ibi captum exiliat; ipsum Chilpericum prelio victum fugat, et terminos suos ab ejus insolentia liberat. (G. Fr.) Ipse uxorem ducit Brunmam [77], filiam Athanagildi regis Wisigothorum, [quæ et Brunichildis dicta est.]

570. 5. 33. 6. 2. 9. 17.

(A. Leod.) Sanctus Vedastus obiit. (P. D.) Italia a Langobardis nullo obsistente pervasa atteritur; insuper fame et pestilentia consumitur.

571. 6. 34. 7. 3. 10. 18.

(Greg. Tur.) Huni iterum Sigiberto congressi et magicis artibus pene victoriam adepti, recedunt, Sigeberto in omni vita ejus confœderati.

572. 7. 35. 8. 4. 11. 19.

(P. D.) Gregorius Turonensium ordinatus episcopus, clarus habetur in omnibus. Langobardi, Papia post triennii obsidionem per deditionem accepta, et præter Romam et Ravennam pene tota potiti Italia, dominantur ibi cum potentia.

573. 8. 36. 9. 5. 12. 20.

(H. m.) Inter Romanos et Persas pugna commissa, Romanis cedit victoria. (Greg. Tur.) Heribertus rex moritur. Hispani et Franci de pascha celebrando dissentiunt, Hispanis 12. Kal. Aprilis, Francis vero 14 Kal. Maii pascha celebrantibus. Sed Francos recte celebrasse per hoc divinitus claruit, quod fontes in Hispania, qui in sabbato sancto paschæ ad baptizandum divinitus sponte repleri solent, non in Hispanorum, sed in Francorum pascha repleti sunt [78].

574. 9. 37. 10. 6. 13. 21.

(P. D.) Apud Persas Hormisda regnat annis 18. Albuinus rex Langobardorum ab armigero suo perimitur, fraude uxoris suæ, cujus patrem Cunimundum Gepidarum regem ipse olim in bello peremerat, et ex testa capitis ejus sibi pateram ad bibendum fecerat; quam cum uno die ei porrigeret dicens : *Bibe cum patre tuo!* illa femineo furore accensa, illum ab armigero ipsius in lecto perimi fecit.

A Cleb subrogatus regno Langobardorum, regnat annos 2.

575. 10. 1. 11. 1. 14. 22.

(G. pont.) Benedictus Romanæ ecclesiæ 59us presidet. (V. Greg.) Ab hoc Gregorius ad predicandum Anglis abire permissus, sed populo tumultuante retractus, septimus levita est ordinatus. (Isid.) Athanagildo rege Wisigothorum mortuo, Levigildus cum fratre suo Leuva et post solus regnat annis 16. (P. D.) Fortunatus poeta veniens ab Italia, claret in Gallia.

576. 11. 2. 12. 2. 15. 1.

(Ib.) Cleb mortuo, Langobardi sub ducibus fuerunt annis 10. Fame Romam urgente, multi Romanorum se Langobardis dedunt.

577. 12. 3. 13. 1. 16. 2.

(H. m.) Justino imperatore mortuo, Tiberius regnat annis 6. Hic, missa ab Ægypto frumenti copia, Romam liberat ab inedia. (G. r. F.) Chilpericus rex Francorum fratrem suum Sigebertum nimis et per se et per filium suum Theodebertum urget plus quam civili bello.

578. 1. 4. 14. 2. 17. 3.

(Ib.) Sigebertus rex fratri suo Chilperico pugna congreditur, ibique Theodebertus filius Chilperici perimitur. Francis vero pro Chilperico sibi exoso Sigebertum super se regem levare volentibus, a duobus pueris, a Fredegunde Chilperici uxore immissis, Sigebertus perimitur. [(Fred.) Brunicildis uxor ejus cum filio Childeberto vel Childeberti filiis regnum gubernans, propter insolentiam morum, adeo intolerabilis erat Francis, ut merito crederetur, Sibillam de ea vaticinatam esse : « *Veniet*, ait, *Bruma de partibus Hispaniæ, ante cujus conspectum gentes vel gentium reges peribunt; ipsa vero calcibus equorum dirupta peribit.* » Quæ quamvis ita esset insolens, tamen ecclesias Dei honorabat. Plura etiam sanctorum cenobia fundavit, et edificia ammirandi operis construxit, ut miraculo fuerit, tanta ab ea fieri potuisse.] (G. r. F.) Sanctus Germanus Parisiensis episcopus obiit. (P. D.) Duces Langobardorum urbes et ecclesias exterminantes indiscrete, subjugant sibi quod supererat Italiæ [79].

579. 2. 5. 15. 3. 18. 4.

(H. m.) Thiberius, quia liberalis in pauperes fuit, liberalitatem ejus Deus juvit, dum multos thesauros ei invenire dedit. Chilpericus rex Brunichildem relictam Sigeberti cum filiis exiliat. (G. r. F.) Menas solitarius in Italia claret.

580. 3. 6. 16. 4. 19. 5.

Ormisda rex Persarum incursans provincias Romanorum, ignominiose victus a Romanis, proposuit

---

VARIÆ LECTIONES.

[77] *Sig. primum scripserat* Brunichildem ; *sed ipse post correxit atque addidit verba* quæ et B. d. e. Ita rell. Brunichildem A., *cui* q. e. B. d. e. *desunt.* [78] Hispani — sunt *in marg. Sig. cur. tertiis.* [79] *Verba* Fredegunde — Italiæ, *erasis quæ Sigebertus scripserat duobus lineis, ita ampliavit* 15. rell. *præter* A., *cui uncinis inclusa desunt, reliqua leguntur, ut nos dedimus, at in fine additur:* Childeberto filius Sigeberti regnum patris accipit. *Ita igitur Sig. primo scrivserat.*

edictum, ne rex Persarum per se ultra exeat ad prelium. (GREG. TUR.) Ignis per celum discurrere visus est [80].

581. R. 4. P. 7. F. 17. L. 5. A. 20. W. 6.

(G. pont.) Pelagius Romanæ æcclesiæ 60us presidet. Hic obsidentibus Romam Langobardis, ordinatur absque jussione principis. Hic decrevit cotidianam sacramentorum prefationem ad missas novem tantummodo prefationibus secundum antiquum Romanorum ordinem esse commutandam ; scilicet in natale Domini, in apparitione, in pascha, in ascensione, in pentecoste, de apostolis, de sancta trinitate, de sancta cruce, de jejunio quadragesimali. (BEDA) Ab hoc Gregorius Constantinopolim apocrisiarius directus, hortatu Leandri Hispalensis episcopi libros Moralium in Job composuit, et ibidem Eutitium Constantinopolitanum episcopum male de resurrectione dogmatizantem, corpus nostrum in illa resurrectionis gloria impalpabile ventis aereque suptilius esse futurum, in presentia imperatoris Tiberii confutavit, et illo non multo post mortuo penitus extinxit. (P. D.) Duces Langobardorum Gallias aggrediuntur, et vario bellandi eventu nunc Franci, nunc Langobardi inter se colliduntur. Hospitius famulus Dei in Gallia claret, qui etiam Langobardorum adventum predixerat.

582. 5. 8. 18. 6. 21. 7.

(GREG. TUR.) Saxones in Italia a Langobardis recedentes, et terras suas in Germania repetere nitentes, a gentibus a Sigeberto illuc inmissis usque ad viginti milia eorum cæsis, sero destiterunt a bellis. (Ib.) Winochus Britto veniens de Britannia sanctitate clarebat in Gallia. Lupi Burdegalam urbem ingressi, neminem metuentes, devoraverunt canes [81].

583. 6. 9. 19. 7. 22. 8.

(H. m.) Tiberio imperatore in Armeniam incurrente et non multo post mortuo, Mauricius imperat annis 21. (P. D.) Erminigildus, Levigildi regis Wisigothorum filius, filiam Sigiberti regis uxorem duxit, per quam ad orthodoxam fidem conversus, iram patris sui Levigildi Ariani irrecuperabiliter incurrit. (GREG. TUR.) Turonis verus de fracto pane sanguis effluxit [82].

584. 4. 10. 20. 8. 23. 9.

(H. m.) Chaianus rex Avarum, id est Hunorum, pacem cum Mauricio imperatore solvit. (GREG. TUR.) Persæ Armeniam predis, incendiis, captivitate episcoporum ac populorum perturbant ; æcclesiam tamen 48 martyrum apud Armeniam sub Licinio passorum nullo modo incendere potuerunt,

585. 2. 11. 21. 9. 24. 10.

(Ib.) Mauricius imperator per pretorem suum contra Persas fortiter agit. Antiochia divinitus subvertitur hoc modo. Quidam civis illius adeo elemosinis et hospitalitati deditus, ut nullo unquam die sine paupere aut hospite comederet, cum uno die usque ad vesperam urbem circuisset, ut pauperem vel hospitem inveniret, offendit virum seniorem in veste alba cum duobus sociis stantem in medio civitatis ; et invitans eum ad hospitium, hoc responsum accepit ab eo : *Non poteras, o homo Dei, cum vestro Symeone hanc urbem salvare, ne subverteretur ?* Et hoc dicto, sudarium, quod in manu tenebat, excussit super unam medietatem urbis ; statimque ipsa medietas cum habitaculis et habitatoribus subversa est. Et volens adhuc excutere sudarium super aliam medietatem urbis, vix ab illis duobus socus suis multa prece flexus est, ut parceret residuæ urbis medietati. Sicque virum, qui hæc aspiciebat, attonitum consolatus ex salvatione suæ domus, discessit, et ultra non comparuit. (P. D.) Guntramnus Francorum rex in venando fessus, dum in gremio armigeri sui dormiret juxta rivum aquæ, vidit armiger de ore regis parvum animal exire ; cui volenti rivum transire nec valenti, armiger, gladio trans rivum posito, viam ei eundi et redeundi paravit. Quo iterum in os ejus intrante, rex experrectus et stupefactus dixit, se per somnium per pontem ferreum transisse, et sub monte quodam multos thesauros vidisse. Ubi cum perrexisset secundum fidem somnii, thesauros magnos invenit, eosque acceptos sanctæ æcclesiæ usibus delegavit [83].

586. 3. 12. 22. 10. 25. 11.

(P. D.) Langobardi Aucthari regem sibi statuerunt, eumque ob dignitatem Flavium appellaverunt, a quo omnes Langobardorum reges Flavii sunt appellati. (FRED.) Levigildus rex Wisigothorum filium suum Erminigildum hostili persequens animo, cum damnat exilio. (Ibid.) Hoc tempore etiam Miro rex Galliciæ moritur.

587. 4. 13. 23. 1. 26. 12.

(G. r. F.) Chilpericus rex Francorum immissu uxoris suæ Fredegundis perimitur. Lotharius filius ejus infans 4 mensium in regno sublimatus, regnavit annis 45.

588. 5. 14. 1. 2. 27. 13.

(P. D.) Childebertus rex a Mauricio imperatore pro expellendis ab Italia Langobardis pecuniam accepit. Sed id frustra fuit, quia nunc confœderatus eis rediit, nunc eis congressus inferior eis cessit, nunc etsi superior eis fuit, ab expulsione tamen eorum munimen civitatum eum prohibuit.

589. 6. 15. 2. 3. 28. 14.

(BEDA) Levigildus rex Wisigothorum Erminigildum filium suum, quia Arrianæ communioni participare noluit, nocte sancta paschæ in carcere securi occidit. (FRED.) Childebertus Lotharii exercitui congressus victus evasit.

VARIÆ LECTIONES.

[80] I. p. c. d. v. e. *add. Sig. cur. sec.* [81] Lupi — canes *Sig. cur. sec.* [82] T. v. f. p. s. e. *Sig. cur. sec.*
[83] Guntramnus — delegavit *Sig. cur. sec. in rasura et marg. inferiore.*

590. R. 7. P. 16. F. 3. L. 4. A. 29. W. 15.
(P. D.) Rex Langobardorum Aucthari uxorem ducit Theudelindam, filiam Garibaldi regis Bajoariorum. Nimiæ pluviæ inundant, ut omnes dicerent, quia aquæ diluvii superinundarent; et tanta clades fuit, ut nullus graviorem a seculo fuisse meminerit. Magnus etiam draco in modum validæ trabis cum innumerabili serpentium multitudine per Tiberim in mare descendit: a quibus suffocatæ bestiæ maris et ad litus projectæ, putredine aerem corruperunt.

591. 8. 17. 4. 5. 50. 16.
(H. m.) Ormisdam regem Persarum a Persis excecatum, filius ejus Chosroe occidit, et ad Mauritium imp. confugit, ejusque virtute Persas debellans, regnum Persarum accepit, et annis 39 regnavit. (Fred.) Levigildo Wisigothorum rege mortuo, Richaredus filius ejus regnat annis 15. (P. D.) In Italia facto diluvio pene ultra fidem omnium, post multam confusionem rerum subsecuta est per cladem inguinariam inedicibilis mortalitas hominum, quæ primum percussit Pelagium papam. Gregorius ad papatum electus, interim dum imperatoris assensus expectatur, instituit per septiformem letaniam placare iram Dei: et in procedendo octoginta hominibus hac plaga percussis, tandem ira Dei quievit.

592. 9. 1. 5. 6. 31. 1.
Gregorius Romanæ æcclesiæ 60us presidet. Hic inter cetera pietatis opera animam Trajani Romanorum quondam imperatoris, quamvis pagani, a pœnis inferni liberari, miserando et plorando a Deo optinuit. Hic inter multa, quæ utilia æcclesiæ fecit, instituit, antiphonarium regulariter centonizavit et utiliter compilavit. Kyrrieleyson a clero ad missas cantari precepit; Alleluia ad missas extra quinquagesimam dici fecit. In canone hostiæ tria verba superaddidit: *Diesque nostros in tua pace disponas, atque ab æterna damnatione nos eripi et in electorum tuorum jubeas grege numerari.* Orationem quoque dominicam post canonem super hostiam censuit recitari. (P. D.) Auctari rege Langobardorum mortuo, Langobardi, permissa Theudelindæ reginæ optione, sibi virum et Italiæ regem eligendi prefecerunt sibi regem Agilulfum, qui regnavit annis 25.

593. 10. 2. 6. 1. 32. 2.
(Greg. Tur.) In Gallia quidam in silva cædens ligna, adeo a muscis infestatus est, ut per biennium amens fieret. Deinde sub religionis habitu se exhibebat pseudoprophetam, deinde magum, deinde etiam sanitates super infirmos faciens, Christum se esse dicebat, et pro Christo se adorari jubebat; nolentes se adorare, cum populo qui ei multus adherebat, impetebat hostiliter. Qui postea a quodam fideli occisus est: et ita sequaces ejus dispersi sunt. A Richaredus rex Wisigothorum terminos Romanorum infestat. Hucusque Gregorius Turonensis historiam Francorum digessit. [Hoc tempore regnabat in Hibernia insula Philtanus, et in Scotia regnabat Brendinus, cui frater erat nomine Adelfius; de cujus Adelfii filia, quæ vocata est Gelgebes, genuit rex Hiberniæ Philtanus sanctum Furseum et fratres ejus Foillanum et Ultanum [84].]

594. 11. 3. 7. 2. 33. 3.
(Fred.) Tunica Domini nostri Jesu Christi in civitate Zaphat, non longe a Hierosolima, confessione Symonis Judei inventa, et ab episcopis Gregorio Antioceno et Thoma Hierosolimitano et Johanne Constantinopolitano Hierusalem in loco, ubi crux Christi veneratur, est posita. Gaugericus Cameracensis episcopus claret [85].

595. 12. 4. 8. 3. 54. 4.
(H. m.) Constantinopoli nascitur puer quadripes, et alter duos vertices habens; quæ prodigia portendunt adversa locis, in quibus nascuntur. (Fred.) Richaredus rex Wisigothorum synodo 62 episcoporum apud Toletum congregata, ibique Arriana heresi abdicata et anathematizata, se cum tota Wisigothorum gente confirmat in fide catholica. (P.D.) Tassilo a Childeberto ordinatus rex Bajoariorum, devictis Sclavis, optinuit triumphum.

596. 13. 5. 9. 4. 35. 5.
(P. D.) Agilulfus rex Langobardorum in Romanos insurgit; sed agente Theudelinda regina, non multo post cum eis fœdus init. Huic reginæ Gregorius papa libros Dialogi sui misit. (Fred.) Sol a mane usque ad meridiem minoratus est usque ad tertiam sui partem.

597. 14. 6. 10. 5. 56. 6.
(Beda, H. e.) Gregorius papa, quod ipse olim facere intenderat, Augustinum cum aliis ad predicandum destinat in Anglia. (Fred.) Guntrannus rex sanctitate clarus dormit in Christo; regnum ejus cessit fratrueli ejus Childeberto.

598. 15. 7. 11. 6. 37. 7.
Richaredus rex Wisigothorum regibus Francorum confœderatur, eique soror Childeberti regis uxor datur. (Beda, H. e.) Sanctus Columba abbas et presbiter, doctor Scottorum et Pictorum, obiit, qui posteris suis multa sanctitatis monumenta reliquit; preterquam quod rustica simplicitate pascha dominico die debere celebrari neque didicit, neque docuit. [Marculfus abbas Bajocasinensis sanctitate claret in Gallia [86].]

599. 16. 8. 12. 7. 58. 8.
(Beda.) Edilbertus rex Anglorum, qui Cantuarii vocantur, predicante Augustino cum gente sua baptizatur. Porro gens Anglorum, qui Mercii dicuntur

VARIÆ LECTIONES.

[84] *in marg. inf.* 1δ. *rell. Desunt* A. [85] A. *addit:* Severus Aquileiensis episcopus cum a nullo nec ab ipso Gregorio papa posset revocari ab Arriana heresi clerus et populus Aquileiensis annitente Gregorio papa divisionem fecerunt, et Arriani quidem apud Aquileiam ipsi Severo adheserunt . ortodoxi vero apud Gradus sedem sibi episcopii statuerunt . et ita ex una metropoli facti sunt duo metropolitæ . et licet post mortem Severi æcclesia redierit ad unitatem fidei . numquam tamen postea ad pristinæ conjunctionis unitatem potuit reformari. [86] add. 1γ. rell. præter A.

et gens Nordanymbrorum, qui quoa aa aquilonarem partem Ymbræ fluminis habitent, ita vocantur, sub regibus Edilfrido et Ælle nondum audierant verbum vitæ.

600. R. 17. P. 9. F. 13. L. 8. A. 39. W. 9.

(BEDA, *H. e.*) Sanctus Goar veniens ex Aquitania, claret in Gallia. Augustinus ab Etherio Arelatensi consecratur Anglorum episcopus. (FRED.) Childebertus rex Francorum moritur, qui Theodebertus et Theodericus filii ejus subrogantur.

601. 18. 10. 14. 9. 40. 10.

Contentio inter Romanam æcclesiam et arrogantiam Johannis episcopi Constantinopolitani, universalis pathriarchæ no men sibi usurpantis, sub Pelagio papa concepta et a Gregorio jam inde non leniter exagitata, non antea quiescere potuit, quam Johannes ipse subita morte obiit. (P. D.) Huni cum Francis fortiter bellant in Thuringia. Fredegundis regina moritur. Agilulfus Theoderico confœderatur. (*H. m.*) In Nilo Ægypti flumine visa sunt animalia humanæ formæ, vir scilicet et mulier, usque ad lumbos super aquam extantes ; qui ab hominibus per Deum adjurati, a mane usque ad nonam se videndos prebuerunt.

602. 19. 11. 15. 10. 41. 11.

(BEDA, *H. e.*) Augustinus episcopus Anglorum, habita synouo cum Brittonum et Scottorum episcopis, quia sacerdotes et monachos invenit adversarios æquitatis, quos voluit habere socios predicationis, terruit eos vaticinio futuræ super eos calamitatis. (*V. Col.*) Sanctus Columbanus ex Hibernia in Burgundiam venit, ibique permissu Theoderici regis cœnobium Luxovium ædificare cœpit.

603. 20. 12. 16. 11. 42. 12.

(*H. m.*) Mauricius imperator se cum suis a Phoca interficiendum divinitus prædiscit ; et malorum pœnitens, ea sibi hic retaliari per se et per servos Dei instanter exposcit. (G. r. F.) Theodericus rex aviam suam Brunichildem ab Austrasiis ejectam recepit.

604. 21. 13. 17. 12. 43. 13.

(*H. m.*) Mauritius imperator cum uxore et filiis a Foca perimitur ; et imperat Focas annis 8. (BEDA, *H. e.*) Orientales Angli cum rege suo Sigeberto per Mellitum episcopum ad Christum convertuntur.

605. 1. 14. 18. 13. 44. 14.

(*H. m.*) Cognita morte Mauricii, grassantur per Romanorum provincias hinc Persæ et inde Huni. (G. r. F.) Lotharius et Theodericus prelio inter se colliduntur, in quo plus quam 30 milia cæsa referuntur ; Theodericus tamen victoria potitur. In hoc prelio angelus Domini evaginatum gladium super populum tenens visus est.

606. 2. 15. 19. 14. 45. 15.

(GREG. TUR. *De gl. conf.*) Sabinianus Romanæ æcclesiæ 62us presidet. Hoc tempore pauper quidam cum a nautis elemosinam peteret nec acciperet, dicente nauclero : *Desiste elemosinam petere a nobis, qui nihil hic preter lapides habemus!* cum subjecisset pauper : *Omnia ergo vertantur in lapides ;* quidquid manducabile in navi erat, in lapides conversum est, colore et forma rerum eadem permanente[67]. Fame Romam aggravante, Romani Gregorio papæ jam defuncto derogantes, quod thesauros æcclesiæ sua nimia liberalitate dissipasset, cum non adesset persona, in quam exarderent, memoriam nominis ejus in libris illius delere volebant. Ac per hoc libros Gregorii papæ Romanis exurere volentibus obstitit Petrus diaconus, prodens se Spiritum sanctum in specie columbæ super caput Gregorii tractantis sedentem vidisse sepius ; idque confirmans jurisjurandi sacramento, mox moriens ex condicto, fidem fecit suo testimonio. (FRED.) Post Richaredum apud Wisigothos regnat Bettericus annis 7.

607. 3. 16. 20. 15. 46. 1.

(*V. Greg.*) Sabinianus papa cum et ipse liberalitati Gregorii predecessoris sui derogaret, et sub hoc optentu manum egenis subtraheret, Gregorius eum per visum ter pro culpa tenaciæ et hujus derogationis increpatum, quod non resipisceret, etiam quarto horribiliter increpans et comminans in capite percussit ; quo ille dolore vexatus, paullo post mortem obiit. (G. pont.) Post quem[88], Bonefacius Romanæ æcclesiæ 63us presidet. Hic optinuit apud Phocam imperatorem, ut æcclesia Romana caput esset omnium æcclesiarum ; quia æcclesia Constantinopolitana scribebat se esse primam omnium æcclesiarum. Hic in concilio septuaginta duorum episcoporum decrevit sub anathemate, ut nullus vivente episcopo civitatis suæ audeat loqui, aut partes sibi facere, sed tertio die depositionis ejus fiat licenter a clero et populo electio sacerdotis. (G. r. F.) Theodericus et Theodebertus fratres et reges Wascones sibi subjugant[89].

608. 4. 17. 21. 16. 47. 2.

(FRED.) Corpus sancti Victoris Thebei apud Salodorum cum sancto Urso passi invenitur. (P. D.) Secundus famulus Dei in Italia claret. (FRED.) Desiderius Viennensis episcopus a Theoderico exiliatur. (BEDA, *H. e.*) Augustinus primus Anglorum episcopus moritur, eique Laurentius substituitur.

609. 5. 18. 22. 17. 48. 3.

(G. pont.) Bonefacius Romanæ æcclesiæ 64us presidet. (P. D.) Hic pantheon Romæ a Foca imperatore impetratum vertit in æcclesiam sanctæ Mariæ et sanctorum martyrum, et in Kalendis Novembris ibi instituit solemnitatem omnium Sanctorum.

610. 6. 19. 23. 18. 49. 4.

(BEDA.) Persæ Romanorum provintiis graviter incubant. (P. D.) Agilufus Langobardorum rex Mantuam, Cremonam et aliqua Italiæ castella capit.

611. 7. 20. 24. 19. 50. 5.

Alexandriæ Johannes episcopus claruit, qui ob

VARIÆ LECTIONES.

[87] Sabinianus — permanente *Sig. curis secundis.* rell. [88] Sabinianus — quem *Sig. curis tertiis in margine ;* [89] esset omnium — subjugant *Sig. curis sec. in rasura, cum antea paulo brevius scripsisset.*

eximiam in Christum liberalitatem nomen Elemosinarii meruit.

612. R. 8. P. 21. F. 25. L. 20. A. 51. W. 6.

(*H. m.*) Heraclius ad imperium electus, Foca perempto et cremato ignibus, regnavit annis 31. (FRED.) Desiderius Viennensis episcopus consilio Brunichildis a Theoderico rege lapidibus obrutus martyrizatur.

613. 1. 22. 26. 21. 52. 7.

(*H. m.*) Persæ a Romanorum insecutione non desistunt. (FRED.) Betterico Wisigothorum rege mortuo, Sisebodus regnat annis 29 [90]. Virtus et nomen sancti Johannis baptistæ miraculis declaratur apud urbem Galliæ Mauriennam, de reliquiis corporis ipsius hoc modo divinitus illustratam. In ea olim mulier sancto baptistæ nimis devota expetebat a Deo, donari sibi aliquid de membris ejus; et in hac orandi instantia per triennium persistens, cum alter quivis jam posset desperare, ipsa spem in Deo ponens juravit, se non manducaturam, donec quod petebat, acciperet. Et sic septem diebus jejunans, septima tandem die desuper altari polliceræ miri candoris apparere videns, leta donum Dei accepit. Ad quod adorandum tres episcopi venientes, cum de hoc sancto pignore partem elicere vellent, tres sanguinis guttas ex eo stillare in linteo supposito stupuerunt, et singuli singulas se meruisse letati sunt [90].

614. 2. 25. 27. 22. 53. 1.

(MAR., *H. m.*; BURCH. XVII, 44.) Deus dedit Romanæ æcclesiæ 65[us] presidet. Hic constituit secundam missam in clero. Hic etiam secundum instituta majorum suorum decrevit, ut si qui viri vel mulieres suos ipsi filios quocumque modo de sancto lavacro susceperint, separentur ab invicem; vel si quis vir commatrem suam, vel si qua mulier compatrem suum a primo dono Spiritus sancti, quod est pabulum salis sacrati, usque ad septimum donum Spiritus sancti in conjugium duxerit, separentur; mulier tamen maritalem dotem recipiat, et post expletum annum alteri, si vult, nubat [91]. (FRED.) Sanctus Columbanus a Theoderico rege instinctu Brunichildis aviæ expellitur Francia. Qui post, relicto Gallo discipulo suo in Alemannia, cœnobium Bobium construxit in Italia. (*V. Am.*) Sanctus Amandus Eluonensis per Gallias miraculorum et predicationis gratia clarescebat. Allowinus etiam, qui et Bavo, per eum ex predone conversus et Gandavi solitarie reclusus, sanctitatis exemplum erat omnibus.

615. 3. 24. 28. 23. 54. 2.

(BEDA, *H. e.*) Edilfridus rex Nordanymbrorum regem Scottorum Ean cum omnibus pene suis in bello extinguit (167). Hæc calamitas Scottis contigit secundum vaticinium Augustini episcopi qui interminatus est Scottos ab Anglis fore perimendos, qui Anglos ad vitam converti egre ferebant; in monachos quoque Scottorum Augustino rebelles ira Dei seviente, qui cum rege suo ad hoc bellum ex more euntes, ut rege armis pugnante, ipsi orando pro eo pugnarent, perempti sunt ab Anglis mille ducenti, tantum quinquaginta per fugam elapsis. Glodesindis Mettensis claret, quæ sponsum fugiens, velamine capitis misso sibi a Deo per angelum, se et sua Deo delegavit.

616. 4. 25. 29. 24. 55. 3.

(*H. m.*) Persæ Syriam incursantes, Damascum capiunt. (BEDA, *H. e.*) Edilbertus rex Cantuariorum obit (168); post quem Ealdbald filius ejus annis 25 [92] regnavit. Raduald autem rex orientalium Anglorum, Edilberto mortuo, illam super Anglos regnandi potentiam quartus accepit, ut sub nutu ejus alii Anglorum reges regnarent. Edilfrido quoque Nordanymbrorum rege a Radualdo rege perempto, Eduinus regnum Nordanymbrorum suscepit. (PAUL. DIAC.) Huni Longobardos in Italia debellant, et Forum Julii proditione captum dissipant. (*V. S. Lupi*) Sanctus Lupus Senonensis episcopus claret, cui aliquando eucharistiam consecranti gemma de cælo a Deo in calice descendit.

617. 5. 26. 30. 25. 1. 4.

(*H. m.*) A Persis Palestina bello premitur. Sancta quoque civitas capitur; in ea usque 90 milia virorum perimuntur; Zacharias patriarcha captivatur; crux ipsa dominica sancta asportatur. (*G. r. F.*) Inter fratres Theodericum et Theodebertum reges, instinctu aviæ eorum Brunichildis, plus quam civile bellum oritur; pugnaque commissa, post inæstimabilem stragem Theodebertus capitur (BEDA, *H. e.*) Per Ealdbaldum et filios Siberoti ad idolatriam Angli revolvuntur. (P. D.) Agilufo Langobardorum rege mortuo, Adaloaldus filius ejus regnat annis 12.

618. 6. 27. 31. 1. 2. 5.

(*G. pont.*, MAR.) Bonefacius Romanæ æcclesiæ 66[us] presidet. (Ivo, *Decr.* VII, 22.) Hic decrevit, ut nullus trahatur violenter de æcclesia. Hic decrevit, ut monachi in officio sacerdotalis gradus utantur potestate ligandi atque solvendi [93]. (FRED., BEDA, *H. e.*) Theodericus rex Francorum moritur. Ealdbaldus rex idolatriæ abrenuntiat. Lotharius rex filios Theoderici regis in bello captos occidit. Brunichildem quoque reginam uno pede et brachio multatam, ad caudam equæ indomitæ religatam, membratim discerpi fecit; imputans ei, quod decem reges per eam fuissent extincti. Et sic monarchia regni Francorum ad eum redit. (*G. r. F., G. pont.*) Eleuthe-

VARIÆ LECTIONES.

[90] *in loco raso ampliavit Sig. curis secundis.* [91] *Hic etiam — nubat in marg. Sig. curis tertiis.* [92] XXIIII. Cl. 5. XXII. *ex corr.* D. [93] H. d. u. m. i. o. s. g. u. p. l. a. s. *in rasura Sig. curis secundis; rell.*

NOTÆ.

(167) Beda hoc factum dicit a. 603. (168) Beda a. 615.

rius patricius affectans Romanorum imperium, Romæ perimitur. Hoc tempore terremotus major mense Augusto ; et secuta est clades in populo, percussio scilicet scabierum , ita ut nullus posset agnoscere mortuum suum. (A. Leod.) Johannes Elemosinarius obit. (H. m.) Persæ Ægyptum incursantes, Alexandriam capiunt[95].

619. R. 7. P. 28. F. 32. L. 2. A. 3. W. 6.

(H. m.) Persæ Libiam incursantes, Carthaginem capiunt. (FRED.) Lotharius rex tributum 12 milium solidorum, quod Langobardi Francis solverant, relaxat, Langobardis perpetuo sibi confœderatis. (BEDA, H. e.) Laurentius secundus Anglorum episcopus obiit.

620. 8. 29. 33. 3. 4. 7.

(H. m.) Chosdroe rex Persarum pacem cum Romanis facere nullo modo ammittit. (BEDA.) Anastasius Persa ex mago christianus et monachus, a Persis captus, post verbera, vincula et carceres, post diutinam appensionem per unam manum, tandem absciso capite, cum aliis 70 martyrizatur. [(V. Far.) Virgo Christi Fara claret in Francia. Ejus etiam sanctitatem imitatus frater ejus Faro, ex comite clericus, et ex clerico Meldensium episcopus claret[95].

621. 9. 30. 34. 4. 5. 8.

(FRED.) Sisebodus rex Wisigothorum contra Romanos fortiter agit; provinciam aliasque civitates a Francis extortas ad Wisigothorum jus redigit.

622. 10. 31. 35. 5. 6. 9.

(G. p., MAR.) Honorius Romanæ ecclesiæ 67[us] presidet. (V. Col.) Sanctus Columbanus obit. Discipulus ejus Gallus in Alemannia claret.

623. 11. 32. 36. 6. 7. 10.

(H. m.) Chosdroe successu elatus, in effusione humani sanguinis et maxime christianorum ultra modum grassatur. Heraclius imperator Hunis confœderatur.

624. 12. 33. 37. 7. 8. 11.

(H. m.) Heraclius ad Persas debellandos proficiscens, virilem Dei figuram in manibus accipiens, quam manus non depinxerunt, sed in icona verbum, quod omnia format atque componit, sine pictura formam velut sine semine partum eduxit, Persidam aggreditur, eamque per sex continuos annos potenter depopulatur. (V. Col.) Eustasius abbas Luxoviensis et Attila Bobiensis post Columbanum clarent.

625. 13. 34. 38. 8. 9. 12.

(FRED.) Pippinus filius Karlomanni, major domus regis Lotharii, principabatur. Pippino in disponenda re publica cooperabatur sanctus Arnulfus, filius Arnoldi, filii Ansberti, ex Blithilde, filia primi Lotharii regis. (BEDA, H. e.) Mellitus tertius Anglorum episcopus obiit.

626. 14. 35. 39. 9. 10. 13.

(H. m.) Heraclius imperator Persas levibus præliis frequenter fundit.

627. 15. 36. 40. 10. 11. 14.

Florebant in Galliis Austrigisilus Bituricensis, et sub eo Sulpicius, Chunibertus Coloniensis, et Johannes Tungrensis[96]. In Hispaniis Isidorus Spalensis tum sanctitate, tum doctrina clarebat.

628. 16. 37. 41. 11. 12. 15.

(H. m.) Heraclius Persas gravi prelio contrivit, in quo pretorem Persarum omnesque pene principes peremit; et Persidem pervagatus, miranda Persarum palatia combussit et dejecit. (FRED.) Lotharius rex filium suum Dagobertum in regno ascitum Pippin, et Arnulfo committit ad Austrasiis regnandum. (BEDA, H. e.) Eduinus rex Nordanymbrorum a Paulino episcopo baptizatur, et post Radoaldum potentius cæteris super Anglos principatur.

629. 17. 38. 42. 12. 13. 16.

(H. m.) Syrohis cum Persarum principibus contra patrem suum Chosroen insurrexit, et pace cum imperatore Heraclio confirmata, patrem suum cum filiis ipsius peremit, et anno uno regnavit. (V. Dag.). Dagobertus iram patris sui Lotharii regis meritus, quia consiliarium ejus cesum et detonsum dehonestaverat, Parisius ad ecclesiam sancti Dionisii confugit ; et quia inde nullo modo extrahi potuit, locum illum semper cordi habuit.

630. 18. 39. 43. 13. 14. 17.

(A. Leod.) Obiit sanctus Bavo. (H. m.) Heraclius, Perside devicta et pace inter Romanos et Persas confirmata, rediit cum gloria. Syrohi rege mortuo, Adesir regnavit post eum. (P. D.) Adadolaldo rege Langobardorum extincto, Rotharith regnavit post cum annis 16. (BEDA, H. m.) Erpualdus rex, qui cum patre suo Radoaldo a fide Christi apostataverat, suasu Eduini regis cum gente sua idolatriæ abrenuntiat. (H. m.) Hoc tempore Arabum sive Saracenorum princeps erat Muhammad, qui pseudopropheta ex orphano et inope, per heresis suæ prestigia ad regnum provectus est. Hic de progenie Ismahelis ortus, cum esset pauper et orphanus . ad quandam cognatam suam predivitem nomine Chadigam, primo ut mercenarius, deinde ut sponsus se conjungens, per eam ditatus est. Quæ cum ægre ferret, illum epileptico morbo vexari, ille dicebat hoc non esse morbum, sed visionem archangeli Gabrihelis se interim videre, et quia aspectum ejus ferre non posset, mente defecta cadere. Hic communicabat christianis et Judæis, ex eorum scripturis suam pseudoprophetiam in aliquibus confirmans. Hic docebat, quod hi qui inimicum occidunt vel qui ab inimico occiduntur, paradisum ingrediantur. Paradisum vero esse carnalis cibi ac potus; ibique esse fluvium vini, lactis ac mellis, et mixturam feminarum non presentium, sed aliarum multo tempore futuram, et affluentem voluptatem, et multa hujusmodi. Hic est Muhammad, cui gentiles adhuc cultum deitatis exhibent. Hic in regno

VARIÆ LECTIONES.

[94] Johannes — capiunt Sig. cur. sec. in rasura; rell. [95] addit 16. rell.; desunt A. [96] Tungressis Sig.

Saracenorum quatuor pretores statuit, qui amirei vocabantur. Ipse vero amiras dicebatur vel protosimbolus. (G. r. F.) Dagobertus rex Saxonibus bello concurrit; cui pater Lotharius rex accurrens auxilio, interfecto Bertaldo duce Saxonum, victoriam optinuit; et pervagans omnem Saxoniam, nullum omnino Saxonum, mensuram gladii sui excedentem, dimisit viventem [97].

651. R. 19. P. 40. F. 44. L. 1. A. 15. W. 18.

(H. m.) Heraclius imperator, Perside devicta, Zachariam patriarcham cum captivorum populo Hierusalem reducit; et sanctam crucem Domini reportans, cum regio scemate ornatus portam vellet intrare, per quam Jesus ad crucem subeundam exvit, porta divinitus clausa est; eique rursum ad monitum angeli humiliato et discalceato, porta ultro aperta est; et ita cruce relata, celebritatem exaltationis ejus annuatim dedicavit. Apud Persas Ormisda regnat annis 10 sub Saracenis. (G. r. F.) Lothario mediano Francorum rege mortuo, Dagobertus filius ejus regnat post cum annis 14 [98].

652. 20. 41. 1. 2. 16. 19.

(H. m.) Saraceni, qui hactenus fuerant sub Persarum regno, eos bello victos versa vice sub suo redigunt dominio. Ab hinc pro regno Persarum titulandum est regnum Saracenorum. Muhammad, amiras Saracenorum moritur; post quem Ebubeher tribus annis principatur. (Ib.) Terremotus factus est, et per triginta dies apparuit in caelo signum in modum gladii, portendens imminentem Saracenorum potentatum. (Beda, H. e.) Eduinus rex Nordanymbrorum a Penda et Cedualla rege Brittonum perimitur, et fides Christi in Anglia concutitur.

653. 21. 1. 2. 3. 17. 20.

(G. p. Mar.) Severinus Romanae aecclesiae 68us, et post eum Johannes LXVIIIIus presidet. Heraclius imperator incidens in heresim Monothelitarum, id est unam operationem in Christo credentium, confudit aecclesiam et imperium; contra malitiam ejus pugnante perturbatione omnium rerum. (H. m.) Inter Romanos et Saracenos bellum impacabile oritur hac de causa, quia cum quidam spado imperatoris Heraclii distribueret rogas militibus, cum inter alios etiam Saraceni sub imperatore militantes venissent ad accipiendam rogam, spadone indignanter eis dicente : *Vix sufficit imperator dare militibus rogas: quanto magis canibus istis*, illi dolore et pudore incitati, totam Saracenorum gentem ad rebellandum incitant. Amirei Saracenorum Romanos aggrediuntur, et cum multis tres amirei a Romanis perimuntur. (V. S. Am.) Sigibertus infans filius Dagoberti regis a sancto Amando baptizatur; ubi tacentibus cunctis, ipse infans 40 dierum *Amen* respondit, et Amandus Trajectensium episcopus ordinatur.

654. 22. 2. 3. 4. 18. 21.

(Beda, H. e.) Romani et Saraceni vario eventu confligunt. Successores Eduini regis ad idolatriam revoluti, mox sunt a Ceduala rege perempti. [(Fred.) Dagobertus rex Sclavos bello devincit [99].]

655. 23. 3. 4. 5. 19. 22.

(H. m.) Ebubeher amiras moritur, post quem Haumar annis 12 principatur. Saracenis Syriam infestantibus, Heraclius crucem sanctam Domini ab Hierusalem Constantinopolim transtulit. (Beda, H. e.) Oswaldus filius Edilfridi regis, regno Nordanymbrorum post Eduinum suscepto, Cedualam regem Brittonum perimit; et quia fidem Christi tenuit, super omnes Britanniae reges eminuit, et quatuor linguarum gentes, Pictos, Scottos, Brittones et Anglos, sub dicione accepit. Aidan episcopus, sancti Columbae discipulis, a Scottia veniens, apud Anglos clarebat sanctitate et doctrina. [(Fred.) Dagobertus rex Wascones bello devincit [100].

656. 24. 4. 5. 6. 20. 23.

(G. pont.) Theodorus Romanae aecclesiae 70us presidet. (H. m.) Saraceni capta Damasco, Fenicem et Ægyptum occupant.

657. 25. 2. 6. 7. 21. 24.

[(Aimoin., iv, 41.) Florebant in Francia hoc tempore tres fratres, Ado, Rado, Dado, qui et Audoenus dictus est; qui suam erga Deum devotionem ostenderunt singuli singula cenobia fundando. Ex quibus Dado fuit referendarius Dagoberti regis. Referendarius autem dicebatur, ad quem publicae conscriptiones referebantur, ut per eum anulo seu sigillo regis confirmarentur. Hos ad hoc animavit Eligius aurifex, jam dudum in aula regis Lotharii clarus, qui etiam ex dono Dagoberti regis [101], Solemniacum monasterium construxit, ubi sanctus Remaclus ab Aquitania veniens, se in Christi tirocinio sub eo exercendum dedit. Sancta Aurea claruit, quam Eligius monasterio virginum a se Parisius constructo prefecit. [Sanctus vero Dado coenobium intra Briegensem saltum construxit, quod Resbacis dicitur; in quo sanctus Agilum primum abbatem prefecit [102]].

658. 26. 3. 7. 8. 22. 25.

(V. Am.) Sanctus Amandus, Tungrensi episcopatu posthabito, verbi instat officio. Sub hoc sanctus Landoaldus floruit, qui filium Apri viri illustris Lambertum, post episcopum et martyrem futurum, a puero imbuens, in viam Dei induxit. (A. m.) Saraceni Hierusalem biennio obsessam capiunt. Romaricus abbas et Goericus Mettensium episcopus clarent.

VARIÆ LECTIONES.

[97] *quae sequuntur usque ad a.* 652 *exiderunt* F3. [98] *totum annum Sig. cur. sec. in rasura scripsit.* [99] *addit* 13. 70 *rell. praeter* A. [100] *add.* 13. *rell. praeter* A. [101] *partim in rasura, partim in ima pagina ita ampliavit* 17. *rell. praeter* A., *qui habet :* Eligius aurifex jam dudum in aula regis Lotharii clarus ex dono regis Dagoberti adhuc laicus Solenniacum. *Ita igitur Sig. primo ediderat.* [102] *addit* 17. *rell. praeter* A.

639. R. 27. S. 4. F. 8. L. 9. A. 25. W. 26.

(*H. m.*) Saraceni Syriam occupant. Judæi in Hispania christiani efficiuntur. Sisibutus enim Gothorum rex gloriosissimus, plurimas in Hispania provintias Romanæ militiæ urbes sibi bellando subjecit, et Judæos in suo regno ad fidem Christi convertit.

640. 28. 5. 9. 10. 24. 27.

(*Vita Clod.*) Sanctus Arnulfus ex majore domus Mettensium episcopus, et ex episcopo solitarius, dormit in Christo. Clodulfus filius ejus, post Mettensis episcopus, sanctitatem patris imitatur. Doda mater ipsius Clodulfi, Treveris reclusa, Christo ancillatur. (*G. r. F.*) Saraceni Anthiochiam capiunt. (*H. m.*) Dagobertus rex Sigibertum filium suum Austrasiis regem mittit, sub tutela Pippini et Chuniberti episcopi. (BEDA, *H. e.*) Ealdboldo Anglorum rege mortuo, Earcombertus filius ejus post eum regnavit annis 24. Hic in Anglia primus idola deorum destruxit, et fidem Christi dilatavit, et jejunium quadragesimæ in Anglia legaliter observari edixit.

641. 29. 6. 10. 11. 1. 28.

(*H. m.*) Saraceni, Persis iterum bello victis, fugato rege eorum Ormisda, totam Persidem sibi subjugant.

642. 30. 7. 11. 12. 2. 29.

(*H. m.*) Heraclius imperator moritur. Constantinus filius ejus substituitur, et quarto mense imperii sui a noverca sua Martina et Pyrro patriarcha veneno extinguitur, et Martina cum filio suo Heraclona imperium arripit. (FRED.) Sischodo Wisigothorum rege mortuo, Suitilan succedens, regnat annis 2. (*Ib.*) Dagobertus, Saxonibus contra Winidos sibi auxiliantibus, annuum quingentarum vaccarum tributum eis indulget.

643. 1. 8. 12. 13 3. 1.

(*H. m.*) Heraclonas, absciso sibi naso, et Martina mater ejus abscisa lingua exiliantur; et Constans, qui et Constantinus dicitur, filius Constantini, regnavit annis 26 [103]. (BEDA, *H. e.*) Oswaldus rex Nordanymbrorum a Penda Merciorum rege perimitur; cujus filius Oswi regnat post eum annis 28. (FRED.) Dagobertus Wascones subigit. Judacail rex Brittonum gratiam ejus sibi redimit. [Virgo Christi Reginulfa sanctitate claret in Gallia [104].]

644. 1. 9. 13. 14. 4. 2.

(*H. m.*) Haudmar amiras templum sibi Hierusalem ædificat, et quia nullo modo structura consistere poterat, suggestione Judæorum crucem desuper montem Oliveti tolli imperat, et sic structura A templi stare potuit. (FRED.) In Hispaniis Suintilane ob crudelitatem suam a Wisigothis reprobato, Sisenandus per auxilium Dagoberti sublimatus in regnum, regnat annis 20.

645. 2. 10. 14. 15. 5. 1.

Dagobertus rex Francorum moritur; de quo per visionem cuidam revelatum est, quod anima ejus ad judicium Dei rapta sit, et multis sanctis contra eam pro expoliatione suarum æcclesiarum reclamantibus, cum eam jam mali angeli vellent ad pœnas inferni rapere, interventu sancti martyris Dionisii Parisiensis, cui ipse maxime devotus fuerat, a pœnis liberata est. Clodoveus filius Dagoberti regnavit post eum annis 17, Sigiberto fratre ejus jam regnante in Austria. [Hujus Clodovei maior domus fuit Erchanoaldus [105].]

646. 3. 11. 1. 16. 6. 2.

(F. D.) Rotharith Langobardorum rege mortuo, Rodoaldus filius ejus regnat annis 5. (*A. Leod.*) Sanctus Remaclus ordinatur Trajectensium episcopus. [(*Vita S. Gertr.*) Modoaldus frater Ittæ et avunculus sanctæ Gertrudis, archiepiscopatum Trevirensem doctrina et sanctitate sua illustrat. Soror quoque ejus Severa abbatissa in eadem urbe a fratris sanctitate non degenerat [106].]

647. 4. 12. 2. 1. 7. 3.

(*H. m.*) Persa quidam simulans se velle adorare Haumar amiram Saracenorum, infixo in ventrem ejus gladio peremit eum; cui Hotmen substitutus, annis 10 principatur. (*G. r. F.*) Pippinus major domus moritur (169). Grimoaldus filius ejus in aula Sigeberti regis potenter principatur.

648. 5. 1. 3. 2. 8. 4.

(*H. m.*) Saraceni Africam occupant. (BEDA.) Sanctus Furseus in Hibernia claruit; qui peregrinationem pro Christo aggressus, ad Gallias usque pervenit, [et a Chlodoveo rege honorifice susceptus, Latiniacum cœnobium fundavit [107].] Quem non multo post fratres sui Foillanus et Ultanus pari peregrinandi voto secuti, per Gallias claruerunt. Ex quibus Foillanus deno Gertrudis virginis Fossense monasterium postea fundavit, ubi etiam martyrio coronatus quescit. (*G. pont.*) Martinus Romanæ æcclesiæ 71us presidet. (FRED.) Sigibertus rex Radulfo Turingorum duci bello concurrit.

649. 6. 2. 4. 3. 9. 5.

Eligius Noviomi, Audoenus, qui et Dado, Rotomagi clarent episcopi, et Philibertus et Richarius Pontivensis abbates. Ansigisus etiam filius sancti Arnulfi clarebat, cui Begga soror Grimoaldi nupserat.

650. 7. 3. 5. 4. 10. 1

(*V. Gertr.*) Itta relicta Pippini instinctu sancti

VARIÆ LECTIONES.

[103] *ita* 1. (*corr.* ex XXVII.) D. XXVII A. XXV. B4. C5. [104] *add.* 1β.; *rell.* [105] *add.* 1β.; *rell. præter* A. [106] *add.* 1. *aut Ans. aut* 1β.; *rell. præter* A [107] *add. aut Ans. aut* 1β.; *rell. præter* A.

NOTÆ

(169) Errat Sig.; obiit circa a. 640.

Amandi se et sua Deo devovens, monasterium Nivialense fundavit, eique filiam suam Gertrudem Deo dignam virginem prefecit. Authbertus Cameracensis episcopus claret.

651. R. 8. S. 4. F. 6. L. 5. A. 11.
   W. 7.

(P. D.) Rodoaldo Langobardum rege perempto, Aripert regnat annis 9 [108]. (V. S. Rem.) Rex Sigibertus de posteritate prolis desperans, duodecim monasteria hinc inde Deo construxit, in quibus Stabulaus et Malmundarium eminebant, cooperante sibi in his majore domus Grimoaldo et Trajectensium episcopo Remaclo. Qui Remaclus non multo post pertesus secularium tumultuum, in ipso Stabulaus monachicæ vitæ assumpsit habitum. His diebus multi utriusque sexus in Galliis claruerunt, qui ad testimonium sanctitatis suæ in ædificandis Deo monasteriis operam suam navaverunt. Ex his in nostra vicinia tunc florebant Landelinus, qui et Morosus, ab Autherto episcopo ex predone ad Christum retractus, fundator cœnobii Lobiensis; Gislenus Cellensis; Madelgarius dux qui et Vincentius Altimontensis et Sonegiensis, ejusque conjunx Waldedrudis Castrilocensis; sororque Waldedrudis Aldegundis Melbodiensis. Trudo etiam Hasbaniensis in tyronem Christi adolescebat. Preter hos et alii multi de Anglia vel Scottia in Galliis peregrinantes, verbum Dei seminabant, multumque fructum Deo faciebant, scilicet Etto, Bertuinus, Eloquius. (Transl. S. B.) Cœnobium Floriacense a Leodeboldo abbate fundatur, et non multo post corpus sancti Benedicti abbatis, ab Agiulfo monacho a castro Cassino delatum, illuc transportatur. Corpus vero sororis ejus sanctæ Scholasticæ Cynomannis transfertur.

652. 9. 5. 7. 1. 19. 8.

(Beda.) Constantinus imperator a Paulo Constantinopolitano deceptus, exposuit typum contra fidem catholicam, nec unam nec duas voluntates aut operationes in Christo definiens esse confitendas; quasi nihil velle vel operari credendus sit Christus. Ob hoc Martinus papa congregata Romæ 105 episcoporum synodo, anathematizavit hereticos Cyrum, Sergium, Pyrrum, Paulum quoque presentis persecutionis incentorem, æcclesiam aperta et occulta infestatione vexantem. Sigibertus rex Hildebertum filium Grimoaldi majoris domus adoptat in filium et in regnum.

653. 10. 6. 8. 2. 15. 9.

Judochus regis Brittonum filius, spreto regno et mundo, peregrinus et eremita, in pago Pontivo requievit in Christo [109]. (G. pont.) Constantinus imperator misso exarcho ad Italiam, impugnat Dei æcclesiam.

654. 11. 7. 9. 3. 14. 10.

(H. m.) Ignis de cœlo cecidit, et timor magnus super homines venit. Pestilentia gravissima tribus æstivis mensibus grassata est; cunctis visibiliter apparente, bonum et malum angelum noctu civitatem circuire, et quoties jussu boni angeli malus angelus venabulo, quod manu ferebat, ostium cujuscunque domus percussisset, tot ex eadem domo sequenti die interibant. [Hoc tempore sanctus Foillanus Fossensis martyrizatur [110]].

655. 12. 8. 10. 4. 15. 11.

(H. m.) Saraceni capta Rhodo famosum ejus colossum everterunt; ex cujus ære 900 cameli onerati sunt.

656. 13. 9. 11. 5. 16. 12.

Constantinus imperator Saracenis navali pugna congressus, ignominiose vincitur. (Ib.) Sigibertus rex Austrasiorum moritur, Dagoberto filio suo admodum parvulo fidei Grimoaldi commendato, ut in regnum ejus auxilio promoveatur. (Beda, H. e.) Oswi rex Nordanymbrorum, facto Deo cœli voto, Pendæ Merciorum regi concurrit cum exercitu non multo; et inter nimiam Merciorum stragem ipsum regem Pendam perimit, gentemque Merciorum ad Christum converti fecit. Pictos quoque regno Anglorum subdidit.

657. 14. 10. 12. 6. 17. 13.

(G. pont.) Olympius exarchus ad regendam Italiam ab imperatore Constantino missus, et Martinum papam occidere jussus, cum aliter non posset, tractavit, ut inter missarum solemnia, cum sibi ipse papa sanctam communionem porrigeret, illum spatarius suus perimeret. Sed spatarius hora sanctæ communionis papam nullo modo videre potuit. Exarchus vero paulo post in Sicilia a Saracenis turpiter victus, turpius periit. (H. m.) Hotmen amira Saracenorum perempto, Muhavias ex amireo amiras factus, principatur annis 24. (G. r. F.) Grimoaldus major domus, domino suo Dagoberto Sigiberti filio attonso et per Didonem Pictavensem episcopum in Scottiam directo, Hildebertum filium suum facit Austrasiorum regem.

658. 15. 1. 13. 7. 18. 14.

(Ib.) Franci dolentes super infidelitate Grimoaldi contra filium Sigiberti, captum cum presentant Parisius judicio Chlodovei; quem Chlodoveus vinculatum amara in carcere fecit morte consumi; filiumque suum juniorem Hildricum regem fecit Austrasiorum. (V. Gertr.) Obiit Itta mater sanctæ Gertrudis. (V. Lamb.) Theodardo episcopo martyrizato, sanctus Lambertus filius Apri comitis episcopatum Trajectensem illustrat gloria nobilitatis et gratia sanctitatis. Atrabatis dum corpus sancti Vedasti transferetur a Vindiciano [111] episcopo, presentibus Lamberto Tungrensi et Audomaro Tarwanensi aliisque sanctis episcopis et abbatibus, Audomarus, qui pre senio cecus erat, dum precibus presentium episcoporum et meritis sancti Vedasti illuminatus esset, egre terens se liberatum esse a cecitate, quam pro

VARIÆ LECTIONES.

[108] VII. C5.   [109] add. 1 γ. rell.   [110] add. aut Ans. aut 1 δ. rell. præter A.   [111] Autherto B2, 5. C1. 5. D., quod rectum

salute sua sibi a Deo immissam esse gaudebat, rursus ad votum suum excœcatus est [112] (cf. Bald. I, 19).

659. R. 16. S. 2. F. 14. L. 8. A. 19. W. 15.

(G. pont.) Martino papa pro confessione fidei, jussu Constantini exiliato ibique defuncto, Eugenius 72us Romanæ ecclesiæ presidet. (H. m.) Constantinus Sclaviam sibi subigit [113].

660. 17. 3. 15. 9. 20. 16.

(H. m.) Muhavias Saracenorum amiras cum Constantino imperatore firmat pactum, ut Saraceni Romanis solvant tributum, scilicet per singulos dies nomismata mille et servum et equum. Chlodoveus rex corpus sancti Dionysii Parisiensis discooperiens, minus religiose, licet cupide, os brachii ejus fregit et rapuit; moxque in amentiam perpetuam incidit. (P. D.) Aripert Langobardorum rege defuncto, Godebertus et Bertarith filii ejus annum agunt non tam in regno componendo, quam de regno contendendo.

661. 18. 4. 16. 1. 21. 17.

(G. pont.) Vitalianus 73us Romanæ ecclesiæ presidet. (A. Leod.) Obiit sanctus Amandus Elnonensis. (H. m.) Constantinus imperator Theodosium fratrem suum occidit. (P. D.) Grimoaldus, dux Taurinatum, Godebertum, filium Aripert regis Langobardorum, dolo perimit, et ejus regnum arripit, sororemque Godeberti uxorem ducit, regnavitque annis 9. [(A. Laub.; Flod.) Sanctus Nivardus Remensis archiepiscopus, et Reolus successor ejus, Bercharius quoque martyr, qui fuit abbas primus Autuillarensium, sancta etiam Berta martyr et abbatissa, sanctitate clarent in Francia [114].]

662. 19. 5. 17. 1. 22. 18.

(P. D.) Constantinus imperator Italiam petit, multasque Langobardorum urbes capit, Beneventum obsidet, ibique Grimoaldus rex exercitum ejus graviter atterit. (G. r. F.) Chlodoveus rex Francorum obiit, et Lotharius filius ejus succedit et 4 annis regnat. Hujus major domus post Erchanoaldum fuit Ebroinus. (V. Balth.) Balthildis regina, mater Lotharii, Corbeiam et Chalam monasteria Deo construxit. (P. D.) Abhinc Francorum regibus a solita fortitudine et scientia degenerantibus, regni potentia disponebatur per majores domus, regibus solo nomine regnantibus: quibus moris erat principari quidem secundum genus, et nil agere vel disponere, quam irrationabiliter edere et bibere, domique morari, et Kalendis Maii presidere coram tota gente, et salutare et salutari, obsequia et dona accipere et rependere, et sic secum usque ad alium Maium habitare.

663. 20. 6. 1. 2. 23. 19.

(Ib.) Constantinus imperator Romam venit; de qua omnibus pæne, quæ ad ornatum urbis erant, ablatis ad Siciliam vadit.

664. 21. 7. 2. 3. 24. 20.

Constantinus imperator imperium in urbem Romam transferre nititur, sed a Constantinopolitanis ei resistitur. (Beda, H. e.) In Anglia inter Anglos et Scottos magna de observatione paschæ fit disceptatio, mediante Oswi rege glorioso, qui etiam assensus est Anglis pascha celebrantibus more Romano. (Fred.) Sisenando Wisigothorum rege mortuo, regnat Chintilan annis 10. (V. Gertr.) Obiit sancta Gerdrudis Nivialensis (170).

665. 22. 8. 3. 4. 25. 1.

(A. Leod.) Obiit sanctus Eligius Noviomensis episcopus. (Beda, H. e.) Earconbert rex Anglorum obiit, et filius ejus Egbert regnat post cum annis 9 [115].

666. 23. 9. 4. 5. 1. 2.

(G. r. F.) Lotharius rex Francorum moritur. Theodericus frater ejus ab Ebroino majore domus in regnum sublimatur.

667. 24. 10. 1. 6. 2. 3.

(Ib.) Theodericus rex propter insolentias Ebroini a Francis repudiatur, et frater ejus Hildricus, qui in Austria regnabat, a cunctis ad regnandum evocatur. Porro Theodericus et Ebroinus tonsorantur, et Theodericus Parisius in cœnobio sancti Dionysii, Ebroinus in Luxovio relegantur. Hildrici major domus erat Vulfoaldus. Hic in parochia Virdunensi supra Mosam cœnobium sancti Michaelis archangeli fundavit

668. 25. 11. 1. 7. 3. 4

(Beda.) Theodorus archiepiscopus et Adrianus abbas a Vitaliano papa in Angliam diriguntur.

669. 26. 12. 2. 8. 4. 5.

(H. m.) Constantinus imperator, qui et Constans, omnibus suis exosus, Syracusis a suis in balneo est occisus. Mizius quidam in Sicilia tyrannidem meditatus, mox extinguitur. Constantis filius Constantinus post patrem imperat annis 17.

670. 1. 13. 3. 9. 5. 6.

(G. pont.) Adeodatus 74us Romanæ ecclesiæ presidet. (Beda, H. e.) Oswi Nordanymbrorum rege defuncto, Egfridus filius ejus regnat annis 15. (P. D.) Grimoaldus rex Langobardorum, cum nono die post fleotomum accepto arcu columbam percutere nisus esset, vena brachii ejus disrupta est, et superponentibus ei medicis venenata medicamina, defunctus est. At Pertarith filius Ariperth regis, divinitus a pe-

VARIÆ LECTIONES.

[112] prius breviora ita in rasura ampliavit ipse Sig. cur. sec. una cum anno sequenti. [113] totum annum in rasura scripsit Sig. cur. sec.; LXXI. R. c. p. (C. S. s. s. desunt) habet A. [114] ita in rasura dimidiæ lineæ et in margine 1 γ. rell. præter A., qui habet: et Pertarith fratrem ejus peregrinari coegit. Ita igitur Sig. primo edidit. [115] VIII. A. C1. 3. D.

NOTÆ.

(170) Eam a. 659 obiisse probat Hirsch. p. 64

regrinatione revocatus et a Langobardis in regnum relocatus, regnavit annis 18 [116]. Hoc tempore claruit sanctus Prejectus Arvernensis civis et episcopus, qui etiam martirizatus est ab ipsius urbis primoribus in ultionem Hectoris Massiliensium patricii, ab Hildrico Francorum rege perempti propter injustitias Arvernensi æcclesiæ ab eo illatas. (BALD.) In territorio Cameracensi virgo Dei Maxelendis pro voto virginitatis Harduinum amatorem suum fugiens, ab eo martirizatur. Qui mox excecatus, post triennium ab ea illuminatur.

671. R. 2. S. 14. F. 4. L. 1. A. 6. W. 7.
(H. m.) Constantinus imperator fratres suos habens suspectos, ne conregnarent, nasos eorum abscidit. (BEDA, H. e.) Hoc tempore quidam in Britannia a morte resurgens, multa, quæ vidit de locis pœnarum et purgatorii ignis loco, enarravit.

672. 3. 15. 5. 2. 7. 8.
(BEDA.) Saraceni Italiam invadunt, et omnibus direptis Alexandriam redeunt. (V. S. Am.) Amatus episcopus Senonensis a rege Theoderico gravi et irrevocabili exilio diu tribulatur [117].

673. 4. 16. 6. 3. 8. 9.
(BEDA, H. e.) Egberth rex Anglorum obiit; cui Lothere frater ejus succedens regnat annis 12. (H. m.) Hyris apparuit in cœlo mense Marcio, et tremuit omnis caro, ita ut omnes dicerent, quod consummatio esset [118].

674. 5. 17. 7. 4. 1. 10.
(BEDA, H. e.) Theodorus in Anglia synodo habita, constituit multa æcclesiæ utilia. Hic Theodorus scripsit pœnitentialem librum, mirabili et cauta discretione distinguens modum singularum culparum.

675. 6. 18. 8. 5. 2. 11.
(H. m.). Stolus Saracenorum contra Constantinopolim applicuit. Qui dum per aliquot annos christianis inaniter concurrissent, in redeundo ex multa parte dimersi interierunt.

676. 7. 19. 9. 6. 3. 12.
(V. S. Leod.) Hildricus rex levitate morum accendit in se odia Francorum. Sanctus Leodegarius Augustidunensis episcopus ab eo in Luxovio retruditur. (P. D.) In Italia tantæ pluviæ et tonitrua fuerunt, quales nulla ætas hominum memorat, ut etiam homines et peculia fulgure interirent. Et nisi per lætanias, quas quotidie faciebant, Dominus esset propitiatus, non potuissent homines triturare vel in horreis frumenta recondere; in tantam ut ex ipsis pluviis denuo legumina renascerentur et ad maturitatem devenirent [119].

677. 8. 20. 10. 7. 4. 13.
(G. pont.) Donus 74us Romanæ æcclesiæ presidet [120]. (H. m.) Saracenis et Arabibus cum Romanorum exercitu congressis, occiduntur Saracenorum 30 milia. (G. pont.) Ab Augusto per tres menses stella radiis cœlos penetrans, a parte orientis a galli cantu usque in mane apparebat, et maxima mortalitas a parte orientis subsecuta est.

678. 9. 21. 11. 8. 5. 14.
(H. m.) Kallinicus architectus ab Heliopoli Syriæ ad Romanos confugit, ignemque marinum adinvenit; quo usi Romani naves Saracenorum exusserunt, et una cum animabus prorsus incenderunt, et ita victoria potiti sunt.

679. 10. 22. 12. 9. 6. 15.
(G. pont.) Agatho 75us Romanæ æcclesiæ presidet. (G. r. F.) Bodilo Francus, quem Hildricus ligatum ad stipitem cædi præcepit, Hildricum in venatione exceptum, cum Blithilde uxore ejus pregnante interficit. Theodericus regno restituitur. Leudesius filius Erchonoaldi, consilio Leodegarii episcopi a Luxovio revocati aliorumque principum, major domus constituitur. (H. m.) Inter Romanos et Saracenos in 30 annos pax est confirmata, ut Saraceni Romanis auri libras tria milia et viros captivos 50 et equos nobiles 50 annuatim solvant.

680. 11. 23. 1. 10. 7. 16.
(H. m.) Gens Bulgarum, quæ et ipsa a Scithia egrediens passim debachabatur, per Thraciam Bathaia duce grassatur. Quibus Constantini imperatoris occurrens exercitus, ab eis turpiter fugatus, graviter est attritus; et adeo per Romanam rem publicam eorum invaluit excursus, ut imperator pace cum eis facta, annua pacta eis prebere sit coactus. (G. r. F.) Ebroinus a Luxovio egressus, vires resumit, insidiatores suos premit, super Theodericum regem irruit, thesauros ejus et æcclesiæ diripit, Leudesium majorem domus perimit, Chlodoveum quendam fingens esse filium Lotharii regis regem sibi facit, ad ejus sacramentum quos potest pœnis, minis et blanditiis impellit.'(FRED.) Chintiliane rege defuncto, Tolgan filius ejus adhuc puer, in regno Wisigothorum succedens, regnat annis 4. Abhinc regnum Bulgarum adnotandum est, quorum rex Bathaias erat. (G. pont.) Agatho papa suscepit divalem jussionem principum, ut suggessit, per quam relevata est quantitas, quæ solita erat dari pro ordinatione pontificis facienda; sic tamen, ut si contigerit post ejus transitum electionem fieri, non debeat ordinari, qui electus fuerit, nisi prius decretus generalis introducatur in regiam urbem secundum antiquam

VARIÆ LECTIONES.

[116] XVII A. C1. 3. D. *Sequentia* Hoc — illuminatur *in marg. add. Sig. cur. tertiis; rell.* [117] Amatus — tribulatur *Sig. cur tertiis; rell.* [118] Hyris — esset *Sig. cur. sec., rell.* [119] A. *hic exibet verba* S. Audoenus qui et Dado R. e. o. *ex a.* 690, *ubi ea omittit.* [120] *ita errore lapsus Sig. hic scribit, et in eodem errore pergit in sequentibus;* B4. 5. *habent* LXXV *et sic porro;* C1. 3. *et iidem* Donum *vocant* LXXV, Agathonem LXXVI. et Leonem *item* LXXVI, *ita ut abinde cum Sigeberto iterum conveniant;* D., *qui jam inde ab a.* 550 Sigebertum uno numero præcesserat, Donum *vocat* LXXVI, Agathonem LXXVII, Leonem *iterum* LXXVII *e sic deincens.*

consuetudinem; et cum eorum scientia et jussione ad maximos militiæ honores provexerat. Lohere rex debeat ordinatio provenire.

681. R. 12. S. 24. F. 2. L. 11. A. 8. W. 1. Bulg. 1.

(BEDA.) Sexta synodus universalis Constantinopoli congregatur, in qua Georgius Constantinopolitanus episcopus ab errore monothelitarum revocatur; Macharius vero Antiochenus et cuncti duas voluntates et operationes in una Christi persona negantes, anathematizantur. In hac synodo fuerunt episcopi 289 (171).

682. 13. 25. 3. 12. 9 2. 2.

(*Cont. Fred.*) Sanctus Leodegarius Augustidunensis episcopus ab Ebroino capitur, et cum fratre suo Gerino graviter affligitur. Gerinus non multo post lapidibus obruitur. (*H. m.*) Muhavias Saracenorum amiras moritur; post quem Gizid filius ejus tribus annis principatur. (*G. pont.*) In Italia tribus æstatis mensibus gravissima hominum mortalitas facta est.

683. 14. 1. 4. 13. 10. 3. 3.

(BEDA.) In Anglia claret Edildrudis regina, quæ tribus viris nupta, virgo permansit. Cujus mortuæ corpus post 11 sepulturæ suæ annos incorruptum inventum est.

684. 15. 2. 5. 14. 11. 4. 4.

(*G. pont.*) Leo junior 76us Romanæ æcclesiæ presidet. Ravennas æcclesia censura imperatoris, sub ordinatione sedis apostolicæ restituta est, scilicet ut qui in ea electus fuerit episcopus, in urbem Romam veniat ordinandus. (BEDA, *H. e.*) Egfridus rex innoxiam Hiberniæ gentem graviter depopulatur. (*Fred.*) Tolgane a Wisigothis propter pueritiæ levitatem reprobato et in clericum tonsorato, Chintasindus regnat post eum annis 20.

685. 16. 3. 6. 15. 12. 1. 5.

(*G. pont.*) Benedictus 77us Romanæ æcclesiæ presidet. (*H. m.*) Gizid mortuo Marhuan principatur Saracenis anno 1. (*V. Lamb.*) Theodericus rex Ebroinum in gratiam recipit ejusque consilio synodum episcoporum cogit, et in hac multos eorum, ex sententia Ebroini, episcopatu privat, aliquos etiam irrevocabili exilio damnat. Sub tam procelloso domesticæ persecutionis tumultu sanctus etiam Lambertus a Trajectensi amotus episcopatu, in cœnobio Stabulaus monachicæ quietis expetit portum, ibique per septem annos habitavit secum. (*V. Leod.*) Sanctus Leodegarius diu ab Ebroino tormentatus, post famem et carceris squalorem, post oculorum eversionem, post plantarum concisionem, post linguæ et labiorum excisionem, tandem consummavit martyrium per capitis abscisionem. (BEDA, *H. e.*) Ansigisus pater Pipini a Gunduino perimitur, quem ipse inventum et nutritum de sacro fonte susceperat, et

Anglorum moritur; et Egfridus rex Nordanymbrorum a Pictis perimitur. Picti, Scotti et Brittones Anglos nimis premunt, et libertate, quam olim per Anglos perdiderant, recepta, multam Angliæ partem invadunt. Post Lohere regnavit Edrich annis duobus. Egfrido vero succedens frater ejus Alfrid regnavit annis 20. (*V. Kil.*) Sanctus Chilianus Scottus Wirziburgensis episcopus claret.

686. 17. 4. 7. 16. 1. 2. 6.

(*G. pont.*) Johannes Romanæ æcclesiæ 78us presidet. ((*H. m.*) Constantino imperatore mortuo, Justinianus filius ejus imperat annis 10. Saracenis principatur Habdalan anno uno. Begga relicta Ansigisi se et sua Deo mancipat, et monasterium Andennense fundat.

687. 1. 1. 8. 17. 2. 3. 7.

(*G. pont.*). Conon Romanæ æcclesiæ 79us presidet. (*H. m.*) Habdimelich amiras principatur Saracenis annis 22. Inter Justinianum et Habdimelich pax convenit, ut solvant Saraceni Romanis singulis diebus mille nomismata et servum et equum. (*G. r. Fr.*) Vulfoaldo majore domus mortuo, Pippinus filius Ansigisi principatur in Austria cum duce Martino. Quibus congressus Ebroinus, victoria potitur; Martinus fugiens ab Ebroino perimitur. (*P. D.*) Pertarid Langobardorum rege mortuo, Cunipert filius ejus regnat annis 12. (BEDA, *H. e.*) Edrich Anglorum rege mortuo, externi reges regnum Angliæ disperdunt et dissidunt annis 4. Sanctus Cuthbertus Anglorum episcopus obiit.

688. 2. 1. 9. 1. 1. 4. 8.

(*G. pont.*) Sergius 80us Romanæ æcclesiæ presidet. Hic in sacrario sancti Petri portionem magnam dominicæ crucis invenit. Consequentia missam celebrandi jam ad integram composita ab apostolis et apostolicis viris, epistolas quippe et evangelia recitabat æcclesia ex antiquorum traditione, quæ digesta sunt in libro, qui appellatur comes, quem ad Constantinum Hieronimus scripsisse dicitur; Alexander autem sextus papa, qui instituit aquam benedici et aspergi, qui instituit oleum singulis annis benedici ab episcopo, et vetus propter novitatem sacramenti incendi. (BURCH., v, 3.) Hic inseruit memoriam dominicæ passionis ad consecrationem eucharistiæ, et sicut de latere crucifixi Jesu effluxit sanguis et aqua, ita aquam vino misceri in ipsa consecratione instituit, nec vinum sine aqua, nec aquam sine vino offerri debere decernens. Primus Xistus [121] 7us papa ymnum *Sanctus, sanctus, sanctus Dominus*, Telesforus 8us papa quadragesimæ jejunium septem hebdomadibus ante pascha instituit, ymnum angelicum *Gloria in excelsis Deo* addidit. Damasus 35us papa *Credo in unum Deum* sollemnibus diebus cantari in-

VARIÆ LECTIONES.

[121] qui i. oleum — Xistus *in rasura unius auam primo scripserat lineæ, et in margine Siq. cur. tertiis;* rell.

NOTÆ.

(171) CL. BEDA

stituit et decreto secundæ universalis synodi, a 150 episcopis Constantinopoli celebratæ. Cælestinus 41us papa introitus, gradualia, offertoria et communiones ex psalmis modulari antiphonatim instituit. Gelasius 47us papa collectas et prefationes composuit. Gregorius 61us papa *Kyrieleyson*, *Christe eleyson* et *Alleluia* extra quinquagesimam et orationem dominicam, per quam solam apostoli consecrabant, post canonem consecrationis addidit. (*G. pont.*) Ad hæc omnia hic Sergius hoc ultimum addidit, ut inter communicandum *Agnus Dei* a clero cantetur. Constituit etiam, ut in annuntiatione Domini, in festivitate quæ dicitur ypapanti Domini, in nativitate et assumptione sanctæ Mariæ exeant letaniæ. Hic corpus primi Leonis papæ divina revelatione transposuit. (*V. Leod.*) Innocentia et meritum sancti Leodegarii multis miraculis declarantur. (*H. m.*) Imperator pacem cum Saracenis pactam solvens, mala eis intulit, et pejora ab eis pertulit. (*G. r. F.*) Ebroinum majorem domus Neustriæ, Francos insolenter opprimentem, Ermenfridus perimit, et ad Pipinum confugit. Waratho pro Ebroino major domus statuitur [122].

689. R. 3. S. 2. F. 10. L. 2. A. 2. W. 5. B. 9.

(*H. m.*) Justinianus pacem cum Bulgaribus pactam solvit, eisque concurrens primo vicit, post ab eis exceptus vix evasit. (*Cont. Fred.*) Inter Pipinum et Gissemarum filium Warathonis apud Namucum castrum pugna committitur. Nec multo post Gissemaro divinitus punito, Warathone quoque mortuo, Bertarius gener Warathonis fit major domus sub rege Theoderico.

690. 4. 3. 11. 5. 5. 6. 10.

(*G. r. F.*) Sanctus Audoenus Rotomagensis episcopus obiit [123]. (BEDA, *H. e.*) Theodorus archiepiscopus Anglorum obiit. (*Cont. Fred.*) Franci Bertario aversi, affectant per obsides amicitiam Pipini, cumque instigant contra principatum Bertarii.

691. 5. 4. 12. 4. 4. 7. 11.

Theodericus rex cum Bertario, Pipino congressus, vincitur; Bertarius a suis perimitur. Theodericus rex a Pipino capitur. Pipinus Neustriam sibi subjugat, et sub Theoderico solus toti regno principando statum rerum meliorat. Sanctum quoque Lambertum in Trajectensi presulatu relocat. (BEDA, *H. e.*) Sanctus Remaclus hoc anno obiisse dicitur. Wichtred filius Egberti regis, religione et industria confortatus, gentem Anglorum ab oppressione exterorum liberat, et super eos 33 annis regnat.

692. 6. 5. 13. 5. 1. 8. 12.

(*P. D.*) Alahis dux fugato Chunipert regnum Langobardorum arripit; cui Chunipert bello congressus, eum perimit, regnumque recipit. (BEDA, *H. e.*) Willibrordus cum sociis 12 veniens ab Anglia, sanctitate claret in Gallia. Sanctus Wandrigisilus, qui et Wando, Ansigisi majoris domus ex Walchiso fratre nepos, hoc tempore claruit, qui cenobia Fiscannum et Fontinellam Deo construxit [124].

693. 7. 6. 14. 6. 2. 9. 13.

(*Cont. Fred.*) Theodericus rex Francorum obiit. Chlodoveus filius ejus regnat post eum annis 4. (*H. m.*) Saraceni Romanos gravissimo bello atterunt. (BEDA, *H. e.*) Evaldus albus et Evaldus niger presbiteri, venientes ab Anglia, martyrizantur in Gallia, et jussu Pipini sepeliuntur in Agrippinensi Colonia.

694. 8. 7. 1. 7. 3. 10. 14.

(*Ib.*) Pipinus Rabbodum ducem Fresonum bello vicit; et Willibrordum genti illi ad predicandum dirigit. Kyliani Wirziburgensis episcopi discipulus Arnual in Gallia, Adamanus abbas, Adhelmus et Wilfrid episcopi clarent in Anglia [125].

695. 9. 8. 2. 8. 4. 11. 15.

(*G. pont.*) Justinianus imperator sanctam synodum infirmare nititur, et Sergium papam in hoc sibi resistentem æcclesia deturbare frustra molitur. (*H. m.*) Defectio solis facta est hora diei tertia; ita ut quædam clare stellæ parerent [126].

696. 10. 9. 3. 9. 5. 12. 16.

(*H. m.*) Leo patricius Justinianum regno privat, cumque naso et lingua truncatum in exilio relegat. Beda presbiter et monachus clarens in Anglia, tricesimum ætatis annum agit, et reliquum tempus vitæ legendo, tractando et exponendo sanctam scripturam utiliter exigit.

697. 1. 10. 4. 10. 6. 15. 17.

(*G. r. F.*) Mortuo Clodoveo, Hildebertus frater ejus regnat post eum annis 16. (BEDA, *H. e.*) Willibrordus a Sergio papa Clemens agnominatus, et ad predicandum genti Fresonum episcopus consecratus, ex dono Pipini principis sedem episcopalem statuit in loco Vultaburch dicto, qui nunc Vultrajectum a nomine gentis Vultarum et Trajecto compositum, quasi Vultarum oppidum. Non Trajectum lingua Gallica oppidum dicitur. (*Vita Kil.*) Apud Wirziburch castrum Ostrofranciæ sanctus Chilianus cum discipulis suis Colomanno et Tolmanno clam martyrizatur a Geilana, uxore Gozberti principis Wirziburgentium, quæ timebat separari a viro suo, ar-

VARIÆ LECTIONES.

[122] *Post hæc erasa est linea una et dimidia, incipiens:* Ansigisus...... *Exhibet ea unus A. ita:* Ansigisus pater Pippini a Gunduino perimitur. Quem ipse inventum et nutritum et a sacro fonte susceptum, ad maximos militiæ honores provexerat. *Sed post deleta sunt; cf. a.* 685. [123] S. A. R. e. o. *desunt* A., *ubi a.* 676 *leguntur;* C5; *in fine anni habent* B5*. D., *in sequenti anno* C4*. [124] In Gallia — construxit *in rasura Sig. cur. tertiis.* [125] *Post hæc una linea erasa,* 1ç. *adscripsit:* Gens — convertitur, *quod una cum reliquis in* 1ç. *additionibus dabimus. Erasa unus A. exhibet ita:* Begga relicta Ansigisi se et sua Deo mancipat, et supra Mosam monasterium Andenense fundat. *Hæc igitur Sig. primo scripserat, sed in secunda editione suppressit.* [126] Defectio — parerent *addit Ans. ut vid.; rell. præter A.*

guente eum Chiliano, quod eam uxorem quondam fratris ejus, etiam ipse uxorem haberet. Quorum mors cum diu omnes lateret, Geilana et percussoribus martyrum a dæmonio arreptis, eorum confessione divulgata est.

698. R. 2. S. 11. F. 1. L. 11. A. 7. W. 14. B. 18.

(BEDA.) Sanctus Ursmarus per interventum Hildulfi ducis Lobiense cœnobium a Pipino principe ad regendum suscipit. Synodus Aquileiæ facta quintam universalem synodum a Justiniano imperatore et Vigilio papa Constantinopoli celebratam suscipere diffidit; quam Sergius papa salubriter redarguit et ad concordiam reducit. (*Vita S. L.*) Sanctus Lambertus Pipinum principem increpare ausus, quod pelicem Alpaidem suæ legitimæ uxori Plictrudi superduxerit, a Dodone fratre ipsius Alpaidus Leodii martyrizatur, et Trajecti tumulatur, eique sanctus Hucbertus episcopus subrogatur. (*H. m.*) Absimarus, qui et Tiberius, Leone ab imperio pulso eique naso absciso et in custodia retruso, imperat annis 7. (*A. Leod.*) Sancta Begga, mater Pipini, ad Dominum transit (172).

699. 1. 12. 2. 12. 8. 15. 19.

(*Cont. Fred.*) Drogo filius Pipini, dux Campanensium, moritur. Grimoaldus frater ejus a patre Pipino in aula Hildeberti regis major domus statuitur, eique filia Rabbodi Fresonum ducis in uxorem despondetur. (P. D.) Mortuo Chunipert Langobardorum rege, Liutpert filius ejus puer in regnum succedit, Ansprandum habens tutorem. (*V. Lamb.*) Dodo interfector sancti Lamberti pessimo languore cruciatus, a vermibus consumitur, et ob intolerantiam fœtoris in Mosam fluvium demergitur; omnesque hujus culpæ complices infra annum divinitus puniuntur. Percussor vero sancti martyris fratri suo congressus, alter ab altero perimitur.

700. 2. 13. 3. 1. 9. 16. 20.

(*H. m.*) Romani pervagantes Syriam, perimunt 200 milia Saracenorum. (P. D.) Raginbertus dux Taurinensium Ansprandum tutorem regis Liutperti bello superat, et anno uno regnat. Therbellis Bulgaribus dominatur.

701. 3. 14. 4. 1. 10. 17. 1.

(P. D.) Mortuo Raginberto, Ariperth filius ejus, Ansprando in congressu victo, Liutpertum regem capit et perimit; Ansprandum in Bajoariam fugere compellit, filiumque ejus juniorem Liutprandum ad patrem fugere permittit, et annis 9 regnat. Chyntasindus senio confectus regnum Wisigothorum dimittit; regnatque post cum filius ejus Flavius Recinsuindus.

702. 4. 15. 5. 1. 11. 1. 2.

(*G. pont.*) Johannes 81us Romanæ æcclesiæ presidet. (*H. m.*) Justinianus de exilio fugiens, ad Cajanum regem Avarum se contulit.

703. 5. 16. 6. 2. 12. 2. 3.

(BEDA, *H. e.*) Sanctus Benedictus abbas Anglorum obit. (*H. m.*) Cajanus pecunia corruptus a Leone imperatore cum vellet Justinianum ei prodere, Justinianus ab eo ad Therbellem regem Bulgarum fugit.

704. 6. 17. 7. 3. 13. 3. 4.

(*G. pont.*) Johannes 82us Romanæ æcclesiæ presidet. (BEDA, *H. e.*) Alfrid Nordanymbrorum rege mortuo, Osred regnat annis 11.

705. 7. 18. 8. 4. 14. 4. 5.

(*H. m.*) Justinianus auxilio Therbellis Bulgarum regis imperium recipit; Leonem et Tyberium usurpatores imperii in medio cyrci jugulat; Callinicum patriarcham excæcatum exiliat; et tantam in adversarios ultionem exercet, ut quoties a naso sibi absciso, defluentem reumatis guttam detergeret, pæne toties aliquem ex his, qui contra eum conspiraverant, jugulari præciperet. Imperavit ergo secundo annis 7.

706. 1. 19. 9. 5. 15. 5. 6.

(*G. pont.*) Sysinnius 85us[127] et Constantinus 84us Romanæ æcclesiæ president. Sclavi Italiam infestant.

707. 2. 20. 10. 6. 16. 6. 7.

(BEDA, *H. e.*) Choered et Opha reges Anglorum Romam veniunt, ibique in monachos attonsi, regi regum militaverunt.

708. 3. 21. 11. 7. 17. 7. 8.

(*H. m.*) Justinianus imperator pacem cum Bulgaribus pactam solvit, eisque congressus, vix evasit. (BEDA, *H. e.*) Adrianus abbas Anglorum obiit. Picti et Scotti catholicum paschalis observantiæ ritum suscipiunt.

709. 4. 22. 12. 8. 18. 8. 9.

(*H. m.*) Habdymelich amiras Saracenorum moritur, post quem Ulid annis 7 principatur. (*App. S. Mich.*) Childeberto monarchiam regni Francorum tenente, archangelus Michael apparens Autberto Abrincatensi episcopo, monuit semel et iterum, ut in loco maris, qui propter eminentiam sui Tumba vocatur, fundaret æcclesiam in memoriam sui, volens talem venerationem exiberi sibi in pelago, qualis exibetur in monte Gargano. Interim taurus a latrone furtim raptus, in loco illo religatur. Unde episcopus tertio admonitus, ut in illo loco fundamentum jaceret, ubi taurum religatum inveniret, et sicut eum terram pedibus protrivisse videret, sic æcclesiæ ambitum duceret, æcclesiam in honore sancti archangeli constituit. Et ex illo tempore, sicut in monte Gargano, ita etiam in illo loco, quod

VARIÆ LECTIONES.

[127] LXXXIIII. corr. LXXXV. *et sic porro* D.

NOTÆ.

(172) A. 689 secundum Ann. Leod. Sed eam jam a. 694 vel 695 obiisse probat Hirsch p. 64.

modo dicitur in periculo maris, veneratio archangeli frequentari cepit [128].

710. R. 5. S. 1. F. 13. L. 9. A. 19. W. 9. B. 10.

(BEDA.) Justinianus imperator fidem orthodoxam amplexus, Constantinum papam ad se Constantinopoli invitat, eumque venientem et redeuntem gloria apostolico digna honorat. (*V. Lamb.*) Sanctus Hucbertus cælitus ammonitus, corpus sancti Lamberti a Trajecto Leodium cum magna miraculorum gloria refert, sedemque episcopalem in eandem urbem transfert. (P. D.) Ansprandus cum Bajoariis Italiam repetit, cum Ariperth confligit, eoque fugiente et in fluvium demerso, regnum Langobardorum recipit. Ansprando post tres menses mortuo, Liutprandus filius ejus regnat annis 32.

711. 6. 2. 14. 1. 20. 10. 11.

Sancta Oda, uxor Boggis ducis Aquitanorum, sanctitate claret in Gallia, quæ æcclesias Dei sua ditavit munificentia, et moriens in Leodicensi quievit parochia.

712. 7. 3. 15. 2. 21. 11. 12.

(*H. m.*) Philippicus, qui et Bardanius, Justinianum imperatorem jugulat, et post eum annis 2 imperat. (*G. pont.*) Constantinus papa populusque Romanus nomen, litteras et figuram Philippici heretici imperatoris suscipere respuit.

713. 1. 4. 16. 3. 22. 12. 13.

(*Mett.* [FRED.]) Sanctus Ursmarus episcopus et abbas Lobiensis cœnobii obiit, eique sanctus Erminus in regimine succedit. Grimoaldus major domus Leodii ante altare sancti Lamberti orans, a Raingario, satellite Rabbodi ducis Fresonum, perimitur, et Theodoaldus filius Drogonis (173) ab avo suo Pipino major domus statuitur.

714. 2. 5. 17. 4. 25. 13. 14.

(*H. m.*) Artemius, qui et Anastasius, Philippicum privans imperio et oculis, imperat annis 2. (*G. pont.*) Gregorius Romanæ æcclesiæ 84us presidet[129]. Hic constituit, ut tempore quadragesimæ 5 Feria jejunium et celebritas missarum fieret in æcclesia, quod non fiebat antea. (P. D.) Petronax civis Brixianus, divino instinctu et Gregorii papæ hortatu animatus, cœnobium sancti Benedicti apud castrum Cassinum nobiliter reædificat, et sub regimine suo multos ad regulariter serviendum Deo aggregat, expletis plus 110 annis, ex quo a Langobardis desolatum fuerat. (*Cont. Fred.*) Pipinus princeps obiit, et filium suum ex Alpaide Karolum, Tudetem sive Martellum cognomento, principatus sui heredem reliquit. Plictrudis relicta Pipini Karolum privignum suum captum in Colonia urbe custodiæ mancipat; et cum nepote suo Theodoaldo majore domus principatum regni usurpat.

715. 1. 6. 18. 5. 24. 14. 15.

(*Ib.*) Mortuo Hildeberto Francorum rege, Clodoveus, filius ejus, regnat annis 4. Franci contra Theodoaldum damnoso utrimque bello confligunt, eoque victo Raginfredum majorem domus et Chilpericum regem statuunt. Karolus de custodia novercæ divino nutu eripitur, moxque principatum suum de manu Raginfredi extorquere nititur; primoque Rabodum ducem Fresonum Raginfredo solatiantem aggressus, multum exercitus damnum consequitur. (*A. Xant.*) Sanctus Ægidius veniens a Grecia, sanctitate claret in Provintia.

716. 2. 7. 1. 6. 25. 15. 16.

(*H. m.*) Theodosius Anastasium de imperio deponens eumque presbiterum ordinans, imperat anno uno. Qui cum fuisset iners et idiota et publicorum negotiorum exactor, vi compulsus est ab exercitu imperium assumere.|(*Ib.*) Ulid amiras moritur, post quem Zuleymen annis 3 Saracenis principatur. (BEDA, *H. e.*) Osred Nordanymbrorum rege perempto, Coenred regnat annis 4. Echerth veniens ab Hibernia, sanctitate et doctrina claret in Anglia. Sanctus Germanus a Cyzico transfertur ad episcopatum Constantinopolitanum.

717. 1. 1. 2. 7. 26. 16. 17

(*H. m.*) Theodosius imperium deponit. Post quem Leo 24 annis imperavit (*G. pont.*) Gregorius papa Bonefacium a Britannia venientem episcopum consecrat, et per eum in Germania verbum Dei predicat. (*Ib.*) Romæ inundatio aquarum nimia nimisque calamitosa facta est. Sed Gregorio papa crebris letaniis Deum placante, post 8 dies repressa est.

718. 1. 2. 3. 8. 27. 17. 18.

(*H. m.*) Zuleymen amiras cum amireis suis et stolo navium pæne trium milium Constantinopolim triennio obsidet. Bulgares Saracenorum triginta milia perimunt. (*Cont. Fred.*) Karolus in pago Cameracense apud Vinciacum dominico ante pascha, quod erat 13 Kal. Aprilis, Chilperico et Raginfredo congreditur. Raginfredus victus in fugam vertitur; Karolus eos usque Parisius persequitur. (*Vita S. Wlfr.*) Rabbodus dux Fresonum predicatione Vulfranni episcopi ad hoc adductus, ut baptizari deberet, cum unum pedem in lavacro intinxisset, alterum pedem retrahens interrogavit : *Ubinam plures suorum majorum essent, in inferno an in paradyso?* et audiens, plures esse in inferno, intinctum pedem extrahens, *Satius est*, inquit, *ut plures, quam pauciores sequar.* Et ita ludificatus a dæmone, promittente quod ei tertia abhinc die incomparabilia bona daret. ipsa tertia die subita et æterna morte periit.

VARIÆ LECTIONES.

[128] Childeberto — cepit *in marg. add. Anselmus, ni forte Sig. curis tertiis; rell.* [129] *ita Sig.* B4 C1. 3.; octogesimus sextus *et sic porro* F1.; LXXXVI. *corr.* LXXXVII. *et sic deinceps* D.

NOTÆ.

(173) Falso; Grimoaldi, ut habent Annales Mettenses et Cont. Fred.

719. R. 2. S. 3. F. 4. L. 9. A. 28. W. 18. B. 19.

(*H. m.*) Zuleymen amiras moritur. Post quem Haumar principatur Saracenis annis 2. Constantinopolitani instantia orandi et constantia preliandi fortiter resistunt Saracenis. Saraceni fame, frigore, bello, pestilentia sine numero pereunt. Mortuo rege Dagoberto, Lotharius regnat annis 2. (BEDA, *H. e.*) Post Coenred regnat Nordanymbris Osrich annis 11. (*H. m.*) Constantinus filius Leonis imperatoris dum baptizatur a patriarcha Germano, cacans in sancto lavachro, magnum dat presagium quod futurus esset ecclesiæ Dei in scandalum.

720. 3. 1. 1. 10. 29. 19. 20.

(*Ib.*) Saraceni ab obsidione Constantinopolis confusi desistunt, ipsis cum navibus suis partim marino igne consumptis, partim demersis, partim igneæ grandinis tempestate consumptis; et ex tanta copia navium vix quinque residuis, potentia Dei cunctis innotuit populis. Intra civitatem vero 300 milia hominum pestilentia perierunt. Haumar christianos persequens, multos eorum Christi martyres fecit. (*Cont. Fred.*) Hilpericus et Raginfredus Eudonem ducem Aquitaniæ auxilio sibi asciscunt; qui in congressu a Karolo victi, vix fuga evadunt. Eudo rediens Chilpericum secum abducit. Saraceni ex Africa, duce Abdyrama filio Muhaviæ amirei, in Hispaniam transfretant, eamque sibi vindicant. Ita regnum Wisigothorum et Suevorum destructum est et redactum sub Saracenis, annis plus minus 346 evolutis, ex quo a Scithia expulsi sunt ab Hunis; ex quo vero cedentibus Wandalis et devictis Suevis cœperunt regnare in Hispaniis, annis circiter 256 evolutis. Regnum vero tertiæ partis Hispaniarum, quod dicitur Gallitiensium, quod nec tunc Wisigothæ, nec postea Saraceni potuerunt subigere, adhuc viget incolume, et Dei protegente fide manet inexpugnabile.

721. 4. 2. 2. 11. 30. 21.

(*H. m.*) Haumar amiras moritur; post quem Gizid Saracenis principatur annis 4. (*Cont. Fred.*) Mortuo Lothario rege, Karolus Chilpericum ab Eudone per legatos recipit, eumque sibi regem facit. (BEDA.) Ossa S. Augustini Ipponensis episcopi, olim translata ad Sardiniam, vastata modo a Saracenis Sardinia, Liuthprandus rex Langobardorum dato magno pretio transfert Papiam.

722. 5. 1. 1. 12. 31. 22

(*G. pont.*) Leo imperator sepe et multum laboravit, ut Gregorius papa perimeretur, sed frustra, Italis et Langobardis pro defendendo papa instanter imperatori resistentibus. (*A. Xantens.*) In Campania Italiæ frumentum combustum et hordeum et legumina quasi pluvia de cælo ceciderunt. (*A. Mett.*) Karolus Raginfredum persequens, Andegavis obsidet, eamque captam victo Raginfredo ad habitandum concedit, et totius regni principatum recipit.

A (P D.) Liuthprandus rex Ravennam obsidet; Classem Ravennatium civitatem captam destruit.

723. 6. 2. 2. 13. 32. 23.

(*Cont. Fred.*) Karolus Saxones debellat. Rigobertus episcopus Remensis a Karolo[130], suo in baptismate filiolo, ab episcopatu deponitur, pro eo quod illi contra Raginfredum cunti urbem Remensem pre timore Raginfredi aperire noluit. Eucherius quoque Aurelianensis episcopus pro simili causa episcopatu privatus, et apud Sarchinium Hasbaniæ vicum exiliatus, in cœnobio sancti Trudonis in sanctitate consummatus est.

724. 7. 3. 3. 14. 33. 24.

(*H. m.*) Judeus quidam maleficus promittens Gizid, cum 40 annis principaturum, suadet ut in toto regno suo Dei sanctorumque imagines deponi edicat. Qui spe diu regnandi seductus, edictum quidem proponit, ipse tamen mox obit. Post quem Elvelith principatur Saracenis annis 20. (*A. Fuld.*) Karolus Bajoarios armis subjugat.

725. 8. 4. 4. 15. 34. 25.

(*H. m.*) Leo imperator a quodam Beser refuga fidei seductus, contra imagines Christi et sanctorum ejus bellum indicit, easque ubique deponi et incendi ædicit. Pro quo errore eum Gregorius papa scriptis multum quidem, sed in vanum redarguit. Karolus contra Lanfridum Alamannorum ducem dimicat, eoque victo Alemanniam sibi subjugat.

726. 9. 5. 5. 16. 35. 26.

(*Cont. Fred.*) Mortuo Chilperico, Karolus Theodericum sibi regem facit, qui annis 15 regnat. Karolus Saxones debellat.

727. 10. 6. 1. 17. 36. 27.

Constantinopolitani contra Leonem imperatorem pro depositione imaginum Dei tumultuantur; aliqui etiam pro hoc martyrizantur. (*Cont. Fred.*) Karolus Suevos et Bajoarios debellat. (BEDA, *H. e.*) Wichtreth rex Anglorum obit, filiumque suum Edilbertum heredem regni reliquit. Cormesius Bulgaribus dominatur.

728. 11. 7. 2. 18. 1. 1.

(*Cont. Fred.*) Karolus Lygeri transito, Eudonem ducem Aquitaniæ bello victum fugat, et Aquitaniam graviter devastat.

729. 12. 8. 3. 19. 2. 2.

(*H. m.*) Gregorius papa, quia Leonem imperatorem incorrigibilem vidit, Romam et Italiam et Hesperiam totam ab ejus jure descire facit, et vectigalia interdicit.

730. 13. 9. 4. 20. 3. 3.

(*Cont. Fred.*) Eudo dux, Karolo inferior per omnia, Saracenos contra eum invitat ab Hispania. (*H. m.*) Sanctus Germanus Leoni imperatori pro impietate sua aversus, a sede episcopali est dejectus. (BEDA, *H. e.*) Obiit sanctus Echberth Anglorum presbiter. (*Cont. Fred.*) Saraceni cum omnibus familiis suis quasi in Galliis habitaturi, Garunnam

VARIÆ LECTIONES.

[130] Korolo *Sig.* Rigobertus — noluit *in fine anni habet* 24'

transeunt, omnia devastant, æcclesiasque Dei cremant. Quibus Karolus Dei auxilio fretus bello concurrit ; et ex eis 375[131] milia cum rege suo Abdyrama peremit, et 1500 suorum amisit. Eudo quoque Karolo reconciliatus, castra Saracenorum diripuit, et reliquias eorum contrivit. (BEDA, *H. e.*) Mortuo Osrich rege Nordanymbrorum, Cednulfus ei succedit.

731. R. 14. S. 10. F. 5. L. 21. A. 4. B. 1.

(*H. m.*) Gregorius 85us Romanæ æcclesiæ presidet; qui et ipse Leonem imperatorem erroris redarguit, et populum Romanum et vectigalia Hesperiæ ab eo avertit. (*A. Xant.*) In Anglia Beda presbiter et monachus sanctitate et scientia clarus obit. (*Cont. Fred.*) Karolus Lugduno aliisque civitatibus captis, Burgundiam sibi subjugat. Raginfredus moritur.

732. 15. 11. 6. 22. 5. 5.

(*H. m.*) Constantinus filius imperatoris Hyrenen, filiam Cajani Avarum regis, uxorem ducit; quæ baptizata, viro suo apostatante, rectam fidem tenuit. Karolus in Wasconia cum Eudone pugnat, eumque principatu et vita privat. Liuthprandus rex de jure Romani pontificis multas urbes et castella tulit. (P. D.; *Cont. Bedæ.*) Ceduulfus rex Nordanymbrorum capitur, et in clericum tundetur, et post hæc in regnum remittitur.

733. 16. 12. 7. 23. 6. 6.

(G. *pont.*) Gregorius papa synodum 905 episcoporum Romæ congregat, et venerationem sanctarum imaginum confirmat, earumque violatores generali sententia anathematizat. Karolus, Waifero et Hunaldo filiis Eudonis dimicando victis Aquitaniam sibi subjugat.

734. 17. 13. 8. 24. 7. 7.

(*A. Fuld.*) Karolus Fresiam aggressus, Poponem ducem Fresonem cum multis perimit, et Fresiam sibi subigit.

735. 18. 14. 9. 25. 8. 8.

(*A. Leod.*) Obiit sanctus Huebertus. (*Cont. Fred.*) Karolus Avennionem Galliæ urbem a Saracenis dolo et consensu Mauruncii Provinciæ ducis captam obsidet, eaque fortiter recepta, Saracenos usque ad internecionem delet. Abhinc regnum Anglorum annotare supersedeo, quia hystorias majorum, quas sequar, non habeo [132].

736. 19. 15. 10. 26 9.

(*Ib.*) Saracenorum rege Athima obsesso intra Galliæ urbem Narbonam a Karolo, Saraceni ex Hispania cum alio rege Amor ei occurrunt subsidio. Qui congressi Karolo, ambobus regibus peremptis et civitate recepta ab eo, ultimo pæne attriti sunt exterminio; eoque fugientes insequente, residui demersi sunt in profundo.

737. 20. 16. 11. 27. 10.

(*A. Leod.*) Sanctus Erminus episcopus et abbas Lobiensis obit. (*Cont. Fred.*) Karolus Nemausum, Agathen aliasque Gothicæ regionis urbes a Saracenis invasas capit et solo tenus destruit.

738. 21. 17. 12. 28. 11.

(*Ib.*) Arelato urbe Galliarum capta a Saracenis, et omnibus circunquaque demolitis, Karolus ascito sibi ad auxilium Liuthprando rege Langobardorum eis occurrit, eosque terrore nominis sui in fugam vertit. Sic Saracenis, qui totam pæne Asiam, totam Libiam multamque partem Europæ invaserant, Karolus Dei auxilio, sua industria Francorumque fortitudine omnem spem invadendi Gallias abstulit. (P. D.) Trasamundus dux Spoleti contra Liuthprandum rebellans, ad Romanos confugit.

739. 22. 18. 13. 29. 12.

(*Cont. Fred.*) Karolus Mauruncium Provinciæ ducem, qui invitaverat Saracenos, debellat, et Provinciam sibi subjugat. (*G. pont.*) Liuthprandus rex pro refugio Trasamundi Romam graviter vexat.

740. 23. 19. 14. 30. 13.

(*Cont. Fred.*) Karolus Saxones sibi tributarios facit. (*A. Mett.*) Signa in sole et luna et stellis apparent [133].

741. 24. 20. 15. 31. 14.

(*H. m.*) Post Theodericum regem Francorum regnat Hildricus annis 10. Leone imperatore mortuo, Constantinus filius ejus annis 37 imperat. (*Mett.*) Pacato et dilatato regno Francorum, Karolus bellicosus princeps obit, et filios suos Karlomannum et Pipinum principatus sui successores reliquit. (*G. pont.*) Zacharias 86us [134] Romanæ æcclesiæ presidet. Hic quia rem publicam perturbatam a Langobardis invenit, statim benivolentia sua bene omnia composuit, et cum Langobardis in 20 annos pacem firmavit. Hic libros Dialogorum Gregorii de Latino in Grecum vertit. (*H. m.*) Constantinopolis terræmotu per integrum annum nimis gravatur.

742. 1. 21. 1. 32. 15

(MAN.) Sanctus Bonefacius archiepiscopus Moguntiæ cœnobium Fuldense in Bocconia silva fundat. (P. D.) Liuthprandus rex Langobardorum moritur. Hildebrando, quem ipse regem designaverat, a Langobardis reprobato, Rachis regnat post cum annis 7. (*Mett.*) Pipinus princeps Hunaldo duci Aquitaniæ sibi rebellanti obviat; Karlomannus vero Alemanniam devastat. (*H. m.*) Arthabasdus contra Constantinum imperium arripit.

743. 2. 22. 2. 1. 16.

(*Mett.*) Ogdilo dux Bajoariæ, rapta sorore Pipini, contra eum rebellat; quem Pipinus pugna quamvis damnosa superat. Karlomannus Saxoniam petit, castrum Hoscoburch capit, Theodericum Saxonem pacis obsidem accipit.

VARIÆ LECTIONES.

[131] CCCLXXXV C1. 3. D. [132] *Hæc* E. *lepide ita immutavit :* A. r. A. a. non s. q. h. m. q. sequar habeo, *annosque regum Anglorum continuat.* [133] *post hæc manus quædam, non Sigeberti, in margine scrivserat :* Anselmus vir illustris cujus soror erat. . . . . . *Sed hoc loco erasa anno* 752 *adjecit* 16.; *relt.* [134] LXXXV. A.

744. R. 3. S. 23. F. 3. L. 2. B. 17.
(H. m.) Elvelid amiras moritur; Gyzid Saracenis anno uno principatur. Constantinus Arthabasdum capit, et ei multisque amicorum ejus oculos eruit. (A. Xantens.) Cinis de cælo cecidit.

745. 4. 1. 4. 3. 18.
(H. m.) Gyzid perempto, Hisces principatur Saracenis anno uno. (Mett.) Pipinus Theodoaldum filium Gofridi ducis debellat. Persecutione post lapidationem Stephani prothomartiris mota, Maximinus, unus de 70 Christi discipulis, ad Gallias transiens, Mariam Magdalenam secum adduxit. Eam etiam apud Aquensem urbem, cui presidebat, defunctam sepelivit. Aquensi vero urbe a Saracenis desolata, corpus ipsius Mariæ a Gerardo comite Burgundiæ ad cœnobium Viceliacum a se constructum transfertur (Cf. A. Xant.), Quanquam aliqui scribant, quod hec aqud Ephesum quiescat, nullum super se tegimen habens. (H. m.) Petrus Damascenus episcopus et Petrus Majumenus in Syria a Saracenis martyrizantur.

746. 5. 2. 5. 4. 19.
(Vita S. Kil.) Athalongus presbiter, per illatam sibi cæcitatem admonitus querere corpora sanctorum Chiliani sociorumque ejus inventis sanctorum corporibus visum recepit. Eaque re sanctus Bonefacius Moguntiæ episcopus ab Athalongo ad se relata, castrum Wirziburch ad honorem Chiliani martyris, qui ad predicandum ibi a papa Conone episcopus ordinatus fuerat, ibique mortis et quietis locum a Deo acceperat, episcopalis sedis privilegio insigniri decrevit; primumque ibi episcoporum sanctum Burchardum ordinavit. (H. m.) Marvan principatur Saracenis annis 6. (Mett.) Karlomannus, frater Pipini regis, Romæ a Zacharia papa in monachum attonsus, primo in Serapti monte in cœnobio quod ipse fundavit, deinde apud castrum Cassinum, laudabili vita enituit.

747. 6. 1. 6. 5. 20.
(Mett.) Pipinus Griphonem fratrem suum contra se rebellantem persequitur. (H. m.) Saraceni intestino bello colliduntur.

748. 7. 2. 7. 6. 21
(A. Lauriss.) Pipinus Griphonem in Saxonia et ejus complices Tassilonem, Lautfridum et Suidiger bello victos capit; et Tassilonem quidem Bajoariæ ducem facit; Griphoni vero in Neustria 12 comitatus concedit. Quod illi non sufficit, sed ad Waifa-A rium in Aquitaniam fugit. (H. m.) In Calabria et Sicilia fit pestilentia et mortalitas hominum nimia. In vestibus hominum et in velis æcclesiarum apparent cruciculæ quasi oleo designatæ.

749. 8. 3. 8. 7. 22.
(G. pont.) Rachis rex Langobardorum dum rupto fœdere Romam inquietare nititur, a Zacharia papa non solum a malo reprimitur, sed etiam ejus instinctu cum uxore et filiis Romam veniens, monachus efficitur. Cui Haistulfus frater ejus substitutus, regnat annis 7.

750. 9. 4. 9. 1. 23.
(A. Lauriss.) Hildricus rex Francorum in monachum tonsoratur; Pipinus vero princeps auctoritate apostolica et Francorum electione a sancto Bonefacio Moguntiæ archiepiscopo in regem unguitur et consecratur, et regnavit annis 18 [post annos circiter octoginta octo, postquam majores domus ceperunt principari super reges Francorum [135].

751. 10. 5. 1. 2. 24.
(Ib.) Pipinus rex contra Saxones pugnat. Gripho frater Pipini perimitur. [Frater ejusdem Pipini regis Remigius, Rodomensis archiepiscopus, in Gallia claret. Pipinus rex Galliarum æcclesias cantibus Romanæ auctoritatis suo studio melioravit [136].

752. 11. 6. 2. 3. 25.
(G. pont.) Stephanus 87us Romanæ æcclesiæ presidet. (H. m.) Marvan amira perempto, Muhamath principatur Saracenis annis 5. Haistulfo Langobardorum rege contra Romanos adeo exardescente, ut tributum exigeret ab uniuscujusque capite, Stephanus papa ad expetendum Pipini regis auxilium cogitur in Franciam venire. Cui in veniendo in una noctium apparuit magnum signum in cælo, globus scilicet igneus a parte australi, declinans a Galliæ finibus in partes Langobardorum. (Lauriss.) Mittitur etiam Karlomannus monachus ab Haistulfo ad fratrem suum Pipinum regem, ad perturbandam apostolicam petitionem. (A. Mett.) Pipinus a Stephano papa cum filiis suis Karlomanno et Karolo in regem ungitur, et per eos generatio eorum in hereditatem regalis successionis in perpetuum benedicitur, et omnis alienigena ab ejus invasione apostolico anathemate interdicitur (174). Anselmus vir illustris, cujus soror erat uxor Haistulfi regis, transfert corpus sancti Silvestri papæ ad cœnobium Nonantulam a se fundatum [137].

753. 12. 1. 3. 4. 26.
(Cont. Fred.) Pipinus rex Italiam aggreditur;

VARIÆ LECTIONES.

[135] addit manus Sigeberti simillima; rell. præter A. [136] in rasura duarum linearum 15.; rell. præter A. [137] in rasura duarum linearum 15.; rell. præter A., qui habet : Pipinus rex totas Galliarum æcclesias cantibus Romanæ auctoritatis suo studio melioravit. Vir nobilis Anselmus corpus sancti Silvestri papæ transfert a Roma ad Nonantulam cœnobium a se fundatum. Hæc igitur Sigebertus primo ediderat.

NOTÆ.

(174) Hæc nec Ann. Mettenses habent, nec Regino. Auctor tractatus De investitura (Waltramum vocant), qui hunc locum excripsit, ea ita exhibet : Unxit — fratrem ejus confirmans stirpem illorum in regia et in imperatoria dignitate. Eadem sed verbis aliis concepta dicit Folcuinus in chartulario S. Bertini, p. 56 ed. Guerard

exercitus Haistulfi a Francis vincitur. Haistulfus pacem facere cum Romanis ad nutum Francorum compellitur. (*Transl. S. B.*) Karlomannus monachus ossa sancti Benedicti abbatis ab æcclesia Floriacensi, ubi olim translata fuerant, tollere nititur, ut ea ad castrum Cassinum referret. Miraculis a Deo ostensis et Francis obsistentibus, ab incepto prohibetur. (*H. m.*) Hoc tempore terremotus terribilis factus, quo urbes aliæ quidem ex toto, aliæ ex parte subversæ sunt, aliæ autem a montanis ad subjecta campestria cum muris et habitationibus suis integræ et salvæ plus quam ultra sex miliaria transmigraverunt. In Mesopotamia etiam terra disrupta usque ad duo miliaria, alia terra minus alba et arenosa de profundo ejus ascendit; et ex ea animal mulinum ascendit incontaminatum, humana voce loquens pronuntians incursionem gentis ab heremo adversus Arabes.

754. R. 13. S. 2. F. 4. L. 5. B. 27.

(*Mett.*). Karlomannus monachus Vienne moritur. (Mar.) Sanctus Bonefacius Moguntiæ archiepiscopus cum sociis suis in Fresia ab inimicis fidei martyrizatur; et in Fulda cœnobio, quod ipse in Toringia fundavit, honorifice tumulatur.

755. 14. 3. 5. 6. 28.

(*H. m.*) Constantinus imperator Constantinopoli sinodum 350 episcoporum congregat; in qua edicto promulgato de imaginibus Dei et sanctorum ejus deponendis, æcclesiam Dei nimis scandalizat, et contra orthodoxos tyrannizat. (*Mett.*) Haistulfus rex rupto pacis fœdere Romam obsidet. Pipinus rex Italiam repetens, eum Papie inclusum obsidet, et invitum ad fœdus pacis repetendum compellit, et sancto Petro quæquæ sui juris erant, restitui fecit. Fulradus abbas de sancti Dionisii Parisiensis corpus sancti Viti martyris a Roma Parisius transtulit.

756. 15. 4. 6. 7. 29.

(*Lauriss.*) Tassilo dux avunculo suo Pipino regi reconciliatur. Haistulfus rex Langobardorum judicio Dei moritur; cui Desiderius substituitur, et regnat annis 19.

757. 16. 5. 7. 1. 30.

(*G. pont.*) Paulus 88us Romanæ æcclesiæ presidet. (*Lauriss.*) Habdallas principatur Saracenis annis 21. Pipinus fortiter Saxonum munitiones irrumpit, et post multam stragem eos sub tributo redigit.

758. 17. 1. 8. 2. 31.

Corpus sanctæ Petronillæ, Petri apostoli filiæ, a Paulo papa transponitur; in cujus marmoreo sarcofago ipsius apostoli Petri manu sculptum legebatur: *Aureæ Petronillæ dilectissimæ filiæ.*(P. D. *gesta ep. Mett.*) Walpertus abbas in Italia, Chrodegangus Mettensium episcopus, Pipini regis ex Landrada sorore nepos, clarent in Gallia; qui Gorziam cœnobium fundavit in Mettensi parochia. (*Laur.*) Waiferus, filius Eudonis, dux Aquitaniæ, res Francorum injuste vexando, iram Pippini incurrit; eoque Aquitaniam aggresso, fœdus fictæ pacis init.

759. 18. 2. 9. 3. 32.

(*Mett.*) Habdalla persequente, æcclesia Dei perturbatur. Waifero a pacis fœdere averso, Pipinus rex Arvernicum pagum depopulando premit, et multa castella ipsamque urbem Arvernis capit, et Bladinum urbis comitem cum multis abducit. Sanctus Gengulfus claret in Burgundia, qui etiam martyrii claruit gloria.

760. 19. 3. 10. 4. 33.

(*Mett.*) Pipinus Bituricas urbem capit, et captam munit. (*H. m.*) Telezas Bulgaribus dominatur.

761. 20. 4. 11. 5. 1.

Caput Johannis baptistæ in Emesa civitate transfertur. Chilpingus Arvernensis et Ammingus Pictavensis comites congressi militibus Pipini, perimuntur cum multis [138].

762. 21. 5. 12. 6. 2.

(*H. m.*) A Constantino imperatore multi martyrizantur. Theletzis Constantino imperatori congressus, cum multo Bulgarum damno et opprobrio vincitur, et ob hoc a Bulgaribus reprobatus, cum principibus gentis ab eis perimitur. (*A. Lauriss.*) Tassilo dux a rege Pipino omnino avertitur. Sabinus Bulgaribus dominatur.] (*H. m.*) Turci a Caspiis portis erumpentes, Armeniam infestant. In quorum patria cum antiquo tempore pestilentia orta fuisset, suasu christianorum in modum crucis se totonderunt, et quia per hoc signum salus patriæ reddita fuerat, hunc ritum tondendi tenuerunt [139]. (*Mett.*) Waiferus diffidens suis rebus, muros urbium Aquitaniæ subvertit solo tenus; quos restaurans Pipinus, ad suorum tutelam, fidis commisit principibus.

763. 22. 6. 13. 7. 1.

(*H. m.*) Gelu magnum a Kalendis Octobris usque ad Februarium [140]. (*Cont. Fred.*) Pipinus rex Lemovicinam regionem cœde et incendio depopulatur. (*H. m.*) Sabinus Bulgar cum Romanis fœdus init, pro quo a suis repudiatus ad imperatorem fugit, paganus Bulgaribus dominatur. (*Ib.*) Stellæ subito visæ de cælo cecidisse, ita omnes exterruerunt, ut putarent finem mundi imminere.

764. 23. 7. 14. 8. 1.

(*Lauriss.*; *Gesta epp. Mett.*) Chrodegangus epi-

VARIÆ LECTIONES.

[138] *ita Sigebertus scripserat; at manus* 1ζ. *simillima manui* 1δ. *ea delevit*, Comites duo Chilpingus — cum multis *anno* 759. *adscripsit, et annum* 761. *in rasura et in margine ita ampliavit* : Caput — ditavit, quibus 1η. *addidit* : Idem rex — vocatur; *quas interpolationes infra edituri sumus cum reliquis additamentis Gemblacensibus. E codicibus* B3*. F1. 2. 3. *habent, quæ interpolatores scripserunt, reliqui omnes ea quæ Sigebertus.* [139] *add.* 1γ.; *rell. præter A. cf. a. sequentem.* [140] *post hæc erasa linea plus quam dimidia.* Turci a Caspiis portis erumpentes Armeniam invastant *add.* A. *Hæc igitur Sig. primo habuerat, sed in secunda editione anno præcedenti adscripsit ampliata.*

scopus corpora martyrum Gorgonii, Naboris et Nazarii Roma ad Gallias transtulit, et Gorgonium quidem in Gorzia, Naborem vero in Hyliriaco cœnobio, Nazarium autem reposuit in cœnobio Lorisham, quod Canthuyr comes illustris a se fundatum, Mettensi æcclesiæ priori anno tradiderat.

765. R. 24. S. 8. F. 13. L. 9. B. 2.

(*Cont. Fred.*) Pipinus rex Agennum, Petrogoricas et Engolismam urbes Aquitaniæ devastat, multamque Aquitaniæ partem sibi subjugat. Chrodegangus Mettensium archiepiscopus obit. Tempore Constantini imperatoris et Hyrenæ uxoris ejus, in Syria civitate Beritho, quæ subjacet Anthiochiæ, Judæi imaginem Jesu salvatoris nostri invenientes in domo cujusdam Judæi, ibi relictam a quodam christiano, qui ibi manserat, eam injuriose deposuerunt, et omnia opprobria, quæ Judæi Christo Jesu intulerunt, imagini ejus inferebant, illudentes ei, in faciem conspuentes, eam percutientes, criminose convitiantes, manus et pedes ejus clavis configentes, acetum et fel ei porrigentes; tandem lancea latere ejus aperto, exivit de eo sanguis et aqua. Quod illi supposita ampulla suscipientes, ad experimentum, utrum fuerint vera miracula, quæ Jesum fecisse audierunt, omnes infirmos in synagoga sua collectos hoc sanguine aspergebant; et a quocumque languore detinebantur, omnes sanabantur. Unde Judæi tandem compuncti, ad Adeodatum civitatis episcopum omnes cucurrerunt, eique re enarrata, imaginem cum sanguine ei dederunt. Quibus baptizatis, episcopus sanguinem per ampullas divisum longe lateque dirigens, predicabat magnalia Dei; obtestatus omnes, ut singulis annis 5. Idus Novembris celebretur passio dominicæ imaginis (Cf. *A. Xant.*).

766. 25. 9. 16. 10. 3.

(*H. m.*) Constantinus imperator et Habdallas amiras pari vesania in orthodoxos desevinunt, multosque eorum pro Christo perimunt. Constantinus insuper ægre ferens gloriam sanctorum miraculis coruscantium, etiam lipsana eorum ubique jubet effodi et jactari in profundum. In præsentia Pipini regis inter Grecos et Romanos celebratur sinodus de sancta Trinitate et sanctorum imaginibus. (*Cont. Fred.*) Pipinus rex Remistanium fratrem Eudonis, patruum scilicet Waiferi, qui a Waifero ad se et a se ad Waiferum transfugerat, captum a suis in bello suspendit in patibulo. (*Ib.*) Rex Saracenorum Amyrmonon ab Hyspania missis legatis, et muneribus datis et acceptis, affectat gratiam et amicitiam Pipini regis.

767. 26. 10. 17. 11. 4.

(*Lauriss.*) Pipinus ultimo exterminio Aquitaniam atterit, Sanctonas capit, ibique Waiferi matrem, sorores et neptes captas secum abducit. (*G. pont.*) Romæ Paulo papa mortuo, Constantinus quidam subito ordinatus sacerdos ex laico, tyrannica ambitione papatu invaso, æcclesiæ Dei magno fuit scandalo. [Contra hunc Philippus a quibusdam Romanorum papa constituitur, et non multo post deponitur [141].]

768. 27. 11. 18. 12. 5.

(*Cont. Fred.*) Longa contentio inter Pipinum et Waiferum finitur, quia Waiferus a suis malorum pertæsis in gratiam Pipini perimitur; et non multo post Pipinus moritur. Karolus, filius ejus, pro felicitatis magnitudine agnominatus Magnus, compartito cum fratre suo Karlomanno regno, regnat post eum annis 47. (*G. pont.*) Constantino pseudopapa per zelum fidelium ab æcclesia deturbato oculisque privato, Stephanus 89us Romanæ æcclesiæ presidet. Hic tam a Gallia quam ab Italia episcoporum sinodum Romæ congregat, in qua omnia a Constantino ordinata exordinat preter baptismum et chrisma; decernente sinodo, ut episcopi ab illo consecrati ad gradum, quem ante hanc consecrationem habebant, redirent, et si digni judicarentur, iterum electi iterum consecrarentur; presbiteri vero ac diaconi ab illo consecrati similiter ad priorem gradum redirent; et ipsi si digni essent, iterum quidem consecrarentur, sed ad altiorem gradum vel ordinem numquam ascenderent; laici vero ab illo in diaconos vel presbiteros ordinati omnino degradarentur, et in religioso habitu perseverarent. Venerationem etiam sanctarum imaginum confirmat, earumque profanatores anathematizat. Constituit etiam, ut in omni die dominico ad missam *Gloria in excelsis Deo* canatur.

769. 28. 12. 1. 13. 6.

(*Mett.* [*Laur.*]) Hunaldo rebellionem in Aquitania meditante, Karolus Aquitaniam petit, omnesque Aquitanos et Wascones in deditionem accipit. Hunaldum, qui ad Lupum Wasconum ducem fugerat, a Lupo sibi cum uxore remissum abducit; et sic Aquitanicum bellum finit. Desiderius rex Langobardorum sub optentu orandi Romam ingressus, aliquos nobilium Romanorum captos excecavit.

770. 29. 13. 2. 14. 7.

(*H. m.*) Constantinus imperator omnino a Deo aversus, virum sanctum Stephanum per 60 annos inclusum, etiam gentilibus reverendum, amara morte martyrizavit. Omnes sibi subjectos jurare coegit super sanctæ crucis lignum, ne aliquam Dei sanctorumque ejus imaginem venerarentur. Eos qui Dei genitricem invocabant, eos qui vigilias Deo agebant, eos qui æcclesiis assueti religiose vivebant, eos qui a juramentis et immunditiis abstinebant, eos qui reliquias sanctorum penes se habebant, hos et hujusmodi damnans, patrimoniis privabat et omnibus modis cruciabat; qui reverentiores erant, eorum barbis cera et pice illitis, eos amburebat; monachos ut uxores, monachas ut viros ducerent, cogebat. Quod multi vitantes, martyrium

VARIÆ LECTIONES

[141] *addit* 15.; *rell. præter* A.

meruerunt. Nec sub alicujus gentilis persecutione plures, quam sub hoc martyrizati sunt. Thelerigus Bulgaribus dominatur.

771.   R. 30.   S. 14.   F. 3.   L. 15.   B. 1.

(*A. Lob.*) Karlomannus rex, regis Karoli frater, obit ; pars regni ejus partibus Karoli se unit; uxor ejus cum filiis et Authario Franco ad Desiderium regem Italiæ confugit. Hunaldus dux Aquitaniæ Romam, quasi ibi perseveraturus, venit; qui ad Langobardos fugiens apostatavit, ibique non multo post lapidibus obrutus male periit. (*H. m.*) Constantinus imperator contra Bulgares navali prelio pugnaturus, navibus suis fere duabus milibus impetu aquilonis contritis, totum pæne amisit exercitum.

772.   31.   15.   4.   16.   2.

(*G. pont.*) Adrianus 90us Romanæ æcclesiæ presidet. Hic ad reprimendam rabiem hereticorum imagines Dei sanctorumque execrantium nimis laboravit; et libro adversus eos edito multis scripturarum inductionibus roborato, errores eorum infirmavit, fidemque rectam solidavit. Hic in offertoriis et offertoriorum versibus, quod geminatum est, geminavit (*Mett.* [*Laur.*]) Karolus rex ad Saxonicum bellum animum intendit, Hereshurch castrum Saxonum capit, Hormensul fanum destruit; ibique siti laborante exercitu, subito in torrente largissimæ aquæ effusæ sunt divino nutu ; votique compos Karolus obsides pacis' accepit a Saxonibus.

773.   52.   16.   5.   17.   3.

(*Ib.*) Adriano papa contra Desiderium regem conquerente de multis injustitiis, Karolus Italiam petit, et Desiderium intra Papiam clausum obsidet [142].

774.   33.   17.   6.   18.   4.

(*Laur.*) Saxones rupto pacis fœdere Francorum fines premunt igne et cæde; sed tamen æcclesiam in Fritislar nequeunt incendere, quam sanctus Bonefacius benedixit, eamque nunquam igne cremandam prædixit. (Jon. *Vita Gregor. M.* ii, 9.) Karolus rex offensus dissonantia æcclesiastici cantus inter Romanos et Gallos, et judicans justius esse de puro fonte, quam de turbato rivo bibere , duos clericos Romam misit, ut autenticum cantum a Romanis discerent et Gallos docerent. Et per hos primo Mettensis æcclesia, et per illam omnis Gallia ad auctoritatem Romani cantus revocata est. (*Mett.* [*Laur.*]) Inter obsidendum rex Karolus diviso exercitu, multas urbes ultra Padum comprehendit; inter quas Veronam capit, in qua Autkarius Francus cum uxore Karlomanni et filiis ejus latens, se cum eis regi dedit ; Adelgisus vero Desiderii regis filius, qui illuc fugerat, inde elapsus Constantinopolim fugit. (*A. Leod.*) Obsidionem Papiensium pestilentia mortalitatis aggravante, civitas regi Karolo. aperitur.

A Desiderius rex cum uxore et filia et cunctis principibus capitur, et perpetuo exilio ad Gallias Agilfredo Leodiensium episcopo dirigitur. Quidquid per multa tempora Langobardi Romanis abstulerant, Karolus eis restituit; regno vero Langobardorum destructo, totam Italiam sub jure regni Francorum redigit. Taliter Langobardi victi regnare destiterunt post annos 204, ex quo in Italia regnare cœperunt. Karolus rex Saxoniam repetens , tripartito exercitu concurrit Saxonibus, eique victoria provenit in omnibus.

775.   54.   18.   7.   5.

(*H. m.*) Constantinus imperator contra Bulgares vadit; sed pax inter eos convenit. Non multo post autem rupto a Bulgaribus pacto, imperator eos ex B improviso aggressus , nobiliter de eis triumphavit. (*Mett.* [*L.*]) Karolus rex Sigiburch castrum Saxonum capit ; ter cum eis confligit, et victor obsides pacis ab eis accepit.

776.   55.   19.   8.   6.

(*H. m.*) Constantinus imperator plaga pessimi incendii divinitus percutitur, et clamans adhuc vivus : *Igni sum inextinguibili traditus*, miserabiliter moritur. Post quem filius ejus Leo annis 5 imperat. Habdallas etiam amiras moritur, post quem Mady annis 9 Saracenis principatur. (*Mett.* [*L.*]) In Italia quibusdam rebellionem meditantibus, Italiam repetit Karolus ; urbem Forum Julii capit, et ducem ejus Rothgandum rebellionis incentorem decollari C præcipit; capta quoque Tarvisio urbe, cæteris majestate sui nominis terrorem incutit. (*Mett.* [*Reg.*]) Saxonibus Hereshurch castrum obsidentibus , gloria Dei super æcclesiam apparuit omnibus, duobus scilicet scutis sanguineo colore flammantibus quosdam motus, ut in bello, per aera dantibus. Karolus Saxoniam velut tempestas proterit, munitiones irrumpit, et ad hoc eos impellit , ut se et patriam ei dedant, et datis obsidibus se christianos futuros spondeant.

777.   1.   1.   9.   7.

(*Mett.* [*L.*]) Winthichindus dux Saxonum in Northmanniam fugit. Saxones baptizati paciscuntur, ut ingenuitatem suam et sua omnia perdant, si unquam a fidelitate Christi et regis desistant.

D 778.   2.   2.   10.   8.

(*Ib.*) Karolus in Hispania Cæsaraugustam vastando delet, Pampilonam obsidet, ejusque captæ muris destructis Wascones duosque Saracenorum regulos sibi subigit, aliquasque urbes in deditionem accipit. Saxones suasu Winthichindi Franciam atterunt; sed a Karolo victi fuga sibi consulunt. (*H. m.*) Thelericus Bulgar ad Leonem imperatorem fugit; quem baptizatum imperator patritium facit. (*Ib.*) Chardamus Bulgaribus dominatur.

VARIÆ LECTIONES.

[142] *Interpolationem hujus anni a scriba Aquicinensi factam videsis infra in additamentis Aquicinensibus. In* 1. *rasuræ, quam Hirsch p.* 471. *supponit, additionisve ne levissimum quidem vestigium; unde qui interpolationem istam a Sigeberto fabricatam dixerunt, falsi sunt.*

779. R. 3. S. 3. F. 11. B. 1.
(*Mett*. [*L*.]) Leo imperator Siriam incursat. Karolus rex in Saxonia Westfalos sibi subjugat. Hilterandus dux Spoleti Karolo regi se subdit, ejusque gratiam multis muneribus redimit.

780. 4. 4. 12. 2.
(*Ib*.) Karolus rex Albiam fluvium transgreditur, ibique in ejus gratiam Bardogavenses et Nortliutæ baptizantur. Tassilo dux Bajoariæ contra Karolum regem rebellat, hortatu uxoris suæ, quæ filia erat Desiderii regis, et exilium patris sui per maritum suum vindicare temptabat. [Obiit sanctus Sturmius primus abbas Fuldensis [143]. (cf. MAR.)]

781. 5. 5. 13. 3.
(*H. m.*) Leo imperator cum insaniret cupiditate circa pretiosos lapides, adamavit magnæ æcclesiæ coronam, et accipiens portavit eam; et exierunt carbunculi in capite ejus, et captus a febre mortuus est. Post quem uxor ejus Hyrene cum filio suo Constantino imperat annis 10. (*Mett*. [*L*.]) Mady amiras multos utriusque sexus pro Christo martyrizat. Karolus rex orationis causa vadit Romam, ibique filii ejus unguntur in reges : Pipinus super Italiam, Ludowicus super Aquitaniam. (*Ib*.) Tassilo dux Bajoariæ ab Adriano papa Karolo regi reconciliatur.

782. 1. 6. 14. 4.
(*H. m.*) Constantinopoli quidam lapideam auream invenit et in ea virum jacentem cum hac scriptura : *Christus nascetur ex virgine Maria, et credo in eum. Sub Constantino et Hyrene imperatoribus, o sol, iterum me videbis*. (*Mett*. [*L*.]) Saxones rebellant, et a Karolo bello victi, seditiosos usque ad 4500 ei tradunt, et obsides ei tribuunt.

783. 2. 7. 15. 5.
(*Ib*.) Saxones rebellant, et a Karolo rege victi, pæne usque ad internecionem delentur.

784. 3. 8. 16. 6.
(*Ib*.) Saxones et Fresones rebellant et vincuntur. Westfali a Karolo Karoli regis filio debellantur.

785. 4. 9. 17. 7.
(*H. M.*) Mady amiras moritur; post quem Moyses Saracenis annis duobus principatur. (*Mett*. [*L*.]) Karolus Saxoniam depopulatur Wintichindus et Albion duces Saxonum Karolo reconciliati baptizantur, et motus Saxonum reprimuntur.

786. 5. 1. 18. 8.
(*Ib*.) Karolus rex Adulfum synescalcum suum contra Brittones [144] mittit, et per cum multa Brittonum castra et principes eorum capit. (MAR.) Signum crucis in vestibus hominum apparebat.

787. 6. 2. 19. 9.
(*Mett*. [*L*.]) Moyses amiras moritur; post quem Aaron frater ejus Saracenis annis 23 principatur.

A Karolus rex Romam venit, et contra Heregisum Beneventi ducem vadit. Heregisus muneribus et obsidibus datis, gratiam ejus redimit. Bellum inter Francos et Avares oritur (MAR.) Sanguis de cælo et terra profluxit.

788. 7. 1. 20. 10.
(*Mett*. [*L*.]) Tassilo dux Bajoariæ contra Karolum regem reus majestatis adjudicatur; unde a Karolo attonsus, cum filio ejus Theodone in monasterio relegatur. In Italia inter Grecos et Romanos pugnatur. Secundo in Italia inter Francos et Avares pugnatur. Tertio inter Avares et Bajoarios pugnatur. Quarto inter Avares et Francos pugnatur, et in omnibus Karolus suis provenisse victoriam lætatur. (*H. m.*) Instantia Tharasii patriarchæ Constantinopolitani et Adriani papæ secundo apud Niceam universalis synodus 350 episcoporum congregatur; in qua fides catholica in presentia Hyrenes et filii ejus Constantini, cunctorum subscriptione roboratur, et heresis execrantium imagines Dei in perpetuum abdicatur. Conjuratio valida facta est ab Austrasiis contra Karolum regem, auctore Harderico. Qua detecta, multi aut membris truncantur, aut exiliantur.

789. 8. 2. 21. 11.
(*Mett*. [REG.]) Karolus Coloniæ super Rhenum (175) pontes duos construit et munit, et Sclaviam ingressus, eam sibi subigit. (*H. m.*) Adelgisus, filius Desiderii regis, qui victo patre suo ad Grecos confugerat, animatus auxilio Grecorum ad Italiam venit, aut ad repetendum regnum, aut ad inferendam ultionem; qui inito bello cum Francis, tentus ab eis amara morte peremptus est.

790. 9. 3. 22. 12.
(EINH.) Karolus rex honestati æcclesiasticæ omnino intentus, legendi et psallendi disciplinam diligenter correxit (JON., *V. Greg. M.*, II, 10). Perpendens enim, iterum Gallos a Romanis in cantando discrepare, Mettenses vero sola naturæ levitate paululum quid dissonare, per cantores rursum sibi ab Adriano papa a Roma directos dissonantiam cantus correxit. (EINH.) Circa pauperes etiam sollicitus, non solum in regno suo, verum etiam trans maria in Ægypto, in Syria, in Africa, precipue in Hierosolimis, liberalitate elemosinarum christianis pauperibus solatiabatur; transmarinorum regum amicitias ob hoc maxime expetens, ut christianis sub eis degentibus esset revelatio. (*Ib*.) Alchuinus de Britannia oriundus, magister deliciosus regis Karoli, scientia litterarum prepollet in Gallia, cujus precipue magisterio ipse rex omnes liberales artes didicit. Hic multa scripsit, inter quæ eminent libri de sancta Trinitate scripti ad ipsum regem. [Hic etiam jussu ipsius regis divinam historiam correxit [145].]

VARIÆ LECTIONES.

[143] addit. 13. : *rell. præter* A. (*qui ea a.* 829. *habet*) C2*. [144] bittones Sig. [145] add. 13.; *rell. præter* A.

NOTÆ.

(175) Albis fuit; vide Reginonem et Ann. Mett.; cf. Mon. SS. II, 225, nota.

791. R. 10. S. 4. F. 23. B. 13.

(*H. m.*) Constantinus matrem suam Hyrenen imperio privat, solusque annis 6 imperat. (*Mett.* [*L.*]) Karolus rex regnum Avarum terra marique impetit, eisque in sola fuga spem evadendi reliquit.

792.   1.   5.   24.   14.

(*H. m.*) Constantinus imperator congressus Chardamo Bulgari, turpiter victus dehonestatur; Chardamus sublato regio omni apparatu ditatur. Pipinus, Karoli regis ex concubina filius, gibbo deformis, a quibusdam Francorum primoribus promissione regni illectus, contra patrem conjuravit. Unde convictus tonsoratur, et in Prumia coenobio retrusus usque ad finem vitæ Deo militavit. Complices vero conjurationis alii exiliantur, pauci perimuntur.

793.   2.   6.   25.   15.

(*Mett.* [*L.*]) Feliciana heresis condemnatur et in presentia Adriani papæ ab ipso Felice auctore abdicatur. Hæc heresis asserebat, filium Dei in divina natura verum Deum esse, in humana vero natura nuncupativum; item in divina natura cum esse verum filium Dei; in humana vero adoptivum, unam, personam Dei et hominis dividens in duas personas, scilicet veri filii et adoptivi. Saxones in fide et fidelitatis regis vacillant.

794.   3.   7.   26.   16.

(*H. m.*) Constantinus imperator multos principum sibi suspectos oculis privat. (EINH.; — MARIANUS.) Karolus rex, non solum patria lingua, sed etiam peregrinis linguis eruditus, barbara et antiquissima carmina, quibus veterum regum bella et actus canebantur, scripsit et memoriæ mandavit. Inchoavit etiam grammaticam patrii sermonis; mensibus anni juxta propriam, id est Teutonicam, linguam vocabula imposuit; ventos etiam duodecim propriis nominibus appellavit, cum antea quatuor tantum cardinales venti nominarentur.

795.   4.   8.   27.   17.

(*Mett.* [*L.*]; EINH.) Saxones virtute Karoli conterriti, reddunt se Christi et regis fidelitati. Karolus rex christianam religionem sancte ac pie colens, æcclesias Dei omnimodis honorabat, et ornabat sacris vasis ac vestibus, edicens, ut ne janitoribus quidem liceret communi habitu in æcclesia ministrare. Extruxit etiam Aquisgrani basilicam plurimæ pulchritudinis, ad cujus structuram a Roma et Ravenna columnas et marmora devehi fecit.

796.   5.   9.   28.   18.

(*G. pont.*) Leo 94^{mus} Romanæ ecclesiæ presidet. Qui mox clavim confessionis sancti Petri cum vexillo Romanæ urbis Karolo regi misit. (*Mett.* [*L.*]) Witthan rex Abrotidorum a Saxonibus perimitur.

797.   6.   10.   29.   19.

Heinricus dux Forojulianorum expoliato in Pannonia Avarum principe Yringo (176), inestimabilem thesaurum ejus misit regi Karolo. (*Ib.*) Thudun

A princeps Avarum se et patriam suam Karolo regi dedit, et gratiam baptismi percipit.

798.   7.   11.   30.   20.

(*H. m.*) Hyrene imperatrix super erepto sibi imperio foemineo dolore abusa, Constantinum filium suum oculis et imperio privat, et sola annis 5 imperat. Thatun Hyspanus Barcinonæ prefectus se Karolo regi dedit, et Barcinonam, quæ ab illo desciverat, reddit. (*Mett.* [*L.*]) Karolus rex Saxones gravi prælio vincit. Adelphon rex Galithiæ regi Karolo multa munera mittit. (*H. M.*) Sol obtenebratus est per dies 17.

799.   1.   12.   31.   21.

(*H. m.*) Constantinus imperator moritur. In Hispania Barcinona Saracenis reddita, a Karoli militibus est obsessa. Leonem papam celebritatem letaniæ majoris agentem Romani capiunt, et linguam ei oculosque evellunt. Cui voce et visu reddito divinitus, iterum ei oculos et linguam cruunt radicitus. Qui de manu eorum erutus, ad Karolum fugit quantotius. (*Mett.* [*L.*]) Heinricus dux Forojulianorum a suis perimitur.

800.   2.   13.   32.   22.

(*Mett.* [*L.*]) In mense Julio contra naturam aspera et gelu concreta bis fuit pruina, sed nihil fructibus nocuit. Karolus rex Leonem papam in sede Romana relocat; ipse quoque Romam properat, causas examinat, reos legaliter damnat, sicque omnes Romanorum motus sedat. (*Ib.*) Gens Avarum a fide deficit. Baleares insulæ auxilio Francorum a Saracenis defensantur. Per Widonem Karoli ducem Brittones vincuntur et in deditionem recipiuntur. Geroldus dux Bajoariæ in Pannonia Avaribus congressus perimitur; de quo in visione Wetini legitur, quod inter martyres annumeratus sit.

801.   3.   14.   33.   23.

Romani, qui ab imperatore Constantinopolitano jamdiu animo desciverant, nunc accepta occasionis opportunitate, quia mulier excecato imperatore Constantino filio suo eis imperabat, uno omnium consensu Karolo regi imperatorias laudes acclamant, eumque per manum Leonis papæ coronant, cæsarem et augustum appellant; Pipinum vero, filium ejus regem Italiæ ordinatum collaudant. (*Mett.* [*L.*]) Amymurlyn rex Persarum Karolo imperatori elephantum et munera multa mittit. Barcinona capitur. In Italia quoque Theate civitas a Francis capitur. Sanctus Salvius episcopus veniens ab Aquitania ad fiscum Valentianas, a Winigardo, filio Gerardi procuratoris ipsius fisci martyrizatur. Et super ejus corpore requirendo Karolus Magnus imperator divinitus tertio ammonitus, corpus quidem inventum honorifice sepelivit, interfectores autem ejus gravi poena multavit; nec tamen per hoc in eos ultio Dei cessavit. Immutato ordine regnorum, immutandus est etiam ordo titulorum; quia abhinc sub uno

NOTÆ.

(176) Hic nunquam exstitit; fecit eum Regino, non intelligens vocem annalium Laurissensium *hring* i. q. *circulus*. Ex eo transiit in Annales Mettenses, Sigeberti fontem.

comprehendendum est regnum Francorum et Romanorum, et Constantinopolitanum regnum distinguendum est a regno Romanorum. Ex quo Byzantium Traciæ civitas a primo Constantino in novam ampliata et in regiam urbem est exaltata, et translata in illam omni Romanæ dignitatis gloria, in sedem Romani imperii dedicata et nova Roma est appellata; evolutis annis circiter 468, diviso a Constantinopoli Romano imperio, Karolus primus Francorum imperavit Romanis annis 14.

802.   R. 1.   F. 34.   C. 4.   S. 15.   B. 24.

(*Mett.* [*L.*]) In Italia civitates Ostona et Luceria contra Karolum sentientes, in deditionem accipiuntur. Karolus imperator per omne imperium suum legatos ad faciendum judicium et justitiam cunctis dirigit, et legis capitula 25 instituit (177). Legati imperatoris Karoli ab Aaron amyra venientes, inter cetera munera etiam ossa Cypriani Kartaginiensis martyris et Sperati primi Scillitanorum martyrum, et caput Pantaleonis martyris in Frantiam afferunt. (*H. m.*) Nicephorus Hirenen imperio depositam exilio relegat, et Constantinopolitanis annis 8 imperat.

803.   2.   35.   1.   16.   25.

(*H. m.*) Hyrene imperatrix in exilio moritur. Nicephorus imperator Saracenis congressus, pessime vincitur [146]. (*Mett.* [*L.*]) Karolus imperator omnes Saxones trans Albiam morantes in Franciam transtulit, pagosque eorum Abroditis dedit. (*H. m.*) Aaron amiras cum trecentis milibus contra Nicephorum imperatorem ascendit; quem non ferens Nicephorus, turpe fœdus init, pactus se ei daturum annuatim tricena milia nomismatum, et tria nomismata in tributum capitis imperatoris, et tria pro capite filii sui. Karolus per omne imperium justitias facit, et legis capitula 29 instituit (178).

804.   3.   36.   2.   17.   26.

(*Mett.* [*L.*]) Leo papa ad Karolum imperatorem in Franciam venit. (*H. m.*) Nicephorus imperator fœdere cum Saracenis soluto, multa incommoda contulit imperio suo. Godefridus rex Danorum multa contra vicinas gentes abutens insolentia, pacem ab imperatore Karolo expetit. Avares, qui et Huni, longo contra Francos bello perdomiti, adeo a fortitudine sua et potentia sunt diminuti, ut qui alios ultro solebant lacessere, jam nec se ab aliis valeant tueri; quia in hoc bello omnis eorum gloria et nobilitas periit, et quidquid pecuniæ et thesauri per tot sæcula orbem terrarum vincendo sibi congesserant, totum modo victoriæ Francorum cessit, et nullo unquam bello tam multa spoliorum quantitate Francia ditata fuit.

805.   4.   37.   3.   18.   27.

Karolus imperator, indignantibus contra se imperatoribus Constantinopolitanis propter invidiam imperatorii nominis a Romanis sibi impositi, magna patientia et magnanimitate eos tulit; et quia suspectam habebant suam potentiam, crebris [147] legationibus sibi eos firmissimo fœdere conciliabat. (*Mett.* [*L.*]) Avares non ferentes infestationem Sclavorum, a Karolo imperatore inter Sabariam et Karantanum impetraverunt habitandi locum, ibique sine regni nomine resederunt sub ditione Francorum. (*Ib.*) Karolus, filius imperatoris Karoli, Behemanos rebellantes devicit, et Lethonem eorum ducem peremit.

806.   5.   38.   4.   19.   28.

(*Ib.*) Karolus inter filios suos partitionem regni facit, et inde testamentum factum, sua et Leonis papæ auctoritate roboravit. (*Ib.*) Behemani Sclavis auxiliantibus ubique grassantur, sed a Karolo imperatoris filio fortiter debellantur.

807.   6.   39.   5.   20.   29.

(*H. m.*) Chumeyd amyreus missus ab Aaron ad excindendam Lyciam, cum venisset Myream, nisus sancti Nicolai conterere archam, pro ea contrivit aliam, et pro temeritate incurrens Dei vindictam, subsequente inevitabili tempestate, classim amisit totam. Karolus imperator per manum Pauli diaconi sui decerpens optima quæque de scriptis catholicorum patrum, lectiones unicuique festivitati convenientes, per circulum anni in ecclesia legendas compilari fecit [148]. *Mett.* [*L.*]) Rex Persarum Karolum imperatorem pretiosis muneribus per legatos honorat. Saraceni Sardiniam depopulantur, sed a Pipino rege Italiæ superantur. (*H. m.*) Chrumnus Bulgaribus dominatur.

808.   7.   40.   6.   21.   1.

(*Mett.* [*L.*]) In Britannia Eardulf rex Nordanymbrorum patria et regno pellitur; sed ad Karolum imperatorem veniens, per eum regno et patriæ restituitur. (*H. m.*) Aaron amiras moritur; post quem Muhamad annis 5 principatur.

809.   8.   41.   7.   1.   2.

(*A. Leod.*) Walchaudus episcopatum Leodicensem suscipit, qui in Ardenna Andagium cœnobium construxit. (*Mett.* [*L.*]) Pipinus rex Italiæ Venetiam bello sibi subigit, et non multo post Mediolani obit; et Karolus imperator Venetiam Nicephoro reddit. Nicephorus imperator novis et injustis legibus omnes suos exacerbat, et Dei in se iram exaggerat. (*Ib.*) Godefrido Danorum rege mortuo, Hemingus, filius ejus, pacem expetit ab imperatore Karolo.

810.   9.   42.   8.   2.   3.

(*Mett.* [*L.*]) Karolus in tres partes regni sui tres exercitus misit, unum trans Albiam, qui Hilinones debellavit, unum in Pannoniam, qui reliquias Hunorum et Sclavos compressit, unum contra Brit-

VARIÆ LECTIONES.

[146] N. i. S. c. p. v. *desunt* C2*. D.   [147] crebis 1.   [148] Karolus — fecit *in margine add. Sig. cur. tertiis.* Mon. SS. II, 225.

NOTÆ.

(177) Aquisgrani. Mon. Leg. I, 90.

(178) Mon. Leg. I, 114. cf. SS. II, 225.

tones, qui eorum perfidiam contudit ; et ubique sibi victoria provenit. (EINH.) Karolus rex, filius imperatoris major natu, obit. (MARIANUS) Karolus imperator rerum suarum heredem Christum testamento facit, et quicquid in re mancipi habebat, in tres partes diviso, tertiam eorum pauperibus et famulantibus palatio delegavit, duas vero partes in partes viginti et unam subdivisit, et metropolitanis episcopis, qui totidem sibi suberant, distribuit, ut metropolis æcclesia tertiam assignatæ sibi partis haberet, et duas inter suffraganeos episcopos divideret. Nomina archiepiscopalium civitatum, quæ erant sub Karolo : Roma, Ravenna, Mediolanum, Forum Julii quæ et Aquileia, Gradus, Colonia, Moguntia, Juvavum quæ et Salzburch, Treveris, Senonis, Vesontio, Lugdunus, Vienna, Rotomagus, Remis, Arelas, Darantasia, Ebredunum, Burdegala, Turonis, Bituricas. (*H. m.*) Nicephorus imperator Bulgariam ingreditur ; et quia victoriæ temperare nescivit, a Bulgaris cum multo senatorii ordinis numero perimitur. Stauratius filius ejus post eum anno uno imperat.

811. R. 10. F. 43. C. 1. S. 3. B. 4.

(*H. m.*) Stauratio deposito, Michael imperat post eum annis 5. (*Mett.* [*L.*]) Hemingus rex Danorum moritur. Post quem duo inter se de regno contendentes bello colliduntur, in quo pæne 11 milia Danorum perimuntur. (EINH.) Moguntiæ pons quingentorum passuum longitudinis trans Rhenum, quem Karolus imperator per decem annos ingenti labore et mirabili opere de lignis construxerat, ita ut perpetuo durare posse videretur, ita tribus horis conflagravit, ut ne una quidam astula super aquam remaneret.

812. 11. 44. 1. 4. 5.

(*Mett.* [*L.*]) Karolus imperator Ludowico filio suo coronam imperialem imponit, et Bernardum, filium Pipini regis, regem Italiæ facit. (*Elev. Am.*) In Francia apud coenobium Elnonense sanctus Amandus a Lothario elevatur, a depositione ejus anno circiter centesimo quinquagesimo secundo. Cujus corpore adhuc integro invento, cum ejus capilli et ungues, qui excrevisse videbantur, succiderentur, et de ejus ore dentes adhibita forcipe extraherentur, sanguis inde profluxit, qui ad memoriam posterorum adhuc servatur.

813. 12. 45. 2. 5. 6.

(*Mett.* [*L.*]) Karolus imperator per totas Gallias concilia super statu æcclesiarum ab episcopis celebrari edicit ; unum fuit Moguntiæ, alterum Remis, tertium Turonis, quartum Caballonis, quintum Arelati. (*H. m.*) Muhamad amiras fratri suo Habdallæ congreditur ; a quo superatus, cum sibi conregnare invitus patitur ; et hoc bello regnum Saracenorum per aliquot annos discinditur. (*Mett.* [*L.*]) Michael imperator Chrumno Bulgari congressus, de bello victus fugit, et ex desperatione rerum monachus factus, imperium deponit. Post quem Leo annis 8 imperavit.

814. 13. 46. 1. 1. 7.

(*Mett.* [*L.*]) Karolus imperator gloriosus, regno et imperio suo ampliato et pacato, statu quoque æcclesiæ sancte et religiose ordinato, moritur, et sepelitur Aquis, anno ætatis suæ 72° ; qui pro magnitudine operum agnominatus est Magnus, cujus vitam Einardus descripsit. Post quem Ludowicus, filius ejus, imperavit annis 26.

815. 1. 2. 2. 8.

(*Mett.* [*L.*]) Inter Ludowicum et Leonem imperatores pax firmatur. Harioldus rex Danorum, patria et regno pulsus a filiis Godefridi, ad imperatorem Ludowicum veniens implorat opem recuperandi. Chrumnus successu lætatus, Constantinopolitanos incursat insolentius, et usque ad portas urbis vagatur crebris incursibus.

816. 2. 3. 3. 9.

(*G. pont.*) Stephanus 92us Romanæ ecclesiæ presidet. Hic mox in Franciam venit, et Ludowicum in imperatorem coronavit. (*Mett.* [*L.*]) Ludowicus imperator exercitum contra Danos mittit, et per eum obsides accipit.

817. 3. 4. 4. 10.

(*G. pont.*) Pascalis 93us Romanæ ecclesiæ presidet. (*Mett.* [*L.*]) Wascones ab imperatore Ludowico desciscunt, sed ab ejus exercitu edomiti cito resipiscunt.

818. 4. 5. 5. 11.

(*Ib.*) Sclaomyr rex Abrotidarum ab imperatore Ludowico deficit et ad Danos transit.

819. 5. 6. 6. 12.

(*Ib.*) Ludowicus imperator Brittones sibi subigit. Murmanus dux eorum, qui nomen regis sibi usurpaverat, ab eis perimitur. (*Ib.*) Bernardus rex Italiæ conspirationis contra imperatorem factæ accusatur, et reus majestatis adjudicatus, primo regno et oculis, dehinc vita privatur. (*Ib.*) Harioldus in regnum Danorum a Ludowico remittitur.

820. 6. 7. 7. 13.

(*Ib.*) Sclaomyr rex Abrotidarum et Lupus dux Wasconum damnati capitis ab imperatore Ludowico exiliantur. (*Cap. Aquisg.*) Aquisgrani generali conventu habito, per dispositionem imperatoris Ludowici episcoporumque et abbatum aliqua capitula ad usus regularium monachorum addita sunt ; et multa sanctarum scripturarum compilatione facta, clericorum et clericalium sanctimonialium regulæ constitutæ sunt. Deficiente historiarum relatione, cessat etiam relatio de regno Bulgarum et Saracenorum.

821. 7. 8.

(*G. pont.*) Paschalis papa corpus sanctæ Ceciliæ virginis ipsa revelante invenit, aureis velatum indumentis sanguine ipsius adhuc infusis ; et ipsam et corpora sanctorum Valeriani sponsi ejus et Tyburtii et Maximi, Urbani quoque papæ, in æcclesiam a se eis edificatam transposuit. (*Mett.* [*L.*]) Ludowicus imperator partitionem regni inter filios suos factam confirmat sacramentis optimatum suorum. (*Ib.*) Leo imperator Grecorum perimitur in palatio suo conspiratione optimatum suorum, et precipue Michahelis domesticorum comitis, et ipse Michael imperavit annis 9.

822.   F. 8.   C. 1.

In Turingia cespes longitudine pedum quinquagenum, latitudine quatuordenum, altitudine sesquipedali, sine manibus de terra precisus et sublatus est, et ultra pedes 25 translatus est. In Saxonia tellus in modum aggeris limite unius leugæ intumuit.

823.   R. et F. 9.   2.

(*A. Leod.*) Elevatio sancti Ursmari confessoris Lobiensis celebratur [149]. (*Mett.* [*L.*]) Drogo, frater Ludowici imperatoris, fit Mettensium episcopus. (*Ib.*) Lotharius, filius imperatoris, a patre in Italiam dirigitur; qui a Paschale papa consecratus, coronam regni et imperatoris atque augusti nomen accepit. (*Ib.*) Romæ quidam nobilium perimuntur, pro eo quod proniores justo esse viderentur ad fidelitatem Lotharii imperatoris. Quod crimen cum etiam in ipsum papam Paschalem intorqueretur, papa se apud imperatores excusat, et de hoc crimine coram populo et legatis imperatoris Romæ cum magno episcoporum numero se jurejurando expurgat. (*Ib.*) Terræmotus factus est; multæ villæ et domus cælesti igne cremantur; homines et animalia ictu fulminum examinantur; fruges grandine vastantur; cum ipsa grandine veri lapides immensi ponderis cadunt; et hæc prodigia grandis hominum mortalitas subsequitur. In territorio Tullense villa Comertiaco puella duodennis, post sacram communionem in pascha a sacerdote susceptam, primum per decem menses pane, deinde omni cibo et potu per triennium abstinuit, et postea ad communem hominum vitam rediit.

824.   10.   3.

(*G. pont.*) Eugenius Romanæ æcclesiæ centesimus [150] presidet. (*Mett.* [*L.*]) Corpora sanctorum Severi Ravennatium episcopi et uxoris ejus Vincentiæ et filiæ Innocentiæ ab Otgario archiepiscopo Moguntiam translata sunt. (*Mar.*) In Gallia ante solstitium æstivale, aere in tempestatem repente converso, ingens fragmentum glaciei cum grandine cecidit; cujus longitudo pedes quindecim, latitudo sex, grossitudo duos pedes habebat. (*Mett.* [*L.*]) Legati Michaelis imperatoris inter cetera munera detulerunt Ludowico imperatori libros Dionisii Areopagitæ, ab eo conscriptos de hierarchia, id est sacro principatu, petente ipso Ludowico de Greco in Latinum translatos. Qui libri Parisius in ipso sancti martyris festo missi, cum gaudio suscepti sunt; quod gaudium virtus sancti martyris auxit, decem et novem egrotis in ipsa nocte ibi sanatis. (*A. Leod.*) Walcaudus Leodicensis episcopus corpus sancti Hucberti transfert a Leodio ad Andagium monasterium. (*A. Fuld.*) Rabanus sophista et sui temporis poetarum nulli secundus, fit abbas Vuldensis; qui multa de sanctis scripturis disseruit, qui etiam librum de laude sanctæ crucis, figurarum varietate distinctum, difficili et mirando poemate composuit, et Sergio papæ sancto Petro offerendum misit.

825.   11.   4.

(*Mett.* [*L.*]) Herioldus rex Danorum cum uxore et filiis et sua parte Danorum Moguntiæ baptizatur; et ab imperatore muneribus et parte Fresiæ in beneficium sibi data honoratur. (*Ib.*) Hilduinus, abbas de Sancti Dionisii sacrique palatii archicapellanus, Romam mittens a papa Eugenio sancti Sebastiani martyris corpus accepit, et Suessionis in basilica sancti Medardi collocavit. Ubi dum adhuc inhumatum in loculo, in quo allatum fuerat, jaceret, tanta signorum et virtutum gratia in nomine ejusdem martyris enituit, ut a nullo mortalium vel enumerari vel enarrari possint. Quorum quædam tanti stuporis esse dicuntur ut humanam fidem excedant, nisi certum esset, Deum, pro quo idem martyr passus est, omnia facere posse.

826.   12.   5.

(*Ib.*) Corpora Marcellini et Petri martyrum de Roma sublata in Franciam translata, multis signis clarificata sunt. Corpus etiam sancti Gregorii papæ ad urbem Suessionis translatum esse dicitur.

827.   13.   6.

(*G. pont.*) Valentinus Romanæ æcclesiæ 101us presidet. Quo post quadraginta pontificii dies defuncto, quartus hujus nominis papa Gregorius Romanæ æcclesiæ 102us presidet, qui etiam quartus Leo dictus est. Rabanus abbas tractatus in libro sapientiæ et in Æcclesiastico ad Oggarium archiepiscopum edit. Amularius librum de officiis æcclesiasticis ad imperatorem Ludowicum scribit. (*Præf. Ans.*) Angelomus etiam ad eundem imperatorem tractatus in libro regnum edit. Ansigisus abbas Lobiensis edicta imperatoris Karoli Magni et Ludowici filii ejus ad æcclesiasticam legem pertinentia in duobus libellis digessit. Idem edicta eorumdem ad mundanam legem pertinentia in duobus eque libellis digessit [151].

828.   14.   7.

(*Mett.* [*L.*]) Italicus Ludowici imperatoris exercitus classe in Africam transvectus, conserto prelio magnam Afrorum stragem fecit. (*Ib.*) In Wasconia annona de cælo pluit, frumento similis, sed grana breviora et rotundiora habens. (*Marian.*) Corpora sanctorum Valentini et Genesii in Augiam monasterium translata sunt.

829.   15.   8.

(*Mett.*) Contra Ludowicum imperatorem commotio

VARIÆ LECTIONES.

[149] E. s. U. c. L. c. desunt D., sub anno præcedenti exhibet C4*. [150] ita Sig. (iterum errans; cf. a. 817.) B4*. Cl. 3. 4*. XCVI. corr. XCVII. et sic porro corrigens D. ; XCIV. et sic porro B5*. ; XCV. et sic porro C2*. [151] Idem — digessit desunt D.

et simultas filiorum ejus et optimatum exoritur. Hoc anno, qui est annus ab initio mundi 4888, finitur nonus annus magnus ab initio mundi, qui est annorum 552 [152].

850. R. et F. 16. C. 9.

Apud Constantinopolim Theophilus imperat annis 13. Gregorius papa, dolens, crebris Saracenorum incursionibus vexari suburbium Romanae urbis circa aecclesiam apostolorum principis Petri, intendit illic urbem novam aedificare; ad quod consilio et auxilio imperatorum animatus novam fabricam coepit.

851. 17. 1.

(*Transl. S. B.*) Saraceni Siciliam incursantes, etiam Lipparim insulam devastant, ubi corpus Bartholomei apostoli quiescebat; quod olim loculo plumbeo injectum et in mare demersum a paganis, non ferentibus illud propter nimiam signorum claritatem ab omnibus venerari, ab India usque ad hanc insulam ultro delatum fuerat. Cujus ossa modo a Saracenis huc illucque dispersa, et a quodam monacho ipso revelante collecta, Beneventum transferuntur. (*Fuld.*) Ludowicus imperator adversantes sibi alios exauctoravit, alios exiliavit, alios bonis privavit; ac per hoc filios et optimates suos magis contra se exacerbavit.

852. 18. 2.

(*Fuld.*) Gregorius papa in Galliam veniens, contra imperatorem cum filiis agebat. Imperator uxorem suam Judith, quasi causam malorum, abdicavit.

853. 19. 3.

(*Fuld.*) Ludowicus imperator a suis desertus ac proditus et in potestatem filiorum redactus, episcoporum judicio arma deposuit, et ad agendam poenitentiam inclusus est. Sol et luna per eclypsim deficiunt.

854. 20. 4.

(*Fuld.*) Ludowicus imperator relaxatus, arma, imperium et uxorem recipit, ac filium Lotharium in Italiam redire cogit.

855. 21. 5.

Monente Gregorio papa et omnibus episcopis assentientibus, Ludowicus imperator statuit ut in Gallia et Germania festivitas omnium Sanctorum in Kalendis Novembris celebraretur, quam Romani ex instituto Bonefacii papae celebrabant. (WID.) Hoc tempore reliquiae Viti martyris a Parisius ad Corbeiam Saxoniae transferuntur; unde ipsi Franci testati sunt, quod ab illo tempore gloria Francorum ad Saxones translata sit. (REGINO.) Ebbo Remorum archiepiscopus deponitur; aliique multi, qui cum eo in dejectionem Ludowici imperatoris conspiraverant, damnantur et exiliantur.

856. 22. 6.

Gregorius papa consummatam novae urbis fabricam solemniter dedicavit, eamque urbem Leonianam appellavit, vel a Leone tertio hujus nominis papa, qui hujus operis fundamenta olim jecerat, vel a se ipso, quia et ipse Leo quartus dictus est.

857. 23. 7.

(*Fuld.*) Northmanni Gallias graviter infestant, Dorestatum vastant; Andoverpum oppidum et Witlant emporium situm juxta ostium Mosae incendunt, a Fresonibus tributum accipiunt. (*G. pont.*) Gregorius papa plures Italiae urbes aut vetustate aut hostilitate dirutas novis fabricis aut muris restaurat [153]. Saracenis ad depredandum usque ad portum Romanum venientibus, Romani instantia Leonis papae, auxiliantibus sibi etiam Neapolitanis, eos bello excipiunt, et cooperante sibi divinitus gravi turbine ventorum, usque ad internetionem [154] paene victos delent.

858. 24. 8.

(*Fuld.*) Cometes in signo Librae apparet. Northmanni Walacram insulam vastant, et tributum exigunt.

859. 25. 9.

(*Mett.* [*Fuld.*]) Ludowicus imperator filio suo Lothario sub fide ad se venienti reconciliatur, eique dignitatem imperii et regni coronam tribuit. Cometes in signo Arietis apparet, et per aliquot dies plurimi instar stellarum igniculi per caelum discurrere videntur.

840. 26. 10

(*Mett.* [*F.*]) Ludowicus imperator moritur, et Lotharius solus imperium usurpans, imperat annis 15.

841. 1. 11.

(*Mett.* [REG.]) Karolus et Ludowicus, filii imperatoris, dolentes se a fratre suo Lothario debita regni parte privari, contra eum insurgere parant.

842. 2. 12.

(*Mett.* [*F. R.*]) Cometes in signo Aquarii apparuit. Tribus fratribus de regni partitione discordantibus, conseritur inter eos pugna in pago Alciodorense, apud villam Fontiniacum; et tanta cedes utrimque facta est, ut nulla aetas meminerit tantam stragem hominum factam fuisse in gente Francorum, et ita eorum vires ibi attenuatae sunt, ut jam nec suos terminos ab externis tueri possint. Victoria tamen Karolo et Ludowico provenit.

843. 3. 13.

(*Mett.* [*F.*]) Fratribus nondum a bello desistentibus, consilio optimatum tandem de pace agitur, et de partibus singulorum 40 primores eliguntur, qui in unum convenientes regnum aequaliter dividerent; et ita pax in annum sequentem induciatur. Ludowicus interim pergens in Saxoniam, validissimam libertorum conspirationem dominos suos opprimere volentium fortiter compescuit, auctoribus factionis capitali sententia damnatis.

VARIAE LECTIONES.

[152] *post haec in* 1. *erasum*: Obiit sanctus Sturmi primus Fuldensis abbas. *Idem addit unus* A., *deest reliquis Cf. a.* 780 [153] Gregorius — restaurat *desunt* D1·· [154] u. adternetionem *Sig.*

844.   R. et   F. 4.   C. 14.
(*G. pont.*) Sergius Romanæ æcclesiæ 103us presidet. Ad hujus electionem confirmandam Ludowicus filius imperatoris Lotharii a patre missus, ab eodem papa in regem Langobardorum unctus est. (*Mett.* [*F.*]) Mauri Beneventum occupant [155]. Descripto in tres partes regno, fratres ad urbem Galliæ Viridunum conveniunt, et inter se pacificantur; et datis et acceptis invicem sacramentis, quisque ad descriptas sibi partes regni tuendas revertuntur. (*Mett.* [R.]) Karolus accepit occidentalia regna a Britannico occeano usque ad Mosam fluvium; in qua parte extunc et modo nomen Franciæ remansit. Ludowico orientalia regna cesserunt, omnis scilicet Germania usque ad Rheni fluenta, et aliquæ trans Rhenum civitates cum adjacentibus pagis, propter vini copiam. Lotharius, qui major natu erat et imperator appellabatur, omnia Italiæ regna tenuit cum ipsa Roma, nec non et Provintiam, et mediam partem Franciæ inter Scaldim et Rhenum, quæ mutato nomine ab eo denominatur Lotharingia. Post factam ergo divisionem Karolus regnat in Francia annis 34, Ludowicus frater ejus in Germania 33.

845.   R. 5.   F. 1.   C. 15.
(*Mett.* [*F.*]) Ludowicus rex Germaniæ Abrotidos a se deficere molientes, bello perdomuit, occiso rege eorum, eorumque terram et populum sibi divinitus subjugatum per duces ordinavit. Apud Constantinopolim Michael et Theodora imperant annis 11 [156].

846.   6.   2.   1.
(*Mett.* [*F.*]) Northmanni regnum Karoli graviter infestant, et usque Parisius navigio veniunt; cum Fresonibus tribus preliis confligunt, in primo victi, in duobus victores existunt. Karolus cum Brittonibus infeliciter pugnat. Ludowicus rex quatuordecim duces Boemanorum cum suis baptizari fecit.

847.   7.   3.   2.
(*G. pont.*) Leo quintus hujus nominis papa, Romanæ æcclesiæ 104us presidet. Hic decrevit, ut dum missarum sacra solemnia celebrantur, nullus ex laicis in presbiterio stare vel sedere vel ingredi presumat, nisi tantum sacra plebs, quæ ad ministrationem sacri officii constituta est. Decrevit etiam, ut octavæ assumptionis sanctæ Mariæ in æcclesia Romana celebrentur, quod ante non fiebat.

848.   8.   4.   3.
Rabanus abbas Fuldensis, ordinatus Moguntiæ archiepiscopus, celebrata synodo Moguntiæ jussu Ludowici regis, multa æcclesiæ utilia decrevit. (*Mett.*[*F.*]) Quædam pseudoprophetissa dicens instare diem judicii, Moguntiam sollicitabat, ita ut etiam aliquos sacri ordinis ad se inclinaret; quæ ab archiepiscopo correpta, confessa est, se per suggestionem cujusdam presbiteri quæstus causa hoc fecisse.

849.   9.   5.   4.
(*Ib.*) Godescalcus hereticus a Rabano archiepiscopo rationabiliter, ut multis visum est, convincitur; sed tamen in suo perseveravit errore. (*Transl. S. H.*) Sancta Helena imperatrix, a filio suo Constantino Magno primo hujus nominis imperatore Rome in ecclesia sanctorum Marcellini et Petri martyrum in mausoleo purpureo sepulta, ad Franciam a Theogiso monacho transfertur, et in diocesi Remensi magna Francorum veneratione excolitur [157].

850.   10.   6.   5.
(*Mett.* [*F.*]) Franci a Boemanis prelio graviter vincuntur. Cui bello spiritus malignus se prefuisse, per os abreptitii publice protestatus est, et per se et per suos socios, spiritus scilicet superbiæ et discordiæ, egisse, ut Franci terga verterent.

851.   11.   7.   6.
Reliquiæ sancti Hermetis martyris per Lotharium imperatorem in Gallias mittuntur, et apud Indam monasterium honorifice conduntur. (*Ib.*) Fames valida Germaniam attrivit, ut etiam pater filium suum devorare voluerit; quo tempore Rabanus archiepiscopus multam pauperibus benivolentiam exhibuit.

852.   12.   8.   7.
(*Ib.*) Karolus rex Francorum filios fratris sui Pipini regis, Pipinum et Karolum, regnum inquietantes capit, et in monachum attonsos in monasterium trudit.

853.   13.   9.   8.
(*Mett.* [R.]) Northmanni per mare Brittannicum ostia Ligeris ingressi, urbem Namnetem invadunt, episcopum sabbatho sancto paschæ baptismum celebrantem trucidant, clerum et populum perimunt. Inde Andegavis, deinde Turonis occupant, et ut tempestas omnia diruunt; templum etiam sancti Martini incendunt.

854.   14.   10.   9.
(*G. pont.*) Hincmarus Remorum archiepiscopus in Francia claret, qui vitam sancti Remigii scripsit. Benedictus 105us Romanæ æcclesiæ presidet. Hoc conspiratione quorumdam malignorum deposito, Anastasius presulatum invadit. Sed (*Mett.* [*F.*]) Anastasio a legatis imperatoris Lotharii dejecto et in carcere truso, Benedictus honorifice relocatur. Northmanni qui per 20 annos Franciam nimis attriverant, in patriam suam reversi, intestino inter se bello usque ad internecionem delentur, ut de regia eorum stirpe nullus nisi unus puer remaneret (179).

VARIÆ LECTIONES.

[155] M. B. o. desunt D.   [156] *Primo in* 1. *fuit* XIII *seu* XIIII; *sed jam rudendo in* XI *mutatum est*. XIIII A.
[157] *totum annum in rasura scripsit Sig. cur. tertiis; quibus* 1η *addit :* recondita in cenobio S. Petri, quod Altum Vyleyr dicitur. *Horum loco* A. *post* diocesi *addit :* in Altuillari.

NOTÆ.

(179) In nullo quem noverimus Sigeberti codice occurrit locus famosus de Johanna papissa, quem hoc loco editio princeps exhibet. Qui nisi ab editore insertus est, quod addubito, a monacho Votensi originem traxisse oportet; at codice E8h. jam deperdito, certi ea de re nil jam habemus. Videsis quæ infra ad Auctarium Ursicampinum dicturi sumus.

855. R. 15. F. 11. C. 10.

(*Ib.*) Terræmotus, aeris insolita commotio, turbines, tempestates, grandines, fulmina, multa multis modis incommoda hominibus inferunt. Quidam etiam homo igne cælesti consumptus est, veste illesa manente. (*Ib.*) Lotharius imperator partito inter filios regno abrenuntiat sæculo, et in Prumia monasterio habitu monachi suscepto, non multo post dormivit in Domino. Ludowicus, filius ejus, olim a Sergio papa in regem unctus, imperat annis 15. Lotharius vero frater ejus Lotharingiam tenet [158].

856. 1. 12. 11.

(*Ib.*) Rabanus egregiæ vitæ et scientiæ archiepiscopus obiit. Maginradus eremita martirizatur. (MAR.) Apud Constantinopolim Michael solus imperat annis 12 [159]

857. 2. 13. 12.

(*G. pont.*) Nicholaus 106us Romanæ æcclesiæ presidet; cujus ordinationem Ludowicus imperator sua presentia roboravit. (*Mett.* [*F.*]) Coloniæ orta tempestate, populo in basilicam sancti Petri confugiente, fulmen subito instar ignei draconis basilicam scidit ac penetravit, et tres homines diversis quidem locis, sed uno ictu in mortem dejecit. Alios etiam sex eodem impetu semivivos reliquit.

858. 3. 14. 2.

(*Ib.*) Franci super credulitate Karoli regis sui apud Ludowicum fratrem ejus expostulant, et eum ad regnandum super se contra Karolum invitant. Quod ille inconsultu aggressus, turpiter alienis excessit finibus. (*Ib.*) In parochia Moguntina malignus spiritus evidens nequitiæ suæ indicium dedit. Nam primo lapides jaciendo, et parietes domorum quasi malleis pulsando, inde manifeste loquendo, furta etiam prodendo, discordias inter vicinos seminando, homines inquietabat. Denique animos omnium contra unum hominem commovit, quasi pro ejus peccatis cæteri talia paterentur. Cujus fruges in unum coacervatas incendit; qui ubicunque intrasset, statim domus illa exurebatur, ut jam ei nisi in agris locus manendi nullus esset. Propter hoc presbiteris letanias agentibus et benedictam aquam spargentibus, inimicus multis lapides jaciendo cruentatis, tandem aliquandiu quievit. Presbiteris recedentibus, inimicus flebiliter ululans, tandem presbiterum quendam nominatim exprimens, se, quando aqua benedicta spargebatur, sub cappa illius quasi familiaris sui latuisse professus est; accusans eum cum filia procuratoris concubuisse. Sic per triennium institit, donec ibidem cuncta ædificia incendio consumeret.

859. 4. 15. 3.

(*Ib.*) Probus presbiter obiit, cujus conversatio et A studium Moguntinam æcclesiam illustravit. Ludowicus rex Germaniæ plurima prelia contra Sclavos strenue gessit; et capto principe eorum Rastrix nomine, propter violatam fidem oculos eruere jussit. (*Ib.*) Principibus Karoli regis inter se discordantibus, Brittones destitutam auxilio terram invadentes, usque Pictavis omnia vastando veniunt. Quos redeuntes rex Karolus prosecutus, Britanniam intrat, et pugna conserta Franci vincuntur, Brittones in cæde eorum grassantur (180).

860. 5. 16. 4.

(*Ib.*) Numeneus rex Brittonum dum instaret regnum Francorum depopulari, visum est ei asistere sibi sanctum Maurilionem, Andegavensis urbis olim episcopum; a quo in capite baculo percussus, iram Dei morte persensit (181). (WIDUK. I, 16.) Hoc tempore Leutulfus dux Saxonum, pater Ottonis ducis, avus autem Heinrici regis, corpus sancti Innocentii papæ a Roma in Saxoniam transtulit (182).

861. 6. 17. 5.

(*Mett.*[R.]) Herispous, filius Numenci, rex Brittonum, Karolo regi confederatur, et muneratus ejus se dominationi subdit.

862. 7. 18. 6.

(*Fuld.*) Lotharius rex Lotharingiæ Waldradam pellicem superducens conjugi suæ Tietbergæ, consentientibus sibi archiepiscopis Gunthario Coloniensi et Tietgaudo Trevirensi, magnam sibi calamitatem paravit.

863. 8. 19. 7.

(*Mett.* [R.]) Hugbertus abbas et dux, frater Tietbergæ reginæ, pro repudio sororis suæ contra Lotharium insurgit. Guntharius et Tietgaudus archiepiscopi Romæ a papa Nicholao pro adulterio Lotharii regis examinati, cum et suis synodalibus gestis, quæ preferebant, et suo etiam ore convicti fuissent, episcopatu et sacris gradibus exordinati anathematizati sunt, eisque tantum laicalis communio concessa est.

864. 9. 20. 8.

(*Ib.*) Excommunicata pelice Waldrada a legato apostolico, videns Lotharius rex etiam sibi excommunicationem intentari, Tietbergam uxorem recepit. Sed id non multum profuit, quia non multo post ea repudiata pelicem recepit, nec ultra ullo correptionis modo ab ea separari potuit.

865. 10. 21. 9.

(ADON., *Martyrol.*) Corpora sanctorum martyrum Eusebii et Pontiani dono Nichelai papæ ad Gallias translata, in monasteriis voto religiosorum sancto Petro collatis honorifice tumulantur. (*Mett.*[R.]) Rex

VARIÆ LECTIONES.

[158] A. hic exhibet verba : Hoc t. c. Remigius i. m. e. s. n. ex a. 895, ubi ea omittit. [159] XIII C2*. 3. 4*. D.

NOTÆ.

(180) A. 849. hoc narrant Ann. Bertin., a. 860. Reg. a 848. Chron. Britann.
(181) A. 851. Ann. Bert.
(182) A 844.

Bulgarum ad christianismum cum sua gente conversus, missis ad eum a sede apostolica ministris sacri ordinis, acceptis etiam a rege Ludowico subsidiis, adeo in fide solidatur, ut non multo post filio majore in regnum ordinato, ipse abrenuntians sæculo monachus factus sit. Sed cum filius ejus juveniliter agens ad gentilitatis cultum vellet redire, militiæ cingulo et cultu regio resumpto, filium persecutus cœpit et oculis ejus effossis eum in carcerem trusit; et filio juniore in regnum locato, sacrum habitum recepit, et in eo usque ad finem vitæ perseveravit [160].

866.   R. 11.   F. 22.   C. 10.

(Ib.) Herispoo a suis perempto, Salomon filius ejus super Brittones regnat, et Karolo contra se venienti confœderatur (183). (Ib.) Northmanni Galliam repetentes, Namnetis, Andegavis, Pictavis et Turonis terminos depopulantur. Quibus occursantes dux Aquitaniæ Ramnulfus et Ruothertus fortis marchio, dum ipsi incaute preliantes perimuntur, cæteri a Northmannis ut oves a lupis acervatim sternuntur.

867.   12.   25.   11.

(Ib.) Saracenis Beneventanam regionem incursantibus, Ludowicus imperator viriliter occurrit. Ad cujus auxilium Lotharius frater ejus properans, multa quidem prelia cum eis strennue gessit, sed exercitu suo propter intemperiem aeris morbis et morsibus aranearum nimis gravato, cum multo suorum dispendio rediit.

868.   13.   24.   12.

(G. pont.) Adrianus Romanæ ecclesiæ 107us presidet. (Fuld.) Cometes manifestissime apparet. Michael Grecorum imperator sensu diminutus adeo mente excedebat, ut familiares suos juberet occidi; quos tamen ad se rediens, sibi representari exigebat.

869.   14.   25.   13.

Basilius, quem Michael imperator pauperem ex familia unius abbatis sibi asciverat, et cubiculariam factum ad tantos honores provexerat, ut alter ab imperatore appellaretur, sæpe ab imperatore per insaniam occidi jussus, timens ne tali occasione occideretur, elegit magis ipse imperatorem interficere, quam ab eo interfici; et imperavit annis 17. [(O onis transl. S. M.) Corpus sancti Mauri, qui fuit discipulus sancti Benedicti, asportatum a Glandifolio in Burgundiam propter timorem Normannorum, transfertur ad Fossatense cenobium, quod construxit sanctus Babolenus, sancti Columbani discipulus [161].

870.   15.   26.   1.

(Mett. [R.]) Lotharius rex Romam ad Adrianum papam se excusatum vadit. A quo dum pro comprobatione innocentiæ suæ ad examinationem corporis et sanguinis Domini tam ipse quam optimates regni invitati essent: et ipse et omnes, qui corpus Domini cum eo temere accipere presumpserunt, infra ipsum annum perierunt, ipso statim in redeundo Placentiæ defuncto.

871.   16.   27.   2.

(Fuld.) Coloniæ celebrata synodo ad dedicationem ecclesiæ a tribus Lotharingiæ metropolitis, Liutperto Moguntino, Bertulfo Trevirensi, Williberto Coloniensi, cum ab eis etiam major ecclesia, quæ est sancti Petri, deberet dedicari, precedente nocte auditæ sunt voces malignorum spirituum, inter se dolendo conquerentium, se a possessis diu sedibus debere expelli. (Mett. [R.]) Karolus rex Francorum, defuncto fratruele suo Lothario, dum Lotharingiam solus usurpare nititur, per moderantiam et industriam fratris sui Ludowici Germanorum regis ad hoc attractus est, ut æqualiter inter se regnum fratruelis dividerent. (Fuld.) Ab exercitu Ludowici Germanici vario eventu varia bella contra Sclavos geruntur.

872.   17.   28.   3.

(Mett. [R.]) Karolum regem Francorum domestica calamitas in filiis suis afflixit. Siquidem Karlomannum in clericatu usque ad diaconatus officium provectum, ipse pater cæpit et excæcavit, pro eo quod ad apostasiam conversus et omni genere nocendi regnum perturbans, alter quidam Julianus effectus erat. Porro alter filius ejus Karolus dum inconsulte voluisset experiri expertam cujusdam Albuini militis fortitudinem, et solus soli congressus fuisset, ab eodem Albuino, ignorante quis esset, peremptus est. (Fuld.) Basilius imperator Grecorum inter cætera munera mittit Ludowico regi Germanorum christallum miræ magnitudinis, mire auro gemmisque ornatam, cum parte non modica sanctæ crucis.

873.   18.   29.   4.

(Mar.) Johannes 108us Romanæ ecclesiæ presidet. Ad hunc Johannes, Romanæ ecclesiæ diaconus, vitam primi Gregorii papæ scribit, in quatuor libellis laudabiliter editam. (Mett. [R.]) Adalgisus dux Beneventanorum a Grecis seductus contra Ludowicum imperatorem rebellat, et multas Italiæ urbes ab eo deficere fecit. Cui imperator viriliter repugnans, Beneventum et Capuam capit. Sed dolis Adalgisi persuasus exercitum dimittere, ita ab eo est circumventus, ut non posset evadere, nisi turpi fœdere facto compulsus jurasset Adalgiso, se nunquam in vita sua Beneventi fines intraturum. Ob hoc Adalgisus a senatu Romanorum reus majestatis et hostis publicus dijudicatus et bello contra se decreto, in Corsicam fugit. (Fuld.) Karolus junior

VARIÆ LECTIONES.

[160] A. hic exhibet verba: Hoc tempore — Gimniacensem ex an. 895, ubi ea omittit.   [161] in rasura 1γ. rell. præter A.

NOTÆ.

(183) A. 857. Ann. Bert.

Ludowici Germanorum regis filius a dæmonio graviter in præsentia patris et optimatum ejus vexatur, et in ipsa vexatione confitetur, hoc sibi ideo contigisse, quia contra patrem suum conspirationem facere moliebatur.

874. R. 19. F. 30. C. 5.

(*Ib.*) In Italia Brixæ tribus diebus ac noctibus sanguis de cælo pluisse narratur. Northmanni etiam a regno Ludowici Germanorum regis tributum exigentes, ab exercitu illius graviter cesi vincuntur. (*Mett.* [R.]) Locustæ Galliam depopulantur innumerabiles, cæteris locustis majores, sena alarum remigia, sex pedes, duos dentes lapide duriores habentes, ut castrorum acies turmatim volantes, duces cum paucis itinere unius diei premittentes ad metanda loca venturæ multitudini, circa horam nonam ad locum previsum venientes, ibique solis ortum expectantes, per spacium unius diei aerem velabant, ipsum solis splendorem obnubilantes; ore lato, extenso intestino, omnia viridia in herbis et arboribus vastabant, spatium diurni itineris quatuor aut quinque milibus extendentes. Hoc miserabili spectaculo usque ad mare Brittannicum pervenientes, tandem flatu ventorum in profundum maris demersæ sunt; sed estu occeani ad litus rejectæ, ex putredine sua aere corrupto, multos perire fecerunt. (*Fuld.*) Secuta fames valida multos consumpsit inedia, ut pæne tertia pars hominum consumpta sit.

875. 20. 31. 6.

(*Ib.*) Hiems solito asperior et prolixior; nix et gelu a Kalendis Novembris usque ad vernale æquinoctium. (*Ib.*) Ludowico regi Germanorum apparuit in somnis genitor suus Ludowicus olim imperator, adjurans eum per nomen sanctæ Trinitatis, ut eum eriperet a tormentis, in quibus detinebatur, ut tandem æternam requiem mereretur habere. Ob hoc ad diversa monasteria elemosinis destinatis, obnixe filius succurrebat patri. Unde dabatur intellegi, quia licet idem imperator multa Deo et hominibus placita fecisset, plura tamen Deo contraria in regno suo fieri consensit. In quibus graviora videbantur, quod heresi Nicholaitarum non restitit, et monita Gabrielis archangeli, duodecim capitulis comprehensa, quæ Emarcus [162] ei legenda et observanda optulit, servare non studuit. (*Mett.* [R.]) Northmanni urbem Andegavis, quasi in ea habitaturi, cum suis omnibus occupant. Ad quam oppugnandam Karolus rex, ascito Salomone Britonum rege, multis diebus eam obsedit. Sed cum Northmanni ad desperationem adducti fuissent, rex invito exercitu, pecunia ab eis accepta, egressum eis annuit, eisque hoc pacto pejora faciendi locum dedit (184).

876. 21. 32. 7.

(*Fuld.*) Cometes solito rutilantior apparuit. Subita et nimia aquarum inundatio facta est in Junio, ita ut in Saxonia villa quædam longe a torrentibus et fluminibus remota, in momento cum hominibus et bestiis, cum arboribus et ædificiis, cum ecclesia et altari penitus absorta sit, et nullum habitationis remanserit vestigium. (*Mett.* [R.]) Ludowicus imperator in Italia moritur, et patruus suus Karolus rex Francorum Romam pergit, et Johanne papa et Romanis per munera sibi conciliatis, imperator creatur, et imperat annis tribus. Sed ei statim a Ludowico fratre suo bellum paratur, quod se inconsulto solus imperium fratruelis usurpaverit. (*Ib.*) Britones rege suo Salomone mortuo, pro contentione regnandi intestino inter se bello colliduntur; sicque inviti cessant a Galliæ exterminio. (*Fuld.*) Karolus imperator post adeptum imperium ultra se elatus, consuetudines Francorum vilipendens, Grecas glorias et insolitos habitus affectabat, et talari dalmatica indutus et desuper balteo accinctus pendente usque ad pedes, capite vero involuto velamine serico, et diademate superimposito, procedebat. Et cum esset lepore timidior, et hostes fugere quam fugare paratior, fratrem suum Ludowicum lacessebat, minatus tantas copias se conducturum, ut ab equis flumine exhausto, ipse per aridum alveum Germaniæ regnum intraret.

877. 1. 33. 8.

Heiricus monachus vitam sancti Germani Antisiodorensis, heroico metro in sex libellis luculenter exaratam, Karolo imperatori obtulit. (*Mett.* [R.]) Ludowicus rex Germanorum moritur, relinquens tres filios suos heredes, Ludowicum juniorem et Karolum, qui non multo post imperavit, et Karlomannum patrem Arnulfi imperatoris. Karolus imperator de morte fratris sui gavisus, injustitiam, quam contra fratrem conceperat, contra filios fratris perficere paratus, cum quinquaginta et eo amplius hominum milibus regnum eorum aggressus, Coloniam usque venit, filiis Ludowici alias occupatis. Ludowicus junior legatione ad patruum missa rogabat ea, quæ pacis sunt. Quod cum impetrare non posset, viriliter eum bello excepit, cumque victum cum nimio exercitus damno et multo dedecore fugere compulit. (*Fuld.*) Ingruente in Germania pecorum pestilentia, dum canes undique collecti cadaveribus incumberent, ita disparuerunt, ut nec vivi nec mortui reperirentur.

878. 2. 34. 9.

(*Mett.* [R.]) Karolus imperator Romam secundo profectus, Bosoni, germano uxoris suæ, neptem suam, filiam Ludowici imperatoris, uxorem dedit, et data ei Provincia, in regem eum coronavit, ut etiam regibus imperare videretur. Qui audiens fratrueles suos Karlomannum et Karolum contra se exercitum adducere, pavore solutus reditum parat,

VARIÆ LECTIONES.

[162] ita Sig. corrupit nomen Einardi, quod in Ann. Fuld. legebat.

NOTÆ.

(184) A. 873. Reg.

et inter redeundum a quodam Sedechia Judæo male potionatus, Mantuæ moritur. Filius ejus Ludowicus cognomento Balbus, secundus post divisionem regnat in Francia annis duobus. Junior vero Karolus filius Ludowici Germanorum regis, imperium adeptus est, annitentibus sibi quibusdam nobilium Romanorum; Johanne autem papa satagente imperium transferre ad Ludowicum Balbum, filium recens defuncti Karoli imperatoris.

879.   R. 1.   F. 1.   C. 10.

(*Fuld.*) Johannes papa a Romanis injuriatus, ita ut etiam in custodia teneretur, pro eo quod Karolo non favebat, in Franciam veniens cum rege Ludowico Balbo pæne annum moratus est. Northmannorum plus quam quinque milia a Francis in Gallia cæsa sunt. Hoc tempore (185) clarebat Milo monachus de sancti Amandi, qui vitam sancti Amandi metrice edidit, et librum de sobrietate ad Karolum Calvum scripsit. Sub hoc Milone adolescebat etiam nepos ejus Hubaldus, qui in septem liberalium artium peritia clarus, egregie preter cætera in musica claruit, et de multis sanctis cantus dulci et regulari modulatione composuit.

880.   2.   2.   11.

(*Fuld.*) Sol hora diei nona ita obscuratus est, ut stellæ in cœlo apparerent. (*Mett.* [R.]) Rex Francorum Ludowicus Balbus moritur, uxorem suam ex se gravidam relinquens. De regno ejus Francis varie sentientibus, aliis illud filiis Ludowici Balbi ex concubina deberi judicantibus, aliis Bosoni Provintiæ regulo ad illud injuste invalendum assentientibus, aliis vero illud regno Germaniæ resociare volentibus, nascitur interim ex legitima uxore Ludowici Balbi filius, qui ex nomine avi Karolus nominatus est. Filii tamen Ludowici Balbi ex concubina, Ludowicus et Karlomannus dicti, interim regnum Francorum inter se dividentes, regnant annis quatuor [163], et Bosonem semper persecuti sunt. (*Ib.*) In silva Franciæ Carbonaria plus quam novem milia Northmannorum a Francis cæduntur.

881.   1.   1.   12.

Karolus imperator, fratre suo Karlomanno defuncto, et non multo post Ludowico altero fratre suo immatura morte prerepto, post claras de inimicis victorias regnum Germaniæ optinuit (Cf. *ib.*).

882.   2.   2.   13.

(*Mett.* [R.]) Karolus Romæ a papa Johanne in imperatorem benedicitur. (*A. Vedast.*) Northmanni, adjunctis sibi Danis, Franciam et Lotharingiam pervagantes, Ambianis, Atrebatis, Corbeiam, Cameracum, Tarvennam, fines Morinorum, Menapiorum, Bracbatensium, omnemque circa Scaldum fluvium terram, monasteria sanctorum Walarici et Richarii, ferro et igni devastant. (*Mett.* [R.]) Inde Wal fluvium ingressi, totam Batuam, palatium etiam Neomagi incendunt. Eodem anno Godefridus et Sigifridus reges Northmannorum cum inæstimabili multitudine juxta Mosam in loco Haslon (186) considentes, Leodium, Trajectum, Tungris, Coloniam Agripinam, Bunnam [164] cum adjacentibus castellis comburunt; Aquis in palatio equos stabulantes, oppidum et palatium incendunt; preterea monasteria Stabulaus, Malmundarium, Indam, Prumiam. (*Fuld.* 881) Sacri ordinis in utroque sexu ministri, ubi poterant oportunius, latebant, et sanctorum corpora et pignera locis tutioribus absconderant. (*A. Ved.*, 879) Ad hæc mala Hug, filius Lotharii regis ex Waldrada pelice, in Lotharingia, et Boso suprascriptus in Burgundia tyrannizabant.

883.   3.   3.   14.

(*Mett.* [R.]) Northmanni urbem Treverim incendunt, et Mettim usque pertendunt, ibique conserto prelio christianos vincunt. In hoc prelio Walo Mettensium episcopus cæsus est.

884.   4.   4.   15.

(*Ib.*) Karolus imperator a Gallis et Germanis ad auxiliandum regno evocatus, Norhmannos obsidet. Cum quo Godefridus rex facto fœdere, ut sibi Fresia provintia et Gisla filia Lotharii regis uxor daretur, baptizatus est, et ab imperatore de sacro fonte susceptus est. Sigifrido quoque rege nimis munerato, eos a regno suo recedere fecit. Qui mox Franciam repetentes, post multas incursiones a Karlomanno rege Francorum duodecim milia argenti probati pro tributo exigunt, et sic in duodecim annos pacem promittentes, mare repetunt. (*Flod.*) Hoc tempore Rodulfus quidam corpus sancti Calisti papæ et martyris a Romana urbe in Franciam transfert; qui Calistus jejunium quatuor temporum celebrari instituit [165].

885.   5.   5.   16.

(*Mett.* [R.]) Karlomanno Francorum rege mortuo, cujus frater Ludowicus jam priori anno obierat, Northmanni Franciam repetunt, dicentes se cum rege Francorum tantum, non cum Francis pacis pepigisse pactum. Hinc compulsi Franci Karolum imperatorem ad auxiliandum sibi invitates, Franciam ei subiciunt. Qui contra Northmannos apud Lovanium castra metatos semel et bis exercitum misit,

VARIÆ LECTIONES.

[163] quinque B3*. C1. 3. 4*. D.   [164] hunnam C3. 4*. D.   [165] Hoc — instituit *Sig.*, *ut vid.*, *cur. tertiis; rell.*

NOTÆ.

(185) Multum errat Sigebertus in tempore. In necrologio enim S. Amandi Elnonensis s. X, nunc bibl. Valentianensis B. 5, 66, legitur: 10. *Kal. Oct. obitus Milonis anno Domini* 872. atque: 8. *Kal. Oct. ordinatio Hucbaldi in sacerdotem anno Domini* 880.
(186) Cf. Mon. SS. I, 396.

sed nihil dignum fecit. Regnavit ergo Karolus etiam in Francia annis 4[160]. Hincmarus Remorum archiepiscopus obiit.

886.   R. 6.   F. 1.   C. 17.

(Mar.) Marinus Romanæ æcclesiæ centesimus nonus presidet. Apud Constantinopolim Basilio imperatore mortuo, Leo filius ejus imperat annis 18[167]. (*Mett.* [R.]) Hug, filius Lotharii regis ex Waldrada pelice, paternum Lotharingiæ regnum rebellando assequi sperans, Godefrido Northmannorum regi, cui soror sua Gisila nupserat, medietate affectati regni promissa persuadet, ut ab imperatore imperiales fiscos ad libitum suum sibi addi peteret, per hoc utrinque imperatorem circumveniri putans : si daret, Northmanni hostes regni in visceribus regni immitterentur; si negaret, justam rebellandi causam habere videretur. Ad hoc tractandum jussu imperatoris Heinrico duce et Godefrido in Batuam ex condicto convenientibus, inter agendum Godefridus cum suis perimitur. Nec multo post etiam Hug ab Heinrico captus excecatur, et novissime in monachum Prumiæ attondetur.

887.   7.   2.   1.

(*Ib.*) Normanni a Lovanio exeuntes, Parisius obsident. Contra quos Heinricus dux exercitum ducens, dum incaute equitat, in foveam quam Northmanni factam quisquiliis operuerant, lapsus trucidatur. (*Ib.*) Hug dux et abbas miræ potestatis et prudentiæ moritur.

888.   8.   3.   2.

(Mar.) Agapitus Romanæ æcclesiæ 110[us] presidet. Hic in aliquibus libris non annumeratur. (*Mett.* [R.]) Karolus imperator cum Northmannos nequiret expellere, tandem facto fœdere concessit eis regiones, quæ erant ultra Sequanam, quarum incolæ contra se rebellabant. Que pars Franciæ a Nortmannis Nortmannia denominata est[168].

889.   9.   4.   3.

(Mar.) Adrianus Romanæ æcclesiæ 111[us] presidet. (*Mett.* [R.]) Karolus imperator zelatus uxorem suam, pro eo quod plus justo familiarius ageret cum Liutwardo Vercellensi episcopo, protestatur in contentione, se nunquam cum ea coisse; illa vero se virginem esse gloriata, accepto repudio monasterium petiit.

890.   10.   5.   4.

(*Ib.*) Karolus imperator corpore et animo deficiens, ab optimatibus regni repudiatur, et Arnulfus filius Karlomanni regis, fratruelis ejus, in regnum sublimatur, et regnavit annis 12. Hic Arnulfus patruo suo Karolo, ex imperatore etiam necessariis egenti, fiscos in Alemannia delegavit; qui sequenti anno obiit. (*Ib.*) Romanum imperium et regnum Francorum misere discerpitur. In Italia nempe Berengarius et Wido de regno contendunt. Franci vero, neglecto Karolo filio Ludowici Balbi, puero vix decenni, regem sibi preficiunt Odonem, filium Rotberti ducis, quem a Northmannis occisum supra diximus. Rodulfus autem corona sibi imposita rex Burgundionum statuitur, quod regnum multo tempore duravit.

891.   1.   1.   5.

(Mar.) Ab hoc tempore Liutprandus diaconus Ticinensis æcclesiæ, hystoriam suam orditur. Basilius Romanæ æcclesiæ 112[us] presidet. Hic in aliquibus libris non invenitur. (*Mett.* [R.]) Normanni Parisius expugnare non valentes Burgundiam aggrediuntur, et Senonis urbem oppugnant, sed non expugnant. (Liudp.) In Italia Saraceni castrum quoddam Fraxinetum occupantes, magno exitio Italiæ esse cœperunt.

892.   2.   2.   6.

(*Mett.* [R.]) Northmanni a Senonis Parisius repetunt, et inde repulsi, per Matronam fluvium Trecas urbem incendunt, et usque Virdunum et Tullum urbes cuncta depopulantur. (Liudp.) Wido Berengarium bis victum ex prelio fugat. (*A. Vedast.* 888) Odo rex Danos super Axonam fluvium bello vincit.

893.   3.   3.   7.

(Liudp.) Arnulfus rex Zuendebaldo duci Maraheusium ducatum Boemanorum addens, et Boemanos per hoc sibi infestos fecit, et Zuendebaldo per adjectionem potentiæ materiam contra se rebellandi dedit. Ad quem debellandum cum non sufficeret, apertis clusis gentem Ungarorum Deo inimicam regno immisit, eorumque auxilio Zuendebaldum devicit et tributarium fecit. [Sanctus Uldaricus in Bajoaria nascitur[169].]

894.   4.   4.   8.

(*Mett.* [R.]) Normanni iterum a Parisius repulsi, fines Brittonum incessunt, et primo victores, postea a Britonibus vincuntur, in duobus preliis duodecim milibus suorum peremptis. (*Ib.*) Odone rege per consilium Francorum in Aquitania demorante, Franci Karolum puerum duodennem Ludowici Balbi filium in regnum paternum revocant, et Remis a Folcone archiepiscopo in regem benedici faciunt; et oritur longa concertatio inter eum et Odonem.

895.   5.   5.   9.

(Mar.) Stephanus Romanæ æcclesiæ 113[us] presidet. (*Mett.* [R.]) Nortmanni Lotharingiam repetentes, circa Leodium cum christianis pugnant et vincunt. Sunderoldus Moguntiæ archiepiscopus a Northmannis Wormatiæ martyrizatur. Arnulfus rex audita cæde suorum, a Bajoaria contra Nortmannos pugnaturus properat cum valido exercitu; quos su-

---

VARIÆ LECTIONES.

[166] quinque C1. 3. 4'. D.   [167] XVIA.   [168] Q. p. F. a N. N. d. e. *Sig. cur. tertiis addidit; sed manus simillima manui* 18. *eraso denominata est scripsit :* est dicta, *quamvis esset ejus regio propria; sed non ita ut nunc est dilatata. Idem habent* B3'. F1. 2. 5; *reliqui Sigebertum sequuntur.*   [169] *in ra.ura addit* 18. *rell. præter* A. *Sub anno sequenti habet* C1'., *qui cum* D. *legit* Valdricus.

pra fluvium, qui Thilia (187) dicitur, pedestri prel'o adortus, tantam ex eis stragem fecit, ut ex innumerabili multitudine vix superesset, qui ad classem adversum nuntium ferret. Northmannorum residui transvadata Mosa Ribuariam et Arduennam vastando pervagantes, trans mare recedunt. Hoc tempore claruit in Burgundia Berno, ex comite abbas Gigniacensis coenobii a se fundati, qui etiam ex dono Avæ comitissæ construxit Cluniacum coenobium in cellam Gigniacensem. Claruit hoc tempore Remigius Autisiodorensis, in exponendis scripturis divinis et humanis studiosus [170]. (Cf. Sig. *De Vir. ill.*)

896.   R. 6.   F. 6.   C. 10.

(*Mett.* [R.]) Arnulfus rex Zuendebaldum filium suum ex concubina facit regem Lothariensium. (*Ann. Ved.*) Karolus rex opem Arnulfi regis contra Odonem implorat; ad cujus auxilium Arnulfus rex exercitum misit, sed parum commodi contulit. (*Ib.*) Karolus rex Hundeum regem Northmannorum baptizari fecit, eumque de sacro fonte suscepit.

897.   7.   7.   11.

(Liudp.) Arnulfus rex a Berengario Italico interpellatus ad auxilium sui contra Widonem, Zuendebaldum filium suum cum exercitu mittit in Italiam; sed Guido viriliter agens et primores exercitus donis corrumpens, eos inefficaces redire fecit.

898.   8.   8.   12.

(*Ib.*) Arnulfus rex Langobardiam potenter ingressus, Pergamum urbem armis cepit, cujus comitem Ambrosium ante portam urbis laqueo suspendens, cæteris urbibus terrore incusso, ad obsequelam suam omnes adduxit. Odo musicus ex clerico Turonensi monachum profitetur sub Bernone abbate [171].

899.   9.   9.   13.

(*Ann. Ved.*, 898.) Odo rex Francorum moritur, optestatus primates, ut Karolum in regno reciperent. Karolus regno Francorum toto recepto, regnavit annis 26. (*Mett.* [R.]) Apud Triburias celebrata synodo contra laicos, qui auctoritatem episcopalem imminuere temptabant, plura super statu sanctæ æcclesiæ decreta sunt (188).

900.   10.   1.   14.

(Liudp.) Formosus Portuensis episcopus Romanæ æcclesiæ 114us presidet contra voluntatem quorundam Romanorum, qui Sergium diaconum Romanæ æcclesiæ papam facere voluerant, sed non prevaluerant. Hic Formosus cum aliquando in sinistram suspicionem venisset octavo Johanni papæ, timore ejus fugiens episcopatum Portuensem reliquit; et quia revocatus a papa redire noluit, anathematizatus est; et tandem ad satisfaciendum papæ in Galliam veniens, usque ad laicalem habitum degradatus est (189), jurans se non amplius Romam intraturum, nec episcopatum suæ urbis repetiturum; confirmans etiam propriæ manus subscripto, se in laicali communione perseveraturum. Post a Marino successore Johannis in episcopatu contra datum sacramentum restitutus, non solum Romam intravit, sed etiam Romanæ æcclesiæ papatum suscepit. Propter quod cum multo scandalo multa per multos annos questio et controversia agitata est in æcclesia; aliis ejus et ab eo ordinatorum consecrationem irritam esse debere prejudicantibus, aliis e contra, qualiscunque fuerit Formosus, tamen propter sacerdotalis officii dignitatem et fidem eorum qui ordinati fuerant, omnes consecrationes ejus ratas esse debere saniori consilio judicantibus; presertim cum ipse Formosus a Marino papa absolutus fuerit a sacramenti perjurio. Ab hoc Formoso Arnulfus rex invitatus Romam venit, sed non admissus, Romam Leonianam obsedit. Lepusculo forte versus urbem fugiente, et exercitu cum clamore nimio sequente, Romani timentes se de muro proiciunt, et hostibus per factos acervos murum ascendendi locum faciunt. Sic Roma capta, illos qui papam injuriaverant, decollari fecit, et a papa in imperatorem benedicitur (190). (*Mett.* [R.]) Fulco Remorum archiepiscopus perimitur a Wenemaro satellite Balduini Flandrensium comitis, pro eo quod abbatiam sancti Vedasti Atrebatis a Karolo in beneficium acceperat, quam Balduinus jam per aliquot annos, quamvis nullo concedente, invaserat.

901.   11.   2.   15.

(Liudp.) Wido rex Arnulfum imperatorem se usquequaque persequentem non ferens, quippe cui nec urbes nec castra natura munita resistere poterant, dum se fugiendo tutarentur, imperator uxorem ejus obsedit (191); quæ jam rebus suis diffidens, per unum imperatoris familiarem, multa pecunia corruptum, ei poculum mortiferum dedit; quo hausto per triduum excitari non potuit, apertis oculis nil sentire aut loqui valens. Quæ res eum repedare coegit. Quem recedentem Guido persecutus, a Domino percussus obiit. (Mar.) Bonefacius Romanæ æcclesiæ 115us presidet.

902.   12.   3.   16.

(Liudp.) Arnulfus imperator longa egritudine dis-

VARIÆ LECTIONES.

[170] Hoc t. — studiosus *Sig. ut vid. cur. tertiis*, rell. præter A., qui ea jam a. 855. et 865. habet.
[171] Odo — abbate *Sig. ut vid. curis tertiis*; rell. præter A. *In sequentis anni initio habet* C4'.

NOTÆ.

(187) Dyle in Brabantia.
(188) A. 895, Regino.
(189) Hæc ex continuatione quadam Gestorum pontificum hausta esse, probare nititur Hirsch, p. 76. Aliqua etiam sumpsisse potest ex epistola Joannis VIII, apud Pagium, ad Baronii Annales, a. 876, 883, 891. Cæterum cf. Köpke de Liutprando (Berol. 1842, 8.) p. 78.
(190) A. 896.
(191) A. 896.

solutus, vel ut quidam ferunt afflictus a minutis vermibus, quos pedunculos vocant, adeo in corpore ejus scaturientibus, ut a nullo medicorum minui possent, moritur' (192) ; et Ludowicus filius ejus post eum regnat' annis decem. (Mar.) Stephanus 116ᵘˢ Romanæ æcclesiæ presidet mensibus quatuor. Hic primum a Formoso papa episcopus Anagninæ æcclesiæ ordinatus, ipsum Formosum persequitur, et omnes ordinationes ejus irritas esse debere decernit, et alia horribilia dictu in eum fecit. Legitur enim (193), quia ipse, non Sergius, corpus Formosi a sepulchro in concilio protractum et papali veste exutum laicali induit, et abscisis duobus digitis dexteræ manus ejus in Tiberim precipitari fecit. (Mar.) Romanus 117ᵘˢ Romanæ æcclesiæ presidet. (Liudpr.) In Italia pro Guidone filius ejus Lambertus contra Berengarium regnat.

905.   R. 1.   F. 4.   C. 17.

(Mar. Auxil.) Theodorus 118ᵘˢ Romanæ æcclesiæ presidet. Hic contra Stephanum papam sentiens, reconciliavit ordinatos a Formoso, quos Stephanus per vim intus Romæ et non foris exordinaverat, nec tamen presumpserat eos iterum consecrare. His reconciliatis Theodorus papa libellos abrenuntiationis reddidit, et igni cremari precepit (194). (Mar. Auxil.) Johannes 119ᵘˢ Romanæ æcclesiæ presidet. Hic etiam ad confirmandam Formosi ordinationem, quam Stephanus deposuerat, synodum 74 episcoporum (195) presentibus Francorum archiepiscopis et rege apud Ravennam statuit; et coram eis combusta est synodus, quam Stephanus in damnationem Formosi fecerat. (Liudpr.) Lamberto filio Guidonis mortuo, Berengarius regno potitur. (Ib.) Ungarorum gens barbara, quæ quibusdam clusis remota nec ad meridianam nec ad occidentalem plagam exeundi antea habuerat facultatem, per Arnulfum ruptis clusis emissa, quæ Arnulfo vivente aliquantulum temperaverat rabiei suæ, modo eo mortuo per totam Galliam, Germaniam Italiamque, ut fera tempestas, diffunditur. (Ann. Lob.) Zuendebaldus rex a Lothariensibus in bello perimitur; in qua conspiratione et bello quicunque vulneratus est, aut mortem non evasit, aut nunquam sanari potuit. (Ib.) Francone Leodicensium episcopo mortuo, Stephanus episcopus subrogatur, vir sanctitate et scientia clarus, qui vitam et passionem sancti Lamberti martyris ad Herimannum archiepiscopum urbanius edidit; (Anselmus) cantum quoque nocturnum de eodem martyre, cantumque de sancta Trinitate, et de inventione Stephani prothomartyris dulci et regulari modulatione composuit. (A. Lob.) Conradus comes, pater Conradi, qui post Ludowicum regnavit, perimitur in bello a comite Alberto.

904.   2.   5.   18.

(Mar.) Benedictus Romanæ æcclesiæ 120ᵘˢ presidet. Ludowicus rex conserto cum Ungaris prelio miserabiliter vincitur. Apud Constantinopolim Leone imperatore mortuo, Constantinus filius ejus et Alexander frater ipsius Leonis imperant anno uno.

905.   3.   6.   1.

(Ib.) Leo Romanæ æcclesiæ 121ᵘʳ presidet. Hunc post 30 dies ordinationis suæ Cristoforus presbiter suus capiens et in carcerem trudens, per invasionem Romanæ æcclesiæ 122ᵘˢ presidet. Ungari superioris anni victoria elati, regnum Ludowici sub tributo redigunt. (Cf. Mar.) Apud Constantinopolim Alexandro imperatore mortuo, Constantinus imperat annis 39.

906.   4.   7.   1.

(Liudpr.) Ungari victos Grecos sub tributo redigunt. Apud Grecos Romanus humilis quidem genere, sed quia leonem ferocem occiderat, expertæ fortitudinis habitus, et per hoc a Leone imperatore dux navalis exercitus constitutus, volens fieri tutor Constantini imperatoris, qui admodum puer erat, tutorem a patre illi deputatum et omnes principes palatii ad se extra urbem arte evocatos capit et palatio eliminat, et sibi faventes officiis curialibus honorat. Focas autem, qui terrestrem exercitum contra Symeonem Bulgarum regem duxerat, hoc nuntio perterritus fugit a bello et omnes fugere fecit; sicque animos et vires Bulgaribus addidit Grecos acrius debellandi. Et ipse a Romano captus, oculis privatur.

907.   5.   8.   2.

(Mar.) Sergius Romanæ æcclesiæ 123ᵘˢ presidet. (Liudpr.) Iste est Sergius diaconus propter Formosum a papatu reprobatus, qui ab eodem Formoso episcopus factus, ad Francos tamen se contulit, et eorum auxilio Cristoforum invasorem capiens et in carcerem trudens, latenter Romam ingressus, papatum invasit; et Romanos minis et terroribus perpulit, ut omnes ordinationes Formosi irritas haberent; et in ultionem suæ repulsæ, quod dictu nefas est, Formosum sepulchro extractum in sedem pontificatus sacerdotaliter indutum decollari precepit, et insuper tribus digitis abscisis in Tiberim jactari fecit, et omnes quos ille ordinavit, injuste exordinavit, et injustus reordinavit. Quem a piscatoribus inventum et in basilica apostolorum principis loculo deportatum, quædam sanctorum imagines adorasse et venerabiliter salutasse palam omnibus visæ sunt. (Ib.) Apud Grecos Romanus pater Basileos factus, ut securius ageret, matrem Constantini imperatoris uxorem duxit, suam vero filiam ipsi Constantino despondit. (Ib). Ungari Bulgares victos tributarios sibi faciunt.

NOTÆ.

(192) A. 899. Deb. 8.
(193) Et recte quidem, cf. Baronium et Acta SS. Maii IV, 147.
(194) Nescimus unde hæc sumpserit Sigebertus.

Cf. Mansi Concil. XVIII, 182.
(195) A. 898 ; cf. de hac synodo Baron. XV, 529. Mansi XVIII, 221

908. R. 6. F. 9. [172]. C. 3.
(Liudp.) Romanus, impetrato a principibus, ut etiam indumenta imperialia et diadema imperii acciperet, non jam tutor imperatoris, sed super imperatorem imperator videbatur esse ; qui etiam Christoforum filium suum in imperio ascitum, Constantino imperatori in procedendo preferebat. Sed Christoforus non multo post obiit.

909. 7. 10. 4.
(Ib.) Ungaris Italiam depopulantibus rex Berengarius bello congressus, miserabiliter vincitur. Romanus Grecorum imperator Buigares, Grecos fortiter debellantes, facto foedere mitigavit.

910. 8. 11. 5.
(Ib.) Saraceni ex Africa a rege suo missi in Italiam, ut Apuliam et Calabriam contra Romanum imperium rebellantes sub dicione illius redigerent pugnando, Apulis et Calabris fortiter debellatis, Romam versus girantes Garelianum montem occupant; ibique munitione sibi facta, multas Italiæ urbes debellaverunt. Regino abbas Prumiensis chronicam suam a nativitate Domini inchoatam usque ad hunc annum perduxit [173] (196). (Ib.) Adelbertus quidam ex primoribus Austrasiorum per septennium Ludowico regi rebellis, dolo Hattonis Moguntini archiepiscopi ad regem deductus decollatur.

911. 9. 12. 6.
(A. Lob.) Ungari Germaniam vastant. (Liudp.) Ludowicum, filium Bosonis ex filia Ludowici imperatoris, ab Italiensibus a Burgundia invitatum in regno, Berengarius excipiens bello, jurare illum compulit, ut si redire permitteretur, non ultra in Italiam veniret.

912. 10. 13. 7.
(A. Lob.) Ludowicus rex Germaniæ moritur, qui propter tyrannorum in Italiam insolentiam et multam malorum ingruentiam non meruit imperialem benedictionem. Cui succedens Conradus regnavit annis 7 ; qui et ipse caruit benedictione imperiali. (Testa. Bern.) Berno abbas moriturus Odonem olim musicum constituit abbatem Cluniacensis coenobii ea conditione, ut æcclesia Cluniacensis solveret annuatim æcclesiæ Gigniacensi censum duodecim denariorum (197) [174].

913. 1. 14. 8.
Ludowicus ab Italiensibus ad regnandum reinvitatus, tam cito oblitus juramenti in Italiam contra Berengarium vadit, et eo expulso regnum Italiæ usurpat.

914. 2. 15. 9.
(Liudp.) Contra Conradum regem potentiores regni principes rebellionem meditati, scilicet Arnoldus de Bajoaria, Burchardus de Suevia, Everardus de Francia, Gisilbertus de Lotharingia, et horum omnium præcellentior Heinricus dux de Saxonia et Turingia, tam sapientia quam fortitudine regis ad gratiam ejus reducuntur. Solus Arnoldus ad Ungarios cum uxore et filiis fugiens, usque ad mortem regis ibi mansit.

915. 3. 16. 10.
(Ib.) Ludowicus Veronæ captus, a Berengario a custodibus urbis auro corruptis in urbem immisso oculis privatur (Mar.) Ungari Berengario confoederati Alemanniam vastant, et a Bajoariis et Alemannis graviter cæduntur.

916. 4. 17. 11.
(A. Lob.) Karolus rex Francorum regnum Lotharingiæ recepit. (Liudp.) Saraceni a Fraxineto et Gareliano monte exeuntes, Calabriam, Apuliam, Beneventum, Romanorum quoque urbes ita occupant, ut unamquamque mediam Romani mediam Saraceni tenerent : et gravissime Italiam premebant.

917. 5. 18. 12.
(Mar.) Anastasius 124[us] et post hunc Lando 125[us] Romanæ æcclesiæ president. (Ib.) Ungari Alemanniam totam devastantes, usque Fuldam perveniunt.

918. 6. 19. 13.
(Liudpr.) Romanus Grecorum imperator filios suos Stephanum et Constantinum, cum domino suo Constantino imperatore imperare constituit ; ipso Constantino imperatore opere manuum suarum, picturam scilicet pulchre exercendo, sibi victum quærente. (Wid.) Hattonem Moguntinum episcopum, cujus dolo olim Adelbertus perierat, rex Conradus sollicitat etiam contra Heinricum Saxonum ducem, propter potentiam ipsius sibi suspectum. Ad quod cum jam torquem auream episcopus fabricasset, quæ collo ducis secum convivantis injiceretur, dolo prodito frustratus est ; et post triduum morbo et angore, vel ut alii dicunt fulminis ictu periit. Complices consilii etiam a duce patria eliminati sunt. Misso autem exercitu a rege contra Henricum, tanta cæde Saxones debaccati sunt in eos, ut a minis declamaretur, ubinam esset tantus ille infernus, qui tantam cæsorum multitudinem capere posset. (Mar.) Ungari per Alemanniam in Alsatiam, et usque ad Lotharingiam perveniunt.

919. 7. 20. 14.
(Ib.) Johannes Ravennas episcopus 126[us] Ro-

VARIÆ LECTIONES.
[172] VIII errore 1. et sic deinceps errans usque a. 927. [173] Regino — perduxit desunt D. [174] qui et ipse — denariorum in rasura dimidiæ lineæ Sig. cur. tertiis, rell. Unus C2*. verba : Berno — denariorum prorsus omittit ; A. eadem sub anno demum 914. ita exhibet : Berno abbas Gygniacensis fundator Cluniacensis coenobii Odonem musicum et ex clero Turonensi monachum constituit post se abbatem Cluniaci, eo pacto ut a. C. s. a. G. c. d. denariorum. quibus præponit : Hoc tempore corpus sanctæ Fidis et martyris ab Aginno urbe transfertur ad monasterium quod dicitur Conchas. In 1. nullum rasuræ vestigium, quare hæc a monacho Virdunensi addita videntur.

NOTÆ.
(196) Ad a. potius 906.
(197) A. 926; cf. Mab. Acta SS. Ben. v, 88.

manæ æcclesiæ presidet. (WID.) Conradus rex moriens coram principibus regni regem designat Henricum, filium Octonis Saxonum ducis. Hic ergo regnat annis 17.

920.   R. 1.   F. 21.   C. 15.

(LIUDP.) Henricus rex contra Arnoldum ab Ungaris regressum cum exercitu in Bajoariam profectus, eum virtute et sapientia sua ad gratiam suam inflexit, addens ei ordinationem episcoporum totius Bajoariæ. (WID.) Burchardum etiam ducem Alemanniæ bello deterritum ad se inflexit. (*A. Lob.*) Rotbertus dux, frater Odonis regis, appetens regnum Francorum contra Karolum, inquietabat Franciam, ejusque instinctu omnes pæne primores Franciæ adversabantur Karolo.

921.   2.   22.   16.

(*Ib.*) Stephano Leodicensium episcopo defuncto, Richarius vir catholicus a Karolo per auctoritatem papæ Romani ordinatur episcopus, repudiato Hilduino, qui pecunia data duci Gisleberto, ambiebat ab eo sibi dari episcopatum. (*Vita Guib.*) Hoc tempore clarebat inter nobiles Lotharingiæ sanctus pater noster Guichertus, qui nostrum, Gemmelacense scilicet [175] cœnobium fundavit; qui divitiis, nobilitate et potentia clarus, cingulum mundanæ militiæ deponens, cingulo sanctæ religionis in monachico habitu se accinxit. (*V. Wenc.*) Ziptineus dux Boemiæ ad fidem Christi conversus, juste et religiose in Boemia principabatur, et post eum Watizlaus filius ejus; post Watizlaum Wencezlaus filius ejus, justitia et sanctitate preclarus, cui frater suus Bolizlaus nimis adversabatur.

922.   3.   23.   17.

(MAR. LIUDP.) Ungaris Franciam, Alsatiam, Alemanniam, Saxoniamque depopulantibus, Heinricus rex juxta urbem Meresburhc congressus, vovens Deo, pro adipiscenda victoria se heresim symoniacam de regno suo eradicaturum, inestimabili cæde eos usque ad internetionem pæne delevit. (WID.) Rex Heinricus quoscunque fures, latrones aut sicarios manu fortes et bellis aptos esse videbat, indulta eis venia agros et arma dabat, et legionem ex eis faciens ad debellandos barbaros exponebat, edicens omnino, ut civibus tantummodo parcerent. (*A. Lob.*) Karolus rex Francorum cum auxilio Lothariensium juxta urbem Suessionis pugnans contra Rotbertum fratrem Odonis regis, qui contra se regnum Francorum invadebat, (WID.) eum cum multis peremit, et se et Franciam Henrico regi submittit, eique in pignus perpetui fœderis et amoris mittit manum preciosi martyris Dionisii Parisiensis, auro gemmisque inclusam.

923.   4.   24.   18.

(*A. Lob.*) Reges Henricus et Karolus apud Bunnam [176] confœderantur; et Karolus reddit Henrico regi regnum Lotharingiæ, episcopis et comitibus utrinque jurando rem confirmantibus. (MAR.) Sanguis Domini crucifixi venit in Augiam; forte ille sanguis, qui de imagine Domini fluxit, cum secundo Dominus in imagine sua a Judæis priora pateretur [177]. (LIUDP.) Africani, qui per munitionem Gareliani montis totam Italiam laniabant, per militiam Johannis papæ et per auxilium Romani Grecorum imperatoris conserta cum eis pugna ita atteruntur, ut ne unus quidem superfueret, qui non aut trucidaretur aut caperetur; multis testantibus, apostolos Dei Petrum et Paulum in illo bello visos fuisse ad auxilium christianorum.

924.   5.   25.   19.

(WID.) Rex Henricus pacem cum Ungaris in novem annos firmat. (*A. Lob.*) Karolus rex Francorum a comite Heriberto captus, in custodiam Perronæ truditur, ob necem Rotberti ducis ab eo perempti. (LIUDP.) Rodulfus rex Burgundionum ab Italiensibus ad regnandum contra Berengarium invitatus, conserta cum Berengario pugna, eoque victor expulso, regnum Italiæ 3 annis tenuit.

925.   6.   26.   20.

Rex Henricus urbem Sclavorum Brennaburch capit, et victis Sclavis tributum imponit. (WID.) Rex Henricus agrarios milites recensens, edixit ut octo eorum in agris, nonus vero in urbe moraretur; ut octo et sibi et nono in agris laborarent, nonus vero in urbe tertiam partem omnium frugum illorum reservaret in edibus a se ad hoc extructis; ut in bello nihil alicui eorum deesset, urbesque rebus et viris plenæ essent. (LIUDP.) Berengarius rex ab Italiensibus impie perimitur. Ungari Salardo duce Italiam pervagantes, Papiam obsident et incendunt.

926.   7.   27.   21.

(*A. Lob.*) Karolus rex Francorum sub custodia Heriberti exul et martyr moritur. Rodulfus regnat in Francia annis 2. (LIUDP.) Symeon Bulgar, qui ex philosopho monachus, ex monacho miles factus dominabatur Bulgaribus, Grecos graviter atterit; sed Romanus Grecorum imperator ejus insaniam facto fœdere mitigavit.

927.   8.   1.   22.

(WID.) Post mortem Karoli regis nolentibus Lotharingis Henrico regi subesse, quidam Lotharingus nomine Cristianus simulata infirmitate Gislebertum ducem ad se dolo evocatum cepit regique misit, ut per eum Lotharingiam sibi subiceret. At rex inspecta industria et potentia Gisleberti, filiam suam Gerbergam ei despondet, et eum iterum Lotharingiæ preficit. (*A. Lob.*) Ludowicus, filius Karoli regis, insidiantes sibi fugiens, per mare transit [in Angliam. Mater enim ejus fuerat filia regis Anglorum [178].] (LIUDP.) Rodulfus rex ab Italiensibus repu-

VARIÆ LECTIONES.

[175] pater noster *et* nostrum *et* scilicet *hic et ubivis in talibus omittunt* A. C1. 4*. D.   [176] hunnam C1. 3. 4*. D. *deest* B3*,   [177] d) Sanguis — pateretur *deest* D.   [178] *Sig. primo ediderat*: fugiens mare transit. Rodulfus *etc. At postea* 18. *ante* mare *interposuit* per, *et erasis vocibus* Rodulfus — subrogatur, *rasuræ superscripsit* in Angliam — subrogatur. *Ita igitur Sig. locum ampliaverat, quum secundam editionem pararet.*

diatur, et Hugo comes Arelatensium in regnum sub- rogatur.

928. R. 9. F. 2. C. 23.

(A. Lvb.) Ludowicus in Franciam reversus, et licet erumnose, tamen in regno restitutus, regnat annis 27. (Liudp.) Rex Hugo quosdam Italiensium suspectos sibi consilio et virtute Samsonis comitis circumventos sibi substravit. (Ibid.) Ratherius Lobiensis monachus, vir nimiæ simplicitatis, sed experientia liberalium artium nominatus, cum Hilduino, qui in Lotharingia episcopatum Leodicensem olim ambierat, in Italiam ad Hugonem regem profectus, Veronæ episcopus ab Hugone constituitur, Hilduino Mediolani archiepiscopo ordinato. (Wid.) Rex Henricus Granam[179] urbem Dalamantiæ capit, et Dalamancis tributum imponit.

929. 10. 1. 24.

(Liudp.) Lanceam mirandi operis et clavis Jesu Christi crucifixi sanctificatam, quæ dicitur primi et magni Constantini imperatoris fuisse, donatam Rodulfo regi Burgundionum et Italiæ a Samsone comite, rex Henricus precibus, minis, muneribus, addita etiam parte provintiæ Suevorum, a Rodulfo comite extorquet; et hanc ad insigne et tutamen imperii posteris reliquit.

930. 11. 2. 25.

(Ibid.) Johannes papa a militibus Guidonis marchionis captus et in custodiam trusus, cervicali super os ejus posito pessime strangulatus est. In cujus loco alter Johannes subrogatus est, frater Alberici, Romam expulso Hugone regentis. Alibi legitur hoc in loco Leo papa presedisse. (Mar., Wid.) Vencezlaus princeps Boemiæ, a rege Henrico in Praga urbe obsessus, se et urbem regi dedit, et impositam Boemiæ multam tributi solvit.

931. 2. 3. 26.

(Mar.) Henricus rex reges Northmannorum et Abrotidorum christianos facit. (A. Laub.) Hubaldus monachus et philosophus de Sancti Amandi Elnonensis obiit[180] (198). (Wid.) Redarii usque ad 200 milia hominum conspirantes contra Henricum regem rebellant, et regnum ejus graviter infestant, et vicinas gentes ad rebellandum animant. Sed a ducibus regis Bernardo et Tietmaro gravi bello victi, omnes pæne perimuntur, aut fugientes in mari vicino demerguntur; et hoc facto vicinæ gentes a rebellione deterrentur.

932. 13. 4. 27.

(Liudp.) Arnoldus[181] dux Bajoariorum in Italiam contra Hugonem regem veniens a Veronensibus suscipitur, et cum Hugone confligens vincitur. Ratherius episcopus a rege Hugone episcopatu pulsus, A quia Bajoariis faverat, Papiæ exiliatur, ubi et librum de suis erumnis luculenter edidit. Scripsit et alia multa legentibus utilia.

933. 14. 5. 28.

(Mar.) Stephanus Romanæ æcclesiæ 128us presidet. (Liudp.) Beneventani contra Grecos bellum agentes, quotquot Grecorum capiebant, eunuchizabant.

934. 15. 6. 29.

(Wid., Mar.) Ungari tributum a Saxonibus repetentes, ab exercitu Henrici regis occiduntur aut capiuntur; eisque ad internecionem deletis, tributum quod repetebatur, Deo pro gratiarum actione in æcclesiis et pauperibus exsolvitur. Otto filius regis Henrici uxorem ducit filiam Eathmundi regis Anglorum.

935. 16. 7. 30.

(Ibid.) Johannes Romanæ æcclesiæ 129us presidet. (Liudp.) In Genuensi urbe fons sanguinis largissime effluxit, portendens forte urbis ipsius imminentem ruinam, quæ eodem anno ab Africanis, cum classe illuc venientibus, capta, cunctis civibus exceptis parvulis et mulieribus captis aut occisis, etiam thesauris suis est evacuata. (Wid.) Rex Henricus Danos, qui per piraticam Fresones incursabant, vincit et tributarios facit, et Chiupam regem eorum baptizari facit.

936. 17. 8. 31.

(Mar.) Leo Romanæ æcclesiæ 130us presidet. (Liudp.) Rodulfus rex Burgundiæ moritur. (Ibid.) Inger rex Russorum, sciens exercitus Grecorum esse ductos contra Saracenos et ad insularum custodias dispersos, ad expugnandam Constantinopolim cum mille et eo amplius navibus venit, adeo de victoria jam securus, ut Grecos non occidi, sed capi preciperet. Quibus imperator Romanus cum paucis viriliter occurrens, circumcirca Greco igni injecto pene omnes cum navibus exussit, paucis evadentibus, omnesque captivos decollari jussit.

937. 18. 9. 32.

(Wid.) Hoc anno prodigia apparuere. Sol sereno cælo obscuratur; per fenestras vero domorum radios quasi sanguineos emittebat. Mons, ubi postea rex Henricus sepultus est, flammas multis in locis evomebat. Hominis cujusdam sinistra manus ferro amputata, post annum pæne integrum ei dormienti restituta est; qui pro signo miraculi linea quasi sanguinea loco conjunctionis notabatur. Henricus rex moritur, qui licet in incendiis inimicis gloriosus fuerit, quia tamen pacificus erat, nullam operam dedit, ut effugatis ab Italia tyrannis, qui quasi conductivi mercennarii alter alteri succedentes impe-

VARIÆ LECTIONES.

Inde idem habent reliqui omnes præter A., qui primam Sigeberti editionem sequitur. Rodulfus — subrogatur desunt B4*. 4**. [179] Gana 1. sed correctum; Cl. 3. 4*. D. [180] Hubaldus — obiit desunt D. [181] Arnordus Sig.

NOTÆ.

(198) A. 930, secundum Annales Laubienses.

rium dilaniabant, benedictionem imperialem accepisset. Post quem filius ejus Otto ex Mathilda, filia Theoderici ducis Saxonum, imperavit annis 36 [182]. [(Wid.) Obiit sanctus Odo primus abbas Cluniacensis; succedit ei Ademarus [183].]

938.   R. 1.   F. 10.   C. 33.

(Liudp.) Contra Ottonem imperatorem rebellant Everardus comes palatii et Gislebertus dux Lotharingiae, qui Gerbergam sororem ipsius imperatoris uxorem habebat. (Mar.) Ungari per Austrasiam et Alemanniam, multis civitatibus igne et gladio consumptis, Wormaciae Rheno transito, usque od oceanum Gallias vastant, et per Italiam redeunt. (V. Wenc.) Princeps Boemiae Wenceslaus vir sanctus martyrizatur a fratre suo Bolizlao, ambitione preripiendi principatus seducto; (Wid.) in cujus ultionem rex Otto bellum Bolizlao indixit, et longa inter eos concertatio per quatuordecim annos protracta est.

939.   2.   11.   34.

(Liudp.) Everardus et Gislebertus Henricum fratrem imperatoris obsessum capiunt, cumque pellatia [184] sua ab imperatoris fidelitate sejunctum factioni suae applicant, suggerentes ei, regnum magis competere illi in patris regno nato, quam Ottoni ante regnum nato. (Mar.) Ungari a Saxonibus graviter caeduntur. Otto imperator interim a Bajoariis sibi resistentibus rediens, Everardum exiliat, iterumque Bajoarios aggressus, omnes sibi subdidit, preter unum filium Arnoldi. Rex Otto construit urbem Magathaburch, quae et Parthenopolis, id est virginum civitas, dicitur. (Fulcu., c. 24.) Italiam vexat heresis andropomorfitarum, id est corpoream formam Deum habere dicentium; contra quam Ratherius Veronensium episcopus et verbis et scriptis reclamabat [185].

940.   3.   12.   35.

(Mar.) Otto imperator in Lotharingiam usque ad Capremontem venit. (Liudp.) Berengarius junior, Berengarii senioris ex filia nepos, timens regem Hugonem se persequentem pro eo quod contra eum regnum Italiae affectaret, ad Herimannum Suevorum ducem, et per eum ad Ottonem regem fugit. (Wid.) Rex Otto Bolizlaum bello superat; at Bolizlaus pro victoria securos circumveniens, principem militiae regis cum multis trucidat. Rex vero Boemiam devastat.

941.   4.   13.   36.

(Mar.) Ludowicus rex Francorum Lotharingiam invadens, usque ad Alsatiam venit, ductu Everardi et Gisleberti. (Liudp.) Rex Hugo misso sibi Greco igne ab imperatore Grecorum Fraxinetum oppugnat, et navibus Saracenorum exustis illud expugnat, et inde eos fugat. (Wid.) Tangmarus, frater Ottonis regis, ab eo ad hostes ejus transit, et inter cetera mala Hereshurch castrum regis capit, ibique a rege conclusus, telis intra aecclesiam confossus periit.

942.   5.   14.   37.

(Mar.) Marinus Romanae aecclesiae 131[us] presidet. (V. Ud.) Ad hunc sanctus Udalricus [186] Romam veniens, ab eo agnovit se futurum episcopum Augustae Vindelicorum; quod post annos 15 factum est. (Liudp.) Gislebertus et Everardus cum Heinrico fratre imperatoris juxta Rhenum contra imperatorem bellum parantes, milites imperatoris offendunt, et multi cum paucis congressione facta, interim imperatore in alio Rheni litore ante clavos Domini lanceae suae infixos in oratione prostrato, victi terga dederunt, Henrico in brachio insanabiliter vulnerato. (Wid.) Orta dissensione inter principes de varietate legis, utrum deberent avis superstitibus filii filiorum post patres defunctos hereditare, an exheredatis fratruelibus deberet hereditas ad patruos redire, ex regis Ottonis omniumque principum sententia cognitio veritatis commissa est gladiatorio judicio. Cessitque victoria his, qui censebant fratrum filios debere cum patribus hereditare.

943.   6.   15.   38.

(Liudp.) Otto rex obsedit Brisagam oppidum Alsatiae, quod Ludowicus rex per milites Everardi et Gisleberti tenebat [187]. In qua obsidione suasu Friderici Moguntini episcopi, qui animo jam ab imperatore defecerat, multi ab imperatore defecerunt; eaque re aliis territis, solus rex interritus manet. Interim fideles regis, Udo videlicet et Conradus, frater Herimanni Suevorum ducis, Everardum et Gislebertum predando regno secure intentos, juxta Rhenum inopinato aggressi, acerrime debellant. Everardo, gladiis perempto, Gisleberto autem Rheni undis submerso, caeterorum vix aliquis fugit, qui non aut trucidaretur aut caperetur. Hoc nuntio infideles regis corde franguntur, et Ludowicus ab Alsatia discedit, et rex et fideles ejus cum ipso gratantur. (Wid.) Uxorem Gisleberti Gerbergam, sororem scilicet Ottonis imperatoris, Ludowicus rex duxit uxorem; filiam vero Gisleberti neptem suam imperator Bertaldo duci Bajoariorum despondet. (Liudp.; Wid.) Ducatus ejus Ottoni datur. [Ademarus Cluniacensium abbas substituit sibi abbatem Maiolum [188].

944.   7.   16.   39.

(Mar.) Otto dux Lothariensium obiit. Conradus, gener regis Ottonis, succedit. (Liudp.) Stephanus et Constantinus imperatores, filii Romani imperatoris, egre ferentes se justa patris sui severitate a juvenili

VARIAE LECTIONES.

[182] XXXVII. *Sig. primo*, A.; XXXVI. *jam* 1. *e corr., rell.*   [183] *add.* 1ε. *rell. praeter* C2*., *cui prorsus desunt, et* A. *qui habet tantum*: Obiit Odo abbas Cluniacensis. *In* 1. *nil erasum fuit.*   [184] bellaria C1. 5. 4*. *deest* D.   [185] Italiam — reclamabat *Sig. cur. certis; rell.*   [186] Waldricus C4*. D.   [187] p. m. E. e. G. *desunt* C4*. *qui abhinc usque ad finem chronicae tot tantaque omittit, ut ea indicare jam inutile videatur, quod semel hic monitum volumus.*   [188] *add.* 1ε. *rell. praeter* A. C2*.

levitate coerceri, dispositis in palatio insidiis, ignorante altero Constantino Leonis imperatoris filio, patrem de palatii solio deponunt, et tonso ei ut moris est capite, ad vicinam insulam, in qua coenobitæ philosophabantur, transmittunt. Sed horribilem eclypsim [169] passus est feria 6, hora diei tertia. Quo die in Hispania Addaram rex Saracenorum a Radamiro christianissimo rege Galitiæ in bello superatus est. In Italia cometa miræ magnitudinis apparuit, portendens famem, quæ secuta est. (WID.) Rex Otto corpus Innocentii martyris in urbem Magathaburch transfert.

945.   R. 8.   F. 17.   C. 1.

(MAR.) Otto imperator totam Lotharingiam sibi subjugavit, resistente sibi solo Mettensium episcopo Adalberone, fratre ducis Frederici. (LIUDP.) Stephanus et Constantinus, videntes, post patris sui depulsionem, Constantinum filium Leonis imperatoris ab omnibus sibi preferri, et se jam vix in secundis haberi; cum deliberarent, hoc quod de patre fecerant, etiam de Constantino facere, publicato eorum consilio per Diabolinum incentorem hujus consilii, cum ad convivium ex condicto consedissent, et de prioratu sedendi inter se consulto decertarent, dato signo a viris Constantini, ambo fratres solio deturbantur, et tonsis capitibus ad idem monasterium, ad quod patrem transmiserant et ipsi ad philosophandum cum monachis transmittuntur. Ita evacuato palatio abusivis imperatoribus, ipse Constantinus et Romanus filius ejus ex filia Romani imperatoris imperant annis 17 [190]. (WID.) Barbaros occasione intestini belli undique irruentes, Gero comes fortiter ac frequenter debellat. (BALD.) Rex Otto Burgundiam sibi subjugat. (WID.) Regi Francorum Ludowico Hugo comes Parisiensis nimis adversatur. [Hic Hugo filius fuit Rotberti tyranni, in bello Suessonico perempti a Karolo rege [191] (cf. *Flod.*)]

946.   9.   18.   2.

(MAR.) Agapitus Romanæ æcclesiæ 132us presidet, et Benedictus 135us [192]. (WID.) Henricus, frater imperatoris, in urbe Meresburch a fratre obsessus, projectis armis ad pedes ejus procidens et misericordiam implorans, in custodiam includitur. (LIUDP.) Fridericus etiam archiepiscopus Moguntia a civibus excluditur. Rex Otto multos contra se rebellare molientes capit aut occidit. (WID.) Mortuo Bertaldo duce, rex Otto fratri suo Henrico dat ducatum Bajoariæ, et sic eum reprimit a rebellione.

947.   10.   19.   3.

(LIUDP.) Berengarium a Suevia in Italiam reversum videns rex Hugo ab Italiensibus se deserto recipi, Lotharium filium suum, ut saltem Berengario conregnet, Italiensium fidei commendat; ipse Arelatum, unde venerat, repetit.

948.   11.   20.   4.

(*Ib.*) Rege Hugone mortuo, Lotharius filius ejus in Italia solo nomine regnat; Berengarius, actu et potestate rex, et cunctis acceptus, per Italiam tyrannizat. (WID.) Dux Bajoariæ Henricus Aquileiam in Italia capit, Ungaros bis superat, Ticinum transit, et cum multis manubiis redit. (*V. Guib.*) Immunitas nostræ [193], Gemmelacensis scilicet, æcclesiæ hoc anno imperiali confirmatur edicto, et anuli impressione corroboratur. Erluinus, primus ejus loci abbas a sancto patre nostro Guicberto electus, in sanctitate et religionis fervore claret. (WID.) Ludowicus rex Francorum a ducibus suis circumventus, a Normannis capitur, et consilio Hugonis Lugdunum missus, publicæ custodiæ traditur. Karlomannus vero, major filius ejus, a Normannis abductus, Rotomagi moritur.

949.   12.   21.   5.

(LIUDP.) Taxis rex Ungarorum in Italiam veniens, decem modios nummorum a Berengario pro reditu accipit. (WID.) Rex Otto cum triginta duabus legionibus Franciam ad liberandum Ludowicum aggreditur. Ludowicus ejus metu a custodia relaxatur. Rex Otto Lugdunum capit, Hugonem intra Parisius concludit, Remim capit; Hugonis nepote, qui episcopatum usurpaverat, expulso, legitimum episcopum restituit; usque Rothomagum potenter accedit, et castellis ac urbibus, quas cæperat, Ludowico redditis, in Saxoniam redit (199).

950.   13.   22.   6.

(MAR.) Per loca Galliæ et Germaniæ plurimi et magni terræmotus facti sunt [194]. (WID.) Rex Otto in Boemiam contra Bolizlaum proficiscitur; Bolizlaus vero regi reconciliatur, eique tandem fideliter subjicitur. Rege Ottone secundam expeditionem in Franciam parante, Hugo virtutem ejus non ferens, ei juxta fluvium Charum occurrit, et pacto pacis secundum nutum regis facto, manus ei dedit (200).

951.   14.   23.   7.

(MAR.) Moguntia ab Ottone imperatore obsessa est (201). (WID.) Fridericus archiepiscopus captus et in custodiam trusus, non multo post per indulgentiam regis relaxatus est. Rex Otto filium suum Liudulfum, natum ex filia regis Anglorum, testamento regem post se designat.

952.   15.   24.   8.

(WID.) Liedulfus, filius Ottonis imperatoris, instinctu Conradi ducis cum eo contra patrem suum rebellavit; Reinesburch capit, et multas alias urbes et principes a patre ad se avertit. Rex illum intra Moguntiam conclusum obsidet.

VARIÆ LECTIONES

[169] eclysin *Sig.*   [190] ita *Sig.* (at postea correctum est XVI.), Cl. 3. D. (hic corr. XVI.) XVIII. A.
[191] add. 13. rell. præter A.   [192] et B. 135us desunt D.   [193] nostræ et scilicet desunt A. B1. 3´. 5. Cl. 2´. 5. Immunitas — claret desunt C4´. D.   [194] Per — sunt desunt D.

NOTÆ.

(199) A. 946.
(200) A. 947.
(201) A. 955.

953.   R. 16.   F. 25.   C. 9.

(*Ib.*) Bellum fuit super Mosam inter Conradum et Ragincrum Haginoensium [195] comitem. (*V. Brun.*) Mortuo Wicfrido Coloniensium archiepiscopatum suscepit vir gloriosus Bruno, frater Ottonis imperatoris; qui quantus qualisve fuerit apud Deum et homines, lector ediscat in vita ipsius, quam Rogerus luculenter descripsit. Hujus studio translata sunt a Roma Coloniam corpora sanctorum Elifii, Patrocli, Privati, Gregorii, cum baculo sancti Petri [196].

954.   17.   26.   10.

(Fulcuin.) Ratherius bis episcopatu Veronensi depulsus, Leodicensium episcopus per Brunonem archiepiscopum ordinatur post Farabertum. (*V. Guib.*) Immunitas nostræ [197], Gemmelacensis scilicet, ecclesiæ etiam apostolica auctoritate a Benedicto papa corroboratur, anno septimo pontificii ejus. (Wid.) Rex Otto uxorem secundam ducit relictam Ludowici Italorum regis, et per eam Papiam accipit.

955.   18.   27.   11.

(Fulc.) Liedulfo ad gratiam patris reducto, conradus dux, Dei et imperatoris transfuga, ad Ungaros se conferens, eos in Lotharingiam usque ad Carbonariam silvam perduxit; et virtute Dei apud Lobias contra eos ostensa, ultra prodire prohibiti, impune redeunt. (*A. Lob.*) Ludovico Francorum rege mortuo, Lotharius, filius ejus ex Gerberga sorore imperatoris, regnavit annis 32. (Wid.) Berengarius rex Italiæ in Germaniam ad regem Ottonem venit, eique suis suique filii manibus datis, se ei committit. (*Ib.*) A Bajoariis contra Sclavos prospere pugnatur.

956.   19.   4.   12.

(*Ib.*) In Italia lapis miræ magnitudinis tonitru ac tempestate turbulenta de cælo jactus, ingens miraculum videntibus prebuit. Templa plerisque in locis valida tempestate concussa sunt. Utriusque ordinis sacerdotes ictu fulminis interierunt, et plura horrenda dictu portenta monstrata sunt. (Mar.) Friderico Moguntiæ archiepiscopo mortuo, Guillelmus, filius Ottonis imperatoris, substituitur. (*A. Lob.*; Fulc.) Ratherio ab episcopatu Leodicensium ejecto, Baldricus annitente avunculo suo Ragincro comite Montense episcopus substituitur.

957.   20.   2.   13.

(*V. Brun.*) Liedulfus, filius Ottonis imperatoris, in Italia moritur. Ungaris iterum regnum Ottonis imperatoris ductu Conradi ducis depopulantibus, imperator eos bello excepit, Conrado ab Ungaris ad eum penitendo refugiente et orante Deum, ut pro pœna perfidiæ suæ in ipso bello ab Ungaris perimeretur. (Wid.) Quo bello in tantum sunt Ungari victi et attenuati, ut ultra jam nec muttire ausi fuerint. In tantum quippe contriti sunt, ut nullus aut rarus eorum evaderet. Conradus tamen secundum votum suum ibi occubuit. Tres reguli Ungarorum in bello capti, suspendio perierunt. (*V. Brun.*) Bruno archiepiscopus, et ducatum Lothariensium post Conradum adeptus, cœnobium sancti Pantaleonis Coloniæ construxit. (Wid.) Henricus dux Bajoariæ, frater regis Ottonis, moritur; filius ejus Henricus ei succedit.

958.   21.   3.   14.

(*A. Leod.*) Erluinus primus abbas Gemmelacensis lumine oculorum privatur [198]. (*V. Brun.*) Bruno archiepiscopus plures Nortmannorum cum principibus eorum baptizari fecit. (Wid.) Guicmannus rebellis a facie regis Ottonis trans Albiam fugiens, Sclavos in regnum ejus conduxit; quos rex fortiter debellavit, occiso regulo eorum cum multis, et 700 captivis capite cæsis.

959.   22.   4.   15.

(Mar.) Johannes Romanæ æcclesiæ 134[us] præsidet [199]. (Fulcuin.) Bruno archiepiscopus et archidux Lotharingiæ, secundas partes in regno fratris sui potenter et industrie amministrans, Ragincrum Montensem comitem, qui Longicollus cognominabatur, apud Valentianas evocatum capit et inrevocabili exilio damnavit pro eo quod regnum bellis inquietabat; vel quod verius fuisse dicitur, pro eo quod mortuo Gisleberto duce consanguineo suo, ea quæ Gislebertus uxori suæ Gerbergæ sorore imperatoris in dotem contulerat, violenter ei auferre præsumebat. (Bald., I, 94) Bonis Ragineri ad fiscum publicatis, filii ejus Ragincrus et Lambertus ad Lotharium Francorum regem confugerunt. Prodigiosa res multos terret et a vitiis coercet, notis crucis in veste plurimorum apparentibus, quorundam autem vestibus quasi lepra sordentibus. [Obiit sanctus Gerardus fundator Broniensis cœnobii [200].]

960.   23.   5.   16.

(Bald.) Hoc tempore per industriam Ottonis meliorato imperii et æcclesiæ statu, multa monasteria et cœnobia ad laudem Dei et honorem sanctorum aut restaurantur, aut ampliantur, aut ædificantur. (Anselm.) Inter quos et Euraclus, post Baldricum episcopus Leodicensium factus, duo in urbe monasteria construxit, ad titulum sancti Pauli apostoli, et ad titulum sancti Martini episcopi [201].

961.   24.   6.   17.

(Mar.) Apud Constantinopolim Romano imperatore defuncto, Nicephorus imperat annis 10. (Liudpr.) Sanctus Udalricus [202] Augustæ Vindelicorum episcopus sanctitate claret in Gallia et Germania. Gallia et Germania jam bene pacata, intendens imperator

VARIÆ LECTIONES.

[195] Baginoensium Cl. 3. D.   [196] E. P. P. G. c. b. s. P. *addit Siq. cur. tertiis; rell.*   [197] nostræ *et scilicet desunt* A. Immunitas — ejus *desunt* Bl. 5. Cl. 2*. 3. 4*. D.   [198] E. p. a. G. I. o. p. *desunt* Bl. 5. Cl. 2*. 5. 4*. D.   [199] Johannes — presidet *desunt* D.   [200] *addit* 12.; *rell. præter* A.   [201] Inter — episcopi *desunt* D.   [202] waldricus B3*. C2*. Sanctus — Germania *desunt* D.

Otto etiam Italiam pacare, presertim eum ad hoc anxie evocantibus Johanne papa caeterisque Italiae episcopis, ut eos liberaret de manibus tyrannorum Berengarii atque Adelberti; (*A. Lob.*) filium suum Ottonem puerum septennem Aquisgrani die sancto pentecostes in regem inungi fecit; (*V. Brun.*) eoque commendato archiepiscopis fratri Brunoni et filio Guillelmo, ad Italiam tendit.

962.   R. 25.   F. 7.   C. 1.

(*V. Guib.*) Sanctus pater noster Guichertus, fundator nostri, Gemmelacensis scilicet, [203] coenobii, apud Gorziam, ubi Deo militabat propter amorem ferventis ibi sanctae religionis, in Christo dormivit; et qui omnia reliquerat, centuplum et vitam aeternam recepit [204]. Corpus vero ejus relatum est ad coenobium Gemmelacense [205].

963.   26.   8.   2.

(LIUDP.) Otto imperator Italia pervagata, et tyrannis Italiae majestate nominis sui ita exterritis, ut in locis natura munitis laterent aut Saracenorum patrocinia quererent, Romae a Johanne papa in imperatorem benedicitur; tyranni a papa Johanne et a Romanis abjurantur. Eo repatriante, Adelbertus a papa Johanne e Fraxineto Romam revocatur; sed imperatore redeunte refugiunt. Collecto in tota Italia episcoporum concilio, Johannes de nefariis causis infamatur. Qui tertio evocatus, dum se excusatum venire cunctatur, post multa tandem eo a cunctis prejudicato, Leo adhuc laicus, electione omnium et (202) consensu imperatoris papa substituitur. (BERNARD.) Sic Leo presidens apostolicae sedi, fecit ordinationes et alia quae erant apostolica. Nec longum, Romani alterata fide apud imperatorem, papam recipiunt Johannem. Ille synodo collecta Leonem deposuit, et ejus gesta cassavit. Statutumque est publico omnium judicio, synodum a Leone habitam nec nominandam synodum, sed prostibulum favens adulteris. Quicumque igitur eo ordinante erant damnati, jussi sunt suam ipsorum proscriptionem presentare in carta haec continente verba: *Pater meus nihil sibi habuit, nihil mihi dedit*. Et sic depositi, remanserant in illis gradibus, si quos habuerant nondum a Leone ordinati. Si qui autem digni judicantur, ut non accepta prius consecratione ordinantur, indicto illis eodem decreto, quod et damnatis a Constantino neophito. (LIUDP.) Romani a papa Johanne pecunia illecti, imperatorem cum paucis Romae morantem subito aggressi, ita ab exercitu imperatoris sunt attriti, ut [206] nisi ab imperatore et papa Leone milites imperatoris a caede revocarentur, usque ad internetionem Romani delerentur. Romanis per Leonem papam imperatori reconciliatis, post abscessum imperatoris Leo papa insidias sibi parari sentiens, ad imperatorem fugit. Johannes ex papa se cum uxore cujusdam oblectans, a diabolo in tempore percutitur, ac sine viatico dominico moritur. Romani contra juramentum, quod imperatori fecerant, se nunquam electuros papam sine ejus et filii ejus Ottonis consensu, Benedictum papam sibi statuunt. Imperator Roma obsessa Romanos caede et fame adeo afflixit, ut Leonem papam se recepturos promitterent. Benedictus rejectus non solum papatu, sed etiam sacerdotio a Leone exordinatur.

964.   27.   9.   3.

(*Vita Deod.*) Adelberone Mettensium episcopo mortuo (203), Deodericus consobrinus Ottonis imperatoris episcopus subrogatur. Hic, ut legitur, inspiciens primas litteras nominum omnium Mettensium episcoporum, quas angelus Domini dicitur dedisse sancto Clementi primo Mettensium episcopo; et notans, alias auro, alias viliore metallo pro meritorum qualitate esse annotatas; cum videret etiam litteram sui nominis argento esse prenotatam, dixisse fertur se in episcopatu tanta bona fore facturum, ut ipsa nominis sui littera merito deberet auro annotari. Cujus bonae intentionis initium ostendit in coenobio sancti martyris et levitae Vincentii, fundato in ipsius urbis insula. (BALD. 1, 99) Arnulfo sene Flandrensium comite mortuo, Lotharius rex Francorum graviter Flandrias infestat et vastat [207].

965.   28.   10.   4.

(*V. Brun.*) Otto imperator pentecosten Aquisgrani (204) celebravit, concurrentibus ibi a Francia sororibus suis, regina scilicet Francorum Gerberga, matre Lotharii regis et Karoli ducis, et Hathuide uxore Hugonis Parisiorum comitis, quorum filius fuit Hugo, qui post regnavit in Francia. Ubi omnis illa regalis prosapia tanto adinvicem congratulationis jubilo est affecta, ut in omni vita eorum vix aliquid gaudii huic laetitiae potuerit equiperari. Otto Italiam repetit. Bruno dux et archiepiscopus in Franciam pergens ad pacificandos nepotes suos, Lotharium regem et filios Hugonis, ubi Compen-

VARIÆ LECTIONES.

[203] p. n. *et* nostri *et* scilicet *desunt omnibus præter* 1.   [204] et — recepit *desunt* C1. 3. 4'. D.
[205] C. v. e. r. e. a. c. G. *addit Sig. cur. tertiis; rell.*   [206] adhuc laicus — attriti *ut primo duabus lineis comprehensa, ita partim in rasura, partim in margine ampliavit Sig. cur. tertiis; rell. Obfuscata ea recentior manus redintegrare studuit, sed potius corrupit. Verba autem* ut non a. p. consecratione *atque* Romani a papa — sunt *attriti ut* abscisa sunt, *quum sec. XVII. ex. omnes bibl. Gemblacensis codices nova ligatura induerentur. Quæ erant apostolica — attriti ut* omittit *F5. spatio relicto. Reliqui omnes habent quæ* 1.   [207] Arnulfo — vastat *Sig. cur. tertiis; rell.*

NOTÆ.

(202) Ex epistola Bernardi hildeshemensis ad Adalbertum in Ussermanni Prodromo Germaniæ sacræ II, 208, ubi hæc iisdem verbis leguntur. HIRSCH.
(205) A. 962; cf. Vitam Deoderici c. 3, et Ann. breviss. Mettenses in Mon. SS. III, 155, qui Deodericum jam a. 965 successisse dicunt.
(204) Errat Sig.; Coloniæ fuit; vide Vitam Brunonis c. 42.

dium venit, febre correptus Remis redit ; ibi quidquid habuit in re mancipi, per testamentum aecclesiis sanctorum delegato, mortuus est. Corpus ejus a Deoderico Mettensi episcopo Coloniam refertur [208].

966. R. 29. F. 11. C. 5.

(Mar.) Guillelmus filius imperatoris archiepiscopus Moguntiae moritur. (Wid.) Hoc tempore Danis, qui Christum Jesum et idola simul colebant, cum Popone clerico in convivio altercantibus super cultura Dei et deorum, Danis asserentibus Jesum Christum quidem esse Deum, deos vero majores et antiquiores illo esse, Popone econtra affirmante, Jesum Christum solum verum Deum esse, unum in substantia, trinum in personis : rex Danorum Araldus condixit clerico, ut fidem propositam a se probaret testimonio veritatis. Quod annuente clerico, ingentis ponderis ferrum valde ignitum manibus illius ferendum imponitur ; quod cum clericus usque ad placitum omnium tulisset absque ulla lesione, rex penitus abjecta idolatria, se suosque ad colendum verum solum Deum convertit; clericus vero ad episcopatum promotus est.

967. 30. 12. 6.

(Mar.) Johannes Romanae aecclesiae 136us presidet [209]. (Wid.) Guigmannus diu contra imperatorem Ottonem rebellis, a Misacha Sclavorum regulo, imperatoris amico et milite, perimitur. (Liudpr.) Hoc tempore Bulgaribus dominabantur filii Symeonis Petrus et Bajanus ; quorum Bajanus in arte magica adeo valebat, ut quoties vellet, lupus vel quaelibet fera fieri videretur.

968. 31. 13. 7.

(A. Lob.) Otto minor a patre evocatus Romam, a Johanne papa in imperatorem benedicitur. (Mar.) Otto imperator Beneventanos duces potentia sua ad subjectionem sui inflexit. (Wid.) Otto imperator in terra Saxonica venas auri et argenti primus industria sua aperuit.

969. 32. 14. 8.

(V. Deod.) Quidam comes Ottonis imperatoris ei familiaris, Romae ante oculos omnium a diabolo arreptus, ita ut se ipsum dentibus decerperet, jussu imperatoris ad papam Johannem adductus, ut catena sancti Petri collo ejus circumdaretur, dum a fallacibus clericis semel et bis alia catena furenti adhiberetur, nec quicquam remedii proveniret, ubi nihil erat virtutis : tandem vera sancti Petri cathena allata et collo furentis circumdata, diabolus spumans et multum clamans abscessit. Quam cathenam Deodericus Mettensis arreptam, cum diceret se eam nisi manu abscisa non dimissurum, tandem imperator sedato litigio a papa Johanne optinuit, ut anulum hujus catenae exsectum episcopus mereretur. (Wid.) Imperator Otto dum partem exercitus ad Grecos misisset, ut uxorem filio suo Ottoni acciperent, Greci super eos irruunt, castra diripiunt, plures occidunt, plures capiunt et Constantinopolim mittunt. Ad hoc dedecus vindicandum imperator Otto eminentiores ex suis in Calabriam mittit ; qui Grecos aggressi, plures occidunt, plures naribus truncatis dehonestant, et per Apuliam et Calabriam a Grecis tributum exigunt. Constantinopolitani audientes a suis male pugnatum esse in Calabria, contra imperatorem suum Niceforum insurgunt.

970. 33. 15. 9.

(V. Deod.) Deodericus Mettensium episcopus, imperatori sanguine, dilectione ac familiaritate caeteris devinctior, dum in Italica expeditione per triennium sub eo militaret, multa corpora et pignora sanctorum de diversis Italiae locis quocumque potuit modo collegit. Primum a Marsia sanctum Elpidium confessorem, cujus socium Euticium ipse imperator jam sustulerat : ab Amiternis Euticetem martyrem cum reliquiis Maronis et Victorini sociorum ejus, a Fulginis Felicianum episcopum et martyrem; a Perusio Asclepiotatum martyrem, a Spoleto Serenam martyrem cum Gregorio Spoletino martyre ; a Corduno pignera Vincentii martyris et levitae, ab Hispania olim a duobus monachis Capuam, a Capua vero illuc deportata ; a Mevania alterum Vincentium episcopum et martyrem ; a Vincentia Leontium episcopum et martyrem; a Florentia Miniatem martyrem, ab urbe Tudertina Fortunatum episcopum et confessorem ; a Corfinio Luciam Syracusanam virginem et martyrem; a Faroaldo duce Spoletinorum olim a Syracusis illuc translatam ; a Sabinis partes corporum Proti et Iacincti martyrum. Haec omnia cum parte catenae S. Petri apostoli, cum capillis ejusdem, et sanguine sancti Stephani prothomartyris, et parte de craticula sancti Laurentii martyris a papa Johanne sibi donata, cum aliis multis sanctorum pigneribus presul Deodericus in Galliam hoc anno transtulit, et in aecclesia sancti Vincentii martyris a se in insula urbis constructa locavit.

971. 34. 16. 10.

(Mar.) Apud Constantinopolim Nicephorus imperator timens a filiis suis imperio expelli, quia senex erat, volebat eos eunuchizare. Quorum mater regina, quia nullo alio modo poterat eos liberare, suasit Johanni Nicephorum occidere et imperare. Johannes itaque occulte cum funibus intravit palatium, et occiso Nicephoro imperavit.

972. 35. 17. 1.

(A. Lob.) Otto imperator Romae Ottoni coimperatori suo neptem Johannis Constantinopolitani, Theophanu nomine, a Johanne papa coronatam in legitimo matrimonio sociavit. (Anselm.) Notgerus ordinatur episcopus Leodicensium. Hic urbem muro circumduxit, edificiis honestavit, majorem aecclesiam corpore sancti Lamberti insignitam a fundamento renovavit, coenobium sancti Johannis evangelistae in insula fundavit [210].

VARIAE LECTIONES.

[208] *post haec in 1. linea et dimidia erasa est. Reliqui nil ibi habent.* [209] Johannes — presidet *desunt* D. [210] Notgerus — fundavit *in inferiore margine Sig. curis tertiis; rell. Hic cum quaternione desinit, quae hucusque omnia scripsit, Sigeberti manus. Sequitur quaternio a manu secunda exaratus.*

973.   R. 36.   F. 18.   C. 2.
(Mar.) Stephanus [211] Romanæ æcclesiæ 137us presidet. (Bald., 1, 94.) Otto senior imperator obiit, cujus vitam Guindichindus monachus descripsit, qui etiam hystoriam Saxonum usque ad hunc annum conscripsit. Otto secundus imperat annis 10. (A. Leod.) Raginerus et Lantbertus, filii Ragineri Longicolli, paulatim resumptis viribus a Francia redeunt, et cum Guarnero et Rainaldo, qui comitatum patris eorum occupaverant, bello apud Perronam confligunt, eosque cum multis perimunt, et super Hagnam (205) fluvium castello Buxude (206) munito Lotharingiam infestant. (V. Wenc.) Guencezlaus princeps Boemiæ a fratre suo Bolizlao propter preripiendum principatum martyrizatus, urbem Pragam, ubi requiescit, multis miraculis illustrat.

974.   1.   19.   3.
(A. Leod.) Ratherius, de quo est hoc monosticum :
Veronæ presul, sed ter Ratherius exul,
apud Lobias moritur. (Bald. 1, 93.) Contra Ottonem imperatorem rebellat patruelis ejus Heinricus dux Bajoariorum. Otto imperator castellum Buxudis obsidet, captum diruit, captos in eo exiliat. Nec tamen Raginerus a rebellione desistit.

975.   2.   20.   4.
(A. Leod.) Gelu magnum a Kalendis Novembris usque ad æquinoctium vernale. (Bald. 1, 94.) Otto imperator Heinricum ducem sibi subjugat. Majolus abbas Cluniacensis sanctitate et religione claret.

976.   3.   21.   5.
(Mar.) Obiit sanctus Udalricus [212] Ausburgensis [213] episcopus ; cujus vita qualis fuerit, mox miraculorum gloria patefecit. (Bald. 1, 100.) Otto imperator contra Sclavos proficiscitur. (Ib. 95.) Filii Ragineri Longicolli, auxilio Francorum et maxime Karoli postea ducis freti, lacessunt bello Godefridum et Arnulfum comites, qui post Guarnerum comitatum Montensem invaserant. Montem Castrilocum obsident. Multis utrimque in conflictu fusis, obsidio remota est. Victoria anceps; datur tamen palma comitibus.

977.   4.   22.   6.
(V. Adalb.) Sanctus Guictheht Pragensis episcopus, cognomento Adelbertus, sanctitate et doctrina apud Winidos claret. Gens Liutitiorum ad idolatriam revolvitur [214]. (Bald 1, 100.) Ducatus Lotharingiæ datur Karolo fratri Lotharii regis Francorum, A multis insuper conducto beneficiis, ut et ipse ab insolentiis desistat, et fratris sui Lotharii motibus obsistat. (Ib.) Filii Ragineri ut pro se viriliter agerent, animati Francorum auxilio et affinitate — Raginerus quippe Hathuidem filiam Hugonis postea regis, Lantbertus vero Gerbergam filiam Karoli ducis duxere uxores (207) — in terra patrum suorum relocati sunt.

978.   5.   23.
(Bald. 1, 96.) Pacato undique regno, cum Otto imperator Aquisgrani moraretur, Lotharius rex Francorum subito ad invadendam Lotharingiam contendit ; et cedente imperatore, quia ad pugnam imparatus erat, rex post multam vastationem repatriavit. Quem cum inestimabili exercitu imperator B prosecutus, condicto die, scilicet Kalendis Octobris, Franciam intravit; quam usque ad Kalendas Decembris pervagatus, fines Remensium, Laudunensium, Suessionum, et Parisiensium diversa clade vastavit, æcclesiis tantum Dei omni immunitate concessa. In redeundo tamen circa Axonam fluvium partem impedimentorum amisit. (Alpert.) De his quidam reclusus predixit, quod omnes hujus mali incentores ante septennium morerentur (208).

979.   6.   24.
Igneæ acies visæ sunt in cælo per totam noctem 5 Kalendas Novembris. Hoc anno complentur mille anni a nativitate Christi, secundum veritatem evangelii, qui secundum cyclum Dionisii anno abhinc 21 finiuntur; sicque in anno dominicæ passionis C veritati evangelicæ contraitur.

980.   7.   25.
(A. Leod.) Otto imperator et Lotharius rex convenientes super Karum fluvium (209) pacificantur, datis invicem sacramentis ; et rex Lotharius Lotharingiam abjurat. (Bald. 1, 103.) Otto imperator Italiam petit. (Transl. S. L.) Corpora sanctorum Landoaldi, Adriani, Amantii et aliorum, a Wentreshovo, Hasbaniæ vico transferuntur Gandavum cum multa miraculorum gloria (210).

981.   8.   26.
(Mar.) Stephanus Romanæ æcclesiæ 138us presidet [215]. Otto imperator Apuliam et Calabriam Italiæ provincias ad jus regni Grecorum appendentes transferre ad imperium Romanum conatur; maxime D propter affinitatem, quam per uxorem suam Theophanu cum imperatore Grecorum habebat.

VARIÆ LECTIONES.
[211] Donus *habet* D.   [212] waldricus D.   [213] Ausburgensis B3'. C2'. D.   [214] G. L. a. i. r. *in rasura* 1. ; *desunt* C2'. *et* A., *qui eorum loco habet* : qui apud Brutios martirizatus, multis miraculis glorificatur. *Ita igitur Sig. primo ediderat.*   [215] Stephanus — presidet *desunt* D.

NOTÆ.
(205) La Haine.
(206) Boussoit prope Binche.
(207) Hæc unde sumpta, non constat. Error in esse videtur, cum neque Hugo, natus post a. 938, neque Karolus, natus a. 945, hoc tempore filias nubiles habere potuerint. HIRSCH.
(208) Verba *De his — morerentur*, quæ non leguntur apud Baldericum, Sigebertus sumpsit e fragmento Balderici, 1, 93-97, quod s. xi inscriptum fuit folio vacuo codicis Gemblacensis, nunc Bruxell. 5468, de quo cf. Archiv. viii, 497. Eadem narrat Alpertus, Mon. SS. iv, 697.
(209) Le Cher.
(210) Acta SS. Mart. iii, 43.

982. R. 9. F. 27.

(Alpert.) Greci infensi, quod imperator Otto provincias Grecorum invaderet, conducto sibi Saracenorum auxilio, imperatori in Calabria bello congrediuntur ; in quo bello omnes Romanorum copiæ usque ad internecionem pæne deletæ sunt. Imperator natando evadere nitens, a nautis ignorantibus eum capitur, et a quodam eorum, qui negotiator Sclavorum erat, agnitus nec proditus, per illum re delata ad imperatricem et Deodericum Mettensem episcopum, qui in civitate Rhosan rei eventum prestolabantur, difficulter per Sclavum et episcopum liberatur. Nautis quippe ad pecunias pro eo redimendo allatas inhiantibus, imperator ascenso equo vix evasit. Omnibus pro infortunio rei publicæ animo consternatis, sola imperatrix feminea et Greca levitate insultabat eis, quod ab exercitu suæ nationis victi essent Romani ; ac per hoc cœpit primatibus exosa haberi.

983. 10. 28.

(Ib.) Otto imperator tedio et angore animi deficiens, Romæ moritur, et de imperatore substituendo inter primates dissentitur, aliis filio ipsius Ottoni imperium deberi certantibus, aliis odio imperatricis a filio ejus imperium transferre volentibus ad Heinricum ducem, filium Heinrici, qui fuit pater primi Ottonis. (Bald. i, 104.) Hic Heinricus ipsum Ottonem puerum factiose raptum in custodia tenet; sed principes puerum de manu Heinrici extorquentes [216], in regno sublimant; et imperavit annis 18.

984. 1. 29.

(Ib.) Lotharius rex Francorum ad invadendam Lotharingiam rursum laborans, urbem Virdunum et Godefridum ipsius urbis comitem capit. (Alpert.) Deodericus Mettensium episcopus obiit ; et secundum prophetiam viri Dei vix aliquis principum, qui in bello Calabrico evasit, diu supervixit. Episcopatum Mettensem suscepit Adelbero, vir sanctus et nobilis, filius Friderici ducis.

985. 2. 30.

(Bald. i, 104.) Lotharius rex, videns Ottonem imperatorem virtute militum suorum proficere, urbem Virdunum et Godefridum comitem reddit.

986. 3. 31.

(A. Leod.) Lothario Francorum rege mortuo, Ludowicus filius ejus regnat in Francia anno uno.

987. 4. 1.

(A. Leod.) Ludowico Francorum rege mortuo, Francis regnum transferre volentibus ad Karolum ducem, fratrem Lotharii regis, dum ille rem ad consilium differt, rem Francorum usurpat Hugo, filius A Hugonis Parisiensis ex Hathuide sorore primi Ottonis imperatoris, et regnavit annis 9. (G. abb. Gembl.) Herluinus primus nostri Gemmelacensis scilicet, cœnobii abbas, longo in longa cecitate martyrio cruciatus moritur [217] (211).

988. 5. 1.

Inundatio aquarum frequens et ultra solitum ac diutina. Estas postea ferventissima et pluribus [218] perniciosa, unde et fruges minoratæ sunt. Karolus dux regnum Francorum, ex paterna et avita successione sibi debitum, contra Hugonem regem suum nepotem repetit, eumque bello perurgens, Laudunum urbem capit. Hugo rex Karolum in Lauduno obsidet, sed secundo obsidionis mense obsessi prosilientes, castra obsidentium incenderunt, et ipse rex Hugo, plurimis suorum peremptis, turpiter fugiens vix evasit.

989. 6. 2.

(Mar.) Marinus Romanæ æcclesiæ 139us presidet. Siccitas magna vernalis, unde et satio primitiva impedita, et fames ingens secuta est. Fertur annonam pluisse de cælo in Hasbanio. Alii etiam pisciculos parvos de cælo pluisse ferebant [219]. Nix nimia decidit; imber postea continuus, qui autumnalem sationem omnimodo denegaret. Karolus dux Montemacutum expugnat ; Suessionis usque vastando peraccedit; inde Remim aggreditur, et Laudunum multa cum preda revertitur.

990. 7. 3.

Karolus dux Remim occupat; archiepiscopum, quem Hugo rex prefecerat, et quosdam primates capit et Lauduno relegat.

991. 8. 4.

Karolus dux moritur. Otto, filius ejus, succedit ei in ducatu Lothariensium.

992. 9. 5.

(Bald. i, 110.) Remis synodo totius Franciæ congregata, Arnulfus, nepos Karoli ducis, quem ipse Karolus (212) episcopum Remis substituerat, omnium judicio exordinatus dampnatur, et Adelgarius presbyter, qui urbem prodidit et portas Karolo aperuit, insolubiliter excommunicatur. (Gerbert.) Gerbertus substituitur episcopus ; sed quibusdam causam ventilantibus, non potuisse degradari Arnulfum absque scientia et auctoritate papæ Romani, Gerbertus depositus ad Ottonem imperatorem se contulit. Quem imperator receptum, primo eum Ravennæ archiepiscopum, et postea constituit papam Romanum ; unde est illud ejus monosticum : *Scandit ab R. Gerbertus ad R. post papa vigens R.*

VARIÆ LECTIONES.

[216] et de imperatore — extorquentes C4' *ita decurtavit* : principes filium ejus Ottonem adhuc puerum. [217] Herluinus — moritur *desunt* C2'. 4'. longo i. l. c. m. c. *desunt* B5. Cl. 5. D. nostri et scilicet *desunt* A. B1. 5'. 5. Cl. 5. D. [218] Inundatio — pluribus *in inferiore margine scripsit* 1n., *erasis tribus ante ea lineis. Reliqui omnes idem habent.* [219] Marinus — presidet *et* Fertur — ferebant *desunt* D.

NOTÆ.

(211) iv Id. Aug

(212) Falsum ; Hugo fuit.

993. R. 10. F. 6.

(*Vita Od.*) In Burgundia Odilo Arvernæ oriundus, ex clerico Brivatensi monachum professus in Cluniacensi cœnobio, post Majolum preficitur ipsi cœnobio; quod per annos 56 miro religionis fervore rexit et provexit. Qui egregie preter cetera pietate insignis, non solum vitæ exemplis, sed etiam miraculis in vita sua claruit. Qui cum reprehenderetur, quod in peccantes misericordior justo esse videretur, *Si damnandus sum*, inquit, *malo damnari de misericordia, quam de duritia*. Otto in imperatorem benedicitur (213).

994. 11. 7.

Florebant hoc tempore in scientia litterarum in Lotharingia Herigerus abbas Lobiensis, Adelboldus episcopus Vultrajectensis; in Francia, Fulbertus episcopus Carnotensis, Abbo abbas Floriacensis, qui super calculum Victorii commentatus est.

995. 12. 8.

Gerbertus, qui et Silvester, Romanæ æcclesiæ 140us presidet, qui et ipse inter scientia litterarum claros egregie claruit. Quidam transito Silvestro Agapitum papam hoc in loco ponunt; quod non otiose factum esse creditur. Quia enim is Silvester non per ostium intrasse dicitur; — quippe qui a quibusdam etiam nichromantiæ arguitur; de morte quoque ejus non recte tractatur; a diabolo enim percussus dicitur obisse; quam rem nos in medio relinquimus; — a numero paparum exclusus videtur. Unde lector queso, ut et hic et alibi, si qua dissonantia te offenderit de nominibus, vel annis, vel temporibus paparum, non mihi imputes, qui non visa, sed audita vel lecta scribo.

996. 13. 9.

(*A. Leod.*) Hugone Francorum rege mortuo, Rotbertus filius ejus regnat in Francia annis 35.

997. 14. 1.

(*Vita Her.*) Heribertus ordinatus Coloniensium episcopus, multa sanctitate claret. (ALPERT. I, 11.) Clarebat etiam hoc tempore inter Gallos Ansfridus; qui cum fuisset comes Bratuspantium, non minus justitia quam potentia seculari famosus, deposito militiæ cingulo tonsoratus in clericum, eo provectus est, ut ordinaretur episcopus Vultrajectensis æcclesiæ.

998. 15. 2.

(MAR.) Agapitus Romanæ æcclesiæ 141us presidet [220]. (*Vita Od.*) Hoc tempore quidam religiosus ab Hierosolimis rediens, in Sicilia reclusi cujusdam humanitate aliquandiu recreatus, didicit ab eo inter cetera, quod in illa vicinia essent loca eructantia flammarum incendia, quæ loca vocantur ab incolis Oilæ Vulcani (214), in quibus animæ reproborum luant diversa pro meritorum qualitate supplicia, ad ea exequenda deputatis ibi demonibus; quorum se crebro voces, iras et terrores, sepe etiam ejulatus audisse dicebat, plangentium quod animæ damnatorum eriperentur de manibus eorum per elemosinas et preces fidelium, et hoc tempore magis per orationes Cluniacensium, orantium indefesse pro defunctorum requie. Hoc per illum abbas Odilo comperto, constituit per omnia monasteria sibi subjecta, ut sicut primo die Novembris solemnitas omnium sanctorum agitur, ita sequenti die memoria omnium in Christo quiescentium celebretur. Qui ritus ad multas æcclesias transiens, fidelium defunctorum memoriam solemnizari facit.

999. 16. 3.

(*Glab. Rod.* I, 4.) In Italia Crescens patriciatu Romanorum arrepto contra Ottonem imperatorem rebellat.

1000. 17. 4.

(*A. Leod.*) Anno Jesu Christi millesimo secundum supputationem Dionisii multa prodigia visa sunt. Terræmotus factus est permaximus; cometes apparuit; 19 Kalendas Januarii circa horam 9 fisso cælo quasi facula ardens cum longo tractu instar fulguris illabitur terris, tanto splendore, ut non modo qui in agris erant, sed etiam in tectis, irrupto lumine ferirentur. Qua cæli fissura sensim evanescente, interim visa est figura quasi serpentis, capite quidem crescente, cum ceruleis pedibus.

1001. 18. 5.

Octavianus secundum quosdam Romanæ æcclesiæ 142us presidet [221] (cf. *Mar.*). (GLAB. ROD. I, 4.) Otto imperator Romæ Crescentem patricium bello aggreditur; sed victus Crescens et ex fuga retractus, capitur, viliique jumento averse impositus circumducitur, et paulatim membris truncatus, ad ultimum ante urbem suspenditur.

1002. 19. 6.

Otto imperator degens Romæ, dum cum Romanis se remissius agit, tractans qualiter jura regni et æcclesiæ ad antiquum statum reformaret, Romani per hoc ad contemptum ejus adducti, subito contra eum conspirant, et aliquot militum ejus peremptis, cum in palatio obsident. Unde per industriam Heinrici ducis Bajoariæ et Hugonis marchionis Italiæ simulato pacto vix extractus, Roma decedit cum Silvestro papa. Et quia uxor Crescentis imperatorem spe regnandi ad amorem suum pellexerat, dolens pro ejus discessu, venenum ei misit; quo ille consumptus, inter remeandum in Italia moritur. Milites transalpini corpus imperatoris defuncti cum insignibus imperii ad Galliam referentes, crebris Italorum incursibus lacessiti, armis sibi viam parant. Sed

VARIÆ LECTIONES.

[220] Agapitus — presidet *desunt* D.   [221] Octavianus — presidet *desunt* D.

NOTÆ.

(213) D. 23 Mai. 996.
(214) Hæc desunt in Petri Damiani Vita S. Odilonis, c. 17. Addidit ea Sigebertus ex a. 552; cf. Glab.

Rod. II, 7. Fons omnium hujusmodi narrationum est Greg. Dial. IV, 30.

cum jam res in tuto esse putaretur, dux Bajoariæ Heinricus, injuriato Heriberto Coloniensium archiepiscopo, a cujus ore omnes pendebant, insignia regni ab eo violenter extorsit, quasi jure hereditario sibi competentia. Fuit quippe filius Heinrici ducis, qui fuit genitus de Heinrico fratre primi Ottonis imperatoris. (Mar.) Heinricus dux conciliatis sibi animis quorumdam principum regni, unguitur in regem a Willigiso Moguntino archiepiscopo, et imperat annis 22.

1003. R. 1. F. 7.

(Alpert. 1, 5.) Heinricus imperator potentiores regni viros, bella sibi concitare volentes, celeriter devincit, et reges gentilium in interiori Germania commorantes, qui Winidi dicuntur, tributarios sibi facit. [(Glab. Rod. iii, 3.) Abbo abbas Floriacensis in Wasconia martyrizatur ²²².]

1004. 2. 8.

Gerardus Cameracensium episcopus (215) et Adelboldus Vultrajectensis episcopus magni in æcclesia et in palatio habentur. Heinricus imperator Babenbergensem æcclesiam episcopalis sedis honore sublimat, et quia liberis carebat, eam omnium suarum rerum heredem facit. Unde Deodericus Mettensium episcopus, dolens dotem et patrimonium sororis suæ Cunigundis imperatricis delegari ab imperatore æcclesiæ Babenbergensi, rebellat.

1005. 3. 9.

(Alp. 1, 6.) Cometes horribili specie flammas huc illucque jactans, in australi parte visus est. (Bald. iii, 7.) Mortuo Ottone duce, ducatus Lotharingiæ datur comiti Godefrido, filio Godefridi Ardemensis (216). Chilpericus librum de ratione compoti hoc anno scripsit, ut apparet ex argumento ad inveniendos annos Domini per indictiones : *Si vis*, inquit, *scire quot sint anni incarnati Christi, 66 ordines indictionum, qui fluxerunt ab ejus incarnatione, multiplica per 15, fiunt 990. His adde duodecim, quia tertia indictione natus est Christus. Adde indictionem presentis anni, id est tres. Ecce habes hoc anno annos Christi 1005* (217).

1006. 4. 10.

(Alp. 1, 6.) Fames et mortalitas tam graviter per totum orbem invaluit, ut tedio sepelientium vivi adhuc spiritum trahentes obruerentur cum mortuis. (Bald. i, 114.) Castrum Valentianas, situm in marcha Franciæ et Lotharingiæ, quod Balduinus comes Flandrensium invaserat, imperator Heinricus obsidet, concurrentibus ad auxilium ejus Rotberto rege Francorum et Richardo comite Nortmannorum.

1007. 5. 11.

(Ib.) Heinricus imperator, quia de obsidione Valentinianensi inefficax redierat, contra Balduinum profectus, castrum Gandavum invadit, et depopulata terra aliquot Flandrensium primores capit. Unde Balduinus perterritus imperatori satisfacit, Valentianas reddit, datisque obsidibus cum sacramento fidelitatis, manus ei dedit. Postea imperator seditione suorum coactus, Valentianas Balduino beneficiavit, ut sibi contra motus suorum auxilio essit. Postea ei etiam Walachras addidit (218).

1008. 6. 12.

(A. Leod.; G. abb. Gembl.) Baldricus Leodicensium episcopus ordinatur. Burchardus quoque fit Wormaccensium episcopus, qui in scripturis studiosus, magnum illud canonum volumen edidit, scripturarum sententiis undique compilatis defloratum, collaborante sibi in hoc magistro suo Olberto abbate, viro undecunque doctissimo.

1009. 7. 13.

(Mar.) Leo Romanæ æcclesiæ 145us presidet. (A. Leod.) Eclipsis solis facta est hora diei secunda. (Alpert. 1, 8.) Nortmanni Fresiam infestantes, Thile oppidum incendunt. Heinricus imperator Mettim urbem obsidet propter Deodericum fratrem uxoris suæ contra se rebellantem, qui episcopatum ipsius urbis usurpaverat. Dux enim Mosellanorum Deodericus post fratrem suum Alberonem dato episcopatu Mettensium filio suo adhuc puero, tutorem ei substituit ipsum Deodericum; qui puero urbe excluso et episcopatu usurpato, ipsum etiam Deodericum ducem bello cepit. Urbe ergo per obsidionem pene desolata, tandem pax convenit.

1010. 8. 14.

(Mar.) Bruno episcopus martyrizatur. (Alp. 1, 9.) Nortmanni Fresiam repetunt, et multis cæsis, Vultrajectum opidum incensum est. Gens Ungarorum hactenus idolatriæ dedita, hoc tempore ad fidem Christi convertitur per Gislam sororem imperatoris, quæ nupta Ungarorum regi, ad hoc sua instantia (219) regem adduxit, ut se et totam Ungarorum gentem baptizari expeteret. Qui in baptismo Stephanus est vocatus; cujus merita per Ungariam multa miraculorum gloria commendat.

1011. 9. 15.

(Bald. iii, 8.) In Lotharingia juxta montem Castrilocum fonticulus aquæ multis saluberrimus in

VARIÆ LECTIONES.

²²² *addit* 13. *rell. præter* A. C2*. 4*.

NOTÆ.

(215) Episcopus fuit demum a. 1012.
(216) Baldericus hæc suadente Gerardo ep. Cameracensi, itaque post a. 1012, acta tradit.
(217) Cf. Sigeb. De vir. ill. c. 145. Mabillon. Annal. p. 431.
(218) Post a. 1012; cf. Bald. III, 2. HIRSCH.
(219) Hoc ni falsum, quam maxime tamen dubium; cf. Acta SS. Septembr. i, 490. Nupta fuit Gisla Stephano jam ante a. 1003. Cæterum e commemoratione miraculorum, quæ post elevationem regis a. 1083 celebratam fieri cœperunt, apparet hanc chronicæ partem a Sigeberto non ante a. 1083 conscriptam esse.

sanguinem conversus est. Quod probavit mulier, quæ faciem suam ex hujus fontis aqua lotam ostendit multis sanguinolentam.

1012. R. 10. F. 16.

Olbertus nostræ, Gemmelacensis scilicet, ecclesiæ ordinatur abbas, vir moribus, religione, gemina scientia, bonis doctisque viris aut conferendus aut preferendus [223]. (ALPERT. II, 10.) Heinricus imperator Godefridum ducem cum exercitu in fines Bratuspantium mittit, [ad obsidendum castrum Lovanium, sed inefficax rediit [224].]

1013. 11. 17.

(BALD. III, 17.) Heinricus imperator Italiam petens ut subveniret suis, quos Græci premebant circa Beneventum, Salernum et Capuam debaccantes, Trojam civitatem capit (220). (Ib., 5.) Baldricus episcopus cum in villa Huguardis dicta (221) castellum muniret, Lantbertus comes Lovaniensis cum aggreditur, et episcopus, Lantberto vincente, multis suorum captis et occisis, gravi atteritur infortunio. (Ann. Leod.) Terræmotus factus est maximus circa meridiem 14 Kal. Decembris.

1014. 12. 18.

(MAR.) Heinricus rex in imperatorem benedicitur. (ANSEL.) Baldricus episcopus in insula Leodicensi cenobium sancti Jacobi apostoli fundavit, ubi Olbertus abbas primus prefuit (222). (BALD. III, 11.) Dux Godefridus Gerardum comitem multis modis regnum inquietantem bello vicit; in quo filio ejus cum multis occiso, complices ejus deterruit.

1015. 13. 19.

(BALD. III, 12.) Hoc tempore sanctus Guiethcht, qui et Adelbertus, Pragensis episcopus, apud Bructios martirizatur [225].] Godefridus dux comitatum Montensem depopulatur; quem Raginerus cum patruo suo Lantberto Lovaniensi insecutus, apud Florinas pugnam conserunt, ubi plus quam quadringenti viri occisi sunt, et ipse Lantbertus occubuit. Ubi res mira contigit. (A. Leod.; BALD.) Cum Lantbertus spem victoriæ jam haberet — habebat quippe filacterium a collo usque ad pectus pendens, sanctorum reliquiis refertum, quorum patrocinio se in periculis tutum fore credebat, — instante ei termino vitæ filacterium illud a collo ejus exiens, super tumulum campi exiluit; et mox comes antea invictus perimitur. Quidam militum filacterium accipiens, in caliga abscondit; sed coxa ejus et crure intumescente, rem prodidit, et filacterium domino suo Iletheloni (223), fratri ducis, dedit.

1016. 14. 20.

(V. Sim.) Symeon Siracusis Siciliæ oriundus, et postea monachus in monte Syna, hoc tempore clarebat. Qui Hierosolimam veniens, longam pro Christo peregrinationem suscepit, et cum Poppone Trevirorum archiepiscopo ad Gallias veniens, Treveris in altitudine turris inclusus est ibique post multas hominum persecutiones, post multas demonum temptationes, beato fine quievit (224). Cujus merita frequens miraculorum gloria declaravit.

1017. 15. 21.

(MAR.) Benedictus Romanæ ecclesiæ 144[us] presidet [226]. (BALD. III, 19.) Cometes solito mirabilior in modum trabis maximæ per 4 menses apparuit.

1018. 16. 22.

(A. Leod.; BALD.) Guolbodo in episcopatu Leodicensium Baldrico succedit. (ALPERT. II, 21.) In Fresonia Deoderico comite, filio Arnulfi Gandavensis, debellante Fresones in vindictam patris sui ab eis occisi, Godefridus dux ad eum debellandum ab imperatore mittitur; et conserto prelio, repente voce nescitur unde emissa, Fugite, fugite, cunctis fugientibus, multi a paucis Fresonibus perimuntur; dux vero capitur.

1019. 17. 23.

(Ib.) Godefridus dux impetrata Fresonibus ab imperatore totius injustitiæ impunitate, a captivitate solvitur, et non multo post moritur (225). Frater vero ejus Gothelo in ducatu substituitur.

1020. 18. 24.

(ALPERT. II, 14.) Rodulfus rex Burgundiæ, insolentiis Burgundionum irritatus, regnum Burgundiæ Heinrico imperatori dare tractat; sed cum ab hac intentione revocat simulata Burgundionum satisfactio. (MAR.) Benedictus papa in Gallia (226) ad Heinricum imperatorem venit [227].

1021. 19. 25.

(Vita Her.) Heinricus imperator Coloniæ natalem Domini celebrans (227) Heribertum archiepiscopum olim a se injuriose tractatum humili satisfactione placat. Cui reconciliatus archiepiscopus predixit se propediem moriturum; et non multo post mortuus, magnis cœpit clarere virtutibus. Pilegrimus ei in episcopatu succedit. (A. Leod.; Epit. Dur.) Duran

VARIÆ LECTIONES.

[223] nostræ et scilicet aesunt A, B5. C1. 2'. 5. D. F2. vir — preferendus desunt C1. 2'. 5. 4' D. cui et sequentia in hoc anno desunt omnia. [224] addit 18. rell. præter A. [225] in rasura unius lineæ scripsit Anselmus, ut videtur, et rell. præter A. [226] Bened. — presidet desunt D. [227] Post hæc F5. continuo calamo interponit: Relatio miraculi in regione Saxonum facti tempore Heriberti Coloniensis archiepiscopi omnibus etc.; Pipinus rex fecit fontem etc. quæ anno 761 addiderunt Gemblacenses; Dicta Gregorii de ratione sacrificii etc. Legebat ea procul dubio in codice, quem descripsit, inserta folio vacuo, quod errore hic positum scriba F5. inepte in textum Sigeberti recepit.

NOTÆ.

(220) Hæc a. 1022 gesta sunt.
(221) Hougarde, prope Tirlemont.
(222) Gemblacensis, 1024-1048.
(223) Herimannum Baldericus vocat, cujus forma diminuta est Hezelo.
(224) D. 1 Jun. 1035

(225) A. 1023. ex ann. Blandin.
(226) I. e. Franconia, ut a. 1094. Convenerunt Babenbergæ in festo paschæ.
(227) A. 1020; nam Sigebertus in natali Domini annum incipit.

dus fit episcopus Leodicensium ; quod quasi fabula in theatro mundi fuit, quod vir ex humillimo et pauperrimo servilis conditionis genere dominis suis carnalibus dominabatur (228).

1022. R. 20. F. 26.

(BALD. III, 56.) Aquisgrani conventu regali et synodali per aliquot dies celebrato, tanta siccitas et intemperies aeris excanduit, ut multi præ nimio ardore deficerent, multa etiam animalia subito deficerent, pavimento et marmoreis columnis tanto madore sudantibus, ut aqua esse respersa crederetur a nescientibus.

1023. 21. 27.

(Ib.) Heinricus imperator, Rotbertus rex Francorum super Karum fluvium apud Evosium conveniunt, de statu æcclesiæ, regni et imperii tractaturi ; et condicto, ut super his confirmandis etiam papam Romanum simul ambo Papiæ oportune convenirent, imperator regem et suos, multos etiam qui tantum ad demirandam imperatoriam majestatem convenerant, tanta liberalitate donavit, ut opibus regum Persarum aut Arabum posset comparari imperatoris munificentia. In pascha eclipsis solis facta est.

1024. 22. 28.

Heinricus imperator consulentibus se principibus super substitutione regni designans (229) Conradum, virum regii generis et egregiæ libertatis, quippe qui nunquam se submiserat alicujus servituti, moritur. Hujus vitam Adelboldus episcopus Vultrajectensis scripsit. Cono dux prepotens cum ad imperium aspirare vellet, repudiatur instinctu Arbonis Moguntini archiepiscopi et aliquorum regni primatum ; et Conradus ad imperium sublimatus, imperavit annis 15.

1025. 1. 29.

Johannes Portuensis episcopus, frater Stephani papæ nuper defuncti (230), presidet Romanæ æcclesiæ 145us. (V. Odil.) Huic Stephanus papa frater suus (231) apparens, dixit se infernalibus pœnis cruciari, sed sperare se interventu Odilonis abbatis veniam posse consequi. Pro quo Odilo tandiu omni orandi genere laboravit, donec sibi revelaretur, se pro illo exauditum esse. (A. Leod.) Raginardus Leodicensium ordinatur episcopus, qui Leodii in monte publico cenobium sancti Laurentii instituit, eique Stephanum virum sanctæ memoriæ abbatem primum prefecit.

1026. 2. 30.

Rotbertus rex Francorum ad invadendam Lotharingiam animum intendit, sed cito ab hoc conatu destitit (252). Gothelone duce, qui propter privatum odium (233) gravabat regnum Conradi, et aliis principibus ad pacis unitatem adductis (254), regi prosperitas et regno accrevit tranquillitas

1027. 3. 31.

(Ib.) Cuonradus rex filium suum Heinricum adhuc puerum in regnum sublimat Aquis (235). Ipse in pascha Romæ in imperatorem consecratus, quorundam Italorum contra se sentientium motus compescit. Florebat hoc tempore æcclesiastica religio per abbates nominabiles ; in Francia quidem et Burgundia per Odilonem Cluniacensem pietate insignem, per Guilelmum Divionensem severitate reverendum ; in Lotharingia per Richardum Virdunensem, pia gravitate et gravi pietate discretum, per Poponem Stabulensem, per Heliam Coloniensem [227], per Olbertum et Stephanum Leodicenses, per Bernonem Augiensem.

1028. 4. 32.

Claruit hoc tempore in Italia Guido Aretinus, multi inter musicos nominis, in hoc etiam philosophis preferendus, quod ignotos cantus etiam pueri facilius discunt per ejus regulam, quam per vocem magistri aut per usum alicujus instrumenti ; dum sex litteris vel sillabis modulatim appositis ad sex voces, quas solas regulariter musica recipit, hisque vocibus per flexuras digitorum levæ manus distinctis, per integrum diapason se oculis et auribus ingerunt intentæ et remissæ elevationes vel depositiones earundem sex vocum.

1029. 5. 33.

(Ib.) Cuonradus imperator rebellantibus Sclavis, ad eos debellandos proficiscitur (256).

VARIÆ LECTIONES.

[227] pia— Col. desunt L.

NOTÆ.

(228) Hæc sumpsit Sigebertus ex versu epitaphii, quo Stephanus abbas S. Laurentii tumulum Durandi decoraverat :
Pauperis in nido patrimoni natus et altus,
  Ingenio summos evolat ad proceres.
Quos tulerat dominos, hisdem famulantibus usus,
  In theatro mundi fabula quanta fuit !   HIRSCH.

(229) Hoc valde dubium. Cf. Stenzel Frankische Kaiser, I, 9.

(230) Falsum. Neque Portuensis episcopus fuit Joannes IX, nec frater Stephani, sed Benedicti VIII. Petrus enim Damianus in Vita S. Odilonis c. 2, dicit : *Huic* (Benedicto VIII) *plane mox ut obiit, germanus ejus Joannes in apostolica dignitate successit. Jam vero postquam humanis rebus exemptus est jam dictus papa* (Benedictus), *Joanni Portuensi episcopo et aliis duobus, quorum nomina nobis nota non sunt,* per speciem nocturnæ visionis apparuit etc. et paulo post : *Protinus idem Joannes Portuensis episcopus, auctoritatis apostolicæ fultus epistolis, concito gradu Papiam usque pervenit;* unde Sigebertus videre poterat, Joannem IX et Joannem Portuensem episcopum duos fuisse. Cæterum Joannes jam mense Augusto a. 1024 electus fuit, non a. 1025, ut noster habet.

(231) Benedictum VIII habet Vita Odilonis.
(232) A. 1023.
(233) Conradus cum fratre ejus Godefrido bellum habuerat.
(254) Aquisgrani, teste Bald., III, 50. Ibi Conradus, a. 1023, Natale Domini celebravit.
(235) Hoc sequenti demum anno 1028, April. 14 factum, quem annum habent etiam Ann. Leodienses.
(236) Mense Junio.

1030. R. 6. F. 34.
(*Ib.*) Cuonradus imperator rebellantibus Ungaris, ad eos debellandos proficiscitur [228].

1031. 7. 35.
(*Ib.*) Rotberto Francorum rege mortuo, Heinricus filius ejus regnat in Francia annis 30 [229]. (BALD. III, 51.) Hoc tempore jussu Cuonradi imperatoris regali et synodali conventu apud Triburias inter cætera episcopi hoc capitulum decernere voluerunt, ut si quando jejunium primi mensis eveniret infra ebdomadam, qua caput jejunii in quarta feria constat, amborum jejuniorum celebritas unius officii expletione compleretur. Sed Gerardus Cameracensis et pauci cum eo (257) huic multorum decreto contradicentes, optinuerunt, ut jejunium primi mensis in altera ebdomada, in qua habetur officium, celebretur secundum antiquorum consuetudinem.

1032. 8. 1.
(MAR.) Sanctus Bardo ordinatur Moguntiæ archiepiscopus (258). Rotbertus et Richardus, minuendæ domo multitudinis causa hoc tempore a Nortmannia Francorum digressi, Apuliam expetunt; et Italis inter se dissentientibus, dum alteri contra alterum auxilium prestant, hac oportunitate Italos callide et fortiter debellant, et successus urgendo suos, nomen suum dilatant, et futuræ prosperitatis sibi viam parant.

1033. 9. 2.
(BALD. III. 52.) Eclipsis solis facta est circa meridiem 3 Kal. Julii. Istiusmodi decretum a Franciæ episcopis datum est servari subjectis sibi populis. Unus eorum dixit, cœlitus sibi delatas esse litteras, quæ pacem monerent renovandam in terra. Quam rem mandavit cæteris, et hæc tradenda dedit populis: Arma quisquam non ferret, direpta non repeteret, et sui sanguinis vel cujuslibet proximi ultor minime existens, percussoribus cogeretur indulgere. Jejunium in pane et aqua omni 6 feria observarent, et in sabbatho a carne et liquamine abstinerent; soloque hoc contenti jejunio in omnium peccatorum remissionem, nullam sibi scirent aliam adjiciendam pœnitentiam; et hæc se servare sacramento firmarent. Quod qui nollet, christianitate A privaretur; et exeuntem de seculo nullus visitaret nec sepulturæ traderet. Alia quoque importabilia quamplura dedere mandata, quæ oneri visa sunt replicare. Hanc mandatorum novitatem cum multi cupidi novarum rerum libentius justo amplecterentur, Gerardus Cameracensis, qui solus Lothariensium appendebat ad parochiam Francorum, nullius hortatu potuit adduci ad hæc suscipienda, sed singula capitula refellebat, dicens genus hominum ab initio trifariam esse divisum, in oratoribus, pugnatoribus, agricultoribus, et unum duorum, et duos unius egere auxilio. Ideo debere arma ferre, et rapinas reddi per auctoritatem legis et gratiæ; ultorem percussi vel occisi non exacerbari cogendo; sed secundum evangelium ei reconciliari; jejunium ei 6 vel 7 feria nec omnibus unum esse imponendum, quia non est una omnibus possibilitas, nec omnes hoc uno jejunio contentos esse, quia non est una omnibus penitendi qualitas. Hæc sacramento firmare vel sacramenti violationem perjurio augere, non esse utile; his contradicentes excommunicari, infirmis visitationem vel mortuis sepulturam negari, esse detestabile. Sufficere autentica patrum decreta, et super his neglectis impositum congruenter penitentiæ modum.

1034. 10. 3.
Friderico Mosellanorum duce mortuo (259), quia mares filios non habebat, quibus ducatus competeret, Gothelo dux impetrato ab imperatore etiam Mosellanorum ducatu, in Lotharingia potentius principatur.

1035. 11. 4.
Burgundionibus non desistentibus a consueta contra regem suum insolentia, rex Rodulfus regnum Burgundiæ Conrado imperatori tradidit (240), quod a tempore Arnulfi imperatoris per annos plus quam 150 gentis suæ reges tenuerant; sicque Burgundia iterum redacta est in provinciam.

1036. 12. 5.
Odo Campanensis regnum Rodulfi regis, avunculi sui, a Cuonrado imperatore nepote suo repetens, ut sub eo regat Burgundiam efflagitat [230]. (A. *Leod.*) Heinricus rex filius Cuonradi uxorem

VARIÆ LECTIONES.

[228] *hunc annum* C4*. *omittit*, C1. D. *præcedenti jungunt, sequentem numerantes* 1030 *et sic porro usque ad a. nostrum* 1036, *qui ipsis est* 1035. [229] XXV *habent* 1. *e corr.*, A. [230] *Hic novum annum incipiunt* A. B3*. 4*. 4". 5. C1. 2* 3. 4* D. E *sequenti anno Herimannus etc. inscribentes* XIIII. VII (*at* C1. 2*. 3. 4*. D. E. *quia supra jam a.* 1030 *præcedenti junxerant, scribunt* XIII. VII.) *et sic deinceps. Idem primo fuerat in* 1., *et consequenter anno* In *mense Aprili etc. scriba ipse in margine apposuerat numerum* MXL. *anno* Leo papa, *etc.* ML., *anno* Fridericus, *etc.* MLX. *et sic porro per totum Sigeberti opus (anni enim Domini per decennia tantum notantur in margine, ante a.* 972, *manu ipsa Sigeberti, post a scribis). Sed* 1n., *qui scribere cœpit a.* 1157, *numeros istos* XIII. VI. *ante* Heinricus, rex, *etc. delevit, et sequentes correxit ita ut nos dedimus, Romanorum usque a.* 1039, *Francorum usque a.* 1030. *Idem* 1n., *annos Domini in margine erasi omnes, ipseque anno cuivis sequenti apposuit, ita ut nunc annus* Heinricus imperator *etc. sit* MXL., *annus* Sanctus Tietbaldus *etc.* ML, *et sic porro usque ad. a.* Eclypsis solis *etc.* MCXL. *Quod quum unice rectum sit nos quoque dedimus; at numeros qui prius fuerant scripti in* 1., *uncinis inclusos apposuimus.*

NOTÆ.

(257) *Et p. c. eo de suo addit* Sigebertus, *cf. ejus epistolam de jejunio Quatuor Temporum apud* Martene Thes. 1, 298. Herimannus Augiensis *hanc synodum a.* 1035 *ponit.*

(258) Hoc factum. d. 29 Jun. 1031; *cf.* Vitam S. Bardonis c. 11.

(259) *De tempore cf.* Stenzel. Fränk. Kaiser II, 115, *qui tamen minus recte hæc anno* 1033 *tribuit.*

(240) A. 1027, *mense Julio.* Rodulfus *mortuus est* 6 Sept. 1032.

ducit filiam regis Anglorum (241). Odo contra imperatorem bellans, Lotharingiam incursat, castella oppugnat, urbem Leucorum, quæ Tullus dicitur, obsidet, et in nullo temperat furori suo (242).

1037.   R. 13. (14.)   F. 6. 7.)

(*Ib.*) Herimannus Coloniæ ordinatur archiepiscopus[231]. Odo Barum castrum obsidet et capit. Gothelo dux ægre ferens insolentiam Francorum, cum Lotharingis occurrit Odoni; et conserto prelio apud Barum (243), Odo perimitur, et Francorum exercitus gravi cede attritus, a Lotharingia fugere compellitur.

1038.   14. (15.)   7. (8.)

Nortmanni in Apulia copiis suis a Nortmannia paulatim adauctis, ad invadendam Apuliam fortitudine sua et Italorum imbecillitate animati; castellis et urbibus aut dolo aut virtute captis, in Apulia potenter agunt, vicinisque gentibus terrorem sui nominis incutiunt. [Heinricus Lovaniensis comes domi suæ perimitur a captivo Harmanno, eique succedit filius suus Otto. Cui immatura morte prevento, successit patruus ejus Baldricus, qui et Lambertus[232].]

1039. (1040.)   15. (16.)   8. (9.)

(BALD. III. 55.) In mense Aprili, 8 Idus, visa est in cœlo inter australem et orientalem plagam ignea trabes miræ magnitudinis, quæ currens super solem jam ad occasum vergentem, visa est in terram cadere; cujus vestigia diu videri potuerunt. (*Ib.*) Cuonradus imperator Italiam adit, ut rebellionem meditantes debellaret (244). Et quia omnes Langobardi conjuraverant, ut non paterentur quemlibet dominium, qui aliud quam ipsi vellent, contra se ageret, quosdam episcopos in vincula conjecit, et quia episcopus Mediolanensis fuga lapsus est, imperator suburbia Mediolani incendit. Die pentecostes (245), cum imperator in parva æcclesia secus urbem ad missam coronaretur, tam gravia fuerunt tonitrua et fulgura, ut aliqui mente exciderent, aliqui exalarent. Bruno vero episcopus, qui missam canebat, et secretarius imperatoris cum aliis tribus dixerunt, se inter missarum sollemnia vidisse sanctum Ambrosium, imperatori indignando comminantem. Imperator Italia decessit (246). Pridie Idus Maii eclipsis solis fuit, et pridie Nonas Junii imperator obiit. Post quem Heinricus, filius ejus, imperavit annis 17.

1040.   1.   9. (10.)

(A. *Leod.*) Heinricus imperator vadit ad debellandum Odelricum Boemanorum ducem; sed Boemanis viriliter resistentibus, inefficax redit.

1041.   2.   10. (11.)

(*Ib.*) Heinricus imperator per orationes sanctorum virorum auxilio Dei sibi procurato, superioris anni infortunium ultus, Odelricum ducem Boemiæ subjugat.

1042.   3.   11. (12.)

Inter Ungaros bello intestino moto, Petrus rex ab eis depulsus regno (247), auxilium Heinrici imperatoris interpellat; qui potenter ei patrocinans, Ungariam devastat. (ANSELM.) Guatho ex clero sancti Lantberti, vir spiritu sapientiæ et scientiæ et fervore religionis insignitus, ordinatur Leodicensium episcopus.

1043.   4.   12. (13.)

Apud Constantinopolim Constantinus Monomachus imperat. (A. *Leod.*) Heinricus imperator iterum Ungariam ingressus, cum paucis Obbonem regem de bello fugavit, et lanceam, insigne regis, recepit; Petrum vero, quem Obbo expulerat, Ungarorum regno restituit, et Ungariam sibi tributariam fecit.

1044.   5.   13. (14.)

(*Ib.*) Fames valida Galliam et Germaniam profligat, Gothelo dux obiit, cujus filius Godefridus, dum ei ducatus Mosellanorum denegatur (248), altero ducatu repudiato, contra imperatorem rebellat.

1045.   6.   14. (15.)

(*Ib.*) Godefridus hortatu quorundam Dei fidelium ad recuperandam imperatoris gratiam adductus, ab imperatore capitur et custodiæ mancipatur (249); sed filium suum obsidem dans, relaxatur (250). Quo defuncto in obsidatu, ad rebellandum grassatur. Benedictus Simoniace papatu Romano invaso (251), cum esset rudis litterarum, alterum ad vices æcclesiastici officii exequendas secum papam consecrari fecit. Quod cum multis non placeret, tertius superducitur, qui solus vices duorum impleret.

1046.   7.   15. (16.)

Æcclesia sanctæ Gerdrudis Nivigellensis (252), quæ ante aliquot annos post neglegentiam et incuriam effusi sanguinis Domini concremata fuerat, in novam reædificata, benedicitur presente Heinrico imperatore. Romæ uno contra duos et duobus contra unum de papatu altercantibus, rex Heinricus contra eos Romam vadit (253); et eis canonica et imperiali censura depositis, Suidigerus Babenber-

VARIÆ LECTIONES.

[231] H. C. o. a. *desunt* D. E.   [232] *add.* Anselmus; *rell. præter* A.

NOTÆ.

Lotharingiæ inferioris) *contra fas a rege sibi obtinere voluit*, ut ait Herimannus Augiensis a. 1044; cf. Stenzel, II, 117.

(241) D. 29 Jun. 1036.
(242) A. 1037.
(243) D. 15 Nov. 1037.
(244) Exeunte jam. a. 1036.
(245) D. 29 Maii 1037.
(246) Exeunte mense Augusto a. 1038.
(247) A. 1041.
(248) *Privatus paterno jure,* Ann. Leod. Errat Sigebertus hic et a. 1048; Mosellanorum enim ducatum Godefridus Barbatus jam patre vivente habuerat; at nunc etiam *ducatum fratri debitum* (i. e.
(249) Mense Julio, a. 1045.
(250) Aquisgrani, mense Maio 1046, teste Herimanno Aug.
(251) A. 1033. Sequentia non recte noster narrat; cf. Stenzel Franck. Kaiser I, 104 sqq. Ad verbum eadem exscripsit Waltramus.
(252) Nivelles, in Hannonia.
(253) Advenit ibi d. 23 Decembris 1046.

gensis episcopus, qui et Clemens, Romanæ æcclesiæ 146us presidet, et ab eo Heinricus in imperatorem benedicitur (254), jurantibus Romanis, se sine ejus consensu nunquam papam electuros. (A. Leod.) Instinctu Godefridi comes Flandrensium Balduinus (255), contra imperatorem rebellat. Deoderico Mettensium episcopo defuncto, succedit Adelbero [233] fratruelis ejus, vir magnæ prudentiæ et sanctitatis.

1047. R. 8. F. 16. (17.)

(Mar.) Poppo, qui et Damasus, Romanæ æcclesiæ 147us presidet (256). (A. Leod.) Godefridus palatium Neomagi incendit et inreparabiliter destruit. Urbem quoque Claborum, quæ Virdunus dicitur, cum majori sanctæ Mariæ æcclesia incendit (257). (Anselm.) Franco scolasticus Leodicensium et scientia litterarum et morum probitate claret; qui ad Herimannum archiepiscopum scripsit librum de quadratura circuli, de qua re Aristoteles ait: *Circuli quadratura, si est scibile, scientia quidem nondum est, illud vero scibile est.* (Mar.) Nix tanta in occidente cecidit, ut silvas frangeret.

1048. 9. 17. (18.)

Viri religiosi et illustres sanctitate in Christo dormiunt, Odilo abbas Cluniacensis (258), Poppo Stabulensis (259). (A. Leod.) Guatho episcopus Legiensis (260), Olbertus sanctæ memoriæ abbas Gemmelacensis (261). Guathoni Deoduinus in episcopatu succedit. Albertus, qui ducatum Mosellanorum Godefrido negatum (262) susceperat, a Godefrido perimitur (263). (Mar.) Ducatum ejus Gerardus de Alsatia, alterum vero ducatum Fridericus optinet [234]. (Wib. V. Leon.) Bruno Leucorum episcopus Romanæ æcclesiæ 148us presidet (264), qui vocatus Leo, nonus hujus nominis papa. Hic cum ad capessendam sedem apostolicam Romam tenderet, audivit voces angelorum canentium: *Dicit Dominus, ego cogito cogitationes pacis, et non afflictionis.* Hic de multis sanctis cantus composuit, et multa fecit et scripsit æcclesiæ utilia. Hic cum in papatu pauperem leprosum ante fores offendisset, cum fotum diligenter in lecto suo collocavit; quem cum reserato ostio non invenisset, in paupere se Christum suscepisse obstupuit.

1049. (1050.) 10. 18. (19.)

Leo papa in Gallias veniens, ut motus imperii a Balduino et Godefrido concitatos sedaret, Godefridum quidem imperatori reconciliavit; (A. Leod.) Balduino pertinacius agente, contra eum imperator exercitum duxit. Sed tandem Balduinus flexus, condicto die Aquis imperatori satisfecit (265). (*Vita Leon.*) Leo papa in Gallia et Germania synodis habitis, statum æcclesiæ meliorabat [235].

1050. 11. 19. (20.)

(V. Tietb.) Sanctus Tietbaldus inter nobiles Francorum non infimus hoc tempore clarebat; qui mundo et semetipso abnegato secutus Christum, in Vincentia Venetiæ urbe reclusus, ibi 12 conversionis suæ anno beato fine quievit. Qui quam accepto servierit Deo, post mortem ejus miraculorum prodidit magnitudo. Ossa ejus in Gallias translata, multam multis in locis venerationem meruerunt. Leo papa dum Nortmannos a Romanorum terminis deturbare satagit, multam calamitatem incurrit, quia cum multis etiam ipse capitur (266); sed tamen relaxari noluit, nisi etiam suis relaxatis. (Mar.) Bardo Moguntiæ episcopus obit (267), cujus sanctitas per multam miraculorum gratiam patuit.

1051. 12. 20. (21.)

(A. Leod.) Balduinus Flandrensis invaso Hagionensium comitatu contra imperatorem rebellat. Francia turbatur per Berengarium Turonensem, qui asserebat eucharistiam, quam summimus in altari, non esse revera corpus et sanguinem Christi, sed figuram corporis et sanguinis Christi. Unde contra eum et pro eo multum a multis et verbis et scriptis disputatum est.

1052. 13. 21. (22.)

(V. Leon.) Rex Ungarorum ab imperatore Heinrico dissentit; pro quo reconciliando Leo papa ad imperatorem venit; sed amicis discordiæ interturbantibus, id frustra fuit. Leo papa Gerardum, Leucorum supra se quintum episcopum sanctitate vitæ mirabilem, synodo habita per auctoritatem apostolicam decrevit in numerum sanctorum confessorum in æcclesia solemniter habendum.

1053. 14. 22. (23.)

(A. Leod.) Balduinus comes terminos Lotharingiæ incursans, Hoium opidum incendit. Godefridus iterum rebellat, quia ducta uxore Bonefacii marchionis, jussu imperatoris a Langobardia excluditur. (Humb.) Grecis in heresim multiformem declinantibus, auctore Michaele patriarcha Constantinopolitano et Leone Acridano Bulgarum archiepiscopo, Leo papa errores eorum redarguens, scribit contra eos librum firmis scripturarum testimoniis roboratum. Nicetas etiam monachus Constantinopolitanus, qui agnominabatur Pectoratus, scripsit contra Ro-

VARIÆ LECTIONES.

[233] Adelbero 1. F3. [234] Viri — optinet *desunt* D. [235] *totum annum præcedenti jungit* B3'.

NOTÆ.

(254) D. 25 Dec.
(255) Balduinus V, Insulanus.
(256) Consecratus d. 17 Jul. 1048. Clemens II obierat d. 9 Oct. 1047.
(257) D. 24 Octobris.
(258) Kal. Jan. 1049.
(259) D. 16 Jun. 1048.
(260) D. 8 Jul. 1048.
(261) D. 14 Jul. 1048.

(262) Vel potius ablatum, teste Herimanno Augiensi a. 1047, *cujus ducatum imperator Adalberto cuidam tradit*; cf. Stenzel II, 118.
(263) Mense Octobri.
(264) Consecratus d. 12 Febr. 1049.
(265) Mense Julio.
(266) D. 18 Jun. 1052.
(267) Die 11 Jun. 1051.

manos librum plenum erroris et stultitiae, pretitulatum: *De Azimo, de sabbato, de nuptiis sacerdotum.*

1054. R. 15. F. 23. (24.)

(*Ib.*) Leo papa per epistolam ad imperatorem Constantinum scriptam animum ejus sibi concilians, apocrisiarios suos, Humbertum videlicet cardinalem episcopum Silvae candidae (268), Petrum Amalfitanorum archiepiscopum, Fridericum quoque septimum levitam et cancellarium, Constantinopolim dirigit ad confutandas Graecorum haereses, qui ut simoniaci donum Dei vendebant, ut Valesii hospites suos castratos etiam ad episcopatum promovebant, ut Arriani rebaptizabant Latinos baptizatos in nomine sanctae Trinitatis, ut Donatistae in sola Grecia orthodoxam esse aecclesiam jactabant, ut Nicholaitae nuptias sacerdotibus concedebant, ut Severiani maledictam dicebant legem Moysi, ut Pneumathomagi professionem Spiritus sancti a simbolo abscidebant, ut Nazareni Judaismum observabant. Parvulos morientes ante octavum a nativitate diem baptizari, mulieres in partu vel menstruo periclitatas communicari, vel si paganae essent baptizari prohibebant; Latinos vocabant Azimitas, et eos nimis persequentes, eorum aecclesias claudebant; de fermentato sacrificabant; in filiis suis Romanam ecclesiam anathematizabant, eique ecclesiam Constantinopolitanam preponebant. Ab imperatore ergo benigne habiti, Nicetam monachum ante eum vicerunt, adeo ut librum, quem contra Romanos scripserat anathematizaret et incenderet. Michaele patriarcha nolente eis colloqui, carta excommunicationis coram clero et populo super altare sanctae Sophiae posita, recedunt. Michael cartam ipsam corrumpens populoque legens, illos ab imperatore revocatos ad synodum absente imperatore convocavit, ut a populo lapidarentur. Quod imperatore prohibente, Michael commovit populum contra eum; sed convictus cartam excommunicationis falsasse, Michael omnesque sui a gratia et palatio imperatoris remoti sunt. Humbertus episcopus Silvae Candidae haec descripsit, et scripta Nicetae monachi et Leonis Acridani Bulgarum archiepiscopi confutavit; quae de Latino in Grecum translata, jussu imperatoris Constantini a Grecis recepta sunt. (BALD. III, 68, 70.) Heinricus imperator filio suo Heinrico puero quinquenni in regem sublimato Aquis (269), contra Balduinum proficiscitur. Qui Scaldim fluvium Balduino fugiente transiens, omnia depopulatur; et insuper apertis sibi Clausulae (270) portis, multam caedem inimicorum facit; et ultra progressus, Lantbertum comitem (271) Balduini satellitem cum multis perimit; multos etiam Flandrensium primates exercitum suum prosequentes concludit intra urbem Tornacum, et obsessos capit (MAR.) Leo papa moritur (272).

1055. 16. 24. (25.)

Gebahardus Eistedensis episcopus, qui et Victor, Romanae aecclesiae 149us presidet (273). Anno ordinatur Coloniae archiepiscopus (274). Imperatore in Italia constituto, milites ejus Sclavis et Lutitianis bello congressi, multi capiuntur aut perimuntur. Balduinus Flandrensis cum Godefrido avunculum suum Fridericum ducem intra Andoverpum obsidet, sed concurrentibus Lotharingis, ab oppugnatione desistit. Cujus meriti Leo papa nonus apud Deum fuerit, cunctis patuit, cum multis ad sepulcrum ejus Romae miraculis ostensis Deus eum clarificavit.

1056. 17. 25. (26.)

Victor papa in Gallias veniens, gloriose ab imperatore suscipitur; (*A. Leod.*) et eo presente, non multo post imperator Heinricus moritur (275), et post eum filius ejus Heinricus imperat annis 50 [236].

1057. 1. 26. (27.)

Coloniae generali conventu habito (276), Balduinus et Godefridus mediante Victore papa ad gratiam regis et pacem reducuntur, et omnes bellorum motus sedantur.

1058. 2. 27. (28.)

In Fresonia captis ab imperatore Heinrico aliquibus castellis, Fresones a rebellione refrenantur. (MAR.) Paderbrunna Germaniae civitas combusta est cum majori aecclesia. In monasterio autem monachorum Scottus quidam monachus, nomine Paternus, multo tempore reclusus, qui etiam hoc incendium sepe predixerat, propter propositum reclusionis exire nolens, se comburi passus est.

1059. (1060.) 3. 28. (29.)

Fridericus, filius Gothilonis ducis, ex clerico sancti Lantberti septimus levita Romanae aecclesiae, quia exosus erat imperatori Heinrico pro odio fratris sui Godefridi ducis, post legationem Constantinopolitanam apud Casinenses monachus, et postea abbas factus, electione Romanorum Romanae aecclesiae 150mus presidet, alteratus nomine Stephani (277).

VARIAE LECTIONES.

[236] *in* 1 *primo fuit:* imperat annis , *loco numeri vacuo relicto; nil erasum. In hoc spatium manus alia coaeva postmodum inscripsit* quinquaginta, *quod et reliqui habent omnes. Unus A. verba* annis quinquaginta *omittit, unde apparet, ea in prima Sigeberti editione nondum extitisse.*

NOTAE.

(268) 1. e. Humberti legatio, apud Baronium XI, 210; cf. pag. 198. Legit eam noster in codice S. Laurentii Leodiensis, jam Bruxell. 9706 saec. XI.
(269) D. 17 Julii.
(270) Ecluse, sive Sluys.
(271) Lensensem.
(272) D. 19 Aprilis.
(273) Consecratus d. 13 Aprilis.
(274) D. 3 Mart. 1056.
(275) D. 5 Octobris.
(276) Mense Decembri 1056.
(277) Abbas electus fuit d. 24 Maii 1057 papa d. 2 Aug. 1057, mortuus d. 29 Mart. 1058.

In pago Bracbatensi juxta Tornacum multitudines colubrorum altrinsecus congregatæ, prodigioso prelio inter se concurrunt; et multis utrinque occisis, victa pars fugiens in cavo arboris se abscondit, altera pars vincentium more insequens, cum sibilo circumstrepebat, donec circumjecto ab hominibus igne omnes concrematæ sunt.

1060.   R. 4.   F. 92. (50.)

(Cf. *Mar.*) Gerardus Florentiæ episcopus, qui et Nicholaus, Romanæ æcclesiæ 151^{mus} presidet (278) (*A. Leod.*) Heinricus rex Francorum obit (279), Philippus filius ejus post eum regnat annis 49 [237].

1061.   5.   1.

(Mar.) Marianus crhonographus [236] claret; qui a Scottia in Gallias veniens, Coloniæ factus monachus, primo apud Fuldam, postea apud Moguntiam reclusus est.

1062.   6.   2.

Anno episcopus Coloniensis consilio primorum regni indigne ferentium, per Agnetem matrem imperatoris Heinrici regnum non viriliter gubernari, puerum violenter et industrie captum sub tutela sua accepit, et imperii regimen a matre ejus amovit; et de hac re coram cunctis ratione reddita, gratiam domini sui imperatoris recepit, et per ipsum filium ad gratiam matris ejus rediit. At imperatrix necessitatem vertens in voluntatem, ut obstrueret os loquentium [239] de se iniqua, non solum honore regni, sed etiam onere seculi rejecto, Romæ ad limina apostolorum se contulit (280), ibique usque ad finem vitæ (281) omnibus bonis exemplo et miraculo fuit.

1063.   7.   3.

Hoc anno finitur magnus ciclus [240] annorum 532, continens ciclos decennovennales 28, qui ad omnem rationem paschalis compoti omnino utilis, ab evo in evum in semet ipsum sine errore revolvitur.

Sed hoc in eo reprehensibile esse videtur, quod annis dominicæ incarnationis ei inconsiderate prescriptis, discordat a veritate evangelii in anno dominicæ passionis, preferens 14 lunam Aprilis eo anno in prima feria fuisse; quod omnino falsum est, quia secundum fidem evangelii eo anno luna 14 Aprilis fuit in 5 feria, et in 6 feria luna 15 [8 Kal. Aprilis [241]] Dominus passus est. Exercitus multus a Galliis in Hispanias ad debellandos Saracenos proficiscitur; sed omni regione a Saracenis vastata, urgente fame inefficax revertitur.

1064.   8.   4.

(Mar.) Ciclus magnus annorum 532 bis a Christi nativitate exactus, tertio incipit. Alexander Lucensis episcopus Romanæ æcclesiæ 155us [242] presidet (282). Contra quem Cadelo Parmensis episcopus papatum ambiens, magno scandalo ecclesiæ fuit; quia longa inter eos concertatio etiam usque ad homicidia prorupit [243].

1065.   9.   5.

(*Ib.*) Friderico duce mortuo, Godefridus ducatum recepit (283). Herardus rex Anglorum obit, eique Araldus succedit. Multi usque ad septem milia orandi voto Hierosolimam petentes, ab Arabitis in parasceve in quodam castello obsessi sunt, et ita occisi aut vulnerati sunt, ut de septem et eo amplius milibus vix duo milia reversi sint.

1066.   10.   6.

(*Ib.*) Cometes apparuit tota paschali ebdomada. Harwich rex Nortdanymbrorum (284) cum mille pene navibus venit in Angliam regnaturus, et in urbe Eburaci plus quam mille laicos, centum presbiteros de Anglis occidit. Cui Aroldus rex Anglorum cum septem legionibus superveniens, cum cum multis occidit. Interim Guillelmus comes Nortmannorum cum Francis Angliam intrat, et conserto

VARIÆ LECTIONES.

[237] *numerus utrum eadem manu, qua reliqua, fuerit scriptus, an postea suppletus, non jam certo apparet; quum ante duo fere sæcula hæc atramento superducto renovata sint, ut melius legerentur.* [238] *ita* 1. C1. 5. heronografus D. [239] lequentium 1. [240] *posthæc dionisii erasum in* 1. [241] *add.* 15. *rell. præter* A. [242] *ita* 1 *rell.*; CLX.D. [243] *Post hæc erasis lineis duabus et dimidia, Anselmus rasuræ inscripsit*: Domnus Herimannus, nobili Alemannorum prosapia procreatus, hoc anno suum compotum edidit, et famosissimam de naturali lunæ discursu questionem subtilissime investigatam absolvit; qui a prima fere ætate a renibus deorsum contractus, et toto vitæ suæ tempore ambulandi usu privatus, quia hoc Dei flagellum patientissime tulit, et insuper ei gratias egit, absque humano magisterio in omni liberali scientia novus Dei dono philosophus apparuit. Erat autem moribus tranquillissimus, caritate diffusus, scientia, quod apud alios rarum est, benivolus, affabilis omnibus, panperum cura sollicitus, virginitatis castitate integerrimus. *Leguntur eadem in* B5*. 4*. 4**. F1. 2. 5. *et ab alia manu margini inscripta in* B1.; *at desunt reliquis omnibus. Quare dubium esse non potest, quin Sigeberti non sint. Eorum loco* A. *habet, quæ infra a.* 1067 *omittit*: Sed Mantuæ collecta synodo, mediante Annone archiepiscopo Coloniense, Alexander se jurejurando de symonia expurgans, in sede apostolica subrogatur, Cadelo vero ut symoniacus repudiatur. *Hæc igitur Sigebertus primo ediderat sub anno* 1064; *at in altera revisione ad a.* 1067 *transposuit. Ceterum in codice S. Laurentii Leod. nunc Brux.* 10565 *chart. s. XV, qui inter varia opuscula continet etiam Hermanni computum, huic superscripta, hæc leguntur*: Epylogus de vita domni Herimanni contracti. Anno d. i. 1061. agente sextum imperii annum Henrico quarto, domnus Herimannus valde nobili *etc. ut supra edidimus, usque ad* castitate integerrimus. Ego Henricus Wiziburgensis ecclesie a Dogelberto constructe monachus indignus, qui eum vidi et audivi, scire volentibus conscripsi. *Num hic est fons Anselmi?*

NOTÆ.

(278) Electus d. 28 Decembr. 1058.
(279) D. 29 Jun.
(280) A. 1067, ut colligere licet ex Lamberto ad a. 1072. Die 6 Martii 1067, fuit adhuc cum filio Ratisbonæ; cf. Hund Metrop. Salisb. 1 245.
(281) D. 14 Decbr. 1077.

(282) Consecratus 50 Sept. 1061. Cadelo Basileæ electus fuit die 28 Oct. 1061.
(285) Lotharingiæ inferioris; cf. a. 1048, 1070.
(284) *Araldus, qui et Arbach vocabatur, rex Nordmannorum* Marianus.

cum Anglis prelio, Araldum, cum multis milibus imperatoris, cujus soror nupserat Salomoni, refrenantur.
perimit, et regnat in Anglia annis 26. [(*V. Tietb.*)
Obiit sanctus Tietbaldus, in Vincentia Venetiæ urbe reclusus [244].]

1067.   R. 11.   F. 7.   A. 1.

(*V. S. Conr.*) Cuono, qui et Conradus, primicerius Coloniensis, ab imperatore Heinrico ad suscipiendum archiepiscopatum Trevirorum missus, capitur a comite Trevirorum Deoderico, et a satellitibus ejus in silva ductus, de rupe tertio precipitatur, et adhuc illesus, gladio transverberatur. Corpus ejus foliis silvæ optegitur; quod a rustico inventum ad villam defertur et sepelitur; inde a Deoderico Virdunensium episcopo transportatum ad Tolegium monasterium, multis statim miraculis a Deo glorificatur (285). Romæ duobus de papatu contendentibus, Mantuæ synodus colligitur (286); et mediante Annone Coloniense archiepiscopo, Alexander se jurejurando de symonia expurgans, in sede apostolica subrogatur, Cadelo vero ut symoniacus repudiatur [245].

1068.   12.   8.   2.

Deodericus comes Trevirorum, de martyrizato Conone apud Deum et homines reus, exiliatur ab imperatore; et suscepta peregrinatione Hierosolimam eundi, quid de eo et de omnibus, qui in comitatu ejus pergebant, actum sit, adhuc nescitur. (MAR.) Hinc Francis, hinc Scottis Angliam infestantibus, Angli fame consumuntur, multi eorum etiam humanis carnibus vescuntur.

1069. (1070.) 13.   9.   3.

Fluminibus glaciali rigore constrictis, imperator Heinricus terram Lutitianorum ingressus, eos nimia cede prosternit, et terram nimium depopulatur.

1070.   14.   10.   4

(*A. Leod.*) Gerardus dux Mosellanorum moritur. Moritur etiam dux Godefridus (287). Gerardo filius ejus Deodericus, Godefrido succedit filius ejus Godefridus Gimbosus, etsi corpore exiguus, tamen animo eximius. Ungari contra Salomonem regem suum rebellionem meditantur; sed terrore Heinrici

1071.   15.   11.   5.

Treviris in æcclesia sancti Paulini confessoris in cripta subterranea invenitur corpus sancti Paulini, quod olim a Frigia, ubi exulaverat, reportatum ibi a Felice episcopo [246], catenis ferreis fuerat suspensum, et juxta cum multa corpora sanctorum; ad dexteram scilicet ejus, Palmatius consul et patricius Trevirorum; ad sinistram Tyrsus, unus de principibus Thebeæ legionis, cum multis Thebeorum in hac urbe a Rictiovaro martyrizatus; ad caput septem senatores urbis, Maxentius, Constantius, Crescentius, Justinus, et tres fratres Leander, Alexander, Sother; ad pedes Ormisda, Papirius, Constans, Jovianus. Et cum multi alii ibi jacerent, horum tantummodo nomina et tempus et dies Passionis aureæ litteræ in pariete scriptæ signabant; eosque omnes sub Rictiovaro passos fuisse docebant. Godefridus dux ulteriores Fresones bello aggressus, eos pene ad internecionem delet.

1072.   16.   12.   6.

Balduino juniore Flandrensium comite defuncto [247], Rotbertus, frater ejus, consensu Flandrensium contra Arnulfum fratruelem suum Flandriam occupat. Arnulfus cum Philippo Francorum rege occurrit patruo suo Rotberto; et pugna conserta, Arnulfus perimitur, Philippus rex fuga liberatur, et multis occisis, hinc Richildis, Arnulfi mater, illinc Rotbertus capitur; et altero pro altero relaxato, bellum inter eos vario eventu protrahitur.

1075.   17.   15.   7.

(MAN.) In hoc anno duobus magnis annis a 15 anno Tyberii cesaris revolutis, omnia secundum cursum solis et lunæ concordant illi anno, quo baptizatus est Jesus Christus; id est 8 Idus Januar., die dominico epiphaniæ, initium jejunii ejus in secunda feria, temptatio ejus 15 Kal. Mart. in 6 feria (*Ib.*) Hildibrandus archidiaconus Romanorum, qui et Gregorius, Romanæ æcclesiæ 153[us] presidet (288).

VARIÆ LECTIONES.

[244] *addit manus pulchra, fortasse Anselmi; rell. præter A., qui ea jam sub anno præcedenti ita habet:* Obiit sanctus Tietbaldus heremita et monachus. [245] Romæ — repudiatur *desunt uni A. In 1. eodem, quo reliqua, exarata sunt et calamo et atramento; neque in margine ibi additum quicquam, nec erasum.* [246] *ita interpungit 1.* [247] B. i, F. e. d. *desunt* B5. 4., *qui reliqua hujus anni initio præcedentis collocant, præcedentis verba* Godefridus. — *delet sub anno ponunt.*

NOTÆ.

(285) Occisus fuit a. 1064, secundum Marianum; Kal. Jun. 1066, secundum Vitam S. Conradi auctore coævo Theoderico monacho Tholeiensi, in Actis SS. Jun. I, 127, ex qua hæc omnia noster excerpsit. Quæ autem sub insequenti anno narrat de Deoderico, neque ex Vita, neque ex Lamberto aliove auctore superstite sumpsit. Apud Marianum legebat: *Ipse comes penitentiam agens Jerosolymam pergens, vitam finivit, et omnes consentanei ejus mala morte perierunt*; in Vita autem a. 1090 scripta: *naufragium passus, motus incurrit maris.* Hoc a Berno dus tradit. Hæc igitur opinio tunc plurimum vigebat, neque ignota fuerit Sigeberto, qui Vitam legit atque excerpsit. At considerans. de naufragio,

quod nemo vidisse potest, credi quidem posse, sciri non posse, ipse laudabili circumspectione nil tradere voluit, nisi quod certum erat: *quid de eo actum sit, adhuc nescitur.*

(286) Cf. Stenzel Fränk Kaiser, II, 137. Giesebrecht Annales Altahenses, in appendice. E codicibus apparet Sigebertum hanc synodum primum a. 1064 ascripsisse, deinde ad a. 1067 transposuisse. Omnino tamen in tempore rebus gestis ascribendo Sigeberti auctoritatem nullam esse, plurimum jam in locis vidimus; cf. a. 1092.

(287) Lotharingiæ inferioris, d. 24 Dec. 1069.

(288) Electus d. 22 April., consecratus d. 29 Junii.

Herimannus Leodicensis fit Mettensium episcopus. Duobus fratribus Russorum regibus de regno contendentibus, alter eorum a consortio regni pulsus, interpellat Heinricum imperatorem (289), se et regnum Russorum ei submittens, si ejus auxilio regno restitueretur. Sed id frustra fuit; quia gravissima in imperio Romano orta dissensio monebat magis sua tueri, quam aliena adquirere. Saxones enim multis et magnis injuriis et injustitiis ab imperatore affecti, contra eum rebellant; ad quos debellandos imperator instanter intendit.

1074.   R. 18.   F. 14.   A. 8.

(Cf. *Sig. ep. De presb. conjug. ex. Marino.*) Gregorius papa celebrata synodo symoniacos anathematizavit, et uxoratos sacerdotes a divino officio removit, et laicis missam eorum audire interdixit[248], novo exemplo, et ut multis visum est inconsiderato prejudicio, contra sanctorum patrum sententiam (289*), qui scripserunt, quod sacramenta quæ in æcclesia fiunt, baptismus scilicet, crisma, corpus et sanguis Christi, Spiritu sancto latenter operante eorundem sacramentorum effectum, seu per bonos, seu per malos intra Dei æcclesiam dispensentur, tamen quia Spiritus sanctus mistice illa vivificat, nec bonorum meritis dispensatorum amplificantur, nec malorum peccatis attenuantur. Unde est : *Hic est qui baptizat.* Ex qua re tam grave oritur scandalum, ut nullius heresis tempore sancta æcclesia graviori scismate discisa sit (289**), his pro justitia, illis contra justitiam agentibus; aliis a symonia non declinantibus, aliis notam avaritiæ honesto nomine pretexentibus dum hoc quod se gratis dare jactant, sub caritatis nomine vendunt, et ut de Montanis dicit Eusebius, sub nomine oblationum artificiosius munera accipiunt; porro continentiam paucis tenentibus, aliquibus eam modo causa questus ac jactantiæ simulantibus, multis incontinentiam perjurio aut multipliciori adulterio cumulantibus; ad hoc hac oportunitate laicis insurgentibus contra sacros ordines, et se ab omni æcclesiastica subjectione excutientibus. Laici sacra misteria temerant et de his disputant; infantes baptizant, sordido humore aurium pro sacro oleo et crismate utentes; in extremo vitæ viaticum dominicum et usitatum æcclesiæ obsequium sepulturæ a presbiteris conjugatis accipere parvipendunt; decimas presbiteris deputatas igni cremant; et ut in uno cetera perpendas, laici corpus Domini a presbiteris conjugatis consecratum sepe pedibus conculcaverunt, et sanguinem Domini voluntarie effuderunt, et multa alia contra jus et fas gesta sunt in æcclesia; et hac occasione multi pseudomagistri exurgentes in æcclesia, profanis novitatibus plebem ab æcclesiastica disciplina avertunt.

1075.   19.   15.   9.

(*A. Leod.*) Heinricus imperator Saxones gravissimo prelio vincit (290), eosque iterata expeditione perurgens, cunctos eorum principes, episcopos, duces, comites ceterosque potentes, ad deditionem coegit. Ungari contra imperatorem rebellant, regemque suum Salomonem regno deturbatum, sub diutina custodia excruciant. (*Ib.*) Deoduinus episcopus Leodicensium obit, cui Heinricus vita et genere nobilis succedit. (MAR.) Anno archiepiscopus Coloniensis obit (291), quia parochiam suam rebus et monasteriis a se fundatis ampliavit, inter quæ preminet cenobium Sigebergense[249].

VARIÆ LECTIONES.

[248] *sequentia hujus anni desunt* C5*. 4*.   [249] *Deoduinus — Sigebergense desunt* D.

NOTÆ.

(289) Demetrius, anno 1075 ineunte.

†(289*) Errat graviter Sigebertus et in facto et in jure. *In facto*, quando asserit papam Gregorium VII credidisse sacramenta ab excommunicatis presbyteris confecta, nulla et irrita esse, et ideo papam vetuisse laicis ut ne assisterent sacrificiis conjugatorum ab ipso excommunicatorum. Et antecedens et consequens falsum est. Id jam sæculo xi demonstravit Bernaldus Constantiensis presbyter in *Apologetico, scripto pro hoc interdicto Gregorii VII*, De non assistendo sacrificiis excommunicatorum, quod interdictum vere a pontifice latum fuit anno 1074, in synodo, eo ex fine ut conjugati presbyteri salubri rubore perfunderentur ad pœnitentiam de sua incontinentia, sicuti cujusvis excommunicationis finis est, evitatio omnis commercii cum excommunicato juxta apostolos Paulum et Joannem. Causa vero a Sigeberto vel ficta, vel aliunde accepta, falsissima est, cum nullus pontifex sacramenta excommunicati irrita esse censuerit. Romani pontifices baptismum ab hæretico, imo a Judæo et ethnico collatum semper validum censuerunt. Item si quis presbyter in hæresin aut schisma lapsus fuisset, ut ut excommunicatus, eucharistiam valide potuisse conficere, nemo unquam negavit. Idem Baronius in Annal. ad hunc annum 1074, numero XL, paucis, sed evidenter demonstravit, et probationes facti certi afferre supervacaneum est. Nihil igitur contra Patrum sententiam, nihil inconsiderati est in eo Gregoriano interdicto. HARTZHEIM, *Concil. Germ.*, t. III, p. 234.

(289**) Ex eo interdicto schisma fuisse ortum gravis error est. Schisma est ortum anno 1076, in conventu Wormatiensi et Brixiensi an. 1080, in quo rex et xxx episcopi Guibertum excommunicatum, Ravennatensem archiepiscopum, constituerunt antipapam contra Gregorium VII, a se ipsis ante agnitum papam. Causa autem quæ Henricum impulit ad hoc schisma, non fuit interdictum incontinentiæ clericalis, quod non tangebat regem, sed interdictum Simoniacæ collationis dignitatum Ecclesiæ, quas a se vitandas promiserat, pœnitens de invasione Ecclesiarum, scriptis litteris anno 1074 Henricus IV, qui Gregorio VII et Ecclesiæ se obsecuturum spopondit. Huic promissioni cum rex non staret, citavit eum papa Romam ad dicendam causam; et hæc *citatio* fuit ultimus stimulus ad unitatem rumpendam et antipapam obtrudendum.¶ — Scandala quæ ex rebellione perduellium subditorum sequuntur ad promulgationem justæ legis, non debent papam deterrere ab officio suo. Sic Christus D. N., publicato vel instaurato primævo edicto de monogamia viri unius, et uxoris unius, polygamos Judæos graviter offendit et Pharisæi sua ex malitia fuerunt scandalizati, usque adeo ut palam diceretur, *non expedire matrimonium*, si ea est causa et obligatio conjugum. An propterea Christus cessit polygamiæ introductæ per conniventiam Mosaicam ? Sic Gregorius VII ubique urget et inculcat interdictum *juxta decreta Ss. Patrum* in conciliis Nicæno et aliis, quæ Bernaldus et alii dudum congesserant. In. *ibid.*

(290) Ad Unstruotam, d. 9 Junii 1075.
(291) D. 4 Dec. 1075.

1076.   R. 20.   F. 16.   A. 10.

Gregorius papa totus in Heinricum imperatorem invehitur, et quoscunque potest ab eo verbis et scriptis avertit ; animum etiam Agnetis matris ipsius ab eo alienat. (*A. Leod.*) Sicarius in Fresonia Godefridum ducem perimit [250] (292). Hoc anno, qui est 13 annus primi decennovennalis cicli in repetito magno anno Dionisii, duobus magnis annis a passione Domini revolutis, omnia quæ ad cursum solis et lunæ spectant, anno dominicæ passionis concordant. Unde apparet, quod Dionisius non recte annos Domini ciclo suo annexuit. Quia enim ab anno Domini 552 ciclum suum orditus est, nimirum intendit, Christum fuisse natum anno secundo prioris magni anni ; ac per hoc hic annus anno dominicæ passionis concordans, debuisset esse magni cicli annus non 13, sed 35, quia is fuit annus passionis Domini. Et per hanc consequentiam solaris et lunaris cursus, concordantem evangelicæ veritati, Dionisius posuit nativitatem Christi viginti uno annis tardius quam debuit. (*Ib.*) Gelu magnum a Kalendis Novembris usque ad æquinoctium vernale [251].

1077.   21.   17.   11.

(MAR.) Heinricus imperator coacto Wormaciæ concilio 24 episcoporum et multorum primatum regni decerni jubet (293), omnia decreta et facta Hildibrandi [252] papæ irrita esse debere ; ibique omnes preter paucos Hildibrandum abjurant, eumque papatu abdicandum esse judicant. (*Ib.*) Hildibrandus econtra imperatorem Heinricum Romæ excommunicat (294), sub hoc optentu, ut primates regni quasi justa ex causa excommunicato regi contradicant. Dominica palmarum circa horam sextam sereno celo stella apparuit. Principibus Saxonum, qui in deditione imperatoris erant, relaxatis per eos quibus commissi erant, Saxones rebellant instinctu Hildibrandi papæ. Ipse papa occurrens imperatori in Langobardia, sub falsa cum pace absolvit (295). Omnes enim qui prius Hildibrandum abjuraverant, perjurio perjurium cumulantes, imperatorem abjurant, et Rodulfum ducem Burgundionum super se regem statuunt (296) ; corona ei a papa missa, cui erat inscriptum : *Petra dedit Petro, Petrus diadema Rodulfo.* (MAR.) Hunc Sigifridus archiepiscopus

A Moguntiæ in regem benedixit ; et facta a Moguntinis seditione contra eos, Rodulfus cum archiepiscopo noctu aufugit. Hildibrandus papa omnes adversantes imperatori absolvit ab infidelitate et perjurio. Imperator, Alpium aditibus contra se ubique munitis, omnes eorum insidias frustratus, statim per Aquileiam venit Radisponam (297), et Rodulfum adortus, eum fugere compulit, et iterata expeditione Sueviam depopulatur.

1078.   22.   18.   12.

(MAR.) Heinricus imperator Sueviam pervagatus, castella frangit, et omnia depopulando, inimicis suis formidinem, amicis addit fortitudinem, et multos, qui ex desperatione rerum a se defecerant, ad se retrahit. Herimannus episcopus, Hildibrando papæ ad animam confederatus ac per hoc imperatori rebellis, Mettensi urbe pellitur.

1079. (1080.) 23.   19.   13.

(MAR.) Hoc tempore in oriente Turci super Arabes et Saracenos invaluerant, et Armeniam et Siriam incursantes, multas urbes et ipsam Antiochiam capiunt. (*Ib.*) Heinricus imperator in pentecoste (298) conventu habito Moguntiæ, decernit Hildibrandum a papatu esse deponendum ; et Langobardiam petens (299), Guichertum Ravennæ archiepiscopum pro Hildibrando papam designat.

1080.   24.   20.   14.

Hildibrandus papa quasi divinitus revelatum sibi predixit, hoc anno falsum regem esse moriturum (500). Et verum quidem predixit, sed fefellit cum de falso rege conjectura secundum suum velle super Heinrico rege interpretata [253]. (*A. Leod.*) Rex enim Heinricus Saxonibus gravi prelio congreditur, et in congressu falsus rex Rodulfus cum multis Saxoniæ principibus extinguitur (501). (MAR.) Moguncia magnum terræmotum persensit Kalendis Decembris.

1081.   25.   21.   15.

(*Ib.*) Moguncia ex maxima parte incendio conflagravit. Magnus terræmotus cum gravi terræ mugitu factus est 6 Kal. Aprilis (*A. Leod.*) prima hora noctis, portendens forte imminens malum, quod in toto orbe insonuit, et unde terra doluit et dolet. (*Ib.*) Heinricus enim imperator ad debellandum papam Hildibrandum Italiam petit ; contra quem papa

VARIÆ LECTIONES.

[250] *in rasura unius lineæ* 18. *ut videtur ; rell. præter* A.   [251] *in medio Aprilis mensis superscripsit alia manus æqualis. Ita legunt* B5*. Cl. 2*. 5. 4*. *Posthæc deleta sunt quædam, quæ inter hunc et sequentem annum interposita fuerant.* A. *ea ita exhibet :* Godefridus dux in Fresonia a sicario perimitur.   [252] Gregorium *ab hoc inde anno constanter vocat* B5*.   [253] Hildibrandus — interpretata *desunt* B4* 4**.

NOTÆ.

(292) Androverpiæ id perpetratum tradunt alii.
(293) D. 24 Januar. 1076.
(294) Mense Febr. 1076.
(295) D. 28 Jan. 1077.
(296) D. 15 Mart. 1077.
(297) Mense Maio.
(298) D. 12 Maii.
(299) Vel potius Brixinam, d. 25 Jun. 1080.
(300) Gregorius VII, ipse scripsit episcopo Tridentino (Eccard. II, 176) : *Festum beati Petri non*

prius transeundum, quam in cunctorum notitia certissime clareat, illum justissime esse excommunicatum. Bonizo, totus Gregorio VII deditus : *In secunda feria post pasca apud S. Petrum, cum regem excommunicasset, adjecit : Omnibus vobis notum sit, quod si usque ad festivitatem S. Petri Henricus non resipuerit, mortuus erit aut depositus. Quodsi hoc non fuerit, mihi credi amplius non oportet.* (OEfele SS. Boic. I, 819.)

(501) D. 15 Oct. 1080

urbibus et castellis munitis, se ad rebellandum accingit, cumque Romam hostiliter adeuntem non recipit.

1082. R. 26. F. 22. A. 16.

Heinricus imperator expugnatis urbibus et castellis, quæ contra se pro Hildibrando erant, Romam Leonianam obsidet. (*Ib.*) In Gallia (302) Herimannus, miles Herimanni episcopi, corona sibi imposita (303), post Rodulfum in Saxonia tirannidem exercet. Marianus Scottus chronicam suam a Christi nativitate inchoatam usque ad hunc annum perduxit, qui erat ætatis suæ annus 56, multum laborans corrigere errorem de annis Domini, qui invenitur in ciclo Dionisii ; quod facile est videre, hinc positis ab eo annis Domini secundum ciclum Dionisii, altrinsecus autem secundum veritatem evangelii.

1083. 27. 23. 17.

(*Ib.*) Heinricus imperator Roma Leoniana capta, Romam obsidet. Condicta inter imperatorem et papam die ad causam inter eos discernendam, cum pax dissimulante papa inter eos non conveniret, Romani et multi Italiæ episcopi a papa desciscunt ; qui fugiens ad Nortmannos se contulit (304).

1084. 28. 24. 18.

(*Ib.*) Romani imperatorem Heinricum urbe recipiunt (305); et eorum judicio Hildibrandus papa abdicatur, et Guichertus Ravennarum archiepiscopus in sedem apostolicam intronizatus (306) Clemens nominatur; his qui pro imperatore erant, contendentibus, juste Hildibrandum esse depositum tanquam majestatis reum, qui contra imperatorem alium regem ordinaverit, et rebellandi audaciam adsumpserit; his autem qui contra sentiebant, reclamantibus, universalem papam non universali concilio, paucorum judicio, laicali censura, imperiali potentia, non posse a pontificatu amoveri; et a quod gravius est, in loco viventis episcopi aliquem suffectum contra canonicam auctoritatem agere ; et cetera id genus [254]. Heinricus rex patricius Romanorum constituitur, (*A. Leod.*) et a Clemente in imperatorem benedicitur [255] (307).

1085. 29. 25. 19.

Heinricus imperator Moguncie regali et synodali conventu coacto (308), exigit ab omnibus, ut Hildibrandi depositionem et Guicherti ordinationem subscripto approbent. Cui aliqui manu et ore faventes, corde tamen Hiltibrando adherebant. Herimannus Mettensis, sibi absenti abjudicato episcopatu, iterum urbe pellitur. Imperator in episcopatu Mettensi unum et alterum mercennarium supposuit, sed oves Christi non audierunt vocem alienorum. (*Ib.*) Imperator Saxones aggreditur (309); illi pacem petunt et impetrant, pacti ut omnibus pro hac rebellione proscriptis sua restituantur. Quod quia factum non est, iterum rebellant (310), incentore pre cunctis Egberto comite, imperatoris consanguineo. Gualcherus ex clero sancti Lantberti in Anglia episcopus, Anglorum odiis innocens impetitur, et in celebrando missam ab eis quasi alter Stephanus papa martirizatur. Hildibrandus papa apud Salernum exulans, moritur (311). De hoc ita scriptum repperi : *Volumus vos scire, qui ecclesiasticæ curæ solliciti estis, quod domnus apostolicus Hildibrandus nunc in extremis suis ad se vocavit unum de 12 cardinalibus, quem multum diligebat pre ceteris, et confessus est Deo et sancto Petro et toti ecclesiæ, se valde peccasse in pastorali cura, quæ ei ad regendum commissa erat, et suadente diabolo contra humanum genus odium et iram concitasse, postea vero sententiam quæ in orbe terrarum effusa est, pro augmento christianitatis cepisse dicebat. Tunc demum misit predictum confessorem suum ad imperatorem, et ad totam ecclesiam, ut optaret illi indul-*

VARIÆ LECTIONES.

[254] his qui pro — genus *desunt* D. [255] *Hic in* 1. *cum quaternione, quem integrum scripsit, desinit manus secunda. Sequentem duernionem exaravit tertia, perpulchra.*

NOTÆ.

(302) Rhenana.
(303) Goslariæ, d. 26 Dec. 1081. Electus fuerat d. 9 Aug. 1081.
(304) A. 1084.
(305) D. 21 Mart.
(306) D. 24 Mart.
(307) D. 31 Mart.
(308) D. 4 Mai. 1085.
(309) Ineunte Julio.
(310) Septembri.
(311) 25 Mai. Sequens epistola falsa quidem est, nec tamen a Sigeberto ipso efficta; nam legitur quoque apud Florentium Wigorniensem ad a. 1084 (ubi initio deest : *Volumus v. s. q. e. c. s. estis*, in fine additur : *teste Moguntino archiepiscopo*, nec multo post obiit cf. Mon. S. S. v, 565). A nostro igitur non sumpsit Florentius. Utrique notam fuisse credo non ex libro quodam, sed eo modo quo multa talia vulgata et propagata videmus illis temporibus , ut vacuo codicis cujusdam spatio inscripta cum hoc servarentur, propagarentur; quo modo tot decreta pontificum, epistolas varias, leges, notitias de bellis sacris, etc., servatas habemus. Eodem modo primæ paginæ inscripta legitur eadem epistola in codice Musei Britannici Cotton. Nero C. v. qui jam s. XI esse perhibetur; cf. Archiv. VII, 75. — Hæc palinodia Gregorii morientis tam certo conficta est quam certum est Victorem III successorem, qui morienti astitit, et Urbanum II, testatos esse Gregorium inhæsisse et immortuum suis anathematis contra Wicbertum, Henricum, et Simoniacos, et incontinentes clericos , nisi resipiscerent, quam certo ab omnibus Historiographis refertur hæc fuisse suprema morituri verba : *Dilexi justitiam et odi iniquitatem, propterea morior in exsilio*.

Illustrissimus Baronius credit a Wiberto aut Wiberti gregali aliquo in suo conciliabulo confictam fuisse hanc pœnitentiam S. Gregorii VII, cujus miracula orbi illucescebant (*Annal.* tomo XI, ad annum 1084, n. 12). Adversarii sancti Gregorii, anno 1085 in Quedlinburgensi synodo excommunicati, erant Hugo Blancus, seu Albus cognominatus, Joannes Portuensis exepiscopus, Petrus excancellarius pseudocardinales, Guiberti antipapæ fautores: Liemarus Bremensis, Udo Hildenesheimensis, Otto Constantiensis, Burchardus Basileensis, Hutzman-

gentium, quia finem vitæ suæ aspiciebat. Et tam cito induebat se angelicam vestem, et dimisit ac dissolvit vincula omnium bannorum suorum imperatori et omni populo christiano, vivis et defunctis, clericis et laicis; et jussit suos abire de domo Deoderici, et amicos imperatoris ascendere.

1086.   R. 30.   F. 26.   A. 20.

Saxones urbem Wirziburch obsidentes, ut episcopum ipsius Alberonem a civibus expulsum restituant sedi suæ, Heinricus imperator aggreditur. Sed exercitus ejus divinitus exterritus cessit, et ceciderunt ex eis plus quam 4 milia, a parte Saxonum 14 tantum occisis (312). Nimia aquarum inundatio multis in locis damno et periculo fuit. In Italia tanta diluvies fuit, ut rupes liquore aquarum dissolutæ, plures villas ruina sua exterminarent. Casinensium abbas Desiderius, qui et Victor, contra Clementem fit papa, sed dissenteria dissolutus, non multo post moritur (313). Anselmus Lucensis episcopus, Hildibrandi papæ cooperator indefessus, apud Mantuam exulans moritur (314); qui in Hieremiam et in Psalmos tractatus edidit, et doctrinam Hildibrandi libro luculento confirmavit; cujus sanctitas miraculis declarata est. Domesticæ aves, pavones, gallinæ et aucæ, a domibus se extraneantes, fiunt silvaticæ.

1087.   31.   27.   21.

Inter imperatorem et Saxones vario eventu plus vice simplici pugnatur. (*Transl. S. Nic.*) In Italia Venetianis meditantibus auferre corpus sancti Nicholai a Myrea Lyciæ a Turcis desolata, preoccupaverunt eos Varenses cives numero 47, et ab Antiochia Myream venientes, a 4 monachis tantum ibi inventis extorserunt sibi ostendi tumbam sancti; qua effracta, ossa sancti in olei liquore natantia integro numero extraxerunt, et Varim cum gloria attulerunt. Facta est hæc translatio anno 745 a depositione sancti Nicholai (315). Pisces in aquis moriuntur [256].

1088.   32.   28.   22.

In Hyspania rex Galliciæ Amful Saracenos fortiter debellat, et Toletum, maximam corum urbem, per aliquot annos obsessam tandem expugnat, et cultum christianitatis in ea dilatat. Odo ex monacho Cluniacensi episcopus Ostiensis, contra imperatorem et Guichertum fit papa, et Urbanus nominatur [257] (316). Hinc in ecclesia scandala et in regno augescunt discidia, dum alter ab altero dissidet, dum re-

gnum et sacerdotium dissentit, dum alter alterum excommunicat, alter alterius excommunicationem aut ex causæ aut ex personæ prejudicio despicit; et dum alter in alterum excommunicandi auctoritate magis ex suo libitu, quam ex justitiæ respectu abutitur, auctoritas illius, qui dedit potestatem ligandi ac solvendi, omnino despicitur (cf. *Ep. Sig.*). Nimirum, ut pace omnium bonorum dixerim, hæc sola novitas, ne dicam heresis, necdum in mundo emerserat, ut sacerdotes illius, qui dicit regi apostata, et qui regnare facit ypocritam propter peccata populi, doceant populum, quod malis regibus nullam debeant subjectionem, et licet ei sacramentum fidelitatis fecerint, nullam tamen fidelitatem debeant, nec perjuri dicantur, qui contra regem senserint; imo qui regi paruerit pro excommunicato habeatur, qui contra regem fecerit, a noxa injustitiæ et perjurii absolvatur.

1089.   (1090.)   33.   29.   23.

(*A. Leod.*) Coloniæ post Siguinum Herimannus ordinatur archiepiscopus (317). Godefrido (318), Godefridi Gimbosi ex sorore nepoti, tandem datur ducatus Lotharingiæ. (*Ib.*) Annus pestilens, maxime in occidentali parte Lotharingiæ; ubi multi, sacro igni interiora consumente computrescentes, exesis membris instar carbonum nigrescentibus, aut miserabiliter moriuntur, aut manibus et pedibus putrefactis truncati, miserabiliori vitæ reservantur, multi vero nervorum contractione distorti tormentantur.

1090.   34.   30.   24.

Heinricus imperator ad debellandos adversantes sibi Italiam reppetit (319). Herimannus tyrannus a Saxonia Lotharingiam repetens, ad concitandos regni motus laborat. Qui dum muro castelli cujusdam incaute approximat, jacto de turri saxo in capite percutitur, et moritur (320). Mettis corpus sancti Clementis, primi episcopi ab apostolis illic ordinati, inventum levatur. Herimannus episcopus permissu imperatoris a Mettensibus urbe receptus, dum post prandium liberaliter celebratum in lecto se reclinasset, mortuus invenitur [258] (321). In Saxonia Egbertus comes, dum fideles imperatoris bello insequitur, et ipse perimitur. Sterilitas frugum terræ augescit, et fames paulatim irrepit.

1091.   35.   31.   25.

(*Ib.*) Heinricus imperator in Italia castella et munitiones adversantium sibi expugnat, Mantuam quo-

VARIÆ LECTIONES.

[256] *Posthæc in 1. inter hunc et sequentem annum quædam inscripta erant, jam erasa.* [257] *Sequentia hujus anni omnia desunt B5. C4.* [258] Herimannus — invenitur *desunt* D.

NOTÆ.

nus Spirensis, Wecilo Moguntinus invasor, Sigefridus Augustensis, Norbertus Curiensis, cum ardentibus caudelis anathematizati: teste Bertoldo. Hi sat erant astuti, ad palinodiam Gregorio VII affingendam in sequente conciliabulo Moguntino. HARTZHEIM, *Conc. Germ.* III, 254.
(312) D. 11 Aug. 1086.
(313) D. 24 Maii 1086 electus, moritur d. 16 sept. 1087.

(314) D. 19 Mart.
(315) Auct. Joanne archidiacono Barense, in Mosandri append. ad Surium p. 599.
(316) D. 12. Mart.
(317) D. 25. Jul.
(318) De Bullonio, filio Idæ comitissæ.
(319) M.
(320) M. Sept. 1088, teste Bernoldo.
(321) D. 4 Maii.

que obsidet et capit (322). Bonæ memoriæ Heinricus Leodicensium episcopus, amator pacis et religionis obit (323), eique Otbertus ex clero ejusdem ecclesiæ succedit.

1092.   R. 36.   F. 52.   A. 26.

Guilelmus rex Anglorum, vir singularis censuræ et severitatis, obit (324). Guilelmus filius ejus succedit. Incentoribus Saxonici belli omnibus pene peremptis, Saxones pertesi malorum, composita inter se pace quiescunt ab omni motu bellorum. Westfali Fresoniam aggressi, omnes pene a Fresonibus perimuntur [259] (325).

1093.   57.   33.   1.

Conradus filius imperatoris Heinrici, in Italia se ad patris sui adversarios contulit; et multis se a patre ad filium vertentibus, hæc res priores patris victorias multum offuscat, et vires ejus attenuat. Jaculum ignitum a meridie ad aquilonem per cælum ferri visum est Kalendis Augusti, prima hora noctis.

1094.   58.   34.   2.

(*A. Leod.*) In Gallia et Germania gravis hominum mortalitas facta est. In Italia illi, qui se ad imperatorem ab hostibus ejus transtulerant, eo ad Galliam (326) reverso, omnes pene ad hostes ejus rursum transeunt, et munitiones ab eo expugnatas contra eum muniunt.

1095.   39.   35.   3.

(*Ib.*) Fames diu concepta validissime ingravatur, et fit annus calamitosus, multis fame laborantibus et pauperibus per furta et incendia ditiores graviter vexantibus. Cum valido ventorum turbine etiam terræmotus factus est media] nocte, 4 Idus septembris. Rex Anglorum a fratribus suis bello sollicitatur in Normannia et Anglia. In multa terrarum parte pridie Nonas Aprilis circa diluculum stellæ perplures simul de cælo in terram cecidisse visæ sunt; inter quas unam maximam labi in terra cum quidam in Francia stuperet, et notato loco ubi labi visa est, cum aquam ibi fudisset, fumum cum fervoris sono inde exire magis stupuit. Heinricus comes Lovaniensis perimitur. In comitatu Namucensi panem subcinericium quasi sanguine infectum vidimus. Rex Ungarorum moritur [260]. (*Ib.*) Urbanus per Burgundiam et Franciam habitis conciliis, Hildibrandi decreta renovat et confirmat; Philippum regem Francorum, qui vivente uxore sua superduxerat alterius viventis uxorem, excommunicat.

1096.   40.   36.   4.

Eclipsis lunæ facta est 3 Idus Februarii. Rur-sus 7 Idus Augusti eclipsis lunæ facta est. (*Ib.*) Occidentales populi, dolentes loca sancta Hierosolymis a gentilibus profanari, et Turcos etiam terminos christianorum jam multa ex parte invasisse, innumerabiles una aspiratione moti, et multis signis sibi ostensis, alii ab aliis animati, duces, comites, potentes, nobiles ac ignobiles, divites et pauperes, liberi et servi, episcopi, clerici, monachi, senes et juvenes etiam pueri et puellæ, omnes uno animo, nullum ullo angariante, undique concurrunt, ab Hispania, a Provintia, ab Aquitania, a Britannia, a Scottia, ab Anglia, a Normannia, a Francia, a Lotharingia, a Burgundia, a Germania, a Langobardia, ab Apulia et ab aliis regnis; et virtute et signo sanctæ crucis signati et armati, ultum ire parant injurias Dei in hostes christiani nominis. Et quanto quisque hactenus ad exercendam mundi militiam erat pronior, tanto nunc ad exercendam ultro Dei militiam fit promptior. Firmissima pace interim ubique composita, et primo Judeos in urbibus, in quibus erant, aggressi, eos ad credendum Christo compellunt, credere nolentes bonis privant, trucidant, aut urbibus eliminant. Aliqui post ad Judaismum revelvuntur. Eminebant in hoc Dei hostico dux Lotharingiæ Godefridus et fratres ejus Eustatius et Balduinus, Balduinus comes Montensis, Robertus comes Flandrensis, Stephanus comes Blesensis, Hugo frater regis Francorum, Rotbertus comes Normanniæ, Reimundus comes de Sancti Egidii, Bojamundus dux Apuliæ.

1097.   41.   37.   5.

(*Ib.*) Cometes in occidente apparuit tota prima ebdomada Octobris. Nimia aquarum inundatione autumnalis satio impeditur, et sterilitas frugum terræ sequitur. Exercitus Dei aggressus terminos paganorum, viriliter agit; primumque eis fuit bellum ad pontem Pharphar fluminis, 9 Kal. Martii, ubi multi Turcorum occisi sunt (327). Secundum eis fuit bellum apud Niceam, 3 Nonas Martii (328), in quo etiam pagani victi sunt. (*Ep. crucif.* [329].) Capta ergo Nicea, capta etiam Laodicia, cum essent plus quam trecenta milia armatorum in exercitu christianorum, tanta eis omnium rerum suppetebat copia, ut aries uno nummo, bos vix 12 nummis venderetur.

1098.   42.   58.   6.

(*Ib.*) Obsessa Antiochia in tantum attenuati sunt christiani propter omnium rerum penuriam, ut in toto exercitu vix centum boni equi invenirentur. Et tamen quamvis ex desperatione rerum multi se subtraxerint, multi etiam repatriaverint, nono obsidio-

---

VARIÆ LECTIONES.

[259] Westfali — perimuntur. desunt D. *Totus annus deest* A.   [260] R. U. m. *desunt* B5*. C4*.

NOTÆ.

(322) D. 10 April.
(323) D. 31 Maii.
(324) A: 1087.
(325) D. 21 Jul.
(326) I. e. Germaniam ut 1020, 1056.
(327) Hoc falsum; cf. Hirsch 159.

(328). Errat Sigebertus; factum mense Maio. HIRSCH.
(329) Ad verbum desumpta ex epistola crucifero-rum ad Paschalem papam a. 1100 data, apud Dodechinum a. 1100; cf. Ekkehar a. 1098.

nis mense capta Antiochia, christiani a paganis versa vice obsessi, tanta fame afflicti sunt, ut vix aliqui ab humanis carnibus se abstinerent. Sed confortati a Deo per inventam ipsius lanceam, a tempore apostolorum non visam, ipsa lancea eos precedente, obsessi obsessoribus concurrerunt 4 Kal. Julii, et hoc tertio bello victoriam adepti sunt. Quartum bellum fuit eis in Romania Kalendis Julii, et ibi Turci victi sunt (350). Commissa Antiochia duci Bojamundo, christiani propter vitandum tedium et famem et maxime propter discordias principum, proficiscuntur in Syriam, et expugnatis Marra et Barra urbibus Saracenorum et multis regionum castellis, tanta ibi rursum fame afflicti sunt, ut corpora Saracenorum jam fetentia comedere compulsi sint. (*A. Leod.*) Cuonradus Vultrajectensis episcopus feria 4 pascæ post missam a se celebratam a quodam suorum in domo sua perimitur [261] (331). Multis in locis 5 Kal. Octobris cœlum quasi ardere visum est nocturno tempore, et secuta est gravis animalium pestilentia, et segetes nimio imbre et aurugine corruptæ sunt.

1099. (1100.)   R. 43.   F. 39.   A. 7.

(*A. Leod.*) Coloniæ post Herimannum Fredericus ordinatur archiepiscopus [262] (332). (*Ep. crucif.*) Exercitus Dei divino monitu in interiora Syriæ profectus, larga Dei manu refocillatus est, quia cives et castellani illius regionis legatos cum multis donariis premittebant, parati etiam opida vel urbes eis tradere. A quibus christiani securitate accepta et indicto urbibus tributo, interim etiam multis eorum, qui se subtraxerant, ad eos apud Tyrum recurrentibus, tandem perveniunt Hierusalem. Eaque obsessa, cum laborarent pre victus et maxime pre aquæ inopia, omnes ex communi decreto nudis pedibus cotidie orando circuibant urbem. Octavo ergo talis humiliationis die, obsidionis autem die 39, capta est Hierusalem, Id. Julii in 6 feria; et in templo Salomonis et in porticu ejus christiani cum paganis quinto bello conserto, tanta in eis cede debaccati sunt, ut in sanguine occisorum equitarent usque ad genua equorum. Cum ordinatum esset, qui Hierusalem deberent retinere, principibus jam de patriando agentibus, ecce rex Saracenorum ad debellandos eos venit Ascalonam, cum centum milibus equitum et quadragentis milibus peditum. Quibus cum occurrisset exercitus Domini, in quo non plus quam 5 milia equitum et 15 milia peditum erant, Deo pro servis suis ad se clamantibus pugnante, et nube eos ab estu solis defendente, Saraceni solo christianorum impetu territi, omnes projectis armis fugerunt. Et in hoc sexto bello 4 Kal. Augusti facto (353) cæsa sunt centum milia paganorum; in porta vero Ascalonæ suffocati sunt ad duo milia: ad eorum qui in mari perierunt, et qui inter spineta silvarum consumpti sunt, numerus nescitur. Duce Godefrido electo ad principandum remanentibus in Hierusalem, ceteri principes repatriant. Capta est autem Hierusalem post annos circiter 460, ex quo sub Eraclio imperatore secunda vice capta, possessa est a Saracenis [263]. Sanctus Guichertus in cenobio Gemmelacensi a se fundato ad sepulchrum suum magnis clarescit miraculis [264].

1100.   R. 44.   F. 40.   A. 8.   H. 1.

Guichertus et Urbanus, qui de papatu Romano contendebant, moriendo finem faciunt suæ contentionis (354). Raginerus, qui et [Paschalis, [Romanæ æcclesiæ 158us presidet (355). Guilelmus rex Anglorum moritur, eique succedit in regno frater ejus Heinricus. Godefridus dux Lothariensium et princeps Hierosolimitanorum moritur (356). Balduinus frater ejus in principatu ei succedit [265].

1101.   45.   41.   1.   1.

Conradus filius Heinrici imperatoris adhuc patri rebellis, in Italia moritur (357). Heinricus imperator Heinricum Lamburgensem adversantem sibi debellat, et expugnatis ejus castellis, cum ad deditionem cogit. Sed imperator ei multa summa gratiam suam redimenti, etiam ducatum Lotharingiæ donat.

1102.   46.   42.   2.   2.

Roberto Flandrensium comite inquietante urbem Cameracum, Heinricus imperator contra eum proficiscitur; et aliquibus ejus castellis expugnatis, asperitate instantis hiemis redire compellitur.

1103.   47.   43.   3.   3.

Heinricus imperator sedatis Saxonum motibus, pacem in quadriennium constituit [266] (358). Leggiæ generali conventu habito, Robertus comes Flandrensis in gratiam imperatoris recipitur (359).

1104.   48.   44.   4.   4.

Hierosolimitæ Accaron urbem capiunt.

1105.   49.   45.   5.   5.

Hierosolimitæ innumerabilem paganorum multitudinem gloriosa victoria conterunt. Filius imperatoris Heinrici a patre aversus (340), quosquos po-

VARIÆ LECTIONES.

[261] Cuonradus — perimitur *desunt* D.   [262] C. p. H. F. o. a. *desunt* C4*. D.   [263] Capta—Saracenis *desunt* A.   [264] Sanctus — miraculis *desunt* A. B1., 5. C1. 2*. 3. 4. D. *In codice* 1. *eadem manu exarata sunt, qua reliqua.*   [265] moritur, post quem frater ejus Balduinus principatur A.   [266] Heinricus — constituit. *desunt* D.

NOTÆ.

(350) *Quartum — sunt* de suo addidit Sigebertus; sed falsa sunt. HIRSCH.
(351) D. 13 April. 1099.
(352) D. 25 Aug.
(353) Potius prid. Id. Aug.
(354) Urbanus II obiit d. 29 Julii 1099. Guibertus mense Sept. 1100.
(355) Electus d. 13 Aug. 1099.
(356) D. 13 Jul.
(357) Mense Julio 1102.
(358) Moguntiæ, d. 6. Jan.; cf. Mon. Legg. II, 60.
(359) D. 29 Jun.
(340) D. 12 Dec. 1104..

test ab eo avertit, et sub optentu meliorandæ rei publicæ et restaurandæ æcclesiæ, in eum insurgit [267]. Excerptum epistolæ directæ Heinrico imperatori a Guarnero principe Anchonitano : *Quidam Romanæ æcclesiæ clerici, qui pro religiosis et sapientibus habebantur, qui etiam Hildibrando papæ, Odardo et Rainero familiariter adheserant, relicta illorum secta, quam erroneam esse tandem intellexerant, ad satisfactionem sanctæ ecclesiæ venerunt. Hujus rei maxima causa fuit, quia Rainerum papam pollutum esse symoniaca heresi pro certo compertum habebant. Infamabatur enim publice ipse Rainerus, quod dum fuisset abbas Sancti Laurentii, prioratum ejusdem æcclesiæ vendiderit cuidam monacho 20 solidis ; quod ipse diffiteri non potuit. Infamabatur etiam, quod post Odardum ambiens papatum, promiserit pacto et sacramento Gregorio comiti Tusculanensi et filio ejus Theodolo et Petro de Columna, se daturum eis centum libras denariorum Papiensium, et unciam confessionis, et tres Romanæ æcclesiæ curias, scilicet Nimpham, Ziberam, Arithiam, si assentirentur ejus electioni ; et ita electus, dederit in hac summa solvenda calicem aureum æcclesiæ et purpuream planetam ; reliquum vero summæ solverit pro eo Petrus Leonis et Albertus Stephani ; libram etiam auri dederit scriniario. Ob hoc Romani se subtrahentes ab ejus communione, factis inter se conciliis cum episcopis et cardinalibus, monebant eum, ut de tanta infamia se sponte purgaret. Quod dum Rainerus ferret indigne, et se magis ad furorem quam ad satisfactionem accenderet, et accusatoribus tormenta et mortem intentaret, Romani eum vere hereticum et scismaticum protestantes, protulerunt in eum sententiam justæ damnationis. Preminebat inter Romanos quidam Maginolfus archipresbiter, qui quia erat laudabilis vitæ, et in utraque scientia adprime eruditus, longo tempore prelatus Romano clero, diligebatur a cuncto Romano populo, tamquam pater a filiis. Cum etiam hic zelo Dei accensus contestaretur publice, Rainerum esse hereticum, tunc vero omnes fere Romani conclamabant, Rainerum ut symoniacum esse deponendum, Maginolfum vero ut veritatis testem esse substituendum in sede apostolica. At Maginolfus, et insidias hominum et onus apostolici honoris fugiens, in munitissimum locum se contulit. Berto vero, caput et rector Romanæ militiæ, quasi causa audiendi verbi vitæ ad eum accedens cum expeditione cleri et populi, eum inde extraxit, et ad Warnerum principem Anconæ in Tiburtinam urbem adduxit; et sic electus, 4 Non. Novembris* (541) *in sedem apostolicam promotus et Silvester quartus appellatus est. Pascalis papa interim transiens ad Gallias, exercet synodales causas, et non apparente nota simoniæ a Romanis sibi injuste injecta, honoratur apostolica dignitate. At Maginolfus invasionis reus, non multo post reprobatur a Romanis, et fama nominis ejus evanuit.*

1106.   R. 50.   F. 46.   A. 6.   H. 6.

4 Non. Februarii stella per diem visa est in cœlo, ab hora tertia usque ad horam nonam, quasi cubito distans a sole. 2 Idus Februarii apud Barum Italiæ stellæ visæ sunt in cœlo per diem, nunc quasi inter se concurrentes, nunc quasi in terram cadentes. Toto pene mense Februario cometes apparuit [268]. Heinricus filius imperatoris, contra jus naturæ et fas legum in patrem insurgens, quam indigne eum tractaverit, declarat epistola ex ore ipsius patris scripta ad Philippum regem Francorum [269] (542) : *Princeps clarissime, et omnium, in quibus post Deum speramus, amicorum nostrorum fidelissime, primum et precipuum* [270] *inter omnes vos cæcepi, cui conqueri et deplorare calamitates et omnes miserias meas necessariam duxi, etiam genibus vestris advolvi, si liceret salva majestate imperii. Primum quidem est, quod non solum nobis, sed etiam totius christianæ professionis omnibus gravissimum et intolerabile arbitramur, quod de illa apostolica sede, unde usque ad memoriam nostri temporis salutifer fructus consolationis, dulcedinis et salvationis animarum oriebatur, modo persecutionis, excommunicationis et omne perditionis flagellum in nos emittitur, nec ponunt ullum modum sententiæ, tantum ut satisfiat voluntati indiscretæ. Hujus voluntatis suæ intemperantia adeo usque nunc abusi sunt in me, ut nec Deum, nec quid aut quantum mali inde proveniat pensantes, per se et per suos omnimodis invehuntur* [271] *in me, cum obedientiam et omnem debitam subjectionem sepe obtulerim apostolicæ sedi, si tamen reverentia et honor debitus, sicut antecessoribus meis, ab apostolica sede exhiberetur et mihi. Quid autem intendant, opportunius ipse significabo vobis, si quando optati colloquii copiam Deus dederit nobis. In hac igitur persecutionis et odii inflammatione cum parum viderent se proficere, contra ipsum jus naturæ laborantes, quod sine maximo cordis dolore, sine multis lacrimis dicere non valeo, et quia dicitur vehementer contremisco, filium meum, meum inquam Absalon dilectissimum, non solum contra me animaverunt, sed etiam tanto furore armaverunt, ut in primis contra fidem et sacramen-*

VARIÆ LECTIONES.

[267] *Sequentia hujus anni omnia desunt* B1. C1. 2*. 3. 4*. 5. D. E. *erasa sunt in* B5. *adsunt in* 1. AB5*. 4*. 4**. F1. 2. 3.   [268] 4 Non.— apparuit *desunt* D.   [269] *sequens epistola deest* C2*. D.   [270] precipium 1.   [271] ita 1. *rell.*

NOTÆ.

(541) A. 1100.
(542) Hanc epistolam publicarunt etiam Urstisius SS. 1, 596, Eccard. corp. historic. II, 222, et ex Urstisio Baronius ad a. 1106. Ob argumenti similitudinem adjiciamus, quæ Martene coll. 4, 609, edidit ex codice quodam Stabulensi :

Versus Heinrici imperatoris ad filium suum.

Sum quoniam pauper, non est me vilior alter
Heu mihi! quid faciam? quo me vertam? cui credam?
Suevulus et Saxo concedunt nunc tibi falso,
Perfida gens vere, per quam multi periere.
Quod si depellor, et tu pelleris, et error
Pejor erit primo. Mi fili dulce, caveto!

tum, quod ut miles domino juraverat, regnum meum invaderet, episcopos et abbates meos deponeret, inimicos et persecutores meos substitueret, ad ultimum, quod maxime vellem taceri, aut si taceri non potest, vellem non credi, omnem naturæ affectum abjiciens, in salutem et animam meam intenderet, nec pensi quicquam haberet, quocumque modo vel vi vel fraude ad hanc periculi et ignominiæ suæ summam aspiraret. In hac tanta mali sui machinatione, cum essem in pace et in aliqua salutis meæ securitate, in ipsis dominici adventus sanctissimis diebus in locum qui Confluentia dicitur, ad colloquium evocavit me, quasi de communi salute et honore filius tractaturus cum patre. Quem ut vidi, ilico ex paterno affectu tactus intrinsecus dolore cordis mei ad pedes suos procidi, admonens et obtestans per Deum, per fidem, per salutem animæ, ut si pro peccatis meis flagellandus eram a Deo, de me ipse nullam maculam conquireret animæ, honori et nomini suo; quia culpæ patris vindicem filium esse nulla divinæ legis unquam constituit sanctio. At ille jam pulchre, immo miserrime institutus ad malitiam, quasi abhominabile et execrabile [272] scelus cœpit detestari; procidens et ipse ad pedes meos, de preteritis cœpit veniam precari, in reliquum ut miles domino, ut patri filius, cum fide et veritate per omnia se michi obauditurum cum lacrimis promittere, si solummodo sedi apostolicæ vellem reconciliari. Quod cum promptissime annuissem, et deliberationi suæ et consilio principum in hoc totum me mancipandum promisissem : in presenti nativitate se perducturum me Moguntiam, et ibi de honore et reconciliatione mea quam fidelius posset se acturum, et inde in pacem et securitatem me reducendum promisit, in ea veritate et fide, qua patrem a filio honorari et filium a patre precipit Deus diligi. Hac promissione, quæ etiam gentili observanda est, securus, illorsum ibam, et filius meus aliquantulum precesserat me; cum quidam fideles mei occurrentes, verissime affirmabant, me deceptum et proditum sub falsa pacis et fidei sponsione. Revocatus autem filius meus, et iterum instantissime a me admonitus, sub ejusdem fidei et sacramenti obtestatione animam suam pro anima mea fore promisit jam secundā vice. Cum ergo ad locum qui Binga dicitur pervenissemus, jam existente die Veneris ante nativitatem, numerus armatorum suorum jam satis augebatur, jam fraus ipsa detegi videbatur. Et filius ad me « Pater, » inquit, « nobis cedendum est in vicinum castellum; quia nec episcopus Moguntinus in civitatem suam admittet vos, quamdiu in banno eritis, nec vos inpacatum et inreconciliatum audeo ingerere inimicis vestris. Illic nativitatem cum Dei honore et pace agetis [273]; quoscunque placuerit vobis, vobiscum habeatis. Ego interim quanto instantius, quanto fidelius potero, pro nobis utrisque laborabo, quia causam vestram esse meam

estimo. » At ego « Mi, » inquam, « fili, testis et judex sermonum et fidei adsit inter nos hodie Deus, qui quomodo te in virum perfectum et heredem meum produxerim, quantis laboribus et tribulationibus meis honori tuo inservierim, quot et quantas inimicitias pro te habuerim et habeam, solus est conscius. » Ille autem iterum jam tertio, sub ejusdem fidei et sacramenti obtestatione, si ingrueret occasio periculi, caput suum pro capite meo fore promisit michi. Sic postquam clausit me in eodem castello, quia omnia in corde et [274] corde erat locutus, manifeste ostendit rei eventus. Ex omnibus meis ego quartus sum inclusus; nec admitti potuit quilibet alius. Custodes deputati, qui vitæ meæ erant atrociores inimici. Benedictus per omnia Deus, exaltandi et [275] humiliandi quemcunque voluerit rex potentissimus. Cum igitur ipso sacratissimo die nativitatis suæ, omnibus redemptis suis ille sanctus sanctorum puer fuisset natus, michi soli filius ille non est datus. Nam ut taceam obpropria, injurias, minas, gladios in cervicem meam exertos, nisi omnia imperata facerem; famen etiam, et sitim quam ferebam, et ab illis quos injuria erat videre et audire; ut etiam taceam, quod est gravius, me olim satis felicem fuisse : illud nunquam obliviscar, nunquam desinam omnibus christianis conqueri, quod illis sanctissimis diebus sine omni christiana communione in illo carcere fui. In illis pœnitentiæ et tribulationis meæ diebus, a filio meo missus venit ad me quidam princeps Wibertus, dicens nullum vitæ meæ esse consilium, nisi sine ulla contradictione etiam regni insignia redderem, ex voluntate et imperio principum. At ego, et si omnis terra, quantum inhabitatur, regni mei esset terminus, volens [276] vitam regno commutare; quia vellem nollem sic agendum et sic definitum intellegebam, coronam, crucem, lanceam [277], gladium misi Moguntiam. Tunc communicato consilio cum inimicis meis filius meus egrediens, relictis ibidem fidelibus et amicis nostris, quasi me eo adducturus, sub multa frequentia et custodia armatorum me eductum, ad villam quæ Ingelhem vocatur, fecit me ad se adduci. Ubi maximam inimicorum multitudinem collectam inveni, nec ipsum filium cæteris meliorem michi repperi. Et quia firmius et stabilius eis videbatur esse, si propria manu cogerent me regnum et omnia regalia exfestucare : simili modo ut ipsi omnes minabantur, nisi omnia imperata facerem, nullum vitæ meæ consilium fieri posse. Tum ego « Quia, » inquam, « de solo vita agitur, qua nichil pretiosius habeo : ut saltem vivens penitentiam exhibeam Deo, quicquid imperatis, ecce facio. » Cumque inquirerem, si saltem sic de vita certus et securus esse deberem ? ejusdem apostolicæ sedis legatus, qui ibidem aderat, non dico qui hæc omnia ordinaverat, respondit, me nullo modo eripi posse, nisi publice confiterer, me injuste Hildibrandum persecutum esse, Wibertum

VARIÆ LECTIONES.

[272] et c. desunt C1. [273] agens C1. [274] ex correct. additum 1. [275] D. et e. C1. [276] nolens C1.4. [277] Eccard. cor., sceptrum, chlamydem, lanc. Ursis: cor., sceptrum, crucem, lanc. cf Hirsch p. 445.

injuste et superposuisse, et injustam persecutionem in apostolicam sedem et omnem æcclesiam hactenus exercuisse. Tunc cum maxima animi contritione humi prostratus, cœpi per Deum, per ipsam justitiam orare, ut locus et tempus michi daretur, ubi in presentia omnium principum, unde innocens essem, et judicio me purgarem, et inde de principibus regni, de fidelibus meis, quoscumque obsides vellent, darem. At ille idem legatus diem et locum michi abnegavit, dicens, aut ibi totum debere [278] *determinari, aut nulla spes michi esset evadendi. In tantæ tribulationis articulo cum interrogarem, si confiterer omnia quæ imperabantur, an confessio mea, ut justum est, veniam et absolutionem consequeretur? idem legatus respondit, non esse juris sui me absolvere. Et cum ego ad hæc dicerem :* « *Quicunque confitentem audet recipere, confessum debet absolvere* », *si vellem, inquit, absolvi, Romam irem satisfacere apostolicæ sedi. Sic spoliatum et desolatum — nam et castella et patrimonia et quicquid in regno conquisieram, eadem vi et arte sua extorserant a me — in eadem villa reliquerunt me. In qua cum aliquo tempore moratus essem, et filius meus ex eodem fraudis suæ consilio demandasset, ut eum expectarem : superveniens quorundam fidelium meorum legatio præmonuit, ut siquidem ad momentum ibi remanerem, aut inde in perpetuam captivitatem raperer, aut in eodem loco decollarer. Quo nuntio satis etiam tunc vitæ diffisus, ilico aufugiens, fugiendo veni Coloniam, et inibi aliquot diebus commoratus, postea*

A *Leodium veni, in quibus locis viros fideles inveni* [279]. —

Imperatore Heinrico morante Leodii, filius ejus Aquasgrani venit; et volens venire Leodium contra patrem suum 5. feria dominicæ cœnæ, premisit suos preoccupare pontem apud Wisatu n (545), ne quis sibi venienti obstaret. Sed militibus patris concurrentibus ad exoccupandum pontem, milites filii a ponte repelluntur, aliis eorum captis, aliis in Mosam demersis, aliis occisis; inter quos etiam Bruno comes occisus est. Sic filius contra patrem veniens, rediit inglorius. Coloniensibus fidem imperatori servantibus, at eorum archiepiscopo filium imperatoris contra patrem suum animante, Colonia obsessa oppugnatur, nec tamen expugnatur. Interim Heinricus

B imperator Leodii moritur (7 Aug.), eique succedit filius æquivocus ejus [280]. Dux Heinricus, qui ab imperatore ad filium ejus animo transiens, eum contra patrem suum consilio suo armavit, et a filio ad patrem rediens, partes filii debellavit, mortuo imperatore se ut reum majestatis filio regis [281] dedidit, et ab eo captus custodiæ traditur; de qua ipse per industriam suam evasit. Ducatus ejus datur Godefrido comiti Lovaniensi.

1107.   R. 1.   F. 47.   A. 7.   H. 7.

Heinricus exdux affectans repetere ducatum, occupat oppidum Aquasgrani contra Godefridum ducem. Sed hoc non ferens dux Godefridus, oppidum

C Aquense violenter inrupit, oppidanos a favore Hein-

VARIÆ LECTIONES.

[278] *deest* C1. — [279] A. *addit :* Horum cæterorumque fidelium regni consilio usus. vobis fiducialius et honestius habeo deplorare has omnes miserias meas. fiducialius tamen propter mutuæ consanguinitatis vel antiquæ amiciciæ debitum. honestius autem. propter tanti regni nomen gloriosum. Vos autem per fidem, per amiciciam rogatus. in tantis tribulationibus meis acsi in vestris. propinquo consulitis. Quæ fidei et amiciciæ vincula etsi inter nos non essent. vestrum tamen et omnium regni terræ est injuriam et contemptum nostrum vindicare et tam nefariæ proditionis et violentiæ exemplum de superficie terræ extirpare. cooperante domino nostro Jhesu Christo. cui est honor et gloria in secula seculorum amen. *quæ exceptis* cooperante — amen *leguntur etiam in editionibus hujus epistolæ. Videtur itaque Sigebertus eo primo edidisse, unde* A. *ea habet, sed post delevisse, unde reliqui desunt. In* 1. *rasuræ vestigium nullum. — Eadem epistola legitur etiam in codice S. Mariæ in Villari, jam civitatis Bruxellensis, s. XII. ex post tractatus S. Bernardi, descripta e Sigeberto, ut rubrum docet ibi præfixum :* Henricus filius imp. H. contra jus naturæ et fas legum in patrem insurgens. *Scribæ sequentem Sigeberti narrationem ita in finem epistolæ convertit :* fideles inveni. Me vero commorante Leodii, filius meus A. v. e. v. v. L. c. me p. s. 5. f. d. c. p. s. p. p. a. W. n. q. s. v. o. S. m. meis c. a. e. p. m. illius a p. r. *etc. usque ad* rediit inglorius. — [280] Interim — ejus A. *ita exhibet :* Imperator Heinricus exhereditatus imperio. et inreconciliatus apostolicæ sedi. 7. Idus Augusti Leodii moritur. Hic in ipso mortis articulo mandaverat regi filio suo contra se Coloniam obpugnanti. ut Spiræ sepeliretur. cui et anulum suum per Burchardum Monasteriensem episcopum misit. Sed eo interim sepulto in æcclesia sancti Lamberti. ex auctoritate apostolica per Heinricum Magaburgensem episcopum apostolicæ sedis legatum ipsi æcclesiæ divinum interdicitur officium. quoadusque corpus ab æcclesia ipsa ejiceretur effossum. Quod in æcclesia nondum consecrata et extra urbem in Cornelio monte sita 18. Kal. Sept. translatum et reconditum est. quoadusque absolutione apostolica regiam sepulturam mereretur. Jam nono abhinc transacto die venientibus legatis qui eum deferrent ad filium. rursus effoditur. et immoderato favore concurrentis vulgi et obsequio in urbem relatus. ecclesiæ quoque sancti Lamberti. obsistente clero. iterum infertur. Ibi sunt ei a quibusdam pauperibus clericis mercede conductis noctis unius vigiliæ celebratæ. vacante a divino officio æcclesia. et canonicis a facie furentis populi latentibus. Postera die cum priori sepulchro perstrepente cum debere restitui. et hoc ipsi facere aggrederentur. qui una cum predictis pauperibus clericis circa corpus extractis gladiis vigilaverant. quorumdam seniorum consilio vix potuerunt reprimi. Nam tantum exarserant in ejus immoderatum favorem. ut quotquot illius tetigissent feretrum. se sanctificatos ab eo crederent. Nonnullis etiam terram sepulchri ejus unguibus propriis scalpentibus. et per agros suos domosque quasi pro benedictione spargentibus. alii frumenta vetera feretro ipsius superjacebant. ut una cum novis immixta illa sererent. sperabant enim taliter feretrum sibi messem profuturam. Sic tandem redditus legatis non sine dolore et contradictione populi. clamabant enim ejus absentiam periculum et desolationem fore civitatis. ad filium defertur. Spiræ ut petierat sepeliendus. Dux *etc. Nescimus utrum hæc a Sigeberto primum ita edita fuerint et postmodum suppressa, an pro additamento monachi Virdunensis sint habenda.* — [281] *ita omnes.*

NOTÆ.

(545) Viset inter Leodium et Trajectum.

rici exterruit, aliquos comites et multos potentes et nobiles cepit. Ipse Heinricus cum filiis suis vix fuga evasit ; uxorem ejus capere dux indignum duxit. Comites et honoratiores eorum quos ceperat, per conditionem sub se militandi sibi conciliatos ad fidelitatem suam adduxit.

1108.   R. 2.   F. 48.   A. 8.   H. 8.

Heinricus imperator contra Rotbertum Flandrensem vadit (344), et pacto pacis magis utrinque simulato quam composito, pene inefficax redit. Bojamundus dux Apuliæ, contracto undeunde exercitu, accingitur ad invadendum Constantinopolitanum imperium.

1109. (1110.)3.   49.   9.   9.

In parrochia Legiensi porca enixa est porcellum habentem faciem hominis. Natus est etiam pullus gallinæ quadrupes. Imperator Heinricus contra Ungaros vadit (345) ; sed facto pacto redit. Philippus rex Francorum obiit (346). Ludowicus filius ejus post eum regnat [282].

1110.   4.   1   10.   10.

In mense Junio cometes apparuit, radios dirigens ad austrum, [multis conitientibus hoc signo portendi futuram regis Heinrici quinti expeditionem Italiam versus. Sanctus Wibertus, fundator Gemmelacensis cenobii, ubi et sepultus requiescit, quem Deus multis et magnis miraculorum signis per annos 12 longe lateque clarificaverat, auctoritate venerabilis Frederici Coloniensium archiepiscopi et assensu generalis synodi, a domno Obberto Legiensi episcopo elevatur. Quæ elevatio innumerabili concursu et mirabili gaudio populorum celebrata est 9. Kal. Octobris [283].

1111.   5.   2.   11.   11.

Heinricus quintus hujus nominis [284] rex Romam vadit, propter sedandam discordiam quæ erat inter regnum et sacerdotium ; quæ cepta a Gregorio nono A hujus nominis papa, qui Hildebrandus nominatus est, et exagitata a successoribus Gregorii, Victore et Urbano, et præ omnibus a Pascali, magno scandalo erat toti mundo. (*Ep. Heinr.*) Rex uti volens auctoritate et consuetudine et auctoralibus privilegiis imperatorum, qui a Karolo magno, qui primus de regibus Francorum imperavit Romanis, jam per trecentos et amplius annos imperaverant sub sexaginta tribus apostolicis, dabat licite episcopatus et abbatias et per anulum et per virgam [285] (347). Contra hanc majorum auctoritatem censebant papæ synodali judicio, nec posse nec debere dari per virgam vel per anulum episcopatum aut aliquam æcclesiasticam investituram a laicali manu ; et quicunque ita episcopatum aut aliam æcclesiastici juris investituram accipiebant, excommunicabantur. Propter hanc precipue causam rex Romam tendebat ; et si qui Langobardorum quoquo modo ei resistere volebant, potenter eos proterebat [286].

Quid vel quomodo inter papam et regem convenerit, cum multa a multis dicantur, hoc tantum a nobis dicetur, quod in epistola ab ipso rege scripta legimus. (*Ep. Heinr.*) Instabat omnimodis papa, ut averteret regem a potestate dandi episcopatus vel abbatias, nec per anulum nec per virgam. Regi quærenti per internuntios a papa, his omnibus sibi ablatis quomodo constaret regnum, quoniam fere omnia regalia antecessores sui concesserant et tradiderant æcclesiis ? respondit : *Sacerdotes decimis æcclesiæ et oblationibus contenti sint, rex vero omnia predia et regalia, quæ a regibus collata sunt æcclesiis, recipiat, et detineat sibi et successoribus suis.* Rege per internuntios respondente se nolle violentiam et injustitiam inferre æcclesiis, promisit papa, et suis pro se jurantibus affirmavit, se dominica instantis quinquagesimæ omnia regalia cum justitia et auctoritate apostolica ab episcopis et æcclesiis

VARIÆ LECTIONES.

[281] f. e. succedit *habet* A. annis XXVII *add.* B5*. annis XXXVIIII *add.* B4*. annis XXVIIII *add.* B4**. D. [283] Sanctus — Octobris *desunt* C4*. D. *totus annus deest* A. [284] q. h. n. *desunt* D. [285] baculum A. [286] *Hic in* 1. desinit manus tertia, in media pagina duernionis ultima, cujus reliqua pars vacua est relicta. Apparet inde, totum duernionem insertum fuisse, postquam sequentia folia jam scripta fuerunt, et quidem insertum fuisse loco aliorum aliquot foliorum excisorum. Sequitur folium unum, a manu quarta, prorsus alia, nitida, quæ simillima quidem est Anselmi, nec tamen ipsius esse videtur. Duæ priores lineæ deletæ sunt ; prior fuerat : et siqui Langobardorum quoquomodo ei resistere volebant, potenter eos proterebat, altera : VI. III. XII. XII., tertia jam incipit : Quid vel etc. *Hic novum annum* VI. III. XII. XII. *superscriptum incipiunt et sic deinceps perqunt quoque* A. B5* 4*. Idem fuerat in 1. sed jam correctum per 1x, ut nos dedimus. Sequentia omnia in D. E. ita contracta leguntur : In reconciliatione autem, quae facta est inter imperatorem et papam, (nam ipsum papam cum episcopis et cardinalibus ceperat) die Paschæ Henrico in imperatorem coronato, post lectum evangelium, tradidit ei papa ante altare apostolorum Petri et Pauli, in oculis omnium principum, privilegium, de investitura episcopatuum vel abbatiarum, tam per anulum quam per virgam, scilicet, ut regni ejus episcopis vel abbatibus, libere preter violentiam et symoniam electis, investionem virgæ et annuli conferat, post investionem vero canonice consecrationem accipiat ab episcopo, ad quem pertinuerit. Confirmatio pacis inter apostolicum et imperatorem, dum in celebratione missæ traderet ei corpus et sanguinem domini nostri Jesu Christi : « Domine imperator, hoc corpus Domini natum ex Maria virgine, passum in cruce pro nobis, sicut sancta et apostolica tenet æcclesia, damus tibi in confirmationem veræ pacis inter me et te. » Datum est Idibus Aprilis, indictione quarta. *Denique* C4*. *his omnibus* Contra hanc majorum — indictione quarta *omissis, nil habet nisi :* Facta est qualiscumque reconciliatio inter papam et imperatorem, qui ipsum papam cum episcopis et cardinalibus ceperat.

NOTÆ.

(344) Exeunte Octobr. 1107. Rediit m. Januario 1108. cf. Mon. Legg. II. 64.
(345) Exeunte Sept. 1108. Rediit ineunte Novembri.
(346) D. 29 Jul. 1108.
(347) *Rex uti — virgam* et paulo post *Instabat — negotio* (pag. 374. lin. 7.) sumpta sunt ex Heinrici encyclica Mon. Legg. II, 70.

auferre et regno reddere, id est civitates, ducatus, marchias, comitatus, monetas, thelonea, advocatias, omnia jura centurionum vel vilicorum, curtes et villas, cum omnibus pertinentiis suis, quæ regni erant, militiam et castra. Hanc conventionem in karta descriptam regi dedit, hoc addens, quod ipse regem et regnum ulterius non inquietaret, et privilegio sub anathemate confirmaret, ne posteri sui eum inquietare præsumant; regem benigne et honorifice susciperet, cumque in imperatorem coronaret, et ad tenendum imperium auxilio officii sui adjuvaret. Pro his omnibus implendis papa regi obsides dedit. Internuntii regis, quamvis scirent hoc nullo modo posse fieri, affirmaverunt, si papa hæc compleret, regem quoque investituras æcclesiarum, uti quærebat, refutaturum.

(*Ib.*) Hac spe promissionum regi Romam tendendi, Pascalis papa primo per suos, postea ipse cum primoribus Romanorum extra urbem occurrit, nullamque causam resistendi ostenderunt. Vix civitatis portas ingressus erat, cum militibus ejus intra civitatis mœnia secure vagantibus, alii vulnerati, alii occisi, omnes vero pene capti aut spoliati sunt. Rex tamen, quasi pro levi causa non motus, tranquilla mente usque ad januas æcclesiæ beati Petri apostoli cum processione pervenit. Ubi volens ostendere nullam æcclesiarum Dei disturbationem ex suo velle procedere, in oculis et auribus omnium astantium hoc decretum promulgavit : *Ego Henricus imperator augustus affirmo Deo et sancto Petro et omnibus episcopis et abbatibus et omnibus æcclesiis : omnia quæ antecessores mei reges vel imperatores concesserunt, vel quoquo modo tradiderunt Deo, ego nullo modo subtrahere volo.* Hoc decreto lecto et subscripto, petiit a papa ut adimpleret ei quod in karta conditionis scriptum erat. Ipse etiam rex conventionem suam ad papam firmavit, jurantibus quatuor comitibus, quod proxima quarta vel quinta feria rex principes suos amicitiam jurare faceret, et obsides daret, eo tenore, si papa proximo dominico die adimpleret regi per omnia, quod in karta conventionis ejus scriptum erat. Cum ergo rex insisteret, ut papa cum justitia et auctoritate promissam sibi conventionem de reddendis sibi regalibus confirmaret : universis tam suis quam nostris, scilicet episcopis, abbatibus, et universis æcclesiæ filiis in faciem ei resistentibus, et decreto suo plenam heresim inclamantibus, voluit papa, si salva pace æcclesiæ potuisset, hoc privilegium proferre : *Ne sacerdotes, abbates aut clerici sæcularibus occupentur, neve ad comitatum accedant, nisi pro damnatis eruendis, neve militiam exerceant, quæ vix aut nullo modo sine rapinis, sacrilegiis, incendiis et homicidiis exhibentur, neve ministri altaris fiant ministri curiæ, neve accipiant a regibus ad regnum pertinentia. Regi autem sive imperatori censuit esse dimittenda omnia ad regnum pertinentia a tempore Karoli Magni et ceterorum imperatorum; interdicens sub anathemate, ne quisquam episcoporum invadat ad regnum pertinentia. Interdixit etiam sub anathemate, ne illi, qui post eum in apostolica sede sessuri sunt, audeant regem aut regnum ejus inquietare super hoc negotio.*

In reconciliatione autem, quæ facta est inter papam et imperatorem, qui ipsum papam cum episcopis et cardinalibus cœperat, hoc fuit juramentum regis : *Ego Heinricus rex 4. vel 5. feria proxima liberos dimittam dominum papam et episcopos et cardinales et omnes captivos et obsides ; et papæ et fidelibus ejus et Romanis pacem et securitatem servabo, tam per me quam per meos, et in personis et in rebus, eique obœdiam, salvo honore regni vel imperii.* Hoc juramentum juraverunt etiam episcopi et principes circiter 14. Juramentum ex parte papæ hoc fuit : *Dominus papa Pascalis non inquietabit dominum regem nec regnum ejus de investitura episcopatuum vel abbatiarum, neque de injuria sibi et suis illata in personis, in bonis; neque aliquod malum reddet sibi vel alicui personæ pro hac causa; et penitus in personam regis Henrici nunquam anathema mittet; nec remanebit in domino papa quin coronet eum, et regnum et imperium auxilio officii sui eum tenere adjuvabit pro posse suo. Et hoc adimplebit papa sine fraude et malo ingenio.* Hoc juramentum papæ confirmaverunt jurando episcopi et cardinales numero 15 Henrico regi in imperatorem coronato. Post lectum evangelium tradidit ei papa ante altare apostolorum Petri et Pauli in oculis omnium principum hoc privilegium de investitura episcopatuum vel abbatiarum, tam per anulum quam per virgam : *Pascalis episcopus servus servorum Dei karissimo in Christo filio Henrico Teutonicorum regi, et per Dei omnipotentis gratiam Romanorum imperatori augusto, salutem et apostolicam benedictionem. Regnum vestrum sanctæ Romanæ æcclesiæ singulariter cohærere dispositio divina constituit. Prædecessores vestri probitatis et prudentiæ amplioris gratia Romanæ urbis coronam et imperium consecuti sunt. Ad cujus videlicet coronæ et imperii dignitatem tuam quoque personam, fili karissime Henrice, per nostri ministerium sacerdotii majestas divina provexit. Illam igitur dignitatis prærogativam, quam prædecessores nostri vestris prædecessoribus catholicis imperatoribus concesserunt et privilegiorum paginis confirmaverunt, nos quoque dilectioni tuæ concedimus, et præsentis privilegii pagina confirmamus, ut regni tui episcopis vel abbatibus libere præter violentiam et symoniam electis investituram virgæ et anuli conferas. Post investitionem vero kanonice consecrationem accipiat ab episcopo ad quem pertinuerit. Si quis autem a clero et populo præter tuum assensum electus fuerit, nisi a te investiatur, a nemine consecretur. Sane episcopi et archiepiscopi libertatem habeant, a te investitos episcopos vel abbates kanonice consecrandi. Prædecessores enim vestri æcclesias regni sui tantis regalium suorum beneficiis ampliaverunt, ut regnum ipsum episcoporum vel abbatum maxime præsidiis oporteat communiri, et populares dissensiones, quæ* in electionibus sæpe contingunt, regali oporteat majestate compesci. Quamobrem prudentiæ et potestati tuæ cura debet sollicitius imminere, ut Romanæ ecclesiæ magnitudo et cæterarum salus præstante Domino beneficiis tuis et servitiis conservetur. Si qua igitur ecclesiastica secularisve persona, hanc nostræ concessionis paginam sciens, contra eam temerario ausu venire temptaverit, anathematis vinculo, nisi resipuerit, innodetur, honorisque ac dignitatis suæ periculum patiatur. Observantes autem misericordia divina custodiat, et personam potestatemque tuam, ad honorem suum, et gloriam, feliciter imperare concedat. Confirmatio pacis inter apostolicum et imperatorem, dum in celebratione missæ traderet ei corpus et sanguinem domini nostri Jesu Christi : *Domine imperator, hoc corpus Domini, natum ex Maria virgine, passum in cruce pro nobis, sicut sancta et catholica tenet ecclesia, damus tibi in confirmatione veræ pacis et concordiæ inter me et te. Datum est Id. Aprilis, indictione* 4 [287].

ANSELMI GEMBLACENSIS
CONTINUATIO

1112. R. 6. (7). F. 3. (4.) A. 12. (13). H. 12. (13)[288].
Deo peccatis hominum offenso, multa eveniunt hoc anno. In monte Castriloco æcclesia sanctæ Gualdedrudis cum aliis duabus æcclesiis minoribus et cum toto pæne oppido arsit[289]. Æcclesia sancti Michaelis de periculo maris fulgurata divinitus arsit [290] cum ædificiis sibi appendentibus. Gualdricus episcopus Laudunensis, cives ipsius urbis a sacramento perperam juratæ communitatis revocare nisus, a seditiosis ad arma concurrentibus, quod dictu nefas est, gladio confossus interiit, feria 5. ebdomadæ paschalis, 7. Kal. Maii, in lætania majori. Tumultuante etiam impetu confusæ multitudinis, domus episcopi succenditur. Unde etiam ipsa mater æcclesia sanctæ Mariæ, et æcclesia sancti Johannis baptistæ in abbatia monialium, cum aliis æcclesiis omnibus e vicino appendentibus concremantur. In auctores seditionis a rege Francorum tam severe est vindicatum, ut tam præsentes quam futuros a simili scelere deterrere possit exemplum[291]. Mense Maio sigilines et arbores sacro igne adustæ, fructus sui spem sunt mentitæ : et quædam silvæ insuper arefactæ. Subsecuta est hominum valetudo gravis et diuturna, cum profluvio ventris et mortalitate[292], Domnus Sigebertus, venerabilis monachus Gemblacensis cœnobii, vir in omni scientia litterarum incomparabilis ingenii, descriptor precedentium in hoc libro temporum, 3. Non. Octobris obiit, et nobis perpetuum mœrorem absentiæ suæ reliquit[293].

1113. 7. (8.) 4. (5.) 13. (14.) 13. (14.)
Domnus abbas Lietardus 2. Non. Februarii obit ; cui Anselmus octavo loco in Gemblacensi cœnobio succedit[294]. Feria 3. hebdomadæ paschalis, 6. Idus Aprilis, monasterium Prumiæ crematur cum officinis suis, thesauro et bibliotheca æcclesiæ per Dei providentiam durantibus illesis [295]. In pago Bracbatensi 9. Kal. Maii circa Tornacum nix tanta cecidit, ut etiam silvas fregerit. Mense Augusto Balduinus rex Jherusalem cum Rogero Antiochiæ comite contra Turcos vadit. Sed cum Rogerus cum exercitu suo juxta quendam fluvium resedisset, rex cum suis processit, ut adventum Turcorum exploraret. Turci vero montem quendam occupaverant, in quo insidias per quatuor loca collocaverant, et in singulis insidiis quattuor milia equitum deputaverant ; a quibus ex insperato rex undique interceptus, mille quingentis suorum interfectis, miserabili fuga est liberatus. Ascalonitæ cognoscentes abesse regem Balduinum, cum gravi multitudine Jherusalem assiliunt ; sed non prevalentes contra eam, partem æcclesiæ sancti Stephani, extra civitatem ubi lapi-

VARIÆ LECTIONES.

[287] *Hic desinit in* 1. *in media pagina manus, quæ proxime antecedentia inde a* Quid vel quomodo scripserat omnia. *Nullo spatio intermisso his statim adjungit sequentem annum* Deo peccatis, *etc. manus paulo alia, quæ est Anselmi. Reliqui quoque codices omnes hæc ita exhibent conjuncta; et qui Anselmi continuatione carent*, C1. 2*. 3. 4*. 5. D. *desinunt tamen in morte demum Sigeberti. Cf. quæ supra monuimus in præfatione.*
[288] *numeros uncinis inclusos primo habuit Anselmus. Sed* 1p. *eos correxit, ut nos dedimus; idem habent reliqui præter Alnensis et* B3* *qui usque ad annum* 1129. *cum Anselmo facit, atque in annis Christi uno semper nos antecedit; sed inde ab a.* 1129. *nobiscum facit.* [289] crematur 1. e correctura. Multa — arsit *desunt* D. [290] comburitur 1. e corr. [291] *Hic novum annum* VII. IV. XIII. XIII. *inscriptum incipiunt* B1. 2. 3. C1. 2*. 3. 4* D. E. *In* 1. *nova tantum linea incipit, at nequaquam novus annus; nec in* A. B5*. 4*. 4**. [292] Hucusque Sigebertus cronicam suam perduxit *Addunt* B3* *Alnensis* [293] *ita* A. *aln. et suis p. m. a. s. r.* B4**, et s. perpetuam memoriam sui reliquit B4*, *et s.* gravissimum m. a. s. r. B1. 5. C1. 2*. 3. 5. D.. *desunt* C4*. *In* 1. *annus integer una manu unoque calamo exaratus, desiit primo in voce* obiit, *neque quicquam post hanc erasum est; at alia manus postmodum adjecit :* Qui etiam librum illustrium virorum et multa utilia doctrinæ suæ et librorum monimenta nobis reliquit. *Idem habent* B3* *et* Aln. F1. 2. 3. *Posthæc in codice* 1. *nullo spatio interjecto, in eadem pagina statim pergit Anselmus ; sed ea desunt omnia* C1. 2*. 3, 4*. 5. D. [294] Domnus — succedit *desunt* B3* *et Aln.* [295] Feria — illesis *desunt* B3.

datus est sitæ, diruunt, segetes incendunt, et ita inefficaces redeunt. Turci cœnobium monachorum in monte Thabor situm funditus evertunt, et, modachis cum reliquis omnibus interfectis, omnia sibi mancipiunt. Rex Jherusalem Balduinus uxorem ducit relictam Rogeri ducis Siciliæ (548). Apud Ravennam et Parmam civitates Italiæ in agris et infra mœnia sanguis pluit, Junio mense[296].

1114. R. 8. (9.) F. 5. (6.) A. 14. (15.) H. 14. (15.)

Heinricus imperator cum magna optimatum suorum et totius regni gloria natale Domini (549) celebrat Moguntiæ, ibique uxorem ducit filiam Henrici regis Anglorum[297] (550).

1115. 9. (10). 6. (7.) 15. (16.) 15. (16.)
.dibus Novembris in suburbio Antiochiæ terra noctu dehiscens, turres multas et adjacentes domos cum habitatoribus absorbuit. Quidam autem, ut est illud hominum genus, cum uxore et filiis de locis illis migraverat; sed in redeundo positum idem terræmotus absorbuit in loco quo erat (An. 1112). Henricus imperator, dum quicquid libet licere putavit, magnas regni pene totius inimicitias comparavit. Etenim quia superioribus annis Albertum cancellarium et alios quosdam regni principes insidiose ceperat, et sine audientia et judicio custodiæ mancipaverat, aliis similia timentibus suspectus erat. Unde etiam Fridericus Coloniensis archiepiscopus ab eo aversus (551), totis viribus insequitur eum et fautores ejus; oppida et castella contra se posita impugnat, et omnia ad eum pertinentia ferro et igni vastat. Henricus imperator promiserat Aquis se pascha celebraturum; ideoque inter alios regni principes domnus Otbertus Leodicensis episcopus ibi prestolabatur ejus adventum. Unus igitur eorum, Arnulfus de Arslot, dum manus suas confricaret, magno omnium miraculo, sine aliqua vulneris aut ulceris læsione, sanguis ab ejus digitis fluere visus est. Quæ res, pro magno portento habita, significabat humani sanguinis effusionem pro indigna regni et principum discordia[298].

1116. 10. (11.) 7 (8.) 16 (17.) 16. (17.)
Heinricus imperator in Italiam secedit propter asperos motus regni, et maxime propter marchisæ Malthildis cognatæ suæ, quæ recens obierat (552), hereditatem, quæ sibi jure competebat optinendam.

1117. 11. (12.) 8. (9.) 17. (18.) 17. (18).
Mense Januario 3. Non. ipsius, 4. feria, in aliquibus locis, sed non usquequaque, terrremotus accidit, alias clementior, alias validior; adeo ut quarundam urbium partes cum æcclesiis subruisse dicatur. Mosa etiam fluvius juxta abbatiam quæ dicitur Sustula, quasi pendens in aere, fundum suum visus est deseruisse[299]. Hoc quoque anno Leodium civitas multis plagis attrita est. Mense enim Maio, nocte inventionis sanctæ crucis, quæ tunc erat vigilia ascensionis, dum in majori æcclesia vesperos celebrant, et illum psalmi versiculum *Quis sicut dominus Deus noster* cantant, subito tonithrus cum terremotu omnes ad terram stravit, et fulmen a leva templi ingressum non modicas crustas de muro hac illac disjecit; deinde turrim ingrediens, multas trabium partes diffidit. Subsecutus est fœtor intolerabilis, adeo ut multo aromatum odore vix potuerit expelli. Item Junio mense, 7. Idus ipsius mensis, circa horam nonam, nubes pluviæ subito rapta, a monte qui dicitur Roberti, subjectam sibi partem civitatis penitus oppressam pessumdedit; adeo ut multas domos dirueret, et immensam annonam perderet, et matrem duos infantes altrinsecus in brachiis amplexam necaret, et alios octo homines diversis in locis opprimeret. Pulsantibus vesperis sabbato, quædam femina caput dum lavat puero, manus rubent sanguine fluido[300]. Kalendis etiam Julii circa horam 6. turbo nimis vehemens et obscurus civitatem operuit, et nubes ex abrupto scissa ita omne tectum majoris æcclesiæ devicit, ut et imbribus pateret, et totum pavimentum perfunderet. Illico fulmen a parte aquilonali ingrediens, quendam clericum retro altare sanctorum Cosmæ et Damiani in pulpito legentem, et alterum ante crucifixum orantem, tertium de scriptorio æcclesiæ proximo egredientem, in ipso æcclesiæ ingressu extinxit. Ante fores quoque æcclesiæ, domum episcopi versus, quendam laicum extinxit. 7. Idus Julii ab hora 3. usque ad nonam quattuor turbines a quattuor plagis cœli urbem circulaverunt; ventus etiam cum magna vi insonuit, et urbem multo imbre alluit. 3. Non. Augusti, primo noctis conticinio, quaqua terrarum cum thonitrus audiretur, et fulgure sepius micarent, et iterum atque tertio id fieret usque mane, in urbem Leodium amplius ipse turbo desævit, ita ut homines a stratis exilientes templa et æcclesiolas tristi cœtu complerent, et tota nocte supplicationibus intenderent. Summo vero auroræ diluculo, a parte orientis ignis cum ingenti flamma civitatem circulavit tantus, ut omnes divinitus cremari extimuerint. Post hæc magnus turbo, erum-

VARIÆ LECTIONES.

[296] Apud — mense *addidit Anselmus postea eodem quo annum* 1115. *atramento et tempore.* [297] *abhinc atramentum mutatur. Sequens annus totus continuo calamo scriptus fuit.* [298] *abhinc atramentum mutatur.* [299] Heinricus — deseruisse *uno calamo. Sequentia* Hoc — terruit *alio tempore, sed continuo calamo.* [300] Pulsantibus — fluido *et* Monstrum— corporis *addidit ut videtur Ans. ipse cum nota ad* 1058. *tum quum annum* 1123. *conscriberet, quo idem atramenti atque manus habitus est. Desunt solis* B1 4". *Attende lusum in sonitu.*

NOTÆ.

(548) Adelaidem de Monteferrato.
(549) A. 1115. Anselmus enim annum incipit in natali Domini.
(550) Jan. 7.
(551) Jam a. 1114 medio.
(552) 1115 Jul. 24.

pens ab occidente, ipsum ignem visus est aliquantulum obscurasse. Iterum autem quasi victor ignis cum flamma recaluit; et iterum turbine revertente, paululum delituit. Tertio etiam ipse ignis recaluit, et tertio nihilominus turbine victus decidit. Hoc spectaculum a summo mane usque ad horam tertiam civitatem vehementer terruit. Monstrum quoddam Namuci natum est, cui par nunquam vel raro visum est, videlicet biceps infantulus. Qui hoc vidit testis est populus. Hic tam sexu, quam ceteris membris, simplex erat compage corporis. 5. Idus Decembris, ad mediam noctem lucentibus stellis cœlo sereno, 13. luna eclypsim passa est, et contracto orbe, multis coloribus, sed maxime sanguineo, pene integra hora suffusa est[301]. 17. Kal. Januarii, prima hora noctis, igneæ acies a septentrione in orientem in cœlo apparuerunt; deinde per totum cœlum sparsæ, plurima noctis parte videntibus miraculo et stupori fuerunt.

1118. R. 12. (13.) F. 9. (10.)
A. 18. (19.) H. 18. (19.)

Balduinus secundus rex Jherusalem moritur, frater Godefridi ducis Lotharingorum et primi regis Jherosolimitarum. Fuerunt autem filii Eustatii comitis de Bolonia, ex Ida sorore Godefridi Gibbosi, ducis Lotharingorum. Quibus de medio factis, tertius regnat Balduinus, filius Hugonis comitis de Reitesta. (Jan. 18.) Paschalis papa moritur; succedit Johannes Gaitanus 159us, qui et Gelasium se nominat. Cum vero Henricus imperator tunc temporis agens in Italia, Romam tenderet ad eligendum papam, Johannes præsentiam ejus veritus, jam electus (353) et ordinatus secessit Capuam (354). At imperator quia electioni non interfuerat, nec ordinationi consensit, sed, aliquibus Romanorum annitentibus, Hyspanum quendam Burdinum nomine, satis clericum ei superordinari fecit. (Mart. 9.) Johannes interim transiens ad Gallias, per Burgundiam et Gothiam, quæ provintia sancti Egidii dicitur, agit synodales causas [302] (Sept. 2.) Henricus imperator ab Italia in Lotharingiam repatriat, et secundum illud Qui a multis timetur, necesse est ut multos timeat, conjuratos in se regni principes modo minis, modo blanditiis, modo vi, modo satisfactione ad pacem invitat [303]. Deficiente penitus naturali prole Flandrensium

A comitum, Karolus, Roberti comitis ex sorore nepos, comes substituitur, filius regis Danorum.

1119. 13. (14.) 10. (11.) 19. (20.) 1.

(Jan. 29.) Johannes Gaitanus, qui et Gelasius papa, Cluniaci moritur et sepelitur. Consensu omnium episcoporum tam Germaniæ quam Galliæ cum Romanis habito, domnus Guido Viennensis archiepiscopus in papam eligitur, et Calistus vocari designatus, Cluniaci benedicitur 160us (Febr. 1) [304]. Postea mediante Octobrio mense Remis synodum congregans, multos in utroque regno episcopos consecrat; inter quos etiam domnus Fredericus in episcopum Leodiensium ungitur. Interim Henricus imperator Ivosium (355) venit; et dum pro reconciliatione regni et sacerdotii legatio nunc a rege ad B papam vadit, nunc a papa ad regem vicissim redit, dissensu quorundam invidorum lux pacis turbatur, et imperator cum sibi faventibus excommunicatur (Oct. 30) [305].

1120. 14. (15.) 11. (12.) 20. (21.) 2.

Domnus papa Calistus, Romam proficiscens, ab omni senatu et populari turba gloriose excipitur, et in sede apostolica confirmatur 160us (Jun. 3). Burdinus pseudopapa Sutrii positus, dum peregrinos Romam euntes vel redeuntes turbat et deprædatur, tandem (356) ut vilissimus apostata capitur et in monachum attunditur. Major ecclesia episcopii Monasteriensis, eo quod episcopum repudiassent, ab ipso episcopo Theoderico et Leudone [296] duce Saxoniæ cum tota civitate exuritur [307].

C 1121. 15. (16.) 12. (13.) 21. (22.) 6.

Domnus Fredericus episcopus (357) obiit; ad cujus sepulcrum multa signa visa a plerisque conjiciuntur. Mense Octobrio Henricus imperator Quintiliburch (358) venit, et hinc inde optimates regni, legati etiam apostolicæ sedis, tractaturi de controversia, quæ est inter imperatorem et regnum, seu etiam contra domnum apostolicum. Cum autem diu disceptatur de statu regni et de investituris ecclesiarum et de hereditate Sicfridi comitis palatini et de aliis negotiis, partim favendo regi, partim differendo causam usque ad presentiam apostolici, dissimulato federe incertiores redeunt quam venerant. Terremotus in secunda epdomada adventus Domini, sab-D bato hora tertia, 4. Idus Decembris, alias clementior, alias inclementior accidit [308].

VARIÆ LECTIONES.

[301] Abhinc atramentum et habitus manus mutatur. [302] Paschalis — causas sub antecedenti anno exhibent B3*. 4*. 4**. [303] Sequentia usque ad finem a. 1121 alia manus, eadem quæ a. 1095—1111, scripsit, sed Anselmus eam correxit. Deficiente — Leodiensium ungitur desunt B3*. 4*. 4**. qui eorum loco habent quædam ex Ann. Bland. [304] postea additum; deest A. [305] Post hæc in 1. scripserat Anselmus ipse : Cœnobium Prumiæ cum omnibus appenditiis arsit, salvo thesauro et bibliotheca, et alia quædam, jam prorsus deleta, lineæ spatio comprehensa. Sed postea erasa sunt; cf. a. 1115. Habent ea soli A. et Aln., desunt reliquis omnibus. [306] Leodero A. [307] Major — exuritur in rasura Anselmus ipse, rell. [308] Terremotus — accidit Anselmus ipse post addidit, eodem tempore quo sub annis duobus præcedentibus verba Cœnobium, etc. et Major etc. Post hæc tres lineæ erasæ, quarum prima non jam legi potest; altera fuit; II. imperator pasca Domini Aquisgrani celebrat. Inde Leodium contendit. H........ cuidam... bur. t. E reliquis nullus hæc habet sed

NOTÆ.

(353) D. 25 Jan.
(354) Primo Gaetam, ubi consecratus fuit d. 10 Martii.
(355) Jovis, haud procul a Sedan.
(356) April. 1121.
(357) Leodiensis.
(358) Errat Anselmus; Wirziburgi fuit; cf. Mon. Legg. II, 74.

1122. R. 16. (17.) F. 13. (14.)
A. 21. (23.) B. 4.

Optimates regni cum episcopis convenientes Henricum imperatorem, Deo sibi propitio id egerunt saluberrimo consultu, ut inter ipsum et apostolicum controversia de investituris æcclesiarum tandem finiretur. Legantur inde Romam ex parte imperatoris Bruno Spirensis episcopus, et Arnulfus abbas Fuldensis. Interim Henricus imperator pascha Domini Aquisgrani celebrat (*Mart.* 26), deinde Leodium contendit. Hic querela apud eum facta de insolentiis cujusdam Gothuini, castrum ejus, quod Monsfalconis (359) dicitur, annitente sibi Godefrido duce obsidet, capit, incendit et destruit. Æcclesia Hannoniensis cum omnibus appendiciis suis seditione advocati sui cum tota villa crematur, salvo tamen thesauro et biblioteca. Turonis etiam contentione orta inter clericos et laicos, æcclesia sancti Martini penitus est combusta. Domnus apostolicus visa et recepta legatione imperatoris, pertesus et ipse dissonantiæ nimium inter eos diutinæ, libenter assensit; et tam consultu totius Romani senatus, quam etiam omnium episcoporum Italicorum, mittuntur ex latere apostolici Lambertus Ostiensis episcopus et Saxo cardinalis de monte Celio, et Gregorius alter Cardinalis, ad ordinandam rem tanti negotii. Mense Septembrio, in nativitate sanctæ Mariæ, Henricus imperator cum episcopis et optimatibus regni venit Wormatiæ; ubi occurrerunt ei legati sedis apostolicæ. Diu, ut fit in tanto magnatum consessu, eventilata ratione, tandem gratia antiquæ caritatis redintegratur inter imperatorem et apostolicum Dei ordinatione (*Sept.* 23). Quorum consensus talis est (360) : *Ego Calistus episcopus, servus servorum Dei, tibi dilecto filio Henrico Dei gratia Romanorum imperatori Augusto concedo electiones episcoporum, abbatum, Teutonici regni, qui ad regnum pertinent, in presentia tua fieri absque symonia et aliqua violentia, ut si qua inter partes discordia emerserit, metropolitani et comprovintialium consilio vel judicio saniori parti assensum et auxilium prebeas. Electus autem a te regalia accipiat per sceptrum, exceptis omnibus quæ ad Romanam æcclesiam pertinere noscuntur; et quæ ex his jure tibi debet, faciat. Ex aliis vero partibus imperii consecratus infra 6 menses regalia per sceptrum a te recipiat. De quibus vero michi querimoniam feceris et auxilium postulaveris, secundum officii mei debitum auxilium tibi præstabo. Do tibi veram pacem, et omnibus qui in tua parte sunt vel fuerunt tempore hujus discordiæ.* Rescriptum Henrici imperatoris : *Ego*

A Henricus, Romanorum imperator augustus, pro amore Dei et sanctæ Romanæ æcclesiæ et domni papæ Calisti, et pro remedio animæ meæ, remitto Deo et sanctis apostolis Dei Petro et Paulo sanctæque catholicæ æcclesiæ, omnem investituram per anulum et baculum, et concedo in omnibus æcclesiis, quæ in regno et imperio meo sunt, canonicam fieri electionem et liberam fieri consecrationem. Possessiones et regalia beati Petri, quæ a principio hujus discordiæ usque ad hodiernam diem, sive tempore patris mei sive etiam meo, ablata sunt, quæ habeo, eidem sanctæ Romanæ æcclesiæ restituo; quæ autem non habeo, ut reddantur, fideliter juvabo. Possessiones etiam omnium aliarum æcclesiarum et principum et aliorum tam clericorum quam laicorum, consilio principum et justitia, quæ habeo, reddam; quæ non habeo, ut reddantur fideliter juvabo. Et do veram pacem domno papæ Calisto sanctæque Romanæ æcclesiæ et omnibus qui in parte ipsius sunt vel fuerunt; et in quibus sancta Romana æcclesia auxilium postulaverit, fideliter juvabo [209].

1123. 17. (18.) 14. (15.) 23. (24.) 5.

Domnus Adelbero, ex clero sancti Stephani Mettensis electus, Leodicensium ordinatur episcopus. Fundus nostræ proprietatis est [310] antiquus, qui nunc mons sancti Guiberti dicitur; in quo placuit nobis, auspice Christo et assensu omnium vicinorum, novam æcclesiam ædificare. Olim quippe æcclesiola lignea in eo fuerat, habens privilegii sui dignitatem, scilicet baptisterium, sepulturam et decimam. Sed ita per annos plus minusve 60 neglectus erat, ut vix ibi aliqua æcclesiæ vestigia remanerent. Anno itaque Domini 1123. feria 4. pascæ corpus sanctissimi patroni nostri Guiberti ibi detulimus (*April.* 18), et Dei favore affluentia plebis utriusque sexus ad 12 milia æstimata est. Visum est nobis redeuntibus ibi remanere corpus sancti Guiberti; quod tanta deinceps miraculorum luce claret, ut ab omnibus quaquaversum gentibus et desideretur et frequentetur [311]. Balduinus Jherosolimorum rex a Saracenis capitur. Qua de re mente excedentes, undiqueversum evocati ad sexaginta milia conglomerantur, ut christianos a finibus suis exterminent; et apud Ascalon impedimenta sua commendant, scilicet uxores, soboles et victualia. Christiani in arto positi, nihil spei nisi in Deum habentes, exemplo Niniuitarum utrique sexui jejunium indicunt; pueris etiam, infantibus lactentibus, universo quoque pecori pabula negantur, Dies pugnæ indicitur. Procedunt christiani, cum militibus et peditibus vix ad tria milia estimati,

VARIÆ LECTIONES.

eorum loco F1. 2. *addunt :* Comes Hainoensium Balduinus moritur; cui succedit Balduinus filius ejus. Tertiæ Anselmus ipse post superscripsit primam sequentis anni lineam; unde videmus, eum hæc tria additamenta fecisse ante finem anni sequentis. [309] *Totus annus uno calamo fuit exaratus. Ab hinc habitum manus mutat et atramentum.* [310] Gemblaco *addit* A. [311] *Mutat habitum manus.* Domnus — frequentetur *desunt* B3. 4. 4". Fundus — frequentetur *desunt* B1. 5.

NOTÆ.

(359) Vauquemont.
(360) Mon. Legg. II, 75; codex S. Trudonis ex Anselmo fluxisse videtur.

Principes gradiuntur in fronte, scilicet patriarcha, lixtus papa, qui et Guido, moritur. Succedit Lambro vexillo ferens crucem Christi; abbas olim Cluniacensis Pontius, proferens lanceam transfixam in latere Christi; episcopus Behtleemites, ferens in pixide lac sanctæ Mariæ perpetuæ virginis. Saraceni vero quaquaversum effusi, ex omni latere in orbem circumcingunt christianos, ne quis possit evadere. Dum ita in procinctu herent christiani, vident Deo sibi auspice splendorem scisso aere super paganos subito cecidisse, sed non prosperum, sed satis nocivum; quamvis hunc ipsi Saraceni non viderint. Ilico enim omnium virium robore enervati, passim fugientes, ceduntur non solum a viris, sed etiam a pueris et feminis. Perierunt in bello septem milia, submersi sunt in aquis quinque milia. Omnes vero christiani incolumes reversi, summum et dulce epynichion reboant Domino in excelsis [312].

1124. R. 18. (19.) F. 15. (16.)
       A. 24. (25.) H. 6.

Henricus imperator Aquisgrani natale Domini celebrat. Hiems solito acerbior, et aggestu nivis sepius decidentis nimis horrida et importuna. Multi enim pauperum infantes et mulieres nimietate frigoris defecerunt. Mortalitas quoque animalium maxima. In multis vivariis pisces absorti sub glacie perierunt. In Brachanto anguillæ innumerabiles propter glaciem a paludibus exeuntes, quod dictu mirum est, in fœnilibus fugientes latuerunt; sed ibi etiam pre nimietate frigoris deficientes computruerunt [313]. Hiemi successit intemperies aeris, nunc nive, nunc pluvia, nunc gelu alternatim satis deterrima, usque in medio Martio. Postea diutino frigore et pluvia aeris horrente inconstantia, vix tandem arbores floruerunt Maio mense, vix tandem gratia herbarum et graminum reviguit virore [314]. Imber vero singulis mensibus assidue deciduus, sata agrorum pene absorsit. Nam siligo et avenæ proventum suum satis sunt ementitæ. Multi quoque sacro igne aduruntur. Tyrus Hebrea lingua Sor dicta, urbs maxima Fenicis et antiqua, in corde maris sita, Sydoniorum colonia, negotiatio maris, empurium totius orbis, vaticinio prophetarum celebrata et carminibus poetarum inclita, olim quidem insula, a Nabugodonosor vel ab Alexandro propter expugnationem multis in brevi freto aggeribus comportatis terra continens facta, pridem a Nabugodonosor expugnata et partim captivata, et postea ab Alexandro penitus usque ad solum diruta et destructa, sed juxta prophetas post septuaginta annos reedificata et in antiquum statum restituta, nostris modo temporibus in fine mundi a christianis terra marique obsessa capitur, et Christi imperio subjugatur. (Dec. 12.) Calixtus papa, qui et Guido, moritur. Succedit Lambertus, qui et Honorius, Hostiensis episcopus.

1125. 19. (20.) 16. (17.) 25. (26.) 7.

Hiems asperrima, sex epdomadibus continua et valde noxia. Fames valida ubique magna multitudine utriusque sexus pereuntibus. In Hasbania ignobilis muliercula monstrum bisgemini corporis est inixa, aversis vultibus et corporibus sibi coherens; ante quidem effigies hominis integro corporis menbrorumque ordine distincta, retro vero facies canis, similiter corporis et menbrorum proprietate integra. In Brachanto villa Nerisca, alia mulier enixa est quatuor masculos uno partu [315]. In Gemblacensi parochia, dum paterfamilias dominica die mixturam segetum pre penuria famis moleret in usus familiæ, subito justa Dei indignatione arsit farina cum putoris nigredine; ad exemplum posteris, ne quid præsumant simile. Æcclesia sancti Dyonisii sita in Brochorensi silva (361), 7 Kal. Maii, in festo sancti Marci, primo crepusculo noctis cum omnibus appendiciis et tota villa penitus concrematur, salvo tamen thesauro et armario. (Mart. 29) Henricus imperator Leodii pascha Domini celebrat. Inde Aquas contendens, morbo dracunculi, qui sibi erat nativus, molestari cepit; propter quod et ibi aliquot dies remoratus est; deinde Neumaiam (362) venit. Postea quasi pentecosten celebraturus, Vultrajectum venit; sed cum per dies languor ingravesceret, tandem feria quinta in pentecoste vitam cum regno amisit (Mai. 23). Corpus ejus ejectis intestinis sale respersum, Spiræ relatum est. Rex Jerusalem Balduinus data redemptione a Saracenis dimittitur [316]. (Aug. 30.) Mense Augusto in festo sancti Bartolomei apostoli, excellentior dignitas optimatum imperii sive eminentior gloria æcclesiæ, Eurardus et Romanus legati apostolicæ sedis, et archiepiscopi cum episcopis, ut condicto [317] convenientes Moguntiæ, consultant sibi et toti Romano imperio de substituendo rege. Lotharius dux Saxonum, vir sapiens et industrius, et æcclesiastico juri devotus, prepotens divitiis et victoriis, omnium assensu eligitur. Hic mense Septembrio cum eisdem legatis et duobus archiepiscopis et octo episcopis et multis abbatibus et cum eminentioribus aulæ regalis primatibus Aquasgrana veniens, dominica die, Id. Septembris, a Frederico archipresule Coloniensi in regem benedicitur et ungitur (Sept. 13), omni clero et populo festivum epinichion acclamantibus [318].

1126. 1. 17. (18.) 26. (27.) 8.

Hiems acerrima; vernus etiam periculosus. Rex Lotharius contra Behemones vadens, quorumdam

VARIÆ LECTIONES.

[312] *Post hæc linea crasa. Calamus mutatur.* [313] In multis — computruerunt *desunt* B5′. 4′′. [314] *Sequentia usque ad medium annum sequentem uno calamo atque atramento exarata sunt. Hic etiam primo occurrit signum † ad sententias distinguendas quo hucusque nunquam abhinc semper fere utitur Anselmus.* [315] *Calamus pauxillum mutatur.* [316] *mutatur calamus.* [317] sive eminentior — condicto *et paulo post cum* eisdem — veniens *desunt* B4′′. [318] *abhinc atramentum mutatur.*

NOTÆ.

(361) Saint-Denis en Broqueroye, in com. Montensi.
(362) Nymwegen.

suorum principum traditione magnam stragem militum passus est, quingentis videlicet et quadraginta occisis [219]. In Syria hoc anno exercitus Dei bis congressus est Saracenis. In primo prelio de paganis ceciderunt duo milia quingenti, de christianis solummodo 15; in secundo autem non incruentam victoriam habuerunt christiani. Sed quamvis plurima pars eorum perierit, tamen auxilio Dei revigorati, absque numero hostes contriverunt et vicerunt. Hoc anno omnis seges egra, et vineæ cum omni fructu arborum acerrimæ [320].

1127. R. 2. F. 18. (19.) A. 27. (28.) H. 9.

(An. 1126.) Rex Lotharius natalem Domini Coloniæ celebrat; sed archiepiscopus seu preventus infirmitate, seu simulata, Sigebergæ se contulerat. Inde Aquasgrani venit in theophania (Jan. 6.) Ibi legati Karoli comitis Morinorum, scilicet castellanus Gandæ et abbas de sancti Petri (363), ad eum venerunt, nuntiantes dominum suum comitem debitam subjectionem se ei facturum. Verumtamen Lotharingi principes ab ejus presentia abstinuerunt. Novæ enim potestati semper res novæ convertuntur; quod ilico et ibi patuit. Nam Aquenses oppidani et rex non bene assenserunt, sed satis injuriose se tractaverunt. De rege autem et Friderico duce quomodo se habeant, non satis compertum; quia pro voluntate faventium et contradicentium res extenuantur aut extolluntur. Hoc satis patet, quia gravi discidio labuntur [321].

Anathema in medio terræ, facinus audax et indignum, omnibus seculis vindicandum. Ecce enim solutus satanas terras perambulat. Flandria et Burgundia, longo terrarum situ disjectæ, conjurant in apostasia proditoris Judæ. Quidam rei timentes damnari pro suo scelere, dominum suum Karolum comitem Morinorum Brujeias jugulant in quadam æcclesia (364) ante altare psalmos canentem. Unus atque idem satanas uno eodemque die simile nefas presumit in Burgundia. Damnaticii quidam, dum diffidunt suæ saluti, utpote rei majestatis, dominum suum Guilelmum comitem Sedunensium gladiis confodiunt in quadam æcclesia ante altare orantem. Actum secunda epdomada quadragesimæ, feria 5., Kalend. Martii. Homicidæ hac illa diffugientes, diversis injuriis et digno sibi satis fine perierunt. Comitatus Morinorum a Ludowico rege Francorum datur Guilelmo filio Roberti comitis Nortmanniæ, fratris Guilelmi regis Anglorum. Hunc Robertum olim ab Hierosolimis redeuntem, eo quod prestitam pecuniam redibere nequibat, idem frater suus Guilelmus rex Anglorum Nortmannia expulerat, et eam sibi subjugaverat, fratremque in Anglia in custodia libera redegerat. Rex Lotharius Babenbergen [322] (365) pentecosten celebrat. Ibi dux Bohemiæ cum multis millibus equitum adveniens, domno regi de superiore traditione satisfecit; et omnes, quorum parentes vel amicos occiderat, multa insignium donorum exhibitione reconciliavit sibi. Cenobium sancti Hugberti in Arduenna Nonis Julii, primo conticinio noctis, cum omnibus appendiciis combustum est, salvo tamen thesauro et armario [323]. In pago Lomacensi, villa Gerpinas (366) paupercula mulier in festiva nocte sancti Michaelis ordeum moluit, unde ilico panem faciens azimum coxit. Quem dum frangeret ad edendum, sanguinem et aquam elicuit.

1128. 3. 19. (20.) 28. (29.) 10.

Domnus [324] Adelbero episcopus Leodicensium obiit. Dominica die, 5. Kalend. Februarii, auditum est tonitruum circa horam nonam. Domnus Alexander archidiaconus ex clero sancti Lamberti 15. Kalend. Aprilis Leodicensium consecratur episcopus [325]. Cum intrante Martio serenus aer arrideret, ipso mense mediante subito totus in nube cogitur, et frigore riget, aquæ gelant, rura torpent, et nunc nive, nunc gelu, nunc pluviis elementa solvuntur. Subsequitur magna mortalitas ovium, agnorum, boum, vaccarum. Tandem, miserante Deo, cuncta ad gratiam redeunt in lætania majori [326]. 3. Idus Maii feria 2, Coloniæ grandis tempestas exorta est; fulmen quoque ingressum majorem æcclesiam sancti Petri, dextrum brachium crucifixi discidit [327]. Orta seditione et discidio inter Guilelmum comitem et Morinos, annitentibus Equitio et Daniele majoribus Flandriæ, accersitur Theodericus filius Theoderici ducis Alxatiæ, nepos Rotberti comitis Flandriæ, ex sorore Gertrude. Sed dum Godefridus dux Lovaniensis Guilelmo comiti auxiliaretur, congressio facta est utriusque exercitus ante castellum quod dicitur Alost. Ibi Guilelmus comes quendam militem aggrediens monomachia, in dextro brachio lanceatur, et surrepente dracunculo, quinto die moritur. Comitatus Morinorum Theoderico datur a rege Francorum Ludowico, quia cognatus ejus erat ex matertera Gertrude [328]. Mediante Septembrio gelu

VARIÆ LECTIONES.

[219] atramentum mutatur. [320] Hoc — acerrimæ desunt A. B5., et qui in voce « vicerunt » desinit Alm. Abhinc calamus atque atramentum paululum mutatur. [321] De rege — labuntur desunt A. Ibi legati — labuntur desunt B4*. 4**. et B5*. cui sequentia quoque Anathema — redegerat desunt. [322] Rex — traditione in rasura auctor ipse scripsit. [323] Cenobium — armario desunt B1. 5. Abhinc mutatur atramentum. [324] manus habitum mutat. D. A. c. L. o. et statim infra Domnus — episcopus desunt B5*. 4*. 4**. 5. [325] mutatur calamus. [326] calamus mutatur. [327] calamus et atramentum mutantur. [328] atramentum mutatur. Orta — Gerdrude ita exhibent B5*. 4*. 4**: Willelmus comes Flandrie cum Godefrido duce Lotharingie castellum Alost obsidione premit; ibique levissimo vulnere, immo non vulnere, sed inscisura in manu accepta, male, ut putatur, a medico potionatus, repente moritur, sed unde, nescitur. Theodericus ei succedit.

NOTÆ.

(363) Blandiniensis.
(364) S. Donatiani.
(365) Merseburgi secundum alios.
(366) Gerpinnes, prope Charleroi.

valde nocivum factum est, in quo legumina et vineæ perierunt, et quicquid exprimi potuit, in acredinem versum est. In Flandria multi fluvii sanguinei facti sunt, et fossata similiter [327]. Rex Lotharius longa obsidione urbem Spiram cingit, sed inefficax redit.

1129. R. 4. F. 20. (21.) A. 29. (50.) H. 11.

Cum intrante mense Januario gelu liqueretur, tanta inundatio nivis et pluviæ fluvios et vivaria inflavit, ut sata proxima diluerent et excavarent, domos quoque vicinas subverterent, et quæque in eis inventa perderent [330]. Feria 3. paschæ bovem cujusdam rustici arantem cereus sudor delibuit, in parochia Gemmelacensi [331]. Prelium apud Duratium (567) inter Alexandrum Leodicensem episcopum et Godefridum Lovaniensem comitem, in quo tanta strages fuit, ut peditum utrinque 824 numero insimul opperierint, exceptis his qui fugientes in segetibus vel in silvis vulnerati perierunt, et his qui in aquis prefocati sunt, et his qui ad sua regressi incertis horis et diebus mortui sunt. Horum summa non potuit colligi. Actum 7. Id. Augusti, 4. feria [332]. Remis hoc anno in pascha Ludowicus rex Francorum elevavit in regem filium suum post se, in presentia omnium episcoporum et abbatum regni sui. Pestilentia maxima boum, vacarum et porcorum, aprorum, cervorum, capreorum. 16. Kal. Novembris facta sunt fulgura et tonitrua, primo conticinio noctis, prima luna, 5. feria [333]. Hoc anno plaga ignis divini Carnotum, Parisius, Suessionem, Cameracum, Atrebatum, et alia multa loca mirabiliter pervadit, sed mirabilius per sanctam Dei genitricem Mariam extinguitur. Juvenes etenim, senes cum junioribus, virgines etiam teneræ, in pedibus, in manibus, in mamillis, et, quod gravius est, in genis exuruntur, et celeriter extinguntur [334]. Apud Parisius æcclesiola est in honore sancti Martini, in qua quidam hac infirmitate detentus se apportari fecit. Ubi dum pernoctans urgentibus angustiis vociferaretur, primo noctis conticinio adest sanctus Martinus, qua de causa domum suam intrasset sciscitans. Ille infirmitatis suæ angustias demonstrans, orat sibi misereri. Cui sanctus Martinus : *Scito, inquit, in curia superni Judicis terribilem et horribilem datam sententiam, hanc combustionis plagam per Galliam desevire; et matrem misericordiæ precibus optinuisse, omnes hac clade laborantes et se invocantes misertum iri. Ideo Parisius in templo ipsius sanctæ Virginis matris deportari et ibi habes sanari.* Cui ille : *Omnium ore beatus et miraculorum patrator diceris; hac de causa domum tuam sanitatem per te recuperaturus intravi.* Et sanctus Martinus : *Sine permissione Virginis matris, quæ peperit Deum nostrum, qui ignis consumens est, non poteris extingui.* Discedit sanctus Martinus. Iterum rediens, jussit illum redire ad matrem misericordiæ. Et ille : *Aut per te sanabor, aut hic moriar.* Et sanctus Martinus : *Sanat te dominus Jesus Christus precibus matris suæ. Et hoc tibi signum : tu primus, post te sex in hac domo sanabuntur. Ceterum quicunque advenerint, frustra laborabunt.* Sanctus Martinus discedit. Ille sanatus predicat sanitatem suam. Multi confluunt; ex magna copia non curantur nisi sex, sicut predixerat sanctus Martinus. Parisius confugiunt ad æcclesiam Virginis matris. Centum et tres uno die sanantur ; duo, seu jubente seu permittente Deo, non curantur, sed extinguntur. Apud Laniacum in die ascensionis dominicæ tres ante aram perpetuæ Virginis extinguntur. Transeamus ad Suessionum civitatem. Ibi specialius pre omnibus locis per miracula innotescit gentibus Dei genitrix. Ibi muti, ceci, claudi, paralitici curati sunt, mortuus resuscitatus. Vidimus horrendum quiddam. Ignis divinus nasum, labia, mentum cujusdam pauperculæ mulieris exusserat ; fetor, horror sentientes et videntes repleverat. Expulsa de domo Virginis matris rediit ad propriam domum ; pro expulsione, pro infirmitate sua dolet, gemit et orat dicens : *Heu michi ! mater misericordiæ omnes excipit, nullam expellit, preter me solam. Deus, qui factus es filius feminæ propter misericordiam, sana me per feminam matrem tuam propter tuam misericordiam.* Oravit, exaudita est. Nocte quæ incrastinascit in sabbatum, recepit sanitatem ; restituta est ei caro sua, nasus, labia, mentum ; omnia propria sua ex integro recepit. Videres nobile miraculum : caro illa similis facta est carni reliquæ, et, quod mirabilius est, in conjunctione carnis veteris et novæ quasi signum tenuissimi fili pro testimonio apparuit. Adolescens quidam, quem abbatissa ejusdem æcclesiæ, ubi ista gerebantur, ab infantia pro amore Dei nutrierat, surdus et mutus, dum in æcclesia meridianis horis quiesceret, visum est, quod senior quidam, niveis indutus vestibus, aures et labia ejus manu sua pertractaret, dicens : *Dic,* inquit, « *Deus et sancta Maria, miseremini mei.* » Dixit hoc ; sanatus agit gratias Deo, et omnis plebs magnificavit Deum. Mulier de Remis civitate veniens cum filio ad domum sanctæ Virginis, dum querit animæ salutem, amittit filium ; sed gratia Dei consolatur. Filius enim dum in area luderet, repente in puteum vetustate destructum decidit, et mortuus est. Advesperascente die querit mater filium ; sed dum non invenit eum, tristatur et clamat. Accurrunt vicini, turbatur civitas. Dicit

VARIÆ LECTIONES.

[329] *calamus mutatur.* [330] *calamus mutatur.* [331] *mutatur calamus.* [332] Actum — feria postea addidit Anselmus. [333] *habitus cum atramento mutatur. Sequentes duas paginas usque ad finem a. 1152. in rasura scripsit Anselmus ipse, et quidem* Hoc anno — cum toto oppido initio anni sequentis, uno calamo, reliqua pluribus vicibus. [334] *Sequentia usque ad* sufficere posset *in fine anni desunt* B4. 4"., *qui nil habent nisi :* Parisius in æccl. b. Virginis matris 105 uno die sanantur.

NOTÆ.

(567) Duras prope Saint-Trond.

quidam, quia vidisset eum super os putei cum pueris jocari. Intro inspiciunt; vident eum mortuum jacentem. Extractus matri redditur. Illa nihil cunctata ad æcclesiam vadit; tota civitas cam prosequitur. Ad æcclesiam veniens, coram altari Virginis matris eum exponit; quærit a matre misericordiæ, ut reddat ei filium. Ilico exaudita est a matre misericordiæ; surgit puer, vivit infans qui defunctus fuerat. In testimonio camisia pueri suspenditur coram altari. Fama volat per aures omnium; cor et lingua contremit omnium per Gallias. In Viromando villa est Funtanas dicta, ubi in templo Virginis matris crebro fiebant miracula. Dum scirent quidam mercatores et peregrini sanctitatem loci, fide et devotione firmi, et illo tenderent, obviavit illis matrona, quasi mater honorificata, sic eos alloquens: *Notifico vobis, quia virgo et mater Domini Maria locum ampliori dilectione sibi fecit dignum Suessionis. Moneo vos, ut illuc veniatis.* Illi dum non magnopere curant verba quæ audierant, ecce iterum matrona, quod primo dixerat, secundo reiteravit et abiit. Tanto attoniti miraculo, Suessionis tendunt; et venientes basilicæ valvas obseratas prospiciunt; orant, exaudiuntur; ostia basilicæ Virginis matris eis aperiuntur. Ergo quique rei, dum divino igne exuruntur, ad illud nobile templum Virginis matris confugiunt; et, dum esset idem templum languentibus plenum, audite quam gloriose in momento curantur. Locus ille antiquissimus et nobilissimus subtalare sanctæ Virginis matris apud se continet. Quadam igitur nocte, dum omnes flerent et mugitum cordis ex nimia angustia cum stridore dentium emitterent, conspiciunt lumen splendidum, et cum ipso matrem misericordiæ super altare descendere. Accedit mater et Virgo ad unum de egrotis; sciscitatur an velit sanari; intelligit cupitum ejus desiderium sanandi. Tangit cum; sanatur. Imperat, ut hoc itidem omnibus a se visa [335] patefaciat. Tanguntur, sanantur; tota civitas letatur; foramen per quod ingressum lumen de lumine, quasi pro signo remanet, et ab omnibus veneratur. Carnotum, ubi camisia habetur ejusdem Virginis, innumera multitudo sanata est. Quid etiam de Cameraco dixerim? Cameracus antiquissima et nobilissima civitas est, ubi templum habetur in honore ipsius Virginis matris, dotatum de capillis et de beato lacte ejus. Ibi multi infirmi sanati sunt, quorum numerum nemo novit nisi solus Deus. Atrebati in templo Virginis matris dicato tot et tanti curati sunt, ut omnis homo ad enarrandum elinguis fiat. Hec precipua loca conscripsimus; sed si per alia loca in memoriam ejus dicata vellemus evagari, ubi inedicibili potentia cunctos inibi confugientes mirabilis Domini sanavit potentia, nec sensus, nec ratio ad hec sufficere posset. Balduinus rex Hierusalem moritur [336].

1130. R. 3. F. 21. (22.) A. 30. (31.) II. 12.

Lotharius rex urbem Spiram alternis annis vicissim obsessam, tandem capit 3. Nonas Januarii, feria 6, immunitate concessa. Lanbertus, qui et Honorius, papa moritur (*Febr.* 14). Romanæ æcclesiæ pax interpolatur, altercantibus duobus de sede apostolica, quodam Gregorio, et altero Petro Leonis, gente Romano, monacho Cluniacensi. Gregorius privilegium electionis ab Honorio papa adhuc vivente consensu quorumdam cardinalium sibi usurpat; Petrus, altitudine sanguinis glorians, domum Crescentis invadit, cædibus, hominum rapinis, incendiis grassatur. Æcclesia sancti Petri in Lovanio crematur cum toto oppido [337]. Gregorius, veritus potentiam Petri, profugus a Sancto Paulo et Spoleto, emenso mari, tandem apud Sanctum Egidium appulit [338]. (*Octob.*) Postea venit in Burgundiam, et a Cluniaco excipitur, et favore omnium Francorum celebratur. Deinde Lotharius rex Alemanniæ, quorundam suorum episcoporum ambitione delinitus, legationem a Francis de Gregorio benigne honorat, et in ejus electione conjurat. Parrone æcclesia sancti Fursei penitus comburitur [339]. Fulco comes Andegavensis fit rex Hierusalem [340].

1131. 6. 22. (23.) 31. (32.) 1. (13.)

Gregorius multo comitatu episcoporum et ablatum a Francia exiens, in Lotharingiam transit, et dominica tertia quadragesimæ, quæ est 11. Kal. Aprilis, Leodium venit. Ibi a Lothario rege Alemanniæ et multis episcopis et abbatibus tam Lotharingis quam Transrenensibus veneratur, muneribus honoratur; tota civitas in obsequio fervet, salutationibus et epulis vacat. Dominica in medio quadragesimæ Gregorius, sicut hyrcus caprarum in Daniele, qui pedibus terram non tangebat [341], cum curribus et redis ab æcclesia sancti Martini in publico monte, quasi Romæ via triumphali, usque ad capitolium sancti Lantberti ascendit, missam celebrat, regem et reginam coronat, conjugatos presbiteros excommunicat. Estimati sunt a quibusdam 52 episcopi affuisse, et abbates 55. Quamvis in medio duorum vel trium in suo nomine Dominus

VARIÆ LECTIONES.

[335] uisa corr. jussa cod. [336] B. r. H. m. *anno* 1131. *supplevit Anselmus, ut ex atramento apparet. Desunt* A. [337] *Ecclesia*—*oppido desunt* B1. 5. *Hic desinit atramentum, quo præcedentia omnia* Hoc anno plaga—oppido *exarata erant continuo calamo. Sequentia* Gregorius—sanctæ Mariæ *alio atramento atque calamo uno scripsit Anselmus.* [338] *Anselmus primo scripserat:* profugus per Tusciam et Langobardiam et per S. Michaelem in clusis gyrando venit, etc. *Sed verbis* per—gyrando *expunctis, ipse statim superscripsit a* S.— Postea, *quod et reliqui habent omnes.* [339] P. e. s. F. p. e. *postea* Anselmus *addidit a.* 1131, *tum quum scriberet* Hugo—periit *et sub anno præcedenti* Balduinus r. H. moritur. *Desunt* A. B1. [340] F. c. A. f. r. H. *postea supplevit Anselmus eodem, quo finem hujus anni, calamo. Desunt in uno* A. [341] sicut—tangebat *in* 1. erasa sunt, ita tamen ut legi adhuc possint. Desunt B3*. 4*. 4″., *sed leguntur in* A. B1. F1. 2. 3. *In* B5. *quoque affuerunt; sed Miræus ibi ad marginem scripsit:* Videtur hic locus expurgandus et censura dignus, atque tunc vel ipse vel alius quis illa verba sicut—tangebat *crasit.*

se dicat adesse, tamen omnis constitutio corum nec calamo nec carta indiget ³⁴². Civitas Vultrajectum ex maxima parte concrematur, scilicet palatium episcopi, et major æcclesia sancti Martini, et altera sancti Bonifacii, et tertia sanctæ Mariæ ³⁴³. Hugo Canna avenæ ³⁴⁴ (368), exortis inimicitiis contra oppidanos Sancti Richarii (369) in pago Pontivo, totum oppidum cum æcclesia sancti Richarii penitus combussit; in qua æcclesia aliquanti monachi et inestimabilis multitudo promiscui sexus, quod dictu nefas est, simul concremata periit ³⁴⁵. Gregorius, qui et Innocentius papa, Remis post festum sancti Lucæ evangelistæ (*Oct.* 18) concilium habuit cum episcopis et abbatibus 300; mediante Francorum rege Ludovico cum filio qui secundus erat natu. Nam primus antea coronatus tunc forte Parisius venerat, et, ut fertur, a demone in specie porci ludificatus, dum hac illac equum girat, subito corruit exanimis. Unde pater valde mæstus Remos adveniens, secundum natu filium secum advexit, et a papa inungi et benedici et coronari in regem impetravit. Frittericus Coloniæ archiepiscopus obiit.

1132. R. 7. F. 23. (24.) A. 32. (33) H. 2.

Rex Lotharius natalem Domini Coloniæ celebrat. Qui, avaritiæ veneno infectus, electionem sanctæ æcclesiæ Coloniensis sua calliditate cassavit ³⁴⁶. Iterum tertia ebdomada quadragesimæ Coloniam veniens, nihil dignum regali serenitate egit. Deinde Aquas veniens in pascha (*Apr.* 10), nihil de statu regni ordinare valuit, immo omnium rerum querelas in respectu distulit. Radisbona civitas tota pæne est combusta ³⁴⁷. Domnus Bruno, ex clero sancti Petri, Coloniæ fit archiepiscopus. Rex Lotharius collectis viribus Romam vadit cum Innocentio papa (*Sept.*); sed vario eventu rerum multas difficultates in eundo patitur ³⁴⁸.

1133. 8. 24. (25.) 33. (34.) 3.

4. Nonas Augusti, luna 27, meridie facta est eclypsis solis fere dimidia hora, et stellæ visæ sunt in cælo ³⁴⁹. Rex Lotharius veterem Romam ingressus (*Apr.* 30), Innocentium papam in patriarchio Lateranensi relocat, et ab ipso in imperatorem benedicitur (*Jun.* 4). Sed Romanorum avaritiam a discidio partium nequiens revocare, dissimulato negotio inefficax rediit. Petrus vero pseudopapa in domo Crescentis regnat, et alter in alterum predis, rapinis, incendiis et homicidiis desevit ³⁵⁰. In villa Namuco (370), dum vaccam occisam mango aperit, fœtus duorum capitum apparuit ³⁵¹. Legumen et avena hoc anno proventum messis satis ementita ³⁵².

1134. 9. 25. (26.) 34. (35.) 4.

Congregatio Malisnensis æcclesiæ, quæ est in Bracbanto, omnibus fidelibus salutem. 12. Kal. Februarii lupus venenatus et insanus, qui intra corpus suum tres colubros habebat vivos, consuetas latebras linquens, rura petiit, et innumeram multitudinem porcorum, ovium, canum, et armentorum morsu venenato extinxit. Postea vasto impetu homines invadens, plus quam duodecim morsu suo male mulcavit; quorum quatuor misera morte defuncti sunt. Hi vero ante obitum suum nullum liquorem videre vel gustare potuerunt. Tandem a quatuor viris fortissimis comprehensus et evisceratus, fidem malitiæ suæ de colubris patefecit ³⁵³. Iste annus pre nimia siccitate satis calamitosus, quia avenæ, ordea et legumina proventum suum nimis sunt ementita. Theobaldus comes Blesiensis sive Carnotensis, pre cunctis principibus Gallie magno pondere justitiæ eminet in Francia; religiosis monachis et clericis pius ac familiaris, æcclesiæ defensor, pauperum adjutor, merentium consolator, in commerciis negotiatorum cautus et discretus, in reis et a recto deviantibus ultor et vindex ³⁵⁴. Kalendis Octobribus, in tempestæ noctis silentio, motus magnus factus est in mari, ita ut litora sua preteriret, et tamen in se iterum resideret. Sequenti vero nocte primo crepusculo cum omni impetu terminos egrediens, omnia circumquaque, id est villas, castella, æcclesias, ita pessumdedit, ut tres comitatus, id est, Walecras, et Wales, et Bebrant (371), cum homine et pecore penitus exterminaret.

1135. 10. 26. (27.) 35. (36.) 5.

In ³⁵⁵ civitate Tornaco natus est agnus unius corporis, duum capitum, quatuor aurium, quatuor eculorum, octo pedum ³⁵⁶. In villa quæ dicitur Bra-

VARIÆ LECTIONES.

³⁴² Quamvis— indiget in 1. erasa, ita tamen ut legi adhuc possint; desunt B3*. 4'. 4**., sed leguntur in A. B1. F1. 2. 3. In B3. idem Miræus margini inscripsit : Videtur hic locus censura dignus, et postea erasa sunt. ³⁴³ Hic desinit A.; atramentum atque calamus mutatur in 1. Civitas — Mariæ desunt B1. 5. ³⁴⁴ campus avene B3. 4**. ³⁴⁵ Post hæc atramentum mutat 1. et primitus novum annum incepit, superscriptum VII. XXIII. XXXIII. XIIII. Sed hæc erasa sunt, atque concremata periit rasuræ inscriptum. ³⁴⁶ ita scripsit Anselmus. At postea alius, cujus manus correctrix et in a. 1140. apparet, verbis Qui— cassavit expunctis superscripsit : Hic tumultuante multorum dissidentium seditione, electio s. æcclesiæ Coloniensis diu multumque cassata est. Hæc habent B1. 3*. 4'. 4**. 5. F1. 2. 3. ³⁴⁷ R. c. t. p. c. c. postea addita in 1. desunt B1. 5. Post ea habitus mutatur. ³⁴⁸ Abhinc habitus mutatur. ³⁴⁹ calamus mutatur. ³⁵⁰ calamus mutatur. ³⁵¹ calamus mutatur. ³⁵² calamus mutatur. ³⁵³ Abhinc calamus mutatur atque atramentum. ³⁵⁴ calamus mutatur. ³⁵⁵ atramentum prorsus mutatur cum calamo. ³⁵⁶ Post hæc linea et dimidia erasa. Dein atramentum mutatur.

NOTÆ.

(368) Comes S. Pauli.
(369) Saint-Riquier.
(370) Namur.
(371) V. Ann. Fossenses SS. t. IV, 30.

nia (372), mense Aprili natus est infantulus, carens A thariàs rex et Fridericus dux Suevorum pariscuncollo et capite, ocellos habens in spatulis [357]. Lo- tur [358].

VARIÆ LECTIONES.

[357] *calamus mutatur.* [358] *Hic desinit manus Anselmi. Quam nullo spatio interjecto, sine ulla inscriptione in eadem pagina pergens sequitur manus tertia eadem, quæ a. 1085-1111. in. exaravit. Pertingit ea uno tenore usque ad* revocare concordiam.

NOTÆ.

(372) Braine-le-Comte, inter Halle et Mons.

CONTINUATIO GEMBLACENSIS.

1136. R. 11. F. 27. (28.) A. 36. (37.) II. 6.

Cenobium sancti Vedasti Atrabatensis concrematur cum claustro et officinis et magna oppidi parte; nec meminit aliquis nostra ætate tot villas, tot civitates, tot castra, oppida vel municipia, concremata fortuito igne, quot in hujus anni spatio combusta esse referuntur. [Domnus Alexander Leodicensium episcopus moritur [359].] Anselmus octavus abbas Gemblacensis cenobii obiit; qui adhuc vivens, etsi corpore invalidus, tamen erga Dei cultum et scripturarum exercitium erat strenuus [360]. Hic cronicam istam a fine chronicæ a Sigeberto venerabili Gemblacensis æcclesiæ monacho descriptæ ad hunc usque annum perduxit, et visa vel a fidelibus relatoribus audita posterorum notitiæ dereliquit. Discordiæ malum quam perniciosum sit omnibus, plus jam nostris tribulationibus discimus, quam in codicibus legimus. Cum enim monachi cum oppidanis, oppidani cum monachis non concordarent in substituendi abbatis electione: ad hoc usque processit malum discordiæ, ut [361] dux Lovaniensis (373) et comes Namucensis rupto pacis federe hostiliter inter se concertarent multo tempore. Erat autem cernere miseriam et omnium rerum depredationem violentissimam, homicidia sepissime fieri, villas cum habitatoribus concremari, in tantum ut gemmelacensi oppido cum parrochiana æcclesia combusto cum maximo inhabitantium periculo, Dei clementia majus monasterium, quod est contiguum, undique grassante incendio jam succensum, miro restrinxerit modo. Vicini enim fluminis alveus in stagnum collectus, rivo suo magna ex parte subito est evacuatus, ita ut arenæ ejus cernerentur circumcursantibus et his, qui resistebant hostibus; ejusque aqua superfusa monasterio in modum pluviæ, incendium omne restinxit Dei virtute. Ne cui autem hoc videatur incredibile, multæ hoc hodieque attestantur non

B solum laicales, sed et æcclesiasticæ personæ. [Domnus Adelbero, ex clero Mettensi assumtus, datur Leodicensium episcopus [362].] Monasterium sancti Dionisii in Brokorotht comburitur cum claustro et omnibus appendiciis et oppido, vix anno 12. anterioris combustionis expleto [363]. Rex Anglorum Heinricus obiit (1 Dec. 1135), vir pauperibus et æcclesiis Dei multæ benignitatis, ac per hoc etiam multæ liberalitatis. [Ludowicus rex Francorum obiit (374); filius ejus equivocus succedit [364].] Rex Lotharius multo regni sui congregato exercitu, Romam secundo proficiscitur (Sept.) duorum de sede apostolica contendentium discordiam ad pacis et unitatis cupiens revocare concordiam [365].

C Angli diu habita deliberatione, quem sublimarent regio nomine et honore, sine liberis defuncto Heinrico rege, Stephanum consobrinum ejus constituerunt pro eo regnare. Mons Castrilocus (375) cum templo sanctæ Waldedrudis et toto pene opido concrematur [366].

1137. 12. (11.) 1. (27.) 1. 7.

Rex Lotharius, anno uno et mensibus 5 cum expeditione militari in Italia commoratus, ab ingressu abstinuit urbis Romæ, quia duorum de sede apostolica contendentium prelia et seditiones nequivit compescere (Mai). Rogerium Siciliæ ducem sibi resistentem bellica congressione frequenter atrivit; provinciam ejus cede et incendio devastavit; sed tamen eum ad deditionem non compulit. Dum ergo varius eventus belli esset, et nec hos nec illos gladius consumeret, rex Lotharius morte preventus (Dec. 5) bellum cum vita finivit; et propter incursus undique imminentium hostium non manifeste, sed quasi occulte a suis relatus, in Saxonia est tumulatus. [Arnulphus ex monacho Sancti Nichasii Remis datur abbas Gemblacensis [367].]

VARIÆ LECTIONES.

[359] *inter lineas addit manus septima eadem, quæ finem codicis inde a. 1145. Remis exaravit;* B1. 5. F1. 2. 5. [360] *qui — strenuus desunt* B4". [361] *Discordiæ — discordiæ ut desunt* B1. 5. *Discordiæ — ecclesiasticæ personæ desunt* B3". 4". 4". [362] *addit in 1. manus quinta;* B1. 5. F1. 2. 3. *desunt* B3". 4". 4". [363] *Monasterium — expleto desunt* B1. 5.; *initio anni post oppidi parte collocant* B3". 4". 4". [364] *addit manus quinta.* B1. 3". 4". 4". 5. F2. 3.; *desunt* F1. [365] *Desinit manus tertia, incipit quinta.* [366] *Mons — concrematur desunt* B1. 5. [367] *addit inter lineas manus incerta,* F1. 3; *desunt* B1. 3". 4". 4". 5.

NOTÆ.

(373) Godefridus.
(374) Demum Kal. Aug. 1137.
(375) Mons.

(*An.* 1138. *Jan.* 25.) Bruno Coloniensium archiepiscopus obiit in expeditione Italica, 6. anno sui presulatus. Petrus Leonis decessit ex hac vita, qui sedem apostolicam retinere conabatur cum violentia. Æcclesiæ Dei et Gregorio papæ pax est reddita, et cessaverunt seditiones et prelia [368].

Prudens lector, habeo tibi aliquid dicere, cupiens magis doceri quam docere. Beatus Gregorius dicit, inconveniens esse, ea quæ carent gravitatis soliditate, in libris congerere. Studiosis enim lectoribus non sunt utilia, sed fastidiosa. Hoc exemplo nos de multis quæ contingunt conscribimus pauca, sed eminentiora ; ut habeatur secundum legem chronicæ rerum gestarum breviter digesta veritas, et caveatur inutilis et undecunque congesta prolixitas [369]. Si autem aliquid conscriptione dignum æstimaveris a nobis pretermissum, studiosis scripturarum scias esse dimissum ; quia non omnia possumus omnes, nec omnia volunt omnes ; et laudatur quidam dixisse prudenter et breviter :

Quid dem, quid non dem? renuis tu, quod jubet alter.

1138. R. 1. F. 2. A. 2. H. 8.

Rex [370] Danorum, audita morte regis Anglorum, cum multo navium apparatu, cum militari et pedestri exercitu, fines Angliæ devastabat omni crudelitatis genere; dicens, antecessorum hereditario jure et collimitanei maris vicinitate sibi magis deberi regnum Angliæ, quam Stephano regi et Normannis ex Wilhelmi bastardi pervasione. Rex Anglorum reputans periculosum primo impetu cum tam efferato hoste non ex equo confligere, habita dilatione et inspecta oportunitate, dispersos longe lateque et inhiantes predæ facili superavit congressione, multisque eorum interfectis aut captis, reliquos conpulit cum dedecore ad propria redire. Post mortem regis Lotharii, non ferentes principes Teutonici regni, aliquem extraneum a stirpe regia sibi dominari, regem constituerunt sibi Cunradum, virum regii generis (*Febr.* 22.) Erat quippe ex sorore nepos Heinrici quinti regis, quarti imperatoris hujus nominis. Heinricus dux Bajoariorum, quia filia Lotharii regis ei nupserat et jam liberos ex ea susceperat, Cunradum regno sublimatum et se alienatum graviter ferebat, et quoscunque poterat, ab ejus amicitia et fidelitate avertebat. Hugo post Brunonem datus Coloniensium archiepiscopus, dum Romam adiret consecrandus, peregre est defunctus, cique successit Arnulfus. Godefridus Lovaniensis, dux Lothariensium, magnum patriæ suæ decus, vir suo tempore et tempori et honori sciens se decenter conformare, moritur.

1139. 2. 3. 5. 9.

Cunradus tertius rex hujus nominis, Godefridum filium Godefridi ducis facit paterni honoris successorem, ea maxime pro causa, quia suæ conjugis sororem ei dederat uxorem. Heinricus dux Bajoarii :rum, adhuc contrarius existens Cunrado regi, nec attendens illud dictum mundanæ sapientiæ : *Levius fit patientia, quicquid nefas est corrigere* (Hor., *od.* I, 24). inremediabili morbo tristitiæ pervenit ad extrema vitæ. Gentis Anglorum principes a rege suo dissentientes, dum alter alteri varie assentitur, gens tota per eos affligitur, eo deterius, quo cives ut hostes non exterius, sed interius patitur. Paludes et fontes, qui per aliquot annos tanta defecerant siccitate, ut putarentur non posse denuo refluere, mirantur multi non solum fluere, sed et solito majores aquas emittere [371].

1140. 3. 4. 4. 10.

Eclypsis solis facta est 4. Non. Aprilis, advesperascente jam die et celo serenissimo existente, sol quasi tetro velamine videbatur circumfusus eglyptica caligine. Exorta discordia inter Alberonem episcopum Leodicensem et Heinricum comitem Namucensem, multa hinc inde contigerunt mala, predæ et incendia, cedes et homicidia. Causa hujus discordiæ comes Namucensis ex improviso aggressus opidum, quod Fossis dicitur, quia nomen tale sibi dat situs ipse loci, multis captis aut occisis, multa preda abducta, opidum totum cum monasterio beati Foillani combussit, edificia lapidea quæcumque eminentiora erant, destruxit. Heinricus comes Lemburgensis, dolens se privatum honore ducatus, quem pater suus et avus habuerant, Godefrido duci rebellis erat, contiguos sibi possessionum ejus reditus invadebat, et sicubi prevalebat, nulli amicorum ejus parcebat. Godefridus dux graviter ferens insolentiam ejus, opidum sancti Trudonis cum multo equitum peditumque exercitu obsedit, cives ad deditionem coegit, obsides promissæ sibi fidelitatis accepit [372]. Deinde cum eodem exercitu progressus, et opidum Aquasgrani ingressus, cum multo potentatu per biduum in sede judiciaria resedit, exactiones quas ducem Lotharingiæ exigere decebat exegit, opidanos suæ fidelitati astrinxit, et ne Heinrici comitis fautores essent, ostentatione potentiæ suæ deterruit.

1141. 4. 5. 5 11.

Cunradus rex quosdam regni sui optimates sibi resistentes cogit suo parere imperio, munitiones eorum oppugnando aut expugnando. Rex Anglorum Stephanus, non satis cavens dubios animos principum ficta sibi amicitia adherentium, dum quosdam hostes

VARIÆ LECTIONES.

[368] *Post hæc spatio unius lineæ relicto, incipit manus* 1*n. vario tempore scribens usque a.* 1145. *initium.* Prudens — jubet alter *desunt* B3'. 4'. 4''.   [369] *atramentum mutatur.*   [370] *calamus mutatur.*   [371] *Post hæc calamus atque atramentum mutatur.*   [372] *eadem manus, quæ* 1152. *correxit, et hic verbis* civis — accepit *expunctis superscripsit :* obsidere venit, sed oppidanis obsidionem prevenientibus, placato eorum accepta in gratiam eos recepit. *Eadem habent* B1. 5. F1. 2. 5. *at non* B3'. 4'. 4''.

expugnare nititur, a suis derelictus et ab hostibus interceptus, capitur et custodiæ mancipatur. Plaga ignis divini multos adurit; sed per intercessionem sanctæ Dei genetricis Mariæ aliorumque sanctorum multis hac egritudine laborantibus misericordia Dei subvenit. Rex Jherosolimitanorum cum suo exercitu, fultus auxilio christianorum, loca sancta, ubi pedes Domini steterant, visitantium, Ascalonitas omni commeatu excluso terra marique oppugnat, quorundam etiam hostium castra propinquiora expugnat [373]. Adelbero hujus nominis secundus Leodicensium episcopus, dolens fraudulenta invasione comitis Raginoldi jam per 7 annos violenter retineri castrum Bulonium, quod cum omnibus appendiciis suis Otbertus episcopus multa summa argenti adquisierat episcopio Leodicensi, nec ferens tantum honoris et commodi ab presens sibi et in posterum auferri æcclesiæ Dei, oportunitatem expectabat, qua juste repeteret, quod æcclesia injuste amiserat. Deus autem, qui ei ad hoc dederat affectum, bonæ voluntati ejus dedit effectum. Inspecta enim oportunitate, castrum obsedit cum multa equitum peditumque multitudine. Plus tamen de divino quam de humano confidens auxilio, corpus beati Lamberti ad locum obsidionis jussit deferri, sic sperans quod inchoaverat prosperari et accelerari. Nec frustratus est spe sua. In paucis enim diebus castrum recepit cum Dei et sancti Lamberti auxilio, quod multo tempore, multorum labore nimio, vix longa reddidisset obsidio. Quanta ibi contigerint, quanta etiam nunc contingant ad corpus beati Lamberti miraculorum insignia, quia non est hujus operis, prudentioribus relinquimus estimanda vel, si eis placuerit, describenda [374].

1142. R. 5. F. 6. A. 6. H. 12.

Rex [375] Anglorum, quibusdam pacis conditionibus solutus a captione qua tenebatur, iterum Anglicæ genti principatur [376]. Rex Francorum frequenter ammonens et per se et per legatos suos Tietbaldum comitem Blesiensium, ne violenter invaderet et retineret aliena, cum ei satis superque possent sufficere propria, animadvertit, eaque ammonendo dicebat, surdis auribus audiri, decrevitque pugnando agere, ne posset contemni. Denique cum multo comitatu aggressus castrum ejus, quod Vitreiacum dicitur, opidanos et milites sibi resistentes aut cepit aut occidit. Opido succenso, in tantum ignis excrevit, ut etiam castrum, quod in eo erat valde munitum, cum multo inhabitantium periculo concremarit. In hoc prælio vel incendio capti, cesi aut concremati, ad mille quingentos sunt estimati. In vicinia Lovaniensi mel stillavit de cælo in modum pluviæ, quod verum mel fuisse probaverunt multi visu, gustu et contrectatione. Godefridus junior dux Lotharingiæ quarto anno sui ducatus moritur [377]. Cunradus rex in opido quod Frankenefort dicitur, cum multa frequentia optimatum regni sui, curiam habuit (Jun. 7), et quæ confirmanda erant, eorum consilio et judicio confirmavit, et corrigenda correxit. Deinde cum non multo comitatu aggressus quosdam Sclavorum rebelles regnum inquietantes, non, ut putavit, eos imparatos invenit, ideoque viriliter resistentibus ad horam cessit. Nec multo post incautis superveniens improvisus, multos eorum cepit aut occidit, multos eorum in fugam versos, in flumen, quod contiguum erat, demersit, reliquos multa summa gratiam suam redimentes ad deditionem compulit. In parochia Gemblacensi natus est puer monstruosus, qui miraculo et horrori se aspicientibus fuit.

1143. 6. 7. 7. 13.

Regnum [378] Francorum magnum patitur perturbationem bellorum, per discordiam regis et principum, inter quos eminebat Tietbaldus comes Blesiensium. Rex Anglorum, necdum pacato regno suo, contumaces subjugare volebat, sed non valebat, quia tutam fidem nusquam reperiebat, et conatus suos non prosperari sed frustrari dolebat. Cunradus rex concessit filio Godefridi ducis junioris adhuc puerulo, quicquid beneficii vel honoris antecessores ejus habuerant de manu imperatoris. Pagani vicini Hierosolimitanis christianis, pertesi malorum et frequentis oppugnationis christianorum, pactum pacis inierunt cum eis, et terras, quas eis christiani abstulerant, quæ incultæ erant, sub tributo colendas susceperunt ab eis. Gregorius papa, qui et Innocentius, obiit (Sept. 24). Wido, qui et Cælestinus, papa succedit.

1144. 7. 8. 8. 14.

Hiems hoc anno nimietate pluviæ et vento vehementi periculosa extitit et damnosa, in tantum, ut silvas, templa, turres et edificia, quæ putabantur firmissima, aut funditus subverterit, aut magna ex parte destruxerit. Wido, qui et Cælestinus, qui Romanæ æcclesiæ 165us presidebat, obiit (Mart. 9). Gerardus, qui et Lucius, papa successit. Fames gravissima hoc anno multos afflixit; multos panis

VARIÆ LECTIONES.

[373] *Sequentia multum decurtavit* B4'. [374] *Hic* F2. *addit :* « Ludovicus rex Francorum adolescentio adhuc concessit ecclesie Buturicensi libertatem eligendi in archiepiscopum quem vellent excepto Petro cognato Hemerici cancellarii, juravitque publice super sancta ewangelia quod se vivente non erat ille futurus archiepiscopus. Qui tamen electus Romam profectus est et consecratus a domino Innocentio dicente regem puerum instruendum et cohibendum ne talibus assuescat, et adjecit veram non esse libertatem ubi quis excipitur a principe nisi forte docuerit coram ecclesiastico judice illum non esse eligendum. Tunc enim auditur ut alius rex exclusit archiepiscopum redeuntem sed eum comes Theobaldus recepit in terra sua. ei omnes ecclesie obediebant. Indignatus est ob hoc rex comiti Theobaldo. et omnes fere proceres excitavit ut ei cum rege guerram inferrent. » [375] *totum hunc annum alia manus exaravit, calamo continuo.* [376] *Hic* F2. *addit :* « Comes Radlis regine sororem ducit ; relicta conjuge sua. rege procurante per episcopos suos divorcium negata audiencia mulieri . et hoc in invidiam comitis Theobaldi. » [377] *Godefridus— moritur desunt* B5'. 4'. 4''. [378] *redit manus* 1n. *calamo continuo usque ad vocem* destruxerit *initio anni sequentis.*

penuria pauperavit. In regno autem Anglorum in tantum dicitur prevaluisse, ut maximam utriusque sexus multitudinem contigerit fame interisse. Nec tantummodo pauperes et mediocres, sed et eorum multi, qui putabantur sibi sufficientes esse, duro famis gladio perurgente coacti sunt alias emigrare, ut malum inopiæ si non ex toto evitare, saltem possent alleviare. Triticeæ messis maturitas et collectio provenit tardius solito; quia, nimietate pluviæ impediente, vix potuerunt messores 8 Kal. Septemb. metere, quod aliquoties vidimus eos 8 Kal. Augusti messuisse. Fulco quartus rex Jherosolimitarum, 15 anno regni sui vita decessit. Balduinus filius ejus ei successit. Rex Francorum sciens quia perturbatio capitis perturbatio est membrorum, ut sedaret perturbationes regni sui, acquievit confoederari Tietbaldo Blesiensium comiti. Cunradus rex sciens per se, sciens religiosorum virorum ammonitione, quantum reverentiæ debeatur ecclesiastico ordini, cui Deus dicit: *Qui tangit vos, tangit pupillam oculi mei;* si quos elatos fastu secularis potentiæ contra episcopos vel contra alios ecclesiæ sanctæ prelatos noverat insolenter agere, regia censura cogebat eos ab insolentia desistere, et illis quos offenderant decenter satisfacere [379]. Vineæ et arbores fructiferæ non exibuerunt solitam ubertatem, sed in proventu difficultatem, in fructibus habuerunt raritatem et acerbitatem [380].

1145.   R. 8.   F. 9.   A. 9.   H. 1.

Regnum christianorum, quod adquisierunt exterminata multitudine paganorum Hierosolimam et confines ejus urbes possidentium, sui exordii habet hunc annum quinquagesimum primum. Laus est et gloria Christi, quod christiani cum ejus auxilio possident regionem', in qua per semetipsum et per apostolos Christus initiavit christianam religionem [381]. Gerardus, qui et Lucius, papa obiit (*Febr.* 25). Bernardus, qui et Eugenius, 165us ei successit.

Remis [382] in cenobio beati Remigii sanctus Gibrianus Scottus multis claret virtutibus, et multo populi concursu frequentatur. Adelbero Leodicensis episcopus vita decessit. Heinricus assumptus ex clero sancti Lamberti, secundus hujus nominis presul, ei succedit [383]. Civitas Edessa, quæ et Roaiz dicitur, multo tempore a christianis possessa, per negligentiam christianorum et insidias paganorum capitur, omnesque qui in ea inventi sunt, perfectæ ætatis christiani trucidantur, adolescentes utriusque sexus per diversas paganorum provincias in servos et ancillas venundantur. Northmanni, qui subditi fuerant Heinrico regi Anglorum, parvipendentes successorem ejus Stephanum, subdunt se regimini comitis Andegavensium. Cunradus rex apud Athernacum in vicinia Treverorum pentecosten celebravit (*Jun.* 3), et quosdam sibi rebelles oppugnando et expugnando ad deditionem compulit.

1146.   9.   10.   10.   2.

Heresis Eunitarum intra Brittannias pullulat. Horum princeps erat quidam perversæ mentis, Eunus nomine; qui cum esset idiota, et ipsos apices litterarum vix agnosceret, tamen polluto ore de divinis libris tractabat et disputabat. Hic nefario ausu absque sacris ordinibus missas celebrabat indigne, ad errorem et subversionem perditorum hominum; episcopos etiam et archiepiscopos his qui sibi adhærebant ordinabat. Multa quoque alia faciebat scelerata et divinæ legi contraria. Ad postremum, diabolico spiritu completus, in tantam prorupit insaniam, ut diceret et credi cogeret se esse filium Dei, affirmans se esse eum per quem sacerdotes in ecclesia generalem collectam solent terminare dicendo: *Per eundem Dominum nostrum.* Quanta autem turpia et execrabilia agant in abscondito heretici isti, qui vocantur Eunitæ, id est sequaces Euni, bonum est silentio tegere, ne horrorem incutiant vel etiam errorem generent infirmis auditoribus. Fames gravissima jamdiu concepta in tantum longe lateque prævaluit, ut excrescentem pauperum multitudinem nullatenus sine magno gravamine sustentare possent hi qui respectu Dei vel pietatis affectu manum misericordiæ porrigebant eis. Multos etiam, qui victu et aliis necessariis habundabant, malum famis ad mendicitatem deduxit. Occidentales christiani, dolentes de subversione urbis Edessæ, quæ et Rohaisz dicitur, quam pagani superiore anno vastantes, cultum christianitatis in ea omni spurcitiarum genere contaminaverant, in tantum ut etiam princeps eorum in majori basilica super sanctum altare cubile suum exstrueret, et illic ad injuriam et contemptum summi Dei cum meretrice cubaret [384]: pro his, inquam, omnibus justo dolore commoti, uno animo, pari consensu, ad debellandos eos proficisci deliberant. In tantum autem erant omnes prompti et alacres ad hanc profectionem, ut et Cunradus rex Theutoniæ, et Ludowicus rex Franciæ, religiosorum virorum [385] monitis animati, et ipsi prompto animo ad hanc expeditionem sese accingerent.

VARIÆ LECTIONES.

[379] Cunradus — satisfacere *desunt* B4'.   [380] *Post hæc* F1. 2. *addunt:* Godefridus comes, frater Balduini comitis, moritur.   [381] Regnum — religionem *desunt* B3'. 4'. *Post hæc* F2. *addit:* Turonensis archiepiscopus per sentenciam domini pape Lucii adversus Dolensem archiepiscopum optinuit subjectionem ecclesie Dolensis, et evicit ab ea omnia jura quae illi quod diutissime habuerat. Unde verecundatus idem Dolensis redire non ausus est: sed se contulit ad Rogerum Sicilie regem, qui ei dedit Capuanum archiepiscopatum.   [382] *Abhinc sequitur manus septima, calamo atque atramento continuo pergens usque ad finem codicis.*   [383] Adalberto — succedit *desunt* B3'. 4'.   [384] in tantum — cubaret *desunt* B3'. 4'. 4''.   [385] et precipue Bernardi abbatis Clarevallensis *addunt* B3'. 4'. 4''.

1147. R. 10. F. 11. A. 11. H. 5.

Cunradus rex Heinricum filium suum Aquisgrani in regem sublimat *(Mart.* 30), ne post decessum suum regnum absque principe remaneret, et aliqua rerum perturbatio moveretur. Multi christianorum per mare Anglicum profecti ad debellandos Saracenos, tandem emenso mari in Gallitiam apud Sanctum Jacobum applicuerunt. Et inde moventes exercitum, pervenerunt ad urbem Saracenorum potentissimam, quæ ex nomine conditoris Ulixibona dicitur; ubi vario belli eventu cum Saracenis dimicantes, adjuvante Deo, potiti sunt victoria, et occisis vel exterminatis Saracenis, urbem ipsam et omnem in circuitu viciniam quiete possederunt. Eclypsis solis facta est circa tertiam horam diei, 7 Kal. Novembris. Necdum quoque ad purum redintegrato solari lumine, sed adhuc circumfuso eclyptica caligine, stellam conspicabilem in aere multi suspexerunt. Fuerunt etiam alii, qui dixerunt, se in ipso orbe solis majestatem divinam vidisse, eo modo quo a pictoribus in libris depingi solet. In natali Domini fulmen irrupit templum Hierosolymis, et de columna ex lapidibus facta, quæ sepulchro Domini proxima erat, duos lapides grandes excussit. Inde ad locum baptisterii percurrens, lapidem marmoris concavum, qui aquam baptismi continebat, minutatim confregit. Indeque in montem Syon pervolans, turrim basilicæ pulcherrimam ex magna parte perfregit.

1148. 11. 12. 12. 4.

Cunradus et Ludowicus reges, qui superiore anno cum infinito exercitu profecti fuerant trans mare, ut paganos debellarent, nichil prospere fecerunt; sed tantis exercitus eorum attritus est infortuniis, tum fame, tum mortalitate, tum ferro hostium, ut de tot milibus tam copiosæ multitudinis vix pauci repatriaverint. Et quamvis occulto, quo nescitur, Dei judicio hæc acciderint, constat tamen, quia in hostico illo multa scelera, multa illicita et flagitiosa patrata sunt ab eis, et ob hoc ira Dei ascendente super eos, omnis conatus eorum in vacuum cessit. Nec facile invenies sive in hystoriis, sive in annalibus, quod ab exordio christianitatis usque ad tempus istud tanta multitudo populi Dei tam subito et tam miserabiliter deperierit, sicut nunc factum est. Eugenius papa collecta generali synodo Remis, multa super statu A æcclesiæ tractavit et confirmavit. Inter alia statuit, ut decreta Innocentii papæ predecessoris sui rata et inconvulsa permanerent; quicquid autem Petrus Leonis pseudopapa statuerat vel ordinaverat, irritum haberetur, promulgans sententiam sic : *Ordinationes factas a filio Petri Leonis et ab aliis scismaticis et hereticis, evacuamus et irritas esse censemus.* In hac synodo adductus est supradictus hereticus Eunus, et presentatus papæ a quodam catholico Britanniæ episcopo. Hic igitur in audientia omnium de sua perversa heresi discussus et convictus, vitam quidem et membra, episcopo qui eum adduxerat expostulante, retinuit, sed tamen precepto papæ in custodia relegatus, et ibi post non multum temporis mortuus est. In hac synodo archiepiscopi, episcopi et abbates usque ad mille centum resedisse dicuntur. Terrores de cælo et tempestates ultra solitum, alias clementius, alias inclementius acciderunt. Mense Martio, 8 Kal. Aprilis, cum dies jam ad vesperam inclinaret, gravissima fuere tonitrua, cum ingenti choruscatione et procellosa pluvia. Non autem evenit tunc, quod alio tempore evenire solet, ut sonus ille ad aures hominum paulatim perveniat, ac deinde crescat in majus; sed ita repente et insperate increpuit fragor ille tonitrui, ut omnes qui audierunt, magno metu et ammiratione concuteret. Item mense Julio in diversis locis magna tonitruorum et fulgurantium tempestatum detonavit procella; sed in castro Laudunensi plus quam alias vis tempestatis deseviit. Nam in monasterio sancti Vincentii, cum monachi completorium canerent, fulmen irrupit basilicam, et duos monachos in choro stantes percussit et extinxit; inde ad majus altare pervolans, pallas lineas, quæ altare velabant, exussit. Accidit autem ibi quiddam mirabile, quia major palla, quæ desuper totum altare ambiebat, aliis pallis ardentibus, ardere non potuit. Dicitur autem, quod alia multa in eadem basilica ex ictu fulminis acciderunt; sed sufficiunt ista ad cognoscendum, quantus sit terror divinæ districtionis. Cameracus civitas ex magna parte sui incendio conflagravit, et principalis æcclesia cum claustro et palatio episcopi, monasterium etiam beati Autherti. Hoc etiam anno [386] combustum est cœnobium sancti Sepulcri in eadem urbe, paucis annis a priori ejus combustione transactis.

VARIÆ LECTIONES.

[386] *Hic desinit* F3. *ultimo folio amisso.*

AUCTARIUM GEMBLACENSE

1ζ, *manus s. XII scripsit post a.* 1131, *et ante a.* 1137. *Eadem habent* B3'. F1. 2. 3.

771. Caput Johannis baptistæ ab Alexandria in Aquitaniam transfertur hoc modo. Quidam laudabilis vitæ monachus, nomine Felicianus, ex Galliarum partibus, cum paucis sociis Hierosolimam gratia orationis adiit, et post expleta piæ devotionis obsequia, angelica allocutione commonitus, Alexandriam expetivit, et caput baptistæ Joannis a loco, in quo olim a Theophilo, ejusdem urbis episcopo, reconditum fuerat, eodem angelo revelante sustulit, et ad Aquitaniam in territorio Engolismo detulit.

Pipinus rex tunc morabatur ibidem in palatio, quod Angiriacum dicitur, cernensque, per eum cotidiana indigenis beneficia, sibique crebras ex hostibus Aquitanicis victorias provenire, regii operis basilicam construxit, non longe a Vulturni fluminis litore, et in ea ciborio constructo mirifici operis, caput decenter adornatum recondidit precursoris. Monachorum etiam coenobium illic constituit, et prediis regiis magnifice ditavit [367].

876. Rollo dux Normanniam cum suis penetravit, et 55 annis in ea regnavit. Ab hoc derivatur genealogia ducum Normannorum et regum, qui ex eis nati, prefuerunt postmodum genti Anglorum.

1η. *natione Leodiensis, qui et a.* 1137-1145 *exaravit. Eadem habent* B5*. (*cui desunt* 987. 991. 1012. 1057. 1042. 1048. 1072. 1092.) F1. 2. (*deest* 1042.) 3.

465. (GREG. TUR.) Annus presens, qui est a transtu sancti Martini 64, reverentissimi corporis ejus translatione insignitur. Cum enim ea prerogativa, qua vivens, etiam mortuus incomparabili signorum fulguraret claritate: beatus Perpetuus, Turonicæ civitatis antistes, pro priori edicula templum multæ ambitionis, adeo ut centum et vigenti columpnarum mira dispositione subnixum totum concameraret, super eum edificavit, corpusque sanctum a sepulchro elevatum, 4 Nonas Julii, annuo videlicet consecrationis ejus in episcopum die, in loco, in quo nunc veneratur, angelico fretus auxilio transtulit, ipsumque templum eodem nichilominus die postmodum dedicavit. Unde fit, ut sub uno die triplici occurrente festivitate, ordinatione scilicet episcopatus, translatione corporis, dedicatione basilicæ suæ, 4 Nonas Julii annuatim beatus Martinus sollempnissima totius comprovintialis populi frequentetur devotione. Locus autem, in quo sacratissimum corpus ejus quiescit, ab urbe Turonica occidentem versus brevi interjacente campi planitie disparatus, castrum novum vocatur, ubi in predicto templo, sub ciborio auro, argento, gemmisque vestito, decenter collocatum, tanta miraculorum illustratur magnificentia, ut toto christianitatis orbe apostolicam gloriam optineat [388].

564. Hic Lotharius cenobium sancti Medardi in Suessionis civitate construxit et regia munificentia dotavit, et in eo sepulturæ locum accepit [369].

592. Hic (*Gregorius*) decrevit, ut monachi in officio sacerdotalis gradus utantur potestate ligandi atque solvendi [389].

651. Cui (*Remaclo*) successit in pontificali regimine sanctus Theodardus [389] (Cf. *Ann. Laub.*).

683. Innocentius 58us pacis osculum decrevit dari [390].

694. (*V. Lamb.*) Gens Thessandrorum, cum usque ad id temporis idolatriæ erroribus esset dedita, predicatione sancti Lamberti Trajectensis episcopi ad fidem Christi convertitur [391].

710. Extunc Legia exaltata, et in urbem est ampliata [389].

711. (S. Oda. . . . quievit) in villa super Mosam sita, quæ dicitur Ammanium [390].

714. Sanctus Hubertus construxit et reditibus ditavit monasterium sancti Petri in Leodio [389].

755. (Obiit sanctus Hubertus) Succedit Florbertus [389].

771. Idem rex (*Pippinus*) fecit fontem lacunarium, de quo a duobus fere milibus sub terra, per edificia cementaria, in palatium ejus aqueductus influebat, et ipsam dividens aquam, in basilicam sancti Johannis baptistæ, per ferrum et æs introduxit, ita, ut sub ciborio per marmoream columnam interius concavam ebulliret, ibique sacri baptismatis ablutio in honore domini nostri Jesu Christi et sancti Johannis baptistæ fieret, atque iterum in ipsa lacunaria remearet. Hoc cenobium Angelisz vocatur [389].

849. (*De S. Helena*) recondita in cenobio sancti Petri, quod Altumvyleyr dicitur.

890. Franco episcopus adquisivit episcopatui Legiensi abbatiam Lobiensem et preposituram Fossensem cum appendiciis suis.

958. (Erluinus p. a. G.) a quibusdam contrariis sanctæ religioni [390] (l. o. p.).

987. Succedit Heriwardus (576).

991. Obiit Hervardus abbas; succedit Erluinus junior.

1012. Abbas Erluinus junior obit.

1037. (*A. Leod.*) Obiit Reginardus episcopus; succedit Nihardus.

1042. (*Ib.*) Obiit Nihardus episcopus.

1048. Abbati Olberto succedit Mysac (376).

1072. Obiit abbas Mysac; succedit Tietmarus.

1092. Obiit Tietmarus abbas; succedit Lietardus.

10. *manus s. XII med.; eadem habent* B5*. F1. 2. 3.

1010. In cenobio Florinensi pro clericis, qui ad hoc usque tempus deserviebant ibi, monachi sunt constituti.

1015. Baldricus episcopus Florinensem abbatiam adquisivit ei cui preerat Leodicensi episcopatui.

1088. Monasterium sancti Johannis in Florinis concrematur anno sexagesimo secundo suæ consecrationis.

1ι. *manus s. XII ex. Eadem habent* F1. 2. 3. (*cui deest* 1135).

1135. Rex Anglorum Heinricus obiit mense De-

VARIÆ LECTIONES.

[367] *partim in rasura duarum linearum, reliqua in margine. Tum* 1η. *adjecit :* Verte folium ad istud signum θ, *et in folii versi margine pergit :* θ Idem etc. ut statim dabimus sub 1η. [388] *in rasura.* [389] *in margine.* [390] *inter lineas.* [391] *in rasura unius lineæ.*

NOTÆ.

(376) Gemblacensis.

cembrio, vir pauperibus et æcclesiis Dei multe benignitatis [392].

1134. Hoc anno cepit edificari heremus Montis Dei, 10 Kal. Junii.

1135. Lodovicus rex Francorum obiit; filius ejus equivocus succedit [393].

1x. *manus s. XII ex.; eadem habent* F1. 2. 3.

1131. Apud Scathiam insulam Daciæ octo episcopi cum regis sui filio ac multis populis 2 feria pentecostes publica congressione perierunt prelii.

1148. Daci et Westphali ac Saxonum duces consenserunt in hoc, ut aliis euntibus Jerosolimam contra Sarracenos, ipsi vicinam sibi Sclavorum gentem aut omnino delerent, aut cogerent christianam fieri. Et cum jam ad arma ex utraque parte ventum fuisset, Teutonici accepta pecunia vendiderunt Dacos; ceptoque prelio se subtrahentes, multa milia Dacorum Sclavorum occiderunt gladii.

1λ. *manus s. XII; eadem* B5*. 4*. *(exceptis* 1085. 1087.) F2. *(exc.* 1603. 1150.) F5.

1083. Affligemense — aggreditur [394].

1087. Hoc anno Cnuth, rex Danorum, interficitur. Domnus Fulgentius Affligemensis cœnobii primus abbas hoc anno electus est in festivitate sancti Martini [394].

1121. Henricus rex Anglorum *ducis* Godefridi filiam Ade*l*eidam sibi conjugio *sociat*, et reginam in Anglia *constituit*. Qui rex magna *prudentia rexit imperium* suum, omnes quoque tyrann*orum* motus miro ingenio *compe*scuit, et larga manu *æccl*esias ditavit [395].

1150. Hugo de Sancto Victore simplicitate et morum honestate precipuus habetur; qui et diversa opuscula conscripsit.

1142. (*De puero monstruoso*) sed post modicum obiit. Godefridus junior, dux Lotharingie, quarto anno sui ducatus inmatura morte prereptus, epatica passione consumptus, et Lovanii in templo tumulatur. Succedit filius ejus equivocus, primum adhuc agens ætatis annum [396].

Aliæ manus.

1090. Sanctus Bernardus, postea primus abbas Clarevallensis, nascitur in Burgundia [397].

1099. Abhinc annotandum est regnum Hierosolymorum in quarta linea [398].

1104. (Hierosolimitæ Accaron u. capiunt) sed quam adquisierunt per industriam, perdiderunt per negligentiam [399].

AUCTARIUM AQUICINENSE

Quæ in monasterio Aquicinensi (Anchin, prope Duacum) Sigeberto addita sint, codice B. deperdito, jam conjectura tantum assequi licet. Additiones enim reliquorum codicum, quos ex B. fluxisse omnes supra vidimus, aliæ in singulis tantum codicibus leguntur, his ipsis igitur tribuendæ; aliæ nunc in pluribus, nunc in omnibus exstant, quas explicare non possumus, nisi communi isto fonte statuto. Hasce igitur hic damus in unum collectas. Scriptas esse oportet a. 1113, cum codex B. exaratus sit, priusquam Anselmus Sigeberto quidquam præter a. 1112 adjecisset. Alius deinde post a. 1148 addidit continuationem Anselmi, Gemblacensium, et propriam. Hanc etiam e conjectura tantum restituere licuit. B5. enim et B5. in plurimis ad verbum conveniunt: eademque ipsa in* B4*. 4**. *leguntur sine ulla additione. Et hæc igitur in communi istorum codicum fonte B. fuisse, veri plus est quam simile. Damus ea ex* B5*. 5*. *et* 4*., *hunc maxime secuti, quippe qui ab interpolationibus abstinuit. Continuator primo ad a. tantum* 1155. *scripsisse videtur; post hunc enim annum Affligemensis ejus vestigia plane deserit. Abhinc eum non novimus nisi ex* B4*. 5., *sed finem ejus ignoramus, cum* B4*. *in media sententia calamum deposuisse pateat. Auctor non raro exscripsit Annales Blandinienses.*

651. (Landelinus . . . . fundator c. Lobiensis) Alnei, Waslaris atque Crispiniensis, ubi corpore requiescit cum discipulis suis Adeleno et Domitiano [400].

685. Sanctus Amatus a Theoderico rege consilio Ebroini exiliatur [401].

690. Obiit sanctus Amatus [402].

773. (*Ivonis Panormia.*) Adrianus papa ad tuendas res æcclesiæ Karolum Romam accersiit. Quo pergens, Papiam obsedit; ibique relicto exercitu, Romam pervenit, sanctam resurrectionem ibi peregit. Postea rediens Papiam cepit; iterumque Romam rediit, synodum constituit cum Adriano papa aliisque 153 religiosis episcopis et abbatibus, in qua Adrianus papa cum universa synodo dedit ei jus eligendi pontificem et ordinandi apostolicam sedem, dignitatem quoque patriciatus. Insuper archiepiscopos et episcopos per singulas provintias ab eo investituram accipiere diffinivit, et ut, nisi a rege laudetur et investiatur episcopus, a nemine consecretur.

VARIÆ LECTIONES.

[392] *intra lineas, sed minio expuncta.* [393] *in rasura.* [394] *vide in Auctario Affligemensi.* [395] *in margine. Quæ obliquis litteris expressimus, abscisa sunt.* [396] *in margine.* [397] *addit manus s. XIII et e reliquis unus* F2. [398] *in margine posuit manus simillima* 1). *Eadem exhibent* F1. 5. *et ab alia manu* B1.; *desunt reliquis.* [399] *addit manus s. XII et* B5*. F1. 2. 3. [400] *addunt* B1. 4*. 4**. 5. C1. 2*. 3. 4*. D. E. [401] *addunt* C1. 2* 3. D. E. [402] *addunt* B4*. 4**. C1. 2*. 3. 4*.

Omnesque huic decreto rebelles anathematizavit, et nisi resipiscerent, bona eorum publicari [403].

1048. Odiloni Cluniacensi Hugo venerandus substituitur [404].

1076. Lietbertus episcopus Cameracensis obiit, cui Gerardus succedit [405]. Balduinus puer, frater Arnulfi occisi ad Donengium, bellavit contra exercitum patrui sui Roberti, quem pugnando devicit [406]. (Gelu . . . . usque) in medio Aprilis mensis, cujus soliditas duravit usque Kal. Aprilis [407].

1079. Hoc anno inceptum est coenobium sancti Salvatoris, in insula quae dicitur Aquicinctus, a viris illustribus Sichero videlicet atque Waltero [408]. Qui Sicherus habebat uxorem nomine Mathildem, nobilem quidem natalibus, sed nobiliorem moribus; quae conjugem suum crebrius monendo ad hoc opus aggrediendum incitavit, ideo maxime, quod sanctum quendam Gordanium inibi quondam heremiticam vitam duxisse ferebatur. Unde factum est, ut prefati viri hinc crebro colloquentes se mutuo hortarentur; et deliberantes, Ansellum de Ribodimonte nobilissimum virum adeunt, et ab eo insulam illam, quia sui erat juris, deposcunt. At Ansellus audita peticione eorum gavisus est valde, et sine dilatione gratis quod petebatur concessit. Itaque ex condicto pariter properantes, Gerardum Cameracae urbis presulem aggrediuntur, ad cujus diocesim tunc locus ille pertinebat; quid animo gerant, pandunt; et quia ejus parrochiani erant, ut voto eorum assentiat, exposcunt. Quibus auditis venerandus pontifex libentissime annuit, receptoque fundo de manu Anselli, quod ab eo in beneficium tenebat, cum harundineto adjacente eis tradidit. Quo accepto, coenobium illic construere coeperunt, et de suis allodiis competenter prout poterant ditaverunt. Adgregantur ibi Deo devoti viri, se cum facultatulis suis Christo devoventes, ejus grex pusillus esse gestientes. Quorum curam memoratus presul gerens, duos ex monachis Hasnoniensis coenobii honestae vitae ad instituendos eos eis misit; e quibus uni Alardo nomine curam eorum commisit, abbatem ordinavit. De quo quia se occasio prebuit, libet paucis aperire, cujus simplicitatis cujusque bonitatis fuerit. Is etenim, si res exigeret, ut quoquam progredi debuisset, non meliorem equum sibi eligebat, sed et saepe animal, quo vehebatur, capistro pro freno regebat. Residentibus monachis in claustro, in medio eorum sedebat, et veluti quilibet ex eis cum sobrietate se agebat, familiariter eis colloquens, et dominum eorum se esse obliviscens. Si quis ei venerationem impendere voluisset osculando manus vel genua seu alio quolibet modo, cum quadam animadversione prohibebat, dicens se eis hunc morem indulgere, futurosque post se asserebat hujusce exactores reverentie. Nec ista tamen referentes in eos invehimur, qui haec more aecclesiastico sibi congruenter sinunt fieri. Prefatus pontifex cernens eosdem fratres haud segniter instare rebus ‛coeptis, eandem aecclesiam omnimodis quantum prevaluit libertavit, praeter quod baculum regiminis in manu sua retinuit, ut ei daret, quem sibi congregatio canonice eligeret. Preterea contulit eis quaedam altaria; sed et innumera impendit beneficia. Erat enim in aecclesia sanctae Mariae Cameracensi, cui idem Gerardus preerat episcopus, venerabilis decanus nomine Hugo, qui tam eundem episcopum quam alios fideles viros Cameracenses utriusque ordinis animabat, ut liberales existerent prescripto cenobio. Ipse quoque omnem pene substantiam suam illo convehebat; unde monasterium et habitacula fratrum cum xenodochio primitus aedificavit.

1080. Contigit etiam hoc tempore Deo permittente concremari Aquicinense coenobium per incuriam fratrum [409], quia quidam e fratribus vespere lecto suo incaute circumferens lumen, repente accendit stramen, moxque paries proximus stratui flamma lambente aduritur, et ex eo caetera (cf. *Ann. Aq.*)

1084. Comes Montensis Balduinus uxorem duxit Idam [410].

1086. Richildis comitissa obiit. [411] (*Ib.*) Hoc anno consecrata est aecclesia hujus Aquicinensis coenobii, in honore domini nostri Jesu Christi ejusdemque genitricis sanctae Mariae, a domno Gerardo Cameraeensi episcopo, decretumque ab eodem praesule, ut festivitas illorum sanctorum, quorum pignera huc allata fuerant, omni anno agatur in hoc loco [412].

1087. Obiit Alardus, primus abbas hujus Aquicinensis aecclesiae; (*Ib.*) cui successit Alelmus ex Normannia de coenobio Becci [413].

1088. Obiit Alelmus secundus abbas Aquicinensis coenobii. (*Ib.*) Qui quantae bonitatis fuerit, experti sunt febricitantes, dum ad tumulum ejus dormientes, febrem cum somno saepius deposuerunt. Cui successit Haimericus Atrebatensis monachus, litteris eruditus [414].

1090. Ea tempestate venit Aquicinctum quidam monachus nomine Gelduinus, qui ex monacho Laudunensi abbas Sancti Michaelis de Terrascia, relicta abbatia ob amorem Dei, reclusus efficitur Aquicincti [415].

1092. Gerardus episcopus Cameracensis obiit (*ib.*),

VARIAE LECTIONES.

[403] *addunt* B1. 2. 4''. (*in rasura manu, paulo alia,* ‛*sed plane coaeva*) C1. 2*. 5. D. E. *Hirsch p.* 42. *recte ostendit, Karolum eo anno nequaquam Romae fuisse; sed errat, quum illum locum a Sigeberto in chronicon receptum, ab insequente autem quodam monacho deletum putat. Sigebertus nunquam illum habuit. Ceterum cf. Mon. Leg.* II, 2. 160. *not.* [404] *addunt* C1. 2*. 3. 4*. D. E. [405] *addunt* B1. 2. C1. 2*. 5. [406] *addunt* B1. 2. 4''. 5. C1. 2* 5. D. E. [407] *addunt* C1. 2*. 5. 4*. [408] *addunt* B2. C1. 2*. D. E. *Eadem habent* B1. 4'. 4''. 5. C5., *sed hi addunt etiam sequentia, quae illis desunt.* [409] *addunt* B2. 5. C1. 2*. *Sequentia quia — caetera habet unus* B5. [410] *add.* B1. 5. C1. 2*. [411] *add.* B1. 2. 4*. 4''. 5. C1. 2*. 5. [412] *add.* B2. 5. C1. 2*. *cui hujus, et in honore — Mariae, et decretumque — loco desunt.* [413] *add.* B5. C1. 2*. [414] *add.* B5. C1. [415] *add.* B1. 4*. 4''. 5. C1. 2* 5. D.

[qui nostrum coenobium valde dilexit et sublimare studuit. Unde statutum est, ut ad missam matutinalem cotidie, si defunctorum est, collecta pro eo et ejus coepiscopis secundo loco dicatur [416].] Gualcherus ei succedit [417]. In suburbio Tornacensi ad septentrionalem plagam urbis monasterium sancti Martini construere incipit Odo Aurelianensis, 6 Non. Maii, die dominico. Ex condicto namque predicta die eo adveniens, comitante sibi sollempni processione domno Radbodo ejusdem urbis episcopo, et clericis sibi subjectis æcclesiæ beatæ Dei genitricis Mariæ cum populi maxima multitudine, locum ab eodem suscepit episcopo, una cum quatuor fratribus secum ibidem Deo militaturis regula canonica sub habitu clericali. Qui Odo Aurelianis oriundus, Tornaci tunc temporis scolasticus, nullo Cisalpinorum inferior fama celebrabatur dialecticæ artis cæterarumque liberalium scientia. Qua ex re undequaque ad eum clericis confluentibus, unus e peregrina superveniens regione anulum aureum illi optulit, in 'quo monosticon hoc inscriptum fuit : *Anulus Odonem decet aureus Aureliensem.* Hæc retulimus, ut ex his conjiciatur, quantum apud unam regalium æcclesiarum honorem habere posset, si illo tetendisset; dum maluit Christo adherere in loco pauperici et indigentiæ [418].

1095. Æcclesia sancti Georgii Hesdiniensis traditur æcclesiæ Aquicinensi [419]. Odo Aurelianensis invalescente religionis fervore monachicum habitum una cum ceteris fratribus suscipit secum in hoc monasterio sancti Martini Tornacensis constitutis. Et quia tanta fama viri, ut prediximus, circumquaque diffusa, tantumque lumen sub modio latere diu non potuit : Dei ordinatione, qui eum altius in posterum sublimare disponebat, cuncta congregatio jam Deo largiente numerosior adulta, unanimi voluntate parique voto eundem Odonem abbatem sibi prefecit, assensu Radbodi jam predicti episcopi. Cui in tantum divina gratia affuit, ut cum ante ejus adventum idem locus per 500 fere annos desertus fuisset, nec quicquam omnino appenditiorum haberet, plus quam 70 monachos infra 12 annos in eo congregaverit, constructis sufficientibus eis officinis, tanta agrorum amplitudine adquisita tantaque substantia, que 'superhabundaret ad necessarios usus tam supervenientium hospitum, quam inhabitantium monachorum [420].

1095. Expulso ab episcopatu Cameracensi Walchero, Manasses ei succedit [421].

1096. (eliminant) Aliqui Judeorum zelo tenende patrie legis ducti, se mutuo trucidant; alii ad tempus se credere simulantes, post ad Judaismum revolvuntur [422]. (*inter principes cruce signatos*) Ansellus de Ribodimonte, fundator Aquicinensis æcclesiæ [423].

1099. Christianis Turcos fortiter debellantibus, eorumque urbes, et castra sibi bellando vendicantibus, contigit apud quoddam munitissimum castrum nomine Archas, eis Hierusalem octo mansionibus situm, multos perire eorum; cum quibus et Ansellus de Ribodimonte lapide percussus in capite occumbit, hoc solummodo post acceptum vulnus ter repetens verbum : *Deus adjuva me* [424].

1100. Rotbertus comes Flandrensium a Hierosolimis repatrians, detulit secum brachium sancti Georgii martiris, quod æcclesiæ Aquicinensi transmisit [425] [per venerandum Haimericum abbatem ipsius loci illatum Aquicincti 12 Kal. Julii [426] (cf. *Ann. Aq.*)].

1102. (*Ann. Aq.*) Obiit Haimericus tercius abbas Aquicinensis, cui successit Gelduinus [427].

1105. Manasse Cameracensi episcopo accepto monachico habitu, Odo, primus abbas ex coenobio sancti Martini Tornacensis æcclesiæ, in episcopatu ei succedit [428].

1109. Obiit etiam Anselmus archiepiscopus Cantuariæ; et Hugo abbas Cluniacersis; cui successit Pontius [429]. Hoc etiam anno Gelduinus, quarto loco Aquicincti abbas, fastidiens onus regiminis, potiusque eligens ocium olim actæ reclusionis, reliquit curam animarum, et iterum effectus est reclusus apud Sanctum Bertinum (cf. *ib.*). Cui successit in cura pastorali Rotbertus, ejusdem coenobii monachus, qui qualiter electus fuerit, supersedeo narrare, ne quemlibet offendat sermo relationis nostræ [430]. Hoc anno sacro igne multi accenduntur, membris instar carbonum nigrescentibus [431].

1111. Robertus Aquicinensis coenobii quintus abbas, ægre ferens, insectatione quorumdam sæcularium vexari æcclesiam sibi creditam, simul quia hoc ei imputabatur, consilio accepto dimisit abbatiam, succedente ei domno Alviso [432] [monacho Sithiensi, postea episcopo Atrebatensi [433] (cf. *ib.*)].

1130. Domnus Aibertus ex monacho Crispiniensis coenobii (577) assensu et consensu Lamberti abbatis claret in Gallia reclusus; vir nostris temporibus nulli, aut fere rarissimo comparandus. Hic viginti quatuor annis ab omni pane abstinuit, et totidem ab omni potu, exceptis duobus; quod dictu mirum

VARIÆ LECTIONES.

[416] qui—dicatur *habet unus* B5. [417] *add.* B1. 2. 4*. 4**. 5. C1. 2*. 5. D. F5. [418] *add.* B1. 2. (*cui fortasse defuerunt* Ex condicto—indigentiæ) 4*. 4**. C5. [419] *add.* B4**. *in marg.* B5. C1. [420] *add.* B1. 4*. 4**. C5. [421] *add.* B1. 2. 4*. 5. C1. 2*. 5. 4*. D. E. [422] *add.* B5*. C1. 2*. 5. 4*. D. E. [423] *add.* B1. 5. C2*. 5. 4*. [424] *add.* B5 ? C1. 2*. 5. 4*. [425] *add.* B1. 2. 4**. *in marg.* 5. C1. 2*. 5. D. E. [426] *add.* B1. 5. C1. 5. [427] *add.* B5. C5. [428] *add.* B1. 2. 4*. 4**. 5. C1. 2*. 5. 4*. 5. [429] *addunt* B1. 2. 5. C1. 5. 5. D. [430] *add.* B2. 5. C1. 5. [431] *add.* B1. 2. 5. C1. 2*. 5. 5. D. [432] *add.* B2. 5. C1. 5. [433] *add.* C1. 5.

NOTÆ.

(577) Crespin, diœc. Cameracensis.

est. Cujus vitam Robertus Ostrevandensis archidiaconus diligenti stilo elucidavit [434].

1151. Defuncto domno Roberto Atrebatensi episcopo, successit ei in pontificatu domnus Alvisus, Aquicinensis æcclesiæ sextus abbas [435], vir magnæ religionis et singularis severitatis (cf. *ib.*). Cui in Aquicinensi æcclesia substituitur domnus Gozvinus septimus abbas [436].

1154. Hoc tempore capella, a domno Aiberto jam pridem cepta, Deo volente et auxiliante est peracta. Ad cujus benedictionem Lietardus Cameracensium episcopus invitatur, et cum magno tripudio eam devote benedixit. Quæ per 40 dies ab omnibus pene partibus regni Dei instinctu ita frequentatur, ut vix aut numquam adhuc [437] hominem mortalem huic similem nemo viderit. Quo tempore similiter apud Oscannum ab episcopo Remensi æcclesia consecratur; cui archiepiscopus, episcopi et abbates comprovintiales faventes, multitudinem, domnum Aibertum frequentantem, prohibere ceperunt, et de eo multa infamando dicere, quæ reticere melius putavimus. In tantum enim eorum prevaluit contentio, ut causa probationis ad eum mitterent abbatem Sancti Amandi domnum Absalon, et abbatem Sancti Sepulcri (378) Parvinum, utrum talis ac tantus esset, qualem fama de eo diffusa aures omnium percellerat. Qui ejus sanctitate comperta, per omnia laudantes Deum, ad eos a quibus missi fuerant rediere [438].

1155. Obiit domnus Aibertus piæ memoriæ, et nobis perpetuum merorem reliquit absentiæ suæ, anno incarnationis Domini 1155, inclusionis autem suæ 25, die sancto paschæ [439].

1149.   R. 12.   F. 13.   A. 13.   H. 5.
Conradus rex Theutonicorum et Ludowicus rex Francorum procinctum solvunt, et sine ullo prosperitatis eventu ab itinere Jherosolimorum revertuntur, numquam audita tanta infelicitate tanti exercitus. (*Ann. Bland.*) Hyemps gravissima quattuor mensibus invaluit et prevaluit.

1150.   13.   14.   14.   6.
Orta est contentio inter Henricum episcopum Leodicensem et Henricum comitem Namucensem. Unde congregato utrinque exercitu congressi, superior factus episcopus, non sine multorum cede victoria potitus est.

1151.   14.   15.   15.   7.
Fructus terra habuit uberes; set pluviarum inundatione a festivitate sancti Johannis usque ad medium Augusti omnia vastante, vix ad maturitatem perduxit. Nam vinum et ceteri fructus ex parte defecerunt; et quod de uvis collectum est, in acorem versum est.

1152.   15.   16.   16.   8.
(*Ann. Bland.*) Conradus imperator diem ultimum claudit; cui successit Fredericus, consobrinus ejus. In æcclesia sancti Nicolai, quæ constructa est in opido Brusellensi, sancta Maria Mater Jesu Christi operata est multa miracula. (*Ib.*) Æcclesia sancti Bertini cum omnibus appendiciis suis combusta est in ipso festo sancti Bertini, dum matutinorum solempnia agebantur.

1153.   1.   17.   17.   9.
Eclipsis solis facta est 7 Kal. Febr. in 2 feria; 5 Idus Februarii in 2 feria tonitruum auditum est. (*Ib.*) Eugenius papa diem ultimum claudit (379); succedit ei Konradus 158us papa, Sanctæ Sabinæ episcopus, Anastasius apellatus, vicarius domini papæ predecessoris sui. Domnus quoque Bernardus, abbas Clarevallensis, qui quasi lucifer exortus, ordinem nostrum illustrabat, migravit ad Dominum (580); cujus vita et doctrina in tantum excellit, ut minus sit, quicquid in ejus laude dictum fuerit. Turbo gravissimæ tempestatis per fines nostros viam molitus, quasi sulcum ducens, unius diei itinere quæque veluti flammis depasta consumens, lugenda vestigia reliquit. (*Aug.* 19.) Ascalon capta est ab exercitu Domini, qui est Jherosolimis, et possessa a nostris; multo tamen labore ac diuturno bello, multis etiam periculis et gravibus damnis prius exercitu afflicto. Namque [440] diebus sanctæ Dei genitricis purificationi proximis, rex Hierosolymorum procinctum movens, civitatem diffuso exercitu vallavit, et usque in festum assumptionis ejusdem sacratissimæ Virginis moras protraxit. Proxima ergo die illius sacratissimi festi turrim cum suis machinamentis muro admovit; et artificio subterraneo actum est, ut murus cadens latum ingressum nostris præberet. Primus prepositus et dux illius exercitus, qui fraternæ societatis professione templo militant, cum suo cuneo irrupit, et usque ad plateam civitatis agmine suorum stipatus perveniens, gradum fixit; ibi artatus angustiis platearum, maceriis cinctus, et superimminentibus tectorum domatibus, et omni parte confluente turba circumventus, opprimitur, et cum omni turba suorum obtruncatur. Quorum capita in unum cumulum sunt congesta, ut regi Babyloniæ pro signo victoriæ ostentarent; corpora vero in muro suspenderunt, nobis improperantes, et verbis blasphemiæ exercitum Dei provocantes. Tandem nostri in Domino confortati, devotissimis supplicationibus se Domino committentes, et sanctæ Dei genitrici vota facientes, tertia die ad murum accesserunt, instrumenta bellica, machinas et balistas admoverunt, fide constantes. Crux vero dominica in manibus patriarchæ agmen precedebat. Tum vero virtute Domini manifesta, percussi sunt omnes cæ-

VARIÆ LECTIONES.

[434] *add.* B1. 5.   [435] *add.* B2. 5.   [436] *add.* B5.   [437] *ita conjicio;* ad B1.   [438] *add.* B1.   [439] *add.* B1.
[440] Namque — possessa *desunt* B5.

NOTÆ.

(378) Cameracensis.
(379) D. 7 Julii.

(580) D. 21 Aug.

citate, ita, ut cum morales lapides balista suo impetu in medio eorum emitteret, nullus lapidem venientem viderit, ut a loco cederet, ictumque lapidis declinaret. Postremo coacti civitatem in manus regis tradunt, et ex illo tempore Ascalon nostra facta est, et a nostris possessa [441]; urbs 150 turribus prævalidis munita, et cœnaculis domatum in plateis suis quasi crypta laqueariis supertecta, et quodammodo inexpugnabilis.

1154.   R. 2.   F. 18.   A. 18.   H. 10.

Anastasius papa ex hac vita decessit ; succedit ei Nicolaus antea dictus episcopus Albanensis, cujus nomen mutatum est Adrianus papa 159us (cf. An. Bland.). Rex in Anglia constitutus est Heinricus, cujus avus fuit ille magnus et famosus Angliæ rex Heinricus. Filia namque ejus, quæ imperatori nupta imperatrix dicebatur et erat, comiti Andegavensi in conjugio post ejus excessum copulata, hunc de eo suscepit, et fratres ejus. Qui cum adhuc lactens sub ubere nutricis esset, defuncto avo ejus Heinrico rege, in Angliam deportatus, electione omnium principum datis juramentis in regno confirmatus est. Electus est comes Stephanus, cognatus ejus, qui regnum regeret et eum educaret (cf. An. Bland.). Qui Stephanus a principibus persuasus, regnum invasit et tenuit. Hoc comperto, imperatrix Angliam cum exercitu ingreditur; multis et gravibus preliis commissis, multa audacter opera patravit. Ad ultimum post plurimos annos, jam adulto illo juvene, filio suo, Stephano etiam subito, nec satis nota morte defuncto, filium suum Heinricum in regno constituit

1155.   5.   19.   1.   11.

Imperator Fredericus, præterito anno profectus, hoc anno Romam pervenit, multis in itinere laboribus attritus, et diversis hostiliter obsistentibus ; quos omnes ad deditionem atque subjectionem compulit. Sed cum a Romanis principibus minime reciperetur, Romam armata manu ingreditur; papam Adrianum amicum sibi et aptum inveniens, in æcclesia sancti Petri benedictione imperiali confirmatur et coronatur. Interim exercitus ejus, hostium non ignorans insidias, totum procinctum æcclesiæ sancti Petri armatus circumdederat, donec omnibus expletis cum imperatore egrederetur. Romani quibusdam residuis, quos incautos occupaverant, interfectis, cum imperatore congrediuntur : sed mox in fugam versi, ad Tiberis alveum coguntur. Quanti in congressu ceciderint, quanti in flumine submersi sint, scriptis committere non audeo. Imperator victor regreditur. Godefridus junior, dux Lotharingiæ, filiam Heinrici comitis Lemburgensis (281), in conjugio sortitus est ; per quod tandem rebus omnibus pace compositis, contentio longo tempore protracta ea conditione finita est, ut Godefridus confirmatum sibi ducatum, advocatiam Sancti Trudonis, castellum Rode (382) obtineat, atque omnium, quæ possidet idem comes, post decessum ejus medietatem accipiens, hæreditario jure successor fiat [441].

1156.   4.   20.   2.   12

Philippus, filius Theoderici comitis Flandrensium, filiam Rodulfi Viromandensium comitis Elizabeth uxorem ducit Belvaci (cf. An. Bland.)

1157.   5.   21.   3.   13.

(Ann. Bland.) Theodericus comes Flandrie tercio Jherosolimam petit cum Sibilla uxore. Post quorum discessum Philippus, filius eorum, adversus Symonis de Orzi sibi subjici nolentis contumaciam edomandam exercitum ducit, et Inci castellum obsidet et capit.

1158.   6.   22.   4.   14.

Philippus comes Flandrie, filius Theoderici, navalem expeditionem ducit adversus Theodericum comitem Hollandie et piratas sub ejus tuitione degentes, et acceptis obsidibus victor revertitur, et Beverne (383) comburit.

1159.   7.   23.   5.   15.

Theodericus comes Flandrie tertia vice Jherosolima revertitur.

1160.   8.   24.   6.   16.

(An. 1159, Sept.) Post Adriani papæ mortem orta est dissensio gravis in æcclesia Romana de papatu, Frederico imperatore cum orientalibus Octavianum, qui et Victor, Italiensibus vero Rollandum, qui et Alexander, papam sibi rapientibus [442]. Obiit Guillelmus Longa Speie comes Boloniensis sine herede. Matheus vero, filius Theoderici comitis Flandrie, filiam Stephani regis Anglorum, de monasterio (384) ubi erat Deo consecrata raptam, duxit uxorem, et per eam obtinet comitatum Boloniensem. Qua de causa a Samsone Remorum archiepiscope ejusque suffraganeis episcopis omnibus excommunicatus, et a patre suo Theoderico comite et fratre Philippo obsidione bellica nimium attritus est.

1161.   9.   25.   7.   17.

(Sept. 21.) Obiit Samson Remorum archiepiscopus. Succedit Henricus Belvacensium episcopus, frater Ludowici regis Francorum. Belvacensium episcopatum suscipit Bartholomeus, Remensis æcclesiæ archidiaconus. Fames valida. (An. 1162.) Fredericus imperator Mediolanum vicit et in deditionem coegit, 5 annis obsessam.

1162.   10.   26.   8.   18.

Alexander papa concilium Turonis tenet (285). (Febr. 10.) Obiit Balduinus rex Jherosolimorum sine

VARIÆ LECTIONES.

[441] *Sequentia damus ex B4, 5., nam B3. abhinc vestigia hujus continuationis prorsus deserit.*   [442] *ita B1'.*
[443]. *Eadem multo ampliavit B5.*

NOTÆ.

(381) Margaretam.
(382) Rhode, prope Waterloo.
(383) Prope Antwerpiam.

(384) Rummesiæ.
(385) A. 1163.

herede, filius Fulconis regis. Succedit ei Amalricus frater ejus, comes de Joppe.

1163. R. 11. F. 27. A. 9. H. 1. U. 1.

(*A. Bland.*) Theodericus comes quarto Jherosolimam petit. Obiit Giezo rex Ungarorum (386), succedit Stephanus filius ejus, habens uxorem filiam Heinrici Austrasiorum marchionis, qui erat frater Conradi imperatoris. Giezo, frater ejusdem Stephani, Ungarorum regnum turbat et infestat plurimum, auxilio Manuelis regis, cujus filiam ob hoc duxerat uxorem.

1164. 12. 28. 10. 2. 2.

(*An.* 1165.) [*A. Bland.*] Philippus comes Flandrie cum magno exercitu militum pergit Aquis in natali Domini (387) ad curiam Friderici imperatoris, a quo Cameracum suscepit, homo ejus effectus; et magnam pacem Flandrensibus per terram imperatoris eundi ac redeundi obtinuit. Idem a curia revertens, statim patri suo Theoderico comiti a Jherosolima obviam proficiscitur.

1165. 13. 29. 11. 3. 3.

(*An.* 1166.) [*Ib.*] Philippus comes Flandriæ, et Matheus frater ejus, comes Boloniæ, et Godefridus dux Lovaniensis, cum septem fere milibus navium expeditionem movent adversus Theodericum comitem Hollandiæ; quem in deditionem venientem cum suis comes Flandriæ diutius tenuit in captivitate. In Gandavo infans natus est trium capitum, habens in collo caudam pecudis. Similiter in villa sancti Petri quædam femina, undecim mensibus gravida, peperit monstrum, deorsum formatum ut pharetra, sursum ut galea, ibi habens duo cornua. (*A. Aquic.*) Obiit domna Sibylla, Flandrensium comitissa, piæ memoriæ, postquam 10 annis Hierosolymis apud Sanctum Lazarum servierat.

1166. 14. 30. 12. 4. 4.

(*An.* 1167.) Bellum inter Ludovicum regem Francorum et Heinricum regem Anglorum, pro regni sui terminis. Ludowicus rex, auxilio Philippi Flandrensium comitis, regem Anglorum fugat, et pax inter eos usque in pascha sequentis anni firmatur. Obiit domnus Nicholaus Cameracensis episcopus; succedit Petrus filius Theoderici Flandrensium comitis. (*An.* 1167.) Ducatu Rainaldi Coloniensis archiepiscopi et Christiani Moguntinensis, Alexandri quoque Leodicensis episcopi, orientalis exercitus Frederici imperatoris stragem fecit quindecim milium de Romanis, reliquos usque ad Tiberim fugat. Supradicti episcopi et multi alii et abbates ibidem pestilentia mortui sunt.

(*An.* 1168.) Ludowicus rex Francorum et Philippus comes Flandrorum iterum movent expeditionem adversus Henricum regem Angliæ. Francis invidentibus et detrahentibus frequentibus bene gestis Philippi comitis, sine laude revertitur. (*An.* 1168.) Cum Saxonum dux, qui eodem anno filiam Heinrici regis Anglorum duxerat uxorem [443]......

VARIÆ LECTIONES.

[443] *ita desinit* B4* *in media pagina.* B4** *jam desinit in* revertitur.

NOTÆ.

(386) D. 31 Mai 1161.   (387) A. 1165.

AUCTARIUM AFFLIGEMENSE

Monachus quidam Affligemensis (Afflighem *inter Gandavum et Bruxellas*) *Sigebertum, Anselmum, Gemblacenses descripsit cum additionibus Gemblacensium præter a.* 987, 991, 1012, 1037, 1042, 1048, 1072, 1090, 1092, 1099 *omnibus. His ipse additiones fecit ex Auctario Aquicinensi a.* 1096, *ex annalibus Blandiniensibus a.* 606, 610, 639, 640, 645, 658, 662, 664, 665, 674, 676, 678, 684, 695, 697, 698, 720, 763, 772, 806, 807, 812, 836, 851, 855, 870, 879-882, 885, 887, 891, 893, 896, 912, 913, 918, 928, 931, 932, 944, 949, 951, 960, 975, 1002, 1013, 1014, 1020, 1023, 1036, 1058, 1041, 1048, 1057, 1061, 1063, 1067, 1086, 1087, 1093, 1094, 1100, 1106, 1109-1111, 1118, 1145, *tum eas quas infra dabimus. Continuationem ita confecit, ut a.* 1149-1155 *Aquicinensem exciperet, res potissimum Affligemenses ex hujus monasterii Historia illi inserens; postea autem suis vestigiis incederet. Scripsit ante a.* 1189, *ut docent verba ejus hunc qui modo regnat a.* 1154. *Usi eo fuerunt Albericus Trium Fontium et Balduinus Ninovensis* (388). *Edidit primus Miræus, sed quæ de imperatore cum laude dicta inveniebat, tacitus omnia omisit. Secundus Struve Miræi textum fideliter repetiit. Nos damus ex eodem, quo Miræus, unico codice* B3*, *cujus scriba Eihamensis quum in continuatione nihil de suo monasterio interpolaverit, ea quoque quæ in a.* 1005, 1053, 1063, 1139, *de hoc narrantur, jam Affligemensi scripta esse crediderim.*

597. Hic beatus Gregorius interrogatus, cur sancta universalis ecclesia non uno modo ubique terrarum consecret eucharistiam, hanc non valde magnam, sed valde utilem composuit epistolam : *Solet plane movere nonnullos, quod in ecclesia alii offerunt panes* azimos, alii fermentatum. Esse namque ecclesiam 4 ordinibus distributam novimus, Romanorum videlicet, Alexandrinorum, Hierosolimorum, Antiochenorum, quæ generaliter ecclesie nuncupantur, et cum unam teneant fidem catholicam, diversis utuntur officiorum

NOTÆ.

(388) Qui cum dicat : *Haffligensis monachus chronicam suam perduxit usque ad a. D.* 1143, *Innocentii papæ* XII, *Conradi* v. *Qui plane his qui ante eum scripserunt, non tam conferendus quam etiam œferendus, si non scriptorum vitio depravatus fuisset, eumdem tamen usque ad a.* 1163 *ad verbum exscripsit. Simillimum errorem in Roberto quoque et Radulfo supra vidimus col.* 35 *unde, quid testimoniis quam cert. siniis tribuendu* m *sit, edocemur.*

mysteriis. Unde fit, ut Romana ecclesia offerat azimos panes, propter quod Dominus sine ulla commixtione suscepit carnem, sicut scriptum est : « Verbum caro factum est, et 'habitavit in nobis. » Sic azimo pane efficitur corpus Christi. Nam cetere ecclesie supradicte offerunt fermentatum pro eo, quod verbum patris indutum est carne et est verus Deus et verus homo, ita ut fermentatum commiscetur farina, et efficitur corpus Domini nostri Jesu Christi verum. Sed tamen tam Romana ecclesia, quam cetere supranominate ecclesie pro inviolabili fide, tam azimum quam fermentatum dum sumimus, unum corpus Domini nostri Jesu Christi efficitur. Certissimum autem sicut diximus divinum interest sacramentum, secundum quod legimus in evangelio : « Mulier illa, que accepto fermento abscondit in farine sata tria, donec fermentatum est totum ». Mulier videtur mihi esse apostolica predicatio, vel ecclesia, que de diversis partibus congregata est. Hec tollit fermentum, id est noticiam vel intelligentiam sanctarum scripturarum, et abscondit illud in farine sata tria, ut spiritus et anima et corpus in unum redacta inter se non discrepent, sed impetrent a patre, quicquid petierint. Amen.

1005. Iste dux Godefridus dictus est Eihamensis. Erat autem Eiham oppidum et castrum munitissimum (389), et sedes principalis ducatus regni Lotharici. Qui dux Godefridus duxit Mathildem, filiam Herimanni ducis Saxonum, viduam relictam Baldewini comitis, qui erat filius Arnulfi magni marchionis. De qua idem Godefridus genuit tres filios, Godefridum, Gozcelonem, Hezcelonem. Hezcelo comes, post mortem ducis, castrum Eiham cum provincia Brabantensi suscepit et diu tenuit. Hic enim genuit filium nomine Herimannum, et filium nomine Berthildem; qui dum adhuc juvenes essent, defuncti sunt, et in ecclesia apud Felseka sepulti. Qui postea multis miraculorum signis claruerunt, sed a Verdunensibus monachis furtive ablati sunt. Alteram quoque filiam tradidit nuptui Reginero, Montensi comiti, simul cum tota provincia Brabantensi. Deinde cum omnia sua ad votum ordinasset, relicto in manus Regineri castro et comitatu, apud Verdunum effectus est monachus.

1007. In Gandavo adventus corporis sancti Livini Hibernensis archiepiscopi et martyris piissimi, 16 Kal. Sept. [444].

1030. Comes Balduinus, qui dictus est Barbatus, congregatis marchisiæ suæ sanctorum corporibus, Bavonis, Wandregisili, Amandi, Vedasti, Bertini, Winnoci, cum aliis innumerabilibus sanctorum reliquiis, presente Hugone Noviomensi episcopo cum aliis pluribus episcopis et abbatibus, congregatis totius regni sui primatibus apud Aldenardum, pacem ab omni populo conjuratam firmari fecit.

1033. In diebus Ragineri Longicolli traditum est fraudulenter castrum quod dicitur Eiham, et datum est Balduino Barbato, qui castrum funditus destruxit.

1063. Hoc in anno cenobium Eihamense a Balduino comite et Athela comitissa constructum est.

1083. (Hist. Affl.) Affligemense cenobium tale, auxiliante Deo, sumpsit exordium. Predicante Wetherico, servo Dei, qui quasi stella matutina in medio nebulæ, effugandis obscuritatibus erroris apparuit, conversi quinque milites suis integre renuntiant. Inter quos Gerardus Niger, qui ceteris excellentior videbatur, doctoris sui consilio animatus, cum sociis locum Affligem dictum, sicut nomine, sic omni barbarie incultum, quippe qui latrocinantium tantum conventiculis aptus erat, edificare et claustrum in eo exstruere aggreditur [445].

1086. (Ib.) Affligemensis coenobii fundatores, qui omnibus abjectis, ita nudi ad edificandum claustrum convenerant, ut nichil secum, preter panes tres, dimidium caseum et pauca ferramenta detulerint, vix tribus annis exactis, a Gerardo Cameracensi episcopo in honore apostolorum Petri et Pauli ecclesiam dedicari faciunt. Comitissa Adela cum duobus filiis suis, Heinrico et Godefrido, ad edificandum ibi coenobium eundem locum libertate donavit. Predicti fratres monachos, a quibus monachicum ordinem discerent, sibi adsociaverunt (V. Arnulfi.) Arnulfus, Suessonicæ civitatis episcopus, spiritu prophetie, puritate vite, et miraculis venerabilis claruit; Aldenbort (390) in ecclesia sancti Petri Dei nutu sepelitur.

1087. Domnus Fulgentius hujus cenobii primus abbas hoc anno electus est in festivitate sancti Martini [445] (Hist. Affl.) Hugo abbas Cluniacensis pietate insignis, discretione precipuus, sanctitate et religione clarus habetur.

1088. (Ib.) Hoc anno domnus Fulgentius, primus hujus cenobii abbas, consecratus est in festivitate sancti Georgii.

1091. (Ib.) Nobilis vir Heribrandus divina revelatione ammonitus a sancto Petro, se a damnatione videns absolutum, apud Affighem ad conversionem venit. Qui tricesimo die mox a Deo vocatur. Quem secuti quinque filii ejus, frater quoque magni nominis et potentie, nomine Iggelbertus, omnes tonsorati ad celestes thesauros terrena patrimonia transtulerunt.

1093. Lanfrancus, Cantuariensis ecclesie archiepiscopus diem ultimum claudit. Cui succedit Anselmus, vita et doctrina precipuus, flos presulum, lux patrie, per omnia imitator magistri, qui et diversa opuscula conscripsit (391).

VARIÆ LECTIONES.

[444] Hæc in cod. addit manus paulo recentior. [445] Hæc et codice Gemblacensi manus 1ª addidit (et inde F5), ut opinor, ex ipso nostro B5*.

NOTÆ.

(389) Eenham sive Eenaem, prope Oudenaarde.
(390) Oudenburg prope Ostende; cf. Contin. Ursicampinam a. 1087.
(391) Cf. Contin. Ursicampinam a. 1097.

1095. (Heinricus comes Lovaniensis) secundus hujus nominis Tornaci perimitur. Succedit frater ejus Godefridus.

1096 (*Hist. Affl.*) Ida Boloniensium comitissa tradidit nobis ecclesiam, quæ est in villa Genapia, cum decimis et universis ejus reditibus, consentientibus filiis ejus Godefrido duce, Eustachio et Balduino. Idem Godefridus dux, filius ejus, in eadem villa quinque mansos terre nobis donavit, ad quos ipsa postea quasdam partes circumjacentes, plane unum continentes, in augmentum concessit.

1099. (*Ib.*) Cellam Fraxinam domnus Fulgentius abbas suscepit regendam.

1100. (*Ib.*) Cellam sancti Andreæ prope Brugas sitam domnus abbas Fulgentius suscepit regendam.

1100. Anselmus Laudunensis, doctor doctorum, preclarus habetur; qui non soli sibi laboravit, sed in vita sua multos erudiens post mortem posteros beatos fecit, quos scriptis suis ditavit.

1105. Immunitas Affligemensis ecclesie etiam apostolica auctoritate a Paschali papa corroboratur anno 6 pontificatus ejus. Domnus Fulgentius abbas locum, qui Forest dicitur, suscipit.

1119. Cellam in Bornehem (592) domnus abbas Fulgentius suscepit regendam, tradente abbate, et canonicis ejus monachis factis, quia per eos regi non poterat [446].

1120. Obiit domnus Fulgentius abbas primus Affligemensis, qui bono Christi odore sua ornavit tempora usque ad consummationem vite. Succedit domnus Franco secundo loco abbas constitutus, vere in multis laudabilis. Basilicam Affligemensem fundavit, libris et ornamentis eam decoravit, predia ampliavit, religionem confirmavit [447].

1122. Norbbertus claruit.

1126. Balduinus Gandensis, primus inter primos Flandrie et Brabantie, principumque princeps, seculo renuncians tonsoratur, defunctusque in templo Affligemnie sepelitur [446].

1134. Domnus Franco secundus abbas Affligemensis moritur; Albertus succedit [447].

1136. Domnus Albertus abbas Affligemensis pastoralis cure honus deponit; domnus Petrus succedit [447].

1139. Dejecta est vetusta Eihamensis ecclesia, et incepta est nova, a Snellardo abbate. Ab isto anno cepit fames 12 annos perdurans.

1140. Heinricus comes, filius ducis Godefridi superiore anno defuncti, militie cingulo deposito Affligemensis monachus factus, celestis militie signaculum accepit, et cito vocatus a Deo migravit [446].

1149. R. 12. * F. 13. A. 13. H. 5.

(*Auct. Acquic.*) Imperator Conradus et rex Francie Ludowicus sine ullo effectu procinctum solvunt, et ab itinere Hierosolimorum revertuntur, numquam audita tanta infelicitate tanti exercitus. Hiemps gravissima 4 mensibus invaluit et prævaluit.

1150. 13. 14. 14. 6.

(*Auct. Aquic.*) Orta est contentio inter Heinricum episcopum Leodiensem, et Heinricum comitem Namucensem. Comes quidem, ut dominaretur, intendebat; episcopus, ut sui ab ejus dominatione et gravi oppressione liberarentur, satagebat. Milites comitis in quandam villam, que vocatur Hoylon, convenerant, quorum unus, qui potior videbatur, manus in episcopum, ut cum caperet, injecit; sed ipse se ab eo subripiens, iratus suos ad eorum subversionem fortiter incitavit. Tandem, nescio quo infortunio, ecclesia succensa est, et omnes, qui in ea confugerant, combusti sunt, miserabiliterque perierunt. (*Ib.*) Tandem congregato utrinque exercitu, congressi sunt; episcopus superior factus est. Comitem fugavit, de suis potentiores cepit, sed cum miserabili cede multorum victoria potitus est.

1151. 14. 15. 15. 7.

(*Auct. Aquic.*) Fructus terra uberes habuit, sed pluviarum inundatione a festivitate sancti Johannis usque ad medium Augustum omnia vastante, vix ad maturitatem perduxit. Nam vinum et ceteri fructus magna ex parte defecerunt, et quod de uvis collectum est, in acorem versum est.

1152. 15. 16. 16. 8.

(*Auct. Aquic.*) Conradus imperator diem ultimum claudit; cui successit Fredericus Romanorum 60us, consobrinus ejus, concordi principum sententia electus. In ecclesia sancti Nicolai, que constructa est in opido Brusellensi, sancta Maria mater Jesu Christi operata est tanta miracula, quod a temporibus apostolorum adeo magna et frequentia in tam brevi tempore nusquam sint audita. Dum enim consensu abbatis Affligemensis et consilio fratrum, feretrum illud in honore sancte Marie, auro et argento operiendum, ab ecclesia Waverensi (595) cum ceteris reliquiis que in eadem continentur, fuisset allatum, et in ecclesia sancti Nicolai reverenter locatum, statim operante divina virtute, per merita gloriose Virginis ceci visum, surdi auditum, claudi gressum recipiunt, et tot infirmi variis languoribus oppressi, a paschali hebdomada usque in diem nativitatis sancti Johannis, sanitatem optatam consecuti sunt. Si fratres supradicte ecclesiæ hec per singula stili officio fidelium memoriæ commendassent, non parvum volumen posteris profuturum conscripsissent. Hoc bono odore tota provincia in

VARIÆ LECTIONES.

[446] *Hæc et* B4*, 4" habent.* [447] *Hæc in* B4*, 4" tantum extant, in* B3* *non leguntur; sed apparet, ea a nemine nisi ab auctore Affligemensi profecto esse; unde hic exhibemus.*

NOTÆ.

(592) Inter Alost et Antwerpiam.   (595) Wawre, non procul a Waterloo.

brevi respersa; non solum ex nostris, sed etiam ex valde remotis partibus factus est concursus divitum et pauperum; diverse etatis et utriusque sexus fideles cum oblationibus suis convenerunt, et tantam pecuniam, que non facile numerari potest, hac ratione dividendam obtulerunt; partim scilicet in sustentatione pauperum, partim in restauratione ecclesiarum, partim in usus fratrum in ecclesia Haffligemensi vel Waverensi Deo servientium. Abbas etiam Haffligemensis et fratres ejus pedites usque ad ipsum opidum convenerunt, ubi albis vestiti et cappis induti, processionem multitudine monachorum composite et honeste ordinaverunt; et sic cantando, Deum et ejus genitricem collaudando, cum magna gloria et applausu totius populi, qui ea die dicuntur fere ad 30 milia convenisse, in ecclesia sancti Nicolai intraverunt. Attestati sunt fideles, numquam se aliquo conventu, qui factus sit aliquando, sive imperatoris sive jussu Romani pontificis, tam honestam et tam bene ordinatam processionem vidisse. Quoddam insuper beneficium, quod non est silentio pretereundum, imo super cetera commendandum, ipsa gloriosa Domina contulit toto illo tempore fidelibus suis; per quod bella multa, que jam instigante maligno concitata fuerant, et seditiones consopite quieverunt. Dum enim ex diversis partibus multi convenissent, de quibus auditum est, quod inimici essent ad invicem, statim sine ulla exactione pecunie vei qualibet satisfactione, que inter seculares in hujusmodi negotiis solet fieri, solo Dei timore et amore piissime matris correpti, interventu fidelium in pace reconciliati sunt. Hoc finito tempore relatum est feretrum in supra nominatam ecclesiam cum reliquiis, nec tamen toto illo anno desiit mater misericordie a ceptis circa infirmos beneficiis. (*Ibid.*) Ecclesia sancti Bertini cum omnibus appendiciis suis combusta est in ipso festo sancti Bertini, dum matutinorum sollempnia agebantur.

1153. R. 1. F. 17. A. 17. H. 9.
(*Auct. Aquic.*) Eclipsis solis facta est 7 Kal. Feb. in 2 feria; 5 Idus Februarii in 2 feria tonitruum auditum est. Bruxellenses opidani injuriam quam preterito anno abbati et fratribus ejus utpote homines dura cervice et in sua sententia mentis obstinate intulerant, hoc anno correxerunt, hoc scilicet modo : quia ipsi Dominam nostram — sic enim aiunt (594) — de ecclesia Waverensi devote et humiliter tollentes, cum honore susceperunt, et suo tempore pacifice et cum gaudio remiserunt. (*Ibid.*) Eugenius papa diem ultimum claudit; succedit ei Konradus 158us, Sancte Sabine episcopus, Anastasius appellatus, vicarius domini pape predecessoris sui. Domnus quoque Bernardus abbas Clarevallensis, qui quasi lucifer exortus, ordinem nostrum illustrabat, migravit ad Dominum; cujus vita et doctrina in tantum excellit, ut minus sit, quicquid in ejus laude dictum fuerit. Nec parva miraculi portio est, quod hoc anno tanta sterilitas agris nostris incubuit, quod vix duorum vel ad trium mensium nobis victum suffecit omnis copia mensis nostre. (*Ibid.*) Turbo gravissime tempestatis per fines nostros viam molitus, quasi sulcum ducens, unius diei itinere queque velut flammis depasta consumens, lugenda vestigia reliquit. (*Ibid.*) Ascalon capta est ab exercitu Domini, qui est Hierosolymis, et possessa a nostris; multo tamen labore ac diuturno bello, multis etiam periculis et gravibus damnis prius exercitu afflicto. Namque diebus sancte Dei genitricis purificationi proximis, rex Hierosolymorum procinctum movit, portas obsedit, et muros civitatis diffuso exercitu vallavit, nocturnis excubiis, diurno bello eis incessanter imminens, usque in festum assumptionis ejusdem sacratissime Virginis moras pertrahens, et infatigabilis perdurans. Proxima ergo die illius sacratissimi festi, turrim cum suis machinamentis muro admovit; et artificio subterraneo actum est, ut murus cadens latum ingressum nostris preberet. Itaque nostri ruunt et irruunt; primus prepositus et dux illius exercitus, qui fraterne societatis professione templo militant, cum suo cuneo irrupit, et usque ad-plateam civitatis, agmine suorum stipatus, perveniens, gradum fixit; ibi artatus augustiis platearum, maceriis cinctus, et superimminentibus tectorum domatibus, et omni parte confluente turba circumventus, opprimitur et cum omni turba suorum obtruncatur. Quorum capita in unum cumulum sunt congesta, ut regi Babylonie pro signo victorie ostentarent; corpora vero in muro suspenderunt, nobis improperantes, et verbis blasphemie exercitum Dei provocantes. Tandem nostri in Domino confortati regi dicebant, ut viriliter pugnaret, et de Dei misericordia non desperaret, cujus tunc maxime adesse solet auxilium, cum deest nec speratur humanum. Quod ergo christianorum proprie presidium est, confessione peccatorum, elemosinarum largitate, et devotissimis supplicationibus se Domino committentes, et sancte Dei genitrici vota facientes, tertia die ad murum accesserunt, instrumenta bellica, machinas et balistas admoverunt, fide constantes. Crux vero dominica in manibus patriarche agmen precedebat, certissimum victorie pignus, quod semper nostris in omnibus preliis fuit. Tum vero virtus Domini manifesta fuit, linguas blasphemas edomuit, et omnem confidentiam superborum dejecit, et consilio dissipavit. Vir ille qui presens fuit, et omni tempore obsiditionis in exercitu duravit, quod vidit, nobis narravit. Percussi sunt omnes cecitate, ita ut cum molares lapides balista suo impetu in medio eorum emitteret, nullus lapidem venientem viderit, ut a loco cederet, ictumque lapidis declinaret. Quid multa? coacti sunt, quam negaverant, Dei confiteri

NOTÆ.

(594) Notre-Dame.

virtutem, et quem blasphemabant, suorum esse fidelem protectorem et adjutorem. Ergo ultra differre non valentes, civitatem in manus regis tradunt, et ex illo tempore Ascalon nostra facta est, et a nostris possessa. Istud inter maxime miranda miracula miraculum esse videtur, quod urbs 150 turribus prevalidis munita, et cenaculis domatum in plateis suis quasi crypta laqueariis supertecta, et quodammodo inexpugnabilis, tandem aliquando vinci potuit, quod in hystoriis veterum nusquam legitur.

1154. R. 2. F. 18. A. 18. H. 10.

(*Auct. Aquic.*) Anastasius papa ex hac vita decessit; succedit ei Adrianus 159us, antea Nicolaus dictus, episcopus Albanensis. Rex in Anglia constitutus est Heinricus, cujus avus fuit ille magnus et famosus Anglie rex Heinricus. Filia namque ejus, que imperatori nupta, imperatrix dicebatur, et erat comiti Andegavensi in conjugio post ejus excessum copulata, hunc, qui modo regnat (395), de eo suscepit, et fratres ejus. Qui cum adhuc lactens sub ubere nutricis esset defuncto avo ejus Heinrico rege, cum cunabulo in Angliam deportatus est, et ibi electione omnium principum, datis juramentis, in regno confirmatus est. Et quia sub manu procuratoris usque ad legitimos annos eum servari oportebat, electus est comes Stephanus cognatus ejus, qui regnum regeret, et eum educaret. Qui Stephanus a principibus persuasus, et eorum adulationibus nimis prono favore se inclinans, supplantator et proditor factus, regnum invasit et tenuit. Hoc comperto mater supra modum mulieris animo attollitur et efferatur, nec mora intercedente, Angliam cum exercitu ingreditur; multis et gravibus preliis commissis, multa audacter opera patravit. Ad ultimum, post plurimos annos, jam adulto illo juvene filio suo, Stephano etiam subito, nec satis nota morte defuncto, filium suum Heinricum in regno constituit.

1155. 3. 19. 1. 11.

(*Auct. Aquic.*) Imperator Fredericus, preterito anno profectus, hoc anno Romam pervenit multis in itinere laboribus attritus, et diversis hostiliter obsistentibus; quos omnes tam sagacitate quam virtute [448] superavit, et ad deditionem atque subjectionem compulit; Romanis principibus mandavit, ut eum cum pace susciperent, et subjectionem non negarent. Quod illi pecunie inhiantes contumaciter rennuerunt, dicentes, quod nisi ad quas vellent conditiones acquiesceret, ipsos non subjectos, sed hostes sentiret. Imperator semper eorum inexpletam avariciam respuens, Romam armata manu ingreditur; papam Adrianum amicum et aptum sibi inveniens, in ecclesia sancti Petri benedictione confirmatur et coronatur. Interim exercitus ejus, hostium non ignorans insidias, totum procinctum ecclesie sancti Petri armatus circumdederat; donec omnibus expletis cum imperatore egrederetur. Romani, tam pudore quam dolore animo concitato, quibusdam residuis, quos incautos occupaverant, interfectis, cum imperatore congrediuntur; sed mox in fugam versi, ad Tiberis alveum coguntur. Quanti in congressu ceciderint, quanti in flumine submersi sint, scriptis committere non audeo. Imperator victor regreditur. Floret imperium, et dominus rerum sublimis attollitur. Multis annis sterilitate terre et necessariorum penuria nobis laborantibus, hoc anno tritico omnino deficiente, in ultimo discrimine, quid agendum esset, vix anxiis potuit occurrere. In hoc tamen ad ultimum stetit sententia, ut pecunia mutuo amicorum fide sumpta, emeremus victui necessaria. Misimus ergo fratres nostros in aliam regionem, qui sollicite injunctum negotium exsequuntur, et remenso itinere, onerata nave iter carpentes ad opidum Aldenardum dictum pervenerunt. Est ibi locus, in quo molendina et catarecte, que aquarum transitum suscipiunt et reddunt, ita angustum et periculosum efficiunt ipsum locum, ut navis nostra transitura, firmissimis funibus ligaturis posti astricta teneretur, donec ipsam caribdim evaderet et pertransiret. Ergo tanta cautela, tanto conamine navis ad illam voraginem et precipitem cursum aque frementis adducta, imo impulsa, in medio fervore insani estus suis presidiis destituitur. Solvuntur retinacula, rumpuntur funes, omnisque conatus frustratur. Navis precipiti cursu violenti amnis rapta, nunc sursum ejecta, nunc in imo precipitata, tandem ad pontem qui proximus erat, undarum concursione et violenta concussione propulsa, impegit in postem firmum et fortem, qui sustentabat pontem; quem pontem confregit, ipsa nullum dispendium passa libero et securo cursu pertransiit. Quid ad hoc dicemus? largitori bonorum omnium gratias agamus. (*Ibid.*) Godefridus junior, dux Lotharingiæ, filiam Heinrici comitis Lemburgensis in conjugio sortitus est; per quod tandem rebus omnibus pace compositis, contentio longo tempore protracta, ea conditione finita est, ut Godefridus confirmatum sibi ducatum, sine ulla contradictione, advocatiam sancti Trudonis, castellum Rode obtineat, atque omnium, que possidet idem comes, post decessum ejus medietatem accipiens, hereditario jure successor fiat. Arnoldus hereticus et scismaticus de Brixia, discipulus magistri Petri Abailart, a quinque apostolicis excommunicatur: tandem sub Adriano papa laqueo suspenditur, corpus ejus igne crematur et combusti cineres in Tyberim projiciuntur.

VARIÆ LECTIONES.

[448] *sex priores hujus vocis litteras in codice erasit Miræus; restituimus eas ex Alberico, cujus lectionem conjectura assecutus erat V. D. Car. Grotefend.*

NOTÆ.

(395) Obiit a. 1189.

1156. R. 4. F. 20. A. 2. H. 12.

Fredericus imperator judicio et consilio episcoporum et archiepiscorum relicta uxore sua, duxit filiam comitis Burgundionum, Reinaldi nomine, de ultra Saonam; quam patruus suus comes Wilhelmus arta turris custodia diu clausam tenuerat, ut eam perderet et hereditatem ejus fraudulenter preriperet; sed Deo miserante de manibus ejus liberata, imperatori in conjugium copulata est. Heinricus junior rex Anglorum, exercitum copiosum et magnum belli apparatum, quem proposuerat ducere in Hiberniam, ut eam suo dominio subjugaret, fratremque suum consilio episcoporum et religiosorum virorum illi insule regem constitueret, convertit contra regem Francorum; hac scilicet de causa, quia uxorem ejus ab eo relictam in matrimonium duxerat, cujus patrimonium satis magnum et amplum, ducatum scilicet Aquitanie et omnia ipsi subjacentia, rege contradicente, possidere contendebat. Inde gravis et longa contentio inter eos exorta est, ita ut in partibus utriusque regni viderentur urbes destrui, ville et opida cremari, homicidia, depredationes rerum omnium violenter fieri, et a Pyreneis montibus pene ad fines Flandrie hoc malum quasi pestis gravissima intolerabiliter grassari.

1157. 5. 21. 5. 13.

Theodericus comes Flandrie, jam tertio profectus cum quibusdam principibus terre sue, ducta etiam uxore sua zelo pio devotionis accensa, cum quadringentis militibus et copioso belli apparatu Hierosolimam, Philippus filius ejus comitatum suscepit; quem justicia, fortitudo et liberalitas omnibus bonis laudabilem et amabilem fecit. Quam (596) ea tempestate in tanta perturbatione et desperatione invenit, ut jam timerent se finibus suis expelli, loca sancta gentibus prophananda, totamque terram possidendam relinqui. Noradin enim, Sanguinii filius, rupto pacis fœdere primo improvisis superveniens, eis congressus superavit. Secundo in vigilia pentecostes congrediens, fere sexcentos in exercitu probatos, quosdam templi, quosdam regis milites cepit, occidit, regem vix fuga elapsum ceterosque in castrum Belinas impulit, terramque, usque maritima nullo resistente progrediens, multa ex cede vastavit. In tanto timore positos Dominus adjutor in oportunitatibus, in tribulatione, per comitem supradictum hoc modo consolatus est. Ipse namque Dei confisus adjutorio, et sancte crucis, que in exercitu ferebatur, munitus signaculo, adjuncto sibi rege audacter congressus, Noradin cum suis superavit, superatos humiliavit, humiliatos ad pacem poscendam compulit. Castellum, quod Cavea dicitur, nostris valde infestum, quippe qui per illud infra 7 annos fere 15 milia de suis amiserant, magna instantia et fortitudine superatum, positis in eo militibus obtinuit. Inde circa natale Domini Antiochiam veniens, duo castella Harenc et Femie acquisivit, tertium destruxit; et quecumque princeps ipsius Raimundus incuria et insolenti temeritate amiserat, Turcis irruentibus cum maxima parte exercitus sui occisis, ipse viriliter agens recuperavit. Deinde progressus in ulteriora, Cesaream Cappadocie obsedit, obsessam quarto die cepit, et quia retinere non potuit, utpote a nostris longe positam, dextruxit; et sic omnia prospere agens, ad suos Hierosolimam cum magna gloria et gaudio christianorum reversus, ibidem biennio commoratus est. Uxor ejus Bethanie religionis habitum suscepit. Brandeburch castellum in terra Sclavorum trans Albim, per quod pagani christianos graviter affligebant, Albertus marchio comes in Saxonia obsedit, cepit, positisque in eo militibus Sclavos humiliavit, ac per hoc christianos fines multum dilatavit. Fredericus imperator secundo in Italiam, plenius eam subjugaturus, movit exercitum cum duce Bohemie et ceteris regni sui principibus· (397). Cenobium Gemblacense, quod ante annos circiter 20 succensum (398) sed Dei clementia et suffragiis sanctorum, quorum reliquie in illa continentur ecclesia, aquis de alveo vicini fluminis elevatis et monasterio superfusis restinctum, modo tali presidio destitutum, occulto Dei judicio cum claustro et ceteris officinis totoque oppido combustum est.

1158. 6. 22. 4. 14.

Frederico imperatore in Italia posito, civitatibus et urbibus subactis, duces, comites et principes terre ad eum partim timore partim amore convenerunt, debitam ei subjectionem et reverentiam ei exhibuerunt (Aug. 6.) exceptis Mediolanensibus, qui sicut predecessoribus ejus, ita ipsi quoque rebelles extiterunt. Ipse absque ulla dilatione sua usus constantia, civitatem obsedit, et quamvis interius haberent, ut dicitur, 60 milia armatorum, primo tamen et secundo congressu multa strage humiliatos ad deditionem compulit, ut 200 de nobilioribus civitatis pacis obsides darent, et quamcumque conditionem sibi ab eo impositam susciperent. Quibus acceptis et conditionibus sacramento confirmatis (Sept. 8) quasi securus, exercitum quosdam in propria, quosdam in hiberna dimisit; ipse in Italia se retinens, pius et justus ab omnibus appellatus, et secundus post Karolum Magnum justicia et pietate est habitus. Interim tamen sua ocia piis rei publice perornans negociis, Laudam civitatem, quam Mediolanenses destruxerant, in tutiori loco translatam restruxit. Cumam quoque, quam idem Dei et [449] sui

---

VARIÆ LECTIONES.

[449] Dei et *erasit Miræus, ut videtur, qui laudes Friderici et in codice delere studuit; restituimus ex Alberico.*

NOTÆ.

(596) Hierosolymam scilicet.
(597) Hoc factum demum 1158, mense Junio; anno enim 1157 imperator ultra Burgundiam non processit.
(598) A. 1136.

hostes pene destruxerant, renovavit et munivit.
1159. R. 7. F. 23. A. 5. H. 15.
(*Sept.* 1.) Adrianus papa diem ultimum claudit. Rolandus cancellarius et Octavianus presbyter cardinalis de papatu contendunt. Bellum gravissimum ortum erat ante annos circiter 20 inter ducem Lovanii Godefridum juniorem, et Walterum cognomento Bertold. Puer quidem Godefridus adhuc in cunis jacebat; turba autem seditiosorum utriusque partis pacem turbabat. Unde magnum malum processit, et quasi quoddam contagium terram utriusque invasit. Agricole enim bonis suis spoliati, miseri et exsules de finibus suis sunt egressi; terra deserta habitatoribus inculta remansit. Erat cernere miseriam, incendia, homicidia, rerum omnium depredationes violenter fieri, fere per annos 20, donec hoc anno quarto bello Grinbergensis (399) urbs antiqua ruit (VIRG. *Æn.* II, 565), multos dominata per annos; castrumque magnum et famosum, quod humana virtute vix poterat, justo Dei judicio combustum et ad solum usque dirutum est. Accidit hoc in festo sancti Remigii. Itaque omni auxilio destitutus, a comite Flandrie derelictus, cui soli innitebatur, cum duce, sero tamen, in pacem rediit. Mediolanenses violatis sacramentis castrum, in quo imperator thesauros suos deposuerat, invadunt, milites custodes castelli capiunt, thesauros diripiunt, ulteriusque progredientes, amicos ejus et confoederatos impugnant. Ipse hoc audito, ultra quam credi potest ammirans et exhorrens eorum perfidiam, decrevit Dei et suam injuriam de crimine infidelitatis debito talione vindicandam. (*An.* 1160.) Obsedit itaque Criminum (400) castrum satis munitum, in quo erat maxima fiducia et fortitudo eorum, obsessum cepit (*Jan.* 26), captum destruxit, milites qui in eo inventi sunt, vita donatos abire permisit, sed et quecumque Mediolanensium erant, circumquaque vastari precepit.
1160. 8. 24. 6. 16.
Heinricus rex Anglorum filiam Stephani, neptem suam sanctimonialem et abbatissam in claustro consecratam, contra fas legum Matheo filio comitis Flandrie dedit uxorem, ut per eam comitatum retineret Boloniensem. Et quia sponsa Deo dicata, non sponsum sed adulterum summo regi superduxit, bella et seditiones inimicus inter patrem et filium, inter fratrem et fratrem concitavit. Fridericus imperator cum videret, propter paucitatem exercitus Mediolanenses contra se insolentius agere, misit per omnes fines regni sui, ut venirent ei in auxilium, et juravit, se non recessurum a civitate, donec caperet eam. Ut autem hoc juramentum ratum maneret, designavit, si forte vita decederet, duos imperatores, filium Conradi predecessoris sui, et post eum Heinricum ducem Saxonie.
1161. 9. 25. 7. 17.
Convenerat exercitus magnus ex omnibus parti-

bus regni, preterito anno ab imperatore ter vocatus. Quorum adventu oppido letatus, consilio principum statim obsedit ex omni parte Mediolanum, et ita coartavit eos, ut non haberent potestatem libere egrediendi vel ingrediendi, emendi vel vendendi. Timuit enim propter reverentiam ecclesiarum armata manu ingredi; et ut parceret militibus, qui in congressione, ut assolet fieri, occidi possent, maluit fame cruciatos ad deditionem compelli. Ipse interim cotidie elemosinis pauperum insistebat; decimam partem omnium reditum suorum pauperibus erogabat, estimans se melius eleomosinis pauperum quam armis militum posse vincere. Ipse pius et dilectus omnibus habitus est, ut duces et comites Guillelmi regis Sicilie dominum suum desererent et ad ipsum se conferrent. Baldewinus quintus rex Jherusalem vita decessit; Amalricus frater ejus ei successit.
1162. 10. 26. 8. 18.
Mediolanenses obsidione, fame, inopia, et quod est gravius, seditione coartati, per internuntios petunt ab imperatore misericordiam; tantum ut vita donentur, omnem conditionem ab ipso propositam promittunt se sustinere. Kalendis itaque Martii, omnes per turmas suas exeunt, prius principes, post eos nobiles et milites, gladios manibus tenentes, quasi essent rei majestatis et proditores, deinde promiscuum vulgus, funibus colla innexi, in ciliciis, cinere capitibus aspersis ad pedes imperatoris in modum crucis se prosternunt. Imperator, qui proposuerat eos ad terrorem aliorum diversis suppliciis interimere, vita donatos, rebusque necessariis, quantum secum ferre poterant, concessis, per regiones dispersit, ita ut non haberent licentiam in civitatem amplius revertendi; deinde jussit suos civitatem ingredi, muros, turres, alta et superba fastigia et edificia destrui — tribus tamen pepercit ecclesiis, sancte Marie, sancti Mauricii, et sancti Ambrosii, cum officinis clericorum, officialibus ipsorum, domibus et indempnitate rerum concessa — erarium publicum sibi reservari. Placentini, Bolonienses, Brixienses, Mediolanensibus contra imperatorem confoederati, exemplo eorum territi, eamdem humilitatis subjectionem, quasi rei majestatis substrati imperatoris pedibus, exhibuerunt, ipsiusque indulgentia veniam optinuerunt. Fames gravissima in tantum prevaluit, ut modius tritici venderetur 50 et eo amplius solidis Lovaniensis monete, multaque milia hominum fame periissent, nisi Dominus pauperis populi afflictionem respexisset. Ipse enim qui percutit et medetur, dedit spiritum bonum in cordibus fidelium suorum, cujus instinctu largam manum ad pauperes extenderunt, eorumque inopiam sua habundantia suppleverunt, et largius quam aliquando nostris temporibus vidimus, sua eos liberalitate sustentaverunt. Imperator Fredericus a rege Francorum invitatus, ut sublato

NOTÆ.

(399) Prope Vilvordam occidentem versus.

(400) Cremam.

schismate Romane ecclesie pax firma redderetur, concilium in territorio Besuntionum Dolo villa super Sennam fluvium, in decollatione sancti Johannis baptiste convocavit; sed in tanto conventu regum, ducum, comitum, archiepiscoporum, episcoporum et abbatum, Clarevallensium consilio et instinctu rege Francie ab imperatore averso, quique sine effectu, eadem et adhuc graviore permanente discordia, in sua redierunt. Desponsata filia regis Francorum filio regis Anglorum, contentio conquievit, et pax plena inter eos convenit.

1163. R. 11 F. 27. A. 9. H. 1.

Corpora trium magorum a Reinaldo Coloniensi electo de ecclesia quadam civitati Mediolanensi contigua translata sunt, et cum magno gaudio et exultatione totius provincie, processione mirabiliter ordinata nec simili omnibus retro seculis visa vel audita, civitati Coloniensi illata et in ecclesia sancti Petri reposita sunt. Si quis vult scire, quomodo de partibus suis translata sint Constantinopolim, et de Constantinopoli Mediolanum, id in ecclesia sancti Petri Coloniensis inveniet.

CONTINUATIO AQUICINCTINA

De hac continuatione, omnium præstantissima, et in ultimo saltem decennio factis coæva, jam egimus col. 29. Damus primi integram e codice egregio B5, quem tamen non esse autographum auctoris, supra vidimus col. 45.

Brevis epilogus. Eusebius hystoriographus Cesariensis episcopus scripsit principia hujus voluminis, veraci stilo futuris insinuans successionem regum et seriem temporum, a nativitate Abrahe patriarche usque ad vicesimum Constantini magni principis annum. Scripsit autem Grece; set beatus Jheronimus transtulit Latine. A vicesimo autem anno Constantini usque ad mortem Valentis imperatoris idem beatus Jheronimus digessit. A primo vero anno Gratiani usque ad mortem Valentiniani junioris filii Placidie, Prosper sancti Augustini discipulus composuit. Deinde Sigibertus Gemblaucensis monachus, vir satis litteratus, altius repetens, a primo anno primi Theodosii usque ad septimum annum Henrici quinti hujus nominis imperatoris descripsit. Post hinc Anselmus abbas supradicte Gemblaucensis ecclesie, a septimo anno Henrici usque ad undecimum annum Lotharii imperatoris que secuntur apposuit. Reliqua vero, que ab anno undecimo Lotharii usque ad annum 12um Conradi regis scripta sunt, quis scripserit ignoramus. A 13° autem anno Conradi regis Theuthonicorum et 14° Ludovici hujus nominis septimi regis Francorum, rogatu quorundam fratrum Aquicinensium, et postmodum auctoritate Symonis ejusdem ecclesie abbatis (401), quidam monachus ejusdem ecclesie familiarissimus, mediocriter litteratus, usque in calcem voluminis sequentia apposuit. Audita magis quam visa scripsit, et que a fidelibus relatoribus audivit, posterorum notice dereliquit. Litterati enim nostri seculi his intendere pro nichilo ducunt, et hujusmodi scripturam vilipendunt.

1149. R. 15. F. 14. A. 14. H. 6.

(*Auct. Aquic.*) Anno d. i. 1149. Conradus rex Theuthonicorum et Ludovicus rex Francorum procinctum solvunt, et sine ullo prosperitatis effectu ab itinere Jherosolimorum revertuntur; nunquam audita tanta infelicitate corporali christiani exercitus. Nam multorum anime, qui ibi a Sarracenis interfecti sunt et fame perierunt, per Dei misericordiam salve facte sunt. Inter Balduinum comitem Montensem et Sibillam comitissam Flandrensem orta discordia, milites Flandrenses in pago Austrebatensi incendiis et rapinis patriam demoliuntur. Ad hanc discordiam pacificandam Sanson venerabilis Remensis archiepiscopus cum quibusdam episcopis suffraganeis suis venit; set quibusdam malivolis pacem turbantibus, parum profecit. Ecclesia Hasnoniensis tunc ab eodem archiepiscopo dedicata est. (*Ib.*) Hyemps gravissima quatuor mensibus invaluit et prevaluit.

1150. 14. 15. 15. 7.

Theodericus comes Flandrensis revertitur ab Jherosolimis. Qui commotus pro injuria, quam Balduinus comes Montensis preterito anno sue fecerat uxori, contra eum exercitum movit. At Balduinus de suis viribus diffidens, Henricum episcopum Leodicensem et Henricum comitem Namucensem contra Flandrenses adduxit. Set Flandrensibus suo more viriliter repugnantibus, inglorii ad sua sunt reversi Namucensis comes et Leodicensis episcopus. (*Auct. Aquic.*) Orta est contentio inter Henricum episcopum Leodicensem et Henricum comitem Namucensem. Unde congregato utrimque exercitu congressi, superior factus episcopus, non sine multorum cede victoria potitus est.

1151. 15. 16. 16. 8.

Ludovicus rex Francorum consilio domni Bernardi abbatis Clarevallensis Aanordem uxorem suam repudiavit, et ducatum Aquitanie provincie amisit. Erat enim filia ducis Aquitanie. Aanors vero quondam regina Henrico, filio Gaufridi comitis Andegavorum, qui postea in Anglia regnavit, nupsit; sicque predicta mulier de regno ad regnum transiit. Genuit autem ex ea quatuor filios, Henricum regem qui ante patrem obiit, Richardum regem, qui patri

NOTÆ.

(401) A. 1174-1201.

successit, Gaufridum comitum Brittannie, et Johannem qui dicitur sine terra; tres quoque filias, quarum una nupsit regi Hispanie, sequens regi Sicilie, tercia duci Saxonie. Nam de rege Ludovico duas genuerat filias, quorum prima nupsit Henrico comiti Campanensi, sequens Theobaldo fratri ejus comiti Blesensi. Ludovicus rex Francorum secundam duxit uxorem Constantiam filiam regis Hispanie, satis religiosam; ex qua genuit duas filias, quarum una nupsit Henrico regi juniori, filio Henrici Anglorum regis, altera vero filio imperatoris Constantinopolitani. (*Auct. Aquic.*) Fructus terra habuit uberes, set pluviarum inundatione a festivitate sancti Johannis usque ad medium Augusti omnia vastante, vix ad maturitatem perduxit. Nam vinum et ceteri fructus ex parte defecerunt, et quod de uvis collectum est, in acorem versum est. (*Ib.*) In civitate Atrebatensi post beate memorie domnum Alvisum episcopum, qui in expeditione Jherosolimitana obierat (402), ordinatur Godescalcus quartus episcopus.

1152. R. 16. F. 17. A. 17. H. 9.

(*Auct. Aq.*) Conradus rex diem clausit ultimum. Optimates vero regni et episcopi in unum convenientes, elegerunt (*Mart.* 9) Fredericum illustrem ducem, filium Frederici ducis Suavorum. Hujus avunculi fuerunt Conradus supramemoratus imperator, et Henricus dux Austrasiorum, pater regine Hungarii. (*Ib.*) In ecclesia sancti Nicholai, que constructa est in oppido Brusellensi, sancta Maria mater Jesu Christi multa miracula operata est. Ecclesia sancti Bertini combusta est cum omnibus appenditiis suis, in ipso festo sancti Bertini, dum matutinorum sollempnia agerentur, cum magna parte oppidi.

1153. 1. 18. 18. 10.

(*Auct. Aquic.*) Eclypsis solis facta est 7 Kal. Febr. in 2 feria. 5 Id. ejusdem mensis in 2 feria audita sunt tonitrua. Eugenius papa obiit; succedit ei Conradus 166us papa Sabinensis episcopus, Anastasius appellatus, etate grandevus, vicarius domni pape predecessoris sui. Domnus quoque Bernardus abbas Clarevallensis, qui quasi lucifer exortus monachicum ordinem illustrabat, migravit ad Dominum. Cujus vita et doctrina in tantum excellit, ut minus sit, quicquid in ejus laude dictum fuerit. Turbo gravissime tempestatis per fines viam molitus quasi sulcum ducens, unius diei itinere queque velut flammis depastus consumens, lugenda vestigia reliquit. Ascalon capta est a Domini exercitu, qui est Jherosolimis, et possessa a nostris, multo tamen labore ac diuturno bello, multis etiam periculis et gravibus dampnis nostro prius exercitu afflicto. Erat urbs illa 150 turribus prevalidis munita, et cenaculis domatum in plateis suis quasi cripta laqueariis supertecta, et quodammodo inexpugnabilis. Eustachius filius Stephani regis Anglie in Anglia moritur. Huic Constantia, soror Ludovici Francorum regis, nupserat. Mortuo autem Eustachio, comiti Sancti Egidii secundo copulata est matrimonio. Vario eventu adversum Stephanum regem Anglorum a Henrico, filio comitis Andegavorum, pugnatur. Stephanus rex Anglorum Henrico cognato suo reconciliatur.

1154. 2. 19. 19. 11.

(*Auct. Aquic.*) Romane ecclesie 167us ordinatur episcopus Adrianus, qui et Nicholaus, Albanensis episcopus annis 6. Stephanus rex Anglie veneno, ut quidam asserunt, in cibo sumpto subito moritur (*Oct.* 25); cui successit Heinricus nepos ejus (*ib.*), cujus avus fuit ille famosus rex Anglie Henricus. Filia namque ejus, que imperatori nupta imperatrix dicebatur, et erat comiti Andegavensi nupta post excessum imperatoris, supradictum Henricum et fratres ejus de eo suscepit. Qui cum adhuc lactens sub ubere nutricis esset, defuncto avo ejus Henrico rege in Angliam deportatus, electione omnium principum, datis juramentis in regno confirmatus est. Electus est etiam comes Stephanus cognatus ejus, qui regnum regeret et infantem educaret. Qui Stephanus a principibus persuasus, regnum invasit et tenuit. Hoc comperto, imperatrix Angliam cum exercitu ingreditur, et auxilio fratris sui Roberti comitis de Claudiocestria, multis et gravibus preliis commissis, multa audacter opera perpetravit. Ad ultimum post plurimos annos filio suo juvene jam adulto, Stephano subito defuncto, filium suum Henricum regem constituit. Willelmus Yprensis cognomento Bastardus cum suis militibus, quia Stephano regi faverat, a Henrico rege ab Anglia expellitur. Willelmus comes Boloniensis ad graciam regis Henrici et pacem reducitur, et omnes bellorum motus in Anglia sedantur.

1155. 3. 20. 1. 12.

(*Auct. Aquic.*) Fredericus rex preterito anno profectus Romam pervenit, multis in itinere laboribus attritus, et diversis hostiliter obsistentibus; quos omnes ad subjectionem et deditionem compulit. Set cum a Romanis principibus minime reciperetur, Romam armata manu ingreditur; papam Adrianum amicum sibi et aptum experiens, in ecclesia sancti Petri benedictione imperiali confirmatur et coronatur. Interim exercitus ejus totum procinctum ecclesie beati Petri circumdederat, donec omnibus expletis cum imperatore egrederetur. Romani quibusdam residuis, quos incautos occupaverant, interfectis, cum imperatore congrediuntur; set mox in fugam versi, ad Tiberis alveum coguntur. Quanti in congressione ceciderunt, quanti in flumine submersi sunt, scriptis committere non audeo. Imperator victor regreditur. Godefridus junior dux Lotharingie filiam Henrici comitis Lemburgensis in conjugio sortitus est; per quod tandem rebus omnibus pace compositis, contentio longo tempore

NOTÆ.

(402) A. 1147, secundum Annales Aquicinenses

contracta ea conditione finita est, ut Godefridus confirmatum sibi ducatum sancti Trudonis, castellum Rode optineat, atque omnium que possidebat, idem comes post decessum ejus medietatem accipiens, hereditario jure possideat. In insula Aquicinensi dedicata est ecclesia beate Dei genitricis Marie a Godescalco Atrebatensi episcopo, mense Julio.

1156. R. 4. F. 21. A. 2. H. 13.

Fredericus imperator, consentientibus archiepiscopis et episcopis Theutonici regni, uxorem suam injuste dimisit, et inde magnam sibi calamitatem paravit. Ipse autem imperator aliam duxit uxorem, filiam cujusdam ducis Burgundionum, virginem elegantem. (*Auct. Aquic.*) Philippus, filius Theoderici comitis Flandrensium, filiam Rodulfi Viromandensium comitis Elizabeth uxorem ducit Belvaci. Fredericus imperator a papa Adriano et Rollando cancellario pro uxoris sue prime divortio vehementer arguitur. Quod ille egre ferens, cardinalibus Romanis introitum civitatum et ecclesiarum regni sui interdixit.

1157. 5. 22. 3. 14.

Adrianus papa et Fredericus imperator, orta inter se simultate pro diversis causis, epistolas nimis mordaci sermone ad alterutrum conscribunt. Epistola Adriani pape ad Fredericum imperatorem : *Adrianus episcopus servus servorum Dei, dilecto filio in Christo Frederico Romanorum imperatori, salutem et apostolicam benedictionem. Lex divina, sicut parentes honorantibus vite longevitatem repromittit, ita maledicentibus patri et matri sententiam nichilominus mortis intendit. Veritatis autem voce docemur, quia omnis qui se exaltat, humiliabitur, et qui se humiliat, exaltabitur. Quapropter, dilecte mi in Domino fili, super prudentia tua non mediocriter admiramur, quod beato Petro et sancte Romane ecclesie illi commisse non quantam deberes reverentiam exhibere videris. In litteris enim ad nos missis nomen tuum nostro preponis; in quo insolentie, ne dicam arrogantie, notam incurris. Quid dicam de fidelitate beato Petro et nobis a te promissa et jurata, quomodo eam observes, qui ab his qui dii sunt et filii Excelsi omnes, episcopis scilicet, hominagium requiris, fidelitatem exigis, manus eorum consecratas manibus tuis innectis, et manifeste factus nobis contrarius, cardinalibus a latere nostro directis, non solum ecclesias, sed etiam civitates regni tui claudis ? Resipisce igitur, resipisce, tibi consulimus, quia dum a nobis consecrationem et coronam merueris, dum inconcessa captas, ne concessa perdas, tue nobilitati timemus. Data Preneste 8 Kal. Julii.* Rescriptum imperatoris ad eundem : *Fredericus Dei gratia Romanorum imperator semper augustus, Adriano ecclesie catholice summo pontifici, omnibus adherere que cepit Jesus facere et docere. Lex justitie unicuique quod suum est restituit. Non enim parentibus nostris derogamus, quibus in hoc regno nostro*

debitum exhibemus honorem, a quibus, videlicet progenitoribus nostris, et regni dignitatem suscepimus et honorem. Nusquam enim ante tempora Constantini Silvester regale aliquid habuisse dinoscitur; set ejus pietatis concessione pax reddita est ecclesie, libertas restituta, et quicquid hodie papatus vester regale habere dinoscitur, largitione principum optinet. Unde cum Romano pontifici scribimus, jure et antique nomen nostrum vestro preponimus. Ab his autem, qui dii sunt per adoptionem et regalia nostra tenent cur hominagium et regalia sacramenta non exigamus, cum ille noster et vester verus institutor ab homine rege nichil accipiens, et omnia bona omnibus conferens, qui pro se et pro Petro censum cesari persolvit, et exemplum dedit vobis, ut et vos ita faciatis, doceat vos ita dicens : « Discite a me, quia mitis sum et humilis corde. » Aut igitur episcopi regalia nobis dimittant, aut si hec sibi utilia judicaverint, que Dei Deo, et que cesaris sunt cesari reddant. Cardinalibus utique vestris clause sunt ecclesie, ut non pateant civitates; quia non videmus predicatores, set predatores; non pacis administratores, set pecunie raptores; non orbis corroboratores, set pecunie ultra modum insatiabiles corrosores. Cum viderimus eos quales requirit Ecclesia, portantes pacem, illuminantes patriam, assistentes cause humilium in equitate, necessariis eos stipendiis et commeatu sustentare non differemus. Humilitatis autem, que custos est virtutum, et mansuetudinis vestre non minimam notam incurritis, cum hujusmodi questiones religioni non multum conferentes secularibus personis proponitis. Providaeat itaque paternitas vestra, ne dum talia monet, que digna non ducimus, offendiculum ponat illis, qui velut ad umbram serotinam ori vestro aures suas arrigere festinant. Non enim possumus non respondere auditis; cum superbie detestabilem bestiam usque ad sedem beati Petri jam reptasse videamus. Paci ecclesiastice bene providentes, semper valeatis. His relectis, papa totus in imperatorem invehitur, et quoscumque potest, ab eo verbis et scriptis avertit (403). Italienses contra imperatorem rebellant ; ipse vero ad eos debellandos Italiam petit. Contra quem Italienses urbibus et castellis munitis, se ad rebellandum accingunt, cumque Mediolanum hostiliter adheuntem non recipiunt. Imperator autem, expugnatis munitionibus que contra se erant, Mediolanum obsidet. (*Ib.*) Theodericus comes Flandrie tercio Iherosolimam petit cum Sibilla conjuge. Post quorum discessum Philippus filius eorum adversus Symonis de Oizi sibi subici nolentis contumaciam edomandam exercitum ducit, et Inci castellum obsidet et capit. Contra Ludovicum regem Francorum commotio et simultas Henrici regis Anglorum exoritur.

1158. 6. 23. 4. 15.

Adrianus papa cum cardinalibus suis habito consilio, Fredericum imperatorem, qui vivente uxore sua aliam superduxerat, excommunicat, sub ho-

NOTÆ.

(403) Imitatur verba Sigeberti de Gregorio VII, a. 1076.

PATROL. CLX.

optentu, ut primates regni quasi justa ex causa excommunicato regi contradicant. Adrianus papa et omnes cardinales Romani preter quatuor Willelmum regem Sicilie ad regnandum in Italia contra Fredericum imperatorem invitant, misso ei per Rollandum cancellarium beati Petri vexillo. Huic factioni non consenserunt Imerus episcopus Tusculanus, et Octovianus presbyter cardinalis tituli Sancte Cecilie, Wido Cremonensis Johannes de Sancto Martino. (*Auct. Aquic.*) Philippus comes Flandrie, filius Theoderici, navalem expeditionem ducit adversus Theodericum comitem Hollandie et piratas sub ejus tuitione degentes, et acceptis obsidibus victor revertitur, et Beverne comburit.

1159. R. 7. F. 24. A. 5. H. 16.

Henricus rex Anglorum post adeptum regnum ultra se elatus, quod diu mente conceperat, contra Ludovicum regem Francorum rebellat. Qui, congregato exercitu, Aquitaniam transiit, et urbem Tolosam obsidione cinxit. Rex autem Francorum cum suis militibus, priusquam obsideretur, civitatem potenter ingressus est, et a comite Sancti Egidii seu civibus cum magno gaudio susceptus est. Quod rex Anglorum cernens, et eorum concordiam et stabilitatem videns, indoluit, veritusque regis potentiam, inefficax rediit. (*Auct. Aquic.*) Theodericus comes Flandriæ tercia vice Jherosolima revertitur. Sibilla autem comitissa ibidem remansit, et habitu religionis apud Sanctum Lazarum assumpto, ibidem sancto fine quievit (404).

1160. 8. 25. 6. 17.

Adriano papa defuncto (405), Alexander, qui et Rollandus cancellarius Romanæ ecclesie, ordinatur papa, post beatum Petrum 168us (cf. *Auct. Aquic.*). Contra quem Octovianus presbiter cardinalis tituli Sancte Cecilie, papatum ambiens, magno scandalo universali ecclesie fuit, quia prolixa inter eos contentio etiam usque ad sanguinis effusionem prorupit. Fredericus enim imperator et episcopi Teutonici vel principes Octovianum in patriarchio Lateranensi immantatum Victorem appellaverunt; Italienses vero, qui et Longobardi, Rollandum cancellarium extra Romam in loco qui nuncupatur Cisterna Neronis, in regione Siculi, consecraverunt, et Alexandrum vocitaverunt (*an.* 1159, Sept. 20). Alexander et Victor de papatu contendentes, legatos in Franciam certatim ad Ludovicum regem et primates regni dirigunt; quorum relatione in civitate Belvacensi audita et examinata (*Jul.*), prefatus rex et omnes episcopi ipsius regni Alexandro pape se submiserunt. Porro Fredericus imperator et omnes Teutonici Victori obtemperabant. (*Ib.*) Obiit Willelmus filius Stephani regis Anglie, comes Bolonie et dapifer regis Anglie, sine herede Matheus vero filius Theoderici comitis Flandrie, filiam Stephani regis Anglorum abbatissam raptam de monasterio ubi erat Deo sacrata per violentiam regis Anglorum, ducit uxorem, et per eam optinet comitatum Boloniensem. Qua de causa a Sansone Remorum archiepiscopo et ab ejus suffraganeis omnibus episcopis excommunicatus est, et a patre suo Theoderico et fratre Philippo propter castellum Lens, quod adversus eos jure hereditario repetebat, nimium injuriatus. Legatio pro reconciliatione regni et sacerdocii nunc a rege Ludovico Francorum ad imperatorem Romanum Fredericum vadit; nunc ab imperatore ad regem vicissim redit.

1161. 9. 26. 7. 18.

(*Auct. Aquic.*) Fredericus imperator civitatem Mediolanensem quinque annis obsessam vicit et in deditionem coegit (406). Corpora trium magorum, qui ab oriente in Bethleem venerunt adorare Dominum, cum quibusdam reliquiis sanctorum in eadem urbe quiescentium, a Rainaldo imperatoris cancellario transferuntur, et in majori ecclesia Sancti Petri in urbe Colonia decenter reconduntur (*an.* 1163). (*Ib.*) Fames valida. Sanson venerabilis Remorum archiepiscopus obiit, et sepelitur in cenobio Igniacensi (407). Cui succedit Henricus episcopus Belvacensis, frater Ludovici Francorum regis. In episcopatu Belvacensi substituitur Bartholomeus ecclesie Remensis archidiaconus. Ludovicus rex Francorum, indignum ducens contra ecclesie statum agi per violentiam imperatoris Frederici, legatum ad eum dirigit Henricum comitem Trecarum, ut eum ad mutuum convocet colloquium. Qui apud castrum Gallie, quod Divion dicitur, quo in loco beatus martyr Benignus requiescit, de pace et unitate sancte et universalis ecclesie loquuturi conveniunt; sed dissensu quorundam luce pacis turbata, nichil dignum vel utile tractantes, unusquisque rediit ad sua (*an.* 1162, Sept.). Octovianus, qui et Victor, per totum regnum Frederici imperatoris potenter sinodales agit causas; Alexander vero, qui et Rollandus, veritus potenciam imperatoris, profugus ab Italia, emenso mari, venit in Franciam (*an.* 1162). Qui a Ludovico rege et optimatibus ejus gloriose excipitur.

1162. 10. 27. 8. 19.

(*Auct. Aquic.*) Alexander papa collecto generali concilio Turonis (408), excommunicavit Octovianum scismaticum et Rainaldum Coloniensem electum, archiepiscopum quoque Mogontinum, Hugonem etiam abbatem Cluniacensem, cum quibusdam scismatis auctoribus. In quo concilio quedam ecclesie utilia tractavit, et decreta predecessorum suorum renovavit et confirmavit; ordinationes autem a scismaticis factas evacuavit et irritas esse censuit. Octovianus quoque in civitate Treverensi, tenens concilium cum episcopis Teutonicis et Italicis sibi

NOTÆ

(404) A. 1165. secundum Ann. Aquic. et nostrum ad a. 1165
(405) D. 1 Sept. 1159.
(406) D. 26 Mart. 1162.
(407) Igny, diœc. Remensis.
(408) A. 1163. in octavis Pentecostes.

adhaerentibus, Rollandum et ejus sequaces anathematizavit. (*Ib.*) Obiit Balduinus rex Jherosolimorum sine herede, filius Fulconis regis quondam comitis Andegavensis. Succedit ei Amalricus frater ejus, comes de Joppe.

1165.   R. 11.   F. 28   A 9.   H 1.

(*Auct. Aquic.*) Theodericus comes Flandrensium quarto Jherosolimam petit. Obiit Gyezo, rex Hungarorum; succedit Stephanus filius ejus, habens uxorem filiam Henrici Austrasiorum marchionis, qui fuit frater Conradi imperatoris. Gyezo frater ejusdem Stephani Hungarorum regnum turbat et infestat plurimum, auxilio Manuhelis imperatoris Constantinopolitani, cujus filiam ob hoc duxerat uxorem. (*An.* 1164, April. 20) Obiit Octovianus pseudopapa, et in civitate Lucensi sepelitur. Wido Cremensis ab ejus sequacibus eligitur, et Paschalis appellatur. Fredericus imperator in die pentecostes, coacto concilio episcoporum et principum imperii sui apud Wiseburch, Alexandrum papam abjurando se subjecit Paschali. Quid in illo concilio actum sit testatur epistola ejusdem imperatoris missa abbati Sancti Remacli (409). Epistola imperatoris Frederici ad abbatem Sancti Remacli : *Fredericus Dei gratia Romanorum imperator et semper augustus dilecto et fideli suo N. abbati Sancti Remacli gratiam suam et omne bonum. Sicut novit dilectio tua, ad curiam Wizeburch, quam in pentecosten indiximus, nos una cum principibus universis tam secularibus quam ecclesiasticis gloriose convenimus. Ubi inter cetera sancte ecclesie statum, et precipue de negocio domni Paschalis pape, quod in coraibus multorum habebatur dubium, communicato consilio universorum principum et omnium clericorum atque laicorum qui aderant, fideliter et magnifice roboravimus; invocata etiam sancti Spiritus gratia domnum papam Paschalem in hunc modum stabilivimus et confirmavimus, quod nos propria manu nostra super sanctorum reliquias publice juramentum fecimus, quod de cetero Rollandum scismaticum nunquam pro papa reciviemus, et si ipse decesserit, ejus successorem, quem pars adversa substituet, similiter nunquam recipiemus. Domnum vero Paschalem papam de cetero sicut universalem et catholicum patrem cum obedientia et honore et reverentia habebimus et tenebimus, et ab ipso ejusque parte nunquam recedemus, quamdiu ipse vivet et nos vivemus. Si autem nos ab hac vita accedere contigerit, noster successor, quem principes universi substituent, hunc honorem imperii et hanc partem nostram sub eodem juramento tuebitur semper atque tenebit. Hoc idem juramentum omnes archiepiscopi et episcopi et electi qui intererant, numero quadraginta, super sancta Dei evangelia manu propria unusquisque sub stola sua fecerunt et publice firmaverunt. Et ad removendam pro parte nostra omnem ambiguitatem, omnes electi, primus Coloniensis, deinde ceteri, sa-*

(409) Cf. Mon. Legg. II, 155. Caeterum concilium Wirceburgense atque hanc epistolam ad a. 1165

cros ordines in sabbato quatuor temporum ad laudem Dei et ad honorem imperii apud Wizeburg cum omni devotione susceperunt. Similiter omnes principes seculares, aux Saxonie et Albertus marchio senior et palatinus comes de Rheno, langravius et reliqui omnes, super sanctorum reliquias ia ipsum juraverunt Honorabiles quoque legati regis Anglie amici nostri, ab ipso ad nos transmissi, in presentia totius curie nostre super sanctorum reliquias ex parte regis juraverunt, quod ipse rex cum toto regno suo in parte nostra fideliter stabit. et dominum papam Paschalem, quem nos retinemus, nobiscum tenebit, et partem nostram manutenebit, et de Rollando scismatico vel ejus parte amplius se non intromittet. Nos itaque de tua dilectione et fidelitate plurimam fiduciam habentes, mandamus tibi attentius monentes et precipientes, quatinus predictum juramentum, quod nos propria manu juravimus coram principibus et ipsi principes juraverunt et firmaverunt, ipse cum omnibus fidelibus ecclesie tue jures et observes, et singulis dominicis diebus et festis in publica missa, sicut edictum est a nobis et a principibus, publicam orationem pro domno papa Paschali nominatim et assidue intus et foris precipias recitari. Edictum itaque et statutum est, ut hec omnia juramenta infra sex hebdomadas compleantur. Quod si aliquis clericorum vel monachorum vel laicorum in imperio nostro huic confirmationi et edicto nostro aliquo modo se opponendo contradixerit, certum sit apud te, quod sicut publicus hostis Dei et imperii absque omni spe recuperationis judicatus est et dampnatus et ab omni officio et honore atque beneficio destitutus. Litteras quidem vocationis tibi transmisimus, et, quia secundum prudentiam tuam nobis in curia valde necessarius fuisses, quod littere nostre ad te non pervenerunt valde dolemus. Interim in partibus tuis nostram presentiam prestolare; ibi enim cum viciniores erimus, si quid justicie tibi defuerit, per omnia complebimus. Vale. Huic imperatoris tam temerario juramento omnes archiepiscopi et episcopi seu abbates vel principes totius regni subscribebant, et idem juramentum faciebant. Aliqui tamen eorum corde Alexandro pape adherebant. Hac de causa in universali ecclesia oritur grave scandalum, et in regno augescit discidium, dum alter dissidet ab altero, et alter excommunicatur ab altero. Ea tempestate ecclesia scindebatur, et navicula Petri gravissimis opprimebatur fluctibus.

1164.   12.   29.   10.   2.

(*An.* 1165.) Fredericus imperator natale Domini in palacio suo celebravit Aquis, ad cujus curiam omnes optimates totius regni, sive ecclesiastici seu seculares, ab ipso submoniti convenerunt, et corpus domni Karoli Magni imperatoris, qui in basilica beate Marie semper virginis quiescebat, de tumulo marmoreo levantes, in locello ligneo in medio ejusdem

NOTÆ.

pertinere constat.

basilice reposuerunt. (*A. Aquic.*) Ibi Philippus comes Flandrie cum magno militum exercitu affuit, et ab imperatore Cameracum suscipiens, homo ejus affectus est, et magnam pacem Flandrensibus per terram imperatoris eundi ac redeundi obtinuit. Idem a curia revertens, statim patri suo Theoderico comiti, a Iherosolima revertenti, obviam proficiscitur (410). Salahadinus, princeps militie Noradini regis Damasci, cum magna Turcorum et Sarracenorum multitudine, Egyptum sibi subjugaturus ingreditur. Soldanus igitur Babylonie, qui et rex Egypti, de sua suorumque virtute diffidens, Amalricum regem Iherosolimorum, consilio cum suis habito, quesivit sibi adjutorem, ea conditione, ut illi annuum persolveret tributum, et christianos qui captivi tenebantur liberaret per totam Egyptum. His conditionibus rex Iherosolimorum assensum prebuit, et Boamundo principi Anthioceno, cognato suo, tradita cura regni sui, cum exercitu valido in auxilium properavit regis Egypti. Quo comperto Noradinus rex Damasci, collectis undecumque infidelium regibus et populis, castellum principis Anthiocheni, Harenc nomine, obsedit. Princeps autem Antiochenus, contractis undique viribus, egressus Anthiochia, usque ad castellum cum suo exercitu salvus pervenit. Turci vero obsidione relicta, non longe a castello inter angustias substiterunt locorum. Princeps autem Antiochenus altera die Turcos insequutus, infeliciter cum eis pugnavit, ita ut nullus ex eis fere evaderet, nisi quem fortitudo equi aut casus aliquis eripuit. Captus est princeps, retentus est et comes Tripolis, cum multis aliis; alii capiuntur, alii detruncantur. Turci ad castellum Harenc revertentes, summa cum festinatione illud obtinuerunt; et ex pactione debilem multitudinem, tam mulierum, quam infantum et vulneratorum, usque Anthiochiam perduxerunt. Amalricus vero rex Iherusalem cum soldano Egypti Salahadinum Egyptum opprimentem totis viribus populatur; quem in civitate Belbacensi inclusum obsidione cinxit; qui impetum regis ferre non prævalens, missis ad eum nuntiis, reddidit se ejus fidelitati; qui a rege ex consulto cum suis dimissus, in Damascum rediit. Rege quoque in Iherusalem reverso, amiraldi Sarracenorum indigne ferentes soldanum Babylonie christianorum tributarium effectum, omnes in unum conglobati cum predicto Salahadino super eum irruentes, vita simul et regno privaverunt. Salahadinus vero, quod diu concupierat, regnum Egypti invasit, uxoremque soldani a se interfecti, amissionem viri lugere prohibitam, in conjugium suum transire coegit. Noradinus rex Syrie non post multum moritur. Predictus autem Salahadinus, justum regni successorem interficiens, pro eo regnavit. Sic tempestate illa oriens et occidens diversis afficiebatur calamitatibus. Henricus rex, ecclesiarum regni sui jura auferendo, in Anglia tyrannizat; contra quem Thomas archiepiscopus Cantuariensis, pro libertate ecclesiæ decertans; ab ipso exiliatur; qui mare Britanicum transiens, a Ludovico rege Francorum tam devote quam benigne suscipitur. Godescalcus Attrebatensis episcopus, infirmitate capitis gravatus, episcopatum dimisit, cui successit Andreas quidam abbas de ordine Cisterciensi.

1165. H. 13. F. 50. A. 11. H. 3.

Alexander papa, a Romanis contra Fredericum imperatorem invitatus, Francia relicta, in Italiam revertitur, et in die festivitatis sancti Clementis pape et martyris (*Nov.*) missa apud beatum Petrum, in Roma Leoniana, ab ipso celebratur. Paschalis, qui et Wido, alter papa, in civitate Italie que Biterbium dicitur sedem sibi episcopalem statuit, et potentia imperatoris fultus, peregrinos seu mercatores de terra Francorum per Italiam transeuntes turbat et depredatur. Quod multi timentes, licet inviti, ipsum adorabant et magnis muneribus honorabant. Alexander papa, Romanos habens suspectos, ad Tusculanos se contulit. Paschalis, qui et Wido, assumptis secum imperatoris (410), Cisternam Neronis, ubi Alexander papa fuerat consecratus, totam terre coequavit. (*Auct. Aquic.*) Philippus comes Flandrie, et Matheus frater ejus comes Bolonie, et Godefridus dux Lovaniensis, cum septem fere milibus navium expeditionem movent adversus Theodericum comitem Hollandie; quem in deditionem venientem cum suis comes Flandrie diutius tenuit in captivitate. (*Ib.*) In Gandavo infans natus est trium capitum, habens in collo caudam pecudis. Similiter in villa sancti Petri quedam femina undecim mensibus gravida, peperit monstrum, deorsum formatum ut pharetra, sursum ut galea, ibi habens duo cornua (411). (*Ib.*) Obiit donna Sibilla Flandrensium comitissa, pie memorie, postquam 10 annis Iherosolimis apud Sanctum Lazarum servierat.

1166. 14. 31. 12. 4.

Imperator Fredericus ad debellandos Romanos adversantes sibi exercitum in Italiam mittit. (*Auct. Aquic.*) Bellum inter Ludovicum regem Francorum et Henricum regem Anglorum pro regni sui terminis. Ludovicus rex auxilio Philippi Flandrensium comitis regem Anglorum fugat, et pax inter eos usque in Pascha sequentis anni firmatur. (*An.* 1167.) Ducatu Rainaldi Coloniensis archiepiscopi et Christiani Maguntiensis, Alexandri quoque Leodicensis episcopi, orientalis exercitus Frederici imperatoris stragem fecit quindecim milium de Romanis, reliquos usque ad Tyberim fugat. Supradicti episcopi, excepto Maguntiensi, et Karolus dux, filius Conradi imperatoris, cum multis aliis ibidem pestilentia mortui sunt. Ossa vero Rainaldi archiepiscopi Colonie sunt relata, et in ecclesia beati Petri honeste tumulata. Successit ei in episcopatu Philippus archidiaconus ejus, filius Gozvini de Falconis monte. Pie

NOTÆ.

(410) Hæc prior Continuator Aquicinensis ex Ann. Blandiniensibus ad verbum descripserat.

(410 *) ioetur aliquid deesse, E. P.
(411) Primus horum fons Annales Blandin.

memorie domnus Gozvinus, abbas Aquicinensis septimus, caritate illustris, amator pacis et religionis, 7. Id. Octob. circa mediam noctem, die dominica, luna 11, indictione 14, de hoc seculo transiit (cf. *Ann. Aq.*); quo in ecclesia beate Marie semper virginis, in loco ubi orare consueverat, cum magno filiorum suorum gemitu tumulato, Alexander prior ejusdem ecclesie ei octavus succedit. Magna vini habundantia

1167. R. 15. F. 32. A. 13. H. 5.

Fredericus imperator Italienses levibus preliis fundit; illi autem pro libertate patrie sue tuenda satis animati, de omnibus pene Italie civitatibus que inter Alpes et Romam consistunt, in unum convenientes, civitatem Mediolanensem egregie munitam reedificant, in contemptum imperatoris. (*Auct. Aquic.*) Ludovicus rex Francorum et Philippus comes Flandrensium iterum movent expeditionem adversus Henricum regem Anglie. Francis invidentibus et detrahentibus frequentibus bene gestis Philippi comitis, sine laude revertitur. (*Ib.*) Obiit Nicholaus Cameracensis episcopus. Petrus, filius Theoderici comitis Flandrensium, in loco ejus eligitur. Ecclesia sancti Bertini valde infestatur a Theoderico comite Flandrensi, astu et persuasione Roberti Ariensis prepositi, ejusdem comitis cancellarii (412). Unde Godescalcus abbas et fratres ejusdem ecclesie animo consternati et humano auxilio destituti, bis in die pro tribulatione illa clamorem ad Deum faciebant prostrati ad missam scilicet et in fine completorii

1168 16. 33. 14. 6.

Obiit comes Theodericus Flandrensis, in villa illa, quam sancto Bertino abstulerat per violentiam Roberti prepositi. Successit ei in comitatu Flandrensi filius ejus Philippus; qui ante mortem patris sui, defuncto Rodulpho juvene comite Virmandensi, eumdem comitatum per uxorem (413) sibi debitum obtinuerat. Balduinus comes Montensis et Philippus comes Flandrie confederantur.

1169. 17. 34. 15. 7.

Fredericus imperator ad comprimendos Italienses ire disponens, Henricum filium suum adhuc puerum in regem sublimat Aquis (*Aug.* 15). Nova iterum Romanis consurgit ruina, quia cum Tusculanis bellum civile ineuntes, pene usque ad internitionem Romani deleti sunt. Hac de causa discordia magna inter Alexandrum papam et Romanos orta est. Alexander papa auxilia militum undecumque contrahens, cum Tusculanis Romanos et imperatoris fideles debellabat. Fredericus autem imperator Christianum archiepiscopum Moguntinum, cancellarium suum, virum sapientem et magnanimum, cum valido exercitu in Italiam misit; qui imperatoris rebelles viriliter invadens, munitiones eorum destruxit, et civitates cepit, magnamque partem Italie imperatori subegit. Balduinus junior, filius Balduini comitis Haginoensium, uxorem duxit Margaretam, sororem Philippi comitis Flandrensium (414).

1170. 18. 35. 16. 8.

Henricus, rex Anglie, Henricum filium suum in regem sublimat in Anglia per manus archiepiscopi Eboracensis ejusque suffraganeorum. Inde simultas inter Thomam archiepiscopum Cantuariensem exorta est et Eboracensem archiepiscopum, quia rex Anglorum, juxta privilegia Romanorum pontificum ecclesiæ Cantuariensi collata, debuerat inungi ab archiepiscopo Cantuariensi. Exceptis aliis causis, hec maxime causa beato Thome contulit passionem. Ludovicus rex Francorum et Henricus senior rex Anglorum ad mutuum convenerunt colloquium; ubi Thomas archiepiscopus Cantuariensis cum utriusque regni optimatibus affuit, et pax inter ipsum et regem Anglie magis palliatur quam confirmetur. Obiit Balduinus IV. comes Haginoensis, 6. Idus Novembris, et in monte Castriloco et in ecclesia sancte Waldetrudis ab Alexandro Aquicinensi abbate sepelitur (415). Successit ei Balduinus filius ejus, hujus nominis comes quintus. Ipso die ventus vehemens, pluvie mixtus, periculosus et dampnosus extitit, in tantum, ut domos, turres et edificia subverteret, silvasque evelleret. Inter cetera tectum maxime turris sancti Johannis baptiste Lauduni evulsit et longius a templo projecit. Thomas archiepiscopus Cantuariensis a Henrico rege septenni exilio injuriatus, tandem ipsius regis permissu, ante natale Domini, ad suam sedem revertitur.

1171. 19. 36. 17. 9.

Thomas, archiepiscopus Cantuarie ac primas totius Britannie, diu ab Henrico rege injuriis et exilii fatigatione afflictus, die 5. nativitatis dominicæ, in majori ecclesia, hora nona, ante quoddam altare a satellitibus prefati regis capite mutilato, effusoque cerebro, in congregatione pretiosorum martyrum coronatur a Domino (*an.* 1170); ad cujus sepulchrum mira et inaudita per ejus merita a domino Deo fiunt miracula. Alexander papa et omnes episcopi Francie interfectores archiepiscopi anathematysant. Henricus rex Anglie pro interfectione beati Thome ab omnibus ut apostata vilissimus exosus habetur. Christianus, cancellarius imperatoris Frederici, Alexandrum papam et Tusculanos imperatori rebelles obsessurus, Tusculanum pergit. Alexander autem papa, veritus imminentem jam cervicibus

NOTÆ.

(412) « De civitate Carnoto ortus, quem de paupere clerico Philippus comes Flandriæ ditissimum fecerat, et in Flandria et Viromandia potentissimum. Qui cum omnium fere ecclesiarum in Flandria præposituras obtineret, tamen nomen præpositi de Aria semper habuit, » dicit Gislebertus Hasnoniensis p 87. ed. De Chasteler

(413) Elizabeth, primogenitam sororem Rodulfi. Totam Rodulfi hæreditatem enumerat Gislebertus, p. 65.

(414) M. Aprili; cf. Gislebertum Hasnon. p. 73.

(415) *Septima die a festo Omnium Sanctorum*, a. D. 1171, Gislebertus.

suis cancellarium, animo consternatus, de civitate fugere disponit. Hoc ejus propositum omnibus innotuit, quorum custodia detentus de urbe discedere non potuit; cives tamen, accepto salubri consilio, cancellarium magnis obsequiis delinitum maximisque auri et argenti muneribus honoratum de sua civitate ad alios transmittunt.

1172. R. 20. F. 37. A. 18. H. 10.

In Italia homines agrarii marchisi de Montferrat cum quibusdam militibus, terras suas et possessiones relinquentes cum uxoribus et filiis, urbem novam contra Fredericum imperatorem edificant, quam Alexandriam in honorem Alexandri pape nuncupant. Henricus rex Anglie ultra se elatus, incocessa captans et affectans indebita, regnum Hybernie subjugaturus, et regium diadema, ut putabat, capiti suo impositurus, naves parat militesque de suo regno congregat. (*An.* 1171, *Oct.* 17.) Ingressus igitur Hyberniam, cum pagenses sensisset ad rebellandum satis paratos, tum panis, quo patria premebatur, timens inopiam, tum ventorum in redeundo cavens discrimina, confusus recessit in sua. Alexander papa legatos in Normanniam ad Henricum regem dirigit, Aubertum videlicet presbiterum cardinalem Sancti Laurentii in Lucina, et Theotinum presbiterum cardinalem tituli Sancti Vitalis. In quorum presentia (416), adstantibus episcopis et regni sui optimatibus, de interfectione beati Thome, tactis sanctorum reliquiis, prefatus rex se purgavit; et ecclesiis sui regi, queque sui erant juris, ad arbitrium cardinalium restituens, a vinculo absolvitur anathematis. Quod factum Francorum regi Ludovico et omnibus optimatibus ejus valde displicuit. Cardinales vero, qui Normannia relicta in Franciam hyemare disposuerant, rex predictus invitos redire fecit in Italiam. Alexander papa, auditis miraculis que Deus per beatum Thomam martyrem suum operabatur, per auctoritatem apostolicam decrevit eum in numero sanctorum martyrum solemniter habendum (*An.* 1173, *Mart.* 12). Interfectores beati Thome archiepiscopi, penitentia ducti, ad papam Alexandrum pergunt, et sub omnium presentia gravi plectuntur sententia. Obiit Godescalcus quondam Attrebatensis episcopus.

1173. 21. 58. 19. 11.

Imperator Fredericus et marchisus de Montferrat exercitum congregant, ut in sequenti anno Alexandrinos et Italienses contra se tyrannizantes expugnent. Contra Henricum regem Anglorum conjuratione uxoris et filiorum ejus, quorumdam etiam optimatum ejus exorta, filii ejus ad Ludovicum regem Francorum, contra patrem auxilium petentes, confugiunt. Rex vero (417), assumpto secum Philippo comite Flandrensi, in Normanniam expeditionem ducit. Exercitu autem eorum in duas partes diviso, Philippus cum suis Flandrensibus tres munitiones (418) summa cum festinatione cepit. Matheus vero comes Bolonie, frater Philippi comitis, sagitta letaliter ibi (419) vulneratus, non multo post obiit, et sepultus est in monasterio sancti Judoci (420). Rex vero Francorum cum suis Francis quoddam castrum cum magna difficultate cepit; sed his qui in arce ejusdem castri erant, viriliter repugnantibus, eam capere non potuit. Rex itaque relicta obsidione castelli, pene inefficax rediit. Henricus rex Anglie adversantes sibi, alios exauctoritavit, alios bonis privavit, ac per hoc amicos etiam suos magis contra se exacerbavit. Alexander abbas Aquicinensis preciosas plurimorum sanctorum reliquias de diversis ecclesiarum locis congregavit, quas in theca auro et argento ad hoc preparata decenter locavit. Obiit Andreas Attrebatensis episcopus; Robertus Ariensis prepositus in loco ejus eligitur. Alexander papa domnum Bernardum, Clarevallensem abbatem, in numero sanctorum confessorum in ecclesia decrevit honorandum. Hyemps solito asperior; hyemi accedit intemperies aeris. Nam corrupto aere, mense Decembri, homines succumbunt infirmitatibus diversis; multi etiam infirmitate illa moriuntur quam medici vocant catarrum et tussim.

1174. 22. 39. 20. 12.

(*Ann. Aquic.*) Obiit Alexander Aquicinensis ecclesie abbas 8us. Succedit ei Symon, monachus ejusdem ecclesiae, abbas 9us. Petrus Cameracensis electus, frater Philippi comitis Flandrie, assensu ejusdem fratris sui relicto episcopatu et clericali corona, in ebdomada pentecosten, sabbato qui intitulatur *in duodecim lectionibus*, armis militaribus accingitur. Sequenti anno uxorem duxit, relictam comitis Nivernorum, eodemque anno diem clausit ultimum. Robertus Attrebatensium electus, industria Philippi comitis ac potestate, Cameracensium episcopus eligitur. In episcopatu autem Atrebatensi Frumaldus arcidiaconus, ipso Roberto annitente, substituitur. Fredericus imperator et marcisus de Montferrat post pentecosten (421) Italiam potenter ingressi, novam Alexandriam obsidione cingunt. Ludovicus rex Francorum, Henricus et Richardus, filii regis Anglie, cum Philippo comite Flandrie contra prefatum regem iterum insurgunt; qui in Normanniam profecti, civitatem Rothomagum obsederunt. Pars vero quedam exercitus Flandrensis, instinctu Roberti Cameracensis electi, Anglîam depredatura, trans mare mittitur; quorum alii marina tempestate quassati, alii vero ab Anglis militibus

NOTÆ.

(416) Apud Abrincas.
(417) Ludovicus.
(418) Albammarlam et Briencort, secundum Gislebertum et Robertum de Monte.
(419) Ante Briencort, teste Gisleb. et Roberto de Monte.
(420) In Pontivo, inter Saint-Valery et Boulogne.
(421) Falso; die enim 24 Junii Ratisbonæ, d. 2 Augusti apud castrum Trivels, d. 2. Sept. adhuc Basileæ fuit imperator. Ante Alexandriam castra posuit d. 29 Oct.

viriliter suscepti et ignominiose repulsi, cum decore ad propria sunt reversi. Henricus rex Anglie, cernens se ab omnibus impeti, in se reversus, tandem hoc suis imputavit peccatis, et de suis viribus diffidens, divinum poscit auxilium. Qui Cantuariam veniens, beatum Thomam archiepiscopum, olim a se injuriose tractatum, humili et devota satisfactione, ad sanctum tumulum ejus uberrime flendo, placavit. Que res ei, ut credimus, victoriam contulit. Nam mox regem Gualensium, diu sibi rebellem, et quosdam inimicos suos sub quindecim dierum spatio in deditionem coegit, quorundam etiam Anglorum contra se sentientium motus compescuit. Post hec Normanniam reversus, civitatem Rothomagum a rege Francorum obsessam circa mediam noctem est ingressus. Jacobus de Avesnis, quidam miles dives et ingenuus, in obsidione Rothomagensi a Roberto Cameracensi electo contumeliis verborum afficitur. Rex Francorum et comes Flandrorum de obsidione illa inefficaces redierunt; sic filii contra patrem venientes reversi sunt inglorii. Robertus Cameracensium electus a servientibus Jacobi de Avesnis ignominiose apud Condatum perimitur (422). Duo Cameracenses archidiaconi ad episcopatum per contentionem eliguntur, Rogerus scilicet et Alardus. Sed Rogero a Philippo comite Flandrorum et saniori parte abdicato, Alardus substituitur. Uterque episcopatum desiderans, transcensis Alpibus certatim ad imperatorem Fredericum in Italiam pergit. Imperator itaque visis personis, auditaque ratione electionis, visis etiam litteris Philippi comitis, pro Alardo petentibus, communicato cum episcopis qui ibi aderant consilio, illi episcopatum dedit. Philippus comes Flandrie contra Jacobum de Avesnis, pro interfectione Roberti Cameracensis electi, cum exercitu vadit; sed interventu Henrici Remensis archiepiscopi detentus, pacto pacis magis utrimque simulato quam composito, in Flandriam rediit. Hyems nimis pluviosa exercitum Frederici imperatoris Alexandriam obsidentis nimis attrivit.

1175. R. 23. F. 40. A. 21. H. 13.

(An. 1174, Sept.) Henricus rex Anglie et filii ejus, mediante Ludovico Francorum rege, pacificantur. Henricus Remorum archiepiscopus natale Domini apud Aquicinctum celebravit; deinde profectus est in Flandriam, ad curiam Philippi comitis; ibique Jacobus de Avesnis de morte Roberti Cameracensis electi, facto secundum judicium curie juramento, se immunem ostendit. In die sancto parasceven Philippus comes Flandrie, cum multis aliis in Jherusalem profecturus, crucem accepit. Estas pluviosa et damnosa messem Augusti mensis et autumpnaem vindemiam protelavit. Per Galliam et Germaniam panis inopia multos affligit. Sub hac tempestate multi monachi et milites in hac nostra regione elemosinas largas pauperibus tribuebant; inter quos Valcellenses monachi eminebant. Obiit Henricus Remensis archiepiscopus, frater Ludovici regis Francorum. Magna circa nativitatem Domini fluminum redundantia, in tantum, ut Sequana, Axona et Hysa alveos suos egressi, sub una nocte magnum circummanentibus damnum inferrent, multos etiam necarent.

1176. 24. 41. 22. 14.

Inter imperatorem Fredericum et Italienses vario eventu sepenumero pugnatur. Christianus cancellarius de pace inter imperatorem et papam reformanda valde extat sollicitus. Henricus rex Anglorum, missis nunciis ad Philippum comitem Flandrorum, nescio quibus verbis aut promissionibus illectum ab itinere Jherosolimitano detinuit hoc anno. Jacobus de Avesnis satis superbus et insolens, contra dominum suum comitem Haginoensem rebellat; at Balduinus comes contumaciam ejus egre ferens, castellum ejusdem Jacobi Condatum obsidione cingit, auxilio Philippi Flandrie comitis. Jacobus vero de suis diffidens viribus, claves castelli invitus comiti reddidit; comes vero accepto castello, murum et turrim solo tenus coequavit (423). Obiit Petrus, frater Philippi comitis, apud Hilseldunum (424). Orta iterum inter Philippum comitem et Jacobum simultate, post messem Augusti, assumpto secum comite Hagynoensi, duas ejusdem Jacobi munitiones, sitas in comitatu Virmandensi, comes Flandrie cum summa festinatione cepit; quarum altera (425) destructa, alteram (426) sibi retinuit. Sic juxta Salomonem flagellato pestilente, quietior fuit patria. Magna panis et vini abundantia. In civitate Cameraco et castro sancti Quintini, in Gandavo et in Betunia, multe ecclesie et domus sunt incense. Willelmus Senonensis archiepiscopus, frater Elizabeth regine Francorum, de Senonensi ecclesia in Remensem ecclesiam transmutatur. Obiit Amalricus rex Jherusalem; succedit ei Balduinus, filius ejus, aetate impotens et infirmitate.

1177. 25. 42. 25. 1.

Inter Fredericum imperatorem et Italienses pax usque in quinquennium firmatur. Italienses imperatori tumida submittentes colla, magnis eum auri et argenti onustant muneribus. (Mai.) Imperator degens in civitate Ravenna, et Alexander papa in Venetia, legationes alternatim de pace inter ipsos reformanda plus vice simplici mittunt. Philippus comes Flandrie circa pentecosten Jherosolimam petiit. Willelmus, filius marchisi de Montferrat, egregius juvenis, qui filiam Amalrici Jherosolimorum regis uxorem duxerat, a transmarinis militibus veneno extinguitur.

De reconciliatione regni et sacerdocii. Hoc eodem

NOTÆ.

(422) Tempore autumnali, teste Gisleberto p. 87.
(423) Fusius hoc narrat Gislebertus p. 91.
(424) Issoudun, in Berria. Robertus de Monte Petrum a 1177 mortuum dicit.
(425) Leschières.
(426) Guise.

anno 9 Kal. Augusti facta est leticia magna in universali ecclesia, quia discordia que inter regnum et sacerdocium per viginti annos fuerat exagitata, et magno scandalo toti mundo erat, auctore Deo in hac die est pacificata (427). Christianus enim archiepiscopus Maguntinus, qui et cancellarius, et optimates regni cum episcopis convenientes, Fredericum imperatorem ad domnum papam Alexandrum, discalciatum et regiis ornamentis nudatum, in Venetia in loco qui Altus rivus nuncupatur, adduxerunt. Ipse vero cum tanta humilitate, quod ei fuerat indictum, implevit, ut illius extitisse opus sine dubitatione credatur, de quo dicitur : *Cor regis in manu Dei; ubi voluerit, convertet illud.* Sane quam timoratum Deo, quam obedientem ecclesie et domno pape se curaverit exhibere, lacrimis pedes ejus deosculando et regiis muneribus honorando magnifice demonstravit. Sequenti vero die, in festivitate scilicet sancti Jacobi apostoli (*Jul.* 25), domnus papa cum cardinalibus suis et episcopis missam sollempniter celebravit, et predictum imperatorem a vinculo anathematis absolutum, corpore et sanguine domini nostri Jesu Christi, in confirmatione unitatis et pacis communicavit. Tota civitas letatur, et imperatorem muneribus honorans, conviviis vacat. Alexander papa, de pace recepta et de honore a Deo sibi collato gaudens, epistolas ad omnes episcopos Galliarum dirigit, continentes seriem hujusmodi. Epistola Alexandri pape : *Alexander episcopus, servus servorum Dei, venerabilibus fratribus, Willelmo Remensi archiepiscopo, apostolice sedis legato, et suffraganeis ejus, et dilectis filiis abbatibus in Remensi provincia constitutis, salutem et apostolicam benedictionem. Cum per auxilium, potentiam et favorem karissimi in Christo filii nostri Ludovici illustris Francorum regis et regni sui, sacrosancte Romane ecclesie ac nobis recognoscamus gloriosa et magnifica beneficia provenisse, dignum est et consentaneum rationi, ut illi et vobis, quorum auxilio potenter sumus in necessitatibus nostris adjuti, prosperos et felices pacis successus significemus; indubitata veritate tenentes, quod post Deum idem rex simul cum regno suo cooperatus est honori et exaltationi sancte ecclesie, et ei magnum contulit incrementum. Quod quidem, sicut verbo recognoscimus, ita opere et sermone omni tempore, auctore Deo, recognoscemus. Notum sit autem sollicitudini vestre, quod karissimus in Christo filius noster Fredericus, illustris Romanorum imperator, per inspirationem divine gratie deposito vanitatis errore, ad viam veritatis conversus, ad obedientiam ecclesie et nostram reverenter et devote, sicut decuit, rediit, et illam beato Petro in nobis reverentiam et devotionem exhibuit, quam antecessores ejus nostris consueverunt antecessoribus exhibere, et se de cetero exhibiturum promisit. Super quo utique laudes Altissimo agimus, et consequenter regi et regno oratias*

(427) Cf. Mon. Legg. II, 151 sqq.
(428) Hæc epistola iisdem prorsus verbis legitur

copiosas referimus, de eo quod ecclesiam et nos ipsos in tribulationibus et persecutionibus nostris nequaquam deseruit, sed usque in finem magnifice juvit et defendit. Monemus itaque dilectionem vestram et hortamur attentius, quatinus ecclesie et nobis in prosperitatibus congaudentes, in devotione beati Petri et nostra, sicut hactenus firmiter perstitistis, perseveretis, et regem, ut in eodem cum regno suo persistat, monere propensius et inducere studeatis. Data Venetie in Rivo alto, 6 Kal. Augusti (428).

Nono Kal. Augusti, die dominica, ipso die quo pax inter imperatorem et papam facta est, dedicata est Marcianensis ecclesia, in honore sanctorum apostolorum Petri et Pauli, a Willelmo Remensi archiepiscopo, apostolice sedis legato, et duobus episcopis ipsius suffraganeis, Frumaldo scilicet Atrebatensi et Everardo Tornacensi. Estas nimium fuit sicca et calida. Messis triticea provenit uberior solito. Post finem mensis Augusti, autumpnus nimis extitit pluvialis. Vindemia etiam ipsius temporis multis in locis corrupta est. Nam quadam matutinali nebula uve contacte atque ita putrefacte sunt, ut vinum ex eis expressum magnam bibentibus attulerit incommoditatem. Multi etiam in hac nostra regione diversis laborant febribus, multi et moriuntur. Ludovicus rex Francorum et Henricus senior rex Anglorum magnifice confederantur. Henricus comes Trecarum, cum multis aliis in Jherusalem profecturus, crucem accipit. Philippus comes Flandrie a transmarinis principibus seu militibus cum magno honore suscipitur. Paucis autem, postquam illuc venerat, evolutis diebus, inter ipsum et Templarios pro quibusdam regni negociis orta simultate, Palestina relicta, Antiochiam Syrie, a principe ipsius civitatis invitatus, proficiscitur. Initium hyemis frequentibus pluviis et ventorum flabris satis molestum.

Princeps Anthiochenus et Philippus comes Flandrie, congregato undecumque exercitu copioso, castellum Harenc, christianitati superioribus annis violenter ereptum, omni ex parte obsident. Quo nunciis intervolantibus comperto, Salahadinus princeps Damasci, putans omni militum solatio Iherosolimorum civitatem destitutam, congregatis Turcorum seu Sarracenorum admiraldis a Damasco, civitatem Iherusalem, prout superbo cogitabat animo, capturus, et totam deleturus christianitatem, adjuncta secum sagittariorum et rusticorum innumera turba, Gazam pervenit. Exin Iherosolimorum iter arripiens, regem ipsius civitatis, et Templarios milites cum cruce dominica, parvoque armatos milite, sed fide Christi animatos, obvios excepit. A quibus victus, confusus et confutatus, omnibus pene suis gladio seu flumine, qui interfluebat, consumptis, totus sanguineus suorum militum cede, in Damasco sanguinea regreditur. Actum est hoc a christianis

NOTÆ.

etiam in codice s. xii Marchianensi, jam inter Duacenses n. 502.

victoriosum bellum feria 6. ante natale beati Andree apostoli, Philippo comite, et principe Anthiocheno cum suis exercitibus in obsidione Harenc laborantibus. Pridie Kal. Decembris, in nocte festivitatis beati Andree apostoli, ventus vehemens ab Affrico veniens, multis in locis dampnosus exstitit. Obiit Alardus Cameracensis episcopus (429), et Valcellis sepelitur. Electio episcopi, facta ad apostolicam sedem appellatione, in sequentem annum differtur.

1178. R. 26. F. 43. A. 24. H. 2.

Circa finem Januarii mensis, cum gelu et nix liquarentur, inundatio fluminum per totas Gallias talis erupit, que sclusas vivariorum et structuras molendinorum rapido impetu secum ferret, domos everteret, multos etiam necaret. Rogerus Cameracensis archidiaconus, dono ab imperatore Frederico accepto, ipsius urbis donatur episcopio. Eclypsis lune facta est 3. Nonas Marcii, die dominica, prima noctis hora sequentis secunde ferie. Eodem die Rogerus, Laudunensis episcopus, cum pagenses episcopii sui a communione, inter se assensu Ludovici regis perperam jurata, minime retrahere posset, malo accepto consilio, militum auxilia undecumque contrahens, 2. Non. Marcii, in diebus scilicet quadragesime, eos aggressus est. Ubi quidam interfecti, multi etiam capti, quidam autem eorum, dum fugerent, in quodam flumine necati sunt (430). Philippus comes in obsidione Harenc parum proficiens, procinctum solvens circa diem paschalem, ob visionem sacri ignis Iherosolimis remeavit. Celebrata ergo ibidem paschali sollempnitate, marina timens discrimina, per Hesperiam, Trachiam et Pannoniam seu Saxoniam, rediit ad propria. Estas sicca nec nimis calida usque ad 5. Non. Julii extitit. Abhinc pluvie erumpentes, usque in ipsis Kalendis Januarii homines afflixerunt. Nam fenum secare, triticum metere, vinum colligere, semen jacere vix potuerunt. Eclypsis solis facta est Idibus Septembris, ante 6 horam. Alexander papa subdiacones cardinales ad submonendum concilium, in quadragesima anni sequentis celebrandum per totum pene christianismum dirigit. Philippus comes Octobri mense reversus, a suis Flandrensibus favorabiliter est susceptus. Inter quos Brugenses oppidani piscem monstrosum, jam pridem a piscatoribus captum et sale conditum, ei obtulerunt. Habebat enim ad similitudinem avis rostrum permaximum, et super caput cartilaginem, gladio simillimam.

1179. 27. 44. 25. 3.

Secunda ebdomada mensis Januarii nives copiose ceciderunt; subsequitur gelu maximum, usque in medium mensem Februarium, nimis molestum. Reliqui dies ejusdem mensis, Marcius quoque et Apriilis, vento flante continue subsolano, gelidissimi fuerunt nimis. Hoc istius anni inicio carissima pecudum fuit annona; ita ut quod retroactis annis tribus comparabatur denariis, nunc tribus venderetur solidis, feni videlicet et straminis. Subsequuta est mortalitas ovium seu boum.

De concilio. (*Mart.* 5.) Generale concilium apud Romam, in patriarchio Lateranensi Alexander papa celebravit, in quo plus quam 300 episcopi cum quibusdam transmarinis affuerunt. Quidam etiam episcopi de Gretia legatos suos ibidem transmiserunt. Abbatum etiam interfuit innumera pene multitudo. Ibi domnus papa ordinationes factas ab Octaviano et Guidone heresiarchis et Johanne Strumensi, qui eos fuerat secutus, irritas esse censuit. Decreta ipsius concilii, quia multa sunt, et penes multos habentur, in hac cronice brevitate scribere non fuit utile.

Symon abbas Aquicinensis in reditu ipsius concilii Clarevallis divertit, et reliquias domni Bernardi, ejusdem cenobii abbatis, petitas obtinuit, et in hoc Aquicinensi monasterio decenter reposuit. Messis triticea solito fuit rarior; porro avena seu tercii mensis semina suprascripta reparavere dampna. Ludovicus rex Francorum, assumpto secum Philippo comite Flandrensium, mare transnavigans, Cantuariam pergit, sanctumque martyrem Thomam diversis muneribus honoravit. Heinricus senior rex Anglorum honorifice eum suscepit. Autumpnus perpulcher et calidus usque 5. Nonas Octobris extitit. Ludovicus rex Francorum filium suum Philippum in regem sublimat Remis, in festivitate omnium sanctorum. Sequenti dominica Guillelmus Remensis archiepiscopus, cardinalis presbiter tituli Sancte Sabine et apostolice sedis legatus, convocatis episcopis et totius secunde Belgice personis, concilium tenet, tractans cum suis coepiscopis de rebus sibi vel ecclesie necessariis.

Iterum Romana ecclesia scismaticorum affligitur violentia. Nam post reconciliationem Frederici imperatoris cum Alexandro papa, Johannes Strumensis, apostolici nominis presumptuosus invasor, de suis suorumque diffidens viribus, ad pedes domni pape corruit ultroneus. Cui domnus papa, obtentu cancellarii, veniam clementer indulsit, eumque prepositum Beneventane ecclesie constituit. Porro scismatici quietem non ferentes ecclesie, iterum quemdam clericum de progenie illorum, quos Frangipanes Romani vocant, contra papam Alexandrum antipapam statuunt, quem mutato nomine Innocentium tercium vocitarunt. Quem quidam miles, frater Octaviani, qui per contentionem cum Alexandro provectus fuerat, propter odium pape manutenebat, tradita ei turri vel munitione sua, quam juxta Romanam civitatem fortissimam habebat. At istius violentia supra ceteros scismaticos afflictus papa, communicato cum cardinalibus suis consilio, pace cum cardinalibus propinquis predicti Octaviani reformata, prefatam munitionem a predicto milite

NOTÆ.

(429) 8 Id. Dec. secundum Necrologium S. Gaugerici Cam.

(430) Gislebertus pag. 94. hoc an. 1177 factum tradit.

magno precio comparavit. Sicque per industriam Philippus, hujus nominis rex secundus. Domnus Hugonis diaconi cardinalis, qui et ipse inter Romanos nobilissimus erat, predictam cepit cum sepefato pseudopapa munitionem. Qui, ad pedes domni pape adductus, in cavea est perpetuo clausus. Hoc anno christianis transmarinis magnum accidit infortunium; quia suis omnibus pene militibus occisis vel vulneratis, munitionem Vadi Jacob perdiderunt. Dux Saxonie (451), malo a malis hominibus accepto consilio, contra dominum suum, imperatorem videlicet Fredericum, rebellat.

1180.   R. 28.   F. 45.   A. 26.   H. 4.

Fredericus imperator, anno superiori undecumque contracto exercitu, super ducem Saxonie hostiliter vadit. Hic enim filiam Henrici regis Anglorum habebat in conjugio; qui imperatori rebellis, non solum insolens extitit, sed et superbus. Nam in expeditione Italica nimis laboriosa et dampnosa, ab ipso imperatore ter commonitus, venire contempsit, set nec nuncium nec milites in auxilium sui domni direxit. Unde imperator ultra quam dici potest commotus, civitates, castella, oppida, terras auferendo, eum viriliter debellat. Colonienses cives, qui et ipsi imperatori in Italiam proficiscenti adversi aliquantulum extiterant, audito infortunio ducis Saxonie imperatorem pertimescentes, civitatem suam vallo mire latitudinis et profunditatis muniunt, et aquas Reni fluminis in circuitu urbis nobilissime circumducunt. Christianus archiepiscopus Maguntinus, imperatoris cancellarius, in Italia negocium exequens sibi injunctum, dolo filii marchisi de Montferrat capitur. Philippus, filius Ludovici regis Francorum, uxorem ducit Elizabeth, filiam Balduini comitis Montensis, quæ fuit filia Margarete sororis Philippi Flandrensium comitis. Celebrate sunt he nuptie Bapalmis a Rogero Laudunensi episcopo; ubi affuerunt comites Philippus Flandrensis, Balduinus Montensis, Henricus Namucensis, Clarimontis, Suessionensis, Pontivensis, Sancti Pauli. Ludovicus rex senior reginam in die ascensionis Domini juxta morem antiquum in basilica sancti Dyonisii martyris per [480] archiepiscopum Senonensem ejusque suffraganeos coronari fecit. Hoc anno per hanc nostram Galliam profert humus frumentum, hordeum, legumina et sufficientem avenam. Henricus comes Campanensis a partibus transmarinis per Asiam minorem et Illiricum repatrians, insidiis quorumdam magnum passus est detrimentum, amissis non solum suis facultatibus, sed etiam suis interfectis seu captis omnibus pene hominibus. Ludovicus rex Francorum septimus, per annum paralisi dissolutus, tandem mense Septembri morbo et vita caruit, qui regnum Francorum per 43. annos satis justo moderamine gubernavit; cui successit filius ejus

abbas Symon Aquicinctensis nonus, communicato cum fratribus suis consilio, ecclesiam sancti Salvatoris mense Septembri deponit, eo quod non sufficeret tam parva basilica magno conventui Aquicinctensi. Et hoc multociens a tempore domni Gozuini abbatis successorisque ejus Alexandri premeditatum fuerat et preloquutum, set aliis dissolutionem ordinis, aliis operis magnitudinem et quandam pretendentibus difficultatem, aliis vero alias intentis, hoc opus usque ad hec Symonis abbatis tempora est protelatum. Tandem omnes unanimes, corde magno et animo volenti, veterem, ut dictum est, deponunt basilicam, venturo anno incepturi novam. Igitur missa de sancta Trinitate in majori ecclesia devotissime celebrata, 15. Kal. Octobris majus altare cum multorum lacrymis deponunt, et inchoationem nove ecclesie propter instantem hyemem in sequentem annum differunt.

1181.   29.   1.   27.   5.

Anno verbi incarnati 1181. indictione 14. luna 15. concurrente 3. epacta 3. anno a prima constructione ejusdem ecclesie 103. mense Marcio, die 2. ejusdem mensis, id est feria 2. dominice secunde quadragesime, jacta sunt fundamenta istius nove Aquicinctensis ecclesie. Missa igitur de sancta Trinitate celebrata, Symon abbas, assumptis secum duobus abbatibus, Johanne videlicet Sancti Amandi et Nicholao Maricolensi (452), cum sanctorum reliquiis, crucibus, turibulis et cereis, cum tota congregatione cappis sollempnibus induta processit ad locum. Ibi aderat Balduinus comes istius pagi cum multitudine militum et aliorum Christi fidelium. Primum lapidem in fundamento comes manibus suis cum cemento posuit, et in eadem ecclesia magnum gaudium fuit. Ipsa dies, quod pretereundum non est, set attentius notandum, valde clara et perpulchra extitit, cum ceteri mensis transacti dies valde pluviosi et nimbosi extiterint. Henricus comes (453) his diebus quadragesime a transmarinis partibus ad propria reversus, a nepote suo rege Francorum ceterisque regni optimatibus cum magno favore excipitur. Philippus rex Francorum et Philippus comes Flandrensium, ab Henrico rege Anglorum ante Henrici comitis reversionem sollicitati, ut super Fredericum imperatorem propter ducis Saxonie exheredationem secum ducerent exercitum, a comite supradicto consilio accepto, a tali avertuntur facto. Comes enim Henricus, utpote sapiens vir, dixit, non esse regi utile vel justum, ut imperatorem pro sui ducis lesione aggrederetur, cum nec ipse nec pater ejus unquam fuisset ab imperatore lesus. In Saliaco villa beatæ Rictrudis (454) natus est agnus habens duo capita et septem pedes. Henricus comes infra

VARIÆ LECTIONES.

[480] deest cod.

NOTÆ.

(451) Heinricus Leo.
(452) Mareuilles.

(453) Trecensis.
(454) Marchianensis.

7 dies sue reversionis apud Trecas diem obiit (*Mart.* 17). Hugo Cameracensis quondam decanus, qui ecclesie Aquicinctensi in principio sue provectionis magno fuit amminiculo, a proprio removetur sepulchro; nam nove ecclesie fundamentum per ipsum recto tramite suum dirigebat cursum. Lapis in Sepulchro ejus repertus est, in quo hoc scriptum continebatur : *Hic est sepultum corpus Hugonis decani sancte Marie Cameracensis ecclesie, qui construxit claustrum cum porticu ejusdem ecclesie, capellamque sancti Gingulfi. Insuper, ut cetera taceamus, multis annis a carne abstinuit, super plumam non jacuit, nisi forte in hoc monasterio jussu abbatis. Hic construxit claustrum, porticum, elemosinarium, capellamque beate Marie, et multa alia beneficia fratribus contulit. Hic in festivitate omnium sanctorum, postquam missam celebrasset, gravi infirmitate percussus, monachus effectus, obiit in bona confessione et vera fide, anno Domini 1095. 6. Idus Novembris.*

Fredericus imperator Henricum cognatum suum, ducem Saxonie, debellans, omnia pene ipsius castella sibi subjugavit, et cum in quamdam insulam, que Brunswich lingua Saxonica nuncupatur, fugere compulit. Henricus Anglorum rex, ducis Saxonum exheredationem et sue filie egre ferens, nuncios ad imperatorem dirigit, et ut ab oppressione prefati ducis animum retrahat, munera auri et argenti magni ponderis repromittit. Sed imperator ingenuita sibi et consueta leonina constantia contra suum honorem munera despexit, aures clausit, et ducem quondam sibi rebellem victoriosis attritum preliis ad deditionem coegit. Alexander papa senex et plenus dierum, vicesimo ferme ab urbe miliario, in quadam Romane ecclesie possessione diem clausit ultimum (*Aug.* 30). Cujus obitu quidam insipientes Romani audito, ei non, ut debuerunt, obviam cum ad urbem deferendum venerunt; et ei maledicentes, luto etiam et lapidibus lecticam, in qua portabatur, lapidantes, vix cum in patriarchio Lateranensi sepehri permiserunt. Cui successit Humbaldus Ostiensis episcopus, Alexandro etate senior, quem alterato nomine Lucium tercium appellaverunt. Qui Romane ecclesie 169us presidet. Philippus puer rex Francorum et Philippus comes Flandrensium, post festivitatem omnium sanctorum, instante hieme, quæ in isto anno et hoc mense nimis extitit pluviosa, inter se dissentiunt, et cum ipsis omnes primores Francorum. Hujus mali incentores fuisse feruntur comes Clarimontis (435), Rodulfus etiam de Cociaco (436), et filii Roberti cognomento Clementis, regis consiliarii. Insurgit igitur primus comes in regem, et rex versa vice in comitem. Incendia et rapine exercentur, ecclesiarum expoliationes, burgensium oppressiones, pauperum destructiones usque ad adventum Domini grassantur. Tandem, appropinquante die nativitatis dominice, sapientibus viris cum rege tractantibus, usque ad octavas epyphanie istius guerre inducie dantur (437).

1182. R. 30. F. 2. A. 28. H. 6.

In ipsis diebus nativitatis dominice, Fredericus imperator nuncios cum epistola in Franciam dirigit, regi consilium dans, ut cum comite faciat pacem. Quod si nollet facere, sciret pro certo, se suo homini, comiti scilicet Flandriæ, auxilium pro posse ferre. Post octavas epyphanie, induciis finitis, milites plures numero, quam prius, utrimque armantur, rapine, cedes, incendia absque ullo remedio perpetrantur. In regis procinctu isti erant signiferi, Henricus rex Anglorum junior et Richardus, frater ejus, dux Aquitanus, comes Clarimontis, et Rodulfus de Cociaco. Comiti vero Flandriæ aderant Balduinus comes Hainoensis, Hugo comes de Sancto Paulo, Jacobus de Avesnis, et Hugo de Orsi castellanus Cameracensis. Universa Gallia hoc vento agitata hac illacque curvatur; nec fuit citra Alpes locus qui se absconderet ab auditu tonitrui hujus. Instantibus autem sancte quadragesime diebus, religiosis viris hinc inde discurrentibus, iterum inducie usque in pascha optinentur. Philippus comes dominica 3. quadragesime ad colloquium Henrici regis juvenis, filii Frederici imperatoris, Leodium vadit, seque injuste conquestus est a domino suo, rege scilicet Francorum, vexari. Henricus autem rex, ut domino suo humiliter satisfaciat, comitem cohortatur, promittens ei sub sacramento, suum non defuturum auxilium, si rex Francorum suum renueret audire consilium. Elizabeth Flandrensium et Viromandensium comitissa, post nimias tribulationes et corporis infirmitates die sancto parasceve defuncta (*Mart.* 26), sequenti die, astante Philippo comite, cum magnis plurimorum lacrimis, in ecclesia beatissime Dei genitricis Marie Attrebati honorifice est tumulata. Post pascha Henricus rex Anglorum senior, mari transito, in Normanniam venit; nam filii ejus, sicut supra diximus, Henricus rex et Richardus dux, regi Francorum contra comitem Flandriarum auxilium ferebant. Dux autem Burgundie et comitissa Campanie (438), soror regis, quondam uxor Henrici comitis, Philippo comiti associati, debellabant regem. Guillelmus vero Remensis archiepiscopus et comes Blesensium Theobaldus, regis avunculi, reformande paci intendebant. Igitur transactis induciis inter regem et comitem, pax non sperabatur, sed bellum. Ex insperato Henricus senior rex Anglorum et Philippus rex Francorum, Philippus etiam comes Flandriarum, mediante Henrico-Albanensi episcopo, apostolice sedis legato, cum archiepiscopis, episcopis, abbatibus et Francorum proceribus, inter Crispeium et civitatem Silvanectensem [451], et nunciis pacis intercurrenti-

VARIÆ LECTIONES

[451] deest conveniunt vel tale quia.

NOTÆ.

(435) Radulfus.
(436) Choisi-sur-Bac, in com. Viromandensi.
(437) Cf. Gislebertum p. 107.
(438) Maria.

bus, pax inter eos firma firmatur (439). Nunquam a nestra etate audivimus tantum belli incendium tam parva pacis scintilla exstinctum. Balduinus rex Iherusalem, regio morbo laborans, et fastigia regni fastidiens, templarii quoque et transmarini milites, sepenumero nuncios transmittentes, regem Francorum et Anglorum obsecrant, ut regnum Hierosolimitanum ordinantes, et terre succurrentes, de corona regni suum velle faciant. Ad supradictum quippe colloquium idem nuncii affuerunt. Fredericus imperator sollempnitatem pentecostes apud Maguntiam cum magna celebrat gloria. Ad hanc imperatoris curiam omnes pene optimates Teutonici regni affuerunt; Philippus quoque comes Flandrie cum suis baronibus affuit, qui se liberalissimum super omnes regni principes, sua dando, non sine ammiratione multorum exhibuit. Ibi Henricus dux Saxonie trienni condempnatur exilio; qui de regno coactus exire, ad Henricum regem Anglorum se cum sua contulit uxore. Tandem pietate imperatoris quosdam terre sue redditus ad sui exili sustentationem habere permittitur. Mauricius Parisiace civitatis episcopus, vas utile et oliva fructifera in domo Dei, floret inter coepiscopos suos in Gallia. Preter illa enim que intrinsecus sunt, que solus novit Deus, exterius claret litteratura, verbi Dei predicatione, elemosinarum largitione et bonorum operum exhibitione. Ecclesiam beatissime Dei genitricis Marie, in qua ipse residet episcopus, propriis magis sumptibus quam alienis, decentissimo et sumptuoso opere renovavit, plateam ante ipsam ecclesiam inter utrumque pontem dilatavit, redempto magno pretio a civibus loco, multis mansionibus prius occupato; mansiones renovavit episcopi; duas abbatias, unam canonicorum, sanctimonialium alteram construxit. In ecclesia magis est assiduus quam frequens. Vidi enim cum in quadam non sollemni festivitate, cum hora vespertina decantaretur, non in cathedra episcopali, ut moris est, sed cum ceteris psallentem et sedentem in choro, vallatum plus quam centenario clericorum numero. Henricus etiam Silvanectensis episcopus justitie dicitur invictus esse amator et juste severitatis tenax. Luna mensis Augusti et in accessu et in discessu nimis extitit pluviosa et admodum frigida; que magnam incommoditatem per multa generavit loca. Nam segetes humide in horreis sunt recondite; fenum nundum resecatum nec collectum vix potuit colligi; et; quod plus omnes pene dolent, vini maturitas et collectio tardius provenit. Quatuor heretici in Atrebatensi civitate deprehensi, a Frumaldo ejusdem civitatis episcopo in carcere sunt reclusi. Quorum unus dicebatur Adam litteratus, alter Radulfus eloquentissimus laicus; sequentium nomina nescimus. Horum judicium episcopus, jam paralisi laborans, archiepiscopo reservavit.

1183.   R. 31.   F. 3.   A. 29.   H. 7.

Transactis diebus nativitatis dominice, Willelmus Remensis archiepiscopus et comes Flandrie Philippus in civitate Attrebatensi, de secretis suis locuturi, conveniunt. Ibi multarum heresium fraudes per quandam mulierem in terra comitis sunt detecte. Isti heretici nullius heresiarche muniuntur presidio; quidam dicunt Manicheos, alii Catafrigas, nonnulli vero Arrianos, Alexander autem papa vocat eos Pateruios [452]. Sed quicquid sint, oris proprii confessione convicti sunt heretici immundissimi. Multi sunt in presentia archiepiscopi et comitis accusati, nobiles, ignobiles, clerici, milites, rustici, virgines, vidue et uxorate. Tunc decretalis sententia ab archiepiscopo et comiti prefixa est, ut deprehensi incendio traderentur, substantie [453] vero eorum sacerdoti et principi resignarentur. Hic apparuit preclara virtus confessionis. Nam, ut ab his, qui interfuerunt, veraciter probatum est, multi ante in heresi culpabiles, per Dei misericordem gratiam a ferri cauterio et aque periculo evaserunt incolumes. In castro Yprensi duodecim ad judicium ferri sunt adducti, sed per eamdem confessionis virtutem omnes salvati. Obiit Frumaldus episcopus Attrebatensis (440); ecclesia predicta episcopo anno vacavit integro. Manuele imperatore Constantinopolitano mortuo, filius ejus satis puer post eum imperat. Hic, vivente patre, filiam Ludovici Francorum regis uxorem duxerat. Qui morem patris imitatus, Grecos parvipendens, Latinos diligebat; horum consilio utebatur, horum auxilio sustentabatur, et clericali scientia et laicali justitia. Hec fuit causa interitus ipsius, sicut sequens demonstrabit annus. Henricus junior rex Anglie et Gaufridus frater ejus, comes Britannie, insurgunt super Richardum fratrem suum comitem Aquitanie. Quo audito Henricus rex senior, pater eorum, indigne ferens, quod talia sine assensu suo facere presumpsissent, Richardo filio suo contra fratres suos militum copiam misit in auxilium. Certatum est multis diebus utrimque, donec immatura morte preventus Henricus rex juvenis bellandi finem fecit (*Jun.* 5). Qui cum multis lacrimis et incomparabili omnium luctu — nam diligebatur nimis ab omnibus — Cenomannis defertur, et ibi sepelitur. Quod pater audiens — non enim interfuerat morti nec sepulture — iterato planctu et multiplicato, ab ipso Rothomagum defertur, et ibi cum patribus suis, cum magno gemitu, secundo sepelitur. In civitate Atrebatensi Petrus abbas Cisterciensis episcopus eligitur.

1184.   32.   4.   50.   8.

Fredericus imperator Italiam proficiscitur (*Sept.*).

VARIÆ LECTIONES.

[452] *lege* Paterinos, *i. q. Peterenos*.   [453] sustantie *cod.*

NOTÆ.

(439) Conditiones habet Gislebertus p. 117
(440) 13 Kal. Mai. secundum Necrol. Aquicinctinum.

Romani Lucium papam parvipendentes, et clerum despicientes, in contumeliam cardinalium excogitant inauditum flagitium. Nam extra urbem quosdam clericos forte invenientes comprehenderunt, et omnes excecaverunt, preter unum. Quos super asinorum dorsa aversos imponentes, eis nomina cardinalium imposuerunt. *Hic est*, inquiunt, *cardinalis Sancte Marie majoris, hic vero Sancti Laurentii foris murum; iste autem Sanctorum Johannis et Pauli, tu vero Sancti Georgii ad velum aureum*. Et sic de ceteris. Tunc per eum, cui pepercerant, pape direxerunt. Quod intuens papa ingemuit, et eos qui hoc scelus perpetraverant, perpetuo feriens anathemate, cum suis exiit ab urbe. Qui veniens Verone, ibi resedit usque ad diem mortis sue. Cardinalium autem quidam sequuti sunt eum; quidam vero, quorum parentes scelus predictum perpetraverant, in urbe remanserunt. Philippus rex Francorum, consilio quorumdam baronum suorum, Philippo comiti Flandrie invidentium, reginam vult dimittere At illa ad Deum conversa, tantam erga Dei genitricem in civitate Silvanectensi exhibuit devotionem, humilitatem et contritionem, ut omnes pene intuentes ad lacrimas commoveret. Nam nudis pedibus per plateas civitatis incedens, et cereos in manibus portans, elemosinamque omnibus indigentibus affluenter dispertiens, intravit beate Dei genitricis ecclesiam. Ubi diutius oravit, et ipso die omnes civitatis pauperes laute refecit, quibus ipsa ministravit. Quod rex et omnes optimates ejus audientes, compassi sunt, et penitentia ducti, ab incepto destiterunt. Philippus tamen comes tam archiepiscopum Remensem quam omnes qui hujus consilii complices fuerunt, quos dudum colebat ut amicos, nunc veretur ut inimicos. Propter hanc causam et alias inter regem et comitem pax est turbata. Post pentecosten rex et comes cum suis exercitibus in marchis terrarum suarum conveniunt. Regis exercitus equitibus, porro comitis agminibus peditum optime armatorum precellebat. Standarum altissimum, drachonem desuper preferentem, comes secum super currum quatuor rotarum duci fecit; quod rex cum tota Francia valde indigne tulit. Tamen, mediante Henrico Anglorum rege, ab instanti festo sancti Johannis usque in annum protelantur inducie. In his induciis Balduinus comes Hainoensis a rege ponitur, unde Philippus comes valde est indignatus. Kalendas Maii signum circa horam sextam in sole apparuit. Nam ejus pars inferior tota est obscurata, in medio vero quasi trabem suboscuram habebat, reliqua autem pars tota erat pallida; ita ut omnes videntes eumdem colorem in vultu preferrent. Quod signum multos perterruit, quia quidam magister Odo hoc futurum predixerat, qui de futuri venti periculo litteras ad archiepiscopum Remensem direxerat. Philippus comes Flandrie et Balduinus comes Montensis, in loco qui nuncupatur Mons sancti Remigii (441), ad mutuum veniunt colloquium. Ubi Balduinus cum obsecrat quatinus contra Henricum ducem Lovaniensem, se exheredantem, auxilium ferat; quod comes renuens, discordes discedunt ab invicem. Balduinus comes Montensis super Henricum ducem Lovanie cum exercitu in loco qui dicitur Lembecca (442) vadit; sed ducem imparatum non inveniens, et, ut quidam asserunt, a suis proditus, inefficax rediit. Mense Augusto Philippus comes Flandrie secundam duxit uxorem, filiam regis Portigalensis Adefonsi, nomine Tharasiam (443). Petrus abbas Cisterciensis ordinatur episcopus Attrebatensis, Verone in ecclesia beati martyris Zenonis. Greci, indigne ferentes quod imperator eorum Francos eis preponeret, Andronicum cognatum ejus dolose mandant, uti veniat, et imperatorem, utpote puerum, quasi vir sapiens manuteneat. Qui nunciis gratanter susceptis, assumptis secum Sarracenis Yconiensibus, civitatem ingressus est. Die sequenti palacium ingreditur cum paucis, imperatorem adorat et salutat; at ille cum magnifice hsnorat, et sese illius tuitioni commendat. Quem ille in sua suscipit fide. Qui curiam curiose pensans, quod diu cupierat mente, perficit opere. Paucis enim elapsis diebus, palacium armato milite stipatus ingreditur, Grecos, Francos, Anglos, quos ibi invenit, omnes interfecit; ipsum denique imperatorem cum sua matre capiens, in carcere clausit; quos post modicum in mare perductos, crudeliter innocentes necari fecit, et omnes ejus familiares, qui in urbe remanserant, interfecit. Tunc imposito sibi diademate, imperat civitati nobilissimæ, non ut imperator, sed sicut tyrannus. Deinde his pro nichilo ductis, nuptias facit illicitas, uxorem cognati sui, imperatoris scilicet domini sui, filiam regis Francorum accipiendo. Philippus comes Flandrie Balduinum comitem Montensem per nuncios sepenumero convenit, ut sibi et suæ utili concordaret voluntati. Illo vero minime adquiescente[454], mense Novembrio Philippus archiepiscopus Colonie ab oriente, Philippus comes Flandrie a meridie, porro Duacenses et Pabulenses ab occidente, terram ejus ingressi, incendiis et rapinis eam sunt demoliti. Balduinus vero comes, congregatis septingentis armatis, terram comitis virtute militum irrumpere cupiens, cum ad villam que Obercicurtis dicitur, armatus cum armatis venisset, mutato consilio regressus, milites a se conductos abire permisit. Die autem nativitatis dominice propinquante, inducie dantur utrimque.

1185. R. 33. F. 5. A. 31. H. 9.

Multi per loca diversa in Francia et Flandria et

VARIÆ LECTIONES.

[454] adquiescentu *cod.*

NOTÆ.

(441) Seu Warda S. Remigii.
(442) Lombeke prope Ninove. Cf. de his Gislebertum, p. 131, sqq.

(443) *Mathildem* vocat Gislebertus, *Beatricem* Radulfus de Diceto.

Hainau discordiam principum et guerram pertimescentes, unusquisque civitatem suam, castellum seu villam muro circumdat, vallo firmat. Cum autem inter regem et comitem (444) induciæ finiendæ essent, et comes Flandrensis suam præpararet expeditionem, Balduinus (445) comes terram Jacobi de Avesnis virtute irrumpens, veteris memor injuriæ, incendio tradit. Ille enim incentor discordiæ inter utrumque comitem esse ferebatur. Post festivitatem sancti Johannis induciis finitis, rex et comes exercitus militum et peditum armatorum producunt; qui in pago Ambianensi residentes, rei finem expectabant. Tandem Dei nutu, ut credimus, comes ad gratiam regis rediit, antequam aliquis caperetur, vulneraretur vel perimeretur. Tunc regi reddidit quædam castella comitatus Viromandensis, inter quæ eminebant Causiacus, Torota, Mons Desiderii, Calmacus, et comitatus Ambianensis. Ibi pacificantur comes Flandrensis et Hainoensis, set nondum corde firmo (446) Hic annus habundat frumento et vino. Francigenæ vilipendunt Philippum comitem in presentia regis apud Conpendium, verbis nugacibus irritantes eum. Qui in Alemanniam pergens ad regem Henricum, ejus consilio animatus, et auxilio, si necesse fuerit, corroborandus, hylaris in Flandriam revertitur. Andronicus Constantinopolitanus tyrannus et apostata — dudum enim christianitatem abnegaverat — interficitur in palatio a quodam probo milite regii generis, quem dolose occidere disponebat. Qui, animatus auxilio parentum suorum et civium Andronicum odientium, occidere se volentem occidit, et consentientibus pro eo imperavit; qui imperatricem, filiam scilicet Ludovici regis Francorum, clausit, et ei condigno honore ministrare præcepit. Lucius papa apud Veronam mortuus est (*Nov. 24.*); quem in ecclesia beatæ Mariæ, in sepulchro marmoreo ante majus altare sepelierunt; cui successit Hubertus Mediolanensis archiepiscopus, quondam Bituricensis archidiaconus, qui, justa morem predecessorum suorum nomine mutato, vocatur Urbanus tercius; qui, juxta numerum suprascriptæ cronicæ, Romanæ urbi presidet 170us [55].

1186. R. 34. F. 6. A. 52. H. 40.

Imperator Fredericus dies dominicæ nativitatis cum Henrico rege, filio suo, apud Papiam celebres egit. Illis diebus fecit imperator nuptias filio suo (*Jan. 27*), despondens ei filiam Rogeri, ditissimi quondam regis Siciliæ et ducis Apuliæ, regis Francorum cognatam. Hæc enim nata est ex filia comitis de Reitesta. His nuptiis interfuit comes Flandriæ Philippus, cum plurimis imperii Romani optimatibus. Qui in eundo Franciam dimittens, per Germaniam iter fecit ; revertens vero per Franciam venit, ne regi Francorum esset suspicioni. Rex autem, adventu ejus audito, nuntios fideles ad eum dirigit, mandans ei et designans locum, ubi ad secretum convenirent colloquium. Rex eum honorifice suscipit, mutuo collocuntur, et pax inter eos firma firmatur. Urbanus papa et imperator Fredericus inveteratum inter se odium dissentientes ad invicem renovant. Multimode fuerunt causæ dissentionis : precipua, quod patriarcha Aquileiensis et quidam episcopi interfuerunt absque consensu papæ coronationi Henrici regis, die quodam sollempni, in Italia. Quos omnes papa a divino suspendit officio. Alia, quod Formosum electum Treverensem, electum canonice, sabbato sancto pentecostes in presbiterum cardinalem, et crastino die in archiepiscopum, contra votum imperatoris consecravit. Nam alter electus perperam fuerat, quem imperator manutenebat. His et aliis causis intercurrentibus inter papam et imperatorem, in Italia pax turbatur (*Jan.*), Fredericus imperator Cremonenses, sibi rebelles, auxilio Mediolanensium in suum invitos cogit servitium. Imperator relinquens Henricum filium suum in partibus Beneventanis, in Germaniam redit (*an. 1187, Febr.*). Henricus rex, imperatoris filius, quendam Urbani papæ servientem et multas secum auri et argenti pecunias deferentem obvium ex insperato habens, aurum et argentum auferens, in contumeliam papæ nasum ei precidit. Balduinus comes Hainoensis et Henricus avunculus ejus, comes Namucensis, super Godefridum ducem Lovaniensem vadunt, et ejus terram incendunt. Villa Gemblaucensis peroptima cum ecclesia sancti Wiberti tunc est incensa. Philippus rex Francorum et Philippus comes Flandriæ, contrahentes undecumque copiosum exercitum, hostiliter vadunt super ducem Burgundionum, et juste ; injustissimus enim erat; qui mercatores regis et comitis in fide sua tuendo suscipiens, latronibus suis expoliandos donabat. Qui, fortitudinem regis et comitis non sustinens, quibusdam castellis perditis, ad pedes regis veniens, semet ipsum dedidit. Pridie Kal. Julii turbo gravissimus et tempestas valida, ab Affrico veniens et ad subsolanum tendens, per multa loca fruges et omnia sata pessumdedit. Nam lapides ovo gallinæ majores per loca diversa ceciderunt, qui pecora in campis et aves in aquis occiderunt, fenestras quoque vitreas ecclesiarum, et domorum tegulas confregerunt; stipula quoque, quæ in agris remanserat, ita erat fetens et inutilis, ut nec pastui esset apta bestiis. Obiit Gaufridus comes Britanniæ, filius Henrici regis Angliæ. 15. Kal. Oct. quando sol stat in libram, magni venti periculum antea prophetatum per Dei gratiam evasimus. Futura enim nemo novit nisi Deus, et cui ipse dignatus fuerit revelare. Nec ipsius ut credimus sapiens dispositio subjecta est alicui astrologo nec

VARIÆ LECTIONES.

[55] CLXXXus codex, et ita porro.

NOTÆ

(444) Flandrensem.
(445) Montensis.

(446) Hæc fusius narrat Gislebertus p. 145

Toletano nichromantico (447). Vindemia in pago Belvacensi et Noviomensi per tempestatem suprascriptam tota pene perdita, non solum in his locis, sed etiam in Arida Gamantia (448) vel Humida, in comitatu quoque Ostrevandensi et Hainoensi et ubicumque transivit, flenda et dolenda reliquit vestigia. 1187. lacrimabilis nobis. R. 33. F. 7. A. 33. H. 11.

Anno Domini 1187, anno 26. Frederici imperatoris, et 7. Philippi Francorum regis, porro Henrici Anglorum regis 33, incomparabilis dolor et tristicia ineffabilis universe accidit christianitati. Nam Balduino rege Iherosolimorum filio Amalrici defuncto, successit ei Balduinus puer, ejus ex sorore nepos, filius Willelmi marchisi de Montferrat, quem supra diximus veneno extinctum. Tutela pueri et regni ex consilio primatum totius provincie committitur comiti Tripolitano. Mater autem pueri satis astuta extorsit a patriarcha et ceteris principibus regni, ut si puer decederet morte immatura, sibi redderetur corona regia. Balduinus rex Iherosolimorum sub tutela comitis Tripolitani moritur; mater vero ejus comitissa de Joppe, a patriarcha et militibus templi et hospitalis et ceteris provincie primoribus coronam regni sibi hereditario jure competentem expetiit. Qua recepta, capiti viri sui Guidonis comitis de Joppe imposuit. Is enim Wido erat genere Aquitanus, de castello Lesinione (449), a semine regio alienus. Quod factum multis principibus displicuit, maxime comiti Tripolitano. Rex vero predictus cum hominium requireret a prefato comite, ei denegavit; insuper et Salahadinum regem Babylonis et principem Damasci super eum invitavit, et foedus pacis, quod cum christianis per duos annos pepigerat, disrumpere fecit. Salahadinus audita eorum discordia gavisus est, et contracto undecumque Turcorum et Sarracenorum innumerabili exercitu, ante mensem Augustum prope montem Thabor castra locavit. Guido autem rex, congregato exercitu christianorum comparatione paganorum parvissimo, juxta civitatem Nazareth tentoria fixit. Comes autem Tripolitanus, facti penitens, ad regem venit; et videns exercitum christianorum imparatum et parvum, consilium dat regi, ut ad tempus recedat, et civitates et castella totius regni muniat. Cui rex minime acquievit. Comes autem statim cum suis inde recessit, et terram suam munivit et custodivit. Guido vero rex nondum duo menses in regno transegerat. Initur bellum miserabile, et omnibus christicolis valde lamentabile. Bethleemites episcopus ferebat crucem dominicam; in quo conflictu ipse sacerdos occiditur, crux dominica a paganis aufertur, et heu! translata est gloria ab Israel, ut de arca Domini refertur. Rex capitur et omnes principes aut occiduntur vel capiuntur, vulgus innumerabile perimitur. Sicque omni terra pene a suis defensoribus vacuata, Salahadinus terram perambulat, civitates capit, castella aut sibi retinet aut destruit, monasteria evertit, monachos, presbiteros, clericos interficit, sanctimoniales dehonestat et occidit. Rex cum ceteris captivis et cruce dominica Damascum ducitur; Armenii, Greci, christiani, magno dato auri precio sepulchrum Domini cum sua ecclesia et Domini templum a Salahadino redemerunt. Hæ sunt civitates, qui christianis remanserunt: Antiochia Syrie, fortitudine principis sui et inhabitantium custodita; Tyrus civitas Fenicie, per industriam filii marchisi de Montferrat, fratris Willelmi, quem supra retulimus extinctum veneno, retenta; Tripolis etiam per comitem et inhabitantes servata. Obiit comes Tripolitanus, hujus mali incentor.

Urbanus papa a Verona secedens, et Venetiam ire disponens, apud Ferrariam venit civitatem. Ibi audito gravi nuncio de perditione transmarine christianitatis, in infirmitatem decidit (Oct. 19). Quo mortuo et ibidem tumulato, succedit ei Autbertus cancellarius ejus, qui alterato nomine vocatus est Gregorius VIII, papa 171us 456. Qui post consecrationem suam Romam ire disponens, in ipso itinere Januis moritur (Dec. 17), et post septuaginta dies sacerdotii sui ibi in ecclesia beate Marie sepelitur. Cui succedit Paulus Prenestinus episcopus, qui mutato nomine vocatur Clemens III, in ordine pontificum 172us 457. Richardus Aquitanie dux, filius Henrici Anglorum regis, injuriam sepulchri dominici vindicaturus, primus omnium principum regni Francorum crucem assumit, ante natalem Domini.

1188. 36. 8. 34. 1.

Post nativitatem Domini, Philippus rex Francorum et Henricus rex Anglorum et Henricus episcopus Albanensis, legatus Romanus, et multi alii tam episcopi, quam duces et comites, in marchis utriusque regni convenerunt; ubi inter eos de diversis causis sunt tractata diversa, maxime de ecclesia transmarina. Ambo reges cum multis sui regni principibus, episcopis et militibus, nobilibus et ignobilibus, trans mare profecturi, cruces accipiunt. Richardus Aquitanie dux insurgit contra dominum suum regem Francorum. Quem rex totis viribus excipiens, compulit ad deditionem. Pace autem inter eos firmata, contra Henricum regem Anglorum exercitum ducunt, et ejus castella diripiunt et incendunt; nam semper Francorum regibus rebellis exstiterat (Mart. 27). Dominica media quadragesime, apud Maguntiacum generali curia congregata, Fredericus imperator cum multis episcopis et totius

VARIÆ LECTIONES.

456 CLXXXI. cod.   457 CLXXXII. cod.

NOTÆ.

(447) Innuit vaticinium, quod legitur apud Robertum de Monte a. 1179.
(448) Est silva in pago Atrebatensi. Humida Gamantia inferior ejus pars erit ad Sambram.
(449) Lusignan.

regni sui principibus et innumerabili multitudine Theutonicorum cruces sumunt. Comes Namucensis Henricus filiam suam unicam, adhuc lactentem, dat Henrico comiti Trecarum, et cum ea post suum decessum omnem terre sue comitatum. Balduinus comes Hainoensis, ex sorore nepos ejus, hoc audiens et videns, indoluit, quia eundem comitatum valde affectabat; et pro eo adipiscendo tam imperatori Frederico, quam ceteris de curia, multas dederat pecunias. Cum autem ante mensem Augustum in guerra regis Francorum Henricus comes Trecensis inexcusabiliter occupatus esset, et Henricus comes lecto decumberet, Balduinus undecumque contracto exercitu, castrum milite nudatum et defensoribus repperiens, inexpugnabile castrum Namucense, ut putabatur, fortuna sibi arridente cepit. Mediante autem mense Augusto ultra progreditur; et castellum fortissimum Bovinense (450) obsidione cingens, post diem 15. viriliter cepit; et omnem terram citra Mosam comitatus Namucensis sibi subdidit. Paucis vero diebus transactis, comes Namucensis canonicos de ecclesia Floreffia ejiciens, contra impetum Balduini castellum sibi fecit; et milites cum suis satellitibus ibi constituit (451).

1189. R. 57. F. 9. A. 55. H. 2.
Fredericus imperator cum suo exercitu post dies pasce arripuit iter, et cum magno exercitus sui detrimento transiit per Hungariam, Traciam et Greciam, et pervenit usque ad fluvium Syrie nominatissimum Farfar. Porro nostri milites, Jacobus scilicet de Avesnis, Hellinus dapifer, et multi alii diverse dignitatis et ordinis, per Apuliam incedentes, mare transeunt, et urbem Achon, quam Tholomaidam Scriptura divina vocat, obsidione cingunt. Eodem tempore obiit Willelmus pie memorie rex Apulie, christianorum transmarinorum protector et defensor, absque herede; qui, congregatis totius regni sui principibus, heredem regni designat Henricum regem, filium Frederici imperatoris, qui ejus amitam habebat in conjugio. Qui omnes cum sacramento, fide interposita, promiserunt sua predicto regi colla submissuros. Post mortem vero regis Willelmi, fidem et sacramentum, quod fecerant, parvipendentes, quendam Trancredum ex semine regio sibi regem creaverunt. Philippus rex Francorum, assumpto secum Philippo comite Flandrie et Richardo Aquitanie comite, castella et villas regni Henrici regis Anglie et incendit et destruit. Rex vero Anglie ad conflictum non sustinebat eos, sed corum adventu audito, quasi fugiens de loco ad locum secedebat. Tandem Cenomannis pervenit. Ibi eum rex Francorum et Richardus comes insecuti sunt; qui insperatum eorum audiens adventum ultra quam credi potest contristatus, in infirmitatem decidit. Cumque apud castellum quod vocatur Cinon venisset, ubi pars thesaurorum ejus custodiebatur, langore ingravescente, moritur. Qui apud Fontem [458] Ebraldi deportatus, vix necessarios sumptus ille quondam dives et prepotens ad sepeliendum habens, ibi in monasterio virginum tumulatur. Cui succedit Richardus comes Aquitanus, filius ejus. Obiit Hugo castellanus Cameracensis. Elizabeth Francorum regina, satis religiosa, ad Dominum migravit (*Mart.* 15), et cum nimio Francorum planctu in ecclesia beate Marie Parisius sepelitur. Civitas Attrebatensis, cum ecclesia sancti Vedasti, incendio conflagratur.

1190. 58. 10. 1.
Circa festivitatem sancti Joannis, Philippus rex Francorum et Richardus rex Anglorum trans mare profecturi; iter arripiunt; rex Francorum portum Janue civitatis expetiit; et rex Anglorum Massiliam venit. Pridie Kal. Augusti, christiani qui Achon obsederant, inconsultis exercitus principibus, infeliciter pugnaverunt adversus Salahadinum, instigante eos Elberto presbitero, Duacensi decano, ut relatum est nobis ab his qui interfuerunt. Ibi occisus est idem Elbertus, et multi alii usque ad sex milia interierunt. Cum rex Francorum in Janua ventum ad transfretandum expectaret aptum, quadam die in eadem civitate fulgur de celo quinquies cecidit; quod regem valde perterruit. Tandem omnibus necessariis preparatis, in die festivitatis sancti Laurentii relicto portu, velificavit; cumque prospere navigarent, et jam multa maris spacia transvolassent; repente ventus surgens contrarius; regem retrogradare coegit. Multe naves confracte sunt, equi amissi; instrumenta lignea, que secum ducebat ad capiendas munitiones, sunt perdita. Milites etiam multi submersi et perditi. Sicque rex Francorum suo frustratus conatu, in Messana Apulie civitate cum rege Anglorum, transitum sequentis anni expectans resedit. Comes autem Flandrie Philippus mediante Augusto (452) profectus est, et in Italia hyemavit. Ipso anno magnus christianis nostris accidit dolor. Nam Fredericus piissimus imperator, cum in flumine Farfar prope Anthiochiam lavandi et refrigerandi causa nataret, violentiam aque non sustinens, ter in ejusdem aque profundo demersus est, et cum magno militum labore inde est extractus. Qui triduo supervixit elinguis, et corpore dominico accepto cum sacra unctione, diem ultimum clausit (*Jun.* 10). Corpus ejus conditum aromatibus, adhuc insepultum custoditur. Cui successit in regno Henricus filius ejus. Porro exercitum ejus, qui in Syria remanserat. rexit Conradus dux Suevorum, filius

VARIÆ LECTIONES
[458] frontem *cod.*

NOTÆ.
(150) Prope Dinant.
(151) Fusius hæc omnia narrat Gisleb. p. 161 — 166. 170. 177—186.

(452) Mense Septembri profectum dicit Gislebertus.

ipsius, miles inclitus. Obiit Evrardus Tornacensis episcopus. In ebdomada, quae precessit nativitatem dominicam, factum est prelium in Hyspania inter reges Hyspaniarum et Sarracenos, in quo christiani Deo auxiliante victores facti, innumerabilem eorum multitudinem peremerunt.

1191.   R. 1.   F. 11.   A. 2.

Multi tam principes quam episcopi, et innumerabilis multitudo vulgi, qui urbem Acram obsidebant, mortui sunt, tam propria morte, quam Sarracenorum telis; Balduinus archiepiscopus Cantuariensis, Rogerus Cameracensis episcopus, Fredericus dux Suevorum miles acerrimus, Theobaldus comes Blesensis, et Stephanus frater ejus, Hellinus quoque dapifer Flandrensis, et multi alii, quorum nomina scribere nolumus, quia diversi relatores, dubia et incerta nunciantes, nos fecerunt incertos. Philippus rex Francorum, Richardus rex Anglorum, Philippus comes Flandrie, post mensem Martium cum suis exercitibus mare transeunt. Richardus rex Anglorum antequam transiret, uxorem duxit filiam regis Navarre, contempta sorore regis Francorum, quam spoponderat. Clemens III papa 7 Kal. Aprilis obiit; succedit ei Jacinctus diaconus cardinalis Sancte Marie in scola Greca, genere nobilissimus, etate provectus, et vocatus est Celestinus III. Qui Romane ecclesie presidet 175 us 459. Henricus rex, filius Frederici imperatoris, in imperatorem in sollempnitate paschali ab eo coronatur (Apr. 15); qui in sua promotione multas contradictiones tam a Romanis, quam a cardinalibus sustinuit; tandem cernens regnorum perturbationem et Apuliensium erga se rebellionem, pro tempore tam cardinalibus satisfecit, pape restituens multa, que antecessores ejus ecclesie abstulerant, Romanis vero munitionem Tusculanam tradens, quam pater ejus pape abstulerat. Qua Romani accepta, in coronatione imperatoris prebuerunt assensum.

Philippus comes Flandrie in obsidione urbis Achre, indigentibus et maxime militibus qui sua stipendia consumpserant, sua erogando, nimium liberalis extitit. Si mille haberem linguas, non potero proferre necessitates famis, frigoris et estus, quas in quadrienna urbis obsidione exercitus Dei sustinuit. Philippus comes Flandrie inclitus Kalendis Junii obiit, tercio mense transfretationis sue, et sepultus est in basilica sancti Nicolai, foris murum Achre; ubi etiam tumulati sunt plus quam quinquaginta tam episcopi, quam duces et comites. In cujus obitu dolor incomparabilis christianis fuit, gaudium vero Sarracenis et Turcis. Eclypsis solis facta est 9 Kal. Julii, die dominica, hora 6 in vigilia beati Johannis baptiste, fulgore ejus in aquilonari parte remanente, juxta quantitatem terciane lune. Post festivitatem sancti Johannis Philippus rex Francorum et Richardus rex Anglorum cum suis exercitibus vallum, quem Sarraceni in circuitu civitatis munitissimum fecerant, cum magno labore muro civitatis coequaverunt, et petrarias decem prope murum erexerunt. Sarraceni vero et Turci, impetum eorum non ferentes, et de civitatis retentione diffidentes, eam regi Francorum et exercitui christiano 5 Kal. Julii reddiderunt. Quam rex ea conditione recepit, ut omnes inde sani exirent, si et Salahadinus sanctam crucem et 2600 captivos redderet christianos. Post discessum vero regis Francorum predicta conditione infirmata, rex Anglorum, qui ibidem remanserat, 2600, paucis de nobilioribus retentis, per quos sanctam crucem et quosdam captivos recuperare sperabant, diversis interfecit tormentis.

Henricus imperator contra Tancredum regem Apulie dimicans, civitatem Neapolitanam obsedit (Mai.); in qua obsidione Philippus archiepiscopus Colonie et multi alii duces et comites mortui sunt, et omnis exercitus ejus incommoditate aeris pene consumptus est. Quo comperto cives Salernitani, et ipsum imperatorem etiam mortuum existimantes, qui ei antea favebant, ob gratiam Tancredi recuperandam, imperatricem, quia in eadem urbe degebat, ceperunt, et custodie honeste mancipaverunt. Imperator autem, amisso exercitu et uxore, in Italiam exteriorem rediit cum tristicia et dolore. In civitate Cameracensi Johannes, ejusdem ecclesie archidiaconus et Attrebatensis decanus, eligitur episcopus.

Richardus rex Anglorum, post regressum regis Francorum, et ruinis murorum civitatis Achre pro tempore reparatis, divisis exercitibus suis in tribus turmis, versus Aschalonem tendit. Tractus autem vie inter Achram et Aschalonem longus erat. In ultima turma, que precedentes muniebat, multi ceciderunt Salahadini insidiis et Turcorum telis. Tandem Cesaream pervenerunt, et ibi paululum quieverunt. Cum autem de Cesarea pergerent apud Joppen, Salahadinus cum suis fit eis obvius, in sabbato vigilie nativitatis beate Marie. Mira Dei virtus ostensa est in illa die. Nam Salahadinus cum exercitu suo, nostris persequentibus, fugam arripuit, tantamque stragem de nobilioribus Sarracenis, quos secum habuerat, die illa prope Assur nostri fecerunt, quantam omni tempore principatus sui non sustinuit una die. De nostris autem nullus cecidit, nisi Jacobus de Avesnis, miles egregius et uni de Machabeis comparandus (455). In mense Septembri relatio verax de morte Philippi comitis, qui comitatum Flandrie 24 annis strenue rexerat, venit. Omnes timent, omnes dolent, tam clerus quam populus. Succedit ei Balduinus comes Hainoensis hereditario jure. Nam Margaretam filiam Theoderici

VARIÆ LECTIONES.

450 CLXXXIII. cod.

NOTÆ.

(455) 1192. *Jacobus de Avesnis, miles egregius et uni de Macabeis comparandus, in bello a Saracenis martirizatur.* Ann. Aquic.

comitis, sororem Philippi, habebat in conjugio: ex qua genuerat Elizabeth Francorum reginam et filios Balduinum. Philippum et Henricum. Philippus rex Francorum, ante dies nativitatis dominice, in Franciam venit. Videntes autem quidam milites, Deum minus diligentes, ejus repatriationem, laboris et certaminis pro Christo impatientes, et cum filiis Effrem in die belli terga hostibus dantes, non ut milites, sed ut lepores timidi, ad suam eternam confusionem ad propria sunt reversi. Non sic Jacobus de Avesnis, non sic; sed quia perseveravit usque in finem, ut credimus, salvus erit, et cum sanctis martyribus in celis triumphabit.

1192. R. 2. F. 12. A. 5.

Henricus imperator dies nativitatis dominice apud Wormatiam cum optimatibus regni celebravit; ibi in presentia totius curie confirmavit electionem Johannis Cameracensis electi. Philippus etiam rex Francorum Parisius cum suis eosdem dies celebravit. Ad cujus curiam Balduinus comes Flandrie, litteris ipsius precipientibus, venit. Rex autem nec humane nec benigne eum suscepit. Quod cernens comes, rege insalutato, clam a civitate discessit (454). 18 Kal. Febr. 4 feria, post solis occasum, in ipso noctis crepusculo, visa est a multis species ignis terribilis, totum orbem ad partem borealem occupans. Subsecuta est in multis locis in partibus illis plaga ignis divini. Unde in episcopatu Tornacensi et multis locis indictum est jejunium 6 ferie exceptis infirmis et infantibus universis. Balduinus comes, sibi et terre sue consulens, ad recuperandam regis gratiam, abbatem Symonem Aquicinensem et Danihelem de Camberon ad eum direxit. Tandem post mediante Willelmo Remensi archiepiscopo et Petro Attrebatensi episcopo, pax inter regem et comitem formata est, apud Perronam et apud Attrebatum firmanda. In 7 ebdomada ante pascha, rex Perronam cum suis episcopis et baronibus venit. Ibi Balduinus comes cum suis affuit, et hominium regi faciens, partem Flandrie orientalem possedit, rex vero occidentalem, Sanctum Audomarum, Ariam, Attrebatum, Bapalmas, comitatum Hesdiniensem et Lensensem, hominagium Bolonie, et Sancti Pauli, et Gisnense et Linense (455). Reliqua Balduino cesserunt. Hec omnia suprascripta dedit Philippus comes regi, quando ei neptem suam Elizabeth, filiam Margarete sororis sue, Hainoensis comitisse, legali matrimonio conjunxit (456).

Cum marchisus Conradus Tyrum, Syrie Phenicis civitatem nobilissimam, justo moderamine regeret, machinatione cujusdam potentissimi principis christiani, probitati et felicitati ipsius invidentis, hoc modo occisus est. In diebus enim paschalibus 5 Kal. Maii, cum princeps ipse quadam die in loco civitatis, ubi monetarii erant, super equum sedens ad eos intenderet, subito duo ex illo genere hominum, quos hystoriographi Arsacidas vocant, a prefato perfido principe transmissi, utrumque latus ejus ambierunt; qui nullum timentes, clara die, astante populi frequentia, cultellis quos improprie misericordias vocant crudeliter lateribus ejus infixis, heu! nobilissimum principem interfecerunt. Illi statim a populo necati, ut dignum erat, transmittuntur ad tartara; miles dignus digno planctu plangitur, et sepulcro tanto principe digno sepulture traditur. Proh dolor! principes et milites incliti gladio corruunt et moriuntur, Fredericus scilicet imperator, Fredericus dux Suavorum, filius ejus, Jacobus de Avesnis, Hellinus dapifer, Philippus comes Flandrensis, Theobaldus Carnotensis, Stephanus Blesensis, et innumerabiles alii (457); et militie scoria nec nominanda, que crucem Christi assumpserat, illa projecta, fugiens reversa est, non sagitta persequente nec lancea vel gladio, sed sicut canis ad vomitum revertens, et ut lupus rapax et insatiabilis hianti ore bona ecclesie comedit et substantiolas pauperum crucifixi.

Richardus rex Anglorum et dux Burgundie, vel ceteri principes, templi quoque et hospitalis milites, communicato ad invicem consilio, Henricum comitem Campanensem principem totius christianitatis transmarine, excepto principatu Antiocheno, constituerunt, et ei uxorem marchisi in conjugio tradiderunt. Hec enim erat orta de regali genere; filia enim Amalrici regis mater ejus extitit. Guidoni vero quondam regi dedit rex Anglorum insulam opulentissimam Cypri. Ordine utor preposlero, sed hoc fecit oblivio. Precedenti enim anno, cum rex Francorum cum suis ad urbem transfretasset Acconam, rex Anglorum ad Cyprorum navigavit insulam. In ea namque quidam prepotens contra imperatorem Constantinopolitanum tyrannizabat, et nomen sibi imperiale usurpaverat. Contra hunc ascendit rex Anglorum cum suis de mari; quem viriliter debellans, cum tota sibi subegit insula. Quem cum uxore et liberis captivum, cum auri et argenti et rerum ceterarum copiis, secum adduxit, et ad exercitum Domini, in obsidione urbis Accone fame diuturna laborantem, pervenit, eorumque inopiam de opibus secum adductis magnifice relevavit. Filiam hujus principis, quem secum vinctum adduxerat, dedit rex Anglorum Guidoni quondam regi, cum tota Cypri insula. Comes vero Henricus, si Deus nobis restituerit Hierusalem, rex futurus (458), Tyrum, Aschalonem, Acchonem, Cesaream, Joppen et cetera castella super littus maris stantia possedit.

Tancredus Apulie tyrannus nuncios suos ad Celestinum papam et Romanos dirigit, spondens se redditurum sancto Petro, quicquid Apulienses duces ab antiquis diebus illi abstulerant, si fidem,

NOTÆ.

(454) Cf. Gisleb., p. 250.
(455) Insulense.
(456) Paulo alia narrat Gislebertus, p. 2??.

(457) Plures nominat Gislebertus, p. 252.
(458) Hæc igitur scripta sunt ante mortem Henrici, quam ipse auctor a. 1197 narrat.

quam habebant cum Henrico imperatore, ad se transferrent. Quod audiens papa Celestinus, valde est indignatus; qui versa vice nuncios suos, duos scilicet cardinales, ad eum direxit, mandans, ut imperatricem de custodia educens imperatori remitteret; si vero hoc facere nollet, anathemate perpetuo se feriendum cum parte provincie, que illi favebat, pro certo sciret. Radulfo Leodicensi episcopo, qui cum Frederico imperatore crucem assumpserat, in itinere anno superiori mortuo, duo per contentionem in predicta ecclesia sunt electi, Autbertus scilicet, frater ducis Lovaniensis, et Autbertus, frater comitis de Reitesta. Verumtamen Lovaniensi Autberto justior pars, sanior et multiplicior favebat. Henricus autem imperator ab expeditione Appaliensi reversus, electionem utriusque cassavit, et Lotharium Bunnensem prepositum ditissimum ad civitatem dirigens, palacium episcopi, villas et castella episcopii ei tradidit; clerum quoque cum populo ei obedire precepit. Hec omnia, ut quidam existimant, fecit imperator consilio Balduini comitis Hainoensis (459). Nam propter ipsius ducis superbiam et inveteratum erga se odium infestum habebat ipsius fratrem. Ipse vero Autbertus frater ducis, videns in se factam injusticiam, timore imperatoris habitu pauperis viatoris assumpto, ad pedes Celestini pape Lateranis pervenit. Audita autem papa electionis ratione et concordia, electo litteras suas tradidit, archiepiscopo mandans Coloniensi, ut ei munus conferat consecrationis. Lotharius tamen imperatoris electus, per ecclesias, castella et ejusdem episcopii villas pontificales agebat causas. Luna mensis Augusti crescens et decrescens nimis extitit pluviosa et tempestuosa, et metentibus nimis molesta; tamen subsequens luna mensis Septembris fuit gratiosa, unde messis triticea et vindemia mediocriter fuit bona. Richardus rex Anglorum, supra naturam humanam cupidus et avarus, et omni christianitati invisus et rebellis, a Salahadino magno precio auri suscepto, Aschalonem nominatissimam christianorum civitatem subvertit. Tancredus Apulie tyrannus a Celestino papa compulsus imperatricem de custodia relaxans, imperatori remittit.

Willelmus Remensis archiepiscopus, litteris a Celestino papa acceptis, Autbertum Leodicensem electum in civitate Remensi mense Septembri episcopum consecravit. Archiepiscopus etiam Coloniensis, ab ejus consecratione se excusans, ut ei munus consecrationis imponeret, per litteras suas optinuit. Henricus imperator audiens, quod Autbertus Leodicensis electus gratiam consecrationis a papa et Romanis contra suum propositum impetraverit, nimium indignatus Leodium venit (Sept.), et domos clericorum, qui ei adherebant, subvertit, et regni sui introitum eidem episcopo interdixit. Tancredus Apulie tyrannus moritur. Celestinus papa, morte ejus audita, contra Henricum imperatorem, quem propter Autbertum Leodicensem episcopum et alias latentes causas infestum habebat, filium Tancredi in Apulia, Calabria et Sicilia regem sublimat. Eclypsis lune accidit 11 Kal. Decemb. luna 12, hora noctis 8, duabus ejusdem partibus obscuratis, in suo fulgore parte tercia permanente. Subsequenti die Autbertus Leodicensis episcopus, a quibusdam proditoribus extra urbem Remensem eductus, inaudita mortis crudelitate vir justus ab impiis et proditoribus innocenter perimitur. Nam Henricus imperator, qui Lothario favebat, quem in sede Leodicensi intruserat, cum a regno suo expulerat. Willelmus autem Remensis archiepiscopus et omnes cives Remenses, cum detinentes ibidem, magnum ei honorem et reverentiam exhibebant. Sepultus est autem cum magnis omnium lacrimis in ecclesia majori beatissime Marie Dei genitricis, in loco ubi beatus Nichasius archiepiscopus pro Christo occubuit. Qui fuerunt interfectores episcopi, et a quo missi, ignoratur (460); hoc tamen scitur, quod de Germania venerint, et illuc aufugerint. Ve illis, quia via Cain abierunt, qui fratrem suum Abel justum in agro interfecit, e tabernaculo extractum. Cujus sequaces isti, patrem suum et dominum de civitate Remensi callide educentes, ut liberius perpetrarent flagitium, secundo mense consecrationis ejus vix elapso, caput sancti sacerdotis mucrone impio mutilaverunt. Prudens lector, nota inauditam proditorum versutiam. Pridie enim quam ista agere deliberarent, hominium ei fecerunt, ne eos haberet suspectos. Ve impiis traditoribus, quorum impietatem celi revelabunt, et terra adversus eos consurget in die furoris Domini, nisi fuerint Domino prestante conversi. Inter Richardum regem Anglorum et Salahadinum, christianos quoque et Sarracenos transmarinos, inducie trium annorum firmantur, misera conditione interposita, ut civitas Aschalon nobilissima subverteretur a nostris. Hugo dux Burgundionum ibidem moritur; cui in ducatu Burgundionum successit Odo, filius ejus. Multi milites armis strenui hoc anno trans mare sunt mortui, quidam Sarracenorum gladiis interempti, alii vero morte naturali. Residui autem excepto Henrico rege et suis, parum ibi proficientes, ad propria sunt reversi.

1195. R. 5. F. 15. A. 4.

Mense Januario peregrini transmarini ad nos reversi sunt, de recuperatione terre perdite, quod nos letificaret vel scripto dignum esset, nichil nunciantes. Richardus sancte memorie conversus Aquicinctensis moritur, et in eodem monasterio sepeli-

NOTÆ.

(459) Nequaquam; Balduinus enim pro consobrino suo Alberto de Reitesta multum laborabat, cui et imperator episcopatum promiserat, sed postea accepta nimia pecunia, Lothario contulit. Cf. Gislebertum, quem Balduinus pro Alberto ad imperatorem delegavit, p. 217, 221, 224, 228 sq. 255-246.

(460) Dux Lovaniensis id imperatori imputabat.

tur. Hujus viri mira fuit cibi et potus abstinentia, lectus nullus aut durus, vestis abjecta, compassio erga pauperes et monachos claustrales eximia (461). Henricus dux Lovaniensis et Henricus patruus ejus, dux Ardennensis, insurgunt contra comitem de Ostada (462) et Lotharium fratrem ejus, quem Henricus imperator in sede intruserat Leodicensi, pro interfectione Autberti episcopi nominate urbis. Omnia ejus castella, que circa Renum possidebat, capiunt, et quedam destruunt et incendunt. Ipse autem comes cum fratre suo ad imperatorem fecit confugium. Celestinus papa omnes interfectores episcopi anathemate perpetuo innodavit. Cum Richardus rex Anglie ante dies quadragesime de transmarinis partibus reverteretur, suspectas habens quasdam regiones, Apuliam scilicet et Calabriam, Corsicam et Italiam, propter interfectionem Conradi marchisi de Montferrat, que illi, nescio si juste, imponebatur, paucis secum assumptis sociis, ut secretius ad nepotem suum ducem Saxonie pervenire posset, terram ducis Austrie ingressus, ab ipso duce capitur, et custodie mancipatur. Nam cum esset idem dux in obsidione urbis Acre, rex Anglorum frequenter illum verborum contumeliis affecerat. Quem aliquanto tempore secum detinuit, et postmodum ad imperatorem in Alemanniam direxit. Qui eum secum, quocumque pergeret, ducebat sub honorabili custodia. Dum Richardus rex Anglorum ab imperatore detineretur, Philippus rex Francorum, undecumque collecto ex omni regno sibi subjecto copioso exercitu, post paschalem sollempnitatem mense Aprili in Northmanniam vadit, eam depopulaturus; castella Wilcassini territorii, Gisortium scilicet et alia multa, cepit. Civitatem Northmannie metropolitanam Rotomagum obsidione cinxit; sed civibus viriliter repugnantibus, commotus ira que ei inest nativa, petrariis et ingeniis, quibus urbem vallaverat, incensis, ab assultu inglorius rediit. Salahadino apud Damascum mortuo, filii ejus in principatu Syrie et Babylonis ei succedunt. Ecclesie Anglie et Northmannie et monasteria monachorum a thesauris suis ob redempionem regis Anglorum spoliantur. Lotharius Leodicensis intrusus, causa interfectionis Autberti ejusdem urbis episcopi ab omni prelatione ecclesie a Celestino papa privatur (463). Henricus imperator de morte episcopi supradicti parentibus ejus satisfaciens, motus principum regni, qui adversus eum propter hanc causam insurrexerant, sedat; ea conditione, ut duci Lovaniensi et Ardennensi (464) cum consilio capituli liceret, quem voluerint eligere episcopum in sede Leodicensi. Qui auctoritate imperiali freti, elegerunt Symonem, filium ducis Ardennensis. Philippus rex secundam duxit uxorem Ingelburgem regis Datie filiam, in vigilia assumptionis sancte Marie, Ambianis. In die autem assumptionis ejusdem die dominica, presente Willelmo archiepiscopo Remensi, Petro Attrebatensi, Johanne Cameracensi, Theobaldo Ambianensi, Lamberto Morinensi, Stephano Tornacensi et aliis suffraganeis archiepiscopi, et multis Francie principibus astantibus, regio diademate coronata est, in totius civitatis gaudio et conspectu. Octogesimo autem et secundo die post has nuptias, quorundam consilio, apud Compendium rex cum suis archiepiscopis, episcopis et baronibus colloquium habuit. Ibi quidam episcopi et milites consurgentes, consanguinitatem inter primam reginam et secundam juraverunt. Quo juramento rex accepto, absque ulla dilatione et consilio dimisit eam. A Kalendis Marcii usque ad lunam Decembris mensis, omnes lunationes in iniciis mensium nimis extitere pluviales, mense Octobri excepto. In nocte festivitatis sancti Martini eclypsis lune fuit. Hec littere translate sunt a partibus transmarinis in Galliam : *Frater Gaufridus, Dei gratia sancte domus hospitalis Jherusalem humilis magister, una cum universo ejusdem domus capitulo, karissimo et dilecto in Domino fratri Willelmo de Vileruns, preceptori ultramarino, salutem et fraternam dilectionem. Quoniam de his, que in terra Jherosolimitanorum aguntur, credimus vos certos rumores desiderare, notum vobis facimus, quod proximo post Septembrem quidam de gente pagana, nobilis genere et armis famosus, nomine Mestoc, vitam suam terminavit. Deinde mortuus est vetus dominus Assyriorum; deinde mortuus est soltannus de Yconio, et eo mortuo, ira et discordia exorta est inter filios suos; deinde in prima septimana Martii, die que dicitur Mercurii, mortuus est persequutor noster Salahadinus; in cujus morte genti sue factus est timor et perturbatio, et inter filios ejus exorta est ira et dissensio. Quilibet enim illorum, quorum alter est in Halapia (465), alter in D..masco, alter in Babylonia commoratur, se fratri suo subjectum esse fastidit, sed alter ad dominium alterius et terre ejus pocius intendit. Unde veraciter cognoscimus, quod a tempore perditionis terre, hereditas Christi sic de levi non potuit recuperari. Terra quam tenet christianitas in treugis, manet fere penitus habitatoribus destituta. Factum anno Domini 1193 in exitu Aprilis.*

1194. R. 4. F. 14. A. 5.

Richardus rex Anglorum, post annuam captivitatem, magno et, ut ita dicam, infinito argenti redemptus precio, ab imperatore Henrico honorifice et cum gratia, pace etiam inter eos firmata, in Angliam remittitur. Qui navibus in portu Andoverpi preparatis, transfretavit cum favore magno a suis suscipitur, et in regni solio decenter relocatur. Illos qui fideles sibi extiterant, honoribus sublimavit, proditores vero exauctorisavit, quosdam etiam oc-

NOTÆ.

(461) *Richardus — eximia* iisdem verbis leguntur in Annalibus Aquicinctinis.
(462) Seu Hochstaden.
(463) Excepta præpositura in Confluentia.
(464) Henrico de Limburg.
(465) Aleppo.

cidit. Inter quos unum, qui dapifer Johannis fratris ejus fuerat, cujus consilio, ut dicebatur, ab eo defecerat et ad regem Francorum transierat, excoriavit. Et quia dies quadragesime instabant, inter ipsum et regem Francorum Philippum treuge usque ad octavas pentecosten componuntur. Balduinus comes Flandrensium et Hainoensium, in ipsis diebus quadragesime exercitum congregans copiosum, contra Henricum ducem Lovanie et quosdam Flandrenses sibi rebelles hostiliter vadit, set parum proficiens pene inefficax rediit; et inducie vix optinentur usque ad medium mensis Augusti. Quidam ab Anglia venientes in Northmanniam, homines regis Francorum injuriis lacescentes, pacem terre turbaverunt; ob quam causam rex Francorum turbatus, indutias usque ad octavas pentecostes, juxta condictum, minime expectavit, sed undecumque collecto grandi exercitu, castellum munitissimum regis Anglie, quod Venonium (466) vocant, circa ascensionem Domini obsedit. Richardus rex Anglorum hoc audiens, mare transfretavit, et cum multis militibus et viris fortissimis ad obsidionem castelli non imparatus venit. Obsessi et sua multitudine et fortitudine, castelli etiam fortissima munitione confisi, viriliter resistebant, januis apertis relictis, in contemptum exercitus regis Francorum. Cum itaque rex Francorum ibi sederet, rex Anglorum milites electos ad civitatem Ebroicensium misit, qui homines regis Francorum, castellum ejusdem civitatis custodientes, per proditionem civium omnes interfecerunt. Nam retroacte anno, cum rex Anglorum detineretur in Alemannia, eamdem civitatem cum quibusdam Northmannie castellis rex Francorum ceperat. Audita igitur Philippus rex hominum suorum nece, ultra quam dici potest, iratus, castelli Vernolii relicta obsidione, cum electis militibus ad civitatem Ebroicensium venit, et ipsam totam cum templo sancti Taurini et aliis monasteriis funditus subvertit, in sollempnitate Spiritus sancti. Rex autem Francorum preceperat principibus, ut exercitum in obsidione castelli tenerent; sed eo discedente nullus potuit eum retinere. Henricus imperator contra Apulienses sibi rebelles exercitum ducit (Sept.). In civitate Attrebatensi quidam clericus et soror ejus, ob reatum homicidii, incendio sunt adjudicati. Accensus est in Balduini monte ignis, astante innumera frequentia populi. Frater et soror ad stipitem ligantur, et ignis in circuitu eorum copiosus accenditur. Mulier cum valido cordis clamore et ineffabili contritione et oris confessione sanctam Mariam Dei genitricem invocans, et idem fratrem facere admonens, illo in flammis mortuo, meritis beatissime Dei genitricis Marie liberatur ab incendio. Mira res; facies ejus et loquela non est immutata, capillus ejus nec pilus adustus, nec etiam odor incendii remansit in ea. Cum autem inquireretur ab ea salvationis modus, dicebat speciosissimam dominam secum fuisse, et ab igne extraxisse. Post hec in civitatem ad ecclesiam beate Marie liberatricis sue reducitur; tota pene civitas congregatur, et in presentia domni Petri episcopi et cleri laudes omnium attolluntur, et tam grande miraculum, nostris temporibus inauditum, a prefato reverendo episcopo auctorizatur. Actum hoc anno apud Attrebatum, in sollempnitate Spiritus sancti.

Henricus imperator Apulienses, Siculos et Calabros, per violentiam Tancredi quondam sibi rebelles, partem etiam quamdam Affrice, absque sanguinis effusione sibi victoriose subjugavit. Civitatem Panormitanam, expulsis habitatoribus, pene totam destruxit, eo quod eorum factione imperatrix capta fuerit anno superiore. Optimates etiam illius regionis, qui contra eum conjuraverant et illum interficere disponebant, cepit et incarceravit. Margareta Flandrensium et Hainoensium comitissa moritur, et in templo sancti Donatiani, juxta Karolum comitem, Brugis sepelitur; cui successit in comitatu Flandrie Balduinus filius ejus. Sicque comitatus reversus est ad justum heredem Balduini Hasnoniensis, anno Domini 1194, qui ab anno 1072 possessus fuerat a successoribus Roberti Callotensis (467) comitis, per annos 100 et 25. Successores fuerunt hujus Roberti: Robertus filius ejus, Balduinus filius ejus, Karolus cognatus ejus, Willelmus Northmannus, Theodericus, Philippus filius ejus. Hii omnes orti sunt de genere Roberti, qui apud Casletum in bello occidit Arnulfum nepotem suum, filium Balduini Hasnoniensis fratris sui, et sic Flandrensium invasit comitatum.

1195. R. 5. F. 15. A. 6.

Mensis Januarius, Februarius et Aprilis nimis fuerunt pluviales. 5 Kal. April. in pago Cameracensi, tempestas cum tonitru horribili cecidit, que unam villam cum templo ita destruxit, ut vix in ea parve remanerent reliquie. Henricus imperator ab Apulia victor cum triumpho revertitur (Mai.), adducens secum uxorem et filium Tancredi et principes, qui contra eum conspirationem fecerant, in custodia; magnam etiam copiam auri et argenti et aliarum etiam rerum secum adduxit. Mense Julio Sarraceni ab Affrica venientes, super regem Hyspanie, quem Parvum vocant, et ejus exercitum irruerunt, et ex eis magnam stragem fecerunt. Rex autem Hispanie in crastino, viribus per Dei gratiam receptis, plus quam viginti milia eorum interfecit; in quo prelio archiepiscopus Sancti Jacobi occubuit. Electio Symonis Leodicensis a Celestino papa cassatur, et Autberti (468) confirmatur. Tamen ad mitigandum ejusdem Symonis dolorem a papa ei quedam cardinalitas confertur. Clerici qui cum eo Rome venerant, omnes fere mortui sunt; ipse etiam intrante mense Augusto ibidem defunctus est. Autbertus au-

---

(466) Vernueil.
(467) I. e. Casletensis.

(468) De Cuch, qui electus fuit Namuci, mense Novembri 1194.

tem a Roma cum munere electionis reversus, apud Cistercium veniens, aliquantulum infirmus ibi est detentus. Rumor autem falsus perlatus apud Leodium, nunciavit canonicis, illum esse mortuum; qui statim elegerunt quendam illustrem canonicum (469), Philippi de Falconis monte filium. Sic post interfectionem Autberti episcopi, Remis occisi, ecclesia Leodicensis in electione episcopi fluctuavit. Pluvia mensis Augusti metentibus nimis fuit molesta, Septembris vindemiam colligentibus gravis, Octobris seminantibus nimis incommoda. Sexto Idus Octobris ventus vehemens post noctem mediam ab Affrico veniens, domos evertit, turres destruxit, ruina domorum plurimos stravit, quercus annosas et arbores fructiferas evulsit, et in multis locis nimis dampnosus extitit. Multi de regno Theutonico, Lotharingi, Alemanni, Saxones, hortatu imperatoris Henrici cruces assumunt (April. 17), episcopi, duces, comites, milites, et de reliquo populo innumera multitudo. Philippus rex Francorum et Richardus rex Anglorum post longam discordiam tandem redeunt ad concordiam. Obiit Balduinus marchio Namucensis et comes Hainoensis 16 Kal. Januarii (670), et sepelitur apud Castrilocum cum patribus. Succedit ei Balduinus filius ejus, comes Flandrie; sed quia in superiora hujus cronice parum declaratur, ex qua hii comites Hainoenses oriundi fuerunt stirpe, id breviter declarare legentibus dignum duximus. Originem enim ducunt ex sanguine imperiali Romanorum et regali Francorum (Gen. c. Fland.). Balduinus Insulanus comes Flandrie, ortus de genere Karoli Calvi imperatoris Romanorum et regis Francorum, duxit uxorem Adelam, filiam Roberti regis Francorum, et genuit ex ea Balduinum Hasnoniensem, comitem Flandrensium et Hainoensium, et Robertum Casletensem, fratrem ejus. Balduinus Hasnoniensis duxit uxorem Richeldem, relictam Herimanni comitis Montensis, que erat de sanguine imperiali, et soror sancti Leonis pape noni; et genuit ex ea Arnulfum comitem Flandrensem, quem Robertus patruus ejus interfecit in bello Casletensi, et Balduinum Jherosolimitanum, comitem Hainoensem, fratrem ejus. Balduinus Jherosolimitanus duxit uxorem Idam, filiam Henrici imperatoris quarti, et genuit ex ea Balduinum; cui abstulit Robertus comes Flandrie Duacum castrum. Hic duxit uxorem Yolendem, filiam Gerardi comitis de Wassemberga, et genuit ex ea Balduinum, qui Valentianenses sibi rebelles optime optinuit, et alia utilia comitatui adauxit. Hic quoque duxit uxorem Ermensendam, sororem Henrici comitis Namucensis; ex qua genuit Balduinum marchionem, cui etiam multociens accesserunt felices successus; qui duxit uxorem Margaretam, sororem Philippi comitis Flandrie, que ei genuit Balduinum comitem Flandrensium et Hainoensium, Philippum quoque et Henricum. Duxit autem Balduinus adhuc vivente patre uxorem Mariam, filiam Henrici comitis Campanensis, quam genuit ex filia Ludovici VIII, Francorum regis.

1196. R. 6. F. 16. A. 7.

Henricus imperator hyeme transacta, iterum ad Siciliam et Apuliam proficiscitur (Aug.); et quicquid in regno corrigendum erat, ab eo corriguntur. Preparantur etiam naves et cetera, que Theutonicis, qui superiori anno cruces assumpserant, ad transfretandum erant necessaria. Quibus prefecit archiepiscopum Maguntinum, virum prudentissimum. Philippus, rex Francorum, filiam cujusdam comitis Alemannici (471) Ingelburgi regine superinducit. Pax inter Philippum regem Francorum et Richardum regem Anglorum iterum turbatur; unde Philippus rex, collecto undecumque grandi exercitu, castellum regis Anglorum in Northmannia, quod Albamarla vocatur, obsedit, et post sex ebdomadas cepit et destruxit. Multi, et maxime juvenes, acuta febre moriuntur; inter quos et Johannes Cameracensis episcopus, cum ad regem in Northmannia proficisceretur, Ambianis mortuus est. Gravissima panis penuria hoc anno multos afflixit et multos pauperavit. Ab Apennino monte usque ad mare Oceanum, per totam Galliam et Germaniam, fames in tantum prevaluit, ut maximam utriusque sexus multitudinem contigerit interisse. Nam triticum 40 vel 50 solidis venundabatur, quod pro quatuor aut quinque ante hanc pestem dabatur; unde accidit ut multi, qui putabantur sibi sufficientes esse, diro famis gladio perurgente, coacti sunt alio emigrare. Sicque factum est, ut excrescentem pauperum multitudinem sine magno gravamine sustentare possent hii, qui respectu Dei manum misericordie eis porrigebant. Carnes quoque jam fetentium animalium et radices inusitatas herbarum compulsi sunt manducare. Non tantum panis, sed etiam cetere res manducabiles, inaudito nobis precio venundabantur. Lupi circa Alpes in itineribus et in villis in unum congregati, absque ullo timore multos devorant. Triticea messis et avene collectio ultra estimationem hominum fuit rarissima.

1197. 7. 17. 8.

Menses Januarius, Februarius, Martius quoque et Aprilis, hoc anno fuerunt naturales et hominibus gratissimi. Verumtamen fames, annis superioribus concepta, nullum habuit temperamentum, quia superioris anni annone rara collectio nullum potuit conferre levamentum. Nam usque hodie fame moriuntur milia milium; multi enim hac necessitate constricti, contra consuetum vivendi usum latrones effecti, laqueo sunt suspensi. Set vernalis temporis temperies gratiosa, et seminum ut videtur pulchra processio, fit expectantibus non minima consola-

NOTÆ.

(469) Ottonem; sed ipse Alberto se subjecit. Cf. Gisleb. p. 265.
(470) 12. *Kal. Januarii, octava scilicet die ante festum nativitatis Domini.* Gisleb.
(471) Ducis Boemiæ Moraviæque, Mariam. MIR.

io Henricus episcopus Belluacensis capitur a militibus Richardi regis Anglorum, et apud Rothomagum gravi custodie mancipatur. Inter Philippum regem Francorum et Balduinum comitem Flandrie pax turbatur, instinctu Richardi regis Anglorum. In mense Julio Balduinus comes, contracto undecumque exercitu copioso, contra regem Francorum per pagum Tornacensem et Cameracensem vadit, et omnia ejusdem pagi castella cepit, sicque ad civitatem Attrebatensem tendens, eam a parte orientali obsedit ; secundo obsessionis die subito inde recessit. Philippus rex Francorum hoc audiens et indigne ferens, congregatis sui regni episcopis, abbatibus, equitum quoque et peditum magna copia, contra Balduinum proficiscitur, et in vigilia assumptionis beate Marie apud Duacum ex insperato venit ; sed utili nobis accepto consilio, eadem die recessit. Deinde per pagum Letigum (472), transiens, apud Ariam pontem fluminis qui dicitur Lis transiens, in terram comitis, eam vastaturus, intravit ; set quibusdam tactus infortuniis, cum comite extra Ipre colloquium habuit, set infecto negotio ad terram suam rediit. Multi qui adventum eis formidaverant, discessum inefficacem riserunt. Inter duos reges induc'ie per annum jurantur. Vindemia per totam Franciam, in pago scilicet Remensi, Laudunensi, Suessionensi, Noviomensi et Belvacensi, rara fuit et tarda ; unde accidit ut rustici, qui vineas colebant et pecuniam super vinum futurum mutuaverant, non valentes vinum reddere, compulsi sunt fugere. Henricus imperator in Apulia moritur (Sept. 28). Hic statura personalis non fuit, sed litteratura ejus, magnanimitas, justicia et prudentia pulchritudinem Absolonis superavit. Luget mundus mortem ejus, Syria, Sycilia, Apulia, Calabria, Affrica, Italia, Alemannia, Saxonia, Bajoaria, Suavia, Frisia, Austria, Lotharingia. Nam de ejus morte omnes sunt turbate. Filius ejus puer parvulus a Siculis in regem jure paterno suscipitur ; porro Philippus, frater Henrici imperatoris, tutor pueri constituitur. Lacrimabilis fortuna accidit in urbe Achra. Nam Henricus comes Campanensis et princeps transmarine christianitatis, cum quadam die apud eamdem urbem in solario cujusdam domus fenestram aperire voluisset, per eam ad terram corruit, et cervice confracta, proh dolor ! exspiravit, 6 anno principatus sui. Cujus mors ineffabilem christianis dolorem, et magnam Saracenis prebuit letitiam. Inter milites christianos, quos Henricus imperator ante obitum suum trans mare miserat, et Turcos sepenumero pugnatur ; sed certam nostrorum victoriam adhuc minime audivimus.

1193.   F. 18.   A. 9.

Hyemps mollissima ; Januarius, Februarius et Marcius tranquilli et gratissimi fuerunt ; porro Aprilis et Maius pluviales et frigidi extiterunt.

A Celestinus III papa, 6 Kal. Januar., senex et plenus dierum moritur. Lotharius diaconus cardinalis, genere Romanus, vocatus Innocentius, hujus nominis papa tercius, etate juvenis, 184us Romane ecclesie presidet. Fulcho, venerabilis presbiter de territorio Parisiensi, auctoritate apostolica per totam Franciam publice predicat (173) (cf. A. Aquic.). Cum in sermone suo omnia carperet vicia, tamen omnis vis ejus predicationis contra usurarios avaros et cupidos, contra prelatos negligentes et presbiteros incontinentes maxime intonabat. Tota pene patria in melius ejus predicatione mutata est. Maximam quoque mulierum publicarum convertit multitudinem. Potens etiam fuit in miraculis faciendis. Nam cecos illuminabat, claudos curabat, surdis auditum reddebat ; et, quod magis omnibus pre miraculo erat, innumerabilis populi multitudo ad eum audiendum , quasi ad aliquem apostolum, undecumque confluebat. Post mortem Henrici imperatoris optimates regni Theutonici, de rege substituendo diffidentes, Suavi, Bajoarii, Alemanni, Apulienses vel Sicilienses, Philippum ducem Suavorum, fratrem Henrici imperatoris, quem supra diximus tutorem pueri constitutum, elegerunt (Mart. 5) ; Saxones autem et Lotharingi Othonem comitem Pictavensem, filium Henrici ducis Saxonum, in Aquensi palatio in regem sublimaverunt. Hic erat ex sorore Richardi regis Anglorum ; cujus consilio et auxilio, et Balduini comitis Flandrie, assentientibus eis archiepiscopo Coloniensi et optimatibus Lotharingis, Aquense palacium obsedit contra Waleranum filium ducis Lemburgensis, qui oppidum Aquense cum valida manu militum Philippo duci Suavorum custodiebat. Qui sexta obsidionis septimana, labore multiplici fatigati, nullum ab eo, cui palacium custodiebant, habentes succursum, Othoni salvo in omnibus honore castrum reddiderunt ; quem statim Coloniensis archiepiscopus cum suffraganeis suis, oleo sacro inunctum, in solio regni sedere fecerunt (Jul. 12). A diebus enim Karoli Magni sedes regni est Aquisgrani, ubi idem requiescit. Duxit autem Otto rex uxorem filiam Godefridi, comitis Lovaniensis ac ducis Lotharingie.

Philippus dux et Otto rex de imperio contendentes, fluvium Rhenum, qui Lotharingiam et Saxoniam dividit, transire non potuerunt, Philippus ab oriente in occidentem, Otto vero ab occidente in orientem. Unde titulum Romanorum, R. scilicet, et titulum Jherosolimorum, H. omitto prescribere quia post mortem Henrici, filii Frederici, Rome nullus imperat, et in partibus transmarinis post obitum Henrici comitis Campanensis christianus nullus regnat. Post mensem Augustum, Balduinus comes Flandrensium et Hainoensium, congregata valida tam militum quam peditum multitudine, in Flandriam pergit, ut castella, que sui erant, ut sibi vi-

NOTÆ.

(472) Seu Laeticum, ad flumen Lys, ubi oppida Cassel et Aire.

(173) Venerabilis Fulco presbiter predicat verbum Dei, et multos languidos sanat. Ann. Aquic.

debatur, juris, et rex injuste tenebat, suo comitatui resociaret. Arienses ejus formidantes impetum, pacifice cum recipientes, absque ulla mora se reddiderunt. Deinde exercitum apud Sanctum Audomarum ducens, castrum obsedit. Portas obsessi claudunt, ad regem in Franciam nuncios consensu et consilio ejusdem comitis dirigunt; a quo nullum habentes nec sperantes succursum, castrum comiti reddunt, eumque pacifice et honorifice post sex ebdomadas infra castrum recipiunt. Cum igitur Balduinus comes Sanctum Audomarum obsideret, Richardus rex Anglorum in pago Wilcassino (474), multitudine stipatus militum, super Philippum regem Francorum irruit. Rex Francorum contra veniens, armis mutatis, prope Gisortium in flumen cecidit; qui inde vix extractus, nobilioribus ejus militibus captis, cum magno labore evasit. Qui statim exercitum copiosum congregans, terram Northmannie, sue vicinam terre, incendio et rapinis totam vastavit. In cujus hoste multo precio vendebatur annona tam pecorum quam hominum.

1199. F. 19. A. 10.

Diebus nativitatis dominice transactis, venit in Galliam Petrus cardinalis diaconus Sancte Marie de via lata, ab Innocentio papa transmissus legatus, litteras Philippo Francorum regi deferens, in quibus preceptum continebatur apostolicum, ut Ingelburgem venerabilem reginam, falso consanguinitatis juramento disjunctam, legitime sibi resociaret. Quod si adquiescere nollet, anathematis vinculo subjaceret.

In marchis utriusque regni concilium agitatur; utrique reges Francorum et Anglorum conveniunt cum multitudine episcoporum, abbatum, comitum, priorum, prepositorum et utriusque ordinis infinita multitudine hominum; de pace inter reges et comitem Flandrie facienda multum laboratur, set ad effectum minime perducitur. Set tamen inducie, in quinquennium tenende, verbo tenus obtinentur, que vix usque in pascha tenentur. In diebus quadragesime in pago Lemovicensi thesaurus inventus est, quem sibi vendicat Lemovicensis comes. Richardus rex Anglorum, summus ipsius terre princeps, thesaurum a comite repetit, set minime obtinuit. Inde rex stomachatus, cum armata multitudine castellum ejusdem comitis et ipse armatus obsedit; ubi ictu baliste quendam percutere idem rex cupiens, ab eodem cadem balista in scapula percussus, post dies 7 obiit, et apud Fontem Ebraldi cum patre suo sepulturam accepit. Cui successit in regno Johannes frater ejus; qui guerram, quam frater ejus Richardus contra regem Francorum viriliter et potenter exercuerat, segniter persequtus, ad ultimum cum rege pacem faciens, episcopum Belvacensem et alios captivos solvit. et regi Francorum remisit. Petrus de Corboilo consecratur Cameracensis episcopus. Messis et vindemia mediocriter abundat. Petrus cardinalis per menses decem in Francia commanens, negotium de divortio regine sibi injunctum tepide exequitur.

Balduinus comes terram regis Francorum, in pago Adartensi vel Tervanensi et Arida Gamantia, vastat rapinis et incendiis. Philippus comes Namucensis, frater ejus, cum aliis quibusdam militibus capitur, qui vincti ferro regi in Franciam diriguntur. Maria Flandrie comitissa pro pace inter regem et comitem componenda Parisius vadit; quam viro honorifice suscipiens, letam et de pace securam cum quibusdam captivis in pignus pacis ad propria remisit. In diebus adventus dominici Petrus cardinalis apud Divionem Burgundie castrum cum personis ecclesiasticis tenuit concilium. Omnis ab eis ibi facta constitutio non indiget penna vel pergameno.

1200. 20. 1.

Philippus rex Francorum et Balduinus comes Flandrensium in ipsis diebus nativitatis dominice ad colloquium apud Perronam convenerunt; ubi per Marie comitisse industriam firmam inter se juraverunt pacem, que pax et Francie et Flandrie magna fuit causa leticie. Petrus cardinalis pertransiens Burgundiam, transcendit Apenninum montem. Sententiam, quam in Franciam ex domni pape precepto dare debuerat, ibi dedit, et regem cum omni terra sua inaudita severitate interdixit. Interdicti sententiam quidam episcopi ferventissime observaverunt, Parisiensis, Silvanectensis, Suessionensis, Ambianensis, Atrebatensis, et alii quorum non habemus noticiam. Hos papa Innocentius miris per epistolas illis missas effert laudibus, contemptores autem verbis terret minacibus. Philippus rex Francorum et Johannes rex Anglorum, Balduinus quoque comes Flandrie, et multi alii utriusque regni principes, in marchis Francie et Northmannie ad mutuum conveniunt colloquium. Ibi Ludovicus puer, filius regis Francorum, uxorem accepit filiam regis Hispaniarum, quae erat filia sororis Johannis regis Anglorum. Et pax firma firmata est inter reges et principes. Nam Johannes rex Anglorum guerpivit (475) castella Wilcassini pagi, Gisortium scilicet et alia, unde tota guerra jam per multos annos inter utriusque regni reges fuerant exagitata. Octavianus episcopus Hostiensis ab Innocentio papa mittitur in Franciam legatus; quem rex Francorum honorifice suscepit, et Ingelburgem reginam per preceptum domni pape verbo tenus sibi resociavit, superinductam abjuravit, et sic terram regis Francorum ab interdicto absolvit.

1201. 21. 2.

Hyemps [460] nec mollis nec nimis aspera, set inter

VARIÆ LECTIONES.

[460] *Hunc annum eadem manus post addidit, atramento paululum alio. Eadem ex nostro descripta leguntur in codice Duacensi n. 840, et inde in Ambianensi n. 586.*

NOTÆ.

(474) Le Vexin, inter Indellam, Isaram et Sequanam.
(475) Id est, deseruit.

utrumque fuit temperata. Januarius, Februarius, Martius, Aprilis et Maius gratiosi fuere et naturales. Mediante mense Martio, Octavianus cardinalis, archiepiscopi, episcopi, cum Philippo rege Francorum, in urbe Suessonica, cum innumera cleri et populi multitudine conveniunt, ut de regis et regine divortio certum et justum juxta Innocentii pape preceptum agitarent judicium. Sed quia Johannes cardinalis Sancti Pauli, monachus nostri ordinis, nondum advenerat, cui hec causa ab apostolico principaliter commissa fuerat, colloquium protelatur usque ad adventum ejus. Qui adveniens mense Maio, cum magno in predicta Suessionensi urbe a rege, archiepiscopis et episcopis, in ecclesia sanctorum martyrum Gervasii et Prothasii, excipitur gaudio; cui oblata sunt munera a rege, set ille justus manus suas excussit ab ejus munere. Ad colloquium conveniunt. Rex vallatus et armatus multitudine advocatorum, qui causam suam pro suo velle perorarent, accessit; regina vero sola, proh dolor! nullum preter Deum habens advocatum venit. Cumque in tanta multitudine nullus esset, qui pro ea, metu regis, litigaret, quidam ignotus pauper clericus e medio surgens, licentia regis et cardinalium, causam regine ita litteratissime dilucidavit, ut ipsi regi et cardinalibus omnibusque episcopis fieret admirationi. Qui post nec ante in eadem civitate a nullo dicitur visus fuisse. Rex vero non expectato secundum decreta sanctorum Patrum ecclesiastico judicio, recessit a colloquio. Cardinales etiam et episcopi reversi sunt ad propria, causa nondum terminata[461].

(A. Aquic.) Obiit domnus Symon, noster abbas 9us, cui successit domnus Adam decimus.

1203. Monachi primo intraverunt in magnam ecclesiam, dominica in palmis.

1204. Domnus Adam, noster 10us abbas, obiit; cui successit domnus Willelmus 11us, postmodum abbas Sancti Amandi; et Romam profectus et inde rediens, factus est monachus Clarevallensis. Ipso autem facto abbate Sancti Amandi, domnus Symon abbas 12us ei successit; qui in tempore suo multas veteres officinas prostravit, et novas edificationes multas construxit, et etiam sedes in choro sumptuosas et laudabiles et honestas. Edificavit etiam capellam in honore beate Virginis, que honestate sua et pulchritudine intuentium oculos potest morosius detinere. Inceptam etiam ecclesiam ab avunculo suo Symmone, nono abbate, multo labore et expensis non modicis feliciter consummavit, sicut adhuc potest evidentius apparere, et eandem ecclesiam duo-

bus campanilibus cum undecim campanis studiosius insignivit (A. Aquic.). Insuper multos redditus acquisivit. Hoc etiam anno Constantinopolis civitas capta est a comite Balduino, domino Flandrensi et Hainoensi; in qua civitate per Dei gratiam electus et consecratus est imperator et augustus Romanorum.

1208. Hoc anno Willelmus noster abbas 11us, abbas Sancti Amandi efficitur; cui successit domnus Symon abbas 12us, de quo supra diximus.

1212. Fernandus de Portugalli accepit Johannam comitissam Flandrensem et Hainoiensem.

1213. Hoc anno cepit edificare domnus Symon abbas 12us claustrum. Grande bellum fuit inter Philippum regem Francorum et suos ex una parte, et Fernandum et Flandrenses et Othonem imperatorem Alemannie ex alia, apud pontem Bovinarum; sed Franci victoriam habuerunt (an. 1214, Jul. 27). Qua visa, Otho cum quibusdam de suis recessit; Fernandus autem et Rainaldus comes Bolonie, qui cum eo erat, et Wilekinus comes Hollandie, capti fuerunt in ipso prelio. Sed postmodum Fernandus per illustram[462] uxorem suam Johannam, comitissam Flandrie, a captione regis Francorum precio non modico est redemptus. Comes vero Bolonie in quodam castro sito in Sequana, quod dicitur Goulet, sub Vernone[463], expiravit (476).

1216. Ludovicus, primogenitus Philippi regis Francie, Angliam intravit, quedam castella cepit; sed anno sequenti per preceptum domni pape Honorii rediit in Franciam.

1218. Monachi Aquicinctenses intraverunt novum chorum, presente venerabili episcopo Ambianensi Everardo, in vigilia natalis Domini.

1219. Honorius papa III concessit domno Symoni abbati Aquicinctensi duodecimo et successoribus ejus usum mitre et anuli, cum quibusdam privilegiis et indulgentiis.

1222. Hoc anno jacta sunt fundamenta ecclesie beate Marie 14 Kal. Maii, feria 2.

1223. Philippus inclitus rex Francie obiit; cui successit primogenitus ejus Ludovicus.

1224. Hoc anno in quadragesima venit quidam ignotus, et tamquam heremita habitavit in foresta de Glauchon juxta Mortaigne (477); et tamdem revelavit quibusdam, quod ipse erat Balduinus, comes Flandrie et Hainoie et imperator Constantinopolitanus. Quo audito, quidam nobiles crediderunt verbis ipsius, duxerunt eum Valenchenas cum honore et eum ibi ornatum, sicut decebat imperatorem et comitem, duxerunt per Flandriam; et multi Flandren-

VARIÆ LECTIONES.

[461] Hic desinit manus. Sequentia scripsit sec. XIII. in. alius quidam omnia uno tractu, nec habitu nec atramento unquam mutato; et verba quidem obiit — decimus in rasura. Ex his ea, quæ litteris minoribus expressimus, ad verbum descripsit ex annalibus Aquicinctinis, ubi eadem multis manibus coævis exarata leguntur. [462] ita cod. [463] sub tinone cod.

NOTÆ

(476) A. 1227. Plerique Perronæ captum mortuumque dicunt.

(477) In regione Tornacensi.

ses fecerunt ei homagium sicut comiti, et tandem intravit insulam cum maximo comitatu et apparatu. Ludovicus autem rex Francie, fama ejus audita, diem ei apud Peronam assignavit, ut cognosceret eum, qui dicebat se esse avunculum regis predicti, et ut faceret ei debitum homagium de comitatu Flandrensi, si esset comes Flandrie veniendo et redeundo secure. Tandem veniens per horam, et audacter apparens coram rege Ludovico et consilio ejus, in palacio ipsius regis, multis interrogantibus, examinatus est, sed certitudinem nullam respondit. Unde pluribus argumentis est convictus, quod dolose ageret et per omnia mentiretur, et ita recessit cum pudore; et predictus rex districte preceperat eidem, quod de terra sua recederet indilate. Eodem autem die, quo licentiatus est a rege, tam de die quam nocte Valencenas venit [464] unde furtim et latenter affugavit. Quo audito, Johanna comitissa Flandrensis caute fecit queri eundem; qui tandem repertus est, et ad dictam comitissam adductus apud Insulam; ubi de consilio baronum suorum judicatus est et dampnatus, quod cum equis traheretur extra villam, et suspenderetur; et ita vitam infeliciter consummavit.

1226 [465]. Ludovicus rex profectus est adversus Albigenses cum multis nobilibus, tam episcopis quam principibus, videlicet archiepiscopo Remensi Guillelmo de Jovis villa (478), ... [466] et Garino Silvanectensi episcopo [467], Philippo Boloniensi, Guidone Sancti Pauli comitibus, et multis aliis tam clericis quam laicis; qui Avinionem obsederunt et ceperunt. Sed in obsidione comes Guido Sancti Pauli quadam petra mangonelli percussus est et interfectus. Rex vero Ludovicus et multi alii tam clerici [468] [quam laici in regione illa veneno perierunt; et corpus regis latenter et caute ad ecclesiam beati Dionisii in Francia est delatum, et honore regio tumulatum.

1227. (Ann. Aq.) Dedicata est ecclesia beate Marie apud Aquicinctum a venerabili patre Pontio Atrebatensi episcopo.

1254. (Ib.) Idibus Aprilis obiit pie memorie dominus Simon, abbas noster 12us, vir valde religiosus, honestus et providus, qui ecclesiam Aquicinctensem 25 annis strenuissime rexit. Cui successit domnus Wilhelmus 13us abbas, a predicto venerabili patre susceptus in monachum.

1157. (Ib.) Johanna comitissa Flandrie accepit maritum Thomam fratrem comitis Sabaudie.

VARIÆ LECTIONES.

[464] deest cod. [465] MCCXXV. cod. [466] hic nomen aliquod episcopi erasum. [467] ita correctum in cod. ex episcopis [468] Hic desinit ultimus codicis quaternio, qui ab initio quatuor tantum fuit foliorum: unde quæ jam perdita sunt, non ita multa fuisse apparet. Supplevimus ea ex Annalibus Aquicinctinis et ex continuatione Bergensi, statim subjicienda, quæ ad verbum ex nostro codice excepta, Annales ipsos non adhibuit; unde quæ in illa continuatione itemque in Annalibus leguntur, eadem et in B5 fuisse ovortet. Sunt autem ea, quæ supra uncinis inclusimus.

NOTÆ.

(478) Joinville.

CONTINUATIO BERGENSIS.

In codice B5', jam deperdito, ex B5 descripto, continuationi illi annorum 1201-1237 supra editæ notas historicas in margine et intra lineas interspersit monachus S. Winnoci Bergensis, nonnunquam sibi ipsi visa narrans, ut a. 1220. Hæc statim postquam scripta sunt, Willelmus abbas Andrensis in Chronicon monasterii sui (479) recepit ad litteram, exceptis tantum iis quæ sub textu indicavimus. Ex Willelmo iterum transumpsit Iperius. Sæculo XVI monachus S. Petri Gandensis B5''', codicem Bergensem descripsit inde ab a. 1149; sed tanta cum ignorantia additiones Bergenses, Aquicinensibus procul dubio uti spatium permiserat intersertas, cum his in unum conjunxit, ut summa inde temporum confusio oriretur. Quam nos intactam relinquentes, in margine (479'') ubivis rectos annos ex Chronico Andrensi indicavimus. Idem B5''' nostro sine ulla distinctione adjunxit, quasi unum esset, opus plane diversum annorum 1222-1228 conflatum ex Annalibus Blandiniensibus ad verbum descriptis, e Balduino Ninovensi et e Martino Polono, quibus perpauca tantum aliunde petita inseruntur; non digna compilatio quæ edatur.

[1202] Obiit pie memorie Wilhelmus Remensis archiepiscopus.

[1204] Anno Domini 1202. Domnus Adam — Romanorum (480).

[1208] Anno Domini 1205 hoc anno Vilhelmus — supra diximus. [1205] Maria uxor predicti Balduini comitis, neptis Philippi illustris regis Francie, virum suum insecuta, multa gravia perpessa maris pericula; tandem Accaron applicuit, ibique longa egritudine macerata spiritum exalavit. [1205] Johannes rex Anglie, Normannia et Aquitannia cum universis appenditiis relictis, tanquam ad asilum confugiens, mari velociter transit, in Angliam venit. [1201] Balvotini domum domne Mathildis Portugalensis regine, Flandrensis comitisse, apud Furnis succenderunt et in cinerem redigerunt. Que propter

NOTÆ.

(479) Quod e Chronicis S. Bertini et vicinarum ecclesiarum in unam summam collegimus, ut ipse ait, in Dachery Spicil. II.

(479'') Nos in textu, inter uncos. EDIT. PATROL.

(480) Quæ ex Aquicinensi ad verbum descripsit noster, eorum prima tantum ultimaque verba hic posuimus, litteris minoribus expressa, cum integra jam in p. 456, 457 legantur.

dedecus sibi illatum irata, congregato multo exercitu, illos factores quesivit, et apud villam Houthem in loco qui Holin dicitur eos invenit et obsedit.

[1212.] Anno Domini 1204, Fernandus de Portugalli accepit uxorem Johannam comitissam Flandrensem et Hainoensem. [1205.] Balduinus imperator Constantinopolitanus a Johanne cognomento Blake in conflictu inter se commisso captus fuit, nulli postea de suis comparens. [1205.] Obiit Balduinus comes Gisnensis 4 Nonas Januarii, et apud Andrenes sepelitur. Obsessa est villa Bergensis a Blavotingis, contra quos pauci Isengrinorum egressi, ilico in fuga e versi sunt, et unus Blavotingorum, Gerardus Fal nomine, videns socios suos ante se currentes, putans esse illos inimicos fugientes, septem occidit ex ipsis. Postea Isengrini, resumptis viribus et audacia, collectis septem viris in unum, quorum dux fuit quidam miles nomine Christianus de Prato, omnes Blavotingos, quorum numerus fuit circiter sex milia virorum, fugaverunt [469].

[1215.] Anno Domini 1205 edificare cepit domnus Simon abbas duodecimus claustrum. [1207.] Lambertus Morinensis episcopus moritur, cui successit Johannes archidiaconus nepos ipsius. [1209.] Propter ecclesiam Cantuariensem tota Anglia sub interdicto posita est, nullis celebrantibus divina preter Cistercienses. [1208.] In provincia Sancti Egidii heresis Albigensium detecta est, cujus professores virum venerabilem Petrum, apostolice sedis legatum, ob confessionem Jesu Christi nequiter peremerunt. [1208.] Philippus cognomento Suavus [470] jam factus rex Alemannie, ad imperium Romanorum aspirans, a quodam suo gladio percussus interiit. [1209.] Philippus rex Francie ad petitionem Reinaldi comitis Bolonie terram Arnoldi comitis Gisnensis intravit, et diruto castello quod dicebatur Bonham, positisque custodibus in aliis castellis ipsius comitis, in Franciam rediit. [1215.] Grande bellum — Goulet sub Vernone expiravit.

[1215.] Anno Domini 1196 Ludovicus — Franciam. [1211.] Renaldus comes Bolonie a domino suo Philippo rege Francorum de terra sua fugatur. [1212.] Rex Maroch de Africa in partes Hispanie navigio veniens, cum christianos expugnare decrevisset, mox quasi securus de victoria, naves omnes quas adduxerat fecit confringi. [1212.] Maxima pars Francie cruce Christi signata in pectore, et innumera multitudo Flandrie et Alemannie, ad Albigenses incredulos exterminandos ad provinciam Sancti Egidii properaverunt. [1212.] Sequenti hieme Fer_ndus filius regis Portugalensis uxorem duxit Johannam, filiam domni Balduini imperatoris Constantinopolis, Flandrie et Hanonie comitis.

[1218.] Anno Domini 1207 monachi — Domini.

[1213.] Philippus rex Francorum collecto exercitu et navigio magno, cum multi cum in Angliam transfretare putarent, ipse, mutato ut videbatur proposito, totum exercitum suum in Flandriam duxit, et acceptis obsidibus a melioribus castris, scilicet Ypra, Gandavo et Brugis, in Franciam rediit. Post cujus recessum comes Flandrie Fernandus castra sua recepit. Postea domnus Ludovicus primogenitus regis Francie villam supra mare, que dicitur Novus portus, et quasdam alias, scilicet Balliolum et Stenfort, pro magna parte combussit et devastavit, ubi capti fuerunt innumerabiles utriusque sexus homines. Deinde paucis evolutis diebus, comes Flandrie civitatem Tornacensem cepit. Honorius — indulgentiis. [1219.] In territorio Sancti Pauli mense Augusto tanta inundatio pluvie facta est, ut murum ipsius castri pro magna parte everteret, aliis villis cum domibus universis submersis [471]. [1214.] Johannes rex Anglie cum magno exercitu Pictavum venit, et confederatione facta cum Pictavensibus castrisque redditis, domnus rex Francie nimium exacerbatus, domnum Ludovicum primogenitum et marescalcum ibidem cum multis militibus ad resistendum ei transmisit. Stipendiarios suos domnus rex Francie de castris Flandrie revocavit. Post hec paucis interpositis diebus, Fernandus comes Flandrie cum magno exercitu terram Arnoldi comitis Gisnensis ingressus est.

[1222.] Anno Domini 1210 jacta sunt fundamenta ecclesie beate Marie 14 Kalendas Maii, feria 2. [1215.] Fredericus rex Apulie Aquisgrani coronatus est in regem, et ibidem cruce signatus, et multi episcopi, duces et comites cum eo.

[1215.] Anno Domini 1215 celebrata est sancta universalis sinodus Rome in ecclesia Salvatoris, que Constantiniana vocatur, mense Novembri indictione 5, presente domno Innocentio papa, anno pontificatus ejus 18. Interfuerunt etiam episcopi 412, inter quos extiterunt de precipuis patriarchis duo, videlicet Constantinopolitanus et Hierosolimitanus. Anthiochenus vero gravi languore detentus venire non potuit, sed misit pro se vicarium Anteradensem episcopum. Alexandrinus vero sub Sarracenorum domino constitutus fecit quod potuit, mittens diaconum germanum suum [472].

[1225.] Anno Domini 1212 Philippus inclitus obiit; cui successit primogenitus ejus Ludovicus. [1216.] Domnus Ludovicus domni regis Francie primogenitus, secundum quod baronibus Anglie promiserat, cum magno exercitu mare transiens, apud Stenhore in Anglia applicuit. [1216.] Innocentius pontificatus sui anno 18, tertio die mensis [473], scilicet 17 Kalend. Augusti, mortuus est et Pe-

VARIÆ LECTIONES.

[469] Obsessa — fugaverunt *non habet Chron. Andrense* [470] Suavis B5". [471] In terr. — submersis *non habet Chron. Andr.* [472] d. g. s. *desunt* B5"; *addidimus e Chronico Andr.* [473] *ita cod.; locus corruptus.*

rusii sepultus; cui successit Honorius tertius, prius dictus Sinchius [474]. [1216.] Henricus imperator Constantinopolitanus, avunculus Ludovici primogeniti regis Francie, ab uxore propria intoxicatus, mortis debitum solvit. [1216.] Johannes rex Anglie, dictus sine terra, ultimum spiritum exalavit; cui successit Henricus filius ejus.

[1224.] Anno Domini 1215, in quadragesima — consummavit.

[1225.] Anno Domini 1214 Ludovicus — tumulatum.

[1227.] Anno Domini 1215 dedicata — episcopo. [1216.] Petrus comes Autisiodorensis a domno Honorio papa apud Sanctum Laurentium extra muros in imperatorem Constantinopolitanum consecratus est; qui Constantinopolim properat, et a quodam homine suo, qui cum ad videndum quamdam turrim duxerat, in ea per proditionem captus est. Imperatrix autem uxor sua evasit, multis interfectis de suis. [1218.] Otho brevi tempore imperator apud Brunswich moritur et sepelitur. [1217.] Pridie Nonas Martii obiit Mathildis regina Portugalie, quam Philippus comes Flandrie duxerat in uxorem. Obiit Pontius episcopus Atrebatensis [475] [1218.] Apud Albigenses comes Montis fortis Simon propria morte interiit; cui successit Albericus filius ejus, vir inclytus et in fide Christi catholicus.

[1234.] Anno Domini 1217, Idibus Aprilis — monachum. [1218.] Multitudo innumera cruce signatorum tam per mare quam per terram [476] Hierosolimam properat; cum quibus Austrasie dux, vir per omnia catholicus, castrum Damiate super fluvium Nili situm obsedit, quod dicebatur clavis Egypti et terre Hierosolimitane. Domnus Albericus Remensis archiepiscopus, de terra Hierosolimorum rediens, apud Papiam obiit; cui successit Lingonensis episcopus. [1218.] Bone memorie domnus Gosvinus Tornacensis episcopus obiit [477]. [1219.] Ludovicus domni regis Francie primogenitus cum magno exercitu ad Albigenses iter arripuit cum innumera multitudine. [1220.] Capta est Damiata civitas supra Nilum, diu a christianis obessa.

Anno Domini 1218 Ludovicus rex Francorum accepit uxorem filiam comitis Provincie [478]. [1220.] Eodem tempore inceptum est templum sancti Egidii apud villam. Gloriosi martiris Christi Thome Cantuariensis archiepiscopi gloriosi corporis facta est elevatio a domno Stephano Cantuariensi et domno Wilhelmo Remensi archiepiscopis, astante Henrico rege Anglorum, adhuc puero [479], et presentibus episcopis et abbatibus quam plurimis, clericorum quoque et militum et aliorum innumera multitudine. [1220.] Fredericus, cognominatus puer Apulie, Rome apud Sanctum Petrum a domno papa Honorio in imperatorem est consecratus Romanorum. [1220.] Obiit Radulphus bone memorie Atrebatensis episcopus, cui successit Pontius archidiaconus Atrebatensis. [1220.] Arnoldus comes Gisnensis quod morti debuit exsolvit.

Anno Domini 1222, in crastino sancti Laurentii hora vespertina cenante conventu, turbatus est aer apud nos, et tenebrarum densitas visa et ventorum impetus et fragor tonitruum maximum nobis intulerunt terrorem. Et tanta fuit aeris corruptio, ut ex ipsa corruptione corrupte sint aque nostre et pisces mortui, arbores et nemora quasi igne consumpta, et volucres interfecte, vinea nostra violentia grandinis et grossorum lapidum prope terram amputata, fenestre vitree monasterii irruentibus ventis confracte, quedam etiam longe a monasterio asportate. Tantus etiam fetor erat, quod oportebat nos nares nostras propter fetoris intollerantiam obscrare [480]. [1221.] Civitatem Damiate aliquanto tempore a christianis possessam Saraceni recuperaverunt. De mandato summi pontificis Gregorii noni venit magister Robertus de ordine predicatorum in regno Francie et in comitatu Flandrie, et multos utriusque sexus examinavit de fide, multos infideles consumpsit flammis ultricibus, multos perpetuo carceri mancipavit [481]. Facta est gloriosa translatio Oswaldi regis martyris et Yduberge [482] virginis et matris, Pippini regis quondam filie, a domno Adam Morinensi episcopo, supra montem qui dicitur Groneberch. Quorum gloriose reliquie in feretro auro et argento decenter fabricato pariter sunt recondite; ad quorum gloriosam translationem interfuerunt multe venerabiles et gloriose persone: predictus venerabilis episcopus Adam, abbas Johannes de Sancto Bertino, Wilhelmus abbas de Capella, Wilhelmus de Andria, Rogerus abbas Sancti Johannis, Johannes abbas de Alciaco, Wilhelmus prepositus Watinensis, Johannes prepositus Formiselensis, Egidius prepositus de Lo, Johannes prepositus de Eversham et alii quam plures abbates et prepositi, ecclesiastici ordinis plurima multitudo, et nobilis mulier Johanna Flandrie et Hannonie comitissa cum comitatu plurimo spectabilium personarum, et communis populi numerus infinitus. Hæc translatio facta est tempore domni Ingelmari abbatis Bergensis.

Anno Domini 1211, Johannes filius Petri comitis Britannie, frater comitis Roberti, accepit uxorem filiam comitis Campanie. Unde rex Francie adversus comitem Campanie saisivit duo castra ipsius comitis, Monsterolum in Fordione scilicet et Braum super Secanam [483]. [1222.] Eodem vero anno ema-

VARIÆ LECTIONES.

[474] Cincius *Chron. Andr.*, *quod hæc exibet paulo breviora* [475] O. P. e. A. *non habet Chron. Andr.* [476] mare B5". [477] Bone — obiit *non habet Chron. Andr.* [478] Lud. — Provincie *non habet Chron. Andr.* [479] deest B5"., *supplevimus ex Andrensi.* [480] Anno — obscrare *non habet Chron. Andr.* [481] Hæc in B5"., *post* persone *demum leguntur, scribæ errore.* [482] ydaberge B5" [483] De mandato summi — Secanam *non habet Chron. Andr.*

naverunt nova instituta a domno papa Gregorio de correctione nigri ordinis. [1222.] Domnus Petrus de Corbuel, Senonensis archiepiscopus, litterarum scientia non mediocriter imbutus, huic seculo valedixit; cui successit magister Walterus cognomine Cornutus. Siwertus castellanus Bergensis, bone indolis juvenis et moribus maturus, cum loricam et scutum et omnia arma sua paraverat, et deberet in militem promoveri, ne malicia mutaret intellectum ipsius, obiit 6 Nonas Maii. Robertus frater Ludovici regis factus est comes Atrebatensis et dominus de Lens et de Hisdino et de Sancto Audomaro; accepit uxorem filiam ducis Brabancie Hoc anno Henricus rex Anglorum accepit uxorem comitis A Provincie, sororem regine Francorum. Obiit Godefridus Cameracensis episcopus, et successit ei magister Givardus de Lauduno, Parisiensis cancellarius. [1237.] Eodem anno Balduinus imperator juvenis Constantinopolitanus venit in Franciam, et in Flandriam, et reddita fuit ei terra, que ipsum jure hereditario contingebat [484]. [1237.] Johanna comitissa Flandrie accepit maritum Thomam, fratrem comitis Sabaudie. [1223.] Philippus rex Francie, vir catholicus, domitor inimicorum indomitus, non sine magno gemitu matris ecclesie ultimum spiritum exalavit, et ad cenobium beati Dionisii Ariopagite delatus, ibidem cum honore debito est sepultus.

VARIÆ LECTIONES.

[484] Siwertus — contingebat non habet Chron. Andr.

AUCTARIUM HASNONIENSE.

Monachus Hasnoniensis, Sigebertum ex codice B. describens hujus additiones recepit a. 651, 690, 775, 1076, 1079, 1086, 1090, 1092, 1093, 1095, 1100, 1105; Affligemenses a. 1119, 1120, 1126, 1128, 1134, 1136, 1140. Gemblacenses a. 1142, 1146. Annales porro Blandinienses exscripsit a. 859, 861-865, 869, 870, 878-882, 885, 887, 889, 891-893, 896, 898, 912, 915, 918, 922, 928, 931-935, 938, 941, 944, 945, 949, 951, 953, 959, 960, 962, 964, 975, 975, 979, 981, 989, 994, 995, 1002, 1009, 1013, 1014, 1020, 1023, 1030, 1032, 1033, 1036, 1038, 1041, 1044, 1045, 1048, 1057, 1058, 1061, 1063, 1067-1069, 1098, 1100, 1105-1111, 1114, 1118, 1133, 1137, 1145, 1159, 1161, 1165. Præterea habet tantum sequentia, quæ damus ex B4 4**.*

610. Prima fundatio ecclesie Marchianensis a B beato Amando et primo abbate [485] Sancti Petri Ganderesis.

670. (*Ex Tomello.*) Fundatum est Hasnonense cenobium a Johanne viro illustri ejusque sorore Eulalia eque illustri, anno humanati verbi 670, presidente apostolice sedi Adeodato papa: Theoderici vero regis, filii Clodovei regis et Baltildis regine, anno 4. Cumque architector extremam operi manum dedisset, evocato venerando Cameracensis ecclesie antistite Vindiciano, Deo sanctisque apostolis Petro et Paulo idem [486] locus attitulatur 3 Kal. Maii. Tunc sancta Syon sponso suo juncta, filios sancte dilectionis peperit, per quos odorem virtutum late respersit, ita ut exultans dicere posset: *Cum esset rex in accubitu suo, nardus* C *mea dedit odorem suum*.

1068. (*Ibid.*) Restauratio Hasnoniensis cenobii a Balduino sexto marchiso Flandrensium simul et Hainonensium comite; qui canonicis secularibus inde submotis, monasticis sanctionibus eundem locum insignivit et amplioribus reditibus locupletavit, presidente apostolice sedi Alexandro papa. Cumque extremam operi manum dedisset, evocatis venerandis episcopis, Deo sanctisque apostolis Petro et Paulo idem locus attitulatur 3 Non. Junii. Dedicatio Hasnoniensis ecclesie in honore apostolorum Petri et Pauli, que consecrata est a tribus episcopis, videlicet Lietberto Cameracensi episcopo et Rabodone Noviomensi et Rainero Aurelianensi, anno dominice incarnationis 1070, indictione 8, epacta 6, concurrente 4, ciclo 4, presidente apostolice sedi papa Alexandro, qui primitus fuit episcopus in Luca, et regnante Philippo rege Francorum, filio Henrici, et regnante Balduino Flandrensium et Hainoensium comite et reparatore ejus loci. Sancti qui affuerunt: sanctus Marcellus papa de Altomonte (481), sanctus Audomarus Tarwanensium, sanctus Piatus martir de Siclinio (482), sanctus Gislenus Cellensis Cenobii, sanctus Salvius martir de Valentianis, sanctus Vincentius Somniacensis (483), sancti Innocentes C de Condato, sanctus Bertinus abbas, sanctus Amatus de Duaco, sanctus Winnocus abbas, sanctus Donatianus de Brugis, sanctus Wandregisilus abbas, sanctus Vedastus de Attrebato, sanctus Bavo, sanctus Everardus, sanctus Amandus de Elnone, sanctus Eubertus de Insula, sanctus Landelinus, sanctus Hugo, sanctus Aycadrus, sancta Rictrudis, sancta Eusebia, sancta Aldegundis, sancta Ragenfredis, sancta Regina, sancta Waldetrudis. Nomina abbatum qui interfuerunt; Rollandus primus abbas hujus loci, Lambertus, Adelardus, Guedericus,

VARIÆ LECTIONES.

[485] deest B4 *uvi hujus Anni omnia a rubricatore addita sunt in margine.* [486] Id est B4*.

NOTÆ.

(481) Hautmont, diœc. Camerac.
(482) Seclin, prope Lille.
(483) Soignies, in Hannonia.

Ursio, Gualterus, Gualdricus, Remigius, Rainerus, Rainardus. Folcardus, Sigerus, Heribertus, Ermengerus, Walbertus. Nomina abbatissarum : Fredesendis [487], Gerberga.

1070. Anno incarnati verbi 1070, 16 Kal. Aug. obiit Balduinus marchisus sextus Flandrensium et Haionensium comes, qui dedit arma Philippo regi Francorum, filius Balduini similiter principis Flandrensium ante ipsum, procuratoris ejusdem regis Philippi, in anno tercio regni sui post [488] excessum patris.

1149. Anno dominice incarnationis 1149, indictione 12, epacta 9, concurrente vero cyclo decennovennali 10, clavi (484) 18, luna octavadecima, 4 Kal. Julii, presidente papa Eugenio, regnante rege Ludovico, dedicatio Hasnoniensis ecclesie facta est sollempniter in die dominica in octavis penteeostes, tota die et tota nocte aere purissimo, qui fere per 15 dies valde pluviosus extiterat, a domno Sansone Remensis ecclesie venerabili episcopo et suffraganeis ejus viris nominatissimis, Goisleno Suessorum episcopo, Nicholao Cameracensium, Milone Morinorum, Geraldo Tornacensium episcopis, in honore sanctorum apostolorum Petri et Pauli, in nomine Patris et Filii et Spiritus sancti, amen. Factum est hoc tempore domni Fulconis, octavi abbatis ejusdem loci. Consecratum est etiam in eadem die altare dominice crucis in media basilica a domno Goisleno Suessionensi episcopo, et altare in honore beati Andree apostoli in oratorio sancte Marie Magdalene feliciter, amen. Interfuit comes Montanus Balduinus quartus cum suis baronibus. Affuerunt etiam multi alii honesti viri : Boso Remensis orbis archidiaconus, Hugo et Lucas Attrebatenses, Johannes et Alardus archidiaconi Cameracensium, Milo Morinorum archidiaconus, et abbates quam plurimi, Sancti Theoderici (485), Sancti Medardi Humolariensis (486), Sancti Vincentii (487), montis Sancti Martini (488), Sancti Sepulchri, Sancti Autberti, Sancti Andree, Sancti Humberti (489), Sancti Amandi, Sancte Rictrudis, Sancti Martini Tornacensis, Sancti Landelini de Casa Dei que dicitur de Claris fontibus (490), de Pratis (491), de Geralmont, de Morimonte (492).

VARIÆ LECTIONES.

[487] Fredesensis B4·. 4··.   [488] supplevi; deest B4· 4··.

NOTÆ.

(484) Est numerus variabilis ad invenienda principia quinque festivitatum mobilium in cyclis paschalibus.
(485) Saint-Thierry du Mont d'Or, diœcesis Remensis.
(486) Hombliéres, d. Noviom
(487) Laudunensis.
(488) Prope Castelletum, d. Camerac.
(489) Maricolensis.
(490) Clairefontaine, diœc. Suession.
(491) Seu Parcum Dominorum, prope Lovanium.
(492) Diœc. Lingon.

AUCTARIUM SITHIENSE.

Codex C1, *præter additiones Aquicinenses a.* 651, 685, 690, 777, 1048, 1076, 1079, 1080, 1084, 1086, 1087, 1088, 1090, 1092, 1093, 1095, 1096, 1099, 1100, 1105. 1109, 1111, *habet sequentes, ex annalibus quibusdam Sithiensibus petitas; qui annales, ut docent Blandinienses iisdem usi, superstructi fuerunt annalibus quibusdam Sangallensibus. Inde explicatur, quod a.* 807, 820, *leguntur etiam apud Herimannum Augiensem abbreviatum*

640. Monasterium Sithiu a sancto Bertino edificari ceptum in honore sancti Petri.
698. Depositio eximii patris nostri Bertini, anno reginiinis sui 54.
807. Hoc anno luna ter obscurata est, et sol semel.
820. Luna defecit 8 Kal. Dec.

AUCTARIUM S. JUDOCI.

Codex C2· *præter additiones Aquicinenses a.* 651, 685, 690, 775, 1048, 1076, 1079, 1080, 1084, 1086, 1087, 1090, 1092, 1095, 1096, 1099, 1100, 1105, 1109, *has tantum habet :*

795. Cenobium vero fundavit (493) monachorum sancti Judoci, quod Supra mare dicitur (494).
840. Cujus tempore, dum ipse in Francia regnaret, facta est elevacio sancti Iudoci, qui vulgo Supra mare dicitur.

NOTÆ.

(493) Karolus Magnus.
(494) St.-Josse-sur-Mer, diœc. Ambianensis.

CONTINUATIO ATREBATENSIS.

Codicem Sigeberti exstitisse, unde C1 2, 3, 4, 5, *fluxerunt, probare conati sumus supra col.* 28. *Eumnem continuationem habuisse brevissimam inde apparet quod tres aliæ, Tornacensis, Laudunensis, Burburgensis, in primis annis ad verbum fere conveniunt, cum tamen nullam earum ex altera exceptam esse appareat. Ea igitur, in quibus illæ conveniunt, in communi illorum codicum C3, 4, 5, fonte C jam fuisse, plus quam verisimile videtur. Quæ scripta fuisse ante a. 1132 inde apparet quod in Tornacensi omnia usque ad a. 1127 ab una manu exarata sunt, tum statim sequitur a. 1152 ab alia manu. In diœcesi Atrebatensi scriptum fuisse codicem, innuere videtur a. 1115; at nequaquam certum est. Fons fuit continuationum Tornacensis, Laudunensis, Burburgensis. Ceterum plurima ex his et in annalibus Aquicinensibus et Blandiniensibus iisdem fere verbis leguntur.*

1114. Concilium Belvacense celebratur.
1115. Obiit bone memorie Lambertus episcopus Atrebatensis.
1118. Paschalis papa obiit, et Gelasius successit. Ventus vehementissimus fuit vigilia natalis Domini.
1119. Gelasius papa obiit; cui Calixtus, qui et Guido, prius Viennensis archiepiscopus, successit:

A quique concilium Remis tenuit.
1123. Concilium fuit apud Romam, in quo pax inter papam et imperatorem confirmatur.
1124. Obiit Calixtus papa, et successit Honorius.
1127. Karolus comes Flandriæ Brugis interficitur.

CONTINUATIO TORNACENSIS.

Codex Tornacencis C5. codicem C. fideliter descripsit cum additionibus, quas ibi jam legit, ad a. 651, 685, 690, 775, 1048, 1076, 1079, 1086, 1090, 1092, 1093, 1095, 1096, 1099, 1100, 1105, 1109, et cum continuatione ejus brevi, cui ipse paucissima tantum addidit in a. 1115-1127. Alius deinde annos 1132-1179 adjecit; tertius reliqua.

1114. (*Cont. Atreb.*) Concilium Belvacense.
1115. (*Ib.*) Obiit bone memorie Lambertus episcopus Atrebatensis, et successit Robertus de eadem urbe natus.
1117. (*Ib.*) Paschalis papa secundus obiit, et Gelasius successit.
1119. (*Ib.*) Gelasius papa obiit, cui Kalixtus, qui et Guido, prius Viennensis archiepiscopus, successit; quique concilium Remis tenuit.
1123. (*Ib.*) Concilium fuit apud Romam, in quo pax inter papam et imperatorem confirmatur.
1124. (*Ib.*) Obiit Kalixtus papa, et successit Honorius.
1127. Obiit domnus Segardus, hujus cenobii [489] abbas secundus, vir vitæ venerabilis, ipsisque secularibus potestatibus valde reverendus. (*Ib.*) Karolus comes Flandrie interficitur Brugis, in æcclesia sancti Donatiani, coram altari quod est super absidam.

1132. Dedicatio æcclesiæ sancti Martini a domno Simone episcopo.
1136. Domnus Gualtherus abbas quartus Herimanno succedit. Eodem tempore siccitas magna fuit, et magna frugum abundantia, et ab incommodo quartanæ febris multi mortui sunt.
1147. Ludovicus rex Francorum Jherusalem ivit, cum magno quidem comitatu; sed inactus rediit. Nix magna, quam vehemens inundatio aquarum est secuta. (*An.* 1146.) Eodem tempore Tornacensis æcclesia proprium recuperavit episcopum.
1149. Hiemps solito asperior inhorruit, in tan-

tum, ut in mari plus quam tribus a littore milibus super glaciem via preberetur, et tumescentes fluctus gelu solidati in similitudinem turrium cernerentur. Ante et post idem gelu per multos annos magna frugum penuria fuit, adeo ut aliquotiens apud Tornacum sextarius frumenti 60 solidis venderetur.
1155. Ascalonia capitur.
1160. Domnus Gualtherus abbas 4us obiit, et domnus Ivo abbas 5us successit.
1168. Theodericus comes Flandrensis obiit, filioque suo Philippo comitatum reliquit.
1171. Domnus Thomas Cantuariæ archiepiscopus martyrizatur a satellitibus Henrici regis Angliæ. Quis quantæ virtutis extiterit, Dominus virtutibus et miraculis declarare non desinit. Eodem anno Balduinus comes Montensis moritur, et apud Montes sepelitur. Cui succedit Balduinus filius ejus. Eodem etiam anno nobilis æcclesia Tornacensis beatæ Mariæ semper virginis dedicata est ab illustri viro domno Henrico [490] Remensi archiepiscopo, pluribus secum adunatis episcopis.
1172. Hyemps mollis et ventosa, procellis et ymbribus tediosa, et in medio Januarii mense choruscationes et tonitrua [491].

—

1252. Hoc tempore redidit se Tornacensis civitas regi Francie, que in nullo ei ante subjecta erat, per manus cujusdam [492] militis dicti domini Johannis Doucasteler, in claustro sancti Martini Tornacensis, circa festivitatem sancti Martini estivalis.
1355. Obiit Idus Maii dominus Guillelmus, dictus de Ventadour, monachus Cluniacensis et episcopus

VARIÆ LECTIONES.

[489] *manus s. XV correxit* cenobii sancti Martini Tornacensis. — [490] *Eodem — Henrico in loco ras.* [491] *alia manus addit* Explicit; *quædam rubro scripta in sequenti columna erasa sunt.* — [492] cuidam esse videtu *in cod.*

Tornacensis. Prefuit annis 5. Successit eidem Theotbaldus [493] de Sausoure. Prefuit fere per unum annum.

1334. Obit. Successit dominus Andreas de Florencia, episcopus Atrebatensis. Obit dominus Guillelmus archiepiscopus Remensis Obit dominus Johannes divina providencia papa XXII Nonas Decenbris, indictione 2, epacta 14 concurrente [494].

A Instituit dicere Ave Maria ter circa horam completorii. Conposuit jet horas sancte crucis. Conposuit quandam orationem que est anima Christi. Quem qui in missa dixerit, 50ᵉ dies indulgencie obtinebit, scilicet 20 [495] pro peccatis mortalibus et 10 [495] pro venialibus. Prefuit 18 annis. Successit eidem Benedictus XII anno eodem [496].

VARIÆ LECTIONES.

[493] Theolbaldus *cod.* [494] *spatium numero relictum.* [495] *ex rasura.* [496] *In fine paginæ erasa sunt:* Anno 1335 obiit dominus Guillelmus bone memorie episcopus Tornacensis.

AUCTARIUM LAUDUNENSE.

Codex Corbeiensis C4'. præter additiones Aquicincnses a. 651, 690, 1048, 1076, 1095, 1096, 1099, 1105, paucas tantum alias habet, atque continuationem, quam Lauduni in cœnobio S. Vincentii scriptam esse apparet. Aliæ autem manus duæ s. XII et XIII pauca postea hic illic margini ascripserunt, quæ in monasterio Corbeiensi nata, a Laudunensibus segregavimus. Laudunensis continuatio, in primis Atrebatensem excipiens, variis temporibus scripta videtur. Integram in opus suum recepit a 1154 continuator Præmonstratensis.

928. (*Ludowicus*) qui Lauduni consecratus est.

1052. Elinandus Lauduni fit episcopus.

1053. Hic Leo Remis ecclesiam beati Remigii consecravit.

1096. Elinandus bone memorie obit. Quo episcopante mulier quedam de villa ipsius, que Civiacus dicitur, generum suum strangulasse convicta, dum ob hoc ut cremaretur, a populo traheretur, in ecclesia beate Marie orandi licentiam sibi dari impetravit; ubi in intimo cordis compuncta, prostrata pavimento, illud crimen qualiter commiserit, cum multis lacrimis professa, ipsam misericordissimam Dei matrem in tanto discrimine interventricem sibi affore postulabat. Inde ad locum supplicii ducta, in domuncula quadam, qua cremanda erat, ad stipitem firmis vinculis religatur. Deinde ignis supponitur; quo consumpto iterum iterumque ab inimicis ipsius reparato, ipsa vestimento et ipsis crinibus illesis, piissime Domini matris interventu ex ipso incendio intacta, omni populo Laudunice civitatis applaudente, regreditur. Hoc autem miraculum in quodam libro in ecclesia beati Vincentii exaratum latius invenitur. Elinando in episcopatu succedit Ingelrannus (495).

1104. Ingelrannus Laudunensis episcopus obiit; Waldricus, regis Anglorum cancellarius, in episcopatu ei succedit.

1113 Valdrico Hugo Aurelianensis decanus succedit in episcopatu, septem tantum mensibus vivens. Hugoni Bartholomeus succedit. Mater ecclesia beatæ Mariæ Lauduni denuo consecratur.

1114. (*Cont. Atreb.*) Concilium Belvacense a Conone Romane sedis legato celebratum.

B 1115. (*Ib.*) Obiit bone memorie Lambertus episcopus Atrebatensis.

1117. Magister Anselmus (496) obiit Idus Julii, die dominica.

1118. (*Ib.*) Paschalis papa secundus obiit; et Gelasius succedit. Terremotus factus est apud nos 5 Idus Jan., feria quarta. Ventus vehementissimus vigilia natalis Domini, durans per totum diem et noctem.

1119. (*Ib.*) Gelasius papa obiit; cui Calixtus, qui et Guido, successit, prius Viennensis archiepiscopus; quique concilium Remis tenuit.

1121. Hoc anno prefictur abbas Syefridus ecclesiæ beati Vincentii Laudunensis cenobii.

1122. Moritur domnus Adalbero ejusdem ecclesiæ [497], vir totius honestatis et prudentiæ. Eodem anno Lauduni secundo facta est commotio [498].

1123 (*Ib.*) Concilium fuit apud Romam, in quo pax inter papam et imperatorem confirmatur

1124 (*Ib.*) Calixtus papa obiit, et successit Honorius. Henricus rex Lotharingie, congregata quanta potuit militum multitudine, intrare voluit terram regis nostri, qui similiter infinitam multitudinem tam militum quam peditum adunaverat. Quo audito, rex Lotharingie destitit a temerario incepto suo. Et hoc factum est 19 Kal. Sept.

1127. (*Cont. Atreb.*) Karolus comes Flandrie proditione interficitur.

1128. Drogo primus abbas in ecclesia sancti Johannis Lauduni, ejectis inde monialibus, 17 Kal. Jun. feria quarta, ordinatus est.

1129. Moritur abbas Syefridus; succedit Anselmus. Philippus puer ungitur in regem, die pasce 18 Kal. Mai, patre presente.

1130. Thomas de Marla occubuit 6 Idus Novembr.

VARIÆ LECTIONES.

[497] prepositus *excidisse videtur.* [498] communio *cod.*

NOTÆ.

(495) Eadem, sed multo ampliora leguntur in Auctario Ursicampino.

(496) Cf. Contin. Præmonstr. infra p 448.

1131. Philippus rex dum in civitate Parisius, sictus est, et apud Sanctum Dionisium ante majus ut puer, equum suum deduceret, porcus pedibus altare sepultus, Kal. Aug. Hoc ipso anno Liuterius equi se submittens, equum super ipsum precipitem imperator, post subactam in fidelitate Romanæ ecdedit, et ita puer subita et miseranda morte preclesiæ Apuliam in patriam rediens, mortuus est. Cui ventus est, 3 Id. Oct. Suessionis ecclesia beati Medardi ab Innocentio papa consecratur, Id. Oct. Ludovicus, frater Philippi nuper defuncti, adhuc puer consecratur in regem ab Innocentio papa, Remis in concilio 8 Kal. Novbr.

1132. Fara castellum (497) obsessa est a Ludovico rege Francorum, a Nonis Maii usque 7 Idus Julii; nec tamen capta.

1133. Eclypsis solis facta est 4 Non. Aug. feria 6, hora 5.

1134. Henricus rex Angliæ obiit. Stephanus nepos ejus de sorore in regnum succedit.

1135. Ventus nimius 5 Kal. Novembr., qui turres et edificia multa diruit. Mare terminos suos egressum, partem Flandriarum cum habitatoribus suis inopinate submersit.

1136. Anno 1130, Honorio papa defuncto, factis partibus Gregorius, qui Innocentius dictus est, et Petrus de Leone eliguntur. Sed Innocentio in honore confirmato, Petrus reprobatur. Dissencio vero inter illos de papatu extunc orta, durat adhuc in hunc 1136um annum. Hujus rei causa in ipso 1156° anno imperator secunda vice Romam profectus est. Hic Innocentius anno 1131, pontificatus vero sui secundo, in die palmarum Lauduni ad sanctam Mariam in sede episcopali missam celebravit; in secunda vero feria sequenti in ecclesia beati Vincentii.

1137. Siccitas, quantam nemo, qui tunc viveret, se vidisse vel ab antecessoribus suis se audisse testabatur, ita ut fontes et putei, quidam et de fluminibus siccati sint. Hoc eodem anno comes Pictavensis ad Sanctum Jacobum in Galatia (498) causa orationis profectus, in sancto die parasceve in ipsa ecclesia beati Jacobi ante altare, ubi et sepultus est, obiit. Hujus filiam Ludovicus puer rex Franciæ apud Burdegalam, universis optimatibus Franciæ presentibus, quam solempnibus nuptiis duxit uxorem, Ludovico rege patre suo adhuc vivente, qui tamen fere intra eundem mensem Parisius defunConradus succedit.

1138. Habitaculum servorum Dei in loco, ubi dicitur Ad montem Dei (499), construitur; ubi degentes regulariter vivunt, adquirunt regnum cœlorum precibus ac jejuniis, carnis repugnantiam ciliteis domant asperrimis. Obiit domnus Ebalus, monacus Sancti Vincentii Lauduni, vir in omni litterarum scientia clarissimus.

1139. Tempestas vehemens oritur 6 Non. Julii, quatuor fere continuis perseverans noctibus, cum tonitruis et maximis coruscationibus.

1140. Inter Ludowicum regem Francorum et papam Romanum facta dissensione graviter ecclesia perturbatur, hac videlicet ex causa, quod defuncto Bituricensi archiepiscopo missus est a domno papa eidem ecclesie pastor consecratus; sed a rege et aliis quibusdam repudiatus, in archiepiscopatum nequaquam admittitur.

1141. Ventus vehemens oritur 14 Kal. Febr., pene durans tota die; horribili impetu monasteria domusque subruit, arbores annosas terræ coæquat, iram Dei peccatis exigentibus promeritam erga genus humanum manifestat. [Cujus etiam violentia una turrium ecclesie Corbeiensis debilitata et a suo statu commota corruit, et de sua ruina dampnum pariter et mesticiam habitatoribus intulit 499.]

(1143 500.) Innocentius papa moritur. Succedit ei Guido, qui et Celestinus.

(1144 500.) Pax redditur 501 ecclesiis Galliarum, Celestinus papa moritur. Succedit in papatum Lucius. . . 502.

(1145 503.) Lucio substituitur Eugenius. Hujus Romani jugum detrectant; quique nimis insolescentes, ausu feritatis ingenitæ, patricium sibi statuunt, qui rei publicæ curam gerat, et vices imperatoris eo absente suppleat.

[Sequentem hujus operis seriem require apud Vallem Lucentem 504.]

VARIÆ LECTIONES.

499 addit manus alia, coæva. 500 numerus deest. 501 reditur cod. 502 ita cod. ; 503 numerus deest, 504 addit eadem manus, quæ ad a. 1141.

NOTÆ.

(497) La Fère, in confiniis Virmandensium et Marlensium, ad fl. Oise situm.
(498) San Yago de Compostella.
(499) Ord. Carthusiensis.

AUCTARIUM CORBEIENSE

419. Hic ceperunt Franci reges habere, qui prius duos duces vel judices consueverant habere super se; primumque regem sibi statuunt Pharamundum, Marcomiri sui ducis filium.

662. Hic Lotharius fuit rex decimus.

664. Floruit Theodefridus primus abbas Corbeiensis.

807. Sanctus Adalardus Corbeiensis abbas nonus, patruelis Karoli imperatoris, pollet in Gallia.

815. Corbeiensis abbas cum fratribus et sorori-

bus suis pluribusque proceribus regni a Ludovico imperatore dampnatur exilio. In cujus locatur sede vir venerabilis abbas 10us nomine Adalardus. Hic primum cepit edificare novam Corbeiam.

821. Adalardus Corbeiensis abbas aliique proceres regni revocantur ab exilio, nisi quos mors vita privaverat, pristinisque honoribus relocantur.

827. Adalardus Corbeiensis abbas celeberrimus inter Francos extitit.

828. Rathertus cognomento Paschasius, discipulus sancti Adalardi, omnium divinarum scripturarum perscrutator, floret in Gallia.

844. Hic Karolus post imperii divisionem fuit Francorum rex primus. Hic Lotharius fuit pii Ludovici, Karoli magni filii, filius, imperator tercius.

885. Hic Karolus fuit Ludovici Germanorum regis, pii Ludovici imperatoris filii, filius.

CONTINUATIO PRÆMONSTRATENSIS

Damus ex codice B1 continuationem, quæ Laudunensi superstructa, huic ante a. 1126 nil fere inserit nisi magnos centones ex Vita Norberti consutos, in sequentibus permulta addit aliunde petita, quæ magnam cum Valcellensi cognationem produnt. Post a. 1145 excepit fortasse codicem Vallis Lucentis, de quo cf. supra col. 31. Auctorem ignoramus; facile tamen apparet fuisse Præmonstratensem, diœcesis Laudunensis vel Remensis. Scribere cœpit non ante a. 1146; quo anno desinit auctarium Laudunense; ultra initium anni 1155 opus non deductum fuisse ab auctore, ostendit continuatio Ursicampina, quæ nostram excepit integram, et ipsa iterum excerpta a Nicolao Ambianensi, Vincentio Roberto Altissiodorensi. Valcellensis etiam atque Burburaensis nostro usæ videntur.

Post Ivonem, qui vita atque doctrina sua Carnotensem æcclesiam illustravit, quique inter cetera opera sua illud volumen, quod decreta Ivonis dicunt, sua industria utiliter compilavit, Giffridus, vite merito ac prudentia venerabilis, Carnotensem æcclesiam rexit. In Remensi quoque metropoli post Manassem illustrem virum, exturbato invasore Gervasio, Radulfus successit (500), qui Viridis cognomen habuit. (*Cont. Laud.*) Waldrico Laudunensi episcopo a sue urbis civibus nequiter perempto, Hugo Aurelianensis æcclesiæ decanus substituitur. Quo post septem menses mortuo, vir illustris Bartholomeus ad episcopatum Laudunice civitatis provehitur. Cujus industria et episcopalis æcclesia, quæ incensa fuerat, in brevi reparata iterum consecratur, et civitatis ac provinciæ desolatione sublevata, in multis locis, in quibus antea nunquam fuerat, religionis fervor et Dei cultus fundatur, et inde in multas ac remotas et etiam transmarinas regiones propagatur.

1114. R. 8. F. 5. A. 14. H. 4.

(*Cont. Laud.*) In civitate Belvacensi a Conone sedis apostolicæ legato concilium celebratur.

1115. 9. 6. 15. 5.

(*Ib.*) Lambertus bone memorie Atrebatensis episcopus obit, eique in episcopatu Robertus succedit.

1116. 10. 7. 16. 6.

(*V. Norb.*) Hoc tempore Norbertus, loci et ordinis Premonstratensis fundator, de partibus Lotharingiæ oriundus, genere, divitiis atque facundia ipsis etiam summis principibus familiaris atque notissimus, divino fervore succensus, postposita seculi pompa, repente ad votum suum diaconus et presbiter simul ordinatus, paupertatis Christi tunicam induitur; et verbo predicationis ferventissime instans, bajulans sibi crucem nudam, nudus Christum sequitur. Quorundam etiam religiosorum moribus exploratis, artioris viæ propositum et tunc temporibus inauditam districtionem arripit; et per aliquantum temporis nudis incedens pedibus in brumali rigore, verbum Dei spargens, multos ab errore convertit.

1117. 11. 8. 17. 7.

(*Cont. Laud.*) Anselmus Laudunicæ civitatis magister nominatissimus, litterarum scientia clarus, vir morum honestate et consilii maturitate venerabilis, obit; qui utili studio et sollerti industria, inter cetera opera sua, etiam in psalterio glosas marginales atque interliniales de auctenticis expositoribus elimata abreviatione ordinavit.

1118. 12. 9. 18. 8.

(*Ib.*) Paschalis papa obit, eique Gelasius, Romanæ æcclesiæ cancellarius, in pontificatu succedit. Terræmotus factus est apud nos 5 Id. Jan. 4 feria. Ventus vehementissimus in vigilia natalis Domini, per totam diem et noctem durans. (*V. Norb.*) Gelasius papa, indicto Remis consilio, transgrediens Alpes in Gallias venit. Ad quem vir Dei Norbertus, nudis ut erat incedens pedibus, accessit; eique animi sui propositum pandens, licentiam et auctoritatem seminandi ubique verbum Dei ab eo accepit. Inde usque Valentianas rediens, infra quindecim dierum spacium tres socios, quos solos habebat, morte prereptos amisit; et ibidem pro tribus unum recepit, Hugonem videlicet, qui ei in regimine Premonstratæ æcclesiæ successit.

NOTÆ.

(500) A. 1106.

1119. R. 13. F. 10. A. 19. H. 9.

(*Cont. Laud.*) Gelasius papa apud Cluniacum moritur, et Guido Viennensis archiepiscopus, Stephani Burgundiorum comitis germanus, in papatum eligitur; et ab eo concilium a predecessore suo indictum Remis celebratur. Balduinus Flandriarum comes, Kalixti papæ de sorore Clementia nepos, Willelmum filium Roberti Normannorum comitis, a fratre suo Henrico rege Anglorum captivati, Normanniæ potenter restituere volens, post occupatam magnam ejusdem Normanniæ partem, in capite vulneratus obiit (cf. *A. Bland.*) Cui consobrinus ejus Karolus, Kanuti Danorum regis filius, in principatu succedit.

1120. 14. 11. 20. 10.

(*V. Norb.*) Vir Dei Norbertus, a papa Kalixto Bartholomeo Laudunensi episcopo specialiter commendatus, cum ei æcclesia beati Martini a predicto episcopo offerretur, tum propter urbis viciniam, tum quia ejusdem æcclesiæ clerici propositi et vitæ ejus austeritatem horrebant, eam reliquit; et ab episcopo diversis ejusdem provinciæ locis religioni congruentibus sibi ostensis, tandem divinitus in loco Premonstrati resedit, ibique solitarius religiosam vitam agere cepit; et tempore quadragesime ad colligendos socios solus egressus, ante pascha cum tredecim sociis rediit, et cum his in Premonstrato loco secundum canonicæ institutionis normam ad tenorem regulæ beati Augustini Deo militare cepit.

1121. 15. 12. 21. 11.

(*Ib.*) In Premonstratensi æcclesia cuidam fratri altius de ineffabili trinitate, quæ Deus est, cogitanti, in matutinis demon astitit, et ei tria gestans capita apparuit, Trinitatem se esse contestans, et ob fidei suæ meritum Trinitatis visione eum dignum esse affirmans. Sed frater paululum premeditatus, cum non sibilum auræ lenis, sed fetidum ventum turbinis sentiret, inimici dolum agnovit, et ei conviciens, recedere compulit. Qui tamen eum postea aliis modis delusit. Mortuo Lamberto Noviomensi episcopo, Symon, Ludovici regis Francorum patruelis, successit in ejus loco.

1122. 16. 13. 22. 12.

(*Ib.*) Norberto instantius verbum Dei predicante, apud Nivigellam puella per annum a demonio vexata coram ipso adducitur; eoque evangelia et exorcismos super illam multiplicante, demon irridens cantica canticorum a principio usque ad finem per os puellæ edidit, ac deinde verbum e verbo interpretans in Romana lingua, et postmodum in Teutonica, totum expressit. Sed Dei servo artius insistente, cum in monachum astantem introeundi licentiam quereret nec acciperet, illo die se non exiturum esse respondit, et tota die coram populo plurimum cum eo contendit. Sacerdos inpransus permanens, et noctem oratione continuans, mane cum presente puella et demone per os ejus plurima garriente divina celebraret, inter ipsa sollempnia fætentis urinæ fæda relinquens vestigia aufugit, vasque possessum reliquit.

1123. 17. 14. 23. 13.

(*Cont. Laud.*) Concilio Romæ celebrato, pax inter regnum et sacerdotium reformatur, et jus investiturarum episcopalium ab imperatore exfestucatur. (*V. Norb.*) Norberto ad quærendas sanctorum reliquias Coloniam veniente, et suis indicto jejunio, orationibus instante, una de numero undecim milium virginum nomen suum et locum, ubi jacebat, specialiter designans, in crastino sollempniter levata, et cum aliis sanctorum reliquiis ad locum Premonstratum est ab eo translata. Sequenti vero die apud Sanctum Gereonem in oratione pernoctans, mane facto in medio æcclesiæ, ubi nullum apparebat sepulturæ vestigium, effodi precepit, et corpus sancti Gereonis integrum absque cerebro honorifice et diligenter collocatum invenit; sicut et de ipso legebatur, quod pars capitis, et non totum caput, abscisum fuit. Quod cum honore et reverentia a clero et populo elevatum est, et inde pars viro Dei donata est. Inde Premonstratum rediens, et quadraginta jam clericos cum multis laicis secum habens, professionem eos facere secundum apostolicam institutionem et canonicam regulam beati Augustini docuit, et ad voluntariam paupertatem et promptam obœdientiam ceteraque militiæ spiritualis instrumenta eosdem diligenter instituit. Cui non multo post quidam comes de Westphalia Godefridus cum uxore sua conversionis gratia se contulit, et tria loca in allodio suo, castrum videlicet Capenbergense, locum Elostathensem, Warlarensem, divino cultui per eum mancipavit. Cujus exemplo compunctus comes Teobaldus homini Dei se familiarissimum fecit, et ejus monitis atque consilio multa postmodum erga pauperes vel quoslibet religiosos liberalitate atque munificentia uti cepit.

1124. 18. 15. 24. 14.

(*C. Laud.*) Obiit bone memorie papa Kalixtus, eique in papatu succedit Honorius. (*V. Norb.*) Ad quem proficiscens pater Norbertus, et ab eo honorifice susceptus, et quæ flagitabat digne consecutus, Parthenopolis se futurum episcopum divinitus agnovit. Et rediens, cum in die paschæ apud Herbipolim in populi frequentia missam celebraret, cæca mulier, ipso post sumpta mysteria in oculos ejus sufflante, visum recepit. Unde quidam divites compuncti, se et sua Deo reddiderunt, et æcclesiam ibidem edificantes, divino cultui per manum predicti patris eam mancipaverunt. Inde Premonstratum rediens, in æcclesia beati Martini, quæ sita est in suburbio Lauduni, quendam de suis, domnum videlicet Gualterum, abbatem primum consecrari fecit; cujus industria, Deo cooperante, eadem æcclesia tam in temporalibus quam in spiritualibus in tantum est in brevi multiplicata, ut famam bonæ opinionis et propagines sanctæ plantationis in exteras ac longinquas jam extenderet regiones, videlicet in Nerviam, in Flandriam, in Angliam, in Wasconiam, in Gothiam, in Hispaniam, in Burgundiam ; quas omnes provincias per eandem domum bono jam videmus odore respersas. In Vivariensi etiam æcclesia de fratribus suis abbatem tunc ordinari fecit. Ubi cum ad introitum fratrum malignus spiritus hominem quendam invasisset, et eum per biduum vexasset, per virum Dei expulso demone curatus est. In castro nichilominus Antwerpiensi æcclesiam ordinandam hac de causa suscepit. Oppidani castri illius a quodam heretico Tanchelmo seducti, paulatim a fide et bonis moribus desciverant, quia idem hereticus nimiæ subtilitatis, cum tamen esset laicus, sed multis etiam disertis clericis in sermone acutior, sacri ordinis ministros et episcopalem ac sacerdotalem gradum nichil esse dicebat, corporis et sanguinis Christi perceptionem sumentibus ad salutem prodesse negabat ; in precioso apparatu et vestibus deauratis incedens, triplici funiculo crinibus intortis, verbis persuasibilibus et conviviorum apparatibus suos, qui eum circiter tria milia armati sequebantur, alliciebat, et per eos in resistentes sibi cedibus seviebat. Credebant ei et reverebantur eum, in tantum ut aqua, qua corpus lavisset, biberent et pro reliquiis asportarent ; cum tamen tantæ incontinentiæ et impuritatis esset, ut filias in matrum præsentia, sponsasque maritis intuentibus corrumperet, et hoc opus spirituale esse assereret. Qui tandem post multos errores et multas cedes, dum navigaret, a quodam presbitero in cerebro percussus occubuit. Sed nec post ejus mortem error ipsius tam facile extirpari potuit. Propter quod a clericis loci illius æcclesia cum aliquantis redditibus per manum episcopi Norberto ordinanda datur, sperantibus, quod per ejus salutarem doctrinam heresis illa de medio tolleretur. Quod et factum est. Siquidem ipso predicante compuncti viri et mulieres, corpus dominicum, quod in cistis et foraminibus per decem annos et amplius reposuerant, attulerunt, et per ejus doctrinam paulatim ad sanam fidem resipuerunt. Radulfo Remorum archiepiscopo obeunte (Jul. 25), Rainaldus succedit in presulatu Remensis æcclesiæ. Venetiani navali exercitu Ascalonem obsidentes, accepta ab Ascalonitis pecuniæ taxatione, recedunt, et Tyrum aliquandiu obsessam in deditionem accipiunt. Balduinus rex Jerosolimorum a Saracenis preventus capitur, et post diutinam captivitatem data pecuniæ estimatione relaxatur. (C. Laud.) Henricus imperator congregata exercitus infinita multitudine, fines regni Francorum irrumpere disponit ; sed Ludovico Francorum rege cum infinito nichilominus exercitu in occursum ejus properante, consilio principum et episcoporum ab inutili proposito desistit. Et hoc factum est mense Augusto. Henricus imperator Montionem castrum capit, et Rainaldum ejus comitem captum secum abducit.

1125. R. 19. F. 16. A. 25. H. 15.

Fames permaxima grassatur in Gallia, in qua Karoli, inclyti marchionis Flandriæ, liberalis enituit munificentia; qui innumerabilibus diversis in locis pauperibus cotidiana ministrabat victus stipendia.

1126. 20. 17. 26. 16.

(An. 1125.) Henrico imperatore mortuo, quibusdam principibus, maxime de Suevia et Alemannia, nepotem ejus Cuonradum in regnum sublimare volentibus, alii Lutherum Saxoniæ ducem, virum consilii et bellicosum, in regem provehunt.

1127. 1. 18. 27. 17.

Post mortem Lisiardi episcopi (501), Suessorum fit episcopus Joslenus, vir consilii. Cameraci quoque post Burchardum Herimannus episcopatum tenuit. Quo post triennium extruso, Lietardus ei successit; qui et ipse post quattuor annos repudiatus (502), Nicholaum successorem habuit. (V. Norb.) Parthenopolitanæ civitatis archiepiscopo defuncto, cum clerici et cives ejusdem urbis coram imperatore Luthero ad eligendum archiepiscopum apud Spiram convenissent, nutu domni Gerardi Romanæ sedis legati, qui tunc forte aderat, et postea factus est papa Lucius, nec non et Alberonis Metensis primicerii, qui postea factus est Trevirorum archiepiscopus, Norbertum Premonstratæ æcclesiæ patrem, qui pro quibusdam causis eo forte advenerat, in pastorem eligunt, et regali prosequente conivientia, ad sacerdotium præfatæ urbis provehunt. Karolus comes Flandriæ, pro executione justitiæ quibusdam suorum perosus, diebus quadragesimæ in æcclesia, ubi missam auditurus venerat, orans cum quibusdam suis proceribus, ab eis interficitur. Quod scelus provinciæ totius zelo et unanimi concursu tanta est severitate vindicatum, ut non facile possit occurrere tam districtæ ultionis exemplum. Willelmus, Roberti Normanniæ quondam comitis filius, electione principum et conivientia Ludovici regis Francorum substituitur in principatum. Quem patruus suus Henricus Anglorum rex suspectum habens, eo quod ipso exheredato patrem ejus Robertum captivum teneret, principes Flandriæ adversum eum in rebellionem suscitat. Qui Theodericum Karoli consobrinum de Alsatia contra eum accersiunt, et Willelmo post biennium per vulnus mortuo, ad principatum provehunt. Fulco successit Balduino in regno Jerosolimitano.

1128. 2. 19. 28. 18.

(C. Laud.) Lauduni in æcclesia sancti Johannis, consilio regis et principum, monialibus, quæ male infames erant, ejectis, et monachis in earum locum substitutis, Drogo, religione et facundia venerabilis, a Bartholomeo episcopo primus abbas ordinatur; qui postmodum a papa Innocentio Romæ Ostiensis episcopus cardinalis consecratur (an. 1136).

NOTÆ.

(501) D. 18 Oct. 1126 secundum Gall. Christ. 1125 sec. Bouq.
(502) A. 1137.

1129. R. 5. F. 20. A. 29. H. 1.

(*V. Norb.*) Norbertus archiepiscopus in æcclesia sanctæ Mariæ apud Magedeburch, expositis clericis secularibus, sui ordinis fratres collocavit, et, ut inibi ad tenorem regulæ, quam Premonstrati instituerat, Deo militarent, ordinavit. In Premonstratensi quoque æcclesia successorem sibi domnum Hugonem, qui ab inicio paupertatis suæ socius fuerat, abbatem ordinari fecit. Sed et ad Andwerpiensem atque Florefliensem æcclesiam ad regimen fratrum nominatos patres destinavit. (*C. Laud.*) Anselmus abbas, postmodum episcopus Tornaci, succedit Seifrido in æcclesia sancti Vincentii de monte Lauduno. Philippus puer, Ludovici Francorum regis filius, Remis in regem ungitur, die paschæ, 18 Kal. Maii, patre presente.

1130. 4. 21. 30. 2.

(*Ib.*) Honorio papa defuncto, factis partibus, Gregorius et Petrus de Leone ad papatum eliguntur, et Gregorius Innocentii, Petrus Anacleti nomine alterantur. (*V. Norb.*) Sed Petro ob parentelæ suæ fortitudinem apud Sanctum Petrum commorante, Innocentius Roma egressus in Gallias proficiscitur, et Gallicana sibi adherente æcclesia, conciliis celebratis primo Remis, secundo Pisis, in papatu confirmatur, et Petrus ab omnibus Galliæ et Germaniæ episcopis anathematizatur. Johannes piæ memoriæ Morinorum episcopus obiit; eique Milo abbas de sancti Judoci ex ordine Premonstratensium succedit. Roberto quoque Atrebatensium episcopo defuncto, Alvisus abbas ordinatur episcopus in ejus loco. (*C. Laud.*) Thomas de Marla in suo proprio conductu negotiatores dolo capiens, a rege Ludovico cum exercitu impetitur, et a Radulfo Viromandorum comite vulneratus et captus, Lauduni moritur.

1131. 5. 22. 31. 3

(*Ib.*) Innocentius papa Lauduni in æcclesia sanctæ Mariæ dominica in ramis palmarum, et tercia feria sequenti in æcclesia beati Martini divina mysteria celebravit. Philippus puer nuper in regem unctus, dum in civitate Parisius equo vehitur, porcus equi pedibus se forte summitiens, equum super ipsum precipitem dedit, et de ejus subita et miseranda morte Francis luctum induxit, 3 Id. Oct. Ecclesia sancti Medardi Suessionis ab Innocentio papa consecratur. Concilio Remis habito, presente Francorum rege Ludovico, filius ejus Ludovicus in regem consecratur a papa Innocentio, 8 Kal. Nov. Sub his temporibus ordo canonicus Premonstratensium, et monasticus Cisterciensium, quasi duæ olivæ in conspectu Domini, pietatis lumen et devotionis pinguedinem mundo ministrabant, et quasi vites fructiferæ, religionis palmites circumquaque propagabant, et per omnes fere christiani orbis terminos bonæ opinionis paulatim odore diffuso, novas abbatias, ubi antea Dei cultus non fuerat, construebant.

Unde etiam in Syriam et Palæstinam de Premonstrato fratres missi, nonnullas abbatias edificaverunt. Eratque circa hæc tempora pulchra ac decora facies æcclesiæ, diversorum ordinum ac professionum circumdata varietate; dum hinc Premonstratenses, hinc Cistercienses, inde Cluniacenses monachi, tum etiam diversi habitus atque professionis sanctimoniales et mulieres Deo devotæ, in continentia atque paupertate sub obedientiæ jugo regulariter viventes, fervore religionis invicem provocarent, et nova certatim diversis in locis monasteria fundarent. Cum his etiam monachi Cartugienses et ipsi paulatim pullulabant; qui pre ceteris continentes, pesti avaritiæ, qua plurimos sub religionis habitu laborare videmus, terminos posuerunt, dum certum numerum hominum, animalium, possessionum, quem eis pretergredi nullo modo liceat, statuerunt; et ipsi singulas singuli cellas habentes, ac raro vel ob Dei cultum, vel ob mutuum in caritate solacium convenientes, perfectius mori mundo et ceteris diligentius vivere Deo elegerunt. Inter quos Gigo, prior Cartusiæ, religione ac sapientia eminentissime floruit; et de eadem domo Hugo, ex priore Gratianopolitanus episcopus, postmodum Viennensis metropolitanus, in ipsius religionis districtione insignis claruit. Ad hæc etiam milites templi Jerosolimitani, fratres quoque de hospitali, sub religioso habitu continenter viventes, ubique se multiplicando diffundebant, et quæ poterant, vel de laboribus propriis, vel de fidelium elemosinis, ad opus Deo militantium et infirmorum quorumque ac pauperum Jerosolimam mittebant.

1132. 6. 23. 32. 4.

(*C. Laud.*) Fara castrum a Ludovico Francorum rege obsidione cingitur, a Nonis Maii usque ad 7 Idus Julii; nec tamen capitur. (*Ib.*) Eclypsis solis facta est 4 Non. Aug. fer. 6 hora 6 (503).

1133. 7. 24. 33. 5.

(*V. Norb.*) Lutherus imperator expeditionem in Italiam parat; et cum episcopis et archiepiscopis papam Innocentium Romam deducens, contra Petrum Leonis, qui monasterium sancti Petri munierat, eum in episcopio Lateranensi in sede pontificali potenter collocat. Ipsum vero Liutherum Innocentius papa ibidem in imperatorem consecrat.

1134. 8. 25. 34. 6.

(*Ib.*) Norbertus archiepiscopus, vir potens in opere et sermone, multorum monasteriorum fundator, et sanctæ religionis eximius propagator, Innocentii papæ catholici equissimus fautor, Petri vero scismatici justissimus execrator, cum imperatore Liuthero ab expeditione Italica regressus in civitatem suam, non multo post infirmitate corripitur, et in ea per spatium quatuor mensium laborans, episcopatu sapienter ac fideliter ministrato per annos octo, astantibus fratribus, data benedictione, moritur. Cum de sepultura inter clericos majoris æcclesiæ et

NOTÆ.

(503) A. 1133, ponunt Laud. et Burburg.

fratres sanctæ Mariæ contentio fieret, res ad imperatorem delata est, et ex ejus præcepto in æcclesia sanctæ Mariæ cum filiis ac fratribus, quos in Christo genuerat et Christo educaverat, sepultus est. Cujus extitit in Christo dormitio 8 Id. Julii.

1135. R. 9. F. 26. A. 35. H. 7.

(C. Laud.) Henricus obit, rex Angliæ, vir in regni sui amministratione singularis severitatis atque censuræ. Cui Stephanus de sorore nepos in regnum succedit, sed magna parte regni mutilatus, non multo post totam Normanniam amittit. Filia enim regis Henrici Mathildis, quæ primo nupserat Henrico imperatori, postmodum Giffrido comiti Andegavensi, ope regis Francorum Ludovici Normanniæ ducatum occupat, et in ipsa Anglia magnas ei molestias atque calamitates suscitat. Quem etiam bello postmodum cepit; sed pro comite Roberto fratre suo, a regina Angliæ capto, eum relaxavit. (Ib.) Ventus nimius 5 Kal. Nov. fuit, qui turres et edificia multa diruit.

1136. 10. 27. 1. 8.

(Ib.) Mare terminos suos egressum, inopinate submersit cum habitatoribus suis partem Flandriarum.

1137. 11. 28. 2. 9

(Ib.) Siccitas tanta fuit in Francia, quantam nemo, qui tunc viveret, se vidisse vel ab antecessoribus suis audisse testaretur, ita ut fontes et putei, quidam etiam fluvii siccarentur. Imperator Liutherus secundam facit expeditionem in Italiam. Comes Pictaviensis Willelmus ad Sanctum Jacobum in Galatia orationis causa proficiscitur, et in 6 feria parasceve in æcclesia beati Jacobi moritur, et ante altare sepelitur. Qui moriturus proceres suos, quos secum habebat, contestatur, ut filia sua major Alienordis Ludovico juniori Francorum regi cum Aquitaniæ ducatu uxor tradatur. (Ib.) Quam predictus Ludovicus apud Burdegalam, optimatibus regni presentibus, jungit sibi nuptiis quam sollempnibus. Cujus pater Ludovicus intra eundem fere mensem apud Parisyus defunctus, in æcclesia beati Dyonisii ante corpus ipsius est sepultus, Kal. Aug. 28 anno regni sui. Liutherus imperator post subactam in fidelitate Romanæ æcclesiæ Apuliam rediens in patriam suam moritur; et Cuonradus, qui ante ipsum imperium affectaverat, Henrici imperatoris de sorore nepos, ad regnum provehitur.

1138. 1. 1. 3. 10.

Obit Drogo bonæ memoriæ Ostiensis episcopus, vir religione ac sapientia clarus. Petrus Leonis, qui per scisma presulatum Romane sedis contra Innocentium invaserat, et æcclesiæ Dei magno scandalo jam per octo annos fuerat, Dei judicio percussus obit (Jan. 25); et ab eo ordinatos degradari, nec ultra ad sacros ordines promoveri, Innocentius papa decernit. His temporibus quidam pseudoimperator in partibus Alemanniæ surrexit, qui per aliquot annos apud Solodorum in reclusione vivens, egressus inde, imperatorem Henricum se esse mentiendo dixit. Qui cum multos seducendo sibi allexisset, in tantum ut pro eo etiam graves pugnæ et homicidia fierent, aliis eum recipientibus, aliis seductorem palam profitentibus, tandem declarata ejus falsitate, Cluniaci in monachum attonsus est.

1139. 2. 2. 4. 11.

Rainoldo Remorum archiepiscopo defuncto (504), æcclesia Remensis per biennium fere pontifice caruit; et tandem hoc anno Samson de clero Carnotensis æcclesiæ Remensem præsulatum suscepit. Florebat hoc tempore Gallicana æcclesia per viros religione ac sapientia illustres, Milonem Morinensem episcopum, humilitatis virtute precipuum, Alvisum Atrebatensem, liberalitate atque consilio et facundia clarum, Godefridum Lingonensem, Hugonem Autisiodorensem, Joslenum Suessionensem, Giffridum Catalaunensem, Albericum Bituricensem archiepiscopum, scientia litterarum atque consilii prudentia clarissimum. Inter hos et alios multos tunc claros scientia viros etiam Bernardus Clarevallensis abbas, vir opinatissimæ religionis, eminentissime clarebat; qui verbi Dei ferventissimus predicator et innumerabilium monasteriorum fundator, multas cotidie animas ad studium religionis et sanctæ paupertatis propositum inbuebat. (C. Laud.) Habitaculum servorum Dei in loco qui dicitur Ad montem Dei construitur.

1140. 3. 3. 5. 12.

Hugo Parisiensis Sancti Victoris canonicus, religione et litterarum scientia clarus et in septem liberalium artium peritia nulli sui temporis secundus, obit (505). Qui inter multa quæ utiliter scripsit, etiam librum de sacramentis valde necessarium, duobus voluminibus comprehensum, edidit. Senonis presente rege Ludovico episcoporum et abbatum religiosorum fit conventus contra Petrum Abælardum, qui quadam profana verborum vel sensuum novitate æcclesiam scandalizabat. Qui ab eis interpellatus, cum esset responsurus, de justitia veritus, audientiam apostolicæ sedis appellavit; et sic evadens, non multo post Cabiloni ad Sanctum Marcellum obiit. (An. 1142, April. 21.) Inter regem Ludovicum et comitem Theobaldum (506) simultatis germen pullulat, pro eo quod comes cum rege in Aquitanicam expeditionem proficisci detrectat.

1141. 4. 4. 6. 13.

Rogerus de Sicilia post occupatum Calabriæ et Apuliæ principatum, papam Innocentium bello cepit; et facta cum eo qualicumque pace, ut ab eo in regem coronaretur, obtinuit; sicque primus de Normannorum genere regis sibi nomen usurpavit, et postmodum etiam in Affrica nonnullas civitates sive provincias occupavit. Castrum Bullonium, quod Rainaldus comes injuste tenuerat, capitur ab epi-

NOTÆ.

(504) A. 1138 Id. Januar.
(505) D. 11. Febr. a. 1142; cf. Pagium et Mansi
ad Baron. a. 1140.
(506) Blesensem.

scopo Leodii. (*C. Laud.*) Orta dissensione inter papam Romanum et Francorum regem Ludovicum, æcclesia Gallicana turbatur; simultas, quæ sopita putabatur inter regem et ipsum, cepit repullulare. Imperator Constantinopolitanus, Anthiochia aliquandiu obsessa, pacem tandem cum principe fecit, et civitatem intravit; sed venationi insistens, dum arcum vehementius intendit, toxicata sagitta a semetipso vulneratus in sinistra manu, obiit, captis ante nonnullis Turcorum præsidiis. Et post cum filius ejus Manuel imperium sumpsit.

1142.   R. 5.   F. 5.   A. 7.   H. 14.

Radulfus Viromandorum comes uxorem suam dimittit, et sororem reginæ Petronillam ducit. Propter quod instantia comitis Theobaldi mittitur Ivo Romanæ sedis legatus, qui et Radulfum comitem excommunicavit, et episcopos Laudunensem Bartholomæum, Noviomensem Symonem, et Petrum Silvanectensem, qui divortium illud fecerant, suspendit.

1143.   6.   6.   8.   15.

(*Ib.*) Ventus vehemens 14 Kal. Febr. horribili impetu monasteria domosque subruit, arbores annosas terræ coequans. Ludovicus rex Vitriacum castrum comitis Theobaldi capit; ubi igne admoto, æcclesia incensa, et in ea mille trecentæ animæ diversi sexus et etatis sunt igne consumptæ. Super quo rex Ludovicus misericordia motus plorasse dicitur; et hac de causa peregrinationem Jerosolimitanam aggressus a quibusdam estimatur. Castrum vero Odoni Campaniensi contulit, nepoti comitis Theobaldi, qui patrimonium ab ipso sibi ereptum per regem Ludovicum hac occasione recuperare voluit. Mortuo venerabili Gifrido, Catalauni fit episcopus Guido. (*Ib.*) Obiit papa Innocentius, cui succedit Wido castellanus, Cælestini nomine alteratus. Obiit etiam Fulco rex Jerosolimorum. Qui, dum venationi insistens leporem insequitur ex improviso sibi apparentem, equus, cui sedebat, super se cum precipitem dedit, ipsumque vita pariter et regno privavit. Post quem filius Balduinus cum matre regnat. (*Ib.*) Pax reformatur inter papam et regem Ludovicum.

1144.   7.   7.   9.   1.   S. 5.

Celestinus papa quinque mensibus et dimidio papatus functus officio, recedit (*Mart.* 9.) eique Lucius, ex Gerardo cancellario papa factus, succedit. Mediante abbate Clarevallis, simultas, quæ inter regem Ludovicum et comitem Theobaldum incanduerat, sopitur. Inter Stephanum regem Angliæ et fautores Mathildis, Henrici regis filiæ, varia sorte confligitur, et regnum illud, quod pre ceteris aliquandiu quietum manserat et opulentum, ferro, flamma, fame misere decerpitur.

1145.   8.   8.   10.   2.   4.

Edessa Mesopotamiæ civitas, in qua erant corpora apostolorum Thome et Thaddei, et quæ idolatriæ sordibus nunquam fuerat polluta, ex quo primitus ad christianismum est conversa, a Turcis obsessa capitur. Ubi episcopo civitatis decollato, et sanctis locis prophanatis, et in eis multis nec dicendis abhominationibus perpetratis, multa milia diversi sexus et etatis trucidantur, diversis modis cruciantur, captivi abducuntur et servituti addicuntur. Unde christianis metus et tristicia, Christi nominis inimicis fastus crevit et audatia. Et hæc quidem malorum inicia. Lucius papa senatores Romanorum contra æcclesiam erectos in Capitolio obsidet; sed inde per Jordanem Petri Leonis perturbatus, infirmitate correptus, infra annum pontificii sui moritur. (*Febr.* 25.) Cui succedit abbas Sancti Anastasii Bernardus, et papa vocatur Eugenius. Contra quem Romani Jordanem patricium et senatores erigentes, eum ab urbe deturbant. Qui transalpinando in Gallias venit.

1146.   9.   9.   11.   5.   5.

Rex Francorum Ludovicus, captæ a Turcis Mesopotamiæ zelo accensus, sive ut alii putant, Vitriacensis incendii conscientia compunctus, apud Viceliacum affixo sibi crucis signo, cum principibus regni et multitudine innumerabili transmarinam peregrinationem aggredi proponit. Ecclesia Tornacensis, quæ per annos circiter 600 a tempore beati Medardi sub episcopo Noviomensi sine proprio fuerat sacerdote, hoc anno proprium episcopum cepit habere, Anselmo abbate Sancti Vincentii Laudunensis a papa Eugenio Romæ consecrato et eidem civitati in episcopum destinato. Fames permaxima grassatur in Gallia, in qua æcclesiarum Christi enituit liberalis munificentia; quæ in sustentationem pauperum multa expenderunt modiorum milia. Quo tempore in Lingonensi parrochia, apud Mormandum, ubi pauperes innumeri cotidiana stipe alebantur, quidam homines occidisse et eorum carnes coctas vendidisse deprehensus, a pauperibus patibulo est appensus. Guido Catalaunis episcopus obit.

1147.   10.   10.   12.   4.   6.

Conrado rege in purificatione sanctæ Mariæ Frankenfort constituto (*Febr.* 2), abbas Clarevallensis tam rege quam cunctis fere regni principibus crucis affigit signum, et sotii peregrinationis multiplicantur super numerum. Navalis Dei exercitus, ex Anglia, Flandria atque Lotharingia collectus, 2 Id. Aprilis de Tredemunde (507) portu Angliæ cum 200 fere navibus profectus, 4 Kal. Julii in vigilia apostolorum Ulixisbonam (508) applicuit, et eam post quattuor mensium obsidionem per multas cedes et multam macerationem Dei virtute et sua industria capiunt; et cum de ipsis tantum essent 15000, hostium 200500 superantes, ingressi cum hymnis, æcclesiam dedicantes, episcopum ibi et clericos ordinaverunt. Ad corpora ibi occisorum tres muti recuperaverunt loquendi usum. Conradus

NOTÆ.

(507) Dartmouth in Devonshire.   (508) Lissabon.

rex mense Maio cum multitudine innumerabili et virtute incomparabili peregrinationem aggressus, transito prospere Bosforo, dum ad expugnandum Iconium inconsulte divertit, consumptis terrae germinibus et deficientibus victualibus, suis fame afflictis redit, et prosequentibus eos Turcis, multa milia suorum amittit. Rex Francorum Ludovicus 5 Kal. Junii in pentecosten peregrinationem aggressus, cum infinitis et expeditis suorum milibus per Hungariam profectus, transito Bosforo occursu Conradi regis excipitur; qui multis suorum ob inopiam repatriantibus, paucis comitantibus, a Francis benigne susceptus et cum eis aliquandiu est profectus. Sed ab imperatore Grecorum a Tiatira revocatus, navibus ejus Jerosolimam est evectus. Eclypsis solis fuit 8 Kal. Novembris, die dominica, ab hora 2 usque in horam 5.

1148. R. 11. F. 11. A. 13. H. 5. S. 7.

Franci per deserta Asiae dolo et astu Grecorum et crebro assultu Turcorum detrimenta maxima patiuntur; et fame nimia cruciati, quidam equorum et asinorum carnibus vescuntur. Sic cum multo labore et dampno, multis fame pereuntibus, vix tandem Seleutiam venerunt, et inde Antiochiam et Palestinam petierunt. Manuel rex Grecorum nuntios regis Siciliae, quos ad eum pro exequendo pacis foedere miserat, detinuit mancipatos carcere. Unde iratus Rogerus, misso navali exercitu, Corinthum spoliavit cum quibusdam aliis civitatibus et castellis in Grecia; et infinitam sumens diversi generis paludamentorum et vestis preciosae substantiam cum auri et argenti copia, captivavit et de Grecis nonnulla milia. Cepit etiam insulam Curfolium (509), et in ejus portu edificavit forte presidium. Citeriores Hispani capiunt Almariam, et sequenti anno Tortosam, insignes civitates Sarracenorum. Alvisus Atrebatensis episcopus, vir honestate vitae et scientia clarus, apud Philippopolim obit (510). Symon quoque Noviomensis episcopus apud Seleutiam diem claudit. Amedeus comes Maurianensis in Cipro insula obit. A papa Eugenio Remis concilium celebratur, in quo hereticus quidam de Brittannia adductus dampnatur; qui non prophetam vel magnum quemlibet, sed nomini suo alludens. — Eon enim dicebatur — *Per eum qui venturus est judicare vivos et mortuos et seculum per ignem* se esse dicebat, et de suis quosdam quidem angelos, alios autem apostolos faciebat, et propriis angelorum seu apostolorum nominibus appellabat. Qui in concilio dampnatus, sub custodia Remensis archiepiscopi non multo post defunctus, vita pariter caruit et memoria. Contra Gillebertum quoque Pictavorum episcopum, qui quadam nova verborum subtilitate in scriptis suis scandalizabat aecclesiam, multa sunt dicta et disputata. Unde et quaedam, quae defendere non presumpsit vel non potuit, ab ipso sunt dampnata et abrasa. Laudoni 4 Non. Jul. factis tonitruis, in monasterio sancti Vincentii monachis diurni officii cursum complentibus, duo ex eis subito fulminis ictu corruentes expiraverunt; alii quidam tacti vel territi vix convaluerunt. Fulmine etiam altaris linteum adurente, et sacrarium penetrante, et de magna cruce partem, partem quoque claustralis hostii asportante, tota domus repletur horrore. In aliis etiam locis hominibus seu hominum aedificiis vel animalibus fulmine pereuntibus, mala quae solito graviora christianis contigere, sunt signata. Dicunt etiam Jerosolimis in templo Domini sive in monte Oliveti fulminasse, et ejus infortunii hoc presagium fuisse. In territorio Gebennensi lupus quidam, corporis magnitudine et animi ferocitate aliis dissimilis, homines devoravit, et plus quam triginta animas diversi sexus et etatis vita privavit. In aliis etiam locis hoc anno lupi similiter noscuntur operati. Hildefonsus comes de Sancti Egidii cum navali exercitu Palestinam applicuit, et cum magnum quid facturus speraretur, reginae ut aiunt dolo male potionatus, apud Cesaream Palestinae moritur. Filius ejus adolescens quoddam castrum comitis Tripolitani patruelis sui ingreditur, sed dolo ejusdem cum sorore a Turcis captivatur. Obsessa per triduum Damasco a Francis, Germanis ac Jerosolimitanis, captis jam muris exterioribus, qui ortos ambiebant, cum in brevi civitas capienda putaretur, dolo, ut aiunt, principum Palestinorum obsidio removetur. Factaque discessione, rex Francorum et imperator, iterum condicto die ad obsidendam Ascalonem, cum suis Joppe conveniunt. Sed Jerosolimitis minime juxta condictum occurentibus, imperator Constantinopolim navibus evehitur; rex, suis repatriantibus, cum paucis Jerosolimis per annum moratur. Rogerus rex Siciliae exercitum navalem direxit ad fines Affricae; captaque insigni civitate quae dicitur Affrica, Suilla, Asfax, Clippea, alliisque castris pluribus, archiepiscopum Affricae, qui sub servitute Romam venerat consecrandus, ad sedem suam remittit liberum.

1149. 12. 12. 14. 6. 8.

Papa Eugenius in Italiam regressus, cum Romanis vario eventu confligit. Conradus et Manuel imperatores convenientes in Grecia, expeditionem parant contra Rogerium de Sicilia. Sed exercitibus profligatis ob famem et aerarum intemperantiam, Conradus tanquam rediturus repatriavit in Alemanniam. Henricus, Ludovici Francorum regis germanus, contempto mundi stemate, pro Christo in Claravalle indutus monachili schemate, provehitur ad episcopatum civitatis Beluagicae. Ecclypsis lunae fuit 11 Kal. Aprilis circa horam 9 noctis, sabbato ante ramos palmarum; et ventorum intemperies secuta est per quattuor continuos dies. In 4 autem feria ventus maximus et nimia fuit pluviarum inundan

NOTAE.

(509) Corfou.
(510) 8 Id. Sept. secundum Necrologium Aquicinense; anno 1147 secundum Annales Aquicinenses.

tia. Qua die in territorio Nerviorum juxta Ganda- vum sacerdos, missa celebrata, fulmine ictus occubuit, et in territorio Remensi quidam clericus tempestate periit. Tonitrua, fulgura, grandines et tempestates, diversa hoc anno hominibus intulerunt incommoda. Ludovicus rex Francorum a Palestina navigans, ut in patriam rediret, Grecorum naves incurrit. Cumque ab eis imperatori Curfolium obsidenti presentandus deducitur, Georgius dux navium regis Siciliæ eos aggreditur. Siquidem vastatis et spoliatis Grecorum provinciis, usque ad ipsam urbem regiam Constantinopolim accedens, sagittas aureas in palatium imperatoris jecerat, et incensis suburbanis, de fructu ortorum regis violenter tulerat. Unde rediens, naves Grecorum incurrit, captis Ludovicum regem eripuit, sed captos regis obtentu dimittit. Interim Manuel recepto in deditionem Curfolio, Siculorum naves per suos insequitur, et captis nonnullis navibus, rex fuga liberatur, et a rege Rogerio, nec non et papa Eugenio, honorifice suscipitur atque deducitur. Raimundus princeps Antiochiæ, vir cunctis christiani nominis inimicis terribilis, Kal. Augusti contra Turcos egressus, multis suorum captis et occisis in insidiis eorum, et ipse miserabiliter est interfectus. Turci caput ejus circumferentes, omnia fere castra vel civitates, quæ sui juris erant, in deditionem recipiunt, preter Anthiochiam. Qui, cum et ipsam nimis infestarent, rex Jerosolimorum Balduinus contra eos egreditur in Syriam; eisque proturbatis in redeundo Saracenorum munitionem circa Damascum capit, et Damascenos in triennium tributarios facit. Milites templi Gazam, antiquam Palestinæ civitatem reedificant, et turribus eam munientes, Ascalonitas graviter infestant.

1150. R. 15. F. 13. A. 15. H. 7. S. 9.
Bartholomeus Laudunensis episcopus, trecesimo octavo anno sui episcopatus, contempto mundi seemate, Fusniaci (511) induitur monachili schemate. Habitis per Franciam conventibus, conivente etiam papa Eugenio, ut abbas Clarevallis Jerosolimam ad alios provocandos mitteretur, grandis iterum sermo de profectione transmarina celebratur; sed per Cistercienses monachos totum cassatur.

1151. 14. 14. 16. 8. 10.
Illustres religione et prudentia viri obeunt, Sugerus abbas Sancti Dyonisii (512), Rainaldus Cistercii, Odo Sancti Remigii. Lauduni fit episcopus Walterus abbas Sancti Martini; et Godescalcus de monte sancti Martini episcopatur Atrebati. Episcopi obeunt moribus et scientia clari, Hugo Autisiodorensis, et Joslenus Suessionensis (513). Gifridus comes Andegavorum post simultates habitas cum rege Ludovico, facta pace, infra unius mensis spatium obit. (An. 1152, Jan. 8.) Obiit etiam nobilis et religiosus princeps et pauperum pater comes Theobaldus. Multi quoque nobiles hoc anno moriuntur.

1152. 15. 15. 17. 9. 11.
(Febr. 15.) Conradus Teutonicorum rex obit; qui cum quindecim annis regnaverit, benedictionem tamen imperialem non habuit. Cui Fritericus dux nepos ejus succedit. Adalbero Trevirorum archiepiscopus, vir magnanimus et singularis censuræ, obiit. Terræmotus fuit in partibus Italiæ. Rex Francorum Ludovicus, zelotipiæ spiritu inflammatus, jurata consanguinitate uxorem suam repudiat. Quam quia contra ejus voluntatem Henricus dux Normanniæ ducit, magna inter eos simultas excandescit. Regina Jerosolimorum justo familiarius ad inimicos Dei se habente, filius ejus Balduinus rex contra eam insurgit, et obsessis captisque ejus munitionibus, in urbem sanctam intrare ab ipsa secundo prohibitus, tandem violenter ingreditur; eamque in arce obsidens, facta pace, Neapolim ei dimittit, reliquam regni partem sibi retinet. Massamuti, quos quidam Moabitas dicunt, post usurpatum Mauritaniæ regnum regemque patibulo affixum, etiam regem Bulgiæ occidentes, regnum ejus invadunt, ipsamque Siciliam, Apuliam, Romam quoque se invadere minantur. Illustris vir Radulfus comes Viromandorum obit. Eugenius papa, cum Romanis pace facta, Urbem ingreditur, ibique cum eis hoc anno primitus commoratur.

1153. 1. 16. 18. 10. 12.
Rex Fritericus expeditionem parat in Italiam. (Jul. 7.) Obit Eugenius papa, cui succedit Anastasius. Rex Francorum Ludovicus cum nimio exercitu Normanniæ fines aggressus, castrum Vernon in deditionem recepit. Interim dux Normannorum in Anglia contra regem Stephanum fortiter agens, tandem cum eo pacem facit, ita ut vivente rege post eum secundus in Anglia, mortuo succedat. Rex Jerosolimorum regni integritate potitus, Ascalonem Palastinæ caput post longam obsidionem non sine gravi dampno et multa suorum profligatione tandem cepit. Venerandæ memoriæ Bernardus abbas Clarevallensis post claros actus et multarum animarum lucra et innumera fundata monasteria beato fine quiescit. Urbem Cameracum post multorum civium captionem Theodericus Flandriæ comes recepit. Vir religiosus Walterus Laudunensis episcopus, multarum fundator abbatiarum, migrat ad Dominum, et Premonstrati sepelitur, ubi quondam pro Christo paupertatis sumpsit habitum. Cui succedit Galterus Laudunensis decanus.

1154. 2. 17. 19. 11. 13.
Princeps utilis et strenuus et actibus clarus Rogerius rex Siciliæ, post insignes de Saracenis victorias et terras eorum occupatas obit, nec inferiorem se filium Guillelmum, regni et victoriarum successorem dereliquit. Regem Babiloniorum quidam de

NOTÆ.

(511) Foigny, diœc. Laudun
(512) 1152, Jan. 13.

(513) vii Kal. Nov. secundum, Necrol. Fidemiense; 25 Oct. 1152, sec. Galliam Christ.

suis principibus interficit, et inde cum infinita thesaurorum copia fugiens, a militibus templi occiditur, et capto filio ejus, omnis illa opulenta et incomparabilis suppellex eorum cedit usibus. Guillelmus rex Siciliæ misso navali exercitu, urbem Taneos in Egypto vastat et spoliat; unde magnæ opes auri et argenti ac preciosæ vestis copia multa deducitur. Sed inde revertentes, stolum imperatoris Grecorum offendunt; et cum essent de Grecis circiter 140 naves, Siculi numero pauciores eos vincunt, spoliant et capiunt, et infinitæ opum diversorum copiæ Siculis inde proveniunt. Massamuti in Italia Puteolis castrum spoliant; quos rex Siciliæ per suos navibus persequens, capit et exterminat. Rex Fritericus transalpinando in Italia fortiter agit (*Nov.*); adversantium sibi castra dejicit. Rex Francorum Ludovicus Henricum ducem Normanniæ ad pacem recipit.

Qui in brevi, mortuo rege Stephano, Angliam intrat, et regni integritate potitus, pacem antiquam reformat. Robertus de Bova, vir omni plenus nequitia, spiritu zelotipiæ succensus, quendam de suis cum muliercula, quam ei consensisse suspicabatur, intra domum comburendos includit, et injecto igne, consumpta omni materia, nichil eis nocuit incendium, sed sanos et integros propria conservavit innocentia (514). (*Dec.*) Obit papa Anastasius, et episcopus Albanensis Nicholaus papa fit Adrianus. Luna passa est eclypsim 11 Kal. Jan., in posterioribus partibus geminorum.

1155. R. 3. F. 18. A. 1. H. 12. S. 1.

In partibus Burgundiæ 15 Kal. Februarii 3 feria, ter in una nocte fuit terræmotus, quo etiam diversa ædificia dicuntur fuisse subversa [505].

VARIÆ LECTIONES.

[505] *Ita codex desinit in media pagina. Auctorem hic re vera calumum deposuisse docet interpolatio hujus continuationis Ursicampina* (D1*.), *quæ in iisdem verbis desinit.*

NOTÆ.

(514) Cf. infra Auct. Ursic.

CONTINUATIO BURBURGENSIS

Codex beatæ Mariæ juxta Burburch, C5., *excepit vel potius excerpsit codicem* C; *ex ejus additamentis habet tantum* 1102, 1105, 1109, 1111, *ea quæ jam* B; *proprii nil habet nisi continuationem sequentem, eadem, qua totus codex manu exaratam. Initium ejus continuationi Atrebatensi innititur. Anni* 1122, 1126, 1133, 1134, 1135, 1137, 1138, 1140, 1145 *leguntur etiam in chronico* S. Bavonis, *quod superstructum esse codici Valcellensi supra col.* 29 *vidimus; unde veri admodum simile videtur, monachum Valcellensem eosdem habuisse et fortasse e nostro hausisse.*

1114. (*Cont. Atreb.*) Concilium Belvaci celebratur.

1118. (*Ib.*) Paschalis papa obiit, cui successit Gelasius. Magnus ventus factus est 12 Kal. Jan. subruens castra et campanaria.

1119. Balduinus comes Flandriæ moritur et in ecclesia sancti Bertini sepelitur (cf. *Præm.*). Karolus nepos ejus, filius Cnutonis regis Danorum, ei succedit. (*Cont. Atreb.*) Gelasius papa obiit, cui succedit Calixtus, qui Remis concilium tenuit.

1122. In Flandria apud villam quæ dicitur Hovela, natus est puer in modum piscis, nec brachia habens nec coxas.

1124. (*Ib.*) Hyemps facta est asperrima.

1125. Fames vehementissima supervenit, a Kal. Nov. incipiens, usque ad novas fruges perdurans. Pontius [506] abbas Cluniacensis sub custodia Romani pontificis in carcere et vinculis obiit. Quidam puer Anglicus a lumbis deorsum contractus, in Sithiu meritis sancti Folcuini crigitur.

1126. Venit clades permaxima, quæ tam divitum quam pauperum innumeram extinxit multitudinem.

1127. (*Ib.*) Karolus comes Flandriæ Brugis occiditur; cui successit Willelmus, filius Roberti comitis Normannorum.

1128. Willelmus comes moritur et in ecclesia sancti Bertini sepelitur. Cui successit Theodericus filius Theoderici ducis de Ellesath.

1129. Eclypsis lunæ apparuit 4 Kal. Novbr.

1130. Honorius papa obiit. Contencio inter Petrum filium Leonis et Gregorium de Sancto Angelo de papatu.

1131. In villa Viromandensi natus est puer, tria capita habens totidemque manus. Combusta est villa sancti Richarii in pago Pontivo sita, cum ecclesia ejusdem sancti, in qua plus quam duo milia hominum cum mulieribus et infantibus incensi perhibentur, a Hugone Campo avenæ, qui eandem villam cum suis militibus obsedit et incendit.

1133. Sol obscuratus est 4 Non. Augusti hora 6, ita ut stelle in celo apparerent. Apud Bergas in villa Beirna dicta natus est agnus duo habens capita. Bergis nascitur infans, bissenos digitos habens in manibus et totidem in pedibus, et reliqua membra habens omnia preter faciem. Nam nec caput nec oculos nec nasum nec os habuit; unde et uno tantum die vixit.

1134. 14 Kal. Jul. audita sunt tonitrua, choruscationesque fulminum insolitæ apparuerunt, ita ut quidam mundi consummationem affuisse puta-

VARIÆ LECTIONES.

[506] Pontus *cod.*

rent. Civitas Tripolis a Babyloniis est obsessa, sed miserante Deo mox per regem Jherosolimorum et patriarcham et eorum exercitum, cesis Sarracenorum viginti milibus et omnibus eorum captis copiis, magnifice est liberata. Discordia seva, que inter regem Jerosolimorum et comitem Trypolensem fuerat, summe pacificata, et obsidio Ascalonica communiter jurata. Concilium Remis habetur, Innocentio papa secundo pontificante.

1155. Magnus ventus factus est 5 Kal. Nov. tam vehemens, ut turres æcclesiarum domosque urbium subverteret per diversa loca. Henricus rex Anglorum obiit. Succedit Stephanus comes Bononie, nepos ejus. Audita sunt tonitrua ac choruschationes fulminum vise Id. Decembris. In Francia cometa visa est.

1156. Quidam presbyter Heribertus nomine, Remis de heresi convictus degradatur.

1157. Duo pueri nascuntur, unus in pago Noviomensi, alter in pago Lensensi, mitrati mitra carnea, ac si esset linea, caudis carneis a collo dependentibus, ac si essent capilli plexi more militum comas nutrientium et plectentium. Monasteria plurima divino judicio hoc anno concremantur. Ludovicus rex Frantiæ obit; succedit filius ejus Ludovicus, qui ducit filiam comitis Pictaviensis uxorem. Luthro rex Alemaniæ obiit.

1158. Petrus filius Petri Leonis, presbiter cardinalis tituli Sanctæ Mariæ trans Tyberim, moritur. Reinaldus Remensis archiepiscopus obit. Auditum est tonitruum 8 Kal. Jul. cujus ictus vere extitit horribilis, quia auditu intolerabilis, et ideo mirabilis.

1159. Roma Innocentio papæ pacificatur. Concilium generale Laterannis evocatur. Eclypsis solis facta est 15 Kal. Aprilis, hora vespertina.

1140. Samson decanus Carnotensis fit archiepiscopus Remensis. Stephanus rex Angliæ et Balduinus Hainoniensis comes cum Hugone Candavena contra Theodericum comitem Flandriæ conspirant. Quibus ille non sine eorum gravi jactura, terris eorum flamma, ferro, hominum captione, animalium depredatione ac castrorum subversione vastatis [507] viriliter restitit.

1142. Hyemps asperrima et diutina; quam insecuta est jam insolita aquarum inundatio, ut flumina a suis alveis plus solito exeuntia pontes, domos cum familiis, castra proxima everterent, et secum tracta involverent.

1143. Innocentius papa secundus obit; cui successit Celestinus. 14 Kal. Febr. ventus vehemens ex dextro latere septemtrionalis plagæ processit, qui usque ad fundamenta ecclesias evertit, campanaria turresque inestimabilis ponderis multæque fortitudinis comminuit atque dejecit, arbores radicitus evulsas subvertit castella domosque destruxit; in quorum ruina homines, feminas, pueros, pecoraque per loca nonnulla neci involvit. Mare etiam in ipsa epdomada terminos suos transgrediens, plurimum terrarum summersit.

1144. Celestinus papa moritur, et Lucius papa secundus Romanæ ecclesiæ preficitur.

1145. Lucius papa moritur, Eugenius III succedit. Cometa visa est.

1148. Concilium Remis ab Eugenio papa celebratur [508].

1163. Heinricus rex Angliæ, supra quod dicitur Deus aut quod colitur efferatus et in superbiam elatus, assensu Rogeri Eboracensis archiepiscopi et Gilleberti Londoniensis episcopi, nec non Hylarii Ciscestrensis episcopi, et quorumdam aliorum, simul etiam omnium baronum suorum, Richardo etiam consiliario suo Pictaviensi archydiacono impellente, contra jus et fas omnem dignitatem et ecclesiasticæ disciplinæ censuram violenter sibi usurpat. Quam ob causam domnum Thomam, archiepiscopum Cantuariensem, virum religiosum, gloria et honore dignum, huic apostasiæ fortiter contradicentem, et sese pro justicia et veritate constanter morti apponentem, ab Anglia eliminavit. Qui ut valuit latenter evadens et mare transfretans, apud ecclesiam beati Bertini appulit, ubi honorifice, sicut tantum virum decebat, susceptus est. Digne quidem, nam et sanctus Dunstanus et sanctus Anselmus de Anglia eliminati, hunc locum peregrinationis suæ aptum elegerunt. In pago quod dicitur sancti Audomari, in parrochia sanctæ Margaretæ, in adventu Domini ebdomada 2, natus est infans biceps cum quattuor brachiis et totidem manibus, in anterioribus quidem geminam naturam maris et feminæ, in posterioribus unam tantum egestionis habens.

1164. In Senonensi ecclesia tale quid accidit. Feria 6 in parasceve archydiaconus unus ejusdem civitatis defunctus jacebat in ecclesia, quattuor crucibus circumdatus, quarum una, que ad caput erat, preciosior erat ceteris. Facto autem congruo tempore, quo officia diei celebrarentur, Alexander papa, qui tunc ibidem morabatur, cum clero suo se ad officia agenda preparavit. Quibus inceptis acr cepit commoveri. Lectis autem lectionibus et decantatis tractibus ad diem pertinentibus, inccepta etiam passione, ubi ventum est ad locum illum *Crucifige, crucifige,* tantus fragor cum fulminis percussione repente irruit super eos, ut ne unus quidem in tota ecclesia superstes remaneret; sed omnes ceciderunt in terram, facti velud mortui. Crux etiam predicta pretiosa, quasi serra per medium secata, in duas partes cecidit, quarum una est inventa, altera pars omnino disparuit. Post unam vero horam papa et clerus suus resipiscentes, satis cum dolore et timore officium peregerunt.

VARIÆ LECTIONES.

[507] *hanc vocem supplevi, deest codici.* [508] *Hic folium desinit; sequens incipit cum a. 1163, unde folium excidisse videtur, quod a. 1149-1162 continebat.*

CONTINUATIO VALCELLENSIS

Codice B2 deperdito, continuationis tantum dare possumus ea quæ Miræus inae excerpsit. At multo plura fuisse, docet quod huic superstructum supra diximus col. 29 Chronicon S. Bavonis; ubi non modo ex Miræænis leguntur plurima, sed multa quoque alia, quæ procul dubio ex Valcellensi desumpta sunt; sed quænam sint illa, id quidem certo dici nequit, quum aliis etiam præter B2. fontibus usus fuerit compilator Gandensis. E continuatione Burburgensi quædam ibi leguntur sub a. 1122, 1126, 1136-1135, 1137-1140, 1144, 1145, ex Aquicinctina a. 1149-1152. Hæc igitur omnia compilator Gandensis aut ex B5 C5 collegit, aut jam in B2 invenit, id quod libentius crediderim eo quod Chronicon ad a. 1150 habet quædam quæ non in B5, sed in B1 leguntur; B1 autem Valcellensi ad manus fuisse satis apparet. Sed, ut hæc incerta linquamus, illud certum est, Valcellensem codicem propriam continuationem non habuisse, sed codici B vel fortasse B5 usque ad a. 1165 descripto, additamenta tantum adspersisse, e Vita Norberti, continuatione Præmonstratensi et fortasse etiam Burburgensi, nec non aliunde petita.

1114. (*Cont. Præm.*) Concilium Conene Prenestino episcopo et Romane ecclesie legato presidente Bellovaci celebratum est.

1115. (*V. Norb.*) Tanchelinus hereticus, qui Andoverpiam, Walacram et circumjacentes insulas et maritima loca in partibus illis multis heresibus infecerat, occiditur. Castrum Encres, Hugone Camdavena pulso, qui illud usurpaverat, Balduinus comes Flandriæ cepit, et Karolo consobrino suo dedit. (*C. Præm.*) Lambertus episcopus Atrebatensis moritur. Petrus eremita ex Syria reversus, apud Huyum moritur, et sepelitur in monasterio a se fundato, ad Mosam fluvium. Claravallis fundatur, cujus primus abbas fuit sanctus Bernardus.

1117. Balduinus comes Flandrensis, quia Hugo Candavena terram ejus, ubi poterat, rapinis et incendiis vastabat, castrum sancti Pauli obsedit; sed Eustathio comite Boloniæ mediante, Hugoni reconciliatus rediit.

1119. (*Ib.*) Balduinus comes Flandrie, Callisti pape ex sorore nepos, obiit. (*V. Norb.*) Cono, Prenestinus episcopus et legatus apostolicus, synodum Colonie celebrat, et Heinrici imperatoris excommunicationem promulgat. Huic synodo interfuit Norbertus, postea Premonstratensis ordinis institutor, tunc recenter conversus, in peregrino habitu.

1121. (*Ib.*) Bartholomeus Laudunensis episcopus et Norbertus abbas Premonstratam ecclesiam fundant. Norberto, Colonia cum sanctorum reliquiis redeunti, Ermensendis, comitissa Namucensis, offert ecclesiam in villa sua Floreffia, ad fratres in ea collocandos.

1124. (*Ib.*) Canonici Andoverpenses, a Godefrido Bullonio, duce Lotharingie et marchione Andoverpensi fundati, Norberto et sociis ejus templum sancti Michaelis cedunt, et inde ad edem beate Marie virginis migrant.

1125. Viconiense monasterium apud Valentinianas incohatur, quod inter Premonstratensia est pulcherrimum.

1126. (*Ib.*) Godefridus comes Capenbergensis, A relicto seculo Christum cum Norberto secutus, et Capenbergensis, Vorlarensis atque Elestatensis monasteriorum apud Westfalos fundator, moritur.

1128. Hoc anno cenobium de Dunis (515) in Flandria construi cepit a domno Fulcone, primo ipsius loci abbate.

1131. (*C. Præm.*) Milo abbas Sancti Judoci in Nemore, ordinis Premonstratensis 45, Kal. Martii consecratur episcopus Tervanensis. Hoc anno inceptum est monasterium sancte Marie Valcellensis (516) ecclesie in agro Cameracensi. In Aurea Valle (517) apud Treveros beatus Bernardus sui ordinis monachos collocat.

1132. Sanctus Hugo Gratianopolitanus episcopus transiit; cujus vitam virtutibus plenam Guigo, venerabilis Carthusie prior, precepto Innocentii pape, eleganti stilo descripsit. Conventus monachorum, cum abbate suo Radulfo, ex Anglia oriundo, venit ad locum qui vocatur Valcelle, Kalendis Augusti. Hos adduxit beatus Bernardus, abbas Claravallensis.

1133. Sancte Marie ecclesia Tervanensis dedicata est a 4 episcopis, scilicet Milone, ipsius civitatis episcopo, Guarino Ambianensi, Simone Noviomensi ac Tornacensi, et Alviso Atrebatensi.

1137. (*Ib.*) Guilelmus, dux Aquitanie et comes Pictavensis, filiam, quam heredem habebat, Ludowico, filio regis Francorum, moriens sponsam dereliquit. Ad quam ducendam filius regis profectus, interim patre rege defuncto, in regno stabilitur; et regnum Francie et ducatus Aquitanie copulantur. Abbas Fulco domum suam de Dunis, et domum de Claromaresch (518), quam simul incohaverat, in capitulo Clarevallensi sub manu domni Bernardi ordini Cisterciensi, die sancte Petronille virginis, tradidit.

1138. (*Ib.*) Rainaldus Remensis archiepiscopus obiit. Fulco abbas Dunensis officium abbatis dimisit, et domnus Robertus Brugensis abbas Dunis constituitur.

1140. (*Ib.*) Samson, Carnotensis ecclesie preposi-

NOTÆ.

(515) Ter Duyn, intra muros civitatis Brugensis situm.
(516) Vaucelles.
(517) Orval.
(518) Clairmarais, non procul a Saint-Omer.

tus, Remorum ordinatur archiepiscopus. Apud Tornacum adolescens clericus, Henricus nomine, multa in spiritu vidit. Vitam quoque sancti Eleutherii Tornacensis episcopi notitiæ hominum tradidit, et alia multa tam de ipsius urbis episcopatu quam de ceteris rebus prophetavit.

1141. (*Ib.*) Hugo, prior ecclesie sancti Victoris Parisiensis, multa ecclesie sancte utilia scripta relinquens, diem obiit.

1145. Quidam Turcus, nomine Sanguinius, Edessam cepit, christianos occidit in illa civitate degentes, et ecclesias profanavit.

1146. (*Ib.*) Tornacensis ecclesia, que per quingentos et amplius annos episcopis Noviomensis ecclesie commendata fuerat, proprium episcopum Anselmum nomine, ab Eugenio III papa recepit, Bernardo abbate Clarevallensi inter alios procurante.

1147. Pars christiani exercitus, Hierusalem navigio petens, Olisiponem urbem Hispanie, virtute Dei Saracenis pulsis, cepit et christianis reddidit. Conradus imperator cum quinquaginta et amplius milibus militum, et innumerabili manu peditum, transito mari, quod brachium sancti Georgii dicunt, tum dolo Grecorum, tum incursione Turcorum, tum penuria famis, pene totum exercitum amisit. Monachi duodecim cum Laurentio abbate et quinque conversis a beato Bernardo ex Claravalle in Brachantum missi, Villariense monasterium edificarunt (cf. *Præm.*).

1148. Ludovicus rex Francorum fere cum 30 milibus equitum et magna multitudine peditum, postquam prescriptum mare transiit, fraude Manuelis imperatoris Constantinopolitani et penuria famis et persecutione hostilis exercitus majore parte exercitus amissa, Salaminam venit, et inde navigio Antiochiam petiit. Camberonense (519) monasterium, ordinis Cisterciensis, in Haginoia fundatur. Alnæ (520) ad Sabim fluvium monachi item Cistercienses per beatum Bernardum collocantur, petente Heinrico episcopo Leodicensi.

1149. Hoc anno consecrata est ecclesia sancte Marie Valcellensis cenobii a Samsone Remorum archiepiscopo, 7 Kal. Junii.

1151. Radulfus, primus abbas hujus cenobii Valcellensis, 5 Kal. Jan. migravit e mundo; cui successit Riquardus, et ipse de Claravalle sumptus, moribus maturus et temperatus in omnibus.

1153. Bernardo in Claravalle successor datus est Robertus Brugensis, abbas Dunensis in Flandria, ab ipso preelectus. Tunc domus Dunensis quattuor mensibus absque pastore vacabat, donec Albero, ab ipso Roberto transmissus, ipsi in regimine successit, quod duobus annis tenuit. Pax inter Stephanum regem Anglorum et Heinricum comitem Andegavensem restituta est, conditione interposita, ut Stephano mortuo, ipse Heinricus in regno Anglie succederet. Ipse siquidem Heinrici regis Anglorum ex filia nepos, et regnum Anglie hereditario jure repetens, tam per se, quam per coadjutores suos, terre multa mala intulerat, cum dux esset Normannie et Aquitanie. Filiam enim Guilelmi ducis Aquitanie, a Ludovico rege Francorum titulo consanguinitatis opposito relictam, duxerat; ex cujus parte ducatum illum habebat. In Ascalonensi obsidione mortuo Bernardo Sidoniensi episcopo, Almaricus abbas canonicorum regularium, in loco, qui dicitur Sanctus Abacuc sive Sanctus Joseph ab Arimathia, illi subrogatur.

1154. Stephanus rex Anglorum obiit; Heinricus supra nominatus absque difficultate et contradictione successit. Vicelinus Wandalorum apostolus moritur.

1158. Domnus Robertus Brugensis, secundus Dunis et in Claravalle abbas, e mundo migravit. Viginti annis prefuit, 15 annos et pene 5 menses Dunensibus, 4 annos et 8 menses Clarevallensibus. Cui domnus Fastradus, Camberonensis in Hannonia abbas, in regimine successit.

1159. Milo Morinorum episcopus, olim abbas Sancti Judoci in Nemore ordinis Premonstratensis, postquam sedem Morinensem annis 27 rexerat, ad Dominum migrat. Cui successit Milo secundus, ejus archidiaconus, natione Anglus, Sanctæ Mariæ de Bosco sive de Nemore regularis canonicus. Calatravæ militum ordo in Hispania incohatur.

1161. Post generale capitulum Lambertus abbas Cistercii, officio cedens, dimisit abbatiam; et Cistercienses domnum Fastradum Clarevallensem fecerunt sibi patrem, et Clarevallenses acceperunt domnum Gaufridum Igniacensem abbatem.

1162. Mense Septembri Fredericus imperator cum Octaviano juxta Saonam fluvium consedit, et rex Ludovicus Divione, congregatis ex utraque parte multis episcopis, abbatibus, clericis, laicis, tam principibus quam popularibus, ut scismati ecclesie finem facerent, si possent; et non potuerunt, sed cum magna dissensione et simultate ab invicem discesserunt. Ideoque capitulum eo anno non tunc apud Cistercium, sed postea circa festum sancti Martini apud grangiam quandam de Fusniaco (521) celebratum est.

1163. 14 Kal. Junii Fastradus abbas Cistercii Parisius obiit, Cistercium translatus ante ascensionem. Cui subrogatus est domnus Gislebertus, abbas Ursicampi, post concilium Turonense.

NOTÆ.

(519) Cambron
(520) Alnes.

(521) Foigny, diœc. Laudunensis.

AUCTARIUM BELLOVACENSE

Monachus Bellovacensis, Sigebertum intra a. 1158-1147, transcribens, præter additiones a. 651, 685, 775, 1048, 1076, 1079, 1084, 1090, 1092, 1095, 1096, 1099, 1100, 1109, quas jam in fonte suo C. legebat, de suo fecit quas subjicimus. Alius deinde tres adjecit a. 1109, 1111, 1112, una cum continuatione a. 1113-1147, quam tertius usque ad a. 1163, deduxit. Edidit e codice interpolato D2. Labbeus Bibl. ms. I, 590, et ex eo Struve pag. 1015, Bouquet XIII, 334. Nos damus ex D cum omnibus quos in chronologia commisit erroribus sat multis, veros annos in margine indicantes.

649. E. N. A. q. e. D. R. clarent. e. e. P. de Herio insula et R. P. et Geremarus Flaviniacensis abbates, Angadrisma quoque sacra virgo secus Beluacum.

731. Hic constituit, post primam commemorationem sanctorum in canone missæ a sacerdote ita dicendum : *Et eorum, quorum solennitas hodie in conspectu tuæ majestatis celebratur, domine Deus noster, toto orbe terrarum;* quam institutionem in oratorio Romæ tabulis lapideis conscribi fecit.

939. Stephanus Romanæ ecclesiæ 128us presidet.

956. Johannes papa Romanæ ecclesiæ 131us presidet.

953. Benedictus Romanæ ecclesiæ 132us presidet.

— Leo vero Romanæ ecclesiæ 133us presidet.

965. Johannes Romanæ ecclesiæ 134us presidet.

972. Benedictus papa Romanæ ecclesiæ 135us presidet.

974. Bonefacius Romanæ ecclesiæ 137us presidet.

975. Benedictus Romanæ ecclesiæ 138us presidet.

977 Abhinc de Constantinopolitano imperio taceatur.

984. Johannes Romanæ ecclesiæ 139us presidet.
— Johannes Romanæ ecclesiæ 140us presidet.

986. Johannes Romanæ ecclesiæ 141us presidet.

996. Gregorius Romanæ ecclesiæ 142us præsidet.

998. Johannes Romanæ ecclesiæ 143us presidet mensibus 10.

1003. Johannes Romanæ ecclesiæ 145us presidet.
— Johannes Romanæ ecclesiæ 146us presidet.

1012. Benedictus Romanæ ecclesiæ 148us presidet.

1015. Comitatus Beluacensis datur Rogero episcopo [509].

1024. Hoc tempore in Gallia Beluacensi urbe inclitus Rogerius decessit episcopus, qui inter alia beneficia dedit ecclesiæ sancti Petri, cui presidebat, Alliacum in Northmannia (522), et Montiacum in Vermandensi patria. Comitatum quoque ejusdem urbis ab Odone Campaniensi comite impetravit, dato ei pro commercio castro Syncerrio (523) in Bituricensi territorio sito, quod sibi patrimonii jure competebat [510].

1033. Benedictus Romanæ ecclesiæ 150us presidet.

1051. (..... disputatum est) inter quos domnus Guido abbas de Cruce sancti Leutfridi (524) contra eum (525) de corpore et sanguine Christi elegantem edidit librum.

1067. His temporibus Beluacensi civitate suo destituta antistite, Guido, decanus custosque ecclesiæ sancti Quintini Vermandensis et archidiaconus Laudunensis, constituitur Beluacensium episcopus, et a Gervasio Remensi metropolitano consecratur. Qui graviter ferens, carere se præsentia Quintini martyris, in ejus honore et memoria ædificavit ecclesiam, haud longe a menibus Belloacæ urbis.

1069. Guido episcopus Beluacensis duobus annis perfectam dedicavit ecclesiam in honore advocati sui Quintini martiris, 4 Non. Octobris.

1078. Ab hoc tempore cepit reflorere in ecclesia beati Quintini Beluacensis canonicus ordo, primum ab apostolis, postea a beato Augustino episcopo regulariter institutus, sub magistro Ivone, venerabili ejusdem ecclesiæ præposito, postea Carnotensium episcopo.

1092. Domnus Ivo, Sancti Quintini Beluacensis prepositus, a papa Urbano consecratus, fit Carnotensis episcopus [511].

Abhinc manus secunda :

1109. Ultimum pascha 7 Kal. Mai.

1111. Suburbium totius pene Belloacæ urbis incendio concremavit.

1113. Maxima terræ vinearumque infecunditas.

— Defuncto monacho Sigeberto, nos amodo nostrorum annorum tempora computabimus.

1115. Domnus Ivo Carnotensis episcopus obiit (526).

VARIÆ LECTIONES.

[509] *postea additum, sed ab eadem manu.* [510] *erasum, alia manus correxit in :* quod dicitur Sanctum Cesaris. [511] *in loco raso sed ab ipso codicis scriba.*

NOTÆ.

(522) Ailly.
(523) Sancerre
(524) In Normannia, ab Ebroica septentrionem versus.
(525) Berengarium. Liber iste editus est ab Erasmo Antw. 1550, a Vlimmerio Lovan. 1561, et in Bibliothecis Patrum Coloniensi t. XII, et Lugdunensi t. XVIII.
(526) De anno atque die mortis magna est disceptatio. Robertus de Monte, Matthæus Paris et

1118. Gelasius Romanæ æcclesiæ 155us presidet.
1119. Calixtus Romanæ æcclesiæ 156us presidet.
1123 [1125]. Henrico imperatori Lotharius succedit.
1125 [1124]. Honorius Romanæ æcclesiæ 167us presidet.
1129 [1130]. Innocentius Romanæ æcclesiæ 168us presidet.
1133 [1138]. Mortuo Lothario succedit Corradus, nepos Henrici superioris [812].
1136. Primum pascha 11 Kalendas Aprilis hoc anno contigit.
1137 [1136]. Defuncto rege Anglorum Henrico, Stephanus, nepos ejus, quia filium non habebat, successit ei.
1139 [1137]. Ludovicus Francorum rex obiit; cui filius Ludovicus, quem et ipse adhuc vivens a papa Innocentio Remis ante aliquot annos consecrari fecerat, in regnum succedit.
1143. Celestinus Romanæ æcclesiæ 169us presidet.
1144. Lucius Romanæ æcclesiæ 170us presidet.
1145. Eugenius post eum 171us, fit papa Romanus.
1147 [1147]. Facta est eclysis solis, 5 Kal. Novembris, hora tercia, die dominica. [1148] Concilium Remis, presidente Eugenio papa.

Abhinc tertia manus:

1148 [1149]. Ludovicus Francorum rex, Jerosolimitanum iter aggressus, Sarracenorum passus insidias, cum magno suorum dispendio rediit. Obiit Odo Belvacensis episcopus secundus.
1150. Henricus, Ludovici regis senioris filius, fit Belvacensis episcopus.
1151. Congelatis in terra segetum radicibus, fit maxima frugum inopia.
1152 [1153]. Anastasius papa 172us Romanæ æcclesiæ succedit.
1153. Obiit Thebaldus Trecassinorum comes.
1154 [Oct. 25, 1155]. Stephanus rex Anglorum moritur.
1155. Henricus, filius Gaufridi comitis Andegavorum, ei succedit.
1156 [1154]. Adrianus 173us fit Romanus papa.
1159. Magna contentio inter regem Francorum et regem Anglorum pro Tolosa civitate.
1160. Eclysis lunæ 14 Kal. Septembris.
1161 [1159]. Alexander papa 174us.
1163 [1161]. Obiit Sanson Remensis archiepiscopus, vir scientia et sanctitate clarus.

VARIÆ LECTIONES.

[812] *alia manus addit.*

NOTÆ.

Vita Roberti de Arbrissello, quos Pagius sequitur, illam ponunt a. 1117. Kalendarium S. Quintini Bellovacensis a Pagio allatum habet : *Kal. Jan. obiit venerandæ memoriæ magister Ivo.* anno Incarnationis Christi 1116; quod kalendarium cum annos in Pascha incipiat, est ille annus noster 1117. Continuator Præmonstratensis supra, p. 447, annum habet 1115. Martyrologium Carnotense, teste Pagio, mortuum dicit *Id. Dec.* 1115. Kalendarium S. Joannis Carnotensis in Valle teste Pagio habet : x *Kal. Jan. ab anno Incarnatione* 1115. Necrologium S. Mariæ Carnotensis, jam bibl. publicæ Carnotensis, p. 26, quod s. XIII ineunte descriptum fuit ex longe vetustiori, hæc habet a manu prima s. XIII ineuntis : x *Kal. Jan. Dominicæ Incarnationis a.* 1115, *obiit Pater Ivo, hujus sacratissimæ sedis antistes, vir magnæ religionis, ecclesiasticorum et sæcularium negotiorum prudentissimus, mitis affatu, patientia insignis, castitate pollens, et tam in divinis quam in philosophia eruditissimus; qui sex pallia bona et septem capas et infulas tres et tapeta tria decori hujus ecclesiæ contulit, librum missalem et epistolarium et textum Evangeliorum et unum lectionarium matutinalem dedit, et omnes argento paravit ; pulpitum viri decoris construxit; scolas fecit : domum episcopalem, quam vilem et ligneam et in obitu vel discessu episcoporum quibusdam pravis consuetudinibus per violentiam Carnotensium comitum inductis ancillatam invenerat, speciosam et lapideam a fundamento refe-* cit, *et cum omnibus ad ipsam pertinentibus, sive mobilibus sive immobilibus, ex ancilla liberam reddidit, libertatemque ipsam astipulatione privilegiorum et Romanæ sedis et regis et comitis, quæ in archivis hujus ecclesiæ habentur, confirmavit; terram etiam quamdam contiguam eidem domui ad amplitudinem ipsius domus a vicedomino acquisivit et muro clausit ; apud pontem Godannum alias domos ad usus episcopales ædificavit, eamdemque villam in multis melioravit ; abbatiam sancti Johannis ex sæculari in regularem convertit, instituit et auxit. Consilio et auxilio ipsius monasterium infirmorum apud Bellum locum constitutum fuit. Juvioratus omnes hujus ecclesiæ et precarias in communes redegit usus, et eas in posterum personis distribui tam suo quam apostolico privilegio vetuit; angarias et injustas exactiones et pravas servientium discursiones fieri per præposituras eisdem privilegiis prohibuit ; (abhinc alia manus prorsus coæva) potestatem quam habebat dandæ præpositurae de Ebrardivilla et cæteris ad eam pertinentibus, huic capitulo dedit; taxata sepeliendorum pretia in toto hujus Ecclesiæ episcopatu cessare fecit; ad augmentandam tabulam altaris idem moriens centum modios vini reliquit, et in aliis pluribus huic ecclesiæ et clericis suis multa bona fecit.* Subjectæ sunt priori atramento delineatæ figuræ aliquot monachorum, oculos manusque sursum levantium et quasi Ivonem invocantium.

AUCTARIUM MORTUI MARIS

Monachus Mortui Maris (Mortemar, prope Lions inter Rothomagum et Gisors) a. 1155 *codicem* D *descripsit cum omnibus ejus additionibus et cum continuatione, de suo pauca tantum addens quæ inter uncos* ponimus. Alter coævus continuationi multa interscripsit ex Anselmo et Gemblacensibus petita pleraque usque ad a. 1165; quæ nos litteris inclinatis indicavimus. Tertius circa a. 1180 aspersit ea quæ litteris quoque inclinatis distinximus. Reliqua a multis exarata sunt, eodem tempore, quo facta. Edita leguntur in Martene Thes. III, 1437, unde sua sumpsit Bouquet XII, 781, XVIII, 554. Nos damus, prouti Waitzius noster ea ex codice D1 ipso descripsit.

[1054. Bellum apud Mare mortuum.

[1056. (*Exord. Cist.*)(527) In episcopatu Lingonensi situm noscitur esse cenobium nomine Molismus, fama celeberrimum, religione conspicuum. Hoc a sui exordio magnis sub brevi tempore divina clementia sue gratie muneribus illustravit, viris illustribus nobilitavit, nec minus amplum possessionibus, quam clarum virtutibus reddidit. Ceterum quia possessionibus virtutibusque diuturna non solet esse societas, hec quidam ex illa sancta congregatione viri nimirum sapientes altius intelligentes, elegerunt potius studiis celestibus occupari, quam terrenis implicari negotiis. Unde et mox virtutum amatores de paupertate fecunda virorum cogitare ceperunt. Simulque advertentes, ibidem, etsi sancte honesteque viveretur, minus tamen pro sui desiderio atque proposito ipsam, quam professi fuerant, regulam observari, locuntur alterutrum, quod singulos movet, pariterque inter se tractant, qualiter illum versiculum adimpleant, *Reddam tibi vota mea, quæ distinxerunt labia mea.* Quid plura? Unus et viginti monachi, una cum patre ipsius monasterii, beate videlicet memorie Roberto, egressi, communi consilio, communi perficere nituntur assensu, quod uno spiritu conceperunt. Igitur post multos labores ac nimias difficultates, quas omnes in Christo pie vivere volentes pati necesse est, tandem desiderio potiti, Cistercium devenerunt, locum tunc scilicet horroris et vaste solitudinis. Sed milites Christi, loci asperitatem ab arto proposito, quod jam animo conceperant, non dissidere judicantes, ut vere sibi divinitus preparatum, tam gratum habuere locum quam carum propositum. Anno itaque ab incarnatione scilicet Domini 1098, venerabilis Hugonis, Lugdunensis ecclesiæ archiepiscopi, sedis apostolice tunc legati, et religiosi viri, Walterii Cabilonensis episcopi, nec non et clarissimi principis, Odonis Burgundie ducis, freti consilio, auctoritate roborati, inventam heremum in abbatiam constituere ceperunt, prefato abbate Roberto ab illius diocesis episcopo, videlicet Cabilonense, suscipiente curam virgamque pastoralem, ceteris sub ipso in eodem loco firmantibus stabilitatem. At vero post non multum temporis factum est, ut idem abbas Robertus, requirentibus eum monachis Molismensibus, pape Urbani secundi jussu, Walterii Cabilonensis episcopi licentia et assensu, Molismum reduceretur, et Albericus, vir religiosus et sanctus, in ipsius loco substitueretur; hoc sane inter utramque ecclesiam, sequestre pacis gratia retento et apostolica auctoritate confirmato, ut ex eo jam tempore neutra illarum utriuslibet monachum ad habitandum sine commendatione regulari susciperet. Quo facto, novum monasterium novi patris sollicitudine et industria in brevi, non mediocriter Deo cooperante, in sancta conversatione profecit, opinione claruit, rebus necessariis crevit.

[1107 (*Exord. Cist.*) Bellum apud Tenechebrai (528) inter Robertum comitem et Henricum Angliæ. Albericus, abbas Cistercie, superne vocationis bravium, ad quod ibidem per novem annos non in vacuum cucurrit, decimo apprehendit. Cui successit domnus Stephanus, homo natione Anglicus, religionis, paupertatis, disciplineque regularis ardentissimus amator, fidelissimus emulator. In hujus vere diebus verum esse patuit, quod scriptum est : *Oculi Domini super justos, et aures ejus ad preces eorum.* Nam pusillus grex hoc solum plangeret, quod pusillus esset, hoc solum, inquam, metuerent, et metuerent pene usque ad desperationem Christi pauperes, sue se non posse relinquere paupertatis heredes. Vicinis quippe hominibus vite quidem in eis honorantibus sanctitatem, sed abhorrentibus austeritatem, et ita resilientibus ab illorum imitatione, quibus appropinquabant devotione; Deus, cui facile est de exiguis magna, de paucis facere multa, multorum preter spem ad ipsorum imitationem excitavit corda, ita ut in cella probandi noviciorum, tam clerici quam laici, et ipsi secundum seculum nobiles atque potentes, triginta pariter cohabitarent. Ex qua celica visitatione tam subita, tam leta, letari non immerito jam tandem cepit sterilis, que non pariebat, quoniam multi facti sunt filii deserte. Nec cessavit ei Deus in dies multiplicare gentem, magnificare leticiam, donec tam suis, quam de filiis filiorum suorum viginti infra annos circiter duodecim de solis patribus monasteriorum, tamquam novella olivarum in circuitu mense sue leta mater conspiceret. Non enim arbitrata est in congruum, si sancti patris Benedicti, cujus amplectebatur instituta, imitaretur et exempla. Porro a principio, cum novos in ramos novella cepisset pullulare plantatio, venerabilis pater Stephanus sagacitate pervigili mire providerat discretionis scriptum, tamquam putationis ferramentum, ad precidendos videlicet scismatum surculos, qui quandoque succrescentes, mutue pacis exorturum prefocare poterant fructum. Unde et scriptum illud cartam caritatis competenter voluit nominari, quod ea tantum, que sunt caritatis, tota ejus series redoleat,

NOTÆ.

(527) I. e. Exordium cœnobii Cisterciensis, auctore uno quodam ex fundatoribus (sanctum Stephanum vix crediderim), apud Tissier Bibl. Cisterciensis I, 1; Labbe Bibl. ms. 1, 640.

(528) Tinchebray, ad fl. Noireau inter Vire et Domfront.

ita ut pene nil aliud ubique sui prosequi videatur, quod nemini quicquam debeatis, nisi ut invicem diligatis. Que quidem carta, sicut ab eodem patre digesta et a prefatis viginti abbatibus confirmata, sigilli quoque apostolici auctoritate munita est, largius continet ea, que diximus; sed nos summam tantum eorum hic breviter perstringemus. Abbas Cistercii et fratres ejus, non immemores sponsionis sue, regulam beati Benedicti in loco illo ordinare et unanimiter statuerunt tenere, rejicientes a se, quicquid regule refragabatur, froccos videlicet et pellicias, estaminia, capucia quoque et femoralia, pectina et coopertoria stramina lectorum, ac diversa ciborum in refectorio fercula, sagimen etiam et cetera omnia, que puritati regule adversabantur. Sicque rectitudinem regule supra cunctum vite sue tenorem ducentes, tam in ecclesiasticis, quam in ceteris observationibus, regule vestigiis sunt adequati seu conformati. Exuti ergo veterem hominem, novum se induisse gaudebant. Et quia nec in regula, nec in vita sancti Benedicti, eundem doctorem legebant possedisse ecclesias vel altaria seu oblationes et sepulturas, vel decimas aliorum hominum, seu furnos et molendina aut villas vel rusticos, nec etiam feminas monasterium ejus intrasse, nec mortuos ibidem, excepta sorore sua, sepelisse; ideo nec omnia abdicaverunt, dicentes : *Ubi beatus pater Benedictus docet, ut monachus a secularibus actibus se faciat alienum, ibi liquido testatur, hoc non debere versari in actibus vel cordibus monachorum, qui nominis sui ethymologiam hec fugiendo sectari debent.* Decimas quoque aiebant a sanctis patribus, qui organa erant Spiritus sancti, quorumque statuta transgredi sacrilegium est, committere in quatuor particiones distributas, unam scilicet episcopo, alteram presbitero, terciam hospitibus ad illam ecclesiam venientibus, seu viduis et orphanis, sive pauperibus aliunde victum non habentibus, quartam restaurationi ecclesie. Et quia in hoc compoto personam monachi, qui terras suas possidet, unde et per se et per pecora sua laborando vivat, non reperiebant, iccirco hec, veluti aliorum jus, injuste sibi usurpare detrectabant. Ecce hujus seculi divitiis spretis, ceperunt novi milites Christi cum paupere Christo pauperes inter se tractare, quo ingenio, quove artificio, seu quo exercitio in hac vita se hospitesque divites et pauperes supervenientes, quos ut Christum suscipere precipit regula, sustentarent. Tuncque diffinierunt, se conversos laicos barbatos licencia episcopi sui suscepturos, eosque in vita et morte, excepto monachatu, ut semetipsos tractaturos, et homines etiam mercennarios, quia sine aminiculo istorum non intelligebant, se plenarie die nocteque precepta regule posse servare, suscepturos quoque terras ab habitatione hominum remotas, et vineas et prata et silvas aquasque ad faciendos molendinos, ad proprios tamen usus et ad piscationem, et equos pecoraque diversa necessitati hominum utilia. Et cum alicubi curtes ad exercendas agriculturas instituissent, decreverunt, ut predicti conversi domos illas regerent, non monachi, quia habitatio monachorum secundum regulam debet esse in claustro ipsorum. Quia etiam beatum Benedictum non in civitatibus, nec in castellis, aut in villis, sed in locis a frequentia populi semotis cenobia construxisse sancti viri illi sciebant, idem se emulari promittebant. Et sicut ille per duodenos monachos monasteria constructa adjuncto patre disponebat, sic se acturos confirmabant.]

1115. (*Valcell.*) *Cenobium Clarevallis fundatur sub primo abbate Bernardo, viro sancto.*

[1116. (*Bellov.*) Domnus Ivo Carnotensis episcopus obiit.] (Anselm.) *In suburbio Antiochie noctu terra dehiscens domos cum habitatoribus absorbuit.*

1118. (*Ib.*) *Terremotus accidit adeo validus, ut quarumdam urbium partes subrueret.*

[1119. (*Bellov.*) Gelasius Romane ecclesie 165us presidet.

[1120. (*Ib.*) Calixtus Romane ecclesie 166us presidet. Hoc anno pugnavit Henricus rex Anglorum contra Ludovicum regem Francie inter Andeleium et Nongoium [513]. In quo bello fugit ipse rex Ludovicus. Captique sunt ibi pene omnes Francie proceres et obtimates.]

1122. (Axs.) *Terremotus in adventu Domini 4 Idus Decembris factus est.*

[1123. (*Bell.*) Henrico imperatori Lotharius succedit.] *Turonis orta seditione inter clericos et laicos, ecclesia sancti Martini arsit.*

1124. (Axs.) *Christiani cum Sarracenis pugnant inter Jerusalem et Ascalonem et vincunt.*

[1125. (*Bell.* Axs.) Honorius Romanæ ecclesie 167us presidet.] *Tyrus capta est.*

1126. (*Ib.*) *Hyemps asperrima et fames valida. In Hasbania monstrum nascitur ante homo et retro canis.*

1127. (*Ib.*) *Karolus comes Flandriarum quorumdam procerum suorum proditione Brugis in ecclesia orans occisus est.*

1128. (*Ib.*) *Suessione in ecclesia beate Marie virginis divina choruscant miracula. Gaufridus Rothomagensis archiepiscopus obiit. Hugo abbas de Radingis successit.*

[1129. (*Bell.*) Innocentius Romane ecclesie 168us presidet.] *Cenobium Ursicampi fundatum est. Cenobium apud Bellum montem fundatum est sub abbate primo Alexandro, a venerabili viro Roberto de Candos. Hoc idem nunc dicitur Mortuum mare* [514].

1131. (Axs.) *Synodus magna Remis celebratur a papa Innocentio, et Ludovicus junior in regem benedicitur.*

1132. (*Ib.*) *Eclypsis solis 4 Non. Augusti.*

VARIÆ LECTIONES.

[513] *corr.* nonicoium. [514] Hoc — *mare eadem manus post superscripsisse videtur.*

[1133. (Bell.) Mortuo Lothario succedit Conradus, nepos Henrici superioris.] *Bernardus primus abbas Clarevallis et Malachias episcopus Hiberniensis clarent doctrina, sanctitate et miraculorum gloria.*

1134. *Abbas Alexander cum omni conventu suo, annuente rege Henrico, venit in forestam de Leons, et in herimitorio, quod dicebatur Mortuum mare, edificavit monasterium suum.*

1135. *Henricus rex obiit 4 Non. Dec.; cui successit Stephanus nepos ejus, 8 Kal. Jan.*

1137. *Abbas Alexander domum Mortui maris conjunxit ordini Cisterciensi, et Walerannus abbas Ursicampi (529) suscepit eam in filiam, et monachos suos transmisit.*

[1138. (Ib.) Ludovicus Francorum rex obiit. Cui filius Ludovicus, quem et ipse adhuc vivens a papa Innocentio Remis ante aliquot annos consecrari fecerat, in regnum succedit.] *Abbas Alexander abbatis curam dimisit: cui successit Adam, quondam prior Ursicampi.*

1141. *Anglia fame et gladio atteritur, principibus terre inter se discordantibus* (cf. Gembl.).

[1143. (Bell.) Celestinus Romane ecclesie 169ᵘˢ presidet.]

[1144. (Ib.) Lucius ei 170ᵘˢ succedit.] *Ventus vehementissimus arbores, turres et domos plurimas subvertit.* (Gembl.) *Reddita est civitas Rothomagi Gaufrido comiti Andegavensi.*

[1145. (Bell.) Eugenius post eum 171ᵘˢ.] (Gembl.) *Fames magna invalescit in Francia.*

1146. *A Judeis in Anglia puer Willelmus crucifigitur die parasceve urbe Norico* (530).

[1147. (Bell.) Facta est eclypsis solis 5 Kal. Nov. hora tercia die dominica.] *Rex Ludovicus cum Francis iter aggreditur Jerosolimitanum* (cf. Gembl.).

1148. (Ib.) *Remis concilium a papa Eugenio.*

1151. *Assidua et diutina pluviarum inundatio messionem tardavit et impedivit.*

1152. *Relictam Ludovici regis uxorem ducit H. comes Andegavensis et dux Normannie, postea rex Anglie: unde oritur inter eos guerra.*

[1153. (Bell.) Anastasius Romane ecclesie 172ᵘˢ presidet.] *Depositio sancti Bernardi primi abbatis Clarevallensis.*

[1154. *Stephanus rex Anglorum moritur.* Adrianus (ib.) *Anglicus Romane ecclesie 173ᵘˢ presidet. Obiit domnus Adam secundus abbas hujus ecclesie.*] *Tercius successit Stephanus prior Ursicampi.*

[1155. *Henricus, Henrici superioris ex filia nepos, in regnum succedit.*]

1156. *Signum crucis apparuit in luna. Albericus Belvacensis miles martyrium pro christiana fide passus est.*

1157. *Tres tunc vise sunt, et in media signum crucis.*

1158. *Filia regis Francorum Ludovici datur filio Henrici regis Anglorum, et pax inter eos firmatur.*

1159. *Henricus rex obsedit Tolosam* ⁵¹⁵. *Non. Septemb. tres soles visi sunt in parte occidentali; sed duobus paulatim deficientibus, sol diei qui medius erat, remansit usque ad occasum. Stephanus obiit, Godefridus de Strepenneio* ⁵¹⁶ (531).

1163. *Domnus hujus loci abbas tercius revocatus est ad curam abbatie Ursicampi. Cui Gaufridus quartus successit* ⁵¹⁷.

1165. *Hugo Rothomagensis archiepiscopus obiit. Rotrodus Ebroicensis episcopus successit* ⁵¹⁸.

1166. *Ab adventu Anglorum in Britanniam majorem anni 813, a baptismate eorumdem 634, ab introitu Normannorum 100.*

1169. *Rex Henricus majorem filium suum Henricum, generum Ludovici regis Francorum, in regem consecrari fecit a Rogero Eboracensi archiepiscopo.*

1171. *Civitate Cantuaria sanctus Thomas archiepiscopus ejusdem civitatis a quatuor militibus martyrizatus, migravit ad Christum.*

1174. *Obsessa est civitas Rothomagus a rege Francorum Ludovico et Henrico novo rege et comite Flandrensi; qui omnes redierunt confusi. Obiit [Kal. Sept.* ⁵¹⁹*] domnus Gaufridus, quartus abbas hujus loci. Cui successit quintus domnus Ricardus, primus abbas de Valascia.*

1179. *Domnus Ricardus abbas quintus recessit 8 Kal. Aug. de domo ista. Cui successit in anno sequenti*

1180. *5 Non. Aug. sextus domnus Willelmus, secundus de Valascia. Ludovicus rex Francorum obiit. Cui filius ejus Philippus, quem ipse anno preterito Kal. Nov. Remis consecrari fecerat, succedit in regno.*

1181. *Alexander 174ᵘˢ obiit.*

1182. *Cui successit Lucius 175ᵘˢ.*

1183. *Obiit Rotroldus Rothomagensis archiepiscopus. Cui successit Walterus de Constancia. Obiit Henricus rex Anglorum junior.*

1184. *Obiit Ermelina, uxor Godefridi de Strepenneio.*

1186. *Urbanus papa 176ᵘˢ. Obiit Gaufridus comes Britannie, filius regis Henrici tercius.*

1187. *Capta est Jherusalem a Sarracenis, christiane fidei inimicis.*

1189 ⁵²⁰. *Obiit Henricus rex Anglorum 5 Non. Septemb. Coronatus est rex Anglorum Ricardus.*

1190. *Rex Francorum Philippus et rex Anglorum*

VARIÆ LECTIONES.

⁵¹⁵ *ita aliis erasis manus incerta.* ⁵¹⁶ Stephanus o. G. de St. *a manu incerta a.* 1163. *scriptas post ad hunc annum relata videntur.* ⁵¹⁷ *aliis erasis.* ⁵¹⁸ *abhinc manus perpetuo variant.* ⁵¹⁹ *alia manu.* ⁵²⁰ *ante Obiit alia manus post addidit 2 Non. Julii.*

NOTÆ.

(529) Orcamp.
(530) Norwich.
(531) Etrepagny, in com. Viromandensi.

Ricardus cum innumera gentis sue multitudine iter Jherosoliminum aggrediuntur.

1191. Capta est insula Cypri a rege Ricardo, et postea Accaron a duobus regibus. Rediit rex Philippus.

1192. Rex Philippus ingreditur Normanniam et eam sibi subjugat. Rex Ricardus rediens a Jherosolimis, captus est et incarceratus a duce Austrie, et postea imperatori Henrico traditus est.

1194. Rex Ricardus, plus quam ducencies mille marcis imperatori et ceteris baronibus terre pro liberacione sua tam datis quam sub obsidibus promissis, reversus est Angliam. Quod de Romanis imperatoribus nil aut pauca hic sint exarata, neminem moveat posterorum, quia dum alter adversus alterum de sceptro imperii obtinendo contendit, nichil agitur dignum memoria, quippe cum omnia sint confusa. Post Urbanum papam tres apostolici cederunt, id est Gregorius, Clemens et Celestinus ; quorum tempora hic non describuntur.

1198. Innocentius papa.

1199. Ricardus rex potentissimus sagitta percussus interiit ; cui successit Johannes frater ejus.

1200. 5 Idus Febr. obiit domnus Willelmus abbas.

1203. Subjugata est civitas Rothomagensis cum tota Normannia Philippo regi Francie. Rex autem Johannes secessit in Angliam, territus ne traderetur a baronibus suis in manus regis Francie.

1204. Facta est hyems asperrima, per tres menses et amplius continuata. Unde et nimia mortalitas animalium, maxime ovium et etiam volucrum silvestrium, ex rigore frigoris facta, et fames insecuta. Capta est civitas Constantinopolis a comite Flandrensi, episcopis et comitibus et nobilibus viris et fortissimis de Francia sibi associatis ; in qua communi electione imperator factus, nobiliter gessit ; qui cum magnam sibi partem Gretie subdidisset, post modicum a Grecis interfectus est. Cujus frater eidem est in regni solio substitutus.

1207. Obiit Walterus Rothomagensis archiepiscopus 16 Kal. Decembris. Cui successit magister Robertus cognomento Polein. [Jacet in Mortuo mari [521].]

1209. Magistro Stephano de Linguaton, ad tytulum Cantuarie ecclesie in archiepiscopo Rome consecrato, rex Johannes alium intronizare cupiens, monachos Cantuarie et Anglie presules exilio relegat. Hac de causa data in regem et regnum excommunicationis sentencia, etiam Cisterciensem ordinem cum ceteris laudes Deo debitas sollempniter persolvere domini pape auctoritas prohibuit.

1210. Otto nepos Ricardi quondam regis Anglie factus est imperator. Hoc tempore fuit quidam pseudopropheta , qui dicebat antichristum jam esse adultum, et diem judicii imminere.

1211. Comes Symon de Monteforti, nobilibus viris de Francia regnisque aliis opem sibi ferentibus, hereticos, qui in Narbonensi provintia pullulabant et dicebantur Albigenses, expugnavit, et stragem multam faciens, magnam partem provintie ipsorum sue subdidit potestati.

1212. In Hyspaniis christiani cum paganis pugnant, et potiti victoria, multos perimunt Sarracenos, et reliquos ad fugam compellunt. Reginaldus comes Bolonie a Philippo rege Francorum omni terra sua spoliatur, et a regno expellitur, sed ab Ottone et Johanne Anglie rege recipitur. Rex Francorum Philippus collecto exercitu et multo navium apparatu, transfretare disponit in Angliam, ut armis eam capiat ; sed interim dum subito ingressus in Flandriam eam sibi subjugare intendit, Angli superveniunt, et navali apparatu regis violenter abducto, transfretandi ei adimunt facultatem.

1213. In Provintia juxta castrum quod Murellum dicitur, gestum est bellum eterna memoria dignum. Cum comes Symon de Monteforti multas hereticorum strages faciens, plures Provintie urbes et oppida sibi subjugasset, rex Arragonie, comes Tolosanus, comes Conuensis (552), comes Fuxensis (553), collecto exercitu copioso supradictum castrum obsederunt, erectisque machinis oppugnare ceperunt. Res vero comiti Symoni innotuit, qui mox paucis admodum viris collectis, regi Arragonie audacter occurrit ; legionibusque dispositis , conserta est pugna 2 Idus Septembris, in qua rex Arragonie cum pluribus de suo exercitu occubuit. Reliqui vero fuga elapsi sunt, et confusi ad propria remearunt. De sociis autem comitis Symonis unus tantum miles cum paucis clientibus in illo conflictu cecidit. A diebus Jude Machabei usque in presens tempus tantam multitudinem tam mirabilem a paucissimis tam mirabiliter victam, cesam atque fugatam nunquam et nusquam legimus. Eodem tempore in regno Francorum pueri et puelle cum aliquibus adolescentulis et senibus vexilla, cereos, cruces, thuribula portantes, processiones faciebant, et per urbes, vicos et castella canentes ibant, Gallice proclamantes : Domine Deus, exalta christianitatem! Domine Deus, redde nobis veram crucem! Non solum hec verba, sed alia multa decantabant, quia varie processiones erant, et unaqueque processio pro libitu suo variabat. Res vero ista a seculis inaudita multis fuit admirationi, quod ut credimus presagium futurorum fuit, eorum scilicet que in sequenti anno contigerunt. Nam legatus Romanus Gallie fines ingressus, copiosam multitudinem in crucifixi nomine cruce signavit ; cujus multitudinis numerum solius Dei scientia colligit. Ottone imperatore a papa Innocentio ex-

VARIÆ LECTIONES.

[521] addidit manus sec. XV.

NOTÆ.

(552) Comenges. (553) Foix.

communicato, infans Apulie Romanum sibi vendicare imperium est conatus.

1214. Stephanus Cantuariensis archiepiscopus ceterique Anglorum pontifices, monachi et clerici, qui pro causa ecclesie tenebantur exilio, mediante cardinali, regi reconciliantur, et ab eo recipiuntur in Anglia, et sua ipsi recipiunt; sicque regnum ab interdicti sententia, rex a nexu excommunicationis absolvitur. Redditur ecclesiis cum presulibus et christianitate tranquillitas, exulibus cum rebus et patria, regi cum reconciliatione communio, plebi devotio, omnibus in commune catholicis pro reddita ecclesie pace leticia. Ferrandus Flandrensis comes a Philippo rege Francorum pulsus a Flandria, Ottonem Alemannie et Johannem Anglie reges expetiit, et pepigit fedus cum eis. Quorum fretus auxilio regressus in Flandriam, eam pene totam de manu regis Francorum potenter eripuit, ope et industria virorum illustrium [522], et precipue Guillelmi comitis Saresberiensis, fratris regis Anglie, et comitis Bolonie Reginaldi, Johannes rex Anglie in Aquitaniam classe transvectus, reconciliatis sibi magnatibus terre multis, magnam partem provintie suo juri restituit. Philippus itaque rex Francorum misso contra cum filio Ludovico, ipse collecto exercitu Flandrensibus, quoniam vires jam nimis excreverant, censuit occurrendum. Igitur intra fines Flandrie fit utrinque concursus, et dispositis aciebus apud pontem Wentini, inter Mauritaniam et Tornacum, 6 Kal. Aug. die etiam dominica, pugna committitur, et in conflictu cecidere nonnulli, Franci tandem palmam victorie tenuerunt. In hoc bello Flandrensi ex acie capti sunt egregii pugnatores quatuor comites, Pilutus (554) Alemannus, Ferrandus Flandrensis, Willelmus Saresberiensis, Reginaldus Boloniensis, et senescallus Ottonis, et milites alii tam mediocres quam illustres circiter 150. Post hec rex Philippus contra regem Anglie movet exercitum; sed legatis intervenientibus, inter eos quinquennales firmantur indutie. Et ita reversus est rex Philippus in Franciam; rex Johannes in Angliam se recepit. Terremotus in adventu Domini 15 Kal. Januar. ter in una nocte factus est. Globus igneus magnitudinem bovis excedens, et magnum lumen emittens, visus est in aere circa diei initium, Idus Januarii. Eclypsis lune facta est 16 Kal. Martii.

1215. Rome generale concilium a papa Innocentio celebratur. Orta inter regem Anglorum et barones gravi dissensione, Anglia dolet se gladio multisque calamitatibus subjacere.

1216. Ludovicus, Philippi reg's Francorum filius, confederatis sibi magnatibus Anglie, qui regi rebellabant, cum multis navibus et armatorum exercitu in Angliam transfretavit. Innocentius III papa obiit. Cui successit Honorius III. Obiit Johannes rex Anglorum. Cui successit Henricus filius ejus puer duodennis.

1217. Bellum apud Lincolniensem urbem inter regem Anglie et inter Norrenses et alios potentes multos, qui eidem regi implacabiliter inimicabantur; sed misertus Deus pueri regis innocentie, priusquam posset arma portare, dedit ei de hostibus triumphare. Nec solum in hoc prelio, sed et in mari prelium magnum comissum est inter Francos et Anglos, et divina preliante virtute Gallica juventus cum omni navium apparatu victa est ab Anglis et in predam abducta. Ibi Eustachius monachus, homo apostata, pyrata et predo pessimus, utrique regno infidus, capite plexus est, tunc temporis Francis prebens auxilium, et princeps illius navigii Robertes de Cortenaio. Capta est a christianis Damicta urbs Egypti fortissima, sed in brevi iterum a Sarracenis recuperata. Concluserunt enim Sarraceni christianorum exercitum cum rege ceterisque nobilibus christianis, et non invento aditu evadendi alio, Damietam pro sua liberatione christiani dederunt Sarracenis, qui etiam Sarraceni crucis sancte partem, quam triginta quinque ferme annis tenuerant, cum captivis omnibus christianis, pro ejusdem Damiete recuperatione reddiderunt christianis. Infans Apulie a domino papa Honorio sublimatur in imperatorem. Ludovicus, filius regis Francie, postquam rediit de Anglia, collecto rursum exercitu Tolosam adiit, civitatem potentissimam et tunc temporis Albigensium [523] refugium; sed nichil ibi proficiens, idem Ludovicus in paternos fines Gallie sese recepit.

1221 [524]. Stephanus de Lanketone Cantuariensis archiepiscopus sedi proprie restituitur, a puero rege Henrico in pace susceptus.

1221. Obiit Robertus Polanus Rothomagensis archiepiscopus. Cui successit Theobaldus de Ambianis, thesaurarius ecclesie Rothomagensis [qui quidem Robertus nostram dedicavit ecclesiam, et sepultus est in choro nostro [525]].

1222 [523]. Corpus sancti Thome Cantuariensis de terra levatur. Sanctus Willelmus Bituricensis archiepiscopus, Cisterciensis ordinis monachus, Rome canonizatur, anno 50. a martyrio suo.

1223. Philipus rex Francorum invictissimus, qui sibi non parvam partem Aquitanie, Normanniam, Flandriam, cum parte Pictavie maxima subjugavit, 2. Idus Julii de medio factus ab hac vita migravit. Hic nullum unquam proditorem amavit, sed quotquot ad se veniebant, castella et villas ab eis accipiebat, et eos de regno suo sine spe revertendi penitus effugabat. Apud Medontam defunctus, apud Sanctum Dyonisium, assistentibus 22 episcopis et 2 cardinalibus et rege Jerosolimitano, sepulture traditus est. Cui successit Ludovicus filius ejus in regnum. Ante obitum regis Philipi anno precedente visa est stella

VARIÆ LECTIONES.

[522] *quædam deleta.* [523] *abigensium c.* [524] *annus incertus.* [525] *add. manus s. XV.*

NOTÆ.

(554) l. e. comes pilatus, Raugraf.

circa occasum solis Decembrilis, plurime magnitudinis, ardens velut facula, radios sursum erigens, et in acutum velut in conum colligens, terre vicina videbatur, et aliquod prodigium portendere ferebatur. Hanc dicebant esse cometem. Ludovicus, regis Philipi filius, 8 Idus Augusti unctus et coronatus est in regem apud Remis civitatem.

1225 [526]. 3 Non. Julii obiit Vitalis abbas Mortui maris. Cui successit Osmundus, ejusdem domus prior.

1226 [527]. 7 Idus Novembris obiit Ludovicus rex Francorum. Cui successit Ludovicus filius ejus. 5 Kal. Octobris obiit Osmundus abbas Mortui maris. Cui successit donnus Ricardus Costentinus.

1227. Obiit Honorius papa; cui successit Gregorius.

1229. 7 Kal. Octobris obiit pie memorie Theobaldus de Ambianis, archiepiscopus Rothomagensis.

1231. Cui successit venerabilis Mauricius, post ipsum Rothomagensis archiepiscopus.

1234. Pridie Idus Januarii obiit apud Salicosampie memorie Mauricius Rothomagensis archiepiscopus, de sede Cenomanensi a domino papa Rothomagensi ecclesie prerogatus. Qui fervens zelo vivensque celo, nullam in terris accipiebat personam, non regem, non principem, non tyrannum, non divitem. Sacerdotes fornicarios vehementer execrabatur, dejiciebat eos de ecclesiis, et ad sedem apostolicam eos absolvendos mittebat. Doctores honeste vite et bone fame venerabatur et magnis beneficiis ditabat [528].

VARIÆ LECTIONES.

[526] *numerus anni erasus; fortasse fuit* 1224. [527] *numerus erasus.* [528] *Quædam in fine paginæ, quæ fortasse a.* 2135 *historiam illustrabant, erasa sunt.*

AUCTARIUM URSICAMPINUM.

Intra a. 1155-1200 *monachus Ursicampi (*Orcamp, *diœcesis Noviomensis) Sigebertum descripsit ex* D1 *cum omnibus ejus atque Bellovacensis additamentis, quibus ipse addidit magnos centones ex Galfrido Monmutensi ad verbum descriptos, et alia quædam, ea quæ hic damus. Idem continuationem novam ita conflavit, ut Præmonstratensem ex* B1 *describens, usque ad a.* 1128, *ex Anselmo plurimum interpolaret, post puram exhiberet, de suo inserens per totam ea tantum quæ hic exhibemus. Usi sunt Nicolaus Ambianensis, Robertus Altissiodorensis et ex eo Gerardus de Fracheto et Guillelmus de Nangis; Vincentius Bellovacensis; ediderunt Guilelmus Parvus, et ex hoc Schardius, Pistorius, Struve, Bouquet. Nos, codice ipso Ursicampino deperdito, ex ejus apographo* D1" *damus ea tantum quæ Ursicampinus fontibus suis* D1 *et* B1 *adjecit; continuationem enim recudere integram, inutile erat, cum quia compilata tantum est, tum quia sexies jam legitur impressa.*

(GALFR.) *Præf.* Narrat antiqua Britonum — jugo tenuerunt.

382. Civitatem, quam Antoninus Pius cum filio Aurelio condidit, et Sommonobriam ab adjacente flumine appellavit, Gratianus imperator suo dominio mancipatam, mutato nomine, Ambianis ad ambitu fluminum fecit vocari. Eo tempore prefecturam Gallicam ministrabat vir illustris Faustinianus, qui genuit filium, quem ob amorem et memoriam beati Firmini martyris Firminum vocavit, Ambianensium tempore posteriori episcopum.

383 (*Ib.*) Maximus iste — exercere.
386. (*Ib.*) Partem Galliæ — appellatur.
389. (*Ib.*) Pictorum — Hyberniam.
390. (*Ib.*) Alia historia — interficerent illum.
413. (*Ib.*) Inito autem — Utherpendragon.
414. (*Ib.*) Notandum — nitebantur.
423. (BEDA *H. E.*) Æstimo — ab Honorio missum.
424. (GALF.) Constantino — evacuata.
431. (*Ib.*) Perempto — adepti sunt.
434. (*Ib.*) In Britannia — corrigiæ.
456. (*Ib.*) Rex Britonum — patriam.
457. (*Ib.*) Filius Wortegirni — Wortegirnus.
459. (*Ib.*) Rex Wortegirnus — obtinuerunt.
445. (*Ib.*) Rex Wortegirnus — hujusmodi.
446. (*Ib.*) Hoc loco ponunt — restitutus sit.

447. (GREG. TUR. *De gl. mart.*) Nomina autem corum (*septem dormientium*) hec sunt, que in baptismo acceperunt : Malchus, Maximianus, Martinianus, Dionisius, Johannes, Serapion, Constantinus.
(GALFR.) Ambrosius — construit.
457. (*Ib.*) Maximus tirannus a populo membratim discerpitur.
457. (*Ib.*) Super Insulam — nomine Annam.
466. (*Ib.*) Utherpendragon — vivere.
470. (*Ib.*) Nam si fidem — prostratis.
472. (*Ib.*) Rex Arturus — restituit.
(GREG. TUR. *mir. S. Mart.*) His diebus sanctus Perpetuus — nec postea comparuit.
473. (GALFR.) Arturus — fecerunt.
482. (*Ib.*) Arturus — rediisse.
488. Hoc tempore facta est inventio cryptæ sancti Michaelis archangeli in monte Gargano, unde et ejus memoria singulis annis celebri festivitate in ecclesiis Dei recolitur.
491. (GALFR.) Hoc loco quidam — dicitur.
514. (Clodoveus — moritur) et sepelitur Parisius in basilica sancti Petri apostoli, quam ipse et regina Clotildis ædificaverant.
535. Porro sanctus Medardus sedem episcopalem, que prius erat Vermandus, propter ejusdem subversionem transtulit Noviomum. Ipse etiam post decessum sancti Eleutherii Tornacensis episcopi regen-

la u suscepit Tornacensem ecclesiam, et post eum successores ejus annis multis, usque ad tempus Eugenii papæ tertii, et demum Simonis episcopi, qui obiit anno Domini 1148.

542. (*Hist. misc.*) Constantinopoli mortalitate magna insurgente, statuta est sollemnitas purificationis beatæ Mariæ, que Grece Υπαντα, id est obviatio, dicitur, eo quod die illo Symeon obviaverit oblato in templum Domino, et ita mortalitas illa cessavit. (GALFR.) Usque ad hoc tempus — historiis conferantur.

549. (*Ib.*) Sed de hoc rege — Wortiporius.

556. Obiit sanctus Medardus Noviomensis et Tornacensis, in cujus transitu cœlum apertum est, et divina ante eum micuerunt luminaria spatio duarum horarum. Cujus corpus rex Lotharius transferri fecit ad urbem Suessionensem; promittens, quod super eum decentissimam basilicam ædificaret, et inibi religiosorum virorum conventum statueret. Quod opus ipse quidem cœpit, sed filius ejus Sigebertus adimplevit.

561. (*Ib.*) Super Britones — multis annis.

571. Sanctus Amandus nascitur.

596. (PAUL. DIAC.) His diebus irruentes Longobardi in Cass.num montem — vini secum deferentes.

604. (GALFR.) Per Augustinum — ecclesiam.

611. (*Ib.*) Post Cathericum — facta est.

616. (*Ib.*) Refert autem historia — compulsus fuerit.

632. (*Ib.*) Adunallo rex Britonum — in terra.

635. (*Ib.*) Hic dicit Beda — ædificata.

675. (*Ib.*) Cadwollone — migraverunt.

689. (*Ib.*) Cadwaladrus — potuerunt.

792. (*Gen. c. Fland.*) Hoc tempore in Flandria principabatur Lidericus Harlebecensis, pater Ingerranni, qui genuit Andracum, patrem Balduini Ferrei, qui duxit Juditham, filiam Caroli Calvi.

843. (HUGO FLOR.) His temporibus floruit Theodulfus — et misertus illius jussit cum absolvi [529].

964. (*V. S. Quintini* [555].) Hoc tempore ecclesia sancti Quintini martyris, que est in insula super fluvium Somene sita, cœnobium monachorum paucorum facta est. Procedente vero tempore, crescente numero fratrum, et aucta possessione redituum, etiam abbatia esse cœpit. In quo loco adhuc extant duo putei, in uno quorum caput ipsius martyris, in altero corpus, angelo revelante inventum fuerat a venerabili matrona Romana, nomine Eusebia, que pro munere ejusdem officii lumen oculorum, quo antea privata fuerat, per eundem martyrem recepit. Et hec inventio anno a passione ipsius martyris 55 evenit, qui passus est martyrium anno Domini 552. Sed postquam prefata mulier religiosa sancti martyris corpus invenit, atque in superiori loco preminentis oppidi, quod antiquitus Augusta Viromandorum vocabatur, collocavit; labentibus multis annorum curriculis, sepulchrum ejusdem martyris ubinam haberetur, cunctis erat incertum. Denique sancto Eligio Noviomensi ecclesie pontificante, facta inquisitione de ejusdem martyris corpore, sub presentia ipsius episcopi inventus est loculus, in profundo terræ defossus, in quo preciosus ille thesaurus servabatur. Et hec secunda inventio sub sancto Eligio facta est, anno ab incarnatione Domini 657, non absque divinæ virtutis magno miraculo. Nam cum beatus episcopus nocturno tempore, multis luminaribus accensis, quesitum loculum inveniret, et fossorio quod manu tenebat perforaret, tanta subito odoris suavissimi fragrantia tantaque supernæ lucis claritas circumquaque emanavit, ut et presentes odore mirifico replerentur, et absentes ortum diei advenisse suspicarentur.

1039. In Apulia erat quedam statua marmorea, circa caput suum æreum habens circulum, in quo erat scriptum : *Kalendis Maii oriente sole habebo caput aureum* (cf. WILH. MALMESBURG. II, 10). Quod quidam Sarracenus, a Roberto Wiscardo duce Northmannorum captus, quid portenderet intelligens, in Kalendis Maii oriente sole, diligenter notato termino umbræ illius statuæ, infinitum thesaurum, effossa ibidem humo, repperit, quem pro sua redemptione eidem duci optulit.

1051. Lanfrancus etiam, vir sanctitate et scientia eximius, prior monasterii Beccensis, postmodum vero ex abbate Cadomensi archiepiscopus Cantuariensis, contra errorem illius (*Berengarii*) per dialogum disputavit.

1067. Hoc tempore claruit Lanfrancus, prior monasterii Beccensis, ad cujus eximiam doctrinam de Burgundia convolavit Anselmus, vir postmodum multa virtute et sapientia adornatus, et ei in prioratu successit, sub viro egregio Herluino abbate pri-

VARIÆ LECTIONES.

[529] *Sub anno* 854 *editio princeps et quæ eam expresserunt, hæc habent :* 854. Fama est, hunc Johannem fœminam fuisse, et uni soli et familiari tantum cognitam, qui eam complexus est, et gravius facta peperit, papa existens. Quare eam inter pontifices non numerant quidam, ideo nomini numerum non facit. *Sed codex* D1*., ob id ipsum flagitantibus nobis a V. D Toussaint, bibliothecæ Divionensi præfecto, denuo inspectus hoc in loco, ne levissimum quidem eorum vestigium exhibet, unde neque in* D1*., ea fuisse apparet. Aut igitur codici Votensi* E8h. *debentur, aut primo editori. Tertium non datur. At monachus Votensis per totum Sigeberti opus nil prorsus de suo adjecit; et in continuatione paucissima tantum addidit, quæ non spectant nisi ad suum monasterium; unde scribam, alias abstinentissimum ab interpolationibus, hanc unam sibi indulsisse, qui est quis credat? Nemo igitur restat nisi primus editor, sive is Antonius Rufus fuerit, sive Henricus Stephanus. Utrum autem ille hæc verba de suo composuerit, an fortasse notam marginalem codici* E8h. *ab alia manu adjectam in textum receperit, hoc in medio relinquimus.*

NOTÆ.

(555) Cf. Galliam Christ. IX, 1080.

mo, qui ipsum monasterium Beccense de proprio fundavit suo.

1080. Claret in Anglia Lanfrancus, doctrina et probitate conspicuus, ex abbate Cadomensi ordinatus Cantuariæ archiepiscopus. Eo tempore florebat in Northmannia Anselmus, Beccensis monasterii abbas eximius, et pro sua sanctitate et sapientia plurimum nominatus. (*Vita S. Arn.*) Hoc etiam tempore in cœnobio sancti Medardi — in presulem est consecratus.

1081. (*Ib.*) Regis Dagoberti tempore sanctus presul Ursmarus — celitus prestaretur medicina.

1087. (*Ib.*) Sanctius Arnulfus — predixerat, accepit.

1094. Pontificante in urbe Laudunensi Elinando, mulier quedam, in proximo manens, habebat generum juvenili specie decorum, quem multa diligentia pro amore filiæ suæ accurabat; unde et orta turpis suspicio de muliere et genere suo inter vicinos homines valde eam turbavit (cf. *Laudun*). Que impatienter ferens, famam suam hujusmodi opprobrio turpari, injuriæ suæ causam in eum retorsit, et clandestina machinatione, ut occideretur a duobus pueris, procuravit. Postmodum vero ad penitentiam facti homicidii conversa, cuidam presbytero per confessionem peccatum suum revelavit. Sed elapso aliquanti temporis spatio, presbyter idem cum ea litigans, malum, quod confessa fuerat, in faciem ei exprobravit. Quo audito, parentes hominis occisi properantes nuntiaverunt vicedomino Laudunensi. Jubente vicedomino, vocata mulier venit, et qualiter hominem occidisset, nequaquam celavit. Judicatum est igitur, eam ignibus debere concremari; sed prius ducta ad ecclesiam beatæ Dei genitricis Mariæ, peccatum suum coram Deo et hominibus ex ordine narravit, et sic meritis et precibus sanctissimæ virginis Mariæ se ipsam fideliter commendavit. Deinde missa in ignem, incendium nullatenus sensit, sed divina protegente gratia consumpto igne, ipsa permansit illæsa. Quod factum cognati hominis occisi non divinæ virtuti ascribentes, sed fragilem potius lignorum materiem causantes, iterum succendunt ignem circa eam fortioribus lignis, sed nichil profecerunt. Iterato enim miraculo servavit eam Deus incolumem ab exustione ignis, ad laudem sui nominis suæque genitricis gloriam et honorem. Egressa igitur ex incendio, non solum carne, sed etiam veste et carne [530] illæsa, ad ecclesiam sanctæ Dei genetricis, omni populo applaudente, ducta est, et post laudes Deo redditas, volente Deo, paucis diebus transactis transiit ab hoc seculo.

1095. (*Ib.*) Elinandus, bonæ memoriæ Laudunensis episcopus, obiit; Ingelrannus succedit Elinando.

1097. Lanfranco Cantuariensi archiepiscopo defuncto, Anselmus abbas Beccensis, pro sua sanctitate et doctrina non solum in Normannia, sed etiam in Anglia jam celeberrimus, successit in presulatu. Qui licet a rege Willelmo et principibus terre totiusque ecclesie conventu susceptus honorifice fuisset: multas tamen molestias et tribulationes postmodum sub ipso rege passus est pro statu ecclesie corrigendo. Nam reges Anglie hanc injustam legem jam diu tenuerant, ut electos æcclesie presules ipsi per virgam pastoralem ecclesiis investirent.

1099. Erat autem (*Ansellus de Ribodimonte*) vir prudentissimus et exercitui satis utilis, atque erga beatum martirem Quintinum adeo devotus, ut singulis annis solemnitatem ejusdem martiris, die suo clericis undecunque congregatis, coram se celebrari faceret, eisque post peractum officium copiosam refectionis mensam pararet.

1105. Vigilia natalis Domini terremotus magnus factus est in Jherosolimis. Duo orbes in modum solis, forma et lumine cotidiano soli similes, apparuerunt, omnium colorum specie radiantes ad instar arcus celestis.

1112. Sed et antequam ista gererentur, violata fuerat eadem sancte Dei genetricis ecclesia (*Lauduni*) proditione et homicidio cujusdam nobilissimi militis, nomine Gerardi, qui erat dominus castri, quod vocatur Carisiacus. Quem in oratione positum ante sanctam Christi imaginem, homines ipsius episcopi facta conjuratione occiderunt. (GUIBERT. *De Vita sua* III, 11) Ante hos dies natus ibidem fuerat puer geminus a clune superius, duo scilicet habens capita, duo usque ad renes cum suis brachiis habens corpora; qui baptizatus, triduo quoque vixit.

1113. Bernardus, juvenis egregius, scientia, moribus et genere clarus, vir postmodum magnæ virtutis exemplar futurus, Castellione (536) castro Burgundiæ oriundus, cum germanis fratribus et aliis comitibus multis Cistercii habitu religionis induitur, et miro religiositatis fervore conversatur.

1114. Hic est Cono, unus ex illis religiosis viris qui heremiticam vitam apud Truncum Berengeri (537) primo duxerunt, et Arroasiani ordinis auctores extiterunt, qui ordo usque hodie floret et crescit.

1128. Hoc anno multi de pago Suessonico sacro igne accensi, ad ecclesiam beatæ Dei genitricis Mariæ in civitate Suessorum sitam convenerunt, ibique diebus paucis misericordiam Dei et beatæ virginis succursum prestolantes, sicut plenius refert libellus eorundem miraculorum, salutem ipsius meritis et precibus consequti sunt, ita ut intra quindecim dies centum et tres nominatim ab hoc igne restinguerentur, et tres puellæ distortæ sanitati redderentur.

VARIÆ LECTIONES.

[530] *legendum esse videtur* cute. PERTZ.

NOTÆ

(536) Châtillon.
(537) Seu Arroasia, nunc Aruaise, in Artesio, ubi ordo ille ab Heldemaro, Conone et Rogero fuit institutus. Cf. Acta SS. ad diem 13 Januarii. STRUVE.

Facta sunt ibi deinceps et alia multa miracula, inter que duo fuerunt eminentiora ; unum scilicet de naso mulieris et labio divinitus reformato ; aliud de puero in visione ante Deum rapto, ubi dominam nostram virginem Mariam se vidisse asseruit, pro populi salute supplicantem, et hoc responsum a filio benigne accepisse : *Mater tu es maris stella, fiat sicut vis.* Sed dum queritur beata virgo super domo sua, que vilis et abjecta erat, pre ceteris iterum a filio suo audivit, quod de trans mare et de trans Rhenum pecuniam faceret afferri, unde domus ædificaretur, et in oculis omnium respicientium illustris appareret. Cujus visionis tam in claritate operis, quam in copia oblationum tot sunt testes hodie, quot videre volunt. Predixit etiam idem puer paulo post se moriturum, et vix unum mensem supervixit. Sed et mirum valde de hoc puero erat, quod omnem historiam veterem rhythmice depromebat, textum vero evangelii et actus Domini ita recensebat, acsi in libro legeret, et dictata ab aliis pronuntiaret ; qui etiam cum hec clausis oculis diceret, laicis et illiteratis vix loqui dignabatur, quasi eorum ignorantiam pertæsus, qui tam profunda intus audiebat.

1129. (*Cont. Mort.*) Cœnobium Ursicampi fundatum est a nobilissimo presule Noviomensi, domino Symone, qui Hugonis magni filius fuit, frater autem Radulfi comitis, et regis Ludovici patruelis, adducto conventu monachorum a Claravalle, et domno Waleranno primo abbate ordinato, qui primus ex nobilioribus personis Clarevallem sua conversatione illustravit.

1131. Sed presules ecclesiarum ac principes seculi promptissime annuebant, vel etiam sponte offerebant terras, prata, nemora, et cetera que monasteriis edificandis necessaria erant. Ecclesia sanctæ Mariæ in episcopio, totaque pene civitas Noviomensis incendio conflagravit, justo ut fertur infortunio, quia summum pontificem Innocentium verbis irrisoriis multi illorum exhonoraverunt. Clarevallis duo cœnobia una die produxit, scilicet Longipontum et Rievallem, et post paucos menses Valcellas.

1132. Obiit vir sanctus Hugo Gratianopolitanus episcopus, cujus religiosam admodum vitam conscripsit Gigo prior Cartusie.

1135. Monasterium de Prato fundatum est sub primo abbate Petro ; prima plantatio quam protulit pater Walerannus, ex propria domo.

1138. (*Ib.*) Hoc tempore venerabilis vitæ Alexander, primus abbas Mortui maris, se et domum suam tradidit abbati Ursicampi.

1140. Cœnobium sanctæ Mariæ de Fresmont (538) a pie memorie Waleranno primo abbate Ursicampi fundatum est, sub electo patre Manasse.

1141. Orta dissensione inter papam Romanum et Francorum regem Ludovicum, ecclesia Gallicana turbatur. Defuncto enim Alberico Bituricensi archiepiscopo, missus est Petrus, a papa Innocentio eidem ecclesiæ pastor consecratus ; sed a rege Ludovico repudiatus, eo quod sine ejus assensu fuerit ordinatus, in civitatem minime recipitur. Cujus partes quia, propter reverentiam seu voluntatem papæ, comes Theobaldus fovere videbatur, simultas, quæ sopita putabatur, inter regem et ipsum cœpit repullulare.

1142. Obit pater Walerannus, abbas Ursicampi, fundator duarum abbatiarum (539), excepta tercia (540), quam sibi adoptavit in filiam.

1146. (*Ib.*) Apud Norwicum Angliæ civitatem Judei crucifixerunt puerum quendam christianum, nomine Willelmum, quem etiam foras civitatem ab eis sepultum, divina lux, ut ferunt, super eum emicans declaravit ; sicque a fidelibus inventus, honorabiliter est in ecclesia positus.

1148. Sanctæ memoriæ Malachias, Hibernorum episcopus, et apostolice sedis legatus, voluntate Dei finem vite sortitus, apud Clarevallem, sicut ipse preelegerat et predixerat, locum sepulturæ accepit ; cui successit Christianus abbas Mellifontis, vir plurima sanctitate præditus, qui ejusdem sancti viri archidiaconus extiterat, et primus abbas de ordine Cisterciensi in Hiberniam ab abbate Clarevallis sacræ memoriæ Bernardo fuerat destinatus.

1151. Hanc optimorum virorum migrationem forte significavit, quod in pago Suessonico eodem anno accidit. Cum enim hiemali gelu terra vehementer induruisset, cespes plurimæ longitudinis et latitudinis, de terra subito avulsus, longe ad alium locum est translatus.

1154. Robertus de Botua, vir omni plenus nequitia, nepotum suorum castra ingressus, dolose tyrannidem exercet in terra (cf. *Cont. Præm.*) Qui spiritu etiam zelotipie succensus, quendam hominem suum satis fidelem, cum alio viro, et una muliere, intra domunculam comburendos jubet includi. Illi vero instar antiquorum trium puerorum domo ardente, et flamma super capita eorum in modum lucidæ nubis volitante, illæsi permanserunt. Quos foras egressos cum persequeretur iniquus ille minister, cui dominus suus hoc facinus injunxerat, et evaginato gladio unum ex eis ferire voluisset, repente quædam invisibilis persona retro eum per comam capitis apprehendit, et cum equo, cui sedebat, in terram præcipitem dedit. Unde et mox ad Sanctum Jacobum se iturum esse spopondit, sed et illi, quos propria conservavit innocentia, gratiam Dei non in vacuum accipientes, vitam suam in melius mutaverunt.

NOTÆ.

(538) Frigidus Mons, diœc. Bellovacensis.
(539) De Prato et Frigidus mons.

(540) Mortuum mare.

AUCTARIUM NICOLAI AMBIANENSIS.

Nicolaus Ambianensis circa a. 1203 breve chronicon ab O. C. usque ad a. 1205 scripsit octo libris, totum ad verbum compilatum ex Eusebio, Hieronymo, Sigeberto ejusque continuatoribus Ursicampino atque Aquicinctino, quibus aliunde petita interspersit ea tantum quæ hic damus e codice regio Parisiensi inter Supplementa Latina n. 785, s. XVIII descripto e codice olim Pithœano, tum Christinæ, nunc Vaticano n. 444, membr. s. XIV. Ex eodem codice regio annos 1115-1204 excerptos jam edidit Dom Brial XIV, 21, XVIII, 701.

424. Qui cum a quodam monacho super eo, quod petebat, sepe repulsam patiente excommunicatus esset, et monachus aufugisset, dixit se nolle sumere cibum, donec absolveretur ab eo. Verum cum loci illius episcopus pronunciaret eum absolutum, presertim cum non quilibet excommunicandi habeant potestatem, non acquievit tamen imperator, quousque ab excommunicatore fuisset absolutus.

555. Qui insimulatus a populo suo, eo quod missam celebrans diluculo, statim cibum sumeret, ad quod tamen eum infirmitas impellebat, Romam pergens sitiensque in deserto quo transibat, silvestres cervas stare jussit, steteruntque, quousque lacte earum potus est et refectus. Deinde pauper Christi non habens unde papam honoraret, inspectas aves volantes aptas edulio ejus itinere pedestri, euntes ad presentiam Vigilii eidem dedit. Qui cognita viri sanctitate, omni contra eum calumpniam. . . . . .

635. Hoc electo milites Romani invaserunt ecclesiam Lateranensem, omnia vasa aurea et argentea asportantes, et inter se partem dividentes, partem erario transmiserunt. Mauritius autem cartularius et Isacius patritius et exarcha totius Italie, quibus actoribus facta sunt, non diu impunitate gavisi sunt; nam Mauritius ab Isacio decollatus est postea, et Isacius a Deo percussus.

636. Hujus tempore Pyrrus ob heresim depositus a sede Constantinopolitana, ex Affrica Romam venit, et erroris penitentiam a Theodoro papa supplicans impetravit; et antequam exiret urbem, ad vomitum rediens excommunicatus est. Similiter et Paulus ejusdem sedis patriarcha hereticus a nunciis beati Theodori resipiscere monitus, nec acquiescens, depositus est.

648. Hic Paulum Constantinopolitanum, qui Constantinum imperatorem docuerat credere nullam operationem aut voluntatem in Christo, concilio centum quinquaginta episcoporum excommunicavit. Ad Italiam ergo regendam et ad heresim illam ibidem promulgandam missus Olimpius cum nihil proficeret, de conatu Martini pape mortem machinans, cum ab eo communionem in ecclesia sancte Marie ad presepe reciperet, expectans ut spatarius suus illum, sicut condictum fuerat, confoderet, excecatus a Deo spatarius de proditione veniam postulavit. Sed et Olimpius penitens ad fidem rediit et culpam confessus. Deinde ad idem nephas alii ab imperatore directi, in Cersonam deportavere Martinum, ubi defunctus est postea, et corpus ejus demum Romam relatum, sepultum est in ecclesia sancti Silvestri.

679. Hujus tempore ecclesia Ravennas, que diu recesserat a Romana, rediit ad cam.

684. Sub hoc indultum est ab imperatore, ut Romanus papa nullius requisito consensu, statim ex quo eligitur, consecretur.

786. Qui Constantinopolim aliquando veniens, a Justiniano honorifice susceptus, urbis regie privilegia renovavit. Quo reverso Romam, trucidatur Justinianus a Philippico imperium arripiente heretico. Qui propter heresim nec Rome habitus est imperator, nec Petrus ab eo missus Ravennam, ut Italie et Romanorum dux esset, recipi potuit a Romanis.

902. His temporibus Gormundus rex Affricæ de secta Mahometh collectis copiis regnum Anglorum mari transvectus invasit. Ad quem confugiens Hysembertus, in avunculum suum Ludovicum res novas moliens, promisit ei, quod ope ejus Franciam obtineret. Qui vana spe ductus, navibus multis bellatorum plenis Pontivo applicans, maritima populatus est. Cujus exercitum pervagantem extra menia Ambianensium, fessis bello civibus, indigne ferentes matrone, egresse urbem cum armis, hostes ad castra fugere compulerunt. Unde privilegium hoc meruerunt, quod in ecclesia mulieres a dextris sedeant. Ambianis rex autem Francorum profligavit deinde Sarracenos illos, Gormundo rege et Hysemberto proditore gladio interemptis.

1147. Nicholaus Ambianensis nascitur, qui hanc seriem cronicorum digessit.

1152. Theodoricus Ambianensis episcopus suam cathedralem ecclesiam in honore beate Marie et beati Firmini martyris consecrari facit a Samsone Remensi archiepiscopo, vicinis presulibus convocatis.

1155. In territorio Noviomensi Cansiolis, in ecclesiola, monachi supervenientes in fenestula negligenter positum calicem et stupam intus sanguine rubentem deprehendentes, a presbytero culpam confitente didicerunt, cum stupa illa solitum calicem detergere per incuriam, facta perceptione sacrificii.

1187. Gregorius Romane ecclesie presidet 171[us]; qui statim ad invitandos populos ut ecclesie orientali succurrant, legatos per diversas regiones transmittit; agressusque Ferrariam, Romam properans,

Lucam, inveniens ibi confracto sepulchro Octaviani ossa dejecit extra ecclesiam. In crastino Pisas veniens, magnos viros cruce signavit, statimque morbo correptus Gregorius VIII, qui octo processiones in via habuit, octo hebdomadis sedit, octo diebus morbo laborans vitam finivit, octavam resurrectionis expectans.

1200. Eodem tempore Innocentius armatus singulari zelo just'tie Philippum dictum regem Alemannorum et Arragone et Hyspanie et Hungarie reges pro diversis excessibus excommunicatione aut interdicto condemnat.

1202. Wilelmo Remensi non memorie sed invite vite substituto, clerici Remenses diu Rome de successore contendunt.

1203. Innocentius orta inter ipsum et Romanos discordia in Campaniam transit. Ecclesia Bulgarorum ad unitatem rediens ecclesie Romane se subjicit, ei in sacramento altaris et aliis quibusdam Latinorum usibus assuescit; sed et eorum dux fidelitatem facit Romano pontifici, qui per manum Leonis legati sui ipsum injungit et coronat in regem.

Franci ad succurrendum orientali ecclesie multo Venetiarum evecti navigio, astu Venetorum, cum quibus conventiones inierant[531] juramento firmatas, Sclavorum maritima depopulantur. Deinde cum ipsis Constantinopolim invadunt, rogatu Alexii heredis imperii. Quem et ejus patrem Secacum depulsos restituunt, tyrano imperii pervasore depulso. Pater ingratus filium concilio Grecorum ab amore Francorum avertit. Sed filius necessitate cogente ipsos iterum colit. In hoc tumultu quidam coronam imperii arripiens, die sue coronationis trucidatur a Grecis. Morculphus, secretarius Alexis et patris ejus, ambos interficit, assensu Constantinopolitanorum, quibus permittens Francorum exitium, fit imperator infaustus. Cum Francis crebris preliis congreditur in omnibus victus. Apriorati Franci inopinata audacia auxilio Venetorum navali prelio urbem impellunt, muros ascendunt, et intrantes urbem Grecos detruncant, munitiones capiunt, clandestinam fugam arripiente Morculpho plus quam.. . [532] finitimos armis vexant. Eorum terror asserit... [533] urbes et turres et fere totum optinentes imperium, consilio ducis Venetie imperatorem eligunt Balduinum', illustrem Flandrensium comitem, qui facit in cathedralibus ecclesiis Latinos clericos ordinari, Grecos ipsis et per ipsos Romane ecclesie obedire compellens. Electus in patriarcham Venetus quidam, Rome per manum Innocentii consecratur[533].

Rex Francorum Normanniam, Pictaviam capit, regis Anglorum nefandos[534] ultus excessus.

Innocentius principem Arragoñensium inungit in regem.

VARIÆ LECTIONES.

[531] ingerant *cop*. [532] *Aliquid excidisse videtur, quamquam copia nil tale indicat.* [533] consecravit *cop*. [534] nefandus *cop*.

ROBERTI DE MONTE CHRONICA

EDIDIT D. LUDOWICUS CONRADUS BETHMANN

De vita atque scriptis Roberti de Torinneio, abbatis in Monte Sancti Michaelis, supra ,col. 51, egimus. Sigebertum descripsit anno 1150 ex codice Bellovacensi D, *cum omnibus hujus additamentis. Quae ipse de suo addidit, Angliam tantum spectant atque Northmannos. Anglica desumpsit omnia ex Henrico Huntingdonensi, Northmannica ex Willelmo Gemmeticensi, ex Historia Henrici a Roberto ipso Willelmi libro addita* (541), *ex Orderico Vitali, Fulcherio Carnotensi, ex Milonis Vita Lanfranci* (542) *et Willelmi* (543), *Eadmeri Vita Anselmi* (544), *e miraculis sancti Wulfranni* (545), *passione sanctorum Maximi et Venerandi, et ex Originibus Cisterciensibus* (546). *Catalogum denique archiepiscoporum Rothomagensium totum confecit ex Annalibus Rothomagensibus* (547), *ex quibus paucula quoque alia sumpsit. Chronicon quoque quod Sigeberto subjecit, in primis quadraginta annis nil fere est nisi compilatio ex Henrico Huntingdonensi, Willelmo Gemmeticensi, Historia Henrici, Sigeberto, Fulcherio Carnotensi, Orderico Vitali, Vita Lanfranci atque epistola crucifero-*

NOTÆ.

(541) Historiam Henrici noster ipse vocat; plerumque citatur tamquam liber octavus Willelmi Gemmeticensis.

(542) Conscripta circa a. 1150, in Actis SS. 28 Maii, apud Mabillon. Act. SS. Ben. VI, 2, et in Lanfranci operibus a Dacherio edita.

(543) Edita a Dacherio post Lanfranci opera. Vitam Bosonis abbatis jam habuisse Robertum, vix crediderim.

(544) Paulo post a. 1122 conscripta, in Actis SS. 2 April.

(545) Dachery Spic. II, 286.

(546) Hunc libellum adhibuit etiam in tractatu

De immutatione ordinis monachorum.

(547) In Labbei Bibl. ms. I, 364, at non integri, sed « vulgaribus omissis » editi. Deducuntur quidem a Christo ad a. 1544, sed jam multo ante compositos varioque deinde tempore continuatos esse apparet. Ita in a. 1145 calamum deposuisse videtur scriba, aliusque circa annum demum 1173 resumpsisse: quae enim inter hos annos leguntur netulae, summa brevitate sua suturam satis produnt. Exstiterunt autem jam ante a. 1110. Tunc enim ex eis excepti sunt Annales Fontanellenses (in codd. Bruxellens. 7815 et 7821, a Christo usque ad a. 1110 cum continuatione brevissima a. 1127-

rum (548); *postea suis vestigiis incedit. In chronologia fontes suos non semper accurate secutus est; neque in iis quæ suis temporibus gesta sunt, imo quæ inter scribendum et quasi ipso præsente evenerunt, ab erroribus satis sibi cavit* (549), *non raro quæ diversis annis acta erant, in uno confundens. Fides tamen animusque veri studiosus in Roberto nequaquam est addubitandus ; multumque dolendum, quod vir tantæ scientiæ tantoque loco positus Sigeberti exemplo se induci passus est, ut annalista potius fieret, quam historicus.*
 Continuationes tres novimus: Harleianam a. 1158-1168 *in codice* E5b *ineditam , Gemmeticensem a.* 1187-1210, *magna ex parte jam ante a.* 1269 *conscriptam; quam ex* E8h *dedit editio princeps et post hanc Schardius, Pistorius, Struve, Bouquet* XVIII, 338 ; *Vallomotensem a.* 1169-1259, *e codice* E8b *editam a Duchesne* SS. *Norm.* 1003 *et Bouquet* XVIII, 345. *Quæ continuationes cum ad Germanicas res nil prorsus conferant, nos non censuimus iterum edendas* (550). — *Codices Roberti enumeravimus supra col.* 49. *Edidit primus a.* 1513 *Antonius Rufus in editione principe Sigeberti, at non integrum, sed a.* 1154-1186 *tantum, cum continuatione Gemmeticensi, e codice* E8h. *in prima parte, ut vidimus, multum decurtato; quæ editio horret mendis turpissimis, magnamque præterea confusionem per sæcula fecit eo quod continuationem Ursicampinam nostræ præponens huic data unum opus unius ejusdemque auctoris dicit Roberti de Monte. Repetierunt eam Schardius, Pistorius, Struve. Deinde a.* 1619 *Duchesne in Scriptoribus rerum Normannicarum sub titulo Chronicæ Normanniæ edidit partem chronici Robertini abbreviatam a.* 1158-1169, *cum continuatione Vallomotensi, e codice* E8b. *Integrum Roberti opus a.* 1651 *primus edidit Dachery, post opera Guiberti Novigentensis, e codice* E, *quem quamvis non accurate ubivis reddiderit, illud tamen meritum semper ipsi remanebit, quod per eum primum, quodnam opus Roberti sit genuinum, viri docti et scire potuerunt et uti eo. Tum a.* 1786 *Brial* XIII, 285 *Robertum dedit excerptum, secundum Dacherii editionem, quam hic illic ex* E2, 7b, 8d, 9, *emendavit, notisque illustravit satis utilibus;* XVIII, 538 *continuationem dedit Gemmeticensem ex editione principe, et Vallomontensem inde ab a.* 1210, *e codice* E8b.
 Nos denique Roberti Chronicon hic proponimus e codice magnam partem autographo E *accurate expressum, prout auctor ipse a.* 1184 *illud correxit. Calami errores, qui rari sunt, notavimus omnes ; atque ubi manus calamusve mutatur, semper id indicavimus. E reliquis codicibus adhibuimus* E2, 5a, 4, 5, 7b, 8b, d, e, f, h, *ita ut additamenta eorum daremus omnia, et quæ iis desunt, notaremus, exceptis* 2, 5, 8f, *qui textum tam arbitrario modo mutaverunt, ut inter codices Roberti vix queant haberi. Porro varias lectiones ex reliquis adjicere, ubi ipsius auctoris codex omnem dubitationem adimit, inutile visum est, nisi ubi vel rasuræ in* E, *erant vel varietas illa ad diversas Roberti recensiones cognoscendas conferre aliquid poterat. Hæc semper indicavimus. Quæ ex aliis descripsit Robertus fontibus in margine positis expressimus, ne omissis illis Chronici integritas turbaretur. Additamenta autem quæ Sigeberto aspersit cum fere omnia ad verbum ex aliis sint petita, horum prima tantum ultimaque verba ponere sufficiebat, fontibus in margine indicatis; reliqua vero dedimus integra.*

385. (586. — *A. Roth.*) Subrogatur Petrus archiepiscopus Rothomagensis septimus.

405. (*Ibid.*) Subrogatur Victricius archiepiscopus Rothomagensis octavus, cui Innocentius papa misit decretalem epistolam.

409. Subrogatur sanctus Evodius nonus archiepiscopus Rothomagensis.

417. (*Ibid.*) Subrogatur Innocentius decimus archiepiscopus Rothomagensis.

426. (*Ibid.*) Subrogatur Evodius 11us archiepiscopus Rothomagensis.

430. (434. — *Ibid.*) Subrogatur Silvester 12us archiepiscopus Rothomagensis.

441. (442. — *Ibid.*) Subrogatur Malsonus archiepiscopus Rothomagensis 13us.

451. (*Ibid.*) Subrogatur Germanus archiepiscopus Rothomagensis 14us.

459. (*Ibid.*) Subrogatur Crescentius 15us archiepiscopus Rothomagensis.

475. (*Ibid.*) Claruerunt sanctus Gildardus 16us archiepiscopus Rothomagensis et sanctus Remigius

A Remensis episcopus, et sanctus Laudus Constanciensis episcopus, consecratus a Gildardo.

499. (*Ibid.*) Subrogatur Flavius 17us archiepiscopus Rothomagensis.

534. (*Ibid.*) Subrogatur Prætextatus 18us archiepiscopus Rothomagensis.

569. Natus est sanctus Wandregisilus.

582. (584—*A. Roth.*) Interficitur Prætextatus Rothomagensis archiepiscopus, cui succedit Melantius 19us licet indigne, quia, ut fertur, de nece ejus particeps fuit [538].

595. (596—*Ib.*) Subrogatur Hildulfus 20us archiepiscopus Rothomagensis.

596. Transitus sancti Ebrulfi abbatis [515].

625. (*Ib.*) Sanctus Romanus, mire sanctitatis, fit
B archiepiscopus Rothomagensis 21us.

635. (635—*Ib.*) Defuncto sancto Romano ordinatus est sanctus Audoenus 22us Rothomagensis archiepiscopus [538].

652. Constructa sunt fundamenta ecclesie sancti Wandregisili [538] (551).

677. (680—*Ib.*) Sanctus Audoenus transit ad Dominum

VARIÆ LECTIONES.

[538] *postea additum in margine.*

NOTÆ.

1204 alia manu scripta) et Cadomenses (apud Duchesne SS. Rerum Northmannicarum p. 1015; in his quoque post a. 1110 nil legitur usque a. 1120). Ordericus quoque iis usus videtur, et fortasse etiam Acta archiepiscoporum Rothomagensium, conscripta apud S. Audoenum tempore Gregorii VII, in Mabillon. Annal. vet. Hi quatuor igitur quum permulta habeant, quæ et Robertus, huic tamen nil debent, neque Rob. his ill s.

(548) A. 1124.
(549) Cf. 1114, 1117, 1125, 1126, 1140, 1145, 1146 sqq. 1180, 1181, 1182.
(550) Chronicon a. 1187—1268 quod legitur in D1, et auctius in B4''', non est continuatio Roberti, quocum nil habet commune. Auctor ejus Lemovici vixit, circa a. 1250.
(551) A. 645, id factum dicunt Gesta abb. Font. c. 6.

minum; cui succedit sanctus Ansbertus 23us Rothomagensis archiepiscopus.

695. (*Ib.*) Defuncto sancto Ansberto succedit Grippo 24us Rothomagensis archiepiscopus.

719. (*Ib.*) Subrogatur Ravilandus 25us Rothomagensis archiepiscopus.

722. (*Ib.*) Claruit Hugo sanctus 26us Rothomagensis archiepiscopus qui prefuit etiam ecclesiis Parisiacensi, Bajocensi, abbaciis eciam Gemmeticensi et Fontinellensi [535*].

730. (*Ib.*) Defuncto sancto Hugone succedit Ratbertus Rothomagensis archiepiscopus 27us.

741. (739 — *Ib.*) Subrogatur Ragenfridus 28us Rothomagensis archiepiscopus.

755. (754 — *Ib.*) Subrogatur Remigius 29us archiepiscopus Rothomagensis frater uterinus Pipini regis.

761. (Ord. Vit. Hunt. iv.) Mortuo Ædelbrith rege Anglorum regnavit Ecgfet.

772. (*A. Roth.*) Subrogatur Mainardus 30us archiepiscopus Rothomagensis.

780. (*Ib.*) Subrogatur Willermus (552) 31us archiepiscopus Rothomagensis.

794. (Hunt. iv.) Mortuo Ecgfrerd rege Anglorum regnavit Egfrid Pren tribus annis, et captus est et abductus a Cenwolfore.

798. (*Ib.*) Cudred rex Anglorum regni infulas optinuit novem annos.

802. Obiit Remigius Rothomagensis archiepiscopus cui succedit domnus Hugo, filius Karoli augusti imperatoris et regis Francie.

806. (*Ib.*) Mortuo Cudred regnavit Baldred 28 annis.

828. (*Ib.*) Beatus Hugo relicto archiepiscopatu Rothomagnensi effectus est monachus Gemmaticensis (553).

834. (*Ib.*) Fugato Baldred cessavit regia stirps Cantuarie, et de alienis regnavit Athelwifus 19 annis [535*].

856. (*Ib.*) (554) Herio insula translatio sancti Philiberti 7 Id. Jun. quando Northmanni vastaverunt Britanniam et alias terras.

857. (858 — *Ib.*) Subrogatur Gumboldus 34us archiepiscopus Rothomagensis et obiit sanctus Hugo.

842. (*Ib.*) Translatio sancti Audoeni archiepiscopi, quando vastaverunt Northmanni Rothomagum et succenderunt monasterium illius, Id. Mai.

849. (*Ib.*) Subrogatur Paulus 35us archiepiscopus Rothomagensis.

851. (*Gemmet.* i, 5, 11, ii, 11.) Bier filius Lotroci — disparuit.

855. (*A. Roth.*) Mortuo Paulo subrogatus Wanilo 36us archiepiscopus Rothomagensis.

859. (Hunt. v.) Sepulto Ædelbaldo apud Scyreburnam, regnavit frater ejus Ætelbrith quinque annis, cujus duces Dacos vicerunt [536].

863. (*Ib.*) Mortuo Ætelbrith regnavit frater ejus Altelred sex annis.

865. (*A. Roth.*) Venerunt Northmanni medietate Julii. Obiit Wanilo, cui successit Adalardus 37us archiepiscopus Rothomagensis.

869. (*Ib.*) (555) Obiit Adelrardus, cui successit Riculfus 38us archiepiscopus Rothomagensis.

869. (Hunt. v.) Mortuo Altelred, qui contra Dacos cum fratre suo mire conflixit, regnavit Alfredus frater ejus viginti octo annis; qui fecit magna [536].

872. (*A. Roth.*) Obiit Riculfus, cui successit Johannes 39us archiepiscopus Rothomagensis.

874. Obiit Johannes, cui successit Witto 40us archiepiscopus Rothomagensis.

875. (*Ib.*) Obiit Wito, cui successit Franco 41us archiepiscopus Rothomagensis.

876. (*Gemm.* i, ii.) Northmanni origine Dani — iterum repetens sibi copulavit.

893. (*A. Roth.*) Capta civitas Ebroicensis; sed episcopus Sebar Deo auctore evasit.

899. (Hunt. v.) Edwardus rex Anglorum — Merce [536].

908. (*Ib.*) Rollo primus dux — civitatem liberavit.

912. (*Gemm.*) Babtizatus Rollo — Longamspatam et Gerloch, filium scilicet Berengarii comitis Bajocensis, neptem vero Widonis comiti Silvanectensis. De hoc retro invenies plenius.

915. (*A. Roth.*) Relatus est beatus Audoenus de Francia in Normanniam Kal. Febr. regnante Karolo.

917. (*Ib.*) Obiit Rollo primus dux Normannorum, cui successit Willermus Longaspata filius ejus.

919. (*Ib.*) Obiit Franco, cui successit Guntardus 42us archiepiscopus Rothomagensis.

923. (Hunt. v.) Edwardo filio — Bruneberi.

934. (*Gemm.* iii, 2.) Factum est prelium — fratri destinavit.

936. (Hunt. v.) Mortuo Athelstan — dominio tenuit.

938. (*Gemm.* iii, 2.) Henricus presul — Rollonis.

942. (*A. Roth.*) Obiit Guntardus, cui successit Hugo, monachus habitu, non corpore, 43us archi-

VARIÆ LECTIONES.

[535*] *postea additum in margine.*   [536] *Hæc postea addita sunt, sed ab eadem manu.*

NOTÆ.

(552) *Guilleboitum* vocant A. Roth., Ordericus et Acta archiepiscop. Rothomagensium.

(553) Hæc non ex Ann. Rothom. hausit noster, qui Guilleberto subjiciunt Ragoardum a. 828; tum statim Gumboldum a. 858. Reliqui quoque, Acta Arch. Rothomagensium, Ann. Fontanellenses, Cadomenses, Ordericus, cum Annalibus Rothom. faciunt.

(554) Apud Labbeum quidem hæc desunt; sed cum et Annales Fontanellenses et Cadomenses, e Rothomagensibus excepti utrique, ea habeant, cumque Labbeus dicat se vulgaria omisisse in editione sua, hæc quoque in Ann. Rothom. adfuisse, sed a Labbeo omissa esse, dubium vix videtur.

(555) Desunt quidem apud Labbeum; sed leguntur in Actis arch. Roth. et apud Ordericum.

episcopus Rothomagensis. (GEMM. III, 10, 12, IV, 1.) A nomen Edmundus Ireniside, id est ferreum latus [537].
Occiditur Willermus Longaspata dux Normannorum
— qui vetus dicitur, quem de Sprota genuit.
(HUNT. v.) Mortuo Edmundo — obtinuit.
951. (Ib.) Edredo rege — regnum tenuit.
955. (Ib.) Mortuo Edwi — Tedfordia.
960. (A. Font) Menardus abbas cenobium Fontinellam reedificat.
964. (Mir. Wlfrid. v.) (556) Hoc tempore — reverentia. Progeniem autem eorum et patriam et vitam et passionem libet breviter intimare. Valentiniano — sepelierunt.
(Gemm. IV, 18.) Emma uxor—Rothomagensis.
966. Hoc anno ejecit Ricardus marchisus et dux Normannorum clericos seculares de hoc monte et aggregavit ibi monachos sub regula sancti Benedicti Deo perpetuo servientes [536*].
971. (HUNT. v.) Mortuo Edgaro — secuta est.
972. (Gemm. IV, 7, 8.) Venit Aigroldus—corroboratus est.
975. (HUNT. v.) Omnes obtimates — conterendi.
977. (Ib.) Occiso sancto Edwardo — labore.
989. (A. Roth.) Subrogatur Robertus 44us archiepiscopus Rothomagensis.
996. (Ib.) Obiit primus — secundus. Ipse Ricardus apud Fiscannum, pater Willermus et Rollo avus apud Rothomagum requiescunt.
1001. (Ib.) Obiit Willermus primus abbas Fiscannensis.
1006. (HUNT. VI.) Circa hoc tempus — in Anglia. (A. Roth.) Obiit Hildebertus abbas Sancti Audoeni, qui ipsum locum restauravit. Audi, quod nesciebas, quomodo conjuncti sunt ducatus Aquitanie et ducatus Pictavie. Willermus pius, dux Aquitanie, habebat cognatum unum Rainaldum comitem Pictavie, qui ex propria uxore habebat filium nomine Eblum. Quem, cum pater ejus moreretur, tradidit eum nutriendum sanctus Geraldus Willermo pio, duci Aquitanie, cognato suo. Ilic Willermus Aquitanie dux fecit monasterium Cluniacense; et uxor ejus Eva post aliquantulum temporis, cum dux Willermus pius venisset ad extrema, dedit ducatum Aquitanie Eblo suo cognato, comiti Pictavie; et extunc una persona est dux Aquitanie et comes Pictavie [537] (557).
1012. (Gemm. v, 13.) Ricardus dux Normannorum, qui secundus dicitur — repatriando defunctus est.
(HUNT. VI.) Mortuo Adelredo—occisus est cujus cognomen Edmundus Ireniside, id est ferreum latus [537].
1014. (Gemm. v, 9; ib. VII, 22.) Mortuo Edmundo —viginti annis.
1017. (A. Roth.) Obiit Judith — Ricardi.
1024. (Gemm. v, 7; ib. v, 16.) Post mortem Judith — de Archis. Idem Ricardus — coegit. Dedit etiam idem secundus Ricardus duas villas optimas in Normannia, scilicet Wellebum super Sequanam, et Cambajum in Oximensi pago (558), antecessoribus Symonis comitis Wilcasini, ut liceret exercitum Normannie pacifice transire per terram suam ad supradictam expeditionem peragendam.
1026. (A. Roth.) Mortuo Ricardo secundo duce Normannorum, filio primi Ricardi, success't ei filius ejus Ricardus tercius. Hic genuit Nicolaum postea abbatem Sancti Audoeni et duas filias, Papiam videlicet uxorem Walterii de Sancto Walerico, et Æliz, uxorem Ranulfi vicecomitis de Bajocis. Hic tercius Ricardus eodem primo anno ducatus sui mortuus est et successit ei Robertus frater ejus, qui genuit Willermum de Herleva non sponsata, qui postea Angliam conquisivit, et unam filiam nomine Æliz de alia concubina.
1027. (ORD. VIT. Gemm. VII, 21.) Mortuo Balduino comite Flandrensi, successit ei Balduinus filius ejus cum barba; qui duxit filiam Roberti regis Francorum, ex qua genuit Balduinum et Robertum Frisionem et Mathildem, quam Willermus dux Normannie duxit; (H. Henr. 34) de qua genuit Robertum, Willermum, Ricardum, Henricum, et filias Ceciliam, Constantiam, Ælith, Adelam, que nupsit Stephano comiti Blesensi. (HUNT. VI) De potentia — regis magni.
1030. (1031 — A. Roth.) Obiit Gonnor comitissa, uxor primi Ricardi.
1032. Lanfrancus Papiensis et Garnerius socius ejus, repertis apud Bononiam legibus Romanis, quas Justinianus imperator Romanorum anno ab incarnatione Domini 550 abbreviatas emendaverat, his inquam repertis operam dederunt eas legere et aliis exponere; sed Garnerius in hoc perseveravit; Lanfrancus vero disciplinas liberales et litteras divinas in Galliis multos edocens, tandem Beccum venit, et ibi monachus factus est sicut in sequentibus potest reperiri [538] (559).
1034. (Gemm. VI, 9.) Herluinus — dimittimus.
(HUNT. VI) Mortuo Canuto — domina.
1035. (Gemm. VI, 15.) Obiit Robertus — Henrici.

VARIÆ LECTIONES.

[536*] Hæc alia manus s. XII ex. scripsit in margine. Desunt reliquis omnibus. [537] Audi —Pictavie et cujus — latus in margine scripsit Robertus calamo eodem quo annum 1185. Desunt reliquis. [538] Hæc Robertus ipse exaravit calamo eodem, quo a. 1165, erasis quæ prius scripta fuerant Sigeberti verbis : Istius modi — replicare. Desunt reliquis, qui habent verba Sigeberti.

NOTÆ.

(556) In Dachery Spic. II, 286.
(557) Cf. Martini Historiam monasterii Novi Pictavensis in Martene Anecd. III, 1211, Bouq. XII, 118.
(558) Pays d'Yémes.
(559) Quæ dubium moveant in hac Roberti narratione exponit Savigny Geschichte des Röm. Rechts IV, c. 27, p. 21.

1037. (1036—*A. Roth.*) Obiit Robertus, cui successit Malgerius nepos ejus 45ᵘˢ archiepiscopus Rothomagensis.

1038. (Huxt. vi.) Haraldus — episcopus Estangle. (Gemm. vii, 17.) Obiit Hugo Bajocensis episcopus, et successit Odo (560).

1040. (Huxt. vi.) Fundamenta ecclesiæ sanctæ Marie in Gemmetico innovata sunt ab abbate Roberto, postea Cantuariorum archiepiscopo. Mortuo — 24 annis.

1041. (*Ib.*) Edwardus — Flandrensem comitem.

1042. (*Gemm.* vi, 9.) Lanfrancus — invenire potest.

1046. (Huxt. vi.) Hoc anno — corpore minuit.

1049. (*Ib.*) Eo tempore — successor ejus.

1051. (*Ib.*) Emma — fuerunt.

1052. (*Ib.*) Edwardus — Haraldi.

1054. (*Gemm.* vii, 21, 22.) Ex quo — Pratelli edificavit.

1055. (*Ib.* vii, 24.) Deposito Malgerio — Cantuariensis.

1060. (*Ib.* vi, 9.) Sanctus Anselmus — inveniet.

1063. (*Ib.*; Huxt. vi.) Lanfrancus — prelatione. Cum jam — crimen elegit.

1064. (*Ib.*) Dominator — perdidit.

1065. (*Ib.*) Dux Normannorum — 21. anno.

067. (*Ib.*; *A. Roth.*) Obiit Conanus — ecclesie 46ᵘˢ.

1070. Deposito Stigando apostata, qui prius fuerat episcopus Halmeensis, que sedes postea ad Norwich translata est, et postea episcopus Wincestrensis, ad ultimum episcopus Cantuariensis, et hos tres honores non causa religionis sed cupiditatis simul tenebat, unde a papa Romano excommunicatus fuerat : (*V. Lanfr.*) Lanfrancus — 18 annis.

1071. (Huxt. vi.) Rex Anglorum — subdiderunt.

1072. (*H. Henr.* 14.) Secundus Balduinus — obitum possedit.

1073. Monachi Becci in vigilia festivitatis omnium sanctorum de prima veteri ecclesia sollemni processione et magne gaudio devotionis venerunt in novam, quam beatus Herluinus ejusdem loci gloriosus abbas, Lanfrancus et Anselmus, viri magne auctoritatis, edificaverunt (561).

1074. (*A. Roth.*) Congregatum est concilium — Sagiensi : in quodam de negotiis ecclesiasticis, quam de regni utilitatibus diligenter tractaverunt.

1075. (*Cad.* 1074.) Willermus ⁵³⁹, rex Anglorum et princeps Normannorum, die sancto pasche in ecclesia Fiscanni obtulit filiam suam Ceciliam per manus Johannis archiepiscopi Rothomagensis Deo consecrandam. Inibi namque legem instituit, ne aliquis scilicet hominem assalliret pro morte alicuius sui parentis, nisi patrem aut filium interfecisset. (Huxt. vi.) Instituit quoque alia ecclesiæ et regno valde utilia. Idem rex — cum eo.

1077.(*Gem.* vi, 9.) Ecclesia Becci — peractum est. Huic etiam dedicationj interfuerunt episcopi Odo Bajocensis, Gislebertus Luxoviensis, Gislebertus Ebroicensis, Robertus Sagiensis, Arnaldus Cenomanensis. De letitia — disserere.

1078. (*Ib.*; Ord. Vit. v, 549.) Beatus Herluinus — licet ex meritis. Defuncto itaque — Gisleberto.

1079. (*A. Roth.*) Successit — Cadomensis. Anni ab origine mundi secundum septuaginta interpretes 5664.

1080. (Huxt. vi.) Factum est concilium apud Lislebonam in presentia Willermi regis Anglorum — servantur maxime in Normannia. Idem rex — posuit.

1083. (*Ib.*) Obiit Mathildis — incepit.

1084. (*Ib.*) Willermus rex — distulit.

1085. (*Ib.*) Hoc anno — reservavit ⁵⁴⁰.

1087. (*Gem.* vii, 44.) Obiit Willermus rex Anglorum et dux Normannorum — completo. (*H. Henr.* 2.) Hoc Willermo rebus humanis subtracto — apud Westmonasterium. (Huxt. vi.) His vero — Fiscanni. (*H. Henr.* 2.) Robertus namque primogenitus — contradictione suscepit. (*Gem.* vii, 45.) Eodem anno obiit — tredecim annis.

1088. (Huxt. vii.) Omnes nobiliores — exulavit.

1089. Obiit piæ — miseratio. (*V. Lanfr.* xx, 34, 56 [562].) Versus Anselmi archiepiscopi de Lanfranco decessore suo. Archiepiscopii — sedulus ipse laborat. (Huxt. vii.) Hoc anno terremotus fuit terribilis, portendens mala forsitan ventura, que propter hominum iniquorum peccata jam nostris temporibus vidimus impleta.

1090. (*Ib.*) Willermus — Fiscannum.

1091. (*Ib.*) Rex Anglorum — remanerent.

1092. (*Ib.*) Rex Anglorum — transmisit.

1093. (Ead. *V. Ans.*) Sublato de hac vita — abbatem primum. (Mil. V. Will.) Cui successit in eadem ecclesia Becci — Willermo. (Huxt. vii.) Eodem anno — occiderunt.

1094. (*Ib.*) Rex Anglorum — Philippum.

1095. (*Ib.*) Rex Anglorum — expugnaret.

VARIÆ LECTIONES.

⁵³⁹ Hoc nomen in E. semper abbreviatum scribitur Guillmus vel Willmus ; sine abbreviatione semel tantum in a. 1185. scribit Robertus ipse Guillermus ; quamobrem ubivis litteram r restituimus. ⁵⁴⁰ Provocaverat namque eum rex Philippus dicens : Tu jaces, inquit, quasi mulier puerperia; biberat enim potionem quia ægrotus erat. At ille remisit nuncios dicens : Dicite regi vestro quando ad missam iero centum millia candelas tibi libabo *addit* 2.

NOTÆ.

(560) Annum de suo Robertus addit; Guillelmus Gemmeticensis habet : *Circa hæc tempora Hugo*, etc.

(561) Annales Lirenses in codice civit. Ebroicensis n. 60, scripti paulo post a. 1156. hæc habent : 1074 *vigilia omnium sanctorum, 3 feria, venerunt monachi Beccenses de veteri monasterio in novam ecclesiam*.

(562) Carmen Anselmi apud Mabill. Acta SS. Ben. VI, 2, 659.

1096. (H. Henr. vii.) Robertus — reddidit.
1097. (Hunt. vii.) Cum igitur— Antiochiam.
1098. (Ib.) Cum Willermus rex Anglorum - Robertus de Belesme frater ejus. (Orig. Cist.) Cenobium Cisterciense — emanaverunt [541].
1099. (Vit. ix, 759.) Comes Normannorum — A bizanteos. Optulerunt igitur—perseverat [542]. (Hunt. vii ; Fulcher. [365]) Primus ibi tunc — conservata. (Hunt. vii.) Rex Willermus — Salesberie. (Fulcher.) De consilio Arvernensi — exaltetur.
1100. (Hunt. vii.) Willermus — agebant.

INCIPIT PROLOGUS ROBERTI IN EA QUE SECUNTUR, DE TEMPORUM DESCRIPTIONE, USQUE AD 1184 ANNUM [543].

De chronographia, id est temporum descriptione, in subsequentibus locuturi, primo detractoribus invidis et nostrum laborem inanem reputantibus breviter respondebimus; dein amantibus beninvolis, et id expectantibus, immo expostulantibus, rerum ordinem presenti prologo succincte aperiemus. Qui dicunt : Quid necesse est vitas vel mortes vel diversos casus hominum litteris mandare, prodigia celi et terre, vel aliorum elementorum scriptis impressa perpetuare? noverint, bonam vitam et mores precedentium ad imitationem subsequentium proponi; malorum vero exempla, non ut imitemur, sed ut vitentur, describi. Prodigia autem vel portenta preterita, que famem vel mortalitatem vel aliqua alia flagella superne vindicte pro meritis filiorum hominum, cum videntur, significant, ideo per litteras memorie commendantur, ut si quando similia evenerint, peccatores, qui se iram Dei in aliquo incurrisse meminerint, mox ad remedia penitentie et confessionis, per hec Deum placaturi, festinent. Hac de causa, licet alie non desint, Moyses legislator in divina historia innocentiam Abel, Caim invidiam, simplicitatem Jacob, dolositatem Esau, maliciam undecim filiorum Israel, bonitatem duodecimi scilicet Joseph, penam quinque civitatum per consumptionem ignis et sulphuris, manifestat; quatinus bonos imitemur, malorum esse pedisecos exhorreamus, prodigiosum autem incendium peccati fugiendo fetorem devitemus. Hoc non solum Moyses, sed et omnes divine pagine tractatores, et in historicis et in moralibus libris faciunt, virtutes commendando, vitia detestando, Deum timere simul et amare nos admonendo. Non igitur sunt audiendi, qui libros chronicorum, maxime a catholicis editos, neglegendos dicunt; in quibus tam utilis intentio, sicut et in ceteris tractatibus, generaliter habetur.

Hoc non ignorantes Cyprianus Cartaginensis episcopus et martyr, Eusebius Cesariensis, Jeronimus presbiter, Sulpicius Severus sancti Martini familiaris, Prosper Aquitanus sancti Leonis papæ notarius,

B Gregorius Turonensis episcopus, et ut ad modernos deveniam, Marianus Scotus Fuldensis monachus, et Sigibertus Gemblacensis, omnes non inutiliter cronica ediderunt. Fecerunt hoc et alii plures tam religiosi quam seculares, quos causa brevitatis pretereo. His contra obloquentes dictis, beninvolis attentionem nostram aperiamus.

Omnibus modernis chronographis Sigisbertum Gemblacensem preferens et ejus studium vehementer admirans, illius chronographie de serie temporum aliquid continuare conabor. Ille siquidem chronica Eusebii, que incipiunt a Nino rege primo Assyriorum, cujus 43 imperii anno natus est Abraham, et extenduntur usque ad 20 annum imperii Constantini piissimi principis, secundum veracissima exemplaria describens, et illis nichilominus chronica Jeronimi subjungens, videlicet a 20 anno predicti principis usque ad 13 Valentis augusti, addens etiam ex ordine chronica Prosperi, id est a primo anno Gratiani usque ad quintum annum Valentiniani et Martiani augustorum, tandem propria supposuit; noluitque incipere ubi Prosper finierat, sed ubi inceperat, id est a fine chronicorum Jeronimi, videlicet ab anno dominicæ incarnationis 381. Quod propterea fecit, quia multa, ut pote modernus et multarum historiarum diligens inquisitor, que Prosper necdum quando hec scripsit audierat, addere disponebat. Ponit autem in fronte pagine libri sui primum nomina regnorum diversorum, videlicet Romanorum, Persarum, Francorum, Britannorum, Wandalorum, Wisigothorum, Ostrogothorum, Hunorum. Postea supponit regnis nomina propria regum; deorsum vero per mediam paginam annos singulorum principum; in margine nomina Romanorum pontificum, et annos Domini respondentes recta fronte annis predictorum regum. De regno autem Britonum faciens mentionem, fere per annos centum duodecim nullum regum ejusdem insule nominat, nisi Aurelium Ambrosium. Similiter de Anglis, qui successerunt Britonibus, nonnulla locis oportunis

VARIÆ LECTIONES.

[541] Hæc ex Originibus ordinis Cisterciensis (apud Tissier et in Monastico Anglicano) excerpta, eodex 2. multum ampliora exhibet verbis . diuque locum — Benedicti persolvunt, ex eodem fonte petitis. [542] Omissis Comes Normannorum — perseverat codex 2. habet : Quidam hujus victorie tempus his quatuor versibus sic expressit. Virginis a partu Domini qui claruit ortu Anno milleno centeno quo minus uno, Undecies Julio jam Phebi lumine tacto, Jerusalem Franci capiunt virtute potenti. [543] u. ad M LXXXIIII. annum in rasura scripsit alia manus, eadem quæ infra annos 1182-1184. et paginam codici præfixam exaravit, ipsius scilicet Roberti.

NOTÆ.

(363) Fulcherius Carnotensis, apud Bongarsium I, 402. 399.

commemorans, de illis regibus tantummodo loquitur, quos Beda presbiter et doctor Anglorum in historia sua nominat, cum plures reges in eadem gente fuerint post mortem Bede, quam ante. De ducibus Normannorum nichil aut parum dicit. Non tamen hoc fecit negligenter, sed quia carebat his tribus historiis.

Ego vero quia his habundo, nomina et successiones et aliquando facta eminentiora eorumdem ducum et omnia nomina archiepiscoporum Rothomagensium, et de episcopis ejusdem provincie aliquantos, locis convenientibus usque ad 1100um annum incarnationis dominice, chronicis ipsius interserens, similiter et de regibus Anglorum, de quibus nullam mentionem facit, me facturum non despero. Quod et de Britonum regibus proposueram facere, si tantummodo infra cronica Sigisberti competenter illos valerem comprehendere. Sed quia Brutus pronepos Enee, a quo et insula Britannia vocata est, primus ibi regnavit, si vellem omnes reges sibi succedentes ordine congruo ponere, necesse esset michi non solum per librum Sigisberti, verum etiam per totum corpus chronicorum Jeronimi, et per magnam partem chronographie Eusebii, eadem nomina spargere. Verum quoniam indecens est, scriptis virorum tantæ authoritatis, Eusebii et Jeronimi dico, aliquid extraneum addere: ut satisfaciam curiosis, huic prologo subjiciam unam epistolam Henrici archidiaconi, in qua breviter enumerat omnes reges Britonum a Bruto usque ad Cadwallonem, qui fuit ultimus potentum regum Britonum, fuitque pater Gadwalladri, quem Beda Cedwallam vocat. Quam epistolam, sicut in ea reperitur, cum Romam idem Henricus pergeret, me ei prebente copiam exemplaris totius historie Britonum, apud Beccum excerpsit.

Igitur sicut jam dictum est, quia predictus Sigisbertus cronica sua incipit ab anno incarnationis dominicæ 381, et perduxit eam usque ad annum ejusdem divine incarnationis 1100 : ego exinde, permittente et auxiliante Deo, sine quo nihil possumus facere, usque ad 1182 [513*] annum, ea que in diversis provinciis, et maxime in Normannia et Anglia, evenerunt et ad meam noticiam pervenerunt, sub annis dominice incarnationis colligere aggrediar. Et hoc ideo libentius, quia volo gesta primi Henrici, strenuissimi regis Anglorum et ducis Normannorum, a quo habeo incipere, summatim per singulos annos annotare. Ad quod opus me adjuvabunt et historia, quam de ipso rege noviter defuncto edidi et gestis ducum Normannie adjeci, et historia predicti Henrici archidiaconi, quam composuit de rebus Anglie, incipiens eam a Julio Cesare, et texens ordinatim usque ad mortem predicti regis Henrici, id est usque ad 1135um annum dominice incarnationis.

EXPLICIT PROLOGUS [514].

INCIPIT EPISTOLA HENRICI ARCHIDIACONI AD WARINUM DE REGIBUS BRITONUM.

Queris a me, Warine Brito, vir comis et facete, cur patrie nostre gesta narrans, a temporibus Julii Cesaris inceperim, et florentissima regna, que a Bruto usque ad Julium fuerunt, omiserim. Respondeo igitur tibi, quod nec voce nec scripto horum temporum sepissime notitiam querens invenire potui. Tanta pernicies oblivionis mortalium gloriam successu diuturnitatis obrumbrat et extinguit. Hac tamen anno, qui est ab incarnatione Domini 1139 [515], cum Romam proficiscerer cum Theobaldo Cantuarensi archiepiscopo, apud Beccum, ubi idem archiepiscopus abbas fuerat, scripta rerum predictarum stupens inveni. Siquidem Robertum de Torinneio, ejusdem loci monachum, virum tam divinorum quam secularium librorum inquisitorem et coacervatorem studiosissimum, ibidem conveni. Qui cum de ordine historie de regibus Anglorum a me edite me interrogaret, et id quod a me querebat, libens audisset : obtulit michi librum ad legendum de regibus Britonum, qui ante Anglos nostram insulam tenuerunt; quorum excerpta, ut in epistola decet, brevissime scilicet, tibi dilectissime, mitto. Æneas — — reperies. Vale.

Item de eadem hystoria. Adhuc ad majorem evidentiam rerum dictarum et dicendarum ponemus quandam partem historie Henrici archidiaconi, de qua jam epistolam ante positam excerpsimus. Dicit itaque in primo libro ejusdem historie : Erat autem Britannia — invenitur.

Ex eadem ystoria de modernis sanctis Anglie : Quis Cantuarie — luculenter eradiant.

INCIPIUNT CRONICA ROBERTI.

ROMANORUM. FRANCORUM. ANGLORUM.
(HUNT. VII.) Henricus, filius primi Willermi regis Anglorum et ducis Normannorum, occiso secundo Willermo fratre suo rege Anglorum, et sequenti die

VARIÆ LECTIONES.

[513*] *ita Robertus postea, alio atramento, correxit; primum fuerat MCL. quod habent etiam 3. 7ᵇ. 8ᵈ.* [514] *ita rubro scriptum, Roberti fortasse manu, quæ addit etiam : consequentiam chronographie invenies inantea in duodecimo folio. Hic enim vicio scriptoris quædam, licet non indigna memoria, interponuntur (scilicet libellus de immutatione ordinis monachorum, editus a Dacherio p. 811 sqq. Eundem 8ᵇ. hic exhibet, 3. 8ᵃ. c. post chronicon).* [515] MXXX nonus E.

| ROMANORUM. | FRANCORUM. | ANGLORUM. |

in ecclesia sancti Petri apud Winceastre sepulto, ibidem in regem electus, dedit episcopatum Winceastrie Willermo Giffard. Pergensque Lundoniam, sacratus est ibi a Mauricio Londoniensi episcopo, melioratione legum et consuetudinum optabili repromissa. His auditis, Anselmus archiepiscopus, rediens in Angliam, desponsavit Matildem puellam nobilem, filiam Melcol regis Scotie et Margarite regine, Henrico novo regi. (*H. Henr.*) Quante autem sanctitatis utraque regina et scientie mater et filia fuerint, liber qui de vita ipsarum scriptus est plano sermone describit. Genuit autem ex ea idem rex Henricus filium unum, nomine Willermum, et filiam unam, sicut nomine, ita honestate matrem representantem. Hanc denique virginem vix quinquennem Henricus quartus imperator Romanorum augustus in conjugem per honorabiles legatos requisivit, et uxorem accepit. (HUNT. VII.) Capta urbe Jerusalem, ut diximus, et ingenti prelio postea victoriose patrato contra exercitum amiralii Babilonie, rediit Robertus dux in Normanniam mense Augusto, et cum leticia susceptus est ab omni populo. Thomas Eboracensis archiepiscopus, vir ingenii florentis et Musarum a secretis, hominibus apparere desiit. Cui successit Girardus cantor Rothomagensis.

1101. Henricus 45. Philippus 41. Henricus I.

(*Ib.*) Henricus rex Anglorum, cum ad natale tenuisset curiam suam apud Wemoster, et ad pascha apud Winceastre, commoti sunt principes Anglie erga regem, causa fratris sui Roberti cum exercitu advenientis. Misit igitur rex in mare navale prelium gesturos contra fratris sui adventum; sed quedam pars eorum subdidit se Roberto venienti. Cum ergo appulisset apud Portesmuthe ante Kalendas Augusti, et rex tenderet contra eum cum maximis copiis: principes utrinque fratrum bellum non perferentes, concordie fedus inter illos statuerunt eo pacto, quod Robertus unoquoque anno 3000 marcas argenti haberet ab Anglia, et qui diutius viveret, heres esset alterius, si alter absque filio moreretur. Hoc autem juraverunt duodecim eximiores procerum utrinque. Robertus igitur in pace perendinavit usque ad festum sancti Michaelis in regno fratris sui, et ad propria rediit. Rannulfus autem perversus episcopus Dunelmie, quem rex Henricus posuerat in vinculis, concilio gentis Anglorum, cum a carcere evasisset, clamdestine perrexerat in Normanniam, consilio et ammonitione sua Robertum ducem promovens in fratrem suum. (SIGEB.) Conradus filius Henrici imperatoris, adhuc patri rebellis, in Italia moritur. Henricus imperator Henricum Lemburgensem adversantem sibi debellat, et expugnatis ejus castellis cum ad dedicionem cogit; sed imperator ei multa summa gratiam suam redimenti, etiam ducatum Lotharingie ei donat, et sic pacificantur. (FULCHER.) Capta est urbs Cesarea a christianis.

1102. 46. 42. 2.

(HUNT. VII.) Henricus rex Anglorum quendam consulem nequissimum et perfidum, Robertum de Belesme, jure in eum exurgens exulavit. Obsedit namque prius castellum Arundel; quod cum gravissimum esset ad conquirendum, castellis ante illud constructis, ivit et obsedit Bruge, quousque castellum redditum est ei. Et Robertus de Belesme gemebundus in Normanniam migravit. Eodem anno ad festum sancti Michaelis tenuit Anselmus archiepiscopus concilium apud Lundoniam; in quo prohibuit uxores sacerdotibus Anglorum antea non prohibitas. (*Ib.*) Quod quibusdam mundissimum visum est, quibusdam periculosum. Ne, dum mundicias viribus majores appeterent, in inmundicias horribiles ad christiani nominis summum dedecus inciderent. In illo autem concilio multi abbates, qui adquisiverant abbatias sicut Deus noluit, amiserunt eas sicut Deus voluit. (SIGEB.) Roberto Flandrensium comite urbem Cameracum obsidente, Henricus imperator contra eum proficiscitur, et aliquibus ejus castellis expugnatis, asperitate instantis hiemis redire compellitur. (FULCHER.) Occisus est Stephanus comes Blesensis 15. Kalendas Augusti apud Ramulam. Mortuus est et Hugo Magnus apud Tarsum; et successit ei Rodulfus filius ejus.

1103. 47. 43. 3.

(HUNT. VII.) Robertus dux Normannorum venit in Angliam, et causis variis intercedentibus, et cauta regis prudentia condonavit ei 3000 marchas quas rex debebat ei per annum. Eodem anno visus est sanguis ebullire a terra in Beschyre apud Hamstude. (SIGEB.) Robertus comes Flandrensium in gratiam imperatoris recipitur. (FULCHER.) Capta est a christianis urbs Acchon, que antiquitus dicebatur Ptholomaida, quam quidam putant esse Accaron, sed non est. Illa enim Philistea; ista vero Ptholomaida dicitur. Accaron urbs est Philistea, prope Ascalonem; Accon vero, id est Ptholomaida, ab austro habet Carmeli montem. Boamundus commendavit principatum Antiochie Tancredo nepoti suo, et ipse navigavit in Apuliam, deinde venit in Franciam. Ebremadus successit Daiberto primo patriarche Jerusalem.

1104. 48. 44. 4.

(HUNT.) Henricus rex Anglorum, et frater suus Robertus dux Normanorum, causis intercedentibus discordati sunt. Misit igitur rex milites in Normanniam, qui a proditoribus ducis recepti, predis et combustionibus non minimam cladem rebus consularibus ingesserunt. Willermus vero consul Moretuil causa perfidie ab Anglia exheredatus, a rege in Normanniam discedens, animo perfecto et exercicio ferventi vir probissimus indixit et infixit regalibus turmis werram calamitate refertam. Apparuerunt circa solem in meridie quatuor circuli albi coloris rei signum venture.

1105. 49. 45. 5.

(*Ib.*) Henricus rex Anglorum perrexit in Normanniam contra fratrem suum certaturus: conquisivit igitur Cadomum pecunia, Bajocum armis et auxilio

ROMANORUM. FRANCORUM. ANGLORUM.

Fulconis consulis Andegavensis. Cepit quoque plura alia castra, et omnes fere principes Normannie regi se subdidere. His actis, mense Augusto rediit in Angliam. (SIGEB.) Jerosolimite innumerabilem paganorum multitudinem gloriosa victoria conterunt. Filius imperatoris Henrici a patre aversus, quoscunque potest ab eo avertit, et sub obtentu meliorande rei publice et restaurande ecclesie in eum insurgit.

1106. *Henricus* 50. *Philippus* 46. *Henricus I* 6.

(HUNT. VII.) Robertus dux Normannorum venit ad regem Henricum fratrem suum, apud Norhantune, amicabiliter ab eo petens ut ablata sibi fraterna redderet gratia. Cum vero Deus eorum concordie non assentiret, dux iratus perrexit in Normanniam : et rex ante Augustum secutus est eum. Cum ergo rex obsedisset castrum Tenerchebrai, venit dux Normannorum, et cum eo Robertus de Belesme, et consul de Moretuil, et omnes fautores ejus. Rex vero secum omnes proceres Normannie, et robur Anglie et Andegavis et Britannie, non improvidus habebat. Igitur cum cornua rauco strepuissent cantu, dux Normannie cum paucis multos audacissime aggressus est. Assuetusque bellis Jerosolimitanis, aciem regalem fortiter et horride, ut vir admirande et jamdudum probate probitatis, audacter reppulit. Willermus quoque consul de Moretolio aciem Anglorum de loco in locum turbans promovit. Tunc acies equestris Britannorum—rex namque et dux et acies cetere pedites erant, ut constantius pugnarent — aciem ducis ex adverso proruens, subito diffidit; et mole magnitudinis in brevi satis spatio gens ducis oppressa, dissoluta est et victa. Mira res! cui pater ejus maledixerat, et qui regnum Jerusalem renuerat, durare non potuit. Robertus vero de Belesme simul hoc aspexit, fuga sibi consuluit. Captus est igitur dux fortissimus Normannorum, et consul de Moretuil. Reddiditque Dominus vicem duci Roberto; quia cum gloriosum reddidisset eum in actibus Jerosolimitanis, regnum Jerusalem sibi oblatum renuit, magis eligens quieti et desidie in Normannia deservire quam Domino regum in sancta civitate desudare. Dampnavit igitur cum Dominus desidia perhenni et carcere sempiterno. Hujus rei signum in eodem anno cometa apparuerat. Vise sunt etiam in cena Domini due lune plene, una ad orientem et alia ad occidentem. (ORD. VIT. VII, 659.) Hoc anno impletum est quod Willermus rex, pridie quam moreretur, dixerat filio suo juniori Henrico, de quo in presenti loquimur. Cum enim rex potentissimus thesauros suos ecclesiis et pauperibus dandos ante se a notariis describere faceret, et clero Medantensi supplex ingentia munera transmitteret, ut inde restaurarentur ecclesie quas conbuxerat; et Roberto primogenito ducatum Normannie, licet absenti, designaret, Willermo vero Rufo regnum Anglie, unde et epistolam de eo rege constituendo per eundem misit Lanfranco archiepisco : Henricus cum lacrimis ad patrem dixit : *Et michi, pater, quid tribuis?* Cui rex ait : *Quinque milia libras argenti de thesauro meo tibi do.* Ad hec Henricus dixit. *Quid faciam de thesauro, si locum habitationis non habuero?* Cui pater : *Equanimis esto, fili, et confortare in Domino. Pacifice patere, ut majores fratres tui precedant te. Robertus Normanniam, Willermus vero totius Anglie monarchiam habebit. Tu autem tempore tuo totum honorem, quem ego nactus sum, habebis; et fratribus tuis divitiis et potestate prestabis.* (SIGEB.) Quarto Nonas Februarii stella per diem visa est in celo, longum ex se emittens radium, ab hora 3. usque ad horam 9, quasi cubito distans a sole. Henricus filius imperatoris contra jus nature et fas legum in patrem insurgens, quam indigne eum tractaverit, declarat epistola ex ore ipsius patris scripta ad Philippum regem Francorum. Imperatore Henrico morante Leodi, filius ejus Aquisgranum venit, et volens venire Leodium contra patrem suum, quinta feria dominice cene, premisit suos preoccupare pontem apud Wisatum, ne quis sibi venienti obstaret. Sed militibus patris concurrentibus ad exoccupandum pontem, milites filii a ponte repelluntur, aliis eorum captis, aliis in Mosam dimersis, aliis occisis; inter quos etiam Bruno comes occisus est. Sic filius contra patrem veniens, rediit inglorius. Coloniensibus fidem imperatori servantibus, at eorum archiepiscopo filium imperatoris contra patrem suum animante, Colonia obsessa oppugnatur, sed non expugnatur. Igitur Henricus imperator Leodi moritur, ejusque filius ei Henricus succedit; qui postea duxit Maltildem puellam nobilem, vix quinquennem, regis Henrici Anglorum filiam. Dux Henricus, qui ab imperatore ad filium ejus animo transiens, eum contra patrem suum consilio suo armavit, et a filio ad patrem rediens, partes filii debellavit : mortuo imperatore, se ut reum [846] majestatis filio regis dedidit : et ab eo captus custodie traditur. De qua ipse per industriam suam evasit, ducatus vero ejus datus est Godefrido Lovaniensium comiti.

1107. 1. 47. 7.

(HUNT. VII.) Henricus rex Anglorum, cum, deletis vel subjectis hostibus, Normanniam pro libitu disposuisset, rediit in Angliam; fratremque suum ducem magnificum, et consulem de Moretuil carceralibus ingessit tenebris. Igitur victoriosus, et tunc primum rex fortis, tenuit curiam suam ad pascha apud Winleshores; in qua proceres Anglie simul et Normannie cum timore et tremore affuerunt. Antea namque, et dum juvenis fuisset et postquam rex fuerat, in maximo habebatur despectu; sed Dominus, qui longe aliter judicat quam filii hominum, qui exaltat humiles et deprimit potentes, Robertum omnium favore celeberrimum deposuit et Henrici

VARIÆ LECTIONES.

[846] rerum *E.*

ROMANORUM. FRANCORUM. ANGLORUM.
despecti famam per orbem terrarum clarescere voluit. Deditque gratis ei tria Dominus omnipotens munera, sapientiam, victoriam, divitias ; quibus ad omnia prosperans, omnes suos antecessores precessit. Cujus bonitatis et magnanimitatis fama in omnibus pene gentibus patuit dilatata. Obiit Mauricius inceptor Londoniensis ecclesie, et Edgarus rex Scotie, cui successit Alexander frater suus, concessu regis Henrici. (SIGEB.) Boamundus remeavit de Gallia in Apuliam cum magno exercitu, et cepit vastare terram Alexii imperatoris Grecorum. Henricus ex-dux affectans repetere ducatum, occupat oppidum Aquisgrani contra Godefridum ducem. Sed hoc non ferens Godefridus, oppidum Aquense violenter irrupit, oppidanos a favore Henrici exducis exterruit, aliquos potentes comites et multos nobiles cepit. Ipse Henricus cum filiis suis vix fuga evasit. Uxorem ejus capere dux indignum duxit. Comites et honoratiores eorum quos ceperat, per conditionem sub se militandi sibi conciliatus, ad fidelitatem suam adduxit

1108. Henricus. 2. Philippus 48. Henricus I 8.

(HUNT. VII.) Henricus rex Anglorum, cum decessisset Philippus rex Francorum, transiit in Normanniam, contra Ludovicum filium Philippi, regem novum Francie, werram promovens maximam. Gerardo Eboracensi archiepiscopo defuncto, Thomas postea successit. (SIGEB.) Henricus imperator contra Robertum Flandrensem vadit, et pacto pacis magis utrinque simulato quam composito, pene inefficax rediit. Boamundus dux Apulie contracto undecunque exercitu accingitur ad invadendum Constantinopolitanum imperium.

1109. 5. 49. 9.

(HUNT. VII.) Missi sunt a Henrico imperatore Romano nuntii, mole corporis et cultus splendoribus excellentes, filiam regis Anglorum Henrici in domini sui conjugium postulantes. Tenens igitur curiam apud Londoniam, qua nunquam splendidiorem tenuerat, sacramenta depostulans ab imperatoris recepit legatis ad pentecosten. (Gemm. VI, 9). Obiit venerabilis memorie donnus Anselmus Cantuariensis archiepiscopus 11. Kalendas Maii, feria 4. ante cenam Domini. Ipso anno fuit ultimum pascha, hoc est 7 Kal. Mai. Scripsit vero idem vir reverendus nonnulla memorie digna, que subtus annectere curavimus. Dum adhuc prior esset in Beccensi cenobio, scripsit tractatus tres : primum de veritate, secundum de libertate arbitrii, tercium de casu diaboli. Scripsit et quartum, quem titulavit De grammatico; in quo discipulo, quem secum disputantem introducit, respondit, et multas dialecticas [647] questiones proponit et solvit. Fecit quoque libellum quintum, quem monologion appellavit; solus enim in eo et secum loquitur, ac tacita omni auctoritate divine scripture, quod Deus sit, sola ratione querit et inve-

[647] Dialeticas E. [648] Ideberti E.

nit, et quod vera fides de Deo sentit, invincibili ratione sic nec aliter esse posse probat et astruit. Composuit etiam librum sextum, licet parvulum, sed sententiarum ac subtilissime contemplationis pondere magnum, quem proslogion nominavit. Alloquitur enim in eo opere aut se ipsum aut Deum. Scripsit et septimum librum epistolarum ad diversos, diversis eorum negotiis respondens, vel ea que sua intererant procurare mandans. Fecit et octavum de incarnatione Verbi; quod opus epistolari stylo conscriptum, sancte Romane ecclesie summo pontifici Urbano dicavit, destinavit. Nonum librum edidit, quem Cur Deus homo appellavit. Decimum de conceptu Virginali. Undecimum de orationibus contemplativis, quem plurimi meditationes vocant; in quibus legentibus facile apparet quanta dulcedo supernorum mentem ejus repleverat. Duodecimus, qui et ultimus illi tractatus fuit, de processione Spiritus sancti. Confutaverat enim Grecos in Barensi concilio, negantes Spiritum sanctum a Filio procedere; unde sumpta materia, rogatu Ildeberti [648] Cinomanorum episcopi hunc librum composuit. Si de natione ejus, vita et moribus queris, aliquantulum retro invenies. (SIGEB.) In parrochia Legiensi porca enixa est porcellum habentem faciem hominis. Natus est etiam pullus galline quadrupes. Imperator Henricus contra Hungaros vadit, sed facto pacto rediit. Obiit donnus Hugo abbas Cluniacensis, cui successit Pontius. Hoc anno sacro igne multi accenduntur, membris instar carbonum nigrescentibus. Philippus rex Francorum obiit; Ludovicus filius ejus post eum regnat annis viginti novem.

1110. 4. Ludovicus 1. 10.

(HUNT. VII.) Data est filia regis Anglorum, Matildis nomine, imperatori Henrico, ut brevi dicam, sicut decuit. Idem rex Anglicus Henricus cepit ab unaquaque hida Anglie tres solidos. Cumque curiam suam tenuisset ad pentecosten apud novam Winleshores, quam ipse edificaverat, exheredita vit eos qui ei nocuerant, scilicet Philippum de Branse, et Willermum Malet, et Willermum Bainard. Helias vero consul Cenomanie, qui eam sub Henrico rege tenebat, vita privatus est. At consul Andegavensis Fulco, pater Gaufridi, suscepit Cenomanniam cum filia ejus, et tenuit eam contra regem Henricum. Apparuit quedam cometa more insolito. Cum enim ab oriente insurgens in firmamentum ascendisset, regredi videbatur. (A. Roth. 1109.) Obiit Willermus, et successit Gaufridus Cenomannensis decanus, 49us archiepiscopus Rothomagensis. (FULCHER.) Rex Balduinus Jerosolimitanus cepit urbes Beritum, Sidonem. Gibelinus fit tercius patriarcha Jerusalem. (SIGEB.) In mense Junio cometes apparuit, radios dirigens ad austrum, multis conitientibus, hoc signo portendi futuram regis Henrici expeditionem Italiam versus.

VARIÆ LECTIONES.

ROMANORUM. FRANCORUM. ANGLORUM.
1114.   Henricus 5.   Ludovicus 2.   Henricus I 11.

(Hunt. vii.) Henricus rex Anglorum et dux Normannorum, pergens in Normanniam contra consulem Andegavensem Fulconem, qui Cenomaniam eo tenebat invito, werre leges in eum ferro et flamma constanter exercuit. Decessit autem Robertus consul Flandrie, qui Jerosolimitano clarissimus interfuerat itineri. Unde memoria ejus non pertransiet in eternum. Post quem Balduinus, filius ejus, consul effectus est, juvenis omnino strenuus armis. (Siger.) Henricus imperator Romam vadit propter sedandam discordiam, que erat inter regnum et sacerdotium. Que cepta a beato Gregorio septimo papa Romano, qui et Hildebrandus, et exagitata a successoribus ejus Victore et Urbano, et pre omnibus a Paschali, magno scandalo erat toti mundo. Rex enim uti volens auctoritate et consuetudine et auctoralibus privilegiis imperatorum, qui a Karolo Magno, qui primus de regibus Francorum imperavit Romanis, jam per trecentos et eo amplius annos imperaverant sub sexaginta tribus apostolicis, dabat licite episcopatus et abbatias, et per anulum et per virgam. Contra hanc majorum auctoritatem censebant pape synodali judicio, nec posse nec debere dari per virgam vel per anulum episcopatum aut aliquam ecclesiasticam investituram a laicali manu. Et quicunque ita episcopatum aut aliam ecclesiastici juris investituram accipiebant, excommunicabantur. Propter hanc precipue causam imperator Romam tendebat. Et si qui Langobardorum quoquo modo ei resistere volebant, potenter eos proterebat. In reconciliatione autem, que facta est inter imperatorem et papam — nam ipsum papam cum episcopis et cardinalibus ceperat — die pasche Henrico in imperatorem coronato, post lectum ewangelium tradidit ei papa Paschalis, qui et Raginerius, ante altare apostolorum Petri et Pauli in oculis omnium principum, privilegium de investitura episcopatuum vel abbatiarum, tam per anulum quam per virgam, scilicet ut regni ejus episcopis vel abbatibus, libere preter violentiam et simoniam electis, investituram virge et anuli conferat; post investionem vero canonice consecrationem accipiat ab episcopo, ad quem pertinuerit confirmatio pacis inter apostolicum et imperatorem, dum in

A celebratione misse traderet ei corpus et sanguinem Domini nostri Jesu Christi : *Domine imperator, hoc corpus Domini natum ex Maria virgine, passum in cruce pro nobis, sicut sancta et apostolica tenet ecclesia, damus tibi in confirmationem vere pacis inter me et te.* Datum est Idus Aprilis, indictione 4.
1112.   6.   5.   12.

(Fulcher.) Mortuus est Tancredus miles fortissimus, qui tantum auxit principatum Antiochenum et dilatavit, quod omnes successores nequiverunt retinere, quod ille acquisivit. Huic successit Rogerius filius Ricardi, propinquus ejus. (Siger.) Deo peccatis hominum offenso, ecclesia sancti Michaelis de periculo maris fulgurata divinitus arsit cum edificiis omnibus. (Hunt. vii.) Rex Anglorum Henricus exulavit consulem Ebroicensem et Willermum Crispinum Normannia, cepitque Robertum de Belesme, de quo supra diximus. (Siger.) Valdricus episcopus Laudunensis, cives ipsius urbis a sacramento perperam jurate communionis revocare nisus, a seditiosis ad arma concurrentibus (quod dictu nefas est) gladio confossus interiit, feria 5. ebdomade paschalis 7. Kal. Mai, in letania majore. Tumultuante etiam impetu confuse multitudinis, domus episcopi succenditur; unde etiam ipsa mater ecclesia sancte Marie, et sancti Joannis baptiste ecclesia in abbatia sanctimonialium, cum aliis ecclesiis omnibus e vicino appendentibus, concremantur. In actores seditionis a rege Francorum tam severe est vindicatum, ut tam presentes quam futuros a simili scelere deterrere possit exemplum [549].
1113.   7.   4.   13.

(Hunt. vii.) Anno sequenti, non presenti, Henricus rex Anglorum dedit archiepiscopatum Cantuarie Rodulfo episcopo Roveceastrie. Tunc quoque Thoma Eboracensi archiepiscopo defuncto, Tustanus successit; inter Rodulfum vero et Tustanum archiepiscopos orta est magna dissensio, quia Eboracensis Cantuariensi de more subjici nolebat. Causa autem sepe coram rege, sepe coram apostolico ventilata est, sed necdum definita. Henricus rex Anglorum duxit exercitum in Waliam, et Walenses subditi sunt ei secundum magnificentiam libitus sui. Cometa ingens in fine Mai apparuit. Rex vero transiit in Normanniam. (Ans. Gembl.) Mense Maio siligenes et arbores sacro

VARIÆ LECTIONES.

[549] *Post hæc* 2. *addit :* Hoc tempore magister Guillemus de Campellis qui fuerat archidiaconus Parisiensis, vir admodum litteratus, habitum canonici regularis assumens, cum aliquibus discipulis suis extra urbem Parisius, in loco ubi erat quedam capella sancti Victoris martyris, cepit monasterium edificare clericorum. Assumpto autem illo ad episcopatum Catalanensium, venerabilis Gelduvinus, discipulus ejus primus, abbas ibi factus est, sub cujus regimine multi clerici nobiles, secularibus et divinis litteris instructi, ad illum locum habitaturi convenerunt. Inter quos magister Hugo Lothariensis et scientia litterarum et humili religione maxime effloruit; hic multos libros edidit. Hoc anno etiam exordium Savigneji fuit. *Hæc, omnia exceptis ultimis* Hoc a. e. s. fuit, *ad verbum excepta sunt ex Roberti nostri libro de immutatione ordinis monachorum in Normannia. Cum his ad verbum conveniunt, quæ in præfatione editionis Rothomagensis operum S. Hugonis anni* 1648. *afferuntur ex anonymo quodam Gemmeticensi :* Sub Gilduini regimine multi clerici nobiles, secularibus et divinis litteris instructi, ad istum locum habitaturi convenerunt. Inter quos Hugo Lothariensis, sic dictus a confinio Saxoniæ, et scientia litterarum et humili religione maxime effloruit. Hic multos libros edidit, quos, quia vulgo habentur, non oportet commemorare. *Quivis videt, hæc esse verba tractatus illius Robertini, exceptis sic dictus a confinio* Saxoniæ, *quæ verba, sensu carentia, anonymus iste Gemmeticensis de suo addidisse videtur. Hic igitur anonymus inter testimonia de patria S. Hugonis haberi vix potest, quibus eum annumerant omnes, qui ea de re scripserunt, et recentissime etiam Liebner in libro :* Hugo von St. Victor. Lips 1832. *p.* 18.

ROMANORUM. FRANCORUM. ANGLORUM. igne aduste, fructus sui spem sunt mentite; et quedam silve insuper arefacte. Subsequuta est hominum valitudo gravis et diuturna cum profluvio ventris et mortalitate. (HUNT. VII.) Hoc anno rex Anglorum Henricus rediens in Angliam, posuit Robertum de Belesme in carcerem perhennem apud Warhan. (ANSELM.) Obiit Sigisbertus venerabilis monachus Gemblacensis cenobii, vir in omni scientia litterarum incomparabilis ingenii, descriptor in hoc libro precedentium temporum, 3. Nonas Octobris;' et suis gravissimum absentie sue reliquit dolorem.

1114. *Henricus* 8. *Ludovicus* 5. *Henricus I* 14.

(An. 1107.) Mortuo Ricardo filio Ricardi, filii comitis Gislaberti, monacho Beccensi, qui fuit ultimus abbas in insula Heli, Henricus rex constituit ibi primum episcopum Herveum (an. 1108). Et comitatus unus scilicet Cantebrigesire, subtractus episcopo Lincoliensi, subditus est huic novo episcopo. Lincoliensi vero remanserunt adhuc octo comitatus sive provincie, id est Lincolesire, Leiceastresire, Hantonesire, Huntendonesire, Herefordsire, Bedefordsire, Bucingehansire, Oxinefordesire (564). (ORD. VIT. XII, 840.) Decedente etiam in Normannia Gisleberto viro religioso, Ebroicensi episcopo, successit ei Audoenus vir magne sanctitatis (565). (FULCHER.) Terremotu pars urbis Mamistrie corruit, et duo castella haut procul ab Antiochia, Mariscum et Triphalech 550.

1115. 9. 6. 15.

(HUNT. VII.) Henricus rex Anglorum fecit omnes proceres patrie fidelitatem domino debitam Willermo filio suo jurare; et in Angliam rediit. (FULCHER.) Desolata est Mamistria majori terremotu. Eodem anno deposito Arnulfo patriarcha 4° per legatum apostolicum, idem patriarcha Romam adiit, et per Paschalem papam restitutus, pallium ab eo accepit.

1116. 10. 7. 16.

(HUNT. VII.) Henricus rex Anglorum ad natale interfuit dedicationi ecclesie sancti Albani, quam dedicavit Robertus venerabilis Lincoliensis episcopus, per Ricardum memorabilem ejusdem loci abbatem. Offa vero rex Merce, vir religiosus, transtulerat quondam ejusdem martyris corpus in priori monasterio, quod ibidem construxerat, multisque ditaverat (566). Paulus autem monachus Cadomensis, quem Lanfrancus archiepiscopus ordinaverat abbatem, opere majori monasterium idem renovavit. Quod successor ejus Ricardus a Ruberto Lincoliensi episcopo, presente Henrico rege, fecit dedicari. Gaufridus vero, successor eorum, transtulit corpus predicti martyris in feretrum mirabiliter A auro et argento et gemmis choruscum, presente Alexandro episcopo Lincoliensi, anno 29. Henrici regis. Hic est Offa rex qui dedit vicario beati Petri Romane urbis pontifici redditum statutum, quod vocatur Romescot, de singulis domibus regni sui in eternum. Erant autem illo tempore in Anglia sacerdotes adeo ab avaritia immunes, ut nec territoria ad construenda monasteria, nisi coacti, acciperent, reges in tantum religionis amatores erant, ut aut monasteria amplissima devote edificarent, aut etiam salubriter mundum declinarent. Sicut fecerunt reges Westsexe, Cedwalla et Ine : quorum prior cum duobus annis potenter regnasset, regnum terrenum relinquens, Romam perrexit, et ibidem baptizatus, in albis mortuus est anno ab incarnatione B Domini 688. Sequens vero cum 36 annis post Cedwallam regnasset, regnum relinquens Ahelardo cognato suo, Romam petiit, et ibi pro Dei amore peregrinus obiit. Hos etiam insecuti sunt duo contigui reges Merce Edelred, et, qui ei successit, Chinred cognatus ejus. Siquidem anno ab incarnatione Domini 700, Edelred filius Pende factus est monachus 29. anno regni sui, et sepultus est apud Bardencie. Cujus successor Chinred cum quinque annis regnasset, Romam pergens monachus ibi effectus, usque ad mortem inibi perseveravit. Cum quo etiam Offa, filius Sigheri regis orientalium Saxonum, rex si remansisset futurus, pari devotione Romam ivit, et monachatum suscepit. Celvulfus etiam rex Norhumbre, ad quem Beda historiam Anglorum scripsit, C cum regnasset octo annis, anno ab incarnatione Domini 738, videlicet tertio anno post mortem Bede, monachus factus est. Edbrichtus vero cognatus ejus, qui ei successit, anno regni sui 21. itidem factus est monachus. Cui in eodem regno successerunt octo reges, qui omnes a perfidis provincialibus aut proditi, aut expulsi aut occisi sunt. Sibertus similiter rex Estangle, qui sanctum Furseum de Hibernia venientem honorifice suscepit, cujus dono et auxilio idem sanctus monasterium fecit in castro Cnobheribuc, quod deinde Anna rex et nobiles quinque ampliaverunt — hic, inquam, Sigbertus monachus factus, regnum suum cognato suo Ecgnico reliquit. Post multos annos coegerunt eum exire contra regem Pendam. Ille tamen non nisi virgam in manu habebat in prelio, ubi et occisus est cum rege Ecgnice et exercitu. Sebbi etiam rex orientalium Saxonum, monachi habitum ex devotione consecutus, in ecclesia sancti Pauli Londonie est sepultus. Isti ergo octo reges regna sua pro Christo sponte dimiserunt. Et ut ad illud unde digressus sum redeam : ideo fortasse monasterium sancti Albani ab

VARIÆ LECTIONES.

550 *Hic* 5. 7b. 8d. *addunt* Alexius imperator Constantinopolitanus obiit, et successit et Johannes ejus. *Idem* 2. *sub anno sequenti exhibet.*

NOTÆ.

(564) De tempore cf. Eadmeri Hist. Novorum p. 95, 209, ed. Seldeni in fol. in Actis SS. 21 Aprilis.

(565) A. 1112 factum tradit Ordericus.
(566) A. 793.

ROMANORUM. FRANCORUM. ANGLORUM.

exactione predicti census quod vocatur Romescot, absolutum et quietum est, quia idem rex, scilicet Offa, et monasterium prius edificavit, et censum Romane ecclesie assignavit. Quem postea censum Canutus rex totius Anglie et Datie pergens Romam anno incarnationis dominice 1030. de omni regno Anglie sancte Romane ecclesie concessit; cum Offa tantummodo de regno suo, id est de illa parte Anglie que Merce dicitur, illum censum prius dedisset. (HUNT. VII.) Cum autem rex Henricus ad pascha transfretasset in Normanniam, fuit maxima inter eum discordia et regem Francorum Ludovicum. Causa autem hec erat : Tebaldus consul Blesensis, nepos regis Anglorum Henrici, contra dominum suum regem Francorum arma promoverat; in cujus auxilium rex Anglorum duces suos militiamque misit, et regem non mediocriter afflixit.

1117. Henricus 11. Ludovicus 8. Henricus I 17.

(Ib.) Henrico Anglorum regi gravissimus labor insurrexit. Juraverunt namque rex Francorum Ludovicus, et comes Flandrensis Balduinus, et consul Andegavensis Fulco, se Normanniam regi Henrico ablaturos, et Willermo filio Roberti ducis Normannie eam daturos. Multi etiam procerum regis Henrici recesserunt ab eo, quod maximo ei fuit detrimento. Qui tamen non improvidus, in auxilio suo comitem Tebaldum predictum nepotem suum, et consulem Britannorum Conanum habebat. Venerunt igitur rex Francorum et dux Flandrensis cum exercitu in Normanniam. In qua cum una nocte fuissent, formidantes adventum regis Henrici cum Anglis et Normannis et Britannis, ad sua sine bello reversi sunt. Hoc eodem anno pro necessitate regia geldris creberrimis et exactionibus variis Anglia compressa est. Tonitrua vero et grandines in Kalend. Decembris affuerunt, et in eodem mense celum rubens, acsi arderet, apparuit. Vigilia enim nativitatis Domini factus est ventus vehemens, silvas eradicans et domos conterens. Passa est etiam luna eclipsim. Terremotus etiam maximus factus est in Longobardia, ecclesias, turres, domos et homines destruens. Donnus Pontius abbas Cluniacensis cum vellet ad unguem corrigere excessus et in cibo et in vestitu quorundam monachorum, qui exteriora ejusdem monasterii negotia tractabant : insurrexerunt in eum, et crescente simultate, accusaverunt eum in presentia Pascalis pape (567) de quibusdam gravissimis capitulis, licet falsis. Quibus cum dedignaretur respondere, dicens nec de accusatione eorum se curare, nec de abbatia — confidebat enim et in bona conscencia et in genere utpote filius comitis Mergulensis — invito papa abbatiam relinquens, Jerosoli-

A miam perrexit. At illi durantes in malicia sua, elegerunt in abbatem Ugonem, priorem Marciniaci. Quo defuncto infra primum annum sui reg:minis, elegerunt quendam strenue nobilitatis juvenem nomine Petrum. Quomodo autem predictus Pontius de Jerosolimis rediens, iterum abbatie, cui renuntiaverat, preesse voluit, et quomodo scismate facto in eodem monasterio multum humani sanguinis effusum est, pudet dicere. Remansit tamen venerabili Petro regimen monasterii Cluniacensis quod adhuc disponit, transactis exinde 32 annis. Pontius vero in monasterio, quod vocatur Cavea (568), ad ultimum mortuus est. Mortuus est autem etiam hoc anno (569) vir religiosus et magne literature, Ivo Carnotensis episcopus. Hic dum esset juvenis audivit magistrum Lanfrancum priorem Becci de secularibus et divinis litteris tractantem in illa famosa scola quam Becci tenuit ; in qua multi et nobilitate seculari et honestate morum convenerunt viri prediti, et qui postea ad summum apicem ecclesiastice dignitatis et religionis attigerunt. Postea vero idem Ivo aliquandiu prefuit conventui canonicorum regularium sancti Quintini Belvacensis. Ad ultimum episcopus factus, rexit ecclesiam Carnotensem viriliter et religiose fere per annos 23. Reliquit autem multa monimenta industrie sue, religionis et sapientie, edificando scilicet monasterium canonicorum sancti Joannis de Valle (570,) in quo et sepultus est, et domos episcopii faciendo, et a malis consuetudinibus et exactionibus comitis Carnotensis idem episcopium liberando, et multa utilia scribendo.

1118. 12. 9. 18.

(HUNT. VII.) Henrici et Ludovici regum procerumque corum longa debellatio gravissime regem utrumque vexavit, donec Balduinus strenuissimus Flandrie consul, apud Ou in Normannia seditione militari funeste vulneratus, ad sua recessit. Porro Robertus consul de Mellent, sapientissimus in rebus secularibus omnium in Jerusalem degentium, et regis Henrici familiaris consiliarius, luce mundana caruit. Cui successerunt filii sui, Galeranus in Normannia factus comes Mellenti, et Robertus in Anglia factus comes Leecestrie. (A. Roth.) Obiit secunda Matildis Anglorum regina, venerabilis uxor Henrici regis et mater imperatricis ; de cujus bonitate largiflua et morum probitate multimoda dicere per singula si voluimus, dies deficiet. Inter alia tamen bona multe in Anglia et Normannia ecclesie et in aliis provinciis adhuc suis splendent beneficiis. Sepulta est autem in Westmonasterio [581]. (FULCHER.) Mortuus est etiam eodem anno Paschalis papa mense Januarii, cui successit Gelasius 165us. Obiit etiam Alexius

VARIÆ LECTIONES.

[581] s. e. a. i. W. in *rasura correxit Robertus. Desunt.* 7[b]. 8[d]. *cui habent* : Cujus miscreatur a quo cuncta

NOTÆ.

(567) Errat Robertus, Calixtus II fuit a. 11.1, vii 1125 ; cf. Duchesne Bibl. Cluniacensis p. 462 et 1623.

(568) La Cava.
(569) Anno 1115.
(570) Prope Carnotum.

| ROMANORUM. | FRANCORUM. | ANGLORUM. |

imperator Constantinopolitanus, cui successit Johannes. Mortuus insuper Arnulfus patriarcha Jerusalem, et alii proceres quam plures in mundo. Obiit etiam rex Balduinus Jerusalem primus, mense Aprilis. Iste fuit miles audacissimus, qui urbes has expugnavit et cepit : Achon videlicet, Cesaream, Beritum, Sydonem, Tripolim, Arsuth; et terras Arabum usque ad mare Rubrum subdidit sibi. Qui decem et octo annis regnavit ; et successit ei secundus Balduinus cognatus ejus, comes Edessenus.

1119.   Henricus 13.   Ludovicus 10.   Henricus I 19.

(HUNT. VII.) Rex Henricus anno 52° ex quo Normanni Angliam obtinuerunt, regni vero sui anno 19, pugnavit contra regem Francorum gloriose. Preposuerat quidem rex Francorum aciem procerum, cui preerat Willermus filius Roberti ducis, fratris Henrici regis. Ipse vero cum maximis viribus in sequenti erat agmine. Rex vero Henricus in prima acie proceres suos constituerat, in secunda cum propria familia eques ipse residebat, in tercia vero filios suos cum summis viribus pedites collocaverat. Igitur acies prima Francorum agmen procerum Normannie statim equis depulit et dispersit. Postea vero aciei in qua rex Henricus inerat, collidens, et ipsa est dispersa. Acies itaque regales offenderunt sibi invicem, et acerrime pugnatum est utrinque. Dum haste franguntur, gladiis res agitur. Interim Willermus Crispinus, miles magnanimus, Henrici regis caput bis gladio percussit. Cumque lorica impenetrabilis esset, magnitudine tamen ictum aliquantulum capiti regis inserta est, ut sanguis prorumperet. Rex vero animi fervore commotus, percussorem suum ita repercussit, ut cum galea esset impenetrabilis, mole tamen ictus equitem et equum prostravit. Qui mox ante regios pedes captus est. Acies vero pedestris, in qua filii Henrici regis inerant, nondum percutiens, sed mox percussura ex adverso surrexit. Quod Franci videntes, horrore insperato liquefacti, terga dederunt. Henricus autem rex victorie perstitit in campo, donec optimates hostium capti ante pedes ejus sunt positi. Reversus vero Rothomagum, signorum sonitibus et cleri concentibus Deum et Dominum exercitum benedixit. Eodem anno papa Gelasius obiit, antea Johannes Gaditanus

A vocatus, et sepultus est apud Cluniacum. Cui Guido Viennensis archiepiscopus successit, vocatus Calixtus papa 166us. Balduinus consul Flandrie per vulnus, quod in Normannia receperat decessit. Cui successit Karolus cognatus ejus, filius Cnut Sancti regis Dacorum. (FULCHER.) Eodem anno Rogerius Anthiochie princeps cum septem milibus de suis juxta Archasium oppidum trucidatus est a Turcis. Itaque rex Balduinus, mortuo principe Antiocheno, rex, addito altero regno, vel ut minus dicam, princeps efficitur.

1120.   14.   11.   20.

(HUNT. VII.) Rex Anglorum Henricus, omnibus domitis et pacificatis in Gallia, cum gaudio rediit in Angliam. In ipso vero maris transitu, divino Dei judicio, licet occulto, duo filii regis Willermus et Ricardus, et filia regis et neptis [552] necnon multi proceres, dapiferi, camerarii, die festivitatis sancte Caterine naufragati sunt.

Sic mare dum superans tabulata per ultima serpit,
Mergit rege satos, occidit orbis honos (571.)

1121.   15.   12.   21.

Rex Anglorum Henricus ad natale Domini fuit apud Brantune cum Tebaldo comite Blesensi nepote suo. Et post hec apud Windlesores duxit Aeliz filiam ducis Lovanie, causa probis et pulcritudinis. Cum autem rex ad pascha fuisset apud Berchelea, ad pentecosten fuit diadematus cum regina sua nova apud Londoniam. In estate vero dum tenderet cum exercitu in Waliam, Walenses ei supliciter obviantes, secundum magnificenciam libitus sui concordati sunt ei.

122.   16.   13.   22.

(HUNT. VII.) Henricus rex fuit ad natale apud Nordwic, et ad pascha apud Nordhantune, et ad pentecosten apud Winleshores, inde ad Londoniam et Chent; postea vero perrexit in Nordhumbreland ad Dunelmiam. Obiit Rodulfus Cantuariensis archiepiscopus, et Johannes Batensis episcopus.

1125.   17.   14.   23.

(*Ib.*) Rex Anglorum Henricus fuit ad natale apud Dunstaple, et inde perrexit ad Berchamestede. Inde ivit rex ad Vudestoc, ad locum insignem ubi cohabitationem hominum et ferarum fecerat. Ibique

VARIÆ LECTIONES.

[552] creantur. Guillelmus ex conjuge, et Ricardus ex concubina, et filia ejus ex concubina, uxor comitis Pertici, et neptis ejus, uxor comitis Cestrie, necnon multi *habet* 2.

NOTÆ.

(571) Adjicimus carmen, ineditum, quantum sciam, quod inter alia carmina Marbodi Redonensis, Hildeberti aliorum, legitur in codice Bruxellensi 8885, sæc. XII.

Submersos equites, submersum regis alumnum
Anglia flet; multum nobilitatis obiit.
Vita jocosa perit juvenum, matura virorum,
Casta puellarum : tot simul unda necat.
Filius hic regis submergitur unicus illi,
Unica spes regni, luctus uterque gravis.
Non super hunc flevit, nec lumina clausit amicus,
Confertur vomva nec tumulatur humo.

Ventrem piscis habet tumulum pro marmore; planctus
Murmur aquæ, pelagi fetor aroma fuit.
Mors indigna ferit dignum plus vivere. Mortem,
Dum mecum recolo, nil nisi flere juvat.
Est commune mori, Mors nulli parcit honori ;
Mors est vita piis, pœna diurna malis.
Ibimus absque mora, sed qua nescimus in hora ;
Est quia vita brevis, fluxa, caduca, levis.
Ecce satis scimus quod non evadere quimus ;
Sed quis erit finis? vermis et inde cinis.
Hic fortis miles nituit satis inter heriles.
Mortuus ipse tamen pace quiescat. Amen.

ROMANORUM.   FRANCORUM.   ANGLORUM.
Robertus Lincoliensis episcopus clausit diem ultimam. Unde·

Pontificum Robertus honor, quem fama superstes
Perpetuare dabit, non obiturus obit.
Undecima Jani mendacis somnia mund
Liquit, et evigilans vera perhenne viaet.

Postea vero ad festum purificationis dedit rex archiepiscopatum Cantuarie Willermo de Curbuil, qui fuerat prior apud Cbycce. Ad pascha vero apud Wincestre dedit episcopatum Lincolie Alexandro venerabili viro, qui nepos est Rogerii Salesberiensis episcopi. Dedit etiam rex episcopatum Bathe Godefrido cancellario regine. Atque circa pentecosten mare transiit. Eodem anno Hugo de Montfort perfecerat quoddam castellum validissimum in eodem loco, quod cum rex interrogaret, noluit dare monitu uxoris sue, sororis Galerandi comitis Mellent, qui jam discordia propalata a rege discesserat. Quod castrum rex obsidens cepit. (*Ib.*) Deinde Pontaldemeri obsidens, castellum comitis cepit. Deinde Brionnium (572), sed non tam facile cepit. Posueratque rex proceres suos cum magna militum copia pluribus locis in Normannia. Que guerra plurimum patriam afflixit. (*Ib.*) Calixtus papa tenuit concilium Remis (573), cui interfuit Ludovicus rex Francorum. Postea in eodem anno (*Nov.*) idem papa venit in Normanniam loqui cum Henrico rege Anglorum, et locuti sunt insimul in castello Gisorz magnus rex et magnus sacerdos. Idem Calixtus successerat Gelasio, qui Gelasius ante papatum dicebatur Johannes Gaditanus et fuerat cancellarius Paschalis pape, et de ore ejus fluxerant multe littere litterate. Henricus rex circa turrem Rothomagi, quam edificavit primus Ricardus dux Normannorum in palatium sibi, murum altum et latum cum propugnaculis edificat, et edificia ad mansionem regiam congrua infra eundem murum parat. Ipsi vero turri propugnacula, que deerant, addit. In qua turre fenestra est, que vocatur Conani-Saltus; quia ex ea idem Henricus fecerat precipitari quendam traditorem Rothomagensis urbis predivitem, nomine Conanum, qui ipsam urbem volebat tradere hominibus Willermi regis Anglorum (574); sed preventus est a fidelibus Roberti ducis, et maxime ab Henrico fratre ipsius, qui tunc partes ducis juvabat, unde et ipsum digna morte multavit. Turrem nichilominus excelsam fecit in castello Cadomensi, et murum ipsius castelli, quem pater suus

A fecerat, in altum crevit. Murum vero circa Burgum, ita ut a Willermo rege patre suo factus fuerat, intactum reliquit. Item castellum quod vocatur Archas (575) turre et menibus mirabiliter firmavit. Sic etiam fecit castellum Gisorz, Falesiam, Argentomagum (576), Oximum (577), Danfrontem (578), Ambreras (579), castellum de Vira, Waurei (580). Turrem Vernonis similiter fecit. Vigilia sancti Martini thonitruus magnus factus est, et grando mire magnitudinis. (FULCHER.) Balduinus rex Jerosolimitanus captus est a Balac quodam amirato, qui etiam anno preterito ceperat Goscelinum de Turvaissel comitem Edessenum, et Galerannum cognatum ejus.

1124. *Henricus* 18. *Ludovicus* 15. *Henricus I* 24.

(HUNT. VII.) Rex [553] Anglorum Henricus fortunate glorificatus est. Willermus namque de Tancarvilla camerarius ejus, cum aliis pluribus baronibus aciebus statutis configens, cepit comitem Mellenti 7. Kalendas Aprilis, Galerannum tunc satis juvenem, militem tamen armis fortem, et Hugonem de Monfort sororium ejus, et Hugonem filium Gervasii et alios multos magne probitatis et magni nominis viros, in valle videlicet juxta Bortorodum (581) in itinere munitionis castelli de Wateville. Rex Henricus tunc erat apud Cadomum; quod audiens credere non potuit, donec oculis suis vidit. Traditi igitur regi, positi sunt in carcerem, et sic magna illa patrie dissensio finem accepit et destructio. (FULCHER.) Tirus capitur, quam moderni Sagittam vocant. Sidon vero contermina ejus ab incolis modo Sur vocatur, et est metropolis. Capta Tyro, discordia facta est propter eam inter patriarchas Jerosolimitanum, et Antiochenum: dicebat enim Antiochenus tempore antiquo Tyrum fuisse ecclesie sue subjectam; Jerosolimitanus vero nitebatur privilegiis Romanorum pontificum. Si dignitates et privilegia horum patriarcharum Jerusalem et Antiochie, et hujus litis terminationem audire vel legere cupis, require in primo anno vel circa postquam Jerusalem capta est a christianis. (*Ep. Cruc.* [582]) Antiochia civitas est pulcherrima et munitissima, copiosiorum reddituum opulentissima. Sunt infra ipsam quatuor montanee satis alte, in quarum una, sublimiori scilicet, castellum est, quod omni civitati prominet, deorsum enim civitas est decenter edificata, et duplici muro circumambita. Murus interior amplus et in aera porrectus est, et magnis et quadris lapidibus compactus et compaginatus. In qua muri compagine

VARIÆ LECTIONES.

[553] *Initio hujus anni* 2. *addit*: Ecclesia Savigneji dedicata est Kal Jun. in honorem S. Trinitatis, ab abbate Vitale incepta et usque ad retro chorum expleta, deinde a Gaufrido abbate perfecta. Huic dedicationi interfuerunt episcopi quinque, Turgisus Abrincensis et Ricardus Constantiensis et Ricardus Bajocensis et Johannes Sagiensis et Hildebertus Cenomannensis.

NOTÆ.

(572) Brionne.
(573) A. 1119.
(574) A. 1090. cf. Ord. Vit. p. 690.
(575) Arques.
(576) Argentan.
(577) Hiemes.
(578) Domfront.
(579) Ambrieres, inter Domfront et Mayenne.
(580) Waure.
(581) Burgus Turoldi, jam Bourgtheroude, prope Rothomagum.
(582) I. e. Epistola Cruciferorum, edita Mon. SS. III, 14. Robertus ordinem verborum immutavit, verba ipsa retinuit fere omnia.

ROMANORUM.   FRANCORUM.   ANGLORUM.
turres sunt quinquaginta quadrigente, formosis venustate meniis, et defense propugnaculis. Murus exterior non tante celsitudinis, sed tamen admirande venustatis. Continet in se trecentas et quadraginta ecclesias. Pro suo magno primatu patriarcham habet, cujus patriarchatui subjiciuntur 155 episcopi. Ab oriente quatuor clauditur montaneis. Ab occidente vero civitatis muros preterfluit fluvius, cui nomen Pharfar. Octoginta enim et quinque reges eam constituendo sublimaverunt et nobilitaverunt, quorum maximus et primus emersit Antiochus, de cujus nomine Antiochia nuncupata est. (*V. Willh.*) Obiit donnus Willermus pie memorie, tercius abbas Beccensis ecclesie, vir gloriosus et honeste vite, qui 25. etatis sue anno predicti loci monachus effectus est, quindecimque annis in monachatu private peractis, in regimen ejusdem abbatie venerabili Anselmo successit. Quam cum 30 annis et dimidio, 6 diebus minus, strenue gubernasset, 70. etatis sue circiter anno, monachatus vero fere 46, migravit a seculo, 16. Kal. Maii. Cujus epitaphium decrevimus non silendum :

Hac tegitur tumba Willermus tercius abba,
Qui fuit eximius, sapiens et religiosus,
Celica suspirans, mundanaque cuncta relinquens,
Est Christum nudus devota mente secutus.
Ingenium, morum probitas, splendorque parentum
Omnibus hunc carum fecerunt ac venerandum.
Imperio dignam speciem vitamque gerebat;
Cordis mundiciam semper carnisque tenebat.
Beccum terdenos auxit rexitque per annos,
Mitis subjectis dominus, durusque superbis.
Dum sexagenum denum venisset ad annum,
Finem vivendi faciens, in pace quievit.
Tunc aries perdit consortia lucida Phebi,
Sextaque dena dies illucescebat Aprilis.
Huic Deus eternum tribuat conscendere regnum,
Quatinus angelicis turmis conreguet in evum.

Huic successit pius Boso, in novo et veteri testamento apprime eruditus, vir sciencie admirabilis et doctrine incomparabilis (cf. *H. Henr.*) Tantam insuper gratiam ei virtus divina contulerat, ut nullus tam tristis et egens consilio ad ipsum accederet, quin exemplo letus et consiliatus ab ipso recederet. Hic dilectus a Deo, et hominibus amabilis, regi Anglorum Henrico multum erat familiaris; quia veram religionem et admirandam sanctitatem et consilium incomparabile in ipso reppererat. Qui licet pene continua premeretur egritudine, tamen ipse per Dominum, immo ut credimus Deus pro ipso, omnia necessaria conventui suo et supervenientibus, ut opus erat, affluenter tribuebat. (Hunt. vii.) Eodem anno obiit Teulfus Wigorniensis episcopus, et Ernulfus Rovestrie episcopus.

1125. *Henricus* 19. *Ludovicus* 16. *Henricus I.* 25.
(*Ib.*) Rex Anglorum Henricus fuit in Normannia,

A et ibi dedit episcopatum Wigornie Symoni clerico regine. Sifrido quoque abbati Glastingebiri dedit episcopatum Cicestrie. Porro Willermus archiepiscopus Cantuarie dedit episcopatum Rovecestrie Johanni archidiacono suo. Ad pascha etiam Johannes Cremensis, cardinalis Romanus, descendit in Angliam, perendinansque per episcopatus et abbatias non sine magnis muneribus, ad nativitatem sancte Marie celebravit concilium sollenne apud Londoniam. Obiit Henricus imperator, qui duxerat Matildem filiam regis Anglorum Henrici. Opere pretium est audire quam severus rex Anglorum Henricus fuerit in pravos. Monetarios enim fere omnes totius Anglie fecit ementulari, et manus dexteras fabricantes nequitiam abscidi, quia monetam furtive corruperant. Iste est in Anglia annus karissimus omnium; in quo vendebatur onus equi frumentorium sex solidis. Henrico imperatori successit Lotharius. Mortuo Alexandro rege Scotorum, successit ei David frater ejus, vir magne sanctitatis et religiosus; qui filiam Gallevi comitis et Judith consobrine regis uxorem duxit; binosque comitatus Nordhantone et Huntendone, quos Symon Silvanectensis comes cum prefata muliere possederat, habuit. Illa vero peperit ei filium nomine Henricum, duasque filias, Clariciam et Hodiernam.

1126. *Lotharius* 1.   17.   26.
(*Ib.*) Rex Anglorum Henricus ad natale et pascha et pentecosten moratus est in Normannia, et confirmatis pactis cum Francie principibus, qualia regem gloriosissimum decebat, circa festum sancti Michaelis rediit in Angliam. (*H. Henr.*) Adduxit siquidem secum filiam suam Maltildem imperatricem, tanto viro, ut predictum est, viduatam. Quam cum vellent in patria illa animo libenti retinere dominam, noluit. (Hunt. vii.) Decessit Robertus episcopus Cestrensis. Obiit Calixtus papa (585); cui successit Odo Hostiensis episcopus, et vocatus est Honorius papa 167us.

1127.   2.   18.   27.
(Hunt. vii.) Rex Anglorum Henricus curiam suam tenuit ad natale apud Windleshores, pergens inde Londoniam. In quadragesima et pascha fuit apud Vudestoc, ubi nuntius dixit ei : *Carolus comes Flandrensis tibi dilectissimus nefanda proditione occisus est a proceribus suis in templo apud Bruge. Rex autem Francorum dedit Flandriam Willermo nepoti et hosti tuo.* Qui jam valde roboratus, diversis cruciatibus omnes proditores Karoli multavit. Super his igitur rex angariatus, consilium tenuit ad rogationes apud Lundoniam; et Willermus archiepiscopus Cantuarie similiter in eadem villa apud Westmoster. (*H. Henr.* 25.) Cum autem ad pentecosten fuisset apud Wincestre, misit filiam suam imperatricem in Normanniam desponsatam Gaufrido, filio Fulconis consulis Andegavensis, et post regis Jerusalem; mulierem videlicet pollentem mo_

NOTÆ.

(585) D. 24. Dec. 1124.

ROMANORUM. FRANCORUM. ANGLORUM.

ribus, benignam omnibus, largam in elemosinis, amicam religionis, honeste vite, dilectricem ecclesie, cujus habundantia beneficiorum maxime ecclesia Beccensis non modice splendet. De qua idem Gaufridus tres filios genuit, Henricum, Gaufridum [554] Willermum. (Hunt.) In augusto venit rex post filiam suam in Normanniam. Ricardus vero Londoniensis episcopus obierat. Cujus episcopatum dedit Gisleberto Universali, viro doctissimo. Decessit etiam Ricardus Herefordensis episcopus.

1128. *Lotharius* 3. *Ludovicus* 19. *Henricus I* 28.

(*Ib.*) Henricus rex sapientissimus, moratus in Normannia, perrexit hostiliter in Franciam, quia rex Francorum tuebatur nepotem suum et hostem. Perendinans autem apud Esparlum octo diebus, tam secure ac si in regno suo esset, compulit regem Ludovicum, auxilia comiti Flandrensi non ferre. His igitur peractis, reversus est rex Henricus in Normanniam. Advenit autem a partibus Alemannie quidam dux Theodoricus Flandriam calumpnians quosdam proceres Flandrie secum habens; et hoc suasu regis Henrici. Willermus autem comes Flandrensis aciebus ordinatis obviam venit ei. Pugnatum est igitur acriter. Willermus quidem consul numerum suorum, cum pauci essent, solus supplebat probitate inestimabili. Cruentatus igitur hostili sanguine, hostium cuneos ense fulmineo findebat. Juvenilis tunc brachii robore hostes sunt territi et fuge dediti. Victoriosus igitur consul dum hostile castrum obsideret, et in crastino reddi deberet, Deo volente, parvo vulnere sauciatus in manu deperiit. Nobilissimus autem juvenum, etate brevi famam promeruit eternam : unde.

Unicus ille ruit, cujus non terga sagittam,
Cujus nosse pedes non potuere fugam.
Nil nisi fulmen erat, quotiens res ipsa monebat.
Et, si non fulmen, fulminis inztar erat.

Hugo de Paëns, magister militum templi Jerusalem, veniens in Angliam, secum multos duxit Jerusalem. Inter quos Fulco Andegavensis comes, rex futurus, perrexit. Obierunt Radulfus Flambard Dunelmiensis episcopus, et Willermus Gifardus Wintoniensis episcopus. (*A Roth.*) Obiit Gaufridus Rothomagensis archiepiscopus, mense Decembri. Successit Willermo comiti Flandrensi Terri de Auscis [555].

1129. 4. 19. 29.

(Hunt. vii.) Rex Anglorum Henricus in omni pene bono fortunatus, pacificatis omnibus que in Francia, Flandria, Normannia, Britannia, Cenomannia, Andegavi erant, cum gaudio rediit in Angliam. Tenuit igitur concilium maximum Kalend. Augusti apud Londoniam de uxoribus sacerdotum prohiben-

A dis. Intererant siquidem illi concilio Willermus Cantuariensis archiepiscopus, Tustanus Eboracensis archiepiscopus, Alexander Lincoliensis episcopus, Rogerius Salesberiensis, Gislebertus Londoniensis, Johannes Rourecensis, Sifridus Sudsexensis, Godefridus Badensis, Symon Wigornensis, Evrardus Norwicensis, Bernardus Sancti Davidis, Herveus primus Heliensis episcopus. Nam Wintoniensis et Dunelmensis et Cestrensis et Herefordensis obierant; Illis quos Hugo de Paens, de quo predictum est, secum duxerat ad Jerusalem, male contigit; Deum siquidem offenderant Sancte Telluris incole variis sceleribus. Ut autem scriptum est in Moyse et regnum libris, non diu scelera locis illis sunt impunita. In vigilia sancti Nicholai a paucis paganorum multi christianorum devicti sunt, cum antea soleret e contrario contingere. In obsidione igitur Damascena, cum magna pars christianorum progressa esset ad victualia perquirenda, mirati sunt pagani christianos plures et fortissimos se muliebriter fugientes, et persequentes innumeros occiderunt. Eos autem, qui fuga salutem sibi quesierant, in montibus tempestate nivis et frigoris Deus ipsa nocte persecutus est, ita quod vix aliquis evasit. Ludovicus rex Francorum eodem anno fecit sublimari filium Philippum in regem. (*Gem.* vii, 30.) Dicam quod forsitan placeat lectori de successionibus Apulie. Primus in Apulia prefuit Normannis, dum adhuc ut advene Wimachi ducis Salerni stipendiari essent, Tustinus cognomento Scistellus. Quo mortuo per venenum serpentis, quem ipse occiderat, successit ei in principatum Rannulfus, qui condidit Aversam urbem. Huic successit Ricardus filius ejus princeps Capue, qui filio suo Jordani reliquit moriens eundem principatum; et Jordanis filio suo Ricardo juniori. Post aliquantum temporis Constantiniensis Drogo, filius Tancredi de Altavilla, princeps Normannorum in Apulia factus est. Hunc Wazo comes Neapolis per traditionem in ecclesia sancti Laurentii occidit. Huic successit Hunfredus frater ejus, totamque Apuliam Normannis subegit. Hic moriens Abajelardum filium suum Roberto fratri suo, quem pro versutiis Wiscardum cognominaverat, cum ducatu Apulie commendavit. Robertus fratres suos, qui omnes duces vel comites fuerunt, virtute et sensu se sublimitate transcendit. Nam totam Apuliam, Calabriam, Siciliam sibi subjugavit; et transmeato mari maximam partem Grecie, Affrice invasit. Hic multa bona fecit; episcopatus et abbatias plures restauravit. (*Ib.* 43.) Hic relicta priore uxore Normanigena propter consanguinitatem de qua susceperat filium Boamundum nomine, duxit primogenitam filiam Gaumarii principis Salerni, favente Gisulfo fratre predicte puelle. Minor vero

VARIÆ LECTIONES.

[554] Graufridum E. [555] *Hic alia manus, eadem quæ ad a.* 1151, *non Roberti, addit* : Jacobus clericus de Venecia transtulit de Greco in Latinum quosdam libros Aristotilis, et commentatus est; scilicet Topica, Anal. priores et posteriores, et Elencos, quamvis antiquior translatio super eosdem libros haberetur *Desunt* 2, 7ᵇ, 8ᵈ.

ROMANORUM.   FRANCORUM.   ANGLORUM.

soror ejus nupsit Jordani principi Capue. Roberto morienti successit in ducatum Apulie Rogerius filius ejus, natus ex secunda uxore, ex qua genuerat tres filios et quinque filias. Hoc etiam Rogerio deficiente, et filiis suis post ipsum, Rogerius patruelis ipsius, filius Rogerii comitis Sicilie, fratris Roberti Wiscardi, solus tam Apuliam quam Siciliam obtinuit. Hic factus est rex anno ab incarnatione Domini 1130. causa altercationis duorum apostolicorum, qui tunc Rome electi erant. Quorum Anacletus, qui Rome erat, concessit ei ut regio diademate decoraretur. Audiat qui mira audiret desiderat : venit in Normanniam de longinquis finibus avium innumerabilis multitudo; que gregatim volantes, et insuper longissima aeris spatia tenentes, ad invicem inter se pugnabant horribiliter, portendentes forsitan innumera mala post mortem regis Henrici ventura.

1130. *Lotharius* 5. *Ludovicus* 20. *Henricus I* 50.

Honorius papa decessit. Cui successit Gregorius cardinalis presbyter [556] Romane ecclesie, vocatus Innocentius papa 168us. Electus est etiam cum eo, imo intrusus per seditionem populi furentis et per violentiam parentele sue, alius ecclesie, videlicet Petrus Leonis, vocatus a populo Anacletus ; et vixerunt ambo fere octo annis. Remansit autem Anacletus in urbe propter fratres suos, qui erant viri potentes et habebant principatum castelli Crescentionis. Innocentius vero ad Cismontanos transiit. Unde dictum est monosticon ille : *Romam Petrus habet, totum Gregorius orbem*. (HUNT. VII.) Rex Anglorum Henricus fuit ad natale apud Winceastre, ad pasca apud Vudestoce. Ibi fuit accusatus Gaufridus de Clintone et infamatus de proditione regis, falso. Ad rogationes fuit apud Cantuariam ad dedicationem nove ecclesie. Mense Septembri transiit in Normanniam, et ad nativitatem sancte Marie fuit Becci, et adduxit secum Hugonem noviter electum Rothomagensem archiepiscopum, qui fuerat abbas Radingensis. Qui etiam sacratus est in festo exaltationis sancte crucis, die dominica, archiepiscopus Rothomagensis 50us, quem consecravit Ricardus Bajocensis episcopus cum coepiscopis, suis in ecclesia sancti Audoeni [557]. Occiso Arragois comite Morafie, rex Scotie David extunc habuit illum comitatum. Gratianus episcopus Clusinus coadunavit decreta valde utilia ex decretis, canonibus [558], doctoribus, legibus Romanis, sufficientia ad omnes

A ecclesiasticas causas decidendas, que frequentantur in curia Romana et in aliis curiis ecclesiasticis. Hec postmodum abbreviavit magister Omnebonum episcopus Veronensis, qui fuerat ejus discipulus. Occiso Boamundo principe Antiochie, Raimundus frater Guillermi comitis Pictavensis duxit ejus uxorem, et factus est princeps Antiochie.

1131.   6.   21.   31.

(HUNT. VII.) Rex Anglorum Henricus apud Carnotum post natale recepit papam Innocentium, Anacleto subjici recusans. (*H. Henr.* 50.) Post Pascha venit idem papam Rothomagum, et receptus est a rege Henrico honorifice ; et ejus auxilio receptus est per totas Gallias. (HUNT. VII.) Post in estate rex Henricus rediit in Angliam, secum filiam suam adducens. Fuit igitur in nativitate sancte Marie magnum placitum apud Nordhantune; in quo congregatis omnibus principibus Anglie deliberatum est quod filia sua redderetur viro suo consuli Andegavensi, eam requirenti. Missa autem post hec filia regis viro suo, recepta est fastu tanta viragine digno. Post pascha mortuus est Reginaldus abbas Ramesiensis, nove auctor ecclesie. In principio hyemis obiit Herveus primus Heliensis episcopus. Eodem anno mense Octobris contigit etiam, quod filius regis Francorum Philippus jam rex factus, dum cornipedem ludens agitaret, obvium suem habuit; cui cum pedes equi currentis offenderent, occidit rex novus et fractis cervicibus expiravit. Ecce res insolita et admiratione digna ! ecce quanta celsitudo quam leviter et quam cito adnichilata est ! Eodem mense Innocentius papa sacravit fratrem suum Ludovicum in regem Remis, satis parve etatis infantem, cum idem papa ibi teneret concilium in festivitate Crispini et Crispiniani, die dominica. Qui Deum diligens et ecclesiam, plurimum vixit honeste.

1152.   7.   22.   32.

(*Ib.*) Rex Henricus fuit ad natale apud Dunestaple; ad pascha apud Vudestoc. Post Pascha fuit placitum apud Londoniam, ubi de pluribus, sed et maxime de discordia episcopi Sancti David et episcopi Clamorgensis de finibus parrochiarum suarum tractatum est. Obiit Balduinus secundus, rex Jerusalem tercius ; et successit Fulco comes Andegavensis, duxerat filiam predicti Balduini (584), ex qua genuit duos filios, Balduinum et Amauricum. Quidam scolaris clericus, dolore gravi anxius (585), die ac nocte ejulans et flens ut mulier parturiens, quadam

VARIÆ LECTIONES.

[556] *itaprimum* E. *et inde* 7b, 8d. *Postea correxit, incertum quæ manus, diaconus. Ita* 8c.   [557] *Sequentia usque ad anni finem in rasura scripsit Robertus ipse ; desunt* 2. *Eorum loco* 4. 7b. 8d. *habent* : Eodem anno Arageis comes Morafie, cum Melcolmo, notho filio Alexandri fratris regis David, qui ante eum regnaverat, et cum quinque milibus armatorum Scotiam intravit; totam regionem sibi subjicere voluit. David rex tunc curie regis Anglorum intererat; sed Edwardus, consobrinus ejus et princeps militie, cum exercitu illi obviavit, et Arageis consulem occidit, ejusque turmas prostravit, cepit atque fugavit. Deinde Morafiam defensore dominoque vacantem ingressus est ; totusque regionis spatiose ducatus, Deo auxiliante, per Edwardum extunc David religioso subditus est.   [558] canoribus E.

NOTÆ.

(584) Melisendem.
(585) Nota-versus; carmen majus excerpsisse videtur noster.

| ROMANORUM. | FRANCORUM. | ANGLORUM.

nocte pre dolore nec vigilans nec dormiens, vidit assistere sibi Virginem matrem Domini, quam quia invocaverat, presens sibi affuerat, albis inducta vestibus, que congruunt virginibus. Manum igitur porrigens, quo plus erat dolor angens, sanum reddidit penitus, qui semper erat anxius.

¶1133. *Lotharius* 8. *Ludovicus* 23. *Henricus I* 33.

(Hunt. vii.) Rex Anglorum Henricus fuit ad natale apud Winlesores infirmus. Ad caput jejunii fuit conventus apud Londoniam, super episcopos Sancti David et Clamorgensis, et pro discordia archiepiscopi et Lincoliensis episcopi. Ad pascha fuit rex apud Oxineford in nova aula. Ad rogationes fuit iterum conventus apud Wincestre super rebus predictis. Post pentecosten dedit rex episcopatum Heliensem Nigello, et episcopatum Dunelmie [559] Gaufrido cancellario. Paulo ante dederat Wintoniensem Henrico abbati Glastonie (586) nepoti suo, qui tamen abbatiam cum episcopatu tenuit usque ad mortem suam; Herefordensem vero episcopatum Roberto de Betona Flandrensi, viro religioso; Cestrensem vero Rogerio archidiacono Lincoliensi, nepoti Gaufridi de Clintona. Decessor ejus fuerat Robertus cognomento Peccatum; predecessor vero Robertus Normannus de Limesia. Hic secularibus intentus magis quam divinis, a rege Henrico Coventrense cenobium optinuit, ibique capitalem cathedram Merciorum constituit. Habet itaque ille episcopatus usque hodie tres sedes, Licifeldensem, Cestrensem, Conventrensem. (*V. Lanf.* 12.) Anno siquidem incarnationis dominice 1075, regnante Willermo rege Anglorum, anno regni ejus 9. congregatum est Londonie concilium, presidente Lanfranco archiepiscopo Cantuariensi; totius Britannie insule primate, considentibus secum viris venerabilibus Thoma Eboracensi archiepiscopo, et ceteris episcopis ipsius insule, et abbatibus, nec non et multis religiosi ordinis personis; in quo multa utilia tam clericis quam laicis instituta fuerunt. Concessum est etiam inibi regali munificentia et sinodali auctoritate tribus episcopis, de villis ad civitates sedes suas transferre; scilicet Hermanno de Sireburna ad Seriberiam; Stigando de Senlenge ad Cicestrum; Petro de Licifelde ad Cestrum. De quibusdam autem, qui in villis seu vicis adhuc degebant, dilatum est usque ad regis audientiam; videlicet Remigio Dorchacensi, Gisone Hermeacensi, Hefalto Wellensi; quorum prior ad Lincoliam, secundus ad Batam, tertius ad Telford, munificentia regis et suggestione Lanfranci postea translati sunt. Elfato, qui fuerat capellanus Willermi regis, successit apud Teldfort Willermus de Belfou, vir genere nobilis et cancellarius ejusdem regis. Quo in brevi defuncto successit ei dono Willermi junioris Herbertus, vir magnani-

A mus et admodum litteratus. Hic monachus et prior fuit Fiscannensis; et post patrem suum abbas Ramesiensis, ad ultimum vero episcopus Tedfordensis. Hic emit multa pecunia magnam partem ville Norwicensis, et evulsis domibus et loco complanato in maximum spatium, in optimo loco super Gerne fluvium perpulcram ecclesiam in veneratione summe Trinitatis ad memoriam illius, cujus monachus extiterat, edificavit; additis etiam officinis pergrandibus ad opus monachorum necessariis, quos et ibi posuit ad serviendum Deo in illa ecclesia, quam constituit matricem et principalem sedem Nortfulcani episcopatus. (Hunt. vii.) Fecit etiam rex Henricus novum episcopatum apud Carluil, in finibus Anglie et Scotie; et posuit ibi episcopum primum Adalulfum priorem canonicorum regularium sancti Oswaldi, cui solitus erat confiteri peccata sua. Hic autem episcopus canonicos regulares posuit in ecclesia sedis sue. (*A. Roth.*) Passus est sol eclipsim 4. Non. Aug. Eodem die rex Henricus transfretavit in Normaniam, non rediturus; multis hoc propter signum quod acciderat mussitantibus. Hoc etiam tempore vena argentaria reperta fuerat apud Carluil; unde investigatores, qui eam in visceribus terre querebant, quingentas libras regi Henrico annuatim persolvebant. Mense Marcii natus est Henricus Cenomanis, primogenitus filius Gaufridi comitis et Mathildis imperatricis.

1134.   9.   24.   34.

Natus est Gaufridus secundus filius Gaufridi Andegavensis, mense Maio in pentecosten Rothomagi. Et infirmata est mater ejus Matildis imperatrix propter difficultatem partus usque ad desperationem. (*H. Henr.* 28.) Ubi prudentia ejus evidentibus indiciis manifestata est. Nam thesauros suos orphanis, viduis et reliquis pauperibus et maxime ecclesiis et monasteriis, manu sicut larga, ita devota distribuit. Monasterium vero Beccense abundantiori benedictione in auro et argento et lapidibus pretiosis et multiplici ornatu ecclesie, quam reliqua monasteria cumulavit. (*Ib.*, 29.) Poposcit etiam patrem suum, ut ibidem sepeliretur. Quod cum ille prius renueret, dicens dignius esse ut Rothomagi sepulta conderetur, ubi et antecessores ejus, Rollonem et Willermum filium ejus dico, requiesceret; dixit animam suam nunquam esse letam nisi compos voti in hac duntaxat parte fieret. Concessit pater quod petebat; sed Domino volente, sanitati restituta est. (Hunt. vii.) Hoc anno toto rex Henricus moratus est in Normanniam, pro gaudio nepotum suorum Henrici et Gaufridi. Eodem anno rex Henricus donavit episcopatum Bajocensem Ricardo filio Roberti comitis Gloecestrie; episcopatum vero Abrincatensem Ricardo de Belfou. Obiit Robertus dux Normannorum, filius Willermi regis, qui

VARIÆ LECTIONES.

[559] Dunelmie E.

(586) Glastingbury.

NOTÆ.

ROMANORUM.   FRANCORUM.   ANGLORUM.
Angliam sibi subdidit, primogenitus; et sepultus est apud Gloecestrie.
1135. *Lotharius* 10. *Ludovicus* 25. *Henricus I* 35. Luna passa est eclypsim 4. Non. Januarii (*A. Roth.*) Ventus vehemens factus est horribilis et mentes hominum valde deterrens, turres et domos dejiciens, et silvas eradicans, in vigilia apostolorum Symonis et Jude (587), mortem magni principis Henrici et totius patrie excidium forsitan portendens. (HUNT. VII.) Hoc etiam toto anno rex Henricus continue moratus est in Normannia, et sepe non rediturus in Angliam redire proponebat; sed detinebat eum filia ejus discordiis variis, que oriebantur pluribus causis inter regem et consulem Andegavensem, artibus scilicet filie sue. Quibus stimulationibus rex in iram et animi rancorem excitatus est; que a nonnullis causa naturalis refridationis, et postea mortis ejus causa dicte sunt fuisse. Cum igitur de venatu rex idem rediisset apud Sanctum Dionysium in Silva leonum, comedit carnes murenarum, que semper ei nocebant, et semper eas amabat. Cum autem medicus hoc comedi prohiberet, non adquievit rex salubri consilio, secundum quod dicitur : *Nitimur in vetitum, semper cupimusque negata*. Hec igitur comestio, pessimi humoris illatrix et consimilium vehemens excitatrix, senile corpus letaliter refridans, subitam et summam fecit perturbationem. Contra quod natura renitens excitavit febrem acutam, ad impetum dissolvendum materiei gravissime. Cum autem restare nulla vi posset, decessit rex magnus, cum regnasset 35 annis et 4 mensibus, in prima die Decembris.
(*H. Henr.* 33.) *Quod modicum prestent, quod opes*
   [*magnum nichil extent*,]
Rex probat Henricus. Rex vivens pacis amicus
Extiterat ; siquidem pre cunctis ditior idem,
Occidue genti quos pretulit ordo regendi.
Quippe pater populi, rex et tutela pusilli
Dum pius ipse ruit, furit impius, opprimit, urit.
Anglia lugeat hinc, Normannica gens fleat illinc.
Occidis, Henrice, tunc pax, nunc luctus utrique.
Quo dum dura febris prima sub nocte Decembris
Mundum nudavit, mundo mala multiplicavit.
Sensu, divitiis, aditu, feritate decenti,
Mire, plus dictu, vim perpessis, scelerosis,
Excellens, locuples, haud difficilis, reverendus ,
Hic jacet Henricus rex, quondam pax, decus orbis.
(*Ib.* 51.) Nomina castellorum, que in Normannia ex integro fecit rex Henricus in margine ipsius provincie, hec sunt : Drincurtis, Novum castrum super Eptam, Vernolium, Nonanticurtis, Bonmolendinum,

Colmie mons, Pons Ursonis, Castrum sancti Dionysii in Leons, Vallis Rodulii (588), turres Ebroicarum, turres Alentonii, turres Constantiarum. ⁵⁶⁰ (*Ib.*) Fecit enim in Normannia et in Anglia monasteria plurima, scilicet monasterium Radingense, monasterium canonicorum regularium apud Cirecestre, monasterium de Prato apud Rothomagum, monasterium de Mortuo mari. Fecit etiam alia multa pietatis opera, que in libro de vita ejus plenius enumeravimus. (HUNT. VIII.) Defuncto rege Henrico apud Sanctum Dionisium in Silva leonum 4. Non. Decembris, allatum est corpus ejus in civitatem Rothomagum ab archiepiscopo et episcopis et comitibus et baronibus, qui multi convenerant, et in ecclesia sancte Marie apertum, et cor et lingua et viscera ejus in monasterio Prati ante altare tumulata sunt ; corpus vero reliquum sale inulto aspersum coriis est involutum, et Cadomum translatum, et juxta tumulum patris sui in monasterio sancti Stephani positum, usquequo ventum ad transfretandum convenientem exsequutores exequiarum ejus haberent. Infra ergo duodecim dies natalis Domini sepultum est in monasterio sancte Marie Radingensi, quod a fundamentis ipse edificaverat, et ornamentis et possessionibus ditaverat. Interfuit exequiis ejus Stephanus jam rex nepos ejus, et archiepiscopus Cantuariensis Willermus , et alii proceres regni. Siquidem predictus Stephanus cum esset in comitatu suo Bolonie, audita morte avunculi sui tranfretavit citissime in Angliam ; vir magne strenuitatis et audacie. Et quamvis promisisset sacramentum fidelitatis Anglici regni filie regis Henrici, tamen ⁵⁶¹ regni diadema audatia sua invasit. Willermus Cantuariensis archiepiscopus, qui primus sacramentum filie regis fecerat, eum in regem benedixit, et post annum non vixit. Rogerius Magnus Salesberiensis episcopus, qui secundus hoc idem fecerat et omnibus aliis predictaverat, diadema ei et vires auxilii sui tribuit. Unde postea, justo Dei judicio, ab eodem, quem creavit in regem, captus et excruciatus, miserandum sortitus est exterminium. Sed quid moror ? Omnes qui sacramentum inierant, tam presules quam consules, ad quid inde venerint perspicuum est. (*H. Henr.*) Audita morte regis Henrici, comes Andegavensis et uxor ejus Matildis, filia ejusdem regis, absque ulla difficultate castella Normannie obtinuerunt, videlicet Danfrontem, Argentolium, Oximum, Ambreras, Gorram, Colmie montem. Ista tria ultimo nominata interim comes concessit Gibelloni de Meduana, hac conditione, ut ipse eum fideliter adjuvaret in adquirendo hereditatem uxoris sue et filiorum suorum. Dicebat enim

VARIÆ LECTIONES.

⁵⁶⁰ turrem S. Johannis juxta montem S. Michaelis et alias plures, quas supra commemoravimus *addunt* 4. 7ᵇ. 8ᵈ. *Iisdem sequentia* Fecit — plurima *desunt*. Fecit — canonicorum re *in rasura Rotbertus circa a.* 1185. *correxit*. ⁵⁶¹ *ante et post* tamen *in E. erasum est aliquid ; fretus tamen vigore et prudentiam regni* 7ᵇ. 8ᵈ. fr. tamen vigore et impudentia, regni 2. *et Henricus Huntingd*.

NOTÆ.

(587) D. 27 Oct.   (588) Vaudreuil. BCUQ.

ROMANORUM.   FRANCORUM.   ANGLORUM.

idem Gibellus, illa oppida esse in terra sua. Reddite sunt etiam predicto comiti omnes firmitates Willermi Talevat comitis Pontivi, quas habebat in Normannia, quas rex Henricus habebat in manu sua ante mortem suam, et a quibus exulaverat eundem Willermum. Et ideo aliquanta discordia fuerat inter regem et comitem et imperatricem ante mortem ipsius regis, quia nolebat reddere Willermo casamentum suum. Erat et alia causa ipsius discordie major, quia rex nolebat facere fidelitatem filie sue et marito ejus idem requirenti, de omnibus firmitatibus Normannie et Anglie. Hoc enim requirebant propter filios suos, qui erant legitimi heredes regis Henrici. Comes vero Gaufridus benigne reddidit easdem firmitates predicto Willermo. Mortuo rege, ut predictum est, optimates Normannie confestim miserunt propter comitem Tebaldum, ut veniens reciperet Normanniam. Venit itaque Rothomagum, et postea Luxovias in sabatho jejunii decimi mensis (589). In crastino dum colloqueretur ipse et comes Gloecestrie Robertus, venit nuncius de Anglia, dicens Stephanum fratrem suum jam esse regem. His auditis, comes Gloecestris reddidit castrum Falesie, quod habebat, absportata prius magna parte thesauri regis Henrici, quod nuper allatum fuerat de Anglia.

1136. *Lotharius* 11. *Ludovicus* 26. *Stephanus* 1. (HUNT. VIII.) Stephanus rex duxit magnum exercitum in Scotiam, et rex David pacificatus est cum eo. Hominium tamen non fecit ei, quia primus laicorum sacramentum fecerat imperatrici, sed Henricus filius ipsius David hominium fecit regi Stephano. Ad rogationes cum esset divulgatum regem esse mortuum, cepit Hugo Bigog castellum Norwit, reddidit regi. Item rex cepit castellum Bachentum, quia Robertus dominus ejus a rege desciverat. Inde obsedit Excecestre, quam tenebat Balduinus de Revers. Reddito castello abstulit rex Vectam insulam eidem Balduino, et exulavit cum ab Anglia. Mense Augusto apud Argentomagum natus est Guillermus, teocius filius comitis Gaufridi. (*H. Henr.*) Vigilia epiphanie factus est ventus maximus. Obiit Willermus Cantuariensis archiepiscopus. Et cessavit archiepiscopatus Cantuariensis per aliquantum temporis. Interim mala multa multiplicata sunt, non solum in Anglia, sed etiam in Normannia et multis aliis locis. (*H. Henr.* 42.) Obiit pie memorie donnus Boso, quartus abbas Beccensis monasterii, vir magne auctoritatis, orbi clarus, sapientia, prudentia, precipueque spiritu consilii pollens. Hic anno etatis sue circiter 25° factus est monachus Becci sub sancto Anselmo, ejus loci abbate. Annis 26 monachus sine prelatione fuit; deinde prior sub donno Willermo abbate, predicti Anselmi successore, 9 annis. Post quem electione totius congregationis abbas constitutus, rexit eandem abbatiam annis 12, diebus 12. Transiit autem nocte nativitatis sancti Johannis baptiste, hoc est 8. Kalend. Julii, anno etatis sue 71, monachatus vero 47. (590) Paucisque interpositis diebus, electus est abbas donnus Thebaldus, vir nobilis et probus, qui tunc erat prior (*H. Henr.*).

Lucta finita cum carne, vir Israhelita
Abbas Boso die requievit, qua Zacharie
Filius exoritur, quo major non reperitur
Surgere cunctarum natos inter mulierum
Hec pietate Dei tam lete festa diei,
Sint ingressus ei paradisiace requiei.
Abbas Beccensis, cujus sermo fuit ensis,
Abradens vicium; quo datur exicium,
Boso pater magnus, tumidis leo, mitibus agnus.
Et dulcis populo, fit cinis hoc tumulo,
Fit cinis hac tumba, qui serpens atque columba
Ex probitate fuit, vivere dum potuit.
Ergo videns versus, atra ne sit Stige mersus,
Regi funde precem, quem necis esse necem
Credimus, et celis, scandit quo quisque fidelis.
Det pius esse sibi, qui Deus exstat, ibi.

Comes Tebaldus nepos regis Henrici, conductus a Roberto comite Leicestrie, obsedit pontem sancti Petri, et cepit eum super Rogerium de Toenejo (*Jun.*). (*H. Henr.*) Eodem anno obierunt plures ex principibus Anglie: Willermus Cantuarie archiepiscopus, Johannes episcopus Roverecestrie, Willermus episcopus Exonie, Ricardus filius Gisleberti, Robertus filius Ricardi patruus ejus, Ricardus filius Balduini consobrinus ejus, secundus Willermus de Warenna comes Surreie. Mense Septembris Gaufridus comes Andegavensis adduxit maximum exercitum in Normanniam usque Luxovias, quando combusta est eadem civitas. In redeundo cepit Sapum (591). Eadem septimana Galerius comes Mellenti cepit apud Achinnum Rogerium de Toenio, rapine et incendio vacantem.

1137.   12.   27.   2.

Stephanus rex Anglorum in quadragesima transiit in Normanniam, et obsedit Lislebonam et cepit, quam tenebat Rabellus camerarius. Inde obsedit Grantsilvam. Locutus est etiam apud Ebroicas cum fratre suo comite Teobaudo, et pepigit ei duo milia marchas argenti per annum; quia comes Tebbaldus indignabatur quod idem Stephanus, qui junior erat, acceperat coronam, que sibi, ut dicebat, debebatur. Reddita igitur firmitate Grantsilve, concordatus est rex Stephanus cum rege Francorum. Et Eustachius filius ejus fecit ei hominum de Normannia, que adjacet regno Francorum. Exinde cum Stephanus vellet ire in terram comitis Andegavensis, facta est discordia magna in exercitu ejus apud Livarrou

NOTÆ.

(589) Decembris. BOUQ.
(590) Cf. Vitam Bosonis auct. Milone, post Dacherii opera Lanfranci.

(591) Le Sap, inter fluviolos Touques et Charentonne.

ROMANORUM. FRANCORUM. ANGLORUM. propter unam hosam vini, quam abstulerat quidam Flandrensis cuidam armigero Hugoni de Gornai. Facta est itaque magna dissensio inter Normannos et Flandrenses. Rediit ergo rex infecto negotio. Nec mora exinde, quod comes Andegavensis adduxit exercitum multo majorem illo, quem ante anno preterito adduxerat. Intercurrentibus tamen nuntiis inter ipsum et regem Stephanum, item dux dedit trevias usque ad tres annos, hac conditione, ut rex singulis annis daret ei duo milia marchas argenti; et de primo anno statim debitam summam accepit. Iste trevie uno anno utrinque duraverunt, id est usque ad festivitatem sancti Johannis anni futuri. Ilis itaque gestis, rex Stephanus in adventu rediit in Angliam. (*Aug.* 1.) Obiit Ludovicus senior rex Francorum, et successit filius ejus Ludovicus, qui accepit filiam ducis Aquitanorum Alienor nomine, ex qua genuit duas filias. (*Dec.* 5.) Eodem anno mortuus est Lotharius imperator Romanorum, cui successit Conradus nepos Henrici quarti, mariti imperatricis, qui ante Lotharium imperaverat. Kalend. Aug. quando rex Ludovicus decesserat, combustum est ipsa nocte monasterium Corbeie. Ipso anno tanta siccitas fuit, ut etiam stanna et flumina multa siccarentur, terra in multis locis diutissime arderet, arbores plurime in silvis et virgultis arescentes morerentur, et arderent nullo incendente. Tebaldus electus Beccensis ecclesie, vir magne probitatis et scientie, benedictus est abbas ejusdem ecclesie, omni conventu animo libenti concedente, apud Rothomagum a domno Hugone archiepiscopo.

1138. *Conradus* 1. *Ludovicus* 1. *Stephanus* 5.

(Hunt. VIII.) Stephanus[562] rex Anglorum in natali obsedit Bedefort; qua reddita, exercitum promovit in Scotiam. Rex namque Scotorum David, qui sacramentum fecerat filie regis Henrici, quasi sub velamento sanctitatis per suos execrabiliter egit. Mulieres enim gravidas findebant, et fetus anticipatos abstrahebant; presbiteros super altaria detruncabant, et alia multa mala perpetrabant. Quecumque igitur Scothi attingebant, omnia erant plena horroris. Aderat clamor mulierum, ejulatus senum, morientium gemitus, viventium desperatio. Rex igitur Stephanus insurgens combuxit et destruxit australes partes regni regis David, ipso quidem non audente ei congredi. Post pascha vero exarsit rabies proditorum nefanda. Quidam namque Talebot nomine tenuit contra regem castellum Hereford in Wales, quod rex per obsidionem in sua recepit. Robertus consul de Gloecestre tenuit contra eum Bristoud et Slede, Radulfus Luvell castellum de Cari, Paganellus castellum de Ludelave, Willermus de Movim castellum de Dunestor, Robertus de Nicole castellum de Warham, Eustachius filius Johannis Mealtune, Willermus filius Alani Salopesbiri;

A quod rex quidem cepit armis, captorumque nonnullos suspendit. Walchelinus de Dovre hoc audiens, reddidit castrum Dovre regine se obsidenti. Occupato igitur rege circa partes australes Anglie, David Scotorum rex innumerabilem exercitum promovit in Angliam. Contra quem proceres borealis Anglie, ammonitione et jussu Tustani Eboracensis archiepiscopi restiterunt viriliter, fixo standart, id est regio insigni, apud Alvertune. Ibi duodecim milia Scotorum fama refert occisa, extra eos qui in segetibus et silvis inventi sunt perempti. Ceteri vero minimo sanguine fuso feliciter triumpharent. Hujus pugne dux fuit Willermus consul de Albemarle et Willermus Piperellus de Notingehan, et Walterius Espec et Ilbertus de Laci, cujus frater ibi solus ex omnibus equitibus occisus est. Cujus eventus belli cum regi Stephano nuntiatus esset, ipse et omnes qui aderant, summas Deo gratias exolverunt. Hoc bellum Augusti mense factum est. In adventu Domini concilium apud Londoniam Albricus ecclesie Romane legatus et Hostiensis episcopus tenuit, et ibidem, adnitente rege Stephano et regina, Tebaldus abbas Beccensis ecclesie, vir admodum venerandus, Cantuariensis ecclesie archiepiscopus effectus est, transactis duobus annis et dimidio, postquam abbas constitutus fuerat. Consilioque ejus fuit abbatia Becci sine abbate sub Ricardo de Belfou priore, a nativitate Domini vel paulo ante usque ad pentecosten, quousquevidelicet ipse a Roma rediret. Hoc eodem anno, mense Octobri, Gaufridus comes Andegavensis obsederat Falesiam per 15 dies cum magno exercitu, et Robertus comes Gloecestrie cum eo, qui circa preteritum pascha concordiam cum eo fecerat. Hoc etiam anno Oximenses et Bajocenses subditi sunt ei[563].

1139. 2. 2. 4.

(*Ib.*) Rex Anglorum[564] Stephanus post natale castellum de Slede cepit obsidione. Post hec perrexit in Scothiam, ubi cum rem Marte et Vulcano ducibus ageret, rex Scotie cum eo concordari coactus est. Henricum igitur filium regis Scotorum secum ducens in Angliam, cepit Ludelawe, ubi idem Henricus unco ferreo equo abstractus pene captus est; sed ipse rex ab hostibus eum splendide retraxit. Inde re perfecta Oxinefordiam petiit. Ubi res infamia notabilis et ab omni consuetudine remota comparuit. Rex namque Rogerium episcopum Saleshirensem, et Alexandrum Lincoliensem ipsius nepotem, violenter in curia sua cepit, nichil recti recusantes. Ponens igitur, ibidem Alexandrum episcopum in carcerem, episcopum Saleshirensem secum duxit ad castellum ejusdem, quod vocatur Divise, quo non erat splendidius intra fines Europe. Angarians igitur eum fame, et filii ejus, qui cancellarius fuerat, collo laqueum innectens, ut suspenderetur, sibi tali modo castellum extorsit, non satis recor-

VARIÆ LECTIONES.

[562] Hic incipit 8b. [563] Obiit Gaufridus secundus abbas Savign. addit in 2. alia manus sec. XIII. in margine. [564] Hunc annum præcedenti jungit 8b.

ROMANORUM. FRANCORUM. ANGLORUM.

dans honorum que in introitu regni ille sibi pre aliis congesserat. Similiter cepit Sireburnam, quod parum Divisis decore cedebat. Accipiensque thesauros episcopi, comparavit inde Constantiam sororem Ludovici regis Francorum filio suo Eustachio. Inde rex rediens, similiter egit de Alexandro episcopo, donec reciperent castellum de Newerthan amenissimum. Similiter redditum est ei Eslaford castellum, Tunc satis proxime filia regis Henrici, que fuerat imperatrix Alemannie, cui Anglia juramento addicta fuerat; et Robertus comes Gloccestrie, frater ejus, mense Augusto transierunt in Angliam. Invitaverat enim eos Willermus de Albinneio, qui duxerat Eliz quondam reginam, que habebat castellum et comitatum Harundel, quod rex Henricus dederat ei in dote. Appulerunt itaque apud Harundel, quia tunc alium portum non habebant. Exinde comes Robertus cum decem militibus et decem equestribus sagittariis per mediam terram Stephani regis perniciter venit Warengueford, et inde Gloecestrie, et nuntiavit adventum imperatricis Brientio filio comitis et Miloni de Gloccestrie, quam reliquerat cum uxore sua et aliis impedimentis in castello Harundel, ubi rex Stephanus obsedit eam, sed postea abire permisit pacto quodam ad Bristout. Obiit Rogerius predictus episcopus Salesberiensis, tam merore[565] quam senio confectus. Innocentius papa tenuit coxcilium Rome, cui interfuit Thebaldus Cantuariensis archiepiscopus. Electus est et constitutus abbas Beccensis ecclesie, ab omni equaliter congregatione, vir magne sanctitatis et scientie donnus Lethardus, de Beccensi prosapia natus, in utroque testamento apprime eruditus, pollens consilio, affabilis eloquio, moderatus in verbis, discretus in disciplinis, tarde letus in terrenis, semper gaudens in eternis, diligens bonos, corrigens malos; qui pro qualitate temporis gregem sibi commissum optime rexit, licet in suo tempore assidua tempestate patria turbaretur[566].

(An. 1140.) Stephanus[566] rex fugavit Nigellum episcopum Heliensem de episcopatu suo, quia nepos episcopi Salesbiriensis erat, a quo invectivum in progeniem ejus traxerat. Ubi autem ad natale vel ad pascha fuerit, dicere non attinet; jam quippe curie sollennes, et ornatus regii seemat:s ab antiqua serie descendens prorsus evanuerant, ingens thesauri copia deperierat, pax in terra nulla, cedibus, incendiis, rapinis omnia exterminabantur; clamor, et luctus, et horror ubique[567]. Obiit comes Ebroicensis Amalricus, et successit frater ejus Symon. Obiit Rabellus camerarius, et successit Willermus filius ejus. Obiit Henricus comes de Ou, et successit Johannes filius ejus. Obiit Tustanus archiepiscopus Eboracensis, et successit Willermus thesaurarius ejusdem ecclesie. Obiit Audoenus episcopus Ebroicensis in Anglia, et successit Rotrodus vir religiosus, bonis ornatus moribus et dilectus ab omnibus, filius Henrici comitis de Warwic. Gaufridus comes Andegavensis obsedit et postea destruxit in Oximensi pago castellum Fontanetum, munitissimum et arte et natura, quia Robertus Marmium, dominus ipsius castelli, tenebat contra eum Falesiam. Henricus (592) fit abbas Fiscannensis, nepos regis Stephani.

1140. *Conradus* 5. *Ludovicus* 5. *Stephanus* 5.

(An. 1141.) [ib.] Rex Stephanus Lincolie urbem infra natale obsedit, cujus munitiones ingenio ceperat Rannulfus comes Cestrensis. Seditque ibi rex usque ad purificationem sancte Marie. Tunc namque Rannulfus predictus adduxit secum Robertum filium regis Henrici, socium suum, et proceres multos et milites validissimos, ad obsidionem regis dissolvendam. Cum autem consul validissimus et audacissimus paludem pene intransibilem vix transisset, in ipsa die aciebus dispositis regem bello agressus est. Ipse cum suis, ut vir admiranda probitatis, aciem primam construxerat; secundam illi, quos Stephanus rex debereditaverat; tertiam Robertus dux magnus cum suis. Rex interea Stephanus curarum exestuans fluctibus, missam in tanta sollennitate audierat (*Febr.* 2). Cum autem de more cereum rege dignum Deo offerens, manibus Alexandri episcopi imponeret, confractus est. Hoc fuit regi signum contricionis. Cecidit etiam super altare pixis, cui corpus Domini inerat, abrupto vinculo, presente episcopo. Hoc etiam fuit regi signum ruine. Proinde rex strenuissimus pregreditur, aciesque cum summa securitate bello disponit. Ipse pedes omnem circa se multitudinem loricatorum, equis abductis, strictissime collocavit; consules cum suis in duabus aciebus equis pugnaturos instituit. Sed admodum parve equestres acies ille comparuerant; paucos enim secum ficti et factiosi consules adduxerant. Acies autem regalis maxima erat, uno tantum, scilicet ipsius regis, insignita vexillo. Principium pugne. Acies exheredatorum, que preibat, percussit aciem regalem, in qua consul Alanus et ille de Mellent et Hugo consul de Estangle et Symon comes et ille de Warenna inerant, tanto impetu, quod statim quasi in ictu oculi dissipata est, et divisio eorum in tria de-

VARIÆ LECTIONES.

[565] memore E. [566] ab omni — turbaretur desunt 8b. *Post hæc novum annum incipiunt* 2 4. 7b, 8d. *atque Henricus Huntingd., sequentem* Rex Stephanus Lincolie etc. *numerantes* 1141. 4. 4. 6. *et sic deinceps; quod unice verum. At* E. *et cum eo* 8b. *hoc loco in eodem anno pergentes, sequentem* Rex Stephanus Lincolie *etc.* numerant 1140. 3. 5. 5. *et sic porro quibuscum inde ab a.* 1555. « Ludovicus rex Francorum » *etc., consentit* EG. *Quod quum falsum sit, tamen, quum auctor ipse codicem* E. *lustrans errorem non correxerit, nos quoque illum intactum censuimus reliquendum, et margini tantum veros numeros imponendos.* [567] Stephanus — ubique desunt 7b.

NOTÆ

(592) De Sully.

ROMANORUM. FRANCORUM. ANGLORUM.

venit. Alii namque eorum occisi sunt, alii capti, alii aufugerunt. Acies cui principabatur consul de Albemarle et Willermus Yprensis percussit Walenses, qui a latere procedebant, et in fugam coegit. Sed acies consulis Cestrensis percussit cohortem predictam, et dissipata est in momento, sicut acies prior. Fugerunt igitur omnes equites regis, et Willermus Yprensis, vir exconsularis et magne probitatis. Alii vero capti sunt, qui fuge non paruerunt. Res mira, nimis a multis miranda! cum rex Stephanus, rugiens ut leo, solus in campo persisteret, nullus ad cum accedere auderet, stridens dentibus, spumans ore, apri more, bipenni quadam crebris pulsans ictibus hostium precipuos, nimis ab omnibus admirabatur. O si centum similes essent, campum diutius defenderent! Cum solus ipse, vix patuit prede. Capitur igitur rex Anglorum Stephanus in die purificationis sancte Marie, et in Lincoliam ab hostibus diruptam miserabiliter introductus est. Dei igitur judicio circa regem peracto, ducitur ad imperatricem, et in turri de Bristoud in custodia ponitur. Tunc imperatrix ab omni gente Anglorum suscipitur in dominam, exceptis Kentensibus, ubi regina et Willermus Yprensis contra eam pro viribus repugnabant. Suscepta prius est imperatrix a legato Romano Wintoniensi episcopo, et mox a Londoniensibus. Igitur sive subdolorum instinctu, sive Dei nutu, expulsa est a Londoniensibus; et regem tunc in compedibus poni jussit. Post autem dies aliquantos, cum avunculo suo rege Scotorum et fratre suo Roberto viribus coactis veniens, obsedit turrim Wintoniensis episcopi; episcopus autem misit pro regina et Willermo Yprensi et ceteris proceribus Anglie. Factus est igitur utrinque exercitus magnus. Venit tandem exercitus Londoniensis; et acti numerose, qui contra imperatricem contendebant, eam recedere compulerunt. Capti sunt igitur multi. Captus est et Robertus frater imperatricis, in cujus turri rex erat, cujus sola captione rex evadere poterat. Absolutus est uterque. Sic rex Dei justitia miserabiliter captus, Dei misericordia miserabiliter liberatus est (Nov.). Fuerat autem Robertus captus in die exaltationis sancte crucis. Eodem anno in octavis pasche episcopus Luxoviensis Johannes subdidit se Gaufrido comiti Andegavensi, et reddidit ei civitatem, quam aliquandiu contra eum tenuerat. Subditi sunt etiam ei omnes potentes Luxoviensis comitatus. Circa pentecosten obiit predictus Johannes episcopus. Hic multum episcopalem sedem edificiis et ornamentis accrevit. Urbem quoque, cujus muros Humbertus episcopus propter ecclesiam edificandam destruxerat, menibus ambivit. Successit ei Arnulfus nepos ejus, Sagiensis archidiaconus, vir admodum callidus, eloquens, litteratus. Waleranus comes Mellent, qui omnibus Normannie primatibus, et firmitatibus et redditibus et affinibus prestabat,

A concordiam fecit cum comite Gaufrido Andegavensi, et concessum est ei castellum Montifortis, quod ex tempore mortis Henrici regis possederat. Subdiderunt itaque se nobili principi etiam omnes Rothomagi, non cives urbis, sed hi videlicet, qui commanent citra fluvium Sequane usque flumen Risle. Reddita est etiam Falesia comiti Gaufrido Andegavensi. Inceptum est capitulum Becci, tam consilio quam auxilio Roberti Noviburgi.

1141. [1142.] Conradus 4. Ludovicus 4.
Stephanus 6.

Robertus comes Gloecestrie in estate transfretavit in Normanniam, ducens secum obsides, filios scilicet comitum et magnatum Anglie, qui imperatrici favebant, petentium quatinus illos comes Gaufridus retineret, et ad regnum Anglie subjugandum transfretans se prepararet. Quod comes ad tempus renuit, quia rebellionem Andegavensium et aliorum hominum suorum timebat. Tradidit tamen illi Henricum primogenitum filium suum, ut eum secum duceret. Nec mora, presente comite Roberto obsedit castellum Alnei (592*) et cepit. Et majori exercitu congregato, pergens ad Moritolium, redditum est ei, et Tenechebrai, Cereces, Tiliolum, scilicet quatuor castella propria comitis Moritoliensis. Inde Abrincatenses subdiderunt se eidem duci, et Constantinicnses. Rex Francorum Ludovicus afflixit comitem Tebaldum, et vastavit terram suam, maxime in Campania, ubi combuxit castellum optimum, Vitreium scilicet; ubi multitudo maxima diversi sexus hominum et etatis concremati sunt. Innocentius papa interdixit tunc terram dominicam ipsius regis, quia nolebat recipere archiepiscopum Bituricensem; quem tamen postea recepit; et papa absolvit eum de sacramento, quod irrationabiliter fecerat. Ecclesia de Bellomonte datur ecclesie Beccensi. (HUNT. VIII.) Rex Anglorum Stephanus construxit castrum apud Wintoniam. Tunc superveniens multitudo nimia hostium ex insperato, cum regii milites circuitionibus bellicis incepissent, et non potuissent resistere, regem in fugam compulerunt; multi autem de suis capti sunt. Captus est etiam Willermus Martel dapifer regis, qui pro redemptione sua dedit insigne castellum de Siresburna. Eodem anno rex obsedit imperatricem apud Oxineford, post festum sancti Michaelis, usque ad adventum Domini. In eo quippe termino haud procul a natali recessit inde imperatrix nocte per Tamasim glaciatam, circumamicta vestibus albis, reverberatione nivis et similitudine fallentibus oculos obsidentium. Abiit autem Warengum; et sic Oxineford tandem regi reddita est. Obiit Johannes imperator Constantinopolitanus, cum nimis intenderet arcum cum sagitta toxicata, adeo ut in manu letaliter vulneraretur. Cui successit Emanuel filius ejus.

1142. [1143.] 5. 5. 7.

Obiit Ricardus Bajocensis episcopus; cui succes-

NOTÆ.

(592*) Aulnay, inter Caen et Vire.

ROMANORUM.   FRANCORUM.   ANGLORUM.
sit Philippus de Haricuria. Obiit etiam Ricardus Abrincensis episcopus, et successit Ricardus ejusdem ecclesie decanus. Eodem anno comes Andegavensis obsedit Cesarisburgum, donec ei redderetur. Redditum est etiam Vernolium, et vallis Rodulii. Gauterius etiam Gifardus comes, et alii Caletenses, pacem ejus adepti sunt. Mense Septembri eodem anno obiit Innocentius papa (*Sept.* 24), et successit Guido de Castelio, sancte 568 Romane ecclesie cardinalis, vocatusque est Celestinus, papa 159us. Sedit autem 5 menses et 5 dies (595). (Hunt. viii.) Rex Stephanus interfuit concilio Londonie in media quadragesima, quod, quia nullus honor vel clericis vel ecclesie Dei a raptoribus deferebatur, et eque capiebantur et redimebantur clerici et laici, tenuit Vintoniensis episcopus, urbis Rome legatus, apud Londoniam, clericis pro tempore necessarium; in quo sancitum est, ne aliquis, qui clerico manus violenter ingesserit, ab alio possit absolvi, quam ab ipso papa, et in presentia ipsius. Unde clericis aliquantulum serenitatis vix illuxit. Stephanus rex eodem anno Gaufridum de Magnavilla in curia sua cepit apud Sanctum Albanum. Igitur ut rex liberaret eum, reddidit ei turrim Londonie et castellum de Walendene et illud de Plaisceith. Qui carens possessionibus, invasit abbatiam Ramesensem, et monachis expulsis raptores immisit. Erat autem summe probitatis, sed majoris in Deum obstinationis. Wintoniensis episcopus, et postea Cantuariensis archiepiscopus, Romam petierunt de legatione acturi, mortuo jam Innocentio papa. Decessit pie memorie Hugo canonicus Sancti Victoris Parisius, vir religiosus, et admodum tam secularibus quam divinis literis eruditus; relinquens multos libros in monumento sue scientie 569.

1143. [1144.] *Conradus* 6.   *Ludovicus* 6.
Stephanus 8.

(Hunt. viii.) Stephanus rex Lincoliam obsedit, ubi cum munitionem contra castellum, quod vi obtinebat, consul Cestrensis construeret, operarii sui ab hostibus prefocati sunt fere octoginta. Re igitur imperfecta, rex confusus abscessit. Gaufridus consul de Magnavilla regem validissime vexavit, et in omnibus valde gloriosus effulsit. Mense autem Augusti miraculum, justitia sua dignum, Dei splendor exhibuit. Duos namque, qui, monachis avulsis, ecclesias Dei converterant in castella, similiter peccantes simili pena multavit. Robertus namque Marmium, vir bellicosus, hoc in ecclesia de Conventre perversus exegerat. Porro Gaufridus in ecclesia Ramesensi, ut diximus, scelus idem patraverat. Insurgens igitur Robertus Marmium in hostes, inter suorum cuneos coram ipso monasterio solus interfectus est, et excommunicatus morte depascitur eterna. Similiter Gaufridus consul inter acies suorum confertas a quodam pedite vilissimo solus sagitta percussus est, et ipse vulnus ridens, post dies tamen ex ipso vulnere excommunicatus occubuit. Ecce Dei laudabilis omnibus sanctis predicanda ejusdem sceleris eadem vindicta. Dum autem ecclesia illa pro castello teneretur, ebullivit sanguis a parietibus ecclesie et claustri, indignationem divinam manifestans, sceleratorum vero exterminationem denuntians. Arnulfus vero filius consulis, qui post mortem patris ecclesiam in castella retinebat, captus est et exulatus. Princeps autem militum ab equo corruens effuso cerebro expiravit. Princeps peditum Rainerius, solitus ecclesias frangere et incendere, demum mare transiens, navis immobilis facta est. Qui tercio sorte data et sibi sortita, missus est in scapha cum uxore et pecunia; qui statim deperierunt. Navis vero ut antea paccata sulcavit equora. (*A. Roth.*) Gaufridus comes Andegavensis, congregato magno exercitu, post festum sancti Hylarii transiit Sequanam apud Vernum; et metatis castris apud Sanctam Trinitatem de monte Rothomagi, sequenti die, videlicet in festivitate sanctorum Fabiani et Sebastiani (*Jan.* 19), receptus est a civibus Rothomagi sollenniter. In ipso tamen suo introitu, et per totum diem usque post nonam, fuit ventus vehementissimus, silvas eradicans et domos prosternens. Reddita urbe, homines comitis Warenne, qui regi Stephano favebant, noluerunt turrem reddere. Obsedit ergo eam comes Gaufridus et Galeranus comes Mellent, et ceteri principes Normannie, qui jam cum duce concordati erant. Factis igitur machinis multis, non potuerunt eam expugnare propter situm loci et ipsius arcis fortitudinem. In illa obsidione mortuus est comes Perticensis Rotrodus, relinquens duos filios parvulos, Rotrodum et Gaufridum (594). Uxorem vero suam postea Ludovicus rex Francorum dedit Roberto fratri suo. Tandem deficiente alimonia intra arcem Rothomagi obsessis, reddiderunt se et turrem, videlicet Gaufrido antea Andegavensi comiti, jam exinde Normannorum duci. Anno preterito quedam pars ejusdem turris corruerat, ex ea parte videlicet, per quam dux Gaufridus urbem intraverat, cum ei reddita est, et in qua machinas suas posuit ad eandem turrim expugnandam. Ordinatis igitur in turre et urbe, que necessaria fuerunt, dux impiger ad anteriora se extendens, congregato maximo equestri exercitu, non solum suorum, sed etiam amicorum et dominorum — venerat enim comes Flandrensis sororius ejus cum 1400 equitibus; venerat et Ludovicus rex Francorum cum copiis suis, — agressus est expugnare castellum Drincurtis, quod

VARIÆ LECTIONES.

568 *post hanc vocem erasum est* Marie.   569 Decessit — scientie *in rasura ab alia manu, fortasse Roberti. Desunt* 7b. 8d. *qui eorum loco habent* : Emmanuel imperator Constantinopolitanus duxit neptem Conradi imperatoris Romanorum, sororem videlicet Friderici, qui eidem Conrado successit.

NOTÆ.

(595) Potius 12, nam obiit die 9 Martii 1144.   (594) Et Stephanum BOUQ.

ROMANORUM.   FRANCORUM.   ANGLORUM.

adhuc tenebant ei resistendo stipendarii comitis Warenne; qui videntes se ei non posse resistere, reddiderunt predictum castellum, licet inviti. Hugo etiam de Gornaco reddidit castellum de Leons, timens ne comes omnem terram suam exterminaret. Pacificatis itaque omnibus in Normannia, excepto castello de Archis, quod Willermus monachus Flandrensis adhuc tenebat, propter fidelitatem regis Stephani, licet homines ducis Gaufridi illud sine intermissione obsiderent, redierunt quique in sua. Obiit Johannes Salariensis episcopus; cui successit Girardus canonicus ejusdem ecclesie, vir jocundus et admodum litteratus. Iste Johannes rem dignam memoria tempore Henrici regis effecit. Canonicos enim seculares sue ecclesie regulariter et secundum sancti Augustini institutionem vivere fecit, additis officiuis congruentibus et claustro. Hoc idem Johannes Luxoviensis, avunculus ejus, et Gaufridus Carnotensis episcopi temptare in suis ecclesiis voluerunt; sed in ipso conatu defecerunt. Mense Martio obiit Celestinus papa (*Mart.* 9); cui successit Girardus civis Bononiensis, canonicus regularis et cancellarius Romane ecclesie et cardinalis tituli ecclesie sancte crucis vel Jerusalem, quod idem est; vocatus postea Lucius II, papa 170us, qui sedit uno anno.

1144. [1145.]   Conradus 7.   Ludovicus 7.
                                Stephanus 9.

(HUNT.) Stephanus rex Anglorum prius in agendis circa discursus Hugonis Bigot occupatus fuit; sed in estate Robertus consul et omnis inimicorum regalium cetus castellum construxerant apud Ferendunum: sed rex non segniter viribus coactis advolat, et Londoniensium terribilem et numerosum adduxit exercitum. Assilientes igitur totis diebus castrum, dum Robertus consul et fautores sui copias majores non procul ab exercitu regis expectarent; gloriosissima probitate, non sine magna sanguinis effusione, ceperunt. Tunc demum regi fortuna cepit in melius permutari, et in sublime protelari. Lincoliensis episcopus iterum Romam pergit, Alexander videlicet; qui cum pape gratia sequenti anno rediens, a suis cum gaudio susceptus est. In estate redditum est castellum Arcense (595) duci Gaufrido, occiso Willermo monacho fortuitu in turre sagitta, qui illi preerat. Eodem anno (*Jan.* 5) per proditionem perdiderunt christiani in principatu Antiochie civitatem Edessam, que antiquitus dicebatur Rages, a modernis vero Rohaies, et venit in potestatem Saracenorum, occisis christianis, quos ibi invenerunt. Gocelinus enim junior de Torvaisel, comes ipsius civitatis, tunc aberat. Hoc eodem anno ceperunt homines prius apud Car-

A notum carros lapidibus onustos et lignis, annona, et rebus aliis, suis humeris trahere ad opus ecclesie, cujus turres tunc fiebant. Que qui non vidit, jam similia non videbit. Non solum ibi, sed etiam in tota pene Francia et Normannia et aliis multis locis, ubique humilitas et afflictio, ubique penitentie et malorum remissio, ubique luctus et contrictio. Videres feminas et homines per profundas paludes genibus trahere, verberibus cedi, crebra ubique miracula fieri, Deo cantus et jubilos reddi. Extat enim de hac re prius inaudita Hugonis epistola Rothomagensis archiepiscopi ad Theodoricum episcopum Ambianensem, super hac re scicitantem. Diceres prophetiam impleri: *Spiritus vite erat in rotis* (*Ezech.* 1, 20). Gaufridus dux pontem Rothomagi reficit firmissimum. Obiit Lucius papa mense Martio (*Febr.* 25); cui successit Bernardus, abbas monasterii sancti Anastasii, quod est extra muros Rome, ubi Innocentius papa, qui quartus ante istum fuerat, abbatiam noviter fecerat de ordine monachorum de Cistelth; et Bernardus abbas de Claravalle, quando illuc misit conventum, hunc prefecerat; maxime quia papa Romanus aliquando antequam ad monachatum iste veniret, ad sacrum ordinem illum promoverat. Erat enim transmontanus, utpote civis Pisensis. Fuit autem ordinatus prima hebdomada mensis Martii, et vocatus est Eugenius, papa 171us. Inceptum est caput monasterii Beccensis ecclesie pridie Kal. Augusti, presente pie memorie donno Letardo abbate [570].

1145. [1146]   8.   8.   r10.

(HUNT. VIII.) Rex Stephanus magnum congregans exercitum, castellum construxit inexpugnabile, situm contra Walingefort, ubi Rannulfus comes Cestrensis, jam regi concordia conjunctus, cum magnis interfuit copiis. Dehinc vero consul ipse ad regis curiam cum pacifice venisset apud Norhantone, rex nichil tale metuentem cepit et in carcerem intrusit, donec redderet ei clarissimum Lincolie castellum, quod ab eo dolose ceperat, et cetera quecunque fuerant ditionis sue castella. Sic igitur consul ejectus carcere in liberum constitutus est arbitrium. Visis miraculis, que fiebant in locis religiosis, et afflictione cum humilitate multimoda, carris venientibus; audita etiam conquestione christianorum de sanctis locis venientium super irruptione paganorum, predicatione etiam Bernardi abbatis de Claravalle, viri non contemnendæ auctoritatis, cui papa Eugenius injunxerat hoc officium; commoti Ludovicus rex Francorum, Conradus imperator Alemannorum, Fredericus etiam nepos ejus dux Suevorum, Galerannus comes Mellenti tercius, Willermus de Warenna comes frater ejus, Theodericus etiam de Auseis (596) comes Flandrensis, et alii multi magne

VARIÆ LECTIONES.

[573] Inceptum — abbate *desunt* 8b.

NOTÆ.

(595) Arques.

(596) l. c. Alsatia sive Ellesath.

ROMANORUM. FRANCORU . ANGLORUM. auctoritatis et dignitatis viri, Franci, Normanni, Angli, et de aliis regionibus innumerabiles, non solum milites et laici, sed etiam episcopi, clerici, monachi, crucem in humeris assumentes, ad iter Jerosolimitanum se preparaverunt. Rex autem Francorum, et Robertus frater ejus, et Gaufridus comes Mellenti, et alii multi, juxta Vigeliacum die dominica in ramis palmarum crucem assumpserunt. Tornacensis ecclesia cepit habere proprium pontificem, cum a tempore sancti Eligii sub Noviomagensi episcopo egisset. Dux Gaufridus sarta tecta turris Rothomagensis et castelli, que per obsidionem corrupta fuerant, decenter restaurat. Rex Rogerius Sicilie Tripolitanam provinciam in Affrica super paganos cepit. Inventus est buffo unus inclusus in concavo lapide, in muro Cenomannis civitatis; quo occiso, buffones infra menia exinde fuerunt, cum antea ibi nunquam visi fuissent[571]. Facta est eclypsis solis 5 Kalendas Novembris (597).

1146. [1147.] Conradus 9. Ludovicus 9.
Stephanus 11.

(Ib.) Rex Stephanus ad natale Domini in urbe Lincoliensi diademate regaliter insignitus est, quo regum nullus introire, prohibentibus quibusdam supersticiosis, ausus fuerat. Unde comparet, quante rex Stephanus audatie et animi pericula non formidantis fuerit[572]. Henricus, filius ducis Gaufridi et imperatricis, de Anglia in Normanniam veniens[573], susceptus est a conventu Becci sollempni processione, die ascensionis Domini. Controversia inter monachos Becci et canonicos de Oxineford, pro ecclesia de Bellomonte, Parisius in presentia pape Eugenii terminata est. Eodem anno canonici regulares auctoritate pape Eugenii positi fuerunt in ecclesia sancte Genovefe Parisius, quoniam seculares canonici injuriam fecerant hominibus pape in quadam processione; et habuerunt idem canonici primum abbatem Henricum, priorem ecclesie sancti

A Victoris, de qua ecclesia ordinem susceperunt. Ludovicus rex Francorum et regina Alienor, et socii sui, quos super memoravimus, presente papa Eugenio in expeditionem Jerosolimitanam ituri a Parisius recesserunt. Quas tribulationes et miserias in ipso itinere, dum per terram imperatoris Constantinopolitani transierunt, a fame, pestilentia, incursione paganorum, perpessi sunt, non est nostri studii enarrare. Quia enim de rapina pauperum et ecclesiarum spoliatione illud iter ex majori parte inceptum est, nec in eos, qui se inhoneste habebant, vindicatum est: fere nichil prosperum, nichil memoria dignum in illa peregrinatione actitatum est. Occiso a Sarracenis Raimundo principe Antiochie, remansit uxor ejus cum filio parvulo Boemundo tercio et cum filia Constancia[574].

1147. [1148.] 10. 10. 12.

Pervenerunt christiani quocunque labore ad sancta loca in Jerusalem, et circa Augustum mensem Damascum obsidentes, et dolo Jerosolimitanorum parum proficientes, repedare cicius studuerunt. Melius acciderat anno preterito christianis principibus in Hispania. Nam imperator Hispaniarum, cujus imperii caput est civitas Toletum, adjutus a Pisanis et Genuensibus, Almariam nobilissimam urbem super paganos cepit. Rex Gallicie, fretus auxilio Normannorum et Anglorum et aliorum multorum, qui navali exercitu Jerusalem petebant, [1147] Lixebonam urbem Agarenis abstulit, sicut aliam civitatem, Samtarein (598) scilicet, anno preterito super eosdem ceperat. Comes etiam Barcinonensis Tortosam urbem eodem anno cepit.

Eodem anno mortuo Ascelino Rofensi episcopo, Tebaldus archiepiscopus Cantuariensis fratrem suum Gauterium archidiaconum Cantuariensem eidem ecclesie subrogavit. Mortuo etiam Rogerio Cestrensi episcopo in itinere Jerusalem, successit ei (599) Walterius prior, ecclesie Christi Cantuarie. Henricus etiam Murdarch, monachus Cistellensis, fit

VARIÆ LECTIONES.

[571] Inventus — fuissent Robertus ipse scripsit postea, erasis quæ primo fuerant in codice E.: In hac expeditione fuit, et multum profuit, Ricardus de Linghene, miles optimus, qui nuper de Bajocensi comitatu illuc perrexerat, et a rege Rogerio comitatum Andri insule, quam nuper idem rex super imperatorem Constantinopolitanum ceperat, dono acceperat. Hæc habent 2. 7ᵇ. 8ᵈ. quibus illa Inventus — fuissent desunt. [572] Omissis sequentibus Henricus — ordinem susceperunt 2. hic addit: Hoc anno donnus Serlo abbas Savigneii se dedit ordini Cisterciensi, cum omnibus abbatiis ad se pertinentibus, et hoc fecit in manu donni Bernardi abbatis Clarevallensis, in presentia venerabilis pape Eugenii et omnium abbatum Cisterciensis capituli; alia manus in marg. addit: Et concessus est et successoribus suis prioratus omnium aliorum abbatum post dompnum Cisterciensem et quatuor primos abbates. Et ab eo tempore obtinuit, quod continue sine interrupcione qualibet singulis annis unus erat diffinitorum abbas Savigneii. Et in hac possessione fuit abbas Savigneii anno Domini 1245, videlicet per nonaginta sex annos continue. Nec mirum, si in hoc abbatia Savigneii per consensum capituli honorabatur, que sua conversione ordinem Cisterciensem, tunc temporis substantia tenuem, plurium abbatiarum multitudine adaugens in Domino quam plurimum honoravit, dum zelo religionis suas consuetudines et suum capitulum generale apud Savigneium colebat, consuetum reliquit, ut in humilitate et sancta servitute Cisterciensis ordinis susciperet instituta. Unde bene cavere debent in posterum tam abbas Savigneii quam tota congregatio, ne in grave sui prejudicium istis juribus suis fraudetur ecclesia Savigneii, nec propter hoc ipsis suis poterit aliquatenus conspiratio. Aliud est enim defendere culpam persone, aliud causam et jus ecclesie sue; ad quod tenetur ex professione, quam facit, cum in abbatem benedicatur aliquis. [573] Omissis sequentibus hujus anni omnibus 7ᵇ. habet: Obiit pie memorie donnus Hildiernus nonus abbas S. Marie Lire. [574] Occiso — Constancia alia manus, fortasse Roberti, postea addidit. Desunt 2. 7ᵇ.

NOTÆ.

(597) Potius 7 Kal. Nov. 1147. BOUQ.
(598) Santarem.
(599) A. 1149, teste Gervasio.

ROMANORUM. FRANCORUM. ANGLORUM. archiepiscopus Eboracensis. [1148] Eugenius papa in quadragesima concilium congregavit Remis, ad quod venit latenter et contra prohibitionem regis Stephani Tebaldus archiepiscopus Cantuariensis; unde et favorabiliter a papa susceptus est. Mortuo Roberto episcopo Herefordensi, successit Gislebertus abbas Gloecestrie. [1146.] Willermus etiam de Sancta Barbara, decanus Eboracensis, anno preterito factus fuerat archiepiscopus Dunelmensis.

1148.   Conradus 11.   Ludovicus 11.   Stephanus 13.

Circa adventum Domini dux Gaufridus obsedit in comitatu Luxoviensi castellum Roberti Bertranni Fag. et destruxit. Mira miranda Eudonis pseudoprophete et heretici patrata sunt, qui in concilio Remis dampnatus et in turre archiepiscopi retrusus, ut male cepit, ita deperiit. De cujus incantationibus et fantasiis et factis et dictis melius est silere, quam loqui (600). Rainaldus de Castellione factus est princeps Antiochie, ducta uxore Raimundi principis [575].

1149.   12.   12.   14.

Obiit sancte recordationis donnus Letardus, sextus abbas Beccensis ecclesie. Vir quidem iste venerabilis Beccensis indigena monachatum suscepit sub domno Willermo abbate venerando, strenueque in eo vivens, laudabilis vite sue cursum virgo senex finivit 6 Nonas Julii, sabbato infra octavas apostolorum Petri et Pauli, circa 10 horam diei, anno etatis sue 65, monachatus vero 50. Rexit autem abbatiam sibi commissam prudenter, utpote filius religionis et postea pater et pius amator, annis 10 et diebus 23.

Ad patriam, pro qua suspiria tanta dedisti,
Hinc, Letarde pater, carne solutus abis.
In patribus sextus, quoniam perfectus et ipse,
Premia cum patribus percipis ampla tuis.
Julius a sexto Nonas properabat ad Idus,
Tuque datis septem partibus octo metis [575].

Huic sancto viro successit donnus Rogerius prior secundus, in utroque testamento aprime eruditus, necnon clericali ac seculari scientia decenter ornatus, et ab omni communiter congregatione electus, in ipsis octavis videlicet apostolorum Petri et Pauli; qui benedictus apud Sanctum Wandregisilum in die

A festivitatis sancti Jacobi apostoli, a venerabili Hugone Rothomagensi archiepiscopo, ab eodem coram conventu Beccensi in sede sua collocatus est; extunc supra gregem sibi commissum pro posse suo die ac nocte decenter invigilans [577]. Magister Vacarius gente Longobardus, vir honestus et juris peritus, cum leges Romanas anno ab incarnatione Domini 1149 in Anglia discipulos doceret, et multi tam divites quam pauperes ad cum causa discendi confluerent; suggestione pauperum de codice et digesta excerptos novem libros composuit, qui sufficiunt ad omnes legum lites, que in scolis frequentari solent, decidendas, si quis eos perfecte noverit [578] (601).

Eodem anno post pascha obierat donnus Bernardus, abbas Montis sancti Michaelis, monachus Beccensis; qui multum intus et foris idem monasterium emendavit [579]. Dux Gaufridus castellum Monasteriolum (602) in pago Pictavensi obsedit, et fecit ibi tria castella lapidea; et duravit illa obsidio per tres annos, usquequo Berlai (603) dominus castelli reddidit se comiti. Tunc etiam comes turrem et castellum funditus evertit. Eodem anno (Mart.) turbo factus est horribilis, subvertens domos, nemora et virgulta confringens, in quo etiam demones in specie turpium animalium pugnasse asseruntur. In festivitate pentecostes David rex Scotorum accinxit armis militaribus Henricum primogenitum filium ducis Gaufridi et neptis sue Matildis imperatricis, qui anno preterito (604) de Normannia in Angliam transfretaverat. Eodem anno circa Augustum rediit Ludovicus rex Francorum de Jerusalem. Fuit hyemps maxima tribus mensibus continua, tam horribilis, ut quidam hominum pre nimio frigoris dolore in membris suis lederentur; qua etiam remansit ex maxima parte vernalis agricultura, et inde subsequta est magna sterilitas. Iterum combustum est monasterium Corbeie [580].

1150. [1151.]   13.   13.   15.

Tebaldus comes Blesensis Gaufridum filium ducis Gaufridi armis militaribus decoravit. Everso castro Monasteriolo a duce Gaufrido, obsesso tribus castellis lapideis per tres annos, quod inauditum est post Julium Cesarem, capto etiam Bellai domino castelli, contra voluntatem et prohibitionem etiam regis Ludovici, facti sunt inimici adinvicem rex et dux Nor-

VARIÆ LECTIONES.

[575] Ainaldus (ita E.) — principis in E. addit Robertus ipse; desunt 8d.   [576] Premia — metis in rasura scripsit Robertus. Post hæc 7b. 8d. addunt :

Frumenti granum remanens in cespite sanum,
Donec putruerit, crescere non poterit.
Sic nisi nostra caro mortis tangatur amaro,
Percurrens stadium non recipit bravium.
Ergo scire datur, quod non decet ut doleatur.

Si patriam querat, qui peregrinus erat.
Tutet ab eterno Deus hunc miseratus Averno,
Detque sibi regnum celesti lumine plenum
Virgo Dei mater, ne spiritus atterat ater,
Obtineat rogitans regnum sibi luminis optans.

[577] vir quidem iste — invigilans desunt 8b.   [578] Magister — noverit in rasura Robertus.   [579] monachus emendavit desunt 8b.   [580] Obiit Henricus Filgeriarum dominus, in æcclesia Savigneii factus monachus add. 2.

NOTÆ.

(600) Cf. supra col. 265, 375.
(601) Cf. Savigny Gesch. des Rom. Rechts IV, c. 36, p. 351.
(602) Montreuil-Bellai.
(603) Gerardus de Berlai.

(604) Anno gratie 1149, mense Maio mediante, dicit Gervasius Dorobernensis. Illud pio mensis Januarii, dicit Gervasius Dorobernensis, tamen dubium non est, Henricum arma accepisse a. 1149.

ROMANORUM. FRANCORUM. ANGLORUM.

mannie Gaufridus. Jam anno preterito (605) Henricus filius ducis de Anglia redierat, et pater suus reddiderat ei hereditatem suam ex parte matris, scilicet ducatum Normanie. Facta itaque discordia inter regem et comitem, venit rex cum magna milicia, et Eustachius filius regis Stephani cum eo in Normanniam ante castellum Archas. Affuit ibidem Henricus econtra dux Normannorum, cum admirabili exercitu Normannorum, Andegavensium, Britonum; sed principes exercitus ejus, qui maturiores eo erant et consilio et etate, non permiserunt, ut cum rege domino suo congrederetur, nisi amplius illum in aliquo quam antea fecerat, opprimeret. Eodem anno, paulo ante, idem dux obsederat castellum Torinneium, sed propter adventum regis infecto negotio discesserat; combustis tamen domibus infra muros usque ad turrem et parvum castellum circa eam. Gaufridus comes Andegavensis cepit castellum de Nube super Robertum comitem Perticensem, quod anno preterito perdiderat per traditionem Johannes filius Willermi Talevaz. Unde rex Ludovicus iratus, et Robertus frater ejus, congregato ingenti exercitu, venerunt usque Sagium civitatem Willermi Talevaz, et eam combuxerunt. Iterum rex Ludovicus congregans exercitum de omni potestate sua, mense Augusti fecit illum deduci super ripam Sequane, inter Mellentum et Medantam (606). Nec segnius Gaufridus comes Andegavensis et Henricus filius ejus, dux Normannie, suas catervas ordinantes, in margine ducatus Normannie sua defensuri consederunt. Interim, credo dispositione divina, que videbat, negotium illud non posse finiri sine multa effusione humani sanguinis, si uterque exercitus hinc inde conveniret, rex Ludovicus in civitate Parisius acuta febre interceptus, lecto prosternitur (*Aug.* 26). Hac de causa sapientibus viris ac religiosis intercurrentibus, ex utraque parte dantur et accipiuntur inducie, donec rex convalesceret. Quo convalescente, Dei misericordia serenitas pacis refulsit; reddito Geraldo Berlai, pro quo in maxima parte discordia erat, et rege assumente hominium Henrici ducis de ducatu Normannie. Cum igitur a civitate Parisius uterque, scilicet pater et filius, leti discessissent, et dux Henricus jussisset congregari omnes obtimates Normannie apud Luxovias in festo exaltationis sancte crucis proxime venturo, quatinus de itinere suo in Angliam cum eis tractaret : apud castrum Ledi (607) pater ejus pluribus diebus gravi febre vexatus, viam universe carnis ingressus est, 7 Idus Septembris, vir magne probitatis et industrie, suis indefinite plangendus. Hic solus omnium mortalium intra muros civitatis Cenomanice sepultus est; conditus est enim in ecclesia sancti Juliani, ante crucifixum.

Huic Deus eternum tribuat conscendere regnum,
Quatinus angelicis turmis conregnet in evum.

Hic ante mortem Henrico duci Normannie, primogenito suo, concessit comitatum Andegavensem; Gaufrido vero secundo filio dedit quatuor castella. Eodem anno mortuus fuerat Sigerius abbas Sancti Dionisii (1152, *Jan.* 13), qui idem monasterium ornamentis, possessionibus et edificiis plurimum auxerat. Successit ei Odo monachus ejusdem loci, qui anno preterito fuerat abbas constitutus in ecclesia Compendii, quando rex monachos Sancti Dionisii ibidem posuerat. Decessit etiam Algarus episcopus Constantiensis, vir admodum religiosus, qui canonicos regulares posuit in ecclesia sancti Laudi de Constantia, et in ecclesia sancti Laudi Rothomagensis, et in ecclesia de Cesarisburgo. Cui successit Ricardus decanus Bajocensis. Fames pene inaudita tempore preterito, mortalitas, sacer ignis, humanum genus et maxime pauperiores admodum vexat. In adventu Domini inundaverunt flumina ultra solitum, dejicientes pontes etiam lapideos et domos vicinas. Terremotus factus est in nocte festivitatis sancti Nicholai. Henricus dux Normannie receptus est in pace ab Andegavensis, fidelitatem sibi facientibus; et sic factus est dux Normannorum et comes Andegavensium.

1151. [1152.]   Conradus 14.   Ludovicus 14.
Stephanus 16.

(*Jan.*) Obiit venerabilis comes Tebaldus Blesensis, nepos regis Henrici et frater Stephani Anglorum regis, princeps magne sanctitatis et largitatis in pauperes. Huic successerunt tres filii sui. Henricus primogenitus habuit comitatum Tricassinum et Campaniensem, et quicquid pater ejus habuerat trans Sequanam; Tebaldus filius secundus comitatum Carnotensem, Blesensem, pagum Dunensem; Stephanus tercius filius honorem Sincerii (608) in pago Bituricensi. (*Mart.* 15.) Eodem anno obiit Conradus imperator Romanorum, qui successerat Lothario, nepos Henrici IV mariti imperatricis. Hic nunquam fuit Rome coronatus; ideo non recte vocatur imperator, sed rex Alemannorum. Huic successit Fredericus nepos ejus, dux Suevorum. [1152.] Orta simultate inter regem Francorum Ludovicum et uxorem ejus, congregatis religiosis personis in quadragesima apud Balgenceium, dato sacramento coram archiepiscopis et episcopis, quod consanguinei essent, separati sunt auctoritate christianitatis. (*Mart.* 18.) Post clausum pascha Henricus dux Normannorum et comes Andegavensis, apud Luxovias congregatis comitibus Normannie et aliis primoribus, de itinere suo in Angliam cum illis tractavit. Venerat enim in quadragesima pro eo Rainaldus avunculus ejus, comes Cornubie. Circa pentecosten Henricus dux Normannie, sive repentino

NOTÆ.

(605) *Anno gratie* 1150...... *in principio mensis Januarii*, dicit Gervasius Dorobernensis.
(606) Mantes.
(607) St.-Germain en Laye.
(608) Sancerre. BOUQ.

ROMANORUM, .. A. CORUM. ANGLORUM. sive premeditato consilio, duxit Alienor comitissam Pictavensem, quam paulo ante rex Ludovicus propter consanguinitatem dimiserat. Quo audito rex Ludovicus commotus est contra eundem ducem. Habebat enim duas filias de ea, et ideo nolebat, ut ab aliquo illa filios exciperet, unde predicte filie sue exhereditarentur. Post festivitatem sancti Johannis cum dux Henricus esset apud Barbefluvium (609), et vellet transire in Angliam cum manu armata, convenerunt in unum Ludovicus rex Francorum, Eustachius filius Stephani regis Anglorum, Robertus comes Perticensis, Henricus comes Campaniensis, filius Thebaldi comitis, Gaufridus etiam frater ducis Normannie, ut ei Normannie et Andegavi comitatum et ducatum Aquitanie, quem cum uxore sua acceperat, immo et omnem terram suam auferrent, quam etiam inter se hi quinque diviserunt. Hac re cognita, audita etiam obsidione Novimercati (610), ubi omnes predicti principes convenerant, excepto Gaufrido fratre suo, qui cum in Andegavensi comitatu pro posse impugnare debebat, 17 Kalend. Augusti dux Henricus recessit a Barbefluvio, castello scilicet pro viribus subventurus obsesso. In ipsa nocte fulgor nimius, et postea quasi dracho ingens visus est in c lo discurrere ab occidente in orientem. Interim dum dux ingentem exercitum electorum militum et peditum contraheret, redditum est castellum fraude observantium, quasi esset vi prereptum. Et dux Henricus, quem etiam omnes fere Normanni existimabant omnem terram suam in brevi amissurum, sapienter se habens, sua viriliter defendendo ab omnibus, etiam ab inimicis laudatus est. Circa vero finem mensis Augusti collocatis militibus ad custodiam Normannie, ipse in Andegavensem comitatum pergens, tandiu fratrem suum Gaufridum afflixit, donec cum eo concordatus est. Inde datis induciis inter eum et regem, preparavit se ad transfretandum in Angliam; in qua re potest admirari audatia ejus.

Eodem anno cuidam in somnis dictum est, ut manus suas et pedes truncaret, et sic salvus fieret. Qui dum hoc faceret, expiravit. Michael monachus Becci factus est abbas Pratelli, in festivitate sancti Thome apostoli [581]. Eugenius papa Johannem Ro-A mane ecclesie cardinalem presbiterum, cognomento Paparo, destinavit legatum in Hiberniam (611), cum quatuor palliis, quorum unum dedit episcopo Dunelinæ, et tria reliqua tribus aliis episcopis ejusdem insule; subjiciens unicuique eorum, qui pallia acceperunt, quinque alios episcopos. Et hoc factum est contra consuetudinem antiquorum et dignitatem Cantuariensis ecclesie, a quo solebant episcopi Hibernie expetere et accipere consecrationis benedictionem. (Mart. 3.) Eodem anno mortua est Matildis uxor Stephani regis Anglorum [582]. Johannes monachus Sagiensis fit secundus episcopus insule Man, que est inter Angliam et Hiberniam, propinquior tamen Anglie, quam Hibernie; unde et episcopus ejus subjacet archiepiscopo Eboracensi. Primus B ibi fuerat episcopus Wimundus monachus Saviniensis; sed propter crudelitatem suam expulsus fuit et privatus oculis. Mortuus est Willermus episcopus Dunelmi. Mortuus est etiam Radulfus de Parrona, comes Viromandorum, relinquens parvulum filium nomine Hugonem, et unam filiam sub tutela Galeranni comitis Mellenti, nepotis sui. Hos infantes susceperat ex uxore sua juniore, filia Willermi ducis Aquitanorum. Primogenitam namque Ludovicus rex Francorum duxerat, ex qua genuit duas filias. Meritur nichilominus Henricus filius David regis Scotorum. Moritur et junior Willermus de Romara, superstite adhuc Willermo patre suo, relinquens duos filios natos ex sorore Willermi comitis de Albamarla. [1151.] Anno superiore fuit vindemia C rara et valde sera; unde et vinum nimis carum et duri saporis fuit (612). Hoc autem anno fuit vindemia temporanea; sed vinum carius quam anno preterito; idcirco fiebant vulgo etiam in Francia taberne cervisie et medonis, quod nostra memoria in retroactis temporibus non fuit auditum [583]. Gaufridus Artur, qui transtulerat historiam de regibus Britonum de Britannico in Latinum, fit episcopus Sancti Asaph in Norgualis. Sunt itaque hodie in Gualia quatuor episcopatus, in Anglia decem et septem. In octo eorum sunt monachi in episcopalibus sedibus—hoc in aliis provinciis aut nusquam aut raro invenies; sed ideo in Anglia reperitur, quia primi predicatores Anglorum, scilicet Augusti-

VARIÆ LECTIONES.

[581] Michael—apostoli desunt 8b. [582] Hic 2. addit: Hoc anno institutum est in capitulo Cisterciensi, ne aliquam novam abbatiam sine majori consilio construerent, quia numerus earum, que constructæ erant de illo ordine, usque ad quingentas fere abbatias processerat. Post hujus anni capitulum domnus Serlo abbas Savigneii apud Claramvallem remansit, curam abbatiæ suæ volens relinquere, ex hoc sibi et ecclesiæ putans consulere. Et quia hoc tamdiu desideraverat et quæsierat, utpote amator sanctitatis et quietis, ut inquietudines et vanas exaltationes refugeret, visum est Bernardo abbati de Claravalle, ut ejus petitioni assentiret, si tamen monachi Savigneii consentirent. Misit ergo Philippum priorem suum, qui suasit eis, ut cederent et alium abbatem eligerent. At illi dixerunt, consilium abbatum, qui de illa domo exierant et citra mare erant, super hoc se velle habere. Convenientes igitur abbates habuerunt consilium, domnum Serlonem se nolle dimittere. Ut tamen quia de reditu ejus dubitabant, duas alias venerabiles personas elegerunt, ut vel unam earum haberent. Sed abbe renuerunt. Nolens ergo Bernardus abbas omnino desolatos esse monachos Savigneii, remisit eis domnum Serlonem, ut domum conservaret, donec ipse illuc veniret, et ut tam ipsi quam domui consuleret. At. 7b. addit: Deposito Vincentio abbate Castellionensi, subrogatur Silvester, monachus Liræ, vir venerande simplicitatis. [583] Anno—auditum desunt 8b.

NOTÆ.

(609) Barfleur, non procul a Cherbourg.
(610) Inter Gournai et Gisorz.
(611) A. 1150.
(612) Cf. supra col. 275.

ROMANORUM. FRANCORUM. ANGLORUM.

nus, Mellitus, Justus, Laurentius, monachi fuerunt — in aliis octo episcopalibus sedibus canonici seculares; in una canonici regulares. Eodem anno Johannes Romanus, qui fuerat monachus a puero Sancti Sabe, et post abbas Sancte Marie in Capitolio Romano, et relicta eadem abbatia factus fuerat monachus Becci, perrexit Romam, et inde rediens caput beati Felicis martyris, socii sancti Audacti, attulit secum, et gratuito dedit illud ecclesie Becci. Pullulante perniciosa doctrina Henrici heretici, maxime in Guasconia, suscitavit Dominus spiritum puelle junioris in illa provincia ad eandem heresim confutandam. Per triduum namque in unaquaque septimana jacebat absque voce, sensu, et etiam absque flatu; et rediens postmodum ad se, dicebat beatam Mariam orare pro populo christiano, et beatum Petrum docuisse se orthodoxam fidem. Exinde de fide nostra sapienter et catholice disserebat; et precipue heresim Henrici convincens, plurimos ab eo seductos ad sinum sancte matris ecclesie revocabat.

(*Jul.* 16.) Tradita, ut predictum est, munitione Novimercati Ludovico regi Francorum, idem rex exercitum suum usque Calvummontem (613) revocavit. At Henricus dux Normannie, collecta non minima manu electorum militum et peditum, castrametatus est juxta fluvium Andelle; ubi residens aliquandiu afflixit illam partem Wilcasini, que est inter Andellam et Ittam flumina, que ad ducatum Normanie pertinet. Sed Gaufridus comes Andegavorum post mortem Henrici regis Anglorum concessit eam ad tempus Ludovico regi Francorum, sicut et multa alia de dominicis terris ducatus Normannie concesserat quibusdam magnatibus ejusdem provincie, ut eos faceret hoc modo promptiores ad ferendum sibi auxilium in subjiciendo sue ditioni predictum comitatum. Cotidie itaque dux Henricus in eam populatores mittebat ad querendum victualia hominibus et jumentis sui exercitus; destruxit etiam ibi et igni tradidit castellum Bascheriville, et duo alia castella Chitreium et Stripinneium combussit. Hoc idem significante fumo Francis, qui ex altera parte Itte fluminis castra posuerant, nec aliquid suis auxilium ferentibus, munitionem etiam Hugonis de Gornaco, quam Feritatem (614) nominant, assultu capiens igni tradidit, excepta turre, que in alto monte sita est. Denegabat enim idem Hugo predicto duci debitum famulatum, et inimicos ejus extra castrum Gornaci fovebat. Mediante autem mense Augusti, Ludovicus rex exercitum suum fecit transire Sequanam apud Mellentum; quod dux audiens, et ipse copias suas per pontem Vernonis traducens, concito gradu cum aliquantis expeditis militibus ad

A Vernolium, ad quod regem festinare ab exploratoribus audierat, tendebat. Cum subito Willermus de Paceio mandavit ei, quatinus Pacceium (615) rediret, ad quod rex cum exercitu maximo veniebat. Ille impiger et nescius more in subveniendo suis, retroacto capite equi tanta festinatione cum sociis remeavit, ut antequam Pacceium pervenirent, plurimi equorum suorum aut mortui aut pene mortui in via remanerent. Audito ducis adventu rex maturiore consilio usus, noluit terram ejus intrare; sed ipso die Medantum rediit. Dux vero vocatus a Gisleberto de Tegulariis, combuxit Brueroles castrum Hugonis de Novo castello, et alteram quandam munitionem, Malculfivillam cognominatam, sitam in Dorcasino pago. Exinde rediens in Normanniam, et affligens Richerium de Aquila, qui hostibus ejus subsidium ferebat, coegit eum de pace tenenda obsides dare, et munitionem Bomolini, ubi raptores et excommunicatos receptabat, igni tradidit. Circa vero finem Augusti collocatis militibus ad custodiam Normannie, ipse in Andegavensem comitatum pergens, obsedit munitionem Montis Sorelli, ubi jugi obsidione coartans inclusos, Willermum dominum ipsius castri, qui partes fratris suis juvabat, cum aliis pluribus militibus cepit. Hoc itaque infortunio et aliis pluribus Gaufridus frater ejus coactus est cum illo reconciliari. Interea rex Francorum de absentia ducis nactus oportunitatem, instigante eum maxime comite Roberto fratre suo, qui duxerat relictam Botronis comitis Moritonie, et cui idem rex dederat castrum Dorcasinum (616), partem Burgi Tegulariensis, et quendam vicum castri Vernolii, voracibus flammis tradidit. Castrum etiam Nannetiscurtis apparatu bellico cingens, nichil ei nocuit. Paucis exinde diebus evolutis, datis induciis inter regem et ducem, dux preparavit se ad transfretandum; sed antequam transiret, rex fecit reddere treguas. Nichilominus tamen dux propositum transfretandi deserens, auram ad transeundum aptam juxta navalia operiebatur; in quo potest animadverti probitas et audatia ejus.

In capitulo Cisterciensi statutum est, ne amplius aliquam novam abbatiam construerent, quia numerus abbatiarum de illo ordine usque ad quingentas fere abbatias processerat. Mortuo Conrado imperatore Romanorum, ut predictum est, successit Fredericus nepos ejus. Eugenius papa fecit transferri de Greco in Latinum librum Petrum Damasceni [684].

1152. [1153.] *Fredericus* 1. *Ludovicus* 15.

Stephanus 17.

Henricus dux Normannorum infra octavam epiphanie transiit in Angliam cum 56 navibus. Facta est eclipsis solis 7 Kalend. Februarii circa 8 horam, luna 27. Dux Normannorum obsidens castrum mu-

VARIÆ LECTIONES.

[684] Eugenius Damasceni *in* E. *alia manus addit, eadem quæ ad a.* 1128. *Desunt* 7^b. 8^d. *neque vero* 8^b.

NOTÆ.

(613) Chaumont, prope Gisorz.
(614) La Ferté.

(615) Pacy, ad fl. Eure.
(616) Dreux.

ROMANORUM.   FRANCORUM.   ANGLORUM.

nitissimum Mammesberii, et homines regis Stephani in eo, ad deditionem coegit; licet idem rex cum pluribus milibus armatorum in proximo esset. *(Jan.)* Obiit Gislebertus (617) filius Ricardi, et sepultus est apud Claram in cella, quam Gislebertus avus ejus dederat monachis Becci. Successit autem ei Rogerius frater suus. Post octavam pasche Ludovicus rex Francorum cum magno exercitu summo mane veniens de Medanta ad Vernonem, burgum extra muros positum combuxit, et villam optimam et vinearum fertilem; quam Longam villam nominant. Irritaverat enim iram ejus Ricardus filius Willermi de Vernone, non veritus depredari mercatores in conductu ipsius. Gondrada comitissa Warvicensis ejecit custodes regis Stephani de munitione civitatis Warvic, et tradidit eandem munitionem Henrico duci Normannorum. Mortuo Rogerio comite Warvicensi, successit ei Henricus filius suus, natus ex Gondreda sorore uterina Gaufridi comitis Mellenti. Mortuo etiam Symone comite Huntedonie, successit ei Simon filius ejus, quem genuerat ex filia Roberti comitis Legecestrie. Decessit etiam David rex Scotie, vir admodum religiosus, et successerunt ei duo sui nepotes, quos Henricus filius ejus, qui anno superiore obierat, ex filia Willermi comitis de Warenna, sorore videlicet uterina Gaufridi comitis Mellenti, genuerat. Primogenitus horum, scilicet Melcomus, regnum Scotie adeptus est; frater ejus Willermus comitatum Lodonensem [585]. Mense Julio, 7 Idus ejusdem mensis, viam universe carnis ingressus est venerabilis memorie Eugenius III papa, vir admodum religiosus, in elemosinis largus, in judiciis justus, omnibus tam pauperibus quam divitibus affabilis et jocundus; ad cujus tumulum, qui ei in ecclesia beati Petri venerabiliter factus est, miracula post transitum ejus statim apparuerunt. *(Jul. 9.)* Successit ei Conradus Sabinensis episcopus, apostolice sedis in urbe dumtaxat in agendis episcopalibus, dum papa deest, ex antiqua consuetudine, pro dignitate loci sui vicarius, qui erat natione Romanus, vir grandevus et apud Romanos auctoritate preclarus, exinde vocatus Anastasius IV, papa videlicet 172us.

Henricus dux Normannorum obsedit castrum Cravemense, quod rex Stephanus fecerat haud procul a Warengefort, quatinus milites ducis, qui in predicto castro erant, a transitu pontis Tamisie prohiberet. Capto pro majori parte castello Cravemense, cum rex Stephanus illo appropinquaret cum non nimio apparatu bellico, ut suis secundum condictum subveniret, dux intrepidus, nec deserens obsidionem, acies e regione contra regem pugnaturus ordinavit. Verum intercurrentibus religiosis personis, et secreto cum summatibus, qui in exercitu ducis erant, tractantibus, ad hunc finem res deducta est, ut datis quinque dierum induciis, rex Stephanus proprium castellum quod obsidebatur everteret, eductis tantum 80 militum suorum, qui supererant; nam dux in quadam turre lignea 20 milites jam ceperat, exceptis 60 sagittariis, quos decapitari fecerat. Hanc conditionem cum dux cognovisset, licet sibi magno honori esset, graviter tulit, et in hac dumtaxat parte de infidelitate suorum, qui eandem condictionem interpositione sue fidei firmaverant, conquestus, ne fidem illorum irritam faceret, predictum pactum concessit. Soluta est itaque obsidio, que circa Walingefort ordinata fuerat, rege Stephano Cravemense subvertente. Nam anno preterito familia ducis Henrici, que Walingefort incolebat, non solum castrum Bretewelle, quod diu eos impugnaverat, verum etiam castellum, quod rex etiam Stephanus contra jus et fas erexerat apud abbatiam Radingis, pessumdederat. Exinde dux Henricus cum 500 militibus obviavit Willermo de Guerceio presidi Oxinefordensi, et Ricardo de Luceio, et Willermo Martello, et sociis eorum venientibus in terram suam, et fugavit eos usque Oxinefort, et cepit ex eis 20 milites; predam autem innumerabilem, quam velites et levis armature viri, qui eum prosecuti fuerant, ex circumjacente regione congregaverant, jussit eis reddi quorum fuerat, dicens, se non ad hoc ut raperet, sed ut a rapina potentum populum pauperum liberaret, venisse. Dux Normannie cepit castrum munitissimum et divitiis opulentum et cujusdam comitatus capud, scilicet Stanfort. Circa finem Julii mensis Ludovicus rex Francorum, congregans maximum exercitum ex omni potestate sua, obsedit castrum Vernonis fere per 45 dies. Cumque nichil proficeret nec crebris assultibus nec diversis machinis, et comes Morinorum, quos moderni Flandros nominant, in cujus multiplici militia rex maxime confidebat, vellet discedere: ne predictus rex inglorius recederet, si omnino nichil profecisset, egit secretis conventionibus et promissis cum Ricardo de Vernone, ut saltem vexillum ejus in turre levaretur, et eadem turris Goello filio Baldrici custodienda committeretur, qui utrique, regi scilicet et Ricardo, beneficii casamenti obnoxius erat. Mense Septembri rex Francorum cum paucis veniens, et quasi latenter, combuxit quandam partem burgi Vernolii.

Mortuo Willermo de Paceio absque liberis, redditum est castrum Paceii Roberto filio Roberti co-

VARIÆ LECTIONES.

[585] *Hic 2. addit*: Anno presenti post pentecosten venit Savigneium donnus Gotsuinus abbas Cistercii, donnumque Serlonem secum reduxit; et electus est in abbatem Savigneii donnus Ricardus de Curceio, ejusdem ecclesie monachus, qui in eadem abbatia in prudentia et honestate ab adolescentia excreverat, atque in ea diu prior extiterat; *et paulo post*: Obiit et Gotsuinus quintus abbas Cisterciensis, cui successit Lambertus abbas.

NOTÆ.

(617) De Clara, filius Ricardi de Bienfaite.

ROMANORUM. FRANCORUM. ANGLORUM.

mitis Legecestrie, quia pertinebat ad honorem Britolii (618), unde ille erat legitimus heres ex parte matris sue. Discordia inter Symonem comitem Ebroicensem et filios Ascelini Goelli, scilicet et Willermum Lupellum et Rogerium Balbum; qua invalescente, predictus comes fere totam terram eorum depopulatus est, absque firmitatibus (619). Nonis Augusti facto tonitruo magno circa occubitum solis, fulmen cecidit Becci in summitate camini cujusdam camere site super preterfluentem aquam; et dividens eundem caminum, mediam partem ejus dejecit, reliqua medietate stante [586]. Mulier quedam religiosa de provincia Lothariensi, habens spiritum prophetie, misit litteras capitulo Cisterciensi valde obscuras et quasi per integumentum loquentes; in quibus tamen poterat animadverti, quod aliquantulum et teporem ordinis et frigus notaret caritatis. Hec predixerat Eugenio pape, quod circa octavum annum sui sacerdotii et pacem habiturus esset et vite finem. Tercius Balduinus rex Jerosolimitanus, gratia Dei precurrente, diu obsidens civitatem Ascalonem, tandem cepit eam, et dedit eam Amalrico fratri suo, comiti Joppensi. Rogerius rex Sicilie per ammiralios suos cepit Tonitam (620), urbem maximam in Affrica. Mortuo Ricardo episcopo Abrincensi in itinere Rome, cum illuc perrexisset causa altercationis duorum electorum abbatie Montis sancti Michaelis, Herbertus capellanus ducis Normanie factus est episcopus predicte sedis. (Aug. 10.) Mense Augusti, circa octavas sancti Laurentii, moritur Eustachius filius Stephani regis Anglorum, quia predatus fuerat, ut quidam dicunt, terram sancti Edmundi regis et martiris in ipsa festivitate sancti Laurentii. In eisdem octavis nascitur filius Henrico duci Normannie ex uxore sua Alienor comitissa Pictavensi. Vocatus est idem puer Willermus, quod nomen quasi proprium est comitibus Pictavorum et ducibus Aquitanorum. Venerabilis Bernardus primus abbas Clarevallis, vir admirande religionis et doctrine efficacis, humane vite satisfecit moriendo 14 Kalendas Septembris, relinquens sapientie sue plurima documenta, maxime in commentariis in cantica canticorum. Cui successit Roberius Flandrita, qui erat abbas Dunensis. Decessit nichilominus Henricus Murdac archiepiscopus Eboracensis, monachus Cisterciensis.

Stephanus rex Anglorum et Henricus dux Normannie, cognatus ejus, 8 Idus Novembris, justicia de celo prospiciente, concordati sunt hoc modo. Rex prius recognovit in conventu episcoporum et comitum et reliquorum obtimatum hereditarium jus, quod dux Henricus habebat in regnum Anglie.

Et dux benigne concessit, ut rex tota sua vita, si vellet, regnum teneret; sic tamen, ut in presentiarum ipse rex et episcopi et ceteri potentes sacramento firmarent, quod dux post mortem regis, si ipse eum supervixeret, pacifice et absque contradictione regnum haberet. Juratum est etiam, quod possessiones, que direpte erant ab invasoribus, ad antiquos et legitimos possessores revocarentur, quorum fuerant tempore Henrici optimi regis; de castellis etiam, que post mortem predicti regis facta fuerant, ut everterentur; quorum multitudo ad 575 [587] summam excreverat. Ranulfus comes Cestrie moritur, relinquens successorem sui honoris Hugonem filium, natum ex filia Roberti comitis Gloecestrie. Robertus de Monteforti cepit avunculum suum Gualerannum comitem Mellenti, in colloquio condicto haud procul a burgo Bernai. Obsesso castro Orbec (621) ab hominibus comitis Gualeranni, in quo idem comes tenebatur, tandem comes liber dimissus est, reddita prius predicto nepoti suo turre de Monteforti.

1153. [1154.] *Fredericus* 2. *Ludovicus* 16.
Stephanus 18.

Ludovicus rex Francorum duxit uxorem filiam Anforsi regis Hispaniarum. Caput regni hujus regis civitas est Toletum; quem, quia principatur regulis Arragonum et Gallicie, imperatorem Hispaniarum appellant. Walerannus comes Mellenti, obsidens castrum Montisfortis, fugatus est ignominiose a nepote suo Roberto, eversis duobus castellis, que ipse prope Montemfortem erexerat. Rogerius rex Sicilie moritur 4 Kalendas Martii; huic successit Willermus filius suus, quem pater ante mortem suam sublimatum in regem consortem regni fecerat. Hic duxit filiam regis Navarrorum Garsie, sororem scilicet Sanccii junioris; et suscepit ex ea filium primogenitum, nomine Rogerium. Mortuo, et predictum est, Henrico archiepiscopo Eboracensi, Anastasius papa restituit in eandem sedem Willermum, donans ei pallium, et consecrans Rome in presentia ejus Hugonem de Puisat episcopum Dunelmi, nepotem Stephani regis Anglorum. Hunc Willermum Eugenius papa decessor Anastasii deposuerat. Circa pascha Henricus dux Normannorum transfretavit in Normanniam, et cepit revocare paulatim et prudenter in jus proprium sua dominica, que pater suus, urgente necessitate, primoribus Normannie ad tempus concesserat. Inde profectus in Aquitaniam rebellionem quorundam repressit. Willermus archiepiscopus Eboracensis reversus in Angliam, dum divina misteria consummat, hausto in ipso calice, ut aiunt, veneno, moritur. Cui successit Rogerius de Ponte episcopi, archidiaconus Cantuariensis [588].

VARIÆ LECTIONES.

[586] Nonis — stante *desunt* 8ᵇ. [587] *numerus erasus est in* E. [588] *Post hæc in* E. *alia manus incertum an* Roberti, *inter hanc lineam et sequentem inseruit numeros* III. XVII. XIX. MCLIV. *eademque sequens vocabulum* Mense *in rasura scripsit. Reliquis omnibus hi numeri desunt, quod unice rectum. Abhinc igitur, his*

NOTÆ.

(618) Breteuil, inter Evreux et Moulins.
(619) I. e. exceptis castellis.
(620) Tunis.
(621) Inter Lisieux et L'Aigle.

ROMANORUM. FRANCORUM. ANGLORUM.

Mense Maio, 6 Kalendas Junii, feria 5 infra octavas pentecostes, monasterium beati Michaelis de Periculo maris post tribulationem, quam per quinquennium fere jugem passum fuerat, Deo miserante aliquantulum respiravit, electo unanimiter ab omni conventu Roberto de Torinneio, priore claustrali Beccensis monasterii. Eodem mense dux Henricus rediens de Aquitania, Rothomagi in die festivitatis sancti Johannis Baptiste gratanter assensum prebuit predicte electioni, quam archiepiscopus Rothomagensis Hugo, vir summe religionis et industrie, cum imperatrice matre ducis antea ut presentes libentissime confirmaverant. Sequenti vero mense, in festivitate sancte Marie Magdalene, predictus electus benedictus est in abbatem apud Sanctum Philibertum de Monteforti ab Herberto episcopo Abrincatensi et Girardo Sagiensi, presentibus abbatibus Rogerio Beccensi, Michaele Pratellensi, Hugone de Sancto Salvatore Constantini. Mense Augusto concordati sunt Ludovicus rex Francorum et dux Normannorum Henricus hoc modo. Rex reddidit ei duo castella, Vernum et Novum mercatum ; et dux dedit ei duo milia marcarum argenti pro resarciendo dampno, quod rex passus fuerat in capiendo, muniendo, tenendo easdem firmitates. Reinaldus de Castelliolo factus princeps Antiochie, ducta Constantia relicta Raimundi principis, quem Turci eodem anno, quo rex Francorum Ludovicus de Jerusalem rediit, occiderant, contra eosdem Turcos viriliter agens, tria castella illis abstulit, que fuerant christianorum. Circa Kalendas Octobris Henricus dux Normannorum, sopita adversa valitudine, Deo miserante, qua periculose laboraverat, accitus a rege Francorum cum exercitu perrexit in Wilcasinum, et pacificavit cum rege Gosscelinum Crispinum. Inde rediens, obsedit Torinneium fere per 15 dies, incipiens ibi tria castella. Reddito castello, et pacificato Ricardo filio comitis, qui illud municipium tenuerat, audito veridico nuntio de morte Stephani regis Anglorum, locutus cum matre sua imperatrice, convocatisque fratribus suis, Gaufrido et Willermo, et episcopis et optimatibus Normannie, venit Barbefluvium, et ibi per unum mensem expectavit ventum oportunum ad transfretandum. Obierat enim 8 Kalendas Novenbris Stephanus rex Anglorum ; cujus corpus tumulatum est in monasterio Fassehan (622), quod Matildis uxor ejus edificaverat, ubi ipsa et filius ejus primogenitus Eustachius sepulti sunt. Interim pax summa erat in Anglia, timore et amore Henrici ducis, quem omnes venturum et regem futurum non dubitabant.

Obiit 6 Kalendas Decembris Anastasius papa Romanus ; et successit ei Nicholaus episcopus Albanensis, papa videlicet 175us, vocatus Adrianus IV, vir quidem religiosus et natione Anglicus, qui prius fuerat abbas canonicorum regularium Sancti Rufi in Provincia, sed ab Eugenio predecessore suo factus fuerat episcopus Albanensis [589]. Moritur etiam Gislebertus episcopus Pictavensis, vir religiosus et multiplicis doctrine, qui psalmos et epistolas Pauli luculenter exposuit. Ludovicus rex Francorum gratia orationis perrexit ad Sanctum Jacobum de Gallicia, et ab imperatore Hispaniarum socero suo favorabiliter in Hispania susceptus est. Henricus dux Normannorum 7 Idus Decembris in Angliam transfretans, cum magno tripudio clericorum et laicorum exceptus est. 13 Kalendas Januarii, die dominica ante nativitatem Domini, apud Westmonasterium ab omnibus electus et in regem unctus est a Theobaldo archiepiscopo Cantuariensi. Affuerunt etiam episcopi omnes Anglici regni, Rogerius archiepiscopus Eboracensis, Ricardus episcopus Lundoniensis, Henricus Wintoniensis, Robertus Lincoliensis, Gualterius Cestrensis, Gislebertus Herefordensis, Robertus Batensis, Johannes Wingorniensis, Robertus Exoniensis, Hilarius Cestrensis, Goscelinus Salesberiensis, Galterius Roffensis, Nigellus Heliensis, Willermus Nothvicensis, Hugo Dunelmensis, Adalulfus Carlivensis. Affuerunt et de Normannia vir religiosus ac timens Deum venerabilis Hugo archiepiscopus Rothomagensis, Philippus Bajocensis, Arnulfus Lexoviensis, Herbertus Abrincensis episcopi. Affuerunt comites regni illius, et de regno Francorum Theodericus comes Flandrensis, et alii plures. Facta est eclypsis lune dominica (623) ante natalem Domini.

1155. *Fredericus* 3.   *Ludovicus* 18 [590].
Henricus 2.

Rex Henricus cepit revocare in jus proprium urbes, castella, villas, que ad coronam regni pertinebant, castella noviter facta destruendo, et expellendo de regno maxime Flandrenses ; et deponendo quosdam imaginarios (624) et pseudocomites, quibus rex Stephanus omnia pene ad fiscum pertinentia minus caute distribuerat. Factus est terremotus 15 Kalendas Februarii [591], maxime in Burgundia, adeo ut ter in nocte festivitatis sancte Prisce virginis sentiretur apud Cluniacum ; et quoddam castellum, quod erat desertum, haud procul a Cluniaco situm, absortum iret in abyssum ; et spatium, in quo castellum fuerat, repleretur aqua inestimabilis profunditatis. Natus est Lundonie pridie Kalendas Martii, feria 2, filius Henrico regi Anglorum ex uxore sua regina

VARIÆ LECTIONES.

omissis, chronologia codicis E, inde ab a. 1140. turbata, restituitur. Sequentia Mense — Constantini *desunt* 8b. Ceterum in verbis « Ludovicus rex Fr. a incipit E6.   [589] vocatus Albanensis *desunt* 8b. *Hic incipit Roberti opus in editione principe.*   [590] *ita* E. rell.   [591] *ita correctum ex* Marcii ; *hoc habent* 7b. 8d.

NOTÆ.

(622) Feversham.
(623) Potius die Martis, 21 Dec. BOUQ.
(624) Imaginaire.

ROMANORUM. FRANCORUM. ANGLORUM.

Alienor, et vocatus est Henricus. Henricus rex Anglorum exhereditavit Willermum Peurel de Nothinguehan, causa veneficii, quod fuerat propinatum Ranulfo comiti Cestrie. In consortio hujus pestis plures participes et conscii extitisse dicuntur. Hoc anno frequenter terremotus per totam quadragesimam accidit in Burgundia et Langobardia ; 18 Kalendas Maii, feria 5 etiam apud Montem sancti Michaelis terremotum sensimus ante solis ortum. Mortuo Roberto Exoniensi episcopo, successit Robertus decanus Salesberie. Mortuus est Balduinus de Redivers, et successit Ricardus filius ejus. [592] Dominica post octavam pasche, videlicet 4 Idus Aprilis, Henricus rex apud Warengefort fecit obtimates Anglici regni jurare fidelitatem Guillermo primogenito suo, de regno Anglie ; et si idem puer immatura morte occumberet, Henrico fratri suo. Sopita discordia, que erat inter regem Anglorum Henricum et Rogerium filium Milonis de Gloecestria propter turrem Gloecestrie, Hugo de Mortuomari, vir arrogantissimus et de se presumens munivit castella sua contra regem. Ilico rex Henricus obsedit omnia castella ipsius, id est Bruge, Wigemore, Cleoberci, quorum ultimum post aliquantulum temporis cepit et destruxit. 15 Kalendas Julii, prima hora noctis, eclypsis lune accidit. Mense Julio, Nonis ejusdem, Hugo de Mortuomari pacificatus est cum rege Henrico, redditis castellis Bruge et Wigemore. Garnerius abbas Majorismonasterii moritur, et successit Robertus natione Brito. Mortuo Rogerio filio Milonis de Gloecestria, comite Herefordensi, successit ei Gauterus frater ejus in paternam hereditatem tantum ; nam comitatum Herefort et civitatem Gloecestrie rex Henricus retinuit in manu sua. Fredericus rex Alemannorum Romam perrexit, et ab Adriano papa contra Romanorum voluntatem receptus et in ecclesia beati Petri in imperatorem ab eo est consecratus. Volens autem ultra progredi, scilicet in Apuliam, — condixerant enim sibi per legatos suos ipse et Manuel imperator Constantinopolitanus, qui duxerat sororem ejus [593], ut venientes ex diversis partibus pessundarent regnum Apulie et regem ejus Guillermum — mutata protinus voluntate in patriam suam se recepit. Nec tamen Guillermo regi Apulie bellum defuit. Nam Robertus comes de Basevilla, qui erat cognatus [594] ejus, et Ricardus de Ling, comes Andrie, putantes regem mortuum, cum non esset, — egrotaverat enim, sed tamen postea convaluit — per regnum Apulie graviter debachati sunt. Circa festum sancti Michaelis Henricus rex Anglorum, habito concilio apud Wincestre, de conquirendo regno Hibernie et Guillermo fratri suo dando, cum obtimatibus suis tractavit. Quod quia matri ejus imperatrici non placuit, intermissa est ad tempus illa expeditio. Henricus episcopus Winthonie, clam premisso thesauro suo per abbatem Cluigniacum absque licentia regis et quasi latenter recessit ab Anglia. Ideo rex Henricus omnia castella ejus pessundedit [595].

1156. *Fredericus* 3. *Ludovicus* 19. *Henricus* 2.

Rex Henricus transfretaturus apud Dovram mare intravit, et appulit apud Wisant. In purificatione sancte Marie fuit Rothomagi ; et in sequenti ebdomada locutus est cum rege Francorum Ludovico in confinio Normannie et Francie. Inde rediens Rothomagum, venerunt ad eum Terricus Flandrensium comes, et uxor ejus, amita ipsius regis, et Gaufredus frater ejus. Sed Gaufredo non suscipiente ea que illi a rege offerebantur, recessit in Andegavensem pagum, et rex Henricus e vestigio illum subsecutus est [596]. Circa hoc tempus inundatione Tyberis facta non modica, Rome in quadam insula ejusdem fluminis, in ecclesia antiqua, inventum est in quodam sarcofaco corpus beati Bartholomei apostoli, totum integrum excepto corio, quod remansit Beneventi, quando Otho imperator capta eadem civitate corpus predicti apostoli transtulit Romam, sicut due tabule eree demonstrant, scripte litteris Grecis et Latinis, que reperte fuerunt cum corpore apostoli. Repertum est etiam in eadem ecclesia corpus Paulini Nolani episcopi. Gaufridus frater Henrici regis Anglorum, expulso Hoello comite Britannie, cepit Nanneticam civitatem, consentientibus civibus. Guillermus rex Sicilie civitatem Bar funditus evertit, preter ecclesiam sancti Nicholai ; quia cives illius Grecis faventes, nequissime contra ipsum conspiraverant. Grecos etiam terra et mari idem rex superavit, et de spoliis eorum locupletatus est, et ea que perdiderat castella et civitates in jus proprium revocavit. Exhereditavit etiam comitem Robertum de Basenvilla cognatum suum, quia ab ipso desciverat. Nichilominus cum papa Adriano pacem fecit, concedendo ei consecrationes episcoporum regni sui et ducatus, sicut antiquitus eas habuit ecclesia Romana ; unde discordia fuerat inter patrem suum regem Rogerium, et Innocentium et Eugenium Romanos pontifices. Idem vero apostolicus concessit ei regnum Sicilie et ducatum Apulie et principatum Capue [597]. In octavis pentecostes Hugo Rothomagensis archiepiscopus et Rotrocus Ebroicensis et Ricardus Constantiensis et Herbertus Abrincatensis episcopi apud Moretonium levaverunt corpus beati Firmati. Cum autem ar-

VARIÆ LECTIONES.

[592] *Mortuus — ejus desunt* 8b. [593] *q. d. s. e. jam erasa sunt in* E. [594] *ita correctum in* E. *Prius fuerat:* qui habebat, in conjugio cognatam. [595] *Hic desinit prima manus in* 8d., *quæ hucusque omnia scripsit.* [596] *Hic desinit prima manus in* E. *Quæ sequitur, ipsius videtur esse Roberti. Desinit quoque* 2. *in verbis* Andegavensem pagum, *quibus alia manus addidit :* cum ita coartavit, ut secum pacem facere compelleret, nullumque ex castellis quos tenebat ei reliquid preter Nannetensem urbem ; pecuniam tamen per annos singulos se ei daturum promisit. [597] *Post hæc in* E. *atramentum vaulo mutatur ; manus eadem, sed quæ mox in habitum incidit minus calidum.*

ROMANORUM.   FRANCORUM.   ANGLORUM.
chiepiscopus inde ad Montem sancti Michaelis orationis et nos visitandi gratia venisset, et nos sua jocunda exhortatione et collocutione quatuor dies exhilarasset, altare crucifixi fecit consecrari ab Herberto Abrincatensi episcopo 6 feria; ipse vero sequenti sabbato altare beate Marie in cripta aquilonali noviter reedificatum consecravit. In quo altari reposuimus reliquias vestimentorum, ut putamus, ipsius domine nostre, quas in pixide plumbea in veteri ara ibidem reppercramus [598]. In pago Parisiacensi cappa Salvatoris nostri monasterio Argentoilo divina revelatione reperta est, inconsubtilis et subrufi coloris; quam, sicut litere cum ea reperte indicabant, gloriosa mater illius fecit ei cum adhuc esset puer. 3 Kalendas Junii, feria 4, vigilia ascensionis Domini, circa meridiem, per dimidiam fere horam circulus maxime latitudinis apparuit in circuitu solis, ignei et cerulei coloris. Obiit Guillermus primogenitus filius Henrici regis Anglorum, et sepultus est Radingis ad pedes Henrici regis proavi sui. Obiit nichilominus Adalulfus, primus episcopus de Carloil. Obiit etiam Gislebertus de Gant. Et Symon juvenis, filius comitis Symonis, cum careret terra, dono regis Henrici accepit filiam ejus unicam cum honore ejus [599]. Henricus rex Anglorum cepit castrum Mirebellum, et Chinonem longa obsidione. Lobdunum vero est ei redditum, quando pacificatus est cum eo Gaufridus frater suus, hac conditione interposita; quod rex daret ei singulis annis mille libras Anglice monete, et duo milia libras Andegavensis; et ita Deo favente discordia, que diu duraverat inter eos, mense Julio sopita est. Mortuo Alano episcopo Rodonensi, successit ei Stephanus abbas Sancti Florentii, vir religiosus et [600] litteratus et eloquens. Obiit etiam Ingelbaudus archiepiscopus Turonensis, et successit ei Gotho Britto episcopus Sancti Briocci. Conanus comes de Richemont veniens de Anglia in minorem Britanniam, obsedit urbem Redonensem et cepit, fugato Eudone vicecomite vitrico suo. Hoc anno fulgura et tempestates mense Julio frequenter in Normannia acciderunt. Unde in pluribus locis messis periit, et homines fulgurati interierunt. Subsecuta est habundantia pluvie, que cepit medio mense Augusti, que impedivit et collectionem messium et subsequentem seminum sparsionem. Ex qua jugi inundatione pluviarum, que diu duravit, multe turres et ecclesie et antique macerie in Normannia et Anglia corruerunt. Radulfus de Fulgeriis cepit in quodam conflictu Eudonem vicecomitem de Porrchoit; et A hac de causa major pars Brittannorum receperunt comitem Conanum in ducem Briitannie, excepto Johanne Dolensi, qui adhuc pro viribus Conano et coadjutoribus ejus resistit. Fredericus imperator Alemannorum duxit filiam Guillermi comitis Masconensis (625), et cepit cum ea civitatem Vesontionem et alias multas, quas pater ejus tenuerat de duce Burgundie. Pars tamen illius honoris quedam remansit Rainaldo comiti, patruo ejusdem puelle [601].

1157. *Fredericus* 6. *Ludovicus* 20. *Henricus*. 3.

Venerabilis Petrus Clugniacensis abbas 8 Kalendas Januarii ingressus est viam universe carnis (626). Guillermus rex Sicilie navali expeditione per admiralios suos cepit Sibillam civitatem metropolim, sitam inter Affricam et Babilonem. Est autem eadem civitas caput regni insule Gerp, in qua idem rex habitatores christianos inmisit, et eis archiepiscopum prefecit. Sabbato infra octavas pasche, in Abrincatino, villa que vocatur Landa Aronis, circa meridiem quasi de terra emergens turbo maximus, queque proxima involvit et rapuit; ad ultimum quasi quedam columpna rubei et cerulei coloris sub turbine ascendente in sublime stetit, et videbantur [et audiebantur quasi sagitte et lancee in ipsa columpna defigi, licet non appareret intuentibus qui eas agitaret. In turbine qui stabat super columpnam, apparebant quasi diverse species volucrum in eodem volitantium. Subsecuta est illico in eadem villa mortalitas hominum, inter quos et dominus ville occubuit. Nec solum in illa villa, sed etiam in multis locis Normannie et finitimarum regionum, mortalitas hoc anno crassata est. Monachi claustrales Cluniaci tumultuaria electione, immo intrusione, quendam semilaicum Robertum Grossum, cognatum comitis Flandrie, pro parentela sua elegerunt, reclamantibus maturioribus viris et honestis personis, que de eodem monasterio ad pastoralem curam assumpti fuerant. Obiit Girardus episcopus Sagiensis.

Henricus rex Anglorum post octavas pasche apud Barbefluvium transivit in Angliam, et Malchomus rex Scotorum reddidit ei, quicquid habebat de dominio suo, id est civitatem Carluith, Castrum puellarum [602] Baenbure, Novum castrum super Tynam, et comitatum Lodonensem. Et rex reddidit ei comitatum Huntedonie. Similiter Guillermus filius Stephani regis, qui erat comes civitatis Constantiarum, id est Moritonii, et in Anglia comes Surreie, id est de Warenna, propter filiam tercii Guillermi de Warenna, quam duxerat, reddidit ei Penevesel et Nor-

VARIÆ LECTIONES.

[598] Cum reppereramus *desunt* 8^b. 8^h. [599] Et Symon — *ejus in* E. *postea additum, sed manu eadem. Extat quoque in* 8^b. 8^d. 8^u; *deest* 7^b. [600] r. e. erasum *deest* 8^d. 8^h. [601] duxit filiam — puelle *in* E. *postea additum, sed manu eadem. Adest quoque in* 8^b. 8^h. *at* Fredericus — puelle *deest* 7^b. [602] puellarum *in* E. *erasum, deest* 8^d. 8^h. *adest* 7^b.

NOTÆ

(625) Macon. Sed errat Robertus; Beatrix enim filia fuit Rainaldi III comitis Burgundiæ [...] Guillelmi.

(626) A. 1156, Robertus enim annum [...]

with et quicquid tenebat de corona sua, et omnes munitiones proprias tam in Normannia, quam in Anglia ; et rex fecit eum habere quicquid Stephanus pater ejus habuit in anno et die, quo rex Henricus avus ejus fuit vivus et mortuus. Hugo Bigotus castella sua regi reddidit. Mortuo Ludovico primo abbate Sancti Georgii Baucherii ville (627), successit ei Victor, monachus Sancti Victoris. Rogerius Aquila, vir religiosus ac timens Deum, monachus Cluniacensis, factus est abbas Sancti Audoeni Rothomagensis, Freherio se demittente propter infirmitatem [603]. Terricus comes Flandrensis et uxor ejus, amita Henrici regis Anglorum, perrexerunt Jerusalem, et dimiserunt Philippum filium suum et totam terram suam in manu Henrici regis Anglorum. Circa festivitatem sancti Johannis baptiste rex Henricus preparavit maximam expedicionem, ita ut duo milites de tota Anglia tercium pararent, ad opprimendum Gualenses terra et mari [604]. Algareni civitatem Almariam in Hispania super christianos, quam amiserant, obsidione cum nonnullis castellis iterum ceperunt, fugato Anforsio imperatore Hispaniarum. Mors ipsius imperatoris subsecuta est pre dolore et pudore ejusdem fuge, et discordia inter filios suos facta est. Deposito Rotberto abbate Cluniacensi et mortuo et sociis suis in reditu a Roma, Hugo prior Claustrensis factus est abbas Cluniacensis [605].

Ruptis indutiis, que erant inter Balduinum regem Jerusalem et Lodari filium Sanguin, regem Halapric, propter predam Sarracenorum, quam rex Balduinus inconsulte ceperat, pagani obsederunt civitatem Abilinam, que antiquitus dicta fuit Cesarea Philippi, et omnes vicos destruxerunt preter principalem munitionem. Sed tamdem adventu vivifice crucis et exercitu christianorum, recedentibus paganis ad tempus, iterum venerunt, et regem Balduinum, qui jam copias sui exercitus dimiserat, nichil minus quam insidias sperantem, inparatum invenerunt ; et trucidatis multis ex militibus templi, qui

A soli cum eo remanserant, idem rex vix cogi potuit ut recederet. Hunc casum christianorum terremotus subsecutus est ; maxime in transmarinis partibus. Stolus etiam amiralii Babilonie per mensem unum obsedit Acaron, cum anno preterito et de Babilone et de Damasco rex Jerusalem habuisset tributum. Amalricus comes Joppe, frater regis Balduini, duxit filiam Goscelini de Torvaissel, qui quondam fuerat, antequam eam Agareni cepissent, comes Rages, quam moderni nunc Rohais vocant. Henricus rex Anglie, subjectis ad libitum Walensibus, et restitutis terris et munitionibus baronibus suis, quas tempore Stephani regis Walenses super eos ceperant, extirpatis nemoribus et viis patefactis, castrum Rovelent firmavit, et dedit illud Hugoni de Bellocampo ; B et aliud castrum, scilicet Hasingewerche fecit, et inter duo hec castra unam domum militibus templi. Mense Septembri natus est Henrico regi Anglorum filius, et vocatus est Richardus [606].

1158.   *Fredericus* 7.   *Ludovicus* 21.
Henricus 4.

Fredericus imperator Alemannorum, post pascha (628) transiens Alpes, obsedit urbem nobilissimam Mediolanensem, et post longam obsidionem reddita urbe et obsidibus datis (*Sept.* 8), processit ulterius ad oppressionem, si posset, Willermi regis Sicilie. Mortuo Senche rege Hispaniarum, successit ei filius suus, natus ex filia Garsie regis Navarorum. Moritur etiam Gaufridus archiepiscopus Burdegalensis, vir religiosus et verbi Dei seminator egregius. Decessit nichilominus Tetbaldus episcopus Parisiacensis. In festivitate sancti Johannis baptiste Henricus rex Anglorum militaribus armis accinxit apud Carluid Villermum filium regis Stephani, comitem Moritonii et de Warenna, quem comitatum habet propter filiam Willermi comitis de Warenna, quam duxerat. Qui Willermus mortuus fuerat in expeditione Jerosolimitana [607]. (*Jul.* 26) Mortuo Gaufrido comite Nannetensi, fratre Henrici regis Anglie, mense Julio, Henricus rex mense Augusto transfretavit in

VARIÆ LECTIONES.

[603] mortuo — infirm. desunt 8b. 8h.   [604] Abhinc in E. manus alia, et atramentum mutatur.   [605] Deposito — Clun. desunt 8b. at non 8b.   [606] desinunt codd. 3a. 5b.   [607] Post hæc 8b. addit : Anno ab incarnatione Domini 1157. 15. Kal. Julii, processit conventus cum abbate suo Richardo de Blosevilla a Mortuo mari, missus a donno Stephano, tunc abbate Mortui maris, et venit in hunc locum qui dicitur Botum, situm in territorio Rothomagensi. Multis namque precibus Matildis imperatrix, filia Magni Henrici regis Anglie et mater illustris Henrici regis Anglie, a predicto Stephano abbate Mortui maris obtinuit, ut conventus inde mitteretur ad construendam abbatiam Cisterciensis ordinis, ad laudem et honorem Dei et beate Marie omniumque sanctorum. — *Quæ autem apud Robertum sequuntur sub hoc anno, ea* 8g. *ita ampliavit, teste Bouquet* : Anno 1158 Gaufridus filius secundus imperatricis, frater regis Anglorum et comes Britonum, universe carnis ingressus est viam 7. Kal. Augusti ; qui in eadem urbe Nannetensium, cujus comes exstiterat, cum magno honore sepultus est. Henricus rex Anglorum, Wallia sibi subjugata et omni facta tributaria, vigilia assumptionis sanctæ Mariæ transfretavit in Normanniam. Qui citius veniens Rotomagum, accepit collocutionem a rege Francorum, videlicet 5. feria, 2. Kal. Septembris inter Gisors et Novum mercatum, et cum prælatis sanctæ ecclesiæ et baronibus utriusque provinciæ. Justitia igitur de celo prospiciente, rex Francorum Ludovicus coram predictis personis filiam suam ex sensum suo muliere primogenitam, nomine Constantiam, dimidium annum aliquantulum excedentem, dedit Henrico secundo filio regis Anglorum. tres fere annos habenti, cum toto Veugesim et munitionibus ejusdem, quod antiquitus oim fuerat regis Anglorum. Cujus tamen terræ et omnium munitionum rex Francorum retinuit custodiam usque ad nubiles annos puellæ, hac tamen divisione, ut si filius regis Anglorum moriatur ante maritalem ipsius puellæ copulationem, secundus vel tertius vel ceteri ducerent eam uxorem, sub dotis nomine a rege Anglorum recipientes in Anglia civitatem Lincolnien-

NOTÆ.

(627) St.-Georges de Boscherville prope Rothomagum.

(628) D. 14 Junii fuit adhuc Augustæ.

ROMANORUM. FRANCORUM. ANGLORUM. Normanniam, et locutus cum rege Francorum Ludovico super Ettam fluvium de pace et de matrimonio contrahendo inter filium suum Henricum et filiam regis Francorum Margaritam, et prestitis hinc inde sacramentis, rex Anglie venit Argentomagum, et in festo nativitatis beate Marie ibidem jussit submoveri exercitum totius Normannie, ut essent apud Abrincas in festivitate sancti Michaelis, ituri super Conanum ducem Britannie, nisi redderet regi civitatem Nanneticam, quam invaserat. Exinde rex evocatus a rege Francorum, cum paucis venit Parisius, et inestimabili honore a rege Ludovico et a Constantia regina et a proceribus regni exceptus est, gaudentibus Francis et de pace duorum regum et de adventu tanti hospitis tripudiantibus. Ipse autem magnifice et dapsiliter se agens circa omnes, et maxime circa ecclesias et pauperes Christi; nusquam in aliqua ecclesia cum processione voluit suscipi, licet a rege Francorum, immo pene ab omnibus, et precibus et obsecrationibus ut id ageret urgeretur. Inde rediens filiam regis Francie secum adduxit, et eam ad custodiendum et nutriendum Roberto de Novo Burgo fideli suo tradidit.

Mense Septembri 9 Kalend. Octobris, natus est filius Henrico regi Anglorum, et vocatus est Gaufredus. In festivitate sancti Michaelis venit Conanus comes Redonensis et sui Britanni cum eo Abrincas, et reddidit regi urbem Nannetis cum toto comitatu Medie, valente, ut fertur, 60 milia solidorum Andegavensis monete. Inde venit rex ad Montem sancti Michaelis, et audita missa ad majus altare, comedit in refectorio monachorum cum baronibus suis. Quod ut faceret, vix abbas Robertus multis precibus extorsit ab eo. Postea in nova camera abbatis [608] concessit ecclesias Pontis Ursonis Sancto Michaeli et abbati et monachis ejusdem loci, presente Roberto abbate et Ranulfo priore et Manerio monacho et Gervasio clerico Thome cancellarii et Adam scriba Roberti abbatis. Ipsa die perrexit ad Pontem Ursonis, et divisit ibi ministris suis et ordinavit, quomodo castrum illud reedificaretur. Inde discedens cum manu armata perrexit ad suscipiendum urbem Nannetis. Qua accepta et disposita ad libitum, paucis interpositis diebus, cum innumerabili exercitu 3 feria obsedit castrum Toarci, et 6 feria ejusdem septimane cepit. Post aliquantulum temporis perrexit obviam Ludovico regi Francorum, venienti gratia orationis ad Montem sancti Michaelis de periculo maris. Quem, ex quo intravit in ducatum Normannie, deduxit et suis impensis decentissime procuravit. Robertus de Sancto Pancratio, monachus Sancti Michaelis de Monte, factus est abbas Cerneliensis [609]. In festivitate vero beati Clementis die dominica venerunt uterque rex ad Montem beati archangeli, et cum magno tripudio tam clerici quam populi, itum est regi Francorum obviam. In ipsa autem processione, excepto conventu monachorum et clericorum et plebe innumera, fuerunt duo summi pontifices, unus archiepiscopus et alter episcopus, et quinque abbates. Audita missa redierunt Abrincas, deducente illum rege, et innumeris regiis muneribus tam illum quam suos usque ad fines sui ducatus prosequente.

Mense Decembri concordati sunt rex Henricus et comes Blesensis Theobaldus cognatus ejus hoc modo. Comes Theobaldus reddidit regi duo castra; Ambazium et Fractam vallem ; et Rotrodus comes Moritonie, sororius ejus — siquidem unam sororum ejus Odo dux Burgundie, aliam predictus comes Rodrocus, qui usitatius dicitur comes Perticensis, tertiam Willermus Goiet — hic inquam Rodrocus reddidit Henrico regi duo castra, Molinas et Bonum Molinum, que erant dominia ducis Normannie. Sed post mortem regis Henrici Rotrocus [610] comes, pater hujus Rotroci, occupaverat ea. Rex autem Henricus con-

VARIÆ LECTIONES.

sem et mille libras, et fiscum 500 militum; in Normannia civitatem Abrincatensem et duo castella et mille libras, et fiscum 200 militum. Cujus pactionis fidejussores exstiterunt episcopi utriusque partis. Mense Septembri Henricus rex Anglorum perrexit Parisius, ut filiam regis, quam suo filio acceperat, adduceret in Normanniam. Cui cum rex Francorum Ludovicus cum magno honore et comitatu veniret in obviam, in aula Parisiensi regia, ut tanto regi oportuit apparata, cum magno omnium tripudio eum suscepit. Qui cum die illa sero admirabili omnibus dilectione et dilectionis alternatione simul comedissent, rex Francorum in crastino eum cum filia sua usque Medantam conduxit, in adventu regis Anglorum et recessu omnibus necessariis ab eodem rege Francorum largiter attributis. Eodem mense natus est filius quartus regi Anglorum in Anglia, nomine Gaufridus. Henricus rex Anglorum eodem mense cum magno militum exercitu invadit Britones; qui adventu ejus non modice attoniti, reddentes ei civitatem Nannetensium eorum cum filio præcipuam, cujus frater ejusdem regis comes exstiterat, omnes ejus dominio se subdiderunt. Incepto igitur castello Ursiponte, a Sancto Michaele duobus distante miliaribus, rex Henricus cum magno exercitu obsedit Thoars, castellum inexpugnabile in confinio Pictavorum et Andegavorum. Cui in triduo capto castello usque ad turrim, et turris reddita est, comite ejusdem expulso. Mense Novembri, cum rex Francorum ad orationes sancti Michaelis de periculo maris proficisceretur, rex Anglorum obvians ei, cum maximo honore recepit eum apud Paccium, apud Ebroicas et Novum Burgum, ut videret filiam suam, quæ ibi acceperat, adduceret. Deinde apud Beccum solemni processione ambo reges suscepti sunt, in qua fuerunt tres episcopi et aliæ plures personæ; ibique illa nocte quieverunt, rex Franciæ in aula majori, et rex Angliæ in alia. Hoc enim decreverat rex Angliæ, ut semper rex Francorum decentiori hospitio quiesceret. Hoc in loco dixit rex Francorum, neminem se posse tantum diligere, quantum regem Anglorum. Mirabile dictu! Quis unquam audivit, reges Anglorum et Francorum tanta dilectione copulari? Inde cum discederent, rex Anglorum fecit societatem regi Francorum per civitates suas et castella usque Sanctum Michaelem, et per Rotomagum usque Franciam, inveniens ei in omni itinere affluenter necessaria. Eodem mense, obtentu regis Francorum, filii comitis Theobaldi fecerunt pacem regi Anglorum; nam antea inimici fuerant ad invicem. [608] comedit — abbatis desunt 8b. 8b. [609] Rob. — Cern. desunt 8b. 8b. [610] rotocus E.

cessit eidem Rotroco Bellismum castrum, et ille fecit regi propter hoc hommagium. Eodem anno Robertus abbas Sancti Michaelis, meliorans auro et argento quedam antiquata in capsa sancti Auberti episcopi, invenit in ea ossa ipsius sancti, excepto capite, quod per se reservatur in eadem ecclesia in vase argenteo. Invenit etiam cum eodem corpore litteras testificantes id ipsum, et quandam tabulam viridi marmoris [611]. Repositum est iterum corpus beati confessoris et episcopi Auberti in eadem capsa in tribus ligaturis, et marmor, et vetus breve cum novo, in quo indicatur, sub quo anno dominice incarnationis et a quo abbate repositum fuit tunc idem corpus. Eodem anno inventa sunt corpora trium magorum, qui Salvatorem nostrum infantem adoraverunt in Bethleem, in quadam veteri capella juxta urbem Mediolanum, et pro timore Frederici imperatoris Alemannorum, qui eandem urbem obsidere veniebat, levata et in civitate posita. Balduinus rex Jerosolimitanus cepit super paganos Cesaream magnam Palestine, haut procul sitam ab Antiochia. Cepit etiam castrum Harenc, quod commendavit Rainaldo de Sancto Valerico.

1159. *Fredericus* 8. *Ludovicus* 22.
Henricus 5.

Rex [612] Henricus egit solemnitatem natalis Domini cum regina Alienor apud Cesaris Burgum (629), que paulo ante transfretaverat in Normanniam. Henri-

VARIÆ LECTIONES.

[611] *Hic in E. duæ lineæ erasæ.* Eodem anno — *corpus desunt* 8b. 8d. 8h. [612] *Hunc annum ita exhibet* 8g. *teste Bouquet :* Anno 1159, rex Anglorum Henricus in natali Domini tenuit curiam suam apud Cheresburg, ut tantum regem decebat, cum magno videlicet principum comitatu. Circa octavas epiphaniæ Thebaldus episcopus Parisiensis, olim prior Sancti Martini de Campis, jura mortis pius pater exsolvit, et cessavit episcopatus aliquantulum. Deposito abbate Sancti Ebrulfi, præficitur abbas ejusdem loci Robertus de Blanzeio, monachus Beccensis, prima hebdomada septuagesimæ. Henricus rex Anglorum, intrante quadragesima, cum optimatibus suis perrexit usque Pictavorum urbem, accepturus consilium, ut Tolosæ civitatis sibi subderet dominium, quam Pictaviensium duces jure hereditatis antea possederant. Sed quia comes sancti Egidii, qui sororem regis Francorum Constantiam duxerat et tres pueros ex ea susceperat, in munitionibus Tolosæ civitatis, quæ multæ sunt, confidens, et regis Francorum auxilio fretus, obtemperare noluit : apud civitatem Turonorum ab utroque rege super hoc celebrato concilio, non congruente utriusque voluntati, Henricus rex Anglorum exercitum Angliæ et Normanniæ, Cinomanensium et Andegavorum, Aquitanorum, Wasconiæ et Britonum, ad festivitatem sancti Johannis baptistæ apud Pictavorum urbem congregari præcepit; de omnibus episcopatibus et abbatiis prædictarum provinciarum infinitam accipiens pecuniam, ut videlicet tantum exercitum circa urbem predictam regere posset usque festum omnium sanctorum. Pridie Nonas Maii combusta est civitas Rotomagensis. Rex Anglorum Henricus cum magno exercitu optimatum suorum fuit ad festum ascensionis Domini et ad solemnem processionem et missam apud Beccum, et cum per tres dies ibi moraretur, recessit Rotomagum. 8. Idus Junii, 7. et 6, inter regem Francorum et regem Anglorum, et episcopos et barones utriusque partis, fit collocutio apud Hilliricort, de conventionibus videlicet, quas inter se super matrimonio sobolis suæ antea habuerant, et de exercitu regis Anglorum Tolosam ituro. Ubi ad concordiam non venerunt, quia rex Francorum nolebat concedere, ut Tolosam acciperet, propter sororem suam et nepotes. Quoddam genus latronum, retroactis temporibus inauditum, infestat Angliam sub habitu religionis; gerentes enim se ut monachi, viatoribus, dum in anfractibus viarum et nemorum sunt, deveniunt, suisque facto sono sociis, eos interimunt, denarios eorum et spolia diripientes. Malcolmus rex Scotiæ cum 45 navibus 17. Kal. Julii transfretavit in Normanniam; qui dum usque Pictavorum urbem, ubi regis Anglorum exercitus congregabatur, deveniret, ab eodem rege honorifice susceptus est. Rex Anglorum Henricus post festum S. Johannis Baptistæ exercitum suum promovit a Pictavorum urbe, usque dum propinquarent Tolosæ civitati; cujus exercitus magnitudinem, divitias et feritatem non est nostræ parvitatis evolvere. Magister Petrus Longobardus, vir magnæ scientiæ et super Parisiensium doctores admirabilis, electus est Parisiensis episcopus, et sacratus circa festum apostolorum Petri et Pauli. Circa easdem octavas Ludovicus rex Francorum cum rege Anglorum colloquium habuit, de obtinenda videlicet pace cum comite Sancti Egidii, prope Tolosam. Sed cum nihil pacis obtentum fuisset, orta inter eos simultate et tantæ retrohabitæ pacis discordia, malo totius patriæ ab alterutro divisi sunt. Rex igitur Francorum intravit Tolosam, sibi et nepotibus suis concessam; fuitque ibi assidue cum ejusdem comite, quamdiu rex Anglorum mansit in provincia. Rex autem Anglorum, suorum principum usus consilio, noluit regem obsidere; sed castella circumposita obsidens, in brevi obtinuit, et universam provinciam miserabiliter vastavit, et cepit Montem regalem et civitatem Cahors cum subjacenti provincia. In qua provincia post recessum suum multitudinem magnam armatorum dimisit, ad custodiendam eam et castra castella quæ ceperat, quorum dux cancellarius regis fuit. Audita igitur utriusque regis discordia, Franci et Normanni miserabiliter compugnarunt in confinio Franciæ et Normanniæ. Tunc comes Theobaldus, qui erat in adjutorium regis Anglorum, fecit ei hominium, et jussu regis repedavit in Franciam, ad augmentum doloris Francorum. Kalendis Augusti Robertus de Novo Burgo, vicedominus incedens de tota Normannia, vir magnæ prudentiæ et bonitatis, multatus infirmitate, factus est monachus Beccensis ecclesiæ, sua omnia propria, quæ magna fuerant, prius pauperibus largiter distribuens.... 5. Kal. Sept. obiit Robertus de Novo Burgo, qui 5 fere hebdomadibus monachus existens Beccensis, suæ abstinentiæ admirandæ, religionis et virtutum omnium in brevi, Dei virtute, ditatus auspitio, omnibus ecclesiæ majoribus bene vivendi reliquit exemplum, cum antea dives, nunc quidem pauperrimus factus est christianorum. Kalendis Septembris Adrianus papa universe carnis ingressus est viam; cui successit Rollandus cancellarius Romanæ ecclesiæ, qui et Alexander dicitur, dum quidam de clero Octavianum cardinalem presbyterum elegissent, qui et Victor dicitur..... Circa festum S. Michaelis rex Anglorum, suorum principum usus consilio, cum exercitu suo ad propria repedans, Estrepencium juxta Gisorz obfirmavit, quod rex Franciæ antea diruerat. Recedente, ut dictum est, rege Anglorum a prædicta provincia, continuo rex Francorum repediatus ad propria, de ecclesiis et de terra sua multam accepit pecuniam. Omnes interea ecclesiæ utriusque patriæ enixius fundebant preces ad Dominum, ut ambos reges ad pristinam pacem reduceret. Audiens igitur rex Francorum, regem Anglorum supradictum castellum obfirmasse, ti-

NOTÆ.

(629) Cherbourg.

ROMANORUM. FRANCORUM. ANGLORUM. cus rex Anglorum, et Raimundus comes Barcinonensis, apud castrum Blaviam (630) amicicie fedus datis sacramentis hoc pacto inierunt, quod Ricardus filius regis filiam comitis tempore oportuno esset ducturus, et rex ducatum Aquitanie illis exactis nuptiis concessurus. Siquidem hic Raimundus est (631) vir prepotens et dives, utpote qui regnum Arragonum habeat ex hereditate conjugis sue, ex paterna autem hereditate comitatum civitatis Barcinone. Ut enim aliquantulum ad transacta redeamus: Santio rex Arragonum genuit tres filios, qui sibi vicissim successerunt, Santionem, Anfortium, Remelium. Duobus vero primogenitis sibi invicem succedentibus et absque filiis decedentibus, ne regnum illud ab extraneis occuparetur, Remelium monachum etiam jam senem, licentia Romani pontificis a monasterio abstractum regem fecerunt; et ut heredem haberet, Mathildem matrem Willermi vicecomitis Toarci illi associaverunt, ex qua genuit unam filiam, quam Raimundus predictus comes duxit; de qua nata est ista puella, quam filio regis diximus copulandam, et filius ejus primogenitus Arragonum rex futurus. Siquidem ipse comes, quamvis haberet regnum Arragonum, et posset rex fieri si vellet, omnino recusavit, regnum reservans filio suo, quod accidebat ei ex materna genealogia. Hoc etiam anno, sicut et precedenti, Fredericus imperator Alemanorum urbem Mediolanensem obsidet, quia rebellaverant adversus eum idem Mediolanenses. Papie et Placentie turres dejecit, et fere omnem Lungobardiam ad libitum sibi subjecit.

Mediante autem quadragesima rex fecit summoveri exercitum totius Normannie, Anglie, Aquitanie, et ceterarum provinciarum, que sibi subdite sunt, quia Raimundus comes Sancti Egidii nollet ei reddere civitatem Tolose, quam rex requirebat sicut hereditatem uxoris sue Alienor regine. Siquidem Robertus comes Moritonii, uterinus frater Willermi regis, qui regnum Anglie subjugavit, habuit unum filium Guillermum, qui ei successit, et apud Tenechebrai a rege Anglorum primo Henrico in bello captus est: et tres filias, quarum unam duxit Andreas de Vitreio, aliam Guido de Laval, terciam comes Tolosanus (632), frater Raimundi comitis Sancti Egidii, qui in expeditione Ierosolimitana viriliter se habuit. Genuit autem ex ea comes Tolosanus unam solummodo filiam, quam Guillermus comes Pictavensis et dux Aquitanorum, mortuo patre predicte puelle, cum hereditate propria, scilicet urbe Tolosa et comitatu Tolosano, duxit uxorem; ex qua genuit idem Guillermus filium Guillermum nomine, qui ei successit, qui pater fuit Alienor regine Anglorum. Si quis autem requirit, quomodo postea comes Sancti Egidii habuit civitatem Tolosam, noverit, quod predictus Willermus comes Pictavensis invadiavit eandem civitatem Raimundo comiti Sancti Egidii, patruo uxoris sue, propter pecuniam, quam idem Guillermus in expeditione Jerosolimitana expendit (633); unde idem Raimundus in libro ejusdem expeditionis nunc comes Sancti Egidii, nunc comes Tolosanus vocatur. Quo mortuo habuit eandem urbem Anforsius filius ejus, qui apud Jerusalem mortuus est eodem tempore, quo Ludovicus rex Francorum gratia orationis illuc perrexerat. Similiter etiam Raimundus filius ejus, qui ei successit, qui habuit in conjugio Constantiam, sororem Ludovici predicti regis Francorum, relictam scilicet Eustachii comitis, filii Stephani regis Anglorum. Rex igitur Henricus iturus in expeditionem predictam, et considerans longitudinem et difficultatem vie, nolens vexare agrarios milites, nec burgensium nec rusticorum multitudinem, sumptis 60 solidis Andegavensibus in Normannia de feudo uniuscujusque lorice, et de reliquis omnibus tam in Normannia quam in Anglia sive etiam aliis terris suis, secundum hoc quod ei visum fuit, capitales barones suos cum paucis secum duxit, solidarios vero milites innumeros. Ad illam vero expeditionem cum reliquis transmarinis venit Macomus rex Scotie, et a rege Henrico cingulo militie ibidem accinctus est. Duravit autem expeditio illa fere per tres menses. Et quamvis rex Henricus cepisset urbem Cadurci, et major pars ducatus Tolosani sibi esset subdita vi vel timore, urbem tamen Tolosam noluit obsidere, deferens Ludovico regi Francorum, qui eandem urbem contra regem Henricum Anglie muniverat, et die ac nocte volens ferre auxilium Raimundo sororio suo custodiebat; unde graves inimicitie inter ipsum et regem Anglorum orte sunt, cum videret sibi regem Francie nocere, de cujus auxilio plurimum confidebat. Remisit itaque rex Henricus comitem Teobaldum, qui ei favebat, ut inquietaret regnum Francie. Sed Henricus episcopus Belvacensis, et comes Robertus dominus Dorcasini castri, fratres regis Francorum, ei restiterunt,

VARIÆ LECTIONES.

mens de suis, cum suo exercitu illuc usque properavit. Interea malis in terra multiplicatis, circa festum S. Martini comes Ebroicensis omnia castella sua quæ erant in Francia, regi Anglorum tradidit, in quibus rex custodes suos posuit, sicut Simon de Aneto fecit. Silvester abbas Castellionis tunc temporis migravit a seculo, et successit ei Gillebertus Ebroicensis monachus. Adventu interim Domini propinquante, obtenta magnorum virorum patriæ, ambo reges inducias acceperunt usque ad octavas pentecostes. Dominica ante natale Domini, Frogerius, archidiaconus et elemosynarius regis Anglorum, ordinatus est episcopus Sagiensis. Hoc anno, inundatione pluviarum, quæ a festo S. Joannis baptistæ usque ad festum S. Michaelis, pene assidua facta est, Sequana et aliæ aquæ alveos ultra modum excedentes, magnum damnum genti circumpositæ intulerunt.

NOTÆ.

(630) Blaye, ad Garumnam.
(631) Hoc scriptum esse oportet vivente Raimundo, quem noster infra a. 1162 mortuum dicit.
(632) Guillelmus.

(633) Falsum; Raimundus enim jam quinquennio inter crucesignatos peregrinabatur, cum Guillelmus a. 1101 in Palæstinam profectus est. BOUQ.

—ROMANORUM. FRANCORUM. ANGLORUM. et in margine ducatus Normannie aliquos flamma et rapina vexaverunt, Normannis sibi talionem reddentibus. Robertus de Blangeio, monachus Becci, factus est abbas Sancti Ebrulfi [613].

Mense Julio Robertus de Novo Burgo, dapifer et justicia totius Normannie, adversa valetudine tactus, gibbum cameli deposuit, videlicet innumeras divitias ecclesiis et monasteriis et pauperibus dividens; et ad ultimum in monasterio Becci, quod pre omnibus diligebat, habitum monachi sumens, per unum mensem ibi penitentiam fructuosam egit; et 5 Kalendis Septembris hominem exiit, sepultus in capitulo Becci, quod ipse propriis sumptibus mirifice edificaverat. Mortuo venerabili Milone episcopo Tarwennensi, electus est Milo archidiachonus ejusdem ecclesie, canonicus regularis, sicut decessor ejus fuerat. Quem cum Samson archiepiscopus Remensis vellet sacrare, clerici civitatis Bolonie, qui diu sub episcopo Tarwennensi fuerant, volentes amodo suum proprium episcopum habere, sicut antiquitus habuerant, prohibuerunt archiepiscopum sub appellatione apostolica, ne cum sacraret nisi tantummodo ad titulum Tarvennensis ecclesie. Quod predictus electus refutans, insacratus contra illos clericos Romam perrexit, et ibi sacratus est. Magister Bernardus Brito, cancellarius ecclesie Carnotensis, factus est episcopus Cornubie in minori Britannia. Magister etiam Petrus Lonbardus Parisiensem episcopatum adeptus est, conivente Philippo ejusdem ecclesie decano, fratre regis Francorum; qui, ut dicunt, electionem suam concessit eidem Petro.

Kalendis Septembris mortuo Adriano pontifice, electi sunt duo et consecrati, Rollandus cancellarius presbiter cardinalis tituli Sancti Marci, vir religiosus, vocatus Alexander III, papa videlicet 174us, et Octavianus presbiter cardinalis tituli Sancte Marie in Cosmidum, dictus Victor III; hic per potentatum et parentes suos nobiles papatum invasit. Fregerius regis elemosinarius factus est episcopus Sagiensis. Galterius episcopus Cestrensis obiit. Obiit etiam Robertus episcopus Exoniensis [614], vir religiosus et timens Deum. Terricus comes Flandrensis rediit de Jerusalem, et uxor ejus Mahiria (654) remansit cum abbatissa Sancti Lazari de Bethania, invito conjuge suo. Mense Octobris Henricus rex Anglorum, munita civitate Cadurcorum et commendata Thome cancellario suo, et dispositis custodibus et auxiliariis in locis oportunis, confidens de auxilio Raimundi Berengarii comitis Barcinone, et Trecheuel comitis Neumausi, et Willermi de Montepessulano, et aliorum suorum fidelium, rediit in Normanniam. Inde perrexit cum valida manu in pagum Belvacensem, et destruxit munitissimum castellum Guerberrei, excepta quadam firmitate, quam ne caperent, hominibus regiis ignis et fumus prohibuit. Villas multas combussit et destruxit. Simon comes Ebroicensis tradidit Henrico regi Anglorum firmitates suas, quas habebat in Francia, scilicet Rupem fortem, Montem fortem, Esparlonem et reliquas. Quod magno detrimento fuit regi Francorum, cum non posset libere procedere de Parisius Aurelianis vel Stampis, propter Normannos quos rex Henricus posuerat in castris comitis Ebroicensis. Hac de causa trevie capte fuerunt inter duos reges, a mense Decembri usque ad octavas pentecostes. In reditu expeditionis Tolose mense Octobris obiit Guillermus comes Moritonii; decessit autem absque liberis, et retinuit Henricus rex comitatum in manu sua.

1160. *Fredericus* 9. *Ludovicus* 23. *Henricus* 6.

Rex Henricus egit nativitatem Domini cum regina Alienor apud Falesiam; exinde eadem regina transfretavit in Angliam. Kalendis Januarii terremotus accidit in pago Constantino, castro Sancti Laudi (655), circa horam primam. Hardoinus decanus Cenomanensis factus est archiepiscopus Burdegalensis, cum decessor ejus vix anno et dimidio vixisset. Mathilde imperatrice adversa valetudine percussa, dapsiliter, preeunte consilio filii sui Henrici regis Anglorum, divitias suas ecclesiis, monasteriis et pauperibus distribuit; monasterium Beccense, sicut et in alia infirmitate sua fecerat, ceteris preponens. Ecclesia Bajocensi igne combusta, Philippus episcopus in ejus restauratione iterum viriliter laborat. Maio mense pax facta est inter reges Henricum Anglie et Ludovicum Francie, revolutis prioribus pactis et confirmatis et pacificatis, qui partes utrorumque adjuverunt. Matheus filius comitis Flandrie inaudito exemplo duxit abbatissam Rummesie (656), que fuerat filia Stephani regis, et cepit cum ea comitatum Boloniensem. Mense Julio Henricus rex Anglorum congregavit omnes episcopos Normannie et abbates et barones apud Novum Mercatum; et Ludovicus rex Francorum adunavit suos Belvaci. Ibi tractatum est de receptione pape Alexandri et refutatione Victoris : et consenserunt Alexandro, reprobato Victore. Mense Septenbri obiit Herbertus episcopus Abrincensis, et sepultus est in ecclesia beate Marie Becci, sicut predecessor ejus Ricardus de Bellofago. Predicto mense regina Anglie Alienor transfretavit in Normanniam jussu regis, adducens secum Henricum filium suum et filiam Mathildem. (*Oct.* 16.) Mortuus est Philippus frater Ludovici regis Francorum, decanus Sancti Martini Turonensis [615]. Mortua est Constantia regina Francie labore partus, superstite filia, cujus causa mors sibi acciderat.

VARIÆ LECTIONES.

[613] Rob. — Ebrulfi *desunt* 8b. 8b.   [614] *hic desinit* 4. *in verbis :* Obsoniensis episcopus ei successit, *in summa pagina.*   [615] *Post hæc in* E. *linea erasa.*

NOTÆ.

(654) Sibylla.   (655) St.-Lô...   (656) Mariam.

ROMANORUM. FRANCORUM. ANGLORUM.

Mense Octobri rex Anglie et rex Francorum collocuti, pactum pacis mutue confirmaverunt; et Henricus filius Henrici regis Anglorum fecit homagium regi Francorum de ducatu Normannie, qui est de regno Francie. Paucis interpositis diebus, Ludovicus rex Francorum duxit filiam comitis Theobaldi senioris. Nec mora Henrico filio Henrici regis Anglie desponsata est apud Novum Burgum Margarita filia Ludovici regis Francorum: et Henricus rex Anglie cepit tria castella munitissima, scilicet Gisorz, Neafliam, Novum Castellum, sita super flumen Epte, in confinio Normannie et Francie; quia pepigerant inter se ipse et rex Francorum, quatinus inito matrimonio filiorum suorum rex Henricus haberet illas munitiones, que ad ducatum Normannie pertinent. Quo audito rex Francie graviter tulit ipse, et sororii sui, scilicet Henricus, Teobaldus, Stephanus. Exinde hi tres comites coadunatis viribus suis ceperunt firmare munitionem Calvi Montis, que erat de feudo castri Blesensis, ut exinde pagum Turonicum infestarent. Rex vero Henricus, quia illud castrum erat de casamento Hugonis filii Sulpicii de Ambazia, quod tenebat de comite Teobaldo — caput autem sui honoris, scilicet Ambaziam, tenebat de rege Henrico — rex inquam Henricus percepto exinde nuncio, non expectatis sotiis suis, illuc properavit, volens impedire opus illius castri, per quod licentius, si perfectum esset, discurrerent per terram suam. Audito autem adventu regis Anglie comes Tebaldus discessit a Calvo Monte, munita firmitate et custodibus dispositis. Rex vero Henricus obsedit predictum castrum, et ilico cepit, in quo erant triginta quinque milites et quater viginti servientes, et reddidit eandem munitionem Hugoni de Ambazia, qui aversabatur pro posse suo comiti Tedbaldo, quia in carcere predicti comitis Sulpicius, ipsius Hugonis pater, nequiter extinctus fuerat. Exinde rex Henricus munitis turribus Ambazie et Fracte Vallis, et dispositis custodibus, egit festum natalis Domini cum Alienor regina Cenomannis [616].

1161. *Fredericus* 10. *Ludovicus* 24. *Henricus* 7.

Henricus rex munitiones comitis Mellenti et aliorum baronum suorum in Normannia in manu sua cepit et fidelibus suis commendavit. In margine etiam ducatus Normannie fere omnia sua castella, et maxime Gisorz, melioravit vel renovavit, parcum et mansionem regiam fecit circa fustes plantatos apud Chivilleium, juxta Rothomagum. Domum leprosorum juxta Cadumum mirabilem edificavit. Aulam et cameras ante turrem Rothomagensem nichilominus renovavit. Et non solum in Normannia, sed etiam in regno Anglie, ducatu Aquitanie, A comitatu Andegavie, Cenomanie, Turonensi, castella, mansiones regias, vel nova edificavit, vel vetera emendavit. Castellum etiam in villa, que dicitur Amandivilla, super Vire fluvium edificavit. Achardus abbas Sancti Victoris Parisiensis factus est episcopus Abrincensis. Willermus Anglicus prior Sancti Martini de Campis, fuit abbas ecclesie Ramesensis in Anglia [617]. In capite jejunii apud Cenomannos Hugo archiepiscopus Dolensis cecitate debilitatus, presentibus Henrico rege Anglorum et duobus legatis Romane ecclesie, Henrico de Pisis et Guillermo de Papia, reddidit archiepiscopatum, quem fere per sex annos tenuerat, et in cujus reparatione plurimum laboraverat. In ejus loco ibidem electus fuit Rogerius de Humez, archidiaconus Bajocensis. Bartholomeus archidiaconus Exoniensis factus est episcopus Exonie. Richardus Peccatum archidiaconus Cestrensis fit episcopus ejusdem ecclesie. Teobaldus archiepiscopus Cantuarie 2 feria pasche obiit. Post pascha rex Anglorum Henricus et Ludovicus Francorum, primo in Vilcasino, postea in Dunensi pago (657), instigante eos ad discordiam comite Teobaldo, congregatis exercitibus suis alterutrum terras suas defendendo, fere in comminus venerunt. Inde datis induciis post festum sancti Johannis, Henricus rex Anglorum perrexit in Aquitaniam, et inter alia que strenue gessit, Castellionem supra urbem Agennum (658), castrum scilicet natura et artificio munitum, obsedit, et infra unam septimanam in festivitate sancti Laurentii admirantibus et perterritis Wasconibus cepit. Regina Alienor apud Donnumfrontem filiam peperit, quam Henricus presbiter cardinalis et legatus Romane ecclesie baptizavit, et Achardus episcopus Abrincensis, et Robertus abbas Sancti Michaelis de periculo maris, cum aliis multis, de fonte susceperunt; et vocata est Alienor de nomine matris sue. Mauricius archidiaconus Parisiensis fit ejusdem ecclesie episcopus. Mortuo Juhello de Meduana, successit Gaufridus filius ejus; hic duxit filiam comitis Mellenti [618].

1162. 11. 25. 8.

Rex Henricus egit nativitatem Domini apud Bajocas. Mense Januario Gaufridus de Meduana reddidit Henrico regi Anglorum tria castella que pater ejus tenuerat post mortem Henrici regis senioris, scilicet Gorran, Ambrerias, Novum castrum super flumen Colmie. Eodem mense remoto Aquilino de Furnis de castello Pontis Ursonis, quia Abrincatini conquerebantur de eo quod terras eorum nimiis exactionibus et injuriis gravaret, Henricus rex idem castrum ad tempus commendavit Roberto abbati de Monte [619]. Mortuo Sanctione (639) archiepiscopo Remensi, Henricus frater regis Francorum, episco-

VARIÆ LECTIONES.

[616] *Abhinc in* E. *nova manus, Roberti, ut videtur.* [617] *Willermus — Anglia desunt* 8b. 8b. [618] *Mauricius — Mellenti desunt* 8b. 8b. [619] *Mense Jan. — Monte desunt* 8b. 8b.

NOTÆ.

(657) Le Dunois, circa Orléans. (658) Agen. (659) Samsone.

pus Belvacensis successit. Bartholomeus vero archidiaconus Remensis factus est episcopus Belvacensis [620]. Prima dominica quadragesime rex Henricus aggregavit episcopos, abbates, barones tocius Normannie apud Rothomagum, et querimoniam faciens de episcopis et eorum ministris et vicecomitibus suis, jussit ut concilium Julie Bone teneretur. Julia Bona in Caletensi pago juxta Sequanam est, sedes regia, a dominis Normannorum multum amata et frequentata. Hanc Julius Cesar, ex cujus nomine Julia vocatur, condidit, destructa urbe Caleto, ex cujus veteri vocabulo tota regio sita inter Sequanam et mare adhuc vocatur. Primus Ricardus dux Normannorum et secundus Ricardus filius ejus, apud Fiscannum levati de tumulis suis, in quibus separatim jacebant, post altare sancte Trinitatis honestius ponuntur. Huic translationi Henricus rex Anglorum interfuit, et episcopi Normannie, et dedit illi ecclesie silvam de Hogis.

Comes Robertus de Basenvilla adversus Willermum cognatum suum regem Sicilie rebellat in Apulia; et multis coadjutoribus secum adunatis, majorem partem maritimarum civitatum sibi conciliavit. Fredericus imperator Alemannorum urbem Mediolanum, quam per tres annos obsederat, necessitate famis afflictam capit et destruit (*Mart.* 26), reservatis tantummodo matrice ecclesia et quibusdam aliis. Discordia inter regnum et sacerdocium adhuc perdurante propter scisma Octaviani, quem rex Romanorum Fredericus secum in Italia habebat, Alexander papa Romanus confidens de regibus Francorum Ludovico et Anglorum Henrico, qui devote semper Romanam ecclesiam fovent et venerantur, ad cismontanos marina expeditione circa pascha venit, et apud Montempessulanum in Provincia debita honorificentia susceptus est. Richardus de Revers, dominus insule Vecte, in Anglia moritur, relinquens ex filia Rainaldi comitis Cornubie parvulum filium, nomine Balduinum. Stephanus cognomento Burgensis, abbas Sancti Michaelis de Clusa et monachus Cluniacensis, fit abbas Cluniaci, abbate Hugone se conferente ad partes imperatoris et Octaviani [621]. Mortuo Harduino archiepiscopo Burdigalensi apud Montempessulanum, dum ibidem in curia domni pape moraretur, episcopus Lactorensis (640) ei successit. Fame, mortalitate cismontani, maxime in Aquitania, laborant. Rainaldus de Castellione princeps Antiochie dum incapte in terram Agarenorum intrat, multis suorum occisis vel captis ipsemet capitur. Thomas cancellarius regis Anglorum fit archiepiscopus Cantuariensis [622]. Radulfus de Toene moritur, relicto parvulo filio ex filia Roberti comitis Lecestrie. Mense Julio in Britannia minori, scilicet in Retello, sanguis pluit, et de ripis cujusdam fontis ibidem effluxit, nec non etiam de pane. Eodem mense Johannes de Dol mortuus est, et dimisit terram et filiam suam in protectione Radulfi de Fulgeriis. Sed rex Anglorum accepit turrem de manu ejus [623]. Guillermus rex Sicilie transiens de Sicilia in Apuliam cum magno exercitu, Roberto de Basenvilla fugato cum complicibus suis, civitates et castella, que a se defecerant, recuperat. Johannes thesaurarius Eboracensis, vir jocundus et largus et apprime litteratus, fit episcopus Pictavensis. Matheo episcopo Andegavensi defuncto, successit Gaufridus Sagiensis, decanus ejusdem ecclesie et clericus regis Anglorum [624].

Leupus rex Valencie et Murcie, licet gentilis et Agarenus, munera ingentia in auro et serico et in aliis speciebus et in equis et camelis mittit Henrico regi Anglorum, grandia et ipse ab eodem recepturus. Raimundus Berengarius comes Barcinonensis, vir omnibus bonis plangendus, moritur, relicto filio Anforsio, qui factus est rex Arragonum; quod regnum ei acciderat ex materno genere. Fredericus Alemannorum imperator et Ludovicus rex Francorum, cum super fluvium Sagonam, quod antiquitus Arar vocabatur, de pace tractaturi convenire debuissent (*Sept.*), repente mutato animo propter scisma Octaviani, cujus partes imperator adjuvabat, infecto negotio ad propria redierunt. Exinde parvo spacio temporis interjecto, Ludovicus rex Francorum et Henricus rex Anglorum super Ligerim apud Cociacum convenientes, Alexandrum papam Romanum honore congruo susceperunt, et usi officio stratoris, pedites dextra levaque frenum equi ipsius tenentes, eum usque ad preparatum papilionem perduxerunt. Quo mediante, Deo favente, pax inter eos firma restituta est. Richardus episcopus Londonie moritur [625]. Henricus rex ordinatis et compositis rebus, et castellis suis in Normannia, Aquitania, Andegavia, et etiam in Wasconia, in adventu Domini venit Barbefluvium, volens si posset transfretare ante natalem Domini; sed vento prohibente, egit natalem Domini cum regina Alienor apud Cesaris Burgum. Manuel imperator Constantinopolitanus duxit Constantini filiam secundi Boamundi uxorem. Et Boamundus tertius, frater predicte puelle, factus est princeps, vitrico suo in captivitate remanente Rainaldo [626].

1163. *Fredericus* 12. *Ludovicus* 26. *Henricus* 9.

Mense Januario rex Henricus transivit in Angliam,

VARIÆ LECTIONES.

[620] *Hic in* E. *pagina desinente manus habitum mutat. Restat tamen eadem.* [621] *Richardus — Octaviani desunt* 8b. 8h. [622] *Thomas — Cant. desunt* 8b. 8h. [623] *Eodem — ejus desunt* 8b. 8h. [624] *Johannes — Anglorum desunt* 8b. 8h. [625] R. e. L. m. *desunt* 8b. 8h. [626] *Manuel — Rainaldo postea additum. sed ab eadem manu. Reliqui habent omnes.*

NOTÆ.

(640) Lectoure, subditus archiepiscopatui Auscenci.

ipse et regina, et cum magno gaudio susceptus est ab omnibus fere principibus patrie, qui eum in littore expectabant. Jam enim Henricus filius ejus precesserat, et sicut in Normannia, sic in Anglia homagia et fidelitates baronum et militum suscepit. Archiepiscopo Lugdunensi (641) deficiente, clerus et populus coniventia Frederici imperatoris elegerunt Guillermum filium comitis Teobaldi senioris, quod etiam papa Alexander concessit. Illa autem urbs, que cis Rodanum est, ad regnum Francie pertinet; sed quia Guigo [627] Dalfinus et Foroiulensis comites anno preterito fraude eam predicto archiepiscopo abstulerunt, nec per regem Francie eam rehabere potuit, ideo idem archiepiscopus transtulit se ad imperatorem; qui predictam civitatem eidem restituit, et extunc ab eo illam tenuit [628] (642). Rotrocus episcopus Ebroicensis et Rainaldus de Sancto Walerio fecerunt in Normannia recognoscere jussu regis, per episcopatus, legales redditus et consuetudines ad regem et barones pertinentes. Philippus episcopus Bajocensis mense Februario moritur, qui fuit vir prudens et astutus in augmentandis et revocandis rebus illius ecclesie, et multum ibi profecit; sed sapientia hujus mundi stulticia est apud Deum. Hic se dederat monasterio Beccensi ad monachatum, sed non est in homine via ejus. Preventus enim fuit morte, nec quod proposuerat implere potuit; librorum tamen septies viginti volumina illi jam dederat [629] (643). Bellum Roberti de Monte Forti cum Henrico de Essessa pro fuga prelii contra Gualenses, in quo isdem Henricus defecit, et exheredatus, factus est monachus Radingensis. Walenses subditi sunt regi Henrico ad libitum. Malcomus rex Scotie fecit homagium Henrico, regis Anglorum filio, et dedit regi obsides, scilicet dedit fratrem suum minorem et quosdam de filiis baronum suorum, de pace tenenda et pro castellis que, que rex volebat habere. Quidam gartio, coniventia monachorum ut creditur, occidit abbatem Sancti Maximini Aurelianensis; et papa Alexander et Ludovicus rex Francorum expulerunt inde omnes fere monachos, et per diversas abbatias disperserunt, et fecerunt ibi abbatem de Majori Monasterio. Similiter anno preterito cum abbas Latiniacensis equitans invenisset quendam, qui ei forisfecerat, et minaretur ut eum caperet et destrueret: ille emissa sagitta percussit abbatem in oculo usque in cerebrum, et occidit. Cui successit Hugo, naturalis filius comitis Theobaldi senioris. Iste fuit prius monachus Tironis (644); et tempore Stephani regis patrui sui, per aliquantum temporis fuit abbas Hommensis in Anglia; qua abbatia relicta fuit abbas Certesiensis. Iterum illa relicta venit in Franciam ad nepotes suos Henricum et Teobaldum; et sic, ut diximus, factus est abbas Latiniacensis. Gislebertus episcopus Herefordensis, mortuo Ricardo Lundoniensi episcopo, translatus est ad eandem sedem, et magister Robertus de Mileduno, genere Anglicus, et grandevus, factus est episcopus Herefordensis. Rogerius filius Roberti comitis Gloecestrie electus est ad episcopatum Wigorniensem [630]. Mense Martio obiit tercius Balduinus rex Jerusalem, vir per omnia plangendus; et successit ei Amalricus frater ejus. Huic Balduino a superna clementia concessum est, ut Ascalonem caperet, et Agarenos expelleret et servitio divino mancipparet; quod nec David propter sanctitatem suam, nec Salomoni propter sapientiam et divitias suas, nec Ezechie propter justitiam suam, nec alicui antea regnum permissum fuerat. In octavis pentecostes Alexander papa tenuit concilium Turonis, in quo excommunicavit Octavianum cum aliis scismaticis et complicibus suis. In illo concilio duo episcopi, quorum unus sacratus fuerat per manum Terrachonensis archiepiscopi metropolitani sui, alter per Toletanum archiepiscopum totius Hispanie primatem, expulsi sunt de ecclesia Pampulonensi, ad cujus titulum ambo sacrati erant, et tercius subrogatus est. Illis tamen duobus ordo episcopi mansit, et concessum est, ut si vacantes ecclesie eos vocarent, fierent earum presules [631].

1164. *Fredericus* 13. *Ludovicus* 27. *Henricus* 10.

Terricus comes Flandrensis vadit Jerosolimam tercio, et filius ejus primogenitus Philippus ei succedens, ducta altera filiarum Radulfi senioris comitis Viromandensis, et fratre uxoris sue juniore Radulfo comite elephantia percusso, per uxorem fit dominus duorum comitatuum, scilicet Viromandensis et Montis Disderii. Rainaldus Coloniensis electus, cancellarius Frederici imperatoris Alemanorum, transtulit trium magorum corpora de Mediolano Coloniam; quorum corpora quia balsamo et aliis pigmentis condita fuerant, integra exterius, quantum ad cutem et capillos, durabant. Eorum primus, sicut mihi retulit, qui eos se vidisse affirmabat, quantum ex facie et capillis eorum comprehendi poterat, quindecim annorum, secundus triginta, tercius quadraginta videbatur. Beatus autem Eustorgius dono cujusdam imperatoris transtulit illos Mediolanum de Constantinopoli, cum quadam mensa cui superpositi erant, in quodam vehiculo parvo, quod due vacce divina virtute et voluntate trahebant. Transtulit

VARIÆ LECTIONES.

[627] G. *habet* E. [628] archiep. Lugd. — tenuit *desunt* 8^b. 8^h. [629] *Hic folio desinente, in* E. *manus habitum mutat.* Hic—dederat *desunt* 8^b. 8^h. [630] Quidem gartio—Wigorniensem *desunt* 8^b. 8^h. [631] *Hic pagina desinente, manus habitum paululum mutat. In illo* — Naboris martyris *desunt* 8^b. 8^h.

NOTÆ.

(641) Heraclio. BOUQ.
(642) Hanc Roberti narrationem dubiam reddunt ea quæ affert Bouquet XIII. 507, n.; cf. infra a. 1175.

(643) Quorum catalogum, primo codicis E. folio inscriptum, inde edidit Ravaisson *Rapport au ministre. Par.* 1841.
(644) Tiro sive Tironium, diœcesis Carnotensis.

ROMANORUM. FRANCORUM. ANGLORUM.
etiam idem Rainaldus exinde corpus beate Valerie, matris sanctorum martyrum Gervasii et Prothasii, et capud Naboris martyris. Apud Rothomagum 3 Kalendas Februarii obiit Willermus frater Henrici regis; sepultus est in ecclesia sancte Marie. Circa octavas pasche rex Henricus fecit dedicari ecclesiam beate Marie de Radingis, et per tres dies regaliter procuravit conventum monachorum et hospites, data etiam dote non minima eidem ecclesie. Hamelius, naturalis frater Henrici, duxit comitissam de Guarenna, relictam Willermi comitis Moritonii, filii Stephani regis. Hec fuit filia tercii Willermi comitis de Guarenna, qui cum rege Francie Ludovico perrexit Jerusalem, et ibi obiit, superstite sola predicta comitissa.

In pago Belvacensi cuidam plebeio apparuit in visu noctis sanctus Egidius, et quedam honeste persone cum eo, cui predixit, ut cum die crastina primum sulcum aratri duceret, inveniret parvam crucem ferream, et jussit ut ferret eam ad suam ecclesiam. Tunc rusticus quesivit ab eo, utrum ad Sanctum Egidium de Provincia deberet eam portare; cui sanctus Egidius respondit : *Non; sed ad Sanctum Egidium de Constantino, ubi est corpus meum.* Quod cum factum fuisset, multe ibi virtutes facte sunt. Apud Lucam civitatem obiit Octavianus scismaticus, per antifrasim vocatus Victor; et successit ei in eodem errore permanens Wido Cremensis, dictus Paschalis IV. Comes Carnotensis Tedbaudus despondit filiam Ludovici regis Francie, et rex ei concessit dapiferatum Francie, quem comes Andegavensis antiquitus habebat, unde etiam nostris temporibus Radulfus de Parrona pro eo serviebat; unde ei hommagium faciens ut dominum honorabat. Henricus autem frater ejus primogenitus comes Trecensis iterum assumpsit filiam Ludovici regis, quam prius dimiserat. Fredericus imperator cum ad libitum suddisset [632] sibi Langobardiam, in qua sunt 25 civitates, inter quas sunt tres archiepiscopatus, scilicet Mediolanum, Ravenna, Jenua; et fiscum regium ad 50 milia marcharum summam in eodem regno reparasset, et pacem ibidem tam indigenis quam peregrinis reformasset : iterum Verona, et quedam alie civitates adversus eum rebellant [633]. Gualenses fidem Henrico regi non servantes, terras proximas latrocinando infestant, agente quodam regulo eorum, vocato Ris, et alio ejusdem perversitatis homine nomine Œno, predicti Ris avunculo. Walterius Giffar comes de Rochingaham moritur absque herede, et comitatus ejus in Anglia et terra ejus in Normannia rediit ad dominium regis [634]. Richardus de Humet, conestalus Henrici regis, convocatis baronibus Normannie et Britannie, mense

Augusto cepit castrum Conbort in Britannia in manu regis, quod Radulfus de Filgeriis habuerat post mortem Johannis de Dol. Eodem mense sanguis pluit in Rethel, in episcopatu Dolensi. Robertus episcopus Carnotensis vir religiosus moritur [635]. Obiit Hugo venerabilis archiepiscopus Rothomagensis 4 Id. Octobris. Hic vir magne literature multa jocunde edidit; viduis et orphanis et aliis pauperibus largus extitit. Rexit autem ecclesiam Rothomagensem honeste et viriliter annis fere triginta [636]. Almarricus rex Jerusalem, conductus ab amiralio Babilonico, cum exercitu perrexit in adjutorium illius, liberare quandam civitatem ipsius nomine Barbastam, quam Salegon senescallus Noradin fraude occupatam contra ipsum tenebat. Obsessa igitur per aliquantulum temporis, tamdem capta est et amiralio restituta civitas, firmatis autem inter eos amicitiis, et redditis multis captivis, duplicato etiam tributo — nam antea dabat amiralius regi singulis annis 50 milia aureorum — rex ad propria rediit. Sed interea Noradin intulerat christianis magnum dampnum; nam capto castro eorum, nomine Harenc, capto etiam Boamundo juniore principe Antiochie, et multis interfectis, Habilina, id est Belinas, postmodum a Sarracenis pervasa est.

1165. *Fredericus* 14. *Ludovicus* 28. *Henricus* 11.

Henricus rex Anglie in quadragesima in Normanniam transiens, in octabis pasche apud Gisorz cum rege Francorum locutus est. Inde rediens Rotomagum, Philippum comitem Flandrensem consobrinum suum regaliter excepit. Venerunt similiter ad eum legati Frederici imperatoris Alemanorum, Rainaldus scilicet archiepiscopus Coloniensis cancellarius ipsius, et multi alii magni potentatus viri, requirentes eum ex parte imperatoris, ut daret unam filiarum suarum Henrico duci Bajoarie, et aliam filio suo, licet adhuc puerulo. Exactis itaque sacramentis et datis, rex postea misit suos legatos in Alemanniam, qui ab imperatore et satrapis suis eadem sacramenta de conventionibus, que inter eos convenerant, acciperent. Rotrodus episcopus Ebroicensis fit archiepiscopus Rotomagensis. Henricus decanus Salesberiensis eligitur ad episcopatum Bajocensem. Mortuo Rogerio abbate Sancti Wandregisili, viro religioso, Anfredus sacrista ejusdem monasterii ei successit [637]. Regina Anglie Alienor evocata a rege venit in Normanniam, adducens secum filium suum Ricardum et filiam Mathildem. Redeunte vero rege in Angliam, et cum multo apparatu bellico super Valenses eunte, regina remansit in partibus cismarinis. Alexander papa Romanus relinquens Senonem, in qua fere duos annos moratus fuerat, veniens ad Montempessulanum navali subvectione,

VARIÆ LECTIONES.

[632] *ita* E. Henricus autem — in qua *in rasura postea correxit eadem manus.* [633] In pago Belvacensi — rebellant *desunt* 8b. 8b. [634] Walterius — regis *desunt* 8b. 8b. [635] R. e. C. v. r. m. *desunt* 8b. 8b. [636] Post hæc in E. manus habitum mutat atque atramentum. In 8b. additur : Obiit illustris comes Galerannus Mellenti, qui multa bona contulit ecclesie b. Marie de Voto, que sita est in territorio Catelensi, in terris, in silvis, in vineis et redditibus. [637] H. decanus — successit *desunt* 8b. 8b.

ROMANORUM. FRANCORUM. ANGLORUM. perrexit ad terram Willermi regis Silicie, licet incidie piratarum imperatoris Allemanie ei in mari non deessent. Willermus frater comitis Tebaldi eligitur ad regimen ecclesie Carnotensis, data ei remissione a papa propter juvenilem etatem, ut usque ad quinquennium differretur sacratio ejus [638]. Mense Augusto, Ludovico regi Francorum ex uxore sua nascitur filius, et vocatus est Philippus. Regina Alienor mense Octobris Andegavis peperit filiam, et vocata est in baptismate Johanna. Robertus abbas Montis in quodam brachio auro et argento optime parato jussit reponi reliquias sancti Laurencii, scilicet os brachii quod eschinum vocant, et alia quattuor minora ossa ejusdem martyris; sicuti antea reposuerat in quadam cuppa intus et extra deaurata caput Innocentii socii sancti Mauricii. Predictas reliquias et partem corporis sancti Agapiti martyris, scilicet carnem cum costis quattuor, Suppo abbas Montis a monasterio sancti Benigni Fructuariensis, ubi prius fuerat abbas, et prece et precio ad monasterium sancti Michaelis adportavit. Est autem Fructuariense monasterium in Langobardia, in episcopatu Vercellensi [639]. Malcomus rex Scotie, religiosus juvenis, obiit. Succedit ei frater ejus Willermus. Fulmen cecidit in ecclesia sancti Michaelis in turre et in aliis locis, et tamen Deo miserante nichil nocuit. Obiit Robertus abbas Majoris Monasterii (645), et successit ei Robertus Blesensis [640].

1166. *Fredericus* 15. *Ludovicus* 29. *Henricus* 12.

Henricus rex, munitis confiniis inter Anglos et Walenses, et castellis et militibus dispositis, in quadragesima transfretavit in Normanniam. Deinde locutus cum rege Francorum ea que ad pacem sunt; audito etiam quod rex Francorum statuisset de thesauris et redditibus suis, similiter et omnium hominum tam clericorum quam laicorum, qui in sua ditione erant, singulis annis usque ad quinquennium [641] de singulis 20 solidis singulos denarios mittere Jerusalem ad defensionem christianitatis: idem rex magnanimus fecit duplicare in omni potestate sua redditum primi anni, reliquis annis permanentibus ad solutionem unius denarii per singulos viginti solidos. Gualeranus comes Mellenti factus monachus Pratelli obiit; et successit ei filius ejus Robertus, natus ex sorore Simonis comitis Ebroicensis [642]. Duxit autem idem Robertus filiam Rainaldi comitis Cornubensis. Obiit etiam Guillermus rex Siciliæ et successit ei Guillermus filius ejus. Willermus Talavacius, comes Sagiensis, et filius ejus Johannes, et iterum Johannes nepos.

A ejus, filius Guidonis primogeniti sui comitis Pontivi, concesserunt regi Henrico castrum Alencejum et Rocam Maberie, cum eis que ad ipsa castella pertinent. Et forsitan ideo predictas munitiones perdiderunt, quia malas consuetudines ipsi et eorum antecessores diu ibi tenuerant; quas rex Henricus statim meliorari precipit. Mense Septembri obiit Stephanus episcopus Redonensis. Obiit etiam in Anglia Robertus Batensis episcopus [643]. Quia vero obtimates Cenomanici comitatus et Britannice regionis, antequam rex transfretaret, minus obtemperaverant preceptis regine, et ut dicitur, sacramento se obligaverant, ut se communiter defenderent, si aliquis eorum gravaretur: rex ad libitum suum cos et castella eorum tractavit; et congregatis exercitibus fere de omni potestate sua citra mare, castrum Felgeriarum obsedit, cepit, funditus delevit. Inde facto conubio de Gaufrido filio suo et Constancia filia comitis Conani Brittannie et de Richemont, comes Conanus concessit regi, quasi ad opus filii sui, totum ducatum Brittanie, excepto comitatu de Gingamp, qui ei accederat per avum suum comitem Stephanum. Rex vero accepit hominium fere ab omnibus baronibus Brittannie apud Toas. Inde venit Redonis, et per civitatem illam, que caput est Brittannie, totum illum ducatum saisivit. Et quia nunquam viderat Comborcht neque Dol, postquam in manus ejus venerant, in transitu illa vidit. Causa vero orationis ad Montem sancti Michaelis veniens, apud genecium illa nocte hospitatus est [644]. Illuc venerunt ad eum Guillermus rex Scotie, et episcopus insularum Man et aliarum 51, que sunt inter Scotiam et Hiberniam et Angliam. Illas 52 insulas tenet rex insularum tali tributo de rege Norwegie, quod quando rex innovatur, rex insularum dat ei decem marcas auri, nec aliquid facit ei in tota vita sua, nisi iterum alius rex ordinetur in Norwegia. Hujus regis insularum venit legatus ad regem Anglie predictus episcopus. Est enim predictus rex consanguineus regis Anglie ex parte Mathildis imperatricis matris sue [645].

1167. 16. 30. 13.

In natali Domini fuit rex Henricus Pictavis, et venit ad eum Henricus filius suus de Anglia. Ante quadragesimam venit rex Rothomagum, et mortuo Rotgerio abbate Sancti Audoeni, viro summe religionis, eandem abbatiam dedit Haimerico cellerario Becci. Paulo ante obierant in Anglia Robertus Herefordensis et Robertus Linconiensis episcopi [646]. In quadragesima locutus fuit rex Anglorum cum comite Sancti Egidii apud Magnum montem. Post pa-

VARIÆ LECTIONES.

[638] *Willermus — ejus desunt* 8b. 8b. [639] *Robertus — Vercellensi desunt* 8b. 8b. [640] *Fulmen — Blesensis postea addidit manus eadem; desunt* 8b. 8b. [641] *quadriennium* 8d. [642] *Post hæc tres voces erasit scriptor ipse in E. Gualeranus — Cornubensis desunt* 8b. 8b. [643] *Pagina desinente in E. habitum manus mutat, sed paululum tantum. Mense — episcopus desunt* 8b. 8b. [644] *Atramentum mutatur.* [645] *Abhinc atramentum atque manus prorsus mutatur, orthographia quoque sæpius differt a præcedenti.* [646] *Ante quadragesimam — episcopi desunt.* 8b. 8b.

NOTÆ.

(645) Marmoutiers-les-Tours.

ROMANORUM. FRANCORUM. ANGLORUM.

scha duxit exercitum militum in Arvernicum pagum, et vastavit terram Guillermi comitis, quia data fide pepigerat stare justicie, in presentia donni regis, nepoti suo, quem exheredaverat, juniori videlicet comiti Arverneusi; sed inveteratus ille dierum malorum rupta fide, transtulit se ad regem Francorum, et seminavit discordias inter eos. Sed et de collectione pecunie deferende Jerusalem, que adunata fuerat Turonis, quam rex Anglorum volebat mittere per suos nuntios, utpote sumptam in suo comitatu, rex autem Francorum per suos; quia ecclesia Turonensis sua est, suggestione Jocii archiepiscopi Turonensis magna discordia inter Henricum regem Anglorum et Ludovicum regem Francorum mota est. Combusta est civitas Turonensis cum principali ecclesia. Almaricus rex Jerusalem evocatus ab amirario Babilonie, cui confederatus erat, obsedit Alexandriam, que caput est Egypti, et cepit, et reddidit eam amirario, qui pepigit ei singulis annis tributum de eadem civitate 50 milia Bizantiorum, exceptis 57 milibus, quos habet de Babilone. Idem etiam rex duxit uxorem neptem Manuel imperatoris Constantinopolitani cum infinitis thesauris.

Circa pentecostem Fredericus imperator Alemanorum, missis exercitibus suis, multos Romanorum occidit, ipse ab eisdem similia recepturus. Circa mensem Julium per semetipsum Leoninam Romam obsedit et cepit, et quedam juxta ecclesiam beati Petri destruxit, scilicet porticum et alia nonnulla. Antipapam etiam Widonem de Creme Romam adduxit, et per manum ipsius uxorem suam imperatricem fecit coronari (*Aug.* 1). Subsecuta est e vestigio ultio divina. Nam Karolus filius Corradi, qui ante Fredericum imperaverat, consobrinus ejus, mortuus est [647], et Rainaldus archiepiscopus Coloniensis cancellarius ejus, cujus consilio multa mala faciebat [648], et episcopus Leodiensis, et multi alii tam episcopi quam consules, similiter perierunt. Dicitur enim, quod crassante mortalitate 25 milia hominum de exercitu suo mortui sunt. Longobardie civitates, que sunt numero 25, Mediolanum reedificant et ab imperatore deciscunt, preter Papiam et Vercellas [648]. In octavis pentecostes rex Anglorum et rex Francorum in Vircasino locuturi de pace convenerunt. Sed primoribus regni Francorum exacerbantibus lenitatem regis Ludovici, nihil profuerunt. Congregaverunt itaque uterque infinitum exercitum de omni potestate sua, et alteruter castella sua muniverunt. Cum autem rex Francorum aliquantas villulas in marca, inter Medantam et Pascheium, combussisset, rex Henricus irritatus, licet

A multum deferret regi Ludovico, Calvum Montem castrum munitissimum et ditissimum, in quo rex Francorum congregaverat expensas et victualia ad opus belli, et plurimas villas in circuitu illius combussit. Quo audito rex Francorum graviter tulit, et collectis viribus suis, latos fundos quos Sanctus Audoenus habebat in Vircasino, scilicet Vadum Nigasii et alias villas, combussit ; Andeliacum etiam burgum optimum, qui erat proprius Beate Marie et archiepiscopi Rothomagensis. Nonnulla etiam que pertinebant ad ecclesiam sancte Trinitatis Rothomagensis, vastavit. Sed non defuit festinata vindicta. Eadem namque die multi de exercitu ejus cum redirent ad castra, siti, solis fervore, pulvere, formidine deficientes expiraverunt. Sic etiam patri ipsius pridem (646) acciderat; nam initurus certamen cum Henrico seniore rege Anglorum, in quo inferior fuit, precedenti nocte in eodem vico hospitatus fuerat, et Franci, qui a ferocitate, teste Valentiniano Romanorum imperatore, vocati sunt, ecclesiam beate Marie Andeliaci stabulum equorum suorum fecerant. Unde alii eorum capti, alii vero in fugam elapsi sunt. Mense Augusto tregue sumpte et jurate sunt inter reges Henricum et Ludovicum, usque ad pascha. Inde perrexit rex Henricus in Britanniam, et subdidit sibi omnes Britannos, etiam Leonenses ; nam Guihunmarus, filius Hervei vicecomitis Leonensis, cujus filiam comes Guido habebat in conjugium, datis obsidibus submisit se regi, terrore exanimatus, cum videret castrum suum munitissimum combustum et captum, et alia nonnulla vel capta, vel reddita. Cum adhuc moraretur rex in Britannia, audivit nuntium de morte matris sue Mathildis imperatricis. Decessit enim 4 Idus Septembris Rothomagi, et sepulta est Becci. Thesauros infinitos pius filius distribuit ecclesiis, monasteriis, leprosis et aliis pauperibus, pro anima illius. Fecit autem predicta imperatrix monasterium de Voto in Caletensi pago juxta Juliam Bonam, et posuit ibi monachos Cistercienses. Fecit et monasteria canonicorum, unum juxta Cesaris Burgum, et aliud in silva de Goffer. Ad montem etiam lapideum super Sequanam apud Rothomagum, a se inchoatum, multam summam pecunie dimisit.

Richardus abbas Sancti Petri super Divam (647) obiit, et successit Rannerus monachus Cadomi pro eo. Decessit etiam Michael abbas Pratelli (648), monachus Becci, et substitutus est pro eo Henricus monacus Becci, procurator hospitum [650]. Jocio archiepiscopus Turonensis concordatus est cum rege Anglorum. Venerabilis Hugo abbas Cerasii (649) humane vite moriendo satisfecit; qui 50 fere annis rexit idem monasterium. Huic successit Martinus

VARIÆ LECTIONES.

[647] *post hanc tres voces erasæ.* [648] *post hanc aliquot voces erasæ.* [649] Circa pentec.—Vercellas *desunt* 8b. 8h. [650] Richardus — hospitum *desunt* 8b. 8h.

NOTÆ.

(646) A. 1119.
(647) Diœc. Sagiensis.
(648) Préaux, diœc. Luxoviensis.
(649) Cerisy, diœc. Bajocensis.

ROMANORUM.   FRANCORUM.   ANGLORUM.
monacus ejusdem loci [651]. Regina Alienor transfretavit in Angliam, ducens secum filiam suam Mathildem. In vigilia natalis Domini due stelle ignei coloris, quarum una erat magna, altera parva, apparuerunt in occidente, et erant quasi conjuncte; postea disjuncte sunt longo spatio, et apparere desiverunt. Natus est Johannes filius regis Anglorum [652].

1168.   Fredericus 17.   Ludovicus 31.   Henricus 14.

Ad natale fuit rex Henricus Argentomagi, et tenuit ibi magnam curiam in nova aula sua. Mathildis filia regis Henrici cum infinita pecunia et apparatu maximo ducta est in Alemaniam ad sponsum suum Henricum ducem Sansonie [653] et Bajoarie; quorum ducatuum unum habebat ex patre suo, alterum ex matre. Pater ipsius fuit Henricus dux, qui fuit natus ex filia Lotharii imperatoris, qui ante Corradum imperaverat. Hic Henricus, scilicet junior, qui filiam regis Anglorum duxit, super paganos, scilicet Sclavos et Vindelicos, tantum adquisivit, quod fecit ibi tres episcopatus. Obiit [654] Terricus comes Flandrensis, cui successit Philippus filius ejus, qui jam diu comitatum illum rexerat, cum pater illius iter Jerusalem frequentabat. Stephanus de Filgeriis, capellanus regis Henrici, factus est episcopus Redonensis. Fiscanense monasterium combustum est [655]. Mense Februario accidit quoddam mirabile in Cenomanensi pago, castro Freernai, quod castrum est Roscelini vicecomitis Cenomannorum, qui habet in conjugio Mathildem filiam notham primi Henrici regis Anglorum, materteram secundi Henrici regis Anglorum, ex qua genuit Ricardum, qui ei successit, et Guillermum, cui secundus Henricus rex Anglorum dedit in Brittannia filiam Rollandi de Reus cum terra ipsius. In hac itaque munitione fluvius Sartæ, qui preterfluit, fere per horam et dimidiam siccatus est, ita ut calciati siccis vestigiis possent transire, cum antea vix equi absque natatu possent transvadare. Hoc etiam accidit Londonie de Tamensi flumine, tempore primi Henrici regis Anglorum. 14. Kal. Marcii terremotus factus est, et globus igneus visus est per aera discurrere [656].

Pictavi et Aquitani ex majori parte, id est comes de Marcha, comes Engolismensium, Haimericus de Lizennioio, Robertus, et Hugo frater ejus de Sileio, et alii multi, voluerunt rebellare contra regem ; et incendiis et rapinis pauperum incumbentes, circunquaque crassabantur. Quod rex audiens impiger advolat; et eorum insanie obsistens, Lizennoium castrum munitissimum cepit, captum munivit, et villas eorum et municipia destruxit. Munitis castellis a suis militibus et victui necessariis, relicta ibi regina cum comite Patricio Salesberiensi, avunculo Rotrodi comitis Perticensis : in octavis pasche inter Paceium et Medantum in Normania, locuturus cum rege Francorum et injurias suas ab eo expostulaturus, accessit. Siquidem Pictavi ad regem Francorum venerant, et obsides suos contra regem Anglorum, cujus proprii erant, ei dederant. Unde cum hinc inde grandis altercatio fieret, nec rex Francorum obsides, quos contra justiciam ceperat, reddere vellet, inducie date sunt usque ad octavas sancti Johannis. Circa vero octavas pasche dolo, Pictavensium occisus est comes Patricius, et sepultus est apud Sanctum Hilarium. Successit ei filius, natus ex filia Guillermi comitis Pontivi, matre comitissæ de Warenna. Antequam trigue date essent, rex Anglorum submonuerat Eudonem vicecomitem de Purrohoit, qui catinus umbratico nomine comes vocabatur, et cui tanta bona contulerat, ut ad servitium et adjutorium suum veniret ; quod ipse renuit et quidam alii de Britannis ei confederati, scilicet Oliverius filius Oliveri de Dinam, et Rollandus consobrinus ejus. Rex itaque non immerito adversus eos iratus, a capite, scilicet ab Eudone incipiens, vastavit et combussit ejus terram, destructo imprimis castello Joscelini, quod habebat precipuum. Comitatum etiam de Broerech abstulit ei , cujus caput est civitas Venetensium, quam rex in manu sua cepit, cujus portum Julius Cesar mirifice extollendo collaudat in libro quem scripsit de bello Gallico (650); dimidiam etiam Cornubie (651) ei abstulit. Obsedit etiam castellum Abrai ; captum munivit. Vastata igitur Eudonis terra et ad libitum suum redacta, ad terram Dinannensium appropinquans, castrum Hedde a Gaufredo de Monteforti sibi redditum munivit, et Tintinniacum evertit. Inde Becherel munitionem Rollandi de Dinam firmissimam per aliquot dies obsidens, adhibitis machinis cepit et munivit. Lehun vero castrum (652), in quo Rollandus maxime confidebat, quia erat natura et arte munitissimum, obsedisset, nisi brevitas termini eundi ad colloquium regis Francorum eum urgeret. Tradita itaque terra Rollandi rapinis et incendiis, citra Ricem flumen, eadem egit in ulterioribus ; nam transito amne per Lehun descendens, et aliquas perfundans, monachis Lehunnensibus pepercit. Dinam vero circuiens, quedam destruxit, quedam intacta reliquit. In pago Aletensi eadem gessit. In octavis sancti Johannis ventum est ad Feritatem Bernardi, ubi de pace inter reges tractatum est, et infecto negocio discessum est. Nam Brittones, sicut et Pictavi, obsides regi Francorum

VARIÆ LECTIONES.

[651] Venerabilis — loci desunt 8b. 8b.   [652] N. e. I. f. r. A. alia manus addidit; adsunt etiam reliquis.   [653] ita E.   [654] Hæc vox in rasura plus quam dimidiæ lineæ scripta est in E.   [655] In fine quaternionis hic desinit manus. Redit prima codicis manus.   [656] Stephanus — discurrere desunt 8b. 8h.

NOTÆ.

(650) III, 8. Hodie est Vannes.   (652) Inter Dol et Dinan.
(651) Cornouaille.

ROMANORUM. FRANCORUM. ANGLORUM. A 1169. *Fredericus* 18. *Ludovicus* 32. *Henricus* 15.

dederant, et fide interposita paccionem acceperant, quod rex Francorum sine ipsis regi Anglorum non concordaretur. Unde et ipsi Brittanni, conniventibus quibusdam Cenomanensium, per quorum terram latenter transierunt, colloquio interfuerunt. Munitis autem marchis, ex utraque parte continuata est decertatio usque ad adventum Domini. Rex vero Henricus caute agens, cognatum suum Matheum comitem Bolonie sibi pacificavit, spondens ei se daturum per annum maximam partem pecunie, pro calumpnia (655) relaxanda comitatus Moritonii. Habebat enim filiam regis Stephani, qui fuerat comes Moritonii [657]. Cum autem idem Matheus ad auxilium regis Anglorum, domini et cognati sui, veniret, Johannes comes Pontivi non permisit eum B transire per terram suam; unde necessitate cogente navali subvectione ad regem cum multis militibus expeditis accessit. Quod rex audiens, rogatu ejusdem Mathei cum bellico apparatu in terram Johannis perrexit, et Vimacensem (654) pagum Vulcano tradens, 40 et eo amplius comburens villas, voluntati suæ satisfecit. Rex Francorum veniens latenter ad quoddam municipium Normanniæ, cognominatum Chesnebrut, illud combussit, et quatuor milites in eo cepit. Quo comperto, rex Anglorum illum insecutus est, multos milites cepit; inter quos etiam senescallum Philippi Flandrensium comitis aduncatus est. Tradidit etiam castellum Hugonis de Novo Castello flammis et incendiis, vocatum Brueroles, ut combustum ex re nomen haberet. Hoc etiam fecit Novo C Castello per milites suos, ipso tamen absente. Vastata est similiter terra comitis Perticensis ex majori parte, ipso agente. [658]. Multa etiam fecit rex Anglie in hac guerra, que non audivimus, vel si audivimus, non occurrunt memorie.

Obiit Robertus comes Leecestrie, relinquens filium Robertum, qui accepit cum uxore sua hereditatem de Grentemesnill. Mortuus est autem in Brittannia Herveus de Lehun, cui successit Guihomar filius ejus. Nichilominus obiit Rome de Guido Cremeantipapa et successit in scismate quidam pseudoclericus, cognominatus Calixtus. Archiepiscopo quoque Senonensi in fata secedente, Willermus electus Carnotensis ei successit, concesso tamen ei episcopatu D Carnotensi per biennium a papa Alexandro. Venit ad curiam regis Henrici Anglorum, Saxonum et Bajocorum dux Henricus gener ejus, et magnis ab eo honoratus muneribus in sua rediit. Longobardi edificant civitatem haut longe a Vercell's, vocantes eam Alexandriam, ad honorem Alexandri pape, sumptis habitatoribus ex singulis civitatibus Longobardie.

Rex Henricus egit natale Domini apud Argentomagum. Obiit Bernardus episcopus Nannetensis. [659] In epiphania Domini concordati sunt rex Francorum et rex Anglie. Henricus filius Henrici regis Anglorum, fecit homagium regi Francorum socero suo de Andegavensi comitatu et de ducatu Brittannie, quem rex concessit eidem genero suo. Nam de Normannia fecerat ei antea homagium, et concessit ei rex Francie ut esset senescallus Francie, quod pertinet ad feudum Andegavense. Richardus filius Henrici regis Anglorum fecit homagium regi Francorum de ducatu Aquitanie. Williermus Malet cepit Robertum de Silleio [660]. In purificatione beate Marie fuit Henricus filius regis Anglorum Parisius, et servivit regi Francorum ad mensam, ut senescallus Francie. Hanc senescaltiam, vel ut antiquitus dicebatur, majoratum domus regie, Robertus rex Francie dedit Gaufrido Grisagonella comiti Andegavorum, propter adjutorium quod ei impendit contra Othonem imperatorem Alemanie. Dedit etiam ei quicquid habebat in episcopatu Andegavensi. Postea vero cum Gaufridus comes Perticensis et David comes Cenomanensis essent rebelles eidem Roberto regi Francorum, predictus rex Francorum, Gaufrido Grisagonella ferente sibi auxilium, obsedit muricionem Moritonie et cepit. Et quia David comes Cenomannorum evocatus a rege ad eum venire contempsit, dedit rex Gaufrido Grisagonella homagium illius, et ipsam civitatem, et quicquid habebat in episcopatu Cenomannensi. Henricus filius Henrici regis Anglorum fecit homagium Philippo filio Ludovici regis Francorum. Henricus rex Anglie locutus est cum Ludovico rege Francie, apud S. Germanum in Leia. Gaufridus filius regis Anglorum fecit homagium Henrico fratri suo de ducatu Brittannie, jubente patre eorum. Mortuo Hasculfo de Solinneio, successit ei filius suus Gislebertus. Mortuus est etiam Richardus de Hara, relinquens filias tres. [661]. Rex Henricus perrexit in quadragesima Wasconiam, et destructis multis castellis, que contra eum erant, vel munitis, comites Engolismensium et illum de Marcha sibi pacificavit, et multos alios qui non erant tanti nominis. Gaufridus filius regis Anglorum mense Maio venit Redonis; et Stephanus Redonensis et Autbertus Aletensis episcopi, et Robertus abbas de Monte S. Michaelis, et alie religiose persone, receperunt eum cum summa veneratione in ecclesia sancti Petri. Ibi accepit hominia baronum Brittannie. Rex Henricus fecit fossata alta et lata inter Franciam et Normanniam, ad predones arcendos. Similiter fecerat in Andegavensi pago super Ligerim, ad aquam arcendam, que messes et

VARIÆ LECTIONES.

[657] Habebat — Moritonii *desunt* 8b. *sed absunt.* 8h.   [658] *Sequentia* Multa — Alexandro, *et* Longobardi — Longobardie *desunt* 8b. 8h.   [659]. O. B. e. N. *desunt* 8b. 8h.   [660] W. M. c. R. d. S. *desunt* 8b. 8h.   [661] Mortuo — tres *desunt* 8b. 8h.

NOTÆ.

(655) I. e. expostulatione.   (654) Le Vimeu, inter ostia Auciæ atque Suninæ.

ROMANORUM. FRANCORUM. ANGLORUM.

prata predabat, quedam retinacula, que torsias vocant, per triginta fere miliaria, faciens ibi edificare mansiones hominum, qui torsias tenerent. Quos etiam fecit liberos de exercitu et multis aliis ad fiscum pertinentibus [662]. Obiit Hilarius Cestrensis et Nigellus Heliensis episcopi, et Petrus Gemmeticensis, Richardus Bernaicensis, Silvester Rothonensis abbates. Mense Augusto, pacificatis fere omnibus in Pictavensi pago, Wasconia, Henricus rex venit in Normanniam, et evocati Brittanni properaverunt ad eum. Catina civitas Siciliæ terremotu concussa et prostrata est, et multi in ea perierunt [663].

Rex Henricus fecit castrum munitissimum et burgum pergrande juxta haiam de Malaffre, quod vocatum est Bealveer. Cum Rogerius Malabranchia dolo cepisset urbem Biteriensem, quam cives ipsius contra eum tenebant, omnes tam viros quam mulieres vel suspendio vel alio tormento morti tradidit, et novis habitatoribus illam inhabitandam tradidit. Siquidem predicti cives dominum suum Guillermum (655). Trenchevel, patrem Rogerii Malebranche, in quadam ecclesia cum filio suo parvo crudeliter occiderant. Rex Henricus fecit Molendina et piscatorias Andegavis in flumine Meduane. Cum Guillermus Goeth obiisset in itinere Jerusalem, et comes Theobaldus vellet habere in manu sua Montem Mirabilem et alias firmitates, que fuerant Guillermi Goeth, de quibus saisitus (656), erat Herveus de Iven, qui habebat in conjugio primogenitam filiam Guillermi Goeth, natam ex una sororum comitis Theobaldi ; videns predictus Herveus, se non posse resistere comiti Theobaldo, cum rex etiam Francorum adjuvaret partes comitis Theobaldi, utpote sororius ejus : idem Herveus, intercurrente magna pecunia et quibusdam pactionibus, tradidit Henrico regi Anglorum Montem Mirabilem et aliud castrum, scilicet Sanctum Anianum in Biturico. Unde discordia redintegrata est inter regem et comitem.

1170. *Fredericus* 19. *Ludovicus* 33. *Henricus* 16.

Ad natale fuit rex Henricus in Brittannia apud Nannetes. Robertus archidiachonus Nannetensis consensu regis factus est episcopus Nannetensis, post Bernardum avunculum suum. In quadragesima excessit mare limites suos, unde messes que prope illud seminate erant, in multis locis perierunt a fluctibus absorte. Ossa cujusdam gigantis in Anglia per alluvionem detecta sunt, cujus corporis longitudo, ut ferunt, 50 pedum erat. In eadem quadragesima transfretavit rex Henricus in Angliam, non tamen sine discrimine. Summerso in mari Gisleberto de Abrincate, Fulco Painel, qui habebat primogenitam sororem ejus, successit ei. Vicecomites per Angliam, qui exactionibus et rapinis populum afflixerant, a rege correpti sunt. Post pentecosten rex Henricus evocato filio suo Henrico in Angliam, fecit eum coronari in regem, cum magna cleri populique leticia, Lundonie apud Westmonasterium. Hunc inunxit Rogerius archiepiscopus Eboracensis; nam Thomas Cantuariensis citra mare per continuum fere sexennium in Galliis morabatur. Huic consecrationi interfuerunt Gislebertus Lundonensis, Goscelinus Salesberiensis, Walterus Rofensis, Ricardus Cestrensis, Bartolomeus Exoniensis, Hugo Dunelmensis episcopi ; Rogerius Wigorniensis in Normannia morabatur, Henricus Wintonensis et Willermus Norvicensis infirmitate prepediti non affuerunt. Nam Adelulfus Carluiensis, et Robertus Herefordensis, et Robertus Batensis, et Robertus Lincolnensis, et Hilarius Cicestrensis, et Nigellus Heliensis episcopi dormierant in Domino , et adhuc cathedre eorum vacabant. Interfuerunt vero de Normannia Henricus Bajocensis et Frogerius Sagiensis episcopi, qui cum eo venerant in Angliam. Quidam moleste ferunt, quod archiepiscopus Eboracensis unxerit in regem Henricum juniorem. Sed noverint, quod primus Guillermus, qui Angliam armis subegit, ab Alveredo religiosissimo viro Eboracensi archiepiscopo inunctus et sacratus est, Cantuariensi archiepiscopo intra insulam Britannie manente, Stigando scilicet a papa excommunicato.

Margarita filia regis Francie, uxor Henrici junioris regis, in Angliam transiit; nec tunc tamen fuit coronata, quia rex jam coronatus erat, et episcopi discesserant. Johannes comes Aucensis moritur, et successit ei filius ejus Henricus, quem genuerat ex filia Willermi de Albineio (657), quem vocant comitem de Arundel. Hic duxit Elizam reginam, relictam Henrici senioris regis Anglorum, ex qua genuit Guillermum primogenitum suum, et Godefridum, et istam comitissam uxorem Johannis Aucensis, de quo sermo est. In die apostolorum Petri et Pauli terremotus horribilis factus est in transmarinis partibus, quo corruit civitas Tripolis, pars Damasci, Antiochie plurimum. Agareni etiam non fuerunt expertes hujus tribulationis ; nam Halapre, que caput est regni Loradin, et quedam alie civitates Sarracenorum, non evaserunt hanc pestem. Mortuo Willermo comite Nivernensi ultra mare, Matheus frater Philippi comitis Flandrensium, comes Bolonie, duxit uxorem ejus (658), sororem sci-

VARIÆ LECTIONES.

[662] Similiter — pertin. *in rasura ita ampliavit Robertus. Adsunt.* 7b. *Desunt* 8b. 8h. *cum sequentibus* Obiit — abbates. [663] *Hic desinunt* 8a. 8b. *et manus secunda in* 8d. *et sextus decurtatus in* 8e. 8h. *fortasse etiam in* 8c. 8g. *In* 8h. *sequitur brevis continuatio monachi Vallomontensis. Combusta est Fiscannensis ecclesia 14 Kal. Julii, 4 feria post octavam pentecostes addunt* 8d. 8h.

NOTÆ.

(655) Corrige : *Raimundum*. BOUQ.
(656) Investitus.

(657) Helisende. BOUQ.
(658) Eleonoram. BOUQ.

ROMANORUM. FRANCORUM. ANGLORUM.

licet comitisse Flandrensis. Hii itaque duo fratres duas duxerunt sorores, filias Rodulfi comitis Viromandorum, neptes Alienor regine Anglorum ex sorore, callide agentes in retinendo terram Radulfi de Parrona per quemlibet fratrum. Hic Matheus prius habuerat filiam regis Stephani, et susceptis ab eo duabus filiabus, rediit ad religionem, unde invita recesserat (659). Circa Augustum rex Henricus rediit in Normanniam, relicto juniore Henrico in Anglia. Rex Henricus fecit pacem inter comitem Tedbaldum et Herveum de Iven. Mense Septembri rex Henricus infirmatus est pene usque ad mortem apud Motam de Ger (660), sed miseratione divina et supplicatione servorum Dei, quibus se humiliter commendabat, sopita adversa valetudine sanitatem refovet. Egidius Rothomagensis archidiaconus electus est ad episcopatum Ebroicensem, Richardus archidiaconus Constantiensis ad Abrincatensem. Alienor filia regis Henrici Anglorum ad Hispaniam ducta est, et ab Amfurso imperatore solemniter desponsata. Hujus imperatoris illa pars Hispanie, que Castella vocatur, regnum est. Hujus imperii caput civitas Toletum est. Predicto regi propter infirmam etatem—nondum enim adimpleverat quindecim annos—adversantur duo reges, Fernandus Gallicie patruus ejus, et Amfonsus Navarie avunculus ejus. Mortuo Roberto filio Roberti comitis Gloecestrie, Amauricus primogenitus filius Symonis comitis Ebroicensis, jussu et voluntate Henrici regis Anglie, duxit primogenitam filiam Roberti comitis Gloecestrie. Dederat etiam ante idem rex Hugoni comiti Cestrie cognato suo filiam comitis Ebroicensis, cognatam suam ex parte patris sui. Urbs Cenomanorum flagravit incendio. Cella etiam sancti Victurii combusta est, sed Deo adjuvante in melius est restaurata.

Henricus rex Anglorum perrexit causa orationis ad Rocam Amatoris (661), qui locus in Cadulcensi pago montaneis et horribili solitudine circundatur. Dicunt quidam, quod beatus Amator famulus beate Marie et aliquando bajulus et nutricius Domini fuit, et assumpta piissima Mater Domini ad ethereas mansiones, ipse Amator premonitus ab ea ad Gallias transfretavit, et in predicto loco heremiticam vitam diu transegit. Quo transeunte et in introitu oratorii beate Marie sepulto, locus ille diu ignobilis fuit, excepto quod vulgo dicebatur ibi beati Amatoris corpus requiescere, licet ignoraretur ubi esset. Anno ab incarnatione Domini 1166, quidam indigena

A illius regionis ad extrema veniens, precepit familie sue, divina forsitan inspiratione, ut in introitu oratorii corporis sui glebam sepelirent. Effossa itaque terra, corpus beati Amatoris integrum reperitur, et in ecclesia juxta altare positum, integrum peregrinis illud ostendunt; et ibi fiunt miracula multa et antea inaudita, per beatam Mariam. Ad hunc ergo locum, ut diximus, rex Henricus causa orationis veniens, quia appropinquabat terre inimicorum suorum, congregata multitudine armatorum tam equitum quam peditum, ad orationem perrexit munitus sicut ad prelium, nulli malum inferens, omnibus et maxime pauperibus in elemosinis largiter providens. Thomas Cantuariensis archiepiscopus transfretavit in Angliam. Stephanus comes de Sanceore, frater comitis Tebaldi, perrexit Jerusalem, ferens secum pecuniam, quam rex Francorum Ludovicus fecerat colligere in adjutorium Jerosolimitanæ æcclesiæ. Odo (662) dux Burgundie nepos ejus perrexit cum eo.

1171. *Fredericus* 20. *Ludovicus* 34. *Henricus* 17.

Ad natale fuit rex Henricus ad Bur juxta Bajocum.

Annus millenus centenus septuagenus
Primus erat, primas quo ruit ense Tomas.
Quinta dies natalis erat, flos orbis ab orbe
Vellitur, et fructus incipit esse poli [664].

Agareni cum multis millibus armatorum venerunt ab Affrica in Hispaniam. Hamo episcopus Leonensis (663) crudeliter per consilium, ut dicunt, Guihomari fratris sui vicecomitis Leonensis et junioris Guihomari nepotis sui occisus est. Conanus dux Brittannie moritur, et tota Brittannia et comitatus de Gippewis et honor (664) Richemundie, per filiam comitis Conani, que desponsata erat Gaufrido filio regis Henrici transierunt. Haimericus abbas Sancti Audoeni moritur. Henricus rex venit in quadragesima ad Pontem Ursonis, et ibi per quindecim fere dies demoratus est. Hoc etiam fecit in rogationibus et in pentecoste, cum Guihomarus venit ad eum et reddidit se ei et sua castella, perterritus multitudine militum et aliorum armatorum, quos rex illo direxerat ad eum comprimendum, nisi regis voluntati obediret. Sequenti anno canonizatus est sanctus Thomas a papa Alexandro [665]. Castrum Pontis Ursonis combustum est. Urbs Norwicensis similiter combusta est, cum episcopali ecclesia et officinis monachorum. Humbertus comes Morienne misit abbatem Sancti Michaelis de Clusa ad Henricum regem Anglie, pro componendo matrimonio inter Johannem filium regis et filiam suam, offerens ei totam

VARIÆ LECTIONES.

[664] *desunt hi versus* 7b. [665] Sequenti—Alexandro *in rasura, ab alia manu. In margine additur:* Canonizatus, id est sanctorum cathalogo annumeratus. Et preceptum fuit ut natalis dies festivus ab omnibus celebraretur, maxime ab Anglis. *Idem prorsus habent* 7b. 8d. *et præter verba* canonizatus i. e. s. c. annumeratus *etiam* 8h.

NOTÆ.

(659) Abbatissa enim Rummesiæ fuerat Maria, antequam Matthæus a. 1160 eam duxit.
(660) Prope Domfront.
(661) Rochamadour.

(662) Corr. *Hugo.* BOUQ
(663) St.-Paul-de-Léon, in Finisterre
(664) Feudum vel manerium nobilius.

terram suam. Fuit enim idem comes filius Amati comitis, et ditissimus in possessione urbium et castellorum; nec aliquis potest adire Italiam, nisi per terram ipsius.

Teobaldus comes Carnotensis plures Judeorum, qui Blesis habitabant, igni tradidit. Siquidem cum infantem quendam in solempnitate paschali crucifixissent ad opprobrium christianorum, postea in sacco positum in fluvium Ligeris projecerunt. Quo invento, eos convictos de scelere, ut supra diximus, igni tradidit, exceptis illis, qui fidem christianam receperunt. Hoc etiam fecerunt de sancto Willermo in Anglia apud Norviz tempore Stephani regis; quo sepulto in ecclesia episcopali, multa miracula fiunt ad sepulchrum ejus. Similiter factum est de alio apud Glovescestriam tempore Henrici secundi regis. Sed et in Francia, castello qui dicitur Pons Isare, de sancto Ricardo impii Judei similiter fecerunt; qui delatus Parisius, in ecclesia sepultus, multis miraculis choruscat. Et frequenter, ut dicitur, faciunt hoc in tempore paschali, si oportunitatem invenerint.

Obiit Guillermus Talavacius comes Pontivi, et successit ei Johannes nepos suus in comitatu Pontivi, ex Guidone primogenito suo. In terra vero, quam tenebat de rege Anglorum in Normannia et in Cenomansi pago, successit ei Johannes comes filius ejus. Iste duxit filiam comitis Heliæ, fratris comitis Gaufridi Andegavensis et ducis Normannorum. Rex Henricus senior fecit investigari per Normanniam terras, de quibus rex Henricus avus ejus fuerat saisitus die qua obiit. Fecit etiam inquiri, quas terras et quas silvas et que alia dominica barones et alii homines occupaverant post mortem regis Henrici avi sui; et hoc modo fere duplicavit redditus ducatus Normannie. Ris rex Walensium pacificatus est cum rege Anglorum Henrico. Rex Oenus avunculus ejus præterito anno obierat, et filii ejus regi Henrico subditi sunt. Margarita uxor junioris regis Henrici transfretavit in Normanniam.

Mense Julio rex congregavit barones suos apud Argentonium, et cum ibi tractaretur de profectione sua in Hiberniam, legati comitis Ricardi venerunt ad eum, dicentes ex parte comitis, quod traderet ei civitatem Duveline, et Waterford, et alias firmitates suas, quas habebat causa uxoris sue, quæ fuerat filia regis Duvelinensis, qui jam obierat. Rex itaque audito hoc nuncio, mandavit comiti, quod redderet ei terram suam in Anglia et in Normannia, et planam terram in Hibernia, quam acceperat cum uxore sua; et concessit ei, ut esset comestabuli vel senescallus tocius Hiberniæ. Venerabilis Henricus episcopus Wintoniensis et abbas Glastonensis decessit in fata. Iste multa bona fecit ecclesiæ Wintonensis, in ornamentis auri et argenti et sericarum vestium. Divicias etiam suas ecclesiis et pauperibus larga manu distribuit. Ad augmentum virtutum etiam suarum, per aliquantulum temporis ante mortem suam lumine corporali privatus fuerat. Mense Augusto rex transivit in Angliam, et aggregatis tam militibus quam sumptibus, quæ ad tantam expeditionem erant necessaria vigilia beati Luce evangeliste transivit in Hiberniam (Oct. 17). Quam autem prospere transfretavit, applicuit, receptus sit, litteræ quas ad regem Henricum filium suum misit, indicant.

1172. Fredericus 21. Ludovicus 35. Henricus 18.

Henricus rex junior ad natale fuit ad Bur juxta Bajocum; et quia tunc primum tenebat curiam in Normania, voluit ut magnifice festivitas celebraretur. Interfuerunt episcopi, abbates, comites, barones, et multa multis largitus est. Et ut appareat multitudo eorum qui interfuerunt : cum Willermus de Sancto Johanne Normannie procurator, et Willermus filius Hamonis senescallus Brittannie, qui venerat cum Gaufrido duce Brittannie domino suo 666, comederent in quadam camera, prohibuerunt, ne quis miles comederet in eadem camera, qui non vocaretur Willermus; et ejectis aliis de camera remanserunt 117 milites, qui omnes vocabantur Willermi, exceptis plurimis aliis ejusdem nominis, qui comederunt in aula cum rege. 666*. Henricus dux Saxonum et Bajacorum, gener Henrici regis Anglorum, perrexit Jerusalem cum magno comitatu militum, et magna ibi incepisset, et forsitan incepta perfecisset, nisi rex et templarii obstitissent. Thesauros tamen, quos secum portaverat, larga manu distribuit pauperibus et ecclesiis Sancte Terre. Post pascha rex audiens, duos legatos, Albertum et Theodinum, ex parte donni pape Alexandri ad se missos pro causa pie memorie Thome quondam Cantuariensis archiepiscopi, cum esset in Hibernia, citissime venit de Hibernia in Angliam, de Anglia in Normanniam; et premissis ad eos honorabilibus personis, locutus est cum eis, primo Savigneii, postea Abrincis, tercio Cadomi, ubi causa illa finita est, sicut litteræ, publicæ testantur, quæ inde factæ sunt, et a multis personis quæ illuc convenerant, retinentur (665). Rex Henricus locutus est cum rege Francorum, et misit suum regem juniorem in Angliam, ut Margarita filia regis Francie uxor ejus consecraretur in reginam. Hanc inunxerunt ex consilio regis Francie Rotrodus archiepiscopus Rothomagensis et Egidius episcopus Ebroicensis, et coronaverunt regem et uxorem ejus. Circa festum sancti Michaelis congregavit rex episcopos Normannie et Britannie, et venit ipse et legati Abrincis, tractaturi de æcclesiasticis negociis; sed obsistente regis infirmitate parum profecerunt. Hujus conven-

VARIÆ LECTIONES.

666 *tres voces post hanc erasæ.* 666* *hic manus mutatur.*

NOTÆ.

(665) Exhibet cas Boucq. XIII, 155.

ROMANORUM. FRANCORUM. ANGLORUM.

tus causa venerunt usque ad Montem ad nos honorabiles persone multe, inter quas fuerunt religiosissimi viri, dominus Stephanus Cluniacensis et dominus Benedictus Clusinus abbates; et mutua vice societatem suam nobis et sibi nostram impendimus, sicut littere eorum, quæ a nobis habentur, et nostræ quæ ab ipsis asportatæ sunt, testificantur. Hoc etiam fecerat nobis piæ memoriæ Willermus Vizeliacensis abbas in capitulo Vezeliacensi; et cum his tribus ecclesiis, scilicet Cluniacensi, Clusensi, Vizeliacensi, habemus specialem societatem, et multum nobis et illis placentem. Circa festum sancti Martini venit junior rex cum uxore sua de Anglia, et locuti sunt cum rege Francorum, ipse apud Gisorz, ipsa vero apud Calvum Montem; quos rex letissime suscepit sicut filios suos.

1173. *Fredericus* 22. *Ludovicus* 36. *Henricus* 19.

Rex Henricus cum regina Alienor egit natalem Domini apud Chinum regaliter. Junior vero rex cum uxore sua Margarita eandem festivitatem apud Bonam Villam celebravit. Exinde secutus est patrem suum in Andegavensem pagum, moraturum in illis partibus usque ad purificationem beate Marie, quando rex debebat loqui cum rege Arragonie et cum comite de Morienna et cum comite de Sancto Egidio, pro causa Tolosæ ⁶⁶⁷. Guillermus abbas Radingensis factus est archiepiscopus Burdegarensis. Comes de Sancto Egidio (666) pacificatur cum rege Anglie de Tolosa, facto sibi humagio et Ricardo filio suo duci Aquitanorum. Promisit ei se daturum equos magni precii, quotannis 40; et si necesse habuerit, inveniet ei unoquoque anno ad servitium suum per 40 dies 100 milites. In quadragesima, quia rex Henricus senior removerat a consilio et famulatu filii sui Asculfum de Sancto Hylario et alios equites juniores, ideo ille iratus recessit a patre, et venit Argenthomagum, et recessit inde noctu, pergens ad regem Francorum, nescientibus ministris suis, quos pater suus servitio suo deputaverat. Quem secutus est comes Robertus Bellenti, relinquens castella sua sine custodibus; que rex Henricus occupavit. Comes etiam Cestrie Hugo a Sancto Jacobo Galliciensi rediens, secutus est cum; et Willermus Patric senior, et tres filii ejus, et multi alii minoris nominis; quorum omnium domos et virgulta et silvas rex evertit. Similiter regina Alienor et filii sui, Ricardus comes Pictavensis et Gaufridus comes Britannie, alienati sunt ab eo.

Feria 4 ante cenam Domini prior Cantuariensis et alie persone honeste venerunt ad Sanctam Barbaram in episcopatu Luxoviensi, ad regem Henricum et ad legatos Romanos Albertum et Theodinum; et

A elegerunt Rogerium abbatem Becci ad archiepiscopatum Cantuariensem. Ille vero pretendens infirmitatem suam, noluit adquiescere electioni eorum. Qui inde redeuntes in Angliam, convocatis episcopis et aliis religiosis personis, elegerunt in archiepiscopum Ricardum priorem de Duvira monachum suum. Ricardus etiam archidiaconus Pictavensis electus est ad episcopatum Wintoniensem; Gaufridus filius regis Henrici naturalis, archidiaconus Lincoliensis, ad Lincoliensem; Gaufridus Ridel archidiaconus Cantuariensis ad Eliensem; Robertus Foliot archidiaconus Lincoliensis ad Hercfordensem; Ragnerius ⁶⁶⁸ Lumbardus archidiaconus Salesberiensis ad Batensem; Goscelinus decanus Cistrensis ad Ciscestrensem. Posita autem die, qua consecraretur electus Cantuariensis et consecraret eque alios electos, in generali conventu episcoporum et aliorum qui convenerant, prior Cantuariensis protulit litteras Henrici regis junioris, in quibus dicebat eos non esse sacrandos; et si quis imponeret eis manus, invitabat eum ad audientiam domni pape. Et ita infecto negocio recesserunt unusquisque ad propria. Prior Wintoniensis factus est abbas Glastonie.

Post pascha Bernardus de Feritate vertit se et castellum suum regi juniori. Similiter Galerandus de Ibera, Goscelinus Crispinus, Gillebertus de Tegulariis, Robertus de Monteforti, Radulfus de Faie, Gaufridus de Lizenone, Hugo de Sancta Maura et ipsius filius, et Willermus camerarius de Tancharvilla veniens de Anglia. Philippus comes Flandrensis cepit castrum de Aubimare (667), et in eodem comitem Willermum dominum ipsius castri, et comitem Simonem (668). Inde comes Aucensis Henricus subdidit se et castella sua regi juniori et comiti Flandrensi. Post festum sancti Johannis rex Francorum Ludovicus, coadunatis baronibus suis ex omni regno suo, obsedit castrum Vernolum fere per unum mensem. In quo exercitu, ut dictum est a nonnullis, fuerunt septem milia militum, excepta reliqua multitudine. Quibus restiterunt viriliter Hugo de Laci et Hugo de Bello Campo constabuli ipsius castri et milites eis subditi cum burgensibus. Junior rex Henricus et Philippus comes Flandrensis et Matheus frater ejus comes Bolonie obsederunt novum castrum, quod dicitur Dringcurt, cum magno exercitu. Cui castro preerant Doun Bardulfus et Thomas ejus frater. Qui cum vidissent, se non posse resistere crebris assultibus eorum et suffossioni murorum, acceptis induciis perrexerunt ad regem Anglie dominum suum, nunciantes ei, quod non poterant resistere viribus inimicorum. Quare concessit eis rex, ut castrum redderent comiti Flandrensi. Matheus comes Bolonie, frater Phi-

VARIÆ LECTIONES.

⁶⁶⁷ *desinit hæc manus; redit quæ eam præcedit.*   ⁶⁶⁸ Rag. *cod.*

NOTÆ.

(666) Raimundus. BOUQ.   (667) Albemarle. BOUQ.   (668) Ebroicensem. BOUQ.

ROMANORUM. FRANCORUM. ANGLORUM.

lippi comitis Flandrensis, ex vulnere quod accepit in obsidione castri Dringcourt, mortuus est. Unde comes Flandrensis frater ejus dolens, accinxit militaribus armis Petrum fratrem suum, qui electus erat ad episcopatum Kamaracensem. 5 Idus Augusti vir religiosissimus donnus Stephanus abbas Cluniacensis viam universe carnis ingressus est (669); et successit ei Radulfus prior de Caritate (670); consobrinus comitis Theobaldi. Obiit etiam Rogerius comes de Clara; cui successit Gillebertus filius ejus, qui duxit filiam Guillermi [669] comitis Gloecestrie.

Rex Henricus, contracto magno exercitu tam equitum quam peditum, venit Britolium, volens hominibus suis in Vernolio a rege Francorum Ludovico obsessis ferre auxilium. Quod cum rex Francorum audisset, usus consilio sapientum, a castro recessit, relicta multa parte impedimentorum et victualium. Rex Henricus, convocatis baronibus Britannie, exegit ab eis sacramentum sue fidelitatis. Quod cum alii utcunque observarent, Radulfus de Fulgeriis (671) infideliter agens, vocatus a rege parere noluit; sed castellum de Fulgeriis, quod ipse rex prius destruxerat, cepit reedificare. Quod audiens Hasculfus de Sancto Hylario et Willermus Patric et tres filii sui, leti effecti per diverticula venerunt ad eum. Comes etiam Cestrie (672) et comes Eudo (673) secuti sunt eos. Cum rex Anglorum Henricus misisset Brebenzones suos ad devastandam terram Radulfi de Fulgeriis, et hoc ex magna parte fecissent, magna pars eorum, qui victualia ad exercitum deferebant, cum non haberent ducem neque protectorem, occisa est inter Sanctum Jacobum et Fulgerium a militibus Radulfi de Fulgeriis. Radulfus de Fulgeriis castrum sancti Jacobi tradidit incendio; similiter castrum Tilioli (674). Rex Henricus latenter veniens Fulgerium, ut interciperet Radulfum, audito ejus adventu fuge petiit remedium. Predam tamen tantam, quantam aliquis in nostro vix viderat, regis homines ceperunt. Siquidem Radulfus de Fulgeriis preceperat hominibus de omni terra sua, quod equos et armenta et pecudes et omnem substantiam suam ducerent in suam forestam; sed antequam intrarent nemoris latibula, ab inimicis intercepta sunt, et omnia sua amiserunt. Radulfus de Fulgeriis, delinitis custodibus precio et precibus, qui custodire debebant castrum de Cumburc et civitatem Dolensem ad opus regis Anglie, cepit illas munitiones. Quod rex audiens, misit Brebenzones suos et quosdam de militibus suis ad eorum auxilium, si necesse haberent.

A Quibus obviaverunt comes Cestrie, Radulfus de Fulgeriis, Hasculfus de Sancto Hylario, Willermus Patric, et universi milites de terra Radulfi de Fulgeriis, cum magna multitudine peditum. Qui quasi in momento dispersi, milites se fuge tradiderunt, et multi de plebe occisi sunt. Comes vero Cestrie, et Radulfus de Fulgeriis, et 60 milites cum eis, cum non possent effugere, quia inimici eorum obstruxerant viam fugiendi, incluserunt se in turri, excepto Hasculfo de Sancto Hylario et Willermo Patric et quibusdam aliis, qui capti ducti sunt ad Pontem Ursonis. Itaque obsessa est turris Doli a Brebenzonibus et militibus regis et plebe Abrincantina. Comes vero Eudo cum venisset de Francia, noluit morari cum Radulfo de Fulgeriis, sed abiit in Porroet, et firmavit castellum Goscelini, et cepit castellum Ploasmel. In sequenti opere potest videri probitas, industria et agilitas regis Anglie Henrici. Audivit nuntium de obsessione turris Doli, cum esset Rothomagi, nocte precedente diem Mercurii. Ipso vero die Mercurii, cum jam lux esset, recessit a Rothomago, et venit Dolum sequenti die circa terciam, et obsedit turrim. Et cum preparasset machinas ad turrem capiendam, inclusi sibi providentes reddiderunt turrim et se ad voluntatem regis. Inde rex misit eosdem per firmitates suas, ut ibi custodirentur. Quosdam vero, acceptis obsidibus, secum retinuit sub libera custodia.

Comes Robertus de Leccestria volens turbare regnum Anglie, ipse et uxor ejus et Hugo de Novo Castello consobrinus ejus, cum multis militibus transfretavit in Angliam. Sed interceptus ipse et uxor ejus et Hugo de Novo Castello, capti sunt a fidelibus regis juxta Sanctum Edmundum, et custodie traditi; et multi Flandrensium ibi occisi sunt, et multi alii capti et occisi; et forsitan ideo quia rapinam exercuerant in terra sancti Edmundi regis et martyris, quod non licuit alicui impune. Radulfus de Fulgeriis dedit obsides regi Anglie pro se filios suos, Ivellum et Willermum. Ipse vero nullatenus adquievit, ut se potestati regis traderet, sed fugiendo per nemora delitescit. Gaufridus de Poentio, et Bonus abbas de Rugeio, et alii exheredati de Media et de Andegavensi pago, et Radulfus de Haia Normanus, de nemoribus infestant terram regis, carentes munitionibus castellorum. Siquidem Brebenzones regis destruxerant castrum Quirce (675), sicut ante pessumdederant Fulgerium, et ceteras munitiones Radulfi. Robertus de Vitreio obiit, et successit ei filius suus Andreas, natus ex sorore Rollandi de Dinam. Idem vero Rollandus, quia carebat alio herede fecit heredem alium

VARIÆ LECTIONES.

[669] G. *habet* E. Wilhelmus 8[b].

NOTÆ.

(669) Cum nostro facit Chron. S. Stephani Nivernensis apud Martene thes. III, 1587. Reliqui mortuum dicunt anno 1174, postquam anno 1173 sponte abdicasset.
(670) La Charité-sur-Loire, d. Autissiod.
(671) Fougères.
(672) Hugo. BOUQ
(673) De Porhoët. B.
(674) Tilly. B.
(675) La Guerche. B.

ROMANORUM. FRANCORUM. ANGLORUM.
nepotem suum Alanum de omni terra sua, in presentia regis.

1174. *Fredericus* 23. *Ludovicus* 37. *Henricus* 20.

Rex Henricus egit natale Domini in Bajocensi pago apud Burum. Guillermus episcopus de Trigel (676) humane vite finem fecit, cui successit Ivo Brito, archipresbiter Turonensis. In loco etiam Haimonis episcopi Leonensis electus est quidam archidiaconus ejusdem ecclesie, non canonice, sed simoniace ; et cum haberet gratiam tam cleri quam populi, non promeruit consecrationem, impediente morte Jocii archiepiscopi Turonensis; in cujus loco elegerunt Turonenses clerici decanum ipsius ecclesie Bartholomeum, juvenem strenuum et genere nobilem. Guillermus Patric junior moritur Parisius, et Guillermus Patric pater ejus, cui successit Ingerrannus Patric filius ejus, qui duxit filiam Richardi filii comitis. Obiit abbas Sancti Florentii (677), et successit ei Radulfus Normannus[670]. Similiter satisfecit vite humane Nutritus reclusus, vir honestus et magne religionis, ad cujus tumulum, ut quidam dicunt, qui est juxta ecclesiam sancte Marie Ardevonensis, Deus magnificatur in curatione infirmorum. Obiit etiam anno superiore Hamo de Landecop monachus Saviniensis, qui propter religionem et bona opera in pauperes carus erat Deo et hominibus. Archiepiscopus Tarentasie (678), qui fuerat monachus de ordine Cisterciensi, per quem in nostris temporibus in exhibitione miraculorum Deus benedicitur, cum abbate Cisterciensi Alexandro missus a donno papa venit ad regem Francorum, pro reformanda pace inter regem Anglie Henricum et filium ejus regem juniorem ; sed impedientibus hominum peccatis, parum profecit. Circa pascha Ricardus electus Cantuariensis, qui anno superiori perrexerat Romam, a papa Alexandro sacratus est Anagnie. Raginerum[671] electum Batensem, socium ejus, sacravit archiepiscopus Tarentasie. Due regine ducuntur in Angliam.

Circa idem tempus Ludovicus rex Francorum congregavit Parisius omnes barones regni sui, qui ei parebant, et cum eis habuit secretum ministerii sui. Juraverunt ergo comes Flandrensis, comes Theobaldus, comes de Claromonte et multi alii, quod transfretarent cum juniore rege in Angliam circa festum sancti Johannis, et pro posse suo subjugarent ei idem regnum. Alii vero qui remanebant, juraverunt quod cum exercitu per Normanniam pergerent, et quecumque castella possent, caperent, et patriam vastarent, aut urbem Rothomagum obsidione cingerent. Quod et fecerunt, parum proficientes. Rex autem Henricus senior, qui multos de baronibus Francie oberatos habebat et magnis obsequiis et donis eos sibi familiares fecerat, hoc cognito per eos, castella sua que erant in finibus Normannie juxta Franciam, armis, militibus et victualibus munivit. Removit etiam quosdam custodes castellorum, ne aliquam sibi fraudem facerent per receptionem inimicorum suorum et longam moram. Inde locutus cum baronibus Normannie, eos admonuit, obsecravit, ut viriliter agerent, et rememorarentur, quod parentes eorum multoties Francos a finibus suis turpiter eliminassent. Inde assumptis paucis, immo fere nullis de baronibus Normannie, cum Brebenzonibus suis transivit in Angliam. Qua autem humilitate sepulcrum beati martyris Thome visitaverit, notandum est. Ut autem vidit ecclesiam Cantuariensem, desiliens equo, in veste lanea et nudis pedibus pedes usque ad illam per paludes et acuta saxa cum summa devotione perrexit. In oratione ad sepulcrum gloriosi martyris in lacrimis tam devotus extitit, ut videntes ad lacrimas cogeret. Feria sexta illuc venerat, et inpransus tota nocte ibi vigilavit. Mane autem facto, in capitulum monachorum pergens, subdit se verberibus eorum, imitatus Redemptorem, qui dorsum suum dedit ad flagella. Sed ille fecit propter peccata nostra, iste propter propria. Eadem autem die, qua recessit a sancto loco, captus est Guillermus rex Scotie apud Anvich a baronibus Eboracensibus ; qui rex tota estate cum Rogerio de Moubrai et aliis complicibus suis vastaverat septemtrionales partes Anglie, pertingentes ad Scotiam. Quarta feria sequenti audivit rex nuntium tanti gaudii. Rex Henricus exhilaratus tanto nuntio, facta pace cum comite Hugone Bigodi, et positis in firma custodia Guillermo rege Scotie et Rogerio comite Leccestrie, cum comitibus suis transfretavit in Normanniam, relinquens Angliam in pace, quam fere perditam in triginta diebus recuperaverat. Veniens itaque Rothomagum, misit marchisos suos Walenses trans Sequanam, ut victualia que veniebant ad exercitum Francorum, in nemoribus diriperent. Franci igitur ex una parte timentes regem, ex alia Walenses, de pace locuturi ad regem conveniunt. Unde rex exhilaratus terminum de pace inter eos reformanda posuit ad nativitatem sancte Marie apud Gisorz. Quo termino elapso, ex utraque parte convenerunt; sed nichil profecerunt, nisi quod alium terminum circa festum sancti Michaelis posuerunt inter Turonum et Ambasium. Quo loco, Deo favente, pax provenit, et filii regis tres se patri suo humiliter subdiderunt, et rex Francorum et comes Flandrensis firmitates quas ceperant in Normannia, regi Anglie reddiderunt. Ego vero pacem istam ascribo Domine nostre Jesu Christi genitrici, quia in vigilia assumptionis ejus universus exercitus ab obsidione recessit, et cives Ro-

---

VARIÆ LECTIONES.

[670] Guill. Patric — Normannus *in rasura manu eadem*. [671] Rag. *habet* E.

NOTÆ.

(676) Tréguier. BOUQ. (677) Salmuriensis. (678) Petrus. BOUQ.

ROMANORUM. FRANCORUM. ANGLORUM. — A cerent. Episcopi vero et abbates homagium non fecerunt; sed sacramento se constrinxerunt, se hoc observaturos, et quod forent subditi ecclesie Eboracensi et archiepiscopo, et illo irent causa sacrandi, quociens necesse esset. Insuper rex Guillermus tradidit munitiones suas, scilicet Rocheburc et Castrum Puellarum et tertium [673], regi Anglie, qui posuit in eis custodes suos; quibus etiam rex Scotie inveniet necessaria. Preterea rex Anglie dabit honores, episcopatus, abbatias, et alios honores in Scotia, vel ut minus dicam, consilio ejus dabuntur. Prior Cantuariensis factus est abbas de Bello; Petrus prior Montis Acuti, Hydæ; prior Bermendesie, Abbendonie; prior Wintonie, Westmonasterii. De quibusdam minutaribus abbatibus tacemus. Johannes Oxenefordie, decanus Salesberiensis, electus est ad episcopatum Norwicensem. Obiit Raginaldus comes Cornubie, prioris Henrici regis filius naturalis, et sepultus est Radingie. Comitatum Cornubensem et totam terram, quam habuerat tam in Anglia quam in Normannia et in Walis, retinuit rex in manu sua, ad opus Johannis filii sui junioris, excepta parva portione, quam dedit filiabus ipsius comitis. Robertus abbas Montis, scriptor horum temporum, pergens in Angliam promeruit a donno rege cartam et sigillum omnium elemosinarum ecclesiæ Montis, que date fuerant predicte ecclesie usque ad presens tempus et dabuntur in futurum [674]. Richardus filius comitis Gloecestrie obiit, et successit ei Philippus filius ejus, natus ex sorore Roberti de Monte Forti. Obiit etiam Henricus, frater Lodovici regis Francorum, archiepiscopus Remensis. Similiter comes Nivernensis (682). Et quod dolendum est, et tacendum nisi ob memoriam justi viri, abbas Clarevallensis Girardus a quodam pseudomonacho ejusdem ordinis nocte cultro ter appetitus, letaliter vulneratus est. Per triduum tamen quod supervixit, confessionem, penitenciam et sacramenta corporis Christi suscipere promeruit [675]. Richardus archiepiscopus Cantuariensis congregavit magnum concilium in Anglia, civitate Lundonensi. Et adhuc vetus querela de primatu Britannie inter ipsum et Rogerium archiepiscopum Eboracensem perseverat. Similiter Bartholomeus archiepiscopus Turonensis concilium habuit cum episcopis Britannie Redonis. Hugo Petri Leonis, legatus sedis Romane, transit in Angliam [676].

thomagenses letum diem egerunt in ecclesia ipsius, sicut debebant, ab obsidione liberati. Post festum sancti Johannis moritur Ammaricus rex Jerosolimitanus, et successit ei Baldewinus quartus filius ejus. Obiit etiam Loradin rex Alaprie, et successit ei filius natus ex sorore comitis Sancti Egidii, quam acceperat captivam in itinere Jerosolimitano. Ipsa vero et filius, assumptis induciis usque ad septem annos, promiserunt se daturos plurimam summam auri regi Jerosolimitano. Saraguntat nepos ipsius Loradin occidit Amulanium Babylonie, et factus est princeps Babylonie et Alexandrie. Mortuo Drogone abbate Sancte Trinitatis, successit ei Guillermus de Espervila, monachus Becci, prior de Evermo. Mortuo etiam Roberto abbate Cormeliensi, successit ei Hardewinus monachus Becci, prior sancti Theodemiri [672].

1175. *Fredericus* 24. *Ludovicus* 38. *Henricus* 21.

Rex Henricus egit natale Domini apud Argenthomagum. Fredericus imperator Alemannorum, cum uxore et liberis et cum maximo exercitu veniens in Italiam (679), obsedit Alexandriam usque ad pascha (680), nichil proficiens, sed multa detrimenta sustinens. Guarinus de Gelardun, abbas Pontiniacensis, factus est archiepiscopus Bituricensis, sicut abbas, qui idem monasterium ante illum rexerat (681), factus fuerat archiepiscopus Lugdunensis. Circa pascha junior rex pacificatus est cum patre suo, accepto ab eo et fratribus suis sacramento, quod voluit. Inde rex misit ducem Ricardum filium suum in Aquitaniam; et Gaufridum filium suum comitem Britannie in Britanniam, assignans ei Rollandum de Dinam, ut esset procurator terre sue. Fredericus imperator Alemannorum recessit ab Alexandria, et tractatum fuit de reformanda pace inter domnum papam et ipsum; sed imperator noluit adquiescere paci stante Alexandria, quam Longobardi noluerunt subvertere, et ita pax remansit. Ipse vero adhuc moratur Papie, non valens procedere nec reverti. Gaufridus dux Britannie ea que comes Eudo habebat de dominio suo, scilicet Venetum, Ploasmel, Aurai, medietatem Cornubie, revocavit in dicionem suam. Post pascha rex Henricus et filius suus rex junior, transfretavit in Angliam. Quia vero clerici et laici, barones et milites, ceperant de cervis suis sine ipsius licentia, emunxit eos multo argento. Rex Scotie pacificatus est cum rege Anglie hoc modo. Fecit ei homagium et ligantiam de omni terra sua, ut proprio domino; et concessit, ut omnes episcopi terre illius, qui sunt numero decem, et abbates et comites et barones hoc idem fa-

1176. 25. 39. 22.

Nix et gelu duraverunt a nativitate Domini usque ad purificationem beate Marie. Obiit Richerius de Aquila, et successit ei Richerius filius ejus. Obiit Richardus comes de Streguel, filius comitis Gisle-

VARIÆ LECTIONES.

[672] *superscriptum ab eadem manu*: vel Himerii. *Hoc habet* 8^h. [673] *post hanc vocem spatium nomini inscribendo relictum in* E. puellarum i. Edemesburch, et tercium i. Berewic 7^h. [674] *habitus mutatur; nec tamen manus ipsa.* [675] *manus habitus mutatur, non scriptor.* [676] *post hæc habitus manus mutatur.*

NOTÆ.

(679) Oct. 1174.
(680) Inde a d. 29 Oct. 1174.

(681) Guichardus. BOUQ. cf. supra a. 1165.
(682) Guido. BOUQ.

ROMANORUM. FRANCORUM. ANGLORUM.

berti, relinquens parvulum filium ex filia regis Duveline. Iste adquisivit quasdam civitates in Hibernia, scilicet Duvelinam et Watrefelth et alias, quas Henricus rex Anglorum, cum in eandem insulam pergeret, accepit in manu sua. Hibernenses promiserunt regi Henrico tributum de omni insula, scilicet de unaquaque domo corium bovis vel duodecim argenteos. In vigilia pasche circa meridiem factus est ventus vehemens, dissipans domos et silvas eradicans [677].

1177. *Fredericus* 26. *Ludovicus* 40. *Henricus* 23.

In septimana pentecostes Longobardi, maxime Mediolanenses, debellaverunt exercitum Frederici imperatoris Alemannorum, qui tunc morabatur in Papiensi urbe. Ipse vero vix fugiendo evasit. Guillermus, frater comitis Thebaldi archiepiscopi Senonensis et episcopus Carnotensis, translatus est ad Remensem archiepiscopatum; et successit ei Senone prepositus Autisiodorensis et archiepiscopus Senonensis, Guido nomine. In Carnotensi urbe Johannes Salesberiensis, vir honestus et sapiens, qui prius fuerat clericus Thebaldi Cantuariensis archiepiscopi, et postea sancti Thome martyris, successoris ejusdem Theobaldi. Mortuo episcopo Belvacensi (683), successit ei Philippus, filius comitis Roberti, fratris regis Francorum. Guillermus rex Sicilie, ducatus Apulie, principatus Capue, per honorabiles legatos requisivit Johannam filiam Henrici regis Anglorum in uxorem, et accepit. Obiit Rogerius abbas Gemmeticensis, monachus Becci. Obiit etiam Radulfus abbas Salmuriensis, cui successit Manerius sacrista ejusdem loci. Obiit etiam Guillermus de Curceio, relinquens parvulum filium ex filia Richerii de Aquila. Cessit etiam in fata Willermus de Albincio, quem vocabant comitem d'Araundel, relinquens filios quatuor, scilicet Guillermum de Albincio primogenitum, et alios tres natos ex Æliza regina, uxore primi Henrici regis Anglorum. Qui Guillermus duxit relictam Rogerii comitis de Clara, filiam Jacobi de Sancto Hilario cum omni terra, quam idem Jacobus habuerat in Anglia.

Philippus comes Flandrensis accepta cruce Domini cum magna manu militum perrexit Jerusalem. Hasculfus de Sancto Hilario perrexit Jerusalem, et peregre mortuus est. Petrus frater Philippi comitis Flandrensium, accepta comitissa Nivernensi (684), que fuerat uxor domini Issoldunensis castri (685), mortuus est (686), et ideo forsitan, quia miliciam spiritualem, id est clericatum, dimiserat, utpote qui fuerat electus ad episcopatum Cameracensem; relicta spirituali milicia miles seculi factus fuerat. Hic ex eadem comitissa genuit unam filiam. Quam comi-

A tissam cum eodem comitatu (687) accepit comes Robertus, filius comitis Roberti, fratris Ludovici regis Francorum; et ita facta est quadrigama. Obiit venerabilis vir Robertus abbas Majoris Monasterii, et successit ei Petrus, monachus ejusdem loci. Deposito (688) Radulfo abbate Cluniacensi, consobrino comitis Thebaudi, Gauterius prior Sancti Martini de Campis successit ei, et ille exabbas factus est iterum prior Caritatis. Cessit etiam in fata Robertus de Blangeio, vir honestus et religiosus, monachus Becci et abbas Sancti Ebrulfi. Nichilominus etiam satisfecit humane vite Osbertus abbas Lire, cui successit frater ejus Gauterius junior; sicut et ipse successerat seniori fratri suo Guillermo; quod vix aut nunquam invenies, ut tres fratres sibi invicem succedant in regimine alicujus ecclesie. Obiit Hugo Bigot comes, et successit ei Rogerius filius ejus. Rogerius de Cripta, monachus Sancte Trinitatis Cantuariensis, factus est abbas Sancti Augustini, ejecto Clarenbaudo electo illius monasterii, qui noluit accipere benedictionem a Sancto Thoma, et ideo elongata est ab eo. Quinta feria in cena Domini occisus est Sanctus Guillermus a Judeis Parisius, qui concremati sunt igne. Benedictus prior Cantuariensis factus est abbas de Bure. In estate et autumpno fuit maxima siccitas, unde et satio terre, messis et fenum ex majori parte periit, et collectio messium et vindimiarum solito cicius evenit. 9 Kalendas Augusti concordati sunt domnus papa Alexander et Fredericus imperator Romanus in civitate Venetie, in domo patriarche ipsius civitatis. Mense Augusto Henricus rex Anglorum senior et Gaufredus dux Britannorum, filius ejus, cum maximo apparatu transfretaverunt in Normanniam, quibus obviaverunt junior rex Henricus et Ricardus dux Aquitanorum, filius ejus, cum multis baronibus, cum gaudio magno et honore. Rex Henricus assumptis filiis suis Henrico juniore et Richardo duce Aquitanorum, et congregatis baronibus suis apud Vadum sancti Remigii, cum rege Francorum loquutus est ea que ad pacem sunt, et de susceptione crucis ad servicium Dei. Inde domnus rex misit filium suum comitem Britannie cum ceteris Britonibus ad expugnandam superbiam Guihomari de Leons. Mauricius episcopus Parisiensis jam diu est quod multum laborat et proficit in edificatione ecclesiæ predictæ civitatis, cujus caput jam perfectum est, excepto majori tectorio. Quod opus si perfectum fuerit, non erit opus citra montes, cui apte debeat comparari. Mortuo Waleranno filio Guillermi Lupelli, turris Ilrcii venit in manum domni regis, quam multum

VARIÆ LECTIONES.

[677] hic desinit quaternio et manus.

NOTÆ.

(683) Bartholomæo, qui obiit xvi Kal. Jun. 1175. BOUQ.
(684) Mathilde, filia Raimundi comitis Burgundiæ, primo nupta Odoni II Issoldunensi, deinde Guidoni comiti Nivernensi. BOUQ.
(685) Issoudun, in Berry.

(686) A. 1176, secundum Contin. Sigeb. Aquicinct.
(687) Falsum; comitatum hereditavit filius Mathildis atque Guidonis Guillelmus. BOUQ.
(688) Alii cum jam a. 1176, sponte renuntiasse dicunt.

ROMANORUM. FRANCORUM. ANGLORUM.

cupierat ; quam nec pater ejus, nec avus habuerunt.

Rex Henricus perrexit in Bituricensem pagum, et accepit in manu sua castrum Radulfi de Dolis, quia erat de feudo ejus, et filiam unicam domini ejusdem castri, cum tota hereditate ipsius, quam dicunt quidam tantum valere, quantum valet redditus totius Normannie. Isoldunense etiam castrum cum omnibus pertinentiis suis, quia Odo dominus ejusdem castri nuper decesserat et parvulum filium reliquerat, et ad comitatum Andegavensem pertinebat, barones, qui illud custodiebant, obtulerunt ei : quod noluit recipere, quia non habebat heredem, quem dux Burgundie, quia cognatus ejus erat, furtim abstulerat. Castrum etiam munitissimum et arte et natura Turonium, vicecomes ejusdem castri reddidit ei. Totam etiam terram comitis de Marcha rex Henricus 6 milibus marcis argenti emit, valentem, ut idem rex dixit, 20 milia marcas argenti. Episcopus Lemovicensis (689), qui erat comes ejusdem civitatis, cum per decennium vixisset in cecitate, mortuus est. Castrum etiam juxta predictam civitatem situm, in quo requiescit sanctus Martialis in monasterio suo, Richardus dux Aquitanorum abstulit vicecomiti ejusdem castri (690); et merito, quia adjuvabat partes comitis Engolismensium (691), qui infestabat ipsum ducem. Obiit Ruaudus Venetensis episcopus, vir religiosus, monachus Cisterciensis. Guihomarus de Leion venit ad domnum regem, promittens se de omni terra sua facere voluntatem ejus. Iarnagem de Roca reddidit idem castrum domno regi et comiti Gaufrido filio ejus. Sicut fuerat in estate maxima siccitas, ita fuit hieme maxima inundatio aquarum. Hoc anno circa festivitatem sancti Johannis multi summersi sunt in fluminibus. In mari etiam multe naves perierunt, inter quas una, que portabat Gaufridum prepositum de Beverle, nepotem Rogerii archiepiscopi Eboracensis, cancellarium regis junioris, et alios multos nobiles, aput Sanctum Valericum periit. Perierunt preterea naves multe, que afferebant vinum de Pictavensi pago, ut quidam dicunt, fere triginta vel eo amplius. In festivitate sancti Martini canonici Dolenses elegerunt in archiepiscopum Rollandum decanum Abrincensem, virum religiosum et litteratum; cui electioni interfuerunt Henricus Bajocensis et Richardus Abrincensis episcopi, et Robertus abbas de Monte, et multi viri relligiosi. In nocte sancti Andree factus est ventus vehemens; et in ipsa festivitate et in predicta vigilia apparuit lux maxima mane, veniens ab oriente usque in occidentem ; qua die pugnaverunt Christiani cum paganis apud Sanctum Georgium de Ramula. Putabat enim Saaladin, qui duxerat uxorem Noradin jam defuncti, quod posset capere urbem Jerusalem defensoribus destitutam :

A quia comes Flandrensis duxerat fere omnes christianos milites ad obsidionem Harenc. Sed tamen rex Jerusalem et patriarcha et alii religiosi viri, habentes paucos milites et servientes, per virtutem sancte crucis vicerunt innumerabilem exercitum paganorum ; cujus crucis longitudo a terra usque ad celum paganis apparuit, sicut ipsi dixerunt. In hac victoria christiani auro et argento, equis et armis et victualibus locupletati sunt.

1178. *Fredericus* 27. *Ludovicus* 41. *Henricus* 25.

Rex Henricus senior tenuit curiam suam ad natale Andegavis; et ibi cum illo fuerunt junior rex Henricus et Richardus dux Aquitanie et Gaufredus dux Brittannie, filii ejus, et vix in aliqua festivitate tot milites secum habuit, nisi in coronatione sua, sive in coronatione filii sui regis junioris. Obiit Stephanus vir honestus et litteratus, episcopus Redonensis. Huic accidit quedam visio mirabilis, quam ipse episcopus cuidam monacho familiari nostro ante mortem suam manifestavit. Quedam enim persona ei apparens, levi sibilo hos versus ei dixit : *Desine ludere temere, nitere surgere propere de pulvere.* Ipse enim multa ritmico carmine et prosa jocunde et ad plausus hominum scripserat ; et quia miserator hominum cum in proximo moriturum sciebat, monuit eum ut a talibus abstineret et penitentiam ageret. Scripsit etiam vitam sancti Firmati episcopi, et vitam sancti Vitalis primi abbatis Savigneii. Scripsit etiam michi quinquaginta versus de senectute, in quorum ultimo predictorum versuum unam clausulam posuit. Cui etiam mater misericordie apparuit in obitu suo, cui devote semper servierat. Obiit Gaufredus episcopus Andegavensis. In media quadragesima, 4. Kal. Aprilis, dedicata est ecclesia Becci a Rotrodo archiepiscopo Rothomagensi et Henrico Bajocensi et Richardo Abrincensi et Egidio Ebroicensi episcopis. Huic dedicationi interfuerunt reges Anglorum, pater et filius, et Johannes minor filius regis. Dedit autem rex senior in dotem ecclesie 100 libras Andegavenses annuatim, in molendinis suis de Roobec (692). Robertus de Argentiis, cellerarius Gemmeticensis, factus est abbas ejusdem ecclesie. Galterius subcellerarius Sancti Wandregisilii, factus est abbas ejusdem monasterii. Radulfus de Sancta Columba factus est abbas Sancti Ebrulfi, monachus ejusdem loci. Obiit Jordanus Tessun, et successit ei Radulfus filius ejus, qui fecit hominium abbati Montis apud Montem de castello de Rocha et de Columba. Guillermus rex Sicilie fecit cartam fieri Johanne regine sue uxori, de dotalitio suo ; cujus partem hic posuimus : *Guillermus divina favente clementia rex Sicilie, ducatus Apulie, principatus Capue, per hoc presens scriptum damus et in dotalitium concedimus Johanne karissime uxori nostre, Henrici magnifici regis Anglorum filie, civitatem Montis sancti Angeli, civitatem Siponti, et civitatem*

NOTÆ.

(689) Geraldus BOUQ.
(690) Ademaro BOUQ.

(691) Guillelmi BOUQ.
(692) Fluviolus Rothomagi.

ROMANORUM. FRANCORUM. ANGLORUM. *Vestæ, cum omnibus justis tenementis suis et pertinentiis earum. In servicio autem concedimus ei de tenementis comitis Gofredi, Alesine, Peschizam, Bizum, Caprile, Baranum, et Silizum, et omnia alia que idem comes de honore ejusdem comitatus Montis sancti Angeli tenere dinoscitur. Concedimus etiam ei similiter in servicio Caudelarium, Sanctum Clericum, castellum Paganum, Bisentinum, et Cognanum. Insuper concedimus, ut sint de tenemento ipsius dotarii monasterium sancti Johannis de Lama, et monasterium sancte Marie de Pulsano, cum omnibus tenementis, que ipsa monasteria tenent de honore predicti comitatus Montis sancti Angeli. Ad hujus autem donationis et concessionis nostre memoriam et inviolabile firmamentum presens privilegium per manus Alexandri notarii nostri scribi, et bulla aurea tipario impressa roboratum nostro sigillo jussimus decorari. Hujus carte et testes et regis sigillum invenies in principio libri Origenis super Numerum* (693).

Ludovicus rex Francie et Henricus rex Anglie conveniunt ad colloquium haut procul a Nonantiscurte; et ibi tractaverunt de pace et firma concordia inter eos, et de susceptione crucis, ut de itinere eorum in Jerusalem; et si aliquis regum illorum cedat in fata in ipso itinere, quod Deus avertat, superstes omnem thesaurum et omnes homines suos et omnia mobilia sua habebit sicut propria, et iter perficiet pro se et pro defuncto. Heretici, quos Agenenses vocant, et alii multi convenerunt circa Tholosam, male sentientes de sacramento altaris et de conjugio et aliis sacramentis, ad quorum confutationem Petrus legatus Romanus et multe alie religiose persone cum predictis regibus convenerunt, et parum profecerunt. Obiit Robertus de Monte Forti, et successit ei Hugo filius ejus, natus ex sorore Radulfi de Fulgeriis. Civitas Carnotum combusta est, et monasterium beati Petri de Valle; remansit tamen Dei misericordia ecclesia sancte Marie, et claustrum clericorum.

1179. *Fredericus* 28. *Ludovicus* 42. *Henricus* 26. Philippus comes Flandrensis rediit a Jerusalem. (*An.* 1178. *Oct.*) Manuel imperator Constantinopolitanus misit ad regem Francorum honorabiles legatos, ut daret filiam suam filio ejus; quod rex concessit. Alexander papa misit Octavianum subdiaconum Romane æcclesiæ ad Rothomagensem provinciam, ut convocaret archiepiscopum et suffraganeos ejus et abbates illius provincie. Et misit similiter alios subdiaconos ad orientem et occidentem, meridiem et septentrionem, ut convenirent ad concilium generale, quod erat futurum proxima quadragesima in civitate Romæ. Episcopus de Trigel (694), cum pergeret Romam, ablatis rebus omnibus suis et equis, verberatus est, ita ut deficeret infra octo A dies. In loco ejus electus est Gaufredus Lois, filius cujusdam burgensis ejusdem nominis de Guingamp. Henricus rex Anglorum senior circa nundinas Montis Martini transfretavit in Angliam. Radulfus frater vicecomitis de Bellomonte, cognatus germanus Henrici regis Anglorum, electus est ad episcopatum Andegavensem. Eclypsis solis facta est Idibus Septembris. Abbas Gresteni mortuus est (*an.* 1178), cui successit Guillermus de Exonia, monachus Becci. Obiit Richardus Constantiensis episcopus (695). Eodem anno obiit Robertus abbas Majoris Monasterii, et successit ei Petrus, monachus ejusdem loci, qui mortuus est, cum vixisset in regimine abbatie fere per unum annum; cui successit Herveus de Villa Pirosa, monachus ejusdem loci. Hiemps facta est maxima, et duravit nix fere usque ad purificationem sancte Marie, que incepit infra 8 dies post natale Domini. Inundatio aquarum maxima fuit, et maxime aput urbem Cenomannensem, pontes et domos et molendina subvertens, et homines multos perimens. Hoc etiam accidit Andegavis, et in multis aliis locis.

Gaufredus filius regis Henrici, dux Britannie, viriliter egit. Nam Guihomarum vicecomitem Leonensem, qui nec Deum timebat nec hominem verebatur, et filios ejus ita subegit, quod omnia castella eorum et terram in manu sua cepit, et duas tantummodo parrochias Guihummaro seniori permisit, usque ad proximum natale Domini, quo erant Jerusalem ituri ipse et uxor sua, et forsitan non redituri. Guihummaro juniori undecim parrochias de terra patris sui concessit, retento secum de familia sua Herveo fratre ejus. Similiter fecit Richardus dux Aquitanie, frater ipsius Gaufredi, de Gaufredo de Rancun; nam Castrum Talleborc, quod videbatur inexpugnabile, munitum arte et natura, obsedit, cepit, diruit: et similiter quatuor alia castella ipsius. Similiter fecit donno de Ponz, destruendo scilicet castellum suum Ponz; qui erat confederatus ipsi Gaufredo. Comes Richardus filius regis Henrici, post destructionem Tailleborc cum perrexisset in Angliam ad sanctum Thomam et ad videndum patrem suum, quidam Basdi et Navarenses et Brebenzones venerunt ad urbem Burdegalensem, et ipsam urbem vastaverunt in suburbiis flammis et rapina. Guillermus comes de Magna Villa, ducta filia Guillermi comitis Albemarle, factus est comes Albemarle. Richardus de Luce renunciavit seculo et regiis negociis, et successit ei Richardus nepos ex Gaufredo filio suo. Cum filia regis Francorum (696) duceretur ad conjugium filii imperatoris Constantinopolitani, hospitata est aput Sanctum Benedictum super Ligerim; cumque quidam ex famulis ejus vellet accelerare ignem injecto oleo, flamma exivit per

NOTÆ.

(693) Scilicet in armario Montis S. Michaelis.
(694) Ivo BOUQ.
(695) D. 18 Nov. secundum necrologia; sed incertum, utrum hoc anno an a. 1178. BOUQ
(696) Agnes.

foramina camini, et cecidit super tectum camini, et hoc casu tota abbatia combusta est.

Cum rex Francorum vellet coronare filium suum Philippum, posuit locum Remis, terminum assumptionem beate Marie; et congregatis que ad tantum negotium necessaria erant, et convocatis omnibus baronibus totius regni Francie, ut ad eundem locum convenirent, juvenis coronandus obiter cum suis similibus in silvam venatum divertit, et amissis omnibus sociis, per unam noctem in silva vagabundus permansit. Tandem invento quodam homine, qui ad opus fabrorum carbones parabat, per eum ad socios suos reductus est. Ex solitudine tamen et pavore tantam infirmitatem incurrit, quod coronatio ejus tunc remansit. Pater autem ejus iratus, et pro se et pro filio rogaturus, ad memoriam beati Thome in Angliam perrexit, cui multam humanitatem exhibuit, cum in Galliis exularet. Dedit autem idem rex, ob amorem et honorem Dei et beati Thome, monachis in Cantuariensi ecclesia jugiter Deo famulantibus centum modios vini, singulis annis prefatis monachis accipiendos. Quo autem honore, quo gaudio, et quam multiplici donorum largitate rex Henricus cum susceperit, non est nostrum edicere. Manuel imperator Constantinopolitanus vindicavit se hoc anno de Solimano Iconii, qui anno superiori illum fugaverat, et multos de militibus suis ceperat, insuper et crucem dominicam ei abstulerat. Manuel enim imperator fugavit eum, et multos de militibus ejus cepit, et ipse Solimanus urbem Iconii vacuam reliquit.

Sententia cujusdam astrologi de plagis futuris: *Ab anno presenti incarnationis domini nostri Jesu Christi 1179 in septem annis, mense Septembri, 12 indictione, sole existente in libra, er t, si Dominus voluerit, conjunctio omnium planetarum in libra et cauda scorpionis. Ibi est admirabilis rerum mutabilium mutationis significantia: sequetur enim terre motus mirabilis, et destruentur loca consueta perditioni, per Saturnum et Martem manentes in signis aeris; et erit mortalitas et infirmitas. Ostendit etiam eadem conjunctio ventum validum denigrantem aerem et obscurum reddentem, et venenis infectum; et in vento vox terribilis audietur, et terrebit corda hominum, et a regionibus arenosis sabulonem accipiet; harenis civitates proximas in planicie cooperiet, et primo civitates orientales, Meccam, Baldas et Babiloniam, et omnes civitates proximas harenosis locis; nulla quidem evadet que harenis et terra non operiatur. Signa autem hujus rei sunt hec et precedent. Erit in eodem anno antequam planete conveniant in* A *libra, eclipsis solis, qua totum corpus ejus obscurabitur, et oppositione precedente, luna tota patietur eclipsim; et erit eclipsis solis ignei coloris, et deformis, ostendens majorum bellum futurum cum effusione sanguinis, prope fluvium, in terra orientis, similiter et occidentis. Tunc cadet dubietas inter Judeos et Sarracenos, donec derelinquant penitus synagogas et monummerias suas; et eorum secta jussu Dei adnichilabitur; unde vobis notum sit, ut cum eclipsim videritis, a terra exeatis cum omnibus vestris* [678].

1180. Fredericus 29. Ludovicus 45. Henricus 27.

[1179, Mart. 5.] *De concilio quod Alexander papa tertius tenuit Rome.* Alexander papa III. tenuit generale concilium Rome media quadragesima. Cujus decreta, que ab eo et ab aliis coepiscopis ejus ibi constituta sunt, apud nos habentur. Manuel imperator Constantinopolitanus dedit Rainerio filio Willermi principis Montis Ferrati filiam suam, natam ex priore uxore sua. Que cum diceret, se nunquam alicui nupturam, nisi esset rex: imperator exhilaratus, fecit se coronari et uxorem suam et Alexium filium suum juniorem imperatorem cum uxore sua filia regis Francorum. Similiter fecit coronari Rainerium filium marchisi Montis Ferrati cum filia sua, quam ei dederat; et dedit ei honorem Thesolonicensium, qui est maxima potestas regni sui post civitatem Constantinopolitanam. [1179.] Conradus, frater ejusdem Rainerii, cepit et incarceravit Christianum archiepiscopum Maguntiensem et cancellarium imperatoris Alemannorum. Rex Marroc, in cujus potestate est tota Affrica, et etiam Sarraceni, qui sunt in Hispania, mittebat filiam suam, ut quidam rex Sarracenorum duceret eam in uxorem. Quam stolus et galee regis Sicilie invenerunt et adduxerunt ad dominum suum; unde rex letus pacificatus est cum patre ejus, illa reddita; et pater ejus reddidit regi Sicilie duas civitates, scilicet Affricam et Sibiliam, quam Sarraceni abstulerant Willermo regi Sicilie, patri istius regis. [1179.] Rex Jerusalem, princeps sanctus et honestus, a Deo flagellatus, quia flagellat Deus omnem filium quem recipit, adjutus a christianitate transmarina, fecit castrum munitissimum et arte et natura super fluvium Jordanem, quod vocatur Vadum Jacob, ubi luctatus est Jacob cum angelo; jocundum amenitate nemorum et pratorum et piscium et molendinorum, et proximum civitatibus Belinas et Damas. Et quia Agarenis per hoc vadum transitus est in terra christianorum, illud quam plurimo odio habent. Obiit Rogerius Wigornensis episcopus Turonis (697), vir genere et moribus honestus; siquidem pater ejus Robertus comes

VARIÆ LECTIONES.

[678] *abhinc habitus manus paululum tantum mutatur, non manus ipsa.* In voce ‹ exeatis cum › desin't E6. in fine folii, sequentibus omissis.

NOTÆ.

(697) A. 1179. secundum Benedictum Petroburgensem.

ROMANORUM. FRANCORUM. ANGLORUM.

Gloecestrensis fuit filius primi Henrici regis Anglorum, mater ejus filia Roberti Belismensis, et Robertus filius Haimonis, dominus de Torigneio, fuit avus ejus. Obiit Egidius Ebroicensis episcopus (698). Obiit Rogerius abbas Becci, vir relligiosus et honestus et literatus et timens Deum. Nullus predecessorum suorum, excepto sancto Herluino primo abbate, tanta fecit in Becco monasterio, quanta ipse. Ecclesia siquidem fere tota edificata est in tempore suo, et dedicata; cujus pulchritudini nulla equatur in tota Normannia. Fecit cameras cum caminis, unam super alteram, ad susceptionem hospitum et personarum. Fecit etiam domum infirmorum ingentis pulchritudinis et magnitudinis. Melioravit dormitorium in maceriis, in vitreis et coopertura. Fecit et aqueductum, per quem adduxit fontem pulcherrimum de longinquo, qui dividitur per officinas monasterii; fecit et conquam pulcherrimam ad recipiendam aquam, et tectum desuper edificavit. Maximam summam pecunie dedit Roberto comiti Mellenti pro mercato quod fecit in villa Becci. Tempore ipsius assumpti sunt de Beccensi ecclesia duodecim abbates ad regimen ecclesiarum, quorum ego, qui hec scribo, secundus fui. Rexit autem monasterium Beccense triginta et uno anno (699), decem diebus minus; successit Osbernus prior Bellimontis, monachus ejusdem loci. Isti tres supradicti, scilicet episcopus Vigornensis et episcopus Ebroicensis et abbas Becci, catartico impediente in fata cesserunt.

[1179, Nov. 1.] Philippus filius Ludovici regis Francorum fuit coronatus in regem Remis a Willermo Remensi archiepiscopo avunculo suo et suffraganeis ejus, in festivitate omnium sanctorum; et rex Anglorum senior misit ei magna exenia in auro et argento, et de v. natione Anglicana. Huic sollempnitati interfuit junior rex Anglorum cum magno comitatu equitum, qui tanta secum ex jussu patris sui tulit, ut nullius nec in ipsa festivitate nec in ipso itinere susciperet procurationem. Decedente venerabili viro Gisberto abbate Troarnensi (700), successit ei Durandus de Cuvervilla, monachus ejusdem loci. Et Roberto Fontanetensi (701) abbati successit Robertus prior Sancti Petri super Divam. Obiit Walterius Cluniacensis abbas (702) qui quamvis in ecclesie illius regimine parum vixerit, anno scilicet et dimidio, tamen ecclesiam illam maximis debitis honeratam de debito quatuor milium marcarum exhoneravit. Huic successit Willermus monachus ejusdem loci, qui fuerat abbas Ramesiensis in Anglia. Hic fecit quoddam mirabile; nam residuum debiti ecclesie Cluniacensis, quod erat 14 milium marcarum, ex propriis thesauris quos adunaverat, et de mille marcis quas Henricus rex Anglorum ei dederat, ex majori parte delevit. Fecit et aliud mirabile : priorem de Stallo deposuit, qui solebat ducere in comitatu suo quadraginta equos, et jussit ut esset contentus tribus equitaturis. Fecit et aliud mirabile, quia septies viginti procurationes, quas burgenses ex consuetudine habere solebant ex donis abbatum, penitus delevit. Inito conflictu christianorum contra Salahadin, ex utraque parte multi mortui sunt, plures tamen de christianis ; et magister templi captus est. Quem cum Salahadin vellet reddere pro nepote suo, quem christiani captivum tenebant, magister templi noluit, dicens, non esse consuetudinis militum templi, ut aliqua redemptio daretur pro eis preter cingulum et cultellum, et ita in captione mortuus est. Aliud infortunium accidit nostris; nam Salahadin cum innumero exercitu obsedit castrum de Vado Jacob, quod machinis et vi cepit, et milites templi, qui intus erant, per medium serris per latera scidit; alios qui erant inferioris ordinis, decapitavit. Ipsum tamen castrum obtulit Salahadin, quod reficeret et munitum christianis redderet, si vellent christiani reddere ei nepotem suum, de quo supra diximus; quod utrum factum sit, nundum scimus.

1181. *Fredericus* 30. *Ludovicus* 44. *Henricus* 28.

Rex Henricus Anglorum tenuit curiam suam in Anglia ad natale apud Notinguehan (703). Guillermus abbas Cluniacensis in crastino epiphanie (704) obiit aput Caritatem, vir plangendus de bonis que fecit in ecclesia sua; sed parum vixit, duobus fere annis. [1180, Dec. 28.] Obiit Richardus abbas Sancti Audoeni; cui successit Samson vir venerabilis, prior Sancti Stephani Cadomi. Richardus de Humet constabularius regis, cum religiose vixisset anno uno et dimidio in abbatia de Alneto, quam ipse edificaverat, obiit; relinquens filios suos heredes sue terre, scilicet Guillermum, Emorrannum, Jordanum [679].

VARIÆ LECTIONES.

[679] *hic* 8b, *addit* : Anno verbi incarnati 1181, episcopatus Alexandri pape 22, Rotroldi Rothomagensis

NOTÆ.

(698) A. 1180, secundum Benedictum Petroburgensem vi Id. Sept. 1179. ex Necrol. S. Leutfredi, quod affert Gallia Christ. XI, 579.
(699) *Triginta annis* habet Chronicon Beccense, quod ideo mortem Rogerii sub a. 1179 ponit. Quod falsum est; cf. supra a. 1149.
(700) Troarn, diœc. Bajocensis.
(701) Fontenay, diœc. Bajocensis.
(702) Hic Robertus aperte errat in chronologia. Si enim Walterius abbatiam suscepit a. 1177, ut Robertus ipse supra dixit, mortuum esse oportet jam a. 1178 exeunte, vel 1179 ineunte. Quod bene quadrat cum verbis nostris in sequentis anni initio. Sed chronicon Sancti Stephani Nivernensis apud Martene thes. III, 1387, Walterium obiisse dicit vIII Id. Sept. 1177, et Villermum mortuum esse jam a. 1180, non a. demum 1181, ut Robertus habet charta probat. 1180 data successori ejus abbati Theobaldo, quam videsis in Biblioth. Cluniacensi p. 1439 cf. Galliam Christ. IV, 1142. Chronicon Cluniacense cautissime tantum adhibendum est ad tempora disponenda.
(703) Benedictus Petroburgensis hoc a. 1180 tribuit, id est 25 Dec. 1179.
(704) Cf. notam paulo præcedentem.

ROMANORUM.   FRANCORUM.   ANGLORUM.

[1180.] Ludovicus rex Francie cum incidisset gravissimam egritudinem, Philippus junior rex filius ejus, nescio quo consilio ductus, sacramento se obligavit, quod duceret loco et tempore filiam (705) Balduini comitis Henacensium in uxorem, natam ex sorore comitis Flandrensium; et ipse comes concessit ei, quod post mortem suam haberet in hereditatem comitatum Flandrensem, quamvis idem comes haberet masculos heredes de predicta sorore comitissa Henacensi. Et hoc fecit idem rex sine consilio regine matris sue et avunculorum suorum, Willermi Remensis archiepiscopi, Henrici comitis Trecensis, Teobaldi Carnotensis, Stephani Sancerriensis, et aliorum amicorum suorum. Unde illi commoti requisierunt auxilium Henrici regis Anglorum senioris, contra nepotem suum juniorem regem Francorum Philippum. Balduinus abbas Fordensis, Cisterciensis ordinis monachus, magne religionis et litterature homo, electus est ad episcopatum Vigorniensem. Obiit Robertus abbas Glastonie. Obiit etiam Johannes episcopus Cicestrensis, cui successit Sefridus canonichus ejusdem ecclesie.

Ante pascha transfretavit rex Henricus senior in Normanniam, et tenuit curiam suam in festivitate pasche Cenomannis. Obiit Willermus abbas Cadum (706); et successit ei Petrus sacrista, monachus ejusdem loci. [1180.] In die ascensionis dominice Philippus junior rex Francorum fecit consecrari in reginam uxorem suam, et coronati sunt ipse et ipsa ab archiepiscopo Senonensi, unde magis iratus est archiepiscopus Remensis, qui coronavit eum in regem. Obiit Guarinus de Girardo archiepiscopus Bituricensis, qui prius fuerat abbas Pontiniacensis. [1181] Obiit Johannes episcopus Carnotensis, qui descripsit passionem beati Thome Cantuariensis archiepiscopi et martiris; fuerat enim cum eo conversatus in exilio [680]. Teobaldus prior Crispeii, monachus Cluniacensis, successit Guillermo abbati Cluniacensi. Obiit Ingerrannus de Humet, filius Richardi de Humet; cui successit filius ejus Richardus, natus ex filia Guillermi de Similleio [681]. Obiit vir plangendus carissimus meus Gaufredus de Monte Forti in Britannia, cui successit filius ejus, natus ex filia Rualendi de Saie. Rex Jerosolimitanus Balduinus dedit sororem suam cuidam optimo militi, fratri Gaufredi de Lizenum, quam prius habuerat Willermus filius marchisi de Monte Ferrato; ex qua suscepit filium, qui servatur et nutritur ad suscipiendum regnum Jerosolimitanum, si vixerit. [1180, Sep. 18] Obiit Ludovicus rex Francorum, vir relligiosus et timens Deum, et sepultus est in quodam monasterio Cisterciensis ordinis (707), quod ipse edificaverat. Cui successit filius ejus Philippus, sicut jam supra diximus. Gaufredus filius naturalis Henrici regis Anglorum senioris, relicta ecclesia Lincoliensi, ad quam electus fuerat, factus est cancellarius regis patris sui. [1180] Obiit Manuel imperator Constantinopolitanus, et successit ei Alexius filius ejus, natus ex sorore Raimundi principis Antiochie. Hic duxit filiam Ludovici regis Francorum. Mansamuz rex Malsamitorum, qui fuerat dominatur totius Affrice, reedificare cepit Cartaginem antiquam, adjutus ab omnibus Agarenis, qui terram illam incolunt. Obiit Solimanus Iconii, qui multum christianos diligebat et multa bona eis faciebat et successit ei frater ejus [682].

De muliere, que feria quarta moritur et sabbato resurgit. Erat quidam predives burgensis in loco qui dicitur Roca Amatoris (708). A quo monachi ecclesie sancte Marie et sancti Amatoris mutuo acceperant pecuniam, tradentes illi in loco pignoris cortinas ipsius ecclesie. Imminente autem festo genitricis Dei et virginis Marie, rogaverunt predicti monachi burgensem, ut quas aput se habebat cortinas, ad adornandam ecclesiam, tante sollempnitatis expleto tripudio ei restituendas, accommodaret. Ille vero aurem cordis habens obturatam, nulla quidem prece flexus est; sed responsum eis cum tumore animi dedit, dicens quod essent cortine ille circa lectum conjugis sue, que nuper ei puerum pepererat, nec aliquatenus inde possent amoveri. Quid multa? Transiit festus dies, et ecclesia prefata ornatum suum festivalem non habuit. Sequenti vero nocte beata Maria mater Domini nostri apparuit in sompnis uxori predicti burgensis, et dixit ei : *Vir tuus grande peccatum commisit, nec poterit impietatis excessus derelinqui impunitus. Tercia enim die infans tuus spiritum exalabit, et [vir tuus debitum morti solvens in die octava mutabit hanc temporalem felicitatem suppliciis eternis; tu autem proficisceris ad ecclesiam meam que est in Beclem, et, conspectis ibi tribus sepulcris, quorum quidem duo extrema vacua non sunt, medium tibi eliges in sepulchrum. Interim omni quarta feria circa horam nonam deficiet in te spiritus tuus, et decurret ab ore tuo et naribus sanguis multus, et usque ad horam nonam sabbati veluti mortua permanebis; sabbato hora nona spiritu redeunte duces utrasque manus tuas per faciem tuam,*

VARIÆ LECTIONES.

archiepiscopi 16, 5. Non. Martii, dedicata est ecclesia sancte Marie de Voto, sita in territorio Rothomagensi, in honore ejusdem genitricis Dei Marie, a donno Henrico Bajocensi episcopo, assistentibus episcopis Richardo Abrincensi et Rainaldo Bathoniensi, astante illustri rege Anglorum Henrico, Mathildis imperatricis filio, anno regni sui 27. [660] *atramentum mutatur in E* [681] *in rasura.* [682] *Post hæc duæ lineæ erasæ.* Obiit Henricus comes Trecensis, et successit ei Henricus filius ejus, natus ex filia Ludovici regis Francorum *addit* 7b.

NOTÆ.

(705) Elisabetham.
(706) A. 1179 secundum chronicon Sancti Stephani Cadomensis.
(707) Barbel, ad Sequanam.
(708) Rochamadour.

ROMANORUM. FRANCORUM. ANGLORUM. et continuo pristinus color et fortitudo in te remeabunt. Hec locuta est beata Maria, et abscessit. Mulier vero pre timore turbata evigilavit, et ruminans sompnium suum, cum magna sollicitudine illud memorie commendavit. Crastina autem illucescente die, cepit somnium suum conjugi suo per ordinem narrare. Miser sermonibus ejus non adhibuit fidem, nec etiam cum videret spiritum deficere in puero, de agenda penitentia cogitatum habuit, sed morte preventus in die octava juxta preostensam visionem, in supplicium lapsus est gehennale. Perturbatur mulier in alterutrius nece, et omnia sicut per sompnium monstrata fuerant, in se nichilominus intelligens accidisse, Romam sub festinatione proficiscitur, et rem summo revelat pontifici. Preterea constanter asseruit, quod in quinto anno ab illo maxima fames ingrueret, quod ex corruptione aeris innumerabilis hominum multitudo moritura esset, et quod clerum Romanum gravis animadversio feriret, nisi ab exercicio doli resipiscerent, sub quo a multis retro temporibus usque ad hodiernum diem laboraverunt. At donnus papa volens manifestius scire, si sermones mulieris veritati inniterentur, commendat eam duodecim nobilibus matronis, dans illis preceptum, ut cum illa in mortem obdormiret, plantis ejus calentes subulas infigerent, et de sanguine ab illius ore manante vestes suas inficerent. O rem mirabilem! quarta feria, sicut predixerat, hora nona mulier expalluit et mortua est, ita ut nullus in ea remaneret vitalis spiritus, et ab ejus naribus cepit defluere sanguis copiosus. Sed matrone preceptorum donni pape non immemores, pedibus mulieris calentes subulas infigunt, nec ob id illa movetur. Insuper de sanguine ejus vestimenta sua tingunt, sed omnis infectio facta per sanguinem, in sabbato nusquam comparuit, cum spiritus vite in mulierem remearet.[683]

1182. *Fredericus* 31. *Philippus* 4. *Henricus* 29.

Henricus senior rex Anglorum tenuit curiam suam in natali Domini Andegavis (709). Radulfus de Vennevilla, archidiaconus Rothomagensis, renunciavit cancellarie regis, et rex dedit ei terras magnorum reddituum. [1181 — Bened. Petroburg.] Gaufredus filius regis, electus Liconiensis, factus est cancellarius regis, et renuntiavit electioni Liconiensi; et rex dedit ei magnos redditus in Anglia et Normannia et Andegavia. Johannes filius Luce, clericus regis, electus est in episcopum Ebroicensem. [1182 — *idem.*] Guihenoc archidiaconus Redonensis electus est ad episcopatum Venetensem. Abbas Sancti Remigii Remensis (710) nichilominus electus est ad episcopatum Carnotensem. Obiit Henricus comes Trecensis (711), et successit ei Henricus filius ejus, natus ex filia Ludovici regis Francorum. Obiit Simon comes Ebroicensis, et successit ei in comitatu Ebroicensi in Normannia Amalricus filius ejus. Circa pascha Alienor filia regis Anglorum, uxor Anfulsi regis de Castella, peperit filium, et vocatus est Senchius; pepererat etiam ante filiam unam. Priorissa de Fonte sancti Martini (712), mulier religiosa et magni generis, utpote soror abbatis Savignei, qui fuit nepos Simonis comitis Ebroicensis, facta est abbatissa Sancte Trinitatis Cadomi. [1181—Bened.] Circa finem mensis Julii Henricus rex senior transfretavit in Angliam. Gaufredus dux Britannie, filius regis Henrici, desponsavit uxorem suam, filiam Conani comitis Britannie.

In sollempnitate pasche, aput castrum quod dicitur Mons Aureus (713), quedam mulier infamis cum acciperet corpus domini et Salvatoris in ore suo, non glutivit illud, immo tulit et posuit in archa sua involutum panno lineo. Cum autem quidam juvenis amasius ejus aperiret eandem archam, invenit hostiam dominici corporis transmutatam in effigie carnis et sanguinis. Hoc etiam accidit in quadam villa abbatis Sancti Petri Carnotensis cuidam sacerdoti, dum teneret corpus Domini in manibus suis ad missam. Simile miraculum accidit iterum in Carnotensi episcopio tempore Roberti episcopi Britanni, quod quidam rusticus posuit corpus Domini in hora cape sue, et ibi servavit illud usque ad mortem suam, et tunc ibi inventum est in specie carnis. Idem miraculum accidit cuidam mulierculae in Flandria, quod cum posuisset in cista sua, postea invenit in effigie carnis. Similiter evenit in Andegavensi civitate, cum quidam sacerdos cantaret missam, puer parvulus intererat misse, et vidit idem puer puerum parvum pulcherrimum in manu sacerdotis sacrantis corpus Domini; qui protinus exivit foras ecclesiam, clamans omnibus quos invenit, et dicens: *Venite et videte mirabilia Dei*, et intrantes in ecclesiam nichil viderunt preter speciem panis. Hoc etiam accidit cuidam sanctissimo presbitero juxta Fiscannum, dum cantaret missam in die dedicationis ecclesie sancte Trinitatis Fiscanni; qui mittens diaconem suum, vocavit episcopos qui ad dedicationem convenerunt, et venerunt; et presbiter tulit in manibus suis in calice ita ut erat revestitus, et posuerunt illud in altari. Hec facit pietas Domini ad confirmandam fidem sacramentorum suorum in nobis, in quos fines seculorum devenerunt.

Mater solidani de Iconio veniens ad extrema, revelavit filio suo, quod semper celaverat, scilicet

VARIÆ LECTIONES.

[683] *Post hæc atramentum mutatur, manu prorsus eadem manente.*

NOTÆ.

(709) *Apud Wintoniam* Benedictus Petroburgensis.

(710) Petrus; sed jam mense Octobri anni 1181 episcopus chartam quamdam confirmavit. BOUQ.

(711) 17 Mart. 1181. BOUQ.
(712) Mathildis. BOUQ.
(713) Montoire, prope Vendôme.

ROMANORUM.   FRANCORUM.   ANGLORUM. quod esset christiana, et rogavit eum, ut crederet in Christum, qui est Dominus et rex omnium seculorum, et quod amaret christianos. Quod ipse spopondit se facturum; sed dixit, quod non auderet aperte credere in Salvatorem propter paganos. Dixit ei mater sua : *Fili, cum mortua fuero, fac mihi excelsam sepulturam et pulchram sicut piramidem ;, et pone super eam signum crucis Christi*. Cui ille de luce se hoc facere non posse respondit. *Tu fac,* inquit mater ejus, *de nocte*. Quod et factum est. In crastino cum Agareni vidissent signum illud, indignati sunt contra principem, et volebant eum occidere. Tunc quidam ex ipsis sullevatus per machinas, conabatur deponere crucem, qui voluntate Dei corruit et mortuus est. Similiter et alius interemptus est alia vice. Tercia die cum convenissent multa milia hominum ad deponendum edificium illud, inter quos erat unus promptior ad deponendum illud, venerunt fulgura et choruscationes; et illo primitus perempto, multa milia perierunt igne divino. Tunc apparuit angelus Domini, et clarissimum signum crucis posuit super piramidem illam, ex quo multi crediderunt in Christum, et adhuc crucem illam venerantur et adorant [684].

Arnulfus Luxoviensis episcopus cum per 40 annos eandem ecclesiam rexisset, et in edificando ecclesiam et pulcherrimas domos laborasset, renunciavit episcopatui, et perrexit Parisius, suos dies dimidiaturus apud Sanctum Victorem in domibus pulcherrimis, quas ibi ad opus suum construxerat. Radulfus de Vennevilla, archidiaconus Rothomagensis, qui fuerat cancellarius regis, electus est ad predictum episcopatum [685].

(Aug. 50.) Anno superiori 1181 obiit Alexander papa tertius, ad cujus litteraturam pauci de predecessoribus ejus infra centum annos attigerunt. Fuit enim in divina pagina preceptor maximus, et in decretis et canonibus et in Romanis legibus precipuus. Nam multas questiones difficillimas et graves in decretis et legibus absolvit et enucleavit. Dedit etiam ei Deus hanc gratiam, quod cum a beato Petro usque ad ipsum fuerint centum septuaginta quatuor pontifices Romani, tres tantum precesserunt eum in numero annorum, quo Romane ecclesie prefuerunt : beatus Petrus sedit 25 annis, Silvester primus 23, Adrianus primus totidem, ipse Alexander 22. Hic etiam tenuit concilium Turonis anno dominice incarnationis 1165 in quo Octavianum cum complicibus suis anathematizavit ; cui concilio nos interfuimus. Item aliud concilium tenuit Rome anno incarnationis dominice 1180. Ad hoc multe convenerunt tam ecclesiastice quam seculares persone; inter quos venit quidam civis Pisanus, nomine Burgundio, A peritus tam Grece quam Latine eloquentie. Hic attulit evangelium sancti Johannis translatum ab ipso de Greco in Latinum, quod Johannes Crisostomus [686] sermone omeliaco exposuerat. Hic etiam fatebatur magnam partem libri Genescos a se jam translatam. Dixit etiam, quod Johannes Crisostomus totum vetus et novum testamentum Grece exposuit. Papa Alexander prefatus tres scismaticos, qui sibi in scismate invicem successerant, fere per 20 annos sustinuit, scilicet Octavianum, Guidonem et Calixtum. Illis vero deficientibus, in pace ecclesie vitam finivit. Cui successit Hubaudus Hostiensis episcopus, dictus Lucius, 175us episcopus Romanus. Hic, videlicet Hostiensis episcopus, ex antiqua consuetudine ordinat et sacrat pontificem Romanum; que consuetudo exinde accidit, quod martyrizato beato Sixto et sancto Laurentio ejus diacono, beatus Justinus presbiter cum clero Romano elegit Dionisium in pontificem Romanum, quem sacravit Maximus Hostiensis episcopus. Ex hac consuetudine exinde Hostiensis episcopus ordinat et sacrat Romanum pontificem, et habet pallium solummodo ad ea, que pertinent in ordinatione et consecratione Romani pontificis. Eugenius papa conjunxit episcopatui Hostiensi Belitrensem, et sic fecit de duobus unum. Similiter fecit de episcopatu Portuensi, cui junxit episcopatum Sancte Rufine, faciens de duobus unum.

[1181.] Obiit Rogerius episcopus Eboracensis vir litteratus et industrius in augendas possessiones terrenas ; ecclesiam principalem et domos episcopales non solum Eboraci, verum in omnibus maneriis suis cum redditibus multum auxit [687] ac reedificando decoravit, in tantum ut archiepiscopatus Eboracensis archiepiscopatui Cantuarensi fere coequaretur. Multas divicias et non sibi profuturas reliquit. Obiit Philippus episcopus Redonensis, qui fuit primus abbas Claremontis. Hic per revelationem caput ecclesie Redonensi solo diruit, et in ea diruptione multas pecunias invenit, de quibus cepit reedificare caput prefate ecclesie meliori scemate. Obiit Hunfredus de Bohun prepositus in exercitu cum rege Henrico juniore ; quem exercitum prefatus rex in Franciam duxerat, coadjuvando partes Philippi regis Francie contra comitem Flandrensem. Obierunt [688] Henricus abbas Pratelli ; et Guillermus abbas Sancti Michaelis ulterioris portus, monachi Becci.

Anno Domini 1181, 3 Idus, hora nona diei eclipsis solis, et erat pene tercia pars solis obscurata, et ab initio eclipsis ad finem spatium unius hore equalis et trigenta octo minutorum. Eodem anno eclipsis lune 11 Kalendas Januarii, scilicet feria 3, nocte sequente, hora tercia noctis, et paulo minus quam medietas obscurata, et duravit obscuritas fere per duas horas. Anno Domini 1175 (714) bis visa est eclipsis in luna,

VARIÆ LECTIONES.

[684] *Atramentum atque habitus manus mutatur in* E.   [685] *Manus alia incipit.*   [686] ita E.   [687] axit E.   [688] obiit *primo scriptum; sed eadem manus postea correxit, et addidit verba* e. G. a. S. M. u. p. m. B. *que leguntur etiam in* 8d. 8 h. Obiit Henricus abbas Pratelli, monachus Becci 7a. 7b. *qui hic desinunt; nil deperditum.*

NOTÆ.

714) Cor. 1176. BOUQ.

ROMANORUM. FRANCORUM. ANGLORUM. primo letania majore, hora prima noctis, post diem ipsum Marci evangeliste, secundo 14 Kal. Novembris nocte sequente, fere tercia hora noctis. Anno Domini 1178 [689] vidimus eclipsin [690] in luna 5 Nonas Martii, nocte sequente, hora prima noctis. Eodem anno fuit eclipsis in luna, 4 Kal. Septembris; et eodem anno et mense in sole, Idus Septembris, circa meridiem, toto fere obscurato. Anno etiam 1179 visa est luna eclipsimari 15 Kalendas Septembris, post octavam horam noctis dominice. Anno 1180 fuit eclipsis in sole 5 Kal. Februarii, feria tercia.

[1182.] Rex Henricus senior mense Marcio transfretavit in Normanniam cum magna auri et argenti copia, paratus in adjutorium regis Francie, ad componendam pacem inter ipsum et comitem Flandrie, sicut et fecit. [1182] Obiit Mabilia (715) comitissa Flandrensis absque liberis [691]. Andronius patruus imperatoris Constantinopolitani Alexii, indignatus quod ipse duxisset filiam regis Francorum in uxorem, et multos Latinorum [692] secum haberet sibi familiares, quia ipse erat Grecus, volebat eos ab imperio ejus exterminare. Conducens ergo soldanum Hiconii et multos Sarracenorum, fraudulenter introierunt civitatem, et multos Latinos interfecit, et a Latinis multi Sarraceni interfecti sunt. Deo tamen volente, pax inter eos firmata est. Johannes episcopus Pictavensis [692] vir magne litterature et eloquentie, electus ad episcopatum Narbonensem, cum Romam perrexisset [690] propter predictam benedictionem: annuente papa Lucio clerici prime Lugdunensis elegerunt eum in archiepiscopum Lugdunensem, que sedes habet primatum super tres archiepiscopatus. Prima enim Ludunensis, id est Ludunum, est super Rodanum; secunda Ludunensis super Secanam, id est Rothomagus; tertia Ludunensis super Ligerim, id est Turonis; quarta Ludunensis, id est Senonis, super Icaunam. [1182.] In hoc anno evenit bis vel ter terremotus circa festum sancti Michaelis. Hoc etiam anno magna discordia facta est inter regem et filios suos, propter castellum Clarevallis, quod erat de feudo Andegavensi; et Richardus comes Pictavensis latenter firmaverat illud, et adhuc discordia perseverat inter patrem et filios, propter eamdem causam. Rex Henricus senior misit exercitum in Britanniam, et obsederunt turrem Redonensem, et ceperunt, et combustam reedificaverunt et muniverunt. Postea comes Britannie magnam partem ipsius civitatis et abbatiam sancti Gregorii combussit, et Becherel castrum Rollandi de Dinam. Audivimus a quibusdam, quod Johanna uxor Guillermi regis Sicilie, filia Henrici regis Anglorum, peperit ei filium primogenitum, quem vocaverunt Boa-

A mundum. Qui cum a baptismate reverteretur, pater investivit eum ducatu Apulie, per aureum sceptrum, quod in manu gerebat. Et quia de filiabus domini mei regis Anglorum cepi loqui, non debeo pretermittere regem de Castella, quem vocant Anforsum parvum regem, quia adhuc Feirant patruus ejus vivit; qui si moreretur, Anforsus predictus esset rex universarum Hispaniarum. Hic Anforsus gratia Dei et virtute sua duxit [691] carissimam dominam meam et filiolam in baptismate in uxorem, Alienor filiam regis Anglorum, cujus consilio et auxilio multa bona ei acciderunt. Nam primum urbem Conchas cepit, magnarum terrarum matricem; et ut quidam dicunt, cepit Cordubam ex parte et munivit, et duas civitates regis Lupi, Valentiam et Muciam [590]; et multa alia bona fecit, que ad notitiam nostram non pervenerunt. Tercia vero filiarum regis, id est Matildis primogenita, nupxit Henrico duci Saxonum et Bajoriarum et Suevorum. Nec est aliquis homo, qui tantas habeat possessiones, sicut iste, nisi fuerit imperator aut rex. Nam 40 urbes habet, et 67 castella, exceptis pluribus villis. Sed tamen cum esset proximus carne Frederici imperatoris Romanorum, ortis inter eos quibusdam simultatibus, consilio archiepiscoporum et episcoporum regni Alemannie, qui habent fere omnes civitates in ditione sua, illius regni imperator exulavit eum; quare venit in Normanniam ad regem Henricum socerum suum cum uxore et liberis, et rex maximas expensas fecit pro eo, cotidie scilicet 50 libras Andegavensium. Qui Deo auxiliante adhuc terram suam recuperabit per industriam et fortitudinem et divitias regis Anglie.

1182. *Fredericus* 50. *Philippus* 1. *Henricus* 27.

Rex Henricus tenuit curiam suam apud Cadomum, et prohibuit, ne aliquis baronum teneret curiam, sed venirent ad suam. Predictus dux Saxonum illo venit, et ibi convenerunt mille milites et eo amplius. Obiit Johannes Carnotensis episcopus, et successit ei Petrus, qui fuerat abbas Sancti Remigii Remensis. Obiit Galterius episcopus Ronfensis, qui fuit frater Theobaldi archiepiscopi Cantuariensis; et successit ei Valerannus Bajocensis archidiaconus. Obiit pater noster Richardus Abrincensis episcopus, vir magne literature tam secularis quam divine, morum honestate virgo ab utero laudandus. Obiit Fulco Paganellus, et successit ei Guillermus filius ejus. Obiit Richardus abbas Montisburgi, et successit ei Robertus prior et monachus ejusdem loci. Johannes Commin, clericus regis Anglorum, factus est archiepiscopus Duveline in Hibernia. Obiit Petrus Carnotensis episcopus; cujus loco electus est Rainaldus de Mocon, thesaurarius Sancti Martini Turonensis, nepos comitis

VARIÆ LECTIONES.

[689] MCLXVIII. *habet* E. [690] *iti* E. [691] *mutatur manus et orthographia.* [692] *desinit* 8ª. *ultimis foliis deperditis.* [693] *desinit* 8ᵉ. [694] *quaternione desinente in* E, *sequentia exaravit alia manus continua usque ad finem a.* 1183. *Deinde habitu paululum mutato eadem prorsus manus usque ad finem codicis pertingit.*

NOTÆ.

(715) Elisabeth.

ROMANORUM.   FRANCORUM.   ANGLORUM.

Theobaldi. Galterius de Constantiis factus episcopus Liconiensis, sacratus fuit a Richardo Cantuariensi archiepiscopo Andegavis, in capella donni regis et in presentia ejus.

[1183.] Obiit Henricus tercius, karissimus dominus noster, juvenis rex, filius Henrici secundi excellentissimi et illustrissimi regis Anglorum, apud castrum Martel[695], 3 Idus Junii, in festivitate beati Barnabe apostoli, vir per omnia plangendus, non solum quia erat filius karissimi domini nostri Henrici excellentissimi regis Anglorum secundi, verum etiam quia erat pulcherrimus facie, honestus in moribus, dapsilis in muneribus, super omnes quos in nostra etate vidimus, qui terram nondum haberet assignatam, quamvis pater ejus quindecim milia librarum Andegavensium monete et eo amplius quotannis daret. Sed hoc parum erat ad explendam latitudinem cordis ejus. In officio militari tantus erat, ut non haberet parem, sed principes et comites et etiam reges eum timerent. Veniens ad extrema, quia consilio pravorum hominum per guerram fere per annum Deum et sanctam ecclesiam et patrem suum offenderat, pœnitenciam recepit a quodam sanctissimo episcopo et multis aliis, et patri suo in extremis, per litteras mandavit, ut quod offenderat in Deum et sanctam ecclesiam, pro eo emendaret, et matris sue regine Anglorum et uxoris sue sororis Philippi regis Francorum et militum suorum et servientium misereretur, quibus multa promiserat, nec eis aliquid preventu mortis dare poterat. Disposuerat ante mortem suam, ut corpus ejus in ecclesia beate Marie Rothomagensis sepeliretur, ubi jacent primi antecessores ejus, id est Rollo et Willermus Longa Spata filius ejus; duces Normannorum, Guillermus etiam comes patruus ejus, vir per omnia plangendus. Sed cum deducerent funus ejus Richardus Cantuariensis archiepiscopus et multe alie ecclesiastice persone et multi consulares et excellentissimi nominis viri, venerunt Cenomannum, et in ecclesia beati Juliani corpus ejus posuerunt. In crastino Cenomanenses maxime cives sepelierunt eum in eodem loco contra voluntatem et appellationem eorum, qui corpus ejus deducebant. Quo audito pater ejus iratus, non solum pro eo quod corpus filii sui contra voluntatem ejus ibi sepelierant, sed eo multo amplius, quod ab obsidione castri Lemovicensis recesserant sine licencia ejus, ne dicam voluntate, jussit corpus effodi et in ecclesiam Rothomagensem deferri; ubi ab archiepiscopis Rothomagensi et Cantuariensi, et episcopis Normanie, et abbatibus, et aliis religiosis personis, ad sinistram partem altaris beate Marie, honorifice sicut tantum virum decebat, tumulatus est.

Obiit venerabilis vir Albertus Aletensis episcopus, quem moderni de Sancto Maclovio vocant, cujus episcopatus antiquitus civitas Aleta vocabatur. Magister Girardus, cognomento Puella, vir magne literature et honestatis, electus est in episcopatum Cestrensem, qui episcopatus habet tres sedes: Cestrensem, Coveitrensem, Licifellensem. Henricus, frater Egidii de Solereio, nepos abbatis Fiscanni, electus est ad archiepiscopatum Bituricensem. Iterum Andronius expulit nepotem suum Alexium juvenem imperatorem de urbe Constantinopolitana, et captum tandem demersit in mare ipsum et matrem et sororem ejus. Quibus de medio moriendo sublatis, Andronius, qui tirannice arripuerat imperium, precepit primogenito filio suo Manuel, ut acciperet uxorem Alexii imperatoris defuncti, sororem Philipi regis Francorum, et haberet cum eo dignitatem imperii. Quod cum vir honestus renueret, projecit eum in vincula, et accepit illam, et contraxit incestum conjugium, si conjugium vocandum est, et fecit coronari secum filium suum minorem Calojohannem. Cum autem Latini occiderentur per crudelitatem istius Andronii, quidam cardinalis Romane ecclesie, Johannes nomine, quem Romanus pontifex miserat Constantinopolim ad peticionem Manuel imperatoris, — qui erat vir religiosus, et volebat per predicationem illius cardinalis revocare ecclesiam Grecorum ad instituta et subjectionem Romane ecclesie — hic inquam Johannes, cum Latini occiderentur, erat in hospitio suo; venerantque ad eum quidam religiosi viri, suadere ei, ut discederet, ne occideretur. Quod cum audiret, dixit: *Absit hoc ne fiat. Ego hic sto pro unitate ecclesie et precepto domini mei Alexandri pape*. Tunc irruentes in eum Greci perfidi occiderunt eum, et ligantes canem cum eo, ita quod cauda canis esset in os ejus, traxerunt per vicos civitatis, et facta fovea ibi combusserunt eum; et postea viri religiosi de fovea tulerunt corpus ejus, et obtime sepelierunt illud, ubi fiunt crebro miracula. Christianus Maguncensis archiepiscopus obiit, qui se non habebat secundum morem clericorum, sed more tiranni, exercitus ducendo et Braibenconnes, et multa mala fecit ecclesie Romane, et hominibus sancti Petri, et quibusdam civitatibus Langobardie, que erant contrarie imperatori Alemannie domino suo. [1183.] Obiit carissimus dominus noster Rotrodus archiepiscopus Rothomagensis. Obiit Guillermus comes Gloecestrie sine heredibus, absque tribus filiabus, quarum una est comitissa Ebroicensis; altera uxor Guillermi comitis de Clara; tercia est in manu Dei et donni regis, et cui voluerit dabit eam. Guillermus decanus Bajocensis electus est ad episcopatum Constantiensem. Guillermus decanus canonicorum Sancti Petri de Curte, que est capella regis apud Cenomanensem urbem, electus est ad episcopatum Abrincensem.

1183. *Fredericus* 31. *Philippus* 2. *Henricus* 29.

Rex Henricus tenuit curiam suam apud Calomum. Obiit Richardus Cantuariensis archiepiscopus. Obiit etiam Girardus magne religionis et literature vir, Cestrensis episcopus. [1182.] Anno superiori

VARIÆ LECTIONES.

[695] c. M. *in rasura. Hic desinit* 8f.

ROM.NORUM. FRANCORUM. ANGLORUM.

apparuit domina nostra, mater misericordie sancta Maria, cuidam fabro lignario opus facienti in quadam silva, et obtulit ei sigillum iconic sue et filii sui Salvatoris nostri, cujus sic conscripcio erat: *Agnus Dei, qui tollis peccata mundi, dona nobis pacem*, et jussit ei ut ferret illud sigillum ad episcopum Podiensem, ut predicaret in provincia sua et aliis circumquaque, ut omnes qui vellent pacem tenere sancte ecclesie et filiis suis, facerent hujusmodi sigilla, et portarent in signum pacis, et facerent alba parva capucia ad ostentationem pacis et innocencie, et dato sacramento pacem tenerent, et inimicos pacis destruerent. Quod et factum est. Nam multi episcopi et consules et viri consulares et mediocres et pauperes hanc sectam tenentes, pacem tenent et inimicos pacis persecuntur[696]. Obiit Willelmus de Vecie. Obiit Guillermus de Lancastre, magne honestatis et possessionis vir[697].

1184. *Fredericus* 52. *Philippus* 3. *Henricus* 50.

Rex Henricus tenuit curiam suam apud Cenomannis. Dominus noster Galterus Liconiensis episcopus, factus est archiepiscopus Rothomagensis. Lucius papa in capite jejunii, id est feria 4 cinerum, ordinavit plures cardinales, inter quos magistrum Meliorem presbiterum cardinalem, quem etiam fecit camerarium suum; et electum Dolensem diaconum et magistrum Radulphum Nigellum, karissimum amicum nostrum, magne honestatis et litterature et religionis virum. Fredericus imperator Romanorum fecit ordinari unum filiorum suorum, non primogenitum, sed secundum, in regem Germanie (716). Rex Anglorum Henricus sapientia et divitiis suis adquisivit sororem regis Portigalensis Hispanie, ad hoc ut fieret uxor Philippi comitis Flandrensis cognati sui. Venit ergo ad comitem Flandrensem in habundantia auri et argenti (*Aug.*). Hujus pater licet grandevus adhuc vivit (717), qui in juventute sua super Agarenos, adjutus ab Anglis et Normannis, cepit civitatem Ulixiponam, quam vulgariter vocant Lislebonam. Ad quam transtulit de Valentia corpus beati Vincentii levite et martyris, ut quidam dicunt, sed Amoinus monachus de translatione corporis ejusdem sancti martyris tempore Karoli imperatoris facta aliter loquitur. Fecit eandem civitatem permissione pape archiepiscopatum, cui subdidit sex alias civitates quas adquisierat. Balduinus Wigorniensis episcopus consecratus est in archiepiscopum Cantuariensem. Obiit Gualerannus Rofensis episcopus et capellanus archiepiscopi Cantuariensis; cui successit Gislebertus archidiaconus Lexoviensis. Joannes de Neelfa, archidiaconus Lexoviensis, electus est in episcopatum Cestrensem[698]. Petrus Giraldi factus est episcopus Macloviensis.

1185. 53. 4. 51.

Magna discordia facta est inter Philippum regem Francorum et Philippum comitem Flandrensium, propter comitatum Viromandensem. Sed rex Francorum ex omni potentatu suo congregavit infinitum exercitum, et coegit comitem ad faciendam voluntatem suam. Obiit Frogerius episcopus Sagiensis, qui multum emendavit matrem æcclesiam et totum dominicum suum. Reliquit etiam immensas divitias in auro et argento, sibi non profuturas. Obiit Robertus electus Montisburgi (718), et successit ei Guillermus monachus ejusdem loci. Johannes minor filius regis Anglorum, quem vocant Sine terra, quanvis multas et latas habeat possessiones et multos comitatus, transivit in Hiberniam, gratia Dei permittente rex futurus in illa patria. Obiit Robertus episcopus Nannetensis, vir magne honestatis et amicus noster, cum rediret de Jerusalem. Obiit Gaufridus Cornubiensis episcopus. Abbas Pontemiacensis factus est episcopus Atrebatensis. Teobaldus abbas Cluniacensis factus est episcopus cardinalis Hostiensis; cui successit filius comitis de Claromonte. Hic prius fuit abbas cujusdam abbatie ordinis Cisterciensis. Inde translatus est ad abbatiam Flaviacensem. Inde exortis quibusdam causis factus est abbas Sancti Luciani martiris, primi episcopi Belvacensis civitatis. Exinde, ut diximus, factus est abbas Cluniacensis. Iterum facta est magna commotio et disceptatio inter Philippum regem Francorum et Philippum comitem Flandrensium. Comes enim Flandrensis confusus pudore, quia fecerat voluntatem regis de comitatu Viromandensi, repletus ira et indignatione, vertit se ad regem Germanie, filium Frederici Romani imperatoris, ut juvaret eum, et fecit ei hominium de Flandrensi comitatu. Unde magna tribulatio exorta est in toto regno Francorum.

Anno preterito obiit Balduinus rex Jerosolimitanus, vir honestus et religiosus, et potens contra Sarracenos, licet elefantiosus. Nec hoc mirum est, quia flagellat Deus omnem filium quem recipit. Huic successit nepos ejus Henricus (719), natus ex sorore sua, cujus pater fuit Willermus filius comitis Montis Ferrati, qui fuerat natus ex nepte Frederici imperatoris Romanorum; et postea comes Jopensis (720) duxit matrem predicti Henrici regis, qui

VARIÆ LECTIONES.

[696] *Hic desinit* 8e. [697] *Post hæc duæ lineæ crasæ in* E. *Manus habitum mutat in majus et ita pergit usque ad finem.* [698] *Johannes — Cestrensem desunt* 8b.

NOTÆ.

(716) Minus accuratus est Robertus; Henricus enim rex coronatus fuit jam d. 15 Aug. 1169; sed hoc anno 1184, prima arma accepit Magontiæ, in Pentecosten.

(717) Alphonsus Henriquez, qui obiit a. 1185.

(718) Montebourg diœc. Constantiensis.

(719) Errat Robertus; fuit Balduinus V filius Sibyllæ, qui obiit 1186.

(720) Guido de Lusignano.

ROMANORUM. FRANCORUM. ANGLORUM. servat predictum juvenem regem et regnum ejus, usquequo perveniat ad perfectam etatem. Obiit Bartholomeus vir venerabilis episcopus Exoniensis. Obiit Jocelinus Saresberiensis episcopus. (*Nov.* 24.) Obiit Lucius papa Romanus, cui successit Imbertus Mediolanensis archiepiscopus, vocatus Urbanus tertius [699]. Domnus Walterus Rothomagensis archiepiscopus impetravit a domino nostro Henrico rege Anglorum, ut abbatia sancti Elerii, que est in insula Gersosii, quam Willermus filius Hamerici fecerat in eadem [700] insula, consilio et auxilio domni regis jungeretur abbatie de Voto, que est juxta Cesarisburgum, quam imperatrix mater Henrici regis edificaverat. Erat autem tripliciter ditior tam in Normannia quam in Anglia, quam abbatia de Voto. Erat vero utraque de ordine canonicorum regularium. Facta est itaque abbatia de Voto mater et caput, habens et perhenniter possidens abbatiam de Insula et omnia sibi pertinentia. Predictus vero archiepiscopus Rothomagensis fecit in eadem abbatia abbatem suum capellanum, qui erat canonicus ejusdem ordinis. Quidam enim constabularius domni regis Henrici, Osbernus de Hosa nomine, qui castrum Cesarisburgi cum patria que ad illud pertinet, custodiebat, jussu domni regis Henrici edificavit in eadem abbatia de Voto domum pulcherrimam, officinas idoneas in se continentem, ad opus suum; in qua post amministrationem domni regis, quandiu vixit, satis honeste conversatus est. Ipse vero ante octo dies mortis sue factus [701] [canonicus, permissione domni regis eidem abbatie dedit 32 marcas auri; dedit etiam predicte abbatie 100 libras Cenomanensium, ad augendas possessiones ejusdem abbatie; dedit etiam eidem abbatie 60 marcas argenti in plata, et totidem in vasis. Predictus archiepiscopus transtulit magistrum Willermum Hubaudum, qui erat abbas Grestensis et monachus Becci, ad abbatiam sancti Martini Pontisare, quamvis abbatia Grestem tripliciter esset ditior quam illa. Sed propter affinitatem vel familiaritatem, quam habebat erga illum, et quia erant compatriote, voluit ipsum habere juxta se.

1186. *Fredericus* 34. *Philippus* 5. *Henricus* 32.

Donnus Henricus rex tenuit curiam suam ad natale apud Donnumfrontem. Henricus de Brachavilla, superior Toarni, factus est abbas Sagiensis. Apud urbem Parisiorum, in quodam monasterio sancti Stephani protomartiris, inveniuntur reliquie de capillis sancte Marie 32, brachium sancti Andree apostoli, caput sancti Dionisii martiris, ejusdem urbis episcopi.]

VARIÆ LECTIONES.

[699] *Post hæc tres lineæ erasæ in* E. papa Romanus 187us *addit* 8b. — [700] H. f. i. e. *in rasura.* — [701] *Hic desinit* E. *in imo folio tertio ternionis; quartum et quintum, quæ finem operis continebant, jam sunt deperdita. At* 8b *ostendit, cum illis foliis perpauca tantum interiisse; exhibet enim ea, quæ uncinis inclusa hic dedimus; quæ Roberti esse, dubium non videtur. Simul autem apparet, in voce episcopi Roberti opus concludi, eaque, quæ tunc in* 8b *sequuntur annorum* 1187-1210, *ab alio auctore coævo, Gemmeticensi ut videtur, fuisse adjecta.*

MONITUM

IN LIBRUM DE SCRIPTORIBUS ECCLESIASTICIS

(*Hist. litt. de la France,* t. IX, p. 545.)

Un ouvrage fort célèbre de Sigebert est son traité *Des écrivains ecclésiastiques,* ou, comme il le nomme lui-même, *Des hommes illustres.* L'auteur en conçut le dessein sur le modèle et à l'imitation de saint Jérôme et de Gennade, prêtre de Marseille, qui en avaient composé de semblables. Il y mit la main à différentes reprises, comme à sa Chronique, et ne le finit qu'en 1111. Aussi y a-t-il fait entrer les écrivains de son temps qui étaient venus à sa connaissance. On y en compte en tout jusqu'à cent soixante-onze, en l'y comprenant lui-même; car il ne s'y est pas oublié à l'exemple de saint Jérôme et de Gennade, qui en ont usé de même, et qu'il s'était proposé d'imiter. Son article est le plus prolixe, le mieux détaillé, et par conséquent le plus intéressant. Cela devait être ainsi, tant parce qu'il avait beaucoup écrit, que parce qu'il était plus au fait de ce qui le concernait que de ce qui regardait les autres. Il dit fort peu de chose de sa personne, mais il entre dans un grand détail de ses écrits.

Quelque estimable au reste que soit ce traité, ou plutôt ce catalogue d'écrivains, en ce qu'il nous en a conservé la connaissance de plusieurs, et d'un plus grand nombre encore d'ouvrages, laquelle nous aurait été dérobée sans ce secours, il a néanmoins ses défauts, et de plus d'une sorte. Non-seulement l'auteur est trop succinct sur ce qu'il nous apprend de la plupart de ses écrivains, mais il a négligé même très-souvent de caractériser leur personne et les productions de leur plume. On s'aperçoit sans peine que son dessein était d'y observer l'ordre chronologique; mais il n'a rien moins été qu'exact à l'y suivre. Ses fautes en ce point sont quelquefois énormes. Il place, par exemple (c. 119, 120), entre les écrivains du ixe siècle, saint Césaire, évêque d'Arles, et Laurent de Novare, qui florissaient dès les premières années du vie. Le patrice Dyname (c. 114) qui appartient à la fin du même siècle, en est au commencement du suivant, est renvoyé entre les auteurs du xe siècle. Au contraire, Raoul Glaber (c. 50), qui n'est que du xie, tient place entre saint Grégoire, évêque de Tours, et saint Isidore de Séville, qui sont du vie. Ces exemples suffisent pour faire connaître l'inexactitude chronologique de Sigebert. À l'égard de son défaut de critique, il est pardonnable à un auteur qui a écrit en un siècle où cette science était extrêmement rare.

Nous avons trois éditions de son traité *Des hommes illustres.* La première est due au travail de Souffroi

Petri, qui le publia en 1580, à Cologne, chez Materne Cholin (*Bib. Maj. Mon.*). Le volume est *in-8°*. L'éditeur a réuni à ce traité ceux de saint Jérôme, de Gennade, de saint Isidore, d'Honoré d'Autun et de Henri de Gand sur le même sujet (*Bibl. S. Vinc. Cent.*). En 1639 Aubert le Mire en donna une autre édition, avec les mêmes bibliographes, auxquels il associa saint Ildefonse. Cette édition a été faite à Anvers, chez Jacques Mesius, en un petit volume *in-folio*. Enfin Fabricius (*ibid.*) en a publié une dernière édition dans laquelle il a fait entrer les bibliographes précédents et plusieurs autres. Ce recueil, qui forme un gros volume *in-folio*, et dans lequel le texte de Sigebert est accompagné des scolies dont le Mire l'avait orné dans son édition, a été imprimé en 1718, à Hambourg, chez Chrestien Leibezeit et Théodore-Christophe Felginer avec le titre de *Bibliothèque ecclésiastique*.

SIGEBERTI
LIBER
DE SCRIPTORIBUS ECCLESIASTICIS

(Fabric., *Biblioth. eccles.*, p. 93.)

Cap. I. Marcellus, Marci, præfecti urbis Romæ, filius, ex discipulo Simonis Magi discipulus beati Petri apostoli, conflictum apostolorum Petri et Pauli cum Simone Mago, cui assiduus interfuit, rogatu Christianorum, qui non interfuerant, fideliter conscripsit, et Ecclesiis Dei, prope vel procul positis, legendum concessit. Ad sanctos Nereum et Achilleum, pro Christo in Pontiana insula relegatos, scripsit de mirificis actibus beati Petri et Pauli, et de magicis artibus Simonis Magi. Scripsit de obitu sanctæ Petronillæ virginis, filiæ beati Petri apostoli. Scripsit de passione sanctæ Feliculæ virginis et martyris. Scripsit de passione sancti Nicomedis presbyteri martyris.

Cap. II. Joannes, qui et Marcus, ex ministro sacerdotis Jovis minister Pauli apostoli, scripsit passionem Barnabæ apostoli.

Cap. III. Polycrates passionem sancti Timothei apostoli scripsit (720*), et alia multa.

Cap. IV. Dionysius, Athenis natus et eruditus, et a pago Atheniensi, qui dicitur Arios pagos, Areopagita denominatus, et a Paulo apostolo ad fidem Christi conversus, multam multa scribendo acquisivit sibi memoriam. Quem prætermissum esse ab Hieronymo et Gennadio in Catalogo illustrium virorum, nimis est mirandum, præsertim cum Hieronymus, quamvis tacito ejus nomine, faciat mentionem operis ejus; Gregorius vero in homilia Evangelii faciat mentionem operis ejus et nominis. Scripsit autem ad Timotheum Ephesiorum episcopum De hierarchia cœlesti, id est de ordinibus angelorum; ad eumdem De hierarchia ecclesiastica; ad eumdem De divinis nominibus, et De symbolica theologia; ad eumdem De mystica theologia. Scripsit ad Gaium, Quomodo Deus quadam ignorantia cognoscatur vel videatur; ad Polycarpum, Quomodo contradictores veritatis sint declinandi. Scripsit epistolam ad Apollophanem, conphilosophum et coævum suum, recolens quod cum ipse cum eo esset in Heliopoli, urbe Ægypti, viderit obscurato sole mundum obtenebratum fuisse in sexta feria, sexta hora diei, cum Jesus Christus penderet in cruce, cum ipse Dionysius esset tunc annorum triginta. Scripsit ad Theophilum de ecclesiasticorum ordinum ordine, et sacerdotum excellentia. Scripsit ad Joannem apostolum, in Pathmos insula exsiliatum, prædicens eum esse reversurum in Asiam. Scripsit et ad alios alia, quamvis brevia, tamen mystica et divina. Volumen ejus scriptorum vocatur *Hierarchia*. Hic martyrizatur sub Domitiano imperatore, in urbe Galliarum, quam condidit Isius, eamque de Isio denominavit Parisium (721).

Cap. V. Linus, primus post Petrum papa, scripsit Græco sermone martyrium Petri et Pauli, uno die passorum, et Ecclesiis Orientalibus destinavit (722).

AUBERTI MIRÆI SCHOLIA.

(720*) S. Timothei passio, sub nomine Polycratis episcopi Ephesini, edita est jam olim a Jacobo Fabro Stapulensi. Fit in ea mentio Irenæi Lugdunensis episcopi; ex quo colligi datur non posse eam attribui Polycrati, qui Timotheo post Onesimum successit. Certe nec Eusebius in Hist. eccles. nec Hieronymus cap. 45 in Catalogo, ubi de Polycrate agunt, hujus scriptionis meminerunt.

(721) Vide Honorium Augustodunensem, lib. I, c. 16.

(722) Sub nomine Lini papæ, in Bibliotheca veterum Patrum duo exstant libelli de Actis seu martyrio SS. apostolorum Petri et Pauli. Sed narratio illa, quæ hodie quidem exstat, est prorsus fictitia, multosque errores continet, ut Baronius in gestis anni 69, Bellarminus in Catalogo, et lib. II De pontif. Rom., c. 9; Possevinus in Apparatu sacro, et Claudius Espensæus lib. VI De continentia, cap. 11, docent. Vide Hieron. de S. E., c. 15.

Cap. VI. Sedulius episcopus (723) ad Macedonium presbyterum scripsit libros De miraculis Veteris et Novi Testamenti, quos postea sub metrica lege redactos prætitulavit Paschale carmen. Reparavit etiam dactylico [edit. Suffridi Petri, reparacterico] carmine omnia Domini opera. Claruit tempore Constantis et Constantii, filiorum primi Constantini imperatoris.

Cap. VII. Amphilochius, Iconii episcopus, scripsit Vitam Basilii, Cæsariensis episcopi (724).

Cap. VIII. Golphilas, Gothorum episcopus, adinvenit Gothicas litteras; et quamvis esset Arianus, utile tamen opus fecit, quia per illas litteras transtulit divinas litteras in Gothicam linguam. Fuit tempore Valentis imperatoris (725).

Cap. IX. Theoderetus, episcopus urbis quæ a fundatore suo Persarum rege Cyrus est vocata (726), scripsit De vera incarnatione Domini contra Eutychen, qui negabat veram carnem in Christo Jesu. Scripsit etiam ecclesiasticam Historiam, a fine ecclesiasticæ Historiæ quam scripsit Eusebius Cæsariensis, et post eum Rufinus presbyter.

Cap. X. Socrates (727) scripsit Historiam a tempore primi Constantini imperatoris usque ad imperium Theodosii junioris.

Cap. XI. Sozomenus, ejusdem temporis tenorem secutus, scripsit Historiam (728).

Cap. XII. Epiphanius, scholasticus (729), tres Theodereti et Socratis et Sozomeni Historias in unam compingens Historiam, adjecit ecclesiasticæ bibliothecæ Historiam Tripartitam.

Cap. XIII. Macer scripsit metrico stylo librum De viribus herbarum.

Cap. XIV. Paulinus, Nolanus episcopus, scripsit, ad Augustinum episcopum, Vitam Ambrosii Mediolanensis episcopi. Scripsit etiam versifice Vitam Felicis Nolani (750).

Cap. XV. Evodius episcopus scripsit librum De miraculis in Africa ostensis per reliquias Stephani protomartyris noviter inventas, quas detulit in Africam Orosius, Augustini discipulus (751).

Cap. XVI. Possidius, Calamensis episcopus, scripsit Vitam Augustini Hipponensis episcopi (752).

Cap. XVII. Paschasius (753), diaconus sanctæ

AUBERTI MIRÆI SCHOLIA.

(723) Cœlium Sedulium Isidorus in Catalogo, cap. 7, presbyterum, non autem episcopum vocat. Scripsit porro versu libros quatuor Mirabilium divinorum sive Opus Paschale, quod cum scholiis Antonii Nebrissensis, Basileæ 1541, et inter poetas Christianos exstat editum. Collectanea nomine Sedulii in omnes D. Pauli Epistolas, Basileæ 1528 et 1534 edita (si tamen illius sunt) videntur ab aliquo Pelagiano vitiata, ut ad Isidor. monui. Sedulii versus, post ejus mortem, ex ejus scriniis collectos Asterius (qui anno 449 consul Romanus fuit) recensuit, et Macedonio dedicavit, ut ex ejusdem Asterii epigrammate liquet. Sirmondus in notis ad Ennodium docet ex integris Gennadii exemplaribus Sedulium Theodosio juniore, cui opus suum dicavit, et Valentiniano regnantibus, obiisse.

(724) De Amphilochio Hieron. cap. 153.
(725) De eo Trithemius.
(726) Syriæ Euphratesiæ urbem, cui Theodoretus præfuit, alii Chyrrum vocant, ut Plinius, Ptolemæus, Stephanus; alii Cyrum, quomodo apud Theodoretum ipsum passim, Procopium De ædificiis, et Hieroclem in Synecdemo legitur. Vide Gennad., c. 89.

(727) Socrates, Ammonii et Helladii in grammaticis discipulus, scholasticus Constantinopolitanus, scripsit Historiæ ecclesiasticæ libros septem, quibus tempus annorum centum quadraginta, a Constantino Magno usque ad Theodosii minoris ævum, complectitur. Exstat cum Eusebio Cæsariensi (cujus Historiam ecclesiasticam proxime excipit) Latine editus, interprete Joanne Christophorsono. Photius in Bibliotheca cod. 26 censet ipsum nec habere stylum admodum splendidum, nec in dogmatibus esse accuratum. Nicephorus certe prodidit Novatianum fuisse et animo minus purum. Idem Bellarminus et alii observarunt. Franciscus Torrensis seu Turrianus ipsum mendacii accusat non uno in loco.

(728) Hermias Sozomenus, Salaminius, Constantinopoli in forensibus actionibus diu versatus, scripsit Historiæ ecclesiasticæ libros novem, quos a consulatu Crispi, et patris ejus Constantini, produxit usque ad imperium Theodosii junioris, cui Historiam hanc suam dicavit. Singulorum librorum argumenta in epistola ad Theodosium ipse exponit. Dissentit in quibusdam a Socrate, et stylum eo præstantiorem habet, ut Photius cod. 30 censet. Sed ipsam Sozomeni Historiam (ut Gregorius Magnus lib. vi, epist. 93, loquitur) sedes apostolica recipere recusat, quoniam multa mentitur; et Theodorum Mopsuestæ nimium laudat, atque ad diem obitus sui magnum doctorem Ecclesiæ fuisse perhibet. » Quod de Theodoro Mopsuesteno hodie in Sozomeno non legitur, sed in Theodoreto. Est autem verisimile scripsisse hoc Sozomenum in iis libris qui perierunt. Nam ipse refert in præfatione se Historiam suam deduxisse usque ad decimum septimum Theodesii junioris consulatum, id est Christi 439 annum, ut pene viginti annorum Historia desideretur. Quod et Baronius in notis ad Martyrologium XXIII Dec. observavit. Bellarminus in Catalogo notat Sozomenum, ut et Socratem Novatianis erroribus favisse. Joannes Christophorsonus utrumque vertit e Græco, et Latine cum Eusebio edidit, Coloniæ et Lovanii. Exstat et Græce seorsim Sozomenus editus Parisiis a Roberto Stephano.

(729) Epiphanius scholasticus, Cassiodoro postulante (ut ipse cap. 17 De divinis lect. prodidit) Theodoreti, Socratis et Sozomeni Historiam ecclesiasticam ex Græco Latinam fecit. Cassiodorus autem, ex translatione Epiphanii, Historiam Tripartitam contexuit.

(730) Gennad. c. 48.
(731) Evodius, Uzalensis in Africa episcopus, ad quem S. Augustini litteræ exstant, unus fuit ex quinque illis Africæ episcopis quorum litteras ad Innocentium I papam habemus. Hic scripto consignavit miracula facta ad reliquias S. Stephani, quas ex Palæstina primus in Occidentem Orosius attulerat. Augustinum lib. XXII De civit. Dei, cap. 8, lege.

(732) Vide Isidorum De script. eccles., c. 8.
(733) Hic est ille Paschasius, ad quem Eugippius presbyter Vitam S. Severini Noricorum apostoli, a se conscriptam, transmisit, ejusque censuræ subjecit Nam nomen, tempus, locus, et sacra functio id docent: ut Baronius ad annum 496 tradit. Cui respondit idem Paschasius: quam epistolam Baronius ibidem exhibet. Eumdem Paschasium S. Gregorius lib. IV Dialog., cap. 40, tradit, « temporibus Symmachi, apostolicæ sedis præsulis, defunctum esse, ejusque rectissimos et luculentos de S. Spiritu libros exstare. » Sedit autem Symmachus ab ano

Romanæ Ecclesiæ, libros de sancto Spiritu luculento et fideli sermone composuit. Hic quia in superordinatione Laurentii contra Symmachum papam pertinacius favit Laurentio, ejus defuncti animam vidit Germanus, Capuanus episcopus, in thermis in igne purgatorio positam.

CAP. XVIII. Idatius, Lemicæ Hispaniarum urbis episcopus, Chronicam initiatam a primo Theodosii imperatoris consulatu composuit.

CAP. XIX. Martinus, episcopus Galliciencis, scripsit librum De virtutibus quatuor, ad Theudomirum [al. Mironem] regem Galliciæ, quem libellum prætitulavit, honestæ vitæ Formulam (754).

CAP. XX. Victor (755), Capuanus episcopus, Evangelium ex quatuor Evangeliis compactum eleganter composuit, quod vocatur *Diapente*, sine nomine auctoris invenit: quod quia sine numeris canonum confusum esse vidit dilucidavit, illud appositis canonum numeris, per quos Eusebius Cæsariensis distinxit quatuor Evangelia, ita sine confusione erroris similia omnium ostendens, singulis sua propria ostendens et restituens. Scripsit etiam librum De Pascha, redarguens errorem Victorii, qui jubente Hilario papa, scribens Paschales cyclos, docebat esse celebrandum Pascha xv Kalendas Maii, in anno D mini 455, quod rectius erat eo anno celebrandum vii Kalendas Maii.

CAP. XXI. Eustathius (756) transtulit de Græco in Latinum Hexaemeron Basilii Cæsariensis.

CAP. XXII. Avitus (757), Viennensis episcopus, scripsit Homiliarum librum unum; De mundi principio, et aliis diversis conditionibus libros sex, versu compaginatos; Epistolarum libros novem. Claruit tempore Zenonis imperatoris, sub rege Burgundionum Gundebaldo.

CAP. XXIII. Godelbertus presbyter, hujus studium imitatus, per historias et allegorias divinæ Scripturæ, ab initio mundi usque ad partum Virginis, heroico pede eleganter cucurrit (758).

CAP. XXIV. Cyrillus, episcopus Alexandrinus, cyclos quinque decemnovennalium cyclorum scripsit, qui faciunt annos nonaginta quinque; in quibus primus et ultimus Paschæ terminus invenitur; sed nec tamen in eo tota Paschæ varietas terminatur (759).

CAP. XXV. Paschasinus [al. Paschasius] (740),

AUBERTI MIRÆI SCHOLIA.

quadringentesimo nonagesimo nono usque ad annum quingentesimum decimum quartum. Alius ab isto fuit Paschasius, Duminensis in Gallæcia diaconus, qui suum librum De Vitis Patrum (qui in Plantiniana anni 462 editione septimus est) dedicavit Martino, Dumiensi abbati, Isidor. c. 22 memorato. Cujus quidem Martini obitum Gregorius Turonensis lib. v Hist. Franc., cap. 37, anno quinto Childeberti junioris regis statuit, cui Baronius annum Christi 583 assignat.

(754) Martini hujus Dumiensis, seu Galliciensis, Isidorus in Catalogo cap. 22, Sigebertus hoc capite et infra cap. 118 meminerunt. Fuit is primum abbas et episcopus Dumiensis (qui et Dumiense in Gallæcia monasterium construxit) postea Bracarensis in Lusitania antistes.

(755) S. Victor, Capuanus in Italia episcopus, circa annum Christi quingentesimum quadragesimum, Justiniano regnante scripsit De cyclo Paschali, ut Beda De sex ætatibus et De ratione temporum, cap. 48; Ado Viennensis in Chronico, item Marianus Scotus tradunt. Cyclus porro Victorii receptus ac probatus fuit in quarta synodo Aurelianensi, anno Christi 541 habita. Victor insuper scripsit præfationem in Harmoniam seu consonantiam Tatiani Alexandrini, qua ex quatuor Evangeliis unum fecit. Sed Baronius in gestis anni 174, cumque secutus Bellarminus, recte monent a Victore Capuano creatum esse in nomine. Nam illa Harmonia non est Tatiani, sed Ammonii Alexandrini, ab Hieronymo in Catalogo cap. 55 memorati.

(756) Eustathius, vir disertissimus, a Cassiodoro, Beda et Sigeberto hoc loco laudatus, novem sermones S. Basilii Magni in principium Geneseos ex Græco Latinos fecit, et Syncleticæ sorori diaconissæ inscripsit. Exstant ii cum Operibus S. Basilii, 1616, Antuerpiæ, Parisiis et alibi excusi. De eo sic Cassiodorus cap. 1 De lect. divinis: « Geneseos principia Basilius Attico sermone lucidavit, quem Eustathius, vir disertissimus, ita transtulit in Latinum, ut ingenium doctissimi viri facundiæ suæ viribus æquiparasse videatur; qui usque ad hominis conditionem novem libros tetendit. » De eodem ita *Junilius* episcopus Africanus, seu potius *Beda* in præfatione Commentarii in Genesin: « De principio libri Genesis multi multa dixere, sed præcipue Basilius Cæsariensis, quem Eustathius interpres de Græco fecit esse Latinum. » Syncleticæ porro sororis diaconissæ, ad quam Eustathius scripsit, meminit Sedulius in præfatione operis sui Paschalis, his verbis: « Quis non optet et ambiat eximio Syncleticæ sacræ virginis et ministræ Christi placere judicio, quæ superbi sanguinis nobilitatem sic humilitate provexit ad gloriam, ut in cœlestis patriæ senatu fieri mereatur athleta? Scripturas ecclesiastici dogmatis ita sitiens epotavit, ut, nisi sexus licentia defuisset, potuisset docere, quam membris feminei corporis animus sit virilis. »

(757) Alcuinus Ecdicius Avitus, Viennensis in Gallia episcopus, fratrem habuit Apollinarem Valentiæ episcopum, cui poemata sua inscripsit. Epistola ipsius dedicatoria, ex codice S. Victoris Parisiensis deprompta, recitatur a Sirmondo in notis ad Eunodium. Ex qua Epistola docemur Homilias etiam ab Avito editas fuisse. Et quidem sola una restat de Rogationibus, a Mamerto ejus prædecessore institutis. Sed plusculorum fragmenta in antiquissimi libri reliquiis Jac. Augusti Thuani Lutetiæ asservantur. Una in conversione domini Segirici; dicta Lugduni, postridie quam soror ipsius ex Ariana hæresi est recepta; altera in basilica sanctorum Agaunensium, in innovatione monasterii ipsius; tertia in instauratione baptisterii in civitate Vienna; quarta in basilica S. Petri, quam Sanctus episcopus Tarantasiæ condidit; quinta in dedicatione basilicæ Genevæ, quam hostes incenderant; et aliæ, quæ vel inscriptionibus ipsis nimium quantum sui desiderium excitant, ut et reliquorum Aviti operum, quæ recensent Isidorus et Ado Viennensis. Vide *Isidorum de scriptor. Eccles.*, c. 23.

(758) De eo Trithemius.

(759) Vide Gennad. c. 57.

(740) Paschasinus, Lilybætanus in Sicilia episcopus, recenter e captivitate Vandalorum reductus, scripsit anno quadringentesimo quadragesimo tertio, ad Leonem I papam, Epistolam paschalem, quam emaculatam Ægidius Bucherius, cap. 1 Commentarii in Victorium Aquitanum, 1635, typis Moretianis edidit. Scripsit et Epistolam de damnatione Dioscori, tomo II Conciliorum a Binio Coloniæ evulgatam.

diaconus scripsit ad Leonem papam contra errorem quorumdam qui anno Domini 455, putantes esse annum communem, cum esset embolismus, errabant in celebrando Pascha.

Cap. XXVI. Proterius, Alexandrinus episcopus, scripsit et ipse ad Leonem papam dubitantem de celebrando Pascha illius anni, qui, cum esset embolismalis, putabatur ab aliquibus esse communis.

Cap. XXVII. Dionysius, abbas Romanus (741), cognomento Exiguus, gemina scientia Græce et Latine clarus, transtulit de Græco in Latinum Proterii Alexandrini episcopi scripta ad Leonem papam de celebrando pascha in anno Domini 355. Transtulit etiam de Græco in Latinum librum Gregorii Nysseni De conditione hominis, et vitam Pachomii abbatis. Scripsit et ipse, post Cyrillum, cyclum quinque cyclorum, incipiens ab anno nati Jesu Christi 532, qui est ultimus annus magni cycli, qui est annorum DXXXII, semel exacti a nativitate Christi. Hic notandum est quia si nativitas Christi recte a calculatoribus posita fuisset, debuisset XXXIII vel XXXIV annis primi magni anni concordare, in ratione computi, evanlicæ veritati, et majorum auctoritati, quæ dicit Christum passum fuisse anno ætatis suæ tricesimo secundo, vel XXXIII, VIII Kalendas Aprilis, in VI feria, et eum resurrexisse VI Kalendas Aprilis, in prima feria. Quod non ita positum esse in primo magno cyclo, quia non attendit Dionysius, secundum tenorem annorum primi magni cycli, apposuit et ipse annos Christi in suo cyclo, quem, ut dixi, incœpit a repetitione secundi magni cycli, et inussit sibi frontem cauterio alieni erroris et mendacii, dum culpatur, quod XXXIII, vel XXXIV, sui operis anno non concordat evangelicæ veritati in ratione computi. Unde apparet quod nativitas Christi posita est a calculatoribus XXI, vel viginti duobus annis tardius quam debuit.

Cap. XXVIII. Fulgentius, Ruspensis episcopus (742), in Græca et Latina lingua clarus, gemina scientia scripsit multa. Claruit in homilitico dicendi genere. Scripsit ad Euthymium libros De remissione peccatorum. Respondit uno libro quæstionibus a Ferrando diacono sibi objectis. Scripsit libros quos prætitulavit, sive litteris : librum scilicet De Adam sive A ; De Abel, sive B ; De Cain, sive C ; et cæteros secundum litterarum consequentiam. Quod is est [*videtur legendum* quod si est] ipse Fulgentius qui tres libros Mythologiarum scripsit ad Catum presbyterum Carthaginis, hic certe omnis lector expavescere potest acumen ingenii ejus, qui totam fabularum seriem, secundum philosophiam expositarum, transtulerit vel ad rerum ordinem, vel ad humanæ vitæ moralitatem. Scripsit ad eumdem Catum librum De obstrusis sermonibus. Scripsit et De prædestinatione ad Monimum libros tres ; contra objectiones undecim Trasamundi regis librum unum; De mysterio Mediatoris librum unum ; De immensitate Filii Dei librum unum ; De sacramento Dominicæ passionis librum unum; ad familiares suos epistolarum librum unum. Ne videar humana miscere divinis, non commemorabo sacris libris mirabile hujus viri opus, qui totum opus Virgilii ad physicam rationem referens, in lutea quodammodo massa auri metallum quæsivit, et repertum excoxit.

Cap. XXIX. Ferrandus diaconus, supra nominatus, scripsit ad Reginum comitem librum de septem regulis innocentiæ, et alia nonnulla.

Cap. XXX. Gennadus episcopus (743), post Hieronymum, composuit Librum illustrium virorum, quos collegit a XIV anno imperii Theodosii majoris usque ad tempus Zenonis imperatoris, per annos circiter centum. Libros etiam Evagrii monachi ad utilitatem monachorum simplici sermone scriptos, transtulit eadem simplicitate de Græco in Latinum. Aliquos etiam ejusdem libros quos translatores vitiose transferendo in Latinum corruperant, emendavit et veritati auctoris restituit.

Cap. XXXI. Benedictus Casinensis, Pater monachorum, Nursia Italiæ provincia ortus, spretis Litterarum studiis, eremiticam vitam expetivit, et provectus ad summum culmen monasticæ profectionis, secundum quam vixit, scripsit Regulam monachorum sermone luculentam, discretione præcipuam. Simplicius, discipulus ejus, latens magistri opus publicavit (744).

Cap. XXXII. Faustus, discipulus sancti Benedicti, ab

AUBERTI MIRÆI SCHOLIA.

(741) Dionysius Exiguus, abbas Romanus, Probo consule (hoc est anno Christi 525). Cyclum suum Paschalem contexuit, omissoque profano annorum calculo, primus numerare cœpit a Christi Incarnatione. Quæ æra seu epocha, a Dionysio primum inventa, paulatim ab universo orbe Christiano, idque potissimum sub annum 730, in usum recepta est. Nam antea solis consulum, imperatorum, aut regum Franciæ nominibus anni signabantur. Idem Dionysius canones sacros ex conciliorum decretis unum in corpus primus collegit ; quem postea Martinus Bracarensis, Cresconius, Buchardus et alii sunt æmulati. Dionysii fetus primum Moguntiæ 1525, postea Parisiis 1609, typis fuit editus, hoc titulo : Codex Canonum vetus Ecclesiæ Romanæ, cum epistola dedicatoria ipsius Dionysii ad Stephanum, Salonitanum episcopum. Romæ porro cum esset Carolus Magnus, ipsi codicis hujus Dionysiani exemplar, anno septingentesimo octogesimo septimo, ab Adriano papa oblatum fuit, ut Sirmundus tom. II. Conc. Gal. fuse commemorat. Codicis ejusdem fit mentio a Nicolao papa in c. *Si Romanorum*, *dist*. 19. Cassiodorum lege, c. 23 Instit.

(742) S. Fulgentius Romam adiit eo anno quo Theodericus, Gothorum rex, eamdem ingressus scribitur a Cassiodoro, hoc est anno Christi quingentesimo. Exinde anno quingentesimo quarto Ruspensis factus episcopus, a Trasamundo rege cum aliis relegatus est in Sardiniam; ac denique post Trasamundi obitum, anno quingentesimo vicesimo secundo restituta Africanis Ecclesiis ab Hilderico, Hunerici filio, pace, reversus est in Africam. Mythologiarum porro libros Molanus Placiadi Fulgentio Grammatico ascribit. Vide Isidor, c. 14. Hujus Fulgentii discipulus fuit Ferrandus diaconus, proximo capite laudandus.

(743) *Non fuit episcopus.*

(744) Vide Honorium, lib. XXX.

ipso Benedicto missus ad Gallias, cum Mauro ejus monacho, Vitam ipsius Mauri monachi descripsit (745).

CAP. XXXIII. Marcus poeta, familiaris Benedicti Casinensis, Vitam ejus a Gregorio descriptam defloravit heroico breviloquio, et pauca superaddidit (746).

CAP. XXXIV. Orentius Commonitorium fidelibus scripsit metro heroico, ut mulceat legentem suavi breviloquio (747).

CAP. XXXV. Jordanus (748), episcopus Gothorum, scripsit Historiam; in primo ejus libro gesta Romanorum, in secundo vero originem et gesta Gothorum recensens, usque ad finem regni eorum.

CAP. XXXVI. Joannes, sub sua et sui amici Basilii persona, scripsit dialogum de honore et onere sacerdotii, et quanta sit dignitas et potestas vel gravitas sacerdotum.

CAP. XXXVII. Boetius, vir consularis, conferendus vel praeferendus philosophis et saecularibus et ecclesiasticis, quia ambiguos esse facit an inter saeculares, an inter ecclesiasticos scriptores fuerit illustrior. Laudent eum saeculares, quod Isagogas, Perihermenias, quod Categorias transtulerit de Graeco in Latinum et exposuerit; quod Topica Ciceronis exposuerit, quod Antepraedicamenta, quod libros De topicis differentiis, De cognatione dialecticae et rhetoricae, et distinctione rhetoricorum locorum, De communi praedicatione potestatis et possibilitatis, De categoricis et hypotheticis syllogismis libros et alia multa scripserit, quod arithmeticam et musicam Latinis scripserit. Nos ecclesiastici laudamus eum quod librum De sancta Trinitate scripserit, quod exsiliatus a Theodorico, Gothorum et Italorum rege, pro eo quod tueri volebat libertatem Romanae urbis, scripsit librum De consolatione Philosophiae. Hic ab eodem rege Theodorico occisus est (749).

CAP. XXXVIII. Arator (750), subdiaconus Romanae Ecclesiae, edidit heroico carmine Actus apostolorum, et Vigilio papae Romano obtulit

CAP. XXXIX. Eugippius abbas (751) hortatu Renducis, Neapolitani episcopi, deflorans libros Augustini episcopi Hipponensis, dedit codicem magnae utilitatis, ad Probam virginem; et per manus ejusdem Renducis episcopi obtulit Ecclesiae Neapolitanae. Fuit tempore secundi Pelagii, et imperatoris Tiberii Constantini.

CAP. XL. Cassiodorus, consul et senator, postea monachus et abbas, fecit tractatus super Psalmos, et totum operis corpus per tria membra, per Psalmos scilicet quinquagenos, divisit. Scripsit duos libros Institutionum, qualiter divinae et humanae lectiones debeant intelligi, et librum De etymologiis, et alium librum sacerdotis de schematibus collegit. Scripsit librum titulorum, quem de divina Scriptura collectum voluit nuncupari Memoriale, ut breviter percurrant qui fastidiunt prolixa perlegere. Fecit complexiones in Epistolis apostolorum, et in Actibus apostolorum, et in Apocalypsi, quae sunt brevissima explanatione decursae. Digessit etiam Catalogum consulum Romanorum. Epiphanium Scholasticum, qui tres Theodoreti, Socratis et Sozomeni, Historias in unum Tripartitam Historiam redegit, de Graeco in Latinum transtulit. Novissime, anno scilicet aetatis XCIII, precatu fratrum suorum scripsit de orthographia cujus regulas de XII nominationibus grammaticis collegit; De anima librum unum (752).

CAP. XLI. Gregorius, natione Romanus, ex prae-

AUBERTI MIRAEI SCHOLIA.

(745) Exstat apud Surium XV Jan.
(746) Marci ejus carmen Romae 1590 excusum fuit, cum tertio Prosperi Martinengi poematum libro.
(747) Vide ad Gennad. c. 9.
(748) Jornandes, sive Jordanus, ex notario Gothorum episcopus Ravennae an. 552, ex Cassiodori libris XII concinnavit epitomen Gothicae Historiae; qui liber Lutetiae ex ms. Petri Pithoei emendatior prodiit cum Cassiodori Operibus. Scripsit item De gestis Romanorum, aliarumque gentium.
(749) Vide Honorium Augustodun., III, 22.
(750) Arator, patria Ligur, atque in Liguria ipsa eruditus, et causidici officio functus, legationem etiam pro Dalmatis ad Theodoricum Gothorum regem cum laude obiit, ut apud Cassiodorum testatur Athalaricus, lib. VIII Variar., epist. 12, qua comitivam domesticorum ipsi Aratori decernit. Post quam comitiva etiam rerum privatarum, priusquam aula relicta Ecclesiae mancipateretur, ornatum fuisse, docet nos vetus adnotatio quae in plerisque exemplaribus Aratoris libris praefixa est. Ejus in codice Remensi monachorum S. Remigii hoc est exordium: *Beato domno Petro adjuvante, oblatus hic codex ab Aratore illustri, ex comite domesticorum, ex comite privatarum; viro religioso, subdiacono S. E. R. sedis apostolicae, sancto atque apostolico viro papae Vigilio: susceptus ab eo die VIII Id. Aprilium, et quae sequuntur. Pangendi sacri carminis, hoc est, musa ad divina convertenda auctor Aratori olim fuerat Parthenius Ennodianus. Idcirco cum apostolorum Actus versibus hexametris reddidisset, opusque suum Vigilio papae, ut dictum, est obtulisset, id ipsum in Galliam misit ad Parthenium, ut ibi ejus opera edere*tur. Qua de re praeclara in eodem codice Remensi exstat Aratoris ad Parthenium ipsum elegiacis versibus epistola; quam, ut antea typis non editam, Sirmondus in notis ad Ennodium sub finem publicavit. Porro libri duo carminum, quibus Acta apostolorum complexus est, in Bibl. Patrum et alibi exstant.
(751) Uno eodemque saeculo Eugippios duos, et quidem abbates, doctrinae gloria floruisse, censet Rosweidus in prolegomenis ad Vitas Patrum. Prior Eugippius, Lucullanensis in Italia abbas, ab Isidoro cap. 13 laudatus, Vitam S. Severini monachi scripsit, et post consulatum Importuni seu Opportuni, hoc est post annum Christi quingentesimum nonum claruit. Nam in epistola sua, Vitae S. Severini praefixa, ait se scribere biennio post consulatum Importuni, hoc est anno Christi quingentesimo undecimo. Alter Eugippius, Africanus abbas, hoc capite a Sigeberto laudatus, temporibus Pelagii II papae, et Tiberii CP. Caesaris, hoc est circa annum quingentesimum octogesimum floruit, a Cassiodoro cap. 23 De divin. lect. laudatus. « Hic ad parentem Probam, virginem sacram (ut Cassiodorus loquitur) ex operibus S. Augustini quaestiones ac sententias, ad diversas res deflorans, in uno corpore collegit, et in trecentis triginta octo capitulis collocavit. » Opus istud, in duos tomos Thesaurorum S. Augustini (ut titulus praefert) divisum Basileenses 1542 et Veneti 1543 typis publicarunt; sed Bellarminus in Catalogo recte monet *cavendas esse insidias haereticorum qui hoc opus in lucem emiserunt*. Caeterum Joannes Molanus, doctor Th. Lovaniensis, ex duobus istis unum Eugippium facit.
(752) Vide ad Honorii IV, 21.

tore urbano monachus et abbas, septimus Romanæ Ecclesiæ levita, apocrisarius, papa Romanæ Ecclesiæ multa scripsit. Rogatus a Leandro Hispalensi episcopo, librum Job exposuit tripliciter, historice, allegorice et moraliter, et libros dividens in sex libros consummavit hoc mirabile opus in xxxv libris. Primam et ultimam partem Ezechielis prophetæ, quæ obscuriores erant, exposuit homilitico sermone. Scripsit ad Marianum episcopum xlii Evangelii homilias. In initio papatus sui scripsit ad Joannem, Ravennæ episcopum, librum Regulæ pastoralis. Librum Dialogorum, quem cum Petro diacono suo de miraculis sanctorum sui temporis habuit, Teudelindæ Longobardorum reginæ pro munere misit. Epistolarum tot libros posteris reliquit quot annos in papatu vixit, id est tredecim et semis. Scripsit et alia quæ a Romanis post mortem ejus combusta sunt, qui et omnia opera ejus combussissent, nisi Petrus, diaconus ejus, interveniens confirmasset jurejurando se vidisse Spiritum sanctum quasi columbam super caput Gregorii tractantis sedentem, rostrum suum ori illius inserentem; et hoc ipsum Petrus hac conditione fecit, ut si ipse post factum jusjurandum statim moreretur, Romani a libris Gregorii comburendis cessarent; si non moreretur, ipse etiam combustoribus librorum manus daret. Sic Petrus inter verba juramenti exspiravit, et Romanorum insania cessavit. Quæ scriptura Gregorium tam illustravit, quam illud quod Antiphonarium regulari musicæ modulatione centonizavit et scholas cantorum in Romana Ecclesia constituit (753).

CAP. XLII. Anastasius, Antiochenus episcopus, Pastoralem librum Gregorii in Græcam linguam transtulit, et orientalibus Ecclesiis opus venerabile procuravit (754).

CAP. XLIII. Paterius (755), Romanæ Ecclesiæ notarius et secundicerius, colligens omnia divinæ Scripturæ testimonia per quæ Gregorius obscura suæ expositionis dilucidavit, tres libros edidit: duos de testimoniis Veteris Instrumenti, et unum de testimoniis Novi Testamenti, ipsumque codicem appellavit Librum testimoniorum.

CAP. XLIV. Claudius, Classitanæ urbis abbas, multa de Proverbiis, de Canticis canticorum, de Eptatico [Heptateucho], de prophetis, de libris Regum, quos loquente Gregorio audierat exponi, nec tamen ea Gregorius præ infirmitate et occupatione scripserat, ipse suo sensu dictavit, ne perirent, ut apto tempore emendatius dictarentur. Quæ cum Gregorius comperisset valde inutilius permutata esse, ea studiosus recollegit et opportune correxit.

CAP. XLV. Fortunatus (756), natione Italus, liberalibus artibus eruditus, a dolore oculorum, virtute Martini Turonensis episcopi, sanatus, et pro hac causa ad Turones venit, et ad Pictavos progressus, primo ibi presbyter, deinde episcopus consecratus est. Scripsit metrice Hodœporicum suum; scripsit metrice quatuor libros De Vita sancti Martini, et multa alia, et maxime hymnos singularum festivitatum. Ad singulos amicos composuit versus suavi et diserto sermone.

CAP. XLVI. Justinianus Major, imperialis majestatis dignitate illustris, videtur illustrior fuisse aliis imperatoribus, per hoc quod etiam inter ecclesiasticos scriptores locum acquisivit. Leges namque Romanorum, quarum prolixitas nimia erat et inutilis dissonantia, mirabili brevitate correxit. Nam omnes constitutiones principum, quæ utique multis in voluminibus habebantur, intra xii libros coarctavit: idem quoque volumen Codicem Justinianeum appellari fecit. Rursumque singulorum magistratuum sive judicum leges, quæ usque ad duo millia pene librorum erant extensæ, intra quinquaginta librorum numerum redegit, eumdemque Codicem Digestorum sive Pandectarum vocabulo nuncupavit. Quatuor etiam Institutionum libros, in quibus breviter universarum legum textus comprehenditur, noviter exposuit. Novas quoque leges, quas ipse statuerat, in unum volumen redegit (757).

CAP. XLVII. Sixtus episcopus scripsit librum De vita hominis perfecta.

CAP. XLVIII. Osius episcopus scripsit librum De observatione Dominicæ disciplinæ (758).

CAP. XLIX. Gregorius, Turonensis episcopus,

AUBERTI MIRÆI SCHOLIA.

(753) Vide Isid. c. 27, et Ildefonsum c. 1.
(754) S. Anastasius Sinaita, episcopus Antiochenus et martyr, anno quingentesimo nonagesimo octavo diem obiit. Dictus est Sinaita, eo quod monachus vixerit in monte Sina, antequam Ecclesiæ Antiochenæ præficeretur. Scripsit autem varia, ex quibus in Bibliotheca veterum Patrum leguntur Anagogicarum contemplationum in Hexaemeron libri duo, De fidei dogmatibus libri quinque, interprete Godefrido Tilmanno; Orationes aliquot, et Responsiones ad varias quæstiones. Ejusdem Dux viæ contra Acephalos, interprete Gretsero, anno 1606 Ingolstadii est excusus. Scripsit et Sermones varios, ex quibus nonnullos Achilles Statius Latine reddidit. Idem Anastasius S. Gregorii papæ librum Pastoralem in Græcam linguam convertit. Quam translationem in bibliotheca dicti Achillis Statii, apud presbyteros Oratorii Romani, asservari testatur Baronius in notis ad Martyrologium xxi Aprilis. Quo loco et plura reperies de isto nostro Anastasio, et altero itidem episcopo Antiocheno ac martyre; notatque inter alia Baronius Nicephorum errore lapsum lib. xviii, cap. 24, dum nomen Sinaitæ et lucubrationes supra memoratas posteriori Anastasio ascribit. Cæterum in Registro Gregorii I papæ plures exstant epistolæ ad hunc nostrum Sinaitam datæ. Alia reperies apud Canisium tom. III Lect. antiq.
(755) Paterium sub Cælestino I papa, legatione functum fuisse ad Hibernos, constat ex Miscellaneis Gerardi Vossii, tomo V Bibliothecæ Patrum. Vide ad Honorium iv, 5.
(756) Venantii Honorii Clementiani Fortunati, Italici presbyteri, episcopi Pictaviensis, qui Childeberto rege vixit, Carminum et Epistolarum libri quindecim illustrati notis sacris, historicis et geographicis, a Christophoro Brouvero, Soc. Jesu presbytero, sunt editi Moguntiæ 1603 et 1616.
(757) Vide ad Isidorum, c. 18.
(758) De eo Trithemius.

vir magnæ nobilitatis et simplicitatis, scripsit multa simplici sermone. Scripsit duos libros De Vita vel memoria quorumdam confessorum. Scripsit librum De miraculis sanctorum; De miraculis Juliani martyris Brivatensis [*al.* Bruatensis] librum unum; De miraculis sancti Martini suo tempore ostensis libros quatuor; Historiam Francorum parvo libello breviavit, eamque postmodum diffusius novem [decem] libris digessit. Scripsit et Chronicam ecclesiasticæ historiæ (759).

Cap. L. Rodolphus scripsit Historiam Francorum a suo tempore.

Cap. LI. Isidorus, Cordubensis episcopus, scripsit ad Orosium libros quatuor in libros Regum (760).

Cap. LII. Proba, uxor Adelphi, centonem ex Virgilio De fabrica mundi et Evangeliis plenissime expressit; materia composita secundum Virgilianos versus, et versibus secundum materiam concinnatis (761).

Cap. LIII. Pomponius, ex eodem poeta, inter cætera styli sui otia, Tityrum in honorem Christi composuit, similiter et Æneidos.

Cap. LIV. Julianus Pomerius scripsit De resurrectione mortuorum (762).

Cap. LV. Isidorus junior, Hispalensis episcopus, multa scripsit. Scripsit ad Braulionem episcopum xx libros Etymologiarum. Scripsit librum Procemiorum; De libris Veteris et Novi Testamenti, quos in canone recipit Ecclesia catholica; De ecclesiasticis officiis ad Fulgentium; De ortu, vita et obitu sanctorum Patrum qui in Scripturarum laudibus efferuntur; ad Orosium librum De significationibus nominum; ad Sisebutum librum De natura rerum. Scripsit librum de differentiis verborum, librum De proprietate rerum, librum sermonum, librum ecclesiasticorum dogmatum. Scripsit Synonyma, ubi inducuntur duæ personæ, una hominis plangentis, altera Rationis admonentis. Scripsit et Lamentum pœnitentis, distinctum alphabeto, addita oratione. Scripsit De conflictu virtutum et vitiorum librum unum; De mysteriis Salvatoris librum unum. Totum Vetus Testamentum simpliciter exponendo percur-

rit. Scripsit et alia sæculari litteraturæ competentia, quæ commemorare nihil ad nos.

Cap. LVI. Julianus, Toleti Hispaniarum urbis episcopus, scripsit ad Idalium episcopum Barcinonæ librum quem prætitulavit Prognosticon, id est Præscientiam futuri sæculi.

Cap. LVII. Leontius, Neapolis Cypriorum insulæ episcopus, scripsit Vitam Joannis, Alexandrini episcopi, qui ob eximiam in pauperes misericordiam cognominatur Eleemosynarius (763).

Cap. LVIII. Audoenus (764), qui et *Dado*, episcopus Rotomagensis, scripsit ad Robertum, Parisiorum episcopum, Vitam Eligii Noviomensis episcopi, duobus libris explicans miracula quæ vel in vita vel post mortem ejus gesta sunt per eum; tertio libro rhetorice et commatice totam vitam ejus recapitulans.

Cap. LIX. Leo, secundus hujus nominis papa, Græca et Latina lingua sufficienter instructus, transtulit de Græco in Latinum sextam synodum, quæ tempore Agathonis papæ, predecessoris sui, celebrata est in urbe Constantinopoli, in qua damnati sunt illi qui unam tantum voluntatem et operationem prædicabant in Domino Jesu Christo (765).

Cap. LX. Columbanus, abbas Luxoviensis (766), in Hibernia Scotorum insula natus, et in Gallias pro Christo peregrinatus, tanto sapientiæ thesauro est ditatus, ut adhuc adolescens librum Psalmorum climato sermone scriberet, et alia multa ederet, vel ad canendum digna, vel ad docendum utilia.

Cap. LXI. Jonas (767) scripsit Vitam Columbani abbatis, et Vitas Attalæ et Eustasii, qui fuerunt discipuli et successores Columbani.

Cap. LXII. Benedictus abbas (768) scripsit ad monachos librum quem vocavit Concordiam regularum, multorum Patrum Regulas Regulæ sancti Benedicti Casinensis conferens, ut nulla Patrum Regula a Benedicti Regula discordet, imo Benedicti Regula regulis omnium Patrum concordet.

Cap. LXIII. Theodorus, Scotorum archiepiscopus, a Vitaliano papa ad Scotiam directus, scripsit Pœnitentialem Librum, distinguens modum et

AUBERTI MIRÆI SCHOLIA.

(759) Vide ad Honorium III, 33.
(760) Isidor. c. 9.
(761) Isidor. c. 5.
(762) Gennad. c. 98.
(763) Baronii Notas ad Martyrologium 23 Jan. lege.
(764) S. Audoenus obiit anno Theoderici Francorum regis sexto (hoc est Christi 672 vel 673), non decimo sexto, ut corrupte apud Surium xxiv Augusti legitur. Scripsit Vitam S. Eligii episcopi, sui æqualis, tribus libris, quam Surius mutilam edidit. Utinam quis integram ex mss. codicibus proferat! Scripsit et Vitam S. Remigii, quæ ms. exstat apud Helvetios in bibliotheca S. Galli.
(765) Exstat in tomis Conciliorum.
(766) S. Columbanus, primum in Hibernia, post Luxovii in Burgundia, ac demum Bobii in Italia abbas, inter alia scripsit Regulam et Canones pœnitentiales. Regula in Florilegio Sanctorum Hiberniæ exstat: cui præfigenda est præfatio, a Stengelio edita in Corona lucida. Cæterum ab Agrestini calumnia

Regula S. Columbani, per S. Eustasium abbatem Luxoviensem fortiter defensa, et in concilio Matisconensi anno 627 approbata fuit, ut Jonas monachus in Vita S. Eustasii, et Sirmondus tomo I Conciliorum Galliæ, docent. Opera omnia S. Columbani, quæ reperiri potuerunt, ut et aliorum scriptorum Hibernorum, ad prelum adaptant Hiberni sodales Franciscani, Lovanii degentes.

(767) Jonas, Hibernus vel Scotus, primum monachus, post Luxoviensis in Burgundia abbas, scripsit Vitas SS. Columbani, Attalæ, Bertulphi et Eustasii; a. Surio editas. Attalæ in regimine Luxoviensis monasterii successit. Alius ab isto fuit Jonas, Fontanellensis monachus, qui Vitam S. Vulframni episcopi Senonensis scripsit, et Baino episcopo Taruanensi dicavit, a Surio xx Martii publicatam.

(768) Benedictus, abbas ordinis Benedictini, temporibus Ludovici Pii floruit, et Concordiam regularum scripsit, quam Hugo Menardus notis a se illustratam Lutetiæ 1638 publicavit.

tempus pœnitendi secundum modum peccandi.

CAP. LXIV. Adamannus, (769) presbyter et abbas Scotorum, scientia litterarum nobilitatus, scripsit librum De sanctis locis nativitatis, passionis et resurrectionis, et ascensionis Jesu Christi et de monumentis sanctorum Patrum.

CAP. LXV. Joannes Scotus, in exponendis divinis et humanis scripturis satis idoneus, fecit tractatus in Matthæum. Scripsit librum De officiis humanis et alia quæ ab aliis habentur.

CAP. LXVI. Adelmus, abbas Scotorum, jubente synodo gentis suæ, scripsit librum adversus errorem Britonum, qui vel Pascha non suo tempore celebrarent, vel alia plura agerent contraria paci et ecclesiasticæ consuetudini, et per hoc multos reduxit ad concordiam catholicæ Ecclesiæ. Scripsit et librum De virginitate, quem exemplo Sedulii, geminato opere, id est prosa et metro, composuit (770).

CAP. LXVII. Ceolfridus, abbas Scotorum, consulenti regi Pictorum de legitima observatione Paschæ, et de tonsura clericorum, scripsit utilem epistolam, per quam ipse regi satisfecit, et rex gentem suam ad concordiam Ecclesiæ reduxit.

CAP. LXVIII. Beda monachus, natione Anglus, quis vel unde fuerit, quæ vel quanta scripserit; ipse suis verbis aperit. « Cum essem, inquit, annorum septem, cura propinquorum datus sum educandus reverendissimo abbati Benedicto, ac deinde Ceolfrido, cunctumque ex eo tempus vitæ in ejusdem monasterii habitatione peragens, omnem meditandis Scripturis operam dedi, atque inter observantiam disciplinæ regularis curavi semper aut discere, aut docere, aut scribere dulce habui. Decimo nono vitæ meæ anno diaconatum, tricesimo presbyteratus gradum suscepi. Ex quo tempore usque ad annum ætatis meæ LVIII venerabilium Patrum scripta breviter adnotare, sive etiam ad formam sensus et interpretationem eorum semper adjicere curavi. Quorum hæc est summa : In principio Genesis usque ad nativitatem Isaac, et ejectionem Ismaelis libros quatuor : De tabernaculo et vasis ejus, ac vestibus sacerdotum libros tres : in primam partem Samuelis usque ad mortem Saulis libros quatuor : De ædificatione templi allegoricæ expositionis, sicut et cæteros, libros duos : item in libros Regum xxx quæstionum ; in Proverbia Salomonis libros tres ; in Cantica canticorum libros sex, in Isaiam et Danielem, duodecim prophetas, et partem Hieremiæ distinctiones capitulorum, ex tractatu B. Hieronymi excerptas ; in Esdram et Neemiam libros tres, in canticum Habacuc librum unum, in librum B. Patris Tobiæ explanationis allegoricæ, de Christo et Ecclesia librum unum : item capitula lectionum in Pentateuchum Moysi, Josue, Judicum ; in libros Regum et Verba dierum, in librum B. patris Job, in Parabolas, Ecclesiastem, et Cantica canticorum, in Isaiam prophetam, Esdram quoque et Neemiam. In Evangelium Marci libros quatuor, in Evangelium Lucæ libros sex, Homiliarum Evangelii libros duos. In Apostolum quæcunque in opusculis S. Augustini exposita inveni, cuncta per ordinem scribere curavi ; in Actibus apostolorum libros duos : in Epistolas septem canonicas libros singulos, in Apocalypsim S. Joannis libros tres : item capitula lectionum in totum Novum Testamentum : item libros epistolarum ad diversos, quarum De sex ætatibus sæculi una est ; De mansionibus filiorum Israel una ; una de eo quod ait Isaias, *et claudentur ibi in carcerem, et post multos dies visitabantur* (*Isa.* XXIV, 22) ; De ratione bissexti una ; De æquinoctio, juxta Anatolium, una. Item De historiis sanctorum : librum Vitæ et passionis S. Felicis confessoris de metrico Paulini opere in prosam transtuli. Librum Vitæ et passionis S. Anastasii male ex Græco translatum, et pejus a quodam imperito emendatum, prout potui, ad sensum correxi. Vitam S. Patris, monachi simul et antistitis, Chutberti et prius heroico metro, et postmodum plano sermone descripsi ; historiam abbatum monasterii hujus, in quo supernæ pietati deservire gaudeo, Benedicti et Ceolfridi et Huetberti [*al.* Huatberti. Churberti] in libellis duobus ; Historiam ecclesiasticam nostræ insulæ ac gentis in libris quinque. Martyrologium de natalitiis SS. martyrum diebus in quo omnes quos invenire potui, non solum qua die, verum etiam quo genere certaminis, vel sub quo judice mundum vicerunt, diligenter adnotare curavi ; librum Hymnorum diverso metro sive rhythmo, librum epigrammatum heroico metro sive elegiaco, de natura rerum, et de temporibus libros singulos. » Item De temporibus librum unum majorem, librum De orthographia, alphabeti ordine distinctum. Item librum De metrica arte, et huic adjectum alium De schematibus sive tropis libellum, hoc est, de figuris modisque locutionum quibus Scriptura sancta contexta est. Centonizavit etiam expositionem in Cantica canticorum, collectis sententiis de libris Gregorii papæ, per diversa opera illius. Obiit anno 754 Dominicæ Incarnationis, Leone Romanis imperante, Francis Carolo Martello, principante sub Theoderico rege, super Anglos regnante Edilberto.

CAP. LXIX. Paulus, diaconus Neapolitanæ Ecclesiæ, transtulit de Græco in Latinum Vitam sanctæ Mariæ Ægyptiacæ (771).

CAP. LXX. Anianus, vir spectabilis, jubente Athalarico, rege volumen unum de legibus Theodosii im-

AUBERTI MIRÆI SCHOLIA.

(769) Adamannus, al. *Adamnanus* vel *Adomnanus*, Hibernus vel Scotus, Hujensis monasterii, a S. Columbano structi, abbas, librum suum De locis terræ sanctæ ex Arculphi Gallicani episcopi, ex Syria reducis, scriptis concinnavit : ut Beda lib. V Hist. eccles., c. 16, prodit. Tres ejus libri De Vita

S. Columbani senioris seu Columbæ presbyteri (qui anno 560 floruit) exstant apud Canisium tomo I. Antiquæ lectionis.

(770) De eo Bellarm. in Catalogo.

(771) Paulus, Neapolitanæ Ecclesiæ diaconus, transtulit Vitam S. Mariæ Ægyptiæ, quam Sóphro-

peratoris edidit, et, monente Oruntio episcopo, librum Joannis Chrysostomi in Matthæum de Græco in Latinum transtulit (772).

CAP. LXXI. Walafridus (773) abbas Vitam et miracula sancti Galli abbatis primo prosaice, deinde metrice composuit.

CAP. LXXII. Christianus (774), ab Aquitania in Galliam veniens, nomen suum scribendo notificavit. Exposuit enim Evangelium Matthæi, promittens etiam de aliis Evangeliis se tractaturum.

CAP. LXXIII. Verus (775) episcopus Vitam Eutropii, episcopi Arausicæ Galliarum urbis, illustrem virtutibus ac miraculis descripsit luculento sermone.

CAP. LXXIV. Gregorius (776), secundus hujus nominis papa Romanus, interpellatus apud Constantinopolim a Justiniano imp. super quibusdam capitulis, optima responsione unamquamque quæstionem absolvit, et scripta edidit. Rescripsit etiam ad synodicam, quam Joannes Constantinopolitanus antistes Romam misit. Hinc constans ecclesiasticorum dogmatum defensor, et contrariorum fortissimus impugnator, scripsit contra Leonem imperatorem, qui seductus a quodam refuga fidei, nomine Beser, jussit A ubique imagines Dei et sanctorum ejus deponi et incendi.

CAP. LXXV. Joannes (777), monachus et presbyter de Damasco Syriæ, vita et doctrina clarus, cognomento Chrysorrhoas, animatus scriptis Gregorii papæ, quibus impugnabat impietatem Leonis imperatoris, scripsit et ipse Græcis Græce contra Leonem imperatorem.

CAP. LXXVI. Gregorius tertius scripsit et ipse commonitoria scripta ad imperatores Leonem et Constantinum, per quos persecutio gravis commota erat contra imagines Dei sanctorumque ejus; quæ scripta fautores imperatorum portitoribus auferentes, discerpserunt ea. Gregorius iterum scripta imperatoribus misit, et iterum ea a portitoribus ablata sunt et discerpta. Quia ergo imperatores nolebant suscipere commonitoria apostolicæ auctoritatis scripta, Gregorius papa contra eos multa ad multos scripta edidit (778).

CAP. LXXVII. Zacharias papa libros Dialogorum primi Gregorii papæ de Latino in Græcum transtulit, et plures Latinæ linguæ ignaros lectione eorum illuminavit (779).

AUBERTI MIRÆI SCHOLIA.

nius, Hierosolymitanus episcopus, Græce scripserat, Exstatque ad diem ix Aprilis apud Surium. Hanc Vitam postea carmine reddidit Hildebertus Cenomanensis episcopus, ut Henricus Gandavensis in Catalogo cap. 8 narrat.

(772) Ut et sermones de laudibus S. Pauli. Quæ omnia exstant in Latina Chrysostomi editione.

(773) Walafridus Strabo, a vitio oculorum sic dictus, abbas Augiæ divitis seu majoris (aliis, abbas S. Galli in Helvetiis,) scripsit De exordiis et incrementis rerum ecclesiasticarum librum utilem, cum aliis ejusdem argumenti scriptoribus, Coloniæ 1568, Romæ 1590 et alibi typis editum. Scripsit item Vitas SS. abbatum Galli et Othmari, a Surio xvi Oct. et xvi Nov. publicatas. Obiit anno octingentesimo quadragesimo anno. Errant qui ex Walafrido et ex Strabone duos faciunt.

(774) Christianus Druthmarus, monachus ordinis Benedictini, scripsit, ad Stabulenses et Malmundarienses monachos, Expositionem in Evangelium S. Matthæi, quæ Haganoæ 1530 est typis edita. Putatur vixisse sub annum Christi 840.

(775) Verus, Arausicanus seu Arausionensis in Gallia episcopus, scripsit res gestas S. Eutropii sui prædecessoris, a. d. xxvii Maii Martyrologio Rom. ascripti.

(776) Gregorius II papa, Leonis Isauri imp. CP. impietati acerrime restitit, et S. Bonifacium, ad prædicandam Evangelii doctrinam in Germaniam misit. De eo sic Adrianus papa in epistola ad Carolum Magnum De imaginibus : « Dominus Gregorius papa junior, una cum septuaginta novem sanctissimis episcopis, ante confessionem beati Petri apostolorum principis præsidens, una simul multorum sanctorum Patrum testimonia roborantes venerari ac adorare sacras imagines censuerunt. » Vivere desiit anno septingentesimo tricesimo primo. Scripsit plures, easque doctissimas, epistolas a deumdem Bonifacium, ad Carolum Martellum, ad Thuringos, Saxones et alios Germaniæ populos, ad S. Germanum CP. episcopum, ad Leonem Isaurum et alios; quæ in tomis Conciliorum et apud Baronium in Annalibus leguntur.

(777) S. Joannes Damascenus, presbyter, natione Syrus, vir magnæ doctrinæ ac sanctitatis (quem Iconomachi per contumeliam Manzur nominabant) temporibus Leonis Isauri imp. CP. scripsit Orationes pro defensione sacrarum imaginum, adversus dictum Leonem, circa annum salutis septingentesimum tricesimum primum. Diu tamen postea supervixit, et multa passus est a Constantino Copronymo imp. pro doctrinæ catholicæ defensione. Scripsit item libros quatuor de fide orthodoxa, in quibus ipse primus universam theologiam (ut Bellarminus prudenter observavit) recto ordine comprehendit. Eum postea sunt imitati Petrus Lombardus, episcopus Parisiensis, qui vulgo Magister sententiarum audit, et alii doctores scholastici, ut vocant. Opera ejus in unum collegit, magna ex parte Latina fecit, et Parisiis 1577 publicavit Jacobus Billius, Prunæus abbas. His librum Damasceni Contra Acephalos, et alterum Contra Nestorianos adde, quos Canisius tomo IV Lectionis antiquæ foras dedit. De Damasceno et Cosma Hierosolymitano ita Suidas in Lexico : « Joannes Damascenus, cognomento Manzur, vir et ipse celeberrimus, ætatis suæ nulli eorum qui doctrina fuerunt illustres secundus. Ejus scripta sunt permulta, et præcipue philosophica, et in sacram Scripturam Parallela selecta ; et Canticorum canones iambici, et oratione soluta. Eodem etiam tempore Cosmas Hierosolymitanus floruit, vir ingeniosissimus, et omnino spirans illam suavem modulationem musicam. Illi autem Canticorum canones Joannes et Cosmæ nullam cum aliorum scriptis comparationem admiserunt, nec admittent, quandiu nostra vita transigetur : sed ut hactenus incomparabiles fuerunt, sic etiam in perpetuum erunt, et quandiu homines vivent. » Quod ad Historiam Barlaami et Josaphati attinet, sunt qui arbitrantur Damascenum illius non esse scriptorem, etsi Billio, Rosweido aliisque sic visum fuerit. Raderus in Isagoge sua ad Joannem Climacum seu Sinaitam, censet esse fetum « Joannis monachi e cœnobio S. Sabæ, » ut legitur in ms. syllabo bibliothecæ Heidelbergensis. Ego quod certo statuam non habeo; hoc scio, Joannem quoque Damascenum, foro ac turbis sæculi relictis, monachum in laura S. Sabæ fuisse.

(778) Obiit anno Christi 741.
(779) Vide Isidorum c. 27, Honoricum III, 53. Obiit 752.

Cap. LXXVIII. Chrodogandus, Metensis episcopus, hujus Pauli diaconi sui decerpens quæque optima, Pipini regis ex sorore nepos, nobilitatem generis de Scripturis catholicorum Patrum, lectiones uninobilitans, fervore sanctæ religionis scripsit Regulam, quam specialiter Metensis Ecclesiæ clericis observandam dedit.

Cap. LXXIX. Adrianus papa libros epistolarum primi Gregorii papæ abbreviavit, et utiliora quæque decerpens, tredecim libros ad duos redegit. Scripsit etiam ad imperatores Leonem juniorem, et Constantinum filium ejus, pro venerandis imaginibus Dei et sanctorum ejus. Scripsit ad Carolum imperatorem librum apostolicæ auctoritatis, arguens errorem eorum qui infirmare volebant quædam capitula quæ secunda Nicæna synodus promulgaverat, auctoritate trecentorum quinquaginta episcoporum qui hæresin exsecrantium imagines Dei sanctorumque ejus anathematizaverunt (780).

Cap. LXXX. Paulus, monachus Casinensis cœnobii (781), natione Italus, propter scientiam litterarum a Carolo Magno imperatore ascitus, scripsit Vitam primi Gregorii papæ; scripsit gesta pontificum Metensium ; scripsit miracula sancti Arnulphi, qui primo majordomus regis Francorum, postea Metensium episcopus, eremiticam vitam expetiit. Historiam quoque Vinnulorum, qui postea nominati sunt Longobardi, luculento et plano sermone scripsit.

Cap. LXXXI. Carolus imperator (782), per manum

cuique festivitati convenientes per circulum anni in Ecclesia legendas, compilari fecit in duobus voluminibus.

Cap. LXXXII. Hilduinus, abbas Sancti Dionysii Parisiensis (783), scripsit ad Ludovicum imperatorem utroque stylo, id est prosaico et metrico, Vitam ipsius Dionysii.

Cap. LXXXIII. Alcuinus (784) sive Albinus, de Britannia oriundus, et inde ab imperatore Carolo evocatus, et tanta familiaritate ei acceptus ut appellaretur imperatoris deliciosus, cujus maxime magisterio ipse imperator omnibus liberalibus artibus initiari satagebat, multa scripsit. Scripsit in Genesim dialogum ; ad Widonem comitem de virtutibus et vitiis librum, de quibusdam psalmis enchiridion. Fecit tractatus super Evangelium Joannis. Scripsit ad ipsum imperatorem libros De sancta Trinitate; respondit quæstionibus a Fredegiso sibi propositis. Scripsit Prognosticon de futuro sæculo. Scripsit ad Eulaliam virginem De natura vel immortalitate animæ; jussu imperatoris correxit divinam Bibliothecam, et alia nonnulla scripsit.

Cap. LXXXIV. Einardus (785) scripsit Vitam Caroli imperatoris tanto veracius quanto adhæsit ei familiarius. Hic imitatus Bedam, qui abbreviavit Hebraicum Psalterium, excerpendo de illo omnes

AUBERTI MIRÆI SCHOLIA.

(780) Exstant in tomis Conciliorum. Obiit an. 796.

(781) Paulus, Warnefridi et Theodolindæ filius, cognomento Winfridus, natione Longobardus, primum diaconus Aquilejensis, dein Desiderii, ultimi Lungobardorum regis, cancellarius fuit. Is, victo rege suo, inter nobiles captivos a Carolo Magno abductus, magno in honore, propter prudentiam et eruditionem variam, aliquandiu fuit. Postea, ob suspicionem nescio quam, in Diomedæam insulam est relegatus, unde ab Arichim, Beneventanum principem, Desiderii regis generum, profugit. Eoque defuncto, monachum in Casino monte induit. Præter Vitas SS. Gregorii I papæ et Arnulfi Metensis, a Sigeberto memoratas, insuper res gestas S. Cypriani episcopi Carthaginiensis ac martyris (quem libellum Pamelius operibus ejusdem Cypriani præfixit) item Vitas SS. Benedicti, Mauri et Scholasticæ virginis, quæ posteriores tres cum poematibus Prosperi Martinengi Romæ 1590 fuerunt editæ. Versus ejusdem Pauli de Scholastica virgine Arnoldus Vionus in suo Ligno vitæ x Feb. publicavit ; Gesta porro episcoporum Metensium, hic a Sigeberto memorata, exstant in Corpore Historiæ Franciæ. Magnam quoque sui partem Historia Miscella huic Paulo debet. Nam priores undecim libri sunt iidem ac decem libri Eutropii, nisi quod aliqua subinde de suo Paulus addat. Eutropium exinde continuat Paulus, cujus sunt libri quinque sequentes. Cæteri, nempe decimus septimus et qui consequuntur, a Landulpho Sagace additi sunt, potissimum ex Georgio Theophane, sive ex Anastasio Bibliothecario, qui Theophanem vertit.

(782) Anno 814, Carolus Magnus, imp. et rex Francorum, v. Kal. Februarii, Aquisgrani diem clausit extremum, ætatis LXXI, regni XLVII, imperii XIV anno; ibidem conditus. Viros eruditos, in his Alcuinum, Paulum Forojuliensem, Eginhardum et

Usuardum æstimavit ac fovit, et ipse varie doctus atque eruditus, ut epitaphium ; quod versibus Hadriano papæ scripsit, abunde testatur. Capitula sive Edicta Caroli Magni et Lud. Pii, a se in libros quatuor digesta, Ansegisus, abbas Laubiensis, anno octingentesimo vicesimo septimo publicavit, quæ Petrus Pithœus Lutetiæ 1588 edenda curavit; post ibidem 1603 recusa. Ansegisus porro Laubiensis antiquor fuit illo Ansegiso, qui anno demum octingentesimo primo creatus fuit archiepiscopus Senonensis. Exstat et Codex Carolinus, a Gretsero in Germania editus.

(783) Hilduinus, abbas monasterii S. Dionysii, secundo lapide a Lutetia siti, Vitam S. Dionysii Parisiensis episcopi prosa et metro complexus est. Prosam primus Matthæus Galenus Coloniæ 1565 cum suis Areopagiticis et postea Surius IX Octobris edidit. Libri quatuor metrici in cœnobio Gemblacensi mss. asservantur. Hilduino Rabanus Maurus suos in IV libros Regum Commentarios inscripsit.

(784) Præter opera hic a Sigeberto commemorata, scripsit insuper Alcuinus libros IV de imaginibus, ut Rogerus Hovedenus in gestis anni 792 indicat; sed ii nomine Caroli Magni imp. falso editi fuerunt. Hos Lutetiæ primus typis publicavit Eliphilus, hoc est Joannes Tilius, Meldensis episcopus. Vide ad Honorii IV, 2.

(785) Eginhardus, Sigeberto Einardus, Caroli Magni imp. cancellarius, et abbas Blandiniensis ac S. Bavonis in urbe Gandavensi, Suetonium æmulatus, eleganti stylo scripsit Vitam ejusdem Caroli, Coloniæ et alibi sæpe editam : De translatione et miraculis SS. Marcellini et Petri (quorum sacras reliquias in Belgium attulit) libros quatuor, a Surio editos : De iisdem rhythmum, seu carmen iambicum, a Surio pariter evulgatum. De Einardo ita Chronicon ms. Gandense : « Anno 826. Vir venerabilis Einardus, Ludovico piissimo imp. multum familia-

versus, verba orationis habentes; abbreviavit et ipse Gallicanum Psalterium, quo nos Galli utimur, excerpens de illo omnes versus verba orationis continentes.

CAP. LXXXV. Husuardus monachus (786), provocatus studio Hieronymi et Bedæ, qui festivitates sanctorum annuatim recurrentes partim adnotaverant, maxime autem animatus studio et jussu magni Caroli imperatoris, cui displicebat quod Hieronymus et Beda, studentes nimis brevitati, prætcrierant plura necessaria, et quamplures Kalendarum dies intactos reliquerant, in gratiam ejus studuit opus imperfectum supplere, et festivitates sanctorum per singulos Kalendarum dies adnotans, integrum Martyrologium effecit.

CAP. LXXXVI. Angelomus (787) monachus, jussu Drogonis, Metentium episcopi, qui filius erat Caroli imperatoris, fecit tractatus super quatuor libros Regum.

CAP. LXXXVII. Attularius [al. Amularius] monachus brevem libellum De ecclesiasticis officiis scripsit. Postea scribens de eadem re ad Ludovicum imperatorem, ordinem et causas ecclesiasticorum officiorum quatuor libris planius digessit, et De mysteriis missæ librum unum.

CAP. LXXXVIII. Bellator presbyter septem libris exposuit librum Sapientiæ Salomonis.

CAP. LXXXIX. Rabanus, qui et *Maurus*, sive *Magnetius*, ex abbate Fuldensi archiepiscopus Moguntiæ, scripsit librum De laude sanctæ crucis, mira varietate depictum, quem misit Romæ S. Petro offerendum. Scripsit ad Otgarium archiepiscopum librum super libros Sapientiæ Salomonis. Scripsit super librum Machabæorum primum, super Esdram, super Judith, De mysteriis missæ librum unum, De benedictionibus patriarcharum librum unum. Scripsit ad Hilduinum abbatem in Regum libros quatuor, De quæstionibus canonum, ad Heribaldum episcopum librum unum, ad Reginbaldum coepiscopum de eadem re librum unum, et (788) alia.

CAP. XC. Freculfus (789) episcopus scripsit ad Elisacharum historiam a conditione mundi usque ad nativitatem Christi. Difficultatem etiam intercurrentium quæstionum enodare non neglexit, et interponendo divinæ historiæ sæculares historias, contemporalitates regnorum sibi coaptans, consummavit hoc opus in septem libris.

CAP. XCI. Ambrosius Autbertus (790) scripsit librum De cupiditate; scripsit etiam libros decem super Apocalypsim, et alia nonnulla.

CAP. XCII. Florus (791) Epistolas Pauli ex integro exposuit, qui nihil a se dicens, sed omnes Augustini libros revolvens, et capitula Epistolarum Pauli, ab Augustino diversis locis exposita, recolligens, ipsa capitula exposita restituit ordini Epistolarum, adnotans singulos Augustini libros in quibus ea capitula exposita erant, et sic novo et mirabili studio de alieno labore magnum sui operis volumen edidit.

CAP. XCIII. Lupus Servatus (792) librum composuit De tribus quæstionibus, id est de libero arbitrio, de prædestinatione bonorum et malorum, de sanguinis Christi quadam superflua taxatione vel redemptione, usque ad salutem impiorum. Nam super hac re orta est quædam fidei turbatio, anno Domini octingentesimo quadragesimo nono.

CAP. XCIV. Joannes Erigena (793) [*mss. Gemblac. et Affligem.* Eurigena] jubente Carolo, Ludo-

AUBERTI MIRÆI SCHOLIA.

ris, factus est abbas Gandensis coenobii; qui gesta inclyta et acta gloriosi imp. Caroli Magni lucido stylo descripsit. » Meminit et operis hujus Lupus, abbas Ferrariensis, epistola ad Eginhardum scripta. Obiit anno 844.

(786) Husuardi vulgo *Usardi*, monachi Galli, Martyrologium Joannes Molanus, doctor theologus Lovaniensis, primus notis et additionibus illustravit; estque in omnium manibus. De illo et aliis antiquis Martyrologiis idem Molanus in epistola ad lectorem, itemque Baronius in prolegomenis ad Martyrologium Romanum, fuse agunt.

(787) Angelomus, monachus Luxoviensis in comitatu Burgundiæ, non Lexoviensis, jussu Drogonis episcopi Metensis (qui Caroli Magni imp. filius fuit) collegit ex veterum Patrum commentariis Stromata in quatuor libros Regum, et in Cantica canticorum; Coloniæ 1530, et Romæ 1565 a Manutio excusa.

(788) Honorius. IV, 4.

(789) Freculfus, ex monacho Fuldensi episcopus Lexoviensis in Northmannia, scripsit Chronicon ab orbe condito usque ad tempora Caroli Magni. Posteriorem partem Judithæ, Lud. Pii imp. conjugi, dicavit. Econtra Rabanus Maurus Freculfo suos in Genesim commentarios inscripsit. Claruit 840.

(790) Ambrosius Autbertus, al. *Ansbertus*, monachus, claruit anno 890, et scripsit Commentarios in Apocalypsim, in Psalmos, et in Cantica canticorum, Coloniæ 1536 in fol. editos.

(791) Florus, a Sigeberto hoc capite memoratus, nisi fallor, est is qui S. Pauli Epistolas verbis S. Augustini, hinc inde collectis, exposuit; quique ejusdem Augustini De prædestinatione sententiam defendit adversus Joannem Erigenam, infra cap. 94 memorandum. Ab isto Floro videtur fuisse alius Florus, qui Bedæ Martyrologium auxit, postea ab Usuardo amplificatum. Vocatur hic vulgo *Florus Magister*, fuitque monachus Benedictinus Trudonopoli in diœcesi Leodicensi, si Trithemio credimus. Hujus item Flori Magistri videtur esse Expositio Missæ, quæ in Bibliotheca veterum Patrum legitur. Petavius memorat Florum Magistrum Lugdunensem diaconum, qui Lugdunensis Ecclesiæ nomine scripsit contra Hincmarum Remensem episcopum, circa an. 848.

(792) Lupus Servatus, abbas Ferrariæ in diœcesi Senonensi, Rabani Mauri discipulus, præter Quæstiones hic memoratas, scripsit librum Epistolarum, Lutetiæ a Massono 1588 publicatum, et Vitam S. Wigberti abbatis Fritislariensis, Moguntiæ 1602 a Busæo editam. Obiit an. 852.

(793) De Joanne Erigena sic scribit Nicolaus papa in epistola ad Carolum Calvum : « Relatum est apostolatui nostro quod opus B. Dionysii Areopagitæ, quod De divinis nominibus, vel cœlestibus ordinibus, Græco descripsit eloquio quidam vir Joannes, Scotus genere, nuper in Latinum transtulerit: quod juxta morem nobis mitti, et nostro judicio debuit approbari; præsertim cum idem Joannes, licet multæ scientiæ esse prædicetur, olim non sane sapere in quibusdam frequenti rumore dicatur. »

vici imperatoris filio, libros Dionysii Areopagitæ in Latinum transtulit.

Cap. XCV. Bertramus [mss. Gemblac. et Viridis Vallis Ratramus] librum scripsit De corpore et sanguine Domini, et ad Carolum librum De prædestinatione (794).

Cap. XCVI. Michael et Theophilus imperatores scripserunt Ludovico regi Francorum librum utilissimum de veneratione imaginum.

Cap. XCVII. Paschasius Ratbertus, abbas Corbeiensis, scripsit ad Placidum abbatem, librum De sacramento corporis et sanguinis Christi (795).

Cap. XCVIII. Almannus, monachus Altvillarensis, scripsit Vitam sancti Nivardi, archiepiscopi Remensis, Vitam Sindulphi, Vitam Helenæ reginæ, et translationem ejusdem a Roma ad cœnobium Altvillarense: et quia suo tempore Francia a Normannis vastabatur, exemplo Jeremiæ prophetæ desolationem Franciæ et sui cœnobii quadruplici planxit alphabeto.

Cap. XCIX. Hincmarus, ex monacho Sancti Dionysii Parisiensis archiepiscopus Remensis, vitam sancti Remigii Remensis, primo breviter descriptam, ex brevi in librum magnæ quantitatis augmentatam, ex magno libro abbreviatam studio Fortunati, episcopi et poetæ; hanc, inquam, Vitam Hincmarus descripsit, inferens tam ea quæ in historiis majorum de ortu, vita vel morte sancti Remigii invenit, quam ea quæ in diversis schedulis dispersa collegit; et secundum legem historiæ nec illa prætermisit quæ vulgata relatione didicit, nec testamentum ejus præteriit. Rescripsit ad Ecclesiam Ravennatem sub persona Magni Caroli imperatoris (796).

Cap. C. Adrevaldus, qui et *Adalbertus*, monachus Floriacensis, scripsit Historiam miraculorum quæ ostensa sunt per Gallias sancti Casinensis meritis, a tempore quo corpus ejus translatum est a Monte Casino ad cœnobium Floriacense, usque ad tempus Odonis, regis Francorum.

Cap. CI. Aimonius (797), monachus Floriacensis, Historiam miraculorum S. Benedicti, ab Adrevaldo initiatam perfecit, perducens eam a tempore Odonis regis usque ad tempus Roberti regis Francorum. Scripsit etiam Historiam Francorum, et situm Galliarum distinxit.

Cap. CII. Nicolaus papa epistolas apostolicæ auctoritatis, ad diversos a se scriptas, in uno volumine redegit (798).

Cap. CIII. Anastasius, jubente Nicolao papa, transtulit in Latinum Vitam Joannis Eleemosynarii, scriptam Græce a Leontio episcopo (799).

Cap. CIV. Ericus monachus Vitam Germani, Antisiodorensis episcopi, metrico stylo, luculenter sex libellis descripsit (800).

Cap. CV. Milo, monachus S. Amandi, scientia litterarum clarus, scripsit metrico stylo Vitam sancti Amandi. Scripsit etiam ad Carolum regem metrice librum De sobrietate (801)

Cap. CVI. Joannes, diaconus Romanæ Ecclesiæ (802), ad Joannem, septimum hujus nominis papam, scripsit urbano stylo quatuor libros De Vita primi Gregorii papæ; et idem, petente Gauderico Velitrensi episcopo, scripsit etiam gesta Clementis papæ.

AUBERTI MIRÆI SCHOLIA.

(794) Bertramus scripsit librum De corpore et sanguine Domini, excusum Coloniæ 1532, Basileæ in Micropresbytico, et alibi; sed damnatum a Tridentinis censoribus. Ita Molanus in ms. Bibliotheca sacra. Hæretici cum primi typis ediderunt (a), videnturque illa inseruisse, quæcunque vel obscura, vel in speciem prave sonantia leguntur. Plurimis certe locis veram Christi præsentiam post consecrationem astruit et transsubstantiationem docet; ut ne ipse quidem interpolator id sub finem dissimulet, dicens multa non cohærere, et præcedentia sequentibus contradicere. Hoc inter alios observavit Bartholomæus Petrus Lintrensis, doctor theologus Duacensis. Contra Bertramum scripsit Paschasius Rotbertus.

(795) Honor. IV, 10.

(796) Hincmari epistolas an. 1620 Moguntiæ Joannes Busæus, et 1615 Joannes Cordesius Parisiis, cum aliis ejusdem opusculis, ediderunt. Notitiam villæ Noviliacæ, quam a Carolo Calvo impetrarat, Sirmondus cum Flodoardo publicavit. Vita S. Remigii, ab Hincmaro scripta, apud Surium I. Oct. legitur. Obiit anno 882, ut Flodoardus lib. III, c. 50, tradit.

(797) Aimonius, sive *Aimonus*, fuit monachus inclyti cœnobii S. Germani Pratensis, ad muros urbis Parisiensis. Scripsit inter alia libros quinque De gestis Francorum, studio Jacobi Breulii, monachi ejusdem loci, recensitos, et 1603 Lutetiæ editos. Exstant iidem apud Frecherum in Corpore Historiæ Franciæ.

(798) Exstant in tomis Conciliorum.

(799) Anastasius, S. R. E. bibliothecarius, SS. Joannis Eleemosynarii, Demetrii martyris et aliorum Vitas, item Georgii Theophanis Chronicon, et alia multa de Græco Latina fecit. Scripsit et Historiam de Vitis pontificum Romanorum, quam a Marco Velsero acceptam Jo. Busæus cum mss. contulit, et Moguntiæ 1602 publicandam curavit. Anastasii ejusdem Collectanea, quæ in gratiam Joannis diaconi Romani infra cap. 106 a Sigeberto memorandi (cum Ecclesiasticam historiam hic meditaretur), e Græcis versa concinnavit, anno 1620. Parisiis sunt edita a Sirmondo.

(800) Exstant Parisiis editi 1543.

(801) Milo, Elnonensis monachus, ad S. Amandum in Pabula, ordinis S. Benedicti, avunculus et magister Hucbaldi Elnonensis, vir eruditissimus, scripsit Vitam S. Amandi, episcopi Trajectensis ad Mosam, fundatoris cœnobii Elnonensis, versu et prosa. Hanc Surius a. d. VII Februarii publicavit. Versus ad Haymimum sacerdotem scripti libris quatuor, hoc initio : *Festa propinquabant nostri veneranda patroni*, exstant mss. Elnone et Audomaropoli ad S. Bertinum, et alibi. Liber De Sobrietate, ad imp. Carolum Calvum, De S. Cruce carmen hexametrum duplex, in modum sphæræ ingeniosissime compositum; De conflictu Veris et Hiemis carmen item hexametrum, mss. omnia asservantur Elnone ad S. Amandum, in diœcesi Tornacensi. Obiit anno 871.

(802) Joannes diaconus Romanus Anastasio S. R. E. bibliothecario, supra cap. 103 laudato, familiaris

(a) Primæ Bertrami editio Coloniensis curata a Romano-catholicis.

Cap. CVII. Hucbaldus (803), monachus Sancti Amandi, peritia liberalium artium ita insignis, ut philosophis conferretur, vitas multorum sanctorum scripsit; et quia in arte musica præpollebat, cantus multorum sanctorum dulci et regulari melodia composuit. Scripsit etiam librum De arte musica, sic contemperans chordas monochordi litteris alphabeti, ut possit quis per eas sine magisterio alterius discere ignotum sibi cantum. Scripsit etiam ad imperatorem Carolum Calvum librum trecentorum versuum, in laudem Calvorum, cujus omnia verba incipiunt ab una littera, id est C, ut :
Carmina Clarisonæ Calvis Cantate Camœnæ.

Cap. CVIII. Notgerus abbas (804) scripsit librum De musicis notis et symphoniarum modis, ut possit quivis videre et intelligere quomodo differant a se intervalla symphoniarum.

Cap. CIX. Enchiriades, sub persona discipuli interrrogantis et magistri respondentis, scripsit dialogum De ratione musicæ, et in tribus libris multiformes musicæ regulas explicuit.

Cap. CX. Aurelianus, clericus Remensis Ecclesiæ, scripsit ad Bernardum archicantorem, postea episcopum, De regulis modulationum, quas tonos sive tenores appellant, et de earum vocabulis.

Cap. CXI. Regino, abbas Prumiensis (805), scripsit ad primum Alberonem Metensem episcopum, Chronicam continentem præcipua gesta Francorum, quam a nativitate Christi perduxit usque ad annum nati Christi 908.

Cap. CXII. Auxilius scripsit dialogum sub persona infensoris et defensoris, divinis et canonicis exemplis munitum, contra intestinam discordiam Romanæ Ecclesiæ, scilicet de ordinationibus, exordinationibus et superordinationibus Romanorum pontificum, et ordinatorum ab eis exordinationibus et superordinationibus.

Cap. CXIII. Maximus episcopus scripsit librum De ecclesiasticis ministeriis, et de habitu clericorum.

Cap. CXIV. Dinamius, vir illustris ac patricius, scripsit plenam virtutibus Vitam S. Marii, qui fuit abbas Bobacensis cœnobii (806).

Cap. CXV. Pelagius, diaconus Romanæ Ecclesiæ, transtulit de Græco in Latinum De vita et doctrina, et de perfectione sanctorum Patrum libros sedecim ; scilicet De profectu monachorum librum unum ; De quiete unum, De compunctione unum, De continentia unum, Contra fornicationem unum : Quod monachus nihil debeat possidere, unum ; Quod nihil per ostentationem fieri debeat, unum ; De patientia et fortitudine unum ; quod non oporteat judicare quemquam, unum ; Quod oportet sobrie vivere, unum ; Quod sine intermissione et sobrie oportet orare, unum ; De humilitate unum ; De pœnitentia unum ; De charitate unum ; De providentia sive contemplatione unum (807).

Cap. CXVI. Joannes subdiaconus transtulit de Græco in Latinum De vita et doctrina Patrum librum unum (808).

Cap. CXVII. Martinus episcopus transtulit, per manum Paschasii diaconi, interrogationes et responsiones plurimas sanctorum Ægyptiorum Patrum, in Dumiensi cœnobio (809).

Cap. CXVIII. Smaragdus scripsit De vitandis vitiis et tenendis virtutibus librum, quem attitulavit Diadema monachorum, quia sicut diadema gemmis, ita hic liber refulget virtutibus. Scripsit etiam super Regulam sancti Benedicti, et alia nonnulla (810).

Cap. CXIX. Cæsarius, abbas Lerinensis, scripsit et declamavit homilias, vitæ monachorum congruentes (811).

Cap. CXX. Laurentius (812) Mellifluus scripsit librum De duobus temporibus, id est, uno ab Adam usque ad Christum, altero a Christo usque ad finem

AUBERTI MIRÆI SCHOLIA.

fuit et in gratiam hujus Joannis diaconi, Historiam ecclesiasticam meditantis, plurima e Græcis Latina idem Anastasius reddidit. Ex iis non pauca Jac. Sirmondus, S. J. theologus; 1620 Lutetiæ publici juris fecit.

(803) Hucbaldus, al., *Hugbaldus*, aut *Hubaldus*, ordinis S. Benedicti, ad S. Amandum monachus Elnonensis, « nepos Milonis ibidem monachi, litteris insignis, scriptis celebris, musicus quoque excellens fuit, et cantum multorum sanctorum composuit, » ut Chronici Elnonensis ms. verbis utar. Scripsit Vitam S. Lebuini, patroni Daventriæ, ad Albricum episcopum Ultrajectensem ; Vitam S. Rictrudis, abbatissæ Marchianensis ; Vitam S. Aldegundis abbatissæ et fundatricis Melbodiensis in Hannonia ; exstantque istæ historiæ in tomis Surianis. Scripsit item Vitam S. Madelbertæ, abbatissæ Melbodiensis, quæ mss. legitur in cœnobio S. Gisleni in Hannonia ; et Historiam S. Ciliniæ, matris B. Remigii, Francorum apostoli. Carmen de laude calvorum, 136 versuum, in quo versus omnes a littera C incipiunt, ad Carolum Calvum, est in omnium manibus. Obiit anno nongentesimo tricesimo.

(804) Notgeri abbatis et Honorius lib. IV, c. 9, meminit. Videtur idem cum Notgero abbate, hic per Sigebertum laudato. Si titulum abbatis tollas, videri queat hic designari Notgerum seu Notherum, cogno-

mento *Balbulum*, monachum illustris cœnobii S. Galli apud Helvetios, in diœcesi Constantiensi, qui anno nongentesimo duodecimo obiit, et Martyrologium scripsit, editum a Canisio tomo VI Lectionis antiquæ.

(805) Regino, Prumiensis in diœcesi Treverensi abbas, scripsit Chronica ab anno Christi primo usque ad annum nongentesimum decimum ; quæ cum appendice quinquaginta septem annorum sunt edita 1566 Francofurti. Cæterum ad explendas lacunas, et ad alia supplenda quæ in vulgata Regionis editione desiderantur, juverit fragmentum Annalium Francicorum, anno 741 ad annum 795, quod Canisius tomo III Lectionis antiquæ publicavit.

(806) Dinamius patricius Vitam S. Maximi, primum abbatis Lerinensis, post episcopi Rejensis, scripsit, et Urbico, qui Fausto in cathedra Rejensi successerat, dedicavit. Exstat in Suriana collectione 27 Novembris, et in Chronologia Lerinensi. An hic apud Sigebertum sit legendum *S. Maximi*, non habeo quod asseram. De Mario Bobacensi hactenus nihil legi.

(807) C. ult. Hieronymi de S. E.
(808) Vide Hieron, l. c.
(809) Vide Hieron, l. c.
(810) Honor. IV, 6.
(811) Gennad, c. 86.
(812) Hic Laurentius presbyter et Magister Gau-

sæculi. Declamavit etiam homilias ore quasi mellito; unde agnominatur Mellifluus.

CAP. CXXI. Bonifacius episcopus scripsit metrico stylo librum de virtutibus et vitiis.

CAP. CXXII. Halitgarius, episcopus Cameracensis (813), scripsit ad Ebonem, Remorum episcopum, Librum Pœnitentialem, secundum decreta canonum.

CAP. CXXIII. Remigius, monachus Antissiodorensis, nominatus in exponendis sæcularibus scripturis, notificavit se utilius divinas etiam Scripturas exponendo. Exposuit enim Canonem missæ, quid a quibus in ea sit positum vel additum demonstrans. Exposuit Cantica canticorum. Scripsit librum De divinis officiis; scripsit De singulis festivitatibus sanctorum; respondit Gualoni, Æduorum episcopo, interroganti de duabus quæstionibus. Una de altercatione Michaelis archangeli cum diabolo de Moysi corpore, quod legitur in Epistola Judæ apostoli. Altera de eo quod respondens Dominus ad Job de turbine dixit: « Ecce Beemoth quem feci tecum, fenum quasi bos comedet, et an extrahere poteris Leviathan hamo? » Scripsit et alia (814).

CAP. CXXIV. Odo (815) musicus, ex archicantore Turonensi monachus et primus abbas Cluniacensis, in homiliis scribendis et declamandis, et maxime in componendis in honore sanctorum cantibus, elegans ingenium habuit.

CAP. CXXV. Stephanus (816), ex clerico Metensi episcopus Leodiensis, Vitam et passionem sancti Lamberti, scriptam incultius a Godescalco clerico, scripsit urbanius ad Hermannum Coloniæ archiepiscopum, et cantum nocturnum in honorem ejusdem martyris. Canticum etiam de sancta Trinitate, et cantum de inventione Stephani protomartyris auctentico et dulci modulamine composuit. Scripsit etiam ad Robertum Metensem episcopum capitularem librum, in quo capitula, responsoria, versus, collectas, per singulas noctis et diei horas, per integrum annum distincte congessit.

CAP. CXXVI. Luitprandus [al. Liudprandus], Ticinensis ecclesiæ diaconus, scripsit luculento et alterno stylo, ad Regimundum episcopum Eliberitanæ Ecclesiæ Hispanorum, Historiam De gestis regum et imperatorum sui temporis, quam attitulavit Antapodosim, id est *Retributionem* (817).

CAP. CXXVII. Ratherius (818), ex monacho Lobiensi episcopus Veronensis, vir miræ simplicitatis, scripsit Vitam S. Ursmari Lobiensis; et bis pulsus ab episcopatu Veronensi, scripsit librum in quo faceta satis urbanitate deplorat ærumnas suas, multa suæ causæ interserens quæ possunt legentibus placere et prodesse. Postea ordinatus episcopus Leodiensis Ecclesiæ, et ab ea pulsus, scripsit librum quem attitulavit Phrenesim. Scripsit librum quem prætitulavit Inefficax, ut sibi visum est, Garritus. Scripsit librum De corpore et sanguine Domini, et De prædestinatione Dei. Scripsit contra hæresim Anthropomorphitarum, id est dicentium quod Deus habeat corpoream et humanam formam; quæ hæresis tunc graviter vexabat Italiam. Scripsit Agonisticon, id est Præloquiorum libros sex, Confessionum librum unum, et alia.

AUBERTI MIRÆI SCHOLIA.

dentii primi Novariensium episcopi, claruit circa an. 363. Vide Acta Erud., t. II supplementi p. 525, 526.

(813) Halitgarius, sive *Halitcharius*, episcopus Cameracensis et Atrebatensis, vir apostolicus, et ad res agendas natus, a Carolo Magno imp. Constantinopolim ad Michaelem imp. missus, benigne et honorifice ab illo susceptus fuit. Ebone Remensi archiepiscopo petente, scripsit Pœnitentiale, itemque libros quinque de vitiis, virtutibus, et ordine Pœnitentium; exstantque hæc omnia apud Canisium tomo V. Lectionis antiquæ. Obiit Cameraci anno octingentesimo tricesimo secundo, conditus in Monte S. Eligii, ubi nunc visitur abbatia canonicorum regularium, in dioecesi Atrebatensi.

(814) De eo Bellarminus in Catalogo.

(815) S. Odo, Cluniacensis abbas primus, a. d. xviii Novembris Martyrologio Rom. ascriptus, floruit anno nongentesimo vicesimo. Scripsit tractatus duos de S. Martino Turonensi episcopo, excusos Parisiis 1511 cum Sulpitio Severo. Bibliothecam Cluniacensem, ab Andrea Quercetano editam, consule.

(816) Stephanus, Leodiensis episcopus anno nongentesimo tertio creatus, vivere desiit anno nongentesimo vicesimo. Gesta S. Lamberti, ab ipso emendatius conscripta, ex ms. codice 1612 Joannes Chapeavillus tomo I Rerum Leodicensium publicavit.

(817) De eo Bellarminus in Catalogo, et Pennottus, lib. i, De Canonicis regul., cap. 52.

(818) Ratherius, monachus Lobiensis seu Laubiensis, in ditione quidem Leodicensi, sed in dioecesi Cameracensi fuit. Hic cum Hilduino, Lobiensi abbate, in Italiam ad Hugonem regem profectus, Veronæ datus est episcopus; Mediolano autem Hilduinus. Quarto post anno ab Hugone pellitur, eo quod Arnoldo Bajoariorum duci favebat. Ticini exsul, de ærumnis suis atque molestiis quas in episcopatu tulit, ad pontificem Rom. epistolam scripsit. Vexabat eodem tempore Italiam Anthropomorphitarum hæresis, contra quam et verbis et scriptis pugnavit. Scripsit præterea in exsilio Agonisticon sive Præloquiorum libros sex; et Vitam S. Ursmari abbatis Lobiensis, quæ exstat apud Surium xviii Aprilis, sed mutila; integra apud Lobienses legitur. Fulcuinus tamen in Chronico Lobiensi tradit a Ratherio quidem emendatum et auctum, sed ab Ansone scriptum libellum. Scripsit insuper De arte grammatica, quem librum *Sparadorsum* inscripsit (ut ex Fulcuino datur intelligi), Teutonico loquendi more, quod puerorum dorsum a flagris servet. Imperabat tum Italiæ Otho Germaniæ rex. Is Brunonem, fratrem suum, disciplinæ Ratherii, inter philosophos palatinos primi, ut loquitur idem Fulcuinus, tradidit. Bruno exinde Coloniensis electus episcopus Ratherium ad Leodicensem cathedram promovit, et factiosorum hominum odio pressum Veronensi postea sedi restituit. Scripsit sub id tempus, de secundo exsilio suo, Phrenesim, eo quod ut phreneticus rejiceretur; item « Perpendiculum « et Sirmam; Synodicam ad diœcesanos presbyte- « ros!, Conjecturam vitæ suæ, Itinerarium Roma- « num; Sermones de Paschate; Cœna Domini, « Ascensione, Pentecoste, et alia. » Ita Fulcuinus. Præter Sigebertum, addit Trithemius, scripsisse ipsum de corpore et sanguine Domini librum unum, et Confessionum librum unum. Chronographia ejusdem legitur ms. Gemblaci. Cæterum « *vertæsus*

Cap. CXXVIII. Wandalbertus scripsit Martyrologium metrico stylo (819).

Cap. CXXIX. Windichindus (820), monachus Corbeiæ Saxonicæ, scripsit Historiam Saxonum usque ad mortem primi Othonis imperatoris et ad Matildam filiam Othonis imperatoris, scripsit Vitam ipsius imperatoris. Scripsit metrice Passionem Theclæ virginis, et Vitam Pauli primi eremitæ alterno stylo scripsit.

Cap. CXXX. Rogerus scripsit Vitam Brunonis (821) Coloniensis archiepiscopi, qui fuit dux et frater Othonis imperatoris.

Cap. CXXXI. Flauvaldus (822), monachus Remensis, scripsit Gesta pontificum Remensium; orditus narrationem suam a conditione ipsius civitatis, quæ a qualitate civium, qui in bello erant duri cordis, primo aucupata est sibi nomen Cordurus. Postea milites Remi, a Romulo fratre suo, a facie Romuli fugientes, ad eam profugerunt, eamque a nomine principis sui Remi Remum denominaverunt. Hic scriptor digne scriptoribus ideo connumeratur, quia digressus ab opere suo memoriam faciens sanctorum martyrum vel confessorum, quiescentium in ecclesiis Remensi Ecclesiæ adjacentibus vel subjacentibus, Vitas vel passiones eorum legentibus notificavit.

Cap. CXXXII. Adelmus episcopus (823) (imitatus Symphrosium [Symposium] qui per prosopopœiam qualitates singularum rerum exprimens scripsit librum Ænigmatum metrice), exprimens et ipse qualitates rerum, scripsit Ænigmatum librum, et in mille versibus consummavit illum, sicut ipse in capitalibus litteris prologi sui præmonstrat :

Adelmus cecinit millenis versibus odas.

Cap. CXXXIII. Thomas scripsit, ad Hilduinum dominum suum, librum Ænigmatum, brevem quidem, sed plenum veritatis et elegantiæ; in quo inducit matrem Sapientiam, et septem filias ejus, quæ sunt septem liberales artes, per prosopopœiam exprimentes totam sui convenientiam.

Cap. CXXXIV. Theodulus, Italus natione, Græca et Latina lingua eruditus, cum Athenis studeret, audivit gentiles cum Christianis altercantes; quorum colligens rationes, reversus contulit in allegoricam eclogam, (824) introduces duas personas altercantes, et tertiam de duarum dictis dijudicantem. Primam vocans *Pseustin* a falsitate dictam, humana et fabulosa proponentem; secundam, *Ali-*

AUBERTI MIRÆI SCHOLIA.

« (Fulcuini verba sunt) *civium Veronensium insolentiam, simulque suspectam habens innatam illis perfidiam, de reditu agitabat.* » Mittit igitur ad abbatem librum, quem inscripsit Conflictum duorum, dicens in eo fluctuare se utrumne reverti debeat an. non. Reversus in Belgium, in Alnensi monasterio quod reliquum fuit vitæ egit, et Namurci anno 974 decessit

Verona præsul, sed ter Ratherius exsul.

Corpus Lobium est delatum, et in templo S. Ursmari conditum.

(819) Wandalbertus, monachus Prumiensis, ævo Lotharii imp. floruit. Martyrologium heroico carmine concinnavit, quod primo Bedæ tomo legi noc titulo : *Ephemeridis Bedæ*, multi censent. Scripsit Vitam et miracula S. Goaris, a Surio vi Julii edita.

(820) Windichindus', al., *Witichindus*, natione Saxo, monachus Corbeiæ Saxonicæ seu Westfalicæ, scripsit libros tres De rebus Saxonum, in quibus res gestas Henrici I et Othonis I imperatorum commemorat. Exstant ii typis editi Basileæ 1532, Francofurti 1577, et alibi. Desinit in Othonis I obitu, hoc est in gestis anni nongentesimi tertii, quo tempore etiam floruit.

(821) Bruno, Othonis I imp. frater germanus, Ratherii superiore capite laudati discipulus, Coloniæ archiepiscopus, et Lotharingiæ universæ, hoc est, tam superioris seu Mosellanæ, quam inferioris seu Ripuariæ Lotharingiæ dux ab Othone fratre renuntiatus, anno nongentesimo sexagesimo quinto vivere desiit. Vitam ejus, a Surio die xii Octob. editam, scripsit Rogerus sive Rotgerius, monachus Benedictinus at S. Pantaleonem Coloniæ, qui Brunoni coævus fuit. Fastos nostros Belgicos xii Oct. lege.

(822) Flauvaldus, Petro Pithœo et aliis passim *Flodoardus*, presbyter et canonicus Ecclesiæ Remensis, deinde monachus et abbas cœnobii S. Remigii in urbe Remensi, libris quatuor conscripsit Gesta episcoporum Remensium, sive Historiam Ecclesiæ Remensis, quæ pertingit usque ad annum Christi nongentesimum quadragesimum octavum, estque Lutetiæ 1611 a Jac. Sirmondo et Duaci 1615 a Georgio Colvenerio cum notis edita. Idem scripsit Chronicon, vere aureum, de rebus gestis ab anno nongentesimo decimo nono usque ad annum nongentesimum sexagesimum sextum, quo et obiit. Chronicon istud P. Pithœus 1588 primus Parisiis inter Scriptores XII coætaneos rerum Francicarum, et postea Francofurtenses 1594 evulgarunt. Henricus Bunderius, Dominicanus Gandensis, qui anno 1555 vixit, in suo Indice librorum manuscriptorum per Belgium vicinasque provincias enumerat et alia Flodoardi opera, hactenus mihi non visa, his fere verbis, *Flodoardus presbyter scripsit De triumphis Italicis martyrum et confessorum, metrice, libros quindecim, manuscriptos Treveris in summo templo; De triumphis Christi et sanctorum Palæstinæ, metrice, libros tres, manuscriptos ibidem; tertio De triumphis Christi Antiochiæ gestis, metrice, libros duos, manuscriptos ibidem. Quæ scripta si adhuc exstent, utinam quis in lucem proferat !* — Votum adimplevimus. Edit.

(823) Adelmum (Bellarmino *Anthelmum*, Pitseo *Aldhelmum*) hoc capite memoratum esse eumdem quem Sigebertus supra cap. 66 retulit, datur intelligi ex iis quæ idem Pitseus libro De scriptoribus Angliæ narrat. Fuit autem primum abbas, et postea episcopus apud suos, carmine, prosa, Latine, Græce doctissimus, juxta versiculum :

Aldhelmus cecinit millenis versibus odas.

Scripsitque inter alia librum contra errores Britonum et Scotorum, De celebratione Paschatis; quo libro multos ad saniorem mentem revocavit; ut Beda lib. v. Histor Anglic. narrat. Scripsit item De virginitate librum unum, soluta oratione, Parisiis a Sonnio 1576 editum; De laude virginum, versu heroico, librum unum, Ingelstadii a Canisio 1603 evulgatum; De gestis sanctorum; Ænigmatum versus mille, et alia plurima, quæ mss. latent in Angliæ bibliothecis. Obiit anno salutis septingentesimo nono. Sic fere Pitseus. Vita ejus exstat apud Surium die xxviii Maii. De eodem et Bellarminus in Catalogo agit, sub initium octavi sæculi, a quo (ut et a Pitseo) vocatur *sanctus*.

(824) Vide ad Tritnem, c. 133.

thiam, divina et vera opponentem; tertiam *Phrone-* sim, a prudentia dictam, per quam dubia examinantur. Theodulus interpretatur *Dei servus*. Titulus hujus libri est : Ecloga Theoduli. Hic sub clericali norma obiit immatura morte, et ideo librum suum non emendavit.

CAP. CXXXV. Haymo (825) exposuit totum Paulum apostolum, Apocalypsim, Isaiam, Cantica canticorum, et alia; sed omnia ad omnes non pervenerunt.

CAP. CXXXVI. Fulquinus (826), abbas Lobiensis, scripsit Gesta abbatum Lobiensium, subintroducens per digressionem plura legentibus utilia.

CAP. CXXXVII. Herigerus abbas Lobiensis (827), litterali scientia clarus, scripsit Gesta pontificum Leodiensium. Scripsit metrico stylo laudabiliter Vitam sancti Ursmari. Scripsit ad Hugonem epistolam de quibusdam quæstionibus ; scripsit sub sua et Adelboldi episcopi persona dialogum de dissonantia Ecclesiæ, de adventu Domini. Congessit etiam contra Ratbertum (828) multa catholicorum Patrum scripta de corpore et sanguine Domini.

CAP. CXXXVIII. Adelboldus (829), ex clerico Lobiensi (830) episcopus Ultrajectensis, scripsit Vitam secundi Henrici imperatoris, et in utraque litteratura plura sui monumenta reliquit posteris.

CAP. CXXXIX. Abbo (831) abbas Floriacensis, quantum valuerit in utraque scientia, ostendit, cum super calculum Victorii commentatus est. Martyr obiit.

CAP. CXL. Aribo, (832) archiepiscopus Moguntiæ, commentatus est super xv graduum psalmos.

CAP. CXLI. Burchardus (833), episcopus urbis Vangionum quæ dicitur Wormatia, magnum cano-

AUBERTI MIRÆI SCHOLIA.

(825) Haymo Anglo-Saxo, Halberstadensis episcopus, præter commentaria in utriusque Testamenti libros, scripsit Epitomen historiæ sacræ, editam Coloniæ 1573, et Romæ 1564, cum notis Petri Galesinii.

(826) Fulquinus, seu *Fulcuinus*, Lobiensis abbas, scripsit Chronicon Lobiense, sive Gesta abbatum Lobiensium, quæ mss. exstant Lobii, Tornaci in collegio Soc. Jesu, Gemblaci, Leodici, et alibi. Obiit anno nongentesimo nonagesimo.

(827) Herigerus, seu *Hartgerus*, abbas Lobiensis, obiit 1107, ante altare D. Thomæ sacrum in S. Ursmari templo, a se constructo, sepultus. Scripsit Historiam seu Gesta episcoporum Leodicensium. Exstant ea ms. in veteri codice pergamenico Leodici ad S. Martinum, cum Notgeri Leodicensis episcopi ad Werenfridum abbatem Stabulensem præfatione in qua ista leguntur : « Non modo S. Remacli, verum etiam cæterorum nostræ sedis pontificum tempora et gesta, quæ undecunque potuere corradi, ad nostra usque tempora collegi. » Unde factum ut quæ Herigeri sunt, Notgero a nonnullis ascribantur. Verum cum Notgero historia illa nec a Sigeberto nec a Trithemio tribuatur, neque meminerit illius Anselmus Legiensis in epistola ad Annonem archiepiscopum Coloniensem, nec Ægidius, Aureæ Vallis monachus, in epistola ad Mauritium abbatem, adducor ut Herigerum illius historiæ auctorem esse credam. Accedit quod in Alnensi codice ms. Herigeri nomen præfationi diserte præfigatur, nusquam Notgeri. Edita est autem Herigeri Historia Leodici 1613, cura Joannis Chapeavilli. Scripsit præterea Vitam S. Ursmari, metrice, ms. Gemblaci ; et Vitam S. Landoaldi, ejusque translationem libris duobus. Herigerum enim illorum librorum quoque esse auctorem, non Notgerum episcopum (cui eos ascribit Molanus, ad Usuardum XIX Martii) ex veteri ms. Chronico Gandensi constat, in quo ad annum 981 ita legitur : « S. Landoaldi et sociorum ejus miracula veraciter divulgata, jussu Notgeri pontificis eximii, sunt collecta, et per Herigerum ejus didascalum ac musicæ artis peritum, breviter quidem, sed satis discrete ac luculento sermone sunt descripta, et ipsius episcopi auctoritate, atque sigilli ejus impressione roborata, et Wommaro abbati cœnobii Gandensis, omnibusque fratribus fideliter sunt missa. » Alibi tamen idem chronographus Gandensis (videlicet ad annum 972) Notgerum auctorem historiæ illius facere videtur, conscriptæ cum ex antiquis libris per Northmannos et Danos olim ambustis, tum ex veterum fide dignorum relatione. Reliquit ad hæc Herigerus Dialogum de dissonantia Ecclesiæ, Adelboldo et Herigero interlocutoribus, exstatque ms. Gemblaci.

(828) Videtur hic legendum *contra Bertramum*, aut *Berengarium*. Aut certe memoriæ hic lapsus est Sigebertus.

(829) Adelboldus, natione Frisius, domi nobilis, ex clerico Lobiensi episcopus Ultrajectinus, scripsit inter alia Vitam S. Henrici imp. libris duobus, a Surio editam. Obiit anno millesimo vicesimo septimo.

(830) Adelboldus itaque ante episcopatum non monachus, sed clericus Lobiensis fuit. Notent autem antiquitatis ecclesiasticæ studiosi, olim Lobii (ut et apud Vedastinos et Amandinos) non solum monachos sed et clericos resedisse. Clericorum certe seu canonicorum Lobiensium collegium in S. Ursmari templo, quod nunc est parochiale, sedem suam habuit usque ad annum Christi millesimum quadringentesimum nonum, quo inde migravit Binchium, quod est Hannoniæ oppidum, secundo milliari a Lobio distans. Notas nostras vide ad Formam institutionis Canonicorum, ab Aquisgranensis concilii Patribus 816 scriptam, typisque anno 1638 Antverpiæ publicatam.

(831) Abbo, al. *Albo*, Floriacensis abbas, in diœcesi Aurelianensi, ad Dunstanum Cantuariensem episcopum, scripsit Vitam S. Eadmundi sive Edmundi, Anglorum regis ac martyris, a Surio publicatam. a. d. XX Novembris. Item scripsit versu hexametro, ad Gozlinum Parisiensem episcopum, libellos duos De obsidione Lutetiæ Parisiorum a Northmannia (a) anno octingentesimo octogesimo sexto, quos P. Pithœus inter Scriptores XII coætaneos Francicos publicavit. Item confecit Epitomen de XCI Romanorum pontificum vitis, ex libro Anastasii S. R. E. bibliothecarii: Exstat ea typis excusa, cum ejusdem Anastasii Historia, Moguntiæ 1602, studio Joan. Busæi.

(832) Aribo, Moguntinus episcopus, scripsit commentarium in XV psalmos graduum, ut vocant; et obiit anno millesimo tricesimo, aut proxime sequenti. Ab isto alius fuit Aribo, Frisingensis episcopus, qui S. Corbiniani et S. Eræmermmi episcoporum Frisingensium Vitas litteris consignavit.

(833) Burchardus, episcopus Wormatiensis, patria Hassus, cum Lobii monachus et discipulus esset Olberti, post abbatis Gemblacensis, « collaborante (ait in Chronico Sigeberto ad an. 1008) magistro suo Olberto abbate, viro undequaque doctissimo, magnum Canonum volumen edidit, » libris viginti,

---

(a) Sunt alterius Abbonis monachi S. Germani a Pratis. Vide Patrologiæ t. CXXXII, col. 722.

num volumen, quod a nomine ipsius *Burchardus* denominatur, multo studio composuit, quod testimoniis omnium authenticorum conciliorum, et decretis Romanorum pontificum, et sententiis omnium pene catholicorum Patrum auctorizavit; ex quo adhuc omnium conciliorum decreta auctorizantur.

Cap. CXLII. Olbertus (834), ex monacho Lobiensi abbas Gemblacensis, humanæ, et ecclesiasticæ scientiæ studio et religionis fervore insignis, nomen suum æternavit, Vitam sanctorum Patrum describendo, cantus in honore sanctorum componendo; et eo maxime quod Burchardus episcopus Wormatiensis ejus magisterio ad hoc est provectus, ut vita ecclesiasticæ utilitati intenderet, et ejus studio, ore et manu illud magnum canonum volumen ad communem omnium utilitatem ederet.

Cap. CXLIII. Albertus, monachus Metensis, scripsit ad episcopum Historiam de gestis sui temporis, etsi brevem, tamen utilem.

Cap. CXLIV. Guido, Aretinus monachus (835), post omnes pene musicos in Ecclesia claruit, in hoc prioribus præferendus quod ignotos cantus etiam pueri et puellæ facilius discant vel doceantur per ejus regulam quam per vocem magistri, aut per visum [usum] alicujus instrumenti, dummodo sex litteris vel syllabis modulatim appositis ad sex voces, quas sola musica recipit, hisque vocibus per flexuras digitorum lævæ manus distinctis per integrum diapason, se oculis et auribus ingerunt intentæ et remissæ elevationes vel depositiones earumdem vocum.

Cap. CXLV. Chilpericus scripsit probabili subtilitate librum de ratione computi, anno millesimo sexto (836).

Cap. CXLVI. Egebertus (837), clericus Leodiensis, scripsit metrico stylo De ænigmatibus rusticanis librum, primo brevem, sed ampliato rationis tenore scripsit de eadem re metrice alterum librum majusculum.

Cap. CXLVII. Leo Acridanus, Bulgarorum archiepiscopus, scripsit brevem libellum per quem tantum veneni mortiferi diffudit, ut eo tota Græcia perjisset, nisi antidoto Romanæ auctoritatis et apostolicæ fidei vis illa veneni exstincta fuisset (838).

Cap. CXLVIII. Niceta (839), monachus Constantinopolitanus, cognomento Pectoratus, scripsit librum ad Romanos, quem prætitulavit De azymo, Sabbato, de nuptiis sacerdotum; defendens Græcos, qui de fermento sacrificabant, qui cum Judæis sabbatizabant, qui nuptias sacerdotum approbabant.

Cap. CXLIX. Leo (840), ex episcopo urbis Leucorum quæ Tullus appellatur, nonus hujus nominis papa Romanus, scripsit epistolam ad imperatorem Constantinum Monomachum, monens eum ne sineret invalescere in imperio suo tot hæreses. Græci enim ut Simoniaci donum Dei vendebant, ut Valesii hospites suos castratos etiam ad episcopatum promovebant, ut Nicolaitæ nuptias sacerdotibus concedebant, ut Donatistæ jactabant esse in sola Græcia orthodoxam Ecclesiam, ut Severiani dicebant maledictam esse legem Moysi, ut Pneumatomachi professionem Spiritus sancti abscindebant a Symbolo, ut Nazareni Judaismum observabant, parvulos mo-

AUBERTI MIRÆI SCHOLIA.

Coloniæ 1558, Parisiis 1549, et alibi excusum. Obiit anno millesimo vicesimo quinto. Buchardum postea æmulati sunt Ivo Carnotensis et Gratianus.

(834) Olbertus, quartus Gemblacensis ac primus S. Jacobi apud Leodicenses abbas, natus est in Lederna villa, Sambrensis pagi confinio. A puero in Lobiensi monasterio educatus, sub disciplina Herigeri abbatis, hinc Parisios ad S. Germani cœnobium se contulit, deditque operam studiis, et sanctæ, quæ ibi fervebat, religioni. Audivit et Fulbertum, Carnotensem episcopum. Demum Burchardum. Wormatiensem postea episcopum, Lobii sacris ipse litteris erudiit. Obiit Leodici anno 1148, sepultus in D. Jacobi ecclesia. Scripsit Historiam Veteris et Novi Testamenti; item Vitas aliquot sanctorum; in his Vitam S. Veroni confessoris, rogante Raginero Hannoniæ comite, quæ exstat ms. Montibus apud Franciscanos in Annalibus Jac. Guisii, et alibi.

(835) Guido, monachus Aretinus, anno millesimo vicesimo secundo, novo et compendiosiori musicæ generi initium dedit, notis illis sex, quibus hodie utimur inventis, ut Baronius in Annalibus supputat. At Sigebertus in Chron. ad annum 1028, id refert. Hoc ipso sæculo undecimo vixit Glaber Rodulphus, supra a Sigeberto cap. 50 inter Scriptores sæculi vi, nescio qua de causa, recensitus. Fuit autem Glaber primum Antissiodori ad S. Germanum, postea Cluniaci monachus; et ad Odilonem abbatem Cluniacensem libris quinque descripsit Historiam Francorum, ab anno nongentesimo vel potius millesimo usque ad annum 1045, quo et vixit. Glaber porro cum Helgaudo, Sugerio, Rigordo, Guillelmo Britone, Guillelmo Nangio, et aliis rerum Francicarum sub Capetica regum stirpe scriptoribus, ex bibliotheca P. Pithœi, typis Francofurtensibus 1596 primum in lucem est datus.

(836) De eodem Sigebertus in Chron. ad annum 1005.

(837) Idem Egebertus (Trithemio *Eckebertus*) nisi fallor, scripsit Vitam S. Amoris Aquitani confessoris, Belisiæ prope Tungrorum urbem, in diœcesi Leodicensi, quiescentis. Exstat ea ms. in monasterio S. Laurentii ad muros Leodicenses et alibi.

(838) Baronium in Annal. consule.

(839) Niceta Pectoratus, presbyter et monachus cœnobii Studiensis in urbe Constantinopolitana, scripsit libellum contra Latinos De Azymis, Sabbatorum jejuniis, et nuptiis sacerdotum; quem, cum epistola Michaelis patriarchæ Constantinopolitani, super eodem argumento scripta, Canisius tomo VI. Lectionis antiquæ publicavit, addito antidoto, hoc est Responsione Humberti cardinalis ad utrumque libellum.

(840) S. Leo, ex Tullensi in Lotharingia episcopo pontifex maximus, illo nomine nonus, scripsit ad Michaelem Constantinopolitanum et Leonem Acridanum, episcopos, insignem libellum seu potius epistolam contra errores Græcorum. Scripsit insuper ad Constantinum Monomachum imperatorem Græcorum, et alios multos epistolas varias, quæ in tomis Conciliorum et apud Baronium in Annal. XI leguntur. Ejusdem Homiliæ et Sermones Lovanii 1565 et Coloniæ 1598 prodierunt. Obiit anno millesimo quinquagesimo quarto, ut Lamb. Scafnaburgius et Baronius supputant, aut anno proxime sequenti, ut Wibertus in Vita ejusdem Leonis tradit

rientes prohibebant baptizari ante octavum nativitatis diem; mulieres in partu vel menstruo periclitantes communicari, vel, si paganæ essent, prohibebant baptizari. Latinos in nomine sanctæ Trinitatis baptizatos rebaptizabant, et ipsi sacrificantes de fermento vocabant Latinos Azymitas, et claudentes eorum ecclesias, eos persequebantur. Tot et tantas hæreses volens Leo papa exstirpare de Græcia, scripsit etiam ad Michaelem patriarcham Constantinopolitanum, eum super his omnibus arguens, et præter cætera, quod se universalem patriarcham appellaret, et Ecclesiam Constantinopolitanam præponeret Ecclesiæ Romanæ, eamque in filiis suis anathematizaret. Super his scripsit etiam ad omnes primates episcopos Africæ, Numidiæ, Ægypti, Italiæ, epistolas legentibus utiles. Scripsit super his etiam ad Græcos librum luculento sermone, evangelicis et canonicis testimoniis destruens eorum errores, et catholicæ Ecclesiæ fidem astruens. At si quis attendat cantus in honore sanctorum ab eo compositos, eum primo Gregorio papæ merito comparabit.

Cap. CL. Humbertus (841), monachus Tullensis, a Leone papa propter scientiam litterarum Romam traductis, et cardinalis episcopus ordinatus Romæ, missus ab eodem papa Constantinopolim propter confutandas Græcorum hæreses, confutavit scripta Leonis Acridani, Bulgarorum archiepiscopi. Confutavit etiam scripta Nicetæ Pectorati, eumque in præsentia imperatoris Constantini ideo devicit, ut ipse Niceta librum suum anathematizaret, et eum manu sua igni injiceret. Et quidquid ibi dixit aut fecit, quasi per dialogum, sub persona Romani et Constantinopolitani, scripsit.

Cap. CLI. Paulus, quo interprete usi sunt Constantinopoli legati Romanæ Ecclesiæ, transtulit de Latino in Græcum, cooperante sibi filio suo Smaragdo, omnia quæ Humbertus episcopus disputavit ibi aut scripsit; quæ omnia, jubente Constantino Monomacho imperatore, reposita sunt in archivo Constantinopolitanæ Ecclesiæ.

Cap. CLII. Anselmus, Remensis monachus, scripsit Itinerarium noni Leonis papæ a Roma in Gallias; ob hoc maxime, ut notificaret quanta auctoritate Remis, vel in aliis urbibus synodum celebrarit; quanta subtilitate et justitia examinarit causas ecclesiasticas; qua discretione peccantes correxerit; quomodo ei virtus Dei cooperata sit. Quod satis patuit in una causa Remensis synodi, ubi dum episcopus Frisingensis contumaciter ageret contra apostolicam auctoritatem, repente in oculis omnium obmutuit.

Cap. CLIII. Almannus (842-3) Grammaticus, ex clerico Leodiensi episcopus Brixiensis, scripsit ad Berengarium, Turonensem clericum, epistolam, arguens eum quod se divulserit ab unitate catholicæ Ecclesiæ, dogmatizando et verbis et scriptis quod corpus et sanguis Christi, quod quotidie in universa terra in altari immolatur, non sit verum corpus Christi, nec verus sanguis Christi, sed figura et similitudo corporis et sanguinis Christi. Scripsit super eadem re epistolam ad Paulum, Metensem primicerium, monens eum uti et ipse Berengarium communem amicum suum revocaret ab hac prava intentione.

Cap. CLIV. Berengarius (844) Turonensis, liberalium artium et amplius dialecticæ peritia insignis, scripsit fastuoso stylo contra Almannum grammaticum et episcopum, non agnoscens amici corrigentis benevolentiam, sed defendens suam de mysteriis Christi sententiam. Et quia multi ad eum vel contra eum super hac re scripserunt, scripsit et ipse ad vel contra eos, et dum dialecticis sophismatibus contra simplicitatem apostolicæ fidei abutitur, nec se excusare, nec alios ædificare videtur, quia magis interpolat clara quam dilucidat obscura.

Cap. CLV. Lanfrancus, dialecticus et Cantuariensis archiepiscopus, Paulum apostolum exposuit,

AUBERTI MIRÆI SCHOLIA.

(841) Humbertus, ordinis Benedictini monachus Tullensis, a Leone IX papa cardinalis et episcopus Silvæ Candidæ creatus. Constantinopolim ab eodem legatus anno 1054 cum Frederico, S. R. E. cancellario (post papa Stephano IX) et Petro Amalphitano episcopo missus, scripsit Adversus calumnias Michaelis Constantinopolitani et Leonis Acridani episcoporum librum unum, et Adversus Nicetam Pectoralum librum alterum. Qui duo libri exstant apud Baronium in appendice tomi XI Annalium, et in Bibliotheca veterum Patrum, itemque apud Canisium tomo VI Lectionis antiquæ.

(842-3) Adelmannus, Sigeberto Almanus, ex scholastico Leodiensi episcopus Brixiensis in Italia, quondam Fulberti Carnotensis episcopi, una cum Berengario Andegavensi archidiacono, discipulus, scripsit, adversus eumdem Berengarium, De veritate corporis et sanguinis Christi in Eucharistia, epistolam valde eruditam; Lovanii 1561 cum Lanfranco et aliis ejusdem argumenti vetustis scriptoribus, a Jo. Ulimmerio editam, itemque Parisiis et Coloniæ in Bibliotheca veterum Patrum.

(844) Berengarius, Andegavensis archidiaconus, hæresim suam de sacramento eucharistiæ non semel ejuravit, et pœnitens obiit die Epiphaniæ, anno millesimo octogesimo octavo, nonagenarius; in templo S. Cosmæ apud Turones sepultus. Id tradit Claudius Robertus in sua Gallia Christiana, ubi de episcopis Andegavensibus agit. Contra Berengarium scripserunt Adelmannus Brixiensis, paulo ante laudatus, Lanfrancus Cantuariensis, Algerus Corbeiensis, Guitmundus Aversanus, et Deoduinus Leodicensis episcopus; quorum opera in Bibliotheca veterum Patrum et alibi exstant. His addi poterit Hugo Lingonensis episcopus, nondum editus, quod sciam. Cæterum Deoduinus anno millesimo quadragesimo octavo Leodiensibus episcopus datus, anno millesimo septuagesimo quinto vivere desiit. Labitur autem Baronius in gestis anni 1035, item editor Bibliothecæ veterum Patrum, et alii qui Deoduini epistolam, contra Berengarium scriptam, attribuunt Durando Leodicensi episcopo, quem anno millesimo vicesimo quinto, adeoque ante hæresim a Berengario publicatam, obiisse constat. Error autem natus est ex littera D. singulari, utriusque nominis initiali. Cœpit autem Berengarius hæresim suam spargere sub annum Christi 1035.

et ubicunque opportunitas locorum occurrit, secundum leges dialecticæ proponit, assumit, concludit. Scripsit laudes, triumphos et res gestas Guillelmi Northmannorum comitis, qui regnum Anglorum primus invasit. Scripsit invectivas contra Berengarium Turonensem epist las, refellens scripta ejus de corpore et sanguine Christi Jesu. Qui Berengarius a Nicolao papa Romæ in concilio nonaginta trium episcoporum adeo convictus fuit, ut ipse suis manibus ignem accenderit, et scripta sua combusserit, jurans se non amplius talia dicturum, non docturum, non scripturum. Quia tamen, neglecto juramento, postea scripsit contra præfatam synodum, contra catholicam veritatem, contra omnium Ecclesiarum opinionem, et nominatim contra Humbertum cardinalem Rom. episcopum, Lanfrancus ad ea rescripsit, et, posito alternatim suo et Berengarii nomine, alterutras sententias distinxit (845).

Cap. CLVI. Berno (846) abbas Augiensis, in humana et divina scientia claruit. Præterea ea quæ de humana scientia scripsit, in quibus eminet hoc quod in arte musica præpollens de regulis symphoniarum et tonorum scripsit, et quod in mensurando monochordo ultra regulam Boetii, sed assensu minoris Boetio Guidonis supposuit unum tonum tetrachordohypaton, et contra usum majorum in ipso tetrachordohypato inseruit utiliter synemmenon. Sed non præteribo quod scripsit de jejuniis Quatuor Temporum, de quibus celebrandis est inter multos dissonantia; dum alii secundum considerationem temporum, ad jejunium quartæ et sextæ feriæ accipiunt dies Februarii, vel Maii, vel Septembris, et Sabbato in Kalendis proveniente terminant jejunium; alii vero sine consideratione temporum non jejunant, nisi quarta et sexta feria jejunii, cum ipso Sabbato in Martio, vel Junio, vel Octobri proveniant. Et talem jejunandi ritum auctorizant multi, et maxime Teutones, his Bernonis scriptis.

Cap. CLVII. Arnulfus monachus, excipiens de Proverbiis Salomonis convenientiores sententias, et litteram et allegoriam metrico lepore scripsit et digessit.

Cap. CLVIII. Marbodus (847), Redonensis episcopus, Cantica canticorum ad integrum exposuit metrico lepore, et litteram et allegoriam exornans. Scripsit metrice passionem S. Laurentii (848). Scripsit metrice passionem Thebæorrm, quasi pedibus vadens in sententiam Eucherii Lugdunensis episcopi, qui eam urbana prosa scripserat ad Silvium episcopum.

Cap. CLIX. Marianus Scottus (849), peregrinans pro Christo in Gallias, et factus monachus apud Moguntiam, multis annis inclusus, scripsit Chronicam a nativitate Christi usque ad annum nati Christi millesimum octogesimum secundum, mira subtilitate ostendens errorem priorum Chronographorum, ita ponentium nativitatem Christi, ut annus passionis ejus, quantum ad rationem computi, non concordet veritati evangelicæ. Unde ipse apponens xxiii annos illi anno ubi priores scribunt fuisse natum Christum, ponit in margine paginæ alternatim hinc annos evangelicæ veritatis, illinc annos falsæ priorum computationis, ut non solum intellectu, sed etiam visu possit discerni veritas et falsitas.

Cap. CLX. Henricus, ex scholastico Trevirensi episcopus Vercellensis, scripsit librum sub persona Theoderici Virdunensis episcopi, ad Hildebrandum sive Gregorium papam, De discordia regni et sacerdotii, non eum increpans, sed ut seniorem obsecrans et Patrem, et amicabili inductione quasi affe-

AUBERTI MIRÆI SCHOLIA.

(845) Honorius IV, 14, de S. E.
(846) Berno, ex Prumiensi monacho abbas Augiensis, scripsit librum De officio missæ, cum de rebus ad missam pertinentibus, cum aliis ejusdem argumentis, Coloniæ 1568, Romæ et in Bibliotheca veterum Patrum typis excusum. In quo libro cap. 2 narrat se Henrici II imp. coronationi, per Benedictum VIII factæ, anno millesimo decimo quarto interfuisse. Scripsit item Vitam S. Udalrici, episcopi Augustani, a Surio iv Julii editam. Obiit anno millesimo quadragesimo octavo.
(847) Marbodus, Redonensis in Britannia Armorica episcopus anno 1096 creatus, in eundem post xxvii annos monachus Andegavi ad S. Albinum factus, anno millesimo centesimo tertio vivere desiit. Ejus epistola ad R. Andegavensem episcopum exstat tomo II Bibliothecæ Patrum. Marbodi meminit Hildebertus epist. 80 et 200, item Goffridus Vidocinensis lib. ii, epist. 2.
(848) De Eucherio Gennad. cap. 16.
(849) Marianus Scotus scripsit libros tres Chronicorum ab initio mundi usque ad annum Christi millesimum octogesimum tertium, quos continuavit Dodechinus, abbas S. Dysibodi, usque ad annum millesimum ducentesimum. Libet ipsum Marianum audire de se loquentem in Chronico. « Anno millesimo vicesimo octavo ego miser Marianus in peccatis fui natus. Anno 1052, ego Marianus sæculum reliqui. Anno 1056, ego Marianus, peregrinus factus pro regno cœlesti, patriam meam reliqui, et in Colonia v feria Kalendis Augusti monachus effectus sum. Anno 1058, Padelbrunna civitas, cum duobus monasteriis, feria vi ante Palmas, igne consumitur. In monasterio autem erat Paternus nomine, monachus Scotus, multisque annis inclusus, qui etiam combustionem prænuntiabat, et in sua clusa, ambiens martyrium, combustus est. Feria ii post octavas Paschæ, exiens in Colonia, causa orationis, eumdem locum visitavi, ob bona quæ narrantur de ejus sepulcro; et sic cum abbate Fuldensi Fuldam veni. Anno 1059, ego Marianus indignus cum Sigfrido (abbate Fuldensi) apud Virzeburgum ad presbyteratum consecratus, media Quadragesima, ni Idus Martii, et feria vi post Ascensionem, ii Idus Maii, inclusus Fuldæ per annos x. Anno 1045, Annuchadus Scotus et inclusus obiit iii Kalendas Februarii in monasterio Fuldensi. Super cujus sepulcri lumina, et psalmodia auditа. Super quem ego Marianus Scotus x annis inclusus, super pedes ejus stans, quotidie cantavi missas. Anno 1069 ego miser Marianus, jussu episcopi Moguntinensis et abbatis Fuldensis, feria vi ante Palmas. Nonis Aprilis, post annos x meæ inclusionis, solutus de clusa in Fulda, ad Moguntiam veni, et in festivitate Septem Fratrum, secundo includor. Anno 1086 Marianus Scotus et inclusus (ait Dodechinus ejus continuator) obiit, et apud S. Martinum sepelitur. »

ctu dolentis, suggerens ei omnia quæ contra jus legum et fas religionis eum fecisse et dixisse divulgabat loquax fama (850).

CAP. CLXI. Anselmus (851), Lucensis episcopus, vir litterarum scientia clarus, scripsit super Jeremiam prophetam. Fecit tractatus super Psalmos. Ipse, indefessus cooperator papæ Gregorii, scripsit pro eo contra Guibertum, superordinatum ei ab Henrico imperatore. Doctrinam Gregorii VII libro testimoniis Scripturarum deflorato confirmavit.

CAP. CLXII. Petrus Damiani, Romanæ Ecclesiæ septimus levita, scripsit Vitam Odilonis, quarti Cluniacensium abbatis. Inveniuntur etiam homeliæ ab eo luculento sermone conscriptæ (852).

CAP. CLXIII. Anselmus (853), clericus Legiensis, scripsit Gesta pontificum Legiensium, et in eo libro Vitam Guazonis episcopi veraciter sibi notam plene descripsit.

CAP. CLXIV. Franco, scholasticus Leodiensis, religione et utraque litterarum scientia nominatus, quantum valuerit scribendo notificavit posteris. Amatores scientiæ sæcularis taxent ejus scientiam ex libro quem scripsit, ad Hermannum Coloniæ archiepiscopum, de quadratura circuli, de qua Aristoteles ait : « Quadratura circuli, si est scibile, scientia quidem nondum est. » Ob illud vero scibile conferant, vel etiam præferant cum sæculares philosophi, nos laudamus eum, quia divinæ Scripturæ invigilavit, et plura scripsit, ut de ratione computi librum unum, et alia quæ ab aliis habentur (854).

CAP. CLXV. Bernardus, monachus de gente Saxonum, scripsit luculente quidem, sed amaro stylo, ad Harduinum, Magdeburgensem archiepiscopum, librum contra Henricum, quartum hujus nominis imperatorem, cujus solius verba sufficiunt omnibus ad intelligendum quam gravis et odiosus fuerit ipse imperator Saxonibus.

CAP. CLXVI. Gunterus, monachus Sancti Amandi, scripsit martyrium sancti Cyriaci metrico stylo (855).

CAP. CLXVII. Ivo, Carnotensis episcopus, scripsit ad Hugonem, Lugdunensem archiepiscopum et apostolicæ Ecclesiæ legatum, epistolam non multum prolixam, sed multum canonicis et catholicis testimoniis auctorizatam, pro dissidio regni et sacerdotii, et pro inusitatis Ecclesiæ Romanæ decretis. Scripsit et ad diversos amicos utiles valde epistolas ; composuit etiam insigne volumen canonum (856).

CAP. CLXVIII. Anselmus, Cantuariorum archiepiscopus, scripsit librum De Spiritu sancto adversus quosdam Græcos negantes Spiritum sanctum esse æqualem Patri et Filio. Scripsit et librum quem intitulavit : Cur Deus homo ; et alium De meditanda Divinitatis essentia, quem intitulavit Monologium ; alium similiter de eadem materia, quem intitulavit Proslogion ; in quorum primo exemplum meditandi de ratione fidei, in secundo fides intellectum quærens dignoscitur ; alium De incarnatione Verbi, ad Urbanum papam ; alium De peccato originali et conceptu virginali ; alium De veritate, alium De libero arbitrio, alium De casu diaboli, alium aliis quantitate minorem De pane sacrificii contra Græcos. Scripsit et volumen grandiusculum meditationum, vel orationum ; alium librum introducendis ad dialecticam admodum utilem, cujus initium est : De grammatica, etc. Qui ejus notitia vel præsentia usi sunt, eum etiam alia plura scripsisse dicunt (857)

CAP. CLXIX. Bernardus, Ultrajectensis clericus, super Eclogas Theoduli commentatus, divinas historias et sæculares fabulas allegorica expositione dilucidavit (858)

CAP. CLXX. Theodericus (859), monachus et abbas Sancti Trudonis, Vitas sanctorum Bavonis, Trudonis et Rumoldi urbaniore stylo melioravit, et

AUBERTI MIRÆI SCHOLIA.

(850) Baronium consule

(851) S. Anselmus, patria Mantuanus, ab Alexandro II episcopus Lucensis creatus, ac deinde, cum in monasterium se subduxisset, a Gregorio VII ad episcopatum revocatus, morum sanctitate ac miraculis clarus, ad superos transiit anno millesimo octogesimo sexto. Scripsit libros duos contra Guibertum antipapam, pro defensione Gregorii VII legitimi pontificis Romani, qui exstant apud Canisium tomo VI Lectionis antiquæ. Ejusdem epistolæ leguntur in tomis Conciliorum et alibi. Quiescit Mantuæ ; Martyrologio Rom. XVIII Martii ascriptus.

(852) Honorius IV, 11, de S. E.

(853) Anselmus, Leodicensis canonicus in cathedrali S. Lamberti basilica, scripsit ad Annonem Coloniensem archiepiscopum Gesta episcoporum Leodicensium, a temporibus Theodardi episcopi, qui S. Remaclo immediate successit, usque ad sua tempora, hoc est usque ad Wazonis episcopi obitum, qui in annum 1048 incidit. Anselmi Historia, cum aliis ejusdem argumenti, 1612 edita est Leodici studio Joannis Chapeavilli, vicarii generalis Leodicensis, qui Anselmo subtexuit quatuor auctores veteres, vitæ ac miraculorum S. Lamberti præcones, videlicet Godescalcum canonicum Leodicensem, Stephanum episc. Leodicensem, a Sigeberto supra caput CXXV memoratos, Nicolaum canonicum Leodicensem, et Renerum monachum ad S. Laurentium prope Leodicum. Ex his Godescalcus anno septingentesimo septuagesimo floruit ; Stephanus episcopus anno nongentesimo vicesimo obiit · Nicolaus anno millesimo centesimo vicesimo claruit ; et Renerus circa annum millesimum centesimum tricesimum vixit.

(854) Vivebat an. 1050.

(855) Fastos nostros Belgicos XVI Junii consule

(856) Bellarminum in Catalogo, et Baronium in Annalibus consule. Ivonis Epistolas Lutetiæ edidit Franciscus Juretus cum notis.

(857) Honorius IV, 13.

(858) Vide supra, cap. 154.

(859) Theodericus, ex monacho Gandavensi, ad S. Petrum abbas Trudonensis in diœcesi Leodicensi, scripsit Vitas SS. Bavonis, Trudonis, Rumoldi, et Landrædæ, abbatissæ Belisiensis, a Surio editas : item Vitam S. Amalbergæ virginis Tamisiensis, quæ apud me et alibi ms. exstat.

eleganti ingenio multa breviter quidem, sed laudabiliter metrice scripsit.

CAP. CLXXI. Sigebertus (860), Gemblacensis monachus, multa scripsi opuscula Metis positus in prima ætate in ecclesia Sancti Vincentii, ad instruendos pueros. Scripsi Vitam Theoderici episcopi, conditoris ipsius ecclesiæ et abbatiæ, in qua etiam per digressionem laudem ipsius urbis heroico metro declamavi. Scripsi Passionem sanctæ Luciæ, quæ ibi requiescit, alcaico metro. Quibusdam etiam reprehendentibus illam sanctæ Luciæ prophetiam, *Annuntio vobis pacem Ecclesiæ Dei datam*, Diocletiano ejecto de regno suo, et Maximiano hodie mortuo, respondi diligenter considerata temporum ratione, et rerum veritate. Scripsi nihilominus sermonem in laudem ipsius virginis, in quo translationes ipsius a Sicilia in Corfinium, civitatem Italiæ, et a Corfinio in Metim, urbem Galliæ, ordinata temporum consequentia, digessi. Scripsi Vitam Sigeberti regis, conditoris ecclesiæ et abbatiæ Sancti Martini, extra civitatem Metensem sitæ. Regressus ad monasterium Gemblacense, scripsi Passionem Thebæorum, patronorum nostrorum, heroico carmine. Scripsi Vitam sancti Guiberti confessoris, fundatoris ecclesiæ nostræ Gemblacensis, de qua excerpsi lectiones competenti ordine in ejus depositione; arte autem musica antiphonas et responsoria de sanctis Maclovo et Guiberto mellificavi. Scripsi et Gesta abbatum Gemblacensium; Vitas sanctorum Maclovi et Theodardi urbaniore stylo melioravi. Vitam quoque sancti Lantberti cum in primis urbane meliorassem, postea rogatu Henrici archidiaconi et decani ecclesiæ sancti Lantberti, defloravi comparationibus antiquorum, juxta consequentiam rerum, quamvis priorem, utpote simplicem, quidam magis amplectantur, et curiosius transcribant; est enim sensu apertior et verbis clarior. Rogatu etiam prædicti viri, validis Patrum argumentis respondi epistolæ Hildebrandi papæ, quam scripsit ad Hermanum Metensem episcopum, in potestatis regiæ calumniam. Scripsi ad ipsum Henricum apologiam, contra eos qui calumniantur missas conjugatorum sacerdotum. Ipso etiam rogante, respondi epistolæ Paschalis papæ, qui Leodiensem ecclesiam, æque ut Cameracensem, a Roberto Flandrensium comite jubebat perditum iri. Nihilominus ipso poscente respondi Treverensibus de jejunio Quatuor Temporum, qui regulas cujusdam Bernonis, secundum allegoriam, ut sibi videtur, bene concinnatas, observant,

et a consuetudine Leodiensium discordant. Descripsi heroico metro Ecclesiasten, quem opere stromateo tripliciter digessi, ad litteram, allegorice, mythologice. Imitatus Eusebium Pamphili, qui primus apud Græcos Chronica tempore Abrahæ digessit, ipse quoque a loco intermissionis ejus usque ad annum 1111 omnem consequentiam temporum, et rerum gestarum, quanta potui styli temperantia, ordinavi. Cum diligenter Bedam De temporibus relegerem, et ab eo notam ironiæ Dionysio cyclorum scriptori infligi viderem, quia male dispositis annis Dominicæ passionis, in terminis paschalibus contraire per omnia videretur Evangelio Joannis, dignum mihi visum est, altius repetendo, omnem dimovere nubem erroris, et verum diligentibus infundere lumen veritatis. Siquidem Marianus Scotus, vir suo ævo longe disertus, hoc idem ingressus erat, et Chronicam suam texens a nativitate Christi usque ad statum sui temporis, hinc annos Christi juxta fidem Evangelii, inde e regione juxta Dionysium ordinaverat, ut diligentiæ lectoris pateret quantum ipse Dionysius a veritate Evangelii deviaret. Ego autem, considerans fautores Dionysii semel imbibita non leviter descire, ita cautelam ingenioli mei æqua lance libravi, ut medius horum incedens omnes annos ab origine mundi decursos, vel in futurum decursuros, inscripta ratione juxta Hebraicam veritatem, colligerem: scilicet per cyclos lunares, qui novemdecim annis, et per cyclos solares, qui XXVIII annis clauduntur, et per alterum multiplicati magnum cyclum quingentorum triginta duorum annorum conficiunt: lineatim distinctis hinc inde annis Adæ, epactis concurrentibus terminis paschalibus, diebus Dominicis Paschæ, eadem via incedens qua Dionysius, sed non eisdem vestigiis. Quod diligens lector facile inveniet, si curiosus fuerit. Et quia decem magnis cyclis, qui singuli quingentis XXXII annis constant, opus omne distinxi, ipsum librum hoc titulo prænotavi, ut Decemnovennalis vocetur. Prologum etiam in morem dialogi anteposui, quem tribus tomellis divisi, indicans, sub persona interrogantis et respondentis, intentionem et utilitatem ipsius operis, et ad quam partem philosophiæ pertineat, scilicet ad physicam. Subjunxi etiam utiles regulas inveniendi annos, et terminos et indictiones, secundum dispositiones ipsius. Imitatus etiam Hieronymum et Gennadium, scripsi ultimum hunc libellum De illustribus viris, quantum notitia meæ investigationis exquirere potui.

AUBERTI MIRÆI SCHOLIA.

(860) Sigebertus, Gemblacensis in Brabantia monachus, ordinis S. Benedicti, prima ætate Metis, in cœnobio S. Vincentii, multos erudiit, multaque scripsit. Fulcuino Lobiensi abbati familiaris. Gemblacum reversus, demum ætate grandis diem supremum obiit III Nonas Octobris anno 1112, apud suos conditus. Notet vero lector in ea incidisse tempora Sigebertum quibus Ecclesia et respublica Christiana maxime turbata fuit, ob dissidium inter Romanos pontifices Gregorium VII, Urbanum II et Paschalem II ex una parte, et inter Henricum IV imp. ex altera. Quo factum est ut imperatoris partes secutus Sigebertus, pontificibus plus æquo fuerit infensior: Unde quæ contra Gregorium et Paschalem scripsit, ut et alia, vetitæ sunt lectionis. Sigebertum refutarunt Anselmus epist. ad Guilielmum abbatem, quæ est numero octava; Baronius in Annalibus; Bellarminus in Catalogo et in Controversiarum libris. Vide et Prolegomena quæ præfixi Chronico Sigeberti, ad fidem autographi a me comparato, et Verdussianis typis Antuerpiæ anno 1608 edito. Quæ quidem editio sola est genuina, utpote libera a nugis ac quisquiliis *Galfridi Monumetensis* seu *Asaphensis*, quæ in aliis omnibus editionibus inspersæ leguntur.

INDEX SCRIPTORUM ECCLESIASTICORUM QUI A SIGEBERTO GEMBLACENSI MEMORANTUR

A

Abbo Floriacensis abbas.	cap. 139
Adamannus Huiensis abbas.	64
Adelboldus Ultrajectensis episcopus.	138
Adelmannus Brixiensis episcopus.	153
Adelmus. *Vide* Aldhelmus.	
Adrevaldus Floriacensis.	100
Adrianus papa.	79
Aimoinus historicus.	101
Albertus Metensis monachus.	145
Alcimus. *Vide* Avitus.	22
Alcuinus abbas.	85
Alitgarius. *Vide* Halitgarius.	
Aldhelmus Malmesburiensis.	66 132
Almannus. *Al.* Adelmannus.	153
Almannus Altvillarensis.	98
Amalarius. *Al.* Attularius.	87
Ambrosius Autbertus.	91
Amphilochius Iconiensis episcopus.	7
Anastasius bibliothecarius S. R. E.	103
Anastasius Sinaita.	42
Angelomus Luxoviensis.	86
Anianus.	70
Anselmus Cantuariensis episcopus.	168
Anselmus Legiensis.	165
Anselmus Lucensis episcopus.	161
Anselmus Remensis monachus	152
Arator poeta.	38
Aribo Moguntinus episcopus.	140
Arnulphus monachus.	157
Attularius. *Al.* Amalarius.	87
Audoenus Rothomagensis episcopus.	58
Avitus Viennensis episcopus.	22
Aurelianus Remensis clericus.	110
Auxilius dialogista.	112

B

Beda.	68
Bellator presbyter.	88
Benedictus Casinensis abbas.	61
Benedictus Francus abbas.	62
Berengarius Andegavensis.	154
Bernardus monachus Saxo.	105
Bernardus Ultrajectensis.	169
Berno Augiensis abbas.	136
Bertramus.	95
Boetius consul Romanus.	37
Bonifacius episcopus et poeta	121
Burchardus Wormatiensis episcopus.	141

C

Cæsarius Arelatensis episcopus.	119
Carolus Magnus imperator.	81
Cassiodorus consul.	40
Ceolfridus Scotus abbas.	67
Christianus Druthmarus.	72
Chrodogandus Metensis episcopus.	78
Claudius Classitanus abbas.	44
Columbanus Luxoviensis abbas.	60
Cyrillus Alexandrinus episcopus.	24

D

Dionysius Areopagita.	4
Dionysius Exiguus abbas.	27
Dynamius Patricius.	114

E

Egebertus Leodicensis.	146
Eginhardus historicus.	84
Enchiriades musicus.	109
Ericus monachus.	104
Eugippius abbas.	59
Evodius Uzalelis episcopus.	15

Eustathius interpres.	21

F

Faustus Casinensis.	32
Ferrandus Carthaginensis diaconus	29
Flodoardus historicus.	151
Florus.	92
Fortunatus. *Vide* Venantius.	45
Franco Scholasticus Leodiensis.	164
Freculfus Lexoviensis episcopus.	90
Fulcuinus Lobiensis abbas.	176
Fulgentius Ruspensis episcopus.	28

G

Gennadius Massiliensis presb.	30
Glaber Rodulphus.	50
Godelbertus presbyter.	25
Golphilas Gothorum episcopus.	8
Gregorius I papa.	42
Gregorius II papa.	74
Gregorius III papa	76
Gregorius Turonensis episcopus.	49
Guido Aretinus.	144
Gunterus monachus S. Amandi.	166

H

Halitgarius Cameracensis episcopus.	122
Haymo Halberstadensis episcopus.	155
Herigerus Lobiensis abbas.	137
Hilduinus abbas S. Dionysii.	82
Hincmarus Remensis episcopus	99
Hucbaldus Elnonensis.	107
Huenricus Vercellensis episcopus.	160
Humbertus cardinalis et episcopus.	150

I

Idatius Lemicensis episcopus.	18
Isidorus Cordubensis episcopus	51
Isidorus Hispalensis episcopus	55
Ivo Carnotensis episcopus	167

J

Joannes Basilianus.	36
Joannes Damascenus.	75
Joannes diaconus S. R. E.	106
Joannes Erigena.	94
Joannes minister S. Pauli.	2
Joannes Scotus.	65
Joannes subdiaconus S. R. E.	116
Jonas Luxoviensis.	61
Jornandes Gothus episcopus.	55
Julianus Pomerius.	54
Julianus Toletanus	56
Justinianus imp.	46

L

Lanfrancus Cantuariensis episcopus.	153
Laurentius Mellifluus.	120
Leo Acridanus episcopus.	147
Leo II papa.	59
Leo IX papa.	149
Leontius Cyprius episcopus.	57
Linus papa.	5
Luitprandus Ticinensis.	126
Lupus Servatus.	93

M

Macer poeta.	13
Marbodus Redonensis episcopus.	158
Marcellus discipulus S. Petri.	1
Marianus Scotus.	159
Marcus poeta.	53
Martinus Dumiensis episcopus.	117
Maximus episcopus.	113
Michael imperator Constantinop.	96
Milo Elnonensis monachus.	105

N			
Niceta Pectoratus.	14	Rodulpus. Vide G. ...	50
Nicolaus papa.	102	Rogerus monachus.	130
Notgerus abbas.	108	**S**	
O		Sedulius poeta.	6
		Sigebertus Gemblacensis	171
Odo Cluniacensis abbas.	124	Sixtus episcopus.	47
Olbertus Gemblacensis abbas.	142	Smaragdus abbas.	218
Orentius poeta.	54	Socrates historicus.	40
Osius episcopus.	48	Sozomenus historicus.	11
P		Stephanus Leodicensis episcopus.	125
Paschasinus Lilybætanus episcopus.	25	**T**	
Paschasius diaconus S. R. E.	17	Thodericus Trudonensis abbas.	170
Paschasius Ratbertus.	97	Theodolus Italus.	154
Paterius notarius S. R. E.	45	Theodoretus Cyrensis episc.	9
Paulinus Nolanus episcopus.	14	Theodorus Scotus archiep.	65
Paulus diaconus Aquileiensis.	80	Theophilus imp. Constantinop.	96
Paulus interpres.	151	Thomas Ænigmaticus.	155
Paulus Neapol. diaconus.	69	**U**	
Pelagius diaconus S. R. E.	115	Usuardus monachus.	85
Petrus Damiani.	162	**V**	
Polycrates Ephesinus episcopus.	5	Venantius Fortunatus.	45
Pomponius poeta.	55	Verus Arausicanus episcopus.	75
Possidius Calamensis episcopus.	16	Victor Capuanus episcopus.	20
Proba poetria.	52	**W**	
Preterius Alexandrinus episcopus.	26	Walafridus Strabo.	71
R		Wandelbertus.	128
Rabanus Maurus.	89	Widichindus Corbeiensis.	129
Ratherius Veronensis episcopus.	127	**Z**	
Regino Prumiensis abbas.	111	Zacharias papa.	77
Remigius Antissiodor. monachus.	125		

SIGEBERTI
GESTA ABBATUM GEMBLACENSIUM
ET
VITA WICBERTI

(Edidit PERTZ, *Monumenta Germaniæ historica*, Script. t. VIII, p. 504.)

MONITUM

Sigebertus, Mettis in monasterium suum reversus (861) intra annos 1060 et 1070 ut videtur (862) *Vitam Wicberti*, fundatoris ecclesiæ Gemblacensis, et *Gesta abbatum Gemblacensium* composuit. Qua in re pio gratoque in conditores et Patres monasterii animo satisfacturus, non solum quæ ipse Olberti quondam discipulus præsens expertus fuerat aut a majoribus natu didicerat memoriæ mandavit, sed antiqua monasterii momumenta, chartas præcipue rerum gestarum testes (863) ab imperatoribus, pontificibus Romanis, episcopis Leodiensibus aliisque minoris conditionis personis cœnobio Gemblacensi concessas in tabulario asservatas consuluit et majoris fidei conciliandæ gratia libro inseruit. Narrationem ita digessit, ut virum doctrinæ copia insignem et historicorum bene gnarum (864) agnoscas, rerum seriem facile percipias, orationem simplicem, perspicuam, elegantem comprobes. Utrumque opus eodem fere tempore compositum esse videtur, cum in codice autographo *Vitam Wicberti* in eadem pagina *Gesta abbatum Gemblacensium* eadem manu scripta excipiant. Quibus id præcipue egit auctor, ut gesta Erluini et Olberti abbatum explicaret. In Erluino se antiquiorem Richarii monachi librum sequi profitetur, qui sub Erluino Gemblaci constitutus Vitam ejus ad Notgerum Leodiensem episcopum metrice descripsit; cujus libri pars cum dissipatis et intercisis scedulis periisset, Sigebertus ipsis Richarii verbis usus reliquas particulas prosa oratione consarcinavit. Præcipua igitur libri pars *Vita Olberti* habenda est viri virtutibus et doctrina (865) præcipui, quo abbate Sigebertus monasterium intravit, ad cujus exemplum et præcepta se conformaretur.

NOTÆ.

(861) Liber De viris illustribus et Gesta cap. 41.
(862) Scilicet ante obitum Mysachi abbatis a. 1071.
(863) Cf. Gesta cap. 20.
(864) Folquini Gesta abbatum Lobiensium (c. 15 *Vitæ Wicberti*; c. 13, 14, Gestorum), Liudprandum, Vitam Chrodegangi, Vitam Joannis Gorziensis jam tum legerat.
(865) Gesta, cap. 65.

mavit, et cui usque ad mortem ejus adhæsit. De successore ejus Mysacho abbate, quo superstite gesta conscripsit, non nisi pauca addidit, et in Vita ejus substitit; nec post obitum ejus stylum resumpsit. Monstrat id libri ipsius facies (866), et alterum quemdam scriptorem, monachum Gemblacensem, reliqua (867) Vitæ Mysachi et gesta sequentium abbatum (868) subjecisse probat. Qui cum nomen suum haud penitus intercidere voluerit, Godescalcum fuisse, aperte intelligimus (869). Fuit is, ut ab ipso comperimus, Sigeberti discipulus, « unus ex paucis quos post se dimisit, cum multos ante se præmisisset », et præceptoris defuncti opus ita suscepit, ut ei gesta Mysachi, Thietmari, Liethardi et Anselmi addenda constitueret. Primum igitur reliqua Mysachi et Vitam Tietmari conscripsit, paulo post Liethardi Vitam addidit; tum vero ultima Liethardi acta inde a capite 65 subjecit eodem fere tempore quo et Anselmi Vitam anno 1156 defuncti scribendam susciperet; nec reliqua Anselmi quibus totum opus absolvit multo post addita, sed totum Godescalci opus intra annos fere 1130 et 1140 conscriptum fuisse censeam. Epitaphium domni Sygeberti littera initiali distichon cum nomine auctoris continet. Præceptoris sui ad exemplum scripsit quæ ipse expertus fuerat vel ex documentis authenticis haurire poterat, eoque laudem haud minorem Sigeberto meretur, quamvis nulla præter hunc librum memoria ejus relicta sit, et ea hodie primum reviviscat. Exstat egregius libri codex

1) membranaceus in fol. minore vel 8vo longiori 78 foliorum; initio folium unum quod olim primum erat una cum ei adhærente, scilicet olim inter folia 6 et 7 collocato, periit, in fine complura exciderunt, ita ut codicis primarii nonnisi fragmentum majus supersit. Sunt omnes fere quaterniones (870), sed nullo vel numero vel littera signati, exceptis quinionibus foll. 7-15 atque 24-33 et duernione foll. 58-61 quo Panegyricus libellus continetur. Folium ultimum 78

A in fine titulum habet: INCIPIT PROLOGUS OPERIS SUBSEQUENTIS, qui subsequens olim opus (871) excidisse probat. In prima pagina vestigia chartæ cujusdam cernuntur, manu sæculi XII exaratæ (872), et titulus (873) sæculo XIV inscriptus codici jam tunc temporis anteriora abscissa fuisse prodit. Folio 1'-13' Vita Wicberti, fol. 13'-39' Gesta abbatum manu Sigeberti (874) scripta sunt, Godescalci continuatio foll. 39'-57. Panegyricus, quem quominus eidem auctori tribuamus nihil obstare videtur, foll. 58-61 explet; foll. 62-78 Vitam Maclovii Thietmaro abbate rogante a Sigeberto scriptam præbent (875). Ultimis Vitæ Wicberti capitibus in margine numeri I, IIa, IIIa, IIIIa, Va, VIa, VIIa, VIIIa, lectionum scilicet, ascripti sunt, quas se competenti ordine in depositione Wicberti excerpsisse Sigebertus scripsit (876). Correcturæ, rasuræ ab auctoris manu profectæ curam libro impensam, e contra notæ et correcturæ recentes librum sæculo fortasse XVII tractatum vel perlectum

B fuisse testantur. Codex Gemblaci diu asservatus et incendio quo monasterium cum bibliotheca sæculo XVII conflagravit, periisse visus, anno demum 1714 Hagæ (877) Comitis sub hasta veniit, et ab Uffenbachio comparatus postea in bibliothecam senatus Lipsiensis devenit, ubi cum a. 1825 evolvi; nunc autem favore senatus amplissimi curante V. Cl. Naumann bibliothecario de re nostra bene merito mihi transmissum exscripsi. Jam igitur Vita Wicberti authentica et prima vice integra Gesta prodeunt, quorum nonnisi excerpta vitiis fere incredibilibus dehonestata hucusque in Dacherii Spicilegio (878) legebantur. Et dum autographa Sigeberti et Godescalci evolvere licet, editionem accuratissime ad eorum normam exegi, præter quod pauca casu omissa supplevi, e. g. accentum præpositioni a tam per Sigebertum quam per Godescalcum addi solitum (879) et rarissime neglectum. Vocem præter auctor uterque pter, præter et preter scribendo corripit. At in aliis ab invicem dis-

NOTÆ.

(866) Fol. 39'.
(867) Cap. 48 et reliqua.
(868) Thietmari, Liethardi et Anselmi Vitas ab eodem profectas esse, præter scribentis manum quæ ipse capp. 59, 63, dicit comprobant; contra Olberti Vitam Sigeberto tribuit c. 63.
(869) Anselmum, Sigeberti et in Chronico continuatorem esse primum suspicatus eram, sed codice perlecto jam certam rem edicere licet.
(870) Foll. 1-6, 7-15, exciso folio inter fol. 13 et 14, 16-23, 34-41, 42 sqq., 50 sqq., 62 sqq., 70 sqq.
(871) Fortasse Vitam Theodardi.
(872) Data est a Wilhelmo quodam cum conjuge et filio Hillino.
(873) Vita sancti guberti edita a reverendo doctore sygeberto monacho monasterii gemblacensis.
(874) Qualis in SS. T. IV, tab. I (Vita Brunonis manus correctoris) et T. VI, tab. III, IV, exhibetur.
(875) Cum eodem fere tempore ac Vita Wicberti et Gesta abbatum composita sit, litteras Sigeberti hic sistimus.
« INCIPIT EPISTOLA SIGEBERTI AD TIETMARUM ABBATEM. Vita piissimi confessoris Christi Maclovi, qui etiam Macutes dictus est, diligenter quantum ad veritatem historiæ antiquorum stilo erat exarata; sed quia minus ordinate digesta, minus composite descripta, ad hæc barbarismis et solœcismis nimis erat confusa, longo oblivionis et negligentiæ situ adeo latebat obducta, ut quasi nullius auribus digna, jam ab omnium recessisset memoria. Sed considerato quia non omnino perdit estimationem precii preciosum metallum, quamvis jaceat rudere terræ infossum, vel scabredine rubiginis decoloratum, placuit, o venerabilis pater Tietmare, tuæ paternitati, ut juberes meæ pusillitati, ut inspecto hystoriæ textu, et pro posse eraso vitiorum

C contractu, meliorarem illam quantulocunque sermonis cultu. Ego qui jussioni contraire non habui, opus injunctum exsecutus sum, non quidem ut volui, sed quomodo pro ingenii tenuitate valui. More enim rusticani fabri qui follibus sufflando et malleis tundendo elicit scoriam de rudi massa preciosi metalli, ut paratior reddatur operosi artificis manui, ostendo aliis splendorem materiei, ut si quis velit exercere vim sui artificii, inveniat materiam paratam suo usui. Ergo quod facile factu videtur faciam, scilicet ut superflua demam, vitiosa corrigam, confusa ordini reddam, a veritate tamen hystoriæ nullo modo recedam, ut nihil novi fecisse dicar, cum vetus tantum limando et fricando renovasse videar. »
Capitula 7, 8, 9, memorata digna continent, scilicet quod Maclovius Brendani abbatis discipulus cum eo et ferme centum octoginta hominibus Felicitatis insulam quæsiturus navigavit, qui demum septem annis in peregrinatione consumtis in patriam

D redeunt.
(876) De viris illustribus.
(877) In catalogo Christ. Van Lom et Rutgeri Albers pag. 128, numero 660 signatus; manu Sigeberti exaratum prædicarunt, quod Uffenbachius sibi persuaderi haud passus est (fol. 1, nota ejus manu).
(878) T. VI, p. 595 sqq., et t. II, p. 759-769 fol. Editor codicem nunquam vidit, sed excerpta tantum illa nactus, ne de auctore quidem certus est, quem unum esse putat ideoque Sigebertum fuisse negat. Textus corruptionem jam p. 790 ex distichis discissis judicare licet. Et dimidia libri pars excidit. Apographum quo Dacherius usus est, hodie in bibl. regia Parisiensi Résidu de Saint-Germain 90, n. 4, 5, asservatur; v. Archiv. VIII, 545.
(879) Ut in Chronico Sigeberti

cedunt, ita ut Sigebertus constanter Gemmelacum, -cunque, unquam, sed, Godescalcus Gemblacum, -cumque, umquam, s; scribat. Apud Godescalcum jam et lineolam partibus dissectæ vocis jungendis sæculo XII primum adhibitam reperias. Cæterum memoratu dignum, quod Sigebertus eamdem vocem, Guibertus, Guichertus, Wichertus, Wichbertus diverse scribit, quod ubique servandum duxi.

1') *Apographa codicis nostri habentur in biblioth. Ambianensi n.* 557, *chart., sæc.* XVI, *et in Bruxellensi n.* 10292, *chart., sæc.* XVI. Vide *Annales nostros T. IX, p.* 598, 554.

Vitæ Wicberti, quæ primum a Surio (880) *male edita, deinde a Lambecio* (881) *ope codicis Cæsarei Vindobonensis chartacei emendata et nonnullis ad res Gemblacenses facientibus aucta, anno* 1685 *a Mabillonio* (882) *absque novis subsidiis et ab Henschenio* (883) *ope codicum Korsendoncani, Ultrajectini et Trevirensis edita fuit, hæc præterea subsidia adhibui:*

2) *Codicem bibl. Cæsareæ Vindobonensis inter Historicos eccles. n.* 106, *hodie n.* 490 *signatum, membranaceum, in* 8vo *majore, sæculi* XII, *quem anno* 1843 *evolvi, jam vero Wattenbachius noster quanta fieri potuit diligentia exscripsit. Olim vel sæculo* XV *fuit codex Sancti Maximini Trevirensis. Continet Vitam Wicberti absque capitum argumentis diligenter scriptam, deinde libellum de elevatione ejusdem, prologum Sigeberti in miraculis sancti Wicberti, visionem ejusdem Sigeberti cum miraculis Wicberti, Guiberti junioris narrationem de combustione monasterii Gemblacensis, subjecto de priori conflagratione textu continuationis Sigeberti Gemblacensis qualis in no-*

stro Scriptorum tomo VI, pag. 385 *legitur* (Supra, col. 239). *Sequitur fol.* 19 *Sigeberti Vita S. Maclovii* (884), *Miracula ope hujus libri jam primum in lucem proferenda digna sunt quæ legantur. Cum ipso congruere videtur*

2b) *C. Korsendoncanus ab Henschenio corrigendo Surii textui adhibitus, præter quod epistolam Erluini Vitæ Wicberti subjectam omisit, et post historiam elevationis appendicis loco nonnisi caput* 3 *Miraculorum addit. Hodie latet.*

5) *C. Vindobonensis hist. ecclesiasticæ n.* 128, *jam* 5469, *olim Ambrasianus, a monachis Gemblacensibus Maximiliano I imperatori oblatus* (885), *chartaceus, in* 4º, *circa a.* 1500 *scriptus, cujus primam notitiam Lambecio debemus* (886); *Vitam Wicberti, omissa Erluini epistola, excerpta elevationis* (887), *Ottonis I. et Benedicti VII diplomata* (888) *et fol.* 21, *narrationem de combustione* (889), *exhibet addita fol.* 24 *nota* (890) *ex continuatione Sigeberti Gemblacensis. Librum Wattenbachius noster in usum nostrum convertit. Accedit ad eum*

3b) *C. Ultrajectinus, qui elevationis historiam contrahit. Henschenio ad manus fuit, sed hodie latet.*

4) *C. S. Maximini Trevirensis ab Henschenio adhibitus Vitam Wicberti absque epistola Erluini præbuit, et hodie in bibliotheca urbis Trevirensis n.* 1151, *Vol. II, magni legendarii membr., sæc.* XIII *habetur; cf. Annales nostros VIII,* 600.

5) *C. a. Surio editioni suæ adhibitus* (891) *hodie latet, nullo editionis nostræ incommodo, quam autographo inniti debere haud dubitatur. Quare et lectiones codicum reliquorum qui inde fluxerunt nonnisi raro adducendas diximus.*

NOTÆ.

(880) Die XXIII Maii.
(881) Commentar. II.
(882) In Actis O. S. Benedicti sæculo V, 299.
(883) Acta SS. Mai VI, p. 260.
(884) Eodem tegumento hodie codex alius sæculi XIII Vita sancti Germani Parisiorum episcopi habetur.
(885) Teste epigrammate a Lambecio edito, Kollar. Anal. t. I, p. 953.

(886) Nonnulla inde typis dedit Kollar. Annal. I.
(887) P. 917.
(888) P. 920.
(889) P. 926.
(890) P. 951.
(891) Alii codices Vitam Wicberti Hersfeldensis vel Guiberti junioris exhibentes et in Annalibus nostris indicati a ratione nostra alieni sunt.

GESTA ABBATUM GEMBLACENSIUM

INCIPIT LIBELLUS DE GESTIS ABBATUM GEMMELACENSIUM.

1. Vitam Erluini, primi Gemmelacensium abbatis, Richarius monachus ejus ad [702] Notgerum, Leodicensem episcopum, metrice descripsit; sed nescimus quomodo accidit quod, dissipatis et intercisis scedulis, a memoria omnium deperiit. Unde nos quasi particulas discissæ vestis recolligentes, et quicquid de eo scriptum ubiubi invenimus simul assuentes, fecimus ut saltem hereat sibi quasi unius corpusculi compages. Ne ergo exordium ratiunculæ nostræ ex ambiguitate alicujus conjecturæ vacillare videatur, verba ipsius Richarii in fundamento stabilitate jaciantur [703].

2. Venerabilis itaque Erluinus patris proprii studio litteralis scientiæ imbutus documentis, cum in præsenti seculo cerneret nil agi utilitatis, cœpit estuare ejus rudis affectus, dans operam ut postpositis vitæ lubricæ faleramentis, cœnobitarum sponte conglomeraretur phalangi. Menia siquidem Gemmelacensis cœnobii pariter cum domno Wichperto Dei cultore construere viriliter egit, ejus quoque, ut luce clarius agnoscitur, amminiculatione cohors monachorum puerorumque in Domino communiter degentium conglutinata est haut exigua. Omnibus enim gratus extitit, singularis karitatis,

VARIÆ LECTIONES.

[702] e corr. [703] hic folii excisi reliquiæ manent, sed quid continuerit non liquet nisi primam paginam vacuam alteram titulo libri et præfatione quæ jam fol. 15. legitur impletam fuisse credis; quod quum haud veri simile sit, potius in eam partem inclino, ut jam in conficiendo libro membranam simplicem altera parte carentem adhibitam fuisse statuam.

fervoris, alacritatis, in advenis, in pauperum catervis. Sane pro meritis condigna rependere noverat, simplicibus misteriorum profunditates depromere, in solvendis a opponendis sagax assertionibus. Adversus malignorum procellas vigens ac solidus, rebus in adversis submittere nolens animum, sobrius per pacis prospera. Redundabat amor et timor in subditis, dogma redolebat in alumnis. At vero quem nulla quiverunt adversa movere, licet concussus et jactatus sit molestiis acerbis, contendit jugiter virtutum gradibus polorum scandere regna. Novit enim quod felicem tranquilla non faciant, verum mens sibi bene conscia quanto magis atteritur, tanto amplius splendescit. Gaudia quoque lubrici seculi quo magis vernando [704] pollent et amplis se spaciando trahunt incessibus, hoc amplius noctis tartareæ subeunt penetralia, sublatoque lumine ruunt morte perimente pestifera. Sane patronum supra memoratum laude dignissimum cum clausum septa coenobii tenerent absconditum mundo, verum vernante polo, utpote sidus splendifluum, dictis pariter et actibus pollens radiabat ubique; monachis etiam clericorum contionibus formam vitæ super astra ferentis totis nisibus celebs ostendebat, et ad coelestis consortium Hierusalem de noctis valle vocatos, quo virtutum gradibus lucis scandere itinera certarent, multis modis hortabatur. Talium siquidem floribus redimitus studiorum vitæ perhennis semina humanarum mentium serens præcordiis, innumerabiles hominum phalanges propriis instituens exemplis, noxia mundi despicere et salubre vivendi propositum docuit adire.

3. Hæc de rudimentis vitæ et conversionis Erluini abbatis supradictus scriptor in ipso rationis proemio per anticipationem declamavit, tempus quoque quando claruit in textus sui limine statim insinuavit, et virtutem actuum ejus iterando apertius confirmavit; ita exorsus :

Ottonis fuit ad tempus hic regis in aula,
Terrigenis speculum, lux et imago Dei
Ast ubi devotus fidei sumpsit documenta,
Sincero Dominum corde sequi studuit.
Quam patiens et quam dulcis quantumque benignus
Jugiter extiterit, quis memorare queat?
Nam placidus degens lenibat corda furentum
In mores pacis de feritate vocans.
Alloquio blandus, mira gravitate modestus,
Non asper, non trux, non violentus erat.
Mitis erat cunctis, suavis, pius atque benignus.
Gratus, blandiloquus compatiensque bonus.
Quem mestum vidit, quem tristem quemque dolentem,
Affectu patris subveniebat ei,
Affatu dulci merentia pectora mulcens.
Angorem pressit [705], *gaudia læta dedit.*

Quam præsens parcus fuerit potusque cibique
Ostendit sancti vita probata viri.
Æsuriem qui tam tenui suspenderat æsca,
Quo frenata magis quam saturata foret;
Li sitis ardorem modica dimoverat unda,
Ne tam extincta foret quam tepefacta jacens.
Illud in ore canens illudque in corde volutans,
Pane quod in solo non bene vivit homo.
Sed virtute magis verbi mens pascitur, ex quo
Perpetuæ lucis gaudia vita capit.
Insomnes noctes hic [706] *ducere sepe suetus,*
Pulsabat cæli fletibus astra piis.
Pervigili cura fortes aptabat habenas.
Spiritui cogens menbra subacta dare,
Mundicia ut cordis superoque ardore calentes
Arceret flammas, carnis ab igne datas.
Utque animus cælo jugiter suspensus inesset,
Ac terris positus jam super alta foret,
Cælestis verbi meditamen in ore tenebat,
Justitiam esuriens, justitiam sitiens.

4. His vivendi documentis non tantum initiatus, sed ad plenitudinem usque institutus, vixit in clericalis ordinis habitu quam potuit laudabilius [707]. Sed quia ipse Dominus pars hereditatis est clericis secundum nomen suum (892) in sortem Domini electis, ambiebat sagaciter, ut funes hereditatis caderent sibi in præclaris. Ideo proficiens de virtute in virtutem, de canonicæ regulæ gradu ad monachicæ vitæ ascendit sublimitatem. Ubi non aliter vixit quam alios vivere docuit; quos suo exemplo ad ejusdem propositi jugum suscipiendum attraxit, sciens juxta dominicam vocem, quia *qui dominica mandata solvit et alios ne solvant docet, minimus in regno cælorum vocari habet* (Matth. v, 19). Quapropter bona et agendo et docendo magnus in regno cœlorum, in præsenti scilicet ecclesia, merito est vocatus. Tam multiplici morum honestate usquequaque commendatus, habebatur cunctis reverendus et Dei timorem appetentibus per omnia imitandus. Multi etiam quos secularis adornabat potentia cum dignum judicabant sua amicitia, pro eo quod in illo eminebat sanctitatis reverentia, consilii vigebat prudentia, et animas Deo lucrandi singularis ei divinitus collata erat gratia. Cui inter cætera hoc quoque addidit dispensatio divina, ut nobilissimi apud seculum et devotissimi apud Deum Wichperti frueretur amicitia, ita ut mutuæ karitatis inter se indivisibili conjuncti glutino, unum vellent et unum nollent in Domino, et ubi tam pia erat unanimitatis inspiratio, nulla prorsus poterat subrepere contrarietatis conspiratio. Sed profecto credebat multum deesse sibi, cum ipse solus retraxerit pedem a vanitate seculi, quod adhuc pars altera animæ suæ, piissimus scilicet Wicbpertus hereret infixus in limo mundani profundi. Cu-

---

VARIÆ LECTIONES.

[704] crn. e corr. rec manus. [705] primo expressit? [706] hinc corr. hic. [707] Laudabilis corr ut in textu.

NOTÆ.

(892) Scil. κλῆρος.

piens ergo supradicto amico suo Wichperto veraciter et perpetualiter frui in Domino, toto mentis ardebat desiderio, ut eum posset lucrari Domino, et omnem gratiam amicitiæ, qua apud animum ejus tam efficaciter poterat, ad salutem animæ illius convertere gestiebat. Nec prius destitit, quam cum arctius infixum in lacu miseriæ mundanæ et luto secularis potentiæ, fortiter injecta manu extraxit, et ymnum novum divinæ laudationis in os ejus immisit. Deinde etiam in totius vitæ suæ tenore exequendo strenuus ei fuit eruditor, fidus et circumspectus consiliator, et promptus in rerum oportunitate adjutor. Hoc denique incentore basilicam Deo et sancto Petro sanctoque Exuperio ædificavit, officinas claustris monachicæ religionis [708] competentes ædificavit, res suas hereditario jure Deo delegavit. fratres ad jugo Dei famulicium idoneos inibi congregavit, seque suosque suaque omnia ad ejus nutum obedienter ordinavit. Perpendens itaque præfatus Wichpertus hunc virum suis temporibus a Deo destinatum ad animas lucrandas, et bene expertus dirigi a Domino per omnia illius vias, pro collato sibi coelitus subsidio incessantes Divinitati agebat gratias. Unde salubri directus consilio, totum se ejus submisit magisterio, cumque abbatem delegit, et præfecit sibi fratrumque suorum collegio, ut, omni mundanæ sollicitudinis onere deposito, ipse securius et intentius contemplativæ vitæ invigilaret proposito.

5. Itaque vir vitæ memorabilis Erluinus [709] non honorem sed onus suscipiens monastici regiminis, eo ferventius coepit insudare regularis disciplinæ studiis, quo sciebat se Deo rationem redditurum, non tantum de suis, sed etiam de sibi subjectorum ratiociniis. De cujus vitæ insinuando statu, non opus est agere multo verborum ambitu, de quo constat non alia egisse nisi quæ placita essent in veri judicis conspectu. Nec dubium qui tam gratuite [710] Deo placebat pro bonæ intentionis oculo, quod etiam Dei amatoribus placuerit pro bonæ actionis studio; et qui bonis erat amatus et reverendus, non mirum quod contrariis [711] Deo erat suspectus et contrarius. Interius ergo animarum consulens saluti, exterius autem corporum intendens usui, ut prudens et fidelis paterfamilias utriusque hominis prospiciebat utilitati. Qui sciens insolentiam secularis potentiæ solere adversari æcclesiasticæ quieti, omnia quæ beatus Wichpertus legali testamento delegaverat commissæ sibi æcclesiæ Dei, imperialis et apostolicæ manus astipulatione fecit perpetualiter corroborari. Quas cartas non pigeat hic inserere, ut eas tenaciter posterorum commendemus memoriæ. Imperialis ergo carta est hujusmodi :

6. *In nomine domini Dei et Salvatoris æterni.*

Otto divina favente clementia rex Lotariensium et Francigenum. Quidquid Germanensium sub imperii nostri ditione ac religionis Dei nutu a venerabilibus ac Dei timoratis agitur viris, ratum ducimus nostris corroborari assertionibus, scilicet ut nostra firmitate ac defensione valeant contra infestantium incursus [712] tueri. Quapropter agnoscat fidelium conventus, quod quidam Wichpertus nomine, a secularibus hujus vitæ tumultibus recedens, contempnens transitoria ut commutaret æterna, vertit se ad monasticæ regulam vitæ sincero mentis cogitans affectu, qualiter a semetipso, prout possibilitas sibi adesset, deificæ majestatis augmentaretur famulatus, construere basilicam mox cœpit in loco Gemblaus dicto in honore sancti salvatoris domini nostri Jesu Christi. Talis ergo desiderii karissimum nepotem suum, Wichpertum præfatum, calore succendi conspiciens avia sua Gisla nominata, præsidio constructionis ejusdem Gemblaucensis cœnobii res eidem nepoti suo legali traditione contulit hereditarias, quas sibi vir suus nomine Rothingus impendit dotis gratia, in comitatu scilicet Lomacensi atque Darnuensi, villam videlicet Gemblaus cum omnibus ad eandem pertinentibus. In eodemque pago villam Bufiols dictam cum appenditiis suis. Et in villa Asnatgia quicquid ipse jure tenuit vel hi quos propriis hic notare studuimus nominibus : Robertus videlicet, Angerus, Fulcoldus, Emmo, Hericindis, præter dimidium mansum quod sorori suæ pro salute contulit animæ suæ. Et apud eundem pagum villam Salvenerias cum inibi aspicientibus, unumque mansum quod emit vocabulo Ruoz, alterumque mansum fiscalem in loco qui dicitur Vilers antiquitus appendentem ad altare sancti Petri principis apostolorum. Similiter in pago Asbain (893) apud villam Herines mansum unum, quod Rothingus et conjunx ejus emerunt. Vitæ denique monasticæ normam pio multiplicare cernens intuitu piissimo Gisla supra memorata, veræ fidei divinitus ardore succensa, dedit amantissimo nepoti suo Vichperto crebro memorato omnia sub ea datione quicquid præfatus vir Rothingus dotis gratia legaliter donaverat in comitatu Wastenaco, villas scilicet Naslei et Corbeis, et Avoncurt, et Curceles mansumque unum ad curtem Romenei dictam, villamque Molins vocitatam silvamque Boisotgis vocitatam, et villam Ailant et Urei. Et mansum unum in villa Ailant. Et molendinum unum super fluvium Fontlaine in comitatu Lazensis. Et clibanum quendam in civitate Sens nuncupata, per annos solventem singulos 50 solidos nummorum. Et curtem Herhardi et Caderaita. Similiter in comitatu Stampais villam Maisons dictam, et villam Algeldi. Gisla post hæc supra sepius memorata divinæ inspirationis in ea magis ac magis crescente clementia monachorum multiplicare videns catervam, seque divino mancipans obsequio, dedit

VARIÆ LECTIONES.

[705] s jam erasum est. [709] Elluinus c. [710] gratuito corr. gratuite c. [711] contrarius. [712] in in marg. add.

NOTÆ.

(893) Hasbanio.

etiam, præter ea quæ jam supra notavimus, ex propria hereditate in comitatu videlicet Maisou, in villa quæ dicitur Masuic, quandam terræ partem, complicemque navium per annos solventem singulos quinque solidos denariorum. In eodemque comitatu villam quæ dicitur Biettine in qua habetur ecclesia, medietate quidem nostra, mansus indominicatus, molendinum, camba, capturaque piscium. In comitatu vero Rewers villam Molivort dictam cum inibi pertinentibus, ac in quadam villa ejusdem comitatus Bergam vocitatam super fluvium Rim vineam obtimam. Domnus interea præfatus Wichpertus de paternis vel maternis rebus sibi jure hereditatis legales faciens traditiones, dedit quicquid jurium visus est habere extra fratrum suorum societatem sub nomine Dei et Salvatoris nostri sanctique Petri regni cœlorum clavigeri, fratribus in eodem loco Gemblaus sub regulari viventibus disciplina, quos ibidem Dei coadunaverat miseratio, in comitatu scilicet Breibant in loco Melin ecclesiam, mansum indominicatum cum appenditiis suis, cambam, molendinum, et culturam Arnulphi. Et decem mansos de Lietzinis, quos filio suo karissimo Wichperto mater solummodo cum fratre suo Oilboldo legaliter tradidit. Et unam insulam in eadem villa. Et apud eundem pagum medietatem villæ Putiau, medietatemque Beurene. In comitatuque Darnuensi medietatem villæ Curtils dictæ, ac medietatem villæ Walaham dictæ, medietatemque Wasmont in pago Asbain. Siquidem et in hoc habuit doctorem et patronum quendam venerabilem virum Erluinum, qui et ipse canonicam, quo vivebat, regulam avertit ad monasticam vitam. Ipsum prorsus is præfatus Wichpertus post ædificatam ecclesiam et officinas claustri, quas simul construxerant, sibi elegit abbatem, et se cum omnibus quos accersierat monachis commisit regendum, illi potius se quam sibimet ipsi credens. Igitur quia bonis debemus amminiculari viris, ut nostra valeant tuitione defendi, regia magnificentia ac virtute nostra roboramus auctoritate, quicquid ipse contulit illi ecclesiæ videlicet in Gemblaus, ac quicquid exinde venerabilium virorum largitione Deo fuerit annuente concessum, ut nullus infidelium vel aliquis ejus heredum aliqua temeritate infringere audeat, sed potius inconvulsum semper permaneat[713]. Habeant sane potestatem, sicut ipsi a nobis expetierunt, eligendi regularem vel in illo loco vel ubicumque eis melius visum fuerit abbatem et advocatum, qui inibi datas res lege detineat nostra vel comitum nostrorum defensione. Quibus eodem jussionis meæ imperio faciendi castellum concedatur potestas, a falsis quatinus christianis vel paganis pignora sanctorum quæ inibi digno condita sunt honore salventur; Deoque famulantes ab omni protegantur adversitate, nullusque nobis succedens rex in æternum aliquod audeat ex eodem loco expetere servitium præter munia orationum, ab omnique subjectionis excussus onere[714] regum perpetua firmetur tuitione; nec quovis modo aliquis episcopus in cujus diocesi idem existit locus aliquam vim contra voluntatem abbatis habeat, nec synodum peragere, nec ullam omnino rem exornare, nisi tantummodo monachos ejusdem abbatis ordinare; post mortemque[715] ejus accersitus juxta regulam sancti Benedicti consilio monachorum cæterorumque conprovincialium nomen Dei timentium, imperioque regis electum benedicat abbatem; sicque nullius muneris accepto servitio præter constitutam præbendam panis sancti Salvatoris, ad statum redeat propriæ sedis. Et quia sub nostra consistit ditione, annuimus abbati cancellarium sibi constituere quemcumque voluerit ex suis. Similiter mercatum, percussuram monetæ, matheriam[716]; Nec per gyrum ipsius abbathiæ quislibet comes sive legatus dominicus ulla utatur potestate sine permissione abbatis et advocati. Isdemque locus absolutus sit ab omni theloneo; nec in civitate, nec in castello, nec in villa, nec super aquas, nec in pontibus, nec in ullius imperii nostri loco tributum solvant. Et hujusmodi per succedentia tempora locus ille regum tueatur regimine ac defensione, ut et nos et succedentes reges eorum protegamur oratione. Porro hoc uti maneat ratum et per succedentia tempora inconvulsum, anuli nostri impressione sigillari jussimus ac manu nostra subtus firmavimus.

Signum dom (L. M.) ni Ottonis serenissimi regis. Brun cancellarius ad vicem Fridurici archicapellani recognovi.

Data 12. Kal. Octobris. Actum anno incarnationis Domini 946. indictione 4.[717] anno domni Ottonis 11. Actum in Leodio. (S. R.) (894).

7. Apostolicæ autem auctoritatis carta hæc est :

† Benedictus episcopus servus servorum Dei[718] religioso abbati venerabili[719] monasterii sancti salvatoris domini nostri Jesu Christi ac sancti Petri noviter ibi constituti, suisque successoribus in perpetuum. Cum magna nobis sollicitudine insistit cura pro universis Dei ecclesiis ac piis locis invigilandum[720], ne aliqua necessitate jacturam sustineant, sed magis propriæ utilitatis stipendia consequantur : ideo convenit nos tota pastoralis mentis integritate eorundem venerabilium locorum maxime integritatem et stabilitatem procurare, et sedule eorum utilitatibus subsidia illic conferre, ut Deo nostro omnipotenti id quod pro ejus sancti nominis honore etiam ad laudem atque gloriam ejus divinæ majestatis cum venerabi-

VARIÆ LECTIONES.

[713] maneat corr. perm. [714] honore corr. onere. [715] mortem corr. mortemque. [716] rec. manus add.: faciendi. [717] alia manu in loco raso. [718] IN PERPETUUM primum scripta deinde erasa. [719] ita c. [720] in transpunctum.

NOTÆ.

(894) Diploma ita scribitur ut authenticum præ oculis fuisse videatur. Monogramma et signum recognitionis minio scripta sunt.

libus nos certum est contulisse locis sit acceptabile, nobisque ab ejus locupletissima misericordia digna hujusmodi pii operis in sidereis conferatur arcibus remuneratio. Igitur quia [721] postulatis a nobis quatinus pro Dei omnipotentis amore ac domni Otionis præcellentissimi imperatoris nostrique dilecti filii concederemus atque confirmaremus vobis prædictum monasterium in honore sancti Salvatoris ac sancti Petri constructum, cum omnibus rebus mobilibus atque immobilibus quæ sub eodem monasterio adjacere ac pertinere videntur, tam mansis quam etiam castris villis atque casalibus, tam qui præsentes sunt quamque etiam usque in finem esse debebunt, posito in loco qui vocatur Gemblaos, concedimus atque confirmamus apostolica auctoritate ut de alio monasterio abbas ibi non constituatur, sed ipsi servi Dei secundum regulam sancti Benedicti viventes ex sua propria congregatione potestatem eligendi abbatem habeant. Abbas privilegiis sedis apostolicæ infulis decoretur, ut sub jurisdictione sanctæ nostræ cui Deo auctore deservimus ecclesiæ constitutum nullius alterius ecclesiæ jurisdicionibus submittatur, et ideo cujuslibet ecclesiæ episcopum in præfato monasterio dicionis quamlibet habere auctoritatem prohibemus, nisi tantum benedicendi habeat licentiam ; statuentes apostolica censura atque auctoritate beati Petri apostolorum principis, sub divini judicii obtestatione ac validis atque atrotioribus anathematis interdictionibus, ut nullus unquam nostrorum successorum pontificum vel alia parva magnaque persona, aliquid de rebus vel possessionibus ad idem pertinentibus monasterium auferre vel alienare præsumat. Si quis autem, quod non credimus, nefario ausu parva magnaque persona contra hoc nostrum apostolicum privilegium agere temptaverit, sciat se anathematis vinculo esse innodatum, ac a regno Dei alienum ac cum omnibus impiis æterno incendii supplicio condempnatum. At vero qui observator extiterit præcepti, gratiam ac misericordiam vitamque æternam a misericordissimo domino Deo multipliciter consequatur. Scriptum per manum Bonifacii notarii regionarii ac scriniarii sanctæ Romanæ ecclesiæ, in mense Martio, indicione undecima. Bene valete † Datum 8. Kalendas Aprilis per manus Stephani episcopi ac bibliothecarii sanctæ sedis apostolicæ, anno pontificatus domni nostri Benedicti sanctissimi septimi papæ nono, imperante domno nostro Ottone a Deo coronato magno ac pacifico imperatore anno 16º in mense supra scripto ac indicione undecima (an. 988).

8. Præfatus constructor Gemmelacensis coenobii emit medietatem æcclesiæ in villa Bicune, cujus alteram medietatem, quæ sua fuerat, nostræ tradiderat æcclesiæ, ut constat ex descriptione hujus cartæ :

† Agnoscat [722] quemcumque Dei possidet timor, quia domnus Wichpertus Deo deditus, amissis secularibus mercatus æterna, egit quæ Deo erant placita. Siquidem jussu illustrissimi abbatis sui Erluini, cujus locum omnem sub regimine commendarat, precio ecclesiastico impetravit in pago Masau, mediam partem æcclesiæ quam non tenebat [723]. Erat enim ipsa ædes supradicta communis inter locum nostrum et quendam nobilem virum Lantbertum. Accepto ergo precio, ut supra diximus, idem Deo sacratus contulit pretium et expetiit partem residuam templi vidente filio ejus Ansfrido. Nam idem Lambertus advocato eam tradidit, atque ita consolidavit, ut penitus in evum non possit mutari. Sed ne ipsa commutatio auferretur in evum, ipsius Lantberti in cartula exinde peracta imposuit signum.

9. Carta de prædio in villa Dorp, quod Fulquinus quidam sancto Petro tradidit, et ad memoriam posterorum litteris exarari causam ipsam fecit. Quisquis bene possideat res in præsenti seculo adquisitas, ille utique optime possidet, qui de terrenis ac caducis sibi mercatur æterna. Quam ob rem ego in Dei nomine Fulquinus cum consilio vel suasu benignissimi Faraberti episcopi pro salute animæ beatæ memoriæ Richarii episcopi, ipsius etiam Faraberti, pro salute nichilominus animæ meæ filiorumque ac fratrum meorum, sive quoque gratia Oilæ salutis trado et perpetualiter tribuo ecclesiæ sanctæ Dei genitricis Mariæ beatique Petri apostoli apostolorum principis atque sancti Exuperii, in loco vocabulo Gemblaus ubi præesse dinoscitur illustris abbas Elluinus [724] quoddam juris mei prædium in pago Braimbant in loco qui dicitur Dorp cum dimidia æcclesia, et cum una camba, et sedecim mansis, et cum quodam homine nomine Iser, seu cum omnibus ibidem aspicientibus, cum domibus et ædificiis, campis, terris tam cultis quam incultis, silvis, pratis, pascuis communibus et perviis, aquis aquarumve decursibus, mobilibus et immobilibus, præsidiis, peculiis, omnia et ex omnibus quicquid in ipso loco nostra videtur possessio vel dominatio, rem exquisitam et inexquisitam, totum et ad integrum tam de alodo [725] quam de comparato seu de quolibet attrectatu, ad nos ibidem dinoscitur pervenisse, de nostro jure et dominatione jam dicto monasterio per hanc cartulam donationis sive per festucam atque andelagum ad opus sanctorum quorum mentionem supra fecimus a die præsenti donamus, tradimus atque perpetualiter in omnibus transfirmamus, ea vero ratione ut præceptores prædicti monasterii ab hac die hoc habeant teneant atque possideant, vel quicquid inde facere voluerint liberam ac firmissimam Christo propitio in omnibus habeant potestatem. Et si quis deinceps, quod futurum esse non credo, si ego ipse, quod absit, aut quisquam de heredibus meis seu quælibet extera persona quæ contra hanc cartulam donationis venire aut calumniare eam præsumpserit, et se exinde non subtraxerit, a liminibus sanctæ Dei æcclesiæ excommunicatus et divisus

VARIÆ LECTIONES.

[721] in loco raso. [722] g jam erasum est. [723] manu recenti illitum, ut et aliæ nonnullæ voces. [724] ita c. [725] allodio superscripto vel alodo c.

existat, et insuper in die tremendi judicii propter hoc rationem reddat. Contra quem vero calumpniam intulerit, auri uncias 100, argenti vero libras 500 coactus exsolvat, et quod repetit nullo modo evindicare prævaleat. Sed præsens hæc donatio meis, et me rogante, bonorum hominum manibus roborata, quorum nomina vel signa subter tenentur inserta, stipulatione subnixa diuturnum tempus maneat inconvulsa. Signum Goderanni advocati. Signum Fulquini et reliquorum. Otto rex. Cuno dux. Farabertus episcopus. Aletrannus cancellarius.

10. Inter venerabilem abbatem Erluinum et quendam Ermenfridum de commutatione possessionum convenit, quæ qualiter facta sit, carta inde conscripta ostendit.

In nomine sanctæ et individuæ Trinitatis ac Salvatoris totius mundi. Quicquid cernitur minuendum quod econtra recipitur in augmentum, nullum facit detrimentum, immo magnum animæ generat emolumentum. Placuit inter venerabilem sanctæ Gemblocensis æcclesiæ abbatem nomine Erluinum, nec non et quendam fidelem Christi vocabulo Ermenfridum, mutare quasdam res inter se, quod ita et fecerunt. Idcirco omnibus sanctæ Dei æcclesiæ fidelibus notum sit, quod supradictus abbas Erluinus quandam æcclesiam in villa quæ nuncupatur Agioniscurta dedit firma stabilitate supradicto fideli Christi Ermenfride propter villam quæ adjacet in comitatu Asbanio, quæque ab incolentibus vocatur Steria-monticula. De qua villa quatuor quidem mansos propter supradictam æcclesiam, et unum pro salute animæ suæ, tresque propter octo libras argenti, sub testibus firmissimis tradidit sancto Petro apostolorum omnium principi sanctoque Exuperio martyri glorioso in jam dicto monasterio Gemblaus, cum omnibus ad eundem locum pertinentibus, famulis videlicet, culturis, silvis, terris, cultis et incultis, pratis, aquis aquarumque decursibus. Hanc autem commutationem supradictus abbas Erluinus et compater suus Ermenfridus cum uxore sua Reinsede co texore fecerunt, ut si quis aliquando, diabolo suadente, hanc voluerit nostræ mutationis destruere cartulam, anathematizatus cum omni maledictione et excommunicatus sit, nisi ante solis occasum ad penitentiam reversus ingemuerit ob culpam suæ malæ intentionis. Actum in villa Namuco 3. Idus Aprilis 961 anno incarnationis Domini, indictione 4, regnante piissimo rege Ottone. Otto rex. Cuno dux. Farabertus episcopus. Rotbertus comes. Aletrannus cancellarius.

11. Illo tempore Brunone archiepiscopo uterino fratre Ottonis regis prævisore regni Lothariensium, deerat dux, sed in loco ducis regnabat antichristus contrarius Deo et bonis hominibus, Cuno videlicet persecutor summi regis in rege suo Ottone quem elegit. Nempe nequaquam est mirandum si persecutus est hominem regem, qui non pertimuit obsistere regi cœlesti in loco Gemblaus, auferens ei

[726] Ita c. loco Tungrensis.

quandam villam nomine Sotheiam. Diripiens enim eam reddidit Bosoni, dans ei in augmentum sui sceleris binos viros prælibati loci, Franconem videlicet et Huboldum, qui substantiam auferentes, accepere non minimam prædam boum videlicet et vaccarum, porcorum quoque numero 100, absque capris et ovibus, apibus et satis terræ, unde numerus funditus ignoratur. Hac ergo insistente causa venerabilis abbas Erluinus rector in loco degentium prælibato, clementiam serenissimi adiit regis in nutu sedis ejus Franconefort vocato, et quod per nefas amisit infandum, per fas ac regale sumpsit mandatum; verum prædam ab infestis arreptam recipere valuit numquam. Pastorale itaque regimen æcclesiæ Tungressis [726] obtinebat Baldricus tunc temporis, advocati vero officium in crebro memorato loco Gemlaucensi gerebat Ansfridus consanguineus senioris nostri Wichperti.

12. De hac villa Sotheia fecit idem venerabilis abbas Erluinus præstationem cum Goderanno, ut monstrat hujus cartæ subscriptio :

Verus amor junctos quos continet atque globatos,
Numine divino Christus conservet ubique.

Quisquis ergo fructus dulcedinis et amoris inviolabiles illibatosque gestit habere jure sui beneficii a Deo sibi dati, prout possibilitas expetit hoc ipsum certet augere. Nam dare et accipere ut scripturæ assertionibus comprobatur, gratissimum nec non et placatissimum constat. Cujus rei veritatem certam esse cognoscentes, decreverunt inter se venerabilis Erluinus Gemblocensis cœnobii abbas, et inclitus vir quidam Goderannus loci prædicti extans advocatus, res quasdam præstationis auctoritate condonare; quod et fecerunt vinculo utique non modicæ dilectionis conexi. Postulatione siquidem nobilis viri Goderanni dedit illi memoratus abbas villam Sotejam nuncupatam in comitatu Darnuensi cum omnibus ad ipsam pertinentibus, mansum videlicet indominicatum, æcclesiam absque telluris famulatu et nusquam subjectam, molendinum quoque et cambam. Æcclesia hæc singulos per annos eulogias binas, id est sextarios vini duos, gallos gallinacios duos, et modium avenæ unum reddit. Molendinum modios 20 inter annonam et bracis, camba quoque per annum integrum eminas siceræ 100. Terræ nihilominus arabilis bonuarios 67, pratorum amplitudinem non modicam, piscationes aquarum cum decursibus earum, silvam ad porcos ducentos saginandos, cum exitibus et reditibus, familiam quoque ad locum prædictum pertinentem, omnes numero 42, quorum etiam quidam sunt ad omne servitium pertinentes. Quodsi ab hac lege servitutis subtrahere se permissum fuerit, denarios 12 singulis solvere debent annis. Hæc datio præcellentissimi ac Deo digni abbatis Erluini.

Cui econtra reddidit illustris vir Goderannus de terra arabili bonuarios viginti, silvam nihilominus ad porcos trecentos saginandos, et quæque sunt ad ipsam infra et extra pertinentia. Immutatio itaque præstationis hujus eo peracta est tenore, ut quamdiu advixerit præfatus Goderannus illustris, quæ præstitit et quæ recepit teneat et possideat sub tertia manu, uxoris suæ videlicet Adelendis, et filii solummodo unius Ermenfridi. Post quorum trium defunctionis diem, loco superius memorato utræque dereniant partes, et jure sinetenus teneat. Ex parte vero quorumlibet horum ne aliquo modo hæc pervagetur et infrangatur præstatio, testimonio roboratum est bonorum virorum.

Actum in Gemblaus cœnobio, anno incarnationis Domini 964, indicione 11, imperii vero domni Ottonis anno secundo.

13. Sed ad propositum operis redeamus, et quales et quantas persecutiones sustinuerit vir religiosus Erluinus, qui etiam martyrium pro Dei amore subire erat paratus, paucis aperiamus. Quod quidem Fulquinus abbas non tacuit in libello quem de gestis abbatum Lobiensium scripsit, sed qua intentione scripserit si quis diligenter inspexerit, plane intelligere poterit quod veritatem quidem rei gestæ digesserit, causam tamen rei magis ex motu animi quam ex vero interpretatus sit.

14. Is Erluinus omnium bonorum amicitia dignus, utpote in ea adquirenda utiliter idoneus et in conservanda fideliter industrius, singulari amicitia confederatus erat Raginero comiti, qui ob proceritatem corporis cognominabatur Longicollus, qui nobilitate et potentia clarus, tunc temporis principabatur Haginoensibus [727]. Hic primi Baldrici Leodicensium episcopi avunculus fuit, et quia sua potentia in omnibus nepoti suo episcopo patrocinabatur, abbatiam Lobiensem in beneficio accepit. Et mirum in modum qui secularis potentiæ tyrannide toti imperio formidolosus erat, venerabilis Erluini monitis salubribus libenter obediebat et audito eo multa faciebat, ut ei convenienter illud aptari possit, quod Isaias vaticinatus ait: *Leo quasi bos paleas comedet; et delectabitur infans ab ubere super foramine aspidis; et in caverna reguli qui ablactatus* [727] *fuerit mittet manum suam (Isa.* xi, 7) [728]. Mirum inquam erat, quod comes potens, qui fortitudine sua quasi leo cunctos terrebat, paleas verbi Dei sub manu pauperis Christi comedebat; et qui quasi aspis et regulus omnia depopulari solitus erat, in ejus caverna, id est in cordis ejus conscientia, manum suam mittebat iste qui malitia puer erat, et a lacte mundanæ dulcedinis ablactatus erat. Cum ergo semen verbi Dei in corde ejus quasi supra petram vel supra spinas caderet, contingebat secundum Domini sententiam, ut illud cum gaudio quidem susciperet; sed quia radicita karitatis non habebat, dum ad tempus crederet [729] et in tempore temptationis recederet, a curis et divitiis seculi suffocato semine fructum

nullum referret, cum tamen agricola laboris su fructum non perderet.

15. Cum ergo, ut dictum est, tanta efferaretu insania, sancto tamen viro se submittebat, et ut cultum sanctæ religionis exerceret in omni loco ditionis suæ ei permiserat. Unde commisit ei monasterium sancti Vincentii in loco Sonegias dicto, ubi clericalis ordinis regula vigere debebat, ut ibi monachicæ vitæ ordinem instituerat. Sed id importunitate rei et temporis infectum remansit. Prepositturam etiam Lobiensis abbatiæ ejus commisit manibus, ut quanto sibi adhærebat familiarius, tanto sibi deserviret fidelius, et quanto erat religiosior, tanto ad fratres ejus loci regulariter gubernandos esset intentior. Quod quia invitis fratribus factum erat, fratrum unanimitati satis displicebat, qui per facilitatem prelatorum licentia illicita deteriorati, plerique etiam gloriantes ex nobilitate seculari, et ex personarum acceptione magis quam ex religionis sanctitate rem omnem estimare assueti [730]; egre ferebant illum ex humili conditione et ex alio loco sibi preferri, et grave et intolerabile eis videbatur a fortitudine morum suorum ad normam regularis vitæ tam subito per illum revocari. Profecto si rerum convenientia inspiciatur, non nimis mirandum videbitur quod fratres qui per remissionem pastoralis sollicitudinis per tot annos a disciplina regulari desciverant, tam difficulter ad rectitudinem vitæ reduci poterant. Non, inquam, mirum, si lenitatis dissolutio eos effrenaverat, quibus per annos plus 90 nulla abbatum regularium paternitas excubaverat, sed mercenarii et qui non erant pastores, quorum non erant oves propriæ, dominicum ovile dissipaverant, dum quæ sua et non quæ Dei erant quærentes, omnia venalia habebant, et in æcclesia Dei columnas, id est gratias Spiritus sancti, vendentes, domum Dei speluncam latronum effecerant. Quod malum in caput illorum redundasse creditur, qui ut mali pastores lacte ovium Dei inpinguati, lanis eorum vestiti, vilipendebant abigere lupos ab ovili Christi, et quasi canes muti non valentes latrare, animas subjectorum patiebantur interire. Quis enim non execretur? quis, inquam, non abominetur, quod tanta incuria, ne dicam avaritia, animos episcoporum incesserit, quod ab anno Domini 865, quo odibilis Deo Hubertus dux, frater reginæ Tietbergæ, fugato Hartperto abbate, abbatiam Lobiensem invasit, usque ad annum Domini 955, quo Baldrico expulso Ratherio cathedram æcclesiæ Leodicensis accepit, locus ille tantæ hactenus nobilitatis et religionis honore insignis sine abbatis prelatione perduravit? Nam postquam predictus Hubertus abbas et dux justo Dei judicio in bello extinctus interiit, Franco qui ei in regimine successit, et ipse postmodum episcopus factus, abbatiam Lobiensem subdi juri episcopii Leodicensis ex munificentia imperatoris Ar-

VARIÆ LECTIONES.

[727] no deletum. [728] jam ablatatus manu posteriori. [729] hic littera una al...... .... [730] asueti c.

nulfi impetravit, et post cum Stephano, inde Ri- rharius, post eum Uhogo et Farabertus, omnes, inquam, isti dum magnis abbatiæ reditibus carere nolebant et proposituras quas sub nomine et merito ybedientiæ religiosis et timoratis viris committere debebant, quasi rusticanas villicationes [731] annuatim precio dabant et adimebant, omnia divina et humana ibi confuderant, omnia sancta et profana promiscua haberi fecerant, et ita miserabili modo quæ sibi lucro esse putabant, ad animarum damna verti vilipendebant. Ubi enim primo pecuniam quærendam esse proponebatur, scis profecto quia virtus post nummos ponebatur. (HORAT.) Ubi nullus honor virtuti erat, quæ spes bona esse poterat? Igitur fratres cum nollent ad correctionis rectitudinem reverti, per omnia et in omnibus adversabantur predicti viri voluntati, clamantes et conquerentes res suas ab eo prodige dilapidari et substantiam monasterii immoderate in obsoniis secularium personarum exstirpari, et maxime in servitio comitis Ragineri. Hoc nomine pretegebant culpam suam, obliti illam sententiam, qua sanctus Benedictus nos regulariter informat : ante omnia ne murmurationis malum qualicumque verbo aut signo appareat. Sed vir Dei doctus in patientia sua habere animam suam, scuto humilitatis et patientiæ protectus, omnem adversitatum sustinebat molestiam. Sed quanta et qualia fuerint quæ pertulerit, ex scriptis Fulquini abbatis intelligi poterit. Contigit instante vindemiarum tempore, conquerentibus de eo fratribus et triste nescio quid confabulantibus, supervenire Erluinum, quem tanta cæde fustium multati sunt, ut omnino exanimatus crederetur. Sed ubi persensit illos abscessisse, paululum respirans et oculis palpitans, subduxit se. Nec multo post insperatis omnibus cum adjutorio Bernardi advocati ad villam monasterii Hercliacum dictam proficiscitur. Post hæc Raginerum comitem cum Baldrico episcopo ut nativitatem Domini Lobiis celebrent precibus cogit ; quod et optinuit. Quod fratribus omnibus omnino visum est nimis vituperabile, et in obsoniis eorum sua nimis distrabi intolerabile, et loca sancta indifferenter a secularibus frequentari satis importabile. Percelebrata itaque natalicium dierum sancta celebritate ubi discessum est, fratres sibi sua minui et subtrahi in commune deplorant. Assumpta igitur audacia Fontanas villam, quam Sambra alluit, petunt, inde quantum vini ibi inventum est abducunt. Profectus tunc fuerat Erluinus ad villam Bermeriacas. Quem fratres cum omni familia et maxima populi multitudine insequuntur. Ibi rursus in eum tanta cæde debachantur, ut mirum fuerit quod mortem evaserit. Nec tamen ideo destitit comitis Ragineri potentia, nec constantis in Deo viri perseverantia. Putans enim quod malesani fratres desisterent a cepta rebellione, si tradita venerabili viro animarum cura sub abbatis nomine Christi vices illum in monasterio viderent agere, communicato consilio cum Baldrico episcopo et Cameracensis diocesis præsule, quem prius honoraverat sub majoris prepositi nomine, abbatis ei curam et providentiam non timuit committere. Quæ res secus ac ratus erat accidit. Unde enim credidit se [732] sopire odii et inimicitiæ flammas, inde majores et periculosiores aluit mali scintillas. Tandem ille ad abbatis locum promotus, omnes preter paucos a monasterio eductos alium alia dispersit. Quod quidem fecerat secundum eorum extimationem pro eo quod eos suspectos habebat, nec vitæ suæ satis credulus erat, secundum autem rei veritatem pro eo ut in aliis locis paulatim asueti disciplinæ regularis jugo, a consuetæ levitatis vanitate desuescerent aliquomodo. Sed nullo modo eos potuit vel Dei timor subjugare vel suo eos amori applicare. Alii qui in loco erant residui, intelligentes nihil loci relictum esse suæ desidiæ et consuetæ diu licentiæ, irritati ipsa desperationis acerbitate, non timuerunt etiam de ejus morte tractare. Ne longius sermonem protraham, tres eorum quibus nobilitatis vanitas et juventæ robur, propinquorum etiam assensus promptiorem ingesserat audaciam, cum magno et satis gravi ordinis et professionis periculo dormitorium noctu aggrediuntur, ipsum extrahunt, et protractum extra ambitum claustri inhumane tractant, oculis privant, partem etiam linguæ amputant, non tamen loquendi officio et usu eum privant. Hoc actum est 15. Kalendas Novembris 957º anno dominicæ incarnationis (895). Ille taliter martyrizatus ut nihil bonæ spei inter eos sibi superesse sero intellexit, tandem cessit. Nam ita debilis et exoculatus navi imponitur. Gemmelaus evehitur. Nec tamen hic labor justi viri per omnia infructuosus fuit, sed Christi bonus odor, qui aliis odor mortis ad mortem, aliis odor vitæ ad vitam fuit, vim benevolentiæ et fortitudinis suæ passim diffudit. Nam postquam per incorrigibilem fratrum levitatem palam est deprehensum fratres sine abbatis prelatione degere quam sit periculosum, deinceps sub abbate eos agere permissum est, et restricta levitate fratrum status sanctæ religionis reformatus est ; res etiam eorum quæ per avaritiam et ambitionem majorum dissipabatur, ad communem fratrum utilitatem ordinatius stabilita est.

16. Liceat hic paululum rerum convenientiam considerare, et rem rei comparare. Vir iste de quo agimus aliquid simile cum legislatore nostro, sancto scilicet Benedicto, fecit, aliquid simile pertulit, et ideo ut credimus, si parva magnis componere licebit, etiam in remuneratione laborum aliquid simile cum illo habebit, cujus ipse sedulus imitator extitit. Exemplar [733] vitæ nostræ sanctus Benedi-

VARIÆ LECTIONES.

[731] vilic. *e corr.* [732] se *erasum.* [733] mplar *e corr.*

NOTÆ.

(895) Auctar. Gemblacense a. 958 scribit, sed nostro major fides.

ctus olim unius monasterii fratres ad regendum suscepit, quos exorbitantes a regulari via, quia ad iter justitiæ retrahere non potuit, quoad potuit toleravit, quam intentius valuit corrigere laboravit. Quorum putria ulcera ubi sensit nullo medicinæ fomento sanari, sed eos econtrario ad frenesim usque ita exasperari, ut etiam tractare non timerent de morte medici, illos dimissos permisit viam suam ingredi; ipse secum habitans quesivit ubi fructuosiori instaret labori. Ita etiam iste noster susceptos fratres, quos contra se unanimes in malo vidit, quandiu potuit etiam cum damno et periculo suo patienter sustinuit. At ubi persensit illos etiam mortem animarum suarum vilipendere, dummodo illum possent interimere, sibi licet sero consuluit, et illis aliquantulum pepercit, quando ne denuo ab eis impetitus interiret, ab eorum manibus se subduxit. Illi sancto Benedicto occultum veneni ingerentes poculum, obvelare voluerunt infamiæ opprobrium; istorum impudica libertas aperto crimini nullum quæsivit umbraculum. Nos hæc relinquamus in medio, aliorum estimanda judicio.

17. Servus Dei ad monasterium Gemmelacense reversus, re ipsa expertus per multas tribulationes regnum Dei parari fidelibus, contemplationi et religionis pietati eo vacabat propensius, quo nihil pene ei arridebat exterius, per quod jam mundi blanditiis posset commoveri aliquatenus. Nec multum dolendum esse sibi videbatur, quod illis oculis carendum erat, quibus etiam culices et cimices gloriantur, cum interior suus homo illis oculis perfecte delectaretur, quibus mundi cordes Deum contemplantur.

18. Hanc malorum acerbitatem exaggeravit e proximo comes Raginerus, qui ei precordialiter in amicitia confederatus, scutum ei esse solebat contra infestantium incursus. Hunc quia nimietate tirannidis suæ intolerabilis toti fuerat imperio, Valentianas fisco evocatum et hostem rei publicæ prejudicatum omnium judicio, deportari fecit inrevocabilis exilio Coloniensis archiepiscopus Bruno, qui strenue et sapienter secundas partes administrabat in fratris sui Ottonis imperio. Et fortassis cordatis viris rem altius considerantibus credibile poterit videri hoc accidisse illi dispensante Deo meritis sancti viri Erluini, ne frustra foret quod amicus hujus seculi se quomodocunque crediderat amico Dei, similis nimirum illis de quibus in Christum credentibus evangelista dicit : *Dilexerunt gloriam hominum magis quam Dei (Joan.* xii, 43). Quia enim vera est illa Jacobi sententia : *Multum valet deprecatio justi assidua (Jac.* v, 16), quis dubitet oratione istius justi hoc a Deo impetrari potuisse, ut ei in penis hujus vitæ peccati redderet vicem, cujus hic in votis tenuit voluntatem? Qui enim dicit per Naum prophetam : *Non consurget duplex tribulatio (Nah.* i, 9), facile hanc miserendi invenit viam, ut spiris tribulationis sepiens peccatoris viam, per invitam necessitatem trahat ad voluntariam pœnitentiam. Simile quid etiam de Mauricio imperatore compertum habemus (Ex Fredegar.), qui judicium et justitiam quod preparatio rectæ sedis est semper exosus, per occultum Dei judicium circa undecimam vitæ suæ horam ab otio carnalis vitæ retractus, per interventum sanctorum virorum et maxime piissimi Gregorii papæ hoc emeruit, ut saltem sero pœnitentiæ fructum hic operari potuerit, dum ei a Deo pro pœnitentia reputatur, quod ipse cum omni domo sua crudeliter trucidatur.

19. Non multo post superaddidit his gravem cumulum incomparabilis doloris occasio, scilicet venerabilis ac Deo digni domni Wicperti depositio, quæ rerum nostrarum miserabilis fuit commotio. Ventus quippe vehemens irruens a regione deserti, id est ventus tribulationis erumpens ab infructuoso inimicorum pectore, concussit quatuor angulos domus nostræ, quæ utique contra tantum turbinem nunquam [734] subsistere quivisset, nisi supra petram fundata fuisset. Heribrandus enim [735], vir potentia et nobilitate præclarus et maxime affinitate pii patris nostri Wicperti gloriosus, — erat quippe maritus Reinuidis germanæ ejus, — malitiam quam vivente domno Wicperto conceperat, sed pro reverentia illius distulerat, tandem sine aliquo justitiæ intuitu aperuit, et neglecta imperialis confirmationis auctoritate, et posthabito apostolicæ censuræ anathemate, abbatiam violenter invadit, res ecclesiæ insolenter diripit, et quicquid pius fundator loci nostri nobis contulerat, id sibi jure hereditatis magis quam ecclesiæ competere clamat. Omnia erant conturbata; cuncta quæ prius tuta videbantur et tranquilla, turbine repentinæ tempestatis fiunt periculosa et incerta. Nullus erat qui pro Deo ageret, nullus qui partibus justitiæ faveret. Omnes in unum conspiraverant; omnes pauperes Christi affligebant, aut affligentibus consentiebant. Hujus exemplo inducti cæteri fratres et nepotes pii patris nostri, qui multiplici generositate per totam Lotharingiam preminebant, singuli in locis sibi oportunis res ecclesiæ nostræ aut invadebant aut diripiebant, hominibus ecclesiæ nihil reliqui faciebant

20. Horum magna pars fuit Rotbertus, fortissimus comes Namucensis, qui, cum potentia premineret cunctis, non solum nihil subsidii tulit fratribus tribulationum mole oppressis, immo accepta occasione ex oportunitate temporis, tota potentia sua in eos abuti cœpit; et immunitatem comitatus, quam regali auctoritate collatam ecclesiæ nostræ auctoralis carta asserit, violenta injustitia ecclesiæ abstulit, et partibus suis applicavit. Preterea quales et quantæ circumquaque fiebant cotidie predæ et direptiones nostrarum rerum, quæ invasiones prediorum, quam miserabiles oppressiones fratrum, quot cædes et captiones ecclesiasticorum virorum, quanta

VARIÆ LECTIONES.

[734] nunquam *c.* [735] *quædam superscripta sed post erasa sunt.*

fuerit imbecillitas vel infidelitas advocatorum, quales et quot reclamationes super his omnibus mittelantur in dies ad aures principum, quod nihil aliud erat nisi verberare aera tantum, si quis hæc omnia de diversis scedulis collecta velit congerere et in unum compingere, integri libelli opus videbitur sibi assumere. Et supervacuum est sine spe fructus laborare, quia perdita annumerare nihil est aliud quam super perditis dolorem renovare. Quæ tamen reclamationum improbitas non ante cessavit, donec post multos annos Otto imperator Ottoni duci precepit ut, inter æcclesiam et invasores æcclesiæ habita ratione, statum reformaret æcclesiæ, facta inter eos æqualiter rerum dimidiatione. Quæ quidem dimidiatio inter Heribrandum Bratuspantem et æcclesiam convenit, ab aliis vero pervasoribus æcclesia nihil recepit. Raginardus vero frater domni Wicperti dedit sancto Petro quicquid in Gandrinul habuit allodii.

21. At pusillus fratrum grex in quo complacuit Deo patri dare eis regnum, qui in terris nihil quærebat habere proprium, sciens quia nihil deest timentibus Deum, cum undique destitutus esset subsidio hominum, bonum ducebat ad eum solum facere confugium, qui fidus est adjutor pupillorum. Nam sub pio pastore Erluino constituti, dominico se tutabantur ovili, ne aliquetenus paterent morsibus lupi. Et satis habebant quam tenuiter vitam ducere, dummodo possent benedicere Dominum in omni tempore, et semper laus Dei in corum esset ore. Ipse vir Dei Erluinus nolens hic habere manentem civitatem, ubi videbat ingruere tam multiplicem et tam contrariam malorum calamitatem, futuram non manufactam sed æternam sibi suisque inquirebat mansionem. Et intellegens nulla re hanc melius invenire, quam per concordiam fraternæ unanimitatis, ad opus pacis exequendum animum intendit omnimodis. Opus enim Deo placitum et lucrandis animabus utile a piæ memoriæ domno Wicperto incoatum sagaciter implevit, scilicet illud collegium fraternitatis adunavit, per quod omnes Dei timoratos per totam pæne Lotharingiam et Frantiam uno pacis et dilectionis vinculo in invicem colligavit, ut omnes in Christo unum saperent, unum diligerent, unum vellent, unum nollent, nihil inter eos perversum, nihil inhonestum, nihil diabolica emulatione contractum, odio dignum vel contrarietate esset diversum, ut vere pacifici filii Dei vocarentur, et confitentes alterutrum peccata sua, orando pro invicem salvarentur, elemosinis, jejuniis, psalmis spiritualibus, ymnis, ad hoc institutis, supra pensum cotidianæ servitutis.

22. Talem vitam degens vir magni nominis Erluinus, multis postea annis exemplum bene vivendi fuit omnibus. At postquam in camino diutinæ tribulationis excocta est ad purum scoria peccatorum ejus, tandem tanquam aurum probatus, de fornace carnis est extractus, et, quod tandiu optaverat, demum pervenit ad bravium supernæ vocationis, in regno Dei duplicem accepit calicem martirii et confessionis. Transiens ergo ab hoc mundo quarto Idus Augusti, sepultus est in æcclesia sancti Petri, fideliter et efficaciter, ut credimus, interpellans aures Omnipotentis pro omni familia sancti Petri.

DE HERIWARDO ABBATE.

23. Gemmelacenses orbati patre, ad curiam regis pro subrogando sibi pastore deliberant ire; nec tamen hoc sine consilio episcopi diocesoes putant faciendum esse. Notkerus tunc temporis Tungrensibus antistabat, qui sapientia et nobilitate satis prepollebat. Qui non negans consilium quærentibus, insinuare eis cepit quam potuit eloquentius, quam inutile sit pauperes regibus subjacere, quam arduum et difficile humilibus Christi solium regis attingere, quam incongruum alienatus a seculo laicalibus personis deservire; eos ipsos multo jam tempore satis expertos esse quam parum concilii vel auxilii ab imperatoria altitudine in necessitatis tempore acceperint, quibus omnes omnia sine aliquo respectu imperatoriæ reverentiæ, nullo contradicente vel defendente, abstulerint, cum ab auxilio eorum cor regis avertat aut terrarum longinquitas, aut acriorum curarum, quæ semper regio lateri incumbunt, multiplicitas; cum curiali superbiæ probro habeatur ipsa paupertas. Satis sibi notum esse quam palatinis canibus sit familiaris rapacitas, quam domestica eis sit voracitas; sed si suo consilio velint assensum prebere, videri sibi multum illis esse utile, si juri Leodicensis episcopi patiantur subjacere; unde eis omnis absit oppressio, immo contra omnes prompta adsit defensio; facile se id impetraturum a regia munificentia, si tantum sibi adsit fratrum subjectio voluntaria. Hæc et cætera id genus episcopo perorante, assensum est sibi a fratrum concordi unanimitate. Ergo communi consilio Heriwardum virum religiosum et industrium eligunt, et per manum episcopi Leodicensis eum sibi abbatem substitui faciunt. Hic Heriwardus frater fuerat sæpedicti Erluini abbatis, monachus autem fuit cœnobii sancti Michahelis archangeli de periculo maris; sed fratri diu convixerat Gemelanus puro desiderio ferventis ibi sanctæ religionis. Notkerus episcopus gratum habens tam obedienter suæ voluntati favere fratrum unanimitatem, dignum duxit eis reddere vicem. Igitur preter alia quæ illis contulit, villam Templus dictam æcclesiæ Gemmelacensi dedit, unde annuatim centum solidorum reditus exit; et in villa Namuco aliquantulum vineæ, cum terra ad culturam vineæ pertinente. Hic Heriwardus a Radone quodam emit quandam silvam, et a quodam Wicperto predium cum familia in villa Walaham, et inde talem conscribi fecit cartulam:

※ *Quicunque karitatis conglutinantur unitate, binis virtutum pariter alis erecti, superna cælorum penetrare prevalebunt archana, pars quoque beneficia non denegat parti oportuna. Hac ergo quasi convictus specie quidam vir nobilis genere, Rado dictus nomine, conscia propria conjuge Engelrada nuncupata, pari consilio venientes cum comitatu filiorum scilicet virorumque cognationis eorundem, ad cœnobium sancti*

Salvatoris, sancti quoque Petri pignoribus comptum a domno Wicperto Dei cultore, Erluinoque venerabili patrono loci ejusdem. Deinde voluntatem propriam pariter ostendentes domno abbati Heriwardo, convenit mutuo complacuitque, quo silvam quamlibet obtimam traderet loco presenti, partim divinæ pietatis gratia, plurimum pro munerum beneficiis, voluntate siquidem domni abbatis, fratrum quoque pariter inibi degentium, virorumque consilio fidelium ordinis utriusque, sancto Salvatori legali tradidit auctoritate silvam obtimam, in quam fere centena consistunt bonnaria, super fluvium Dions vulgo nuncupatum. Equidem mox utrisque concessum fore dinoscitur a nobis centum solidi nummorum in auro scilicet argentoque equorumque, sicut eorum voluntas extitit. Hujus siquidem traditionis post hæc composita est cartula, sub virorum testimonio fidelium utriusque ordinis, quorum manibus etiam traditio peracta est. Si quis vero, quod absit, contra hanc cartulam quamlibet generare presumpserit calumniam, si se exinde non correxerit, sanctum Salvatorem contra se ultorem sentiat; nobis quoque quibus litem intulerit, auri uncias 30 et argenti pondera caoctus exsolvat, et quod repetit vindicare nullo modo presumat. Verum, ut presens cartula firma stabilisque perpetualiter permaneat, constipulatione interposita, diuturno tempore corroboretur inconvulsa. Cæterum præsentibus notum sit et absentibus, domnum abbatem Heriwardum cum fratribus simili pretio nummorum emisse quicquid Wichpertus hactenus habuit in villa Walaham vulgo dicta, cum familia satis cognita perpetualiter.

Annis ergo plus minusve tribus in regimine elapsis, Heriwardus abbas debitum solvit humanitatis, et 5 Non Maii appositus ad populum suum, in æcclesia sancti Petri accepit tumulum.

DE ERLUINO JUNIORE ABBATE.

24. (An. 991.) Tertius ad prælationem Gemmelacensis cœnobii electus est Erluinus, prioris Erluini consanguineus, et decimo Kal. Januarii abbas est ordinatus. Is quantum ad seculum, liberis progenitoribus est ortus, nam Erluinus Cameracensium tunc temporis episcopus ejus fuit avunculus; quantum vero ad Deum in Gorziensi cœnobio regulari monachicæ vitæ disciplina adprime exercitatus, ad eam vivaciter exequendam utinam tam idoneus quam sufficienter instructus! Hujus tempore Arnoldus quidam, vir nobilis, partem prædii Gemmelacensis, quæ ex jure uxoris suæ Richeldis se contingebat, sancto Petro reddidit. Siquidem Heribrandus, qui rerum nostrarum primus invasor fuit, Hubertum, qui vulgo Hubezo vocabatur, ex Renuide, sorore domni Wichperti, genuit, et filias duas, Richeldem et aliam cujus nomen excidit. Porro de medietate Gemmelacensis fisci, quam, ut supra diximus, Heribrandus injuste repetierat, his tribus tertia singulis pars in divisione provenerat. Hæc est tertia quæ ex jure uxoris Richildis cesserat Arnoldo, quam ipse tactus Dei amore legaliter tradidit sancto Petro, et hinc per manus Erluini abbatis talis facta est conscriptio :

† Omnibus sanctæ Dei æcclesiæ fidelibus, præsentibus videlicet ac futuris, longe lateque commanentibus, notum fieri toto cordis optamus affectu, quod abbatis Erluini nomine dicti diebus, quibus cœnobio Gemmelacensi nuncupato noviter præest, consanguineus patroni prioris equivoci, quidam vir ortus nobili prosapia Arnoldus nominatus ejusdemque conjunx Richeldis [736] vocitata, pariter in divinis incedentes jussionibus, deifici timoris reminiscentes et amoris, pari statuerunt divinitus consilio, quatinus pro salute animarum suarum cunctipotenti Deo salvatori cunctorum, sancto quoque Petro regni cœlorum clavigero, cum cæteris sanctorum pignoribus, quæ præsentialiter apud nos coluntur, totius hereditatis possessionem, quam infra nostræ potestatis possident abbatiam, legali traderent donatione. Igitur amborum divinitus inspirata benivolentia, quadam die, sollempnitate scilicet beati Medardi pontificis, pari concordantes consilio convenerunt, congregatis quoque fidelium testibus virorum partis utriusque, cuncta quæ possidere cernuntur infra nostræ ditionis ut prædiximus abbathiam, legaliter tradiderunt Deo salvatori nostro, cujus honore conditus est locus jam dictus, sancto quoque Petro principi scilicet apostolorum, tali videlicet ratione, quo vitatenus usu fruantur fructuario, nec non post communis vitæ decessum cœnobii nostri subjiciantur dominio. Sane pars totius possessionis hæc est : quicquid habere dinoscitur in famulis et famulabus communiter, cum molendino pariter et camba, deinceps in agris, culturis, cultis et incultis, silvis, pratis, pascuis, aquis aquarumve decursibus, exitibus viarum, thelonei quoque parte sibimet accidente, cum cæteris rebus prædictæ possessioni subditis.

25. Sub hoc Erluino molliri cœpit disciplinæ regularis rigor, et paulatim tepescere sanctæ conversationis fervor, quia non multus in eo erat justæ severitatis vigor. Nam æcclesiasticis rebus, ut sæpe dictum est, undique dissipatis, et reditibus et stipendiis minoratis, attenuabatur nimis eorum res familiaris. Itaque sub obtentu paupertatis dum quisque sibi consulit, et posthabita communis vitæ honestate rem familiarem augere peculiariter quærit, vivebant justo licentius; quod omnino non expedit monachorum animabus. Ita de sanctuario Dei unde primo ex sancta in habitantium conversatione delectabilis exibat odor, jam nunc sinister diffundebatur rumor, qui nonnunquam apud aures secularium ad infamandam vitam nostram solet esse inclementior. Ergo Erluinus junior postquam annos plus quam 23 sub nomine pastoralitatis exegit, 7. Kalend. Junii vita decessit (An. 1012), et in æcclesia sancti Petri juxta prædecessorem suum Heriwardum tumulari meruit.

VARIÆ LECTIONES.

[736] Richildis corr. Richeldis c.

DE OLPERTO ABBATE.

26. Sed miserator Dominus cito oculos misericordiæ suæ aperuit, et interventu, ut credimus, servi sui Wichperti dignum domui suæ dispensatorem providit. Revera, inquam, misericordiam cœli distillaverunt, quando Olpertum nobis quartum abbatem substitui delegerunt. De eo pauca nobis prælibanda sunt. Is in confinio Sambrensis pagi villa quæ Lederna vocatur natus est, parentibus quantum ad seculum non infimis; quantum ad Deum, religiosis. In cœnobio Laubiensi a puero in disciplina monachica regulariter nutritus, et in studiis litterarum adprime eruditus, ex provectu suæ indolis monstrabat qualis esset futurus. Hic ubi ex ore Herigeri Lobiensium abbatis, viri suo tempore dissertissimi, aliquid de septiformi sapore artium bibit, sitim studii sui extinguere non potuit. Ideo ubiubi aliquem in scientia artium egregie præ cæteris valere audiebat, statim illuc volabat, et quanto amplius sitiebat, tanto avidius de singulorum pectore aliquid delectabile hauriebat. Nam et Parisius aliquandiu apud sancti [737] Germani operam dedit et studio et sanctæ quæ ibi fervebat religioni. Apud urbem Tricassinam triennio studuit, ubi grata vice et multa ab aliis didicit, et prudenter alios docuit. Sed nec Fulberti Carnotensis episcopi cum subterfugit audientia, quem in peritia liberalium artium tota prædicabat Francia. At postquam ut apes prudentissima per florea rura exercitus, liquido doctrinæ nectare est distentus, ad alvearium cœnobii sui est regressus, ibique vivebat religiose studiosus, et studiose religiosus.

27. Ea tempestate Burchardus quidam in Wormacensi civitate datus erat episcopus, vir cum episcopali honore non indignus, tum pro juvenilis ætatis fervore litterarum studiis oportune intentus. Is Baldrico juniori Tungrensium episcopo fiducialiter mandat — ejus nempe contubernalis et amicus in palacio regis fuerat — ut sibi aliquem litterali scientia præditum dirigat, cujus ope et doctrina ipse in eruditione scripturarum proficere valeat. Quis tanto viro mitti dignus esset diligenter quæritur, et tandem ad hoc nullus Olberto magis idoneus invenitur, et bona omnium de eo estimatione, ad urbem Vangionum dirigitur. Honorifice abepiscopo susceptus, magnam familiaritatis cum eo gratiam est indeptus. Episcopus nobilis et potens non dedignatur se submittere ad formam discipuli, monachus humilis et peregrinus non timet in tanto viro operam exhibere magistri. Et revera necessarium illi erat ut politus esset ad unguem multiplicis doctrinæ artificio, cujus laus et æstimatio pendebat a tam sapientis discipuli suptili judicio. Quantum autem vir tantæ auctoritatis ex Olberti doctrina profecerit, ex actibus ejus estimandum erit; de quo satis constitit, quod illa ætate in scripturarum eruditione unice claruerit. Quod vel in hoc satis probari poterit, quod opus sanctæ æcclesiæ nimis utile elaboravit, dum Olberto dictante et magistrante magnum illud canonum volumen centonizavit, et quasi collectis floribus omniformis generis de prato scripturarum coronam preciosiorem auro et topazio in edito æcclesiæ collocavit. — Episcopus ubi votis suis satisfactum esse sensit, magistro optionem optulit, utrum mallet secum in honore et amicitia remanere an ad suos repatriare. Ille elegit repatriare, qua placuit Deo ita pro nobis dispensare. Ergo cum gratiarum actione episcopo Baldrico remittitur, eminentia studii et religionis ejus prædicatur, et ne vice [738] laboris sui frustretur, affectuosissime ei commendatur.

28. Cum ergo locus Gemmelacensis vacaret pastore, Baldricus episcopus sollicita cum suis agebat deliberatione, quis dignus esset hujus pastoralitatis curam suscipere. Ad summum placuit omnium sententiæ, Olberto gemina scientia adornato hunc locum præ omnibus competere. Igitur ab episcopo cum Ingobrando abbate suo accersitus, Dei et omnium bonorum judicio ad regimen æcclesiæ est electus, et per manus Ingobrandi abbatis et Godescalci archidiaconi illuc est destinatus. Gemmelacenses ut audierunt inconsultis sibi abbatem mitti, stulta rusticitate episcopali auctoritati, immo Dei ordinationi voluerunt obniti, nullam volentes exhibere ei subjectionem, cujus dolebant sine sua voluntate et consilio factam esse electionem. Stulti et cæci, qui non intellegebant melius sua spe a Deo sibi consuli. Reliquum diei cum nocte superveniente in hac rebellionis obstinatione consumptum est. Mane facto, clarorum virorum qui legatione episcopi fungebantur emolliti consilio, quamvis inviti destiterunt ab ausu temerario, vix tandem adducti submittere manus abbati a Deo salutis [739] suæ electo. Hoc factum est 8 Idus Augusti millesimo duodecimo anno Domini; consecratus est autem 11 Kalendas Octobris.

29. Adeptus ergo curam pastoralitatis, non segniter laborabat nomen abbatis implere factis. Et cum initio occurrisset ei magna rei restaurandæ difficultas — quippe cum exterius ingrueret gravis rei familiaris tenuitas, interius autem horreret grandis inreligiositas — non facile [740] memoranti credas, quam brevi et quam facile optata ei arrisit prosperitas. Nam ut prudenter indisciplinatos mores eorum corrigeret, pravas vias eorum, quibus illicite vagando aberrare solebant, spinis regularis disciplinæ sepiebat; deinde vias rectitudinis, quibus ad vitam incedere deberent, eis ostendebat. Et doctus quod pastor pastorum comminetur pastoribus, qui semetipsos et non gregem Dei pascunt, qui cum

VARIÆ LECTIONES.

[737] sanctum Germanum *corr.* sancti Germani *c.* [738] vicem *corr.* vice. [739] *ita codex.* [740] facili : *corr.* facile *c.*

austeritate et potentia eis imperant, et nulla paternitatis affectione eos ab erroris devio revocant, nec a malo dolentes [741] liberant, quod infirmum erat alligabat, quod confractum erat consolidabat, quod periebat requirebat, et exemplo evangelici Samaritani ulceribus eorum vinum severitatis et oleum pietatis infundebat. Nec eum spes fefellit. Non enim prius destitit, quam, accepto ventilabro discretionis, quæ est mater virtutum, paleas vitiorum de area dominica excussit, et grana virtutum in horreo Dei, in pectoribus scilicet fidelium, purgata recondidit. Nec hoc satis esse visum est bonæ ejus intentioni, semper in anteriora tendenti. Sciens quippe quia otiositas inimica est animæ, suos jam satis imbutos sancta religione, studiis etiam litterarum docuit studiose insistere; ut dum per semitas scripturarum oculis atque animis relegerent patrum vestigia, scirent indubitanter errorum cavere a via et ad viam veritatis sectandam nulla paterentur offendicula.

50. Itaque dum præter illa quæ extrinsecus erant, urgeret eum instantia sua cotidiana, scilicet animarum sibi commissarum sollicitudo continua, bonæ voluntati ejus cooperabatur utrobique Divinitatis omnipotentia. Siquidem postquam interius vis divini timoris et fervor religionis recaluit, mox exterius ex bono rerum proventu exuberavit rei familiaris opulentia. Quapropter vir Deo devotus Olbertus in bonam spem adductus, successus urgere suos cœpit instantius. Et videns monasterium cum officinis suis monachicæ habitationi minus esse habile, quod sibi displicebat pro sua brevitate et quia nulla decoris ornatum erat venustate, præsertim quod jam jamque videretur minitari ruinam pro nimia vetustate, sperans de Deo qui dives est in misericordia, anno prælationis suæ septimo novæ ecclesiæ cœpit ordiri fundamenta.

51. Videntes autem Christi fideles in dies proficere illum, voluntaria succurrendi oportunitate ejus animabant animum. Baldricus siquidem episcopus gaudens se non esse frustratum de abbatis a se electi bona estimatione, totum se transfudit in ejus dilectione, et ecclesiam in Bavenchin et novellam ecclesiolam in Ileis, decimam quoque in Bernunfait [seu [742] in Sombresia] Gemmelacensi tradidit ecclesiæ.

52. Eodem quoque tempore (an. 1015, Sept. XII) commissa pugna in Florinis inter Lanthertum comitem, filium Ragineri Longicolli, et Godefridum ducem, cum Lambertus ibidem gladiis cesus accepisset vitæ finem, conjunx ejus Gerberga nobilissima, peccatis viri sui compuncta, cum animæ ejus absolutionem et requiem quæreret per elemosinarum remedia, voluit ut etiam ecclesia Gemmelacensis, cujus ipse comes defensor fuerat, ex debito animæ ipsius persolveret jugiter orationum munia. Unde a salubri accepto consilio, annitente sibi filio suo comite Heinrico, fundum proprietatis suæ quod Tortosa vocatur, in parochia Basciu, tradidit Gemmelacensi loco. Et quia ipse comes infra parochiam Gemmelacensem habebat aliquot mansos jure beneficii a regia manu collati in viculo Eyneis dicto, facto iterum justæ commutationis ratiocinio, Tortosam ipse recepit et ad jus beneficii sui transtulit, Eyneis vero proprietati ecclesiæ Gemmelacensis transcribi fecit, quod pro vicinitatis oportunitate utrique parti magis accommodum fuit. Quod ne quis posterorum auderet convellere, corroboratum est regiæ manus auctoritate, ut docet conscriptio hujus cartulæ:

In nomine sanctæ et individuæ Trinitatis. Heinricus gratia Dei Romanorum cæsar augustus, omnibus in Christo pie vivere volentibus. Notum esse volumus omnibus tam præsentibus quam futuris quoddam nostræ donum dignitatis, quod precibus quorumdam nostrorum fidelium quibusdam contulimus ecclesiis : Congregatio Gemblacensis ecclesiæ in pago Darnuensi sitæ, in parrœchia scilicet Leodicensis ecclesiæ, esstente advocato suo quandam cujusdam terræ commutationem fecerat cum Heinrico Nivigellensis abbatiæ advocato, quam constat factam ordine isto. Congregatio Gemblacensis ecclesiæ Nivigellensi ecclesiæ quinque dedit mansos in villa Basciu dicta sitos, prædictusque advocatus ecclesiæ Nivigellensis reddidit ei totidem sui beneficii a me sibi dati in parochia Gemblacensi positos. Super quo concambio nostram imperialem dignitatem Leodicensis ecclesiæ episcopus Wolbodo adiit, et ut firmitatem inviolabilem optineret per me devotus oravit. Cujus petitioni assensum facile præbui, quoniam et fidelissimum eum mihi in omnibus comperi, et utrique ecclesiæ concambium utile esse multis adtestantibus recognovi. Hoc igitur utriusque ecclesiæ consensu fidelium factum firmamus, et in æternum inviolabile et immutabile esse edicto imperiali decernimus. Et ut hæc nostra auctoritas præceptumque consensionis inviolata deinceps permaneat, jussimus hoc conscribi, sigilloque nostri impressione munitum signari.

Signum domni Heinrici invictissimi Romanorum imperatoris augusti Gonterius cancellarius (L. [743] M.) vice Erchanbaldi archicappellani notavi. Data 6 Kal. Dec. indictione secunda, anno dominicæ incarnationis 1018, anno vero domni Heinrici secundi regnantis 17, imperii 5. Actum Leodio.

53. Abbas Olpertus, gaudens quia per auxilium bonorum virorum labori suo bonum proventum Deus inferebat, ad augenda fratrum stipendia, quæ nimis tenuia erant, animum intendebat. Et sciens esse monachorum, ut labore vivant manuum, exemplo patrum et apostolorum, continuato cum fratribus labore, secundum quod necessitas paupertatis exigebat et voluntas obedientiæ suadebat, in opor-

VARIÆ LECTIONES.

[741] tes e corr. [742] seu in Sombresia sæculo XII addita in c. [743] adest monogramma Heinrici II imperatoris.

tunis supradicti prædii locis factis æstuariis [744] vivaria ad recipiendos pisces construxit; quod fratrum usibus satis utile esse providit.

34. Successor Baldrici Wolpodo (an. 1018), quia omnino deditus erat sanctæ religioni studio, Olbertum abbatem religiosius cæteris vivere libenti accipiebat animo, et eum dignatus suo latere et auricula, ad meliora cum tendere sua provocabat gratia. Unde quod primum ei occurrit, quæ antecessor suus illius gratia ecclesiæ Gemmelacensi tradidit, suæ stipulationis auctoritate confirmavit; insuper ipsam ecclesiam Gemmelacensem immunitatis libertate donavit et hæc hujusmodi cartæ testimonio posteris conservanda assignavit:

Wolpodo, Dei disponente clementia sanctæ Leodicensis ecclesiæ episcopus, omnibus in Christo pie vivere volentibus. Unicuique Christi fidelium scimus omnimodis esse elaborandum, ut promereri possit gratiam sanctorum. Quia sic tam propriæ fragilitatis quam [745] demonis et hujus mundi conculimur fluctibus, ut nonnisi eorum freti patrociniis subsistere possimus. Unde sancti Petri apostolorum principis sanctique Exuperii martyris aliorumque sanctorum patrocinia quo potui modo quærere deliberavi, quem et omnibus tam præsentibus quam futuris notificare disposui. Antecessor meus Baldricus divino et ipse tactus fervore, quandam ecclesiam in Bavechin corte nostra sitam Gemblacensi dedit ecclesiæ, in honore supradictorum dedicatæ. Dedit et decimas quorundam sartorum, quæ quidam in silva [Sombresiæ [746] et] Heis dicta ejusdem Gemblacensis ecclesiæ sariebant, quæque nulli antecessorum nostrorum alicui parrochiæ assignaverant. Et hæc quidem sub testimonio testium idoneorum prædictæ ecclesiæ contulit, sed cartulam traditionis morte præventus non fecit. In qua facienda volens me facere participem ejus elemosinæ, prædictum donum sub cartulæ firmo consignatione. Addo et aliud ex parte nostri donum, quod omnibus volo esse notum. Instinctu nostro abbas et congregatio prædicti loci ecclesiam novam ædificavit, juxta quam antiqua relicta, quia erat parvula et cito lapsura, claustrum et omnia transmutare curant. Sed his quandoque factis, timent circumitionis obsonia ab ecclesia antiqua exigenda esse ab episcopis futuris, ea scilicet occasione, quod monasterium desierit ipsa esse. Cujus rei rationem diligenter investigans cum multis, comperi, ab ipsa ecclesia Gemblacensi servitia aliqua data non fuisse circumitionis scilicet vice antecessoribus meis, ex quo eadem abbatia munificentia regis subjecta est sedi ecclesiæ Leodicensis. Hanc antecessorum meorum clementiam in futurum decernimus conservandam, scilicet ut ab ecclesia Gemblacensi, salva tantum ordinatione pontificali, servitutem circumitionis requirant nullam. Secundum sanctorum canonum instituta permittant monachos vitam deducere quiete bona, ut tam pro nobis quam pro illis orationibus vacent in tota ipsorum vita. Ego Wolpodo episcopus nomine non opere subscripsi et confirmavi.

35. Baldricus sepe supra nominatus episcopus cum retributore omnium Deo faciens commertium proficuum sibi, elegit de perituris æterna ab eo mercari. Ideo eum adoptans heredem patrimonii sui, cœnobium in honore fratris Domini Jacobi fundavit in insula Leodicensi, ac portionem substantiæ temporalis, quæ ex multa copia nobilium parentum suorum eum contingebat, delegavit ibi. Sed immaturo raptus funere, non potuit in hoc votis suis ad plenum satisfacere. Cujus loci providentia quia nulli adhuc assignata erat, ad manum solius episcopi spectabat. Unde successor Baldrici Wolpodo pie sollicitus, habito consilio cum suis familiaribus, deliberavit locum illum prudentissimi abbatis Olberti committere manibus. Quod ille diu multumque reluctatus declinavit humiliter, at vix tandem suscepit obedienter et executus est prudenter. Nam ædificato claustro cum officinis suis, prout patiebatur oportunitas temporis, colligens hinc inde viros bene directos ad normam disciplinæ regularis, et maxime ex disciplina abbatis Richardi, qui tunc temporis ubique prædicabatur in fervore sanctæ religionis, primus illic prepositum monachicæ professionis instituit, et quoad vixit, locum illum ad laudem Dei et hominum strenuissime gubernavit.

36. Nec minus insistens cepto operi Gemmelacensis ecclesiæ, quicquid a semetipso omnimodis laborando poterat extorquere, totum satagebat expendere in utilitate rei ecclesiasticæ. Unde ad tam promptum bonæ intentionis affectum, subministrabat divinitatis gratia optatum effectum. Siquidem arridente sibi multo successu prosperitatis, maturius sua spe vidit consummationem cepti operis, infra triennium fere ædificata ecclesia cum utensilibus suis, constructo etiam claustro cum officinis suis, et, quod magis erat ei in voto, jam ad plenum fervente ibi sanctæ religionis studio, litteralis quoque scientiæ non mediocriter vigente exercitio. Ipse nullam pæne nec curis animi nec labori corporis laxans quietem, semper tendebat ad operis consummationem. Ita omnibus apparatis ex voluntate, dedicationem illius ecclesiæ celebrari fecit maxima omnium vicinorum alacritate a Durando venerabili Leodicensium præsule 8 Kalendas Augusti millesimo vicesimo secundo anno Domini. Nec multo post oratorium sancti Pauli situm infra claustrum 6 Kalendas Junii a successore Durandi Raginardo dedicari fecit, apud cujus animum maximum amicitiæ locum optinere meruit. Postea etiam constructo duplici oratorio, inferius scilicet in honore Johannis baptistæ et Johannis evangelistæ, superius in honore Michaelis archangeli et Stephani prothomartyris ab eodem Raginardo sollemniter dedicari fecit 2 Idus

VARIÆ LECTIONES.

[744] iis c corr. [745] tam corr. quam. [746] sombresiæ et post add.

August' Corpora etiam venerabilis et Deo digni fundatoris nostri loci Wichperti et trium praedecessorum suorum, Erluini, Heriwardi, secundi Erluini, in hanc criptam reverenter fecit transportari.

37. Idem fidelis dispensator et prudens, sciens quia quaerentibus primum regnum Dei et justitiam ejus, etiam necessaria corporis in tempore sunt adicienda, laborabat omni qua poterat instantia, undecunque annuente sibi Deo, adquirere praedia, ut dum eis pro facultate loci exteriora suppeterent, ipsi sine murmurationis impedimento tranquillius et expeditius Deo deservirent. Disposita itaque ordinatius solito re familiari, ut jam absque typo vel mora constituta fratribus stipendia possent suppeditari, quicquid superercescebat, ad utilitatem posterorum expendere satagebat, sciens quia quicquid supererogaret, a vero Samaritano Deo, qui custodit Israel, reciperet. Nec cum labor suus cassavit, quia tamdiu laboravit, donec res aecclesiae, quas tenuissimas invenit, non parum augmentavit, et ut ita dicam paene duplicavit, dum aut dato precio undecunque quaecunque poterat fideliter emit, aut conivente suo labori devotione fidelium pro salute eorum aecclesiae nostrae tradi optinuit. Quae diversis locis a diversis personis diversis ratiociniis undecunque corrasa [747] quia numero quidem sunt plura, sed quantitate parva, et redituum estimatione non adeo magna, a nobis sub numero perstringi non possunt omnia.

38. Hujus etiam tempore, Hubetho, Heribrandi filius, domni Wichperti ex sorore Renuide nepos, tactus amore pietatis et justitiae, annitente sibi Gudetha sua nobilissima conjuge, reddidit aecclesiae nostrae partem quae sibi cesserat ex medietate a patre suo Heribrando nobis direpta violenter et injuste, monitus exemplo sororis suae Richeldis, quae ut supra diximus partem suam retulerat ad justas partes aecclesiae Gemmelacensis. Hujus etiam Hubethonis filii, Hubertus scilicet et Tietwinus, tertiam partem de villa Puceu aecclesiae nostrae tradiderunt.

39. Idem domnus abbas Olbertus aliodium in villa Masau et in Biettinis dedit, et pro eo villam Ferolt dictam accepit, facta commutatione non satis nobis commoda secundum rerum estimationem, sed ut sibi soli visum est utili propter solam vicinitatem. Siquidem et antea a praedecessoribus suis per justam commutationem ejusdem allodii quadam parte data Sustensi aecclesiae, villa Mainil dicta adjuncta est parti aecclesiae nostrae.

40. Quid autem dicam, eo tempore quo nimia annonae caritas totam profligavit Galliam, quam sibi a Deo in faciendis elemosinis cumulavit gratiam, quam apud homines inaucta ecclesiastica re sibi adquisivit gloriam? Quasi enim alter Joseph praescientiae tactus gratia, frugum ubertate superioribus annis sua repleverat horrea, de quibus pauperum suorum in tempore relevare penuriam parabat Dei providentia. Et cum multi alii ducti avaritiae spiritu aliorum penuriam ad suum verterent commodum, dum posthabita misericordia pauperum, sua aut servant tenatius aut vendunt carius, hic nec sua sibi servare per tenatiam nec aliis vendere voluit per avaritiam; sed ipsius Dei creditor effectus, coepit esse laudabilis usurarius. Nolens enim parce seminare, ne et parce meteret, seminabat in benedictionibus, ut de benedictionibus meteret vitam aeternam. Et quia hilarem datorem diligit Deus (II Cor. IX, 7), non ex tristitia aut ex necessitate elemosinarum implebat opus, sed pietatem misericordissimi cordis ostendebat ex hilaritate vultus. Praeter illos enim qui singulis horis euntes et redeuntes de ejus participabant benedictione, non paucos domesticos aecclesiae ut dignum erat sustentabat de penu matris aecclesiae, constituta eis sine dilatione diurni viatici stipe. Et hoc in eo poterat esse miraculo omnibus, quod cum esset in elemosinarum largitate tam profusus, in relevanda aliarum congregationum inopia tam paterne prodigus, in vicinis suis etiam nobilibus in tali temporis articulo consolandis tam liberali oportunitate paratus, cum etiam suos, scilicet aecclesiae homines, sua compassione juvaret laxando oportune solitos terrae reditus, gregem Christi in solitudine claustrali divinae servituti vacantem nunquam habuit immisericordius, sed sufficientia proveniente sibi coelitus, toto humanitatis affectu serviebat Deo servientibus.

41. Nec videtur esse praetereundum, dicere quantum in ornanda aecclesia fuerit ei studium. Quamvis enim dicatur: *In sancto quid facit aurum?* non habebat tamen in exterioribus rebus unde desiderium animi sui ostenderet erga Deum, nisi ea, quae prima mortales putant, liberaliter expenderet erga Dei cultum. Quod nonnihil valere nulli est dubium; sive ut inde necessitatis tempore subveniatur indigentiae pauperum vel Deo servientium, sive ut inde aecclesiasticae utilitatis oportune majus comparetur commodum, sive quia homines bruti et omnia estimantes magis ex animo suo quam ex veritate rerum, nihil paene ducunt cultu et reverentia dignum, nisi quod ex his quae ipsi temporaliter amant viderint adornatum. Ideo utrobique declinans crimen avaritiae, queque undeunde [748] potuit prudenter corradere, in ornamentis aecclesiae maturabat impendere. Quorum summam hic perstringere non est quidem difficile, quia cotidie est oculis ea inspicere. Fecit tabulam argenteam ante altare sancti Petri anaglifo opere non indecore celatam, duas quoque alias argenteas minoris quantitatis; frontale quoque ad altare sancti Exuperii martyris; candelabra argentea fusilia duo; calicem aureum unum, argenteos sex; turibula argentea, deaurata duo; cruces aureas quattuor, argenteam unam; ventilabra argentea duo; textus evangeliorum unum aureum, tres argenteos; epistolarem argenteum unum; capsas reliquiarum argenteas duas; cappas

VARIAE LECTIONES.

[747] corrosa *alia manu* corrasa c. [748] unde : : unde *corr.* undeunde.

ex palliis decem et octo; casulas duodecim; diaconalia duo; subdiaconalia quattuor; albas, stolas, tapetia et alia, quæ quamvis numerentur inter subsiciva, ejus tamen industria et studio sunt comparata, aut ejus amoris gratia a Dei fidelibus æcclesiæ collata. Quæ quidem quamvis non sunt adeo multa pro precii estimatione et alienarum divitiarum comparatione, sunt tamen multa et magna et preciosa pro bona ejus intentione, quia remunerator bonorum Deus non estimat ex quanto, sed quo vel quali sibi offeratur animo.

42. Et quia cum religionis studio vigere fecerat etiam litteralis scientiæ studium, ne et in hoc eis deesset unde hujusmodi artis exequerentur exercitium, subministravit eis etiam copiam librorum. Non passus enim ut per otium mens aut manus eorum torpesceret, utiliter profectui eorum prævidet, dum eos et per scribendi laborem exercet, et frequenti scripturarum meditatione animos eorum ad meliora promovet. Appellens ergo animum quasi alter quidam Philadelfus, ad construendam pro posse suo bibliothecam plenariam, vetus et novum testamentum continentem in uno volumine transscripsit [749] historiam. Et [750] divinæ quidem scripturæ plus quam centum congessit volumina, secularis vero disciplinæ libros quinquaginta. Mirandum sane unum hominem in tanta tenuitate rerum tanta potuisse comparare, nisi occurreret animo, timentibus Deum nihil deesse.

43. Ego sane dum studiorum ingenii et laboris tanti viri recordor, omnino demiror, quod in eo gluminæ scientiæ tam egregie claruerit [751] vigor. A puero enim in solitudine claustrali educatus, tam sollers et prudens apparuit in disponendis mundanis rebus, ut vix aliquis secularium videretur ei præferendus. Et contra dum se restringeret ad rigorem monasticæ conversationis, id ipse inter strepitum æcclesiasticæ procurationis explebat subsicivis operis, quod vix aliquis alter attingeret vacans Deo in quietem monasticæ solitudinis. Nec frustra fama nominis ejus ubique discurrebat, de cujus doctrina tam dulcis odor longe lateque crescebat. Exceptis enim illis quos in subjectione sua in studio et religione nutrivit, multas clericalis ordinis personas, quosdam etiam curiales, doctrina sua promovit, quorum illustris probitas vel dignitas postea sanctæ æcclesiæ magnæ utilitati et honestati fuit. Sed et in hoc in æcclesiis Dei ejus laudabilis memoria adhuc vivit, quod vitas aliquorum [752] sanctorum aliquibus in locis liquide et polite composuit, et de gestis eorum in laude Dei secundum regulam musicæ disciplinæ, in qua multum valebat, dulcissime cantus modificavit. Inter quæ quia rogante Raginero comite vitam sancti Veroni confessoris composuit, cantum etiam de eo mellificavit, antiphonas quoque super matutinales laudes in transitu sanctæ Waldedrudis, ipse comes Raginerus et Hathuidis conjunx ejus quicquid prædii habebant in Dion æcclesiæ nostræ tradidit.

44. Tam laudabilem et utilem vitam degens, postquam in 37 annos exegit tempus suæ prælationis, sensit se a Deo invitari ad bravium supernæ vocationis (an. 1048). Et exemplo domini Jesu, qui transiturus ad Patrem, cum dilexisset suos qui erant in mundo, in finem eos dilexit, etiam ipse filios suos, quos Deo in sinu maternæ dulcedinis genuerat et affectu paternæ sollicitudinis educaverat, usque in finem dilexit. Qui quia duobus monasteriis præerat, et ob id continua regendi instantia alternatim habitationem suam mutare consueverat, tunc in Gemmelacensi cœnobio aliquandiu commoratus, natalem apostolorum Petri et Pauli solemnizabat. Et congregatis filiis suis, prolixe et pie sermocinatus est eis, et quantum poterat facundia diserti doctoris et pietas affectuosi patris, monebat eos, ne ab aratro dominici operis oculos averterent, ut a fermento secularium caverent, ut non solum coram Deo sed etiam coram hominibus bona providerent, et cætera id genus, quæ pii et sapientis viri eructabat pectus. Inter loquendum ante altare sancti Petri eos eduxit, cum psalmodia et oratione pastorum pastori eos commendavit, ab omnibus commissis pastorali potestate absolvit, et spirituali sanctificatione benedixit. Et ut ultimum vale non sine lacrimis eis fecit, Leodium abiit. Urgebatur enim tristi nuntio de infirmitate gloriosi episcopi Wathonis, cui ipse etiam hoc debebat præter reverentiam debitæ subjectionis quod ejus condiscipulus et a puero fuerat contubernalis, et ab inde inita inter eos amicitiæ gratia cum ipsa ætate sine querela simul concreverat, et ut ita dicam cum eis insenuerat. Episcopus gaudens se consolatum esse obtinita visitatione amici, ab eo in nomine Domini secundum præceptum apostoli Jacobi expetiit inungui. Peracto inunctionis officio, cum missionem peteret ab episcopo, et adhuc de spe vitæ suæ fiducialiter quereret ab eo, episcopus tactus spiritu divino: *Hodie*, inquit, *non moriar, o amici mei, sed cras in Christi nomine succurrite mihi*. Ille desperans de vita amici, resolutus in lacrimis nec valens temperare dolori: *Non sinat*, inquit, *Deus me septem dies supervivere tibi*. Et ad monasterium sancti Jacobi cui præerat regressus, cœpit destitui corporis viribus, mox etiam vexari acriter febribus. Quid multa? Secundum prædictum et votum piorum virorum, crastino die, quod est 8 Idus Julii, episcopus migravit ad Dominum, Abbas autem, qui episcopo dimidio animæ suæ septem dies supervivere noluit, ipso septimo die, quod

---

VARIÆ LECTIONES.

[749] *e corr. c. Fortasse fuit* conscripsit. [750] *Alio atramento pergit idem scriba, qui et* transscripsit *posuerat*. [751] claruerit *corr.* claruerut *c*. [752] aliquas *statim corr.* aliquorum *c*.

est 2 Idus Julii, felicem spiritum cœlo reddidit millesimo quadragesimo octavo anno Domini.

45. At exequias funeris ejus quo venerationis honore, quo miserationis dolore prosecutus sit grex cœnobii utriusque, qui in Christo sub ejus profecerat institutione, supervacuum est memorare. Gemmelacenses siquidem audita pii pastoris infirmitate, cui post Deum et primum loci nostri constructorem Wicpertum quicquid pene habebant gaudebant imputare, piæ dilectionis alis non distulerunt illuc convolare. Contristabat eos non mediocriter amantissimi patris destitutio, sed plus quam dici vel credi possit miserabili contristabantur infortunio, quod carendum eis esset corporis ejus pignore pretioso. Et si aliquam viam eis aperuisset Dei dignatio, nihil optabilius eorum omnium insedit animo, quam id agere aliquo modo, ut corpus defuncti referrent Gemmelacensi cœnobio. Sed id nec precibus optinere, nec aliqua omnino ratione potuerunt efficere, gaudentibus civibus ad tutelam civitatis suæ præsentialiter tam sancti viri patrocinia provenisse. Sepultus est igitur in æcclesia sancti Jacobi, ut decuit primum abbatem ipsius loci, et hoc epitaphium inscriptum est libitinæ ipsius tumuli:

Hic [753] *jacet abbatum speculum, decus et monachorum,*
Abbas Olbertus, flos paradise tuus.
Præfuit æcclesiis normali tramite binis;
Leggia corpus habes, Gemble carendo doles.

46. Perlato ad Gemmelacenses tam tristi nuntio, omnibus palam factum est ipsius veritatis testimonio, qua pastoralitatis sollicitudine omnes habuerat, qua paternitatis dulcedine omnes nutrierat, qua karitatis unanimitate omnes a parvo usque ad magnum sibi in Christo devinxerat. Quis enim poterit dicere, quis dicenti poterit credere, quantus ilico omnium factus sit concursus, quantus fratrum merentium fuerit luctus, quantus pauperum clamor, quantus pupillorum et viduarum dolor? Ab omnium ore sonat pro collatis sibi beneficiis gratiarum actio, tam pia et exaudibilis pro absolutione animæ ejus ab amicis Christi ad cœlum transmittitur oratio. Quis eorum qui tam affectuosas vidit exequias, quis, rogo, tam pias, tam meritas, tam profusas dubitet Deum acceptasse lacrimas, quas non extorquebat aliqua carnalis affectionis necessitas, sed quas eliciebat placita Deo spiritualis dilectionis pietas? Qui ergo tot amicos conciliaverat sibi de iniquitatis mammona, receptus est ab eis in æterna tabernacula. Et quia bene ministravit, gradu bono adquisito, sibi [754], cœlestis curiæ ascriptus [755]

A dignitati, credo nos modo illic sua tutabitur gratia, quos hic tam paterna nutrivit misericordia. Amen [756].

DE MYSACH ABBATE.

47. Deodvino in cathedra æcclesiæ Leodicensis subrogato, Mysach virum sane venerabilem cognomento Mathelinum abbatem substitui Gemmelacensi cœnobio, concors totius congregationis expetivit electio. Is abbati Olberto consanguinitatis conjunctus linea, et a primis annis cum fratre suo eque memorabilis vitæ Fulquino regulariter et studiose in ejus educatus disciplina, ad hoc uterque excrevit bonæ indolis industria, ut magnæ utilitatis locum sortiri mererentur in Dei æcclesia. Ex quibus Fulquinus junior ætate, nominatus in exercitio litteralis scientiæ, glorioso Stabulensium abbati Poponi ad regendas puerorum scolas directus, et per aliquot annos in morum honestate ab eo satis probatus, per interventum ejus in Mettensi urbe ad regimen abbatiæ sancti Vincentii martyris est promotus, quod usque ad finem vitæ suæ utiliter et laudabiliter est executus. Mysach [757] autem frater ejus, etiam Virduni sub Richardo abbate in gymnasio monasticæ disciplinæ regulariter exercitatus, per omnia in virtute obedientiæ satis est probatus. At postquam inventus est etiam esse patiens laborum, et strenuus et prudens in dispositione æcclesiasticarum rerum, domnus abbas Olbertus eum suo lateri adjunctum, participem fecit omnium operum et consiliorum suorum. Et ordinans eum sibi præpositum, commisit ejus prudentiæ secundas partes omnium rerum. In cujus obedientiæ executione tanta viguit subjectione, ut nulla unquam titillatus sit superbiæ inflatione. Et per multos annos tam prudenter et utiliter vixit, ut postquam sanctæ memoriæ abbas Olbertus humanæ naturæ cessit, nullus ei qui succederet dignior eo inventus sit. Itaque 7 Kalendas Augusti adeptus [758] locum regiminis æcclesiastici, consecratus autem 7 Idus Augusti, attendebat diligenti instantia sibi et gregi. Nam secundum quod didicerat, regulariter et pie vivebat, et secundum quod vivebat etiam alios vivere docebat. Res æcclesiæ antiquitus attributas vel postea adquisitas pro captu et posse suo in nullo unquam neglexit, nec incuria vel inscitia sua eas diminuit, immo jugi labore et vigilantia multiplicavit. Adversariis æcclesiæ audacter semper restitit, stipendia fratrum fideliter adauxit, et ne per singula currere opus sit, utilitate æcclesiastica intus et extra nihil carius unquam habuit.

CONTINUATIO AUCTORE GODESCHALCO.

48. Ipse [759] etiam ante et retro oculatus, sciens interiorem hominem sine exteriori non posse subsistere, quæcumque in abbatia invenerat et quæ ipse adquisierat in duas partes dividens, in victu et ve-

VARIÆ LECTIONES.

[753] *Versus rubro atramento scripti.* [754] :: sibi. [755] ascriptus :: d. [756] amen *c.* [757] *minio scriptum.* [758] *post* adeptus *erasum est c.* [759] *alia manu pergit prima linea in loco raso scripta.*

stitu fratrum distribuit. Vestiarium ita composuit. Quinque libras nummorum in villa Templus dicta, et tres libras in villa Pheroth, tres libras et quatuor solidos in villa Mannil, octo solidos de terra Fastradi in villa Niel, in villa Esnatica et municipio Eneis quosdam reditus decrevit; in villa etiam quæ Castris dicitur 4 libras denariorum annuatim statuit, ea ratione ut uno anno pelliciæ a vestierario, et altero pellici a loci præposito, et cucullæ et tunicæ fratribus darentur a camerario. In villa etiam Turb dicta, quæ sita est in pago Brabantico super aquam quæ ob dulcedinem et bonitatem sui Oilla (896) ab incolis dicitur, medietatem reditus totius villæ vestierario delegavit. Post hæc Balduinus clericus Sonciensis fraternitati nostræ sociatus, alteram medietatem, quæ ei jure patrimonii competebat, ob salutem animæ suæ adjecit. Statuit etiam, ut camerarius per se villicum, investituras et placita habeat villarum sub se degentium. Cellerario ad saginam comparandam centum solidos instituit. Ad utensilia comparanda officinarum, hoc est coquinæ, pistrini, cambæ, granarii, triginta solidos de censu cortiliorum annuatim dari censuit; decimas feni unde boves suos aleret dedit: præbendam et calceos bubulco qui ligna de silva per singulos dies adduceret stabilivit: hortum ad holera facienda, bubulcariam cortem cum cortilio bubulco delegavit. Hæc omnia sub cura cellerarii statuens, mensam fratrum sub ejus cura constituit. Itaque paxem, librarum duarum; legumen, pisorum, seu fabæ. Ad emptionem secundi pulmenti, ovorum, casei, seu piscium decem et octo denarios per dies singulos. A Kalendis Octobris usque ad dominicam septuagesimæ tertium pulmentum herbarum hortensium, justas duas cervicæ diatim, mensuram vini per singulos quatuor diebus ebdomadis cum karitate sabbati; paximates similagineos in duodecim præcipuis sollempnitatibus anni hora prandii, placentas et oblatas cum aliis bellariis ad cenam amministrare præcepit. Cras forsitan dicet aliquis, qualitatem perpendens præsentis temporis: *Falsum est, quod hic legitur; nunquam tali seculo usi sunt monachi illius temporis.* Scit Deus, qui est summa veritas, quia quod vidi scripsi, et adhuc supersunt testes idonei [760].

49. Addidit annuatim æcclesiæ custodi 20 solidos nummorum ad coemptionem vini, ex quo [761] cotidianum missæ sacrificium oportet celebrari. Ad anniversariam diem suæ depositionis constituit annuatim dari fratribus 8 solidorum karitatem, gratia piæ recordationis. In memoria æterna erit bonus dispensator, ab auditione mala non timebit, quia spes ejus semper in Domino fuit.

50. Ultima etate egrotavit dolore pedum vehementissime, sed nec in ipsa infirmitate neglegebat salutem æcclesiæ, nec medicorum auxilium quesivit, sed in Deo fiducialiter speravit. Et dum ita bonam operum suorum consummationem patienter expectat, per ipsius patientiæ virtutem bonam sibi consummationem præparat. Excoctus ergo diu in camino tribulationis et infirmitatis, postquam 23 annos in regimine explevit, 3 Idus Novembris debitum solvit humanitatis anno 1071 Domini.

DE TIETMARO ABBATE.

51. Defuncto Misach abbate, qui pater tam amabilis et æcclesiæ Dei tam utilis fuerat, multum meroris et sollicitudinis Gemblacensibus remanserat. Meror erat de tanti pastoris amissione, sollicitudo, ne ei succederet qui congregata dispergeret, dispersa non congregaret. Sed misericorditer consolatus est eos Deus pater misericordiarum, dans eis ex eodem cenobio abbatem nomine Tietmarum. Hic per omnia sequens vestigia prædecessoris sui, adauxit potius quam minuit substantiam monasterii. Qui dum temporibus antefati abbatis custos esset æcclesiæ, ambonem evangelii et feretrum sancti Exuperii auro et argento vestivit, et opere anaglifo decoravit. Huic gloriam mundi fugienti et paupertatem Christi in omnibus sequenti, prædium Hucberti clerici, qui apostata dictus fuerat, conventus fratrum indominicatum dedit. Ipse fratribus fraterna et paterna vicissitudine ex reditibus ejus prædii 50 solidos redonavit, ea conditione ut a se et successoribus suis annuatim ad usus fratrum in festis præcipuis duo solidi darentur in emptionem piscium.

52. Iste pater per manus domni Lietardi præpositi sui criptam in honore sanctæ Dei genitricis construxit, et cancellum altaris sancti Petri ex humili et parvo in ea forma qua nunc cernitur reformavit; infirmorum, infantum, hospitum pauperumque semper curam præcordialiter habuit; præbendam fratrum si non adauxit, in nullo diminuit, sed vinum, pisces, similam temporibus statutis omni tempore vitæ suæ absque ulla retractatione subministravit.

53. Franco miles nepos ejus cognomine Longus de villa Lirul dicta filiam villici Alberonis in conjugium accepit et ab abbate, utpote a parente suo, molendino in municipio Eneis sito jure beneficii muneratur, hac ratione, ut quamdiu ipse et heres ejus viverent, hoc fruerentur, et si vita decederent, monasterio restitueretur. Infra quinquennium ergo tribus liberis ex eis procreatis, Franco apud Distre in bello perimitur, et ab amicis relatus, in cymiterio Gemmelacensi cum multis lacrimis sepelitur. Filii etiam ejus, ante mortem [762] patris et post, hominem exuunt. His ita decedentibus, abbas quæ dederat repetit, set aliter quam sperabat evenit. Reinfredus enim miles Mafiensis conubio sociatus relictæ Franconis, omnia quæ ejus fuerant, annitente et adjuvante Alberone villico, jure conjugali

VARIÆ LECTIONES.

[760] *Alio tempore eadem manus pergit.* [761] ex quo *e corr.* [762] *sequebatur prime ejus mox erasum*

NOTÆ.

(896) l. c. oleum.

occupat. Abbas et parentes Franconis super hac re indignati, Reinfredum aggrediuntur in placito generali; set socer Albero generum per omnia defendit. Hæc res diu protracta ad audientiam pervenit episcopi Henrici. Pater Reinfredi tunc forte villicus erat episcopi. Itaque [763] episcopus blanditiis delinitus et muneribus excecatus, consentit peccato, et injustitiæ lege decreta, Reinfredus victor extitit per omnia. Sic molendinum injuste abbati aufertur; sic heredes proximi exheredati, adhuc nimie conqueruntur. Albero pro hac infidelitate villicatione privatus, set pro injustitia a Deo non punitus, in ecclesiastica inhiat post jam dicti facti decennium. Allodium enim Ruz dictum, quod Petrus Calvellus sancto Petro coram idoneis testibus tradiderat, mala actus cupiditate, sibi rediberi rogat, dicens se tempore traditionis a Petro denominatum heredem adoptivum. Abbas et præpositus plus quam dici potest admirati super hoc, rogant et precantur ut desistat ab incepto. Ille in malitia perseverans, per generum Reinfredum, qui tunc villicus erat episcopi, episcopo præsentatur, causam suam et multa veri similia episcopi ingerit auribus. Episcopus rem ad consilium defert; consilio inito hoc decretum est, ut si Albero ea quæ petebat jurejurando vera esse firmaret, quod querebat acciperet, sigillumque suum cum epistola abbati dirigit præsentandum. Abbas ut legit epistolam, frontem rugans et pectus percutiens præposito legendam tradidit. Præpositus ut legit, diem placiti statuit. Die dicta, abbas interesse non vult placito, rem omnem committit præposito, ejus jussu adunatur contio. Cum suis testibus adest Albero, quod querebat sine dilatione falso confirmat sacramento. Vera esse quæ juraverat, testes prosequuntur vero perjurio, sicque rei ecclesiasticæ fit maledictus et injustus pervasor.

54. Dicendum paucis, quæ eos subsecuta est ultio. Justo Dei judicio ob perjurium diversis modis omnes affliguntur, et ad ultimum diutino languore excruciati, vita decedunt. Albero super id quod fecerat sero penitus, decrevit quod pervaserat Reinbaldo filio suo dare sub taxatione annui census. Hoc pacto firmato, leudes præpositi Lietardi Stephanum scilicet monachum et Everardum pistorem expetunt, quæ tractaverant edocent, ut duobus [764] marcis argenti abbas præpositusque acceptis suæ assentirent diffinitioni; eo pacto ut Reinbaldus annuatim pro reditibus ejusdem allodii decem solidos persolvat die sancti Servatii. Præpositus a suis persuasus, rei jam dictæ consentit otius. Abbas ab eis convenitur, ut assensum præbeat rogatur. Ille prorsus abnuit, et iratus ab eorum se avertit oculis. Postremo nimietate eorum obtunsus jubet ut in præsentia conventus fleret quod petebatur. Ad conventum res defertur, instinctu majorum Albero cum suis omnibus despicitur, pactum contemnitur, et ut pro excommunicato habeatur ab omnibus conclamatur. Præpositus in sententia sua perseverat, quæ oblata fuerant invito abbate et invitis fratribus suscipit, sicque ab utrisque partibus discessum est. Reinbaldus itaque cum socero suo Berengario in hereditate male adquisita succedit, sed Deo sic volente aversa satis fortuna graviter ambo alternantur, adeo ut die quadam dum juges ab opere agri relaxantur, in palude prædio contigua necarentur. Albero divina animadversione damno domesticarum rerum affligitur, conjugis etiam, fidæ satis et castæ mulieris, contubernio privatur; ipse ad extremum multis necessitatibus corporis astrictus, morte finitur. Perversorum hominum nunc interim postponatur mentio, et justorum describatur laus et devotio.

55. Adelardus fratuelis jam dicti abbatis ex milite in monachum attonsus, partem allodii sibi competentis, annuente matre et vitrico, per manus avunculi sui abbatis et advocati Balduini tradidit sancto Petro. Sacerdos religiosus [765] Beroldus nomine ea tempestate sociatus est fraternitati nostræ. Qui quanta bona huic nostræ fecerit æcclesiæ, testantur ejus opera. Hilaris dator et in oportunitatibus promptus fuit adjutor.

56. Hujus etiam abbatis tempore defunctus est Guerinus monachus, vir omnium bonorum memoria dignus, qui per multos annos in Gemblacensi cenobio functus prioratus officio omnibus pie viventibus in Christo proderat verbo et exemplo. Hic Olberti abbatis consanguineus et discipulus fuit, ejusque vitam et mores imitatus, ad hoc profecerat, ut ab his quibus erat notus, aurum [766] multo meritorum igne purgatum et vas honori Dei aptum cognominaretur. Erat enim intentus jejuniis, vigiliis et orationibus et cotidianis missarum celebrationibus. Si quando tamen, quod rarum erat, a tali opere vacabat, nullam requiem habebat spiritus ejus, quin aliquid mundanæ aut divinæ philosophiæ ut vir eruditus proponeret et exponeret fratribus. In tantum autem etiam in hoc affuit ei divina gratia, ut ex tunc et nunc per eum et per eos quos instruxit eruditos viros habuerit nostra æcclesia. Obiit 15 Kal. Maii, et fratrum orationibus luctuque et lacrimis prosecutus, intra templum est tumulatus. Quanti autem fuerit suis contemporalibus, ostendit epitaphium ejus, cujus nos hoc dysticon apposuimus, ut quod de eo diximus, sit credibilius:

Norma, decus, speculum, Guerinus, honor monacho-
[*rum,*
Doctor, Gembla, tuus hoc tumulo tegitur.

57. Vir multæ scientiæ Sigebertus, nostræ ecclesiæ monachus, supradicti abbatis Tietmari horta-

VARIÆ LECTIONES.

[763] *alio atramento pergit c.* [764] *duabus corr.* duobus *c.* [765] *superscr. c.* [766] *auro corr.* aurum *c.*

NOTÆ.

(897) Ex Sigeberti libro De viris illustribus, cap. ultimo.

tu (897) Vitam sancti Maclovi confessoris accuratius dictando iteravit, passionem Thebeorum martirum heroico metro eleganter composuit, cronicam suam a fine cronicæ a Jheronimo digestæ ad sui usque temporis finem perduxit. Duobus libris illustrium virorum a Jheronimo et Gennadio compositis tertium addidit, in quo multos antiquos æcclesiasticos scriptores, multos etiam sibi contemporales memoria dignos commemoravit. In fine vero libri se ipsum posuit extremum ordine, set non extremæ scientiæ. Præter hæc enim quæ commemoravimus composuit multa utilia legentibus.

58. Abbas autem Tietmarus quamvis esset columbinæ simplicitatis, ad quoscumque perveniebat sermo ejus, qui carebat felle invidiæ et detractionis, incitamentum erat meliorationis. Postquam ergo per annos 23 sibi commissam Christi familiam rexit fideliter, diutinæ infirmitatis igne decoctus, 2 Kal. Junii [767] de hoc mundo migravit feliciter (an. 1092), accepitque locum sepulturæ ante sanctæ Crucis altare, semper futurus apud posteros laudabilis memoriæ. Amen.

EPITAPHIUM [766] EJUSDEM.

Ecclesiæ lampas hic Tietmarus jacet abbas
Octo beatificas doctus abisse vias;
Pauper, pacificus, mansuetus, pectore mundus,
Lugens, esuriens, compatiens, patiens.
Ultima fulsit ei tua lux penultima Mai.
Qui vixit Domino, dormiat in Domino. Amen.

DE [765] LIETHARDO ABBATE.

59. Cum quererent Gemblacenses post obitum domni abbatis Tietmari, quis ei succedere, quis idoneus esset eos regere, communi habita deliberatione Liethardum abbatem constituerunt concordi electione. Hic a pueritia domni abbatis Olberti eruditione institutus, claustralis disciplinæ amator et exsecutor erat assiduus. Multa erat ei oris facundia, quæ procedebat ex dilatati cordis habundantia. Filii seculi qui prudentiores sunt filiis lucis in generatione sua, si quid damni aut violentiæ rebus æcclesiasticis conabantur inferre, hic prudenti et oportuna ratiocinatione noverat eis resistere. Domnus abbas Olbertus qui jam gravabatur ætate et duorum cenobiorum dispositione, considerans in adolescente tantum naturalis industriæ, officium ei commisit celleraturæ, ut experimentum ejus evidenter quiret habere. Ille ei, quoad vixit, ut patri filius obedivit, et quod sibi injunxerat auxit, melioravit et decenter administravit. Quamvis enim esset tunc juvenilis ætatis, erat tamen persona honorabilis, consilio utilis, allocutione et adhortatione his qui cum noverant acceptabilis. Denique multi nobiles et mediocres ejus ammonitione et laudabili familiaritate incitati, quosdam filiorum suorum sociabant nobis cum aliquantula parte possessionum suarum, ut eorum apud nos pia recordatio et pro eis esset ad Deum frequens oratio. Et quia longinquitate temporis succrescit damnosa oblivio, et post oblivionem succedit periculosa contentio, arbitror posteris nostris gratum facere, si studeam huic opusculo inserere ea quæ domno Liethardo procurante accesserunt nostræ æcclesiæ domni abbatis Olberti tempore, ut quia ille adquisivit plus aliis abbatibus, sciatur quid quomodo adquisierit, vel a quibus. Ergo si non omnia, describam tamen eminentiora.

60. Machelmus vir nobilis, pater domni Tietmari qui sextus abbas fuit nostri cenobii, rogatu ipsius filii sui et hortatu domni Liethardi dedit sancto Petro medietatem æcclesiæ sanctæ Mariæ in villa quæ dicitur Castra. Alia vero medietas postmodum data est pro Odewalone monacho nostro. Hic fuit vir honestæ vitæ, et in divina et humana scriptura multæ scientiæ. Item Wicherus, advocatus Leodicensis, tradidit sancto Petro medietatem æcclesiæ sancti Gaugerici in Genitinis cum manso uno. Item Robertus filius Bosonis de Hermereis, canonicus sancti Lamberti, vir nobilis, tradidit sancto Petro medietatem de Masniz, et ultra medietatem tres mansos. De alia medietate partim æcclesia nostra a cognatis ejus redemit aut pro vadimonio accepit. Quidam Wibertus vir religiosus, sancti Wiberti ut fertur consanguineus, tradidit sancto Petro quicquid habuit in Waresch. In eadem villa tradidit Wolvuradus dimidiam æcclesiam, hoc est quartam partem integræ æcclesiæ. Liedvinus et conjunx ejus Hatheguidis tradiderunt sancto Petro cortem unam et sex bonuaria pro animabus suis, in Harenton. Postea vero tradiderunt medietatem totius prædii quod habebant in eodem Harenton, et quicquid habebant in Valle, quod per singulos annos reddit 50 solidos. In Belriu adquisivit domnus abbas Olbertus sex mansos et cambam, et sextam partem molendini quod postea auementavit abbas Mysach, et abbas Liethardus, ut in suo loco dicetur. In villa Melenriu, quæ etiam Heis dicitur a contigua silva quæ ita nominatur, partem allodii emit in primis abbas Olbertus, adauxit abbas Liethardus, et successor ejus Anselmus, ut in suo loco dicetur. Walterus de Niel tradidit sancto Petro quicquid habuit in eadem villa. Pars æcclesiæ quam habemus in eg et pars prædii data est postea pro duobus fratribus nostris Albuino et Hellino, et postmodum multo labore et periculo domni Liethardi crevit et permansit ipsa possessio. Fuit enim inter compossessores prædii et nos tanta dissensio, ut vix sedari potuerit absque bello, deportato illic sancti Exuperii feretro. Petrus Calvellus tradidit sancto Petro quicquid habuit in Ruoz, et in Asnatica cortem unam et tria bonuaria. Hoc prædium post longum tempus invasit Albero, vero perjurio, ut dictum est in suo loco. Domnus abbas Olbertus collaborante domno Liethardo villam Suvrei adquisivit sancto Petro, et ei

VARIÆ LECTIONES.

[767] e corr. — [766] Epitaphium — Amen alio atramento in fine f. 43ª. scripta sunt. — [768] Alio atramento pergit c.

per singulos annos trium librarum censum indixit, et ex eo 12 solidos anniversaria die sui obitus ad servitium fratrum dari decrevit. Lambertus de Corcellis vir nobilis et fratres ejus tradiderunt sancto Petro in eadem villa tres mansos ; et post mortem ipsius Lamberti tradidit uxor ejus Condrada dimidium mansum. Nec hoc dono contenta, armillas, anulos, monilia, et quicquid auri ad ornatum suum habebat ut mulier dives et inclita, sancto Petro concessit, et crucem auream inde fabrefieri petiit. Hujus aureæ crucis hodieque est inscriptio : *Condrada pro se suoque viro Lamberto me dedit sancto Petro.* Nec ipsa Condrada tantummodo, sed et omnis nepotum ejus successio, Gualterum dico de Marebaco, Heinricus de Lupun, Gerardus filius Gualteri, Heinricus filius Heinrici, et quotquot adhuc hodie supersunt de eorum progenie, ita ex tunc et nunc conjuncti sunt fraternitati nostræ ex animo, ut eorum semper apud nos sit pia recordatio et pro eis ad Deum cotidiana oratio, quia liberalitatis eorum beneficio multoties crevit nostra possessio. Warnerus comes tradidit unum mansum in Dion, et uxor ejus duos in Morceshem, et unum in Malbrovias, quod dicitur in Ruoz. Ille mansus in Dion solvit 4 solidos et 8 gallinatios. Illi duo in Morceshem solvunt 10 solidos Lovaniensis monetæ et quatuor gallinatios. Ille in Malbrovias quinque solidos Nivigellensis monetæ, et ita ut immunes essent ab omni servitio, nisi Gemblensis æcclesiæ. De his quæ domnus abbas Olbertus cum domno Liethardo adquisivit, pauca sed eminentiora descripsimus, et ut arbitror posteritati nostræ consuluimus, ut si quis injustus violentia vel ignorantia res æcclesiæ, quod sepe contigit, temptaverit minuere vel auferre, sciant ei juste et rationabiliter resistere. Adquisierunt etiam multa alia, et si minora tamen æcclesiasticæ utilitati apta, quia certum est parvis magna juvari, et multis pluviæ guttis flumen repleri.

61. Successor abbatis Olberti Mascelinus abbas, in multis expertus quam sagacis animi esset domnus Liethardus, rogatu fratrum timentium Deum commisit ei præposituræ officium. Ille reputans non honorem esse sed onus, ad quod erat assumtus, abbati erat baculus fortitudinis, quia nil sibi inerat ignavæ formidinis, et alleviatio sollicitudinis, quia in omnibus erat utilis. Abbas Tietmarus quia erat multæ simplicitatis et nesciebat cavere fraudulentas decipulas secularis duplicitatis, ejus curæ commisit omnia exteriora; ipse curabat tantummodo interiora. Igitur hi tres abbates quia impediebantur ut dictum est aut ætate, aut infirmitate, aut simplicitate, res æcclesiastica eorum tempore maxima ex parte hujus sustentabatur probitate. Quia ergo domnus Liethardus trium abbatum tempore didicerat subesse et prodesse, dignus habitus est, qui post eos rogaretur præesse et prodesse. Datus abbas, quandiu fuit ei virtus corporis et prosperitas temporis, his qui-

bus præfuit in omnibus profuit. Omnium enim fratrum utilitati providens, sibi in nullo consuluit, sed semper parvo victu et vestitu contentus fuit, quæ a patribus acceperat in quantum licuit fideliter administravit, et quamvis multis incommodis, sive terræ sterilitate, seu pecorum peste, seu bellorum asperitate, sepe gravaretur æcclesia, tamen numquam ex incommodis fratrum sua comparavit commoda, sed in natale Domini, pascha, pentecoste, et sanctorum sollempnitatibus tam præcipuis quam mediocribus, statutam præbendam bene dispensavit in omnibus. Ejus regiminis anno tertio maxima extitit hominum mortalitas, et in anno sequenti magna et inevitabilis annonæ raritas, adeo ut panem duorum mensium diebus vix administrarent nobis culturæ nostræ et decimæ. Hac penuria panis urgente, præbenda monasterii venalis efficitur tam laicis quam clericis. Gladius iræ Dei circumquaque desevit, laquearia divitum uti pauperum casæ famis malo velut ariete magno pulsantur; pauperes multique mediocres hac tabe pereunt, cymiteria sepeliendis non sufficiunt. In locis multis fossæ latæ et profundæ effodiuntur, et in eis corpora defunctorum funibus deponuntur. Multi in exitibus viarum, multi inter opaca silvarum mortui inveniuntur. Hac peste famis multi nobilium adacti, dum familiis suis carere nolunt, multum argenti ad has sustentandas expendunt. Fœneratores debitores suos omnibus modis gravant, et dum die dicta pecunias suas non recipiunt, has die reddita [770] sub fide et sacramento duplicant.

62. Anolinus quidam nobilis de villa Halley dicta, his oppressus infortuniis, allodium quod habebat in villa Jandrinul sancto Petro vendidit argenti marchis 15. Robertus æque de villa eadem prædiolum quod habebat in villa sancti Gaugerici dicta, octo marcis argenti sancto Petro vendidit. Balduinus et Johannes fratres germani de villa Jalce dicta, allodium quod habebant in villa quæ nunc Mons sancti Guiberti dicitur, septem marcis sancto Petro tradiderunt. Domnus abbas Liethardus emit ab Elberto de Vileyr et uxore ejus Eremburge, filiis eorum astipulantibus Godefrido, Arnulfo, Godescalco, 60 marcis quicquid allodii habuerunt in villa Gemblus jure hereditario, videlicet in agris, culturis, cultis et incultis, silvis, pratis, pascuis, aquis aquarumve decursibus, exitibus viarum, thelonei quoque parte sibimet accidente, partemque molendini, cum ceteris rebus predictæ possessioni subditis. Hæc omnia Elbertus et Eremburgis uxor ejus per manum Balduini advocati legaliter tradiderunt sancto Petro, præsente domno abbate Liethardo. In præsentia quoque ejusdem domni abbatis Liethardi et fratrum, Machelmus, Engo, Godescalcus de Marebaco, dederunt sancto Petro in vadimonium pro octo marcis, quicquid allodii habuerunt in Gemblus, in mercato, in silvis, in pratis, in campis, in cortilibus, in mo-

VARIÆ LECTIONES.

[770] *in loco raso.*

lendino, ad 12 annos. Si post 12 annos non fuerit redemptum, semper æcclesia tenebit usque ad Kalendas Octobris sequentis anni. Actum anno dominicæ incarnationis 1096, indictione quarta, Kalendis Octobris. Gosbertus laicus, civis noster, fraternitati nostræ ipsis diebus sociatur, qui quanto post advixit, æcclesiæ satis extitit commodus. Hoc enim argentum persolvit ex proprio, ea conditione, ut post mortem suam omnis reditus ipsius allodii fratribus daretur in communi, anniversaria die obitus sui.

63. Domnus Beroldus frater nostræ congregationis, sollicitus de salute animæ suæ, constituit consensu domni abbatis Liethardi et omnium fratrum, ut omni die cantetur missa in æcclesia Gemmelacensi pro cunctis fidelibus defunctis, et hæc constitutio in æternum permanere inviolabiliter debet. Ad quod explendum, medietatem molendini in Manilz quam ab Elberto et Erenburge uxore ejus in vadimonio pro 15 marcis argenti tenebat, et æcclesiæ Gemmelacensi legaliter tradi fecerat, per manum domni abbatis et omnium fratrum deputavit, ut reditus ipsius molendini habeat presbiter qui missam cantabit, exceptis oblationibus. Et si molendinum fuerit redemptum, ipsos 15 marcos abbas et fratres recipiant, et de ipsis procurent ut missa omni die in perpetuum cantetur. Qui hanc constitutionem destruxerit, anathema sit.

64. Domnus Sigebertus, descriptor vitæ domni abbatis Olberti, de vita et actibus ejus vera dixit, et absque dubio dicere potuit, quia diu ei convixit. Hic inter cætera descripsit et dinumeravit ea quæ ille in auro et argento satis copiosa æcclesiæ Dei contulit. Quæ quia lector in suo loco facile poterit repperire, superfluum credimus ea hic iterum replicare. Merito ergo queritur a multis, quis ea destruxerit, quid inde egerit, quid emolumenti æcclesia Dei inde habuerit. Eis nos respondentes, non aliquem majorum nostrorum accusamus, sed nos ipsos excusamus. Scit Deus, quia multam penuriam vestimentorum et victus, deprædationes et incendia et tribulationes multas passi sumus, nunquam tamen de thesauro æcclesiæ valens nummum in sumtus nostros misimus. Abbas Liethardus excepto quod acceperant antecessores ejus, plus quam centum viginti marcharum precium de thesauro æcclesiæ dedit deficiente sibi pecunia, ad coemtionem prædiorum in angustia temporis quo nimia annonæ raritas fuit. Cumque fratres tempore ipsius et antecessorum ejus nimium contristarentur, quod ea quæ ad Dei cultum et ad æcclesiæ ornatum collata fuerant destruerentur, quamvis justa causa id exigere videretur, abbates hac responsione se defendebant, et hoc in sui excusationem fratribus objiciebant. Dicebant per prædiorum coemtionem fieri æcclesiasticarum rerum meliorationem, cum nos, pro dolor! videamus minorationem. Addebant cavendum quod ipsi experti erant, scilicet ne quacumque occasione reperta, res æcclesiæ sine fructu, sed non sine luct nostro, diriperet episcopalis violentia. Erat excusatio extrema, quæ etiam videbatur permaxima quia si aliqua secularis potens persona per coemtionem alicujus prædii superbiret in nostra vicinia, semper ab ea nostra vastarentur prædia et affligeretur familia. Dicit beatus Jheronimus, quia in omni rerum eventu magis perpendere debemus affectum intentionis, quam effectum operationis. Si ergo in abbatibus simplex et rectus fuit affectus intentionis, non erit culpabilis sed excusabilis effectus operationis. Nos redeamus ad id unde digressi sumus.

65. Domnus abbas Liethardus religiosi patris, scilicet domni abbatis Olberti, religiosus filius, his quibus præerat, religiosæ vitæ exemplum præbebat. Cum eos præcelleret imitabili actione, moderabatur tamen quod agebat laudabili discretione. Erat ei consuetudo ex multo tempore, quarta et sexta feria usque ad vespertinam diei horam jejunium protrahere, idque præcipue exequebatur diebus adventus Domini et quadragesimæ. Cumque sibi vix aut nullo modo vellet indulgere, fratribus tamen congruam tempori refectionem exiberi jubebat absque retractatione, malens eos voluntarie proposito superaddere, quam præcepto suo coactos abstinere. Raro aut numquam in camera sua prandebat aut cenabat, nisi alicujus præcipui hospitis cum cogeret auctoritas, et ipsa ut ita dicam eum traheret karitas. Si aliquando major solito eum cura urgebat, horam prandii in refectorio anticipabat, aut post fratrum refectionem cum paucis cibum sumebat.

66.[771] Æcclesiam villæ Dion cum dominica corte a Guilelmo de Bellorivo incensam, domnus abbas Liethardus dum adhuc esset præpositus in melius reformavit. Æcclesiam etiam sancti Nycholai in villa Sovrei a fundamentis construxit, cortem Gemmelacensem quæ Capella dicitur ab hostico Namucensi incensam, cum omnibus officinis suis renovavit, culturas agrorum in villis et municipiis, hoc est Sterias, Jandrigul, Sothejam, Bavenchin, Dion, Genchen, Sovrei, Niel, Pictam villam, Eyneis, Capellam, prout valuit bene et oportune disposuit. Salvenerias etiam cum terra adjacenti, et molendinum villæ Masniz infirmis nostris, et ad anniversariam diem suæ depositionis fratribus delegavit. Addidit etiam quod adquisivit in villa quæ Rosiris dicitur, et in villa sancti Pauli, et in alia quæ Wastin dicitur, et fratrem qui eis curam impenderet instituit.

67. Cum legamus et sciamus, quod villa Salvenerias de prædiis beati Guiberti fuerit, queritur quid in ea abbas Liethardus adquisierit. Ad hanc interrogationem veram damus responsionem. Consanguinei beati Guiberti post obitum ejus omnia prædia

VARIÆ LECTIONES.

[771] *Hinc inde littera paulo minor, sed manus est eadem et auctor idem.*

ipsius invaserunt, et quia multi erant, multas sibi partes facientes, vix de singulis unam partem æcclesiæ reliquerunt, et ne unam quidem villam æcclesiæ integram dimiserunt. Hoc hodieque probatur in majori villa Gemblus et in aliis ejus possessionibus, in quibus multos compossessores habemus. Quod ergo in villa Salvenerias censum solvit, de possessione beati Guiberti fuit. Curiam vero et terram ad ipsam pertinentem, de aliorum possessionibus adquisivit abbas Liethardus. Ipse numquam vacans vanitatis otio, sed æcclesiasticæ utilitatis continuo flagrans desiderio, criptam quæ sub abbate Tietmaro ædificata erat suo labore præcipuo, 8 Kalendas Augusti optinuit consecrari ab episcopo Leodicensi Otberto, quo etiam die celebris habetur nostræ æcclesiæ major dedicatio.

68. Cum quodam tempore invitante eodem præsule Leodium adiret, et fervor solis utpote media æstate omnia nimio æstu afficeret, coactus non sua set suorum lassitudine, jussit eis escas dari pro nimii caloris alleviatione et viæ postmodum acceleratione. Equis ad pastum dimissis, in viridiario quod viæ contiguum erat, discubuit cum suis. Quod postquam multi qui in vicino erant conspexerunt, undique ad eum confluxerunt. Ipse eos non repelli, set de his quibus utebatur cum suis, jussit eis benigne præberi. Jussit etiam eis vinum propinari, cum sciret illic ad usus suos et suorum non nisi in ascopa modicæ quantitatis vinum haberi. Expleta refectione, quesivit a ministro, an superesset aliquid vini quod sibi posset propinari. Ille : *Gratias Deo*, inquit, *de parvo vasculo multis hodie decenter propinavi, et adhuc superest quod multis possit propinari.* Mirati sunt qui aderant, de tantillo vasculo tam multis vinum suffecisse, et crevisse potius quam defecisse. Abbas vero gratiæ Dei et misericordiæ humiliter reputavit, quod sibi et suis habundavit et superhabundavit. Supersunt hodieque qui huic facto interfuere; et quod tunc accidit narrant generationi alteræ.

69. Contra eos qui possessionibus æcclesiæ violentiam inferre vel eas conabantur invadere, quanta ei animi constantia fuerit, multis prætermissis hoc uno sciri poterit. Onulfus de Dion superiori erat vir nobilis, dives prædiis et mancipiis. Hic suorum suggestione et iniqua animi illectus cupiditate, domnum abbatem Liethardum exacerbabat jurgiis coram positis multis nobilibus viris, partem non modicam prædii, quod habebat in Dion inferiori, per eum et per prælatos Gemblacensis æcclesiæ dicens se amisisse, sola collimitanei loci vicinitate, non aliqua rationabili causa existente. Abbas exacerbatus non exacerbabat, set æcclesiam nichil injuste possidere, modesta responsione affirmabat. Addebat, decere nobilem virum suis contentum esse, cum possent ei sufficere; non debere cum offensione Dei et sanctorum æcclesiastica invadere, quia non posset ei impune cedere. Ille ammonitionibus ab incepto non revocabatur, set verbis omissis, armis sua sibi se vindicaturum minabatur. Abbas econtra armavit se non armis militiæ mundanæ, set armis religionis christianæ, fratribus super hoc negotio indicens continuam orationem ad Deum; ipse vero cum multa cordis et corporis contritione continuavit triduanum jejunium. Condicta die cum suæ partis fautoribus ad prædium accessit Onulfus. Aderat dux Godefridus, æcclesiæ nostræ advocatus. Aderat et abbas cum paucis familiaribus. Cumque Onulfus equo descendens, quod suum dicebat metiri cepisset, et post dimensionem ad libitum suum mætam poni vellet, incaute incedens, calcar sinistri pedis dextræ suæ tibiæ infixit, seque graviter vulneravit. Moxque dragunculi morbo se invadente, pene exanimatus, infecto negotio ad sua rediit. Per triduum autem quod supervixit, nec comedendi nec bibendi ulla facultas ei fuit, sicque vita decessit. Godefridus dux prædium cujus lis tam manifesto Dei judicio finita erat, æcclesiæ confirmavit; æcclesia Deo auxiliante illud possidet et possidebit. Ignoscat Deus eis quos contrarios et rerum nostrarum pervasores pertulimus et perferimus. Agnoscat, et ut suos remuneret eos quorum muneratı sumus possessionibus et sustentati facultatibus. Horum omnium præcipuus fuit Beroldus, sacerdos religiosus, cujus et in hoc opusculo et in Vita Tietmari abbatis meminimus. Hic nostræ fraternitati conjunctus, et domno abbati Liethardo carissimus, centum libras nummorum, non sub una vice set diversis vicibus, in prædiorum coemptionibus, in diversis ejus dedit utilitatibus. Tempore autem hujus abbatis obiit, et sepulturæ locum ante altare sanctæ Gerdrudis, cujus turrim suis ædificaverat impensis, accepit. Hoc digne meruit, quia loci nostri honore et utilitate nichil carius habuit, cui non solum sua set et se ipsum impendere semper paratus fuit.

70. Oddo canonicus et decanus sancti Martini Leodicensis, consanguineus domni Liethardi abbatis, erga nos fuit non fictæ set perfectæ karitatis. Denique mox ut nos et nostra fraternitatis gratia cepit visitare, dedit pallium jacintinum sancto Petro, de quo in præcipuis sollempnitatibus ejus ornatur altare. Dedit et septem marcas argenti super vadium Guarneri de Firminis, et reditus ejus anniversaria die suæ depositionis constituit dari fratribus singulis annis. Engrannus de Balastra hortatu domni abbatis Liethardi frater factus nostræ congregationis, dedit nobis in Leodio unde annuatim persolvuntur triginta denarii, et vineam in Juniaco, et in Genitinis tres solidos, et in Tillir et in Huten tres solidos, et in Gondulpunt partem molendini. Everelmus de Wisenbech prælium quod habebat in Melenriv tradidit sancto Petro, præsente domno abbate Liethardo. Argentum vero quod ei erat dandum, Tietbaldus civis et frater noster persolvit, et censum ejus ad anniversariam diem sui obitus constituit.

71. Vivianus qui et Lambertus, fratruelis domni abbatis Liethardi, a pueritia educatus ab eo in ha-

bitu clericali, in virum honestum et religiosum excrevit, et quoad vixit, utilis et fidelis Gemblacensi ecclesiæ fuit. Denique de rebus proprietatis suæ et de his quæ decenti sollertia adquisivit, quinquaginta et septem solidos annuatim sancto Petro delegavit. Hos autem decrevit esse sub manu custodis ecclesiæ, et ex his jugiter ab eo dari lumen decentis lucernæ ante altare sanctæ Dei genitricis Mariæ. In die autem anniversaria obitus sui constituit karitativam refectionem sufficienter fratribus dari, ut in loco nostro semper esset ejus pia recordatio, et pro eo ad Deum devota supplicatio. Sit ei et omnibus benefactoribus nostris æternæ vitæ possessio, et justorum omnium letentur consortio. Amen.

72. Domnus Sygebertus morum probitate et scientiæ multiplicitate laudabilis et gratus sui temporis sapientibus, non indiget nostris laudibus, quia laudant eum opera ejus. Cum enim esset juvenilis ætatis tempore Mascelini abbatis, Mettensibus notificatus, et in cenobio sancti Vincentii martyris cum Fulcuino abbate diu conversatus, sapientiæ fons patens erat non solum monachis set et clericis ad se undique confluentibus. Multis Mettensium hodieque dulcis est ejus memoria, in quibus adhuc supersunt doctrinæ ejus vestigia. Quæ vel quanta illic degens rogatu eorum scripta ediderit, ipse ostendit in libro illustrium virorum, quem composuit. Nec solummodo christianis, sed et Judeis in eadem urbe commanentibus erat carissimus, pro eo quod Hebraicam veritatem a cæteris editionibus secernere erat peritus, et in his quæ secundum Hebraicam veritatem dicebant, Judeorum erat consentiens assertionibus. Post multum temporis vix impetrata licentia, rediens ad cenobium Gemblacense, multa contulit ad usum et ornatum ecclesiæ, quæ adquisierat voluntaria eorum quos instruxerat liberalitate. Frequentabant autem eum majores natu, excellentiores gradu, acutiores sensu, qui erant in urbe Leodicensi, si quid questionis occurreret eis, ad hunc deferre et cum eo conferre soliti. Horum præcipuus erat domnus Heinricus, archidiaconus et decanus ecclesiæ sancti Lamberti, cujus rogatu scripsit ad Trevirenses librum de jejuniis quatuor temporum, et multa quæ commemorat in libro illustrium virorum. In cenobio Gemblacensi me qui hæc descripsi, et multo meliores erudivit, quorum multos ante se præmisit, paucos, pro dolor! post se dimisit. Ut vir prudens cum esset multæ gravitatis, non erat indiscretæ austeritatis, set erat ad omnes ut res poscebat discretæ mediocritatis. Scripturarum maxime divinarum lectio et meditatio cum occupabat; set tamen cotidiana missarum celebratio et devota ad Deum oratio semper eum præoccupabat. Longa confectus senectute cum decubuisset extrema egritudine, nichil amittens insitæ sibi prudentiæ, fratrumque voluntas esset, ut cum obiret intra monasterium sepulturæ locum acciperet, ut vir altioris consilii malens in conspectu Dei humilis quam præsumptuosus inveniri, obnixe petiit, in cimiterio nostro patribus omnibus consepeliri. Obiit ergo 3 Nonas Octobris, tempore domni Liethardi abbatis.

RECORDATIO DEFUNCTORUM FRATRUM NOSTRORUM.

Justis[772] consertus, vivat Christo Sigebertus,
Mundus mutatur; transit, dum stare putatur.
Vivens transit homo, sed pertransit moriendo.
Eheu! mors homini parcit nulli, datur omni,
Præfixas metas nullius præterit ætas.
Huic mundo lacrymæ si defunctos revocare
Possent, quot, quales nobis, quam spirituales
Omnibus et clari studiis, et heu modo rari,
Essent, emerito deflendi cum Sigeberto.
Sed quia præclari, rari, nequeunt revocari,
Mundo subtracti, sint cœlicolis sociati.
Nobis solamen dat semper se Deus. Amen.

73. Domnus abbas Liethardus domno Sigeberto diu convixit, sed non diu supervixit. Post hæc enim quæ de eo conscripsimus, et post multa quæ prætermisimus, sentiens sibi corporis vires deficere et ad procuranda quæ procuraverat non sufficere, cum fratribus quos idoneos noverat partito sollicitudinis suæ onere, orationibus, vigiliis et jejuniis curabat propensius insistere, ut Domino per egritudinis molestiam se vocanti paratior posset occurrere. Fratribus etiam quos paterne tractaverat, et ad ea quæ Dei sunt verbo et exemplo incitaverat, commendans unanimitatem fraternæ dilectionis, et caritatem quæ est vinculum perfectionis, inter verba piæ ammonitionis eis flentibus valedixit, et vicesimo secundo anno suæ prælationis 2 Nonas Februarii obiit. Fratres cum multo merore persolventes ei funeris obsequium, palam faciebant quam benignum erga eum haberent affectum. Dantes itaque ei locum sepulturæ ante altare sanctæ Dei genitricis Mariæ, ex tunc et nunc orant Deum pro ejus æterna requie.

Vita Deus, vitam det ei sine fine beatam. Amen.

EPITHAFIUM.

Abbas Lithardus, veluti Judas Machabeus,
Dux bonus ut Josue, præfuit ecclesiæ.
Pro qua bella, minas tulit et convitia multa;
Nec tamen in stadio destitit a bravio.
Per tot sudores, vir fortis, Marthaque sollers
Cuncta ministravit fratribus, ut potuit.
Defessus tandem, terrena negotia spernens,
Elegit partem Magdalenæ parilem.
Quam sibi ne tollas, qui gratis singula donas,
Qui bonus es solus, huic miserere Deus. Amen. Amen.

DE ANSELMO ABBATE.

74. Gemblacenses, scientes quia filiorum est de amissione patris spiritualis contristari, et quia sapientum est undequumque exortam tristitiam moderari, conferebant ad invicem illud dictum beati Pauli apostoli: *Aporiamur, set non destituimur* (II Cor. IV, 8). Aporiamur, quia amissione domni abbatis

VARIÆ LECTIONES.

[772] *Justis — ætas* (v. 1-3) *alia manu in loco raso.*

Liethardi contristamur. Set non destituimur, quia largiente Deo habemus ex nobis quem idoneum patrem et provisorem constituamus nobis. Non ergo decet nos mestitiae deditos, nos et nostra negligere, set sollicitos et concordes eum qui loco nostro, nobis et nostris prosit, absque dilatione eligere. Hoc unum omnium consilium, dictum ac factum. Elegerunt domnum Anselmum abbatem octavum. Hic Deo digni Guerini, cujus in vita abbatis Tietmari meminimus, fuit consanguineus et discipulus. Cujus imitatus prudentiam, morum elegantiam et orandi instantiam, multam sibi inter suos adquisierat reverentiam et apud extraneos benivolentiam. Cum enim jam esset maturus aetate et moribus, Francis, quamvis a cenobio Gemblacensi longe remotis, innotuit fama prudentiae ejus, et primi eum habuerunt magistrum et quasi secundum abbatem Altovillarenses, post eos Latiniacenses. Inter quos longo tempore commoratus, et quasi speculum honestatis factus, non solum minus capacibus proderat, set et illos qui alios instruere idonei essent, profusius instruebat; per quos usque hodie radix sapientiae quam eis inseruit, fructificans perseverat. Tunc temporis multi fratrum nostrorum non solum in Francia set et in aliis provintiis magistri et quasi secundi abbates erant in multis cenobiis, eo quod in scripturis humanis vel divinis exercitati, multum fructum sapientiae relinquebant quibuscumque locis fuissent adhibiti.

75. Domnus Anselmus tandem reversus ad cenobium Gemblacense, de die in diem studebat in melius proficere sub donno Liethardo abbate. Bibliothecae assiduus scrutator erat, et ubi utilitas exposcebat, eam emendando et augendo meliorabat. Quandocumque a lectione vel oratione vacabat, fratribus junioribus aliquid humanae vel divinae paginae disserebat, non tantummodo in se ipso virere, sed et in eis post obitum suum volens vivere. Datus abbas, suscepto oneri et honori aptum se exhibebat, et persona ejus et prudentia his qui cum noverant, honorabilis erat. Fratres autem quos sollertiores noverat, sibi adjungebat, et eis ecclesiastica officia committebat, et per eos agebat, quod per se agere nolebat aut non valebat. Denique monasterium, claustrum, refectorium, dormitorium, capitolium et omnes claustralis curiae officinas et omnes exteriores curias per eos edificiis honestavit, et agrorum qui in vicinia erant coemptione multiplicavit.

76. Scit prudens lector, quia veteres cartae plus auctoritatis habent sua inculta vetustate, quam quod nunc moderni componunt accuratiori venustate. Quedam ergo quae gesta sunt hujus abbatis tempore, sicut in cartis continentur inseruimus huic descriptioni nostrae, bona ad suadelam boni operis, mala ad cautelam adhibendam posteris.

77. Campus quidam municipio Eineys erat contiguus; hic a priscis temporibus a nostri loci abbate ruricolis fuerat contraditus, eo pacto ut terra exculta, quartam garbam inferrent horreis ecclesiae. Tempore autem procedente, ob sterilitatem ab agricolis neglectus, vacabat urticis rubis et sentibus. Hunc itaque vacantem domnus abbas Liethardus vestiario addidit inconsultis heredibus (898). Vestierarius itaque terram marla et fimo inpinguatam aratro excoluit, domum superedificavit, bubulcum adhibuit, omni genere laboris Wineritilio — sic enim ager vocabatur — curam impendit. Interea heredes adsunt, de injustitia conqueruntur, domum superpositam incendunt, utque sibi hereditas reddatur omnimodis exposcunt. Verum dum haec lis protrahitur, domnus abbas Liethardus vita defungitur, ejusque in loco domnus Anselmus abbas subrogatur, vir certe bonae memoriae et praeclarae scientiae, et idoneus ad onus sustentandum quod ei imposuerat concors fratrum caritas. Set pro dolor! vir tantus post modicum viribus corporis egritudine destituitur; et vigente scientia ingenio et facundia, cibo tenui et potu vini perparvo stomachum lasescentem sustentat. Hunc ergo in regimine positum, heredes agri adeunt, et ut sibi hereditas causa negligentiae amissa reddatur, omnino deposcunt. Abbas cum suis habito consilio, die dicta placito eos audit, et lege data a scabiniis, super id quod petebatur illos exaudit. Ergo unicuique parte quae sibi competebat reddita, pars agri adhuc restabat maxima. Balduinus clericus, filius Alberonis, cujus in vita Tietmari abbatis meminimus, consilio abbatis praeerat tunc temporis. Hic in nullo a paternis moribus discrepans, nisi quod in accipiendo avidior et in querendo fuit astutior, residuam partem agri concupivit, et duabus marcis argenti promissis, eam sibi dari ab abbate petiit. Abbas prorsus abnuit. Ille per praepositum et sibi intimum Adelardum et quosdam fratrum qui agri quantitatem penitus ignorabant, abbatem circumvenit ad ultimum, et nulla quantitate agri denominata, taxavit censum quinque solidorum, et 24 bonuaria terrae accepit secundum velle suum. Si hoc justum fuit, Deus justus judex viderit. Hoc ubi rescitum est a fratribus, de injustitia apud abbatem conqueruntur. Set id frustra fuit. Abbas enim super eos qui interfuerant causam rejiciens, de omnibus se reddidit excusatum. Domine Deus noster, judica causam nostram.

78. Berengarius qui praedium quod dicitur Ruz cum genero suo Reinbaldo injuste possidebat, multis afflictus incommodis, deliberato consilio, possessionem damnosam vendidit Freiero cuidam laico. Freierus veluti cecus in foveam delapsus, quod comparaverat sero cognovit malis proventibus. De emptione praedii apud suos conqueritur, et quomodo hoc careat, tacitus secum cogitat. Cui statim quod optabat accidit. Tietgero enim, filio supradicti Reinfredi, filiam suam nuptam dedit, quem praedio perditionis cum aliqua parte pecuniae dotis nomine do-

NOTAE.

(898) I. q. supra *ruricolis* Germanice *erben*, agrorum possessores.

navit. Sic, disponente Deo, Ruz ab externa domo in domum illius qui eum prius pervaserat revertitur. Non post multum tempus, Tietgerus dum die condicta ad placitum quoddam quolibet cum amicis vadit, in medio itinere ei miles alius occurrit; equis concitatis, ab utrisque simul concurritur, equus ejus ab equo illius terramtenus prosternitur; ipse graviter collisus, omnibus membris concutitur, et ab amicis relatus, octava die finitur. Dicit propheta David: *Justus es, Domine, et rectum judicium tuum* (Psal. CXVIII, 137); et quia huic sententiæ contradicere non possumus, judicio Dei omnia committamus.

79. Carta de villicatione. *Otbertus gratia Dei Leodicensium episcopus, decanis, præpositis et abbatibus et omnibus sub potestate nostra degentibus ecclesiarum Dei rectoribus. Contentionem illam quæ facta est in Gemblacensi parrochia inter abbatem et villicum, satis compertam vobis esse cognovimus; unde ne quid tale aliquando in locis vestris accidat, cautos vos ac sollicitos reddere curavimus. Villicationem quam jure hereditario Emmo villicus sibi retinere temptaverat, nostro atque omnium judicio digne ab eo receptam, abbas alteri cuicumque voluerit de servis ecclesiæ tribuat. Quod factum ut omnibus ecclesiis in exemplum permaneat, interdicimus Dei et nostra auctoritate, ut nullus abbas Emmoni, quasi heredi, aut filiis ejus tamquam malis malorum heredibus, villicandi potestatem amplius tribuat, ne novissimus error pejor priore fiat. Quod si quis illum tamquam misericordiam habens super eum reinducere temptaverit, non filius liberæ quæ est mater ecclesia, sed adulter adulteræ judicatus, anathema maranatha fiat, ab omnium fidelium Christi consortio segregatus. Actum in Leodio, et bonorum virorum, abbatum, archidiaconorum et laicorum confirmatum testimonio. Testes: Berengarius abbas sancti Laurentii. Olbertus abbas sancti Jacobi. Rodulfus abbas sancti Trudonis. Stephanus abbas Broniensis. Alexander archidiaconus. Fredericus archidiaconus. Henricus archidiaconus. Henricus archidiaconus. Andreas archidiaconus.*

80. Carta montis sancti Guiberti. *In nomine sanctæ et individuæ Trinitatis. Godefridus gratia Dei comes Lovaniensis, dux Lothariensis, omnibus veritatis amicis. Sit notum vobis, quia diebus meis et Anselmi Gemblacensis abbatis juxta villam quæ Belrius dicitur erat locus qui nunc Mons sancti Guiberti de nomine ejus cognominatur. Mons quidem incultus, sed munitioni satis aptus. Prædium Gemblacensis ecclesiæ erat, et ecclesia quæ in eo fuerat, jam multo tempore destructa erat, sed tamen secundum quantitatem suam, quod Leodicensi ecclesiæ debebat, tempore congruo persolvebat. Abbas et monachi et familia ecclesiæ timentes quod timendum erat, scilicet ne quacumque occasione injustus pervasor locum invaderet, et munitione edificata, vicinos et maxime familiam ecclesiæ affligeret, habito mecum consilio, feria quarta paschæ feretrum sancti Guiberti cum reliquiis illuc deportaverunt, et Deo cooperante et per beatum Guibertum infirmis multam sanitatum gratiam largiente, ecclesiam ut cernitur hodie edificaverunt multo sumptu et labore, ut locus ille non habitatio vastatoris, sed domus esset Salvatoris. Gaudebam actum meo consilio, unde mihi in Gemblacensi cenobio esset ad Deum frequens fratrum oratio, et unde vicinis non perturbatio sed animarum et corporum esset consolatio. Cumque propter pacis et concordiæ unitatem multi illuc convenirent, et ad habitandum sibi domos construerent, iterum habito consilio cum amicis meis et cum supradicto abbate et familia ecclesiæ, decrevi ut locus ille cum oppido Gemblacensi jus legale et consuetudinarium in omnibus haberet unum. Me excepto, nullus ibi quicquam juris haberet. Advocatum nullum nisi me susciperet; per abbatem et per me si necessitas exigeret, componenda componerentur, corrigenda corrigerentur. Quamvis autem ego, sicut et antecessores mei, per manum imperatoris sim constitutus advocatus Gemblacensis cœnobii, tamen ut omnimodo esset rata mea constitutio, adhibita est etiam Leodicensis episcopi talis confirmatio, ut si ego vel aliquis successorum meorum quod constitutum est immutaverit, anathema sit. Amen, amen. Actum anno dom. inc. 1125°, indictione 1, epacta 22ª, domno Alberone primo hujus nominis Leodicensium episcopo.*

81. Carta de Dudinsarte. *Notum sit omnibus diligentibus veritatem, quæ est Deus, ducem Godefridum seniorem ejusque filium equivocum Godefridum juniorem pro salute animarum suarum tradidisse Deo et sancto Petro in parochia Braniensi quoddam prædium Dudinsart dictum. Denique adstante multa frequentia nobilium suorumque fidelium, decrevit ut hæc traditio rata et inconvulsa duret in perpetuum. Ergo largitoribus et adjutoribus hujus muneris oramus præmia æternæ remunerationis; prædonibus et raptoribus minas et pœnas interminamus æternæ excommunicationis. Testes: Godefridus comes Namucensis ejusque filius Henricus. Testis Henricus junior, filius ipsius ducis. Wilelmus advocatus de Namuco ejusque frater Anselmus. Erfelo de Calvo monte. Gerardus de Wanga et filius ejus Henricus. Henricus de Birbais. Scherus de Wavra. Gothuinus de Lovanio. Franco de Brosella et alii multi nobiles et servi. Actum in Gemblus, anno Domini 1131. Lothario regnante, dono Alexandro Leodicensium episcopo, Anselmo abbate locum nostrum regente, Gregorio papa sedem Romanam gubernante, Godefrido duce advocato nostro, secundas partes ejus adjuvante filio Scheri Bernardo.*

82. Dicet aliquis: Quid utilitatis habet conscriptio cartarum? Respondemus: *Multum per omnem modum, quia continent privilegia ecclesiarum et ecclesiasticarum possessionum.* Iccirco placuit antecessoribus nostris, placuit et nobis eas inserere opportunis in locis, ne indecenter tractentur ab incautis, et quæ habitæ et exhibitæ poterant ignorata notificare, et pervasores redarguere, non habitæ nec exhibitæ videantur ignorantiam augere, et pervasoribus ad invadenda non sua audaciam addere. Ecclesia sancti Petri in villa quæ Bavenchi dicitur, dedicata

dicebatur et in cimiterio ejus mortui sepeliebantur; sed quia dies dedicationis ignorabatur, iterum dedicanda esse judicabatur. Hujus rei contentione multo tempore perduraute, domnus abbas Anselmus accepta oportunitate dedicari fecit eam a domno Alexandro Leodicensium antistite Kalendis Septembris, qui dies est sollemnitatis sancti Egidii abbatis. Consensu et rogatu ejusdem præsulis sub iisdem diebus est consecrata æcclesia nostra in villa quæ dicitur Castra, a domno Godefrido, quamvis Anglorum episcopo, tamen compatriota nostro, 3 Idus Novembris, qui dies est depositionis sancti Martini confessoris. Facta est autem harum æcclesiarum consecratio anno Domini 1133° [773], multas impensas expendente domno abbate Anselmo.

83. Hujus abbatis diebus multi per beatum Guibertum a diversis sanabantur egritudinibus, multi solvebantur a catenis et compedibus. Nos quia brevitati studemus, et multa virtutum ejus insignia suis in locis conscripta habemus ne culpemur siluisse de omnibus, unum de multis conscribimus. Mulier quædam Haginoensis diuturnitate egritudinis jam præmortua ex media parte sui corporis, cotidie moriebatur, et non moriebatur. Moriebatur, quia ut sibi videbatur, graviores morte dolores patiebatur. Non moriebatur, quia dolores ipsi suprema morte non finiebantur. Inopia et inquietudine infirmitatis jam oneri et tedio erat vicinis suis et cognatis. Petiit itaque ab eis hoc quasi extremum beneficium, ut vehiculo deferretur ad Gemblacense cœnobium, ut dum illic aleretur elemosinis fidelium, eorum alleviaretur sollicitudo et tedium. Tandem quod petiit impetravit, et Gemblaci in hospitali pauperum aliquandiu mansit. Nota erat non solum opidanis, set et opidum frequentantibus extraneis, quia quanto major ei infirmitas inerat, tanto visitantium major sedulitas ei aderat. Neque enim poterat surgere lecto, vel moveri loco, nisi alieno sustentaretur amminiculo. Tandem revolutione annui temporis aderat celebris anniversaria dies depositionis beati Guiberti, et multa turba civium et extraneorum interat votivæ ejus sollemnitati. Mulier supradicta quia interesse non poterat, lamentabatur, et ut illuc deferretur obnixe precabatur. Tandem delata, orabat cum lacrimosis gemitibus, ut per orationem beati Guiberti a tam gravi et diuturna infirmitate eriperet eam Deus. Exaudita est autem non ut vita decederet, set ut virtutum beati Guiberti evidens testimonium viveret. Post unam quippe horam divina visitatione per beatum Guibertum vigorata, admirante et conclamante circumstantium turba, super pedes suos constitit sana, et usque ad altare beati Guiberti processit oratura. Abbas evocatus, advenit cum fratribus, et pro re quæ acciderat decenti sermone habito ad populum qui circumstabat, Deum etiam ipse glorificabat, qui sanctos suos ita glorificat.

O pie sanctorum laus gloria Christe tuorum,
Signis Guibertus quod claret, agit tua virtus.
Digne laudaris per eum, qui sic operaris;
Digne laudatur, qui tecum sic operatur.
Laus tua, laus ejus ; nos laus tua salvet et ejus. Amen.

84. Sermo domni abbatis Anselmi ad quoscumque fuisset habitus, multo sapientiæ sale erat conditus, non undecumque collecta verbositate immoderatus, set pro audientium capacitate et temporis oportunitate moderatus. Si fiebat ad populum, leniter et per ea quæ capere poterant præbebat eis quasi lactis poculum insinuans eis, quomodo vivendum, quid vitandum, quid esset appetendum. Si sermonicabatur fratribus, vel aliquibus nodos questionum enodandos ei proponentibus, ut scriba doctus de thesauro cordis sui proferebat nova et vetera, et quamvis multiplicia, tamen interrogationi eorum et suæ responsioni convenientia adhibebat testimonia. Gaudebant ergo illi, nota sibi per eum certiora fieri, et ignota notificari. Ipse tandem confectus senectute et corporis imbecillitate, nocte et die orationi vacabat et psalmodiæ. Vicesimo tertio anno suæ prælationis, sentiens acerbitatem ultimæ egritudinis in se grassari, conventum fratrum jussit accersiri ; et decenter eos ammonens, ut ad Dei obsequium fixum haberent mentis propositum, consolabatur super suo discessu mestitiam eorum, orans a Deo eis dari consolatorem sanctum Spiritum. Fratrum vera diligentia sollerter ei adhibuit, quicquid æcclesiastica religiositas tali personæ in obitu vel post obitum adhiberi censuit. Ipse domnus abbas Anselmus 8 Kalendas Martii vita decessit, et ante sanctæ Crucis altare sepulturæ locum accepit. Latiniacenses et Altovillarenses conferentes ad invicem benignum quem erga eos habuerat vivens animum et proficuum sibi sapientiæ ejus studium, moleste ferebant ejus obitum, et piæ recordationis et devotæ orationis ei exibebant officium. Miserunt etiam nobis expertæ sibi probitatis ejus testimonium ; istud quod subscripsimus epitaphium.

EPITAPHIUM DOMNI ANSELMI ABBATIS A FRANCIS COMPOSITUM.

Hic Anselme situs, spectate colore, statu, re.
Rem fenicis (899) agis ; vivit enim tua spes.
Te color illustrem, status egregium, placidum res
Fecerunt, clari quæ tria sunt hominis.

Fama frequens, persona patens, sine murmure te-
[ctum,
Urbe domo laudes explicuere tuas.
Te Noe, Job Daniel virtutibus excoluerunt,

VARIÆ LECTIONES.

[773] millesimo centesimo *addito alio tempore in loco vacuo relicto* xxxiii.

NOTÆ.

(899) I. e. phœnicis.

Justitia, plaga (900), virgineaque nota.
Jam quia mortuus es, lacrimam damus ; at quia
[vivis,

85. EPILOGUS, PER DYALOGUM AD ECCLESIAM FACTUS.

GODESCALCUS [774].

Alternis verbis fit consolatio mestis
Omnibus in rebus ; modus est tibi mater habendus.
Affectu matris cur jam dudum lacrimaris?
Meror non aufert mortem, sed eam magis affert,
Et tuus iste dolor michi vulnera dirigit ad cor.

ECCLESIA.

Affectus flentis dat cordis signa dolentis.
Dicam querenti, quæ sit michi causa dolendi.
Abstulit abbates heu mors veros michi patres,
Abstulit et fratres prudentes, spirituales ;
Per tantos cives fueram paupercula dives,
Et si non rerum, quod erat melius sapientum.
Tu tristis tristi quoniam michi condoluisti,
Grata venit flenti tua consolatio menti ;
Sed consolari non vult, quamvis lacrimari
Vel naturalis vel amor cogat socialis.

GODESCALCUS.

Consolans dicit : Mater [775] cur dissona dicis?

A Psalmum : nam pietas zonat utrumque latus ;
Sol aquilonis equos verno jam straverat austro,
Cum natale tuum mors preciosa fuit.
Qui consolari non vult, quid ei lacrimari?
Cur lacrimas fundit, qui consolantia spernit
Verba, nec affectum consolantis putat aptum?

ECCLESIA.

Fili, nulla tibi lugens ego dissona dixi ;
Luctus justorum sic nunc est quippe virorum.
Ad tempus merent, sua dum solatia deflent
A se transferri, nolunt et ad ista referri
Quos hinc translatos gaudent Christo sociatos.
Et mundanorum securos esse laborum.
Uno sic merent, et eodem tempore gaudent ;
Una sic merent, et eadem re bene gaudent.

GODESCALCUS.

Consolans nodum dum sic videt esse solutum
B Inquit : Parce precor ; tuus hic cesset tibi meror.
Quos præmisisti, dederat tibi gratia Christi.
Quos dedit accepit ; sua, non tua, dona recepit.
Erga libens ora, tibi defunctisque labora,
Ut sit eis requies, tibi succrescat pia merces.
Amen.

86. EPITHAPHIUM DOMNI SYGEBERTI.

Heu, mors meroris
O per te quantos [776]
Spicula nos feriunt,
Figitur hoc menti
Effringens hic cor
Cum mors dissocians
In quibus est [777] caris
Turbat mutando,
Ut naturales
Efflorescat homo
Res rebus cumulet,
Sollicitus curas
Una dies miserum
Sit rex, sit princeps,
Par trahit hos mortis
Est etenim justis
Terrea terrenis
Rerum contemptus
Extenuans justos
Sint ut in ascensu.
Admitti superis
Nancisci summæ
Certamen sit eis
Tendit enim laqueos
Et tam multiplices
Tutus ab his sensus
Ut meritum minuat
Viribus atque [778] dolis
Si mentes fluxas
Gratia Christe tibi,
Omnes decipulas,
Devia sectantes
Et tua spes nostras
Spe salvos faciens,
Consimilis justis
Aptus divinis
Lex vite, speculum

Crementum, causa doloris
Luget mundus sibi raptos !
Ad cor quoque vulnera figunt.
Vulnus, non estque reniti.
Induratum ferit angor,
Germanos omnia mutans,
Et fervet amor socialis
Rumpit quoque pollice duro
Affectus sic sociales ;
Licet ut flos tempore verno,
Mentem corpus quoque vexet
Explens secum ruituras :
Penitusque facit miserandum,
Opibus paupercula sit plebs ;
Lex, discretissima quamvis.
Justæ discretio sortis.
Terræque placent studiosis,
Vanarum partior usus
Promptos magis efficit illos,
Recti sint corde vel actu,
Emitti funditus imis,
Certent pia gaudia vitæ.
Omnis custodia cordis ;
Raptor cuicumque paratos
Habet ejus mens mala fraudes,
Ut non sit corporis ullus.
Justis, vel eos sibi subdat,
Concertat subdolus hostis.
Absorbet, nil putat illas.
Per te superant quia justi
Et quas parat ille ruinas.
Revocans, jungis tibi stantes,
Juvat explens larga potestas,
Ad rem gratos tibi ducens.
Multo studio probitatis,
Et mundi rebus agendis,
Norme, fueras Sigeberte,

VARIÆ LECTIONES.

[774] G. codex, quod ita legendum esse infra videbimus. [775] litteræ M subscriptum est ó. [776] per te quantos *et* mundus sibi raptos *in loco raso, alio atramento aliaque manu* 55 *inserta.* [777] est caris *atque* t feruet amor socialis in loco raso, eodem quo v. 2 correcta atramento manuque. [778] adque corr. atque c.

NOTÆ.

(900) I. e. calamitate.

Cui noster sermo persolvit debita scripto.
Vixisti concors; vivas per secula consors;
Sint et defunctis eadem consortia nostris.
Dant binos versus, nostri de se, sibi versus

87. ITEM PAUCA DE IIS QUÆ A DOMNO ABBATE ANSELMO VEL SUB EO SUNT ADQUISITA.

Domnus abbas Anselmus emit a Richelde relicta Herethonis de Lovanio et filia ejus Amabili et marito ipsius Arnulfo de Filforth 16 marcis argenti, quicquid allodii habebat in Melenriv jure hereditario, astipulante Godefrido duce. Hujus allodii reditus in die anniversaria sui obitus ad supplementum victus constituit dari fratribus.

88.
Vadimonium quod Malchelmus, Engo, Godescalcus dederunt sancto Petro pro 8 marcis, hoc ipsum vadium Guilelmus de Marebais et uxor ejus Helvidis, relicta prædicti Engonis, confirmaverunt sancto Petro et domno Anselmo abbati per manum Seyheri advocati pro 20 marcis argenti, prius 8 et post 12 concessis.

89.
Carta de consensu duarum æcclesiarum, Nivigellensis et Gemblacensis. *Sanctæ æcclesiæ filii ut unum in Christo possint fieri paci et æcclesiasticæ inherent unitati, scientes quia non est Deus dissensionis, sed pacis et dilectionis. Nos quoque Gemmelacenses fratres pro modulo nostro eorum immitatores esse cupinius, providentes quæ pacis et utilitatis sunt nobis et nostris successoribus. Sit ergo notum bonæ voluntatis hominibus, de parva sed non parvipendenda re quid convenerit nobis et Nivigellensis cenobii sanctimonialibus. In villa Asnatica manet æcclesiæ nostræ familia, cui ex ipso prædio omnia erant ex sententia, nisi quod molendini construendi eis non erat copia. Nec istud omnino denegaverat loci natura, sed cursus aquæ defluebat super prædium Nivigellense, quantum par boum in die potest arare. Ne tamen inter nos essent jurgia, quæ interdum succrescunt usque ad homicidia, cum suis prælatis consensit utriusque cenobii familia, ut cursum aquæ per Nivigellense prædium haberet constructa a mansionariis nostris officina; his qui suo jure cesserant tali vicissitudine reddita, ut eis inter nostros concedatur uti mortua silva, et ut oportunum fuerit consilio et auxilio sit eis nostra vicinia. Actum dominicæ incarnationis anno 1129°, indictione septima, Lothario rege imperii sceptra tenente; Godefrido Lovaniensi Lotharingorum duce, qui etiam advocatus præerat utriusque cenobii familiæ; Heinrico de Birbais secundas ejus partes amministrante Nivigellensibus, Bernardo de Orbais Gemblacensibus; domno* A *Anselmo abbate Gemblacensium, Oda abbatissa Nivigellensium.*

90.
Gratias Deo, quia ubi habundavit peccatum, superhabundavit gratia. Hvilardus civis noster a domno abbate Anselmo et ab omni conventu fratrum petita et accepta nostra societate, socius et particeps omnium beneficiorum effici meruit. Unde gratias agens, marcam argenti fratribus pro caritate obtulit, et quamdiu vixit, nobis et loco nostro utilis semper fuit. Partem enim allodii Franconis de Felliv, quæ in villa Mazniz jure patrimonii uxoris suæ Helvidis ei competebat, sex marcis emit; ipsius terræ reditus quamvis in vita sua sibi retinere voluerit, tamen ex eis solus non comedit; set stabilito die annuatim exinde fratribus cibi et potus præparationem dedit, testamentum faciens, dixit ut ipsos reditus, id est 11 solidos, post mortem ipsius fratres accipiant, et ut beneficii hujus memores, nomen B suum suæque conjugis Dodæ suorum nominibus post obitum ascribi faciant.

91.
Tempore domni Anselmi abbatis Henricus de Lopun pro salute animæ suæ tradidit Deo et sancto Petro 15 bonuaria arabilis terræ in villa Sivirei. Hoc beneficio animatus nepos ejus Gerardus de Marebaco tradidit et ipse in eadem villa alia 15 bonuaria. Idem Gerardus mortuo filio suo Gerardo, permisit æcclesiæ nostræ pro salute sua et absolutione filii sui decimam quam de culturis dominicis accipiebat in ipsa villa Sivirei, decimas etiam omnium nutrimentorum, quæ ibi infra dominicam cortem retinentur. Coemptione, et successorum eorum largitione, nunc possidet Gemblacensis æcclesia silvam et quicquid juris eorum erat in eadem villa. Deo gratias.

CUR DICITUR GEMBLUS.

92.
Gemblus interpretatur *gemma* et *baculus*, quod ita exponitur : Gem gemma, Blus baculus.
Gemblus, gemma decens, baculus bona dans mala
[cædens,
Sustentat, munit, quos Christus moribus unit;
Et quos cor unum, quos verus amor facit unum,
Hii merito, numero crescant, placeant quoque Chri-
[sto. Amen.

PANEGERICUS LIBELLUS

DE OLBERTO ABBATE.

Vox consolantis cor, cari morte dolentis :
Verus pacificus, rex qui regit omnia, Christus,
Et cujus pacis regni non est quoque finis,
Ipse Deus verus, homo natus virgine verus,
De mundo sponsam pius æcclesiam sibi sanctam
Elegit, virgo generaret quæ sibi sponso
Sanctos, qui nati mundo, Christoque renati.

VARIÆ LECTIONES.

[779] *Littera initialis versuum collecta ita habet* : Hos fecit versus, Petre sancte, tuus Godescalcus · Claviger almę poli, tu precor huic aperi. Amen.

Essent in mundi tenebris ut sidera clari,
Peccati tenebras docti depellere tetras
Et lumen fidei diffundere cuique fideli;
Non præsumentes, sibimet quasi sufficientes,
Nec sibi se per se credentes consuluisse ;
Christo cujus erant, quod erant justi reputabant,
Ut dans affectum, fautor pius esset eorum,
Et dans effectum, meritum cumularet eorum.
Et non contenti sibimet propriæque saluti
Consuluisse, piis præsentibus atque futuris,
Notificata sibi; noscenda dabant vice Christi
Ut sic divini succrescere semina verbi
Possent, cum tanti tales essentque ministri,
Per quos suppleri nova possent horrea Christi
Sic nova. Nam sancti per sanctos multiplicati
Ingenti cura querunt Christo nova lucra,
Ecclesiæque patres primos dum posteriores
Sancti sectantur, dum præcipuos imitantur,
Per sponsam sponso succrescit gloria Christo.
  Abbas Olbertus sanctos patres imitatus,
Cum non sit flendus, mater [760] cur sunt tibi fletus ?
Flens veris lacrimis, super hunc merore gravaris.
Sed caveas nimie tristari qualibet ex re,
Et teneas animo, quantum, cur, quomodo, quando
Tristibus et letis in rebus te modereris.
Fiet prudenter, quia res moderata decenter.
  Vox merens monitis hæc dat responsa monentis :
Dicam quod queris, cur sim turbata querelis.
Quæ confinguntur, lacrimæ simulare videntur ;
Quæ non finguntur, cordis secreta fatentur.
Ad verum cogor fletum, dum mesta recordor,
Quod mors Olbertum tulit abbatem michi quartum,
Menbra decens, aptum caput o caput est michi ra-
    [ptum.
Hinc menbris aliis virtus fuerat specialis,
Affectus grati, letis vel tristibus apti ;
Mestis solamen, letis fuerant moderamen ;
Cuncta probanda probans, et nomen moribus or-
    [nans.
Morum rumorem gratum, ceu thuris odorem,
Hic emittebat, nec se celando latebat.
Nam sic pluris erat, quoniam magis inde placebat.
Hic michi multorum caput est et causa bonorum,
Virque Deo gratus, bona queque parare paratus,
Utque satis cautus, mala queque cavere peritus ;
Singula dispensans, et rem pro tempore pensans,
Vivebat Christo, solvens sua munia mundo.
  Nunquam plus sibi se voluit, set se magis in se
Continuit; cura semper cohibens moderata,
Et crescens in se, casum non pertulit a se.
Viveret ut juste, tenuit manus hunc tua, Christe ;
Qua sustentatus, per te fuerat tibi gratus.
Fonte fluens oris, grato moderamine cordis
Norat dicendi tempus, noratque docendi,
Doctis dicendi, non doctos digna docendi,
Inter discentes et dogmata digna docentes
Existens medius, et utrimque satis moderatus,

A Norat personæ dare convenientia cuique.
Quod decuit docuit, dum prudenter bona dixit;
Quod docuit decuit, post dogmata dum bene vixit.
O nisi mors raperet, decus hunc et vita deceret ;
Heu mors hunc rapuit, quæ nulli parcere novit.
Hinc dolor, hinc fletus, hinc mentis me tenet estus.
  Vox consolantis cor, cari morte dolentis :
Quod dicis novi, quoniam tecum tua novi
Dicam quod nosti, quoniam mecum mea nosti.
Peccati penam peccans dedit omnibus Adam,
Et crimen cuncti moriendo luunt prothoplasti ;
Stat sua cuique dies ; tua pauper stat, tua dives.
Non pauper supplex, non regum cuncta supellex
Hanc redimit sortem, heu non adimit quia mortem.
Indiciis operum fas est perpendere verum.
B Horum pleraque monimenta vigent hodieque,
Abbas Olbertus quibus extitit utilis, aptus,
In cunctis rebus, petiit quas publicus usus.
Omnia Christus erat sibi; solus sufficiebat.
Qui sibi danda dabat, quia mens pia danda rogabat
  Dicit prudentem sapientia per Salomonem :
Letificat matrem sibi quæ genuit sapientem,
Quod probitas nati fit sustentatio matri,
Et decus eximium, non sustentatio tantum.
Gratatur nato mater de se generato,
Si sibi, sique suis, si gloria posteritatis
Existens, dictis clarescat clarior actis
Enituit talis tuus hic merito specialis,
Et tu gaudebas ; gaudendum quippe sciebas.
Gaudia sperasti; quem defles mater [761] amasti,
C Remque tenens certam, spem spondebas tibi lon-
    [gam ;]
Sed ruit hæc tua spes, quoniam spes non erat hæc
    [spes.]
Perpetuum mundo nam quid consistit in isto ?
Nil mundo certum, nichil omni parte beatum.
Spes commissa Deo, stat in hoc certissima certo.
Abbas Olbertus, felici fine beatus,
Cui bene servivit vivens, illi modo vivit,
Et mortem nescit, quia cum Christo requiescit.
Mors tulit hunc mundo, longo non abstulit ævo,
Quis quantusque fuit, quia posteritas memorabit.
Ergo dolor, fletus cesset tibi, mentis et æstus ;
Det tibi solamen, det ei requiem Deus. Amen.
    DE MATHELINO ABBATE.
D Vox consolantis cor, cari morte dolentis :
    Communem sortem vivens evadere mortem
Quis potuit, seu quis poterit ? mors jura tenebit,
Quæ per prolapsum tenet in mundo prothoplastum.
Ergo per hunc homines quia mors transivit in
    [omnes,]
Cum sint mille modi mortis, mors una timori
Est homini cuique, mortem metuit sibi quisque ;
Sed bene quis metuit ? Sibi qui metuens bene vivit.
Huic mors non dolor est, qui finit morte dolores
Mundi, qui nimii cum sint nequeunt numerari ;
Cum sint innumeri, prorsus nequeunt superari

VARIÆ LECTIONES.

[760] ó *suprascriptum, vocativum casum significans.*   [761] ó *super scribitur.*

Uniri Christo nisi sit pia sollicitudo.
 Est honor æternus, quem dat caris sibi Chri-
[stus.]
Nunquam deficiet, quia sufficientia fiet
Ex ipso, per eum, per quem sunt omnia rerum.
Abbatem quintum tibi defunctum Mathelinum
Cur fles grex Christi? Letare, quod hunc habuisti
Dispensatorem, non solo nomine patrem
In re communi, qui non sibi commodus uni
Vixit avis rara, sed raro munere cara
Ore, manu gratus fuit, omnibus omnia factus.
Hunc morum gravitas, vitæ decoravit honestas;
Verus amor Christi, splendor, fervor fuit isti,
Nam sibi fervebat, splendens aliis radiabat,
Suppositus lignis velut ardet et emicat ignis:
Et fraternus amor, tanquam radicibus arbor
Fixa bonis, fructum gratum reddebat et aptum.
Istius cura stant quæ fuerant ruitura,
Rebus in adversis turris fuerat quasi fortis;
Vivens discrete, curans curanda modeste.
Prefuit iste gradu, set recto profuit actu.
Justis adniti norat pravisque reniti.
Immitis mitem, sed et impatiens patientem
Mirabatur eum, sibi proponens imitandum.
Dicens dicenda faciensque prior facienda
Vitavit culpam, laudem meruit sibi multam.
Panis meroris fuit huic potusque doloris
Carnis claustra pati, differri nec sociari
Christo, cujus amor sibi tunc erat intimus ardor.
Et terram terræ reddens, animam tibi Christe,
Mundo subtractus, letatur pars tua factus,
Hunc vitæ fragilis si noxa tenet venialis.
Nam viciis nemo sine nascitur, est sine nemo.
Christi grex ora, precibus delere labora.
Votis placari vult Christus, vultque rogari;
Est, cum sit justus, pius; est ignoscere promtus
 Hec sibi dicenti dicit grex talia Christi :
Quod suades faciam, rem jure mones quia justam.
Umbras culparum tetras princeps tenebrarum
Non huic, non nostris defunctis, ingerat hostis;
Sed sit eis requies, sit lux per secula perpes.
[Amen.]
 DE THIETMARO ABBATE.
Vos consolantis cor, cari morte dolentis :
 Anceps est mundus, præceps fluitat sibi cursus;
Rebus mundanis miscentur tristia letis,
Succeduntque sibi, quia sic currit rota mundi.
Herens instabili, nullus poterit stabiliri.
Transit cum mundo, qui non bene vivit in illo.
Qui sequitur Jhesum, felix conregnat in ævum.
Et quis eum sequitur? Qui mente sequens imitatur.
In rebus mundi spes est incerta futuri ;
Multos ipsa tamen cogit perferre laborem,
Incertum finem, certum prebendo laborem.
 Migrat ab hac vita felix, cui sit via vita
Christus, quique viam talem, meruit quoque vitam.
Christe viam, vitam te promeruit sibi veram

A Abbas, qui sextus nobis fuerat Thiemarus,
Vir simplex, rectus, patiens, humilis, tibi gratus.
Gloria, divitiæ, ceu puncto mobilis horæ
Permutant dominos, quos vano scemate nudos
Aufert huic mundo mors, non placabilis auro.
Hæc homo dum cernit, quid terra cinisque superbit?
Quid cuivis cupido prodest mundana cupido?
Cur studet ambire, cum reges cernit obire,
Et cum rectores mors abripit inferiores?
Mundum cum linquunt, de mundo sumpta relin-
[quunt]
Et mundanarum jam nudi divitiarum,
Secum sola ferunt bona, vel mala quæ meruerunt.
Sed felix exit, qui dum vixit, bene vixit.
 Justorum consors, ut penarum foret exsors,
B Per portam vitæ, Christum, sed non aliunde
Intrans, augmentum pater hic meruit meritorum.
Nempe gregi Christi servivit more ministri,
Correxitque pii dans dogmata more magistri,
Se studii formam præbens, vitæ quoque normam.
Moribus inculti, tali sub vomere culti,
Ornatum morum fructusque dabant animorum ;
Justi qui fuerant, cum justo proficiebant.
Stringens spiritui se compede spirituali
Se tibi subjecit Ihesu [762] carnemque subegit,
Illam spiritui nunquam passus dominari,
Quin potius subdi cogebat et extenuari,
Sic magis imbellem cupiens quam ferre rebellem.
Hæc sibi dicenti, dicit grex talia Christi :
C Vera refers, paucis perstringens plurima verbis.
Justa docens, injusta cavens, pater hic bona sua-
[dens,
Hoc studio crevit, gratus, spernendaque sprevit;
Hic morum meritis ad onus promotus honoris,
Intendens oneri superintendebat honori,
Remque decusque dabat sibi, quod prudenter agebat,
Ut tempus, probitas, res, seu poscebat honestas.
 Justiciæ cultor fuit, hinc inimicus et ultor
Peccati pedicam non inveniens inimicam.
Si ferus accedat, sua dampna gemendo recedat.
Hic vivat melius, fuerat cui vivere Christus. Amen.
 DE LIETHARDO ABBATE.
Vox consolantis cor, cari morte dolentis :
 Nulli perpetuus mundanarum datur usus
D Rerum; sunt oneri, quæ sunt ad tempus honori.
Mundi contemptor, felix mercabitur emptor
Pro gazis mundi, gazas et gaudia celi ;
Emptor erit felix, et commutatio felix
Quæ dabit emptori, quod ei sit semper honori.
Cælestis patriæ concivem civibus esse,
Mente frui Christo, mundo meritis superato.
Pistica ceu nardus redolens abbas Liethardus
Septimus accessit, qui nullo turbine cessit,
Quin pastor verus, pravis ratione severus
Esset, mansuetis mansuetus, gratus honestis.
Non honor huic sed onus fuit, exilium quoque
[mundus,

VARIÆ LECTIONES.

[762] ὁ *superscriptum.*

Vanis non hesit sed Christo gratus adhesit,
Huic herere bonum reputans, sibimet fore summum;
Nec se frustrari, sed sic vivendo beari.
Et speculum factus, sacros crescebat in actus;
Excellensque gradu, fuit excellentior actu,
Apte proficiens, apte profectibus addens.
Christum præponens, usu presentia tangens.
Reddebat gratum semper Christo famulatum.
Ad tempus mundum retinens ad corporis usum,
Instanter gratum justis gradiens iter artum,
Multorum tritum jam per vestigia patrum,
Intuitum mentis direxit despicientis
Mundum cum pompis, Christum solum sitientis,
Atque cibo tali cupientis mentis cibari;
Est non carnalis quoniam, sed spiritualis.

Temporis accessu, vitii cujusque recessu
Gratior, et morum cum successu meliorum,
Certans optatam tandem contingere metam,
Esuriit, sitiit, flevit, sudavit, et alsit,
Totum se gratum Christo præbens holocaustum
Et non mente levi reputans quam sit brevis ævi.
Tempore quam parvo maneat mundana propago,
Spe finis mentem firmabat dura ferentem,
Ad Christum finem tendens, sine fine manentem ·
Quo consummatus gaudet sine fine beatus,
Quisquis eum vita digne dilexit in ista.
Persistens [783] cepto, nulli male cessit inepto,
Moribus et facto certans melioribus apto,
Et redimens tempus, gratos in tempore fructus
Reddebat, studiis addens operam probitatis.

Hæc sibi dicenti dicit grex talia Christi :
Vera refert, fateor; verum non inficiabor,
Dignum commendas ut digno digna rependas,
Hic verus pastor, Christi sollers imitator,
Verborum parcus, sed honori moribus aptus,
Ut decuit vixit, quia non soli sibi vixit ;
Plus aliis de se quam proficuus [784] sibi per se,
Præfuit ecclesiæ, sit cum Christo sine fine. Amen.

DE ANSELMO ABBATE.

Vox consolantis cor, cari morte dolentis :
Nomine signat homo, carnis sibi quæ sit origo.
Nomen commune, proprium non, sed generale.
Te tibi pandit homo, fragilis similis quoque limo.
Heu vix subsistis, substantia spiritualis,
Ni corpus vegetet, tibi quam Deus addit et aufert;
Addit victuro, jubet auferri morituro.
Flos mundi marcet, probitas laudatur et alget,
Laus est non ficta, quam confirmant pia facta [789].

A Clarus divina, mundi [785] quoque philosophia,
Abbas Anselmus, morum probitate probatus,
Extitit octavus nobis, digne memorandus;
Vir prudens verbis et discretæ gravitatis,
Et persona decens, ad nomen moribus addens
Esset quod gratum cunctis et suscipiendum.
Interpellatus de re quacunque rogatus,
Esset difficilis nodosaque questio quamvis,
Se percunctanti prorsus non abnuit ulli,
Quin responderet responsaque grata referret,
Nodos prudenter solvens et sufficienter.
Gratus dicendo fuerat, gratusque docendo,
Norat oportune quia dicere congrua cuique.
Cum sollers faceret quod seque suosque deceret,
B Noxia vitabat, simul et vitanda docebat,
Gnarus metiri sua, se, metuensque futuri,
Ut res poscebat, prudens prudenter agebat.
Extitit omnino major sibi sollicitudo,
Ne mundi curæ si [787] plus justo sibi caræ [788]
Essent, tardari posset, nec ei famulari,
Qui curas supplet majoraque munera confert
Quam sperans poscit, si non sperando tepescit.
Spe certus tali, certabat spirituali
Desudans studio famulari sedule Christo.
Non rudis aut operum seu justiciæ studiorum,
Sic exercitium simul exercebat eorum,
Esset ut in voto sibi, nil præponere recto.
Ergo regens mentem, sed non rationis egentem,
Nil non proficuum, nil non temptabat honestum.

C Non dubiæ mentis, certis incerta timentis,
Quod sponsor verus dat dilectis sibi Christus,
Cordis devoti studuit probitate mereri,
Justos mirari justosque studens imitari,
Actu consimili certabat eis sociari,
Omnia mundana reputans virtute minora
Mentis, naturæ quæ mundiciam tenet in se.
Hanc sectabatur, per eam quia Christus aditur,
Et memor ipse sui, memor et [786] super omnia
[Christi]
Se sibi non tanti fecit, Christum sibi quanti.
Huic se committens et mente fideliter herens,
Mundo defunctus, vivat justis sociatus.
Hæc merces operum sit ei sine fine bonorum,
Hæc mundanorum requies finisque laborum.

D Fratres, quæ turbet vos jam querimonia, cesset ;
Omnipotens sit spes, sit vobis anchora, sit res,
Omnia sit vobis, et multiplicans bona vobis,
Addat rectores fratresque bonis meliores. Amen.

DE COMBUSTIONE MONASTERII GEMBLACENSIS
AUCTORE GUIBERTO (901)

Expediam [790] paucis, si tamen præ dolore sufficiam, lachrimabilem causam gemitus et tristitiæ circumvallantis me, hoc est miserabilem ruinam et destructionem ecclesiæ nostræ, in qua fere usque

VARIÆ LECTIONES.

[783] *codex hic signum paragraphi habet, quod nos versu 45 adhibendum duximus.* [784] *proficiens fortasse initio scriptum erat.* [785] *fa in loco raso.* [786] *mundumque legebatur primo.* [787] *in loco raso.* [788] cure *corr.* care. [789] *insertum.* [790] *Sequitur destructio vel potius combustio monasterii Gemblacensis quæ facta est [deest*

NOTÆ.

(901) Abbas fuit a. 1195-1205 ; obiit a. 1208.

ad mortem periclitatus sum. Oppidum nostrum in confinio Lovaniensis ducatus et Namurcensis comitatus situm esse dinoscitur, quod ei sæpius factum est in laqueum et eversionem et scandalum, et ad insidias sanctificationi, et in diabolum malum. Orta itaque nuper simultate inter ducem (902) et comitem (903) [*an.* 1185], comes idem improvise illud cum exercitu suo circumdedit, et immisso igne in munita, id est [791] foris vallum et murum offendit, penitus depopulatus est. Cum vero nihil tale vereretur, flabris ventorum, qui vehementissimi insurgebant, subvehentibus, favillæ flammantes per cuncta oppidi interiora dispersæ sunt, et ita totum simul et oppidum et monasterium ferventissimo incendio consumptum est, ut in oppido nulla domus præter duas humilimas, recenti humo obductas, et in claustro ne una quidem officina inusta remaneret. In qua exustione cum missam matutinalem ad altare minus cantarem, nolens aliquid imperfectum relinquere, tardius pæne quam debui ad tutelam me contuli. Nam sacris exustis vestibus, cum præ ignibus late jam omnia vastantibus, foras erumpere non possem, in vicinius, quod patebat, sacrarium ingressus, quatuor ibidem e fratribus meis mærentes et anxios inveni. Quo in loco præter spem undique vallantibus nos flammis, fumo et calore ita exæstuavimus et suffocati sumus, ut duo ex his graviter læderentur sed evaderent, ego et alii duo angustiati, terræ sine spiritu instar mortuorum usque ad vesperum decubaremus. Sed me per auxilium Dei et sancti patroni nostri Guiberti superstite, iidem duo socii martyrii mei post paucos dies rebus humanis excesserunt. Sed, sicut scriptum est in prophetis, auditus auditui, contritio contritioni, et terror terrori superveniet (*Ezech.* VII, 26.), et residuum locustæ comedet brucus (*Joel.* I, 4.), nono combustionis die prædictus comes Namurcensis, ascito sibi comite Hanoniensi, nepote suo ex sorore, denuo multitudine gravi oppidum circumdedit et quibusdam in locis dirutis muris intravit utriusque exercitus, et ubique liberrime discurrens, — omnes quippe imparatos et nihil horum aliquatenus metuentes invenerat — universa quæcunque superfuerant diripuit. In qua direptione nihil nobis, nihil burgensibus vel populo terræ, qui inibi sua convexerat, relictum est. Animalia quæque et altilia domestica aut cremata, aut ab hostibus abducta ; nullus sacris vel altaribus honor impensus est, adeo ut in medio presbyterio coram principali altari, et per tota utriusque ecclesiæ spatia, et pedestri et equestri certamine congredientibus hinc nostris, hinc adversariis, multi interficerentur, monachi ipsi et sacerdotes discuterentur et spoliarentur. Nullus fratrum prorsus indempnis evasit. Horreo referens ; unus letali telo per latera adacto continuo oppetiit, alius ita nudus ab eis relictus est, sicut cum natura ab utero matris in lucem produxit. Sed quid queror de cæteris ? Ipsi abbati cum reliqua veste et caligas detraxissent, nisi a quodam sibi noto vix excussus, per horrentis noctis tenebras nudus et solivagus diffugisset. Et ut cœpta prosequar, nulla in direptione prædicta vel fœmineo sexui penitus reverentia, quin et ipsæ mulieres nudæ dimitterentur, nulla omnino lactentibus misericordia exhibita est ; sed et matres vestibus exutæ, et filii ab uberibus matrum distracti, contra naturæ jura cum maxima parte burgensium in captivitatem traducti sunt. Itaque hostes spoliis nostris ditati, et ad propria cum triumpho et tripudio reversi, læti pro victoria super miseriis nostris plaudunt hodie, dicentes, quod vix in qualibet ampla civitate tantas se sperarent inventuros divitias, quantæ apud nos inventæ sunt. In hac quoque destructione pejus mihi aliquid contigit quam in conflagratione, quoniam et capella, id est apparatus missæ, quem honestissimum habebam, et reliquiæ, quas super aurum et topazion diligebam, sed et desiderabile oculorum meorum, id est beati Martini vita, in cujus rithmica descriptione aliquantum [792] desudaveram, et quicquid librorum ab ineunte ætate confeceram, vestes quoque omnes præter eas quibus indutus eram, et ut brevi multa colligam, cum propter infirmitatem alias quietis gratia evectus essem, omnia mea ab hostibus sublata sunt [793].

Nunc cum cæteris tantæ miseriæ sociis sub divo [794] in parietinis instar nicticoracis [795] sine tecto gemens sedeo et fleo, quoniam versus est in luctum chorus noster. In majori ecclesia, utpote homicidiis profanata, nec legitur, nec cantatur, sed in cripta quadam utcunque divinum explemus officium, Gravabat me quoque vehementius, quin [796] et plurimos mecum inclementia cœli et inæqualitas aeris nunc æstu, nunc frigore, nunc ymbribus sævis et crebris, tam die quam nocte diversis modis nos affligentibus [797], cum nulla domorum, quibus ab his protegamur [798], igne cremata tecta superessent. Angebar nihilo minus maxime, quod majus altare apostolorum Petri et Pauli solennitate missarum carebat a die incensionis templi usque ad introitum meum in abbatiam, nemine super illud audente divina celebrare, eo quod camera testudinis supervo-

VARIÆ LECTIONES.

2.] anno 1157. a prima sui combustione anno tricesimo quam quidem miserandam destructionem Guibertus post ejusdem monasterii factus abbas ac etiam monasterii Florinensis, vir sane omnium judicio sanctissimus, his deplorat verbis : *hæc præmittunt codices* 2. 3, *Guiberti litteras erronee interpretantes de combustione anni* 1156, *quum tamen de conflagratione a.* 1185 *agat ; cf. Ann. Lobienses SS. T. IV et Gisleberti chronicon p.* 150. *Continuatio Sigeberti Aquicinctina annum* 1186 *habet. SS. T. VI. p.* 424. [791] ide 2 idem Lambec. [792] aliquantulum 3. [793] deest 2. [794] dio 3. [795] nyctocoracis 3. [796] quia 2. 3. [797] affligebant 3. [798] protegeremur 5.

NOTÆ.

(902) Heinricum.   (903) Heinricum.

lutæ, ligatura cementi propter imbrium infusionem penitus destituta, ruinam suam et mortem subtus incedentium minari videretur. Hinc etiam non minimum affligor, quod deambulatoria totius claustri pæne omnia, nullum nisi solius cœli tectum habentia, toto brumali tempore limo et cœno plena, possessoribus suis intrandi, sedendi vel quiescendi oportunitatem nullam præbent. Denique seculares quidam filii Belial, armis injustitiæ utentes, et nos persequentes, nostra quoque invadentes et sibi usurpare conantes, ecclesiam impugnabant. Pro cujus bonis tuendis, ut nobis semper moris est, superno fulti præsidio, non viribus sed precibus, non jurgiis sed sanis nos armantes consiliis, æque illis resistimus. Sed quid de externorum vel inferiorum persecutorum inquietatione conqueror? Quum ipsæ B summæ [799] potestates et principes nostri, hi scilicet qui nos ab illorum infestatione ubique et indesinenter tueri ex debito tenebantur, Albertum de Cuch [800] dico episcopum nostrum, et Mathildem ducissam Lovaniensem, dum viro suo Jherosolimis peregrinante (an. 1197), sola dominaretur in terra, episcopus terram quandam diu ab ecclesia possessam, uterque autem duarum personatus ecclesiarum quæ nostræ sunt ab alio Alberto, fratre ducis, ad restructionem claustri nostri, pro guerra patris ejus combusti, nobis dudum collatos, auferre summa vi temptantes, tantis nos damnis et cladibus affecerunt, ut, cum ipsi magnis æque cladibus ante mortem confecti, jam exspiraverint (904), damna ipsa quæ nobis intulerunt, longo nos fatigantes incommodo, per singulos annos adhuc respirent [801].

VARIÆ LECTIONES.

[799] cum nos s. p. 5. [800] aich. 5. [801] Hic texitur miraculum quod hujus combustionis occasione accidisse sic refert Sigebertus in fine Cronice sue. Discordiæ malum *etc. usque* Hec Sigebertus in cronica sua completa ab Anselmo abbate nostro 2. Verba sunt Anselmi abb. qui cronicam Sigeberti augmentavit in fine. Discordie malum *etc. usque* Hæc Anselmus abbas Gemblacensis 5.

NOTÆ.

(904) Episcopus a. 1196 consecratus, a. 1200 obiit, ducissa circa annum 1211, post quem igitur litteræ scriptæ sunt.

VITA WICBERTI

INCIPIUNT CAPITULA IN VITA SANCTI GUICBERTI.

1. *De generositate parentum sancti Guicberti.*
2. *Quod per gradus ætatum gradus virtutum ascenderit*
3. *Quod seculo renuntians, cingulum militiæ deposuit.*
4. *Quod fundum proprietatis suæ Gemmelaus Deo et sancto Petro ad fundandum cœnobium delegavit.*
5. *Quod Gisila avia ipsius ei ad hoc amminiculata est.*
6. *Quod Erluinus ex canonico monachus familiaritate sua eum ad bonum magis incitavit.*
7. *Quod etiam sibi abrenuntians, monachicam vitam appetiit.*
8. *De nobilitate et religione Gorziensis monasterii, et quod ibi monachus factus sit.*
9.[802] *Quod Gemmelacenses fratres ad exemplar Gorziensium instituit.*
10. *Quod Erluinum Gemmelacensi cœnobio abbatem præfecit.*
11. *Quod Otto imperator maliloquorum malivolentia rejecta, Gemmelacense cœnobium auctoritate imperiali munivit, eique in omnibus immunitatem attribuit*
12. *Quod cartam de rebus ecclesiæ conscriptam primo imperiali deinde apostolicæ sedis auctoritate legaliter roboravit.*
13. *Quod Heribrandus maritus Reinuidis sororis sancti Guicberti Gemmelacense cœnobium usurpavit, ejusque injustitiam sanctus vir ad tempus mitigavit.*
14.[803] *Quod de gente Ungarorum multos ad Christum convertit*
15. *Quod ad fraternæ karitatis collegium multos undecunque animavit.*
16.[804] *Quod post ad cœnobium Gorziense regressus est.*
17.[804] *De obitu ipsius.*
18. *Quod corpus ipsius Gemmelaus relatum est.*
19.[804] *Quid Erluinus abbas in epistola sua de eo scripsit.*

INCIPIT VITA SANCTI GUICBERTI [805]

EX [806] LAICO MONACHI

FUNDATORIS GEMMELACENSIS COENOBII

CAPITULUM 1. Insignis pater Wicbertus, in pago C poris ad exemplum creditur esse datus. Cujus avum Darnuensi [807] feliciter natus, hominibus illius tem- Rodingum [808] et aviam Gislam, patrem quoque Li-

VARIÆ LECTIONES.

[802] *e regione hujus capitis obelus rubro colore conspicitur — indicans hoc caput in textu excidisse.* [803] *Hoc caput atramento nigriori insertum est, et textus ejus initium in loco unde alius textus abrasus fuerat habetur.* [804] *hæc atramento nigriori scripta sunt, et caput 19. æque ac cap. 14. insertum esse apparet.* [805] Guicberti 2. 3. *constanter usque ad cap.* 8. [806] ex I. m. desunt 2. 5. [807] Germiensis 5. [808] rodigum 4. redingum 5.

etoldum et matrem Osburgam, omnes qui hujus antiquitatis retinent notitiam, fatentur longam antiquæ nobilitatis [609] traxisse lineam. Porro mater ejus Osburga abutens [610] apostolica indulgentia qua dicitur : *Melius est nubere quam uri (I Cor.* VII, 9),. post mortem prioris [611] mariti Lietoldi de quo susceperat domnum Wicbertum et Renuidem ejus germanam, dum gaudens poligamia, secundi, tertii, et etiam quarti mariti non refutat copulam, ex multis maritis prolem genuit numerosam, Hellinum scilicet, Oilbaldum [612], Raginardum, Dodam, preter eos quorum nomina oblitteravit oblivio. Quorum longe lateque pullulante prosapia, se pæne totam repleri et nobilitari gaudet Lotharingia. Siquidem ex prosapiæ numerositate accrescebat potestatis eminentia ; ex possessionum multiplicitate rerum affluebat opulentia, per quas cumulari [613] et provehi solet mundanæ nobilitatis potentia. Hoc tamen in servo Dei nullus ducat satis prædicabile, cum secundum dominicam vocem *non in abundantia cujusquam vita ejus* [614] *est ex his quæ possidet (Luc.* XII, 15), et secundum apostolum , *non est personarum acceptio apud Deum (Col.* III, 25). Sed hoc in eo nimis debet esse commendabile, quia cum Veritas dicat : *Facilius est camelum per foramen acus transire quam divitem in regnum cœlorum intrare (Matth.* XIX, 24), hic tanquam gibbi sarcina super excrescenti terrenæ nobilitatis et facultatis deposito tumore, hoc hominum impossibile per pronam animi voluntatem redegit ad possibile.

2. [615] Hic ergo justus plantatus et fidei firmitate radicatus in domo Domini, jam inde a teneris annis flores virtutum emittere cœpit in atriis domus Dei nostri; eminens ut palma altitudine nobilitatis , utque cedrus Libani multiplicandus suaveolenti ubertate sanctitatis. At postquam de floribus bonæ ejus indolis pulchritudo et suavis odor pietatis se longe lateque effudit, et tempore primi [616] Heinrici gloriosi et victoriosi regis in fructuum gemmas erupit, tandem circa tempora Ottonis primi quasi oliva fructifera in domo Domini ubertim maturescere cœpit. Qualis autem per prima ætatis incrementa ejus vita fuerit, non est discutiendum nobis [617]. Nam superfluo de arbore quæritur qualis sit radix ejus quæ latet humo obruta, cum ex solo sapore fructus cognoscatur arboris natura. Veritatis etiam [618] voce dicitur : *Unaqueque arbor ex fructu suo cognoscitur. Non enim de spinis colligunt ficus , neque de rubo vindemiant uvam (Luc.* VI, 44). Hæc ergo arbor in agro Domini plantata, nec spina nec rubus fuit, de qua nulla punctionis asperitas, nulla amaritudinis acerbitas processit, sed tanta dulcedo fructus effluxit, ut proventus ejus etiam nunc in æcclesia Dei fructificet. Siquidem fratribus ejus de carnalis posteritatis proventu cogitantibus, solus sanctæ memoriæ Wicbertus [619] spiritualis generationis heredes suspirabat; bene monitus ab apostolo : *Qui sine uxore est cogitat quæ Domini sunt , quomodo placeat Deo (I Cor.* VII, 52). Ideo de patrimonio suo non quesivit carnalis copulæ sponsam dotare , sed matrem suam æcclesiam unico affectu ditare, quæ sibi non fratres brevi victuros aleret immo cœlestis filiationis prolem nunquam morituram augeret, quam nec cum dolore pareret , nec cum dolore amitteret, sed quæ cum æternali gaudio filio Dei cohereditaret. Militabat interim mundo specietenus , sed quantum patiebatur hujus negotii usus, a militiæ vitus erat extraneus. Et ne curram per singula vitiorum genera a quibus Deo auxiliante destitit , aut per singula virtutum officia quibus diligenter institit : hoc in eo egregie preter cætera laudabile fuit, quod cum hujus generis hominibus familiare sit res alienas et maxime pauperum et æcclesiarum Dei insolenter rapere, hic profecto nescivit aliena violenter diripere , qui sua tam hilariter pauperibus et æcclesiis Christi novit distribuere.

5. Postquam ergo diu sub clamide militaris habitus latuit, quia lucerna sub modio posita diutius latere non debuit, nodum et impedimentum divini servitii a se quantotius dissolvit, et miliciæ secularis cingulum deposuit. Ita mundi veteranus terrenæ militiæ rude donatus, cœpit esse novus Christi tyrunculus, et longevus mundi servus per vindictam divinæ libertatis factus suus, effectus est Dei libertus. Igitur post multiformes spaciosæ viæ amfractus ad angustam vitæ portam directus, ut cantaret nudus viator coram hujus mundi latronibus , deliberavit etiam a cunctis nocivæ possessionis se expedire oneribus. Ne enim post plenam legalium præceptorum observantiam cumulo suæ perfectionis deesset illud unum dominicæ sententiæ: *Vade et vende omnia quæ habes et da pauperibus et veni sequere me, et habebis thesaurum in cœlo (Matth.* XIX, 21) : hic omnia sua non quidem vendidit, sed fideli debitori Christo ad usuram commodare studuit, gaudens quod ejus fenerator existeret, de quo non dubitet quin fideliter sibi usuram [620] solveret. Ut enim esset unus illorum de quibus apostolus dicit : *tanquam nihil habentes et omnia possidentes (II Cor.* VI, 10), volebat sua habere, et non habere. Habere bene dispensando, non habere avare conservando. Fidelis namque et prudens servus constitutus a Domino super familiam suam, tam provide et lucrose sategit locare peculii sui summam, ut cum nihil sibi de summa decresceret, de mercede tamen fenoris sumptus eximeret, unde conservis suis in tempore tritici mensuram erogaret. Quid enim lucrosius fideli echono-

---

VARIÆ LECTIONES.

[609] n. regum Austrasiæ 1. *Rich. Wasseburg Antiqq. Galliæ Belgicæ lib. III.* [610] *gaudens* 2b. [611] *primi* 5. [612] oibadum 2. 2b. 5. orbaldum 4. [613] æmulari 4. *Hæc sufficiant ad ostendendas codicum ab Henschenio adhibitorum et editionis Surii lectiones vel potius errores.* [614] *deest* 2. 5. [615] *Capitulum II. et ita porro* 1. [616] *vox super adscripta in* 1. [617] *inter* nobis *et* Nam *linea erasa est* 1. [618] *enim* 2. 5. [619] 1 1/5 *linea erasa ante* spiritualis 1. [620] *uersuram litteris et erasis* 2.

mo quam sua in servis Domini profundere, quæ ipse Dominus in se ipsum gratanter dignetur refundere? Præterea et alio dominicæ vocis hortatu incitabatur, ut et alios [621] exemplo et auxilio ad bene agendum illiceret, dum non neglegenter dictum a Domino recoleret : *Qui recipit prophetam vel justum in nomine prophetæ vel justi, mercedem prophetæ vel justi accipit* (*Matth.* x, 41), et illud Danihelis : *Qui ad justitiam erudiunt multos, fulgebunt quasi stellæ in perpetuas æternitates* (*Dan.* xii, 3). Unde ut mercedem justitiæ multorum acciperet, non satis esse visum est sibi si ipse solus ad justitiam tenderet, nisi et alios secum currere suo exemplo et hortatu moneret, et ipse causa salutis multorum fieret, et duplicem coronam remunerationis acciperet.

4. Hic fratrum amator qui ex alto cordis suspirio ad Deum clamare poterat cum Isaia : *A facie tua Domine concepimus et quasi parturivimus et peperimus, spiritum salutis tuæ fecimus in terra* (*Isa.* xxvi, 18) — quod cogitando conceperat et quasi longo deliberationis æstu parturiverat, piam animi peperit benivolentiam, per quam Deo filios salutis faceret super terram. De proprietate siquidem hereditatis suæ fundum Gemmelaus dictum delegit, et Deo et apostolorum principi Petro sanctoque Exuperio martyri glorioso ad construendum in eorum honore monasterium devotissime delegavit. Hic tabernacula dilecta Deo et delectabilia hominibus construens Domino virtutum, ut passer humilitatis volatu directus, invenit sibi domum, et ut turtur zelo castitatis et gemitu compunctionis animatus posuit sibi nidum, ubi reponeret pullos suos (*Psal.* lxxxiii, 4), sub alis matris ecclesiæ confovendos. Ibi monachorum collecta caterva, per eorum obsequium disponebat immolare Deo laudis sacrificia, et reddere Altissimo vota sua, qui seminantes ei spiritualia, sua meterent carnalia. Hos ad rectam morum informari volens regulam, ad apostolicæ vitæ dirigi fecit lineam, per quam in initio fidei fundatam primitivam compererat ecclesiam. In quibus illud præcipuum erat, ut nulla eis propria, sed omnia essent communia, ut quorum conversatio jam erat in cœlis, angelicam quodammodo vitam degerent in terris. Porro ipse ad eorum tanquam ad apostolorum pedes ponens omnia quæ habebat, ut usibus eorum ad omnem sufficientiam necessaria suppeterent, sollicita paternitate disponebat. Unde legali traditione tradidit eis villam superius nominatam. Gemmelaus et omnia ad eandem appendentia, et alia multa undecunque in partem vel sortem suam jure hereditatis cedentia [622].

5. Ad hoc opus felici auspicio inceptum animabatur non solum divinitatis gratia, sed etiam nobilissimæ et christianissimæ aviæ suæ Gislæ pia coniventia, quæ dulcissimum nepotem suum videns

viam veritatis insistere, collaborabat magnopere, ut amoto omni impedimento a cepto pietatis itinere, viam mandatorum Dei dilatato corde posset currere. Quia enim non ut Esau pilosus venationum vanis aut nocivis exercitiis inserviebat, sed ut lenis Jacob domi habitans simplicitati et innocentiæ studebat, totam se in ejus dilectionem transfuderat. Quippe quem exemplo fidelis Abrahæ de terra et de [623] cognatione sua jam dudum animo exisse cognoverat, ei terram repromissionis competere credebat, nec quem volebat suo destituere subsidio, quem perpendebat per omnia dirigi divino auxilio. Ideo salubri reperto consilio, omnes res hereditatis suæ quas sibi vir suus Rodingus dotis gratia impenderat, vel quas ipsi pari æquitatis industria addiderant [624] patrimonio suo, ad præsidium Deo placitæ constructionis contulit legaliter carissimo nepoti suo.

6. Ad hæc omnia non parum solatii divinitas fideli suo Wicberto contulerat, quod in his omnibus doctorem et patronum quemdam venerabilem virum Erluinum nomine præviderat, qui et ipse canonicam qua vivebat regulam, ad monachicam vitam converterat. Is pio patrono nostro in omnibus utilium rerum consiliis exequendis, in ecclesia ædificanda et officinis claustri construendis, in fratribus ad ovile Dei convocandis et regendis, aderat adjutor opportunus et unanimis [625].

7. Alii ad perfectionis culmen tendenti sufficere videretur a malo declinasse, mundi pompis abrenuntiasse, sua omnia pauperibus erogasse. At domnus Wicbertus quæ retro sunt oblitus, in anteriora se extendere nitebatur, semetipsum arguens imperfectionis, nisi argumento dominicæ manus ad unguem expoliretur. Audiens nempe Dominum dicentem : *Si quis vult venire ad me, abneget semetipsum et tollat crucem suam et sequatur me* (*Luc.* ix, 23), totum hoc dominicum imperium traxit ad se, et [626] abnegans [627] semetipsum tulit crucem mortificationis Jesu in corpore suo, castigans corpus suum et in servitutem redigens, ne forte aliis prædicans ipse reprobus inveniretur. Tulit crucem etiam fraternæ compassionis, quando erutus de cribro diabolicæ temptationis, ipse aliquando conversus confirmabat fratres suos, pro quibus ipse Christus biberat [628] calicem passionis. Igitur arrepto rationis clavo, post rerum suarum jacturam nudus enavit [629] de mundi hujus naufragio, et tandem potitus monachicæ quietis portu [630] anchoram stabilitatis de alto pectoris sui jecit in claustralis [631] vitæ profundo. Videbat enim quod nusquam alibi tutius perfugium esset fugienti a mundi periculo, cum in claustris monasterii [632] heremi non desit solitudo, et si quem aliquo modo diabolicæ incursionis titillet inquietudo, presto adsit prompta fraternæ consolationis fortitudo. Videbat etiam quod non altius pos-

VARIÆ LECTIONES.

[621] a. et c. et a. *initio 1.* [622] *hinc 1 1¼ linea erasa est. 1.* [623] *supra in sertum 1.* [624] *ai supra insertum 1.* [625] 1 2/3 *lineæ erasæ 1.* [626] *superscr.* 1. 2. *deest 3.* [627] *hic vox erasa 1.* [628] *bibebat corr. r. 1.* [629] *in loco raso 1. ma supra erasum videtur.* [630] 1/3 *linea erasa 1.* [631] *cau corr. clau 1.* [632] *locus rasus 1.* et *inserit 2.*

set ascendere, si posset illum religionis gradum attingere, ad quem omni quidem ordini æcclesiastico omnique terrenæ potestati liceat accedere, a quo nulli omnino nulla omnino [833] occasione liceat impune recedere. Præterea vir prudens ante et retro oculatus, nihil temere et improvide sibi agendum esse attendebat diligentius. Ut enim athleta stadium ingressus sollicite qualitatem loci circumspicit, ne quod offendiculum sibi pugnanti vel currenti obsit, ita et hic noster athleta oportunitatem et qualitatem loci ubi propositum suum secure exequeretur caute dispexit, scilicet ubi nec indulgeret sibi disciplina remissior, nec pro intuitu notæ nobilitatis male blandiretur sibi honorificentia impensior. Timebat enim ne sibi diceretur a Domino : *Utinam calidus esses aut frigidus! sed quia tepidus es, incipiam te evomere ex ore meo* (Apoc. III, 15). Timebat etiam, ne, sicut ille qui contra flantem ventum flores portat, etiam ipse inanitate [834] elationis inflatus, collectos virtutum flores perderet, et quasi pulveris squalore fœditate apostasiæ sorderet et cæcutiret.

8. Denique columba Christi nolens diutius involvi mundanis fluctuationibus, dum non inveniret ubi requiesceret pes ejus, adiit archam paratam a Deo multorum saluti, scilicet claustrum Gorziensis cœnobii. Id cœnobium olim vir magni nominis Pippini [835] regis ex sorore nepos Crodegandus Mettensis episcopus construxit, et ad æternum sanctitatis suæ monumentum [836] opibus ditavit, et quod majus est religiónis gratia decoravit (cf. *Vitam Chrodeg.*). Sed processu temporis crebrescente bellorum malicia, et per hæc crudescente malorum miseria, et quia leges silent inter arma, ideo invalescente quaqua terrarum injustitia, etiam ibi per notam temporis et prælatorum incuriam disciplinæ regularis cœpit emolliri censura. Et hæc cœlestis iræ permissio tandiu permansit, donec tandem divinæ miserationis oculus super inhabitantes terram prospexit; qui et infidelitatis tenebras amovit, et lucem veritatis revocavit. Ad hoc inter primos a Deo missus est Adelbero, primus hujus nominis Mettensis episcopus, qui nobilium christianissimus et christianorum nobilissimus — erat quippe frater Fritherici ducis — in hoc primum sui regiminis dedit exercitium, ut et seculari potentia et episcopali censura exturbaret a sua diocesi inreligiositatis vicium. Hujus bonæ intentionis oculum intendens primum super monasticam disciplinam, elaborabat eam ad apostolicæ vitæ redigere normam. Et incipiens a Gorzia quæ cæteris monasteriis erat præstantior in sua parrochia, ubi institutæ religionis vix ipsa apparebant vestigia, non prius destitit, quam monachicæ vitæ professores a sæculi vanitate retractos rectæ viæ reddidit, et ante omnia radicem malorum et malam monachorum novercam, scilicet proprietatum concupiscentiam, mucrone pastorali extinxit, et qui in sæculi competis patebant luporum morsibus dominico ovili inclusit (cf. *Vitam Johannis Gorziensis*). Collaborabat sibi ad hoc pius Gorziensis abbas Agenoldus, restaurandæ sanctæ religionis adjutor oportunus. Itaque extirpatis nocivis radicibus de dominici horti areola, Adelberone episcopo plantante, Agenoldo rigante, Deo autem incrementum dante, crescebant solito uberius virtutum plantaria. Quicunque ergo abrenuntiantes seculo suave Christi jugum tollere volebant, quam mites et humiles corde exemplo Christi esse deberent, hic ediscebant. Quicunque ex militari habitu in timore Domini fortitudinem suam mutabant, hic quasi in campo divini tyrocinii experimentum sui capiebant. Quicunque ex clericali sorte ad altiorem humilitatis gradum optabant ascendere, hic cum Jacob non in somnis sed revera scalam cœlos attingentem merebantur videre, per quam angelos ascendentes et descendentes possent videre (Gen. XXVIII, 12). Cum ergo hic tantus sanctæ religionis fervor tam longe et tam late caloris sui diffunderet flammas, hic ad disciplinam Domini omnis confluebat nobilitas, omnis dignitas, omnis sine personarum discretione professio concurrebat et ætas. Nec quisquam vel initium conversionis se credebat arripuisse, cui non contigerat Gorziensi regula initiatum esse. Hic inveniebatur lac quod parvulus sugeret [837], hic solidus panis quem perfectus manderet, et aliquando quasi nutrix in corpus suum trajiceret, ut et alios rudes vel infirmos inde pasceret. Inter eos hic noster patronus Wichbertus [838] non ultimæ nobilitatis, immo non ultimæ humilitatis et sanctitatis spiritu Dei agente est adductus, ut qui jam dudum renuntiaverat suis omnibus, hic etiam sibimetipsi renuntiaret, ut Christo perfectius adhereret. Se ipsum ergo et omnes quos Christo lucrifecerat venerandi patris Agenoldi committens manibus, adherebat ei studiosius, et ab ore ejus pendebat intentius, utpote qui ex doctrina ejus non solus pasci habebat, sed et micas ex ea collectis per se Christi pauperibus ferre satagebat. Et ut id ad quod venerat diligentius exequeretur, singulorum gratias sollerter contemplabatur, et aliquid inde ad se ipsum trajicere nitebatur. Erudiebatur illius patientia, accendebatur istius orandi instantia, alterius delectabatur obedientia. Istius humilitatem, illius imitabatur sobrietatem. In hoc activæ vitæ laborem, in illo contemplationis mirabatur ardorem. Fiebat perinde [839] miro modo, ut dum ipse de singulorum virtutibus aliquid decerpit quod sibi sit pro exemplo, ipse solus omnibus esset exemplo. Ut enim secundum Salomonis proverbium, *ferrum ferro acuitur*, ita alter ab altero ad bene agendum exacuebatur, *et ut homo confundit faciem amici sui* (Prov. XXVII, 17), ita et eos pia fraternæ æmulationis movebat confusio, nisi alter alterum quiret imitari.

9. 1. . . . . [840].

VARIÆ LECTIONES.

[833] penitus 2. 3. [834] uanitate 2. 3. [835] Pipini 2. 3. [836] monumentum 2. 3. [837] suggeret 2. [838] ita 1. 2. 3. [839] proinde 2. ex corr. [840] *Ipse usque apostolicum in loco raso* 1. [*Etexcidit hoc*

10 [641]. Ipse ergo qui mundi renuntiaverat vanitatibus, timens ne iterum ejus illiceretur voluptatibus, dum sub obtentu disponendarum ecclesiasticarum rerum adhuc ei deserviret specietenus, ad hoc etiam timens [642] illud apostolicum [643] doctorem non debere esse neophitum, ne elatus incidat in judicium diaboli *(I Tim.* III, 6), induxit in animum venienti morbo quantotius occurrendum. Venerabilem cujus supra meminimus Erluinum, virum Deo placitum, hominibus acceptum, in gimnasio sanctæ religionis laudabiliter exercitum, lucrandis Deo animabus intentissimum, amicitiis principum terræ et majorum ecclesiæ gloriosum, exequendis rebus ecclesiasticis per omnia idoneum, hunc talem virum utpote patrem et intimum suum convenit amicabiliter, in cum se rejicit [644] quam familiariter, in eo quasi in reclinatorio animæ suæ totus incumbit [645] fiducialiter. Ei ex ordine velle suum aperiens, ei se ipsum magis quam sibi credens, communicato cum fratribus consilio eum abbatem sibi deligit, et fidelibus Christi annitentibus dominico ovili præfici facit. Ille tanquam bonus pater familias doctus de thesauro suo proferre nova et vetera, sciens sic adimpleri legem Christi si alter alterius portet onera, supposuit humiliter humerum ad suscipiendum onus, satis quidem grave, sed Deo sibi cooperante portabile, animatus illo proverbio quod per Sapientiam dicitur : *Frater qui a fratre adjuvatur quasi civitas quæ non expugnatur (Prov.* XVIII, 19). Ita vir sanctus Wicbertus strenuo cooperatori suo Erluino Marthæ ministerio delegato, ipse cum Maria sedens ad pedes Domini pro audiendo ipsius verbo, elegit optimam partem quæ non auferretur ab eo. Nam ad alvearium monachorum, scilicet Gorziam regressus, jejuniis, vigiliis et orationibus intentus, contemplationis virtuti vacabat liberius

11 [646]. Jam in laude Dei novella plantatio fructificaverat, jam agricola preciosum fructum terræ expectans patienter ferebat, quia temporaneum et serotinum se accepturum non diffidebat. Jam crescebat Christi gloria, jam illorum per quos benedicebatur nomen Domini multiplicabatur gratia, quando de Gemmelaus novellæ scilicet constructionis cœnobio boni odoris longe lateque exibat fragrantia, quod ibi sanctæ religionis fervente flamma, et justi de virtute in virtutem in dies proficiebant, et injusti ab erroris tortitudine conversi jam in directum ibant. Ex hac boni odoris suavitate repleta erat tota domus ecclesiæ, et attigerat jam ipsa culmina imperialis aulæ, ubi cunctis palatinis in ore erat pia nobilissimi viri Wicberti ad Deum conversio, et de ejus conversione non minima in tota Dei æcclesia ædificatio, quod ejus exemplo multi renuntiantes seculo, sanctæ religionis se subjiciebant proposito. Sed invidia ubi desit, quæ nec in paradiso deliciarum nec in ipso quoque cœlo defuit? Quidam qui bona fidelis Christi Wicberti obliquo oculo limabant, aures cæsaris adversus eum appellant, et invidiose ei derogantes, contra rem publicam eum egisse accusant, qui Gemmelaus regalem fiscum majoribus ipsius munificentia imperiali loco beneficii attributum, in partem proprietatis suæ usurpaverit, et injussu regis fundato ibi cœnobio, in sortem æcclesiastici juris injuste transfuderit, quod fieri nullo modo lex publica sinit. Pius constructor et sanctus provisor loci nostri ad causam dicendam edicto regis ad curiam invitantur [647], causa proponitur, de injustitia expostulatur, in deliberanda sententia alius alii varie assentitur. Discipuli evangelii a Domino docti [648]. *Cum stabitis ante reges et præsides nolite cogitare qualiter aut quid loquamini; dabitur enim vobis in illa hora quid loquamini (Matth.* x, 19) — non sophisticam quærunt argumentationem, sed simplicitatis christianæ prætendunt humilitatem. Scientes enim quia periculosum est contra torrentem brachia tendere, nec ignorantes sententiam apostoli : *Qui potestati resistit, resistit Dei ordinationi (Rom.* XIII, 2), pedibus imperatoris se humiliter provolvunt, et ne in se et in pauperes Christi terrena sua potentia abutatur suppliciter exposcunt; dicentes gaudendum esse majestati imperatoriæ, quod temporibus imperii sui divina miseratio ostium misericordiæ suæ voluerit patefacere, dum tales aliquot viros dignatur mundo transmittere, qui digni sint exaudiri orantes pro statu rei publicæ; posse imperatorem de alieno fundamento laudem mereri, si ab aliis in honorem Dei constructa loca, sua regali potentia velit tueri; alieno labori eum posse participare, si res ab aliis Deo jure hereditario legatas dignetur auctoritate imperialis manus corroborare; dignum esse ut apud imperatoriam censuram plus valeat Deo placita veritatis æquitas, quam susurronum et bilinguium calliditas, vel adulantium dolositas, de quibus Sapientia dicit : *Susurro et bilinguis maledictus, multos turbavit pacem habentes, et lingua tertia (Eccli.* XXVIII, 15), quæ lingua adulantium intelligitur *multos commovit.* Hæc et alia in hunc modum locuti, a bona spe quam in Deo habebant non sunt frustrati, illud Sapientis dictum esse verum experti : *Beatus qui loquitur in auribus sapientis.* Pius enim rex Otto, vere ad restaurandam rem publicam et reparandam Dei æcclesiam directus a Deo, his salutis monitis

VARIÆ LECTIONES.

loco textus totius capitis. « Quod Gemmelacenses fratres ad exemplar Gorziensium instituit. » *Quare ab hinc capitulorum numeri manu sæculi XVII adrasi sunt, ita ut loco primarii XI jam habeatur X, et sic porro usque in finem, ubi iterum numerus additur quo argumenti numerus satisfiat. Quisnam priores tres capituli noni lineas eraserit, et loco ei quatuor primas capituli decimi lineas inscripserit, non liquet; nec Sigebertum nec Godescalcum fuisse scriptura docere videtur. Ceterum hoc contigit antequam codices reliqui hinc transscripti fuissent. Numeri in codd.* 2. 3 *continui leguntur.* [641] *hunc numerum restitui ;* VIIII *codices, et sic porro nulla lacuna indicata.* [642] *vox erasa* 1. [643] *voces paucæ erasæ* 1. [644] *rejecit* 3. [645] *incubuit* 3. [646] X *jam* 1. 2. 3. *et ita porro.* [647] *invitatur addito n.* 1 *accersitur* 3. [648] *edocti* 3.

aurem advertit gratanter, et petitionem fidelium Christi accepit dignanter. Annuit enim communi palatinorum consilio, et regali censuit edicto, ut rata et inconvulsa permaneret novella Gemmelacensis coenobii constructio, et quicquid illi ecclesiæ ab ipso domno Wicherto vel etiam aliorum venerabilium virorum largitione fuerat concessum, ut nullus infidelium vel aliquis heredum ejus infringere audeat omnino est interdictum. Insuper permissa est eis potestas advocatum et regularem abbatem cum imperio regis eligendi, castellum construendi, mercatum, percussuram monetæ, matheriam faciendi. Ipse locus ab omni omnium servitio immunis est redditus, in civitate, in castello, in villa, super aquas, in pontibus, in omnibus imperii sui locis ab omni theloneo et tributo est absolutus, sub [849] solo regiæ defensionis munimine subjectus [850].

12. Omnis res jam conposita videbatur, omnia jam in tuto esse credebantur, nihil ex aliqua parte metuebatur. De rebus ecclesiæ traditis et de libertate ipsius loci carta conscripta, imperiali edicto erat confirmata, et anuli imperialis impressione auctorizata. Quæ auctorizatio facta est sollemniter Leodii, 12 Kal. Octobris, anno dominicæ incarnationis 946, indictione 4, regni domni Ottonis I, anno 11, cathedram Trajectensis ecclesiæ regente Uhogone. Ad hanc confirmationem imperialis potestatis accessit etiam apostolicæ sedis auctoritas, dum a Benedicto septimo hujus nominis papa decretum est, ut rata esset in perpetuum Gemmelacensis coenobii prærogata immunitas. Decretum est etiam, ut de alio monasterio ibi abbas non constituatur, sed ipsi servi Dei secundum sancti Benedicti regulam viventes ex sua propria congregatione abbatem eligendi potestatem habeant, et ut abbas ipse privilegiis sedis apostolicæ infulis decoretur, et ut ipsum monasterium sub juris dicione sanctæ Romanæ [851] apostolicæ sedis constitutum, nullius alterius ecclesiæ juris dicionibus submittatur; interminando ex auctoritate beati Petri apostolorum principis, sub divini obtestatione judicii ac validis anathematis interdictionibus, ut nulla aliquando vel parva vel magna persona aliquid de rebus vel possessionibus ad idem monasterium pertinentibus auferre vel alienare præsumat. Hoc scriptum per manum Bonefacii notarii regionarii atque scriniarii sanctæ Romanæ ecclesiæ, datum est 8 Kal. Aprilis per manus Stephani episcopi ac bibliothecarii sanctæ sedis apostolicæ, anno pontificatus domni Benedicti VII papæ nono, imperante Ottone a Deo coronato magno ac pacifico imperatore, anno 16, qui est annus Domini 953.

13. Ita aliquandiu arridente sereno coelo prosperitatis, derepente inhorruit inopina immissio diabolicæ tempestatis. Siquidem Heribrandus de vico Mainwolt [852], qui inter nobiles Bratuspantium [853]

genere et divitiis eminebat, cujus nobilitatem alia nobilitas augebat—ei quippe Reinuidis germana nobilissimi senioris nostri Wicherti nubserat—hic injustitiæ gladio accinctus, cupiditatis armis confisus, clamat Gemmelacensem fiscum hereditaria lege ex matrimonio uxoris suæ Renuidis [854] sibi competere, affinem suum Wichertum non legaliter egisse, qui sub optentu religionis uxorem suam, germanam scilicet illius, voluerit injuste exheredare. Contempta ergo imperialis curiæ auctoritate, contempto apostolicæ censuræ anathemate, junctis sibi complicibus suæ injustitiæ, non timet abbatiam insolenter invadere, et substantiam fratrum violenter diripere. In officinis claustri equi stabulantur, per loca monachicæ solitudini competentia sæculares personæ inlicite vagantur; fratres per latibula sanctuarii quomodocunque sese tutantur, et in tantæ tribulationis articulo subsidium divinæ pietatis præstolantur. Videbatur nempe [855] malevolis implendæ injustitiæ oportunum esse tempus, quia [856] ipse sanctus vir Wichertus mundo jam mortuus, et ab eis longe remotus, excusserat se a cunctis ratiociniis mundani tumultus; porro abbas Erluinus recens oculis privatus, restaurandis rebus perditis putabatur esse minus idoneus. Hic sinister rumor ut perculit aures sancti viri, cujus conversatio jam erat in coelis, quid ei tunc fuerit animi, non opus est expromere [857] verbis. Cui quamvis indignum videretur de stiva dominici aratri oculos retro convertere, et grave esset se emeritum militia bello mundanæ sollicitudinis iterum involvere, non distulit tamen pro consolandis fratribus iter accelerare, qui pro illis paratus erat etiam animam ponere. Veniens ergo desideratus ad desideratum locum qui testimonium erat suæ devotionis, tristes et desolatos fratres confirmat verbis consolatoriis, et quibus potuit armis humilitatis et modestiæ occurrit adversariis, et feritatem et cupiditatem eorum mitigare laborabat monitis suasoriis. Illi præsentiam sanctitatis ejus aliquantulum reveriti, et aliud clausum in pectore aliud in lingua promptum habentes, cesserunt ad tempus ejus voluntati, se intuitu affinitatis ejus ab injustitia ista cessaturos polliciti.

14. [858] Sepe nominatus et sepe nominandus nobis domnus Wichertus tam gratiosus fuit Deo, ut dignus fuerit etiam apostolicæ prædicationis ministerio. Gens siquidem Ungarorum, quæ quibusdam munitissimis clusis remota, nec ad meridianam nec ad occidentalem plagam exeundi habuerat facultatem, per Arnulfum imperatorem ruptis clusis emissa, mortuo Arnulfo imperatore, totam Italiam, totam Germaniam ut fera tempestas vario vastationis genere depopulata est per annos circiter quinquaginta. Hæc gens etiam tempore primi Ottonis aggressa [859] Lotharingiam, deducta est a duce Conrado

VARIÆ LECTIONES.

[849] ac sub 3. [850] m. est s. 3. [851] R. et a. 2. [852] Maviwolt 5. [853] brabantensium 2b. [854] Reinuidis 2. 3. [855] namque 3. [856] quoniam 3. [857] exprimere 5. [858] *reliqua usque ad finem paginæ in loco raso* 1. [859] agressa 1.

usque ad silvam Carbonariam, et virtute Dei apud Lobiense cœnobium ostensa, prohibita ultra prodire, rediit impune (cf. *Folcuini gesta abb. Lob. SS.* IV, 66). Ungaris ergo et eundo et redeundo per vicum Gemmelacensem transeuntibus, occurrit vir Dei Wicbertus (*an.* 954), non clipeo [860] aut galea materiali protectus, sed tantum gladio verbi Dei accinctus, paratus bibere calicem passionis, et ponere animam suam propter [861] salvandas fratrum animas [862] (*Joan.* XV, 13), qua, ut dicit Veritas, non est major caritas (*I Cor.* XIII, 13). Et primo miles Christi secundum præceptum evangelii offerens illis verbum pacis, ingressus est viam prædicationis, et paulatim mitigata eorum rabie, cœpit jam agere de eorum salute. Nec destitit illis idolatriæ spurcitia sordentibus pandere fidei dogmata et regis æterni misteria, donec aliquos eorum a regno diaboli abstraxit, eosque abjurantes sacramenta diabolicæ militiæ, transscripsit [in novum nomen christianæ mil'tiæ. Benedictus Deus per omnia, qui Wicberto sub signis suis militanti affuit, eique civicam coronam tribuit.

15. Prævidens vir Deo plenus non esse paratum sibi a Deo patre, ut biberet primum calicem passionis, animum appulit, ut mereretur bibere saltem secundum calicem confessionis, et ideo totus in hoc ut consulendo sibi consuleret etiam aliis, excogitavit opus quod non solum sibi, sed etiam aliis prodesset. Nam amplectens super omnia caritatem, quæ est vinculum dilectionis [863], et in qua [864] est plenitudo legis, et ob hoc maxime quod hoc speciale mandatum est Domini dicentis : *Mandatum novum do vobis ut vos invicem diligatis* (*Joan.* XIII, 54), cœpit agere cum pluribus devotis et Dei fidelibus, ut per unum mutuæ caritatis conglutinati amorem, fraternalem inter se statuerent societatem, ut cum omnes unum in Christo essent, unum saperent, unum diligerent, unum in Christo vellent, unum nollent, nichil [865] diabolica emulatione contractum odio dignum, vel contrarietate inveniretur diversum, ut vere pacifici mererentur beatitudinem filiorum Dei; ad hoc etiam ut secundum Jacobi præceptum peccata sua alterutrum confiterentur (*Jac.* V, 16), et orando pro invicem salvarentur, ei sicut Veritas est : *Qui lotus est, non indiget nisi ut pedes lavet, sed est mundus totus* (*Joan.* XIII, 10), ita loti baptismo alterutræ confessionis, lotis pedibus quibus non potest sine labe terra calcari [866], id est expiatis actibus humanæ vitæ, quæ vix aut nullatenus sine nevo peccati potest transigi, per fraternæ orationis auxilium redderentur toti mundi, elemosinis, jejuniis, psalmis, ymnis, canticis spiritualibus ad hoc constitutis ab invicem expiati. Delectabat enim eos illud beati Augustini, qui in laudem karitatis prorumpens ait : *Dulcis sonus karitas est, dulcis res et delectabilis caritas est, quæ præsentes et absentes in unum colligit fratres.*

16. Sic vir Dei tactus quodam præsagio futurorum, quod propediem tendendum sibi esset ad supernæ vocationis bravium, prævidit sibi in futurum, ut quando deposito carnis onere ingrederetur viam universæ carnis, aciem hujus fraternæ societatis hinc inde locaret in subsidiis, quæ aerearum catervarum incursus proturbaret orationum telis. Hujus negotii perficiendi secundas partes relinquens fideli vicario suo abbati Erluino, cavens sibi per omnia ne sub obtentu alicujus rei exequendæ quantulumcunque iterum implicaretur seculo, ultimum vale dicens fratribus et amicis, et optabilem pacis et dilectionis memoriam relinquens eis, maturavit viam ad amicam sibi quietem Gorziensis solitudinis. Sicut enim piscis extractus ab aqua non potest vivere, ita ipse timebat de vita animæ suæ, quotiens a contemplationis extrahebatur requie. Post tot et tantos labores dum jam jamque expectaret dari sibi a Deo [867] desideratam missionem militiæ suæ, tandem rex regum lætatus militem suum diu pro castris suorum viriliter stetisse, tempus esse duxit ei præmia laboris reddere, et capiti ejus coronam laudis imponere.

17. Et jam instante tempore resolutionis suæ, cœpit languescere. Summus enim artifex qui semper invenit in opere suo quod adhuc tundat et poliat, electum suum tanquam aurum in fornace probabat, ut excoqueret ad purum scoriam peccatorum ejus. Gemmelacenses [868], ut audierunt dominum et patrem suum ad mortem infirmari, non potuerunt suo temperare dolori. Hunc eorum dolorem nimis exaggerabat, si eum in terra peregrinationis suæ ipsis absentibus contingeret obire. Unde qui ex his majusculi esse videbantur, sine mora Gorziam tendunt, et dominum suum viventem inveniunt, et aliquantulum dissimulato dolore, agunt cum eo de reportando ejus corpore. Ille accersito ad se abbate suo cui nomen erat Oilbaldus, aperit ei suum suorumque desiderium, et hoc ab eo ultimum expetit beneficium, ut liceat suis defuncti corporis sui glebam referre ad Gemmelacense cœnobium. Abbas ex consilio, respondit ut pater filio : *Mi fili dulcissime, angustiæ mihi sunt undique. Sanctitatem tuam revereor, animam tuam ad Deum euntem scandalizare vereor; sed timeo ne illi* [869] *super hoc scandalizentur, qui te ut patrem venerantur, et amorem quem exhiberunt* [870] *tibi viventi, vellent exibere præsentialiter etiam morienti. Ecce voluntatem meam postpono tuæ voluntati, si aspiraverit tibi et tuis voluntas Dei. Si suppetit tuis facultas implendi desiderium suum, non nego meum assensum.*

Tandem [871] vir Dei consummatus in virtutum

VARIÆ LECTIONES.

[860] clippeo 2. clipeo galeave 3. [861] pro 3. [862] animabus 3. [863] perfectionis 3. [864] quo *corr.* qua 1. [865] ita hoc loco 1. [866] culcari 2. [867] domino 3. [868] G. autem ut 3. [869] alii *corr.* illi 1. alii 2. illi 3. [870] exhib. 2. [871] hic caput XVII inchoant codd. 2. 3. codex 1. nonnisi majus T absque capituli indicatione vel numero habet. Scriba sæculi XVII. numerum XVII vosuit, et mox infra XVIII et XVIIII restituit.

gratia, quod majus est quam si claruisset miraculorum gloria — miraculis quippe nonnunquam virtutes offuscantur, miracula vero solis virtutibus commendantur — 10 Kal. Junii (*an.* 962) reddidit spiritum fatigatum nec victum fructuosis laboribus; et ad patres suos appositus, qui seminaverat in benedictionibus [872] messuit (*II Cor.* ix, 6) etiam in benedictionibus, centuplum et vitam æternam secundum Domini [873] promissionem (*Matth.* xix, 29) indeptus.

18. Gemmelacenses læti ab invitis corpus domini sui suscipiunt, et se votivo operi accingunt. Qui præcaventes ne æstivi caloris nimietas faceret injuriam sancto corpori, intralia corporis ejiciunt, ibique terræ infodiunt, cadaver vero sale et variis [874] pigmentorum odoribus conspergunt, quæ putredini corporeæ corruptionis repugnare possunt. Unus autem eorum nomine Adecho, qui semper familiarius fuerat obsecutus sancto viro, ac per hoc etiam sancto corpori adhuc obsequebatur [875] instantius, hic comparato carro cum bobus, superponit sanctum corpus, non quo honore dominum decuit, sed quo amore ipse debuit. Jam præcesserant longiuscule, et ecce omnis Gorziensium populus exarsit in ira et furore, egre ferentes corpus illius asportari, cujus meritis se credebant a Deo [876] adjuvari. Ergo facto grege, perstrepunt populari more, et paucos multi insequentes conclamant. Ad clamorem concurrentium Gemmelacenses obstupescunt, et tacito cordis clamore auxilium Dei quærunt. Et qui pro filiis Israel pugnavit contra insequentes Ægyptios, pugnavit etiam pro istis. Subito enim [877] orta tempestate aer inhorruit, et clara die nox aliena incubuit. Concrepant tonitrua, micant fulgura, cadunt fulmina. Illos tenebræ palpabiles ab itinere revocant, illi [878] uno itinere gradientes nec ad dexteram nec ad sinistram declinabant. Ita illi divinitus exterriti retrocedunt, isti adjuti divinitus libere incedunt. Tam prædicabili miraculo sanctus Dei Wicbertus illustratus, cum multa omnium veneratione ad Gemmelacense cœnobium est relatus, et cum honore debito in æcclesia sancti Salvatoris sanctique Petri apostoli sepultus, se cum Deo vivere ostendit se invocantibus. Credunt enim se ejus tuitione protegendos perpetualiter, omnes qui eum invocant præsentialiter. Obiit autem hic sanctus Dei anno dominicæ incarnationis nongentesimo sexagesimo secundo [879].

19. Quod talis tantusque hic vir Dei fuerit ne quis discredat, ipsius domni abbatis Erluini testimonium accedat, qui ei diutissime convixit, quem nichil illius latuit. Is Erluinus dans operam ad disponendum initia a domno Wichberto fraternæ societatis collegium, et ad hoc invitans venerabilem virum Aletrannum, quem post suam excoecationem et expulsionem Evraclus episcopus ordinaverat abbatem Lobiensium, scripsit epistolam in hunc modum [880].

INCIPIT [881] EPISTOLA ERLUINI [882].

Mira dispensatione miseratio operatur divina, ut præcedentium actus jure sibi placentium duplici in hoc mortalitatis sæculo gratificentur honore, ut non minoris gratiæ in cœlestibus ditentur remuneratione. Denique his largitatis suæ donis auctor omnium bonorum Deus posteritatem cujusdam dilecti sui Wichberti præsentibus insignire dignatus est temporibus, nolens ut ipse testatur splendentis lucernæ claritatem sub modii umbra diutius obtenebrari, quin potius ædificandi gratia longe lateque ceu aromatum fragrantiam ejus dispersit boni odoris suavitatem. Hic igitur corde sitibundus gestiens adipisci gratiam et evangelici non surdus auditor sermonis, cuncta despexit sæcularia, respuit terrena, postposuit temporalia, semet de cætero mancipans cultui monasticæ religionis, ut altioribus et sanctioribus Dei posset vacare jussionibus. Monasterio sane Gemmelaus nuncupato sui juris hæreditate Deo servientibus delegato, sincero affectu dilectionis fratrum monachorum coadunari [883] voluit congregationem, ubi et ipse quod credi facile est, regulari vivens tramite, plurima Deo digna gessit opera, malens suæ exortationis exemplo cunctos ad bene agendum corroborare, quam malæ suasionis perfidia cotidie per devios errare decursus.

Hæc autem sanctitatis suæ exempla et constantiæ certamina non solum in jam dicto loco manentibus abundanter exibuit fratribus, verum omnibus bene agentibus et sanctum sapientibus laicis et clericis, viduis et orphanis, monachis et Deo dicatis feminis, suæ exortationis documenta præbuit fidelia; et insuper veluti in propatulo claruit, paganis et idolorum spurcitiis deditis misteria atque dogmata regis æterni amministrare non distulit fideliter, cupiens eos supernis civibus sociare amabiliter. Post cujus decessum et vitæ præsentis terminum, fideles diversæ ætatis et diversorum graduum ejus incitati bonæ actionis exemplo, opus deificum et amoris dulcedine plenum quod ab ipso exortum est, ampliori frequentia promulgare curaverunt. Placuit sane pluribus circa locum commorantibus quibus mens sanior et erga Deum devotionis erat affectus, ob suas animas redimendas fraternalem inter se jungere societatem, ut pacis et dilectionis tenentes in terris unionem, patriæ cœlestis mererentur perfrui communione. Igitur Kalendas Maias convenit non modica fidelium turma ad locum memoratum inspiratione utique clementissimi Dei inflammata, devovens Deo per circulum anni ad oblationis sacramenta pertinentia luminis, panis vinique [884] mensuram communiter repertam, ut in die

---

VARIÆ LECTIONES.

[872] m. e. i. b. *in loco raso* 1.   [873] dei 2. 3.   [874] aliis 2.   [875] famulabatur 3.   [876] apud Deum 2.
[877] etenim 3.   [878] isti 3.   [879] *pergit* 3 : Miracula vitandi fastidii gratia suppressa sunt. Quandoquidem multiplicata sunt super numerum. *Sequitur relatio de elevatione ejus.*   [880] Quæ sequuntur usque ad finem desunt 2b. 3. 5b. 4. 5. *et in editis.*   [881] *deest* 2.   [882] E. abbatis 2.   [883] coadiuuari 2.   [884] unicuique 2

Kalendarum unicuique designato de his rebus pro eo fiat oblatio et sacri misterii supplicatio. Totius ergo vinculo dilectionis die prænotato tam abbas quam cuncta congregatio monachorum jam dicti monasterii nec non pagensium copiosa multitudo se conglutinare statuerunt, permanentes deinceps fide et karitate sociati. Initiata est hæc fraterna societas anno primo imperii primi [885] Ottonis, qui est annus dominicæ incarnationis 963 [886].

HISTORIA ELEVATIONIS S. WICBERTI

AUCTORE ANONYMO

INCIPIT [887] DE ELEVATIONE EJUSDEM SANCTI CONFESSORIS.

1. Exultemus dilectissimi, exultemus in gloria, quam in festa hujus diei observatione nobis confert Dei gratia. Hodie quippe Deus nobis donavit, quod ab origine mundi paravit, gaudium videlicet de sancto confessore suo Wicberto, quem in operandis miraculis hereditavit sicut scriptum est nomine æterno (Eccli. xv, 6). Quæ gloria nobis ex corporali ejus presentia specialis, omnibus christianis facta est generalis, quia quem locus iste jam olim patrem a Deo meruit, hodie apud Deum mundus patronum agnovit.

Igitur sanctus Wicbertus 40 fere annorum spatio in bonorum operum consummatus exercitio, apud Gorziam suæ conversionis cœnobium vita defunctus, in Gemmelaus, suæ primæ conversationis loco, sepultura est functus. Ubi ab a. dom. inc. 962. — eo quippe hominem exuit — per annos 137 tacito nomine jacuit, vix paucis fidelibus per cartas veteres recordantibus umbram ejus sanctitatis. Anno autem dom. inc. 1099 refulsit nominis ejus memoria, nova signorum gratia, illum mirificante [888] Dei magnificentia [889]. Quæ ita in eo mirabilis fuit per 12 annos ante sancti corporis elevationem, ut longe lateque maximum ei ob omnibus comparaverit amorem et honorem.

2. Unde multis nostrum multis etiam extraneorum videri cœpit indignum, quod vir tantæ apud homines æstimationis, tantæ apud Deum sanctitatis, nullo cultu venerationis honoraretur a nobis. Horum maxima pars erat Sigebertus, antiquæ scientiæ et reverentiæ monachus, hujus nostræ æcclesiæ Gemmelacensis oculus, cui pie invigilabat vita et conversatione et religionis fervore. Tanto nanque certior erat de sanctitatis ejus gratia, quanto vitam ejus virtutibus plenam multa stili prosecutus est elegantia. Qui ex evidenti miraculorum ostensione, accepta explendi desiderii sui occasione, de elevatione sancti ejus corporis cœpit agere apud eos quorum hoc erat auctoritatis. Denique domni Lietardi abbatis voluntate consulta et benedictione percepta, ad impetrandam super hoc episcopi Leodicensis auctoritatem ipse ab eo suscepit legationem.

3. Currum Dei tunc Leodii aurigabat domnus Otbertus, æcclesiæ suæ inter prædecessores suos satis commodus. Qui ubi bonam bene desiderantium voluntatem audivit, discussa et comperta rerum veritate, justa petentibus assensum dedit, gaudens tempore suo per Dei misericordiam revelatum, unde omnis mundus a necessitatum pondere se sentiret relevatum. Ab domno Henrico, loci nostri archydiacono, causa defertur Frederico Coloniensium archiepiscopo. Confert ille in synodo generali, quid esset agendum super negotio nobis speciali, et ex consilio libens annuit, quod annuendum fidelis nostræ partis fautor innuit. Ita [890] divinitatis agente clementia, cum omnia cederent ex sententia, domnus noster episcopus eo erga nos factus est promptioris animi, quo in hoc se gaudebat habere assensum et auctoritatem etiam sui metropolitani. Denique ad hujus negotii executionem ipse cœpit insistere, quem in assentiendo unde consultus fuerat, pre nimio gestientis animi desiderio vix sperabamus persistere. Hoc enim crebri ad eum nostræ legationis excursus, hoc agebant voluntatis ejus indices ad nos recursus.

4. Postquam autem per crebra nostræ legationis internuntia, diversa de hac re data sunt et accepta responsa; domnus abbas Lietardus jam per se statuit curare, quod aliis totum curandum videbatur commisisse. Ergo licet fractus ætate senili, se ipsum impendens grandioris viæ labori, Leodium properat (an. 1110) quodam ut ita dictum sit alleviatus vehiculo boni desiderii. Ibi tam episcopum quam archydiaconos, tam abbates quam universos æcclesiasticæ rei publicæ conveniens præpositos, petiit ut ab eis unanimiter diffiniretur, quando conceptum fidelibus animis votum compleretur. Quod et factum est. Sane quoniam ad tanta [891] novæ salutis gaudia non facile posset evocari semota fidelium populorum frequentia, placuit ut nono Kalend. Octobrium die

VARIÆ LECTIONES.

[885] vox postea ab alio mutata in secundi 1. [886] FINIT addunt 2. 3. [887] Sequitur compendiosa relatio elevationis corporis ipsius sancti confessoris 3. Exultemus usque agnovit desunt ibi. Historia elevationis deest in 1. 4. 5. [888] magnificante 3. [889] munificentia 3. [890] Ita — recursus desunt 3. [891] tante 2.

sancti corporis elevatio fieret, eo quod pridie in martyrio sanctorum Thebeorum specialiter nobis sollempni, satis ingens populus et indicti commercii et votivæ orationis causa, in hunc locum conveniret.

5. Domnus abbas Lietardus in his quæ sibi bene vel dicta vel facta sunt lætatus, hujus læticiæ participationem ad nostram detulit expectationem. Monuit deinde ut desiderata boni patroni sollempnia debita nostræ devotionis prævenirent munia. Nanque ad prosperandos a Deo hujus rei successus ex episcopi mandato jejunium indixit, quod ipse una nobiscum eo devotior quo sollicitior perfecit. Jamque effulserat dies illa, cælo terræque festiva, cælo pro compare designato, terræ pro patrono sibi assignato. Aderat utriusque sexus plebs innumerabilis, quos undecunque advocaverat amor et honor sancti confessoris. Convenerant etiam plures abbates et archidyaconi, et alii æcclesiasticæ religionis tam auctores quam discipuli, quos ad cælestis thesauri compositionem invitaverat auctoritas domni episcopi et religiositas tractandæ rei. Quorum devotis obsequiis sancti corporis margaritum elevatum de loco sepulturæ, in proximam agri planitiem est deportatum, expectantibus populis demonstrandum.

6. Interea pro re et tempore habito ad populum sermone, cum omnibus satis factum esset pro sua expectatione super sancti corporis visione, sanctus confessor Wicbertus ab omnibus veneratur, a pluribus votiva vel spontanea oblatione muneratur. Inde ad loci nostri tutelam et salvationem, cum feretro ad [892] hoc fabrefacto in placitam sibi æcclesiæ nostræ Gemmelacensis repositus est mansionem [893]. Multis denique fidelium non satis visum est, quod eis hujus diei gaudio participari datum est, nisi aliquid reliquiarum singuli ut petierant accipere mererentur, unde ab eis cruces, altaria, vel etiam integra oratoria dedicarentur. Quanta vero fuerit hujus diei lætitia, quæ in Domino lætantium et exultantium gloria, quia nemo ad dicendum potest sufficere, bonum est silere quam parum dicere. Immo quia promptiora sunt testimonia rerum quam verborum, de ea credatur innumerabili turbæ fidelium populorum, quos ad anniversarium suæ ipsius elevationis diem, gratia sancti confessoris invitat, et semper ut credimus invitabit per novam miraculorum operationem. Facta est autem celebritas hujus elevationis, anno quarto Heinrici quinti hujus nominis imperatoris, qui est 1110 ab incarnatione domini Salvatoris.

7. Hujus elevationis dies tanto est signorum privilegio commendatus, ut non humana temeritate, sed divina ordinatione credatur esse dispositus. Cum enim in eo quem prescripsimus loco, expositum sancti corpus spectaretur a populo, apparuit quibus videre datum est signum crucis in cælo super ipsum locum, quod videbatur orbe splendente circumfusum. Rerum ut creditur mysterio insinuante, ut quia communis hostis hoc signo victus est Christo triumphante, per hujus patroni merita supplices ejus erui sperarent ab inimicorum visibilium et invisibilium potestate. Et quia semel inimicorum mentio facta est, pretereundum non est, quod in honorem et amorem sancti confessoris tot inimici inter se homines ad gratiam redierunt, quot hi qui aderant nunquam sua memoria redisse viderunt. Unde salvo privilegio dominicæ nativitatis, angelicum illud carmen aptandum est gratiæ hujus nostræ festivitatis : *Gloria in excelsis Deo, et in terra pax hominibus bonæ voluntatis* (*Luc.* II, 14). Quomodo enim non detur gloria in excelsis Deo, qui sanctum suum apud se glorificatum in cælo, coram hominibus glorificavit crucis ostensæ signo? Consequenter etiam in terra pax hominibus bonæ voluntatis esse debet, quibus divinitas in omnibus vel offensis vel necessitatibus tantum apud se intercessorem prebet. Ad cujus meriti commendationem non immerito factam crediderimus crucis demonstrationem, quippe quem scimus propter Deum expedite sequendum, se ipsum sibi abnegasse, et crucem suam, hoc est carnis suæ mortificationem, post Christum tulisse. Denique et orbis ille qui apparentem crucem visus est circumfulsisse, non indecenter estimatur coronæ significativus fuisse, quam iste sanctus pro suis justis laboribus creditur a Deo meruisse. Cur autem hoc signum alii viderint, alii videre non meruerint, non ad nostrum de aliquo prejudicium, sed ad divinum de omnibus pertinet judicium. Deus enim judex justus, etiam hoc tempore judicat de quibusdam hominibus, et istos misericordiæ suæ consolatione dignos, illos penitus ducit indignos. Istos, quia quod rectum est agunt, et si adhuc errant, nichil ex obstinatione, sed ex ignorantia et simplicitate faciunt; illos, quia viventes et videntes in ignem vadunt. Unde credendum est et dicendum, quod Deus hoc signo sanctum suum propter illos glorificaverit, quos de eo non perfide sed more humano dubitare viderit, ideoque illud vidisse multos dubitantium, paucos sanctitatem ejus credentium, neminem virtutibus ipsius invidentium.

8. Quid autem dicemus de muliere quæ, cum oportuno loco staret, elevata in conspectu populi sancta pignora non potuit videre? Nimirum quod in occulto divinitatis judicio ejus causa talis erat, ut indigna esset videre, quod omnium aspectibus expositum fuerat; se ipsam tamen ipsa conveniens, et nichil preter peccata sua visibus suis obstare cognoscens, tamdiu apud se Deo humili satisfecit

---

VARIÆ LECTIONES.

[892] ad h. f. desunt 2. [893] *hic desinit* 3, *his verbis* : Hucusque sancti viri elevatio. *Sequuntur privilegia Ottonis et Benedicti VII, postremo relatio de combustione monasterii.*

oratione, donec perfrui mereretur sanctarum reliquiarum visione.

9. Nec minus miraculo dignum est, quod in altera muliere factum est. Haec dum ad nova hujus diei gaudia cum populi venisset frequentia, desiderium fideli apportavit in pectore, ut aliquam portiunculam sibi reportaret de sancti confessoris corpore. Expositis igitur ut dictum est ad videndum sanctis pignoribus, astabat ipsa cum astantibus, et tanto ejus desiderium augebatur, quanto augmenti causa videnti proponebatur. Quid igitur ageret, quo se verteret? Non erat ea persona, quae de tam precioso munere quenquam interpellare presumeret, vel cui interpellanti quisquam impertire auderet. Quia igitur de humano adjutorio illam omnimoda occupaverat desperatio, Deum precordialiter orabat ne fraudaretur a desiderio suo. Dum autem A soli Deo causam suam revelaret, utque exaudiretur indeficienter oraret, mirum dictu, in manibus suis quas supplices in caelum porrexerat, subito invenit quiddam reliquiarum quas tantopere desiderabat. Quod unum dentium sancti confessoris fuisse proditum est ab eis quos rei testes contigit esse [894].
Ecce qualiter uno die et loco quatuor miraculis sanctus pater noster Wicbertus glorificatus est a Deo. Uno per crucis in caelo demonstrationem, altero per inimicorum hominum reconciliationem, tertio in muliere cui et clausi et aperti sunt oculi carnis, quarto in exauditione alterius etiam mulieris. De quorum miraculorum gloria, hodie a Deo in tali patrono nobis concessa, nichil dicere, nichil dignum possumus retribuere, nisi ut haec Dei opera Dei fateamur esse miracula, qui in sanctis suis gloriosus vivit et regnat in saecula saeculorum. Amen.

MIRACULA S. WICBERTI

AUCTORE ANONYMO [895]

PROLOGUS SIGEBERTI IN MIRACULIS SANCTI GUIBERTI.

Dicit Sapientia: *memoria justi cum laudibus, nomen impiorum putrescet* (Prov. x, 7). Verum esse quod dicit Sapientia testantur etiam nostra tempora, quae cum laudibus Dei recolunt memoriam justi, sancti scilicet Wicberti, qui fuit fundator Gemmelacensis coenobii. Non enim computruit nomen ejus per tot annorum curricula, per quem nomen Domini benedicitur et benedicetur in saecula. Anno siquidem incarnati Jesu Christi 1099, qui est 157 a transitu ejusdem sancti Wicberti, refloruit memoria nominis ejus per novam miraculorum gratiam declarata. Quamvis bonae vitae aestimatio non constet in ostensione miraculorum, sed in virtute operum, tamen miracula per sanctos viros divinitus ostensa sunt bonorum operum testimonia. Nec frustra Paulus apostolus ait: *Signa non dantur fidelibus, sed infidelibus* (I Cor. xiv, 22). Quanti enim valuisset fidei praedicatio, nisi ad praedicationem accessisset miraculorum ostensio? Cum ergo Deus per sanctos viros signa et prodigia operatur, revera infidelitas hominum increpatur, quod sancti viri ab eis digno venerationis cultu non honorantur.

VISIO EJUSDEM SIGEBERTI

1. Aliquos nostrum multum offendebat, multos etiam extraneorum contra nos usque ad indignationem concitabat, quod sanctus Wicbertus vir apud saeculum tantae nobilitatis, apud Deum tantae sanctitatis, nullo venerationis cultu honorabatur a nobis. Inter eos qui hac pia movebantur indignatione, erat quidam Sigebertus nomine, primus apud nos aetate et conversatione, scientia et religione. Hic circa venerationem vel revelationem sancti tanto ducebatur desiderio, quanto circa adventum vel revelationem Christi antiquus ille Symeon. Unde et ad sepulchrum ejus locum compunctionis sibi statuerat, quem exemplo illius evangelicae Mariae cum aromate orationum frequentabat. Et quia erat custos ecclesiae, quanto id licentius, tanto exequebatur devotius. Erat autem summa orationis ejus, ut antequam moreretur experimento probaret, cujus vel quanti meriti esset apud Deum sanctus Wicbertus. Quadam igitur nocte ex consuetudine oravit, ibique cibatus pane lacrimarum et debriatus calice compunctionis, fessa membra quieti dedit. Vix obdormierat, cum ecce delectatur visione mirifica. Videt in ipsam aecclesiam quasi solito festivius apparatam, solito clarius illuminatam, innumerabilem intrare frequentiam, quam insignabat vel episcopalis auctoritas, vel clericalis dignitas, vel abbatum monachorumque religiositas. Tunc velut ad agendam synodum sedes ponuntur, et ad dicendum in sedibus personae componuntur. Postquam super aecclesiasticum statum satis competenter est tractatum convenienterque diffinitum, ait quidam senior: *Cum de aliis causis pro quibus convenimus satis sit actum, de causa illa speciali pro qua in hoc devenimus loco, nulla adhuc facta est mentio, scilicet de fratre nostro Wicberto*. Quidnam, inquiunt alii, tractaretur de eo, quam quod definitum est coram Deo, qui jam mirificavit eum apud se et apud nos, et iterum mirificabit eum apud saeculum in proximo?

VARIAE LECTIONES.

[894] *hic desinit* 3b. [895] *haec desunt in* 1. 2b. 3b, 4, 5

Vadam, inquit senior ille, *et hoc ipsum fratri illi curabo intimare, qui hujus rei gratia nos inquietat die ac nocte.* Et accedens ad Sigebertum — stabat quippe eminus expectans rei exitum — : *Comprime*, ait, *suspirium, exhilara vultum et animum : complebitur in bonis desiderium tuum. Mirificavit Deus sanctum suum, et iterum mirificabit eum.* Quibus dictis, solutum est sanctum illud concilium. Sed quia animo cupienti nichil satis festinatur, domnus Sigebertus huic visioni minus gratus, minusque credulus, iterum soporatur, et iterata visione non jam delectatur, sed corripitur. Videt sanctos proceres sicut prius consedentes et colloquentes, severiori et velud indignabundo vultu in se respicientes, illumque suum seniorem non jam sibi blandientem, sed durius increpantem. *Cur*, inquit, *quod tamdiu desiderasti tam difficulter credis, et quod tibi ipsi non expedit, ingratus es dono tantæ visionis? Quod dixi dico, et quod dico, a Deo dico :* ‹ *Mirificabit Deus sanctum suum, et iterum mirificavit eum.* › *Si credis crede, videbis in proximo te non frustra credidisse.* His verbis territus domnus Sigebertus, lecto exilit, et ad tumulum sancti patris recurrit. Ibi quantum gratiarum Deo reddidit, solus ipse Deus testis fuit. Et ex illa hora certus de Dei misericordia et sancti Wicberti gloria, cœpit cum habere jam in majori reverentia.

2. Ventilabro quadragesimalis observantiæ purgabatur area sanctæ æcclesiæ, quando seniorem nostrum tali contigit illustrari revelatione. Et quia propediem instabat tempus desiderabile, tempus illud de morte Christi venerabile, gloriosum de resurrectione, ibi fixit anchoram suæ intentionis, quod si quid divinitus novandum esset circa memoriam sancti confessoris, illo potissimum fieret tempore, quo leguntur multa corpora sanctorum surrexisse et multis apparuisse, in testimonium dominicæ resurrectionis. Ideoque quasi nichil esset quicquid ante fecerat, quicquid jejunaverat, quicquid vigilaverat, quicquid oraverat, ad majora se excitat, et pre oculis habens divinæ promissionis oracula, quanto de veritate promittentis erat certior, tanto in illa quam sperabat die volebat inveniri paratior. Verum non sicut ipse cogitabat — Dominus enim novit cogitationes hominum quoniam vanæ sunt — sed sicut Deus disposuerat factum est. Jam ergo transierat non solum dies illa de Christi resurrectione celebris, quinimmo et illa de ejus promissione, id est adventu sancti Spiritus expectabilis, et infra tale tantique tempus mysterii, nichil novi contigerat circa sepulchrum sancti. Videre erat senem nostrum domnum Sigebertum in hac expectatione deficere, mori malle quam vivere, se reum, se stultum judicare, quasi qui se dignum æstimaverit, quem Deus dignaretur sua revelatione. Sed qui humilibus Deus dat gratiam, cito consolatus est ejus diffidentiam per talem rerum et miraculorum consequentiam.

3. [a] Ad oppidum Deonantum (905) confluebat undique magna populorum frequentia, eo quod ibi per memoriam genitricis Dei Mariæ declarabatur multa miraculorum gratia. Et quia ibi aliquibus reddebatur optata sanitas, multos ibi jacere faciebat spes recuperandæ sanitatis. Venerat illuc inter alios quædam puella nomine Hersendis, quæ per infirmitatem visu oculorum privata, poscebat, et ipsa sanitatem sibi conferri a genitrice Dei. Sed quamvis meruerit remedium, meruit tamen recuperandi remedii consilium. Ammonita est enim in somnis venire ad Gemmelacense monasterium, quia ibi non deesset sibi sanitatis remedium. Venit ergo die dominica ante martyrium apostolorum, et cum multis lacrimis orans, ostendebat cordis sui affectum. Sed quia nesciebat quo se verteret, vel cui causam suam aperiret, pre merore cordis et dolore corporis tota ebdomada lecto decubuit. Vespere sabbati ad æcclesiam rediit, causam suam aperuit, et ut liceret sibi pernoctare in æcclesia vix obtinuit. Ad tumulum sancti Guiberti deducta, ibi pernoctavit, et quam devotius potuit sanctum Dei pro se ipsa interpellavit. Nec frustra. Diluculo enim surgens a sancti tumulo, mox ut exivit ab æcclesiæ ostio, *Gratias*, inquit, *tibi, o Deus, ago, quia videc lumen cœli, quod multo tempore non vidi.* Hæc prima miraculorum gratia lætificans animos fidelium, commovit omnes ad laudandum Dominum.

4. Fama de nomine sancti Guiberti etiam mare transivit, et Angliam illustravit. Cujus rei hæc fuit causa. Quidam Gemmelacensium Hetheannus nomine ad Angliam venerat causa negotiandi. Ejus caballus infirmabatur, Iesus quippe fuerat cum a navi extraheretur. Utile visum est sociorum consilio, ut apposito fleotomo infirmum equum recrearet sanguinis minutio. Apposito fleotomo sanguis fluebat, sed fluxus sanguinis modum excedens, nullo modo reprimi poterat. Multi negotiatorum, multi quoque Anglorum concurrunt ; multa dicunt, multa faciunt, quæ ad reprimendum sanguinis fluxum prodesse solent. Quæ omnia cum hic nichil valerent, ille cujus erat equus recurrens ad notum sibi præsidium : *Sancte*, inquit, *Wicberte, qui michi te invocanti consuesti adesse, ecce in tuo nomine denarium superpono effluenti venæ.* Dixit et imposuit, et in ipso dicto fons sanguinis stetit, nec ultra effluxit. Angli pre omnibus super hoc mirati, requirunt de nomine et merito sancti Wicberti, et discentes esse propitiabilem invocationem nominis ejus, assueverunt invocare eum in suis necessitatibus.

5. Et quis dubitet dignum esse miraculo, quod per invocationem sancti Wicberti operatus est Deus in liberando Everelmo? Hic Everelmus genere nobilis, usu etiam militiæ non ignobilis, captus a nepte

VARIÆ LECTIONES.

[a] *hoc caput mutatis ultimis sententiis extat et in* 2[b].

NOTÆ.

(905) Dinant.

sua Petronilla comitissa, in castello quod vocatur Gocileis (906) vinculatus sub tuta jacebat custodia. Et quia nepos suus erat suspectus sibi et omnibus pro robore corporis sui et industria animi, nullius precatu vel hortatu potuit Petronilla flecti, nec comitis nec ipsius ducis respectu potuit moveri, ut acceptis obsidibus tam diu absolveret Everelmum, donec res et causa referretur ad audientiam patriotarum. Desperans ergo de humano auxilio, causam suam commisit Deo, et ponens spem suæ liberationis in sanctorum Dei patrocinio, apostolorum principis Petri auxilium expetebat, cujus ecclesiam Petronilla propter se capiendum incenderat. Cum in ejus pietate diu totus penderet, vidit tandem in somnis quod ipse apostolus Petronillam compellaret, ut se obside accepto Everelmum ad tempus absolveret. Quod cum ab ipsa impetrare non posset, indignabundus apostolus redibat, precipiens Everelmo ne causam suam turpi condicione pejoraret. Cum interim nulla daretur ei pœnarum remissio, et ideo flagraret majori querendæ salutis desiderio, hoc etiam intendit animo, ut sanctum Wicbertum invocaret attentius, cujus efficacem pietatem in liberandis captivis audierat predicari a pluribus. Satisfaciens huic desiderio, eum invocabat cum voto. Neque hoc satis sibi fuit, sed uni servorum suorum aperiens cor suum, precepit ut ad tumulum sancti Wicberti iret, suumque ei votum præsentialiter offerret. Venit servus, votumque domini sui obtulit sancto Dei quam potuit devotius, et cur venerit, quid voverit, notificavit quibus voluit. Tertia abhinc nocte intendit Everelmus rem impossibilem homini incipere, meritis sancti Wicberti, cooperante sibi illo cui nichil est impossibile. Quod hoc sine Dei auxilio impossibile fuerit homini, facile patet sapienti. Locus in quo carceratus jacebat, uno tantum pariete a lecto Petronillæ distabat. Quia enim custodiam hujus nulli omnino credebat, eum in tam vicino sibi loco locaverat, ubi si aliquis quantumcumque loquendo mussitaret, vel aliquid fragoris faceret, hoc ipsa arrectis auribus præsentiret. Boia (907) autem tam convinctim constringebat undique utrumque captivi pedem, ut nullam omnino haberet eundi facultatem. Quis enim convinctis et immotis pedibus incedat? Sed nec facultatem habebat movendi se de loco ad locum, nisi aut natibus et manibus se trahendo, aut manibus et genibus reptando. In crepidine loci illius jacebant duo ligna, non casu vel creditus ibi projecta, sed divino nutu illi oblata. Aggressus itaque naturam vincere industria, multo labore cavata manibus terra, infixit terræ ipsa ligna, et oportune cœpit repedendo manibus et genibus ascendere, et tam laboriose superata lignorum altitudine, nitebatur laquear domus attingere. Et revulsa una laquearis tabula, ad superius tabulatum domus jam pervenerat. Quæ omnia cum non potuerint fieri sine aliquo fragore, tamen nichil horum aliquis in domo quiescentium potuit audire. Everelmus se reptando trahens ad domus fenestram, nisu quo potuit se jecit in illam. Hic certe opus fuit illi invocare Deum et sanctos Dei, et frequentare nomen sancti Wicberti, cui commiserat summam inceptæ rei. Fenestram enim tam angustam esse invenit, ut nullo modo vel ultra procedere vel retrocedere potuerit. Rem miram non meis sed ipsius Everelmi verbis dicam. Post invocationem Dei et sancti Wicberti, aut fenestram ita ampliatam, aut corpus suum ita attenuatum esse obstupuit, ut facultatem vel procedendi vel retrocedendi ad plenum habuerit. Et quia retrocedere erat illi odiosum, animavit se ad procedendum, et mappula linea ad fenestram affixa, per eam se quamvis periculose dejecit ad terram. Cum tali periculo egressus domo, et expertus quia nunquam vincitur periculum sine periculo, addixit se non minori periculo, scilicet ut exiret de alto castelli muro. Quomodo vinctis pedibus et ponderosa catena gravatis ascenderit altitudinem muri, ne mirari quidem potest aliquis nedum explicare verbis. Est quidem nimis ammiranda tanta fortis viri constantia, est satis laudanda tanta prudentis viri industria. Sed non multum profecisset fortitudo humana sine divino auxilio, nec multum valuisset humana industria sine divino consilio, et ideo omnia sunt digna miraculo. Quoquomodo igitur ascenso castelli muro, Everelmus extractam camisiam suam muro affixit et per illam quoad potuit se traxit deorsum, deinde cadendo humum attigit, et quasi truncus teres volutus in aggeris profundum, etiam inde mirabiliter erepsit. Tandem contingens planitiem campi, jam habebat libertatem abeundi, sed non habebat facultatem eundi. Et tamen nunc natibus se trahendo nunc genibus repedendo prout poterat, desiderio suo satisfaciendo, expertus est quia audentes Deus ipse juvat. Hoc modo proximam silvam pertransivit. Sed timere cœpit vir sagax et industrius, ne forte inveniretur a querentibus, si vestigia sua deprehenderentur ab indagantibus canibus. Hoc timore vires animi et corporis colligit, et saltibus uti cœpit, et tercio saltu se in præterfluentem fluviolum transjecit, et limosa ripa manibus suis cavata, in ea totum diem latuit. Videbat propter se quærendum hac illac circumcursantes, videbat canes odorisequo habitu vestigia sua indagantes, videbat et audiebat mulierculas juxta se herbam colligentes, nec tamen ullo modo spem salutis suæ deponebat. Jamque die clauso, qui periclitanti videbatur esse longior toto anno, et instante noctis crepusculo, erat videre et audire quam multi Everelmum undique ventilabant cornibus, quam multi discurrebant ubique cum laternis et facibus, quam multi eum per silvam venabantur indagantibus canibus. Erat omnis via obsessa, erat omnis

NOTÆ.

(906) An Gottendeys, castellum Mechliniense.   (907) I. e. catena.

semita interclusa. At Everelmus in Deo et sancto Wicberto confisus, usque ad galli cantum jacuit spe sola animatus. Gallo vero canente, accinxit se animi fortitudine, et surgens volebat abire. At Jesus, qui canente gallo Petrum lacrimantem respexit, canente gallo etiam Everelmum lacrimando orantem respexit, et quia eum pietatis oculo respexerit, hoc primum judicium fuit. Canente gallo, unus Everelmi pes solutus est a boiæ vinculo, eamque partem boiæ alligans cruri suo invasit viam felici auspicio, semper sanctum Dei Wicbertum invocando. Frustratis ergo omnibus se quærentibus, ibat tota nocte Christo duce tutus, sancto Wicberto subsidiante securus. Et mane veniens ad Fraxinensem æcclesiam propter se capiendum a Petronilla incensam, gratias egit sancto Petro, qui se vadem obtulit Petronillæ pro eo absolvendo. Et non ingratus sancto Wicberto cui post Deum summam suæ absolutionis commisit, oportune ad ejus tumulum venit, et ad testimonium divinæ virtutis boiam cum lacrimis exultationis tumbæ ejus superposuit. Quam qui videt, gratias Deo referre debet, quod sanctos suos ita glorificat.

6. Mulier oriunda de villa nostræ fraternitatis Brania, nimio dolore dentium multo tempore jacuit afflicta. Et invocans nomen sancti Wicberti, affectuose implorabat ut sibi dignaretur auxiliari. Nec id frustra fuit. Mitigato enim dolore, experta est nomen sancti Wicberti se invocantibus esse propitiabile. Ergo ad indicium consecutæ medicinæ fecit ceream gengivæ ad similitudinem humanæ gengivæ, eamque ad tumulum sancti Wicberti detulit cum gratiarum actione. Omnia recensere singillatim, et singula replicare seriatim, est difficile, nec est multum utile. Ideo de multis aliqua breviter conscribuntur, ut ex paucis multa esse veraciter probentur.

7. Hasbania lætificata uno et altero sancti Wicberti beneficio, illustrata est etiam tertio ejus miraculo. Diem festum pentecostes populus sollempnizabat, et vergente sole ad occasum, vespertinam sinaxim æcclesia celebrabat. Et ecce quidam parentum suorum manibus sustentatus venit, et sequente populo ad tumulum sancti Wicberti deductus, boiam magni ponderis tumbæ sancti superposuit, et cum lacrimis exultationis gratias Deo et sancto Dei egit. Interrogatus quis esset, unde esset, quis eum captivasset, quomodo evasisset, omnia seriatim exposuit : *Ego, inquit, in villa Hasbaniæ quæ vocatur Pellonias degebam, et pro mediocri rerum mearum copia, me strenue agebam. Sed quantalibet assit homini felicitas, non abest ei aliquando adversitas. Michi enim insidiatus quidam prædo nomine Petrus, me captum inclusit in castello quod dicitur Wanga* (903). *Ego summam redemptionis meæ taxabam secundum meum posse, sed ille illam taxabat secundum suum velle. Et hæc inter me et illum dissensio fuit michi gravioris mali occasio. Postquam enim cœpit illam lædere super longa dilatione redemptionis meæ, quam graviter in me exarserit, ex hoc uno intelligi poterit. Non contentus esse constrictos pedes meos hac gravi quam videtis boia, pollices et conbinatos utriusque manus meæ digitos artissime constrinxit arcuali corda. Qua pœna quæ potest esse gravior angustia? Ego tot malorum pertesus, dominica nocte post rogationes cum corde meo locutus, sanctum Wicbertum quem solebam invocare frequentius, modo invocabam devotius. Et erumpentibus lacrimis de profundo cordis, his orabam verbis : « Sancte Wicberte, quem omnes experimento credunt esse tam pium et tam exaudibilem, cur ita obduruisti contra me peccatorem, te præ omnibus sanctis fiducialiter invocantem? Tantæ me coartant angustiæ, ut jam ex desperatione timeam periculum animæ meæ, nisi digneris jamjamque michi subvenire. » Cum taliter orarem, tantum in loco in quo jacebam sensi esse calorem, ut putarem juxta me accensam fornacem. Et concussus magno horrore, tanto omnium menbrorum meorum perfusus sum sudore, ut nunquam sic exæstuarim pro aliquo calore. Cum inde et corde et corpore anxiarer, cœperunt dissolvi colligati manuum digiti, et paulo post cœperunt etiam laxari boiæ pessuli, et gratias Deo et sancto Dei, usus manuum et pedum redditus est michi. Et oblitus omnis doloris, nec timens quinque custodes qui circa me jacebant, quos etiam vigilare putabam, cœpi abire cum spe securitatis. Emotus cardo ostii tantum emisit stridorem, ut michi ipsi magnum pavorem, et omnibus in domo quiescentibus gravem incusserit horrorem. Veneram ad septum castelli. Hic certe omnis spes excidit michi. Quid enim facerem? Redire non audebam; quomodo de septo castelli exirem nesciebam, quia nichil consilii, nichil virium erat michi, ut quoquomodo quærerem aditum exeundi. Cum starem ibi attonitus pavore, cœpi sanctum Wicbertum invocare, et imputans ei fugæ meæ causam, lacrimans dicebam : « Decepisti me, sancte Wicberte, et deceptus sum, qui, dum fugio damnum rerum mearum, incurri mortis periculum. Si hic inventus fuero, nulla erit michi ultra redemptio. Sed tu, sancte, perfice quod cœpisti, quia tibi soli post Deum causam meam commisi. » Cum hæc mecum agerem, sensi quasi sonum alarum avis circa me volitantis, et cum pavore quo tremebam etiam horrore concussus, stabam extra me positus, et a sensu meo alienatus. Testor Deum, testor sanctum Wicbertum, me nescire omnino quid interim michi contigerit, scilicet quomodo trans septum castelli positus sim, quomodo præcipitium aggeris evaserim. Quod ad me reversus ubi intellexi, non potest dici vel credi quantum stupui et adhuc stupeo. Invasi tamen viam, jam spem bonam portans mecum. Audiebam familiam castelli perstrepentem, et me cum cornibus et facibus et canibus quærentem. Videbam canes me indagantes, qui me viso obmutiscebant et quasi baculo percussi retrocedebant. Super his gra-*

NOTÆ.

(903) Wange, in districtu Landensi.

tias agens Deo et sancto Dei, prout poteram eundo noctem explevi, et insperato mane ad domum meam veni. Et quia prohibente dolore corporis huc statim venire non potui, ecce octavo absolutionis meæ die venio ad referendas gratias Deo et sancto Wicberto. His auditis, laudabant omnes Deum in sancto ejus, laudabant Deum in virtutibus ejus, laudabant Deum in cimbalis jubilationis, et personabat æcclesia in laudibus sanctæ Trinitatis.

8. Post decessum bonæ memoriæ domni Lietardi abbatis (an. 1115, Febr. 4) multæ et magnæ adversitates occurrerunt nobis, quibusdam familiæ nostræ neglecta ecclesiæ jura sibi vendicantibus, et in nos nostra reclamantes quasi sua calumpniantes dure vindicantibus. Quam tragediam quia satis cantata est in mundi theatro hic referre supersedeo, cum proprium locum desideret ejus plena relatio. Igitur ad discernendam ab hominibus iniquis causam nostram dux Godefridus Lovaniensis Gemblaum venerat, ubi magna tam optimatum quam satellitum [897] ejus frequentia convenerat. Corpora sanctorum Exuperii martiris Maclovi et Wicberti confessoris in medio ecclesiæ terratenus jacebant, ut quia peccatis obstantibus exaudiri non merebamur in tribulatione nostra, per hanc sanctorum satisfactionem reconciliaretur nobis Dei misericordia. Ad horum ergo sanctorum venerationem multi eorum qui convenerant ad diem illum convertebantur, præcipue ad sancti Wicberti, cujus nomen gloriosa miraculorum novitate tunc temporis celebrabatur. Inter alios quidam nobilium Henricus de Bierbais aderat, qui licet filius sæculi tamen ipsi sancto Wicberto genere proximus erat. Qui cum juxta transiret multis comitantibus: Eia, inquit, stemus, et Deum in sanctis suis adorando, parentem meum sanctum Wicbertum salutemus. Hoc dicto cœperat appropin-

quare, cum quidam juvenculus miles tam levis animo quam ætate: Dic, inquit, illi ut me adjuvet, quia hic subsistere mihi otium non est. Ille dicti levitatem abhorrens, ad orandum procubuit, male sanus autem juvenis pertransire voluit, sed divino verbere correptus non valuit. Et enim facie subito distorta, quidam menbrorum tremor et oblivio mentis eum intercepit, et labantibus vestigiis vix subsistere nedum ire posse cœpit. Oculi torvum aspicere, aures surdescere, lingua balbutire, ita ut de homine nichil jam videretur habere. Nisu tamen quo potuit ad locum usque chori perreptavit, et quendam fratrum [898] ibi sedentem videns, illi se adjungere temptavit. Horruit ille torvum hominis aspectum. sed miseratus est debilem incessum. Ita horror fugere, miseratio compellebat stare. Vicit autem miseratio, et quem horruerat primo aspectu, appropinquavit misero. Seorsum ducit hominem, quis, unde, quomodo in hanc faciem sit mutatus, quærit per ordinem. Ille exponens personam, locum, tempus, causam: Ego, inquit, Gerardus de Morealmes, hodie cum quibusdam primoribus et sodalibus meis hoc oratorium intraveram, et illis erga sanctorum præcipue sancti Wicberti venerationem devote se agentibus, devotionem eorum quibus non decuit irridere cæpi sermonibus. Eam ob causam in miserabilem quem cernis habitum me demutatum scio et confiteor, utque a sanctis, præcipue sancto Wicberto, quem specialiter offendi, veniam merear, te consulente, precor. Peccatum ergo suum humiliter confitentem frater ille corporali verbere correxit, et correcto penitentiam indixit. Adeo autem præcordialis fuit ejus penitentia, ut eam statim consequeretur venia, dum ita in juvenilis ætatis decorem ilico est reformatus, ut se sibi tam subito redditum sit miratus.

VARIÆ LECTIONES.

[897] satellum c.   [898] frm.

VITA DEODERICI
EPISCOPI METTENSIS
AUCTORE SIGEBERTO GEMBLACENSI
(Edidit Domnus Pertz, Monum. Germ. hist. Script. t. IV, p. 461.)

MONITUM

Sigebertus, cum circa annos 1027-1050 (909) natus monasterium Gemblacense sub abbate Olberto, doctrina et meritis insigni (910), intrasset (911), sub Macelino successore ejus paucos annos versatus, a Folcuino abbatis fratre, tunc monasterio Sancti Vincentii Mettensis præposito, pueris instruendis Mettas arcessitus est; et in civitate amœnissima primam ætatem exegit. Ubi positus multa opuscula scripsit (912), et humanitate, sapientia et doctrina inclaruit. Erat, ut Anselmus tradit (913), « sapientiæ fons patens, non solum monachis sed et clericis ad se undique confluentibus, nec solum Christianis, sed et Judæis in eadem urbe commanentibus erat charissimus, pro eo quod Hebraicam veritatem a cæteris editionibus secernere erat peritus, et

NOTÆ.

(909) Annos circiter 85 exegisse videtur.
(910) Cf. de eo Sigebertum De SS. ecclesiasticis, cap. 142.
(911) Sigebertus exsequias ejus a. 1048 vidit;

Gesta abb. Gemblac. Dachery edit. 2, II, 767
(912) Sigebertus De SS. ecclesiasticis c. 171.
(913) Gesta abb. Gemblac., contin. p. 768.

in his quæ secundum Hebraicam veritatem dicebant, Judæorum erat consentiens assertionibus. » Vere jam primus, quem se edidisse profitetur, liber (914), *Vita Deoderici episcopi, juvenem ostendit benevolum, pium, veri pulchrique amantem, et varia doctrinæ specie insignem, diligentem sacrarum Scripturarum, auctorum classicorum* (915), *Patrum* (916), *et sui etiam temporis scriptorum* (917), *lectorem, sedulum antiquitatis patriæ scrutatorem, scriptorem vividum, elegantem et paulo floridiorem. Delectatur enim versibus et vocibus poetarum decerptis et sententiis rhythmo et sono sibi respondentibus, ita ut vel hexametri pentametrique membra in easdem syllabas plerumque convertat. Vitam Deoderici scribendam suscepit precibus Ulrici et Ruodolfi fratrum et pietate ductus in conditorem monasterii, in quo ipse degebat* (918), *Sancti Vincentii; cui operæ quæcunque conferre possent monimenta antiqua* (919), *chartas et privilegia imperatorum et pontificum* (920), *historiam translationis reliquiarum a Deoderico in Italia collectarum a clerico ejus qui rebus interfuerat conscriptam* (921), *congesta in laudem episcopi et civitatis Mettensis concinnavit. At cum in Deoderico aliqua non levi vituperio digna haberentur, ea tamen Sigebertus, episcopum justo acrius in violatores bonorum S. Vincentii invectum dicere contentus, ne acu quidem tetigit. Quod utrum ignorantiæ an dissimulandi animo tribuendum sit, non liquet, cum Sigebertus nec a Thietmaro* (922), *in opprobrium Deoderici prolata legerit, nec eum jam tum, quum vitam Deoderici ederet, ab Alperto* (923) *circa exitum Deoderici tradita novisse constet.*

Scripsit tempore Folcuini abbatis cum consecratio ecclesiæ S. Vincentii, a. 1050 *celebrata, eorum qui interfuerunt quasi recenti in memoria hæreret* (924), *igitur intra annos* 1050-1060.

Liber ipsius manu ut videtur correctus exstat in codice sæculi XI *exeuntis, duabus columnis, littera minima exarato, fol.* 1-5. *Inde exscriptum Leibnitius tomo I SS. Brunsvicensium, p.* 293-313, *primus edidit, nosque correctiorem proponimus, indicata littera* c.) *lectione codicis, numero* 1) *manu scriptoris ipsius,* 2) *correctoris, et adjecta* 3) *varietate codicis regii Parisiensis n.* 5294 *signati, mbr. sæc.* XI, *qui historiam translationis reliquiarum a Deoderico collectarum exhibet, a Dacherio in Spicil. V, p.* 139, *editam, in altera ejus operis editione t. II, p.* 133, *a Baluzio emendatam, Waitzii vero opera cum editis jam denuo collatam.*

Nonnulla ex Vita Deoderici decerpta Sigebertus ipse Chronico suo a. 964 *et* 969 *inseruit: laudatque eam auctor Chronici episcoporum Mettensium apud Dacherium Spicil. II,* 228. *Epitaphium capiti* 21 *insertum, etiam in codice sæc.* XI, *olim collegii Claromontani, postea Meermanni, jam viri clarissimi Sir Thomas Phillipps Middlehilli in Anglia, n.* 1711 *signato, habetur, unde olim ab Andrea Duchesne descriptum, Baluzius in Miscell. IV,* 554, *edidit, et Lappenbergius noster a.* 1836 *iterum exscripsit.*

Subjicimus rhythmos in honorem Deoderici a Sigeberto compositos, quos ex autographo ejus in monasterio S. Vincentii Mettensis servato Meurisse in Historia episcoporum Mettensium, p. 529, 530, *edidit.*

RHYTHMI IN HONOREM DEODERICI.

Vita Deodrici meritis et tempore primi (925)
Hoc descripta libro, memori recitabitur ævo.
Hanc vix compegi viliique caractere scripsi
Christi pupillus Sigibertus, mente pusillus.
Hic tua, Vincenti levita, trophea relegi,
Hic, Lucia, tui reliquorum suntque triumphi,
Quorum sunt tituli seriatim prætitulati (926).
Quicquid peccavi, vobis debet reputari,
O Ulrice, tuoque simul fratri Ruodulfo,
Quos divinus amor, quos vestri [899] præsulis ardor

A perpulit invitum me cogere satque renisum,
Hoc onus invalidis ut vellem tollere membris,
Ut vobis laudem, mihi det mea culpa ruborem.
Quisnam ad mercedem vobis neget addere laudem,
Qui talem librum divinis usibus aptum
Sanctis donastis propriis propriumque dicastis?
Res minor affectu, major devotio censu [900].
Semine plura metes, in spe qui semina mittes.
Nil recipit gratis, qui dat, Deus, omnia gratis.
Laus danti, pax servanti, crux diripienti.

EPISTOLA DE VITA [901] DOMNI DEODERICI PRIORIS METTENSIS EPISCOPI.

Domno reverendo, patri venerando, domno abbati et abbatum speculo, F.... servorum Dei utinam ultimus servulus S... quæ promisit Deus se diligentibus. De gestis domini et patroni nostri Deoderici quæ veraci relatione agnoscere potui, fideliter, pro captu meo, annotare studui, ausu quidem temerario, affectu tamen voluntario. Non enim reor displicere animo fidelis echonomi, quicquid accedit laudibus sui domini. Monebat me animus hoc vestro nomini asscri-

bere, set non fuit consilium, culpa mei tardi ingenii laudem vestram deterere, quem dignitate litteralis scientiæ constat cunctis præcellere. Vos ergo, qui lectionis divinæ assidua dulcedine consuestis delectari, patiamini, quæso, gustu inculti sermonis os vestrum amaricari, ut magis vobis repetitus placeat dulcor, quem ad horam insuetus torserit amator; dum delitiosus plerumque stomacus rapula atque ascalias [902] *mavult imulas, necdum omnis abacta est pauperies*

VARIÆ LECTIONES.

[899] ita c.   [900] sensu 1.   [901] devita add.   [902] *ita corrigo;* ascidas c. *Imas ascalias tenerrimas esse, quisque novit. Leibn.* correxit acidas jurulas.

NOTÆ.

(914) De SS. ecclesiasticis c. 171 : *Scripsi Vitam Theoderici episcopi, conditoris ipsius ecclesiæ et abbatiæ; in qua etiam per digressionem laudem ipsius urbis heroico metro declamavi.*
(915) Horatii præcipue, cujus plures locos scriptis inseruit.
(916) E. g. Augustini ; v. cap. 5, n. f.
(917) E. g. Ruotgeri et Widukindi c. 1.
(918) Cap. 14.
(919) Cap. 15, 16, 17, 18, 21.
(920) C. 14, 20.
(921) C. 16.
(922) III, 9.
(923) Cujus noro in Chronico usus est.
(924) C. 22.
(925) Secundus Theodericus sedit annis 1005-1047.
(926) V. caput 16.

epuiis regum; nam vilibus ovis nigrisque est holeis [903] A displicet, mortiferum præfigite theta. Loquatur muta hodie locus. Non attendatis, quis vel quali scripserim pagina rerum seriem, nec perfundat rubore scriptoris stilo, set quid et de quo : et adhibita paternæ censuræ faciem. Bene valete. ferula, si placet, acuto veru confodite suverflua; si

EXPLICIT EPISTOLA.

ITEM PRÆFATIO SEQUENTIS OPERIS.

Laudemus, inquit Jesus filius Sirac, viros gloriosos et parentes nostros in generatione sua, qui [904] in generationibus suis gloriam adepti sunt, et in diebus suis habentur cum laudibus. Qui de illis nati sunt, reliquerunt nomen narrandi laudes eorum, et sunt quorum non est memoria; perierunt quasi non fuerint, et nati sunt quasi non fuerint; et filii ipsorum cum illis. Set hi sunt viri misericordiæ, quorum justiciæ oblivionem non acceperunt (*Eccli.* XLIV, 1, 8-10). Ecce amator sapientiæ piam patrum suorum amplexatus gloriam, merito illorum detestatur socordiam, qui oblivione vel incuria patiuntur oblitterari majorum suorum memoriam. Cum enim in memoria æterna sit justus, et memoria justi semper sit cum laudibus, profecto, sicut bonis operibus paratur animæ justi beata immortalitas, ita etiam per bonorum operum memoriam paranda est nomini ejus gloriæ longævitas. Si ergo his [905], qui dederit calicem aquæ frigidæ tantum in nomine justi, mercedem suam non perdet : et ille, credo, mercedem justi accipiet, qui laudes justi vetustate senescere vel oblivione sepeliri prohibet; quia procul dubio ad laudem Dei spectat, et mercedem justi accumulat quod integritas vitæ eorum alios suo exemplo ad bonum invitat. Quocirca solent multum multi conqueri; alii, quod vitam prædecessorum suorum, alii, specialium patronorum suorum ita penitus aboleverit oblivio, ut præter [906] nomen, et præterquam quod eos in diebus suis constat placuisse Deo, nulla rerum gestarum fiat mentio, ut per eos nomen Dei benedicatur, qui omnia in omnibus operatur. Hæc eadem conquestio nos super [907] domino et patrono nostro Deoderico magis magisque sollicitabat in dies; quia opera ejus multa et magna sic pene consumpserat oblivionis caries, ut lignum vermes, vel sicut tinea vestes. Quam sollicitudinem a majoribus relictam nobis, transmittere posteris nostris non debemus; set ea curiosis oculis inquirentes, præ- B stante illo, qui linguas infantium facit disertas, stilo certitudinis enucleare temptabimus. Probemus ergo devotionem erga patronum nostrum; offeramus oblationem nostram ei, qui vere erat Dei templum; et si non habemus puritatis aurum, eloquii argentum, munditiæ byssum, geminæ [908] dilectionis coccum his tinctum (*Exod.* XXXV, 6), saltem de pilis caprarum texamus sagum cilicinum, vel ad operiendum corporis ejus tabernaculum [909], vel saltem ad tumuli ejus pulverem extergendum.

INVOCATIO

Ingressuri ergo viam, ut veniamus ad narrandam C veraciter justi viri vitam, ejus, qui via, veritas et vita est, invocemus gratiam, ut qui lacte pascit edentulos, nos doctrinæ suæ pascat edulio, et sapientiæ suæ erudiat alloquio.

domine Christe deus omnipotens princeps sine
[*principio*
Kyrie [910], Christe, theos, pantocraton, archos, anar-
[chos,
Sis mihi principium, dux, via, præsidium,
Ut valeam per te, condigne scribere de te.

Pendet mens a te; quis quid erit sine te
Laudatis sanctis, laudatus sanctificaris;
Et justi quid honor? justificantis amor.
Prædico sanctorum sanctum, cum prædico sanctum;
Pulcri laus operis, laus erit artificis.
Ecce repono tuum tibi sanctum Deodericum;
Adsis una Trias, animæ trina monas.
Vix muttire queo, mutum precor os aperito
Ipse doces asinam, quæ doceat Balaam.
Naturæ tibi lex non obstat, legifer exlex;
Nempe sequens nutum, nescit habere statum.
Tu linguans mutos, elinguans atque disertos,
Cordis tange petram, petra refundet aquam.

INCIPIT VITA DOMNI DEODERICI EPISCOPI MAJORIS

CAPITULUM 1. *De nobilitate generis ipsius.* Igitur virum D comite Everardo patre et Amalrada [912] matre accepimus [911] vitæ memorabilis et memoriæ venerabilis Deodericum, ex pago Saxoniæ Hamalant (927) oriundum, progenitum, orbis ad ornatum quem vere credimus ortum (928). Alius fretus ingenio ab ipsis ordiretur

VARIÆ LECTIONES.

[903] *i. e.* oleribus. [904] q. et in 1. [905] *i. e.* is. [906] præterquam 1. præter 2. [907] semper 1. [908] genuinæ? *ita gemina apud Thietmarum sæpius occurrit; cf.* SS. III. 859. — gemmæ *L.* [909] vel s. ad t. ejus manu 2. [910] Kyrrie c. [911] verum 1. [912] *ita Leibn. bene correxit, cf. cap.* 21. AMALRABA *c.*

NOTÆ.

(927) In utraque ripa Isalæ. (928) Versus hexameter.

cunabulis narrationis telam; laudaret docilem puericiam, magnificaret mactæ indolis adolescentiam; ubi ventum esset ad Pytagoricæ litteræ bivium, mundum cum blandiciis suis abigeret sinistrorsum; animum vero justi, tendentem ad propositum immortalitatis bravium, ageret angusto calle dextrorsum. Quid plura? per singulos gradus ætatum disponeret in corde ipsius ascensiones virtutum. Nos, quoniam viribus diffidimus, quoniam ad propria dicenda vix sufficimus, communia prætermittimus, et quoniam brevitati studemus, solam morum honestatem et natalium nobilitatem in eo prædicare contenti sumus. Et illam quidem nobilem morositatem multiplicabat[913] in dies divinæ cooperationis præsentia; religiosam vero generositatem attollebat cognatorum et affinium ejus, primatum scilicet Galliæ et Germaniæ, eminentia, et insuper imperialis consanguinitatis cumulabat magnificentia. Matrem nempe ejus scimus Mathildis reginæ fuisse sororem, quæ ex Heinrico rege genuit Ottonem majorem et Heinricum ducem, eorumque fratrem multa laude dignum Brunonem, qui ita inter omnes temporis illius emicabat mortales, velud inter ignes luna minores (HORAT. Od. 1, 12). Hæ vero erant (929) filiæ Thiadrici ducis, quarum fratres erant Windukin, Immed et Reinbern. Reinbern autem ipse erat, qui pugnavit contra Danos, multo tempore Saxoniam vastantes, vicitque eos liberans patriam ab illorum incursionibus; et hi erant stirpis magni ducis Windukindi, qui bellum potens gessit contra magnum Karolum triginta ferme annos. Porro Brunonem, quem supra nominavimus, tanta meritorum prærogativa divinitatis commendabat pietas, ut, quem Coloniensis archiepiscopatus illustrabat dignitas, etiam dominatus tocius Lotharingiæ insigniret sublimitas (930).

2. [914] Qualiter sub disciplina domni Brunonis profecerit. Hujus ergo consobrinus, cui hoc opus cuditur, Deodericus[915] in sanctæ Halberstedensis ecclesiæ gremio a primis annis maternæ pietatis ubere ablactatus, et sublimiter ut competebat educatus, naturæ et morum dulces et uberes repromittebat fructus. Verum ubi gemma episcoporum Bruno pontificale ascendit solium (an. 953), hic assumpta forma discipuli se ejus individuum agebat socium. Et quia erat quondam in castris cœlestis militiæ civiliter militaturus, sub eo in sanctæ Coloniensis ecclesiæ gimnasio[916] per diutina diludia liberali tyrocinio est exercitatus, et per diuturna proludia laudabiliter probatus. Discebat ibi humiliter subesse, qui debebat multis aliquando utiliter præesse, et subjectis humili et discreta prælatione utillime prodesse. Erat in utroque, quod uterque in alterutro amplecteretur;

et sicut ferrum ferro acuitur, sic alter alterius bona æmulatione ædificabatur. Primo quidem inter eos propinquitatis naturalis necessitudo pepererat amicitiam; deinde familiaritatis consuetudo aluerat benivolentiam; quæ etsi ex propinquitate tolli potest, ex amicitia tamen non potest, quia propinquitas sine benivolentia inane nomen retinet, amicitia benivolentiæ indiscissa cohæret. Sic in consobrinis istis propinquitati respondebat amicitia; amicitiam mutua solidabat benivolentia. Nec in vanum cedere poterat, quod vir, qui in Christo et in æcclesia talis tantusque futurus erat, quem mater æcclesia ad ornamentum et firmamentum sui nutrierat, quem natura, immo ipsius auctor naturæ, nativo ingenii bono ditabat, talis tantique magistri studio et doctrina institui et expoliri meruerat. Ut enim ait quidem (HORAT. Od. IV, 4).

Doctrina vim promovet insitam,
Rectique cultus pectora roborant
Utcumque defecere mores,
Dedecorant bene nata culpæ

3. *De promotione ejus ad episcopatum.* Ne ergo viro ad utilitatem multorum nato deesset materia virtutum, ne deesset tali opifici officina exercendorum operum bonorum, providit etiam super hoc superna dispensatio non solum ei, set et profectui plurimorum, ut cultor justiciæ plantatus in domo Domini, in atriis Dei nostri ut palma altitudine meritorum floreret, ut cedrus Lybani multiplicatus incorruptibili exemplorum odore redoleret, sicut oliva pinguedinem lætitiæ et benedictionis fructificaret. Anno siquidem nongentesimo sexagesimo secundo a dominici hominis incarnatione, viam universæ carnis ingresso reparatore sanctæ religionis primo Adelberone, vacabat cathedra sanctæ Mettensis æcclesiæ proprio viduatæ pastore. Non defuit sibi sacrarium Spiritus sancti Bruno; non defuit, inquam, sibi vel tocius regni commodo; set, sicut in cæteris facere consueverat, sic et in hac re non quæ sua erant, set quæ Jesu Christi, quærebat. Nam cæteris quibus pollebat artibus etiam hoc addiderat, quod principibus cujusque ordinis, in quibus columbæ innocentiam, serpentis astuciam, et præcipuæ tuitæ fidei simplicitatem vigere videbat, his adprime amicitiam suam accommodabat, his gratiam regis cumulatius conciliabat. Si quos talium privata adhuc vita oscurabat, hos oportune in loco defunctorum illustrium virorum sua opera suffectos, ad bene agendum accendebat[917]. Omnia quippe omnibus factus erat, quia omnes lucrifacere volebat. Is denique videns oportunum locum et tempus occurrisse[918] sibi, ut ad firmamentum spiritualis fabricæ

VARIÆ LECTIONES.

[913] multiplicata 1. [914] *in codice vox* Capitulum *constanter repetita est.* [915] DEODERIHCUS *c.* [916] ginnasio *corr.* ginnasio *c.* [917] *ita Leibn.* accedebat *c.* [918] occurisse *c.*

NOTÆ.

(929) Hæc usque *triginta ferme annos* ex Widukindo I. 31.
(930) Cf. Vitam Brunonis, c. 22.

columnam solidam et sua manu politam stabiliret in æcclesia Dei, utile duxit, consobrinum suum Deodericum, spectabilem genere et religione, illic incardinari. Æqua namque trutina consilii, locum, tempus, personam moderabatur, dignum scilicet judicans eum, qui urbi nobilissimæ principaretur, nec indignum fore urbi tantæ potentiæ, quod viro tantæ nobilitatis ancillaretur, præsertim cum tempus illud egeret, ut prudentis fortisque rectoris auxilio defensaretur. Nimis enim superioribus annis in eam incubuerant rei publicæ incommoda, cum ab incentore omnium malorum Conone invasa (951) (an. 954), pene direpta est et exterminata. Concordante itaque cleri tociusque plebis unanimi consensu, annitente etiam cuncto palatinorum senatu, intronizari eum fecit in augusta Mettensium sede, læto omnium concentu, non sine magno cœlestium virtutum applausu. Pontificali itaque petalo decoratus, et officiante magni meriti Heinrico (952) Trevirorum metropolita, benedictionis oleo 5 Nonas Martii consecratus (an. 965), satagebat nomen suscepti officii bonis implere operibus; malens scilicet haberi quam videri episcopus. Et primo a prædecessoris sui vestigiis non exorbitabat, set quem sibi nobilitatis excellentia æquiperabat, etiam morum probitate et religionis fervore imitari in voto habebat. Accendebatur enim ad bonum bono animi sui proposito, informabatur, ut diximus, prædecessoris sui recenti exemplo, nec exciderat animo sanæ boni institutoris eruditio, et quod omni præminet magisterio, cœlesti insuper animatus est oraculo.

4. *De primis litteris nominum per angelum datis.* Dicamus ergo rem relatu et scripto majorum compertam, pro sui novitate merito in thesauro memoriæ recondendam. Sanctus Clemens, principis apostolorum Petri auditor, Mediomatricorum autem primus apostolus et prædicator, inter cætera quæ ei ad roboranda nascentis æcclesiæ rudimenta contulit pius salutis nostræ amator, hoc speciale cœlitus emeruit donum, ut nomina futurorum in æcclesia Mettensi pontificum acciperet, missa sibi per angelum, annotatis tantum primis litteris nominis. Adeptus vir beatus de quo agimus æcclesiæ suggestum, cum quadam die delectaretur jocunda et seria affabilitate familiarium ac sapientium — nam etiam in hoc fideli suo Dei consuluerat dispositio, ut ei sapientium et bonorum consiliariorum non deesset collatio, — illa angelicæ scripturæ monimenta jussit deferri in conspectu suo. Quas cum diligenter inspexisset, et alias quidem aurei, alias argentei, alias alius cujuslibet coloris varietate formatas stuperet, et altiori intellectu per colorum varietatem variam meritorum cujusque qualitatem signari penderet: inter alias sui nominis litteram argenteo colore albentem videt. Qui conversus ad semetipsum, et hinc profundum et immutabile divinæ præscientiæ [919] demirans consilium, inde bonæ voluntatis suæ considerans propositum: *Si*, inquit, *cooperator omnium bonorum Deus bono affectui meo optatum ministraverit effectum, tanta bona in episcopatu me confido facturum, ut argentea ista littera quandoque transformetur in aurum.* Hæc quidem vir bonus de bono thesauro proferens, bonum ex habundantia cordis locutus est, nec segnior fuit in exequendis bonis operibus quam pollicitus est. Quæ licet nobis ex parte inviderit majorum nostrorum incuria, et somno socordiæ suæ consopiti cum secum putaverint consepeliendum, adhuc tamen ejus multa et mirifica opera extant, quæ eum [920] quodammodo nobis [921] viventem repræsentant; ut liquido testificari possimus, quod in evangelio dicit Dominus: *Si hi tacuerint, lapides clamabunt* (*Luc.* XIX, 40). Quis enim nesciat, vivacitate ingenii ejus et sagacitate consilii vel sapientiæ singularitate, qua apud regni primores magni pendebatur, melioratum rei publicæ statum, et in melius augmentatum sanctæ Mettensis æcclesiæ, cui auctore Deo præsidebat, pontificatum?

5. *De veteris æcclesiæ dejectione et novæ ædificatione.* Ut interim de monasterio gloriosi martyris Christi Vincentii sileamus, in quo construendo totos animi sui expendit affectus, primo ex subcisivis [922] ejus operibus industriam ejus comprobemus. In primis major æcclesia pretiosi prothomartyris Stephani magnificentiæ ejus testis occurrit, quam vetustate sui ruinam periculosam minitantem [923] decenter a fundamento reparavit. Stabat illo adhuc tempore illud antiquæ reverentiæ oratorium, servans thesaurum quod gemmas vincit et aurum, scilicet sanguinis prothomartyris pignus pretiosum. Quia non omnia nota sunt omnibus, de hoc oratorio paucis docebimus. Olim clamore Galliarum ante Deum multiplicato, et peccato malitiæ earum nimis aggravato, purpuratæ meretricis civitatibus propinavit calicem iræ et indignationis justi judicis commotio, ad ultimum earum exterminium Hunis laxatis, veluti rabidis canibus ad devorationem ferarum et bestiarum agri instigatis. Pastores quoque pro ereptione ovium suarum justa sollicitudine omnimodis ambiebant; set adeo peccata populi invalescebant, ut quamvis sacerdotes digni auribus Domini judicarentur, illi tamen, pro quibus orabant, indigni essent, ut exaudirentur. De hoc (953) porro oratorio aliquibus insinuatum est ex divina revelatione, et maxime sancto Servatio Tungrensi episcopo, Auctoris tunc temporis Mettensium præsulis familia-

VARIÆ LECTIONES.

[919] præsentiæ 1. [920] cum c. [921] deest 1. [922] ita L. subcisus [923] minitatem c.

NOTÆ.

(951) Cf. Ruotgeri Vit. Brunonis, c. 24.
(952) Lege *Theodorico;* Heinricus a. 964 in Italia obierat; cf. Cont. Reg., a. 965.
(953) Cf. Vitam S. Servatii Tungr.

rissimo, promissum est ex apostolica consolatione, hoc solum oratorium in Gallia Belgica interventu prothomartyris immune futurum a barbarica depopulatione. Jam urbem populosam et opulentam in favillas redactam doleres, cum tamen undique lambentibus flammis ab oratorio faces longius removeri gauderes, et barbaros percussos ea coecitate, quæ græce dicitur aorasia[924], ab aditu aditi arceri stuperes, ut patesceret, quid posset fructuosa martyris fides. Stabat adhuc, ut dixi, quamvis longæva vetustate convulsum, simile jam cadenti, immo pene jam lapsurum. Set quamvis ruina videbatur intentare periculum, tamen præsentia sui antiquum credebatur repræsentare præsidium. Cæterum præsul, qui ad restaurationem templi et ad omnia quæ usus vel decus æcclesiæ exigebat induxerat animum, credens quod non solum in manufactis habitaculis constet divinæ venerationis cultus, quodque locus nullum commendat, set magis nos illum commendamus, bene vivere si satagamus, non timuit illud evertere funditus, quamvis animos et oculos offenderit plurium, quasi qui tulisset de medio evidens divinæ propitiationis inditium, et præsens meritorum prothomartyris testimonium. Exædificatam igitur æcclesiam liberaliter æcclesiasticis ornamentis honoravit, donariis insuper pretiosis locupletavit, partim a se ipso collatis, partim sui amoris gratia ab optimatibus regni æcclesiæ Dei oblatis, et præcipue a munificentia gloriosi cæsaris Ottonis ejusque conjugis Adheleidis, cujus vita nichil aliud fuit nisi exemplar pietatis et castitatis. Set et gloria posteritatis eorum, Otto junior, in hac largitate non fuit inferior. Quia enim fidelis paterfamilias thesaurizabat non sibi, set dominicæ familiæ commodo, ut daret illis tritici mensuram in tempore oportuno, collaborabat bonæ ejus intentioni multa fidelium Christi devotio.

6. *De constructione Waltiodorensis coenobii* (934). Ut de multis unum inseramus, fuit ea tempestate comes quidam nobilitatis gloria clarissimus, sanctitatis reverentia nominatissimus, eidem patri nostro genere propinquus; nomen erat ei Elbertus. Is, tactus instinctu coelestis desiderii, posthabere coepit omnia quæ ei habundanter arridebant pellacis gaudia mundi, indignum ducens, pro ejus lucro animæ suæ detrimentum pati. Qui legationem salutis suæ mittens ad regem cum duplo exercitu contra simplum nostrum venientem, idoneam inter se et Deum elegit mediatricem piissimam videlicet Mariam, ejus virginem genitricem; et cupiens non tantum sua set et ipsam vitam pro an   vitæ æternæ pacisci, felici commertio sua omnia   dedidit ejusque genitrici, et in honore ejus monasterium construxit in villa Walciodoro, quam Mosa alluit in diocesi Leodicensi, ibique sub monasticæ religionis habitu adunavit divino idoneos famulatui, qui sibi seminarent spiritualia, et illi sua meterent carnalia. Qui, quia prædicti antistitis nostri[925] gloriabatur consanguinitate, præsertim quia eum apud animum regis non parum valere videbat intima familiaritate, regisque regum gratiam promeruisse eum intellexerat ex[926] mundi cordis sinceritate, nullum post Deum ejusque matrem quam eum sibi heredem subrogare maluit, idemque monasterium pro ejus amore juri sanctæ Mettensis æcclesiæ testamento delegavit, et imperiali decreto in perpetuum confirmavit (935). Ille vero, utpote vir non mediocris prudentiæ, quia non ingratus erat, tanto gratis æcclesiæ suæ præstito beneficio, ne ei præter æternam remunerationem etiam in terrenis deesset digna vicissitudo, villam suæ ditionis eidem contiguam loco, Hasteriam vocabulo, cum apenditiis suis eidem conjunxit coenobio.

7. *Qui viri ea tempestate claruerunt.* Jure felicia dixerim Ottonis tempora, cum claris præsulibus et sapientibus viris res publica sit reformata, pax æcclesiarum restaurata, honestas religionis redintegrata. Erat videre et re ipsa probare, verum esse illud philosophi : fortunatam esse rem publicam, si vel reges saperent, vel regnarent sapientes. Præerant enim populo regni non mercennarii, set pastores clarissimi. Inter quos merito lucidis comparandos syderibus, nominatus et sæpe nominandus ille magnatum maximus, Bruno archidux[927] et archiepiscopus, velut lucifer matutinus micabat rutilus. Post eum Deodericus noster, æcclesiæ regimen, regni columen, virtutis specimen, passim nominis sui spargebat lumen. Treviris aurigabat currum Dei Heinricus[928], post eum Egbertus; qui cujus sanctitatis fuerint si quis ignorat, facile inveniet a quibus discat. Leucis præerat Gerardus, Virduni antistabat Wicfridus; qui quales fuerint, vel hinc potest sciri, quia collegæ fuerunt hujus nostri Deoderici, ex disciplina scilicet Brunonis incliti, cujus etiam judicio ad gradum pontificatus meruerunt provehi. Porro Wicfridus usus est in omnibus prompta opera præsulis Deoderici, et maxime in construendo coenobio sancti Pauli confessoris in suburbio Virdunensi, a quo etiam pretiosiora auro

VARIÆ LECTIONES.

[924] manus 2. *addit* : Si quis quid sit aorasia querit, ex verbis sancti Augustini discere poterit, qui in libro questionum in genesi sic ait : Viros vero qui erant ad ostium domus percusserunt cecitate. Greci habent aorasia, quod magis significat si dici potest avidenciam, que faciat non videri, non omnia set quod opus est. Hac aorasia et illi percussi sunt qui querebant Helyseum. Hanc et illi abuerunt qui Dominum post resurreccionem cum illo ambulantes in via non cognoverunt. [925] nostris *c.* [926] et 1. [927] archidus *c.* [928] henricus *c.*

NOTÆ.

(934) Wassor, diœc. Namurcensis.
(935) A. 946, Sept. xix, Remis Eilberti donatio ab Ottone confirmata est, Miræi Opp. I, 259; cf.

Chron. Walciodor. Dachery ed. 2, II, p. 709, et Vitam Forannani Mabill. Act. V, p. 587.

et topatio ossa sancti martyris Gregorii Spoletini
impetravit, quæ decenter, ut hodie est cernere, in
æcclesia eadem reposuit. Possem recensere plures
cujusque ordinis ea tempestate insignes, set nolo
extædientur aliorum mentes vel aures. Isti præter
eos quos fama obscura recondit, hujus patris nostri
contemporales, aliqui etiam contubernales, aliqui
contribules ; hi inquam ejus in bonum cooperatores,
hi in castris domini Sabaoth hujus egregii ante-
signani fuere commilitones, hi omnes succenturiati,
in otio et in negotio causis regis aderant, ejusque
nepotem Deodericum alii patris honore, alii fratris
amore mirifice excolebant.

8. *De morte domni Brunonis*. Postquam (956) igitur venerabilis archiepiscopus Bruno totam composuerat Lothtaringiam, Compendium perrexit com-
positurus etiam Franciam, habens secum consobrinum suum Deodericum, in cunctis operibus bonis
fidelissimum adjutorem. Eum quippe ab exordio
incardinationis ejus in omnibus negotiis exibebat
sibi cooperatorem, præsagiens eum operum suorum
fore imitatorem, et gratiæ virtutisque sibi cælitus
concessæ non longe post heredem. Vir ergo pacificus volens vocari Dei filius, dum operum suorum
bonæ consummationi esset intentus, decidit in lectum corporis gravedine detentus; et Remis usque
regressus, ibidem invalescente ægritudine est retentus. Sentiens itaque finem suum a Deo sibi notificari, numerumque dierum suorum consummari,
sciensque quid deesset sibi, deliberavit secum elemosinis peccata sua redimere et thesauros suos in
gazophilatio cœli recondere, scilicet in usus pauperum et æcclesiarum Christi expendere; et vocans
ad se refrigerium doloris sui et vitæ mortisque solatium Deodericum, et Virdunensem — nam et is
præsto erat — Wicfridum, coram eis dictavit et signavit testamentum suum, eosque sanctionis suæ
testes et testamenti sui statuit dissignatores. Jamque inpendente tremebunda dissolutionis suæ hora,
nisu quo poterat ad nepotem suum Deodericum se
convertens, eique ex præcordiali affectu ultimum
vale dicens : *Domine*, inquit, *ora*. Mox devote et
confuse cantu et planctu personante omnium, anno
Domini nongentesimo sexagesimo quinto, 5 Iduum
Octobris, solvit naturæ debitum, cœlo mittens gaudium, mundo relinquens justicium. Deodericus cum
coepiscopo corpus amici Coloniam reportavit, testamentum clero et civibus resignavit, fidem devo-
tionemque, quam vivo monstravit, etiam defuncto
non negavit. Dolens imperator se unico solatio vi-
duatum, affectum quem habebat in fratrem transfudit in consobrinum. Dolens antistes se superstitem
esse animæ suæ dimidio, ne impar aut indignus esset regis animo, fratrem ei repræsentabat fidelitate
et obsequio, et sicut scriptum est : *Requievit spiri-*
tus Helyæ super Helyseum ad facienda signa et pro-
digia (*IV Reg.* II, 15), sic omne spiritualis gratiæ
donum, quo Brunonem Dei insigniverat gratia, mi-
rareris in Deodericum transfusum ad disponenda
regni negotia.

9. *De unanimi fraternitate cleri Mettensis et Halberstedensis*. Erat huic imperialis nobilitatis et episcopalis dignitatis viro jugis vigilantia super excubias sibi commissi gregis, erat propensior cura pro
honore et profectu clericalis ordinis ; ideo quicquid
eorum saluti conducere videbat, diligenter procurabat. Unde inter cætera clerum Mettensem et Hal-
berstedensem, qui utrique innituntur patrono, vi-
ctorioso scilicet protomartyre Stephano, ita mutuæ
caritatis univit glutino, ut cor unum et animam
unam eis infunderet in Domino, id est ut in corporalibus perpetua eis esset dilectionis communio, et
in spiritualibus indivisa esset caritatis connexio.
Quod sua initiatum diligentia, successoris et nepotis sui bonæ memoriæ Adelberonis supplevit industria. Quia enim Halberstedensis antistes in celebratione missarum sollempnibus diebus utebatur logio,
id est rationali (957) quod est indicium doctrinæ et
veritatis, prærogatum æcclesiæ suæ ex decreto papæ
Agapiti, suggessit per epistolam prædictus Adelbero
Hilduardo episcopo Halberstedensi, ut quia erant in
omnibus unum, communicaret etiam sibi illud unum,
quod erat sibi solum. Respondit illi ille (958) : Unum
individuum esse, set quia unitatis caritas nihil patiebatur negare, misso simili illud se ei communicare, ea proposita conditione, ut neutri liceret ulterius jam ulli æcclesiæ illud transfundere, set hæ
duæ solæ sorores uno patre, una matre, una ger-
manitate, uno gaudentes protectore, oculis sponsi
se aptarent pudice et honorifice, et si qua alteri inesset macula aut ruga, alterius tergeretur vel corri-
geretur dextera. Expostulabat tamen pro hoc vicem
laudandæ remunerationis, dari scilicet æcclesiæ suæ
partem vel minimam sanguinis prothomartyris, qui
sanguis vera fide creditur pullulare in æcclesia urbis
Mettensis, et reliquias gloriosæ Christi virginis Glodesindis. Unde, sicut per Salomonem dicitur :
Funiculus triplex difficile rumpitur (*Eccle.* IV, 12),
hæc ipsa fraternitatis unanimitas usque in præsens inconvulsa utrimque firmissime servatur.

10. *De privato honore Mettensium pontificum*.
Felicem matrem æcclesiam tam dulci affectu filiorum !
felicem, inquam, Mettensem urbem tam jugi provectu episcoporum ! Vix enim huic se præferre
audebunt aliquæ Galliarum civitates, quod potiores
a Deo acceperint sacerdotes, vel nobilitate clariores,
vel sanctitate illustriores ; unde et quidam Mettensium pontificum, honorati ultra privatum præsulum
modum, plerumque a sede apostolica tale consecuti
sunt privilegium, sive ob sanctitatis gratiam, sive ob

NOTÆ.

(956) Ex Ruotgeri Vita Brunonis c. 45-46.
(957) Vestis vel ornamentum, ad instar ratio na-
lis sive stolæ summi sacerdotis Judæorum.

(958) V. Hildiwardi epistolam ap. Labbeum I,
p. 682.

nobilitatis gloriam, ut salva metropolitani subjectione, archiepiscopi fungerentur officio et honore. Ex quibus primus fuit antiquus ille Urbicius, et multo post tempore Pippini regis ex sorore nepos Crodegandus, et post eum Angelramnus, et alter ab illo Drogo Karoli Magni imperatoris filius; Walo etiam vir magnæ in Christo reverentiæ pallii usum meruit decreto Johannis papæ; set et Rotbertus post eum archiepiscopi accepit insigne. Set omnes hi singulari suæ dignitati, non in commune matris suæ æcclesiæ consulentes honori, in diebus tantum vitæ suæ singuli hoc privilegio potuerunt decorari. Hi vero nostri, id est Deodericus et Adelbero, hanc honoris prærogativam thesaurizaverunt non sibi dumtaxat in præsentiarum, set posteris et filiis matris suæ in perpetuum; scilicet non temporaliter vel fastuosæ eminentiæ illius ambitum accipientes, set per hoc se suosque successores ammoneri volentes, ut quanto cæteris apparerent eminentiores, tanto ardentius instantes doctrinæ et veritati, attenderent sibi et gregi. Nullus interpretetur sinistre, quod confirmatum est ab Adelberone, hoc nos nostro Deoderico ascribere; set adtendat in isto exordium causæ, in illo effectum causæ. His ex parte per prolemsim [929] dictis, cœpto accingamur operi.

11. *De immunitate æcclesiasticarum familiarum.* Pastor noster nuncupative bonus, imitatus vestigia illius pastoris qui essentialiter est bonus, non incubabat ovili ut mercennarius, qui fugiens dat locum invadendi oves insidiatoribus, set utrobique assistens suis propugnator indefessus, ab hostium visibilium et invisibilium eos tutabatur incursibus; ut cum princeps pastorum appareret, inmarcessibilem gloriæ coronam acciperet. Timebat enim non surdus auditor vocem summi pastoris, iram judiciumque per Hiezechielem (c. XXXIV, 4-6) pastoribus intentantis his, qui semetipsos, non Domini gregem, pascunt, qui cum austeritate et potentia eis dominantur, qui fortunæ pinguium abutuntur, imbecillitatem exilium aspernantur, qui gregem in dispersionem vel devorationem bestiarum agri neglegentia sua abire patiuntur. Quocirca incessabilis eum cura remordebat, etiam pro laicalibus familiis matris suæ sanctæ æcclesiæ et contra superborum insolentiam vel pravorum injusticiam juste et potenter satagebat eas jugiter defensare, ne notaretur prophetica voce: *Canes muti, non valentes latrare* (Isa. LVI, 10). Nec sufficiebat bonæ voluntati ejus suffragari eis tantum in præsentiarum, nisi etiam ipsis et posteris eorum consuleret in posterum. Siquidem ne deesset eis contra iniquitatem judicum auctorale æcclesiasticæ libertatis suffragium, leges constitutas illis a prioribus regibus vel pontificibus diligenter exquisivit, exquisitas in præsentia imperatoris recitavit, recitatas edicto imperiali confir-

mari, scripto insuper et sigilli regalis impressione fecit corroborari.

12. *De Spinal* (939) *castelli vel monasterii constructione.* Hic dominicus agricola non otiose sollicitus pro vinea, quam paterfamilias sibi locaverat, sedulo eam putabat, ligone excolebat, lætamine verbi impinguebat, postremo quicquid usus culturæ exigebat, in tempore exibebat; expectans denarium, ex quo cum Domino convenerat. Et quia secundum Apostolum (II Tim. II, 6), laborantem agricolam de fructibus primum percipere oportebat, et quia suppetunt multa sedulitatis ejus indicia, non videtur nobis numerandum esse inter postrema, quod in pago Calvomontense, diocesi Tullensi, in villa quæ ex accidenti rusticorum lingua Spinal vocatur, castellum exstruxit [930], quod ædificiis et rebus necessariis opime honestavit, propugnaculis satis munivit, armis et armatis sufficienter replevit. Quia enim eadem regio infestabatur inprovisis et continuis incursionibus prædonum et intolerabilibus insidiis latronum, et præcipue calamitosa erat eis vicinitas Burgundionum, hoc eis opposuit quasi firmissimum repagulum et patriæ inexpugnabile firmamentum. Set curam animarum non in secundis habuit. Nam videns locum usibus divini satellitii aptum, ad honorem summi Dei construxit etiam monasterium, delegatis ad sufficientiam prædiis et quæ expetebat necessitas inibi Deo famulantium. Inspirante etiam magni consilii angelo, corpus sanctissimi Goerici, confessoris Christi et Mettensis episcopi, levatum de æcclesia sancti Symphoriani, quæ sita est in suburbio Mettensi, transtulit illuc cum maximo psallentio, cum digno cleri plebisque tripudio, ut advenæ et indigenæ fidelem protectorem haberent, cujus interventu vota precesque suas auribus Omnipotentis suggererent; et ut locus celebrior haberetur, et ut oppidanis vel indigenis commeatus undecunque suppeditarentur, percussuram monetæ ibi fieri et mercatum publicum constituit cælebrari. Etiam hoc decreto et sigillo imperiali sancire non prætermisit. Sic locum illum, ut hodie est cernere, insignivit sollemniter. Unde usque in præsens patriotæ illi, præsentia sancti confessoris suffragia experti in oportunitatibus, nomen Dei per eum benedicunt venerantius, et piam provisoris sui Deoderici industriam laudibus attollunt instantius.

13. *De jactis fundamentis basilicæ sancti Vincentii.* Succedentibus ergo bonis et gratia Dei cumulante gaudia gaudiis, Otto imperator Italicam secundo repetens regionem, filium suum sibi cognominem, bona indole adolescentiæ patriis virtutibus respondentem, jam dudum Aquisgrani unctum in regem, fecit sibi concreari imperatorem, ut, delegatis ei secundis imperii partibus, ipse indulgens senectui, quod supererat ævi ageret tranquillius. Quod gestum

VARIÆ LECTIONES.

[929] *i. e.* prolepsin. [930] estruxit c.

NOTÆ.

(939) Epinal.

anno Domini 968 conjicimus (967, *Dec.* 25), quo etiam anno jacta fundamenta æcclesiæ sancti Vincentii, ex majorum scripto comperimus. Et ne quis verbis meis deroget, ipsa majorum quamvis paucissima hic inserere libet : *Anno incarnationis dominicæ* 968 *domno Deoderico pontifice sanctam hanc sedem, qua augustalis amplitudine sanguinis, qua animi virtute atque industria singulari in omni genere studiorum egregieque factorum divine atque humane, publice ac privatim, summa ope ac magnificentia feliciter exornante, eo interim Italico delectui sanctissimorum individuo comitatu augustorum, Ottonis ejusque gloriosissimi æquivoci, patriis digne virtutibus respondentis, ad hoc pulcherrimo decore imperii domnæ Adelcidæ augustæ, fere per triennium militante, sumptibus se dignis et copiis tocius hujus sanctæ fabricæ ex novo jacta sunt fundamenta.*

14. *De immunitate loci ab apostolico impetrata.* Providens etiam augustus propagandæ sanguinis sui successioni, desponsavit filio suo Theophanu filiam imperatoris Constantinopolitani, eique Romæ nuptias celebravit magnificentia imperiali (*an.* 972, *April.* 14). Huic delectui et his disponendis rerum gerendarum negotiis venerabilis præsul Deodericus, ut præscripsimus, inter primos præcipuus intererat, qui sicut genere, dignitate et gratia nulli cedebat, perinde quia consiliis non futilis auctor erat, ita apud imperatores et domnum apostolicum nulli inferiorem gradum tenebat. Qui, quamvis negotiis imperialibus et æcclesiasticis pro omnibus occupatus erat, tamen nocte dieque ad singulare suum desiderium, id est ad constructionem æcclesiæ sancti Vincentii, animo recurrebat. Cujus construendæ curam commiserat abbati Gorziensi Odilberto (940), viro sibi amicissimo et divina atque humana scientia in omnibus nominatissimo. Ipse interim ut apis [931] prudentissima, pio exercitus labore undeunde congerebat, unde alvearia sua repleret, unde liquentia mella stiparet, unde cellas liquido nectare distenderet, in quibus spem sanctæ gentis adultos fœtus educaret; et ut ignavum pecus a præsepibus arceret, primo immunitatem ipsius loci a sedis apostolicæ præsule Johanne impetravit (*an.* 970), et locum illum et omnia quæ ei contulerat sub apostolicæ tuicionis sera commendavit, et clavi insolubilis anathematis ita signavit, ut si cujus callosum pectus obturaret [932] obstinationis immanitas, ut eum a violentia vel injusticia sanctæ æcclesiæ nec ista apostolica refrenaret immunitas, omnis ei in reliquum negaretur impunitas. Ita vir Deo amabilis dum vult esse de suis securior, dum vult videri propositi sui victor, aliquantulum, quod pace ejus dixerim, visus est esse severior. Ponamus ergo præ oculis illud apostolicæ auctoritatis privilegium, quod, sicut est rerum nostrarum munimentum, ita sit etiam verborum nostrorum probamentum.

Johannes episcopus, servus servorum Dei, dilectissimo Deoderico filio nostro sanctæ Mettensis ecclesiæ præsuli. Cum in exarandis Dei laudibus debita pastoralis compulit sollicitudinis cura, quæque ad stabilitatem piorum dignoscuntur pertinere locorum ubertim promulgare, et apostolicæ institutionis in privilegiis atque decretis censura confirmare : convenit nempe nos apostolico moderamine sancta veneralilia loca, quæ dudum fuerant in ruinis magnaque inopia ac paupertate degentia, opportune ordinare, seu ad meliorem sine dubio statum perducere, præsertim ubi illa petuntur, quæ non ad commodum temporale, sed ad perpetuam providentiam pertinent Deum servientium animarum, scilicet ut venerabilis locus, qui a Deoderico dilectissimo filio nostro in uno conglobatus atque annexus est, cum propriis congregationibus, quæ regulariter in psalmis hymnis et orationibus Deo Salvatori nostro Jesu Christo pervigiles excultius exibent, ab insolentiis exterioribus circumuncitæ jugiter valeant pii famulatus officia in monasterio sancti Vincentii exhibere; et quoniam constat tuam religiositatem hujus privilegii apostolicam confirmationem postulare a nobis, propter immutationes temporalium rerum variosque hominum casus, munitionem sancti Vincentii Christi martyris cum omnibus ad idem monasterium pertinentibus, atque corroborationem tui tuæque congregationis et successorum tuorum in perpetuum [933] *fieri censuimus; quatenus, nunc sicut a te disponuntur, ita in posterum usque in finem conserventur, et ut illa congregatio inconcussa in unum perseverans, sedulas laudes Deo persolvere valeat, et sicuti a Deo eorum studia imbuta sunt, jugiter perseverare liceat, atque sub uno abbate jam prædictus locus constitutus, in honore sancti Vincentii indivicus sit et indivisa congregatio. Nec cuiquam licentia præbeatur, ut refugiens rigorem studiosæ sibi regulæ, huc illucque vagetur, vel aliis se conferre* [934] *conetur monasteriis; quod a nobis contra regulam sub anathematis vinculo prohibetur. Quapropter, statuentes atque promulgantes coram Deo et terribili ejus futuro examine per hujus nostri privilegii apostolici atque constituti paginam, sancimus, et beati Petri apostolorum principis auctoritate decernimus, atque obtestamur tam apostolicæ sedis futuros pontifices quamque qui episcopalem administraverint actionem, vel etiam magna parvaque persona aut quispiam cujuscunque sit dignitatis præditus potestate, ea quæ a prædicto Deoderico dilecto filio nostro pie venerabili loco tradi atque concessa fuerint, quoquo modo a quoquam licentiam habeant, sæpius nominatum locum sancti Vincentii in unum adunatum atque spiritaliter apo-*

VARIÆ LECTIONES.

[931] apes *corr.* apis *c.*   [932] ita *c.* obturaret *L.*   [933] p. f. manu 2. *adjecta*   [934] *ita corrigo;* aliis reconferre *c.*

NOTÆ.

(940) Odilbertus nonnisi a. 974 Johanni abbas successit.

stolicæ exarationis stylo conjuncta disjungere vel aliquid exinde alienare. Et illud monasterium Sancti Vincentii respiciens sit ad sedem episcopalem prothomartyris Christi Stephani jubemus, atque abbas in potestate episcopi [935] ipsius loci eligendus sit. Si vero episcopus defuerit, liceat abbati in festivis diebus ad sedem episcopalem accedere, ibique cum dalmatica et sandaliis, quas illi mittimus, missas celebrare. Si quis interea, quod non credimus, temerario ausu contra ea, quæ ab hac nostra auctoritate pie et firmiter per hoc nostrum privilegium disposita sunt, contraire tentaverit, vel hæc, quæ a prædicto Theoderico dilecto filio nostro, Mettensium præsule, ad laudem Dei pro stabilitate jam dicti monasterii videlicet Sancti Vincentii statuta sunt, refragare, auferre vel alienare præsumpserit, sciat se auctoritate beati Petri apostolorum principis anathematis vinculo innodatum atque cum Juda, traditore Domini nostri Jesu Christi, æterni incendii supplicio concremandum. Sic deputatus, nec unquam a præfati anathematis nexibus sit absolutus. At vero qui pio intuitu observator in omnibus exstiterit, gratiam benedictionis a misericordissimo domino Deo nostro multipliciter consequatur, et vitæ æternæ particeps efficiatur, et hæc catena beati Petri aperiat ei januam paradisi. Si vero aliquis episcopus inde aliquid minuere voluerit, hæc, ut diximus, catena claudat ei polorum regna. Scriptum per manum Stephani notarii et regionarii sanctæ Romanæ Ecclesiæ in mense Septembri, et indictione quarta decima. Bene valete.

(941) Data III die Kalend. Octobris, per manum Widonis episcopi et bibliothecarii [936] sanctæ sedis apostolicæ, anno pontificatus domni Joannis summi pontificis et universalis tertii decimi, præsidentis [937] in sacratissima sede beati Petri apostoli, quinto, imperii domni Ottonis majoris nono, minoris vero tertio, anno denique ab Incarnatione Domini nostri Jesu Christi 970.

Epistola ejusdem antistitis Deoderici de dandis decimis ad æcclesiam ejusdem sancti martyris. Servorum Christi famulus Deodericus episcopus officio ac nomine, quamvis indignus, cum universa familia sancti Vincentii, christicolis æcclesiarum nostrarum gaudia vitæ præsentis et mansura præmia æternitatis. Pauperibus ac ditioribus vel mediocribus, qui constitutas Deo rerum suarum decimas sine aliqua retractatione reddere secundum suum cujusque posse satagunt, scilicet de primitiis ovium, de lino et lana, de vino atque annona, sive de quibuscumque rebus hic non prætextis, his innotescimus esse gaudendum, atque illud se divinæ gratiæ muneris adepturos, quod Paulus apostolus spontaneos bonorum suorum dispensatores diligendos prædicat, dicens: « Hilarem enim datorem diligit Deus (II Cor. IX, 7.) » Noverintque se in præsenti vita pro hoc ipso benedictionem co-piamque bonorum temporalium adepturos, si tamen in hac benigna perstiterint voluntate, pacisque bono replebuntur, quam angeli, natum Dominum gregum pastoribus nuntiantes, solis bonæ voluntatis hominibus assignarunt. Illi autem, qui decimas debitas Deo exsolvere retardantes, maligna obstinationis perfidia defraudare moliuntur, pertimescant judicium horrenæ damnationis, quoa idem apostolus terribiliter his eorumque sequacibus comminatur, neque fures neque rapaces regnum Dei possessuros affirmans.

15. *De nonis et decimis æcclesiæ sancti Vincentii levitæ et martyris.* Inspecta hac rerum consequentia et scriptorum convenientia, intueatur quilibet diligentius et attendat, qualiter vir iste in se totus teres atque rotundus (Hon. II, Serm. VII, 86), quaquaversum sedulitatis suæ reliquerit monimenta laudanda in omnibus, et ex veteri et ex novella lege Deo Deique ministris deberi decimas rerum, easque synodali sanctione nuncupari Dei censum, nec simplicibus vel idiotis extat incognitum. Hic ergo, cui erat in votis, ut funes interminabilis hereditatis caderent sibi in præclaris, in nullo volebat defraudari partes dominicæ hereditatis. Quocirca decimas æcclesiarum suæ dioceseos, a prædecessoribus suis stipendii vel beneficii loco deputatas personis laicalibus, synodali auctoritate et episcopali censura subtraxit illis, quamvis invitis et reclamantibus, et secundum quod scriptum est: *Qui altario serviunt, de altario vivant*, æcclesiarum res æcclesiarum delegavit officialibus, quæ Dei Deo, et quæ cæsaris erant cæsari reddere catus. Hinc hodie sanctæ Dei gaudent æcclesiæ, illæ maxime quibus instaurandis animum induxerat, scilicet sancti Vincentii martyris sanctique Goerici confessoris. Et quia hoc illi videbatur commune cum cæteris, cupiebat etiam aliquid supererogare, ut cum verus ille Samaritanus veniret, super duos geminæ dilectionis denarios immarcessibilem gloriæ coronam perciperet. Nonas omnium reditum episcopii, quæ ad proprietatem dominici juris pertinebant, et in singulis cortibus mansum unum usibus suis subtraxit, atque æcclesiæ pii patroni sui Vincentii superaddidit; et callens a successoribus plerumque alienum fundamentum aut subrui aut neglegi, ne quis successorum suorum hoc liberalitatis suæ decretum irritum faceret, interdixit insolubili anathemate, addita imperiali sanctione et apostolicæ insuper excommunicationis maledictione.

16. *De aviditate ejus in perquirendis reliquiis Sanctorum.* Iste scriba doctus in regno cœlorum, in sancta videlicet æcclesia, similis homini patrifamilias proferenti de thesauro suo nova et vetera, perpendens Deum non multum delectari manu factis habitaculis, set potius his quæ spiritualiter geruntur in illis; sicut ait egregius prædicator veritatis: *Scitis, fratres, quia templum Dei estis, et Spiritus*

VARIÆ LECTIONES.

[935] manu 2. [936] bibliothecarii c. [937] PR. c.

NOTÆ.

(941) Notæ temporis omnes congruunt.

sanctus habitat in vobis; si quis autem violaverit templum hoc, disperdet illum Dominus; templum enim Dei sanctum est, quod estis vos (I Cor. III, 16-18). Quid enim decor parietum, fulgor metallorum, splendor gemmarum, nitor pretiosarum significat vestium nisi diversarum allegorica ornamenta virtutum. Intellegens, inquam, vir Dei, magis expetendam interioris hominis puritatem, quam perfunctoriam exterioris pulchritudinis venustatem, etiam in hoc sategit opus suum perducere ad unguem. Quod facile quivis vel in hoc solo animadvertere poterit, si consideret, quantum ei de coadunandis sanctorum pignoribus in isto loco studium fuerit, quorum inibi habitantes et ad bene agendum accenderentur exemplis, et [938] si quibus attererentur malis vel periculis, eorum praesentibus defensarentur patrociniis. In hac etiam re vix quisquam digne possit demirari ejus praedicabilem vitam; quia cum tantam coelitus meruerit gratiae praerogativam, ut si qui aliquo modo offenderant majestatem imperatoriam, eum, solum expeterent interventorem, eum solum quaererent mediatorem ad placandam regiae censurae indignacionem [939] ipse tamen nullam ab eis pro hoc temporalis emolumenti expectaret vicissitudinem (942). Eas solas undeunde avidissime expetebat divitias, undecumque posset sanctorum contraheret corpora vel reliquias; ea sola non vituperabilis animum ejus exedebat cupiditas. Jamjam ergo pagina illa proferatur in medium, ab his qui interfuerunt plenissime digesta de translatione sanctorum [940]:

Anno dominicae incarnationis 970, magno et gloriosissimo caesare augusto Ottone cum aequivoco suo admirabilis indolis adolescente filio aeque augusto, simulque magnarum virtutum conjuge Adeleide [941] qua nihil umquam justius, mansuetius, prudentius, nec magis pie quicquam potuit esse, Italiae sceptra pio justoque moderamine pacifice ac solide usque in fines Calabriae gubernantibus, domnus et venerabilis sanctae Mettensis [942] episcopus Deodericus ipsi magnifico imperatori sanguine ac mira dilectione atque consanguinitate [943] conjunctus, cujusque consultu pro mira sapientiae praerogativa cuncta palatina agebantur negotia, in eadem Italica expeditione constitutus, in qua triennium fere militavit, dum divino praecipue cultui [944] deditus quaeque ad honorem, decorem [945] seu munimentum suae sanctae sedis certatim exquireret, atque [946] efficaciter votis ejus cuncta suppeterent, corporum sanctorum maximam copiam ex diversis Italiae locis, divina se gratia adjuvante, collectam,

digno se cultu atque honore alibi praestantius veneranda, eidem suae sedi sanctae [947] Mettensi invehere studuit.

De [948] sancto Elpidio. Horum primum, sanctum et venerabilem Christi confessorem Elpidium ex Marsorum provintia sumpsit, concedente Albrico ipsius Marsiae episcopo, ex quadam ecclesia sedi episcopali proxima; quae sedes super lacum Fucinum [949] sita quid olim fuerit, ruinae urbis et plurimarum circa ecclesiarum ac monasteriorum frequentia attestatur. Hunc nobis ipse episcopus caeterique incolae retulerunt fuisse ex coetu [950] quorundam servorum Dei, qui tempore antiquiore ex partibus Graeciae, numero septuaginta, in eandem Marsorum provintiam adventantes, ac diversis circumquaque locis vel civitatibus [951] venerabilium signorum lumine refulgentes [952], ubicumque in sancta conversatione finis vitae advenerat, venerabili sepultura reconditi, multa vicinorum longe lateque reverentia pro assidua miraculorum jocunditate coluntur. Horum tres, quorum hic tercius fuit, in eodem cimiterio quiescebant, Calistratus, Euticius et hic Elpidius. Porro Euticium imperator Otto [953] sustulerat. Et ne qua accipiendo posset adhiberi fallatia, sepulchro intacto satisque munito, nec a die repositionis ulla violationis signa monstrante, priusquam ab aliquo incolentium praesciretur, episcopo tantum Albrico et paucis ejus clericis assistentibus, presbyter noster Teudo [954] cum presbytero imperatoris Heriwardo archam sancti, quod nisi altari desuper effracto nequiverant, aperiunt, ipsique per se [955] sacra ossa miri candoris nec minus fragrantis [956] odoris, omnia numero ac quantitate integra, excipiunt scrinioque recondunt. Hujus diem 16 Kal. Octobris celebrem habemus.

De sanctis Eutice, Victorino et Marone. Venientes proxime abhinc in territorium Amiterninae (943) urbis, quae et ipsa ruinas tantum ostendit, ab eodem Albrico episcopo de monasterio suae ditionis Reate subjecto pretiosum [957] martyrem Euticen accepit. Cujus beati socii Victorini jam anno superiore reliquias emeruerat, simul [958] et partem sancti Maronis pariter passi. Quorum et loca passionis aspeximus, et [959] aquas Cotilas foedo odore spirantes, in quibus verso capite suspensus fuerat martyr. Passionem denique eorum scripta retinent sanctorum Nerei et Achillei. Hunc ipse domnus venerabilis [960] Deodericus ibidem assistens, ex ipsa archa marmore fortiter munita, mira cum exultatione ac veneratione excepit, octavo Kal. Octobr. Hos duos delardus [961] filius Gerardi in vatriam asportavit.

VARIAE LECTIONES.

[938] vocem supplevi. [939] ad p. r. c. i. manu 2. [940] In 3. ubi naec historia f. 56-41. exstat, hanc inscriptionem praefert : Inventio sanctorum a domno Deoderico pontifice repertorum. Incipit : Anno inc. dom. [941] adelheide 3. [942] mettis 3. [943] familiaritate 3. [944] cultu 3. [945] decoremque 3. [946] et 3. [947] sancte sedi metensi 3. [948] Hae inscriptiones semper desunt 3. [949] ita 3.; sticinum c. [950] collegio 3. [951] c. universis mirabilium s. 3. [952] fulgentes 3. [953] deest 3. [954] teudo c. v. infra. [955] deest 3. [956] flagrantis c. 3. [957] preciosissimum 3. [958] simulque et 3. [959] et ipsas a. 3. [960] v. d. 3. [961] adhelardus 3.

NOTAE.

(942) Vide contra Thietmarum III, 9.

(943) Amiterno.

De sancto Feliciano episcopo et martyre. *Fulinias castrum* (944) non procul a Spoleto Feliciamus, magno undecumque concursu hominum affluente, corpore sacro tuebatur; cum [962] Benedictus ejus Fuliginiensis [963] episcopus multo cum fletu largitus [964], per Bertraum diaconum et Heriwardum presbyterum 4 Nonarum Octobris ex ipso intimo antro sustollitur. Passio ejus descripta est.

De sancto Asclepiotate martyre. In saltu [965] qui Collis dicitur, qui Perusio adjacet civitati, ubi tunc imperator autumnali. exercebatur venatu, monasterium erat antiquissimum super fluvium Tyberim, qui ibi mediocri vado praeterfluens, sui exinde usque ad urbem Romam pelagi profunditate augetur. Hoc pulcro quondam opere marmoreoque ornatu, ut videri dabatur, extructum, set tunc vetustate collapsum, martyris egregii Asclepiotati membra venerabiliter humata tenebat. Cujus tumbam, forti nimis saxorum ac terrae congerie obclusam, dum cum magna tandem difficultate Teudo [966], Bertraus et [967] Rotardus et Heriwardus [968] penetratam, marmore sancto corpori [969] proximiore nudassent, inveniunt monumentum imo usque profundum [970] dimissum, et per medium a capite usque ad pedes quodam limite ex ipso naturaliter saxo quasi divisum. Quod tamen diligentius inspectum, unum continuumque constabat. Beati vero corporis medium hinc, medium illinc, membris altrinsecus unum contra alterum oppositis, excepto capite solo, quod in unam integrum [971] partem jacebat diligentissime collocatum. Hoc aedituus et reliqui dixerunt, inditio voluisse antiquitatem [972] signare, quod et ipsi vere asseverabant, eundem martyrem crudeli genere passionis medio corpore vivum exsectum, eique attestandae [973] ita in monumento dividuo positum. Hunc pariter digno, ut par fuerat, honore sublatum, 7 Iduum [974] Octobris venerabilis pontifex suscepit. Diem natalis ejus [975] ab incolis 9 Kal. Novembris didicimus. Nam gesta ejus minime ab episcopo de Sisa (945), ad quem locus pertinebat, quivimus extorquere.

De sancta Serena et Gregorio Spoletino. Sanctissima virgo Serena apud Spoletum in monasterio sancti Savini martyris foris muros urbis, ubi et pluribus miraculis choruscabat, quieverat; ad quam pene cottidie magnus populorum veniebat concursus, ita ut noctes quoque pervigiles turbae cum lucernis caeterisque donariis ibi peragerent. Hanc quoque cum integris toto corpore ossibus, misso illuc Rothardo diacono cum aliis sibi fidelibus viris, venerabilis pontifex est adeptus. Reliquias quoque beati martyris Gregorii Spoletini ibidem obtinuit. Cujus passio scripta est. Beatae Serenae, praeter quod in passione sancti Savini repperimus eam ipsum beatum martyrem t mulasse, nihil plus gestorum perquirere potuimus. Quae tamen tam assiduis se virtutum commendat insigniis, ut viva harum lectione oculis objecta, gestorum attestatione, quid fuerit in vita, non egeat. Dies ejus 10 Kal. Decembris, eodem quo et sancti Savini martyris, celebratur.

De catena sancti Petri apostoli. Inter haec Romam misso praedicto diacono Rothardo, dono domni papae Johannis, qui tercius decimus in eo nomine erat, partem non modicam catenae beati Petri, in basilica quae dicitur ad Vincula (946), eandem [976] portionem execante, promeruit. Cum ea quoque privilegium monasterii sancti Vincentii cum dalmatica et sandaliis [977] abbati ejusdem loci apostolica praerogativa concessis idem domnus papa direxit. Haec omnia Adelbertus clericus cum Conone comite transtulit.

Qualiter autem occasio tam memorabilis donationis contigit, inserere lectioni non piguit. Quadam namque die dum Otto imperator Romae esset, accidit, ut quendam comitem ejus valde familiarem diabolus invaderet, et ante cunctorum oculos se ipsum miserabiliter, qui tenebatur, decerperet. Quod rex ut audivit, admodum moestus huic solo remedio incubuit, quatinus domno Johanni papae eo tempore apostolatu insignito duceretur, nam tunc forte imperator civili cura paulisper remotior tenebatur. Factum est autem, ut praesens adfuit demoniacus, Romani clerici, sicut semper mos illis est simplices quosque deludere de requisitione catenae, quandam ferri catenae partem offerunt furenti circumligandam. Non minus prohibente apostolico, ne luderetur domnus imperator, praebent aliam; donec tercia illusione domnus papa motus animo, veram sancti Petri jussit deferri cathenam. Ad hoc autem spectaculum a rege missi, inter caeteros venerabiles viros Mettensis praesul Deodericus et praedictus Rothardus erant praesentes, exitum rei praestolantes. Quae ubi contigit collum demoniaci, mox invasor spumans et multum clamans abcessit. Quod ut vidit domnus Deodericus Mettensis, arripuit cathenam, manuque involvit, dicens, nullo modo nisi manu abscisa dimittendam. Huic litigio accurrit domnus imperator, et quis tantus tumulus esset inhianter investigare coepit. Cui cum indicatum esset, et prioribus verbis episcopus responderet, conversus rex etiam ipse coepit petitor existere, et ut id fieret vehementer exposcere. Quod et papa libentissime annuit, licet plurimus ordo ecclesiae Romanae graviter reluctaverit, et serra deportata custos abscidit. Quam partem, interveniente causa alius [978] negotii, papae, quoniam carissimus amor erat inter utrosque recommendavit.

VARIAE LECTIONES.

[962] cum *c.* [963] fuliniensis 3. [964] scilicet. 1. est et per. [965] sancto 1. [966] theudo 3. [967] deest 3. [968] et H. desunt 3. [969] corpore *c.* [970] profundum *corr.* profundo 3. [971] integram 3. [972] antiquitate *c.* [973] attestante *c.* [974] Kalend 3. [975] manu 2. [976] eadem *c.* [977] scandaliis 5. [978] ita L. aliis *c.*

NOTAE.

(944) Foligno
(945) Assisi?

(946) S. Pietro in vincoli.

Set postea misso Rothardo diacono, eam ab æcclesia quæ dicitur ad Vincula, ubi hoc factum fuerat, domno papa concedente, asportavit. Præterea infirmantibus salubris provenit, si quis cum fide apud Sanctum Vincentium, ubi reposita veneratur a populis, eam tangere meruerit.

De sancto Vincentio levita. *Beatum martyrem* [979] *et levitam Vincentium in civitate quadam antiquissima, quæ ad solum usque jam longo tempore diruta fuerat, Corduno nomine* (947), *quæ ab Arethio* [980] *duodecim milibus distat, ex monasterio proximo satis pulchro ornatu, quod multa itidem frequentia venerabatur, Bertraus diaconus, comitante secum quodam clerico episcopi Arietini, cui* [981] *nomen Crisulfus, indice loci, cum magna licet difficultate, vitæ quoque non minimo periculo, transtulit* [982]. *Hunc ex Hispania in Italiam* [983] *deportatum firmiter asseruerunt. Cujus modum translationis postea, domno præsule Beneventum veniente, dum nurui imperatoriæ a Græcia venienti obviam missus esset, plenius cognovimus. Juxta Capuam siquidem monasterium jam pene dirutum nomine sancti Vincentii* (948) *reperimus, quod grandi et miro opere quondam a fratribus tribus nobilibus constructum, veterani* [984] *qui ibi tunc pauci visebantur monachi dixerunt, et corpus sancti Vincentii postea a duobus monachis ex Hispania ibi clam deportatum, atque deinceps multis temporibus maxima veneratione habitum, donec a paganis eodem monasterio vastato, corpus sanctum inde sublatum et ad prædictam Cordunensem civitatem esse translatum. Tunc etiam episcopus Arietninus* [985] *non modicam portionem sanguinis beatissimi prothomartyris Stephani in vase cristallino optime auro gemmisque composito, et de sanguine Innocentum in alia pixide, et de capillis sancti Petri, breviculis per singula appositis, quamvis invitus et summo in discrimine apud imperatorem sui suarumque rerum positus, dedit; et quia redemptionis suæ facultas cum angustabat, precatorem suum* [986] *nostrum venerabilem præsulem per noc et per corpus sancti Vincentii paravit, atque sic in gratiam imperatoris, eo interveniente, vix rediit. De hoc ipso beato martyre plures Italorum episcopi jam ante sæpe temptaverant ut id adquirere possent; in quibus Ambrosius Bergamensis, pro eo quod sedes episcopatus sui in honore sancti Vincentii esset, et ante breve tempus, cum quibus potuerat, diem quod eum excepturus esset statuerat. Set Domino ordinante, ut in crastinum ille condixerat, nocte præcedenti a nostris præoccupatum est. Hoc clerici de monte Romarici* (949) *tulerunt.*

De sanctis Proto et Jacinto. *In Sabinis regione non procul ab urbe Roma miliario fere quadragesimo* [987] *sancti martyres Protus et Jacintus erant reconditi aliquanto neglegentiori custodia. Hos abbas quidam de monasterio sanctæ Mariæ quod dicitur Farfara* (950), *venerabili pontifici nostro, dum de causa sua cum apud imperatorem sibi fieri intercessorem rogaret, quia nullo tantum munere cum cognoverat delectari, partem primo obtulit: set postea mira instantia domni præsulis, quicquid inde reperire potuit, adjecit; ipse cum suis monachis dans super sancta evangelia sacramenta, vere ea ossa sanctorum Proti et Jacinti existere. Hoc post natale Domini, dum Roma reverteremur, in vicinio Hortæ civitatis* (951) *est actum.*

De sanctis Digna et Emerita [988]. *Set Romæ nobis tunc constitutis, munere domni papæ Johannis pignera sanctarum Dignæ et Emeritæ, quarum corpora in porticu æcclesiæ beati Marcelli martyris sunt reconditа, quæ est ante sanctos apostolos, simul et alias sigillatim* [989] *repositas, cum propriis annotationibus, diversorum sanctorum reliquias accepit; in quibus et sandalium* [990] *sancti Stephani. Hæc omnia per Willardum monachum Mauri monasterii* (952) *missa sunt.*

De sancto Vincentio episcopo. *Alterum sanctum Vincentium episcopum ex monasterio quodam in comitatu Urbini a Ravenna miliario fere quinquagesimo, juxta Petram pertusam* (953), *ab abbate rebus necessariis nimis attrito, quia aliud quod daret pro relevatione* [991] *loci non habuerat, partem primo offerente, set Bertrao illuc misso, multaque arte* [992] *strenue agente percepit. Hujus passionem descripsimus. Hic per Immonem comitem missus est.*

De sanctis Leontio et Carpoforo. *Civitas Vincentia est non* [993]a *longe a Venetia, ad quam olim Langobardi, dum Italiam invaderent, primam urbium venisse dicuntur. In ea martyr Leontius monasterio celebri veneratur. Hujus episcopus loci reliquias nostro reverentissimo præsuli, si pro causa sua imperatoriam interpellasset majestatem, repromisit. Mox misso illuc Rothardo diacono, cum episcopus nimium se fecisset difficilem in dando, præter quod dumtaxat promiserat, tandem continua* [994] *exigentis victus instantia, præter pauca sibi pigner aretenta, reliquum corporis totum largitus est. Hunc et* [995] *beatum Carpoforum Romæ passos, ab eadem civitate non longa ante tempora translatos, incolæ asseverabant; ubi et nobile quondam monasterium sancti Felicis visebatur, ubi et primo reconditi ferebantur. Set eo ab*

VARIÆ LECTIONES.

[979] m. magnum et l. 5. [980] aretio 5. [981] ci 5. [982] sustulit 5. [983] italia c. [984] veteratini 5. [985] aretinus 5. *et supra*. [986] sui 5. [987] XL.mo c. 5. [988] Emerentia? [989] singillatim 5. [990] scandalium 5. [991] *ita scribo;* revelatione c. 5. [992] ita 5. arce e. [993] ne c. [994] contigua c. [995] ita 5. deest c.

NOTÆ.

(947) Cortona.
(948) Ad Vulturnum.
(949) Remiremont.
(950) Farfa.

(951) Orta.
(952) Maurmunster in Alsatia.
(953) Ad Metaurum flumen, a meridie Urbini.

Ungris, qui pene locorum ipsorum vicini sunt, exusto, atque assidua incursione eorum reparationem prohibente, ad sedem episcopalem infra urbem sub altare depositi sunt [996]. *Unde et præfatus Rothardus diaconus sanctum quidem Leontium totum, sancti vero Carpofori reliquias non modicas ab ipso quo claudebantur sumpsit, altari effracto, sepulchro. Passionem eorum incendio deperisse dixerunt. Natalis eorum 13 Kal. Augusti celebratur. Teudo detulit eos.*

De sancta Lucia virgine et martyre. *Magna et universalis ecclesiæ celebritate memorabilis virgo et martyr Lucia Syracusana, quo ordine ad nostri religiosissimi* [997] *præsulis avidissimam devotionem pervenerit, Wigericus presbyter noster, tunc cantoris nunc custodis beati Stephani officium gerens, qui ea sacra ossa manibus ab ipsa, qua non levi munimine artabatur, extulit urna, quem satis tutæ fidei constat, quibit exponere. Ea in Corfinio* [998], *quæ vetus olim civitas fuerat, nunc tota diruta, quiescebat. Ad quem locum eam de Sicilia fuisse translatam a Faroaldo quodam, duce Spoletino, vere nobis assertum est. Hanc ipsam Syracusanam esse, de qua responsoria et antiphonæ generaliter cum missa ubique canuntur, ipse* [999] *episcopus loci manu sua sancto evangelio apposita confirmavit.*

De craticula sancti Laurentii. *Cum jam Roma, regiis nubciis* [1000] *ibi ingenti gloria peractis reditum in patriam disponeremus, ultimo beneficio eoque pluribus copiosiore venerabilem præsulem domnus papa de quatuor portionibus craticulæ sancti Laurentii locupletissime cumulavit. Eas Wigericus cum Johanne monacho ab ipsa sacra crate extuderunt. Hæc vero fuerunt capita virgarum, quæ per transversum jacuerant costis exterioribus infixa. Nam virgæ omnes, quæ sex in ea fuerant, jam inde a diversis apostolicis a vetusto tempore quibusque regibus erant dono collatæ, e* [1001] *quibus una, quæ adhuc ante paucos annos supererat, magno imperatori Ottoni ab Octaviano concessa est. Hæ dum extunderentur* [1002], *costas proprius, intrinsecus capita, quæ infra fortiter tenebantur, remanserant. Quæ tamen, ferro apposito manu percusso, licet laborioso conamine, sunt discussa.*

Hanc quidem de translatione sanctorum a majoribus accepimus relationem. Cur vero sancti Fortunati Tudertinæ urbis episcopi, de quo Gregorius in dialogo suo memorabilem indidit narrationem, necnon et Miniatis martyris, nullam fecerunt mentionem, non parvam animis nostris ingerunt commotionem. Et horum quippe corpora ab Italia ad nos ab eo translata, fide vera credimus. Miniatem vero cum Proto et Jacinto et Vincentio episcopo ad nos delatum, 6 Nonas Julii legimus. Fidentii etiam et Terentii reliquias cum Vincentio martyre et levita, Feliciano, Eutice, Elpidio, Asclepiotate et cathena sancti Petri, 18 Kal. Maii nobis ab eo missas, ipsa rei indicat veritas. Horum et passiones descripsit et diem passionis vel depositionis annotavit; Fortunati scilicet 3 Kal. Julii, Miniatis, 8 Kal. Novembris, illorum vero 5 Kalendas Octobris. Pignera quoque Quintiani presbyteri et martyris de Altro (954) Campaniæ civitate, et Florentii martyris de Tile castro (955) sedulus sanctorum amator transtulit, gesta tamen passionis non attulit, diem tantum passionis retulit; Quintiani 5 Nonas Julii, alterius 6 Kal. Novembris.

17. De laude urbis [1003] Mettensis. Gratias tibi sancta et individua Trinitas, quæ inæstimabiles pietatis tuæ ubique terrarum diffundens divitias, incomparabiles huic urbi copiosissime præparasti delitias. Singulæ civitates gaudent singulariter de collatis sibi divinitus salutis suæ provisoribus, et quorum gloriosos se meminerunt illustratos confessionibus, eorum piis se credunt adjuvandos intercessionibus. Aliquas etiam martyrum gloriosa victoria exornat, set vox sanguinis eorum ibi pro testimonio veritatis effusi adhuc de terra ad Deum clamat, vindictam expostulat, et divini responsi promissione suspensi, fratrum suorum impleri numerum expectat. Excepit et hæc civitas missos ad se prophetas, sapientes et scribas, et cito cognoscens tempus suæ visitationis, et avide amplexa lumen novi splendoris, depulit a se tenebras inveterati erroris; et cum nullus justus sanguis super eam venturus sit, quippe quæ nullius sanguini aliquando se vel filios suos devoverit : gloriosos tamen martyres præsentes habet, quibus se vel filios suos commendet. Cum nullius, inquam, sanguis a generatione ista requiratur, sanctorum martyrum corpora vel reliquias se reverenter servare gloriatur. Idcirco sanctam Mettensem ecclesiam dixerim vere felicem, quæ sortita a Deo fidei arrabonem, gaudet sibi per fideles dispensatores centuplicari spiritualis dotis suæ quantitatem. Proinde lætare fausta Mediomatricorum civitas ! Etiam atque etiam meditare, quid tali viro, Deodericum dico, debeas, cujus pio studio tot sanctorum, præter indigenarum patrocinia, suscepisti reliquias, et præter nativæ ubertatis, qua singulariter affluis, copias; ab eo augmentata, caput extulisti inter urbes alias. Ipsa quoque nominis tui, id est Mediomatricis, ethimologia non dissidet a tuæ felicitatis gratia. Sicut enim matrix puerum amplectitur et fovet in matris utero, sic tu sita in meditullio, circumpositas regiones sustentans, mercimonio nativo vel advecto [1004], eas quodammodo foves sinu materno. Porro quod Mettis vocaris, vulgo fertur te domina-

VARIÆ LECTIONES.

[996] deest 3. [997] reliogiossimi c. [998] confinio 3. [999] ipseque 3. [1000] manu 2. [1001] ita 3. est c. [1002] extuderentur 3. [1003] UBIS c. [1004] advectio c.

NOTÆ.

(954) Alatri. (955) Thiel ad Mosam.

tam a Romanorum duce Metio Suffecto. Unde quidam (956) ait :

Alter at in sceptris austrum Sigibertus ageoat,
Suffectus dederat nomen cui Metius urbe.

Tradunt alii hoc disticon repertum in effossis terra lapidibus sic insculptum :

Tempore quo Cæsar sua Gallis intulit arma,
Tunc Mediomatricam superavit Metius urbem.

Nec sine quodam præsagio tibi accidisse credas, quod præter hæc usitata vocabula te Dividunum tradit vocitatam antiquitas. Gallica enim lingua montem vocari dunum, studiosis non est incognitum. Quidam de neutericis interpretatus, cur Hedua urbs vocetur Augustidunum, inter cætera sic ait :

Celtica Roma dehinc voluit cepitque vocari,
Augustidunum demum concepta vocari,
Augusti montem quod transfert Celtica lingua.

Sicut ergo Augustidunum Augusti-mons, sicut Viridunum Virorum-dunum nominatum est, ita Dividunum quasi Divorum-dunum vocabulum aucupata es; non solum propter emeritam incolarum gratiam, quos hoc nomine dignabatur gentilium supersticio, set etiam quia, ut diximus, tot sanctorum hospes futura quodam præsagiebaris oraculo. Nec abhorret a rectitudine fidei, divorum nomine sanctos signari, cum multa scriptura et imprimis Deus deorum in evangelio protestetur, eos ad quos sermo Dei factus est Deos vocari.

Nos controversiam de nomine aliis relinquamus ; verum quia sæpe medium urbis iter terimus, ingrati esse poterimus, si eam insalutatam relinquimus, ideoque parumper in ejus libeat immorari laudibus.

Præcluis urbs salve, tellus prænobilis ave,
Urbs populosa nimis, tellus præfertilis agris.
Mel et lac manans, cum vino panis habundans,
Mercibus exundans, auro gemmisque redundans,
Cedit Pactolus fulvus, prædulcis Hymetus,
Et Latialis humus, Triquetra, vel Affrica (957) tellus.
Si circumspiciam, nil non laudabile cernam.
Laudo minas muri quadris exædificati,
Non facilis solvi, non expugnabilis hosti.
Nam clivus murum, tutantur flumina clivum.
Tutum sic extra, munit vis aggeris intra ;
Qua natura labat, vires manus arsque ministrat.
Mensurans latum, stupeas succrescere longum.
Suspiciens turres, Babylonis suspicor arces.
Has aries, testudo, falarica (958), vinea, falces
Numquam vel frustra quatient, nec edet mala
                                 [flamma.
Cumque domos cerno, Romana palatia credo.
Cumque peto teatrum, puto Dedaleum laberinthum.
Sique situs formam spectes, quid pulchrius usquam?

Juxta naturam metata suam posituram,
Pulcra placet visu, naturæ pulchrior usu.
Colle sedens modico, gemino munita fluento;
Flumina dant murmur, dant propugnacula robur.
Quatuor, ecce, plagas per quatuor aspice portas;
Scilicet anatolem, disin, mesenbrian, arcton
Qui videt æcclesias, cœlestes æstimat aulas.
Cum peto primatem Stephani prothomartyris ædem,
Et video clerum, videor mihi scandere cœlum,
Cœlestesque choros modulari dulciter ymnos.
Et tibi, Salvator, nova mœnia surgere grator
Quæ patriæ columen, vitæ spectabile culmen,
Struxit Adelbero pius, omne suo decus ævo.
Virginis agnus, ovis, et sponsus virginitatis,
Virgineos thalamos in trino nomine trinos
Collocat in mediis hujus sibi mœnibus urbis.
Mater virgo Dei fit sedula pronuba nati,
Claviger æthereus fit et ipse Dei paranimphus,
Virgineo sponsi thalamo dignata superni
Virgo Glodesindis canit epithalamia regis,
Agna minans (959) agnas ad ovile salutis agendas.
Urbis præterea magnæ pomœria longa
Tutatur Felix, actis et nomine felix,
Cum Clemente pio, Mettensi præsule primo.
Cum quibus almæ vices partiris Symphoriane.
Johannes alis sublatus virginitatis,
Arnulfum gremio sanctum complexus amico,
Inter eos medius stat clarus ab urbe videri,
Atque volans alto post se trahit agmen ab imo,
Insula, Vincenti, tibi cessit munere Christi ;
Eminet alta tibi domus hic studio Deoderici.
Set nec Martini custodia defuit urbi
Longius astantis, set de prope cuncta tuentis.
Dedecet hic breviter te dicere, Gorzia mater.
Miror aquæ ductus sex milibus isse [1005] per arcus ;
Invisit matrem cum filia Gorzia Mettim ;
Non alti montes, non imæ denique valles,
Intercurrentis non impetus ipse Mosellæ
Præpediere viam ; quid vidi operosius umquam ?
Ars mittebat aquas, quas tu natura negabas,
Donec sola vias rupit longæva vetustas.
Laudem structuræ retinent hodieque ruinæ.
Plurima prætereo ; quæ sunt longinqua, relinquo.
Quis describat aquas ? quis fontes, quisve salinas ?
Num sileam Saliam ? Moneor memorare Mosellam
Fontibus a variis regionibus atque remotis
Longos per tractus tibi currunt edere fructus,
Amplexæque tuos alterno littore muros,
Et tandem iunctis miscentes oscula labris,
Dant decus et fructum, præstant munimen et usum.
Usus alit ventrem, species mentem, sonus aurem.
Quænam tam suavem modulentur hydraulia vocem?

VARIÆ LECTIONES.

[1005] esse 1.

NOTÆ.

(956) Fortasse ipse Sigebertus. (an in Vita metrica Sigeberti III ?)
(957) Italia, Sicilia, Africa.
(958) Arcus grandis.
(959) Minare est ducere Gallice *mener*

Circumfer visum, quantum concedit orizon;
Nil non jocundum, nil aspicies nisi gratum.
Quis quit mirari montem, qui pluribus urbi
Imminet? Est oculis gratissimus, ubere pinguis;
Hunc natura suo lactavit ab ubere pleno.
Montibus est raris naturæ gratia talis.
Assurgunt omnes acclivi vertice montes.
Vite vides colles redimitos, mergite valles.
Prata virent, silvæ frondescunt, fluctuat ager (960).
Pascua si quæres, campos spatiare per omnes.
Quam varie recinunt volucres, examina ludunt;
Cœli temperiem rarus sentit meliorem.
Quem non tantarum delectet gratia rerum?
Ipsos ruricolas pascit tam grata voluptas,
Dumque fides ruris votis respondet avaris,
Exosi requiem solantur amore laborem.
Vites iste putat, alter fodit, ille maritat,
Umbrat et hic fontes, hic conserit arbore montes.
Deviat hic rivos, hic ditat semine campos;
Hamis piscor ego, tu vimine, retibus ille.
Quisnam tantarum replicet spectacula rerum?
Esset ad hæc mutus et Homerus, et alter Home-
[rus (961).
Multæ sunt urbes fortunæ munere dites,
Te pleno cornu naturæ copia ditat.
Præter fortunæ merces, quas præstat abunde,
Urbes vicinæ tibi cedunt matris honore,
Vangiones, Leuci, Virdunum, Leggia (962), Remi,
Treveris et mater assurgere gaudet amanter;
Te salvet semper regnans super omnia semper.

18. *De dedicatione duarum ararum.* Fervente igitur studio cœptæ fabricæ et a longo postliminio sanctæ memoriæ præsule, Christo propitio, reduce, aræ duæ in eadem æcclesia sibi contiguæ dedicatæ sunt, præsentibus et cooperantibus reverentissimis Wigfrido Virdunensi, Gerhardo Tullensi pontificibus anno 972; hæc quidem in magnæ et toti [1006] orbi vulgatæ martyris sanctæ Luciæ Syracusanæ, illa autem in sanctorum æque mundo pervagatorum Proti et Jacinti martyrum præsentia et honore. Quorum corpora sacrosancta vera, utut fides Christi est, et non alia, ope ipsorum augustorum et domni tunc temporis papæ Johannis auctoritate in ipsis partibus Italiæ adeptus, cum aliis pluribus sanctorum martyrum corporibus huc felici omine Domino transtulit auspicante. Et sunt ipsæ (963) dedicationis kalendæ 8 Iduum Augusti, anno pontificatus ejus nono.

19. *De morte Everardi fratruelis sui.* Set quia varia rerum mutatio non patitur esse diutinam læticiam umbratilis prosperitatis, ei dedolenti non multo post renovatum est vulnus acerbi doloris. Erat nempe ei fratruelis, dulcedo sui animi et imago pietatis; Everardus erat nomen illi; quem ipso paterno affectu educandum ab ipsis susceperat cunabulis, ad propagandam spem suæ posteritatis, ad dilatandam gloriam suæ nobilitatis. Heu incerta spes futurorum! Heu male fida sors rerum humanarum! Vix de infantia in pueritiam repserat, vix avitam bonæ indolis gratiam ostentare incipiebat, vix quantum instar in illo futurum esse apparebat, et ecce ceu primo vere tenellus flosculus subito venti turbine dilapsus, sic iste, o dolor! immatura morte mundo præreptus, non mediocrem luctum infudit omnibus. Cui patruus, ad miseri solatia luctus, exequias non tam funebres quam celebres edidit, et corpus cum honore decenti ad monasterium sancti Vincentii deferri fecit, et ante altare Christi virginis Luciæ tumulavit. Utque pro innocentis vitæ puritate perciperet aurea præmia perhennitatis, contulit eidem loco pro salute animæ ejus calicem aureum maximi ponderis et mirifici operis, suam ipsiusque memoriam in eodem opere his intexens litterulis : *Deodericus hujus divæ ædis constructor ac curator* [1007], *Everardi, vita juxta cari, pro anima. Et* cujus nomen in albo vitæ credebat aureis insertum [1008] literis, hujus tumulo epitaphium superaddidit, aureis in hunc modum exaratum titulis :

Anno dominicæ incarnationis 978 Deodericus humilis præsul [1009], *ab ipsis parietinis hujus loci constructor, pio studio Everardum fratruelem sibi, quoad vivere datum est unicum amorem, orthodoxis regiique sanguinis parentibus clarum, ipsosque egregia indole puerilis gratiæ repromittentem, ac semet genti patriæque suæ in spem maximam ab ipsis cunis dulci affectu educatum, inmatura falce mortis vixdum decennem abscisum, luctu plebis patrumque inmodico carum pignus silici sub humana sorte* [1010] *4 Non. Septembris mandavit.*

ITEM EPITAPHIUM.

Non est dampnosa mors justi, sed preciosa,
  Ante Dei faciem semper habendo diem.
Ipse dies plenus, lucenti sole serenus,
  Est sine nocte dies et sine fine quies.
Hac requie lætus, lucisque levamine fretus,
  Evrardus maneat, cernere quo valeat
Regem regnantem, regnantum regna regentem,
  Christum, quem coluit, vivere dum potuit.
Is puer insignis viventem flore decennis,
  Ornans mundicia quæque sui studia,
Transiit e mundo Septembris sole secundo.
  Lector dic tandem : Pace quiescat! amen.

ITEM EPITAPHIUM EJUSDEM COMITIS EVERARDI.

Clauditur hac tumba pridem sine felle columba,
Infans Evrardus, nobilis atque pius,
Sanguine magnifici generosus Deoderici

VARIÆ LECTIONES.

[1006] toto *c*:   [1007] *codex non hic sed post* constructor *distinguit.*   [1008] i. l. h. t. e. s. a. *manu* 2. *addita.*
[1009] p. pio ab *c.*   [1010] *ita L.* sorto *c*

NOTÆ.

(960) Spicis vento agitatis. LEIB.
(961) Virgilius.
(962) Lüttich.
(963) Id est solemnes dies. LEIB.

*Præsulis, ex cujus fratre fuit genitus.
Crastina Septembris lux his fuit ultima membris.
Christe [1011] tuam requiem da sibi teque diem!*

20. *De iterata immunitate ecclesiæ sancti Vincentii.* Otto imperator sedatis cunctis motibus per Galliam, Italiam versus arripuit viam (an. 980). Nec aberat a latere ipsius conscius omnium consiliorum et particeps omnium negotiorum, episcoporum honor, Deodericus episcopus, quem utriusque dignitatis reverentia majorem aut æqualem reddebat omnibus. Set nulla terrarum longinquitas cum tam longe disparabat, nulla viarum prolixitas adeo gravabat, nulla occupationum multiplicitas cum in tantum angebat, quin jugiter bene et honeste consummando cœnobio sancti Vincentii animum suum præsentaret, et ut nulla alia cura acrior hac ipsum sollicitaret. Quapropter ei ad bonum semper intenta non sufficiebat, quod locum illum et omnia illi delegata auctoritate et benedictione Johannis papæ olim firmiter et legaliter munierat, set adhuc obviam ire injusticiæ pravorum, bona aliorum perperam usurpantium, omnimodis insistebat. Unde modo adductus loci et temporis oportunitate (an. 981), illud ipsum privilegium olim scriptum et signatum a papa Johanne operæ pretium duxit iterandum, Benedicti eo tempore apostolicas vices agentis auctoritate scriptum per manum Bonigonis notarii atque regionarii sanctæ Romanæ æcclesiæ, in mense Aprili indictione octava (964).

21. *De roborata immunitate actorum ejus.* Ita Domini servus fidelis et prudens ante et retro oculatus, ne aliquo tempore fascinatio nugacitatis obscuraret bona illius, præsago futurorum spiritu ducebatur, ut quamdiu vita et oportunitas patiebatur, apostolico et imperiali suffragio domesticos fidei tutaretur, ad quos maxime bonum pro remedio animæ suæ operabatur. Nec solam quæsivit immunitatem hujus loci, set et alia acta sua volens in perpetuum rata fieri, non distulit ea legali scripto confirmare, edicto imperiali corroborare et anuli ejus impressione consignare. Non pigeat igitur ipsam hinc inserere cartam, operum pontificis nostri et verborum nostrorum testem idoneam.

Decretum Ottonis secundi [1012]. In nomine sanctæ et individuæ Trinitatis Otto divina favente clementia imperator augustus. Omnium fidelium nostrorum, præsentium scilicet atque futurorum, pateat industriæ, quomodo fidelis noster Deodericus Mettensis æcclesiæ venerabilis episcopus a nostra celsitudine suppliciter petiit, ut monasterium sancti Vincentii foras muros civitatis suæ, Metis vocatæ [1013], constructum, quod ipse cum licentia et consensu beatæ memoriæ genitoris nostri, Ottonis videlicet augustissimi imperatoris, primum ædificare cœpit, et mercatum, quem nostro licitu in loco qui Spinal dicitur primus elevavit, imperiali nostræ præceptionis donatione et potentia confirmaremus, et ut familiis ecclesiæ sancti Stephani prothomartyris Christi, cui ipse præsidet, legem a prædecessoribus nostris, regibus scilicet et imperatoribus, illis concessam, auctoritate nostræ donationis noviter eis concederemus atque confortaremus. Cujus peticionem pro divino amore benigne suscipientes, præfatum monasterium in honore sancti Vincentii martyris consecratum sub nostræ tuitionis emunitatem suscepimus, et omnia illuc ab eo vel ab illis tradita, et adhuc ab aliquibus tradenda, regia et imperiali munificentia ac magnificentia confirmamus; et mercatus in prædicto loco elevatus ut deinceps absque hominum omnium controversia firmiter stet atque maneat, imperiali potestate præcipimus; familiarumque præfatæ æcclesiæ legem, quam præscriptus Deodericus episcopus eis concedendam a nobis petivit, imperiali dono et munimine illis dehinc tenendam concedimus atque confortamus [1014]. Et ut hæc nostræ donationis concessio per futura temporum curricula a cunctis fidelibus firmior [1015] habeatur, hoc nostræ celsitudinis præceptum inde conscriptum sigilli nostri impressione signare jussimus, manuque propria corroboravimus.

Signum domni Ottonis invictissimi imperatoris augusti. (L. M.) Hildiboldus episcopus cancellarius vice Willigisi archicapellani recognovi. Data 12 Kalend. Julii, anno dominicæ incarnationis 983, indictione 11, anno regni invictissimi Ottonis 25 [1016] imperii autem 15. Actum Mantuæ feliciter amen.

22. *De bona consummatione operum domini Deederici, et obitu ejus.* Vir itaque Domini Deodericus, bonorum operum studiis adprime intentus et de talento sibi credito pervigili cura sollicitus, coram Domino suo multiplicata pietatis opera reportare studebat, et familiæ sibi commissæ cybum salutarem, ut fidelis servus, suppeditare procurabat.

Præsul enim factus conplevit præsulis actus,
Profuit ovibus, præfuit ipse quibus.

Diligebat namque eos, quos in æcclesiasticis actionibus ferventes esse cernebat, et ut studium perseverandi non postponerent, fructificanti doctrina ammonebat. Neglegentiores autem, qui minus quam debebant evangelicæ actioni inhærebant, juxta præceptum doctoris gentium arguebat, obsecrabat, increpabat, ac ne morsibus invisibilium luporum læderentur, muro spiritalis defensionis munire non desistebat. In hoc vero perfectio actuum ejus laudabilis extitit, quia, quod sagacitate et affluentia

VARIÆ LECTIONES.

[1011] Criste *c.* [1012] SECRETI 1. [1013] vocata *c.* [1014] *hic et supra* confirmamus *et* confirmaremus *intelligendum est* [1015] firmio *c.* [1016] *intelligendum* XXIII. imperii XVI. *sed reliqua hujus temporis diplomata eodem vitio laborant.*

NOTÆ.

(964) Anno 981 indictio nona currebat, at a. 981 fuisse, imperatoris tunc statio Romæ indicat.

doctrinæ edocuit, exemplis et honestate morum demonstravit. Egentibus et orphanis misericordiæ viscera aperuit, tribulatis consolationis dulcedinem exibuit, hospitibus piæ humanitatis beneficia non denegavit. Numquam eum ab jure ad injusticiam quisquam detraxit ; set provincialium substantias aliquando privatis rapinis, aliquando publicis vectigalibus pessundari, non aliter, quam qui patiebantur, induluit. Principibus veritatis verba non tacuit, pupillo et viduæ justiciæ censuram non abscondit. In corde illius humilitas, in ore perfecta sagacitas, in vultu morigerata hylaritas, in opere præcipua erat caritas. Portus et ara suis, totus incumbebat æcclesiasticis incrementis. Denique ut memoria ejus æterna esset, et studium vitæ ejus in domo Domini ut palma florescens, sicut cedrus de Lybano, multiplicaretur, æcclesiarum sedulus constructor extitit, et ut superioris stili narrat hystoria, temporalibus bonis et sanctorum reliquiis, sicut hodie est cernere, perornator earum indefessus enituit. O virum merito memorabilem, qui humanum favorem velut umbram pretereuntem floccipendens, postposuit amicitias filiorum hominum et sibi vendicavit gratiam supernorum civium ! Revera cum inter aulicos et imperii consiliarios primus haberetur, et negotia regni sapientiæ ac dispositioni ejus crederentur, nolebat tamen secularibus se inplicare negotiis sicut fecerat eatenus, ut posset Deo militare liberius ; set solus habitans secum exercebatur et scobebat (965) spiritum suum. Evomens ergo ab animo omnem curialis anxietatis nauseam, in qua multiplex molestia omnem aliquando excludit modestiam, in qua quisque potest illam volubilem fortunæ inspicere rotam, totum se ab activa ad vitam transtulit contemplativam. Et monitus divina inspiratione, imminere sibi diem sui obitus, agebat pro omnibus vitæ excessibus dignos pœnitentiæ fructus, festinans ascribi cœlestis curiæ dignitatibus. Ponebat siquidem ante oculos mentis id quod in exordio inthronizationis ejus descripsimus, litteram videlicet sui nominis inter nomina Mettensium pontificum argenteo colore cœlitus prætitulatam, pro qua promiserat se tanta bona in episcopatu facturum, quod ipsa argentea littera, Deo favente, transformaretur in aurum. Nec fefellit eum animus. Nam bonæ voluntati bonorum operum addens incrementum, memorabili justoque fine bonæ vitæ confirmavit initium.

Sic bonus athleta Domini super atria læta
Florens perfecte, dum curat vivere recte,
Cursum complevit, post hæc in pace quievit.

Qui subtractus ab hac instabili vita (*an*. 984, *Sept*. 7), et ut credimus susceptus in cœlesti curia, quam carus fuerit civitati, inæstimabili mœrore funeris potuit æstimari. Delatus ergo ad sancti Vincentii cœnobium, scilicet ad præclarum devotionis suæ testimonium, sepultus est ibi cum honore, qualis decebat tanti nominis pontificem. Opus autem ipsum imperfectum reliquit, sumptus tamen et impensas ad ejus consummationem sufficienter delegare non prætermisit. Transiit autem anno Domini 983 (966), indictione 11, epacta 15, concurrente 7, 7 Idus Septembris, 6 feria, anno 1 regni Ottonis tercii. Quo etiam mensis die recolebatur anniversarius depositionis matris ipsius Amalradæ [1017]. Pater vero ipsius Everardus Kalendis Maii a seculo excessit.

EPITAPHIUM. [1018]

Hic Deodericus, generoso sanguine natus
  Regum progenie, nomen habens celebre,
Cæsaris Ottonis tetigit quem linea carnis,
  Cujus consiliis jura dedit populis.
Luxit enim mundo, ceu sydus lumine pleno,
  Actibus eximiis, moribus egregiis.
Unde Mettensem meruit conscendere sedem,
  Quam rexit digno præsulis officio.
Aulam hanc cœlesti struxit pro munere regi,
  Rebus quam miris compsit et innumeris.
Idibus ebdenis Septembris jam revolutis
  Decessus sorte, clauditur hac silice.

23. *De dedicatione ecclesiæ sancti Vincentii*. Jam vero quia de vita excellentissimi præsulis relationem explevimus, operam dare curamus ut diem dedicationis ecclesiæ sancti Vincentii ante posterum oculos relinquamus. Post decessum denique ipsius pontificis, per successiones plurimorum abbatum eidem loco præsidentium, opus, quod remanserat imperfectum, tandem tempore domni Heriberti venerabilis vitæ abbatis est consummatum (*an*. 1030). Qui inter cætera quæ studiose et religiose effecit, æcclesiam ipsam a domno Deoderico juniore dedicari constituit. Quam liberali omnium rerum apparatu, quam pio devotionis affectu, quam frequenti omnium concursu, quanto studio celebrata sit hujus dedicationis læticia, adhuc quasi recenti eorum qui interfuerunt hæret in memoria. Consecratum est igitur primum et principale altare in honore sancti Vincentii martyris et levitæ; secundum in honore sancti Benedicti abbatis, Fortunati et Elpidii episcoporum et confessorum, Gregorii papæ et confessoris; tercium in honore gloriosissimæ et victoriosissimæ crucis domini nostri Jesu Christi, et Johannis baptistæ, Quintiani presbyteri et martyris, Remigii episcopi et confessoris. Celebrata est hæc dedicatio 2 Idus Maii, anno millesimo trigesimo dominicæ incarnationis, indictione 13, epacta 14, anno 7 imperii Conradi, pontificatus vero domni Deoderici junioris 25. Porro altare sancti Petri, ut traditum est nobis a majoribus, dedicatum est ab Egberto archiepiscopo Treverensi in honore ejusdem sancti Petri apostoli, et Feliciani episcopi et martyris 5

VARIÆ LECTIONES.

[1017] *ita codex.* [1018] EPITAPHUM *c.*

NOTÆ.

(965) *I. e.* scopo mundabat.

(966) Deodericum a. 984 obiisse constat.

Non Februarii. Hæc de dedicatione ista dixisse sufficiant ; verum fidelis lector finem lectionis hac prece concludat, ut dominus Deus istum locum visitet et benedicat, fratres in eo commorantes ab omni malo defendat, ac preces omnium fidelium semper exaudiat, qui per secula cuncta vivit et regnat. Amen.

RHYTHMI IN HONOREM DEODERICI EPISCOPI

Deodericus sanguine, moribus
Claris profecto clarior omnibus,
 A rege clarebat secundus,
 Vix alicui sub eo secundus.
Hic consobrinus cæsaris inclity
Hærebat illi militiæ et domi,
 Regni ferens partes secundas,
 Cæsaris alleviansque curas.
Regni per illum cuncta negotia,
Et jura stabant ecclesiastica.
 Miles, senatus, regis aula
 Suspiciebat ad ejus ora.
Rex Ottho clavo dum moderaminis
Res fluctuantes Italiæ nimis
 Per jura tranquillare pacis
 Temptat ubique, malis remotis,
Et hic erat, hic multus et intimus,
Ad os, ad aures, cor quoque cæsaris;
Per hunc placebat qui placebat;
Hoc sine vix aliquis valebat.
 Hac præminentem magnificentia,
 Omnes honorant munificentia,
Facti per illum gratiosi,
 Ut sua vota queant mereri.
Qui non avare sed cupidus pie
Hoc exigebat quod foret utile,
 Notaque culpæ quod careret,
 Quod sibi spem veniæ pararet.
Nam vestra sancti corpora martyres
Quærebat hujus sancta viri fides,
 Translata qualicumque cura,
 Ut reverenter haberet illa.
Gaudebat hoc urbs Metis episcopo,
Fidens in ejus præsidio duplo,
 Pollens per ejus sanctitatem,
 Tutaque per generositatem.

VITA SANCTI SIGEBERTI REGIS

AUCTORE SIGEBERTO GEMBLACENSI.

(*Vide Patrologiæ tom. LXXXVII, col. 303, in Sigeberto rege.*)

VITA BREVIOR S. SIGEBERTI

AB EODEM SIGEBERTO SCRIPTA

(DUCHESNE, *Historiæ Francorum Scriptores*, II.)

Quia de Vita Sigiberti, Francorum regis, quæritis, quæque de eo, vel de ordinatione regni in historiis, vel de sanctæ religionis propagatione in sanctorum legimus gestis, inde collecta expediam paucis. Et quia tres hujus nominis reges Francorum fuisse scimus, nobilitatis ejus antiquitatem repetam altius, ut quis fuerit primus rex Sigibertus, quis secundus, quis iste, de quo nunc agitur, tertius, vobis patefiat clarius : et simul cunctis palam fiat unde gens Francorum nomen vel originem trahat, et unde et quando Gallias invaserit, quas per annos jam ferme sexcentos tenuit, et adhuc tenens potenter regit et feliciter.

Postquam Græci nobilem Phrygiæ urbem everterunt, Æneas et Antenor nobiles Trojanorum, cum reliquiis Trojanorum ad exteras nationes se contulerunt. Æneam quidem ad Italiam venisse, et Romani imperii fundamenta jecisse etiam a scholaribus cantatur. At duodecim millia Trojanorum, qui Antenorem secuti sunt, Scythiæ regiones pervagati, circa Meothidas paludes consederunt, et ab Antenore Antenoridæ vocati sunt. Hinc et in Virgilio legitur :

Antenor potuit mediis elapsus Achivis,
Illyricos penetrare sinus, atque intima tutus
Regna Liburnorum, et fontem superare Timavi.

Quorum posteri condita civitate metropoli sui regni, quam Sicambriam nominaverunt, a qua etiam ipsi Sicambri denominati sunt, in gentem magnam coaluerunt, et semper suæ gentis regem habentes nunquam alicujus gentis jugo subjici passi sunt, sed vicinis semper gentibus terrori fuerunt. Sed cum, sic dispensante Deo, universus orbis imperio Romano subactus est, et descriptione facta sub censu redactus, etiam ipsi Romanorum tributarii facti Romanorum tamen provincias crebris incursibus infestabant, et nomen suum longe lateque propalabant. Ab excidio Trojæ usque ad hæc tempora Valentiniani imperatoris res Francorum ita se habuerunt.

Valentiniano imperante, quo scilicet tempore sanctus Martinus Turonum episcopus per Gallias clarebat sanctitate et miraculis, cum quædam Scythiæ gens, qui dicuntur Alani, contra Romanos rebellassent, eosque Romani propter inaccessibiles Meothis fluminis paludes vincere non possent, Romani pactum proposuerunt, ut si qui eos vincerent a tributis decem annis liberi essent. Sicambri, quorum tunc temporis rex erat Priamus, Alanos vicerunt, et ob hoc a Valentiniano imperatore honore et munere digni habiti, ab eo lingua Græca Franci, id est feroces appellati sunt. Post annos decem cum exigentibus Romanis tributa solvere nollent, et insuper audacter rebellarent, Valentinianus eos bello victos contrivit, et regem eorum Priamum peremit. Post Priamum filio ejus Marcomiro regnante, Franci Sicambria egressi in Thoringia Germanorum provincia consederunt. Post Marcomirum filius ejus Faramundus fuit, rex crinitus, a quo Franci crinitos reges habere cœperunt. Post quem Clodius filius ejus regnans Francis a Thoringia advectis Gallias invasit, et capta urbe Tornaco Cameracum usque progressus multos Romanorum in Galliis peremit. Galliæ siquidem a tempore Julii Cæsaris, qui eas decennali bello domuit, sub imperio Romano erant, et ab eis principes recipiebant. Sed omni auxilio destitutæ, Wandalis et Gothis, cæterisque nationibus barbaris expositæ direptioni patebant. Post Clodium Merovecus filius ejus regnavit, qui quia satis utilis fuit, Francos a se Merovingos denominavit. Hujus tempore Attila rex Hunnorum ut fera tempestas ab Aquilone irruens totas Gallias inundavit, et Metis, Treveris, Tungris, Remis, et omnes pene urbes, castra vel oppida, usque Aurelianis, diro excidio exterminavit. Sed tandem ab Ethio Romanorum duce, eisque auxiliantibus Francis, bello victus repatriavit. Anno post mortem sancti Martini LIV factum hoc excidium Gallicarum urbium, Merovechi anno quinto.

Deest hic folium in cod. ms.

Nam quamvis Dagobertus rex esset egregius bellator, sacerdotum Dei et Ecclesiarum pius amator, pauperum Christi largus sublevator, et multarum artium bonorum executor, tamen carnalis incontinentiæ morbo nimis laborabat, et inde claritudini nominis sui fœdam infamiæ notam contraxerat, et quod gravius erat Regis regum iram contra se accenderat. Reginas enim suas fictis ex causis alias pro aliis repudiabat, ipsis quoque desponsatis pellices amores superducebat. Et quamvis adeo deditus esset carnali commercio, nullam tamen spem propagandæ posteritatis habebat, ex nulla tot uxorum filio suscepto. Permaxime ergo dolebat, quia se Dei offensam incurrisse sentiebat, præsertim quod ex regio patrum suorum semine nullum superesse sciebat præter se, et fratrem suum Charibertum. Qui Charibertus propter simplicitatem nimiam minus idoneus erat ad regni gubernaculum. Sed quamvis desperaret de prolis posteritate, non tamen desperans de Dei miserationne, præcordialiter cum deprecabatur ut sibi ex ejus nutu filius daretur, qui sibi in regimine regni subrogaretur. Justus et pius Dominus, qui hominum erratibus ad iram attrahitur, precibus etiam humilium ad misericordiam reducitur. Rex siquidem Dagobertus dum circuiret Austrasiam nono anno regni sui, puellam quamdam Ragnetrudem nomine, vultus elegantia laudabilem, genere etiam inter Austrasios non ignobilem, cum regii cultus honore uxorem sibi junxit. Quæ Deo ita volente eodem anno ei filium genuit, quem sacro fonte regeneratum Sigebertum nominavit.

Peracto aliquanto tempore rex Dagobertus cum omni exercitu suo magno tripudians gaudio anno regni sui XI Mettim adiit, ibique procerum et pontificum conventum adesse jussit, eorumque consilio et consensu filium suum Sigebertum in regnum Austrasiorum sublimavit, sedemque regni Mettis habere permisit, partem etiam thesaurorum sufficientem tradidit. Post annum nascitur regi Dagoberto filius, qui Clodoveus est nuncupatus. Qui iterum cunctis primatibus Austrasiæ et Neustriæ in generali conventu congregatis, iterum divisionem regni inter duos filios ordinavit, eorum consilio et assensu confirmavit, datis et acceptis invicem pactis et sacramentis, ut scilicet determinato utriusque regni certo limite, Sigibertus regnaret super Austrasiam, Clodoveus vero regeret Neustriam. Eam partem Franciæ quæ spectat ad meridiem et orientem vocabant Austrasiam, eam quæ vergit ad aquilonem et occidentem vocabant Neustriam.

Rex Dagobertus, tam juste et tam prudenter regno utroque ordinato, ne aliquando aliquo modo vel fratres inter se fraterno odio dissiderent, vel regnum in se ipso divisum civilis belli desolaretur scandalo, anno regni sui XVII mortuus, et Parisius in basilica Sancti Dionisii sepultus, regnum dimisit ab exteris pacatum gentibus, et in nullo diminutum a suis finibus. Post cujus obitum duo reges et fratres Sigibertus et Clodoveus se quisque in regno suo agebant prudenter, et inter suos valebant potenter. Interea Pipinus major domus ex hac luce est subtractus, qui ipsum Sigibertum paterne nutrierat a puero, et valido sui auxilii sustentaverat brachio. Hic omnimodis regno utilis, genere, potentia, prudentia, et fortitudine super omnes nominabilis, Grimoardum filium suum rerum suarum hæredem fecit : duas quoque filias suas Gertrudem et Beggam ad laudem et gloriam generis sui post se reliquit : quarum una Gertrudis, Christo quam sponso carnali malens nubere, sanctæ religionis proposito inserviens, in Nivalensi cœnobio, a sua matre fundato, spiritualem prolem adhuc non desinit Deo gignere. Soror ejus Begga, nupta Ansigiso, sancti Arnulfi Mettensis episcopi filio, regiæ dignitatis decus, quod penitus dispersserat per regnum Francorum inauditam desidiam, per suam reparavit prosapiam. Ipsa siquidem genuit Pipinum, Pipinus Carolum, qui Tudetes, id est Martellus, est agnominatus, Carolus Pipinum primum regem, Pipinus Carolum, cognomento Magnum, Francorum regem et imperatorem Romanorum, qui eo honoris et potentiæ processit, ut nullus de regibus Francorum vel ante eum vel post eum comparari potuerit.

Grimoaldus pro patre suo Pipino constitutus major domus potenter in aula Sigiberti regis principabatur, et domi militiæque regnum viriliter tutabatur. Quia vero Sigibertus rex Grimoaldum majorem domus sibi in omnibus fidelem, morigerum et cooperatorem catenus erat expertus, filium ejus Childebertum regni Austrasiorum hæredem delegerat, hoc tamen proposito conditionis tenore si ipsum contingeret sine liberis obire. Rex quidem, utpote futurorum nescius, quod tunc sibi videbatur ex temporis convenientia fecit; postea vero filium genuit, quem nomine patris sui Dagobertum vocavit. Et priori testamento ad irritum tracto, hunc nutriendum commisit majori domus Grimoaldo, ut ejus potentia contra omnes tutus sublimaretur in Austrasiorum regno. Ipse autem Sigibertus duodecim monasteria in diversis regni sui partibus ædificavit, eisque ex suis reditibus regia liberalitate necessaria suppeditavit : ut illic sub apostolicæ vitæ regula viventes, dum sua meterent carnalia, sibi seminarent spiritualia. Inter quæ eminent in nostra vicinia Stabulaus, et Malmundarium, cœnobia infra silvam Ardennam sita, quæ idem rex a se cooperante sibi majore domus Grimoaldo constructa, S. Remaclo Tungrensi episcopo tradit ordinanda. Expletis autem ætatis suæ annis xxxi, regni autem xxviii, anno ab Incarnatione Domini 642 a transitu S. Martini anno ccxliii, Rex terribilis apud omnes reges terræ, qui aufert spiritum principum, in flore juvenilis ætatis cum acerba morte rapuit de præsenti sæculo nequam, et in cœlesti curia ei contulit veræ dignitatis gloriam. Obiit Kalendis Februarii, et sepultus est in urbe Mettis, quæ regni sui sedes fuerat, in basilica quam ad laudem et gloriam Dei in honore sancti Martini gloriosi confessoris regia liberalitate construxerat, quæ sita est ad radices montis, qui plurimus imminet urbi, adversasque aspectat desuper arces.

O quam multos sæpe ambitio decepit! o quam multos perfidos divina ultio sæpe pessum dedit! Mortuo Sigiberto rege, Grimoaldus major domus Dagobertum filium ejus suæ fidei commendatum, ut Austrasiorum potiretur regno, tonsoravit in clericum, consilio Didonis Pictaviensis episcopi, qui fuit avunculus sancti martyris Leodegarii, et per manum ipsius Didonis insontem puerulum in Scotiam direxit exsilio irrevocabili. Filium vero suum Childebertum Austrasiorum regno constituit regem. Franci, ægre ferentes perfidiam Grimoaldi, captum cum destinant Parisius ad judicium regis Clodovei, qui fuit frater Sigiberti. Quem Clodoveus vinculatum carceri mancipavit, et crudeliter, ut dignus erat, usque ad mortem tormentavit. Austrasii Hildricum filium Clodovei assumunt, et in regno Austrasiorum, quod Sigibertus patruus ejus tenuerat, regem constituunt. Hic est Hildricus rex, ad cujus tempus fuit sanctus Lambertus martyr et episcopus...

VITA S. MACLOVII SIVE MACHUTII
EPISCOPI ET CONFESSORIS
AUCTORE SIGEBERTO GEMBLACENSI

(Apud Surium, *Acta Sanctorum*, Nov. die xv.)

EPISTOLA AUCTORIS.
AD THIETMARUM ABBATEM GEMBLACENSEM.

Vita piissimi confessoris Christi Maclovii, qui etiam Machutes dictus est, diligenter, quantum ad veritatem historiæ, antiquorum stylo erat exarata : sed quia minus ordinate digesta, minus composite descripta, ad hæc barbarismis et solœcismis nimis erat confusa, longo oblivionis et negligentiæ situ adeo latebat obducta, ut quasi nullis auribus digna, jam ab hominum recesserit memoria. Sed, considerato quia non omnino perdit æstimationem pretii pretiosum metallum, quamvis jaceat rudere terræ infossum, vel scabredine rubiginis decoloratum : placuit, venerabilis Pater Tietmare, tuæ paternitati, ut juberes meæ pusillitati, ut, inspecto historiæ textu, et pro posse eraso vitiorum contractu, meliorarem illam quantulocunque sermonis cultu. Ego qui jussioni contravenire non debui, opus injunctum exsecutus sum, non quidem ut volui, sed quomodo pro ingenii tenuitate valui. More enim rusticani fabri opus injunctum aggressus sum : qui follibus sufflando, et malleis tundendo, elicit scoriam de rudi massa pretiosi metalli, ut paratior reddatur operosi artificis manui, ostendendo aliis splendorem materiei : ut, si quis velit exercere vim sui artificii, inveniat materiam paratam suo usui. Ergo quod facile factu videtur, faciam, nimirum ut superflua demam, vitiosa corrigam, confusa ordini reddam : a veritate tamen historiæ nullo modo recedam, ut nihile novi fecisse videar, cum vetus tantum limando et fricando renovasse videar.

PROLOGUS.

Præconia sanctorum, quæ vaide sunt in oculis Domini pretiosa, nullatenus sunt reticenda, verum omni memoriæ tradenda. Nihilominus credendum est, omnipotentis Dei virtute facta esse sanctorum miracula pro felici eorum vita, prius cordibus eorum cœlesti munificentia indita. Ergo primum indaganda est amicorum Christi vita, ut, dum eam studemus imitari, proficiat nobis virtutes eorum mirari. Siquidem nihil nos juvat stupere miracula, sine felicis vitæ imitatione proficua. Jam nunc beati viri vita ad medium deducatur, ut, dum ejus merita recolendo ad ejus imitationem animamur, intercessionis gratiam in opportunitatibus habere mereamur.

CAPUT PRIMUM

Sanctus igitur Maclovius nobilitate parentum apud homines sæculi inter suos non mediocriter inclytus, citra oram Britannici maris fuit editus. Pater ejus, Guent nomine, comes fuit, qui urbis Gimicastrum vocatæ, conditor exstitit. Matrem ipsius Darual appellatam accepimus. Et quia in omni rerum eventu nunquam abest Dei dispensatio, patuit etiam in hujus sancti viri nativitatis exordio. Natus est enim in die sancto, quo omnis mundus Paschalis solemnitatis celebrabat gaudia : ut in die, quam fecit Dominus ut exsultemus et lætemur in ea, etiam hoc gaudii mortalibus adderet divinæ pietatis gratia. In hujus quippe articulo diei nati sunt in ipsa vicinia etiam alii triginta tres pueri. Quod quia creditum est dispensativa Dei ordinatione factum, placuit parentibus omnium, ut qui nascendo sortiti fuerant unius contemporalitatis exordium, unum in Christo tenerent vivendi contubernium. Nam omnes simul cum S. Maclovio scholaribus studiis eruditi, omnes simul divinæ servituti sunt mancipati.

CAPUT II.

Bonæ itaque indolis puero electo a Deo ab beatitudinis opera exsequenda, jam tunc divinitus inspirabatur, quod ait sancta Scriptura : « Ex studiis suis cognoscitur puer, si munda sint opera ejus *Prov.* xx) ; » et : « Beatus qui portaverit jugum ab adolescentia sua (*Thren.* III). » Ab ipsis enim infantiæ annis occupationis sæcularis vanitatis abrenuntiavit, et libertati divinæ servitutis se sociavit. Qui, ut plenius haberet scientiam doctrinæ et cognitionem Dei, arctius se addixit sanctarum Scripturarum eruditioni : in cujus rei intentione otiositas, quæ inimica est animæ, reprimitur : in cujus meditatione Deus agnoscitur, in cujus exsecutione vita æterna acquiritur. Appetebat scientiam quæ per charitatis humilitatem ædificat : refugiebat illam quæ per vanitatis elationem inflat. Incipiens etiam corpus suum castigare, et illud in servitutem spiritus redigere (*I Cor.* IX), assuescebat simplici victu et vestitu contentus esse, vilipendens corporis frigora, indignum ducens distendi ciborum copia, ne aliquo modo dominaretur animæ suæ per indulgentiam corporalis necessitatis carnis petulantia. Ideo, exceptis his quæ expetebat simplex necessitas naturæ, reliqua omnia expendebat in opera eleemosynæ.

CAPUT III.

Deus ergo, qui servos et prophetas suos aliquando etiam in ipso matris utero novit sanctificare (*Jer.* I), non distulit servum suum in primæva ætatula sua virtutibus et signis mirificare (*Luc.* I), qui jam in ipsa infantilis ætatis simplicitate non destitit per bonam intentionem seipsum ad serviendum Deo præparare. Dum quodam die cum coævis sibi pueris ludendi gratia processisset ad littus maris, aliis in otioso ludendi negotio intentis, hic humi reclinato capite, somno cœpit indulgere. Cum subito inundando redeuntis maris æstu adveniente, quod secundum lunæ cursum in mari Britanniæ fieri est solemne, reliqui pueri fuga consulunt vitæ suæ, illum dormientem in tanto periculo non occurrentes excitare. Sed puero ad salutem multorum nato, non longe abfuit [*abstitit*] Dei protectio, procurata magno rerum miraculo. Nam, cum undique aquæ circumfluerent, et undæ undis supervenientes cum fervore tumendo circumstreperent, et tamen circumducto undique circulo, locum in quo puer jacebat attingere non auderent, omnipotentia Dei fecit illic insulam excrescere, quæ usque ad summum æquoris porrecta sui altitudine, futurum Christi antistitem eruit a mortis discrimine. Tam vero inopinato in oculis omnium apparente miraculo, opera parentum suorum citius procurato navigio, eductus est placitus Deo puer de maris periculo. Ne autem unquam a memoria excideret hujus facti novitas, et ut per hoc magis claresceret beati viri sanctitas, eamdem insulam usque in hodiernum diem permanere fecit Divinitas, et, ut credimus, usque in finem hanc pro testimonio habebit posteritas.

CAPUT IV.

Post, sanctus Maclovius de adulta infantia transiens in pueritiam, quanto ampliorem divinæ inspirationis cum cremento ætatis hauriebat gratiam, tanto avidius atque instantius cor suum præparabat ad appetendam angelicæ vitæ sanctimoniam. Sciensque ex ore Domini, beatitudinem videndi Deum promissam esse mundis corde (*Matth.* V), ab ipsis pueritiæ rudimentis se devovit operibus munditiæ. Volens enim placere Deo corpore et spiritu, eligit omnem ætatem suam agere in virginitatis cœlibatu. Sicut enim testa recens, quo semel est imbuta, diu servat odorem : ita et ei utile visum est, rude vas corporis sui aptare quamprimum ad sanctificationem et honorem, ne corrumperetur per carnalis desiderii passionem. Quod ut liberius et perfectius posset exsequi, per parentum devotionem et propriam voluntatem assumpsit habitum ordinis monastici. Ubi positus sub regularis disciplinæ custodia, quam strenuum et promptum se exhibuerit præ cæteris in obedientia, saltem ex hoc probari poterit, quod invidia coæqualium suorum carere non potuit : quæ semper ex aliorum profectu et gloria nascens, in seipsa contabescit. Patiebatur enim inter coævos suos, quod Joseph olim passus est inter fratres suos. Joseph polymita tunica a patre donatus (*Gen.* xxxvii), et ab eo plus cunctis fratribus amatus, quia fratrum vitia carpebat, invidiam sibi conflaverat. Hic etiam, quia talarem perfectionis tunicam, et virtutum colore variatam a Deo meruit, æqualium suorum invidiam effugere non potuit. Mos est ordinis illius, pueros ferre hebdomadatim lucernam cum luce ante pædagogum suum, quando nocturno tempore intrant vel exeunt oratorium. Adveniente ergo hebdomada felicis pueri, compares ejus exstinxerunt ignem, quo debebat lucerna accendi : optantes, ut saltem pro hac offensa sufferret verbera magistri. Quid ageret simplicitas pueri? Ad officinam, ubi ex annonis aqua infusis atque decoctis conficiebatur cerevisia, cucurrit, et ignem sibi dari a ministro petiit. Sed nec in crudo rustici pectore diabolicæ invidiæ malitia defuit. Aspernatus enim supplicis pueri humilitatem, negavit porrigere ignis fomitem. Ille angustiatus præ timore magistri, prunas a camino ardentes imposuit vesti, et ad lucernam accendendam recurrebat gressu celeri. Sed inveniens eam jam accensam divinitus, prunas excussit vestibus, quæ tamen illæsæ omnibus apparuerunt. Pædagogus geminato miraculo stupefactus, alumni se provoluit genibus. Et deinceps debitæ venerationi habitus, cum omnes anteiret gloria, tamen charus erat omnibus.

CAPUT V.

Vir sanctus, quia Christi sacerdos erat futurus, et caput et caudam hostiæ in sacrificium Dei offerri debere sciebat, de die in diem de virtute in virtutem proficiebat, et per scalam bonorum operum gradatim ad summum perfectionis scandere laborabat. Quidquid enim in tenera ætate Deo fideliter vovit, id opportuno tempore sinceriter solvit. Ante omnia castitatis puritati operam dedit, sciens quia nisi sincerum vas fuerit, quodcunque infunditur, accessit. Habens ergo præcinctos lumbos hac virtute castitatis, etiam lucernam ardentem tenebat in manibus suis, cum per bona opera lucis exempla monstrabat proximis. Ita fideliter et prudenter geminans a Deo sibi credita talenta intellectus et operationis (*Luc.* xii), quoscunque potuit verbo et exemplo allicere ad propositum sanctæ conversationis, participes et socios sibi consciuit ad scandendum iter perfectionis. Jam vero quam ei frugalitas amica fuerit, quam ei parcimonia placuerit, quomodo utrinque reducto fune temperantiæ, semper mediam virtutum viam in omnibus tenuerit, satis ex hoc patuit, quia ad summum sanctimoniæ culmen feliciter pervenit. Cujus vitæ rectitudine omnis populus ad meliorationem morum non parum directus, et miraculorum ejus gloria nimis jucundatus, promoveri eum fecit ad ordinem episcopatus, ut uberius sanctificari ejus benedictionibus mererentur.

CAPUT VI.

Fama, quæ facta et infecta solet loqui, referebat esse quamdam insulam in mari, quæ, præter cætera felicitatis suæ commoda, quibus præ cæteris terris et insulis celebratur abundare, hoc miraculo dignum dicebatur habere insigne, quod cœli cives in ea ferebantur habitare. Super hoc si rei consideretur veritas, ex eo illis insulanis hæc vivendi imputabatur felicitas, qui apud eos in nullo exorbitabat moralis rectitudinis probitas, imo in omnibus potenter regnabat naturalis legis sanctitas. Delectatus ergo vir beatus tam favorabili nuntio, totus ad requirendam tam laudabilem insulam animo ferebatur. Quia enim ejus conversatio jam in cœlis erat, et eum inter mundi scandala commorantem, injustitiæ humanæ multiciplitas offendebat, saltem illic vitam desiderabat agere, ubi justitiæ vestigia remansisse audiebat. Ad hoc eum etiam magistri sui et abbatis Brandani exemplum animabat, cujus tota intentio ad felicem insulam quærendam non minus flagrabat : quippe qui hujus novæ peregrinationis incentor existebat et auctor, ut scriptura vitæ ejus demonstrat. Quam si quis desiderat legere, quid de ea æstimare debeat, sapientium ediscat judicio. Posthabentes igitur dulcem patriæ amorem, assumunt incertum optatæ peregrinationis laborem. Hanc viam insistere, utrum persuaserit sola quærendæ felicis habitationis voluntas, an aliqua ex parte subrepserit animis eorum humanæ curiositatis voluptas, non habet discutere nostra temeritas. Hanc tamen viam Deo non displicuisse, per hoc satis intelligimus, quia etiam hoc peregrinationis tempore hunc servum suum non destitit miris decorare miraculis.

CAPUT VII.

Paschalis solemnitatis mundus agebat lætitiam, quando solet sancta Ecclesia celebrius recolere nostræ redemptionis memoriam, quæ his diebus completa est per passionem et resurrectionem Dominicam. Cum cæteri inde se agerent festivius, S. Maclovius se agebat devotius, vacans psalmis, hymnis et orationibus, utpote qui debebat Deum interpellare non solum pro suis, sed etiam pro populi excessibus. Volens ergo celebrare solemnia missarum, cum non haberet locum ad id idoneum (quippe qui circumferens visum, quantum permittebat horizon nihil videbat, nisi superius cœlum, et inferius liquorem aquarum) toto corde conversus ad Deum, orabat obnixius ab eo offerri sibi locum aptum. Exaudibilis auris Dei omnipotentis affluit præsto orationi utilia petentis : et qui olim periclitanti Jonæ certum ad salvationem ejus præparavit (*Jonæ* II), hic etiam modo balænam præsto adesse fecit. Cui tanta corporis vastitas erat, ut rupes esse ab hominibus putaretur : porro eam tanta substraverat immobilitas, ut insula stabilis esse crederetur. Sacramentorum ergo ordine a sacerdote solemniter celebrato, et viatico Dominicæ Eucharistiæ omnibus devote distributo, quo unico inter omnes utriusque hominis adversitates munirentur subsidio, soluto alacriter navis retinaculo, reddunt se suscepto navigandi proposito. Porro in comitatu illo erant homines numero ferme centum octoginta. Cum ergo jam altum tenerent, velificante fide securi, tunc demum reducto visu, intellexere de quanto periculo eos eruerit misericors potentia Domini, qui balænam pro insula paraverat eis in medio mari, et eam substraverat immobilitate tam stabili, ut nihil eis periculi incuteret. Cui tum posset esse dubium, quod inevitabile omnes incurrissent mortis periculum, si bellua immanissima dedisset corporis sui motum? Unde omnes lætum cantantes celeuma, voces gratiarum actionis unanimiter jactabant ad sidera.

CAPUT VIII.

Magnis majora miracula succedunt, et novitate sui, devotionem fidelium ad laudanda Dei magnalia vehementius accedunt. Cum tantopere pro quærenda illa laudabilis famæ insula laborarent, factum est ut ad aliam insulam, disponente Deo, applicarent : et potiti optata arena, dum pro relevando tædio navigationis perlustrarent singula, offendunt tumulum sepulti hominis, quem fuisse giganteæ molis et proceritatis, prodebat inspecta qualitas corporeæ magnitudinis. Motus ergo vir pius miseratione humanæ compassionis, et insuper animatus vigore supernæ inspirationis, cum fidei magnanimitate et lacrymosa contritione cordis, nomen et virtutem invocat sanctæ Trinitatis, et aperto loculo tumuli, suscitavit eum a mortuis. Qui postquam est redditus pleno vitæ officio, compellat eum sacerdos pio alloquio, sciscitans eum quis esset, unde illuc venisset, ubi modo fuisset, si aliquando Christo credidisset. Respondit ille, se a parentibus suis occisum, ibi tumuli accepisse locum. Porro se infernalibus claustris deputatum, dirum et interminabilem tulisse cruciatum. Et addidit homo Dei : Vobis ergo, quos incredulitas deputavit pœnalis inferni ergastulo, est aliqua fide confessio, est aliqua sancta et individuæ Trinitatis cognitio? Et ille : Plane, inquit, nobis sanctæ Trinitatis cognitio est; sed modo eam nosse aut confiteri nihil nobis prodest : imo quia in vita eam nosse noluimus, mortaliter obest. Ideo precor, ut saltem modo merear renasci baptismo salutari : ut qui hactenus damnatus fui morte æternali, jam nunc possim erui ab interitu infernali. Sanctus Dei, his auditis, ingreditur viam apostolicæ prædicationis, et eum initiatum et catechizatum catholicæ fidei rudimentis, consecravit et regeneravit baptismi sacramentis, et munivit viatico Dominici corporis et sanguinis. Supervixit autem quindecim diebus, et a morte animæ erutus, morti corporali est redditus, et in eodem tumulo repositus, in generali omnium regeneratione resurrecturus cum Christo felicius. Hæc sunt, bone Jesu, mirifica tuæ divinitatis opera : hæc sunt magnifica tuæ promissionis munera, quibus fideliter in te credentes consolatur tua clementia. « Qui credit, inquit, in me, opera quæ ego facio, et ipse faciet, et majora horum faciet (*Joan.* XIV). » Quæ quidem posse fieri per hominem, vix apud homines obtineret fidem, nisi promissum fuisset per Dominicum hominem (967), hæc facienda esse per fidelem hominem.

CAPUT IX.

Exhausto incassum navigationis labore diutino, postquam nulla spes desideratam insulam inveniendi aspirabat pio eorum desiderio, retractato invicem consilio, deliberaverunt finem facere tam longo postliminio. Jam enim septennium in hac peregrinatione expleverant, et septem Paschalis celebritatis recursus solemnizaverant, et per certum laborem nihil adhuc certi in animo habebant. Reversus ergo vir sanctus ad avitam patriam, reddidit parentibus suis desideratam diutissime sui præsentiam : et quia in terris nequivit invenire optatæ felicitatis insulam, jugem noctu diuque dabat operam, ut in cœlis perpetuæ beatitudinis mereretur habere patriam. Deus, qui hominem gratia sua prævenit, ut bonum velit : et subsequitur, ut implere possit, eum voti sui compotem fecit. Cum enim in hoc totus esset, ut jam jamque perfectionis iter arriperet, cum de more interesset Ecclesiastici officii mysterio, audivit evangelium pronuntiari a diacono : « Si quis venit ad me, et non odit patrem et matrem, et uxorem et filios, et fratres et sorores, adhuc autem et animam suam, non potest meus esse discipulus (*Luc.* XIV); » et : « Qui non renuntiat omnibus quæ possidet, non potest meus esse discipulus (*ibid.*). » Et rapiens vocem ex ore diaconi, credens hoc consilium sibi in tempore mandatum esse ex ore ipsius Domini, ex ipsa lectionis opportunitate patrem suum convenit, legationem Dominici mandati per diaconum sibi missam ei objicit, et licentiam abrenuntiandi sibi suisque omnibus, ab eo humiliter petiit, seque trans mare peregrinationem pro Christo velle suscipere prædixit. Pater diligens filium nimis carnali affectione, quem gaudebat rediisse de tam longinqua peregrinatione, voluit bonæ ejus voluntati contraire. Et, præcurrens ad maris littus, amotis usquequaque navibus, interdixit potenter nautis omnibus, ne quis eorum filio suo facultatem transfretandi præstaret aliquatenus. Sed vir apostolicæ vitæ, sciens Dominum præcepisse : « Si dextera manus, vel pes, vel oculus scandalizat te, erue eum, et projice abs te (*Matth.* XVIII) : » maluit solus ad vitam ingredi, quam cum parentibus suis perniciose dilectis, in

(967) Dominicum hominem, Christum dicit, quod Augustinus se dixisse dolet. Vide Retractat. lib. I, cap. 19.

gehenna mitti. Omnem ergo carnalis necessitudinis affectionem postponens Christi amori, abrenuntiavit patri, abrenuntiavit paternæ facultati, abrenuntiavit etenim sibi, ut nudus et expeditus sequeretur discipulus vestigia magistri.

CAPUT X.

Ascitis itaque omnibus, qui secum tenebant propositum monastici ordinis, allegato quoque magistro suo Brendano abbate, socio prioris peregrinationis, venit ad littus maris. Ubi amotis navibus et nautis omnibus, juxta interdictum patris sui, cum nulla suppeteret via transfretandi, recolebat illud Psalmistæ : « Bonum est confidere in Domino, quam confidere in homine (*Psal.* cxvii). » Cumque cor ad Deum solum suspenderet, ecce navim vacuam hominibus præsto adesse videt, quam Christus ipse regebat : vir tamen sanctus puerum eum esse credebat. Qui puer mox illum ad navigandum invitavit, et quorsum iter vellet dirigere, eum interrogavit. Respondit ille, quo voluntas Domini iter suum vellet dirigere, eo se libenter sequi velle. Adjecit puer : In sinu hujus sali est quædam insula, quam habitat vir satis probatus in monastica vita. Ilic Aaron vocatur : a quo etiam locus insula Aaronis cognominatur. Ad hunc te dirigam, et te ab eo officiosissime excipi, et humane tractari faciam. Hac vice sermonum intellexit tandem vir Dei, puerum cui colloquebatur, illum esse, quem invocaverat, Deum. Cumque acceleraret provolvi loquentis genibus, dicto citius evanuit ex oculis ipsius.

CAPUT XI.

Igitur felicioris navigationis viam aggressus, prosperis ventis et recto tenore cursus ad insulam Aaronis est directus, et juxta promissum Domini, officiosa humanitate a famulo Dei est exceptus. Ibi cum sancto sancte vivebat, et cum innocente innocenter agebat, et factus alter alterius speculum, si quid in semetipsis videbant esse corrigendum, aut adjiciendum, charitativa æmulatione meliorabat alter per alterum. Ibi ergo mundi hujus peregrinus permansit aliquantulum temporis, donec placuit divinæ omnipotentiæ, etiam in hoc sæculo, ei reddere mercedem laboris, in futuro servans ei plenitudinem remunerationis.

CAPUT XII.

Jam fama nomen ejus celebre fecerat ubique, jam omni populo erat in ore, quod peregrinus ille miraculorum polleret potestate, et supra homines doctrinæ afflueret ubertate. Jam omnis populus in ejus declinaverat amorem, eo quod videret in eo esse et pii patris affectionem, et facundi doctoris auctoritatem. Quocirca cooperante sibi divina gratia, fecerunt eum inthronizari in episcopali cathedra, in urbe quæ vocatur Aletha, quæ non longe aberat ab Aaronis insula. Hanc urbem fluvius, nomine Rinctus, ex uno latere, ex altero alluebat mare. Illis in partibus adhuc dæmonum squalebat spurcitia, et jam passim Evangelii regnante gratia, ibi restiterant idolatriæ vestigia. Accinctus itaque vir Dei gladio verbi Dei ostendit quam fidelis esset suo regi pro ejus amore aggressus debellare regnum diaboli : nec ante destitit, quam infidelium corda, virtutum mirificentia, et doctrinæ affluentia ad credendum inflexit, et a regno diaboli abactos Christi jugo subjecit. In hac vicinia sanctus Samson manebat, qui beati Maclovii consanguineus erat. Hic in territorio urbis, in qua episcopatum administrabat, non mediocriter laborem impendebat, ut de regno Domini sui exturbaret paganismum, et ad laudem Dei ampliaret Christianismum. Sic in regione illa per fortes milites Christi, diminuta est adversæ partis potentia, et dilatata est longe lateque Christianitatis magnificentia.

CAPUT XIII.

Vigiliam Paschæ Christianus populus celebrabat, et in celebrandis missæ mysteriis sacerdos intentus erat. Et ecce tristes defuncti exhibentur exsequiæ, et animos audientium ad compatiendum movent plangentium lacrymæ. Plus cunctis movetur et ipse sacerdos, qui totus erat in misericordia, et præstolari jubet, dum finiatur missa. Circumstante frequentia populi, monet omnes appellare clementiam Domini : ut, qui dominatur morti et vitæ, dignaretur per membra rigentia vitalem animæ calorem refundere. Nec longum fuit; et qui dixit : « Omnia possibilia sunt credenti (*Marc.* ix), » devotioni fidelium adfuit : resurgit mortuus, et horrorem incutit omnibus, et palam fecit omnino Deum favere fideliter petentibus. Ut vivus astitit, poculum vini sibi porrigi petiit. Quid sanctus vir faceret ? Vinum quod sitienti porrigeret, non habebat : aquæ poculum, quod porrigebat, tangere sitiens nolebat. Iterum confortatus in fide, recurrit ad fontem misericordiæ, petens, ut qui orationi fidelium impenderat majus, dignaretur impendere et id, quod erat minus. Mox habens ad manum vas marmoreum, levata manu illud benedicens, vertit in vas vitreum : et infundens vasi aquam per virtutem sanctæ benedictionis mutavit et illam in vini naturam. Sicque in vase vitreo porrigens homini redivivo novi vini poculum, non minimum divinæ pietatis ostendit omnibus miraculum. O vere pium et magnificum cultorem sanctæ Trinitatis, quem secundum fidem cordis sui in una die divina virtus tribus illustravit miraculis, dum in nomine et virtute sanctæ Trinitatis suscitavit mortuum, et ex marmore vitrum, et ex aqua fecit vinum. Itaque quem alienis manibus carruca ad sepeliendum illuc advexit, ipse eam lætus domum reduxit, et quoad vixit, idoneus suæ resurrectionis testis exstitit.

CAPUT XIV.

Vir sæpe nominatus, in quo fides per bona vivebat opera, in parvis quidem rebus non parva dedit miracula, ut per eum in omnibus Christi cresceret gloria. Dum aliquando Britannicam circuiret regionem, ut in agro Dominicæ culturæ semen divini verbi sereret, offendit subulcum in agro, quem torquebat magna tristitiæ amaritudo. Custodiens enim gregem porcorum, suem avide et importune vastantem segetes, dum nititur arcere a damno vicinorum, occiderat eam per incautum lapidis ictum. Pro hac offensa dominum suum timebat, cujus iram ob hoc maxime exasperari credebat, quod septem nati oberrantes, solito circa ubera defunctæ matris lac elicere volebant, sed nullam vitæ alimoniam in præmortuo corpore invenire poterant. Maclovius, quem sibi totum vindicaverat pietas, non potuit sine lacrymis videre subulci lacrymas : et fusa oratione ad Deum, auri defunctæ suis imposuit baculum suum : et resuscitata ea ad solum tactum, mœrenti reddidit gaudium. Subulcus rem ad dominum retulit, et præconia servi Dei per ora omnium diffudit. Dominus ascenso equo, ore ad os gratias egit sancto viro, et villam unam contulit ecclesiæ, ad usus servorum Dei sub eo.

CAPUT XV.

Gessit et aliud quiddam simile, vel pro solo pietatis intuitu satis prædicabile. Imitatus Paulum apostolum (*Act.* xx), cui manus suæ operando supplebant, si quid sibi deerat : et ipsi labore manuum suarum intendebat, quando ab evangelizandi officio vacabat. Cum quadam die in putanda vinea laboraret cum fratribus, depositam cappam reposuit in abdito, ut operari posset expeditius. Finito opere, cum cappam vellet recipere, aviculam quam vulgo bitrionem vocant, invenit super eam ovum posuisse. Qui sciens nec aviculis deesse Dei providentiam, quippe quarum nulla sine Patre Deo cadit super terram (*Matth.* x), dimisit ibidem cappam donec fotis ovibus, pullos tempore excluderet avicula. In qua re et illud mirabile fuit, quod quanto tempore illic cappa jacuit, nulla pluvia illam violavit. Quod quicunque audierunt, in Deo virtutem cum gratiarum actione magnificaverunt, in homine Dei pietatem laudaverunt.

CAPUT XVI.

In pago urbis Alethæ, in qua antistabat Maclovius venerabilis, filiam habebat vir quidam prænobilis, quam miserabiliter vexabat diabolicæ infestationis passio intolerabilis. Omnes enim se contingentes attrectabat morsibus, nec ipsis parcebat parentibus. Nec comprimi aut sedari poterat hujus malæ valetudinis vehementia, nisi ferreis catenis arctaretur tam immanis insania. Pater, cujus animo, filia ægrotante, nihil poterat esse jucundum, ad medendum filiæ suæ felicem invitat Maclovium, quem olim audierat in curationum efficacia esse gloriosum. Nec differt ille misericordiam, sed credens quia facile est Deo præstare fideliter petenti medelam, pergit ad puellam : et volens diabolicæ malitiæ comprimere dolum, sudarium suum projecit in furentis puellæ collum. Tunc vero potuisses audire horribiles voces dæmonum, servo Dei in hæc verba exprobrantium : « O transmarine incola, non potuit te sustinere patria tua, qui venisti huc quærere aliena, et nos expellere de regione nostra. » Discipulus Christi, vilipendens hæc inimici improperia, et gaudens cum magistro et Domino suo sibi esse communia, cui subdola confessione acclamabant dæmonia : « Quid nobis et tibi, Jesu, Fili Dei vivi? venisti ante tempus perdere nos? » (*Matth.* viii) exemplo Dominicæ increpationis, comprimebat falsitatis vaniloquia. Sciensque hoc dæmonium esse de illo genere, de quo dicitur a Domino : « Hoc genus non potest ejici, nisi in oratione et jejunio (*Matth.* xvii); » fusa super aquam exorcismi oratione, et addita episcopali benedictione potum, dedit puellæ. Per aquæ benedictæ poculum, infusa virtute benedictionis per membra puellæ, diabolica immissione diu contrita, cecidit in terram puella, quasi mortua. Paulo post resumpto spiritu, surrexit sana et læta, effugato pessimi pervasoris impetu, et lætificavit alios pro integro restauratæ incolumitatis statu. Pater videns satisfactum desideriis suis, pro gratiarum actione ditavit sanctam Ecclesiam Dei prædiis et xeniis pretiosis. Quia gloria aut raro, aut nunquam caret invidia, non pertulit diu tantam Maclovii gloriam antiqui hostis versutia : sed ne in regno Christi invalesceret amplius boni militis gratia, suscitavit contra eum hostes armatos dolo injustitia, insuper fultos non mediocriter sæculari potentia.

CAPUT XVII.

Hailoch quidam, qui potenter principabatur toti Britanniæ, stimulatus instinctu diabolicæ malitiæ, cœpit basilicam destruere, quam beatus Maclovius fundaverat in prædio suæ parochiæ. Vir Dei apud aures principis agebat lacrymis et precibus, ut dignaretur desistere a destructione ecclesiasticæ domus. Sed ille efferatus per conceptam iniquitatis insolentiam, non poterat mitigari vel refrenari per aliquam piæ admonitionis gratiam. Contra hujusmodi sæcularis dominationis potentiam, ad munimen et firmamentum sui, solam Maclovius assumpsit patientiam. Sed qui ad suos fideles loquitur per prophetas : « Qui tangit vos, tangit oculi mei pupillam (*Zach.* ii); » et : « Mihi vindictam, et ego retribuam (*Deut.* xxxii); » non dimisit inultam pauperum suorum injuriam : et sicut Saulum recalcitrantem percussit triduana cæcitate (*Act.* ix), ut postea totum mundum illuminaret æterna claritate : percussit et hunc temporali cæcitate, ut per tenebras transitorias liberaretur a peccatorum obscuritate. Extemplo ad cor reversus, et pœnitudine præcordiali compunctus, ad satisfaciendum episcopum cucurrit quantocius, se reum esse protestans amaris fletibus, se merito excæcatum esse confitens lacrymosis questibus. Ille, qui didicerat a magistro summæ bonitatis, etiam inimicis esse benefaciendum, et pro persequentibus et calumniantibus nos esse orandum (*Matth.* v), cito et misericorditer indulsit pœnitenti reatum. Et, providens ei utriusque hominis salutem, aqua benedicta eum perfudit, et oleo sacro oculos ejus perunxit, et ita ei pristinum visum restituit : pro admissa tamen temeritate congruum pœnitendi modum indixit. Dux, videns et animæ et corpori utilem esse suam satisfactionem, ecclesiæ Dei non parvam delegavit terrarum hæreditatem, et copiosam in re mancipi contulit benedictionem. Deinde quoad vixit, servum Dei uti patrem filius unico amore dilexit, eique suisque tutor et adjutor opportunus fuit in omnibus.

CAPUT XVIII

Sic antiquus hostis hoc primo congressu victus discessit, sed non defatigatus cessit. Sicut enim olim ipsi Domino congressus (*Matth.* IV), non recessit prima tentatione victus, sed secundo et tertio arma restaurare est ausus : in prima quoque Maclovii victoria non destitit a suis conatibus dux Hailoch, qui se totum humiliter inclinaverat ad Maclovii obsequelam, et pro ejus gratia se totum potenter erexerat ad Ecclesiæ Dei tutelam, postquam ingressus est universæ carnis viam, morte sua locum fecit iniquis opprimendi Ecclesiam. Surrexit enim post eum impia generatio, quæ aversa facie a Deo, descivit penitus a rectitudinis consilio. Hinc nactus opportunitatem diabolus, et talibus utens officialibus, in virum Dei mille insurrexit artibus. Filii itaque Belial Maclovium infestantes exsecrabili odio, invehebantur in eum hujusmodi convicio : Quis, inquiunt, hic regno nostro improbus successit advena, qui usquequaque nobis concitat scandala? Quis est iste pellax sycophanta, qui blanditiis suis humana a se alienat pectora? Quis iste est cupidus hæredipeta, qui ex nostris incommodis sua hic comparat commoda ? Cum apostolis et apostolorum successoribus nihil in terra sit possidendum, hic sub obtentu paupertatis, velat cupiditatis vitium : et sub prætextu eleemosynarum, avaritiæ exercet emolumentum : sub obtentu longæ orationis, exspoliat domos viduarum. Qui omnia se pro Christo reliquisse mentitur, et omnia se in Christo habere gloriatur, nos et filios nostros exhæredat, et hæreditates nostras sibi avide captat. Qui sua se non curare simulat, cur aliena dispensat? Nihil ergo nobis magis utile, quam jam jamque nostris fessis rebus consulere et hunc longe a regno nostro exturbare, et hæreditates injuste ecclesiis mancipatas iterum occupare. Siquidem nobis et filiis nostris nihil reliqui fecit, qui sibi omnia nostra usurpavit. Solam spem futurorum nobis pretio omnium rerum nostrarum vendit, quarum usumfructum ipse in præsentiarum capit. Sæpe lacessentes sanctum virum tam injuriosis invectionibus, omni genere persecutionis eum exasperant, et homines ejus sævis verberibus tormentant : omni rerum direptione omnino Ecclesiam Dei devastant.

CAPUT XIX.

Quam gravis et intolerabilis hæc persecutio fuerit, ex uno adverti poterit. Pistorem ejus, vocabulo Riman, injuste comprehensum, indigne cæsum, vimineis vinculis quadrupedem constrictum, ut nullo posset juvari officio membrorum, super ripas maris reliquerunt solum. ut, superveniente æstu maris, absorberetur in profundum. Abstulerunt etiam equos suos sancto viro, ne illi posset adesse subsidio. Solam episcopo reliquerunt equam, æstimantes se per hoc ei facere injuriam, si vilem ascenderet equam. Sacerdos, quod solum potuit, periclitanti famulo orando adfuit : Omnipotens oranti episcopo non abfuit : cujus fide et oratione ille, qui in articulo mortis jacebat, mirabiliter evasit. Nutu enim ejus, cui omnis natura servit, undique milliario uno longe a jacente pistore æstum maris retinuit, et puerum innocenter morti oppositum contingere timuit. Præsul ergo pro sui odio vexatum sine mora adiens pistorem, invenit eum incolumem, secumque reduxit alacrem.

CAPUT XX.

Pontifex Maclovius, qui ante Deum et homines sine querela justitiam tenere volebat, pusillos Christi adeo ab impiis scandalizari gravius quam dici possit ferebat. Pro illis etiam sacrilegis, tam acuto avaritiæ stimulo instigatis, nimis dolebat, quos apud Deum nulla ignorantiæ excusatio absolvebat, quos videntes et volentes cupiditas in præceps trahebat. Inde enim nequam et lividum invidia oculum habebant, unde patres eorum boni fuerant. Patres quippe eorum peccata sua, eleemosynas faciendo, redemerant : isti, eleemosynis derogando, peccata sua cumulaverant. Ille doctus in patientia sua possidere animam suam : « Si, inquit, Dominus meus Jesus fugiendo declinavit Judæorum perfidiam, cur ego homunculus non devitem cedendo istorum malitiam? Ecce quia isti ut vulpes foveas dolositatis, et ut volucres habent nidos vanitatis, et nos cum Filio hominis non habemus, ubi caput reclinemus in illis (*Joan.* VIII et XII); » cedamus, et occasionem peccandi in nos, saltem fugiendo tollamus. Excutiendus est pulvis de pedibus nostris in testimonium illis. Et, quia non sunt hic filii pacis, apud quos pax Christi requiescat, pax nostra ad nos redeat (*Matth.* X). Quando dixit Dominus noster Jesus : « Cum persecuti vos fuerint in civitate ista, fugite in aliam (*ibid.*); » prævidit profecto hanc fugiendi occasionem quandoque nobis incutiendam. Agamus itaque, fratres, instanter ; cedamus, quæso, patienter. Ita vir pius exsecratus illam pessimam generationem, intulit illis meritam maledictionem, quia elongaverant a se benedictionem. Sic Moyses ille mitissimus super omnes homines qui morabantur in terra (*Num.* CXXI); sic Isaias, sic Jeremias, offensi cervicosa ingrati populi duritia, obligaverunt eos devotatione pessima, scilicet imprecantes propter eorum impœnitentiam, ne attenderet Deus eorum vota vel sacrificia. Eliseus quippe insultantes sibi pueros maledixit, et maledictionis pœnæ eos addixit (*IV Reg.* II). Quid de dominorum Domino dicam, qui in ficulnea propter infecunditatem ejus a se maledicta, et arefacta (*Matth.* XXI), devotationi subjecit dignam maledictione Judæorum perfidiam? Hoc exemplo beatus Maclovius maledixit suis, ut traditi satanæ in interitum carnis, animabus tamen eorum reservata spe salutis, desisterent ab opere iniquitatis ; et qui propter duritiam cordis sui thesaurizaverant sibi Dei iram, tandem, emolliti per pœnitentiam, reconciliarent sibi Dei misericordiam.

CAPUT XXI.

Ergo per scandala impiorum expulsus a suo episcopatu, apparato omnis profectionis commeatu, collecto quoque fideli monachorum discipulatu, longo navigationis exacto cursu, tandem potitus Aquitaniæ regionis portu, et deveniens ad partes Santonicæ urbis, primo omnium interrogandum esse putavit, si illis in locis vigeret ritus Christianitatis. Responsum est ei id, quo nihil potuit audire gratius, passim ibi fervere religionem Christiani cultus. Perrexit quærere qui ibi episcopali præsideret cathedræ, et læta audivit aure Leontium (968) ecclesiasticæ provisioni superintendere, virum divinæ sapientiæ et humanæ scientiæ præditum dignitate. Ipse exsultans, quod arrideret sibi prima optatæ prosperitatis auspicia, spem concipit ex rerum convenientia, quod de cætero omnia sibi cedere debeant ex sententia. Electos itaque ex suis legatos fidenter ad episcopum dirigit, causans suæ peregrinationis ex ordine digerit, locum sibi ad habitandum ab eo concedi humiliter expetit. Plenus ille spiritu prophetico, gaudebat animo se divinitus visitari, procurato fraternæ societatis solatio. Exertaque hilariter manu liberalitatis suæ, tribuit ei locum habitationis congruæ, secundum Apostoli præceptum (*II Cor.* VIII), paratus ex sua copia illius inopiam supplere. Populares quoque delectati odore ejus bonæ conversationis, ei suisque adminiculabantur multis donariis, volentes etiam ipsi participari fructibus alieni laboris

CAPUT XXII.

Agebatur namque non casu fortuito, sed dispensativo Divinitatis consilio, ut quo latius diversis in locis diffamabatur tanti viri peregrinatio, eo diffusius magnificaretur nominis ejus cognitio. Filia comitis, qui pago Santonico principabatur, per patris sui viridarium cum pedissequis suis exercebatur : ubi dum incaute incedit, venenoso occulti serpentis ictu vulnerata ingemuit, et magnam cunctis ejulandi occasionem dedit. Pater inconsolabiliter lugebat, mater materno dolori temperare nesciebat, quæ vitam filiæ inter spem et metum fluctuare videbat. Omnis familia lamentabatur, tota civitas ferali justitio afficiebatur. Tandem hoc solum dolor admisit consilium, ut quia nihil humanum poterat valere auxilium, a beato Maclovio divinum quæreretur solatium. Uti consultum est, ita et factum est. Ad pedes Maclovii ventum est, et votum fideliter petentium frustratum non est. Episcopus ad orationis subsidium confugit, aquam exorcizatam benedixit : ex ea folium hederæ perfudit, folium loco vulneris superposuit. Contra vim sacræ benedictionis non potuit subsistere vis venenosæ pestis. Videres ex imis visceribus pestiferum virus elici, et ad locum folio hederæ obductum contrahi. Quod stillando in terram guttatim, corpus puellæ reddidit illæsum. Ita meritis Maclovii redintegrata est puellæ sospitas, aucta est parentibus jucunditas, cunctos videntes et audientes confortavit in fide Christi miraculi novitas. Pater non ingratus beneficio, villam suæ proprietatis delegavit Dei famulo, ut haberet unde tribueret necessitatem patientibus pro Christo.

CAPUT XXIII.

Venerabilis Leontius videns beatum Maclovium meritis et virtutibus glorificari, cœpit animo secum non modice lætari, quod divina pietas eum tanto et tali hospite voluerit consolari. Unde suam diœcesim lustraturus, eum ut secum pergeret, obnixis coegit precibus. Venerunt itaque ad villam, quam antiquitas appellavit Bream, geminis ecclesiis in honorem Dei nobiliter insignatam. Leontius, ut Maclovium arctius applicaret sibi, unam earum attribuit ejus habitationi, alteram retinuit suo juri. Quod quantum Deo placuerit, ex eo satis apparuit, quod præsenti miraculo ibidem oos Dominus lætificavit. Illucescente die cum lavari vellet episcopus, puer familiaris ad hauriendam aquam cucurrit ocius. Qui dum incaute haurit, elapso pede, in puteum corruit, et aquarum mole oppressus interiit. Exortus est subito clamor et gemitus, fit undique frequens populi concursus. Accurrit pater lugubris, non moratur adesse mater miserabilis, inculta facie et nudato corpore, sparsisque capillis compassionem incutiens universis. Movet cunctos, et maxime parentes, flos ætatis delectabilis : erat quippe puer jam duodenis. Anget tumultum concurrentium frequentia innumerabilis : erat enim puer parentelæ nobilis. Leontius corde premens dolorem, et in Domino retinens spem et bonam fidem, jussit deferri glebam defuncti in templum, quod destinaverat ad sancti Maclovii partem. Usque ad auroram sequentis diei, parentes circa corpus excubias celebrarunt ritu solemni. At servi Dei pernoctantes in oratione non diffidebant de ejus bonitate. Mane facto, sanctus Maclovius omnes eliminat a templo, duos tantum monachos retinens secum, cum quibus familiarius interpellaret Dominum. Cum his ergo septies flexis genibus, oravit ad Deum quam potuit affectuosius donec sensit animam innocentis pueri refundi membris rigentibus. Assurgente puero, et astante ad testimonium miraculi, quid alacritatis habuerint episcopi, quid stuporis passi sint astantes populi, quas grates omnes una voce reddiderint Omnipotenti, superfluum est inculcare sermone multiplici. Miraculum enim quod, pro commendanda famuli sui sanctitate monstraverat Divinitas, latius diffamabat ressuscitati pueri nobilitas, et gratius accipiebat affectuosa parentum charitas. O virum prædicabilem per omnia! O sanctum sanctis conferendum in miraculorum magnificentia! qui et ipse

---

(968) Leontius. Burdegalensis episcopus. De hoc Venant. Fortunat. carm., lib. I et IV novæ edit.

VITA S. MACLOVII.

exemplo Jesu Domini sui tres suscitavit mortuos, in Trinitatis invocatione efficacissima.

CAPUT XXIV.

Nec illud subtraham de tantarum virtutum catalogo, quod adhuc gestum est in pago Santonico. Mulier quædam, nomine Bona, quæ vitam suam laudabiliter agebat in viduitatis continentia, annis quatuordecim fuerat cæcitate obruta. Quæ obtutibus sancti viri fideliter præsentata, luci pristinæ est reddita.

CAPUT XXV.

Porro homines illi, qui in Britannia virum Dei exacerbaverunt, et improbitate obstinationis suæ se, terramque suam, ab eo maledici pertulerunt, maledictionis vindictam effugere non potuerunt. Terra enim in opere impiorum maledicta, tam in frugibus, quam in pomis omnium generum, sterilis et infructuosa est reddita. Habitatores vero ejus mille modis morborum devorati, alii membrorum debilitate cœperunt contrahi, alii lepra squalebant, alii visu privari dolebant : isti oris officio se destituti, alii se auditu plangebant diminui. Nec aliquis erat omnium, qui cœlestis vindictæ effugeret judicium. Tandem per culpæ vindictam cognoscentes sero culpam suam, nec volentes, nec valentes ultra sufferre maledictionis et ultionis molestiam, communicato consilio deliberaverunt a sancto viro humiliter implorare veniam. Missa itaque ad eum legatione, poscunt cum cordis contritione ut absolvantur ab illa maledictione, spondentes, si eos dignaretur sua reversione, deinceps se ei obtemperaturos sine aliqua contradictione. Amator pietatis et misericordiæ Maclovius, ubi pœnitentiam patriotarum accepit, summam consilii ad Leontium venerabilem detulit : Leontius hanc ad ipsum Deum referendum censuit. Uterque, indicto sibi triduano jejunio, exorant sibi revelari a Domino quid super hoc sibi esset opus facto. Inter orandum angelus Domini Maclovio adstitit, eique ex ore Dei hæc suggessit : Oportet, o amice Dei, Britanniam revisere, omnem maledictionem auferre, homines salutifera benedictione sanare, terræ ubertatem restituere. Deinceps debes Santonas repetere, quia illic habes propediem obire. Sanctus itaque vir secundum angelicam revelationem repatriavit, terram hominesque sua benedictione sanctificavit, Deoque largitori omnium bonorum eos orando commendavit. Sicque omnis terra repleta est dapsili ubertate per ejus benedictionem, quæ antea damnata fuerat per ejus maledictionem. Ita factum est omnibus palam, quod pontifex pius hanc maledictionem non intulit per aliquam malevolentiæ intemperantiam, imo per utilem severitatis benevolentiam, ut per hanc necessitatem saltem inviti traherentur ad pœnitentiam. Britanni denique compotes voti sui effecti, tam princeps et optimates regni, quam clerus et episcopi in unum conjuncti, felicem virum poscebant cernui, ut reliquum vitæ suæ dignaretur secum agere, ut per ejus convictum Dei gratiam mererentur acquirere. Ille hoc fieri posse abnuit, et simul impossibilitatis suæ causam eis humiliter aperuit, et vocationis suæ tempus sibi impendere prædixit, et hoc apud Santonas sibi esse a Deo determinatum, ex verbis angeli se didicisse dixit. Britanni flentes et timentes adhuc cœlestis iræ vestigia restare, qui nec in vita, nec in morte digni essent talem patronum habere, cum gaudio pacis et dilectionis eum prosecuti, vix tandem passi sunt ab eo separari.

CAPUT XXVI.

Igitur Santonas regressus, et noctu et interdiu ob sui custodiam eo laborabat vigilantius, quo Dominum in proximo esse didicerat certius, ut, quacunque hora veniret, vigilans et paratus pulsanti aperiret. Qui enim tam longo ætatis tempore bonum certamen certaverat, et tandem cursum consummaverat, de religione coronam justitiæ reposcebat, quam sibi justus judex reposuerat. Reddidit ergo terræ quod erat suum : cœli cum tripudio sanctorum ejus exceperunt spiritum. Recepturus mercedem laborum, deductus est in via mirabili manibus angelorum. Qui enim in terris angelicam vitam duxerat, modo in cœlis eis convivendo æternaliter exsultat. Vixit centum triginta annis, obiit XVII Kalendas Septembris.

CAPUT XXVII.

Leontius episcopus gaudens super thesauro sibi cœlitus destinato, et posteris suis æternaliter profuturo, decrevit eum glorificare honorifico sepeliendi officio : constructaque nova ecclesia, corpus ejus, ut Spiritus sancti organum, in illa sepelivit cum decenti reverentia. Nec potuit abscondi in terris, cui meriti modo esset in cœlis. Eodem enim die quo in mausoleo positus est, duobus cæcis visus redditus est, energumenus a dæmonis infestatione liberatus est. Die post humationem tertia, contracto cuidam restituta est medela, muto loquela. Postmodum vero meritis sancti Maclovii tanta Dominus gessit ibidem miracula, quanta nec narrare lingua, nec continere valet membrana. Multiplicibus ac frequentibus sancti hujus intercessionibus subveniat nobis omnipotens Deus, cunctisque ejus præconia celebrantibus : qui vivit et regnat per æterna sæculorum sæcula. Amen.

VITA SANCTI THEODARDI

EPISCOPI TRAJECTENSIS MARTYRIS

AUCTORE SIGEBERTO GEMBLACENSI

(BOLLAND. *Acta Sanctorum*, Sept. t. III, die x, p. 580.)

CAPUT PRIMUM.

Vita ante episcopatum Trajectensem; virtutes, quibus ecclesiam suam illustrat.

Beatus Theodardus, natus in Gallia, clarebat pro nobili parentum prosapia, regni decus et Ecclesiæ gloria futurus. Eo tempore regnum Francorum regebat Chilperici filius Lotharius (969-70), nomine et fortitudine referens avum suum Lotharium, filium Ludovici (971), qui gentem Francorum, secum a beato Remigio (972) baptizatam, fecit ascribi ad æterni regis militiam. Igitur sub Lothario secundo Theodardus, a pueritia usque ad bivium adolescentiæ provectus, contempsit latam viam, in qua multos vocatos sinistrorsum evagari videbat; et elegit arctam viam, per quam pauci electi dextrorsum tendunt. Ex devotione quippe parentum suorum mancipatus monasteriali disciplinæ, voluntarie portabat leve jugum Christi. Et quia juxta vocem Dominicam *non* poterat *arbor bona fructus malos facere* (Matth. vii, 18), ostendebat in flore crescentis ætatis quam suavem et quam uberem fructum daret in tempore suo. Nempe gratia Dei, quæ eum prævenerat ut bona vellet, subsequebatur etiam ut perficere posset. Sicut enim, arridente tempori bona aeris temperie, uberius terra fructificat; ita tempore regis Lotharii (973), arridente rerum tranquillitate, sancta Ecclesia in sanctis Dei uberius fructificabat; quos exterius nulla aut rara rerum procella inquietabat. Nam ferventibus bellis per totum pene orbem terrarum, Langobardis Italiam vexantibus, quam recenti (974) tempore invaserant; Asiam vero et Africam modo Persis, modo Saracenis incursantibus, solæ, quas Franci incolebant, Galliæ firma pace gaudebant, et cæteris gentibus pro salute pugnantibus, Franci pro gloria pugnabant.

2. Sed hoc non tantum humanæ virtuti, quantum divinæ pietati est ascribendum, quæ tunc temporis proceres regni et Ecclesiæ armaverat prudentia et fortitudine, sanctitate et sapientia, ut per eos longe lateque prosperaretur regnum et Ecclesia. Quos quanti faceret Deus totus pene mundus sensit, in hoc maxime quod eo tempore Heraclius imperator Romanorum, victis Persis, crucem Christi, quam Persæ incensa Hierusalem asportatam annos quindecim tenuerant, revexit in Hierusalem, et diem Exaltationis ejus celebrari indixit (975). Ut sciamus autem, qui fuerint illi, quorum exemplo vel instituto Theodardus meliora charismata æmulabatur, a paucis multos, a vicinis longinquos, a notis colligamus ignotos. In iis præeminebat Arnulphus ex majore domus Metensium episcopus (976), Eligius ex aurifice post Noviomensis episcopus, Joannes etiam Tungrensis ex laico in episcopum eodem signo, quo primus Aaron, a Deo electus; dum hujus quoque virga, quam manu gestabat, in terram jussu angeli defixa reviruit, fronduit, floruit, fructificavit. Tales Theodardus imitando in gemina scientia proficiebat; horum lateri adhærens, palatinis principibus notus et charus erat (977).

3. Jam fama de nomine ejus ascenderat ad so-

(969-70) Sancti Acta a Sigeberto monacho Gemblacensi conscripta, qui sub finem sæculi xi et sequentis initium floruit, hic recuduntur ex editione Surii, quam ex duobus mss. hinc inde emendato. Sic ex mss. illis hoc loco posui *Chilperici filius Lotharius* pro *Childerici filius Clotarius*, uti legitur apud Surium. Imprimis certum est, Lothario II Francorum regi, de quo hic agitur, patrem fuisse Suessionum regem, nomine Chilpericum, non vero Childericum. Malui autem ex dictis mss. scribere *Lotharius* quam *Clotarius*, quia prior lectio primi genia mihi videtur, cum in Sigeberti Gemblacensis Chronico et aliis ejus lucubrationibus ubique invenerim *Lotharius*. Regnavit ab anno 584, quo pater ejus Chilpericus interfectus fuit, usque ad annum 628, non vero ab anno 587 usque ad 631, ut vult Sigebertus in Chronico : qui etiam fallitur, dum eumdem Lotharium II anno 610 totius Franciæ monarchium consecutum fuisse ait; id enim anno 613 contigit.

(971) Seu Clodovei I.
(972) Dabitur 1 Octobris.
(973) Sequentia ad Lotharii monarchiam, seu ad tempus, quod ab anno 613 usque ad 628 fluxit, referenda sunt.
(974) Langobardi in Italiam irruperunt anno 568.
(975) Consule obvios rerum ecclesiasticarum scriptores.
(976) Sancti hujus Acta illustrata sunt ad 18 Julii, ubi in Commentario prævio § 2 probatur, illum ante episcopatum majorem domus regiæ non fuisse. S. Arnulpho hic subjunguntur S. Eligius, dandus ad diem 1 Decembris, et S. Joannes Agnus, datus ad 25 Julii.
(977) Admodum suspecta mihi sunt, quæ hic de S. Theodardo asseruntur.

lium Dagoberti (978), post patrem Lotharium regnantis : et post famam veritas rei ad animum quoque regis illum admittebat. Jamque Deus, qui potens erat, ut in servo suo Theodardo omnem gratiam abundare faceret, parabat causam, ut inter multi nominis viros hunc quoque multo nomine dignum faceret. Siquidem sub Dagoberto pro feliciori temporis illius successu multo plures accendebat gratia Spiritus sancti, ut pro lucrandis Deo animabus operam darent in fundandis monasteriis. Primus horum occurrit nobis Landelinus, qui ex prædone in præconem fidei alteratus, Lobiense cœnobium fecit esse fundamentum suæ devotionis. Aldegundis thalamum suæ virginitatis sponso suo Christo in Malbodiensi cœnobio locavit. Soror ejus Waldetrudis sexagesimum continentiæ fructum in monasterio Castrilocensi seminavit. Cujus sponsus Vincentius triumphato mundo, vexillum Deo in Alto-Monte erexit. Ecquid vero opus est prædicare nobilitatem Gertrudis Nivellensis, cujus nominis gloria est diffusior, quam tota Gallia? His cultoribus fidei Dominum messis rogantibus, ut in multam messem mul‑ tos operarios mitteret, peregrinos operarios direxit a transmarinis partibus Bertuinum, Ettonem et alios, Foillanum cum fratribus suis Ultrano et Furseo; ex quibus Foillanus Fossense cœnobium fundavit et martyrio suo sacravit (979).

4. Prævidit vero divinæ dispensationis oculus, ne inter tot et tales viros dilecto suo Theodardo deesset locus, in quo et ipse, erecto fornice triumphali, victorias suas depingeret, et spolia de hostibus capta affigeret. Sigebertus post patrem suum Dagobertum regnans in Austria, potentiam regalem honorificabat affectu divinæ religionis, ut probaret non esse otiosum, quod Deus de eo ostenderat, miraculum. Nam cum sanctus Amandus catechizaret eum, vix quadraginta dies a nativitate habentem, finita oratione, cum nemo circumstantium responderet Amen, aperuit Deus os ejus, et, cunctis audientibus, clara voce respondit : Amen (980). Hic Deum adoptans sibi rerum suarum hæredem, duodecim constituit monasteria; sed in fundando Stabulensi cœnobio impensius instabat, cooperante sibi majore domus Grimoaldo in ædificando monasterio in loco qui dicitur Malmundarium. Hi, communicato consilio cum Remaclo Tungrensium episcopo et Cuniberto (981) Coloniensi episcopo, ad quorum diœceses loca illa appendebant, nullum magis Theodardo idoneum invenerunt, quem locis illis præficerent, ut superponeret spirituale *fundamentum* in *summo angulari lapide Christo Jesu* (*Ephes.* II, 10).

5. Theodardus vero sciens quod onus, non honor, imponitur præesse nescienti, malebat esse quam vocari abbas, ut, omnia omnibus factus, omnes lucrifaceret. Postremo talem se exhibuit, ut a regno et ab ecclesia merito diceretur ei : Major est sapientia tua et majora opera tua, quam rumor quam de te audivimus. Remaclus pro regimine Tungrensis episcopatus paterna quidem sollicitudine laborabat, sed hoc eum male habebat, quod male sibi responderent proventus fructuum. Unde pertæsus laborum, recurrebat animo ad portum solitariæ vitæ; unde a rege Dagoberto (982) extractus, navim Ecclesiæ susceperat regendam. Regem Sigebertum adit, et impossibilitatis suæ causas prætendens, missionem sibi dari, et ecclesiæ canonica auctoritate pastorem substitui petit. Res a palatio ad Ecclesiæ judicium defertur. Ecclesia palatio assentitur. Remaclus onere episcopalis sarcinæ expeditus, et de naufragio mundi se enatasse lætatus, portum Stabulensis cœnobii expetiit, et contemplationi vacans, habitavit secum. De episcopo substituendo in commune facta deliberatione, ad Theodardum recurritur, et ex omnibus solus placet, qui digne omnibus præesse debeat. Quia enim, secundum Apostolum, bene ministraverat, bonum gradum sibi acquisierat (983) (*I Tim.* III, 13). Pari ergo consensu Ecclesiæ et palatii et unanimi applausu cleri et populi Theodardus electus, et a Cuniberto episcopo in episcopum consecratus, præsedit Ecclesiæ Trajectensi vicesimus octavus a Materno (984) primo Tungrensium episcopo.

6. Qui quoniam sicut de virtute in virtutem ibat, ita de honore ad honorem promotus erat, pro speculo præferebat in animo suo Paulum apostolum, qui qualis debeat esse episcopus, viva adhuc voce eloquitur. Hoc magisterio, quia se omnibus conformabat, omnium affectus in se transferebat : et quamvis omnes gloria anteiret, omnibus tamen charus

---

(978) Post Lothario II anno 628 mortuum regnavit ipsius filius Dagobertus I usque ad annum 638, quo ineunte obiit. Mortem Dagoberti Sigebertus in Chronico perperam illigat anno 645.
(979) Plerosque sanctos hoc numero memoratos dederunt majores nostri; Furseum ad diem 16 Januarii, Aldegundem ad 30 ejusdem, Gertrudem ad 17 Martii, Waldetrudem ad 9 Aprilis, Ultanum ad 1 Maii, Landelinum ad 15 Junii, Ettonem ad 10 Julii, denique Vincentium ad 14 ejusdem mensis. De Foillano agetur ad 31 Octobris, de Bertuino ad 11 Novembris. Ex monasteriis, quæ Sigebertus eodem hoc numero sub Dagoberto I condita fuisse scribit, nullum est, cujus primordia tuto credas anteriora esse morte istius regis seu anno 658 ineunte : imo fere ausim dicere, tot errores commisisse Sigebertum, quot hic asserit monasteria sub dicto rege fundata fuisse.

(980) De S. Amando actum fuit ad diem 6 Februarii, ubi in ipsius Vita a Baudemundo discipulo conscripta cap. 4 num. 17 idem miraculum refertur; quod Sigebertus Gemblacensis etiam narrat in Vita S. Sigeberti regis ad 1 Februarii edita cap. 2 num. 5, uti etiam in Chronico ad annum 653; sed illud triennio citius contigisse tenendum est.
(981) Martyrologio Romano inscribitur ad diem 12 Novembris.
(982) In suo tamen Chronico Sigebertus S. Remaclum post mortem Dagoberti I episcopum Trajectensem anno 646 ordinatum fuisse scribit. Utrobique aberrat; nam sanctus ille præsul non prius in cathedra Tungris Trajectum translata sedere cœpit, quam anno 650 vel sequente.
(983) In ms. Rubeæ Vallis hæc adduntur : et in pauca fidelis, dignus erat super multa constitui.
(984) De eo agetur ad 14 Septembris.

erat. *Potens* erat *exhortari in doctrina sana et contra-dicentes redarguere (Tit.* I, 9); quia quod docebat verbo, ostendebat exemplo. Præcepto enim et exemplo Domini Jesu, quia major erat omnium, erat omnium servus et minister : ante omnia indutus *armaturam Dei*, succinctus *lumbos suos in veritate*, indutus *loricam justitiæ*, calceatus *pedes in præparatione Evangelii pacis;* galea *salutis* et scuto fidei et gladio *spiritus, quod est verbum Dei*, munitus confortabatur *in Domino et in potentia virtutis ejus*, ut posset *stare adversus insidias diaboli,* et debellare *spiritualia nequitiæ in cœlestibus* (*Ephes.* VI, 10). Quem urgebat instantia sua quotidiana, sollicitudo scilicet omnium ecclesiarum; nihil remissi patiebatur, nullum locum dabat desidiæ, sed nocte ac die salutem suam operabatur. Attendens etiam quod Deus per Ezechielem prophetam comminetur pastoribus, *qui semetipsos et non regem Dei pascunt* (*Ezech*. XXXIV, 2); pascebat gregem Dei secundum Deum, non turpis lucri gratia, sed voluntarie; non dominans in clero sed forma factus gregis ex animo (*I Petr.* V) : tu cum veniret princeps pastorum perciperet immarcescibilem gloriæ coronam.

CAPUT II.

Instruit S. Lambertum; pro recipiendis rebus ecclesiasticis regem adit; ab iniquis earum possessoribus martyrio afficitur

7. Lambertus bonæ indolis hoc tempore in bonam spem adolescebat, quem pater ejus vir illustrissimus Aper commiserat viro Dei Landoaldo (985), Amandi episcopi archipresbytero, ut ejus pueriles annos disciplina regulari et doctrina liberali imbueret. Pater gaudens filium rudimentis utriusque scientiæ a Landoaldo ad votum suum esse initiatum, commisit eum etiam Theodardi magisterio, ut quo amplius de multorum hauriret scientia, eo ampliori proficeret gratia. Qualiter argentum melioratur, quando ab aurifice deauratur, taliter Lambertus naturalis ingenii argento resplendens, dum ex addito Theodardi magisterio melioratur, quasi ex superposita auri materia amplius decoratur. Theodardus in seipso expertus, *quoniam diligentibus Deum omnia cooperantur in bonum* (*Rom.* VIII, 28), gaudebat omnia prospere sibi cedere, et laborem suum bonus fructuum proventus alleviabat. Cum ergo multa per Dei gratiam et suam industriam restauraret, hæc cura eum remordebat acrius, quod passiones ecclesiæ suæ a domesticis hostibus et iniquis raptoribus direptas noverat, et multo jam tempore ab ecclesiæ alienatas jure in jus iniquorum cessisse.

8. Hoc accidisse dolebat ex nota temporum et majorum suorum negligentia : ex nota temporum, quia securitas ex longo pacis otio contracta multos a respectu divini timoris averterat, et ex rerum affluentia irrepserat bonorum morum negligentia, et cessantibus externis bellis, intestinis bellis animorum periclitabantur. Inde passim contra Ecclesiam Dei dominante injustitia, quæ semper primos impetus exerit contra bonorum innocentiam, non opitulabatur Ecclesiæ Dei alicujus justitia, nulla ei principum patrocinabatur potentia. Hic dolor non parvus Theodardo præsuli incumbebat, Trajectensem Ecclesiam magna possessionum suarum quantitate esse mutilatam, et per triginta circiter annos nullum pro Ecclesiæ Dei jure repugnasse vel saltem reclamasse. Amandus enim, cujus sanctitas paucis laudari non debet, pro eo quod regem Sigebertum baptizavit et de fonte suscepit, coactus est Dagoberti regis precibus ut, Joanne episcopo defuncto, episcopatum Trajectensem susciperet. Sed, irruentibus undique in Ecclesiæ navim tempestatum procellis, cogitans quod ait Apostolus, quia *nemo militans Deo implicat se negotiis sæcularibus* (*II Tim.* II, 4), post triennium, episcopatu relicto, in portum optatæ quietis se recepit. Cujus vices Landoaldus archipresbyter suus opportune per novem annos exsecutus, pro ecclesia stare non potuit, quia nihil pontificalis juris habebat. Ea omnia raptoribus opportuniora erant. De Remaclo, quia non potuerat brachia tendere contra torrentem inundantium malorum, Theodardus suis oculis et auribus credebat (986). Ipse suscepto Dominicæ navis gubernaculo, inconstantiæ notam timebat, si periculis impulsus loco cederet.

9. Ne ergo diutina injustitiæ impunitas amplius inolesceret, accinxit se viriliter et stans pro castris ecclesiæ clamare non cessabat : quasi tuba exaltans vocem suam annuntiabat populo scelera eorum, et

---

(985) Hunc sanctum dedimus ad 19 Martii.
(986) Hoc numero non solum falsa, sed etiam sanctis injuriosa obtrudit Sigebertus Gemblacensis. Doluisse ait S. Theodardum, quod partim ex majorum suorum negligentia acciderit, ut magnam possessionum suarum jacturam fecerit et multis annis tulerit Ecclesia Trajectensis. Quo vero difficilius intelligas, illos culpa omni vacasse, bonorum sacrorum alienationem iisdem notam fuisse suppenit, et tamen c per triginta circiter annos, nullum pro Ecclesiæ Dei jure repugnasse vel saltem reclamasse › pronuntiat. Tantæ dissimulationis causas, quas subjungit, non omnem penitus, ut consideranti patet, abstergunt negligentiæ nimiæque animi dejectionis maculam, quam prius S. Theodardi decessoribus asperserat. His S. Landoaldum archipresbyterum accenset, quem vicariam *per novem annos* Ecclesiæ Trajectensis curam gessisse ait, postquam S. Amandus abdicasset episcopatum, Dagoberti regis, anno 638 mortui, precibus susceptum. Certo falsa hæc sunt : nam S. Remaclus anno 650 vel seq. proxime successit S. Amando, quem exeunte anno 649 sedisse constat, neque diutius quam fere per triennium sub S. Sigeberto rege præfuisse. In eodem num. 27 et seqq. probavi, anno 668 vel 669 passum fuisse S. Theodardum, quod Sigebertus in Chronico perperam anno 658 contigisse asserit. Tam in nostra quam in aberrantis Sigeberti sententia 30 anni non effluxerunt inter sancti nostri martyrium et obitum S. Joannis Agni. Itaque et hic adjungendus est SS. Amando et Remaclo, quorum negligentiæ nimiæque dissimulationi aperte imputat idem Sigebertus, quod S. Theodardus ecclesiam magna possessionum parte spoliatam invenerit. At unde auctor iste didicit, id memoratis sanctis episcopis vitio dandum esse? Certe anonymus Vitæ S. Theodardi scriptor nihil habet, ex quo illud extundi possit. ‹ His omnibus, inquit supra

raptoribus peccata eorum. Quasi aquila stans super domum Dei acumine oculorum versutias iniquorum prævidebat, et unguibus se defendebat. Et quia erat ei integritas vitæ, et verbum sanum et irreprehensibile; is, qui ex adverso erat, reverebatur eum, nihil habens mali de eo dicere. Tutabatur cum contra omnes favor Sigeberti (987) regis, qui amator divinæ religionis oculos habebat columbinæ simplicitatis. Quo defuncto, regnum Austrasiæ, quod tenuerat, dedit frater ejus Clodoveus filio suo Ilildrico (988). Tum vero omnis malitia et injustitia in regno prævaluit, et contra Ecclesiam gravis domesticæ tempestatis turbo intonuit. Theodardus autem, quia mercenarius non erat, non fugit a facie luporum; sed pro ovibus suis constantius ex adverso stetit. Et quia pastor essentialiter bonus dixerat: *Majorem hac dilectionem nemo habet, ut animam suam ponat quis pro amicis suis* (Joan. xv, 13); nec in hoc surdus auditor fuit, paratus pro ovibus animam ponere.

10. Sed ne quid inexpertum relinqueret, deliberat regem Hildricum adire et ante eum super injustitiis ecclesiæ illatis legaliter expostulare, si forte per censuram regalem ecclesia possessiones suas reciperet: et divinitus edoctus a mentis suæ oraculo, imminere sibi tempus passionis, disposuit domui suæ, et omnibus ultimum vale dicens, ovesque suas illi commendans qui sibi illas commendavit, duce mentis constantia, cum paucis iter arripuit. Porro filii Belial, qui præ duritia impœnitentis cordis thesaurizabant sibi iram, nullo modo potuerunt adduci ad aliquam resipiscendi viam. Qui scientes, quia in nullo sibi responderet justitia, si de præsumptis rebus Ecclesiæ coram palatinis agerentur controversia, mala malis accumulant, et ex desperationis periculo de morte innocentis præsulis tractant, et iter ejus diligenter explorant. Vir sanctus justi propositi tenax, quem armabat vivus et efficax sermo Dei dicentis: *Nolite timere eos qui occidunt solum corpus* (Matth. x, 28), jam diœcesis suæ terminos longe excesserat, et in pago, quem Alisatiam vulgo dicunt, bonis adhuc proventibus gradum fixerat; et ecce cuneus inimicorum Dei de insidiis emergens, arrectis lanceis, in necem innocentis proruit. Ille munitus tuto patientiæ clypeo, eos ad pacis bonum invitare volebat; sed quia non erant filii pacis, pax, non inveniens in eis ubi requiesceret, ad amicum pacis reversa est. Ut lupi agnum impii circumstant pium, illumque oculos ad cœlum tollentem et pro eis orantem exemplo Jesu in cruce pendentis contumeliis afficiunt, humi prosternunt; et quia nequit iram explere potestas, caput sancto oleo peruncturn in frusta secant, corpus sanctum membratim dilaniant.

11. Terra quidem sic data est in manus impiorum; spiritus autem ab omni terræ rudere excoctus per ignem passionis et ut aurum in fornace probatus rediit ad Dominum, qui fecit illum. Fides nimirum, quæ protomartyri Stephano aperuit cœlos, ut videret *Jesum a dextris Dei stantem* (Act. vii, 55) ad auxiliandum sibi, hæc quoque Theodardo martyri cœlos aperuit, eumque ferentem stigmata Jesu in libro vitæ cum martyribus ascribi fecit. Deus, qui notavit incredulitatem Judæorum, quando dixit: *Nisi signa et prodigia videritis, non creditis* (Joan. iv, 48), notat nostram quoque incredulitatem, qui merita Deo placentium non æstimamus ex virtute operum, sed ex ostensione signorum: signa enim non faciunt hominem beatum sed eum beatæ vitæ fuisse ostendunt, et ex novitate rerum nos ad venerationem sanctorum adducunt. Ecce Theodardus, qui fuerat organum Spiritus sancti ab impiis interfectus, jacebat quasi vilis et despectus, et quasi percussus a Deo et humiliatus. Sed divina pietas totum de eo scandalum hominibus abstulit, dum ad testimonium sanctitatis ejus evidentia signa ostendit.

CAPUT III.

Mulier cæcitate punita et visus ei redditus; exsequiæ a frequente populo celebratæ; miracula in loco primæ sepulturæ • corpus inde avectum et Leodii depositum.

12. Puer e famulitio sancti præsulis, qui solus, cæteris in fugam versis, excubabat ad corpus exanime, dolens esse disjecta a se beati corporis membra, nitebatur ut ea quoquo modo uniret: et membrum quidem membro aut partem parti coaptans,

---

cap. 1 num. 8, ex ordine prosecutis, rebusque pariter fideliterque supputatis, compertum est, quosdam fundos a suis patribus minus juste obtinuisse. Hac vero cura pro male multatis ecclesiæ possessionibus infra sui arcana cordis recursans, dubitare cœpit, quid mallet, utrum, ut nactus est, sineret permanere; an super hoc negotio pergeret ire aures regias compellare. Tandem in Domino protectore confisus, neque metuens, quid faceret ei homo, stetit sententiæ, » ad Childericum II Austrasiæ regem profectus et in itinere cæsus fuit. Ex data anonymi relatione et ex eo, quod Childericus 6 Septembris anni 673 Trajecti in suo palatio versatus fuerit, satis colligitur, sanctum nostrum præsulem nonnisi post dictum diem et annum comperisse, bona ecclesiæ suæ ab iniquis possessoribus detineri. Pro officio suo haud dubie citius ea repetiisset, si citius illud ipsi innotuisset. Idem præsumendum est de S. Remaclo, qui, cum S. Sigebertum regem sibi addictissimum nactus esset, quemadmodum beneficia, quibus eum cumulavit, testatum faciunt, alienata facile bona recuperasse. Neque aliter sentiendum de S. Amando, qui a Martino PP. I liberationem ab onere episcopali efflagitans, ne verbo quidem mentionem fecit de rebus ecclesiæ suæ injuste occupatis, sed corruptos tantummodo cleri mores attigit. Etsi forte a S. Joanne Agno *minus juste* fundos aliqui acceperint, ac dein mala fide possederint, non ideo tamen sanctus ille culpandus est; nam fraude circumveniri potuit, quam tandem detexerit S. Theodardus.

(987) Sanctus noster non sedit sub rege Sigeberto, nisi forte brevi admodum tempore.

(988) Post Clodoveum II Francorum monarcha factus est ejus filius Clotarius III, qui Austrasiæ regnum fratri suo Childerico II cessit anno 660.

non habebat unde ea colligaret. Nempe inimici justitiæ scelere perpetrato omnes etiam sarcinas diripuerant. Quod solum potuit puer fecit, et quotquot membra unire potuit institis suis colligabat. Cum adhuc ei suæ non sufficerent institæ, cœpit animo deficere, et multa secum revolvens, ex consilio animi sui villam quæ proxima erat petiit, sperans Dei auxilium sibi non defuturum : nec spes eum fefellit; nam inter eumdum offendit mulierculam, in cura pascendarum ovium occupatam et nendo diducentem de colo fila. Mulierem compellat, et sibi fila dari supplex postulat, et cur postulet causam dicit; remque omnem ordine pandit. Audiens illa exsecrandi sceleris acerbitatem, primo horrescens stupuit. Deinde humanitatis affectu pene ad lacrymas adducta : Quod petis, inquit, o puer, libens darem, sed est certa causa ut denegem. Matrifamilias quippe, cui ancillor, diurnum pensum debeo; quod si fuerit minoratum, non impune feram, nec damnum effugiam. Dixit, et animi compassionem præponens timori, dedit voluntarie fila petenti.

13. Compos voti puer repedabat quantocius; et ne eum pigeret laboris, majorem voto consolationem accepit divinitus. Invenit namque duo luminaria ad caput et pedes martyris altrinsecus lucentia : Quis non miretur tua, Christe, magnalia? Quia Theodardus lux in Domino fuerat, et ut filius lucis ambulaverat; tu lux vera, omnem hominem illuminans, obsequium luminis per angelicum ministerium procurasti exsequiis illius, quem de mundi tenebris ad veram æternamque lucem vocaveras. Hoc miraculum majori miraculo virtus divina confirmat, ut citius et diffusius nomen et meritum martyris innotescat. Mulier, quæ pensum suum pro obsequio illius minoravit, vesperi revocatis ad caulas ovibus, pensum diurnum dominæ reddidit. Quod quia minoratum sensit domina, fraudis ancillam arguens, caput illius gravi ictu percussit. Sed Dei pietas ancillam fraudis excusat : domina enim subita oculorum cæcitate percussa exclamat cum ejulatu ad famulam, exclamat et famula suam miserando dominam. Res publicatur per familiam; fama rei totam villam facit attonitam. Ancilla coram cunctis causam cæcitatis illatæ exponit, et ut culpa fiat venialis hortatur ut præsulem sibi reconciliet, ut lumen, quod offensa sibi abstulerat, impetrata a Deo veniat, restauret.

14. Cogit dominam angustia, ut verbis ancillæ credula consulat suæ miseriæ. Duce ancilla, venit domina ad locum ubi jacebat corpus venerabile : quod ita videre disjectum erat omnibus miserabile. Domina pro cæsa injuste ancilla culpam fatetur, et ut mereatur impetrare veniam votis et donis placat sancti martyris gratiam. Quando fuit difficile Deo exaudire preces miserorum fideliter ad se clamantium? Mulier, impetrata venia, gaudet redivivo lumine, et videns membra sancti corporis suis filis colligata, agnoscit tandem quantum peccaverit quæ ancillam innocentem et sancto martyri devotam percusserit. Fletur ab omnibus præ lætitia, Deo laudes, Deo gratias clamantibus cunctis : crescit debita martyri reverentia; fama volat per totam viciniam; discurrit longius per totam quoque provinciam. Quaquaversum oculos flecteres, concurrentium turbas cerneres. Materfamilias, quæ causa et testis erat tanti miraculi, totam se rejiciebat in gratiam sancti martyris, verbo et exemplo suo invitans omnes ad obsequium celebrandi funeris. Docebat rerum vicissitudo dolere pro extraneo; at insita homini naturæ pietas eliciebat et lacrymas. Quis enim posset videre sine lacrymis quod etiam sepultura egeret vir apud sæculum tantæ quondam nobilitatis, tantæ in Ecclesia dignitatis, tantæ apud Deum sanctitatis.

15. Instatur ergo ab omnibus, ut decenter justa sepulturæ expleantur. Isti vulnera mollibus pannis exsiccant; isti vestes sanguine sancto infectas ad sui patrocinium reservant; membra satis defleta in gestatorio ponunt, et pretiosa velamina superponunt. Materfamilias locum sepulturæ condicit, et juxta suum condictum in loco qui dicitur Nec (989), tumbam disponi facit. Levato corporis loculo, nunc isti, nunc illi gaudent succedere vicissim oneri corporis ferendi. Alii vero præcedendo planas vias bajulis ostendunt. Cum tanta omnis ordinis et ætatis et promiscui sexus frequentia, cum tali humanitatis et devotionis reverentia celebrantur sancti martyris exsequiæ, et corpus honorifice tumulatur. Jam lacrymas omnium ea causa repressit, quod gaudendum sibi esse credebant, se tanti apud Deum haberi, quod insperato eis patronum tanti meriti misisset, qui sibi contra omnia adversa præsidio vel remedio esset. Coeunt undique infirmorum agmina, per merita novi martyris sperantium consequi a Deo morborum medicamina. Quot ibi pietatis opera, quot sanitatum beneficia, quam frequentes cæcorum illuminationes, quot febricitantium curationes ibi provenerint per Theodardi patrocinia, testantur multa paralyticorum subsellia et plurima rerum monumenta, quæ pendent ibi ab incolis affixa, ut per hæc recenseat memoria posterorum, quanta ibi per nomen Theodardi claruerit gratia Dei.

16. Fama longe lateque evagando subintrat Wangionum urbem, quæ nunc Wormatia nuncupatur; et postquam popularium aures et linguas multo implevit susurrio, ad ipsum quoque urbis præsulem viam sibi fecit. Præsul, excessu beati Patris audito, post longa ab imo pectore ducta suspiria diversus sibi agitabatur : namque tristabatur et lætabatur. Tristabatur propter perpetratum intra suam diœcesim immane scelus; porro lætabatur propter collatum cœlitus diœcesi suæ patrocinium novi martyris. Progressa ulterius fama, attigit urbem Spiram,

(989) Circa Landaviam, imperiale oppidum diœcesis Spirensis.

quam antiquitas Nemetum appellabat; nec subtraxit pedem ab urbe Argentina, quam Strazborch nominat Teutonica lingua. Totam regionem, quam alluit Rhenus, perlabitur fama vento velocius; nec celerius aut longius defluit unda Rheni, quam decurrit fama hujus rei : nec citerioris ripæ spatio contenta vagari, Germaniæ terminos utrinque attigit. Wangionum præsul præ cunctis super hac re suspensus, invitat ad se vicinarum urbium præsules, convocat totius provinciæ primates et optimates; quid faciendum sibi sit super hoc verbo, quod Dominus fecit et ostendit eis, eorum consilio committit, liceatne sibi corpus sancti præsulis amovere ab indigniori loco, et ad majorem ecclesiam transportare. Facile est eo transferre consilium, ubi in unum transpirat voluntas omnium. A communi consilio unum concipit assensum devotio omnium, ad majorem martyris gloriam corpus ejus esse inde transferendum.

17. Die ad hoc condicto ab omnibus concurritur, et numerus confluentis populi non erat certior numero stellarum cœli. Jam se acciugebant operi, jam tumulus sancti martyris debebat aperiri. Sed non est ratio, *non est consilium contra Dominum* (Prov. xxi, 30), quia natura rerum, militans pro Domino rerum, obsistit ipsi obsistentibus. Cœlum subito inhorruit, et horrore suo terram tremefecit; prænuntiant tempestatem præcurrentia ventorum murmura; præstringit oculos præsens fulgurum coruscatio, aures et animos omnium exterrent tonitrua solito graviora; proruit tam procellosa nimborum inundatio, ut, si fuisset diutina, posset sufficere faciendo diluvio. Tot rebus præsentem mortem intentantibus, diffugerunt omnes; desistunt ab incepto, quod de corde suo faciebant; super quo quia os Domini non interrogaverant, se contra Deum sensisse intellexerunt. *Quis unquam consiliarius Dei fuit?* (Isa. xl, 13.) Ut hoc quoque miraculo longe lateque claresceret Theodardi gloria, de longe et late tot populorum millia in unum contraxerat, ut dum omnes unius merita prædicarent, per nomen ejus benediceretur ab omnibus Deus.

18. Trajectenses certificati de nece sui antistitis, ostendebant ex quantitate sui doloris, quo amore erga eum ferverent. Insidebat enim altius in corde cunctorum pia ejus paternitas; recurrebat ad eos magna patris pro ecclesiastica utilitate sedulitas, pro qua usque ad sanguinem restiterat inimicis. Sua cuique causa aderat, pro qua de morte præsulis singulariter plangere habebat. At Lambertus, qui, vivente Theodardo, erat spes altera Trajectensis Ecclesiæ, ex proventu bonæ indolis eo pervenerat ut, defuncto præsule suo, tota ecclesia in eum inclinata recumberet. Hic plus omnibus mortem magistri deflebat, quia plus omnibus magister eum amaverat. Sed post vulnus doloris inflictum cordi, assumens scutum constantiæ, totus ad hoc ferebatur ut saltem corpus magistri reciperet. Longam viam celeri voluntatis volatu emensus, venit ad locum, ubi corpus defuncti patris peregrinabatur. Ubi postquam solvit lacrymas, quas debebat filius patri, pandit incolis terræ causam sui adventus, et petit, ne quis eorum suo desiderio contradicat de referendo corpore patris. Uno omnium ore contradicitur Lamberto; conclamabant enim omnes esse suum jure Theodardum, quem sibi pro patrono Deus ultro miserit, quibus per eum tot miracula ostenderit, et magno rerum miraculo vetuerit, ne ab episcopis provinciæ corpus sanctum alio transportaretur.

19. Ita Lambertus impos voti Trajectum redit, ut cum clero et populo ea de re agat. Clerus vero et populus totius pondus rei Lamberto imponit. Lambertus alia via vincere aggressus, multos sumptus et commeatus viæ apparat, multum auri et argenti et aliarum specierum congregat, et jactans spem in Domino, optatum locum repetit. Itaque indignæ pro tam celeri ejus reditu suspensi, excipiunt eum favorabili affectu, et ex vultu et habitu ejus attendentes, quæ reverentia deberetur ei, officiose illi adhærent. Lambertus vero eos pietatis affectu sibi conciliat, causamque viæ eis ingeminans, addit preces, ut corpus Patris sui non ultra sibi denegent, dicens, absurdum esse patrem filiis et episcopum civibus denegari; sufficere eis quod terram eorum sanguine suo consecraverit; non defuturum ipsis sancti Patris patrocinium, quem tanti habuerint, ut honorifice tumularent. Jam rigor eorum flectebatur, quia vir augelicus suo melliftuo ore eos mollicrat. Quos ut amplius ad animum suum attraheret, aperto suæ largitatis sinu, singulos eorum honorat donis competentibus; nec ab invalida plebe manum suam retrahit; et senibus et pueris singulos, prægnantibus vero mulierculis geminos porrigit nummos. Tali affectu et industria victos, ut eos fecit esse suos, pro libitu suo usus est eorum cordibus.

20. Igitur illis jam non obsistentibus, sed ad omnia officiantibus, amabile Patris corpus tulit, et cum hymnis et laudibus revexit, et in villa publica Legia tumulavit cum honore, qualis decebat martyrem. Quis non videat hic Dei dispensationem? Operabatur in Lamberto Dei providentia, quando præordinavit decorari Legiam tumulo Theodardi : quia enim Lamberto ibi designatus erat locus passionis, et ipsa Legia per Lambertum in urbem ampliari et episcopalis sedis honore habebat exaltari, noluit Deus longe a se disjungi tumulo, quos solos a numero Tungrensium episcoporum sibi æquales per martyrii gloriam prævidebat, æquales fore etiam per meritorum gratiam. Præripuit tantummodo Theodardus Lamberto, ne primus in hac ecclesia esset martyr, præripuit Lambertus Theodardo, ne solus in hac ecclesia foret martyr. O te, Legia, felicem! quorum pari decoraris martyrio, eorum pari ante Deum adjuvaris patrocinio. Nos Deum magnificemus per sanctorum suorum gloriam, ut sanctorum meritis illius impetremus gratiam, qui vivit et regnat in sæcula sæculorum. Amen.

SANCTI LAMBERTI

EPISCOPI TRAJECTENSIS ET MARTYRIS LEODII IN BELGIO

VITA DUPLEX

AUCTORE SIGEBERTO GEMBLACENSI

(BOLLAND. *Acta Sanctorum*, Sept. t. V, p. 518.)

MONITUM.

Sigebertus, monachus Gemblacensis in Brabantia, qui in fine sæculi XI et initio XII floruit, in libro De illustribus Ecclesiæ scriptoribus, cap. ultimo sua etiam Opera recensens, hæc ait : Vitam quoque S. Lamberti, cum in primis urbane meliorassem, postea rogatu Henrici, archidiaconi et decani ecclesiæ S. Lamberti, defloravi comparationibus antiquorum juxta consequentiam rerum. Quamvis priorem, utpote simplicem, quidam magis amplectantur, et curiosius transcribant ; est enim sensu apertior et verbis clarior. Vitæ secundo loco ab eo scriptæ, hactenus ineditæ, exemplar habeo ex collegio nostro Lovaniensi, cujus prima pars descripta notatur ex secunda parte Hagiologii Brabantinorum, collati ms. Rubeæ Vallis, ex quo etiam secunda pars alio charactere est addita. Titulus ei præfixus hic est : « Vita et passio sancti Lantberti episcopi secundum Sigebertum Gemblacensem. » Ex allegatis autem Sigeberti verbis dubitare amplius nequeo, quin Vita nomine Reineri vel Reneri, monachi ad S. Laurentium prope Leodium edita a Chapeavillo, Reineri non sit, sed ejusdem Sigeberti, primo scilicet loco ab ipso recognita et laudata. Ratio manifesta est, quod præter insertas variis locis comparationes ex Veteri Testamento potissimum depromptas, unumque S. Lamberti in pueritia miraculum, cætera omnia in utraque Vita tam similia sint, ut nonnisi paucis vocibus hinc et inde discrepent. Hæc vero discrepantia ipsi Sigeberto tribui potest, qui dum dictas comparationes priori Vitæ intexeret, unicum istud miraculum postea cognitum, cæteris adjungere, et aliquot phrases, ut fieri assolet, immutare facile potuit. Possem id adductis ex utraque Vita textibus hic demonstrare ; sed ne longior sim, malo lectorem ad Vitam eamdem cum edita a Chapeavillo conferendam remittere (989*). Addo tamen alterum argumentum, ipsius scilicet Reineri silentium, qui cum lib. II De scriptoribus monasterii sui opuscula sua, et inter hæc aliquot etiam sanctorum Vitas, sanctique Lamberti Triumphale Bulonicum recenseat, de ejusdem Vita ne verbo quidem meminit.

(989*) Utramque damus, EDIT. PATROL.

VITA PRIOR S. LAMBERTI

Sub Reneri, monachi Leodiensis, nomine edita in Gestis pontificum Leodiensium auctore Chapeaville, tom. I, p. 411

CAPUT PRIMUM.

De nobilitate sancti Lamberti, et quorum principum tempore natus sit.

Gloriosus vir Lambertus, æterno Regi martyr acceptus et vero Sacerdoti sacerdos dilectus, insigni ex prosapia, Trajectensis oppidi vico, exstitit oriundus ; cujus, ipsiusque majorum multa in Ecclesia Dei gratia, multa in Francorum republica gloria et fides eminuit. Quibus inconcussa Christianitatis custodia inter orthodoxos augebat reverentiam, et carnis nobilitas per opulentiam rerum pariebat dignitatem sæculi, et inter proceres regni multam potestatem. Hanc generis claritatem, ad se de longinquo derivatam, pater et mater ipsius de proximo illustrabant. Is pater, scilicet Aper nomine dictus, in palatio regis inter illustres viros dignitate nobilitatis excellebat; matrem ejus, inter Francorum nobiles pernobilem, recepit a patribus posteritas vocatam fuisse Herisplindem.

Regnum autem Francorum regebat filius Mediani Lotharii Dagobertus, qui regnum Austrasiorum filio suo Sigeberto commiserat, eique tutores dederat, Cunibertum Coloniensem episcopum, et majorem domus Pippinum primum (990), patrem sanctarum Gertrudis et Beggæ.

CAPUT II.
Quod primum a S. Landoaldo nutritus sit.

Qualis hic puer in mundo foret, ab incunabulis Dei dispensatio præmonstrabat; quæque enim bonæ indolis rudimenta, quæque lineamenta pulchritudinis, in bonæ spei puero, solet præformare natura, vel, quod verius est, ipsius auctor naturæ, hæc omnia jam in ejus infantia apparebant, quia jam et membris formosus et pro ætate, inter cognatos et famulos, vultu et affectu benignus esse videbatur, ac per hoc omnium dilectione dignus.

Unde pater ejus, non ingratus Deo, qui tantum sibi de filio promittebat, divinæ voluntati suam contemperat voluntatem, et filium divino mancipat servitio, ad quod eum jam quodammodo videbat aspirare. Et quia doctrina vim promovet insitam, rectique cultus corpora roborant, sanctum sancto filio magistrum elegit, ne simplicem oculum discipuli tenebraret aliqua culpa magistri.

Initiandum ergo studio litterali commisit cum Landoaldo, viro satis spectato sapientia et scientia, sanctitate et industria. Hic Landoaldus, sanctæ Romanæ Ecclesiæ presbyter fuit, et quia sanctitate, ut dictum est, et scientia præeminebat, a Martino papa Romanorum sancto Amando Trajectensium episcopo ad auxilium exercendæ prædicationis deputatus, ad Gallias venit, et ordinatus Trajectensis Ecclesiæ archipresbyter, ibidem Deo militabat, sub sancto Amando episcopo; et quia idem episcopus, studio prædicandi, se expedierat episcopali sarcina, ipse vices episcopi diligenter et opportune supplebat, et per novem annos rexit Ecclesiam episcopo vacantem, donec Remaclus cathedram Trajectensis Ecclesiæ suscepit.

CAPUT III.
De fonte per orationem sanctorum proaucto.

Landoaldus teneros annos sancti pueri paterno a sinu suscipiens, ad normam sanctæ vitæ informabat primævæ ætatis mores.

At vir illustris Aper, ut filium suum Lambertum faceret tenaciorem propositi, fundum suæ proprietatis, vocabulo Wentershovum, jure perpetuo delegavit illi, illiusque tutori Landoaldo, ut ecclesia ibi constructa, tanto instantius vacarent, ille docendi studio, ille discendi, quanto remotius degerent a sæculi vanitate.

Ubi dum insisteretur in ædificanda ecclesia, artifices super penuria potabilis aquæ conquerebantur quia ibi aqua, ex palustri colluvie collecta, eos bibentes magis torquebat amaritudine quam aliqua suavitate refocillabat. S. magister sanctiorque magistro discipulus, fidem habentes in eum qui amaris aquis de mari dulcedinem indidit (*Exod.* xv, 25), et qui aquas etiam de petra produxit (*Exod.* xvii, 6), communicato voto, pariter exorant pietatem Omnipotentis. Invocato ergo S. Trinitatis nomine, baculo designatur locus in modum S. crucis, (res mira, sed fidei non inusitata!) fons ibi emanavit limpidissimus, qui et aperuit quantum sancti apud Deum possent, et incolis ex tunc et modo omni usu habilis fuit. Cujus beneficii memoriam, dum patres generatim narrando transmittunt ad filios, merita sanctorum accumulant, dum per eos nomen Domini benedici faciunt. Ita Lamberto et Landoaldo, *diligentibus Deum omnia cooperabantur in bonum*, qui, ut essent sancti, *secundum propositum Dei vocati sunt* (*Rom.* viii, 28).

Et puer quidem strenuus, jam tunc nitens totis viribus fieri vir perfectus, quantum sub ferula sancti magistri profecit, quam puro pectore adbibuerit pietatis ac scientiæ verba, otiosum est hic inculcare verbis, cum fructum tam proficui laboris, adhuc hodie passim exuberare videamus.

Sub Landoaldo felix adolescens non leviter exercitatus ad genitorem regressus est. Nec est facile dictu quo uterque affectus sit gaudio, dum ei filius, paterno affectu, et pater pro filii profectu gratulabatur.

CAPUT IV.
Quod a S. Theodardo Lambertus instructus sit.

Sancto Theodardo Trajectensium episcopo substituto, commendatur etiam huic Lambertus a suo patre, ut ad ejus exemplar erudiatur, qui in Ecclesia et in curia multum videbatur suspiciendus.

Ex cujus viri latere adeo profecit ut in cunctis negotiis, non tantum exemplo, sed etiam miraculo esset omnibus; erat enim vere dignus, aspectu amabilis, colloquio affabilis, in recta conversatione et omnibus conformi, vix ulli imitabilis. Parvipendebat præsentia, veluti devoverat in pueritia, æstimans pro nihilo omnia, præter quod erat æternæ salutis

---

(990) Hic Pippinus filius fuit Carlomanni, qui, uxore capta ex gente Aquitanica Sueva, Suevos aliosque Germaniæ populos, bello vicit. Huic tres fuere liberi filiæ, Begga : et Gertrudis, quarum hæc est postea relata in numerum sanctarum ; filius Grimoaldus, qui patre mortuo dux factus, reipublicæ præfuit. Barlandus In chronico, cap. 1.

gratia; cœlestibus animo inhærens, sese holocaustum Domino mactabat.

Sed quid opus est hinc inde quæsitis laudationum lucis illum colorare quem sapientia ipsis coloravit virtutibus? Superfluum est extra quærere materiam laudis, cum eum Creator ad tantam formaverit gratiam ut in toto corpore ejus vix surrepserit aliqua naturæ menda; in animo vero ejus, vix aliqua nociva macula apparuerit.

CAPUT V.
De habitudine corporis sancti Lamberti et dotibus animi.

Quia tamen oportet cum laudare, ut ex vero eum laudemus decet. Is qui habitudinem corporis ejus aut novit, aut ab his qui eum noverunt didicit (991), scripsit eum fuisse fortem, velocem, multum agilem, firmum in bello, forma præcipuum, statura procerum, facie decora, cesarie formosa, inclytis oculis, manibus honestis, digitis longis, carne candida, ut a planta pedis usque ad verticem capitis esset irreprehensibilis.

Et, ut veniamus ad bona animi, erat charitate plenus, castitate præcinctus, fundatus in humilitate, opportune orationi, opportune lectioni, opportune negotio sæculari vel rei familiari intentus. Ecce, vides hominem adeo donis gratiæ, adeo donis naturæ ditatum ut dicas eum in virum perfectum formatum a Deo. Ecce, inquam, habes hominem, cuivis personæ habilem conformari, in quo, si attendas ea quæ sunt laici, quid de laico ei defuisse dicas? si quæras quæ sunt clerici, totum clericum invenias.

His rebus facile comparatum erat ut omni honore omniumque amore dignus judicaretur. Per hoc ita Theodardo episcopo erat cordi ut præoptaret eum sibi eligere successorem, nisi sciret apostolica auctoritate esse decretum (992) ne sacerdotes audeant alios, designatis nominibus, sibi subrogare, ne episcopatus non divinum munus, sed hæreditarium putetur esse compendium, et ne quisquam quod Dei est putet homini deberi. Porro in aula regis non levis erat æstimatio de Lamberti nomine, quem et regalis sollicitudo et procerum multitudo reverebatur.

CAPUT VI.
De relato corpore sancti Theodardi.

Theodardo præsule per innocentiæ viam ad gloriam martyrum perducto, Vangiones, in quorum territorio mortem oppetierat, non credebant hoc fortuito accidisse, sed Dei, sua inter omnia disponentis, nutu; præsens novi martyris tutamen sibi procuratum esse sperabant. Ideo non patiebantur corpus ejus asportari a sua parochia, cujus præsentia optabant æternaliter gloriari.

Hæc acerbitas rei nimium perculerat Trajectenses, et Lamberti mentem plus, credo, omnibus consternaverat; sed ipse temperans dolorem, quippe, in quo, post Deum, tota urbs inclinata recumbebat, ad repetendum præsulis corpus se accinxit. Et primo frustratus, non destitit, sed toto animo et sensu suo, ad explendam operam suam usus, rem effecit ex sententia.

Relatum itaque sancti corpus, in villa publica, Legia tumulavit, præsciens quod eam divinitas, ipsius etiam sanguine et nomine specialiter consecrandam, prævidebat, et ad ampliandam martyrum gloriam parabat in urbem ampliare.

CAPUT VII.
Quod ad episcopatum electus sit.

Quis Trajectensium Ecclesiæ substitui deberet episcopus, multum deliberabatur in Ecclesia Dei, multum super hoc in aula regis Hildrici tractabatur, qui, mortuo patruo suo Sigeberto, regnum Austrasiæ a patre suo Clodoveo acceperat. Jamque paulatim sermo, de palatio ad ecclesiam, ab ecclesia ad populi frequentiam discurrebat nullum Lamberto meliorem esse, ac per hoc nullum episcopatu Trajectensium esse digniorem, ei competere, ex canonica auctoritate, ut in Ecclesia sua fructum militiæ suæ perciperet. Cum palatio concordat Ecclesia, consentit clerus cum populo, unum optant omnium corda, millia populi uno ore acclamant. Se illi oneri negat esse parem, ac per hoc magis cogi meretur. Tandem vir, ditatus honoribus sanctimoniæ, illustratus commerciis parcimoniæ, annuit unus omnibus morigerari, ut omnes de se uno in Christo gloriari possent.

Adeptus culmen religionis perpetuæ, studuit pietatis augere opera, qui pontificali auctus erat infula. Mactabat omni die holocaustum Domino non ex pecore alieno. Consilium et opus suum semper ad Deum convertebat, cor et pedes dirigebat ad evangelizandam pacem. Septem quippe dona Spiritus sancti quæ Christo substantialiter insunt, huic quoque, pro captu humano, accidentaliter aderant. Spiritus consilii in eo vigebat egregie; et quidquid agebat, spiritu sapientiæ moderabat. Rex vero Hildricus, videns eum cunctis præstare, pluris eum habebat cunctis regni primoribus ipsisque episcopis, eique apud animum suum, apud aures et os suum, primum locum dabat, et cujus cor credebat Spiritus sancti oraculum esse, cujusque linguam habebat pro veritatis organo, ei ultro dederat amicitiæ suæ summam, eumque sibi a secretis fecerat, qui, ut fertur, erat ei etiam a commentariis; unde a corde et ab ore illius, omnis Austrasia pendebat, cumque tota regalis curia reverebatur.

Frater quoque, Hildrici regis Theodoricus, qui in parte Franciæ, quæ Neustria dicitur, regnabat, præsentiam appetebat Lamberti, et inter proceres

---

(991) Godeschalcum intelligit, qui ex Thiedoeno, S. Lamberti famulo, et habitudinem corporis illius, et animi virtutes scribit se cognovisse in Vita S. Lamberti, cap. 5.

(992) Habes hoc decretum : *De filiis presbyterum ordinandis vel non*, cap. 7. Non minus, inquit, observato apostolici rescripti decreto, quod successionem in Ecclesia Dei hæreditariam detestatur.

et amicos suos, ei servabat gratiæ copiam, et; si quid in regno suo auctorizandum erat, non putabatur satis ratum fore, nisi etiam Lamberti approbatum esset consilio.

CAPUT VIII.
Qui fuerint episcopi et abbates contemporales S. Lamberti.

Ipsi sane Francorum reges, Theodericus et Hildricus, quamvis pro simplicitate minus per se saperent, in hoc tamen sapiebant, quia audiebant sapientes : primus enim sapientiæ gradus est, sapere; secundus, audire sapientem. Unde, quia Lamberti, tam sancti et tam prudentis viri aliorumque sanctorum episcoporum consilio disponebant regni negotia, erat in utroque regno pulchra rerum facies, et prosperabatur fides Ecclesiæ.

Erant quippe tunc temporis sancti episcopi, qui, scientia præditi et sapientia, sancte et juste secundas regni partes administrabant. In his præeminebant Andoenus Rothomagensis, Austrigisilus Biturigensis, Eligius Noviomensis, Vindicianus Cameracensis, Audomarus Tervanensis, Leodegarius Augustodunensis, Faro Meldensis. Inter hos emicabat Lambertus, aureum sidus Ecclesiæ, velut inter ignes luna minores emicat. Hos Lambertus suspiciebat ut patres et natu majores, eosque imitando, a singulis eorum aliquid gratiæ hauriebat. Porro illi Lambertum præcordialiter amabant, ut filium jam de flore ætatis fructus emittentem, eique post se, quasi ex hæreditaria successione, regimen Ecclesiæ competere gaudebant, quem justum ante Deum et homines videbant, sine querela, in omnibus incedere (*Luc.* I, 6), et ire in dies de virtute in virtutem.

Erant præterea etiam abbates, et tunc et nunc nominabiles sanctitate, Bertinus, Philibertus, Wandregisilus; Ursmarus Lobiensis in tironem Christi adolescebat. Ii erant Lamberti contemporales, tales erant ejus contubernales. Hi, ut cherubim, virtutum suarum alas concutiebant, alter ad alterum, et in laudem Dei, orbem terræ commovebant (*Ezech.* x, 11). Horum meritis diu tranquillata est Ecclesia Dei, diuque status regni prosperatus est.

Postmodum, propter populi torporem, dormiente Jesu in navi sanctæ Ecclesiæ, ecce, *motus magnus factus est in mari* hujus mundi (*Matth.* VIII, 24). Facile est causam tanti motus ediscere.

CAPUT IX.
De interfectione Hildrici regis.

Theodoricus et Hildricus fratres bipartitum Franciæ regnum regebant, sed quia Theodericus hebetioris ingenii erat, Ebroinus major domus, simplicitate ejus abusus, commovit in regem odia totius populi; Franci enim, alienam invidiam in Theodoricum retorquentes, dejiciunt eum regno, et fratrem ejus Hildricum ex Austrasia invitantes, eum sibi regem præficiunt. Quos quandiu habuit Hildricus, moderate, potenter utrique regno præfuit. Ubi et ipse modum excessit, insolentius agens, diu contra torrentem brachia tendere non potuit, nam, quia severior justo, quemdam nobilem Francorum Bodilonem contra legem cædi fecit ad stipitem ligatum, ab eodem Bodilone in venando exceptus, interiit. Theodoricus totum regnum recipit, recrudescit malicia Ebroini, quoscunque reperiunt favisse pertinacius partibus Hildrici, hos pessumdant, trucidant, privant honoribus, mulctant proscriptione, relegant exsiliis.

CAPUT X.
Quod episcopatu S. Lambertus privatus sit.

Quia Hildrico nullus fidelior, vel amicior fuit quam Lambertus, totum pondus tribulationis super eum incubuit; videbatur enim nihil actum fuisse morte Hildrici, si intimus Hildrici Lambertus impunitus abiret, de quo certum tenebant quod nunquam factioni iniquitatis suæ assentiretur.

Ideo consilio Ebroini, a rege Theodorico, convocata ad synodum episcoporum turba, qui, quasi *canes muti, non valebant latrare* (*Isa.* LVI, 10), contra falsitatis testimonium alios episcopos exordinant. Et, ne quis in regno vel Ecclesia restaret qui pro veritatis defensione fidei clypeum auderet erigere, vel exemplo vel instinctu Lamberti, qui præ cæteris et pro cæteris liberius injustitiæ adversari audebat, omnes diaboli complices insurgunt in Lambertum, veritatis amicum, et concinnatis injustitiæ causis eum ab episcopatu deponunt.

Fertur Coloniensis episcopus conspirasse huic pravorum factioni, zelo invidiæ ductus, et primores populi, data pecunia, ad odium Lamberti concitasse, qui etiam clericum Ecclesiæ suæ, Pharamundum ad episcopatum Trajectensem, contra jus et fas, passus est promoveri. Qui miser, quia *abiit in concilio impiorum, in cathedra pestilentiæ sedit* (*Psal.* I, 1), de quo quid aliud poterit dici, quam quod Veritas dicit : *Qui non intrat per ostium in ovile ovium, sed ascendit aliunde, ille fur est et latro; qui autem intrat per ostium, pastor est ovium* (*Joan.* x, 1, 2); *Fur non venit, nisi ut furetur, et mactet, et perdat* (*ibid.*, 10).

CAPUT XI.
Quod Stabulaus monasterium expetierit.

Lambertus pastor bonus, exemplo Pastoris essentialiter boni, paratus dare animam suam pro ovibus suis, non ut mercenarius fugit (*Joan.* x, 11, 12), sed declinavit procellosum domesticæ persecutionis naufragium; et clementer ferens cuncta, præsulatus liquit sceptrum, commendans curam ovium ei qui lavit baptismate ac redemit sanguine.

Expetens ergo Stabulaus monasterium, a Sigeberto rege fundatum ante aliquot annos, et pro fervore sanctæ religionis, ubique nominatum, monasticæ quietis portum elegit, ibique per septem annos angelicam ducens vitam, habitavit secum. At ex omni ecclesiasticæ familiæ numero, duo tantum pueri ejus obsequio adhæserunt, quorum alter, Theodoenus nomine, illi qui primus scripsit Vitam sancti viri, relator verax et testis idoneus operum ejus fuit. Ecce, habemus virum, ad exemplar virtutum omnibus propositum, qui sciens quod solum summus Magister a se discere mandarat, in humilitate, mitis corde et in patientia sua, quærebat requiem animæ suæ (*Matth.* xi, 29), in obedientia vero se cohæredem suo Christo conformabat, qui obedivit Patri usque ad mortem (*Philip.* ii, 8).

Quale, rogo, erat videre virum nobilem natu, nominabilem sanctitate, præsulem officio, rebus olim potentem, in tantillo temporis agentem jam probatum monachum, quod vix quilibet alter posset assequi multa annorum quantitate? Revera, non eum plus nimio res delectavere secundæ quem mutatæ non quassaverunt; nunquam enim amittitur sine dolore quod cum amore possidetur. Qui cupit, ille etiam metuit; qui metuit, nunquam liber vel securus vivit. Lambertus noster nihil mundi doluit perdere, quia nihil concupivit, ac per hoc semper securus sui fuit, et liber in Christo. Amotus ab episcopatu per injustitiam, quando expostulavit de irrogata sibi injuria, quam appellavit personam? Ad cujus se audientiam addixit? Cui jurisperito suam commisit causam? Nullum regno vel Ecclesiæ scandalum concitavit, suæ ruinæ nullius voluit miscere ruinam, soli Deo causam suam revelans; dicebat quod Filius Dei ad Patrem dicebat per Prophetam : *Exsurge, Domine, et intende judicio meo, Deus meus et Dominus meus, in causam meam* (*Psal.* xxxiv, 23).

CAPUT XII.
De obedientia et humilitate sancti Lamberti.

Jam nunc videamus in uno testimonio obedientiæ quanti æstimata sit Lamberti cœnobialis conversatio. Tendens semper ad perfectionem, augebat aliquid ad servitutis suæ pensum, sciens quidquid supererogaret, a vero Samaritano sibi reddendum esse; unde noctibus canonicas vigilias præveniens, solvebat Deo privatas excubias.

Ad hoc una noctium, dormitorio volens egredi, inquietavit fratres dormientes, altero sandalio a manu sibi elapso. Qui sciens quod ex censura regulæ adire deberet crucem qui fratrum quietem turbasset, statim, uno tantum aspero indutus cilicio, clam lecto exsilivit, et dicto citius, ad nutum indignantis abbatis, sandaliis et quæ habebat in manibus relictis, nudis plantis, discalceatis pedibus, pene nudus, crucem adiit, ibique psalmis et hymnis intentus, pernoctavit immobilis.

Hæc crux lapidea erat, inter oratorium et dormitorium, ad hoc statuta ut, respectu ipsius crucis, hi qui erant Christi, carnem suam devotius crucifigerent cum vitiis et concupiscentiis (*Gal.* v, 24), et, si quando graviusculis delinquerent excessibus, ad hanc addicti regulariter pœniterent.

Frigus noctis illius gelu exasperabat, et nix, cum large deflueret, non tamen ultra talos præsulis ascendebat. Tota prorsus hiemalis facies nimis horrebat; sed ille mitissimus, quia ardebat plane interius flamma paracleti Spiritus, idcirco exterius frigoris non sensit cruciatus. Cœlum ejus patuit precibus, et oratio ad supernos pervenit auditus. Ipso interim canente versum psalmi : *Quando veniam et apparebo ante faciem Dei?* (*Psal.* xli, 3) solito citius cantum dabant galli.

Fratres surgunt ad præscripta vigiliarum munia, et post hæc domum introgressi, accendunt ignem copiosum. Inter calefaciendum, abbas inquirit, ubinam sit Lambertus, qui fratrum conventui desit! Unus fratrum dixit Lambertum esse, qui regulari judicio, per intempestam noctem, cruci sit addictus. Abbas expavescit, et ire fratres ad eum revocandum urget. Eunt, cumque canentem offendunt : *Cor contritum et humiliatum Deus non spernit* (*Psal.* l, 19). Eo revocato, advolvitur ejus genibus abbas, et omnis congregatio. Abbas se incusat, et culpam excusans, veniam de ignorantia vel intemperantia postulat. Lambertus accusator, sui, imputat sibi culpam, nihil esse dicens quod eis ignoscat. Fratres benevolentiæ ejus recompensant gratiam, et balneum illi parantes, vestimenta ejus mutant. Inde manus ejus pedesque exosculantes, gratulantur ei unanimes, dicentes hoc factum esse pro ejus augenda gloria.

Egregius vero præsul, expansis in cœlum manibus, fratres sic benedixit :

O Deus omnipotens, cœlestia lumine complens,
Qui cœlum, terras, pontum ditione gubernas,
Ut sint cuncta tuis in tempore subdita votis;
Hos, exposco, tuos benedic per sæcula, servos,
Protege ab insidiis, serva virtutibus almis,
Donec te videant, et cœli regna prehendant,
Te tribuente, Deus, qui nunc et semper in ævum
In triplici virtute tui benedictus haberis.

CAPUT XIII.
Quod ad episcopatum revocatus sit S. Lambertus.

Evoluto septennio, tandem Altissimo placebat ut, post horridam et diuturnam tempestatem, cœli faciem serenaret. Pippinus secundus, Ansigisi et Beggæ filius, ubi cunctos qui inter se concertando Franciam discindebant viriliter vicit, solus sub Theoderico rege, totius Franciæ principatum obtinuit, et perturbatum regni et Ecclesiæ statum disposuit meliorare.

Cui, inter alia, hæc laudis materies occurrit : Trajectensis mercenarius Pharamundus, tandem justa cleri et populi abdicatus sententia, non tantum ab Ecclesia Trajectensi, sed etiam a tota provincia expellitur. Illico omnium ad cœlum tollitur oratio, omnium ad principem Pippinum oratio dirigitur, ne amplius Trajectenses pii Patris Lamberti careant solatio. Placet justa petitio principi, et edicit pastorem ovibus suis restitui. Ita miles emeritus, permaxima tribulatione purgatus, omnium suorum vocibus attollitur, et in cathedra Trajectensium decenter relocatur. Et merito, quia in corde illius erat sinceritas et legis plenitudo; in ore illius veritas et pulchritudo.

Quanta super ejus reditu fuerit exsultatio omni

ordini, ætati et sexui, quantum clerici et monachi, quantum advenæ et peregrini, quantum senes et pueri, quantum juvenes et virgines in sua unusquisque causa fuerint jucundati, cujuslibet etiam diserti non sufficeret lingua, si vellet currere per singula.

Regressus igitur vir apostolicus ad propriam urbem, depravatam a pseudochristianis, ecclesiasticæ institutionis reparavit normam.

CAPUT XIV.
Quod S. Lambertus Taxandriam ab idololatria liberaverit.

Malens ergo esse quam dici episcopus, superintendebat instantius sibi, *et universo gregi, non subterfugiens quominus omne consilium Dei annuntiaret omnibus* (Act. xx, 27, 28), timensque servi mali et pigri notam, qui *reposuit in sudario pecuniam domini sui* (Luc. xix, 20), nihil remissi faciebat cordi, et corpori suo, sed urbes et municipia lustrabat, et per corda, ligonibus verbi exculta, semen vitæ in tempore jaciebat. Aliquando etiam limites suæ diœcesis excedebat, ne a Domino diceretur servus inutilis, quod id solum fecerit, quod facere debuerit.

Erat in proximo provincia Tessandrorum, ubi adhuc vigebat idololatria. Et dolens fortis Christi athleta, hostes Christiani nominis de tam contiguo, adversari regno Regis sui, armis fidei accingitur, et calore virtutis inflammatus, crebris eos assultibus lacessebat. Et oblata eis pace Domini, ea tentabat omnimodis si quomodo super filios pacis et pax sua requiesceret (*Matth.* x, 15); nunc verbi dulcedine eos mulcebat, ut ad viam veritatis errantes adduceret; nunc ultro se ingerens bello, templa et simulacra gentilium destruebat, ut quavis occasione fremitus eorum compesceret. Illi fremebant, ut barbari; et eum, ut bestiæ ferocissimæ, discerpere cupiebant. Aliquando tamen, humanitatis respectu adducti, attendebant virtutem, et pietatem sancti viri, qui quod prædicabat ore opere explebat, et eum imitari volentes, patiebantur se ab eo in fide Christi confirmari. Ita belligerator Christi paulatim abolens ab eorum cordibus barbariem gentilitatis, inescabat eos ad Christianitatis mansuetudinem, et idololatriæ fetorem removens, spargebat ubique bonum Christi odorem (*II Cor.* ii, 15). Nec ante destitit signifer Christi quam omnem illam gentem, de regno diaboli abactam, ad regnum Regis regum transduxit.

Hæc est, Christe, tua gratia; hæc est boni militis tui constantia, qui, opus apostolicum aggressus, ad castra tua tam insignem adduxit triumphum. Ecce Tessandriæ apostolum, merito apostolis et apostolicis viris conferendum. Cum enim ad judicandum venerit Princeps pastorum, et quisque pastorum ei repræsentaverit quotam partem mundi sua prædicatione adduxerit ad fidem, hic pastor noster inter pastores non inanis apparebit, sed etiam ipse multos, suo labore ab idololatria vel malitia retractos, post se trahet, et accipiet multiplicem coronam gloriæ.

CAPUT XV.
Visio sancto Lamberto ostensa, de sepelienda sancta Landrada.

Quam gloriosus sit Deus in seipso, nullo modo deprehenderetur ab hominibus, nisi aliqua mirabiliter in sanctis suis operarentur, per quæ a nobis intelligatur vere esse mirabilis.

Francis Pippino principante, construxit cœnobium in villa Belisia sancta Landrada virgo, per omnia sancti Lamberti consilio animata, et usa auxilio. Quæ imminente die sui exitus, ut parata ad nuptias Sponsi intraret, cum accensa bonorum operum lampade, accersivit familiariter eumdem sanctum Lambertum, ut ab eo vitæ viaticum acciperet. Accelerante viam sancto viro, illa interim soluta est carnis ergastulo. Sed Deus, cui nihil gratius est fraterna charitate, nec illum, nec illam passus est privari fructu mutuæ amicitiæ.

Nam in veniendo jucunda præsuli apparuit visio. Ante oculos jacentis, et quasi per exstasim semivigilantis astabat clara videri ipsa Christi virgo Landrada, eumque amicabili vultu et oris gratia compellans: Unde, inquit, tibi, o mi amice, hæc insolita mei incuria, ut te, ad me visitandum, tanta tenuerit mora? Lambertus, prætendens affectum familiaritatis, reddebat hæc verba excusationis: Me nec incuriæ, nec moræ incusare habes, quem ad te venire maturantem, prævenit ocior mortis tuæ necessitas. Ecce, quia adsum, et tu jam *intrasti in gaudium Domini tui* (*Matth.* xxv, 21), justa tibi solvam ex debito; tu, quæso, mihi indica quo in loco corpus tuum ex tuo placito sepeliam. Et illa: Suspice, inquit, in cœlum, et diligenter illum in terris locum notato in quo videris modo per micantem lucem cœlitus, apparere sanctæ crucis signum. Lambertus eam monstrantem sequens oculis et mente, ecce videt locum in terris cœlesti luce designari in modum sanctæ crucis, et ab ore colloquentis sibi virginis, hæc ultima verba accipit: Hunc, Lamberte, locum tibi cœlitus insinuatum, scias olim delegatum a Deo meæ sepulturæ. Hac vice sermonum sancta virgine cœlo recepta, vir sanctus, somno solutus, applaudebat sibi de cœlestis visionis miraculo.

Locus autem qui cœlestis lucis signo irradiabatur, Wentershovum erat; quem ipse sanctus Lambertus, a sancto Landoaldo inibi nutritus, prima sui tirocinii indole insigniverat.

Lambertus tanto quidem properantius maturabat viam, quanto sciebat hoc Deo et sponsæ ejus fore gratius. Et veniens Belisiam tardius voto quam pedibus (animo enim cupienti nihil satis festinatur), visionem omnibus pandit, eosque ad illam exsequendam nititur flectere quam potest blandius et facundius. Omnes contra unum reclamant, omnes uno ore tumultuando conclamant: Absit, Lamberte; absit, o præsul beate! Hic ipsa sancta virgo a te Deo consecrata fuit; hæc ecclesia, ejus opera et impensis constructa, a te per eam est dedicata; hic omnia ejus, per te, ab ea Deo relegata sunt; hic Deo famulantium turba, per eam, et per te adulta est; et ubi dignius ossa ejus quiescent quam hic, ubi præsentialiter tot bonorum ejus operum apparent testimonia? Et hæc quidem omnia, etiam tuæ sanctitatis merita, Lamberte, accumulant, dum per tuæ pastoralitatis studium, hic et merito et numero aucto fidelium populo, fidei et virtutis exuberant dona.

Lambertus offensus pervicacia omnium : Gratum est, inquit, præesse civibus, sed grave est omnibus placere. Ecce, quia sermo Dei et meus non capit in vobis (*Joan.* viii, 37), vos omnes invitus sequar; certus sum tamen quia cœlestis oraculi non deerit effectus.

Lambertus igitur, sepulta sancta virgine, magis ex populi quam ex suo placito, animo fluctuabat, hinc de cœlesti oraculo certus, illinc incertus de sepulto virginis corpusculo. Ob hoc, omni orandi modo se addicens, quærebat rem ab eo cui nihil impossibile esse sciebat (*Luc.* i, 37). Sic exacto triduo, convocato populo, ait : Virginem Christi pridem defunctam, vestro etiam judicio, magni dico fuisse meriti, et ideo duco non leve esse quod ab ore ejus, jam cum Christo regnantis, mihi indicatum teneo. Ideo, ne gravemini quod precor, ut aperta virginis tumba, rem ipsam oculis experiamini. Ab omnibus obeditur ei, tumba aperitur, sed nihil reperitur de sancto ibi sepulto corpore, cum ipso sarcophago alias transposito. Expallet vultus omnium, solus Lambertus gaudet, et attonitos paterne demulcens : Quia, inquit, diffidentiam vestram experti estis, jam nunc Dei mirificentiam experiamur, et in loco mihi designato, sancti corporis glebam quæramus. Eo duce, Wentershovum curritur; qui, mente et oculis relegens cœlestis signi ostensa sibi vestigia, ostendit locum beneplacitum sanctæ virgini. O rem novam! ibi sancti corporis glebam, cum ipso sarcophago, transportatam inveniunt, tam composite tamque decenter relocatam ut nulli esset dubium angelico ministerio sanctam virginem illuc translatam fuisse.

Attollunt cuncti Dei virtutes, super omnia prædicant fidem et meritum gloriosi Lamberti, *cujus conversatio jam in cœlis* erat (*Philip.* iii, 20), quamvis corpore adhuc teneretur in terris, in quo videbant impleri illam Domini vocem : *Omnia possibilia sunt credenti* (*Marc.* ix, 22). O virum dignum Deo, cui nihil deest ad perfectionis cumulum, paratum ascendere etiam ad illam charitatem, qua *majorem nemo habet, ut animam suam ponat pro amicis suis!* (*Joan.* xv, 13.) Quam enim majorem gloriam daret Rex suo emerito militi, quam ut coronatum martyrio, donaret luce æternæ quietis.

Nos, ut extremam manum operi imponamus, jam nunc passionis ejus vexillum erigamus.

CAPUT XVI.
Quod Lambertus Pippinum arguerit pro illicito matrimonio.

Pippinus, ut prædiximus, principabatur egregie super omnes principes Francorum; cujus gloriam augebant crebri victoriarum tituli. Quem ad virtutem incitare poterant saltem deducta ab utroque parente nobilitas et sanctitatis monumenta.

Ut enim sileam de sanctitate Gertrudis materteræ ejus, vel Clodulphi, filii sancti Arnulphi, Metensis episcopi, qui fuit patrinus ipsius, quis sanctæ Beggæ, matris ejus, vitam non miretur? Quis nesciat sanctimoniam paterni avi ejus Arnulphi, qui primo major domus regis, post, Metensis episcopus, et in vita et in morte mirabilis mundo fuit? Jam vero etiam filiorum ejus potentia vigebat in regno, e quibus Drogo dux erat Campanensium. At Grimoaldus, hæreditarium patris principatum exspectabat. Hos illi genuerat legitima sua conjux Plectrudis.

Et cum Pippino nihil gloriæ, nihil potentiæ vel felicitatis deesset, nunquam ei super industriam fortuna fuit. O nihil unquam tutum apud diabolum! vir tam victoriosus de seipso non potuit triumphare, et ferreum pectus suum passus perforari molli telo libidinis. Puellam nobilem et elegantem, nomine Alpaidem, superduxit legitimæ conjugi suæ Plectrudi, ex qua etiam suscepit filium Carlum, cui postea, propter indomitam bellandi fortitudinem, Tudens sive Martellus agnomen fuit. Hæc soror erat Dodonis, qui domesticus Pippini principis erat, vir plenus opibus, genere clarus, per amicos et cognatos, et multos sibi obsequentes pueros multam potentiam assecutus in regno.

Cum autem nullus esset episcoporum qui staret ex adverso, et opponeret se murum pro domo Israel, ut *staret in bello in die Domini* (*Ezech.* xiii, 5), Lambertus solus, *zelo zelatus pro domo Domini* (*III Reg.* xix, 14), *opportune, importune* arguebat principem (*II Tim.* iv, 2), et alterum se Eliam, vel Joannem exhibebat. Quod animi habebat Herodias, cum Herodes Joanni, eum pro adulterio arguenti, libenter accommodaret aurem, hoc animi habebat etiam Alpais, cum Pippinus Lamberto, eum pro pellicatu suo arguenti, obediebat. Equidem, vir alias laudabilis et religiosus, hoc excepto, multum Lamberti jucundabatur consiliis, et monitis flectebatur; qui, si amantem pellicem fallere potuisset, nimium lucrose audisset se merito increpantem præsulem.

CAPUT XVII.
De bello nepotum Dodonis contra familiam sancti Lamberti.

Pellex rem ad fratrem suum Dodonem refert, eique omne consilium suum deferens precatur ut ejus ope aboleatur opprobrium generis sui, quod nimis invalesceret, si per Lamberti censuram, contingeret suum a principe divortium. Ille, causam suam et sororis, cum valentioribus sui generis communicans, per se, et per eos episcopum compescere ab increpatione principis laborat. Quem quia invenit inflexibilem, nec faciem alicujus contra justitiam revereri sensit, proximis et amicis suis promittit de causa sororis ultionem.

Hinc duo fratres, Gallus et Rioldus, consanguinei Dodonis, neptis suæ Alpaidis miserantes vicem, lacessendi episcopum opportunitatem quærunt, et insurgentes cum omnibus suis in Ecclesiæ Trajectensis familiam omnem, qualicunque arte contra eos calumniam concinnant; nullam quam eis inferre possunt molestiam prætermittunt, si quomodo possent per hoc sententiam præsulis inflectere ut saltem causa suorum a redargutione principis desisteret. Sed res aliter ac rati erant cessit : *justus nempe, ut leo, confidens* (Prov. xxviii, 1), clypeo patientiæ contra omnes se protexit incursus, *et gladio spiritus, quod est verbum Dei*, contra minas terrenæ potestatis, se accinxit, *et galeam salutis indutus* (Ephes. vi, 17) agebat indubitanter rem veritatis. Et primo quidem blande compellabat eos, et, quibus modis pietas patris, et censura præsulis poterat, eos ab injusta deterrebat violentia. Sed quia in ventum fundebat verba, se quam familiariter in Deum rejiciens, dicebat: *Exsurge, Domine, et judica causam meam; memor esto opprobrii servorum tuorum* (Psal. lxxiii, 22.) at filii Belial acrius Dei fideles impetebant, et omni generi nocendi tribulabant innocentes.

Illi quibus res erat pro anima, et quibus tota spes in sola innocentia pendebat, inconsulto episcopo, armis obviam ire parant, ut aut ulciscantur suas injurias, aut ne moriantur inulti. Concursum est, pugnatum est. Pugnant illi pro temeritate; repugnant illi pro salute. Gallum et Rioldum, consanguineos Dodonis, locat superbia in prima fronte belli; Petrum et Andoletum, consanguineos præsulis, ex adverso, in prima acie, opponit justitia. Galli et Rioldi *degeneres animos timor arguit* (Virg. Æn. iv, 13); Petri et Andoleti dexteras ad virtutem erigit innocentia. Virtus innocentiæ favit, victoria cessit parti ecclesiasticæ. Gallus et Rioldus, factionis iniquæ principes, cæsi oppetunt; Petrus ac Andoletus, Ecclesiæ vindices, referunt victoriæ vexillum. Confusi sunt impii, nec erubuerunt; victi sunt, sed defatigati non cesserunt.

Dodo enim, qui fuerat incentor omnium malorum, jam et ipse efficitur belli auctor, et vilipendens quod de sacerdotibus dicitur ex ore Dei: *Qui tangit vos, tangit pupillam oculi mei* (Zach. ii, 8), grassatur in ipsum caput sancti episcopi, devovet eum morti, in eum solum retorquet nepotum suorum ultionem.

CAPUT XVIII.

Quod S. Lambertus a Pippino Jopiliam invitatus sit.

Pippinus princeps illis diebus Jopiliam venerat, ad villam Legiæ contiguam, ubi vir S. Lambertus, quasi pro regni negotio, ad ejus curiam invitatus, suam præsentiam non negavit. Princeps et principis pellex vultum serenant contra eum, alii iram dissimulant, simulant alii lætitiam, multi, pro suo quisque arbitrio, habitum cordis variant.

Tractabat pellex opportune aliquem parare sibi precatorem per cujus instinctum posset sibi conciliare animum episcopi, vel saltem ab importuna reprehensione principis, impræsentiarum mitigare.

Convivium apparatur, invitatur episcopus, jucundatur prorsus omnis curialis præsentia. Princeps oblatum sibi a pincerna poculum innuit offerendum esse episcopo, ducens benedictionis vice, si de consecrata sancti episcopi manu poculum acciperet quod olim a Martino, episcopo Turonensi, sciebat quæsiisse Cæsarem imperatorem maximum. Sed Pippinus majorem benedictionem a Lamberto percepisset, quam imperator maximus a Martino perceperit, si talem gratiam apud Lambertum uxor Pippini meruisset, qualem apud Martinum uxor Maximi promeruit. Martinus melioris maximo imperatore æstimavit presbyterum suum, cui poculum porrexit ante regem. Lambertus nullum Pippino prætulit.

Exemplum vero principis secuti minores proceres, omnes a sancta manu sancti episcopi, poculum sibi porrigi efflagitant. Dumque ad hoc omnes mistim irruunt, et se confuse ingerunt, ut alter alterum præveniat, ecce pellex sua manu clanculum manibus aliorum intermista, satagebat, vel sic, de manu episcopi præripere poculum. Ille ante et retro oculatus, præcavit femineas insidias callenti animo, et ad principem conversus, de nimietate femineæ præsumptionis conqueritur, quæ callida arte quæsiisset, inurere sibi notam non placitæ Deo communionis. Inde sic aula proripuit, et omnem illam principalis convivii imminuit jucunditatem, nec sic quievit versutia feminæ, nihil volentis relinquere inexpertum.

Vesperi parante redire episcopo, ei, per suggestionem pellicis, a principe jubetur ne abeat, insalutata sua conjuge. Episcopus, loquente in se constanter Spiritu veritatis: Testor, ait, o maxime princeps, testor vere Jesum, spem vitæ nostræ, me nunquam fornicariæ communicaturum, quia scripsit et mandavit Paulus nobis dicens : *Ne commisceamini fornicariis* (I Cor. v, 9). Testor, inquam, Deum, me nunquam eam salutaturum, quia scio dixisse amicum Dei Joannem : *Si quis non permanet in doctrina Christi, non eum recipiatis, nec ave ei dixeritis; qui enim dicit illi : Ave, communicat operibus illius malignis* (II Joan. 11). Te ei communicare nimis doleo, te nolle resipiscere ægre fero : propter hoc, Dei iram tibi timeo.

Pellex, videns causæ suæ nihil esse reliqui, jamjamque si diu advivat Lambertus, timens sibi imminere divortium, rem totam seriatim fratri furiose mandat, et oleum camino addens, obtestatur ut quantocius agat de occidendo episcopo. Dolorem quem Dodo habebat de nece nepotum suorum, exaggerabat geminatus de repulsa sororis suæ dolor, janque totus in hoc erat ut sibi et sorori satisfaceret.

CAPUT XIX.
De furore Dodonis festinantis ad necem S. Lamberti.

Præco veritatis Lambertus, jam tendens ad bravium supernæ vocationis, venerat Leodium; Dodo vero ad vicum Atuidum secesserat, Leodio satis contiguum. Parat arma, socios aggregat, a domo etiam regia suo vel sororis suæ nomine comparatos evocat auxiliarios. Dilationis moras odit, iras colligit differendo, irascendo, stimulos furoris ad cotem durissimi cordis acuit.

Lambertus interim præscius instare suum agonem, noctem illam insomnem duxit, non quia terrerent eum aliqua insomnia mortis, sed quia spe præoccupabat futuræ quietis gaudia. In ipso namque conticinio noctis surgens ad confitendum Domino, angelico in terris se obsequio exercebat. Hora celebrandæ nocturnæ synaxis, excitatis discipulis ait: Surgite ocius, promisit Deus coronam vigilantibus. Officio expleto, cæteri se lectulo reddunt; ipse perstat boni operis cursui consummando.

Circa crepusculum, corpore corruptivo aggravante animam, cœpit exemplo Domini euntis ad passionem tædere, et oculis gravatis somno captabat dormiens modicum quietis, cum ecce circa auroram, rarescentibus tenebris, hostilem exercitum cunctatim incedere videt, et nuntiat excubitor episcopalis domus, nomine Baldoveus. Et quamvis nebula mane ascendens liberum intuitum retunderet, facile erat rem deprehendere, vel ex visa multitudine virorum, vel ex audita armorum collisione. Micabant loricæ, proeminebant cassides in capite, levæ tegebantur clypeis, dexteræ armabantur spathis et lanceis, præibant fundibularii cum sagittariis.

CAPUT XX.
De viso crucis signo.

Audite rem mirabilem, divinæ pietatis indicem.

Ut enim clareret Lambertum *in nullo gloriari nisi in cruce Domini nostri Jesu Christi, per quem ei mundus crucifixus erat, et ipse mundo* (*Gal.* VI, 14), eique jam a terra in cœlum, per virtutem crucis, ascensum parari, quidam sequentes exercitum vident signum admirabile, stupentes, supra domum in qua erat pontifex, instar Dominicæ crucis, clarius omni metallo a terra usque ad cœlum rutilare.

Hoc qui videre meruerunt, credo quod Dodonem magis ex debito stipendii et spe pactæ mercedis, et ad augendum numerum militum quam ex studio innocentes persequendi et aviditate fundendi sanguinis prosecuti sunt.

CAPUT XXI.
De interfectione S. Lamberti sociorumque ejus.

Acies hostium jam quasi ad procinctum parata appropinquabat, excubitor domus inclamat dormientes, quibus ipse jam circumstans exercitus nuntius horroris esse poterat.

Testis Christi Lambertus, attonitus gravedine somni et rei acerbitate, discalceatis pedibus surgit, et arripit gladium, quasi se suosque defensurus. Sed ad se reversus, se temeritatis damnavit, et quia illicite saltem attentaverat arma, se ante Dei oculos congruenti addixit pœnitentia. Te, inquit, bone Jesu, qui dixisti : *Mihi vindictam, ego retribuam* (*Hebr.* X, 30), te precor, ne perdam victoriam meam, quia satius est mihi mori in te quam super iniquos bellando mittere manus. Tu, bellator fortis, *apprehende arma et scutum, et exsurge in adjutorium mihi* (*Psal.* XXXIV, 2).

Jam irruptis portis, jam effractis foribus, ipsos domus parietes impingebant lanceis, aliqui etiam introgressi, ignem intentabant. Petrus et Andoletus introgressos eliminabant, et tam multis, tam paucorum viribus, frustra conabantur resistere.

Quos sanctus pro tempore consolans : Si me, inquit, fratres, vicarie amastis, Christum, sicut ego diligo, diligite. *Vestra, Jesu, peccata confitemini, et orate pro invicem, ut salvemini* (*Jac.* V, 16); me oportet jam dissolvi, et cum Christo vivere (*Phil.* I, 23). Scitis vos, o nepotes mei, reos et noxios fuisse in crimine isto de quo modo ultio expetitur. Quod tunc injuste egistis, modo, precor, juste et patienter luite. Non judicabit Deus bis in idipsum, nec consurget duplex tribulatio. Ne, quæso, peccatum vestrum ante Deum inundet, per manus vestras, *sanguis sanguinem tangat* (*Ose.* IV, 2). Non timeamus sævitiam persecutorum, quia illis erit in vindictam gladius, et ignis, qui manducabit carnes illorum usque ad medullam. Vos, tantum manus vestras servate innoxias, ut spiritus vester in æternum sit salvus, vestras etiam carnes date illis ad dilacerandum.

His ultimis monitis Patris sui, jam in agonia constituti, animati sunt omnes ad occumbendum pro innocentia.

Ipse arrepto psalterio, et primum psalmi versum, qui occurrit, pro præsagio, accipiens, *quoniam requiret Dominus sanguinem servorum suorum* (*Psal.* IX, 13), hoc subjunxit ultimum, *Videat Deus et requirat* (*Pa-ral.* XXIV, 22). Et egressis omnibus extra cubiculum, et, quasi agnis in medio luporum furentium expositis, ipse, extensis manibus, terræ, in modum crucis, prosternitur, et orans cum lacrymis, in manus Domini animam commendavit (*Luc.* XXIII, 46), ut nemo unquam affectuosius se Deo commendaverit.

Carnifices interea Petrum et Andoletum peremerunt, et quotquot ecclesiasticæ clientelæ ibidem invenerunt.

Unus cæteris truculentior, ascenso tecti culmine, eumque videns hærentem solo pavimenti, cor ejus jacto telo transfixit; animam vero ejus, cum ipse orationis murmurillo, angeli intulere cœlo.

Pretiosus ergo sacerdos Domini Lambertus, qui hic fuerat *particeps omnium custodientium mandata Dei* (*Psal.* CXVIII, 63), fruitur illic gaudens et exsultans, omnium sanctorum contubernio. Cum continentibus et virginibus redimitur serto castitatis; confessor cum confessoribus, ante Deum, bibit sanctum calicem confessionis; monachus cum monachis, accipit centuplum æternæ recompensationis; apostolus cum apostolis, in sede judiciariæ potestatis sedet, propheta cum prophetis spe gaudet; patriarcha cum patriarchis fide fulget; postremo martyr cum martyribus, *calicem salutaris accipiens, nomen Domini invocat* (*Psal.* cxv, 15), quia majus non habuit quod Domino retribueret, pro omnibus quæ retribuit sibi. Inter novem etiam ordines angelorum habet in quo singulis, pro merito officii sui, participet. Ita factus omnium particeps, allectus est in æterna curia, municeps, ubi obtinet palmam perennis gloriæ, et stolam jucunditatis æternæ.

CAPUT XXII.
De exsequiis sancti Lamberti.

Pauci ex satellitio S. martyris, qui evaserunt mortis periculum, tegentes vili tegmine corpus, roseo cruore perfusum, quantocius navigio Trajectum transvexerunt. Volat fama per populos, pavore et horrore universos concutiens. Pavent omnes, pro offensa principis, horrent omnes, pro indebita nece præsulis. Deflent Trajectenses se amisisse pii Patris benevolentiam, nec tamen satis audent debitam tanto Patri reverentiam exhibere. Vix charos lugere, vix reos vacat odisse.

Exposito ad portum sancto corpore, concurrit populus sine nomine et numero, et, quanti apud omnes æstimatus fuerit, ex confusis omnium planctibus æstimari poterat. Impositus feretro, defertur sanctus ad basilicam Sancti Petri, cum debito honore. Clerus cum psalmis et canticis prosequitur; populus complodit manus, cum lamentis. Populus pernoctat solemniter; clerus rite frequentat excubias. Juvat omnes adlambere vestigia pii Patris; magna se putat suffragia meruisse cui contingebat sanctis membris infigere oscula. Delectabile et pium erat videre oves pastori suo dependere pignus amoris.

Sed miserabile et mirum erat circa erraticas oves iram pii pastoris advertere. Traditur enim a majoribus, quia, cum omnibus sanctum exosculandi liber aditus pateret, si qua pellex se ingerebat, ad corpus martyris osculandum, quasi quodam rotata turbine, retrocedebat. Per pellicum ergo repulsam, clarebat nimis Deo et sancto martyri pellicem illam odiosam fuisse, quæ duplici crimine Franciam infamaverat et sanctam conturbarat Ecclesiam.

Tantus autem timor Trajectenses pro hujus rei acerbitate incesserat ut nec mausoleum dignum tanti nominis viro auderent præparare. Ideo, aperta tumba Apri, patris ipsius S. Lamberti, mane facto, cum ossibus patris sui corpus sanctissimi filii tumularunt.

CAPUT XXIII.
De obsequio angelico ad tumulum S. Lamberti.

Exanimes artus non liquit cœlica virtus;
Monstravit populis, quantæ fuerit bonitatis.

Nec enim terrerentur populi humano terrore quominus S. Domini Lambertum digno honore venerarentur; cœpit ad tumulum ejus noctu et interdiu audiri chorus angelicus psallentium, quoties ibi esse humanum silentium videbatur. Nec defuerunt qui rei ipsius veritatem scrutarentur. Et cum apponerent omnem mentis et aurium diligentiam, videbatur eis (ex qualitate vocis sancti Lamberti bene sibi nota) quod ipse sanctus, cum aliis qui secum occubuerant, divinæ majestati dulcem melodiam cantaret. Si quis ea hora vellet adire basilicam, præ horrore non poterat introire, et quanto quis se proprius ingereret, tanto minus angelicas voces admittebat, retusis auribus. Cum autem elongabatur, angelica amplius iterabatur melodia.

O ineffabilis, Christe, tua potentia! Quis compenset tua magnalia? Ecce, palam facis quod tuo ore dixisti: *Non est Deus mortuorum, sed vivorum* (*Marc.* xii, 27), omnes enim tibi vivunt, qui vivis et regnas in sæcula sæculorum.

CAPUT XXIV.
De vindicta Dei in Dodonem et complices ejus.

Miles Christi gloriosus Lambertus, quantus apud Regem regum in cœlis esset, cœpit statim in terris patefacere, per hoc multo beatior, quod per eum, etiam post mortem, nomen Domini benedicebatur in populis.

Apparens enim nocte thesaurario, nomine Amalgisilo, judici olim suo, blando eum alloquio compellabat. Qui, de causa adventus sui ab eodem viro diligenter inquisitus, Romam, inquit, ivimus, Roma ecce redimus, visitaturi Dodonem et complices ejus; sanguis enim innocentium, qui mecum Christo super terram effusus est, jamjamque a Deo expetit vindictam, nec suam Deus ab eis gratiam elongavit. His dictis, disparui, sed quia visio non fuit phantastica, rerum exitus docuit.

Dodo nempe sancti antistitis interfector, statim incurrit iram divinæ ultionis, et omnia intralia putrefacta et fœtida, per eos suum projiciens, ostendit omnibus infelicitatem suam, per miserabilem vitæ exitum, et qui hic pompa sæculi abusus est, deputatus est in inferno igni inexstinguibili, et *vermi non morienti* (*Isa.* lxvi, 24). Fertur etiam quod propter intolerantiam nimii fetoris, corpus ejus in fluvium Mosam projectum, sit vermibus et tabo corruptum; nec aliam sepulturam meruerit, qui miserabilem tanti criminis acquisivit memoriam Dodoni in crimine æquandus ille, qui sanctum Dei suis manibus peremit, fratri suo miser bello congreditur, et fratrem perimens, mutuo a fratre perimitur.

Ut paucis omnia concludam, infra anni ipsius spatium, vix aliquis evasit, qui in nece sancti martyris reus fuit, et si quis superfuit, in tantum se, aut sensu perdoluit annullari, ut illos felices duxerit esse, qui citata, quamvis miserabili, morte consumpti sunt.

At Christi martyr coronatus triumphat, et victoriæ palmam tenens, in sinu Abrahæ exsultat. Sic, Christe, in sanctis tuis, de inimicis triumphas, *diligentes te diligens* (*Prov.* viii, 17), *honorificas honorantes te* (*I Reg.* ii, 29).

CAPUT XXV.
De miraculis Legiæ ostensis in loco passionis S. Lamberti.

Legia, quæ illustrari meruit patroni sui martyrio, quamvis corpore ejus se ad tempus doluerit viduatam esse, tamen miraculorum ejus immunis non fuit.

In cubiculo namque martyrii illius conscio, luminaria, divinitus accensa, sæpius resplendebant, ut tota domus quasi solis radiis refulgeret, ut lucem illam vix humanus ferret oculus.

Hæc famæ primordia verificabat sequens gratia miraculorum, quorum hic summa capitulanda est.

Theoduinum quemdam, vir sanctus, semel ac bis, per visum monuit ut pectinem suum optimum redderet, ab uxore ejus sibi præreptum. Tertio non parentis sibi, pectus affecit insanabili ictu, sicque suum ab invito recepit.

Baldigisilus, jussus per visum excubare ad locum ejus martyrii, et alter quidam Raginfridus, eumdem locum emundare monitus, ambo lumen oculorum, quo carebant, receperunt, in suo quisque tempore.

Veniebat cum fide ad hunc locum virgo Oda, et ipsa cæca, et loco proxima, ut nomen invocavit sancti martyris, quod volebat accepit. His augebatur recens veneratio novi patroni, et accensa populi devotio, basilicam sancto ædificabat tanto citius quanto devotius. Lectus etiam sancti a fidelibus fabrefactus, in illo loco positus est, ubi sanctus telo iniqui transfixus fuit.

CAPUT XXVI.
De translatione sancti Lamberti, et miraculis in eo ostensis.

Hæc Legiensium devotio adeo Domino placuit ut jam crebro, multis Dei fidelibus, cœlitus visio appareret, ut sanctus martyr, relatus Trajecto, martyrii loco restitueretur. Sanctus Hubertus, sancti Lamberti discipulus, et successor, non contraibat Dei et martyris voluntati.

Anno ergo episcopatus sui decimo tertio, tumbam sancti aperiens, corpus ejus solidum et illibatum, et miro odore respersum, invenit, mutavit vestimenta, et priora pro dandis pignoribus servanda sigillavit.

Claruit in transferendo hoc bene placitum fuisse Domino. In villa quippe Nivella requiescente populo, pauper cæcus ditatus est reddito sibi officio oculorum.

Nec multo post, in villa Harmala, cunctis requie relevantibus laborem, paralyticus ibidem adductus, in conspectu sancti feretri, solidata compage membrorum sibi redditus est.

In singulis his locis, statim basilicæ in honore sancti martyris, fundabantur.

Cum tali tripudio appropinquabatur tuo, o Legia, municipio. Quanta et qualis fuerit processio cleri et populi, quanta et qualis exsultatio undique concurrentium, quanta omnium liberalitas in dandis sancto muneribus, quanta fuerit fidelibus orandi et vota vovendi puritas, hæc et hujusmodi, facilius a sapiente æstimari poterunt quam alicujus ore vel stylo narrari.

Habes, Legia, tuum gaudium ; ecce, tenes tuum speciale patrocinium ; hinc cœpit tui provectus initium ; per hunc, in urbem exaltata, proveheris de filia in matrem; per hunc, in episcopalem sedem promota, in omnem profecisti honestatem ; aliis urbibus in senium quodammodo vergentibus; tu per hunc effloruisti in pulchræ juventæ statum. Protegat te in ævum, suis sanctus martyr suffragiis, qui te ad hoc provexit ut inter urbes, nomine et merito magnificeris.

Ex tunc, in reliquum tempus, non est modus vel numerus miraculorum, cum omnibus per Lamberti nomen ibi Deum invocantibus in veritate, semper patuerit ostium divinæ misericordiæ. Erat illic videre compeditorum vincula, debilium sustentacula, in argumentum virtutis Dei appensa. Quicunque veniebat fidei tenax, nunquam redibat inefficax.

CAPUT XXVII.
De Grimoaldo ante altare S. Lamberti interfecto.

Hic sanctus martyr, sicut piis et fidelibus pius et opportunus adjutor erat, ita, erat contra impios, aut severus correptor, aut justus ultor.

Post paucos annos translationis ejus, ægrotante sæpe nominato Pippino majore domus, ibat ad eum visitandum, filius ejus Grimoaldus, qui devotus sancto Lamberto (ideo forte amplius, quia occubuerat, pro defenso matris ejus Plectrudis matrimonio) divertit Legiam, et ad tumulum sancti, oraturus accessit. Inter orandum, exceptus ibidem ante altare sancti Lamberti, perimitur a quodam satellite Rabbodonis, duci Fresionum, cujus filiæ, a patre suo Pippino sibi desponsatæ, connubium exspectabat. Sed Rabbodo id impune non tulit, cujus instinctu, innocens occubuit Grimoaldus. Nam non multo post, idem Rabbodo mirabiliter a dæmone ludificatus, periit subita, et æternali morte.

Quia longum et tædiosum est, singula sancti Lamberti miracula, particulariter enarrare; Dei per eum operantis potentiam laudemus universaliter.

CAPUT XXVIII.
Epilogus.

Vitam S. Lamberti primus, jussu Agilfridi episcopi, scripsit Godeschalcus diaconus, ipsius congregationis clericus, qui fuit tempore Pippini et Caroli Magni, et gesta quidem ejus veraciter prosecutus, de causa martyrii parum libero ore locutus est. Quod hac de causa fecisse creditur, ne sui temporis regibus culpam majorum suorum videretur exprobrare. Ex illicito quippe Pippini et Alpaidis conjugio, natus est Carolus Martellus ; de Carolo Pippinus tertius, qui ex principe, in regem Francorum promotus est ; de Pippino Carolus Magnus, quo nemo ante eum, vel post eum, inter Francorum reges, fuit major, de quo dubitari potest fortior an felicior esset, potentior in republica, an religiosior in ecclesiastica disciplina.

Passus est S. Lambertus xv Kalend. Octobris, anno episcopatus sui quadragesimo, sub rege Francorum Hildeberto, Theodorici regis filio, a quo Theodorico reges Francorum solo nomine regnabant, penes majores domus potentia regni constituta usque ad Pippinum tertium.

SANCTI LAMBERTI VITA ALTERA

AUCTORE SIGEBERTO

(BOLLAND., Sept. t. V, p. 589, ex ms. Rubeæ-Vallis et Hagiologio Brabant.)

CAPUT PRIMUM

Illustres sancti parentes: institutio apud SS. Landoaldum et Theodardum; corporis et animi dotes: corpus S. Theodardi translatum Leodium.

1. Gloriosus vir Lantbertus, æterno regi martyr acceptus, et vero sacerdoti sacerdos dilectus, insigni ex prosapia Trajectensis oppidi vico exstitit oriundus, et bonis ac religiosis parentibus natus, etiam per bonos et religiosos viros in Christo est renatus. Fuit siquidem Remacli, postea episcopi Trajectensis, spiritualis in baptismate filius (993). Hujus pueri, majorumque ejus in Ecclesia Dei multa refulsit gratia, multa in regno Francorum præminuit gloria: nam inconcussa Christianitatis fides eis interorthodoxos augebat reverentiam, et carnis nobilitas per opulentiam rerum pariebat dignitatem sæculi, et inter proceres regni multam potestatem. Hanc generis claritatem, ad se de longinquo derivatam, pater et mater ipsius illustrabant de proximo. Matrem ejus, inter Francorum nobiles prænobilem, accepit a patribus posteritas vocatam fuisse Herisplindem. Pater vero, Aper nominatus, cum esset de primo ordine senatorum, qui vocantur viri illustres, et qui in curia regis anteponuntur secundo et terno ordini senatorum, qui vocantur viri respectabiles et viri clarissimi, inter ipsos primos excellebat.

2. Regnum autem Francorum tunc temporis regebat post Lotharium medianum filius ejus Dagobertus (994), qui regnans in Neustria, regnum Austrasiorum filio suo Sigeberto (995) commiserat, et qui adhuc puero tutores dederat Cunibertum Coloniensem episcopum (996), et majorem domus Pippinum primum, patrem sanctarum Gerdrudis et Beggæ (997). Qualis hic puer in mundo foret, ab incunabilis Dei dispensatio præmonstrabat: quæque enim bonæ indolis rudimenta, quæque lineamenta pulchritudinis in bonæ spei puero solet præformare natura, vel, quod verius est, ipsius Auctor naturæ, hæc omnia jam in ejus infantia apparebant; quia jam et membris formosus, et pro ætate inter cognatos et famulos vultu et affectu benignus esse videbatur, ac per hoc omnium dilectione dignus. Unde pater ejus non ingratus Deo, qui tantum sibi de filio promittebat, divinæ voluntati suam contemperat voluntatem et filium divino mancipat servitio, ad quod eum jam quodammodo videbat aspirare. Et quia doctrina vim promovet insitam, rectique cultus pectora roborant, sanctum sancto filio magistrum elegit, ne simplicem oculum discipuli tenebraret aliqua culpa magistri.

3. Initiandum ergo studio litterali submisit eum Landoaldo (998), viro satis spectato sapientia et scientia sanctitate et industria. Hic Landoaldus

---

(993) De S. Remaclo episcopo Trajectensi ac deinde abbate Stabulensi egimus ad diem 3 hujus mensis Septembris. Sed S. Lambertum ab eo baptizatum vel e baptismate susceptum fuisse, parum probabile esse videtur.

(994) Fuit is Dagobertus I, Chlotarii II filius.

(995) Judicat S. Sigebertum Austrasiæ regem, cujus gesta elucidata sunt in Opere nostro ad diem 1 Februarii.

(996) De S. Cuniberto Coloniensi episcopo agendum erit ad 12 Novembris, quo colitur.

(997) B. Pippini de Landis Acta illustrata sunt ad diem 21 Februarii, S. Gertrudis abbatissæ Nivellensis in Brabantia ad 17 Martii, S. Beggæ denique danda venient ad 17 Decembris.

(998) Vita S. Landoaldi archipresbyteri, ex qua ista hausit Sigebertus, data apud nos est ad diem 19 Martii.

sanctæ Romanæ Ecclesiæ presbyter fuit, et a Martino papa (999) Romanorum Amando episcopo Trajectensium ad auxilium exercendæ prædicationis deputatus, ad Gallias venit, et ordinatus Trajectensis Ecclesiæ archipresbyter, ibidem Deo militabat. Et quia idem episcopus pro studio prædicandi se expedierat episcopali sarcina, ipse vices episcopi diligenter et opportune supplebat, et per novem annos rexit ecclesiam, episcopo vacantem, donec Remaclus cathedram Trajectensis Ecclesiæ suscepit (1000). Landoaldus ergo teneros annos sancti pueri paterno sinu suscipiens, ad normam sanctæ vitæ informabat primævæ ætatis mores. Requievit olim spiritus Eliæ super Eliseum : nec hoc suffecit Eliseo ; sed rem difficilem, tamen Deo possibilem petiit, ut spiritus Eliæ duplex fieret in se : sic et nunc spiritus Landoaldi requievit super Lantbertum, et credo, quia spiritus magistri duplex factus est in Lantberto, cujus gratia super gratiam magistri excrevit in mundo.

4. Vir illustris Aper, ut filium suum Lantbertum faceret tenaciorem propositi, fundum suæ proprietatis, vocabulo Wentreshovum (1001), jure perpetuo delegavit illi illiusque tutori Landoaldo, ut ecclesia ibi constructa, tanto instantius vacarent, ille docendi, ille discendi desiderio, quanto remotius degerent a sæculi vanitate. Ubi dum insisteretur in ædificanda ecclesia, artifices super penuria potabilis aquæ conquerebantur ; quia aqua ibi ex palustri colluvie collecta eos bibentes magis torquebat amaritudine, quam aliqua suavitate refocillabat. Sanctus magister, sanctiorque magistro discipulus, fidem habentes in eum, qui amaris aquis de Mara dulcedinem indidit, communicato voto, pariter exorant pietatem Omnipotentis.

5. Invocato ergo sanctæ Trinitatis nomine, baculo designatur locus in modum sanctæ crucis : res mira, sed fidei non inusitata ! fons ibi statim emanavit limpidissimus, qui et aperuit, quantum sancti apud Deum possent, et incolis ex tunc et modo omni usu habilis fuit. Cujus beneficii memoriam, dum Patres, generatim narrando, transmittunt ad filios, merita sanctorum accumulant, quia per eos nomen Domini benedici faciunt. Ita Lantberto et Landoaldo diligentibus Deum omnia cooperantur in bonum, qui ut essent sancti, secundum propositum Dei vocati sunt. Renovatur hic antiquitatis historia : Moyses et Aaron penuriam sitientium Hebræorum relevare a Deo jussi, bis virga silicem percutientes, aquas largas civerunt. Sed illi ab Inspectore cordium redarguti incredulitatis, Terram repromissionis intrare non meruerunt : isti vero in fide roborati, Deum coram omnibus sanctificaverunt.

6. Justus aliquando sanctus puer a magistro ad usus suos ignem afferre, cum non esset, in quo illum deferret, et non parere magistro nefas duceret, in veste positum ignem miranti magistro attulit. Et ille, qui tres pueros, in fornace Chaldæorum cum vestimentis suis detrusos, ita servavit, ut nec vestimenta eorum immutata essent, hujus etiam vestem illæsam servavit, ut claresceret, quia igne Sancti Spiritus, quo interius ardebat, ignem materialem superaverit. Et puer quidem strenuus jam tunc nitens totis viribus fieri vir perfectior, quantum sub ferula sancti magistri profecerit, quam puro pectore adhiberit pietatis ac scientiæ verba, otiosum est hic inculcare verbis, cum fructum tam proficui laboris adhuc hodie passim exuberare videamus. Sub Landoaldo felix adolescens non leniter exercitatus, ad genitorem regressus est ; nec est facile dictu, quo uterque affectus sit gaudio, dum et filius pro paterno affectu, et pater pro filii profectu gratulabatur.

7. Sancto Theodardo Trajectensium episcopo (1002) substituto, commendatur etiam huic Lantbertus a suo patre, ut ad ejus exemplar erudiatur, qui in ecclesia et in curia multum videbatur suspiciendus. Ex cujus viri latere adeo profecit, ut in cunctis negotiis non tantum exemplo, sed etiam miraculo esset omnibus. Erat enim vere dignus, aspectu amabilis, colloquio affabilis in recta conversatione, et omnibus conformis, vix ullis imitabilis. Parvi pendebat præsentia, veluti devoverat in pueritia, æstimans pro nihilo omnia, præter quod erat æternæ salutis gratia, cœlestibus animo inhærens, sese in holocaustum Domino mactabat. Hic videor mihi videre Josue ministrum Moysi, qui, Moyse in monte Sina cum Deo remorante, excubans ad radices montis, conviviis et lusibus peccatorum non intererat, et Moyse in castra revertente, non recedebat de tabernaculo fœderis ; et ideo, imponente Moyse manus suas super eum, meruit Moysi successor fieri.

8. Sed quid opus est hinc inde quæsitis laudationum fucis illum colorare, quem sapientia ipsis coloravit virtutibus ? Superfluum est extra quærere materiam laudis, cum eum Creator ad tantam formaverit gratiam, ut in toto corpore ejus vix subrepserit aliqua naturæ menda, in animo vero ejus vix aliqua nociva macula apparuerit. Quia tamen oportet eum laudare, ut ex vero eum laudemus, decet. Is, qui habitudinem corporis ejus aut novit, aut ab his, qui

---

(999) Is fuit S. Martinus Papa, ejus nominis I.
(1000) Falsa esse, quæ de Trajectensi sede novem annos vacante et per S. Landoaldum administrata narrat, probatum jam est in S. Amando tom. I Februarii pag. 853, et in S. Remaclo tom. I Septembris, pag. 674.
(1001) Winterhoven pagus est Belgii inter civitates Hasletum et Tungros. De eodem meminit Gottefridus Wendelinus in Natali solo legum Salicarum, pag. 104, ubi locum hunc non alium statuit, quam Windogasti, unius ex quatuor legum conditoribus, domicilium, Windoheim sive *Windehove* appellatum.
(1002) Quæ de S. Lamberti per S. Theodardum institutione hic narrat, ea ex Godeschalco et Stephano deprompsit.

eum noverunt, didicit (1003), scripsit cum fuisse fortem, velocem, multum agilem, firmum in bello, forma præcipuum, statura procerum, facie decora, cæsarie formosa, inclytis oculis, manibus honestis, digitis longis, carne candida; ut a planta pedis usque ad verticem capitis esset irreprehensibilis. Et ut veniamus ad bona animi, erat charitate plenus, castitate præcinctus, fundatus in humilitate, opportune orationi, opportune lectioni, opportune negotio sæculari, vel rei familiari intentus. Ecce, vides hominem adeo donis gratiæ, adeo bonis naturæ ditatum, ut dicas, eum in virum perfectum formatum a Deo. Ecce, inquam, habes hominem cuivis personæ habilem conformari, in quo si attendas ea, quæ sunt laici, quid de laico ei defuisse dicas? Si quæras, quæ sunt clerici, totum clericum invenias.

9. Quis jam miretur pulchritudinem et bonam indolem legislatoris Moysi, quem præ elegantia ejus Thermuth filia Pharaonis aluit, et in filium adoptavit, in quo tam excellens gratia decoris fuisse legitur, ut quoties per plateas bajulabatur, vel gradiebatur, omnes visa ejus pulchritudine hærentes, ea, in quibus studium habebant, desererent, et Moysi specie potius delectarentur. Moyses in manibus Pharaonis a filia positus, et a rege sibi blandiente dedignatus capiti suo regni diadema imponi, diadema in terram projecit, et pedibus conculcavit (1004): Lantbertus æque principem mundi male sibi blandientem aspernatus, diadema superbiæ ejus humilitate sua dejecit et conculcavit. Moysen contra Æthiopes fortiter et sapienter bellantem Tarbis filia regis Æthiopum admirata adamavit, ejusque amorem saluti patris et patriæ præferens, amplexibus ejus adhæsit (1005) : Lantbertum sancta Ecclesia, qui Æthiopes mundi viriliter debellabat, sponsum sibi elegit.

10. His causis facile comparatum erat, ut Lantbertus omni honore omnique amore dignus judicaretur. Propter hoc itaque Theodardo episcopo erat cordi, ut præoptaret cum sibi eligere successorem, nisi sciret apostolica auctoritate decretum, ne sacerdotes audeant alios designatis nominibus sibi subrogare, ne episcopatus non divinum munus, sed hæreditarium putetur esse compendium; et ne A quisquam, quod Dei est, putet homini deberi. Porro in aula regis non levis erat æstimatio de Lantberti nomine, quem et regalis celsitudo et procerum multitudo reverebatur. Theodardo præsule per innocentiæ viam ad gloriam martyrum perducto (1006), Vangiones (1007), in quorum territorio mortem oppetierat, non credebant hoc fortuitu accidisse, sed Dei suaviter omnia disponentis nutu præsens novi martyris tutamen sibi procuratum esse sperabant; ideoque non patiebantur corpus ejus asportari a sua parochia, cujus præsentia optabant æternaliter gloriari.

11. Hæc acerbitas rei nimium perculerat Trajectenses, et Lantberti mentem, plus credo omnibus, consternaverat. Sed ipse temperans dolori (quippe B in quo post Deum tota urbs inclinata recumbebat) ad repetendum præsulis corpus se accinxit. Et primo frustratus non destitit, sed toto animo et sensu suo ad explendum operam usus, rem effecit ex sententia. Relatum itaque sancti corpus in villa publica Leggia tumulavit (1008), præsciens, quod eam divinitas suo etiam sanguine et nomine specialiter consecrandam prævidebat, et ad ampliandam martyrum gloriam parabat in urbem ampliare (1009). Talis apparuit pietas Joseph erga Jacob patrem suum in Ægypto defunctum : talis quoque fuit diligentia Moysi erga requirenda Joseph patriarchæ ossa, in Ægypto sepulti, ut uterque eorum referretur ad sepulturam patrum suorum.

CAPUT II.

Sancti episcopatus Trajectensis, Ecclesiæ et regno utilis : episcopi et abbates ipsi synchroni : expulso e sede sua : vita monastica Stabuleti.

12. Quis Trajectensium ecclesiæ substitui deberet episcopus, multum deliberabatur in ecclesia, multum super hoc in aula regis Hildrici (1010) tractabatur, qui mortuo patruo suo Sigeberto (1011), regnum Austrasiæ a patre suo Clodoveo acceperat (1012). Jamque paulatim sermo de palatio ad ecclesiam, ab ecclesia ad populi frequentiam discurrebat, nullum Lantberto meliorem esse, ac per hoc nullum episcopatu Trajectensium esse digniorem : ei competere ex canonica auctoritate, ut in ecclesia sua fructum militiæ suæ perciperet. Cum palatio concordat Ec-

---

(1003) Godeschalcum indicat, cujus verbis mox utitur.
(1004) Ista omnia hausit Sigebertus ex Flavio Josepho.
(1005) Sunt et hæc ex ejusdem Josephi fabulis, num. 53 et sequentibus.
(1006) Occisus est S. Theodardus probabilius anno 669, die 10 Septembris, apud Nemetes in Germania, ut alibi diximus.
(1007) Germaniæ populus, cujus caput est civitas, nunc Wormatia appellata.
(1008) De repetito, translatoque S. Theodardi per S. Lambertum corpore nihil prorsus legitur apud Godeschalcum et Stephanum. At Sigebertus ea discere potuit ex Vitæ S. Theodardi auctore anonymo pervetusto, data apud nos ad diem 10 Septembris, pag. 588 et sequentibus, in qua capite 2 eadem fusius narrantur, quæ in Commentario prævio num. 40 et sequentibus inde recensuimus. Eamdem translationem idem Sigebertus narrat in Vita S. Theodardi, ad præcitatum diem Septembris tertio loco excusa.
(1009) Ista ex Sigeberti conjectura dicta accipio : neque enim Godeschalcus aut Stephanus tradiderunt, S. Lambertum de martyrio suo jam tunc edoctum fuisse.
(1010) Id est Childerici II, tum regis Austrasiæ, ut supra diximus.
(1011) S. Sigeberto Austrasiorum rege, fratre Chlodovei II ex Dagoberto I, sed ex alia matre. Gesta ejus illustrata sunt ad diem 1 Februarii.
(1012) Errat Sigebertus, dum Childericum Austrasiis regem præfectum esse scribit a patre suo Chlodoveo, quem constat paucis annis ante obiisse.

clesia, consentit clerus cum populo, unum optant omnium corda, millia populi uno ore acclamant. Se ille oneri negat esse parem, ac per hoc magis cogi meretur. Quam unanimis olim fervor Israel et Judam inspiravit ad eligendum sibi in regem David, quem Dominus invenerat secundum cor suum, tam favorabilis erat consensus cleri et populi in eligendo Lantberium, quem et ipsum invenerat Dominus secundum cor suum, qui faceret omnes voluntates Dei. Et cum unum esset cor omnium, præ cæteris tamen credas dixisse Trajectenses ad Lantbertum, quod viri Juda ad David contribulem suum dicebant : « Os tuum sumus et caro tua ; heri quoque et nudiustertius tu eras, qui educebas et reducebas Israel : tibi enim dixit Dominus Deus tuus : Tu pasces populum meum Israel; et : Tu eris princeps super nos. »

13. Tandem vir ditatus honoribus sanctimoniæ, illustratus commerciis parcimoniæ, annuit unus omnibus morigerari, ut omnes de se uno in Christo gloriari possent. Adeptus culmen religionis perpetua studuit pietatis augere opera, qui pontificali auctus erat infula. Mactabat omni die holocaustum Domino, non ex pecore alieno, sed ex corpore proprio. Consilium et opus suum semper ad Deum convertebat, cor et pedes dirigebat ad evangelizandam pacem. Septem quippe dona Spiritus sancti, quæ Christo substantialiter insunt, huic quoque pro captu humano accidentaliter aderant. Spiritus consilii in eo vigebat egregie, et quidquid agebat, spiritu sapientiæ moderabatur. Rex vero Hildricus, videns eum cunctis præstare, pluris eum habebat cunctis regni primoribus, ejusque episcopis, eique apud animum suum, apud aures et os suum dabat primum locum, et cujus cor credebat Spiritus sancti oraculum esse, cujusque linguam habebat pro veritatis organo, ei ultro dederat amicitiæ suæ summam, eumque sibi a secretis fecerat, qui, ut fertur, erat ejus etiam a commentariis. Unde a corde et ab ore illius omnis Austrasia pendebat, eumque tota regalis curia reverebatur.

14. Frater quoque Hildrici regis Theodericus, qui in parte Franciæ, quæ Neustria dicitur, regnabat, præsentiam appetebat Lantberti, et inter proceres et amicos suos ei servabat gratiæ copiam. Et si quid in regno suo auctorizandum erat, non putabat satis ratum fore, nisi etiam Lantberti approbatum esset consilio (1013). Ipsi sane Francorum reges Theodoricus et Hildricus, quamvis pro simplicitate minus per se saperent, in hoc tamen sapiebant, quia audiebant sapientes. Primus enim sapientiæ gradus est sapere, secundus audire sapientem. Unde quia Lantberti tam sancti et tam prudentis viri, aliorumque sanctorum episcoporum consilio disponebantur regni negotia, erat in utroque regno rerum facies pulchra, et prosperabatur fides Ecclesiæ. Erant quippe tunc temporis sancti episcopi, qui scientia præditi et sapientia, sancte et juste secundas partes regni adjuvabant. In his præeminebant Audoenus Rothomagensis (1014), Austrigisilus Biturigensis (1015), Eligius Noviomensis (1016), Vindicianus Cameracensis (1017), Audomarus Tarwanensis (1018), Leodegarius Augustodunensis (1019), Faro Meldensis (1020).

15. Inter hos eminebat Lantbertus, aureum sidus Ecclesiæ, velut inter ignes luna minores emicat. Hos Lantbertus suspiciebat ut patres et natu majores, eosque imitando, a singulis eorum aliquid gratiæ hauriebat. Porro illi Lantbertum præcordialiter amabant ut filium, jam de flore ætatis fructus emittentem, eique post se quasi ex hæreditaria successione regimen ecclesiæ competere gaudebant, quem justum ante Deum et homines videbant sine querela in omnibus incedere, et ire indies de virtute in virtutem. Erant præterea etiam abbates, et tunc et nunc nominabiles sanctitate, Bertinus (1021), Philibertus (1022), Wandregisilus (1023) ; Ursmarus Lobiensis (1024) in tyronem Christi adolescebat. Hi erant Lantberti contemporales, tales erant ejus contubernales. Hi, ut Cherubim, virtutum suarum alas concutiebant alter ad alterum, et in laudem Dei orbem terræ commovebant.

16. Hi aliique, qui in ea ætate, ut stellæ in firmamento cœli lucebant, quasi triginta sex fortes regis David per æqualitatem quadrati numeri firmitatem fidei præsignantes, cum nostro David, Lantberto scilicet, manu forti Christi mundum sapientia et fortitudine illustrabant, et in manibus eorum bella adversus hostes Dei prosperabantur. Inter quos Lantbertus, ut alter David, a Deo datus ad Ecclesiæ regimen, ut filius saltus excrescens ad perfectionis culmen, ut tenerrimus ligni vermiculus

---

(1013) Parum verisimilia sunt hæc omnia quæ de Theodorico III, tum Neustriæ rege, postea monarcha, hic scribit Sigebertus.
(1014) Hujus Acta illustrata sunt ad diem 24 Augusti.
(1015) Austregisili Biturigensis Vita data est ad diem 20 Maii ; verum is multis annis obierat, antequam S. Lambertus episcopus crearetur, imo antequam nasceretur.
(1016) De S. Eligio agendum erit die 1 Decembris ; sed nec hic usque ad S. Lamberti episcopatum supervixit.
(1017) Hujus Vitam habes in Opere nostro die xi Martii.

(1018) De S. Audomaro actum est ad diem 9 Septembris.
(1019) Hujus sancti gesta elucidanda venient die 2 Octobris.
(1020) S. Faro colitur 28 Octobris.
(1021) De S. Bertino abbate Sithivensi actum est die 5 Septembris.
(1022) Indicat S. Filibertum vel Philibertum, abbatem in Herio Galliæ insula, de quo vide Opus nostrum ad diem 20 Augusti.
(1023) Fuit is abbas Fontanellensis, cujus gesta in Opere nostro exposita sunt die 22 Julii : sed ante S. Lamberti episcopatum vivere desiit.
(1024) De eo vide ad diem 18 Aprilis.

humilitatis virtute dura et fortia demoliens, ut po-limitarius (1025) variis virtutibus et ipse ornatus, et alios ornans, ad tres primos virtutum gradus perpaucis ascensu faciles pervenit, sapientia thronum Ecclesiae gubernans, humilitate vestigia sequendi Christum praesignans, fortitudine adversitates Deo debellans. Horum meritis diu tranquillata est Ecclesia Dei, diuque status regni prosperatus est. Postmodum propter populi torporem dormiente Jesu in navi sanctae Ecclesiae, ecce motus magnus factus est in mari hujus mundi. Facile est causam tanti motus ediscere.

17. Theodericus et Hildricus fratres bipartitum Franciae regnum regebant; sed quia Theodericus hebetioris ingenii erat, Ebroinus major domus simplicitate ejus abusus, commovit in regem odia totius populi. Franci enim alienam invidiam in Theodericum retorquentes, dejiciunt eum regno, et fratrem ejus Hildricum ex Austria invitantes, eum sibi regem praeficiunt: quos quandiu habuit Hildricus moderate (1026), potenter utrique regno praefuit. Ubi et ipse modum excessit, insolentius agens, diu contra torrentem brachia tendere non potuit. Nam quia severior justo quemdam nobilem Francorum, nomine Bodilonem, contra legem caedi fecit ad stipitem ligatum, ab eodem Bodilone in venando exceptus periit. Theodericus totum regnum recipit; recrudescit malitia Ebroini, quoscunque comperiunt favisse pertinacius partibus Hildrici, hos pessumdant, trucidant, privant honoribus, multant proscriptione, relegant exsiliis.

18. Quia Hildrico nullus fidelior vel amicior fuit, quam Lantbertus, totum pondus tribulationis super eum incubuit. Videbatur enim nihil actum fuisse morte Hildrici, si intimus Hildrici Lantbertus impunitus abiret, de quo certum tenebant, quia nunquam factioni iniquitatis suae assentiretur. Ideo consilio Ebroini a rege Theoderico convocata ad synodum episcoporum turba, qui quasi canes muti non valebant (1027) latrare contra falsitatis testimonium, alios episcopos exordinant, alios geminata injustitia ordinant. Et ne quis in regno vel Ecclesia restaret, qui pro veritatis defensione clypeum fidei auderet erigere exemplo vel instinctu Lantberti, qui prae caeteris et pro caeteris liberius injustitiae adversari audebat, omnes diaboli complices insurgunt in Lantbertum, veritatis amicum, et concinnatis injustitiae causis, eum ab episcopatu deponunt (1028). Fertur Coloniensis episcopus conspirasse huic pravorum factioni; qui etiam clericum ecclesiae suae Faramundum ad episcopatum Trajectensem contra jus et fas passus est promoveri (1029).

19. Miser ergo Faramundus, quia abiit in concilio ipsorum, in cathedra pestilentiae sedit, de quo quid aliud poterat dici, quam quod Veritas dicit : « Qui non intrat per ostium in ovile ovium, sed ascendit aliunde, ille fur est et latro : qui autem intrat per ostium, pastor est ovium. Fur non venit, nisi ut furetur et mactet, et perdat. » Lantbertus pastor bonus, exemplo Pastoris essentialiter boni, paratus dare animam suam pro ovibus suis, non ut mercenarius fugit, sed declinavit procellosum domesticae persecutionis naufragium, et clementer ferens cuncta, praesulatus liquit sceptrum, commendans curam ovium ei, qui lavit baptismate ac redemit sanguine. Habebat sane vir patiens exsilii sui ducem David regem, qui instinctu filii sui Absalon suis contra se conspirantibus, assumpsit secutum patientiae; et ne esset causa ruinae in Israel, flens operto capite et nudis pedibus fugit, Deo causam justitiae suae committens.

20. Expetens ergo Stabulaus monasterium a Sigeberto rege fundatum ante aliquot annos, et fervore sanctae religionis ubique nominatum, monasticae quietis portum elegit, ibique per septem annos angelicam ducens vitam, habitavit secum. At ex omni ecclesiasticae familiae numero duo tantum pueri ejus obsequio adhaeserunt, quorum Theodoenus nomine illi, qui primus scripsit Vitam sancti viri, relator verax et testis idoneus operum ejus fuit (1030). Ecce, habemus virum ad exemplar virtutum omnibus propositum, qui sciens, quid solum summus Magister a se discere mandarat, in humilitate cordis, et in patientia sua quaerebat requiem animae suae. In obedientia vero se cohaeredi suo Christo conformabat, qui obedivit Patri usque ad mortem. Quale rogo, erat videre virum nobilem natu, nominabilem sanctitate, praesulem officio, rebus olim potentem, in tantillo temporis agentem jam probatum monachum, quod vix quilibet alter posset assequi multa annorum quantitate?

21. Re vera non eum plus nimio res delectavere secundae, quem mutatae non quassaverunt : nunquam enim amittitur sine dolore, quod cum amore possidetur. Qui cupit, ille etiam metuit : qui metuit, nunquam liber vel securus vivit (1031). Lantbertus noster nihil mundi doluit perdere, quia nihil concupivit; ac per hoc semper securus sui fuit, et liber in Christo. Amotus ab episcopatu per injustitiam, quando expostulavit de irrogata sibi injuria? Quam

---

(1025) Videtur patriarcham Joseph designare, de quo in Genesi cap. xxxvii, ỹ 3 legitur : *Fecitque* (pater) *ei tunicam polymitam.*
(1026) Hanc vocem sic restitui, cum in ms. nostro tantum legeretur : *modera*, omisso deinde duabus aut tribus litteris spatio vacuo.
(1027) Pro *valebant* in contextu deleto, in margine alia manu ascriptum est *volentes*.
(1028) Istam pseudosynodum, in qua S. Leodegarius Augustodunensis episcopus iniquissime condemnatus fuit, aliquot annis serius, dum sanctus noster Stabuleti jam exsularet, habitam esse, diximus.
(1029) Faramundum in sancti episcopi sedem inique intrusum fuisse, docent etiam Godeschalcus et Stephanus; sed neuter eorum aliquem Coloniensem archiepiscopum ejus sceleris reum facit.
(1030) Ita ipse ex Vita prima num. 6.
(1031) In margine ms. nostri pro *vivit*, alia manu notatur *erit*.

appellavit personam? Ad cujus se audientiam addixit? Cui jurisperito suam commisit causam? Nullum regno vel Ecclesiæ scandalum concitavit, suæ ruinæ nullius voluit miscere ruinam. Soli Deo causam suam revelans, dicebat, quod Filius Dei ad Patrem dicebat per Prophetam : « Exsurge, Domine, et intende judicio meo, Deus meus et Dominus meus, in causam meam. » Jam nunc videamus in uno testimonio obedientiæ, quam æstimata sit Lantberti coenobialis conversatio. Tendens semper ad perfectionem, augebat aliquid ad suæ servitutis sensum, sciens, quidquid supererogaret, a vero Samaritano sibi reddendum esse. Unde noctibus canonicas vigilias præveniens, solvebat Deo privatas excubias.

22. Ad hoc una noctium dormitorio volens egredi, inquietavit fratres dormientes, altero sandalio a manu sibi elapso : qui sciens, quod ex censura Regulæ deberet adire crucem, qui fratrum quietem turbasset, statim ad nutum indignantis abbatis (1032) lecto exsilivit, et sandalia, et quæ habebat in manibus, relinquens, uno tantum aspero cilicio indutus, nudis pedibus discalciatus, et pene nudus crucem adivit. Hæc crux lapidea inter oratorium et dormitorium erat statuta. Filii Israel in deserto ob tædium longi itineris ac laboris murmurantes, at pro hac noxa percussione ignitorum serpentium pereuntes, sanabantur ab aspectu ænei serpentis, in figura crucifigendi Filii hominis a Moyse pro signo exaltati. Ad hunc modum credibile est, hanc quoque crucem pro signo positam fuisse, ut ad aspectum illius hi, qui erant Christi, carnem suam crucifigerent cum vitiis et concupiscentiis ; et si qui pertæsi longi laboris in via Dei lacesserent, ad aspectum crucis ex morte Christi longanimitatem spei resumerent, et sic ignita antiqui serpentis venena effugerent.

23. Lantbertus ergo eadem patientia, eadem obedientia, qua Christus obedivit Patri usque ad mortem crucis (1033), crucem adiit, ad quam addicti regulariter poenitebant, si qui graviusculis culpis delinquebant ; ibique psalmis et hymnis intentus pernoctabat immobilis. Frigus noctis illius gelu exasperabatur, et nix cum larga deflueret, non tamen ultra talos præsulis ascendebat (1034). Tota prorsus hiemalis facies nimis horrebat : sed ille mitissimus, quia ardebat plane interius flamma Paracleti Spiritus, idcirco exterius frigoris non sensit cruciatus. Coelum ejus patuit precibus, et oratio ad supernos pervenit auditus. Ipso interim canente versum psalmi. « Quando veniam et apparebo ante faciem Dei? » solito citius cantum dabant galli. Fratres surgunt ad præscripta vigiliarum munia, et post hæc domum introgressi, accendunt ignem copiosum. Inter calefaciendum abbas inquirit, ubinam sit Lantbertus, qui fratrum conventui desit. Unus fratrum dixit, Lantbertum esse, qui regulari judicio per intempestam noctem ad crucem sit addictus.

24. Abbas expavescit, et ire fratres ad eum revocandum urget. Eunt, eumque canentem offendunt (1035) : « Cor contritum et humiliatum Deus non spernit. » Eo revocato, advolvitur ejus genibus abbas et omnis congregatio. Abbas se incusat et culpam excusans, veniam de ignorantia vel intemperantia postulat. Lantbertus accusator sui imputat sibi culpam, nihil esse dicens, quod eis ignoscat. Fratres benevolentiæ ejus recompensant gratiam, et balneum illi parantes, vestimenta ejus mutant. Inde manus ejus pedesque exosculantes, gratantur ei unanimes dicentes, hoc factum esse pro ejus augenda gloria. Egregius vero præsul, expansis in coelum manibus, fratres sic benedixit :

O Deus omnipotens, coelestia lumine complens,
Qui coelum, terras, pontum ditione gubernas,
Ut sint cuncta tuis in tempore subdita votis,
Hos, exposco, tuos benedic per sæcula servos,
Protege ab insidiis, serva virtutibus almis,
Donec te videant, et coeli regna prehendant,
Te tribuente, Deus, qui nunc et semper in ævum
In triplici virtute tui benedictus haberis (1036).

CAPUT III.
Sancti in sedem suam restitutio, et cura pastoralis : Taxandri ab idolis ad Christum adducti : S. Landradæ sepultura per ipsum miraculo clara.

25. Evoluto septennio, tandem Altissimo placebat, ut post horridam et diutinam tempestatem coeli faciem serenaret. Pippinus secundus, Angisisii et Beggæ (1037) filius, ubi cunctos, qui inter se concertando Franciam discindebant, viriliter vicit, solus sub Theoderico rege principatum totius Franciæ obtinuit, et perturbatum regni et Ecclesiæ statum disposuit meliorare. Cui inter alia hæc laudis materies occurrit : Trajectensis mercenarius Faramundus tandem justa cleri et populi abdicatus sententia, non tantum ab Ecclesia Trajectensi, sed etiam ex tota provincia expellitur (1038). Illico omnium ad coelum tollitur oratio, omnium ad principem Pippinum legatio dirigitur, ne amplius Trajectenses pii patris Lantberti careant solatio. Punito divinitus Absalon invasore paterni regni, quanta super hoc fuit exsultatio in Israel populo Dei ; tanta tunc erat

---

(1032) Godeschalcus, qui id ex Theodoeno audire potuit, diserte ait, abbatem, qui ignorabat, a quo strepitus ille editus esset, hoc ita imperasse.

(1033) Id est Christi exemplum, quantum potuit, imitatus.

(1034) Nescio, quod nivis prodigium, de quo nec Godeschalcus nec Stephanus meminit, hic indicare voluerit Sigebertus.

(1035) In margine ms. pro *offendunt*, alia denuo manu notatur *attendunt*.

(1036) Hos versus mutuatus est ex Vita secunda num. 22.

(1037) S. Begga, Pippini Landensis filia, Ansigisi, Ansegisii vel Ansigili uxor, et Pippini Heristalli mater, colitur die XVII Decembris.

(1038) Faramundi expulsionem sanctique Lamberti in sedem suam restitutionem, ad annum 681 vel 682, quo tempore Pippinus solius Austrasiæ majoratum domus gerebat, referendam esse ostendimus in Commentario § 6, quem consule.

lætitia populo Dei pro repulsa invasoris Faramundi; et tantum isti gestiebant pro revocando Lantberto ad episcopatum, quantum illi laboraverant pro reducendo David in regnum. Placet justa petitio principi, et edicit pastorem ovibus suis restitui.

26. Ita miles emeritus permaxima tribulatione purgatus, ovium suarum vocibus attollitur, et in cathedra Trajectensium decenter relocatur. Et merito, quia in corde illius erat sinceritas et legis plenitudo, in ore illius veritas erat et pulchritudo. Quanta super ejus reditu fuit exsultatio omni ordini, ætati et sexui! qualiter omnes, in sua unusquisque causa, jucundati sunt, ille novit, qui solus omnium affectus discernit. Regressus igitur vir apostolicus ad propriam urbem, depravatam a pseudo christianis ecclesiasticæ institutionis reparavit normam. Et ut David dicebat : Non ignoro me hodie regem factum super Israel, et ipse credens, se nunc primum episcopum factum, ea, quæ retro sunt, oblitus, in anteriora se extendebat. Malens ergo esse, quam dici episcopus, superintendebat instantius sibi et universo gregi, non subterfugiens, quo minus omne consilium Dei annuntiaret omnibus; timensque servi mali et pigri notam, qui reposuit in sudario pecuniam domini sui, nihil remissi faciebat cordi et corpori suo; sed urbes et municipia lustrabat, et per corda, ligonibus verbi exculta, semen vitæ in tempore jaciebat.

27. Aliquando etiam limites suæ diœcesis excedebat, ne a Domino diceretur servus inutilis, quod id solum fecerit, quod facere debuerat. Erat in proximo provincia Tessandrorum (1039), ubi adhuc vigebat idololatria ; et dolens fortis Christi athleta, hostes Christiani nominis de tam contiguo adversari regno regis sui, armis fidei accingitur, et calore virtutis inflammatus, crebris eos assultibus lacessebat, et oblata eis pace Dominica, tentabat omnimodis, si quo modo super filios pacis pax sua requiesceret. Illi cum fremerent ut barbari, et eum discerpere cuperent, ipse ultro se ingerens bello, templa et simulacra eorum destruebat, aliquando vero eos verbi dulcedine demulcens, sermocinabatur eis. Ut vos, inquit, fratres, de vera salute moneam, me et mea et vestra utilitas monet; ut et vos salvemini, et ego de vobis fructum laboris habeam. Nihil est homini utilius, quam salutem quærere : sed quis salutem quærat, nisi sciat quid sit salus? Quomodo quærat, si nesciat unde expetenda sit? Qui aliunde, quam a Deo, qui ipsa salus est, quærit, nihil agit. Si homo, neglecta anima, corpori tantum consulat, nihil distat a pecude, quæ secundum corporis sui habitum terram inspiciens, soli corpori intendit. Quia ille est homo, qui seipsum agnoscit; agnosce homo, quis sis, qualis creatus sis, quis futurus sis.

(1039) Taxandria regio a Trajectensi oppido millibus II distat.
(1040) In margine legitur *humo.*
(1041) In margine notatur *sed cum.*

28. Homo es, quia de limo (1040) plasmatus es, animal ratione et mortale es, medius inter pecora et angelos. Per rationem es pecore melior, per mortalitatem angelo inferior. Qualis vero creatus sis, ostendit corporis tui habitus. Cur solus homo creatus est ori sublimi, erecto pectore et rectis manibus? Nimirum ut corpore et corde et actu semper cœlo intendat. Vis scire qualis futurus sis? Terra es, et in terram reverteris. Si tamen (1041) salutem animæ quæsieris, immortalitatem consequeris. Ad hoc consequendum necesse est ut sciat homo quis vel quid sit Deus. Si nescit quis vel quid sit Deus, sciat saltem quis vel quid non sit Deus. Vis scire quid sit Deus? Deus est, qui omnia ex nihilo creavit, qui omnia regit, qui semper vivit sine initio, sine fine, sine circumscriptione loci et temporis, sine mutabilitate substantiæ. Audite etiam quid sit Deus. Deus est æternus et ipsa æternitas, sapiens et sapientia ; et quidquid virtutis alicui adest per accidens, hoc soli Deo inest substantialiter. Quis autem Deus non sit, quis hominem nescit? Homo, lapis, lignum, vel aliquid tale, non est Deus : postremo nulla creatura Deus est. Non (1042) est Deus aliquid eorum quæ per privationem aut contrarietatem boni dicuntur ; ut sit injustus, malus, vel aliquid tale. Qui homo est, hæc solius naturæ magisterio discet, et inspecta creatura, Creatorem intelliget.

29. Deus creavit cœlum et terram, et ultimum omnium creaturarum plasmavit hominem, dans ei arbitrii libertatem, ut per voluntarium boni appetitum (1043) mereretur etiam boni præmium talem eum condens, ut, si non peccaret, immortalis esset si peccaret, mortalis fieret. Qui diabolo magis quam Deo credens, in mortem cum omni genere suo corruit, quod in tantam malitiam erupit, ut pœniteret Deum fecisse hominem, et per diluvium deleret de sub cœlo omnem carnem, solas octo animas per annum integrum in arca reservans. Horum posteri contra Deum volentes habere refugium, dum turrim usque in cœlum erigerent, Deus superbiam filiorum Adam ponens super cor suum, lingua humana, quæ una omnibus erat, divisa in septuaginta duabus linguis, eos a se divisit. Omni malo gravior excrevit idololatria, quam quia solus pene Abraham abhorruit, benedictionem a Deo meruit et promissionem, quod in semine ejus, qui est Christus, benedicerentur omnes gentes. Hic de Virgine natus, verus Deus et verus homo in una sua persona faciens opera divinæ et humanæ naturæ, quidquid est hominis absque peccato, in homine egit et pertulit ; et clarens verbis et signis, quod Dei est, non abscondit.

30. Sed ut uno calore solis cera mollescit, et limus durescit, sic ad calorem verbi divini boni ad fidem emolliti sunt, mali contra fidem obduruerunt.

(1042) In margine, *non quid.*
(1043) In ms. nostro hæc vox luxata, sic habetur *oppe-.*

Ut ergo Deus operaretur opus suum, ut hominem scilicet salvaret, opus peregrinum et alienum adeo operatus est, ut ipse, qui est vita omnium, in homine pro homine gustaret mortem, et mortem crucis. Qui, spoliato inferno, a mortuis tertia die resurgens, et ad cœlos ascendens, et Spiritum sanctum mittens discipulis cum scientia omnium linguarum, misit eos in mundum prædicare, et baptizare in nomine sanctæ Trinitatis. Hinc in omnem terram exivit sonus apostolorum et apostolicorum virorum. Hic sonus tandem ad vos usque pervenit. Unde pro vobis, fratres, doleo usque ad animam, quia repellentes verbum Dei, judicatis vos indignos esse æterna vita. Fugite, charissimi, ab idololatria. Sapientibus loquor ; vos ipsi judicate quod dico. Quid prodest coli simulacra, quibus non est anima, neque vita ? Fugite, inquam, ab idololatria, quia nulla major hac est injuria in Deum, qui dicit per prophetam : « Gloriam meam alteri non dabo. » Fugite a tenebris, qui lucem naturalis rationis habetis.

51. Jam pene totus mundus credidit. Ut sol tres mundi cardines, Orientem, Meridiem, Occidentem, sua præsentia attingit : Septentrionalem vero cardinem jactis radiis a longe illustrat ; sic Sol mundi Christus Orientem nascendo sacravit, Meridiem in Ægyptum fugiens invisit, nec reliquit Occidentem, ubi apostolos misit, per quos jam caput mundi Roma inflexit cervicem. Quartus hic cardo, quem incolitis, quamvis propter solis absentiam tardius lucem admittat, tamen a longe illuminatos videt, et si præsentia solis caret, solaris tamen lucis usu non minus eget. Hoc modo, charissimi, si ipsum Christum, si Christi apostolos non vidistis, beati estis, si creditis in eum quem non vidistis. Si in ipsum solem non potestis aciem infigere, intendite oculos ad montes a sole illustratos. Per hos montes, per apostolicos scilicet viros, longe lateque fidei luce transmissa, jam credidit Hispania, tripartita Gallia, Germania, et remotæ sub alio orbe Britannia et Scotia. Francia de proximo vos arguit obstinatæ incredulitatis. Cum misericordia Domini plena sit terra, quare super vos, tanquam super filios incredulitatis manet ira Dei ? Currite ad lucem, credite in Deum Patrem, et in Jesum Christum Filium ejus, et in Spiritum sanctum. Credite futuram carnis resurrectionem, timete ultimum judicii diem, in quo habebimus omnes judicari ; mali, ut eant in supplicium æternum ; boni, ut habeant vitam æternam cum angelis, non in angelicam mutati naturam, sed pro meritorum varietate in variis angelorum ordinibus ad angelicam provecti gloriam.

52. His et talibus Prædicator Christi paulatim abolens ab eorum cordibus barbariem gentilitatis, incæcabat eos ad Christianitatis mansuetudinem, et idololatriæ fetorem (1044) removens, spargebat ubique Christi bonum odorem. Illi tamen humanitatis respectu adducti, attendebant virtutem et pietatem sancti viri, qui, quod ore prædicabat, opere explebat ; et eum imitari volentes, patiebantur se ab eo in fide Christi confirmari. Nec ante destitit Signifer Christi, quam omnem illam gentem, de regno diaboli abactam, ad regnum (1045) Regis regum transduxit. Hæc est, Christe, tua gratia : hæc est boni militis tui constantia, qui opus apostolicum aggressus, ad castra tua insignem adduxit triumphum. Ecce Thessandriæ apostolum, merito apostolis et apostolicis viris conferendum. Cum enim ad judicandum venerit Princeps pastorum, et quisque pastorum ei repræsentaverit, quotam partem mundi sua prædicatione adduxerit ad fidem, hic Pastor noster inter pastores non inanis apparebit : sed etiam ipse multos suo labore ab idololatria vel malitia retractos post se trahet, et accipiet multiplicem gloriæ coronam.

53. Quam gloriosus sit Deus in seipso, nullo modo deprehenderetur ab hominibus, nisi aliqua mirabiliter in sanctis suis operaretur, per quæ a nobis intelligatur vere esse mirabilis. Francis Pippino principante, construxit cœnobium in villa Belisia S. Landrada virgo (1046), per omnia S. Lantberti consilio animata et usa auxilio ; quæ imminente die sui exitus, ut parata ad nuptias Sponsi sui intraret cum accensa bonorum operum lampade, accersivit familiariter eumdem S. Lantbertum, ut ab eo Vitæ viaticum acciperet. Accelerante viam sancto viro, illa interim soluta est carnis ergastulo ; sed Deus, cui nihil gratius fraterna charitate, nec illum, nec illam passus est privari fructu mutuæ amicitiæ. Nam in eundo jucunda Præsuli apparuit visio. Ante oculos jacentis, et quasi per extasim semivigilantis stabat clara videri ipsa virgo Christi Landrada, eumque amicabili vultus et oris gratia compellans. Unde, inquit, tibi, o mi amice, hæc insolita mei incuria, ut te ad me visitandam tanta tenuerit mora ?

54. Lantbertus, prætendens affectum familiaritatis, reddebat hæc verba excusationis : Me nec incuriæ nec moræ incusare habes, quem ad te venire maturantem prævenit ocior mortis tuæ necessitas. Ecce, quia adsum, et tu jam intrasti in gaudium Domini tui, justa tibi solvam ex debito; tu, quæso, mihi indica, quo in loco corpusculum ex tuo placito sepeliam. Et illa : Suspice, inquit, cœlum, et diligenter illum in terris locum notato, in quo videris modo per micantem lucem cœlitus apparere sanctæ crucis signum. Lantbertus eam monstrantem sequens oculis et mente, ecce videt locum in terris cœlesti luce designari in modum sanctæ crucis, et ab ore colloquentis sibi virginis hæc ultima verba accipit : Hunc locum, Lantberte, tibi insinuatum sancti est.

(1044) In margine est, *fervorem*.
(1045) In margine pro *regnum* habetur *æterni* : unde consequenter mox pro *regum* legendum esset *regnum*. Cæterum totus ille sermo Sigeberti, non

(1046) S. Landradæ virginis et primæ abbatissæ Belisiensis Vita data est ad diem VIII Julii, auctore Theodorico abbate Trudonopolitano.

cœlitus, scias olim delegatum a Deo meæ sepulturæ. Hac vice sermonum sancta virgine cœlo recepta, vir sanctus somno solutus, applaudebat sibi de cœlestis visionis oraculo. Locus autem, qui cœlestis lucis signo irradiabatur, Wentreshovum (1047) erat, quem ipse S. Lantbertus, a S. Landoaldo inibi nutritus, prima sui tyrocinii indole insigniverat.

55. Lantbertus tanto quidem properantius maturabat viam, quanto sciebat hoc Deo et sponsæ ejus fore gratius; et veniens Belisiam tardius voto, quam pedibus (animo enim cupienti nihil satis festinatur), visionem omnibus pandit, eosque ad illam exsequendam nititur flectere, quam potest blandius ac facundius. Omnes contra unum reclamant, omnes uno ore tumultuando conclamant : Absit , Lantberte, absit, o præsul beate! Hic ipsa sancta virgo a te Deo consecrata fuit : hæc ecclesia ejus opera et impensis constructa, a te per eam est dedicata : hic omnia ejus per te ab ea Deo delegata sunt : hic Deo famulantium turba per eam et per te adulta est; et ubi dignius ossa ejus quiescent, quam hic, ubi præsentialiter tot bonorum ejus operum apparent testimonia? Et hæc quidem omnia etiam tuæ sanctitatis merita, Lantberte, accumulant, dum per tuæ pastoralitatis studium hic et merito et numero aucto fidelium populo, fidei et virtutis exuberant dona. Lantbertus offensus pervicacia omnium. Gratum est, inquit, præesse civibus; sed grave est omnibus placere. Ecce, quia sermo Dei et meus non capit in vobis, vos omnes invitus sequar : certus sum tamen, quia cœlestis oraculi non decrit effectus.

56. Lantbertus igitur, sepulta sancta virgine magis ex populi, quam ex suo placito, animo fluctuabat, hinc de cœlesti oraculo certus, illinc incertus de sepulto virginis corpusculo. Ob hoc omni orandi modo se addicens, quærebat rem ab eo, cui nihil impossibile esse sciebat. Sic exacto triduo, convocato populo ait, virginem Christi pridem defunctam, vestro etiam judicio magni dico fuisse meriti; et ideo non leve esse duco, quod ab ore ejus jam cum Christo regnantis mihi teneo indicatum. Ideo ne gravemini, quod precor, ut aperta virginis tumba, rem ipsam oculis experiamur. Obeditur ei ab omnibus; tumba aperitur; sed nihil reperitur de sancto ibi sepulto corpore, cum ipso sarcophago alias transposito. Expallet vultus omnium; solus Lantbertus gaudet, et attonitos paterne demulcens. Quia, inquit, diffidentiam vestram experti estis, jam nunc Dei mirificentiam experiamur, et in loco mihi designato sancti corporis glebam quæramus. Eo duce Wentreshovum curritur, qui mente et oculis relegens cœlestis signi ostensa sibi vestigia, ostendit locum beneplacitum sanctæ virgini. O rem novam ! Ibi sancti corporis glebam, cum ipso sarcophago transportatam inveniunt, tam composite tamque decenter relocatam, ut nulli esset dubium, angelico ministerio sanctam virginem illuc translatam fuisse.

37. Et quid mirum, si ille, qui martyri suo Clementi habitaculum in modum templi marmorei præparavit in mari angelicis manibus (1048), hujus quoque virginis corpus per angelos, mysteriorum Dei administros, tam competenter transtulit (1049)? Huic miraculo tanquam inusitato si quis discredit, moveat eum saltem argumentum a contrario. Quippe cum sciat multorum corpora in sanctis locis indigne sepulta, per angelos malos longe projecta esse, non diffidat sanctos angelos ad nutum Dei sanctæ virgini suam impendisse operam, et voto verbisque S. Lantberti fidem fecisse. Attollunt ergo cuncti Dei virtutem, super omnia prædicant fidem et meritum gloriosi Lantberti, cujus conversatio jam in cœlis erat, quamvis corpore adhuc teneretur in terris, in quo videbant impleri illam Domini vocem : « Omnia possibilia sunt credenti. » O virum dignum Deo, cui nihil deest ad perfectionis cumulum, paratum etiam ascendere ad illam charitatem, qua majorem nemo habet, ut animam suam poneret pro amicis suis ! Quam enim majorem daret rex suo emerito militi, quam ut coronatum martyrio donaret , rude æternæ quietis. Nos ut extremam manum operi imponamus, jam nunc passionis ejus vexillum erigamus.

CAPUT IV.

Pippinus ob ductam Alpaidem pellicem correptus : pellicis odium et insidiæ : sancti, illa instigante, martyrium.

58. Pippinus, ut prædiximus, principabatur egregie super omnes principes Francorum, cujus gloriam augebant crebri victoriarum tituli, quem ad virtutem incitare poterant saltem deducta ab utroque parente nobilitatis et sanctitatis monumenta. Ut enim sileam de sanctitate Gerdrudis materteræ (1050) ejus, vel Clodulei (1051) Mettensis episcopi, qui fuit patrinus ipsius; quis S. Beggæ matris ejus vitam non miretur? Quis nesciat sanctimoniam paterni avi ejus Arnulphi (1052), qui primo major domus regis, post Mettensis episcopus, et in vita et in morte mirabilis mundo fuit? Jam vero etiam filiorum ejus potentia vigebat in regno, e qui-

---

(1047) Vide adnotata ad cap. I, litt. *i*.
(1048) S. Clemens papa et martyr, quem hic indicat, colitur XXIII Novembr., quo die hæc examinari poterunt.
(1049) Eadem leguntur in Vita S. Landradæ, unde ea discere potuit Sigebertus.
(1050) Indicat S. Gertrudem virginem, abbatissam Nivellensem in Brabantia, cujus gesta elucidata sunt ad diem 17 Martii. Erat hæc Pippini I, cognomento Landensis, filia, et soror S. Beggæ, ex qua et Anse-giso Pippinus II natus est.
(1051) S. Clodulphum seu Chlodulphum Mettensem episcopum indicare voluit, cujus gesta exposita sunt ad diem 8 Junii quo colitur.
(1052) S. Arnulfus ante aditum episcopatum in sæculo uxoratus, S. Chlodulphum, cujus mox meminimus, et Angesisum procreavit, ex quo et S. Begga Pippinus, ut diximus, genitus est. S. Arnulphi res gestas vide ad diem 18 Julii.

Las Drogo (1053) dux erat Campanensium, at Grimoaldus (1054) hæreditarium patris principatum exspectabat. Hos illi genuerat legitima sua conjux Plictrudis. Et cum Pippino nihil gloriæ, nihil potentiæ, nihil felicitatis deesset, nunquam ei super industriam fortuna fuit.

39. O nihil unquam tutum apud diabolum! Vir tam victoriosus de seipso non potuit triumphare, et ferreum pectus suum passus perforari molli telo libidinis, pucllam nobilem et elegantem, nomine Alpaidem, superduxit legitimæ conjugi suæ Plictrudi ex qua etiam suscepit filium Karolum, cui postea propter indomitam bellandi fortitudinem Tudetes, sive Martellus, agnomen fuit. Hæc soror erat Dodonis (1055), qui domesticus Pippini principis erat, vir plenus opibus, genere clarus, per amicos et cognatos, et multos sibi obsequentes pueros, multam potentiam assecutus in regno. Cum autem nullus esset episcoporum, qui staret ex adverso et opponeret se murum pro domo Israel, ut staret in bello in die Domini, Lantbertus opportune, importune arguebat principem, et alterum se Eliam vel Joannem exhibebat, et quorum imitabatur zelum, ad eorum quoque tendebat meritum, ut quibus par erat in certando constantia, par foret in vincendo gloria. Elias Aab (1056) ... regem Israel hostem pertulit et vicit, et eum ad hoc arguendo attraxit, ut intentatam Dei iram a se differret, quam forte ex toto effugisset, nisi eum Jezabel uxor sua, contra Deum concitans, sub peccato vendidisset.

40. Joannem Herodes se arguentem metuebat, et pro eo multa faciebat; sed eum quoque Herodias uxor per lasciviam saltantis filiæ ad jusjurandum, et per hoc ad necem Sancti perpulit. Tertius Elias, vel alter Joannes noster scilicet Lantbertus, in spiritu et virtute Eliæ et Joannis, etiam ipse directus parare viam Domino, arguebat libere Pippinum principem, nec secundæ Herodiadis timebat rabiem. Nam quod animi habebat Herodias, cum Herodes Joanni, eum pro adulterio arguenti, libenter accommodabat aurem; hoc animi habebat etiam Alpais (1057), cum Pippinus Lantberto, cum pro pelicatu suo arguenti, obediebat. Equidem vir alias laudabilis et religiosus, hoc excepto, multum Lantberti jucundabatur consiliis, et monitis flectebatur qui si amantem pellicem fallere potuisset, nimirum lucrose audisset se merito increpantem præsulem. Elias in cœlum raptus exspectat adhuc per Antichristi gladium victoriæ palmam; Joannes pro veritate caput suum martyrio devovit; tertius duorum Lantbertus se quoque dignum exhibuit ad bibendum calicem Domini.

41. Pellex rem ad fratrem suum Dodonem refert, eique omne consilium suum deferens, precabatur ut ejus ope aboleatur opprobrium generis sui, quod nimis invalesceret, si per Lantberti censuram contingeret suum a principe divortium. Ille causam suam et sororis cum valentioribus sui generis communicans, per se et per eos episcopum compescere ab increpatione principis laborat; quem quia invenit inflexibilem, nec faciem alicujus contra justitiam revereri sensit, proximis et amicis suis promittit de causa sororis ultionem. Hinc duo fratres, Gallus et Rioldus, consanguinei Dodonis (1058), neptis suæ Alpaidis miserantes vicem, lacessendi episcopum opportunitatem quærunt, et insurgentes cum omnibus suis in ecclesiæ Trajectensis familiam omnem, qualicunque arte contra eos calumniam concinnant, nullam, quam ejus inferre possunt, molestiam præternittunt; si quo modo possent per hoc sententiam præsulis inflectere, ut saltem causa suorum a redargutione principis desisteret. Sed res aliter, ac rati erant, cessit. Justus nempe, ut leo confidens, clipeo patientiæ contra omnes se protexit incursus, et gladio Spiritus, quod est verbum Dei, contra minas terrenæ potestatis se accinxit, et galeam salutis indutus, agebat indubitanter rem veritatis. Et primo quidem blande compellebat eos, et quibus modis pietas Patris, et censura præsulis poterat, eos ab injusta deterrebat violentia.

42. Sed quia in ventum fundebat verba, se quam familiariter in Deum rejiciens, dicebat: «Exsurge, Domine, et judica causam meam; memor esto opprobrii servorum tuorum.» At filii Belial acrius Dei fideles impetebant, et omni genere nocendi tribulabant innocentes. Illi, quibus res erat pro anima, et quibus tota spes in sola innocentia pendebat, inconsulto episcopo armis obviam ire parant, ut aut ulciscantur suas injurias, aut ne moriantur inulti. Concursum est, pugnatum est. Pugnant illi pro temeritate, repugnant isti pro salute: Gallum et Rioldum, consanguineos Dodonis, locat superbia in prima fronte belli, Petrum et Audolecum, consanguineos præsulis, ex adverso in prima acie opponit justitia. Galli et Rioldi degeneres animos timor arguit; Petri et Audoleci dexteras ad virtutem erigit innocentia. Virtus innocentiæ favit, victoria cessit parti ecclesiasticæ: Gallus ac Rioldus, factionis iniquæ prin-

(1053) Drogo Campaniæ dux, Pippini ex legitima uxore sua Plectrude filius, in variis Annalibus apud Cointium obiisse notatur anno 708.

(1054) Fuit hic alter legitimus Pippini filius, qui, dum anno 714 in ecclesia S. Lamberti Legiæ pro ægrotantis patris sui incolumitate oraret, interfectus est.

(1055) Dodonem Pippini domesticum ac potentem virum fuisse, testantur etiam Godeschalcus et Stephanus; sed eumdem Alpaidis fratrem fuisse, primus, quem novi, scripsit anonymus, cujus verba recitavimus in Commentario num 198.

(1056) Lege Achab. Hic in ms. nostro deinde vox una aut altera excidit, ut locus vacuus indicat.

(1057) In ms. nostro mendose hic legitur Alpaidis. Porro hic incipit Sigebertus contra Godeschalci ac Stephani fidem novam martyrii S. Lamberti causam comminisci.

(1058) Gallum et Rioldum Dodonis consanguineos fuisse et Trajectensem ecclesiam rapinis suis graviter afflixisse, didicit ex Godeschalco et Stephano: verum hi nullam affligendi causam assignant, nec Alpaidis unquam meminerunt.

cipes, cæsi oppetunt ; Petrus atque Audoleeus, Ecclesiæ vindices, referunt vexillum victoriæ (1059). Confusi sunt impii, nec erubuerunt ; victi sunt, sed defatigati non cesserunt : Dodo enim, qui fuerat incentor omnium malorum, jam et ipse efficitur belli, auctor, et vilipendens, quod de sacerdotibus dicitur ex ore Dei : « Qui tangit vos, tangit pupillam oculi mei ; » grassatur in ipsum caput sancti episcopi, devovet eum morti, in eum solum retorquet nepotum suorum ultionem.

43. Pippinus princeps illis diebus Jopiliam (1060) venerat, ad villam Leggiæ contiguam, ubi vir sanctus, quasi pro regni negotio ad ejus curiam invitatus, suam præsentiam non negavit. Princeps et principis pellex vultum serenant contra eum ; alii iram dissimulant, simulant alii lætitiam, multi pro suo quisque arbitrio habitum cordis variant. Tractabat autem pellex opportune aliquem parare sibi precatorem, per cujus interventum posset sibi conciliare animum episcopi, vel saltem ab importuna reprehensione principis inpræsentiarum mitigare. Convivium apparatur ; invitatur episcopus ; jucundatur prorsus omnis curialis frequentia. Princeps oblatum sibi a pincerna poculum innuit afferendum esse episcopo, ducens benedictionis vice, si de consecrata sancti episcopi manu poculum acciperet, quod olim a Martino, Turonensi episcopo, sciebat quæsisse Maximum imperatorem (1061). Sed Pippinus majorem benedictionem a Lantberto percepisset, quam Maximus imperator a Martino percepit, si talem gratiam apud Lantbertum uxor Pippini meruisset qualem apud Martinum uxor Maximi promeruit (1062).

44. Martinus melioris Maximo imperatore æstimavit presbyterum suum, cui poculum porrexit ante regem ; Lantbertus nullum Pippino prætulit. Exemplum principis secuti minores proceres, omnes a sancta manu sancti episcopi poculum sibi porrigi efflagitant. Dum ad hoc omnes mistim irruunt, et se confuse ingerunt, ut alter alterum præveniat ; ecce pellex sua manu clanculum manibus aliorum intermista, satagebat vel sic de manu episcopi præripere poculum. Ille ante et retro oculatus, præcavit femineas insidias callenti animo, et ad principem conversus, de nimietate femineæ præsumptionis conqueritur, quæ callida arte quæsisset inurere sibi notam non placitæ Deo communionis. Inde se aula proripuit, et omnem illam principalis convivii imminuit jucunditatem (1063). Nec sic quievit versutia femineæ, nihil volentis relinquere inexpertum.

Vesperi parente redire episcopo, ei per suggestionem pellicis a principe jubetur, ne abeat insalutata sua conjuge.

45. Episcopus, loquente in se Spiritu veritatis · Testor, ait, o maxime princeps, testor vere Jesum, spem vitæ nostræ, me nunquam fornicariæ communicaturum ; quia mandavit nobis Paulus : « Ne commisceamini fornicariis. » Testor, inquam, Deum, me nunquam eam salutaturum ; quia scio dixisse amicum Dei Joannem : « Si quis non permanet in doctrina Christi, non eum recipiatis, nec ave ei dixeritis : qui enim dicit illi ave, communicat op.ribus illius malignis. » Te ei communicare nimis doleo, te nolle resipiscere ægre fero ; propter hoc Dei iram tibi timeo. Pellex igitur videns, causæ suæ nihil esse reliqui, jamjamque, si diu advivat Lantbertus, timens sibi imminere divortium, rem totam seriatim fratri furioso mandat, et oleum camino addens, obtestatur, ut quantocius agat de occidendo episcopo. Dolorem, quem Dodo habebat de nece nepotum suorum, exaggerabat geminatus de repulsa sororis suæ dolor ; jamque in hoc totus erat, ut sibi et sorori suæ satisfaceret.

46. Præco veritatis Lantbertus, jam tendens ad bravium supernæ vocationis, venerat Leodium ; Dodo vero ad vicum Auridum secesserat, satis Leodio contiguum : parat arma, socios aggregat, a domo etiam regia, suo vel sororis suæ nomine comparatos evocat auxiliarios. Dilationis moras odit, iras colligit differendo, irascendo stimulos furoris ad cotem durissimi cordis acuit. Lantbertus interim præscius instare suum agonem, noctem illam insomnem duxit, non quia terrerent eum aliqua insomnia mortis, sed quia spe præoccupabat futura quietis gaudia. In ipso namque conticinio noctis surgens ad confitendum Domino, angelico se in terris obsequio exercebat. Hora celebrandæ nocturnæ synaxis (1064) excitatis discipulis, ait : Surgite ocius, promisit Deus coronam vigilantibus. Officio expleto, cæteri se lecto reddunt ; ipse præstat [forte perstat] boni operis cursum consummando. Circa crepusculum corpore corruptivo aggravante animam, cœpit exemplo Domini euntis ad passionem tædere, et oculis gravatis somno, captabat dormiens modicum quietis.

47. Tunc ecce, circa auroram rarescentibus tenebris, hostilem exercitum cuneatim incedere videt et nuntiat excubitor episcopalis domus, nomine Baldoveus ; et quamvis nebula mane ascendens liberum intuitum retunderet, facile erat rem deprehendere

---

(1059) Totum bellum hoc Sigebertus pro suo ingenio exornavit, cum Godeschalcus et Stephanus tantum dicant, Gallum ac Rioldum a Petro et Audoleco, qui ecclesiasticarum rerum prædationes ultra ferre non poterant, occisos fuisse.

(1060) Jopilia, Jopila, Jopilum, Jupila, Jobii-villa, vulgo *Jupille*, vicus est in ripa Mosæ prope Leodium, ubi Pippinus villam habuit, in qua etiam obiisse creditur.

(1061) Historiam hanc refert Severus Sulpicius cap. 25 Vitæ S. Martini, cui colitur die xi Novembris.

(1062) Adi Dialogos ejusdem Severi Sulpicii lib. II, cap. 7.

(1063) Et hoc quoque totum convivium antiquioribus omnibus ignotum primus confinxit Sigebertus atque ita retulit, quasi ipse eidem interfuisset.

(1064) Id est Officii nocturni.

vel ex visa multitudine virorum, vel ex audita collisione armorum. Micabant loricæ, proeminebant cassides in capite, levæ tegebantur clypeis, dexteræ armabantur spatis et lanceis ; præibant fundibularii cum sagittariis. Audite rem mirabilem, divinæ pietatis indicem ! Ut enim clareret, Lantbertum in nullo gloriari, nisi in cruce Domini nostri Jesu Christi, per quem ei mundus crucifixus erat, et ipse mundo, eique jam a terra in cœlum per virtutem crucis ascensum in cœlis parari, quidam sequentes exercitum, vident signum admirabile stupentes supra domum, in qua erat pontifex, instar Dominicæ crucis, clarius omni metallo, a terra usque ad cœlum rutilare. Constat quibusdam, qui spe pactæ mercedis, non aviditate fundendi sanguinis, et tantum ad augendum numerum militum, non ad patrandum scelus Dodonem sequebantur, sanctam crucem fuisse conspicuam ; illis econtra occultabatur objectu nebulæ, qui cupiditate rapinæ et exspectatione præmii spirabant in perniciem sancti pontificis (1065).

48. Primo Constantino imperatori ad bellum æmuli signum crucis igneo fulgore rutilum in cœlo apparuit, quo inscriptum videbatur : Τούτῳ νίκα, quod est, In hoc signo vinces (1066). Lantberto quoque in procinctu belli stante, signum crucis apparuit super domum ejus, plane portendens illi, qui stigmata crucis Christi in corde et corpore suo pertulerat, jam a Deo victoriam et coronam parari. Dilecto quoque Domini Benedicto via palliis strata et lampadibus a terra usque ad cœlum parata esse, per quam ad cœlum ascenderet, quibusdam apparuit (1067) : Lantberto vero quam Benedicto gloriosior via parata est, qui per ipsam crucem, a terra usque ad cœlum rutilantem, cœlos ascendit. Lantbertus quoque felicior fuit ipso Elia : Elias enim igneo curru in cœlum raptus, morte dilata, longam spem vitæ æternæ adhuc tenet : Lantbertus, morte obita, in cœlum ductus per crucem igneæ lucis, in æterna vita gaudet cum Christo.

49. Acies hostium jam quasi ad præcinctum appropinquabat : excubitor domus inclamat dormientes, quibus ipse jam circumstans exercitus esse poterat nuncius horroris. Testis Christi Lantbertus attonitus gravedine somni et rei acerbitate, discalciatis pedibus surgit, et arripit gladium, quasi se suosque defensurus : sed ad se reversus, se temeritatis damnavit, et quia illicite saltem attentaverat arma, se ante Deum congruenti addixit pœnitentiæ (1068). Te, inquit, bone Jesu, qui dixisti : « Mihi vindictam, et ego retribuam, » te precor, ne perdam victoriam meam, quia satius est mihi mori in te, quam super inimicos meos bellando mittere manus. Tu bellator fortis, apprehende arma et scutum, et exsurge in adjutorium mihi. Jam irruptis portis, jam effractis foribus, ipsos domus parietes impingebant lanceis ; aliqui etiam introgressi, ignem intentabant. Petrus et Audolecus introgressos eliminabant, et tam multis tam paucorum viribus frustra conabantur resistere ; quos sanctus pro tempore consolans. Si, inquit, me, fratres, vicarie amastis, Christum, sicut ego diligo, diligite : vestra Jesu peccata confitemini, et orate pro invicem, ut salvemini. Me oportet jam dissolvi, et cum Christo vivere.

50. Scitis vos, o nepotes mei, reos et noxios fuisse in crimine isto (1069), de quo modo ultio expetitur ; quod tunc injuste egistis modo, precor, juste ac patienter luite. Non judicabit Deus bis in id ipsum, nec consurget duplex tribulatio. Ne, quæso, peccatum vestrum ante Deum inundet, nec per manus vestras sanguis sanguinem tangat. Non timeamus sævitiam persecutorum, quia illis erit in vindictam gladius et ignis, qui manducabit carnes illorum usque ad medullam. Vos tantum manus vestras servate innoxias, ut et spiritus vester in æternum sit salvus : vestras etiam carnes date illis ad dilacerandum. His ultimis monitis Patris sui, jam in agonia constituti, animati sunt omnes ad occumbendum pro justitia et innocentia. Ipse arrepto Psalterio, et primum psalmi versum, qui occurrit, pro præsagio accipiens : « Quoniam requiret Dominus sanguinem servorum suorum, » hoc subjunxit ultimum : Videat Dominus, et requirat. Et egressis omnibus extra cubiculum, et quasi agnis in medio furientium [l. furentium] expositis, ipse extensis manibus, terræ in modum crucis prosternitur, et orans cum lacrymis, in manus Domini animam suam commendavit, ut nemo unquam affectuosus se Deo commendaverit.

51. Carnifices interea Petrum et Audolecum peremerunt, et quotquot ecclesiasticæ clientelæ ibidem invenerunt. Unus cæteris truculentior, ascenso tecti culmine, eumque videns hærentem solo pavimenti,

---

(1065) Quibus ea crux visa fuerit, quibus occultata, Sigebertus ex sola conjectura dixisse videtur, nam antiquiores biographi tantum dicunt, eam nonnullis de ipso exercitu, vel exercitum sequentibus ita apparuisse.
(1066) S. Constantini imperatoris gesta illustrata sunt ad diem 21 Maii, ibique de prodigiosa cruce, quam adversus Maxentium moturus vidit, actum est cap. 5. Voces Græcas restitui, cum in ms. nostro legeretur vitiose Duthoyca.
(1067) Vita S. Benedicti, Ordinis sui fundatoris, auctore S. Gregorio Magno, data est die 21 Martii, ubi cap. 6 ista visio refertur.
(1068) Sanctum, abjecto mox gladio, quem somno gravis primo mentis impetu ad sui defensionem arripuerat, mutasse sententiam, aiunt etiam Godeschalcus et Stephanus ; sed de indicta sibi propterea pœnitentia neuter meminit. Poeta anonymus, num. 174 relatus, ex rumore fabulatus est, cum septennio pœnitere, si viveret statuisse.
(1069) In cæde scilicet Galli et Rioldi.

cor ejus jacto telo transfixit (1070); animam vero ejus cum ipso orationis murmurio angeli intulere cœlo. Pretiosus ego sacerdos Domini Lantbertus, qui hic fuerat particeps omnium custodientium mandata Dei, fruitur illic gaudens et exsultans, omnium sanctorum contubernio. Cum continentibus et virginibus redimitus serto castitatis, confessor cum confessoribus, ante Deum bibit secundum calicem confessionis; monachus cum monachis accipit centuplum æternæ recompensationis; apostolus cum Apostolis in sede judiciariæ potestatis sedet; propheta cum prophetis spe gaudet, patriarcha cum patriarchis fide fulget; postremo martyr cum martyribus calicem salutaris accipiens, nomen Domini invocat, quia majus non habuit, quod Domino retribueret pro omnibus, quæ retribuit sibi. Inter novem etiam locum ordines angelorum habet, in quo singulis pro merito officii sui participet. Itaque factus omnium particeps, electus est in æterna curia municeps, ubi obtinet palmam perennis gloriæ, et stolam jucunditatis æternæ.

CAPUT V.

Corporis sepultura Trajecti : Dodonis et sociorum pœna : miracula Leodii facta, et ecclesia ibi ædificata : corpus eo translatum : Grimoaldi cædes divinitus punita : Northmanni a sacro corpore repulsi : auctoris observatio : tempus martyrii.

52. Pauci ex satellitio sancti martyris, qui evaserunt mortis periculum, tegentes vili tegmine corpus roseo cruore perfusum, quantocius navigio Trajectum transvexerunt. Volat fama per populos, pavore et horrore universos concutiens : pavent omnes pro offensa principis (1071), horrent omnes pro indebita nece præsulis, deflent Trajectenses, se amisisse pii patris benevolentiam, nec tamen satis audent debitam tanto patri reverentiam exhibere. Vix caros lugere, vix reos vacat odisse. Exposito ad portum sancto corpore, cucurrit populus sine nomine et numero, et quanti apud omnes S. Lantbertus æstimatus sit, ex confusis omnium planctibus æstimari poterat. Impositus feretro defertur sanctus martyr ad basilicam S. Petri cum honore debito; clerus cum psalmis et canticis prosequitur, populus complodit manus cum lamentis : populus pernoctat solemniter, clerus rite frequentat excubias.

53. Juvat omnes allambere vestigia pii patris; magna se putat suffragia meruisse, cui contingebat A sanctis membris infigere oscula. Delectabile ac pium erat videre omnes pastori suo impendere pignus amoris; sed miserabile ac mirum erat circa erraticas oves iram pii pastoris advertere. Traditur enim a majoribus, quia, cum omnibus sanctis exosculandi liber aditus pateret, si qua pellex se ingerebat ad corpus martyris osculandum, quasi quodam turbine rotata, retrocedebat (1072). Per pellicum ergo repulsam clarebat nimis, Deo et sancto martyri pellicem (1073) illam odiosam fuisse, quæ duplici crimine Franciam infamaverat, et sanctam conturbaverat Ecclesiam. Tantus autem timor Trajectenses pro hujus rei acerbitate incesserat, ut nec mausoleum dignum tanti nominis viro auderent præparare : idcirco aperta tumba Apri patris ipsius S. Lantberti, mane facto cum ossibus patris sui corpus sanctissimi filii ejus usque ad tempus tumulandum decreverunt.

54. *Exanimes artus non liquit cœlica virtus, et Monstravit populis, quantæ fuerint bonitatis.*

Ne enim terrerentur populi humano terrore, quo minus sanctum domini Lantbertum digno honore venerarentur, cœpit ad tumulum ejus noctu et interdum in die audiri angelicum conticinium psallentium, quoties ibi humanum silentium esse videbatur. Nec defuerunt, qui rei ipsius veritatem scrutabantur, et cum apponerent omnem mentis et aurium diligentiam, videbatur eis [ex qualitate vocis S. Lantberti bene sibi nota (1074)], quod ipse sanctus cum aliis, qui secum occubuerant, divinæ majestati dulcem melodiam caneret. Si quis ea hora vellet adire basilicam, præ horrore non poterat introire, et quanto quis se propius ingereret, tanto minus angelicas voces admittebat retusis auribus : cum autem elongabatur, angelica melodia amplius iterabatur. O ineffabilis potentia tua, Christe! Quis compenset tua magnalia? Ecce, palam facis, quod ore tuo dixisti : « Non est Deus mortuorum, sed vivorum. » Omnes enim tibi vivunt, qui vivis et regnas in sæcula sæculorum.

55. Miles Christi gloriosus Lantbertus, quantus apud Regem regum in cœlis esset, cœpit statim in terris patefacere, per hoc multo beatior, quod per eum etiam post mortem nomen Domini benedicebatur in populis. Apparens enim nocte thesaurario, nomine Amalgiso (1075); judici quondam suo, cum blando compellat alloquio : qui de causa adventus sui ab eodem viro diligenter inquisitus; Romam,

---

(1070) Primus Sigebertus scripsit S. Lamberti cor transfixum fuisse. Godeschalcus ait :

In ictu teli jaculavit eum :

Stephanus :

Percussit telo victurum in sæcula Christo :

Poeta anonymus :

Hunc telo figens, auxit sibi vulnera culpæ.

(1071) Imo Dodoni, ut alibi sæpe dictum est.

(1072) Hanc mirabilem pellicum repulsam Sigebertus primus e biographis tradidit.
(1073) Alpaidem designat, quam S. Lamberti necis ream fuisse non credimus.
(1074) Quæ uncis inclusa sunt, restituimus ex Vita breviori ab eodem Sigeberto, conscripta, et Reinero perperam attributa. In ms. enim nostro hic luxato ita legitur : Videbatur eis vocis sibi notæ unde S. Lamberti, quod ipse sanctus, etc.
(1075) A Godeschalco Amalgisius vocatur, atque ita etiam legitur in Vita breviori mox citata.

inquit, ivimus; Roma, ecce, redimus, visitaturi Dodonem et complices ejus ; sanguis enim innocentium, qui mecum pro Christo super terram effusus est, jamjamque expetit ab eo vindictam, nec suam Deus ab eis gratiam elongabit. His dictis, disparuit. Sed quia visio non fuit fantastica, rerum exitus docuit. Dodo nempe sanctis antistitis interfector statim incurrit iram divinæ ultionis : nam omnia vitalia putrefacta et fetida per os suum projiciens, ostendit omnibus infelicitatem suam per miserabilem vitæ exitum; et qui hic pompa sæculi abusus est, deputatus est in inferno jam [igni] inexstinguibili, et vermi non morienti.

56. Fertur etiam, quod propter intolerantiam nimii fetoris corpus ejus in fluvium Mosam projectum sit, vermibus et tabe corruptum (1076) ; nec aliam sepulturam meruit, qui miserabilem tanti criminis sibi memoriam acquisivit. Dodoni in crimine æquandus ille, qui sanctum Domini suis manibus peremit, fratri suo miser bello congreditur, et fratrem perimens, mutuo a fratre perimitur. Ut aiunt, paucis omnia concludam : infra anni ipsius spatium vix aliquis evasit, qui in nece sancti martyris reus fuit : et si quis superfuit , in tantum se aut sensu (1077) perdoluit annullari , ut illos felices duxerit esse, qui citata, quamvis miserabili, morte consumpti sunt. At Christi martyr coronatus triumphat, et victoriæ palmam (1078) tenens, in sinu Abrahæ exsultat. Sic, Christe, in sanctis tuis de inimicis triumphas, et diligentes te diligens, honorificas honorantes te.

57. Legia, quæ illustrari meruit patroni sui martyrio, quamvis corpore ipsius se ad tempus doluerit viduatam esse, tamen miraculorum ejus immunis non fuit. In cubiculo namque martyrii illius conscio luminaria, divinitus accensa, sæpius resplendebant ; ut tota domus, quasi solus radius, refulgeret [ut lucem illam vix humanus ferret (1079)], oculus. Hæc famæ primordia verificabat sequens gratia miraculorum, quorum hic summa capitulanda est. Theodimum (1080) quemdam vir sanctus semel per visum monuit, ut pectinem suum optimum redderet, ab ejus uxore sibi præreptum : tertio (1081) non parentis sibi pectus affecit insanabili ictu, sicque suum ab invito recepit. Baldivisilus jussus per visum excubare ad locum martyrii ejus, et alter quidam Raginfridus eumdem locum emundare monitus, ambo lumen oculorum, quo carebant, receperunt, in suo quisque tempore.

58. Veniebat cum fide ad hunc locum virgo Oda, et ipsa cæca ; et loco proxima ut nomen invocavit sancti martyris, quod volebat accepit (1082). His augebatur recens veneratio novi patroni, et accensa populi devotio sancto basilicam ædificat, tanto citius, quanto devotius. Lectus etiam sancti a fidelibus fabricatus, in illo loco positus est, ubi sanctus telo iniqui transfixus fuit. Hæc Legiensium devotio adeo Domino placuit, ut jam crebro multis fidelibus cœlitus viso appareret, ut sanctus Martyr relatus a Trajecto martyrii sui loco restitueretur. Sanctus Hubertus, sanctissimi Lantberti discipulus et successor, non contraibat Dei et martyris voluntati. Anno igitur episcopatus sui XIII (1083) tumulum sancti aperiens, corpus ejus solidum et illibatum ac miro odore respersum invenit : mutavit vestimenta, et priora pro dandis pignoribus (1084) servanda sigillavit.

59. Claruit vel transferendo, hoc beneplacitum fuisse Domino : in villa quippe Nuella (1085) requiescente populo, pauper et cæcus, ditatus est redditus sibi officio oculorum. Nec multo post in villa Hermala (1086) cunctis requie relevantibus laborem paralyticus (1087) ibidem adductus in aspectu sancti feretri solidata compage membrorum, sibi redditus est. In singulis his locis statim basilicæ in honorem sancti martyris fundabantur. Cum tali tripudio appropinquabatur tuo, o Legia, municipio (1088) ! Quanta et qualis fuerit processio cleri et populi, quanta et qualis exsultatio undique concurrentium, quanta omnium liberalitas in dandis sancto muneribus, quanta fuerit fidelium orandi et vota solvendi puritas ; hæc et hujusmodi facilius a sapiente æstimari poterunt, quam alicujus ore vel stylo narrari.

60. Habes, Legia, tuum gaudium ; ecce, tenes tuum speciale patrocinium. Hinc cœpit tui profectus [al. provectus] initium, per hunc in urbem exaltata, proveheris de filia in matrem (1089) : per hunc in episcopalem sedem promota, in omnem profecisti honestatem. Aliis urbibus in senium quodam-

---

(1076) De corpore in Mosam projecto nihil legitur apud Godeschalcum.
(1077) In ms. nostro *censu* legitur : Forte tamen legendum *sensum*.
(1078) Ms. nostrum habet : Victoriam palmæ ; quod ex eadem Vita breviori correxi.
(1079) Uncis inclusa ex laudata Vita breviori denuo restitui, cum in ms. nostro post verbum refulgeret, omissis cæteris, tantum sequeretur, oculus.
(1080) Theoduinum habet Vita brevior, Godeschalcus, Theodoenum.
(1081) Godeschalcus tantum bis sanctum ipsi apparuisse testatur ; tertiam vicem adjunxit Sigebertus.
(1082) De hisce tribus lumine donatis agit Godeschalcus cap. 3, ex quo, uti et quæ de ecclesia Leodii erecta subdit, ea didicit Sigebertus.
(1083) Hunc annum, quem in Christi 721 vel 722 incidisse ostendimus, deprompsit ex biographo S. Huberti apud Surium.
(1084) Id est pro scariis reliquiis distribuenda.
(1085) In Vita breviori legitur Nivella.
(1086) In eadem Vita breviori est Harmala.
(1087) A Godeschalco contractus dicitur.
(1088) Legia sive Leodium, vivente S. Lamberto, villa tantum fuerat ; sed verisimile tamen est, ob locum martyrii illius, miraculis et ecclesia illustratum, jam tum incrementa cepisse.
(1089) Matrem restitui ex Vita breviori ; nam in ms. nostro perperam legitur, martyrem.

modo vergentibus, tu per hunc effloruisti in pulchræ juventutis statum. Protegat te in ævum suis sanctis martyr suffragiis, qui te ad hoc provexit, ut in terra merito et nomine magnificeris. Ex tunc in reliquum tempus non est modus vel numerus miraculorum ; cum omnibus per Lantberti nomen ibi Deum invocantibus in veritate semper patuerit ostium divinæ misericordiæ. Erat illic videre compeditorum vincula, debilium sustentacula, in argumentum virtutis Dei appensa. Quicunque veniebat fidei tenax, nunquam redibat inefficax.

61. Hic quoque sanctus martyr, sicut piis et fidelibus pius et opportunus adjutor erat, ita erat contra impios aut severus correptor aut justus ultor. Post paucos enim annos translationis ejus (1090), ægrotante sæpe nominato Pippino majore domus, ibat ad eum visitandum filius ejus Grimoaldus, qui devotus S. Lantberto, ideo forte amplius quia occubuerat pro defenso matris ejus Plictrudis matrimonio, divertit Legiam, et ad tumulum sancti oraturus accessit. Inter orandum exceptus ibidem ante altare S. Lantberti perimitur a quodam satellite Rabbodonis ducis Frisonis, cujus filiæ a patre suo Pippino sibi desponsatæ connubium exspectabat (1091). Sed Rabbodo id impune non tulit, cujus instinctu innocens occubuit Grimoaldus: nam non multo post idem Rabbodo mirabiliter a dæmone ludificatus, subita periit et æternali morte (1092)

62. Post decessum S. Lantberti gens Northmannica beluina feritate spirans, Leodium, id est Legiam, violenter irrupit, et municipiis effractis atque combustis, civibus etiam immoderata cæde fusis, et substantiis direptis, ad ultimum ecclesiam S. Lantberti igne consumpserunt, et eam solo coæquantes, sola ruinæ et combustionis vestigia reliquerant.

Deinde ad locum in quo sanctum corpus venerabatur, barbarica præsumptione volentes accedere, et optima, quæque invenirent, diripere, divinitus incussa formidine resilientes aufugerunt ; qui fugientes hoc modo fugam suam consolabantur, dicentes sibi dispendium evenisse, quod solam et nunc adeo pretiosam circa Martyris corpus ita micantem fabricam non abstulissent (1093). Quia longum est et tædiosum singula S. Lantberti miracula particulariter enarrare, Dei per eum operantis potentiam laudemus universaliter.

63. Vitam S. Lantberti primitus jussu Agilfridi episcopi scripsit Godescalcus, diaconus ipsius congregationis, qui fuit tempore Pippini tertii et Caroli Magni (1094) ; quam licet pro simplicitate sensus multis barbarismis et stylocismi vitiis expresserit (1094), eam tamen totam ad honorem sancti martyris ipse aurigraphus aureis litteris scripsit, et gesta quidem ejus veraciter prosecutus, de causa martyrii (1095) parum libero ore est locutus. Quod hac de causa fecisse creditur, ne sui temporis regibus culpam majorum suorum videretur exprobrare. Ex illicito quippe Pippini (1096) et Alpaidis conjugio natus est Carolus Martellus, ex Carolo Pippinus tertius, qui ex principe in regem Francorum promotus est ; de Pippino Carolus Magnus, quo nemo ante ipsum vel post ipsum fuit major ; de quo dubitari potest fortior an felicior esset, potentior in republica, an religiosior in ecclesiastica disciplina. Passus est autem S. Lantbertus xv Kalendas Octobris, anno episcopatus sui xl, sub rege Francorum Hildeberto Theodorici regis filio, a quo Theodorico reges Francorum solo nomine regnabant, penes majores-domus potentia regni constituta, usque ad Pippinum tertium in regem promotum.

(1090) Quæ hic narrat, anno Christi 714 contigisse probavimus in Commentario prævio num. 118 et sequentibus ; ideoque erravit Sigebertus, dum eadem aliquot annis post delatum eo sancti corpus contigisse asseruit.

(1091) Errat Sigebertus ; Cointius enim ad annum Christi 711, num. 7 ex Annalibus Metensibus et Gestis regum Francorum probat, Teutsindam vel Theodosindam, Radbodi Frisonis ducis filiam, Grimoaldo reipsa nuptam fuisse, anno scilicet 711 secundum citatos Annales.

(1092) Fabulatur hic denuo Sigebertus, dum Radbodum non multo post Grimoaldi cædem, in cujus suspicionem ipse revera venit, ludificatum a dæmone obiisse ait. Constat enim ex Annalibus a Cointio ad annum Christi 719, num. 14 citatis, ipsum primum prædicto anno 719 vita functum esse, cum jam ante Carolum Martellum cum exercitu suo cecidisset, ut apud eumdem Cointium ad annum Christi 716 num. 4 videre est. Quod de ludificatione dæmonis ait, consule At S. Wlfranni episcopi Senonensis tom. III Martii, a pag. 146 in Appendice.

(1093) De hac irruptione Northmannica consule Commentarium prævium § 14, ubi ex vetustiori anonymo ostendi, minime verisimilia esse quæ de eo metu ad S. Lamberti corpus Northmannis incusso narrat Ægidius Aureæ-Vallis ; sed ibidem non observaveram, Ægidio hac in parte Sigebertum præluxisse. Anonymo tamen standum putamus.

(1094) In Ms. nostro perperam legitur : represserit.

(1095) Ita correxi ex Vita edita nomine Reineri ; nam Ms. nostrum vitiose habet : et cum martyrii.

(1096) Vox Pippini ex Ms. nostro exciderat ; quam ex mox laudata Vita restitui.

SIGEBERTI
SERMO DE SANCTA LUCIA

(Meurisse, *Hist. de Metz*, p. 520.)

Tempore quo Constantinopoli Justinianus secundus, et post eum Philippicus imperavit, apud Francos vero Pippinus senior, filius Ansigisi, et post eum Carolus Martellus principatum administravit regni. Longobardorum regnum Aripertus strenue rexit, et post eum filius ejus Liutbrandus regnavit. Sub his, Ariperto scilicet et Liutbrando, inter duces Longobardorum dux Spoletinorum Faroaldus, filius Trasamundi, fortissimi ducis, potentia et fortitudine domi militiæque clarebat. Et non solum fines suos viriliter ab aliis tuebatur, verum etiam finitimos suos hostili excursione crebro turbabat, et potentia sua abusus ipsi sanctæ Romanæ Ecclesiæ erat nimis infensus. Hic etiam trans maris littora laxans principatus sui habenas, devenit Siciliæ Syracusas; indeque auferens venerabilis Luciæ sacrum corpus, transtulit illud in Italiam, ad Corfinum, urbem sui principatus. Agebat hoc sane mira Dei dispensatio, ut scilicet lucerna tanti luminis accensa in mundo, in arcto brevis insulæ, quæ paulo latius quam sexaginta millibus dilatatur, non lateret angulo; sed palam candelabro superposita, mundum longe lateque multiplicis jubaris illustraret gratia. Porro contra Faroaldum filius ejus Trasamundus insurrexit, eumque principatu privatum, in clericum tonsuravit. Attendamus et hic Dei ordinationem, et sanctæ virginis pietatem erga devotum sibi ducem. Quia hujusmodi ducis bonos actus offuscabat negligentiæ maculis sæcularis occupatio; quia tamen erga Dei famulam affectuosa fuit ejus devotio, credibile est quod meritis sanctæ virginis in præsenti sæculo peccatis illius a Deo fuerit retaliatum, et loco et spatio pœnitendi a Deo sibi indulto, animæ ejus in futuro sit consultum. Trasamundus autem, qui edictum Dei contempsit dicentis: *Honora patrem tuum, ut sis longævus super terram*, non effugit Dei vindictam. Nam rebellans contra regem Liutbrandum, ducatum quem patri præripuerat tandem perdidit, et in clericum tonsuratus, sententiam quam patri suo inflixerat et ipse excepit. Civitas vero Corfinus quod fuerit antiquitus valida muris, et plena divitiis, et ex poetarum carmine, et ex historiarum fide discere lector poterit. Cujus nobilitatem adauxit satis dux Faroaldus, dum in eam sanctæ virginis Luciæ transtulit corpus. Cujus beato pignore per annos circiter ducentos gavisa est, donec et ipsa, peccatis exigentibus, cum aliis Italiæ urbibus, barbarorum incursionibus ad hoc redacta est, ut qualis vel quanta fuerit olim, modo solis parietinarum indiciis monstrari possit.

Post multam annorum evolutionem, cum multæ magnæque tempestates a quatuor ventis cœli longe lateque diu multumque concussissent orbem terrarum, tandem divinæ miserationis oculus respexit super filios hominum, dum ad regendum reipublicæ statum, invenit virum secundum cor suum, primum scilicet Ottonem, fortem, sapientem, et religiosum regem. Hic, inspirante Deo bonæ voluntati ejus, postquam intestina et domestica bella fortitudine et industria sua exstinxit funditus, barbarasque gentes ab invasis imperii exturbavit finibus, ad componendum imperii statum totus incubuit. Pro Ecclesiæ quoque pace et religione reformanda non minor ei cura fuit. Qui caput imperii adiens Romam, imperialem accepit coronam, et per triennium peragrans Italiam, ab omni tyrannorum vexatione liberavit illam. In hac triennali expeditione, individuus ei adhæsit Deodericus, gloriosæ memoriæ Metensium quadragesimus sextus episcopus, qui ipsius imperatoris consobrinus, nobilitatis gloria et sapientiæ gratia præeminebat palatinis omnibus. Per hunc tractabantur cuncta imperii negotia; per hunc meliorabantur ecclesiastica; per hunc placebat quicunque imperatori placebat; per hunc quisque quæ obtinenda erant, obtinebat. Jam mira dilectione et familiaritate imperatori conjunctus, et divinæ religionis cultui deditus, quæcunque ad honorem et decorem seu munimentum suæ sanctæ sedis, Metensium scilicet Ecclesiæ, erant certatim exquirebat, et ut efficaciter votis ejus cuncta suppeterent, corporum sanctorum maximam copiam ex diversis Italiæ locis, divina se gratia adjuvante collegit, et digniori cultu atque honore alibi præstantius veneranda eidem suæ sanctæ sedi Metensi invehi studuit, et in ecclesia, in honore sancti Vincentii levitæ et martyris a se in insula Metensi fundata, honorifice recondidit. Et inter cætera sanctorum pignora quæ laudabili cupiditate undecunque sibi congessit, tandem magna et universalis Ecclesiæ celebritate memorabilis virgo et martyr Lucia Syracusa ad avidissimam ejus devotionem pervenit. Eam prædicti præsulis presbyter Uvigericus, vir satis tutæ fidei, tunc cantoris, post custodis ecclesiæ beati Stephani officium gerens, ab urbe Corfini detulit, qui ea sacra ossa, ab ipsa, quæ non levi munimine arctabatur, urna, manibus extulit. Quod quia præ magnitudine rei incredibile videbatur, ipse episcopus loci, manu sancto Evangelio apposita, jurejurando confirmavit hanc ipsam Syracusanam esse Luciam, de qua responsoria et antiphonæ cum missa ubique in Ecclesia canuntur. Translatum est autem hujus sanctæ virginis corpus anno nongentesimo septuagesimo Dominicæ Incarnationis, et cum mirifico utriusque ordinis applausu locatum in ecclesia Sancti Vincentii martyris et levitæ. Operata est et hic dispensative incomprehensibilis Dei sapientia, ut nomen et meritum sanctæ virginis etiam Alpium transiret in via; et quam jam olim tota prædicabat Italia, non ignoraret et jam tripartita Gallia. Quanto enim frequentiori translatione recentior erat sanctæ virginis memoria, tanto fiebat celebrior ubique tanti nominis reverentia. Quia ergo animo festinanti nil satis festinatur, Deodericus præsul, in obsequium Luciæ virginis ex toto pronus, præoccupavit statim construere oratorium in quo decenter reponeret datum sibi divinitus thesaurum pretiosum super aurum et topazion. Quo opere laudabiliter consummato dedicavit solemniter ipsam basilicam in honore gloriosæ virginis Luciæ octavo Idus Augusti, anno nono episcopatus sui, anno vero Dominicæ Incarnationis nongentesimo septuagesimo secundo, præsentibus et cooperantibus sibi suis consuffraganeis episcopis, Gerardo Tullensi et Winofrido Virdunensi, qui olim in aula imperatoris familiari contubernio sibi adhæserant, et modo eis exsequendis ecclesiasticæ religionis officiis, unanimi devotione sibi invicem obtemperabant.

Anno post hæc quinquagesimo secundo, electus ad imperium Conradus secundus, quod sibi propter hæreditariam regalis prosapiæ successionem competebat, et magis propter sapientiæ et fortitudinis eminentiam congruebat. Quamvis exterioribus imperii negotiis sollicite invigilabat Conradus, tamen quæ Regis regum erant, non in secundis habebat; unde inter cætera, in parochia Spirensis Ecclesiæ, in loco qui dicitur Lindiburch, in honore sanctæ Dei Genitricis Mariæ cœnobium fundavit munificentia regali, Gisla bonæ memoriæ conjuge sua cooperante sibi. Sed mors æquo pede pulsans regum turres et tabernas pauperum, impedivit ejus desiderium, ne ad finem perduceret opus incœptum. Bono patri bonus succedens filius, Heinricus scilicet, hujus nominis imperator tertius, opus fundati a parentibus cœnobii, quasi ex jure hæreditario, ad se traxit, regaliter ædificavit, nobiliter consummavit; et cui nulla terrenæ substantiæ decrat affluentia, intendit animum ad contrahenda undecunque sanctorum pignora, ut eorum prompta sibi in necessitatibus adessent suffragia, quorum præsentialiter frequentabatur die nocteque memoria. Nec tamen credidit votis suis satisfactum esse, nisi etiam pignora sanctæ virginis Luciæ mereretur habere, cujus in Ecclesia celebre nomen habebatur, cujusque per Gallias suffragium fideli devotione ab omnibus expetebatur. Mettensi Ecclesiæ, quæ specialiter corpore sanctæ virginis lætabatur, Deodericus junior quadragesimus octavus episcopus præerat, qui et propter nobilitatem generis in sæculo multæ potentiæ, et propter sapientiæ dignitatem magnæ in Ecclesia erat reverentiæ. Ab hoc Heinricus imperator brachium sanctæ Luciæ sibi dari expetiit; et quamvis difficulter, tamen impetravit. Idem ipse ergo præsul brachium sanctum ad votum imperatoris, ad cœnobium Lindiburgense detulit, quo nihil gratius esse imperatori potuit. Translatum est autem anno regni ejus tertio, Dominicæ autem Incarnationis anno millesimo quadragesimo secundo.

SIGEBERTI GEMBLACENSIS

EPISTOLA DUPLEX

DE DIFFERENTIA QUATUOR TEMPORUM

Trevirensibus clericis, sub nomine Leodiensium, scripta

(Martene, *Thes. Anecd.*, I, 294.)

(1097) Quærentibus nobis utrumnam statim in primo Sabbato Martii sit jejunandum, etiamsi idem mensis quinta, sexta vel septima feria incipiat, an in aliud Sabbatum propter quartam feriam sit differendum, vos ex scripta sanctorum atque antiquorum Patrum sententia, et maxime ex auctorali Ecclesiæ vestræ consuetudine rescripsistis diffinite, quod absque ulla refragatione semper primi mensis feria debet exspectari, quoniam idem jejunium quod quarta feria incipitur et Sabbato finitur, nequaquam Februa-

(1097) Hujus epistolæ auctorem Sigebertum Gemblacensem monachum docet nos codex manuscriptus Gemblacensis, ubi eam vidimus, constatque ex altera epistola quam nomine clericorum Leodiensium Trevirensibus scripsit De regula Bernonis.

rio, sed Martio totum deputatur, ea videlicet ratione ut in eo mense primum jejunium nostrum Domino consecretur, in quo principium anni, ac ipsa creatio cœpit mundi. Qui quærebamus de una quæstione per vos certificari, multiplici dubietate involvimur. Salva ergo gratia vestra, liceat vobiscum adhuc conferre ea de quibus dubitamus. Non enim leviter accipimus, quod a vobis tam gravibus et tam doctis viris definitur.

Quod vitiose et abusive dicitur, hoc otiose trahitur ad exemplum veritatis. Martium, quem Romulus vitiose posuit in primo anni mense nos etiam abusive primum anni mensem dicimus, nec tamen ita esse credimus, quia ab ipsius Dei ore didicimus qui sit primus mensis. *Mensis*, inquit, *iste principium mensium primus erit vobis in mensibus anni* (*Exod.* XIII, 2). Martium vero mensem quis nescit pro duodecimo mense in lege et prophetis computari? A Moyse omnis divina Scriptura pendet. Hinc innituntur omnes qui de divina Scriptura tractant. Nos nisi recta via incedamus, semper discentes, nunquam ad scientiam veritatis perveniemus. Quia ergo mense Martio, secundum positionem gentilium, mediato, primus dies sæculi præfigitur in XVIII ejusdem mensis die, qui est XV Kalendas Aprilis, num idcirco primam partem Martii pro primo anni mense accipiemus? Prima pars Martii magis fini quam principio anni congruit. Si re vera XV Kalendas Aprilis fuit primus dies sæculi, ibi initium erit primi anni, ac proinde omnium annorum sæculi, in quo mense est primus dies sæculi, ille mensis debet primus haberi, ac per hoc facesset illa Romuli institutio de suo primo Martio, et Numæ de suo Januario. At si quis dixerit a parte totum posse accipi, ut ab ultima sui parte totus Martius pro primo anni mense accipiatur, nec ipse, ut ita dixerim, vobis Martius annuet, ut idem sit primus et ultimus anni mensis, præsertim cum nec vos ei annuatis, ut tres vel duos dies, vel unam saltem feriam mutuetur a Februario, ut a parte sit totum ejus jejunium, quod ei soli deputatus totum. Porro servata positione gentilium de ordine mensium cum quodam intellectuali modo ultimam Martii partem referamus ad mundi principium, quod non Martio sed Aprili ascribitur, si etiam hoc intellectuali modo initium Martii non ponamus in Kalendis ejus, sed sursum versus numerantes, v. g. a XV Kalendas Martii, ibi intelligamus esse initium Martii ut quatuordecim dies quos ei a suo fine creatio tollit mundi, hos ei ante suas Kalendas restaureitis. Sic forte obtinebimus, ut non invideatis jejunio nostro quartam vel sextam feriam, quæ licet in Februario pronuntientur, Martii tamen esse intelligantur.

Tali divinæ et humanæ scripturæ bivio intercepti, hæremus sub intelligendi ambiguo, et dum neuter neutri credit quæ via sit directior, ad id quod volumus non sine labore tendimus et utinam sine errore perveniamus.

Dicitis: « Cui sententiæ lectio prophetica consentit, quæ jejunium primi et jejunium quarti et jejunium decimi, et non jejunium duodecimi esse ostendit, quod nullo modo ita esse poterit refragari, si præfatum primi mensis jejunium quarta vel sexta feria Februarii congruat celebrari. »

Si nos noster super his intellectus non fallit, hos quatuor menses ita accepisse videmini, ut jejunium primi mensis deputetis Martio; jejunium quarti Junio, qui est quartus a Martio; jejunium septimi Septembri, qui est septimus a Martio, jejunium decimi Decembri, qui est decimus a Martio. Quod vos intellexisse ut intelligamus addidistis, et non duodecimi, qui est Februarius duodecimus a Martio. Quid in tantum derogatis Februario, cujus saltem unum diem ad primum jejunium non admittitis, ut quodam modo timere videamini, ne forte jejunium decimi mensis ad eum aliquo modo transferatur. Si hoc prophetæ capitulum in vestris exemplaribus ita habeatur: ut vos posuistis, vos videritis. Nos dicimus quia nec in LXX Interpretum editione, qua veteres Græci et Latini utebantur, hoc ita scriptum habetur, nec in editione qua modo Ecclesia utitur, quam Hieronymus de Hebræo in Latinum transtulit, et eamdem exposuit. In LXX ita habetur: *Jejunium quartum, et jejunium quintum, et jejunium septimum, et jejunium decimum erunt Domini*, et reliqua (*Zach.* VIII, 19). In editione vero Hieronymi ita habetur: *Jejunium quarti, et jejunium quinti, et jejunium septimi, et jejunium decimi erunt Domini*, et reliqua. Ubi mentio hic primi in primo mense jejunii super quo vos nobis patrocinamini? Si propheta primi mensis hic posuisset, non alium primum mensem quam Aprilem significasset, et ab Aprili ordinem aliorum mensium deduxisset. Ordinem mensium et causas jejuniorum Hieronymus ita exponit: « Jejunium, inquit, quarti (subauditur mensis) qui est Julius, ab Aprili quartus, est septima decima die ejusdem mensis, quando Moyses descendens de monte, tabulas legis confregit; quo etiam mense Nabuchodonosor Jerusalem primus cepit. Jejunium quinti, mensis quintus ab Aprili, qui est apud nos Augustus, erat die X ejusdem mensis, pro eo quod per speculatores de inspecta terra repromissionis reversos orta est seditio; propter quam omnes præter duos per XI annos in eremo perierunt. Quo etiam mense Nabuzardan, princeps coquorum regis Nabuchodonosor, muros captæ antea Jerusalem evertit, et templum incendit, et multo post mense eodem anno, a Tito Cæsare Domini templum eversum et exaratum est. Jejunium septimi mensis ab Aprili, qui est apud nos October, pro eo quod eo mense occisus est Godolias, qui victis Judæis a Nabuchodonosor prælatus erat, et reliquiæ Judæorum ad internecionem deletæ sunt. Jejunium decimi mensis ab Aprili, qui est apud nos Januarius, pro eo quod Ezechiel propheta et alii captivi in Babylone, cognoscentes hoc mense templum Domini fuisse destructum, fecerunt planctum, et indixerunt jejunium. »

Hæc Hieronymus: Ne ergo vos molestet videre quam

parum vestræ sententiæ lectio prophetica conveniat, quæ cum nec de ordine mensium, nec de causa jejuniorum pro vobis agat, ad hoc tantum hic valet, ut exemplo Judæorum ad celebranda quatuor anni jejunia nos incitet.

Dicitis : « Jejunium quod a quarta feria incipitur, et Sabbato finitur, nequaquam Februario, sed totum Martio deputatur : ea videlicet ratione, ut in eo mense primum jejunium nostrum Domino consecretur, in quo principium anni ac ipsa creatio cœpit mundi. »

Hanc vestram sententiam non proterve refellimus, quippe qui paratiores sumus discere quam docere ; sed est ratio quæ nos dehortatur, ne vobis in hoc assentiamus, de qua judicare habebit sincera vestræ dilectionis sententia. Calixtus papa, a Petro apostolo XVII decrevit fieri ter in anno jejunium in die Sabbati pro frumento, vino et oleo. Quo decreto in melius mutato, decrevit fieri triduanum per quatuor anni tempora jejunium, ita scribens Benedicto episcopo : « Jejunium quod ter in anno celebrari apud nos didicisti, ut sicut replemur frumento, vino et oleo ad alenda corpora, sic repleamur jejunio, ad alendas animas ; nunc convenientius per quatuor anni tempora fieri decernimus, ut sicut annus per quatuor volvitur tempora, sic et nos quaternum solemne agamus jejunium per quatuor anni tempora, ut inter cætera ex verbis Domini, ait Zacharias propheta : *Jejunium quarti et jejunium quinti et jejunium septimi et jejunium decimi erunt domui Juda in gaudium et lætitiam et in solemnitates præclaras. Veritatem tantum et pacem diligite dici^t Dominus.* In hoc ergo nos unanimes oportet esse, ut secundum apostolicam doctrinam, idipsum dicamus omnes, et non sint in nobis schismata, simus autem perfecti in eodem sensu et in eadem scientia. »

Hæc Calixtus papa præsago, credo, spiritu prævidens dissensiones Ecclesiæ futuras pro hoc jejunio a se instituto. Ex his Calixti verbis patres nostri instituti sunt et nos instituerunt, ut quot annus tempora, tot habeat et jejunia ; et quot menses unumquodque tempus habet, tot jejuniorum dies habeat ; et dum singulis quatuor temporum jejuniis terni deputantur dies, quarta et sexta feria et Sabbatum singuli dies pro singulis mensibus deputentur : ut quidquid in toto mense deliquimus, jejunato uno mensis die, fiat nobis veniale, et ut ad usus nostros bonam et salubrem aeris temperiem Deus singulis temporibus, mensibus et diebus attribuat. Quia ergo hoc Quatuor Temporum jejunium distinguit rata ratio temporum, a sanctis et doctis, et antiquis Patribus intellecta et disposita, si et de multis pauca, et de duobus certiora eligamus. Beda in libro De temporibus dicit : « Initia Quatuor Temporum diversi diverse ponunt. Isidorus, Hispalensis episcopus, hiemem nono Kalendas Decembris, ver octavo Kalendas Martii ; æstatem nono Kalendas Junii ; autumnum decimo Kalendas Septembris habere exortum dicit. Græci autem et Romani, quorum potius in hoc auctoritas sequenda est, hiemem VII Idus Novembris, ver VII Idus Februarii, æstatem VII Idus Maii, autumnum VII Idus Augusti inchoare decernunt ; hiemis videlicet et æstatis initia signantes matutino, vel vespertino ortu, vel occasu Vergiliarum, quæ etiam Pleiades vocantur ; item veris et autumni ponentes ingressum, cum Vergiliæ medio fere die vel nocte oriuntur aut occidunt. » Et, ut ostendat Beda qua ex ratione Græci vel Romani temporum initia ita præfigant, adnectit verba sancti et docti, et antiqui viri Anatolii, Laodiciæ episcopi, de æquinoctiis et solstitiis ita disputantis : « Hoc, inquit, non ignores, quot ipsa temporum confinia, duo scilicet æquinoctia, et duo solstitia, licet mensium sequentium Kalendis approximantur, unumquodque eorum medium temporis teneat, et non exinde principia temporum inchoantur, unde mensium Kalendæ initiantur. Sic itaque unumquodque tempus inchoandum est, ut a prima die veris tempus dividat æquinoctium VIII Kal. Aprilis et æstatis, medium teneat solstitium VIII Kalendas Julii et autumni, et autumni medium teneat æquinoctium VIII Kalendas Octobris et hiemis, medium teneat solstitium VIII Kalendas Januarii. » Secundum beati (1098) Anatolii verba, si ab VIII Kalendas Aprilis numeraveritis sursum versus usque ad VII Idus Februarii, habebis dies XLVI, quod est medium verni temporis, et per hanc Anatolii auctoritatem ponunt Græci et Romani initium veris VII Idus Februarii, abhinc usque ad Kalendas Februarii, reliquis diebus sex ad hiemem pertinentibus, et hoc secundum antiquos qui ponebant æquinoctia et solstitia in VIII Kalendas. At nos juniores, qui secundum decretum Nicænæ synodi, ponimus æquinoctia et solstitia in XII Kalendas, si, posito æquinoctio et dimidio verni temporis in XII Kalendas Aprilis, abhinc sursum versus numeremus dies XLVI, qui ver dimidiant, inveniemus initium veris in III Nonas Februarii. Hoc modo quatuor, vel duobus tantum diebus Februarii ad hiemem spectantibus, obtinet ver totum Februarium. Secundum hoc videretur Februarius debere esse veris primus mensis, et in eo debere celebrari jejunium primi temporis, et quidem juste. Sed ne contentiosis daretur ansa calumniandi jejunium primi temporis, contingeret enim aliquot dies ultimi temporis, quod est hiemis, convenientius in sequentem mensem Martium differtur veris jejunium. Nec tamen ideo totum Martio deputatur, quia licet trium jejuniorum dies in una hebdomada unius mensis contineantur, propter mysteriorum continua-

---

(1098) *Anatolius Alexandrinus Laodiceæ Syriæ episcopus, sub Probo et Caro imperatoribus floruit, miræ doctrinæ vir fuit in arithmetica, geometria, astronomia, grammatica, rhetorica, dialectica, cujus ingenii magnitudinem de volumine quod super Pascha composuit, et ex decem libris de arithmeticæ institutionibus, intelligere possumus,* inquit Hieronymus, lib. De script. eccles.

tionem, singuli tamen jejuniorum dies singulis mensibus deputantur iv feria Februario, vi Martio, vii Aprili. Quando ergo Martius initiatur, v, vi, vel vii feria, quæ inconvenientia est prævenire initium Martii jejunando in antepenultimo et ultimo die Februarii, qui dies etsi non sunt Martii, sunt tamen veris, cujus est hoc totum jejunium per partes ejusdem per menses distributum? Quid, inquam, disconvenit jejunare quartam in Februario feriam, præsertim cum ipsa jejunetur pro impetranda bona et salubri temperie Februarii? Quid disconvenit Martio, quod sexta in Februario feria pro ipso Martio jejunatur? Non merebitur Aprilis bonam et salubrem aeris temperiem, quod jejunium sabbati sibi præoccupetur in Martio? Per hoc ratum esse dico, quod dixi quartam et sextam feriam esse obsecutrices et quasdam præparationes ad ipsum sabbatum Martii, et eas ejusdem esse conditionis cujus est Sabbatum, cui officium sive servitium exhibent præparationis, nimirum jejunio tertiæ et sextæ feriæ se præparantibus illis, qui vel suscipiunt, vel celebrant mysteria ad sabbati diem pertinentia, nec esse opus, ut ad id, vel Februarius numero dierum dilatetur, vel Martius abbrevietur, quandoquidem feriæ Februarii et Martii per hoc unius sunt conditionis, quod unius sunt temporis. Si quis non recipit hanc distinctionem jejuniorum per distinctionem mensium, saltem in commune accipiet totum pro tempore jejunium. Sed quia hoc quod est divisum in multis, non est alicujus totum; et quod est commune multis, non est alicujus proprium, non erit jejunium veris totum Martii, quod tribus æque deputatur mensibus. Non erit, inquam, Martii proprium quod tribus est commune mensibus.

Ad hæc non otiose vel mendose scriptum legimus, quod sancti papæ Romani Simplicius, Gelasius, Symmachus et Felix fecerunt ordinationes per mensem Februarium, sive enim viii Kalendas Martii secundum Hispanos, sive vii Idus Februarii secundum antiquos Græcos et Romanos, sive secundum Nicæam synodum iii Nonas Februarii ver oriatur, credendum est quod apostolicæ dignitatis viri non excluserunt a jejunio Kalendarum Martii quartam et sextam feriam Februarii, quæ erant verni temporis; forte etiam integram Februarii hebdomadam receperunt ad explendum veris jejunium, et ad celebranda mysteria illi jejunio congruentia. In communibus enim annis sæpe Februarius aliquot Quadragesimæ hebdomadas obtinet.

Perpendit ergo vestra dilectio cur jejunium veris non totum Martio deputetur, quia scilicet dies verni temporis agunt pro Februario, ne excludatur a veris jejunio. Quod si ratio et ordo temporis evicerit; quod ver ipsis Kalendis Martii oriatur, verbum non amplius addam, quin excludantur a jejunio quartæ et sexta in Februario feriæ, si cum mense suo fuerint penitus alienæ a verno tempore. Sed præter rudem Romuli institutionem, nusquam scripturarum auctoritatem invenimus, quod initium veris et Martii ipso Kalendarum die simul concurrant. In Kalendis Martii initium veris ponentibus repugnat auctoritas Anatolii et aliorum Patrum; repugnat etiam cœlum et terra; cœlum quoniam philosophi deprehenderunt initia temporum per ortus et occasus stellarum, quas Deus fecit in signa et in tempora, in menses et in annos: terra vero, nisi aliqua inæqualitas aeris interturbet, ortum veris in rore arborum vel herbarum longe ante initium Martii ostendit.

Regula Anatolii, qui negat initia temporum in Kalendis mensium, et ubi initiari debeant ita verbis ostendit, ut etiam oculis possit ostendi. Ostendat adhuc per initium æstatis ubi debeat celebrari jejunium æstatis. Posito solstitio æstivali et æstatis medio secundum antiquos in viii Kalendas Julii, si numeres sursum versus xlvi dies, invenies initium æstatis in vi Idus Maii, et abhinc usque ad Kalendas Maii octo tantum diebus ad tempus veris spectantibus, totus pene Maius deputabitur æstati. Nec desunt aliqui modernorum quanto juniores tanto perspicaciores, qui ascensum vel descensum solis in solstitiis oculis et digitis notantes, contendunt æquinoctia et solstitia rectius esse ponenda in quinto decimo Kalendas. Quod si fuerit probatum, quis contradicet veritati, quin totum Februarium sibi vindicet? Cum ergo per hoc jejunium veris dies Februarii, ad jejunium æstatis dies Maii licenter admitti debeat, quando Junius initiatur in quinta vel sexta feria, quæ inconvenientia vetat in secundo ejus Sabbato vel secunda hebdomada celebrari secundum jejunium, quod totum æstati debetur, a vobis vero soli Junio tantum deputatur? In veris jejunio videtur impedire quod quarta et sexta feriæ jejuniorum in una hebdomada concurrunt, quid causæ est quod differtis jejunium in ulteriorem hebdomadam? Quid tantum inhæremus occidenti litteræ, ut deviemus a spiritu vivificante? Quid tantum inhæremus in quærendo primo mensium Sabbato? Semper laborando quærimus et semel tantum invenimus. Si enim numero dierum compensetur Sabbatum, tale Sabbatum tenemus illis solis annis, quibus menses Junius, Martius, September et December in prima feria initiantur. Cæteris vero annis semper imperfectæ hebdomadæ sabbatum tenemus. Vos quippe qui jejunium temporis, quod est commune tribus mensibus, deputatis soli medio trium mensium mensi, quando v, vi, vel vii feria initiantur menses jejuniorum, semper pro primo Sabbato secundum, pro secundo tertium, pro tertio quartum habetis, quia expleta primi mensis hebdomada, in tertio vel secundo secundæ hebdomadæ die Sabbatum locatis. Porro nos qui jejunium temporum accipimus secundum nomen suum, et dies temporis indifferenter admittimus ad jejunium temporis, primum Sabbatum quod occurrit in mense jejuniorum pro primo habemus, referentes illud non ad mensem, sed ad hebdomadam, in cujus qualibet feria initiatur ille mensis, qui ad celebrandum temporis jejunium et jejunii mysterium aptior esse videtur.

Putet aliquis illorum qui nobis ex adverso sunt, esse has contentiones et quæstiones et pugnas legis, quas ut vanas et inutiles Paulus Tito et per eum nobis devitandas esse scribit. Qui recipiet quæ diximus ad consequentia temporum veris et æstatis, advertet facile consequentiam autumni et hiemis per regulam Anatolii, et videbit quod jejunium veris non sit totum deputandum Martio, sed etiam Februario.

Dicitis : « Quando primum Sabbati jejunium ante Quadragesimam evenerit, ex consuetudine Ecclesiæ vestræ in secundum vel tertium Martii Sabbatum nobis mirum videtur observari. »

Miramur de vobis cur super hoc miremini de nobis. Nunquid hoc facimus sine auctoritate Patrum antiquorum vel juniorum? Siquidem non longo abhinc tempore, jussu Conradi imperatoris apud Triburias habito generali conventu et concilio episcoporum, episcopi inter cætera voluerunt decernere hoc capitulum : « Ut si quando jejunium primi mensis evenerit infra hebdomadam qua caput jejunii in feria IV constat, amborum jejuniorum celebritas unius officii expletione compleretur. » Sed huic multorum decreto pauci nostratium refragantes, saniori consilio obtinuerunt, ut jejunium primi mensis in altera hebdomada in qua habetur officium celebraretur juxta antiquorum consuetudinem. Hanc jejuniorum instructionem confirmat auctoritas.

Gelasius enim papa, secutus sententiam Zozimi papæ, « ordinationes, inquit, presbyterorum, aut diaconorum, non debent, nisi certis temporibus exerceri, id est IV, et VII, et X mensis jejunio, sed et quadragesimalis initii, ac medianæ Quadragesimæ die sabbato jejunio circa vesperum noverint esse celebrandas. » Hæc Gelasius. Quem quis non videat prævidisse per Spiritum sanctum contentiosam posterorum super hoc jejunio discordiam, dum tacito primi mensis nomine, et neglecto primo Sabbato, tempus causæ congruum notavit ad jejunandum, scilicet in initio, vel in medio Quadragesimæ. Præcavit enim quia paschalis varietatis ratio nos involveret, hoc quo nunc tenemur ambiguo.

Quod Gelasii capitulum ne cujus contentio infirmare audeat, confirmatum est etiam quinto episcoporum concilio, jussu Caroli Magni imperatoris habito. « Decernimus de presbyteris et diaconibus, non nisi certis temporibus ordinandis, sicut continetur in decretis Zozimi et Gelasii. » In horum sententiam se pedibus ire testantur sancti et apostolici viri, quos pro idoneis auctoribus habet Ecclesia; de quibus solius Isidori Hispaniensis verba ponamus : « Sunt, inquit, quatuor Sabbata, in quibus sunt statuta jejunia et officia lectionum et orationum majora, id est mense Martio Sabbato primo, juxta observationem Quadragesimæ, vernoque tempore, et reliqua. » Tam idoneis testibus et testimoniis confirmata nostræ ecclesiæ consuetudo, non debet jejunium veris ante Quadragesimam celebrari, non debet vobis miraculo esse, nisi habeatis aliquos, quorum auctoritas his præponderet.

Dicitis : « Cujus antequadragesimalis, ut ita dictum sit, jejunii, ut salva vestra gratia loquamur, videtur primi sabbati sedem de loco pellere ; quod Nabuzardan expugnat adhuc muros Jerusalem. »

Salva nostri gratia, accipimus quidquid loquimini, ut et salva vestri gratia, accipiatis quod loquimur. Nihil enim ex contentione, sed totum quærimus ex charitate. Scrupulum injecistis nobis, cum dicitis nobis sedem primi Sabbati de loco pelli. Vos in hoc falli non credimus, sed nos tarditatis arguimus, qui vestra bene forsan dicta non bene capimus. Quamvis Sabbatum a causa, non a numero dicatur, et per hoc aliquando non ad numerum, sed ad causam referatur; quia tamen illud de quo agimus Sabbatum semper sedet in numero, in feria scilicet quæ a numero denominatur septima, nemo melius vobis novit sedem Sabbati sic esse immobilem, ut est immobilis numerus, qui sedem Sabbato fundavit. Nullum enim diem hebdomadæ præter septimum vocamus sabbatum, sed a Sabbato omnes dies vocantur, id est prima, secunda, vel tertia Sabbati. Si vero id quod causa, aut usus addicit Sabbato, pellitur aliquoties de loco ; non ideo surgit sabbatum de sua sede. Jejunium ergo quod primo Martii ascribitur, si aliqua causa vel necessitate pellatur a præscripto sibi loco, quomodo per hoc sedes Sabbati de loco suo pellatur, a vobis audire vellemus. Si enim Sabbati sedes posset a loco suo moveri, et Sabbatum, ut ita dicam, posset sequi diem jejunii de loco suo pulsi, semper ipsum Sabbatum esset primum, nec pateretur ut secundum Sabbatum incubaret primo loco. Quid ergo gravamini ita motum primi jejunii, non quidem semper necessarium, sed aliquando opportunum, cur negatur primo jejunio quod cæteris temporum jejuniis conceditur, quibus licet opportune de loco suo moveri. Ecce de hiemalis temporis jejunio nulla est querela, quod de hebdomada in hebdomadam, de Sabbato in Sabbatum, transduxit Dominica Nativitas. Et gratias vobis, quod mutationem autumnalis jejunii conceditis nostræ festivitati. Et quia forte non timetis, quod Nabuzardan expugnare debeat muros nostræ Jerusalem, dicitis quodam modo nobis cum Esdra : *Comedite pinguia, et bibite mulsum, et mittite partes eis qui non præparaverunt sibi; sanctus enim dies Domini est : nolite contristari, gaudium etenim Domini est fortitudo vestra* (II *Esd*. VIII, 10). Quod nobis conceditur, concedi potest etiam cuilibet Ecclesiæ, ut si in quolibet temporum jejunio intercurrat specialis festivitas, jejunii sedes transmutetur, aut Sabbatum æstivalis jejunii, si concurrat Sabbato Pentecostes, quæ utraque Sabbata prænotantur titulo XII lectionum, differtur jejunium in hebdomada Pentecostes, quia non possunt expleri una celebritate duo authentica officia, et duo mysteria : unum baptizandi, et unum ordinandi. Quamvis nostra pene memoria tres archiepiscopales sedes, vos scilicet Trevirenses, Colonienses et Maguntienses voluerint hæc duo mysteria duplicis jejunii uno unius diei officio compleri, sed ea causa, nec ad consensum omnium, nec ad usum Ecclesiæ potuit pervenire. Quid, inquam, adeo gravamini solius primi jejunii mutatione, ut dicatis quod Nabuzardan, princeps coquorum Nabuchodonosor, vel diaboli, expugnet adhuc muros Jerusalem, si hoc jejunium transferatur in quadragesimam? Ultimo Pascha, quod est vii Kalendas Maii, initiatur Martius in secunda Sexagesimæ feria; in penultimo Pascha, quod est viii Kalendas Maii, in tertia feria; in antepenultimo Pascha, quod est ix Kal. Maii, initiatur Martius in quarta Sexagesimæ feria. Quia ergo his annis in Quadragesimæ hebdomada tres feriæ, quarta, et sexta, et septima concurrunt ad jejunium vernalis et ordinum mysteria celebranda, vestro relinquimus judicio, si convenienter jejunetur et ordinetur in Sexagesimæ Sabbato. Moderatiores fuerunt in hoc papæ Zozimus et Gelasius, qui hoc jejunium et mysteria jejunio congruentia deputaverunt Quadragesimæ. Et ut aliquid etiam a nobis dicamus, solet aliquando a sanctis et bene moderatis viris differri hoc jejunium in ultimum Martii Sabbatum, vel in penultimam Quadragesimæ hebdomadam, ut paratiores sint, et qui ordinant, et qui ordinantur, si forte (quod absit) adhuc Nabuzardan expugnarit muros Jerusalem, illi qui de captivitate Babylonis redibunt, pœnitentia laborabunt in restruendis muris suæ Jerusalem, una manu facientes opus orationum, et altera manu tenentes gladium jejunii.

Delectat etiam nos allegorizare super numero hebdomadarum quæ distinguunt jejunia temporum. Sed quia, ut ait Origenes, in campis allegoriæ est libera evagandi licentia, hæc libertas debet habere modum progrediendi. Tres generationum Christi ordines tribus jejuniorum ordinibus allegorice respondent, quid conferetur quarto jejunio, quod etiam hebdomadarum mutilatur numero? Placet hæc allegoria, sed non ita, ut pro certa figatur jejuniorum regula. Placet et Bernonis regula, quæ vos quodam intellectuali linearis numeri filo a primo jejunio ad secundum, a secundo ad tertium, a tertio ad quartum jejunium ducit, et utinam sine errore. Et multo plus placeret, si etiam per xiii a quarto jejunio ad primum recurreret. Sed ut cum pace et gratia vestra loquamur, hæc ejus linea, quia non æqualiter dividit anni hebdomadas per Quatuor Temporum jejunia, videtur quibusdam non esse satis directa. Si enim per quatuordecim triplicatur a quarto jejunio usque ad primi recursum, restant decem tantum hebdomadæ. Si per quatuordecim quadruplicatur, quatuor hebdomadas excurrit, ultra quinquaginta duas anni hebdomadas. Cujus intellectuali filo non audemus pedem innectere, ut si desiliamus in artum, possimus licenter pedem retrahere aut protendere. Quidam super hoc lineari numero hebdomadarum disputans, « Si, inquit, aliquis numerus debuisset limitare hæc quatuor jejuniorum interstitia, nullus ad hoc aptior numerus esset, quam quatuordecim, qui quadruplicatus reddat quinquaginta duas anni hebdomadas. Per hoc enim, si modo usus admitteret, semper in primo Sabbato mensis jejunio deputati occurreret jejunium cujusque temporis per hujus numeri lineam. » Hoc ille quamvis verum tamen frustra dixit, quia extra usum sensit Berno, a cujus ore vos pendetis, cujus verba sunt vobis pro regula, qui vestrum sacramentorum librum suo exemplari attitulat, nobis quoque placet, hunc nos magni habemus, quia quod pro virili portione potuit in tabernaculo Dei obtulit. Sed præcipit Apostolus omnia probare, quod bonum est tenere, ab omni specie mala nos abstinere. Species mala est discordia Ecclesiæ, pro qua omnes quotidie oramus, ut in primis eam dignetur Deus pacificare et adunare toto orbe terrarum, nec tamen unam eam adunari patimur, dum per dissonantiam ecclesiastici ritus ab invicem dividimur. Nos vestrosque ritus non improbamus, sed quod ex antiqua Patrum traditione tenemus, utrum recte teneamus, bonorum judicio committimus.

De temporibus initiandis præ omnibus Anatolium sequimur, qui quanti debeat esse, nobis testatur Eusebius in ecclesiastica Historia, et Hieronymus in libro illustrium virorum. « Anatolius, inquit, Alexandrinus Laodiciæ Syriæ episcopus sub Probo et Gaio reparatoribus floruit, vir miræ doctrinæ in arithmetica, geometria, astronomia, grammatica, rhetorica, dialectica. » Et si ad modernos veniendum est, sequimur nostros Waterhonem (1099) nostræ urbis episcopum, et Olbertum Gemblacensis cœnobii abbatem, qui in generatione sua justi et docti fuerunt, justis et doctis viris sui et nostri temporis conferendi aut etiam præferendi. Hi fuerunt contemporales Aribonis et Bernonis. Hi Bernonis scripta, eo monstrante, legerunt; sed multa legentes et omnia probantes, juxta quod Dominus præcipit prædicatoribus, non transibant de domo in domum, id est de sententia istius ad sententiam illius; sed regiam patrum viam gradientes, non ad dextram, nec ad sinistram declinabant. Hi jejunia Quatuor Temporum secundum rationem temporum accipientes, dies temporis ante Kalendas Martii non excludebant a jejunio verni temporis, sed in primo statim Sabbato, imo in primo aliquando mensis die jejunium et jejunii historiam explebant. Hos aliosque sanctos et doctos viros in hoc sequimur, non quia sancti et docti fuerunt, sed quia veritatis

---

(1099) Vulgo dicitur Vatho seu etiam Vazo Leodiensis episcopus, obiitque anno 1048 uti legimus in libro De gestis abbatum Gemblacensium, ubi etiam plura de Olberto abbate.

assertores esse probantur. Sic enim docet nos Augustinus scribens Hieronymo. « Solis, inquit, scripturis quæ appellantur canonicæ hunc honorem atque tenorem defero, ut nullum earum auctorem errasse aliquid firmissime credam. Alios vero sic lego, ut quantalibet sanctitate et scientia præpolleant, non ideo verum esse putem quia ipsi ita senserunt, sed quia mihi per illos canonicos auctores vel probabili ratione quod a vero non haberat, persuadere potuerunt. » Hoc Augustini exemplo multorum scripta legimus; sed non omnibus credere habemus, et quos magis sequi debeamus quærentes, hæc vobis scribimus non ex pertinacia, quia nec vos credimus scripsisse ex pertinacia, qui epistolam vestram tam delectabili conclusistis epilogo, quod et nos mutuatum remittimus vobis. Si ex ratione catholica est vobis certum nobis aliquid melius ostendere, promptum est nobis intellectui vestro cedere, quam nostræ pertinaciæ ulterius inutiliter deservire.

Sed et hoc adjiciendum est quod anno millesimo nonagesimo quinto, Dominicæ Incarnationis tota pene Ecclesia recepit a sede Romanæ Ecclesiæ decretum apostolicæ auctoritatis, ut semper in prima Quadragesimæ hebdomada jejunium veris, semperque in ipsa Pentecostes hebdomada jejunium æstatis celebretur. Cum ergo Februarius sæpe unam, sæpe duas, aliquando, in primo scilicet Pascha, tres Quadragesimæ obtineat hebdomadas; eodemque modo Maius sæpe una, sæpe duabus, aliquando in primo scilicet Pascha tribus hebdomadibus ultra Dominicam Pentecostes excurrat. Constat totum jejunium veris in Februo ab illis celebrari; jejunium vero æstatis non solum a secunda Junii hebdomada, sed etiam ab initio Junii longe removeri. Nulla certe est controversia apud istos de spectanda quarta vel sexta feria ante Kalendas Martii, Junii vel Septembris, quippe qui non ad certos menses, sed ad rationem temporis, refertur jejunium temporis. Valete.

Item epistola Trevirensium ad Leodienses, cur regulam (1100) Bernonis modo crescere, modo decrescere arguant.

Cum bene et decenter responsum a vobis videatur esse in cæteris, hoc unum dubitamus, utrum juste arguatur regula Bernonis modo crescere, modo decrescere tanquam non ille considerasset, quod ab ultimo jejunio usque ad recursum primi, decem tantummodo sint hebdomadæ tribus tesserescedecadis per intervalla jejuniorum deputatis. Ille enim videtur lineam suam protendere a primo jejunio usque ad quartum, et de tempore quod est ab ultimo usque ad primi recursum non agere, ut sic descensus quadraginta duarum hebdomadarum respondeat quadraginta duabus generationibus Christi, quod putamus intendisse Amularium, qui et primam Martii hebdomadam accepit in figura primæ generationis, quæ est Abraham, et ultimam Decembris in figura ultimæ generationis, quæ est Christus, et tres consecrationes jejuniorum tres appellavit tesserescedecadas hebdomadarum, quæ sunt intersſitia eorum. Cur ergo dicitis de quarto quid fiet? Dubitationem vobis ostendimus. Valete.

RESCRIPTUM DOMNI SIGEBERTI.
PRO LEODIENSIBUS CLERICIS.

Quia, ut ait quidam, littera sola res est quæ eos qui sunt absentes facit esse præsentes, juvat nos datis et acceptis litteris alloqui et audire vos quos diligimus, præsertim, dicente Hieronymo, quia magnum desiderii solamen habet amicus, cum litteras amici accipit. Dubitationem vestram nobis ostendistis; scilicet an juste necne arguatur regula Bernonis modo crescere modo decrescere, et cur dixerimus de quarto quid fiet?

De posteriori interrogatione primum dico (1101) me non dixisse, de quarto quid fiet? sed dixisse quid conferetur quarto jejunio : de qua re merito quæsistis; quia dum eam subintelligendam reliqui, remansit sub ambiguo quod subintelligi volebam. Dicens enim tres generationum Christi ordines tribus jejuniorum ordinibus allegorice respondent, subintuli; quid, subaudis allegoriæ, conferetur quarto jejunio? Quod quæsivi quæro adhuc a vestra prudentia, quid possit conferri illis decem hebdomadis, quæ a quarto jejunio restant usque ad primum, ut omnibus anni hebdomadis sua respondeat allegoria. Si enim a vobis primo hoc subintellectum fuisset, videretur vobis his decem hebdomadis posse conferri illas generationes, quæ decem a Noe usque ad Abraham secundum Hebraicam veritatem numerantur, si nulla denarii numeri aptior causa possit conferri. Has enim consequens generatio Abrahæ obtinebit congrue primam Martii hebdomadam.

Porro regula Bernonis utrum modo crescat, modo decrescat, vel si juste necne possit argui, scit vestra quæ eam terit prudentia. Quid vestra interest eam arguere diximus et dicimus. Sit Bernoni sua sibi regula, quia nolumus ea coarctari, qui juxta competentiam rei ac temporis ponimus libere interstitia quatuor jejuniorum, sive per quatuordecim, sive per quindecim. At vero quia vos eam nobis porrigitis ad videndum, vobis eam ex una parte tenentibus, communiter videamus qualis sit. Et hæc quidem est ejus regula.

« A Sabbato, inquit, vernalis jejunii velut in-

(1100) De hac regula hæc habet Sigebertus in libro De scriptoribus eccles. : *Scripsi de jejuniis Quatuor Temporum, de quibus celebrandis est inter multos dissonantia, dum alii secundum considerationem temporum ad jejunium quartæ et sextæ feriæ accipiunt dies Februarii, vel Maii, vel Septembris, et Sabbato in Kalendis proveniente terminant jejunium; alii vero sine consideratione temporum non jejunant nisi quarta et sexta feria cum ipso Sabbato in Martio, vel Junio, vel Octobri proveniant. Et talem jejunandi ritum auctorizant multi, maxime Teutones.*

(1101) Ex his verbis constat Sigebertum superioris ad Trevirenses epistolæ esse auctorem

tellectuali quodam filo rectissime linea regulæ per xiv hebdomadas usque in Junii mensis secundum ducatur Sabbatum, indeque per alias xiv hebdomadas ad tertium Septembris Sabbatum, itemque sive per xiv, sive per xiii ad illum proximum ante Natale Domini Sabbatum, ut absque errore termini eorum Sabbatorum possint interveniri. »

Hæc rectissima linea cur a xiv recurrit ad xiii? Nimirum ideo quod necesse sit ei sequi competentiam temporis. His in hebdomadis numerandis sibi quidem satisfecit, nescio si et vobis satisfecerit. Vos quippe intendere videmini, ut hebdomadæ quadraginta, duæ sic respondeant quadraginta, duabus generationibus Christi, ut prima generatio, quæ est Abraham, teneat primam Martii hebdomadam; ultima vero generatio, quæ est Christus, respondeat ultimæ Decembris hebdomadæ. Vos recte in hoc sapitis, si linea Bernonis vos ad hoc posset dirigere; sed nascente Christo in ultima Decembris hebdomada, quomodo dabitis Abrahæ primam Martii hebdomadam? Linea Bernonis Abraham ab ea excludit, quia si eam obtineret Abraham, ultima Decembris hebdomada non responderet ultimæ generationi. Quia ergo, ut ait Tullius, prima causa victoriæ est diligenter ediscere causam pro qua dicturi sumus causam hujus difficultatis communiter quæramus, ut communi labore difficultatem ipsam vel videre queamus.

A Kalendis Martii usque ad viii Kalendas Januarii, sunt hebdomadæ xlii et dies vi. Hos sex dies subtrahens Berno a numero hebdomadarum, eas non a Kalendis Martii, sed a Sabbato vernalis jejunii incipit numerare. Per hoc quidem cavit sibi, ut linea sua in numero hebdomadarum neque crescat, neque decrescat, non tamen per hoc se omni scandalo absolvit. Propter hos sex dies subtractos disconvenit inter nos et vos aliquando, inter Abraham vero et nascentem Christum nullo anno convenit. Abraham enim nolens quodam modo decedere a præscripta sibi prima Martii hebdomada, subtractos sibi sex dies semper repetit, et singulis annis singulos dies recipiens, videtur arguere regulam Bernonis, modo crescere, modo decrescere; quia quot dies suæ hebdomadæ recipit, tot Christus suæ hebdomadæ dies amittit. Abraham quanto longius a sua hebdomada elongatur, tanto plures dies sibi usurpat, ut aliquando plusquam unam hebdomadam, aliquando plusquam duas obtineat, tribus scilicet annis; quibus vos ponitis Sabbatum jejunii circa vi Idus Martii. At puer cujus est nomen Dominus justus noster, ad suam partem recrescente linea suos; tantum dies annuatim recepit, et nihil plus sua justa parte exigit. Ita vos nunquam, nisi excepto uno anno datis nascenti Christo integram hebdomadam; nisi forte subtractos in Martio dies assuatis decurtatæ Christi hebdomadæ, ut vel sic detis quodam modo pauperi Christo camisiolam de conscissis panniculis reconsutam, cujus inconsutilem tunicam nec inimici ejus sciderunt. Non decet

A vos talia semicinctia offerre illi, cui cum Magis aurum, thus et myrrham obtulistis.

Quod dicimus, per annorum consequentiam probemus. Anno quo Martius initiatur in prima feria, incipit Berno numerare hebdomadas a Sabbato jejunii vernalis posito in Nonis Martii, uno die tantum relicto Abrahæ, eoque tantum anno Christus habet plenam hebdomadam. Sequenti anno, posito jejunii Sabbato in primo die Nonas, tertio anno in tertio Nonas, quarto anno in quarto Nonas, quinto anno in quinto Nonas, per hos sex vel quinque annos intercurrente bissexto reddit Berno sex subtractos dies; et secundum variationem Nonarum Martii, linea ejus crescere, aut decrescere videtur in utramlibet partem. Secundum vos autem, longius B posito jejunii Sabbato, amplius linea variatur. Quid quod aliquando per lineam Bernonis plus juste excrescentem exturbatur. Nascens extra quadragesimam secundam hebdomadam et generationem? Quia enim Berno a Sabbato hebdomadas et generationes inchoat, in sexta feria eas semper consummat.

Anno ergo quo initiatur Martius in secunda feria, consummantur xlii hebdomadæ et generationes ix Kalendas Januarii, id est in vigilia Natalis Domini, quæ eo anno occurrit in sexta feria, ultra quam non debet protrahi Bernonis regula. Per hoc initiante quadragesima tertia hebdomada, in sequenti Sabbato nascitur Christus, in eo quasi in C alieno, quia non est ei hoc anno locus in Bernonis diversorio. Confidimus tamen de vobis in Domino, quod ipse qui nascitur magni consilii Angelus inspirabit vobis et aspirabit, ut habeat etiam hoc anno locum in vestræ sapientiæ diversorio. Velit forte aliquis excusare Bernonem, per hoc quod in viii Kalendas Januarii incipit ultima Decembris hebdomada, quæ debet respondere Christi generationi. Posset quidem per hoc excusari, si etiam hoc anno differretur jejunium in secundum Martii Sabbatum. Sed ei via hunc evadendi præcluditur, quia posito Sabbato jejunii in ii Nonas, et Abraham obtinente plus quam secundam Martii hebdomadam, Christus nec penultimam Decembris hebdomadam habet.

Hæc juste necne dixerim de regula Bernonis, videD bit vestræ diligentiæ oculus; et si quid incaute a nobis dictum est, nos simplicitas oculi nostri excusabit, et veniam impetrabit. Non enim Bernoni in aliquo derogamus, quem ut sanctum et sapientem censemus numerandum in numero illustrium virorum, quia quod a Deo habuit ad profectum posterorum obtulit, et inde id ipsum quod obtulit, a Deo probandum fuit. Obtulit aurum sanctitatis et sapientiæ. Tanquam aurum in fornace probat electos Dominus, obtulit argentum eloquentiæ. Quid de tali viro suggerit vobis sapientia per Salomonem? Aufer, inquit, rubiginem de argento, et egredietur vas purissimum. Optarem in domo Dei ambulare cum consensu talis viri; sed ait Amos propheta: *Nunquid ambulabunt duo simul, nisi eis convenerit?*

(*Amos*, III, 5.) Putabamus nobis et Bernoni convenire in recipienda allegorica generationum consonantia; sed dissonantia primæ Martii et ultimæ Decembris hebdomadæ nos ab illa convenientia advocat. At de numero xiv hebdomadarum nobis et Bernoni convenit, quas etiam nos recipientes, ambulamus quidem simul eadem via, sed non ubique per eadem vestigia. Bernone enim sex diebus præcurrente, non a Sabbato jejunii cum eo, sed semper a Kalendis Martii ingredimur viam numerandi XLII hebdomadas, easque ut et vos distinguimus per tres tesserescedecades; sed in prima tesserescedecadarum statutis jejuniorum hebdomadis prima scilicet Martii, secunda Junii, tertia Septembris, quarta Decembris. Sex autem dies qui supersunt, nihil ad distinguenda jejuniorum interstitia obsunt. Hoc extra interrogationem vestram adjeci, ut tollatur a vobis nota inconvenientiæ, quam priores vestræ litteræ imposuerunt nobis. Quod intrante Martio in VI vel VII feria uno anno jejunium Junii, altero anno jejunium Septembris in XV hebdomadam celebramus. Ut salva gratia vestra dicamus, nos secundum tenorem vestræ, non nostræ regulæ vestro præjudicio urgentes. Ecce videtis quæ sit causa mutuæ dissonantiæ, sex scilicet dies a Bernone Martio subtracti, et quia tropum synecdoche vel dies temporum in jejuniis temporum non admittitis, quis nescit in quantis locis Scriptura vacillet, nisi a tropo synecdoche sustentetur? Non surrexit Christus a mortuis, nisi tropum synecdoche recipiamus. Vos qui gratia Dei divites estis in illo, in omni verbo, et in omni scientia, confirmet Deus usque ad finem sine crimine. Valete.

SIGEBERTI
EPISTOLA AD LEODIENSES
(Marten. A. C. I, 587.)

Roberto, Flandriæ comiti, ex bello sacro anno 1101 reverso, Paschalis papa litteras scripsit quibus illum hortatur ut Leodienses schismaticos, Henrico imperatoris adhærentes, ab Ecclesia expellat. Sententiam pontificiam impugnat Sigebertus in epistola ad Leodienses missa, quam, propter infensiorem, quo in sanctam sedem, invehitur, animum, dare supersedimus. Exstat in tomis Conciliorum Labbei (X, 650), sine auctoris nomine, cum hoc titulo : « Responsoria Declamatio acerrima Leodiensium schismaticorum, qui, more suorum comparum in schismate Donatistarum adversus principes resilientium, et catholicum nomen affectantium, suam Declamationem sic inscripserunt : Epistola Leodiensium adversus Paschalem papam. » Editor Patrologiæ.

SIGEBERTI
EPISTOLA ADVERSUS LAICORUM IN PRESBYTEROS CONJUGATOS CALUMNIAM.
(Marten., Thes. I, 230.)

Hæc epistola scripta videtur occasione censuræ Gregorii VII papæ, qui ut incontinentes sacerdotes ad sanam mentem revocaret, vetuit ne quis fidelium eorum missas audiret, multo minus ne ecclesiastica sacramenta reciperet. Quam sententiam dum impugnare conatur noster, non uno in loco minus recte sentit. Et hoc quoque opusculum omittendum duximus. Edit.

SIGEBERTI
Responsio ad epistolam Hildebrandi quam scripsit ad Herimannum Metensem in potestatis regiæ calumniam

Vide supra, in Prolegomenis, col. 16, notam 40.

FRAGMENTUM RHYTHMI DE S. LUCIA
AUCTORE SIGEBERTO
(Apud Mabill. Annal. Bened., tom. IV, pag. 372.)

Ad monasterium Lintburgense, in diœcesi Spirensi, anno 1042 translatæ sunt sanctæ Luciæ virginis et martyris reliquiæ, Heinrico imperatori, Conradi Salici filio, dono datæ a Theoderico Mettensi episcopo, qui eas ex Sancti Vincentii monasterio accepit, uti nos docent Lintburgensium monachorum hac de re litterae, quas hoc loco referre non pigebit : *Coenobitis beati Vincentii et Sanctae Luciae, vineae scilicet Dei clestae, Lintburgensis coenobii grex pusillus, dignos Deo facere fructus. Pignus reliquiarum sanctae martyris Luciae noverit vestra fraternitas nos omni pretiosa margarita amabilius possidere : sed quo modo et a quibus personis ad nos translatum sit, certa vobis ratio pro nostra experientia patebit. Divae memoriae domnus Conradus imperator, cum conjuge sua Gisla, devotissimus nostri loci exstitit fundator atque constructor, quo adhuc vivente, cripta et quaedam monasterii altaria sunt dedicata. Eo autem ex hac luce migrante, cum filius ejus Heinricus eumdem locum non minus studiose reparaverit, plerisque sanctorum reliquiis longe lateque congregatis, etiam sanctae Luciae brachium a Theoderico, secundo Mettensis Ecclesiae pontifice, petiit et impetravit. Quo ad nos, ipso praesule deferente, translato, ferunt ad comprobationem, si Lucia Siciliensis esset, cum id a Domino precibus quaereretur, signorum indiciis declaratum. Sed et hactenus per ejus opitulationes multarum fiunt infirmitatum curationes. Hujus addita veneratione, nostrum templum in honore sanctae crucis et sanctae Mariae semper virginis, et sancti Joannis evangelistae est dedicatum. De cujus gestis non sunt nobis alii sermones, excepta illius sub Paschasio proconsule passione. Quam, ut spopondistis, metrice compositam nobis transmittere dignemini, ut illius praeclari participemur opusculi, cujus una vobiscum pretiosi compossessores sumus corpusculi. Valete in Domino, fratres dilectissimi, sanctae Luciae et omnium sanctorum precibus adjuti.* » Hactenus epistola Lintburgensium, ex codice Sancti Vincentii a nobis eruta. Scripta est post initium saeculi duodecimi, quo tempore Sigebertus, Gemblacensis monachus, qui litteras apud Sanctum Vincentium docuit, rhythmum de sancta Lucia composuit, cujus copiam hac epistola postulant Lintburgenses. Huc spectat Sigeberti versus rhythmici qui sequuntur.

    Pro tam beatae pignore virginis
    Se gloriantur participes fore
    In laudibus Christo canendis
    Ecclesiae parochi Spirensis.
    Te dico Lintburch nomine nobilis,
    Fundata summi servitio Patris,
    Manu Cuunradi imperantis,
    Ipsius et Gisilae jugalis.
    Cum multa comant ecclesiae decus,
    Quae larga regum contulerat manus
    Nil tam pium, nil tam decorum
    Inter opima tenes bonorum,
    Quam sancta sanctae pignora virginis,
    Quam laude nobiscum celebri colis.
    — *Vos brachio Lucia solo,*
    Corpore nos sacrat ipsa toto.
    Vobis hoc Henrich junior attulit,
    Nobis Deodrich junior abstulit :
    Augustus Henrich gloriosus,
    Deodrichque stola decorus.

Et in fine auctor :

    Lucia, martyr fortis et inclyta,
    Lucia, virgo nobilis et pia,
    Me me misellum Sigebertum
    Extrahe ab ignibus inferorum.

FRAGMENTUM DE S. LULLO

(Apud MABILL. *Acta SS. Ord. S. Bened.*, tom. IV, pag. 592, in Elogio S. Lulli.)

Litem de jurisdictione monasterii Fuldensis Lullum inter et Sturmium abbatem intercessisse, nec contentioni bilem defuisse, ut fit in similibus causis, pronum est credere. Et dum Sturmius jura monasterii sui a Romanis pontificibus concessa, regum auctoritate munita, strenue propugnat, exorta inter se suosque dissensione, pars Lullo metropolitano blandiri, crimina Sturmio affingere. Quae ille dum nimis credulus (quod vitium in homines commotos facile cadit) ad regem defert, invidiae notam apud Sturmii amicos et laudatores retulit, et forsitan ob hanc causam male audiit apud Adrianum papam. Verum longe aliter de hoc facto sensit anonymus Gemmelacensis, Vitae Lullanae scriptor, quem Sigebertum, ejus loci monachum, esse suspicor, qui exposita translatione corporis S. Bonifacii in Fuldense monasterium, haec subdit :

His rebus bene ex sententia gestis, archiepiscopus omnem operam suam in locum ipsum intendit. Verum ea longe aliter quam ipse spe conceperat, cessere. Nam Sturmio quidam nomine tunc praeerat monasterio, vir excellentis ingenii ac prædicandæ sanctitatis, sed vehementis nimium ac ferocis naturæ. Is animum fratrum sollicitabat, commonens hanc pontificis Lulli circa se gratiam aliorsum spectare quam ipsi opinarentur. His atque hujusmodi sermonibus a beato Lullo animos fratrum alienavit, et nihil suspicanti non mediocrem invidiam conflavit. Præterea non mediocri tædio jam viri Dei afficiebatur animus, cum videret tot tantosque labores suos incassum effluere, beneficiis invidiam non exstingui; extremæ vero dementiæ esse, huic loco tantas rerum impensas sine fructu insumere, quibus alio in loco perenne devotionis suæ monumentum possit exstruere. Locus autem erat in silva Buchoniæ, cui Herollofelt nomen indidit posteritas, habitationi monachorum peropportunus. In hoc abbas Sturmio, tempore quo primo ad solitariam silvestremque vitam cum fervore spiritus præcipitem agebat, consederat, ac erutis arbustis parvas sibi fratribusque cellulas opere impolito construxerat, novemque annos jam ibi evolverat. Sed beatum Bonifacium, licet amœnus loci situs alliceret et aquæ opportunitas, offendit tamen latus contiguum Saxonibus, qui adhuc paganis ritibus tenebantur, et plerumque in Christiana loca cædes hominum et depopulationes agrorum non modicas dabant. Ut igitur hanc incommoditatem evaderent, altius in Bochoniam tendentem locum, quo nunc Fuldense monasterium conspicitur, occupaverunt. Locus autem Herveldensis tradente beato Bonifacio in proprium cessit sancto Lullo, qui jam tunc forsitan construendi illic monasterii desiderium animo conceperat. In hunc ergo locum omnes copias suas dedit, ac opere egit succisis profusius arbustis, quibus monasterii fratribus laxans spatium, ipsumque cultoribus ædificiis exstruere aggressus sit, brevique tempore Herveldense nomen in immensum gloriæ ac magnitudinis culmen evasit. Cum autem beatus Lullus ab exordio jacti fundamenti ecclesiam monasterii beatis apostolis Simoni et Thadæo attitulasset, angelica in somnis voce est admonitus, ut corpus beati Wicberti eo transferret.

ANNO DOMINI MCXII.

CHRONICÆ POLONORUM

EDIDERUNT

J. SZLACHTOWSKI ET R. KOEPKE PH. DD.

(Apud Pertz, *Monumenta Germaniæ historica*, Script. t. IX, p. 418.)

PROLEGOMENA

Ante hos centum annos Godofredus Lengnich Chronicon Polonorum primus in lucem emisit, quod Martino cuidam Gallo vindicandum esse sibi persuadebat. Neque aliter videbatur editori posteriori I. V. Bandtkio, qui idem Chronicon ex locupletiore codice nostro sæculo publici juris fecit, postque eos idem nomen ab omnibus viris doctis repetitum est, qui Polonorum res antiquissimas illustrandas sibi sumpserunt. Sed non sane jure. Nam neque Martini neque Galli nomen stare potest, cum a recentioribus scriptoribus tradita, omnibus quibus fides habenda est auctoritatibus careant. Re enim paulo accuratius examinata, unum tantum invenies præsidium, idque hoc loco in summam dubitationem merito vocandum, quo hanc sententiam nonnulli tueri possse sibi videbantur; est hoc Dlugossi, rerum Polonicarum scriptoris sæculi decimi quinti, testimonium. Verum est, legitur apud hunc A Martini Gallici nomen (1), sed, dolendum sane est, quæ laudat verba illius, in nostris codicibus non leguntur. Quis vero tali auctoritate innitatur? Cum igitur codices nostri neque unum neque alterum illud nomen exhibeant, rejicienda sunt ambo; neque Galli nomen retinendum videtur ob pauca illa verba, recentiore manu exarata, quæ in codice Heilsbergensi jam deperdito legebantur (2), neque ob mentionem apud alios Polonorum scriptores ante Lengnichium factam (3). Nam illo altero nomine sine dubio auctoris patriam indicare voluerunt. Sed hæc etiam de patria quæstio non minus est obscura quam de nomine illa. In ipso enim libro tenebris vix dispellendis auctor videtur se texisse; nusquam quis fuerit, vel ubi terrarum natus sit, apertis verbis tradidit. Unum vero est quod nullis dubitationibus convelli potest, Polonus non erat, quod ipse verbis probavit luce clarioribus in

NOTÆ

(1) Dlugoss. Hist. Polon., ed. Lips., I, 56 : *Du-* B *cem eorum Lech superasse Martinus Gallicus auctor est.* I, 65 : *Nonnulli asserunt hunc Leskonem in prælio cum Cæsare Karolo Magno inito victum et occisum esse; ita enim repperi Martinum Gallicum de eo scripsisse.* Semler in animadversionum ad antiquiores rerum Polonicarum specimine in Actis societatis Jablonovianæ de Slavis Lecho Czechoque Lips. 1772, p. 30 sqq., observavit verba quæ a Dlugosso afferuntur ex Ekkehardo 805 esse descripta, et Dlugossum interpolatum quemdam Martini codicem se-

cutum esse. Aliis Martinus ille Gallicus non auctor nostri Chronici, sed alius quidam videbatur esse.

(2) Teste Lengnichio in fronte Heilsbergensis codicis hæc legebantur : *Gallus hanc historiam scripsit, monachus ut opinor aliquis, ut ex proœmiis conjicere licet, qui Bolesali tertii tempore vixit.* Et in fine : *Hucusque Gallus.*

(3) B. Paprocki in libro *Herby rycerztwa Polskiego Krakow* 1584 sub voce *Orzel* edidit carmen de morte Boleslai I, 16, et cantilenam in Boleslaum tertium III, 11, 13, 14, quorum auctor est ei *anony-*

inscriptio pag. 1. *testatur*, *bibliothecae academiae Zamoscensis saec.* XVII *legavit. Quibus vero satis inde in bibliothecam Thaddaei Czacki pervenerit, erui non potest. Cujus post obitum codex cum tota bibliotheca ab Adamo principe Czartoryscio emptus, in bibliotheca Pulaviensi conservabatur. Ad hunc quem Gneznensem appellat codicem* I. V. *Bandtkie editionem suam a.* 1824 *paravit. Continet codex praeter Chronicon nostrum pag.* 242-307 *in duabus columnis scriptum, litteris initialibus capitum cinnabari pictis, inscriptionibus vero eorum cinnabari subductis, haud pauca monumenta ad dilucidandam antiquam Polonorum historiam*: *a*) *Annales Polonorum Benedictinos Gneznenses, Thraskae p.* 14-21, 117, 118, 326-349, *Cracovienses majores et breviores p.* 942, 943, 944, 945; *b*) *Chronicon Boguphali, episcopi Poznaniensis, et qui hocce continuavit, Basconis custodis Poznaniensis p.* 23-117; *c*) *Chronicon anonymi archidiaconi Gneznensis p.* 118-224, *interjectis annalibus Polonorum, cum hoc Chronico communiter occurrentibus;* *d*) *Vitam* S. *Stanislai cum miraculis p.* 307-326; *e*) *Chronicon Hungarorum mistum et Polonorum p.* 349-359; *f*) *legendas passionales de sancto Wenzeslao martyre, de sancto Podven, de sancto Procopio et de sancta Ludmilla p.* 500-533; *g*) *documenta de controversiis regum Poloniae cum crucigeris p.* 2-14 *et* 354-855; *h*) *Martini Poloni Chronicon imperatorum et pontificum p.* 904-912; *i*) *Statutum Casimiri* M. *Vislicense p.* 858-901; *k*) 3 *epistolas Santkonis de Czechel p.* 234-237; *l*) *denique foliis duobus ultimis p.* 946-949 *inventarium ecclesiae Gneznensis, seriore tempore codici junctum et cum eo ligatum.* — *Quem codicem contulit Szlachtowskius. Fluxit aut*. *ex uno eodemque cum* 1 *fonte, aut saltem* 1, 2, *ex codicibus qui ex uno fluxere proveniunt; loci enim corrupti et erroneae lectiones fere eaedem sunt in utroque codice.*

5.) *Codex Szamotuliensis, postea Heilsbergensis, chart., saec.* XV *exeuntis prima pagina auratis litteris* A *minoribus exhibet inscriptionem*: *Liber magnifici domini Petri de Schamotuli, castellani et capitanei Poznaniensis* 1471, *satis nitide* (47) *scriptus, multis vacuis spatiis inter omnia fere capita relictis ad pingendas haud dubie litteras eorum initiales, complectitur* 279 *paginas ex utroque latere numeris Arabicis recentiori manu signatas, quae in duabus cujusvis pagina columnis contextum exhibent. Hic quoque codex erat ad manus* I. V. *Bandtkii, cum editionem suam Galli pararet, quem cum cod.* 2 *ex bibliotheca Pulaviensi acceperat. Ex hac editione descriptionem hujus codicis hausimus, quem in bibliothecis hodie frustra quaesiveris, injuria temporum ablatum. Varias lectiones ex Bandtkii editione recepimus. Erat vero codex infimae sine dubio notae; est enim mutilatus et interpolatus. Desiderantur capita* I, 21, II, 9, 16. 20, 27-33, 44-47; III, 16-26 (48). *Reliqua capita pene omnia sunt in compendium redacta, orationes directae saepius recisae, hinc inde in textu litteras, etc.,* B *invenies. In textum recepta sunt ex Vita sancti Stanislai capita* 11, 14-16, 52, *et alia quaedam ex Vita sancti Stephani descripta* (49).

Primam editionem ex codice Heilsbergensi paravit G. *Lengnich Gedani* 1749 *sub hoc titulo*: *Vincentius Kadlubko et Martinus Gallus scriptores historiae Poloniae antiquissimi, p.* 56, *quam repetivit Mizler de Kolof in Historiarum Poloniae et Lithuaniae scriptorum magna Collectione, Varsoviae* 1769 *tom.* III. *Tertia est* I. V. *Bandtkii qui eumdem codicem et Clodaviensem secutus Martini Galli Chronicon Varsoviae* 1824, 8°, *integrum primus satis accurate edidit.*

Quibus subsidiis adjuti, textum quantum fieri poterat genuinum restituere conati sumus, in verbis tamen scribendis pro more saeculi XII *ineuntis diphthongum* ae *et syllabam* ti *loco simplicis* e *et* ci *quae in libris saeculi* XIV *et* XV *habentur restituimus.*

Leopoli *et* Berolini, *mense* Decembr. 1849.

J. SZLACHTOWSKI *et* R. KOEPKE.

INCIPIT EPISTOLA ET QUAEDAM PRAEAMBULA TANGENTIA CRONICAS POLONORUM HOC MODO [1].

Domino M. (50) *Dei gratia summo pontifici, simulque* [2] *Symoni* (51), *Paulo* (52), *Mauro* (53), *Syroslao* (54), *Deo dignis ac venerandis pontificibus Poloniae regionis, nec non etiam cooperatori suo, venerabili cancellario Michaeli, coeptique laboris opifici, subsequentis scriptor opusculi supra montem Syon Domini sanctorum* [3] *gregi commisso* [4] *vigilanti studio speculari, ac de virtute in virtutem, gradiendo Deum deorum facie ad faciem contemplari.*

Ni vestra auctoritate suffultus, patres praetitulati, vestraque opitulatione fretus fierem, meis viribus in C *vanum tanti ponderis onus subirem, et cum fragili lembo* [5] *periculose* [6] *tantam* [7] *aequoris immensitatem introirem; sed securus nauta poterit in navicula residens per undas saevientis freti navigare, qui nauclerum habet peritum, qui scit eam* [8] *certam ventorum et syderum moderamine gubernare. Nec maluissem quomodo tantae caribdis naufragium evitare, ni libuisset vestrae karitati meam naviculam vestri remigii gubernaculis sublevare; nec de tanta silvarum densitate ignarus viae potuissem exire, ni vestrae benignitati placuisset certas* [9] *mihi metas interius aperire. Tan-*

VARIAE LECTIONES.

[1] Incipit — modo *desunt* 2. 3.   [2] simul 3.   [3] scm 1. sctum 2.   [4] supra montem spondia scti Gregori misso, *pro* super montem — commisso *corrupte exhibet* 3.   [5] lembo habuit *et* 2. *sed delevit et in margine scripsit* limbo.   [6] lembo periculose fragili 3.   [7] tanta 1. 2.   [8] ea 3.   [9] cecitas 1. *sic habuit et* 2. *sed delevit, et in margine posuit* certas.

NOTAE.

(47) Sunt verba Bandtkii.

(48) Capita 1, 27, 28, quae facile desideres, p. 44, in Lengnichii continuatione Kadlubkonis leguntur.

(49) P. 75, 76, quod jam monuit Prazmowski ap. Ossol. — p. 304.

(50) Martinum archiepiscopum Gneznensem literam hanc indicare jam Lengnich observavit ed. Ged., fol. 2. Secundum Hist. Polon. Dlugossi Martinus adeptus est hanc dignitatem a. 1092; obiit a. 1118. S.

(51) Simeon, episcopus Plocensis ordinatus, secundum Dlugossum a. 1107. obiit 1129. S.

D (52) Paulus, episcopus Crusviciensis, seu Vladislaviensis) ordinatus a. 1098, obiit a. 1110. S.

(53) Maurus, episcopus Cracoviensis, ordin. a. 1109, obiit a. 1118. S.

(54) Zyroslaus, episcopus Vratislaviensis ordin 1091, obiit 1120, Dlugossus Hist. Pol. 1, 321, 416. In Historia episcoporum Smogorov. et Ricinensium, Dlugossus addit Zyroslaum demum anno 1100 consecratum fuisse, minime vero anno 1112, ut habet erronee Rozicius scriptor saec. XV; Sommersberg. script. Rer. Siles., I, 64, quem secutus est Bandtkie in sua editione Galli, pag. 3, not. 3. S.

epistola ad capellanos ducales ante tertium librum: Tantum opus non ideo cœpi ut — patriam vel parentes exsul (4) apud vos et peregrinos exaltarem, sed ut aliquem fructum mei laboris ad locum meæ professionis reportarem. — Hunc laborem suscepi — ut otium evitarem, et dictandi consuetudinem conservarem, et ne frustra panem Poloniæ manducarem (5).*Legine possunt quæ clariora sint? Auctor apud Polonos exsul, non.ut suam patriam vel suos parentes laudibus efferret opus suum aggressus est, sed ut Polonorum rebus scribendis hospitalitati eorum gratiam rependeret, sibique fructum aliquem* (6) *ad illud monasterium, ubi se monachum professus erat, aliquando reversurus reportaret. Nam ita locum illum professionis intelligendum esse credimus* (7). *Neque huic quam proposuimus sententiæ illi obstant loci, quibus Polonium patriam appellat.* (8), *neque Polonicæ linguæ scientia, quam sine ullo dubio tenebat, eum Polonum fuisse evincit* (9). *Ex occidentali Europæ partibus advena in Polonia sedem fixit* (10), *eamque consuetudine sibi alteram patriam fecit. Sed ubi tandem primam lucem vidit? Gallum eum fuisse alii, Germanum alii voluerunt* (11); *sed ex neutro populo originem duxit, Italus videtur fuisse. Quod una potissimum qua usus est, voce* vastaldiones (12) *confirmatur, quæ ni fallimur eadem est ac* Langobardorum gastaldiones. *Quæ vox apud solos Italorum scriptores occurrit, neque sane perspici potest quomodo monachus Polonus vel Germanus in talem vocem, quæ ad peregrinorum aures vix pervenerit, incidere potuerit. Et hoc videtur Itali esse, quod Germanos in universum vocat* Alemannos (15), *quod Germanos saltem auctores nunquam fecisse omnes sciunt. Accedit denique quod apud hominem septentrionalem illorum temporum frustra quæras, quod uno loco apparet, eum pingendi artis fuisse haud imperitum, vel tabulas pictas eum sæpius inspexisse* (14). *Nescimus an conjecturæ justo plus indulgeamus, si hunc Italum monachum non modo in Bolesłai tertii ducis aulam venisse sed etiam inter capellanos du-*

A *cales receptum esse dicamus. In libri tertii enim dedicatione ad capellanos ducales scripta aliosque bonos per Poloniam clericos, hos* fratres charissimos appellat. Vidit *etiam Bolesłaum ducem ob Sbigneum fratrem cæcatum* jejunantem, cinere et cilicio humi pervolutum, lacrymis irrigatum, ab humano consortio separatum (15). *Facile itaque credas auctorem ex paucissimis illis fuisse, quibus ducis secretum ad S. Ægidii monasterium in Ungaria iter notum fuerit, eumque unum ex ducis comitibus fuisse; ita accurate ejus pœnitentiam ejusque iter in Ungariam et ad sancti Adalberti sepulcrum perscripsit. Quibuscum hoc etiam conjungas, quod, etsi non atrox crimen in Sbigneum commissum, tamen Bolesłaum excusare conatur, ipsumque facinus cujus ducem pœnitebat, non aperte indicavit, sed cautius et obscurius tantum innuit* (16). *Quod minime mireris, si finem consideres quem sibi in libro componendo auctor proposuit, ut Bolesłaum tertium potius laudibus suis celebraret,*

B *quam Polonorum res gestas posteritati traderet. Quod consilium in proœmio libri primi disertis his verbis proposuit:* Est autem intentio nostra de Polonia et duce principaliter Bolezlao describere, ejusque gratia quædam gesta prædecessorum digna memoria recitare. *Quod aliis quoque libri locis non minus aperte profitetur* (17). *Satisque constanter hunc finem in toto libro intuitus est, nam haud raro doleas, quod ob hoc consilium paucissimis verbis res absolvit, quas sine dubio copiosiore sermone narrare potuisset. Itaque omnium priorum ducum Poloniæ res gestas uno libro primo comprehendit, Bolesłai vero Vitam usque ad vicesimum octavum ætatis annum, i. e. usque ad annum* 1115 (*obiit dux* 1159) *duobus alteris libris uberrima narratione exposuit. Attamen non uno tenore librum perscripsit, sed, ut ipse probat, in fine libri secundi aliquantisper quievit* (18). *Duos enim libros priores composuit anno* 1109 *vel* 1110, *quos, ut aliis*

C *nonnullis episcopis, Paulo episcopo Crusvicensi et Mauro Cracoviensi dedicavit, quorum ille* 1110 *diem supremum obiit* (19), *alter anno* 1109 *consecratus*

NOTÆ.

mus. Cromerus Polonia Col. 1589, p. 46, scribit: *Gallus quidam qui non multo ita post hæc tempora Bolesłai tertii et superiorum regum Poloniæ res gestas libris tribus complexus est.* Sarnicius ann. Poloniæ, edit. Lips., Długossi II, 894 : *Gallus et Cadlubcus fere synchroni regi Crivoustio.* Cf. p. 1056. Herburtus, qui Chronicon nostrum editurus erat, in præfatione ad Kadlubkonem appellat eum *Gallum anonymum*. At in Chronico principum Polon. sæc. xiv Stenzel Script. rer. Siles. l., nostri auctoris liber simplici nomine *Cronica* laudatur. Cf. p. 60, 66.

(4) Miro modo hoc loco se torquet Bandtkie p. xxv, qui ut auctorem Polonium faciat subintelligere vult vocem *tanquam*.

(5) Hoc Polonismum esse probavit Bandtkie p. xxiv, *Chleb Polski iedz*.

(6) Se aliquam laboris mercedem exspectasse indicat III, epist.

(7) Quod etiam videtur Bandtkio p. xxii. Sententia Kownackii et Lelewelii eum in monte Cælio Romano fuisse Benedictinum monachum. Cf. Ossolinski Vincent Kadlubek aus dem Polnischen von Linde. Warschau 1822, p. 575, 606, una cum falsa lectione editionis Gedanensis in I epistola *supra montem S. Gregorii* rejecta est.

(8) Quos accurate collegit Bandtkie p. xxiii. Sæpius auctori *patria* idem est quod *terra, regio*; e. g., I, proœm. 12, 20. Sensu proprio verbo usus est I, 7; 15, II ; 53, 55, 45; III, ep. 1, 5, 7, qui omnes loci ad auctoris patriam nihil faciunt. At in epistola ante librum tertium opus suum *honori patriæ* haud inutile fore opinatur, idque *ad laudem principum et patriæ nostræ* exaratum esse in epistola lib. II. testatur. Si tenes verba supralaudata hoc loco nihil aliud indicavit quam quod Polonia altera sit patria, Eo-

D dem fere sensu Polonos II, 55, vocavit *nostros*. Aliis locis peregrinus incolarum invidiam veretur II, 12 : *exaulis per non omnia complacebo*; quibus adde quod I, ep. II, ep. de detrectatoribus et odio dixit.

(9) Polonismi sunt *Gnezen* Sclavonice *nidus* I, 1; *cebri*, i. e. situlæ I, 2. *Lapis* (castrum) *Kamin, Kamień*, i. e. lapis II, 57; *in vacuum na prozno* I, 16. *se quinto solummodo* II, 55, i. e. ipse cum quatuor sociis, Polonice *samopiat*.

(10) Ex occidentali Europa sæpius advenas in Poloniam commigrasse, probari videtur *Galli* castro, cujus mentio facta est II, 58, 59.

(11) Præter Lengnichium Francogallus auctor videbatur Bentkowskio et Lelewelio, cf. Ossolinski p. 575, 606; Germanus Semlero l. l., p. 47, qui in laudata commentatione corruptam Lengnichii editionem bene castigavit; Germanus Transrhenanus, eodem fere sensu quo Galli apud Lambertum occurrunt, Samueli Bandtkio in Dzieie Krolestwa Polskiego Wroclaw 1820, I, 545; Polonus Kownance Ossolinski ed. Linde p. 377 et I, V, Bandtkio p. xix. Huc minime esse referenda verba II, epilog. *tot terras transivimus* sed metaphorice ea esse intelligenda observavit Bandtkie.

(12) I, 12, legitur *vastandiones*; II, 1, *vastaldiones et comites*. Italum prodere videtur I, 12, vox *potissando*.

(13) II, 57. III, 1, *impetuosi Alemanni*; III, 5, *impetus Alemannorum*; III, 5.

(14) II, epist.

(15) III, 25.

(16) Loco laudato.

(17) I, epilog. 50 ; II, 45.

(18) II, 50.

(19) Ita Długoss in Vitis episcoporum Crusvicen-

est (20). Tertium librum paulo post Boleslai ad S. Ægidium iter, fortasse ipso anno 1113, conscripsisse videtur. Fautores vero et adjutores hujus operis quemque illos habuit episcopos, quibus librum primum dedicavit, quorum auctoritate et opitulatione fretus, scribendi munus in se suscepit, quorumque benignitas certas ei metas interius aperuit (21). Vix enim dubites quin illi auctori scribendi subsidia administraverint, et ante omnes Michael cancellarius, quem cœpti laboris opificem suumque cooperatorem vocat (22).

Præsidia quibus usus est, pene omnia ita erant parata, ut ea tantum posteritati traderet quæ aut ex aliorum narrationibus hauserat, aut ipse testis viderat. Ex libris unam tantum sancti Adalberti passionem laudavit (23). Litteræ quas inseruit potius ab ipso auctore videntur scriptæ, quam ab illis quibus tribuuntur (24). Res ab illis qui noverant inquisivit (25), et in Polonorum fabellis antiquissimis narrandis secutus est seniores antiquos, quas vero cum ex paganismi temporibus originem ducerent, oblivioni potius quam memoriæ tradere voluit (26). Alio loco majorum relationem laudat (27). Neque carmina popularia Polonorum rejecit, ut probat illa cantilena in honorem Boleslai composita (28). Num vero alterum illud carmen a Germanis in laudem Boleslai factum revera ex populi ore an ex auctoris ingenio originem traxerit (29), haud immerito dubitet aliquis. Cautiusque atque modestius omnia quæ ob antiquitatem dubia videbantur, vel quæ non satis perspecta et cognita erant, voce fertur vel alio quodam modo notavit (30), alia denique se nescire aperte professus est (31). Neque minus laudavit testes qui rebus interfuerant (32). Ut veritatem historiæ teneat (33) quasi normam atque legem sibi proposuit, quam ab eo in universum satis accurate observatam esse minime neges, etsi cautius de Boleslao tertio et de morte sancti Stanislai scripsit (34). Haud dubie auctor vir erat eruditus, litteris antiquis satis imbutus, ut illis locis probavit quibus antiquorum populorum rerum gestarum memoriam protulit (35). Ex rerum scriptoribus præ ceteris legit Sallustium (36), ex poetis Lucanum (37). Scribendi genus longe abhorret a nativa venustate illa, quæ apud alios illorum temporum scriptores animum allicit; est tumidum atque imaginibus et metaphoris audax, ita ut non uno loco hæsites, utrum quæ legis sensu proprio an metaphorico sint intelligenda. Accedit quod totum pæne librum

A versibus illis composuit, qui apud sæculi duodecimi scriptores sæpissime leguntur. Ex quibus illos tantum servavimus, qui paulo accuratius confecti, rhythmum habent iure facile percipiendum.

Ex posteriorum temporum scriptoribus nostrum auctorem in suum usum verterunt Kadlubek (38), compilator apud Lengnichium (39), auctor Chronici ducum Poloniæ (40), annales Poloni (41), Dlugossus (42), et Sarnicius (43).

Ad textum nostræ editionis constituendum duos illos codices, quorum hodie exstat notitia, in auxilium vocavimus; pluribus tamen locis, cum illi neque vetusti neque optimæ sint notæ, conjecturis tantum medela potuit afferri. Conjecturas Pertzii P., adnotationes Szlachtowskii S., Kopkii, qui et chronologiam constituere conatus est, K littera signavimus.

1) Codex Varsoviensis bibliothecæ comitum Zamoisciorum, membranaceus, sæculo XIV medio confectus, 97 foliorum signatorum, continet præter Chronicon B nostrum in duabus columnis a fol. 20 vers. ad fol. 54 vers. nitido charactere scriptum, inscriptionibus capitum et litteris initialibus cinnabari pictis, a) fol.1-20 Vitam Alexandri M.; b) a fol. 55 recto ad 74. Vitam sancti Stanislai, quam I. V. Bandtkie una cum Chronico Galli vulgavit (44). In calce hujus folii est initium c) annalium Polonorum Thraskæ, a duce Meschone usque ad a. 1341 fol. ad 89 vers. continuatorum; d) fol. 90-96 vers. Chronicon Hungarorum mixtum et Polonorum (45); e) folio 96 et ultimo 97 recto consignatæ sunt variæ sæc. XVI res gestæ, verso autem invenitur carmen idiomate Polonico scriptum, de nece comitis de Tenczyn, eodem tempore patrata. Cujus codicis præstantissimi lectiones ex ipso codice Varsoviæ summo studio a se exscriptas, benigne nobiscum communicavit v. d. Augustinus Bielowski.

2) Codex Clodaviensis, postea Pulaviensis Santkonis de Czechel, chartaceus, sæcula XV exeunte paratus, paginis 945 seriore manu consignatis (p. 25 bis signa-C ta) et duobus foliis ultimis membran. constans, Clodaviensi beati Ægidii monasterio a præposito ejusdem Santkone de Czechel donatus est, ut probat hæc inscriptio (46) p. 1 : Chronica Polonorum et alia quæ dicitur Flores temporum, de summis pontificibus et imperatoribus, in fine inventarium omnium ornatuum ecclesiæ Gneznensis, ex dono fratris Santconis pro monasterio beati Ægidii Clodavensi. Deinde codex ad ecclesiam Cneznensem pervenit, unde in bibliothecam Joannis Zamoiscii migravit, qui eum, ut

NOTÆ.

sium in ms. bibliothecæ Ossolinskii. 4, n. XVIII, chart., f. 101 vers. In editione Lipsiensi Dlugossi I, 591, errore typographi Paulus appellatur Paulinus episcopus Cracoviensis; codices quos inspexit Szlachtowskius recte habent Crusvicensis.

20) Cf. notas ad initium epistolæ dedicatoriæ lib. 1. De Syroslao I, qui in Chron. princ. Polon. D Stenzel I, 158, legitur sedisse a. 1112-1120, in catalogo epp. Wratislav. ibid. II, 132, anno 1111-1120. Cf. ibid.

(21) I, epist.
(22) Loco laudato II, epist.
(23) I, 6. Neque Joannis Canaparii neque Brunonis ep. Vitam S. Adalberti ante oculos habebat, sed miracula videntur fuisse vetustiora illius generis ut leguntur M. G. SS. IV, 613 (Patrolog. t. CXXXVII, col. 889), in quo libello nostri Chronicon exscriptum est.
(24) I, 30; III, 2, 13, 14.
(25) II, epilog.
(26) I, 3.
(27) I, 42.
(28) II, 28.
(29) III, 11.
(30) I, 2, 7, 18, 21, 27, 28, 29; II, 8, 16, 17, 22, 23, 24, 49.
(31) I, 18; II, 7, 16, 53.

(32) III. 1.
(33) II, 31.
(34) III, 25, I, 27.
(35) III, epist.
(36) I, prœm. 3, 6, 7; II, 6, 13, 16; III, 8.
(37) II, 5.
(38) Dlugossi ed. Lips. II, 651, et alias Chronicon ante oculos videtur habuisse.
(39) Quem sub Kadlubkonis nomine editum a Lengnichio Chronicon Miorszi esse voluit Bielowski in libro Wstęp Krytyczny do dziejów Polski Introductio.
(40) Stenzel SS. rer. Siles. I. 45 sqq. Quod jam exposuit Semlerus l. l., p. 56.
(41) Ed. Lengnich, p. 33, qui annales Cracovienses si non ex nostro Chronico, ex parte tamen ex alio fonte fluxerunt, cujus auctor nostrum legit; neque minus Cosmam ille exscripsit.
(42) Cf., supra adnot. 1.
(43) Dlugossi ed. Lips. II, 1063.
(44) Exceptis miraculis S. Stanislai, quæ non occurrunt in cod. Varsoviensi.
(45) Chronicon hoc edidit Varsoviæ 1823 H. Kownacki ex codice nostro 2, ex qua editione minus accurata edidit hoc Chronicon S. Endlicher in Monumentis Arpadianis reg. Hung. S. Galli 1848. I, 60.
(46) A Bandtkio minus recte lecta.

torum ergo [10] rectorum aminiculis insignitus [11] portum subibo securus, ventorum turbinibus expeditus; nec dubitabo lippis luminibus viam incognitam [12] palpitare, cum cognoverim [13] rectorum oculos præcedentium luce lucidius choruscare. Et cum tales præmiserim causidicos [14] defensores, flocipendam, quitquid musitando [15] murmurarent invidiosi detractores. Et quoniam fortuna voti compos vos fautores obtulerit justæ rei, dignum duxi tantos viros inserere quasi cronica seriei [16]. Vestro namque tempore vestrisque precibus preciosis illustravit Deus Poloniam Bolezlavi tercii gestis memorabilibus et famosis [17]. Et cum multa et magnifica vobis gesta prætermittam degentibus, quædam tamen [18] suggerere subsequenter [19] posteriorum memoriæ non dimittam [20], sed ad præsens vos uno ore, una laude [21] unanimiter unanimes unanimus, et quos indissolubile caritatis vinculum annectit, nostris [22] quoque præconiis adnectamus [23]. Dignum est enim, ut rerum etiam gestis institerant præ- A notari, quos divina gratia facit donis carismatum ipsis principibus principari, cibi quorum dispensatione subditorum quod capacitatibus cœlestis alimoniæ fidelibus erogatur, eorundem patrocinii nostræ pusillanimitatis opusculum suffragio tueatur [24] Nam quos Deus ordinavit tanto privilegio dignitatis hominibus ceteris præminere, oportet eosdem studiosius singulorum [25] utilitatibus et necessitatibus prævidere. Igitur ne viles [26] personæ videamur vanitatis fimbrias [27] dilatare, codicellum non nostro decrevimus, sed vestris nominibus titulare. Quocirca laudem hujus operis et honorem [28] hujus patriæ principibus ascribamus, nostrum vero laborem laborisque talionem vestræ discretionis arbitrio fiducialiter committamus. Spiritus sancti gratia, quæ vos dominici gregis pastores ordi- B navit, tale suggerat consilium vestræ menti, quatenus princeps digna det munera promerenti, unde vobis honor, sibique [29] gloria proferenti [30]. Semper gaudete, nobis operique favete

EXPLICIT EPISTOLA.

INCIPIT EPILOGUS [31].

Bolezlavus dux [32] inclitus,
    Dei dono progenitus,
    Hic per preces Egidii
    Sumpsit causam exordii.
Qualiter istud fuerit,
    Si Deus hic [33] annuerit [34];
    Possumus vobis dicere,
    Si placeat adiscere.
Relatum est parentibus
    Successore carentibus,
    Confient [35] auri congeriem
    In humanam [36] effigiem,
Quam mittant sancto propere [37],
    Fiat ut eis prospere [38],
    Votumque Deo voveant,
    Atque firmam spem habeant.
Aurum ilico funditur,
    Effigies efficitur,
    Quam pro futuro filio
    Sancto mittunt Egidio.

Aurum, argentum, pallia,
    Donaque mittunt alia,
    Vestes sacras et aureum
    Calicem sat ydoneum.
Nec mora, missi properant
    Per terras quas non noverant;
    Prætereuntes Galliam
    Pervenerunt Provinciam.
Missi munera proferunt,
    Monachi grates referunt;
    Causam [39] narrant itineris
    Et qualitatem operis.
Tunc monachi continuo [40]
    Jejunavere [41] triduo:
    Et dum agunt jejunium,
    Mater concepit filium;
Et pro vero pronunciant [42],
    Quod [43] missi sic inveniant [44].
    Monachi rem recipiunt,
    Missi redire cupiunt,

VARIÆ LECTIONES.

[10] igitur 5. [11] insignius 1. 2. [12] laxis lmg. ing. pro l. l. v. i. 5. [13] cogaonerim 1. [14] causidicus 5. [15] in usitando 1. 2. sed 2. postea correxit. [16] cronicam scrivi pro c. s. 5. [17] favosis 1. ita et 2. habuit, sed correxit. [18] iÿ 5. tantum 1. 2? [19] subsequentium legit 5. secund. ed. Vars. [20] obmittam 5. [21] u. l. desunt 5. [22] vestris 5. [23] annectam 5. [24] Ita legendum videtur : donis est conjectura Pertzii. Dignum est enim ut rerum eciam gestis institurunt prenotari, quos divina gracia facit de hiis carismatum ipsis principibus principari, tibi quorum dispensacione subditorum quod apacitatibus celestis alimonii fideles erogatur, eorundem patrocinii nostre pusillanimitatis opusculum suffragio tueatur 1. Dignum est enim, ut rerum eciam gestis institerim prenotari (in margine addit : vestras dignaciones prenotemus), quos divina gracia facit de hiis carismatum ipsis principibus principari cibi quorum dispensacione subditorum quod apacitatibus celestis alimoniis fideles erogatur, eorundem patrocinii nostre pusillanimitatis opusculum suffragio tueatur 2. Dignum est enim ut rerum eciam gestis institerunt prenotari pro, quos divina gracia facit de his carismatum ipsis principibus principari, tibi quorum dispensacione subditorum quod apicibus celestis alimonie fidelibus errogatur, eorundem patrocinii nostre pusillanimitatis opusculum tueatur 5. in stateram pr. — item quorum disp. — apicibus celestis alimoniis fideles Bandtkie. [25] ceterorum 5. [26] viliter 5. [27] fibrias 2. [28] honore 5. [29] in 5. [30] preferenti codd. [31] epilogum 1. 2. [32] rex 5. [33] deest 5. [34] hoc loco addunt in margine 1. 2. Prologus tercii libri [35] conflant non recte corr_exit ex. conflient 2. [36] humana 1. 2. [37] ppe 2. pape 5. [38] ut eis fiat pro spe pro F. u. c. p. 5. [39] cassam 2. [40] convivio 1. sic et 2. sed postea correctum. [41] jejunare 1. 2. [42] et p'u'o pnunciant 2. et pu'o prununciant 2 et pro puero pronunciant 5. [43] ita legendum q cum nota abbreviationis; non vero qui. Pertz. [44] fuerant 5,

Transeuntes Burgundiam
Remearunt Poloniam.
Ergo gravem inveniunt
Ducissam quando veniunt.
Sic puer ille nascitur,
Qui Bolezlavus dicitur,
Quem Wladislaus genuit
Dux, sicut [45] Deus voluit.

Genitrix Judith nomine,
Fatali forsan omine —
Judith [46] salutavit populum
Per Holofernis [47] jugulum [48] —
Ista [49] peperit filium,
Triumphatorem hostium,
De cujus gestis scribere
Jam tempus est insistere.

INCIPIUNT CRONICÆ
ET
GESTA DUCUM SIVE PRINCIPUM POLONORUM
PRIMO [50] PROHEMIUM

Quoniam orbis terrarum in universitate spatiosa a regibus ac ducibus plurimis plurima memoria digna,[51] geruntur [52] (55), quæ fastidiosa negligentia philosophorum [53], forsitan inopia, silentio conteguntur, operæ pretium duximus quasdam res gestas Polonicorum principum, gratia cujusdam gloriosissimi ducis ac victoriosissimi nomine Bolezlavi, stilo puerili [54] potius exarare, quam ex toto posterum memoriæ nichil notabile [55] reservare; ob hoc etiam [56] maxime, quod Dei dono precibusque sancti Egidii natus fuit, per quem, ut [57] credimus, bene fortunatus semperque victoriosus extitit. Sed quia regio Polonorum ab itineribus peregrinorum est remota, et nisi transeuntibus in Rusiam [58] pro mercimonio paucis nota, si breviter inde disseratur [59], nulli videatur absurdum, et si pro parte describendo [60] totum inducatur, nemo reputet onerosum. Igitur ab aquilone Polonia septemtrionalis pars est Sclavoniæ [61], quæ habet ab oriente Rusiam, ab austro Ungariam, a subsolano Moraviam et Bohemiam, ab occidente Daciam et Saxoniam collaterales. Ad mare autem septemtrionale vel anphitrionale [62] tres habet [63] affines barbarorum gentilium ferocissimas nationes, Selenciam (56), Pomeranam [64] et Pruziam [65], contra quas regiones Polonorum dux assidue pugnat, ut eas ad fidem convertat; sed nec gladio prædicationis cor eorum a perfidia potuit revocari, nec [66] gladio jugulationis eorum penitus vipperalis progenies aboleri. Sæpe tamen principes eorum a duce Poloniensi [67] prælio superati, ad baptismum confugerunt; itemque collectis viribus fidem christianam abnegantes, contra christianos bellum denuo paraverunt. Sunt etiam ultra eos et infra brachia amphitrionis aliæ barbaræ gentilium nationes et insulæ inhabitabiles, ubi perpetua [68] nix est et glacies. Igitur terra Sclavonica ad aquilonem hiis regionibus suis partialiter divisuris [69] sive constituturis [70] existens, a Sarmaticis qui et Getæ vocantur in Daciam [71] et Saxoniam terminatur [72], a Tracia autem per Ungariam, Hunis [73] qui et Ungari dicuntur quondam [74] occupatam [75], descendendo per Carinthiam in Bavariam [76] diffinitur; ad austrum vero juxta mare mediterraneum ab Eppyro derivando per Dalmaciam, Crovaciam [77] et Hystriam [78] finibus maris Adriatici [79] terminata, ubi Venecia et Aquileia [80] consistit, ab Hytalia sequestratur. Quæ regio, quamvis multum sit nemorosa, auro tamen et [81] argento, pane et [82] carne, pisce et [83] melle satis est copiosa, et in hoc plurimum aliis præferenda, quod cum [84] a tot supra dictis gentibus et christianis et gentilibus sit vallata, et a cunctis insimul et a singulis multotiens impugnata, nunquam tamen ab ullo fuit penitus subjugata; patria [85] ubi aer salubris, ager [86] fertilis, silvæ mellifiua, aqua piscosa,

VARIÆ LECTIONES.

[45] sic 5. [46] Angelum *anteponit* 2. *forte* jugulum *quod postea omittit.* [47] Holoferni 2. [48] *deest* 2. [49] ita 2. [50] incipiunt—primo *desunt* 5. [51] *deest* 1. 2. [52] gerunt 5. [53] plurimorum 5. [54] *omittit, et spatium vacuum relinquit* 5. [55] mutabile 1. 2. 5. [56] et jam *sæpe* 2. ecciam *semper* 5. [57] *deest* 1. 2. [58] Russiam *semper* 5. [59] deseratur 1. 2. desja 5. [60] describendo pro parte 5. [61] Sclavonie 2. *sed corrector c delevit.* [62] v. a. *desunt* 5. [63] quoque 2. [64] Pomoraniam 5. [65] Prusiam 2. Russiam 5. [66] nisi 2. [67] Polonie 5. [68] perpetue 5. [69] divisivis 2. 5. [70] constitutis 2. 5. [71] Duciam 2. [72] terminantur 1. 2. [73] hujus 1. 2. [74] condam. 2. [75] Hunis—occupatam *desunt* 5. [76] Chorinthiam et Bavariem 5. [77] Scrovaciam 1. Stromaciam 5. [78] Istriam 5. [79] atriatici 1. *Sic habuit et* 2. *sed postea correxit.* [80] Venacia et Aquilegia 5. [81] *deest* 1. 2. [82] *deest* 5. [83] *deest* 5. [84] que eciam cum *pro* quod cum 5. [85] *deest* 5. [86] terra 5.

NOTÆ.

(55) Sall., Catil., IV; Jug., XVII. S.
(56) Per Selenciam non intelligere auctorem neque Silesiam nec terram Slesvicensem, sed Luticiam seu, ut auctor Vitæ S. Ottonis habet, Leuticiam, demonstravit jam S. Girtler in Indice lect. univ. Crac., a. 1825. S.

milites bellicosi, rustici laboriosi, equi durabiles, boves arabiles, vaccæ lactosæ, oves lanosæ. Sed ne digressionem nimium prolixam fecisse videamur, ad intentionis nostræ propositum revertamur. Est autem intentio nostra de Polonia et de duce principaliter Bolezlao [87] describere, ejusque gratia quæ- A dam gesta prædecessorum [88] digna memoria [89] recitare. Nunc ergo sic ordiri materiam incipiamus, ut per radicem ad ramum arboris ascendamus. Qualiter ergo ducatus honor generationi huic acciderit, subsequens ordo narrationis intimabit [90].

LIBER PRIMUS[91]

1. De duce Popelone. Dictus [92] (57) Chosisco [93].
Erat namque in civitate Gneznensi, quæ nidus [s] interpretatur Sclavonice [94], dux nomine Popel, duos filios habens, qui more gentilitatis ad eorum tonsuram grande convivium præparavit [95], ubi plurimos suorum procerum et amicorum invitavit. Contigit autem ex occulto Dei consilio duos illuc hospites advenisse, qui non solum ad convivium non [96] invitati, verum etiam a civitatis introitu cum injuria sunt redacti. Qui statim civium illorum inhumanitatem [97] abhorrentes et in suburbium descendentes, ante domunculam aratoris prædicti ducis pro filiis convivium facientis forte fortuna devenerunt. Ille vero bonæ conpassionis pauperculus hospites illos [98] ad suam [99] domunculam invitavit, suamque paupertatem eis benignissime præsentavit. At illi [100] pauperis invitationi [101] gratanter inclinantes et hospitalitatis tugurium subeuntes : *Bene,* inquiunt, *nos advenisse gaudeatis, et in nostro adventu bonorum [102] copiam et de sobole honorem et gloriam habeatis.*
2. [103] De Pazt [104] filio Chosischonis [105].
Erant enim hospitii [106] domestici [107] Pazt [108] filius Chostconis [109] et uxor ejus Repca [110] vocabulo nuncupati [111], qui cum magno cordis affectu pro posse suo hospitum necessitati ministrare sathagebant, eorumque [112] prudentiam intuentes, secretum si quid [113] erat cum eorum consilio perficere disponebant. Cumque de more resistentes [114] colloquerentur de plurimis, et peregrini an ibi potus aliquid [115] habeatur inquirerent, arator hospitalis respondit : *Est,* inquit, *michi vasculum cervisiæ fermentatæ, quam pro cæsarie filii quem habeo unici tondenda [116]*

B *præparavi, sed quid prodest hoc tantillum ? Si libeat ebibatis.* Decreverat enim rusticus ille pauper, quando dominus suus dux pro filiis convivium præpararet — nam in alio tempore præ nimia paupertate non posset — aliquid obsonii [117] pro suo tondendo parvulo præparare et quosdam amicorum et pauperum, non ad prandium, sed ad gentaculum invitare, qui etiam porcellum nutriebat, quem ad illud servitium reservabat. Mira dicturus sum, sed quis [118] valet Dei magnalia cogitare ? vel quis audet de divinis beneficiis disputare ? qui temporaliter pauperis [119] humilitatem aliquotiens exaltat [120], et hospitalitatem etiam gentilium remunerare non recusat. Imperant ergo [121] cum [122] hospites [123] securi cervisiam propinari, quam bene noverant potissando C [124] non deficere sed augeri ; usque adeo enim crevisse fertur cerevisia, donec vasa mutuata replerentur omnia et quæ ducis convivantis invenere vacua. Præcipiunt et porcellum supradictum occidi, unde decem situlæ. Sclavonice cebri, mirabile dictu, memorantur adimpleri. Visis ergo [125] Pazt et Repca [126] miraculis quæ fiebant, aliquid magni præsagii [127] de puero sentiebant, jamque ducem et convivas invitare cogitabant, sed non audebant, nisi prius peregrinos hoc inquirant. Quid moramur ? consilio itaque hospitum et exhortatione dominus eorum dux et convivæ omnes ipsius [128] ab agricola Pazt invitantur, neque rustico suo dux invitatus [129] condescendere dedignatur. Nondum enim ducatus Poloniæ erat tantus, neque princeps orbis tanto fastu superbiæ tumescebat, nec tot cuneis clientelæ stipatus, ita magnifice procedebat [130]. Inito [131] de more

D

VARIÆ LECTIONES.

[87] Boleslao principaliter 3. [88] predecessoris 2. [89] memorie 3. [90] intimaverit 3. [91] *deest* 1. 2. 3. [92] *des* 1. dctus 2. dicto 3. deductus *conjecit B.* [93] Choszysto 3. [94] sclavonice 2. *sed corrector primum c delevit.* [95] preparabat 1. 2. [96] *deest in codicibus ; addiderunt editores.* [97] inhumanitate 3. [98] prædictos 3. [99] propriam 3. [100] ille 3. [101] invitacionem 3. [102] hor. habebat 2. *quod corrector delevit et in margine apposuit* honorum honoris 3. [103] II *deest* 1. 2. 3. [104] Past. 2. [105] Choszyszkonis 3. *Totam inscriptionem :* Capitulum-Chosischonis 1. *in margine sistit, narrationis filo a capite præcedenti non interrupto.* [106] hospitio 3. [107] domesticii 2. [108] Pazto erat 2. *sed littera* o *erasa, ita tamen, ut clare appareat.* [109] Chossistconis 2. Chosiszconis 3. [110] Repta 2. [111] nuncupata erat 2. *sed ult. a mutatum in* i. [112] qui eorum 3. [113] quod 3. [114] rescientes 3. [115] *deest* 3. [116] tondendam 1. 3. condendam 2. [117] obsonii 1. obsenti 2. [118] quid 1. quis *suadet legere* 2. [119] pauperum 1. 2. [120] pauperis humilitatem temperat aliquocies 3. [121] igitur 2. 3. [122] ēm *addii* 2. *sed postea delevit.* [123] hospitas erat 2. *sed manus alia* tas *delevit, et in margine addidit :* tibus ita et esset hospitibus, quod additum tibus edit. *Vars.* cibus legebat. [124] prtisando 2. potisando 3. [125] igitur 2. 3. [126] Repta 2. 5. [127] prestigii potest quoque legi 3. [128] *deest* 3. [129] *vox hæc posita post verbum* dedignatur 3. [130] procedebant 1. 2. [131] puto *errore scribæ* 3.

NOTÆ.

(57) I. q. laudatus, benedictus P.

convivio, et habundanter omnibus apparatis, hospites illi puerum totonderunt, eique Semovith vocabulum ex præsagio futurorum (58) indiderunt.

3. [132] *De duce Semovithaii qui dicitur Semovith filio Pazt* [133].

Hiis itaque peractis puer Semovith, filius Pazt Chossistconis [134] viribus et ætate crevit, et [135] de die in diem in augmentum proficere probitatis incepit [136], eotenus quod rex regum et dux ducum [137] eum Poloniæ ducem concorditer ordinavit, et de regno Pumpil [138] cum sobole radicitus extirpavit. Narrant etiam seniores antiqui, quod iste [139] Pumpil [140] a [141] regno expulsus, tantam [142] a muribus persecutionem patiebatur, quod ob hoc a suis consequentibus [143] in insulam transportatus, et ab illis feris pessimis illuc transnatantibus in turre lignea tamdiu sit defensus, donec præ fœtore pestiferæ multitudinis interemptæ ab omnibus derelictus, morte turpissima, monstris corrodentibus exspiravit. Sed istorum gesta quorum memoriam oblivio vetustatis abolevit, et quos error et ydolatria defœdavit, memorare negligamus, et ad ea recitanda, quæ fidelis recordatio meminit, istos succincte nominando transeamus. Semovith vero principatum adeptus, non [144] voluptuose vel inepte juventutem suam exercuit, sed usu laboris et militiæ, probitatis famam et honoris gloriam acquisivit, atque sui principatus fines ulterius quam aliquis antea [145] dilatavit. Cujus loco decedentis Lestik filius ejus subintravit [146], qui paternæ probitati et audaciæ gestis sese militaribus adæquavit [147] (59). Lestik [148] quoque morienti Semimizl [149] ejus genitus successit, qui parentum memoriam et genere et [150] dignitate triplicavit [151].

4. *De cæcitate Meschconis* [152] *filii* [153] *Zemimizl ducis* [154].

Hic autem Semimizl magnum et memorandum Meschonem [155] progenuit, qui primus nomine vocatus alio [156], septem annis a nativitate cæcus fuit. Septimo vero recurrente nativitatis ejus anniversario, pater pueri, more solito convocata comitum aliorumque suorum [157] principum concione, copiosam epulationem et sollempnem celebrabat, et tantum [158] inter epulas præ cæcitate pueri, quasi doloris et verecundiæ [159] memor, latenter ab imo [160] pectore suspirabat. Aliis equidem exultantibus et palmis ex consuetudine plaudentibus, lætitia alia aliam cumulavit, quæ visum recepisse cæcum puerum indicavit [161]. At pater nulli [162] nuntianti hoc credidit, donec mater de convivio exurgens ad puerum introivit, quæ patri nodum [163] ambiguitatis amputavit, cunctisque residentibus [164] videntem puerum pronuntiavit [165]. Tunc demum cunctis lætitia plena fuit, cum puer illos quos nunquam viderat recognovit, suæque cæcitatis ignominiam in gaudium inextricabile commutavit. Tunc Semimizl dux seniores et discretiores qui aderant [166] subtiliter sciscitatur, si quid prodigii per cæcitatem et illuminationem pueri designatur. Ipsi vero per cæcitatem Poloniam sic antea fuisse quasi cæcam indicabant, sed de cetero per Meschonem illuminandam et exaltandam super nationes contiguas prophetisabant [167]. Quia et ita se habuit, et aliter tamen interpretari potuit. Vere Polonia cæca prius erat, quæ nec culturam veri Dei nec doctrinam fidei cognoscebat, sed per Meschonem illuminatum est et ipsa illuminata [168], quod [169] eo credente Polonica gens de morte infidelitatis est exempta. Ordine [170] enim competenti Deus omnipotens visum primus Meschoni corporalem restituit, et postea [171] spiritalem adhibuit, ut per visibilia ad invisibilium agnitionem penetraret, et per rerum notitiam ad artificis omnipotentiam suspicaret. Sed [172] cur rota (60) currum præcurrit [173] ? Semimizl autem senio confectus extremum vale [174] mundo fecit.

5. *Quomodo Mesco* [175] *recepit Dobrowcam sibi* [176] *in uxorem* [177].

At Mesco [178] ducatum adeptus, ingenium animi cœpit et vires corporis [179] exercere, ac nationes per circuitum bello sæpius atemptare. Adhuc tum [180] in tanto gentilitatis errore involvebatur [181], quod sua consuetudine [182] septem uxoribus abutebatur. Postremo [183] unam christianissimam de Bohemia Dubrovcam nomine in matrimonium requisivit [184] (61)

VARIÆ LECTIONES.

[132] III *deest in codicibus hoc loco et numerus capituli in omnibus sequentibus omnium trium librorum, in quibus et vox capitulum deest, præter ea capitula penes quæ notavimus solum defectum numeri.* [133] *de duce — Pazt desunt* 3. [134] Chossisconis 2. Choszysconis 3. [135] *deest* 3. [136] cepit 3. [137] *deest* 3. [138] Pumpil *erat et* 2. *sed corrector efformavit* Popiel. Popel 3. Popiel *Polonice usitatum.* [139] istem 1. 2. *deest* 3. [140] Pumpil *erat et* 2. *sed iterum a correctore in* Popiel *mutatum.* Popel 3. [141] de 3. [142] tanto 3. [143] consequacibus 2. persequentibus 3. [144] *deest* 2. 5. [145] ante ea 3. [146] cui successit mortuo. Lesthko filius ejus pro eo, *pro* cujus loco — subintravit 3. *In margine :* de duce Lestkone *ponunt* 1. 2. [147] cocquavit 3. [148] Lesthkoni 3. [149] Szemimizl 3. *In margine* de duce Zemimizl *ponunt* 1. 2. [150] *deest* 3. [151] 8 plicavit 3. [152] Mechconis 2. Mieszkonis 3. [153] filii 1. 2. [154] Zemimizl etc. *pro* Z. d. 3. [155] Meschconem 2. Mieszkonem 3. [156] illo 3. [157] *deest* 3. [158] tamen 1. 5. [159] vere quottidie 3. [160] uno 2. *qua voce cancellata, corrector in margine posuit* intimo. [161] *ita correximus;* invitavit *codd. et edd.* 2. [162] illi 3. [163] nondum vulnus 3. [164] resistentibus 2. [165] presentavit 2. [166] adherent 2. [167] prophetabant 2. [168] est erronee repetii *corrector* 2. [169] quia 2. [170] *cum* anteposuit *sed postea delevit* 1. [171] et preterea *addit.* 2. [172] d'r, *hoc siglum, quod legi potest dicitur, sistit* 2. [173] ita emendavi. P.; precurritur *absque interrogationis signo* 1. 2. edd. Verba. Tunc demum — præcurrit *desunt* 3. [174] postnodum *addit* 3. [175] Mescho 2. [176] *deest* 2. [177] Quomodo — uxorem *desunt* 3. [178] Anno Domini DCCCCLXV Mieszko *pro* At Mesco 3. [179] *deest* 3. [180] ita edimus; cum 1. 2. tamen 3. [181] volvebatur 3. [182] *hoc loco ad calcem columnæ addit* 1 : Anno Domini DCCCCLXV uxorem accepit. [183] Postremum 2. [184] Dambrowcam nomine requisivit filiam ducis Bohemie *pro* Dubrowcam — requisivit 3.

NOTÆ.

(58) Cf. Vita S. Ladislai regis Hungariæ in Endlicher Rerum Hung. mon. Arpadiana. S. Galli 1848, I, 256. S.

(59) Sall., Jug., IV. S.

(60) I. e. cur narratio gestis præcurrit? P.

(61) Cf. Cosmas, I, 26. K.

(an. 965). At illa ni pravam consuetudinem illam dimittat, seseque fieri christianum promittat sibi nubere recusavit [185]. Eo ergo [186] collaudante, se usum [187] illius paganismi dimissurum et [188] fidei christianæ sacramenta suscepturum, illa domina cum magno secularis et ecclesiasticæ religionis apparatu Poloniam introivit, necdum tamen thoro sese maritali fœderavit, donec ille paulatim consuetudinem christianitatis et religionem ecclesiastici ordinis diligenter contemplans, errori gentilium abnegavit seque gremio matris ecclesiæ counivit [189] (an. 966).

6. De primo Bolezlavo qui dicebatur Gloriosus seu Chabri [190].

Primus ergo Polonorum dux Mescho per fidelem uxorem ad baptismi gratiam pervenit, cui ad laudem et gloriam satis habundanter sufficit, quod suo tempore et per eum oriens ex alto regnum Poloniæ visitavit [191]. De hac namque benedicta femina gloriosum Boleslavum generavit [192], qui post ipsius [193] obitum (an. 992, Mai 25) (62) regnum viriliter gubernavit, et in tantam Deo favente virtutem et potentiam excrevit, quod, ut sic eloquar, sua probitate totam Poloniam deauravit. Quis enim ejus gesta fortia vel certamina contra populos circumquaque commissa digne valeat [194] enarrare, nedum etiam scriptis memorialibus [195] commendare? Numquid non ipse [196] Moraviam et Bohemiam [197] subjugavit, et in Praga ducalem sedem obtinuit, suisque eam suffraganeis deputavit? (63) (an. 1003.) Numquid non ipse Hungaros frequentius in certamine superavit, totamque terram eorum usque Danubium suo dominio mancipavit? (64) (an. 999.) Indomitos vero tanta virtute Saxones [198] edomuit (65), qui [199] in flumine Salæ in medjo terræ eorum meta ferrea fines Poloniæ terminavit (66). Quid ergo [200] est necesse victorias et triumphos de gentibus incredulis nominatim [201] recitasse, quas est constans [202] cum quasi sub pedibus conculcasse? Ipse namque Selenciam, Pomoraniam et Prusiam usque adeo vel in perfidia resistentes contrivit vel conversas in fide solidavit (an. 995), quod ecclesias ibi multas [203] et episcopos per apostolicum, ymmo apostolicus per eum ordinavit. Ipse etiam beatum Adalbertum in A longa peregrinatione et a sua rebelli gente Bohemica multas injurias perpessum, ad se venientem cum magna veneratione suscepit, ejusque prædicationibus fideliter [204] et institutionibus obedivit. Sanctus vero martir igne caritatis et zelo prædicationis accensus, ut aliquantulum jam in Polonia fidem pullulasse et sanctam ecclesiam excrevisse conspexit, intrepidus Prusiam intravit, ibique martirio suum agonem consummavit [205] (an. 997). Postea vero corpus ipsius ab ipsis Prusis Bolezlavus auri pondere comparavit (67), et in Gneznensi [206] metropoli condigno honore collocavit [207]. Illud quoque memoriæ [208] commendandum æstimamus, quod tempore ipsius [209] Otto Rufus (68) imperator ad sanctum Adalbertum orationis ac reconciliationis gratia simulque gloriosi Bolezlawi cognoscendi fama introivit, sicut in libro de passione martiris potest propensius inveniri (69). Quem Bolezlavus sic honorifice et magnifice suscepit (70), ut regem imperatorem Romanum ac tantum hospitem suscipere decens fuit. Nam miracula mirifica Bolezlavus [210] imperatoris adventu, acies inprimis [211] militum multimodas, deinde principum in planitie spatiosa quasi choros ordinavit, singulasque [212] separatim [213] acies diversitas indumentorum discolor variavit. Et non quælibet erat ibi vilis [214] varietas ornamenti, sed quitquid potest usquam gentium pretiosius reperiri, quippe Bolezlavi tempore quique milites et quæque feminæ curiales palliis pro lineis vestibus vel laneis utebantur, nec pelles quantumlibet pretiosæ, licet novæ fuerint, in ejus curia sine pallio [215] et aurifrisio portabantur. Aurum enim ejus tempore commune quasi argentum ab omnibus habebatur, argentum vero vile quasi [216] pro stramine [217] tenebatur. Cujus gloriam et potentiam et divitias imperator Romanus considerans, admirando dixit: *Per coronam imperii mei* [218], *majora sunt quæ video, quam fama percepi*; suorumque [219] consultu magnatum coram omnibus adjecit: *Non est dignum tantum ac virum talem* [220], *sicut unum de principibus, ducem aut comitem nominari, sed in regale solium glorianter redimitum dyademate sublimari* (71) (an. 1025). Et accipiens imperiale dyadema ca-

VARIÆ LECTIONES.

[185] quoque *addit*. 3. [186] igitur 3. [187] ipsum 3. [188] sed 3. [189] comunivit 1, seque — counivit *desunt* 5. [190] De — Chabri *desunt* 2. 3. [191] Natus est DCCCCLXVII *addit in margine* 1. [192] Anno Domini DCCCCLXVII de hac benedicta femina Dambrowka gloriosus dux Bolezlaus generavit *pro* Primus ergo — generavit 5. [193] patris 3. [194] valuit 3. [195] memorialibus 3. [196] *siglum incertum pro* N. q. n. i. 3. [197] et Behemiam *add. in margine corr.* 2. [198] tanta virtute Saxones *transponit in*: Saxones tanta virtute 3. [199] quod 3. [200] igitur 2. 3. [201] nominali 3. [202] constat 3. [203] nucas = magnificas 3. [204] fideliter *præponit verbo* obedivit 3. [205] consionavit = consignavit 3. [206] Gnezna 5. [207] sepelivit 3. [208] dignum *add*. 3. [209] anno videlicet Domini M. *addit* 3. [210] Bolezlavi 1. 2. [211] Bolezlaus in adventu imperatoris prepandit (pendit). In primis acies *pro* Bolezlavus imperatoris — inprimis 3. [212] singulas quoque 3. [213] separatum 3. [214] deest 3. [215] pellio 3. [216] qua 3. [217] habebatur *addit, sed postea qua superfluum punctis notavit* 2. [218] deest 3. [219] suorum 3. [220] virum ac civem *pro* a. v. t. 3.

NOTÆ.

(62) Cf. Thietmarum, IV, 37, et Ann. Hildesh. 992, diem v Id. Mai exhibet Kalend. Merseburg. Vid. Roepell, I, 103. K.
(63) Cf. Cosmas, I, 35. K.
(64) Cf. de his Roepell, I, 651. K.
(65) Annales Polonorum Cracovienses inediti. S.
(66) Cf. Ann. Quedlinburg. 1007, 1012, 1017. K.
(67) Bruno Vita S. Adalb., c. 34, et Miracula S. Adalb., c. 9. S.
(68) Imo tertius. K.
(69) Cf. præfatio. K.
(70) Cf. Ann. Quedlinburg. 1000. K.
(71) Quod demum a. 1025 factum est, ut probant Ann. Quedlinburg. Cf. Rœpell, I, 162. K.

pitis sui, capiti Bolezlavi in amicitiæ fœdus imposuit, et pro vexillo triumphali [221] clavum ei de cruce Domini cum lancea sancti Mauricii dono dedit, pro quibus illi Bolezlavus sancti Adalberti brachium redonavit. Et tanta sunt illa die dilectione couniti [222], quod imperator eum fratrem et cooperatorem imperii constituit [223] et populi Romani amicum et socium appellavit. Insuper etiam [224] in ecclesiasticis honoribus [225] quitquid ad imperium pertinebat in regno Polonorum, vel in aliis superatis ab eo vel superandis regionibus barbarorum, suæ suorumque potestati concessit, cujus pactionis decretum papa Silvester [226] sanctæ Romanæ ecclesiæ privilegio confirmavit. Igitur Bolezlavus in regem ab imperatore tam gloriose sublimatus, inditam sibi liberalitatem exercuit [227], cum tribus suæ consecrationis [228] diebus convivium regaliter et imperialiter celebravit, singulisque diebus vasa omnia et supellectilia transmutavit, aliaque diversa multoque pretiosiora præsentavit. Finito namque convivio, pincernas et dapiferos vasa aurea et argentea, nulla enim lignea ibi habebantur, cyphos videlicet et cuppas, lances et scultellas [229] et cornua de mensis omnibus trium dierum congregare [230] præcepit, et imperatori pro honore, non pro principali munere, præsentavit. A camerariis vero pallia extensa et [231] cortinas [232], tapetia, strata, mantilia, manutergia, et quæcumque servitio præsentata fuerunt, jussit similiter congregare [233] et in cameram imperatoris comportare [234]. Insuper etiam [235] alia plura dedit vasa, scilicet aurea et argentea diversi operis, pallia vero [236] diversi coloris, ornamenta generis ignoti, lapides pretiosos et hujusmodi [237] tot et tanta præsentavit, quod imperator tanta munera pro miraculo reputavit. Singulos vero principes ejus ita magnifice muneravit, quod eos ex amicis [238] amicissimos (72) acquisivit. Sed quis dinumerare poterit qualia et quanta majoribus [239] dona dedit, cum nec unus quidem inquilinus de tanta multitudine sine munere non recessit. Imperator autem lætus magnis cum muneribus ad propria remeavit, Bolezlavus vero regnans in hostes yram veterem renovavit.

7. *Quomodo terram potenter Bolezlav s Russiæ* [240] *intravit* [241].

Igitur imprimis inserendum est seriei, quam gloriose et magnifice suam injuriam de rege Ruthenorum vindicavit [242], qui sibi sororem dare suam in matrimonium denegavit (73). Quod Bolezlavus rex indigne ferens cum ingenti [243] fortitudine Ruthenorum regnum invasit, eosque primum armis resistere conantes, non ausos committere [244], sicut ventus pulverem, ante suam faciem profugavit. Nec statim cum hostili more civitates capiendo vel pecuniam congregando suum iter retardavit, sed ad Chyou [245] caput regni, ut arcem regni simul et regem caperet, properavit [246] (an. 1018). At Ruthenorum rex (74) simplicitate gentis illius in navicula tunc [247] forte cum hamo piscabatur, cum [248] Bolezlavum adesse regem ex insperato nuntiant. Quod ille vix credere potuit, sed tandem [249] aliis et aliis sibi nuntiantibus, certificatus exhorruit. Tunc demum pollicem simul [250] et indicem ori porrigens, hamumque sputo more piscatorum liniens, in ignominiam suæ gentis proverbium protulisse fertur : *Quia Bolezlavus huic* [251] *arti non studuit, sed arma militaria bajolare* [252] *consuevit, idcirco Deus ad manum ejus tradere civitatem istam regnumque Ruthenorum et divitias destinavit.* Hæc dixit, nec plura prosecutus, fugam arripuit. At Bolezlavus, nullo sibi resistente, civitatem magnam et opulentam ingrediens, et evaginato gladio in aurea porta percutiens, risu satis jocoso suis admirantibus [253], cur hoc fecisset, enodavit. *Sicut*, inquit, *in hac hora* [254] *aurea porta civitatis ab isto ense percutitur, sic in nocte sequenti soror regis* (75) *ignavissimi mihi dari prohibita corrumpetur ; nec tamen Bolezlavo thoro maritali sed concubinali singulari vice tantum conjungetur, quatenus hoc facto nostri generis injuria vindicetur, et Ruthenis ad dedecus et ad ignominiam imputetur.* Sic dixit, dictaque factis complevit. Igitur rex Bolezlavus urbe ditissima [255] regnoque Ruthenorum potentissimo decem mensibus potitus [256], inde pecuniam in Poloniam transmittendo nunquam extitit otiosus; undecimo vero mense, quia regna quamplurima tenebat, et puerum

---

VARIÆ LECTIONES.

[221] trmphas 5. [222] cog'ti 1. 2. 99'ti 3. couniti *voce sæpe utitur auctor*. [223] instituit 5. [224] et tam 2. *a correctore enim* i *in* t *mutatum;* et tam 5. [225] hominibus 3. [226] Rex Boleslaus fuit tempore Silvestri papæ *addit in margine* 2. [227] excruit 2. [228] coronationis 3. [229] scutelas 2. [230] congregari 5. [231] deest 3. [232] cortinas 3. [233] congregari 5. [234] comportari 5. [235] super *pro* insuper etiam 3. [236] deest 3. [237] et hujusmodi *desunt* 5. [238] limitis *vel* limicis *erronee* 5. [239] nobilioribus *videtur scriptum per contractionem, sed absque siglo* 2. [240] Rusie 2. [241] Quomodo — intravit *desunt* 5. [242] Nam anno D. MXVIII contra regem Ruthenorum viriliter dimicavit *pro* Igitur imprimis — vindicavit 5. [243] in magna *pro* cum ingenti 5. [244] sed non ausos *pro* non ausos committere 5. [245] th'yon 2. Kyow 5. [246] deest 5. [247] naviculati *pro* navicula tunc *corrupte* 5. [248] cui 3. [249] tamen 3. [250] suum 2. et 3 *in fragmento p.* 93. [251] hujus 2. [252] bajolare 3. *in fragm. p.* 95. [253] ammirantibus 3. *in fragm. p.* 95. [254] deest 2. [255] etc. *addit* 3. *in fragm. p.* 93. [256] *ita emendavi;* quibus *codd. et edd.* P.

NOTÆ.

(72) Sallustii Jugurtha, x. S.
(73) Bolezlavi filia Swatopulko, filio Wladimiri, Russiæ principis, nupserat. K.

(74) Jaroslaus, filius Wladimiri. K.
(75) Peredslawa vulgo nominata. K.

LIBER PRIMUS.

ad regnandum Meschonem adhuc ydoneum non videbat, loco sui quodam ibi Rutheno sui generis in dominium constituto (76) cum thezauro residuo Poloniam remeabat [257]. Illum itaque [258] cum ingenti gaudio [259] et pecunia [260] remeantem, jamque Poloniæ finibus propinquantem [261], rex fugitivus collectis viribus ducum Ruthenorum cum Plaucis et Pinciniatiris [262] a tergo subsequitur, et ad fluvium Bugam committere certus de victoria conabatur. Arbitrabatur namque Polonos more hominum de tanta victoria præda gloriantes, unumquemque domum suam propinquare, utpote triumphatores terræ suæ finibus propinquantes, et tamdiu extra patriam sine filiis et uxoribus immoratos. Nec illud sine ratione cogitabat, quia magna pars jam Polonorum exercitus rege nesciente defluxerat [263]. At rex Bolezlavus videns suos milites paucos esse, hostes vero quasi centies [264] tantum [265] fere, non sicud ignavus et timidus, sed ut audax et providus, suos milites sic affatur (77): *Non est opus probos et expertos diu milites cohortari [266]; nec triumphum sese nobis offerentem retardari, sed est tempus vires corporis animique virtutem exercendi. Nam quid prodest tot et tantas prius victorias habuisse, vel quid prodest tanta regna nostro dominio subjugasse tantasque divitias aliorum cumulasse, si forte nunc subactos nos contingat hæc et nostra perdidisse? Sed de Dei misericordia vestraque probitate comperta confido, quod si viriliter in certamine resistatis, si more solito fortiter invadatis, si jactantias et promissiones in prædis dividendis et in conviviis meis habitas ad memoriam reducatis, hodie victores finem laboris continui facietis, et insuper famam perpetuam ac triumphalem victoriam acquiretis. Sin vero victi, quod non credo, fueritis, cum sitis domini, servi Ruthenorum et vos et [267] filii vestri eritis, et insuper pœnas pro illatis [268] injuriis turpissime rependetis.* Hæc et hiis similia rege Bolezlao proloquente, omnes sui milites hastas suas unanimiter protulerunt, seque cum triumpho malle quam cum præda domum turpiter [269] intrare responderunt. Tunc vero rex Bolezlavus suorum unumquemque nominatim exhortans, in [270] hostes confertissimos [271] sicut leo sitiens penetravit. Nec est nostræ facultatis recitare, quantas strages sibi resistentium ibi fecit [272], neque quisquam valet hostium peremptorum milia certo numero computare, quos constabat ad prælium sine numero convenisse, paucosque superstites fuga lapsos evasisse [273]. Asserebant namque plurimi pro certo, qui post multos dies pro amicis vel propinquis inveniendis ad locum certaminis de longinquis regionibus veniebant, tantam ibi cruoris effusionem fuisse, quod nullus poterat nisi per sanguinem [274] vel super cadavera per totam planitiem ambulare, totumque [275] Bugam fluvium plus cruoris speciem quam fluminis retinere. Ex eo enim tempore Rusia Poloniæ vectigalis diu fuit.

8. De magnificentia et potentia Bolezlavi Gloriosi [276].

Plura itaque sunt et majora gesta Bolezlavi, quam a nobis possint describi, vel etiam [277] nudis sermonibus enarrari. Nam quis arithmeticus [278] satis certo numero ferratas ejus acies valeat computare, nedum etiam describendo victorias et triumphos tantæ multitudinis recitare? De Poznan [279] namque mille trecenti loricati milites cum quatuor milibus clipeatorum militum, de Gneznen [280] mille quingenti loricati et quinque milia clipeatorum, de Wladislau [281] castro octingenti loricati et duo milia clipeatorum, de Gdech [282] (78) trecenti loricati et duo milia clipeatorum; hii omnes fortissimi et ad bella doctissimi [283] magni [284] Bolezlavi tempore procedebant. De aliis [285] vero civitatibus et castellis ot [286] nobis longus et infinitus labor est enarrare, et vobis forsitan fastidiosum fuerit hoc audire. Sed ut vobis fastidium numerandi prætermittam, numerum vobis sine numero multitudinis anteponam. Plures namque habebat rex Bolezlaus milites lori-

VARIÆ LECTIONES.

[257] regnoque Ruthenorum potentissimo—remeabat *desunt* 3. *in fragm. p.* 155. *in contextu vero p.* 155. *ab verbis.* Tunc demum pollicem *usque ad* remeabat. 3 *tali modo narrationem contrahit:* Tunc Boleslaus civitatem magnam et opulentam nullo sibi resistente ingrediens, gladio in auream portam percussit. Cumque civitate potentissima, regnaque Ruthenorum potirent, cum magno thezauro in Poloniam remeabat. [258] At illum *pro* illum itaque 3. [259] gladio 3. [260] ad propria *pro* et pecunia. 3 [261] jamque — propinquantem *desunt* 3. [262] cum Plaucis et Pincinatiris *desunt* 5. [263] arbitrabatur namque —defluxerat *desunt* 3. [264] cencias *erat* 2, *sed corrector a in e transformavit.* [265] tum 1. 2. [266] coartari *erat* 2. *sed transformatum a correctore in* cohortari. [267] *deest* 1. [268] pillatis 1. 2. *incuria scribæ.* [269] d. t. *transponit* 2. [270] At rex Bolezlavus, videns suos milites paucos— in *contrahit* 3. *tali modo*: At rex B. videns suos milites paucos esse, hostes vero quasi cencies tantum fere, suos milites confortans et de Dei misericordia confidens. [271] *ita corrigit edit.* Vars. confortissimos *codd.* [272] hostium ibi stravit *pro* strages s. r. i. f. 3. [273] peremptorum hostium quanta millia ibi ceciderint enarrare *pro* hostium peremptorum — evasisse 3. *ubi etiam vox* enarrare *alia manu addita apparet.* [274] cruorem 3. [275] totum 3. [276] regis 5. [277] jam 2. *deest* 3. [278] arthimeticus 1. arthimaticus *erat* 2, *sed corrector a posterius in* t *mutavit;* arismeticus 3. arithmeticus *suadet legere edit.* Vars. [279] De magna populatione Gnezn: et Pozn. civitatum *addit in margine prisca manus* 2. [280] Gnezna 3. [281] Wladislaw 3. [282] Gdeth *quoque legi potest* 2. 3. *quia* c *et* t *non facile distinguuntur. Posterior, sed prisca manus delevit* Gdehc, *et posuit in margine* Gdansk 2. [283] de....ssimi 3. [284] *deest* 3. [285] *deest* 1. *deerat et* 2. *sed in margine eadem manu appositum.* [286] *deest* 3.

NOTÆ.

(76) Suatopulcho genero. K.
(77) Sall., Catil., XVIII. S.
(78) Gdecz, nunc Giecz, in magno ducatu Poznaniensi inter Wrzesnia, Sroda et Kostryn. Urbem hanc munitam destruxerunt Bohemi a. 1039. Non longe a prædicta urbe (Gdecz) ventum erat ad metropolim Gnezden. Cf. Cosmas, II, 2. S.

catos, quam habeat [287] nostro [288] tempore tota Polonia clipeatos: tempore Bolezlavi totidem in Polonia fere [289] milites habebantur, quot homines cujusque generis nostro tempore continentur.

9. De virtute et nobilitate Gloriosi Bolezlavi.

Haec erat Bolezlavi regis [290] magnificentia militaris, nec inferior ei erat virtus obedientiae spiritualis [291]. Episcopos quippe suosque capellanos in tanta veneratione retinebat, quod eis astantibus sedere non praesumebat, nec eos aliter quam dominos appelabat, Deum vero summa pietate colebat, sanctam ecclesiam exaltabat, eamque donis regalibus adornabat [292]. Habebat etiam praeterea quiddam justitiae magnum et humilitatis insigne, quod si quando rusticus pauper vel muliercula quaelibet de quovis duce videlicet [293] vel comite quereretur, quamvis esset magnis negotiis occupatus, multisque cuneis et magnatum et [294] militum constipatus, non prius se de loco dimoverat [295], donec causam ex ordine conquerentis auscultaret, et pro illo ad quo querebatur camerarium transmandaret; interim vero ipsum conquerentem alicui fideli suo commendabat, qui eum procuraret sibique causam adversario adveniente suggereret, et sic rusticum quasi pater filium admonebat, ne absentem sine causa accusaret, et ne injuste conquerendo iram quam alteri conflabat sibimet ipsi cumularet. Nec accusatus citissime vocatus venire differebat, nec diem a rege constitutum qualibet occasione praeteribat. Adveniente vero principe, pro quo missum fuerat, non se illi maligne [296] commotum ostendebat, sed alacri eum et affabili vultu recipiens, ad mensam invitabat, neque ea die, sed sequenti vel tertia causam discutiebat. Sicque diligenter rem pauperis ut alicujus magni principis pertractabat [297]. O magna discretio magnaque perfectio Bolezlavi! qui personam in judicio non servabat, qui populum tanta justitia gubernabat, qui honorem ecclesiae ac statum terrae in summo culmine retinebat. Justitia nimirum [298] et aequitate [299] ad hanc Bolezlavus gloriam et dignitatem ascendit, quibus virtutibus initio potentia Romanorum et imperium excrevit. Tanta virtute, tanta potentia tantaque victoria regem Bolezlavum Deus omnipotens decoravit, quantam ejus bonitatem et justitiam erga se ipsum et homines recognovit, tanta gloria Bolezlavum, tanta rerum copia tantaque laetitia sequebatur, quantam ejus probitas et liberalitas merebatur.

10. [300] De praelio Bolezlai cum Ruthenis.

Sed ista memorare subsequenti pagina differamus, et quoddam ejus praelium novitate facti satis memorabile [301] referamus, ex cujus rei consideratione humilitatem superbiae praeferamus. Contigit [302] namque uno eodemque tempore Bolezlavum regem Rusiam, Ruthenorum vero regem [303] Poloniam, utroque de altero [304] nesciente, hostiliter introisse, eosque super fluvium alterum in alterius termino regionis, interposito flumine, castra militiae posuisse. Cumque nunciatum esset Ruthenorum regi, Bolezlavum ultra jam fluvium transivisse, inque sui regni confinio [305] cum exercitu consedisse, existimans rex insulsus se quasi feram [306] in rethibus cum sua multitudine conclusisse, proverbium ei magnae superbiae capiti suo retorquendum dicitur mandavisse: *Noverit se Bolezlaus tanquam suem in volutabro canibus meis et venatoribus circumclusum.* Ad haec rex Polonicus [307] remandavit: *Bene,* inquit [308], *suem in volutabro nominasti, quia in sanguine [309] venatoris canumque [310] tuorum, id est ducum et militum [311], pedes equorum meorum inficiam, et terram tuam et civitates ceu [312] ferus singularis [313] depascam.* Hiis verbis [314] utrimque renuntiatis, die sequenti solempnitas imminebat, quam [315] rex Bolezlavus celebraturus [316], in diem certum [317] bellum committere differebat. Eo namque die animalia innumerabilia mactabantur, quae sequenti solempnitate ad mensam regis, cum omnibus suis principibus comessuri [318], more solito parabantur. Omnibus itaque cocis, inquilinis, apparitoribus [319], parasitis exercitus ad animalium carnes et exta purganda super ripam fluminis congregatis, ex altera ripa Ruthenorum clientes et armigeri clamosis vocibus insultabant, eosque probrosis injuriis ad iracundiam lacessebant. Illi vero nichil injuriae e contrario respondebant, sed intestinorum sordes et inutilia contra eorum oculos pro injuria jaciebant [320]. Cumque Rutheni magis eos magisque contumeliis incitarent, et sagittis etiam acrius infestarent, canibus [321] quos [322] tenebant avibusque omissis [323], cum armis militum in meridiana [324] (79) dormientium fluvio transnatato, Bolezlavi parasitorum exercitus (80) super tanta Ruthenorum multitudine triumphavit. Bolezla-

VARIAE LECTIONES.

[287] habebat *erat scriptum* 2. *sed ultimum* b *corrector notavit tanquam erroneum.* [288] juxta 3. [289] i. P. f. *transponunt in* f. i. P. 2. *et* 3. [290] *deest* 3. [291] spal. 5. [292] adorabat 1. [293] *deest* 3. [294] *deest* 2. [295] demovebat 3. [296] maligno 1. 2. [297] hec est justicia et equitas Boleslai *addit hoc loco* 3. *omittendo reliqua hujus capituli.* [298] ita videtur legendum pro in mirum. [299] *Ex verbis* Justicia in mirum et equitate *effecit corrector additis duobus verbis superpositisque lineis duas periodos:* Justiciam in mirum modum et equitate diligebat 2. [300] Item *praepomit* 3. [301] quoddam autem factum memoria dignum pro Sed ista — memorabile 3. [302] contingit 3. [303] *deest* 3. [304] alio 3. [305] confinie 3. [306] predam 5. [307] Polonie 3. [308] inquam 1. iuq. 3. [309] sanguinem 2. [310] canum et venatorum *pro* v. c. 5. [311] tuorum 3. [312] *ita emendavi.* cum 1. 2. 3. P. [313] feris singularibus *pro* f. s. 3. [314] veris *non recte* 1. [315] solemne imminebat quod pro. s. i. q. 5. [316] celebraturis 2. [317] tertium 3. in diem certum bis repetit 2. [318] pro comestione 5. [319] apparitor 2. [320] projiciebant *pro* p. i. i. 3. [321] omnibus 2. canibus *scripsit corrector in margine, deleto* omnibus. 2. [322] *ita correxi;* que *codd. et edd.* P. [323] *ita emendavimus;* comissis *codd. et edd.* P. [324] meridie 3.

NOTAE.

(79) Scilicet hora. P.

(80) I. e. pueri, servientes. P.

vus itaque rex et exercitus totus clamore simul et strepitu armorum excitatus [325], quidnam hoc esset sciscitantes, cognita rei causa, facta [326] ex industria dubitantes [327], cum ordinatis aciebus in hostes undique fugientes irruerunt; sicque parasiti nec gloriam victoriæ soli, nec sanguinum [328] noxam soli habuerunt. Tanta vero fuit ibi militum flumen transeuntium multitudo [329], quod non aqua videbatur ab inferioribus, sed quædam itineris siccitudo. Hoc autem tantillum dixisse de bellis ejus sufficiat, quatenus ejus vitæ recordatio ab auditoribus imitata proficiat [330].

11. *De dispositione ecclesiarum* [331] *in Polonia et virtute Bolezlavi.*

Igitur rex Bolezlaus [332] erga divinum cultum [333] in ecclesiis construendis et episcopatibus ordinandis beneficiisque conferendis ita devotissimus [334] existebat, quod suo tempore Polonia duos metropolitanos cum suis suffraganeis continebat. Quibus ipse per omnia et in omnibus ita benivolus et obediens existebat, quod, si forte aliquis [335] principum contra [336] quemlibet [337] clericorum vel pontificum [338] litigii causam inchoabat, vel si quitquam de rebus ecclesiasticis usurpabat, ipse cunctis manu silentium indicebat, et sicut patronus et advocatus pontificum causam et ecclesiæ defendebat. Gentes vero barbarorum in circuitu quas vincebat non ad tributum pecuniæ persolvendum, sed ad veræ religionis incrementum coercebat. Insuper etiam ecclesias ibi de proprio construebat [339], et episcopos honorifice clericosque canonice cum rebus necessariis apud incredulos ordinavit [340]. Talibus ergo virtutibus, justitia et æquitate, timore scilicet [341] et dilectione, rex Bolezlavus præcellebat, talique discretione regnum remque publicam procurabat. Virtutibus siquidem multis ac probitatibus longe lateque Bolezlavus emicuit, tribus tamen [342] virtutibus, justitia, æquitate, pietate specialiter ad tantum culmen magnitudinis ascendit. Justitia, quia sine respectu personæ causam in judicio discernebat, æquitate, quia principes et populum cum discretione diligebat, pietate, quia Christum ejusque sponsam modis omnibus honorabat. Et quia justitiam exercebat et omnes [343] æquanimiter diligebat, et matrem ecclesiam virosque ecclesiasticos exaltabat, sanctæ matris ecclesiæ precibus ejusque prælatorum intercessionibus cornu ejus in gloria Dominus exaltabat (*Psal.* LXXXVIII, 25), et in cunctis semper bene semperque prospere procedebat. Et cum sic esset Bolezlavus religiosus in divinis, multum tamen apparebat gloriosus in humanis.

12. *Quomodo Bolezlavus per suas terras sine læsione pauperum transiebat.*

Ejus namque tempore non solum comites, verum etiam quique nobiles torques aureas inmensi ponderis bajolabant [344], tanta superfluitate pecuniæ redundabant. Mulieres vero curiales coronis aureis, monilibus, murenulis [345], brachialibus, aurifrisiis et gemmis ita honustæ procedebant, quod ni sustentarentur ab aliis, pondus metalli sustinere non valebant. Talem etiam gratiam ei Deus contulerat, et ita visu desirabilis cunctis erat, quod, si forte quemlibet a conspectu suo pro culpa veniali momentaneo [346] removebat, quamvis ille rerum suique libertate frueretur, donec benivolentiæ ejus ac [347] conspectui redderetur, non se vivere sed mori, nec esse [348] liberum sed trusum carceri reputabat. Suos quoque [349] rusticos non ut dominus in angariam coercebat, sed ut pius pater quiete eos vivere permittebat. Ubi enim suas stationes suumque servitium determinatum [350] habebat, nec libenter in tentoriis sicut Numida [351], vel in campis, sed in civitatibus et [352] castris frequenter habitabat. Et quotiens de civitate stationem in aliam transferebat, aliis in confinio dimissis, alios vastandiones et villicos commutabat [353]. Nec quisquam eo transeunte viator vel operator boves vel [354] oves abscondebat, sed ei prætereunti pauper et [355] dives arridebat, eumque cernere tota patria properabat [356].

13. *De virtute et pietate uxoris Bolezlavi Gloriosi* [357].

Duces vero suosque comites ac principes acsi fratres vel filios diligebat, eosque salva reverentia, sicud sapiens Dominus, honorabat. Conquerentibus enim super illis [358] inconsulte non credebat, contra (81) lege [359] condempnatos judicium [360] misericordia temperabat (82). Sæpe namque uxor ejus regina (83), prudens mulier et discreta, plures [361] pro culpa morti deditos de manibus lictorum erripuit, et ab imminenti mortis periculo liberavit, eosque in carcere, quandoque rege nesciente, quandoque vero dissimulante, sub custodia vitæ misericorditer reservavit. Habebat autem rex amicos duodecim

VARIÆ LECTIONES.

[325] exercitus 2. [326] factam *suadet legere* 2. *deest* 3. [327] cogitantes 3. [328] sanguinem *non recte* 1. 2. [329] deest 1. 2. 3. addidit edit. Gedan. [330] prof. 5. [331] equitatis 3. [332] Boleslalus semper 3. [333] e. d. c. desunt 3. [334] devotissimis 2. [335] deest 1. 2. [336] contra principum aliquis *pro* a. p. c. 3. [337] quelibet 2. [338] amicorum et presbiterorum *pro* c. e. p. 5 [339] construebant 3. [340] eosdem ordinabat *pro* i. o. 3. [341] videlicet 3. [342] vero 2. [343] omnia 3. [344] bajulabant 3. [345] *vox hæc correcta est et lectio incerta* 2. [346] et momentanea 3. [347] et 5. [348] sc 3. [349] suosque *pro* suos quoque 3. [350] determinari 1. *sic erat et* 2, *sed corrector ultimum* i *in* um *mutavit.* [351] domo 3. [352] vel in 3. [353] commutavit 3. [354] et 3. [355] vel 2. [356] proberabat 2. [357] De virtute — Gloriosi desunt 3. [358] illos 2. [359] legem 1. 2. 3. lege *suadet legere edit. Vars.* [360] cum addit 3. [361] multos 3.

NOTÆ.

(81) I. q. erga. P.
(82) *Contra legem damnatos, cum hoc intelligeret, liberavit.* Chron. princ. Pol. Stenzel, 1, 52. Cf. Vita S. Ladislai in Endlicher Rer. Hung. monum. Arpad., 1, 258. S.

(83) Quater uxorem duxit Bolezlaus; ultima erat Oda, filia Ekkardi, marchionis Misnensis. K.

consiliarios[362], cum quibus eorumque[363] uxoribus cum curis et consiliis expeditum[364] convivari multotiens et coenare delectabatur, et cum eis regni familiarius et consilii misteria pertractabat. Quibus epulantibus pariter et exultantibus, et inter alias ocutiones in memoriam, ex occasione forte geneis, illorum dampnatorum incidentibus, rex Bozlavus illorum morti bonitate parentum condolebat, seque præcepisse eos perimi pœnitebat[365]. Tunc regina venerabilis pium pectus regis blanda manu demulcens, sciscitabatur ab eo, si carum ei fieret, si quis eos sanctus a morte forsitan suscitaret. Cui rex respondebat[366], se nichil tam pretiosum possidere, quod non daret, si quis eos posset ad vitam de funere revocare, eorumque progeniem[370] ab infamiæ macula liberare. Hæc audiens regina[371] sapiens et fidelis, pii furti se ream et consciam accusabat, et cum[372] amicis duodecim et uxoribus eorum ad pedes regis pro sui dampnatorumque venia prosternebat. Quam rex benigne complexans, cum osculo de terra manibus sublevabat, ejusque fidele furtum, ymmo pietatis opera collaudabat[373]. Eadem ergo[374] hora pro captivis illis, per mulieris prudentiam vitæ reservatis, cum equis plurimis mittebatur, et euntibus redeundi terminus ponebatur. Tunc vero lætitia multiplex illis residentibus accrescebat, cum regina regis honorem ac regni utilitatem sic sapienter observabat, et rex eam cum amicorum consilio de suis petitionibus audiebat. Illi autem, pro quibus missum fuerat, venientes[375], non statim regi sed reginæ præsentabantur, qui ab ea[376] verbis asperis et lenibus[377] castigati, ad regis balneum ducebantur. Quos rex Bolezlavus, sicut pater filios, secum balniantes[378] corrigebat eorumque progeniem memorando collaudabat. Vos, inquit, tanta, vos, tali prosapia exortos, talia[379] committere non decebat. Ætate quidem[380] provectiores verbis tantum tam per se quam per alios castigabat, in[381] minoribus[382] vero verbera cum verbis adhibebat. Sicque paterne commonitos ac indumentis regalibus adornatos, datis muneribus collatisque[383] honoribus, ire domum cum gaudio dimittebat[384]. Talem ergo[385] sese rex Bolezlaus erga populum et principes exhibebat, sic sapienter et timeri et amari se a cunctis sibi subditis[386] faciebat.

14. *De magnalitate[387] mensæ et largitate Bolezlai.*

Mensam vero suam sic ordinate, sic honorifice retinebat, quod omni die privato[388] 40 mensas principales, exceptis minoribus erigi faciebat, et nichil tamen[389] de alienis, sed de propriis in hiis omnibus expendebat. Habebat etiam aucupes et venatores omnium fere nationum, qui suis artibus capiebant omne genus volatilium et ferarum, de quibus singulis, tam quadrupedibus quam pennatis, cottidie[390] singula apponebantur fercula suis mensis.

15. *De dispositione castrorum et civitatum sui regni per Bolezlaum.*

Solebat quoque magnus Bolezlavus, in finibus regionum[391] ab hostibus conservandis,[392] (84) multotiens occupatus, suis villicis ac vicedominis[393], quid de indumentis in festis annualibus[394] preparatis, quidve de cibis et potibus in singulis civitatibus, fieret, interrogantibus, proverbium posteris in exemplum commemorare, sic inquiens[395]: *Satius et honestius est hic michi gallinæ pullum ab inimicis conservare, quam in illis vel illis civitatibus desidiose convivanti insultantibus michi meis hostibus locum dare. Nam pullum perdere, per virtutem, non pullum reputo, sed castrum vel amittere civitatem*. Et advocans de suis[396] familiaribus quos volebat, singulos singulis civitatibus vel castellis deputabat[397], qui loco sui castellanis et civitatibus convivia celebrarent[398], ac indumenta[399] aliaque dona regalia, quæ rex dare consueverat, suis fidelibus præsentarent. Talibus dictis et factis admirabantur universi prudentiam et ingenium[400] tanti[401] viri, conferentes ad invicem: *Hic est vere pater patriæ, hic defensor, hic est dominus[402], non alienæ pecuniæ dissipator, sed honestus rei publicæ dispensator, qui dampnum rustici violenter ab hostibus illatum castello reputat vel civitati perditæ conferendum*. Quid multis moramur? Si singula facta vel dicta magni Bolezlavi memoranda[403] carptim[404] voluerimus scriptitare, quasi si stilo laboremus guttatim pelagus exsiccare. Sed quid nocet otiosis lectoribus hoc audire, quod vix[405] potest[406] cum labore historiographus invenire?

16. *De morte Bolezlai Gloriosi lamentabili[407].*

Cum igitur tot et tantis rex Bolezlavus divitiis probisque[408] militibus, ut dictum est, plus quam

---

VARIÆ LECTIONES.

[362] consiliatores 2, *sed corrector mutavit in* consiliarios. [363] et eorum 3. [364] omnibus curis et consiliis expeditis *pro* c. c. c. 3. [365] permitebat 2. [366] deest 3. [367] deest 2. [368] respondit 3. [369] *deest* 3. [370] progenie 2. [371] deest 3. [372] eciam erat 2. *sed corrector deletæ voci* eciam *superposuit* cum. [373] commendabat 3. [374] igitur 3. [375] deest 3. [376] eo 3. [377] levibus 2. [378] balneantes 2. 5. [379] tali 1. 2. [380] vero 3. [381] deest 3. [382] moribus 2. [383] muneribus addunt 1. 2. [384] permittebat 3. [385] igitur 1. 3. [386] subjectis 3. [387] magnitudine 3. [388] deest 3. [389] *in margine* 3. [390] deest 3. [391] reg' 3. [392] ob servandis 3. [393] vicedinis 3. [394] animalibus 2. 5. [395] inquirens 3. [396] nam pullum reputo sed castrum vel amittere civitatem et vocans de suis *corrupte pro* Nam pullum — suis 3. [397] preferebat 3. [398] preparerent 3. [399] indomita 3. [400] ingenium et *pro* c. i. 2. [401] talis 3. [402] hic est dominus desunt 5. [403] deest 3. [404] cartim 1. 2. 3. [405] vir *non recte* 2. [406] deest 3. [407] lau'li 2. De morte — lamentabili *desunt* 3. [408] atque 3.

NOTÆ.

(84) I. e. in finibus conservandis ab hostibus. K.

rex alius abundaret[409], querebatur[410] tamen semper, quod[411] solis militibus indigeret. Et quicumque[412] probus hospes aput eum in militia probabatur, non miles ille sed regis filius vocabatur; et si quandoque, ut assolet eorum aliquem[413] infelicem in equis vel in aliis audiebat, infinita dando ei circumstantibus alludebat : *Si possem sic hunc probum militem a morte divitiis liberare, sicut possum ejus infortunium et paupertatem mea copia superare, ipsam mortem avidam divitiis honerarem[414], ut hunc florem[415] tam audacem in militia reservarem[416].* Quocirca talem ac tantum virum successores debent[417] virtutibus imitari, ut valeant ad tantam gloriam et potentiam sublimari. Qui cupit post vitam acquirere tantam famam, acquirat dum vivit[418] in virtutibus tantam palmam. Si quis captat Boleslao memoriali tytulo comparari[419], elaboret suam vitam ejus vitæ[420] venerabili conformari. Tunc erit[421] virtus in gestis militaribus collaudanda[422], cum fuerit vita militis[423] honestis moribus adornata. Hæc erat magni Bolezlavi gloria memoranda, talis virtus recitetur[424] posteriorum memoriæ imitanda. Non enim in vacuum Deus illi gratiam super gratiam cumulavit, nec sic[425] eum sine causa tot regibus ac ducibus antefecit, sed quia Deum in omnibus et super omnia diligebat, et quoniam erga suos, sicud pater erga filios, caritatis visceribus affluebat. Unde cuncti, sed[426] specialiter quos venerabatur episcopi[427], archiepiscopi[428], abbates, monachi, clerici[429] sedulo eum suis precibus Domino commendabant; duces vero, comites aliique proceres hunc semper victorem, hunc sibi fore superstitem exoptabant. Gloriosus itaque Bolezlavus felicem vitam laudabili fine concludens, cum sciret se debitum carnis universæ completurum[430], tum,[431] omnibus suis ad se principibus et amicis undique congregatis, de regni gubernatione et statu secretius ordinavit, eisque multa post se mala futura voce prophetica nuntiavit[432] : *O utinam, fratres[433] mei*, inquit, *quos delicate tanquam mater filios enutrivi[434], quæ positus in agone nascitura[435] video, vobis in prospera convertantur, et utinamque[436] ignem seditionis accendentes[437] Deum et hominem[438] vereantur! Heu! heu! jam quasi per speculum in ænigmate video regalem prosapiam[439]*

A *exulantem[440] et oberrantem, et hostibus, quos sub pedibus conculcavi, misericorditer supplicantem* (85). *Video etiam de longinquo de lumbis meis procedere quasi carbunculum emicantem, qui gladii mei capulo connexus, suo splendore Poloniam totam efficit[441] relucentem.* Tunc vero luctus et mœror ibi astantium et hoc audientium cordis viscera penetravit, et præ dolore nimio mentes omnium stupor vehemens occupavit. Cumque paulisper dolore compresso[442]? Bolezlavum inquirerent, quanto tempore funus ipsius habitu cultuque lugubri celebrarent, voce veridica respondit : *Nec mensibus nec annis doloris terminum[443] vobis pono, sed quicumque me cognovit meamque gratiam acquisivit, memor mei die cottidie[444] me plorabit. Et non solum qui me noveruut meamque benivolentiam habuerunt, me plorabunt[445], sed etiam eorum filii filiique filiorum Bolezlavi regis* B *obitum narrantibus aliis condolebunt*. Bolezlavo ergo[446] rege de mundana conversatione descendente (86), ætas aurea[447] in plumbeam[448] est conversa. Polonia prius regina, auro radiante cum gemmis coronata, sedet[449] in pulvere viduitatis vestibus involuta, in luctum cythara, plausus[450] in mœrorem, organum[451] in suspiria convertuntur. Illo nimirum anno continuo[452] nullus in Polonia convivium publice celebravit, nullus nobilis vir vel femina vestimentis se[453] solempnibus adornavit, nullus plausus, nullus cytharæ sonus audiebatur in thabernis, nulla cantilena puellaris, nulla vox lætitiæ C resonabat[454] in plateis (87). Hoc per annum est a cunctis universaliter observatum, sed viris nobilibus et feminis plorare Bolezlavum est cum vitæ termino terminatum. Rege itaque Bolezlawo inter homines exeunte, pax et lætitia rerumque copia videntur simul de Polonia commeasse. Hactenus Bolezlavi magni laudibus termini metam inponamus, ejusque funus aliquantulum carmine lugubri lugeamus.

De morte Bolezlavi carmina.
Omnis ætas, omnis sexus, omnis ordo, currite !
Bolezlavi regis funus condolentes cernite,
Atque mortem tanti viri simul mecum plangite !
Heu! heu![455] Bolezlave, ubi tua gloria ?
Ubi virtus, ubi decus[456], ubi rerum copia ?

VARIÆ LECTIONES.

[409] habundaret 2. [410] querebat 2. 3. [411] quia 2. [412] quidq'ua 2. sed penultima per dimidium, ultima vero littera tota sunt deletæ. [413] quemlibet 1. 2. [414] honorarem 2. onerarem 3. [415] talem 1. 2. [416] conservarem 3. [417] debent successores transponit 3. [418] ipse addit 3. [419] aparari 1. 2. comparari 3. [420] vita 2. [421] autem 5. [422] gestis est collauda *pro* in gestis militaribus collaudanda 3. [423] multis 2. fuit vita multis *pro* fuerit vita militis 3. [424] ut addit 2. recitatur 3 [425] si 1. 2. [426] et 2. [427] et addit 2. [428] archiep. episcopi *pro* e. a. 3. [429] presbiteri 3. [430] completorum 2. [431] cum 2. 3. [432] pronunciavit 3. [433] deest 3. relicto spatio vacuo. [434] innutrivi 3. [435] noscitura 1. 2. 3. [436] tuti namque 1. 3. [437] sediciones accedentes *pro* sedicionis accendentes 3. [438] homines 3. [439] regem talem pro sapiencia *pro* regalem prosapiam 3. [440] exultantem 2. 3. [441] efficit 3. [442] dolorem et presso *pro* dolore compresso 1. 2. 3. [443] deest 2. [444] nocteque 3. [445] me plorabunt desunt 3. [446] igitur [3. [447] aureas 1. *sic habuit* et 2. *sed a correctore s deletum*. [448] plumbeas 2. [449] sedens 2. 3. [450] pallium 1. 2. 3. plausus *ed. Ged.* [451] gaudium 3. [452] deest 3. [453] se vestibus *pro* vestimentis se 3. [454] audiebatur 3. [455] eheu, heu 3. [456] decor 3.

NOTÆ.

(85) Paprocki Herby rycerstwa pol. forte ex codice alio orationem hanc paulo diverso modo profert, dicit enim : *Video regnum in multa variaque frustra scindi* etc. quod si de tradita a Thietmaro divisione regni inter filios Boleslai intelligi posset, magni momenti documentum foret. S.
(86) Diem mortis vide apud Cosmam, I, 41. K.
(87) Cf. Vita S. Ladislai, *ed. Endlicher*, I, 241. S;

Satis restat ad plorandum, væ michi Polonia!
Sustentate me cadentem præ dolore, comites,
Viduatæ michi, quæso, condolete milites,
Desolati respondete [457], *Heu nobis!* hospites!
Quantus dolor, quantus luctus erat pontificibus!
Nullus vigor, nullus sensus, nulla mens in ducibus.
Heu heu! capellanis, heu sibi [458] omnibus!
Vos qui torques portabatis in signum militiæ,
Et qui vestes mutabatis regales cottidie,
Simul omnes resonate, *Væ, væ, nobis hodie!*
Vos matronæ, quæ coronas gestabatis aureas,
Et quæ vestes habebatis totas aurifriseas [459].
His [460] exutæ, vestiatis lugubres et laneas.
Heu, heu! Boleslave, cur nos, pater, deseris?
Deus talem virum umquam mori cur permiseris?
Cur non prius nobis [461] unam simul mortem dede-
[ris [462]?
Tota terra desolatur, tali [463] rege vidua,
Sicut suo possessore facta domus vacua,
Tua morte lugens, mœrens, nutans [464] et ambigua.
Tanti viri funus mecum, omnis homo, recole,
Dives, pauper, miles, clerus, insuper agricolæ,
Latinorum et Slavorum [465] (88 quotquot estis in-
[colæ!
Et tu, lector bonæ mentis, hæc [466] quicumque [467]
[legeris,
Quæso, motus pietate, lacrimas effuderis,
Multum eris inhumanus, nisi [468] mecum fleveris.

17. *De successione Meschonis secundi Bolezlaydes Gloriosi* [469].

Postquam ergo magnus Bolezlavus de mundo decessit, secundus Mescho [470], filius ejus, in regnum successit, quia jam [471] vivente patre sororem tertii Ottonis imperatoris (89) uxorem acceperat, de qua Kazimirum (90), id est Karolum, restauratorem Poloniæ procrearat [472]. Hic vero Mescho [473] miles probus fuit, multaque gesta militaria, quæ longum est dicere, perpetravit. Hic etiam propter [474] patris invidiam vicinis omnibus extitit odiosus, nec, sicud pater ejus, vita [475] vel moribus vel divitiis copiosus. Dicitur etiam a Bohemicis [476] in colloquio per traditionem captus, et genitalia, ne gignere posset, corrigiis astrictus, quia rex Bolezlavus pater ejus similem eis injuriam fecerat [477] (*an.* 1003), quum [478] eorum ducem (91) suumque avunculum excecaverat. Qui de captione quidem exivit, sed uxorem ulterius non cognovit. Sed [479] de Meschone sileamus, et ad Kazimirum restauratorem Poloniæ descendamus [480]

18. *De successione et dejectione Kazimiri post mortem patris* [481].

(*An.* 1034.) Mortuo igitur Mescone (92), qui post obitum regis [482] Bolezlavi parum vixit, Kazimirus cum matre imperiali puer parvulus remansit [483]. Quæ cum libere filium [484] educaret, et pro modo femineo regnum honorifice gubernaret, traditores eam de regno propter [485] invidiam ejecerunt, puerumque suum secum in regno quasi deceptionis obumbraculum tenuerunt (93). Qui cum esset adultus ætate et regnare cœpisset, malitiosi veriti, ne matris injuriam vindicaret, in eum insurrexerunt eumque in Ungariam secedere coegerunt. Eo namque tempore sanctus Stephanus Ungariam gubernabat, eamque tunc primum [486] ad fidem minis et blanditiis [487] convertebat, qui cum Bohemicis [488], Polonorum infestissimis inimicis, pacem et amicitiam retinebat, nec eum liberum, quoadusque vixit, gratia dimittebat. Quo de hac vita migrante (*an.* 1038). Petrus Veneticus Ungariæ regnum recepit, qui ecclesiam sancti Petri de Bazoario [489] (94) inchoavit, quam nullus rex [490] ad modum inchoationis usque hodie consummavit. Hic Petrus etiam rogatus a Bohemicis [491]; ne Kazimirum dimitteret, si cum eis amicitiam ab antecessoribus receptam retinere vellet, voce regali respondisse fertur: *Si lex antiqua diffinierit, quod Ungarorum rex Bohemicorum* [492] *ducis carcerarius fuerit, faciam quæ rogatis.* Et sic Bohemorum legationi cum indignatione respondens, eorumque amicitiam vel inimicitiam parvipendens, datis Kazimiro 100 equis totidemque militibus, qui eum secuti fuerant, armis et vestibus præparatis eum honorifice dimisit, nec iter ei, quocumque vellet ire, denegavit. Kazimirus vero [493] gratanter iter arripiens, ac in regionem [494] festinanter. Theutoni-

VARIÆ LECTIONES.

[457] videte 3. [458] ipsis 3. [459] aureas *pro* t. a. 3. [460] e his 3. [461] *deest* 3. [462] dedis 3. [463] *deest* 3. [464] mutans 1. 2. [465] Sclavorum 3. [466] *deest* 3. [467] quidque 2. [468] si non 3. [469] filii Bolezlavi *pro* II bolezlaydes gloriosi 2. De successione — Gloriosi *desunt* 3. [470] Anno Domini MXXV, post mortem Boleslai Mieszko *pro* Postquam ergo — Mescho 3. [471] viden. *addit superflue* 2. [472] procrearet 2. [473] Meszko 3. [474] per 3. [475] MXXV, *addit hoc loco in margine prisca et forsan eadem manus* 2. [476] Bohemis 3. [477] faceret 2. fecit 3. [478] inde 3. [479] *deest* 3. [480] Mieszko enim, ut alibi legitur, in amenciam cecidit, et mortuus est eodem anno quo et pater *addit* 3. [481] De successione — patris *desunt* 3. [482] patris 3. [483] remansit parvulus *transponit* 2. [484] licet puerum *pro* libere filium 2. [485] per 3. [486] previnciam *pro* tunc primum 3. [487] blanditus 2. [488] Bohemis 3. [489] Bazcario 3. [490] *deest* 3. [491] Bohemis 3. [492] Bohemorum 3. [493] igitur 3. [494] terram 3.

NOTÆ.

(88) Distinguit Polonos Ecclesiæ occidentalis et orientalis. S.
(89) Richenzam, filiam Ezonis comitis palatini Rheni ex sorore Ottonis III Mechthilde. S. Cf. Fundatio Brunwilarensis. K.
(90) Miracula S. Adalberti, c. 9. S.
(91) Bolezlaum III Rufum, a. 1003, Cosmas, I,

54. De Meschonis captivitate apud alios scriptores nihil legitur. K.
(92) Cf. Annal. Hildeshem. 1034. K.
(93) Longe aliter hanc rem narrat monach. Brunwilarensis. Vide quod de Richenza disseruit Rœpell., I, 662. K.
(94) Borsod in comitatu Borsodiensi. S.

corum[495] perveniens, aput matrem et imperatorem (95), quanto tempore nescio fuerit conversatus, sed in actu militari miles audacissimus extitit[496] comprobatus. Sed paulisper eum cum matre requiescere permittamus, et ad desolationem et devastationem Poloniæ redeamus[497].

19. De rehabitione regni Poloniæ[498] per Kazimirum, qui fuit monachus (96).

Interea reges et duces in circuitu Poloniam quisque de parte sua conculcabat, suoque dominio civitates quisque castellaque contigua vel applicabat vel vincendo terræ[499] coæquabat. Et cum tantam injuriam et calamitatem ab extraneis Polonia pateretur, absurdius tamen[500] adhuc et abhominabilius a propriis habitatoribus vexabatur. Nam in dominos servi, contra nobiles liberati, se ipsos in dominium extulerunt, aliis in servitio versa vice detentis, aliis peremptis uxores eorum incestuose honoresque sceleratissime rapuerunt. Insuper etiam a fide catholica deviantes, quod sine voce lacrimabili dicere non valemus, adversus episcopos et sacerdotes Dei seditionem inceperunt, eorumque quosdam gladio quasi dignius[501] peremerunt, quosdam vero[502] quasi morte dignos viliori[503] lapidibus obruerunt. Ad extremum autem[504] tam ab extraneis quam ab indigenis[505] ad tantam Polonia[506] desolationem est redacta, quod ex toto pæne divitiis et hominibus est exacta (an. 1039). Eo tempore Bohemi Gneznen et Poznan[507] destruxerunt, sanctique corpus Adalberti abstulerunt (97). Illi vero qui de manibus hostium evadebant, vel qui suorum seditionem devitabant, ultra fluvium[508] Wysla in Mazoviam fugiebant[509], et tam diu civitates prædictæ[510] in solitudine permanserunt[511], quod in ecclesia sancti Adalberti martiris sanctique Petri apostoli sua feræ cubilia posuerunt. Quæ plaga creditur eo[512] toti terræ communiter evenisse, quod Gaudencius, sancti Adalberti frater et[513] successor, occasione qua nescio, dicitur eam anathemate percussisse. Hæc autem dixisse de Poloniæ destructione sufficiat, et eis qui dominis naturalibus fidem non servaverunt ad correctionem

proficiat. Kazimirus ergo[514] apud Theutonicos[515] aliquantulum conversatus[516] magnamque famam ibi militaris gloriæ consecutus, Poloniam se redire disposuit, illutque matri secretius indicavit. Quem cum mater dehortaretur, ne ad gentem perfidam et nondum bene christianam rediret, sed hereditatem maternam pacifice possideret, et cum etiam imperator eum remanere secum rogaret, eique ducatum satis magnificum dare vellet, proverbialiter utpote homo liberatus respondit : *Nulla hereditas avunculorum* (98) *vel materna justius vel honestius possidebitur quam paterna*[517]. Et[518] assumptis secum militibus 500[519], Poloniæ fines introivit (99), ulteriusque progrediens, castrum quoddam a suis sibi redditum acquisivit, de quo paulatim virtute cum ingenio[520] totam Poloniam a Pomoranis[521] et Bohemicis[522] aliisque finitivis gentibus[523] occupatam liberavit, eamque suo dominio mancipavit. Postea vero de Rusia nobilem cum magnis divitiis uxorem[524] (100) accepit, de qua filios quatuor unamque filiam regi Bohemiæ desponsandam generavit. Nomina autem filiorum ejus hæc[525] sunt : Bolezlavus, Wladislaus, Mescho[526] et Otto. Sed de Kazimiro quid egerit primitus pertractando finiamus, et postea de filiis, quis eorum primus[527], quisve[528] posterius regnaverit[529] ordinabilius edicamus[530].

20. De prælio comitis Meczzlavi cum Mazovitis[531].

Igitur eliberata[532] patria et expugnata, profugatisque gentibus exterorum, non minor Kazimiro restabat hostilis profugatio suæ gentis suorumque jure proprio subditorum. Erat namque quidem Meczzlaus[533] nomine, pincerna patris sui Meschonis et minister; post mortem ipsius Mazoviæ gentis sua persuasione princeps existebat et signifer. Erat enim eo tempore Mazovia Polonis illuc antea[534] fugientibus, ut dictum[535], in tantum populosa, quod agricolis rura, animalibus pascua, habitatoribus, loca erant spatiosa. Unde Meczlavus[536] in audacia suæ militiæ confisus, ymmo ambitione perniciosæ cupiditatis[537] exceccatus, nisus est[538] obtinere per præsumptionis audaciam, quod sibi non

VARIÆ LECTIONES.

[495] Theutunicorum 2. 3. [496] fuerat 3. [497] hoc loco inserit 3. caput X. ex vita S. Stanislai descriptum. [498] deest 3. [499] deest 1. 2. [500] tum 2. [501] dignos 5. [502] non 5. [503] deest 3. [504] vero anteponit pleonastice 3. sic et 2. postea qua superfluum punctis notavit. [505] indignis 2. [506] poloniam 5. [507] Gneznam et Poznaniam pro Gneznen et Poznan 3. [508] flumen 3. [509] fugebant 1. [510] ille 3. [511] premanebant 3. [512] deest 3. [513] deest 1. [514] igitur 2. [515] Theutunicos 2. [516] conservatus 2. [517] Kazimirus ergo — paterna desunt 3. [518] Rex Cazimirus igitur 3. [519] sexcentis 3. [520] tam virtute quam ingenio pro v. c. i. 3. [521] Pomonis 2. [522] Bohemis 3. [523] finitimis nacionibus pro finitivis gentibus 3. [524] uxorem in margine apposuit corrector 2. [525] que pro ejus hæc 3. [526] Mszczo 3. [527] primitus 3. [528] quis vero 3. [529] regnavit 3. [530] educamus 2. [531] Meschonis cum Mazovitis et Meczslao pro M. c. M. 2; De prælio — Mazovitis desunt 3. [532] deliberata 1. 2. 3. [533] Mesth Metzzlaus legitur 2. sed prior vox uti erronea punctis notata. [534] ante ea 2. deest 3. [535] ut dictum desunt 3. [536] Meczzlaus 2. [537] ambiciose cupiditate pro a. p. c. 3. [538] deest 2.

NOTÆ.

(95) Henricum tertium. K.
(96) *Qui fuit monachus* expresse quidem in codicibus legitur, sed verba hæc posterioris temporis esse additamentum cum Bandichio censemus, cum et narratio capitis hujus hoc probet, et auctor Casimirum *hominem litteratum* appellans, non siluisset in contextu de ejus monachatu. S. Cf. etiam

Rœpell, 1, 180. K.
(97) Cf. Cosmas, II 2. K.
(98) Herimanni archiepiscopi Coloniensis et Ottonis ducis Sueviæ, fratrum Richenzæ. K.
(99) Cf. Annalista Saxo, 1059. K.
(100) Dobrognevam, sororem Jaroslai principis. K.

cedebat[539] per jus aliquod vel naturam[540]. Inde etiam in [541] tantum superbiae fastum conscenderat, quod obedire Kazimiro rennuebat[542], insuper etiam ei [543] armis et insidiis resistebat. At Kazimirus indignans servum patris ac[544] suum Mazoviam violenter obtinere, sibique [545] grave dampnum existimans et periculum [546], ni se [547] vindicet, imminere, collecta pauca quidem numero manu bellatorum[548], sed assueta[549] bellis, armis congressus, Meczslawo [550] perempto, victoriam et pacem totamque [551] patriam [552] triumphaliter est adeptus (101) (an. 1047). Ibi namque tanta caedes Mazovitorum [553] facta fuisse memoratur, sicut adhuc locus certaminis et praecipitium ripae fluminis protestatur. Ipse etiam ibi Kazimirus ense caedendo nimis[554] extitit fatigatus, brachia totumque pectus et faciem effuso sanguine cruentatus, et in tantum fugientes hostes solus est persecutus, quod mori debuit, a suis omnibus non adjutus, sed quidam [555] non de nobilium genere, sed de gregariis militibus nobiliter opem tulit morituro, quod bene Kazimirus sibi restituit in futuro, nam et civitatem ei contulit, et eum [556] dignitate inter nobiliores extulit. In illo enim certamine 30 acies ordinatas Masovienses habuerunt, Kazimirus vero vix tres acies bellatorum plenas habebat[557], quoniam, ut dictum est, tota Polonia [558] paene deserta jacebat.

21 [559]. *De praelio Kazimiri cum Pomoranis.*

Hoc itaque praelio memorabiliter superato (an. 1046), Pomoranorum exercitui in auxilium Meczzlao [560] venienti, Kazimirus cum paucis indubitanter obviam properavit[561]. Nuntiatum namque prius illud ei fuerat, ipsosque in auxilium inimicis advenire praesciebat. Unde prudenter disposuit singulariter prius cum Mazoviensibus diffinire, postea facilius cum Pomoranis campum certaminis introire. Illa enim vice Pomorani quatuor legiones militum in arma ducebant, Kazimiri vero milites nec unam dimidiam adimplebant. Sed quid tamen? Cum perventum esset ad locum certaminis, Kazimirus, ut

A vir eloquens et peritus, in hunc modum suos milites cohortabatur :

Ecce dies expectata primitus.
Ecce finis de labore penitus!
Superatis tot falsis christicolis,
Jam securi pugnate [562] *cum discolis.*
Multitudo non facit victoriam,
Sed cui Deus donavit suam gratiam.
Mementote virtutis praeteritae
Et labori vestro finem ponite.

His dictis, cum adjutorio Dei praelium introivit magnamque victoriam acquisivit. Dicitur quoque sanctam ecclesiam affectu magno pietatis honorasse, sed praecipue monachos sanctarumque monialium congregationes augmentasse, qui [563] monasterio parvulus a parentibus est oblatus, ibi sacris litteris liberaliter eruditus (102).

22. *De successione secundi Bolezlay dicti Largi, Kazimirides* [564].

Hiis igitur Kazimiri gestis memorabilius praelibatis, aliisque compluribus sub silentio prae festinantia reservatis, vitae terminum finienti, finem terminemus et scribenti [565]. Postquam itaque extremum vale Kazimirus mundo fecit (an. 1058), Bolezlavus [566] ejus primogenitus, vir largus et bellicosus, Polonorum regnum rexit. Qui sua satis gesta gestis praedecessorum coaequavit [567], nisi quod quaedam eum ambitionis vel vanitatis superfluitas agitavit. Nam cum in principio sui regiminis et Polonis et Pomoranis imperaret, eorumque multitudinem ad castrum Gradec [568] (103) obsidendum innumerabilem congregaret [569] (an. 1061), suae contumaciae negligentia non solum castrum non habuit, verum etiam Bohemorum insidias vix evasit, ac Pomoranorum dominium sic amisit. Sed non est mirum aliquantulum per ignorantiam oberrare [570], si contigerit postea per sapientiam quae neglecta fuerint emandare [571].

23. *De conventione Bolezlavi cum duce Ruthenorum.*

Non est igitur [572] dignum probitatem multimodam

VARIAE LECTIONES.

[539] competebat 3. [540] justitiam 3. [541] et 3. [542] et addunt 1. 3. [543] deest 3. [544] et 3. [545] sibi 3. [546] et periculum desunt 3. [547] vi se pro ni se 2. sed posterior, vetusta tamen manus, facto signo, apposuit in margine nisi, ita ut legatur nisi vi se. [548] armatorum 3. [549] asseveta 3. [550] Meczlawo 2. [551] tantamque 2. [552] provinciam 3. [553] Mazovitarum 3. [554] minis 3. [555] quidem 1. 2. si quid pro sed quidam 3. [556] cum 3. [557] habebant 1. 2. [558] deest 3. [559] totum hoc capitulum et initium sequentis omittit 3. qui post ultimum verbum praecedentis capituli jacebat addit in continuo : Iste interfecit S. Stanislaum Cracoviensem episcopum, valde venerabilem virum. [560] Meczlao 2. [561] propetravit erat 2. qua voce cancellato, corrector in margine posuit properat. [562] pugnare 1. 2. 3. [563] quoniam 2. [564] argumentum capituli a correctore in margine est adscriptum 2 : De successione — Kazimirides desunt 3. [565] Obiit Kazimirus MXXXVIII. ponit in margine 1. [566] Iste occidit Stanislaum addit hoc loco supra columnam super voce Bolezlavus 1. [567] Mortuus est Casimirus anno Domini MLVIII, cui successit Boleslaus filius ejus in regnum, filius inquam primogenitus, vir largus et bellicosus, qui sua satis gesta gestis praedecessorum coequavit. pro Hiis igitur Kazimiri — coaequavit 3. [568] Gradek. 3. [569] deest 2. [570] oberrasse 3 [571] emendasse etc. 3. [572] deest 3.

NOTAE.

(101) Quod auxilio Jaroslai factum esse narrat Nestor ad 1047. Sed paulo prius haec alter de Pomoranis victoria reportata est, cum a. 1046 annalibus Altahensibus testibus pax inter Casimirum et Pomoranorum ducem constituta sit. K.

(102) Verba, qui monasterio — eruditus male intellecta, ansam forte dederunt fabulae, eum fuisse monachum ; Bandtchie, p. 98. S.

(103) Coeniggraetz in regno Bohemiae. S.

et liberalitatem [573] Bolezlavi secundi [574] regis silentio præterire, sed pauca de multis in exemplum regni gubernatoribus aperire. Igitur rex Bolezlavus secundus audax fuit miles et strennuus, hospitum susceptor benignus, datorque largorum [575] largissimus. Ipse quoque, sicud primus Bolezlavus magnus, Ruthenorum regni caput, urbem Kygow [576] præcipuus hostiliter intravit, ictumque sui ensis in porta aurea signum memoriæ dereliquit [577] (an. 1069). Ibi etiam quendam sui generis Ruthenum, cui permittebat regimen [578], in sede regali constituit (104), cunctosque sibi rebelles a potestate destituit. O pompa gloriæ temporalis! O audacia fiduciæ militaris! O magestas regiæ potestatis! Rogatus itaque Bolezlavus largus a rege quem fecerat, ut obviam ad se veniret sibique pacis osculum ob reverentiam suæ gentis exhiberet, Polonus quidem hoc annuit, sed Ruthenus dedit quod voluit. Computatis namque Largi Bolezlavi passibus equinis [579] de statione ad locum conventionis, totidem auri marcas Rhutenus posuit. Nec tamen [580] equo descendens, sed barbam ejus subridendo divellens, osculum ei satis pretiosum exhibuit [581].

24. De delusione Bohemorum contra Bolezlaum Largum.

(An. 1068). Contigit eodem tempore Bohemorum ducem (105) cum tota suorum virtute militum Poloniam introisse, eumque transactis silvarum condensis, in quadam planitie satis apta certamini consedisse. Quo audito, Bolezlavus impiger hostibus obviam properavit, eosque properans, transgyrando viam qua venerant obsidens, interclusit. Et quia plurima pars diei præterierat, suosque properando fatigaverat, sequenti die se venturum ad prælium per legatos Bohemis intimavit, eosque ibidem residere nec [582] se diutius fatigare magnis precibus exoravit. *Antea quidem exeuntes*, inquit [583], *de silva, sicut lupi capta præda famelici, silvarum latebras, absente pastore, impune solebatis penetrare, modo vero, præsente cum venabulis venatore canibusque post vestigia dissolutis, non fuga nec insidiis, sed virtute poteritis detensa retiacula devitare* [584]. At contra Bohemorum dux versuta calliditate Boleslavo remandavit [585], indignum esse tantum regem ad inferiorem declinare, *sed die crastina, si filius est Kazimiri, sit paratus ibidem Bohemorum servitium expectare*. Bolezlaus vero, ut se filium ostenderet Kazimiri, ibi stando Bohemorum fallaciæ satisfecit.

Sed die jam postera mediante, Polonorum castra ab exploratoribus nunciatur [586], quod a Bohemis nocte præcedenti fuga, non prælium ineatur. In eadem hora Bolezlavus delusum se [587] dolens, acriter eos per Moraviam fugientes persequitur [588], captisque pluribus ac peremptis, quia sic evaserant, sibimetipsi dedignando revertitur. Adnectendum [589] est etiam narrationi [590], quæ causa fere totum de Polonia loricarum usum abolevit, quas antiquitus magni Bolezlavi regis exercitus ingenti studio frequentavit.

25. De victoria Bolezlavi Largi [591] contra Pomoranos.

Contigit namque Pomoranos ex subito Poloniam invasisse, regemque Bolezlavum ab illis remotum partibus [592] hoc audisse. Qui cupiens animo ferventi de manu gentilium patriam liberare, collecto nondum exercitu, debuit antecedens inconsulte mimium properare. Cumque ventum esset ad fluvium, ultra quem turmæ gentilium residebant, non ponte requisito vel vado luricati milites ei armati sed profundo gurgiti se credebant. Pluribus itaque [593] loricatorum ibi præsumtuose submersis, loricas reliqui superstites abjecerunt, transmeatoque flumine, quamvis dampnose, victoriam habuerunt. Ex eo [594] tempore loricis Polonia dissuevit, et sic expeditior hostem quisque invasit, tutiorque flumen objectum sine pondere ferri transmeavit.

26. De liberalitate [595] et largitate Bolezlavi, et [596] de quodam paupere clerico.

Item unum memorabile secundi Bolezlavi factum [597] liberalitatis eximiæ non celabo, sed ad imitationis exemplum successoribus intimabo. In civitate Cracoviensi quadam die Largus Bolezlavus ante palatium in curia residebat, ibique tributa Ruthenorum aliorumque vectigalium in tapetis strata prospectabat. Contigit ibidem clericum quendam pauperem et extrancum affuisse [598] tantique thezauri magnitudinem perspexisse [599]. Qui cum ammiratione [600] tantæ pecuniæ illuc [601] occulis inhiaret [602], suamque miseriam cogitaret, cum ingenti gemitu suspiravit. Bolezlavus autem rex, ut erat ferus, audiens hominem miserabiliter gemivisse [603], et existimans aliquem camerarios percussisse, iratus sciscitatur, qui fuerit [604] ausus sic gemere, vel quis præsumpserit [605] ibi quempiam verberare. Tunc ille miser clericus tremefactus, maluisset umquam pe-

VARIÆ LECTIONES.

[573] libertatem 2. 3. [574] deest 3. [575] deest 5. [576] Kyow 2. Kyyevo 5. [577] reliquit 2. [578] pertinebat regnum pro; permittebat regimen 5. [579] equis 2. 5. [580] de addit 5. [581] exibuit 1. [582] non 2. [583] excuntes repetunt 1. 2. [584] Antea quidem — devitare desunt 5. [585] S. c. Bohemorum versuta calliditate Boleslao remandavit pro At contra — remandavit 5. [586] nunciatur 5. [587] sic 5. [588] sequitur 5. [589] in margine hoc loco ad finem pæne capitis subsequentis positæ sunt binæ stellulæ 5. [590] ita emendavimus; racionem 1. 2. romani 5. [591] deest 5. [592] bis repetit 2. [593] namque 2. [594] eodem 2. [595] libertate 5. [596] deest 1. 2. [597] memoriale factum Boleslai et liberalitatis pro memorabile. s.B; factum 5. [598] affluisse 2. [599] prospexisse 2. 5. [600] et animi racione 2. admiratione 5. [601] ibidem 3. [602] iniaret 1. oclis miaret pro oculis inhiaret, 2, inhire't 3. [603] ingemuisse 5. [604] fuit 5. [605] presumpsit 5.

NOTÆ.

(104) Isaslavum principem Kiowensum qui a suis erat expulsus.

(105) Wratizlavum. II. K.

cuniam se vidisse, quam ea de causa regis curiam introisse.

Sed cur miser clericelle latitas?
Cur indicare, gemivisse [606] te, dubitas [607]?
Gemitus iste totam tristitiam conculcabit,
Suspirium istud [608] magnam tibi letitiam gene-
[rabit.
Noli, large rex, noli [609] miserum clericellum præ
timore diutius anchelare, sed festina tuo thezauro
ejus humeros honerare [610]. Igitur interrogatus a
rege clericus, quid cogitasset cum sic lacrimabiliter
suspirasset, cum tremore respondit: *Domine rex, meam miseriam meamque paupertatem, vestram gloriam vestramque majestatem considerans, felicitatem infortunio dispariliter* [611], *comparando, præ doloris magnitudine suspiravi.* Tunc rex largus ait: *Si propter inopiam suspirasti, Bolezlavum regem paupertatis solatium invenisti. Accede itaque ad pecuniam quam miraris, et sit tuum quantumque uno honere* [612] *tollere* [613] *conaris.* Et accedens ille pauperculus, auro et argento cappam suam tantum implevit, quod ex nimio pondere rupta fuit, et eadem pecunia visum cepit [614]. Tunc rex largus de collo suo pallium extraxit, illudque clerico pauperi pro sacco pecuniæ porrexit, eumque juvans melioribus honoravit. In tantum enim clericum [615] auro et argento rex largus honeravit, quod sibi collum dissolvi clericus, si plus poneret, exclamavit.

Rex fama vivit, didatus pauper [616] obivit (106).

27. [617]. *De exilio Bolezlavi Largi in Ungariam.*

(An. 1064.) Ipse quoque Salomonem regem de Ungaria suis viribus effugavit, et in sede Wladislaum, sicut [618] eminentem corpore sic affluentem pietate, collocavit (107). Qui Wladislaus ab infantia nutritus in Polonia fuerat, et [619] quasi moribus et vita Polonus factus fuerat. Dicunt talem nunquam regem Ungariam [620] habuisse, neque terram jam post eum fructuosam sic fuisse. Qualiter autem rex Bolezavus de Polonia sit ejectus, longum existit enarrare, sed hoc dicere licet, quod non debuit christianus in christianos [621] peccatum quodlibet corporaliter vindicare. Illud enim multum sibi nocuit, cum peccato peccatum [622] adhibuit, cum pro traditione [623] pontificem (108) truncationi membrorum adhibuit (an. 1079). Neque enim traditorem episcopum [624] excusamus, neque regem vindicantem sic se turpiter commendamus, sed hoc in medio deferamus, et ut in Ungaria receptus fuerit disseramus.

28. *De susceptione Bolezlavi per Wladislavum regem Ungariæ.*

Cum [625] audisset Wladislaus [626] Bolezlavum adve-
[nire,
Partim [627] gaudet (109) ex amico, partim restat locus
[iræ (110);
Partim ex recepto quidem fratre gaudet (111) et
[amico,
Sed deferre Wladislavo facto [628] dolet (112) inimico [629].

Non eum recipit, velut extraneum vel hospitem vel par parem recipere quisque solet, sed quasi miles principem vel dux regem vel rex imperatorem recipere jure debet [630].

Bolezlavus [631] Wladislavum suum regem appellabat [632],
Wladislaus se per eum esse [633] regem cognoscebat.
In Bolezlavo tamen unum [634] ascribendum est vanitati, quod ejus pristinæ multum obfuit probitati;

Nam cum regnum alienum fugitivus introire,
Cumque nullus rusticorum fugitivo [635] obediret,
obviam ire Bolezlavo [636] Wladislavus, ut vir humilis, properabat, eumque propinquantem eminus equo descendens ob reverentiam expectabat. At contra Bolezlavus humilitatem regis mansueti non respexit, sed in pestiferæ fastum [637] superbiæ cor erexit. *Hunc*, inquit, *alumpnum in Polonia educavi, hunc regem in Ungaria collocavi. Non decet eum* [638] *me ut æqualem venerari, sed equo sedentem ut quemlibet de principibus osculari* [639]. Quod [640] intendens Wladislavus aliquantulum ægre tulit, et ab itinere declinavit; ei tamen servitium per totam terram fieri

VARIÆ LECTIONES.

[606] gemuisse 3. [607] deest 5. [608] illud 5. [609] deest 5. [610] onerare 5. [611] disparaliter 3. [612] onere 3. [613] plus minus recte 1. 2. 3. tollere ed. Ged. [614] et eadem p. v. cepit desunt 3. [615] clerico 2. [616] pauper ditatus transponit 3. [617] Loco hujus et sequentis capituli, quæ desiderantur in contextu, 3. habet fragmentum alii loco insertum atque p. 44 ed. Ged. impressum, præterea autem alia fragmenta ex libro de passione S. Stanislai et de vita beati Stephani regis Ungariæ, quæ exhibentur in vita S. Stanislai, capite 10. 11. 14. 15. 16. 22. [618] sic 1. 2. 3. [619] eciam 2. [620] Ungaria 1. 2. 5. [621] christianum 2. [622] peccatum peccato transponit 2. [623] tradicioē linea super e posita supplet omissum n 2. quare recte tradicione legitur. [624] Epm. legebatur et 2. sed pia manus serioris haud dubie ævi, zelo ducta, erasis duabus postremis lineolis litteræ m, relinquens primam intactam efformavit Epi — episcopi. Corrector scriptori contemporaneus nunquam scultello sed penna usus est. [625] enim addit. 5. p. 94 in fragmento. [626] rex Ungarie addit 5 ibid. [627] deest 5. [628] fco v fto 1. 2. [629] partim ex recepto — inimico desunt 3. [630] Hunc enim Wladislaum Boleslaus, pulso propriis viribus rege Salomone de Ungaria, in sede regali collocavit pro Non eum recipit — debet 5. in fragm. p. 94. [631] igitur addit 5. [632] appellat 2. [633] vocem inserui. P. [634] cum nrm pro tamen unum 2. enim nostro suadet legere edit. Varsav. quæ lectio textum corruptum haud corrigit. [635] fugitivus 1. 2. [636] Wladislavo erronee. 2. [637] fastum inanis pro p. f. 3. [638] deest 3. [639] osclari 2. [640] Qui 2.

NOTÆ.

(106) *Dives factus recessit.* Chron. princ. Polon. Stenzel, 1, 61. 8.
(107) Ladislaus I anno demum 1077 rex creatus est. K.
(108) Stanislaum episcopum Cracoviensem. K.
(109) Wladislaus. P.
(110) Bolezlavo. P.
(111) Wladislaus. P.
(112) Bolezlavus. P.

satis magnifice commendavit. Postea vero concorditer et amicabiliter inter se sicut fratres convenerunt. Ungari tamen illud altius et profundius in corde notaverunt, unde magnam [641] sibi Ungarorum invidiam cumulavit, indeque [642] citius extrema dies [643] eum, ut aiunt, occupavit [644] (an. 1081).

29. *De filio ejusdem [645] Bolezlavi Mescone [646] tertio [647].*

Habuit autem unum filium rex Bolezlavus [648] nomine Meschonem [649] qui majoribus non esset inferior probitate, ni Parcarum invidia puero vitale filum interrumperet pubescenti jam ætate [650]. Illum enim [651] puerum rex Ungarum Wladislavus mortuo patre nutriebat, eumque [652] loco filii parentis gratia diligebat. Ipse nimirum puer cœtaneos omnes et Ungaros et Polonos honestis moribus et pulcritudine superabat, omniumque [653] mentes in se futuri spe dominii signis evidentibus provocabat; unde placuit patruo suo Wladislavo duci puerum [654] in Poloniam sinistro alite revocare, eumque [655] Ruthena puella (113) fatis [656] invidentibus uxorare (an. 1087). Uxoratus ergo [657] adolescens imberbis et formosus sic morose, sic sapienter se [658] habebat, sic antiquum morem antecessorum gerebat, quod affectu mirabili toti patriæ complacebat. Sed fortuna, rebus secundis mortalium inimica, in dolorem gaudium commutavit, et spem probitatis et florem ætatis amputavit. Aiunt enim quosdam æmulos, timentes ne patris injuriam vindicaret, veneno puerum bonæ indolis peremisse (an. 1089), quosdam vero qui cum eo biberunt vix mortis periculum evasisse. Mortuo autem puero Meschone [659], tota Polonia sic lugebat, sicut mater [660] unici mortem filii. Nec illi solummodo quibus notus erat, lamentabantur, verum etiam illi qui nunquam eum viderant [661] lamentando feretrum mortui sequebantur. Rustici quippe aratra, pastores peccora deserebant, artifices studia, operatores opera [662] A præ dolore Meschonis [662] postponebant; parvi quoque pueri et puellæ, servi insuper et ancillæ, Meschonis exequias lacrimis et suspiriis celebrabant. Ad extremum misera mater, cum in urna puer plorandus conderetur [664], una hora, quasi mortua, sine vitali spiritu tenebatur, vixque post exequias ab episcopis ventilabris et aqua frigida suscitabatur [665]. Nullius enim regis vel [666] principis exitium apud etiam barbaras nationes tam diutino mœrore legitur conclamatum, nec exequiæ [667] tethrarcharum [668] magnificorum [669] ita lugubres celebrantur [670], nec anniversarium cæsaris ita fuerit cantu lugubri celebratum [671]. Sed de mœstitia [672] pueri sepulti sileamus, et ad lætitiam regnaturi pueri [673] veniamus.

30. *De uxoratione Wladyslavi, patris tertii Boleslavi.*

Mortuo itaque [674] rege Bolezlavo, aliisque fratribus defunctis, Wladislavus dux solus regnavit, qui filiam Wratislavi Bohemici [675] regis nomine Juditham uxorem accepit, quæ filium [676] ei tertium Bolezlavum peperit, de quo nostra intentio titulavit, ut tractatio quæ sequitur intimabit. Nunc vero, quia succincte per arborem a radice derivando transivimus, ad inserendum cathalogo [677] ramum pomiferum et stilum et animum applicemus. Erant enim futuri pueri parentes adhuc carentes sobole, jejuniis et orationi [678] instantes, largas pauperibus elemosinas facientes, quatenus omnipotens Deus, qui steriles matres fecit in filiis lætantes, qui baptistam contulit Zachariæ, et vulvam aperuit Saræ, ut [679] in semine Abrahæ benediceret omnes gentes, talem filium daret eis heredem, qui Deum timeret, sanctam ecclesiam exaltaret, justitiam exerceret [680], ad honorem Dei et salutem populi regimen [681] Poloniæ detineret. Hæc incessanter illis agentibus, accessit ad eos Franco (114) Poloniensis episcopus consi-

VARIÆ LECTIONES.

[641] hoc loco in margine inter lineas rubras ponunt 1. 2 : obiit Bolezlaus largus MLXXXI. [642] jamque 3. *in fragm.* p. 94. [643] extrema dies cicius *transponit* 3. *ibid.* [644] Obiit autem miserabiliter anno Dni MLXXXI. *addit* 3. [645] *deest* 3. [646] Mesconis 1. 2. Mieszkone 3. [647] III. 1. 2. [648] Boleslaus rex sceleratissimus unum filium *pro* unum filium rex Bolezlavus 3. [649] Mesconem 2. Mieszkonem 3. [650] qui majoribus — ætate *desunt* 3. [651] *deest* 3. [652] enm 3. [653] virtutes *addit* 3. *sed tanquam erroneum suppositis punctis notavit.* [654] *deest* 3. [655] cumque 3. [656] satis 3. [657] igitur 3. [658] *deest* 1. 2. [659] Mescone 2. 3. [660] vivit *addit, sed tanquam erroneum punctis notavi* 2. [661] noverant 3. [662] *deest* 3. [663] Mesconis 2. 5. [664] poneretur 3. [665] suscitatur 1. 2. [666] et 3. [667] n. e. iterum repetit sed cancellavit 2. [668] retharcharum 2. *prima jam littera erronea per correctorem in* t *mutata;* thetharchar 3. [669] magnificum 1. 2. [670] celebrabantur 3. [671] nec anniversarium — celebratum *desunt* 3. [672] mesticiam *pro* de mœstitia 3. [673] *deest* 3. [674] *deest* 3. [675] Bohemie 3. [676] *deest* 2. [677] cathelogo 2. [678] oracionis 1. 2. [679] *deest* 2. [680] e. i. e. *desunt* 3. [681] regnum 2. 3.

NOTÆ.

(113) Eudoxia, si Dlugosso fides habenda est. K.
(114) Franconem hunc auctor episcopum *Poloniensem* nuncupat, Vincentius Cadlubchonis antistitem simpliciter, ed. Lips., p. 668; sed ejus commentator, p. 672, episcopum *Cracoviensem* eum appellat. Quem secutus est Dlugossus, lib. IV a. 1085, p. 505, Lampertum eum nominans. Post occisionem S. Stanislai ep. Cracov. per Boleslaum Largum a. 1079, Gregorius VII Poloniam sacris interdixit, episcopatus quoque Cracoviensis vacavit antistite quatuor annos. Idem censendum de episcopatu Crusvicensi, quem auctor Poloniensem appellat in libri tertii epistola; nam secundum Dlugossi *Vitas episcoporum Crusvicensium,* hucusque ineditas, episcopus Crusvicensis Andreas mortuus est anno 1081, et demum a. 1087 suffectus est illi Baptista Romanus. Vitæ episcop. Crusvicensium ms. bibl. Ossolinsk. Leopoliens. 4 Nr. XVIII, fol. 100, 101. Fuit ergo verosimiliter Franco episcopus tempore interdicti a rege vel capitulo electus episcopus Crusvicensis, qui non potuit obtinere papæ confirmationem, vel ante obtentam mortuus est, quare frustra desideratur in serie episcoporum Crusvicensium a Dlugosso conscripta. S.

lium salutare donans, eis sic inquiens : Si quæ dixero vobis devotissime compleatis [682], vestrum desiderium procul dubio fiet vobis. Illi vero libentissime de tali causa pontificem audientes, atque magna se facturos spe sobolis promittentes, rem dicere quantocitius [683] exorabant. Ad hæc præsul : Est, inquit, quidam sanctus in Galliæ finibus contra austrum juxta Massiliam, ubi Rodanus intrat mare — terra [684] Provincia, et sanctus Egidius nominatur (115) —, qui tanti meriti apud Deum existit, quod omnis qui in eo devotionem suam ponit [685] et memoriam ejus agit, si quid [686] ab eo petierit, indubitanter obtinebit. Ad modum ergo pueri ymaginem auream fabricate, regalia munera præparate, eaque sancto Egidio mittere festinate. Nec mora, puerilis ymago cum calice de auro purissimo fabricatur, aurum, argentum, pallia, sacræ vestes præparantur, quæ per legatos fideles (116) in Provinciam [687] cum hujusmodi litteris deferrentur : Epistola Wladislai ad sanctum Egidium et [688] ad monachos [689].

Wladislaus, Dei gratia dux Poloniensis [690], et Juditha, legitima conjux ejus, O. [691] (117) venerabili abbati Sancti Egidii [692] cunctisque fratribus humillimæ devotionis obsequium. Audita fama, quod sanctus Egidius prærogativæ pietatis præmineat dignitate, et quod promptus sit adjutor, sibi data divinitus potestate, pro spe sobolis munera sibi nostræ devotionis offerimus, vestrasque sanctas orationes in auxilium nostræ petitionis humiliter imploramus.

31. [693] De jejuniis et orationibus pro nativitate [694] tertii Bolezlavi [695].

Perlectis itaque litteris et muneribus receptis, abbas et fratres mittenti munera [696] retulerunt, et triduanum jejunium cum letaniis et orationibus peregerunt, divinæ majestatis omnipotentiam obsecrantes, quatenus devotionem fidelium præsentialiter sibi tanta mittentium [697] multoque plura voventium adimpleret [698], unde gloriam sui nominis apud gentes incognitas exaltaret, atque [699] famam Egidii sui famuli longe lateque dilataret [700] (118).

Euge, serve Dei, caput hujus materiei [701]
Perfice servorum quæ poscunt vota tuorum!
Pro puero puerum, pro falso perfice verum;
Confice carnalem, retinens tibi materialem.

Quid plura? Necdum jejunium a monachis in Provincia complebatur, et jam mater in Polonia de concepto filio lætabatur. Nondum inde legati discedebant, et jam monachi dominam eorum concepisse prædicebant. Unde missi domum citius et alacrius remeantes, et præsagium monachorum certum esse probantes, de concepto filio fiunt læti, sed de [702] voto lætiores erunt facti [703]

EXPLICIT PRIMUS LIBER.

LIBER SECUNDUS [704].

INCIPIT EPISTOLA.

Domino Paulo, Dei gratia Poloniensi reverendæ discretionis episcopo, suoque [705] cooperatori immittendæ [706] religionis Michaeli cancellario, modici dispensator obsonii paternæ venerationis ac debitæ servitutis obsequium.

Meditanti mihi de plurimis, injecit [707] se vestræ recordatio largissimæ karitatis [708] vestræque fama longe lateque diffusa vobis collatæ divinitus sapientiæ ac humanitus [709] probitatis [710]. Sed quia plerumque capax mentis intentio concipit, quæ tarda [711] loquendi facultas [712] non exprimit, bonæ voluntatis intentio sufficiat pro loquela. Nam cum facit quis quod potest [713], tunc [714] injuste [715] fit querela. Verumtamen ne tantorum virorum gloriam, tamque religiosorum memoriam prælatorum silentio præterire videamur, eorum laudibus insistendo quasi guttam de fonticulo comportare Tyberinis gurgitibus innitamur. Licet enim [716] quod perfectum est non possit naturaliter augmentari, ratio tamen non prohibet illud scriptis laudumque præconiis venerari. Nec indecens in picturis aliquis judicatur, si speciosis [717] co

VARIÆ LECTIONES.

[682] compleveritis 3.   [683] quantocius 3.   [684] certa 3.   [685] habet devocionem pro d. s. p. 3.   [686] quicquid pro si quid 3.   [687] in Provinciam desunt 3.   [688] binas ultimas lineas litteræ m in verbis sanctum Egidium pius quidam lector erasit 2. efformavitque satis inepte genitivum ex accusativo, delevit quoque et oblitus delere et præpositionem repetitam ad tali modo jam superfluam.   [689] capitulum addit 3.   [690] Polonie 3.   [691] deest 3.   [692] S. Egidio 3.   [693] XXXI. deest 1. 2. 3. capitulum vero adest 1. 2. deest 3.   [694] uti i. e. navitate 2. siglo non intellecto et inde deleto, manus posterior post Bolezlavi posuit donacioni.   [695] capitulum hoc loco addit 3.   [696] Semler l. c. p. 53 consulit addere sua aut gratias, referens munera non ad monachos sed ad parentes.   [697] miptencium 3.   [698] adimplent 3.   [699] et 3.   [700] exdilataret erat 1. sed ex postea dilatetum, exdilataret 2.   [701] materie 3.   [702] pro 3.   [703] sunt effecti pro erunt facti 3.   [704] L. s. addit Bandtkie, desunt in codicibus.   [705] suo quoque 3.   [706] imitende 2. imitande 3.   [707] deest, et spatium vacuum 3.   [708] caritatis 2. 3.   [709] humatus 2.   [710] pietatis 3.   [711] tarde 2.   [712] facultate 1. 2.   [713] petunt 3.   [714] deest 3.   [715] juste 1. 2. 3. corrupte exhibent.   [716] L. e. bis repetit 2.   [717] preciosis 3.

NOTÆ.

(115) Monasterium S. Ægidii in valle Flaviana prope Nemausum in diœcesi Arelatensi, Gallis S. Gilles. Chronicon Polonorum ap. Stenzel Script., rer. Siles., I, 12, monasterium hoc Sancti Galli appellat. S.

(116) Unus eorum erat Petrus, capellanus reginæ Judithæ, ut refert Cosmas, II, 36. Dlugossus cum canonicum Cracoviensem fuisse affirmat, p. 303. S.

(117) Odiloni, qui tunc temporis fuit abbas hujus monasterii. Mabillon Annales Bened., v, 128. S.

(118) Wladislaus, cui precibus monachorum S. Ægidii in Valle Flaviana Boleslaus filius natus est, multas ecclesias et monasteria sub titulo

loribus pro varietate [718] operis [719] niger color misceatur [720]. In mensa quoque regum sæpe quoddam vile præsentatur edulium, quo deliciarum propellatur cottidianarum fastidium. Insuper etiam formica, cum sit camelo quantitate corporis animal inæquale, opus tamen suum exercet studiose, suis [721] viribus coæquale. Quarum exemplo rerum inductus, ba.outtenus more puerilia verba formare conor, in laudem virorum per se laudabilium adhibita sine laude, vel in præconium Israhelitarum veraciter sine fraude; quorum vita laudabilis, doctrina perspicabilis, mores imitabiles, prædicatio salutaris, quorum [722] sapientia, bicipite philosophiæ monte derivata, condensa silvarum Poloniæ sic sagaciter illustrant, ne prius triticeum fidei semen in terram humani cordis incultam spargant, donec inde spinas et tribulos verbi divini ligonibus radicitus exponant, similes existentes [723] homini [724] patri familias, scienti de thesauro proferre nova et vetera, vel Samaritano, vulnerati [725] plagas alliganti vinumque desuper [726] et oleum infundenti; qui triticum quoque conservis fideliter [727] distribuunt ad mensuram, et talentum non abscondunt [728], sed dividunt ad usuram. Sed cur mutus fari nititur de facundis, vel ingenii puer parvi cur implicat se tam profundis [729]? Parcat tamen ignorantiæ, parcat et benivolentiæ, magni patres vestræ discretio sanctitatis, nec perpendat quid vel quantumlibet sui laboris offeri, sed quid captat nostræ desiderium facultatis. Nam cum potenti pauper amicus quantumlibet [730] sui laboris minimum amministrat, non donum sed dantis affectum perpendens, illud recipere magno pro munere non recusat. Igitur opusculum, almi patres, stilo nostræ pusillanimitatis ad laudem principum et patriæ nostræ pueriliter exaratum suscipiat et commendet excellens [731] auctoritas et benivolentia vestræ mentis quatenus Deus omnipotens bonorum temporalium et æternorum vos amplificet incrementis.

Explicit epistola. Incipit epylogum [732].

Nobis astate,   nobis hoc opus recitate!
Per vos, si vultis,   opus est laudabile multis.
Non est mirum, a labore si parum quievimus,
Tempus erat quiescendi [733], tot terras transivimus,
Neque cœptum iter bene cognitum habuimus,
Sed per illos qui noverunt paulatim inquirimus.
Exurgamus jam de [734] sompno, nam satis dormi-
[vimus,
Vel unius jam diei viam inquisivimus;
Hac expleta de futura satis cogitabimus.
Duce Deo prosequamur quod interposuimus,
Persolvamus quod [735] frequenter supra titulavimus,
Et addamus si quid nimis [736] ignoranter diximus.

INCIPIT SECUNDUS LIBER

1. *Tertii Bolezlavi primo de nativitate* [737].
Natus igitur puer Bolezlavus in die festo sancti Stephani regis fuit (119) (*an.* 1085, *Dec.* 25). Mater ejus vero subsequenter infirmata, nocte dominicæ nativitatis occubuit (*Dec.* 25). Quæ mulier in pauperes et captivos ante diem præcipue sui obitus opera pietatis exercebat, et multos christianos de servitute Judeorum suis facultatibus redimebat. Illa mortua, Wladizlavus dux, quia homo gravis ægerque [738] pedibus erat, et ætate parvulum [739] habebat, sororem (120) imperatoris tertii Henrici, uxorem prius Salemonis Ungariæ regis, in matrimonium [740] desponsavit, de qua nullum filium sed tres filias procreavit [741], una quarum in Rusia viro nupsit, una [742] vero suum sacro velamine caput texit, unam autem [743] suæ gentis quidam sibi counivit. Sed ne tanti pueri parentem nudo sermone transeamus, aliquo cum ornamento militiæ vestiamus. Igitur Polonorum dux Wladizlavus Romanorum imperatori maritali connubio counitus, de Pomoranis, succurrentibus suis, castrum eorum obsidendo triumphavit (121), eorumque contumaciam suis sub pedibus conculcando [744] annulavit, ejusque victoriæ gaudium Dei [745] genitricis assumptio generavit (*an.* 1090, *Aug.* 15). Quibus victis, civitates eorum et municipia infra terram et circa [746] maritima violenter oc-

VARIÆ LECTIONES.

[718] verietate 2. [719] magni aaau 2. quod tamen punctis suppositis tanquam erroneum notatum. [720] insereatur 1. 2. [721] deest 5. [722] vita laudabil. 2. erronee repetit sed punctis notavit. [723] existunt 5. [724] hominum 1. 5. [725] vulnerato 5. [726] dei super 5. et oleum desuper pro d. e. o. 2. [727] omittit 5. [728] abscondit 2. [729] vel ingenii p. p. c. i. s. t. profundis omittit 5. [730] libet erronee bis repetit 2. [731] commendat extollens 5. [732] epilogus 5. [733] pro Non est mirum — quiescendi : Non est a labore si parum etc. 5. [734] a 5. [735] qui 1. 2. 5. [736] minus 2. [737] p. d. n. omittit 5. [738] debilisque 5. [739] parvulus 1. 2. 5. erronee ; lege parvulum scil. filium. [740] j. m. omittit 5. [741] generavit 5. [742] altera 5. [743] tercia vero pro u. a. 5. [744] omittit 1. 2. [745] omittit 5. [746] a correctore additum 2. omittit 5.

NOTÆ.

S. Ægidii construxit dotavitque, ut apparet ex codice Clodaviensi, qui in fronte pag. 56, ubi in Chronico Boguphali de Wladislao sermo occurrit, hæc habet, manu xv sæculi scripta : *Iste Wladislaus in honorem beati Egidii dotavit et fundavit ecclesiam parochialem in Clodawa, ecclesiam collegiatam in honorem beati Egidii in Cracovia, aliam collegiatam in Lancicia, parochialem in Crobya, et alias plures in honorem beati Egidii confessoris, ad cujus preces habuit filium.* Eodem tempore et Ladislaus rex Hungariæ fundavit abbatiam S. Ægidii ord. S. Benedicti in Hungaria in comitatu Semighiensi. Cf. Bel. M. Compend. Hung. geographicum, Posonii 1777, p. 178. S.

(119) Errare videtur; dies Stephani regis erat 20 Aug., Stephani protomartyris 26 Dec. Cosmas, II, 36, narrat Juditham 25 Dec. peperisse, et 25 Dec. obiisse. K.
(120) Item Juditham. K.
(121) Annales Polonorum Cracovienses inediti prælium hoc sub anno 1090 ponunt, locum vero Psechen appellant; hodiernum ut videtur Pszczew, Betsche, prope Mizdryrzecz, *Meseriz*. S. Recentiores hoc anno 1091 factum esse putant. K.

cupavit, suosque vastaldiones et comites in locis principalibus [747] et munitioribus ordinavit. Et quia perfidiæ paganorum omnino voluit insurgendi fiduciam amputare, suosmet prælatos jussit nominato die in hora constituta omnes in meditullio regni [748] munitiones concremare. Quod ita [749] factum fuit [750]. Nec sic tamen gens rebellis edomari potuit. Nam quos Setheus [751] eis præfecerat [752], qui tunc militiæ princeps erat [753], partim pro eorum noxa peremerunt, nobiliores vero, discretius et honestius se habentes, vix amicorum assensu [754] fugerunt [755].

2. *De bello cum Pomeranis* [756].

At Wladislavus dux, illatæ [757] suis injuriæ reminiscens, cum forti manu terram eorum ante quadragesimam introivit, ibique jejunii plurimum adimplevit. Expleta itaque ibi jejunii parte quam plurima, Stetin [758], urbem [759] terræ populosiorem [760] et opulentiorem, ex improviso intravit (*an.* 1091, *Mart.* 2), indeque [761] prædam inmensam et captivos innumerabiles congregavit. Cumque jam cum sua præda nichil dubitans remearet, jamque securus sui regni finibus propinquaret, Pomorani subito subsequentes eum super fluvium Nacla [762] (122) invaserunt, bellumque cum eo pridie palmarum [763] cruentum et luctuosum [764] partibus utrisque commiserunt (*Apr.* 5). Illud enim prœlium hora quasi diei [765] tertia est inceptum, vespertino vero crepusculo difinitum [766]. Pomorani tandem [767] pro munitione noctis caliginem induerunt, Poloni vero campum victoriæ Drzu [768] (123) vocabulo tenuerunt. In dubio enim pependit, utrum christianorum lues [769] an paganorum ibi [770] extiterit [771]. Quod [772] flagellum Deus, ut credimus, omnipotens in transgressoribus observantiæ quadragesimalis [773] ad correctionem exercuit [774], sicut quibusdam postea de ipso liberatis periculo revelavit. Et quia luctuosa et dampnosa, sicut dictum est, victoria multis erat, diesque dominicæ resurrectionis [775] imminebat (*Apr.* 13), vicit ratio redeundi consilium dantium persequendi.

3. *Obsidio castri Nakiel* [776].

Itemque de Bohemia [777] tribus aciebus in auxilium evocatis, Pomoraniam invadit Wladislavus circa sancti solempnia Michaelis [778] (*Sept.* 29). Ibique castrum [779] Nakyel [780] (124) obsidentibus inaudita mirabilia contingebant, quæ singulis eos noctibus armatos et quasi in [781] hostes pugnaturos terroribus agitabant. Cumque talem delusionem diutius paterentur, et quidnam illud esset vehementius mirarentur, una nocte pavore solito concitati, longius a castris [782] exeuntes, nocturnas umbras quasi palpitantes [783], delusi [784] hostium vicissitudine, sequebantur; interim [785] vero oppidani properanter [786] de [787] propugnaculis [788] descenderunt, eorumque machinas partemque stationis combusserunt (*an.* 1091). Itaque Poloni cum se nichil profecisse [789] nec se bellum invenisse conspicerent, et cum magna pars exercitus, præsertimque Bohemi, victualia non haberent [790], incassum labore consumpto redierunt [791]. Sicque Pomorani contra Poloniam paulatim in superbia [792] sunt erecti per puerum Martis [793], quem chalamo pingimus, extirpandi. Sed ne lætam exenterare materiam videamur, malorum invidiam potius quam detractionis infamiam patiamur. Nec absurdum ullatenus ulli discreto [794] videatur, si in hac hystoria cum legitimo concubinæ filius inducatur. Nam in hystoria principali duo filii Abrahæ memorantur, sed ab [795] invicem a patre pro discordia separantur, ambo quidem de patriarchæ semine procreati, sed non ambo jure patrimonii coæquati.

4. *De Zbigneo rebelli* [796].

Igitur [797] Zbignevus [798], a Wladislavo duce de concubina progenitus, in Cracoviensi civitate adultus jam ætate litteris [799] datus fuit, eumque [800] noverca sua in Saxoniam docendum monasterio monialium transmandavit. Eo tempore Setheus [801] palatinus comes, vir [802] sapiens nobilis et formosus erat, sed avaritia excecatus, multa crudelia et inportabilia exercebat. Alios scilicet vili occasione transvendebat, alios de patria propellebat, ignobiles vero [803] nobilibus præponebat [804].

Unde multi [805] sua sponte, non coacti fugiebant. Quia idem sese [806] pati sine culpa metuebant.

VARIÆ LECTIONES.

[747] principalioribus 3. [748] terre 3. [749] sic 3. [750] est 2. [751] Szeczecheus 3. [752] preferebat 3. [753] de est 3. [754] consensu 3. [755] fugaverunt 3. [756] *inscriptio edit. Vars. p.* 134; *codices nullam habent, sed interjecto spatio a capite pergunt.* [757] intale 2. [758] ita emendavi. P. deest 3. summi 1. 2. stetin et summi iisdem ductibus scribuntur.* [759] deest 1. 2. [760] deest 3. populo priorem 3. [761] ibique 3. [762] quendam 3. unda 1. 2. *quod elucidatur lectione Chron, princ. Polonorum, quod habet* Nacka *vel* Nakla. Nakla *Dlugossus quoque adoptavit.* [763] palmas 1. 2. [764] inluctuosum pro e. l. 2. [765] die 1. 2. [766] est disruptum 3. [767] tamen 3. [768] Drzy 3. [769] vires 3. [770] ubi 2. [771] extiterint 3. [772] Quis 2. [773] XLme 3, [774] exeruit 2. [775] reservacionis 3. [776] O. e. N. *non habent codices, argumentum est edit. Vars. p.* 156. [777] Bohemis 3. [778] pro i. a. e. P. i. W. c. s. s. M. *habet* 3. inacubilium evocatisW. circa s. sollempnia Michaelis. [779] deest 3. [780] Nakel 2. [781] deest 3. [782] castro 3. [783] pro n. u. q. p. *habet* nocturnas quasi umbras papitantes. [784] deest 3. [785] iterum 2. [786] properantes 1. [787] deest 3. [788] propugnaculum 3. [789] fecissa 3. [790] habuerunt 2. [791] reduerunt 3. [792] superbiam 3. [793] matris 2. [794] discrecio 2. [795] ad 1. 3. [796] D. Z. r. *desunt in codicibus, argumentum edit. Vars. p.* 158. [797] deest 3. [798] Zbigeuus 2. [799] lectis 2. [800] cumque 3. [801] Stephanus 3. Szeczeus 3. [802] quidam addit 1. quidem addit 3. [803] deest 3. [804] preferebat 3. [805] multa 3. [806] se alterum superpositum manu correctoris 2.

NOTÆ.

(122) Prælium Wladislai videtur quidem in campo prope Drezdenko, *Driesen*, commissum, quare Lelewel consulit legere Drzn non Drzu ; ast fluvius, qui est ad hanc urbem, Notec, *Netze*, haud a Dlugosso vocatur: similius esset lectioni cod. 1. 2. nomen fluvii Drwa, *Drage*, qui prope Drzen — Drzedenko in fl. Notec incidit. S. Cf. Barthold Gesch von Rugen u. Pommern, 1, 428. K. Est Netze fluvius. P.

(123) Probabiliter hodiernum Drezdenko, *Driesen* Drizen Dlugossus, 1, 321. S.

(124) Naklo, *Nackel*, ad fl. Notec, *Netze*. S.

Sed qui prius fugitivi, per diversa vagabantur, Brethizlavi [807] ducis consilio in Bohemia congregantur. Sicque [808] Bohemorum calliditate quosdam pretio conduxerunt, qui Zbigneum [809] furtim de claustro [810] monialium extraxerunt. Recepto ergo [811] Zbigneo, in Bohemia fugitivi legationem [812] in haec verba comiti mittunt nomine Magno [813] Wrotislavensi : *Nos quidem, comes Magne* [814] *quoquomodo Zethei contumelias in exilio positi toleramus, sed tibi, Magne, cui nomen ducatus est plus dedecori* [815] *quam honori, lacrimabiliter* [816] *condolemus, cum laborem honoris, nec* [817] *honorem habeas, cum pristaldis* (125) *Zethei* [818] *dominari non audeas; sed si jugum servitutis de cervice volueris excutere, festina puerum quem habemus in clipeum defensionis recipere.* Et hoc totum dux Bohemicus suggerebat, qui libenter discordiam inter Polonos seminabat. Hoc audito, Magnus diu inprimis haesitavit, sed communicato consilio majoribus et laudato, verbis eorum recipiens acquievit.

Pro quo facto Wladislavus,
Pater ejus contristatur;
Sed [819] Zetheus cum regina
Multo magis conturbatur.

Igitur legatum [820] Magno Wratislaviensisque [821] magnatibus [822] regionis transmiserunt, sciscitantes quid hoc esset, quod Zbignevum [823] cum fugitivis sine patris imperio recepissent, si [824] rebelles existere vel obedire sibi vellent [825]. Ad haec Wratislavienses unanimiter [826] responderunt, non se patriam Bohemicis vel [827] alienis nationibus [828] tradidisse, sed domini ducis filium suosque fugitivos recepisse, seseque [829] vel domino duci legitimoque filio suo [830] Bolezlavo in omnibus et per omnia fideliter obedire, sed Setheo suisque malis operibus modis omnibus contraire. Populus autem legatum [831] lapidare volebat [832], quia Sethei partes falsis ambagibus defendebat.

Unde multum Wladislavus [833] indignatus,
Et Setheus ira nimis inflammatus,
Wladislavum Ungariae regem et Brethislavum [834] Bohemiae ducem in auxilium sibi contra [835] Wratislavienses mandaverunt (an. 1095), unde plus [836] dedecoris et dampni quam honoris et proficui habuerunt (126). Nam Setheum [837] rex Wladislavus [838] vinctum secum in Ungariam transportasset [839], ni pro [840] salute cum parvulo Bolezlavo transfugisset.

A Cumque nichil [841] virtute contra Wrathislavienses potuissent proficere, quia sui contra suos bellum gerere noluissent, pacem invitus [842] cum filio pater fecit, eumque tunc primum suum filium appellavit. Reversus interim de Polonia [843], quo fugerat Setheus, majores inter eos callide promissis et muneribus attemptabat, eosque [844], paulatim in partem inflectebat. Ad extremum vero pluribus inflexis cum exercitu dux Wladislavus ad urbem Wratislaviensem accedebat [845], jamque [846] castra sibi reddita per circuitum obtinebat; Zbigneus vero videns sibi proceres intus et extra defecisse, durum [847] intelligens se contra stimulum calcitrasse, vulgi fidei vitaeque suae diffidens, de nocte fugit, fugiensque castrum Crusvicz [848], militibus opulentum, ab oppidanis receptus introivit.

B 5. *Castro Cruszwic expugnato et deleto* [849].

At pater dolens eum impune sic evasisse, Crusvicienses eumque contra se ipsum recepisse, cum eodem exercitu Zbignevum fugientem [850] prosequitur, totisque viribus Crusviciense castrum aggreditur. Zbignevus vero convocata [851] multitudine paganorum, habensque septem acies Crusviciensium, exiens de castro cum patre [852] dimicavit, sed justus judex inter patrem et filium judicavit. Ibi namque bellum plus quam civile (127) factum fuit, ubi filius adversus patrem, et frater contra fratrem arma nefanda tulit. Ibi, spero, miser Zbignevus paterna maledictione quod futurum erat promeruit; ibi vero Deus omnipotens Wladislavo duci misericordiam tantam fecit, quod innumerabilem de hostibus multitudinem interfecit, et de suis sibi paucissimos mors ademit. Tantum enim humani cruoris sparsum fuit, tantumque cadaverum in lacum [853] castello contiguum corruit, quod ex eo tempore piscem illius aquae comedere quisque bonus christianus exhorruit. Sicque Crusvicz, divitiis prius [854] et militibus opulentum, ad instar paene desolationis est redactum. Igitur Zbigneus in castrum fugiens cum paucissimis [855] liberatus, utrum [856] vitam perdat an membrorum aliquod est incertus. At pater juventutis stultitiam non ulciscens, ne paganis dubitans vel alienis gentibus adhaereret, unde [857] magis periculum immineret, pro vitae membrorumque salute quaesita fide concessa [858], secum illum in Mazoviam transportavit, eumque carcere in castro Sethei aliquando
D tempore maceravit. Postea vero in consecratione

VARIAE LECTIONES.

[807] Brzeczlai 3. [808] ideoque 5. [809] Sbigneum 2. [810] monasterio 3. [811] deest 5. [812] letagacionem 2. [813] Quorum 3. [814] deest 3. [815] decori 1. 2. 3. dedecori *rectius habet Chron. princ. Polon. ed. Stenzel p.* 65. [816] lacrimabilitus 2. [817] non 3. [818] Zetheus 1. 2. 3. [819] et 2. [820] legato 3. [821] Wratislao 3. [822] magnatibusque 5. [823] Sbigneum 2. 3. [824] sed 1. 2. 3. [825] vellent 1. [826] deest 5. [827] et 3. [828] deest 5. [829] seque 3. [830] ejus 3. [831] obedire *addit erronee* 2. *sed post delevit*. [832] deest 5. [833] nimis Wladislavus *pro* m. W. 3. [834] Brzeczlaum 5. [835] in 3. [836] deest 3. [837] Zecheum 5. [838] r. W. desunt 5. [839] desunt 5. [840] deest 2. [841] non vel 3. [842] intus 2. [843] de loco *Chronicon princ. Polon. ed. Stenzel p.* 66. [844] eos 1. 2. [845] accedat 5. [846] jam 3. [847] dirum 2. [848] Cruszwicz 3. *semperque hanc orthographiam observat.* [849] argumentat edit. Vars *p.* 144. *codices non habet ; sec.* 1. 2. *interponunt spacium vero uno habitu, non incipiens a capite pergit.* [850] fugiens 3. [851] commixta 3. [852] pace 2. 3. [853] i. l. desunt 3. [854] primum. 5. [855] est addit 3. [856] deest 1. 2. [857] unum 1. 2. 3. *recepimus lectionem Bandtkii.* [858] concesse 3.

NOTAE

(125) I. e. exsecutoribus. K.
(126) Aliter Cosmas, III, 1. K.

(127) Lucan. Pharsal. I, 1. K.

Gneznensis ecclesiæ interventu episcoporum cum principum advocavit, eorumque precibus [859] [860] gratiam quam perdiderat acquisivit.

6. *Miraculum de sancto Adalberto* [861].

Et quoniam [862] ecclesiæ mentio Gneznensis in hoc fieri forte [863] contigit [864], non est dignum præterire miraculum (128) quod [865] in vigilia dedicationis pretiosus martir Adalbertus et [866] paganis et [867] christianis ostenderit. Accidit autem eadem nocte, in quoddam castrum Polonorum quosdam traditores ejusdem castri Pomoranos sursum funibus [868] recepisse, eosque receptos in propugnaculis [869] diem crastinum ad oppidanorum [870] perniciem expectasse. Sed [871] ille qui semper vigilat, numquam dormitabit, oppidanos dormientes sui militis Adalberti vigilantia custodivit, et paganos in [872] insidiis christianorum [873] vigilantes armorum terror [874] spiritualium agitavit. Apparuit [875] namque quidam super album equum Pomoranis armatus, qui gladio eos extracto territabat, eosque per gradus et solium castri præcipites agitabat [876]. Sicque procul dubio castellani, clamoribus paganorum et tumultibus excitati, defensione gloriosi martiris Adalberti, ab imminenti sunt mortis periculo liberati. Hæc ad præsens de sancto dixisse sufficiat [877], et ad intervallum [878] superius nostræ stilus intentionis incipiat [879].

7. *De divisione regni inter utrumque filium* [880].

Igitur Gneznensi [881] basilica [882] consecrata et Zbignevo gratia patris impetrata, Wladislavus dux ambobus filiis suum exercitum commendavit, et [883] in Pomoraniam eos in expeditionem delegavit. Illi autem abeuntes, et quale nescio consilium capientes, inperfecto negocio ex itinere redierunt. Unde pater nescio quid suspicans, confestim inter eos regnum dimisit (an. 1097), sed de manu tamen sua sedes regni principales non dimisit. Sed [884] quid in divisione cuique contigerit, enumerare nobis imminet honerosum, neque multum hoc audire vobis fuerit fructuosum [884].

8. *Ulterior hujus divisionis dispositio* [885].

Interrogatus autem pater principibus, quis eorum excellentius emineret in legationibus mittendis [886] et suscipiendis, in exercitu convocando et conducendo, et in tanti regni dispensatione multimoda, sic respondisse fertur: *Meum quidem est, ut hominis senis et infirmi regnum inter eos dividere, ac de præsenti*

bus judicare; sed alterum alteri prærogare [887], *vel probitatem et sapientiam eis dare, non est meæ facultatis, sed divinæ potestatis* [888]. *Hoc autem unum cordis mei desiderium vobis possum aperire, quod discretiori ac probiori in terræ defensione et hostium inpugnatione volo vos omnes post mortem meam unanimiter obedire. Interim vero, sicut divisum eis regnum, partem* [889] *suam quisque* [890] *retinet. Post obitum quidem meum Zbigneus cum hoc quod habet Mazoviam simul habeat* [891]. *Bolezlavus vero, legitimus filius meus, in Wratislaw* [892] *et in Cracovia et in Sandomir* [893] *sedes regni principales obtineat* [894]. *Ad extremum autem, si ambo probi non fuerint, vel si forte discordiam habuerint.*

Ille qui externis [895] *nationibus adhæserit*
Et eas in regni destructionem induxerit,
Privatus regno, patrimonii jure careat;
Ille vero solium regni lege perhenni possideat
Qui honori terræ melius et utilitati provideat [896].

Facta [897] autem, ut dictum est [898], regni divisione, habitaque patris luculenta satis oratione [899], puerorum quisque [900] suam regni portionem [901] visitavit, eorum vero [902] pater semper in sua Mazovia libentius habitavit.

9. [903] *De ætate puerili Boleslai* [904].

Interim ne sit alicui aliquatenus [905] admirandum, si quid scripserimus de Bolezlavi pueritia memorandum. Non enim, sicut assolet plerumque lascivia puerilis, ludos inanes sectabatur, sed imitari strennuos actus ac militares, in qua puer poterat, nitebatur. Et quamvis sit puerorum nobilium in canibus et in volucribus delectari, plus tamen solebat Bolezlavus adhuc puerulus in militia gratulari. Nondum enim equum ascendere vel descendere suis viribus prævalebat, et jam [906] invito patre, vel aliquotiens nesciente, super hostes in expeditione dux militiæ præcedebat.

10. *Zeczech et Boleslaus Moraviam vastaverunt* [907].

Nunc vero quoddam ejus [908] initium puerilis militiæ depingamus, et sic paulatim de minoribus ad majora transcendamus. Sicut notum est, dux Wladislavus, senio gravis et ætate, Setheio [909] palatino comiti suum exercitum [910] committebat, eumque pugnaturum vel terras hostium vastaturum delegabat. Unde cum esset Moravium [911] invasurus, ivit cum eo puerulus solo nomine pugnaturus (an. 1094).

VARIÆ LECTIONES.

[859] ad 2. [860] et in conspectu eorum proc. p. 5. [861] *argumentum cod.* 5. *deest* 1.2. [862] *quia* 5. [863] *forte in margine addit* 2. [864] *hic facta est pro* i. h. f. f. c. 5. [865] *deest* 5. [866] a 5. [867] a *addit* 5. [868] *finibus* 5. [869] *crastinum* 5. [870] *oppidanorum* 1. 2. [871] At 5. [872] *dest* 1. 2. [873] Christi 5. [874] v. a. t. *desunt* 5. [875] æperui, 2. [876] *agitavit* 5. [877] *sufficit* 1. 2. [878] *ab intervallo pro* a. i. 5. [879] *incipiatur* 5. [880] *argumentum cod.* 5. *deest* 1. 2. [881] Gneznensis 1. 2. [882] ecclesia 5. [883] *deest* 2. [884] Sed quid fuerit fructuosum *desunt* 5. [885] *argumentum edit. Vars. p.* 150., 1. 2. *spatium relinquunt,* 5. *vero non interrumpit narrationis filum.* [886] *immittendis* 2. [887] *prerogans* 5. [888] *voluntatis* 2. [889] *potestatem* 2. [890] *unusquisque* 5. [891] *habebit* 5. [892] Wratislavia 5. [893] Sudomir 2. [894] *obtinebit* 5. [895] *exterius* 5. [896] Ad extremum—utilitati provideat *desunt* 5. [897] Effecta 2. [898] hac pro u. d. e. 5. [899] h. p. l. s. o. *desunt* 5 [900] p. q. *transponit* 5. [901] *partem* 5. [902] *eorumque pro* e. v. 5. [903] *totum hoc capitulum omittit* 5. [904] *argumentum edit. Vars p.* 152. *deest* 1. 2. 5. [905] *aliquaneus* 1. [906] *eciam* 1. [907] *argumentum edit. Ged. deest* 1 2. 5. [908] *pueri Boleslai* 5. *quia omisit præcedens capitulum.* [909] Zachero 5. [910] exercicium 5. [911] Mo. riam 2.

NOTÆ.

(128) Sall. Jug., 79. 5.

Illa vice partem Moraviæ maximam destruxerunt, indeque prædam multam et captivos adduxerunt [912], ac sine belli discrimine vel itineris redierunt.

11. *Bolezlavus puer interfecit aprum* [913].

Multa possem de audacia hujus pueri scriptitare. Nisi tempus jam instaret ad summam operis pro[perare. Tamen [914] quoddam in occulto non permittam latitare, Cum sit dignum ad exemplum probitatis rutilare. Quadam vice puer Martis ad gentaculum [915] in silva residens, aprum immanem transeuntem ac densitatem silvæ subeuntem vidit, quem statim de mensa surgens, assumpto venabulo subsecutus, sine comite vel cane præsumptuosus invasit. Cumque feræ silvestri propinquasset, et jam ictum in ejus gutture vibrare voluisset, ex adverso quidam miles ejus occurrit, qui vibratum ictum retinuit, et venabulum ei auferre voluit. Tum [916] vero Boleslavus ira, immo audacia stimulatus, geminum duellum mirabiliter, humanum scilicet et ferinum, singulariter superavit. Nam et illi venabulum abstulit, et aprum occidit. Ille vero miles postea cur hoc fecerit requisitus, se nescivisse quid egerit est professus, et ob hoc tamen est ab ejus gratia longo tempore sequestratus. Ille vero puer inde rediit fatigatus, et vix tamen vires [917] obtinuit ventilatus [918].

12. *Bolezlavus ursum interfecit* [919].

Aliud quoque factum ejus puerile huic simile non tacebo, quamvis noverim quia æmulis [920] non per omnia complacebo [921]. Idem [922] puer cum paucis in silva deambulans, in eminentiori loco forte constitit, ac deorsum huc illucque contemplans, ursum ingentem cum ursa colludentem [923] prospexit. Quo viso, statim aliis prohibitis in planitiem descendit, ac solus et intrepidus equo sedens cruentas feras [924] adivit, ursumque contra se conversum brachiis erectis venabulo perforavit. Quod factum satis fuit illic astantibus ammirandum, et non videntibus pro tanta audacia pueri recitandum.

13. *Bolezlavus in hosticum procurrit* [925].

Interea Boleslavus, martialis puer, viribus et ætate crescebat, nec, ut assolet ætas [926] puerilis, luxui vel vanitatibus intendebat (129), sed ubicumque hostes prædas agere sentiebat, illuc impiger cum coæquævis [927] juvenibus properabat, et plerumque [928] furtim cum paucis teram hostium introibat, villisque combustis captivos et prædam adducebat. Jam enim ducatum Wratislavensem, puer ætate, senex probitate retinebat, necdum tamen militare [929] gaudium attingebat. Unde quia spes in eo juvenis bonæ indolis pullulabat [930], jamque magnum [931] in eo gloriæ signum militaris apparebat, omnes eum principes diligebant, quia futurum in eo magnum aliquid perpendebant.

14. *Bolezlavus Pomoranos oppugnat* [932].

Idem vero puerulus, Martis [933] prole progenitus, quadam vice super Pomoraniam equitavit, ubi jam evidentius famam sui nominis propalavit. Namque castrum Mezyrfecze [934] (130) tantis viribus obsedit, tantoque impetu assultavit [935] quod [936] paucis diebus oppidanos [937] deditionem facere coartavit [938]. Ibi quoque [939] dapifer Woyslavus in vertice tale signum audaciæ comparavit, quo vix eum extractis ossibus operatio sagax medici liberavit.

15. *Quomodo bellum gesserit in Pomorania* [940].

Inde regressus quieti militum aliquantulum indulsit, eosque statim illuc puer laboriosus reduxit. Qui regionem barbarorum subjugare concupiscens, prædas agere prius vel incendia facere non conatur, sed eorum munitiones vel civitates obtinere vel destruere meditatur. Igitur gressu concito quoddam [942] nobile satis ac [943] forte castrum [944] obsessurus invasit, quod tamen ejus primum impetum non evasit, unde prædam multam et captivos egit, bellatores vero sententiæ bellicæ redegit [945] Et quo magis [946] amari debuit, eo sibi majorem invidiam cumulavit et inimicorum insidias ad suum interitum provocavit.

16 [947] *Machinationes Zethei* [948].

Interea namque Zetheus multas, ut ferunt, ipsis pueris insidias prætendebat, ac paternum animum ab affectu filiorum multis machinationibus avertebat. In castellis etiam puerorum partibus deputatis aut sui generis aut inferioris, quibus dominarentur, comites vel pristaldos præponebat, eosque pueris inobedientes existere versuta calliditate commovebat. Ambobus siquidem fratribus infestus insidiator existebat, sed magis tamen Bolezlavum legitimum et acrem animo, post patrem regnaturum, suo infortunio metuebat. Ipsi vero fratres jusjurando se conjunxerant [949] et inter se signum fecerant [950].

VARIÆ LECTIONES.

[912] abduxerunt 3. [913] *argumentum* edit. Ged. p. 85. *deest* 1. 2. 3. [914] cum 2. [915] genticulum 2. [916] Cum 3. [917] *deest* 3. [918] etc. *addit* 3. [919] *argumentum* edit. Vars. p. 156 *deest* 1. 2. 3. [920] exaulis 2. [921] quamvis noverim — complacebo *desunt* 3. [922] namque *addit* 3. [923] colludere 2. 3. [924] bestias 3. [925] *argum ntum* edit. Vars. p. 157 *deest* 1. 2. 3. [926] estas 2. [927] coequanis 2. coevis 3. [928] plerum 2. [929] militarem 1. 2. [930] pullulavit 3. [931] *deest* 3. [932] *argumentum* edit. Vars p. 158. *deest* 1. 2. 3. [933] in artis *non bene* 2. [934] Meczirzieczve 2. medzyrzecz 3. [935] t. i. a. *desunt* 3. [936] in *addit* 3. [937] ad *addit*. 3. [938] compulit pro f. c. 3. [939] Ibi quoque *usque ad finem capituli desunt* 3. [940] *argumentum* edit. Vars p. 159. *deest* 1. 2. 3. [941] *initium capituli usque ad* meditatur *omittit* 3. [942] Aliud quoque pro I. g. c. q. 3. [943] et 3. [944] gradu concito *addit hoc loco* 3. [945] redagit 1. [946] E. q. m. *usque ad finem capituli desunt* 3. [947] *totum hoc capitulum deest* 3. [948] *argumentum* edit. Vars. p. 160. *deest* 1. 2. [949] conjunxarint 2. [950] facerint 2.

NOTÆ.

(129) Sall. Jug. 61. S.
(130) Miedzyrzecz; germanice *Meseriz* in magno ducatu Poznaniensi. S. Aliam sententiam tuitus est Giesebrecht Wendische Gech., II, 165. K.

quod, si Zetheus eorum alteri machinaretur insidias, alter alteri subvenire cum totis viribus suis nullius moræ pateretur inducias. Contigit autem, nescio vel calliditate vel rei veritate, ducem Wladislavum Bolezlavo puero mandavisse, se Bohemos in Poloniam introituros [951], prædam facturos ab exploratoribus audivisse, quapropter oporteret eum ad locum citissime determinatum properare, et comites sui ducatus, quos Zetheus præfecerat et in quibus puer nullatenus confidebat, in auxilium advocare. Puer vero paternis jussionibus credulus, ad locum constitutum cum suis collateralibus [952] festinus [953] nichilque dubitans incedebat, sed cum eo tamen comes Woyslavus, cui erat commissus, non pergebat. Unde unus ad alium invicem susurrantes, utpote signum traditionis suspicantes : *Non es*, inquientes, *sine causa periculi, quod pater tuus te præcepit ad locum solitudinis ambulare, et insidiantes vitæ tuæ Zethei familiares et amicos illuc in auxilium advocare. Scimus enim et certi sumus, quia Zetheus totam progeniem teque* [954] *maxime nititur, ut heredem regni, modis omnibus abolere, solusque totam sub manu sua captam Poloniam retinere, insuper* [955] *etiam Woyslavus comes, cui commissi sumus, qui propinquus est Zetheo, nobiscum procul dubio advenisset, ni* [956] *machinamentum aliquod nobis fieri cognovisset. Unde necesse est, citissime nos consilium aliquod invenire, quo possimus istud periculum nobis imminens præterire.* His dictis, puer Boleslavus vehementissime metuebat, totusque sudore manantibus affluebat. Accepto itaque convenienti satis consilio, secundum ingenium puerile velocitus ad Zbignevum, ut ad se cum suis quantocitius in auxilium properaret, cum signo constituto transmiserunt, ipsique statim ad urbem Wratislaviensem [957], ne præoccuparetur ab insidiatoribus æmuli redierunt. Regressus ergo [958] puer Boleslavus, imprimis majores et seniores civitatis [959] deinde totum populum in concionem advocavit, eisque, quas a Zetheio patiebatur insidias ex ordine sicut puer cum lacrymis enarravit. Illis e contra præ pyetate pueri lacrimantibus, et iram indignantibus in Zetheum absentem verbis [960] ignominiosis jactantibus, Zbignevus cum paucis, nondum [961] collecta multitudine, properando [962] adveniens, orationem fratris, ut litteratus et major ætate, rethorice coloravit, ac [963] populum tumultuantem ad fidelitatem fratris et contrarietatem Zethei loculenta oratione [964] sequenti vehementer animavit : *Ni re-*

stræ fidei (131), *cives, stabilitas inviolabilis nostris antecessoribus nobisque, licet parvulis, nota fuisset et experta, nequaquam puerilis ætatis imbecillitas, tantis calamitatibus attentata, totque factionibus inimicorum agitata, totam refugii spem in vobis et consilii posuisset. Sed notum constat exteris nationibus et propinquis, vos multa perpessos pro insidiis vitæ nostræ* [965] *machinationibus ab hiis, qui successionem nostri generis nituntur penitus abolere dominorumque naturalium hereditatem ordine præpostero distorquere. Quapropter, quia senio jam confectus genitor noster et infirmitate, sibi nobisque vel patriæ minus prævalet prævidere, necessarium est, nos in nostro fretos* [966] *præsidio gaudiis ambitiosorum vel maleficiis interire, vel in exilium fugientes fines Poloniæ transilire; unde vestrum dignemini nobis animum aperire, si manere liceat vel de patria nos exire.* Ad hæc multitudo tota Wratislaviensium, dolore cordis intrinsecus tacta, paulisper conquievit [967], erumpensque statim in vocem, intentionem mente conceptam unanimiter cum affectu pyetatis aperuit : *Nos quidem*, inquientes, *fidem servare volumus domino nostro naturali, patri vestro, dum vixerit* [968], *nec ejus soboli deficiemus, quamdiu nobis status vitalis affuerit. Igitur de nobis nullam diffidentiam habetote, sed exercitu congregato, ad curiam patris armati properate, ibique salva reverentia paterna, vestram injuriam vindicate.* Quæ dum dicebantur, et jurejurando a civibus firmabantur, Woyslavus comes, qui puerum Bolezlavum nutriebat, de servitio suo veniebat, et quæ fiebant ignorabat. Qui suspectus proditionis ob Zethei consanguinitatem est habitus, et civitatem introire rebusque pueri providere prohibitus. Illo autem satisfactionem proferente, se, si quid controversiæ contigerit, nescivisse, satisfacere volentem eosque subsequentem nequaquam pueri tunc temporis [969] receperunt, sed obviam patri collecta multitudine processerunt. Igitur dux Wladislavus ejusque filii in loco qui dicitur Zarnowyecz [970] (132), sejunctis filiis a patre, cum exercitibus consederunt, ibique diutius inter se legationibus altercantes, vix tandem [971] consiliis procerum minisque juvenum Zetheum dimittere senem pueri coegerunt. Aiunt etiam patrem ibi filiis jurasse nunquam se deinceps eum ad honorem pristinum revocare. Ad castrum itaque sui nominis Zetheo fugiente, ad patrem fratres humiliter inermes et pacifici perrexerunt, eique non ut domini, sed ut milites vel servi suum obsequium pronis menti-

VARIÆ LECTIONES.

[951] introaturos 1. [952] collateribus 2. [953] festinans 2. [954] te 2. [955] et anteponit 2. [956] in 1. [957] *verba infra de* Wratislaviensibus *dicta* 2. *errore lapsus hoc loco posuit, sed dein linea transversa delevit :* dolore cordis intrinsecus tacta, paulisper convenit, erumpensque statim [958] igitur 2. [959] civitates 1. 2. [960] urbem 1. 2. [961] non cum 2. [962] properantes 1. 2. [963] at 1. 2. [964] *ita correximus;* luculentam racione 1. 2. [965] vestre 1. 2. [966] freti 1. 2. [967] convenit 1. 2. [968] vixit 1. 2. *ast sensus et rythmus* vixerit *postulant*. [969] tempus 2. [970] Sarnovuecz 1. Czarnowyecz *potest quoque legi* 2. [971] tantundem 2.

NOTÆ.

(131) Sall. Cat 20. S.
(132) Ad fluvium Notec, *Netze*, non Czarnikow, ut vult Stenzel Chron. princ. Pol. p. 68. nota 1. S.

bus et cerv'ibus obtulerunt. Sicque pater et filii cunctique proceres couniti, Zetheum fugientem ad castellum quod fecerat cum toto exercitu sunt secuti. Quem dum persequi et extra terram expellere conaren :r, ipse dux noctu, cum lectulo suo requiescere putaretur, nemine suorum conscio, cum tribus ex ⁻eptis familiaribus exercitum latenter exiens ⁹⁷², a Zetheum ex altera parte Wyslæ fluminis cum navicula transmeavit. Unde cuncti proceres indignati asserebant, quia ⁹⁷³ deserere filios totque princ es cum exercitu non est sapientis sed consilium delirantis, statimque facto consilio ⁹⁷⁴ decreverunt, quatenus Bolezlavus Sudomir (133) et Cracow, sedes regni principales et proximas occuparet, easque fidelitate recepta in dominium possideret, Zbignevus autem contra Mazoviam ⁹⁷⁵ properaret, et urbem Plocensem illamque plagam contiguam obtineret. Bolezlavus quidem sedes prædictas occupavit et tenuit, Zbignevus vero, præventus a patre, suum cœptum explicare non potuit. Sed quid tam diu finalem causam Zethei factionis prolongamus? Si labores singulos in dissensione ⁹⁷⁶ Zethei describamus, gesta Zethei procul dubio Jugurtino ⁹⁷⁷ volumini coæquamus. Et ne tamen insulsi vel desidiosi videamur, cœptum iter adhuc aliquantulum gradiamur. Item alio tempore pueri principes et exercitum asciverunt, et contra Plocensem urbem ex altera parte Wyslæ fluminis castra militiæ posuerunt, ubi etiam Martinus archiepiscopus, senex fidelis, magno labore magnaque cautela iram et discordiam inter patrem et filios mitigavit. Ibi quoque dux Wladislavus, ut aiunt, jerejurando se Zetheum retenturum nunquam amplius confirmavit. Tunc Bolezlavus patri sedes occupatas restituit, nec pater cum filiis pactionem factam obtinuit. Ad extremum interim senem pueri coegerunt, quod ⁹⁷⁸ Zetheum de Polonia propellendo ⁹⁷⁹ suum desiderium impleverunt (134).

Qualiter autem hoc contigerit, vel qualiter de exilio redierit, prolixum et tædiosum est edocere; sed hoc dixisse sufficiat, quod ⁹⁸⁰ postea non sibi licuit ullum dominium exercere.

17. *De propugnaculo Pomoranorum sua sponte destructo* ⁹⁸¹.

Hactenus de Zetheo et regina dixisse sufficiat, nunc vero penna temperata de puero Marti ⁹⁸² dedito cœptæ ⁹⁸³ studium intentionis proficiat ⁹⁸⁴. Hiis ita peractis, ecce, nunciatum est eis Pomoranos exivisse, eosque contra Zutok (135), regni custodiam et clavem ⁹⁸⁵, castrum ⁹⁸⁶ oppositum erexisse. Erat enim castrum novum ita altum et ita proximum christianis, quod ea quæ dicebantur et fiebant in Zutok et audiri et videri bene poterant a paganis ⁹⁸⁷. Igitur Zbignevus, quum ⁹⁸⁸ ætate major erat ⁹⁸⁹, partemque regni Pomoranis patrique proximam retinebat, cum exercitu patris atque suo ⁹⁹⁰ contra Pomoranos sine fratre parvulo properavit, minusque tum laudis major cum multis antecedens, quam frater junior cum ⁹⁹¹ paucis subsequens acquisivit. Nam major illuc properans ⁹⁹², neque castrum illud novum viriliter assultavit, nec hostes cum tanta multitudine in prœlium irritavit, sed timens inde ⁹⁹³ magis quam timendus ut aiunt ⁹⁹⁴, ad propria remeavit. At puer Bolezlavus, Martis filius, fratre majore discedente ut advenit, quamvis nondum cinctus gladio, plus præcipiens quam frater major tenens gladium ibi fecit.

Nam et pontem ⁹⁹⁵ invadendo
Castellanis abstulit,
Et in portam prosequendo
Suos enses intulit.

Hoc initium militiæ Bolezlavi magnæ futuræ probitatis indicium extitit christianis, magnumque signum suæ destructionis ⁹⁹⁶, magnum terrorem intulit ipsis etiam Pomoranis. Zbigneo autem cum multitudine venienti ⁹⁹⁷ nichilque virile facienti insultantes ignaviam ascribebant; Bolezlavum vero cum paucis postea venientem, et audacter suos hostes usque ad portas ⁹⁹⁸ invadentem, lupi filium appellabant, Zbigneus, inquientes, *debet ut clericus ecclesiam gubernare, istum vero decet puerulum, ut apparet, strennuis* ⁹⁹⁹ *actibus militare.* Sicque junior frater cum paucis paulatim incedens, plus honoris et laudis acquisivit quam major, qui cum magno impetu et cum magna multitudine properavit. Videntes ergo ¹⁰⁰⁰ pagani puerum, quia paucos habebat, revertentem, metuentes interitum, si cum multis redierit, imminentem, castellum suum quod fecerant ipsimet destruxerunt, cassoque labore securitatis latibula petierunt.

18. *De balteo militari Bolezlavo a patre devictis Pomoranis oblato* ¹⁰⁰¹

Videns ergo Wladizlavus, quia puer ætate florebat gestisque militaribus præpollebat, cunctisque regni sapientibus complacebat, cum ¹⁰⁰² accingi gla-

VARIÆ LECTIONES.

⁹⁷² exre eriens 2. ⁹⁷³ quod 1. ⁹⁷⁴ consilio *deest* 1. 2. 3. *sed recte addit Chr. pr. P. p.* 68. ⁹⁷⁵ Moraviam 2. ⁹⁷⁶ dispensiones 1. 2. ⁹⁷⁷ i gurtino 1. igurtino 2. ⁹⁷⁸ quia 2. ⁹⁷⁹ propellando 1. 2. ⁹⁸⁰ quia 2. ⁹⁸¹ *argumentum edit. Vars. p.* 168. *deest* 1. 2. 3. ⁹⁸² Marci 2. ⁹⁸³ *ita videtur legendum qua ad intentionis pertinens* cepto 1. 2. 3. ⁹⁸⁴ *verba* Hactenus de Zetheo — proficiat *omittit* 5. ⁹⁸⁵ clavum 1. 2. et clavem *desunt* 3. ⁹⁸⁶ *deest* 3. ⁹⁸⁷ Erat enim — a paganis *desunt* 3. ⁹⁸⁸ quoniam 2. ⁹⁸⁹ pro Igitur Zbigneus quum ætate major erat *habet* Zbigneus autem quoniam natu major erat 3. ⁹⁹⁰ suo patrisque *pro* patris atque suo 3. ⁹⁹¹ e — est *habent male* 1. 2. ⁹⁹² proparens 2. ⁹⁹³ illic 3. ⁹⁹⁴ n. a. *desunt* 3. ⁹⁹⁵ po oe 3. ⁹⁹⁶ magnum futuræ — destructionis *desunt* 3. ⁹⁹⁷ veniente 1. 2. 3. ⁹⁹⁸ portam 3. ⁹⁹⁹ strenuus 1. ¹⁰⁰⁰ igitur 3. ¹⁰⁰¹ *argumentum edit. Vars. p.* 172. *deest* 1. 2. 3. ¹⁰⁰² cumque 2.

NOTÆ.

(133 Sandomir, urbs capitalis principatus eiusdem nominis ad flumen Vistulam sita. S.
(134) Scil. ipsi pueri K.

(135) Zanthok ad Wartham fluvium, inter Driesen et Landsberg. S.

dio in assumptione sanctae Mariae disposuit (*an. 1099, Aug. 15*), apparatumque magnificum in civitate Plocensi praeparavit (156). Jam enim aetate et infirmitate continua senescebat, et in illo puero successionis fiduciam expectabat. Dum se cuncti praepararent et ad festum properarent, nuntiatum est Pomoranos Zantok[1003] castrum obsedisse, nec audebat[1004] quisquam eis de principibus contraire. Igitur invito patre multisque prohibentibus, puer Martis illuc irruens de Pomoranis triumphavit, sicque rediens armiger victor, a patre gladio praecinctus, cum ingenti tripudio solempnitatem celebravit. Neque solus illa die balteo militari cinctus fuit, sed ob amorem et honorem filii multis pater coaetaneis arma dedit.

19. *De Plaucis* (157) *devictis*[1005].

Bolezlawo itaque[1006] milite noviter constituto, in Plaucis Deus revelavit, quanta per eum operari debeat in futuro. Contigit namque noviter eo militari balteo praecincto, Plaucos in unum[1007] innumerabiles convenisse, seseque more solito per Poloniam discursuros, in partes[1008] sejunctos[1009] tres vel quatuor ab invicem remotius, Wyslam fluvium nocturno tempore natavisse. Qui sequentis[1010] diei[1011] diluculo cursu rapido[1012] discurrentes, et praedam innumerabilem capientes, onerati spoliis circa vesperam ultra retro fluvium redierunt, ibique securi ac[1013] fatigati nocturnae quietis[1014] tuguria posuerunt, sed non ita securi quieverunt, sicut antiquitus consueverunt[1015]. Namque[1016] Deus, christianorum conservator suaeque vigiliae vindicator, paucorum fidelium audaciam in multorum perniciem paganorum suscitavit, quibus irruentibus dominicae diei in gloria[1017] suae potentiae brachio triumphavit. Ex eo tempore Plauci adeo sunt stupefacti, quod regnante Bolezlavo videre Poloniam non sunt ausi.

20. [1018] *Prophetia de Bolezlavo*[1019].

Contigit quoque quoddam a quodam fieri verbum [1020] in militaris consilio cinctionis, quod dignum est inseri nostrae tytulo mentionis. *Domine dux*, inquit ille quidam, *Wladislave, pyus Deus hodie regnum Poloniae visitavit, tuamque senectutem et infirmitatem totamque patriam per hunc hodie factum militem exaltavit. Beata mater, quae talem puerum educavit! Usque modo Polonia fuit ab hostibus conculcata, sed per hunc*[1021] *puerulum erit ut antiquitus restaurata*. Ad haec verba omnes qui aderant stupuerunt, et ut sileret pro reverentia ducis innuerunt. Nos tamen non credimus hoc verbum de vanitate processisse, sed prophetiae spiritu advenisse, quia jam in factis ejus puerilibus comprobatur, quod Polonia quandoque per eum in statu pristino restauratur.

21. *De morte Wladislavi*[1022].

Sed ad praesens se puer aliquantulum[1023] a labore reficiat, dum ducem Wladislavum, pyum et mansuetum virum, in pace nostra penna sepeliat. Dux ergo Wladislavus pristinae seditionis reminiscens, quum Zetheum de Polonia profugavit, quamvis aetate debilis et infirmitate fuerit, nullum tamen in curia sua palatinum vel palatini vicarium praefecit, omnia namque per se ipsum vel suo consilio sagaciter ordinabat, vel cuilibet comiti, cujus provinciam visitabat, curiae responsionem et sollicitudinem commendabat. Et sic per se patriam sine palatino comite rexit, donec spiritus ejus[1024] corporea mole solutus, ad locum debitae mansionis perrexit[1025]. (*An. 1102*) Mortuus est ergo dux Wladislavus[1026] aetate plenus et[1027] infirmitate longa detentus (158), cujus exequias quinque diebus in urbe Plocensi cum capellanis celebrando, Martinus archiepiscopus expectando filio sepelire non est ausus. Advenientes autem ambo fratres adhuc insepulto patre, magnum inter se paene de divisione thezaurorum[1028] et regni discidium habuerunt, sed divina gratia inspirante, et[1029] archiepiscopo sene [1030] fideli mediante, praeceptum viventis in praesentia mortui tenuerunt. Wladislao ergo[1031] duce in ecclesia Plocensi honorifice satis ac magnifice tumulato, thezaurorumque patris inter filios[1032] regnoque[1033] Poloniae vivente patre facta divisione designato, sortem uterque suae divisionis habuit. Bolezlavus tamen legitimus duas sedes regni principales partemque terrae populosiorem obtinuit. Puer autem Bolezlavus adepta parte patrimonii, militibus et consilio confortatus, coepit animi virtutem viresque corporis exercere, coepitque fama simul et aetate juvenis bonae indolis adolescere[1034].

22. Bolezlavus expugnavit Albam urbem regiam[1035].

Novus ergo[1036] nova bella miles[1037] incipit renovari

VARIAE LECTIONES.

[1003] Zutok 1. 2. [1004] audiebat 1. 2. [1005] *argumentum edit. Vars. p.* 175. deest 1. 2. 5. [1006] igitur 3. [1007] convenire *addit erronee* 2. *sed punctis suppositis notavit.* [1008] parte 1. 2. 5. [1009] sejunctas 1. [1010] sequentis 5. [1011] deest 1. 2. [1012] velocius *addit* 5. [1013] atque 5. [1014] quieti 5. [1015] sveverunt 1. 2. [1016] Nam 3. [1017] dominice diem gloria 2. in gloria diei dominice 5. [1018] *totum hoc caput omittit* 5. [1019] *argumentum edit. Vars. p.* 175. deest 1. 2. [1020] VIII *codices lineos duabus superpositis proferunt, quod forsan proverbium legi potest, sic enim auctor dicta memoria digna appellat.* [1021] istum *pro* per hunc 1. 2. [1022] *argumentum edit Vars. p.* 176. deest 1. 2. 5. [1023] Bolezlavus 5. [1024] verba *a* pristinae seditionis — spiritus *ejus desunt* 5. [1025] eternaliter permansurus *addit* 3. [1026] autem *pro* e. d. W. 3. [1027] in *addit* 3. [1028] divisionem thezaurorum *pro* d. d. 1. 2. de divisione thezauro 5. [1029] in 2. [1030] et *addit* 5. [1031] igitur 2. [1032] i. f. *desunt* 2. [1033] ac regno 5. [1034] adolere 1. 2. 5. [1035] *argumentum cod.* 3. deest 1. 2. [1036] igitur 2. 5. [1037] miles nova bella *transponit* 5.

NOTAE.

(156) De anno vide Cosmam, III, 9. et Giesebrecht Wend. Gesch. II, 166. K.

(157) I. e, Patzinacis.

(158) Cf. Cosmas, III, 16, K.

vare, hostesque suos cogitat acrius et [1038] frequentius provocare. Convocata itaque multitudine bellatorum, cum paucis electis penetravit meditullium patriæ paganorum. Cumque ad urbem regiam et egregiam Albam (159) nomine pervenisset *(an.* 1102), neque partem tertiam sui exercitus habuisset, equo descendens, nullum instrumentum expugnandi vel machinamentum adaptavit, sed violenter ac mirabiliter urbem opulentam et populosam die qua venerat expugnavit. Dicunt etiam quidam eum primum invasisse, eumque primum propugnacula conscendisse. Ex quo facto terribilis per nimium extitit Pomoranis, suisque laudabilis et amabilis omnibus christianis. De civitate autem prædam innumerabilem asportavit [1039], munitionem vero planiciei coæquavit [1040].

23. *De nuptiis Bolezlavi* [1041].

Sed, prætermissis pluribus suo loco retractandis, de nuptiis referamus ejusque donis [1042] Bolezlavi magni regis muneribus comparandis. (*An.* 1105) Qualiter hoc autem a Paschali papa secundo concessum fuerit, quod nuptias initas [1043] de consanguinitate licuerit, Balduinus [1044] Cracoviensis episcopus, ab eodem papa Romæ consecratus, fidei ruditatem et patriæ necessitatem intimavit, sicque Romanæ sedis auctoritas, ut fertur hoc conjugium [1045] misericorditer, non canonice nec usualiter, sed singulariter collaudavit (140). Nos autem de peccato tractare vel justitia materiam non habemus, sed res gestas regum ducumque Poloniæ sermone tenui recitamus [1046]. Octo siquidem diebus ante nuptias totidemque post nuptiarum [1047] octavas belliger Bolezlavus dare munera non quievit, aliis scilicet renones (141) et pelles palliis coopertas et aurifrisiis delimbatas [1048], principibus pallia, vasa aurea et argentea, aliis civitates et castella, aliis villas et [1049] prædia.

24. *Insidiæ Zbignei incitantis hostes* [1050].

Interea Zbignevus frater ejus, qui vocatus ad nuptias fratris venire refutavit, cum Pomoranis et Bohemis [1051] amicitias fœderavit, et dum nuptiæ fierent, ut ferunt, intrare Poloniam Bohemos animavit (*an.* 1103). Qui Bohemi per provinciam Wratislaviensem discurrentes, et prædas captivosque colligentes et incendia facientes, pluribus annis dampnum illi regioni nocuum intulerunt (142). Quo audito, impiger Bolezlavus, licet magis de violata fraternitate quam de regni populatione doluerit, misit tamen legationem fratri, cur hoc sibi fecerit, vel in quibus eum offenderit. Zbignevus contra se tale quid nescivisse respondebat, seque innoxium talis flagitii quibusdam circumlocutionibus asserebat. Cumque Bolezlavus assidue cum hostibus et Bohemis et Pomoranis dimicaret, suæque divisionis portionem ab invasoribus viriliter expugnaret, Zbignevus fratri suo laboranti nec invitatus auxilium impendebat, insuper etiam cum hostibus fratris occulte fœdus et amicitiam conjungebat, et pecuniam illis pro militibus in [1052] subsidium transmittebat. Et cum frequenter eum belliger Bolezlavus et legatis et colloquiis conveniret, fraterna karitate commonendo ne familiaritatem et amicitiam cum hostibus paternæ hereditatis palam vel clanculo iniret, unde magnum regno Poloniæ discidium eveniret, ille e contra sapienter et pacifice respondebat, et sic fratris iram [1053] et principum invidiam temperabat. Sed de hoc plenius [1054] in alio loco subsequenter disseramus, et interim gestis Bolezlavi militaribus alludamus.

25. *Polani vastaverunt Moraviam.* [1055].

Igitur belliger Bolezlavus injuriæ Bohemorum vindicator tres acies militum in Moraviam transmisit, qui in ipsa ebdomada dominicæ [1056] resurrectionis euntes (*an.* 1104, *Apr.* 17), et prædam et incendia facientes dignam [1057] pæne suis factis [1058] recompensationem invenerunt, quia tantæ sollempnitatis reverentiam infregerunt [1059]. Nam Suatopole [1060] dux Moraviensis [1061] cum acri militum acie persecutus est eos cum redirent, et abstulisset [1062] eis prædam, ut aiunt, ni cum ea pedites anteirent. Videntes autem Poloni Moravienses [1063] ad bellum præparatos fiducialiter propinquare, non cogitant in fuga sed in armis suam fiduciam collocare. Igitur utrinque bellum acerrimum inchoatur, quod non sine dampno gravissimo partibus singulis terminatur. In primo namque conflictu Suatopole [1064] dux Moraviensis [1065], sicut aper molossis indagatus, scilicet undique curvo dente percutiens, alios perimit, aliis viscera fundit, nec prius gradum figit vel facere dampnum desistit, donec venator anhelus cum alia turba canum suis laborantibus occurrit — sic primum Suatopole Polonos onustos præda circumflexo tramite præcedens [1066] pæne triumphaliter oppressisset, ni militaris acies totis [1067] viribus

VARIÆ LECTIONES.

[1038] ac 2. *superposito* et. [1039] mirabilem apportavit *pro* i. a. 5. [1040] etc. *addit* 5. [1041] *argumentum edit.* Vars. p. 180. *deest* 1. 2. 5. [1042] dictis 5. [1043] istas 5. [1044] Balduiq. 5. [1045] convivium 5. [1046] recitemus 5. [1047] nupcias 5. [1048] delibatas 5. [1049] *deest* 5. [1050] *argumentum edit Vars p.* 182. *deest* 1. 2. 5. [1051] Bohe 2. [1052] et 5 [1053] *deest* 5. [1054] plenarius 1. 2. [1055] P. v. M. *desunt* 1. 2. [1056] dominica 5. [1057] *deest* 5. [1058] sue pene factam *pro* p. s. f. 5. [1059] quia — infregerunt *desunt* 5. [1060] Swacopole 2. Swanthopol 5. [1061] Moravie 5. [1062] abstulisse 1. 2. 5. [1063] Moravos 5. [1064] Swantopole 2. Swanthopol 5. [1065] Moravie 5. [1066] precedens 2. [1067] totque 5.

NOTÆ.

(159) Bialogrod, *Belgard* ad Persantam. S. De alia urbe hujus nominis ad Lebam, vide Barthold, I, 455. K.

(140) In matrimonium duxit Boleslaus Zbyslavam, Russorum gente oriundam. Roepell, I, 251. K.

(141) Vestis ex pellibus facta. K. Cf. Cæsar. bell. Gall. vi, 24. Sallust. fragm. histor. p. 264 ed. Bip. Grotefend.

(142) Cosmas, I. 1. K.

glomerata, iram instantis pariter et audaciam repressisset. Tunc quidem tinnitus [1068] de galeis percussis per concava [1069] montium condensaque silvarum resonant [1070], ignis scintillæ de ferro per aera micant, hastæ clipeis collisæ crepant, pectora scinduntur, manus et cervices corporaque truncata per campum palpitant. Ibi campus martialis, ibi fortuna ludit. Ad extremum adeo sunt utrinque fatigati et in dampno peremptorum militum coæquati, quod nec Moravienses [1071] lætam victoriam habuerunt, nec Poloni notam infamiæ incurrerunt. Ibi quoque Zelislavus comes [1072] manum qua [1073] clypeo corpus tegebat amisit, quam amissam statim viriliter abscisorem interimens vindicavit. Dux vero Bolezlavus ob honorem sibi pro carnea manum auream restauravit.

26. *Ipse Bolezlavus Moraviam devastat* [1074].

Item ipse [1075] Moraviam intravit, sed cunctis rusticis audita fama in [1076] munitionibus cum præda receptis, licet Bohemis et Moraviensibus [1077] congregatis, incendio majori quam alio dampno ibi facto, tamen impugnatus remeavit, in quo facto tamen [1078] difficultate rei perpensa non parvam gloriam acquisivit. Nam de parte Poloniæ Moravia arduitate montium ac densitate silvarum adeo est obstrusa, quod et pacificis viatoribus ac [1079] peditibus [1080] expeditis periculosa videntur ac per nimium onerosa. Ipsi etiam Moravienses [1081] adventum ejus longe ante præscientes, non sunt ausi cum eo prælium campestre [1082] committere, nec in itineris difficultate saltim [1083] insidiis [1084] intranti vel exeunti resistere.

27 [1085]. *Legatus pontificis maximi* [1086].

Eo itaque de Moravia satis glorianter redeunte, Romanæ sedis legatus, Walo nomine Belvacensis [1087] episcopus, Poloniam advenit, qui cum virtute Bolezlavi, zelo justitiæ tantum canonicae districtionis rigorem exercuit, quod duos episcopos ibi nullo vel prece vel pretio subveniente deposuit. Sedis itaque Romanæ legato reverenter honorato, concilioque canonice celebrato, missus apostolica data benedictione Romam rediit, belliger vero Bolezlavus hostes suos impugnaturus adiit.

28. *De expeditione in urbem Colobreg* (145) *facta* [1088].

(An. 1107.) Igitur in Glogou exercitu convocato (144), nullum peditem sed milites tantum electos equosque præcipuos duxit secum, nec eundo per deserta die noctuque labori vel esuriei continuis

A quinque diebus sufficienter indulsit. Sexta die tandem sextaque feria communicati sunt eucharistia, refecti pariter victu corporeo, Cholbreg veniunt ductu sidereo. Præcedenti nocte Bolezlavus officium fieri sanctæ Mariæ [1089] constituit [1090]; quod postea usu pro devotione retinuit. Die sabbato, aurora lucescente, ad urbem Cholbreg propinquantes, fluviumque proximum sine ponte vel vado, ne præscirentur a paganis, cum periculo transeuntes, agminibus ordinatis, aciebusque retro duabus in subsidio collocatis, ne forte Pomorani hoc [1091] præscirent eosque incautos adirent, urbem opulentam divitiis munitamque præsidiis unanimiter invadere concupiscunt. Tunc quidam comes ad Bolezlavum accessit, datoque consilio reticendo cum derisione re-

B cessit. At [1092] Bolezlavus suos breviter adhortatur, unde quisque satis ad audaciam provocatur. *Ni vestram*, inquit, *milites, expertam probitatem et audaciam habuissem, nequaquam retro tantam meorum* [1093] *multitudinem dimisissem, nec cum paucis usque ad maritima pervenissem.*

*Nunc vero de nostris auxilium non speramus,
Hostes retro, fuga longa, si de fuga cogitamus,
In Deo tantum et in armis jam securi confidamus.*

Hiis dictis, ad urbem potius volare quam currere videbantur. Quidam tantum prædam, quidam urbem capere meditantur. Et si cuncti sicut quidam unanimiter invasissent, illa die procul dubio gloriosam Pomoranorum urbem et præcipuam habuissent; sed

C copia divitiarum prædaque suburbii militum audaciam excecavit, sicque fortuna civitatem suam a Polonis liberavit. Pauci tantum probi milites gloriam divitiis præferentes, emissis lanceis, pontem extractis gladiis transierunt portamque civitatis intraverunt, sed a civium multitudine coarctati, vix tandem retrocedere sunt coacti. Ipse dux etiam Pomoranus illis advenientibus intus erat, timensque totum exercitum advenire, per aliam portam effugerat. At Bolezlavus impiger, non in uno loco consistebat, sed officium suum probi militis ac strenui ducis exercebat; suis videlicet laborantibus occurrebat, simulque nocitura vel profutura providebat. Interea alii aliam portam et alii aliam invadebant, alii captivos ligabant, alii marinas divitias colligebant,

D alii pueros et puellas educebant. Igitur Bolezlavus milites suos, quamvis tota die fatigatos assultando, vix tandem eos circa vesperem revocare potuit commorando. Militibus itaque revocatis ac suburbio

VARIÆ LECTIONES.

[1068] tignitus 1. 2. [1069] concova 2. cava 5. [1070] velut *addit* 2. [1071] Moravi 5. [1072] deest 5. [1073] contra 3. [1074] *argumentum edit.* Vars p. 187. deest 1. 2. 3. [1075] Boleslavus *addit* 5. [1076] et 1. deest 2. [1077] Moravis 5. [1078] cum 2. in 3. [1079] et 3. [1080] pedibus 1. 2. [1081] Moravi 5. [1082] prelio campestri 1. 2. [1083] d. s. desunt 3. [1084] saltem *addit* 3. [1085] *quæ inde sequuntur capitula usque ad cap.* XXXIV *desunt* 3. [1086] *argumentum edit.* Vars. p. 188. deest 1. 2. [1087] Belnacensis 2. [1088] *argumentum edit.* Vars. p. 189. deest 1. 2. [1089] sancte Marie fieri pro f. s. M. 2. [1090] instituit 2. [1091] hoc Pomorani pro P. h. 2. [1092] Ad 1. 2. [1093] deest 2.

NOTÆ.

(145) Kodobrzeg, *Kolberg*, in Pomerania ad mare Balticum situm. S.

(144) De sequenti auctoris chronologia cf. Giesebrecht Wend. Gesch. II, 167, n. 1. K.

spoliato, recessit inde Bolezlavus magni Michaelis vatis eductaque præda, totum radicitus concremavit. consilio extra muros, omni prius ædificio concremato. Ex quo facto natio tota barbarorum concussa vehementer exhorruit, famaque Bolezlavi longe lateque dilatata procrebuit. Unde etiam in proverbium cantilena componitur (an. 1107); ubi satis illa probitas et audacia convenienter extollitur in hæc verba :

Pisces salsos et fœtentes apportabant alii,
Palpitantes et recentes nunc apportant filii.
Civitates invadebant patres nostri primitus,
Hii procellas non verentur neque maris sonitus.
Agitabant patres nostri cervos, apros, capreas,
Hii venantur monstra maris et opes æquoreas.

29. *De nova in Pomoranos expeditione et colloquio cum Collomano habito* [1094].

Labore tanto militibus ex itinere fatigatis, et jam aliquantula quiete concessa recreatis, ad expeditionem Bolezlavus cohortes iterum revocavit, et Pomoranos ad bellum denuo provocavit. Hujus vero expeditionis Swatobor ejus consanguineus (145) causam excitavit, cujus progenies nunquam fidelitatem Polonis dominis observavit. Erat enim ipse Swatobor [1095], in Pomorania carceratus, et a quibusdam a regno suo traditoribus subplantatus. Impiger enim Bolezlavus suum cupiens consanguineum liberare, terram Pomoranorum meditatur totis viribus expugnare. Sed Pomorani metuentes audaciam Bolezlavi, callidum consilium inierunt, namque sibi consanguineum reddiderunt [1096], et sic ejus iram et impetum intollerandum evaserunt (an 1107). Inde rediens Bolezlavus cum rege Ungarorum Colomanno, super reges universos suo tempore degentes litterali scientia erudito, diem et locum colloquii collocavit, ad quem rex Ungarorum venire, timens insidias, dubitavit. Erat enim Almus, Ungarorum dux, tunc temporis de Ungaria profugatus (146), et a duce Bolezlavo [1097] hospitalitatis gratia sustentatus. Postea tamen aliis inter se legationibus transmandatis, insimul couvenerunt, et invicem discesserunt, perpetuis fraternitatibus et amicitiis confirmatis.

30. *De expeditione Scarbimiri in Pomoranos* [1098].

Interea Scarbimirus comes Poloniæ palatinus cum suis commilitonibus Pomoraniam introivit, ubi non parvam gloriam Polonis acquisivit, hostibusque suis dampnum et contumeliam dereliquit. Qui [1099] castellorum vel civitatum nominari voluit expugnator, quam villarum multarum scilicet vel armentorum deprædator. Igitur audaci [1100] violentia unum castellum expugnavit, unde quibusdam fortius.

31. *Bitom castrum expugnatum* [1101].

Alia vice similiter aliud castrum nomine Bitom (147) expugnavit, unde non minus laudis et utilitatis quam ex alio reportavit. Nam inde prædam multam et captivos expulit, et locum illum [1102] ad instar desolationis retulit. Sed hoc non ideo de Scarbimiro recitamus, ut eum in aliquo suo domino conferamus, sed ut veritatem hystoriæ teneamus.

32. *Fœdus cum Zbigneo initum et subsequens traditio* [1103].

Belliger itaque Bolezlavus, postquam de colloquio Ungarorum est reversus, cum Zbigneo fratre suo colloquium aliud ordinavit, ubi simul ambo fratres in hæc verba alter alteri conjuravit, quod alteri conjuravit, quod alter scilicet non sine altero de pace vel bello cum hostibus conveniret, nec ullum fœdus alter sine altero cum aliquibus communiret, et quod alter alteri super hostes et in omnibus necessariis subveniret. Hiis itaque confirmatis, sub eodem juramento diem et locum ubi cum exercitibus convenirent indixerunt, et sic a colloquio discesserunt. Inpiger autem Bolezlavus cum paucis ad locum venire determinatum in die nominato, fidem servaturus, festinavit; Zbignevus vero, non solum fidem et jusjurandum non veniendo violavit, verum etiam fratris exercitum ad se declinantem ab itinere revocavit. Unde pæne regno Poloniæ tale debuit dampnum et dedecus evenire, quod nec Zbignevus potuisset nec alius postea subvenire. Nunc, qualiter Deo juvante Bolezlavus illud periculum evitaverit, subsequens statim pagina propalabit.

33 [1104]. *Bolezlavus in Pomoranorum insidias cadit* [1105].

Sorte quidam nobilis in confinio terræ ecclesiam construxit, ad cujus consecrationem Bolezlavum ducem adhuc satis puerum cum suis juvenibus invitavit. Expleta est itaque consecratio spiritalis, et subsequenter adhibita desponsatio maritalis. Sed utrum Deo displicuerit cum divinis nuptiis carnales celebrari, facile potest per discrimina quæ sæpius inde contingunt comprobari; sæpe namque cernimus, ubi simul ecclesiæ consecratio ac nuptialis desponsatio fiunt, seditiones et homicidia comitari, unde constat, quia nec bonum est nec honestum talem consuetudinem imitari. Nec istud dicimus tamen, ut nuptias condempnemus, sed ut singula suis locis suisque temporibus reservemus. Cujus rei manifestum indicium in consecratione Rudensis ecclesiæ (148) Deus omnipotens revelavit, nam et homi-

VARIÆ LECTIONES.

[1094] *argumentum edit. Vars. p. 193. deest 1. 2.* [1095] SWantobor 2. [1096] redderunt 2. [1097] ad ducem Bolezlavum 1. 2. [1098] *argumentum edit. Vars. p. 194. deest 1. 2.* [1099] Quod 1. [1100] audacti 1. 2. [1101] *argumentum edit. Vars. p. 195. deest 1. 2.* [1102] cum 2. [1103] *argumentum edit. Vars. p. 196. deest 1. 2.* [1104] *inscriptionem hanc rubrica pictam sistit 1. deest 2.* [1105] *argumentum edit. Vars. p. 197. deest 1. 2.*

NOTÆ.

(145) Barthold Gesch. v. Rügen u. Pommern, I, 456. K.

(146) Almus, filius Lamberti, frater patruelis Colomanni I regis. K.

(147) Bytom, *Beuthen*, prope Glogow, *Glogau*. S. Ex Giesebrechti sententia I, 170. Buthowin Pomerania. K.

(148) Ruda, ad Wartam prope Sieradz in regno Poloniæ. S.

cidium ibi, et unum de ministris ad insaniam redactum constat evenisse, et ipsos etiam desponsatos infelici connubio, sicut notum est, convenisse, nec anniversarium desponsationis implevisse. Sed de miraculis sileamus, nostramque materiam teneamus. Igitur belliger Bolezlavus, convivio vel potationi militiam vel venationem [1106] anteponens, senioribus cum tota multitudine in convivio derelictis, paucis comitantibus silvas venaturus adivit, sed contrarius [1107] venatoribus obviavit. Pomorani namque per Poloniam discurrentes, praedas et captivos agebant et incendia faciebant. At Bolezlavus belliger, sicut leo caudae stimulis, iracundia concitatus, nec principes nec exercitum expectavit, sed sicut leaena [1108] raptis catulis sitibunda sanguinis praedatores eorum, et cursores in ore [1109] gladii momentaneo dissipavit. Cumque magis eos magisque persequi et patriae dampnum ulcisci niteretur, incidit inscius in insidias, ubi dampnum irrecuperabile patietur. Ipse tamen, licet paucos, 80 scilicet inter pueros et juvenes, habuisset, illi vero tria mil a, non fugam petivit [1110] nec tantam multitudinem dubitavit [1111], sed prima vice cum sua parva acie tantam postium congeriem penetravit. Mira dicturus sum multisque forsitan incredibilia, utrum praesumptioni vel audaciae nescio si fuerint asscribenda; cum suos paene perdidisset, aliis interemptis, aliis dispersis, se quinto solummodo remansisset, hostes confertissimos vice secunda transforavit, cumque ternario regirare [1112] voluisset, quidam de suis, viscera equi sui per terram cadere cernens, exclamavit: *Noli, inquit, domine, noli iterum proelium introire! Parce tibi, parce patriae, equum ascende meum, meliusjest hic me mori, quam te ipsum Poloniae salutem interire.* Hoc audito, vix, equo cadente, consilio militis acquievit, et sic tandem aliquantulum a campo certaminis declinavit. Vidensque se multum attenuatum, nec Scarbimirum, militiae principem, residuis interesse, jam recuperare victoriam desperavit. Erat enim Scarbimirus seorsum alibi gravi vulnere sauciatus, et quod nec siccis oculis est dicendum, dextro lumine mutilatus. Illi autem qui in convivio residebant, audito quod contigerat, exurgentes, subsidio suis laborantibus properabant. Advenientes vero Bolezlavum invenerunt cum paucis admodum 30, non tamen de loco certaminis fugientem, sed paulatim hostium fugientium vestigia subsequentem. Sed nec hostes subsistendo pugnandi copiam dabant, nec nostri fatigati eos amplius infestabant. Erant enim pagani de tanta audacia juvenis stupefacti, quod plus laudabant eum tam parva manu talia [1113] praesumpsisse sicque mordaciter institisse, quam se ipsos tanto mortis dispendio tristem victoriam habuisse, *Quis, inquientes, puer iste erit, si enim diu vixerit? et si plures secum habuerit, quis ei bello resistere poterit?* Sicque pagani de dampno praesenti conquerentes, simulque timore probitatis expertae murmurantes, plus honorati tristitia quam praeda, redierunt. De suis vero Bolezlavo sequenti die plurimi solatio jam magis [1114] quam auxilio occurrerunt. Advenientes autem illuc proceres dolorem de dampno tantae nobilitatis habuerunt, et Bolezlavum de audacia tantae praesumptionis reverenter increpuerunt. Filius vero Martis Bolezlavus non solum aurem correctoribus non adhibuit, nec se talia praesumpsisse poenituit, sed per eos se juvandum et de hostibus vindicandum sub testatione fidelitatis ammonuit. Ibi vero Bolezlavus tot ictus super loricam habuit et galeam lanceis gladiisque sustinuit, quod caro ejus trita multis diebus testimonium laesionis exhibuit (an. 1107). Inde quoque de sua juventute minus [1115] aliquantulum tam glorianter perempta condoluit, quia tantam stragem hostium sibi pro lucro proposuit. Etenim pro uno de peremptis vel sauciatis Bolezlavi, de Pomoranis poterant plures mortui computari.

34. *Bolezlavus Bohemos profugavit et Pomoranos subjugavit* [1116].

Hoc eventu Bolezlavus cum eodem exercitu de Pomoranis se vindicare disposuit, jamque coepta via, Bohemos in Poloniam exire fama praecurrens innotuit. Tum vero Bolezlavus in dubio magno pependit, utrum prius de recenti contumelia se debeat [1117] vindicare, an ab invasoribus suam patriam liberare. Tandem sicut Machabeorum imitator, diviso exercitu, et patriae defensor extitit et injuriae vindicator. Nam partem exercitus in Pomoraniam delegavit, quae depraedando et [1118] comburendo satis eos turpiter conculcavit, ipse vero cum expeditis militibus Bohemis obviam properavit, eosque de silvis exituros diutius expectavit, sed eos audita fama Bolezlavi timor animi revocavit.

35. *Zbigneus fovet contra fratrem animum inimicum* [1119].

Non solum autem exterorum discordia vel bellum hostium Bolezlavum aggravabat, verum etiam seditio civilis, ymmo fraterna invidia modis omnibus infestabat. Eo (149) namque bello superiori aliquantulum inclinato plus gaudebat Zbignevus, quam eo victoria multotiens exaltato. Cujus rei manifestum indicium apparebat, cum a paganis de victoria pro signo munuscula capiebat, et legatis magna pro parvis munera rependebat. Et si Poloniam depraedantes de sorte Bolezlavi captivos adducebant, statim eos venundandos ad barbarorum insulas transportabat; si quid vero, vel praedam vel homines, ignoranter de

VARIAE LECTIONES.

[1106] venacioni 1. [1107] contrarium 3. [1108] leaena 1. [1109] more codd. [1110] peciunt 1. 2. [1111] dubitant 1. 2. [1112] *ita rectius Chron. princ. Polon.* Stenzel I, 73. regnare 1. 2. [1113] talia *bis repetunt* 1. 2. [1114] deest 2 [1115] nimis 2. [1116] *inscriptionem hanc quae deest* 1. 2. *sistit* 3 [1117] continuo *addit* 3. [1118] deest 2. 3. [1119] *argumentum edit.* Vars. *p.* 203. *deest* 1. 2. 3.

NOTAE.

(149) Scil. Boleslavo. K.

parte Zbignevi capiebant, illud sine pretio vel dilatione remittebant. Unde cuncti Poloniæ sapientes indignati, ad odium Zbignevi ex amicitia sunt redacti, sic ad invicem inquientes, de tali consilium capientes : *Usque modo patriæ nostræ discidium et [1120] detrimentum vel negligentes vel [1121] dissimulantes per nimium sustinuimus patienter, nunc [1122] vero hostes latentes manifestos, et insidias occultas detectas cernimus evidenter. Scimus enim et certi sumus, quia frequenter Zbignevus Bolezlavo nobis præsentibus hoc [1123] juravit, unde [1124] non semel vel tertio, sed [1125] multotiens pejeravit. Quoniam nec [1126] cum amicis fratris amicitiam retinebat, nec cum inimicis inimicitiam [1127] exercebat, ymmo per contrarium hostium fratris amicus et amicorum inimicus existebat. Nec [1128] vero solum fidem promissam violare, vel juratum auxilium non præstare, verum etiam, si fratrem ire super hostes sentiebat, ex altera parte Poloniam intrare hostes alios incitabat, et sic eum a [1129] proposito revocabat.* Qui satis puerile consilium et nociturum audiebat, cum propter [1130] paucorum odium totam patriam offendebat, ac [1131] paternam [1132] hereditatem conculcandam hostibus [1133] exponebat. Et quoniam Zbignevus malo consilio subgerente neque fidem fratri neque jusjurandum observabat, nec honorem patriæ nec paternam hereditatem defendebat, neque [1134] dampnum vel detrimentum imminens perpendebat, heu ! cecidit inde gravius unde voluit [1135] exaltari, et unde [1136] non poterit amplius a suis male consultoribus [1137] relevari. Unde posteri sibi caveant vel præsentes, ne sint in regno pares socii dissidentes [1138].

56. *De Zbignevi hostilitate erupta* [1139].

Bolezlavus autem hæc omnia soli Domino commendabat, injuriamque fraternam adhuc [1140] æquanimiter tollerabat, semperque laboriosus Poloniam, sicut leo rugiens, metuendus circumibat [1141]. Cui forte fuit interim nunciatum Kosle (150) castrum in confinio Bohemorum a se ipso, tamen non ab hostibus, concrematum. Qui reputans aliquem per traditionem hoc fecisse, dubitansque Bohemos ad illud muniendum properare, illuc statim cum paucissimis transvolavit, ibique laborem propriis manibus inchoavit. Jam enim tantum tamque [1142] diu huc illucque cursitando [1143] suos ita fatigatos reddiderat, quod tam subito revocare injuriosum visum erat. Tamen et suos ad auxilium advocavit, et fratrem per nuntios satis ydoneos invitavit, eique verba subsequentia delegavit : *Quoniam quidem, frater, inquit, cum sis major ætate parque beneficio regnique [1144] divisione, me solum juniorem laborem totum subire permittis, nec te de bellis vel regni consiliis intromittis, aut totam regni curam ac [1145] sollicitudinem, sicut [1146] major esse vis, obtineas [1147], aut legitimo michi, licet ætate minori, onus terræ sufficenti totumque [1148] laborem patienti [1149], si non prosis, saltem non noceas. Quodsi curam istam susceperis, et in vera fraternitate [1150] persisteris, quocumque me pro communi consilio vel utilitate regni vocaveris, me promptum ibi cooperatorem habueris [1151]. Aut si forte quiete vivere quam laborem tantum subire [1152] malueris, mihi totum committe, et sic Deo propitio tutus eris.* Ad hæc Zbignevus convenientem nequaquam responsionem remandavit, sed [1153] legatos pæne vinculis et carceri [1154] mancipavit. Jam enim totum suum exercitum fratrem invasurus collegerat, simulque pomoranos ac Bohemos ad cum de Polonia propellendum [1155] adsciverat [1156]. At Bolezlavus castro munito, horum inscius in loco vocabulo Lapide [1157] (151) residebat, ibique jacens more solito vicinius et rumores et legationes audiebat, ac [1158] velocius ex improviso suis hostibus occurrebat. Legati tandem vix amicorum subsidio liberati, ad Bolezlavum nuntiantes quæ viderunt et audierunt sunt reversi. Quo audito, Bolezlavus an resistat, an desistat diu dubitans [1159] hæsitavit, sed reversus ad cor suum, quanto citius [1160] suum exercitum aggregavit, et ad regem Ruthenorum Ungarorumque [1161] pro auxilio delegavit. Sed si per se vel [1162] per ipsos nichil agere potuisset, ipsum regnum et spem regni expectando perdidisset [1163].

57. *Fœdus cum Bohemis ictum et fuga Zbignevi* [1164].

Igitur belliger Bolezlavus tribus exercitibus circumdatus, quos primus expectet vel quos irruat, meditatur, sicut leo vel aper molossis canibus indagatus, latratibus canum tubisque venatorum ad iracundiam provocatur. Sed omnes tamen Bolezlavum metuebant, quod eo stante medio, ad locum terminatum convenire non audebant. Interim autem Zbignevi litteræ captæ cum nuntiis [1165] sunt allatæ, quibus multæ traditiones et insidiæ sunt prolatæ. Quibus lectis, quibusque [1166] sapiens admiratur, totusque populus pro periculo lamentatur. Ad extremum vero Bolezlavus sapienter satis ac [1167] convenienter pro tempore pace cum Bohemis fœderavit,

VARIÆ LECTIONES.

[1120] vel 5. [1121] et 5. [1122] sic 5. [1123] hac 5. [1124] verum 2. [1125] vel 5. [1126] et sic 5. [1127] inimicias 5. [1128] et 1. 2. ideo 5. [1129] deest 5. [1130] per 5. [1131] hac 1. hanc 5. [1132] parterna 1. [1133] hostium 2. [1134] nec 2. [1135] noluit codd. [1136] verum 2. [1137] gloribus 3. [1138] diffidentes 5. [1139] *argumentum edit.* Vars. p. 206. deest 1. 2. 5. [1140] ad hoc 5. [1141] circuibat 2. 5. [1142] tandem 5. [1143] cursitans 5. [1144] regni 5. [1145] aut 2. 5. [1146] sic 5. [1147] deest 5. [1148] totum 5. [1149] obtinere 5. [1150] caritate 5. [1151] obtinebis 5. [1152] suscipere 5. [1153] deest 2. [1154] carcere 5. [1155] propellandum 2. [1156] acciverat 5. [1157] lapis 5. [1158] et 5. [1159] dubiecionis 5. [1160] quantocius *pro* q. c. 5. [1161] Ungarorum 5. [1162] vi 4. [1163] etc. *addit* 5. [1164] *argumentum edit.* Vars. p. 210. deest 1. 2. 3. [1165] micis 2. [1166] quilibet qui 2. quisque 5. [1167] et 5.

NOTÆ.

(150) *Cosel*, Koz Iv, ad Viadrum. Cf. Stenzel SS. rer. Siles. 1, 74, n. 4.

(151) Kamin, *Cammim*, in Prussia occidentali S An Kamenz ? K.

ac exercitu concitato Zbignevum [1168] eliminare disposuit. Zbignevus vero non fratris adventum, eadem facturus, vel bellum commissurus exspectavit [1169], nec castris securus nec civitatibus retardavit, sed fugiens velut cervus Wysiam fluvium transnatavit.

38. *Zbignevus rediit in gratiam fratris* [1170].

At Bolezlavus festinanter Kalis [1171] (152) adveniens, ibi quosdam fideles Zbignevi sibi resistentes inveniens, paucis diebus et illud castrum obtinuit, et accepta legatione, suum comitem in Gnezdensi [1172] civitate constituit. Inde progrediens in Γpicimir [1173] (153), senem fidelem (154) inclusit [1174], quem audita fama suæ sedis redditæ vix exclusit, quo secum assumpto [1175] ad Lucie [1176] (155) sedem translatam properavit, ibique [1177] vetus castellum contra Mazoviam reparavit. Tunc [1178] primum Ruthenorum auxilium et Ungarorum commeavit. Tum [1179] vero Zbignevus in desperationem est redactus, ac Iaroslawo [1180] duce [1181] Rutheno simulque Balduino Cracoviensi episcopo mediantibus, ante fratrem satisfacturus et obediturus est adductus. Tunc primum inferiorem se fratre reputavit, tunc iterum se nunquam fratri fore contrarium, sed in cunctis obediturum, et castrum Galli (156) destructurum coram omnibus abjuravit. Tunc a fratre Mazoviam retinere sicut miles, non ut dominus impetravit. Pacificatis itaque fratribus, Ruthenorum exercitus et Ungarorum ad propria remeavit, Bolezlavus vero per Poloniam, quocumque sibi placuit, ambulavit [1182].

39. *Zbignevi perfidia erga fratrem* [1183].

An. 1107, 1108.) Rursus yemali tempore Pomoraniam invasuri Poloni congregantur, ut facilius munitiones congelatis paludibus capiantur. Tunc quoque Bolezlavus Zbignevi perfidiam est expertus, quia in hiis [1184] omnibus perjurus manifeste quæ juraverat est repertus. Qui prope [1185] castrum, quod [1186] Gallus [1187] feccrat, non destruxit, nec in fratris auxilium invitatus, unam solam aciem vel [1188] instruxit. Dux vero septentrionalis [1189] conturbatus aliquantulum ex hac arte, suum tamen non dimisit [1190] propositum, cor habens in Domino, non A in fratre [1191]. Igitur sicut draco flammivomus solo [1192] flatu vicina comburrens, non combusta [1193] flexa cauda percutiens, terras transvolat nociturus, sic Bolezlavus Pomoraniam impetit ferro [1194] rebelles, igne munitiones destructurus. Sed quid eundo per [1195] terram vel transeundo egerit [1196] obmittamus, sed in medio terræ civitatem Albam obsidendam [1197] adeamus. Adveniens itaque Bolezlavus ad urbem, quæ quasi centrum terræ [1198] medium [1199] reputatur, castra ponit, instrumenta parat, quibus levius [1200] et minori periculo capiatur. Quibus partibus assidue armis et ingeniis laboravit, quod paucis diebus urbem cives reddere coartavit. Qua recepta, suos ibi milites collocavit, signoque dato, motisque castris, ad maritima properavit. Cumque B jam ad urbem Cholbreg [1201] declinaret, et castrum mari proximum expugnare [1202] priusquam ad urbem accederet [1203] cogitaret, ecce, cives et oppidanos [1204] pronis cervicibus obviam Bolezlavo procedentes, semetipsos et fidem et servitium proferentes. Ipse quoque dux Pomoranorum adveniens Bolezlavo inclinavit, ejusque, residens equo, se [1205] servitio et militiæ deputavit [1206]. Quinque enim Bolezlavus [1207] ebdomadis expectando bellum vel quærendo per Pomoraniam equitavit, ac totum pæne regnum illud sine prœlio subjugavit. Talibus ergo Bolezlavus præconiorum tytulis est laudandus, talibusque bellorum ac [1208] victoriarum triumphis coronandus.

40. *Filius nascitur* [1209].

Sed cum isto gaudio de victoria triumphali exor-
C tum est majus gaudium, orto sibi filio progenie de regali. (157) Puer autem ætate crescat, probitate proficiat, probis moribus augeatur, de patre autem nobis [1210] sufficiat, si cœpta materia teneatur.

41. *Zbignevus victus iterum* [1211].

Videns igitur [1212] Bolezlavus, quod frater in omnibus et [1213] promissis et juramentis [1214] fidei nullius [1215] existebat, et quoniam [1216] toti terræ noxius et obnoxius existebat, eum de toto regno Poloniæ profugavit, sibique [1217] resistentes et castellum [1218] in terræ [1219] confinio defendentes cum auxilio Ruthenorum et Ungarorum expugnavit. Sicque domi-
D nium Zbignevi malis consiliariis est finitum, to-

VARIÆ LECTIONES.

[1168] deest 1. 2. [1169] ita Chron. princ. Pol p. 75. ex. 1. 2. extra *jam rejecit* edit. Vars. *qua superfluum.* [1170] *argumentum cod,* 3. *deest.* 1. 2. [1171] *ita Chron. princ. Pol.* p. 75. *satis* 1. 2. 3. [1172] Gueznensi 3. [1173] Spiczimir 3. [1174] conclusit 3. [1175] assumpsit 1. 2. [1176] lucie 3. [1177] ubique 2. [1178] Tum. 1. 2. [1179] Tunc 3. 1 [1180] Yaroslamo 1. acarozlao 3. [1181] duci 3. [1182] *etc. addit* 3. [1183] *argumentum cod.* 5. *deest.* 1. 2. [1184] Zbigneuus namque in pro q. i. h. 3. [1185] *deest* 3. [1186] *pronomen hoc superpositum conspicitur* 2. [1187] Gallus 1. 2. [1188] non 3. [1189] septemconalis 3. [1190] habens pro t. n. d. 3. [1191] inferre pro i. f. 1. [1192] suo 3. [1193] combuste 3. [1194] fratre 2. [1195] *deest* 3. [1196] redeundo fecerit pro t. e. 3. [1197] condendo 3. [1198] et 5. [1199] medio 3. [1200] leviori 3. [1201] Gologum 3. [1202] expugnaret 3. [1203] accedere codd. [1204] oppidani 3. [1205] *deest* 1. 2. [1206] debutavit 1. [1207] B. e. transponit 2. 3. [1208] et 5. [1209] *argumentum edit. Vars.* p, 217. *deest* 1. 2. 3. [1210] *deest* 3. [1211] *argumentum edit. Vars.* p. 218. *deest* 1. 2. 3. [1212] autem 3. [1213] moribus pro i. o. e. 3. [1214] juratis 3. [1215] nullus 3. [1216] quod. 3. [1217] sibi 3. [1218] castrum 3. [1219] intrare pro i. t. 1. *deest* 3.

NOTÆ.

(152 Kalisz. S.
153) Prope Uniejow in regno Poloniæ, ad Wartam. S.
(154) Kownacki Martinum archiep. Guezn. existimat fuisse, quem auctor sæpe senem fidelem appellat S.

(155) Leczyca, urbs capitalis ducatus ejusdem nominis S.
(156) Hodiernum *Gollin* ad fl. Warta, prope Konin in regno Poloniæ. S.
(157) Wladislaus H. K.

tumque regnum Poloniæ sub Bolezlavi dominio conitum. Et cum ista brumali tempore peregisse multis sufficeret ad laborem, Bolezlavus tamen nihil grave reputat, ubi regni proficuum augmentari noverit vel honorem.

42. *Saxones navigio venerunt in Prussiam* [1220].

Igitur in Prusiam, terram satis barbaram, est ingressus, unde cum præda multa, factis incendiis pluribusque [1221] captivis, quærens bellum nec inveniens est reversus. Sed cum [1222] forte contigerit regionem istam in mentionem [1223] incidisse, non est inconveniens aliquid ex relatione majorum addidisse [1224]. Tempore namque Karoli Magni, Francorum regis, cum Saxonia sibi rebellis existeret, nec dominationis jugum nec fidei christianæ susciperet, populus iste cum navibus de Saxonia transmeavit, et regionem istam et regionis [1225] nomen occupavit. Adhuc ita sine rege, sine lege persistunt, nec a prima perfidia vel [1226] ferocitate desistunt. Terra enim illa lacubus [1227] et palludibus est adeo communita [1228], quod non esset vel castellis vel civitatibus sic [1229] munita, unde non potuit adhuc [1230] ab aliquo subjugari, quia nullus valuit [1231] cum exercitu tot lacubus [1232] et palludibus transportari.

43. *Miraculum de Pomoranis* [1233].

Nunc autem Pruzos [1234] cum brutis animalibus relinquamus, et [1235] quandam relationem relationis capacibus [1236], ymmo Dei miraculum referamus. Contigit forte [1237] Pomoranos de Pomorania prosilisse, eosque more [1238] solito prædam capturos [1239] per Poloniam discurrisse. Quibus dispersis et discurrentibus per diversa, cunctisque mala facientibus et perversa, quidam [1240] tamen eorum ad majora scelera proruperunt, qui metropolitanum ipsum et sanctam ecclesiam invaserunt. Igitur Martinus archiepiscopus Gneznensis, senex fidelis, Spicimir [1241] in ecclesia sua confessionem cum sacerdote missam auditurus faciebat, suamque viam insellatis [1242] jam equis alias iturus disponebat. Sicque procul dubio simul omnes ibidem aut [1243] fuissent jugulati, aut pariter domino sicut servus captivitatis [1244] vinculis mancipati, nisi quidam de ministris foris astantibus, armis eorum recognitis ad ecclesiæ januam properaret, jamque præsentes adesse Pomoranos exclamaret [1245]. Tum [1246] vero præsul, sacerdos, archidiaconus tremefacti, de vita temporali jam desperare sunt coacti, quid consilii caperent [1247], vel quid agerent [1248], vel [1249] quo fugerent [1250]. Arma nulla, clientes pauci, hostes in januis, et quod periculosius videbatur, ecclesia lignea ad comburrendum eos paratior habebatur. Tandem archidiaconus per hostium exiens, per solarium coopertum ad equos ire volebat, et sic evadere se putabat. Sed salutem deserens et salutem quærens, a salute deviavit, quia [1251] Pomoranis illuc irruentibus obviavit. Quo capto, pagani putantes archiepiscopum esse, gavisi sunt vehementer, quem positum in vehiculo non ligant, non verberant [1252], sed custodiunt, venerantur [1253]. Interim autem archiepiscopus Deo se votis et precibus commendavit, seque crucis sacro signaculo consignavit [1254], nec, ubi [1255] juvenis dubitaret, illuc scandere senex tremulus dubitavit [1256]. Mirabile dictu, vires, quas ætas senilis [1257] denegavit, periculum mortis timorque subitaneus ministravit. Presbiter vero [1258] sicut erat paratus, se post altarium reclinavit, et sic uterque præsul et sacerdos Deo juvante manus hostium evitavit. Nam paganos in ecclesiam irrumpentes ita majestas divina excæcavit, quod nullus eorum vel sursus ascendere vel post altare respicere ad memoriam revocavit. Qui tamen archiepiscopi altaria viatica [1259] ecclesiæque reliquias abstulerunt, statimque cum eis et cum archidiacono quem ceperunt abierunt [1260]. Sed Deus omnipotens sicut [1261] præsulem, sacerdotem et ecclesiam liberavit, sic reliquias postea totumque sanctuarium incontaminatum et inviolatum archiepiscopo restauravit. Quicumque enim paganorum reliquias vel sacras [1262] vestes vel vasa sanctuarii possidebat, vel caducus eum morbus vel insania terribilis agitabat; unde Dei magnificentia tremefacti, captivo archidiacono [1263] cuncta reddere sunt coacti. Ipse quoque sanus et incolumis archidiaconus de Pomorania remeavit, sicque suis omnibus restauratis [1264], archiepiscopus Deum mirabilem in hiis [1265] operibus collaudavit. Ex ea die Pomorani paulatim incipiunt annullari [1266] nec ita sunt ausi postea per Poloniam evagari [1267].

44. [1268] *Pomoranorum baptisatio* [1269].

(*An.* 1108.) Igitur impiger Bolezlavus iterum Pomoraniam est ingressus, et castellum obsessurus Carnkou (158) magnis viribus est agressus; machinis diversi generis præparatis, turribusque [1270]

VARIÆ LECTIONES.

[1220] *argumentum cod.* 3. *deest* 1. 2. [1221] pluribus 3. [1222] tamen 3. [1223] mencionem regionem istam in memoriam *pro* r. i. i. m. 3. [1224] addisse 3. [1225] regione 2. [1226] nec 2. [1227] lacis 1. satis 2. [1228] conita 2. [1229] *deest* 3. [1230] *deest* 3. [1231] potuit 3. [1232] lacis 1. 2. [1233] *argumentum cod.* 5 *deest* 1. 2. [1234] prusos 3. [1235] *deest* 3. [1236] capacem 3. [1237] namque 3. [1238] *deest* 3. [1239] captivos 2. [1240] quibus 1. 2. 3. [1241] Spiczimir 2. 3. [1242] insallatis 2. [1243] pariter 3. [1244] fuissent *addit* 3. [1245] *deest* 3. [1246] Tunc 3. [1247] caperentur 1. 2. [1248] agerentur 1. 2. [1249] aut 3. [1250] fugerentur 1. 2. [1251] sed 3. [1252] carcerant 3. [1253] c. v. desunt 3. [1254] asignavit 3. [1255] enim 1. 2. ibi 3. [1256] dubitaverit 1. 2. [1257] semel 3. [1258] postquam id *pro* P. v. 3. [1259] vitica 3. [1260] adierunt 3. [1261] *ita corigo* P. sic 1. 2. 3. [1262] *deest* 3. [1263] archiepiscopo 3. [1264] restitutis 3. [1265] suis 3. [1266] admirari 3. [1267] *etc. addit.* 3 [1268] *capit. XLIV usque ad XLVIII desunt* 3. [1269] *argumentum edit. Vars. p.* 226. *deest* 1. 2. [1270] turribus 2.

NOTÆ.

(158) Czarnków ad fl. Notec, *Netze.* S.

castellana munitione praeeminentioribus elevatis, armis tamdiu ac [1271] instrumentis oppidum impugnavit, donec illud facta deditione suo dominio mancipavit. Insuper etiam ad fidem multos ab infidelitate revocavit, ipsumque dominum castelli de fonte baptismatis elevavit. Audientes autem hoc pagani ipseque dominus paganorum, sic facile videlicet corruisse contumaciam [1272] Charncorum, ipse dux Bolezlawo primus omnium inclinavit, sed eorum neuter longo tempore confidelitatem observavit. Nam postea baptizatus ille Bolezlavi filius spiritalis traditiones fecit multimodas, dignas sententiae capitalis. Sed ista suo loco recitanda praesentialiter silentio contegamus, donec imperatorem de Ungaria, Bolezlavum vero de Bohemia reducamus, et si qua prius fieri contigerit inducamus.

45. Bellum cum Moravis gestum [1273].

Nunc autem de Pomoranis ad Bohemos convertamur, ne diutius circa idem immorantes pigritari videamur. (*An.* 1108, *Sept.*) Igitur Bolezlavo in terrae custodia persistente, et honori patriae totis viribus insistente, contigit forte Moravienses advenire, volentes castrum Kosle Polonis nescientibus praevenire. Tunc quoque Bolezlavus quosdam probos milites ad Ratibor [1274], si possibile sit, capiendum misit, ipse tamen propterea vel venari vel quiescere non dimisit. Illi vero probi milites abeuntes, et certamen cum Moraviensibus ineuntes, ibi probi quidam de Polonis in proelio corruerunt, socii tamen eorum et victoriae campum et castellum habuerunt. Sic sunt in proelio Moravienses interempti, et sic illi de castello ignorantes interrepti [1275]. Interea Henricus imperator, quartus Ungariam introivit, ubi parum utilitatis vel honoris acquisivit (159). Nos autem de gestis imperatorum vel Ungarorum ad praesens non tractamus, sed haec commemorando Bolezlavi fidem et audaciam praedicamus.

46. Bellum Bohemis illatum [1276].

Erat enim inter regem Ungarorum Colmannum et ducem Poloniae Bolezlavum conjuratum, quod si regnum alterius imperator introiret, alter eorum interim Bohemiam praepediret. Quando ergo caesar Ungariam introivit, Bolezlavus quoque, fidem servans, in medio silvarum proelio commisso, victor Bohemiam propedivit, ubi tribus diebus et noctibus comburrendo tres castellanias [1277] unumque suburbium dissipavit, et sic cito pro Pomoranis per traditionem sua castra capientibus remeavit.

47. Pomorani rebelles [1278].

Jam eo absente Pomorani Uscze (160), Bolezlavi castrum obsederunt, et illud Poloni Pomoranis jam Gnevomir per traditionem suggerentem reddiderunt [1279]. Erat enim iste Gnevomir de castello Charncou, quod Bolezlavus expugnavit, et quem ipse de fonte baptismatis elevavit, et ceteris interemptis, vitae reservavit, et in ipso castello dominum collocavit. Hic vero perfidus, perjurus, immemor beneficii, perverso consilio castrum reddere consulit castellanis, mentiendo Bolezlavum superatum a Bohemis et jam redditum Alemannis. Exercitu itaque tam laborioso itinere tamque periculoso de Bohemia redeunte, nec sibi nec viris fatigatis nec equis macilentis pepercit, nec die noctuque requievit, donec, illuc festinans cum paucis quos de multis eligere potuit et si non aliud fecit — se velle injuriam vindicare saltim innotuit — eumque sanum et non superatum apparuit. Nullus enim se contra eum ad bellum praeparavit, nullus enim vel redeunti pugnaturus obviavit, et sic nec dampnum faciens nec recipiens remeavit.

48. Bolezlavus Pomoranos rebelles capto castro Velun (161) castigat [1280].

Interim [1281] aliquantulum equis et militibus recreatis [1282], in Pomoraniam [1283] redire parat Bolezlavus, iterum [1284] ad bellum cohortibus instauratis. Hostium ergo [1285] terram ingrediens, non praedas sequitur vel armenta, sed castrum Velun (162) obsidens machinas praeparat ac diversi generis [1286] instrumenta. At contra castellani, vitae diffidentes, solummodo [1287] in armis confidentes, propugnacula relevant, destructa reparant, sudes praeoccupatas et lapides sursum elevant, obstruere portas festinant. Machinis itaque praeparatis et universis [1288] adarmatis, Poloni castrum undique viriliter invadunt [1289], Pomorani vero non minus defendunt. Poloni pro justitia et victoria sic acriter insistebant, Pomorani pro naturali perfidia et pro salute defendenda resistebant [1290]. Poloni gloriam appetebant, Pomorani libertatem defendebant [1291]. Ad extremum tamen [1292] Pomorani continuis [1293] laboribus et vigiliis fatigati, se non posse tantis resistere viribus meditantes [1294], de primo fastu superbiae descendentes, sese castellumque, recepta Bolezlavi ciro-

VARIAE LECTIONES.

[1271] ab 1. 2. [1272] contumacium 1. 2. [1273] *Argumentum edit. Vars.* p. 227. *deest* 1. 2. [1274] Rathibor 2. [1275] interempti 1. [1276] *argumentum edit. Vars.* p. 228 *deest* 1. 2. [1277] castellanuas *codd.* [1278] *argumentum edit Vars.* p. 229. *deest* 1. 2. [1279] tradiderunt 2. [1280] *argumentum edit. Vars.* p. 231. *deest* 1. 2. *et* 3. *qui hoc loco iterum incipit.* [1281] Iterum 2. 3. [1282] igitur Bolezlavus pro a. e. c. m. r. 3. [1283] Pomaraniam 3. [1284] B. i. *desunt* 3. [1285] *deest* 5. [1286] et diversorum generum pro a. d. g. 3. [1287] solum 3. [1288] universibus 1. 2. [1289] oppugnant 3. [1290] Poloni pro — resistebant *desunt* 3. [1291] Poloni gloriam — defendebant *desunt* 2. [1292] Igitur pro A. e. t. 3. [1293] *deest* 5. [1294] meditari 1. 2. 3.

NOTAE.

(159) Cosmas, III, 22. K.
(160) Uscie, ad fl. Notec, *Netze*. S.
(161) Wielen, ♪ wenne ad fl. Netze S.
(162) Sall. Jug. 94. S.

teca ¹²²⁸ pro pignore, reddiderunt ¹²⁹⁶ (An. 1108). At Poloni tot labores ¹²⁹⁷, tot mortes tot asperas hiemes, tot traditiones et insidias memorantes, omnes occidunt, nulli parcentes, nec ipsum etiam Bolezlavum hoc prohibentem audientes. Sicque paulatim rebelles et contumaces Pomorani per Bolezlavum destruuntur, sicut jure perfidi destrui debent ¹²⁹⁸. Castellum vero Bolezlavus melius ad retinendum affirmavit ¹²⁹⁹, eoque ¹³⁰⁰ munito necessariis, suos ibi milites collocavit.

49. Sexcenti Pomorani in Mazovia sunt perempti ¹³⁰¹.

(An. 1109.) Sequenti tamen æstate congregati transierunt in Mazoviam ¹³⁰² prædam capere Pomorani. Sed sicut sibi Mazovienses prædam facere sunt conati, sic ab ¹³⁰³ ipsis Mazoviensibus præda fieri sunt coacti. Ipsi nempe ¹³⁰⁴ per Mazoviam cursitantes, prædam et captivos congregantes et ædificia concremantes ¹³⁰⁵, jam securi cum præda stabant nec de bello dubitabant. Et ecce, comes nomine Magnus, qui tunc Mazoviam regebat ¹³⁰⁶, cum Mazoviensibus, paucis quidem numero, probitate vero ¹³⁰⁷ numerosis ¹³⁰⁸, contra plures et innumerabiles paganos horribile prœlium intravit ¹³⁰⁹, ubi Deus suam omnipotentiam revelavit ; namque ¹³¹⁰ de paganis ibi plus quam 600 aiunt interisse, prædamque totam illis et captivos Mazovienses abstulisse, residuos quoque vel capi non est dubium vel fugisse. Quippe Symon, illius regionis ¹³¹¹ præsul, oves suas lupinis morsibus laceratas luctuosis vocibus cum suis clericis, infulis indutus sacerdotalibus ¹³¹², sequebatur et quod armis sibi materialibus non licebat, hoc armis perficere spiritualibus et orationibus nitebatur ¹³¹³. Et sicut antiquitus filii Israel Amalechitas orationibus Moysis ¹³¹⁴ devicerunt, ita vero ¹³¹⁵ Mazovienses de Pomoranis victoriam sui pontificis ¹³¹⁶ adjuti precibus habuerunt. Sequenti etiam die duæ mulieres fraga per devia legentes, uno milite Pomoranorum invento novam victoriam retulerunt, quem armis exutum, religatis post tergum manibus in præsentia comitis et pontificis adduxerunt.

50. Bohemorum et Żbignevi clades ¹³¹⁷.

Żbignevi quoque milites cum Bohemis per regionem ¹³¹⁸ Zleznensem ¹³¹⁹ deprædantes et concremantes, simili infortunio ab ipsis affinibus ¹³²⁰ superati, quidam vero capti, quidam gladio jugulati ¹³²¹. Hiis autem minoribus prætaxatis aliquantisper quiescamus, ut contextum de majoribus librum tertium adeamus.

EXPLICIT LIBER SECUNDUS, INCIPIT LIBER TERTIUS.

LIBER TERTIUS ¹³²².

Incipit epistola tertii libri ¹³²³.

Capellanis ducalibus venerandis aliisque ¹³²⁴ bonis clericis per Poloniam memorandis præsentis auctor opusculi, sic bona temporalia præterire, ut liceat expedite de caducis ad permanentia transilire. Primum omnium vos scire volo, fratres carissimi, quia tantum opus non ideo cœpi, ut per hoc fimbrias meæ pusillanimitatis dilatarem; nec ut patriam vel parentes meos ¹³²⁵ exul apud vos et peregrinus ¹³²⁶ exaltarem, sed ut ¹³²⁷ aliquem fructum mei laboris ad locum meæ professionis reportarem. Item aliud vestræ discretioni manifesto, quia ¹³²⁸ non ut me quasi cetreris ¹³²⁹ præferendo vel quasi facundiorem in sermone referendo hunc laborem suscepi, sed ut otium evitarem, et dictandi consuetudinem conservarem, et ne frustra panem Polonicum manducarem. Insuper etiam copiosa bellorum materia ad præsumendum onus viribus inæquale meam ignorantiam excitavit, ipsiusque Bolezlavi belligeri ¹³³⁰ ducis probitas ac magnanimitas audendi ¹³³¹ fiduciam ministravit. Quocirca non mea sed vestra ¹³³² percipite, non fabrum sed aurum perpendite, non vasa sed vinum ebibite. Et si forsan in hoc opere verborum nuditatem accusatis, ex hiis saltim ¹³³³ materiam tractandi profundius ¹³³⁴ et argumentosius habeatis. Quodsi reges Polonos vel duces fastis indignos annualibus ¹³³⁵ judicatis, regnum Poloniæ procul dubio quibuslibet incultis barbarorum nationibus addicatis. Et si forte propositis me talem talisque vitæ indignum talia præsumpsisse, respondebo, bella regum atque ducum, non evangelium me scripsisse. Numquam enim fama ¹³³⁶ vel militia Romanorum vel Gallorum sic ¹³³⁷ celeberrima per mundum haberetur, nisi scriptorum testimoniis memoriæ posterorum et ¹³³⁸ imitationi servaretur. Maxima quoque Troja ¹³³⁹ quamvis destructa jacebat et deserta, æternæ tamen memoriæ poetarum tytulis est inserta. Muri coæquati ¹³⁴⁰, turres destructæ jacent, loca spaciosa et amœna habitatore carent, in palatiis regum et principum lustra ferarum et cubilia secreta latent, Trojæ ¹³⁴¹ tamen Pergama ¹³⁴² ubique terrarum scri-

VARIÆ LECTIONES.

¹²⁹⁵ cyrotheca 3. ¹²⁹⁶ tradiderunt 3. ¹²⁹⁷ t. l. desunt 3. ¹²⁹⁸ solent 2. ¹²⁹⁹ firmavit 3. ¹³⁰⁰ eo quoque 3. ¹³⁰¹ argumentum cod. 3. deest 1. 2. ¹³⁰² Maiozoviam 2. ¹³⁰³ de pro sic ab 3. ¹³⁰⁴ namque 2. 3. ¹³⁰⁵ concrementes 3. ¹³⁰⁶ qui — regebat desunt 3. ¹³⁰⁷ atque viribus 3. ¹³⁰⁸ numerosos male 1. 2. ¹³⁰⁹ introivit 3. ¹³¹⁰ nam 3. ¹³¹¹ religionis 1. 2. ¹³¹² pontificalibus 3. ¹³¹³ satagebat 3. ¹³¹⁴ Moysi 1. 2. 3. ¹³¹⁵ nunc 3. ¹³¹⁶ antistitis 3. ¹³¹⁷ argumentum ed. Gedan et Vars. deest 1. 2. 3. ¹³¹⁸ religionem non recte 3. ¹³¹⁹ Zlesiensem 3. ¹³²⁰ af solum habet 3. ¹³²¹ jugulantes gladio pro g. i. 1. 2. ¹³²² inscriptio edit. Vars. p. 237 deest 1. 2. 3. ¹³²³ et primo prologus pro I. E. T. L. ponit conjungendo cum præcedenti libro 3. ¹³²⁴ aliis 3. ¹³²⁵ deest 2. ¹³²⁶ peregrinos 2. ¹³²⁷ in vobis addit 3. ¹³²⁸ quod 3. ¹³²⁹ ceteros 3. ¹³³⁰ deest 3. ¹³³¹ arridendi 2. audiendi 3. ¹³³² vestram 1. ¹³³³ saltem 2. ¹³³⁴ deest 3. ¹³³⁵ aialibus sistunt 2. 3. ¹³³⁶ fame 3. ¹³³⁷ si 1. 2. deest 3. ¹³³⁸ deest 3. ¹³³⁹ troya 3. ¹³⁴⁰ quoæquati 1. ¹³⁴¹ troye 3. ¹³⁴² pargama 2.

plura clamante prædicantur [1343]; Hector et Priamus plus in pulvere quam in regni solio recitantur [1344]. Quid de Alexandro Magno, quid de Antiocho, quid de Medorum atque [1345] Persarum regibus, quid de tyrannis barbarorum memorarem? Quorum si solum [1346] nomina recitarem, opus hodiernum in diem crastinum [1347] prolongarem. Horum tamen fama interim natorum [1348] præconiis immortalis, quorum vita non est perpetua sed pennalis [1349]. Nam sicuti [1350] sancti [1351] viri bonis operibus et miraculis celebrantur, ita mundani reges et principes bellis triumphalibus et victoriis sublimantur; et sicut vitas sanctorum et passiones religiosorum est in ecclesiis prædicare, ita gloriosum est in scolis vel in palatiis regum ac ducum triumphos vel [1352] victorias recitare; et sicut vitæ sanctorum vel passiones ad religionem mentes fidelium instruunt [1353] in ecclesiis prædicatæ, ita militiæ vel victoriæ [1354] regum atque ducum ad virtutem militum animos accendunt in scolis vel capitoliis [1355] recitatæ. Sicut enim pastores ecclesiæ [1356] fructum animarum quærere debent spiritualem, sic defensores honorem patriæ famamque dilatare student et gloriam temporalem. Oportet enim Dei ministros in hiis quæ Dei sunt Deo spiritualiter obedire, et in hiis quæ sunt cæsaris honorem et servitium mundi principibus exhibere. Quid enim mirum, si viri triumphatores et incliti famam et gloriam appetunt ex virtute, cum etiam Cleopatra, Cartaginis [1357] regina, imperium Romanum avida [1358] laudis, transferre voluit virili [1359] audacia [1360], non naturali sive feminea probitate. Et si femina quærens imperium, navali prœlio superata, morte terribili semet ipsam perimere maluit quam servire, quid est mirum si patriam vel hereditatem paternam defendentes vel illatam injuriam persequentes, in bello famosa non venenosa [1361] morte [1362] magis appetunt interire, quam ignominiose suis obnoxiis obedire? Constat ergo ex hiis superius approbatis rebus gestis Polonorum principum in vacuum non [1363] recitatis, constat quoque vestro judicio confirmandum, vero [1364] præsens opus [1365] interprete recitandum. Insuper illud causa Dei causaque Poloniæ provideat [1366], vestræ discretio probitatis ne mercedem tanti laboris impediat vel odium vel occasio meæ cujuslibet vanitatis. Nam si bonum et utile meum opus honori patriæ a sapientibus judicatur indignum est et incomeniens, si consilio quorundam artifici merces operis auferatur.

Explicit epistola [1367]. Incipit epilogum [1368].

Deo vero laus et honor, regnum, virtus, gloria
Pomorana subjugatur cujus sub potentia,
Bolezlavo [1369] triumphanti salus [1370] et victoria [1371].
Ad honorem Jesu Christi referamus omnia,
Qui gubernat totum mundum sua sapientia;
Non hæc fecit vis humana, sed neque militia.
Bolezlavus obsidebat castrum antiquissimum,
Viris, armis et [1372] naturæ situ munitissimum,
Et ad dampnum sui regni periculosissimum.
Pomorani venientes obsessis succurrere,
In [1373] incautos obsessores properant irruere,
Sed inani spe decepti [1374] sunt acti corruere.
Per opaca [1375] deviando cuncti fere [1376] pedites,
Fugiendi ne spem ponant in caballis [1377] milites,
Ex occulto per ignotos emersere tramites.
Bolezlavus dux armatus cum paucis militibus,
Scarbimirus palatinus cum collateralibus,
Septingenti conflixere cum triginta [1378] milibus.
Namque nocte præcedente fecerant excubias,
Et audito quod venirent, miserant insidias;
Sic habebat dux transmissas huc et illuc copias [1379].
Illi vero recurvati ordinaverunt [1380] prœlium [1381],
Hastis suis [1382] circumquaque plectentes [1383] yri-
[cium [1384] (163),
Nec procedunt [1385] catervatim, sed stant per circin-
[nium [1386].
Bolezlavus dux de tali [1387] causa satis callidus [1388],
Transgirando vertit eos usquequaque providus,
Ut vir audax, bellicosus atque laudis avidus.
Scarbimirus ex adverso se confert in medios,
Et hortatur et confortat ad pugnandum socios:
Tales, inquit, Pomorani, non sensistis gladios!
Sed quid plura! terga vertunt Pomorani prœlio,
Neque fuit super illos tanta cædes alio [1389],
Septem castra conquisivit dux de belli præmio,
In hiis [1390] collaudemus Deum et sanctum [1391] Lau-
[rentium,
Die cujus sacrosancto factum est hoc prœlium [1392].
Inde sibi fiat ibi dignum ædificium.
Tam præclara Bolezlavi descripta victoria,
Assignetur cum augusto pax et amicitia,
Confirmetur, sicut decet, fraterna concordia.
Qua de causa partes, constat [1393], imperator venerat,
Quanto fastu, qua virtute regnum hoc intraverat!
Quos deponi, quos præponi jamjam [1394] disposuerat!

VARIÆ LECTIONES.

[1343] predicatur 2. 5. [1344] regni solio recitatur pro i. r. s. r. 5. [1345] et 5. [1346] tantum 5. [1347] crastinam 5. [1348] natū 2. unum natum pro i. n. 1. 5. [1349] penalis 1. 2. 5. [1350] lectio ed. Ged. deest 1. 2. 5. [1351] sū 2. 5. [1352] et 5. [1353] instruuntur non recte 1. 2. [1354] v. v. desunt 5. [1355] capitolis 2. palaciis 5. [1356] ecclesiarum 5. [1357] karthaginis 5. [1358] avidia 5. [1359] viri 2. [1360] auda 5. [1361] venosa 2. [1362] deest 2. 5. [1363] non addendum esse censuit jam ed. Vars. quamvis desit 1. 2. 5. [1364] deest 5. [1365] vero addit 5. [1366] providebit 5. [1367] prologus 5. [1368] epilogus 5. [1368a] Nam Boleslavus 2. [1370] sal' 2. [1371] victo 2. [1372] et deest codd. [1373] deest codd. [1374] recepti 2. [1375] opaga 4. 2. [1376] fore 1. 2. 5. [1377] cabellis 2. [1378] XXIX ta 5. [1379] deest 2. [1380] ordinavere 5. [1381] copias hoc loco demum addit 5. [1382] sunt 1. 2. 5. [1383] prolectentes 2. [1384] ericium 5. [1385] precedunt 5. [1386] cyntinnium 1. cyncinnium 2. 3. [1387] illis 5. [1388] callidis 2. [1389] Nec fuit tanta cedes super illos alio pro Neque fuit — alio 5. [1390] ergo addit 5. [1391] deest 5. [1392] commissum est prelium pro f. e. h. p. 5. [1393] ita 1. 2. 5. per quas partes ed. Ged. quam lectionem recepit ed. Vars. [1394] iam 5.

NOTÆ.

(163) I. e. horret Pomoranorum acies, in orbem mutata, sicut ericius, hastis. K.

Sed quid valet contra Deum virtus vel consilium? Sine cujus nutu nil fit, nec movetur folium, Qui convertit in convalles, si vult, juga montium. Bolezlavus stat in regno magnus dux et dominus, Et paratus est ad bellum sicut leo cominus, Qui resistit, superatur, sive fugit protinus. Bohemienses [1395], quid tardatis colla vestra subdere? Cum cernatis ipsum regem Bolezlavo cedere, Ut [1396] sciatis, vos non posse viribus resistere. Non est hostis tanto duci congredi qui valeat, A Et qui parem profiteri sese palam audeat, Nec vicinus qui cum eo de pace non gaudeat. Nam in hostes triumphator existit mirificus [1397], Erga cunctos cum honore dator est munificus, Ungarorum rex per eum consistit pacificus. Non est tempus quanta fecit enarrandi singula, Quae [1398] noverunt qui senserunt carceres et vincula. Nos ad laudes, non ad fraudes damus haec [1399] muscula.

INCIPIT TERTIUS LIBER DE GESTIS BOLEZLAVI TERTII [1400]

1. Victoria de Pomoranis [1401].

Multis et innumerabilibus Bolezlavi tertii gestis militaribus memorandis intitulandum praecipue, qualiter sancti Laurentii die contigerit Pomoranis, utque repressa sit ira caesaris, et ut impetuosis obstitum [1402] fuerit Alemannis. Quoddam namque castrum nomine Nakel in confinio Poloniae ac [1403] Pomoraniae paludibus et opere firmum constat, ad quod capiendum dux belliger cum exercitu suo sedens, armis et machinis laborabat. Cumque oppidani non posse tantae multitudini resistere se vidissent, et cum tamen a suis auxilium principibus exspectassent, inducias quaesierunt, diemque certum indiderunt, infra quem, si sui eos non juvarent, in potestatem [1404] hostium et oppidum et se darent. Induciae quidem eos assultandi [1405] conceduntur, sed apparatus tamen expugnandi minime differuntur. Interim oppidanorum nuntii Pomoranorum exercitum convenerunt, eisque pactionem suorum factam cum hostibus retulerunt. Tunc vero Pomorani, audita legatione stupefacti, conjurant insimul [1406] pro patria vel se [1407] mori vel victoriam de Polonis [1408] adipisci. Dimissis igitur equis, ut adaequato periculo fiducia cunctis et [1409] audacia major esset, nullam viam vel semitam gradientes, sed ferarum lustra condensaque [1410] silvarum irrumpentes, non in die statuto sed in sancti Laurentii (an. 1109, Aug. 10) sacrosancto [1411] quasi sorices de latibulis emerserunt, indicioque suo [1412] non humana sed manu divina perierunt (164). Gloriosus Deus in sanctis suis, venerabilis enim dies sancti Laurentii martiris [1413] existebat, et in illa hora christianorum concio [1414] de missarum solemniis exibat, et ecce, subito barbarorum exercitus ibi cominus imminebat.

B Versus [1415]:

Martir Laurenti, populo succurre merenti. Quid nunc facient [1416] christiani? Quo se vertentur [1417]? Exercitus hostium improvisus, acies ordinandi non est [1418] tempus, ipsi pauci, hostes multi, fuga tarda nunquam placita Bolezlavo.

Versus [1419]:

Martir Laurenti, populo vim tolle ferenti! Igitur militibus quotquot erant in duobus tantum agminibus ordinatis, alterum agmen rexit ipse belliger Bolezlavus, alterum vero ejus signifer Scarbimirus. Nam ceterae multitudinis [1420] alii pabulum [1421] equorum, alii victualia quaerebant, alii vero vias et tramites [1422] et adventum hostium [1423] observabant. Nec mora Bolezlavus impiger educit agmina, sic C verbis paucissimis commonendo: *Vestra probitas et imminentis periculi necessitas amorque patriae magis quam oratio mea [1424] vos, invictissimi juvenes, exhortentur. Hodie, Deo favente sanctoque Laurentio deprecante, Pomoranorum ydolatria ac militaris superbia nostris ensibus conteretur.* Nec plura locutus, coepit hostes in circuitu transgirare, quia sic in terra hastas suas versis cuspidibus in hostes affixerant, seseque [1425] simul constipaverant, quod nullus poterat ad eos virtute nisi cum ingenio penetrare. Erant enim, ut dictum est superius, pedites fere cuncti, nec ad proelium more christianorum ordinati, sed sicut lupi insidiantes ovibus, in terra [1426] poplitibus [1427] recurvati. Dumque magis impiger Bolezlavus circumquaque volitare videretur quam currere, transversis in eum hostibus, Scarbimirus intrandi locum inveniens, ex adverso non differt [1428] in cuneos diutius confertissimos penetrare. Penetratis itaque barbaris ac vallatis, acriter [1429] imprimis resistunt, sed coacti tandem fugam petunt. D

VARIAE LECTIONES.

[1395] Bohemenses 2. 3. [1396] hic 3. [1397] mirificus 5. [1398] qui 1. 2. [1399] hic 1. 2. [1400] *inscriptio tota deest* 3. [1401] *argumentum edit. Vars.* p. 247. *deest* 1. 2. 3. [1402] ostentum 3. [1403] a 2. [1404] potestate 3. [1405] assultandi eis *pro* e. a. 3. [1406] vel se *addit hoc loco* 3. [1407] vel se *desunt* 3. [1408] contra Polonos *pro* d. P. 5. [1409] atque 5. [1410] et condensa 5. [1411] die *repetit* 5. [1412] inditusque sunt *pro* i. s. *non recte* 1. 2. totaliterque *pro* i. s. 5. [1413] *deest* 5. [1414] consio erronee 1. 2. [1415] v' siglum *hoc loco* 1. 2. positum versus *indicat.* [1416] Quid plura quid faciant *pro* Q. n. f. 5. [1417] vertant 3. [1418] *deest* 3. [1419] iterum v siglum *ponunt* 1. 2. *deest* 3. [1420] multitudini 1. 2. ceterum multitudini *pro* N. c. m. 3. [1421] habulum 1, [1422] intramites *pro* c. t. 2. [1423] *deest* 1, 2. [1424] uia 2. [1425] sese 2. [1426] terram 3. [1427] poblitibus 1. poblicibus 2. [1428] differet 2. [1429] acritus 2.

NOTAE.

(164) Recte monet ed. Vars. Romanos dicere amasse: *Egomet meo indicio quasi sorex hodie perii.* TERENT. Eun. v, 7, 23. S.

christianis ibi quidam [1430] probi milites cadunt, paganorum vero de 40 milibus decem milia vix evadunt. Testor Deum, ope cujus, sanctumque Laurentium, prece cujus facta fuerit [1431] ista cædes, admirabantur qui aderant, quomodo [1432] tam subito a militibus minus mille peracta fuerit [1433] tanta strages (an. 1109.) Dicuntur enim ipsi Pomorani certo numero computasse de suis ibi 27 milia corruisse, quod in paludibus interessent, nec illi quidem sic evadere potuissent. Oppidani vero videntes se totam [1434] spem amisisse, nec auxilium aliunde vel a quolibet exspectare, civitatem vita donata reddiderunt. Audientes autem hæc de sex aliis castellis oppidani [1435], consilium itidem [1436] inierunt, se ipsos videlicet munitionesque tradiderunt.

2. *Epistola imperatoris ad regem Bolezlavum.*

Dum hæc aguntur [1437], Henricus imperator quartus Romæ nondum coronatus, secundo quidem anno coronandus (165), cum verbis hujuscemodi Bolezlavo legationem præmisit, cum exercitu violenti Poloniam invasurus: *Indignum est enim [1438] imperatori legibusque Romanis inhibitum [1439], fines hostis præsertimque sui militis prius [1440] hostiliter introire, quam eum sciscitari de pace, si voluerit obedire, vel de bello, si restiterit [1441], ut se præmuniret [1442]. Quapropter aut oportet te fratrem tuum in regni medietatem [1443] recipere, mihique 300 marcas annuatim tributarias vel totidem milites in expeditionem dare, vel mecum, si vales, ense Polonorum regnum dividere.* Ad hæc Bolezlavus dux septentrionalis respondit: *Si pecuniam nostram vel Polonos milites pro tributo requiris, si libertatem nostram non defendimus, pro feminis nos habeamus [1444], non pro viris. Hominem vero seditiosum recipere, vel unicum [1445] cum eo regnum dividere, non me coget ullius violentia potestatis, nisi meorum commune consilium et arbitrium meæ propriæ voluntatis. Quodsi bonitate [], non ferocitate pecuniam vel milites in auxilium Romanæ ecclesiæ postulasses, non minus auxilii vel consilii forsan apud nos quam tui antecessores apud nostros impetrasses [1446]. Ergo provideas cui minaris, bellum invenies, si bellaris [1447].*

3. *Belli cum Henrico initium [1448].*

Ex qua responsione cæsar pernimium ad iracundiam provocatus, talia mente concipit, talemque viam incipit, unde [1449] non exibit, neque redibit, nisi se ipso suoque dampno quam maximo [1450] castigatus. Zbigneus quoque cæsarem iratum ex hoc multo magis incitabat, quia paucos de Polonia sibi resistere promittebat. Insuper etiam Bohemi, vivere prædis et rapinis assueti, cæsarem Poloniam intrare animabant, quia se scire vias et tramites per silvas Poloniæ jactitabant [1451]. Cæsar ergo talibus monitis et consiliis superandi [] Poloniam in spem ductus, ingrediens, Bytomque perveniens, in hiis omnibus est seductus [1453]. Namque castrum Bytom sic armatum sicque munitum aspexit, quod [1454] Zbigneum [1455] iratus cum verbis indignationis respexit [1456]. *Zbigneve*, cæsar inquit [1457], *sic te Poloni pro domino recognoscunt? sic fratrem [1458] relinquere, tuumque dominium sic deposcunt?* Cumque castrum Bytom munitione situque [1459] naturæ et aquarum circuitione inexpugnabile cum aciebus ordinatis præterire voluisset, quidam de suis famosi milites ad castrum declinaverunt, volentes in Polonia [1460] suam militiam comprobare [1461] viresque Polonorum et audaciam experiri. At contra castellani portis apertis et extractis ensibus exierunt, nec multitudinem tam diversarum gentium nec impetum Alemannorum nec præsentiam cæsaris metuentes, sed in frontibus ejus [1462] audacter ac viriliter resistentes. Quod considerans imperator, vehementer est miratus, homines scilicet [1463] nudos contra clipeatos, vel clipeatos [1464] contra loricatos nudis ensibus decertare, et tam alacriter ad pugnam velud ad epulas properare. Tunc quasi suorum præsumptioni militum indignans, suos balistarios et sagittarios illuc misit, quorum terrore castellani saltim sic cederent et in castrum sese reciperent [1465]. At Poloni pila vel sagittas quæ [1466] undique volitabant quasi nivem vel guttas pluviæ computabant. Ibi vero cæsar primum Polonorum audaciam comprobavit, quia suos inde cunctos non incolumes revocavit [1457]. Nunc autem paulisper cæsarem spatiari per silvas Poloniæ permittamus, donec draconem flammivomum de Pomorania reducamus.

4. *Bolezlavus parat bellum [1468].*

(An. 1109.) Igitur impiger Bolezlavus in Pomorania superato prœlio supradicto, septemque castellis acquisitis, audito pro certo, quod cæsar Poloniam introisset, viris et equis obsessione diutina fatigatis, quibusdam militum interemptis, quibusdam etiam sauciatis, aliisque domum cum eis dimissis, cum quibus potuit equitavit, et obstruere transitus

VARIÆ LECTIONES.

[1430] *deest* 3. [1431] fuit 3. [1432] quoque 3. [1433] peracti fuit *pro* f. p. 3. [1434] sic *addit* 3. [1435] quidam ibidem 3. [1436] deest 3. [1437] Cum hec ita geruntur *pro* D. h. a. 3. [1438] deest 3. [1439] prohibitum 3. [1440] deest 3. [1441] resisterit 2. [1442] premunire 2. valeat premunire 3. [1443] medietate 2. 3. [1444] habeas 3. [1445] unum 3. [1446] impetrares 2. 3. [1447] bellatis *non recte* 2. [1448] argum. ed. Vars. *deest* 1. 2. 3. qui neque spatium vacuum relinquunt. [1449] unum 1. 2. 3. [1450] maxime 3. [1451] ita correxi P. incitapant 1. 2. 3. [1452] superatus 3. [1453] reductus 3. [1454] Namque castrum — aspexit quod, *omittit hoc loco, et infra demum ponit* 3. [1455] Zbigneumque cesar 3. [1456] quod castrum Bytom sic armatum sic munitum aspexit, *hoc loco ponit* 3. [1457] Zhignee *repetit* 3. [1458] tuum *addit* 3. [1459] sinuque 1. 2. [1460] Poloniam 2. 3. [1461] comprobari 1. [1462] eis 1. 3. [1463] *deest* 3. [1464] v. c. *deest* 3. [1465] et reciperent *desunt* 3. [1466] *deest* 2. [1467] cunctos suos inde non revocavit incolumes *pro* s. i. c. n. i. r. 3. [1468] argum. ed. Vars. p. 260 *deest* 1. 2. 3.

NOTÆ.

(165) Anno 1111. K.

et vada fluminis Odræ modis omnibus commendavit [1469]. Obstrusa sunt itaque loca quæcumque poterant vel sicco flumine transvadari, vel si qua poterant ab ipsis incolis occulta forsitan attemptari. Quosdam etiam probos milites ad [1470] Glogow et ad [1471] fluminis transitus observandos præmisit; qui cæsari tam diu resisterent, donec, ipso succurrente super ripam fluminis, aut omnino victoriam obtinerent, aut saltim eum ibi detinendo exercitum vel auxilium expectarent. Ibi vero Bolezlavus, non longe remotus a Glogow, cum exercitu parvo stabat, neque [1472] mirum, quia suos diutissime fatigaverat [1473]. Ibi rumores et legationes audiebat, ibi suum exercitum exspectabat, inde exploratores huc illucque transmittebat, inde camerarios pro suis et pro Ruthenis et Pannonicis delegabat.

5. *Obsidio Glogoviæ* [1474].

Cæsar autem iter faciens, non sursum sive deorsum vada temptando declinavit, sed juxta civitatem Glogow, cum impetu per locum inæstimabilem [1475]; nullo ibi transitum [1476] præsciente, nulloque ibi resistente, cum densis agminibus et armatis, non præparatis civibus, transvadavit (166), per illum locum, nunquam castellanis dubitantibus, nec sperantibus dubitandum. Erat enim sancti Bartholomæi apostoli dies festus (*Aug.* 24), quando cæsar fluvium transiebat, et tunc totus civitatis populus divinum officium audiebat. Unde constat, quia securus et sine periculo pertransivit, prædamque multam et homines et etiam tentoria circa oppidum acquisivit. Eorum quoque plurimi, qui castrum defendere venerant, et extra castrum in tentoriis residebant, a cæsare [1477] castrum sunt intrare prohibiti, quidam ibi subito retenti [1478], quidam vero fuga [1479] subveniente [1480] liberati. Quorum unus Bolezlavo fugiens obviavit, qui cuncta quæ contigerant enarravit. Tunc vero Bolezlavus non sicut lepus formidolosus evanuit, sed suos sicut miles animosus ammonuit : *O fortissimi milites*, inquiens, *in multis mecum bellis et expeditionibus fatigati, nunc quoque mecum estote pro libertate Poloniæ vel mori vel vivere præparati.* [1481]. *Ego quidem jam cum* [1482] *tam parva manu prœlium libens contra cæsarem inirem, si scirem pro certo, quod etiam ibi, me moriente, discrimen patriæ diffinirem. Sed quoniam ad unum de nostris restant de hostibus plus quam centum, hic est honestius resistendum, quam illuc cum paucis eundo præsumptuose moriendum; hic enim nobis resistentibus, eisque transitum prohibentibus satis pro victoria reputabitur.* Hæc dixit, et rivulum super quem stabat arboribus cæsis obstruere cœpit.

6. *Induciæ Glogoviensium* [1483].

Interim vero cæsar a Glogoviensibus obsides tali [1484] conditione sub jurejurando recepit [1485], quod si pacem vel aliquam pactionem infra spatium quinque dierum missa legatione cives efficerent, reddita responsione vel [1486] pace composita vel prohibita cives tamen suos obsides rehaberent. Et hoc utique per ingenium factum fuit. Ob hoc utique cæsar obsides cum juramento recepit, quia per eos civitatem licet cum perjurio consequi se reputavit. Ob hoc etiam [1487] Glogovienses illos obsides posuerunt, quia loca civitatis interim vetustate consumpta munierunt.

7. *Induciæ rumpuntur* [1488].

At Bolezlavus audita legatione de datis obsidibus indignatus, crucem civibus, si propter [1489] ipsos castrum reddiderint, est minatus, adjiciens, esse [1490] melius et honestius et cives et obsides gladio pro patria morituros, quam facta deditione vitam inhonestam redimentes, alienis gentibus servituros. Recepta responsione [1491], cives Bolezlavum pacem sic fieri nolle referunt, obsidesque suos, sicut juraverant, requirunt (*an.* 1109). Ad hæc cæsar respondit : *Obsides quidem, si mihi castrum reddideritis, non tenebo, sed si rebelles fueritis, et vos et obsides jugulabo.* Contra castellani [1492] : *Tu quidem in obsidibus et perjurium poteris et homicidium perpetrare, sed per* [1493] *ipsos quod requiris scias te nullatenus impetrare.*

8. *Oppugnatio castri Glogoviensis* [1494].

His dictis, cæsar instrumenta fieri, arma capi, legiones dividi, civitatem vallari, signiferos tubis canere præcepit, et urbem undique ferro, flamma, machinas expugnare cœpit. Econtra [1495] cives se [1496] ipsos per portas et turres dividunt, propugnacula muniunt, instrumenta parant, lapides et aquam super portas et turres comportant. Tunc imperator, civium animos pietate filiorum et amicorum existimans posse [1497] flecti, præcepit nobiliores ex obsidibus [1498] ipsius civitatis et [1499] filiam comitis super machinas colligari, sic reputans, sibi sine sanguine civitatem aperiri. At castellani non plus filiis vel propinquis quam Bohemis vel Alemannis parcebant, sed eos abscedere a muro lapidibus et [1500] armis coercebant. Videns autem imperator, quod tali nunquam ingenio civitatem superaret, nec unquam a proposito civium animos revocaret, viribus et armis obtinere nititur, quod ingenio denegatur

VARIÆ LECTIONES.

[1469] *demandavit* 3. [1470] *deest* 2. [1471] *deest* 2. [1472] *nec* 2. [1473] *fatigaret* 1. 2. *fatigarat* 3. [1474] *argum. ed. Vars. deest* 1. 2. 3. [1475] *inestiabile* 2. [1476] *faciente vel addit* 3. [1477] *in addit* 3. [1478] *detenti* 3. [1479] *fugam* 3. [1480] *subvenienti* 2. [1481] *preparate* 2. [1482] *deest* 3. [1483] *argum. ed. Vars. p.* 264 *deest* 1. 2. 3. [1484] *cum* 3. [1485] *accepit* 5. [1486] *cum* 5. [1487] *deest* 3. [1488] *argum. ed. Vars. p.* 265 *deest* 1. 2. 3. [1489] *per* 3. [1490] *esset* 3. [1491] *reversione* 3. [1492] *castellum non recte* 1. 2. [1493] *deest* 1. 3. *adscripturn eadem manu in margine* 2. [1494] *argum. ed. Vars. p.* 266 *deest* 1. 2. 3. [1495] *contra* 1. [1496] *si* 2. [1497] *deest* 3. [1498] *oppidibus* 2. [1499] *deest* 1. 2. 3. [1500] *vel* 3.

NOTÆ.

(166) Cosmas, III, 27. h.

Igitur undique castrum appetitur, et utrimque [1501] clamor ingens attollitur. Theutonici [1502] castrum impetunt, Poloni se defendunt, undique tormenta moles emittunt, balistae crepant, jacula [1503] sagittae per aera volant, clipei perforantur, loricae penetrantur [1504], galeae conquassantur [1505], mortui corruunt, vulnerati cedunt, eorum loco sani succedunt. Theutonici balistas intorquebant, Poloni tormenta cum balistis (167), Theutonici sagittas, Poloni jacula cum sagittis ; Theutonici fundas cum lapidibus rotabant, Poloni lapides molares cum sudibus praeacutis; Theutonici trabibus [1506] protecti murum subire temptabant [1507], Poloni vero ignem comburentem aquamque ferventem illis [1508] pro balneo temperabant ; Theutonici arietes ferreos turribus subducebant, Poloni vero rotas calibe [1509] stellatas desuperius [1510] evolvebant ; Theutonici scalis erectis superius ascendebant, Poloni cum uncis affixos ferreis eos in aera suspendebant.

9. *Vulnera et cadavera Allemanni pro tributo auferunt* [1511].

Interea Bolezlavus die noctuque [1512] non cessabat, sed quoscunque [1513] de castris exeuntes pro victualibus agitabat, frequenter etiam ipsius castra caesaris territabat, modo huc modo illuc praedatoribus vel combustoribus insidiando cursitabat. Talibus ergo modis caesar multisque diebus civitatem nitebatur capere, nec aliud quam carnem humanam suorum cottidie [1514] recentem lucrabatur. Cottidie namque viri nobiles ibi perimebantur, qui visceribus extractis, sale vel aromatibus conditi in Bavariam ab imperatore [1515] vel in [1516] Saxoniam portandi, pro tributo Poloniae [1517] curribus onustis servabantur.

10. *Terror panicus Allemanorum de capite et cauda lacessitorum* [1518].

Cumque vidisset caesar, quia nec [1519] armis nec minis nec muneribus nec promissis cives flectere, nec diutius ibi stando quidquam proficere [1520] potuisset, inito consilio contra Wratislaviensem urbem castra movit, ubi [1521] quoque vires Bolezlavi et ingenium recognovit. Nam quocumque caesar se vertebat, vel ubicunque castra vel stationes faciebat, Bolezlavus quoque, quamquam posterius, incedebat, semperque vicinus stationi caesaris persistebat [1522]. Cumque caesar iter faciens sua castra dimovebat, Bolezlavus quoque comes itineris existebat, et si quisquam [1523] de ordinibus exibat [1524] redeundi statim memoriam amittebat, et si quamquam plures, victualia vel pabulum [1525] equorum quaerentes, freti multitudine, longius a castris procedebant, inter eos et exercitum Bolezlavus se statim opponebat, et sic praedam cupientes [1526] ipsi quoque Bolezlavi praeda fiebant [1527]. Unde tantum ac [1528] talem exercitum ad tantum pavorem redegerat, quod etiam ipsos Bohemos, naturaliter raptores, vel sua [1529] manducare vel jejunare coegerat (an. 1109). Nullus enim exire de castris audebat [1530], nullus armiger herbam colligere, nullus etiam ad ventrem purgandum ire [1531] ultra constitutas custodum acies praesumebat. Die noctuque [1532] Bolezlavus timebatur, ab omnibus in memoria habebatur, *Bolezlavus non* [1533] *dormiens* vocabatur. Si silvula, si frutectum erat [1534], *Cave tibi, ibi latitat!* clamabatur. Non erat locus ubi non putaretur Bolezlavus. Taliter eos assidue fatigabat, quandoque de capite, quandoque de cauda sicut lupus aliquos rapiebat, quandoque [1535] vero a lateribus insistebat. Sicque milites armati cottidie procedebant, et assidue Bolezlavum quasi praesentem exspectabant. In nocte quoque cuncti loricati dormiebant, vel in stationibus resistebant, alii vigilias faciebant, alii castrum [1536] nocte continua circuibant, alii : *Vigilate, cavete* [1537], *custodite!* clamabant, alii cantilenas de Bolezlavi probitate decantabant [1538] hoc modo [1539]. 11. *Cantilena Allemanorum in laudem Bolezlavi* [1540].

Bolezlave, Bolezlave, dux gloriosissime,
Tu defendis terram tuam quam studiosissime,
Tu non dormis, nec permittis nos dormire paululum,
Nec per diem, nec per noctem nec [1541] per diluculum,
Et cum nos te putaremus [1542] de terra propellere,
Tu nos tenes ita quasi conclusos in carcere.
Talis princeps debet regnum atque terram regere,
Qui cum paucis tot et tantos ita scit corrigere.
Quid [1543], si forte suos omnes simul congregaverit,
Nunquam caesar sibi bello resistere poterit.
Talem virum condeceret regnum et imperium ;
Qui cum paucis sic domabat tot catervas hostium ;
Et cum nondum recreatus sit de Pomorania,
Sic per eum fatigatur nostra contumacia ;
Et cum illi cum triumpho sit eundum obviam,
Nos [1544] e contra cogitamus expugnare patriam.
Ipse quidem cum paganis bella gerit licita,
Sed nos contra christianos gerimus illicita.

VARIAE LECTIONES.

[1501] inter utrosque 3. [1502] Thetonici 1. 2. [1503] tela et 3. [1504] perpenetrantur 3. [1505] quassantur 2. [1506] tractibus 1. 2. [1507] subreptabant pro s. t. 2. [1508] ipsis 3. [1509] calliberatas non recte 3. [1510] deest 3. [1511] argum. ed. Vars. p. 269 deest 1. 2. 3. [1512] nocteque 3. [1513] qnque 2. 3. [1514] deest 5. [1515] Bojariam ad imperatorem pro B. ab i. 3. [1516] deest 2. 3. [1517] Polonis 2. 3. [1518] argum. ed. Vars. p. 271 deest 1. 2. 3. [1519] non 3. [1520] ibi perficere repetit 3. [1521] ibi 3. [1522] presistebat 3. [1523] quiscumque 2. [1524] exiebat 2. 3. [1525] habulum 2. [1526] cupientes posuit in margine eadem vel coaeva manus, capientes erat scriptum 2. [1527] faciebant erronee 1. 2. [1528] et 3. [1529] bo addit 2. quod tamen punctis stiperpositis notavit. Bandtkie legit bona. [1530] audiebat 1. 2. [1531] deest 3. [1532] nocteque 3. [1533] enim 2. [1534] deest 3. [1535] aliquando 3. [1536] castra 3. [1537] deest 3. [1538] cantabant 3. [1539] etc. addit 3. [1540] argum. ed. Vars. p. 274 deest 1. 2. 3. [1541] neque 3. [1542] putemus 3. [1543] Qui 3. [1544] Nec 3.

NOTAE.

(167) Cf Sall., Jug. 57, Catil. 56. S.

Unde Deus est cum eo faciens victoriam, Nobis vero juste reddit inlatam [1545] injuriam.

12. *Imperator pacem implorare coactus* [1546].

Quidam vero viri nobiles et discreti hæc audientes, mirabantur inter se referentes [1547] : *Nisi Deus hunc hominem adjuvaret, nunquam tantam de paganis victoriam ei daret, neque nobis ita viriliter contra staret. Et ni Deus eum ita potentialiter exaltaret, nunquam eum noster populus sic laudaret.* Sed Deus secreto forsan consilio hæc [1548] agebat, qui laudes [1549] cæsaris ad Bolezlavum transferebat, vox enim populi semper solet voci dominicæ convenire. Unum constat, Dei voluntati populum cantantem obedire. Cæsari vero cantilena populi displicebat, eamque cantari [1550] sæpissime prohibebat, sed eo magis ad tantam procacitatem populum [1551] permovebat [1552]. Cæsar vero exemplis et operibus recognoscens, quia frustra laborando populum affligebat, nec diviæ voluntati resistere valebat, aliud secretius cogitavit, et aliud se facturum simulavit [1553]. Perpendebat utique [1554], quia tantus populus sine præda diutius [1555] vivere nequibat, et quia Bolezlavus eos [1556] assidue sicut leo rugiens circuibat. Equi moriebantur, viri vigiliis, labore, fame cruciabantur, silvæ condensæ, paludes tenaces, muscæ pungentes, sagittæ acutæ, rustici mordaces compleri propositum non sinebant [1557]. Unde se Cracow simulans ire velle, legatos de pace Bolezlavo misit, et pecuniam, non tantum nec tam superbe sicut prius quæsierat in hæc verba [1558].

13. *Epistola cæsaris ad regem Polonicum* [1559].

(An. 1109.) *Cæsar Bolezlavo duci Poloniæ gratiam et salutem. Tua probitate comperta, meorum principum consiliis acquiesco, et 300 marcas recipiens, hinc pacifice remeabo. Hoc mihi satis sufficit ad honorem, si pacem simul* [1560] *habuerimus et amorem; sin autem hoc tibi non placuerit approbare, in sede cito Cracoviensi me poteris exspectare* [1561].

14. *Rescriptum ad cæsarem* [1562].

Ad hæc [1563] dux septentrionalis remandavit cæsari : *Bolezlavus dux Polonorum pacem quidem vult* [1564], *sed non in spe denariorum. Vestræ quidem cæsareæ potestatis ire consistit vel redire, sed apud me tamen pro timore vel conditione nec ullum* [1565] *po-*

A teris vilem [1566] *obulum invenire. Malo enim ad honorem regnum Poloniæ* [1567] *salva libertate* [1568] *perdere, quam semper pacifice cum infamia retinere.*

15. *Cæsar rediens ac pro tributo cadavera portans* [1569].

Hiis auditis cæsar urbem Wratislaviensem adivit, ubi nichil nisi de vivis mortuos acquisivit. Cumque diutius ire se Cracow simulando, huc illucque circa fluvium circumviaret [1570], et Bolezlavo sic terrorem [1571] incutere ejusque [1572] animum revocare cogitaret, Bolezlavus ideo [1573] nichil omnino diffidebat, nec aliud legatis quam superius respondebat. Videns ergo cæsar diu stando sibi potius dampnum et dedecus quam honorem vel [1574] proficuum imminere, disposuit pro tributo nichil portans nisi cadavera se redire. Unde quia prius superbe magnum pecuniam requisivit, ad extremum pauca quærens, neque [1575] denarium acquisivit. Et quoniam [1576], superbe libertatem antiquam Poloniæ subigere cogitavit, justus Judex illud consilium fatuavit, et injuriam in Swathopole consiliarium et illam et aliam vindicavit [1577].

16. [1578] *De morte Swantopole* [1579].

Et quia forte Swatopole ad memoriam revocamus, operæ pretium est, ut aliquid de vita et morte ipsius ad correctionem aliorum inducamus. Igitur Swathopole dux Moraviensis hereditarius [1580] prius extitit, postea vero ducatum Bohemiæ Borivoy [1581], suo domino [1582], plenus ambitione subplantavit genere quidem nobilis, natura ferox, militia strennuus, sed modicæ fidei et ingenio versutus. Hujus enim consilio cæsar Poloniam intravit, qui Bolezlawo non semel sed frequenter juraverat, qui se cum Bolezlavo unum scutum conjunxerat, qui virtute Bolezlavi et auxilio regnum Bohemicum acquisierat. Numquamne [1583] Bolezlavus pro Swatopole Pragæ ponendo [1584] cum rege Ungarorum Columanno Moraviam intravit, silvas Bohemiæ rege redeunte penetravit? Utique fecit! Nec sic inde remearet, nisi Boruwoii [1585] castrum Kamencz (168) pro pactione sibi daret. Insuper etiam Bolezlavus de Bohemia multos ad ipsum jam fugientes præoccupaturos gratiam, ipsum ducem fore sperantes, et retinebat et pascebat, quia Svatopole parvam terram parvasque

VARIÆ LECTIONES.

[1545] illatam 3. [1546] argum. ed. Vars. p. 276 deest 1. 2. 3. [1547] dicentes 3. [1548] hoc 3. [1549] laudem 2. [1550] cantanti 1. 2. [1551] populi scriptum esse videtur 2. [1552] populi procommovebat pro p. p. 5. [1553] et ad sci fctur simulatur pro e. a. s. f. s. 3. [1554] itaque 3. [1555] deest 3. [1556] deest 3. [1557] sinebat 2. [1558] etc. addit 3. h [1559] Bo. addit. 3. [1560] deest 3. [1561] non placuerit, me poteris cicius ex tare *pro* placuerit—expectare corrupte exhibet 3. [1562] R. a. c. desunt 3. [1563] Bolezlavus 3. [1564] deest 1. 2. 3. recepit ed. Vars. ex ed. Ged. [1565] unum quidem 3. [1566] deest 3. [1567] regni Polonie pro r. P. 2. 3. [1568] libertatem pro s. l. 3. [1569] argum. ed. Vars. p. 280 deest 1. 2. 3. [1570] circinnaret 3. [1571] timorem 5. [1572] et ejus 3. [1573] imo 3. [1574] et 3. [1575] nec 2. [1576] quia 3. [1577] quia cæsar cum satis copiosa confusione ad propria remeavit pro et injuriam—vindicavit 3. [1578] *Quæ abinde usque ad finem nostræ editionis sequuntur desunt 3. qui narrationem tali additamento abrumpit:* Iste Bolezlavus cognominatus est Krzywousty, qui post bellum quod habuit cum Henrico cesare, postea cum Bohemis, Pomoranis et Ruthenis multa bella prospere gessit atque gloriosus triumphavit. [1579] Swathopole 2. *semper*. [1580] hereditaree 1. 2. [1581] Borivoiu 1. [1582] dominio 1. 2. [1583] ita correxi P. Nůq'o non 1. 2. [1584] pronendo 2. promovendo 3. [1585] Boriwoii 2.

NOTÆ.

(168) Steinau ad Odram, inter Lüben et Winzig in Silesia. Cf. Cosmas, III, 4. S. Kamenz haud procul a Frankenstein ex sententia Stenzelii SS. Rer. Siles. I, 80. K.

divitias tunc habebat. E contra Svatopole Bolezlavo juravit, quia si dux Bohemorum quocunque modo vel quocunque ingenio quandoque fieret, semper fidus ejus amicus unumque scutum utriusque persisteret, castra de confinio regni vel Bolezlavo redderet vel omnino destrueret. Sed ducatum adeptus, nec fidem tenuit jurata violando, nec Deum timuit homicidia perpetrando. Unde Deus ad exemplum aliorum sibi dignam pro factis recompensationem exhibuit, cum securus, inermis, in mula residens in medio suorum, ab uno vili milite venabulo perforatus occubuit (an. Sept. 20), nec ullus suorum ad eum vindicandum manus adhibuit (169). Taliter caesar de Polonia rediens triumphavit, videlicet luctum pro gaudio, mortuorum cadavera pro tributo memorialiter reportavit. Bolezlavus vero dux Polonorum parum praesentem, sed minus absentem procul dubio formidavit [1586].

17. [1587] De Bohemis.

(An. 1109.) Igitur post tantum laborem dux septentrionalis aliquantulum recreatus, super Bohemos equitare non diutius est retardatus [1588]. Cogitabat enim et suam injuriam de Bohemis vindicare et suum amicum Borivoy in sede subplantata restaurare. Dum autem iter faciens in medio silvarum cum Bohemis obviantibus proelio commisso victoriam obtineret, jamque pars exercitus in campis Bohemiae resideret, Borivoy a Bohemis jam receptus, grates Bolezlavo pro fide tanta retulit et labore, et sic impiger Bolezlavus dupplici de Bohemia cum honore rediit (Dec. 24). Sed quid rediens egerit audiamus, ut exemplo probitatis tantae fructum aliquem capiamus.

18. [1589] De Pomoranis [1590].

Non enim statim exercitum tanto itinere fatigatum ire domum permisit, nec ipsemet in deliciis vel in conviviis asperitate yemis irruente [1591] requievit, sed terram Pomoranorum cum electis de exercitu militibus requisivit. Quamdiu ibi steterit, vel quantam per terram incendia vel praedas fecerit, non est opus per singula scriptitando demorari, sed summam rei nobis ad majora festinantibus sufficiat explanari. Illa namque vice Bolezlavus in Pomorania tria castella cepit, quibus combustis et coaequatis, solummodo praedam et captivos excepit. Postea vero sine bello Bolezlavus aliquantulum repausavit, suasque civitates interim, ubi caesar fuerat, inexpugnabiliter praeparavit.

19. [1592] De Bohemis et Polonis.

Cum autem Bolezlavus civitatem Glogow muniens ibi cum exercitu resideret, milites Zbignevi cum Bohemis depraedari per Poloniam exierunt; qui statim, Bolezlavo nesciente, ipsius loci marchionibus congregatis, sicut mures de latibulis exeuntes, ibidem capti vel mortui remanserunt, exceptis paucis, qui silvae, latronum amicae, subsidium petierunt.

20. [1593] De fraude Bohemorum.

Paulo superius memini me dixisse, Bohemos in sede supplantata Borivoy ducem recepisse, ideoque [1594] de Bohemia Bolezlavum ita subito redivisse [1595]. Sed quia fides Bohemica volubilis est sicut rota, qualiter prius Borivoy expellendo traditorie deceperant, taliterque iterum decepturi traditorie receperunt [1596]. (An. 1110.) Nam brevi tempore non solum honore caruit a fratre medio (170) subplantatus, verum etiam acquirendi facultatem amisit, ab imperatore captivatus. Tertium quoque fratrem habebat (171), aetate quidem minorem [1597], probitate vero non inferiorem, quem dux Bolezlavus in fidelitate fratris persistentem in Polonia retinebat, eique calumpniandi majoris fratris honorem et auxilium impendebat.

21. [1598] De bello et victoria contra Bohemos.

Inde belliger Bolezlavus, collecta multitudine militari, novam viam aperuit in Bohemiam, quae potest Hanibali facto mirabili comparari. Nam sicut ille Romam impugnaturus per montem Jovis primus viam fecit, ita Bolezlavus per locum horribilem intemptatum prius [1599], Bohemiam invasurus penetravit. Ille montem unum laboriose transeundo tantam famam et memoriam acquisivit, Bolezlavus vero non unum sed plures nubiferos quasi suppinus ascendit. Ille solummodo cavando montem, coaequando scopulos [1600] laborabat, iste truncos et saxa volvendo, montes ascendendo arduos [1601], per silvas tenebrosas iter aperiendo, in paludibus profundis pontes faciendo non cessabat. Tanto itaque labore Bolezlavus pro justitia Borivoy et amicitia tribus diebus et noctibus iter faciens, fatigatus, tale quid in Bohemia fecit, unde semper erit triumphali memoria recordatus. Postquam tandem Bolezlavus tanto discrimine Bohemiam est ingressus, non statim praedam faciens ut Bohemi de Polonia, quasi lupus rapiens est regressus, ymmo vexillis erectis, tubis canentibus, agminibus ordinatis, timpanis resonantibus, paulatim per campos Bohemiae patentes bellum quaerens et non inveniens incedebat, nec praedam nec incendia prius quam finem bello fieri cupiebat. (Sept.) Interim Bohemi per turmas aliquotiens apparebant, sed statim Polonis irruentibus cursu perpetue fugiebant (an. 1110.) De castellis quoque contiguis multi milites exiebant, qui Polonis irruentibus redeuntes occasionem suburbia comburendi faciebant.

VARIAE LECTIONES.

[1586] ita correxi P. dubitavit 1. 2. [1587] omisso solum numero inscriptionem sistunt 1. 2. [1588] ita correxi P. recreatus 1. 2. [1589] XVIII. deest 1. C. XVIII. desunt 2. [1590] D P. desunt 2. [1591] irruerit 2. [1592] XIX deest 1. 2. [1593] inscriptio haec deest 1. 2. [1594] ideo 2. [1595] in margine 1. addit colore rubro : No. [1596] taliterque—receperunt desunt 2. [1597] Sobieslaum nomine, addit in margine manu XV saeculi 1. [1598] C. XXI. desunt 1. 2. [1599] primus 2. [1600] scapulos non bene 2. [1601] arduas 2.

NOTAE.

(169) Cosmas, III, 27, 28. K.
(170) Wladizlao. Cosmas, III, 30 sqq. K.
(171) Sobezlaum. K.

Frater vero Borivoy minimus, quem prædixi, prædas capi, incendia fieri, terram destrui Bolezlavo supplicans prohibebat, quia regnum acquirere sine bello puerili simplicitate verbis traditorum sine victoriis se credebat. Cumque jam die quarto [1602] bellum exspectans Bolezlavus ad pugnam recto tramite properaret, fluvioque cuidam, non magno quidem sed difficili transitu, propinquaret, ex altera parte fluminis exercitu congregato dux Bohemorum residebat, qui Bolezlavum ibi, non ausus alibi, difficultate loci confisus, transitum prohibiturus exspectabat. At Bolezlavus repertis hostibus quos quærebat, quasi leo visa præda septis conclusa stomachabatur, quia pugnandi copiam non habebat. Nam sicut Poloni modo sursum modo deorsum transire reputabant ex altera parte fluminis, ita Bohemi contra stabant. Erat enim fluvius, Bohemis qui cum eo erant mentientibus [1603], paludosus, tantæ multitudini nullo resistente periculosus. Videns autem Bolezlavus, quod sic agens tempus in vacuum expendebat, et quod dies sole in occasum vergente declinabat, electionem audaciæ militaris duci Bohemico proponit, videlicet, aut Bolezlavus sibi locum dabit ut transeat, vel illuc transibit si dux Bohemicus loco cedat, asserens etiam, occupandi causa sedem se Bohemicam non venisse, sed more solito justitiam fugitivorum causamque miserorum, sicut quondam sibi fecerat, defendendam suscepisse. Quapropter aut suum fratrem in sorte hereditatis paternæ pacifice revocaret, aut justus judex omnium inter eos [1604] prœlio campestri veram justitiam declararet. Ad hæc dux Bohemicus respondit: *Fratrem quidem meum libens recipere, si tuum receperis, sum paratus, sed cum eo regnum dividere, nisi consilio cæsaris, non sum ausus. Si vero voluntatem vel facultatem habuissem vobiscum cominus confligendi, non vestram licentiam exspectarem, cum longam* [1605], *habuerim prius licentiam transeundi.*

22. [1606] *De vastatione terræ Bohemicæ per Polonos.*

Videns autem Bolezlavus, quia dux Bohemicus in his responsionibus quas mandaret nullam certam rationem nisi verba solummodo nuda daret crepusculo diei, tempore requiei castrum movit, nec ab illius ripa fluminis ad Labe flumen descendendo se removit. Ibi vero juxta Labe fluvium illum fluviolum (172) sine obstaculo pertransivit, et festinans ibi bellum ubi dimiserat requisivit. Cum autem ad Bohemorum stationes perveniret, nec aliud de ipsis quam vestigia reperiret [1607], convocatis senioribus consilium inivit, ubi satis quid salubrius et honestius esse videbatur cum ratione diffinivit. Quidam enim de senioribus aiebant: *Tribus diebus satis sufficit per virtutem in terra hostium nos stetisse, nec*

A *bellum illis omnibus congregatis et præsentibus invenisse.* Iterum alii dicebant: *Judicia Dei vera sunt et hominibus occulta. Bene processimus usque modo, sed si diutius immoramur* [1608] *in dubio pendet, quo se verterint ista fata.* Econtra Bolezlavus et juvenes seniorum consilia postponebant, et ire Pragam ut in antea collaudabant. Et vere vicisset seniorum consilia consilium juvenile, nisi panis defecisset, qui plus potest quam possit facere jus civile. Collaudato vix itaque consilio Bolezlavus redeundi, redeundo comburendi dedit licentiam et prædandi. Ipse vero semper ordinatis choortibus incedebat, plerumque cum extremis agminibus pro subsidio subsistebat. Habebat etiam acies militum ordinatas, qui combustoribus et prædatoribus anteirent, et a Bohemis supervenientibus præviderent. Cumque tam prudenter tamque sagaciter exercitum duxisset ac reduxisset, et ad silvarum introitum sexta feria jam stationem posuisset, vigilias crebriores fieri, paratiores esse, unamquamque legionem, si tumultus forte fieret, in sua statione persistere præcepit. Eadem nocte Bolezlavo post matutinas orationibus persistente, forte quidam horror [1609] universam stationem occupavit, et clamorem subitaneum per totum exercitum excitavit. Tum quæque [1610] provincia quam choors armata, sicut constitutum fuerat, in sua [1611] statione perstitit, suum locum defensura; acies vero curialis curialiter [1612] armata circa Bolezlavum

C astitit, ibi victura vel ibidem moritura. At Bolezlavus, audito clamore populi, statim juvenum multitudine circumstantium coronatus, ascendit in locum locuturus aliquantulum altiorem, ibique sua locutione probis auxit audaciam, timidis horrorem ademit pariter et timorem sic exorsus:

23. [1613] *De audacia Bolezlavy et providentia* [1614].

(An. 1110.) *O juventus* [1615] *inclita moribus et natura, mecum semper erudita bello, mecum assueta labore, securi sustincte, pariter exspectate læti diem hodiernum, qui nos triumphali coronabit honore. Hactenus Bohemi sicut monstra marina vel silvatica de gregibus nostris aliquid rapuisse et cum eo per silvas aufugisse Polonis insultabant et pro mili-*

D *tia reputabant. Vos vero jam die septimo terram eorum circuistis, villas et suburbia combussistis, eorum ducem et exercitum congregatum vidistis, bellum quæsistis nec invenire potuistis. Quippe autem hodie, Bohemi si bellum non commiserint, aut si commiserint, hodie* [1616] *Deo juvante Poloni suas injurias vindicabunt. Et cum prælium inieritis, memores estote prædarum, captivorum, incendiorum, memores estote puellarum raptarum, uxorum et matronarum, memores estote quotiens vos* [1617] *irritaverunt,*

VARIÆ LECTIONES.

[1602] IIIto 2. [1603] mcientes *exhibent* 1. 2. [1604] *ita correxi.* P. interesse *cod.* [1605] longa 1. 2. [1606] XXII. *deest* 1. 2. [1607] reperivit 1. 2. [1608] minoramus 1. [1609] in adaunt 1. 2. [1610] quoque 1. 2. [1611] visa 1. 2. [1612] curiales 1. 2. [1613] XXIII. *deest* 1. 2. [1614] prudencia 2. [1615] juventus *addidit ed.* Vars. *deest* 1. 2. [1616] hodie *repetit* 2. [1617] deest 2.

NOTÆ.

(172) Cydlinam. K.

memores estote quotiens ipsi fugientes vos insequentes fatigaverunt. Ergo sustinete modicum, fratres et milites gloriosi, estote fortes in bello, juvenes mei lætabundi. Hodierna dies vobis conferet quod semper optastis, hodierna dies dolorem delebit quem tanto tempore comportastis. Jam aurora paret, cito dies illa gloriosa exardebit [1618], quæ traditionem et infidelitatem Bohemorum revelabit, et præsumptionem et superbiam eorum conculcabit, et quæ nostras et parentum injurias vindicabit; dies inquam, dies illa, dies semper in Polonia recolenda, dies illa, dies magna et amara semper Bohemis et horrenda, dies illa, dies Polonis gloriosa, dies illa, dies Bohemis odiosa; dies inquam omnium tripudio lætabunda, qua frontes Bohemorum humo tenus [1619] inclinabit, in [1620] qua Deus omnipotens cornu humilitatis nostræ dextera suæ [1621] magnitudinis exaltabit. Hac [1622] oratione completa, missa generalis per omnem stationem celebratur, sermo divinus suis parochianis ab episcopis prædicatur, populus universus sacrosancta communione confirmatur (Oct. 8). Quibus rite peractis, cum ordinatis agminibus more solito de stationibus exierunt, et sic paulatim ad silvarum introitum pervenerunt. Cum autem ad silvas tanta multitudo pervenisset, neque loci notitiam neque viæ vestigium habuisset, unusquisque sibi viam per devia faciebat, et sic signa vel ordinem retinere jam [1623] nequiebat. Obstrusam enim viam qua venerant et omnes alias audiebant, et ideo per viam aliam, non capacem tantæ multitudinis, rediebant. Dux vero Bolezlavus retro de latere dextro cum acie curiali subsistebat, totumque suum exercitum sicut pastor egregius præmittebat. Comes quoque Scarbimirus ex altero latere in silva tenui Bolezlavo latitabat, ibique Bohemos, si forte sequerentur, in insidiis exspectabat. Gneznensis enim acies patrono Poloniæ dedicata, cum quibusdam palatinis aliisque militibus animosis in planitie quadam parva dominum subsistentem [1624] exspectabat, quæ planities silvas majores a minori silva præstante dividebat. Cumque Bolezlavus ex obliquo suum exercitum per silvam tenuem sequeretur, videns suos et a suis visus, hostes reputavit suos, a suis etiam hostis similiter æstimatus, sed propius invicem accedentes et arma subtilius contemplantes, signa Polonica cognoverunt, et sic a pæne cœpto scelere desierunt. Interim Bohemi quasi jam certi de victoria, non ordinati ut [1625] prius cathervatim, sed unus ante alium, properabant, quia Polonos in silva jam receptos, ad prœlium irrevocabiles, inordinatos, latitantes [1626], dispersos, se capere sicut lepores reputabant. At belliger Bolezlavus, visis hostibus jam vicinis, exclamavit: Juvenes, feriendi nostrum sit initium, noster quoque finis! Hoc dicto, statim venabulo primum in acie de dextrario suppinavit, et cum eo simul Dirsek pincerna potum alteri mortiferum propinavit. Tum [1627] vero juventus Polonica certatim irruunt, lanceis prius bellum inferunt, quibus expletis enses exerunt, clipei paucos de Bohemis accedentes ibi clepunt, loricæ pondus non subsidium illis reddunt, galeæ honorem ibi capitibus non salutem acquirunt. Ibi ferro ferrum acuitur, ibi miles audax cognoscitur, ibi virtus virtute vincitur. Corpora Strata jacent, sudore vultus et pectora madent, sanguine rivi manant, juvenes Poloni clamant: Sic est virtus approbanda viris, sic fama quædam, non prædam furtim rapiendo silvamque petendo rapidorum more luporum. Ibi fulgens loricatorum acies Bohemorum et Theutonicorum, quæ prima fuit, prima corruit, gravata pondere, non adjuta. Adhuc tamen dux Bohemorum vice secunda, tertia, jam flore militiæ prostrata jacente, suum dampnum catervas retorquens vindicare nitebatur, semperque suorum congeries corruentium augebatur. Scarbimirus quoque cum acie palatina, silva dividente, cum aliis Bohemorum agminibus dimicabat, ita quod Bolezlavus de Scarbimiro vel Scarbimirus de Bolezlavo penitus ubi staret vel si prœlium ageret ignorabat. (An. 1110.) Ex utra parte Mars suas vires exercet, fortuna ludit, rota Bohemorum eversatur, a Parcis fila Bohemorum secantur [1628], Cerberus ora vorantia laxat, portitor Acheronti navigando laborat, Proserpina ridet, Furiæ viperinas [1629] illis vestes explicant, Eumenides balnea sulfurea parant, Pluto jubet Cyclopes dignas fabricare coronas militibus merito venerandis, dentibus anguinis linguis nec non draconinis. Quid multis moramur? Videntes Bohemi suam causam divino judicio non placere, et Polonorum audaciam cum justitia prævalere, suorum ibi meliorum acie prostrata catervatim, divisi fugam arripiunt, nec eos fugere Poloni statim percipiunt [1630], sed fugam simulare credunt. Convallis enim media quædam et silva Bohemos adjuvabat, quæ fugam eorum vel insidias occultabat. Ideo dux Polonorum Bolezlavus milites impetuosos præsumptuose persequi prohibebat, quia cautelam Bohemorum et insidias dubitabat. Comperta tandem Poloni vera fuga Bohemorum, insequentes statim, laxant suorum habenas equorum. Ergo potiti Poloni victoria triumphali, redeundi Poloniam iter inceptum differunt, suos sauciatos in Bohemia redeuntes secum ferunt, septem tribus [1631] adjectis denarium profectionis [1632] numerum impleverunt. Ad hoc enim detrimentum et dedecus bellica gens Bohemorum traditorum factionibus est redacta, quod pæne militibus pro-

VARIÆ LECTIONES.

[1618] exarebit 1. 2. [1619] humo remis *pro* humotenus *erronee* 1. 2. [1620] deest 2. [1621] sua 2. [1622] A anteposuit 2. [1623] tam 2. [1624] subsistantem 2. [1625] deest codd. [1626] deest 2. [1627] Cum 2. [1628] occantur 1. 2. [1629] cuperinas 2. [1630] precipiunt 2. [1631] superioribus 1. 2. [1632] perfectionis 1. 2.

bis et nobilioribus [1633], Polonorum conculcata sub pedibus, est exacta. Ibi quoque cum Bohemis Zbigneus interfuit cui fugisse similiter quam ibi stetisse plus profuit. Poloni vero de Bohemia cum ingenti tripudio remeantes, omnipotenti Deo grates rependunt æternales, et Bolezlavo triumphanti laudes referunt triumphales.

24.[1634] *De vastatione terræ Prusiæ per Polonos.*

Item impiger Bolezlavus yemali tempore non quasi desidiosus in otio requievit, sed Prussiam terram aquiloni contiguam, gelu constrictam introivit, cum etiam Romani principes in barbaris nationibus debellantes, in præparatis munitionibus yemarent, neque tota yeme militarent. Illuc enim introïens, glacie lacuum et paludum pro ponte utebatur, quia nullus [1635] aditus alius [1636] in illam patriam [1637] nisi lacubus [1638] et paludibus invenitur. Qui cum lacus et paludes pertransisset et in terram habitabilem pervenisset, non in uno loco resedit, non castella, non civitates, quia ibi nulla, sibi obsedit, quippe situ loci et naturalis positio regionis per insulas lacubus [1639] et paludibus est munita, et per sortes hereditarias ruricolis et habitatoribus dispartita. Igitur belliger Bolezlavus per illam barbaram nationem passim discurrens, prædam immensam [1640] cepit, viros et mulieres, pueros et puellas, servos et ancillas innumerabiles captivavit, ædificia villasque multas concremavit, cum quibus omnibus in Poloniam sine prœlio remeavit, quod prœlium tum [1641] invenire plus his omnibus exoptavit.

25.[1642] *De concordia Zbigney falsa cum Bolezlavo.*

Hostibus itaque Bolezlavus, sicut dictum est, refrenatis, ducem Bohemicum coegit fratrem minimum, quem supra diximus, in hereditatis sortem recipere, quibusdam civitatibus (175) sibi datis (an. 1111). Quo facto Zbigneus Bolezlavo suo fratri legationem misit, misericorditer supplicando, quatinus aliquam particulam hereditatis paternæ, sicut dux Bohemorum suo fratri, sibi quoque concederet ea conditione, quod nullatenus [1643] in aliquibus illi coæquaret, sed sicut miles domino semper et in omnibus obediret. Nam cum [1644] nec per cæsarem nec per Bohemos nec per Pomoranos se posse vincere confidebat, sed quod viribus et armis obtinere non poterat, humilitate saltim et fraterna karitate præsumebat. Verba quidem satis bona et pacifica videbantur, sed aliud promtum in lingua forsan, et aliud clausum in pectore tenebatur. Sed hæc dicenda suo loco differamus, et Bolezlavi responsionem audiamus. Audita fama fratris tam humillima supplicatione, Bolezlavus a perjuriis tot transactis, ab injuriis tot illatis ab alienis gentibus in Poloniam introductis, ignoscendo suum animum mitigavit, et Zbignevum cum verbis hujuscemodi conditionis in Poloniam revocavit, videlicet, si verbis suæ legationis mens humilis concordaret, et si se pro milite non pro domino reputaret, nec ullam superbiam deinceps nec ullum dominium ostentaret, fraterna caritate [1645] quædam castella sibi daret, et si veram humilitatem in eo veramque caritatem prospiceret, semper eum in melius cottidie [1646] promoveret (an. 1111); sin vero contumaciam illam antiquam, in corde discordiam occultaret, melius esset, apertam discordiam [1647] quam iterum novam seditionem in Poloniam reportaret. At Zbignevus stultorum consiliis acquiescens, promissæ subjectionis et humilitatis minime recordatus, ad Bolezlavum non humiliter sed arroganter est ingressus, nec sicut homo longo tam exilio castigatus, tantisque laboribus et miseriis fatigatus, ymmo sicut dominus cum ense præcedente, cum simphonia musicorum tympanis et cytaris modulantium præcinente, non serviturum sed regnaturum designabat, non se sub fratre militaturum sed super fratrem imperaturum prætendebat. Quod quidam sapientes in partem aliam quam Zbigneus forsan cogitaverat noverunt, et consilium Bolezlavo tale suggesserunt, quod se statim credidisse pœnituit, semperque se fecisse pœnitebit (174), talibus videlicet verbis mentem humanam accendentes : *Hic homo tantis calamitatibus contritus, tam longo exilio detrusus, aditu primo cum tanto fastu superbiæ, de singulis adhuc incertus ingreditur, quid faciet in futuro, si sibi potestas aliqua de regno Poloniæ concedatur?* Aliud quoque majus et periculosius asserentes, quod ipse videlicet Zbigneus quemlibet cujusque generis, divitem sive pauperem, jam repertum et constitutum haberet, qui Bolezlavum oportuno sibi loco considerato vel cultello vel alio quolibet ferramento confoderet, quem homicidam ipse, si tunc mortis periculum evitaret, honoris magni culmine sicut unum de principibus exaltaret. Sed nos magis credimus ab ipsis malis consiliatoribus hoc fuisse machinatum, quam unquam ab ipso Zbigneo satis humili satisque simplici tale facinus cogitatum. Ideoque minus mirandum, juvenem ætate florentem, in imperio consistentem, iracundia stimulante, sapientum quoque consilio suggerente, quotlibet facinus perpetrare, quo mortis periculum evitaret et securus a cunctis insidiis imperaret. Nullus tamen credat illud peccatum in spiritu [1648] fuisse perpetratum sed ex præsumptione, non ex deliberatione sed ex occasione propagatum [1649]. Si enim Zbigneus humiliter et sapienter adveniret, sicut homo mise-

VARIÆ LECTIONES.

[1633] nobilibus 2. [1634] XXIV deest 1. 2. [1635] nullus 1. 2. [1636] illius 2. [1637] nullam pat'am pro i. i. p. exhibent 1. 2. [1638] lacis 1. 2. [1639] lacis 1 2. [1640] in mensam incuria scribæ 2. [1641] cum 2. [1642] XXV. deest 1. 2. [1643] null'a exhibent 1. 2. [1644] enim 1. 2. [1645] predam erronee additum fuit 3. quod ipse scriba post delevit, sed forsan oblitus delere nec superfluum, quod addunt codd. [1646] die cottidie cod. [1647] aperte discordia pro apertam discordiam 1. 3. [1648] ita restitui; i. q. in ira, anima impetu P. in spe codd. [1649] peragatum 2.

NOTÆ.

(173) Satec provincia. Cosmas, III, 37. K.   (174) Ib. III, 54. K.

sericordiam [1650] petiturus, non sicut dominus, quasi vanitatis fascibus regnaturus, nec ipse in dampnum irrecuperabile corruisset, nec alios in crimen lamentabile posuisset. Quid ergo? Accusamus Zbigneum et excusamus Bolezlavum? Nequaquam. Sed minus est peccatum ira præcipitationis ex occasione data perpetrare, quam illud faciendum ipsa deliberatione [1651] pertractare. Nos vero nec peccato deliberationis poenitentiam denegamus, sed in poenitentia tamen personam, ætatem, opportunitatem, perpendamus. Non enim convenit post malum irrecuperabiliter, perpetratum malum pejus evenire, sed illi qui sanari potest decet medicum discretionis medicamine subvenire. Quapropter, quia quod factum est, in altera parte non potest in statum pristinum restaurari, oportet partem [1652] infirmam, medicinæ capacem, in statu dignitatis vigilanti [1653] studio discretionis conservari. Unde constat infirmo corpori aliter corporali subsidio ministrari, et infirmum spiritali medicamine sustentari. Sed Bolezlavum in hoc, quod tale quid egerit, accusamus, in hoc tamen, quod digne poenituerit et satis humiliaverit, collaudamus. Vidimus enim talem virum, tantum principem, tam deliciosum juvenem primam karinam (175) jejunantem, assidue cinere et cicilio humi provolutum [1654], lacrimosis suspiriis irrigatum, ab humano consortio et colloquio separatum, humum pro mensa, herbam pro mantili (176), panem acrem [1655] pro deliciis, aquam pro nectare reputantem. Præterea pontifices, abbates, presbiteri missis et jejuniis cum quisque pro suis viribus adjuvabant, et in omni solempnitate præcipua vel in ecclesiarum consecrationibus aliquid sibi de poenitentia canonica auctoritate relaxabant. Insuper ipse missas cottidie pro peccatis, pro defunctis celebrari, psalterioque [1656] cantari faciebat, et in pascendis et vestiendis [1657] pauperibus magnæ caritatis solatium impendebat. Et quod majus hiis omnibus et præcipuum in poenitentia reputatur [1658], auctoritate dominica fratri suo satisfaciens, concessa venia concordatur. Unum quoque Bolezlavus fructum poenitentiæ satis dignum...[1659], quod potest reputari de tanto principe cunctis poenitentibus quasi signum. Nam, cum ipse non ducatuim sed regnum magnificum gubernaret, ac de diversis et christianorum et paganorum nationibus hostium dubitaret, semet ipsum regnumque suum servandum divinæ potentiæ commendavit, et iter peregrinationis ad sanctum Egidium (177) sanctumque regem Stephanum occasione colloquii, paucissimis hoc rescientibus, summa devotione consumnavit. Omnibus quippe diebus illius quadragesimæ [1660] sola contentus panis et aquæ refectione jejunaret, nisi tanti laboris occasione discretio præsulum et abbatum missis et orationibus illud jejunium caritatis obsequio violaret. Singulis quoque diebus ab hospitio tamdiu pedibus quandoque nudis cum episcopis et capellanis incedebat, donec horas perpetuæ virginis dieique canonicas septemque psalmos cum letania poenitentiales adimplebat, et plerumque cursum psalterii post defunctorum vigilias adjungebat. In pedibus etiam pauperis abluendis, in elemosinis faciendis ita devotus et studiosus per totam viam illius peregrinationis existebat, quod nullus indigens ab eo misericordiam quærens sine misericordia recedebat. Ad quemcumque locum episcopalem vel abbatiam vel præposituram dux septentrionalis veniebat, episcopus ipsius loci vel abbas vel præpositus et ipse rex Ungarorum Columnmannus aliquotiens obviam Bolezlavo cum ordinata processione procedebat. Ipse autem Bolezlavus ubique semper aliquid per ecclesias offerebat, sed in illis locis principalibus nonnisi aurum et pallia proferebat. Et sic religiose per totam Ungariam ab episcopis et abbatibus et præpositis [1661] recipiebatur, ita munifice sibi corporale servitium ab ipsis cum summa diligentia parabatur, et ipsos ipse donabat, et ipse ab ipsis donabatur. Ubique tum eum ministri regis et servitium sequebatur, et ubi Bolezlavus diligentius vel negligentius reciperetur, notificandum regi a suis familiaribus notabatur. Et quicumque diligentius eum et honestius recipere videbatur, amicus esse regis vel gratiam inde consequi sine dubio dicebatur. Cum tali devotione spiritali talique [1662] veneratione temporali Bolezlavus de sua peregrinatione remeavit, neque tamen in regnum suum rediens vitam poenitentis habitumque peregrinationis abnegavit, sed ad sepulcrum usque beati martiris Adalberti, pascha [1663] Domini celebraturus (an. 1113, Apr. 15), cum eodem peregrinationis proposito [1664] perduravit. Et sicut cottidie proprius ad locum sancti martiris accedebat, tanto devotius cum lacrimis et orationibus nudis pedibus incedebat. Cum autem ad urbem et sepulchrum sancti martiris pervenisset, quantas elemosinas in pauperibus erogavit! quanta per ecclesiam et in altaribus [1665] ornamenta præsentavit! Opus aureum existit operationis [1666] argu-

VARIÆ LECTIONES.

[1650] misericordia 1. 2. [1651] ipē deliberacionis *pro* ipsa deliberacione 1. 2. [1652] artem 2. [1653] *ita corrigo* P. vigilandi 1. jugulandi 2. [1654] pervolutum 2. [1655] acrum 2. [1656] psalteriaque 2. [1657] vescendis *codd.* [1658] deputatur *erat* 2, sed de *notatum punctis subpositis*, *et 'e desuper scriptum apparet*. [1659] *ex*-*cidit verbum*, *v. c.* ostendit. [1660] lectio *Chron. princ. Poloniæ*; illis quadragesima *non recte pro* illius quadragesime 1. 2. [1661] prepositibus *errore scribæ* 2. [1662] de erronee addidit sed punctis notavit 2. [1663] pacha *erronee* 2. [1664] preposito 2. [1665] alteribus 2. [1666] extitit comperacionis *corrupte pro e. o.* 2.

NOTÆ.

(175) Quadragesimale jejunium. K.
(176) Stragulo. K.
(177) Abbatia b. Ægidii in comitatu Semichiensi in Hungaria a Ladislao rege fundata, exeunte sæc. XI, munita olim erat. Bel Comp. Hung. geogr.

Poson. 1777, p. 178. Cf. Mabillon. Ann. Bened. v, 128, ubi citatur diploma papæ, confirmans fundationem hujus monasterii, quod erat subjectum abbati S. Ægidii, *S. Gilles* in valle Flaviana in Gallia.

mentum, quod fecit Bolezlavus reliquiis sancti martiris in [1667] suæ devotionis et pœnitentiæ testamentum. In illo namque feretro auri purissimi 80 marcæ continentur, exceptis perlis gemmisque pretiosis, quæ minoris quam aurum pretii non videntur. In episcopis vero suis, in principibus, in capellanis, in militibus, in muneribus ita magnifice et munifice pascha sanctum illud gloriosissimum celebravit, quod singulos majorum et pæne minorum pretiosis vestibus adornavit. De canonicis [1668] autem beati martiris, de custodibus ecclesiæ vel ministris, vel de civibus ipsius civitatis ita liberaliter ordinavit, quod omnes, nullo prætermisso, vel vestibus vel equis vel aliis muneribus, unumquemque pro qualitate dignitatis et ordinis, honoravit. Hac itaque peregrinatione tam religiosa devotione completa, non ideo tamen est obsessio, facta prius (178), de cordis nostri memoria sic deleta, nec debet quisquam illud præposterum ordinem reputare, quod, si fuerit intersertum, poterit cœptæ narrationis totam seriem perturbare.

26 [1669]. *Pomorani tradiderunt castrum Nakel Polonis.*

Igitur castrum Nakel, ubi prœlium illud fuisse maximum superius memoratur (an. 1111), et unde dampnum semper Polonis laborque continuus generatur, Bolezlavus cuidam Pomorano genere sibi propinquo, Suatopole vocabulo, concesserat cum aliis castellis pluribus sub tali fidelitatis conditione retinere, quod nunquam deberet ei suum servitium vel castella causa pro qualibet prohibere; sed postea nunquam juratam sibi fidelitatem retinuit, neque veniens unquam [1670] promissam servitutem exhibuit, nec venientibus portas castellorum aperuit, ymmo, sicut perfidus hostis et traditor, viribus et armis sua seseque prohibuit. Unde Bolezlavus dux septentrionalis ad iracundiam concitatus, convocatis bellatorum choortibus castrum Nakel [1671] fortissimum obsedit (an. 1111, Sept. 29), suam vindicare contumeliam meditatus. Ibique de festo sancti Michaelis ad nativitatem usque dominicam sedens, et in bello contra castrum cottidie studiosus incedens, laborem suum in vanum penitus expendebat, quia humidum per locum, aquosum et paludosum, machinas et instrumenta ducere non sinebat. Insuper castellum erat et viris et rebus necessariis sic firmatum, quod non esset armis vel necessitate rei cujuslibet per annum continuum expugnatum. Ipse quoque Bolezlavus, cum ibi fuerit sagittatus, ad se vindicandum est majoris iræ stimulis agitatus. Unde Suatopole pacem semper vel pactum aliquod per amicos et familiares Bolezlavi requirebat, et pecuniam illi magnam cum obsidibus offerebat. Quibus rebus perpensis, Bolezlavus obsessionem dimisit, redeundi suamque contumeliam vindicandi tempus ydoneum expectando remeavit, partemque pecuniæ secum obsidemque filium ipsius primogenitum asportavit [1672]. Item anno sequenti (an. 1112) cum ipse Suatopole neque fidem datam neque pactionem factam observaret, neque de periculo filii cogitaret, nec ad colloquium cum Bolezlavo constitutum venire vel causam excusationis mittere procuraret, suum Bolezlavus exercitum congregavit, hostemque perfidum aliquantulum in virga ferrea, sed non plenarie, visitavit. Qui, cum ad confinium Pomoraniæ pervenisset, ubi quilibet princeps alius cum tota multitudine timuisset, exercitu relicto cum electis militibus inantea properavit, et castellum Wysegrad impetuose capere, castellanis non præmeditantibus nec præmunitis, cogitavit (179). Ubi vero ventum est ad fluvium, qui junctus Wislæ [1673] flumini, castellum erat in angulo situm fluviorum ab eis ex altera parte dividebat, alii fluvium illum cursim [1674], alius ante alium transnatabant, alii vero Mazoviensium [1675] per Wislam fluvium navigio veniebant. Sicque contigit ignoranter in bello dampnum fieri plus civile (180), quam octo diebus expugnando castrum illud assultu fuerat ex hostili. Exercitu tamen toto circa castrum congregato, jamque diversorum instrumentorum apparatu oppidi expugnandi præparato, oppidani pertinacem in hostes obstinaciam Bolezlavi metuentes, recepta fide [1676] deditionem fecerunt, sicque manus Bolezlavi mortemque evaserunt. Illud vero castrum Bolezlavus octo diebus acquisivit, octoque diebus aliis sibi retinendum ibi residens præmunivit; ibi derelictis præsidiis, inde progrediens, obsidione castrum [1677] aliud [1678] circumivit [1679]. Illud namque castrum cum majori labore prolixiorique dilatione Bolezlavus expugnavit, quia plures ibi et fortiores ibi pugnatores locumque munitiorem assultu bellico exprobavit. Paratis igitur a Polonis instrumentis ac machinationibus expugnandi, Pomorani similiter instrumenta modis omnibus repugnandi fecerunt [1680]; Poloni foveas

VARIÆ LECTIONES.

[1667] et 2. [1668] canoniciis 1. [1669] XXVI. deest 1. 2. [1670] *ita emendavi*; neque venientibus neque promissam *codd. et edd.* P. [1671] Nakyel 2. [1672] idem *addidit erronee* 2, *sed postea delevit.* [1673] Wysle 2. [1674] cursum 1. 2. [1675] *tota hæc columna usque ad verba*: congeriem illam comburant, *minutioribus litteris eadem quidem sed festinante manu scripta* 2. [1676] fidem 2. [1677] illud *addidit* 2, *sed qua superfluum punctis notavit.* [1678] cremavit *addidit, sed qua superfluum punctis notavit* 1, quod etiam 2. *posuit, sed non delevit.* [1679] circuivit 2. [1680] *ita recte addit Chr. princ. Pol. p.* 91.

NOTÆ.

(178) Ideo quæ in capite sequenti narrat auctor, tempore antecedunt Boleslavi iter ad S. Ægidium. Itaque cum Gieselbrechto Wend. Gesch., II, 168 ob mentionem factam Colomanni regis, qui obiit 4 Febr. 1114, iter illud ad annum 1115 videtur revocandum, et bellum contra Pomoranos, quod Roepell, I, 265 cum anno 1118 conjunxit, ad 1111 et 1112. K.

(179) De hoc castello cf. excursum 11 apud Roepell I, 671. K.

(180) Damnum civile est damnum civium, scil. Polonorum. P.

æquant, terram lignaque comportant, quo levius ac planius ad castrum cum turribus ligneis accedant; Pomorani contra lardum lignaque picea parant, quibus paulatim congeriem illam comburant. Tribus enim castellani vicibus instrumenta omnia de muro descendentes furtive combusserunt, tribusque vicibus iterum illa Poloni construxerunt. Ita nempe [1681] turres ligneæ Bolezlavi castello vicinæ stabant, quod castellani de propugnaculis cum eis armis et ignibus repugnabant. Si quandoque Poloni castellum armis, igne, lapidibus stratis [1682] impetebant, castellani similiter modis omnibus vicem contrariam repugnabant. De Polonis multos castellani sagittis [1683] et lapidibus vulnerabant, de castellanis vero Poloni plures cottidie perimebant. Erant enim pagani de morte securi [1684], si virtute bellica caperentur, et ideo [1685] malebant, ut cum fama se defendentes quam collum extendentes cum ignavia morerentur. Interdum tamen cum Bolezlavo pactum facere castrumque reddere cogitabant, interdum [1686] inducias petentes, vel auxilium exspectantes illud consilium differebant. Interea Poloni nunquam otiosi, nunquam desidiosi, tot laboribus et vigiliis fatigati desistebant, sed castrum capere vel insidiis insistebant. Pomorani vero talem Bolezlavi mentem et intentionem cognoscebant, quod nullatenus evadere manus ipsius nisi castro reddito prævalebant, et ex hoc maxime diffidebant, quia de Suatopole suo domino nullum auxilium exspectabant. Unde pro tempore consilium partibus utrisque satis ydoneum inierunt, castellum videlicet fide recepta tradiderunt, ipsique sani cum suis omnibus, incolumes quo sibi libuit, abierunt.

VARIÆ LECTIONES.

[1681] namque 2. [1682] statis 1. 2. [1683] ita videtur legendum, cf. Chr. princ. Pol. p. 91. [1684] secum erronee 1. 2. [1685] ide 2. [1686] interim codd.

ANNO DOMINI MCXII.

BERENGOSUS

ABBAS S. MAXIMI TREVIRENSIS

NOTITIA HISTORICA

(FABRIC., *Biblioth. med. et inf. Lat.*, tom. I, pag. 214.)

Berengosus ordinis S. Benedicti, abbas S. Maximi Trevirensis, non ut Bellarminus, editione prima libri de S. E., sæculo VII, sed sub duodecimi initia clarus ann. 1112, ab Henrico V imperatore impetravit privilegium pro advocatia suæ abbatiæ, scripsitque opuscula edita Coloniæ 1555 et recusa in Bibliothecis Patrum, et novissime Lugdun. tom. XII, *De laude et inventione crucis Dominicæ* libros III, pag. 349; librum *De mysterio ligni Dominici*, et *De luce visibili et invisibili, per quam antiqui patres meruerunt illustrari*, pag. 367, et sermones V *De martyribus, confessoribus, dedicatione Ecclesiæ et veneratione reliquiarum*, pag. 576. Fallitur Oudinus (tom. II, pag. 1004), cum huic Berengoso tribuit commentarium in Apocalypsin, quem Berengarii Turonensis esse jam demonstratum fuit. Sicuti Bernonis est non Berengosi, quod ei ascribunt nonnulli *De jejuniis Quatuor Temporum*.

BERENGOSI ABBATIS

DE LAUDE ET INVENTIONE SANCTÆ CRUCIS

(*Bibl. Patr.* XII, 349.)

INCIPIT LIBER PRIMUS

DE LAUDE S. CRUCIS

CAPUT PRIMUM.

De eo quod Dominus ante se primo prophetiam et legem præmisit, ac deinde natus et passus arborem crucis ascendit.

Cum antiqua divinitas humano generi tempus prævideret opportunum, ut filios, qui erant dispersi, congregaret in unum, ad redimendum hominem, quem propriæ voluntatis arbitrium a Deo divisit, in vineam Ecclesiæ, primo et secundo servos, tertio Filium misit. Qui ostendendum se verum esse regem, ante se quasi servos, ac servos, prophetiam præmisit et legem, quando ad præparandam hominis cœlestis patriæ viam, primo ad Abraham, secundo ad Moysen, tertio venit ad Mariam. Ex qua videlicet, ne vel homo ex passionibus, vel Deus lateret ex virtutibus, verum se Deum et hominem humanis præsentavit obtutibus, ut nullis rerum præpedientibus obstaculis, et homo probaretur ex angustiis, et Deus ex miraculis. Per hoc namque quod, pro nostra salute passurus, arborem crucis ascendit, procul dubio purum se hominem ostendit; per hoc autem, quod mortem suam resurrectionis gloria calcavit, verum se Deum esse monstravit. Sed et hoc divinitati illius non minus debet attitulari, quod ipsa passionis suæ dies ad horam videbatur obtenebrari, in qua pro redimenda generis humani substantia passus est cruce, clavis et lancea. Hæc quippe sacrosancta salutis humanæ sunt stigmata, quibus nobis verus Isaac cœlestis medicinæ oleum deferebat ac stigmata, quando sicut aries inter vepres, peccatorum crucis cornibus hærens, sanare dignatus est *omne caput languidum, et omne cor mœrens (Isai.* 1). Hæc sunt illa stigmata, quibus in ara crucis summus Sacerdos sacerdotum genus humanum in uno homine voluit liberare per totum, quando sacrificio singulari et gratia communi in uno consuluit omnibus, et in omnibus uni. Hæc etiam illa stigmata, quibus Dei Filius inæstimabile nobis paternæ dilectionis ostendit signum, quando *peccata nostra pertulit in corpore suo super lignum (I Petr.* 11), ut antiquus hostis in seipso eo acrioris atro ejus invidiæ tormento cruciaretur, quo eodem ligno, quo vicerat, vinceretur.

CAPUT II.

Qualiter lignum crucis ab Helena regina inventum, vel a Judæis prius fuisset absconditum, et de propositione trium errorum, secundum triplex ejusdem ligni mysterium

Unde, sicut illa passionis Dominicæ dies universo mundo quondam erat optabilis, ita et ista dies sacratissima non minus nobis debet esse venerabilis : quomodo sicut in illa die Salvator noster opus nostræ redemptionis implevit, ita et in hac die lignum Dominicum nobis manifestare decrevit. Et ideo dies ista eo festivius a nobis debet celebrari, quo in ea lignum idem Dominicum debuit, Christo revelante, nudari, maxime cum de hac die nihil aliud Scriptura loquatur divina, nisi quod hodie crux Domini inventa est ab Helena regina. Sicut enim in catalogo sanctorum præsentis diei Kalendarium testatur, Inventio S. crucis dies ista vocatur, quoniam hodierna die eadem crux probatur inventa, in qua generis humani substantia Christi fuit passione redempta. Sed quoniam multis adhuc videtur incognitum, quare a Judæis lignum illud Dominicum jam diu fuisset absconditum, ideo nunc causas causis, et res opponentes rebus, pro modulo nostro pauca de pluribus inde dicemus. Scitis etenim quia, sicut perfidia inimica est fidei, et vitium virtuti; sic Judaica impietas Christianæ semper est æmula saluti : quia, sicut in ligno crucis humanæ salutis impugnavit auctorem, ita Christianæ religionis adhuc exsecratur honorem. Unde mirum non est quod iidem Judæi, pallio invidiæ induti, divinæ pietati et humanæ invidere saluti, dum per eamdem invidiam qua ipsum auctorem lucis in passione peremerunt, post passionem ejus lignum crucis absconderunt, ut clarius sole et manifestius luce salus nobis in auctore vitæ et salutis deesset in cruce. Ipsi enim illi fuerunt, de quibus scriptum est : *partes vulpium erunt (Psal.* LXII), dum pro summo Rege vulpem Cæsarem eligentes, erga Deum nec facies voluerunt mutare nec mentes. Unde pro perfidia illorum plenius ostendenda, pro quibus in fide Christi nondum *conturbatæ sunt gentes et inclinata sunt regna (Psal.* XLV), per campos Scripturarum, ex. gr., eo latius jam noster discursurus est sermo, quo ea quæ proponenda sunt melius ostendantur exemplo quam verbo : ut enim invidia Judæorum justa possit ratione sopiri, ex antiquis his Patribus tres proponendi sunt viri, ne verba Veritatis a nobis videantur neglecta esse, quibus dictum est : *In ore duorum vel trium testium stet omne verbum (II Cor.* XIII). Sciendum est autem quod, sicut iidem viri sunt tres, Joseph scilicet, Isaac et Moyses, ita per antiquæ divinitatis archisterium, triplex nobis debent apportare mysterium.

CAPUT III.

De comparatione, quam Joseph habet ad lignum, vel fratres ejus ad Synagogam Judæorum.

Verum licet Joseph junior esset ex tribus, ipse tamen in hac propositione nobis erit primus, ut in scala Ecclesiæ, quasi de gradu in gradum ascendendo paulatim, de uno ad alterum valeamus pervenire summatim. Sed in hac propositione nulli nostrum debet esse tædium; si cum eodem Joseph fratres ejus ac Judæos deducamus in medium, quoniam Judæi erga Dominum eadem invidia fuerunt pleni, quam erga Joseph fratres ejus habuerant deni : Judæi enim erga Dominum eamdem invidiæ causam semper habebant, quam erga Joseph fratres ejus habere solebant, dum pro singulari gratia illius in eamino invidiæ ita videbantur coqui, ut non possent *quidquam pacifice loqui (Gen.* XXXVII). Et Judæi quidem eamdem invidiam erga Dominum habentes, in mortem ipsius acuerunt linguas suas sicut serpentes, ne prophetia illa videretur mendosa. *Locuti sunt adversum me lingua dolosa (Psal.* CVIII). Unde licet nulla societas sit luci ad tenebras, vel ad tenebras luci, iidem tamen fratres ac Judæi Dominicæ comparandi sunt cruci, maxime cum per antiphrasim eamdem societatem habeant ad crucem quam tenebræ habere videntur ad lucem. Sicut enim in fratribus Joseph fraterna cœpit deficere dilectio, dum in traditione illius recesserunt in Dothaim quod interpretatur *defectio;* ita Judæi magnæ defectionis a Deo divisi sunt sorte, dum *usque ad mortem, mortem autem crucis (Philipp.* II), pro ipsius cogitaverunt morte. Sed sciendum est quod, inter alios duodecim fratres, duo tantum antiquos imitati sunt patres, quoniam Joseph et frater ejus Benjamin, cum cæteris fratribus ire noluerunt in Dothaim, quia, cum non Liæ sed Rachelis essent filii, participes fraterni non debebant esse consilii. Alii autem fratres, qui nati fuerant ex ancillis aut Lia, quasi pro traditione fraterna foris dispersi erant in via, quomodo in sagena Ecclesiæ, inter bonos et malos pisces sic ordo distinctus, ut et mali mittantur foras, et boni remaneant intus. Unde quomodo iidem fratres ac Judæi piscium illorum figuram habuerunt, de quibus scriptum est, *malos autem foras miserunt (Matth.* xiii), mirum non est quod, qualis erga Joseph fratrum suorum erat invidia, talis erga Christum Judæorum, videbatur esse perfidia. Sciendum est autem quod, sicut ex merito bonæ actionis Joseph typum meruit habere Salvatoris, ita non ex operibus carnis, sed ex operibus lucis mysterium in eo præfiguratum est crucis. Sicut enim Joseph aliquandiu inclusus fuit in cisterna, ita crux Dominica diu inclusa erat in terra, quoadusque gratia cooperante superna, et crux a terra, et Joseph levaretur a cisterna. Et, sicut Joseph a fratribus suis venditus est Ismaelitis, sic principibus sacerdotum Christus venditus est ab Ismaelitis : quoniam, sicut Joseph in exsilium traditus est consilio Judæ patriarchæ, sic in mortem crucis traditus est Christus consilio Judæ Iscarioth hæresiarchæ. Proinde multiformi malitiæ fratrum illorum non incongrue comparatur malitia Judæorum, quoniam unum idemque mysterium Christi tam illi blasphemavere quam isti. Sicut enim illi secundum antiquæ divinitatis judicium conscriptum Joseph fratrem suum tenebrosæ falsitatis vendiderunt in Ægyptum, ita et isti ad imitandum ejusdem malitiæ signum, in tenebrosissimo quodam loco Dominicum occultaverant lignum. Et sicut Joseph nequitia fratrum suorum olim in carcerem est trusus, sic malitia Judæorum et crux in occulto, et Christus in sepulcro jacebat inclusus, ut humanum genus in hoc duplici mysterio ita divinæ dilectionis privaretur signo, ut nec vita sibi de Christo, nec salus proveniret a ligno.

CAPUT IV.
Quemadmodum Joseph liberatus est a carcere, vel Christus a morte, sic signum crucis liberatum est a reclusione.

Igitur quemadmodum satis evidenti ratione relatum est qualiter in sepulturæ Dominicæ typum lignum crucis diu videbatur occultatum, ita nunc vobis in resurrectionis Dominicæ referendum est signum qualiter ad eumdem modum S. crucis elevatum est lignum. Quia enim Dominici corporis sepulturæ inveniendæ crucis poterat esse figura, dignum est ut, sicut carceri Joseph et sepulturæ Domini ejusdem crucis comparavimus absconsionem, ita nunc apertioni carceris et resurrectioni Salvatoris, ejusdem crucis attitulemus inventionem. Sicut enim extractio Joseph a cisterna Dominicam significat resurrectionem, sic extractio crucis a terra eamdem potest habere significationem; quia, sicut Joseph pro salute fratrum suorum extractus est a cisterna, ita crux Dominica pro salute populorum hodie trahebatur e terra. Et, sicut ad unam eamdemque respicit sortem, quod vel Joseph carcerem, vel Christus evaserat mortem, sic virtutis utriusque cruci Dominicæ justam possumus rationem conferre, quæ ad eamdem figuram hodie soluta est ergastulo terræ. Præterea vero et hoc non est silendum a nobis, sed spiritaliter potius discutiendum est vobis, quod crux Dominica ad eumdem modum hodie liberata est ab inclusione veterna, quo de carcere Pharaonis olim liberatus est Joseph et pincerna. Unde gratias Deo quod, sicut Joseph et Christus spiritaliter unam habuerant sortem, dum et Joseph missus est in carcerem, et Christus in mortem, ita Christianus populus Judæis nulla ratione volebat parcere, quoadusque lignum Dominicum antiquæ reclusionis educeretur a carcere, sub eadem videlicet spiritalis intelligentiæ sorte, qua Joseph eductus est a carcere, et Christus a morte.

CAPUT V
Quemadmodum Joseph a Pharaone torque aurea, annuloque induebatur et stola, sic lignum crucis gemmis et auro decoratum est ab Helena regina.

Ergo, sicut sufficienter est dictum qualiter Joseph in carcere, vel Christus in morte pro nobis factus est maledictum, ita quid cum Joseph post eductionem carceris a Pharaone sit factum, a nobis remanere non debet intactum. Sed, quia sequens sententia ita videtur cohærere cum priori, ut causa silendi nequaquam imponendum sit silentium ori, dignum est ut pro confirmandis fidelium animabus de his quæ sequuntur aliqua dicamus. Sicut enim Joseph, a præfati carceris ergastulo solutus, torque aurea, sed et annulo ac stola figuraliter erat indutus, ita Christus a morte pro humana resurgendo salute, *indutus est fortitudine et præcinxit se (Psal.* xcii) virtute. Adhuc etiam quasi sententia hæc non sufficiat sola, dicendum est nobis quid torque aurea, sed et annulo significetur, ac stola. Sicut enim in stola byssina et torque aurea duplex latet intelligentia, dum per byssum caro virginea, et per torquem cœlestis significatur sapientia; sic in annulo fidei summi Sacerdotis præfiguratur negotium, qui per Petrum : *Vos*, inquit, *estis genus electum, regale sacerdotium (I Petr.* ii). Unde sciendum est quod, sicut Joseph a Pharaone annulo et stola, et torque aurea ornatus est figuraliter, sic Helena beatissima lignum crucis exornavit historialiter, quando de regalis munificentiæ thesauro eamdem crucem gemmis decoravit et auro. Adhuc etiam, sicut Joseph typum nobis prætendit, quando diversis muneribus ornatus, currum jucunditatis ascendit, sic Helena sacratissima hodie nobis cornu salutis erexit, dum pro nostra salute crucem Dominicam de imis ad summa provexit. Præterea vero, sicut Joseph, curru sublimatus regali, voce præconaria meruit ubique prædicari, sic in eodem facto duplicis gratiæ mysterium nobis reliquerat grande, dum ad eamdem figuram lignum crucis a plebe, et Christus prædicatur a Joanne.

CAPUT VI.

Quemadmodum Joseph, frumentum venditurus Ægypti, horrea regis aperuit, sic Helena regina lignum crucis in horreo Ecclesiæ nobis aperire promeruit.

Relato igitur quid Joseph rex Ægyptiacus fecerit, referendum est etiam quid ipse Joseph cum Ægyptiis causa humanitatis egerit, ne cui vestrum videatur indignum, si factum illius Dominicum referatur ad lignum. Sicut enim carcer, quo fuit inclusus, vel currus, quo erat sublimatus, Dominicæ cruci convenienter est comparatus, sic Ægyptiaci frumenti divisio venerandæ eidem cruci simili est ratione comparanda. Sciendum est quippe quod, sicut Joseph, frumentum venditurus Ægyptiis, horrea charitatis aperuit, sic Helena sacratissima lignum in quo granum frumenti mortuum fuit hodie nobis aperire promeruit, ne cum Manasse, qui interpretatur *oblivio*, amplius daretur in oblivionem, sed cum Joseph, qui *auctus* dicitur, in Christianam potius augeretur religionem. Unde quia per antiqui perfidiam hostis, panis fidei et charitatis jam pene defecit in sitarciis nostris, necesse est ut ad verum Joseph pro paterno pane cum prodigo illo filio recurramus fide reo qui reversus ad patrem : *Quanti,* inquit, *mercenarii in domo patris mei abundant panibus, ego autem hic fame pereo* (*Luc.* xv). Nisi enim ad promerendum æternitatis regnum de zizaniis vitiorum faciamus nobis fasciculos ad comburendum, nequaquam illo boni operis manipulo perveniemus ad Deum, de quo scriptum est : *Triticum congregate in horreum meum* (*Matth.* xiii). Proinde, sicut ex præcepto Joseph quinta pars frugum Ægyptiarum data est regi, ita quinque sensus nostri deferendi sunt in obsequium Dei, ut præ quinta parte, quæ debebatur regibus, quinque sensuum nostrorum custodiam divinis semper mancipemur legibus. Nisi enim ad exemplum legalis sacramenti primogenitum hominis redimamus quinque siclis argenti, nihil nobis quinque vulnerum Christi profecere vibices, quibus in ara crucis quinque sensuum nostrorum voluit sanare cicatrices. Unde, ne iidem sensus nostri cum Ægyptiis a fide et charitate videantur jejuni, verum Joseph implorare debemus oratione communi ; quatenus ipse, qui pro humana salute quondam volebat esurire in Ægypto tribulationis istius, unicuique nostrum horrea charitatis dignetur aperire, granum videlicet verbi cœlestis interius offerens menti, qui per mortem crucis seipsum comparare voluit grano frumenti.

CAPUT VII,

Quemadmodum Joseph in sacco fratris junioris abscondit scyphum, sic Judæi lignum Dominicum.

Igitur, sicut medulla tritici, quæ sub Ægyptiacæ servitutis palea diutissime latuit, grani cœlestis ventilatione jam nobis apertissime patuit, ita scyphus ille Joseph nequaquam debet a vestra charitate recondi, quem in sacco fratris sui junioris olim jussit abscondi. Dignum quippe est ut, sicut ex horreis Joseph cœlestis grani prius fuit enucleata medulla, ita de scypho ejus spiritalis sacramenti jam vobis propinetur ampulla, ut in observatione tanti mysterii participes sitis gratiæ Dei, quam in absconsione ligni Dominici quondam perdidere Judæi. Per hoc enim, quod Judæi tam profunde quasi in ore terræ lignum crucis absconderunt, factum Joseph imitari noluerunt, qui postquam ad inquisita fratrum suorum quæque convenientia respondit, tandem in ore sacci junioris scyphum argenteum abscondit. Sicut per scyphum splendor verbi cœlestis, et per saccum littera exprimitur legis, ita per os sacci junioris anima signatur hominis, si tamen peramplius et perfectius eidem adhæreat scientiæ, de qua scriptum est : Anima justi sedes est sapientiæ. Unde quoniam Joseph in summitate cordis sui, quasi in ore sacci, illam semper inclusit scientiam, de qua scriptum est : *Os justi meditabitur sapientiam* (*Psal.* xvi); ideo cor ejus nunquam recessit a lege ipsius. Sed, quoniam a perfidia Judaicæ impietatis longe remotus erat scyphus idem veritatis; ideo thesaurum illum desiderabilem servare non poterant in intimo mentis, de quo scriptum est : Thesaurus desiderabilis requiescit in ore sapientis. Unde mirum non est quod, licet ab una progenie fuerint Joseph et Hebræi, in hoc tamen facto aliam intentionem habuit Joseph, et aliam Judæi, dum pro diversa qualitate meritorum, diversa etiam fuit voluntas singulorum. Sicut enim Joseph ad castigandam fraternæ impietatis audaciam, in reclusione scyphi illius contumeliam mutavit in gratiam, ita Judæi contrario ad obscurandam Christianæ religionis memoriam , in absconsione crucis contumeliam nobis potius optaverunt quam gloriam. In qua videlicet re nimis malitiose fecerunt, dum ad contumeliam nostram tanto tempore thesaurum Divinitatis absconderunt, cum satius eis esset cum Joseph scyphum veritatis invenisse, quam pro invidia Christianorum tandiu lignum crucis abscondisse. Et cum, juxta præceptum legis, ad obtegendum fimum Judaicæ sordis, cum eodem Joseph paxillum compunctionis portare deberent sub balteo cordis, econtrario fidei, spei et charitatis amisere paxillum, dum per invidiæ stimulum Dominicæ crucis texere vexillum. Sed hoc mirum non est quod sub balteo cordis paxillum non habuere compunctionis, qui in intimo habuere mentis scyphum perdere dilectionis , quia curru superbiæ suæ in carcerem diabolicæ captivitatis præcipitati, ab horreo Ecclesiæ et scypho sapientiæ fuere separati. Unde ne nos eodem modo ab antiquo Pharaone videamur incarcerari , curru humilitatis et patientiæ cum Joseph debemus elevari, ut in horreo Ecclesiæ non solum spiritalis tritici mensura cibari, sed etiam scypho cœlestis eloquii mereamur cum Christo inebriante potari. Sicque spiritali sacramento, quasi opere distinguentes anaglypho, quid eodem carcere et curru, quidve frumento significetur aut scypho, dignum est ut inventionem S. crucis hodie non debeamus præterire silentio, quam carceris apertio, et currus ascensio, quamve frumenti divisio, et scyphi testatur inventio.

CAPUT VIII.

Sicuti ad exemplum Isaac oculi Judæorum caligaverunt, quando pro invidia Christianorum lignum crucis absconderunt; ita lignum crucis idem populus invitus aperuit, quo Isaac filium suum nesciens benedixit.

Ecce quia sermo noster aliquantulum est dilatus cum Japhet, dum pro prædicando mysterio crucis, aliquandiu immorati sumus cum Joseph, restat ut jam ex utraque lege absque pretio commutantes vinum et lac, de horreis Joseph ad puteos transeamus Isaac. Sed priusquam de eisdem puteis aliquid dicamus, nil obstat si de caligine oculorum ejus pauca præmittamus, præcipue cum, secundum comparationem boni et mali, cæcitas illius cæcitati Judæorum digne possit æquari. Non est autem sine re quod hanc cæcitatem filius incurrit Abrahæ, quamvis cæcitas illa, quæ contigit in Israel, non fuisset ex Abraham et Sara, sed ex Agar et Ismael. Si enim Sara referatur ad Agar, altera alteri libertate dispar et conditione fit par; quia non ignotum est vobis quæ vel illa fuisset aut illa, cum una esset libera, et alia ancilla. Unde quoniam libertate unius donavit nos Deus, ideo servitute alterius deprimi non debemus, ut cum Isaac tam perfectam consequamur libertatem, ut exemplo illius nequaquam Judæorum imitemur cæcitatem. Si enim ipse aliquantulum exterioribus oculis caligavit, dum in seipso cæcitatem Judæorum spiritaliter præsignavit, multo magis idem Judaicus populus lumen veritatis interius amisit; dum in absconsione ligni Dominici seipsum ab Ecclesiæ unitate divisit. Sed gratias Deo quod, sicut oculi Judæorum quasi cum Isaac olim caligaverunt, dum pro injuria Christianorum eumdem thesaurum Divinitatis occultaverunt, sic idem populus in inventione S. crucis eamdem benedictionem nobis invitus influxit, qua præfatus Isaac quondam filium suum nesciens benedixit. Sicut enim Isaac filio suo benedictionem nesciens porrexit, et tamen quid ei futurum esset longe ante prospexit, sic Judaicus ille populus exemplum sequens ejusdem Israelitæ, lignum crucis, quod revelare noluit sponte, revelavit invite.

CAPUT IX.

Ut Allophyli puteos Isaac obruerunt, sic Judæi lignum crucis absconderunt. Et quemadmodum lignum idem inventum est ab Helena regina; sic ab Isaac in eisdem puteis pura inventa est aqua.

Quoniam [f., Hora est jam] ut, sicut præmittimus, ad puteos illos transire debeamus, de quibus limpidioris aquæ pocula vobis propinare valeamus. Nihil enim obstat, si puteos, quos Isaac apud alienam olim foderat gentem, in honore S. crucis hodie revocemus ad mentem, ne mysterium illud humani silentii tetro suffocemus fumo, qualiter Allophyli insidiantes eosdem puteos repleverunt humo. Quid igitur per Allophylos nisi Judæi; quid vero per puteos, nisi profunditas signatur Scripturarum Dei? Judæi etenim Allophylis non incongrue comparantur, qui in absconsione ligni Dominici humanæ saluti diu insidiantur, non attendentes videlicet elogium illud proverbii antiqui, in quo dictum est : *In insidiis suis capientur iniqui (Prov.* xi). Unde mirum non est quod, sicut Allophyli aquam vivam obruerunt, dum puteos, quos Isaac foderat, humo repleverunt, sic Judæi in absconsione ligni Dominici aquam illam obruere supernam, de qua scriptum est : *Qui biberit aquam quam ego do ei, fiet in eo fons aquæ salientis in vitam æternam (Joan.* iv). Sed gratias Deo quod, sicut Isaac, ad exstinguendam sitim credentium, invenire meruit puteos aquarum viventium, sic Judas Hebræus, licet huic operi se clamitaret indignum, hodierna die Dominicum invenerat lignum. Præterea vero, sicut Allophyli puteos Scripturarum, terra malitiæ suæ ad hoc conabantur obruere ne spiritalis intelligentiæ de eis vera posset aqua profluere, ita Judæi lignum S. crucis diu volebant humo suffocare, ne mysterii salutaris inde nobis posset unda manare. Unde necesse est nobis ut, sicut Isaac de puteis patrum suorum ad hoc solebat ejicere terram ut gratiæ salutaris aquam posset invenire supernam, ita et nos pro inquirenda spiritalis intelligentiæ unda, tandiu cogitationum nostrarum debeamus penetrare profunda, quoadusque de puteo cordis nostri totius malitiæ terra sublata, per mysterium crucis veræ innocentiæ pura nobis resplendeat aqua.

CAPUT X.

Quomodo puteus ille, cui nomen est viventis et videntis, convenire possit puteo divini sanguinis et mysterio crucis.

Ergo sicut ad emundandam carnalis immunditiæ cloacam in puteis Isaac spiritalem invenimus aquam, ita nunc nobis ad irrigationem proficit mentis, si cum eodem Isaac adhuc properemus ad puteum, cui nomen est viventis et videntis. Licet enim illic putei sint plures, et hic unus, per omnes tamen unius sacramenti nobis offertur munus, quoniam in omnibus una figura versatur, dum in singulis quibusque sacra Scriptura signatur. Quis autem est vivens, nisi Deus, de quo scriptum est : *Vivit Dominus et benedictus Deus meus ? (Psal.* xvii.) Sed quis sit videns, ipse nobis insinuavit ex se, qui ad Nathanael *Cum esses,* inquit, *sub ficu, vidi te (Joan.* i). Hic est puteus ille vivens, de quo dixit Apostolus : *Vivit vero in me Christus (Galat.* ii), ut exemplo illius unusquisque nostrum ex eodem puteo hauriat et vivat, de quo scriptum est : *Si quis sitit, veniat et bibat (Joan.* vii.) Unusquisque enim fidelium ex puteo illius æternaliter habet, qui omnibus vivit et omnia videt, cum præfato scilicet Isaac in illo moriens, et in illo vivens, quia et vivens vocatur et videns. Sicut enim Isaac, secundum altiorem intelligentiam mentis, deambulavit per viam quæ ducit ad puteum cui nomen est viventis . sic verus Isaac per mysterium crucis, puteum vitæ aperire dignatus est mundo, in quo divinæ scientiæ aquam posset haurire de profundo. Sed, sicut per puteum, ut dictum est, profunditas sacræ lectionis figuratur, ita per viam, quæ ducit ad puteum, humilitas Dominicæ passionis signatur, per quam nobis sacræ Scripturæ fluenta patuere spiritalia, quæ ante passionem Domini legali latuere sub palea. Unde ut et nos, ad exemplum Isaac de puteo illo inebriemur Altissimi, de quo scriptum est Bibite et inebriamini, charissimi (Cant. 1), dignum est ut ad viam quæ ad eumdem ducit ipsum præviatorem sequamur et ducem, qui ad currendam viam passionis pertulit in corpore suo clavos, lanceam et crucem.

CAPUT XI.

Quemadmodum a filia Pharaonis Moyses inventus est juxta ripam fluminis, sic ab Helena regina in Calvariæ loca lignum inventum est crucis.

Igitur, quia, secundum Apostolum, non escam vobis dedimus, sed lac, dum in figura Dominicæ crucis quædam vobis enarravimus de Joseph et Isaac, dignum est ut jam ad explicandam vobis aliam rem, eodem modo de Isaac transeamus ad Moysen. Sicut enim Moyses juxta ripam fluminis ea die divino inventus est numine, in qua descendebat filia Pharaonis ut lavaretur in flumine, sic hodierna die ab Ecclesia plebis bifariæ lignum crucis inventum est in loco Calvariæ. Quod, quia per judicium Divinitatis occultum in eodem loco diu videbatur esse sepultum, ideo nobis elabi non debet a memoria quod ex invidia Judæorum inde habet historia. Per suggestionem enim Judaicorum pontificum Adrianus imperator scelus perpetravit horrificum, dum ad ostendendum Judaicæ pravitatis exemplum, in loco ubi lignum jacuit Dominicum, Veneri ædificavit templum, ne Christiana devotio vel genua ibi flecteret, aut votorum suorum Deo libamina redderet. Sed gratias Deo quod, sicut filia Pharaonis vasculum illud evacuavit, in quo Moyses aliquandiu inclusus latitavit, sic Helena regina templum illud, quod ad injuriam Dei idem Adrianus construxit, ad confessionem diaboli hodierna die destruxit. Præterea vero, sicut Moyses de fluvio spiritalis intelligentiæ haurire meruit aquam divinæ scientiæ, ita et nos in mysterio crucis haurire debemus aquas nostræ redemptionis, de quibus scriptum est : *Haurietis aquas in gaudio de fontibus Salvatoris (Isai.* XII). Adhuc etiam, sicut Moyses in deserto montis Sina, ubi nunquam Filius hominis requievit, filios Israel aquas amarissimas dulcorare consuevit, ita verus Moyses per mysterium crucis dulcoravit aquas amaras et insanabiles, quando suavitate indita, eas nobis fecit esse potabiles. Et, sicut verus Moyses filios Israel ab Ægyptia servitute dignatus est liberare, quando currus Pharaonis et exercitum ejus projecit in mare, sic Helena beatissima crucem Dominicam a Judaica hodie captivitate liberavit, et in sinu Ecclesiæ, quasi optato in littore, collocavit. Unde orandum est nobis ut, sicut idem Moyses Hebraicum populum miraculo Divinitatis instruxit, dum [pro] medicaudis corporibus eorum et mentibus aquam eis de petra produxit, sic verus ille Moyses pœnitentiæ aquis, vitiorum nos faciat emundare cloacas, *qui eduxit aquam de petra, et deduxit tanquam flumina aquas (Psal.* LXXVII).

CAPUT XII.

Sicut Moyses a matre sua reconditus est in fiscella, ita crux Dominica diu abscondita fuit in Synagoga. Et eodem modo crux inventa est in terra, quo Moyses inventus est in ripa, vel Christus in Ecclesia.

Præterea vero et hoc a nobis nequaquam silentio debet abscondi, quod, in exemplum Moysi, crux Domini quondam videbatur recondi, quia sicut Moyses juxta ripam fluminis a matre sua reconditus est in fiscella, sic lignum crucis a Synagoga diu absconditum erat in terra. Sed, sicut Moyses ad ripam fluminis, vel Christus inventus est ad aquam baptismatis, sic Thermuth filia Pharaonis, id est Ecclesia gentium lignum Dominicum invenire meruit in salutem credentium. Sciendum est autem quod, sicut ad considerandum inibi eventum rei, quasi cum Maria sorore Moysi, procul videbantur astare Judæi, sic omnes qui antiquæ legis adhuc amicti sunt toga, a mysterio crucis Christi longe videntur stare cum Synagoga. Sed sicut filia Pharaonis Christum nobis reservavit in masculo, dum Moysen inclusum elevare solebat ex vasculo, sic Ecclesia gentium lignum crucis ad humanum hodie revelaverat usum, quod ex invidia Judæorum diu jacebat inclusum. Et, sicut illa fiscellam reperit in papilione, sic Ecclesia crucem Dominicam hodie in reclusione; quoniam una cademque gratia crux hodie inventa est in terra, qua quotidie Moyses in ripa, vel Christus invenitur in Ecclesia! O mira clementia Dei, o lux clarior aliis, lux illa diei, in qua, ad exemplum ejusdem Israelitici ducis, de loco reclusionis lignum elevatum est crucis! Gratias enim Deo quod, sicut filia Pharaonis infantibus Hebræorum magnam humanitatem demonstravit, patris sui masculum cum feminis reservavit, sic Ecclesia Dei in vero Moyse magna est gratia servata, dum crux Dominica tam masculis quam feminis hodie est ab Helena regina monstrata. Idcirco, si nequitiam Pharaonis recte velimus considerare, mirum non est quod de infantibus Hebræorum masculos jussit occidere, et feminas reservare. Quoniam, sicut masculi et feminæ personis discernuntur geminis, sic virtutes in masculis, et vitia signantur in feminis. Unde, ne pro reservandis feminis et occidendis masculis hostis antiquus cordium nostrorum recipiatur in vasculis, orandum est nobis ut verus Moyses nobis tribuere dignetur has virtutes geminas, ut in collectione virtutum et abscisione vitiorum reservemus masculos, et occidamus feminas, ne veri Pharaonis videamur subire dominium, qui sexum jussit occidere masculinum, et reservare femininum.

CAPUT XIII.

Moyses in figura Regis æterni regale illud diadema pedibus contrivit quod rogatu filiæ suæ capiti ejus Pharao imposuit.

Ergo, quamvis de Moyse et filia Pharaonis semel et secundo sermo sit nobis, adhuc tamen tertio cum eis locuturi pusillum, brevi sermone et illam tangemus et illum. Sciendum est enim quod idem puer regio vestitus cultu, formosus in habitu, sed formosior erat in vultu, specie scilicet et pulchritudine sua illum præfigurans Dominum, de quo scriptum est : *Speciosus forma præ filiis hominum (Psal.* xliv). Unde mirum non est quod, per antiquæ divinitatis consilium, filia Pharaonis eum sibi adoptavit in filium, quoniam idem filius adoptionis, filium illum præfiguraverit in spe, de quo scriptum est : *Filius meus es tu, ego hodie genui te (Psal.* ii). Proinde sub typo illius, *qui habitare facit sterilem in domo, matrem filiorum lætantem (Psal.* cxii), patri suo Pharaoni eumdem offerebat infantem, rogans videlicet ut per intimum paternæ charitatis amorem imperii sui eum faceret successorem. Sicque translatus in domum Pharaonis, nequaquam ibi regalibus privatus est bonis, impleta scilicet in eo illa prophetica sententia : *Non privabit bonis eos qui ambulant in innocentia (Psal.* lxxxiii). Ut enim Josephus refert in libris Antiquitatum, in domo Pharaonis magnum habebat principatum, typice videlicet illum designans de quo propheta dicit egregius : *Factus est principatus super humerum ejus (Isa.* ix). Unde licet Pharao generis illius nobile ignoraret stemma; pro gratia tamen filiæ, regni sui imponebat diadema, impleto scilicet in seipso quod sermo testatur evangelicus : *Auferetur ab eo regnum, et dabitur genti facienti fructus ejus (Matth.* xxi). Quod etiam idem Moyses bene nobis in sua protinus actione monstravit, dum regale illud diadema in terram projiciens, pedibus conculcavit, significans videlicet quod in solio terreni regni nequaquam terreno successurus esset homini, qui accepturus erat regnum decoris, et diadema speciei de manu Domini. In quo scilicet facto regnum diaboli quandoque destruendum esse prævidit, dum coronam, quam Pharao sibimet imposuit, pedibus contrivit, typice videlicet nobis insinuans quod per virtutem crucis illum semper conteremus atrociter, de quo Apostolus : *Deus,* inquit, *conteret Satanam sub pedibus vestris velociter (Rom.* xvi).

CAPUT XIV.

Tres hi viri, Joseph, Isaac et Moyses, secundum prophetiam eorum et legem, de mysterio crucis disparem quidem sermonem, ac varem habuerunt mentem.

Ecce sicut per ænigmata verborum spiritualium in explanatione trium virorum, de uno currebamus ad alium, ita nunc nobis congruum videtur et opportunum ut eosdem viros simul hic colligamus in unum. Sed, quoniam iidem viri, Joseph scilicet, Isaac et Moyses, in tribus personis figuras habuerunt tres, ideo considerandum est nobis oculis ambobus qua in re tertius discrepare videatur e duobus. Ad prædicandum ergo sæculorum omnium Regem, duo de his obtulere prophetiam, tertius legem; quoniam, sicut lex per Moysen data est, ita per Joseph et Isaac prophetia nobis oblata est. Unde quamvis duo de his patriarchæ sint, et tertius propheta, lex tamen et prophetia singulorum in mysterio S. crucis ferme videtur impleta, exceptis his quæ, vel præmium nobis pollicentes aut supplicium, futurum adhuc habent exspectare judicium. Intuendum est autem quod ubicunque Deum prædicavere viventem, disparem sermonem et parem habuerunt mentem, quia si verba singulorum velimus considerare solertius, quidquid unus et alius, hoc testatur et tertius. Dignum quippe fuit ut quos radius supernæ penetraverat lucis, omnes pariter loquerentur ex mysterio crucis, in quo pro emundanda originalis immunditiæ cloaca, *de latere Salvatoris sanguis exivit et aqua (Joan.* xix). Unde sciendum est quod, sicut Abraham typum Salvatoris se habuisse monstravit, dum sub arbore crucis tres vidit et unum adoravit, sic et isti tres divinam humanamque in Deo coluere naturam, dum S. Trinitatis formam ad eamdem solebant adorare figuram. Sed, licet omnes unius Dei habuerint culturam, in seipsis tamen simplicem habuere figuram, dum cultum pietatis et typum Dei viventis unus habuit testimonio carceris, [alius] arietis et tertius serpentis. Unde, ne nos Ægyptiacæ captivitatis ergastulo quasi cum Joseph videamur incarcerari, duos alios viros, Isaac et Moysen debemus imitari, ut contra versutias antiqui serpentis armis justitiæ ita cum eis armemur in mente, ut fortitudinem Salvatoris imitemur in ariete et prudentiam in serpente.

CAPUT XV.

Quod in figura crucis Dominicæ et evangelicæ gratiæ, tribus illis viris, Joseph, Isaac et Moysi binæ vel trinæ bene conveniunt nutritiones.

His igitur ita consideratis, consideranda sunt in eis et alia opera pietatis, ut scire possimus quid ab unoquoque illorum petendum sit jure, quibus pro diversitate gratiæ, diversæ etiam fuere figuræ. Sicut enim Joseph pane vitæ et intellectus meruit alios cibare, et ipse cibari, sic Isaac et Moyses aqua sapientiæ meruere potari, quatenus gratia dispari, et benevolentia pari [alter] alteri mutua posset charitate sociari. Ita quippe dona se habent spiritalia, ut virtus una semper sustentetur alia, quoniam in virtutibus spiritalium virorum talis est talio, ut virtus, quæ non habetur in uno, habeatur in alio. Unde mirum non est quod, sicut Joseph, secundum altioris intelligentiæ sacramentum, ex horreo charitatis spiritale nobis solet erogare frumentum, sic Isaac et Moyses, secundum gratiam unicuique datam, cœlestis sapientiæ nobis daturi sunt aquam. Sicut enim Joseph in mysterio crucis, panem illum nobis figuraliter ostendit, de quo dictum est : *Hic est panis vivus, qui de cœlo descendit (Joan.* vi); sic Isaac et Moyses nos petræ illius vena debent potare secreta, de qua scriptum est : *Bibebant autem omnes de spiritali consequente eos petra (I Cor.* x). Unde, ne nos siti pereamus aut fame, dignum est ut per mysterium crucis verbi cœlestis aqua reficiamur et pane, maxime cum iidem tres viri sitim animarum inde possint emendare per totum, si unus nobis panem, et duo dederint potum. Sed interim nobis nihil obstare videtur, si Joseph a duobus aliis paulisper separetur, ut ubi ratio videtur convenire rationi, denuo in locum suum pristina debeat statione reponi. Duobus quippe modis breviter hic adnotare debemus qualiter [in] Isaac et Moyse causæ causis, et res conveniant rebus, maxime cum [per] affluentem sequentis sententiæ versiculum integre de nobis sitis internæ possint propulsare periculum. Sicut enim Isaac ex puteo illo, cui nomen est viventis et videntis, in figura Salvatoris irrigare debet arida mentis, sic, ut sitis cordium nostrorum exstinguatur a Moyse, in arca Ecclesiæ poculo charitate inebriari debemus cum Noe, ubi per mysterium crucis septiformis, gratiæ Dei nobis inundante diluvio, aquam nobis sapientiæ Isaac ex puteo, et Moyses ministrabat ex fluvio.

CAPUT XVI.
Qui, secundum triplicem divinitatis gratiam, ex proxime nominatis viris tribus, unus daturus panem, alii autem aquam.

Ecce si quis jam tempus et horam velit considerare solertius, denuo, sicut præmisimus, in locum suum revocandus est tertius, quatenus in cœlesti S. Trinitatis archisterio duobus aliis numero societur et mysterio. Sicut enim Joseph in ara crucis panem illum nobis præmonstravit in Hebræis, de quo scriptum est : *Panem cœli dedit eis (Psal.* LXXVII), sic Isaac et Moyses quædam cœlestis sapientiæ secreta geminæ dilectionis bina nobis debent ministrare metreta. Cum enim metron Græce, mensura dicatur Latine, binæ metretæ eorumdem virorum bene convenere doctrinæ, quoniam binis metretis aut ternis hydrias illas implevere supernas, de quibus scriptum est : *Capientes singulæ metretas binas vel ternas (Joan.* II). Sciendum est quippe quod, sicut binis metretis gemina dilectio signatur, sic ternis metretis fides S. Trinitatis typice monstratur. Præterea vero, sicut ex interioris medullæ perspicacia binis metretis lex figuratur et gratia, sic ternis metretis triplex signatur ordo credentium, conjugatorum scilicet, virginum et continentium. Unde, quoniam in duobus mandatis et fide Trinitatis tota *lex pendet et prophetæ (Matth.* XXII), non incongrue tribus his viris binæ vel ternæ convenere metretæ, quia cœlestis alimonia quotidie ab eis tribus his ministratur ordinibus, conjugatis videlicet, continentibus et virginibus. Sicut enim Joseph per mysterium crucis, pane illo vires reficit animarum, de quo dictum est : *Cibabis nos pane lacrymarum (Psal.* LXXIX); sic Isaac et Moyses corda nostra potus illius solent inebriare figura, de quo Scriptum est :

Potum dabis nobis in lacrymis in mensura (Ibid.). Et ideo necesse est nobis ut per gratiam Dei omnipotentis præceptis Dominicis implere studeamus hydrias mentis ; ita videlicet, ut per duplicem legis et gratiæ nummum bonis operibus impleamus eas usque ad summum. Alioquin deficientibus cæremoniis legis Hebrææ, frustra pro nobis *nuptiæ factæ sunt in Cana Galilææ (Joan.* II), nisi in Ecclesia Dei ex bona conversatione credentium, quotidie impleantur nuptiæ discumbentium. Sed quoniam in mysterio Dominicæ passionis et crucis duplex nobis gratia est data, ut in sacramentis Dominicis nec vino debeamus carere nec aqua, ideo utraque deferenda sunt in obsequium Dei, ne vel lex desit gratiæ, vel gratia legi. Sciendum est quippe quia, si vel ab uno vel ab alio vinum solummodo deferatur in sacrificium Redemptoris, sanguis ejus incipit esse sine nobis. Si vero aqua sola vel illo ministretur aut isto, sola plebs incipit esse sine Christo. Et ideo, sicut in ipsa sanctæ matris Ecclesiæ didicimus schola, in sacrificium Domini, nec vinum solum, nec aqua deferenda sola, sed utrumque potius simul misceatur, ut ex utroque unum sacramentum spiritali sanctificatione perficiatur. Ad hoc enim, sicut habemus ex traditione fidelium, in convivio nuptiarum aqua in vinum, et lex mutabatur in Evangelium, ut et nos in aliam imaginem ita transformemur ab Omnipotente, ut, sicut quandoque in corpore, ita nunc mutemur in mente. Sed sciendum est quod lex in Evangelium, et aqua conversa in vinum, primo deferri [debet] ad architriclinum, quoniam in Ecclesia Dei, quæ in tribus ordinibus triplex habet triclinium, in figura doctorum principale videtur habere dominium. Cum enim archos Græce, princeps dicatur Latine, pastoribus Ecclesiarum nomen istud bene videtur convenire, quia super tres principales ordines dignitatum in triclinio Ecclesiæ solent habere principatum. Unde quia tunc spiritaliter ex aqua vinum est factum, quando mysterium Dominicæ passionis et crucis videbatur esse peractum, dignum fuit ut gratia, quæ prius in aqua latebat a [ac] vino, a filiis Ecclesiæ primum deferri deberet architriclino. Alioquin in eodem vino et aqua frustra nobis esset duplex gratia servata, nisi vinum illud ex aqua nobis huc, et sibi deferretur illuc, de quo scriptum est : *Tu autem servasti bonum vinum usque adhuc (Joan.* II). Tale quippe vinum non coriis putribus, sed novis potius debetur in utribus ; quoniam bene sibi cavere debet omnis fidelium cœtus, ne in novos utres vinum faciat vetus. Quid autem per novos utres, nisi novi signantur homines, si tamen innovati per gratiam Dei omnipotentis, non novitatem corporis, sed novitatem habeant mentis? Qui enim per mortem crucis olim mortuos suscitaverat putres, ipse ad excipiendum sanguinem suum novos semper exigit utres, qui ad eamdem formam in novum hominem renoventur a veteri, per quam innovati sunt Petrus, Paulus et cæteri. Unde, ne utres cordium nostrorum utribus illis dispares inveniantur, de quibus

Veritas : *Vinum*, inquit, *novum in utres novos mittunt, et ambo conservantur* (*Matth.* IX) : necesse est ut ex pruina cœlestis gratiæ, cum utre illo vitiorum nostrorum frigescant intestina, de quo scriptum est : *Factus sum sicut uter in pruina* (*Psal.* CXVIII). Quia enim nemo potest internum habere decorem, nisi in vitiis habeat frigus et in virtute calorem ; dignum est ut unusquisque nostrum eumdem divinæ dilectionis calorem habeat in se, de quo dictum est : *Conculcavit cor meum intra me* (*Psal.* XXXVII). Alioquin illud in Canticis clamare non valemus fiducialiter : *Surge, Aquilo, et veni, Auster* (*Cant.* IV), nisi totius malitiæ frigus sic internæ cogitationis excludatur a claustro; ut janua cordis clausa sit Aquiloni, et aperta sit Austro. Quapropter, quia divinis nequaquam placere valemus obtutibus, nisi frigus in vitiis et calorem habeamus in virtutibus, necesse est ut ad celebrandas nuptias Dei omnipotentis bonis moribus et probis actibus impleamus hydrias mentis, ut in mysterio crucis digne haurire possimus de illo spiritalis lætitiæ vino, de quo scriptum est : *Haurite nunc, et ferte architriclino* (*Joan.* II).

Quia igitur satis superque jam impletæ sunt nuptiæ discumbentium, dum in convivio spiritalium verborum implevimus hydrias mentium, tempus est ut, ad repetendas jam prioris sententiæ metretas, de nuptiis et hydriis ad patriarchas revertamur et prophetas. Dignum quippe est ut sicut, per divinæ pietatis efficaciam, paulisper a lege vertebamur ad gratiam, ita nunc ad præconandum rerum omnium Regem, de vino ad laticem, et de gratia recurramus ad legem. Sed, licet nobis magna eliciendum sit vi quidquid hauriendum est ex puteis Isaac et ex lege Moysi, tamen, quia severitatem utriusque semel sumus experti, iterum ad eos pristina debemus lectione reverti. Eamdem enim vim super nos iidem habent prophetæ, quam super annulos et stipulam videmus in lapide de magnete, dum ad eamdem formam cogimur iisdem obedire prophetis, qua festuca vel annulus servire coguntur potentiæ magnetis. Sicut enim ille ad se quadam admirandæ virtutis contrahit arte quidquid sibi de his adversa obviaverit parte, ita et nos pro peragendo negotio antiquo, ad eosdem prophetas contrahi videmur ex obliquo. Proinde ne, in exsequenda propositæ rationis theoria, Joseph a duobus aliis longius digrediatur a via, necessarium est ut jam eo citius debeat aliis sociari duobus, quo numero et mysterio subvenire debet ambobus. Iidem enim viri eo magis digni sunt humanæ servitutis ministerio, quo pauci numero et plures fuere mysterio, quoniam bene nobis utriusque Testamenti gladius innuit biceps quod in eis intellectus est multiplex. Unde, quoniam sub unius professione fidei multiplex in eis fuit gratia Christi, dum aliud officium erat illi, et aliud isti; necesse est ut apud nos pensare diligenter studeamus quid ab unoquoque eorum digne sperare debeamus. Patrocinio enim eorum et gratia Dei alio modo indigemus nos, et alio Judæi, quoniam in mysterio crucis *inter nos et illos* tantum *chaos videbitur esse firmatum* (*Luc.* XVI), ut neque nos ad illos, nec illi ad nos velint habere meatum. Quapropter, ne cum eisdem Judæis famem patiamur *ut canes* (*Psal.* LVIII), in mysterio crucis a vero Joseph quotidie nobis spiritales quærendi sunt panes, ut sicut ille cum medulla tritici, vel cum panibus occurrit fugienti, sic Isaac et Moyses aquam cœlestis eloquii sitibundæ deferant menti. Sciendum est enim quod, sicut verus Joseph quondam pane illo spiritaliter nos, et carnaliter pavit Hebræos, de quo propheta David : *Pane* (inquit) *cœli saturavit eos* (*Psal.* CIV); sic verus Isaac et verus Moyses aqua illa cœlesti spiritaliter nos et figuraliter potavere Judæos, de qua scriptum est : *Aqua sapientiæ potavit eos* (*Eccli.* XV). Et ideo necesse est nobis ut, sicut verus Joseph per mysterium crucis manna illud cœleste quotidie dat nobis, fidei dentibus ruminandum, de quo Psalmographus : *Pluit* (inquit) *manna ad manducandum* (*Psal.* LXXVII); sic verus Isaac et verus Moyses sitim illam animarum nobis debeant emendare viritim, de qua scriptum est : *Posuit flumina in desertum, et exitus aquarum in sitim* (*Psal.* CVI). Adhuc etiam necessarium est ut, sicut verus Joseph mysterio cœlestis sacramenti in horreo Ecclesiæ quotidie cibare nos solet ex adipe frumenti, sic bina vel terna spiritalis intelligentiæ metreta potare nos velit Isaac de puteis et Moyses de petra. Taliter quippe, sicut interioris oculi potest dignosci perspicacia, in his tribus viris triplex nobis occurrit gratia, dum per gratiam ejus qui animam satiabit inanem duo nobis offerunt aquam, et tertius panem. Sed, licet unius generis cibus pro qualitate hominum sæpe non conveniat tribus, nobis tamen ostendendum est hic devotione singulari, et ratione communi, qualiter in mysterio crucis unus omnibus, et omnes conveniant uni. Unde, quoniam in illo solo nostra fides et nostra est spes cujus figuram habuit Joseph, Isaac et Moyses, orandum nobis est ut, sicut verus Joseph per mysterium crucis quotidie nos pane illo pascit in præsentis Ecclesiæ domo, de quo scriptum est : *Panem angelorum manducavit homo* (*Psal.* LXXVII); sic verus Isaac devotioni nostræ ita se velit exhibere devotum, ut ex puteo sanguinis sui cœlestis gratiæ nobis tribuat potum, quatenus per verum Moysen fidei, spei et charitatis, trino sublevati remigio, præsentis sæculi mare sicco possimus transire vestigio : ita ut per passionem ejus et crucem semper mortificemur in corpore, et vivificemur in mente, quam mortem Joseph in carcere, Isaac in ariete, et Moyses præfiguravit in serpente. Quod ipse nobis præstare dignetur, qui cum Patre et Spiritu sancto vivit et regnat in sæcula sæculorum. Amen. Quia enim jam a nobis concludendum est propere quidquid proposuimus de Joseph, et Isaac, et Moyse, considerandum est quid sermo Dei, qui est efficax et vivus, novissime hic unus operetur in tribus; sicque sermo noster, quasi post devictam curæ sæcularis umbram vel turbam, in Christo Jesu ad ipsam perveniet summam.

INCIPIT LIBER SECUNDUS

DE INVENTIONE S. CRUCIS

CAPUT PRIMUM.
Beat Helena, ejusque filius Constantinus Magnus, a Deo obtinuit gratiam.

Quamvis non possit esse incognitum quod post passionem Domini lignum Dominicum a Judæis diu erat absconditum, dignum tamen est ut ad prædicandam ejusdem sacratissimæ crucis victoriam, quando vel a quo inventa sit, revocemus ad memoriam. Beata igitur Helena Trevirorum quondam indigena civitatis, post gratiam baptismatis operibus cœpit insudare pietatis, quia cum perfecta in fide, et perfectior in charitate, nobilis erat genere, sed nobilior sanctitate. Nobilitate etenim morum suorum nobilitatem præcellebat aliorum, sciens videlicet quia hæc est nobilitas indubitata, quæ bonis moribus probatur ornata. Unde et ex semine senatorum nobilium nobilem quemdam generavit filium, qui secundum luminare majus, quod videtur præesse diei, splendor fuit imperii in his quæ erant sæculi et in his quæ Dei. Quapropter, ut divina sibi præordinavit sanctio, non incongrue Constantinus a Constante vocabatur et Constantio, seipsum scilicet erga Deum majorem constantiam habere demonstrans, quam iidem parentes sui Constantius haberet aut Constans. Sed licet secundum dignitatem sæculi nobilis esset ex semine patris, nobilior tamen in his quæ Dei sunt erat ex progenie matris, dum post acceptam gratiam Dei viventis, nobilitati corporis nobilitatem prætulit mentis. Post gratiam quippe baptismi, qua utrique superno reconciliati sunt patri, eadem virtus quæ data est filio, dabatur et matri, quia si historiam utriusque velimus considerare subtilius, Deum quem coluit mater, colebat et filius.

CAPUT II.
Ab Helena matre Syriam; a Constantino filio Romam atque Græciam, conversas esse, ipsisque solis inveniendæ crucis gratiam commissam esse.

Postquam ergo filius per Silvestrum pontificem hanc gratiam recepit ab Omnipotente, ut in piscina salutis a lepra in corpore et a vitiis mundaretur in mente : continuo, ut et alios educeret *de lacu miseriæ et de luto fœcis (Psal. xxxix)*, fidem sanctæ Trinitatis tam Romanis cœpit intonare quam Græcis. Qui licet in fortitudine et major esset in virtute, æqua tamen lance pro Judæorum ac gentilium studuit laborare salute, dum quasi medius discurrens inter Judæos gentes, revocare cœpit incredulos, confortare credentes. Interim autem, dum tali devotione mundum sibi et se Deo subjecit, hac et illac mater illius similiter fecit, ex intimo scilicet cordis inde crebra trahens suspiria, quod Christianæ fidei tam diu prius repugnavit et Syria. Proinde mater et filius eo studiosius secuti sunt præcepta vitæ, quo gratia, quæ data est uni, dabatur utrique : dum, sicut utrisque cœlestis inspiraverat Pater, fidem quam prædicabat filius, prædicavit et mater. Cum enim pro capiendis hominibus sua utrobique tenderent retia, continuo ad fidem Christi Roma trahebatur et Græcia. Insuper etiam, ne aliarum gentium corda, quasi a fide jejuna, deficerent in via, per matrem conversa est Syria, et per filium Romania. Unde, cum ex tam bonis operibus, et mater proba esset et filius probus, mirum non est quod gratia, quæ servata est uni, servatur ambobus, dum pro inquirendo mysterio ligni salutaris utrisque præ cæteris servata est gratia singularis. Ex antiquæ enim Divinitatis consilio inveniendæ crucis officium matri huic servabatur et filio, ut uterque eorum hoc ex divina gratia percepisse se nosset, quod ante se alius habere non posset. Unde, cum studio amborum inventum sit crucis Dominicæ vexillum, dubium est utrum in hac inventione illam præferamus aut illum : maxime cum ad hanc inquisitionem tam diu eis esset consiliarius unus ex mille, usquequo ad effectum ejusdem operis illa pervenisset ac ille. Per internum enim inspirationis Dominicæ suasum, eidem inventioni filius præbuit ortum, et mater occasum; quia, dum ad hanc inquisitionem uterque eorum se fecit acclivem, filius imponebat originem, et mater finem.

CAPUT III.
Constantinus contra barbaros signo crucis se armavit, et secundum signum quod in cœlo vidit hostes vrostravit et vicit.

Verum cum cœlesti solummodo notum sit Patri quare sacratissimæ crucis inventio filio huic servaretur et matri, dicendum est nobis qualiter arcanum antiquæ Divinitatis consilium ad inquirendum lignum idem Dominicum matrem provocasset ac filium. Quodam ergo tempore, non modica multitudo barbarorum fines ubique cœpit devastare Græcorum, dum, quasi in apertam prorumpens apostasiam, totam pene solebat occupare Romaniam. Constantinus autem nondum Deum timens, sed homines reveritus, se contra hostes suos sicut miles armavit emeritus, dum die noctuque cum suis cogitare cœpit ac recogitare qualiter aut quomodo eos inde posset propulsare. Sed cum inde singulis noctibus et singulis anxiaretur diebus, sicut semper anxia cum trepidis mutat sententia rebus, tandem pro declarando crucis sacratissimæ ligno contra inimicos suos, tali divinitus relevatus est signo. Quadam igitur nocte in strato suo quiescens, signum crucis in cœlo vidit, et post hujusmodi visionem statim in hunc sensum vocem de cœlestibus audivit, scilicet quod in die belli, et in tempore pugnandi per hoc signum victoriam deberet habere triumphandi. Unde, licet adhuc paganus exstitisset, et de mysterio crucis nondum quidquam instructus fuisset, continuo tamen ad eamdem formam, quam in cœlo videbat, aliud signum informari faciebat. Et cum dies accidisset opportunus, in quo virtutem crucis ipse crucifixus erat ostensurus ad comprobandum cœlestis gratiæ signum, ante aciem Constantini idem deportatum est lignum. In quo conflictu, licet alter contra alterum obfirmatam haberet faciem, fortissime tamen acies impugnavit aciem, quoadusque acies immensa suorum per virtutem crucis aciem debellaret adversariorum. Cum item tirones emeriti hac et illac ad arma fuissent intenti, et circa ripam Danubii pars parti, et gens occurreret genti, continuo, ut divina gratia sibi prius in visione monstravit, in virtute crucis hostes suos ex parte peremit, et ex parte fugavit. Sic igitur, postquam ad laudem Divinitatis et gloriam per virtutem crucis meruit habere victoriam, illam divinæ promissionis gratiam bene habet in se expertam, de qua scriptum est : *Odientes eum in fugam convertam* (*Psal.* LXXXVIII). *Quia enim non relinquit Dominus virgam peccatorum super sortem justorum* (*Psal.* CXXIV), ea die bene declaravit in virtute suorum, dum per virtutem crucis ipse eos a barbaris voluit liberare nationibus, de quo scriptum est : *Confirmat autem justos Dominus* (*Psal.* XXXVI). Sed licet ipsi nondum justi fuissent in oculis hominum, erant tamen justi ante Dominum; quia jam tunc eis appropinquare cœperat cœlestis gratiæ medela, per quam incessuri erant *in omnibus mandatis et justificationibus Domini sine querela* (*Luc.* I).

CAPUT IV.

Constantinus signo crucis victoriam consecutus cum esset, cœpit primum ab idolorum cultoribus crucis mysterium perquirere; baptizatus autem dein a Silvestro, Christi fidem per totum orbem prædicari fecit.

Constantinus igitur post fugam hostium, et victoriam suorum, de mysterio crucis inquirere cœpit a sacerdotibus idolorum, ac si illi, qui nondum fuerant virtutem sanctæ crucis experti, aliquid ei possent inde dicere certi. Audientes autem hoc pauci Christiani qui tunc aderant ibi, quædam de adventu Filii Dei primo prædicaverunt sibi ac deinde mysterium passionis ejus et crucis retexentes ordine pleno, narraverunt ei omnia quæ facta sunt de Jesu Nazareno. Constantinus autem, ad placandum totius operis opificem, a quo confirmatus et baptizatus in nomine Domini, discere cœpit quid vel Deo deberet aut homini. Novum quippe habitum et novum assumens animum, in fonte Salvatoris duo genera cœpit medicaminum; dum pro eo quod effundere noluit sanguinem innocentem, lepra deseruit corpus, et vitia mentem. Proinde confisus in virtute divina contra vitia carnis bella gerebat intestina; quia dum in seipso formam Divinitatis altius impressit, bellum, quod ante cum hostibus habuit, postea cum vitiis gessit : postquam enim dimissa sunt ei peccata multa, quoniam dilexit multum (*Luc.* VII), continuo ad unius Dei conversus est cultum; quia, ne diversis idolis ultra sacrificaret in templo idolorum communi, non multis postea diis voluit sacrificare, sed uni. Ab illo quippe die coram Deo nolens facere reum, in personis trinum, et in majestate unum adoravit Deum, dum in amore Conditoris cor ejus eo magis erat innixum, quod nihil aliud scire voluit, *nisi Christum Jesum, et hunc crucifixum* (*I Cor.* II). Sic igitur, cum quotidianis profectibus de virtute in virtutem, et de salute cresceret in salutem, factum est ut in orbe terrarum eo fieret ubique potentior, quo in servitio Conditoris cœpit esse ferventior. Unde, quia cogitatione humilis, et operatione fideli servivit in terris, cui angeli famulantur in cœlis; ideo pro hac novæ conversationis exsecutione fideli factus est thronus *ejus, sicut dies cœli* (*Psal.* LXXXVIII). Sed quia sic per fidei cultum et boni operis fructum Christianis intulit gaudium, et idololatris luctum, ideo et nos majores gratias pro eo agere debemus gratiæ Conditori, quo fidelis ipsius et sibi proficiebat et nobis. Totum enim orbem ad eamdem pene perduxerat fidem, qua [per] beatum Silvestrum pontificem ipse instructus, pridem sciens videlicet quia, sicut virtus totius vestimenti pendet in stamine, sic in fide Christi tota salus pendet animæ.

CAPUT V.

Constantinus matrem suam B. Helenam, pro inquisitione ligni Domini, Jerosolymam misit, quæ ubi eo pervenisset, magno studio est de sancta cruce apud Judæos percunctata.

Igitur cum per arcanum antiquæ Divinitatis archisterium Constantinus imperator Romanum quondam rexisset imperium, ob fidei semen hac et illac ubique spargendum, de gente in gentem, et de regno transivit in regnum (*Psal.* CIV); dum pro fidelibus hilaris, et pro infidelibus tristis, fidem sanctæ Trinitatis illis insinuavit et istis. Interim autem, cum tali modo pro Judæis laboraret ac gentibus, lignum Dominicum inquirere cœpit a sapientibus, eo studiosius scilicet cupiens ejusdem crucis venerari memoriam, quo per eam ab hostibus suis antea meruit habere victoriam. Sed quoniam ipse pro fide Christi et negotiis imperii animum suum in plura divisit, ideo beatam Helenam matrem suam pro se Jerosolymam misit, ut eo studiosius ibi Dominicam inquireret crucem, quo ad hanc inquisitionem ipsum crucifixum ostensorem haberet ac ducem. Beata igitur Helena sapienti usa consilio, statim interius Deo et exterius obedivit filio; dum non solum valida manu pro eadem inquisitione Jerosolymam ivit, sed etiam a Judæis, ubi lignum Domini cum esset, diligenter inquisivit. Quæ enim de vitiis ad virtutes jam tunc bene operando transivit, non immerito thesaurum illum Divinitatis inquisivit, inquisitum invenit, inventum custodivit. Unde ut et nos cum ea quasi de tenebris properemus ad lucem, dicere debemus qualiter ipsa eamdem invenit crucem, ne quis audientium sic unquam insipiens fiat, ut postea se dicat ista nescire, cum sciat. Eligens ergo sibi de Judæis viros numero mille, inquisivit ab eis quid de eo ille sentiret aut ille; sicque omnes una eademque ratione videns esse contentos, denuo de eis cœpit separare quingentos. Qui, licet instructi essent lege divina, nesciebant tamen quid de eis vellet facere regina, nisi quantum inde Judas unus ex eis cæteris poterat enarrare Judæis. Unde et ipse justam eis inde reddens rationem : Ligni, inquit, Dominici vult facere quæstionem. De quo tamen nihil omnino dixerat esse conscriptum, nisi quantum a patre suo vel avo sibi fatebatur esse prædictum. Proinde recordatus patris et avi veteris, sententias eorum cœpit enodare cæteris, Judæorum scilicet ac gentium populis enarrando duobus quidquid inde de parentibus percepit ambobus. Dixerant enim sibi, quod ipse et omnis posteritas illius hoc nosse poterat, quod quandocunque inquisitio ligni fieret, genus eorum amplius regnare non valeat, sed regnum eorum transferendum esset in salutem credentium, de quo scriptum est : *Domini est regnum et ipse dominabitur gentium* (Psal. xxi).

CAPUT VI.
Beata Helena morte plectendos ignique Judæos illos cremandos censet, qui S. crucem ostendere nollent, Judamque in lacu septem diebus servari præcipit.

Regina autem revocans ad se omnem Judæorum cohortem, vitam eis proponebat ac mortem, vitam scilicet, si lignum crucis ostenderent, mortem autem si demonstrare contemnerent. Sed cum corda eorum ad hæc indurata fuissent, et ea quæ sciebant se nescire dixissent, eo celerius eos quæ dicenda erant dicere cogebat, quo citius ab eis voluit scire quod nesciebat. Sed cum veritas rei ab eis nulla ratione posset investigari, continuo jussit omnes igne cremari, ut vel sic eos cogeret monitis obedire divinis, quos ad hoc nec blandimentis poterat provocare nec minis. Judæi autem sibimet inde timentes, et vivere potius quam mori cupientes, tandem, ad ostendendam sibi veritatem nudam, pro se omnibus tradiderunt Judam. Quem cum nec minis terrere, nec blandimentis ad hoc posset allicere, ut veri aliquid inde vellet dicere, continuo suscipiens de omnibus unum, per septem dies jussit cum in lacu servari jejunum, usquequo, septem diebus evolutis, ea ratione inde se postularet educi, ut debitam servitutem Dominicæ impenderet cruci. Qui cum ad hæc verba de lacu fuisset eductus, continuo Christianis gaudium, et Judæis ortus est luctus; quoniam omnes Judæi, qui convenerant ibi, invidebant nobis, et timebant sibi. Sed ille, qui est *salus nostra in tempore tribulationis* (Psal. xxxvi), misertus eis, et misertus est nobis, dum conversus ad nos, et reversus ad eos, ea die voluit lætificare Christianos, et illuminare Judæos.

CAPUT VII.
Judas dein ex lacu extractus, facta ad Dominum oratione, tres cruces invenit; cruci autem Dominicæ mortuus ibi resuscitatus testimonium perhibuit.

Pro hac igitur causa, cum illuc, ubi locus erat Calvariæ, undique concurrisset turba plebis bifariæ, contrahere pars cœpit ad partem, ne per Judæorum impietatem ars deluderet artem. Judas autem inter cæteros stans in conspectu filiorum hominum, ex intimo cordis orationem hanc fudit ad Dominum, quatenus ipse sibi monstrare dignaretur ubi esset crucis Dominicæ fossa, qui Moysi quondam patris nostri Joseph ostendere dignatus est ossa. Sed, quoniam ejusdem loci certum non poterat invenire vestigium, nisi divina pietas cœleste aliquod vellet demonstrare prodigium, ideo ad informandam non credentium spem et credentium fidem subito locus commotus est idem. Insuper etiam ad declarandum Dominicæ crucis lignum, aliud continuo secutum est signum, dum ad edomandum cor Judæorum indomitum, statim de eadem loco fumus ascendit aromatum. Judas autem, qui prius inter spem pendebat et metum, pro mœrore cœpit habere gaudium, et pro gaudio fletum, gratias videlicet agens Deo in universis quæ gloriose fiebant ab eo. Deinde ad terram se inclinans humiliter, fossorio arrepto, fodere cœpit viriliter : sed et alii post alios tam diu cum eo fodere cœperunt usquequo pro una cruce, quam quærebant, tres pariter invenerunt. O quam mira et inaudita res, quod crux una quærebatur, et inventæ sunt tres, quamvis pro illuminandis fidelium animabus multo pretiosior esset una duabus! Unde mirum non est quod idem Judas inter alios sollicitatus est primus quid sibi agendum esset ex crucibus tribus, quoniam, sicut ex Synagoga Judæorum plures affirmavere Judæi, duæ cruces erant latronum, et tertia Dei. Sic igitur cum inter tot cruces Judas ipse nescisset cujus aut cujus illa vel illa fuisset, continuo mortuus quidam resuscitatus ibidem, præ cæteris crucibus cruci Dominicæ magis adhibebat fidem. Nec enim humanæ ignotum esset solertiæ quid honoris ac reverentiæ duabus deberet aut tertiæ; ideo postquam eumdem mortuum ad unam et aliam crucem populus inaniter admovit, continuo tertiæ admotus, virtutem sanctæ crucis agnovit, posteaquam duabus illum crucibus turba pedestris in vanum porrexit, statim appositus est tertiæ, et surrexit. Unde non immerito Deum benedixerunt cuncti, quibus virtutem ligni Dominici resurrectio testabatur defuncti, merito etiam defunctus idem ei præ cæteris benedixit, qui eadem die mortuus fuerat, et revixit.

CAPUT VIII.
De testimonio, quod sancta crux habuit cum a vivis, tum etiam defunctis, et de spiritali gaudio beatæ Helenæ.

O pretiosum et admirabile lignum! o lignum angelico et humano præconio dignum, per quod dum antiqua Divinitas et vitæ reddidit mortuum, et libertati captivum, bene declaravit quia lignum illud non mortuum videbatur, sed vivum! O crux sacra et venerabilis! o crux gloriosa et admirabilis, cui ut debitus honor exhiberetur a cunctis, præconium habebat ex vivis, et testimonium ex defunctis! O inæstimabilis dilectio charitatis, o ineffabilis dispensatio divinæ pietatis, quæ per arcanum antiquæ Divinitatis consilium, in mortem crucis pro homine Deum, et pro servo tradidit Filium, ut post devictam ejusdem mortis acerbitatem, servus libertatem, et filius reciperet hæreditatem! Videlicet eadem sacratissima crux humano non indigeat præconio, quæ prophetico et evangelico ultro commendatur testimonio, dignum tamen est ut nos eo studiosius laude prosequamur immensa, quo in ea salus nostra quodam videbatur esse suspensa. Hæc enim est illa crux, quæ sub Judaica detenta diu captivitate, ab Helena regina hodie probatur inventa; ut et nos hoc exemplo commoniti, in illius forma studeamus inveniri. Hæc est illa crux, in qua Dei Filius exaltatus, traxit omnia secum (*Joan.* xii), de quo angelus ad Mariam. *Ave*, inquit, *gratia plena, Dominus tecum* (*Luc.* i). Hæc est etiam illa sacra et celeberrima crux, in qua lux illa pependit, quæ dixit : *Fiat lux, et facta est lux* (*Gen.* i), ut ipse nos secum ad æternam perduceret lucem, qui pro nobis subire dignatus est clavos, lanceam et crucem. Hæc est illa crux, quæ, sicut sacræ Scripturæ testantur sacramenta, a beata Helena regina prædicatur inventa, evangelicis videlicet verbis hodie in ea completis, quibus dicitur : *Petite et accipietis, quærite et invenietis* (*Joan.* xvi). Sed, quam læta vel hilaris eadem regina hodie fuisset effecta, quando crux Dominica sursum de terra videbatur erecta, nullus omnino poterit scire, nisi qui in libro vitæ septem signacula solus novit aperire. Unde ut quod bono incœptum est omine bono clauderetur et fine, dignum fuit ut pulcherrimum illud donum pulcherrimæ primum deferretur reginæ, quatenus gratiæ cœlestis archisterio prior esset in dono, quæ major erat imperio.

CAPUT IX.

Quanto cleri et populi studio et alacritate exceptum sit vitale crucis lignum.

Interim autem, dum per salutare mysterium *respexit Dominus super filios hominum* (*Psal.* xxxii), turbæ concurrentium populorum in hymnis et confessionibus benedicebant Dominum : insuper etiam pro salutando ejusdem salutaris gratiæ loculo, continuo facta est lætitia magna in populo. Exclusa enim antiqua Judæorum perfidia, spiritalis ibi cantici cithara et lyra, tympanum resonavit ac tibia; quoniam ut nullius professionis aut ætatis congrua ibi deesset persona, illuc vicinus et incola, peregrinus accurrit et advena : ut sicut nullus eorum a culpa videbatur immunis, sic eadem gratia singularis omnibus possit esse communis. Quantus ibi concursus esset gentium et populorum lætitia, percipere non potest auditus aurium, nec visus oculorum; quoniam omnes qui aderant, tantum ibi gaudium, tantumque habuere tripudium, ut propter videndi desiderium ea hora comedendi etiam dimitterent studium. Ubi, dum alter alterius invidebat velocitati, æmula fiebat charitas charitati, quando ad videndam ejusdem cœlestis mysterii dignitatem, charitas cœpit retardare charitatem. O laudabile divortium, et admirabile commercium, in quo cursus velocium cursum retardavit inertium, ubi licet velociores quique retardare viderentur inertes, utrique tamen gratiæ Dei nequaquam videbantur expertes. Sed, quia nondum fuerant virtutem sanctæ crucis experti, ideo iners veloci, et velox adhærebat inerti, ut alter alteri eo minus videretur inertior, quo ad currendam viam alter altero volebat esse solertior. Sicut enim contristari cœperant Judæi, dum in ligno Dominico viderunt gloriam Dei; ita Christianus gavisus est populus, quando idem cœlestis mysterii visus est loculus. Ibi procul dubio alacres ac flebiles, ibi fortes quique convenere vel debiles, dum per diversas utrarumque partium sortes, flebilibus adunati sunt alacres, et debilibus fortes. Ibi etiam cæci et claudi divinæ coadunati sunt laudi, ac si aliquis eos verbis illis evangelicis invitaret illuc, quibus dictum est : *Cæcos et claudos introduc huc* (*Luc.* xiv). Præterea, ubi surdi quilibet ac muti, propriæ ibi insidiabatur saluti, dum pro gratia illius advenere illuc devoti, qui surdos fecit audire et mutos loqui (*Marc.* vii). Unde, quoniam ad videndum crucis sacratissimæ loculum, clerus undique post clerum, et populus accurrit post populum, mirum non est, si tanta multitudo populorum, quasi de gyro vertebatur in gyrum, ubi ex collisione turbarum vir impegit mulierem et mulier virum. Ubi enim clerus et populus agmine conglobati sunt miro, quid profuit si vicinus inibi et vir uxori, et uxor adhæserat viro, maxime cum uterque eorum inibi divino submissus honori, et uxor viro, et vir invideret uxori ? Pro salutando etenim thesauri ejusdem pretiosissimi loculo strepitus fiebat in clero, tumultus in populo, dum pro festina visitatione ejusdem superni germinis, et divini seminis sudor erupit in viris, pudor in feminis. Ubi licet hac et illac populus videretur stare pro muro, adhuc tamen pater accurrit cum filio, mater cum puero : quibus licet infans vagiens domi servaretur in cunis, ab eadem tamen lætitia nullus eorum esse volebat immunis. Ut enim alter præ altero vitale cerneret mysterium, alter alterius cœpit impedire desiderium : quia, sicut in exsequiis charorum alter præ altero pia devotione jungitur ad feretrum, sic ad divinum illud obsequium alter alterum studuit prævenire per alterutrum. Ibi quippe alter alteri longam fecerat moram, dum ab hac gratia videnda alter alterum ab hora cohibebat in horam ; quia, licet ad hoc spectaculum concurreret omnis sexus et ætas, soliti tamen incessus quilibet illorum excessit metas. Unde quantum mœroris habuerunt omnes qui aberant, illi solummodo poterant scire, qui aderant : maxime cum eo majori tristitia illi absorberentur, qui aberant, quo ampliori lætitia viderant illos tripudiare qui aderant. Sed nemo fortasse de his quibus cœlestis magisterii disciplina præfuit, *in consilio justorum et congregatione* (*Psal.* cx) ibidem defuit, quoniam major cum inde pœna constringeret, siquidem ibi de eodem conventu deesse contingeret. Ibi enim alter alterum eo studiosius ad illud cœpit prævenire spectaculum, quo alter præ altero divinum voluit spectare miraculum, ubi crux sacratissima Dominici sanguinis liquore cruenta ab Helena regina divinitus legitur esse nudata.

CAPUT X.
Quemadmodum de S. crucis honore etiam nobis gaudendum, et quid inter Christianos et Judæos intersit.

Verum licet nos cum illis ea die corporaliter non essemus, eodem tamen gaudio quo illi jam nos gaudere debemus; quia licet corporali præsentia ibi fuissemus absentes, in corpore tamen Christi eis quodam modo videbamur esse præsentes. Participatione enim spiritalis lætitiæ et exsultationis ea die nos illis, et illi aderant nobis, quoniam in unitate Ecclesiæ cum eis ipse nos habebat in se, qui de electis suis ad Patrem, Volo, inquit *ut sint unum in me, sicut et ego in te* (*Joan.* xxi). Ecce quam fortunatum, imo quod fortunatius est omnium fortunio, quod Deo et homini sic una unio, et sic communis exstat communio, ut eamdem unionem homo habeat in Deo, et Deus in homine, quam corpus in capite, vel caput in corpore. Quia enim caput Christi sit Deus, et caput Ecclesiæ Christus, inde permaxime probari potest, in quo dicitur : *Qui adhæret Domino, unus spiritus est* (*I Cor.* vi). Unde scriptum est quod Judæi, a Christianis in hac unione divisi, a corpore Ecclesiæ prorsus videntur abscisi, quoniam de mysterio crucis et incarnationis Christi aliud sentiunt illi, et aliud isti. Sicut enim nos, pro informandis fidelium animabus, tres personas credimus et unum Deum adoramus, ita Judæi econtra se in aliam formam male credendo transmutant, dum in Deo unam personam adorant, et duas alias refutant. Sed notandum est quod, licet alio modo credant Christiani, et alio Judæi, uterque tamen cultum unius habent Dei, quia, quamvis de mysterio crucis aliud sentiat Christianus et aliud Judæus, ab utroque tamen unus colitur Deus. Sed, quoniam in morte Salvatoris unus innoxius, et alius est reus, non immerito gaudere debet Christianus et lugere Judæus, ut ex bonæ vel malæ arboris fructu, pro mysterio crucis, unus sit in gaudio, et alius in luctu. Et bene quidem credentibus convenit ut non credentibus, ut et illi *gaudere cum gaudentibus, et* isti debeant *flere cum flentibus* (*Rom.* xii), quoniam, ut Apostolus dicit : *Verbum crucis pereuntibus stultitia est : his autem qui salvi fiunt, id est nobis, virtus Dei est* (*I Cor.* i). Unde mirum non est quod, sicut in credentibus risum illum in futuro videbitis, de quo Veritas : *Beati,* (inquit), *qui nunc fletis, quia ridebitis* (*Luc.* vi); sic in incredulis risus ille quandoque videbitur, de quo scriptum est : *Risus dolore miscebitur* (*Prov.* xiv). Et ideo, ut nos gaudium illud spiritale bonis semper meritis affectemus, de quo Jacobus : *Omne,* inquit, *gaudium existimate, fratres, cum in varias tentationes incideritis* (*Jac.* i), orandum est ut per gratiam Divinitatis plenum illud gaudium semper maneat in nobis, de quo Veritas discipulis : *Gaudium* (inquit) *vestrum nemo tollet a vobis* (*Joan.* xxii).

CAPUT XI.
De comparatione Constantini et Helenæ matris ejus.

Ergo cum aliquantulum jam sumus sententiæ prioris obliti, dum perfidiæ Judæorum justa ratione conabamur obniti, dignum est ut, sicut in absconsione ligni Dominici duritiam illorum satis sumus experti, ita nunc ad Constantinum et Helenam pristina debeamus oratione reverti. Ipse enim signi cœlestis instructus archisterio, primus omnium inquirendæ crucis ardebat desiderio, sed tamen nunc bonæ voluntatis affectum mater illius perduxit ad effectum. Sciendum est namque quod, postquam per bona opera oratio eorum facta est munda, in inquisitione ligni salutaris ille factus est primus, et illa secunda. Quia licet inveniendæ crucis una duobus esset intentio, filium tamen inquisitio, et matrem nobilitavit inventio. Dum enim eidem inquisitioni uterque operam dedit, lignum crucis filius inquisivit, mater invenit, quæ, dum pro eadem causa terrarum cœpit rimari profunda, inventione facta est prima, et in inquisitione secunda. Unde licet æterno non incognitum sit Patri utrum majorem reverentiam debeamus filio an matri; nos tamen in ipso, qui semper vota respicit humilium, majoris meriti credimus matrem esse quam filium. Sed tamen aliquam reverentiam inde debemus utrique, quod jam uterque eorum præmia sortitus est vitæ : quamvis, *sicut stella ab stella differt claritate* (*I Cor.* xv), sic mater a filio meritorum differat enormitate. Si enim gesta utriusque velinus pensare subtilius, coram Deo majoris pretii creditur mater esse quam filius; quia, postquam utrique cœlesti reconciliati sunt [Patri], in construendis ecclesiis Dei magna cura filio, sed major inerat matri. Quamvis enim filius multas ecclesias in Græcia construxisset ac Roma, quibus in thesauris et allodiis multa regalia contulit dona; mater tamen, ut adhuc diversa sanctorum testantur martyria, multo plures ecclesias in Galliis ædificavit ac Syria. Quapropter ecclesiæ in honorem ejus Deo ubique sacratæ bene testantur quanta coram Domino polleat sanctitate; maxime cum bene sciat sola Divinitatis antiquæ scientia qualis aut quanta sit sanctitas ejus et magnificentia. Unde, cum virtus sanctitatis ejus sit tanta, ut merito inter alios sanctos et ipsa numeretur sancta, mirum non est quod, sicut catalogus sanctorum solet ubique testari, festivitas ejus a nobis annua semper debet revolutione celebrari. Sed quoniam in eodem catalogo de filio ejus nulla est mentio, sed magis memoria illius omnibus modis inibi obliteratur silentio, ideo ut in regione vivorum et ipse complaceat Deo, necesse est ut oratio fiat ab Ecclesia ad Deum pro eo (1). Cum enim in præsentis ecclesiæ domicilio festivæ solemnitatis officium matri potius debeatur quam filio; ideo in agendis mortuorum providendum est cunctis, ut memoriam filii studeant habere cum defunctis. Proinde ad reconciliandum nobis Deum Patrem, non jam eumdem filium debemus orare, sed matrem, quatenus ipsa suæ sacratissimæ intercessionis auxilio coram Deo nobis suffragetur et filio. Quia enim multa sunt mala quæ fecimus, ideo nos et illum studiosissime debemus ejusdem mulieris commendare precibus, quamvis dubium non sit quin pro filio suo eo studiosius oret mater ipsa, quæ genuit, quo idem filius non in vitiis, sed in virtute consenuit. Et non immerito quidem nos et illum eidem debemus commendare viduæ, ut pro nobis et illo Deum exorare velit assidue, maxime cum ad obsequium suum inde nos magis possit habere spontaneos, si cum eodem filio suo precibus suis domesticos tueatur et extraneos. Quia enim sententia illa rebus est magna, et verbis exigua, in qua dictum est : *Multum valet deprecatio justi assidua (Jac. v),* necesse est ut ipsa pro nobis et filio suo jam eo supplicare dignetur humilius, quo justior enarratur mater esse quam filius. Unde ut nobis et illi bene sit in præsenti sæculo et in futuro, pro nobis et illo Deum semper orare debemus in obscuro, quatenus gratia quam electis suis hic præparavit et ibi, nunquam nobis possit deesse nec sibi. Adhuc etiam, ne unquam animabus nostris desit requies, aut corporibus quies, pro nobis et illo Deo supplicare debemus per singulos dies, ut ipse, qui dives est in promissis, et ditior in donis, secundum divitias gloriæ suæ sibi misereatur et nobis. Sed quoniam ipse post mortem suam diu fortasse jam luit, si quod in eo peccatum ante mortem fuit, dignum est ut pro nobis ipsis Deo semper eo propensiori supplicemus oratione, quo jam ille fortassis est in requie, et nos in labore. Et quoniam ipse futuræ quietis plenariam nondum habet perfectionem, sed nobiscum potius meliorem adhuc sperat invenire resurrectionem, orandum est nobis ut ipse qui per sanguinem suum vivificæ crucis voluit sanctificare vexillum, ad perfectam requiem nos perducat quandoque et illum. Sciendum est enim quia licet ille talis ac tantus non sit ex imperfectione meritorum, ut digne computari possit in numero sanctorum, vere tamen et absque omni dubitatione partem habebit *in consilio justorum et congregatione (Psal.* cx). Et non immerito quidem, quia licet Philippus et Caius, duo hi solummodo reges ante illum, Christianus primus erat ex cunctis imperatoribus et regibus qui Romani orbis monarchiam studiosissime divinis mancipavit legibus. Unde quoniam hujusmodi operibus effugavit a se omnem potestatem inimici, non immerito, etsi non sanctus, justus tamen poterat dici ; quoniam ad exemplum justi illius Deo semper vivere cupivit, de quo scriptum est : *Justus ex fide vivit (Galat.* iii). Si quis enim in historiis gesta illius diligentius quærat, bene videbit quod idem vir, etsi non sanctus, tamen justus erat; quoniam exemplo justi illius vitiis erat infirmus, et virtute robustus, de quo dicitur : *In memoria æterna erit justus (Psal.* cxi). Et quoniam mater ejus et ipse virtutes habuerant mille, non immerito justa fuit illa, justus et ille; sed justior illa. Unde mirum non est quod, sicut filius typum justi illius in æternum habebit, de quo scriptum est : *Justus ut palma florebit (Psal.* xci); ita et mater diversarum virtutum gratia formosa, non jam deformis ut spina, sed pulchra videtur ut rosa. Sed licet pro diversa qualitate meritorum rosæ sint martyrum, etc., lilia confessorum, tamen, quia per mortificationem vitiorum corda eorum vitiis erant sterilia, et virtute generosa, non immerito jam filius florebit ut palma, et mater ut rosa. Adhuc etiam per antiquæ Divinitatis consilium filius ut oliva, et mater florebit ut lilium, quoniam decurso jam vitæ præsentis exsilio, corona justitiæ nec matri potest deesse nec filio. Et non immerito tanta mercede sunt digni, quibus inventio Dominici reservata est ligni; quamvis mater cum filio tantæ dilectionis fœdus iniret, ut lignum illud filius inquireret, et mater inveniret. Licet enim ad inquirendum crucis Dominicæ vexillum ille illam, et illa incitaverit illum, uterque tamen quod pium erat implevit, dum eamdem crucem filius quæsivit, et mater invenit. Unde sciendum est quia, si idem filius præmium inde debet habere condignum, quod ipse Dominicæ crucis primus inquisierat lignum, multo majorem gloriam mater ipsa promeruit, quæ hodierna die lignum Dominicum nobis eleganter aperuit. Et si gloria et honore digna est illa, quæ crucem invenit, multo magis honorandus est ille, qui nos in cruce redemit, quoniam in eodem ligno, quod illa nobis hodie revelare consuevit, opus nostræ redemptionis ille dignanter implevit. Unde quia pro honore illius quotidie vivificam adoramus crucem, qui olim in cruce noctem in diem et tenebras vertebat in lucem, orandum est nobis ut per gloriosam ejusdem crucis sacratissimæ virtutem, quandoque nobis animarum requiem, et nunc corporum dignetur donare salutem; quatenus per gratiam ipsius, et tunc a pœnis, et nunc liberari mereamur a peccatis, quia in ara crucis seipsum obtulit Deo Patri sacrificium, in odorem suavitatis, Jesus Christus Dominus noster, qui cum Patre et Spiritu sancto vivit et regnat in sæcula sæculorum.

---

(1) Constantinus Magnus, tametsi piissimus princeps, nondum tamen ab Ecclesia Romana relatus est in sanctorum numerum.

INCIPIT LIBER TERTIUS

DE CONSTANTIO ET HELENA

PRÆFATIUNCULA AUCTORIS.

Quoniam de inventione sanctæ crucis, fratres charissimi, quædam jam diximus, de Constantio et Helena, per quos inventa est crux, aliqua dicemus, quatenus in operis hujus serie post materiam auctores prodantur materiæ. Dignum quippe est ut [qui] de ipsa inventione agamus [egimus], de inventoribus ejus aliqua afferre debeamus, ut, agnita gloria eorum et magnificentia, melius ad cætera præcedens currat sententia.

CAPUT PRIMUM.

Ut Constantius D. Helenam sibi junxerit.

Constantius ergo Cæsar, qui Claudii imperatoris nepos erat ex filia, bella semper hostilia plus malebat quam civilia, ut bellis hostilibus civilium bellorum illorum decurtaret metas, de quibus scriptum est :

Altera jam teritur bellis civilibus ætas.

Unde et in ordine vicis suæ militare sibi assumens collegium, hac et illac bellum gessit egregium, dum publicam rem publico defendens magisterio, multas civitates et provincias Romano subjugavit imperio. Qua de causa copiosa cum exercitu in Gallias profectus est a Roma, hac et illac rebellibus intulit arma, supplicibus dona, ut pro dispari actione singulorum, dispar eis esset et gratia donorum. Unde et eo ampliori dilectione tenebatur a Gallis, quo superborum erat mons et humilium vallis, dum reprimendo exosos, et provehendo dilectos, cœpit edomare tumidos, et elevare subjectos. Sic ergo postquam Gallias hinc et illinc ubique peragravit, tandem ad Trevericam urbem famosissimam declinavit, quæ tunc temporis eo divitiis et rebus erat opulentior, quo armis et militibus videbatur esse potentior. Licet enim fortis esset ex provinciis et civitatibus undique adjacentibus, divina tamen gratia fortior erat a credentibus ; maxime cum per beatum Eucharium ac socios ejus ita sterilis esset idolatria, et fide fecunda, quod non immerito Roma vocabatur secunda. Interim autem, dum Constantius Romanum imperium per Gallias ubique dilatavit, beatam Helenam virginem pro nimia pulchritudine, quam habebat, amavit; quia non solum pulchra erat visu aspectuque delectabilis, sed etiam gloria et honore magis videbatur admirabilis. Sic igitur, dum in hanc rem totum animum et totum impendebat studium, tandem amabile prosecutus desiderium, eam sibi sociavit in connubium : de qua, ut divina providentia præordinavit, filium, qui Constantinus Magnus dicebatur, generavit. Unde cum melior esset Galerio, et nobilior Chloro et Cyro, mirum non est quod tam nobilis femina tam nobili sociata est viro ; quoniam, sicut ipsa mundo

erat nobilis, et ideo nobilior, ita et ille sibimet fuit utilis, et imperio utilior. Ille enim quasi ad instar speculi humani radius fuit imperii, in his quæ sunt sæculi. Hæc autem radio fidei divinæ se imprimens legi, speculum erat imperii, in his quæ sunt sæculi, et in his quæ Dei. Et ideo nobilitate mentis, quam divina sibi prærogavit sanctio, multo nobilior videbatur Constantio; quia per inæstimabilem supernæ pietatis efficaciam, nobilitatem mentis, quam ille non habuit per naturam, ista meruit habere per gratiam. Unde, quoniam idem Constantius nusquam amori suo tam delectabile poterat invenire suffugium, mirum non est quod tam nobilis vir tam nobilem feminam sibi sociavit in conjugium. De qua, sicut historia nobis intonat subtilius, per gratiam Dei tam magnus et illustris nobis datus est filius, qui et præcedentibus regibus posterior non esset ad virtutem, et subsequentibus anterior esset ad salutem. Et ideo beatus erat vir qui talem filium habuit : beata etiam mulier, quæ præter hunc virum post alium non abiit ! sed ille multo posset fieri beatior, si per fructum justitiæ vellet esse feracior. Felix tamen quodammodo tanti filii pater ! felix erat mater ! sed feliciores viderentur utrique, si jam pariter potirentur præmio vitæ. Sed tamen per gratiam virtutis cujuscunque, felix uterque videbatur utcunque, quoniam sicut ille felix temporali virtute vel victoria ; ita et ista felix erat sempiterna gratia et gloria. Unde et per gratiam cujuscunque virtutis ex parte felix illa, felix ille, felix erat uterque ; sed eo alter altero felicior, quo in lege Dei videbatur esse peritior. Et licet idem vir, qui Romani orbis erat speculum, felix esset quantum ad sæculum, per hoc tamen, quod in oculis Dei caligo paganismi [eum] denigraverat, nequaquam felix erat quantum ad Deum. Sed si quodammodo potest concedi quod in aliquo felix dicatur per gratiam Dei, multo tamen felicior exstitisset, si ad fidem cum muliere pervenisset, quoniam inde magis prosperioribus posset pollere successibus, si per fidem Christi cautius consuleret immanibus excessibus.

CAPUT II.

D. Helenæ generis nobilitatem quæ testentur.

Econtrario autem mulier illa pretiosa, non modo genere, sed etiam virtute videbatur generosa, dum per gratiam Dei omnipotentis nobilitatem corporis nobilitate semper extulit mentis. Unde, licet in historiis parentum illius generosa sileatur nobilitas, nobilitatem tamen ejus apud Treviros ædificiorum suorum adhuc antiqua testatur gentilitas : ubi pavimentum domus illius variis marmoribus et Pario quondam lapide stratum bene declarat quantum illi præ aliis videretur habere primatum. Præterea vero ipsæ planities parietum fulvo auro velut hyacinthino textu depictæ bene testabantur insignia nobilitatis ejus invictæ, insuper etiam prædiorum ejus copiæ Ecclesiis Dei olim undique collatæ bene declarant quam nobilissima generis polleret antiquitate. Sed et cubile ipsius aureis setis instructum et insignitum, nobilitatem quodammodo in ea; quasi Romanorum testabatur Quiritum, maxime cum ab ortu solis usque ad ultima Thyle cubili huic simile non posset inveniri cubile; quia cubiculum cordis sui cubicularius ille nulla unquam inquinavit pollutione, de quo scriptum est : *In cubili suo astitit omni viæ non bonæ (Psal.* xxxv). Sed hæc fortassis omnia contingebant in figura; quæ regina quandoque futura hoc habere cœpit ex gratia, quod prius habebat ex natura, quia postquam ad fidem Christi superno meruit revocari juvamine, ornamenta dignitatis corporeæ traxit ad salutem animæ, dum in inventione sanctæ crucis; pro humano laborando salute, gloriosa fiebat ex hoc opere; sed gloriosior virtute . in typum scilicet Ecclesiæ illa diversarum virtutum intus decorata dignitate, de qua scriptum : *Astitit regina a dextris in vestitu deaurato; circumdata varietate (Psal.* xliv). Unde, quoniam intrinsecus tantis ac talibus decorata fuit virtutibus, idcirco per omnia in omnibus divinis placebat obtutibus; quia vero specie sua et pulchritudine forinsecus erat ornata, ideo viro suo Constantio amabilis videbatur et grata, quoniam internæ pietatis et æternæ pulchritudinis ita instructa est norma, ut et Deo placeret in anima et Constantio in forma. Secundum opinionem enim vulgi, et veritatem rei, officiosa erat in obsequio viri, sed officiosior ad obsequium Dei ; quoniam amor Constantii et Dei ita in corde illius duplici ratione fuit distinctus, ut et Constantio exterius, et Deo subderetur interius. Qui Constantius postquam in Galliis negotia belli partim ipse disposuit, partim aliis disponenda commisit , tandem cum suis commilitonibus genus patriamque revisit, ut eo majorem triumphi laureolis reciperet coronam, quo cum majori palma victoriæ de Galliis reversus est Romam. Sed licet ignotum sit nobis utrum beata Helena cum eodem Constantio abiisset, an propter teneritudinem pueri in Galliis remansisset, credi tamen potest quod vel eo tutius cum eo abducta, vel eo citius post eum est sine magna dilatione delata, quæ præ cæteris mulieribus ab ipso magis erat amata. Credendum est etiam quod quandocunque illuc fuerit adducta, statim regiis ornamentis ac sumptibus est decenter nutrita et diligenter instructa, ut sicut elegans erat in habitu et elegantior in vultu, ita nihil sibi de regio sumptu deesset aut cultu.

CAPUT III.

Ut Helenam legitimo sibi matrimonio sociarit Constantius, et de eorum filio Constantino Cæsare declarato.

Theodora autem, Constantii uxore, defuncta, beata Helena sibi est societate conjuncta, ut quæ prius in palatio obscuriore aliquantulum potiebatur magisterio, deinde secum et matrimonio potiretur et imperio. Dignum quippe fuit ut eo ampliori eam dignaretur honore, quo jam secum didicit in quiete, quod pro eo prius pateretur in labore; maxime cum omnis labor gravis omnino videatur, nisi qui per gratiam consolationis in tribulatione levatur. Deinde vero cum inter duos Augustos, Constantium scilicet et Galerium, Romani orbis divideretur imperium. Illyricum et Asia Galerio, Africa vero et Europa evenere Constantio. Cum autem ex divinæ dignationis permissione vel ope unus præsideret Asiæ, et alius Europæ, factum est ut Constantius eo minorem sollicitudinem de Italis haberet et Afris, quo majorem curam de Hispanis habebat et Gallis. Interim vero Constantinus, filius ejus, officiis aptus, et hominibus acceptus, consultu senatus a Romanis in Cæsarem est electus; quoniam pro virtute utriusque dignum eis videbatur et justum ut et filius promoveretur in Cæsarem, et pater in Augustum. In qua videlicet virtus divina bene declaravit in eo quia non est potestas nisi a Deo, dum per arcanum utique Divinitatis auxilium eodem tempore in quo promoverat patrem, promovebat et filium. At postquam Constantinus Romanum imperium aliquot annis tam forti quam felici virtute defendit, adhuc qualem animum erga rempublicam haberet ostendit, dum pro acquirenda majoris gloriæ corona valida manu denuo ad Gallias migravit a Roma.

CAPUT IV.

Ut Constantius superatis Germanis et Britonibus abierit; utque Constantinum lepra invaserit.

Ubi quamvis tyrannide antiqua et rebellione novella gens Britanniæ et Germaniæ denuo eum nova concitaret ad bella; ipse tamen eo minori est inde tristitia repletus, quo ad triumphandum ei adfuit et exercitus novus et sapientia vetus. Interim autem Constantinus filius; in Romanis partibus relinquens matrem, mirabili arte in Gallias prosecutus est patrem; ut pater cum filio eo facilius tyrannicæ resisteret parti, quo filius patri, et ars succurreret arti. Quia enim uterque callidus erat ingenio et providus in consilio, ideo mutuo charitatis officio filius patri; et pater occurreret filio, ut eo fortius pars opprimeret partem qua callidius ars deluderet artem. Inter hæc vero licet Constantinus in negotiis belli miræ foret calliditatis et admirandæ fortitudinis, gens tamen Britanniæ et Germaniæ facta est ei uva fellis; et botrus amaritudinis, dum in eis per septennium moras belli continuando, Romano eos imperio vix septimo subjugaverat anno. Sic igitur devicta Germania et Alemannia, tandem victor omnium mortuus et sepultus est in Britannia; filiumque suum Constantinum ad Romuleam dirigens sedem, tam Romani imperii quam Galliarum reliquit hæredem. Constantinus autem, postquam in Galliis negotia regni disponebat, ut potuit, ut statim reversus Romam, quis vel qualis futurus esset innotuit; dum per inæstimabilem gratiam cœlestis archisterii, post breve tempus monarchiam suscepit Romani imperii. Sed quam sapienter ac strenue idem Romanum imperium rexit ubique, usque hodie testantur virtutes ejus antiquæ, excepto quod multiplici cultura idolorum in brevi factus est persecutor Christianorum. Proinde ad ulciscendam in eo culpam persecutionis nimiæ, tradidit cum Deus in passiones ignominiæ, quando licet magnæ potentiæ et majoris esset constantiæ, lepra tamen cum percussit elephantiæ. In quo videlicet facto quia multa sunt flagella peccatoris, bene in eo virtus declaravit Auctoris, ita ut propheticum illud digne ab eo posset commemorari; *Multiplicata sunt super me flagella, et ignoravi* (*Ps.* xxxiv). Licet enim pro diversis medicinæ artibus diversi medici diversis colligerentur ex partibus, pro sananda tamen eadem plaga divina nullus medicus et nulla profuit medicina. Unde et pro capacioris medicinæ genere petendo, plus quam tria millia infantium et lactentium undique colliguntur ex regno, ac si habilior ad sanandam illa posset esse medicina, si lactei cruoris illorum lavaretur in piscina. Die autem statuto, cum pro eadem causa de palatio ad Capitolium processisset, et hinc et inde resolutis crinibus matres infantium plangere et ejulare vidisset, continuo reprobans consilia pontificum, facinus cœpit abhorrere terrificum. Et qui prius in multis præliis viris fortissimis fortior erat, ea die nimirum mulieribus cedebat, dum per internam aspirationem ad tantam misericordiam cœpit inflecti, ut cum donis etiam amplissimis juberet singulis matribus sua pignora reddi. Unde factum est ut sicut nulla illarum prius a tristitia fuit immunis, ita sequentis lætitiæ causa omnibus videretur esse communis, maxime cum non tantam prius in veniendo habuerint tristitiam, quantam in redeundo videbantur habere lætitiam. Taliter ergo Constantinus, qui prius alios vincebat, in illa die seipsum vicisse gaudebat, dum ad laudem Divinitatis et gloriam fletu femineo victus, meruit habere victoriam. Maluit enim adhuc solus lepram habere volatilem, quam in sanguine innocentium gladium cruentare versatilem, ideoque divinitus ex impio factus est pius, qui pro salute plurimorum salutem postponebat unius.

CAPUT V.
Confert Constantinum cum Herode, alterius pietatem cum alterius crudelitate componens.

Unde cum pietas Constantini et impietas Herodis vobis, dilectissimi, multis cognita sit modis, nil nocet si secundum comparationem boni et mali alterum alteri lege comparemus speciali. Si enim alter alteri comparatur, probari potest, quem mors et quem vita sequatur, quoniam morte et vita jam abinvicem dirimuntur utrique, dum unus habet præmium mortis, et alius vitæ. Unde enim tibi notum sit, o Christiane, quid de utroque sentiant leges divinæ et humanæ, ideo istum imitare, et illum imitari desiste, quoniam uno modo peccaverat ille, et alio iste. Herodes etenim rex scienter peccavit, dum in mortem Salvatoris seipsum impudenter amavit. Constantinus autem e contra ignoranter erravit, dum pro unius hominis vita in tot homines mortis sententiam dictavit. Herodes, sempiterni Regis ortum molitus exstinguere, in cervices lactentium gladium suum arctius solebat cruentando distringere; Constantinus vero, mitiorem se illi volens ostendere, mucronem suum a cervicibus infantium pia cœpit devotione suspendere. Herodes saluti suæ male consuluit et male providit, dum pro occasione unius pueri multos pueros occidit, Constantinus vero saluti suæ multo melius providere solebat, dum plurimorum saluti salutem unius præferre nolebat. Herodes etiam, videns quia illusus esset a magis, in occisione parvulorum pœnas pœnis, et plagas augmentaverat plagis; Constantinus vero ab hariolis et magis videns sibi male fuisse consultum, in relaxatione parvulorum matrum plangentium voluit sedare singultum. Herodes regni temporalis tactus ambitione, cœlestis regni gaudio divina privatus est ultione; Constantinus autem pro relaxatione exercitus occidendi, et non occisi, digne promeruit regnum intrare paradisi. Herodes, terreni imperii timens amittere sortem, pro morte unius multis intulit mortem; Constantinus autem lepræ maluit volatilis solus habere scabiem, quam interfectione multorum leoninam incurreret rabiem. Herodes, malorum currus, et iniquorum auriga, trium filiorum suorum proprius exstitit parricida; Constantinus autem, Græcorum currus, et Romanorum auriga, filiorum alienorum noluit fieri homicida. Herodes multis modis jam addictus est pœnis, dum ad effundendum sanguinem filiorum suorum armis non parcebat amœnis (*sic*); Constantinus autem e contra ab æternis liberatus pœnis, quia in redemptione filiorum alienorum pœnis parcebat alienis. Herodes seipsum a facie Domini longius ejecit, dum in interfectione parvulorum se ipsum potius interfecit; Constantinus autem sibimet melius parcebat, dum innocentium sanguini parcens, se ipsum interficere nolebat. Sed quia nunc inter manus nostras ejusdem nefandi Herodis incidit mentio, cruciatum infirmitatis ejus et mortem non debemus præterire silentio, maxime cum post mortem suam venenifera ipsius bene testarentur aconita quis vel qualis ante fuisset in vita. Huic igitur ante obitum suum non modo vitæ præsentis exitum, sed etiam futuræ videbatur imminere supplicium, diversis videlicet infirmitatibus sic eum ultione prosequente divina, ut nulla sibi prorsus posset subveniri medicina. Pro membris enim putrescentibus et oculis sponte deciderntibus, odiosus erat astantibus, et odiosior assidentibus, quoniam pro nimio corporis ac virium defectu fetidus erat anhelitu et indecorus aspectu. Et licet in inferiori parte totus pene liquidus esset ac luridus, humor tamen in pedibus et tumor erat in cruribus; sed et verenda ipsius putrida et scatentia vermibus vix exspectabant quousque vitæ illius miserabilis adveniret terminus. Quanto magis in verendis ejus putridis plaga sævit divina, tanto magis multiplicata est in eis ruina, dum propter hoc quod animus ei acer, et tumidus inerat venter, dolor ejus erat in conspectu suo semper. Quoniam licet in una parte vexaret eum febris, et in altera prurigo, cibi tamen inexplebilis ei videbatur inesse cupido, ita ut crebra impulsio, nimia inflatio, tussis ventris ingluviem sæpe testaretur edentis. Præterea vero intus licet et exterius nimio æstuaret incendio, adhuc tamen vitæ præsentis libenter uteretur compendio, nisi quod, majori adhuc corporis infirmitate suscepta, intestina illius diversis ulceribus intus videbantur obsepta. Unde licet aquis calidis infusis et oleo calido sæpius fuerit gratia medicinæ peruuctus, ad ultimum tamen mala morte et malo fine fuit defunctus, quia post multa pœnarum genera, quibus alios prius cruentaverat, ultro tandem seipsum proprio interfecerat cultro. Sic igitur quomodo alios prius diversis plagis innocenter afflixit, mirum non est quod mala morte obiit, qui semper male vixit; mirum etiam non est quod in æternum et ultra propriis cruciandus est pœnis, qui nunquam satiari valebat ex alienis. Quamvis enim ante mortem suam interfectione justorum Dei sæpe profanaverit templum, in ipsa tamen morte posteris suis malum reliquit exemplum, dum nobiliores quosque, quos ex omni Judæa in unum locum fecit congregari, in ipso exitu animæ jussit omnes gladio necari, ut superstites eorum eo minus de morte sua gauderent, quo aliquid inter manus haberent unde magis de suorum interfectione lugerent. O nequitia regis! et injustitia Herodis quæ tantis ac talibus malis cognita est nobis et vobis, qui sub prætextu pietatis Judæorum convocando cohortem, per immanitatem tormentorum vitam sperantibus intulit mortem : ad hoc scilicet talibus auspiciis dedicans introitum mortis et exitum vitæ, ut qui de illius morte tristari noluerant tristarentur invite.

CAPUT VI.
Ut apostoli Petrus et Paulus Constantino apparuerint, idemque catechumenus factus sit.

Verum quia reprobare malum et eligere bonum non humani sed divini muneris est donum, tempus est ut, sicut paulo ante de Constantino vertebamur ad Herodem, ita nunc de Herode ad Constantinum ordine revertamur eodem. Sicut enim Herodes duplici illa contritione in utroque percussus est homine, de qua scriptum est : *Duplici contritione contere eos, Domine* (Jer. xvii); ita Constantinus e contra pro simpliciori culpa simpliciori a Deo percussus est plaga, dum pro persecutione Christiana mulctatus est lepra volatili et vaga. Sed quoniam in oculis Dei eadem culpa se noluit facere reum qua Herodes cum quæsivit puerum ad perdendum eum, ideo et præmio non est remuneratus eodem quo remuneratum jam eumdem constat Herodem. Quia ergo ejusdem nefandi regis satis exasperata est mentio, ideo memoriam illius jam volumus obliterare silentio,

quoniam in camino ignis æterni tantis cruciatibus habet æternaliter coqui, ut non opus sit nobis quidquam de eo amplius loqui. Ipse enim immanitate crudelitatis in innocentium armatus mortem, æternæ procul dubio mortis incidit sortem ; Constantinus vero e contra humanitate pietatis innocentium differens mortem, æternæ sine dubio mortis evaserat sortem. Qualiter autem eamdem mortem evaserit, vel quis sibi viam evadendi præmonstraverit, eo plenius vobis enodare volumus, quo de necessariis rebus hic quidquam prætermittere nolumus. Decurso igitur die quo pro effundendo sanguine innoxio a nefando se abstinuit piaculo, sequenti nocte per beatos apostolos Petrum et Paulum in hunc sensum divino revelatus est oraculo, scilicet quod salutem carnis ac spiritus a summo consecutus esset Opifice, si prius salutem animæ a Sylvestro quæreret pontifice. O quanta benignitas et humanitas Salvatoris! qui cum creator sit omnium creaturarum, tale tantumque mysterium tanto viro voluit revelare per somnium, quod salutem corporis et animæ superno consequeretur examine. Constantinus igitur ad comprobandam gratiam divinæ pietatis et gloriæ, eamdem visionem diligentissime commendabat memoriæ, ut eo citius eam Sylvestro posset mitigata crudelitate referre, quo præ timore illius diu latitaverit in montibus et in speluncis et in cavernis terræ. Quis autem cogitet vestrum quam celeriter ad se statim faceret accersiri Sylvestrum ? Quis etiam cogitet quam longam sibi videbatur facere moram, cujus præsentiam vix unam exspectaverat horam? Ut enim celeriter adduceretur vir ille beatus, eo celerius post illum missus est pro nuntio nuntius, et pro legato legatus, quo cooperante gratia divinæ virtutis, ab eodem viro medicinam debuit habere salutis. Sylvester autem pusillanimitate spiritus et tempestate eo minus habebat vitium, quo se magis vocari formidavit ad martyrium, quamvis pro Domino paratus esset in carcerem et in mortem ire, etiamsi ab eodem homine cogeretur omnia tormentorum genera subire. Et quamvis pro eadem sollicitudine quasi mille cogitationes haberet ante mille, alio tamen modo cogitaverat ipse et alio ille, quoniam per divinæ pietatis inæstimabile donum quod ipse deputavit ad malum, ille vertebat in bonum. Licet enim recuperandæ sanitatis consilium ab eodem pontifice nondum fuisset adeptus, magno tamen gaudio vir ille beatus est ab imperatore susceptus, quoniam pro inquisitione illius non tantum prius habebat studium, quantum et in susceptione ipsius postea solebat habere tripudium. Quid plura? Duobus igitur hac et illac pariter consedentibus et de fide sanctæ Trinitatis hac et illac invicem colloquentibus, colloquio eorum eadem sine dubio credebatur interesse Sophia, quæ post resurrectionem duobus discipulis loquebatur in via. Sed quamvis inter hæc mutua collocutionum genera fides adhuc unius esset in radice tenera, tamen ut inter diversas propositiones sententiarum alter ab altero minus haberet dentem *(Gen.* xix), in parva civitate Segor corpus salvavit et mentem. Hæc est illa lux quæ divinitus illustravit Abraham, cum juxta præceptum Domini egrederetur de Aram, ubi a Domino copiosa ista benedictio data est sibi : *Benedicam benedicentibus tibi, et maledicam maledicentibus tibi (Gen.*). Hæc est illa lux quæ adhuc interioris hominis illuxit oculo, ubi Lot fratri suo ac mulieribus ejus succurrit ac populo, quando sanctæ Trinitatis auxilio adversariorum suorum robore velut in igne tribulationis excocto (3). Hæc est illa lux quæ eidem Abrahæ partem de suo lumine dedit, dum ad occasum solis de sacrificio Domini aves abegit, significans scilicet quod de sacrificio orationis nemo repellere potest volucres dæmoniorum, nisi ab oculis cordis prius abegerit phantasmata vitiorum. Hæc est illa lux quæ in convalle Mambre illum divinitus illustravit, quando sub arbore crucis tres vidit, et unum adoravit, tanta videlicet divini luminis illustratus claritate, ut quem trinum novit in personis, unum adoraret in majestate. Hæc est illa lux quæ aliunde adhuc resplenduit sibi, ubi Dominus ad eum : Offer, inquit, mihi filium tuum super unum montium quem monstravero tibi ; per quod videlicet nobis diversa Dominicæ passionis et crucis prætulit signa, dum in eadem mysteria filium colligavit ac ligna. Hæc est illa lux per quam illustratus est Isaac, filius Abrahæ, cum Sara et Agar rixam haberent inter se, quando in figura Salvatoris in domo patris sui tam honeste solebat vivere, ut hæres fieri non posset filius ancillæ cum filio liberæ. Hæc est illa lux quæ nobis formam humilitatis ostendit, dum Rebecca, viso Isaac, de camelo descendit *(Gen.* xxiv), typice scilicet significans quod antiqua gentilitas totius idololatriæ deseruit struinam, dum quasi visio in passione Domini fidei meruit agnoscere plumam [palmam ?]. Hæc est illa lux quæ eidem Isaac eo tempore divinitus illuxit *(ibid.)*, quando Rebeccam uxorem suam diligens, in tabernaculum Saræ matris introduxit, per quod videlicet introductio illa nobis prætenditur in figura, de qua Ecclesia in Canticis : *Introduxit me,* inquit, *rex in cellaria sua (Cant.* 1). Hæc est illa lux quæ eumdem Isaac disciplinæ cœlestis moderamine rexit, dum Rebeccam uxorem suam nimio amore dilexit *(Gen.* xxiv), significans videlicet quod unigenitus Dei Filius nimis Ecclesiam amavit, dum dolorem quæ ex morte matris suæ Synagogæ sibi accesserat, temperavit. Hæc est illa lux quæ Isaac et Rebeccam cœlitus illustravit, dum in figura Christi et Ecclesiæ alterum alteri mutua charitate sociavit, ut Ecclesia Christo tanta dilectione copulandam se sciat *(ibid)*, ut præ amore illius uxor nunquam alterius fiat.

Hæc est illa lux, per quam idem Isaac cœlitus meruit illustrari, quando Salvator noster pro eo, quasi aries, voluit immolari : qui dum inter vepres peccatorum nostrorum adhæsit cornibus crucis, perennitatem nobis æternæ reddidit lucis. Hæc est illa lux quæ in eodem Isaac filium nobis clarificavit Mariæ, ubi *egressus est ad meditandum in agro, inclinata jam die (Gen.* xxiv) ; significans, videlicet, quod unigenitus Dei Filius in agro hujus mundi, velut ad meditandum deambulavit, dum per clavos, lanceam et crucem ad mortem usque properavit. Hæc est illa lux quæ eumdem Isaac et alio modo voluit illuminare dum ligna holocausti meruit ipse portare : mystice scilicet nobis innuens quod sicut ipse ligna in holocaustum bajulavit, ita Christus crucem suam in ipsa passione portavit *(Matth.* xxiv ; *Marc.* xv ; *Luc.* xxiii ; *Joan.* xix). Hæc est illa lux, quæ in asino illo Judaicæ cæcitatis nobis expressit chaos de quo scriptum est : *Exspectate hic cum asino, donec revertamur ad vos (Gen.* xxii), mystice scilicet designans quod ad Judæos, qui nondum sunt fidem sanctæ Trinitatis experti, circa finem sæculi fidei debent arrhabone reverti. Hæc est illa lux quæ per hoc, quod aries immolatus est, et Isaac evasit, duplici mysterio nos irradiare curavit : typice nobis insinuans quia licet in passione sua diversas irrisiones pertulerit Jesus, in humanitate tamen passus, et in divinitate permansit illæsus. Hæc est illa lux quæ Jacob sub typo gentilis populi cœlitus illuxit *(Gen.* xxvii), dum ad paternam benedictionem prior cum gratia mater introduxit, ut minor idem frater eo majores gratias referret creatori, quousque hodie major debet servire minori. Hæc est illa lux per quam idem Jacob Dominum in somnis vidit, quando de Bersabee ad Aram pergens, in itinere dormivit *(Gen.* xxviii) : mystice designans quod lux divinitatis nulli penitus illucescit, nisi qui in transitu hujus mundi ab omni carnali concupiscentia quiescit. Hæc est illa lux quæ eumdem Jacob adhuc ibi divinitus illustravit, dum in scala Ecclesiæ angelos ascendentes et descendentes ei in visione monstravit *(Gen.* xxix), per descensionem scilicet nobis innuens, ut diligatur proximus, per ascensionem vero ut diligatur Deus. Hæc est illa lux per quam Jacob et alio modo illustrari videbatur, dum pro adaquandis ovibus amovit lapidem quo puteus claudebatur, significans videlicet quod verus Jacob in ara crucis dignatus est nobis puteum aperire veritatis, ut ex puteo Dominici sanguinis reficeremur unda charitatis. Hæc est illa lux per quam Jacob Rachelem sibi uxorem novit esse futuram, dum, adaquato grege ejus, eam osculari cœpit, ut suam, typice scilicet insinuans quod Ecclesia cum Christo post effusionem sanguinis sui osculo illo charitatis debet æternaliter frui. De sponsa in Canticis : *Osculetur,* inquit, *me dilectus meus osculo oris sui (Cant.* 1). Hæc est illa lux qua Jacob illustratus ponebat virgas in canalibus aquarum *(Gen.* l), ut juxta varietatem illarum varius fieret fetus ovium suarum : typice nobis innuens quod in canalibus cordium nostrorum Deo dignum præpa-

(3) Videtur aliquid deesse.

tædium, quid sibi revelatum sit, alter alteri proponebat in medium, dum divinæ visionis horama (ὅραμα) eisdem verbis ille retulit isti quibus ei prius revelatum est ab apostolis Christi. Et licet idem vir, paulo post miles Christi futurus, aliquantulum esset de eadem visione securus, adhuc tamen inde volens securior esse, inquirere cœpit si imagines eorum haberentur impressæ. Unde et beatus Sylvester ad obstruendum ejusdem diffidentiæ voraginem, eorumdem apostolorum ei genuinam deferri fecit imaginem : ut plenius testaretur imago impressæ tabulæ utrum visio illa deputari deberet rei gestæ vel fabulæ. Et cum non alias imagines præter has quæreret duas, inter manus offerentium continuo eas recognovit ut suas, dum pro modulo suo eo majores inde gratias divinæ retulit virtuti, quo de eadem visione securus, vicinior videbatur esse saluti. Unde postquam se in laudem eorum animus ejus erexit, quorum vultus in visione conspexit, catholicæ fidei eo magis delectari cœpit indagine, quo de futura sanitate certior ex utraque reddebatur imagine. Proinde in corde ipsius aliquantula divinæ cognitionis oborta propagine, in novam imaginem a veteri transivit imagine, dum ad hoc cognitionibus malis, et operibus renuntiavit incestis, ut qui portavit imaginem terreni, portaret et imaginem cœlestis. Ut enim quasi de imagine ad imaginem, ita de vitio transiret in virtutem, pro labore quæsivit requiem, et pro infirmitate salutem, quando per ineffabilem divinæ pietatis efficaciam, de morte in vitam, de culpa transivit in gratiam. Tali quippe modo volens se ab omni cohibere facinore, a carnali opere, velut a legalis Sabbati quievit itinere, quando ut a culpa posset ire, et in gratia quiescere, quasi cum lucerna et luce in uno cœpit minui, et in altero crescere. Per Sylvestrum enim divini luminis illustratus scientia, sicut deficiebat in culpa, in gratia proficiebat et sapientia, excepto hoc uno quod adhuc culpa redarguit eum, quod in sapientia Dei nondum plene cognovit per sapientiam Deum. Unde ut sapienter inter illos desiperet insipientes, de quibus scriptum est : *Quæ stulta sunt mundi elegit Deus, ut confundat sapientes* (I Cor. II), de fide Trinitatis et de mysterio crucis eo studiosius inquirere cœpit a sapientibus, quo ad exemplum Apostoli *debitor esse voluit sapientibus et insipientibus* (Rom. I). Et ut perpetuæ salutis quandoque attingeret portum, in seipso idololatriæ occasum et fidei præbuit ortum, quia postquam per beatum Sylvestrum fide sanctæ Trinitatis informabatur, ibidem in corde illius et fides accepit originem et idolatria finem. Secundum admonitionem enim Sylvestri et revelationem Domini, intus et exterius Deo obedivit et homini, dum velut in Pythagorico bivio catechizati arripiens dextrum, fidei symbolo catechizari meruit per Sylvestrum.

CAPUT VII.
A quo baptizatus sit Constantinus.

Verum quia Sylvestrum et Constantinum jam inter manus habemus, de nomine unius, et de baptismate alterius aliqua dicemus, quoniam in quorumdam cordibus magnum inde sæpius ortum est schisma, quod hic de Eusebio, et illic a Sylvestro legitur accepisse baptisma. Si enim in gestis Græcorum studiose quæritur, ab Eusebio Romanæ urbis episcopo baptizatus asseritur. Si autem in historiis Romanorum studio rimatur honesto, procul e dubio baptizatus legitur a Sylvestro. Unde breviter hic enodandum est in nomine Domini, qualiter hæc duo nomina uni conveniant homini, ut quæstio, quæ inter quosdam inde solet oriri, justa possit ratione sopiri. Secundum definitionem enim sapientium, et non secundum opinionem plebium, quidam eum vocavere Sylvestrum, quidam autem Eusebium, quoniam, sicut in pluribus locis refertur a Christianis, Eusebius vocabatur a Græcis, et Sylvester a Romanis. Proinde quoniam Eusebius Græcum nomen erat, non incongrue Græcum illud nomen a Græcis habebat, quia sicut a legendo *lector*, vel a pingendo *pictor* vocatur, sic Eusebius a scribendo dicitur bonus scriptor (2). Ipse enim quasi scriba doctus in regno cœlorum stylo prædicationis scripsit in cordibus proximorum quæ vel qualia Dominus narravit in scripturis populorum, quando inter cætera divinæ potentiæ miracula, protulit eis de thesauro suo nova et vetera. Et quoniam veteris ac novæ legis edictum in tabula cordis sui diligenter habebat inscriptum, ideo die noctuque didicit in Scriptura veritatis qualiter odio habiturus esset omnem viam iniquitatis. Unde postquam in fontibus Salvatoris calamum cordis altius intinxit, ad imaginem et similitudinem Dei mentis interiora depinxit, ut in aliam formam transformaretur calamo scribæ, dicentis : *Lingua mea calamus scribæ velociter scribentis* (Psal. XLIV).

Ergo quia de nomine Eusebii nunc satisfecimus turbæ pedestri, dignum est ut de vocabulo Sylvestri jam quasi militiæ satisfaciamus equestri, quia sicut ab equo dicitur eques, et a pede pedester, sic idem vir non incongrue a sylva vocabatur Sylvester. Quis enim diffidat hunc virum propheticis et evangelicis legibus institutum, frondibus bonorum operum in sylvam semper excrevisse virtutum? Ne enim evangelica falce cum eadem arbore succideretur, de qua dicitur : *Omnis arbor quæ non facit fructum bonum excidetur, et in ignem mittetur* (Matt. III), ideo figuram arboris illius semper habere voluit eminentia meritorum, de qua scriptum est : *Non est arbor mala faciens fructum bonum* (Luc. VI). Et quia nunc mente libera, et carne captiva in domo Dei quasi fructifera semper florebat oliva, ideo pro virtutum floribus typum palmæ illius in æternum habebit, de qua scriptum est : *Justus ut palma florebit* (Ps. XCI). Quia igitur bonorum operum virgultis, quasi in sylvam virtutum semper excrevit, dum quod verbis docuit, operibus implevit, ideo dum cœlestis verbi minister, et **divi-**

(2) Hæc non satis videntur Græcæ significantiæ resonare.

næ dilectionis videbatur esse sequester, non immerito quasi a sylva dicebatur *Sylvester*. Sed sicut nunc de utrisque nominibus quædam dicta sunt privatim, sic utraque nomina jam in unum sunt colligenda summatim, quia licet unum ab altero discrepare videatur verbo, non opere, ipse tamen etymologiam utriusque spiritali exercitatione studuit observare summopere. Unde procul dubio seipsum in nullo decepit, qui in hoc uno homine nomen utrumque recipit; qui autem inde dubium aliquod in animo gerit, ille revera nodum in scirpo quærit. Cum enim unusquisque Romanus pontifex usque adhuc habeat duo nomina, unum videlicet ex alieno, et aliud ex suo, mirum non est si idem vir in apostolatus gradum divinæ pietatis promotus efficacia, unum nomen ex natura, et aliud habeat ex gratia. Quia igitur pro colligendis ovibus et populo Dei convertendo scriptis et dictis semper erat in exhortando, et severus in corripiendo, ideo dum in studio prædicationis ad quosdam mitius, et ad quosdam se habebat sævius, non immerito et Sylvester vocabatur et Eusebius.

CAPUT VIII.
Ut totus pietatis operibus vacarit Constantinus, sacrum baptisma suscepturus.

Ecce quoniam in explanatione utriusque nominis, Eusebii scilicet et Sylvestri, sermo noster aliquandiu nunc stetit in loco campestri, dignum est, ut jam pro altiori mysterio, quasi cum Jesu, ascendentes in montem, Constantinum regem cum processione lectionis prosequamur ad fontem. Sicut enim nemo potest digne pro terrenis cœlestia quærere, nisi antea velit pro cœlestibus terrena deserere, ita Constantinus vitæ perennis nequaquam pervenire posset ad fontem, nisi virtutum gradibus quasi cum Jesu prius ascendisset in montem. Unde consilio et institutione Sylvestri, cum turba sæculari diutius stare nolebat in loco campestri, dum pro dilectione Dei post gratiam baptismi scalam Jacob eo altius cum angelis ascendentibus ascendit, quo ante baptismum eamdem scalam pro compassione proximorum studiosius cum angelis descendentibus descendit. Ut enim pœnitentiæ remedio animæ suæ diversis posset mederi vulneribus, continuis septem diebus misericordiæ vacavit operibus, ut in sæcularibus rebus eo minor ei labor per singulos ingravesceret dies, quo in spiritualibus causis major sibi videbatur consistere quies. Tali quippe modo per totos vii dies divinæ se parans laudi, templa Christianorum aperiri, et templa idolorum jusserat claudi; sed et omnibus volens benefacere, et omnibus parcere, captivos a captivitate, carceratos ejecit a carcere, ut pro salute ipsius eo majori lætitia secum lætarentur in Deo, quo ab omni servitutis jugo liberi ab eo quasi annuo dimitterentur jubilæo. Sic igitur cum ab omnibus angustiis et tribulationibus essent expediti qui frigore et nuditate sive fame cruciabantur et siti, factum est ut per hæc diversa cœlestis misericordiæ solatia mali præcedentis injuriæ gaudii subsequentis levarentur gratia. Constantinus autem, abolere cupiens ignorantiam pristini erroris, ad exemplum Mariæ peccatricis pœnitentiæ lacrymis pedes cœpit lavare Salvatoris, dum pro lepra vitiorum suorum diluenda co magis pedibus ejus studuit appropinquare, quo cum decem leprosis evangelicis diutius a longe noluit stare. Unde monitis B. Sylvestri idololatriæ renuntians toti, juxta præceptum Domini lepram peccati eidem ostendit sacerdoti, ne cum illis decem leprosis diversis vitiorum agitaretur motibus, quibus Veritas: *Ite*, inquit, *ostendite vos sacerdotibus* (*Luc.* xvii). Quid plura? Tandiu alter alterius utebatur consilio, tandiu etiam alter cum altero, quasi pater loquebatur cum filio, quoadusque filius obediens patri reconciliari meruit Ecclesiæ matri. Sicut enim Salvator noster quondam *in deserto cœlorum relictis ovibus nonaginta novem* (*Luc.* xv), in Idumæa præsentis sæculi centesimam quæsierat ovem, ita beatus Sylvester ab ovili Domini dolens ovem aberrasse centesimam, paternæ dilectionis humero reportare studebat ad Ecclesiam. De qua ne diutius differretur gratia supernæ virtutis *venit tempus acceptabile, et dies salutis*, in qua illa hora magis m'agisque cœpit appropinquare, quæ pro relaxatione parvulorum digna mercede debuit eum remunerare. Unde postquam beatus Sylvester Christianæ fidei plenius ei demonstravit disciplinam, cœpit ei pro medicina medicinam, et pro piscina monstrare piscinam, quando propheticis et evangelicis reformatum institutis, pro piscina sanguinis baptizavit cum in piscina salutis. O dies illa venerabilis et hora spectabilis, in qua oculos omnium lux penetravit intolerabilis, quando virtus divina dilectionis antiquæ cum eo faciens pactum, restaurare dignata est lapsum solidare confractum! O sacra et celeberrima dies, in qua animæ illius data est requies, et corpori quies, quando in eodem fonte, quasi piscium ingentium squammæ, de corpore suo lepræ volatilis genus decidebat infame! O clara dies, et cæteris clarior diebus, in qua finis et ortus duabus collati sunt rebus, quia cum sonus in aqua quasi sartaginis stridentis esset exortus, in corde illius idololatriæ finis, et fidei datus est ortus! Pro exteriori enim corporis lepra, et interioris animæ offensa, duplex est in eo virtus Divinitatis ostensa, quia sicut vestigia serpentis non inveniuntur in petra, ita nec in anima ejus inventa est macula, nec in corpore lepra.

CAPUT IX.
Lepram Constantini Naaman Syri lepræ comparat.

Sed quia nemo præter Deum de impossibilibus possibilia, vel ex dissimilibus potest facere similia, nil nocet si nos e contra similes res similibus æquiparantes rebus, lepram Constantini lepræ Naaman Syri comparemus. Quamvis enim uterque fuisset idolorum cultu famosus, uterque tamen fortis erat et dives, sed leprosus, quia si vitam utriusque consideremus intente, uterque eorum lepram in corpore, et lepram habebat in mente. Unde cum pro salvatione utriusque rei unus quæreret opem Elisæi (*IV Reg.* v), et alius Dei, factum est ut licet unus curari crederetur a Deo, et alius ab Eliseo, uterque tamen vere curaretur a Deo. Dextera enim Domini fecit virtutem, dum utrisque voluit exoptatam conferre salutem; sed tamen majorem gratiam illi eadem contulit dextra, qui in fonte Salvatoris intus curabatur et extra. Unde ne a nobis remanere possit intactum qualiter a Deo cum utroque sit factum, breviter hic dicendum est in nomine Christi, quo virtus divinitatis illi subveniret aut isti. Naaman itaque Syro verbum Israelitici regis amarum erat ut fel, cum pro sanitate ipsius vestimenta sua scidisse videret regem Israel. Constantino vero e contra verbum veritatis dulce videbatur ut mel, cum in salute sua sentiret prophetam in Israel. Naaman, profectus ad umbram Veteris Testamenti, tulit secum decem talenta argenti; Constantinus autem, umbram decalogi penetrans splendore sacramenti, in arca cordis sui servavit memoriam pondus argenti. Naaman in figuram decem legalium præceptorum tulit secum decem mutatoria vestimentorum. Constantinus autem, secum ferens decem mutatoria legalium scripturarum, per mysticum intellectum ea mutavit in salutem animarum. Naaman, nondum videns gloriam Dei, pro salute petenda stetit ad ostium domus Elisæi; Constantinus autem pro salute quærenda, ad ostium illius cœpit stare nihilominus, de quo in Evangelio : *Ego sum ostium, dicit Dominus* (*Joan.* x). Naaman signo crucis se nunquam in fronte consignans, ab Eliseo avertit se, et abibat indignans; Constantinus autem, charactere Christi se sine intermissione consignans, a Deo averti et abire nolebat indignans. Naaman, jugo servitutis adhuc oppressus cum Agar, Naaman inter terminos æternæ felicitatis eo minus tentavit accubare cum Issachar, quo Jordanem fluvium leviorem æstimavit fluviis Damasci, Abana et Pharphar; Constantinus autem in fonte Salvatoris eo magis optavit et corpore curari et mente renasci, quo meliorem cum æstimavit Abana, et Pharphari fluviis Damasci. Naaman, Elisei servi Dei obediens verbis, in lavatione Jordanica suis obedierat servis; Constantinus autem, sæpe inobediens Dei Filio, servi Dei Sylvestri cœpit obedire consilio. Naaman, in Jordane flumine septies lotus, a lepra corporis mundus factus est totus. Constantinus autem, in fonte Salvatoris tertio tinctus gratia septiformis Spiritus, foris curabatur et intus. Naaman nequaquam fuit aqua et Spiritu renatus, quia nondum Christus erat glorificatus; Constantinus autem, in lavacro regenerationis aqua et Spiritu renatus, tam in corpore quam in anima videbatur esse curatus. Naaman, reversus ad domum viri Dei, pro sanitate recepta gratias retulit ei; Constantinus vero, a cœlestis patriæ domo longo remotus exsilio, ad domum patris sui cum prodigo reversus est filio : Naaman enim, divinæ voluntati voluntate resistens frivola, pro salute corporea respuebat idola; Constantinus autem pro salute animæ et amore cœlestis patriæ in corde suo finem perfidiæ et occasum dedit idololatriæ. Naaman aliquantula Judaicæ fidei inflammatus face, ab Eliseo viro Dei abire videbatur in pace; Constantinus autem in fide catholica veri Elisei confirmatus ope, evangelizavit pacem his qui longe, et pacem his qui prope.

CAPUT X.
Naaman et Constantini vocabula quid significent.

Quoniam igitur comparatio Naaman et Constantini a nobis est discussa moraliter, restat ut nomen Naaman seorsum discutiatur æqualiter, ut *salvatio*, qua in utroque salvatus est homine, concordare videatur cum nomine. Quia enim idem Naaman in virtute bellorum animum semper habuit virilem, non incongrue videbatur populum significare gentilem, quod etiam bene nominis ipsius interpretatione signatur, quia Naaman *decus* sive *commotio eorum* interpretatur. Ipse enim sine decore virtutum Deo servire nolens oculo ad oculum, ad unius Dei cultum gentilem commovit populum (*IV Reg.* v), ne similis illis fieret in interioribus oculis, de quibus scriptum est : *Dedisti nos in similitudinem gentibus; commotionem capitis in populis* (*Psal.* xlii). Qui quasi cum gentili populo in Judæam veniens ad domum Elisæi, secundum legem Moysi cultum servaverat Dei, ne in transgressione unius mandati, coram oculis illius fieret omnium reus, de quo scriptum est : *Notus in Judæa Deus* (*Psal.* lxxv). Sed, quia nomen Naaman moraliter expressimus; ita pro exprimendo Constantini nomine aliis procedendum est gressibus; ut, si a nobis exprimi non potest allegorice, saltem quadam similitudine exprimatur historice. Sicut enim ex longinquitate dicitur longinquus, et ex vicinitate vicinus; sic ex Constante Constantius, et ex Constantio dictus est Constantinus; in seipso videlicet patris et avi sui constantiam esse demonstrans, quorum unus dicebatur esse Constantius, et alius Constans. Tam magnam quippe constantiam habuit ex utrisque Constantio et Constante, ut clypeus ejus in bello nunquam declinaret retro, sed ante, tanta videlicet animi constantia inimici timoris invasione detersa, ut hasta ejus in prælio nunquam videretur aversa. Unde, licet eadem declinatione e Constante Constantius, et a Constantio derivetur Constantinus, qua ab humanitate derivatur humanus, et a divinitate divinus, Constantinus tamen pro Ecclesia Dei semper laborare solebat abundantius, quam ante ipsum unquam Constans laboraret aut Constantius. Post sanitatem quippe receptam, eumdem Deum cœpit adorare cum Naaman, quem ante se quondam adorasse videbatur Abraham (*Gen.* xviii), qui fidem sanctæ Trinitatis nobis præsignando monstravit, dum quasi sub arbore crucis tres vidit, et unum adoravit. Sed tamen alter præ altero majoris gratiæ recepit puritatem, dum ille secutus est umbram, et iste veritatem; quia, sicut omnibus perspicuum, et omnibus est planum, ille paleam, et iste secutus est granum. Unde mirum non est, quod major gratia, quam sub umbra legis olim contigisset Naaman Syro, per gratiam veritatis huic beatissimo collata est viro; quoniam, sicut ille septies lotus de paganismo rediit ad Judaismum, sic iste septiformi spiritu renatus, pervenit ad baptismum : quando licet unus lavaretur invite, et alius sponte, unus tamen in Jordane, et alius curabatur in fonte. Quamvis enim per spiritum Dei in cordibus eorum inhabitantem, ille litteram occidentem, et iste spiritum sequeretur vivificantem (*II Cor.* III) : post beneficia tamen sanitatis expertæ ad gratiam Conditoris pervenire merebatur uterque. Sed, sicut in his duabus causis, umbra scilicet legis et gratia veritatis, erant inæquales, ita duobus his modis videbantur æquales; quia, sicut per illum Dominus salutem dedit Syriæ, ita per istum salutem dedit Ecclesiæ.

CAPUT XI.
Quid inter Constantinum et Giezi leprosum intersit.

Quia igitur de typi curatione viri hujus utriusque charitati vestræ, dilectissimi, satis loquebamur, hucusque tempus est, ut jam de his transeuntes ad cætera pro eloquendis aliis denuo nova proferamus et vetera. Unde ut et alius e vicino leprosus in locum Naaman a nobis valeat inveniri : qui pro infirmitate corporali eidem Constantino digna comparatione possit uniri, nil obstat, si in scala Ecclesiæ, velut in humiliorem de gradu descendentes altiore, eumdem virum clarissimum adhuc viro comparemus inferiori. Quis autem leprosus ille potest esse nisi Giezi, qui a præfato Naaman pecuniam suam fallacia extorsit et vi (*IV Reg.* v), quando non sub suo, sed sub Elisæi nomine duplicia dona ab eodem reportavit homine ? Unde dignum est ut, sicut pietas severitati quondam sociata fuit in pectore Moysi, ita nunc pietatem Constantini malitiæ comparemus Giezi; quia sicut Giezi pro cupiditate et avaritia incidit in infirmitatem, ita Constantinus pro pietate et justitia meruit recipere sanitatem. Giezi enim, sine lucro divini sacramenti, a Naaman accepit duo talenta argenti. Constantinus autem æque duo talenta recipiens a Deo, cum lucro boni operis vero portavit Elisæo. Giezi præmio cœlesti nolens æternaliter frui, sine taxatione abscondit pecuniam domini sui; Constantinus autem pro lucranda sui domini pecunia, se suaque omnia Deo et hominibus voluit esse communia. Giezi pro duplici mutatoriorum quam acceperat veste, ab Elisæo viro Dei, lepræ Naamaniticæ percussus est peste; Constantinus autem lepræ elephantiacæ liberatus a peste, immortalitatis et innocentiæ duplici a Deo indutus est veste. Giezi cupiditate et avaritia seipsum delusit, dum dona duplicia duobus saccis inclusit; Constantinus autem pecuniam suam veteris illius sacci noluit includere malitia, de quo scriptum est. *Concidisti saccum meum, et circumdedisti me lætitia* (*Psal.* XLIX). Giezi contra conservos tumidus, et contra humiles superbus, Domino suo obedire nolebat, ut servus; Constantinus autem humilis humilibus, et superbis superbus, servis præfuit ut Dominus, et Domino obedivit ut servus. Giezi etiam oblitus Domini creatoris sui, contra præceptum legis concupivit rem proximi sui; Constantinus autem contra præceptum Domini et legem Moysi, rem proximi sui concupiscere noluit cum Giezi. Giezi etiam pro iniquitate cupiditatis typum non habebat illorum, de quibus scriptum est : *Ex usuris et iniquitate redimet animas eorum* (*Psal.* LXXI); Constantinus autem justi illius meruit habere figuram, *qui pro lucro terreno pecuniam suam non dedit ad usuram* (*Psal.* XIV). Giezi declinare noluit illa conventicula fallacium, de quibus scriptum est : *Ut quid diligitis vanitatem, et quæritis mendacium?* (*Psal.* IV.) Constantinus autem adversus proximum suum illud Sapientis servavit epitacium, in quo dicitur : *Noli adversus fratrem tuum amare mendacium* (*Eccles.* VII). Giezi fidem Conditoris perfecte non habens, ut Abraham, non immerito lepra percussus est Naaman. Constantinus autem habens fidem Christi, lepram illam noluit adhærere sibi, de qua Elisæus ad Giezi : *Lepra,* inquit, *Naaman adhærebit tibi* (*IV Reg.* v). Giezi caligine vitiorum denigratus ut pix, ab Elisæo egressus est leprosus ut nix; Constantinus autem a nigredine peccatorum suorum dealbatus ut nix, tenebris idololatriæ amplius denigrari non volebat ut pix. Sed, quia Giezi per abrupta vitiorum, in vallem cupiditatis a seipso longius ivit, dum de bobus Naaman rapuit, quidquid sibi delectabile vidit, mirum non est, quod quale præmium inde habuerit, nominis ipsius interpretatione signatur, quoniam Giezi *præruptum videns,* vel *vallis visio* interpretatur, qui enim in inaccessis rupibus, et in præruptis silicibus, quasi in virtutum montibus spiritualiter noluit habitare cum ibicibus; ideo virtutibus irascens, et vitiis arridens, non incongrue dictus est præruptum videns. Quia vero de valle vitiorum in montem virtutum ascendere nolebat, non immerito visio vallis dictus erat, quoniam bonorum operum gradibus *ascensiones illas in corde suo non disposuit, in valle lacrymarum, in loco, quem posuit* (*Psal.* LXXXIII). Unde quoniam in monte virtutum tam raro ab eo justitiæ visus est callis, ut nomen ejus non immerito diceretur visio vallis, mirum non est quod pro lepra vitiorum suorum longe remotus a salute credentium, *videre non potest bona Domini in terra viventium* (*Psal.* XXVI). Sed quoniam in comparatione Giezi et Constantini jam diu sumus immorati, dum unius impietatem alterius comparavimus pietati : restat ut, sicut pro consideratione illorum in hoc sermone longum protraximus filum, ita nunc de Giezi ad Constantinum nostræ orationis denuo vertamus stylum. Ne enim idem Constantinus lepra corporali amplius percuteretur cum Giezi, spiritaliter cœpit legem servare Moysi : quamvis post gratiam baptismi multum inde sibi cœpissent derogare Judæi, quod tam sæpe misericordiam veri quæsivit Elisæi. Cum enim monitis beati Silvestri non solum a vinculis idololatriæ solutus, sed etiam lavacro divinæ regenerationis esset ablutus, eo perfectius in corde suo supernæ dilectionis inclusit amorem, quo *perfecta charitas foras misit timorem (I Joan.* iv). Et non immerito quidem Deum, internæ dilectionis dilexit amore, qui gemina sanitate *adjutor ejus fuit in opportunitatibus, in tribulatione (Psal.* ix), dum a duplici infirmitate corporis et animæ, duplicis gratiæ meruit relevari curamine; quando in lavacro regenerationis hæc duo sanitatum recepit medicamina, ut in corpore a lepra, et a vitiis mundaretur in anima.

BERENGOSI ABBATIS

LIBELLUS INSIGNIS

DE MYSTERIO LIGNI DOMINICI

ET

DE LUCE VISIBILI ET INVISIBILI PER QUAM ANTIQUI PATRES OLIM MERUERUNT ILLUSTRARI.

(*Biblioth. Patr.* XII, 366.)

Quoniam primus homo, dilectissimi fratres, pro cibo cupiditatis, quem illicite comedit *(Gen.* iii), in tenebris et in umbra mortis olim diutissime sedit, necessarium erat ut unigenitus Dei Filius pro eo tam dignanter interveniret, ut ad viam lucis æternæ sibi iter aperiret. Diu namque fuit quod, lumine veritatis amisso, antiquæ cæcitatis non injuste vallabatur abysso; quoniam spontanea voluntate seipsum divina luce separavit, dum contra præceptum Domini pravæ actionis tenebras amavit. Sed quia de tenebris ad lucem nulla poterat ratione redire, nisi Salvator noster per seipsum sibi viam vellet aperire; ideo ad ostendendam ei claritatem amantissimæ lucis, *factus est pro nobis obediens* Patri *usque ad mortem, mortem autem crucis (Philip.* ii). Unde gratias Deo, quia dum Filius Patri obedit, cæcus evangelicus ad lumen redit : ut humanum genus eo minus jam pristinæ cæcitatis pulsetur affectu, quo per sanguinem Christi supernæ lucis quotidiano illustratur aspectu. Alioquin lucem illam non videbit amandam, de qua scriptum est : *Populus qui ambulabat in tenebris, vidit lucem magnam (Isai.* ix) ; nisi per fructum boni operis illorum mereatur adunari choreis, de quibus subjungitur : *Habitantibus in regione umbræ mortis, lux orta est eis* (ibid.). Hæc est ergo illa lux, qua primus homo privari meruit, quando culpa eum appetiit, et gratia deseruit, quia dum in ligno mortis oblectamentum culpæ sibi arctius impressit, virtus divina lumen unum ei abstulit, et aliud concessit. Ipse enim, *qui est testis in cœlo fidelis (Apoc.* i), unam ei lucem in terris, et aliam prærogavit in cœlis; quia, dum in ipsa creatione sæculi dona sua, prout opus erat, unicuique creaturæ divisit, humano generi lucem unam dedit, et aliam promisit. Sed, quoniam ex una luce, quæ promissa est, eo securiores esse valemus quo aliam quæ data est, corporalibus oculis quotidie videmus, dignum est ut pro illa, quæ promissa est, eorum in omnibus imitemur actiones, de quibus scriptum est : *Operati sunt justitiam, adepti sunt repromissiones (Hebr.* xi). Cum enim una lux terrena sit, et alia cœlestis, dignum est ut cœlestem lucem moribus semper prosequamur honestis, ut, sicut per lignum mortis de terra sumus terrestres, ita per lignum vitæ sumus et de cœlo cœlestes. Alioquin lucem illam visibilem nullatenus videre valemus, quam non corporalibus, sed spiritualibus oculis quandoque videre debemus, nisi ab hac luce visibili prius erudiamur in terris, quæ vel qualis sit illa, nobis reservatur in cœlis.

Unde, quia temporariæ lucis et æternæ hic a nobis facta est mentio, ideo differentias eorum non debemus obliterare silentio, quoniam margarita lucis perpetuæ eo majori a nobis comparanda est pretio, quo inter hanc et illam magna videtur esse discretio. Sicut enim differunt ab adversis prospera, vel a tristibus læta, sic una lux ab alia probatur esse discreta : maxime cum una alteri ita videatur inæqualis, ut una sit æterna, et alia temporalis. Verum, licet utramque lucem exstinguere non possunt inexstinguibiles aquæ, magna tamen diversitas versatur in utraque; quoniam, sicut sacræ Scripturæ pagina testatur, una illuminat et illuminatur; alia vero illuminat, et non illuminatur. Si enim claritatem utriusque consideremus intente, ab una procul dubio in corpore et ab alia illuminamur in mente ; quoniam tanta vis est luminis a divino splendore venientis, ut capi non possit oculis corporis, sed obtutibus mentis. Unde, si lucem istam temporalem solemus intuendo mirari, per quam non corda, sed corpora videntur illustrari, multo magis lumen illud æternum debent admirari credentes, per quod corpora eorum illustrantur et mentes. Præterea vero, si solis et lunæ lucem hanc visibilem admirantur populi, pro cujus splendore intolerabili humani sæpissime reverberantur oculi; occulto magis admirandum est lumen illud angelorum, quod capi non potest auditu aurium, nec visu oculorum.

Et ecce quoniam hic nobis occasio se ingerit opportuna, ut inter alia sidera quædam de sole dicamus et luna : dignum est, ut jam cum processione lectionis ad susceptionem eorumdem luminarium foras properemus anheli, de quibus Dominus : *Fiant*, inquit, *luminaria in firmamento cœli. Dixit, et facta sunt* (*Gen.* 1). Post primum namque vocis Dominicæ mandatum, unumquodque in suo ordine videbatur esse locatum, ita ut sicut olim antiqua divinitas præordinaverat, unumquodque in suo loco et tempore semper oriatur et occidat. Sciendum est enim quia, sicut in prima die cœli distenta est pellis, sic etiam quarta die vestita est stellis, ideoque pellem hanc cœlo illi possem comparare si vellem, de quo scriptum est : *Extendens cœlum sicut pellem* (*Psal.* CIII). Sed, licet in eodem cœlo vel pelle adhuc diversæ infixæ sunt stellæ, sol tamen et luna cæteris sideribus eo magis videntur principari, quo Christo et Ecclesiæ non incongrue possunt comparari. Sicut enim in firmamento cœli duobus illis luminaribus nulla stellarum creatura claritate videtur eximior, sic in firmamento Ecclesiæ duabus his personis nulla potest esse sublimior : quamvis sicut *stella ab stella differt in claritate* (*I Cor.* XV); ita Christus Ecclesiæ cœlesti præmineat dignitate. Unde notandum est, quod, sicut in creatione sæculi nova luce novus mundus emicuit, sic in passione sua Christus Ecclesiam radio sibi novæ claritatis applicuit, ita ut in externo geminæ dilectionis affectu per mysterium crucis alter alterius jam delectetur aspectu. Ipse enim, *qui ad currendam viam passionis olim exsultavit ut gigas* (*Psal.* XVIII), in ara crucis, solis et lunæ, sive sponsi et sponsæ copulare dignatus est bigas typice, scilicet nobis insinuans quod illi verissime Christi et Ecclesiæ fidem habere creduntur, qui in Christo Jesu geminæ dilectionis biga reguntur. Ad hoc quippe Sol justitiæ *tabernaculum suum* ponebat *in sole* (*ibid.*), quando pro humana salute a feminea conceptus est prole : ut et tu, homo, jam eo magis lætaris in Deo salutari tuo, quoniam Deus, pro te *tanquam sponsus* processit *de thalamo suo* (*ibid.*). Unde sciendum est nobis, quia, si solem hunc visibilem invisibili compararemus Soli, nequaquam in hoc prophetico videmur regnare sermone, qui Solem invisibilem humanæ insinuans notitiæ, *timentibus*, inquit, *Deum orietur Sol justitiæ* (*Malach.* IV). In cursu autem lunæ, quæ nos tredecies solet illustrare per annum, illud præcipue nobis est considerandum, ne quis nostrum per varias mutationes animi stultitiam illius imitando sequatur, de quo scriptum est : *Stultus ut luna mutatur* (*Eccli.* XXVII). Postquam enim Sol justitiæ per divinæ charitatis incendium, angelicæ et humanæ dissensionis lunare voluit illustrare dispendium, statim plenilunio fidei novæ, et dilectionis antiquæ per apostolicam prædicationem mentibus humanis illuxit ubique quatenus ad fidem Christi, doctrinam sequerentur illorum, de quibus scriptum est : *In omnem terram exivit sonus eorum* (*Psal.* XVIII). Nostis quippe, quia, sicut Scriptura testatur divina (*Act.* IV), per solem et lunam apostolica nobis præmonstrabatur doctrina, si tamen exemplo illorum nobis sit *cor unum et anima una*, quorum doctrina fulget in Ecclesia ut sol et luna. Unde necesse est ut et tu, Christiane, jam apud te diligentius penses qualiter hæc duo luminaria per dies ac noctes, per annos distinguuntur et menses, quoniam Christus et Ecclesia ad irradiandos fidelium animos et illustrandos, nobis similiter erunt in signa et tempora, dies et annos. Quia enim sol et luna Christi et Ecclesiæ typum gerunt, non immerito nobis in signa et tempora, et dies, et annos ulterius erunt, quia sicut sol et luna nobis exterius quotidianis fulgoribus illucescunt, ita Christus et Ecclesia nostris cordibus interna semper luce clarescunt. Sciendum est quippe quia sicut in prima die sæculi, *cœlum creavit et terram* (*Gen.* 1), sic quarta die lucem nobis voluit donare supernam, quando ad illuminandas triduanæ caliginis umbras nubesque novellas, quarto die producere dignatus est solem, lunam et stellas (*Gen.* III). Unde licet alia claritas sit solis, alia lunæ, alia stellarum, dignum tamen est ut nos claritatem omnium ad salutem trahamus animarum, quatenus æterni luminis nobis afflante spiramine, ab utroque lumine corpora nostra illuminentur et animæ. Dignum quippe est ut pro illuminatis jam ab æterno lumine corporibus nostris et animabus, sine intermissione Deo semper gratias agamus, quia sicut in firmamento cœli quondam solem et lunam quarto die divinitatis verbo produxit, sic in firmamento Ecclesiæ sponsus sponsæ radio novæ claritatis illuxit, quando idem Deus et homo ad crucifigendum pro nobis humanos obtulit artus, per quem olim factum est vespere et mane dies quartus.

Ergo sicut de sole, luna et stellis tractavimus heri, ita temporale lumen et æternum hodie debemus diligentissime intueri, maxime cum pro utroque lumine in tanto miraculo debeamus habere Conditorem, ut ex uno credamus eum mirabilem, si altero mirabiliorem. Quia enim unum terrena tantum, et non cœlestia illustrat, aliud vero nec cœlum nec terra coangustat, ideo si quis qualitatem amborum velit pensare subtilius, unum quam mirabile, et aliud est mirabilius. Unde si mirandum est cœlum istud visibile, quod extendi videtur ut pellis, per quod quotidie illustramur a sole, luna et stellis, multo magis admiranda est Lux illa superna, per quam in angelis et hominibus cœlum illuminatur ac terra. Hæc est enim illa lux per quam nos, qui filii lucis sumus et filii Dei quandoque videre debemus claritatem Dei, si tamen ipse in nobis jam illuminet absconditas tenebrarum, qui nos in futuro illustraturus est inspectione animarum sanctarum. Qui quoniam ad cognoscendam lucis perpetuæ veritatem, temporanei luminis istius umbratilem nobis voluit prærogare claritatem, dignum est, dum in hac luce vivimus, bonis operibus illud semper elaborare studeamus, ut cum ex hac vita migraverimus, ad æternam lucem pervenire valeamus. Sciendum est namque quia sicut una lux parva est, et alia magna, sic una nimirum indiga, et alia est prodiga, quippe quoniam illa quæ prodiga est, bonis omnibus abundat et superabundat, dum ex eo quod habet dat omnibus. Unde quoniam inter hæc duo lumina talis est talio, ut quod non habetur in uno inveniatur in alio, necesse est ut per hoc lumen quod jam habemus in re, properemus ad aliud quod adhuc exspectamus in spe. Sciendum est quippe quia licet uno modo illuminemur ab alio, et alio ab isto, utrumque tamen sperare debemus a Christo, quoniam ipse, a quo unum lumen habemus temporaliter, cum Patre et Spiritu aliud habet æternaliter. Sicut enim in tribus personis secundum naturam divinitatis unum est numen, ita in illis non tria lumina, sed unum est lumen, quod tamen eo magis solet præ cæteris coruscare luminibus, quo ipsum illuminat homines, et non illuminatur ab hominibus. Proinde licet nihil sit quod eidem lumini digne possimus æquare, quasdam tamen species aliquo modo ei debemus comparare, ut facilius intelligi possit per eadem ænigmata rerum, quod huic luci visibili dispar est lumen luminum, et dies dierum. Eadem enim discrepantia (si dici liceat), est in hac luce gemina, quæ in masculo demonstratur ac femina, præsertim cum minor majori eodem modo subjiciatur, ut opinor, quo uxor viro non major videtur esse, sed minor. Præterea vero sicut maximum a minimo, ut magnum distat a pusillo, ita distare videtur lumen hoc ab illo, quia licet utrumque nobis coruscare videatur a Christo, major tamen gratia nobis solet ab illo provenire quam isto. Sciendum est enim quia quantum differunt a carnalibus spiritualia, et ab inferioribus superna, tantum lux ista temporalis a luce distat æterna, maxime cum ad eumdem modum cœlestia terrenis, et summa non conveniant imis, quo prima non conveniunt novissimis, et novissima primis. Adhuc etiam eodem modo lux una distat ab alia, quo spiritus a littera vel granum discrepat a palea, ne et nos more Judæorum gratiam Dei recipiamus in vanum, quo pro littera sequuntur spiritum, et pro palea granum. Certum est enim quia, sicut ad cognoscendum legem unam et aliam, Christiani granum et Judæi sequuntur paleam, sic utraque lex uni populo loquitur et alteri silet, dum pro intuenda luce Creatoris unus est cæcus, et alius videt. Credendum est sane quia sicut electorum lux tentatione non exstinguitur, sed illustratur, ita cæcitas Judæorum usque ad vesperam mundi senescentis durare probatur, quatenus Christiani et Judæi duos populos esse se sciant de quibus scriptum est : *Qui non vident, videant, et qui vident, cæci fiant* (Joan. IX). Sicut enim Christiani typum illorum usque hodie gerunt, de quibus dicitur : *Beati qui non viderunt, et crediderunt* (Joan. XX), ita Judæi cum cæcis illis evangelicis in præcipitium vadunt, de quibus scriptum est : *Si cæcus cæco ducatum præbuerit, ambo in foveam cadunt* (Matt. XV). Christiani cæcis illis semper arrident de quibus scriptum est : *Cæci vident* (Matt. XI), ita Judæi usque in iram consummationis cæcis illis similes erunt, de quibus dicitur : *Oculos habent et non videbunt* (Ps. CXIII). Quia enim Judæi non conjunguntur Christianis, nec Christiani Judæis, ideo lumen veritatis datum est nobis, et ablatum est eis; quamvis etiam ipsi quandoque Patrem et Filium debeant adorare nobiscum, impleto quod dicitur : *Ut cognoscant te solum verum Deum, et, quem misisti, Jesum Christum* (Joan. II). Sed sciendum quia, licet in mysterio crucis aliud sentiant Christiani, et aliud Judæi, omnes tamen peccaverunt et egent gloria Dei, ita ut necesse sit omnibus justificari gratis per gratiam ipsius, a quo justificandus est impius, et glorificandus est pius. Unde orandum est nobis ut *lux vera, quæ illuminat omnem hominem venientem in hunc mundum* (Joan. XVII), Judaici cordis ita dignetur illuminare profundum, ut etiam ipsi nobiscum ab eadem mereantur luce perfundi, de qua scriptum est : *Ego sum lux mundi* (Joan. IX).

Hæc est igitur illa lux per quam Dei Filius trahens omnia secum in ara crucis, evangelicum illum illuminaverat cæcum, qui juxta viam fidei propensius imprecans gloriam Dei : *Fili*, inquit, *David, miserere mei* (Matt. X, Luc. XVIII). Ad hoc namque per mortem crucis mortificari voluit granum frumenti, ut lux cœlestis illucesceret omni credenti, qua sicut omnibus notum, etiam omnibus est planum, in eodem cæco genus illuminavit humanum. Deus namque lucem suam bifaria ratione divisit, dum eidem cæco duo lumina reddidit, qui duo amisit, quia si duplicem sanitatis ejus gratiam consideremus intente, per mysterium crucis lumen in corpore, et lumen recepit in mente. Unde si volumus ut cum eodem cæco lucis æternæ consequamur gratiam, pro qua Dominus ad eum : *Quid tibi*, inquit, *vis faciam?* (Luc XVIII.) dignum est ut unusquisque nostrum cum eo sæpius orationem hanc dicat exiguam, quam ipse respondit ei, dicens : *Domine, ut videam* (ibid.). Alioquin turbæ cogitationum, quæ nobis bonæ voluntatis seminariam demunt, cum eodem cæco vocem nostræ deprecationis premunt, nisi phantasmata vitiorum quæ fecinus ab oculis cordium assiduis repellamus precibus. Per hoc autem quod cæcus iste juxta viam et non in via sedebat, imperfectioris adhuc fidei nobis exemplum præbebat, ut unusquisque nostrum per mortificationem carnis cor suum ita semper affligat, ut in veritate boni operis gressum figat. Sed hoc fieri non potest, nisi nox illa, quam originalis peccati morosior in nobis contraxerat hora, ab oculis nostris novæ lucis discutiatur aurora, ut, resoluta in nobis totius cæcitate caliginis, in novam lucem decor antiquæ reformetur originis. Aliter quippe nil nobis proficit quod Jesus in eodem cæco lucem amissam reparavit, quando vocem cæcitatis ejus transiens audivit et stans illuminavit : nisi ille, qui renes et corda solus intuetur, eodem modo cæcitatem nostram transeundo audire, et stando illuminare dignetur. Ipse enim qui per humanitatem transire, et per divinitatem habet stare, eumdem cæcum mirabili modo dignatus est illuminare, quando fidei ipsius propriam vocem in hæc verba subjecit : *Vade, fides tua te salvum fecit (ibid.).* Unde quia nos, dilectissimi fratres, tanta jam sumus oppressi cæcitate, ut non solum cæci ex tempore, sed etiam cæci simus a nativitate, orandum est nobis ut ad perpetuæ lucis claritatem se ipsum nobis præbeat ducem, a quo idem cæcus non aurum voluit postulare, sed lucem. Si enim corda nostra eadem lux divinitatis illustrat, quam nec initium dilatat, nec finis angustat, necesse est ut ab eadem luce quærenda prætereuntium dæmoniorum nullis unquam arceamur minis, cujus profecto fides initium est et operatio finis. Et quia nec humanæ saluti nec divinæ convenit laudi, ut a nobis illa lux debeat quæri, quæ vel tempore finiri, vel loco valeat claudi, dignum est ut illam lucem sine intermissione quæramus, quam non cum belluis, sed cum angelis communem habere valeamus.

Hæc est autem lux æterna quæ infimis voluit sociare superna, quando divinæ miserationis gratia dives, per mysterium crucis angelos et homines fecit esse concives. Hæc est illa lux unde ut causæ causis, et res conveniant rebus, quosdam antiquos Patres hic introducere debemus, quatenus sermo noster eo consultius ad finem possit evolare per cætera quo lux invisibilis ad hoc nobis profert de thesauro suo nova et vetera. Quia enim lux divinitatis tam mira probatur et sancta, ut nulla prorsus talis videatur aut tanta, dignum est ut humanum ei non debeat deesse præconium, quæ propheticum et evangelicum solet habere testimonium. Sed quoniam geminæ dilectio charitatis personis deputatur geminis, competens est ut in hac lectione feminæ viris, et viri adumentur feminis, quia justum est ut lex æterna testimonium habeat a virili sexu et femineo, quæ in mysterio crucis utrumque a diabolico voluit liberare dominio, et non immerito quidem lumen æternum a viris et feminis debet habere gloriam, quod in utroque sexu suam voluit perpetuam memoriam, dum quos virtus conditori olim formavit ad vitam, lux divinitatis illustravit ad gratiam. Unde quoniam hic volumus antiquorum Patrum negotia tractare, dignum est ut in naviculam mentis nostræ lumen æternum studeamus invitare, quia sanctarum Scripturarum remis eo studiosius jam incumbere debemus, quo in pelago libri Geneseos nos oportet aliquibus fluctuare diebus. Quia enim jam intravimus hic mare magnum et spatiosum mentibus, necesse est ut nec vanis cogitationibus, nec verbis periclitemur inanibus ; nec illis vitiorum reptilibus cordis nostri gravetur humerus, de quibus dicitur : *Illic reptilia, quorum non est numerus*

(Ps. cii). Sic igitur repulsis ab eadem nave cunctis hæresibus et hæresiarchis, primo tractare debemus de justis, deinde de regibus et patriarchis : quamvis priusquam hinc de patriarchis perveniamus ad prophetas, non unam aut duas, sed plures videamur habere diætas ; et ideo necesse est ut qui patriarchis et prophetis regiam viam olim dignabatur ostendere, nobis etiam in hoc itinere dextram suam dignetur prætendere, quoniam navicula mentis nostræ tunc vere divina regitur dextra, si bitumine charitatis intus firmetur et extra. Sed quoniam in navi Ecclesiæ frustra jam videmur immorari, nisi cum antiquis Patribus a divina luce mereamur illustrari, orandum est in hoc tractatu seipsum nobis velit ostendere ducem, qui de seipso discipulis : *Dum lucem*, inquit, *habetis credite in lucem (Joan. xii).*

Hæc est ergo illa lux quæ primum parentem nostrum Adam protoplastum in ara crucis ex impio pium, et ex incesto fecerat castum, quando per ejus mysterii salutaris effectum antiquæ claritatis in eo reformavit aspectum. Hæc est illa lux per quam in ipsa passionis Dominicæ die maledictio Evæ mutata est benedictione Mariæ ; quando ad comparandam nobis lucis perpetuæ margaritam, in mysterio crucis pœna in gloriam, et mors transivit in vitam. Hæc est illa lux per quam Dominus Deus Israel olim illustrare volebat Abel, quando, sicut legifer testatur egregius, *respexit Dominus ad Abel, et ad munera ejus (Gen. iv).* Hæc est illa lux quæ Noe, qui *requies* interpretatur, illuxit, quando de lignis imputribilibus arcam in typum Ecclesiæ construxit, baptismi scilicet salutaris ac Dominicæ crucis nobis præferens signum, dum ac suosque per aquam salvavit et lignum. Hæc est illa lux per quam idem Noe illustratus est figurative, quando columba sibi ramum deferebat olivæ, typice scilicet designans quod virtutum pennis nullus evolare valet ab imis ad summa, nisi in arcam Ecclesiæ boni operis ramum studeat reportare cum columba. Hæc est illa lux qua idem Noe illustratus est, quando de vino, quod ipse plantavit, inebriatus est, significans videlicet quod calix Dominicæ passionis fidelibus suavis et Judæis amarus est ; de quo sermo propheticus ; *Calix*, inquit, *meus inebrians quam præclarus est ! (Psal. xxii.)* Hæc est illa lux per quam Sem et Japheth illustrari meruerunt, quando ex adverso venientes patris sui virilia texerunt, significantes videlicet ut nos ad eumdem modum virtutibus faciem et vitiis præbeamus dorsum, quo ipsi pro contegenda verecundia patris incessere retrorsum. Hæc est illa lux quæ Melchisedech sacerdotis olim illuxerat menti, quando panem et vinum obtulit Abrahæ a cæde revertenti *(Gen. xiv)*, præcedens scilicet nobis sacrificium illud sacerdotis Altissimi, de quo Sponsus in Canticis : *Comedite*, inquit, *inebriamini, charissimi (Cant. v).* Hæc est illa lux per quam Dominus Deus Sabaoth quondam illustrare dignatus est Lot, quando concupiscentiam carnalem quasi Sodomam fugiens arrare non possumus templum, nisi pro concipienda varietate virtutum, de bonis semper sumamus exemplum. Hæc est illa lux per quam etiam nos ad illuminationem mentium vitas Patrum in exemplum habemus, per quas, cortice legis ablato, et candore gratiæ concepto, prolem boni operis gignere debemus, si tu, Deus omnipotens, nos intra oves illas fœtosas fecundare digneris in virtutibus tuis, de quibus dicitur : *Oves eorum fœtosæ abundantes in egressibus suis (Psal.* CXLIII). Hæc est illa lux quæ eidem Jacob duobus modis illuxit, dum primo Liam, secundo Rachel in uxorem duxit : per hoc scilicet nobis insinuans mysterium illud salutare de quo Apostolus, *Non prius,* inquit, *quod spirituale est, sed quod animale (I Cor.* XV). Hæc est illa lux qua Jacob illustratus ad eamdem differentiam spatium fecit inter gregem et gregem, quæ usque hodie inter legem speciatur et legem, ne ignorare possit omnis fidelium cœtus quid per salutare mysterium nova lex loquatur aut vetus. Hæc est illa lux quæ interioris oculi ejus adhuc illustravit aciem, quando raptus ultra se vidit Dominum facie ad faciem; quamvis cum in divinitate sua viderit nunquam, testante Joanne, qui dicit : *Deum nemo vidit unquam (1 Joan.* IV). Hæc est illa lux quæ eumdem Jacob illustravit in Bethel, ubi, mutato nomine Jacob, appellavit eum Israel : mystice designans quod spiritualibus tantum oculis videre debemus verum illum Nazaræum, de quo idem Jacob appellatus est Israel, id est *videns Deum.* Hæc est illa lux per quam Rachel, quæ *ovis* dicitur, illustrari meruit, dum idola Laban, quæ furtive abstulit, sedendo coöperuit, mystice scilicet instituens quod veste bonorum operum et confessione peccatorum tegere debemus idola vitiorum. Hæc est illa lux quæ per mysterii salutaris intellectum Liæ et Rachelis illustravit aspectum : maxime cum hoc nobis innuat lippitudo Liæ, et pulchritudo Rachelis, ut cum una laboremus in terris, et cum alia quiescamus in cœlis. Hæc est illa lux quæ uno modo Martham et Liam, alio vero Rachelem illustravit et Mariam, ut et nos in hac vita circa frequens ministerium conditoris tam studiose laboremus cum Martha et Lia, ut in altera vita contemplatione divina cum Rachele perfruamur et Maria. Hæc est illa lux per quam in Juda, qui interpretatur *confessio,* Christianæ religionis est illustrata professio : quoniam Ecclesia Christi bonis semper operibus confitebimur Deo, de quo scriptum est : *Qui me confessus fuerit coram hominibus, confitebor et ego eum coram Patre meo (Matth.* X). Hæc est illa lux, quæ Judam, qui ad tondendas oves veniebat, typo Salvatoris illustrare volebat, qui in ara crucis ad hoc quinis voluit cruentari vulneribus, ut oves pascuæ ejus a peccatorum suorum posset exonerare velleribus. Hæc est illa lux quæ Judæ ad Thamar spiritalis connubii præbebat aditum, quæ, veste viduitatis exuta, nomen mutavit et habitum, Judam scilicet illum significans qui in ara crucis requirens ovem centesimam, de meretrice sponsam, et de Synagoga fecit Ecclesiam. Hæc est illa lux per quam Judas annulum, baculum et armillam, quæ signa erant arrhabonis, eidem Thamar dedit in pignus vocationis, justificationis et glorificationis, quando Christus Ecclesiam corpori suo in ara crucis triplici hoc arrhabone sociavit, de quo scriptum est : *Quos vocavit, hos et justificavit, et quos justificavit, illos et glorificavit (Rom.* VIII). Hæc est illa lux per quam Phares, qui *divisio* interpretatur, gratia cœlestis arrisit, dum in typo gentilis populi cum a Judaica infidelitate divisit, ut et inter alios partiretur illas divisiones ministrationum, de quibus scriptum est : *Alii genera linguarum, alii interpretatio sermonum (I Cor.* XII). Hæc est illa lux quæ Zaræ, qui *oriens* dicitur, nimis quam opus esset illuxit, dum qui prius oriri debuit, prior manum eduxit; per quod videlicet Judaicum populum nobis in figura prætendit, qui quasi manum præbuit, dum ad implenda præcepta Conditoris se præparatum ostendit. Hæc est illa lux quæ eumdem Zaram parumper illustravit, dum obstetrix sua coccinum Dominicæ passionis et crucis ei frustra ligavit, quia dum mysterium fidei, quod in coccino ei præbuit, accipere recusavit, manum quam ad fidem protulit, continuo revocavit. Hæc est illa lux, quæ oculis ejus ex parte caligavit, dum quasi ad fidem manum extulit, et ad infidelitatem revocavit, illos scilicet significans qui per mortem crucis manus cruentas in illum extenderunt de quo scriptum est : *In propria venit, et sui eum non receperunt (Joan* I). Hæc est illa lux quæ etiam unicuique fidei lumen suæ charitatis ostendit, qui manum suam ad iniquitatem non extendit : illum videlicet bonis operibus semper exsequendo, qui in remuneratione sanctorum extendet manum suam in retribuendo. Hæc est illa lux quæ nobis etiam singulis illucescit diebus, si manus nostras ad iniquitatem non extendamus, sed ab iniquitate revocemus, quoniam hoc exemplum nobis in seipso Salvator ostendit, qui in retributione justorum manum suam pro reprobis contrahit, et pro justis extendit. Hæc est illa lux quæ Joseph quondam per somnium volebat illustrare, dum manipulos fratrum suorum manipulum suum vidit adorare, significans scilicet, quod ille a nobis bonorum operum semper debet adorari manipulis, qui post resurrectionem suam manifeste voluit suis apparere discipulis. Hæc est illa lux per quam idem Joseph alio modo meruit illuminari, dum a sole, luna et stellis se videbat adorari : illum videlicet designans quem in sole, luna et stellis, quibus figuratur claritas justorum, adorare debet omnis Ecclesia sanctorum. Hæc est illa lux quæ Joseph illustravit hac gratia singulari, ut inter alios fratres solus uteretur tunica talari : mystice nos instruens quod ille mercedem boni operis in æternum haberet, de quo scriptum est : *Qui perseveraverit usque in finem, hic salvus erit (Matth.* X). Hæc est illa lux per quam Joseph illustratus, propriæ cœpit prævidere saluti, dum pallium suum divisit adulteræ, quæ eo male voluit uti, typice scilicet insinuans, quod tegmen legalis litteræ, unde Judæi nullum habent proficuum, per lumen divinitatis nobis debet esse perspicuum. Hæc est illa lux per quam in Joseph emicantis gratiæ duplex enituit fructus, dum in carcere solus est missus, et inde solus eductus: per quod videlicet nobis resurrectionem ejus in figura signavit qui, resurgens a mortuis, suos ex inferni carcere potentissime liberavit. Hæc est illa lux quæ Joseph internæ claritatis tantam aspiravit scientiam, ut lingua ejus inter principes loqueretur sapientiam, quando in domo Pharaonis illi servitores ejus in cophino servierunt. Hæc est illa lux quæ divertit ab oneribus dorsum ejus: quando cor illius ejusdem divini luminis splendor irradiavit egregie, ne in Egypto tribulationis carnalium divitiarum gravaretur onere, de quibus scriptum est: *Divitiæ si affluant, nolite cor apponere* (*Psal.* LXI). Hæc est illa lux quæ Joseph divinis illustravit legibus, dum per totam Egyptum quintam partem frugum delegavit regibus: significans videlicet quod ipse, qui primogenitum hominis quinque siclis argenti redimi jubebat, per mysterium crucis quinque sensuum nostrorum custodiam quinis vulneribus redimebat. Hæc est illa lux per quam idem Joseph illustrari meruit, dum pro dispensatione frumenti horrea regis aperuit, typice designans quod quilibet prælatus super familiam Domini tantam habiturus est curam, ut det illis in tempore spiritalis tritici mensuram. Hæc est illa lux quæ interioribus oculis ejus spiritualiter insedit, dum Benjamin fratri suo trecentos argenteos dedit, ut vos, dilectissimi fratres, in eisdem argenteis nihil aliud intelligere debeatis, nisi mysterium crucis et fidem sanctæ Trinitatis. Hæc est illa lux quæ per trecentos numeros, qui continentur in littera Tau, figuram crucis quotidie nobis ostendit in imagine Jesu, significans scilicet quod cor nostrum in Domino eo altius esse debet innixum, quo nihil scire debemus, nisi Christum Jesum, et hunc crucifixum. Hæc est illa lux quæ duobus illis viris inæqualiter illuxit, quos Pharao de carcere captivitatis inæqualiter eduxit, typice nobis insinuans quod gentilis ac Judaicus populus divinæ remunerationis inæquale sortiti sunt beneficium, dum per mysterium crucis unus præmium, et alius recepit supplicium. Hæc est illa lux per quam licet unus eorum ad pœnam, alius educeretur ad gloriam, utrique tamen Dominicæ resurrectionis signavere victoriam, dum una eademque cœlestis mysterii sorte, post tres dies illi de carcere, et Christus surrexit a morte. Hæc est illa lux per quam nobis in Manasse, qui *oblivio* dicitur, Judaicus populus divinæ oblivionis ultione subjicitur, ne, o Christiane, exemplo ipsius obliviscaris conditoris tui, de quo scriptum est: *Oblitus est Domini creatoris sui* (*Deut.* XXXII). Hæc est illa lux per quam Ephraim, qui *frugifer* interpretatur, gentilis populi usque hodie fecunditas illustratur, si tamen in nobis frugibus illis virtutum ager fecundetur animarum, de quibus dicitur: *Honora Dominum de tua substantia, et de primitiis frugum tuarum* (*Prov.* III). Hæc est illa lux quæ Manassen et Ephraim duplici mysterio illustrare volebat, dum Joseph pater eorum pro benedictione Jacob unum ad dextram, et alium ad sinistram ponebat, typice significans quod eamdem figuram utrique habuerant in Christo Jesu quam gentilis ac Judaicus populus prius habuit in Jacob et Esau. Hæc est illa lux quæ in manibus Jacob mysterium crucis præfigurare volebat, cum minori dextram, et majori sinistram superponere solebat, mystice nos instruens ut in hac derivatione manuum nihil aliud sinistra intelligatur aut dextra, nisi quod per mysterium crucis jam populus unus est in Ecclesia, et alius extra. Hæc est illa lux quæ uno modo seniorem, alio autem voluit illustrare juniorem, ut in Ephraim et Manasse ad eumdem modum senior inserviret minori, quo in Esau et Jacob major videbatur servire minori. Hæc est illa lux quæ eodem mysterio aliquatenus illustravit Ruben, quo prius illustrare noluit Esau et Manassen, dum per ineffabilem cœlestis disciplinæ censuram uterque eorum prioris populi videbatur habere figuram. Hæc est illa lux per quam Ruben primogenitus, et fortitudo patris, peccatis ejus exigentibus, pœnam luit iniquitatis, dum ordine primatus coram patre suo eo minus meruit inter alios frui, quo culpa primogeniti principium auxit doloris sui. Hæc est illa lux quæ in interioribus oculis Ruben omnino caligavit dum cubile patris sui ascendit, et stratum ejus maculavit: significans videlicet quod Judaicus populus cubile Dei Patris sui maculatus ascendit, dum in arbore crucis corpus ejus clavis ferreis suspendit. Hæc est illa lux quæ oculis Ruben nimis erat obscurata, dum pro lascivia nimiæ voluptatis effusus est sicut aqua: pœnas scilicet peccati eo magis luiturus in numero fratrum, quo se primogeniti doluit amisisse primatum. Hæc est illa lux quæ Ruben, cui dignitas sacerdotalis et regia debebatur, radio spiritalis gratiæ minus illustrare videbatur, cum effrenatæ libidinis nimio æstuaret desiderio, qui antea prior in donis, et major erat imperio. Hæc est illa lux per quam Simeon et Levi, vasa iniquitatis bellantia, pro operibus tenebrarum, quasi sidera obnubilantur errantia, quia indignum valde esset, ut a cœlesti lumine interiores eorum illustrarentur oculi, per quos scribæ et sacerdotes Judaici præfigurati sunt populi. Hæc est illa lux quæ in cordibus eorum lumen veritatis fecit obscurum, qui in furore suo occiderunt virum, et in dolore suo suffoderunt murum: significantes videlicet quod illi nimis ab æterna elongati sunt luce, qui corpus Domini crucifixerunt clavis, lancea et cruce. Hæc est illa lux quæ uno modo Jacob illustravit in Bethel, alio vero Simeon et Levi divisit in Jacob, et dispersit in Israel: quoniam ibi pes ejus ad pedem illam non habebat significationem, quam hic divisio habet ad dispersionem. Hæc est illa lux per quam ita nominum istorum reciproca variatur conversio, ut in Judæis credentibus divisio, et in non credentibus intelligatur dispersio, quia sicut per istam divisionem fides nobis insinuatur illorum de quibus dictum est, *Suscepit eos de via iniquitatis eorum* (*Ps.* CVI), ita per hanc dispositionem non credentes, debemus annotare Judæos, de quibus scriptum est : *Tradidit eos in manus gentium, et dominati sunt eorum qui oderunt eos* (*Ps.* CV). Hæc est illa lux per quam Judas benedictione paterna meruit æternaliter frui, pro qua pater ejus ad eum Juda, inquit, *te laudabunt fratres tui* (*Gen.* XCIV); Judam scilicet illum nobis figuraliter expressurus, qui ad vindictam malorum, laudem vero bonorum, de tribu Juda erat nasciturus. Hæc est illa lux per quam fratres Judæ ad eamdem figuram laudabant eum quo apostoli postea laudaverunt Deum, quando ineffabili divinæ pietatis efficacia fratres ejus non natura fuere, sed gratia. Hæc est illa lux quæ diu abscondita fuit ab oculis eorum, de quibus subjungitur, *Manus tuæ in cervicibus inimicorum tuorum* (*Gen.* XLIX), significans scilicet quod verus Judas virtutis cœlesti gladio humiliare debuit colla superborum, de quibus scriptum est, *Dominus justus concidet cervices peccatorum* (*Es.* XII). Hæc est illa lux qua Jacob illustratus in benedictione filii sui, continuo subjungens : *Adorabunt*, inquit, *te filii patris sui* (*Gen.* XLIX), per quos videlicet præfigurati sunt nobis illi veri adoratores Dei, de quibus scriptum est, *Adorabunt eum omnes reges, omnes gentes servient ei* (*Es.* LXXI). Hæc est illa lux quæ Judæ huic leonem illum præmonstravit in figura, de quo subjungitur, *Catulus leonis Juda* (*Gen.* XLIX), significans scilicet quod in resurrectione Dominica virtus leonis illius nobis facta est nuda, de quo scriptum est, *Ecce vicit leo de tribu Juda* (*Apoc.* V). Hæc est illa lux per quam Judas illustratus est mysterio Christi quando pater ejus ad illum : *Ad prædam*, inquit, *fili mi, ascendisti* (*Gen.* XLIX): per quod videlicet nobis prædatoris illius insinuat majestatem; *qui ascendens in cœlum, captivam secum duxit captivitatem* (*Ephes.* IV). Hæc est illa lux, per quam Judas requiescens accubuit ut leo, dum Christus in sepulcro tribus diebus requievit in Deo ; quoniam ad eumdem modum tres dies in tumulo requiescere dignatus est Deus, quo catulus leonis editus, tribus dicitur dormire diebus. Hæc est illa lux, quæ in figura Judæ istius suscitare voluit Deum ; de quo subjungitur : *Quis suscitabit eum?* (*Gen.* XLIX,) significans videlicet, quod per lumen divinitatis, quo humanitas ejus erat plena, a Deo Patre suscitari debuit quasi leo, et quasi leæna. Hæc est illa lux, per quam Judæ huic debuit in figura prætendi, quanta in Christo fuerit humilitas dormiendi, et potentia resurgendi ; dum per lumen divinitatis illum spiritualiter aspexit, *qui pro nobis mortuus est, et resurrexit* (*Rom.* VIII). Hæc est illa lux, in qua Christus, ut leo requievit, qui tribus diebus et tribus noctibus somnium mortis implevit; quando per ejusdem mortis salutare mysterium, mortis antiquæ destruxit imperium. Hæc est illa lux, per quam idem patriarcha illustrabatur egregius , de quo dicitur : *Non auferetur sceptrum de Juda, et dux de femoribus ejus* (*Gen.* XLIX) ; typice scilicet designans quod de tribu Juda dux ille nasciturus erat in salutem credentium, de quo subjungitur : *Ipse erit exspectatio gentium* (*ibid.*). Hæc est illa lux, quæ eumdem Judam typo apostolicæ prædicationis illustravit, dum in figura gentilis populi pullum suum ad vineam ligavit ; in vinea scilicet hac intelligi volens ecclesiam Christi, de qua dictum est : *Vineam de Ægypto transtulisti* (*Psal.* LXXIX). Hæc est illa lux, per quam Judas ad discernendam Judæorum et gentium litem, sub typo gentilis populi asinam suam ligavit ad vitem, significans videlicet, quod ipse qui post resurrectionem suam discipulis apparens, *ire se longius finxit* (*Luc.* XXIV), per mysterium crucis Ecclesiam gentium vincula sibi charitatis astrinxit. Hæc est illa lux, per quam Judas passionem Christi novit esse venturam dum in figura Salvatoris *lavit in vino stolam suam* (*Gen.* XLVI) ; mystice scilicet insinuans quod caro Christi, quæ in cruce pependit , *paulo minus ab angelis* (*Psal.* VIII) discessit , dum Ecclesiæ gentium botrum sui sanguinis in torculari passionis expressit. Hæc est illa lux, per quam verus ille Judas, in sanguine uvæ pallium suum lavit, qui per mysterium crucis Ecclesiam gentium ab omni iniquitate mundavit, quando duplici peccato illius, duplici medicina subvenit, ubi de latere sua aqua eum abluit, et sanguine redemit. Hæc est illa lux, per quam ille, qui est *flos campi et lilium convallium* (*Cant.* II), pro salute credentium in sanguine uvæ lavare dignatus est pallium, dum per mysterium sui salutiferi cruoris reddidit eis pallium laudis, pro spiritu mœroris. Hæc est illa lux, quæ oculos Judæ mysterio adhuc illustravit divino, ubi subjungitur : *Pulchriores sunt oculi ejus vino* (*Gen.* XLIX): nihil aliud videlicet intelligi volens per vini hujus sinceritatem, nisi legalis observantiæ austeritatem. Hæc est illa lux, per quam oculi Judæ vino erant pulchriores, dum apostoli et evangelistæ legali traditione fuerant clariores, quando per evangelicam et apostolicam doctrinam scientiam nobis infudere divinam. Hæc est illa lux, per quam etiam *dentes ejus* erant *lacte candidiores* (*ibid.*), dum doctores Ecclesiæ legali obscuritate fuerant lucidiores, quando virtutum candore lactis attestantes albedinem, evangelicæ veritatis nobis instillavere dulcedinem. Hæc est illa lux, per quam in dentibus ejus Christi prædicatores intelliguntur, per quos increduli quippe, quasi cibi in corpus Ecclesiæ transmittuntur, qui more parvulorum lacte nutriuntur in primis quia nondum valent solidis assuescere cibis. Hæc est illa lux, in qua Christus antiqui hostis occurrens audaciæ, vinum et lac legis antiquæ radio novæ illustravit gratiæ ; dum in ara crucis duplicem hanc gratiam voluit conferre credentibus, ut eis ulterius nec caligo in oculis, nec dolor appareret in dentibus. Hæc est illa lux, quæ Zabulon per divinæ claritatis illustravit radium, dum *in littore maris* habitavit, *et in statione navium* (*ibid*.): significans videlicet Ecclesiam in portu quietis æternæ voluit collocare, qui in apostolica prædicatione *extendit palmites suos usque ad mare* (*Psal.* LXXIX). Hæc est illa lux, per quam Zabulon, qui *habitaculum fortitudinis* interpretatur, quasi in littore, magis illustrari videbatur, dum Ecclesia gentium ab ipso meruit fortitudinem habere virtutis, qui per mysterium crucis portum sibi voluit demonstrare salutis. Hæc est illa lux, per quam Issachar, qui dicebatur *asinus fortis*, pro præmio vitæ cœlestis onus abjecerat mortis, dum eo minus eum gravabat *jugum Domini suave, et onus ejus leve* (*Math.* XXX), quo præsens sæculum ei momentaneum videbatur, et leve. Hæc est illa lux per quam Issachar, qui *merces* videtur interpretari, cum gentili populo fidei mercibus Deo solet sine intermissione famulari, typice nos instruens, quod inter gentiles ac Judæos magna versatur discretio; quamvis plures ex utroque populo Dominici sanguinis mercati sunt pretio. Hæc est illa lux, quæ eumdem Issachar, id est gentilem populum, adhuc aliter illustravit, dum inter terminos æternæ felicitatis accubans, terram optimam humero portavit, significans videlicet quod omnipotens Deus nullum in fine sæculi, vitæ cœlestis remuneratione coronat, nisi prius hic ad portandam justitiæ sarcinam bonæ actionis humerum supponat. Hæc est illa lux, per quam Jacob futurorum illustratus scientia : *Fiat*, inquit, *Dan coluber in via, cerastes in semita* (*Gen.* XLIX); Antichristum scilicet significans, qui contra electos Dei duplici quandoque debet sævire dementia, dum et coluber ex astutia, et cerastes vocatur ex potentia. Hæc est illa lux, quæ nos etiam cum Jacob per spiritualem illustrat allegoriam, dum in eodem Dan arctiorem nobis demonstrat semitam esse quam viam, ne pro *arcta et angusta via, quæ ducit ad vitam* (*Math.* VII), viam illam quæramus latiorem, de qua scriptum est : *Lata et spatiosa via est, quæ ducit ad perditionem* (*ibid*.). Hæc est illa lux, quæ eidem Dan nimis videbatur obscurari, dum in aquilonari parte seorsum a fratribus solebat castra metari; illius videlicet per hoc imitatus actionem, qui contra Deum erectus : *Ponam*, inquit, *sedem meam ad aquilonem* (*Isai.* XIV). Hæc est illa lux, per quam electi Dei quandoque ungularum ejus spernent vestigia sequi, de quo Jacob sub inferens : *Mordens*, inquit, *ungulas equi* (*Gen.* XLIX), quia indignum valde est ut Christianus ab Antichristo male vivendi exemplum sumat, qui per superbiam et ambitionem in cursu labentis sæculi quasi equus spumat. Hæc est illa lux, quæ nos etiam pœnitentia peccatorum quotidie solet illustrare cum Petro, ne ad exemplum Dan cum ascensore hujus equi, id est superbo quolibet cadamus retro, scientes videlicet, quot illi solummodo cum cæcis evangelicis in præcipitium vadunt, qui cum Saule retro et non in faciem cadunt. Hæc est illa lux per quam nobis persona Christi suppresso præmonstratur nomine, ubi Jacob sub inferens : *Salutare* (inquit) *tuum exspectabo, Domine* (*ibid*.), mystice scilicet significans, quod per salutare istud resurectio illius apertissime signatur, qui Jesus, id est salutaris, vel *salus* interpretatur. Hæc est illa lux, quæ nobis etiam in Gad spiritaliter præmonstravit Deum, ubi subjungitur : *Gad accinctus præliabitur ante eum* (*ibid*.), prælio scilicet hoc illud significans prælium, quod Christus contra diabolum habiturus erat pro salute fidelium. Hæc est illa lux, quæ nobis in eodem Gad, verbi cœlestis gladium misit quo unigenitus Dei Filius nurum a socru, et filium a patre divisit, quando veniens in præsentis vitæ stadium, *Non veni* (inquit) *in terram pacem mittere, sed gladium* (*Matth.* X), Hæc est illa lux, per quam in figura Gad illustrati fuerant illi bellatores invictissimi, de quibus Ecclesia in Canticis : *Omnes* (inquit) *tenentes gladios, et ad bella doctissimi* (*Cant.* XXX), significans videlicet, quod illi in Ecclesia Dei quasi fortes ex fortissimis Israel esse creduntur, qui contra carnalis concupiscentiæ luxus spiritali gladio semper repugnare nituntur. Hæc est illa lux, per quam verus ille Gad verbi cœlestis gladio accinctus fortissime, de quo scriptum est : *Accingere gladio tuo super femur tuum, potentissime* (*Psal.* XLIV), mystice scilicet insinuans, quod nos *armatura Dei lumbos* mentium semper debemus præcingere, ut possimus *omnia tela nequissimi ignea exstinguere* (*Ephes.* VI). Hæc est illa lux, quæ etiam Gad verbis sequentibus illustravit adhuc in obscuro, ubi subjungitur : *Ipse accingetur retrorsum* (*II Thess.* II), id est in futuro : significans videlicet quod Christus Antichristum quandoque interficiet spiritu oris sui, ut electi Dei æterna beatitudine secum possint securius frui. Hæc est illa lux, per quam illustratus est Jacob, patriarches egregius, ubi de altero filio subjungens : *Aser*, inquit, *pinguis panis ejus* (*Gen.* XLIX), per quod videlicet, panis illius pinguedinem nobis figura prætendit, de quo scriptum est : *Hic est panis vivus qui de cœlo descendit* (*Joan.* VI). Hæc est illa lux per quam idem Jacob divinis adhuc illustratus est legibus, ubi de eodem Aser subinferens, *Præbebit*, inquit, *delicias regibus* (*ibid*.), per hoc videlicet illos significans reges qui se ipsos bene secundum divinas reverint leges. Hæc est illa lux per quam Aser, qui *beatus* vel *pinguis panis* interpretatur, typo salvatoris illustrari merebatur, dum ad præbendas delicias regibus, divitiarum illarum ditabatur affluentia, de quibus scriptum est, *divitiæ salutis sapientia et scientia* (*Isa.* XXXIII). Hæc est illa lux per quam nobis in Nephthalim cœlestis sacramenti reseratur abyssus, ubi de eo subjungitur, *Nephthalim cervus emissus* (*Gen.* XLIX), significans videlicet quod velocitas apostolicæ prædicationis ita salutem desideravit animarum, *quemadmodum desiderat cervus ad fontes aquarum* (*Psal.* XLI). Hæc est illa lux per quam idem Nephthalim, qui figuram habuit cervinæ fortitudinis, cæteris fratribus dedit eloquia pulchritudinis dum pulchritudine cœlestis eloquii prædicationem nobis præfiguravit illorum de quibus scriptum est : *In omnem terram exivit sonus eorum (Psal.* xvιιι). Hæc est illa lux per quam in Nephthalim, qui interpretatur *dilatatio,* in latitudine mundi apostolica cœpit dilatari prædicatio, per quam corda fidelium usque ad ultimum electum quotidie dilatantur ad Deum, ad quem Psalmographus : *Viam,* inquit, *mandatorum tuorum cucurri, cum dilatasti cor meum (Psal.* cxvιιι). Hæc est illa lux per quam Jacob sibi ardens et nobis lucescens, de Joseph ingeminavit dicens : *Filius accrescens Joseph, filius accrescens (Gen.* xlix); typice scilicet designans quod per hunc puerum pueri illius præfigurabatur potentia de quo scriptum est, *Puer Jesus proficiebat ætate et sapientia (Luc.* ιι). Hæc est illa lux per quam Joseph piæ devotionis illustratus affectu, splendidus erat in habitu, et decorus aspectu : mystice scilicet illum præfigurans Dominum, de quo scriptum est, *Speciosus forma præ filiis hominum (Psal.* xliv). Hæc est illa lux quæ mysterium pulchritudinis ejus filiis gentium esse nolebat obscurum, de quibus subjungitur *: Filii discurrerunt super murum (Gen.* xlix) ; significantes videlicet quod filii Ecclesiæ per soliditatem fidei Christum diligere debent super aurum et topazion, si in decore suo videre desiderant Deum deorum in Sion. Hæc est illa lux ex qua fratres Joseph diu ab eo abalienati sunt, de quibus scriptum est : *Exasperaverunt eum, et jurgati sunt, quando insultantes somniis ejus, et potentiæ suæ, Nunquid, inquiunt, rex noster eris, aut subjiciemur ditioni tuæ? (Gen.* xlix, 57) Hæc est illa lux per quam in eisdem fratribus divinæ charitatis cœpit obscurari facula de quibus dicitur, *Inviderunt illi,* id est Christo, *habentes jacula (Gen.* xlix), telis scilicet invidiæ suæ nequitiam præfigurantes illorum de quibus scriptum est, *Sagittæ parvulorum factæ sunt plagæ eorum (Psal.* lxιιι). Hæc est illa lux per quam illustratus est idem pater egregius de quo subjungitur, *Sedit in forti arcus ejus (Psal.* lxv), significans videlicet quod virtus Filii Dei firmissime mansit in Patre, quando in arca crucis passus est pro Ecclesia matre. Hæc est illa lux per quam ad eumdem modum dissoluta sunt vincula brachiorum ejus, per manus potentis Jacob, quo de vinculo muliebris improperii postea liberatus est Job, typice scilicet insinuans quod per virtutem Dei Patris dissoluta sunt vincula quibus corpus Christi fuerat ligatum, quando fratres ejus, id est Judæi vinctum eum duxerant ad Pilatum *(Matth.* xxvιι). Hæc est illa lux per quam Jacob patriarchæ illa benedictio prius promissa est in Bethel, de qua subjungitur, *Judas egressus est pastor lapis Israel (Gen.* xlix), significans videlicet quod ad fidem Christi per illum introire debet plenitudo gentium, a quo lapis, id est firmitas, est egressa credentium. Hæc est illa lux, per quam illustratus est Joseph, filius suus, ubi pater ejus ad eum : *Deus,* inquit, *patris erit adjutor tuus (ibid.);* mystice scilicet insinuans quod pater ille cœlestis filium suum fortiter adjuvit in passione, de quo scriptum est: *Adjutorium opportunitatibus, in tribulatione (Psal.* ιx). Hæc est illa lux per quam etiam paterna illa benedictio data sibi, de quo subjungitur, *Deus omnipotens benedicet tibi (Gen.* xlix); typice nos instruens, ut pater in filio benedictionem illam confirmasse credatur de quo scriptum est : *Qui benedixerit tibi, benedictionibus repleatur (Gen.* xxvιι). Hæc est illa lux per quam Joseph præ fratribus suis benedictionibus illius meruit illustrari seorsum, de quibus subjungitur : *Benedictionibus cœli desuper, et benedictionibus abyssi jacentis deorsum (Gen.* xlix) ; mystice scilicet nobis insinuans quod has benedictiones ad illum specialiter debemus referre, cujus gratia vivimus de rore cœli, et de pinguedine terræ. Hæc est illa lux per quam Joseph inter alias benedictiones fratrum suorum adhuc illustratus est benectionibus uberum, id est, duorum testamentorum sive benedictionibus uberum quibus lactata est infantia Christi, de quibus scriptum est : *Beatus venter qui te portavit, et ubera quæ suxisti (Luc.* xι). Hæc est illa lux quæ eidem Joseph et alia benedictione volebat illucescere, de qua subjungitur : *Benedictionibus uberum et vulvæ (Gen.* xlix); per quod videlicet vulvam illam virginalem præfiguravit in spe, de qua Jeremias, *Antequam exires,* inquit, *de vulva, sanctificavi te (Jerem.* ι). Hæc est illa lux per quam Joseph benedictionibus illis confirmatus est in benedictionibus justorum, de quibus Jacob : *Benedictiones,* inquit, *patris tui confortatæ sunt benedictionibus patrum tuorum (Gen.* xlix); typice scilicet insinuans quod sicut benedictio Joseph benedictionibus prævaluit fratrum, ita benedictio Dei Patris in fide, benedictiones præcellit omnium patrum. Hæc est illa lux per quam Joseph his et aliis benedictionibus illustratus est in figura sanctorum donec veniret desiderium collium æternorum : significans videlicet quod electi Dei pro excellentia sanctitatis collibus suis illis jure cœæquari videntur, de quibus scriptum est : *Pinguescunt speciosa deserti, et exsultatione colles accingentur (Ps.* lxιv). Hæc est illa lux per quam omnes istæ benedictiones verbis frequentibus confirmatæ sunt ei, de quibus subjungitur , *Fiant in capite Joseph et in vertice Nazaræi (Gen.* xlix) ; per quas videlicet alabastrum unguenti illius pretiosissimi nobis allegorice prætendit, quod a capite Christi per omnia membra Ecclesiæ usque ad ultimum electum, sine intermissione descendit. Hæc est illa lux per quam Jacob futurarum rerum adhuc obscura prædicturus mysteria : *Benjamin,* inquit, *lupus rapax, mane comedet prædam, et vespere dividet spolia (Gen.* xlix); per hoc videlicet ultimam Judæorum præfigurans salvationem, quod Benjamin ultimus paternam consecutus est benedictionem. Hæc est illa lux quæ per mysterii salutaris efficaciam in eodem Benjamin legem nobis præmonstrat et gratiam : dum per mane et vesperam litteram illam ac spiritum significat de quibus scriptum est : *littera occidit, spiritus vivificat (II Cor.* ιιι). Hæc est illa lux per quam in Benjamin, qui *filius doloris* a matre vocalatur, conversio beati Pauli allegorice signatur, in qua dolore cordis intrinsecus tactus, ex impio pius, et ex persecutore doctor est factus. Hæc est illa lux per quam bene cognitum est charitati vestræ quod Benjamin a patre suo vocatus est filius dextræ, Paulum scilicet significans, qui post immutationem dextræ excelsi per gratiam illius quotidie crevit in salutem, de quo scriptum est: *Dextera Domini fecit virtutem (Ps. CXVII).* Hæc est illa lux per quam Paulus, qui ante conversionem lupus erat rapax, post conversionem divinæ legis factus est capax: quando propter hoc Paulus vocatus est magnus, quoniam ex reprobo probus et ex lupo factus est agnus. Hæc est illa lux qua ex eodem Apostolo divini luminis magnum contulit munus, dum quasi in corde suo factum est vespere et mane dies unus: quia dum Christus ad viam veritatis seipsum sibi præbuit ducem, noctem ejus in diem, et tenebras vertebat in lucem. Hæc est illa lux per quam Benjamin, qui mane prædam comedit et vespere spolia divisit, per effusionem sanguinis prophetici causam rapacitatis amisit, significans videlicet quod sicut in præda quam mane comedit præmonstrata est nobis rapacitas Saulis, sic in spoliis quæ vespere divisit figurata est prædicatio Pauli. Hæc est illa lux per quam omne quod de Benjamin prius prædictum erat historice, postea in Paulo completum est allegorice, quando in excessu mentis suæ, eumdem Benjamin ad Ecclesiam Dei libero prosecutus est gressu, de quo dicitur: *Ibi Benjamin adolescentulus in mentis excessu (Psal. LXVII).* Unde et beatus est ille qui, exemplo illius, vitia pauca et virtutes habuerit mille, beatus nimirum, qui per exterioris hominis ariditatem et interioris viredinem, aliis etiam de boni odoris solet instillare dulcedinem, sed beatior multum si, per ineffabile sanctæ Trinitatis auxilium, usque in finem suum bonis operibus germinare conatur, ut lilium in stillicidio, scilicet illius boni operis germen inchoans, et in ipso determinans, de quo scriptum est: *In stillicidiis ejus lætabitur germinans (Psal. LXIV).*

Ecce quoniam in pelago Scripturarum, fratres charissimi, jam diu fluctuamus, dum benedictiones antiquorum Patrum, Christo remige ad portum perducere curavimus, tempus est ut sermo noster de profundo mysteriorum, quasi sublevantibus undis excitus, cum navicula mentis quantocius perducatur ad littus. Sed quia finem orationis nostræ, quasi planitiem terræ nondum perfecte videre valemus, dignum est ut in Christo Jesu anchoram spei nostræ firmissime collocemus, quatenus in hac nocte gratia nobis obumbrante superna, ibi nos dies inveniat crastina, ubi dimisit hodierna. Sicut enim hodierna die de Jacob et filiis ejus copiose tractavimus, sic crastina die de uxoribus ejus ac liberis ea, quæ adhuc restant, compendiose tractabimus, ne de gestis illorum raptim transire videamur ad alia, cum in eorum historia granum aliquod adhuc latere videatur sub palea. Unde quia diem hunc a mane usque ad vesperam perduximus læti, tempus est ut jam corda commendemus Creatori, et membra quieti, ut eo lætiores nos crastina inveniat dies quo hodiernum laborem nocturna magis relevaverit quies.

Et ecce quia nox ista, dilectissimi, tanquam dies hesterna quæ præteriit, aurora rutilante, jam pene deperiit, ideo nunc de tenebris ad lucem surgendum est nobis in ipsius nomine de quo scriptum est: *Signatum est super nos lumen vultus tui, Domine (Psal. IV).* Sed cum scriptum sit: *Primum quærite regnum Dei, et hæc omnia adjicientur vobis (Matth. VI),* orationes ad Deum primo faciendæ sunt nobis, ut ad pergendum iter diei præsentis, a latere corporis facilius solvatur navicula mentis. Verum cum mundis munda, et spiritualibus debeant comparari spiritalia, tempus est ut jam in una manu tabula, et stylus recipiatur in alia, quoniam de uxoribus et filiis Jacob hodie brevissime tractabimus, quæ ab heri et nudius tertius in hunc diem tractanda servavimus. Nostis quippe, dilectissimi, quod lux antiquæ divinitatis eumdem Jacob multipliciter illustravit, dum de duabus liberis et duabus ancillis, duodecimos filios generavit, ne ignotum sit nobis quod in his significetur aut in illis, cum nova lex in liberis, et vetus figuretur in ancillis. Ut autem verbis historiæ mysterium suffragetur allegoriæ, sciendum est quod de cisdem duodecim filii sex fuerant Liæ, quatenus tres aliæ uxores eo melius recognoscerent filios suos, quo Balaam et Zelpha quatuor, et Rachel habuit duos. Sed notandum est nobis quod, inter illos fratres qui de liberis fuerant nati, filii etiam ancillarum paterna sunt benedictione sacrati, ut nos, exemplo eorum, eo majorem fiduciam habeamus per Christum ad Deum quo in benedictionibus illorum *non erat personarum acceptio apud eum (Col. III).* Ab ipso quippe communiter eis data est gratia paternæ benedictionis, qui *divisit eis terram in funiculo distributionis (Psal. LXXVII),* significans videlicet quod Deus omnipotens neminem vult peccati morte perire, sed omnes ad agnitionem veritatis venire *(I Tim. II).* Non enim distinctio est utrum sis Judæus an Græcus, barbarus an Scytha, cum per gratiam Salvatoris omnes æterna capiat vita, si tamen hic corpori ejus concilientur per fidem, qui cum Patre et Spiritu semper est unus et idem. Unde si nos misericordiam Conditoris consideremus intente, nihil confert si quis nobilis sit in carne, nisi nobilior probetur in mente, quoniam in æterna patria gradus eos non discernit nativitatis, quos hic æquales facit unitas charitatis. Sic enim commune est omnibus regnum Dei, ut rex militi, et miles assideat regi, ubi in Deo Patre et coæterno ejus Filio, servus domino, et regi conregnabit opilio. Ibi quippe discipulus et magister, ibi servus et liber, ibi Jacob et Rachel, Agar et Ismael omnes versantur pariter, quia dignum est ut ibi sit filius ancillæ cum filio liberæ, omnibus in Christo unum esse, et unum est vivere. Illis igitur verbis, quia diem hunc usque ad vesperam, læti transegimus, dum in carina mentis nostræ legenda dictavimus, et dictata relegimus, ideo, decumbente jam sole, eo citius indulgendum est nobis labori diurno, quo in Christo Jesu minus timere debemus a timore nocturno. Unde cum ad exemplum propheticæ lectionis interdum etiam silere debeamus a bonis, eo diligentius jam silentium imponendum est ori, quo crastina die, denuo volumus vacare lectioni.

Ecce quia noctis istius extrema nunc indicat hora, quod hodiernæ diei jam rutilare debet aurora, ideo de summo torporis et ignaviæ, eo nobis surgendum est citius, quo ad littus orationis nostræ hodie cupimus pervenire velocius. Sicut enim hesterno die superni luminis illustrati sidere, de uxoribus Jacob breviter enodavimus, quid vel ancillæ portenderent aut liberæ, sic hodierna die nihil aliud volumus enavigando perstringere, nisi qualiter sermo iste, spirantibus auris, portum possit attingere. Unde ad peragendum iter unius diei, cum catena fidei revocanda est jam anchora spei, quoniam in navicula cordis nostri eo majorem spem habere debemus ad Deum, quo non derelinquet omnes qui sperant in eum. Et quia divinæ pietatis superno jam indigemus remigio, si ad locum destinatum prospero volumus pervenire navigio, ideo in navicula mentis eo studiosius nobis fidei, spei et charitatis incumbendum est remis, quo spe videndi littoris magis magisque jam remigrare debemus in extremis. Sed dum ad finem orationis nostræ, quasi ad littus properamus a littore, viam veritatis nequaquam debemus amittere, sed ante nos longius interioribus jam prospiciendum est oculis, ne navicula mentis alicujus erroris anfractibus illidatur aut scopulis. Sciendum est quippe quia sicut in libro Geneseos antea constat aliquibus navigasse diebus, sic in aliis libris Moysi aliquanto tempore posthac piscari debemus, maxime cum magni pisces illi jam nobis præmonstrati sint in patriarchis et prophetis, de quibus Veritas discipulis : *Mittite*, inquit, *in dextram navigii rete, et invenietis* (*Joan.* xii). Sicut enim figuram piscium illorum plures habuere prophetæ, de quibus dicitur : *Cum tanti essent, non est scissum rete* (*Ibid.*), hic hæretici quilibet usque hodie typum habent illorum de quibus scriptum est : *Rumpebatur autem rete eorum* (*Luc.* v), et sicut pisces illi boni quotidie inveniuntur in præsentis Ecclesiæ casa, de quibus Veritas : *Elegerunt*, inquit, *bonos in vasa* (*Matth.* xiii), sic hæretici piscium illorum figuram semper habebunt, de quibus scriptum est : *Malos autem foras miserunt* (*Ibid.*). Quia enim in Ecclesia Dei quidam ita perversi, quidam vero ita sunt sancti ut non immerito similes sint *sagenæ missæ in mare, et ex omni genere piscium congreganti* (*ibid.*), dignum est ut justo judicio Conditoris alii remaneant intus, et alii foris. Sed illos, qui foris sunt, eo citius a vobis, dilectissimi fratres, debetis expellere, quo intra ovile Domini lupino dente et ovino utuntur vellere dum pro eo, quod lupi sunt, et oves se fingunt, Ecclesiam Dei diversis hæresibus scindunt. Cum enim scriptum sit : *Attendite a falsis prophetis* (*Matth.* vii), ipsi sunt de quibus vobis cavere debetis : quoniam licet aliqui de vobis eos fortasse venerentur ut deos, *a fructibus tamen eorum cognoscetis eos* (*ibid.*). Unde cum sermo noster contra insidias illorum ita sit divina protectione munitus ut ab hæretica potestate liberatus, secure properare possit ad littus, tempus est ut nos veluti cum Jona eo celerius ad terram sententiæ istius ejiciat mare, quo citius quasi cum Jesu desideramus in littore stare. Sed ne margaritas porcis, vel sanctum videamus dedisse canibus, si sine multitudine piscium, quam cepimus, vacuis ad terram redeamus manibus, dignum est, ut jam magnos illos pisces cordis nostri colligat rete, per quos antea patriarchæ signabantur et prophetæ. Ipsi enim, quid aliud, nisi pisces erant, qui virtutum pennulis, ab imis ad summa volare solebant, dum contra insidias diaboli, adhuc semper justitiæ muniti sunt squamis, ne carnalium vitiorum aculeis caperentur aut hamis? Pisces quippe qui pennulas squamarum habent, dare saltus super aquas valent, significantes videlicet quod illi solummodo corpori Ecclesiæ sibi dignissimi fiunt qui de terrenis ad cœlestia virtutum pennulis elevare se sciunt. Illos autem nulla divinitatis aura contingit, sed sub tegmine vitiorum glacies interna constringit, nisi septiformis gratiæ Dei calidioribus eis aspirantibus ventis, de vitiis ad virtutes saltibus conscenderint mentis. Tales igitur saltus patriarchæ et prophetæ faciebant, dum virtutum pennulis fulti, de infimis ad summa volare solebant, illum videlicet imitantes qui, post gloriam resurrectionis suæ ascendens in altum, de terris ad cœlos magnum fecerat saltum. Unde quoniam similes erant magnis illis piscibus, id est centum quinquaginta tribus, de quibus in Ecclesia sanctorum gratus Deo semper præparandus est cibus, necesse est ut nos, ad exemplum illorum, eamdem cum eis habeamus fidem quam per mysterium nobis numerus demonstraverit idem, qui, quoniam a nobis potest enucleari sincerius, si a mysterio unius mysterium separetur alterius, idcirco ne more ciborum unus nobis sit in fastidio, et alius in desiderio, dignum est ut centenarius, qui de his primus est in numero, primus etiam adsit in mysterio. Nostis utique quod ex antiqua supputatione sapientium decies decem, faciunt centum, mystice scilicet signantes, ut et impletio Decalogi sentiatur in denario, et plenitudo perfectionis intelligatur in centenario. Sciendum est enim quia, nisi fide integra et charitate perfecta decem legalia studeamus adimplere præcepta, nequaquam adunari valemus illi perfectæ requiei, ubi scientiam suam non nox nocti, sed dies indicat diei. Sed et aliud mysterium adhuc in eodem numero demonstratur hominibus, ubi pro corona virginitatis solet attitulari virginibus, quoniam in inflexionibus digitorum, lege dictante magistra, eumdem articulum habet in dextra, quem denarius in sinistra.

Ecce, quia piæ devotionis et fraternæ charitatis humero duo mysteria vobis in eodem apportavimus numero, restat ut, secundum doctrinam virorum solertium, duobus his addamus et tertium. Intuendum est sane quibuslibet lectoribus intentis quod litera T, thau, numeris intitulatur trecentis : significat videlicet quod, sicut novæ legis testatur sacramentum, Trinitas in tribus, et charitas figuratur in centum. Nisi enim ejusdem charitatis velimus habere tenorem, de qua scriptum est : *Perfecta charitas foras mittit timorem* (I Joan. iv), nequaquam in nos dilectionis illius potest redundare perfectio, de qua dictum est : *Plenitudo legis est dilectio* (Rom. xiii). Et quoniam allegorici sensus, qui in eodem numero latebant, charitati vestræ, dilectissimi, jam tertio patebant, dignum est ut, quia novus animus novos exigit artus, tribus addatur et quartus. Notum est enim vobis in Christo Jesu quod non crux, sed species crucis continentur in litera T, thau, quoniam, si in superiori parte adhuc ei pars una superesset, non jam forma crucis, sed integra crux esset. Unde et in eadem littera, per quam numerus trecentorum, et forma crucis ostenditur, non incongrue nobis pugna Gedeonis in figura prætenditur, in qua videlicet per gratiam Omnipotentis super hostes suos meruit triumphare cum trecentis. Per mysterium enim crucis, et formam Trinitatis, sine armis pugnavit cum armatis, quando eos non armis subjugavit amœnis, sed tubis, lampadibus et lagenis. Notandum est etiam quod Ezechiel propheta in eadem littera fidem expressurus credentium, *Signa*, inquit, *T, thau, super frontes virorum gementium et dolentium* (Ezech. ix), typice scilicet insinuans per hoc novæ sanctificationis signum, quod ferro hostium fortius est crucis Dominicæ lignum. Per hanc ergo crucem Salvator noster omnia volens trahere ad se ; *Si quis*, inquit, *vult post me venire, tollat crucem suam, et sequatur me* (Matth. xvi ; Marc. viii), significans videlicet quod eo verius videmur crucem tollere Salvatoris quo erga proximos nostros major nobis est charitas compassionis. Ecce quia forma centenarii numeri vobis est discussa moraliter, tempus est ut quinquagenarius numerus discutiatur æqualiter, quoniam licet ille sit primus et iste secundus, uterque tamen est mystica discussione profundus. Unde licet iste numerus jam discutiendus sit allegorice, prius tamen naturali supputatione multiplicari debet historice, quatenus dignosci valeat ex interioris oculi perspicacia quid sibi ex natura debeatur aut gratia. Nostis utique quia si quis partes ejus velit æstimare distincte, procul dubio ex decem constat et quinque, quoniam sicut calculatores solertiores optime sciunt, decies quinque, vel quinquies decem, quinquaginta fiunt. Unde licet, per judicia divinitatis occulta, in eodem numero mysteria sint multa, nolumus tamen de eis plura pro paucis dicere quibus ad præsens pauca pro pluribus videntur sufficere. Cum enim tot et tam multiplices ei spiritales intelligentiæ sint partes, ut pro explicandis omnibus vix humanæ sufficiant artes, ideo a nobis non ex toto, sed ex parte allegorica jam discutiendus est arte. Sed antequam ad summam perveniatur ipsius, partes ejus considerandæ sunt prius, ne cum ex parte pervenitur ad totum, mysterium quod aliis est cognitum aliis possit esse ignotum. Nostis igitur quod quinarium numerum virtus divina sacravit, dum de quinque panibus et duobus piscibus quinque millia satiavit, in quinque scilicet panibus sacramenta significans legis; in duobus autem piscibus, duas personas sacerdotis et regis. Unde quoniam in sacro eloquio quotidie vobiscum discimus quod in illa passione Dominica nec pisces panibus, nec panes defuere piscibus, dignum est ut, pro eodem exemplo in Ecclesia Dei semper exsequendo, nec regnum a sacerdotio, nec sacerdotium separetur a regno. Cujus rei exemplum facile potest ab ipso Conditore perpendi, qui ad sanctificandum populum ac regendum rex et sacerdos voluit ostendi, quando ad præparandam nobis immarcessibilem vitæ æternæ coronam, in seipso sacerdotalem ac regiam voluit portare personam ; proinde multum erras, o Christiane nimirum hæretice, qui more phreneticorum regnum et sacerdotium soles agitare phrenetice, dum duas personas, quæ in Ecclesia Dei semper fuere sublimes, diversis hæresibus ab invicem separare non times. Sed nescis fortasse quod antiquæ divinitatis olim sancitum est lege ne in regno Romanorum rex a pontifice, vel pontifex separetur a rege, quatenus filiis Ecclesiæ in concordia eorum bene possit ostendi, quod ex divina ordinatione, unus habet testamentum sacerdotii et alius regni. Unde nil obstat, si præfata refectio Dominicæ passionis per quamdam similitudinem duabus his comparetur personis, quoniam in mysterio refectionis, quam iidem viri debent exhibere Christianis, alius habet formam piscis et alius panis. Non enim ignotum est vobis quod ars pistoria sit intus, et piscatoria foris, quatenus alter alteri co magis studeat in Christi charitate prodesse, quo ars arti semper potest usui esse. Taliter igitur, pro divinæ ac fraternæ dilectionis amore, duo iidem viri semper esse debent in labore, quoniam in Ecclesia Dei inter eos sic est ordo distinctus, ut in his quæ sunt sæculi, et in his quæ Dei, unus operetur foris et alius intus. Uterque enim quoddam divinæ charitatis habet insigne, dum quasi unus in aqua et alius operatur in igne, ut sicut pro dilectione Dei, igne sancti Spiritus unus assatur ut panis, ita pro defensione proximorum squamis justitiæ alius muniatur ut piscis. Unde quoniam in sacro eloquio potest apertissime disci quod in refectione Dominica nec piscis pani, nec panis aberat pisci, sciendum est quod nec catholicæ fidei, nec Christianæ contrarium est legi, si ad honorem regni et sacerdotii rex pontifici et pontifex obediat regi. Isti sunt enim qui ex antiquæ divinitatis dispensatione bifaria, in firmamento Ecclesiæ, quasi duo magna convenere luminaria, quatenus, in his quæ sunt sæculi et in his quæ Dei, luminare minus nocti, et luminare majus debeat præesse diei. Et non immerito, quod duobus illis luminaribus poterunt comparari quæ cæteris sideribus magis videntur principari; quia, sicut in firmamento cœli eisdem luminaribus nulla stellarum creatura claritate videtur eximior, sic in firmamento Ecclesiæ, duabus his personis ordine et dignitate nulla potest esse sublimior. Unde et factum illud eis non incongrue videtur convenire, quod Moyses tabernaculum Domini crebro intrare solebat et exire, ut pro demonstrando sacerdotii et regni admirabili coitu, hoc in loco regnum in exitu, et sacerdotium sentiatur in introitu. Dum enim unus bene vivendi exemplum aliis intus præbet, alius vero pro disponendis infirmantium causis foris sedet, procul dubio unus, quasi cum Moyse ad tabernaculum redire, alius vero cum eo foras videtur exire; sicut unus virtutum pennis sursum elevatur, ut columba, dum pro secretis cœlestibus de imis recurrit ad summa; sic alius pro resarcienda mundanæ dissensionis ac discordiæ rima, de summis semper descensurus est ad ima. Unde, ut ad exemplum Moysi unus pro ordinandis interioribus intus ad tabernaculum redeat, alius vero pro disponendis exterioribus foris cum eo digne sedeat, necesse est, ut mutuæ charitatis officio alter alterum sic adjuvet, et in Christi virtute confirmet, ut unus spiritualia intus ordinet, alius vero foris onus carnalium portet. Taliter igitur inter se pacem habere potest regnum et sacerdotium, si duo hi digne voluerint exercere suum negotium, maxime cum in Ecclesia Dei causam hanc quotidie valeant invenire pro qua tabernaculum Ecclesiæ unus intrare, et alius digne possit exire.

Præterea vero intuendum est nobis, quod huic mysterio convivium illud olim bene concordavit, in quo Maria sedit, et Martha ministravit, quoniam, sicut ex verbis evangelicis bene apparet, Maria male comederet, si non Martha ministraret. Sciendum est namque, quia pro habili ordine, et convenienti ratione, duabus illis personis duæ istæ possunt comparari personæ, quoniam in Ecclesia Dei negotium illud habent in nutriendis corporibus, et illustrandis animabus, quod nobis olim præfiguratum est in his sororibus duabus. Nostis enim, quia per has duas sorores, duæ vitæ sunt moraliter expressæ: quarum adhuc una in spe, alia vero in re jam nobis videtur adesse? de quibus scilicet, ut evangelicæ veritatis gratia testatur, una activa, et alia contemplativa vocatur. Sed, ut duplex vita duplici innitatur et viæ, sciendum est quod activa intitulatur Marthæ, et contemplativa Mariæ; quoniam licet una alteri præjudicetur, altera tamen alteri necessaria esse videtur. Unde nil obstat, si has duas sorores duabus illis personis digna æstimatione componam qui in Ecclesia Dei sacerdotalem ac regiam videntur portare personam, quia dignum est ut in disponendis ecclesiasticis rebus ac mundanis, eosdem exerceant mores, quos in domo Pharisæi, quondam duæ istæ expressere sorores. Sicut enim Martha circa frequens ministerium satagebat, Maria vero secus pedes Domini verbum illius audire solebat; ita pro disponendo ecclesiasticæ ac mundanæ dignitatis honore, unus eorum erit in requie, et alius in labore. Sed ne alius alium relinquat solum ministrare, congruum est, ut alter alterum in Christo charitate semper debeat adjuvare, ne alter pro altero evangelicum illud Deo inaniter clamet : *Dic ergo illi ut me adjuvet* (*Luc.* x). Quamvis enim in eis dona cœlestia non sunt æqualia, congruum tamen est ut alter alteri sua seminet carnalia, ut metere possit ipsius spiritualia. Unde ut ad eumdem modum homo ab homine, et pars relevetur a parte, quo requies Mariæ ministerio quondam relevata est Marthæ, dignum est ut in currenda regiæ ac sacerdotalis justitiæ via, alius Martha, et alter alteri sit Maria.

Ecce rationi huic et illa convenire videtur oratio, in qua legalis sacrificii duplex nobis demonstratur oblatio, ubi Moyses populo Israel observationem inveniens sacram : *Offerat*, inquit, *agnam de gregibus, sive capram. Si autem non potuerit offerre pecus* (*Levit.* v), per quod veræ innocentiæ integrum Deo immolare valeat decus, saltem pro emendatione corporum, et expiatione animarum, *offerat duos turtures, aut duos pullos columbarum* (*ibid.*). Quoniam ergo in persona Romani pontificis ac regis, proposita sunt nobis hæc diversa sacrificia legis, dignum est ut pro illustrandis fidelium animabus, ea, quæ primo proposuimus, primum etiam solvamus. Ut enim in his duobus viris pietas copiosa et virtus sit magna, legalis hujus sacrificii capra figuratur et agna; quoniam, sicut novæ legis gratia testatur, per agnam activa, per capram vero contemplativa vita signatur. Unde non incongruum est quod qualitas hæc utriusque vitæ viro huic comparatur utrique, quia sub ejusdem agnæ vel capræ legalis significatione, pro Ecclesia Dei unus semper erit in opere, et alius in contemplatione. Verum quia per agnam vitæ activæ innocentia signatur, regali personæ non incongrue comparatur : si tamen in corde suo innocentiam illam habeat per gratiam Dei de qua scriptum est : *Perambulavi in innocentia cordis mei* (*Psal.* c). Nisi enim pro diversis erratibus cor suum sic incessanter affligat, ut in innocentia cordis sui Deo laudabiliter vivat, nequaquam in eo prophetica illa implebitur sententia in qua dicitur . *Non privabit bonis eos qui ambulant in innocentia* (*Psal.* LXXXIII). Si autem corda malorum materiali gladio divinis subjugaverit legibus, non jam capram sed agnam offerre videtur de gregibus, significans videlicet quod inter duas sortes et duas vitas electorum activa vita multorum est, et contemplativa paucorum.

Igitur, quia legali agnæ persona legalis nunc est comparata moraliter, restat ut capra legalis Romano pontifici comparetur æqualiter. Sicut enim, secuntum altiorem intelligentiam legis, agna legalis personam exprimit regis, sic capra per quam figuratur summa fidei catholicæ, non immerito personæ assimilatur apostolicæ. Dum enim apostolicus ima deserit, et sublimia quærit, non incongrue legalis hujus capræ speciem gerit; si tamen per gratiam Dei ita de præsentis sæculi sublevetur ærumnis, ut velut in supremis rupibus pendens, pastum sibi quærat in summis. Qui dum animas fidelium utriusque legis uberibus lactat, capram procul dubio in sacrificium conditionis mactat; si tamen, inde tumido superbiæ non elatus fastu, seipsum prius internæ compunctionis satiaverit pastu. Si autem pro sublimiori esca duritiam cordis lacte charitatis emollit, tunc quasi capra digne pedes erigit, et caput extollit, quoniam innocentiæ pastu, cum illis cupit spiritualiter frui de quibus scriptum est: *Pavit eos in innocentia cordis sui* (*Psal.* LXXVII).

Ecce, sicut in persona pontificis et regis quædam a nobis sunt dicta privatim, ita de utriusque viri adhuc alia sunt dicenda summatim; quatenus alter alteri eo curiosius studeat inhærere, quo Ecclesia Dei alter altero nulla debet ratione carere. Dignum quippe est ut, sicut in sacrificio Conditoris, capra pariter immolatur et agna; sic inter utrumque fides integra et charitas sit magna; quoniam, licet in Ecclesia Dei ab invicem sint ordine et dignitate disjuncti, in amore tamen Divinitatis semper debent esse conjuncti. Sicut enim unus per activam vitam ita se cunctis solet exhibere devotum ut pro amore Conditoris esurientibus tribuat cibum, et sitientibus potum; sic alius per contemplativam vitam nihil aliud debet exercere, nisi ut, pro unitate Ecclesiæ, orationibus et jejuniis soli Deo valeat inhærere. Si enim utriusque in Deo fiducia est magna, non immerito eis capra comparatur et agna; si vero in eis mens est libera, et caro captiva, non incongrue illis activa vita similatur et contemplativa. Unde ut unus in occasionem agnæ materialem gladium fortissime valeat distringere, alius vero pro immolatione capræ spirituali gladio potentissime se possit accingere, dignum est, ut per sacerdotalis ac regiæ dignitatis observantiam sacram in sacrificium Conditoris unus offerat agnam, et alius capram.

Ergo, sicut evidenti ratione jam relatum est nobis qualiter in his duobus viris agna et capra mactandæ sint in sacrificium Conditoris; ita nunc referendum est vobis, paucis versibus et verbis compluribus, qualiter iidem duo viri duobus valeant comparari turturibus. Insuper etiam enucleandum est nobis ex interioribus Scripturarum medullis, qualiter iidem viri duobus columbarum coæquandi sunt pullis, quatenus uterque lætetur in Deo salutari suo, si digne sibi duo hi turtures, aut pulli conveniant duo. Sciendum est quippe quod per columbam ac turturem sacerdotalis ac regiæ dignitatis duplex figuratur negotium, dum in columba intelligitur regnum, et in turture sacerdotium. Per columbam namque, quæ solet volitare gregatim, persona regalis non incongrue potest figurari summatim, si tamen in hac activa vita societas illa bonorum sibi non videatur importuna, de qua scriptum est: *Multitudinis credentium erat cor unum et anima una* (*Act.* IV). In turture autem, quæ amat singularitatem, sacerdotalis personæ debemus admirari dignitatem, si tamen cum passere illo solitario, contemplativæ vitæ dulcedinem corde prosequatur perfecto, de quo scriptum est: *Factus sum sicut passer solitarius in tecto* (*Psal.* CI). Sed quia turtures et columbæ duplicis pœnitentiæ gemitum habent, non incongrue duabus his personis assimilari valent; si tamen cum Axa filia Caleph pro duobus irriguis duplicem hæreditatem habeant, ut et peccata præterita defleant, et futura præcaveant. Sicut enim in duobus turturibus aut pullis duplex Deo deferendum est munus, quando duo pulli vel duo turtures offeruntur, et non unus; sic insimul duo iidem principes terræ in sacrificium et holocaustum Domini pia se debent devotione transferre. Sed et aliud adhuc notandum est his turturibus duobus, quod non incongrue etiam viris istis convenire possit ambobus. Quia enim turtur amisso conjugalis copulæ consortio, pro cantu gemitum habet, duobus his viris non immerito coæquari valet, quoniam dignum est ut si, per aliquod infortunium, alter perdiderit alterum, non cantum inde debent habere, sed gemitum. Scire etenim debent quia tunc vere in eis charitas illa versatur, de qua dictum est: *Dilectio proximi malum non operatur* (*Rom.* XIII), si fraternum illud contubernium eis nequaquam videatur importunum, de quo scriptum est: *Ecce quam bonum, et quam jucundum habitare fratres in unum* (*Psal.* CXXXII). Taliter igitur pro expiatione corporum, et respectione animarum duo hi viri duos offerant turtures, aut duos pullos columbarum, si, totius malitiæ veneno a cordibus eorum funditus exhausto, cum alter alterius destitutus est solatio, luctum sibi faciunt amarum.

BERENGOSI ABBATIS

SERMONES

(*Bibliotheca Patrum*, tom. XII, pag. 376.)

SERMO PRIMUS.

IN NATALI MARTYRUM

In illud psalmi LVIII : *Deus, repulisti nos et destruxisti nos*, etc.

Quia Dominus noster Jesus Christus, dilectissimi fratres, nostræ carnis suscepit infirmitatem, ut inimici a nobis expelleret potestatem, prophetica sine dubio testatur oratio, quæ sæpius lecta est apud vos, quam, in typo fidelium, David olim proferens; *Deus*, inquit, *repulisti nos et destruxisti nos*. Per hunc quippe David, qui in libris Regum plurimas regiones cæde et incendio debellasse narratur, verus ille manufortis Jesus Christus Dominus noster spiritualiter signatur, qui in hunc mundum veniens, ut filium a patre et nurum a socru divideret, attulit ignem quo incenderet, et gladium, quo occideret; ut cum in cordibus fidelium, non ferro, sed verbo; non gladio, sed spiritu, vitiorum faceret stragem per amoris ignem, ad geminæ dilectionis eos revocaret compagem. Hæc igitur vitiorum strages, et virtutum series in his sanctissimis martyribus Christi, quorum hodie festa colimus, perfectissime claruit; quando, divina inspirante gratia, mundus et concupiscentia ejus in eis funditus exaruit, ita ut, peccatis omnibus in eis destructis, non immerito dicere possint inter alios : *Deus repulisti nos, et destruxisti nos*. Qui enim in primis parentibus nostris repulsi sunt a Deo pro traduce pomo (*Gen.* III), hos in ligno crucis postea traxit ad se idem Deus et homo. Et ipsa pia repulsio et paterna destructio, quæ sic hominem repellit ut revocet; sic mortificat, ut vivificet; sic humiliat, ut exaltet; sic destruit, ut reædificet. Talis quippe destructio corda fidelium et virtutibus decorat, et a vitiis purgat, de qua dicitur : *Nunquid qui dormit non adjiciet ut resurgat?* (*Psal.* XL.) Hæc est illa destructio, per quam Deus hos sanctissimos viros destruxit, ut Saulum, ut in melius mutaret, ut Paulum. Qui, etsi in primo ætatis flore, quasi mane alicujus malitiæ, prædam comedere cum Saulo; postea tamen in præsentis vitæ vespere, proximis suis spolia veritatis divisere cum Paulo. Sed tamen aliter destruxit eos Deus de quibus dicitur : *Destrues eos et non ædificabis cos* (*Psal.*

XXVII); aliter eos, qui mutantur in melius, de quibus hic dicitur : *Deus repulisti nos, et destruxisti nos*. Illos enim destruxit ad ruinam, non ad resurrectionem ; istos vero ad correctionem, non ad perditionem. Illos, ut in melius non mutentur; istos, ut ædificentur et sanentur. Illos destruxit, ut cum Saulo dejiciantur (*Act.* IX). istos, ut cum Davide erigantur (*II Reg.* III). Illos, ut cum uxore Loth respiciant retro; istos ut ad pœnitentiam revertantur cum Petro. Tali quippe modo, et hos sanctissimos viros repulit et destruxit, quando per fidei lumen, et charitatis ignem, eis clementer illuxit, quatenus divinæ dilectionis igne succensi, perpetuo illi adhærent igni, qui nullis unquam tentationibus poterit exstingui (*Matth.* XXVII). Repulit etiam eos, et destruxit (*Psal.* XVI), quando de tenebris ad lucem, de morte ad vitam, sua eos pietate reduxit; quatenus per ipsum liberentur ab inferno mortis æternæ, qui per prophetam : *Ero*, inquit, *mors tua, o mors; ero morsus tuus, inferne* (*ibid.*). Repulit, inquam, eos et destruxit, quando in eis mirificans misericordias suas, secundum Isaiam : *Delet*, inquit, *iniquitates tuas* (*Isai.* XXXIV), quatenus [in] præsentis Ecclesiæ pressura eo facilior illis pro Christo omnis videretur labor, quo continuo subjungens : *Peccatorum tuorum*, inquit, *non recordabor* (*Ezech.* XVIII). Repulit eos et destruxit, quando ab eis sicut nubem, omnem abstulit iniquitatem, aptans eos omni bono, ut facerent ejus voluntatem. Repulit et destruxit eos Christi charitas invicta, quando *convivificavit eos cum illo* (*Coloss.* II), damnans eis omnia delicta. Repulit eos et destruxit, quando ut immarcescibilem vitæ æternæ perciperent coronam (*I Petr.* I), conversationem inter gentes habuerunt bonam, quatenus confirmati per verbum Dei vivi et permanentis, liberarentur a voce exprobrantis et obloquentis. Repulit eos et destruxit quando unusquisque eorum dolore cordis intrinsecus tactus, non solum auditor verbi, sed etiam factor est factus. Qui quoties vultum nativitatis suæ divinæ legis consideravit in speculo, toties immaculatum se custodivit ab hoc sæculo. Repulit eos et destruxit, quando spiritus disciplinæ, qui effugit fictum, a cordibus illorum quodlibet exstirpavit delictum; quatenus a malarum cogitationum eo diligentius se custodirent affectu, quo idem spiritus veritatis aufert se a cogitationibus quæ

misertus, quando ei lumen veræ fidei et veritatis illuxit. Iratus est ei etiam Deus, si quando *in uno præcepto charitatis offendens, factus est omnium reus* (*Jac.* II); misertus quando eidem studebat adhærere charitati, quæ *non gaudet super iniquitate, congaudet autem veritati* (*I Cor.* XIII). Iratus, si quando pupillis non erat misericors, ut pater; misertus, quando misericordiæ operibus misertus est eorum magis quam mater. Iratus, si quando, quod absit, ore præferens falsitatem, corde non habebat veritatem; misertus, quando conventicula declinans fallacium, ad causas fratrem suum noluit amare mendacium. Iratus, si quando animo fervens contentioso, contra præceptum Salomonis, cum viro ambulavit furioso (*Prov.* XXV); misertus, quando obediens eidem viro facundo noluit esse amicus homini iracundo. Iratus, si quando misericordiæ operibus nec Deo amabilem, nec congregationi pauperum se fecit affabilem; misertus, quando per amorem vivi et permanentis verbi, liberavit eum qui injuriam passus est, de manu superbi. Iratus, si quando innocentium despiciens sortem, non eruit eos qui ducebantur ad mortem; misertus, quando per bonæ actionis meritum eruit eos qui trahebantur ad interitum. Iratus, si quando, postponens sententiam Salomonis, proximis suis reddidit mala pro bonis (*Prov.* XVII); misertus, quando præceptum apostolicum corde prosequens invicto, non reddidit malum pro malo, vel maledictum pro maledicto (*I Petr.* II). Iratus, si quando illorum imitatus est nequitiam, de quibus scriptum est: *Os stultorum ebullit stultitiam* (*Prov.* XV); misertus, quando illorum secutus est sapientiam de quibus scriptum est: *Lingua sapientium ornat scientiam* (*ibid.*). Iratus, si quando oblitus infirmitatis humanæ, misereri noluit ei qui egebat pane; misertus, quando illi proximo dimiserat panem suum, de quo Veritas *Frange* inquit, *esurienti panem tuum* (*Isa.* LVIII). Iratus, si quando, quod absit, lucri temporalis exactor, cœlestis verbi factus est auditor, et non factor; misertus, quando nec margaritas Dei porcis, neque canibus dans sanctum, factor erat verbi, et non auditor tantum. Iratus, si quando divitiarum illarum delectatus est onere, de quibus scriptum est: *Divitiæ si affluant, nolite cor apponere* (*Psal.* LXI); misertus, quando dives fide, et pauper sensu, parvulus erat malitia, et perfectus sensu. Iratus, si quando adversus verba pravorum inermis, contra præceptum Apostoli seductus est inanibus verbis (*Ephes.* III); misertus, quando, per divini sermonis incomparabile donum, decipi non potuit in sublimitate sermonum. Iratus, si quando pauperibus in hilaritate misereri noluit, et sua eis partiendo non condoluit; misertus, quando sua pro Christo distribuens, nomen suum in libro vitæ cum illis optavit ascribi, qui de suo, quod habebant, miserunt partes eis, qui non præparaverunt sibi. Iratus, si quando in itinere illorum ivit, de quibus scriptum est: *Iter impiorum peribit* (*Psal.* I); misertus, quando itineris illius declinaverat sortem, de quo Salomon: *Iter*, inquit, *devium deducit ad mortem* (*Prov.* XIII). Unde quia talis ira, tantaque misericordia Creatoris, beneficia solummodo sunt divinæ dignationis, idcirco vox martyrum immotissima non immerito ei cum Ecclesia dicit: *Iratus es, et misertus es nobis*. O ira misericors, et incomparabilis misericordia, quæ ab omnibus vitiis humana semper emundat præcordia! per quam peccator invitatur ad veniam, justus ad vitam, martyr ad palmam, confessor ad gloriam! Non enim miseretur, nisi irascatur, qui ob hoc prius irascitur, ut postea misereatur. Prævenit enim ira, ut sequatur misericordia; prævenit lacryma, ut sequatur venia; prævenit pœnitentia, ut sequatur indulgentia; prævenit humiliatio, ut sequatur exaltatio; prævenit confessio, ut sequatur remissio; prævenit vocatio, ut sequatur justificatio; prævenit justificatio, ut sequatur glorificatio. *Quos enim vocavit hos et justificavit; et quos justificavit, illos et glorificavit* (*Rom.* VIII). Et ideo, qui peccator est, agat pœnitentiam, ut justificetur; qui vero justus, justitiam adhuc exerceat, ut glorificetur. Præmissa namque puræ confessionis efficacia occidit peccatum, et oritur gratia, tuncque peccator quilibet per hoc mare magnum et spatiosum navigare videtur in portu, quando ante oculos Dei, et peccatum ejus est in occasu, et gratia, qua liberatur, in ortu. Sic igitur dum peccatum cadere, et gratia in nobis oriri videtur, quasi Deus nobis irascitur et miseretur, quia, sicut post ventum sequitur pluvia, sic post iram sequitur misericordia. Per cujus misericordiæ opera martyres isti sanctissimi liberari se postulaverunt a totius nequitiæ malo, de quibus Psalmographus: *Misericordias Domini in æternum cantabo* (*Psal.* LXXXVIII). Quæ etiam alibi evidentius adhuc exprimens idem Psaltes egregius: *Miserationes*, inquit, *ejus super omnia opera ejus* (*Psal.* CXLIV). Et merito quidem misericordia Domini super omne opus extollitur, per quam servus liber efficitur, debilis erigitur, humilis exaltatur, superbus humiliatur, surdus audit, mutus loquitur, claudus curatur, infirmus sanatur, cæcus illuminatur, leprosus mundatur, mortuus suscitatur, mare sedatur, possessus a dæmone liberatur. Hæc est illa misericordia, per quam idem martyrum grex ab omnibus vitiis mundatus est a Deo; qui de se per Prophetam loquens: *Misericordiam*, inquit, *meam non dispergam ab eo* (*Psal.* LXXXVIII). Per quem nunc etiam a præsentis sæculi nocte translatus a Deo in gloriam suam, non immerito ei dicere potest: *Exaltabo mane misericordiam tuam* (*Psal.* LIX). Ad hanc quippe misericordiam nequaquam posset perveniendo venire, nisi quod prius commotionem cœlestis expertus est iræ. Quæ postquam in corde ipsius vitiorum omnium sedaverat stagna, statim per misericordiam Dei facta est tranquillitas magna. Sed quæ sit ira vel misericordia cœlestis, sermo propheticus est testis. Quem si ad memoriam diligenter revocaveris: *Cum iratus*, inquit, *fueris, misericordiæ recordaberis*

(*Habac.* III). In his igitur verbis cavendum est nobis, dilectissimi fratres, ne sic oblivisci, vel sic obliviosus a nobis Deus esse putetur, ut, sicut homo, post iram misericordiæ recordetur, sed sicut ad iram ejus turbatus est idem propheta mirabilis quando ad eum *cum iratus,* inquit, *fueris, misericordiæ recordaberis,* ita et nos humano more, quasi oblitum nostri misericordiæ Dei cum Psalmographo clamemus verbis et re : *Ne obliviscaris voces quærentium te* (*Psal.* LXXIII). Quasi enim post iram misericordiæ recordatur, qui dum irascitur, non statim percutit, sed minatur, ut, dum ira ejus humana fuerint turbata præcordia, non misericordiam ira, sed iram potius excludat misericordia. Qua de re non homini Deus in præsentis Ecclesiæ irascatur domo, dignum est ut per misericordiam Dei sibimetsi prius irascatur homo; de præteritis scilicet peccatis prophetica illa studens admonitione cessare, in qua dicitur : *Irascimini, et nolite peccare* (*Psal.* IV). Ad hoc namque cohibere se debet a carnalis concupiscentiæ curis, ut sicut præteritis irascitur peccatis, ita caveat de futuris, ne defensionis illius culpam videatur subire, de qua Apostolus : *Non vosmetipsos,* inquit, *defendentes, charissimi, sed date locum iræ* (*Rom.* XII). Sic igitur præ cæteris ira illius prophetica voce laudatur, qui postquam irascitur, misericordiæ recordatur. Unde quia talis ira et talis misericordia indicia sunt divinæ dignationis et miserationis, idcirco vir iste sanctissimus, quasi cum cæteris fidelibus gratias agens misericordiæ Redemptoris, non immerito dicit : *Iratus es, et misertus es nobis.* Verum quia longum nimis est, dilectissimi fratres, si totum hunc psalmum hodierna die in unum sermonem exponendo coarctemus, bonum est ut hucusque in alium diem cætera dicenda servemus, ut et tunc in manibus nostris aliquid habeamus, unde conditori nostro Deo semper gratias agamus. Ut enim de præsenti psalmo unusquisque habeat, unde divinæ lectioni assidue vacat, eumdem psalmum in quatuor partes dividere placet, ut qui in tot martyrum festivitatibus de eis silere voluerint, loqui faciat sermo qui tacet. Unde quia tempus jam imminet quo sermonem istum ad finem ducamus, dignum est ut eorumdem martyrum Christi præsidia sine intermissione quæramus, quatenus, meritis ipsorum intercedentibus, charitas illa quæ universa cooperiat delicta usque in finem in nobis regnet invicta, de qua Apostolus : *Finis,* inquit, *præcepti est charitas, de conscientia bona et fide non ficta* (I *Tim.* I). Sed quoniam nullus in ejusdem perfectæ charitatis versari poterit officina, nisi qui ab homine malo, id est a seipso prius repulsus fuerit destructione divina, idcirco orandum est nobis, dilectissimi fratres, ut qui electis suis quotidie pie irascitur et miseretur, tam clementer et tam benigne nobis irasci et misereri dignetur, ut et nos cum eisdem Christi martyribus digne sibi clamare possimus elogium illud propheticæ jubilationis : *Iratus es et misertus es nobis.* Quod ipse præstare dignetur, qui cum Patre et Spiritu sancto vivit et regnat in sæcula sæculorum. Amen.

SERMO II
DE MARTYRIBUS.

Item in illud psalmi LIV : *Deus repulisti nos, et destruxisti nos.*

Quoniam in altero sermone, dilectissimi fratres, prout, largiente Domino, potuimus, quæ vel qualis ira vel misericordia Dei sit, sufficienter exposuimus, restat ut sub typo SS. martyrum. N. quorum hodie solemnia colimus, aliqua de his quæ sequuntur ad memoriam reducamus, unde priora posterioribus commendare valeamus. Postquam enim Propheta describit qualiter unigenitus Dei Filius, ad destruendam infirmitatem humanæ conversationis, *iratus est et misertus est nobis,* continuo declarare volens, quod pro terrenorum salute calceamentum suæ incarnationis extendit in Idumæam : *Commovisti,* inquit, *terram, et conturbasti eam* (*Psal.* LIX). Commovit enim et conturbavit terram, id est corda terrenorum, subauditur, conscientia peccatorum, quando ad eos per Evangelium : *Nisi conversi,* inquit, *fueritis, et efficiamini sicut parvuli, non intrabitis in regnum cœlorum* (*Matth.* XVIII). Sed hic in primis illud nos oportet considerare quod aliud est commovere, aliud conturbare, quando duo hæc verba duplicem habent significationem, pro eo scilicet quod commotio parturit gemitum, conturbatio dolorem. Qualis autem ista commotio sit, monstrat Scriptura, si quæritis, ubi dicit : *Cum ingemueris, salvus eris.* Qualis vero ista conturbatio sit, sententia declaratur in ea, in qua Psalmographus : *Sana,* inquit, *me, Domine, quoniam conturbata sunt ossa mea* (*Psal.* VI). Per hanc quippe commotionem et conturbationem, commovit et conturbavit Dominus corda sanctorum justorum quando ad eos per prophetam : *Pœnitentiam,* inquit, *agite; appropinquabit enim regnum cœlorum* (*Matth.* III), ne indignos se divina salvatione viderent, si hoc audito non moverentur et non timerent. Taliter etiam mentes ipsorum conturbatæ sunt et commotæ, ubi Isaias ad eos et nos : *Lavamini,* inquit, *mundi estote* (*Isa.* II), quatenus de cordibus ipsorum et nostris cœlestis illius lavacri spiritalis ad Deum ascenderet clamor, de quo Psalmographus : *Lavabis me,* inquit, *et super nivem dealbabor* (*Psal.* L). Commovit etiam eos et conturbavit, quando eis inter alios : *Nisi conversi fueritis,* inquit, *gladium suum vibravit* (*Psal.* VII), quique ne conversionis suæ remedium vel ad horam quidem vellent differre pusillum continuo subinferens : *Arcum,* inquit, *suum tetendit et paravit illum* (ibid.). In quibus verbis, dilectissimi fratres, abyssus divinitatis est multa, quoniam sicut per gladium aperta ira, ita per arcum pugna signatur occulta. Hoc igitur verbi cœlestis gladio eorumdem martyrum animus *super femur tuum, potentissime* (*Psal.* XLIV), fuit accinctus, quando per ipsum et persecutores foris, et diabolum devicerat intus, ut gladii illius contrarios evasisset errores, de quo scriptum est : *Gladium evagi-*

naverunt peccatores (Psal. xxxvi). Tetendit etiam arcum hunc, per quem Novum Testamentum vocatur et Vetus, quando in lege Domini meditabatur die ac nocte inquietus, ne infidus percuteretur arcu illius maligni, de quo scriptum est : *Arcum conteret, et confringet arma, et scuta comburet igni (Psal.* xlv). Taliter quippe martyres isti sanctissimi verbis coelestis gladio commoti sunt et conturbati, quando in novitatem vitae a paterna sunt vetustate translati, pro simulacris videlicet multis, et lapideis colentes unum Deum et Dominum, qui per Prophetam : *Simulacra,* inquit, *gentium, argentum et aurum, opera manuum hominum (Psal.* cxiii). Commoti etiam sunt a malitia, ut non dominaretur eis omnis injustitia, quando ut coelestis vitae Deo digne perciperent alimoniam, pacem cum omnibus secuti sunt et sanctimoniam. Commoti sunt et conturbati quoties ab eis pravitatis illius est via despecta, de qua Salomon : *Est,* inquit, *via quae videtur hominibus recta (Prov.* xiv), in ejusdem viae pessimam inciderent sortem, de qua subjungitur : *Novissima ejus deducunt ad mortem (ibid.).* Commovet etiam et conturbat quotidie terram humanae conscientiae, ubi dicit. *Agite fructus dignos poenitentiae (Luc.* v), ne prophetica illa transgrediamur edicta, quibus dicitur : *Poenitemini et convertimini, ut deleantur vestra delicta (Act.* v). Commovetur etiam quidem, non in resurrectionem, sed in ruinam, de qua Salomon : *Egestas,* inquit, *et ignominia ei qui deserit disciplinam (Prov.* xiii). Commoventur etiam quidem, non in ruinam, sed in resurrectionem nihilominus, de quibus Propheta : *Apprehendite,* inquit, *disciplinam. si quando irascatur Dominus (Psal.* ii). Unde quia fidelis anima sanari digna non est, nisi quae per hanc commotionem diabolo incognita et Deo nota est, idcirco Propheta subinferens : *Sana,* inquit, *contritiones ejus, quia commota est (Psal.* lix). Sciebat enim vir iste probatissimus quia nequaquam posset digne sanari, nisi prius apud se intus poenitentiae mereretur aqua turbari, ideoque pro exemplo languidum illum evangelicum ante oculos mentis fortasse habebat, qui post motionem aquae sanus fiebat. Haec igitur contritio fortiorem in Christo sanctorum martyrum fecerat mentem, et debilitatem mundo Deo semper reddidit valentem, de qua David, cujus sermo non deficiet : *Cor contritum,* inquit, *et humiliatum Deus non despicies (Psal.* l). *Sana,* inquit. Haec est illa sanitas, dilectissimi, quam Psalmographus olim imprecatus est sibi, quando conversus ad Dominum : *Sana,* inquit, *animam meam, quia peccavi tibi (Psal.* xl). Haec est illa sanitas per quam idem Dominus noster sanavit contritiones sanctorum, qui per Osee prophetam : *Sanabo,* inquit, *contritiones eorum (Osee.* xiv), ne illa contritione conterentur a Deo indesinenter, de qua Jeremias : *Contrita est,* inquit, *virgo filia populi mei plaga pessima vehementer (Jer.* xiv). Adhuc etiam per ipsum et ab ipso contritiones eorum sunt sanatae, per quem gens illa quondam caecitatis percussa est deformitate, pro qua Eliseus ad Dominum : *Percute, obsecro,* inquit, *Domine, gentem hanc caecitate (IV Reg.* vi). Contritiones eorum sanavit, qui quos vocavit hos et justificavit (Rom. viii); quoniam per ipsum et in ipso mundati sunt ab omni sorde vitiorum, *qui sanat contritos corde, et alligat contritiones eorum (Psal.* cxlvi). Undequia sanatis contritionibus sanctorum, *per multas tribulationes eos oportet intrare in regnum coelorum (Act.* xiv), idcirco propheta declarans quanta passi sint in praesentis Ecclesiae pressura, continuo subinferens : *Ostendisti,* inquit, *populo dura (Psal.* lix). Sanctis quippe martyribus dura ostendebantur a Deo, quando in persecutionibus, quas pertulit Ecclesia, dura et immanissima tormenta patiebantur pro eo : ideoque eos apostolicis viris non immerito comparabimus, de quibus Apostolus : *Si compatimur,* inquit, *et conregnabimus (Rom.* viii). Dura etiam pro Christo passi sunt iidem S. Ecclesiae filii, quando apostolorum vestigia secuti, *ibant gaudentes a conspecta concilii (Act.* v), scientes videlicet, se eo magis divinae placituras pietati, quo *digni sint habiti pro nomine Jesu contumeliam pati (ibid.).* Sic igitur populo suo dura ostendit, quando eis praecedentium Patrum exempla praetendit, quatenus erudirentur verbis apostolicae lectionis, quia *non sunt condignae passiones hujus temporis, ad futuram gloriam, quae revelabitur in nobis (Rom.* viii). Sed et alio modo dura ostendit populo suo, ubi unicuique per Evangelium loquens : *Diliges,* inquit, *Dominum Deum tuum ex toto corde tuo (Matth.* xxii). Et quoniam in hac sola dilectione nullus homo perfectus constat, nisi et aliam adhuc habeat quam in sequentibus demonstrat, idcirco declarans quanta charitate tendere se debeat alter ad alterum, continuo subinferens : *Diliges,* inquit, *proximum tuum sicut teipsum (ibid.).* Haec igitur duo praecepta charitatis, *in quibus tota lex pendet et prophetae (ibid.),* vos in vobis, dilectissimi fratres, quantocius adimplere studete, sicque unusquisque vestrum apud se facile perpendit quam dura sunt quae praecipit, et quam dura quae ostendit. Ille enim, sicut arbitror, quaerendus est in numero angelorum, et non hominum, qui ita, sicut praecipit Dominus, valeat diligere Dominum, aut qui tali lectione ad alterum tendat semetipsum, ut diligat proximum suum sicut seipsum. Et ideo unusquisque testis est sibi quod nullus aut vix ullus poterit reperiri qui alii tam bene cupiat quam sibi. Verum ne nos diutius prioris sententiae deserant jura, Ezechiae etiam regi Dominus quondam ostendere dignatus est dura, quando cum in multitudine divitiarum suarum gloriaretur, ut dives : *Dispone,* inquit, *domui tuae quia morieris tu, et non vives (Isai.* xxxviii). Et quam durum sibi praeceptum istud videretur, ipse declaravit, quando conversus ad parietem, amarissime ploravit *(ibid.);* sicque, dum per longioris vitae desiderium subitaneae mortis cupivit evadere sortem, quam libenter viveret, exemplum dedit unicuique qui vivit, et videbit mortem. Tali etiam modo patriarchæ suo Dominus noster olim dura monstravit, quando Abraham servum suum probando tentavit, et tentando probavit, ubi in Unigeniti sui figura; Isaac filium ei præcipiens occidi : *Offer mihi,* inquit, *illum super unum montium quem monstravero tibi (Gen.* xxii). Et ecce quam asperum et quam durum foret istud præceptum solus ille scit qui unicum habet filium, et hunc dilectum. Sed et filiis Zebedæi Dominus noster taliter dignatus est ostendere dura, quando eis quod passuri essent pro ipso passionis suæ præmonstravit figura, ubi ad eos, sicut evangelica lectione sæpius audistis et audietis : *Calicem,* inquit, *meum bibetis (Matth.* xx). Taliter igitur Deus et Dominus noster, qui pro nobis cœlos inclinavit et descendit, sanctis martyribus suis dura ostendit, quando eis prædicens quid passuri essent propter eum : *Eritis,* inquit, *odio omnibus propter nomen meum (Matth.* x). Unde quia post multas tribulationes, quibus homo persecutionis humanæ malleo tunditur, sæpe reversus ad se, internæ compunctionis gratia perfunditur, idcirco Psalmographus præmissa jam ostensione tribulationis, continuo subinferens : *Potasti nos,* inquit, *vino compunctionis (Psal.* lix). Hoc est poculum illud charitatis, quod beatissimos martyres istos perduxit ad consortium deitatis, postquam omnes vitiorum flammas in eorum corde repertas [non] vini copia, sed compunctionis exstinxit ubertas. Sed et Psalmista, prævidens quia potus iste non oris, sed mentis, et fidelibus suavis, et reprobis amarus est, *calix,* inquit, *meus inebrians, quam præclarus est (Psal.* xxii). Ex hoc igitur calice illud divinæ charitatis effunditur poculum, cum quo Christus in sanguine suo Christianum sibi comparavit populum quod Ecclesia in Canticis dilecto suo propinans in figura sanctorum : *Dabo tibi,* inquit, *poculum ex vino condito, et mustum malorum granatorum meorum (Cant.* viii). Vinum quippe sine alterius rei commistione, dilectio est sine simulatione; vinum vero conditum, dilectio est cum operatione. Vinum ergo non simplex, sed bonis operibus et sanctis conditum virtutibus, divinis præcipue placere videtur obtutibus. Quod in Evangelio Veritas ostendit, cum ait. *Si quis diligit me, sermonem meum servabit (Joan.* xiv). Et bene quidem Ecclesia pro nimiæ dilectionis affectu non aliud quodlibet poculum, sed mustum suo præbet dilecto, quia mustum, cum ferventissimum est, nunquam a suo calore probatur deficere, priusquam nimio fervore suo omnem immunditiam a se videatur ejicere. Unde per hoc mustum malorum granatorum non incongrue signatur fortis dilectio sanctorum, qui, in passione sua ab omni vitiorum sorde mundati, tam ferventissima dilectione Deum videbantur amare, ut neque mors, neque tribulatio aliqua posset eos a Christi charitate separare. Malum autem Punicum, quod in Africa plurimum abundat, idcirco malum granatum dicitur, quia multa granatorum numerositate redundat, per quod significatur quod sicut multæ mansiones sunt in regno cœlorum, ita et in præsenti Ecclesia multæ sunt tribulationes justorum. Per hoc vero quod malum Punicum sanguineum habet colorem, non modo martyrum Christi, sed etiam ipsum Dominicum videtur typicare cruorem, qui idcirco ab Ecclesia in Canticis candidus dicitur et rubicundus, ut ex innocentia, quam habet candidus, et ex passione, quam pertulit, intelligatur rubicundus. In qua passione salutifer ille calix effusus est pro nobis, per quem isti martyres invictissimi potati sunt vino compunctionis, quem in Canticis canticorum transferens in se virtus Altissimi : *Bibite,* inquit, *amici, et inebriamini, charissimi (Cant.* v). Ex hoc igitur poculo charitatis non indigne bibit quisquis non sibi, sed Deo vivit, particeps videlicet factus illius salutiferæ potationis de qua dicitur : *Potasti nos vino compunctionis (Psal.* lix). Et bene quidem compunctionis internæ vino potatur qui pro peccatis suis apud se intus in mente stimulatur, quoniam perfecte abluitur immunditia sordis, quam sæpius laverit lacryma cordis. Non enim sequitur peremptio furens, ubi hæc medicina præcesserit urens. Hæc est namque compunctio illa reconciliatrix, per quam reconciliata est Deo Maria peccatrix, quando, per judicium divinitatis occultum, demissa sunt ei peccata multa, *quoniam dilexit multum (Luc.* vii). Sed et David patriarcha, sentiens se olim divinam offendisse clementiam, vino compunctionis istius conversus est ad pœnitentiam : quando per internam aspirationem recognoscens iniquitatem suam : *Miserere mei, Deus,* inquit, *secundum magnam misericordiam tuam (Psal.* l). Tali etiam compunctione beatus Petrus seipsum meruit pœnitendo turbare, quando pro trina negatione Domini, reversus ad se, flevit amare, qui prius incusatus ab ancilla quod unus ex Dei esset amicis, respondit ei dicens : *Nescio quid dicis (Matth.* xxvi). Sic et isti martyres Christi, divinæ per omnia cupientes placere pietati, per internam aspirationem Domini, vino compunctionis istius sunt sæpissime potati, quando non solum pane lacrymarum eos in præsentis vitæ cibavit pressura, sed etiam potum dedit eis in lacrymis in mensura. Unde ut et nos, dilectissimi fratres, cum eisdem martyribus Christi, Deo gloriam demus, misericordiam ejus humiliter imploremus, ut, quia una cum Patre et Spiritu Sancto unus idemque semper mansit et manet, contritionem nostram ita clementissima miseratione jam sanet ut qui sanctis suis in præsenti sæculo per multas tribulationes ostendit dura, meritis eorum intercedentibus, et nobis, etiam cum eis potum tribuat in lacrymis in mensura, quatenus divina inspiratione compuncti, digne cum eis cantare possimus elogium illud propheticæ jubilationis : *Potasti nos vino compunctionis.* Quod ipse præstare dignetur, qui cum Patre et Spiritu Sancto vivit et regnat in sæcula sæculorum. Amen

SERMO III.
DE UNO CONFESSORE.

De eo quod per legem simila in sacrificium offerri jubetur, ubi de ea dicitur : *In sartagine oleo conspersa, frigetur; offeret eam calidam in odorem suavissimam Domino sacerdos, qui patri jure successerit, et tota cremabitur in altari* (*Lev.* VI, 21, 22).

Semper, dilectissimi fratres, fidelis quilibet per sacræ lectionis ædificatur historiam, si antiquæ legis præcepta sæpius reduxerit ad memoriam, quoniam justitiæ fructum affectuosius inde capit, si quod in his carnaliter legit spiritaliter sapit. Proinde charitati vestræ non multum obesse putamus, si ex diversis regalium sacrificiorum generibus, hic de pluribus pauca dicamus, quibus pontifex iste sacratissimus N. cujus hodie festa cœlebramus, in exemplum Moysi, iram Domini, suæ suorumque subditorum sæpius placuit animabus. Cum enim sua suorumque subjectorum vitia adhuc essent in radice tenera, per diversa legalium sacrificiorum curavit genera, de quibus illud nobis hic imprimis occurrere videtur, ubi per legem simila in sacrificium offerri jubetur. Quæ quoniam sola non potest hominem facere perfectum, oleum sibi juxta legis antiquæ debet misceri præceptum, ubi ut alterum alteri fidei unitati societur, *in sartagine*, inquit, *oleo conspersa, frigetur*. Sicut enim per similam munditia vitæ, et per oleum opus misericordiæ figuratur, ita per sartaginem, quæ de forti ferro efficitur, spiritualis zeli fortis frixura signatur. Hoc sciens vir iste sanctissimus cor suum sartaginem faciebat, in quo per zelum justitiæ contra proximorum vitia fortiter ardebat, quando pro delictis errantium ejusdem districtionis in eo succensus est furor, de quo Apostolus : *Quis scandalizatur*, inquit, *et ego non uror?* (*II Cor.* XI.) Quamvis enim in sartagine cordis sui valde videretur cruciari, quoties infirmos quosque videbat æterna descire, et rebus temporalibus delectari, contra vitia tamen proximorum ita semper spiritalis zeli temperavit ardorem ut extra patientiæ limitem nunquam aut raro præceps raperetur in furorem. Sciebat namque quod omnipotenti Deo nullum sacrificium tam gratum est et tam charum quemadmodum est zelus animarum. Unde et Psalmographus hac in re veritati testimonium perhibens de se : *Zelus*, inquit, *domus tuæ comedit me* (*Psal.* LXVIII). Sed hanc spiritalis zeli frixuram Deus omnipotens quam gratanter accipiat, eadem lex manifestissime nobis indicat, ubi per ipsam simila in sacrificium offerri jubetur, de qua scriptum est : *In sartagine oleo conspersa frigetur*. Nihil aliud est autem hæc simila in sartagine, nisi munda mens justi a vitiorum nigredine, virtutum candidata similagine, quæ per spiritalis zeli sollicitudinem, oleo misericordiæ tunc digne conspersa esse probatur, cum alter alteri in charitate sociatur. Proinde quia munda mens sacerdotis istius sacratissimi principalium vitiorum in se maculam habebat nullam, non immerito legalis hujus similæ puram sinceramque in se videtur expressisse medullam. Quia vero per oleum misericordiæ in conspectu Domini quasi lucerna semper ardebat et lucebat, oleum similæ, id est charitatem misericordiæ sine intermissione miscebat. Recolens enim apud se quid in lege jubebatur, conspersit oleo similam, quæ in sartagine cordis coquebatur, quando per spiritualis zeli afflictionem, contra proximorum vitia in sartagine mentis ita solebat exardescere, ut tamen ex operibus misericordiæ, in conspectu Domini non minus ardere videretur et clarescere. Unde quia nil juvat, si quis zelum rectitudinis habeat in animo, nisi per amoris ignem bonæ actionis reclarescat ex merito, idcirco lex antiqua subjungens : *Offeret*, inquit, *eam calidam in odorem suavissimum Domino*. Simila namque, quæ oleo conspersa in sartagine frigetur, calida in odorem suavissimum Domino offerri jubetur, quia nisi in animo doctoris zelus habeat amorem, simila non videtur habere calorem. Unde sacerdos iste piissimus N., qui in pectore mentis suæ quatuor virtutum insignia gerebat, per sancti zeli ardorem similam hanc calidam in odorem suavissimum Domino sæpius offerebat, quando per divinæ charitatis ignem, cum quo a proximorum cordibus malitiæ frigus abduxit, ipse in conspectu Dei omnipotentis semper arsit et illuxit. Adhuc etiam similam hanc, per quam, ut diximus, mentis munditia signatur, calidam in odorem suavissimum Domino obtulisse probatur, quando ne in corde suo eadem simila fidei amitteret calorem, per spiritalis zeli rectitudinem geminæ dilectionis in se suscitavit amorem. Sed et alio adhuc modo similam hanc calidam Deo in odorem suavissimum offerebat, quando pro compassione proximorum, oleum similæ, id est charitatem misericordiæ miscebat, ne Dominicis ovibus minus digne putaretur præesse, si ex negligentia pastoris, alterum alteri videretur deesse. Ne enim alterum alteri in aliquo deesse videatur, dignum est ut in cordibus doctorum, alterum alteri sine intermissione misceatur, quoniam tale est opus quodlibet absque misericordia, qualis sine oleo lucerna. Idcirco vir iste probatissimus frixuram cordis, quam spiritualis zelus agebat, erga proximos suos oleo lætitiæ semper temperare solebat, quando ejusdem zeli fervore succensus, et vitia subjectorum suorum districtionis gladio mactavit, et per charitatis amorem eosdem, quos insequi videbatur, amavit. Unde ut sciamus de eadem simila lex nobis adhuc faciendum suggerit, continuo subinferens : *Offert*, inquit, *eam sacerdos, qui patri jure successerit*. Ille namque sacerdos patri jure succedit, qui hoc opere testatur quod credit, quoniam qui in servitio Conditoris, fide et opere immobilis constat, summi sacerdotis se filium esse demonstrat. Ille etiam sacerdos patri succedit jure, qui in seipso formam quodammodo divinæ imitatur naturæ, ut qui est de terra terrestris, fieri studeat et de cœlo cœlestis. Sic et iste sacerdos Christi dignissimus N. pontificalis officii Deo digne prosequendo negotium, patri suo scilicet Christo, jure successit in sacerdotium ; quando mens ejus in amore summi Pontificis illius erat intenta, qui *per proprium sanguinem introivit semel in sancta, æterna redemptione inventa* (*Hebr.* ix). Patri suo jure successisse probatur, qui quod corde credidit, opere testabatur ; quando pro amore illius de virtute ivit in virtutem, per quem *corde creditur ad justitiam, ore autem fit confessio ad salutem* (*Rom.* x). Patri suo jure successit, qui in interiore homine suo formam quodammodo divinitatis expressit ; quando ad hoc cogitationibus malis et operibus renuntiavit incestis, ut qui portavit imaginem terreni, portaret et imaginem cœlestis. Patri suo jure successit, qui in corde bono et optimo, nec virtutibus unquam obstitit, nec vitiis cessit ; quando nobilitati mentis, qua in Christo visus est nobilitari, operum suorum ignobilitate nul'atenus volebat discordando reluctari. Sic et nos, dilectissimi fratres, in exemplum viri istius sacratissimi, hoc semper elaboremus insomnes, ut filii nominemur et simus illius, qui ait : *Ego dixi : Dii estis et filii Excelsi omnes* (*Psal.* LXXXI) ; ne regni cœlestis exhæredes in conspectu summi judicis quandoque inveniamur rei, qui hunc sanctissimum virum transtulit in libertatem gloriæ filiorum Dei. Si enim, ejus exempla sequentes, quod bonum est invicem volumus bene operando sectari, simila illa legis in altari cordis tota videretur cremari, de qua eadem lex præcipiendo subinferens : *Et tota,* inquit, *cremabitur in altari* (*Levit.* VI). Per hoc altare nihil aliud, nisi puritas mentis intelligi videtur, quæ non solum sacrificium, sed etiam holocaustum Deo esse perhibetur ; si tamen pro animarum salute ita in ea fortis zeli frixura fervescat, ut misericordiæ virtus in ea non minus ardeat et clarescat. Aliter enim holocaustum, quod latine totum incensum dicitur, a nullo fidelium in veritate perficitur, nisi per amoris ignem, quem legalis ille ignis spiritaliter figurat, omne vitium, quod in corde suo male strepit, exurat. Unde, quia, in conspectu Dei, sicut sacræ Scripturæ testatur judicium, holocaustum majus est quam sacrificium ; ideo necesse est ut unusquisque fidelium per sacrificium laudis quid debeat Deo et quid proximo ita diligenter attendat, ut per charitatis ignem totam mentem suam in amore Conditoris incendat. Sacrificium namque offert, qui temporalia bona cum Lia et Martha bene ministrando Deum placat ; holocaustum vero, qui cum Rachele et Maria divinæ contemplationi attentius vacat. Sacrificium offert, qui historialiter legit quod virga arida quondam protulit florem ; holocaustum vero, qui spiritaliter credit quod innuba virgo peperit Salvatorem. Sacrificium offert, qui sæcularis concupiscentiæ lucra reliquit cum Matthæo ; holocaustum vero, qui virtutum meritis arborem crucis ascendit cum Zachæo. Sacrificium igitur et iste vir sanctissimus fuit, quando, divina contemplatione suspensus, totam mentem igne divini amoris incendit ; sacrificium fuit, quo- ties per dilectionem proximi, virtutum scalam cum angelis descendentibus descendit ; holocaustum vero, quando per dilectionem Dei eamdem scalam cum angelis ascendentibus ascendit. Sacrificium fuit quoties Dominicæ Incarnationis pedes cum Maria peccatrice lacrymis pœnitentiæ lavit ; holocaustum vero quoties boni operis unguento caput mentis ipsius divinitatis summa levavit. Sacrificium fuit, quando in præsentis vitæ cursu a temporalium rerum amore, quasi cum Jacob in itinere dormivit ; holocaustum vero, quando virtutum scalæ cum eo desuper innixus, per contemplationis speciem ad alta transivit. Sacrificium fuit, quando populo Dei præcepta legis historialiter annuntians, quasi cum Moyse de monte descendit ; holocaustum vero, quando ea spiritaliter excutiens, quasi cum Moyse in montem ascendit. Sacrificium fuit, quando humiliora Dei mandata turbæ daturus pedestri, quasi cum Jesu descendens de monte, stetit in loco campestri ; holocaustum vero quando subjectorum cordibus, ex eo quod pontifex erat, ad summum pontificem faciens pontem, quasi cum Jesu, videns turbas ascendit in montem. Sacrificium fuit, quando quidquid in mente sua vitiosum esse deprehendit, sacerdotibus Christi, juxta præceptum veritatis, ostendit ; holocaustum vero, quando præ nobilitate mentis, quam ex cognitione divinitatis traxit eximia, virtutum alis ab imis semper volavit ad sublimia. Sacrificium fuit, quando renuntians sæculo, sed nondum perfecte adhærens Domino, quasi cum Jacob pede adhuc claudicaverat uno ; holocaustum vero, quando alius ei pes ex eo sanus remansit, quod in animo ejus transire videbatur omne quod transit. Sacrificium fuit, quando militans Deo, negotiis sæcularibus nequaquam se implicavit, ut ei placeret, cui se probavit ; holocaustum vero, quando divinæ contemplationi vacans, ei placere desideravit nihilominus, de quo Psalmographus : *Vacate,* inquit, *et videte, quoniam ego sum Dominus* (*Psal.* XLV). Sacrificium fuit, quando, præ timore supplicii deflens, quasi cum Axa filia Caleph, irriguum accepit inferius ; holocaustum vero, quando pro regni cœlestis amore deplorans, cum eadem Axa irriguum possedit superius. Verum quia sufficienter jam dictum est per sacræ lectionis judicium qualiter vir iste piissimus, et holocaustum fiebat et sacrificium, restat ut quoniam locus et tempus hic se ingerit opportune, breviter dicamus qualiter utrumque Deo se offerebat in commune : sacrificium namque et holocaustum obtulit Deo, quando recolens quid deberet Deo et quid proximo, reddit *quæ sunt Cæsaris Cæsari, et quæ sunt Dei Deo* (*Matth.* XXII). Sacrificium et holocaustum Deo esse cupivit, quando in tabernaculum Domini, quasi cum Moyse crebro intravit et exivit. Sacrificium quidem, quando, pro infirmitate proximorum, in his quæ sæculi sunt laudabiliter exivit ; holocaustum vero, quando, divina contemplatione suspensus, in his quæ Dei sunt humiliter introivit. Sacrificium holocaustum fuit, quando et lumbos mentis suæ castitatis habebat virtute præcinctos; et tamen ipse bonorum operum lampade non minus coram Deo fulgebat intus; sequens videlicet in hoc gratiam vivificantis spiritus, et non occidentis litteræ, dum et illud voluit facere, et istud non omittere. Hæc igitur, fratres dilectissimi, quæ de hoc sanctissimo viro jam diximus specialiter ad nosmetipsos referre possumus generaliter; quoniam si præmium æternæ retributionis cum eo cupimus participare, debemus, sicut ipse ambulavit, et nos ambulare. Unde ut priora, quæ dimisimus, denuo repetamus, similam offerimus, si munditiam mentis in corde servamus; illorum videlicet exemplo ab omni vitiorum emundati sorde, de quibus scriptum est: *Beati mundo corde* (Matth. v). Huic autem similæ bene oleum miscemus, cum proximis nostris charitatis et misericordiæ opera exhibemus; quoniam omnipotenti Deo sacrificium nostrum sic permaxime placet, si cum severitate, quam spiritualis zelus exhibet, manus a misericordia non vacet. Deinde vero eamdem similam, sicut in lege jubebat Dominus, oleo lætitiæ conspersam bene in sartagine ponimus, si cor nostrum per spiritalis zeli destructionem, quæ in cura animarum perfectius monstratur, non solum sacrificium, sed etiam holocaustum Deo esse probatur. Quam etiam calidam Deo offerimus, in odorem suavitatis, cum zelus rectitudinis amorem habet charitatis. Quoniam nosipsi ea, de qua eadem simila offertur, sartago sumus, si, præ calore virtutum, omnis vitiorum a nobis evanuerit fumus. Sacrificium autem offerimus, si carnis curam in concupiscentiis non fecerimus; holocaustum vero, si totam intentionem nostram in amore Divinitatis incenderimus. Sacrificium etiam offerimus si, ablato a nobis fermento malitiæ et nequitiæ, in ara cordis nostri sacrificamus Deo sacrificium justitiæ; holocaustum vero, cum, per boni operis consummationem, illi desideramus in perpetua æternitate conscribi, ad quem Psalmographus: *Holocausta*, inquit, *medullata offeram tibi* (Psal. LXV). Sacrificium vero et holocaustum offerimus immaculatum, si cor nostrum ab omnibus vitiis exutum totum divinæ charitatis fuerit igne crematum; quatenus per bonæ operationis incensum legali huic similæ digne possit comparari, de qua dicitur: *Et tota cremabitur in altari*. Tunc quippe simila in altari tota crematur, si Deus a nobis tota mente et tota virtute diligatur; ita tamen, ut per internum zeli spiritualis ardorem, in sartagine cordis nostri, fraternæ etiam correctionis incendamus amorem. Qui enim errantes proximos suos corrigunt, et tamen in ipsa correctione spiritualem zelum temperare sciunt; hi nimirum omnipotenti Deo et sacrificium et holocaustum fiunt. Unde necessarium est nobis, fratres charissimi, ut in hoc maligno tempore suffragium quæramus sacerdotis istius sacratissimi; quatenus meritis ipsius ac precibus illo spirituali zelo repleat nos Deus de quo scriptum est: *Tabescere me fecit zelus meus* (Psal. CXVIII), ut et nos cum ipso per dilectionem proximi huic legali similæ sic oleum misericordiæ misceamus ut per dilectionem Dei eamdem similam calidam in odorem suavissimum Domino jugiter offerre valeamus, ne, frigore totius iniquitatis et malitiæ pressi, in numerum transeamus illorum, de quibus dictum est: *Refrigescet charitas multorum* (Matth. XXIV). Quod ipse præstare dignetur, qui cum Patre et Spiritu sancto vivit et regnat in sæcula sæculorum.

SERMO IV.
DE UNO CONFESSORE ATQUE PONTIFICE.

De eo quod lex præcipit: *Ignis in altari ardebit semper, quem nutriet sacerdos, subjiciens mane ligna per singulos dies; et imposito holocausto, desuper adolebit adipes pacificorum. Ignis iste perpetuus est, qui nunquam deficiet de altari* (Lev. VI, 12, 13).

Quia Dominus Noster Jesus Christus, fratres charissimi, per prædicatores Ecclesiæ nomen suum in gentibus eo tempore voluit ubique distendi, quo pro illustrandis fidelium cordibus, ignem suum misit in terram, et voluit vehementer accendi; dignum duximus ut in festivitate sacerdotis istius sacratissimi N., cujus hodie solemnia colimus, legalis illius ignis commemorationem faciamus, quem, idem Christi prædicator egregius assidue quondam in subjectorum suorum cordibus incendit animabus. Lex enim antiqua typice nobis olim prænuntians, qualiter unusquisque fidelium divini amoris igne jugiter ardere studebit, in quodam loco inde nos instruens: *Ignis*, inquit, *in altari semper ardebit*. Statimque præsignans qualiter pro eodem igne nutriendo sacerdoti cuique quotidiani exercitii nulla concedenda est quies: *Quam nutriet*, inquit, *sacerdos, subjiciens mane ligna per singulos dies*. Deinde vero insinuans quale holocaustum Deo redolere debeat in cordibus electorum: *Imposito*, inquit, *holocausto desuper adolebit adipes pacificorum*. Et quoniam idem ignis in altari cordis nostri semper debet et sine cessatione cremari, continuo subinferens: *Ignis iste*, ait, *perpetuus est, qui nunquam deficiet de altari*. Igitur ut ea quæ nunc historialiter recitata sunt, discutiamus, tempus est ut per hæc quatuor, quæ proposuimus, solvendo redeamus. *Ignis*, inquit, *in altari semper ardebit*. Cor quippe nostrum altare est Dei, si tamen nosipsi filii lucis sumus, et filii diei; ita ut quasi secti ex lapidibus vivis, et virtute quadratis, Deo, digne in nobis offerri valeant dona et sacrificia pro peccatis. Unde et ignis ille legalis non immerito semper ardebit in altari, id est in ara cordis nostri, divinæ charitatis ardor debet sine intermissione cremari, ex illo videlicet quem prædiximus igne vim semper accepturus ardendi, quem Dominus misit in terram et voluit vehementer accendi (Luc. XII). Cui videlicet igni, ne in subjectorum suorum cordibus aliquando videretur deficere, sacerdos iste sacratissimus mane per singulos dies ligna, id est, antiquorum Patrum solebat exempla subjicere; quatenus in eorum cordibus vitiorum omnium torsionibus ab eodem igne crematis, ad divinum amorem et fidei eos ignis et lampas accenderet charitatis. Unde, ne pro cæcitate cordis nostri justus judex in futuro quandoque judicio juste nos damnet, dignum est ut unusquisque nostrum, dilectissimi fratres, quibuscunque valet nisibus, se studio charitatis inflammet; ita videlicet conferens in corde suo evangelicæ testimonium veritatis, ut in ara cordis sui nunquam deficiat flamma charitatis. Quibusdam enim minus adhuc in charitate perfectis sæpe contingit quod in cordibus qualemcunque divinæ dilectionis ignem semel accensum nox aliqua pravitatis exstinguit, sicque paulatim deficiens, in eorum mentibus citissime fiet exstinctus, nisi, adhibitis Scripturarum exemplis, apud ipsos quotidie reparetur intus. Hoc sciens vir iste sanctissimus, ignem hunc non solum in ara cordis sui assidue reparavit, sed etiam in cordibus fidelium nutriens, quotidie ligna, id est Scripturarum testimonia eis sufficientissime ministravit; quatenus legale illud holocaustum Deo redoleret in cordibus ipsorum, de quo lex antiqua subinferens : *Imposito*, inquit, *holocausto desuper adolebit adipes pacificorum.* Quisquis enim inter se et Deum vult facere pacem, primitus in se geminæ dilectionis incensurus est facem ; quia tunc Deo digne de se odorem suavissimum reddit, si pro dilectione Dei et proximi ad humilia quæque se studio charitatis inflectit. Unde et vir iste sanctissimus, postquam, eodem igne succensus, animam suam non viribus et potestate, sed consilio et pietate regebat, cogitationum suarum interna considerans, seipsum in cordis holocaustum desuper imponebat ; quando in seipso spiritaliter incendens, quod lex carnaliter jussit, omne vitium, quod in se carnaliter vixit, spiritaliter excussit. Ut enim per hanc hostiam inter se et Deum pacem faciens, ad perpetuæ pacis posset pervenire dulcedinem, pacificorum adipem, id est internam novæ conversationis Deo solebat adolere pinguedinem ; quando in corde suo peccatis omnibus divinæ dilectionis igne crematis, seipsum obtulit Deo sacrificium in odorem suavitatis. Et quoniam ejusdem divinæ charitatis amor invisibilis in cordibus electorum semper permanebit inexstinguibilis, idcirco vir idem beatissimus ejusdem legis ea quæ adhuc restant, studuit præcepta sectari, in quibus dicitur : *Ignis iste est perpetuus, qui nunquam deficiet in altari.* Nullus enim Deum vere probatur amare, nisi quem neque tribulatio, neque angustia poterit ab ejus charitate separare (*Rom.* VIII) ; quoniam amor internæ dilectionis in eorum mentibus nunquam otio tabescit, in quibus de die in diem divinæ charitatis fervor semper accrescit. Hoc sciens sacerdos iste beatus, eo magis magisque prospera mundi pro Christo solebat despicere, quo eumdem divinæ charitatis ignem in ara cordis sui nunquam passus est deficere ; quatenus in perpetuas æternitates illi semper adhæreret igni, qui nullis unquam tentationibus poterit exstingui. Sed et per eumdem charitatis ignem oves sibi commissas, ad hoc de morte ad vitam, de tenebris re-

vocavit ad lucem ; ut boni operis lampade, ad ipsum lucis auctorem seipsum præviatorem sequerentur ac ducem, quando per fidei ignem et charitatis flammam sic intus sibimetipsi semper consuevit ardere, ut tamen proximis suis non minus foris per boni operis videretur exempla lucere. Unde, quia tali magisterio seipsum formam bene vivendi Christi semper solebat exhibere ministris, idcirco in futuro, ut credimus, nihil commune habiturus est cum sinistris ; sed inter illos potius prædicationis apostolicæ viros partem quandoque debet habere cum dexteris, quibus evangelica olim veritas : *Sint*, inquit, *lumbi vestri præcincti, et lucernæ ardentes in manibus vestris* (*Luc.* XII). Et ideo necesse est ut et tu, o Christiane, diligenter apud te die noctuque perpendas qualiter exemplo viri istius in te, per Scripturarum testimonia, ignem divinæ charitatis semper accendas : sciens videlicet quod summi Sacerdotis membrum aliter non fies, nisi antiquorum Patrum exempla subjicias tibi mane per singulos dies. Et ideo, ut quotidie valeas Deo digne servire, in ara cordis tui divinæ charitatis flammam debes sine intermissione nutrire, ne deterius tibi aliquid inde contingat, si in corde tuo superni amoris ignem nox alicujus cæcitatis exstinguat. Hic est enim ignis ille, quem antiqua Divinitas per prædicatores suos olim latius sparsit, quando ad illuminationem gentium ignis in conspectu ejus exarsit, per quem corda fidelium cum carbonibus illis ad fidem incenderentur a Deo, de quibus Propheta subjungens: *Carbones*, inquit, *succensi sunt ab eo* (*Psal.* XVII). Apostoli namque, eorumque successores, quid aliud erant, nisi carbones, dum per exemplum boni operis, et lumen prædicationis, et sibimetipsis ardebant intus, et aliis foris. Ad hoc enim corda fidelium illis cœlestis verbi sagittis potenti solebant jaculare virtute de quibus scriptum est : *Sagittæ potentis acutæ* (*Psal.* CXIX), ut et ipsi desolati a vitiis, et purgati a peccatis, carbonibus illis assimilarentur de quibus idem Propheta subjungens : *Cum carbonibus*, inquit, *desolatoriis* (*ibid.*). Per carbones quippe desolatorios conversi quilibet exprimuntur, qui, quasi per peccatum prius exstincti, et per justitiam postea reaccensi, ex mortuis operibus ad Christum convertantur, quatenus in desolatione vitiorum et operatione virtutum ex verbis cœlestibus semper addiscant qualiter de tenebris ad lucem, de morte ad vitam sine intermissione reviviscant. Quæ sententia virum istum de quo loquimur nequaquam delituit, dum per cœlestis verbi mysterium bonis moribus et probis actibus vitam suam semper instituit, quatenus in corde ipsius ex incesto castus, et ex impuro purus, fieret locus desolatus, ut in habitaculum Dei in Spiritu sancto semper posset esse paratus. Unde non immerito ex eisdem carbonibus unus erat, dum per boni operis lumen sibi et Ecclesiæ intus et foris semper ardere et lucere solebat ; ita ut licet in eo divinæ charitatis ardor raro aut nunquam videretur exstinctus, omnis tamen gloria ejus, quasi gloria filiæ regum ;

semper esset ab intus (*Psal.* XLIV). Sed et duo discipuli illi ejusdem divinæ charitatis igne quasi carbones ardebant, qui post resurrectionem Domini cum eo se loqui et ire nesciebant, quando sera pœnitentia recolentes se locutos fuisse cum Messia : *Nonne*, inquiunt, *cor nostrum ardens erat in nobis, cum loqueretur in via ? (Luc.* XXIV.) Taliter quippe olim legifer ille Moyses, taliter Aaron ardebat et Phinees, tali etiam modo David ardebat cum Elia, quemadmodum iidem duo discipuli quibus Dominus loquebatur in via. Nonne enim Moyses igne charitatis ardebat, qui, iræ Dei resistens, mortem cadentis populi sua morte commutare volebat ; quando ad Dominum, ut in libro Exodi sæpius legere potuisti : *Dimitte*, inquit, *eis, hanc noxam, alioquin dele me de libro, quem scripsisti? (Exod.* XXXII.) Nonne et Aaron ejusdem charitatis igne succensus erat, qui, iræ Dei æque resistens, inter viventes et mortuos, thuribulum sumebat quatenus iram furoris ejus immensi fumo placaret incensi? Nonne et Phinees zelo charitatis fortiter ardebat, qui luxuriantes alienigenis in ipso coitu trucidare solebat, quando Israeliticæ plebis largiter effundendo cruorem, divinum ita placavit furorem ? Nonne etiam Elias homo similis nobis et passibilis in corde sui fervorem ejusdem charitatis habebat inexstinguibilis, quando aridæ diutius terræ imbrem de cœlestibus dolens esse subductum, orationibus suis et cœli obtinuit pluviam, et terræ fructum? Nonne et David eodem igne charitatis accensum esse cognovimus, qui, ut in libris Regum legimus, obicem se quondam pro suis opponebat ovibus, quando pro his orans, qui angelo cædente perierunt : *Ego sum*, inquit, *qui peccavi (II Reg.* XXIV); *isti, qui oves sunt, quid fecerunt ?* Adhuc etiam et aliud mysterium grande simile his videmus in Joanne, qui populum Dei ad vias illius quondam in deserto reducens, juxta testimonium Divinitatis *lucerna erat ardens et lucens (Joan.* V), quando se dignum exhibens ad quem Veritatis fieret sermo, sibimet intus arsit desiderio, et aliis exterius luxit verbo. Quia ergo sufficienter jam prælibavimus quanta charitas fuerit in cordibus Patrum præcedentium, restat ut aliquid simile referamus ex Paulo doctore gentium : ipse enim eodem igne charitatis, quo et ipsi, fortiter ardebat, quando pro fratribus suis et ipse anathema fieri cupiebat. Qui et in alio adhuc loco æque demonstrans quatenus in eo divinæ charitatis fuerit fervor : *Quis infirmatur*, inquit, *et ego non infirmor? quis scandalizatur et ego non uror? (II Cor.* XI.) Cujus etiam charitatis exemplum adhuc inde possumus evidentius scire, quod pro salute Galatarum seipsum dicebat parturire, quando ad reformandam in eis divini virtutem amoris : *Filioli*, inquit, *mei, quos iterum parturio, donec Christus formetur in vobis (Galat.* IV). Unde quia Patres iidem beatissimi non zelo amaritudinis, sed zelo pietatis talia fecerunt, quando in cordibus proximorum divinæ charitatis ignem incenderunt, sciendum est quod, sicut in sacro eloquio duo sunt zeli, zelus scilicet amaritudinis, et zelus dilectionis; ita etiam duo sunt ignes, ignis videlicet furoris, et ignis amoris. Zelum quippe amaritudinis mulier illa quondam habuisse videbatur, quæ filio mulieris alterius invidens : *Nec mihi*, inquit, *nec tibi sit, sed dividatur (III Reg.* III). Zelum autem dilectionis Psalmographus habuit in se, quando pro iniquitate Judæorum suspirans : *Zelus*, inquit, *domus meæ comedit me (Psal.* LXVIII). Quia ergo qui duo zeli sunt perstrinximus historialiter, ita et qui duo sunt ignes distinguamus æqualiter. Qui enim divini furoris sit ignis, plenius edoceri potestis ab eo qui per Moysen prophetam : *Ignis*, inquit, *succensus est in furore meo (Jerem.* XV). Quis vero ignis amoris sit, per legem scire valetis, ubi de paschalis agni comestione nos instruens : *Si quid*, inquit, *residui fuerit, igne comburetis (Exod.* XII). Unde ut in cordibus nostris, dilectissimi fratres, et unum ignem exstinguere, et alterum incendere valeamus, dignum est ut opem sacerdotis istius sacratissimi tota mente, tota devotione quæramus; quatenus meritis ipsius ac precibus ita in nobis ignis divini restinguatur furor, ut corda nostra semper illustrare dignetur ignis amoris. Et quoniam præ igne furoris Domini omnis caro quandoque tabescet, quando, ad discernendum bonos et malos, *ignis in conspectu ejus exardescet (Psal.* XLIX), orandum est nobis, ne tunc ab æterno igne cum reprobis devoremur et malignis, quando *in ira sua conturbabit eos, et devorabit eos ignis (Psal.* XX); sed per illum potius divinæ charitatis ignem liberari mereamur inde, qui olim super unigenitum Dei Filium in columba, et super discipulos venit in igne. Quod ipse nobis præstare dignetur, qui cum Patre in unitate ejusdem Spiritus sancti vivit et regnat in sæcula sæculorum. Amen.

SERMO V.

IN DEDICATIONE ECCLESIÆ DEQUE RELIQUIARUM VENERATIONE.

Gaudeo, et exsultatione multiplici cor nostrum hilarescit, quoties festive sanctorum colit memoriam, quibus annuatim ecclesia nostra celebris florescit. Ecclesia namque nostra, quamplurimis sanctorum solemniis lætabunda redditur, varioque decore speciosa efficitur, et velut vernando florida specie resplendet, cunctisque cernentibus læta arridet. Nec immerito, quia, quoties festivis sanctorum natalitiis debito honore celebratis, in Domino gloriamur, toties ipsorum precibus et meritis adjuti, larga benedictionis gratia Creatoris nostri perfundimur. Quidquid enim laudis et honoris militibus regis impenditur, totum ad gloriam regis, cujus sceptro milites insigniti sunt, titulatur. Nec dubium, quin eos semper habeamus patrocinantes in cœlis, quorum celebritates piæ devotionis studio gerimus in terris. Si enim noster spiritus, necdum carnis materia exutus, et tamen dilectionis geminæ fervore interdum ad astra libratus, preces Domino pro suis dilectoribus nititur effundere, utique præstantius credendum est sanctorum animas, summæ dilectionis plenitudine fervidas, suis in solemnitatibus, ad sui corporis pignora foventes descendere, suorumque pro salute fidelium intercedere, ac debitæ retributionis donativum sui veneratoribus impendere. Habentes igitur eximia hujus spei pignora, scilicet ipsorum beatorum spirituum exuvias, dignis honoribus sanctorum præconia celebremus; amplius autem festiva eorum gaudia debitis laudibus extollamus, quorum cineres et ossa suo in sinu largius refovet hæc nostra specialis ecclesia. Nostis autem, fratres charissimi, hæc unici nobis delicia, specialis utique ecclesia? cujus gravi læti quiescimus in gremio, ecce quam læta fovet, unde feta floret; quam prædives per sanctorum cineres, virgineosque flores, quod servet integra vere felicium tegumenta, quodque possideat ossa utriusque sexus late collecta : *Lætamini igitur et exsultate in ea, omnes qui diligitis eam* (*Psal.* xxxi); gaudete cum ingenti lætitia et hodiernæ festivitatis celebria læti suscipite gaudia. Et ut in hac solemnitate celebrius gloriemur in Domino, idipsum nobis scripturæ auctoritas commendat, cum hæc verba commemorat : *Lætamini,* inquit, *in Domino, et exsultate justi, et gloriamini omnes recti corde* (*Psal.* xcvi). Nos vero, si inter justos et rectos necdum recensemur, desiderio tamen et optione cum justorum patrocinio sanctorum nobis studendum est ne saltem omnino justitiæ expertes inveniamur. Hujus ergo diei salutifera gratulabundi recolite solemnia, scilicet pro electis atque præclaris hujus ecclesiæ margaritis, proque vernantibus atque coruscantibus electæ altricis nostræ floribus. Eo autem rationis tenore nobis exsultandum hodie denuntiamus. Primo quidem, quia ecclesia nostra floriditate apostolicæ viriditatis seu smaragdinis redimita, lucescit gemmis. Secundo, quia sanguineis martyrum corusca rutilat rosis : post hæc, quia clarissimis confessorum phalerata nitet margaritis. Deinde quia virgineis floridula albescit liliis. Postremo etiam, quia opulentia plurimorum utriusque sexus sanctorum, quasi fragrantia multarum specierum ditata suavissime redolet, floret, viget atque pollet. Quorum omnium fidei constantia nos roborat, et spei altitudo elevat et charitatis plenitudo exhilarat. Lætus ergo dies apud nos ista transeat, quem nobis, fratres charissimi, tot et tantorum sanctorum commemoratio commendat. Totus canora jubilatione prædeat, quem et angelorum æque et sanctorum pari concentu grata societas concelebrat. De hoc quippe festivo magnæ salutis gaudio ex Scriptura canimus in psalmo : *Vox exsultationis et salutis in tabernaculis justorum ad audiendum audita est* (*Psal.* xxxii). Aptissime profecto vox exsultationis et salutis in isto audiri fas est hodie domicilio, quia nimirum hodiernæ diei in celebritate, dum generaliter memoria fit omnium, quorum in ista reliquiæ continentur ecclesia sanctorum, credimus æque et in cœlo et in terra laudes resonare ipsorum; dum et nos in terra pio amore amplectimur cineres et ossa, et angeli exsultantes in cœlo concinunt super animarum consortio : *Gloria in excelsis Deo* (*Luc.* ii). Credimus nempe et huic sanctorum solemnitati, angelicam cum suis occurrere præsentiam : si tamen dignis honoribus hanc rite celebraverimus per sanctificationem vitæ vox nostra voci amborum meretur commisceri cœlicolarum. Alioquin magna hujus diei celebria dignis laudibus nequaquam decenter recolimus, nisi per sanctificationem vitæ nosmetipsi laus Dei fuerimus. Scriptum namque est : *Non est speciosa laus in ore peccatoris* (*Eccli.* xv). Renuntiantes ergo peccatorum vitiis circumcidamus præputium cordis nostri, ut videlicet igne divini amoris attacti, emundatis labiis, gratanter hymnidicas laudes Domino Sabaoth concinamus cum sanctis et angelis, quatenus ipsorum collegio tandem mereamur associari in cœlo. Tergamus ergo oculum mentis a vitioso pulvere peccaminis, et intueamur eos quorum laudibus dicatur dies ista celebris, sequamurque eorum vestigia. Quorum enim vitam imitati fuerimus, ipsorum quippe et adepturos nos gloriam credimus. Et quorum exemplari formæ imprimi renitimur, ab ipsorum etiam participatione procul dubio secernemur. Quænam pars fideli cum infideli? Aut quæ sobrietas luci cum tenebris? Quid templo Dei cum idolis? Diligit namque omnis anima similem sibi : Unde per quemdam sapientem dicitur : *Omne animal diligit sibi simile sic et omnis homo proximum sibi* (*Eccli.* xiii). Omnis caro ad simile sibi conjungetur, et omnis homo ad simile sibi sociabitur. Sicut communicabit lupus agno, sic aliquando peccatum justo. Quæ communicatio homini sancto ad canem? Quam igitur rogo partem vel societatem habiturum creditis incestum cum casto? ebriosum cum sobrio? raptorem vel iniquum cum justo vel sancto? Blasphemum vel detractorem cum boniloquo? mendacem cum veridico? obstinatum vel avarum cum largo? flagitiosum cum religioso? Vos ergo, fratres charissimi, qui Christianitatis nomine appellamini fideles, recusate paganisticis moribus infideles censeri. Qui vero lux in Domino, charactere apostolico titulamini, nolite vitiorum tenebrosa caligine principi tenebrarum assignari : qui etiam in sacri eloquii pagina templum Dei depingimini, statuere in cordibus vestris simulacra deorum viribus totis renitimini. Quisquis enim aliquid plus quam Deum diligit, constat, quia favo sui cordis jam idolum statuit, cui toties serviendo procidit, quoties illud cum frequentatione excolit, et ejus ditioni se subdit. Scriptum enim est, *Diliges Dominum Deum tuum ex toto corde tuo, et ex tota anima tua, et ex totis viribus tuis* (*Matth.* xxii). Ita et ille solus summe diligendus, qui singulariter adorandus, ac studiosissime excolendus est. Quidquid igitur contra hujus amoris vel exercitii cultum est, profecto medullitus eliminandum est. Apostolico autem dogmate instruimur, quoniam habitatio Dei structura corporis nostri eligitur. *An nescis,* inquit, quoniam corpora vestra templum sunt Spiritus sancti, et Spiritus Dei habitat in vobis? (I Cor. VI.) Et rursum : Templum Dei sanctum est, quod estis vos. Si quis autem templum Dei violaverit, disperdet illum Deus (I Cor. III). Quamobrem, fratres charissimi, necessarium ducite ab omni peccaminis fœditate templum Dei expurgare, cuncta rerum transitoriarum idola funditus eliminare, vitiosi operis impedimenta expellere, orationum texturam latius expandere, charitativi ardoris splendoribus illuminare, omnium virtutum redolentiam conspergere ut habitatorem hujus templi vobis placabilem et gratiæ largitorem, valeatis acquirere. Ut autem efficaces hujus rei possimus fieri opifices, et obnixis precibus conquirendi sunt idonei fautores, quos hodie veneremur hujus operis prædecessores. Itaque primum venerationis studio reddendi sunt benevoli, postea fiducialius prædicandi. Sed tunc certius eorum aures nobis acclives reddimus, si operis attestatione, ipsorum, boni æmulatores fuerimus. Ecce ipsi carnis materia induti, sicut evidentibus signis elucet, totius criminosi operis immunes et expertes vitam coram Deo et hominibus honestam duxerunt, et ab hujusmundi inquinamento incontaminatas manus continuerunt. Florem mundi omnibus cum suis oblectationibus sprevere, et cœlestia omni cordis intentione instantius exquisiere ; jejuniis et orationibus insistentes, carnis jura domabant, spiritum roborabant. Cum salutis inimico belligera manu congredi non dubitavere, quem et armis præcincti divinis prostravere : dum in nullo feritati ejus cedunt, sed usque ad finem fortiter dimicando resistunt. Cujus tyrannide victrice manu devicta, triumphales sibi titulos summi regis, in aula proprii cruoris signo inscripserunt, per eos quos eorum memoriale florebit in sæcula : cum vergente anni circulo semper redivivo fructu laudis vernant, et nos in augmentum meriti sui, lucrando germinant. Unde scriptum est : In memoria æterna erunt justi (Psal. III). Item alio modo dicitur in alio loco : Justus ut palma florebit, sicut cedrus Libani multiplicabitur. Plantate in domo Domini, in atriis domus Dei nostri florebunt (Psal. XCI). Adhuc multiplicabuntur in senecta provectiori, et bene patientes erunt, usquequo posteris, quod agnoverint, annuntient, scilicet quoniam Dominus Deus noster justus et rectus est, et in illo nulla est iniquitas. Verum est, fratres, quoniam multos ante annos defuncti, adhuc vivaciter loquuntur, dum quotidie per eorum dogmata fideles ad Dominum convertuntur, et ad opus bonum per eorum exempla roborantur. Quandiu itaque hujus mundi orbita volvitur, ipsorum venerabile meritum semper accipit incrementum. Agamus ergo, charissimi, immensas in ipsorum solemnitate Creatori nostro laudes et gratias, qui et illis regnum, ante sæcula præordinatum, in cœlestibus jam contulit, et nos ejusdem regni participes fore reintegrata per ejus sanguinem salute repromisit. Ipsi ergo omnium regi sæculorum, pro his omnibus laus et gloria per infinita sæcula; nobis autem misericordia serpiterna. [Amen.

ANNO DOMINI MCXII

JOANNES MARSICANUS

TUSCULANUS EPISCOPUS

NOTITIA HISTORICA IN JOANNEM

(UGHELLI, *Italia Sacra*, I, 250.)

Joannes, Marsicanus appellatus, ab Urbano II dictus est episcopus cardinalis Tusculanus. Hic in Vastallensi concilio 1106 gravissime sententiam tulit, adeoque magni promptique animi fuit, ut, cum Henricus IV impius imperator Paschalem II pontificem conjecisset in carcerem, ipse una cum Leone cardinali ementito vestium cultu Romam profugerit, populoque Romano in concionem vocato, eidem persuaserit ut sumptis armis contra imperatorem pontificis injurias ulciscatur. Sub eodem Paschali vita functus est. [Interfuit etiam concilio Romano an. 1112. Vicarium papa in Urbe egisse colligitur ex titulo apposito epistolæ recitatæ a Baron. Annal. t. XI, quam scribit Richardo Albanensi episcopo, et admonens de nequiter actis ab Henrico, deque Urbis et universalis Ecclesiæ statu miserrimo. Cum plurimis cardinalibus Paschalem objurgavit concessionis factæ Henrico investiturarum. Sed et a Paschali scite redarguitur ipse quod nimio zelo eum carpat; non adverterat enim id papam fecisse ne schismate et deteriori damno Urbs flagraret. LUCENT.]

JOANNIS MARSICANI

TUSCULANI EPISCOPI

CONCIO AD POPULUM ROMANUM

Ut injuriam summi pontificis, cum suis ab Henrico imperatore tenti et conviciis affecti ulciscantur

(BARON., *Annal.*, ad an. 1111, n. 11, 13.)

Licet, charissimi filii, alacritati virtutique vestræ stimuli adhortationum admovendi non sint, cum verbis neque ex imbecillo strenuus, neque robustus quispiam reddatur ex timido, omnis enim vobis est pro vita et pro libertate, pro gloria, pro defensione apostolicæ sedis pugna omneque certamen est; hæc omnia in manibus vestris sunt constituta. Nam qui pacem desiderat, præparet bellum. Filii vestri contra jus omne, contra fas tenentur in vinculis : Petri apostoli basilica, toto orbe terrarum venerabilis, armis, cadaveribus, sanie et cruore plena est. Quid autem ex hoc summam omnium malorum conjicere possumus? Quæ unquam audita est immanior pestis? Pontifex apostolicæ sedis a barbaris hominibus tenetur in vinculis; omnis sacerdotalis ordo, tota ecclesiastica dignitas carceri ac tenebris addicta est : lugent ministri Domini, altaria sancta lacrymis madent; ipsa prorsus mater Ecclesia attrita gemit, imploratque opem vestram : filios ut se tantis cladibus eruant, mœrens orat et obsecrat. Quocirca rogamus affectu quo possumus, periclitanti succurratis, et ad ulciscendam matris injuriam toto animo, totis viribus incumbatis. Nam si adsint qui obsistant, fugere hostes, quam consistere, paratiores erunt. Itaque alacriores insurgatis ad tantum ulciscendum scelus, de Domini nostri et beatorum apostolorum Petri et Pauli misericordia confidentes, ab omnibus vos peccatis absolvimus.

JOANNIS EPISTOLA

AD RICHARDUM ALBANENSEM EPISCOPUM

De nequiter actis ab Henrico imperatore

(BARON., *ubi supra.*)

JOANNES, Dei gratia, Tusculanus episcopus, agens vices domini Paschalis papæ vincti Jesu Christi, venerabili fratri RICHARDO Albano episcopo in Domino salutem.

Quoniam, sicut ait Apostolus (*Rom.* XII), unum corpus sumus in Christo, et si patitur unum membrum, cætera membra compatiuntur, quæ de capite nostro, et de tota fere Ecclesia gesta sunt, fraternitati tuæ significamus. Cum igitur Henricus, Teutonicorum rex, Sutrium pervenisset, legatos quosdam Romam direxit, qui jurejurando firmaverunt, domni papæ Paschalis legatos secure ducere, et regem ipsum sacramento firmare, omnem ecclesiarum investituram penitus abdicare, obsides etiam dare, ne ad hoc flagitium iterum rediret, et res ecclesiasticas, et regalia, ac beati Petri patrimonia libera et quieta omnino dimittere, obsides etiam dare pro securitate, cum ad coronandum eum ad beati Petri basilicam exiret. Postea ex parte Ecclesiæ a laicis viris firmatum est, si ista quæ promissa sunt, jam dictus rex observaret, quod dominus noster eum benigne susciperet, et ei diadema regni imponeret, et coronatus, si vellet, Urbem intraret. Pro transitu etiam pontis obsides accepit, pro quibus sacramentum exhibuit, quod in ipso die Dominico si pontem transiret, eos in liberam nostrorum restitueret potestatem. His igitur omnibus sacramentis ex utraque parte peractis et obsidibus datis, cum ad coronandum eum ad ecclesiam B. Petri papa exiret, postpositis sacramentis et dimisis obsidibus, eum in ipsa ecclesia cum episcopis et cardinalibus, et multis Romanis violenter cepit, et in captione arctissima detinet.

Romani vero, post alterum diem collecti, in hostes Ecclesiæ impetum facientes, de porticu fugere compulerunt, interfectis multis de suis, et perditis equis, tentoriis, pecuniis, et infinita supellectili. Post hæc omnes unanimes contra eum juraverunt, uno animo, una voluntate pugnare. Tu igitur prudenter vigila, et quanto amplius necessarium conspicis, tanto magis elabora, et matrem Ecclesiarum omnium adjuvare ne desinas. Orationes pro liberatione domini nostri, imo pro ipsa Ecclesia, ubicunque potueris, fieri facias. Vale. Hoc autem factum est anno Domini millesimo centesimo undecimo, Indictione quarta, pridie Idus Febr. in basilica S. Petri apostolorum principis, die Dominica ante caput jejunii.

ANNO DOMINI MCXIII

BEATUS ODO
CAMERACENSIS EPISCOPUS

NOTITIA HISTORICA

(*Cameracum Christianum*, auctore D. Leglay, pag. 30.)

Odo, beati decoratus titulo, qui aliquando vocatur Odoardus, civis Aurelianensis, primus abbas S. Martini Tornacensis post hujus monasterii restaurationem, de quo consulenda est abbatum hujus loci historia, electus et consecratus est in synodo provinciæ Remensis an. 1105, vi Nonas Julii, die Dominica, ut eruitur ex ipsius charta pro Rogero abbate Ambeciensi data hoc anno, qui dicitur primus ejus episcopatus, cui subscribit Balduinus decanus, et ex instrumento quo fundatio collegii canonicorum apud Teneramundam confirmatur. Post suam ordinationem, Odo aliquandiu episcopali sede minime potitus est, sed mortuo Henrico imperatore, Henricus ejus filius, qui partes pontificias adversus patrem amplexus fuerat, jussit Cameracensibus ut, expulso Galchero, Odonem susciperent, an. 1106. Ex narratione restaurationis abbatiæ S. Martini Tornac. Spicil. tom. XII, cap. 82.

Anno 1110, Roberto comiti, et Clementiæ ipsius uxori dedit licentiam construendæ capellæ in Novo-Burgo apud Aldenardam. Anno 1115, confirmavit monasterio S. Dionysii prope Parisios ecclesiam Solismi, ex hujus loci chartario. An. 1112, præsulatus sui vii, Bornhemiensis abbatiæ fundationem confirmat. Sed quia virgam et annulum ab Henrico IV imperatore recipere noluit, quæ in sua ordinatione jam ecclesiastica potestate receperat, sede sua pulsus apud Aquiscinctum exsulavit, ut ipse scribit in libro De blasphemia in Spiritum sanctum. Infirmitate corporis gravatus, inquit Herimannus, Spicil. tom. XII, p. 469, episcopatum reliquit, seque Aquiscinctum in lectica deportari fecit, ubi intra octo dies defecit. De Odone plura apud Molanum in Natal. Sanctorum Belg.; Miræum in Codice donationum piarum; Lindanum, cæterosque hagiographos, et Trithemium De scriptoribus eccles., ubi dicit fuisse in Scripturis eruditum, ingenio subtilem, clarum eloquio, et in declamandis homiliis ad populum non mediocriter insignem. Præter homilias quas composuit, exposuit Canonem missæ, aliasque dedit lucubrationes. Ad meliorem vitam migravit xiii Kal. Julii, seu xix die Junii, an. 1113, in monasterio Aquicinctino, ubi conditus est sub tumulo marmoreo coloris albi, cui ejus imago insculpta cum hoc elogio :

HIC TEGITUR PRÆSUL ODO,
QUI PERSPECTUS OMNI MUNDO,
FUIT EXSUL, DEO FIDUS,
FULGET CŒLO QUASI SIDUS.

NOTITIA ALTERA

(Mabill. *Annal. Bened.*, tom. V, pag. 299.)

Multi hoc tempore (an. 1090) florebant apud Gallos viri litterati, quorum plerosque versibus suis celebravit Baldericus abbas Burguliensis, in his præceptorem suum Hubertum, qui Magduni litteras docebat, Irodonem Andegavensem, Audebertum Cenomannensem; et Godefridum Remensem; at mirum est ab eo prætermissum fuisse Odonem popularem suum, utpote domo Aurelianensem, qui publice litteras in urbe Tullensi, dein Tornaci per quinquennium magna cum fama et discipulorum frequentia docuit. Hujus viri commemoratio non strictim facienda est, quippe qui Tornacense Sancti Martini monasterium, monachus et abbas illic factus, instauravit. Erat is clericus, oriundus ex urbe, ut modo dicebam, Aurelianensi, patre Gerardo, matreque Cæcilia progenitus, Odoardus vulgo vocatus, a puerita ita instructus litteris, ut nulli secundus inter Francorum sui temporis magistros haberetur. Hic primo Tulli-Leucorum scholas tenuit, inde a canonicis ecclesiæ Tornacensis ascitus, quinque annis tanta cum existimatione litteras docuit, ut non modo e Flandria, proximisque regionibus, sed etiam ex remotissimis provinciis, Burgundia, Italia et Saxonia discipuli certatim ad eum confluxerint, ad numerum usque ducentorum clericorum. Cum vero liberales artes omnes maxime calleret, præcipue tamen in dialectica excellebat, veteri sectæ eorum qui Reales vocantur, adhærens præ nova secta nominalium, quam Raimbertus quidam, famosus magister, tunc in oppido Insulensi discipulis suis prælegebat. Cum rixæ hac de re fierent, unus e Tornacensis ecclesiæ canonicis, nomine Gualbertus, qui postea Tornaci monachus, ac demum in Catalaunensi Sancti Petri monasterio abbas exstitit, quemdam pythonicum, surdum et mutum, nutibus super hac re consuluit, atque ex eo præferendum Odonem intellexit.

Cum Odo scholæ Tornacensi fere per quinquennium præfuisset, oblatus est ei a quodam clerico liber sancti Augustini *De libero arbitrio*, quem magister comparavit quidem in suæ bibliothecæ supplementum, sed in scrinium cum cæteris libris projecit, quippe qui profanæ litteraturæ totus addictus, magis delectabatur lectione Platonis quam Augustini. Forte accidit ut post duos fere menses Boetii libros *De consolatione philosophiæ* discipulis prælegeret; ubi vero ad quartum librum, in quo de libero arbitrio agitur, pervenisset, recordatus empti libri, eum sibi afferri jussit, si quid forte in eo hac de re observatione dignum reperiret. Tum, lectis duabus tribusve ejus pagellis, sic ea lectione affectus est, ut protinus convocatis discipulis, inventi thesauri volens eos esse participes : « Vere, inquit, hactenus ignoravi quantæ facundiæ et doctrinæ esset Augustinus, » moxque librum ipsum a capite exorsus, ipso ac sequenti die discipulis legit, et explanavit. Cum vero ad librum tertium pervenisset, in quo sanctus doctor miseram exponit peccatorum conditionem, qui mundum, fetidæ cloacæ similem, cœlesti gloriæ anteponunt, præ intimo dolore alta suspiria ex imo pectoris trahens : « Heu! inquit, quam stricte ista nos tangit premitque sententia! qui omnia studia nostra in vanæ scientiæ acquisitionem conferimus, divini cultus omnino immemores et cœlestis gloriæ, ea post mortem indigni futuri! Quibus dictis surrexit, totusque lacrymis perfusus ecclesiam ingressus est. Ad hæc tota turbatur schola, et canonicorum cœtus admiratione percellitur. Deinceps Odo paulatim scholæ se subtraxit, ecclesiam solito amplius frequentavit, nummos congregatos in egentes, maxime clericos, erogavit, jejuniis denique ita carnem attrivit, ut brevi præ macie a multis vix agnosceretur. Non multo post quatuor clerici ei se adjungunt, scilicet Odo abbas, Gerbertus, Rodulfus et Willelmus, præter Lanfridum, qui fuga lapsus misere periit. Verum dubii hærebant quem statum amplecterentur, canonicorum an monachorum. Utrorumque, variis locis exploratis, interim in suburbana Sancti Martini ecclesiola, ubi quondam abbatia monachorum fuerat, sed a paganis destructa, et fere in solitudinem redacta, simul habitare cœperunt. Tali exemplo recreati cives Tornacenses Rabodum episcopum rogant, ut ne Odonem ejusque socios alio migrare permittat. Ea res grata episcopo, quia ea de re Odonem interpellat; sed, cum ille nullo certo responso reddito ab episcopali domo recessisset, religiosum presbyterum, nomine Gislebertum, qui in illis partibus tunc temporis velut propheta habebatur, in Elnonensi Sancti Petri ecclesia postea humatus, adhibet piissimus præsul, ut ad suum cujusque assensum Odonem flectat. Gisleberti sermone victus Odo se illic remansurum pollicetur, si modo liberum sibi locum præstaret episcopus. Hinc ille magnopere exhilaratus, canonicorum assensum expetit; illi quasi futurorum conjectores, negant ac pernegant. Tum vero episcopus ea qua pollebat auctoritate prædictam Sancti Martini ecclesiolam, quæ sui juris erat, Odoni ejusque sociis absolute tradit, eosque solemni processione in eam deducit vi Nonas Maii, quæ dies Dominica erat, anno Dominicæ incarnationis 1092, eosque ibidem sub regula sancti Augustini in habitu clericali Deo servituros dimisit. Hæc omnia fuse commemorat Herimannus abbas in libro De restauratione abbatiæ Sancti Martini Tornacensis (*Spicil.* t. XII, p. 598 *et seqq.*). Tunc temporis sacro igne tota fere provincia contacta est, in primis urbs Tornacensis, ubi non solum ex urbe, sed etiam e remotis regionibus plurimi igne illo adusti, ad ecclesiam B. Mariæ gregatim deferebantur. Tunc episcopus ex illa principe ecclesia ad Sancti Martini ecclesiolam in die Exaltationis sanctæ crucis solemnem indixit processionem, quæ nudis pedibus facta est, deinceps ad nostrum usque tempus, inquit Herimannus, ipsa die continuata. Cæterum præter ea quæ ille auctor de Odone habet, nonnulla etiam discimus ex Godefridi Remensis magistri, ejus amici, versibus in quibus Odonis natalium nobilitas et excellentia ejus ingenii ac doctrinæ summopere prædicantur. Inter alia vero ejus opuscula laudat libellum De bello Trojano, quem ab eo editum esse scribit. Hoc Godefridi opus, *Somnium de Odone Aurelianensi* inscriptum, hactenus, ut reor, ineditum, invenimus in codice collegii societatis Jesu Parisiensis ante annos quingentos scripto. Ex quo, cum libellum integrum referre supervacaneum forte videretur, aliquot versus excerpsimus (*vide infra*). In eodem codice vidimus aliud carmen haud exiguum de primis Geneseos versibus, seu opere sex dierum, quod etsi *Odonis episcopi Aurelianensis* nomen præferat, nostri Odonis esse suspicamur, quod nullus ejus nominis antistes in toto Aurelianensium episcoporum catalogo occurrat, aliundeque Odo et Aurelianensis, et episcopus fuerit. Incipit:

Omnipotens in principio cœlumque solumque.

Anno 1113, Odo corporis infirmitate gravatus, episcopatum dimisit, seque Aquicinctum in lectica deportari fecit. Quo audito, Segardus, Sancti Martini Tornacensis abbas, cum aliquot monachis suis illuc properat, rogatque ut ad suum monasterium, quod instauraverat, ubi primo monachus primusque abbas fuerat, se deferri permittat. At Alvisus, Aquicinctensis abbas, obstitit, seque nequaquam id passurum dixit. Illic itaque perstitit Odo, ubi infra octo dies morte sublatus est XII Kalendas Julii, cum magno honore in ecclesia coram Crucifixi imagine sepultus sub candido marmore, cui ejus imago insculpta est. Scripsit quosdam libellos, scilicet super Canonem missæ, disputationem contra Judæum, et De origine animæ, uti Hermannus, ejus æqualis, in historia monasterii Sancti Martini Tornacensis asserit. Beatus Odo sive Odoardus in ecclesia Cameracensi reputatur, cui Burchardus in episcopatu successit. Encyclicam de ejus vita et obitu epistolam scripsit Amandus prior Aquicinctensis.

NOTITIA LITTERARIA

(*Histoire littéraire de la France*, tom. IX, pag. 594.)

Jusqu'ici aucun des bibliographes qui ont entrepris de parler de notre saint et docte prélat, n'a fait connaître tous les écrits qui sont sortis de sa plume. Nous allons tâcher de suppléer à ce défaut; et ce sera pour la première fois qu'on aura un catalogue entier, tant de ceux qui existent encore que de ceux qui sont perdus, mais dont il nous reste quelque connaissance. Il y en avait de deux différentes classes. Les uns, faits avant la conversion de l'auteur, roulaient sur des sciences purement séculières ou des sujets profanes, les autres avaient pour objet divers points de la religion chrétienne. Nous commencerons par discuter ceux de la première classe, puis nous passerons aux autres.

1° Avant qu'Odon quittât la ville d'Orléans, lieu de sa naissance, et par conséquent lorsqu'il était encore jeune, il avait déjà composé un poëme sur la fameuse guerre de Troie (Mab. *An.* t. V, p. 651, 1). Godefroi, scolastique de Reims, autre poëte du temps, et ami particulier de l'auteur, ayant ouï parler de cette production de sa muse, ne lui donna point de repos qu'il ne la lui eût communiquée. Elle fit naître à Godefroi occasion de faire à la louange du poëte une longue et assez ingénieuse pièce de vers, qu'il intitula : *Le Songe d'Odon d'Orléans.* On ne trouve plus au reste nulle part ce poëme d'Odon, qui paraît avoir été le premier de ses écrits; et l'on n'en a point d'autre connaissance que par les vers suivants de Godefroi. Il nous y représente le poëte porté sur les vents, d'Orléans à Reims, pour lui offrir lui-même son poëme en lui tenant ce langage.

Sic ergo me ventis credens te propter, amice;
Non timui dubias pendulus ire vias.
Et quia nostra tibi sunt semper opuscula cordi,
Nec sunt arbitrio projicienda tuo :

Attulimus qui bella canit Trojana libellum,
Quem tu sæpe tibi me recitare facis.

Au surplus, dans les vers qui précèdent ceux qu'on vient de lire, Godefroi relève beaucoup de la douceur, l'harmonie, la cadence de ceux de son ami, de sorte que si le poëme sur la guerre de Troie avait toutes les beautés que ce scolastique y découvrait, la perte en serait à regretter, mais c'est un poëte du XIe siècle qui en loue un autre, et l'on sait par là à quoi s'en tenir.

2° Lorsqu'Odon dirigeait l'école de Tournai, il composa, comme on l'a déjà annoncé, quelques écrits pour fortifier et rendre plus utiles les leçons de dialectique qu'il faisait à ses disciples. Un de ces écrits était intitulé *Le Sophiste*, et tendait à apprendre à discerner les sophismes et à les éviter (*Spic.* t. XII, p. 561).

3° Un autre écrit sur la même faculté (*ibid.*) portait pour titre *Complexionum*, Des conclusions ou conséquences, dans lequel Odon établissait apparemment les règles du syllogisme, pour mettre ce que l'école appelle un argument en forme, et apprendre par là à raisonner juste

4° Un troisième écrit encore sur la dialectique (*ibid.*) auquel l'auteur avait donné pour titre . *De l'être et de la chose*, par la raison qu'il y discutait si l'être est le même que la chose, et la chose le même que l'être. On ne connait au reste ces trois écrits que par le peu que nous en apprend Hérimanne dans ce qu'il a jugé à propos de nous transmettre des premiers événements de l'histoire de leur auteur. Sandérus, qui a trouvé parmi les manuscrits des bibliothèques de la Belgique la plupart des autres écrits d'Odon, n'y a découvert aucun des trois dont il est ici question. C'est dans ceux-ci principalement que l'auteur, ayant occasion de se nommer, prenait le nom d'Odard, sous lequel il était alors plus communément connu.

Odon, par sa manière d'enseigner la dialectique, contribua beaucoup, ainsi que saint Anselme, à soutenir la bonne philosophie, en ce que l'un et l'autre étaient fortement attachés à la méthode des réalistes, et combattaient avec la même force celle des nominaux. Mais on ignore, au cas qu'Odon ait écrit sur ce sujet, si ce fut dans quelqu'un des trois traités dont nous venons de donner une notice. Quoi qu'il en soit, le service qu'il rendit en ce point à la philosophie contribua beaucoup à soutenir la bonne théologie, à quoi concoururent aussi les ouvrages qu'il composa sur des matières théologiques. Ce sont ceux-ci que nous allons maintenant discuter.

5° Amand du Chastel, panégyriste d'Odon (BOLL., XIX Jun., p. 915. n° 8), et Hérimanne, son principal historien (Spic. ib., p. 469), attestent qu'il fit une explication du canon de la messe. Henri de Gand, (HEN. GAND., c. 4), Trithème (TRIT. Script., c. 571), et tous les autres bibliographes postérieurs s'accordent aussi à lui donner le même ouvrage qui a eu un sort plus heureux que les précédents. Nous l'avons effectivement à la tête des autres productions de la plume de son auteur qui ont échappé au naufrage qu'ont souffert tant d'autres (Bib. PP., t. XXI).

Odon était déjà évêque lorsqu'il y mit la main, comme il paraît par le titre qu'il en prend avec un trait d'humilité, à la tête de la petite préface ou épître adressée à Odon (1), moine d'Afflighem, aux instantes prières de qui il entreprit l'ouvrage. Il commença à y travailler sous les yeux de cet ami, et le finit lorsqu'il l'eut quitté; ce qui signifie ou que l'auteur étant allé à Afflighem, le moine Odon ne l'en laissa point sortir qu'il n'eût commencé à lui accorder ce qu'il lui demandait avec tant d'ardeur, ou qu'il était allé lui-même trouver l'auteur pour lui faire mettre tout de bon la main à la plume. Dans cette préface, l'évêque Odon conjure ceux qui entreprendront de tirer copie de son explication, d'avoir soin de transcrire correctement en tête de chaque paragraphe ou chapitre le texte du canon qu'il y explique. Il en apporte cette raison remarquable : c'est, dit-il, pour éviter qu'il ne s'y glisse quelque changement par les additions ou retranchements qu'on y pourrait faire, et qu'il n'est pas permis d'y rien changer sans l'autorité du Souverain Pontife. On voit par là quel respect ce pieux évêque avait pour cette principale partie de la liturgie. C'est ce qu'il montre encore par l'humble aveu qu'il fait de son incapacité à traiter de si profonds mystères. Il y a réussi cependant d'une manière aussi claire et précise que pleine de piété et d'onction. Pour y procéder avec plus d'ordre et de clarté, il a divisé son texte en quatre parties, qui forment autant de sections ou chapitres dans l'explication qu'il en donne. A la fin est un court épilogue, ou conclusion, pour prier les copistes d'être attentifs à conserver cette même division, et d'en écrire les titres en lettres majuscules, afin de la faire remarquer du premier coup d'œil.

L'auteur n'y passe presque aucun mot de son texte sans le tourner pour ainsi dire par toutes ses faces, et lui donner tous les sens dont il est susceptible. Dans le cours de son explication, il est soigneux de marquer les points de dogme, de morale et de discipline auxquels ont trait les endroits qu'il explique. Sur ce plan, il établit sans équivoque la transsubstantiation dans l'Eucharistie, et par conséquent la présence réelle. Il observe que pour prier comme il convient, il faut le faire avec confiance et humilité; que dans les premiers siècles de l'église on ne célébrait point de messe sans l'assemblée des fidèles, et que la pratique des messes privées ne s'était introduite que dans la suite des temps, et surtout dans les monastères.

Sur la première invocation des saints qui se fait dans le Canon, l'auteur fait remarquer contre les ennemis de cette ancienne pratique que quiconque n'honore pas les membres, n'honore pas non plus le chef ; que quiconque n'honore pas les saints, n'honore pas non plus Jésus-Christ, et qui n'honore pas Jésus-Christ qui est le Fils, n'honore pas non plus le Père. Il y aurait quantité d'autres remarques édifiantes à faire dans l'écrit d'Odon, mais celles-ci suffisent pour faire juger de son mérite. L'auteur ne s'est point arrêté à expliquer l'oraison dominicale, par la raison que plusieurs autres l'avaient fait avant lui.

Rien ne peut guère mieux faire connaître le prix de ce traité d'Odon que de savoir le grand nombre d'éditions qu'on en a données. Dès le XVᵉ siècle, il y en eut trois différentes. Guyot le Marchand, imprimeur à Paris, en donna deux in-8°; l'une datée de la maison royale du collège de Navarre au Champgaillard, le seizième d'août 1490; l'autre, la quatrième de janvier 1496, suivant le calcul de France. Celle-ci fut précédée d'une autre qui sortit des presses de George Mitthelhuf, autre imprimeur à Paris, l'année 1492, en un petit volume in-4° de ce temps-là. Le même écrit parut encore in-8°, avec le traité *Des cérémonies de la messe*, par François Titelman, cordelier à Anvers, chez Guillaume Vosterman, en 1528 et 1530; à Caen, chez Michel Angier, 1529, même format, et à Mayence, chez François Behem, en 1554, encore même format, par les soins de Philippe Agricola, citoyen de Mayence. Le P. Labbe en marque deux autres éditions que nous n'avons ni vues par nous-mêmes, ni trouvées ailleurs : l'une faite à Anvers en 1552, et l'autre à

---

(1) Sanderus (*Bib. Belg.*, mss., par. I, p. 167) a lu *Wolbodon* pour *Odon*, à moins que le manuscrit sur lequel il est tombé ne fût plus correct que celui sur lequel a été imprimé l'opuscule.

Lyon en 1556. Il en est de même de deux autres indiquées par Lipenius comme faites à Cologne en 1565 in-8°, et en 1575 in-folio, apparemment dans quelque recueil. Enfin, l'écrit d'Odon ayant été publié la même année dans la Bibliothèque des Pères de Margarin de la Bigne, a été réimprimé dans toutes les autres collections qui portent le même titre. Il se trouve au XXI° volume de la dernière édition, et avant que d'y passer, il avait été encore imprimé séparément in-4° à Paris, en 1604.

6° A la suite de l'écrit précédent dans la Bibliothèque des Pères, en vient un autre de l'évêque Odon touchant le péché originel. Celui-ci est divisé en trois livres et reconnu disertement pour être son ouvrage par ses deux historiens déjà cités. Il est vrai qu'Hérimanne ne l'annonce que sous le titre de *Traité sur l'origine de l'âme*, par la raison que cette matière fait le principal objet du troisième livre qui est le plus prolixe et même partie du second. Il n'est point adressé à Amand du Châstel, prieur d'Anchin, comme le dit Possevin, qui l'a confondu en ceci avec un autre écrit dont il sera parlé dans la suite.

Odon déclare que ce ne fut qu'avec une peine extrême qu'il se détermina à traiter cette question qui avait été avant lui si souvent agitée sans avoir été entièrement éclaircie, et qui lui paraissait enfermer beaucoup d'obscurité. Mais vaincu par les instances de quelques-uns de ses frères et par la charité qu'il leur portait, il ne put refuser de s'y prêter. Il semble qu'il n'était pas encore évêque lorsqu'il mit la main à la plume pour l'exécution de ce dessein. Frappé de la difficulté d'y réussir, il commence par implorer les lumières du Saint-Esprit, afin de ne rien écrire qui ne lui fût agréable. Après quoi il réduit toute la question à savoir comment nous avons péché en Adam et tiré de lui le péché originel. En supposant le dogme établi par S. Paul, *Que tous ont péché en Adam*, Odon entre en matière et traite son sujet purement en philosophe. Avant que de le finir, il rend raison de ce qu'il en a usé de la sorte, et dit que ce n'est pas pour affermir la vérité par des raisonnements philosophiques, elle qui se soutient par elle-même, mais pour l'éclaircir et la mieux faire connaître.

Ce traité, quoique tout philosophique, est écrit avec beaucoup de clarté et une grande précision. Il y a d'excellentes choses touchant la notion du mal en général, parmi lesquelles se trouve une juste réfutation du sentiment des manichéens, qui soutenaient que le mal moral était une substance, ou quelque chose de réel, ce qui revient au même. Comme la notion de l'origine de l'âme sert beaucoup à expliquer la question touchant le péché originel, l'auteur entre dans une grande discussion sur ce point qui avait grandement occupé avant lui plusieurs philosophes. En réfutant les opinions opposées, il maintient que chaque âme est immédiatement créée de Dieu, et qu'elle ne laisse pas néan-

moins de contracter le péché originel : ce qu'il explique par un enchaînement de questions qu'il traite toujours en philosophe.

7° Un autre écrit d'Odon qui est imprimé sous son nom, à la suite des deux précédents, et que ses deux historiens comptent entre ses opuscules, est une *Dispute* en forme de dialogue qu'il eut avec un juif nommé Léon. Il s'y agit principalement de l'Incarnation du Verbe et de la rédemption des hommes, qui en est le principal effet. Odon étant allé, aux approches de Noël 1105 à Femy, abbaye de son diocèse, y parla aux frères assemblés en chapitre sur le motif et la cause de l'Incarnation. Un d'entre eux, nommé Acard, touché de ce discours, mais n'en pouvant retenir le contenu, pria dans la suite l'évêque de vouloir bien le rédiger par écrit. Le bon prélat pensait sérieusement à le satisfaire, lorsqu'il fut obligé de se mettre en route pour se rendre au concile que le légat Brunon, évêque de Segni, avait convoqué à Poitiers pour le mois de mai 1106. Il arriva qu'en passant par Senlis il eut occasion de faire usage de ce qu'il avait dit dans ce discours contre le juif Léon, qui était allé le trouver pour disputer contre lui. Au bout de quelque temps, Odon mit en ordre cette dispute, qui contient le fonds de son discours, marquant en tête des questions ou difficultés du juif un L., qui désigne son nom, et en tête des réponses qu'il y fit un O., qui signifie Odon. L'écrit ainsi rédigé, il l'envoya à Acard, avec une petite préface ou épître, dans laquelle il raconte lui-même les aventures de cet écrit telles qu'on les vient de lire. Henri de Gand et Trithème, peut-être d'après lui, disent que ce Dialogue est adressé à Wolbodon, moine d'Afflighem. Y en aurait-il eu deux différentes dédicaces? Non-seulement le titre, mais encore le texte de la préface dans les imprimés, nomment formellement Acard, moine de Femy.

La manière dont l'auteur raisonne dans ce Dialogue est encore presque entièrement philosophique, et il y fait très-peu d'usage de l'Écriture sainte, reconnue pour telle par son adversaire. Au reste, quoique tout y soit traité par le raisonnement avec quelque secours tiré de la révélation, Odon ne laisse pas de réussir à convaincre son juif qu'il n'y avait que Dieu seul qui pût satisfaire pour les péchés du genre humain, d'où il tire la nécessité de l'Incarnation du Verbe. Ensuite, après l'avoir conduit à ce point, il lui demande pourquoi il refuse de croire. Le juif répond qu'il ne veut pas exposer la vérité de sa religion aux raisonnements des chrétiens.

8° Dans le même recueil les trois derniers écrits d'Odon sont suivis d'un autre touchant le blasphème contre le Saint-Esprit, qu'Amand du Chastel, qui le devait bien connaître, lui attribue avec les précédents. Ce fut en effet à la sollicitation d'Amand, qui n'était encore que simple moine d'Anchin, dont il devint bientôt après prieur et ensuite abbé de Marchienne, qu'Odon entreprit cet opuscule. Amand dit même qu'il lui fît l'honneur de le lui dédier; mais cette dédicace ne paraît point dans l'imprimé. L'auteur le composa à Anchin, où il était alors, après avoir été expulsé de son Église, à l'occasion qui a été rapportée plus haut. S'entretenant quelquefois de choses spirituelles avec cet ami, celui-ci lui témoigna qu'il désirait fort être instruit de ce qu'on entend par le blasphème contre le Saint-Esprit. Odon le renvoya à ce qu'en avaient dit les SS. Pères en expliquant l'Évangile. Mais Amand, n'y ayant point trouvé de quoi le satisfaire, insista auprès du bon évêque pour en obtenir une explication de sa façon. Odon, vaincu par ses instances, et sachant d'ailleurs que l'application qu'il avait donnée à son traité *Du péché originel* lui avait fait découvrir plusieurs choses qu'il ignorait auparavant, se détermina à lui accorder sa demande. Il se ressouvint qu'il avait lu autrefois que S. Augustin avait traité le même sujet. Mais il désespérait de recouvrer ce qu'il en avait écrit, par la raison que ni lui-même ni personne de sa connaissance n'avaient encore pu parvenir à le lire. Il prit donc le parti d'en faire un traité tout nouveau.

D'abord l'auteur commence par copier les endroits des évangélistes, S. Matthieu, S. Marc et S. Luc, dans lesquels il est parlé du blasphème contre le Saint-Esprit, qui est irrémissible en cette vie et en l'autre. Après quoi, il établit la difficulté qui en résulte, en ce que l'Église a toujours enseigné et enseigne encore constamment qu'il n'est point de péché qui ne puisse être remis. Odon lève la difficulté en disant que l'Évangile nous donne comme irrémissible le blasphème contre le Saint-Esprit, en sous-entendant sans la pénitence, parce que ce blasphème est l'impénitence même : au lieu que l'Église enseignant qu'il n'est point de péché qui ne puisse être remis, sous-entend par le moyen de la pénitence. L'auteur fait venir ici ce que S. Jean l'Évangéliste dit dans sa première Épître, touchant le péché persévérant jusqu'à la mort, pour lequel il ne veut pas que l'on prie, et fait observer qu'en cela le disciple bien-aimé s'accorde avec les trois évangélistes, par la raison que ce péché n'est autre que le blasphème contre le Saint-Esprit, ou l'impénitence finale. Enfin Odon s'explique pourquoi ce blasphème est nommé contre le Saint-Esprit, plutôt que contre le Père ou le Fils, et en rend cette raison, savoir que le Saint-Esprit étant proprement et spécialement charité, c'est lui qui remet les péchés, et que rien n'étant plus opposé à cette rémission que l'impénitence finale ou le blasphème, c'est à juste titre qu'il est qualifié contre le Saint-Esprit.

L'évêque Odon, au reste, a suivi dans tout cet écrit, sa manière de raisonner philosophiquement, qui paraît lui avoir été fort familière. Il y en a laissé une marque bien sensible, par la figure en carré traversée d'une ligne en croix, pour en indiquer les angles qu'il y a enchâssés. L'utilité de cette figure est pour faire voir d'un coup d'œil les contraires et les opposés avec les effets des uns et des autres, en ce qui regarde la matière qu'il traite. Par exemple, la rémission des péchés et la pénitence sont contraires à l'irrémission et à l'impénitence. La rémission est opposée par justice à l'impénitence, et l'irrémission l'est par miséricorde à la pénitence. La pénitence produit la rémission, et l'impénitence l'irrémission. C'est ce que présente à la vue la figure dont il s'agit.

9° Suit dans le même recueil un autre écrit de l'évêque Odon, sur les Canons des Évangiles, marqué entre ses autres opuscules, par Armand du Chastel. Cet opuscule, qui avait besoin de la figure qui y est représentée pour en faire saisir le sens, est pour apprendre à faire des tables, afin d'y montrer en quoi les évangélistes s'accordent entre eux dans tout ce qu'ils ont écrit. Odon en distingue dix, ainsi que faisaient les anciens, et telles qu'on les voit gravées, nommément à la tête de la belle édition in-folio du Nouveau Testament grec de Robert Etienne. La première table comprend les quatre évangélistes ; la seconde est destinée à S. Matthieu, S. Marc et S. Luc ; la troisième à S. Matthieu, S. Luc et S. Jean ; la quatrième à S. Matthieu, S. Marc et S. Jean ; dans la cinquième on place S. Matthieu et S. Luc ; dans la sixième S. Matthieu et S. Marc ; dans la septième S. Matthieu et S. Jean ; dans la huitième S. Marc et S. Jean ; dans la neuvième S. Luc et S. Jean ; enfin la dixième est réservée pour ce que chaque évangéliste a de particulier, et qui n'est commun à aucun autre. On voit dans cette distribution qu'il n'y a point de table pour S. Marc, S. Luc et S. Jean réunis ensemble, parce qu'il ne se trouve rien dans leurs Évangiles qui s'accorde entre eux trois. Au haut de chaque table respectivement, on marque les noms des évangélistes à qui elle est destinée, puis on y rapporte les textes dans lesquels ils conviennent ensemble.

10° Le panégyriste d'Odon, Amand du Chastel, compte entre ses écrits une homélie sur l'évangile du mauvais fermier, qui se lit à la messe du huitième dimanche après la Pentecôte, et ne fait que l'annoncer sans la caractériser autrement. Mais Henri de Gand (c. 4), qui la met en tête des autres écrits de notre prélat dont il parle, nous la donne pour une belle pièce, *homiliam pulchram*. Il y en a une imprimée sous son nom, à la suite des écrits dont nous venons de rendre compte, et qui roule sur la même parabole. On en trouve au moins une autre sur le même texte de S. Luc, entre les sermons autrefois attribués à S. Bernard, quoiqu'elle ne porte aucun nom d'auteur. En dernier lieu, dom Martène et dom Durand en ont publié une troisième (*Anecd.* t. V, p. 854, 859-78), décorée du nom d'Odon, évêque de Cambrai, dans un manuscrit de l'abbaye de Préaux, qui la leur a fournie, et maintiennent que c'est celle que Henri de Gand et Trithème lui attribuent. La raison qu'ils en apportent est qu'elle retient mieux les caractères sous lesquels ces bibliographes la représentent, que celle qui est imprimée dans la Bibliothèque des Pères. Ils ne nient pas néanmoins absolument que cette autre ne puisse être aussi l'ouvrage d'Odon, parce qu'il ne serait pas extraordinaire qu'il en eût fait deux sur le même sujet, de quoi l'on trouve tant d'exemples par rapport à d'autres auteurs d'homélies.

Mais il y a une si grande et si sensible différence, principalement à l'égard du style, entre l'homélie imprimée dans la Bibliothèque des Pères, et celle qu'a publiée dom Martène, que quiconque aura lu attentivement l'une et l'autre, ne jugera jamais qu'elles soient de la façon d'un seul et même auteur. La première est courte, écrite en un style clair, coupé, fort concis, et développe le sens du texte sacré d'une manière naturelle, et sans user de grands raisonnements. L'autre au contraire est fort prolixe, et presque quatre fois plus longue que la première. Le style en est diffus, quoique clair, et les raisonnements longs et multipliés. Ajoutons qu'elle paraît plus récente que la première, qui semble n'avoir pas été inconnue à l'auteur. Au moins débute-t-il par dire que plusieurs autres avant lui avaient expliqué à leur mode, et suivant les besoins et les dispositions de leurs contemporains, la même parabole. Cela posé, qu'on rapproche des autres écrits de l'évêque Odon l'une et l'autre homélie, et l'on reconnaîtra à coup sûr toute sa manière d'écrire et son génie dans la première. Qu'on fasse surtout attention à son *Explication du Canon de la messe*. Si au reste on n'a égard qu'au fond de ces deux pièces, c'est-à-dire aux instructions qu'elles enferment, l'une et l'autre a son mérite, et contient d'excellentes moralités.

Quant à celle qui se trouve sans nom d'auteur dans les anciennes éditions des œuvres de saint Bernard, elle ne peut appartenir à notre prélat, puisqu'elle est adressée au cardinal Matthieu, évêque d'Albane, qui n'avait point été encore élevé à ces dignités du vivant d'Odon de Cambrai. D'ailleurs l'on a reconnu dans la suite que cette homélie est l'ouvrage d'un Bernard, moine de Cluni, différent du saint abbé de même nom, et c'est sous son nom qu'elle a été réimprimée dans les nouvelles éditions.

11° Outre l'homélie sur le mauvais fermier, ou l'économe infidèle, Trithème attribue encore indistinctement d'autres homélies à l'évêque Odon ; ce qui paraît fondé sur ce qu'il faisait, au moins quelquefois, comme il a été dit, usage du don de la parole qu'il avait reçu avec avantage. Il se trouve effectivement quelques autres homélies décorées de son nom. Le manuscrit coté 1506 de la bibliothèque du Vatican (MONTF. *Bib. bib.*, p. 48), entre ceux de la reine de Suède, en offre deux, l'une sur la Chananéenne qui porte le nom de notre prélat avec le titre d'évêque de Cambrai, et l'autre sans nom d'auteur, sur la passion du Sauveur, mais qu'on juge être aussi son ouvrage.

12° Un autre manuscrit du collège de Louis le Grand à Paris, où se trouvent les poésies de Godefroi, scolastique de Reims, contient aussi un long poëme sur les premiers versets du livre de la Genèse, ou l'ouvrage des six jours. L'inscription le donne à un Odon, évêque d'Orléans. Mais comme cette ville n'eut jamais d'évêque de ce nom, et que notre prélat en était natif, on ne doute point que ce ne soit lui-même qu'on a voulu nommer dans cette inscription. Du reste dom Mabillon, qui avait vu ce manuscrit, ne nous apprend rien ni de la manière dont le sujet est traité dans le poëme, ni des caractères de la versification de son auteur. On a vu plus haut que Godefroi de Reims la louait beaucoup en général.

13° Valère André (*Bib. belg.* p. 707), Aubert le Mire et autres attribuent à Odon un recueil de paraboles, sans nous en donner d'autre éclaircissement, sinon qu'il s'en trouvait autrefois un exemplaire manuscrit à Saint-Michel d'Anvers. On en voit encore en nos jours deux autres exemplaires à la bibliothèque du Vatican (MONTF. *ib.* p. 37), l'un sous le nom du grand Odon, évêque et docteur en théologie, entre les manuscrits de la reine Christine, l'autre sous le nom d'Odon, évêque et docteur simplement, entre les manuscrits d'Alexandre Petau.

14° Trithème (*ibid.*) et Simler (*Bibl.* p. 530) grossissent encore d'un recueil de lettres le catalogue des écrits de l'évêque Odon. Il n'en paraît point néanmoins d'imprimées que celles qui sont à la tête de quelques-uns de ses opuscules, et qui leur servent de préfaces. Mais il n'en est pas question ici ; et d'ailleurs on les a déjà fait connaître. Pour ce qui est des autres, nous n'en avons découvert qu'une seule qui se trouve entre les manuscrits de l'abbaye de Vauclerc (MONTF. *ib.*, p. 1501). Elle est écrite à un nommé Guillaume, moine d'Affligem, où notre prélat avait des habitudes, comme on l'a vu plus haut.

15° Dans le même manuscrit est unie à la lettre précédente l'*Explication du Canon de la messe* par Odon, avec deux autres traités encore sous son nom, et les deux titres suivants : *Traité sur le Canon ; du corps et du sang du Seigneur*. N'étant pas à portée d'examiner par nous-mêmes ce manuscrit, nous n'en pouvons parler que par conjecture. Il nous paraît fort vraisemblable que ce *Traité sur le Canon*, distingué ici de l'*Explication du Canon de la messe*, n'est autre que l'opuscule sur les canons de l'Évangile. Il en est apparemment de même de l'autre traité qui n'est peut-être que l'extrait de ce qu'Odon dit de la transsubstantiation et des autres points qui concernent l'Eucharistie dans son *Exposition du Canon de la messe*.

16° Il semble qu'on est en droit de compter au nombre des ouvrages de notre savant évêque les Tétraples du Psautier (SAND. *Bib. Belg.*, ms. par. I,

p. 107), qu'il fit faire lorsqu'il était abbé de Saint-Martin, comme il a été dit dans son histoire, et qui y étaient encore conservés au temps de Sanderus. Quand même il n'aurait eu d'autre part à ce rare recueil que d'en avoir conçu le dessein et dirigé l'exécution, il aurait rendu par là un grand service à la littérature.

17° Comme il paraît là qu'il avait du goût pour la langue hébraïque, ne serait-on pas autorisé à le prendre pour cet Odon, auteur d'une introduction à la théologie, dans laquelle sont cités en hébreu plusieurs passages de l'Ecriture sainte? (*Bib. Angl.* ms. par, III, p. 545). Il est vrai que cet auteur, dont l'ouvrage se trouve manuscrit dans les bibliothèques d'Angleterre, est simplement nommé Odon, sans qu'il y ait rien qui désigne ni sa patrie, ni son état, ni sa dignité.

18° Un manuscrit de la bibliothèque Pauline à Leipsick renferme un Traité ou Exposition du nombre de trois sous le nom d'Odon, qui n'y est pas autrement qualifié (MONTF. *ib.* p. 545). L'ouvrage est orné de vingt-huit figures, pour rendre plus sensible ce qu'il contient. Simler (*Bib. ib.*), qui en parle, dit que son auteur était fort versé dans la connaissance des mathématiques. Ces traits conviennent presque tous à l'évêque Odon, et semblent le caractériser. Il était platonicien, secte de philosophes qui raisonnent beaucoup sur la combinaison des nombres. Il avait aussi coutume d'orner ses écrits de figures, comme il paraît par ses opuscules sur le péché irrémissible, et sur les canons des Evangiles. Enfin il était astronome, science qui suppose la connaissance de quelque partie des mathématiques. Malgré toutes ces conjectures, nous n'osons prononcer que le traité dont il est ici question soit son ouvrage.

19° Valère André et Cave (*Script.* p. 560), lui font encore honneur d'un recueil de conférences. Mais ici ces deux bibliographes ont confondu Odon, évêque de Cambrai, avec saint Odon, abbé de Cluni, à qui appartient cet ouvrage, et l'on n'en connaît point d'autre de cette nature qui porte le nom d'Odon.

29° Enfin il y a une lettre fort courte de notre prélat à Lambert, évêque d'Arras (BAL. *Misc.* t. V, p. 545). Ce n'est qu'un simple démissoire en faveur d'un clerc qui passait du diocèse de Cambrai à celui d'Arras. Il y a une autre lettre de Lambert à Odon. On publiait alors comme de la part de ce dernier, que l'empereur voulait changer les bornes des deux diocèses. Lambert lui expose l'injustice qui résulterait de ce dérangement, et il demande à Odon s'il a quelque part à ce projet; nous n'avons pas la réponse de l'évêque de Cambrai.

ODONIS

EX ABBATE PRIMO TORNACENSI, EPISCOPI CAMERACENSIS ECCLESIÆ

OPUSCULA SACRA

NUNC PRIMUM STUDIO ANDREÆ SCOTTI S. J. MAXIMA EX PARTE IN LUCEM EDITA

(*Biblioth. Patr.*, tom. XXI, pag. 221.)

EXPOSITIO IN CANONEM MISSÆ

ODONIS PRÆFATIO

ODO, Cameracensis Ecclesiæ minister indignus, ODONI, dilecto filio suo, sub venerabili abbate Hafliginensi Fulgentio, Dominicis castris militanti, salutem.

Præsumptionis argui timeo, quod ausus sum rem difficilem contingere, et extendere conatus in altæ profunditate: scilicet exponere canonem altaris, et probare tanta mysteria, sicut scriptum est: *Altiora te ne quæsieris, et fortiora te ne scrutatus fueris* (*Eccli.* III). Sed quomodocumque me judicent alii, tu scis, frater, quanta precum instantia me vicisti, ut tantum onus sustollerem, magis credens adjuvari devotione et precibus tuis quam mea virtute. Impium enim erat tanto desiderio non acquiescere, etiamsi vires excedat: et judicavi magis sub fasce ruendum, quam tibi omnino contradicendum. Itaque confisus in Dei auxilio, ut tuis precibus tibi cœpi præsens apud te, et absens perfeci sine te. Odo autem, ut textus cujusque capituli præscribatur expositioni totius, ne cito præsumantur additiones vel detractiones, vel mutationes in sacro Canone: quod nefas ducimus fieri, sine Romano pontifice.

TEXTUS CANONIS.
PRIMA DISTINCTIO.

Te igitur clementissime Pater, per Jesum Christum Filium tuum, etc.

EXPOSITIO DOMINI ODONIS.

Quia dignum et justum est nobis tibi agere gratias : *Te igitur, clementissime Pater*, rogamus, ut a nobis sacrificium accipias. Et quia nostras voces supplici confessione admittis, *Te igitur, clementissime Pater, per Jesum Christum Filium tuum supplices rogamus*, et reale sacrificium acceptari, ut laudes vocum substantiale sequatur sacrificium.

Rogamus et petimus. Rogatio ostendit humilitatem, petitio confidentiam; qui aliquid implorat humilitatem debet ostendere et de impetratione confidere. Itaque supplices rogamus, confidenter petimus. Unde scriptum est : *Petat a Domino nihil hæsitans. Qui enim hæsitat, similis est fluctui maris* (Jac. 1). Et iterum : *Quidquid credentes petieritis, accipietis* (Marc. XI).

Uti accepta habeas et benedicas. Accepta, id est grata et placita. Accepta habeas, culpis nostris data venia non offensus, imo nostra devotione placatus. *Et benedicas*, multiplicando gratiam, augendo dignitatem, imo convertendo in excellentissimam immortalitatis et incorruptionis creaturam.

Hæc dona. Hæc dona, quæ tibi donamus, ut tibi maneant per tuam benedictionem firmata; hæc dona quæ tibi donamus, ut apud te consistant per tuam benedictionem incorrupta; hæc dona quæ tibi donamus, ut fiant tibi Deus assumpta, siquidem *Verbum caro factum est (Joan. 1)*.

Hæc munera. Solemus illos munerare a quibus aliquid molimur obtinere. Hæc munera quibus te in pane terreno muneramus, ut obtineamus eum cœlestem; hæc munera, quibus in corporali cibo te muneramus, ut alimentum inde spirituale consequamur; hæc munera, quibus te muneramus in substantia panis et vini, ut percipiamus inde corpus et sanguinem Christi.

Hæc sancta sacrificia illibata. Sancta, quia Deo oblata; illibata, quia adhuc integra et intacta. Neque enim contingi debent, donec sumpserint vim spiritualem, et conversa fuerint in Christi corpus et sanguinem. Nam prius sumpta, corpus tantum pascerent. Unde quidam superioribus adjungunt quod sequitur, sic distinguendo. Illibata imprimis, id est intacta primum quousque divina benedictione munita, ad salutem sumantur animæ et corporis. Ex hoc verbo admonemur, ut appositus panis integer sit et nulla fractione vel læsura violatus.

Imprimis, quæ tibi offerimus pro Ecclesia tua sancta Catholica. Imprimis, quod superioribus jungitur secundum prædictum sensum, jungitur etiam inferioribus, significando quod offeramus hostiam, primum pro tota Ecclesia, deinde pro aliis qui sequuntur.

Quam pacificare ab hostibus visibilibus et invisibilibus ut nec hominum persecutionibus conculcetur, nec instinctu dæmonum criminibus polluatur.

Custodire. In ipsa pace.

Adunare. Ne schismatibus ullis et hæresibus dividatur, sed in unitate sacramentorum catholicæ fidei, in omnibus tota adunetur Ecclesia.

Et regere digneris toto orbe terrarum. Ut in suis consiliis, dispositionibus, judiciis, decretis, institutis, actionibus nullo decipiatur errore, et in omnibus tuo ducatur moderamine.

Una cum famulo tuo papa nostro, et antistite nostro, et rege nostro, et omnibus orthodoxis atque catholicæ et apostolicæ fidei cultoribus. De toto descenditur ad partes, ut, cum imprimis pro tota Ecclesia oratio fieret, postea de singulis solliciti simus. Alio namque tota Ecclesia eget regimine, alio singulæ Ecclesiæ, et alio singuli homines. Alia cura rebus est exhibenda publicis, alia privatis. In tribus autem personis pro quibus orandum proposuit, hoc observandum videtur, ut pro papa vero, et antistite et rege orent reliqui presbyteri.

Orthodoxis. Id est, vita et doctrina gloriosis, quorum fama dilatatur in populo, merito vitæ et doctrinæ.

Fidei cultoribus. Non fidem tantum habentibus. Aliud est enim fidem habere, et aliud fidem colere; fidem colit, qui studet et intendit secundum fidem vivere cum multi fidem habeant qui hoc non faciant.

TEXTUS CANONIS.
DISTINCTIO SECUNDA.

Memento, Domine, famulorum famularumque tuarum, NN. et omnium circumstantium, quorum tibi fides cognita est, et nota devotio, pro quibus tibi offerimus, vel qui tibi offerunt hoc sacrificium laudis, etc.

EXPOSITIO DOMINI ODONIS.

Prima periodus hucusque protensa pro tota Ecclesia omnibusque fidei cultoribus orat. Secunda, quæ hic incipit, pro præsentibus se accingit qui sancti sacrificii sunt astipulatores et cooperatores. *Memento, Domine, famulorum famularumque tuarum et omnium circumstantium*, id est, Memento quidem eorum quos supra proposui, id est omnium catholicæ fidei cultorum, tam masculorum quam feminarum, et omnium circumastantium, scilicet qui corporaliter adsunt, sanctorum cooperatores mysteriorum. Neque enim tanta sufficio sacramenta conficere, nisi collectæ multitudinis adjutus oratione, quam prius etiam sum hortatus ad orationes, dicendo : Orate, fratres. Et sicut prima periodus a toto descendit ad partes, ita secunda hæc ab universali procedit ad particulare. Omnes vero circumstantes, particulariter sequuntur. Et ne præsentibus intersint aliqui fidei prævaricatores et vitiosæ vitæ, subjungitur.

Quorum tibi fides cognita est. Id est, qui probatæ fidei sunt, et depositionis apud te. Cognoscere etenim Dei, approbare est. Aliter : *Memento, Domine, famulorum famularumque tuarum.* Et quia consequens in quibusdam codicibus invenitur N littera, aliquorum fieri memoriam nominatim significatur. Unde quidam usu tenent hoc in loco memorandi, quos chariores habent, consequenter subjungentes : Et omnium circumstantium, ut, facta memoria charorum absentium, fit et astantium.

Et omnium circumstantium. Cum primitus missæ sine collecta non fierent, postea mos inolevit Ecclesiæ, solitarias et maxime in cœnobiis fieri missas.

Et cum non habeant quam pluraliter collectam salutent, nec plurales mutare possunt salutationes, convertunt se ad Ecclesiam, dicentes se Ecclesiam in Ecclesia salutare, et in corpore totum corpus alloqui, et virtute totius communionis in Ecclesia confici sancta mysteria per gratiam Dei, nec esse quemquam alicubi infidelium, qui vivificorum non fiat particeps et cooperatorius sacrosanctorum, dum in corpore Ecclesiæ adhæret capiti, velut utile membrum. Secundum quem sensum, in hoc loco circumstantes accipiuntur omnes ubique fideles, qui in unitate totius corporis, et sibi adhærent invicem, et summo capiti, ut quidquid boni fiat in toto corpore, ab eo nullo modo sit alienus, quisquis ab ipso corpore non est divisus, sed omne bonum cuilibet membro in salubrem succum ministretur, ut totum corpus vegetetur a Spiritu Dei. Et hoc modo repetitur oratio, quæ prius facta est pro omnibus catholicæ fidei cultoribus a solitariis dicentibus frequenter iterandas orationes, ut saltem importunitate vincatur Deus.

Quorum tibi fides cognita est, id est ideo, Domine, memento omnium circumstantium, omnium scilicet fidelium, quia eorum tibi fides cognita est et nota devotio. Sic solitarii hunc locum intelligunt.

Pro quibus tibi offerimus, vel qui tibi offerunt. Non solum sacerdotes et clerus, (qui secundum diversos gradus divinis occupantur divitiis) offerunt, sed etiam audientes, qui votis et orationibus assistunt cooperantes, et osculo pacis tanquam communicant, confirmantes quod actum est.

Ut sacrificium laudis, vere laudis est divinæ hoc sacrificium, sicut in hoc officio testati sumus : dignum et justum est, æquum et salutare Deo Patri gratias agere, et cum laudibus angelicis precati sumus nostras voces admitti.

Pro se suisque omnibus; pro nobis offerimus, quando sacrificio poscimus Deum habere, et tutorem contra pericula corporis et animæ, et propitium ad obtinendos successus bonos in utra-

parte. Pro nostris omnibus quando oramus pro amicis nostris et rebus. Supplicamus enim pro pace amicorum, quando sunt in bello; pro tranquillo reditu, si sint in itinere; pro sanitate, si in infirmitate decumbunt; pro conversione, si perverse vivunt; et contra amicorum incommoditates ut, adjuvante Deo, evadant. Pro rebus nostris frequentes in libris Missalibus invenimus postulationes. Oramus enim tempore sacrificii contra incendia, pro locis nostris; contra nimium aeris siccitatem, vel tempestatem, pro fructibus nostris; contra pestem pro animalibus nostris; contra alia damna, pro rebus aliis. Habemus enim secundum Apostolum in Christo consolationem præsentis vitæ et futuræ (*I Tim.* IV)

Pro redemptione animarum suarum. Hoc enim solum est sacrificium quo redimi potuimus, cujus bonum sufficit contra nostrum malum, quod magis est bonum, quam peccatum nostrum sit malum, et ideo majori pretio redimit nos a nostro malo.

Pro spe salutis, et incolumitatis suæ. Hoc sacrosanctum sacrificium, non solum liberat nos a malis, sed etiam accumulat nos bonis; non solum nos eripit a pœnis, sed etiam auget gaudia salutis et incolumitatis. Salutis, inquam, æternæ animarum, incolumitatis, id est incorruptionis perpetuæ corporum, et hoc est pro quo offerimus tam pretiosum munus.

Tibique reddunt vota sua. Offerendo sacrificium laudis, reddunt tibi vota sua. Aliter forsitan vota sua non redderent, nisi tale sacrificium offerrent. Adjuvantur sacrificii virtute, ut vota queant reddere. Difficile est comprimere vitia, virtutes in habitum trahere. Sed ut hæc vota queant reddere sancti, a Deo necesse habent roborari.

Æterno Deo, vivo et vero. Ad differentiam falsorum deorum et insensibilium, quibus gentes astra solvebant. Communicantes, tibi offerunt sacrificium laudis, tibique reddunt vota sua.

Communicantes. Extra communionem namque non est locus offerendi Deo veri sacrificii vel vota solvendi.

Et memoriam venerantes. Aliter Deo gratum non offerimus sacrificium, aliter Deo utiliter vota non solvimus, nisi memoriam sanctorum veneremur. Qui enim membra Christi non honorat, nec Christum, qui caput est, honorare potest. Et qui non honorat Filium, non honorat illum qui misit illum. Honorare ergo caput in membris, Deum in sanctis suis, ut eorum meritis precibusque, in omnibus protectionis divinæ muniamur auxilio.

In primis gloriosæ, etc., usque *Muniamur auxilio per eumdem Christum Dominum nostrum.* In veneratione sanctorum hæc ratio custodienda est, ut primum et super omnes beata Dei Genitrix honoretur, secundo apostoli, tertio sancti martyres, inde alii sancti omnes.

Hanc igitur oblationem. Quia hoc sacrificium tibi offerimus in corpore Ecclesiæ communicando, et memoriam sanctorum venerando. Igitur hanc oblationem, precamur, ut *placatus accipias :* ut scilicet si peccatis nostris præpedimur, communione saltem sanctæ Ecclesiæ et sanctorum tuorum veneratione placeris ad accipiendum quod tibi offerimus sacrificium.

Servitutis, id est cleri, tibi (qui secundum acceptos gradus in hac oblatione sacrificii [servimus]). Sed et cunctæ familiæ tuæ, id est totius assistentis collectæ. Solitarii sic intelligunt servitutis nostræ, id est me cum meo ministro. Sed et cunctæ familiæ tuæ, id est cunctæ Ecclesiæ.

Quæsumus, Domine, etc., usque ibi *grege munerari per Christum Dominum nostrum.*

Diesque nostros in tua pace disponas. Signanter tua posuit. Est enim pax mundi, est et pax Dei. Pax mundi inutilis, pax Dei salubris. Pacem constituit mundus, ut libere liceat uti voluptatibus. Pacem dat sanctis Deus, ut mandatis intenti divinis secrete studeant virtutibus.

TEXTUS CANONIS.
DISTINCTIO TERTIA.

Quam oblationem tu, Deus, in omnibus, quæsumus, benedictam, ascriptam, ratam, rationabilem acceptabilemque facere digneris : ut nobis corpus et sanguis fiat dilectissimi Filii tui, Domini nostri Jesu Christi.

EXPOSITIO DOMINI ODONIS.

In superioribus periodis, prima scilicet et secunda, oravimus pro Ecclesia, pro fidei cultoribus, pro astante collecta. Hæc tertia periodus quam ingredimur maxime occupatur circa sacrificium, ut fiat perfectum, et in aliam mutetur substantiam immortalem et incorruptam. *Quam oblationem* et cætera, usque : *Acceptabilemque facere digneris*. In omnibus benedictam gloria, ut gloriosa fiat; benedictam immortalitate, ut fiat immortalis; benedictam incorruptione, ut incorrupta fiat; benedictam divinitate, ut Deus fiat. Transit ad partes a toto, ut universalis benedictionis partes imprecetur hostiæ, cui universam benedictionem fuerat imprecatus, ut cum prius posuerit in omnibus benedictam particulariter subjungat, ascriptam, et ratam, et rationabilem, et acceptabilem, quæ sunt partes omnimodæ benedictionis.

Ascriptam. Scimus quia in Trinitate quæ Deus est, *Filius sit splendor paternæ gloriæ, et figura substantiæ ejus*. Qui ergo figura et imago est patris, patrem imaginatur et effigurat, quasi sculptura quædam ejus, vel scriptura in qua pater splendet; id est bene apparet ut recte filius dicatur splendor ejus. Est ergo pater insculptus atque inscriptus filio, cujus figura filius est et imago, ut filius sit ejus scriptum, quem sibi habet inscriptum. Aliter filius dicitur scriptum, quia habet in se formam omnium rerum. Sic enim omnia creata sunt, ut divini verbi formæ digesserunt; nec aliter in essentiam prodierunt, quam in verbo summo formæ dictaverunt. Non sunt ibi aliud formæ, aliud ipsum verbum, ubi nihil est aliud et aliud, sed omnia sunt idipsum : ut quamvis formarum diversitas intelligibiliter ibi subluceat, non sunt tamen omnia nisi unum et idipsum verbum; et quamvis ibi est vera et perfecta unitas, ibi tamen, secundum creatas res quædam apparet diversitas; sicut cum *semel locutus est Deus* in psalmo (*Psal*. LXI), Propheta duo intelligit in uno verbo. Unde scriptum est : *Quod factum est, in ipso vita erat* (*Joan*. I). Factum est de nihilo, erat tamen in verbo : Factum est creaditer, erat æternaliter. Erat in summa arte, factum est in re. Vivebat in ratione artificis formaliter, factum est in realitate subsistendi substantialiter. De nihilo prodiit, ut substantialiter esset quod factum est. In verbo vivebat, ut formaliter esset antequam substantialiter esset. Factum est multiplex, Verbum est simplex. In verbo simplex erat, quod multipliciter factum est. Mirabiliter videtur in uno pluralitas, in simplici multiplicitas; videtur et non comprehenditur. Potest videri, nequit explicari, quomodo unum verbum inscriptum sit omnibus formis omnium rerum, sicut alibi scriptum est : *Calamus scribæ velociter scribentis* (*Psal*. XLIV). Pater est scriba qui verbo suo velociter inscribit omnia. Velociter scribit, quia alterum non moratur pro altero. Velociter scribit, quia sine mora scribit, omnia. Est ergo Filius Dei, verbum scriptum. Sed et corpus assumptum, recte dicitur scriptum. Sicut enim vox transitoria scribitur, ut quæ per se fugit, scripto permaneat; sic corruptibile aliquid scribitur, cum in incorruptum transit, ut quod corruptione transitorium erat, scripto incorruptionis permaneat. Sic ergo corpus Christi quoddam scriptum est, quod de passibili carne impassibile factum est in resurrectione, et de pane terreno quotidie fit cœlestis, super altare. Sic ergo in Christo, et verbum dicitur scriptum, et corpus etiam nihilominus dicitur scriptum. Quid autem est ascriptum, nisi scripto appositum scriptum? est ergo corpus Christi non solum scriptum, sed etiam ascriptum, id est scripto appositum scriptum, id est verbo corpus adjunctum. Quando igitur oramus hostiam fieri ascriptam, quid aliud optamus nisi ut quæ adhuc est panis corruptibilis, fiat substantia incorrupta? id est de voce fiat scriptum scripto, id est verbo, adjunctum. Fac ergo, Domine, nostram oblationem ascriptam, id est scriptum scripto adjunctum, ut pretiosum Christi corpus fiat, verbo Dei adunata, et in unitate personæ conjuncta.

Ratam. Ratum dicimus, quod certum et fixum habemus. Fiat ergo rata, id est non remaneat instabilis et mutabunda corruptione, sed permanens et fixa fiat incorruptione, et ideo certa.

Rationabilem. Sanguis taurorum aut vitulorum non sufficit expurgare nos a peccatis (*Hebr*. X). Minor est enim ad hominem. Pro homine ergo rationali, rationalis hostia sufficit sola. Fiat ergo nostra hostia rationalis : siquidem homo assumptus a verbo, ex anima rationali et humana carne subsistit. Fiat hostia nostra rationalis, ut hominem verum pro hominibus offeramus, et in hostia rationali Deus propitietur hominibus. Fiat rationabilis, ut offeramus rationaliter. Nam qui offert emendari non studens, offert irrationabiliter. Qui offert habens cor impœnitens, irrationabiliter offert; sicut Cain recte quidem offerens, sed non recte dividens. Recte quidem obtulit Deo, sed non recte divisit, qui emendari non studuit. Unde scriptum est : *Ad Cain et ad munera ejus non respexit* (Gen. IV). Nam quem Deus non novit, nec oblationem ejus recipit pessimi namque hostia, irrationabilis est, sicut scriptum est : *Qui non audivit legem, oratio ejus erit exsecrabilis* (Prov. XXVIII). Fiat ergo rationabilis hostia, ut rationabiliter eam cum timore et pœnitentia offeramus. Vel fiat rationabilis hostia, id est pro rationabili et recta vel honesta causa. Si quis enim offerat, ut quæ furto ablata sunt reinvenire, seu hostem occidere, vel rapinam perpetrare, seu nummos aut gratiam acquirere valeat, rationabilis non dicitur offerendi causa, ideo nec acceptabilis est talis hostia. Hostia ergo nostra et merito offerentium, et offerendi causa fiat rationabilis, ut consequenter fiat etiam acceptabilis.

Acceptabilem. Non potest non esse acceptabilis, quæ superiores tres species respicit omnimodæ benedictionis. Non potest Deum odisse Deus. Sed quia *charitas est Deus* (II Joan. IV), dlligit Deum Deus, et acceptabilis est Deo hostia quæ Deus est. Quid ergo oramus fieri acceptabilem, quæ non potest displicere? Nam quæ acceptabilis est per se, displicet pro offerente. Pro offerente respuitur, quæ quantum sua refert acceptatur. Acceptatur pro sanctis, non acceptatur eadem ipsa pro impiis. Pios adjuvat, impios damnat. Piis prodest ad salutem, nocet impiis ad damnationem.

Ut nobis corpus et sanguis fiat dilectissimi Filii tui Domini nostri Jesu Christi. Posuerat ergo in omnibus benedictam, subjunxit quatuor species : Ascriptam, ratam, rationabilem, acceptabilem. Sed hæc omnia clausa erant, minus intelligebantur, minus patebant ; aperuit ostium, patefecit totum, scilicet ut nobis fiat corpus et sanguis Christi. Hic totum completur, hic totum perficitur, ut fiat corpus et sanguis Christi tantum. Solum Christi corpus et sanguis est hostia in omnibus benedicta, ascripta, rata, rationabilis, acceptabilisque. *Ut nobis corpus et sanguis fiat.* Signanter posuit (*nobis*), id est catholicæ fidei cultoribus. *Nobis* exclusit paganos, exclusit Judæos, exclusit hæreticos. *Nobis* communicantibus, memoriam sanctorum venerantibus. Non est enim locus veri sacrificii, extra catholicam Ecclesiam.

Qui pridie quam pateretur, usque *manus suas. Accepit panem,* adhuc panem, nondum carnem. *Et elevatis oculis in cœlum ad te Deum Patrem omnipotentem tibi gratias agens benedixit.* Benedixit, suum corpus fecit. Qui prius erat panis, benedictione factus est caro. Modo caro, jam non panis.

(2) Non enim panis transubstantiatur in corpus Christi, nisi virtute illorum verborum : *Hoc est corpus meum,* nec ante est corpus per ullam benedi-

Ac fregit. O miraculum, frangebatur inter digitos, sedens incolumis inter discipulos. Erat integer, et dividebatur in partes ; in manibus tenebat seipsum, et de manibus discipulis se porrigebat edendum. Hoc signabat *David,* qui secundum aliam translationem *coram Achis rege in suis manibus ferebatur* (I Reg. XXI). Sic nos quotidie Christum in altari consumimus, et permanet ; manducamus, et vivit ; atterimus dentibus, et integer est. Consumimus autem, manducamus et atterimus non tantum specie, sed et re; non solum forma, sed et substantia. Et miro modo consumitur permanens, atteritur incorruptus, distribuitur indivisus, sicut post resurrectionem, palpandum præbuit spirituale corpus. Cum simili contrarietate non sit palpabile quod spirituale est, nec sit spirituale quod sit palpabile. In specie enim et sapore panis et vini manducamus et bibimus ipsam substantiam corporis et sanguinis, sub eisdem qualitatibus mutata substantia : ut sub figura et sapore substantiæ prioris, facta sit vera substantia Christi corporis et sanguinis.

Dedit discipulis, etc., usque *corpus meum.* Patet quod panis accepta benedictione factus sit corpus Christi. Non enim post benedictionem dixisset : Hoc est corpus meum, nisi in benedictione fieret corpus suum (2).

Simili modo postquam cœnatum est, accipiens et hunc præclarum calicem. Si Christus accepisset calicem cœnæ, dicitur hunc accepisse. Unus ergo calix est hic et ille. Nisi enim unus sit, dici non potest in illo hunc accepisse. Est ergo unus etiam quando in altari manibus accipitur ut benedicatur, et nedum sanguis est, sed est adhuc vinum, propter unitatem fidei, et illius cui, et in cujus honore fideliter offertur. Ea enim fide quotidie accipitur benedicendus, ut modo fiat quod tunc futurus erat. Et quia hæc fides una est in tota Ecclesia, et ille unus cui tunc et modo offertur; ideo et calix cum accipitur, etiam ad divina verba est unus; sicut et omnium ecclesiarum altare dicitur unum, quia in eo secundum unam fidem, unum Dominici corporis offertur quotidie sacrificium.

Præclarum. Præclarum dicit calicem adhuc vini, usque dum statim fiet præclarus, quando sanguis erit, sicut scriptum est : *Calix meus inebrians quam præclarus est* (Psal. XXII). Vel ad comparationem ejus quem obtulit Melchisedech, et cæterorum Veteris Testamenti, vel propter præclaram illius majestatem, cui offertur. Unde et in sequentibus dicitur. Offerimus præclaræ majestati tuæ. *Calicem.* Metaphorice id quod continet pro eo quod continetur, id est vas pro liquore vini et aquæ.

In sanctas, etc., usque *benedixit,* id est sanguinem suum fecit. *Dedit discipulis,* etc., usque *sanguinis mei,* intransitive dictum est ; et est secundum figuram casus pro casu. Calix sanguinis mei, ac si dictionem, quam proferantur illa verba, quæ sanc sunt efficaciter operatoria transubstantiationis. Vide S. Thom., III p. q. 78, a. 4.

ceret, calix scilicet sanguis meus. Similiter hic patet quod benedictione fuerit factus sanguis. Ad benedictionem enim præmissam subdidit : Hic est calix sanguinis mei.

Novi et æterni testamenti. Novum enim Evangelii testamentum in æternum confirmavit sanguine mortis suæ. Sic Abraham oblatis ovibus et bobus, cum Abimelech, et Phicol principe militiæ percussit fœdus, id est oves et boves percussit in fœdus, ut sanguine animalium et morte fœdus confirmaretur (*Gen.* xxi). Et Jacob fugiens in Galaad, facto juramento cum avunculo suo Laban, immolavit victimas, ut sanguine victimarum fœdus juramenti confirmaretur (*Gen.* xxxi). Et Moyses, ut confirmaret testamentum quod accepit in Sina, victimæ sanguinem aspersit hyssopo, in totum populum, et tabernaculum (*Heb.* ix; *Exod.* xxiv).

Mysterium fidei pertinet ad fidem catholicam credere post benedictionem esse verum sanguinem, ut infidelis sit qui hoc non crediderit. Item dicitur mysterium quod sensibilibus tegitur occultum, sicut veritas sanguinis in sapore vini latet et specie. Calix ergo altaris est mysterium fidei, quia sub figura et sapore vini occultus creditur verus sanguis. Est mysterium fidei, quia quod creditur sensibilibus quibusdam obtegitur. Nam verus sanguis creditur quod vinum visu sentitur et gustu. Est fidei mysterium, quia quod fides credit intus est occultum. Intus est verus sanguis vera fide, exterius est falsum vinum vera specie. Sentitur vinum et non est. Non apparet sanguis, et est. Sensus decipitur qualitate, certa tenetur fides rei veritate. Ideoque sanguis dicitur fidei mysterium, quia sanguinem fides credit intus occultum. Apertum est quod sentitur, occultum est quod creditur. Et si quid occultum est fide fidei est, sicuti quod patet est sensus. Est ergo sanguis mysterium fidei, siquidem occultus pertinet ad fidem.

Qui pro vobis et multis effundetur in remissionem peccatorum. Pro vobis, scilicet præsentibus; pro multis, paganos et Judæos discernit, et falsos Christianos.

Hæc quotiescunque feceritis, in mei memoriam facietis. Nam sine hac memoria non conficimus Dominici corporis et sanguinis sacramenta. Tolle verba Christi, non fiunt sacramenta Christi. Vis fieri Christi corpus et sanguinem, appone Christi sermonem. Facit sermo Veritatis quod dicit : *Quia ipse dixit et facta sunt, ipse mandavit et creata sunt* (*Psal.* xlviii). Sine dubio fit in creatura quod Christi sermo dicit de creatura. Etenim omnipotens sermo tuus, o Genitor. Fit ergo sermone Christi corpus et sanguis Christi. Quæ quoties verbo potenti sumimus, mortem Domini, donec veniat, memoramus (*I Cor.* ii).

Et ne sub his mysteriis hæc memoria refugiat a nobis, subjungit.

Unde et memores, Domine, nos servi tui, id est qui secundum cleri gradus acceptos, officio hujus sacrificii deservimus, vel (secundum solitarios) hic in præsenti ministramus.

Sed et plebs tua sancta quæ pro veneratione hujus sacrificii hic est in præsenti devote collecta ; vel (secundum solitarios) in unitate Ecclesiæ fideliter ubique viventium.

Ejusdem Christi Filii, et cætera, usque *donis ac datis.* Donum est ad dandum, etiamsi non detur, paratum. Donum est, quod dari potest. Datum vero, quod in alterius possessionem est jam translatum, quod de possibilitate jam prodiit ad actum, quod jam possidetur. Corpus ergo et sanguis Christi sunt dona a Deo nobis parata. Dona sunt, quæ utiliter dari possunt. Dona sunt vera, sed in cœlo collocata in Christo. Data vero, quando fiunt nobis de creatura panis et vini ; data quando sumimus in altari, quando reficimur inde sensualiter. Dona, in cœlo ; data, in terra. Dona, apud Deum in Christo ; data, super altare in sacramento. Dona, in cœlo nuda et aperta ; data, in altari, tecta sensibilibus et occultata : tamen hic et ibi, ea vera.

Hostiam puram. Antea veteris legis hostiæ de irrationalibus animalibus carnales erant, squaloribus spurcitiæ carnalibus, nidoribusque plenæ, et dentium contritione in fæces et stercora redactæ. Hæc autem hostia pura est, quia, quamvis caro vera sit et sanguis, tamen spiritualis est et incorrupta (3). Dividitur, et consumi non potest. Consumitur, et incorrupta manet. Teritur, et est illæsa. Frangitur, et integra est. Hæc hostia caro est, non carnalis, sed incontaminata lux, et ideo pura. Corpus est, et non corporalis, sed spirituale lumen, et ideo pura. Pura mundans, pura purificans ; pura, quia divina, purior luce corporea.

Hostiam sanctam. Hostiæ veteres erant quidem sanctæ, sed non per se sanctæ, sed quia typum gerebant hujus hostiæ sacratæ. Illæ imperfectæ erant, et ideo minus sanctæ ; ista perfecta, et ideo plene sancta. Illæ dimittebant peccatum unius ; ista tollit peccata totius mundi. In illis tantum erat remissio ; in hac autem est pretium plenum et perfecta redemptio. Illæ impetrabant veniam debiti sine solutione, hæc reddit debitum, plena recompensatione. Ideo hæc plene et perfecte sancta, illæ sanctæ, sed minus et imperfecte.

Hostiam immaculatam. Id est sine omni macula culpæ ; utpote concepta et nata sine peccato, et deinde sine culpa vixit in mundo, ideo immaculata. Nata quidem est de humana carne, sed sine conditione propagationis humanæ, ideo immaculata. Est sine viro de sancta Virgine concepta, ideo immacu-

---

(3) Quod ait Odo, hostiam eucharistiæ non esse carnalem aut corporalem, sed spiritualem, non negat vere et realiter adesse in illa veram Christi carnem, sed intelligit non esse corporalem, hoc est non solo corporali et externo ritu immolari, ut reliquas carnales hostias, sed inesse illi vim spiritualem et divinam nec sacrificari corpus Christi externa specie carnis, etc.

lata. Est concepta sine humano opere, sola virtute divina, ideo immaculata. Non enim potest initium habere culpabile opus quod solus Deus fecit et non alius, ideo immaculata. Hominis enim initium, qui sine humana administratione, solo Deo auctore creatus est (quamvis de massa peccatrice) non possumus culpare, nisi Deo peccatum velimus ascribere, ideo immaculata. Tamen de pura ab omni peccato virgine, creditur conceptus et natus, ideo immaculata. Ex quo enim angelica salutatione audivit : *Gratia plena* (*Luc*. I), creditur purificata fide etiam reliquum vitæ, custode Spiritu sancto, vixisse sine omni culpa (4). Ab immaculata ergo sumpta est hæc hostia, ideo et ipsa immaculata. Et hoc loco admonemur quod panis appositus altari debet esse candidissimus, et in quo nulla possit inspici macula, ut hoc appareat in figura quod prædicatur de substantia, ut pura et immaculata videatur exterius figura, cujus substantia dicitur interius pura et immaculata.

Panem vitæ æternæ. Cum panem audis, ne putes esse qui fuerat ante benedictionem, ne decipiaris mutata substantia. Prius erat panis, modo non est panis, sed sola caro. Sed panem dixit, quasi diceret cibum, sicut scriptum est : *Ego sum panis vivus* (*Matth*. VI). Et, *panem angelorum manducavit homo* (*Psal*. LXXVII). Quomodo est panis vitæ æternæ, qui sumitur a multis ad damnationem? Hujus panis virtus, *fides est, quæ per dilectionem operatur* (*Gal*. V). Est enim et panis mysterium fidei, sicut de calice dictum est. Sumptus ergo sine fide, non proficit. Nam si hic panis est mysterium fidei, id est occultum, quod sola cernitur fide, quid prodest sine fide sumi quod sine fide non cernitur? Oculum perdidisti, quid cæco prosunt in arca divitiæ? Quid prodest divitias humanæ redemptionis in te recondere, quas non vides oculo fidei perdito? Unde scriptum est : *Qui manducat et bibit corpus et sanguinem Domini indigne, judicium sibi manducat et bibit* (*I Cor*. XV). Nam ille manducat indigne qui manducat sine fide quæ per dilectionem operatur. Est ergo hic panis vitæ æternæ, non iis quidem qui tantum ore sumunt, sed iis qui etiam mente, non qui premunt dente, sed qui tangunt fide. Unde scriptum est : *Noli me tangere, nondum enim ascendi ad Patrem meum* (*Joan*. XX). Ac si diceret : Vis me manibus tangere, vis me corporaliter tangere, non sic, fidem tuam volo. Fide me tange, ascende ad Patrem me ascendisse, id est me esse æqualem Patri.

Et calicem salutis perpetuæ. Quod diximus de pane, idem potest dici de calice. Et quod dictum est vitæ æternæ, et salutis perpetuæ.

Supra quæ, etc. usque *immaculatam hostiam.* Finis respicit ad principium. Supra quæ, scilicet sanctum sacrificium, immaculatam hostiam respicere digneris et accepta habere, ac si diceret : Supra quæ respicias et accepta habeas, ideo quia sanctum sacrificium sunt et immaculata hostia, ut, qui de merito nostro diffidimus, majestate tanti sacrificii adjuvemur. Cur autem oramus Patrem propitium et serenum esse super hostiam, et eam acceptam habere, qua nihil habet acceptius, et quam semper propitius et serenus respicit ? Inde enim scriptum est : *Hic est Filius meus dilectus, in quo mihi bene complacui* (*Matth*. III). Sed ad offerentes est hoc referendum, ut, qui pro peccatis terrentur et de se diffidunt, hostiam acceptabilem sibi prætendant, ut ejus scuto se protegentes, sub ea propitium sibi Patrem serenumque deposcant, et ei se acceptos desiderent sub ea quam nunquam non acceptabilem dubitant, ut qui Patri per seipsos non audent offerre, ne malis irritent, dilectum Filium proponant, ut subeant, et sub ejus tutela ante conspectum Patris introeant. Oramus ergo ut acceptabilis hæc hostia sit, placeatque pro nobis, ut, cum offerimus quod placet, placetur nobis Deus. Unde et exempla sanctorum adhibentur Abel justi patriarchæ Abrahæ, summi sacerdotis Melchisedech, ut, sicut eorum sacrificia Deus acceptavit, eis propitiando, ita suscipiat hostiam hanc, nostri miserando. Melchisedech sacerdos summus dicitur, qui inter sacerdotes illius temporis habebatur.

Supplices te rogamus, et usque *divinæ majestati tuæ*. Et hic mirum est quomodo oramus corpus et sanguinem Domini in conspectu Dei perferri, cum scriptum sit : quia *Christus semper assistit vultui Patris, interpellans Deum pro nobis* (*Heb*. VII), et legimus quia Christus, ascendens ad cœlum, *super omnia exaltatus est, sedens ad dexteram Patris* (*Marc*. XVI). Quomodo ergo perferri oramus Christum ubi semper est? Sed superius vultum Patris propitium ac serenum fieri super hostiam Filii rogabamus, non quod Filio suo Pater possit esse severus, sed sub occasione Filii, Patris propitiatione nos ingeramus, ut pro amore Filii misereatur nostri, et quasi Filium parvipendat, si pro eo nos non recipiat. Ita et hic, rogamus Patri perferri Filium, qui semper est apud eum pro nobis, ut votum et devotio nostra, per Filium veniat ad Patrem, et virtute tanti sacrificii vota nostra proferantur ante conspectum Dei, quasi Filius ad Patrem non ascendat, si devotio nostra illuc non perveniat. Tali ratione rogamus, ut sicut Christus ante discipulos a terra translatus est in cœlum, et factus invisibilis in conspectu ipsius, postea missurus sancti Spiritus donum, ita hostia hæc, ab altari terreno, super quod immolatur, in altare sublime ante conspectum Dei transferatur, ut inde omni benedictione cœlesti et gratia repleamur, ut, quæ visibiliter tractatur in terra, invisibiliter operetur in cœlo. Hic oblata, ibi accepta, non mutatione loci, vel temporis accessu, ut cœptus ab hoc loco translationis motus ad alium postea perficiatur loincarnatione Verbi consecuta fuerit uberiorem gratiæ redundantiam. Vide S. Thom. III, p. q. 27, art. 4, 5 ad 2.

---

(4) Caute lege, nam Deipara ante suam nativitatem adepta est adhuc in utero existens eam sanctificationem, ut nunquam actualiter peccaret, tametsi

cum. Sed, sub eodem loco, qui panis erat fit Verbi caro. Non transfertur loco, ut de pane fiat caro; transfertur tamen ab altari ad cœlum, quia transfertur de pane ad Deum. Sed quia Deus est ubique, non fit loci mutatione, ut conjungatur Deo de pane facta caro. Transfertur intus ad Deum invisibiliter, nec movetur exterius ab altari visibiliter, oblata in altari devotione hominis accepta in cœlo propitiatione Dei. Tunc enim a Deo quasi acceptatur, quando Deus nobis propitiatur, et cœlestis benedictio nobis ab eo mittitur. Sed Christus juvamine non eguit angelorum, quando sua virtute ascendit in cœlum, quid ergo rogamus hanc hostiam perferri per manus angeli ante conspectum Dei, cum angelorum officia necessaria non sint huic perlationi? Sed hoc est quod dictum est, quia perlatione corporis et sanguinis Christi, rogamus vota nostra perferri. Sunt tamen nobis angeli deputati, qui offerunt quotidie Deo vota nostra : Unde scriptum est : *Quia angeli eorum semper vident faciem Patris* (*Matth.* XVIII). Oramus itaque sub occasione Christi perferri vota nostra per manus angeli, ut bona vota proferant boni angeli, sub prætextu tanti sacrificii.

Supplices te rogamus, omnipotens Deus. Supplicamus tibi, curvamur ante te, obnixius deprecamur, ostende omnipotentiam, extende manum validam, ut, quæ propitio ac sereno vultu respicis, etiam ad invisibilia et sublimia tua perferantur, et conspectui majestatis admittas. Hic necessitas incurvationis, hic opus supplicationis, hic incumbit consummatio totius nostri laboris, ut hæc hostia perferatur in sublime altare tuum, in conspectu divinæ majestatis tuæ. Quid est hoc? Quid est perferri hostiam in sublime altare, nisi ovem humeris Pastoris imponi ? Et quid ovis humeris imposita, nisi homo assumptus a Verbo ? Et quid est sublimius Verbo Dei ? Quotidie assumit sibi fideles Verbum Dei, participatione hujus sacrificii. Verbum ergo Dei sublime altare est, ad quod oramus hostiam perferri in conspectu Dei, et per eam nos introduci. Conspectus Dei est Verbum Patris, in quo conspicit omne quod fecit. Nam omne quod agit Pater, in Verbo ejus est. Nam *quod factum est, in ipso vita erat* (*Joan.* 1) ; et : *In principio creavit Deus cœlum et terram* (*Gen.* 1), id est in verbo, et : *Verbo Domini cœli firmati sunt* (*Psal.* XXXII); et : *Omnia in sapientia fecisti* (*Psal.* CIII). Quid rectius dicitur conspectus Dei quam Sapientia sua, in qua conspicit omne quod agit ? Hostiam ergo perferri in sublime altare, in conspectu Dei, quid est, nisi oblationem nostram conjungi Verbo, uniri Verbo, fieri Deum, et per eam nos in Deum assumi, et vota nostra acceptari ?

Ut quotquot ex hac, etc., usque et *gratia repleamur. Per eumdem Dominum nostrum. Amen.* Habet Ecclesia altare visibile in terra, est et altare invisibile in cœlo apud Deum. Hostia, quam in hoc altari Deo offerimus, Deo conjungitur, et fit Deus. In hoc sacrificio conjunguntur terrena cœlestibus, creatura Deo. Cum de hoc altari sumimus hujus creaturam, accipimus de sublimi Deum. Cum hic corpus et sanguinem Christi sumimus, de cœlo Deum accipimus, in quo omni benedictione cœlesti et gratia replemur. Sumimus hic visibiliter corpus et sanguinem Christi, sumimus invisibiliter de cœlo, quo perlata sunt benedictionem et gratiam Dei. Sumimus, inquam, gratiam et benedictionem, siquidem digne sumimus Christi corpus et sanguinem. Nam qui indigne sumit, ore quidem sumit et dente terit corporaliter, sed nihil proficit spiritualiter. Imo qui corpus et sanguinem Christi sumit indigne, judicium sibi manducat et bibit (1 *Cor.* 11). Ideoque rogamus ut quotquot ex hac altaris participatione sacrosanctum Filii tui corpus et sanguinem sumpserimus, in de quo perlata sunt, omni benedictione cœlesti et gratia repleamur.

TEXTUS CANONIS.

DISTINCTIO QUARTA.

Memento etiam, Domine, famulorum famularumque tuarum, qui nos præcesserunt cum signo fidei, et dormiunt in somno pacis. Ipsis, Domine, et omnibus in Christo quiescentibus, locum refrigerii, lucis et pacis, ut indulgeas deprecamur, per eumdem Christum Dominum nostrum. Amen.

EXPOSITIO DOMNI ODONIS.

Hac tertia periodo, quæ in confectione corporis et sanguinis Christi sudavit, hucusque finita sumit hinc exordium quarta. Quæ, confecto corpore et sanguine Christi, redit ad rogandum pro mortuis, fidentior exaudiri patrocinio sacrificii. *Memento etiam, Domine.* Hic solet fieri memoria amicorum et familiarium defunctorum.

Ipsis, Domine, et omnibus in Christo quiescentibus. Ipsis, id est quorum memoriam fecimus, et postea reliquis omnibus indulge.

Nobis quoque peccatoribus famulis tuis. Scilicet qui officium hujus sacrificii celebramus præsentes, vel (secundum solitarios) qui in corpore Ecclesiæ per totum orbem terrarum fideliter tibi servimus. Totum vero textum qui sequitur, nescio verbis aliis facere planiorem usque, *per quem hæc omnia, Domine, semper bona creas. Per quem,* dictum est relative ad hoc quod dixerat, per Christum Dominum nostrum. Sed mirum est quod dixit pluraliter : Hæc omnia bona, cum corpus et sanguis Christi non sit nisi unum. Sed in uno Christi corpore, sunt multæ formæ; et cum una sit substantia, multæ sunt figuræ. Quot enim apponuntur panes, tot manent figuræ, substantiarum pluralitate conversa in uno corpore, ut visibiliter appareat pluralitas ubi est invisibiliter substantiæ unitas, et unum sit individuum in substantia ubi multiplex est figura. Apponuntur panes figura plures, et substantia fiunt unum corpus Christi ; manet pluralitas figurarum, cessat pluralitas substantiarum. Est unum individuum, apparent plura. Proinde modo sicut est, modo sicut apparet, de corpore Domini loquimur. Sæpe dicimus, in distributione Dominici corporis : Hostias multas expendimus, vel pluribus hostiis multos uno corpore Christi refecimus, in uno versiculo monstrantes, et eorum quæ apparent pluralitatem, et ipsius substantiæ invisibilis unitatem, cum hostias plures et unum dicimus corpus. Sic et in hoc loco dicimus : Hæc omnia bona, omnes scilicet hostias quas in orbe toto immolat Ecclesia: Quæ quidem, si sensibiles intueris qualitates, infinitæ sunt numero ; si substantiam, sanguis est unus et una caro : quæ semper a Deo creantur, quia qui semel Verbi sui corpus creavit de Virgine, quotidie de pane creat ejus carnem, et de vino sanguinem.

Sanctificas. Quotidie sanctificat, oratione sacerdotis et cooperatione Spiritus sancti.

Vivificas. Quotidie vivificat, corpori prius inanimato dans vitam. Unde et prius dicebatur rationabilis hæc hostia.

Benedicis. Quotidie benedicit, quomodo superius eam precabamur in omnibus fieri benedictam, et quatuor species subjunximus benedictionis.

Et præstas nobis. Quotidie præstat nobis corpus Filii sui, quia quod est apud Patrem in sublimi, quotidie præstat nobis in altari. Et quod apud eum donum est in cœlo, apud homines datum est in terra.

Per ipsum et cum ipso. Per quem Pater de pane carnem creat, sanctificat, vivificat, benedicit et præstat : per eumdem ipsum Filium, *est Deo Patri, cum Spiritu sancto, omnis honor et gloria.* Est honor et gloria Patri per Filium, sicut scriptum est : *Pater, manifestavi nomen tuum hominibus, quos dedisti mihi* (*Joan.* xvii). Et : *Pater, clarifica Filium tuum, ut et Filius tuus clarificet te* (*Ibid.*). Habet enim honorem et gloriam Pater cum Filio, cum quo communem habet potentiam et divinitatem. Nam cum quo habet omnia, cum ipso habet, etiam honorem et gloriam Pater, in quo est. Nam scriptum est : *Pater in me est, et ego in Patre* (*Joan.* x). Quia Pater est in me, ideo quidquid habet Pater, habet in Filio : non enim habere potest, nisi in ipso in quo est.

Oremus : Præceptis salutaribus moniti. Cohortatur orare, subdens causam : quia sumus inde salutari præcepto moniti. Lege Evangelium, et invenies præceptum. Cur hanc solam orationem præcedit adhortatio, cum plures in hoc canone faciamus, et ad nullam hortati sumus? Quia illæ sunt inferiores, et humana ratione compositæ ; hæc perfecta, et a solo Deo formata. Unde et sequitur :

Et divina institutione formati. Sicut narrat Evangelium, Dominum rogabant apostoli, *Doce nos orare* (*Luc.* xi); et Dominus informavit eos hujus orationis institutione.

Audemus dicere. Audacia videtur et præsumptio homines infirmos divina institutione. Audemus obedientia, non audacia. Audentes audacia, rei sunt ; audentes obedientia, laudandi. Ausus obedientiæ bonus ; audacia superbiæ, mala. Et, sicut orandi causa subjuncta est, quia præceptum est, ita audendi causa præcessit, quia inde sumus divina institutione formati. Oremus ergo, quia inde sumus *præceptis salutaribus moniti ;* et, *audemus dicere,* quia sumus inde divina institutione formati. Nam ideo oramus, quia inde præceptum accepimus ; et ideo audemus, quia nos pavidos ad hoc Deus animavit. Dedit præceptum orandi ad salutem, dedit fiduciam audendi propter timorem.

Pater noster, qui es in cœlis. Dominicam orationem non expono, quia multos Patres exposuisse reperio. Nec oportet hic ponere quod in multis locis promptum est invenire.

Libera nos quæsumus, Domine. Facta confirmatione Dominicæ orationis, dicendo : Amen, totus textus qui sequitur pro venia peccatorum orat et pro pace : suo principio sumpto de fine Dominicæ orationis, qui orat contra peccata, dicendo : *Sed libera nos a malo.* Deinde sequens textus incipit pro peccatis, dicendo : *Libera nos, quæsumus, Domine, ab omnibus malis.* Deinde sequitur pro pace : *Da propitius pacem in diebus nostris.* Iterum pro peccatis : *Ut a peccato simus semper liberi.* Deinde pro pace : *Et ab omni perturbatione securi.* Iterum pro pace sequitur : *Pax Domini sit semper vobiscum.* Deinde pro peccatis iteratur :

Agnus Dei, qui tollis peccata mundi, miserere nobis. Iterum pro pace : *Dona nobis pacem.* Et sic finis et consummatio sacrificii fit de pace, et maneamus in pace. Unde in consummatione sacrificii osculum sumimus : quo et in sacrificio assensum et participatione ostendimus, et quod debemus in pace manere signamus.

CONCLUSIO.

Sanctissimi canonis textu studiosissime inquisito, obsecro te, quicunque transcribis, ut distinctiones diligenter observans, singulorum capitulorum principia grandiusculis litteris prænotes, et periodos in quibus totum quaternarius concludit opusculum capitalibus litteris illumines, appositis titulis quibus et periodorum diversitas prima fronte præclare affulgeat, et singulorum capitulorum principia primo visu se offerant, et immutata cola, et commata, confusis distinctionibus sententias non conturbent.

DE PECCATO ORIGINALI LIBRI TRES.

LIBER PRIMUS

Prologus.

De quæstione famosa peccati originalis, quæ apud orthodoxos sæpius ventilatur, locuturus, invoco te, sancte Spiritus, ut adsis mihi, mentem linguamque custodiens in omnibus, ne quid fiat in hoc negotio sine beneplacito tuo. Sed precor fratres ne me præsumptionis arguant, quod rem sæpissime concussam, et semper indiscussam, moliar discutere, et antiquum chaos nova luce perfundere. Coegerunt enim me quidam fratres ut hoc facerem. Excusanti de occupatione exteriorum ingerebant, ut maledictionem absconditi talenti caverem. Hebes ingenium proponenti respondebant illud de psalmo : *Dilata os tuum et implebo illud* (*Psal.* LXXX). Difficultatem quæstionis formidanti opponebant promissionem Dei dicentis : *Posui adjutorium in potentem* (*Psal.* LXXXVIII). Et ego mecum etiam recolebam, aliquoties occurrisse mihi scribenti, plura quæ nesciebam. Evictus itaque fratrum precibus indefessis, et charitate quæ, quando fervet, modum sæpius excedit, confisus de Dei misericordia, et fraternarum precum auxilio, in foveam tenebrosam descendi, latebras difficilis quæstionis ingressus, sperans de tenebris lumen splendescere. Sciendum igitur quæstionem hanc originalis peccati, de eo descendere, quod Apostolus ait : *In quo omnes peccaverunt* (*Rom.* V), id est in Adam. Et quæritur, quomodo peccavimus in Adam, originem peccati trahentes ab Adam. Et, antequam quæstionis hujus nodos proponamus, videtur dicendum quid sit quod dicitur peccatum.

Quibus modis dicitur malum.

Est autem peccatum, malum quod Deus non facit : nam malum dupliciter dicitur; scilicet quod Deus facit, et quod Deus non facit. Unde scriptum est : *Faciens pacem et creans malum* (*Isai.* XLV); et : *Si est malum in civitate quod Deus non fecit* (*Amos* III). Pœna enim pro peccatis malum est patientibus, quod Deus facit. Retribuit enim Deus mala peccatis. Malum autem quod injustitia dicitur, omnino Deus non facit, sed punit; ut ejus omnino non sit auctor, cujus est punitor.

Quod peccatum non est in corpore.

Hoc malum in corporalibus non invenitur, nec proprie dicimus, ut corpore peccemus. In homicidio enim quid dicitur malum? Si gladium accusas ; Deus ferrum fecit. Si manum arguis, et ipsam Deus fecit. Si manus motum, vel gladii, quis nescit essentiam habere motum? Si essentia est, a Deo facta est. Omnis enim essentia præter Deum a Deo facta est. Non est igitur malum, motus quem fecit Deus. Sic ergo nec animus ipse hominis est malum, quod Deus non fecit. Si autem nec animus, nec ferrum, nec manus, nec motus ullum est malum; quid ergo in homicidio dicitur malum? Omnino non invenitur in corporalibus. Similiter in adulterio, neutra persona, neuter sexus, nec motus, nec fluxus, nec ipse pruritus, malum est, quod non facit Deus. Ipsa denique corporalia quæ fecit Deus non sunt malum quod non fecit Deus. Sed nec in ipsis est malum, ut inde mala recte dicantur. Denique, si quis arguat corporalia mali, quod adulterium agant; sic recte possunt se excusare; dispositione Creatoris subjicimur animo, quandiu vegetamur in illo; illum nobis constituit Dominus, cui serviamus et obediamus in omnibus. Ad nutum igitur illius movemur ad omnia ordinatione divina. Quid ergo peccamus obediendo rationi, sicut præcepit Deus? Agimus adulterium? Præcipit domina ratio, cujus resistere nequivimus imperio; operarii mali non sumus, quia non agimus malum nostrum, sed alterius. Lauda servum obedientem, dominum culpa præcipientem. Quid peccat equus portans hostem? Quid lancea vulnerans hominem?

Quod peccatum est in solo spiritu rationali.

Errat vere qui peccatum quærit in corpore, nec invenitur alibi quam in spiritu rationali, et ejus voluntate; nec tamen ratio, vel voluntas, vel ipse spiritus malum est, quod non fecit Deus; sed injustitia voluntatis, ipsa est malum quod quærimus. Ipsam enim omnino non fecit Deus; et ipsa est, quod imputandum Deo non est. Nec requiri debet aliquis auctor omnium malorum, sicut Deus noscitur auctor omnium bonorum.

Quod malum est aliquid secundum Manichæos.

Hoc Manichæorum hæresis affirmabat, malum putans essentiam, eo quod ipsum tanquam genus in species multipliciter dividi videant, dicentes : Cum injustitiæ malo superbiam, et fornicationem, aliasque species multas; ut generi plane subditas, earumque subdivisiones ordinabiliter usque ad singularia descendere videamus, et econverso in speciem unam singularia plura, speciesque plures in unum genus realiter adunari, itemque superiora de inferioribus in quid optime prædicari? Quis substantiam neget, quod ad quid respondetur? Quis refellet essentiam, quod universale non negabit.

Aliter. Præterea, nomen omne significativum est ad placitum. Hanc ergo vocem, id est malum, quam simplicis figuræ grammaticus dicit, et per omnes casus inflectit, quæ numeros etiam, singularem et pluralem recipit, quis nomen negabit? Ad placitum ergo significat aliquid. Audit hanc vocem Græcus, audit et Latinus. Audienti Græco strepitus tantum est, nihil per eam intelligit. Sic nec Latinus, ut dicit, mentitur plane, interroget conscientiam, et inveniet motum mentis per vocem illam. Quia vere fert aliquid menti vox hæc audita Latini. Cum enim audit, malum facit; aut negat, aut concedit; quod non facit, qui non intelligit. Cum ergo vox illa sit nomen, significat aliquid, si aliquid, et essentiam : nam quod essentiam non habet non est aliquid. Est igitur essentia, quod malum dicitur, et non est nihil, malum.

Quod malum nihil est.

Nos autem econtra malum dicimus nihil esse, et nullam essentiam habere; nam nihil est, quod non fecit Deus; malum autem Deus non fecit; qui fecit omne quod est malum, igitur nihil est, et nullam essentiam habet; nam : si est, Deus fecit, qui fecit omne quod est. Sed Deum fecisse malum dicere nefas est. Malum igitur nihil est; quia malum privatio boni est, et scit omnis qui bene scit quia privatio non est aliquid. Denique quatuor sunt oppositionum modi, contrariorum scilicet, et ad aliquid; affirmationis et negationis, privationis et habitus. Harum duæ : contrariorum, et ad aliquid, opponunt aliquid alicui, ut album et nigrum, quæ, ut contraria opponuntur, utrumque est, et utrumque suam habet essentiam. Similiter dominus et servus, quæ sunt ad aliquid, utrumque est, et veram habet essentiam. Oppositionum vero duæ reliquæ opponunt alicui quod non est, ut cum homini opponitur tanquam negatio non homo ; homo quidem est, non homo vero, nulla est essentia. Similiter et pio cum opponitur impius tanquam privatio, pietas est; impietas vero nulla est essentia, sed tantum privatio pietatis. Sicut enim non homo tantum negat hominis esse, sic et pietatis, impietas. Quod autem tantum negat esse non potuit esse, non igitur habet essentiam privatio vel negatio. Et malum ergo non est, si privatio boni tantum est. Est autem boni privatio tantum. Et, ut patentius hoc ostendamus, quia bonum et malum multipliciter dicuntur, ne pariat errorem multiplicitas, pro bono justitiam sumamus, et injustitiam pro malo. Siquidem propositum nostrum est loqui de peccato ; quod injustitiam et malum appellavimus.

Quod privatio nihil est.

Est igitur injustitia privatio justitiæ, si quidem privatoria particula tantum privat justitiam, nec aliam reponit essentiam, nam sicut, *non*, negativum adverbium, negat appositum esse, nec ponit aliud esse, sic *in* privatoria particula, privat appositam essentiam, nec aliam ponit essentiam. Sicut enim non justus negat appositum justum nec aliud esse ponit, sic injustus justitiam deponit nec aliud ponit. Hoc tantum differt a negatione privatio, quia negatio est ubicunque negatum non est, privatio vero non est ubicunque privatum non est, sed tantum ubi debet esse privatum, nec est unquam privatio sine privati debito; nec proprie possumus privationem dicere ubi privatum non debet esse. Unde et irrationale proprie de eo non dicitur, cui rationis usus non debetur. Aliquando tamen ponuntur privationes pro negationibus, et quando nomina rerum deficiunt, sæpe ponuntur etiam pro ipsis rebus, nos autem hic privationem, ut proprie dicitur, tractamus. Cum ergo justitiæ privatio sit injustitia, nulla est essentia, et ideo nihil est. Ergo peccatum et malum nihil est, siquidem peccatum et malum nihil nisi injustitia est.

Quod mala non habent species generales.

Itaque malum nec genus est nec illæ species in quas dividitur, adulterium scilicet vel homicidium et cætera, siquidem essentiam non habent; nam quod essentiam non habet, non est genus, vel species, vel universale, vel particulare.

Quod de bonis procedat malorum ratiocinatio.

Est autem bonorum quod in malis divisio, ve ascensus, vel descensus ordinabilis est, nam quidquid de privationibus dicimus, hoc totum a privatis ducimus, nec quidquam facit privatio, nisi privati præcedat ratio, nam nec privationem facere possumus, nisi rem quæ privetur habeamus. Præcedunt igitur species et genera rerum, ut secundum ea judicemus diversitates privationum; nisi enim justitiæ, pietatis, et patientiæ noverimus essentias, nec earum intelligere possumus privationes, injustitiam, impatientiam, impietatem, ut generum et specierum sit in essentiis veritas, in privationibus vero imitatio, sicut et in negationibus. In quibus patet quod non sint essentiæ, nec genera, vel species, econverso tamen ex ipsis negatis similitudinem generum sumunt et specierum mutationem vel veritatem. Nam, sicut homo sub animali species, sic non animal sub non homine tanquam species. Et hoc est quod Boetius dicit contrapositionem in antepraedicamentis. Hæc autem generum et specierum non veritas, sed mutatio, sicut est in negationibus, sic et in privationibus. Sed in negationibus patet imitatio sola, in privationibus vero non tantum patet, quia similiores rebus sunt, adeo ut multi putent eas res esse, et essentiam propriam habere, quia de his tantum dicuntur, in quibus privatum debet esse, nec est ; et habeant propria nomina, quandoque sine privatoria particula, sicut essentiæ, cum negationes propria nomina nusquam habeant sine particula negativa, nec negati debitum admittant, sed de omnibus dicantur in quibus negatum non inveniatur, sicut non homo est omne quod homo non est; injustus vero non est, nisi qui justus debet esse, nec est.

Quod nomina privationis et habitus idem significent.

Habent autem privationes nomina sæpius sive

privatoria particula, sicut habitus, ut malum, sicut bonum, tenebræ sicut lux, cæcitas ut visus, ut castitas fornicatio. Et quamvis essentiæ privatio non opponit essentiam, quia privationi non est essentia, tamen privationis nomen significat essentiam, sed habitus, non suam. Idem ergo significat nomen privationis, et nomen habitus. Sed nomen habitus suum, nomen vero privationis significat alienum nomen, habitus essentiam suam significat ponendo, nomen privationis significat idem removendo, nomen habitus quod intelligas offert, nomen privationis quod intelligis aufert. Est ergo privationis nomen significativum alicujus, sed non suæ rei, sed alterius quam significat privari.

Epilogus superiorum.

Ex præmissis ergo colligi potest quia in solo spiritu rationali malum est, nec est res in subjecto, sed privatio rei a subjecto. Et cum in voluntate malum dicis esse, non ibi dicis aliquid esse, sed tantum dicis ibi bonum non esse, ubi debet esse. Et hoc est plane malum, ibi non esse bonum, ubi debet esse, quia injustitia est justitiam non esse ubi debet esse, et eum injustum esse qui non est justus cum debet esse. Quid enim rectius dici potest quam illum injustum esse qui datam justitiam noluit tenere, cum potuit, et datum tanti boni sponte deseruit?

Quod rationalis natura non potest carere debito justitiæ.

Accepisti justitiam, bonum depositum, et valde servandum, et tamen reddendum, quia qui commisit exigit depositum. Vis bene reddere? Bene serva. Quanto magis servabis, tanto magis reddes. Et quanto magis reddes tanto magis servabis; mirabile bonum justitia, quam servando reddis, et reddendo non perdis. Sed magis reddendo, magis servas. Bonum, inquam, totis viribus servandum ut reddas, quia si perdis non habes quod reddas. Depositum tamen debes ei qui commisit. Commisit, ergo debes. Sed fortassis sponte perdidisti, quia sponte deseruisti. Exigit tamen depositum qui præstitit. Tu vero non habes, quia sponte deseruisti quod reddere debes. Invenitur ergo qui præstitit justus exactor; tu vero qui non reddis injustus debitor. Injustus, inquam, non quod habeas ullam essentiam in hac privatione, sed quia non habes debitam essentiam justitiæ, ideo debitam, quod accepisti; non servatam, sed sponte desertam. Patet ergo Manichæorum error, qui, putantes malum realem essentiam esse, cum eam bono Deo non possent ascribere, coacti sunt fingere quemdam omnium malorum auctorem, ut duo contrarii contrariarum rerum, bonus scilicet bonarum, et malarum malus auctores essent, et sic prima duo principia rerum omnium astruerent.

Quod non punitur pro nihilo qui punitur pro malo.

Dicet ergo forsitan aliquis : Quid ergo? Si malum nihil est, pro nihilo punimur, cum punimur pro malo. Stultumque videtur argui pro injustitia, siquidem injustitia nulla est essentia. Sed si quæ de privationibus dicta sunt, bene considerentur, nullus pro hac oppositione movebitur, nam sine habitu, nec dici, nec intelligi potest privatio, nec aliud est privatio quam privati remotio, ut injustitia, justitiæ. Cum ergo pro injustitia punimur, pro justitia punimur deserta; sed est aliquid justitia, punimur ergo pro aliquo. Ut cum injustitia nihil dicitur, in ea tamen aliquid intelligitur, pro quo punimur quia deseritur, punimur ergo pro justitia quam deserimus. Itaque et privatio nihil est, et, cum pro ea punimur, pro eo punimur quod aliquid est. Et justissime punit sponte desertam qui dedit eam semper servandam; punit quidem pro justitia, non ideo quod habetur sed quod non habetur; non ideo quod adest, sed quod abest. Sed abesse justitiam, est injustitia. Igitur justitiam non esse ubi debet esse, est injustitia. Sed justitiam non esse, nec ubi debet esse, nec ubi non debet esse, significat esse. Ergo nec injustitia significat esse, quia tantum negat justitiam esse, quamvis non nisi ubi debet esse. At injustitia quid ponat esse dicito,

et Phyllida solus habeto.

(VIRG. *Bucol.*, eclog. III, 108.)

Quod de non existentibus dicuntur essentiæ.

Sed forte quis dicit : Injustitiam certe privationem et oppositum, et ad aliquid dicimus esse; privationem vero, et oppositum, vel ad aliquid nullus sanæ mentis negabit esse, cum ad aliquid generalissimum, privatio vero species ejus dicantur et oppositum. Quomodo ergo dicitur injustitia non esse, de qua tot dicuntur essentiæ? Omne enim existit, de quo dicitur aliquid. Alioquin de eo quod non est, aliquid dici potest. Certe non potest per consuetudinem, potest per necessitatem. Neque enim necesse nobis est loqui de his quæ non sunt, quibus quia suæ voces non sunt, loquimur de ipsis per voces eorum quæ sunt. Et, quia de ipsis loqui non possumus per sua, de ipsis cogimur loqui per aliena. Ecce cum multa fingimus cogitatione, figuræ quidem formantur in mente, sed res non inveniuntur pro quibus formantur; figuras quidem cogitatio de existentibus sumit, sed ea non existunt pro quibus assumit, nec potest mens cogitare quod non est, nisi formas sumat de eo quod est, ut per formas eorum quæ sunt, cogitet de his quæ non sunt. Cum ergo dicimus quod cogitamus, sicut mens nequit cogitare quod non est, nisi formetur ad similitudinem ejus quod est, sic lingua nequit loqui de his quæ non sunt, nisi per eorum verba quæ sunt. Nam sermo sequitur cogitationem, ut non aliter digerat lingua sermones quam cogitatio dictat imagines. Pictor etiam nequit ea pingere quæ non sunt nisi per figuras eorum quæ sunt. Et eas formas pingit exterius pro his quæ non sunt, quas cogitatio dictat interius ex his quæ sunt. Et frequens est hic usus loqui et pingere quod non est, dicente quodam sapiente :

Pictoribus atque poetis
Quidlibet audendi semper fuit æqua potestas.

(HORAT: *Ars poet.*, 9, 10.)

Quandoque volumus insomniorum phantasmata narrare et dicere somni fallacias. Et quomodo narrari potest vanitas eorum, nisi per verba rerum? non est ergo mirum, cum loquimur de privationibus, pro eis assumere verba de rebus, et per voces rerum rationem dare privationum.

Quod quisque sui mali auctor est.

Antequam redeamus ad propositum, adhuc occurrit quod conturbare potest lectorem, nisi solutum fuerit; nam, quia dictum est contra Manichæos, nullum auctorem esse malorum omnium, forte dubitabit aliquis, et dicet : Unde mala si nullus est auctor omnium malorum? Sed veritas ostendit unumquemque auctorem esse sui mali, nam licet exemplo, vel hortatu, vel oppressione peccaveris, peccatum tamen quod fecisti, non nisi tuum est qui fecisti; necessitas enim nulla te cogere potuit, nisi voluisti. Tolle voluntatem, nullam videbis valere necessitatem. Opprimeris, trucidaris? nihilum est, nisi velis. Peccas itaque nulla necessitate sed sola voluntate. Et ideo sola voluntas aut punitur aut muneratur. Punitur, si pateris quod non vis; muneratur, si quod bene volebas adipisceris. Es igitur auctor ipse tui mali; qui tuæ voluntatis arbitrio peccasti, nec ascribas alii, quod tu ipse fecisti, nec alium quæras auctorem, qui te tui ipse fecisti exsecutorem. Sed, horum fine facto, paululum quiescamus, ut refectione quietis ab alio exordio robustius ad sequentia consurgamus.

Explicit liber primus.

LIBER SECUNDUS.

Duplex ratio peccati originalis.

Propositum nostrum erat de originali peccato dicere, quia quæritur quomodo peccatum habeamus ab origine nostra, quæ est Adam et Eva. Hæc autem quæstio de eo venit, quod in Apostolo legitur : *In quo omnes peccaverunt* (Rom. v).

Quæritur ergo quomodo peccavimus in Adam? verum equidem est quod in Adam fuimus omnes et ab eo sumus, sed secundum carnem. Secundum animam vero, Patrum orthodoxorum aliud dicit auctoritas; non enim vult animam sic ab anima seminari quemadmodum caro seminatur a carne, nec ab anima separari partem, ut inde fiat alterius hominis spiritus, sicut pars a carne separatur, ut fiat alterius hominis corpus. Sunt tamen multi qui volunt animam ex traduce fieri sicut corpus, et cum corporis semine vim etiam animæ procedere. Quorum rationes, quia non sunt omnino spernendæ, videtur, ut sicut utriusque proposuimus, utrasque etiam exsequamur, et primum orthodoxorum semitam prosequamur.

Cur Deus dicitur quievisse ab operando, si nunc animas creat ex nihilo.

Horum autem de humana anima talis est doctrina quod de anima parentis nihil separatur cum semine prolis, nec unquam ab anima parentis quidquam ad animam prolis ducitur, nec aliquid ducit anima sequens a priori, sed quemadmodum homini primo Deus inspiravit novam, sic semper corporibus recentes inspirat recentibus. Recentes, inquam, et novas, vel de aliquibus secretis et occultis exstantibus noviter factas, vel sicut in principio tota creatura de nihilo noviter creatas. Quibus lectio Geneseos opponitur, in qua Deus ab universo opere quod patrarat quievisse dicitur (Gen. II), quasi non conveniat quieti pro creatis quotidiana fatigatio procreantis, nec vere dicitur quiescere pro rebus quas patrarat, si adhuc pro aliis rebus de nihilo faciendis quotidie laborat.

Sed ad hoc respondetur lectionem illam corporalium tantummodo rerum conditionem narrare, quarum nullam dicitur Deus post primam conditionem nihilo fecisse, nam quæcunque corporalia quotidie creantur, de seminariis primæ conditionis oriuntur, nec aliquid usquam fit corporale, quod de prima non descendat origine.

Quievit ergo Deus a prima corporalium conditione, qui postea non invenitur ullum corporale de nihilo fecisse, nam de incorporalibus invenitur scriptum : *Pater meus usque modo operatur, et ego operor* (Joan. v). Dicunt ergo orthodoxi humanam animam ab anima nullo modo descendere, sed in recentibus novas a Deo corporibus fieri quotidie. Unde scriptum est : *Et revertatur pulvis in terram suam unde erat, et spiritus redeat ad Deum qui dedit illum* (Eccle. XII). Animadvertatur quam distincte dicitur de terra pulverem esse, Deum vero spiritum dedisse. Et iterum : *Patres quidem carnis nostræ habuimus eruditores, et reverebamur eos; num multo magis obtemperabimus patri spirituum, et vivemus?* (Hebr. XII.)

Ecce et hic distincte ostenditur nos et homines habere patres carnis nostræ, et Deum nostrorum patrem spirituum; ut caro sola veniat ab homine, spiritus vero novus a Deo detur in nova carne. Secundum hos est valde difficilis quæstio, si solum corpus ab Adam habeo, animam vero non ab Adam, sed a solo Deo, cum peccatum in anima tantum sit, et non in corpore, quomodo dicor in Adam peccasse? Peccavit Adam, et peccatum in anima sola fuit, et non in corpore; animam autem meam in qua peccatum est ab ipso non habeo, quomodo dicor peccasse in ipso? Quando peccavit et corpus meum tunc in ipso erat, recte dicerer in ipso peccasse, si peccatum esset in corpore, nunc autem cum in anima sola peccatum sit, quomodo dicor peccasse, quando peccavit, si in ipso penitus anima mea non fuit.

De generibus, et speciebus, et individuis.

Contra hanc quæstionem taliter Orthodoxi respondent, et dicunt quod aliter se habent ad species individua, quam species ad genera; nam species plus habent substantialiter quam genera, nec sufficit ad speciei substantiam genus, quia substantialiter habet species differentiam præter genus, et plus est species substantialiter quam genus. Plus enim homo quam animal, quia rationalis est homo, et non est rationale animal; individua vero nihil habent substantialiter plus quam species, nec aliud sunt substantialiter, aliud Petrus quam homo. Quod autem sub una specie plura sunt individua, non facit hoc aliquod substantiale, sed accidentia. Ideo solum individuum potest esse sub specie, cum sola species nequeat esse sub genere, ut, peremptis omnibus hominibus individuis præter Petrum, homo species solum habet individuum Petrum. Qui individuus est propter collectionem accidentium, sicut homo species, quia potest esse multorum communis individuorum, nam phœnix avis, quamvis individuum non habeat nisi unum, species est, quia communis potest esse multorum, aliud enim est phœnix, aliud hæc phœnix. Phœnix est specialis natura, quæ potest esse communis : hæc phœnix vero natura, quæ tantum est individua, nec aliud esse potest quam singularis ; phœnix genere, differentiisque terminatur, hæc phœnix accidentium proprietate discernitur. Individuum non nisi de uno dici potest. Species etiamsi de uno solo dicitur, universalis est; individuum vero nonnisi singulare est.

Ex genere et differentiis speciem ratio capit, ex proprietatibus accidentium individuum sensus agnoscit. Ad universalia valet ratio rationis interior, ad singularia vero cognitio sensualis exterior. Individua sentimus corporaliter, universalia percipimus rationaliter. Et quando de solo species dicitur individuo, tantumdem accidens dicere et de individuo valet et de specie, quamvis principaliter et primo loco sint in individuis accidentia.

Quod in unoquoque discernendum est individuum a specie.

Igitur quando primum factus est homo, humana anima facta prius in uno individuo, et deinde divisa in alio, ipsius humanæ animæ natura, in duabus personis erat omnis et tota, omnis, inquam, quia nusquam erat extra illas; tota, quia cuique personæ nihil deerat humanæ animæ. Audi tria, et discerne. Erat humana anima, erat anima Adæ, erat et anima Evæ. Tria sunt diversa, anima Adæ individuum, sive dicere velis, singulare, sive personam, quæ de nullo dicitur. Similiter anima Evæ individuum est sine persona, sive singulare, quod de nullo dicitur. Humana anima natura specialis est, non individua, sed communis quæ dicitur de duabus personis et dividitur in ipsis. Discerne tria hæc, nec solo sensu utaris in discernendo, sed et ratione ; nec enim sensu, sed sola ratione discernitur individuum a specie. Sed ut hæc facilius capiantur, dicenda sunt pauca de individuo, vel singulari, vel persona.

De individuo.

Est autem individuum contractum proprietate accidentium, ut de nullo dicatur; nam de individuis superiora dicuntur; individua vero de nullo. Et si species pluribus non inest, sed solum habet individuum, ipsa quidem dicitur de individuo; individuum vero de nullo, ut de hac ave phœnix, et de hoc mundo mundus, et de hac stella sol. Et hoc modo dicitur individuum secundum universale, non secundum totum; nam et in toto est individuum, quod cum sit pars totius, et in ipso dividatur totum, ipsum tamen pro parvitate sui non potest dividi, ut unitas in numero, punctum in linea vel tempore, littera in oratione, atomus in corpore. Ita et quod in universalibus infimum, et in totis est minimum, dicitur individuum. Hoc quidem quia in minora non dividitur ; illud vero quia de inferioribus non prædicatur individuum totus constituit, et non constituitur, individuum universalis dividit et non dividitur. Individuum totius primum est in constitutione totius, individuum universalis ultimum est in divisione universalis. Individuum universalis, ipsum universale, totum et perfectum habet in se, individuum totius de toto nihil habet in se præter se.

De singulari.

Singulare vero dicitur, quod aliqua proprietate discernitur ab omnibus aliis. Hæc autem uniuscujusque rei discretio ab aliis omnibus, non tantum in individuis est, sed et in universalibus. Habent enim et universalia suas proprietates, quibus etsi non sensu, ratione tamen discernuntur ab aliis. Ratio namque naturam universalium vi suæ sagacitatis et capit, et ab invicem et ab individuis discernit, ut, quamvis sint communia suæ tamen essentiæ singularitatem quamdam habeant, sicut individua. Est igitur omnis essentia singularis, tam individua quam universalis, utpote habens essentiæ suæ singularitatem, qua sigillatim inspicitur ab aliis. Et sic individuum omne, singulare; non autem omne singulare individuum, quia non est individuum, nisi quod de nullo dicitur, singulare autem omne.

De persona.

Persona vero est individuum rationalis naturæ, ut omnium individuorum ea sola dicantur personæ quæ non carent ratione; non est igitur in universalibus persona, nec in individuis illis quæ non sunt rationabilia. Est igitur individuum omnis persona, sed non omne individuum persona. Et sic ad individuum persona ut est individuum ad singulare. Dividit in tria grammaticus hanc personam, in primam scilicet, secundam et tertiam. Et prima quidem quæ loquitur, et secunda cui fit sermo, non nisi rationabile individuum est. Et ideo recte persona est. Tertia vero de qua fit sermo, quando rationabilis est, et ipsa recte persona est. Sed in hac tertia persona secundum grammaticum fit quæstio, qui tertiam personam dicit, dicit omne de quo fit sermo. Quomodo enim persona est, quod individuum rationale non est? Sed quomodo pictura propter similitudinem dicitur, et non est homo, et quarum usus est in scenis per similitudinem dicuntur personæ, sed non sunt propriæ sic individuum quod ratione caret dicitur quidem, sed non est tertia persona ; habet autem locutionis proprietatem ratio, ut id tantum habeat locutionem quod habet rationem. Dividitur igitur personalitas rationis secundum diversitatem locutionis, ut prima persona sit quæ facit locutionem, secunda cui fit locutio, tertia de qua fit locutio ipsa. Personis igitur hoc modo divisis secundum tres modos locutionis, tertiæ personæ tertius per quamdam similitudinem convenit universis, nam sicut locutio fit de rationali individuo, ita de omnibus aliis potest fieri sermo. Rectum quidem est familiare rationalibus, sibi et de se invicem facere locutionem, et in suo genere suum continere proprium, quod ad aliud transferre videtur quasi alienum. Sed quia necessarium est rationalibus quandoque suum genus excedere, et de alienis locutionem facere, aliena ipsa personas, et si non sunt, tertias dicimus, eo quod in eis tertiæ personæ polleat similitudo, in eo quod de ipsis quis alienis fiat locutio. Sunt igitur alia tertiæ personæ per similitudinem, rationabilia vero per proprietatem, quia locutionis officium ad rationale proprie pertinet individuum. Nunc redeamus ad propositum.

Quod multa sunt bona animæ.

In principio quando humanam animam Deus creavit, pluribus bonis illam cumulavit. Dedit rationem, qua Creatorem discerneret a creatura; dedit voluntatem et voluntatis arbitrium, ut ex arbitrio, non ex necessitate vellet quod vellet, non enim ad beatitudinem erat cogenda, ad quam non est perveniendum nisi voluntaria justitia. Ornavit eam justitia, qua mereretur fieri beata. Et voluntatis arbitrio supposuit eam, ut voluntate justa esset non necessitate. Dedit et debitum justitiæ, ut debeat justitiam qui accepit justitiam, et teneatur debito justitiæ rea, si voluntate deserit quam semper habere debuit. Et quia de homine cœlestis erat perficienda civitas, data est animæ humanæ vis propagationis corporeæ, ut de suo corpore generare queat corpus alterius animæ, cooperatione maris et feminæ. Ecce humana anima, tot honestata bonis, in principio suæ conditionis, duabus personis clausa, nec exterius usquam protensa.

Quod in culpa personæ est culpa naturæ.

Ecce peccavit utraque persona suggestione serpentis, peccavit, inquam, utraque necdum substantiam suam habentibus alibi quam in se, quæ nondum erat alibi quam ibi. Si vero persona peccavit, sine sua substantia non peccavit. Est ergo personæ substantia peccato vitiata, et inficit peccatum substantiam, quæ nusquam est extra peccatricem personam. Substantia vero una et eadem est utriusque personæ communis ipsis et specialis. In peccatricibus ergo personis est infecta peccato natura specialis, quæ non est alibi quam in ipsis. In anima Adam ergo et in anima Evæ, quæ personaliter peccaverunt,

infecta est peccato tota natura humanæ animæ; quæ communis substantia est, est specialis utriusque. Extra has enim nondum est eam esse. Si enim fuisset in aliis divisa, pro ipsis solis non inficeretur tota. Quia si peccassent istæ, forsitan non peccassent aliæ, in quibus esset salva humanæ animæ natura. Nunc autem ubi poterat anima humana munda esse quæ peccatrix erat ubique?

Quomodo humana natura per se non peccat, sed per personam.

Sed forte dicet aliquis : Si natura communis, humana scilicet anima peccavit in personis, quis potest negare speciem peccasse? Sed absurdum est hoc dicere de ipsa specie, et ipsis universalibus ascribere quod solis convenit personis. Præterea universalia semper sunt quod sunt, et, utcunque varientur individua, consistunt immutabiliter universalia, et quamvis de ipsis vere dicatur mutabilitas individuorum, non est tamen in ipsis. Sed nec nos dicimus ipsam speciem per se, sed in solis personis peccasse. Et quamvis de universalibus dicantur individuorum accidentia, non tamen sunt in universalibus ipsis, hoc quod sunt, sed loco ab individuis secundo; nam sicut diversæ sunt ab individuis species, similiter et eorum proprietates, ut hominis ea proprietas quod species est, quod universale, quod commune, quod essentia incommutabilis in se quod de pluribus dicitur, et cætera quibus universalia discernuntur ab individuis, non convenit ipsis individuis. Similiter quod Petrus individuum est, persona, quod de nullo dicitur, quod mutabilis est, et cætera quibus individua disjunguntur ab universalibus, ipsis tamen conveniunt universalibus.

De proprietatibus specierum et individuorum.

Et quia se intulit occasio et utile est nostro proposito, notandum est quod universalium proprietates quæ ipsis universalibus sunt communes, omnino non conveniunt individuis, sicut et illæ individuorum quas habent individua communes, nequeunt universalibus coaptari, ut hæ quas supra posuimus. Hæ vero proprietates universalium, quibus unumquodque separatur ab omnibus, in ipsis quidem universalibus principaliter et primo loco sunt, secundo vero loco inferioribus aptantur usque ad individua. Similiter et hæ individuorum quibus unumquodque separatur ab omnibus, principaliter sunt in ipsis, sed secundario superioribus conveniunt, ut corporis proprietas, quod corporea substantia est, omnibus inferioribus convenit, sed primo loco corpori. Similiter proprietates quibus sejungitur ab aliis individuis Petrus, quod frater Andreæ, quod apostolorum princeps, in ipso quidem principaliter sunt, ab ipso vero secundo loco accipiunt universalia. Itaque duplex est proprietas universalium; duplex est et individuorum, una proprietas universalium, qua differunt ab universalibus, alia qua ab individuis. Similiter et individuorum proprietas, alia qua ab individuis separantur, alia qua ab universalibus; nam cum una et eadem substantia sit in individuis et speciebus, oportet eas proprietates habere quibus diversitas pateat inter se, ut hominis et Petri, cum sit una et eadem substantia, differentias habent quibus differunt ab invicem; quod hic quidem individuum est et persona, ille vero communis est et specialis natura, unum sunt substantia, proprietatibus sunt diversa. Per hoc quod habent diversa sunt, per hoc quod sunt unum sunt. Unitas substantiæ facit unum quæ sunt diversa, diversitas proprietatum quæ sunt unum facit diversa. Et ita non habet species in individuo id quod differt ab individuo, sed ita per se habet et seorsum ab individuo id quod differt ab individuo, quasi penitus non esset in individuo; id autem quo species ab universalibus differt non habet nisi in individuo, et sic habet in individuo quasi non sit aliud quam ipsum individuum, cum tamen species sit et non individuum. Similiter et individuum suæ non attribuit speciei id quo differt a specie. Sed ita per se tenet, et seorsum a specie id quo differt a specie, quasi nihil habeat a specie, cum unam penitus et eamdem substantiam habeat cum specie. Id autem quo differt ab individuis individuum non habet nisi cum specie. Et sic habet cum specie, quasi non sit aliud ipsum quam ipsa species.

Quod in anima pro culpa personæ sit culpa naturæ.

Ut igitur secundum Scripturæ loquamur auctoritatem, quæ primæ conditionis duas personas accipit pro una et uno nomine vocat eas, id est Adam, si anima peccavit Adæ, peccavit humana anima. Peccavit ergo natura personæ, quæ specialis est, et communis esse potest, sed per se non peccavit, et seorsum ab individuo, non enim est peccatum de proprietatibus illis quibus differat ab individuo, sed peccavit in ipso individuo, et per ipsum quod aliam non habet substantiam quam humanam animam, quia peccatum est earum proprietatum, quibus ab individuis differt ipsum individuum. Non habet ergo persona peccatum sine sua specie, cum qua unum et idem habet esse substantiale, et est in primo homine personale peccatum naturæ, non naturale. Quia peccatum principaliter est in persona quæ peccavit ipsa, secundo loco in specie quæ peccavit quidem, sed non ipsa, non potuit peccare persona sine substantia, nec nisi in substantia peccatum potuit habere personam. Habet autem persona peccatum ; habet ergo et substantia tota. Tota, quia non erat alibi quam ibi; tota, quia nondum in alias personas divisa; tota, siquidem proprie dicimus tota, et non potius omnis.

Quid distat totum et omne.

Nam totum pro partibus dicitur; omnis vero pro individuis. Et universalibus convenit omne, compositis vero totum; nam omne colligit individua, totum partes congregat. Species autem non partes congregat, sed individua colligit. Et compositum in solis individuis invenitur, ut dicantur tota; universalia vero omnia simplicis et incompositæ sunt naturæ, quamvis quandoque complurimi dicantur aliqua similitudine, ut species, ex differentiis et genere, ad similitudinem materiei et formæ.

Quod humana natura transire nequit ad alias personas sine culpa.

Et quia humana anima tota est in Adam obnoxia peccati, sine peccato non potest ad alias personas transferri, nec fieri jam potest anima humana sine vitio peccati, et secum ubique trahit vitium quod a principio habet in se concretum. Omnis igitur anima, quæ post Adam creatur, a principio naturali trahit quod in se culpetur. Alioquin non erit humana anima, si fuerit sine culpa, nec erit naturæ peccatricis, si non fuerit ipsa peccatrix. Aut si se dixerit non peccatricem, necesse est profiteatur se non esse humanam animam. Et nulla sine peccato creatur in hac vita quæcunque convincitur esse humana anima.

Quomodo Christus venit sine culpa.

Quid ergo dicimus de Christi anima quæ humana est et sine culpa ? dictum est prius quia propagatio data est humanæ animæ, ut propagare possit humanum corpus de humano corpore cooperatione maris et feminæ. Et oportebat auctoritate divinæ justitiæ et necessitate naturæ ut, qualis anima et de quali corpore erat factura, anima talis et in tali corpore esset secutura, ut qualis esset origo, et principium radicis, talis sequeretur justa necessitate processus humani generis, nec esset principio dissimile quod fieret per propagationem maris et feminæ. Christus vero quia nec maritali copula nec amplexu conjugii venit, sed sola virtute divina in Virgine, et de Virgine factus est sancta, peccato jure caruit, nec debet requiri peccatum, ubi solum est opus divinum. Et recte sine peccato potest esse qui factus est sine humana actione, ut qui per homines non est factus; peccatum non habeat cum hominibus. Anima Adam propagationi datæ junxit culpam, et propagationis bono quod Deus dedit apposuit peccatum quod ipse fecit. Quæ vero conjuncta sunt in origine separari nequeunt in posteritate. Ideo trahunt naturale peccatum homines qui nascuntur propagatione hominum; nasceris humana propagatione, sequitur culpa necessitate. Potest igitur esse sine peccato, quem non producit humana propagatio. Tolle propagationem humanam, ubi invenies culpam? Et ideo Christus non habuit culpam, quia generationem non habuit humanam, Nec est humana natura obnoxia peccato, nisi ubi fit humana generatio; nam ubi in propagatione sola est operatio divina, nisi Deum culpes, nulla est culpa. Sic igitur nasceretur sine peccato Christus, etiamsi non esset Deus.

Cur in Christo fuit pœna sine culpa.

Forte quæritur : Cur Christus tanta toleravit qui non peccavit? Infirmitatem nostram, quæ utilis est et qua virtus exerceri potest, sponte et hominum compassione retinuit non necessitate, nam, cum usque ad mortem virtutes exercuit in infirmitate, dedit exemplum patientiæ ne nos in infirmitate deficiamus, sed in patientia toleremus adversa, quia *virtus in infirmitate perficitur* (II Cor. XII). Nam quid illi oberat difficultas pressurarum, cum exprimebantur insignia latentium virtutum? Quis dicit inutile premi torcularibus uvas, qui pura videt sudare vina? Quis non fortiter terat synaxim, si vult occultam sentire virtutem? Sic in Christo fuit infirmitas nostra exterius cujus contritione pateret quanta fuerit firmitas intus, et ita sine peccato suo dignatus est pati pœnam pro peccato nostro, non solum quod facimus, sed et cum quo nascimur.

Quid distat naturale peccatum et personale.

Dicitur enim duobus modis peccatum, personale et naturale. Et naturale est cum quo nascimur, et quod ab Adam trahimus in quo omnes peccavimus, In ipso enim erat anima mea, specie, non persona, non individua, sed communi natura. Nam omnis humanæ animæ natura communis erat in Adam obnoxia peccato. Et ideo omnis humana anima culpabilis est secundum suam naturam, etsi non secundum suam personam. Ita peccatum quo peccavimus in Adam, mihi quidem naturale est, in Adam vero personale. In Adam gravius, levius in me; nam peccavi in eo non qui sum, sed quod sum. Peccavi in eo non ego, sed hoc quod sum ego. Peccavi homo, sed non Odo. Peccavi substantia, non persona; et quia substantia non est nisi in persona, peccatum substantiæ est etiam personæ, sed non personale. Peccatum vero personale est quod facio ego qui sum, non hoc quod sum, quo pecco Odo, non homo, quo pecco persona, non natura; sed quia persona non est sine natura, peccatum personæ est etiam naturæ, sed non naturale.

Quid est venire de traduce.

Sed opponi potest : Ostensum est animam cujuslibet ex traduce venire, cum hoc Orthodoxus negaverit. Nam quælibet anima creatur in corpore, aliud esse substantialiter non habet quam speciale. Sed esse speciale et anima prima habuit ; habet ergo quælibet anima substantialem essentiam ab anima prima. Venit ergo ex traduce quælibet anima, quæ substantialem essentiam trahit a prima. Sed huic objectioni respondetur quia non recte traducem accipiunt qui eam de specie dicunt. Et quod est individui, non bene ascribunt speciei. Quamvis enim nequeat esse sine specie, individuum tamen non habet eam a specie. Habet individuum ab individuo traducem, sed non secundum eamdem speciem; venit enim ab individuo speciei alicujus, per individuum speciei alterius in individuum ejusdem speciei, cujus erat prius, ut sint extrema individua ejusdem speciei, medium vero alterius. Ejusdem sunt a quo venit et in quod, alterius vero per quod. Medium, est per quod, extrema sunt a quo et in quod, primum a quo, extremum in quod, ut in animali primum parens a quo, medium, semen per quod, ultimum proles in quod traducem venire dicimus. Venit ergo a primo per medium in ultimum. Primum et ultimum ejusdem speciei sub animali, ut hominis. Nam si parens est animal et homo, et proles animal et homo. Medium vero semen per quod, nec animal nec homo, sed alterius speciei. Sic et in plantis primum est a quo semen, medium per quod, id est ipsum semen ultimum in quod fit tradux plantæ. Igitur a prima planta venit ultima planta per medium semen plantæ, quod non est planta. Non est ergo putandum ab individuo primo sequens habere traducem præter eamdem utriusque speciem, nisi fiat per medium semen. Transeat sæpius species ab aliis individuis ad novum, nullum ibi traducem dicimus, nisi fiat per semen medium. Et, quoniam rationales animæ nullo fluunt semine, ab anima prima species semper transit ad novam sine ulla traduce. Et si præcedentis animæ substantiam accipit nova, tamen nullam habet traducem, ubi nullum intervenit semen.

Quomodo Deus non agit culpam qui creat peccatricem animam.

Superius digesta probant humanam animam in unoquoque creari peccatricem, nec potest eas creare nisi Deus qui creat omnia. Timendum est igitur ne peccati sit Deus auctor, qui est peccatricis animæ creator. Sed econtra dicimus Deum et animam creare peccatricem, et non esse mali auctorem. Vide enim in humano genere quis fecit prius animam, et quis prius culpam, et invenies animam opus Dei, et culpam opus hominis. Opus Dei bonum, opus hominis malum. Cum ergo dicis : Deus creat animam peccatricem, duo dicis, animam et peccatum, et utrumque refer ad auctorem suum, animam scilicet ad Deum, et ad hominem peccatum. Igitur in anima peccatrice, quam Deus creat, da Deo suum opus et lauda, et homini da suum et vitupera. Creat animam peccatricem. Quod audis animam, Dei est; quod peccatricem, hominis. Hoc modo Deus et creat animam peccatricem, et non est auctor peccati. Amplius, sed ut evidentius loquamur, ponamus pro peccato injustitiam. Deus creat animam injustam. Benedictus Deus, quia et in hoc justus est. Quid enim justius quam animam humanam creare injustam? Certe talem debuit in me creare, qualis fuit in primo homine, quia talem nascendo quisque debet habere qualem debet propagatio maris et feminæ. Creat igitur injustam justissime, quia talem creat qualis debet esse. Si justam crearet, injustus esset, et contra se; nam, qui instituerat posteritatem humanitus propagatam suum sequi principium, si nascitur ista posteritas, suum negat institutum, disjungens a capite corpus, ut suo principio non sit finis contiguus, et biforme monstrum sit humanum genus, habens caput discors a corpore, et principium a fine. Vide ergo ne dum abhorres injustas animas creare Deum, adulando stulte, facias injustum, et cum honorare putas, exhonores justissimum. Amplius, Deus dedit justitiam animæ, et ideo debet habere, sed anima quam habere debet justitiam sponte deseruit. Cujus ergo culpa caret, quam habere debet? Sua quæ sponte deseruit, non Dei qui non coegit. Tamen habere debet quam non habet. Quod ergo Deus animam facit sine justitia quam debet habere, non est Dei culpa, sed animæ. Sed si eam modo facit sine justitia, quam sponte deseruit, nonne laudandus est valde qui tot ei bona reliquit? Adhuc remanet ei debitum justitiæ et propagatio, arbitriumque rationis, et ipsa ratio, qua cæteris præeminet animalibus. Anima stulta, quisce arguere Creatorem, et, quia te non fecit justam, injustum dicere. Sufficiat tibi quod habes, quia nec ipsum meruisti. Lauda benignitatem dantis immerita, nec accusa rectitudinem non dantis injusta. Quod si non placet illi dare creandæ totum quod vis, age gratias de concessis, supplica pro aliis; facere vis eum injustum ut tu sis justus. Sed immutabilis non potest mutari, nec cogi potest Omnipotens. Creat injustam, sed hoc nihil est aliud quam sine justitia creare, et justitiam non dare creandæ; si non vult amplius dare, tolle quod habes gratias agendo, nec pro aliis sis illi molestus nisi supplicando. Sed forte dicis : Debeo habere. Si debes, redde. Non habeo. Habuisti. Perdidi. Quis abstulit? Nullus. Quomodo ergo perdidisti? Sponte dimisi. Ergo non poteris recuperare nisi magna recompensatione. Adhuc quædam pro orthodoxis sunt dicenda, sed quia lassi sumus, alii sunt exordio servanda.

Explicit liber secundus.

LIBER TERTIUS.

Quod totus homo dicitur peccare per animam, non per corpus.

Superius digesta continent injustitiam essentiam non habere, nec esse in corpore, sed in anima tantum, ubi justitia debet esse, animas vero non fieri de traduce, sed a solo Deo, vel de exstantibus aliquibus, vel de nihilo, et in peccato Adam humanam animam peccasse, omnem et totam, nec post eum præter Christi animam ullam sine peccato fieri, hoc exigente divina naturalique justitia. Quia ergo hominis peccatum in corpore non invenitur, sed in anima, idcirco locuti sumus huc usque de anima. Homo vero, pro quo totum hunc sermonem insumpsimus, ex anima constat et corpore, nec integer est ex altero, sive utroque, quamvis secundum alterutrum dicatur homo quandoque, ut quidam sapiens, a generalissimo descendens ad ultimam speciem corpori supponit hominem, dicens hominem esse corpus animatum, sensibile, rationale, hic ponens rationem pro locutione; quia sicut ratione mens intus, ita sermone corpus utitur exterius. Et quia sæpe dum de toto, quod inest parti, et quod dicitur de parte, negari sæpe non potest toti, ut idem ipse aliquis et niger dicatur corpus, et animam justus, sic omnis homo cum ex anima constet et corpore, per animam tamen peccator dicitur esse. Totum est ex multis partibus? Quod unus est, dicitur de toto, non tamen de omnibus, dicitur peccator qui constet ex corpore, nec tamen ad corpus pertinet peccare.

Quod in substantiis plurimis est una persona.

Sic persona dicitur Petrus, cum persona non pertineat ad corpus, est tamen corpus junctum animæ, ut habeat cum anima quod non habet per se. Dicitur ergo individuus homo persona non corpore, sed anima, anima namque corpus assumit in sua persona, ut in una persona, duplex sit substantia. Hoc maxime distat a Creatore creatura, quod plures personas Creator habet in una substantia, quod penitus inveniri nequit in creatura. Creatura vero invenitur unam habere personam in pluribus substantiis, quod esse non potest in majestate Creatoris. Est igitur individuus homo, multiplicis substantiæ, et unius personæ, persona una, multiplex substantia. Humana persona constat ex pluribus, et non dicitur de pluribus; est divisibilis, ut totum per membra; est indivisibilis, ut singulare per subjecta; quia partes habet est totum; quia subjectum non habet, est individuum.

Quod in homine pro culpa personæ sit culpa naturæ.

Et sicut aliquid de universali dicitur pro individuo, sic aliquid dicitur pro parte de toto; ut propter animam solam dicatur peccator homo individuus, qui animam simul habet et corpus. Dicitur peccator per solam animam qui simul habet corpus et animam. Ad corpus peccatum non pertinet, et tamen peccator est qui corpus habet; non igitur anima sola peccasse dicitur in Adam, sed et ipse per animam, scilicet totus ex pluribus partibus per unam. Dicitur ergo et Adam peccasse, quia peccavit anima, quam habuit ipse. Et si peccavit Adam, peccavit homo; quia si peccavit ipse homo, peccavit humana natura, quæ est homo. Sed humana natura tota tunc erat in ipso, nec usquam erat alibi specialis homo. Cum ergo peccavit persona, scilicet ipse homo, peccavit tota natura, scilicet communis homo. Et in peccato personæ, culpabilis factus est homo communis naturæ. Et qualem Adam fecit humanam naturam in se, talem posteris eam tradidit post se. Et qualis facta est humana natura per insipientiam peccatoris, talis necesse est transfundatur in posteros per justitiam Creatoris, ut sit in toto quod superius dictum est de parte, et quod dicebatur de anima inveniatur in toto homine.

Quod nemo possit evadere justitiam.

Quod non solum intelligendum est de culpa, sed et de pœna, ut, quia Deus homini primo pœnam reddidit pro culpa, in posteros transfundatur pœna cum culpa, et cum pœna nascantur qui cum culpa creantur; merito namque quod non vult patitur per justitiam qui fecit quod voluit contra justitiam. Et merito nolens patitur pœnam, qui volens deseruit justitiam. Juste punitur nolens, qui male fecit volens, ut non evadat justitiam, qui deserit justitiam; nam si deserit eam, male faciendo, incidit in eam juste puniendo. Si relinquit eam inobediens, recidit in eam dure patiens. Si justitiæ subditus esse non vult obediendo, subditus est ei, velit nolit, patiendo. Et quam devitat voluntate justitiam, incurrit necessitate. Et urget cum justa necessitas, quem tenet injusta voluntas.

Quod in sola voluntate meritum est rationalis naturæ.

In voluntate vero peccamus, vel benefacimus, quia in voluntate est totum meritum nostrum; siquidem quidquid meremur, voluntate meremur, nec ubi voluntas abest, ullum est meritum; ubi autem est meritum, ibi est justa pœna vel præmium. Benedictus Deus qui posuit in voluntate nostra, utrumlibet est nobis futurum. Quid ergo? Sicut volumus, sic habebimus. Si volumus justitiam, juxta voluntatem sequitur meritum palmæ. Si volumus injustitiam, contra voluntatem sequitur meritum pœnæ. Utrumlibet ergo consequamur est in nostra potestate, quia est in nostra voluntate. Nihil enim tam est in nostra potestate quam voluntas nostra, nam quæ nostræ potestatis sunt, tanto magis in nostra potestate sunt quanto magis in voluntate, et quia voluntas nostra propinquior sibi adest et magis est in se quam cætera, ideo maxime est in potestate nostra; non enim mea potestas habet quod ex mea voluntate non pendet, nam magis urget necessitate quam delectet potestate quod non est in voluntate. In omnibus ergo *rectus Dominus, et non est iniquitas in eo* (*Psal.* xci). Utrumlibet enim velimus, ipse est bonus; nam si in amore justitia, merito voluntatis retribuet præmium pius; si aliud est in amore contra justitiam, merito voluntatis pœnas retribuit justus.

Quod rationalis natura in eo punitur quod diligit.

Et quia contra voluntatem homo punitur, in eo punitur quod diligit, ut de ejus incommodo doleat quod amat. Punitur ergo in se, et in suis, quia se diligit et sua. Punitur in se, scilicet anima et corpore. In anima enim et corpore statim accepit valetudines homo, unde puniretur pro peccato, quas prius non habuerat, quia nondum meruerat; in anima, namque confunditur ignorantia, timore tabescit, ægritudine tristatur, difficultate sua et corporis torquetur, infinitis sollicitudinibus distenditur; in corpore vero gravitatis tarditate, morborum doloribus, operum fatigationibus, laborum defectu, inediæ vel ingurgitationis inæqualitate, rigore frigoris contrahente, æstivo sudore dissolvente, et aliis inæqualitatibus innumeris, et ad ultimum morte cruciatur indesinenter homo miser, punitur in suis mortibus propinquorum, variis incommodis amicorum, et multiplicibus damnis suarum rerum.

Quod culpa nequit esse sine pœna.

Hæc sunt mala quæ fecit Deus ut patiatur homo pro malo quod non fecit Deus, et fecit homo. Et his malis quæ fecit Deus, juste punitur humanum genus pro malis quæ non fecit Deus, et fecit humanum genus. Et contrahit humanum genus malum quod fecit Deus, ut semper habeat miser homo pœnam suam conjunctam peccato, et agat temporalem vitam cum pœna, qui temporalem vitam agit cum culpa, ut quem culpa tenet, hunc semper pœna fatiget. Hæc est humani generis conditio miserabilis, hæc inevitabilis necessitas, ut semper habeamus culpam, semper habeamus et pœnam. In hac vita nec solvere collum possumus a jugo culpæ, nec evitare penitus necessitatem pœnæ. Hæc culpa, et hæc pœna culpæ fuit in primo homine, a Deo quidem pœna, ab homine vero culpa. Culpa hominis opus contra Deum, pœna opus Dei contra hominem. Et sicut ab Adam culpa transiit in homines omnes, ita et pœna culpæ; non enim sine pœna potuit in hominibus esse culpa. Necesse est ergo in nobis esse vindictam Dei pro culpa nostra, sicut in primum hominem Dei vindicta venit pro culpa sua, ut qui contrahunt culpam, contrahant et pœnam. Humanam enim naturam accipere debemus, hoc quod erat in primo homine posterius, non quod erat in ipso prius. Exigit enim a vobis humana natura quod fuit in primo parente posterius, non quod fuerat in ipso prius; quia quod prius fuerat in ipso, perdidit; quod vero posterius, mansit. Quod bene fuerat prius perdidit; quod male fuit posterius, mansit. Non potest humanitas propagari nisi quod erat. Ideo non sumus nisi quod erat. Ideoque miseri sumus, quia misera erat.

Quod anima cujusque hominis fieri nequit, nisi humanæ naturæ.

Quæri potest quomodo humanæ animæ creantur a Deo quotidie; nam, si substantia novæ personæ est eadem cum sua specie, quomodo dicitur nova, cujus est antiqua substantia? Qualiter creatur modo, cujus substantia fuit a principio? Manet enim specialis natura, cujus naturæ creatur anima nova. Quomodo ergo nova fit hodie, cujus natura manebat in specie, modo fit, et erat? Quid est hoc? Huic quæstioni respondetur ita. Patet, juxta fidem catholicam, quia creatur anima nova in humano corpore. Fit autem anima quæ creatur aut humanæ naturæ, aut alterius quam humanæ, aut nullius. Sed nullius naturæ fieri personam, et inter naturas creari, quod nullam habeat naturam est impossibile. Si vero creatur in humano corpore alterius naturæ anima quam humanæ, etiam hoc absurdum est dicere. Restat ergo ut cum creatur nova fiat humanæ naturæ. Et ita colligitur, quia fit nova ejus naturæ quæ non est nova; facit ergo Deus animam novam, quæ naturam non habet novam. Est ergo eadem natura nova, et non nova. In persona nova est, in specie nova non est. Nova est proprietate personali, non nova proprietate communi. Creatur a Deo de exstantibus, vel de nihilo anima nova personaliter ejus naturæ quæ fuit ab Adam universaliter. Cum dicis : Humanæ animæ persona creatur, humanam animam non dicis creari, sed personam. Persona autem humanæ animæ est anima individua. Creatur igitur non humana anima, sed individua anima. Individua anima creatur, quia prius non erat, humana anima non creatur, quia prius erat, et in aliis personis erat. Tamen individua anima est humana anima, et idipsum substantialiter est individua anima quod humana, et una eademque substantia est hæc et humana, id est creata modo, et manens ab initio, individua videlicet et specialis, singularis et communis, ideo una et eadem substantia est utriusque, quia, cum individua anima creatur, fit humanæ naturæ, et modo facta de nihilo, assumit in se factam ab initio. Assumit, inquam, individua communem, ut habeat eandem cum ea substantiam. Et cum proprietatibus suis differant per substantiam penitus sunt idem. Itaque humanæ animæ creantur nova individua; quæ idipsum substantialiter fiunt quod est humana anima. Creatur humanæ animæ novum individuum, quod cum ipsa necessario sit ejusdem naturæ, quia impossibile est humanæ animæ individuum in humano corpore creari alterius naturæ quam humanæ. Amplius, potest etiam dici novas animas creari, non quod sunt, sed quod habent, id est proprietate, non substantia, ut non nova substantia, sed nova fiat proprietas, ut procreatione proprietatis novæ creatio dicatur antiquæ substantiæ, et antiqua substantia ideo nova dicatur, quia nova proprietate formatur. Et quamvis persona non sit sine substantia, personam tamen non facit substantia, sed substantiæ proprietas, ideoque propter proprietatem novam nova dicitur anima. Dat Deus existenti animæ proprietatem novam, et facit novam personam, species subsistit, datur a Deo proprietas, et fit nova persona. Advenit proprietas communi naturæ, et, per proprietatem, fit individuum quod erat commune. Itaque sola proprietas fit, non natura, sola proprietas, non substantia, et tamen substantia creari dicitur per proprietatem, ut nova sit anima, cujus est nova proprietas. Hanc rationem priori non præferimus, quia vix audimus dicere in creatione animarum Deum non creare substantiam, sed proprietatem solam, ne derogare videamur omnipotentiæ summæ, si sola accidentia dicuntur in personis et non substantias creare. Damus tamen lectori licentiam quod magis vult tenere. His rationibus ostenditur secundum orthodoxos omnes homines originaliter culpam trahere et in Adam omnes peccasse, quamvis animæ non fiant de traduce.

De toto materiali.

Nunc ad eos est veniendum qui dicunt animas quoque de Adam venisse, et sic omnes in Adam peccasse. Sed hic prædicendum est de parte et toto, sicut superius de universali et individuo; nam sicut de universali et individuo dicere superius valuit ad ostendendum, similiter hic de partibus et toto loqui proderit ad intelligendum. Et dicitur totum pluribus modis. Uno modo integrum, quod naturaliter constat compositione partium, utens compositione tanquam forma, partibus vero tanquam materia. Partibus enim adveniens compositio perficit totum. Nam sine compositione nihil partes efficiunt. Ut in homine partes sunt anima et corpus, in humano autem corpore partes sunt omnia membra ejus, quæ perficiunt, illæ quidem hominem, hæ vero corpus humanum, si compositionem habuerint competentem. Et sicut compositione construitur, ita dissolutione partium destruitur totum. Contingit autem frequenter alterius generis esse totum, et alterius partem, ut hominis humanum corpus, et corpori, et humana anima animæ, homo vero totum neutri supponatur, sed ei quod constat ex utroque. Et in hoc toto, nec ipsum de partibus dicitur, nec partes de ipso. Et tale totum speciei semper est individuum. In universalibus enim non invenitur tale totum. Universalia enim hoc quod sunt per se, incompositæ sunt et simplicis naturæ; et si tota dicitur, in individuis suis dicuntur per se, etiam quantitatis et genera et species, quæ nihil aliud sonare videntur quam ex partibus talia tota, in individuis quidem partes habent, et tota sunt; ipsa vero per se nec partes habent nec sunt tota ; sed naturæ simplicis et absoluta, ut numerorum genera et species, quorum totam ratiocinationem partium consideratio continet, ipsa quidem per se nec tota sunt nec partes habent; in individuis vero tota sunt ubique partium compositione. Universalibus tamen dat philosophica consideratio constitutionem non quidem proprie, sed ad similitudinem materiei et formæ, nam speciem constare dicunt ex genere et substantia, velut ex materia et forma. Sed in hac universalium constitutione non perit simplicitas naturæ; velut partes non faciunt totius quantitatem, sed qualitas adveniens simpliciter informat materiem. Non est enim figura, multorum in unum compositio, sed materiæ subjectæ simplex informatio, nec qualitas facit ullam quantitatem subjectæ materiei informationem, sicut numerus materialium partium, compositione. Nam materialium partium numerus ponit quantitatem. Figura vero subjectæ materiei ponit qualitatem, siquidem figura est qualitas. Qualitas autem non pertinet ad totum materialium partium, sed quantitas propter earum numerum. Itaque quia materialium partium numerum non admittunt, non pertinet ad ea quantitatis totum, ut in sua constitutione dicantur composita; sed naturæ simplicis sunt et incompositæ, semper hoc ipsum manentia quod sunt et immutabilia per se.

De toto formali.

Alio modo dicitur totum formale, quod ex forma constat et materia, aliter enim constat Petri corpus ex humana figura et materia corporeæ massæ, aliter ex pluribus membris suis et compositione, inest figura massæ, et constat totum formale. Quantitate non constat hoc totum, quia non quæritur hic multitudo materialium partium, sed sola massa et figurans forma nec debet quantum dici, sed magis quale, quia est formale, nam forma est et qualitas. Et sciendum quia non invenitur hoc totum, nisi in individuis specierum. Species enim non habent hanc constitutionem, sed similem.

De toto virtuali.

Est etiam totum quod potest dici virtuale, quod ex viribus constat, et maxime invenitur in individuis animæ: habet enim anima quæque vires, et efficacias quasdam quibus constat et efficit, multa pro suo posse, ita ut sua corpora vigeant in multis secundum vires animæ. Unde humana anima vim habet rationalem, qua utitur interius ad invisibilem cognitionem et rerum omnium discretionem, et operatur exterius in suo corpore multos actus, et locutionem maxime. Habet et unum nomine sensibile, qua corpus afficit sensibus quinque, ut sentire queat sensibilia quæque, et dividit corporis partibus species sensuum, secundum qualitates diversas sensibilium, visus oculorum, figuras et colores, auditus aurium sonos capit et voces, odorem nares odoratu, palatum sapores judicat gustu, tactus discernit per totum indifferenter corpus, asperum et lene, durum et molle, rarum et spissum, frigus et calorem et figuras. Hi sensus licet ab anima sint in corpore, tamen nec anima, nec vis animæ, sed affectiones ab anima corporibus illatæ, habet etiam vim vegetabilem, qua suum corpus vegetat; et ipsius corporis status momenta etiam nesciendo dispensat. Quid de plantarum animabus dicamus? Vires earum certe medicina penitus non ignorat, quæ efficacias earum in suis plantis secundum diversas species explorat; habent vires interius animæ, et exterius afficiuntur plantæ. Animæ viget efficacia, et hoc reperitur in planta, experimur in planta, quæ vires latent in anima. Mirum quod vires animæ, anima mortua, manent in corpore, et remanent in planta vestigia virium quæ fuerunt in anima, donec et ipsa in corpore paulatim emoriantur vetustate. Hoc autem habet ab aliis totis istud proprium, quod cum plures habet vires, in unaquaque est totum; et in singulis viribus est anima, cum tamen totum ex una vi constet sola. In una sola vi est totum, et una sola vis non efficit totum, est quidem totum in singulis solis, sed non constat ex singulis solis, de sola parte dicitur totum, sed ex sola parte non constat totum. Et quamvis anima hujus plantæ de singulis viribus suis dicatur, non tamen earum species putetur, quia individuum est, et de nullo subjecto dicitur. Vires enim hujus animæ partes illius

A sunt, non ut individua subjectæ, nec anima plantæ hujus tota est in singulis viribus suis, cum species tota sit in singulis individuis suis. Nunc redeamus ad propositum.

Quomodo de traduce veniunt animæ.

Dicunt seminatores animarum, quorum rationem post orthodoxos insumpsimus dicere quod omnis anima venit de traduce, id est anima per semen de anima, sicut ejus corpus per semen propagatur de corpore, vel arbor de arbore, et sic esse vim seminariam in anima, quemadmodum in corpore. In animalibus enim nisi vim vegetabilem trahat semen parentis, non proficit ad creationem sequentis prolis, nam semen fusum in femina, quomodo pullulat, nisi vim animæ vegetabilem trahat? Quomodo concrescit in viscera prægnantis seminatum, nisi utcunque fuerit animatum? Infundantur urina de parente, vel sputum, vel aliud quidquam, non proficit in partum, vel in prolem ullam, nec unquam natum est animal tali infusione, quia talis infusio caret animatione. Nullam vim animæ talis infusio trahit; ideo non prospicit in partum, nec inde pullulat aliquid. Infundatur feminæ semen, infundatur et aliud. Quid est quod hoc semper est inutile, illud vero proficit in prolem sæpe; hoc nihil valet, unquam, illud prolem promittit futuram, nisi quod hoc nihil animationis habet, illud vero vim vegetabilem retinet: Trahit ergo secum semen corporis, semen animæ, scilicet vim vegetationis, quæ corporeum semen vegetet in humanam formam, ipsa cum eo succrescens in rationalem animam, ut sicut particula, quæ non est humanum corpus, ab humano corpore fluit in sementem, sic particula, quæ non est humana anima, ab humana anima decurrat ut semen. Et sicut pruritus corporis non solet sine delectatione animæ fieri, sic pruritus a corpore non excutit seminarium liquorem, nisi simul animæ delectatio producat ab anima seminariam vim, id est vegetabilitatem ut sit humanæ animæ semen, vis vegetabilis, sicut seminarius liquor, semen est corporis. Et sicut simul procedunt causæ, scilicet delectatio et pruritus, sic simul sequuntur effectus, id est vis vegetabilis, et liquor seminarius, simul etiam cum crescendo proficiunt hoc usque ad humanam formam, illud usque ad rationalem animam, inde simul manent in una persona usque ad mortem. Causæ conjunctæ simul jungunt suos effectus, in unum individuum ejus, quod constat ex anima et corpore. Individuum autem illud per suas causas sub specie sua compositum, proficit ad alterius speciei individuum. Quod ut videatur apertius, aliunde incipiamus, ut ex altiori principio lucidior fiat finis cognitio.

Descensus substantiæ ad individua, per id quod constat ex corpore et anima.

Est genus subalternum substantiæ, quod corpori non supponitur, nec animæ, sed ei quod constat ex utroque.

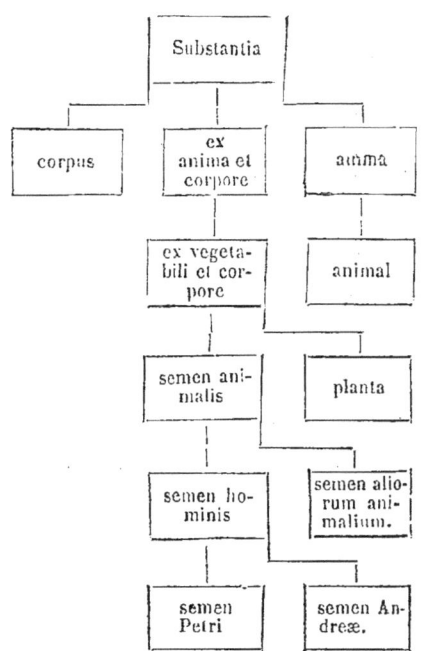

Hoc autem aliud habet subalternum sub se, id est, constans ex anima vegetabili et corpore, habens animal e regione; quod autem constat ex anima vegetabili et corpore, et ipsum habet suppositum, aliud subalternum, id est animalis semen, quod non est animal, sed tantum animalis semen habens e diverso plantam, ut ejus quod ex corpore constat et vegetabili anima, aliud sit semen animalis, aliud planta, sub semine animalis, specialissima species est semen hominis, et inde individuum semen uniuscujusque hominis. Semen autem hominis sub semine animalis, non est homo, nec animal, sed in individuum paulatim proficit hominis.

Decurrit ergo semen animalis, quod non est animal, et paulatim promovetur in aliud individuum animalis. Et ita propagatur ab animali animal, per semen animalis quod non est animal, ut semen animalis perdens specialem naturam seminis, quam habebat promotione quadam accipiat alterius speciei substantiam, quam postea possideat.

Quod circa eamdem materiam mutentur species et individua.

In quo est notandum quod circa eamdem materiem fiat mutatio specierum et individuorum, et in eadem massa, nunc et species fiat, nunc illa, ut in massa seminis modo sit seminalis natura, post, humana, et cum massa sit eadem materialiter, pro tempore mutat substantiam praedicabiliter, ut eadem manente materiei massa, sicut circa eam ali-

A quando mutatur figura, similiter mutatur et specialis natura, et etiam individuum, quia individuum sequitur speciem, et non materiem; non enim respicit ad subjectam materiam inferius, sed ad formatam speciem superius. Et sic frequenter apparet in corporibus, ut in corporali massa, sicut mutatur figura circa materiem, sicut mutatur et species secundum praedicationem. Massam figura componit et fit totum formale corporaliter, substantiam differentia format, et fit species substantialis incorporaliter mutata forma, alterater materies in individuis rebus visibiliter mutata, differentia substantiae communis in materie visibili, mutatur specialis natura in eadem visibili materie invisibiliter, ita ut corporalis mutatio figurae in massa causa dici possit incorporalis mutationis differentiae in substantia, quia sicut corpora mutant figuras, ut alia fiant formalia tota de materiis, ita genera corporum differentias mutant in corporum materiis, ut aliae species fiant, ibi de ipsis differentiis et materiem figura format, ut de materialibus partibus constet ipsa materies; genus differentia format, ut in ipsis materiis dicatur de individuis species. Hinc habes materiei partes, inde substantiam, et ipsam materiam in meditullio positam; quia habet materia partes, habet et substantiam.

Substantia de materia praedicatur, materia de partibus componitur; materies hinc suscipit substantiae praedicationem, hinc habet partium compositionem, haec est substantiae specialis, individuum, hinc vero partibus suis est totum, quia refertur ad speciem ut individuum; respicit ad partes ut totum et relatum utrique posterius est utroque; nam et posterius est species ut individuum, et posterius suis partibus, ut totum.

Quod totum integrum medius finis est extremorum principiorum.

Omne ergo totum integrum partibus et praedicamentis se praebet medium. Partes continet ab inferiori; praedicamenta suscipit a superiori. A superioribus accipit substantiam suam, ab inferioribus habet integritatem suam. A praedicamentis habet summum principium quod sit, a partibus habet ultimum principium unde sit. A praedicamentis post summum principium sui accepit differentias specierum, descendendo gradatim in se, a partibus, citra principium ultimum sui, accipit compositiones partium ascendendo gradatim in se. Idem ipsum a praedicamentis suscipit in se praedicationem, et a partibus accipit in se compositionem, idem ipsum et totum est et individuum; individuum est, quia aliquid est; totum est, quia de aliquo est.

Individuum est, quia de eo dicuntur superiora; totum est, quia ipsum componunt inferiora. Individuum est, quod de subjecto non dicitur; totum est, quod ex pluribus componitur. Non pertinet ad individuum compositio, nec ad totum praedicatio, quia nec totum dicitur ut suscipiat praedicationem, nec individuum ut accipiat compositionem. Omne igitur alicujus figurae capax integrum totum habet duo principia, huic infimum, illi summum. Summo est infimum, quia est ejus individuum; infimo est summum, quia ejus est totum. Summo est infimum, quia non dicitur de subjecto; infimo est summum, quia constituitur ad ultimum de illo. Infimum est, quia sic descendit a praedicamentis ut de nullo dicatur; summum est, quia sic ascendit a partibus, ut ulterius non progrediatur. Utriusque principii medium se finem exhibet, ut utriusque officium in se conterminet. Nam finis praedicationis fit a summo principio, et finis compositionis ab imo. Et fines extremorum in ipso simul conveniunt, ut inveniat finem hic et ille recursus ibidem. Ut aliquis centenarius habet extrema, hinc unitatem, et inde quantitatem, individuum a quantitate secundum praedicationem infimum, totum ab unitate, secundum suam compositionem summum.

De summis et infimis principiis.

Et extrema quidem, a superiori sunt individuis principia praedicanda, ab inferiori vero totis sunt principia componenda. Principio praedicamentorum finis est individuum, principio partium finis est totum.

Principia prima, suarum rerum universitatem concludunt utrinque sua extremitate, et quia nullam rem extra relinquunt, propagationes rerum adversus se invicem, introrsum revolvunt in idem, ut idem secundum diversas habitudines, utriusque processus sit medius. Nec infima supponuntur summis praedicatione, imo sese respiciunt e regione, et tanquam opposita, neque de infimis praedicantur, nec ab eis componuntur summa, nam punctum lineae, quamvis nondum sit linea, non est tamen penitus non linea, sed est pene linea.

Est igitur linea quodammodo, quamvis non sit linea omnimodo. Similiter et littera non est vox plene, sed pene; non est vox omnimodo, sed aliquomodo; non est vox perfecta, sed imperfecta.

Est ergo et quantitas quodammodo, similiter et atomus corporis, pene corpus, et punctum temporis, pene tempus, et unitas, pene numerus, sint ergo atomus quidem aliquomodo substantia; caetera vero quodammodo quantitas, hos grammaticus inspicit, qui tanquam plurale singularem numerum dicit. Dicit et usus communis praesens tempus, particulam temporis, ad quam velut communem terminum, praeteritum copulatur et futurum. Et sic ultima principia referri possunt ad prima, tanquam generibus ipsis supposita, et eorum praedicationem in se suscipientia.

De figura.

Potest ergo ex praecedentibus colligi, figuram corporalium omnium causam fieri; nam sine figura nec materies ipsa potest esse, nec ulla species in corporibus de individuis praedicari, nec materiale totum esse, vel componi, corporalis enim materies mente quidem cogitari potest, sed esse sine figura non potest. Tolle figuram quae modo formabat, perit species quae praedicabatur. Nam humani corporis figura si perit, ipsa species in eo corpore deficit, et secundum aliam figuram quam recipit, aliam secundum corpus ipsum assumit. Nam quia cineris vel vermis accipit figuram, mutat et speciem circa massam eamdem. Et de qua massa prius dicebatur homo secundum priorem figuram, de eadem dicitur vermis et cinis secundum aliam. Similiter et totum materiale sine massae suae figura non potest esse. Nam quomodo partes ejus discernuntur? Omnium igitur corporum causa est figura. Quippe nec tota nec individua esse, nec species habere nec omnino subsistere possunt sine figura.

De formis.

Similiter incorporalia cuncta sine suis formis esse non possunt, ut omnes species, et individua, differentias et proprietates accipiunt formas, quibus existunt. Prima vero rerum, genera essentiam accipiunt pro forma, nam quemadmodum formae suis rebus dant esse, ita genera summa nisi per essentiam non possunt esse. Et caeterae formae omnes suae sunt suarum rerum, essentia vero communis et universalis est omnium rerum. Aliae formae suas res faciunt aliquid esse, essentia vero facit omnes res simpliciter esse. Et cum res omnes habeant proprias formas quibus formantur ad aliquid esse, prima genera rerum habent essentiam qua formantur ad esse. Caeterae formae suas res faciunt quid sunt. Et cum aliud sit aliquid esse, aliud esse, aliae formae pertinent ad aliquid esse, et non ad esse. Et quamvis ad aliquid esse sequatur esse; non est tamen caeterarum formarum ut faciant esse; faciunt tamen, sed consequentia, non natura; est autem essentia primum in primis generibus, ut prima genera principaliter sint, ut per essentiam primo loco formentur ad esse, inde habent inferiora per formas aliquid esse, ut corpus habet substantiam esse per corpoream formam. Sunt igitur formae causae rerum omnium, nam caeterae formae omnes causa sunt suis rebus, ut aliquid sint; essentia vero, causa est omnibus ut sint. Et materiae natura substantiali priores sunt formis, formae vero si respicias ad esse, materiis priores sunt, quod eas esse faciunt, multas digressiones facimus, et longas in hoc opere. Ad multas nos cogit propositorum difficultas, quae quaestiones multimodas generat. Quae solvendae sunt claritate, ne quae proposita sunt maneant in obscuritate. Ad longas vero nos impellit subtilitas quaestionum, quae vix ad intelligentiam perducuntur etiam multiplicitate verborum. Et cum quasi hydrae vivae caput unum abscidimus, quandoque renascuntur multa, quae nisi cum magno molimine non auferimus.

Quod vis vegetabilis est semen animae, quamvis non sit anima.

Superius ostensum est semen animalis eorum esse quae constant ex anima et corpore, et in semine sicut corpus, sic et vim vegetabilem in animal futurum proficere. Secundum quod non potest negari ut corpus de corpore, sic et per animam vegetabilem, de animali anima, animalem animam fieri. Sed forte dicet aliquis quia vis in semine vegetabilis, nulla est anima, veniens ab anima parentis, et proficiens in animam prolis. Sed contra hoc superius dicta vigilant, qui animam sicut de toto, sic dici de singulis partibus affirmant. Sed, si forte non acquiescit importunus huic argumento : Esto, certe non potest qui mentem habeat dicere vim vegetabilem non esse animæ. Et si non est, ut dicit, anima, vis tamen est animæ. Nisi enim sit corpus animæ, sementem non potest proferre. Tolle animam, non facit semen ; facit semen, habet igitur animam. Habet ergo semen ab anima vim vegetabilem. Aut habet ab anima, aut a corpore. Si a corpore, tolle animam et funde semen, et dabimus palmam tibi victoriæ, si videamus sequentem prolem. Si autem non potest fieri, confitere veritatem, et animæ concede vim vegetabilem. Et licet ipsa vis non sit anima, per eam tamen ab anima propagatur anima, et fit semen animæ propagantis animam. Sive ergo vis illa dicitur anima, sive non, patet quia prodit ab anima parentis, et promovetur in animam prolis. Amplius, sæpe videmus similitudinem parentis in prole et in statu corporis, et in moribus animæ. Quid est hoc, nisi quod semen et a corpore parvulum liquorem et ab anima trahit vim vegetabilem. Nam nisi semen traderet utrique proli quod trahit ab utroque parente, non repræsentaret in utroque prolis tantam similitudinem parentis.

Quod in Adam fuimus omnes anima et corpore.

Si ergo invenitur in semine et quod ab anima venit et quod a corpore, patet quia prolis anima venit ex traduce, et omnes animæ nostræ fuerunt in anima Adæ. Et quando peccavit Adam, nihil ab eo exierat humanæ naturæ, sed adhuc totum erat in eo quidquid erat homo. Quando ergo peccavit, nos omnes peccavimus, quia in eo omnes eramus. Eramus corpore, eramus et anima. Igitur in eo sumus omnes infecti peccato, et quia in eo pro culpa, juste successit etiam vindicta ; in nobis etiam nascitur pœna cum culpa. Et juste nascimur miseri, qui prodimus a misero, ut qualis est origo talis et propago succedat. Et ita nascimur cum peccato, quod nobis est originale ; quia homini primo fuit personale, nascimur cum peccato quod non fecimus ipsi, sed fecit ipse, et transfudit in nos miseriam quam meruit ipse. Et hoc est originale peccatum, quo tabescit humanum genus, et quo liberavit nos Christus.

Cur Deus dicitur animarum Pater.

Auctoritate Scripturæ confirmant orthodoxi animam ab anima non propagari. Dicit enim Salvator : *Revertatur pulvis in terram suam unde erat, et spiritus redeat ad Deum, qui dedit illum (Eccle.* xii). Et Apostolus : *Patres quidem carnis habuimus eruditores et reverebamur eos ; num multo magis obtemperabimus Patri spirituum, et vivemus? (Hebr.* xii.) Contra hoc dicunt propagatores animarum quia Deus homini corpus de terra fecit, animam vero de nihilo dedit. Quamvis ergo parentes generent et animam, et corpus in prole, animæ tamen dicitur Deus Pater proprie, quod eam accepit homo, non aliunde, sed a solo Deo, ut cum aliunde corpus acceperit, merito Deus dicatur ejus Pater, quæ non aliunde venit. Quia ergo secundum Scripturam recte dicitur Deus Pater animæ, restat ut homo dicatur pater carnis, cum tamen generet utrumque.

Quod animæ non veniunt ex traduce.

Probat animæ propagator animam ab anima venire ex eo quod vis vegetabilis trahitur in semine dicens animæ partem esse vim ipsam, et a toto separari ad prolem faciendam. Orthodoxus autem dicit hunc carnaliter sapere, nec bene naturam animæ cognoscere. Anima enim humana natura simplex est et incomposita. Nec componitur ex pluribus, quamvis constet ex pluribus. Una est, et plures habet efficacias, quia sol unus, et plures habet radios. Simplex est et enutrit ex se plura ad corpus, plura quidem exterius, sed unde veniunt, simplex est intus, partes sunt animæ, sed non habet compositionem, quia nec ipsum totum recipit quantitatem. Hic errat animæ propagator, quia, cum partes audit cogitat quantitatem, et quod est corporis quærit in eo quod non est corpus, et quemadmodum in corpore, sic in anima partem putat abscondi posse, et individuam unitatem, quæ localis non est in diversa loca dirumpi, et per diversas partes eam diversis locis teneri, et habere partes, sicut corpus diversa loca tenentes, sapit carnaliter, quia spiritalia judicat corporaliter, quia corporis quantitatem quærit in substantiam spiritualem. Audit partes, et occurrit mentis quantitas, et compositio, quæ solet corporis, exiens ad corpus a se et cogitans secundum corpus de se, et sic oblita sui erat in se, quærens se extra se, putans se quantitate distendi, et per spatia locorum dilatari, cum non habeat numerum, sed incomposita sit, ut unitas in numero multo simplicior lineæ puncto, vel corporis atomio, qui cum sit de corpore non est jam corpus, sed ob sui simplicitatem incorporeus. Cum ergo partes audis, animæ omnem quantitatem vel compositionem aufer a mente, et emundans eam a phantasiis corporum, sensus et imaginationem postpone erigens te ad rationem, ut ratione cogites rationem. Partes enim rationalis animæ, non corpora sunt, sed potentiæ, non materiei sed efficientiæ, non eam ut membra componunt, sed ab ea velut radii prodeunt. Totum est ipsa, nec longitudine producitur, totum est, nec tumet profunditate. Constat ex pluribus nec perdit simplicitatem, quia non admittit compositionem. Constat ex pluribus et unitatis suæ servat individuitatem, quia pluralitas ipsa non facit quantitatem. Verum equidem est, quia venit ab animalis propagatione in semine, sed illa vis affectio corporis est, non efficientia animæ. Efficientia est in anima et corpus afficitur de ejus præsentia, dico tria, discerne et considera. Anima, animæ vis, et vis corporis. Anima, est substantia, vis autem animæ, et anima dicitur, et substantia, sed vis corporis, nec est substantia, nec vis animæ, nec anima, sed corporis affectio, id est qualitas illata corpori ab animæ præsentia. Potest tamen hæc qualitas dici vis animæ aliquo modo non quia pars est animæ, sed quia per vim animæ infertur subjecto. Nec solum, suis efficientiis afficit anima corpus sed etiam suis qualitatibus, sicut sæpe videmus, timore vel reverentia animæ pallere vultum, vel suffundi rubore, et multæ fiunt passiones corporum ex efficientiis vel qualitatibus animarum, sic anima potentiis et qualitatibus suis regit et commutat corpus. Ipsa tota manens in se, et corpus ab anima multis afficitur qualitatibus quæ non sunt animæ. Sic anima potentias suas exserit, per corpus totum, cum ipsa non sit totum. Imo per omnia corporis spatia se totam infundit, et nullum habet spatium. Partes habet corpus ipsa corpus implet, et non partibus suis, sed tota et plena perfecta singulas implet partes corporis. Implet, inquam, plura sine pluralitate, numerosa sine numero, multa sine multitudine. Sic summa sapientia habet omnes formas omnium rerum. Lucent in arte summa formæ plures, quia sunt in opere res plures, quia secundum diversas formas artis summæ, factæ sunt diversæ res in opere. Ars enim summa videbat apud se intus quomodo crearentur omnia exterius et sic in essentiam omnia prodierunt, ut æternæ formæ monstraverunt. Ecce dicimus artis summæ plures formas, cum non sint omnes in una. Quidquid est ibi, non est nisi unum, et idipsum, o Lux una, radii plures. Sunt unum radii in luce una, apparent plures in multiplici creatura. Formæ plures sunt unius artis, et ipsa ars est uniformis. Simplex in se, multiplex apparet in creatura, sed et res creatæ formas suas accipiunt a summa arte, quia ab æternis formis inferuntur rebus suæ. Ab æternis prodeunt temporales, a summis inferiores, non ita prodeunt formæ rerum ab ipsis, ut sint ipsæ, sed ut alterius naturæ, quia ille Creator, sunt istæ creaturæ. Non sic prodeunt a summo ut summa essentia particulatim defluat in creaturam, et partes suæ substantiæ tribuat creaturæ, ut hoc sint formæ nostræ quod ipsa summa sed summa creat, ut suis efficientiis fiant istæ. Implet illa creaturam totam, et non est totum, implet omnia spatia, non habens ullum spatium, omnia simul tempora, sine tempore, tota et plena et perfecta, singulas totius creaturæ partes sine suis partibus, similiter anima suum corpus, quia ad similitudinem suam fecit animam Deus. Regit ergo anima suum corpus, et ab animæ præsentia habet multa corpus, quæ non sunt substantia animæ, nec partes substantiæ, sed affectiones corporis et qualitates. Et habet multa corpus ab anima, quæ retinet aliquandiu post animam. Nam recens abscissum membrum a suo corpore, aliquandiu palpitat post animam, retinens motum quem habebat ab anima. Et herba ipsa, postquam diu siccata et in pulverem minutissimum redacta, jam omnino perdidit animam tamen ab anima quam perdidit, retinet fragrantiam suavem naribus, et vires contra valetudines. Similiter semen per voluptatem effusum a vivo corpore, vim propagationis secum trahit ab anima, vim illam habebat in corpore ab anima. Non erat certe animæ, sed corporis; ab anima, corporis scilicet qualitas et affectio, sed effectus animæ. Effunditur et a suo corpore separatur, trahit extra secum vim vegetativam quam habebat. Vim trahit secum extra corpus, sed animam retinet secum corpus, nihil separatur ab anima cum semine, sed anima tota remanet in corpore, trahit secum semen affectionem suam, sed retinet corpus totam suam animam; de simplici natura nihil potest emanare. Non ergo potest de se anima animam procreare, nec possumus invenire traducem, qua fieri dicebas animam.

Cur apponuntur philosophica in hoc opere

Philosophicas considerationes quod posuimus, ne precor, arguant fratres quasi catholicam fidem munire voluerim per philosophicam rationem. Non feci ut munirem, sed ut docerem. Quis potest munire veritatem? non potest veritas fortior fieri, quia non potest muniri. Sed veritas ponderosa est et gravis, nec levibus sensibus est levis, nec eam cito rudis capit, quam vix eruditus invenit. Ideo sunt undequaque rationes quærendæ, ut aperiatur occulta non ut muniatur fortissima; ut detegatur clausa mysterii, non ut roboretur immutabilis. Ideoque philosophica quædam adhibuimus, quia novimus a clero Catholicos, liberalibus eruditos artibus, videre clausa citius per ea quæ noverunt.

Cur propagatores animarum inseruntur hic.

Propagatores animarum ideo libenter apposui ut undique visis omnibus, facilius occurrat quod eligatur, et inter apposita multa, libere veritatis auctoritas emineat et ipsorum appositorum consideratio lenis appareat.

Explicit Tractatus reverendissimi domini Odonis, cœnobii Sancti Martini apud Tornacenses quondam abbatis a reparatione primi, ac postmodum Ecclesiæ Cameracensis episcopi De peccato originali

DISPUTATIO CONTRA JUDÆUM

LEONEM NOMIN

DE ADVENTU CHRISTI FILII DEI

Prologus.

Odo, Cameracensis episcopus, ACARDO, Phidemensi monacho.

Dum in Phidemensi capitulo, imminente Natali Dominico, rationem incarnationis divinæ dedissem, placuit, ut dicebas, auditus, sed memoria retineri nequibat intellectus, nam quæ diligenti collatione permanent, abundantiore infusione decidunt. Ideoque rogabas ut memoriam, quam inundatio sententiarum suffocabat, vere prætenuis series formaret digesta stylo manente. Tandemque tuis precibus victus proposui facere quod rogabas, sed cum Pictavos irem ad consilium, quia die quam Silvanectis ipsum negotium congruenter, adjuvante Deo, contra Judæum quemdam fueram exsecutus, visum est mihi congruum hanc quæstionem exsequi more dialogi, ut Judæus quæsivit et ego respondi; et quia Judæus Leo, et ego dicor Odo, per primas litteras nominum distinctio fiat personarum. Nunc autem invoco Spiritum sanctum, ut, quod dedit mihi ad convincendum Judæum, reddat ad instruendum fidelem monachum. Itaque cum post meridianum somnum venisset Judæus circa horam nonam ad hospitium nostrum, considentibus nobis ita dicere cœpit :

Quod remissio peccatorum non sufficiat ad gloriam.

LEO. Dic, o episcope, adventus Christi vestri quid utilitatis contulit mundo? ODO. Dic, o Judæe, quid utilitatis credis afferre vestrum quem creditis adhuc venturum Messiam.

LEO. Quod in prophetis legimus, scilicet omnia regna in illo nobis subdenda, nos sub illo perpetuam pacem habituros et de omnibus regnis nos cum gloria in Hierusalem congregandos, et Hierusalem dominatum omnium regnorum habituram, et cætera quæ prophetæ feliciter enumerant. Quæ omnia in Christum vestrum non videmus impleta, miramur quid ab illo exspectatis?

ODO. Nos per Christum regnum cœlorum exspectamus, et felicitatem quam vos terrenam, nos per Christum speramus cœlestem. LEO. Errare videmini; nos enim et per Messiam ex tunc temporalem felicitatem, et, per legis observantiam, cœleste post hanc vitam regnum speramus. Temporalia nobis bona promittunt prophetæ, cœleste regnum exspectamus ex lege; docet enim lex pro uno quoque peccato quale fiat sacrificium, et sic dimitti peccatum. Regi etiam David, adulterii et homicidii peccatum confesso, dixit propheta Nathan : Dimissum est peccatum tuum (*II Reg.* XII). Si ergo in lege sine Christo vestro remissio est peccatorum, consequitur et beatitudo æterna. *Beati enim quorum remissæ sunt iniquitates, et quorum tecta sunt peccata* (*Psal.* XXXI). Quid ergo facit Christus vester?

ODO. Non satis attendis rectitudinem justitiæ. Cui enim dimittitur peccatum, non statim promovetur ad gloriam. Peccati remissio pœnas aufert, gloriam non confert; cui pœna subtrahitur, non statim gloria datur. Non statim gratia decoratur, cui ira dimittitur; nam et David, quando filio dimisit reatum fratricidii nondum passus est eum sibi præsentari, nec dedit gratiam, cui dimiserat iram (*II Reg.* XIV). Singulariter homo quidem peccavit, sed pœnitenti, et rursus obedienti, etiam bene servienti pœna in lege dimittitur, sed nondum gloriam meretur ad quam nisi per recompensationem peccati juste non pervenitur. Injustum est enim ordinare peccatorem cum his qui non peccaverunt, sine satisfactione peccati. In lege ergo dabatur homini remissio peccatorum, Sed quia in lege nequit homo pro peccato satisfacere, non potest per legem ad gloriam pervenire, ideoque necessarius est mundo Christus, quia in ipso pro peccato satisfacimus, ut ad gloriam perveniamus.

Quod exercitium bonorum operum non sufficit ad delendum peccatum.

LEO. Homo quidem quomodo in Christo vestro pro peccato satisfaciat nescio; in lege autem quomodo peccatum emendetur video. Obsecrationibus enim et sacrificiis, oblationibus et eleemosynis et aliis bonorum operum exercitiis pro peccato satisfacimus in lege Deo. ODO. Servus, erga dominum antiquo debito obligatus, si postea peccaverit in dominum, nunquid antiqui debiti redditione posterius peccatum purgabitur? An prioris debiti solutio juste reputabitur posterioris culpæ satisfactio? nonne separatim exiget dominus justus, et prius debitum, et posterius admissum? LEO. Ita. ODO. Homo ergo non poterat emendare peccatum exercitio bonorum operum; omne etenim bonum quod poterat ante peccatum Deo debebat, a quo et acceperat. Reddat ergo homo omne bonum quod accepit; juste tamen exigitur ab eo malum quod fecit. Non ergo potest homo sub lege sanctitate ulla redimere quod peccavit.

Quod patientia incommodorum non sufficit ad delendum peccatum.

LEO. Si homo non poterat redimere peccatum per

id quod ante debebat, esto. Certe labores et mortem prius pati non debebat; quis enim dicat eum debere pati quoniam non meruerat? Legimus autem quia Deus homini pœnas indixit pro peccato. *Quocunque die comederis, morte morieris (Gen.* II), ecce mortem. *In sudore vultus tui vesceris pane* tuo, *tribulos et spinas* terra *tibi germinabit (Gen.* III), ecce labores et tribulationes. Si has pœnas Deus homini dedit pro peccato, aut sufficiant ad expiationem peccati, aut non sufficiant. Si sufficiunt, sequitur ut expiato peccato perveniamus ad gloriam cœlestem cum Christo vestro; si non sufficiunt, dicendus est Deus inconvenienter pœnas injunxisse quæ ad expiationem peccati non sufficiunt. Quod quia nefas est de Deo dicere, probatur quod sapiens Deus, secundum peccati modum, modum exposuit pœnarum. Justus enim Deus justam debuit facere vindictam, quæ nec peccato minor esset, nec modum excederet. Non debuit minus punire peccatorem justus, nec magis quam merebatur pius. Labores ergo hujus vitæ, et tribulationes et novissime mortem homo si patienter tolerat, peccatum emendat bono patientiæ, quo prius non debebat pati qui non peccaverat. Et ita recompensatione boni deletur peccatum, quia, quantum malum fuerat culpa, tantum bonum recompensatur patientia. Ubi ergo solutum est peccatum, quid impedit ad regnum? ODO. Non hæc diceres si quanti sit ponderis peccatum scires. Et ideo peccatum quæramus, quam minimum possumus, ut ex eo videamus in cæteris quanti sit ponderis. Ecce tu ipse propone quod placet. LEO. Nihil occurrit minus quam brevis cogitatio vana. ODO. Si ergo tibi Deus prohibeat ne intentione tuæ cogitationis a se quoquam deflectas, et alius tibi vere dicat quia, nisi cito alio te vertas, statim peribis et redibis in nihilum, putasne alio cogitationem tuam breviter vertendam contra Deum pro te ipso, ne pereas, et tantillum peccatum fieri pro redemptione tui? Meliusve judicas te pro peccato vivere quam pro justitia perire? LEO. Quare non melius? ODO. Quia omnipotens Deus meliorem potest te post servatam justitiam restituere quam tu per peccatum queas vivere. Et qui per peccatum viventem te juste faceret miserum, peremptum pro justitia juste restitueret beatum. Præponderat igitur te peccatum quod proposuisti quod faciendum non fuit, etiam pro redemptione tui. LEO. Placet quod dicis, non enim animadvertebam tanti ponderis esse parvulam culpam. ODO. Sed dic, si deberes pro angelo quod non debes pro teipso. LEO. Secundum rationem quam de me dixisti, neque pro uno, neque pro omnibus, neque pro tota creatura faciendum est, vel minimum aliquod contra Deum ; potens est enim omnipotens Deus in melius restituere quod pro justitia potuit perire, et quibus sine merito misericorditer dedit ut essent, his juste cum merito daret ut melius essent. ODO. Bene intellexisti; non enim abolere potest omnis creatura id quod contra Deum est in aliqua creatura, ne videatur Deus egere creatura ad abolendum quod contra se est in creatura. Servus conservum liberare non potest ; ut cum ancilla Dei sit omnis creatura, liberare potest a peccato creaturam, quæ se subdidit peccato. Quæ enim se subdidit peccato, recessit a Deo ; creatura ergo, quæ creaturam liberat a peccato, reddit eam Deo, et beatam facit. Sed beatum esse melius est quam esse. Attribuuntur ergo creaturæ quod majus est, et Creatori quod minus, siquidem Creator facit quod est esse, creatura vero facit quod est beatum esse. Quod quia est impossibile, non potest creatura creaturam a peccato liberare. Omnem enim creaturam præponderat minimum peccatum, quia minimum peccatum est contra Deum ; Deus autem omni creatura major est. Non ergo sufficit omnis creatura ad recompensationem minimi peccati. LEO. In magno periculo sumus, quod quotidie peccamus, si peccatum, ut dicis, habet tantum pondus.

Cur Deus indixit homini pœnam, quæ non sufficit ad delendum peccatum.

Sed cur Deus peccatori pœnam indixit, si illa pœna pro peccato non sufficit ? ODO. Pro remissione peccatorum, quam facere non poterat bonum, quod ante peccatum habebat. Omnia enim hujusmodi, id est omnium molestiarum patientia, et mentis et corporis castigationes multimodæ, et omnia, quibus ad bonum fit exercitatio, sine plena peccati recompensatione valere tantum possunt ad veniam, non autem ad gloriam.

Quod pro perficienda cœlesti civitate factus sit homo.

LEO. Quomodo ergo satisfacere potest homo, vel quid recompensare pro peccato, si tota creatura minor est nec ad delendum peccatum sufficere potest ? ODO. Nullo modo per se. LEO. Ad hoc ergo contentio rationis nostræ venit ut, si homo vitat pœnas per peccatorum veniam nec tamen pervenit ad gloriam, habeat statum medium quo in æternum quiescat, ut angeli qui non peccaverunt in gloria permaneant, homo vero qui peccati remissionem accepit sui modi quietem obtineat ; qui vero sine remissione est, pœnas perpetuas incurrat. Et ad hoc processimus quod mundo Christus vester in nullo est necessarius ; nam status ille quietis sine Christo per legem habetur, in qua remissio peccatorum legitur. Et qui proposuisti Christi tui virtutem ostendere, probasti hominem ad gloriam nullo modo pervenire. ODO. Hoc mollior ut probem tibi non solum posse, sed et necessarium esse hominem ad gloriam angelorum pervenire. Quod cum Christo adjuvante fecero, precor ut relicto errore Christianus fias. LEO. Hoc dimitte, et quod promittis prosequere. ODO. Constabit gloriam hominis esse possibilem, si probari possit esse necessariam ; nam quod necessarium est esse, possibile est esse. LEO. Ita est. ODO. Credo, non negabis verum esse quod de Deo legitur in multis locis Scripturæ vestræ : *Omnia quæcunque voluit fecit (Psal.* CXIII, CXXXIV). LEO. Verissimum est. ODO. Voluit autem Deus facere civitatem cœlestem, cujus cives angelos creavit. Omnes autem angelos bonus Deus non creavit nisi bonos, a qua civitate juste sunt dejecti, qui nequam sunt facti. Civitate ergo ex parte vacuata, imperfectum remansit opus quod cœperat Deus. Propositum vero Dei non potest cassari, et civitas quam cœperat Deus, necesse est ut perficiatur, ne Deus dicatur stulte cœpisse quod postea noluit vel non potuit perficere. Sed nefas est ascribere Deo mutabilitatem voluntatis, vel impotentiam. Ergo quod cœpit, perficiet Deus. Fecit ergo hominem et dedit propagationem, ut incœptum perficeret. Necesse est igitur ut de homine propositum Dei fiat. *Omnia enim quæcunque voluit, fecit.*

Quod numerus civitatis cœlestis perficiendæ major sit numero angelorum primæ conditionis.

LEO. Quia sermo primæ conditionis se intulit, quæro an numerus quo facti sunt angeli sufficiebat civitatis perfectioni antequam angeli fierent mali. ODO. Non videtur. Si enim numerus angelorum qui facti sunt sufficeret pro solis his qui ceciderunt, homo valeret et de eorum casu gauderet quorum gloriam teneret. Et cum gloriam cœlestem nemo nisi justus intret quomodo justus erit qui de alterius peccato gaudebit? Ideo dicimus apud Deum esse numerum perficiendæ civitatis majorem numero angelorum primæ conditionis; hominem vero ita factum ut, si omnes angeli in justitia mansissent, de homine fuerat civitatis residuum; si vero defluerent, de homine perficeretur totum.

Quod solus Deus satisfacere pro peccato potest.

LEO. Si Dei propositum non potest cassari, necesse est hominem in gloriam angelorum transferri, Deus autem omnipotens est, ergo omne quod proposuit potest, necesse est ergo hominem in gloriam transferri, sed superius disputata probant esse impossibile. Quomodo ergo necesse est quod impossibile est esse? Quæ est tanta rationum varietas. Cum propositum Dei respicio, necesse est in gloriam transeat homo; cum hominis considero impotentiam et Dei justitiam, omnino est impossibile hominem ad gloriam venire. Quid magis contrarium quam impossibili necessarium? ODO. Veniat Christus noster, veniat, et hanc contrarietatem dissolvat. LEO. Quomodo? ODO. Audi, si bene supernis comprehensa incolis, sola pro peccato satisfactio gloriam impedit hominis. Nam si posset pro peccato satisfacere, posset utique ad gloriam pervenire, sed homo non potest. Quid ergo? Estne omnino impossibile quod homo non potest? Nonne Deus potest quod homo non potest? Alioquin Deus non est omnipotens; Deus igitur pro peccato satisfacere potest. LEO. Quomodo Deus satisfaciet, ad quem non pertinet? Quomodo qui non peccavit pro peccato satisfaciet? Peccator satisfacere debet, Deus non debet. ODO. Quia necesse est hominem ad gloriam venire quod sine satisfactione non potest, satisfacere vero Deus potest, sed non debet; homo vero debet, sed non potest; ideo necesse est ut utræque naturæ conveniant, et fiat Deus homo, et unus Jesus Christus Deus et homo, non alius Deus, et alius homo, sed totus quidquid est; homo est non confusione naturarum, quasi altera evacuetur in alteram, sed utriusque naturæ proprietate integra permanente in una vera persona. Est ergo Jesus Christus non duo, sed unus omnino et indivisus in persona. Qui ex eo quod omnipotens Deus est, pro peccato satisfacere potest; ex eo quod homo est debet, potest ut Deus, debet ut homo.

Quod Christo pertineat pro peccato satisfacere, qui non peccavit.

LEO. Quomodo debet, quamvis sit homo, cum, sicut dicitis, non est peccator homo? ODO. Compassione et misericordia; quia non poteramus emendare peccatum, emendavit ipse pro nobis, utpote frater pro fratribus, et ejusdem naturæ nobiscum, nulli enim est alienum suæ naturæ condescendere et pro his qui suæ naturæ sunt satisfacere. Inde pro identitate scilicet naturæ nostræ peccata portavit, pro peccatis nostris plagas et mortem sponte sustinens quæ non debebat; non enim talia meruerat. Carne et sanguine suo nos pascit, ut nos concorporet secum, ut et nos simus ipse et ipse sit unus nobiscum. Ideo nostras miserias suas facit, peccata nostra sibi ascribit, sermones nostros in suam personam transfert in Psalmis et prophetis, ut ibi: *Deus, Deus meus, quare me dereliquisti? Longe a salute mea, verba delictorum meorum* (Psal. XXI), cum in persona sua nec a Deo derelictus erat, nec illa delicta habebat, sed, quia nos reputat in se, hoc quod nos habemus dicit de se.

Quod voluit dare Christus pro peccato majus quam sit omne peccatum.

LEO. Quomodo satisfacit pro homine? Quomodo peccatum hominis recompensavit, pro quo totus mundus non sufficit? ODO. Dedit pretium, vitam suam, sustinuit mortem, indebitam pœnam. LEO. Quomodo vita et mors hominis unius recompensat peccatum, cui non sufficit totus mundus? ODO. Non potes negare quia non potest aliquid comparari Deo, sed incomparabiliter omnia superat Deus. Peccatum ergo humanum comparari Deo non potest, quia Deus multo magis est bonus quam peccatum sit malum. Cum ergo Deus dedit vitam suam, pretium dedit quod superat omne peccatum. Hoc pretium, si solummodo æquiparet peccatum, sufficeret ad delendum. Nunc vero, cum multo præponderet, magis satisfacit. Porro si vita Dei omnibus est melior, et mors est omnibus pejor quia necesse est ut cujus generatio melior, ejus sit corruptio pejor. Sed vita Christi bona est super omnia, mors ergo ejus mala est ultra omne peccatum. Quando igitur Christus passus est mortem, portavit pœnam super omne peccatum, et majorem quam mereatur omne peccatum. Solvit ergo totum peccatum mundi qui et majorem passus est pœnam, id est mortem, et majus pretium dedit, scilicet vitam suam, quam sit peccatum totius mundi.

Iste est agnus qui tollit peccatum mundi (*Joan.* 1). Hæc est hostia, quæ semel oblata justorum omnium peccata delet, et ab initio præterita, et præsentia, et usque ad finem futura. Hæc hostia se misericorditer nobis tradit, ut quæ se semper offert Patri pro nobis in cœlo, eam jugiter Patri sacrificemus in terra non mortem iterum inferendo, sed mortem ejus devotissime memorando in remissionem peccatorum, tam vivorum quam mortuorum. Restat ergo ut justificationibus multimodis, accepta remissione peccatorum, recta via pergamus ad cœlum, peracta jam satisfactione peccati per Christum, ut his solis valeat satisfactio quibus est concessa remissio, cooperantibus suis vel proximorum meritis. Qui enim remissionem accipere non potest, ei satisfactio Christi nihil prodest. Ideo *beati quorum remissæ sunt iniquitates* (*Psal.* xxxi). Nam cui peccatum dimittitur, non est cur a regno differatur, impleta satisfactione per Christum. Ergo Christus noster mundo nimis necessarius est, sine quo non potest homo venire ad gloriam, pro qua factus est. Nec sufficit in lege peccati remissio, nisi satisfactio Christi sequatur in Evangelio. Ideo quamvis peccata dimissa sint antiquis patribus et prophetis, tamen in gloria non fuerunt, donec impleretur satisfactio peccati, per passionem Christi. LEO. Ubi fuerunt? ODO. In loco, justis quidem nunc temporis congruo, non tamen glorioso. LEO. Rationabiliter loquenti non habeo quod rationabiliter objiciam. Non credo tamen, ne, subtilitate verborum et versutia deceptus, a firmissima stabilitate sanctæ legis evanescam.

Utrum gratia sit, ubi est necessitas.

LEO. Sed quæ gratia Deo est habenda pro vestra salute, si ad hoc est inductus necessitate? Certe humana salute indiget, in qua virtus sui propositi pendet. Nam si non salvat hominem, sui propositi impotentiam ostendit et falsitatem. Ne ergo fiat in eo tam magnum inconveniens, necesse est ut procuret humanam salutem. ODO. Necessarium quidem est reddere quod non fuit necessarium promittere. Nam qui sponte promittit, obligat se necessitate reddendi ut quamvis necessitatis sit sequens redditio, voluntatis tamen est et gratiæ præcedens promissio. Hæc autem necessitas quæ procedit a gratia, separanda non est ab ipsa gratia, ut jure dicatur gratia factum quod primum fuerat magna gratia promissum.

Cur satisfactionem peccati non debet Deus qui omne bonum dedit.

LEO. Ad hoc me turbat quod superius dixisti, Deum non debere satisfacere pro peccato, nisi fieret homo. Magnum enim bonum est peccati satisfactio. Sed omne bonum ab eo est qui summe bonus est. Quomodo ergo dictum est Deum non debere facere quod suum est? Quis magis debet bonum quam ille a quo est omne bonum? Debet ergo Deus satisfactionis bonum, qui debet omne bonum. ODO. Deus debet, et non debet, quia duobus modis debitum dicitur: debitum gratiæ, et debitum meriti. Forsitan enim adjuvare debeo hunc quidem meritis

A suis, illum vero gratia mea. Similiter forte pati debeo, aut si peccavi, merito aut sola gratia pro alio. Proinde satisfacere pro peccato Deus non debuit merito, quia nec ipse meruit per suam culpam, nec homo meruit per suam justitiam; satisfacere tamen debuit per solam gratiam. Itaque satisfacere non debuit Deus debito meriti, et satisfacere debuit debito gratiæ. Superius ergo cum dictum est quia solus Deus satisfacere poterat, sed non debebat, homo vero non poterat, sed non debebat utrobique est intelligendum meriti debitum, quia et Deus non debebat ex merito, et ex merito debebat, homo. Et verum est hoc modo, quia pro peccato hominis satisfacere non debet Deus nisi sit homo. Quia vero factus est Deus homo, quamvis ineffabili gratiæ sit ascribendum, tamen in satisfactione satis redolet debiti meritum ut, quia erat factus homo et frater hominum, merito naturam suam in hominibus non contemneret, sed frater fratribus subveniret merito et pro fratribus merito satisfaceret.

Quomodo de virgine Deus factus est homo sine injuria immunditiæ femineæ.

LEO. In quodam vos valde ridemus et insanos judicamus. Dicitis enim Deum, in maternis visceribus obceno carcere fetidi ventris clausum, novem mensibus pati, et tandem pudendo exitu (qui intuitum sine confusione non admittit), decimo mense progredi, inferentes Deo tantum dedecus, quantum de nobis, quamvis vere, sine magna tamen verecundia non dicimus. ODO. Deus omnia implet, et est ubique totus. Cum igitur nos impleat, et in nobis sit totus qui sumus peccatores, immunditia tamen peccatorum nostrorum non contingitur, sed incontaminatus manet et mundus. Omnia videt, et nihil illi nocet. Videt tenebras a tenebris purus, quia *lux in tenebris lucet* (*Joan.* 1), et *nox sicut dies illuminabitur* (*Psal.* cxxxviii). Videt peccata mundissimus, et injustitias nostras justissimus quia juste ordinat omne malum quod videt. Nam peccatorum illuminatione non suffocatur lumen justitiæ, sicut lumen hujus mundi corporeum corpus illustrat sordidum, nec sordidatur. Quid ergo offenderis si Deus concipitur in virgine, qui suam munditiam servat ubique? Amplius duo sunt quibus omnia judicamus, sensus et ratio, sed aliter ratio judicat, aliter sensus. Sensus usu et libidine judicat, et cupiditate et horum contrariis. Usitata præferimus inusitatis, utilia damnosis, id quod suave libet ei quod insuave offendit. Ratio vero subtilius rei naturam inquirit. Ratio namque animata præfert inanimatis, sensibilia insensibilibus, cœlestia terrenis. Citius enim eligit rusticus perire serpentem de foramine petræ quam petram de suo pariete, consulens cupiditati, et visus suavitati, quia horribile est videre serpentem, et non est horribile lapidem. Ratio vero serpentem præfert quamlibet pretioso lapidi. Sensus præfert optimam domum frugiferæ arbori, ut malit arborem succidi quam domum comburi. Ratio vero inanimatæ domui arborem animatam præfert; mallet rusticus multas feras perire in silva quam unum de marsupio denarium, cum tamen ratio non judicet ullum denarium animali comparandum. Malletque rusticus plures stellas perire de coelo quam unam arbusculam de agro, cum tamen coelestia terrenis juste praeponat ratio. Sic sensus pudenda nostra et viscera vilipendit et stercora, et immunda judicat. Ratio autem nihil judicat immundum praeter peccatum, quia omnia creavit Deus bona (*Gen.* 1). Hoc ipsum testatur Evangelium Domini Jesu : *Non lotis manibus manducare non coinquinat hominem. Omne quod intrat in os in ventrem vadit, et in secessum demittitur, et non coinquinat hominem. Quae autem de corde exeunt, furta, homicidia, adulteria, haec sunt quae coinquinant hominem* (*Matth.* xv). His concordat Apostolus noster, primum vester Judaeus et in lege doctus, modo se erigens contra vos, qui quosdam cibos secundum legem judicatis immundos : *Omnis creatura Dei bona est, et nihil rejiciendum quod cum gratiarum actione percipitur* (*I Tim.* iv). Porro cum lex multa judicet secundum sensum immunda, ecce Evangelium Domini Jesu, et ejus apostolorum doctrina, judicio rationis omnem creaturam bonam dicit et mundam. Ratio praefertur sensui, et de sensibus judicat. Sensus autem aspirare nequit ad rationem, sed subtile rationis judicium, stultum saepe putat et insanum. Nos autem, postposito carnis sensu, de humano corpore duce ratione consideramus quod unitate personae menti junctum et cum ea aeternam unitatem habiturum, honoris semper particeps vel dedecoris omni corpori praeponimus mundius lima, sole pretiosius, venturum ad judicium, et cum sua mente gloriam vel poenas subiturum, aeternam in se Dei vel ostendens misericordiam, vel patiens justitiam, animale modo, sed spirituale futurum in judicio. Quid usquam inter corpora sublimatur tanta praerogativa? Si coelum comparo, non convenit. Si solis stellarumque fulgorem oculis pretiosum considero, minus occurrit. Quid vero sensus? In tanto non timet stolidus vituperare quod displicet. Horret visus pudendorum figuram, nares subsannant odo-A rem, spurcitiam refugit tactus. Ecce judicium sensus tale est de re, cui nec coelum comparari potest. Si nostrum corpus tantum est, qui peccatores sumus, quid de corpore virginis dicemus, de qua natus est Dominus. Certe de illa dixit angelus sanctus Gabriel : *Gratia plena* (*Luc.* 1). Si plena, nihil ejus omnino erat vacuum gratia. Nihil ergo ejus peccato vacabat, cujus totum gratia implebat. Igitur gloriosus sexus, gloriosus venter, gloriosa viscera, gloriosum totum, quod totum gratia plenum. Vere mulier illa sensum excedebat, cordata erat, quae dixit : *Beatus venter qui te portavit, et ubera quae suxisti* (*Luc.* 11). Ubi est quod dixisti, immunditia feminea, obscenus carcer, venter fetidus? Confitere, miser, stultitiam tuam. Nunquid tunc erat sensualis cum animalibus, sine ratione cum hominibus? Haec virgo facta est in conceptu suo, thalamus omnipotentis Dei, sacrarium Spiritus sancti. In qua singulariter et alio modo habitavit Deus quam etiam in summis coelestium virtutum spiritibus. Cujus beatorum viscerum secreta tanto sanctiora erant, imo diviniora, quanto familiarius ibi pullulabant divina mysteria. Beata virgo, de cujus visceribus sumebantur seminalia quae fierent Deus. Quid in tota creatura sanctius, quid mundius, quid purius quam Virgo de qua sumebatur quod fieret Deus? O venter, o viscera, in quibus et de quibus Creator creabatur, Deus incarnabatur. Certe caetera hominum corpora praetulimus omnibus corporibus. Hujus autem beatissimae virginis corpus etiam angelicis praefero spiritibus de quo voluit Deus unde fieret sumere de quo coepit quod inseparabiliter sibimet uniret, unde terras redimeret, coelum restitueret, unde spoliarentur inferni, terra medicaretur, perficerentur coelestia, ad quod nullum elegit coelestium spirituum. Leo. Audio, quod amplius non audivi, hactenus nescivi vos tantis rationibus fultos. Odo. Cur ergo non credis? Leo. Quia veritatem rei nostrae non audeo committere verbis vestris. Odo. Has, frater, Acarde, Judaeo reddidi rationes de adventu Christi, cogentibus me quaedam subtilius disputare quibusdam Catholicis qui intererant pro Judaei parte.

DE BLASPHEMIA IN SPIRITUM SANCTUM

Prologus.

De blasphemia sancti Spiritus se conscripsisse libellum dicit in Enchiridio beatus Augustinus. Sed hic liber in meas manus non incidit, nec aliquem scio me vidisse qui legerit. Unde conquerebatur mecum vir venerabilis Amandus, Acquicinotensis monachus, quod tantae quaestionis solutio non inveniretur anxius. Erat enim mihi tunc Acquicinotus dulce refugium exsilii mei, quia potestate regia pellebar a sede Cameracensi, quod virgam et annulum, quae D consecratus ab Ecclesia acceperam, dono imperatoris iterum accipere non acquiescebam. Cumque frater praedictus, mecum saepe loquens de spiritualibus, praedictae quaestionis solutionem a me devotus exigeret, mittebam eum ad expositiones orthodoxorum Patrum. Sed dicebat eos non tractare secundum modos dubitationis suae nec per eorum expositionem auferri sibi posse dubitationem. Itaque melius mihi visum est onus suscipere, (licet sit ruendum) quam penitus negando, superbiam putet, vel contemptum, et malo ut videat me non posse sudando fatiscentem quam se repulsæ pudeat, me postponente laborem. Animavit etiam multum libellus De originali peccato, quem noviter conscripseram, in quo æstuanti mihi occurrerunt multa quæ nesciebam.

Quoto canone, quotis capitulis invenitur in Evangelio blasphemia Spiritus.

Et primum proponenda sunt ipsius Evangelii verba quæ faciunt quæstionem, deinde difficultas quæstionis prius est ostendenda quam accingamur ad solutionem. Continentur autem in secundo canone, capitulo Matthæi, cap. XII, et Marci, XXXIV, Lucæ vero, XLVII. Matthæus sic ait: *Omne peccatum et blasphemia remittetur hominibus, Spiritus autem blasphemia non remittetur. Et quicunque dixerit verbum contra Filium hominis, remittetur ei: Qui autem dixerit contra Spiritum sanctum, non remittetur ei, neque in hoc sæculo, neque in futuro.* Marcus sic: *Amen dico vobis quia omnia dimittentur filiis hominum peccata, et blasphemiæ quibus blasphemaverint. Qui autem blasphemaverit in Spiritum sanctum, non habet remissionem in æternum, sed reus erit æterni delicti. Quia dicebant: Spiritum immundum habet.* Lucas autem sic: *Omnis qui dicit verbum in Filium hominis remittetur illi. Ei autem qui in Spiritum sanctum blasphemaverit non remittetur.*

Quod quædam peccata dimitti possint, quædam non.

Ecce tria hæc capitula secundi canonis, dicunt omne peccatum posse dimitti præter unum; unum solum nullo modo consequi posse indulgentiam, omne aliud aliquo modo impetrare veniæ misericordiam; unum solum omnino insolubile, omne aliud absolvi posse. Super unum solum puteus urget os suum, ut æterna claudatur oblivione; super omne aliud patet os putei, ut quoquo modo possit exire. Sed primum videamus quomodo remissibilia peccata dimittat Deus.

Quod impœniteiiti non potest peccatum dimitti.

Aut pœnitenti dimittit Deus, aut impœnitenti. Porro impœnitenti nequit dimittere peccatum Deus; nec enim potest injustus esse Deus. Peccat homo in hominem, peccat et in Deum. Impœnitens est in hominem, impœnitens est et in Deum. Impœnitenti debet homo dimittere, nec debet Deus, quia peccator dimittere debet peccatori, Deus autem non debet impœnitenti. Peccator dimittit etiam impœnitenti, quia timet desuper ne sibi non dimittatur etiam pœnitenti; non dimittit impœnitenti Deus, quia non timet ne sibi non dimittatur. Peccatori impœnitenti debet homo dimittere, quia et ipse est peccator; Deus non debet, quia non est peccator. Amplius, omnis impœnitentia est superbia, et omnis superbia principaliter est Deo contraria. Si ergo Deus impœnitenti dimittit superbiam sibi dimittit, et id sibi adjungit quod a se bonum omne disjungit, idque sibi consociat cui bonum omne repugnat. Sed impossibile est ut summo bono summum malum confœderetur ullo modo, et ulli malo astipuletur summum bonum, nedum ei quod principaliter habet contra-rium. Nam *quæ participatio luci ad tenebras?* (II. *Cor.* XIV.) Quid templo Dei et idolis?

Quod quædam bona Deus habeat quæ ipse facere non potest.

Si ergo impœnitenti dimittere potest homo, et dimittere non potest Deus, bonum ergo facere potest homo quod facere non potest Deus. Sed unde habet homo bonum nisi ab eo qui est summum bonum? Habet homo magnum bonum, impœnitenti dimittere, magnum bonum, et quod conveniat perfectis tantum. Sed unde hoc habet, si Deus facere non potest ipsum? Certe non habet homo a se tantum bonum, sed a Deo, a quo est omne bonum. Habet enim Deus et hoc bonum, etsi non facit ipsum. In se habet, et a se dat homini quod habet. Habet Deus ut jubeat, accipit homo ut faciat. Non habet in se Deus pro se, habet in se pro homine; non habet in se sibi, habet in se nobis; habet in se, et facimus nos; habet in se, et pertinet ad nos. Sunt ergo bona quæ, quamvis nequeat facere Deus, habet ipsa tamen Deus; habet ipsa, quia aliter non faceremus, nisi ab ipso haberemus. Sunt ergo bona congrua Creatoris majestati, sunt bona congrua creaturæ servituti. Et hæc tamen et illa ab eo sunt a quo et in quo sunt omnia bona.

Quod etiam impœnitenti possit dimitti peccatum, si pœniteat.

Etsi nullum peccatum, ut ostensum est, impœnitenti, dimittitur omne peccatum pœnitenti. Et forsitan ipsa impœnitentia, quia irremissibilis est, Spiritus est blasphemia. Sed quid? si ipsius impœnitentiæ peccatorem pœniteat; et quam diu pertinaciter tenuit tandem dimittat, nunquid veniam meretur, et hæc pœnitentis impœnitentia dimittitur? Diu impœnitens fuit, et modo pœnitet, et longam cordis duritiam nunc emollivit, videmus lacrymas, audimus gemitus, et compunctionem cordis Deus videt intus; si huic clauditur misericordiæ janua, cui aperitur? Absit ut hunc Deus repellat, ut hunc misericordissimus amoveat, cum scriptum sit: Quacunque hora ingemuerit peccator, recipiam eum! (*Ezech.* XXXIII.) Absit ut ulla culpa pœnitentis apud summum medicum sit insanabilis! Si ergo impœnitentia, quæ videtur irremissibilis, per pœnitentiam ipsa remittitur, quæ est culpa quæ omnino non remittitur, quæ blasphemia Spiritus vocetur?

Inquisitio quod peccatum sit blasphemia.

Ecce hinc Evangelium blasphemiam Spiritus omnino irremissibile clamat, hinc Ecclesia firmissima veritatis columna, contra omne peccatum pœnitentiam prædicat. Hinc Evangelium triplici capitulo quoddam peccatum omnino non posse dissolvi confirmat, hinc Ecclesia per pœnitentiam de omni peccato certam promittit veniam. Evangelio nefas est contradicere, et Ecclesiam quis audeat falsificare? Quoddam Evangelium negat, omne Ecclesia affirmat. Contradictoriæ sunt, nec possunt simul esse veræ, si intellectus idem servetur ubique. Diverso igitur modo intelligendæ sunt, ut simul veræ sint. Inveniatur igitur modus, cujus identitate verum sibi dividuant et falsum, et cujus diversitate sint simul verae. Et universalis affirmatio Ecclesiae, quae peccatum omne posse dicit remitti, vera est, si intelligatur poenitentiae modus. Quid, si intelligatur similiter in singulari negatione Evangelii, quae dicit Spiritus blasphemiam non posse remitti per poenitentiam falsa est? Quae ut vera sit, non est intelligendus poenitentiae modus; nam sine poenitentia non potest remitti Spiritus blasphemia. Ut vero simul sit verum cum Ecclesia Evangelium, intelligamus altrinsecus diversum poenitentiae modum, ut, cum affirmatione Ecclesia ponit intellectum poenitentiae, auferat Evangelium a sua negatione, et simul erit verum, et quod blasphemia Spiritus sine poenitentia non remittitur, et quod omne peccatum per poenitentiam deleatur; et eas unus modus, et dividere sibi verum et falsum faciet idem, et simul esse veras faciet diversus. Talique modo non differt Evangelium ab Ecclesia, cum dicit blasphemiam Spiritus non posse remitti, subintelligendo sine poenitentia, cum hoc idem de omni peccato dicat Ecclesia. Sed mirum est cur Evangelium ab omni peccato excipit blasphemiam, cum, sicut omne peccatum, remitti possit per poenitentiam, sed credo, quia ideo est mirum, quia nondum mihi est apertum ostium. Aperi, Christe, pulsanti, revela mysteria sanctissimi verbi. Dicis omne peccatum posse remitti, praeter Spiritus blasphemiam, nec ullum potest dimitti, nisi per poenitentiam, nunquid et blasphemiam non sequitur poenitentia? Forsan hoc dicet aliquis, quia tam grande peccatum est Spiritus blasphemia ut ejus nulla possit sequi poenitentia. Et licet aliquis blasphemus videatur pectus tundere, audiatur et suspirare, dicetur forsitan quia non fit hoc ex corde, sed sic ad infinitum mittimur, ut incerta judicemus et scientiam inscrutabilis abyssi cordis humani praesumptuose jactemus, et occultam profunditatem, quam scire solius est Dei nos penetrare clamemus. Cum blasphemi videamus tunsiones pectoris, et lacrymas, et audiamus profundos gemitus et longa suspiria, quis audeat dolosum dicere, nec ex corde poenitere? Non credo summam sapientiam hoc scribi voluisse in Evangelio quod capere non possit homo, nec id hominem docere quod homo non possit scire. Et ideo nondum comprehendisse me arbitror Spiritus blasphemiam quae non dimittitur, ne fingere cogar cordis impoenitentiam quae nescitur.

Quod peccatum ad mortem sit blasphemia Spiritus.

Sed requiratur Joannis evangelistae prima Epistola, quae canonicarum Epistolarum est una, in qua dicitur aliquid Evangelio simile. Videtur enim per Epistolam concordasse tribus evangelistis in hoc verbo, de quo nihil posuerat in Evangelio suo, quasi in Epistola suppleat quod minus in Evangelio dixerat, ut haec sententia quam quaerimus ex hoc sciatur firmior quo confirmata est ab evangelistis quatuor. Audivimus tres evangelistas quid dixerint unde fit quaestio. Audiamus Joannem quartum quid dixerit, unde fiat solutio. Tres implicant nos suorum verborum obscuritate, quartus nos explicat sui sermonis evidenti manifestatione. Dicit enim : *Est peccatum ad mortem, pro quo dico ut non oret quis* (I Joan. v). Cur pro eo prohibetur orandum, nisi quia nullo modo est remittendum? Pro eo certe orandum non est quod omnino dimitti non potest. Et hoc evangelista vocat peccatum usque ad mortem, ut qui in peccato claudit extremum diem, culpam habeat irremissibilem, pro qua nullum Deus admittit orantem. Haec est blasphemia Spiritus, quae non remittitur, cum quis usque ad finem peccato tenetur, ut illum excipiat aeterna poena, quem cum voluntate peccandi deserit haec vita. Talis peccator in hoc saeculo non absolvitur, quia in voluntate permansit peccandi, neque in futuro, quia cum voluntate peccandi transiit. Et juste punitur semper qui vellet peccare semper, si viveret in hoc saeculo semper, ut voluntatem peccandi sempiternam poena comitetur sempiterna, ut non deficiat in eo poenae justae necessitas in quo non deficit peccandi voluntas.

Quomodo peccatum ad mortem unum solum peccatum sit, sicut Spiritus blasphemia.

Hic oritur quaestio valde difficilis, quod evangelistae tres unum solum peccatum in Evangelio dicunt irremissibile, scilicet blasphemiam Spiritus, separantes eam ab omnibus aliis, evangelista vero Joannes in Epistola nullum separatim dicit irremissibile, sed peccatum usque mortem qualecunque. Quomodo conveniunt Epistola Joannis et Evangelium, si quod Evangelium de omni negat praeter unum nominatum, hoc Joannes de quolibet affirmat, non de uno separatim? Dicit Evangelium : Sola blasphemia Spiritus est irremissibilis ; dicit Joannes : Quodlibet peccatum usque ad mortem nullam meretur orationem.

Evangelium singulariter nominat blasphemiam Spiritus et determinate, Epistola nil singulariter nominat, sed peccatum usque ad mortem dicit indeterminate. Peccatum ad mortem indeterminate dictum intelligimus quodlibet unum indefinite, blasphemia spiritus intelligitur peccatum non quodlibet, sed unum definite.

Et Epistola Joannis hoc modo dissentire videtur ab Evangelio, cum Epistola dicat quodlibet peccatum ad mortem, pro quo non sit orandum ; et Evangelium dicat solam blasphemiam Spiritus irremissibile peccatum. Sed hanc quaestionem sicut implicat inconsiderata rerum confusio, sic explicat eam rerum diligenter considerata discretio. Adjacet enim cuilibet peccato poenitentia, vel pertinacia ; poenitentia bonum, peccatum ipsum malum ; pertinacia peccati ad tempus, pejus ; pertinacia ad mortem pessimum, et ultimum malum. Itaque malorum aliud prius, aliud posterius, aliud postremum. Prius, ut fornicatio, furtum, rapina, odium, invidia et alia infinita ; posterius, ut impoenitentia ad tempus ; postremum, ut impoenitentia ad ultimum.

Et priora praecedunt quasi capitalia, de quibus habeatur poenitentia vel impoenitentia. Nisi enim primum peccatum fiat, non est cujus poeniteat aliquem, vel cujus impœnitens maneat. Ab omni malo ad primum bonum prius diriguntur, id est, pœnitentiam, quam sequitur remissio. A primo malo caditur in posterius, inde ad postremum, quod est ad finem impœnitentia, quam sequitur irremissio. In quæ duo, id est posterius et postremum, *peccator cum venerit, contemnit (Prov.* xviii).

Hic considerantur quatuor contraria, duo bona, duobus malis opposita. Quorum ratio ut evidentius appareat, sic ea quadrata formula disponat ut linea superior e regione duo contineat, et linea inferior e regione duo similiter habeat. Et sic apparet in utrisque lineis eorum prima fronte contrarietas. Et sic in utrisque lateribus inveniuntur, ut ad se invicem sequantur. Hinc duo bona per misericordiam, inferius virtutis, superius palmæ; inde duo mala per justitiam, inferius culpæ, superius pœnæ; angulariter vero sic utrinque repugnant ut simul esse nequeant, duo immutabilitate justitiæ, duo certitudine misericordiæ, ut subjecta monstrat descriptio.

bonum palmæ		malum pœnæ
Remissio	contraria	irremissio
pœnitentia	contraria	impœnitentia
bonum virtutis		malum culpæ

Hoc ergo modo considerata discretione rerum, cum in Evangelio dicitur omne dimitti peccatum, intelliguntur ipsa peccata quæ sunt prius, et impœnitentia ad tempus, quæ est posterius. Spiritus vero blasphemia, quæ remitti non potest, est impœnitentia ad finem, pro qua orari non debet. Et cum in Evangelio multa sint et innumerabilia peccata, quæ possunt dimitti, una est Spiritus blasphemia, quæ non potest dimitti, cui est idem in Epistola Joannis peccatum ad mortem, id est impœnitentia ad finem, pro quo solo non debet orari. Et ita est unum solum peccatum irremissibile et in tribus evangelistis et in Joanne, appellatum in Evangelio Spiritus blasphemia, in Epistola vero peccatum ad mortem, id est impœnitentia ad finem.

Cur irremissibilis blasphemia magis pertinet ad Spiritum quam ad Patrem vel Filium.

Sed cum in Joanne signanter et proprie peccatum ad mortem vocetur, quæritur in Evangelio cur blasphemia non Patris, vel Filii, sed Spiritus tantum dicatur. Ad quod respondetur quia, cum majestas summæ Trinitatis tota sit charitas et in summa Trinitate singula quæque persona certissime sit charitas, tamen Spiritus sanctus specialiter et proprie est, charitas, quia Patris et Verbi est vera communio, et dulcis utriusque ad invicem et ad omnia dilectio. Et cum ipsa charitas nequeat admittere suum contrarium, non potest odisse quidquam quod sit creatum, sed diligit omnia, quæ totum quidquid est vera dilectio est, nisi enim essentiam omnem diligeret, unum quoque sicut est esse non potest. Quædam autem essentiæ culpam admiscerunt, sed et ipsas vera charitas diligit quæ peccaverunt, parata ad indulgentiam, si agant pœnitentiam. Nam quæ vere diligit, libenter offensam dimittit.

Est enim veræ charitatis officium, optata remissio peccatorum. Et, sicut in summa Trinitate charitas proprie refertur ad Spiritum, ita proprie ascribitur Spiritui remissio peccatorum, utpote charitatis officium; quamvis in tota Trinitate commune sit peccata dimittere.

Si ergo Spiritus sanctus proprie peccata dimittit, id certe contra Spiritum sanctum se magis erigit quod remissionem peccatorum magis excludit, et injuria majori sanctum molestat Spiritum quod majori nequitia veniam repellit peccatorum. Et ideo recte vocatur blasphemia Spiritus illud peccatum quod charitatis dulce refutat officium, nec accipere curat munus veniæ, quod charitas omnibus optat impertire. Et hoc est peccatum ad mortem, id est impœnitentia ad finem, extremum malum, irremissibile solum, cum remitti possit aliud omne peccatum. Et hoc est contra sanctum Spiritum dicere, scilicet divina opera vituperando et in pravam partem ducendo, invidiose et superbe usque in finem impœnitentem persistere, sicut et malitiosi Judæi tunc faciebant, qui divinas ejus virtutes immundo spiritui ascribebant. Inde divinitus cernens eorum usque ad finem impœnitentiam, et eos in æternum damnandos dicebat, et posteros ut tantum malum caveant instruebat. Invenimus ex his Evangelii capitulis aliter loqui Patres orthodoxos; quæ qui vult scire requirat apud illos.

Explicit reverendissimi domini Odonis De blasphemia in Spiritum sanctum tractatus.

DE CANONIBUS EVANGELIORUM

Sanctorum Evangeliorum lectio canon quidam, id est institutio vel regula est religionis perfectæ. Unde canonici vocantur, qui secundum institutionem sanctorum Evangeliorum vivunt. Singulas igitur sanctorum Evangeliorum sententias canones vocamus; sed quoniam Evangeliorum regulæ vel canones in quatuor libris quatuor Evangelistarum consummantur, evenit ut in quibusdam sententiis omnes in simul conveniant; ut, quod in uno evangelistarum dictum sit, eodem modo vel similiter in reliquis tribus inveniatur; in quibusdam vero sententiis tres tantum; ut in quarto, non inveniatur quod tres evangelistæ similiter dixerunt; in aliis vero duo tantum, reliquis duobus id ipsum tacentibus; in aliis vero singuli evangelistæ proprias sententias enuntient, cæteris tacentibus, quod unus dixerit, ut hæc plane possit fieri divisio generis, quasi in quasdam species canonum. Alii, in quibus quatuor evangelistæ conveniunt; alii, in quibus tres; alii, in quibus duo; alii, in quibus singuli proprios canones, id est regulas pronuntiant. Canonum vero, in quibus quatuor nulla est subdivisio. Eorum canonum, in quibus tres, quoniam quatuor sunt evangelistæ, quatuor sunt differentiæ, quia quatuor modis commutari potest eorum trina complexio. Et est una; cum conveniunt Matthæus, Marcus, Lucas; alia, Matthæus, Marcus, Joannes; tertia, Matthæus, Lucas, Joannes; quarta, Marcus, Lucas, Joannes. Pluribus modis non potest commutari trina complexio quatuor rerum. Sed harum quatuor complexionum quarta, quæ est Marcus, Lucas, Joannes hic vacat, quia, in toto Evangeliorum textu, puto non posse inveniri tres istos evangelistas aliquid communiter dixisse in genere eorum in quibus tres. Eorum canonum, in quibus duo, quoniam quatuor sunt evangelistæ, sex, nec plures fieri possunt complexiones. Possunt enim in quatuor bini conjugi, aut Matthæus, Marcus, aut Marcus Lucas, aut Lucas Joannes, aut Matthæus Joannes, aut Matthæus Lucas, aut Marcus Joannes. Quarum ultima, quæ est Marcus Joannes, iterum hic vacat, quia nusquam puto eos convenire in genere eorum in quibus duo. Canones in quibus unus, secundum quatuor evangelistas, quadruplices sunt Inveniuntur enim in unoquoque Evangeliorum, multa ita proprie dicta ut eorum canonum similitudo in aliis nulla sit. Et hi canones, quamvis, secundum quatuor evangelistas quadruplices sint, recte tamen in unam formam revocantur, ut, quia in genere sunt eorum in quo unus, et ipsi unius speciei esse dicantur. Sunt ergo canones, secundum prædictam divisionem, decem. Canon in quo quatuor, primus; canon unus in quo tres ille in quo conveniunt Matthæus, Marcus, Lucas, secundus; ille in quo conveniunt Matthæus, Lucas, Joannes, tertius; Matthæus, Marcus, Joannes, quartus; eorum, in quibus duo, Matthæus, Lucas, quintus; sextus Matthæus, Marcus; septimus, Matthæus, Joannes; octavus, Marcus, Lucas; nonus, Lucas, Joannes. Decimus est canon in quo unus, qui, quamvis per quatuor Evangelia currat, uniformis accipitur, et decimus fit primi canonis retinens quodammodo similitudinem, quamvis longe minus perfectus, quod unius solus evangelistæ nitatur auctoritate. Hoc autem miror evenisse, quod secundum duas complexiones similitudinem evangelistæ non recipiunt; ut in denario numero sint, quod sine magisterio magno esse non credo, nisi quod occurrit mihi ex hoc ipso patere soliditatem S. Evangelii sub littera Veteris Testamenti, quasi sub velamine latenter fuisse, et inde ad lucem intelligendi per gratiam, Domini Jesu processisse; quod sicut Vetus Testamentum in Decalogo consistit decem præceptorum, sic secundum Evangelium quasi inde procedens, in numero compleatur decem Cânonum. Et, ut hæc quæ dicta sunt, magis appareant etiam oculis ostendat subjecta descriptio.

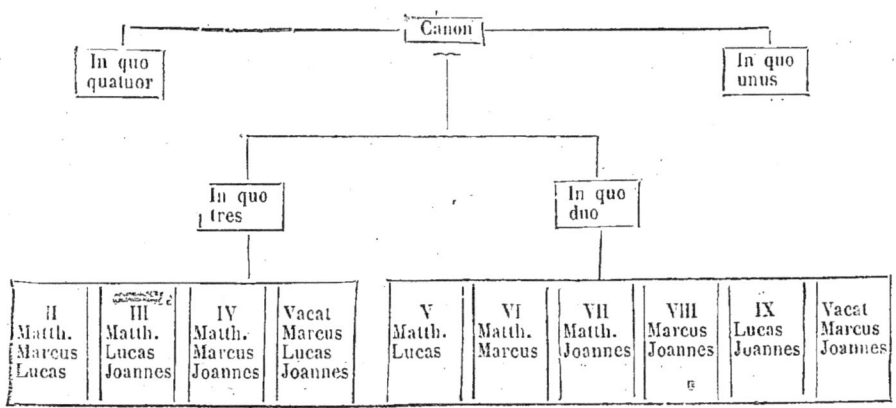

Quid numeri canonum, quid numeri significent capitulorum

Et quoniam in supradictis decem canonibus omnia continentur capitula, vel quatuor, vel trium, vel duorum, vel singulorum Evangeliorum, oportet ut capitulis concordium sententiolarum conjungantur numeri canonum, ut ex numeris capitulorum, inveniantur sententiæ; per numeros vero canonum, qui rubeo colore solent adjungi, sciatur utrum sit communis sententia cum aliis necne, et, si est communis, inter quot, et inter quos est communio.

Et ut ratio ad medium deducatur, monstremus exemplis quod dicimus. Sumamus unam sententiam, Matthæi eam scilicet quæ octavo capitulo præ-notatur, cui si comparaveris eam Marci quæ secundo, et eam Lucæ, quæ septimo, et eam Joannis quæ decimo capitulo prænotatur, similis est in omnibus. Et ideo supradictis quatuor capitulis quatuor evangelistarum addendus est primus numerus, ut, sententia prædictis capitulis notata, sciatur ad primum canonem pertinere, utpote communis quatuor evangelistis. Item si eam Matthæi sumamus, quæ septimo capitulo insignitur, et ei eas quæ sunt Lucæ sexto et Joannis in secundo capitulo comparemus similes invenimus.

Et ut sciamus qui et quot evangelistæ conveniant in sententia prædictorum capitulorum, ternarium numerum rubeo colore adnotamus. Ex numero scimus et tres evangelistas convenire, et qui fuit nominatim. Canonis enim in quo tres, ea species, quæ Matthæus, Lucas, Joannes conveniunt, tertius canon in superiore descriptione dicebatur. Sic ergo per capitula sententiæ Evangelii textus requiruntur, inveniuntur, notantur; per numerum canonum, quot evangelistæ, et qui sint nominatim cognoscimus. Item de canone, in quo duo, tertio capitulo Matthæi, comparetur secundum capitulum Lucæ, et est similis sententia in capitulis inventa. Sed, innumeris capitulorum per se positis, qui evangelistæ, et utrum plures quam duo conveniant ignoramus. Sed si numerus canonis quinarius rubeo colore apponitur, canon in quo duo, quintus, secundum quem manifeste Matthæus et Lucas conveniunt, scitur. Ita numeris canonum, non solum quot evangelistæ conveniant, sed etiam nomina eorum scimus, quamvis nomina evangelistarum ubique viderim ascripta numeris canonum. Sed hoc puto fieri tarditate nostræ memoriæ magis quam alia ratione. Cum enim multipliciter fiat nominum complexio, quarum unaquæque in suo significetur numero. Cum vides numerum, vel audis quam complexionem tibi significet, non cito recolis, et ideo cum canonis numero etiam nomina significata tibi propono. In eo vero canone, in quo unus, nomina evangelistarum in numero canonis non intelligimus. Nam, quia hujus speciei informitas ex multiplicitate quatuor evangelistarum adunatur, nullus determinare in hac intelligitur. Ascribitur ergo ad capitulum sententiæ, et numerus canonis et nomen evangelistæ. Per numerum capituli sententia tenetur, per numerum canonis, quod non sit communis sententia inter plures, sed propria unius evangelistarum, intelligitur. Est autem etiam nomen necessarium, per quod cujus proprie sit sententia declaretur. Ergo etiam in superioribus ascribitur nomen, non solum propter prædictam memoriæ tarditatem, sed etiam propter horum similitudinem.

Cur ad plures numeros capitulorum iteratur unus.

Contigit etiam aliquando communem sententiam apud unum evangelistam in uno tantum loco inveniri, et apud alium in pluribus, ita ut apud unum, habeat tantum unum capitulum, et apud alium plura, ut ea sententiola, quæ apud Matthæum terminatur capitulo undecimo, et apud Marcum quarto, et apud Lucam decimo, apud Joannem in quatuor inveniatur locis, et quatuor terminetur capitulis. Unde in ea congerie capitulorum, in qua totius Evangeliorum textus omnia capitula sub suis canonibus ordinantur, evenit in prædicta sententia ut ad quatuor capitula Joannis quater repetatur, decimum capitulum Lucæ, et quartum Marci, et undecimum Matthæi. Et quot capitula habebit in uno sententia, toties repetitur in alio.

HOMILIA DE VILLICO INIQUITATIS

IN ILLUD LUCÆ, CAP. XVI : *Homo quidam erat dives qui habebat villicum, etc.*

Homo quidam erat dives, etc. Quis est *homo dives*, nisi Christus ; dives in cœlo, dives in terra, dives ubique, dives, plenus gratiæ et veritatis *(Joan.* I, 14). Et nos omnes de plenitudine ejus accepimus *(Joan.* I, 16). Dives apud quem absconditi sunt omnes thesauri sapientiæ et scientiæ *(Col.* II, 3), dives in omnibus et in omnes qui invocant illum *(Rom.* X, 13). Villicus autem, est unusquisque Christianus, qui in baptismate villicationem sui accepit et proximi; Christianus enim unusquisque non tantum sui causa vivit, sed et proximi. Et non tantum redditurus est rationem pro anima sua, sed et pro ejus cum quo vivit in hac vita, exercens se corpore et animo, et adjuvans proximum documentis et exemplo, nec tantum quærens quæ sua sunt, sed et quæ aliorum. Hæc est Christianorum cura nobilis et sancta villicatio, hinc est judicium Dei tremendum et futura exactio. Et *hic diffamatus est apud illum, quasi dissi-*

passet bona ipsius. Quotidie diffamamur apud Dominum, quia angeli nostri semper vident faciem Patris (*Matth.* XVIII, 10) et nuntiant ei omnia nostra. Quid ergo facimus? Ubi abscondimur? Illi nos diffamant, nos intuentur et Deum, intuentur omnia nostra et Deum, quia nostra intuendo nuntiant Deo. Non est obstaculum, non sunt tenebrae, quibus impediantur videre omnia nostra, quia divinum lumen, quo illuminantur, penetrat omnia, quia *lux in tenebris lucet* (*Joan.* I, 5) et *nox sicut dies illuminabitur* (*Psal.* CXXXVIII). *Et hic diffamatus est quasi dissipasset bona ipsius.* Quis omnia sibi tradita bona bene dispensat in omnibus? Quis non aliquando dormitat? *Quandoque bonus dormitat Homerus* (HORATIUS in *Arte poet.* 359), et : *In multis offendimus omnes* (*Jacob.* III, 2). Et : *Si dixerimus quia peccatum non habemus, nos ipsos seducimus, et veritas in nobis non est* (I *Joan.* I, 5).

Et vocavit illum, et ait illi : Quid hoc audio de te? Quotidie nos vocat Dominus : *Venite, filii, audite me* (*Ps.* XXXIII, 12). *Venite ad me omnes, qui laboratis et onerati estis* (*Matth.* XI, 28). Et, o viri, ad vos clamito, et vox mea ad filios hominum. Quotidie loquitur nobis per prophetas; loquitur per apostolos; loquitur per seipsum in Evangelio; loquitur per doctores; loquitur in conscientia : *Quid hoc audio de te?* increpat male cogitantes, increpat male loquentes, increpat male agentes, increpat male viventes. *Quid hoc audio de te? Redde rationem villicationis tuae.* Quia de omni verbo otioso *quod locuti fuerint homines, reddent rationem in die judicii.* (*Matth.* XII, 36). *Redde rationem villicationis tuae.* Quid agas apud te? quid apud proximum? quid cogites in corde? quale proferas verbum? Quid auditu delectet, et cui infigas oculum? *Redde rationem villicationis tuae.* Bona mea dissipas, bonis meis male uteris, bona mea das extraneis. Voco et non respondes, porrigo manum, et non respicis. *Redde rationem villicationis tuae. Jam enim non poteris villicare.* Ad finem pervenisti, tempus est judicii, *rationem redde, jam non poteris villicare.* Cito hinc abiturus, cito moriturus es. Jam non poteris villicare. Post hanc vitam non est villicatio. Hic villicando servimus; ibi requiescendo mercedem capimus. Hic acquirimus quod ibi possidemus; hic labor, ibi praemium.

Ait autem villicus intra se : Quid faciam quia dominus meus aufert a me villicationem? Felix qui de fine cogitat, felix, qui se quotidie moriturum, quia, *melior est finis orationis quam principium* (*Eccl.* XVII, 9). Quid faciam? Quomodo de male dispensata villicatione evadam? *Fodere non valeo* postquam deficit vitae hujus villicatio. Non relinquitur actio post hanc vitam, pro qua mereamur aeternam vitam. Ibi jam non valeo fodere, quia ibi non est pauperes recreare, infirmos visitare, vigiliis sanctis et orationibus insistere. Quid est enim aliud *fodere*, nisi sanctarum exercitiis actionum terram mentis et corporis excolere? *Terram fodimus,* cum a nobis exstirpamus vitia, ut virtutes inseramus; quo? fieri non potest, post hanc vitam. *Mendicare erubesco.* Ne mihi dicatur quod fatuis virginibus est dictum : *Ne forte non sufficiat nobis et vobis, ite potius ad vendentes, et emite vobis* (*Matth.* XXV, 9). Est *mendicatio* bona, est mendicatio mala. Mendicatio bona hic. Hic bene mendicamus, a doctoribus sapientiam et doctrinam; a sanctis mendicamus in litaniis, ut orent pro nobis. In alia vita mendicatio erubescenda. Quis enim non erubescat dicere : *date nobis de oleo vestro, quia lampades nostrae exstinguuntur* (*ibid.*, 8). Ideo mendicare erubesco. Vere mendicatio erubescenda, ubi nihil recuperatur, et egestas omnium bonorum perpetua comitatur. Ideo *mendicare erubesco*. Ibi non prodest alieni boni mendicatio, ubi defecit omne bonum suum, nec potest ab alio quisquam exspectare, quod ipse non meruit, cum unicuique vix sua sufficient, et vix justus salvabitur. Ideo mendicare erubesco. *Scio quid faciam, ut cum amotus fuero a villicatione recipiant me in domos suas.* Salubre consilium reperit ad finem, qui male dispensavit villicationem, scilicet ut daret pauca recepturus plura; et reciperetur in domibus aliorum, cui propriae deficiebant.

Convocatis itaque singulis debitoribus domini sui, dicebat primo : *Quantum debes domino meo? At ille dixit : Centum cados olei.* Communem Dominum habemus, qui unum Dominum colimus, cui omnes debemus quidquid boni possumus. Sed quia omnes villici sumus, de jure villicationis nostrae debitorum Domini pars ad nos refertur, ut non solum inveniamur debitores Dei, sed et invicem nostri. Non solum enim jubemur diligere Deum, sed et proximum. Debitores ergo sumus Dei, debitores sumus et proximi. Deo tamen totum debemus etiam id quod ad proximum referimus, ut quidquid debemus, Deo debeamus. Habemus autem spiritualia bona, habemus et corporalia. Spiritualia, ut, fidem, justitiam, charitatem, etc., quae Deo debemus, et proximo; corporalia, ut aurum, argentum, triticum, vinum, etc., unde Deo servimus et proximum adjuvamus. Quid melius per oleum possumus intelligere quam spiritualia, quod rarius est et lenius triticea soliditate, et lumen fovet, id est, cujus virtus illuminat mentem ad intuendam veritatem, et praestat omnibus liquidis, ut spiritualia corporalibus. Quid per triticum, nisi corporalia? Si quidem per speciem saepe genus subintelligitur. Villicus ergo primum debitori loquitur olei, quia priora sunt spiritualia corporalibus; qui debet centum cados olei, quia debet Deo quidquid spiritualis habet boni. Sic enim sunt olei cadi plures, sicut spiritualis boni multae species. Vas enim olei centenarium species designat omnes spiritualium bonorum. Nam et centenarius plenitudinem saepe significat, et finitus saepe ponitur pro infinito. Debet ergo domino centum cados olei, qui debet Deo perfectionem spiritualis boni. Sed multum pertinet ad proximum, de hoc quod debetur Deo. Multum enim offendimus nisi fidem, justitiam et charitatem proximo reddamus. Cum igitur de centum cadis villicus jubet quinquaginta scribi, quod debetur Deo, confirmatur scripto, quia non dimittitur. Quod debetur sibi non jubetur scribi, quia dimittitur. Dimittit quod suum est, relinquit quod Dei est. De hoc quod sibi debetur, venia facit securum; de eo quod Deo debetur scripto facit sollicitum. Unde sequitur:

Dixitque illi: Accipe cautionem tuam et sede cito et scribe quinquaginta; ac si diceret: Quod debes mihi, dimitto tibi; quod debes Deo cautelam assume, et qui superbus stabas, sede cito et humiliare, et quod parvipendebas vel oblivione, pro nihilo ducebas, scribe in tabulis cordis et memoria tene, ut frequenter pœniteas et expies, donec et ipsum dimittatur tibi. *Sede cito,* id est ne differas de die in diem. *Scribe quinquaginta.* Numerus iste pœnitentiæ et remissionis est, ut et annus quinquagesimus remissionis, et psalmus quinquagesimus pœnitentialis. Quinquaginta scribuntur et quinquaginta dimittuntur. Similis numerus similem significat offensionem in Deum et hominem. Unde Dominus dicit in Evangelio: *Diliges Dominum Deum tuum ex toto corde tuo, et ex tota anima tua et ex tota mente tua. Hoc est primum et magnum mandatum. Secundum simile est huic: Diliges proximum tuum sicut teipsum* (Matth. XXII, 37-39). Nam quorum similis est dilectio, similis est offensio. Sequitur:

Deinde alii dixit: tu vero quantum debes? qui ait: centum coros tritici. Cadus liquidorum mensura est et corus seminum. Valde timendum est nobis qui plenitudinem corporalium bonorum debemus, proximis debemus, et tamen non solvimus; debemus totum, et vix solvimus parum. Quid ergo faciemus? Si non possumus solvere totum quod debemus, aliis dimittamus saltem quod debetur nobis. Unde sequitur: ait illi: *Accipe litteras tuas, et scribe octoginta.* Qui enim de centum scribit octoginta, quintam partem dimittit, quia de corporalibus hoc debetur proximo quod quinque corporis sensus exigunt; hoc scripto commendatur quod divinæ gratiæ per octonarium relinquitur. Rapuisti meum, abstulisti præstitum, negasti commendatum. Si dimitto tibi quod mea refert, *scribe octoginta,* id est commenda memoriæ quod adhuc eges venia divinæ gratiæ; si quidem Evangelii gratia significatur per octonarium, sicut austeritas legis, per septenarium. Sed meretur octonarii gratiam qui præcepta custodit, quæ significantur per decem, ut per octonarium junctum denario, gratiam illigamus acquisitam præcepto, ut qui scribit octoginta per Decalogi custodiam, perveniat ad octonarii gratiam.

Et laudavit dominus villicum iniquitatis quia prudenter fecisset. Mira res; malus est villicus et laudatur; male dispensavit et parcitur; non emendavit quod fecit, et indulgetur. Verum prudenter egit, quia dimisit pauca, ut reciperet plura; dimisit temporalia, ut æterna percipiat. Audierat enim: *Dimittite et dimittetur vobis* (Luc. VI, 37), et *dimitte nobis debita nostra, sicut et nos dimittimus debitoribus nostris* (Matth. VI, 12). Verum prudenter egit, qui Deum facere molitur debitorem suum, ut exigat ab eo debitam remissionem, quia remisit. Prudenter egit, quia cui obnoxius erat ipsum sibi facit obnoxium. Et quem habebat durum exactorem, nunc habet pium debitorem, ut fiducialiter dicat: Dimitte, quia dimisi; redde quam debes veniam, quia ego dedi veniam. *Quia filii hujus sæculi prudentiores sunt filiis lucis in generatione sua.* Filii lucis laborant, et vix merentur pretium; currunt et vix ad bravium perveniunt, parturiunt et vix evadunt. Filii sæculi post laudes et illecebras et illicitos amores solummodo dimittunt, et Deum debitorem tenent; parcunt et parcitur eis, condonant et donatur. Ideo prudentiores sunt filii sæculi filiis lucis in generatione sua, id est quando regenerantur Deo, et renovantur spirituali vita.

Et ego dico vobis, facite vobis amicos de mammona iniquitatis. Mammona, id est divitiæ, quæ iniquitatis dicuntur, quia sine iniquitate non captantur, et quia iniquum est eas revocare in proprios usus, quas creavit communes Dominus. Unde scriptum est: *Oro iniquitate vidi tentoria Æthiopiæ* (Habac. III, 7), id est pro divitiis captandis vidi homines factos tabernacula nigredinis, id est vitiorum et dæmonum, ut qui poterant esse tabernacula sectando paupertatem, facti sunt tentoria vitiorum pro iniquitate congreganda. Quis non videat multos perjurium incurrere, homicidia facere, dolos machinari contra proximos, rerum publicarum et dominorum proditores esse propter divitias. Hi fiunt *pro iniquitate tentoria Æthiopiæ.* Sed, cum villicus fecerit amicos superius, et de spiritualibus et de corporalibus, cur Dominus concludit finem parabolæ suæ de solis corporalibus? Citius dimittimus injuriam factam quam præstitas pecunias; facilius damus fidem quam possessionem; proniores sumus dimittere odia quam expendere nostra. Ideo Dominus, parabolice nobis ad misericordiam instructis, in ea parte misericordiæ concludit sermonem quam novit apud homines difficiliorem; et ad eam nos enixius hortatur in fine ad quam videt nos difficilius inclinari, quia *melior est finis orationis quam principium* (Eccles. VII, 9).

Faciamus ergo de divitiis iniquitatis amicos, pauperibus eas distribuendo, et debitoribus et his qui eas abstulerunt dimittendo. Sed, quia iniquitatis divitiæ aliæ possidentur paterna successione, aliæ justo conquiruntur labore, aliæ usurpantur ex scelere vel impietate, Dei certe amici non fiunt, qui de scelere vel impietate veniunt. Nec putet quisquam ex his adjutores quærere salutis quas mercimonio corrasit iniquitatis. Scriptum est enim: *Hostiæ impiorum abominabiles* (Prov. II, 2), quia offeruntur ex scelere; et: *Immolantis ex iniquo, oblatio est maculata* (Eccli. XXXIV, 21); et: *Qui offert sacrificium ex substantia pauperis, quasi qui victimat filium in conspectu patris* (ibid., 24). Cum ergo præcipitur fieri amicos de mammona iniquitatis, discernendum est ut eas intelligamus quæ de successione, vel justo labore proveniunt. Quæ tamen et ipsæ iniquitatis dicuntur, quasi inæqualitatis, quia cum eas in proprietatem tenemus, æqualitatem cum aliis hominibus non servamus. Sunt ergo illæ de quibus amicos facere præcipimur divitiæ, iniquitatis et justitiæ. Iniquitatis quidem quantum ad Deum, qui omnia communibus creat usibus; justitiæ vero quantum ad sæculum, quia sæculari justitia possidentur ab hominibus. Divitiæ ergo quæ juste possidentur in terra, et injustæ sunt quantum ad divinam justitiam, et justæ sunt quantum ad terrenam. Divina justitia cujuslibet proprietatis possessionem arguit, terrena justitia proprietatis alicujus possessionem defendit. Per terrenam justitiam homines propria colligunt, per divinam justitiam sua communia faciunt. Divitiæ vero quæ sunt ex scelere, omnino sunt injustæ. Nec ulla justitia comprobat, quas etiam terrena condemnat. Et istæ nullo modo Deo sunt offerendæ, quia de scelere sunt acquisitæ. Et tamen reddendæ sunt cito, imo projiciendæ, ne malefactor inveniatur in male cœpto perseverare. *Ut cum defeceritis recipiant vos in æterna tabernacula.* Exponit hic quod dixerat *recipiant me in domos suas.* Mansiones enim æternæ domus sunt eorum quibus impenditur misericordia; domus, inquam, eorum non possessione, sed causa; non possessione quod eas possideant, quas forsitan non possidebunt, sed causa, quia scilicet causa sint suis benefactoribus possidendi. In suas ergo domos vos recipiunt, quando in æternas mansiones nos esse faciunt. Suas enim reputamus, quas nonnisi per eos accipimus; quas nobis quasi retribuunt propter beneficia quæ receperunt, et propter misericordias quas acceperunt temporalium, æternorum retributores existunt, per eum qui pro ipsis reddit quod ipsi debuerunt, Dominum nostrum Jesum Christum qui vivit et regnat per omnia sæcula sæculorum. Amen.

BEATI ODONIS

EPISCOPI CAMERACENSIS

LIBER SEU HOMILIA DE VILLICO INIQUITATIS

(MARTENE, *Anecd.* V, 853, ex ms. Pratellensis monasterii.)

ADMONITIO PRÆVIA

De Odone episcopo Cameracensi ejusque scriptis præter Herimannum, qui de eo pluribus agit in Historia restaurationis monasterii S. Martini Tornacensis, Spicilegii tom. XII, hæc habet Henricus de Gandavo in libro De illustribus Ecclesiæ scriptoribus, cap. 4 : *Odo Cameracensis episcopus scripsit homiliam pulchram* in Evangelium secundum Lucam : *Homo quidam erat dives, qui habebat villicum. Exposuit etiam canonem missæ* Te igitur. *Scripsit etiam ad Wilbodonem monachum Affligeniensem disputationem, quam habuerat cum quodam Judæo de mysterio incarnationis Dominicæ sub dialogo, adnotatis prima sui nominis et prima Judæi secum disputantis litteris.* Et Joannes Trithemius in libro De scriptoribus ecclesiasticis : *Odo episcopus Cameracensis, vir in Scripturis sanctis eruditus, et in litteris humanis nobiliter doctus, ingenio subtilis, et clarus eloquio, in componendis et declamandis homiliis ad populum veterum more non mediocriter insignis, scripsit disputationem quam habuerat cum quodam Judæo de mysterio Dominicæ incarnationis sub dialogo, adnotata prima sui nominis littera et Judæi secum disputantis.*

Ad Wilbodonem monachum, *librum* 1.
In canonem missæ, *librum* 1.
De villico iniquitatis, *librum* 1, Homo quidam erat dives.
Homilias et epistolas plures.
Et quædam alia non pauca composuit, quæ ad notitiam meam non venerunt.

Ex duobus hisce testimoniis conficitur homiliam *de villico iniquitatis*, quæ sub nomine Odonis cum aliis ejus opusculis edita est tomo XXI Bibliothecæ Patrum Lugdunensis esse non nostri Odonis, utpote quæ pro sui brevitate nec *pulchra homilia*, multo minus *liber* dici potest, nisi forte quis dicat ipsum duas scripsisse homilias de villico iniquitatis (plures enim homilias composuit), unam breviorem, alteram prolixiorem et pulchram, quæ et libri nomine donari potest. Qui duo caracteres egregie conveniunt sequenti homiliæ, ex veteri codice Pratellensi hic editæ, cujus stylus aliunde apprime convenit cum aliis ejusdem operibus. Fuit autem Odo ex abbate S. Martini Tornacensis episcopus Cameracensis electus anno 1105; obiit in monasterio Aquicinctensi anno 1113, in quod dimisso episcopatu se receperat. De eo insignem habemus epistolam monachorum Aquicinctensium encyclicam, quam hic ex mss. Aluensi et Tornacensi præmittere juvat.

Aquicinensis cœnobii humilis congregatio, omnibus qui salutis suæ solliciti sunt, salutem in Domino.

Salutem, dilectissimi, vobis mandamus, orationibus vestris de tristitia quæ nos premit relevari mereamur. Heu amara mors quæ fratres dividis et dissocias amicos! Unde tibi hæc potestas? Post crucem Christi quis hæc tibi restituit? Certe ille te prostravit, ille te vicit, qui dudum per prophetam tibi minabatur : Ero mors tua, o mors, morsus tuus ero, inferne. (Ose. XIII, 14). Si ergo mors Christi tibi nocendi vires ademit, quomodo eos mori cogis quos ipse semper victuros secum de morte redemit. Ejus etenim verba in Evangelio sunt hæc : Omnis qui credit in me non morietur, et si mortuus fuerit vivet (Joan. xi, 25, 26). Sed forte dicet aliquis : Quale principium dedit adveniens? Quorsum ista? Credite, fratres et domini, ad quos ista pervenerint, quia non infidelitas, sed mœror animi hoc a nobis dicendi extorsit initium, et quasi in mortem fecimus invectionem, licet sciamus exitum de hoc sæculo justorum in Scripturis appellari somnum vel dormitionem, unde Psalmista ait : *Cum dederit dilectis suis somnum (Psal.* cxxvi, 2). Et Dominus in Evangelio : *Non est mortua puella, sed dormit (Luc.* viii, 52). Verumtamen nobis imperare non possumus, quin doleamus, quando domnum Odonem Cameracensem episcopum, qui nuper apud nos de hoc mundo recessit, ad mentem revocamus. Gravi etenim detentus valetudine, dimisso episcopatu, Aquicinctum se deferri fecit, et quantum Ecclesiam nostram, in vita dilexisset, in fine demonstravit. Hic dum viveret nobis Pater erat consilio, mater pietate, amicus beneficio ; nec mirum si desiderium præsentiæ ejus nequimus sustinere, quibus contigit præsentis vitæ solatium amisisse. Nostram quippe, non illius vicem dolemus, quia nos adhuc inter laqueos hujus sæculi incedentes eum ad meliora evasisse credimus. Credimus, inquam, quia cum justis modo lætus decantat : *Sicut audivimus, ita vidimus in civitate Domini (Psal.* xlvii, 9), et cum Moyse admiratur dicens : *Transiens videbo visionem hanc magnam* (*Exod.* iii, 5). Magnam nunc certe Dei habet videre visionem, qui cum esset in corpore, non suam, sed illius dilexit voluntatem. Quis autem virtutes quas possederat digne valeat enuntiare? Quid potius in eo laudare? Si patientiam, si benignitatem, si humilitatem ejus prædices, quidquid dixeris minus erit. Ita in singulis eminebat, quasi cæteras non haberet. Et ubi quotidianam ejus vitam tritis et communibus verbis breviter edisseram? Mitis erat affatu, dulcis alloquio. Nihil illius severitate lætius, nihil lætitia severius ; gravitatem morum vultus hilaritas ; hilaritatem vero vultus morum gravitas temperabat. Mentiri et jurare aut nesciebat aut nolebat. Linguas quoque adulantium seu detrahentium prudenter cavebat, et utrumque genus hominum velut pestes animæ animo fugiebat. Contra illas sepiebat aures suas spinis, ne audiret linguam nequam (*Eccli.* xxviii, 28). Contra istos scriptum esse sciebat : *Verba adulatorum mollia, feriunt autem interiora ventris (Prov.* xviii, 8). Nulli malum pro malo reddebat, vel maledictum pro maledicto (*I Petr.* iii, 9) ; et quasi agnus inter lupos missus morsum malitiæ non habebat. Providebat bona non solum coram Deo, sed etiam coram hominibus (*Rom.* xii, 17), ut sine offensione præesset Ecclesiæ quam gerebat. Apostolicæ etiam doctrinæ gratia refulgebat, et, quantum in se erat, tam verbo prædicationis quam optima morum institutione a sæculo revocabat. Inter harum insignia virtutum castitatem in eo laudare superfluum puto, cujus vita etiam ante conversionem pro continentia quam habebat omnibus fuit exemplo, et quod in primis dicendum fuit ; sed non omnia dicere institui. Eo quoque tempore, id est ante conversionem, ut ad priora redeam, ita totus in libris erat quasi nullam se crederet habere requiem, nisi quem in exercitio Scripturarum arripuisset laborem. Erat quippe fundatus grammatica, ornatus rhetorica, armatus dialectica ; et his studiis indesinenter eum occupatum multa turba discipulorum sequebatur, qui ad famam tanti viri undique congregati ejus disciplina sitiebant informari, magisterio erudiri. Hic forsitan aliquis remoraretur et diceret quam ardentis fuerit ingenii, quam tenacis memoriæ, quam temperatus jam tunc in moribus, in verbis sobrius, in doctrina sollicitus, in disputationibus cautus, in solvendis quæstionibus promptus ; tanta denique in scholis ejus quies, tanta pax inter discipulos, et vitæ compositio per ejus disciplinam habebatur, ut non tam magister litterarum, quam episcopus animarum merito posse dici videretur. Postquam vero libri B. Augustini De libero arbitrio et vera religione in manus ejus venerunt, statim mutatus in verum alium, cœpit odire quæ dilexerat, et diligere quæ prius oderat. Jesu bone! quanta hominis mutatio ! Fit in pauperes Christi rerum distractio, cibi et potus abstinentia, carnis maceratio, et omne studium quod in sæcularibus disciplinis insumpserat, in veram convertens philosophiam de discipulis socios fecit, exemplo sui et doctrina multos convertit, et postmodum relicto foris clerico monachus effectus, monasterium quod dicitur ad S. Martinum Tornaci construxit. Ab omnibus qui per eum vel cum eo mundum reliquerant in abbatem eligitur, consecratur. Multa prætereo, quia ad alia festino. Tunc vero quasi lumen in regione illa visum est oriri. Populus enim ad ejus prædicationem convertebatur. Inter conjugia utriusque partis fiebant sancta divortia, patres a filiis et filii a parentibus gladio verbi Dei dividebantur, omnes sicut in tempore apostolorum in commune afferebant pretia eorum quæ possederant, juvenes ac virgines, senes cum junioribus certatim hujus sæculi sarcinam projiciebant, et quasi jam de hoc mundo non essent, nudi ac leves ad cœlum volare gestiebant. Civitas eorum quasi carcer eis esse videbatur, monasterium paradisus. Ipse autem omnibus omnia factus, infirmis infirmus (*I Cor.* ix, 22), sanis robustus apparebat, et quasi omnium pater esset, sic omnium ex animo curam gerebat. Heu humanarum rerum incerta provisio! Lætis principiis adfuit tentatio, et Satan, qui etiam inter filios Dei adfuit, expetiit eos ut cribraret sicut triticum (*Luc.* xxii, 51). In hoc loco quiescat scorpius arcuato vulnere venena detractionis infundere, et ad calumniam tanti viri non referat, quod quidam dimisso sancto proposito ad sæculum redierunt, si Christum non audet reprehendere, quod multi discipulorum ejus abierunt retro, et jam cum illo non ambulabant (*Joan.* vi, 67). Parcat unusquisque linguæ, parcat animæ suæ, nequissimum vitium quasi novissimum prudentem diaboli laqueum nitatur evadere. Tam pauci sunt, ut etiam de religiosis taceam, qui ita irreprehensibilem exhibeant vitam suam, ut non libenter reprehendant alienam. Quid multa? tantam lucernam Christus sub modio latere non patitur, sed per Dei gratiam, ut omnibus qui in domo ejus sunt luceret (*Matth.* v, 15), ad episcopatum Cameracensis Ecclesiæ assumitur. Tunc vero quanta qualisque vita ejus fuerit, quam pristinæ humilitatis vel paupertatis memor permanserit, tot producimus testes quot in civitate illa habentur homines. Verum, quia longius ab incœpto digressi sumus, jam ad ægrotum nostrum postpositis omnibus redeamus, et, ne pro nobis moras patiatur, ejus ad gloriam transitum breviter referamus. Aquicinctum, sicut diximus, se deferri fecit, ubi omnibus quæ Christiano morienti conveniunt rite expletis, tam alacer, tam securus novissimam horam exspectare videbatur, quasi non ipse qui infirmabatur, sed alius pro eo esset moriturus. Unde quidam frater in stuporem adductus, remotis omnibus arbitris, solus ad solum accessit, et utrum timeret apposita ori ejus auricula diligenter investigavit. Tunc ille, ut verbis ejus loquar, cum diceret : Ad quid timerem ? et ille opponeret ei periculum mortis, et quia *judicia Domini abyssus multa (Psal.* xxxv, 7), et quia *non justificabitur in conspectu tuo omnis vivens (Psal.* cxlii, 2), et cætera hujusmodi, ille paululum reticens, et quasi aliquid in se prius deliberans respondit : Non timeo. Admiratus autem frater conticuit, et magnam eum habere fiduciam persensit. Obiit enim Kalendas Julii beatus iste, animam reddidit Christo, nos corpus sepulturæ. Omnes igitur fratres et domini ad quos hæc legenda pervenerit oramus, et vos pro eo quod pro se nos oravit. Secretius enim loci nostri abbate ad

semper esset ab intus (*Psal.* XLIV). Sed et duo discipuli illi ejusdem divinae charitatis igne quasi carbones ardebant, qui post resurrectionem Domini cum eo se loqui et ire nesciebant, quando sera poenitentia recolentes se locutos fuisse cum Messia : *Nonne*, inquiunt, *cor nostrum ardens erat in nobis, cum loqueretur in via?* (*Luc.* XXIV.) Taliter quippe olim legifer ille Moyses, taliter Aaron ardebat et Phinees, tali etiam modo David ardebat cum Elia, quemadmodum iidem duo discipuli quibus Dominus loquebatur in via. Nonne enim Moyses igne charitatis ardebat, qui, irae Dei resistens, mortem cadentis populi sua morte commutare volebat; quando ad Dominum, ut in libro Exodi saepius legere potuisti : *Dimitte*, inquit, *eis, hanc noxam, alioquin dele me de libro, quem scripsisti?* (*Exod.* XXXII.) Nonne et Aaron ejusdem charitatis igne succensus erat, qui, irae Dei aeque resistens, inter viventes et mortuos, thuribulum sumebat quatenus iram furoris ejus immensi fumo placaret incensi? Nonne et Phinees zelo charitatis fortiter ardebat, qui luxuriantes alienigenis in ipso coitu trucidare solebat, quando Israeliticae plebis largiter effundendo cruorem, divinum ita placavit furorem? Nonne etiam Elias homo similis nobis et passibilis in corde sui fervorem ejusdem charitatis habebat inexstinguibilis, quando aridae diutius terrae imbrem de coelestibus dolens esse subductum, orationibus suis et coeli obtinuit pluviam, et terrae fructum? Nonne et David eodem igne charitatis accensum esse cognovimus, qui, ut in libris Regum legimus, obicem se quondam pro suis opponebat ovibus, quando pro his orans, qui angelo caedente perierunt : *Ego sum*, inquit, *qui peccavi* (*II Reg.* XXIV); isti, qui oves sunt, quid fecerunt? Adhuc etiam et aliud mysterium grande simile his videmus in Joanne, qui populum Dei ad vias illius quondam in deserto reducens, juxta testimonium Divinitatis *lucerna erat ardens et lucens* (*Joan.* V), quando se dignum exhibens ad quem Veritatis fieret sermo, sibimet intus arsit desiderio, et aliis exterius luxit verbo. Quia ergo sufficienter jam praelibavimus quanta charitas fuerit in cordibus Patrum praecedentium, restat ut aliquid simile referamus ex Paulo doctore gentium : ipse enim eodem igne charitatis, quo et ipsi, fortiter ardebat, quando pro fratribus suis et ipse anathema fieri cupiebat. Qui et in alio adhuc loco aeque demonstrans quatenus in eo divinae charitatis fuerit fervor : *Quis infirmatur*, inquit, *et ego non infirmor? quis scandalizatur et ego non uror?* (*II Cor.* XI.) Cujus etiam charitatis exemplum adhuc inde possumus evidentius scire, quod pro salute Galatarum seipsum dicebat parturire, quando ad reformandam in eis divini virtutem amoris : *Filioli*, inquit, *mei, quos iterum parturio, donec Christus formetur in vobis* (*Galat.* IV). Unde quia Patres iidem beatissimi non zelo amaritudinis, sed zelo pietatis talia fecerunt, quando in cordibus proximorum divinae charitatis ignem incenderunt, sciendum est quod, sicut in sacro eloquio duo sunt zeli, zelus scilicet amaritudinis, et zelus dilectionis; ita etiam duo sunt ignes, ignis videlicet furoris, et ignis amoris. Zelum quippe amaritudinis mulier illa quondam habuisse videbatur, quae filio mulieris alterius invidens : *Nec mihi*, inquit, *nec tibi sit, sed dividatur* (*III Reg.* III). Zelum autem dilectionis Psalmographus habuit in se, quando pro iniquitate Judaeorum suspirans : *Zelus*, inquit, *domus meae comedit me* (*Psal.* LXVIII). Quia ergo qui duo zeli sunt perstrinximus historialiter, ita et qui duo sunt ignes distinguamus aequaliter. Qui enim divini furoris sit ignis, plenius edoceri potestis ab eo qui per Moysen prophetam : *Ignis*, inquit, *succensus est in furore meo* (*Jerem.* XV). Quis vero ignis amoris sit, per legem scire valetis, ubi de paschalis agni comestione nos instruens : *Si quid*, inquit, *residui fuerit, igne comburetis* (*Exod.* XII). Unde ut in cordibus nostris, dilectissimi fratres, et unum ignem exstinguere, et alterum incendere valeamus, dignum est ut opem sacerdotis istius sacratissimi tota mente, tota devotione quaeramus; quatenus meritis ipsius ac precibus ita in nobis ignis divini restinguatur furor, ut corda nostra semper illustrare dignetur ignis amoris. Et quoniam prae igne furoris Domini omnis caro quandoque tabescet; quando, ad discernendum bonos et malos, *ignis in conspectu ejus exardescet* (*Psal.* XLIX), orandum est nobis, ne tunc ab aeterno igne cum reprobis devoremur et malignis, quando *in ira sua conturbabit eos, et devorabit eos ignis* (*Psal.* XX); sed per illum potius divinae charitatis ignem liberari mereamur inde, qui olim super unigenitum Dei Filium in columba, et super discipulos venit in igne. Quod ipse nobis praestare dignetur, qui cum Patre in unitate ejusdem Spiritus sancti vivit et regnat in saecula saeculorum. Amen.

SERMO V.

IN DEDICATIONE ECCLESIAE DEQUE RELIQUIARUM VENERATIONE.

Gaudeo, et exsultatione multiplici cor nostrum hilarescit, quoties festive sanctorum colit memoriam, quibus annuatim ecclesia nostra celebris florescit. Ecclesia namque nostra, quamplurimis sanctorum solemniis laetabunda redditur, varioque decore speciosa efficitur, et velut vernando florida specie resplendet, cunctisque cernentibus laeta arridet. Nec immerito, quia, quoties festivis sanctorum natalitiis debito honore celebratis, in Domino gloriamur, toties ipsorum precibus et meritis adjuti, larga benedictionis gratia Creatoris nostri perfundimur. Quidquid enim laudis et honoris militibus regis impenditur, totum ad gloriam regis, cujus sceptro milites insigniti sunt, titulatur. Nec dubium, quin eos semper habeamus patrocinantes in coelis, quorum celebritates piae devotionis studio gerimus in terris. Si enim noster spiritus, necdum carnis materia exutus, et tamen dilectionis geminae fervore interdum ad astra libratus, preces Domino pro suis dilectoribus nititur effundere, utique praestantius credendum est sanctorum animas, summæ dilectionis plenitudine fervidas, suis in solemnitatibus, ad sui corporis pignora foventes descendere, suorumque pro salute fidelium intercedere, ac debitæ retributionis donativum sui veneratoribus impendere. Habentes igitur eximia hujus spei pignora, scilicet ipsorum beatorum spirituum exuvias, dignis honoribus sanctorum præconia celebremus; amplius autem festiva eorum gaudia debitis laudibus extollamus, quorum cineres et ossa suo in sinu largius refovet hæc nostra specialis ecclesia. Nostis autem, fratres charissimi, hæc unici nobis delicta, specialis utique ecclesia? cujus gravi læti quiescimus in gremio, ecce quam læta fovet, unde feta floret; quam prædives per sanctorum cineres, virgineosque flores, quod servet integra vere felicium tegumenta, quodque possideat ossa utriusque sexus late collecta : *Lætemini igitur et exsultate in ea, omnes qui diligitis eam (Psal.* xxxi); gaudete cum ingenti lætitia et hodiernæ festivitatis celebria læti suscipite gaudia. Et ut in hac solemnitate celebrius glorietur in Domino, idipsum nobis scripturæ auctoritas commendat, cum hæc verba commemorat : *Lætamini,* inquit, *in Domino, et exsultate justi, et gloriamini omnes recti corde (Psal.* xcvi). Nos vero, si inter justos et rectos necdum recensemur, desiderio tamen et optione cum justorum patrocinio sanctorum nobis studendum est ne saltem omnino justitiæ expertes inveniamur. Hujus ergo diei salutifera gratulabundi recolite solemnia, scilicet pro electis atque præclaris hujus ecclesiæ margaritis, proque vernantibus atque coruscantibus electæ altricis nostræ floribus. Eo autem rationis tenore nobis exsultandum hodie denuntiamus. Primo quidem, quia ecclesia nostra floriditate apostolicæ viriditatis seu smaragdinis redimita, lucescit gemmis. Secundo, quia sanguineis martyrum corusca rutilat rosis : post hæc, quia clarissimis confessorum phalerata nitet margaritis. Deinde quia virgineis floridula albescit liliis. Postremo etiam, quia opulentia plurimorum utriusque sexus sanctorum, quasi fragrantia multarum specierum ditata suavissime redolet, floret, viget atque pollet. Quorum omnium fidei constantia nos roborat, et spei altitudo elevat et charitatis plenitudo exhilarat. Lætus ergo dies apud nos ista transeat, quem nobis, fratres charissimi, tot et tantorum sanctorum commemoratio commendat. Totus canora jubilatione prodeat, quem et angelorum æque et sanctorum parili concentu grata societas concelebrat. De hoc quippe festivo magnæ salutis gaudio ex Scriptura canimus in psalmo : *Vox exsultationis et salutis in tabernaculis justorum ad audiendum audita est (Psal.* xxxi). Aptissime profecto vox exsultationis et salutis in isto audiri fas est hodie domicilio, quia nimirum hodiernæ diei in celebritate, dum generaliter memoria fit omnium, quorum in ista reliquiæ continentur ecclesia sanctorum, credimus æque et in cœlo et in terra laudes resonare ipsorum; dum et nos in terra pio amore amplectimur cineres et ossa, et angeli exsultantes in cœlo concinunt super animarum consortio : *Gloria in excelsis Deo (Luc.* ii). Credimus nempe et huic sanctorum solemnitati, angelicam cum suis occurrere præsentiam : si tamen dignis honoribus hanc rite celebraverimus per sanctificationem vitæ vox nostra voci amborum meretur commisceri cœlicolarum. Alioquin magna hujus diei celebria dignis laudibus nequaquam decenter recolimus, nisi per sanctificationem vitæ nosmetipsi laus Dei fuerimus. Scriptum namque est : *Non est speciosa laus in ore peccatoris (Eccli.* xv). Renuntiantes ergo peccatorum vitiis circumcidamus præputium cordis nostri, ut videlicet igne divini amoris attacti, emundatis labiis, gratanter hymnidicas laudes Domino Sabaoth concinamus cum sanctis et angelis, quatenus ipsorum collegio tandem mereamur associari in cœlo. Tergamus ergo oculum mentis a vitioso pulvere peccaminis, et intueamur eos quorum laudibus dicatur dies ista celebris, sequamurque eorum vestigia. Quorum enim vitam imitati fuerimus, ipsorum quippe et adepturos nos gloriam credimus. Et quorum exemplari formæ imprimi renitimur; ab ipsorum etiam participatione procul dubio secernemur. Quænam pars fideli cum infideli? Aut quæ sobrietas luci cum tenebris? Quid templo Dei cum idolis? Diligit namque omnis anima similem sibi : Unde per quemdam sapientem dicitur : *Omne animal diligit sibi simile sic et omnis homo proximum sibi (Eccli.* xix). Omnis caro ad simile sibi conjungetur, et omnis homo ad simile sibi sociabitur. Sicut communicabit lupus agno, sic aliquando peccatum justo. Quæ communicatio homini sancto ad canem? Quam igitur rogo partem vel societatem habiturum creditis incestum cum casto? ebriosum cum sobrio? raptorem vel iniquum cum justo vel sancto? Blasphemum vel detractorem cum boniloquo? mendacem cum veridico? obstinatum vel avarum cum largo? flagitiosum cum religioso? Vos ergo, fratres charissimi, qui Christianitatis nomine appellamini fideles, recusate paganisticis moribus infideles censeri. Qui vero lux in Domino, charactere apostolico titulamini, nolite vitiorum tenebrosa caligine principi tenebrarum assignari : qui etiam in sacri eloquii pagina templum Dei depingimini, statuere in cordibus vestris simulacra deorum viribus totis renitimini. Quisquis enim aliquid plus quam Deum diligit, constat, quia favo sui cordis jam idolum statuit, cui toties serviendo procidit, quoties illud cum frequentatione excolit, et ejus ditioni se subdit. Scriptum enim est, *Diliges Dominum Deum tuum ex toto corde tuo, et ex tota anima tua, et ex totis viribus tuis (Matth.* xxii). Ita et ille solus summe diligendus, qui singulariter adorandus, ac studiosissime excolendus est. Quidquid igitur contra hujus amoris vel exercitii cultum est, profecto medullitus eliminandum est. Apostolico autem dogmate instruimur, quoniam habitatio Dei structura corporis nostri eligitur. *An nescis,* inquit, quoniam corpora vestra templum sunt Spiritus sancti, et Spiritus Dei habitat in vobis? (*I Cor.* vi.) Et rursum : *Templum Dei sanctum est, quod estis vos. Si quis autem templum Dei violaverit, disperdet illum Deus* (*I Cor.* iii). Quamobrem, fratres charissimi, necessarium ducite ab omni peccaminis fœditate templum Dei expurgare, cuncta rerum transitoriarum idola funditus eliminare, vitiosi operis impedimenta expellere, orationum texturam latius expandere, charitativi ardoris splendoribus illuminare, omnium virtutum redolentiam conspergere ut habitatorem hujus templi vobis placabilem et gratiæ largitorem, valeatis acquirere. Ut autem efficaces hujus rei possimus fieri opifices, et obnixis precibus conquirendi sunt idonei fautores, quos hodie veneremur hujus operis prædecessores. Itaque primum venerationis studio reddendi sunt benevoli, postea fiducialius prædicandi. Sed tunc certius eorum aures nobis acclives reddimus, si operis attestatione, ipsorum, boni æmulatores fuerimus. Ecce ipsi carnis materia induti, sicut evidentibus signis elucet, totius criminosi operis immunes et expertes vitam coram Deo et hominibus honestam duxerunt, et ab hujusmundi inquinamento incontaminatas manus continuerunt. Florem mundi omnibus cum suis oblectationibus sprevere, et cœlestia omni cordis intentione instantius exquisiere ; jejuniis et orationibus insistentes, carnis jura domabant, spiritum roborabant. Cum salutis inimico belligera manu congredi non dubitavere, quem et armis præcincti divinis prostravere : dum in nullo feritati ejus cedunt, sed usque ad finem fortiter dimicando resistunt. Cujus tyrannide victrice manu devicta, triumphales sibi titulos summi regis, in aula proprii cruoris signo inscripserunt, per eos quos eorum memoriale florebit in sæcula : cum vergente anni circulo semper redivivo fructu laudis vernant, et nos in augmentum meriti sui, lucrando germinant. Unde scriptum est : *In memoria æterna erunt justi* (*Psal.* iii). Item alio modo dicitur in alio loco : *Justus ut palma florebit, sicut cedrus Libani multiplicabitur. Plantate in domo Domini, in atriis domus Dei nostri florebunt* (*Psal.* xci). Adhuc multiplicabuntur in senecta provectiori, et bene patientes erunt, usquequo posteris, quod agnoverint, annuntient, scilicet quoniam Dominus Deus noster justus et rectus est, et in illo nulla est iniquitas. Verum est, fratres, quoniam multos ante annos defuncti, adhuc vivaciter loquuntur, dum quotidie per eorum dogmata fideles ad Dominum convertuntur, et ad opus bonum per eorum exempla roborantur. Quandiu itaque hujus mundi orbita volvitur, ipsorum venerabile meritum semper accipit incrementum. Agamus ergo, charissimi, immensas in ipsorum solemnitate Creatori nostro laudes et gratias, qui et illis regnum, ante sæcula præordinatum, in cœlestibus jam contulit, et nos ejusdem regni participes fore reintegrata per ejus sanguinem salute repromisit. Ipsi ergo omnium regi sæculorum, pro his omnibus laus et gloria per infinita sæcula; nobis autem misericordia serpiterna. Amen.

ANNO DOMINI MCXII

JOANNES MARSICANUS

TUSCULANUS EPISCOPUS

NOTITIA HISTORICA IN JOANNEM

(UGHELLI, *Italia Sacra*, I, 250.)

Joannes, Marsicanus appellatus, ab Urbano II dictus est episcopus cardinalis Tusculanus. Hic in Vastallensi concilio 1106 gravissimam sententiam tulit, adeoque magni promptique animi fuit, ut, cum Henricus IV impius imperator Paschalem II pontificem conjecisset in carcerem, ipse una cum Leone cardinali ementito vestium cultu Romam profugerit, populoque Romano in concionem vocato, eidem persuaserit ut sumptis armis contra imperatorem pontificis injurias ulciscatur. Sub eodem Paschali vita functus est. [Interfuit etiam concilio Romano an. 1112. Vicarium papa in Urbe egisse colligitur ex titulo apposito epistolæ recitatæ a Baron. Annal. t. XI, quam scribit Richardo Albanensi episcopo, cum admonens de nequiter actis ab Henrico, deque Urbis et universalis Ecclesiæ statu miserrimo. Cum plurimis cardinalibus Paschalem objurgavit concessionis facta Henrico investiturarum. Sed et a Paschali scite redarguitur ipse quod nimio zelo eum carpat; non adverterat enim id vapam fecisse ne schismate et deteriori damno Urbs flagraret. LUCENT.]

JOANNIS MARSICANI

TUSCULANI EPISCOPI

CONCIO AD POPULUM ROMANUM

Ut injuriam summi pontificis, cum suis ab Henrico imperatore tenti et conviciis affecti ulciscantur

(BARON., *Annal.*, ad an. 1111, n. 11, 13.)

Licet, charissimi filii, alacritati virtutique vestræ stimuli adhortationum admovendi non sint, cum verbis neque ex imbecillo strenuus, neque robustus quispiam reddatur ex timido, omnis enim vobis est pro vita et pro libertate, pro gloria, pro defensione apostolicæ sedis pugna omneque certamen est; hæc omnia in manibus vestris sunt constituta. Nam qui pacem desiderat, præparet bellum. Filii vestri contra jus omne, contra fas tenentur in vinculis : Petri apostoli basilica, toto orbe terrarum venerabilis, armis, cadaveribus, sanie et cruore plena est. Quid autem ex hoc summam omnium malorum conjicere possumus? Quæ unquam audita est immanior pestis? Pontifex apostolicæ sedis a barbaris hominibus tenetur in vinculis; omnis sacerdotalis ordo, tota ecclesiastica dignitas carceri ac tenebris addicta est : lugent ministri Domini, altaria sancta lacrymis madent; ipsa prorsus mater Ecclesia attrita gemit, imploratque opem vestram : filios ut se tantis cladibus eruant, mœrens orat et obsecrat. Quocirca rogamus affectu quo possumus, periclitanti succurratis, et ad ulciscendam matris injuriam toto animo, totis viribus incumbatis. Nam si adsint qui obsistant, fugere hostes, quam consistere, paratiores erunt. Itaque alacriores insurgatis ad tantum ulciscendum scelus, de Domini nostri et beatorum apostolorum Petri et Pauli misericordia confidentes, ab omnibus vos peccatis absolvimus.

JOANNIS EPISTOLA

AD RICHARDUM ALBANENSEM EPISCOPUM

De nequiter actis ab Henrico-imperatore

(BARON., *ubi supra.*)

JOANNES, Dei gratia, Tusculanus episcopus, agens vices domini Paschalis papæ vincti Jesu Christi, venerabili fratri RICHARDO Albano episcopo in Domino salutem.

Quoniam, sicut ait Apostolus (*Rom.* XII), unum corpus sumus in Christo, et si patitur unum membrum, cætera membra compatiuntur, quæ de capite nostro, et de tota fere Ecclesia gesta sunt, fraternitati tuæ significamus. Cum igitur Henricus, Teutonicorum rex, Sutrium pervenisset, legatos quosdam Romam direxit, qui jurejurando firmaverunt, domni papæ Paschalis legatos secure ducere, et regem ipsum sacramento firmare, omnem ecclesiarum investituram penitus abdicare, obsides etiam dare, ne ad hoc flagitium iterum rediret, et res ecclesiasticas, et regalia, ac beati Petri patrimonia libera et quieta omnino dimittere, obsides etiam dare pro securitate, cum ad coronandum eum ad beati Petri basilicam exiret. Postea ex parte Ecclesiæ a laicis viris firmatum est, si ista quæ promissa sunt, jam dictus rex observaret, quod dominus noster eum benigne susciperet, et ei diadema regni imponeret, et coronatus, si vellet, Urbem intraret. Pro transitu etiam pontis obsides accepit, pro quibus sacramentum exhibuit, quod in ipso die Dominico si pontem transiret, eos in liberam nostrorum restitueret potestatem. His igitur omnibus sacramentis ex utraque parte peractis et obsidibus datis, cum ad coronandum eum ad ecclesiam B. Petri papa exiret, postpositis sacramentis et dimisis obsidibus, eum in ipsa ecclesia cum episcopis et cardinalibus, et multis Romanis violenter cepit, et in captione arctissima detinet.

Romani vero, post alterum diem collecti, in hostes Ecclesiæ impetum facientes, de porticu fugere compulerunt, interfectis multis de suis, et perditis equis, tentoriis, pecuniis, et infinita supellectili. Post hæc omnes unanimes contra cum juraverunt, uno animo, una voluntate pugnare. Tu igitur prudenter vigila, et quanto amplius necessarium conspicis, tanto magis elabora, et matrem Ecclesiarum omnium adjuvare ne desinas. Orationes pro liberatione domini nostri, imo pro ipsa Ecclesia, ubicunque potueris, fieri facias. Vale. Hoc autem factum est anno Domini millesimo centesimo undecimo, Indictione quarta, pridie Idus Febr. in basilica S. Petri apostolorum principis, die Dominica ante caput jejunii.

ANNO DOMINI MCXIII

BEATUS ODO CAMERACENSIS EPISCOPUS

NOTITIA HISTORICA

(*Cameracum Christianum*, auctore D. LEGLAY, pag. 50.)

Odo, beati decoratus titulo, qui aliquando vocatur Odoardus, civis Aurelianensis, primus abbas S. Martini Tornacensis post hujus monasterii restaurationem, de quo consulenda est abbatum hujus loci historia, electus et consecratus est in synodo provinciæ Remensis an. 1105, vi Nonas Julii, die Dominica, ut eruitur ex ipsius charta pro Rogero abbate Ambeciensi data hoc anno, qui dicitur primus ejus episcopatus, cui subscribit Balduinus decanus, et ex instrumento quo fundatio collegii canonicorum apud Teneramundam confirmatur. Post suam ordinationem, Odo aliquandiu episcopali sede minime potitus est, sed mortuo Henrico imperatore, Henricus ejus filius, qui partes pontificias adversus patrem amplexus fuerat, jussit Cameracensibus ut, expulso Galchero, Odonem susciperent, an. 1106. Ex narratione restaurationis abbatiæ S. Martini Tornac. Spicil. tom. XII, cap. 82.

Anno 1110, Roberto comiti, et Clementiæ ipsius uxori dedit licentiam construendæ capellæ in Novo-Burgo apud Aldenardam. Anno 1115, confirmavit monasterio S. Dionysii prope Parisios ecclesiam Solismi, ex hujus loci chartario. An. 1112, præsulatus sui vii, Bornhemiensis abbatiæ fundationem confirmat. Sed quia virgam et annulum ab Henrico IV imperatore recipere noluit, quæ in sua ordinatione jam ecclesiastica potestate receperat, sede sua pulsus apud Aquiscinctum exsulavit, ut ipse scribit in libro De blasphemia in Spiritum sanctum. Infirmitate corporis gravatus, inquit Herimannus, Spicil. tom. XII, p. 469, episcopatum reliquit, seque Aquiscinctum in lectica deportari fecit, ubi intra octo dies defecit. De Odone plura apud Molanum in Natal. Sanctorum Belg.; Miræum in Codice donationum piarum; Lindanum, cæterosque hagiographos, et Trithemium De scriptoribus eccles., ubi dicit fuisse in Scripturis eruditum, ingenio subtilem, clarum eloquio, et in declamandis homiliis ad populum non mediocriter insignem. Præter homilias quas composuit, exposuit Canonem missæ, aliasque dedit lucubrationes. Ad meliorem vitam migravit xiii Kal. Julii, seu xix die Junii, an. 1113, in monasterio Aquicinctino, ubi conditus est sub tumulo marmoreo coloris albi, cui ejus imago insculpta cum hoc elogio :

HIC TEGITUR PRÆSUL ODO,
QUI PERSPECTUS OMNI MUNDO,
FUIT EXSUL, DEO FIDUS,
FULGET COELO QUASI SIDUS.

NOTITIA ALTERA

(MABILL. *Annal. Bened.*, tom. V, pag. 299.)

Multi hoc tempore (an. 1090) florebant apud Gallos viri litterati, quorum plerosque versibus suis celebravit Baldericus abbas Burguliensis, in his præceptorem suum Hubertum, qui Magduni litteras docebat, Frodonem Andegavensem, Audebertum Cenomannensem; et Godefridum Remensem; at mirum est ab eo prætermissum fuisse Odonem popularem suum, utpote domo Aurelianensem, qui publice litteras in urbe Tullensi, dein Tornaci per quinquennium magna cum fama et discipulorum frequentia docuit. Hujus viri commemoratio non strictim facienda est, quippe qui Tornacense Sancti Martini monasterium, monachus et abbas illic factus, instauravit. Erat is clericus, oriundus ex urbe, ut modo dicebam, Aurelianensi, patre Gerardo, matreque Cæcilia progenitus, Odoardus vulgo vocatus, a puerita ita instructus litteris, ut nulli secundus inter Francorum sui temporis magistros haberetur. Hic primo Tulli-Leucorum scholas tenuit, inde a canonicis ecclesiæ Tornacensis ascitus, quinque annis tanta cum existimatione litteras docuit, ut non modo e Flandria, proximisque regionibus, sed etiam ex remotissimis provinciis, Burgundia, Italia et Saxonia discipuli certatim ad eum confluxerint, ad numerum usque ducentorum clericorum. Cum vero liberales artes omnes maxime calleret, præcipue tamen in dialectica excellebat, veteri sectæ eorum qui Reales vocantur, adhærens præ nova secta nominalium, quam Raimbertus quidam, famosus magister, tunc in oppido Insulensi discipulis suis prælegebat. Cum rixæ hac de re fierent, unus e Tornacensis ecclesiæ canonicis, nomine Gualbertus, qui postea Tornaci monachus, ac demum in Catalaunensi Sancti Petri monasterio abbas exstitit, quemdam pythonicum, surdum et mutum, nutibus super hac re consuluit, atque ex eo præferendum Odonem intellexit.

Cum Odo scholæ Tornacensi fere per quinquennium præfuisset, oblatus est ei a quodam clerico liber sancti Augustini *De libero arbitrio*, quem magister comparavit quidem in suæ bibliothecæ supplementum, sed in scrinium cum cæteris libris projecit, quippe qui profanæ litteraturæ totus addictus, magis delectabatur lectione Platonis quam Augustini. Forte accidit ut post duos fere menses Boetii libros *De consolatione philosophiæ* discipulis prælegeret; ubi vero ad quartum librum, in quo de libero arbitrio agitur, pervenisset, recordatus empti libri, eum sibi afferri jussit, si quid forte in eo hac de re observatione dignum reperiret. Tum, lectis duabus tribusve ejus pagellis, sic ea lectione affectus est, ut protinus convocatis discipulis, inventi thesauri volens eos esse participes : « Vere, inquit, hactenus ignoravi quantæ facundiæ et doctrinæ esset Augustinus, » moxque librum ipsum a capite exorsus, ipso ac sequenti die discipulis legit, et explanavit. Cum vero ad librum tertium pervenisset, in quo sanctus doctor miseram exponit peccatorum conditionem, qui mundum, fetidæ cloacæ similem, cœlesti gloriæ anteponunt, præ intimo dolore alta suspiria ex imo pectoris trahens : « Heu ! inquit, quam stricte ista nos tangit premitque sententia ! qui omnia studia nostra in vanæ scientiæ acquisitionem conferimus, divini cultus omnino immemores et cœlestis gloriæ, ea post mortem indigni futuri ! Quibus dictis surrexit, totusque lacrymis perfusus ecclesiam ingressus est. Ad hæc tota turbatur schola, et canonicorum cœtus admiratione percellitur. Deinceps Odo paulatim scholæ se subtraxit, ecclesiam solito amplius frequentavit, nummos congregatos in egentes, maxime clericos, erogavit, jejuniis denique ita carnem attrivit, ut brevi præ macie a multis vix agnosceretur. Non multo post quatuor clerici ei se adjungunt, scilicet Odo abbas, Gerbertus, Rodulfus et Willelmus, præter Lanfridum, qui fuga lapsus misere periit. Verum dubii hærebant quem statum amplecterentur, canonicorum an monachorum. Utrorumque, variis locis exploratis, interim in suburbana Sancti Martini ecclesiola, ubi quondam abbatia monachorum fuerat, sed a paganis destructa, et fere in solitudinem redacta, simul habitare cœperunt. Tali exemplo recreati cives Tornacenses Rabodum episcopum rogant, ut ne Odonem ejusque socios alio migrare permittat. Ea res grata episcopo, quia ea de re Odonem interpellat ; sed, cum ille nullo certo responso reddito ab episcopali domo recessisset, religiosum presbyterum, nomine Gislebertum, qui in illis partibus tunc temporis velut propheta habebatur, in Elnonensi Sancti Petri ecclesia postea humatus, adhibet piissimus præsul, ut ad suum civiumque assensum Odonem flectat. Gisleberti sermone victus Odo se illic remansurum pollicetur, si modo liberum sibi locum præstaret episcopus. Hinc ille magnopere exhilaratus, canonicorum assensum expetit ; illi quasi futurorum conjectores, negant ac pernegant. Tum vero episcopus ea qua pollebat auctoritate prædictam Sancti Martini ecclesiolam, quæ sui juris erat, Odoni ejusque sociis absolute tradit, eosque solemni processione in eam deducit vi Nonas Maii, quæ dies Dominica erat, anno Dominicæ incarnationis 1092, eosque ibidem sub regula sancti Augustini in habitu clericali Deo servituros dimisit. Hæc omnia fuse commemorat Herimannus abbas in libro De restauratione abbatiæ Sancti Martini Tornacensis (*Spicil.* t. XII, p. 598 *et seqq.*). Tunc temporis sacro igne tota fere provincia contacta est, in primis urbs Tornacensis, ubi non solum ex urbe, sed etiam e remotis regionibus plurimi igne illo adusti, ad ecclesiam B. Mariæ gregatim deferebantur. Tunc episcopus ex illa principe ecclesia ad Sancti Martini ecclesiolam in die Exaltationis sanctæ crucis solemnem indixit processionem, quæ nudis pedibus facta est, deinceps ad nostrum usque tempus, inquit Herimannus, ipsa die continuata. Cæterum præter ea quæ ille auctor de Odone habet, nonnulla etiam discimus ex Godefridi Remensis magistri, ejus amici, versibus in quibus Odonis natalium nobilitas et excellentia ejus ingenii ac doctrinæ summopere prædicantur. Inter alia vero ejus opuscula laudat libellum De bello Trojano, quem ab eo editum esse scribit. Hoc Godefridi opus, *Somnium de Odone Aurelianensi* inscriptum, hactenus, ut reor, ineditum, invenimus in codice collegii societatis Jesu Parisiensis ante annos quingentos scripto. Ex quo, cum libellum integrum

referre supervacaneum forte videretur, aliquot versus excerpsimus (*vide infra*). In eodem codice vidimus aliud carmen haud exiguum de primis Geneseos versibus, seu opere sex dierum, quòd etsi Odonis episcopi Aurelianensis nomen præferat, nostri Odonis esse suspicamur, quod nullus ejus nominis antistes in toto Aurelianensium episcoporum catalogo occurrat, aliundeque Odo et Aurelianensis, et episcopus fuerit. Incipit:
Omnipotens in principio cœlumque solumque.

Anno 1113, Odo corporis infirmitate gravatus, episcopatum dimisit, seque Aquicinctum in lectica deportari fecit. Quo audito, Segardus, Sancti Martini Tornacensis abbas, cum aliquot monachis suis illuc properat, rogatque ut ad suum monasterium, quod instauraverat, ubi primo monachus primusque abbas fuerat, se deferri permittat. At Alvisus, Aquicinctensis abbas, obstitit, seque nequaquam id passurum dixit. Illic itaque perstitit Odo, ubi intra octo dies morte sublatus est xii Kalendas Julii, cum magno honore in ecclesia coram Crucifixi imagine sepultus sub candido marmore, cui ejus imago insculpta est. Scripsit quosdam libellos, scilicet super Canonem missæ, disputationem contra Judæum, et De origine animæ, uti Hermannus, ejus æqualis, in historia monasterii Sancti Martini Tornacensis asserit. Beatus Odo sive Odoardus in ecclesia Cameracensi reputatur, cui Burchardus in episcopatu successit. Encyclicam de ejus vita et obitu epistolam scripsit Amandus prior Aquicinctensis.

NOTITIA LITTERARIA

(*Histoire littéraire de la France*, tom. IX, pag. 594.)

Jusqu'ici aucun des bibliographes qui ont entrepris de parler de notre saint et docte prélat, n'a fait connaître tous les écrits qui sont sortis de sa plume. Nous allons tâcher de suppléer à ce défaut; ce sera pour la première fois qu'on aura un catalogue entier, tant de ceux qui existent encore que de ceux qui sont perdus, mais dont il nous reste quelque connaissance. Il y en avait de deux différentes classes. Les uns, faits avant la conversion de l'auteur, roulaient sur des sciences purement séculières ou des sujets profanes, les autres avaient pour objet divers points de la religion chrétienne. Nous commencerons par discuter ceux de la première classe, puis nous passerons aux autres.

1° Avant qu'Odon quittât la ville d'Orléans, lieu de sa naissance, et par conséquent lorsqu'il était encore jeune, il avait déjà composé un poëme sur la fameuse guerre de Troie (Mab. *An.* t. V, p. 631, 1). Godefroi, scolastique de Reims, autre poëte du temps, et ami particulier de l'auteur, ayant ouï parler de cette production de sa muse, ne lui donna point de repos qu'il ne la lui eût communiquée. Elle fit naître à Godefroi occasion de faire à la louange du poëte une longue et assez ingénieuse pièce de vers, qu'il intitula : *Le Songe d'Odon d'Orléans*. On ne trouve plus au reste nulle part ce poëme d'Odon, qui paraît avoir été le premier de ses écrits; et l'on n'en a point d'autre connaissance que par les vers suivants de Godefroi. Il nous y représente le poëte porté sur les vents, d'Orléans à Reims, pour lui offrir lui-même son poëme en lui tenant ce langage.

Sic ergo me ventis credens te propter, amice;
Non timui dubias pendulus ire vias.
Et quia nostra tibi sunt semper opuscula cordi,
Nec sunt arbitrio projicienda tuo :

Attulimus qui bella canit Trojana libellum,
Quem tu sæpe tibi me recitare facis.

Au surplus, dans les vers qui précèdent ceux qu'on vient de lire, Godefroi relève beaucoup la douceur, l'harmonie, la cadence de ceux de son ami, de sorte que si le poëme sur la guerre de Troie avait toutes les beautés que ce scolastique y découvrait, la perte en serait à regretter, mais c'est un poëte du xie siècle qui en loue un autre, et l'on sait par là à quoi s'en tenir.

2° Lorsqu'Odon dirigeait l'école de Tournai, il composa, comme on l'a déjà annoncé, quelques écrits pour fortifier et rendre plus utiles les leçons de dialectique qu'il faisait à ses disciples. Un de ces écrits était intitulé *Le Sophiste*, et tendait à apprendre à discerner les sophismes et à les éviter (*Spic.* t. XII, p. 561).

3° Un autre écrit sur la même faculté (*ibid.*) portait pour titre *Complexionum*, Des conclusions ou conséquences, dans lequel Odon établissait apparemment les règles du syllogisme, pour mettre ce que l'école appelle un argument en forme, et apprendre à raisonner juste

4° Un troisième écrit encore sur la dialectique (*ibid.*) auquel l'auteur avait donné pour titre . *De l'être et de la chose*, par la raison qu'il y discutait si l'être est le même que la chose, et la chose le même que l'être. On ne connaît au reste ces trois écrits que par le peu que nous en apprend Hérimanne dans ce qu'il a jugé à propos de nous transmettre des premiers événements de l'histoire de leur auteur. Sandérus, qui a trouvé parmi les manuscrits des bibliothèques de la Belgique la plupart des autres écrits d'Odon, n'y a découvert aucun des trois dont il est ici question. C'est dans ceux-ci principalement que l'auteur, ayant occasion de se nommer, prenait le nom d'Odard, sous lequel il était alors plus communément connu.

Odon, par sa manière d'enseigner la dialectique, contribua beaucoup, ainsi que saint Anselme, à soutenir la bonne philosophie, en ce que l'un et l'autre étaient fortement attachés à la méthode des réalistes, et combattaient avec la même force celle des nominaux. Mais on ignore, au cas qu'Odon ait écrit sur ce sujet, si ce fut dans quelqu'un des trois traités dont nous venons de donner une notice. Quoi qu'il en soit, le service qu'il rendit en ce point à la philosophie contribua beaucoup à soutenir la bonne théologie, à quoi concoururent aussi les ouvrages qu'il composa sur des matières théologiques. Ce sont ceux-ci que nous allons maintenant discuter.

5° Amand du Chastel, panégyriste d'Odon (BOLL., XIX Jun., p. 913, n° 8), et Hérimanne, son principal historien (Spic. ib., p. 469), attestent qu'il fit une explication du canon de la messe. Henri de Gand, (HEN. GAND., c. 4), Trithème (TRIT. Script., c. 571), et tous les autres bibliographes postérieurs s'accordent aussi à lui donner le même ouvrage qui a eu un sort plus heureux que les précédents. Nous l'avons effectivement à la tête des autres productions de la plume de son auteur qui ont échappé au naufrage qu'ont souffert tant d'autres (Bib. PP., t. XXI).

Odon était déjà évêque lorsqu'il y mit la main, comme il paraît par le titre qu'il en prend avec le trait d'humilité, à la tête de la petite préface ou épître adressée à Odon (1), moine d'Afflighem, aux instantes prières de qui il entreprit l'ouvrage. Il commença à y travailler sous les yeux de cet ami, et le finit lorsqu'il l'eut quitté; ce qui signifie ou que l'auteur étant allé à Afflighem, le moine Odon ne l'en laissa point sortir qu'il n'eût commencé à lui accorder ce qu'il lui demandait avec tant d'ardeur, ou qu'il était allé lui-même trouver l'auteur pour lui faire mettre tout de bon la main à la plume. Dans cette préface, l'évêque Odon conjure ceux qui entreprendront de tirer copie de son explication, d'avoir soin de transcrire correctement en tête de chaque paragraphe ou chapitre le texte du canon qu'il y explique. Il en apporte cette raison remarquable: c'est, dit-il, pour éviter qu'il ne s'y glisse quelque changement par les additions ou retranchements qu'on y pourrait faire, et qu'il n'est pas permis d'y rien changer sans l'autorité du Souverain Pontife. On voit par là quel respect ce pieux évêque avait pour cette principale partie de la liturgie. C'est ce qu'il montre encore par l'humble aveu qu'il fait de son incapacité à traiter de si profonds mystères. Il y a réussi cependant d'une manière aussi claire et précise que pleine de piété et d'onction. Pour y procéder avec plus d'ordre et de clarté, il a divisé son texte en quatre parties, qui forment autant de sections ou chapitres dans l'explication qu'il en donne. A la fin est un court épilogue, ou conclusion, pour prier les copistes d'être attentifs à conserver cette même division, et d'en écrire les titres en lettres majuscules, afin de la faire remarquer du premier coup d'œil.

L'auteur n'y passe presque aucun mot de son texte sans le tourner pour ainsi dire par toutes ses faces, et lui donner tous les sens dont il est susceptible. Dans le cours de son explication, il est soigneux de marquer les points de dogme, de morale et de discipline auxquels ont trait les endroits qu'il explique. Sur ce plan, il établit sans équivoque la transsubstantiation dans l'Eucharistie, et par conséquent la présence réelle. Il observe que pour prier comme il convient, il faut le faire avec confiance et humilité; que dans les premiers siècles de l'église on ne célébrait point de messe sans l'assemblée des fidèles, et que la pratique des messes privées ne s'était introduite que dans la suite des temps, et surtout dans les monastères.

Sur la première invocation des saints qui se fait dans le Canon, l'auteur fait remarquer contre les ennemis de cette ancienne pratique que quiconque n'honore pas les membres, n'honore pas non plus le chef; que quiconque n'honore pas les saints, n'honore pas non plus Jésus-Christ, et qui n'honore pas Jésus-Christ qui est le Fils, n'honore pas non plus le Père. Il y aurait quantité d'autres remarques édifiantes à faire dans l'écrit d'Odon, mais celles-ci suffisent pour faire juger de son mérite. L'auteur ne s'est point arrêté à expliquer l'oraison dominicale, par la raison que plusieurs autres l'avaient fait avant lui.

Rien ne peut guère mieux faire connaître le prix de ce traité d'Odon que de savoir le grand nombre d'éditions qu'on en a données. Dès le XVᵉ siècle, il y en eut trois différentes. Guyot le Marchand, imprimeur à Paris, en donna deux in-8°; l'une datée de la maison royale du collège de Navarre au Champgaillard, le seizième d'août 1490; l'autre, la quatrième de janvier 1496, suivant le calcul de France. Celle-ci fut précédée d'une autre qui sortit des presses de George Mitthelhuf, autre imprimeur à Paris, l'année 1492, en un petit volume in-4° de ce temps-là. Le même écrit parut encore in-8°, avec le traité Des cérémonies de la messe, par François Titelman, cordelier à Anvers, chez Guillaume Vosterman, en 1528 et 1550; à Caen, chez Michel Angier, 1529, même format, et à Mayence, chez François Behem, en 1554, encore même format, par les soins de Philippe Agricola, citoyen de Mayence. Le P. Labbe en marque deux autres éditions que nous n'avons ni vues par nous-mêmes, ni trouvées ailleurs: l'une faite à Anvers en 1552, et l'autre à

---

(1) Sanderus (Bib. Belg., mss., par. I, p. 167) a lu Wolbodon pour Odon, à moins que le manuscrit sur lequel il est tombé ne fût plus correct que celui sur lequel a été imprimé l'opuscule.

diffidamus de venia, vel dubitemus de remuneratione, si omnis operationis, actionis, vel meditationis inspectiones, sicut oportere monstravimus, non poterimus adimplere : tantummodo quantum valuerimus in utraque potentia, nos studeamus exercere. Benignus est enim Dominus noster et Redemptor, qui hæc docet, et cui sumus reddituri rationem, nec quemlibet quantum valet facientem pro eo quod non valet condemnabit, vel auferet remunerationem. Relaxemus ergo, charissimi, debita nobis ob quæ puniendi sumus, et quinquaginta nos et octoginta Domino reddituros, ut poterimus, cautioni nostræ et litteris nostris, ut expositum est, inscribamus; quatenus ab ipso ut prudentes villici laudari, hoc est munerari valeamus. Cum enim misericordissimus Dominus et præceptor subdidisset : *Et laudavit dominus villicum iniquitatis, quia prudenter egisset*, securam nobis spem dare voluit de remuneratione, ne diffideremus de venia, si et nos ad formam villici prudenter egerimus pro nostri villicatus iniqua transactione.

50. Villicus enim iste pro dissipatione bonorum domini villicus iniquitatis nominatur : sed, quia debitoribus ejusdem domini sui ad suam utilitatem debita relaxavit, ab eodem domino de prudentia commendatur. Sic sic nos licet in præcedenti vita iniqui fuerimus, si de reliquo, sicut dictum est, prudenter vixerimus, ab ipso qui parabolam hanc proposuit laudis mercedem recipiemus : quam quoniam nobis vult immensam conferre, quam vehementes in prudentia ista debeamus existere, bonus doctor voluit nos docere. Cum enim dixisset : *Et laudavit dominus villicum iniquitatis quia prudenter egisset,* quasi subdendo causam quare de prudentia illum laudaverit : *Quia filii sæculi hujus prudentiores filiis lucis in generatione sua sunt*, subjecit, ostendens aperte quod nos qui sæculi hujus filii fuimus, si laudem de prudentia volumus habere, filios lucis in prudentia ista vincere debemus laborare.

51. Non enim illa nobis placet sententia, qua quidam exponunt prudentiam filiorum sæculi hujus, id est quam exercent in negotiis sæcularibus, prudentia qua filii lucis beatitudinem petunt majorem esse. Quoniam sic dicitur veritas rei quæ non ad rem quæ est quod esse non potest comparationem fecisse, neque enim filii sæculi dum negotia sæcularia sequuntur prudentes existunt, quos potius vanitates quas appetunt et damnatio quæ sequitur, manifeste stultos ostendunt. Filii vero lucis semper prudentes sunt, quia bonis ardenter inhiant et inhiando quærere non cessant, quæ nunquam desutura cognoscant. Temporalia vero quæ ab his intentionem revocant seu possessa seu non possessa, sicut nullius essent utilitatis, ab amore mentis expellunt.

52. Qualiter ergo de illis stultis ad hos prudentes in prudentia potest comparatio fieri, nisi forte quemlibet, quod de Veritate non est sentiendum, delectet pro consuetudine locutionis mentiri? Sed concedatur ut recte possit ista comparatio fieri; nunquid si omnes Deo placere studentes filii lucis intelliguntur, vera poterit illa sententia judicari ? Quis, inquam, avarus et temporalium bonorum providissimus conquisitor sic fuit cautus ad ea multiplicanda, ut Petrus, Paulus et innumera millia martyrum vel confessorum utriusque sexus, et universæ nationis, conditionis et ætatis ad cœlestia promerenda? Qui porro filii sæculi insidias invidorum et adversariorum ita caute vitaverunt, ut isti tentationes omnes spirituum malignorum frustraverunt. Illi cauti, scilicet sæculi hujus sectatores plurimi, sæpe bona temporalia quæ longo tempore suis cautelis acutissimis aggregaverant, ut periculum mortis imminens evitarent, tradiderunt; hi autem lucis filii ne de bonis perennibus quæ sperantes petebant quidquam perderent, se ipsos ipsius mortis periculis subdiderunt. Prudentiores igitur illis fuerunt, quoniam et vitam incorruptibilem, et non defectura bona quæ quæsierant moriendo servaverunt. Illi vero bonis pro quorum multiplicatione prudentes putabantur, pro vitæ redemptione traditis, nec ipsam vitam retinere potuerunt.

53. Præterea etiam si vera sententia esset, nec ibi congrue poneretur, nec aliquid ibi doctrinæ pondus haberet. Restat ergo ut, sicut cœperamus exponere, ad hoc posita dicatur, ut et causa quare illum de prudentia laudaverit dominus ostendatur, et ex ipsa ostensione mens peccatoris conversi ad prudentiam, quæ laudari mereatur a Domino, succendatur. Est ergo talis sententia. Idcirco villicum illum quod prudenter egerit dominus ille laudavit ; quoniam multos lucis filios cum sæculi illius esset, in ipsa prudentia superavit. Multi namque lucis filii possent inveniri, qui debitorum illorum vel nollent, vel nescirent sicut ille misertus est misereri. Filii namque sæculi hujus prudentiores filiis lucis in generatione sua sunt. Id est tunc tantum filii sæculi hujus laudari merentur, cum filiis lucis prudentiores inveniuntur : quod naturaliter in eis evenit, quotiescunque generantur. Lucis itaque filii intelligendi sunt, qui per totam vitam suam crimina devitantes, ut ad vitam æternam perveniant, fidei concorditer vivunt. Filii vero sæculi dicuntur, qui mundana lucra et carnalia desideria per fas et nefas obtinere nituntur.

54. Ili dum sequuntur ea in corruptione sunt et tendunt in non esse; cum vero quovis modo per divinam gratiam suam damnationem cognoscunt et pœnitent, quasi generantur et procedunt ad esse. Generatio namque et corruptio contrarii motus et sunt et dicuntur : unde necessarium est ut, sicut carnalium amatores dum eis insistunt in corruptione sua sunt, et in miseriæ defectum devolvuntur, ita, cum eadem carnalia incipiunt odire, et ab eis recedere, et pœnitendo ad Creatorem redire, in generatione sua sint, et ad beatitudinis augmenta revocentur.

55. In hac ergo generatione sua existentes filii sæculi hujus prudentiores filiis lucis sunt, nam si prudentiores non sunt, nondum in generatione sua sunt. Cum ergo in generatione sua sunt, prudentiores sunt; quoniam illis de suæ vitæ munditia jam securis, et ideo mediocriter agentibus, isti a sordibus quas male vivendo a patre mundo contraxere, se mundare laborant, et bona quæ perdiderant recuperare modis omnibus quibus possunt. Et utique prudentior est, qui et damnum imminens prudenter evitat, et præmium quod pluribus propositum est, eodem actu fortiter acquirit, illo, qui præmio consequendo singulariter intentus, tandem quoquomodo comprehendit. Prudentes sunt filii lucis, quoniam munditiam suam custodientes, ad finem beatitudinis tendunt; tamen a pluribus carnalia subsidia capientes, bona per quæ debent beati fieri partiuntur et quasi vendunt. Prudentiores autem sunt filii sæculi hujus in generatione sua, quia et se quantum possunt emundant, et a bonis quibus beari mereantur non cessant, nec quidquam ab aliis capere curantes, quæ possident pauperibus, et omnibus, quos lucis filios arbitrantur libenter impendunt: unde, si beatius est dare quam accipere, illi prudentiores sunt dicendi, quia prudentius esse quod beatius est agere, nemo sanus cunctabitur confiteri. Prudentiores sunt filii lucis, quoniam et bene vivunt et pro aliis frequenter ad Dominum fiunt intercessores; sed prudentiores sunt filii sæculi hujus in generatione sua, quoniam ut non frustrentur beatitudine quam desiderant, multos habere quærunt adjutores; ad quam, ut secure valeat quis pervenire, tutius est a pluribus adjuvari quam juvare.

56. Ut autem filii sæculi hujus in generatione sua positi hoc adjutorium a pluribus valeant habere, quidquid mundanum possident, nulla sollicitudine de crastino revocati, student quibus necessarium et dignum esse credunt erogare. Nec solum aliis filios lucis prudentiores sunt, sed etiam seipsos lucificatos in generatione sua, de die in diem magis et magis in virtute crescendo transcendunt. Idcirco, ut ad horum excellentem prudentiam hortaretur Dominus suos, non contentus exemplo proposito, subdidit sua præcepta dicens : *Et ego dico vobis : Facite vobis amicos de mammona iniquitatis*, et cætera. Cum enim hoc apposuit, et prudentiam filiorum sæculi hujus quam habent in generatione sua nos imitari jussit, et formam ejus ne falli possemus, in ea piissimus præceptor patenter ostendit. Quod enim dixit : *Et ego dico vobis : Facite vobis amicos de mammona iniquitatis*, et cætera, quid aliud videtur, si rationabiliter discutitur, quam si posuisset hæc verba lectoribus cognitiora? Hoc exemplar quod de villico et de prudentia filiorum sæculi hujus proposui, ad hoc vobis propositum est, ut studeatis imitari ; et ut non sitis desides, et omni careatis excusatione, *dico vobis*, id est ad imitandum vos hortor mea præceptione, et quid faciendo prudentiam horum consequi possitis vos instruo in eadem exhortatione : *Facite vobis amicos de mammona iniquitatis*. Hoc est, mammona iniquitatis a vobis removete, et aliis quibus sit necessarium erogate, sicque illos vobis amicos, id est adjutores præparate, ut cum defeceritis recipiant vos in æterna tabernacula, id est cum vestra justitia non fuerit inventa sufficiens ad vestram salvationem, in æternorum tamen tabernaculorum ipsis intercedentibus recipiamini mansionem.

57. Sed ne erretis in eo quod dicit de mammona iniquitatis putando pecuniam per nefas quodlibet acquisitam sic nominari, sciatis de ea quæ per nefas acquiritur amicos hujusmodi non posse comparari : scriptum est enim quia de rapina eleemosynam facere sic Deo gratum est, ut patri si carnificem videat coram se filium jugulare (*Eccli.* xxxiv, 24). Sed mammona iniquitatis pecunia etiam per fas acquisita nominatur, quoniam dum ei congregandæ insistitur, necessario mens ab inspiratione Creatoris, et ab ejus servitio, cui semper inhærere debet, revocatur. Quis autem sanus negabit iniquum esse pro quantolibet commodo a Creatore vel ad momentum discedere? Ideo æquum et salubre et certa temporis redemptio est pro Creatoris amore filiis lucis pauperibus erogare quidquid nos potuit vel ad horam ab ejus aspectu et desiderio separare. Et certe ratio justitiæ, licet per contrarium expostulat ut pro Dei dilectione contemnatur omne pro quo vel ad horam posuisse illum conscientia peccatoris recordatur.

58. Idcirco bonus Medicus sciens medicinam infirmitati contrariam efficacem curationis, dixit : *Facite vobis amicos de mammona iniquitatis*. Sed quos? Utique lucis filios maxime; sed ideo noluit determinare, quia vult suos, secundum apostoli Pauli doctrinam, omnibus maxime domesticis fidei sua bona communicare (*Gal.* vi, 10). Potest autem intelligi per amicos hic ipsos fructus eleemosynarum significari; qui utique suis factoribus tunc invenientur amici, quia pro ipsis ad Deum orabunt, ut ab externis mansionibus non patiatur eos separari. Hoc nobis innuit illud Spiritus sancti præceptum : *Date eleemosynam*, et ipsa orat pro vobis ad Dominum (*Luc.* xi, 41). Isti amici vere suos amicos in æterna tabernacula cum defecerint recipient, quia cum ob præcedentia peccata jure damnationi subdendi sint, eorum excusatores et causa salvationis fient. In æterna enim tabernacula dicuntur illos recepturi, quia causa sunt quare beatam sint vitam possessuri; quæ per tabernacula ideo designatur, quia et multas habet mansiones, et quisquis eam ingreditur, velut milites in tabernaculis a labore militiæ diurnæ, ab omni labore temporalis vitæ sine fine refrigeratur. Quam nos introducat, et a miserabili labore hujus viæ refrigeret qui hæc quæ utcunque tractavimus docuit, et ad imitandum proposuit Jesus Christus Dominus noster, cui non solum est gloria, sed et sibi obtemperantes incomparabiliter merita transcendendo glorificet in sæcula sæculorum. Amen.

B. ODONIS DIPLOMATA.

I.

Confirmat donationes factas abbatiæ Jettensi, nunc Diligemiensi, ordinis Præmonstratensis.

(Anno 1106.)

[Miræus, Opp. diplom. II, 958, ex mss. archivii capit. Anderlecht.]

In nomine sanctæ et individuæ Trinitatis, Odo, Dei gratia Cameracensium episcopus, pacem et salutem cunctis Christi fidelibus.

Notum sit omnibus Christi fidelibus tam futuris quam præsentibus, quod in diebus nostris instinctu et hortatu nostro atque Walthelmi abbatis, Everaldus Rodulphus Tornacensis, ob uxoris suæ, Helwildis, animæ memoriam, concessione et traditione Galteri filii sui decem et octo terræ bonarios cum domistationibus ad ipsos pertinentibus, et cum prato trium partum jugeri, liberos ab omni advocatia Ecclesiæ Jettensi et Walthelmo abbati atque successoribus ejus tradidit, absque alicujus contradictione.

Quidquid autem juris habent in hoc beneficio, Waltherus sacerdos, et Goda vidua quædam religiosa supradicta Everardo Rodulfo coram hominibus suis, antea tradiderant et exfestucaverant.

Quicunque aliquid horum infringere præsumpserit maledictioni atque exsecrationi subjaceat. Pax igitur et benedictio conservaturos contegat; dissipatores vero ultio æterni ignis cum diabolo feriat.

Et huic hoc ratum et inconvulsum permaneat. Paginam hanc subnotato testimonio sigilli nostri auctoritate armamus.

Actum Cameraci anno 1106, præsulatus nostri anno primo.

II.

Privilegium pro ecclesia canonicorum S. Joannis Baptistæ in urbe Valentianensi, quæ nunc est abbatia regularium ordinis S. Augustini.

(Anno 1107.)

[Miræus, ubi supra, p. 675.]

Odoardus, Cameracensium episcopus.... Libenter canonicorum ecclesiæ S. Joannis Baptistæ, cui Deo auctore, ipsi in Valentianis deserviunt, studui A piæ petitioni acquiescere. Hi enim petierunt a me altare de Estruem (sed maxime Tiegerus concanonicus eorum, qui altare illud tenuerat) liberum a persona ecclesiæ præfatæ tradi : quod et obtinuerunt.

Signum Wedrici abbatis Altimontensis cœnobii.
S. Lamberti Crispiniensis.
S. Alardi Cellensis abbatis.
S. Reineri abbatis de Lætitiis.
S. Ivonis decani.

Actum anno millesimo centesimo septimo, præsulatus vero mei quarto, indictione secunda.

III.

Confirmat abbatiæ S. Petri ordinis S. Benedicti juxta Gondavum, altaria in sua diœcesi constituta.

(Anno 1108.)

[Miræus ubi supra, t. III, p. 665, ex archivis abbatiæ S. Petri.]

In nomine sanctæ et individuæ Trinitatis. Ego Odo, per Dei miserationem Cameracensium episcopus, omnibus Christianis salutem et gloriam sempiternam.

Si Salvator noster Christus Jesus sanctam fundavit Ecclesiam, quod est cum dicit : *Tu es Petrus, et super hanc petram ædificabo Ecclesiam meam* : tunc ad ipsius exemplum multum laborare debemus, ut ipsa per nos crescat, semperque in melius augmentetur.

Audivimus itaque preces domni abbatis Sigeri, prioris Gozelini, domnique Ansboldi præpositi, cæterorumque venerabilium fratrum in cœnobio B. Petri apostolorum principis, in loco Blandiniensi monachalem vitam agentium, et pro salute nostra nostrorumque prædecessorum altaria sua, quæ per personas tenebant, amodo eis canonice et absque personis libera in perpetuum possidere concedimus.

Altare videlicet de Merlebecca (5) cum appenditiis suis, Rothen (6) et Bottelaer (7). Altare de Holthem (8). Altare de Materna (9). Altare de Bostut (10), cum appenditio Rosbecca (11). Altare de

---

(5) Merlebeeck, parochia hodie diœcesis Mechliniensis, ad Scaldim fluvium, sub decanatu Oirdeghemensi ; Toparchia familiæ de Triest Gandavi.

(6) Rothen, alias Schelde-Rode; hodie marchionatus de Rhodes ; sub decanatu Oirdeghemensi in diœcesi Mechliniensi; olim appendix parochiæ de Merlebeeck ; ast modo parochia specialis.

(7) Bottelaer, pagus sub decanatu Oirdeghemensi; cultu erga B. matrem Annam celebris; in quo et carmelitæ calceati ab anno 1607 conventum erexerant.

(8) Holthem, hodie Letter-Hauthem, ad distinctionem alterius pagi vicini dicti S. Lievens-Hauthem, sub eodem decanatu.

(9) Materna, vulgo Maetere, prope Aldenardam, sub decanatu Rothracensi, in diœcesi Mechliniensi. De acquisitione hujus altaris vide diploma p. 944, apud Miræum.

(10) Bostut hodie Bosta, vulgo Roobort, parochia ejusdem diœcesis, sub decanatu Rothracensi.

(11) Roosbeeck, hodie appendix dictæ parochiæ de Bost. Sunt et alibi plures ejusdem nominis parochiæ, atque imprimis duæ sub hoc diœcesi; una sub decanatu Thenensi, altera alias dicta *Rebecque*, sub decanatu Leeuwensi S. Petri.

Hillinghem (12). Altare de Dulciaco (13) cum appenditio suo de Nigella (14). Hac quidem conditione, ut abbas vel prior monasterii synodos Cameracensis episcopi custodiat, juraque pontificalia, per singulos annos episcopo sive ministris ejus, absque ulla contradictione persolvat; sacerdotes vero eorum altarium de manu episcopi vel alicujus ministri sui curam animarum accipiant; neque capitula archidiaconi aut decani sui observare contradicant.

Si quis ergo huic nostro decreto contraire tentaverit, hunc, auctoritate Dei ejusdemque apostoli Petri et nostra, a corpore sanctae matris Ecclesiae sequestramus, et ne in futuris temporibus aliqua occasione deleatur, nostri sigilli impressione subsignamus.

Ad hujus auctoritatem privilegii confirmandam, testes advocantur idonei.

S. Fulgentii abbatis Affligemiensis.
S. Tancredi abbatis Eham.
S. Emellardi abbatis de Gerardimonte.
S. Rodulphi archidiaconi.
S. Theodorici archidiaconi.
S Anselli archidiaconi.
S. Everardi archidiaconi.
S. Gonfridi S. Mariae canonici.
S. Gerardi similiter canonici.
S. Lamberti canonici.
S. Mazelini canonici.
S. Segardi decani (15).
S. Liberti subdecani.
S. Alberonis Rothnacencis canonici

Factum est hoc anno Dominicae Incarnationis 1108, indictione prima, praedicti vero pontificis anno tertio. Salus, honor et gloria omnibus Christianis.

IV.
Confirmatio Teneraemondanorum canonicorum collegii,

a Remigio seu Ringoto Calvo, Teneraemundae domino, ejusque conjuge Adelwide fundati.

(Anno 1108.)

[Miraeus, *ubi supra*, t. I, p. 82.]

In nomine sanctae et individuae Trinitatis. Amen.

Odardus (16), per gratiam Dei episcopus Cameracensis, pro salute animae meae, meorumque praedecessorum, pro magna Ecclesiae devotione, dominae Adelwidis, venerabilis uxoris Remigii (17) Teneraemondani, et omnimoda supplicatione canonicorum Teneraemondensium, eos ab omni persona, omnique laica vexatione, auctoritate Dei et nostra emancipamus, et canonicis ejus Ecclesiae canonicam libertatem assignamus, concedentes ut decanus, qui canonicorum ibidem Deo famulantium curam habuerit, in Ecclesiae malefactores excommunicandi potestatem habeat. Sic tamen ut eadem Ecclesia, pro libertatis memoria, tres Teneraemondensis monetae solidos decano Bruxellensi ad usus nostros singulis annis persolvat.

Duo ecclesiae altaria de Opwyck et Lebbeke ecclesiae Teneraemondensis, sanctae scilicet Trinitatis, et S. Christianae, solummodo ad aedificia sive ornamenta ecclesiae retinenda, libera canonice tradidi: in quibus salvis, nostris reditibus pontificalibus, presbyteri per decanum et canonicos statuantur, et ipsi nobis vel ministris nostris ad curam suscipiendam praesententur.

Praefatae quoque Ecclesiae alodia de Winsia in campis, in silvis, in pratis, de Morsele in campis, in silvis, in pratis, de Gheverghem in campis, in silvis, in pratis cum omni justitia terrae et silvae, libere et integre confirmamus; solis canonicis usibus profutura.

Praeterea quaecumque a quibuscumque in terris, in silvis, in pratis, seu in aliis possessionibus praefatae Ecclesiae oblata sunt, vel in posterum offerri

(12) Hilleghem, parochia ejusdem dioecesis, sub decanatu Oirdeghemensi.

(13) Dulciacum, vulgo *Doucy*, parochia Hannoniae, sub dioecesi Cameracensi, Ottho I imp. eam confirmavit huic abbatiae ab anno 966 juxta Miraeum tom. I pag. 261.

(14) Nigella, vulgo *Noielles*, parochia dioecesis Cameracensis, olim appendix praecedentis.

(15) Segardus decanus iste in serie decanorum metropolitanae ecclesiae Cameracensis, a PP. Benedictinis auctoribus Novae Gall. Christ. praetermissus fuit ad an. 1108.

Nota etiam, quod decanus hujus ecclesiae non nisi post archidiaconos subsignaret, qui proinde locum praeeminentiae obtinebant, uti vides ex alio diplomate ejusdem anni, apud Miraeum, pag. 82.

(16) Odardus sive Odo, ex primo abbate monasterii S. Martini Tornacensis, factus episcopus Cameracensis, obiit anno 1115.

(17) Remigius alias Ringotus, cognomento Calvus, collegii canonicorum et ecclesiae Teneraemundanae fundator, anno 1106 vivere desiit; ut in ejusdem ecclesiae libro Obituario, ut vocant, legitur.

Biennio post Adelwidis, quondam Remigii uxor, nunc vidua, confirmationem hanc fundationis ab Odardo episcopo impetravit.

Post Ringotum Guilielmus advocatus Atrebatensis Bethuniae et Teneraemundae dominus ejusque conjux Mathildis varias decimas ecclesiae Teneraemondanae contulerunt: illamque donationem rogatu Mathildis viduae confirmavit Joannes de Bethunia Cameracensis episcopus, frater Guilielmi advocati, ut ex diplomate constat anno 1217 dato. Eadem Mathildis a morte mariti tres sacellanias in totidem canonicatus convertit. Exstat de ea re diploma anno 1215 datum.

Non multo post etiam aliae capellaniae, quas Mathildis instituerat, in canonicatus conversae sunt a Roberto filio, ut creditur; et sic duodecim praebendas numerus adauctus est, quarum omnium jus, patronatus et collatio ad Flandriae comitem tanquam Teneraemundae dominum spectat.

Anno autem 1652 facta est unio sive confusio proventuum omnium praebendarum sub illustrissimo ac reverendissimo domno Antonio Triest Gandavensium episcopo, consentiente capitulo, ipsoque rege.

Plura vide apud Lindanum in Teneramunda lib. I cap. 6, et lib. II, cap. 2.

Vide genealogiam dominorum Teneramundae in Chronico Belgico ad annum 1248.

contigerit, modis omnibus ad canonicorum usus permanere ac conservari decernimus. Quæ bona, ne tradentur oblivioni, nostri sigilli imaginatione signamus : et ne ab aliquo violentur, auctoritate Dei et nostra, sub anathemate prohibemus. Hujus confirmationis testes sunt :

Signum Rodolphi archidiaconi.
S. Anselmi archidiaconi.
S. Everardi archidiaconi.
S. Sigardi decani.
S. Lamberti subdecani.
S. Lamberti, Sanctæ Mariæ canonici.
S. Gerardi canonici.
S. Marcellini canonici.

Peractum est hoc, anno Dominicæ Incarnationis millesimo centesimo octavo, indictione prima, prædicti episcopi anno tertio.

Salus et gloria omnibus Christianis.

V.

Concedit abbatiæ de Cortemberghe, monialium ordinis S. Benedicti juxta Bruxellam, altaria de Cartembergh, Noneghem et Quæderebbe.

(Anno 1110.)

[MIRÆUS *ubi supra*, t. II, p. 969, ex archiv. ms. capit. Anderlecht.]

In nomine sanctæ et individuæ Trinitatis, Patris, et Filii, et Spiritus sancti, ODO, Dei gratia Cameracensis episcopus, cunctis Christi fidelibus salutem, in Christo Jesu.

Noverint tam futuri quam præsentes quia, dum loca parochiæ meæ perquirerem, quænam sub religione, quænam alio modo essent, inveni locum apud Curtemberge ducis Godefridi assensu et auxilio nec non et advocatorum Arnulphi et Golterii servitio ancillarum Dei jam ex parte decoratum quem precibus archidiaconorum meorum, et fidelem, ampliare curavi ; in co scilicet quod altare illud a debitis annuatim obsoniis episcopalibus liberum mei auctoritate feci, et debita illa in usus inibi Deo ac sanctæ, ejusdem genitrici Mariæ sanctoque Amando famulantium perdonavi.

Concessi etiam altare de Quatrebbe (*alias* Querps) et altare de Nethengem (*al.* Nosseghem) prædictæ ecclesiæ ; libera a personis. Sic tamen, ut per singulos annos jura episcopalia episcopo et ministris ejus ex eisdem solvantur.

Statui siquidem, ut presbyteri horum et supradicti altaris, de manu episcopi curam animarum accipiant, capitula archidiaconi et decani observent ; abbatissa loci illius in festivitate Lucæ evangelistæ ad synodum Cameracensem veniat.

Si quis autem contra hoc nostræ institutionis privilegium venire tentaverit, fiat reus, et alienus a conspectu Domini, donec resipuerit.

Et, ut hoc fixum maneat, subtersignatorum testimonio corroboravi.

S. domni Fulgentii abbatis Affligimensis.
S. domni Gisleberti Ehamensis abbatis.
S. Raldulfi eorumdem altarium archidiaconi.
S. domni Gualtelmi Jettensis abbatis.
S. domni Martini Bornehensis abbatis.
S. Evrardi archidiaconi.
S. Gualberti Islensis.
S. Bernardi, Gerardi, Mozelini, canonicorum.
S. Gisleberti.
S. Thitboldi Ronnacensium.

Actum anno incarnati Verbi 1110, præsulatus vero mei V, indictione III, epacta XXVIII.

VI.

Varias ecclesias liberas, aliaque beneficia concedit abbatiæ Jettensi seu Diligemensi, ord. Præmonstr.

(Anno 1112.)

[MIRÆUS *ubi supra*, II, 969.]

In nomine sanctæ et individuæ Trinitatis, ego ODO, Dei gratia Cameracensis episcopus.

Cellam quæ sita est in villa quæ Jetta nuncupatur, ad laudem Domini nostri Jesu Christi in honorem S. Mariæ virginis, octavo Kalend. Octobris, Deo annuente dedicavi, atriumque assignatum benedixi, et, ut ad nullum cujuscunque hæreditatis, præter sedem Cameracensis Ecclesiæ respiceret, liberam confirmavi. Et, si pro alicujus culpa inhannitur terra, remotis omnibus inhannitis hæc cantet Ecclesia.

Et quia nos omnium domesticorum in exaltatione sanctæ Ecclesiæ promptissimorum bonæ voluntati congaudere debemus, decet nos etiam, si quid a nobis petierint, non abnuere, ut semper ad vitam proficiant, nostro exemplo præcunte.

Ego itaque petitionem Galtelmi abbatis filii mei, quem propriis manibus consecravi non reprobandam æstimavi, quærentis ut parochialem ecclesiam Jettensem cum appendicio suo Gonshoren, et Mosengensem ecclesiam atque Humbecensem libertate donarem.

Quam petitionem bonam judicans, ideoque paterne exaudiens, prædictas ecclesias ab omni exactione debitisque obsoniis liberas facio ; et in ecclesia S. Mariæ Jettensi fratribus trado.

Deinde benigne concedo, ut suam electionem libere habeant in abbate constituendo : electus vero Cameracensi episcopo præsentetur, ut ab eo sine ulla contradictione consecretur.

Ipse quoque abbas ad synodum ire non cogatur, nisi sigillatis episcopi litteris fuerit admonitus.

Ad usus autem fratrum in hoc loco Deo famulantium, beatique Augustini regulam observantium Onulphus de Wolverthem, homo liber ac timens Deum, fundator ecclesiæ, ob redemptionem animæ suæ animarumque matris suæ Avæ, conjugisque suæ Remudis, parentumque ac filiorum suorum Wilhelmi, Walteri, Lamberti, Sigeri, Godescalci, Eustacii, Arnoldi, nobilisque filiæ suæ Avæ, XIV allodii sui bonarios, et cambam cum appendiciis suis, quæ solvit singulis annis, X ; et VI modios avenæ ad mensuram Bruxellensem, et allodium molendini in Jetti, et decimam quam habebat in Wolverthem, allodiumque decimæ de Melbroeck, Deo suæque sanctæ Genitrici servientibus in supradicta ecclesia tradidit.

Defuncto filio suo Lamberto ix terræ bonarios eidem dedit ecclesiæ; pro anima Willelmi filii sui vi terræ bonarios contulit; pro anima Sigeri dederunt fratres sui et domina Ava soror ipsorum ix terræ bonarios et decimam totius villæ, cum ix manipulis dividitur, duos manipulos et tertiam partem alneti super addiderunt.

Eustacius vi solidos dedit in Rochem (vulgo Rossem, appendix de Wolverthem), domina Ava et frater ejus allodium xii bonariorum, secus villam quæ dicitur Selloca, ecclesiæ dederunt.

Nostræ vero dedicationis officio interfuerunt duo liberi homines Waltherus et Arnoldus filii Onulphi cum sorore eorum domina Ava, qui omnes donum prædictorum beneficiorum renovaverunt et altari in mea præsentia legitime attitulari fecerunt.

Ut autem hæc ratum omni tempore habeatur, atque a nullo præsumptore maligno violetur, quoslibet dissipatores horum beneficiorum a sinu matris Ecclesiæ segregatos publice excommunicavi, nisi ad emendationem et satisfactionem venerint.

Actum est hoc anno Dominicæ Incarnationis 1112, præsulatus nostri anno vii, imperante Henrico V.

Testes hujus confirmationis sunt hi:
Signum Joannis archidiaconi.
S. Ancelli archidiaconi.
S. Rodulphi archidiaconi.
S. Theoderici archidiaconi.
S. Everaldi archidiaconi.
S. Erlebaldi archidiaconi.
S. Adæ abbatis.
S. Reneri abbatis.
S. Goffridi abbatis.
S. Ernaldi abbatis.
S. Mastellini.
S. Livini, capellanorum.
S. Roberti cantoris.
Gerardi.
Herevardi. Ego Gerinbaldus legi et recognovi.

VII.

Privilegium pro ecclesia Nivellensi.

(Anno 1112.)

[Miræus *ubi supra*, I, 676.]

Odo, Dei gratia Cameracensis episcopus, omnibus sanctæ Dei Ecclesiæ filiis in perpetuum.

Ego piæ petitioni Richetæ, abbatissæ S. Gertrudis Nivellensis Ecclesiæ, annuens, audiens etiam preces dominarum monasterii et canonicorum, altaria, quæ hactenus in episcopatu Cameracensi per personas tenuerant, jam omnino absque personis libera Ecclesiæ trado.

Altaria sunt hæc, altare de Iterna, altare de Rosbecca cum appenditio hainueres, altare de Mer-

beccha, altare de Wambeccha cum appenditio Nath' altare de Lombeccha, altare de Goy, altare de Altres, altare de Guislines, altare de Luvroila. Hujus nostræ concessionis testes sunt:
S. Rudolfi archidiaconi.
S. Erlebardi præpositi.
S. Erlebardi decani.
S. Alexandri decani.
S. Segardi decani.
S. Machelini decani.
S. Walteri abbatis Lobiensis.
S. Guidrici abbatis Altimontensis.
Fulgentii abbatis Hafflingensis.

Actum est anno millesimo centesimo duodecimo, indictione quinta superscripti vero pontificis anno septimo.

VIII.

Bornheimensis abbatiæ fundationem ac dotationem a Wenemaro castellano Gandensi circa annum 1100 factam, approbat.

(Anno 1112.)

[Miræus *ubi supra*, I, 571.]

In nomine sanctæ et individuæ Trinitatis, ego Odo, Dei gratia Cameracensis episcopus, cunctis Christi fidelibus salutem.

Volo notum fieri tam futuris quam præsentibus, quod Wenemarus (18) Gandensis castellanus, prævidens sibi, et consulens, ob remedium animæ suæ, et suorum omnium fidelium defunctorum, dispergit terrestria, ut metat cœlestia.

Terram enim jacentem in parochia Bucholt, viginti mensurarum, quæ erant Everboldi presbyteri, et quatuordecim admoti, et dimidiam Fredenodi, et mensuram unam et dimidiam Boltronis et tertiam partem allodii quod vocatur Mulnemerholt, in parochia Steens ab omni exactione laica liberam, ecclesiæ Bornheim (19) cujus ipse fundator est, dedit.

Eo tamen tenore, ut si aliquid rei inutilis, ibidem acceeserit discussione dignum, ipse Wenemarus, vel suus posterus cum fratribus quasi confrater suus, non cum dominio, non cum potestate ad discussionem ejusdem rei; communi et charitativo consilio redeat, et ejus rogatu anathematizetur, quicunque posterorum ultra hæc dominium vel exactionem ullam fuerit ausus facere.

Hoc etiam ego Odo episcopus eidem Ecclesiæ authenticavi, et sigilli mei impressione confirmavi. Addidi quoque ut, si quis bona ejusdem Ecclesiæ diripiens, pacem et instituta Ecclesiæ infregerit, gladio anathematis feriatur. Si quis autem ejusmodi ecclesiam intrare præsumpserit, ecclesia a Dominicis cesset officio, donec exierit. Et si tota patria offensis aliquorum inbanniatur, remotis sæcularibus laicis Ecclesia non cesset, sed sub silentio cantet.

---

(18) Wenemarus. Vide litteras fundationis a Wenemaro factæ lib. i Diplom. Belgic., cap. 45 et 46.

(19) Bornhem, municipium Wasiæ, ubi olim erat abbatia canonicorum regularium, quæ dein transmutata fuit in monasterium Benedictinorum, sub abbatia Affligmiensi. Vide, lib i Diplom. Belgic., cap. 49 et 50.

Hoc vero subtersignatorum testimonio corrobo-
ravi.
- Signum meimet Odonis episcopi.
- S. Radulfi ejusdem altaris archidiaconi.
- S. Anselli archidiaconi.
- S. Thedorici archidiaconi.
- S. Everardi archidiaconi.
- S. Erleboldi præpositi.
- S. Elebodi decani.
    Signa abbatum.
- Sig. Gilberti de Eiham.
- S. Snellardi de Geraldmont.
- S. Amboldi de Gandavo.
- S. Reineri de Sancto Sepulchro.
- S. Gofridi de Novo Castello.
- S. Fregdonis decani ejusdem altaris.
- S. Segardi de Helles,
- S. Riberti decani.
- S. Alexandri decani de Hal.
- S. Bernardi de Waisch, et Fulcardi fratris sui.
- S. Cunrardi decani de Gandava.
- SS. Meinardi Tangradi, Gommari.

Actum est hoc Cameraci in synodo, III Idus Martii, anno incarnati Verbi 1112, præsulatus vero mei VII.

APPENDIX AD B. ODONEM

EXCERPTA

Ex libro Godefridi, Remensis magistri, cui titulus : *Somnium de Odone Aurelianensi.*
(MABILL., *Annal.*, V, App. p. 654.)

Abdiderat celerem sol pronus in æquora cursum
. . . .
Astitit Odo, meos magnum decus inter amicos...
. . . .
Multis laudat ejus dotes, tum de ejus prosapia sic prosequitur :

Quem genus a proavis, et linea sanguinis alti
Ornat, ab ingenuis tota trahenda viris.
Quorum res gestas, titulos, pacem, horrida bella,
Flaventis Ligeris unda silere nequit.
Hunc super innumero fregerunt agmine castra,
Sic qua fuere suis ausa nocere viris.
Hunc super hostiles armis stravere catervas,
Hunc super indomitos edomuere viros.
Ortus ab his atavis, et ab his majoribus Odo,
Contiguus cœlo jure videndus erat.
Sed licet et generis cesset clarissimus ordo
Tantus et ad laudem nil operetur honor,
Sufficit ingenii liquidissima vena profundi,
Et quod se infudit tota Minerva sibi.
Sic certe deducta mihi sua carmina fiunt,
Ut si quis docili pollice fila trahat,
Nil illic quod corda oneret, quod prægravet aurem,

Quodque supervacuum jure vocetur opus...
Pluribus laudat ejus versus, tum narrat quomodo ei in somno visus fuerit.
Denique me modico speculatus tempore, sedit.
Et tacita tetigit pectora nostra manu;
Atque ait : Odo tuus subii tua tecta, tuoque
Proximus assideo, mi Godefride, thoro ;
Sed nec vectus equo, nec cerula per freta velo,
Nec pedibus veni, labilibusve rotis.
Aera per vacuum, suspenso corpore pennis,
A Genabo Remis me levis aura tulit...
. . . .
Multa habet de desiderio eum videndi, quo actus ita venerit.
Sic ergo me ventis credens te propter, amice,
Non timui dubias pendulus ire vias.
Et quia nostra tibi sunt semper opuscula cordi,
Nec sunt arbitrio projicienda tuo.
Attulimus qui bella canit Trojana libellum,
Quem tu sæpe tibi me recitare facis...
. . . .
Orat, ut recitet quæ de bello Trojano carmina ediderat.

ANNO DOMINI MC.

WALTERIUS
CABILONENSIS EPISCOPUS.

NOTITIA HISTORICA.
(*Gallia Christiana nova*, tom. IV, p. 887.)

«Walterius seu Gualterius et Walterus post diutinum interpontificium, tandem omnium votis et assensu electus est Cabilonensis episcopus an. 1080. Electionis chartam, quia tum ob antiquitatem, tum ob summas Walterii laudes, quas continet, inter instrumenta referre operæ pretium duximus, hic nonnulla relaturi quæ ad præsens nostrum institutum maxime conferunt. Electionis causas sic referunt canonici : « Est quippe, ut in promptu habetur, generosi stemmatis prosapia ortus; peritia non modo sacrarum litterarum, verum et mundanarum industria legum admodum eruditus; jejuniis, vigiliis, et orationibus, et cunctis misericordiæ operibus insignitus; probissima morum honestate præclarus, omnium virtutum matre discretione pulcherrime redimitus, luculentissimi etiam eloquii, et apprime disertus. Quantum quoque humanæ fragilitas conditionis admittit, omni bonitate manet conspicuus. » Eodem anno interfuit synodo Meldensi, et subscripsit litteris, quibus Gaufridus Mauritaniæ comes et ejus uxor Beatrix ecclesiæ S. Dionysii de Nogiomo donum Cluniacensibus a se factum confirmavere. Anno 1081, A... Augustodun. R... Lingon. G... Cabilon. L... Matiscensis, scribunt omnibus provinciæ Turonensis episcopis, abbatibus, etc., litteras, quibus Andegavensem comitem, et episcopum, ac monachos Majoris Monasterii, Lugdunum, in jus vocant; si obedire renuerint, episcopum ab episcopali et sacerdotali officio suspendunt, Fulconem vero mitem cum monachis, auctoritate B. Petri, atque . Hugonis primatis et Romanæ Ecclesiæ legati, excommunicant, an. 1081. Hanc chartam scripsit an. 1087, apud Perardum : « Ego Walterius sanctæ Cabilonensis Ecclesiæ humilis episcopus, ecclesiam S. Mariæ in suburbio Cabilonensi sitam disposui reformare, et eam sancto Benigno Divionensi ac Jarentoni abbati reddo et concedo, cum omnibus ad eam pertinentibus, jure perpetuo possidendam, sub reverentia et honore Cabilonensis Ecclesiæ atque successorum meorum. S. Gausleni decani, Landrici præpositi atque archidiaconi, Rodulfi thesaurarii, » etc. Cum Lugdunensi archiepiscopo nominatur arbiter dissidii inter canonicos cathedralis S. Vincentii, et regulares S. Petri Matisconensis, pro jure sepulturæ. Refert Perry anno 1093 ejus, Aquensis archiepiscopi, et Gratianopolitani præsulis opera, Magalonensem episcopum et comitem ad concordiam fuisse revocatos. Anno 1094 concilio Eduensi interfuit, in quo ob Bertradam a communione præcisus fuit rex Francorum Philippus. Godefridus de Vergiaco, dominus Donziaci in terram sanctam cum Godefrido Bullionensi profecturus, cum pecunia indigeret, nec ab avunculo obtinere posset, ipso mediatore, partem mediam comitatus Cabilonensis, quam possidebat, vendidit Walterio episcopo et capitulo, quorum bona tunc erant communia, pretio centum unciarum auri puri, cujus maximam partem ex altari S. Vincentii abstulerant. Chartam inter instrumenta retulimus. Data videtur an. 1096. Interfuit dedicationi ecclesiæ S. Stephani Nivernensis an. 1097 et unctioni Berardi archidiaconi Lugdunensis in episcopum Matisconensem, ac missus est ut Jarentonis abb. S. Benigni consensum obtineret pro electione Hugonis monachi in Flaviniaci abbatem.

Ad Cisterciensis ordinis fundationem et propagationem plurimum contulit : cum enim S. Robertus Molismo cum suis discessisset locum quæsiturus, ubi regulam S. Benedicti ad extremos apices observare possent, Cistercium tandem invenerunt, ubi et sedem figere decreverunt, et ambo exordia illius ordinis, « voluntate Cabilon. episcopi, et consensu illius, cujus ipse locus erat monasterium construere cœperunt 1098. » Eo completo, Robertus communi omnium fratrum voto in abbatem electus, pastoralem baculum ab eodem episcopo, secundum illius temporis usitatum morem accepit. Sed illud non diu gessit vir sanctus, Molismenses enim patris absentiam ægre ferentes, cum sibi restitui instantissimis precibus ab Urbano papa postularunt, quarum in gratiam Hugoni Lugdunensi archiepiscopo et Romanæ sedis legato gravissimas litteras scripsit pontifex, vi quarum habito apud Petram Scissam concilio, cui Gualterus aderat, Robertum Molismum remittendum esse unanimi consensu decretum est anno 1099, ita tamen « ut priusquam illuc rediret Robertus, Cabilonem veniens, in manu episcopi, cui secundum consuetudinem cæterorum abbatum professionem fecerat, absolutionem acciperet, virgam et curam abbatiæ redderet et Novi Monasterii » (sic primo nuncupatum Cistercium) « monachos ab obedientia sibi debita absolveret. » Quæ omnia exsecutioni mandata sunt, imo et Albericus in abbatem benedictus fuit, ut patet ex litteris Gualterii ad Robertum Lingonensem præsulem. Sed et primus confirmationis Cistercii privilegium ab Ecclesia Romana postulavit his verbis : « Venerabili Patri papæ Paschali, Gualterus Cabilon. Ecclesiæ episcopus, salutem et debitam subjectionem... Simpliciter petimus, quatenus quod factum est de fratribus illis, qui arctioris vitæ desiderio, a Molismensi Ecclesia, sanctorum virorum consilio recesserunt, quos in nostro episcopatu divina pietas collocavit, a quibus transmissi præsentium litterarum bajuli vobis præsentes adsunt, vos approbare, et ut locus ille abbatia libera in perpetuum permaneat, salva tamen nostræ personæ, successorumque nostrorum canonica reverentia, privilegio vestræ privilegio corroborare dignemini : sed et abbas, quem in eodem loco ordinavimus, et cæteri fratres totis viribus hanc confirmationem in suæ quietis tutelam a vestra flagitant pietate. »

Anno 1100, invitatus ad synodum Valentinensem in qua causa Norgaudi Eduensis episcopi multorum criminum accusati examinanda erat, adesse noluit, prohibitus, ut dicebatur, a metropolitano suo Hugone Lugdunensi. Re ad Pictaviense concilium remissa, Norgaudum ad illud accedentem comitatus est, missus a Lugdunensi archiepiscopo, ut accusat. partes tueretur, sed frustra fuere, nec ejus damnationem impedire potuerunt. Eodem anno Ansanæ synodo interfuit. Eo præsente cum Hugone Lugdunensi anno 1105 idem Norgaudus domno Hugoni Cluniaci abbati pro monasterio B. Magdalenæ de Quadrella confirmavit ejusdem pagi ecclesias, de quibus Leotbaldus Digonensis litem movebat. An. 1107 scripto diplomate significat Hugonem et Salicherium, ac Airardum fratres de Marchia, plurima apud Aluziam, S. Marcelli cœnobio concessisse. Subscribunt Jotbaldus decanus, Gauceramnus cantor, etc. Eodem anno nominatur arbiter cum Lugdunensi metropolitano dissidii inter canonicos S. Vincentii, et cathedralis D. Petri Matisconensis. Anno Dominicæ Incarnat. 1111 Walterius Cabilon. episcopus et Jarento Divionensis abbas societatem sic inter se inierunt, « ut cum brevis de canonico Cabilonensi venerit Divionem, vel de monacho Divionensi venerit Cabilonum, statim pro eo fiat plenarium officium mortuorum, hoc est vigilia et missa, et eo die habeat præbendam... Fiat (insuper) in hebdomada post Dominicam mediæ Quadragesimæ apud utrosque pro utrisque generale officium et missa. Concessit præterea præfatus W. episcopus abbati J. et omnibus successoribus ejus unam canonicalem præbendam integram et cottidianam in ecclesia S. Vincentii, quam idem abbas concessit monacho Divionensi apud S. Mariam commanenti; et ut monachus idem apud S. Vincentium septimanam faciat, et Divionensis ecclesia, eleemosynæ hujus causa, Cabilonensi ecclesiæ et corporaliter et spiritualiter pro posse servitium impendat. »

Bernardi in Novum Monasterium adventu, ac virtutum exemplo, in tantum aucta est Cisterciensis familia, ut de novo condendo monasterio cogitaverit Stephanus abbas : Walterius diœcesanus episcopus consilii conscius, simul cum eo diœcesim suam perlustravit; occurrit silvaticus locus ad Gronam fluvium, ibique anno 1115 fundatur cœnobium, ejusque ecclesia in Lenorem Dei genitricis Mariæ a Galterio, præsentibus Joceramno Lingon. præsule, et Gauderico ac Guillelmo comitibus, dedicatur xv Kalendas Junias. Novo cœnobio inditum est Firmitatis nomen, quod tunc primum firmatum et stabilitum esse cœperit Cisterciense institutum. Chartam hanc in gratiam S. Marcelli scripsit anno sequenti : « Ego Dei gratia Walterius Cabilon. episcopus peccatorum meorum veniam et divinæ pietatis misericordiam desiderans, concedo Deo......... ad locum S. Marcelli Cabilon. ecclesiam de Boens, cum omnibus ad eam pertinentibus..... Factum est in Cabilonensi civitate in capitulo canonicorum, VIII Kal. Octobr. anno ab Incarnat. 1114. » Synodo Trecorchiensi interfuit 1115. Concessit canonicis Sancti Stephani Divionensis, anno 1117, ut affirmat D. Fiot, ecclesiam S. Martini, quæ sita est in loco qui vulgo Arcus nuncupatur. Refert et Perardus ejus chartam, sed nulla temporis nota insignitam, qua iisdem canonicis ecclesiam de Bassiaco, quam jam dederant Acardus et Roclenus ipsius antecessores, confirmat et de novo concedit, cum decimis et oblationibus ac etiam cum universis *appendítiis* suis, *servitio* tamen synodali sibi reservato, etc. Non videtur ante annum 1120 aut finem 1121 diem extremum clausisse, siquidem Jotsaldus, quem in episcopatus successorem habuit, ex epist. Callixti II, adhuc decanus erat.

FORMA ELECTIONIS WALTERII.

(Gall. Christ. nov., IV Instrum., p. 251.)

Auctor nostræ redemptionis, Unigenitus altissimi Patris, sibi, nimirum ante totius ævi principium, coæternus et consubstantialis, cum jam plenitudine temporis adveniente, de cœlorum supernis descendens, hominem induisset in terris, servata in assumpto homine majestate divinitatis; expletis tandem omnibus, quæ de ipsius susceptura temporaliter humanitate, nobilissimi antiquæ legis præcones veridicis prædixerant vaticiniis, protinus sacrosanctæ status Ecclesiæ cœpit ubique terrarum innovari, saluberrimis apostolorum doctrinis, imo magnitudine virtutum et excellentia signorum, quæ per eos mirum in modum operabatur divinæ gratia dispensationis. Quorum videlicet sonus, juxta vaticinantis præsagium regis, in omnem terram est diffusus : fines quoque orbis terræ verba eorum perrasse profitetur omnis Christi fidelium cœtus. Hos itaque summos, et electos cœlestis senatores aulæ, e vestigio secuti insignes rectores Ecclesiæ, qui ob lucatum recti itineris ad superni palatium Regis, merito habiti sunt digni pontificum insigniri cognomine. Ita nimirum præliatam Ecclesiam sibi a pastore patrum commissam, verbo decorare pariter et exemplo studuerunt, ut licet summi pontificii reverendo essent sublimati culmine, sibi tamen subditis eligerent prodesse potius quam præesse, æquissima eos regentes censura, et discreto moderamine. Verum si quando contra pravos subditorum mores zelus exigebat rectitudinis moveri illo quolibet fervore districtionis : ita in mentibus illorum virtus custodiebatur mansuetudinis, cum terrore severitatis, ut et iram mansuetudo condiret discretionis, et eamdem mansuetudinem, ne forte dissolveretur, idem zelus accenderet discretionis. Hos igitur tam reverendæ vitæ Patres, tanquam admirabiles cœlestis disciplinæ censores, nos humiles filii sacrosanctæ matris Ecclesiæ Cabilonensis imitari potissimum capientes, ob id maxime, quoniam eadem nostræ sedis cathedra, jamdudum proprio pastore viduata, multa et innumera a mundanis potestatibus patitur ad præsens infestationum probra : communi assensu et pari voto elegimus quemdam ejusdem Ecclesiæ olim clericum et archidiaconum, nomine Walterium, ad culmen pontificii præfatæ sedis,

Christo Domino disponente, regendum, cujus jurisdictioni et jugo sui regiminis nos, nostrumque locum tradimus disponendum, secundum canonum et inconvulsum totius Ecclesiæ privilegium. Est quippe, uti in promptu habetur, generosi stemmatis prosapia ortus, peritia non modo sacrarum litterarum, verum et mundanarum industria legum admodum eruditus, jejuniis, vigiliis, et orationibus, ac cunctis misericordiæ insignitus, probatissima morum honestate præclarus, omnium virtutum matre discretione pulcherrime redimitus, luculentissimi etiam eloquii, et apprime disertus, quantum quoque humanæ fragilitas conditionis admittit, omni bonitate manet conspicuus. Igitur pro tot et tantis cœlestium charismatum donis, sibi superno munere collatis, Spiritus sancti cooperante gratia eligitur ad culmen officii pastoralis, non solum a nobis prælibatæ Ecclesiæ filiis, verum etiam a diversæ conditionis plebe cohabitante intra et extra nostræ mœnia urbis, quam prosequitur etiam innumera populi multitudo adjacentium regionum, diversi sexus et ætatis. Qui omnes pariter intimis præcordiorum affectibus, et multiplicibus efflagitant votis, istius nostri electi personam, Jesu annuente Domino, sublimari infula pontificali Cabilonicæ sedis. Plerique etiam illustres, et prænobiles ecclesiarum Dei rectores existunt quoque legitimi fautores istius nostræ electionis. Videlicet dominus Gibuinus archipræsul eximius sacrosanctæ cathedræ Lugdunensis; dominus etiam Agano, antistes venerandus ecclesiæ Heduensis, una cum reverendis cœtibus, utrorumque regimini, Christi Domini gratia providente, commissis. Religiosus etiam præsul D. Landricus Ecclesiæ Matiscensis, cum reverenda concione ejusdem cleri, annuit et favet multiplici favore, in laude istius canonicæ nostræ electionis sperans in Dei misericordia, sibi suæque Ecclesiæ subvenii in celebratione talis tantæque ordinationis. His siquidem eximiis jam satis pontificibus, annectuntur illustres cœnobiorum patres, huic profecto electioni votis faventes omnibus: inter quos nimirum exstat domnus Hugo sacri cœnobii Cluniacensis abbas revera celeberrimus, simulque venerandus loci Trenorchiensis rector domnus Petrus, præsidens quoque abbatiæ B. Petri Cabilonicæ urbis domnus Raynardus, una cum reverendis patrum utrorumque locorum concionibus, sub monasticæ tirocinio disciplinæ in Christi nomine militantibus. Qui omnes procul dubio, toto annisu mentis idonei existunt auctores, et legitimi corroboratores totius electionis. S. Gausleni matris nostræ ecclesiæ decani, S. Almarici Lingonensis dec., S. Gotselmi archidiac., S. Hugonis Portensis, S. Engilberti, S. Gaufredi, S. Landrici archipresb., S. Guillelmi, S. Petri, S. Caroli, S. Bernardi, S. Roberti, S. Lamberti, S. Hugonis, S. Letardi archipresbyterorum, S. W. Vernensis, et matris ejus Adelaidis, S. Valtherii Neblensis, S. Dalmasii de Giniaco, S. Bernardi de Porta, S. Gotseranni, et Idmari fratris ejus, S. Duranni archipresb., S. Ademari, S. Roberti, S. Jotsaldi. Acta est hæc ecclesiastica et generalis electio anno Incarnati unigeniti Verbi 1080 præsidente divina dispositione Romanæ sedi excellentissimo papa Gregorio: sceptra quoque moderante regni nobilissimo regum Philippo; consulatu Cabilonicæ urbis tunc temporis manente absque terreno principe.

WALTERII DIPLOMATA.

(*Gall. Christ.* nov., IV, Instrum., p. 231 seqq.)

I.

Charta Walterii Cabilonensis episcopi de acquisitione partis comitatus Cabilonensis a Saverico comite Cabilonensi.

(Circa annum 1096.)

In nomine summæ et individuæ Trinitatis, Patris, et Filii, et Spiritus sancti, amen. Quoniam humanæ mentes erroris sui caligine nonnunquam veri notas amittunt, sed et hominum dicta vel facta vetustas ab humana memoria abolere solet, nihilque illiteratum in diuturna cognitione habetur; idcirco ego Walterius Cabilonensis Ecclesiæ episcopus conventionem, quam ego et canonici nostri cum Saverico Cabilonensi comite habuimus, litteris et memoriæ mandare [mandari] curavi. Notum sit igitur omnibus tam posteris quam præsentibus, quia, quo tempore Gaufridus de Dunziaco Hierosolymam tendere vellet, qui partem mediam comitatus Cabilonensis possidebat, quem cum Widone de Tyhæra [*al.* de Thies] partitus fuerat, partem suam comitatus supradicti [*al.* supradicto] domno Saverico avunculo suo vendere disposuit. Venit igitur ad nos Savericus cum uxore sua, rogans ut partem ipsius medietatis, quam emebat, ab se in vadio reciperemus, et ipsum de pecunia quam solvebat, juvaremus. Nos autem ea inducti spe, ducentas uncias auri purissimi, quarum singulæ pretii quadraginta solidorum fuerant, de moneta, cujus media pars argentea erat, quam nos de tabula sancti Vincentii corrasimus, domno Saverico accommodavimus, et vadium, quod nobis offerebat, ab ipso recepimus, ea videlicet ratione, ut ecclesia sancti Vincentii reddituum tam justorum quam injustorum ad partem Gaufridi sive Saverici successoris sui pertinentium medietatem in pace possideat infra istas terminationes, a crucibus trans S. Marcelli villam constitutis usque ad portum Luci, sicut Falieta [Talieta] defluit a ponte Diroti [Doret.] usque ad pontem Campiferreoli, et sicut tota terra illa protenditur usque ad Forestam, quam canonicalem [al. canonicam] Valtriam vocant, usque ad prædictas cruces, præter casamenta militum et castelletum atque ipsos quos habet in dominio servientes, et præter capturas illas, quas in rebus monachorum ecclesiæ Sancti Marcelli juste vel injuste fecerit. Ipse etiam Savericus exactiones omnes ac consuetudines justas vel injustas quas se dicebat habere in villa sancti Isidori et in Gemula et ipsarum villarum appenditiis ex toto Werpivit et condonavit. In curia vero [al. tamen] Sancti Isidori reditum suum retinuit, eo pacto ut canonicos vel rusticos eorum non gravaret, et quod inde solidam pacem et firmam Cabilonensi Ecclesiæ teneret, præsente domno Goceranno [al. Joceranno] Lingonensium episcopo et Falcone de Reione [al. Fulcone de Reone] et Hugone Bajacensi [Baracensi], Savericus se tenere pacem perpetuam juravit et uxor sua quemdam militem Arbertum nomine pro se jurare præcepit ; et ut pax ista firmior haberetur viginti obsides Savericus misit, eo modo ut si ipse Savericus aut quilibet suorum aliquid inde abstulerit, nisi infra quadraginta dies in quibus cum eo ratio posita fuerit [al. ratio composita fuerit], capitale reddiderit, ambitu murorum urbis Cabilonensis non exibit, nisi illa prolongatione, quam Cabilonensis episcopus vel ejusdem ecclesiæ decanus cum aliis duabus personis fecerit. Hanc vero pactionem si prædictus Savericus exsecutus non fuerit, postquam obsides a canonicis vel ab episcopo convent. fuerint, aut capitale infra dies quadraginta reddent aut capti tamdiu in prædicta urbe manebunt, donec ablata restaurentur. Hanc etiam conventionem Savericus Simonem filium suum cum uxore sua, sed et Arvæum filium alterum laudare fecit ; de obsidibus vero hæc lex data est ut ubi unus mortuus fuerit, alter in loco ejus mox subrogetur. Signum Gauceranni [al. Jocerandi] Lingonensis episcopi S. Falconis de Reione S. Hugonis Bajacensis [Baracensis] S. Humberti de Villiaco S. Raimundi Gumbadi S. Hugonis Rodulfi S. Vidonis de Monte Falconis.

II.

Notitia fundationis Cistercii.

(Anno 1098.)

Notum sit omnibus Christicolis præsentibus atque futuris, quod Rainaldus Belnensis vicecomes et uxor ejus Hodierna nomine, et eorum filii Hugo, Humbertus, Rainardus, Hagano, eorumque soror Raimundis, pro suorum peccatorum remissione suorumque antecessorum, domino Roberto et fratribus, qui cum eo regulam sancti Benedicti arctius atque fidelius, quam illuc usque tenuerant, observare cupiebant, contulerunt de prædio suo, quod antiquitus Cistercium vocabatur, quantumcumque ipsis et eorum successoribus Dei famulis, ad monasterium et monasterii officinas construendas, ad arandum quoque, imo ad omnem usum necessarium fuerit. Unde ipse Rainaudus et ejus uxor de cujus patrimonii jure idem alodium ipsi provenerat, ac filii eorum prænominati, donum fecerunt legitimum ad opus ipsorum, Deo imprimis, ac specialiter beatissimæ Dei genitrici semperque Virgini Mariæ, in cujus honore locus qui nunc Novum Monasterium dicitur, consecratus est, situs in territorio præfati Cisterciensis alodii. Et quia ejusdem loci ecclesiam, quam illuc usque tenuerat, quæ divini tantum juris est, abbas et reliqui fratres de manu ipsius, quia laicus erat, suscipere minime duxerunt dignum, dimisit eam, atque ab omnimoda ejus ulterius possessione renuntians, prædict's fratribus ad Dei servitium dereliquit. De residuo quoque ipsius terræ, quod dicto Rainaldo placuit retinere, fecit Odo dux Burgundiæ ad illius concessionem et libitum talem cum eo commutationem et pactum ad opus eorumdem monachorum, ut scilicet pro terra illa singulis annis in castro Belnensi solidos xx susciperet tam ipse quam et ipsius post cum hæredes. Propterea in eadem cambitione concessit ei ac filiis suis ipse dux quantumcumque vinearum in pago Belnensi poss.t plantare et colere in propria dominicatura. Retinuit autem idem Rainaldus duos servos ejusd m alodii, Theodoricum atque Martinum, et ancillam quamdam Osannam nomine, de terra quoque ipsa quantum eis in proprios usus ad colendum sufficiat. Illam autem terram tantummodo excolent, quam ipse dux ae sæpefatus Rainaldus, ejusque uxor, si adessa voluerit, domnus quoque abbas ipsis divident et assignabunt, in parte scilicet remota a monachorum cultura. Postea cum dedicaretur ecclesia. Novi Monasterii dux ipse et Rainaldus cum uxore sua, inde iterum donum fecerunt in conspectu multæ plebis quæ aderat, in manu domini Walteri Cabilonensis episcopi ad usum supradictorum fratrum, quatenus ipsi sub tutamine sui pontificis a potentia laicali et omni strepitu sæculari liberi, servitio sui Creatoris quietius vacarent. Ipse vero dux tam in nemore præfato cœnobio conjuncto, quam in omni circumquaque dominicatura sua usuarium plenissimum eisdem fratribus attribuit. Huic commutationi suprascriptæ et dono interfuit Hugo filius ducis qui et idem concessit, sed et frater ejus Henricus hoc idem postea concessit. Adfuerunt etiam testes infra subscripti, Hugo de Monte S. Johannis, Gualo de Salvia, Seguinus de Belna et filius ejus Hugo, Hugo de Granceio, etc.

III.

Litteræ Gualteri episcopi Cabilonensis ad Rogertum Lingonensem episcopum . de recipiendo Roberto abbate quondam Cisterc. ad suum prius cœnobium Molismense revertente.

(Anno 1099.)

Dilectissimo fratri et coepiscopo ROBERTO Lingon. episcopo, GUALTERUS Ecclesiæ Cabilonensis servus, salutem. Notum sit vobis fratrem Robertum, cui abbatiam illam in nostro episcopatu sitam, quæ Novum Monasterium dicitur, commiseramus, a professione quam Cabilonensi Ecclesiæ fecit, et ab obedientia quam nobis promisit, secundum domini archiepiscopi Hugonis definitionem, a nobis esse absolutum. Ipse autem monachos illos, qui in præfato Novo Monasterio remanere decreverunt, ab obedientia, quam sibi promiserant, et professione, absolvit, et liberos dimisit. Illum igitur amodo suscipere, et honorifice tractare ne vereamini. Valete.

IV.

Litteræ ejusdem Gualteri ad Paschalem papam pro monasterio Cistercii.

(Anno 1100.)

Venerabili Patri papæ PASCHALI, GUALTERUS Ecclesiæ Cabilon. servus, salutem et debitam subjectionem. Sicut sanctitas vestra, etc. *Vide in Paschali II.*

V.

Walterius episc. Cabilon. et Jarento Divionensis abbas ineunt societatem inter se et congregationes sibi commissas.

(Anno 1111.)

In nomine Christi cum omnia bona fidelium per unitatem fidei, vinculum charitatis, communia generaliter habeantur, inter religiosos tamen mos antiquus obtinuit, ut speciali societate sibi invicem fœderentur, quatenus tanto sibi alterutrum devotius et in suis prosperis congaudeant, et in adversis condoleant, quanto se strictius colligatos charitatis fœdere non ignorant. Quapropter notificamus præsentibus et futuris, quam speciali familiaritate Cabilonensis et Divionensis Ecclesia sese mutuo colligarint, ut hujus dilectionis fœdus, quod Cabilonensis Ecclesia cum Divionensi cum magna devotione iniit, et quod Divionensis a Cabilonensi cum magna gratiarum actione acceperit, nulla oblivionis vetustate apud posteros deleatur, nulla unquam discordiæ scissione rumpatur. Anno itaque Dom. Incarnationis 1111 dominus Walterius Cabilonensis episcopus, et domnus Jarento Divionensis abbas, talem inter se et congregationes sibi commissas societatem inierunt, ut cum *brevis* de canonico Cabilonensi venerit Divionem, vel de monacho Divionensi venerit Cabilonem, statim pro eo fiat plenarium officium mortuorum ; hoc est vigilia et missa, et eo die habeat præbendam. Præter hæc etiam statutum est, ut in hebdomada post Dominicam mediæ Quadragesimæ fiat apud utrosque pro utrisque generale officium et missa. Concessit præterea præfatus domnus Wal. episcopus domno abbati Jar. et omnibus successoribus ejus, unam canonicalem præbendam integram et quotidianam in ecclesia sancti Vincentii quam idem domnus abbas concessit monacho Divionensi apud sanctam Mariam commanenti, et ut monachus idem apud sanctum Vincentium septimanam faciat, et Divionensis ecclesia eleemosynæ hujus causa, Cabilonensi ecclesiæ et corporaliter et spiritualiter pro posse servitium impendat.

VI.

Charta Valterii Cabilon. episc., qua S. Marcello dat ecclesiam de Boens.

Omnibus in unitate fidei viventibus, Christique misericordiam præstolantibus, et verbi Dei pabulo mentis suæ arcana alentibus, sermo intonat divinus, quod ita dispensatio Redemptoris quibuscumque consulit fidelibus, ut ex propriis rebus, quas transitorie possident, centuplicatum valeant adquirere fœnus, si modo eisdem bene utendo rebus, et quæ habent studeant erogare pauperibus, et quoniam, ut ait Apostolus, *non habemus hic manentem civitatem* (*Hebr.* XIII, 14), diesque nostri tamquam umbra præteriens quotidie evanescunt, et voce Veritatis luce clarius constat omnem arborem, quæ non facit fructum bonum, excidi et in ignem mitti oportere (*Matth.* VII, 19), maxime nos qui præ cæteris prælati videmur, ut dum in hoc corpore sumus aliquid ex his quæ ad Dei cultum pertinent, eo adjuvante operemur, quatenus in futuro æternæ retributionis participes existere mereamur. Quapropter ego Dei gratia Walterius Cabilonensium episcopus, peccatorum meorum veniam et divinæ gratiæ pietatis misericordiam consequi desiderans, dono et concedo Deo et sanctis apostolis ejus Petro et Paulo ad locum S. Marcelli martyris Cabilonensis, cui præest domnus Hugo cognomento Beraldi monachus S. Petri Cluniacensis, ad cujus ordinationem idem locus spectare videtur, et fratribus in eodem loco Deo servientibus, ecclesiam de Boens cum omnibus ad eam pertinentibus, videlicet terris, pratis, silvis, aquis, ea conditione ut ipsi in perpetuum habeant, teneant et possideant, ac pro nobis Christi exorent clementiam : et quia eadem ecclesia pertinens est et subjecta ecclesiæ Sancti Vincentii Cabilonensis, ut videbatur, in capitulo generali ipso die inventionis sancti Vincentii cum consilio et voluntate canonicorum ejusdem ecclesiæ, domini videlicet Jotsaldi decani, Hugonis cantoris, Ansidei archidiaconi, Hugonis de Miliaco, Rotberti de Mirmanda, Raimondi de Bassiaco, Rodulphi Siguini, Stephani Bruni archipresbyteri, et cæterorum qui adfuerunt, majorum sive minorum, hoc donum factum est atque confirmatum dono mei annuli in manu prædicti prioris. Quoniam igitur a memoria cito labitur, quod non cito scripturæ traditur, ad munimentum possidentium, contraque quærelas invidentium, hanc chartam fieri voluimus atque mandavimus, nostraque auctoritate corroboravimus. Factum est igitur hoc donum in Cabilonensi civitate in capitulo canonicorum mense Septembri IX Kal. Oct. anno ab Incarn. Dom. 1114 epacta XXIII, Ludovico rege Francorum regnante.

VII.

Donum Galteri episcopi Cabilon. sub Petro Firmitatis abbate.

Notum sit omnibus quod domnus Galterius Cabilonensis episcopus, successor domni Jotsaldi præfatæ civitatis episcopi, post decessum domni Jotsaldi, factus episcopus in capitulo coram canonicis Cabilonis ecclesiæ, in inventione scilicet S. Vincentii martyris, concessit ecclesiæ S. Mariæ de Firmitate in manu domni Petri abbatis ejusdem ecclesiæ, qui postea factus est archiepiscopus de Tarentasia, medietatem paratæ quam habebat pro ecclesia S. Ambrosii in perpetuum. Hujus rei testes sunt Raimundus archidiaconus, etc.

ANNO DOMINI MCXV.

RADULFUS TORTARIUS

FLORIACENSIS MONACHUS.

NOTITIA HISTORICA.

(Histoire littéraire de la France, tom. X, pag. 88.)

Raoul, surnommé *Tortaire*, c'est-à-dire de la Tourte, naquit à Gien-sur-Loire au diocèse d'Auxerre (Mab. *Ann.* l. LXXVIII, n. 45). Dès son enfance il fut instruit des arts libéraux, où il fit de grands progrès pour son temps. Ensuite, dégoûté du monde, il embrassa la profession monastique à Fleuri ou Saint-Benoît-sur-Loire. Les études y étaient florissantes depuis le savant Abbon, qui les y avait renouvelées, et cette abbaye n'avait point cessé depuis de produire des gens de lettres, et même quelques célèbres écrivains. Dans le temps que Raoul en augmenta le nombre (*Gall. Chr.* nov., t. VIII, p. 1555), on y voyait un Chrétien, un Hugues de Sainte-Marie et un Clarius : le premier célèbre par son grand savoir, et les deux autres par leurs écrits. Raoul y eut donc tous les moyens de cultiver et perfectionner l'amour qu'il avait pour les lettres. Aussi sut-il les mettre à profit si avantageusement, qu'il acquit un grand fonds d'érudition ecclésiastique et séculière. On prétend même qu'il possédait tout ce que les anciens et les modernes avaient écrit jusque-là. Il s'appliqua particulièrement à écrire en vers et en prose, et y réussit autant que tout autre écrivain de son siècle. La poésie ayant pour lui un attrait singulier, il la cultiva beaucoup, et avec tant de succès qu'il a mérité d'être regardé comme un poëte au-dessus du commun (Bol. 21 Mart., p. 301, n. 9-11; Bart. *Adv.* l. LII, c. 7). Mais ce qu'il y a de plus digne de louange en lui, c'est qu'il s'adonna tellement à l'étude, qu'il ne négligea aucun des devoirs attachés à sa profession. Il les remplit au contraire avec tant d'exactitude, qu'il était devenu le modèle de ses frères, l'ornement de sa maison et l'appui de la régularité. Sa vertu était si avantageusement connue, qu'on ne douta point que sa mort ne fût précieuse aux yeux du Seigneur.

Il est étonnant de ce qu'après qu'on a publié divers écrits de Raoul, dans lesquels on peut découvrir le temps précis à peu près auquel il florissait, les savants se soient partagés sur ce point en deux opinions aussi éloignées l'une de l'autre que contraires à la vérité du fait. Les uns, tels que Barthius et Vossius (Bart. *ib.*; Voss. *Hist. lat.* l. IV, par. III, c. 11), ont supposé qu'il vivait dès le commencement du Xᵉ siècle, près de deux cents ans avant qu'il fût connu dans le monde. Les autres, nommément Oudin et autres modernes encore plus célèbres, prétendent qu'il vécut au delà de l'année 1144, et même 1160. Mais ceux-ci ne sont tombés dans cette erreur que pour avoir confondu Raoul Tortaire, avec un autre poëte nommé Raoul et moine de Cluni, qui a fait l'éloge de cette illustre abbaye en vers, et vraisemblablement le même qui écrivit la Vie du saint abbé Pierre le Vénérable après 1156 (Oud. *Scri.* t. II, p. 1474; *Supp.* p. 433; Mab. *ib.*; Le Beuf, *Hist. d'Aux.* t. II, p. 486).

Il était cependant aisé de corriger ou même d'éviter ces deux erreurs, en lisant avec quelque attention le recueil des miracles de saint Benoît, fait par notre écrivain. Les partisans de la première opinion y auraient vu que Raoul y rapporte des événements arrivés sous Rainier, Guillaume, Veran et Josceran, tous abbés de Fleuri au XIᵉ siècle, et dont le dernier vécut jusqu'au commencement du suivant. Ils y auraient vu qu'il y parle de l'expédition de Guillaume IX, comte de Poitiers, à la terre sainte, qui ne se fit qu'en 1102, et que par conséquent il ne pouvait écrire qu'après cette date. Ceux qui sont pour l'opinion opposée, y auraient trouvé que Raoul ayant été présent à un miracle opéré en 1095, il se donne pour un homme fait, en disant qu'il se joignit aux autres pour en rendre grâces à Dieu. Or il y a bien loin de ce terme à l'année 1160 et au delà.

C'est sur ces indices que dom Mabillon, et Cave d'après lui, avaient d'abord jugé que Raoul florissait dans les premières années de ce XIIᵉ siècle, et que l'auteur de l'histoire encore manuscrite de l'abbaye de Fleuri, le croit mort dès 1107 (Mab. *ib.* l. XXXVIII, n. 10; *Act.* t. VI, p. 347, n. 22; Cave,

p. 589; *Flor. Hist. mss.*, p. 574). La raison qu'en donne celui-ci est que Raoul dans ses écrits ne fait aucune mention d'une translation des reliques de saint Benoît, qui se fit avec beaucoup d'appareil la même année, ou la suivante, d'une châsse en une autre. Raison au reste qui n'est pas fort décisive, puisque Raoul n'ayant point entrepris l'histoire de sa maison, mais seulement la relation des miracles de saint Benoît, cet événement destitué de miracles n'entrait pas dans son dessein.

Les premiers successeurs de Bollandus ont mieux réussi que tous ceux dont on vient de parler, à fixer le temps auquel Raoul écrivait. Mais le fondement sur lequel ils s'appuient est visiblement ruineux. Ils disent que ce fut en 1117, et veulent que cette date soit exprimée dans le second des deux vers suivants, par où notre poëte termine son long poëme sur le martyre de saint Maur et sa translation :

*Mille sui versus, sua demant crimina mille
Septies et deni cum centum cætera demant.*

Il est clair qu'il ne s'agit point ici de supputation chronologique, et que ce n'est qu'une prière du poëte, qui souhaite que mille de ses vers puissent effacer un millier de ses fautes, et que cent dix-sept autres effacent le reste. Nous sommes presque persuadés que Raoul a voulu marquer par là le nombre des vers qui composent son poëme. Il serait aisé à ceux qui ont le manuscrit où il se trouve en entier de le vérifier.

Après tout on n'a rien de plus précis et de plus capable de fixer les esprits, touchant le terme de la vie de Raoul, que le témoignage de Hugues de Sainte-Marie, son confrère et son contemporain. On a de lui la continuation de l'histoire des miracles de saint Benoît, qu'il écrivit au plus tard en 1120, et qui n'est encore que manuscrite. Or il dit clairement dans la préface qui est en tête que dom Raoul, son vénérable frère, dont il entreprend de continuer l'ouvrage, ce sont ses expressions, n'était plus alors au monde. Et comme il rapporte des miracles opérés en 1114, on en peut légitimement conclure que Raoul était mort dès la même année, ou la suivante au plus tard.

Raoul de son vivant ayant employé sa plume non-seulement à célébrer divers saints, mais aussi à relever le mérite de quelques amis gens de lettres, comme on le verra par la suite, il s'en trouva après sa mort, qui firent usage de la leur pour faire passer avec honneur sa mémoire à la postérité. On y consacra des épitaphes qui se lisent en tête du recueil de ses poésies, ainsi que l'annonce le second vers de celle que nous allons copier. C'est la première, qui est de la façon d'un nommé Francus Beatus, et se trouve un peu tronquée par le défaut du manuscrit.

ÉPITAPHE

*Rodulphus fuit hic decus, ecclesiæque columna,
Carmina cujus in hoc corpore, lector, habes.
Imbutus a puero doctrinis grammaticorum,
Secli cum vita deseruit studium.
Inde fuit sacræ vas legis et historiarum
Novit quippe novum, quidquid antumque fuit.
Post in hoc monachus fuit et speculum mona-
[chorum :
. . . Factis, vestibus, ore Deum.
. . . Die talo [f. Galo] quod perfecit omnia
[dulce :
Quodque fide petiit, nunc habeat specie
Sit cum Rodulpho tua portio, France Beate,
[Ut similis] fias nocte dieque stude.*

Entre les écrits de Raoul, il y en a quelques-uns d'imprimés; mais la plupart sont encore manuscrits. Nous commencerons par discuter ceux de la première classe, et nous passerons ensuite aux autres.

1° Le plus connu est sa continuation de l'histoire des miracles de saint Benoît, opérés en France, et principalement à Fleuri. Dès le IXe siècle Adrevald, moine du lieu, avait commencé à les recueillir. Adelerie, Aimon et André, autres moines de Fleuri, continuèrent chacun en son temps à en faire la relation après Adrevald. Ensuite Raoul Tortaire la reprit, et après lui Hugues de Sainte-Marie, qui l'a continuée jusqu'en 1119. Ce que Raoul en a recueilli commence au règne de Henri Ier, roi de France en 1031, et en conduit la suite jusqu'en 1114, que Hugues entreprit de la continuer, ainsi qu'il a été dit plus haut. Raoul avait été témoin oculaire d'une partie de ceux qu'il a décrit, et avait de bons mémoires pour les autres. C'est de quoi l'on ne peut douter, en le voyant attentif à nommer les personnes miraculées, et les lieux où les événements étaient arrivés. Quoique son recueil soit ample et comprenne quarante-neuf miracles, il l'aurait encore grossi davantage, si les gens de lettres, ou les habitans des lieux éloignés de Fleuri avaient été soigneux de conserver quelque mémoire de ceux qui s'y étaient opérés. On regarde ordinairement cette sorte de relations comme peu intéressantes. Mais celle de notre écrivain a son mérite et son utilité. Outre qu'elle est écrite en un fort bon style pour le temps, et avec beaucoup de candeur et de grands sentimens de piété, elle peut servir à illustrer la topographie et l'histoire générale, en faisant connaître divers lieux et des personnes de quelque considération avec détail.

Le P. Jean du Bois, célestin, est le premier qui en a fait présent au public (*Flor. bib. par.* 1, p. 149-218), l'ayant imprimée sur un ancien manuscrit de Fleuri, dans la première partie de la *Bibliothèque*, ou anciens Monumens de cette abbaye, qui parut à Lyon in-8°, en 1605. Mais l'exemplaire de l'ouvrage étant destitué du nom de son auteur, l'éditeur le donna comme l'écrit d'un moine inconnu, néanmoins savant.

Dans la suite, les successeurs de Bollandus l'ayant trouvé dans d'autres manuscrits, et découvert qu'il appartient à Raoul Tortaire, ils l'ont publié de nouveau avec des notes de leur façon, en le rendant à son véritable auteur.

Enfin dom Mabillon en a donné une nouvelle édition sur les deux précédentes et les manuscrits.

2° Après que Raoul eut écrit cette relation en prose, il la mit en vers, comme il le dit lui-même dans les deux vers suivants, qui se lisent à la tête de son poëme :

Quæ nuper prosa, nunc digero carmine gesta
Claruerit noster quæ faciendo Pater.

Il poussa encore beaucoup plus loin son travail sur saint Benoît, et mit aussi en vers la Vie du saint, l'histoire de sa translation en France et les différentes relations de ses miracles, qui avaient précédé la sienne propre. Les successeurs de Bollandus attestent avoir vu ce grand ouvrage, avec les autres principaux écrits de Raoul, dans un très-ancien manuscrit de Christine reine de Suède, coté alors 1640 (MONTF. *Bib.* p. 44), et depuis qu'il a passé avec les autres dans la bibliothèque du Vatican, 1345. C'est selon toute apparence le même que M. de la Curne de Sainte-Palaye, dans ses Mémoires à la main, témoigne avoir vu dans son voyage d'Italie. On en juge ainsi par l'énumération qu'il fait des écrits qui y sont contenus. L'auteur a dédié ce grand ouvrage sur saint Benoît à Foulques, un de ses amis, à qui il parle ainsi, en se faisant connaître par son nom :

Accipe, mi Fulco, tibi quæ tetrasticha mitto :
Legislatoris perlege gesta Patris.
Hæc tibi jucundo scripsi Rodulphus amico,
Ut tua sit nostris mentio facta libris.

L'ouvrage, au reste, ne paraît contenir rien d'historique qui ne se trouve dans la prose, raison qui, jointe à sa trop grande prolixité, a empêché les Bollandistes d'en charger leur recueil. Ils se sont sagement bornés à en publier quarante-six quatrains, qui comprennent la relation des miracles écrite par le moine André. Tous les vers en sont élégiaques, et rimés à l'hémistiche et à la fin, comme les quatre rapportés plus haut. Apparemment l'ouvrage entier est dans le même genre de versification.

3°. Le manuscrit du Vatican, autrefois de la reine Christine, dont il a été parlé, contient encore les actes de la vie et du martyre de saint Maur qui avait souffert en Afrique, avec l'histoire de sa translation à Fleuri ; le tout mis en grands vers rimés par notre poëte. Dans cet autre ouvrage se lisent sur la fin les deux vers suivants, où l'auteur, qui s'est fait connaître par son nom dans ses poésies précédentes, nous apprend son surnom :

Maure sacer meritis, exaudi vota precantis.
Quod dedit exiguus Tortarius, accipe munus.

De ce long poëme le Père du Bois, qui l'avait trouvé dans un manuscrit de Fleuri, n'a publié que ce qui concerne l'histoire de la translation du saint. Il a supprimé la partie qui comprend son martyre, et les autres événements de sa vie, sous prétexte qu'ils étaient suffisamment connus dans le public. Encore a-t-il oublié le dernier vers de la partie imprimée (*Flor. Bib.* ib., p. 349-355).

Raoul a fait aussi une hymne en vers saphiques, qui contient en précis toute l'histoire du même saint martyr. L'éditeur précédent l'avait trouvée dans un manuscrit de Fleuri, mais n'ayant pu la déchiffrer, il l'a laissée sans l'imprimer. En nous annonçant ce fait, il semble, par la manière dont il s'exprime, rapprochée du titre qu'il donne à son imprimé, qu'il a distingué de Tortaire, Raoul moine de Fleuri, qui est cependant le même. Au reste, l'hymne dont il est ici question se trouve aussi dans le manuscrit du Vatican, à la suite des actes et de l'histoire de la translation.

4°. Le même manuscrit nous présente encore, sous le nom de notre poëte, un autre grand ouvrage en vers élégiaques, qui précède tous les autres, dont on vient de rendre compte. Il y en a même dans la même bibliothèque un autre exemplaire entre les manuscrits d'Alexandre Petau (MONTF. *ib*, p. 82), à qui il était venu sans doute de Saint-Benoît-sur-Loire, soit médiatement ou immédiatement. Cet autre ouvrage, adressé à un des amis de l'auteur, est divisé en neuf livres, et porte pour titre *Des choses admirables*, ou surprenantes, *De mirabilibus*. On y compte environ mille distiques, qui font deux mille vers. Raoul y a fait entrer ce qu'il avait lu de plus mémorable touchant les divers royaumes, les guerres, les triomphes, les actions de vertu, les excès de vice, les ingénieuses saillies d'esprit, et autres semblables sujets. Ecoutons le poëte en tracer lui-même le plan. On sera par là au fait, pour juger du prix de la poésie qu'il y a employée, et l'on conviendra, en lui rendant justice, qu'elle est au-dessus de celle de tous les versificateurs ses contemporains. C'était là cependant son coup d'essai, comme il paraît le dire assez clairement dans le dernier des dix vers que nous allons copier.

Dum vacat, et curis mens non agitatur avaris.
Dum lentis animus fluctibus abstrahitur ;
Flores de vernis metrico decerpere pratis,
Pollice decrevi, noster amice, tibi.
Hic portenta tibi, miracula, somnia scripsi,
Scripsi de rebus hic memorabilibus.
Recte, perverse, versute dicta vel acta
Dixi, quæ fato contigerint vario.
Urges ad famam, Clio, quæ prima poetam,
Adsis principiis ex Helicone meis.

5°. A la suite de ce grand ouvrage viennent dans le même manuscrit onze épîtres ou lettres de Raoul en vers, à autant de ses amis. La première est écrite à un nommé Garnier Bourdon, le même à qui il adresse l'ouvrage précédent, et commence ainsi :

Accipe descriptam, Guarneri Burdo, salutem,
Dirigit a Torta quam tibi, nomen habens.

La seconde est adressée à un nommé Bernard, nom alors extrêmement commun parmi les gens de lettres. En voici les deux premiers vers :

Pro meritis, Bernarde, tuis tibi verba salutis
Paucula Rodulphus adnotat ipse tuus.

On voit que notre poëte, dans ces deux exordes de lettres, a si clairement exprimé son nom et son surnom, qu'on ne peut aisément le confondre avec un autre.

C'est néanmoins ce qui est arrivé au copiste qui a prêté sa main à un des deux exemplaires du recueil des poésies de Tortaire, qui sont à la bibliothèque du Vatican (MAB. An. 1. LXXVIII, n. 45). Étant tombé sur l'épitaphe de Pierre Abeilard, les éloges de saint Bernard, de Pierre le Vénérable, et celui de l'abbaye de Cluni, le tout fait par Raoul, moine de cette maison, sous le même Pierre le Vénérable, il a joint toutes ces pièces à celle de Raoul Tortaire. Il est vrai que le nom de l'un et de l'autre poëte est le même, et que la poésie des deux retient le même génie, étant rimée à l'hémistiche et à la fin, et y en ayant d'héroïque et d'élégiaque. Mais le surnom de Tortaire, et le temps auquel celui-ci florissait, devaient arrêter et y faire regarder de plus près. Cela n'a pas empêché qu'à la faveur de cette première confusion, Dom Mabillon (*Ibid.*) et ceux qui l'ont suivi (Le BEUF, *Hist. d'Aux.* t. II, p. 486), n'aient attribué toutes ces poésies indistinctement à Raoul Tortaire, moine de Fleuri. Il est cependant incontestable qu'un écrivain mort avant 1120, comme nous avons montré que l'était Tortaire, et cela par le témoignage d'un de ses confrères, sous les yeux de qui il mourut, n'a pu parler de faits qui ne sont arrivés qu'en 1142, 1144, et encore plus tard. Reprenons la discussion de notre poëte.

Dans sa lettre à Bernard, il fait un peu au long l'histoire de deux amis, Amélius natif d'Auvergne, et Amicus de Gascogne. Celui-ci avait exposé sa vie en duel par attachement pour l'autre; et ayant passé tous deux en Italie, ils y moururent et furent enterrés à Verceil.

Une autre lettre de Raoul écrite à Robert, contient la relation d'un voyage qu'il avait fait, en visitant plusieurs villes de France; il y donne les descriptions nommément de Blois, de Caen et de Bayeux.

Il y en a une autre adressée à un frère de l'auteur, qui le nommant adelphe, au lieu de frère, donnerait à entendre qu'il savait la langue grecque. C'est dans cette lettre que Raoul nous apprend qu'il était de Gien ou des environs.

Ses autres lettres sont adressées à Udon, Philus, Sincope, et autres personnes aussi peu connues. Ceux qui les ont lues ne disent point si elles contiennent quelques traits dignes de remarques : apparemment ce ne sont, comme presque toutes les précédentes, que des lettres de politesse et d'amitié.

6° Le manuscrit de la bibliothèque du Vatican nous présente encore un autre ouvrage de Raoul Tortaire ; c'est une histoire en vers de la première croisade, dédiée à Galon, évêque de Paris depuis 1105, jusqu'en février 1116, qui fut le terme de sa vie, circonstance qui écarte toute équivoque par rapport à Raoul de Fleuri et Raoul de Cluni, et ne permet pas de douter que le poëme n'appartienne au premier. En effet, l'autre qui écrivait encore après 1156, et même plus tard, était trop jeune avant 1116, pour entreprendre un ouvrage de cette nature.

Il est aisé de comprendre par tout ce détail, que Raoul Tortaire était un écrivain extrêmement laborieux. Le goût singulier qu'il avait pour la rime dans les vers, lui coûta encore beaucoup de temps et de travail. D'ailleurs la gêne et la contrainte l'empêchèrent de prendre tout son essor, et sont cause que sa poésie n'est pas meilleure; quoiqu'il soit vrai de dire que, telle qu'elle est, elle surpasse encore celle de presque tous les autres versificateurs du même temps.

MIRACULA SANCTI BENEDICTI

AUCTORE RODULFO TORTARIO.

DE ILLATIONE S. P. BENEDICTI RELIQUIARUM

Cum sex libris miraculorum ejusdem, quæ in Gallia et Italia patrata sunt.

(MABILL., *Acta SS. ord. S. Bened.*, Sæc. IV, II, 343.)

I.

1. De monasterii Floriacensis primordiis, deque translatione reliquiarum sanctorum Benedicti et Scholasticæ in Galliam, fusius actum est in sæculo II, tum in Elogio S. Mummoli, tum ad Historiam transla-

tionis S. Benedicti, remissa hunc in locum illationis Historia, una cum libris miraculorum, quæ illationis tempus consecuta sunt.

2. Duplicem a priscis auctoribus hujusce festi causam repetere licet, quarum altera quodammodo pri-

maria, altera secundaria dici potest. Primaria ex Adelberto, Adrevaldo, S. Odone abbate, aliisque profertur, nimirum tumulatio S. Benedicti in basilica Sanctae Mariae die IV Decembris facta. Quippe cum S. Benedicti corpus ex monte Casino translatum in monasterium Floriacense, die II Julii in oratorium S. Petri depositum fuisset; in eo tandiu mansit, donec sacro corpori congrua sedes in ecclesia S. Mariae pararetur, ubi tandem collocatum fuisse, pridie Nonas Decembris narrat Adelbertus monachus, et Aimoinus post eum in libello De translatione S. Benedicti. Porro tumulationis seu depositionis S. Benedicti dicta haec dies, ab eo tempore celebrata est tum Floriaci, tum in plerisque Galliae monasteriis, ut auctor est Adrevaldus in libro De miraculis, cap. 22 : Solemne festum impendebat, inquit, sancti confessoris Christi Benedicti, quod ex veteri consuetudine quotannis pridie Nonarum Decembrium agitur, quo conventus multorum populorum ob tanti memoriam Patris confluere monasterio solet. Et sanctus Oddo abbas in sermone de sancto Benedicto agit de sancta illius translatione, necnon et tumulatione, quae sic divinitus esse disposita, multa signorum sunt documenta. In Chartario Patriciacensi, quod Stephanus Gerardus in Collectione monumentorum Burgundiae edidit, hujus festi fit mentio in chartis 29, 32 et 54, ubi vocatur missa sancti Benedicti quae est in mense Decembrio. Missa, id est festum, quod in vetustis Martyrologiis quam multis inscriptum reperitur. In Corbeiensi Kalendario scripto ab annis octingentis, quod Libro Pastorali S. Gregorii praemittitur, habetur pridie Nonas Decembris depositio Benedicti abbatis. Denique vigebat adhuc tumulationis vocabulum saeculo duodecimo, ut constat ex Rodulfi Tortarii libro De miraculis sancti Benedicti, cap. 35 in haec verba. In Patris igitur tumulatione quae in diebus Dominici Adventus per omnes Gallias annuatim cum reverentia excolitur, mulier, etc. Ex quibus perspicuum est qualis fuerit hujus celebritatis institutio primaria.

3. Secundariam refert Diedericus Hersfeldensis Germaniae monachus, qui in Floriacensi monasterio sub initium saeculi XI diu commoratus, post reditum in patriam interrogatus aliquando a Richardo Amerbacensi abbate quaenam causa existat illius festivitatis beatissimi Patris monachorum Benedicti, quae apud Gallias praecipue celebratur in diebus Dominici Adventus sub nomine illationis, condidit ea de re libellum, in quo tradit causam hujus solemnitatis esse relationem corporis sancti Benedicti factam ex urbe Aurelianensi; post cladem a Northmannis illatam monasterio Floriacensi, qua in relatione Ligeris glacie concretus naviculam sacris reliquiis onustam soluta glacie per adversas alvei aquas Floriacum revexerit, et arbores eruperint in flores, unde nomen loco Floriacus. His addit sacras sancti Benedicti reliquias eo die in Sancti Petri monasterio, id est ecclesia, repositas fuisse, et anniversario die sequentis anni illatas in proprium mausoleum in ecclesia Beatae Mariae, quae jam per biennium sui mansoris praesentia caruerat. Unde statuerunt episcopi, qui rei gestae interfuerunt, ut quoniam relatio et illatio eodem die anno revoluto factae fuerant, annuatim omni tempore futuri aevi solemniter eodem die per totam Galliam celebraretur. Denique in eodem libro idem auctor tradit Carolomannum (quem Sigebertum per errorem nominat) post hanc relationem missum esse in Gallias, ad repetendum corpus S. Benedicti, quod Deo repugnante infectum sit. Haec Diedericus : cujus fidem hac in re elevant Socii Bollandiani in suo Martio, ubi ea quae de hac illatione a Diederico referuntur, praetermiserunt, quia, inquiunt, fere commentitia sunt, et apud Joannem Boscium legi possunt, contenti simplici expositione gemini miraculi de glacie sub corpore sancti Benedicti ultro soluta, et de arboribus erumpentibus in flores. Quod tamen utrumque sibi suspectum esse fatentur in adnotationibus ad Adrevaldi librum De miraculis sancti Benedicti, num. 19.

4. Verum aequiorem (ut sperare licet) sententiam feret prudens lector, si attenderit non solum Diedericum hanc illationis historiam litteris mandasse, sed etiam Rodulfum Tortarium, Petrum abbatem Cluniacensem, Venerabilem dictum, chronographum Floriacensem apud Chesnium initio historicorum Northmannorum, aliosque multos eodem prorsus modo retulisse. Rodulfus Tortarius Cluniacensis monachus sub initium saeculi XII inter alia metrice reddidit Historiam translationis corpus S. Benedicti in Galliam, et in fine poematis sui haec addit :

Post tumulata pius quae gessit membra patronus,
  Haec simul hac una congero paginula.
Astrictus glacie Liger amnis, tempore brumae
  Praebet iter sancto nobile legifero.
Imponunt navi sine remige membra magistri,
  Oppositum flumen quo secat et glaciem
Floret Floriacus, visu spectabile, vicus,
  Patris ad introitum, lux erat effugium.
Hinc sumpsit nomen, cujus fuit ante vocamen
  Aurea Vallis, eo quod sit opimus humo.

Petrus Venerabilis, in hymno de translatione sancti Benedicti, cujus hymni fit mentio in lib. IV, epistola 30, geminum hoc illationis miraculum repraesentat his versibus :

Navis per fluvium nat sine remige,
Mirando glaciem dissecat impetu,
Sancti membra ferens obvia flumini
  Undas retro reverberat.
Eductum fluvio sensit ut arida,
Non curans gelidi frigora temporis,
Vestit cuncta novis ilico floribus
  Mutata facie soli.

Tantum virum, uti et Tortarium, sola Diederici, hominis extranei, auctoritate inductum haec scripsisse non puto, sed certiora monumenta, quae nobis latent, ob oculos habuisse. Forsan illo in libro quem De adventu sancti Benedicti beatus Odo scripsisse perhibetur, ejus rei mentio erat. Certe Aimoinus initio libri II De miraculis, innuere videtur Floriaco nomen accessisse ex miraculo florum. Favorabili, inquit, supernæ dignationis præsagio, hoc in quo Deo auctore famulamur cœnobium, ut Floriacus vocaretur, accepit, qui priscis temporibus non dissimili gratiæ prærogativa Vallis nominabatur Aurea. Hæc verba omnino consonant Diederici verbis et Tortarii; qui duo prædicta miracula proxime post Historiam translationis subjicit (quod etiam facit Petrus Venerabilis) per anticipationem, non quod ea statim a translatione facta fuisse crediderit, uti visum est sociis Bollandianis, sed quia tam insigne miraculum translationis narrationi continuandum erat, ut ex uno alia miracula intelligeremus.

5. Denique Aurelianis hactenus exstat ecclesia Sancti Benedicti, quæ modo parœcialis est, de Relitu vulgo appellata, ob hujus facti memoriam, ut fert civium persuasio, tametsi jam ante illationem a Medone abbate ædificata fuerat, sed forsan post cladem Northmannorum in memoriam illationis restituta. Illationis tamen vocabulum raro invenitur in antiquis Martyrologiis et ecclesiasticis libris, ex quibus unum reperio Martyrologium abbatiæ S. Mariæ De quadraginta diœcesis Narbonensis; in quo noster Claudius Stephanotius hæc legit : Prid. Non. Decemb. Aurelianis, in loco qui vocatur Floriacus, illatio corporis S. Benedicti abbatis et monachi. Hoc vero Martyrologium sub annum 1410 exaratum est.

6. Jam expendenda sunt rationum momenta, quibus moti tum socii Bollandiani, tum alii, hanc illationis Historiam, prout a Diederico descripta primum est, in dubium revocarunt, iisque satisfaciendum pro modulo nostro, quantum sinunt veritatis leges et religionis, quæ præcipit omnia probare, et omni poscenti rationem reddere.

7. Prima dubitandi ratio duci potest ex silentio domesticorum auctorum Diederico superiorum, nempe Adrevaldi, Adelerii, et Aimoini; qui cum res ad sanctum Benedictum attinentes, et miracula per ipsum facta dedita opera scripserint, unus post alium, nullus tamen eorum mentionem facit illationis, duorumve miraculorum, quæ Diedericus commemorat. Et ut illa videre nequiverit Adrevaldus, forsan mortuus ante id tempus, quo hæc gesta sunt; ea nihilominus vidisse potuit Adelerius, utpote qui referat congressum Hugonis abbatis et Girboldi Antissiodorensis comitis cum Northmannis ob factam Floriacensis monasterii direptionem, qui Girboldus non alius fuisse videtur, quam Gislolfus comes, istius monasterii advocatus, in Diederici narratione memoratus, qui hortatu sancti Benedicti in somnis apparentis Northmannos insecutus sit, viceritque. Nam eadem apud Adelerium et Diedericum singulares notæ, visum scilicet comiti pugnanti sanctum Benedictum monastico habitu indusum, qui dimicantis equum manu duxerit, aliaque manu plurimos hostium occiderit.

8. Non multum dissimilis argumenti est quod urgent ex ipsa Diederici scriptione, quæ cum auctoris sit posterioris, et pleraque falsa contineat (qualia sunt ex miraculo florum, quod commemorat, nomen Floriaco accessisse, ac Carolomannum, quem alio errore Sigebertum appellat, post cladem Northmannorum in Gallias advenisse), sublestæ videtur auctoritatis. Neque enim Diedericum magis callentem fuisse rerum Floriacensium quam Aimoinum, qui paulo ante eum scribebat. Aimoinus siquidem libros De miraculis sancti Benedicti scripsit anno millesimo quinto; Diedericus vero libellum De illatione nuncupavit Richardo Amerbacensi abbati, qui anno millesimo trigesimo nono rita functus est, testante Browero in Antiquitatum Fuldensium cap. 20.

9. Postrema difficultas procedit ex tempore quo hæc accidisse dicuntur, nimirum post incendium et direptionem Floriacensis monasterii per Northmannos. Apud probos auctores unicum hujus cœnobii legitur incendium factum per Northmannos, anno Christi sexagesimo quinto supra octingentesimum, de quo Adrevaldus in libro De miraculis sancti Benedicti, cap. 34, Annales Bertiniani, et breve Chronicon, quod Andreas Chesnius scriptoribus Northmannicis præmisit. Atqui eo anno non est facta illatio, tum quia ejus rei meminisset Adrevaldus, qui aliquot annis superstes multa scripsit de sancto Benedicto, quæ post illud tempus acciderunt, tum quia sancti Benedicti corpus, non Aurelianos tum delatum est, sed huc et illuc, prout fugiendi necessitas impellebat. Deinde regem Francorum, cujus principatu contigit illatio, Carolomannum, Ludovici Balbi filium, satis designat Diedericus; Carolum, cognomento Simplicem, chronographus anonymus inferius exhibendus. Verum ea res non fugisset Adelerium Carolomanni tempore scribentem, si regnante Carolomanno contigisset; si Carolo Simplice rege, eam rescivisset Aimoinus, qui non integro sæculo a Carolo aberat.

10. Præterea dici non potest corporis S. Benedicti relationem post absolutam Adelerii scriptionem evenisse, tum quia in illa Northmannorum direptione, quam describit Adelerius, nulli Floriacenses monachi cæsi dicuntur, secus in Diederici narratione, tum quia Floriacenses tum confugerant, non Aurelianos, quæ urbs tum capta fuisse videtur ex Adelerio, sed ad prædium Matriniacense pagi Wastinensis, quo secum pretiosa quæque comportaverant, ac proinde corpus S. Benedicti. Quod etsi aliquando perfugii causa delatum sit Aurelianos, non tamen repositum videtur in ecclesia S. Anniani, ut scribit Diedericus, quæ tunc extra muros erat; sed potius in ædicula sacra, quam Medo abbas in sancti Benedicti honorem construxerat, ut dictum est. Nam eo tum confugere soliti erant Floriacenses, teste Adrevaldo in libro De miraculis S. Benedicti, cap. 21.

11. Denique ut eo tempore Floriacense cœnobium violaverint Northmanni, tantum abest ut Rollo eorum dux post vastatam longe Burgundiam monasterium S. Benedicti contaminare noluerit, nec prædari illam provinciam, Floriacense videlicet solum, propter sanctum Benedictum permiserit, ut Dudo Quinti-

nianus decanus scribit in lib. II, cui Wuillelmus Gemeticensis monachus totidem verbis suffragatur in lib. II, cap. 14. Et hæc sunt præcipua quæ contra Diederici scriptionis auctoritatem afferri possunt momenta, quæ, etsi non levia esse concedamus, non ejus tamen sunt roboris ut incunctanter commentitia censeri debeant ea quæ ab ipso referuntur.

12. Primo enim Diederici error in assignanda causa, quæ Floriaci appellationem indiderit, aut nullus est, aut certe levissimi momenti. Nam et Aimoinus in eadem versari videtur sententia, et scriptoribus familiare est aliquando data occasione ludere in serio argumento. Esto vero Diedericus falsus sit in designando tempore, quo Carolomannus in Galliam accessit, at id non impedit,¹ quo minus in ipsa narrationis substantia veritatem assecutus sit. Certe variorum scriptorum qui sancti Benedicti miracula consequenter posteris mandarunt, silentium non ita decretorium est ut ex eo causa sua Diedericus cadere debeat. Nam præterquam quod ab aliquo alio auctore antiquo, qui exciderit, scripta forsan est illationis historia, hoc ad rem nostram maxime facit, quod neque omnia sancti Benedicti miracula quæ per id tempus acciderunt, scripta esse, neque Aimoinum ea quæ de ipsis in litteras relata sunt, omnia legisse constat ex libri III de Vita sancti Odonis, cap. 13, ubi Joannes monachus commemorat quoddam sancti Benedicti miraculum ab aliis scriptoribus omissum (tametsi aliquid simile referunt Adrevaldus in cap. 22, et Adclerius,) et librum De Adventu corporis sancti Benedicti, quem sanctus Odo in Aurelianensi monasterio descripsisse fertur, ab Aimoino ignoratum. Ad hæc Aimoinus ipse fatetur in libro primo De miraculis, cap. 4, miracula quæ Odonis abbatis tempore gesta sunt, incognita manere partim antiquitate, partim scriptorum negligentia oblivioni tradita, quanto magis ea quæ per turbulentissimas illas Northmannorum tempestates facta sunt, ejus notitiam fugere potuerunt?

13. Paulo minus facile est solvere quod objicitur de tempore quo hæc illationis historia a Diederico relata accidisse fertur. Nam aliud fortasse Floriaco incendium per Northmannos illatum est præter illud ab Adrevaldo aliisque commemoratum, quod illationi aptari nequit. Certe Diederici sententiæ maxime favet Adelerius in eo quod magnam ejus narrationis partem commemorat describendo irruptionem Northmannorum Floriacum, et Girboldi victoriam contra eos duce sancto Benedicto reportatam sub regno Carolomanni. Neque obstat quod Adelerius reticuit incendium cœnobii, et cædem quorumdam monachorum, nihilque de illatione, quam postea factam ait Diedericus, litteris consignavit. Desinit siquidem Adelerii liber in Hugonis et Griboldi victoria de Northmannis, postquam facta est relatio corporis S. Benedicti; quo tempore Adelerius scribendi, ac fortasse vivendi finem jam fecerat. Deinde quot singulares ejusmodi circumstantias in prolixa narratione videmus in dies omitti a nonnullis historicis, quæ ab aliis referuntur? Neque dicit Adelerius corpus sancti Benedicti Matriniacum delatum, aut Aurelianorum urbem a Northmannis tum captam fuisse, sed tantum pretiosa quæque ad prædium Matriniacense devecta et Northmannos in eam urbem devenisse. Imo etiam si illud utrumque diceret, non tamen impediret quominus reliquiæ sanctæ Matriniaco in urbem Aurelianorum fuissent advectæ, donec Floriacense cœnobium aliquatenus instauraretur.

14. Ex his porro facile intelligimus cur Rollo, vastata dein Burgundia, monasterio et agro Floriacensi temperari jusserit propter sanctum Benedictum, quem ob miracula in Girboldi victoria, et in ejus corporis relatione patrata reveritus est. En locus integer Dudonis decani Quintiniani ex libro secundo, et Willelmi Gemeticensis totidem verbis id tradentis. Rollo putans se, propter securitatem quam dedit, a Francis vilem æstimatum, ferociter et crudeliter devastando provincias cœpit laniare et affligere atque delere populum. Sui autem in Burgundiam pergentes, perque Jonam in Sigonam navigantes, terrasque amnibus affines usque Clarum Montem undique secus devastantes, Senonis provinciam invaserunt, atque cuncta depopulautes ad sanctum Benedictum contra Rollonem revenerunt. Videns autem Rollo monasterium Sancti Benedicti, illud contaminare noluit, nec prædari illam provinciam propter sanctum Benedictum permisit. Nimirum animo ferocis hominis injecta non fuisset religio, nisi ex similibus prodigiis, quæ Diedericus refert, et ob eamdem forte causam Theodericus comes Patriciacum monasterio Floriacensi a se abstractum restituit cum magno pœnitentis animi indicio, ut legitur in instrumento undecimo Chartarii Patriciacensis, dato mense Aprili anno defunctionis Carlomanni regis, Incarnationis Dominicæ anno 885. Nam eo anno currebat annus primus a morte Carolomanni, qui anno Christi præcedente obierat. Eo ipso anno inducias pactus erat cum Northmannis, ut legimus in Annalibus Bertinianis; nempe post impressionem ab eis factam, quam Adelerius describit. Denique anno 885 Adventus prima dies incidebat in Kalendas Decembris; quæ omnia recte cum Diederici narratione conveniunt.

15. Ex quibus patet Diederici sententiam, scribentis illationem regnante Carolomanno accidisse, præferendam esse auctoritati anonymi chronographi eam revocantis ad tempus Caroli Simplicis ejus fratris, nempe ad annum circiter undenongentesimum, paulo post obsidionem Carnutensem. In hac autem anonymi opinione dicendum esset Rollonem præcepisse quidem suis ut monasterio sancti Benedicti parcerent; sed tamen contra ejus mandatum pabulatores et excursores quosdam illud diripuisse. In ea sententia (ut verum fatear) id commodum invenitur quod Carolus Simplex anno nongentesimo versatus est Floriaci, ut constat ex diplomate Uticensis monasterii canonicis (nam ibi tunc canonici degebant) concesso pro confirmatione prædiorum suorum. Sic enim desinit diploma. Datum pridie Kal. Novemb., indict. III, anno VIII,

redintegrante in, regnante domno Carolo gloriosissimo rege. Actum monasterio S. Benedicti. *Quo modo diploma istud redierit in manus Uticensium monachorum, obiter discimus ex titulo, qui præfixus habetur in codice ms.* Formam subscriptæ Caroli regis chartæ Rodbertus Uticensis monasterii abbas Aurelianis invenit, et ipsius jussu Goscelinus monachus scriptor egregius celeriter transcripsit, et, ad notitiam intimandam quantæ famæ beatus Ebrulfus apud Gallos antiquitus fuerit, Uticensibus monachis tempore Philippi regis Francorum misit. *Ergo, ut dixi, probabile est Carolum tum accessisse Floriacum, adductum religione loci, et commemoratione victoriæ, quam Gistolfus recens de Northmannis cœlitus retulerat. Hæc satis de tota illa controversia; nunc ad alia veniendum est.*

II.

16. *Præter auctores qui vitam sancti Benedicti litteris mandarunt, plures etiam ejus miracula protulerunt in lucem, maxime Gallicani. P*rimus *Historiam translationis in Galliam, et miracula tum facta scripsit Adalbertus, Floriacensis monachus, testante Rodulfo Tortario in carmine de eadem translatione, quam sic exorditur:*

Patris Adalbertus translatos edocet artus
Quædam gesta stylo subjiciens nitido.

Existimari aliquando Adalbertum non alium esse quam Adrevaldum, ductus tum testimonio Aimoini in prologo miraculorum, ubi ait: Adrevaldum et translationis sacri corporis ordinem, et signa per Gallias gesta inseruisse; *tum Sigiberti et Trithemii asserentium binominem fuisse Adrevaldum, qui etiam dictus* Adalbertus. *Verum ut diversos fuisse sentiam, persuadet me locus Chronici Floriacensis apud Chesnium in tomo* III *Historiæ Francorum, pag.* 555 *in hæc verba:* Anno 855 Adalbertus bonæ memoriæ monachus xi Kalend. Januar. obiit, *quod sine dubio de Adalberto translationis scriptore intelligendum, aptari nequit Adrevaldo, qui serius vitam produxit.*

17. Adrevaldus siquidem librum De miraculis sancti Benedicti condidit, cum Northmanni jam Gallias attrivissent per triginta ferme annorum spatium, *ex cap.* 55, *ad proinde circiter annum Christi octingentesimum septuagesimum quintum, et in cap.* 28 *testatur se tum, cum Ludovicus Augustus imperaret,* puerulum fuisse. Adalberti et Adrevaldi libros retuli in Sæculo II, cum Adelerii appendice.

18. Adelerius vero, Floriacensis itidem monachus, duo tantum capitula libro Adrevaldi adjecit, testante Aimoino in prologo suo, *quæ capitula desinunt in morte Ludovici Balbi, qui vix duobus annis regno potitus est, inquit ille, mortuus anno* 879. *Ex quo intelligitur Adrevaldum paulo ante Carolum Calvum decessisse, et Adelerium hæc scripsisse regnante Carolomanno.*

19. Aimoinus, Floriacensis utique monachus, continuavit Historiam miraculorum sancti Benedicti, editis duobus libris, quos Gauzlino abbati Floriacensi nuncupavit anno proximo post mortem Abbonis Floriacensis abbatis exstincti anno millesimo quarto, *ut in lib.* II, *cap.* 1, *legitur.* Aimoinus habitum monasticæ religionis suscepit ab Amalberto abbate, *ex lib.* I, *cap.* 18, *idemque scripsit quatuor libros Historiæ Francorum, quales in tomo* III *Chesnii editi sunt; quos etiam Gauzlino abbati jam dicto dedicavit; scripsit etiam poema de translatione et sermonem de sancto Patre Benedicto, librum De Vita sancti Abbonis Abbatis, et librum De gestis abbatum monasterii sui, qui non exstat. Aimoinum nobilis generis Aquitanum fuisse patet ex Vitæ S. Abbonis cap.* 18.

20. *Diedericus seu Theodoricus, Hersfeldensis in Toringia monachus, eodem fere tempore De illatione reliquiarum sancti Benedicti libellum condidit hortatu Richardi abbatis Amerbacensis, in editis mendose Marbeacensis, qui anno* 1029 *vita functus est, auctore Browero in Antiquitatum Fuldensium lib.* I, *cap.* 20, *dictus Amerbachensis, quia condidit monasterium Amerbachense, quod in Franconiæ recessu non procul a Mœno sancto Simplicio dicavit, inquit Browerus. Diederico Trithemius perperam tribuit librum Adalberti De translatione sancti Benedicti, et illationis Historiam cum Vita S. Benedicti confundit.*

21. *Diederico pene æqualis fuit Andreas Floriacensis monachus, qui Aimoini libris unum adjecit de miraculis sancti Benedicti, a Rodulfo Tortario metrice redditum, cujus Andreæ liber hactenus latet.*

22. *Rodulfus vero, cognomento Tortarius, itidem Floriacensis, præter hunc librum, etiam alium De miraculis sancti Benedicti prosa et metro edidit. Prosaicum sine auctoris nomine typis vulgavit Joannes a Bosco in Bibliotheca Floriacensi, sed nomen auctoris indicaverunt Socii Bollandiani, qui hujus auctoris et aliorum plura opuscula viderunt Romæ in Reginæ Sueciæ Bibliotheca, quæ magna ex parte constat libris manuscriptis Bibliothecæ Floriacensis. Scribebat auctor iste initio sæculi duodecimi, nempe post mortem Joscerandi abbatis et incendium Floriacense anni* 1095, *cui interfuit ex cap.* 27.

23. *Quo tempore scripserit Giraldus, Floriacensis etiam cœnobita, qui poema de translatione sancti Benedicti composuit et aliud in honorem sancti Benedicti, nondum scio. Utrumque primi indicavere Socii Bollandiani, editis tantum exordiis, primi quidem in hunc modum:*

Longobardorum gens impia cum reproborum
Perfidiæ tenebris nollet abesse suis, *etc.*

Alterius vero sic:

In laudem nunc tota dies expenditur ista
Cœlorum Regis, et, Benedicte, tui.

Mota fuere loco justi pia membra prophetæ,
Ossa Patris proprio mota fuere loco.

24. *Præter hos Floriacenses monachos, Italici etiam miracula Casini a sancto Patre edita prodidere; quos inter præcipuus est Desiderius abbas, postea Romanus pontifex, Victor tertius appellatus. Is quatuor libros De miraculis Casini et in aliis Italiæ locis patratis composuit, ex quibus tres tantum exstant.*

25. *His omnibus accedunt Leo Marsicanus, ex monacho Casinensi cardinalis Ostiensis, et Petrus diaconus, qui in Chronico Casinensi plura referunt sancti Benedicti miracula, plura item Petrus in Historia inventionis corporis sancti Benedicti in Martio Bollandiano edita.*

26. *Ex his omnibus quatuor tantum selegi auctores, exceptis Adalberto, Adrevaldo et Adelerio, quorum opuscula exstant in Sæculo II cum Aimoini poemate de translatione. Selegi, inquam, Diedericum, Aimoinum, Rodulfum Tortarium* (1), *et Desiderium seu Victorem. Diederici priorem duntaxat partem edere visum est, rejecta secunda, quæ est de repetitione corporis sancti Benedicti per Carolomanum, quam post illationem accidisse supino errore scribit. Aimoini duobus libris subjicio librum Rodulfi Tortarii, nomine Anonymi a Joanne Boscio vulgatum, omissis duobus libris metricis ejusdem Tortarii, in quorum primo Andreæ monachi libellum versibus reddit, in secundo hunc, quem hic exhibeo, Andreæ monachi opusculum istud intercidit. Tortarii versio metrica exstat in Martio Bollandiano, sed tam exilis et jejuna ut præter nudas infirmorum curationes nihil fere emolumenti ex ea elici posse videatur. Et poematii exordium:*

Quæ tibi de gestis scripsisse stupenda paternis
Dicitur Andreas, fistula nostra notat.
At Lemovix populus feriente Deo pateretur
Ignem dum sacrum, dat sibi consilium
Patris relliquias urbi gestare verendas.

Quod postquam fecit, pestis iniqua perit. Quædam alia inferius inde adducam de cella Barcinonensi. Rodulfum subsequuntur, qui præcedere debuerant, Desiderii seu Victoris dialogi, ut continua serie miracula in Gallia, tam alia in Italia facta ob oculos poneremus. Desiderii dialogos ex Vaticano codice ms. eruit Joannes Baptista Marus, Romanus canonicus, vir sane de republica litteraria et Benedictina bene meritus, eosque illustravit eruditis notis, quas quia proposito nostro accommodatæ sunt, fere integra ad verbum exhibere visum est. Desiderius initio dialogi promittit quatuor libros De miraculis tum per sanctum Benedictum, cum per alios sanctos maxime ejus discipulos patratis, quorum duo priores miracula Casini, alii duo miracula in aliis Italiæ locis facta repræsentant; sed sive is non perfecerit opus suum, sive integrum non reddat codex Vaticanus, qui olim fuit Bibliothecæ Casinensis, finis tertii libri et totus quartus ad nos minime pervenit.

III.

27. *Præter Casinum et Floriacum, quæ loca insignioribus præsentiæ suæ indiciis decoravit sanctus Pater, in subjectis libris celebrantur alia duo, cella scilicet Patriciensis et Barcinonensis, ubi sanctus Benedictus miraculis claruit.*

28. *De Patriciaco agunt Aimoinus in lib.* II, *cap.* 15 *et sequentibus. Tortarius in cap.* 59 *et aliis. Pa-* triciacus, *inquit Aimoinus, dicitur villa in Augustodunensi territorio regionis Burgundiæ sita. Hanc Ecchardus, comes Burgundionum ditissimus, sancto Benedicto et fratribus Floriacensis cœnobii ad stipendiarios quosdam sumptus benigna largitate contulit. Quo defuncto ac in Floriacensi monasterio juxta ecclesiam Sanctæ Mariæ sepulto, in memorata possessione fratres habitationem sibi statuerunt: in qua etiam delatis a Floriaco S. Patris Benedicti reliquiis, ecclesia in honore Dei ac gloriosæ Virginis Mariæ simulque egregii ipsius confessoris constructa est, quam basilicam Christus Dominus meritis sanctæ suæ Genitricis, nec non dilecti famuli sui Benedicti sæpissime miraculis illustrem reddidit.*

29. *Quis fuerit iste Eccardus comes, quove tempore floruerit, docet nos egregium antiquitatis monumentum, Chartarium scilicet Patriciacense, quod nuper typis vulgatum est apud Stephanum Perardum in collectione veterum instrumentorum ad Burgundiæ Historiam pertinentium. Chartaceus iste codex diplomata triginta novem continet, in quorum primo legitur donatio prædii Patriciaci ab Heccardo facta ad confugium supra dictorum monachorum Floriacensium; ubi notanda hæc verba:* Ego Eccardus dono Dei comes, et conjux mea Richeldis, paventes diem extremæ vocationis, ne gravati mole peccaminum sine fructu boni operis steriles inveniamur, donamus pro animæ nostræ remedio atque in eleemosyna Childebranni genitoris mei et genitricis meæ Donnanæ, nec non germani fratris mei Theoderici, et uxorum mearum Albegundis atque Richeldis, donatumque in perpetuum esse volumus res nostras ad monasterium Sanctæ Mariæ et Sancti Petri atque Sancti Benedicti Floriacensis libri [an loci], ubi ipse sanctus Benedictus debito quiescit honore, vel ubi præesse cognoscitur vir venerabilis abbas Teodbertus una cum plurima turba monachorum ibidem Domino famulantium; quæ sita sunt in pago Augustodunense atque in pago Matisconense, seu in Cabilonense, id est in villa quæ dicitur Patriciacus, cum ecclesia in honore sancti Petri sacrata, etc. Data in mense Januario, anno primo imperii domini Caroli junioris, nempe Calvi, Christi scilicet* 876 *ineunte. Villam hanc cum appendicibus a Ludovico Augusto dono acceperat Eccardus litteris datis Pictavis* IV *Kal. Januarii, anno imperii vigesimo septimo, indictione tertia, id est sub finem anni* 859.

30. *Ex his nonnulla discimus observatu digna, primum, Eccardi comitis genus ex patre Childebranno, Nibelungi comitis (ut puto) filio, et ex matre Donnana uxores Albegundem, an Aldegundem, et Richildem, Theodoricum fratrem. Ex ejusdem Eccardi testamento, quæ charta ordine quinta est, discimus ipsi germanam fuisse Adanam monacham in Afrano seu Afarano monasterio, cui tum præfecta Bertradana. Quod non aliud esse videtur quam monasterium Sanctæ Faræ in tractu Brieyio. In eodem testa-*

(1) Nos nonnisi Rodulfi Tortarii opus damus. Alios jam edidimus.

mento Gerberganam neptem suam vocat, uti et in sequentibus litteris, in quibus Guiniterium nepotem suum appellat; cujus Guiniterii seu Winiterii duæ chartæ leguntur ordine 20 et 26. Lege chartas 13, 14 et 15 pro Nivelongo comite, quem puto esse hujus Eccardi avum. Discimus item ex prima charta, et etiam ex secunda, Theodbertum abbatem post Bernardum Floriacensi monasterio præfuisse jam inde saltem ab anno 876, eumdemque esse, qui loco præsidebat anno 885 ex charta 11. Gibertum Teodberti locum occupasse anno 890 constat ex charta 27. Lambertum vero anno 907 ex 29. De situ Patriciaci amplius dicetur ad Tortarii cap. 46.

51. Alius locus Benedicti miraculis celebris fuit cella quædam agri Barcinonensis sancto Patri sacra, de qua in appendice ad Rodulfum Tortarium, memoratur ab ipso Tortario in libri Andreæ monachi versione metrica his versibus :

Est domus ampla Patri sita pago Barcinonensi,
   Sæpe vocatus ubi plura stupenda facit.
In qua turma Deo famulatur sedula Christo,
   Gaudet præsidio tuta, patrone, tuo.
Huc oraturus successit miles amicus,
   Extra dimissis donec abiret equis.
Fur rapit hos avide, vicino mergitur amne.
Perdere quos timuit, miles equos recipit
Classibus advecti properant illuc Agareni,
   Quatenus igne cremant, rebus et exspolient.
Fundere vina volunt, glacies quasi dura rigescunt :
   Ignis et injectus sponte sua moritur.
Judicat hos molles, et mittit rex truciores.
   Miratur quare fiat et his simile.
Unus qui sacram demoliri cupit aram,
   Ictum dum librat, se feriendo necat.

Hæc cella seu cœnobium itinere unius diei a Barcinone distare dicitur in appendice ad Tortarium, ubi primum istud miraculum recitatur.

52. Jam tempus est adducendi Diederici narrationem, quæ in ms. codice hunc titulum præfert.

MIRACULA SANCTI BENEDICTI

AUCTORE RADULFO TORTARIO.

Cap. I. — *Odo res S. Benedicti rapiens et cereum paschalem, male moritur.*

Rege Francorum Henrico feliciter sceptra tenente, ejusque germano [Rotberto] ducatum Burgundiæ utcunque administrante, frater ipsorum Odo privatus degebat; nullius dignitatis fastigio sublimatus. Qui, quoniam non habebat propria, inhiabat subripere aliena, rapinis et deprædationibus operam impendens. Unde factum est die quadam ut valida manu militum collecta, Soliacensium (*Sully* propre Floriacum) sibique contiguorum agros deprædatum iret. Inde revertens onustus spoliis et præda, contigit ut etiam quorumdam pauperum Patris Benedicti res cepisset. Divertens vero in quoddam rus ejusdem Patris, Garminiacus (*Germigny*) vocabulo, mansionem violentam ibidem accepit, contradicentibus sibi ejusdem ruris officialibus, et referentibus quam severe ulcisceretur Omnipotens violatores illius loci, meritis Patris Benedicti. Qui floccipendens eorum dicta, præcepit circa ecclesiam, in honore Salvatoris mundi ibidem dicatam, rapinas includi pauperum. Siquidem habebat eadem ecclesia cœmeterium valli munimine circumdatum. Porro famulis jam dicti Patris ab eo sibi subrepta repetentibus animo obfirmatus nihil reddere voluit penitus, insuper comminatus est eos verberibus ut tacerent afficiendos ; erat enim nimiæ ferocitatis et extollentiæ. Igitur præparari amplum sibi, suisque, de rebus pauperum jubet convivium. Cumque deesset cera unde deberent fieri luminaria epulaturis necessaria, interrogat utrum in ecclesia illa candelæ haberentur ; cui cum responsum esset nihil ceræ illic haberi præter paschalem cereum, in honorem videlicet Dominicæ Resurrectionis, a parochialibus solemni oblatum more, jubet eum propere afferri, et exinde candelas copiose suppeditari, non veritus injuriam Salvatoris, cui sanctificata erant cereus et ecclesia. Proinde vino diversisque ciborum ferculis cum suis accurate refectus, sanus et incolumis, post morose protractas in vanum sermonum vigilias, dormitum vadit ; et dum levi sopore, quiescens aliquas noctis pertransisset horas, subita incommoditatis augustia perturbatus, inclamat suos, quibus circumsistentibus indicat se mortifera invaletudine detineri. Itaque per reliquum ejus noctis, eadem ingravescente molestia ; in eo loco mansit. Facto autem mane recognoscens manifeste Patris Benedicti res, neminem quamvis generoso concretum sanguine impune temerare posse ; quo voluit modo, equum ascendens recessit, et eodem invalescente morbo diem ultimum clausit, probabile satis factus argumentum, veridicam illam esse sententiam, qua dicitur non esse personarum acceptionem apud Deum (*Rom.* II, 11).

Cap. II. — *Villicus negligens. Ecclesiæ neglectæ pœna.* Exstitit ejusdem prædii villicus, nomine Vivianus, vir moribus barbarus, aspectu torvus. Huic suprafatæ ecclesiæ, sicut et reliquarum ipsius possessionis actionum, cura commissa fuerat. Qui supervacaneum ducens in talibus tempus expendere, quippe qui ignoraret, quanti habenda sint, custodiam sanctorum sibi delegatam locorum omnino postposuit, magis intendens annuum exigere quæstum de sibi subditorum rebus pauperum. Oratorii ergo ejusdem ambitus ejus incuria neglectus, nullius valli muniebatur obice alteriusve obstaculi; sed foribus reseratis patebat canibus, porcis et cujusque generis animalibus. Erat autem Vivianus cultor fertilis agri abundans opibus, dives pecoris : et quoniam erat assiduus venator, alebat canum gregem, ad capiendas modicas seu magnas diversarum specierum feras sagacem. Accidit itaque die quadam unum de canibus, quia patebat ingressus nemine obsistente, intrasse jam dictum Sancti Salvatoris oratorium, quem consecuti sunt ex aliis aliqui. Porro qui primus ingressus fuerat, quoniam lampas in quo olei liquor ad effugandas nocturnas illius sacri loci tenebras infusus habebatur, propior pavimento dependebat, saltu adnisus eam dejecit, et olei liquamen, quod de ipsa effracta lampade effusum erat, lingua lambit. Erat vero hic domino suo valde carus; quoniam ex illo erat canum genere, qui lepores assequuntur velocitate pedum. Accurrunt et alii, cupientes hujus edulii participes fieri. Nec mora, qui oleum lambuerant, in rabiem vertuntur : egressique ab oratorio, mirabile dictu ! aliis commisti canibus, qui forte in domo vel platea substiterant, omnes rabidos efficiunt, et gregatim quaquaversum discurrentes, cuicunque obviabant animali, illud ore dilaniare, unguibus discerpere attentabant. Nec est data requies ab eorum infestatione per circuitum vici illius habitantibus, donec omnes suffocarentur vario genere mortium.

CAP. III. — *Alia pœna. Monachus in extremis.* Corripitur ergo Vivianus ab amicis seu a quibuscunque sanum sapientibus viris vicinis, ne sacrum locum vilipendat, ut ambitum ejus claudat, ut animalia sua ab ingressu illius arceat. Sed nullatenus aurem sese monentium dictis accommodans, incurrit aliud majus detrimentum. Denique cum haberet multitudinem porcorum (erant enim fere quater viceni), nequaquam eis adhibere custodiam voluit, ne superius memoratum intrarent sacrum. Igitur una dierum illapsi aliqui ex eis ipsius penetralia sacri, vertuntur in furiam; egredientesque ab illo, toti suo obviant gregi. Protinus ergo omnes sues, sicut canes superius, in insaniam vertuntur, ita ut nullus eorum, ulterius ad consuetam domus Viviani redierint haram. Videres eos passim vagantes, hianti ore, ea feritate qua illud animal furia invectum fertur, bacchando discurrere, et quodcunque obvium immundo ore polluere, pedibus conculcare, nec ab illa rabie cessarunt, donec cuncti variis mortibus necati sunt. Pensanda est Omnipotentis invicta in hujusmodi transgressores patientia, quæ eos ad pœnitentiam adducens, de facultatibus ipsorum, quam de ipsis ultionem mavult. Hic etenim postmodum exstitit monachus, licet in extremis.

CAP. IV. — *Fur sancto injurius dat pœnas.* Enimvero Gaufredus, cognomento Rufus, cupiditate instigante, bis binos boves qui ad excolenda novalia ad reditus fratrum pertinentia in eadem possessione addicti fuerant, rapaciter abstulit : admonitus ut eos redderet, nullomodo acquievit. Insuper multa se illaturum adversa Patri Benedicto famulantibus, interminatus est. Nam, dum per villam ejusdem Patris Ballineus vocatam iter faceret, convocato Gauterio ejusdem villæ Majore, inter cætera insana quæ furioso protulit ore, contestatus est quandiu adviveret, sanctum Benedictum pacem cum eo nunquam habiturum. Cui idem Gauterius, vir modestus, tali respondit affamine : *Multorum*, inquiens, *ejusmodi minas perpessi sumus, et ab omnibus his eripuit nos Dominus per meritum sanctissimi Benedicti domini nostri; nemo tamen eorum qui talia inaniter adversus eum protulerunt verba, impune ea protulisse diutiulætatus est.* Necdum dies octavus præterierat, post quam boves rapuerat, et ecce a quodam suo inimico, cui itidem quamplura intulerat damna, circumventus, gladioque confossus interiit, Patri Benedicto famulantibus in nullo de reliquo calumniatus : *Impii enim,* ut ait Salomon, *de terra perdentur, et qui inique agunt, auferentur ex ea* (Prov. II, 22).

CAP. V. — *Hugonis abbatis pavo debilitatus. Cereus ad pavonis mensuram factus.* Hugo abbas (2) juveniles adhuc agens annos, dum magnificus vellet haberi, multa juveniliter gessit : et quoniam ex præclara Francorum lampade originem trahebat, degenerem se autumabat, ni ea gereret quorum multimoda opinio aures vulgi percelleret. Unde inter cætera suis præceptis clientibus, ut in suprafato agro, Germiniaco scilicet, multum eorum avium agmen, quæ pavones nominantur, sibi aggregarent. Qui sui domini obtemperantes mandatis, circumquaque discurrunt : eos qui ejusdem generis nutriebant alites, adeunt, et tam precibus quam muneribus, in brevi copiam earum assequuntur, curamque illarum fetibus impendentes, domini sui applaudunt votis. Accidit autem quadam, ut assolet, die, unum ex maribus solivagum incedere. Qui dum huc atque illuc pervagatur, ecclesiam Sancti Salvatoris, cujus supra meminimus, ingressus est, per eamque deambulans subito alis expansis altari subvolat. Cujus ut crepidinem attigit, mox debilitatus cruribus et immobilis juxta altare mansit. Aliquot horis decursis quidam ecclesiam intrantes inveniunt eum circa aram se volutantem, assumptoque eo, eis quibus earum alitum alendarum cura delegata fuerat, resignant. Qui suscipientes, domino suo suæ alitis infortunium referentes, qualiter contigerit aperiunt. At ille fide plenus, jubet fieri stupeum filum ad mensuram pavonis, ab extremitate videlicet rostri illius usque ad extremum caudæ, ceraque involvi, et accensum altari ante quod debilitas ipsa contigerat, præponi. Qui jussa complentes, factum

---

(2) Hugo abbas ponitur anno 1044 in Gallia Christiana; de eo rursus infra capp. 44 et 56.

et accensum lychnum ante aram statuunt; necdum consumptus lychnus erat, et avis integre pristinam recepit sospitatem. Ecce quid meruerit fides : licet enim dicat psalmus : *Quoniam multiplicata est misericordia tua, Deus, homines salvans et jumenta (Psal.* xxxv, 7), et B. Augustinus : « Qui salvat te, salvat et gallinam tuam, » tamen, ut Apostolus ait, scimus non esse Deo curam de hujusmodi irrationabilitate, nisi quantum expetit usus et necessitas rationalis creaturae (*I Cor.* ix, 9).

CAP. VI. — *Advocatus malus punitur.* In territorio Portiano est quidem ager Arvini Curtis (2*) vocabulo, ab hoc monasticae religionis institutore per longa tempora possessus, cujus agri advocatus dicebatur Adelardus. Hic cum tutari et defendere sibi credita debuisset, magis ipse pessumdare et deterere institit, quam ab aliorum violentia eripere. Totis siquidem in res ruricolarum inhians faucibus, per fas et nefas illis sua auferebat, et propriis mancipabat usibus; nec tamen id solum sibi, si eorum res diriperet, sufficiebat; insuper verberibus multis afficiebat. Crebrius vero a fratribus qui eidem praedio praefecti fuerant, admonitus cessare debere a tanta malignitate, emendare se noluit; sed potius in majorem saevitiam exarsit. Denique cuidam mulierculae aliquid abstulerat, quae currens ad ecclesiam, sublatisque quibus operiebatur lineis, altare diutissime flagris cecidit (5), increpans quasi praesentem Patrem Benedictum his verbis : *Benedicte vetustissime, piger, lethargice, quid agis? ut quid dormitas? quid tuos tantis subjacere servos improperiis sinis?* Quemdam etiam, ut plures omittam, rusticum multae simplicitatis virum, nomine Arnaldum, stimulis nequitiae exagitatus, dum quadam die agrum exerceret, improvisus adveniens, arrepto stimulo quo ille suos stimulabat juges, tantis affecit verberibus, ut semivivum relinqueret. Nec ductus poenitentia, satisfactione aliqua eum aliquando voluit placare. Qui autem verbera passus fuerat ab omnipotente Domino ultionem de ipso flagitabat, implorans super hoc auxilium Benedicti sui domini. Nec diu remoratus Dominus, qui pauperem liberet a potente, retribuit impio juxta suam impietatem; namque una dierum audiens suos ad locum, ubi erat, properare hostes, equum ascendens, armis protectus obviare illis festinat. A quibus fugatus, dum properat equi saltu velociter transmeare quemdam fluviolum, qui Minio vocatur, cuspide hastae quam gestabat longius ante se protensa terraeque innixa, ferrum ejusdem hastae versus suum incautius reduxit guttur, equoque cui insidebat calcaribus incitato, dum rivum transire gestit, lanceam in suum guttur demersit, moxque exanimis effectus, sociorum manibus ad propria reportatur, nulli deinceps famulorum Patris Benedicti verbera irrogaturus.

CAP. VII. — *Fur perjurus correptus.* Alter etiam Rainerius nuncupatus, qui unus erat ex ejusdem possessionis exactoribus, et ipse, ut rei probavit eventus, erga famulos ipsius monachorum ducis exstitit malitiosus. Qui dum multa secus quam debuerat ageret, frequentius falsa innoxios opprimens calumnia, et eorum bona iniqua diripiens violentia, cujusdam viduae unum quem solum habebat abstulit porcum. Repetente vidua suem, et cum lacrymis precibusque gemebundis suppliciter ut sibi ab eo redderetur saepius flagitante, nullatenus acquiescere voluit. Qua de causa dolens illa assiduas in ipsum devotationes aggerebat. Die ergo quodam casu accidit eamdem viduam ex improviso ingredi domum, in qua cum quibusdam aliis prandens Rainerius recumbebat. Quae, cum ipsam recordatio amissi pecoris gravi torqueret moerore, coepit, sicut crebrius solebat, ut suus sibi restitueretur exposcere porcus. Ille vero aestimans nil sibi officere quod dicturus erat, incauta protulit temeritate quod postmodum poenituit dixisse, putans Patrem Benedictum nihil ducere, si quis a se sibi promissam fidem prolatis incautius verbis ausus fuerit temerare. Per sacramentum, ait, quod sancto feci Benedicto, nunquam tuum attigi porcum. Idem vero Rainerius, ut ipse viculi adipisceretur exactionem, ex more loci jurejurando (4) promiserat, ne aliquid injustum in famulos superius dicti Patris moliretur. Igitur postquam falsum pejerando protulit juramentum, ira commotus, cultrum quem forte tenebat manus, super mensam jecit. Qui a mensa resiliens, mucrone sursum verso, oculum perjuri pupugit, et eum perpetua caecitate damnavit. Tandem improbus, posteaquam intellexit divino judicio uno se privatum lumine, professus est prius mendaciter locutum fuisse, perpendens viduarum lacrymas nequaquam spernendas, quae a maxilla ad terram descendunt, et Dominus omnipotens susceptor est earum.

CAP. VIII. — *Ignis sacer restinctus.* Amplectenda

(2*) Hervini-Curtis supra in Aimoini lib. i, cap 17, qui vicus mihi videtur esse *Harnicourt* vulgo dictus in pago castri Portiani, siti ad Axonam fluvium infra Regitestum, *Retel*, in Campania. Eo loci exstat prioratus a Floriaco hactenus pendens, dioecesis Remensis, in editis male Bellovacensis.

(3) Heccine est religio? sic ferebant illa tempora, quibus temporibus si quid a quavis ecclesia raptum fuisset, altaria nudabant, induebant ciliciis, flagellabant, aliaque id genus patrabant; quod postea in morem transiit, sicubi interdictum ecclesiasticum indicebatur. Mauricius Rothomagensis antistes ob occupata bona ecclesiae Rothomagensis praecepit totam dioecesim interdicto supponi, ob idque omnes et singulas beatae Virginis, imo et Christi Domini imagines in tota dioecesi sua super cathedram aut sellam aliquam deponi, spinisque circumdari. Qua de re exstat ejus epistola in Spicilegii tomo II, pag. 521. Porro hoc interdictum anno 1235 contigisse constat ex pag. 821. Paulo post Gregorius papa X sustulit hunc morem, ut ostendi ad praefationem Saeculi II, num. 48.

(4) Formam juramenti quod praestabant advocati, lege in fine praefationis primae Saeculi III.

et omni excolenda est favore pia miseratio Omnipotentis, qui *quod diligit, corripit, flagellat autem omnem filium quem recipit* (*Prov.* III, 12). Denique permittit diversarum spirituum infirmitatum dominari interdum corporibus nostris, ut saltem proprio admoniti incommodo, recordemur clementis ejus longanimitatis. Qui si tota mentis intentione ejus benignitatem, pro eadem incommoditate imploraverimus, nisi augmento nostræ obesse præviderit animæ, facilem singultibus nostris dabit aditum ad se. Gaudet quippe de totius creationis suæ salute. Quod si etiam, juxta quod scriptum est, ad ejus sanctorum aliquem convertantur (*Job* V, 1), vocem sui fidelis exaudiet, nostras preces sibi allegantis. Quam nostram assertionem approbant mirifica opera, per Patrem Benedictum sæpius nobis ostensa. Quidam etenim vir ex famulis ejusdem Patris, Archembaldus nomine, frater Hildruardi villici de Braio (*Bray*), quæ est haud contemnenda ipsius ducis monasticæ cohortis possessio, igne consumebatur sacro. Hic delatus a villa ad illius sacratissima membra, continuis gemitibus Conditoris omnium opem per meritum sui domini sibi implorans opitulari, velocius quam sperabat, exoptatæ restitutus est sospitati. Sopito namque incendio, qui [quod] jam anteriorem pedis ejus consumpserat partem, remeavit ovans ad propria, Salvatori Deo devota precum fundens libamina, et suum patronum, cujus meritis salutem promeruerat, magnis extollens laudibus.

CAP. IX. — *Simile.* Alter quoque eadem detentus incommoditate, juvenis quidam, de Transligeranis partibus, a matre in asino Floriacum devehitur, qui vigilantioris fidei ex hoc probatur exstitisse, quoniam mox ut cognovit se comburi sacro igne, nihil pigritatus petiit matrem ut Floriacum deportaretur, habere se fidem, per meritum Patris Benedicti ab omnipotente Domino valere salvari. Nec eum fefellit laudabilis suæ fidei devotio. Denique ante aram gloriosæ Dei Genitricis allatus, absque dilatione per gratiam ejusdem semper Virginis meritumque pii Patris, integræ juxta suam fidem restitutus est sospitati. Lætabundus itaque cum jucunda rediit matre, quæ eum mœrens, et cum gravi persecuta fuerat mœrore.

CAP. X. — *Festi violatrix punita; sanatur.* Festum Purgationis semper virginis Mariæ Dei genitricis, quæ purissima et castissima super omnem humanam puritatem et castimoniam semper exstitit, celebrabatur, eratque dies Dominicus (anno 1046). Quædam ergo mulier, Tescelina vocabulo, incola vici Floriacensis, operam impendebat lanificio. Hæc adversperacente jam die, reputans tum celebritatem ipsam quam diem Dominicum præteriisse, et aliquas ipsius diei lucrari cupiens morulas, accepit colum, lanamque super sua subtiliter extendens genua cum rorifluo sputamine, eamdem colum tenuiter ipsa lana cœpit involvere. Cavebat tamen, ne suæ cernerent quid ageret vicinæ. Sed Redemptor mundi, cujus oculis nuda et aperta sunt omnia, et Matris injuriam, et suam diem severe vindicavit Dominicam, nempe cum diem tantum gemina religione sacrum irreligiosa mulier temeraret, manibus retrorsum actis omninoque debilitatis, experta est in seipsa qua sunt digni pœna sacrorum violatores dierum. Cum torsione quoque manuum aliud grande patiebatur tormentum; sentiebat quippe intolerabilem a digitorum intercapedine suorum exire ardorem. Cumque immensis cruciaretur suppliciis, vicinarum hortatu mulierum monasterium ingressa post diem alterum, coram altare Dei Genitricis astitit, ipsam pietatis matrem continuis flebiliter obsecrans singultibus, ut sui misereretur, frequenter utique et Patrem invocans Benedictum, ut pro se intercederet. Transitis ergo aliquot diurnis horis, manibus ad pristinum reductis statum et sopito incendio, gratias agit omnium conditori Deo gloriosæque semper virgini Mariæ, nullatenus oblita monachorum legislatoris Benedicti.

CAP. XI. — *Servorum antiquorum conditio. Servi fuga. Contentio de servo duello finita. Duelli ritus.* Memoratus abbas Hugo quemdam virum de familia Patris Benedicti, nomine Letardum, Tescelino concesserat Petverensi (*de Pithiviers*), ut tam ipse quam ab eo progeniti perpetuo ipsi famularentur obsequio servili. Qui factus dominus illius, obtinuit eum non paucis diebus. Interpellatus autem idem vir nobilis post longum tempus a quodam suorum militum, Ingranno nomine, ut supradictum servum ei jure beneficii donaret, annuit. Ingrannus quoque obiens, filio suo Isembardo ipsum possidendum reliquit. Genuit autem præfatus Letardus filium, nomine Rotbertum: quem Isembardus, utputa proprium vernaculum, in sua aluit et educavit domo. Rotbertus vero factus grandiusculus a suis comperiens genitoribus, se de familia Patris exortum Benedicti, sed ab abbate supradicto, ut vile distractum mancipium, indoluit, nec diutius dolorem sui animi occulere valuit. Facta igitur fuga, ab Isembardi præsentia se subtraxit. Quem longum latere non valens, ab eodem domum reductus, pœnas luit quas solet fugitivus ; insuper sacramento ab eo est astrictus, ne servitutis jugum de reliquo ferre detrectaret. Qui, quoniam adolescentiæ tempora necdum excesserat, ad præsens siluit, donec ætate procedente vires colligeret, quibus suo injusto domino resistere valeret. Postquam ergo genas illius flos vestierat juventutis, elapsis adolescentiæ lustris abbatem expetiit Guillelmum (*Vid. cap.* 25), qui tunc temporis præerat Floriacensibus: apud quem angorem sui cordis cum anxiis deponens suspiriis, conqueritur de injustitia sibi suisque illata. Guillelmus itaque cum esset vir strenuus, et suam rempublicam semper augmentare toto anhelaret desiderio, respondit se illius ærumnarum misereri velle, justasque querelas ipsius viris prudentibus palam facere, et si quo pacto valeret, præsidium illi sese fore. Comperto igitur Isembardus Rotbertum, quem suum opinabatur servum esse perpetuum, ad priorum dominorum confugisse asylum, mandat abbati nominato, ut sibi proprium restituat mancipium, alioquim deinceps se ejus futurum inimicum. Qui missis ad eum qui sua referrent verba, mandavit eum quidem quem injuste repetebat, vernaculum Patris Benedicti fore [esse], se vero illicite diutius ipsum possedisse. Quapropter si de cætero illum habere vellet servum, in jus venire esse necesse. Quibus Isembardus auditis, apud se deliberans quoniam abbati injuste resistere nec fas, nec posse habebat, determinatum mandavit diem, in quo hæc controversia inter eos finiretur. Die autem statuto, plurimis nobilium et sagacium viris ab alterutra parte aggregatis, diu multumque sermone altercatum est ; sed minime ipsa calumnia eodem die finem accepit. Tandem vero multi prius exactis conventiculis, adjudicatum est idem negotium, monomachia (5) terminari debere. Dato igitur die singularem ineundi pugnam, in condictum conveniunt locum, videlicet qui repetebatur, et Airicus quidam nomine, quem Isembardus suo obtulerat loco, fortis robore, miles officio Erat autem idem statura procerus ; Rotbertus vero pusillus. Qui, quamvis secum confligentis corpulentiam metueret, habebat tamen, uti postea retulit, fiduciam in Patre Benedicto suo jure domino, et sibi infesto viro hunc inculcabat sermonem : *Non ego tecum decerto, sed dominus meus cujus me servum profiteor, Benedictus.* Ergo qui illum impetebat Airicus, ut moris est, primos ictus intorsit in eum. Quos ille gratia Dei protectus constanter sustinens, permansit illæsus, et alternum verber suo hosti tentans incutere, virtute Patris, cujus nomen retinebat mente, manum ipsius ductante, buculam (6) clypei quo suus tegebatur adversarius, fortiter percutit. Quæ claviculis quibus affixa tenebatur, avulsis, longius resilivit, moxque manus adversarii nuda apparuit. Quippe foramen in clypeo fuerat, quod bucula protegebat, deintus semipedali affixa ligno, quo manu retento, gravem ille Rotberti adversarius facilius verteret clypeum. Rotbertus cernens manum secum dimicantis nudam, ictu repetito toto conamine eam percussit. At ille doloris impatiens, clypeum remisit : et quoniam manu debilitata qua tegumen regebat, qua arte se tegeret, non habebat ; assiduo Rotberti verbere fatigatus, victum se proclamat. Dehinc exarmatus a victore, cum Isembardo, pro quo ignominiosum certamen inierat, confusus rediit ad propria, de reliquo haud dubius, Patrem Benedictum nequaquam suis defore in adversis rebus. Hæc victoria facta est Floriacensibus non modica exsultatio ; hostibus vero maxima confusio. Porro demonstravit Pater sanctus in hoc facto neminem suos posse aliquo pacto distrahere vernaculos. Videant sibi, qui famulos, census, prædia, sanctis locis attributa ob laudes omnipotenti Domino persolvendas, nefarie distribuunt laicis, seu cujuscunque generis personis.

CAP. XII.—*Translationis S. Benedicti festum. Ejus violator castigatur. Voto facto noxa remissa.* Miserum genus hominum pagos incolentium vix unquam levi jugo Christi ferream cervicem submittere appetit suam : sed qualiter ferox taurus indomitæ fronti primum præsentiscens imponi jugum, stimulis actus recalcitrat, sulcos agens obliquos ; sic illud genus hominum semper sacræ renitens religioni, vix aliquando viam rectitudinis incedere consentit. Unde quidam rusticus, dum sacerdote ex more præconante audisset celebrem solemnitatem translationis Patris Benedicti annuntiari, quæ quotannis apud plurimrs celebriter recolitur in mense Julio nationes, parvipendens ejusdem præceptum sacerdotis, qui jusserat omnes suos parrochiales esse feriatos, statuit eo die agriculturæ operam dare. Habitabat autem idem in agello quodam Patris Benedicti, Vinoilo dicto. Diluculo igitur surgens, vicinis cunctis ab opere manuum vacantibus, ipse solus junctis bobus in agrum quem exercere cupiebat, tendit, eum quem ipse in hieme prosciderat, gliscens rescindere campum, ut tam æstatis calore quam hiemis rigore decoctus, et sementis tempore dentata crate glebis attritis in pulverem redactus, semine suscepto abundantiorem diebus messis suo cultori exhiberet frugem. Dum ergo cupitum peragerct opus, ecce astitit ei quidam in schemate monachali, qui utrasque illius manus tenens, bifurco quo aratrum tegitur, tam fortiter astringit ligno, ut sanguinem per omnes ejus ungues eliceret, et rusticus idem aliquo prorsus pacto eas divellere ab eodem nequiret ligno. Quo facto, qui apparuerat monachus, nequaquam ulterius sibi est visus. Ille, pariter dolore nimio anxius et rubore confusus, hæsitabat quid ageret. Concurrentibus vero quibusque, et tanto stupentibus prodigio, cognoverant enim per bubulcum, qui effrenato animo eis intimaverat, detegit quid viderit, manifeste videntibus quid sibi acciderit. Conjectantes itaque qui accurrerant ex circumstantiis, ex monac' i videlicet oromate [viso] et diei festi ipsius violatione, monachorum ducem hanc ultionem de præsumptore tanti facinoris patrasse, hortantur, quatenus votum eidem Patri faciat, se solemnitates illius, quo advixerit tempore, nunquam temeraturum, monasterium ejus petiturum, pœnitentiamque tanti commissi acturum. Vovente hæc illo, et omnibus quos tantæ rei stupor inexpertus attraxerat, Dominum omnipotentem pro eo exorantibus, Patremque Benedictum lacrymabili

---

(5) Vigebat adhuc sæculo XI duellum in causis monachorum, ut patet tum ex hoc loco, tum ex aliis pluribus. Quædam exempla profert Andreas Chesnius in notis ad bibliothecam Cluniacensem ; quædam item Acherius noster in notis ad Guibertum. Memorabile est hanc in rem diploma Ludovici sexti Francorum regis, Theobaldo abbati Fossatensi concessum anno 1118, ut servi ejus monasterii *adversus omnes homines, tam liberos quam servos, in omnibus negotiis liberam habeant testificandi et bellandi licentiam.* Id postea prohibuit Gregorius papa IX litteris datis ad abbatem et monachos Fossatenses.

(6) Umbo clypei, ubi manus inserenda, vulgo *boucle,* unde Gallice nomen clypei *bouclier,* ex Bollandiana notatione.

voce crebius inclamantibus, ut misero misereretur, relaxatæ sunt manus illius, et cœpit astare solutus, qui ante paululum invisibilibus loris tenebatur astrictus. Indicibili ergo exhilaratus gaudio, votum quod fecerat, efficaciter implere studuit. Nam Floriacum tendens, præsentavit se abbati Rainero (7), fratribusque in die octava ejusdem festi, dum celebraretur missa, referens quam magnifica in se ostendisset Dominus omnipotens magnalia per sui fidelis Benedicti merita. At illi, magna tripudiantes lætitia, tota cordis instantia Salvatori laudes proclamant, magnum Patrem magnis extollentes præconiis, eique in quo tantum ostensum fuerat miraculum, salubribus correcto verberibus licentiam tribuentes regredi ad propria : cognoverat enim, nequaquam sui sacerdotis spernenda sibi monita, quoniam de talibus dicit Salvator . *Qui vos spernit, me spernit; et qui vos audit, me audit* (Luc. x, 16).

CAP. XIII. — *Mulier contracta erigitur*. In territorio Trecassino quoddam habetur prædium juris ejusdem Patris super Sequanam fluvium, ob oratorium in illius honore inibi constructum Sanctus Benedictus super Sequanam nuncupatum. Porro habitabat in eo mulier, Maria nomine, quæ diutino detenta languore spina dorsi contracta, effecta fuerat curva, ita ut nullo pacto suos versus cœlum erigere valeret vultus. Hæc indigena ipsius prædii, de familia ejusdem Patris originem trahebat. Multis itaque in eadem curvitate permansit lustris, desperaverat jam de sua salute, nequaquam audens opinari, se ulterius posse subrigi. Quadam ergo die Dominica, dum in eodem oratorio astans cum cæteris missæ celebrationem audiret, legereturque Evangelium, nodis spinæ qui diu de suo desciverant loco in antiquum remeantibus statum, dorso in breviorem modum retracto, ventreque qui per multum tempus contractior fuerat, in longius spatium extenso, cœpit subito stare erecta, quæ per longa jam tempora ambulaverat prona. Stupentes omnes qui aderant, quique eam ab infantia noverant, et ipsius infirmitatis conscii fuerant, tam insperatum remedium, palmas ad cœlum tendunt, summum opificem per sanctum Benedictum laudantes, qui suum auxilium ejus impendere dignatur veneratoribus. Mulier denique illa multa laude meritum ejusdem attollens Patris, in ea quam receperat, sanitate perseveravit usque ad suæ terminum vitæ.

CAP. XIV. — *Monacho loquela reddita ad confessionem. Præpositi officium. Confessio, etiam venialium. Confessionis dilatæ pœna. Optimum consilium. Viaticum.* Cum sint reliqua quæ scribimus misericordiæ opera, per Patrem Benedictum ab omnipotente Domino misericorditer impensa, unum tamen quod proprie dici valeat misericordiæ opus, referre dignum duximus, tam pro sui dignitate, quam pro congrue sumenda imitatione simili jure, si aliquando fuerit necesse : et ut clarius liqueat pia miseratio Patris Benedicti, quam propensius impendit eis, qui levi Christi jugo sua subdere festinant colla, illius provocati magisterio. Quidam ergo nostræ congregationis monachus Humbaldus dicebatur, qui ætate juvenis, dum in suis actibus strenuus videretur, quarumdam possessionum Floriacensi loco subditarum adeptus est tutelam, Almeri-Curtis videlicet, ac earum quæ ei subjacent. Quibus cum fere annis tribus perdurasset præpositus (8), disposuit aliquando more solito Floriacum revisere, gestiens nosse, utrum omnia apud suos concives agerentur prospere. Cœptum itaque iter agens, contigit ipsum in via graviter infirmari; sed nullatenus molestiæ cedens, licet quotidie languor ingravesceret, tandem moribundus, nimio tædio fatigata Floriaco sui compos desiderii intulit membra. Ubi dum morbo confractis viribus in lecto decumberet, visitatus a fratribus, admonetur, quatenus sui memor in extremis, abbati seu cui liberet seniorum, propria confiteretur peccata. Qui corvinam æmulatus vocem, cœpit promittere in crastinum se quod monebatur acturum. Miror nimirum, quæ oblivio illius insederat menti, cum id maxime studium omni fore debeat Christiano, præsertim monacho, si peccaverit, quod humanum est, ut statim currat ad medelam, confitendo scilicet proprium alicui religioso commissum. Quod si etiam a noxiis criminibus Omnipotentis munere immunis habetur, humilitatis tamen est custodia, reum sese credere, et confiteri omni hora juxta legis suæ sancita (*Reg. S. Bened.* cap. 4) : tunc vero præcipue, cum pulsatur vel modica molestia, quatenus semper de se securior existat. Is ergo, de quo dicere cœperamus, ægrotus, a suis etiam intimis iterum atque iterum de eodem pulsatus amicis, cras semper differendo sicut et cæteris promittebat. Neque aliquo ab ipso potuit extorqueri pacto, confessionis remedia sibi velle adhibere. Hoc tandiu respondit, donec amissa voce protinus loqui destitit. Comperientes deinde fratres ipsum obmutuisse, consternati animo, ignorabant quo se verterent, metuentes fratris illius conscientiam alicujus maximi facinoris macula pollutam, quod nec in extremis ausus fuerit manifestare. Mota ergo in capitulo quæstione, quid agi deberet super hac re, formidantibus omnibus de fratris illius salute, unus eorum nomine Gauzberius (9), vir timoratus, qui etiam abbatis officio functus fuerat, sed sibi subjectorum mores nequaquam emendare valens, renuntians nomini quod incassum tenebat, Floriacum amore Patris Benedicti expetierat, taliter

(7) Rainerus abbas coronationi Philippi regis interfuisse memoratur anno 1059.
(8) Præposituræ siquidem eo fine institutæ sunt, ut præpositus uno aut altero socio adhibito prædium aliquod procuraret, uti alias dicendum uberius, Deo dante. Interim lege Broweri librum primum Antiquitatum Fuldensium cap. 7.

(9) Gaurbertus in editis, mendose. Is abbas fuerat, ni fallor, Ferrariensis, cujus mentio in Vita sancti Aldrici episcopi Senonensis, supra. Id si ita est, longe extra ordinem positus est in editis, ubi sextus decimus habetur. Sane ejus tempore maxime laxatam fuisse regularem disciplinam, patet ex prædicta Vita. Quod satis convenit in hunc locum.

intulit : *Miror, vos, fratres, viros sapientes super hoc negotio sic pendulos, cum habeatis in præsenti tantum patronum legis vestræ sancitorem, prærogativa miraculorum præclarum. Si placet itaque vobis meum consilium, ingressi monasterium* (10), *coram ipso terræ prosternamur : placemus per ipsum iram summi judicis cantata litania cum septem psalmis.* Audita, fratres, sapientis viri exhortatione, acclamant quod suggesserat debere fieri. Ergo prostrati pavimento ante tumulum Patris, psallebant litanias cum septem psalmis. Quibus expletis, conjungunt fratri ægrotanti fratrem quemdam sane mentis virum, nomine Milonem : qui, dum eum nomine proprio vocasset, ille quasi de somno mortis evigilans, oculos aperuit, et sibi protinus resumpto sermone respondit; deinde admonitus, sua confessus est peccata. His peractis, viaticum suæ salutis, corpus utique et sanguinem Domini, accipiens, vita decessit. Fratres vero exhilarati oppido, gratiarum actiones retulerunt omnipotenti Domino, qui tam magnifice subvenire dignatus est per eos fratri perituro, Patris Benedicti merito.

CAP. XV. — *Prædo excommunicatus. Excommunicatione spreta male perit.* Albericus unus ex primoribus castri Castellionis (11) quod est situm super Lupam fluviolum, vesaniæ stimulis agitatus, creberrimis deprædationibus prædia sæpius dicendi Patris devastabat, maxime illa quæ Curti Matriniacensi (12) adjacent. Qua de re, mandaverunt sibi tam abbas Rainerius, quam fratres sub eo degentes, ut commissa corrigeret, et de cætero adversus Patrem Benedictum talia committere caveret. Qui pro nihilo ducens mandata, pessimis adjecit pejora. Dolentes vero fratres Patrem sæpius nominandum contemptui haberi, et famulos suos extenuari; inito consilio concorditer prædonem illum cum sibi in hoc scelere participantibus anathematis mucrone, ni cessaret, et neglecta emendaret, multarunt (13). Idem autem in malis perseverans, eorum excommunicationem quasi aliquod frivolum despexit : indurato animo, neglecta neglexit emendare, et a sua perversitate noluit cessare. Proinde Omnipotens qui clamores humilium nequaquam spernit, et qui gemitus viduarum et pupillorum ex alto prospicit, dignatus est consolari sub hac anxietate servos suos. Contigit enim, ut suprafatus prædo ductaret exercitum comitis Theobaldi super habitatores castri, quod a sæcularibus viris, turpi censetur vocabulo : a nobis vero quibus prohibitum est turpiter loqui, Malumtalentum vocatur. Qui, dum dux in primo agmine iter faceret, propter curtem jam dictam Matriniacensem, exterriti qui eam inhabitabant, videntes hominem sibi infestum cum tanta adfore militum multitudine, exierunt ei obvii cum armis, in locis videlicet opportunis ejusdem vici, ne patentibus sibi aditibus, valeret eis aliquid inferre discriminis. Unde indignatus ille nequam, comminatus est cum multo juramento, perfecto negotio quo tendebat, se omnes eos captos ducturum, insuper et vicum eumdem incensurum. Cui viri illi respondentes, dixerunt : *Te quidem palam est multum posse et velle nobis nocendi habere. Potens autem est Deus, meritis Domini nostri cujus servi sumus Benedicti, ab interminatis a te potenter liberare nos calamitatibus.* Ille cum voce minaci equo calcaribus concitato, quo tendebat perrexit miser. Qui cum Patrem Benedictum debuisset supplici voce, ut ei in auxilium esset, in tali discrimine ne periclitaretur, exposcere, contestatus est servos illius in prædam se minaturum, bona eorum direpturum, et habitacula igni crematurum. Dum ergo pervenisset ad castrum superius relatum, adorsus illud cum prima quam regebat cohorte (reliquus enim exercitus cum comite longe post sequebatur), cœpit sagittis et diversis missilibus eos qui intus erant infestare. Armati vero egressi portas castri ejusdem indigenæ, in eo quod accidit, probati sunt strenue restitisse. Tendens enim quidam adversæ partis arcum, jecit sagittam in Albericum; qui ea ictus, super unum suorum genuum, mox de equo cui insidebat, ita proclivus corruens, ut galea telluri illideretur, exspiravit, et quas incassum adversus Patrem nostrum effuderat minas, perire permisit; nihil nempe post vulnus acceptum loqui valuit. Hujusmodi retributionem superbo Deus ultionum Dominus reddidit *(Psal.* XCIII).

CAP. XVI. — *Excommunicatus solutus post mortem. Alius prædo male erit.* Seguinus quoque hujus Alberici, de quo supra retulimus, tam carne quam malitia germanus, nullatenus terrifica morte sui fratris territus est. Denique sceleratior fratre evasit, majora adversus Patrem nostrum præsumens, multimoda crudelitate in famulos ejus grassatus. Qui post necem fratris, pro absolutione ejusdem Floriacum pervenit, et ea impetrata spoponderat se de cætero fidelem futurum, et de propriis multa largiturum. Sed omnia mentitus, pro fideli infidelis, pro largitore raptor effectus est. Hic ergo devium fratris iter ingressus, cœpit et ipse rapinas exercere de Patris Benedicti possessionibus, ipsius famulos quos poterat capiens, et eorum bona diripiens, tanquam ultionem fratris de Patris Benedicti expeteret famulis. Qui et ipse sæpius admonitus a sua cessare debere malitia, nullo modo acquievit. Ad extremum dum quadam die prædas de terra quæ Curti Matriniacensi adjacet, agens, suillum gregem minasset, directi sunt ad eum qui sua repeterent, et emendationem suaderent; qui abeuntes, invenerunt cum in

---

(10) Id est ecclesiam, ut ex contextus serie manifestum est.
(11) Vulgo *Châtillon-sur-Loin*, supra urbem Montem Argi ad Lupam amnem in Burgundiæ pago Wastinensi, *le Gâtinais*.
(12) Curtis Matriniaci infra, vulgo *la Cour Mari-* gny, diœcesis Senonensis sub decanatu Wastinensi; ad quem etiam pertinet Bordellum, quod, si non fallor, *Malumtalentum* auctor inferius vocat religionis causa. Matriniaci meminit Adrevaldus non semel.
(13) De excommunicandi ritu per id tempus servato dictum in præfatione hujus Sæculi.

sua domo. Erat autem ipsa domus lignea turris, quippe vir potens erat, ex nobilioribus indigenis ejusdem castri, cujus fuerat et Albericus. Turris ergo illa in superioribus suis solarium (14) habebat, ubi idem Seguinus cum sua manebat familia, colloquebatur, convivabatur, et noctibus quiescebat. Porro in ejus inferioribus habebatur cellarium diversi generis retinens apothecas, ad recipienda et conservanda humani victus necessaria idonea. Solarii vero pavimentum, ut moris est, compactum erat dolatilibus trabeculis, quæ parum quidem habebant spissitudinis, sed aliquantum latitudinis, plurimum autem longitudinis. Denique in hoc solario qui missi fuerant, prædictum virum reperiunt; qui cum convenientes, quæ injuncta fuerant mitiori sermone ei cœperunt recensere. At ille his quæ mandabantur, minime intendit, sed efferatus animo, ore respondit furibundo, inquiens cum terribilibus juramentis velle se injecisse monasterio Sancti Benedicti tantarum virium ignem, qui turres ejus combureret, et quasque ei contiguas ædes depasceretur. Hæc loquebatur stans in summo unius trabeculæ, quibus, ut diximus, solarii pavimentum consistit. Quæ vix venenato evomuerat ore, cum trabeculæ, cui pedibus insistebat, caput ruit, sublata in altum altera ejus extremitate; ille vero deorsum capite corruens, tali lapsus est casu ut caput ejus inter duas arcas quæ in cellario (quod subesse solario diximus) erant, infigeretur instar cunei ligno impacti, reliquo corpore super unam earum arcarum rejecto. Facto clamore, famuli domus in cellarium ruunt; reperiunt autem dominum suum confractis cervicibus animam exhalasse. Quem reportantes ad superiora, pro ejus morte subita amarissimas fundebant lacrymas. Hoc exitu obstructum est os loquentis iniqua (*Psal.* LXII, 12), renovata est in hoc perfido antiqua ejusdem Patris potentia, dum corruente Florentio tota domus fabrica mansit illæsa, præter solarium, cui idem Florentius insistebat (GREG. lib. II *Dial.* c. 8). Sic et isto ruente tota turris fabrica permansit integra, sola trabecula, cui superstabat, ruinam passa.

CAP. XVII. — *S. Benedicti cœmeterii immunitas. Annonæ raptæ pœna.* Est quoddam prædiolum in Leomansi pago, quod vocatur Alsonia (15), Patri Benedicto a Leoberto viro probo olim attributum; ubi tantam miraculorum frequentiam idem Pater per gratiam sibi a Deo largitam ostendit, ut omnes ipsius nationis homines eumdem locum maxima devotionis veneratione excolant. Denique cruces aliquantum excelsas per gyrum cœmeterii posuerunt, quas nemo suum persequens inimicum, quamvis exitiali ejus odio detentus, transgredi audeat, si ad ecclesiam in eodem loco constructam confugium fecerit. Fugitivi denique, homicidæ, et quicunque aliqua alia reatus sui anxietate cogente ad eumdem confugerint locum, immunes existunt, quandiu infra cœmeterii terminos sese continuerint. Nemo aliquid furari, seu aliquam fraudem de qualibet re alicui facere in eodem audet atrio. Contigit ergo die quadam, venatores Adelardi cujusdam nobilis viri, advocati videlicet illius prædii, venatu redeuntes, fessos ibidem cum suis resedisse canibus. Cumque non haberent unde suis pastum canibus exhiberent, querimoniam suam ad Isaac quemdam prudentem referunt virum, quem fratres Floriacenses ipsi præfecerant possessioni. Qui dum se ignorare quid agere valerent, respondisset, inquiunt illi, de annona Patris Benedicti, quæ in eodem reservabatur loco, unum sextarium se præsumpturos, ut inde cibus præpararetur canibus. At ille infert nequaquam impune id eos posse perficere; suum vero nullatenus super hac temeritate habere consensum, timere ne pœna huic præsumptioni mox adfutura in se, si accideret, relaberétur. Illi, quæ dicebantur pro nihilo ducentes, ut animo conceperant, annonæ quantum sibi videbatur auferunt, attritu molarum in farinam redigunt, suis exinde pastum beluis conficiunt. Quos talibus saturos alimentis, imminente nocte, una includunt domuncula. Diluculo autem de suis cubilibus exsurgunt, solitam venationi operam dare cupientes, adeuntesque cubiculum, in quo suos recluserant canes, januam eis patefaciunt; et introspicientes, vident eos vita defecisse, alios pavimento toto prostratos corpore, quosdam resupinato ore mortuos jacere, alios parieti domus anterioribus vestigiis inhærere, reductis capitibus in terga. Quod cernentes, clamore sublato fœmora sua palmis alii quatiunt, alii complexis manibus sonitum grandem cum voce querula emittunt; timebant enim pœnas a domino suo pro amissione canum juste sibi irrogandas. Diu ergo stupidæ admirationi vocibus questuosis immorati, tandem recedunt, domino suo infortunium quod ipsis acciderat, et quam severus ultor Pater Benedictus in eos exstiterat relaturi.

CAP. XVIII. — *Simile de prato.* Alio quoque tempore, dum milites propter eumdem viculum hora jentandi iter carperent, diverterunt illuc; dumque alii cibos et quæque commessuris apparent idonea, unus eorum suo inquit armigero : *Cur, hominum inertissime, tanta te oppressit ignavia ut aliqua non subministres tuis equis pabula, quandiu procurantur epulaturis necessaria?* At ille se nescire dicit a quo quidquam feni vel palearum deposcere possit. *Vade,* inquit, *in pratum S. Benedicti, quod huic adjacet*

---

(14) Superius conclave significari nomine solarii sexcentis exemplis constat. Egregium habetur in diplomate Guntchramni regis pro conditione Cabilonensis monasterii Sancti Marcelli, ubi præcipitur, ut *solarium cum caminata illi de Gergeiaco et de Alciato faciant.*

(15) Alsonia, *Ausson,* vicus est diœcesis Senonicæ in decanatu S. Florentini, cujus vici ecclesia pendet a monasterio Floriacensi. Istic proinde statuendus est pagus *Leomansis,* si hic non erravit typographus, rectius *Leomensis.*

villæ, et collecto herbæ fasce, quem solus valeas collo cqui imponere, defer, et tuis appone animalibus. Ille præceptis domini sui parens, mutuata falce a quodam in pratum evolat, herbam totis viribus resecat, ut quantocius repedare valeat, ne sociorum defraudetur epulis. Interea dum ille illicito instaret operi, vidit cum quidam de pagensibus, et accurrens otius, nuntiavit prædicto Isaac villæ præposito : erat enim pratum illud contiguum domui ejus. Intuitus autem Isaac armigerum falce gramen prati præcidentem, a longe excelsiori inclamat voce : *Quisnam es, o homo nefarie, qui contra fas temerator ingressus es sancti pratum Benedicti? egredere, pestifer, velocius, ne divina ultio celerius te disperdat.* Ille autem voces contemnens monentis, in hæc lucrida prorupit verba : *Sanctus,* ait, *Benedictus hac vice hoc modicum mihi indulgebit facinus.* Et facto herbæ fasciculo, suum repetiit hospitium, suis animalibus exhibens pabulum. Deinde festinus properans ad domum, ubi sui convivabantur comites, et ipse convivatus est cum eis. Consumptis itaque dapibus finitoque jentaculo, proprium unusquisque conscendens equum, tendere festinant quo disposuerant. Contemptor autem Benedicti Patris postremus omnium de villa egreditur, credo aliquantulum herbæ superfuisse, quam ut suus consumeret equus exspectabat : et ipse demum ut suis conjungeretur sociis, qui longiuscule jam aberant, equo calcaribus admisso eos insequi conatur; sed antequam de villa exiret, equus præceps in terram cadens, collisa cervice, mortuus ruit. Eques, qui ei insidebat, et ipse labitur ; confractoque fœmore, ab humo, nisi aliorum ulnis sublevatus, surgere nequivit. Concurrente turba ad tam subitam divini examinis vindictam, et ipse Isaac adfuit, increpans miserum his verbis : *Nonne tibi dixeram, miserabilis, B. Benedictum suas injurias nequaquam diu dimittere inultas ? sed, quia mihi credere renuisti, ecce contritis membris jaces inutilis.*

CAP. XIX. — *Pœnitens ferro constrictus, Floriaci solvitur.* Quidam pro admissis a se criminibus, metuens diem extremi examinis, ut summi judicis sibi metum placaret, sua ferro (16) ligari fecerat brachia : et quamplurima peragrans terrarum spatia, sanctorum expetiit loca multorum, gemitibus exorans crebris, quæ ipsius redarguebant conscientiam, deleri scelera. Porro hoc per aliquot vigilanter continuans recursus annuos, licet fideliter astipulari debeat, quorum memorias beatorum adierat, eos Omnipotentem pro absolutione facinorum ipsius exorasse, tamen nullius manifestam opem persensisse videbatur. Hæc etenim illius exstabat fides, ut postquam a pio judice ejus remitteretur peccatum, mox subsequeretur solutio brachiorum. Dum ergo circumquaque discurrit, Patris Benedicti suffragium sibi utile fore confidens, Floriacum attigit : et majorem ingrediens ecclesiam, in qua ejusdem Patris sacratissima requiescunt ossa, devota precum libamina ante singulas perlustrando aras Deo offerebat. Perveniens autem ad aram (16') Dei Genitricis, quæ pone se habebat altare sæpius nominandi Patris, protensis in cœlum manibus omnipotentem Dominum precabatur attentius, sua sibi relaxari debita, Dei Genitricem cum eodem Patre frequentius invocans. Et dum intentus eidem esset orationi, subito rupto clavo quo ferreum constringebatur vinculum, ferrum in pavimentum dato crepitu resilivit. At ille solutum se cernens, et in eadem solutione visibili peccaminum invisibilia vincula relaxata intelligens, exhilaratus oppido indicibili tripudiavit gaudio, prolamans omnipotenti Domino laudes, ac Dei Genitrici Patrique Benedicto innumeras reddens gratiarum actiones.

CAP. XX. — *Pestis remissa delatis reliquiis S. Mauri, pedibus nudis.* Exigente mole peccaminum, accidit aliquando ferventissimam per aliquot menses continuari siccitatem, sidere solis suo fervore omnia acrius solito perurente. Unde contigit Floriacenses graviter affligi, durissima per aliquantum temporis in homines desæviente pestilentia. Cerneres domos vacuas pereunte subito patrefamilias cum prole et tota clientela ; promptuaria vino redundantia, arcas tritico videres refertas ; et non erat qui attingere auderet, arescentibus hominibus præ timore qui supervenerat universi. Quippe cum cum quo modo loquebaris, mox aspiceres vel audires interiisse inaudito necis genere. Sentiebat aliquis sese pungi subita punctione, vel in humeris, vel in brachiis, seu femore, pectore, ventre ; et extemplo in terram corruens, moriebatur. Hæc intemerabilis lues aliquot menstruis recursibus Floriacum obtinuerat. Decreverunt itaque tam fratres quam cuncta ejusdem loci plebs, sacra celeberrimi martyris Mauri membra cum litaniis processionaliter deferre ad matrem ipsius burgi ecclesiam, quæ in honore testis Christi Sebastiani eidem Christo dicata erat, confidentes Salvatorem meritis sui fidelis, cujus reliquiæ deportarentur, precibusque Patris Benedicti placatum, plebi suæ miserturum. Condicto ergo die, discalceatus pedes, lacrymis perfusus, tam sacer ordo quam populus, cum parvulis et mulieribus, beati martyris membra duobus ex clero pro consuetudine in humeris gestantibus, cum litaniarum supplicatione ad supradictam perveniunt ecclesiam, ubi quanti profusi gemitus ex intimis cordium fuerint, quantæ lacrymæ effusæ, quanta precum vota omnipotenti Deo oblata, nimium difficile est prosequi. Expleta ergo ex more missarum celebratione, redeunt quisque ad sua, præstolantes omnipotentis Dei immensam clementiam, quæ non diu abfuit. Namque mox sicco excluso Aquilone, humidus

---

(16) Plura ejusmodi pœnitentiæ exempla, quæ adhuc sæculo XI vigebat, vidimus in præfatione Sæculi II num. 41, et in lib. III De gestis S. Convojo- nis abbatis supra.

(16') Altare matutinale vocant, quod hactenus pone altare sancti Benedicti visitur.

Auster libero volatu Floriacos perflans campos, omnia rorifluis humectavit pennis, quæ solis fervor ari la reddiderat, largo imbre irrigans sola. Corpora quoque cum hominum, quam reliquorum animalium, grato relevans temperamento, omnem prorsus in eis exstinxit ardorem. Cessante itaque immoderato solis fervore, cessavit et pestis invisa; nec deinceps, præter consuetum morem, in eodem aliquis loco eo tempore obiit. Porro, qui a tanta liberati fuerant clade, totis præcordiis omnipotenti Domino debitas persolvunt laudes, beato martyri Mauro Patrique Benedicto meritas agentes gratiarum actiones.

CAP. XXI. — *Simile. Feretrum vino lotum.* Paucis diebus revolutis, eadem pestifera lues invasit incolas castri, quod Gordonicum vocatur, in pago Biturico situm. Sole denique vires solito majores exerente, tanto ardore Gallicam regionem torruit, ut fontes qui toto pene hactenus ævo fluxerant, siccati, nequaquam consuetum suis potum præbere sufficerent accolis. Tellus vero hiulcis passim fissa rimis, pandebat hiatus creberrimos et solito profundiores. Proinde amnes largifluï, qui instar abyssi magnæ oneriferas vectare consueverant naves, exsiccatis alveis, amisso navigii usu, transitum duodenni præbebant puero, si necessarium foret pedibus transire. Quid de pratorum retexam exustione, quæ viroris decore, æstatis tempore vestiri solent graminibus, speciem lapidis smaragdini æmulantibus, quæ æstu solis attrita, sic aruerant, quasi nunquam aliquid humoris habuissent? Porro tot et tantas nostræ ætati inexpertes ærumnas comitabatur mortifera lues, quæ humanorum corporum innumeras quotidie dabat strages, quæ lues maxime incolas supra fati angebat castri, cum reliquæ clades pene toti dominarentur Gallico orbi. Nihil in eo apparebat castro, nisi mortis imago; omnia plena luctus, plena mœroris, plena doloris. Nusquam risus, nusquam cordis lætitia, nusquam vultus hilaritas; omnes submissis in terram gradiebantur oculis. Non ibi exaudiebantur voces exsultantium, non mulierum tinnuli concrepabant cantus choros ducentium. Nulla in plateis plebis frequentia; et mirum quod in tam populoso oppido vix rara aut nulla, metu mortis cunctos percurrente, videres conventicula. Decor mulierum, puerorum lascivia, juvenum petulantia, varius vestium ornatus in pullos commutatus fuerat amictus. Nec immerito: vix enim aliqua immunis a cadavere inibi reperiebatur domus. Quippe cum quo aliquid tractabus modo homo post paululum fiebat cadaver. Moriente aliquo, quærere solemus vespillones, qui defuncto procurent sepulturam; ibi vero antequam sciretur qui in eis mortui poni deberent, quamplurimæ ab illius officii ministris fiebant fossæ, certis nullatenus mercede sui laboris se posse fraudari. His et amplioribus oppidani jam dicti castri coarctati malis, tandem rediit ad memoriam qualiter omnipotens Dominus per beatum martyrem Maurum, comitantibus Patris

Benedicti meritis, de cruentissima peste superioribus annis Floriacenses liberavit. Consilio ergo inito decernunt prudentes Floriacum dirigere viros, qui communes populi preces fratribus intimarent Floriacensibus, quatenus Christicolæ suffragari non differant plebi gregatim pereunti, deportato corpore ad eos jam dicti martyris cum Benedicti Patris reliquiis. Venientibus ergo Floriacum legatis, et rem pro qua venerant ex ordine propalantibus, durum quidem fratribus videbatur gloriosum martyrem Floriaco extrahere, et vel modico terrarum ab eo divelli spatio, cum post sanctissimum Patrem in ipso maxima spes illorum sita foret. Durius tamen quibusque sanioris consilii visum est, si tantam plebem, præsertim Patris Benedicti dilectricem, perire sinerent, maxime cum certum haberent celeriter illi posse subveniri, et fides petentium hoc apud se retineret. Assumpto igitur quidam religiosorum fratrum celeberrimo martyre cum sacratissimis Patris Benedicti pignoribus, honesto comitum tam clericorum quam laicorum vallati agmine, ut tantum decebat martyrem, ad destinatum perveniunt locum. Comperto Gordonicenses ad quos tendebant eorum adventu, obviam ruunt omnis sexus omnisque ætas; senes jam decrepiti, incurva baculo substentantes membra, pueruli etiam, quos modo ætas ad frequentationem habiles reddiderat, quibus poterant verbis, ad accelerandum sibi opitulari rogabant. Immensum namque gaudium eorum replebat corda, quoniam quas toto mentis desiderio videre exoptaverant, beatissimi videlicet Mauri aspiciebant reliquias, securi jam de sua per eum salute quem apud omnipotentem Dominum tantum audierant posse. Occurrunt etiam cum maximo tripudio Sancti Satyri canonici, albis induti vestibus, superamicti holosericis cappis, crucibus, cereis thuribulisque thymiamate vaporantibus præmissis. Deducitur beatissimus martyr hac populi frequentia usque ad castri superiora, quod situm est, ut recolunt qui viderunt, in prærupti collis eminentia. Expositis ergo in planitie ejusdem oppidi cupis, defertur vinum certatim in amphoris et aliis vasis deportando vino aptatis, et funditur in eis, quatenus loto feretro quo beati martyris continebantur membra, ex illa potione (*saint vinage*) quasi de ipsis sacris condita membris, velut de confectione aliqua medicinali omnes potarentur. Videres nimirum catervatim confluere universæ ætatis sexum, deferre cyathos, scyphos, crateras, et cujusque generis vascula ad suscipiendum potum. Suscepto ergo in suo quisque calice illius medicaminis haustu, nequaquam aliquid, ut fierit assolet, exinde domi residentibus deportabat, priusquam sufficienter reficeretur, metuens si vel modica postquam susceperat, morula intercederet, ne subita lues se perimeret; etenim qui amplius ex eodem potum haurire poterat ampliorem, salutem sese promeriturum sperabat. Refecti igitur eo affatim omnes, (cæterum idem castrum præ ceteris vino abundat, et gaudium erat cuique qui illud præbere valebat) rogant obnixe quo beatus martyr per vicos et plateas ejusdem circumferatur oppidi, ut pestifera lues ejus præsentiam fugiens, a cunctis ipsius pelleretur angulis. Hoc facto cœpit extemplo ventus leni spiramine aerem in nubes cogere, polus deinde obscurari densitate nubium. Nec mora, ut solet in Aprili descendere pluvia levi aurarum susurrio, imber gratissimus placido lapsu sese infudit sitientis telluris in gremium, depellens nocivum, qui diu lugubri dominatus mundo fuerat, solis ardorem. Porro expulsa mox clades illa mortifera, quæ multas mortalium strages illis in locis inexperto ediderat more, lustrante fines illos beato martyre, neminem hominum inibi insueto deinceps modo ausa est attingere. Denique eruti ab immani periculo, non est in promptu dicere quanto tripudiabant gaudio, persolventes laudum cantica omnipotenti Domino, qui per suum fidelissimum testem a subitæ mortis discrimine dignatus est eos eripere. Nostri nihilominus legislatoris amore devincti, ejus meritum sublimis attollunt præconio vocis, qui tantum habere meruerit contubernalem, per quem, ipsius Patris junctis precibus, imminentem evaserint mortem. Proinde quanta fuerint munerum donaria, quivis perpendere potest, dum unusquisque præcipua quæ habet, offerre festinat, ne alius se devotior appareat. Siquidem per triduum detinent suum salutiferum hospitem, ut certiores facti de concessa salute, nulla jam formido ipsius pestis in eorum resideret mente. In quarto demum die cum hymnis et canticis tanto martyre dignis ejus persequuntur feretrum per longius viæ spatium valedicentesque illi ad propria sunt regressi. Fratres itaque Floriacum repedantes, narrant residuis quæ fecerit magnalia Dominus omnipotens fidelium suorum meritis. Qui gratulabundi laudes exinde referunt omnium Creatori, beati martyris Patrisque sui precibus sese commendantes attentius.

CAP. XXII. — *S. Mauri brachia, ubi. Perjurus punitus. Juramentuum super reliquias.* Nulli videatur onerosum, si duo subnectamus capitula, ad laudem hujus præsentis sanctissimi martyris, referentes mira, quæ per eum omnipotens Dominus ostendere dignatus est opera in duabus longius a se remotis regionibus, in quibus ejus sacratissima continentur pignora. Prius tamen compendiose intimandum rem ignorantibus. Quoniam dum ipsius honorandæ Floriacum translatæ forent reliquiæ, fratres Floriacenses duo venerabilia ejus brachiorum ossa in duabus sui juris possessionibus posuerunt, ad subsidium videlicet et tutelam earum, quarum altera Diacus (*Die*) nuncupatur, in partibus sita Burgundiæ, territorio videlicet Tornodorensi, alterius, licet minus consequens in scripto adnotari habeatur

vocabulum, quoniam est barbarum; tamen, sicut profertur, barbare adnotavimus, vocatur itaque *Pontons*, in regione posita Guasconiæ. Ergo apud Diacum quidam ejusdem loci habebatur villicus, nomine Joscelinus, qui dum in multis aliter quam oportebat ageret, extricando suorum censum dominorum, usurpando per fraudem reditus agrorum, subripiendo bona rusticorum sibi commissorum, post plurimas objurgationes, quibus ut se a suis pravis corrigeret actibus commonitus, quia nequaquam emendatus est, a Rainerio ejus possessionis tunc præposito, postmodum abbate, quarumdam causarum rationem reddere cogitur infideliter a se gestarum. Judiciario deinde more ventilata earum rerum quæstione, definitum est cum debere juramento sibi objecta refellere, quia inficiabatur omnia illa de quibus criminabatur. Respondet ille se alacriter jusjurandum facturum. Nec moratus diutius jam dictus præpositus, jubet afferri coram superius memoratas beati martyris reliquias. At miserabilis Joscelinus, quamvis cum sua reprehenderet conscientia, formidine præpositi sui compellente, præsumit sacris pignoribus temere manum imponere. Peracto vero sacramento, sicut dictaverant qui illud fieri adjudicaverant, improbus pejerator jam securus, quoniam illico minime ipsum perculerat divina ultio, hilari vultu, procacibus verbis, quam prolixam habebat barba mento tenus comprehensa : *Per hanc*, inquit, *barbam salvam feci sacramentum.* Quo dicto, tota veluti eam comprehenderat manum prosecuta est barba reliquo quo vixit tempore, mento penitus perseverante in barbæ privatione. Manifestata igitur luce clarius ejus infidelitate, justo judicio amissa villicatione, ulterius nec ipse, nec soboles ejus potuit villicare, expertus beatum martyrem admirandæ virtutis fore, quem prius debita nequaquam veneratus fuerat reverentia.

CAP. XXIII. — *Ecclesiæ violator punitur. Pictones audaces.* Præterea comite (17) Pictavensium in expeditionem Hierosolymitanam multa armatorum millia ducente, uxor ipsius curam agebat provinciarum potestati suæ subditarum. Unde factum est, dum Guasconiam peragraret, ut transmeata Garumna fines ejusdem regionis attigeret, in quibus positus est locus superius memoratus, *Pontons* (18) videlicet, in pago Ausiensi, super flumen Adurcium, ditioni Floriacensium fratrum subditus, ubi, ut diximus, jam dicti celeberrimi martyris reliquiæ habentur. Invitante igitur itineris necessitate, comitissa militum vallata phalange hospitium ibidem accepit. Comperto ergo ante triduum Pictavorum adventu, incolæ eorum locorum, metu ipsorum, quoniam dominationem eorum valde exosam habent, omnia sua quæ in ecclesiam inferri licebat, advehunt, et in oralandiani.

(17). Nempe Guillelmo ejus nominis octavo, aliis nono, qui in loca sancta profectus est anno 1101 cujus *vexillum feruntur triginta millia armatorum secuta*, teste Orderico Vitali in Historiæ lib. x. Guillelmi uxor Philippa Mathildis, ut notarunt Socii Bol-

(18) Vulgo *Saint-Maur de Pontons*, qui prioratus in libris editis dicitur esse diœcesis Agimnensis, rectius hic Ausciensis, *d'Auch*, siquidem situs dicitur *super flumen Adurcium*, vernacule *l'Adour*.

torio ejusdem possessionis congerunt, vestium diversas species, alimenta, et cætera humanis usibus accommoda. Hospitati itaque Pictavi audiunt provinciales omnia sua, ut dictum est, in ecclesia conjecisse, cæteris (quamvis sit præceps eadem natio ad audenda quæque illicita) sacrum tamen formidantibus temerare locum, unus eorum audacior reliquis, prorumpens in ecclesiam, saccum frumento plenum humeris imponens suis, onustus sacrilegio proprium repedavit ad hospitium, nequaquam diu super tali gavisurus facto. Denique mox ut suæ metationis [hospitii] subiit limitem, cœperunt omnia illius membra, more eorum qui quartano laborant typho, tremere, frigusque intolerabile per totum ejus se dispergens corpus, glaciali rigore omnes ipsius astrinxit artus. Porro accolæ ejusdem loci, qui certius noverant cur sibi contigisset tam subita valetudo, (conscii enim optime fuerant magnarum beati martyris virtutum) hortantur miserum, ut quod ab ecclesia violenter abstraxerat triticum restitueret. Quod monebant, fieri ægre impetrant, sed nullatenus beatus martyr ejus invita placatur pœnitentia. Ergo Pictavis cum sua domina in crastino a loco illo sese promoventibus, miser ille ibidem remorari formidans, quo valuit modo cum eis progreditur. In processu autem viæ, dum cum sociis graditur, paulatim formidabili indutus insania, cœpit sua insatiabili morsu more canino dilaniare brachia. Qui vero eum compescere volebant, nequaquam sufficere valebant. Perseverante illo in tanta amentia, ventum est ad fluvium quemdam; transvadantibus cæteris, miser ille sua sponte in fluvium sese præcipitans, aquis suffocatus periit, maximum suis sodalibus incutiens terrorem et de reliquo cautelam, ne sacrorum ulterius violatores existere præsumerent locorum. Plura quidem erant, quæ de hoc præstantissimo martyre dici poterant. Sed ne aliquis obvians calumniam nobis velit præstruere, dicens nos nostrum propositum excessisse, quoniam dum debuimus Patris Benedicti mira referre opera, beati Mauri aliqua retulimus gesta, revertamur ad superius omissa, licet non ignoremus eorum quæ beato singulariter ascripsimus Mauro, Benedictum Patrem exstitisse participem, quippe qui in eadem requiescant ecclesia, et eadem loca susceperint tutanda, eædem possessiones, in quibus beatum martyrem relata diximus patrasse miracula, ipsi Floriaco sunt subjectæ. Cujus loci factus est uterque patronus omnipotente Domino largiente.

CAP. XXIV. — *Historica. Ecclesiæ violatores milites puniti.* Regina Mathilde metas vivendi excedente, rex Ainricus in conjugium sibi ascivit filiam regis (Ladislai) Russorum, nomine Annam. Hæc ei peperit tres filios, Philippum, Rotbertum, Hugonem: quorum Rotbertus adhuc puerulus decessit; Hugo comitatum postmodum Virimandensium adeptus est; Philippus autem patre defuncto totius regni Francorum gubernacula obtinuit. Septennis (19) autem erat, quando pater defungitur. Qua de re sortitus est tutelam illius vir illustrissimus Balduinus (Insulanus nomine V) Flandrensium comes. Qui prudentissime regni administrans negotia, donec idem Philippus intelligibiles attingeret annos, tyrannos per totam pullulantes Franciam tam consiliis quam armis perdomuit, et pacem maximam teneri fecit. Proinde Philippo jam juvene facto, integrum absque unius viculi imminutione regnum restituit, et ipse non multo post vivendi finem fecit. Philippus vero in primis multa strenue gessit annis, sed ætate procedente, mole carnis aggravatus, ampliorem operam cibo indulsit et somno quam rebus bellicis. Hic ducis Frisiæ filiam nomine Bertham in matrimonium accepit, quæ ei genuit Ludovicum. Rebellaverunt autem contra eum quidam Francorum proceres, opibus et viribus Guillelmi Anglorum fidentes; ex quibus Hugo de Puteolo adversus eum arma corripuit, plures sibi asciscens auxiliatores. Rex vero ejus audaciam compescere cupiens, undequaque militum contrahit manum. Inter reliquos etiam auxiliares, exercitum de Burgundia adventare jubet. Qui accepto mandato, in Franciam properant, dux videlicet ejusdem Burgundiæ Odo, Nivernensium comes Guillelmus, Antissiodorensium pontifex Gaufredus, et alii quamplures, quos retexere perlongum putavimus. Ili cœptum iter carpentes, via dictante in quodam prædio Patris Benedicti, Everam (20) vocato, metationem acceperunt. Ut vero moris agrestum est in adventu militum formidare, perstrepere, quaquaversum fugere, sua in locis tutioribus recondere, maxime in tanto strepitu rustici supra memorati pagi omnia sua ad ecclesiam convehunt, tam annonam quam supellectilem variam. Porro militum phalanges, postquam fessa labore viæ corpora dapibus relevarunt, cibaria suis procuraturi equis, comperiunt ruricolas suam totam annonam in ecclesia abdidisse. Unde animis dejecti referunt ad principes exercitus rem omnem ex ordine, rustico scilicet spem sui victus ad tutiorem portum, ecclesiam dico, contulisse, nec sibi penitus velle dare aut vendere alimenta suis vehiculis necessaria. At illi consilii extorres, quid agant ignorant. Neque enim sanctorum violatores locorum fieri volunt, seu præsumunt. Episcopus itaque, qui cautior cæteris esse debuerat, juvenili actus temeritate, scurrili interrogat sermone utrum eam annonam homines in ecclesiam contulissent. Cui cum responsum esset: *Etiam. Igitur*, inquit, *homines abstrahant*. Jubet ergo præpetes (21) ire, et quantum hordei necessitas expetebat, suis præbere equis. Properatur ad ecclesiam, violenter hordeum ab ea abstrahitur. Pabulum exinde equis subministratur. In crastino, quo cœperant tendunt, nihil noxæ se contraxisse credentes apud Panensis, ubi prioratus Floriaco subjectus.

(19) Ergo Philippus natus est anno 1053; nam Henricus ejus pater decessit anno 1040.
(20) Evera, *Yèvre le Château*, diœcesis Aurelia-

(21) Sic apud Bollandianos. Boscius habet *perpetuos*, quod nomen officii militaris esse putavit.

trem Benedictum pro infractione illius loci et injuria suis illata. Enimvero rege cum reliquis militum legionibus ad Puteolum festinante, et ipsi ei occurrunt. Castra metantur tam ipsi quam rex circa ipsum castrum. Obsesso itaque castro, post crebras aggressiones, aliquot diebus ibidem jam peractis, die quadam illi qui inclusi videbantur, Hugo videlicet cum suis, apertis portis improvisi adsunt obsidentibus, omnigeno bellorum tumultu personantes, cornicinibus etiam horrifico boatu concrepantibus. Exterriti qui in castris erant subita hostium audacia, credunt totius Franciæ militum cohortes noctu castrum idem intrasse, et idcirco Hugonem ad tanti ausum facinoris prorupisse. Quid plura? terga vertunt, fugæ præsidio sese committentes, diversarum specierum tentoria varia supellectili plena linquentes, et cætera quæ ad tantam expeditionem necessaria convexerant. Hostes eos fugere cernentes, quod nequaquam mente antea concipere præsumpserant, ut a paucis tanta multitudo fugaretur, acrius insequuntur. Capti sunt igitur in illa fuga quamplurimi nobiles viri, maxime exercitus Burgundiæ, qui Patrem Benedictum injuriari ausi fuerant, direptores ipsius existentes possessionis. Denique episcopus qui alios sermone illusorie prolato nefarie agere impulerat, cum patre Nivernensium comite captus, coactus est seipsum non modicæ quantitatis pecunia redimere; a qua demum captura exemptus, Floriacum petens, fatetur se stulte egisse, et quæ sibi acciderant, juste contigisse; veniam petit, promeretur. In ea fuga completum videres quod in fine Deuteronomii legitur in imprecationibus, quas vir Dei Moyses populo Israeli imprecatus est, si a lege Dei sui aliquando recederet : *Per unam*, inquit, *viam egredieris contra hostes tuos, et per septem fugies* (*Deut.* xxviii, 25); et in Levitico : *Fugietis, nemine persequente* (*Levit.* xxvi, 17).

CAP. XXV. — *S. Benedicti reliquiæ in aliam thecam illatæ. Thecæ particulæ ægris salubres.* Basilica semper virginis Mariæ Dei genitricis, in qua beatus Pater Benedictus corpore quiescit, partim vetustate, partim incendio demolita, visum est abbati Guillelmo (22), adnitente Odilone viro probo ejusdem basilicæ ædituo, vetus demoliri, et novum opus pro vetere instaurare. Qua de re actum est, ut veneranda ejusdem Patris membra, quæ in arca lignea erant recondita, scrinio æneo ea ob durabilitatem intrinsecus ambiente, necesse foret de eadem arca abstrahere, et alias alio in locello locare. De cujus arcæ reliquiis multa remedia præstantur infirmis ejusdem Patris meritis, cujus venerabilia ossa ambivit. Denique quicunque febricitantium, sive quotidianis, seu tertianis, vel quartanis detentus fuerit typhis, si aqua aut vino laverit aliquam particulam lignorum ipsius a ea, et eamdem potionem fide opitulante hauserit,

confestim emortua febre sanus evadit. Quod frequentius probavimus experimento multiplici. Plures etiam de ipsis quibus compacta fuerat arca illa lignis, diversarum homines regionum ad propria loca gratia suæ salutis detulerunt ; qui postmodum attestati sunt contra variorum generum morborum ea profuisse multum. Enimvero nos plurima quæ per ea ostensa sunt, omittentes signa, unum duntaxat retexamus, cujus documento multa potuisse fieri similia manifestemus. Veranus (23), qui per aliquanta annorum curricula regimen obtinuit Floriacensium, quartanis valide per menses fere ter binos adurebatur febribus, qui plurimorum medicorum (ut putabat) doctorum, sibi propensius curam adhibens, nihil profecit ; tantum aliquam pecuniæ quantitatem in comparandis medicaminibus, et eorum præmiis qui frustra vel modicum suæ artis suscipere laborem renuunt, expendit. Ipse quoque, quoniam jactitabat aliquantulam medicaminis se habere notitiolam, per se in se multa tentavit, sed nil sibi profuit. Destitutus itaque omni auxilio, et attenta medicinæ fraudatus spe, recordatur multos, hujus infirmitatis pondere oppressos, per arcæ ipsius reliquias sospitati pristinæ restitutos. Diluculo igitur cujusdam diei surgens a lectulo, manibus suorum deportatus cubiculariorum, ecclesiam intravit, coram altari in quo prædictæ conditæ fuerant reliquiæ, sese in pavimento prostravit, fletu et gemitu subveniri sibi exposcens beati Patris precibus. Postremo de soli duritia sublevatus, et ulnis suorum bajulorum sustentatus, rogat custodem prædictorum sacrorum ossium aliquam arcæ portiunculam sibi afferri, mero ablui, et sibi tribui. Quod dum impetrasset, hausto ejusmodi potu, corde deficiens, de manibus sese bajulantium ad terram prolapsus cecidit. Omnem deinde superflui humoris abundantiam, quæ sibi cam ægritudinem intulerat, evomens per spatium ferme unius horæ, humi prostratus jacuit, mentis deliquium passus. Unde resumptis aliquantulum viribus sese erigens, denuo ad lectulum deportatus, et tranquilla quiete paululum soporatus, nullam ipsius morbi deinceps sensit angustiam. Cognovit ergo potiorem fore [esse] medicinam omnipotentis Domini exposcere in infirmitate clementiam, quam in pretiosarum succis et viribus confidere herbarum.

CAP. XXVI. — *Quæstura concionatoria. Mancus sanatus.* Unus ex fratribus, cognomento Gallebertus, qui cæmentariis fuerat præfectus prætaxato operi insistentibus, pecuniis minus aliquando abundans, ibat circumiens loca plurima, et ducens secum seminiverbios, quorum admonitione excitata virorum et mulierum corda, sæculi negotiis irretita, aliquo suffragio, etsi modico, penuriam ipsius sublevarent. Dum ergo circumquaque discurreret, Vitriacum (24) advenit; qui locus regalis palatii honorificentia no-

bas, sed rector seu curatus, ut vocant, Floriacensium fuisse videtur.
(24) *Vitry* in silva Aurelianensi, ubi prioratus Floriaco subjectus.

(22) Guillelmus abbas ponitur annis 1062 et 1075 in fusiori Gallia Christiana.
(23) Veranus nullus est in vulgatis indicibus abbatum Floriacensium, qui quidem Veranus non ab-

stris temporibus decorabatur. Ingressus itaque ecclesiam, exhortatorio sermone populum commonefaciebat, vitæ præsentis mutabilitatem fugere, vitæ futuræ stabilitatem flagrantis animi desiderio appetere. Inter cætera vero blandis persuasionibus exorabat, ex qua re tota illa exhortatio originem duxerat, quatenus injuncto sibi operi aliquid subsidii impendendo, vel pauca largirentur numismata. Aderat autem in eodem populo rusticus quidam Marcus, qui sinistra debilitatus manu nullum ex ea opus attentare valebat, sed nervis contractis, digitorum summitatibus medio palmæ infixis, polliceque superastricto, modum aliquem clauso pugno percutere valentis expresserat ; et hac fere per quinquennium multatus debilitate, nulla medicorum ope adjuvari potuit. Porro noverant illius convicanei cum ipsa incommoditate diu detentum. Igitur cum audiret prædicatorem, Patris Benedicti virtutes inter alia prædicamenta sæpius extollentem, videretque in præsentia sanctorum quorumdam pignora auro inclusa, quæ ad excitandam plebis devotionem prædictus frater, secum detulerat, credo, inspirante omnipotentis Domini gratia, qui sibi hac occasione misereri disposuerat, conversus ad superjus memoratum fratrem, inquit : *Spero, mi domine, et fides hoc mea certum apud se retinet, quoniam si istis sacris pignoribus quæ in præsenti cerno, manui meæ debili vexillum crucis exterius in circuitu pingatis, invocato nomine sancti cujus famuli estis. Benedicti Patris, pulsa debilitate, pristinæ reddatur sospitati.* Audita qui aderant, ejus postulatione, et admirati fidem, exorat et ipse, quæ postulabat fieri. Frater vero et ipse, fide nihilominus plenus, confisus de sanctarum virtute reliquiarum et meritis Patris, acceptis sanctorum pignoribus, manum debilem illius, uti rogaverat, signo crucis exterius circumcinxit. Quæ confestim nervis strepitum grandem dantibus sanitatem recepit ex integro, digitis omnibus sese erigentibus. Cœpit itaque idem rusticus habere liberam manum, qui diu habuerat inutilem solummodo pugnum. Videns autem in se tantum omnipotentis Domini clementiam, ei pro posse et scire referebat gratiarum actiones pro sua reformatione, agens etiam et Patri Benedicto grates, cujus meritis sese salutem consecutum profitebatur. Nec minus omnes, qui in eamdem ecclesiam convenerant, diutissime laudibus Redemptoris immorati, quibus valebant laudibus, ejus extollebant magnalia qui in sanctis suis est ubique mirabilis (*Psal.* LXVII, 36).

CAP. XXVII. — *Anno 1095 incendium Floriaci. Bibliotheca et chartæ servatæ. Christi sudarium et aliæ reliquiæ flammis objectæ. Incendium repressum.*
Anno ab Incarnatione Domini millesimo monagesimo quinto, flamma voracis ignis maximam Floriacensis burgi consumpsit partem. Incognitum autem habetur utrum casuale, an furtivum idem fuerit incendium. Nocte siquidem quæ sacratissimum diem Dominicum Paschæ subsecuta est, vehemens ignis unam corripuit domorum, quæ a parte septentrionali exceptæ erant a clausura ejusdem burgi. Quæ cum esset receptaculum boum, habebat feni plurimum et palearum. Hæc vero licet sint omni tempore lætissimum ignis pabulum, ea tamen multo magis tempestate, quia exclusis reliquis ventis, solus aquilo libero flatu orbem perflabat Gallicum. Qui omnia more suo adurens, arida reddiderat, nulla penitus pluviæ stillante gutta per aliquot temporis spatia. Igitur incipiente tertia noctis parte, quæ canticinium vocatur, perstrepentibus illis qui primi viderant ignem accendi, vulgus reliquum expergefactum terrificam illam vocem cum horribili ululatu concrepabat : Ad focum videlicet, ad focum ! Quo strepitu exciti fratres, linquunt stratus, basilicam irrumpentes. Erat autem eadem basilica ob paschalem celebritatem honestissime holosericis venustata ornatibus, ad quos deponendos et in gazophylacio reponendos, quoniam ea domus fornice lapideo protegebatur, juniores de fratribus certatim accinguntur. Quod citissime peragitur, aliis scalas erigentibus, aliis per gradus earum ad fastigia ipsius aulæ evolantibus, et ipsos ornatus deponentibus, aliis eos in humeris et ulnis suscipientibus, et ad jamdictum tutum locum deferentibus. Nec minus librorum pernecessariam copiam amittere ignis violentia pertimescentes, eodem congessimus cum testamentario et privilegiorum nostrorum congerie ; metuebamus enim ne turricula, in qua hæc recondita erant, ignium viribus succumbens, in favillas redigeretur, cum foret rimarum plena, superiori incendio consumpta, quod domini abbatis Gauslini (25) tempore Floriacense cœnobium pessumdedit. Porro junioribus in his quæ prætaxavimus occupatis, qui religiosiores et ætate provectiores erant, Patris sanctissimi glebam, non solum his, sed omnibus, gazis millies pretiosiorem supradicto gazophylacio intulerunt, cum cæterorum pignoribus sanctorum, qui in eadem quiescebant ecclesia. Quidam autem sacratissimi martyris Mauri membra aureamque dextram (26), in qua pars Domini sudarii habetur inclusa, assumentes foras extulerunt incendio opponentes. Sed dum nequaquam ignis odorem sustinere valerent, infra ambitum castri sese recipientes, ascenso muro implorabant Domini auxilium, oppositis nihilominus incendio sacris pignoribus. Joscerandus vero beatæ memoriæ vir, qui eo tempore abbatis (27) officium apud Floriacum strenue exsequebatur, assumptis secum paucis fratribus cum pueris, qui adhuc sub arctioris disciplinæ custodia tenebantur, domicilia

---

(25) Sic legendum, aut Gauzlini, cujus abbatis tempore incendium contigit descriptum ab Aimoino supra in lib. II, cap 19.
(26) Hinc pro insignibus Floriacensis monasterii pingitur dextra more benedicentis extenta cum hoc elogio : DEXTERA DOMINI, ut notavit Joannes a Bosco.
(27) Huic non multo post successit Simon, quo abbate Tortarius scribebat. Lege notas ad finem hujus libri.

ejusdem cœnobii usque ad auroram circumeundo litanias agebat, protensis in cœlum manibus, crebrius *Kyrie, eleison* inclamans. Interea ignis paulatim suas in majus augmentando vires, depastis ædibus, quas a parte septentrionis extra villam depasci primo cœperat, flatibus aquilonis qui vehementer flabat impulsus, ecclesiam Sancti Dionysii (28), quæ fere in medio ipsius villæ sita erat, corripit. Enimvero exinde quasi ex eminentiori loco, liberioribus saltibus admissus, circumquaque diffunditur, ita ut etiam torcularia, quæ in vinetis centum ferme passibus longius aberant, combureret. Erat vero tantus ejus crepitus ut omnes audientes corde paverent, vix stare valentes, quatiente eorum genua tremore nimio. Tunc denique omnes ingens arripuit timor fratres, cernentes carbones ignitis mistos scintillis super monasterium, quod stipula opertum erat, cadere, metuentes ne sub uno momento cuncta eorum habitacula eo igne consumerentur. Idem denique monasterium, quod superius innovari cœptum diximus, quoniam adhuc imperfectum manebat, stipula tegebatur. Tandem ergo placatus Salvator, ut credimus, suæ gloriosæ meritis Genitricis Patrisque Benedicti, nec non supra memorati religiosi viri precibus, induxit africum vehementem, qui ex obliquo flans, aquilonem a monasterii ambitu penitus excluderet et vapores incendii, quos ille suis impellebat flatibus, ab eo omnimodis arceret. Quam miserationem Omnipotentis cernentes, retulimus pro posse ejus immensæ clementiæ gratiarum actiones, qui nos a tam immani eripuerat periculo. Denique donec omne illud incendium sopiretur, non cessavit idem ventus flare vehementius. Perduravit autem idem incendium debacchando, pessumdans Floriacensium ædes, cum his quæ in ipsis reperit alimentis et vestibus et varia supellectili, ab hora noctis tertia usque primam sequentis diei horam, devastans omnia a porta septentrionali versus orientem usque in portam australem, paucis residuis domibus ad solis ortum, quæ extra villam erant.

Cap. XXVIII. — *Cæca lumen recipit.* Quædam paupercula anus, ab ignotis nobis finibus egrediens, Floriacum fortuito casu ostiatim victum quæritando contigit. Hæc diu in cæcitate perdurans, funditus spem recuperandi amiserat visus. Quæ manu sinistra puerulo data, iter carpebat, dextera baculum gratia sustentationis gestans. Ingressa ergo Dei Genitricis aulam, pone imaginem nostri Salvatoris argento radiante vestitam, aureoque pulchre nitore interstinctam, ubi eo tempore beatissimi Patris veneranda quiescebant membra, causa innovationis ejusdem aulæ translata, anicula illa dum ductore ductante ibidem restitisset, memor propriæ paupertatis, exorabat Patrem sanctum, ut ejus suffragaretur inopiæ, suppeditando videlicet sibi victus et ve-

(28) De hac ecclesia lege librum de Vita Rotberti regis auctore Helgaldo monacho, qui eam primo ligneam, et post incendium lapideam fecit. Ecclesia

stitus necessaria; neque enim de suorum reformatione luminum, de qua jam desperaverat, orationem fundere præsumebat. Sed pius Pater, qui utrumque largiri poterat, quod potius erat concessit, quoniam, luminibus restitutis, facilius ipsa sibi procurare valeret cætera. Ex insperato igitur repulsa cæcitate cœpit lumen cœli clare conspicere, nec modice gavisa, Patris sanctissimi merita totis efferebat animi præconiis, per quem ejus lumina receperant munera lucis. Referebat autem quemdam sibi astitisse, qui tenuem quæ ejus pupillas texerat, pelliculam acuta incidebat novacula, qua utique incisa, confestim lumen recipiebat.

Cap. XXIX. — *Dæmoniacus liberatus.* Quidam mediæ ætatis homo, pervasus ab humani generis adversario, inops mentis factus perdiderat totius acumina sensus. Hic a proximis sibi sanguine arctissimis astrictus loris, ad celeberrimum Patris adductus tumulum, diem ibi transegit integrum, adnectens diei et noctem contiguam. Quam dum vigil pernoctasset, illucescente sequentis diei crepusculo nullum sanitatis expetitæ indicium apparebat in illo, torquente qui eum pervaserat, incessanter dæmone. Denique terribili quoscunque appropinquantes sibi aspectu intuens, si permissum fuisset, etiam dentibus more canino lacerasset, frendens, et, quantum licebat, impetum in eos faciens. Sed, ut diximus, diris ligatus vinculis, nequaquam sibimet vel alicui appropianti aliquid inferre prævalebat damni. Edebat vero eo sonos horrificos et inconditos, loquens etiam nefanda et exsecranda verba. Quoniam autem idem energumenus pro salute sua, sui ipsius impos, nullatenus meminerat exorare, non solum qui illum adduxerant, sed quicunque ecclesiam, in qua erat, intrabant, pro eo omnipotenti Domino, ut competens fuerat, orationem fundebant. Quo factum est ut mediante hora diei secunda, terribiliter exclamans, tanquam valido percussus ictu, in terram corrueret resupinus. Extemplo itaque dæmonio purgatus expulso, compos mentis factus, omnipotentem magnificat Dominum, qui se a pessimo hoste captivatum per beatissimum Patrem reddiderat liberum. Confectum fratres qui aderant in ejus liberatione; cæteris in capitulo residentibus, nuntiare properarunt hujusmodi miraculum per venerabilem Patrem patratum. Qui mox inde surgentes, ingressi oratorium hilarianam [jucundam] psalmodiam, quam diebus festivis in omnipotentis laudibus Domini decantare solemus voce celsiori, videlicet *Te Deum laudamus*, tota mentis devotione concinunt, Patrem quoque gratulabundi magnificantes Benedictum. Porro qui sanatus fuerat referebat, ea hora qua dæmone fugato liberatus est, se quemdam conspicui vultus virum vidisse, qui ingressus per orientalem ipsius basilicæ absidem, baculum a capite incurvum manu gerens, cum us-

hæc non amplius exstat, forsan a tempore posterioris hujus incendii.

que ad se properasset, seque eo quem gestabat baculo in capite feriisset; quo ictu accepto, sese confestim in terram corruisse, et sobrietatem mentis recepisse.

CAP. XXX. — *Operarius lapsus fit incolumis.* Nuper properantibus cœmentariis fornicem miræ altitudinis in dextra ipsius ecclesiæ parte erigere, locatæ sunt trabes in sublimi parietum stabilimento, a fabris lignariis, ad sustollenda ligna quæ in modum hemisphærii fabricantur, quibus moles lapidum et cœmenti inniti habebat. Ergo dum quodam mane trabibus tenui imbre madefactis operarii desuper incederent, præparantes quæ præcipiebantur, unus eorum, Otgerius nomine, minus caute superambulans, dum affigere vestigia uni trabium fortiter nititur, pede lapso de illa celsitudine per compaginatos sibi fustes, per multiplicem lignorum struem, inter acervos lapidum pronus ad terram corruit. Erat enim pene totum illud telluris spatium, tam lignorum quam saxorum, congerie adopertum, parvus tantum locellus ad mensuram humanæ proceritatis remanserat immunis ab eis. In quo admirantibus qui aderant, ac si de industria projectus decidit juvenis ipse. Attrito tamen capite soli duritie, oculis pene erutis, lingua ab ore porrecta, perfusus faciem rivo cruoris, jacebat humi tanquam exanimis. Accurrimus statim multitudo tam laicorum quam monachorum, qui, etsi casum non videramus, amorem tamen et luctum artificum audieramus. Qui omnes cum gemitu et lacrymosis vocibus cœpimus implorare gloriosæ Dei Genitricis opem Patrisque Benedicti suffragia, quatenus subvenirent misero, ne paucæ quæ supererant animæ reliquiæ protinus elaberentur. Denique formidabamus ne, si ille spiritum exhalaret, intermitteretur opus, confractis animis vulgi totius, quod tam pecunias quam corporum vires certatim operi perficiendo impendebat. Quod quoniam mobile est, et in quamcunque partem mentis levitas impulerit, more arundinis aura commotæ inflectitur, fortassis immurmuraret Patrem Benedictum nullam ipsius loci providentiam habere, nec curare, si quid adversi operi illi intercederet. Levantes igitur juvenem debilitatum, deposuerunt eum ante altare Dei Genitricis, quod prope erat, exspectantes tam ipsius quam Patris nostri auxilium. Nec frustra, nempe post aliquanta temporis momenta, qui putabatur mox moriturus, resumpto spiritu, oculis patefactis, cœpit alloqui circumstantes, et de sua integritate certos reddere, stupentibus illis et Dominum glorificantibus. Hinc delatus ad propriam domum, non post multos dies, integræ redditus est sospitati. Qui interrogatus quid sibi videretur, cum de tanta altitudine præcipitatus corrueret, respondit se sic exceptum tellure tanquam super multas ceciderit culcitras, nec soli soliditatem aliquatenus sensisse.

CAP. XXXI. — *Mentis impos convalescit.* Stephanus etiam unus de familia, equestris ordinis vir, longa ægritudine maceratus, ad ultimum funditus amisit sensum. Qui ad instar debacchantium, loris astrictus tenacibus vix cohiberi poterat, ne a lecto prosiliens, præceps quaquaversum titubantia inferret vestigia. Cujus amici et consanguinei nimio tædio affecti, dum nil medelæ quod ejus tam pessimo obviaret lethargo, invenirent, dejecti animis, jam de ipsius desperaverant reparatione. Tandem propitia divinitate, quæ illi incolumitatem restituere decreverat, incidit mentibus eorum quatenus illum in ecclesiam deportarent, et coram altare Dei Genitricis locarent, exoraturi ejus Patrisque Benedicti indefessam clementiam, ut ægroto suis subvenire festinarent meritis. Quod imminente jam noctis crepusculo, constituerunt agere; erubescebant enim cum diurnis sua domo efferre horis, propter ipsius assiduam debacchationem, ne obtutus sese intuentium offenderet. Positus ergo ante jam dictam Dei Matris aram, pernoctavit in eodem loco ignorans penitus se ibidem esse. At dum auroræ circulus adhuc ambiguam lucem, rarescentibus jam tenebris, mundo inferret, relatus ab amicis proprio invehitur domicilio, nescius se productum ab ipso omnino. Exin vero memoria paulatim revertente, mentis oblivio quæ per plures obtinuerat soles, ipsum deseruit, atque infra modicum, perfecte recepit quem amiserat intellectum, congratulantibus sibi vicinis et cognatis, atque de ejus sospitate omnipotentem Dominum collaudantibus.

CAP. XXXII. — *Translationis festum violans punitur. Facto voto melius se habet.* Bosonis-villa quædam sancti Patris nostri dicitur possessio, juxta castrum quod Petveris [*Pithiviers*, in Belsia] vocatur, sita; in qua hæc tria quæ subnotavimus signa per gratiam quam a Domino idem Pater promeruit, sunt patrata. Mense Julio translatio ejusdem gloriosi Patris non modo apud Gallos, sed etiam apud complures nationes celebriter recolitur. Morabatur autem in supradicta possessione quædam puella, quæ quoniam de Patris ipsius familia originem non trahebat, impune putans se tantam solemnitatem temerare posse, sumpsit colum cum fuso, cœpitque per eamdem quasi deambulando villam nens discurrere. Cernentes id mulieres aliæ, quæ Patris erant familiæ, arguebant ipsam, quoniam cum in rure ipsius commoraretur, festum ejus tam præcipuum violare præsumeret. Illa stomachando intulit eis:

Vos quæ illius estis ancillæ, estote feriatæ, et celebritatem hanc studiose excolite; me vero quoniam ipsi in nullo sum obnoxia, opere manuum mearum sinite lucrari cibum quem hodie sum comessura. Hoc dato responso, cum majori pervicacia cœptum opus agebat. Repente itaque invisibiliter divina eam prosequente ultione, percussa in maxillam, cruentum accepit ictum: et profluente de dentibus largo cruore, tam dolore percussionis quam formidine percussoris exterrita, ad ecclesiam illius villæ profugit. Factus est autem non parvus conventus rusticorum in eadem ecclesia, qui exciti clamoribus muliercula et famæ tantæ virtutis illuc confluxerant. Qui salubre consilium eidem suggerentes, hortati sunt ut sese traderet in ancillam sancto Patri, et sponderet de cætero, omnes celebritates ipsius, ut condecens esset, se venerabiliter observaturam. Quæ dignæ suggestioni credens, obtemperavit justo ipsorum consilio : et confestim tam a dolore dentium quam a formidine liberata est.

Cap. XXXIII. — *Simile. Tumulationis festum.* In idem rus advenerat altera muliercula, quæ textricis fungebatur officio. Hæc mercede conducta a quodam viro, nomine Rodulfo, gente Britanno, habebat cooperatricem quæ ejusdem erat ministerii, sed hæc ex familia Patris Benedicti progenita fuerat, altera vero minime. Britannus autem ipse liberam traxerat genituram. Qui de sua adveniens regione, ipsius Patris rus incolebat, habens habitationem in eodem rure ; eratque durus agricola, cui etiam vires labori tolerando sufficiebant. In Patris igitur tumulatione, quæ in diebus Dominici Adventus per omnes Gallias annuatim cum reverentia excolitur, mulier quæ carnalis libertatis supercilio tumebat, inquit ei quæ ex famulabus Patris se quoque esse plaudebat : *Veni, mi chara, properemus perficere quod pariter cœpimus opus.* Susceperant enim texere lineam, quæ ipsius Britonis erat telam. Cui illa respondit : *Absit a me, mi soror, ut ego hodie aliquem præsumam exercere laborem, et domini mei cujus sum ancilla, tam solemnem temerare celebritatem.* At illa e contra : *Tu, si tibi vacat, feriata esto, ego enim quo fruar cibo, hodie laboratura sum : tu vero domini tui excole festum.* Huic altercationi Britannus ipse intervenit; qui sciscitatus cujusmodi inter se sermones sererent, ubi edidicit causam, suis compulit exhortationibus utramque aggredi quod assumpserat opus. Cœpit itaque famula Patris anxie valde post telam residens exspectare, quid ejus actura foret socia; quæ tramam apprehendens, ubi primum per stamen duxit filum, assumpto pectine ligneo, inculcabat idem filum reliquo subtegmini, percutiendo. Extemplo consequente justi examinis ultione, pecten manui ejus adhæsit ; quod ipsa dum persensit, exterrita vociferari exorsa est, attentans crebro, si a manu propria pectinem aliquo pacto excutere quiret ; sed videns incassum se id facere, ab incœpto destitit. Accurrerunt autem plurimi vici habitatores exciti clamoribus illius, inter quos et Brito adfuit. Qui nequaquam reveritus rectissima Omnipotentis judicia, quæ etsi sunt occulta aliquando, semper tamen sunt justa, comprehensa dextera mulieris cui pecten inhæserat, violenter extrahendo discussit.

Cap. XXXIV. — *Translatio dicta tumulatio. Votum candelæ.* Quem Britonem illico vindicta superni Judicis pro sua superba temeritate merito perculit. Dextera denique ejus, quæ cum violentia pecten a

(29) Posennus vocatur in Andreani libri versione metrica per Tortarium, qui hujus sancti miraculum et inventionem sic canit :
*Corpore, Constanti, de sacro Posenni.
Bis monitus, flagris tertio corriperis.*

mulierculæ manu excusserat, mox arefacta est, ita ut, inutilis reddita, nullum opus efficere valeret. Cum ipsa quoque ariditate aliud inusitatæ passionis detrimentum accrevit, siquidem tanquam reatus sui quodam argueretur timore, tremula concussione agitata, uno in loco, etiamsi vinculis constringeretur, cogi non poterat, sed mobilitate inexperta absque ulla quiete dissiliebat. Paulatim etiam augmentata vi ægritudinis, rusticus ille percussus dira paralysi, medietate sui destitutus est corporis, ita ut ad omne artificium efficeretur inutilis. Miser tamen idem tanta fuerat captus dementia et obstinatione animi induratus ut nequaquam confiteri acquiesceret, ob temeritatem dictam se tantum languorem incurrisse, donec inveterata morbi acerbitate maceratus, invitus, qualiter id sibi accidisset, sua voce protulerit. Admonentibus autem vici ejusdem cohabitatoribus, petiit Floriacum in Patris translatione, qua Casinum deserens elegit sacris suis pignoribus metationem Gallicanam regionem, et servitium professus ipsi de cætero Petri, pernoctavit post ipsius sanctissimam tumulationem nocte illa, continuato die festi nocti ipsi, deposcens ipsius clementiam, cujus in se concitaverat vindictam, quod et ipsi perspeximus. Sed quoniam ex superbiæ typo [typho] ejusdem crimen descendebat, nullatenus veniam impetravit quam implorabat, sed usque ad terminum vitæ, comitante se occulto Omnipotentis examine, incuratus perseveravit. Mulier igitur quæ in se experta severam Domini fuerat ultionem, perterrita etiam rustici illius diris passionibus, famulatum professa Patri Benedicto, spopondit se in eadem solemnitate candelam omnibus annis quibus viveret oblaturam, et illam, cæterasque ejus festivitates debita cum devotione observaturam.

Cap. XXXV. — *Membrorum impotens sanatur.* In Castellione (*Chatillon-sur-Loire*) Patris ipsius non exigua possessione, ubi beatus confessor Posennus (29) requiescit, de quo et Andreas (30) plurima in suis retulit dictis, multa ad laudem sui nominis, per merita utriusque Patris sæpius Omnipotentis clementia demonstrat magnalia, de quibus et nos dicturi sumus aliqua. Homuncio quidem, Herbertus nomine, ægritudinem incidit adeo gravem ut, resolutis omnibus membris, nullius eorum uteretur officio, præter linguam quæ, licet satis exilem, retinebat sonum. Hujus inopia sustentabatur timoratorum alimonia virorum, qui etiam tuguriolum in porticu basilicæ loci ipsius sibi construxerant ; ubi et per numerosa annorum curricula instar glomeris involutus decubuit, vix etiam liquidas sorbitiunculas ore valens ligurire, necessitate quoque relevandi alvi, a loco in locum digredi nequaquam potens. Miserante igitur omnipotentia clementis Salvatoris, suffragantibus vero Patris nostri beatique

*Visio quod docuit, compulsus pandere, pandis :
Inventum sacro conditur in tumulo.*

(30) Andreas monachus Floriacensis librum scripsit De miraculis sancti Benedicti, ex dictis in Observationum præviarum num. 20.

confessoris Christi Posenni precibus, paulatim membris sospitatem amissam recipientibus, factus est incolumis, grates referens Domino Jesu Christo secundum suæ scientiæ modulum, et ejus utrisque fidelibus. Permansit autem in eodem loco per multa tempora, ecclesiæ servitio mancipatus, aquam, lumen, et quæque ad ministerium altaris erant idonea, suppeditans; quem nos etiam pluribus annis id officiose peragentem perspeximus.

CAP. XXXVI. — *Rapax morte punitus. Damnum a parentibus restitutum. Calix aureus manu defuncti oblatus.* In territorio Nivernensi quoddam habetur castrum, *Huben* nuncupatum, in prærupti cujusdam collis cacumine. Hujus dominus Hugo dicebatur, provectæ ætatis vir. Hic filium genuerat, vocabulo Gauterium, qui juvenilis ævi elatus supercilio, minus de omnipotentis Dei pertractans mandatis, res ecclesiarum et pauperum rapinis inhians diripere, et suis in necessitatibus expendere ardebat. Unde arbitratus opimam de jam memorata possessione prædam se posse abducere, propter multitudinem diversorum animalium, quæ in eodem erant loco (est enim alendorum animalium opportunus ob fertilitatem pabulorum); assumptis cohortibus equitum seu peditum, devenit illuc, neque Dei veritus offensam, neque Patris nostri meritum. Porro accolæ loci ipsius et circa positi ruris comperientes ejus insanam cupidinem, et pertimescentes copiosum prædonum numerum, asciverunt in auxilium sibi dominum castri, quod dicitur Sancti Briccii, Rotbertum nomine, strenuum sane tam armis quam consiliis virum. Qui vallatus suorum cuneo, prompto accurrit animo, paratus cum eis, si quod immineret, subire dispendium pro Patris promerendo suffragio, et vicinorum qui se expetierant, commodis. Gauterius itaque aggressus Castellionenses, satagebat opere perficere quod mente conceperat, ruricolas videlicet eorumque pecora et spolia secum abducere. Rotbertus autem ei obviam progressus cum suis, conjunctis quoque sibi locorum contiguorum colonis, conferre cum eo non valens, ejus timendo copias, terga vertit. Gauterius ergo suos multis clamoribus adhortatus, equoque cui insidebat calcaribus incitato, ipsum perniciter insequitur. Quem Rotbertus jamjamque sibi appropiantem cernens, utputa moris est fugientium, hasta super humerum rejecta, ferrum hastæ sequenti opposuit. At ille conatus hostis nequaquam prævidens, dum incautius attingere eum equo ardescit, in ferrum ruit; quod gutturi illius immersum, absque dilatione vita privavit. Videntes vero satellites ejus dominum suum exanimatum, ululatibus aerem, lacrymis genas opplentes, humeris corpus imponentes abire maturant. Miserante ipso cujus interierat ferro, illis quoque quos prædatum venerat, concedentibus liberam fugiendi copiam, laudesque proclamantibus omnipotenti Deo, grates Patri Benedicto, sanctoque confessori Posenno de tam celeri hostis sui mutatione. Genitor autem genitrixque defuncti cernentes exstinctum filium, in quo tota spes pendebat illorum, quoniam hunc solum possidebant, non est facile dicere quos ediderint gemitus, quantas fuderint lacrymas, inconsolabili lugentes mœstitia, quem amplectebantur dilectione unica. Metuentes vero futuram discussionem justi judicis Dei (erant enim timorati), quoniam spes omnis debita corporis sublata fuerat, tractabant qualiter animæ ipsius consulerent, quatenus indulgentiam inveniret qui extrema sua tam pessime præcipitaverat. Assumpto igitur Antissiodorensi antistite, venerabili sane viro, cum grandi apparatu exsequiarum, et exanimato filii sui corpore Floriacum properant. Advoluti autem genibus Hugonis (*V. supra cap.* 5), qui tunc in eodem loco abbatis fungebatur officio, et totius congregationis, implorant vincula reatus defuncti precibus corum solvi, certum tenentes, in conspectu summi Judicis ipsius laxandum crimen, si quibus illata injuria fuerat, in præsenti toto animo ipsam prius remitterent. Unde et calicem purissimi auri libram habentem, in dextera filii sui ponunt, et illum pro vadimonio offerunt, quatenus promptiorem veniam delicti sui assequi mereretur, si aliquam recompensationem pro temeritate ipsius exsolverent, credentes quoties in eo sacrificium summæ divinitati offerretur, nequaquam ejusdem sacrificii ipsum esse exsortem. Fratres itaque pia miseratione permoti, generaliter pro eo sacrificium omnipotenti Domino obtulerunt, absolvi poscentes ipsius offensas, et ipsi, secundum possibilitatem a Christo fidelibus suis concessam, quod in eos deliquerat remittentes; expletisque funereis honore congruo officiis, genitores cum nobilibus viris quos in suo asciverant comitatu, ad propria dimisere, non mediocrem consolationem de salute filii sui reportantes.

CAP. XXXVII. — *Prædones Ligeris unda mersi.* Interjectis aliquantis annorum curriculis, confœderati de vicinæ partibus Burgundiæ adversus eosdem Castellionenses, quidam prædones glomeraverunt non infirmam manum satellitum, equitum et peditum. Transito autem amne Ligerico, diffuderunt se per rura ad ipsum prædium pertinentia. Tanta vero erat illis securitas confidentibus in sua multitudine, et tanta arrogantia de robore et aptitudine suæ juventutis, ut scurram se præcedere facerent, qui musico instrumento res fortiter gestas et priorum bella præcineret, quatenus his acrius incitarentur ad ea peragenda, quæ maligno conceperant animo. Erat autem præpositus ipsius possessionis constitutus a fratribus eo tempore quidam vir probus, Aimericus vocabulo, qui, mundi relictis pompis, assumpto habitu monachico, omnipotenti Domino fideli famulabatur obsequio, Patri Benedicto in sibi commissis existens jugiter fidelis. Hic, antequam vestem mutasset, sacerdotis fungebatur officio; cui vicini et qui eum noverant testimonium deferebant ligitime conversatum, quandiu in clericatus permanserat sorte. Itaque phalanges rapacium effractis domibus ruricolarum, oneraverunt se spoliis, agentes præ se greges pecorum, quos in contiguis torrentum pratis, seu in littore Ligeris repererant depascentes. Plurimam siquidem eorum multitudinem rustici qui prædonum præscierant adventum, in silvis et in confragosis abdiderant vallibus. Igitur præeunte cantore, utpote nihil formidinis habentes, ad littus properant amnis, ubi plures suorum ad custodiam navium collocaverant, quibus eumdem transnavigaverant fluvium. Porro coloni jam dictæ possessionis in unum jam confluxerant, sequentes eos a longe; nequaquam enim appropiare audebant. Jam dictus autem præpositus, non minimum in corde concipiens dolorem, anxiabatur valde, ignorans quid potissimum agere deberet; neque enim sibi vel suis tutum fore advertebat in hostes irruere, neque ipsorum navigium præoccupare, cum hi qui ad eum convenerant, pauci essent numero, nec satis animo constantes. Enimvero quoniam deerant vires hominum, et robore destituebatur humano, totis medullis convertitur ad divinum suffragium, totoque in terram prostratus corpore, cœlitus suis exorabat auxiliari. Et versus ad hostes, in nomine Domini maledixit illis, suisque præcepit, cum clamore maximo, terga malignorum a longe insequi; qui jam per collis declivum descendentes, festinabant ascensis navibus ad sua regredi, neminem suis obviare ausibus audere suspicantes. Auditis ergo post sua vestigia vociferantium tumultibus, et clamore tanquam sese invicem exhortantium, tantus corda ipsorum induit metus ut præcipiti omnes se traderent fugæ, et certatim cursu pernici pervolarent ad flumen, nullusque esset qui eos a fuga cohibere aggrederetur, ut in tali negotio fieri assolet; qui enim duces fuerant in scelere, primi erant fugæ. Tunc illud beati Job dictum, quanquam sub alio intellectu, videres impletum : *Versa est in luctum cithara et organum in vocem flentium (Job* III, 51). Itaque præcipitanter in scaphas ingressi, dum eorum unusquisque transvehi flumine accelerat, pondere multitudinis aggravatæ, cum processissent in altum, submersæ dehiscunt. Resonabant littora gemitu ac clamore miserorum et morientium ululatibus, concava vallium et nemorum condensa respondebant. Videres Ligeris alveo arcus cum sagittis, hastas etiam cum clypeis subnatare, quæ fluvius celeritate qua decurrit, inferius devehebat. Ferunt autem eos qui in amnis ipsius cæcis submersi gurgitibus suffocati perierunt, non paucos fuisse. Capta est vero non minima multitudo eorum, qui nequaquam ad navigium pertingere potuerant, vel formidine fluminis exterriti in ripa restiterant. Qui omnes præcepto abbatis et reliquorum Fratrum relaxati, virtutem Patris circumquaque divulgarunt. Per omnia benedictus Deus, qui contumaciam illorum dejecit, et robur comminuit.

Cap. XXXVIII. — *Amens recipit mentem.* Erat in superius dicta curti Matriniacensi quidam flore juvenilis elatus ætatis, nomine Waldo, qui pruritum suæ non ferens carnis, consuetudinem stupri cum aliqua fecerat muliercula. Hic ab amicis sæpius correptus, illa rejecta duxit uxorem. At illa dolens, et ulcisci sese toto affectans animo, investigat qua arte suam possit vindicare injuriam. Unde maleficiis operosam impendens curam, adeo prævaluit ut juvenis mentem alienaret, et in eo funditus suis veneficiis vim rationis exstingueret. Qui mente perditus, a suo domicilio egressus, propria ignorante familia quid agere destinaret, arcu assumpto cum sagittis (huic enim arti vacabat) silvas petiit Calvi-montis, delitescens incibatus aliquot dies in illis. Quibus tandem relictis Floriacum devenit, in vigilia beati Baptistæ Joannis; majoremque ecclesiam petens, coram altari, quod imaginem argenteam Dominicæ recordationis pone habet, constitit, fratribus Domino solemni more hymnos resonantibus. Ubi dum inter candelabra stupidus hac et illac lumina contorquens et calcaneis solum pavimenti atterens persisteret, suspensis fratribus, qui eum noverant, quid agere deliberaret; tandem comperto quod mente excessisset, expulsus est a loco stationis : illius qui sese pernici gressu promovens, ante aram Dei Genitricis contulit, et inibi totam illam noctem infatigabilis pervigilem ducens, visione salubri, ut ipse pluribus postmodum confessus est, in pristinam sospitatem est restitutus. Videbat namque Dei Genitricem, Patrem Benedictum sanctumque martyrem Maurum coram assistere. De quibus primus sanctus martyr ad Patrem Benedictum aiebat : *Libera hunc famulum tuum.*

Cap. XXXIX. — *Miracula edita Patriciaci. Contractus vegetatus.* Consequens videtur ut etiam aliqua ex his adnotemus, quæ omnipotens Dominus mira operatur per eumdem Patrem apud Patriciacum, seu in locis sibi subditis. Neque enim minori miraculorum copia in eodem coruscare dignoscitur loco quam apud Floriacum, ubi corpore quiescit. Unde idem locus in maximo a suis honore habetur vicinis, et multorum frequentia frequentatur populorum, tum in solemnitatibus hujus Patris accurrentium quam pro diversis calamitatibus, si quando afflicti fuerint, supplicantium. Nos vero vix pauca eorum quæ inibi gloriosus Pater gessit attigimus operum, partim illis habitatorum incuria oblivioni traditis, partim priorum negligentia nostrorum, qui cum peritia scribendi calluerint, ea scribere neglexerunt. Igitur rusticus quidam, vocabulo Durandus, servus S. Gradi de Paredo (51), contractionem inferiorum incurrerat membrorum, femorum videli-

---

(51) Lege *S. Grati de Paredo* vulgo *Paré le Monial*, diœcesis Æduensis ad Brebincam amnem, in Ligerim paulo infra influentem Quod monasterium Lambertus comes Cabilonensis ædificavit, Hugo filius ejus, Antissiodorensis episcopus, Cluniaco subjecit anno undemillesimo, Rotberto rege approbante.

cet, tibiarum et pedum. Qui, quoniam unde victus sui inopiam suppleret debilitatis non haberet membris, fecerat sibi fieri gestatorium locellum, in quo deportatus per fidelium virorum domos, quotidianam stipem pro eorum absolutione facinorum ab ipsis recipere mereretur. Vicinis autem illius et consanguineis assidua egestatis illius sustentatione usquequaque fatigatis, contigit quatenus suis relictis Patriciacum in suo deportaretur grabato, ubi per aliquod temporis spatium, mendicando a sibi impendentibus agapem promeruit. In solemni autem die translationis memorati Patris, quæ mense Julio ibidem celebrius recolitur, advenientibus non solum plebeiorum turmis, sed etiam clericorum et nobilium honestis personis, fratribus nocturnas agentibus vigilias, rogavit se deferri ad monasterium, ejusdem interesse cupiens vigiliis : quod et obtinuit. Porro dum quartum canitur responsorium, inspirante, ut reor, divina clementia, quæ sibi per gloriosi Patris merita misereri decreverat, postulabat obnixe ut transvehendo subderetur capvæ in qua continebantur reliquiæ. Arripientes ergo duo de populo grabatum ejus, in quo gestari solebat, subduxerunt eum per locum de quo petierat. Translato itaque eo, mox nervis sese extendentibus, laxatis nodis quibus tenebantur astricti, omnium recepit solutionem membrorum, linquente dolore pristino crura illius, suras et reliqua quæ diu obtinuerat membra. Solutus denique omni angustia, cœpit omnium Salvatori Deo multas juxta modulum suæ scientiæ persolvere grates, Patremque Benedictum magnis extollere laudibus, per quem salutem promeruerat. Quod cernentes fratres, tam ipsi quam totus ille qui ad festum occurrerat populus, ad simile opus se præparant, in laudibus Omnipotentis diu immorati, qui per merita jam dicti Patris suis beneficia largitur famulis.

Cap. XL. — *Simile. Fornicator punitus. Questura pro egenis*. Alter etiam, Belinus nomine, de familia ejusdem Patris, et ipse unus de ruris cultoribus, nimia membrorum vexatione fatigatus, in lectum decidit. In quo prolixioris recubans spatio temporis, nimia vi ægritudinis arctatis venis, meatumque suum sanguine perdente, exsiccati sunt nervi ejus, humorum irrigatione amissa. Qui, quoniam suis operari manibus nequaquam poterat unde sibi victum acquireret, cœpit non modicam rerum necessariarum pati penuriam. Quamobrem aptari sibi fecit grabatum ad similitudinem illius instrumenti, quo stercora pecorum de stabulis efferuntur, dum mundantur, quatenus in eo per vicos et rura a suis devectus propinquis, alimoniam a viris susciperet misericordibus. Dum ergo suam, quamvis misere, sustentando vitam, diversa frequentasset loca, tandem Patriciacum advectus est. Ibi quoque velut in aliis, in quibus deguerat, locis, quotidianam mendicans aliquanto tempore consecutus est annonam. Audiens autem Patrem Benedictum, suum etiam carnaliter dominum, multa cæteris præstare sanitatum beneficia, cœpit in suis hujusmodi conflictum habere cogitationibus : *Si alienis meus tam magnifice suffragatur dominus ut eos, quamvis remotissimos, si ipsum mente supplici advenientes exposcerint, ab omnigenis curet infirmitatibus, quanto magis meis sospitatem redintegrare debet membris, illius servituti obnoxiis; qui cum ejus sim corpore servus, mente etiam sum illi devotissimus?* Hæc et his similia apud se retractans, exorat deferri se ad monasterium, ubi non multis evolutis diebus, secundum fidem propriam, salutem recepit integerrimam, omnibus recuperatis membris. Unde plurimum gaudens, perseverabat in eodem loco, noctibus quiescens in stabulo, quod superest domui hospitum illic præparatæ adventui. Reputans vero licere jam sibi quidquid agere vellet, una noctium, victus sal concupiscentia cordis, tentante se spiritu nequam, incidit in fornicationem. Quam rem beatus Pater non leviter tulit, vel quia recepta sanitate castimoniæ vigorem servare debuit, vel quia in locis sanctis tantum facinus admittere non dubitavit. Ea etenim domus, in qua perpetraverat stuprum, ante januam habetur monasterii. Igitur quoniam turpi prostratus voluptate animæ spreverat salutem, quam promeruerat mox perdidit corporis sanitatem. Sed denuo dum doloribus os suum afflictatur, corde compunctus, orat Patrem pium, ut sibi parceret. Pius autem Pater ejus ærumnarum misertus, iterum integram sibi reformavit sospitatem. Ipse autem aliquandiu metu quidem periculi superioris sese continuit, sed queniam fervens libidine pruritum suæ carnis nequaquam domare curavit, rursus illicitam incurrit commistionem, uni turpium commistus mulierum, oblitus penitus prioris discriminis. Quapropter probrosum ejus admissum velox consecuta est vindicta, redeunte quam jam bis evaserat, damnosa ægritudine. Idem vero ad sibi jam bis expertam recurrens medicinæ officinam, orabat cum gemitu multo sibi subveniri denuo. Sed Pater Benedictus volens ejus reprimere stoliditatem, nullatenus integræ, ut superius, ipsum restituit incolumitati, sed ex parte sanato, partim debilem esse permisit, ut vel sic carnis afflictus verbere, vigilantius custodiam suæ adhiberet animæ. Permansit itaque de cætero in ea quam posterius promeruit sospitate, bacillis duobus minus valida suffulciens membra, et quia egenus erat, ei necessaria sibi procurare non valebat, posuerunt cum fratres unum illorum, quo quotidianam stipem ibidem suscipiunt, pro salute benevolorum ejusdem

---

Beatæ Mariæ et sancto Joanni Baptistæ primitus sacrum fuisse cœnobium legitur in litteris Hugonis episcopi Æduensis apud Perardum in Monumentis Burgundicis, pag. 167, ubi *Vallis aurea* nominatur. At in ejus loci Chartario, cujus copiam mihi fecit V. Cl. Antonius Herovallius, S. Gratum unum e patronis fuisse constat. Nunc decanatus Cluniaco unitus. Paredi fit mentio in Vita sancti Hugonis abbatis Cluniacensis, in Historia episcoporum Antissiodorens., cap. 49, et apud Glabrum lib. III, cap. 2.

loci. Porro grabatum illius in turri lignea, in qua dependent signa, suspenderunt, ubi per longa in monumentum tanti prodigii pependit tempora.

CAP. XLI. — *Muto vox reddita*. Alio quoque tempore quidam juvenis, qui per multum tempus linguæ amiserat officium, permanens mutus Patriciacum advenit, cupiens oris soluto vinculo, linguæ suæ plectrum, amissum resumere officium. Hic una dierum, dum fratres, hora invitante nona, persolverent omnipotenti Domino psalmorum pensum, adfuit inter eos in choro illis psallentibus; a quibus ad aram usque Dei Genitricis perductus, astitit coram. Fundens itaque attentius corde, quoniam nullatenus poterat ore, precum suarum Salvatori Domino vota, precabatur sibi misereri per Patris Benedicti merita, allegans ipsi Domino suam orationem per eumdem Patrem, quem exoptabat fieri pro se intercessorem, cujus quam citissime persensit quam fideliter expetierat opem. Denique claustris oris ejus patefactis, attentare cœpit ejus lingua per flexus varios recolligere perplexos loquendi modos, et quæ diutissime in dentium sepulcro velut emortua jacuerat, redivivo sermone quasi pullulantia primum germina, prima verba proferendo personabat. Incertus hic nimirum aliquot momentis exstitit, utrum munere sibi nuperrime attributo liceret frui assiduo, donec ipsa experientia addidicit sese perfecte usum loquelæ recepisse. Tripudians autem de tam large in se ostensa Patris Benedicti munificentia, talionem quem valuit gratanter retribuere minime distulit. Quippe corruerat pars maxima testudinis lapideæ ipsius ecclesiæ a parte aquilonali, cujus fundamento, quoniam minus roboris habuerat, penitus eruto, construere firmius fratres, ut eadem testudo robustiori superposita fundamini firmior foret, instituerunt. In cujus ædificii constructione idem juvenis strenuus sedulus perseveravit operarius, quandiu ad plenum consummaretur. Nam postmodum gratiarum actione Patri Benedicto reddita et a fratribus licentia accepta, repedavit ovans ad propria.

CAP. XLII. — *Cœcæ lux reddita*. Quædam puella, habitum privatione excludente, orbatis utrisque luminibus cœca facta fuerat, et ut est consuetudinis lumine solis hujus privatis vivacioris ingenii lumen mentes eorum clarius irradiare, quæ minus de timore omnipotentis Domini recto, ætatis mediocritate impediente habuerat, cœpit esse timorata amplius, et in ipsius amore Domini serventior, et ut solent corporis gravati debilitate robustiores fore mente. Sollicitior facta ad Domini cultum, frequentabat ecclesiam, petens ejus indefessam clementiam, quatenus ipsius ærumnas relevare dignaretur. Perpendens vero sese id nullatenus posse propriis asse-

qui precibus, nisi aliquos fidelium ipsius internuntios haberet, qui suam petitionem acceptius præsentarent, circumibat multorum memorias sanctorum, et quos propinquiores ipsi omnipotenti Domino clarioribus fore audierat meritis, advocatos sibi adsciscens, crebrius nominatim suis interpellabat obsecrationibus. Pluribus igitur excursis locis, sed minime quem exoptaverat, miserationie sanctorum quos expetierat, fulgorem oculorum lucrata, adiens Patriciacum, petiit Patrem sanctum, quem auditu cognoverat clarificari assiduitate miraculorum. Cujus exposcens patrocinium, dum in ejus assisteret oratorio, interpellabat ipsum corde devoto quatenus ejus interventu reaccendi mererentur lumina ejus munere divino. Pulsatus ergo Dominus omnipotens ipsius Patris precibus exaudivit postulationem pauperculæ, accendens ejus pupillas redivivo lumine, expulsisque cæcitatis umbris, concessit sibi intueri clare fulgorem rutilantis Phœbi. Quæ impensius exhilarata de sibi restitutis obtutibus, haud facile est explanare quanta animi alacritate rerum omnium Conditori laudes lætabunda persolverit. Patri autem Benedicto, per quem tanta promeruerat beneficia, diebus vitæ suæ omnibus exstitit fidelis famula.

CAP. XLIII. — *Mentis inops curatus. Vino lotæ reliquiæ*. Quidam nobilium, Gaufredus nomine, præpotens vir, dominus castri quod Sinemurus (52) vocatur, nimia capitis infirmitate oppressus, mentis inops effectus, totam funditus perdidit memoriam. Unde omnis ejus clientela, quæ in obsequio illius non pauca deserviebat, mente consternata super suo domino, questibus et lamentis, expers consilii, omnem suam impendebat operam. Quique etiam viri illustres, qui seu affinitate, seu amicitia, seu beneficio sibi adjuncti videbantur, super hoc ipsius infortunio valde afflicti, non minima detinebantur cordis angustia. Communi igitur consilio inito, statuerunt debere eum invisere præcipuorum memorias sanctorum, apostoli videlicet Petri in Cluniaco cœnobio, beati Filiberti apud Turnucum (53), et aliorum sanctorum, quorum nomina latissime fulgentibus divulgantur meritis in illa regione. Quod statutum, cum magno apparatu certatim explere adoriuntur famuli illius. Denique haud contemptibili obsequentium comitatus famulitio, peragravit magnorum loca sanctorum. Qui hoc opus venerando reservantes Patri, nullatenus voluerunt eum pristinæ restituere sospitati. Ergo tandem recordati, qui cum ductabant, magnum Patrem magna apud Patriciacum solere operari, illuc gressum dirigunt. Quos adventantes cum suo domino, in domo hospitum suscipiunt fratres, et ut idem Pater inquit (*Reg. S. Bened.* cap. 53); nam divitum terror ipse locus.

---

(52) Duplex est eo nomine castrum seu oppidum in Burgundia. Unum in pago Alsensi, vulgo *Semur en Aussois*, ad Armentionem fluviolum. Alterum haud procul a Ligeri supra Patriciacum, vernaculè *Semur en Briennois*, de quo intelligendus videtur hic locus.

(53) Turnucum seu Tornutium, *Tournu*, Burgundiæ oppidum ad Ararim, abbatia illustratum, quo delatæ sancti Filiberti reliquiæ, cujus translationis historia superius edita.

sibi exigit honorem. Honorifice per tres fere hebdomadas quibus apud eos mansit, cum suis est habitus. Siquidem toto illo quo cum eis deguit tempore, oratione pro eo directa ad aures omnipotentis Domini, sacrisque pignoribus lotis mero, sibique in potu dato, obtinuit salutem quam expetierat. Qua de re gratias agens omnium Conditori Patrique Benedicto, per quem meruerat sanari, reversus est ovans ad sua, congratulantibus sibi suis omnibus benevolis.

CAP. XLIV. — *Translationis celebritas. Cerei oblati. Ornamenta flammis intacta.* Translatio Patris ejusdem agebatur, quæ æstatis tempore, per omnem Galliam singulis celebratur annis. Est autem moris eorum, qui de familia Patris progeniem sese ducere gratulantur, quemcunque locum Patriciaco vicinum incolant, ad idem festum occurrere, et lychnos quos coram altari sui accendant domini, ob devotionem afferre. Inter reliquos igitur, quidam eorum, Rotbertus nomine, incola castri quod Luciacus vocatur, venire festinans, haud spernendæ quantitatis lychnum, sui affectum animi erga eumdem Patrem declarans, obtulit. Quem in vigilia solemnitatis accendere faciens, rogavit ædituos sacræ basilicæ, quatenus per totum festi diem suus non exstingueretur lychnus, sed, coruscantibus flammis, in sequens perduraret mane. Quod absque difficultate apud eos obtinuit. Ergo accensus cum aliis quampluribus a diversi sexus personis itidem oblatis arsit per totam illam sacram noctem diemque festum, donec solemnis missæ consummaretur celebratio. Qua expleta, fratres fessa vigilandi et psallendi labore corpora solito copiosius relevaturi, domum refectionis intrarunt. Porro apocrisiarius (34) ipsius sacri loci, sane vir modestus, Iterius nomine, laico cuidam, qui sub eo ipsius basilicæ excubias observare solebat, Dagoberto nomine, infit : *Mi frater, quoniam cum cæteris pransuris et ego disposui prandere, tu custos pervigil, cave ne aliquam in hoc spatio incurramus negligentiam, investiga ne aliqua malignæ voluntatis persona hanc basilicam sit ingressa, cupiens aliquod nobis inferre detrimentum, custodito ne aliquis ex fulgorantibus lychnis in altari decidens damna inferat vel modica, et ut certiores simus, circumspiciamus eosdem, qualiter candelabris affixi sunt, lychnos.* His peroratis, quæ proposuerant, peragunt; lychnum autem illum, de quo cœpit agere sermo, propter aram gloriosæ Dei Genitricis, quæ in eadem ecclesia primum obtinet locum, statuunt, mucroni arctius imprimentes candelabri, de ejus confisi crassitudine. Quibus patratis, frater supradictus ad prandium accedit cum cæteris refecturus. Qui vero ad custodiam relictus est laicus, in assignatis sibi minus quam debuerat occupatus, aliter agebat. Lychnus ergo ille quem juxta aram Dei Genitricis positum fore diximus, super eamdem concidit aram, æstatis tempore cera emollita; ara autem ipsa, ob diem solemnem cultioribus velis velata erat. Itaque illo toto morarum spatio, quo fratres ad prandendum resederunt, lychnus ille coruscantibus flammis super aram arsit, permanentibus illæsis quibus adoperta fuerat operimentis, vestigiis duntaxat apparentibus cineris. Igitur pransi fratres ecclesiam petunt (35), gratiarum actiones omnipotenti Domino persolventes. Cernentes vero lychnum in altari, accurrunt, opinantes omnia lintea illius igne consumpta. Comperientes autem fore [esse] ea illæsa, gratias referunt omnipotenti Domino, qui tanta eis beneficia dignabatur ostendere per Patris eorum merita.

CAP. XLV. — *Fur in suspendio incolumis servatus.* Quædam anus de supra memorati Patris familia, necessariis omnibus indiga, solum suæ viduitatis et senectutis baculum habebat filium. Hic autem non habens unde matris inopiam sustentaret, cum labore suarum manuum victus et vestitus necessaria ei sibique nequaquam suppeditare valeret, furtis hoc supplere decrevit. Insistens igitur nefario, minima quæque prius subripiens, paulatim ad majora audenda prorupit. Omnia vero quæ furabatur, matri deferens, eam exinde alebat, vestiebat, et omnem illius sustentabat egestatem. Dum autem per aliquantum temporis, copulato sibi socio, hoc exsecrabili vitio illectus foret, multa suis importans damna vicinis, comperientes illi adolescentem ipsum, viduæ illius suæ vicinæ filium, suarum rerum tantam sibi facere imminutionem, quadam die dum solito more furaretur, interceptum cum sodali præsentarunt judiciariæ potestati, objicientes quæ commiserant facinora. Convicti ergo adolescentes, adjudicati sunt suspendio perire debere. Enimvero anus illa, quam matrem adolescentis unius fuisse diximus, audiens filium suum duci ad suspendium, anhelo cursu festinat ad monasterium, et ingressa, his vocibus Patrem compellat Benedictum : *Domine mi*, inquit, *Benedicte, quid faciet hæc tua misera ancilla, quæ nullum aliud, ut tu melius nosti, habebam suffragium præter hunc meum natum, qui modo ducitur ad supplicium? Tu scis, domine, quoniam necessitate coactus, furta hæc committebat. Redde, mi domine, mihi filium meum, tibi servum tuum, jam de reliquo correptum, qui meas soletur ærumnas, ne famis inedia dispereat hæc tua ancilla. Ostende tuam solitam pietatem in me paupercula, tangat mea querimonia tua pia viscera.* His et aliis querulosis gemitibus perfusa genas lacrymis, preces fundebat. Flexus ad misericordiam Pater pius miserabili hujus aniculæ questu, exhibuit prodigium

---

(34) Apocrisiarius in monasteriis erat ædituus basilicæ, ut patet ex hoc loco, aliis Archarius in libro De miraculis S. Mauri abbatis, num. 22, supra.

(35) Ex hoc loco et multis aliis patet moris fuisse apud majores nostros ut gratias acturi post cibum ecclesiam adirent, non capitulum. Quod patet ex capitulis S. Galli monachorum, cap. 22, et aliis.

nostris temporibus inauditum. Denique ductus uterque juvenum ad locum hujusmodi supplicio destinatum, furcis appensi sunt. Unus igitur illorum, sodalis videlicet filii viduæ, extemplo vitam finivit. Ipse autem, ab exortu solis usque in tertiam horam suspensus, precibus matris ejus obsistentibus nequaquam mori potuit. Pastores quippe more suo accelerantes videre suspensos, dum ad locum venissent, cernunt alterum vitam finiisse, alterum vivere. Obstupescentes itaque in tanto miraculo, celeri cursu indicare tam militibus quam promiscuo vulgo, quæ viderant, festinant. Qui nequaquam verbis eorum creduli, dirigunt qui sibi renuntient, utrum verum, an falsum sit quod audiebant. At illi qui missi fuerant, ad locum suspendii properantes, ita esse uti pastores dixerant cognoscentes, eis qui se miserant referunt. Admirati omnes, mittunt qui adolescentem solvant, et sibi præsentent; rem ab eo omnem plenius rescituri. Cognoscunt ergo viduæ illius lacrymis et precibus, quam ecclesiam concito cursu petiisse perfusam lacrymis viderant, omnipotentem Dominum vitam filio ejus per merita Patris Benedicti, quem devotius exoraverat, reservasse, super hoc facto magnificantes ipsius clementiam Omnipotentis. Denique interrogatus adolescens, professus est se nullam læsionem sensisse per totum suæ suspensionis spatium. Unde conjici datur magis eam per indigentiam quam per malitiam commisisse furtum.

CAP. XLVI. — *Dæmoniacus liberatus.* Gauterius de Capriaco quadam nocte quæ Sabbatum præibat, ad castrum, quod Mons Sancti Vincentii nuncupatur, festinans, exoptabat adfore hominum conventiculo, quod pro mercibus congerendis fieri assolet. Unde tam ipse conventiculi locus quam negotium ibi habitum mercatum vulgo dicitur. Fit vero in eodem loco in sabbato. Itaque, dum in loco Planchia-Guillelmi dicto præterlegeret fluviolum Widracam (56), qui Patriciacos præterluit agros equo residens, nullumque habens comitem, ingenti primum tremefactus metu, persensit adesse dæmones, et oblitus sibi signum imponere crucis, circumvallatur ab eis, nullo munitus subsidio. Qui, illum cum equo cui insidebat arripientes et per aëra vectitantes, ad postremum in gurgitem tentabant demergere. At ille Deo sibi propitio ad memoriam reduxit gloriosi nomen Benedicti Patris, et cum jam prope esset, ut a dæmonibus in amnis illius profunda mergeretur, sancte Benedicte, sancte Benedicte, cum grandi clamore cœpit crebrius iterare. Exterriti igitur dæmones ad nominis hujus invocationem, statim cum linquentes, more sibi consueto evanuerunt. Porro ille virtute hujus nominis sese cernens ereptum, retrogrado calle Patriciacum rediit, nullo modo ausus, quod cœperat iter, ulterius adoriri. Reversus ergo, ob formidinem nimiam quam sibi dæmones incusserant, memoria excessit. A suis vero in crastinum ad monasterium adductus, et ibidem aliquantum remoratus, pro eo omnipotenti Domino fusis precibus, integræ mentis recepit sobrietatem meritis ipsius quem invocaverat Patris.

CAP. XLVII. — *Servus vindicatus.* Hugo, Bidulfus cognomine, unus militum Patriciacum inhabitantium, cum in aliis quampluribus eidem loco adversaretur, cujusdam seditionis in eadem villa inter equites exortæ occasione, una dierum aggressus quemdam rusticum, Guarinum nomine, a loco de Cumbis cognominatum, et ipsum de familia Patris progenitum, nulla justæ querelæ existente causa, tam crudeliter verberavit ut ei brachium contriverit. Rusticus vero idem neminem suarum injuriarum reperiens ultorem, dum non haberet, quem potissimum suæ querelæ advocatum faceret (quippe vir superbus erat, qui eum ceciderat, et nulli reverentiam deferebat), anxius valde, ad sui domini auxilium confugit Benedicti. Ingressus itaque ecclesiam ejusdem patris appropiavit altari, et super eo contritum imponens brachium, hæc verba cum multo gemitu mente profudit contrita : *Sancte,* inquit, *Benedicte, mi domine, tuum me profiteor servum, et te meum jure dominum. Cernis hoc contritum brachium; tuum erat, et præter te nemo alius in eo dominationem exercere debuerat. Si tu illud confregisses, eaversus te nullam haberem quæstionem, quoniam est tui juris. Sed, mi domine, quare permisisti ut Hugo Bidulfus, cui in nullo obnoxium est, illud contereret? Noveris me ab hac die tuis, vel tibi nullo modo famulari, nisi de ipsius brachio et corpore justam ultionem exegeris.* His et hujusmodi vocibus fratres qui aderant et hæc audiebant, ad lacrymas provocati, pariter flebant, et ejus juncti gemitibus, eadem exposcebant. Quibus peroratis, rusticus ecclesia egressus ægerrime ad suum remeavit habitaculum. Porro Pater sanctus nullatenus querimoniarum illius oblitus, in malignum justissimam exercuit ultionem virum. Brachium enim ipsius ejusdem lateris, cujus et rustici brachium verbere demolitus fuerat, cum toto humero tanta vi ægritudinis pervasum est ut omnino inutile factum, ad nullum penitus necessitatis usum inveniretur idoneum. Quo dolore miser diutissime vexatus, a nullo prorsus medicorum curari valuit; sed augmentata angustia, eodem morbo omnia ipsius membra percurrente, fatigatum diris doloribus spiritum miserabilis miserabiliter effudit.

CAP. XLVIII. — *Contracti duo erecti.* Duo etiam viri, quorum uterque ex agresti hominum genere ducebat natale, damnati membris, annosa nervorum

---

(56) Widraca seu Widraga vocatur in Chartario Patriciacensi, vulgo *l'Oudrac*, qui in Ligerim influit supra Burbonem (ut vocant) Aucium in finibus Æduorum. Patriciaci situm definit Eccardus comes in charta 6 his verbis : *Hic ergo locus in Augustodunensi pago positus, his ab oriente fluentis, Purrula videlicet et Burbuncia dividitur, deinde a meridie eadem Burbuncia descendente in Isrum fluvium usque ad Sancti Joannis ecclesiam, etc.*

contractione eos perdente, diutissime in suis, hoc cogente morbo, resides jacuere grabatis. Horum unus incola villæ; quæ sanctus Bonitus de Vetulavinea dicitur ; alter vero ex villa Palingias vocitata exstitisse perhibetur. Qui primordio suæ invaletudinis, amplius justo anilibus creduli fabulis, non paucis diebus, falsis muliercularum carminibus sese decipi pertulerunt, animati falsis spebus. Sed et popularium medicorum insanam experti opem, qui artemisiæ, vervenæ, betarum, seu aliarum quæ passim tellus edere consuevit succis herbarum, seu diversorum animalium adipibus, vili plebeculæ illudere solent, nil omnino profecerunt. Unde animo dimissi, ulterius medelam se adipisci destiterunt sperare, quam magnopere sese expetiisse arbitrabantur. In qua desperatione diu perseverantes, nihil de sua salute cogitabant. Immensa vero omnipotentis Domini clementia, quæ illorum misereri decreverat, immisit cordi eorum, quatenus Patriciacum deportari se facerent, Patremque Benedictum, ut pro eorum salute intercedere dignaretur, exorarent. Fecerunt autem sic, non quidem eodem tempore, sed diversis temporibus. Igitur dum aliquot diebus in monasterio ejusdem loci precibus insistentes pernoctassent, sospitatem integerrimam receperunt. Lætabundis itaque animis, grates Patri sancto tribuentes, revertuntur ad propria, omnibus propalantes omnipotentis Domini in se ostensa magnalia.

CAP. XLIX.— *Fur punitus in filio. Pœnitens filii sanitatem obtinet.* Quædam possessio dicta Sulmeriacus (57) Patriciacensium subjacet ditioni, quæ ipsis non contemnenda victualium quotannis rerum infert subsidia. Cui nuperrime præfecerant quemdam ex suis fratres, gratia tuitionis loci et arcendorum prædonum, et colligendorum annuatim solitæ repræsentationis fructuum. Huic vocabulum inerat Odo ; quo referente, ea quæ scribo, cognovi. Quidam Archembaldus, cognomine Albus, vir potens, non solum in ruricolas prædii illius, verum etiam in contiguos, avitæ dominationis exercebat jus. Cujus uxor dum occasione turpis quæstus vicina peragraret rura, devenit ad supra memoratum cum superbo comitatu locum, uti hujusmodi incedere assolent matronæ. Erat autem autumnale tempus, quando pressis torcularibus vinis, vinum condi solet in præparatis promptuariis ad servandum in posterum ; cujus non modica quantitas tunc temporis ibidem habebatur. Mandat ergo eadem matrona monacho ut sibi et suis acceleratum exhibeat prandium. Qui audiens quæ jubebantur, nimia animi indignatione commotus, ut erat animosus, respondit nequaquam se directum, quatenus substantiam ruris ipsius in conviviis mulierum expenderet, sed ut fideliter collectam eis qui se miserant dirigeret, nec consuetudinem imponere loco velle quam non invenisset. Qua responsione contemni sese mulier autumans, furibunda recessit. Imperat ergo Ansegiso Brutnio, qui eorum locorum ab ipsa dominationem acceperat, quatenus quidquid vini sub jure monachorum reperisset, plaustris imponens deveheret, et suo cellario reconderet. Hic præceptis dominæ velociter obaudiens, vehiculis vinum imponit, et suis inferre properat apothecis. At nequaquam diu gavisus est. Denique filius ejus admodum parvus, quem unice diligebat, mox ut plaustra fores attigerunt domus, tam validis febribus urgeri cœpit ut pene animam exhalaret. At vir ille nequaquam hæsitans hoc infortunium sibi accidere, eo quod nefandis dominæ jussis obtemperasset, vinum reddidit, et quia stulte egisset recognoscens, pro suo delicto satisfecit, Patremque Benedictum pro pueri salute oravit. Quem pius Pater pœnitentiam ipsius acceptans exaudivit, et puerum in pristinam sanitatem restituit (58).

(57) Villa hæc sita erat in pago Matisconensi, Floriaco attributa a Winiterio Eccardi comitis nepote, ex chartis 20 et 22 codicis Patriciacensis.

(58) Non pervenit auctor ad annum 1107, quo reliquiarum sancti Patris Benedicti translatio in novam thecam facta est xii Kal. Aprilis, præsentibus Ludovico rege, Joanne Aurelianensi, et Humbaldo Antissiodorensi episcopis ; Christiano quoque ejus loci monacho, qui rem litteris mandavit, aitque factam esse tum electionem Bosonis abbatis eo nomine secundi in locum Simonis, qui paucis ante diebus obierat.

APPENDIX

A Bollandianis fusior addita ex ms. codice Patriciacensi.

1. Tempore Gauzlini gloriosissimi Patris ac Bituricensium archipræsulis, multi nobilium mundialis vitæ nugis abnegatis, in palæstra hujus loci Dei et Domini nostri se dedere ditioni sub proposito sanctæ religionis. Nec minus etiam ab extimis Hispaniæ secessibus, alii a puero in divina observatione enutriti, alii apice pastoralis curæ sublimati, patria rebusque abdicatis, præsentiam petiere hujus principis Dei, magni existimantes, si liceret conspectibus perfrui cujus erant doctrina et magisterio informati. Videres confluentium agmina undecunque concurrere, et tanquam uno ore proclamare illud nobile vaticinium Isaiæ : *A finibus terræ audivimus laudes, gloriam justi (Isai.* XXIV, 16). Et Psalmistæ : *Etenim benedictionem dabit legislator (Psal.* LXXXIII, 8). Cujus benedictionis ut participium mererentur quidam duo germani, nectare tacti supernæ inspirationis a Barcinona urbe profecti, communis pro-

tectoris nostri sacrosanctum unanimi voto expetiere tumulum. Quorum unus, nomine Joannes, in monasterio Sanctæ Dei Genitricis, cognomento Rivipollensis (39), a pueritia sacris imbutus litteris, pedum promeruerat curæ pastoralis, scilicet abbatiæ Sanctæ Cæciliæ virginis et martyris, sitæ in cujusdam vertice montis; alter vero, vocabulo Bernardus, a quibusque nobilium sub tirocinio militiæ sæcularis est instructus, sed, quoad possibile laico, Deo subditus. Qui florentis militiæ abjectis deliciis, quodque mirificum est, tædis nuptialibus spretis, ignesque animi igne superans supernæ contemplationis, cum proprio germano Floriacum usque locum, ut prælibatum est, devenit, ibique habitum sanctæ religionis humiliter quæsivit, et reverenter suscepit. Quo pro certo referente cognovimus, quoddam cœnobium haberi in partibus illis, dicatum in honore hujus amici Dei, a memorata urbe iter protrahens unius diei; in quo loco innumera fiunt miracula ad laudem Domini nostri Jesu Christi per merita beatissimi Patris nostri Benedicti, ex quibus [pauca hæc] perstringere libuit.

2. Igitur quidam præclaræ indolis adolescens, secus præfatam basilicam iter faciens, gratia orandi cum proprio armigero devertit. Porro pone fores ecclesiæ equis a foris relictis, dicens: Sancte Benedicte, hos interim tuæ committo custodiæ, se in orationem ante sacrum dedit altare. Dumque crebris singultibus preces fundit attentius, contigit quemdam transitum habere pari quidem itinere, sed dispari operatione. Ergo miser, ubi neminem custodum reperit, vim faciens aurigæ invisibili, animalibus cum armis invasis, cujusdam fluvioli, cui nomen Lubrigatus, vadum adusque tendit. Sed demens cæcatus perfidiæ suæ tenebris, dum medium conatur nare gurgitis, præceps ruens undis, nulli ultra comparuit. Juvenis vero a templo egrediens, dum huc illucque oculorum vertit aciem, damni haud frustra impatiens, mox ut animadvertit adversarii fraudem, concitus irrupit sibi debitoris basilicam, talia voce querula proclamans: *Eia*, inquiens, *sanctissime Benedicte, quonam pacto preces te rogantis ad Christum allegabis, qui unius quadrupedis custos esse nequisti? Obtestor non me hinc discessurum, usquequo restituas quod novi amissum tua negligentia.* Hæc et his similia dum queritur voce sedula, extemplo revertitur raptoris rapina, et absque ullius regentis solertia loco constitit, quo injuste fuerat ablata. Fit continuo concursus populorum, ingens agitur gaudium, etc.

(39) Hactenus perstat monasterium Rivipollense ordinis S. Benedicti in Catalania, cujus loci fuit Enneco abbas imperante Ludovico Augusto, ut constat ex litteris Avæ comitissæ in hæc verba: *Ego Ava cometissa et filii mei, id est Juniofrecus comes, et Wifredus comes, et Ooliba comes, et Miro levita, simul donatores domum Sanctæ Mariæ situm in comitatu Ausona, in locum quem vocant Riopullo, ad prædictum domum, qui est fundatus in honore sanctæ Dei genitricæ Mariæ perpetua Virgine, vel ad abbate Ennegone, vel ad monachis, qui ibidem Deo serviunt, etc. Scriptum* xii *Kal. Julii, anno sexto regnante Ludovico rege filio Caroli.*

MIRACULA S. BENEDICTI

EX ANDREÆ MONACHI HISTORIA METRICE A RODULFO TORTARIO EDITA.

(BOLLAND. *Acta SS.*, Mart. die 21, ex ms. reginæ Sueciæ.)

MONITUM

Sequentem Miraculorum librum appellat Boscus « anonymi veteris, auctoris eruditi, monachi Floriacensis; » quem librum sine auctoris nomine in vetustissimo codice membraneo cœnobii Floriacensis invenit : addit tamen ad caput 22 libri ii aliquos conjicere Aimoinum esse etiam ejusdem libri auctorem : quod nullo modo potest subsistere, quia num. 22 dicti libri iv refertur expeditio Hierosolymitana comitis Pictaviensium, facta anno 1101, et num. 27 narratur Floriacense incendium anni 1095, cum jam septuaginta aut octoginta annis e vivis excessisset Aimoinus. At libri hujus auctorem se prodit Rodulphus Tortarius Floriacensis monachus in poemate De miraculis S. Benedicti, ubi eadem omnia habet cum hoc prœmio :

Quæ nuper prosa, digero carmine gesta,
Claruerit noster quæ faciendo Pater.

Reperimus hoc poema aliaque ejus opera varia in codice pervetusto reginæ Sueciæ, numero 1640 signato. Proponebantur libri novem de mirabilibus, aliquot millibus distichorum conscripti de regnis, bellis, triumphis, de exemplis virtutum ac vitiorum, de prudenter dictis et factis ac similibus, quorum omnium prologum damus :

Dum vacat, et curis mens non agitatur avaris,
Dum lentis animus fluctibus abstrahitur,

Flores de vernis metrico decerpere pratis,
  Pollice decrevi, noster amice tibi.
Hic portenta tibi, miracula, somnia scripsi,
  Scripsi de rebus hic memorabilibus.
Recte, perverse, versute dicta vel acta
  Dixi, quæ facto contigerint vario.
Urges ad famam, Clio, quæ prima poetam,
  Adsis principiis ex Helicone meis.

Sequebantur epistolæ undecim ad varios, quorum prima ad Guarnerium Burdonem sic incipit :

  Accipe descriptam, Guarneri Burdo, salutem,
  Dirigit a torta quam tibi nomen habens.

Secunda est ad Bernardum hoc exordio :

  Pro meritis, Bernarde, tuis tibi verba salutis
  Paucula Rodulphus adnotat ipse tuus.

Tertio loco legebantur acta vitæ et martyris S. Mauri Africani, quorum ultimam partem de translatione corporis ad cœnobium Floriacense edidit Boscus a pagina 549 cum hac clausula annum 1117, quo scripta hæc sint, significante :

  Maure sacer, meritis exaudi vota precantis,
  Quod dedit exiguus Tortarius accipe munus,
  Mille sui versus, sua demant crimina mille :
  Septies et deni cum centum cætera tergant.

Addebatur hymnus saphico carmine de eodem sancto Mauro quem in codice Floriacensi pro membranarum tenuitate et vetustate se non potuisse legere fatetur Boscus pag. 555, ubi auctorem hymni facit Rodulphum Floriacensem : a quo perperam diversum arbitratus est a Torta, sive Tortario, sub cujus nomine edidit jam dictam S. Mauri translationem. Ultimo denique loco habebantur acta, translatio et miracula S. Benedicti, quorum moles nimia impedit, quo minus hic demus. Horum prologus ita incipit :

  Accipe, mi Fulco, tibi quæ tetrasticha mitto ;
  Legislatoris perlege gesta Patris.
  Hæc tibi jucundo scripsi Rodulphus amico.
  _____
  Ut tua sit nostris mentio facta libris.

Ex hoc poemate damus librum quartum miraculorum XLVI, quæ antea Andreas monachus soluto sermone composuerat; et hactenus nusquam reperimus. Mentionem hujus Andreæ facit Rodulphus Tortarius lib. v, cap. 35, his verbis : « In castellionis Patris ipsius non exigua portione, ubi beatus confessor Possennus (de quo et Andreas plurima in suis retulit dictis) multa..... Omnipotentis clemqula demonstrat miracula. Succedit deinde quintus liber miraculorum, ab eodem Rodulpho conscriptus. »

MIRACULA S. BENEDICTI

Quæ tibi de gestis scripsisse stupenda paternis
  Dicitur Andreas, fistula nostra notat.
At Lemovix populus feriente Deo pateretur
  Ignem dum sacrum, dat sibi consilium,
Patris reliquias urbi gestare verendas;
  Quod postquam fecit, pestis iniqua perit.
Vidit dum feretrum ferri muliercula sacrum,
  Quæ contracta pedes ire nequibat iter,
Infit : Sancte Pater, si possem, te comitarer,
  Et quod deposcit prorsus id obtinuit.
Mentis eques pravæ zeli succenditur igne :
  Namque suum fratrum per sata laxat equum :
Dumque secus stagnum properat, submersus in unum,
  Vix eques evasit, at sonipes periit.
Quædam spiritui fuerat concessa procaci,
  Illatis patri perfurit ille probris.
Dejerat, obsessa se non exire puella,
  Sed fugiendo gemit, atque gemendo fugit.
Ranulphus crebras inhiabat prendere prædas,
  Quodam die vero fecit ut assidue :
Prandia de lacrymis viduarum larga paravit,
  Prima sibi fauces obstruit offa truces.
Prædia, Gauteri, quia tollis, dæmonis atri
  Turbas exsequiis cernis adesse tuis.
Monachus es factus, dudum cognomine dictus,

A
  Et vitæ finem consequeris celerem.
Cur, Giralde, patris hostes per lucra tueris?
  Est conspecta tibi virgo Dei genitrix :
Arguit ipsa, suos tuearis cur inimicos,
  Uxor cum natis occidit Eva tuis.
Est domus ampla patri sita pago Barcinonensi,
  Sæpe vocatus ubi plura stupenda facit.
In qua turma Deo famulatur sedula Christo,
  Gaudet præsidio tua, patrone, tuo ;
Huc oraturos successit miles amicus,
  Extra dimissis, donec abiret, equis.
Fur rapit hos avide : vicino mergitur amne ;
  Perdere quos timuit, miles equos recipit.
Classibus advecti properant illuc Agareni,
  Quatenus igne crement, rebus et exspolient :
B Fundere vina volunt, glacies quasi dura rigescunt :
  Ignis et injectus sponte sua moritur.
Indicat hos molles et mittit tres truciores,
  Miratur quare fiat et his simile :
Unus qui sacram demoliri cupit aram,
  Ictum dum librat, se feriendo necat.
Clericus erectus sua domi prava precatur,
  Dum super hunc volitat passer, in ore cacat.
Jurat hic iratum se patri, sitit inultum :
  Visceribus multis, mox avis illa ruit.

In te veridicum completur, Alarice, scriptum,
　Non impunitus testis erit reprobus.
Dum te teste suam comes affirmat fore silvam
　Effossum querno fles oculum scopulo.
Corpore, Constanti, de sacro prode Posenni;
　Bis monitus, flagris tertio corriperis.
Visio quod docuit, compulsus pandere pandis,
　Inventum sacro conditur in tumulo.
Pulvis te tumuli donat, Tetberga, saluti;
　Urgebat duris spiritus hanc stimulis.
Pulvis, ut est bibitus, detruditur hospes iniquus,
　Sanctus habet proprium Spiritus hospitium.
Templi pro foribus jacuit per non breve tempus,
　Altera contractis prona cubans genibus:
Dum missam caneret, fratres orare moneret,
　Presbyter, hac hora sana fit absque mora.
Causatur sanctos miles fore somniculosos,
　His sine jactura se rapuisse sua:
Traditur hic Satanæ, fit servus liber ab hoste;
　Stertere credebat, quos vigilare probat.
Dum te mancipium non esse fateris avitum,
　Alberice, minis cœlitus argueris.
Inque volam digitis cum dextro pollice fixis,
　Placas offensam jure professus herum.
Cuncta vorante foco, Christi genitricis imago,
　Ligno sculpta licet, intemerata manet.
Qui sacra sustollunt, se passos frigora plangunt,
　Peplis illæsis cultibus et variis.
Rustice, dum plaustrum fœno deducis onustum,
　Pro nihilo celebrem patris habendo diem,
Ignis in exiguas redigit tua plaustra favillas,
　Amittisque pedes, tuque tuique boves.
Non opus ignito verum discernere ferro,
　Constanti, falsus testis ades penitus:
Vesicæ strepitus disploso ventre pudendus,
　Testificatur eam legiferi decimam.
Dum votum rumpis, iterato lumina perdis,
　Vovisti servam quæ fore perpetuam:
Denuo sed recipis, nec postea lumina perdis.
　Conservans votum, serva manendo tuum.
Imminet a tergo Landricus in agmine magno
　Intrat pro castro rura patris Geilo:
Mandat ut in signum reboet miles Benedictum,
　Cepit Landricum, perdidit et cuneum.
Gallaici neptis sacra præripit atria patris,
　Quæ famulando suus obtinuit patruus:
Inde die certa fuit altercatio multa,
　Paralysi sub qua percutitur misera.
Ingenuum clamat se, servitiumque recusat,
　Stabilis hoc scuto prodere cum baculo,
Manicis obolum religat, capitis quasi censum:
　Excidit enormis instar habens clypei.
Dæmon suffocat, primo, Rotberte, replerat;
　Te tellus abicit et ter idem peragit.
Floriaco missæ patuit virtus ibi chartæ,
　Continuit tellus te super hac posita.
Abstrahis ecclesia Benedicti nomine sacra
　Hostem, Gauteri, dæmonioque daris.
Denuo purgaris de crimine, dum resipiscis:

A　Nam laxas captum, das quoque prædiolum.
Mergetibus carrum ducit Guisbertus onustum,
　Raptis a terra, dux, Benedicte, tua:
Non sentit stimulos, non verbera, non sonitus bos:
　Ante nequit, retro cedit, onus revehit.
Presbyter ecclesiæ bijugum ducit memoratæ:
　Adsunt cum plaustris et juvenes tumidi;
Proturbant bijugum: sacer exorat Benedictum.
　Horum mox plaustrum stat quasi mons rigidum
Dum, scribis, eorum deles ut vile paternum,
　Littus in adversum te tremis expositum.
Dæmonicis flagris torqueris traditus illis,
　Nunquam curaris mentis inops, sed obis.
Incurris morbum, Gauteri, perniciosum,
　Audes commissas dum dare relliquias;
B　Fassus delictum sanaris, non tamen annum
　Ipsum pertransis; ast in eo moreris.
Patrem suosannas, messem resecare, laboras:
　Cædis per medium, rustice, falce manum.
Aiunt illapsum cunctos, animalia, plaustrum,
　Consumpsisse fœnum, cætera, necne domum;
At nec dissimilis Gauterus habetur in istis:
　Visio quem monuit linquere, quæ peragit,
Vapulat immensis, non sentit quia, flagris;
　Vicini proprio quem referunt ab agro.
Oras dum stagni videt armiger ansere pasci,
　Accelerat frustra; stimulante gula,
Urget cornipedem præceps calcaribus acrem,
　Et submersus aquis intumulatur eis.
C　Subtrahis oblatum furtim, dum, monache lychnum,
　In somnis monitus, restituis trepidus.
Porro dies per tres pateris pro crimine febres,
　Committas sane ne postea simile.
Dum resident mensis, inopum lacrymis sibi partis,
　Excitur resonæ voce repente tubæ.
Accurrit raptis celer Archembaldus in armis,
　Percutitur telo tempora mortifero.
Res nova: percrebris terebrato vase cavernis,
　Nil vini manat, frigore seu rigeat,
Ardet et ignitis verubus forat impius hostis,
　Quod quamvis egit, nil tamen elicuit.
Visa puer retulit, genitores credere poscit,
　Illum subsannant, somnia falsa putant.
At puer assuetis pronus reptando scamellis,
D　Floriacum petiit, sospes et hinc rediit.
Alter adest: agilis poscens modulamina vocis,
　Qui fuerat mutus, matris ab uberibus:
Aspicit hic niveam se compellare columbam;
　Quid velit ille loqui, dicit et emeruit.
Tertius audivit dum pusio, quod duo gessit
　Mira pater, pueros salvificando duos,
Parvulus hic ejus vernaculus ut sibi gressus
　Reddatur, poscit, mox et id obtinuit.
Disesia genitum monuit vox nocte Radulphum,
　Ut sanus fieret, Floriacum peteret.
Credulus hic dictis, sese trahit ille genuclis:
　Qua Christus scandit luce, pedes recipit.
Dum figulus palmas Guillelmus porrigit ambas,
　Jurans patronum, quassa loquendo, pium.

Arent momento cubitusque manusque sub uno,
At prodest lignum pro cubito positum.
Dæmone possessus vesano Britto Roaldus,
Flumina cum stagnis, confraga cum patulis,
Vastaque cum cultis, transit celeri pede pernix,
Quem simulando canem liquit atrox hominem;
Sed natale solum dum vult inviscre densum,
Ingreditur notum pestifer hospitium,
Instar avis nigræ subit os, misero trepidante :
Inde per urinam digeritur nimiam;
Condolet expelli, nam sumpta voce coracis,
Deterret si quos inveniat timidos;
Aggreditur fratrem, qui conjurarat Odonem,
Audito patris nomine, conticuit.
Captus ab hoste suo religatur carceris antro :

A Arctatur vinclis, compedibus manicis ;
Nequiquam multos implorat voce patronos,
Eripit hunc noster, quem vocat ille, pater.
Poscit ab ancilla mulier velamina prima,
Ut properet magnum cultior, ecclesiam :
Quæ non reperiens, formidine pressa fit amens.
Hæc recipit sensum, sed patris ad tumulum.
Æditui faciles contra fas nocte loquaces,
Infringunt normæ jura statuta sacræ.
Verber divinum primum castigat eorum,
Erudit in sanctis cautius esse locis.
Surgat ut e stratis, monet unum visio noctis,
Spernit visa, latus gyrat iners aliud ;
Illa super pigrum lecti dejecit operclum,
Mox laquear cecidit, nihil sed ei nocuit.

ORDO RERUM

QUÆ IN HOC TOMO CONTINENTUR.

SIGEBERTUS GEMBLACENSIS MONACHUS.
Prolegomena. 9
§ 1. — Vita Sigeberti. 9
§ 2. — Scripta. 15
CHRONICA. 59
Anselmi Gemblacensis continuatio. 239
Continuatio Gemblacensis 257
Auctarium Gemblacense. 265
Auctarium Aquicinense. 269
Auctarium Affligemense. 279
Continuatio Aquicinctina. 293
Continuatio Bergensis. 347
Auctarium Hasnoniense. 353
Auctarium Sithiense. 355
Auctarium S. Judoci. 355
Continuatio Atrebatensis. 355
Continuatio Tornacensis. 357
Auctarium Laudunense. 359
Auctarium Corbeiense. 361
Continuatio Præmonstrasensis. 363
Continuatio Burburgensis. 379
Continuatio Valcellensis. 383
Auctarium Bellovacense. 387
Auctarium Mortui maris. 389
Auctarium Ursi campinum. 401
Auctarium Nicolai Ambianensis. 409
Itoberti de Monte chronica. 411
Incipit Prologus Roberti. 421
Incipit Epistola Henrici archidiaconi ad Warinum de regibus Britonum. 423
Incipiunt chronica Roberti. 423
LIBER DE SCRIPTORIBUS ECCLESIASTICIS. 547
GESTA ABBATUM GEMBLACENSIUM 591
De Heriwardo abbate. 614
De Erluino juniore abbate. 615
De Olperto abbate. 617
De Mysach abbate. 628
Continuatio auctore Godeschalco. 627
De Tietmaro abbate. 630
De Liethardo abbate. 635
De Anselmo abbate. 642
Epitaphium domui Anselmi abbatis a Francis compositum. 647
Epilogus per dialogum ad ecclesiam factus. 649
Epitaphium domni Sigeberti. 650
Item pauca de his quæ a domno abbate Anselmo vel sub eo sunt acquisita. 651
Cur dicitur Gemblus. 651
Panegyricus libellus. 651
De Oiberto abbate. 651

De Mathelino abbate. 654
De Thietmaro abbate. 655
De Liethardo abbate. 656
De Anselmo abbate. 657
De combustione monasterii Gemblacensis, auctore Guiberto. 657
VITA WICBERTI. 661
CAPUT PRIMUM. — De generositate parentum sancti Guicberti. 661
CAP. II. — Quod per gradus ætatum gradus virtutum ascenderit. 663
CAP. III. — Quod sæculo renuntians, cingulum militiæ deposuit. 664
CAP. IV. — Quod fundum proprietatis suæ Gemmelaus Deo et Sancto Petro ad fundandum cœnobium delegavit. 665
CAP. V. — Quod Gisila avia ipsius et ad hoc amminiculata est. 665
CAP. VI. — Quod Erluinus ex canonico monachus familiaritate sua eum ad bonum magis incitavit. 666
CAP. VII. — Quod etiam sibi abrenuntians, monachicam vitam appetiit. 666
CAP. VIII. — De nobilitate et religione Gorziensis monasterii, et quod ibi monachus factus sit. 667
CAP. IX. — Quod Gemmelacenses fratres ad exemplar Gorziensium instituit. 668
CAP. X. — Quod Erluinum Gemmelacensi cœnobio abbatem præfecit. 669
CAP. XI. — Quod Otto imperator maliloquorum malivolentia rejecta, Gemmelacense cœnobium auctoritate imperiali munivit, eique in omnibus immunitatem attribuit. 669
CAP. XII. — Quod chartam de rebus Ecclesiæ conscriptam primo imperiali, deinde apostolicæ sedis auctoritate legaliter roboravit. 671
CAP. XIII. — Quod Heribrandus maritus Reinuidis sororis sancti Guicberti Gemmelacense cœnobium usurpavit, ejusque injustitiam sanctus vir ad tempus mitigavit. 671
CAP. XIV. — Quod de gente Ungarorum multos ad Christum convertit. 672
CAP. XV. — Quod ad fraternæ charitatis collegium multos undecunque animavit. 673
CAP. XVI. — Quod post ad cœnobium Gorziense regressus est. 674
CAP. XVII. — De obitu ipsius. 674
CAP. XVIII. — Quod corpus ipsius Gemmelaus relatum est. 675
CAP. XIX. — Quid Erluinus abba in epistola sua de eo scripsit. 675

Epistola Erluini. 676
Historia elevationis S. Wicberti auctore anonymo. 677
Miracula S. Wicberti auctore anonymo. 682
Prologus Sigeberti in miraculis sancti Guiberti. 682
Visio ejusdem Sigeberti. 682
VITA DEODERICI EPISCOPI METENSIS. 689
CAPITULUM PRIMUM. — De nobilitate generis ipsius. 693
CAP. II. - Qualiter sub disciplina domni Brunonis profecerit. 695
CAP. III. — De promotione ejus ad episcopatum. 696
CAP. IV. — De primis litteris nominum per angelum datis. 697
CAP. V. — De veteris ecclesiæ dejectione et novæ ædificatione. 698
CAP. VI. — De constructione waltiodorensis coenobii. 699
CAP. VII. — Qui viri ea tempestate claruerunt. 700
CAP. VIII. — De morte domni Brunonis. 701
CAP. IX. — De unanimi fraternitate cleri Mettensis et Halberstedensis. 702
CAP. X. — De privato honore Mettensium pontificum. 702
CAP. XI. — De immunitate ecclesiasticarum familiarum. 703
CAP. XII. — De Spinal castelli vel monasterii constructione. 704
CAP. XIII. — De jactis fundamentis basilicæ sancti Vincentii. 704
CAP. XIV. — De mmunitate loci ab apostolico impetrata. 705
CAP. XV. — De nonis et decimis ecclesiæ sancti Vincentii levitæ et martyris. 708
CAP. XVI. — De aviditate ejus in perquirendis reliquiis sanctorum. 708
CAP. XVII. — De laude urbis Mettensis. 716
CAP. XVIII. — De dedicatione duarum ararum. 719
CAP. XIX. — De morte Everardi fratruelis sui. 719
Everardi epitaphium. 720
Item ejusdem epitaphium. 720
CAP. XX. — De iterata immunitate ecclesiæ sancti Vincentii. 721
CAP. XXI. — De roborata immunitate actorum ejus. 721
CAP. XXII. — De bona consummatione operum domini Deoderici, et obitu ejus. 722
Epitaphium. 724
Rhythmi in honorem Deoderici episcopi. 725
VITA SANCTI SIGEBERTI REGIS. 725
VITA BREVIOR. 725
VITA S. MACLOVII SIVE MACHUTII. 726
Epistola auctoris ad Thietmarum abbatem Gemblacensem. 729
VITA S. THEODARDI. 747
CAPUT PRIMUM. — Vita ante episcopatum Trajectensem; virtutes quibus Ecclesiam illustrat. 747
CAP. II. — Instruit S. Lambertum; pro recipiendis rebus ecclesiasticis regem addit; ab iniquis earum possessoribus martyrio afficitur. 751
CAP. III. — Mulier cæcitate punita et visus ei redditus; exsequiæ a frequente populo celebratæ; miracula in loco primo sepulturæ; corpus inde avectum et Leodii depositum. 754
SANCTI LAMBERTI VITA DUPLEX. 759
Monitum. 759
VITA PRIOR S. LAMBERTI. 759
CAPUT PRIMUM. — De nobilitate sancti Lamberti, et quorum principum tempore natus sit. 759
CAP. II. — Quod primum a S. Landoaldo nutritus sit. 761
CAP. III. — De fonte per orationem sanctorum producto. 761
CAP. IV. — Quod a S. Theodardo Lambertus instructus sit. 762
CAP. V. — De habitudine corporis S. Lamberti, et dotibus animi. 763
CAP. VI. — De relato corpore sancti Theodardi. 763
CAP. VII. — Quod ad episcopatum electus sit. 764
CAP. VIII. — Qui fuerint episcopi et abbates contemporales S. Lamberti. 765
CAP. IX. — De interfectione Hilbrici regis. 765
CAP. X. — Quod episcopatu S. Lambertus privatus sit. 766
CAP. XI. — Quod Stabulaus monasterium expetierit. 766
CAP. XII. — De obedientia et humilitate sancti Lamberti. 767
CAP. XIII. — Quod ad episcopatum revocatus sit S. Lambertus. 768

CAP. XIV. — Quod S. Lambertus Taxandriam ab idololatria liberaverit. 769
CAP. XV. — Visio sancto Lamberto ostensa, de sepelienda sancta Landrada. 770
CAP. XVI. — Quod Lambertus Pippinum arguerit pro illicito matrimonio. 771
CAP. XVII. — De bello nepotum Dodonis contra familiam sancti Lamberti. 771
CAP. XVIII. — Quod S. Lambertus a Pippino Jopiliam invitatus sit. 775
CAP. XIX. — De furore Dodonis festinantis ad necem S. Lamberti. 775
CAP. XX. — De viso crucis signo. 775
CAP. XXI. — De interfectione S. Lamberti sociorumque ejus. 775
CAP. XXII. — De exsequiis sancti Lamberti. 777
CAP. XXIII. — De obsequio angelico S. Lamberti. 777
CAP. XXIV. — De vindicta Dei in Dodonem et complices ejus. 778
CAP. XXV. — De miraculis Legiæ ostensis in loco passionis S. Lamberti. 779
CAP. XXVI. — De translatione S. Lamberti, et miraculis in ea ostensis. 779
CAP. XXVII. — De Grimoaldo ante altare S. Lamberti interfecto. 780
CAP. XXVIII. — Epilogus. 780
SANCTI LAMBERTI VITA ALTERA. 781
CAPUT PRIMUM. — Illustres sancti parentes: institutio apud SS. Landoaldum et Theodardum; corporis et animi dotes: corpus S. Theodardi translatum Leodium. 781
CAP. II. — Sancti episcopatus Trajectensis, Ecclesiæ et regno utilis: episcopi et abbates ipsi synchroni: expulso e sede sua: vita monastica Stabuleti. 786
CAP. III. — Sancti in sedem suam restitutio, et cura pastoralis: Taxandri ab idolis ad Christum adducti: S. Landradæ sepultura per ipsum miraculo clara. 792
CAP. IV. — Pippinus ob ductam Alpaidem pellicem correptus: pellicis odium et insidiæ: sancti, illa instigante, martyrium. 798
CAP. V. — Corporis sepultura Trajecti: Dodonis et sociorum poena: miracula Leodii facta, et ecclesia ibi ædificata: corpus eo translatum: Grimoaldi cædes divinitus punita: Northmanni a sacro corpore repulsi: auctoris observatio: tempus martyrii. 805
SERMO DE SANCTA LUCIA. 811
DE DIFFERENTIA QUATUOR TEMPORUM. 815
RESCRIPTUM PRO LEODIENSIBUS CLERICIS. 826
EPISTOLA AD LEODIENSES. 829
DE PRESBYTERIS CONJUGATIS. 829
RESPONSIO AD EPISTOLAM HILDEBRANDI. 829
FRAGMENTUM RHYTHMI DE S. LUCIA. 829
FRAGMENTUM DE S. LULLO. 831

ANONYMUS.

CHRONICÆ POLONORUM. 833
Prolegomena. 833
Incipit epistola et quædam præambula tangentia chronicas Polonorum. 839
Epilogus. 841
Incipiunt chronicæ et gesta ducum sive principum Polonorum. — Primo prooemium. 843
LIBER PRIMUS.
I. — De duce Popelone, dictus Chosisco. 845
II. — De Pazt filio Chosisconis. 845
III. — De duce Semovithaii qui dicitur Semovith filio Pazt. 847
IV. — De cæcitate Meschonis filii Zemimizl ducis. 847
V. — Quomodo Mesco recepit Dobrowcam sibi in uxorem. 848
VI. — De primo Bolezlavo qui dicebatur Gloriosus seu Chabri. 849
VII. — Quomodo terram potenter Bolezlavus Russiæ intravit. 852
VIII. — De magnificentia et potentia Bolezlavi Gloriosi. 854
IX. — De virtute et nobilitate Gloriosi Bolezlavi. 855
X. — De prælio Bolezlavi cum Ruthenis. 856
XI. — De dispositione Ecclesiarum in Polonia et virtute Bolezlavi. 857
XII. — Quomodo Bolezlavus per suas terras sine lesione pauperum transiebat. 858
XIII. — De virtute et pietate uxoris Bolezlavi Gloriosi. 858
XIV. — De magnalitate mensæ et largitate Bolezlavi. 860
XV. — De dispositione castrorum et civitatum sui regni per Bolezlavum. 860
XVI. — De morte Bolezlavi Gloriosi lamentabili. 860

De morte Bolezlavi carmina. 862
XVII. — De successione Meschonis secundi Bolezlavces Gloriosi. 863
XVIII. — De successione et dejectione Kasimiri post mortem patris. 864
XIX. — De rehabitione regni Poloniæ per Kasimirum qui fuit monachus. 865
XX. — De prælio comitis Meczzlavi cum Mazovitis. 866
XXI. — De prælio Kasimiri cum Pomoranis. 867
XXII. — De successione secundi Bolezlay dicti Largi, Kazimirides. 868
XXIII. — De conventione Bolezlavi cum duce Rutherorum. 868
XXIV. — De delusione Bohemorum contra Bolezlaum Largum. 869
XXV. — De victoria Bolezlavi Largi contra Pomoranos. 870
XXVI. De liberalitate et largitate Bolezlavi et de quodam paupere clerico. 870
XXVII. — De exilio Bolezlavi Largi in Ungariam. 871
XXVIII. — De susceptione Bolezlavi per Wladislavum agem Ungariæ. 872
XXIX. — De filio ejusdem Bolez'avi Mescone tertio. 873
XXX. — De uxoratione Wladyslavi, patris tertii Bolezlavi. 874
XXXI. — De jejuniis et orationibus pro nativitate tertii Bolezlavi. 876
LIBER SECUNDUS.
Epistola ad Michaelem episcopum. 875
Incipit liber secundus. 877
I. — Tertii Bolezlavi primo de nativitate. 877
II. — De bello cum Pomoranis. 879
III. — Obsidio castri Nakiel. 879
IV. — De Sbigneo rebelli. 880
V. — Castro Cruszwic expugnato et deleto. 882
VI. — Miraculum de sancto Adalberto. 883
VII. — De divisione regni inter utrumque filium. 885
VIII. — Ulterior hujus divisionis dispositio. 884
IX. — De ætate puerili Bolezlavi. 884
X. — Zeczech et Bolezlavus Moraviam vastaverunt. 884
XI. — Bolezlavus puer interficit aprum. 885
XII. — Bolezlavus ursum interficit. 885
XIII. — Bolezlavus in hosticum procucrit. 886
XIV. — Bolezlavus Pomoranos oppugnat. 886
XV. — Quomodo bellum gesserit in Pomorania. 886
XVI. — Machinationes Zethei. 886
XVII. — De propugnaculo Pomoranorum sua sponte destructo. 889
XVIII. — De balteo militari Bolezlavo a patre, devictis Pomoranis, oblato. 890
XIX. — De Plaucis devictis. 891
XX. — Prophetia de Bolezlavo. 891
XXI. — De morte Wladislai. 892
XXII. — Bolezlavus expugnavit Albam urbem regiam. 812
XXIII. — De nuptiis Bolezlavi. 893
XXIV. — Insidiæ Sbignei incitantis hostes. 893
XXV. — Poloni vastaverunt Moraviam. 894
XXVI. — Ipse Bolezlavus Moraviam devastat. 895
XXVII. — Legatus pontificis maximi. 895
XXVIII. — De expeditione in urbem Colobreg facta. 895
XXIX. — De nova in Pomoranos expeditione et colloquio cum Collomano habito. 897
XXX. — De expeditione Scarbinieri in Pomoranos. 897
XXXI. — Bitom castrum expugnatum. 898
XXXII. — Fœdus cum Sbigneo initum et subsequens traditio. 898
XXXIII. — Bolezlavus in Pomoranorum insidias cadit. 898
XXXIV. — Bolezlavus Bohemos profugavit et Pomoranos subjugavit. 900
XXXV. — Zbigneus fovet contra fratrem animum inimicum. 900
XXXVI. — De Zbignevi hostilitate erupta. 901
XXXVII. — Fœdus cum Bohemis ictum et fuga Zbign vi. 902
XXXVIII. — Zbignevus rediit in gratiam fratris. 903
XXXIX. — Zbignevi perfidia erga fratrem. 903
XL. — Fil us nascitur. 904
XLI. — Zbignevus victus iterum. 904
XLII. — Saxones navigio venerunt in Prussiam. 905
XLIII. — Miraculum de Pomoranis. 905
XLIV. — Pomoranorum baptisatio. 906

XLV. — Bellum cum Moravis gestum. 907
XLVI. — Bellum Bohemis illatum. 907
XLVII. — Pomorani rebelles. 908
XLVIII. — Bolezlavus Pomoranos rebelles capto castro Velun castigat. 908
XLIX. — Sexcenti Pomorani in Mazovia sunt perempti. 909
L. — Bohemorum et Zbignei clades. 910
LIBER TERTIUS.
Epistola libri tertii. 909
Epilogus. 912
Incipit tertius liber. 913
I. — Victoria de Pomoranis. 915
II. — Epistola imperatoris ad regem Bolezlavum. 915
III. — Belli cum Henrico initium. 915
IV. — Bolezlavus parat bellum. 916
V. — Obsidio Glogoviæ. 917
VI. — Induciæ Glogoviensium. 918
VII. — Induciæ rumpuntur. 918
VIII. — Oppugnatio castri Glogoviensis. 918
IX. — Vulnera et cadavera Allemani pro tributo auferunt. 919
X. — Terror panicus Allemanorum de capite et cauda lacessitoru m. 919
XI. — Cantilena Allemanorum in laudem Bolezlavi. 920
XII. — Imperator pacem implorare coactus. 921
XIII. — Epistola Cæsaris ad regem Polonicum. 921
XIV. — Rescriptum ad Cæsarem. 921
XV. — Cæsar rediens, ac pro tributo cadavera portans. 922
XVI. — De morte Swantopole. 922
XVII. — De Bohemis. 923
XVIII. — De Pomoranis. 923
XIX. — De Bohemis et Polonis. 923
XX. — De fraude Bohemorum. 924
XXI. — De bello et victoria contra Bohemos. 924
XXII. — De vastatione terræ Bohemicæ per Polonas. 925
XXIII. — De audacia Boleslavi et providentia. 926
XXIV. — De vastatione terræ Prusiæ per Polonos. 929
XXV. — De concordia Zbignei falsa cum Bolezlavo. 929
XXVI. — Pomorani tradiderunt castrum Nakel Polonis. 933

BERENGOSUS ABBAS S. MAXIMI TREVIRENSIS.

Notitia historica. 935
DE LAUDE ET INVENTIONE S. CRUCIS. 935
LIBER PRIMUS.
CAPUT PRIMUM. — De eo quod Dominus ante se primo prophetiam et legem præmisit, ac deinde natus et passus arborem crucis ascendit. 935
CAP. II. — Qualiter lignum crucis ab Helena regina inventum, vel a Judæis prius fuisset absconditum, et de propositione trium errorum, secundum triplex ejusdem ligni mysterium. 937
CAP. III. — De comparatione quam Joseph habet ad lignum vel fratres ejus ad synagogam Judæorum. 938
CAP. IV. — Quemadmodum Joseph liberatus est a carcere, vel Christus a morte, sic signum crucis liberatum est a reclusione. 939
CAP. V. — Quemadmodum Joseph a Pharaone torque aurea, annuloque induebatur et stola, sic lignum crucis gemmis et auro decoratum est ab Helena regina. 940
CAP. VI. — Quemadmodum Joseph frumentum venditurus Ægypti, horrea regis aperuit, sic Helena regina lignum crucis in horreo Ecclesiæ nobis aperire promeruit. 941
CAP. VII. — Quemadmodum Joseph in sacco fratris junioris abscondit scyphum, sic Judæi lignum Dominicum. 941
CAP. VIII. — Sicuti, ad exemplum Isaac, oculi Judæorum caligaverunt, quando pro invidia Christianorum lignum crucis absconderunt, ita lignum crucis idem populus invitus aperuit, quo Isaac filium suum nesciens benedixit. 943
CAP. IX. — Ut Allophyli puteos Isaac obruerunt, sic Judæi lignum crucis absconderunt. Et quemadmodum lignum idem inventum est ab Helena regina, sic ab Isaac in eisdem puteis pura inventa est aqua. 943
CAP. X. — Quomodo puteus ille, cui nomen est viventis et videntis, convenire possit puteo divini sanguinis et mysterio crucis. 944
CAP. XI. — Quemadmodum a filia Pharaonis Moyses inventus est juxta ripam fluminis, sic ab Helena regina in Calvariæ loca lignum inventum est crucis. 945

CAP. XII. — Sicut Moyses a matre sua reconditus est in fiscella, ita crux Dominica diu abscondita fuit in Synagoga. Et eodem modo crux inventa est in terra, quo Moyses inventus est in ripa, vel Christus in Ecclesia. 946
CAP. XIII. — Moyses in figura Regis æterni regale illud diadema pedibus contrivit, quod rogatu filiæ suæ, capiti ejus Pharao imposuit. 947
CAP. XIV. — Tres hi viri, Joseph, Isaac et Moyses, secundum prophetiam eorum et legem, de mysterio crucis disparem quidem sermonem, ac parem habuerunt mentem. 947
CAP. XV. — Quod in figura crucis Dominicæ et evangelicæ gratiæ, tribus illis viris, Joseph, Isaac et Moysi binæ vel trinæ bene conveniunt nutritiones. 948
CAP. XVI. — Qui secundum triplicem divinitatis gratiam, ex proxime nominatis viris tribus, unus daturus panem, alii autem aquam. 949
LIBER SECUNDUS.
CAPUT PRIMUM. — Beata Helena, ejusque filius Constantinus magnus a Deo obtinuit gratiam. 953
CAP. II. — Ab Helena matre Syriam, a Constantino filio Romam atque Græciam, conversas esse, ipsisque solis inveniendæ crucis gratiam commissam esse. 953
CAP. III. — Constantinus contra barbaros signo crucis se armavit, et secundum signum, quod in cœlo vidit, hostes prostravit et vicit. 954
CAP. IV. — Constantinus signo crucis victoriam consecutus cum esset, cœpit primum ab idolorum cultoribus crucis mysterium perquirere; baptizatus autem dein a Silvestro, Christi fidem per totum orbem prædicari fecit. 955
CAP. V. — Constantinus matrem suam B. Helenam, pro inquisitione ligni Domini, Jerosolymam misit, quæ ubi eo pervenisset, magno studio est de sancta cruce apud Judæos percunctata. 956
CAP. VI. — Beata Helena morte plectendos, ignique Judæos il los eremandos censet, qui S. crucem ostendere nolent, Judamque in lacu septem diebus servari præcipit. 957
CAP. VII. — Judas dein ex lacu extractus, facta ad Dominum oratione, tres cruces invenit: crucis autem Dominicæ mortuus ibi resuscitatus testimonium perhibuit. 957
CAP. VIII. — De testimonio, quod sancta crux habuit cum a vivis, tum etiam defunctis, et de spiritali gaudio beatæ Helenæ. 958
CAP. IX. — Quanto cleri et populi studio et alacritate exceptum sit vitale crucis lignum. 959
CAP. X. — Quemadmodum de S. crucis honore etiam nobis gaudendum, et quid inter Christianos et Judæos intersit. 961
CAP. XI. — De comparatione Constantini et Helenæ matris ejus. 962
LIBER TERTIUS.
Præfatiuncula auctoris. 965
CAPUT PRIMUM. — Ut Constantius D. Helenam sibi junxerit. 965
CAP. II. — D. Helenæ generis nobilitatem quæ testentur. 966
CAP. III. — Ut Helenam legitimo sibi matrimonio sociarit Constantius, et de corum filio Constantino Cæsare declarato. 967
CAP. IV. — Ut Constantius superatis Germanis et Britonibus abierit atque Constantinum lepra invaserit. 968
CAP. V. — Confert Constantinum cum Herode, alterius pietatem cum alterius crudelitate componens. 969
CAP. VI. — Ut apostoli Petrus et Paulus Constantino apparuerint, idemque catechumenus factus sit. 971
CAP. VII. — A quo baptizatus sit Constantinus. 975
CAP. VIII. — Ut totus pietatis operibus vacarit Constantinus, sacrum baptisma susceptums. 975
CAP. IX. — Lepram Constantini Naaman Syri lepræ comparat. 976
CAP. X. — Naaman et Constantini vocabula quid significent. 978
CAP. XI. — Quid inter Constantinum et Giezi leprosum intersit. 979
LIBELLUS DE MYSTERIO LIGNI DOMINICI, etc. 981
SERMONES. 1011
Sermo primus. — In natali martyrum. 1011
Sermo II. — De martyribus. 1018
Sermo III. — De uno confessore. 1023
Sermo IV. — De uno confessore atque pontifice. 1028
Sermo V. — In dedicatione ecclesiæ deque reliquiarum veneratione. 1032

JOANNES MARSICANUS TUSCULANUS EPISCOPUS.

Notitia historica. 1035
CONCIO AD POPULUM ROMANUM. 1057
EPISTOLA AD RICHARDUM ALBANENSEM. 1057

ODO CAMERACENSIS EPISCOPUS.

Notitiæ. 1059
EXPOSITIO IN CANONEM MISSÆ. 1055
Odonis præfatio. 1055
Incipit textus canonis diversis cum distinctionibus suis necnon Odonis expositione. 1055
DE PECCATO ORIGINALI. 1071
LIBER PRIMUS.
Prologus. 1071
Quibus modis dicitur malum. 1071
Quod peccatum non est in corpore. 1071
Quod peccatum est in solo spiritu rationali. 1072
Quod malum est aliquid secundum Manichæos. 1072
Quod malum nihil est. 1075
Quod privatio nihil est. 1075
Quod mala non habent speciales generales. 1074
Quod de bonis procedat malorum ratiocinatio. 1074
Epilogus superiorum. 1075
Quod rationalis natura non potest carere debito justitiæ. 1075
Quod non punitur pro nihilo qui punitur pro malo. 1075
Quod de non existentibus dicuntur essentiæ. 1076
Quod quisque sui mali auctor est. 1077
LIBER SECUNDUS.
Duplex ratio peccati originalis. 1077
Cur Deus dicitur quievisse ab operando, si nunc animas creat ex nihilo. 1077
Quod in unoquoque discernendum est individuum a specie. 1079
De individuo. 1080
De singulari. 1080
De persona. 1080
Quod multa sunt bona animæ. 1081
Quod in culpa personæ est culpa naturæ. 1081
Quomodo humana natura per se non peccat, sed per personam. 1082
Quod in anima pro culpa personæ sit culpa naturæ. 1085
Quid distat totum et omne. 1085
Quomodo Christus venit sine culpa. 1084
Cur in Christo fuit pœna sine culpa. 1084
Quid distat naturale peccatum et personale. 1085
Quid est ventre de traduce. 1085
Quomodo Deus non agit culpam qui creat peccatricem animam. 1086
LIBER TERTIUS.
Quod totus homo dicitur peccare per animam, non per corpus. 1087
Quod in substantiis plurimis est una persona. 1087
Quod in homine pro culpa personæ sit culpa naturæ. 1088
Quod nemo possit evadere justitiam. 1088
Quod in sola voluntate meritum est rationalis naturæ. 1089
Quod rationalis natura in eo punitur quod diligit. 1089
Quod culpa nequit esse sine pœna. 1090
Quod anima cujusque hominis fieri nequit, nisi humanæ naturæ. 1090
De toto materiali. 1091
De tota formali. 1092
De toto virtuali. 1095
Quomodo de traduce veniunt animæ. 1095
Descensus substantiæ ad individua, per id quod constat ex corpore et anima. 1094
Quod circa eamdem materiam mutentur species et individua. 1095
Quod totum integrum medius finis est extremorum principiorum. 1096
De summis et infimis principiis. 1097
De figura. 1097
De formis. 1098
Quod vis vegetabilis est semen animæ, quamvis non sit anima. 1098
Quod in Adam fuimus omnes anima et corpore. 1099
Cur Deus dicitur animarum pater. 1099
Quod animæ non veniunt ex traduce. 1100
Cur propagatores animarum inseruntur hic. 1102
DE ADVENTU CHRISTI. 1105
DE BLASPHEMIA IN SPIRITUM SANCTUM. 1111
DE CANONIBUS EVANGELIORUM. 1117
HOMILIA DUPLEX DE VILLICO INIQUITATIS. 1121

DIPLOMATA. 1151
I. — Confirmat donationes factas abbatiæ Jettensi nunc

Diligemiensi, ordinis Præmonstratensis. 1151
II. — Privilegium pro ecclesia canonicorum S. Joannis Baptistæ in urbe Valentianensi, quæ nunc est abbatia regularium ordinis S. Augustini. 1151
III. — Confirmat abbatiæ S. Petri ordinis S. Benedicti juxta Gondavum, altaria in sua diœcesi constituta. 1152
IV. — Confirmatio Teneræmondauum canonicorum collegii a Remigio seu Ringoto Calvo, Teneræ mondæ domino, ejusque conjuge Adelwede fundati. 1154
V. — Concedit abbatiæ de Cortemberghe, monialium ordinis S. Benedicti juxta Bruxellam, altaria de Cartemberghe, Noneghem et Quæderebbe. 1155
VI. — Varias ecclesias liberas, aliaque beneficia concedit abbatiæ Jettensi seu Diligemensi, ord. Præmonstr. 1156
VII. — Privilegium pro ecclesia Nivellensi. 1157
VIII. — Bornheimensis abbatiæ fundationem ac dotationem a Wenemaro castellano Gandensi circa annum 1100 factam, approbat. 1158
Appendix ad B. Odonem. — Excerpta.

WALTERUS CABILONENSIS EPISCOPUS.

Notitia historica. 1159
Forma electionis Walterii. 1165
DIPLOMATA. 1165

I. — Charta Walterii Cabilonensis episcopi de acquisitione partis comitatus Cabilonensis a Saverico comite Cabilonensi. 1165
II. — Notitia fundationis Cistercii. 1167
III. — Litteræ Gualteri episcopi Cabilonensis ad Robertum Lingonensem episcopum, de recipiendo Roberto abbate quondam Cisterc. ad suum prius cœnobium Molismense revertente. 1168
IV. — Litteræ ejusdem Gualteri ad Paschalem papam pro monasterio Cistercii. 1169
V. — Walterius episc. Cabilon. et Jarento Divionensis abbas ineunt societatem inter se et congregationes sibi commissas. 1169
VI. — Charta Walterii Cabilon. episc. qua S. Marcello dat ecclesiam de Bocus. 1170
VII. — Donum Galteri episcopi Cabilon. sub Petro firmitatis abbate. 1170

RADULFUS TORTARIUS FLORIACENSIS MONACHUS.

Notitia historica. 1171
MIRACULA S. BENEDICTI SOLUTO SERMONE. 1189
MIRACULA S. BENEDICTI METRICE SCRIPTA. 259

FINIS TOMI CENTESIMI SEXAGESIMI.

Ex typis MIGNE, au Petit-Montrouge.

sunt sine intellectu. Repulit eos et destruxit, quando unusquisque illorum recolens apud se quod lingua imprudentis subversio est ipsius, applicare se noluit imprudentiæ illius; quatenus per ipsum cui omnis linguatorum scurrilitas est semper exosa, liberaretur a labiis iniquis et lingua dolosa. Repulit eos et destruxit, quando repleti fructu justitiæ, epulari noluerint *in fermento malitiæ et nequitiæ, sed*, contempto potius cibo falsitatis, epulati sunt *in azymis sinceritatis et veritatis (I Cor.* v). Repulit eos et destruxit, quando ut apprehenderet in eis messium divinarum trituræ vindemiam, Spiritu sancto noluerunt inferre blasphemiam; scientes videlicet quia spiritus gloriæ Dei vere in illo requiescit, qui Christiani nominis nomen non erubescit. Repulit eos et destruxit, quando *odio habentes omnem viam iniquitatis (Psal.* cxviii), viam potius elegere veritatis; illi videlicet sine intermissione supplicantes verbis et re, ad quem Psalmographus: *Viam*, inquit, *iniquitatis amove a me (ibid)*. Repulit eos et destruxit, quando ut in eis cœlestis sapientiæ requiesceret thesaurus, juxta præceptum Salomonis: Non se extollebant in cogitationibus animæ suæ, velut thesaurus, ne forte illideretur virtus illorum per stultitiam *(Eccli.* vi), si amare iniquitatem et odisse viderentur justitiam. Repulit eos et destruxit, quando unusquisque illorum per divinæ charitatis illectus amorem, dans pauperi, non recipit peccatorem, sciens quoniam qui benefecerit justo, inveniet retributionem a Domino. Repulit eos et destruxit, quando odio habentes omnem raptorem et bilinguem, in seipsis totius detractionis ac furoris exstinxerunt ignem, scientes videlicet quia sicut confusio et pœnitentia est super furem, ita et devoratio pessima super bilinguem. Repulit eos et destruxit, quando possessione virtutis, et depositione malitiæ *liberati a peccato, servi facti sunt justitiæ (Rom.* vi), cum populo scilicet illo gloriari nolentes in malitia, de quo David: *Labor*, inquit, *in medio ejus, et injustitia (Psal.* liv). Repulit eos et destruxit, quando in cordibus eorum sermo ille fructificavit egregius, de quo Apostolus: *Non regnet*, inquit, *peccatum in vestro mortali corpore, ut obediatis concupiscentiis ejus (Rom.* vi). Repulit eos et destruxit, quando terrena ex integro deserentes curam, pecuniam suam non dederunt ad usuram, ne quis illorum plebis illius pœnam incideret solus, de qua David: *Non defecit*, inquit, *de plateis ejus usura et dolus (Psal.* liv). Repulit eos et destruxit, quando recolentes apud se quod omnis peccator est invidus et bilinguis, communicare nolebant operibus eorum indiguis, ne perfidiam illorum lingua imitarentur venenosa, de quibus Propheta. *Locuti sunt*, inquit, *adversum me lingua dolosa (Psal.* cviii). Repulit eos et destruxit, quando in divina cum illis conversabantur theoria, quibus dicitur: *Beati immaculati in via (Psal.* cxviii), ut inter illos quandoque mercedem perciperent laborum, de quibus scriptum est:

Novit Dominus dies immaculatorum (Psal. xxxvi). Repulit eos et destruxit, quando cujusdam viri sapientis observando mandata, quasi a facie colubri fugere peccata, ne illorum per omnia sequerentur errores de quibus scriptum est: *Gladium evaginarunt peccatores (Ibid.)*. Hæc est illa destructio, dilectissimi fratres, per quam martyres isti sanctissimi, inter electos et circumcisos destructi sunt patres, quando per armaturam Dei induti justitiæ armis, circumcisi sunt circumcisione non manufacta, in expolitione corporis carnis. Et ideo quia nullus viliorum nostrorum potest repellere chaos, nisi cui pro gratiarum actione dicitur: *Deus repulisti nos et destruxisti nos*, idcirco propheta enumeraturus adhuc et alia beneficia Redemptoris, continuo subinferens, *Iratus es*, inquit, *et misertus es nobis*. O ira misericors et salubris indignatio per quam fructuosa fit omnis infructuosa conversatio. O ira misericors, quæ sic irascitur ut subveniat, sic minatur ut parcat, sic aufert ut restituat, sic tradit ut eripiat, sic destruit ut muniat, sic abjicit ut recipiat. O quam salubris indignatio, quæ sic avertit ut respiciat, sic claudit ut aperiat, sic exigit ut dimittat, sic dejicit ut erigat, sic perdit ut requirat, sic amittit ut custodiat. Sed quæ sit hæc ira vel indignatio, Propheta testatur egregius, qui utramque evidenter exprimens: *Ira*, inquit, *in indignatione ejus, et vita in voluntate ejus (Psal.* xxix). Quasi enim ira in indignatione ejus versatur, quando impiis et sceleratis sic irascitur ut non misereatur. Non quia irasci vel iram habere credatur, sed quia objectio ejus vel indignatio humano more ira vocabatur. Et ideo sicut ira in indignatione ejus mors est peccatorum, ita et in voluntate ejus vita esse creditur conversorum, quoniam ad hoc eos qui convertuntur ad cor humiliat et sublimat, quia non vult mortem peccatoris, sed ut convertatur et vivat. Sed tamen hæc ira Dei, et alio modo justa ejus vindicta dicitur, quæ præsenti sæculo nequaquam perficitur, sed in futuro potius sine misericordia in eos qui misericordiam non fecerunt plenissime perficietur, quando in impiis et peccatoribus sanguinem servorum suorum ulciscetur. Sicut enim tunc in filiis diaboli cœlestis iræ judicium implebitur supernum, quando audituri sunt impii: *Discedite a me, maledicti, in ignem æternum (Matth.* xxv), ita in electis et justis impleri debet misericordia Dei, quando audituri sunt justi: *Venite, benedicti Patris mei (Ibid.)*. Hanc igitur vocem Filii Dei, martyres isti beatissimi N. non immerito quandoque cum electis debent audire, qui in ipsis olim, quæ vel quanta sit ira vel misericordia Domini solebant bene vivendo sentire; quæ David nobis in exemplum proponens divinæ miserationis: *Iratus es*, inquit, *et misertus es nobis (Psal.* xxxix). Quasi enim iratus est huic sacratissimo martyrum choro, quoties carnis infirmitate peccavit; misertus, quando seipsum lacrymis pœnitentiæ post flagitia mundavit. Iratus, quando superstitiones totius erroris in eo destruxit;

www.ingramcontent.com/pod-product-compliance
Lightning Source LLC
Chambersburg PA
CBHW071931240426
43668CB00038B/1150